Ulmer/Schäfer
Gesellschaft bürgerlichen Rechts
und
Partnerschaftsgesellschaft

Sonderausgabe
aus Bd. 6 (Schuldrecht · Besonderer Teil IV)
des Münchener Kommentars zum Bürgerlichen Gesetzbuch, 7. Auflage

Gesellschaft bürgerlichen Rechts und Partnerschaftsgesellschaft

Kommentar

von

Dr. Carsten Schäfer
Professor an der Universität Mannheim

begründet von

Dr. Dr. h.c. mult. Peter Ulmer
em. Professor an der Universität Heidelberg

7. Auflage 2017

www.beck.de

ISBN 978 3 406 68449 4

© 2017 Verlag C.H. Beck oHG
Wilhelmstraße 9, 80801 München
Druck: Beltz Bad Langensalza GmbH,
Am Fliegerhorst 8, 99947 Bad Langensalza

Satz: Meta Systems Publishing & Printservices GmbH, Wustermark
Umschlag: Druckerei C.H. Beck Nördlingen
(Adresse wie Verlag)

Gedruckt auf säurefreiem, alterungsbeständigem Papier
(hergestellt aus chlorfrei gebleichtem Zellstoff)

Vorwort

Die vorliegende Sonderausgabe des Münchener Kommentars zum BGB enthält, wie bisher, eine systematische Kommentierung der §§ 705 bis 740 BGB und des Partnerschaftsgesellschaftsgesetzes. Anders als bisher geht die aktuelle Auflage aber mit einem Wechsel bei den Autoren einher: Peter Ulmer, der an der 2013 erschienen Vorauflage noch als Ko-Autor der Einleitung und der Kommentierung des § 705 beteiligt war, hat sich als Autor zurückgezogen. Dies gibt Anlass, seine großen Verdienste um diesen Kommentar in Erinnerung zu rufen. Er hat ihn nicht nur zu einem Standardwerk des Personengesellschaftsrechts gemacht, zu einem Werk, das nicht nur im Grundsätzlichen sicher verankert ist, zugleich aber die praktischen Folgen nie aus dem Blick verliert, sondern auch zu einem Werk, das bahnbrechend gewirkt hat. Erinnert sei nur an die auf Flume zurückgehende, dieser Kommentierung seit jeher systematisch konsequent zugrunde liegenden „Gruppenlehre", die sich im Dialog mit höchstrichterlicher Rechtsprechung und Wissenschaft seit 2001 durch Anerkennung der Rechtsfähigkeit der GbR endgültig durchgesetzt hat. Eine jahrzehntelange und außerordentlich vielschichtige Diskussion um die Rechtsnatur der GbR konnte dadurch im Wesentlichen beendet und so ein einheitliches, in sich stimmiges Recht der Personengesellschaften erreicht werden, das auch für jede kommende Rechtsfortbildung maßstäblich wirkt. Ferner ist die bis ins Detail durchdachte Konzeption dieses Werkes unverändert gültig und liegt demgemäß auch dieser Auflage zugrunde. Ebenso selbstverständlich sind sehr viele einzelne Randnummern wie auch deren Zählung erhalten geblieben. Selbstverständlich ist daher auch, dass der Name Peter Ulmers mit dem Werk verbunden bleibt. Sein großer Einsatz für das Personengesellschaftsrecht und namentlich das Recht der GbR wird Vorbild und Leitschnur auch für künftige Überarbeitungen sein.

In die 7. Auflage waren wiederum zahlreiche neue Entscheidungen des BGH einzuarbeiten. Wie schon bei der Vorauflage betrafen sie vielfach die Publikumsgesellschaft, ohne dass ihre Bedeutung hierauf beschränkt wäre, sowie den Minderheitenschutz gegen Mehrheitsbeschlüsse. Und auch zur Sanierung der Gesellschaft waren erneut wichtige Entscheidungen zu verzeichnen. Vor dem Hintergrund der Beratungen des 71. Deutschen Juristentages 2016 fassen die Vorbemerkungen zu § 705 die aktuelle rechtspolitische Diskussion im Personengesellschaftsrecht zusammen. Es bleibt zu hoffen, dass die im Gutachten E zum 71. Deutschen Juristentag unterbreiteten Vorschläge an den Gesetzgeber in der kommenden Legislaturperiode aufgegriffen werden; gerade im Recht der GbR ist der Reformbedarf dringend und nahezu allgemein anerkannt. Im Partnerschaftsgesellschaftsgesetz ist die schon in der Vorauflage, aber noch nach dem Regierungsentwurf kommentierte Partnerschaftsgesellschaft mit beschränkter Berufshaftung bekanntlich mittlerweile Gesetz geworden. Die noch spät im Gesetzgebungsverfahren vorgenommenen Änderungen haben dabei durchgängig der Klarstellung gedient und sind in diesem Sinne zu begrüßen. Sie erforderten aber naturgemäß eine Anpassung der Kommentierung. Außerdem haben sich inzwischen erste Rechtsanwendungsprobleme gezeigt, zumal beim „Formwechsel" in die PartGmbB, die für die Neuauflage aufgegriffen wurden.

Mannheim, im Juli 2017   Carsten Schäfer

Aus dem Vorwort zur 1. Auflage

Das Recht der Gesellschaft bürgerlichen Rechts war bisher nur selten Gegenstand vertiefter Behandlung. Das beruht einerseits auf der systematisch verfehlten, lückenhaften Regelung dieser Rechtsform als eines der besonderen „Schuldverhältnisse" des BGB. Sie hat zur Folge, daß die Kommentierung der einschlägigen Vorschriften zwar im Rahmen der BGB-Kommentare erfolgt, daß ihnen darin aber meist nur geringes Gewicht zugemessen wird. Was andererseits die eigentliche Gesellschaftsrechtsdiskussion angeht, so stehen bei ihr die Personenhandelsgesellschaften entsprechend ihrer größeren wirtschaftlichen Bedeutung im Mittelpunkt, während die GbR als die gesetzliche Grundform im allgemeinen nur ergänzende Erwähnung findet.

Herausgebern und Verlag des „Münchener Kommentar" gebührt daher Dank, daß sie durch großzügiges Zurverfügungstellen des erforderlichen Raumes im Gesamtkommentar und Einwilli-

Vorwort

gung in die hier vorgelegte Sonderveröffentlichung der besonderen Rolle der Gesellschaft bürgerlichen Rechts Rechnung getragen haben. Die dadurch ermöglichte umfassende Kommentierung der §§ 705 bis 740 BGB verfolgt ein doppeltes Ziel. Sie soll zum einen den Erscheinungsformen dieser Gesellschaft und den damit verbundenen Rechtsfragen Rechnung tragen. Zum anderen ist sie unter Berücksichtigung auch der umfangreichen neueren Diskussion zu OHG und KG darum bemüht, die gemeinsamen dogmatischen Grundlagen der verschiedenen Personengesellschaften herauszuarbeiten und daraus allgemeine Folgerungen für das Verständnis der Gesellschaft als einer über ein bloßes Schuldverhältnis mit Gesamthandselementen hinausgehenden, mit besonderen Organen ausgestatteten Personenverbindung abzuleiten. Damit verbindet sich die Hoffnung, zur Überwindung des an § 124 HGB anknüpfenden Scheingegensatzes zwischen den verschiedenen Personengesellschaften beizutragen und zugleich auch die Diskussion des OHG-und KG-Rechts in den diesen Rechtsformen gemeinsamen Fragen weiterzuführen.

Heidelberg, im Juni 1980   Peter Ulmer

Inhaltsverzeichnis

Verzeichnis der Abkürzungen und der abgekürzt zitierten Literatur IX

Bürgerliches Gesetzbuch
Buch 2. Recht der Schuldverhältnisse
Abschnitt 8. Titel 16 (§§ 705–740)

Vorbemerkung (Vor § 705)	3
§ 705 Inhalt des Gesellschaftsvertrags	59
§ 706 Beiträge der Gesellschafter	207
§ 707 Erhöhung des vereinbarten Beitrags	217
§ 708 Haftung der Gesellschafter	223
§ 709 Gemeinschaftliche Geschäftsführung	230
§ 710 Übertragung der Geschäftsführung	271
§ 711 Widerspruchsrecht	272
§ 712 Entziehung und Kündigung der Geschäftsführung	277
§ 713 Rechte und Pflichten der geschäftsführenden Gesellschafter	284
§ 714 Vertretungsmacht	289
§ 715 Entziehung der Vertretungsmacht	320
§ 716 Kontrollrecht der Gesellschafter	322
§ 717 Nichtübertragbarkeit der Gesellschafterrechte	329
§ 718 Gesellschaftsvermögen	345
§ 719 Gesamthänderische Bindung	366
§ 720 Schutz des gutgläubigen Schuldners	383
§ 721 Gewinn- und Verlustverteilung	385
§ 722 Anteile am Gewinn und Verlust	390
Vorbemerkung (Vor § 723)	391
§ 723 Kündigung durch Gesellschafter	397
§ 724 Kündigung bei Gesellschaft auf Lebenszeit oder fortgesetzter Gesellschaft	421
§ 725 Kündigung durch Pfändungspfandgläubiger	423
§ 726 Auflösung wegen Erreichens oder Unmöglichwerdens des Zweckes	431
§ 727 Auflösung durch Tod eines Gesellschafters	433
§ 728 Auflösung durch Insolvenz der Gesellschaft oder eines Gesellschafters	454
§ 729 Fortdauer der Geschäftsführungsbefugnis	465
§ 730 Auseinandersetzung; Geschäftsführung	468
§ 731 Verfahren bei Auseinandersetzung	491
§ 732 Rückgabe von Gegenständen	492
§ 733 Berichtigung der Gesellschaftsschulden; Erstattung der Einlagen	494
§ 734 Verteilung des Überschusses	500
§ 735 Nachschusspflicht bei Verlust	502
§ 736 Ausscheiden eines Gesellschafters, Nachhaftung	504
§ 737 Ausschluss eines Gesellschafters	512
§ 738 Auseinandersetzung beim Ausscheiden	520
§ 739 Haftung für Fehlbetrag	547
§ 740 Beteiligung am Ergebnis schwebender Geschäfte	549

Gesetz über Partnerschaftsgesellschaften Angehöriger Freier Berufe (Partnerschaftsgesellschaftsgesetz – PartGG)

Vorbemerkung (Vor § 1 PartGG)	553
§ 1 PartGG Voraussetzungen der Partnerschaft	562
§ 2 PartGG Name der Partnerschaft	590
§ 3 PartGG Partnerschaftsvertrag	597
§ 4 PartGG Anmeldung der Partnerschaft	603
§ 5 PartGG Inhalt der Eintragung; anzuwendende Vorschriften	603

Inhaltsverzeichnis

§ 6 PartGG Rechtsverhältnis der Partner untereinander 617
§ 7 PartGG Wirksamkeit im Verhältnis zu Dritten; rechtliche Selbständigkeit; Vertretung 627
§ 8 PartGG Haftung für Verbindlichkeiten der Partnerschaft 634
§ 9 PartGG Ausscheiden eines Partners; Auflösung der Partnerschaft 652
§ 10 PartGG Liquidation der Partnerschaft; Nachhaftung 658
§ 11 PartGG Übergangsvorschriften 663

Sachverzeichnis 669

Verzeichnis der Abkürzungen und der abgekürzt zitierten Literatur

Zeitschriften werden, soweit nicht anders angegeben, nach Jahrgang und Seite zitiert.

aA	anderer Ansicht
ABl.	Amtsblatt
abl.	ablehnend
Abs.	Absatz
Abschn.	Abschnitt
Abt.	Abteilung
abw.	abweichend
AcP	Archiv für die civilistische Praxis (Zeitschrift; Band und Seite; in Klammern Erscheinungsjahr des jeweiligen Bandes)
ADSp	Allgemeine Deutsche Spediteurbedingungen
aE	am Ende
AEUV	Vertrag über die Arbeitsweise der Europäischen Union idF der Bek. v. 9.5.2008 (ABl. C 115 S. 47)
aF	alte(r) Fassung
AfP	Archiv für Presserecht (Zeitschrift)
AG	Aktiengesellschaft; Die Aktiengesellschaft (Zeitschrift); Amtsgericht (mit Ortsnamen)
AGB	Allgemeine Geschäftsbedingungen
AGBGB	Ausführungsgesetz zum BGB (Landesrecht)
AiB	Arbeitsrecht im Betrieb (Zeitschrift)
AIZ	Allgemeine Immobilien-Zeitung
AK-BGB/*Bearbeiter*	Alternativkommentar zum Bürgerlichen Gesetzbuch, hrsg. v. Wassermann, 1979 ff.
AkDR	Akademie für Deutsches Recht
AktG	Aktiengesetz v. 6.9.1965 (BGBl. I S. 1089)
allgM	allgemeine Meinung
Alt.	Alternative
AMG	Arzneimittelgesetz idF der Bek. v. 12.12.2005 (BGBl. I S. 3394)
Anh.	Anhang
Anm.	Anmerkung
AnwBl.	Anwaltsblatt (Zeitschrift)
AO	Abgabenordnung idF der Bek. v. 1.10.2002 (BGBl. I S. 3866)
AöR	Archiv des öffentlichen Rechts (Zeitschrift)
AP	Arbeitsrechtliche Praxis, Nachschlagewerk des Bundesarbeitsgerichts (Nr. ohne Gesetzesstelle bezieht sich auf den gerade kommentierten Paragraphen)
ARB	Allgemeine Reisebedingungen, AGB-Empfehlungen des Deutschen Reisebüro-Verband e.V.
ArbG	Arbeitsgericht (mit Ortsnamen)
ArbGG	Arbeitsgerichtsgesetz idF der Bek. v. 2.7.1979 (BGBl. I S. 853, ber. S 1036)
ArbnErfG	Gesetz über Arbeitnehmererfindungen v. 25.7.1957 (BGBl. I S. 756)
ArbPlSchG	Gesetz über den Schutz des Arbeitsplatzes bei Einberufung zum Wehrdienst (Arbeitsplatzschutzgesetz) idF der Bek. v. 14.2.2001 (BGBl. I S. 253)
ArbSG	Gesetz zur Sicherstellung von Arbeitsleistungen für Zwecke der Verteidigung einschließlich des Schutzes der Zivilbevölkerung (Arbeitssicherstellungsgesetz) v. 9.7.1968 (BGBl. I S. 787)

Abkürzungsverzeichnis

ArbuR	Arbeit und Recht (Zeitschrift)
ArbZG	Arbeitszeitgesetz v. 6.6.1994 (BGBl. I S. 1170)
Arch.	Archiv
ArchBürgR	Archiv für Bürgerliches Recht (Zeitschrift)
arg.	argumentum
ARS	Arbeitsrechts-Sammlung, Entscheidungen des Reichsarbeitsgerichts und der Landesarbeitsgerichte (1928–1944)
Art.	Artikel
AT	Allgemeiner Teil
AuA	Arbeit und Arbeitsrecht (Zeitschrift)
Aufl.	Auflage
AÜG	Arbeitnehmerüberlassungsgesetz idF der Bek. v. 3.2.1995 (BGBl. I S. 159)
AuR	Arbeit und Recht, Zeitschrift für die Arbeitsrechtspraxis
ausf.	ausführlich
AWG	Außenwirtschaftsgesetz v. 26.5.2006 (BGBl. I S. 1386)
AWV	Außenwirtschaftsverordnung idF der Bek. v. 22.11.1993 (BGBl. I S. 1934)
Az.	Aktenzeichen
B	Bundes-
BABl.	Bundesarbeitsblatt (Zeitschrift)
BadNotZ	Badische Notar-Zeitschrift
BadRpr.	Badische Rechtspraxis
BAFin	Bundesanstalt für Finanzdienstleistungsaufsicht
BAföG	Bundesgesetz über individuelle Förderung der Ausbildung (Bundesausbildungsförderungsgesetz) idF der Bek. v. 6.6.1983 (BGBl. I S. 645)
BAG	Bundesarbeitsgericht
BAGE	Entscheidungen des Bundesarbeitsgerichts
Bamberger/Roth/*Bearbeiter*	Bamberger/Roth (Hrsg.), Bürgerliches Gesetzbuch, Kommentar, 3. Aufl. 2012 (s. auch unter BeckOK BGB)
BankA	Bank-Archiv (Zeitschrift, 1.1901–43.1943; aufgegangen in Bankwirtschaft [1943–1945])
BankR-HdB/*Bearbeiter*	Schimansky/Bunte/Lwowski (Hrsg.), Bankrechts-Handbuch, 4. Aufl. 2011
bank und markt	bank und markt (Zeitschrift)
BAnz.	Bundesanzeiger
Baumbach/Lauterbach/Albers/*Bearbeiter*	Baumbach/Lauterbach/Albers/Hartmann, Zivilprozessordnung, Kommentar, 74. Aufl. 2016
Baumbach/Hefermehl/*Casper*	Baumbach/Hefermehl/Casper, Wechselgesetz und Scheckgesetz, Kommentar, 23. Aufl. 2008
Baumbach/*Hopt*	Baumbach/Hopt, Handelsgesetzbuch, Kommentar, 36. Aufl. 2015
Baumbach/Hueck/*Bearbeiter*	Baumbach/Hueck, GmbH-Gesetz, Kommentar, 20. Aufl. 2013
Bearbeiter in Baumgärtel/Laumen/Prütting Beweislast-HdB	Handbuch der Beweislast im Privatrecht, begr. v. Baumgärtel, fortgeführt von Laumen/Prütting, 3. Aufl. 2010

Abkürzungsverzeichnis

BayAGBGB	Bayerisches Ausführungsgesetz zum BGB
BayBS	Bereinigte Sammlung des bayerischen Landesrechts
BayJMBl.	Bayerisches Justizministerialblatt
BayNotZ	Bayerische Notariats-Zeitung und Zeitschrift für die freiwillige Rechtspflege der Gerichte in Bayern
BayObLG	Bayerisches Oberstes Landesgericht
BayObLGZ	Amtliche Sammlung von Entscheidungen des Bayerischen Obersten Landesgerichts in Zivilsachen
BayVBl.	Bayerische Verwaltungsblätter (Zeitschrift)
BayVerfG	Bayerischer Verfassungsgerichtshof
BayZ	Zeitschrift für Rechtspflege in Bayern
BB	Betriebs-Berater (Zeitschrift)
BBankG	Gesetz über die Deutsche Bundesbank idF der Bek. v. 22.10.1992 (BGBl. I S. 1782)
BBesG	Bundesbesoldungsgesetz idF der Bek. v. 6.8.2002 (BGBl. I S. 3020)
BBG	Bundesbeamtengesetz v. 5.2.2009 (BGBl. I S. 160)
BBiG	Berufsbildungsgesetz v. 23.3.2005 (BGBl. I S. 931)
Bd. (Bde.)	Band (Bände)
BDSG	Bundesdatenschutzgesetz idF der Bek. v. 14.1.2003 (BGBl. I S. 66)
BeckOGK/*Bearbeiter*	Beck'scher Online-Großkommentar zum Zivilrecht, hrsg. von Gsell/Krüger/Lorenz/J. Mayer, Stand: 1.5.2016
BeckOK BGB/*Bearbeiter*	Beck'scher Online-Kommentar zum Bürgerlichen Gesetzbuch, hrsg. von Bamberger/Roth, Stand: 1.5.2016
BeckRS	Rechtsprechungssammlung in Beck-Online (Jahr, Entscheidungsnummer)
BEEG	Gesetz zum Elterngeld und zur Elternzeit (Bundeselterngeld- und Elternzeitgesetz) v. 5.12.2006 (BGBl. I S. 2748)
BEG	Bundesgesetz zur Entschädigung für Opfer der nationalsozialistischen Verfolgung (Bundesentschädigungsgesetz) idF der Bek. v. 29.6.1956 (BGBl. I S. 559, 562)
Begr.	Begründung
Bek.	Bekanntmachung
ber.	berichtigt
Bespr.	Besprechung
betr.	betreffend
BetrAVG	Gesetz zur Verbesserung der betrieblichen Altersversorgung v. 19.12.1974 (BGBl. I S. 3610)
BetrVG	Betriebsverfassungsgesetz idF der Bek. v. 25.9.2001 (BGBl. I S. 2518)
BeurkG	Beurkundungsgesetz v. 28.8.1969 (BGBl. I S. 1513)
BewG	Bewertungsgesetz idF der Bek. v. 1.2.1991 (BGBl. I S. 230)
bez.	bezüglich
BezG	Bezirksgericht
BFH	Bundesfinanzhof
BFHE	Sammlung der Entscheidungen und Gutachten des Bundesfinanzhofs
BGB	Bürgerliches Gesetzbuch idF der Bek. v. 2.1.2002 (BGBl. I S. 42; ber. S. 2909; 2003 I S. 738)
BGB-InfoV	Verordnung über Informations- und Nachweispflichten nach bürgerlichem Recht (BGB-Informationspflichtenverordnung) idF der Bek. v. 5.8.2002 (BGBl. I S. 3002)
BGBl. I, II, III	Bundesgesetzblatt Teil I, Teil II, Teil III
BGH	Bundesgerichtshof
BGHR	Rechtsprechung des Bundesgerichtshofs (Band und Seite)

Abkürzungsverzeichnis

BGHSt	Entscheidungen des Bundesgerichtshofs in Strafsachen
BGHWarn	Rechtsprechung des Bundesgerichtshofs in Zivilsachen – in der Amtlichen Sammlung nicht enthaltene Entscheidungen (als Fortsetzung von WarnR)
BGHZ	Entscheidungen des Bundesgerichtshofs in Zivilsachen
BKartA	Bundeskartellamt
BKleinG	Bundeskleingartengesetz v. 28.2.1983 (BGBl. I S. 210)
BKR	Bank- und Kapitalmarktrecht (Zeitschrift)
Bl.	Blatt
BlGenW	Blätter für Genossenschaftswesen
BlStSozArbR	Blätter für Steuerrecht, Sozialversicherung und Arbeitsrecht
BMJV	Bundesminister(ium) der Justiz und für Verbraucherschutz
BNotO	Bundesnotarordnung idF der Bek. v. 24.2.1961 (BGBl. I S. 98, ber. 1999 I S. 194)
BörsG	Börsengesetz v. 16.7.2007 (BGBl. I S. 1330)
BPatG	Bundespatentgericht
BRAO	Bundesrechtsanwaltsordnung v. 1.8.1959 (BGBl. I S. 565)
BR	Bundesrat
BR-Drs.	Drucksache des Deutschen Bundesrates
BReg.	Bundesregierung
BR-Prot.	Protokoll des Deutschen Bundesrates
Brox/Henssler HandelsR	Brox/Henssler, Handelsrecht, 22. Aufl. 2016
Brüssel Ia-VO	Verordnung (EU) Nr. 1215/2012 des Europäischen Parlaments und des Rates vom 12.12.2012 über die gerichtliche Zuständigkeit und die Anerkennung und Vollstreckung von Entscheidungen in Zivil- und Handelssachen (ABl. L 351 S. 1)
BrZ	Britische Zone
BSG	Bundessozialgericht
BSGE	Entscheidungen des Bundessozialgerichts
BStBl.	Bundessteuerblatt
BT	Besonderer Teil; Bundestag
BT-Drs.	Drucksache des Deutschen Bundestages
BtPrax	Betreuungsrechtliche Praxis (Zeitschrift)
BT-Prot.	Protokoll des Deutschen Bundestages
BuB	Bankrecht und Bankpraxis, Loseblattwerk, 3 Bände, 1979 ff.
Bülow KreditsicherheitsR	Bülow, Recht der Kreditsicherheiten, 8. Aufl. 2011
Bumiller/Harders/Schwamb/*Bearbeiter*	Bumiller/Harders/Schwamb, FamFG Freiwillige Gerichtsbarkeit, Kommentar, 11. Aufl. 2015
BUrlG	Mindesturlaubsgesetz für Arbeitnehmer (Bundesurlaubsgesetz) idF der Bek. v. 27.7.1969 (BGBl. I S. 2)
BuW	Betrieb und Wirtschaft (Zeitschrift)
II. BV	Verordnung über wohnungswirtschaftliche Berechnungen (Zweite Berechnungsverordnung) idF der Bek. v. 12.10.1990 (BGBl. I S. 2178)
BVerfG	Bundesverfassungsgericht
BVerfGE	Entscheidungen des Bundesverfassungsgerichts
BVerfGG	Gesetz über das Bundesverfassungsgericht (Bundesverfassungsgerichtsgesetz) idF der Bek. v. 11.8.1993 (BGBl. I S. 1473)
BVerfGK	Kammerentscheidungen des Bundesverfassungsgerichts
BVerwG	Bundesverwaltungsgericht

Abkürzungsverzeichnis

BVerwGE	Entscheidungen des Bundesverwaltungsgerichts
BW	Baden-Württemberg
bw.	baden-württembergisch
BWNotZ	Mitteilungen aus der Praxis, Zeitschrift für das Notariat in Baden-Württemberg (früher WürttNotV)
BZRG	Gesetz über das Zentralregister und das Erziehungsregister (Bundeszentralregistergesetz) idF der Bek. v. 21.9.1984 (BGBl. I S. 1229)
bzw.	beziehungsweise
ca.	circa
Canaris Vertrauenshaftung	Canaris, Die Vertrauenshaftung im deutschen Privatrecht, 1971
Canaris BankvertragsR	Canaris, Bankvertragsrecht, 1. Teil 3. Aufl. 1988, 2. Teil 4. Aufl. 1995
Canaris HandelsR	Canaris, Handelsrecht, begr. v. Capelle, 24. Aufl. 2006
c.i.c.	culpa in contrahendo
CR	Computer und Recht (Zeitschrift)
DAngVers.	Die Angestelltenversicherung (Zeitschrift)
DAR	Deutsches Autorecht (Zeitschrift)
DAVorm.	Der Amtsvormund, Rundbrief des Deutschen Instituts für Vormundschaftswesen (Zeitschrift; Jahrgang und Spalte)
DB	Der Betrieb (Zeitschrift)
DCFR	Draft Common Frame of Reference, Outline Edition, 2009
DDR	Deutsche Demokratische Republik
Denkschrift	Denkschrift des Reichsjustizamts zum Entwurf eines Bürgerlichen Gesetzbuchs, 1896
DepG	Gesetz über die Verwahrung und Anschaffung von Wertpapieren (Depotgesetz) idF der Bek. v. 11.1.1995 (BGBl. S. 34)
ders.	derselbe
DesignG	Gesetz über den rechtlichen Schutz von Design (Designgesetz) idF der Bek. v. 24.2.2014 (BGBl. I S. 122)
dgl.	desgleichen; dergleichen
DGVZ	Deutsche Gerichtsvollzieher-Zeitung
dh	das heißt
Die Bank	Die Bank (Zeitschrift)
dies.	dieselbe(n)
diff.	differenzierend
Dig.	Digesten
DiskE	Diskussionsentwurf
Diss.	Dissertation (mit Universitätsort)
DJ	Deutsche Justiz (Zeitschrift)
DJT	Deutscher Juristentag
DJZ	Deutsche Juristenzeitung (Zeitschrift)
DMBilG	Gesetz über die Eröffnungsbilanz in Deutscher Mark und die Kapitalneufestsetzung (D-Markbilanzgesetz) idF der Bek. v. 28.7.1994 (BGBl. I S. 1842)
DNotV	Zeitschrift des Deutschen Notarvereins (1.1901–33.1933), dann DNotZ
DNotZ	Deutsche Notar-Zeitung (Zeitschrift)
DRiZ	Deutsche Richterzeitung (Zeitschrift)
DRspr.	Deutsche Rechtsprechung, Entscheidungssammlung und Aufsatzhinweise
DRV	Deutsche Rentenversicherung (Zeitschrift); Deutscher Reisebüro-Verband e.V.

Abkürzungsverzeichnis

DRWiss.	Deutsche Rechtswissenschaft (Zeitschrift, 1.1936–8.1943)
DRZ	Deutsche Rechts-Zeitschrift
DS	Der Sachverständige (Zeitschrift)
DSb	Der Sozialberater (Zeitschrift)
DStR	Deutsches Steuerrecht (Zeitschrift)
DStZ/A	Deutsche Steuerzeitung Ausgabe A
Dt.; dt.	deutsch
DtZ	Deutsch-Deutsche Rechts-Zeitschrift
DuR	Demokratie und Recht (Zeitschrift)
DVBl	Deutsches Verwaltungsblatt
DZWiR	Deutsche Zeitschrift für Wirtschafts- und Insolvenzrecht (Zeitschrift)
E	Entwurf
ebd.	ebenda
EBJS/*Bearbeiter*	Ebenroth/Boujong/Joost/Strohn (Hrsg.), Handelsgesetzbuch, Kommentar, Band 1, 3. Aufl. 2014; Band 2, 3. Aufl. 2015
Ec. J	The Economic Journal (seit 1891)
EFG	Entscheidungen der Finanzgerichte; Eigentumsfristengesetz v. 20.12.1996 (BGBl. I S. 2028)
EFZG	Gesetz über die Zahlung des Arbeitsentgelts an Feiertagen und im Krankheitsfalle (Entgeltfortzahlungsgesetz) v. 26.5.1994 (BGBl. I S. 1014, 1065)
EGBGB	Einführungsgesetz zum Bürgerlichen Gesetzbuche idF der Bek. v. 21.9.1994 (BGBl. S. 2494)
EG, EGV	Vertrag zur Gründung der Europäischen Gemeinschaften idF der Bek. des Vertrages von Amsterdam v. 2.10.1997 (ABl. C 340 S. 1), s. auch AEUV
Einf.	Einführung
einhM	einhellige Meinung
Einl.	Einleitung
Emmerich/Habersack/*Bearbeiter*	Emmerich/Habersack, Aktien- und GmbH-Konzernrecht, Kommentar, 7. Aufl. 2013
Emmerich/Habersack KonzernR	Emmerich/Habersack, Konzernrecht, 10. Aufl. 2013
Endemann	Endemann, Lehrbuch des Bürgerlichen Rechts, 5 Bände, 1903–1920
Enneccerus/Lehmann	Enneccerus/Kipp/Wolff, Lehrbuch des Bürgerlichen Rechts, II. Band Recht der Schuldverhältnisse, 15. Aufl. 1958
Enneccerus/Nipperdey	Enneccerus/Kipp/Wolff, Lehrbuch des Bürgerlichen Rechts, I. Band AT des Bürgerlichen Rechts, 1. Halbbd. 15. Aufl. 1959; 2. Halbbd. 15. Aufl. 1960
Entsch.	Entscheidung
entspr.	entsprechend
ErbStG	Erbschaftsteuer- und Schenkungsteuergesetz idF der Bek. v. 27.2.1997 (BGBl. I S. 378)
ErfK/*Bearbeiter*	Erfurter Kommentar zum Arbeitsrecht, hrsg. v. Müller-Glöge/Preis/Schmidt, 16. Aufl. 2016
Erg.	Ergänzung; Ergebnis
Erl.	Erlass; Erläuterung
Erman/*Bearbeiter*	Erman, Handkommentar zum Bürgerlichen Gesetzbuch, hrsg. v. Grunewald/Maier-Reimer/Westermann, 14. Aufl. 2014
Esser/Schmidt SchuldR AT I bzw. SchuldR AT II	Esser/Schmidt, Schuldrecht, Band I: Allgemeiner Teil, Teilband 1, 8. Aufl. 1995; Teilband 2, 8. Aufl. 2000

Abkürzungsverzeichnis

Esser/Weyers
SchuldR BT I bzw.
SchuldR BT II .... Esser/Weyers, Schuldrecht, Band II: Besonderer Teil, Teilband 1, 8. Aufl. 1998; Teilband 2, 8. Aufl. 2000
EStG .... Einkommensteuergesetz idF der Bek. v. 19.10.2002 (BGBl. I S. 4210)
etc .... et cetera
EU .... Europäische Union
EuG .... Europäisches Gericht Erster Instanz
EuGH .... Gerichtshof der Europäischen Gemeinschaften
EuR .... Europarecht (Zeitschrift)
EuroEG .... Gesetz zur Einführung des Euro v. 9.6.1998 (BGBl. I S. 1242)
EuZW .... Europäische Zeitschrift für Wirtschaftsrecht
eV .... eingetragener Verein
evtl. .... eventuell
EWiR .... Entscheidungen zum Wirtschaftsrecht (Zeitschrift)
EWIV .... Europäische wirtschaftliche Interessenvereinigung
EWS .... Europäisches Währungssystem
EzA .... Entscheidungen zum Arbeitsrecht, hrsg. v. Stahlhacke (Nr. ohne Gesetzesstelle bezieht sich auf den gerade kommentierten Paragraphen)
EzFamR .... Entscheidungen zum Familienrecht

f., ff. .... folgend(e)
FamFG .... Gesetz über das Verfahren in Familiensachen und in den Angelegenheiten der freiwilligen Gerichtsbarkeit v. 17.12.2008 (BGBl. I S. 2586)
FamRZ .... Ehe und Familie im privaten und öffentlichen Recht, Zeitschrift für das gesamte Familienrecht
FG .... Festgabe
FGG .... Gesetz über die Angelegenheit der freiwilligen Gerichtsbarkeit idF der Bek. v. 20.5.1898 (RGBl. S. 369, 771), aufgehoben
FGG-RG .... Gesetz zur Reform des Verfahrens in Familiensachen und in den Angelegenheiten der freiwilligen Gerichtsbarkeit (FGG-Reformgesetz) v. 17.12.2008 (BGBl. I S. 2586)
FGO .... Finanzgerichtsordnung idF der Bek. v. 28.3.2001 (BGBl. I S. 442)
FGPrax .... Praxis der Freiwilligen Gerichtsbarkeit (Zeitschrift)
FinG .... Finanzgericht
FLF .... Finanzierung-Leasing-Factoring (Zeitschrift)
Flume BGB AT I 1,
BGB AT I 2 bzw.
BGB AT II .... Flume, Allgemeiner Teil des Bürgerlichen Rechts, 1. Band, 1. Teil: Die Personengesellschaft, 1977, 1. Band 2. Teil: Die juristische Person, 1983, 2. Band: Das Rechtsgeschäft, 4. Aufl. 1992
Fn. .... Fußnote
FNA .... Fundstellennachweis A, Beilage zum Bundesgesetzblatt Teil I
FNB .... Fundstellennachweis B, Beilage zum Bundesgesetzblatt Teil II
FPR .... Familie Partnerschaft Recht (Zeitschrift)
FR .... Finanz-Rundschau (Zeitschrift)
FS .... Festschrift
FuR .... Familie und Recht (Zeitschrift)

G .... Gesetz
GBl. .... Gesetzblatt
GBO .... Grundbuchordnung idF der Bek. v. 26.5.1994 (BGBl. I S. 1114)
GbR .... Gesellschaft bürgerlichen Rechts

Abkürzungsverzeichnis

GBV	Grundbuchverfügung idF v. 24.1.1995 (BGBl. I S. 114)
GD	Gebäude digital (Zeitschrift)
GE	Gemeinsame Erklärung; Das Grundeigentum (Zeitschrift)
GebrMG	Gebrauchsmustergesetz idF der Bek. v. 28.8.1986 (BGBl. I S. 1455)
GemSOBG	Gemeinsamer Senat der obersten Bundesgerichte
GenG	Gesetz betreffend die Erwerbs- und Wirtschaftsgenossenschaften (Genossenschaftsgesetz) idF der Bek. v. 16.10.2006 (BGBl. I S. 2230)
GenTG	Gesetz zur Regelung der Gentechnik (Gentechnikgesetz) idF der Bek. v. 16.12.1993 (BGBl. I S. 2066)
Gernhuber Erfüllung	Gernhuber, Die Erfüllung und ihre Surrogate, Handbuch des Schuldrechts, Band 3, 2. Aufl. 1994
Gernhuber Schuldverhältnis	Gernhuber, Das Schuldverhältnis, Handbuch des Schuldrechts, Band 8, 1989
Gernhuber/Coester-Waltjen FamR	Gernhuber/Coester-Waltjen, Familienrecht, Lehrbuch des Familienrechts, 6. Aufl. 2010
Gerold/Schmidt/Bearbeiter	Gerold/Schmidt/v. Eicken/Madert, Rechtsanwaltsvergütungsgesetz, Kommentar, 22. Aufl. 2015
GesR	Gesundheitsrecht (Zeitschrift); Gesellschaftsrecht
GesRZ	Der Gesellschafter (Zeitschrift, 1.1972 ff.)
GewA	Gewerbe-Archiv (Zeitschrift)
GewO	Gewerbeordnung idF der Bek. v. 22.2.1999 (BGBl. I S. 202)
GewStG	Gewerbesteuergesetz idF der Bek. v. 15.10.2002 (BGBl. I S. 4167)
GG	Grundgesetz für die Bundesrepublik Deutschland v. 23.5.1949 (BGBl. S. 1)
ggf.	gegebenenfalls
Gierke PrivatR	O. v. Gierke, Deutsches Privatrecht, Band I 1895, Band II 1905, Band III 1917
Gierke SachenR	J. v. Gierke, Bürgerliches Recht, Sachenrecht, 3. Aufl. 1948
Gierke/Sandrock HandelsR/WirtschaftsR I	J. v. Gierke/Sandrock, Handels- und Wirtschaftsrecht, 9. Aufl., 1. Band 1975
Gitter Gebrauchsüberlassungsverträge	Gitter, Gebrauchsüberlassungsverträge, Handbuch des Schuldrechts, Band 7, 1988
GKG	Gerichtskostengesetz idF der Bek. v. 5.5.2004 (BGBl. I S. 718)
GmbH	Gesellschaft mit beschränkter Haftung
GmbH & Co. (KG)	Gesellschaft mit beschränkter Haftung und Compagnie (Kommanditgesellschaft)
GmbHG	Gesetz betreffend die Gesellschaften mit beschränkter Haftung idF der Bek. v. 20.5.1898 (RGBl. S. 369, 846)
GmbHR	GmbH-Rundschau (Zeitschrift)
GMBl.	Gemeinsames Ministerialblatt
GmS-OGB	Gemeinsamer Senat der obersten Gerichte des Bundes
GNotKG	Gesetz über Kosten der freiwilligen Gerichtsbarkeit für Gerichte und Notare (Gerichts- und Notarkostengesetz) v. 23.7.2013 (BGBl. I S. 2586)
GO	Gemeindeordnung
Bearbeiter in Gottwald InsolvenzR-HdB	Gottwald (Hrsg.), Insolvenzrechts-Handbuch, 5. Aufl. 2015

Abkürzungsverzeichnis

GPR	Zeitschrift für Gemeinschaftsprivatrecht
grdl.	grundlegend
grds.	grundsätzlich
GrEStG	Grunderwerbsteuergesetz idF der Bek. v. 26.2.1997 (BGBl. I S. 418, 1804)
GrS	Großer Senat
GruchB	siehe Gruchot
Gruchot	Beiträge zur Erläuterung des (bis 15.1871: Preußischen) Deutschen Rechts, begr. v. Gruchot (1.1857–73.1933)
GrünhutsZ	Zeitschrift für das Privat- und öffentliche Recht der Gegenwart, begr. v. Grünhut
GRUR	Gewerblicher Rechtsschutz und Urheberrecht (Zeitschrift)
GRUR Ausl.	Gewerblicher Rechtsschutz und Urheberrecht, Auslands- und internationaler Teil (Zeitschrift), 1952–1969
GRUR Int	Gewerblicher Rechtsschutz und Urheberrecht, Internationaler Teil (Zeitschrift, 1970 ff.)
GS	Großer Senat
GSZ	Großer Senat in Zivilsachen
GüKG	Güterkraftverkehrsgesetz idF der Bek. v. 22.6.1998 (BGBl. I S. 1485)
GV NRW	Gesetz- und Verordnungsblatt für das Land Nordrhein-Westfalen
GVBl.	Gesetz- und Verordnungsblatt
GVG	Gerichtsverfassungsgesetz idF der Bek. v. 9.5.1975 (BGBl. I S. 1077)
GWB	Gesetz gegen Wettbewerbsbeschränkungen idF der Bek. v. 15.7.2005 (BGBl. I S. 2114)
GwG	Gesetz über das Aufspüren von Gewinnen aus schweren Straftaten (Geldwäschegesetz) v. 13.8.2008 (BGBl. I S. 1690, ber. 2009 S. 816)
GWR	Gesellschafts- und Wirtschaftsrecht (Zeitschrift)
Hachenburg/*Bearbeiter*	Hachenburg, Kommentar zum GmbHG, 8. Aufl. 1992 ff.
HAG	Heimarbeitsgesetz v. 14.3.1951 (BGBl. I S. 191)
Halbbd.	Halbband
Hs.	Halbsatz
HansGZ	Hanseatische Gerichtszeitung
HansRGZ	Hanseatische Rechts- und Gerichtszeitschrift
HdB	Handbuch
HessRspr.	Hessische Rechtsprechung
Heymann/*Bearbeiter*	Heymann, Handelsgesetzbuch, Kommentar, 2. Aufl. 1995 ff.
HEZ	Höchstrichterliche Entscheidungen (Entscheidungssammlung)
HFR	Höchstrichterliche Finanzrechtsprechung
HGB	Handelsgesetzbuch v. 10.5.1897 (RGBl. S. 219)
HintG	Hinterlegungsgesetz (Landesrecht)
HK-BGB/*Bearbeiter*	Schulze/Dörner/Ebert/Eckert/Hoeren/Kemper/Saenger/Schreiber/Schulte-Nölke/Staudinger, Bürgerliches Gesetzbuch (BGB), Handkommentar, 8. Aufl. 2014
hL	herrschende Lehre
hM	herrschende Meinung
HöfeO	Höfeordnung idF der Bek. v. 26.7.1976 (BGBl. I S. 1933)
HPflG	Haftpflichtgesetz idF der Bek. v. 4.1.1978 (BGBl. I S. 145)
HRefG	Gesetz zur Neuregelung des Kaufmanns- und Firmenrechts und zur Änderung anderer handelsrechtlicher und gesellschaftsrechtlicher Vorschriften (Handelsrechtsreformgesetz) v. 22.6.1998 (BGBl. I S. 1474)
HRR	Höchstrichterliche Rechtsprechung (Zeitschrift)
Hrsg.; hrsg.	Herausgeber; herausgegeben

Abkürzungsverzeichnis

Hueck/Canaris WertpapierR	Hueck/Canaris, Das Recht der Wertpapiere, Kommentar, 12. Aufl. 1986
Hüffer/*Koch*	Hüffer/Koch, Aktiengesetz, Kommentar, 12. Aufl. 2016
HwO	Gesetz zur Ordnung des Handwerks (Handwerksordnung) idF der Bek. v. 24.9.1998 (BGBl. I S. 3074)
idF	in der Fassung
idR	in der Regel
idS	in diesem Sinne
iE	im Einzelnen
ieS	im engeren Sinne
insbes.	insbesondere
InsO	Insolvenzordnung v. 5.10.1994 (BGBl. I S. 2866)
InvG	Investmentgesetz v. 15.12.2003 (BGBl. I S. 2676), aufgehoben
InVo	Insolvenz und Vollstreckung (Zeitschrift)
IPR	Internationales Privatrecht
IPRax	Praxis des internationalen Privat- und Verfahrensrechts (Zeitschrift, 1.1981 ff.)
IPRspr.	Makarov, Gamillscheg, Müller, Dierk, Kropholler, Die deutsche Rechtsprechung auf dem Gebiet des internationalen Privatrechts, 1952 ff.
iSd	im Sinne des, der
iÜ	im Übrigen
iVm	in Verbindung mit
iwS	im weiteren Sinne
JA	Juristische Arbeitsblätter (Zeitschrift)
Jaeger/Henckel/ Gerhardt/*Bearbeiter*	Jaeger/Henckel/Gerhardt, Insolvenzordnung, Kommentar, 2004–2010
Jansen/v. Schuckmann/Sonnenfeld/ *Bearbeiter*	Jansen/v. Schuckmann/Sonnenfeld, FGG, Großkommentar, 3. Aufl. 2006
Jarass/Pieroth/ *Bearbeiter*	Jarass/Pieroth, Grundgesetz, Kommentar, 14. Aufl. 2016
JArbSchG	Gesetz zum Schutze der arbeitenden Jugend (Jugendarbeitsschutzgesetz) v. 12.4.1976 (BGBl. I S. 965)
Jauernig/*Bearbeiter*	Jauernig, Bürgerliches Gesetzbuch, Kommentar, 16. Aufl. 2015
Jb.	Jahrbuch
JbIntR	Jahrbuch des internationalen Rechts
JBl.	Juristische Blätter (österreichische Zeitschrift)
JBlSaar	Justizblatt des Saarlandes
JbPraxSchG	Jahrbuch für die Praxis der Schiedsgerichtsbarkeit
Jg.	Jahrgang
JGG	Jugendgerichtsgesetz idF der Bek. v. 11.12.1974 (BGBl. I S. 3427)
Jh.	Jahrhundert
JherJb.	Jherings Jahrbuch für die Dogmatik des bürgerlichen Rechts (Zeitschrift, Band und Seite)
JM	Justizministerium
JMBl.	Justizministerialblatt
JöR	Jahrbuch des öffentlichen Rechts der Gegenwart
JR	Juristische Rundschau (Zeitschrift)
Jura	Juristische Ausbildung (Zeitschrift)

Abkürzungsverzeichnis

JurA	Juristische Analysen (Zeitschrift)
JurBüro	Das juristische Büro (Zeitschrift)
jurisPK-BGB/*Bearbeiter*	juris Praxiskommentar BGB, hrsg. v. Hau/Herberger/Martinek, 7. Aufl. 2014
JurJb	Juristen-Jahrbuch
JuS	Juristische Schulung (Zeitschrift)
Justiz	Die Justiz (Zeitschrift)
JVBl.	Justizverwaltungsblatt (Zeitschrift)
JW	Juristische Wochenschrift (Zeitschrift)
JZ	Juristenzeitung (Zeitschrift)
KAGB	Kapitalanlagegesetzbuch v. 4.7.2013 (BGBl. I S. 1981)
Kap.	Kapitel
Keidel/*Bearbeiter*	Engelhardt/Sternal, FamFG Freiwillige Gerichtsbarkeit, Kommentar, begr. v. Keidel, 18. Aufl. 2014
Kfz.	Kraftfahrzeug
KG	Kammergericht (Berlin); Kommanditgesellschaft
KGaA	Kommanditgesellschaft auf Aktien
KGJ	Jahrbuch für Entscheidungen des Kammergerichts in Sachen der freiwilligen Gerichtsbarkeit, in Kosten-, Stempel- und Strafsachen (bis 19.1899: in Sachen der nichtstreitigen Gerichtsbarkeit), 1.1881–53.1922
Kilger/K. Schmidt/*Bearbeiter*	Kilger/K. Schmidt, Insolvenzgesetze, 18. Aufl. 2007
Kind-Prax	Kindschaftsrechtliche Praxis (Zeitschrift)
KK-AktG/*Bearbeiter*	Kölner Kommentar zum Aktiengesetz, hrsg. v. Zöllner, 3. Aufl. 2004 ff.; soweit noch nicht erschienen: 2. Aufl. 1987 ff.
KO	Konkursordnung idF der Bek. v. 20.5.1898 (RGBl. S. 369, 612), aufgehoben
Köhler/Bornkamm/*Bearbeiter*	Köhler/Bornkamm, UWG, Kommentar, 34. Aufl. 2016
Koller/Kindler/Roth/Morck/*Bearbeiter*	Koller/Kindler/Roth/Morck, Handelsgesetzbuch, Kommentar, 8. Aufl. 2015
Kom. endg.	Kommission, endgültig
Komm.	Kommentar
Kraft/*Kreutz* GesR	Kraft/Kreutz, Gesellschaftsrecht, 11. Aufl. 2007
KreisG/KrG	Kreisgericht
krit.	kritisch
KritJ	Kritische Justiz (Zeitschrift)
KSchG	Kündigungsschutzgesetz idF der Bek. v. 25.8.1969 (BGBl. I S. 1317)
KStG	Körperschaftssteuergesetz idF der Bek. v. 15.10.2002 (BGBl. I S. 4144)
KTS	Zeitschrift für Konkurs-, Treuhand- und Schiedsgerichtswesen
Kübler/Prütting/Bork/*Bearbeiter*	Kübler/Prütting/Bork, Insolvenzordnung, Kommentar, Loseblatt, 66. EL, Stand: November 2015
KWG	Gesetz über das Kreditwesen idF der Bek. v. 9.9.1998 (BGBl. I S. 2776)
L	Landes-
LAG	Landesarbeitsgericht (mit Ortsnamen); Gesetz über den Lastenausgleich (Lastenausgleichsgesetz) idF der Bek. v. 2.6.1993 (BGBl. I S. 845)

Abkürzungsverzeichnis

Larenz Methodenlehre	Larenz, Methodenlehre der Rechtswissenschaft, 6. Aufl. 1991
Larenz SchuldR AT	Larenz, Lehrbuch des Schuldrechts, Band I Allgemeiner Teil, 14. Aufl. 1987
Larenz SchuldR BT I	Larenz, Lehrbuch des Schuldrechts, Band II 1 Besonderer Teil/ 1. Halbband, 13. Aufl. 1986
Larenz/Canaris Methodenlehre	Larenz/Canaris, Methodenlehre der Rechtswissenschaft, 3. Aufl. 1995
Larenz/Canaris SchuldR BT II	Larenz/Canaris, Lehrbuch des Schuldrechts, Band II /2 Besonderer Teil/2. Halbband, 13. Aufl. 1994
Larenz/Wolf BGB AT	siehe unter Wolf/Neuner
Bearbeiter in Laufs/ Kern ArztR-HdB ...	Laufs/Kern, Handbuch des Arztrechts, 4. Aufl. 2010
LFGB	Lebensmittel-, Bedarfsgegenstände- und Futtermittelgesetzbuch (Lebensmittel- und Futtermittelgesetzbuch idF der Bek. v. 26.4.2006 (BGBl. I S. 946)
LG	Landgericht (mit Ortsnamen)
Lit.	Literatur
lit.	litera
LM	Lindenmaier/Möhring, Nachschlagewerk des Bundesgerichtshofs (Nr. ohne Gesetzesstelle bezieht sich auf den gerade kommentierten Paragraphen)
LMK	Lindenmaier/Möhring, Kommentierte Rechtsprechung
LPartG	Gesetz zur Beendigung der Diskriminierung gleichgeschlechtlicher Gemeinschaften: Lebenspartnerschaften v. 16.2.2001 (BGBl. I S. 266)
Ls.	Leitsatz
LSG	Landessozialgericht (mit Ortsnamen)
LugÜ	Lugano Übereinkommen v. 16.9.1988 über die gerichtliche Zuständigkeit und die Vollstreckung gerichtlicher Entscheidungen in Zivil- und Handelssachen (BGBl. 1994 II S. 2660)
LZ	Leipziger Zeitschrift für Deutsches Recht
MarkenG	Gesetz über den Schutz von Marken und sonstigen Kennzeichen (Markengesetz) v. 25.10.1994 (BGBl. I S. 3082)
MBl.	Ministerialblatt
MDR	Monatsschrift für Deutsches Recht (Zeitschrift)
mE	meines Erachtens
Medicus BGB AT	Medicus, Allgemeiner Teil des BGB, 10. Aufl. 2010
Medicus/Lorenz SchuldR AT	Medicus/Lorenz, Schuldrecht I, Allgemeiner Teil, 21. Aufl. 2015
Medicus/Lorenz SchuldR BT	Medicus/Lorenz, Schuldrecht II, Besonderer Teil, 17. Aufl. 2014
Medicus/Petersen BürgerlR	Medicus/Petersen, Bürgerliches Recht, 25. Aufl. 2015
MedR	Medizinrecht (Zeitschrift 1.1983 ff.)
MEDSACH	Der medizinische Sachverständige (Zeitschrift)
Michalski/*Bearbeiter* .	Michalski (Hrsg.), GmbH-Gesetz, Kommentar, 2. Aufl. 2010
Mio.	Million(en)
Mitt.	Mitteilung(en)
MittBayNot	Mitteilungen des Bayerischen Notarvereins (Zeitschrift)

Abkürzungsverzeichnis

MittPat	Mitteilungen der deutschen Patentanwälte (Zeitschrift)
MittRhNotK	Mitteilungen der Rheinischen Notarkammer (Zeitschrift)
MitbestG	Gesetz über die Mitbestimmung der Arbeitnehmer (Mitbestimmungsgesetz) v. 4.5.1976 (BGBl. I S. 1153)
MMR	Multi-Media und Recht (Zeitschrift)
mN	mit Nachweisen
Montan-MitbestG ...	Gesetz über die Mitbestimmung der Arbeitnehmer in den Aufsichtsräten und Vorständen der Unternehmen des Bergbaus und der Eisen und Stahl erzeugenden Industrie v. 21.5.1951 (BGBl. I S. 347)
Montan-MitbestErgG	Gesetz zur Ergänzung des Gesetzes über die Mitbestimmung der Arbeitnehmer in den Aufsichtsräten und Vorständen des Bergbaus und der Eisen und Stahl erzeugenden Industrie v. 7.8.1956 (BGBl. I S. 707)
Mot. I–V	Motive zu dem Entwurf eines Bürgerlichen Gesetzbuches für das Deutsche Reich (Band I Allgemeiner Teil; Band II Recht der Schuldverhältnisse; Band III Sachenrecht; Band IV Familienrecht; Band V Erbrecht)
v. Münch/*Bearbeiter* .	v. Münch/Kunig (Hrsg.), Grundgesetz, Kommentar, 6. Aufl. 2012
MHdB ArbR/*Bearbeiter*	Münchener Handbuch zum Arbeitsrecht, hrsg. v. Richardi/Wlotzke, 3 Bände, 3. Aufl. 2009
MHdB GesR I (bzw. II–V)/*Bearbeiter*	Münchener Handbuch des Gesellschaftsrechts, Bände 1–5, 3. Aufl. 2007 ff.
MüKoAktG/*Bearbeiter*	Münchener Kommentar zum Aktiengesetz, hrsg. v. Kropff/Semler, 2. Aufl. des Geßler/Hefermehl, 2000 ff.; 3. Aufl. hrsg. v. Goette/Habersack, 2008 ff.
MüKoFamFG/*Bearbeiter*	Münchener Kommentar zum FamFG, hrsg. v. Rauscher, 2. Aufl. 2013
MüKoHGB/*Bearbeiter*	Münchener Kommentar zum Handelsgesetzbuch, hrsg. v. K. Schmidt, 3. Aufl. 2010 ff., 4. Aufl. 2016 ff.
MüKoInsO/*Bearbeiter*	Münchener Kommentar zur Insolvenzordnung, hrsg. v. Kirchhof/Lwowski/Stürner, 2. Aufl. 2007/2008
MüKoZPO/*Bearbeiter*	Münchener Kommentar zur Zivilprozessordnung, hrsg. v. Krüger/Rauscher, 4. Aufl. 2010 ff.
Mugdan	Die gesamten Materialien zum Bürgerlichen Gesetzbuch für das deutsche Reich, hrsg. v. Mugdan, Band I–V, 1899
MuSchG	Gesetz zum Schutz der erwerbstätigen Mutter (Mutterschutzgesetz) idF der Bek. v. 20.6.2002 (BGBl. I S. 2318)
Musielak/Borth/*Bearbeiter*	Musielak/Borth (Hrsg.), Familiengerichtliches Verfahren, 1. und 2. Buch FamFG, Kommentar, bearbeitet von Borth/Grandel, 5. Aufl. 2015
Musielak/Voit/*Bearbeiter*	Musielak/Voit (Hrsg.), Zivilprozessordnung, Kommentar, 13. Aufl. 2016
MuW	Markenschutz und Wettbewerb (Zeitschrift)
mN	mit Nachweisen
mwN	mit weiteren Nachweisen

Abkürzungsverzeichnis

NdsRpfl.	Niedersächsische Rechtspflege (Zeitschrift)
Nerlich/Römermann/*Bearbeiter*	Nerlich/Römermann, Insolvenzordnung, Kommentar, Loseblatt, 28. EL, Stand: Januar 2015
NF	Neue Folge
nF	neue Fassung
NJ	Neue Justiz (Zeitschrift)
NJOZ	Neue Juristische Online-Zeitschrift
NJW	Neue Juristische Wochenschrift (Zeitschrift)
NJW-FER	NJW-Entscheidungsdienst Familien- und Erbrecht (Zeitschrift, vereinigt mit FPR ab 2002)
NJW-MietR	NJW-Entscheidungsdienst Miet- und Wohnungsrecht (Zeitschrift)
NJW-RR	NJW-Rechtsprechungs-Report, Zivilrecht (Zeitschrift)
NJW-VHR	NJW-Entscheidungsdienst Versicherungs- und Haftungsrecht (Zeitschrift)
NJW-WettbR	NJW-Entscheidungsdienst Wettbewerbsrecht (Zeitschrift)
NK-BGB/*Bearbeiter*	Dauner-Lieb/Heidel/Ring, Nomos-Kommentar BGB, Band 1 und 2: 3. Aufl. 2016; Band 3: 4. Aufl. 2016; Band 4: 3. Aufl. 2014; Band 5: 4. Aufl. 2014
Nr.	Nummer(n)
NStZ	Neue Zeitschrift für Strafrecht
NStZ-RR	NStZ-Rechtsprechungs-Report Strafrecht (Zeitschrift)
NVersZ	Neue Zeitschrift für Versicherung und Recht
NVwZ	Neue Zeitschrift für Verwaltungsrecht
NVwZ-RR	Rechtsprechungs-Report Verwaltungsrecht (Zeitschrift)
NZA	Neue Zeitschrift für Arbeits- und Sozialrecht
NZA-RR	NZA-Rechtsprechungs-Report Arbeitsrecht
NZBau	Neue Zeitschrift für Baurecht und Vergaberecht
NZG	Neue Zeitschrift für Gesellschaftsrecht
NZI	Neue Zeitschrift für Insolvenz und Sanierung
NZM	Neue Zeitschrift für Mietrecht
NZS	Neue Zeitschrift für Sozialrecht
NZV	Neue Zeitschrift für Verkehrsrecht
oÄ	oder Ähnliches
Oertmann	Oertmann, Kommentar zum Bürgerlichen Gesetzbuch und seinen Nebengesetzen, Band I Allgemeiner Teil, 3. Aufl. 1927, Band II Recht der Schuldverhältnisse, 5. Aufl. 1928/29, Band III Sachenrecht, 3. Aufl. 1914, Band IV Familienrecht, 1906, Band V Erbrecht, 2. Aufl. 1912
OGH	Oberster Gerichtshof (Österreich)
OHG	offene Handelsgesellschaft
oJ	ohne Jahrgang
ÖJZ	Österreichische Juristenzeitung (Zeitschrift)
OLG	Oberlandesgericht
OLGE	siehe OLGRspr.
OLG-NL	OLG-Rechtsprechung Neue Länder (Zeitschrift)
OLGR	OLG-Report
OLGRspr.	Die Rechtsprechung der Oberlandesgerichte auf dem Gebiete des Zivilrechts, hrsg. v. Mugdan/Falkmann (1.1900–46.1928; aufgegangen in HRR)
OLGZ	Rechtsprechung der Oberlandesgerichte in Zivilsachen, Amtliche Entscheidungssammlung

Abkürzungsverzeichnis

ORDO	ORDO, Jahrbuch für die Ordnung von Wirtschaft und Gesellschaft
OVG	Oberverwaltungsgericht
OWiG	Gesetz über Ordnungswidrigkeiten idF der Bek. v. 19.2.1987 (BGBl. I S. 602)
PAngG	Gesetz über die Preisangaben (Preisangabengesetz) v. 3.12.1984 (BGBl. I S. 1429)
PAngV	Preisangabenverordnung idF der Bek. v. 18.10.2002 (BGBl. I S. 4197)
Palandt/*Bearbeiter*	Palandt, Bürgerliches Gesetzbuch, Kommentar, 76. Aufl. 2017
PartGG	Gesetz über Partnerschaftsgesellschaften Angehöriger Freier Berufe (Partnerschaftsgesellschaftsgesetz) v. 25.7.1994 (BGBl. I S. 1744)
PatG	Patentgesetz idF der Bek. v. 16.12.1980 (BGBl. 1981 I S. 1)
PersV	Die Personalvertretung (Zeitschrift)
PfandBG	Pfandbriefgesetz v. 22.5.2005 (BGBl. I S. 1373)
PfandlV	Verordnung über den Geschäftsbetrieb der gewerblichen Pfandleiher (Pfandleiherverordnung) idF der Bek. v. 1.6.1976 (BGBl. I S. 1334)
PflVG	Gesetz über die Pflichtversicherung für Kraftfahrzeughalter (Pflichtversicherungsgesetz) idF der Bek. v. 5.4.1965 (BGBl. I S. 213)
Planck/*Bearbeiter*	Plancks Kommentar zum BGB nebst Einführungsgesetz, 5 Bände, Band 4/2, 6: 3. Aufl. 1905/06; Band 1, 2, 4/1, 5: 4. Aufl. 1913–30; Band 3: 5. Aufl. 1933–38
PreisklG	Gesetz über das Verbot der Verwendung von Preisklauseln bei der Bestimmung von Geldschulden (Preisklauselgesetz) v. 7.9.2007 (BGBl. I S. 2246)
ProdHaftG	Gesetz über die Haftung für fehlerhafte Produkte (Produkthaftungsgesetz) v. 15.12.1989 (BGBl. I S. 2198)
ProdSG	Gesetz über die Bereitstellung von Produkten auf dem Markt (Produktsicherheitsgesetz) v. 8.11.2011 (BGBl. I S. 2179; 2012 I S. 131)
Prot. I–VI	Protokolle der Kommission für die zweite Lesung des Entwurfs des BGB (Bände I und IV 1897; Band II 1898; Band III, V und VI 1899)
PStG	Personenstandsgesetz v. 19.2.2007 (BGBl. I S. 122)
pVV	positive Vertragsverletzung
PWW/*Bearbeiter*	Prütting/Wegen/Weinreich (Hrsg.), Bürgerliches Gesetzbuch, Kommentar, 10. Aufl. 2015
RA	Rechtsausschuss
RabelsZ	Zeitschrift für ausländisches und internationales Privatrecht (Band und Seite)
RAnz.	Deutscher Reichs-Anzeiger
RBerG	Rechtsberatungsgesetz v. 13.12.1935 (RGBl. S. 1478)
RDG	Gesetz über außergerichtliche Rechtsdienstleistungen (Rechtsdienstleistungsgesetz) v. 12.12.2007 (BGBl. I S. 2840)
RdA	Recht der Arbeit (Zeitschrift)
RdL	Recht der Landwirtschaft (Zeitschrift)
RdM	Recht der Medizin (Zeitschrift)
RE	Rechtsentscheid
Recht	Das Recht (Zeitschrift)
re. Sp.	rechte Spalte
RefE	Referentenentwurf
RegBl.	Regierungsblatt
RegE	Regierungsentwurf
Reinicke/Tiedtke BürgschaftsR	Reinicke/Tiedtke, Bürgschaftsrecht, 3. Aufl. 2008
Reinicke/Tiedtke KaufR	Reinicke/Tiedtke, Kaufrecht, 8. Aufl. 2009

Abkürzungsverzeichnis

Reinicke/Tiedtke Kreditsicherung	Reinicke/Tiedtke, Kreditsicherung, 5. Aufl. 2006
RES	Sammlung der Rechtsentscheide in Wohnraummietsachen, hrsg. v. Landfermann/Herde, Band I Entscheidungen 1980/1981, Band II Entscheidungen 1982, Band III Entscheidungen 1983, Band IV Entscheidungen 1984, Band V Entscheidungen 1985, Band VI Entscheidungen 1986/1987
Reuter/Martinek Ungerechtfertige Bereicherung	Reuter/Martinek, Ungerechtfertigte Bereicherung, Handbuch des Schuldrechts, Band 4, 1983
RFH	Reichsfinanzhof, zugleich amtliche Sammlung der Entscheidungen (Band und Seite)
RG	Reichsgericht
RGBl.	Reichsgesetzblatt
RGRK/*Bearbeiter*	Das Bürgerliche Gesetzbuch mit besonderer Berücksichtigung der Rechtsprechung des Bundesgerichtshofs, Kommentar, hrsg. v. Mitgliedern des Bundesgerichtshofs, 12. Aufl. 1974 ff.
RGSt	Amtliche Sammlung von Entscheidungen des Reichsgerichts in Strafsachen
RGZ	Amtliche Sammlung von Entscheidungen des Reichsgerichts in Zivilsachen
RheinZ	Rheinische Zeitschrift für Zivil- und Prozeßrecht
RiA	Recht im Amt (Zeitschrift), siehe auch AW/RiA
RiM	Rechtsentscheide im Mietrecht, Müller/Oske/Becker/Blümmel
RIW	Recht der internationalen Wirtschaft (Zeitschrift)
RL	Richtlinie
Rn.	Randnummer(n)
ROHG	Reichsoberhandelsgericht, auch Entscheidungssammlung (Band und Seite)
Rom I-VO	Verordnung (EG) Nr. 593/2008 des Europäischen Parlaments und des Rates v. 17.6.2008 über das auf vertragliche Schuldverhältnisse anzuwendende Recht (ABl. L 177 S. 6, berichtigt 2009 L 309 S. 87)
Rom II-VO	Verordnung (EG) Nr. 864/2007 des Europäischen Parlaments und des Rates v. 11.7.2007 über das auf außervertragliche Schuldverhältnisse anzuwendende Recht (ABl. L 199 S. 40)
Rosenberg/Schwab/ Gottwald ZivilProzR	Rosenberg/Schwab/Gottwald, Zivilprozessrecht, 17. Aufl. 2010
Roth/Altmeppen/ Bearbeiter	Roth/Altmeppen, GmbHG, Kommentar, 8. Aufl. 2015
ROW	Recht in Ost und West (Zeitschrift)
Rowedder/Schmidt-Leithoff/Bearbeiter ...	Rowedder, GmbH-Gesetz, Kommentar, hrsg. v. Schmidt-Leithoff, 5. Aufl. 2013
Rpfleger	Der Deutsche Rechtspfleger (Zeitschrift)
RPflG	Rechtspflegergesetz v. 5.11.1969 (BGBl. I S. 2065)
RpflStud.	Rechtspfleger Studienheft (Zeitschrift)
Rs.	Rechtssache
Rspr.	Rechtsprechung
RsprBau	siehe Schäfer/Finnern/Hochstein
RT	Reichstag
RuG	Recht und Gesellschaft (Zeitschrift)
r+s	Recht und Schaden (Zeitschrift)
RuW	Recht und Wirtschaft (Zeitschrift)

Abkürzungsverzeichnis

RVG	Gesetz über die Vergütung der Rechtsanwältinnen und Rechtsanwälte (Rechtsanwaltsvergütungsgesetz) v. 5.5.2004 (BGBl. I S. 718)
S.	Seite; Satz; Recueil Sirey
s.	siehe; section
SAE	Sammlung arbeitsrechtlicher Entscheidungen (Zeitschrift)
SächsAnn.	Annalen des Sächsischen Oberlandesgerichts zu Dresden
SächsArch.	Sächsisches Archiv für Rechtspflege (Zeitschrift)
Savigny System I–VIII	Savigny, System des heutigen römischen Rechts, Bände I–VIII, 1814–49, 2. Neudruck 1981
Bearbeiter in Schaub ArbR-HdB	Schaub, Arbeitsrechts-Handbuch, 16. Aufl. 2015
ScheckG	Scheckgesetz v. 14.8.1933 (RGBl. I S. 597)
Schlechtriem/Schmidt-Kessel SchuldR BT .	Schlechtriem/Schmidt-Kessel, Schuldrecht Besonderer Teil, 7. Aufl. 2012
Schlegelberger/*Bearbeiter*	Schlegelberger, Handelsgesetzbuch, Kommentar, von Geßler, Hefermehl, Hildebrand, Schröder, Martens und K. Schmidt, 5. Aufl. 1973 ff.
SchlHA	Schleswig-Holsteinische Anzeigen (NF 1.1837 ff. Zeitschrift)
K. Schmidt GesR	K. Schmidt, Gesellschaftsrecht, 4. Aufl. 2002
K. Schmidt HandelsR	K. Schmidt, Handelsrecht, 6. Aufl. 2014
K. Schmidt/Lutter/*Bearbeiter*	K. Schmidt/Lutter, Aktiengesetz, Kommentar, 3. Aufl. 2015
Schmitt/Hörtnagl/Stratz/*Bearbeiter*	Schmitt/Hörtnagl/Stratz, Umwandlungsgesetz, Umwandlungssteuergesetz, Kommentar, begr. v. Dehmer, 6. Aufl. 2013
Scholz/*Bearbeiter*	Scholz, Kommentar zum GmbHG, 11. Aufl. 2015
Schöner/Stöber GrundbuchR	Schöner/Stöber, Grundbuchrecht, begr. v. Haegele, 15. Aufl. 2012
SchuldRModG	Gesetz zur Modernisierung des Schuldrechts v. 26.11.2001 (BGBl. I S. 3138)
Bearbeiter in Schubert Vorentwürfe BGB ...	Die Vorlagen der Redaktoren für die erste Kommission zur Ausarbeitung des Entwurfs eines Bürgerlichen Gesetzbuches, hrsg. v. W. Schubert, 1980 ff.
SchweizAG	Schweizerische Aktiengesellschaft, Société anonyme suisse (Zeitschrift)
SE	Societas Europaea, Europäische Gesellschaft
Selb Mehrheiten von Gläubiger und Schuldnern	Selb, Mehrheiten von Gläubigern und Schuldnern, Handbuch des Schuldrechts, Band 5, 1984
Serick EV I–VI	Serick, Eigentumsvorbehalt und Sicherungsübertragung, 1963–1982
SeuffA	Seufferts Archiv für Entscheidungen der obersten Gerichte in den deutschen Staaten (Zeitschrift; Band und Nr.; 1.1847–98.1944)
SeuffBl.	Seufferts Blätter für Rechtsanwendung (Zeitschrift; Band und Seite)
SG	Sozialgericht
SGB	Sozialgesetzbuch – SGB I: (1. Buch) Allgemeiner Teil v. 11.12.1975 (BGBl. I S. 3015); SGB II: (2. Buch) Grundsicherung für Arbeitsuchende v. 24.12.2003 (BGBl. I S. 2954); SGB III: (3. Buch) Arbeitsförderung v. 24.3.1997 (BGBl. I S. 594); SGB IV: (4. Buch) Gemein-

Abkürzungsverzeichnis

	same Vorschriften für die Sozialversicherung v. 23.12.1976 (BGBl. I S. 3845); SGB V: (5. Buch) Gesetzliche Krankenversicherung v. 20.12.1988 (BGBl. I S. 2477); SGB VI: (6. Buch) Gesetzliche Rentenversicherung v. 19.2.2002 (BGBl. I S. 754); SGB VII: (7. Buch) Gesetzliche Unfallversicherung v. 7.8.1996 (BGBl. I S. 1254); SGB VIII: (8. Buch) Kinder- und Jugendhilfe idF der Bek. v. 14.12.2006 (BGBl. I S. 3134); SGB IX: (9. Buch) Rehabilitation und Teilhabe behinderter Menschen v. 19.6.2001 (BGBl. I S. 1046); SGB X: (10. Buch) Sozialverwaltungsverfahren und Sozialdatenschutz v. 18.1.2001 (BGBl. I S. 130); SGB XI: (11. Buch) Soziale Pflegeversicherung v. 26.5.1994 (BGBl. I S. 1014); SGB XII: (12. Buch) Sozialhilfe v. 27.12.2003 (BGBl. I S. 3022)
SGb	Die Sozialgerichtsbarkeit (Zeitschrift)
SGG	Sozialgerichtsgesetz idF der Bek. v. 23.9.1975 (BGBl. I S. 2535)
Slg.	Entscheidungen des Gerichtshofes der Europäischen Union
Soergel/*Bearbeiter*	Soergel, Bürgerliches Gesetzbuch mit Einführungsgesetz und Nebengesetzen, Kommentar, hrsg. v. Siebert, 12. Aufl. 1987 ff.; 13. Aufl. 1999 ff.
sog.	so genannt
SozR	Sozialrecht, Rechtsprechung und Schrifttum, bearbeitet von den Richtern des Bundessozialgerichts
SozVers.	Die Sozialversicherung (Zeitschrift)
SozW	Sozialwissenschaft(en)
SP	Schaden-Praxis (Zeitschrift)
Sp.	Spalte
Spindler/Stilz/*Bearbeiter*	Spindler/Stilz (Hrsg.), Aktiengesetz, Kommentar, 3. Aufl. 2015
SprAuG	Gesetz über Sprecherausschüsse der leitenden Angestellten (Sprecherausschußgesetz) v. 20.12.1988 (BGBl. I S. 2312, 2316)
SpTrUG	Gesetz über die Spaltung der von der Treuhandanstalt verwalteten Unternehmen v. 5.4.1991 (BGBl. I S. 854)
Staub/*Bearbeiter*	Staub (Hrsg.), Handelsgesetzbuch, Großkommentar, 4. Aufl. 1982 ff., 3. Aufl. zitiert als GroßkommHGB/Bearbeiter
Staudinger/*Bearbeiter*	v. Staudinger, Kommentar zum Bürgerlichen Gesetzbuch (Bände zitiert mit Jahreszahl in Klammern)
StAZ	Das Standesamt (Zeitschrift)
StB	Der Steuerberater (Zeitschrift)
StBerG	Steuerberatungsgesetz idF der Bek. v. 4.11.1975 (BGBl. I S. 2735)
StBGebV	Gebührenordnung für Steuerberater, Steuerbevollmächtigte und Steuerberatungsgesellschaften (Steuerberater-Gebührenverordnung) v. 17.12.1981 (BGBl. I S. 1442)
StBp	Die steuerliche Betriebsprüfung (Zeitschrift)
Stein/Jonas/*Bearbeiter*	Stein/Jonas, Zivilprozessordnung, Kommentar, 21. Aufl. 1999 ff. (Band 6); 22. Aufl. 2002 ff.
StGB	Strafgesetzbuch idF der Bek. v. 13.11.1998 (BGBl. I S. 3322)
StPO	Strafprozeßordnung idF der Bek. v. 7.4.1987 (BGBl. I S. 1074, 1319)
StoffR	Zeitschrift für Stoffrecht (Zeitschrift)
str.	streitig
stRspr	ständige Rechtsprechung
StuW	Steuer und Wirtschaft (Zeitschrift)
StV	Der Strafverteidiger (Zeitschrift)
StVG	Straßenverkehrsgesetz idF der Bek. v. 5.3.2003 (BGBl. I S. 310)

Abkürzungsverzeichnis

Thomas/Putzo/*Bearbeiter*	Thomas/Putzo/Reichold/Hüßtege, Zivilprozessordnung, Kommentar, 36. Aufl. 2015
TKG	Telekommunikationsgesetz idF der Bek. v. 22.6.2004 (BGBl. I S. 1190)
TMG	Telemediengesetz v. 26.2.2007 (BGBl. I S. 179)
TranspR	Transport- und Speditionsrecht (Zeitschrift)
TzBfG	Gesetz über Teilzeitarbeit und befristete Arbeitsverträge (Teilzeit- und Befristungsgesetz) v. 21.12.2000 (BGBl. I S. 1966)
Tz.	Textziffer
u.	und; unten; unter
ua	unter anderem; und andere
uÄ	und Ähnliche(s)
überwM	überwiegende Meinung
ÜG	Überweisungsgesetz v. 21.7.1999 (BGBl. I S. 1642)
Uhlenbruck/*Bearbeiter*	Uhlenbruck/Hirte/Vallender (Hrsg.), Insolvenzordnung, Kommentar, 14. Aufl. 2015
UKlaG	Gesetz über Unterlassungsklagen bei Verbraucherrechts- und anderen Verstößen (Unterlassungsklagengesetz) idF der Bek. v. 27.8.2002 (BGBl. I S. 3422)
Ulmer/Brandner/Hensen/*Bearbeiter*	Ulmer/Brandner/Hensen, AGB-Recht, Kommentar, 12. Aufl. 2016
Ulmer/Habersack/Löbbe/*Bearbeiter*	Ulmer/Habersack/Löbbe, GmbHG, Kommentar, Bd. 1: 2. Aufl. 2013, Bd. 2: 2. Aufl. 2014, Bd. 3: 2008
UmwG	Umwandlungsgesetz v. 28.10.1994 (BGBl. I S. 3210)
UNIDROIT	Institut International pour l'Unification du Droit Privé
UN-KaufR	(Wiener) Übereinkommen der Vereinten Nationen über Verträge über den internationalen Warenkauf v. 11.4.1980 (BGBl. 1989 II S. 586; 1990 II S. 1477), siehe auch CISG
unstr.	unstreitig
UrhG	Gesetz über Urheberrecht und verwandte Schutzrechte (Urheberrechtsgesetz) v. 9.9.1965 (BGBl. I S. 1273)
USt	Umsatzsteuer
Urt.	Urteil
UStG	Umsatzsteuergesetz idF der Bek. v. 21.2.2005 (BGBl. I S. 386)
usw	und so weiter
uU	unter Umständen
UWG	Gesetz gegen den unlauteren Wettbewerb v. 3.7.2004 (BGBl. I S. 1414)
v.	vom; von
VAG	Gesetz über die Beaufsichtigung der Versicherungsunternehmen (Versicherungsaufsichtsgesetz) idF der Bek. v. 17.12.1992 (BGBl. 1993 I S. 3)
VereinsG	Vereinsgesetz idF der Bek. v. 5.8.1964 (BGBl. I S. 593)
Verf.	Verfassung
VerglO	Vergleichsordnung v. 26.2.1935 (RGBl. I S. 321), aufgehoben
Verh.	Verhandlung(en)
Verh. DJT	Verhandlungen des Deutschen Juristentages
VerkBl.	Verkehrsblatt, Amtsblatt des Bundesministers für Verkehr
VerkMitt.	Verkehrsrechtliche Mitteilungen (Zeitschrift)
VerkRdsch.	Verkehrsrechtliche Rundschau (Zeitschrift)
VersArch.	Versicherungswissenschaftliches Archiv (Zeitschrift)

Abkürzungsverzeichnis

VersR	Versicherungsrecht, Juristische Rundschau für die Individualversicherung (Zeitschrift)
VersW	Versicherungswirtschaft (Zeitschrift)
Verw.	Verwaltung
VerwA	Verwaltungsarchiv (Zeitschrift)
VerwG	Verwaltungsgericht
VerwGH	Verwaltungsgerichtshof
VerwRspr.	Verwaltungsrechtsprechung in Deutschland (Band und Seite)
Vfg.	Verfügung
VG	Verwaltungsgericht
VGH	Verfassungsgerichtshof
vgl.	vergleiche
VIZ	Zeitschrift für Vermögens- und Investitionsrecht (seit 1997: Immobilienrecht)
VO	Verordnung
VOBl.	Verordnungsblatt
VuR	Verbraucher und Recht (Zeitschrift)
VVG	Gesetz über den Versicherungsvertrag v. 23.11.2007 (BGBl. S. 2631)
VwGO	Verwaltungsgerichtsordnung idF der Bek. v. 19.3.1991 (BGBl. I S. 686)
VwV	Verwaltungsverordnung; Verwaltungsvorschrift
VwVfG	Verwaltungsverfahrensgesetz idF der Bek. v. 23.1.2003 (BGBl. I S. 102)
VwZG	Verwaltungszustellungsgesetz v. 12.8.2005 (BGBl. I S. 2354)
WarnR	Rechtsprechung des Reichsgerichts, hrsg. v. Warneyer (Band und Nr.), ab 1961: Rechtsprechung des Bundesgerichtshofs in Zivilsachen
Weber/Weber KreditsicherungsR	Hansjörg Weber, Kreditsicherheiten. Recht der Sicherungsgeschäfte, 9. Aufl. 2012
WEG	Gesetz über das Wohnungseigentum und das Dauerwohnrecht (Wohnungseigentumsgesetz) v. 15.3.1951 (BGBl. I S. 175)
Bearbeiter in Westermann/Wertenbruch PersGesR-HdB	Westermann/Wertenbruch, Handbuch der Personengesellschaften, Loseblatt, 63. EL, Stand: November 2015
Bearbeiter in Graf v. Westphalen/Thüsing VertragsR	Graf v. Westphalen/Thüsing (Hrsg.), Vertragsrecht und AGB-Klauselwerke, Broschüren im Ordner, 38. EL, Stand: April 2016
WG	Wechselgesetz v. 21.6.1933 (RGBl. I S. 399)
WiB	Wirtschaftsrechtliche Beratung (Zeitschrift)
Wiedemann GesR I bzw. GesR II	Wiedemann, Gesellschaftsrecht, Band 1: Grundlagen, 1980, Band 2: Recht der Personengesellschaften, 2004
WiGBl.	Gesetzblatt der Verwaltung des Vereinigten Wirtschaftsgebiets
Windscheid PandektenR I, II, III	Windscheid, Lehrbuch des Pandektenrechts, Bände I–III, 9. Aufl. 1906, bearbeitet v. Kipp
WM	Wertpapiermitteilungen, Zeitschrift für Wirtschaft und Bankrecht (Zeitschrift)
wN	weitere Nachweise
Wolf/Neuner BGB AT	Wolf/Neuner, Allgemeiner Teil des deutschen Bürgerlichen Rechts, 10. Aufl. 2012

Abkürzungsverzeichnis

WPg	Die Wirtschaftsprüfung (Zeitschrift)
WpHG	Gesetz über den Wertpapierhandel (Wertpapierhandelsgesetz) idF der Bek. v. 9.9.1998 (BGBl. I S. 2708)
WPO	Gesetz über die Berufsordnung der Wirtschaftsprüfer (Wirtschaftsprüferordnung) v. 5.11.1975 (BGBl. I S. 2833)
WpPG	Gesetz über die Erstellung, Billigung und Veröffentlichung des Prospekts, der beim öffentlichen Angebot von Wertpapieren oder bei der Zulassung von Wertpapieren zum Handel an einem organisierten Markt zu veröffentlichen ist (Wertpapierprospektgesetz) idF der Bek. v. 22.6.2005 (BGBl. I S. 1698)
WRP	Wettbewerb in Recht und Praxis (Zeitschrift)
WuB	Wirtschafts- und Bankrecht (Zeitschrift)
WuM	Wohnungswirtschaft und Mietrecht (Informationsdienst des Deutschen Mieterbundes; Zeitschrift)
WuR	Die Wirtschaft und das Recht (Zeitschrift)
WürttNV	Mitteilungen aus der Praxis, hrsg. v. Württembergischen Notarverein (bis 20.1954), dann BWNotZ
WürttRpflZ	Württembergische Zeitschrift für Rechtspflege und Verwaltung
WürttZ	Zeitschrift für die freiwillige Gerichtsbarkeit und Gemeindeverwaltung in Württemberg
WuW/E	Wirtschaft und Wettbewerb – Entscheidungssammlung
ZAkDR	Zeitschrift der Akademie für Deutsches Recht
ZAP	Zeitschrift für die Anwaltspraxis Ausgabe Ost
zB	zum Beispiel
ZBB	Zeitschrift für Bankrecht und Bankwirtschaft
ZBlFG	Zentralblatt für freiwillige Gerichtsbarkeit und Notariat (ab 12.1911/12: für freiwillige Gerichtsbarkeit, Notariat und Zwangsversteigerung), 1.1900/01–22.1921/22
ZBlHR	Zentralblatt für Handelsrecht
ZErb	Zeitschrift für Steuer- und Erbrechtspraxis
ZEuP	Zeitschrift für Europäisches Privatrecht (Zeitschrift)
ZEV	Zeitschrift für Erbrecht und Vermögensnachfolge (Zeitschrift)
ZfA	Zeitschrift für Arbeitsrecht
ZfbF	(Schmalenbachs) Zeitschrift für betriebswirtschaftliche Forschung
ZfgK	Zeitschrift für das gesamte Kreditwesen (Zeitschrift)
ZfIR	Zeitschrift für Immobilienrecht (Zeitschrift)
ZfS	Zeitschrift für Schadensrecht (1.1980 ff.)
ZfSozW	Zeitschrift für Sozialwissenschaft
ZfVersWesen	Zeitschrift für Versicherungswesen
ZgesGenW	Zeitschrift für das gesamte Genossenschaftswesen
ZGR	Zeitschrift für Unternehmens- und Gesellschaftsrecht
ZGS	Zeitschrift für das gesamte Schuldrecht (Zeitschrift)
ZHR	Zeitschrift für das gesamte Handelsrecht und Wirtschaftsrecht (früher Zeitschrift für das gesamte Handelsrecht und Konkursrecht)
Ziff.	Ziffer(n)
ZInsO	Zeitschrift für das gesamte Insolvenzrecht (Zeitschrift)
ZIP	Zeitschrift für Wirtschaftsrecht (bis 1982: Zeitschrift für Wirtschaftsrecht und Insolvenzpraxis)
ZIR	Zeitschrift für internationales Recht (früher NiemeyersZ)
ZKM	Zeitschrift für Konfliktmanagement (Zeitschrift)
ZKredW	Zeitschrift für das gesamte Kreditwesen
ZMR	Zeitschrift für Miet- und Raumrecht
ZöffR	Zeitschrift für öffentliches Recht

Abkürzungsverzeichnis

Zöller/*Bearbeiter*	Zöller, Zivilprozessordnung, Kommentar, 31. Aufl. 2016
Zöllner WertpapierR	Zöllner, Wertpapierrecht, begr. v. Rehfeldt, 14. Aufl. 1987
ZPO	Zivilprozessordnung idF der Bek. v. 5.12.2005 (BGBl. I S. 3202, ber. 2006 S. 431)
ZRP	Zeitschrift für Rechtspolitik
ZS	Zivilsenat
ZSR	Zeitschrift für Sozialreform
ZStrW	Zeitschrift für die gesamte Strafrechtswissenschaft (Band und Seite)
zT	zum Teil
zust.	zuständig; zustimmend
zutr.	zutreffend
ZVersWes.	Zeitschrift für Versicherungswesen
ZVersWiss.	Zeitschrift für die gesamte Versicherungswissenschaft (1.1901–43.1943; 49.1960 ff.)
ZVG	Gesetz über die Zwangsversteigerung und Zwangsverwaltung idF der Bek. v. 20.5.1898 (RGBl. S. 369, 713)
ZVglRWiss.	Zeitschrift für vergleichende Rechtswissenschaft (Band, Jahr und Seite)
ZWE	Zeitschrift für das Wohnungseigentum
ZZP	Zeitschrift für Zivilprozess (Band, Jahr und Seite)

Bürgerliches Gesetzbuch

in der Fassung der Bekanntmachung vom 2. Januar 2002
(BGBl. I S. 42, ber. S. 2909 und 2003 S. 738),
zuletzt geändert durch Gesetz vom 6. Juni 2017 (BGBl. I S. 1495)

Buch 2. Recht der Schuldverhältnisse

Abschnitt 8. Titel 16 (§§ 705–740)

Titel 16. Gesellschaft

Vorbemerkung (Vor § 705)

Schrifttum: (abgekürzt zitiert, soweit nicht bereits im allg. Abkürzungsverzeichnis)

Kommentare: *Soergel,* BGB, 13. Aufl. 2011, §§ 705–758 *(Hadding* und *Kießling);* Staudinger/*Habermeier,* BGB, 13. Bearb. 2003, §§ 705–740; Erman/*Westermann,* BGB, 14. Aufl. 2014, §§ 705–740; Bamberger/Roth/*Schöne* BGB, 3. Aufl. 2012, §§ 705–740; Staub, Großkommentar zum HGB, 5. Aufl. 2009 *(Habersack, Schäfer);* MüKoHGB, 2. und 3. Aufl. ab 2005 *(K. Schmidt* ua); *Geiler* und *Flechtheim* in Düringer/Hachenburg, Das Handelsgesetzbuch, 3. Aufl. 2. Bd. 1932; *Baumbach/Hopt,* Handelsgesetzbuch, 36. Aufl. 2014; *Heymann,* Handelsgesetzbuch, 2. Aufl. 1995; *Koller/Kindler/Roth/Morck,* Handelsgesetzbuch, 8. Aufl. 2015; *Baumbach/Hueck,* Kurzkommentar zum GmbH-Gesetz, 20. Aufl. 2013; *Scholz,* Kommentar zum GmbH-Gesetz, 11. Aufl. ab 2012; *Ulmer/Habersack/Löbbe,* Großkommentar zum GmbH-Gesetz, 2. Aufl. 2013; Großkommentar zum AktG, 4. Aufl. seit 1992 (Hrsg. Hopt/Wiedemann); MüKoAktG, 2. Aufl. 2000–2006 (Hrsg. Kropff/Semler); 3. Aufl. ab 2008 (Hrsg. Goette/Habersack); Henssler/Strohn/*Servatius* ua, Gesellschaftsrecht, 2. Aufl. 2014; Immenga/Mestmäcker, GWB, 5. Aufl. 2014.

Sonstige Gesamtdarstellungen und Lehrbücher: *Canaris,* Handelsrecht, 24. Aufl. 2006; *Flume,* Allgemeiner Teil des Bürgerlichen Rechts, 1. Bd. 1. Teil, Die Personengesellschaft, 1977; 2. Teil, Die juristische Person, 1983; *Grunewald,* Gesellschaftsrecht, 9. Aufl. 2014; *Windbichler,* Gesellschaftsrecht, 23. Aufl. 2013; *Hüffer/Koch,* Gesellschaftsrecht, 9. Aufl. 2015; *Koenigs,* Die stille Gesellschaft, 1961; *Kraft/Kreutz,* Gesellschaftsrecht, 11. Aufl. 2000; *Kübler/Assmann,* Gesellschaftsrecht, 6. Aufl. 2006; *Karsten Schmidt,* Gesellschaftsrecht, 5. Aufl. 2015; *ders.,* Handelsrecht, 6. Aufl. 2014; *Westermann,* Handbuch Personengesellschaften, 61. Aufl. 2015; *Wiedemann,* Gesellschaftsrecht, Bd. I, 1980, Bd. II 2004; *Wieland,* Handelsrecht, Bd. 1, 1921; *Würdinger,* Gesellschaften, 1. Teil: Recht der Personengesellschaften, 1937.

Monografien: *Aderhold,* Das Schuldmodell der BGB-Gesellschaft, 1981; *Armbrüster,* Die treuhänderische Beteiligung an Gesellschaften, 2001; *Blaurock,* Unterbeteiligung und Treuhand an Gesellschaftsanteilen, 1981; *Breuninger,* Die BGB-Gesellschaft als Rechtssubjekt im Wirtschaftsverkehr, 1991; *Dauner-Lieb,* Unternehmen in Sondervermögen, 1998; *Göbel,* Mehrheitsentscheidungen in Personengesellschaften, 1992; *Göckeler,* Die Stellung der Gesellschaft bürgerlichen Rechts im Erkenntnis-, Vollstreckungs- und Konkursverfahren, 1992; *Habersack,* Die Mitgliedschaft – subjektives und „sonstiges" Recht, 1996; *Hadding,* Actio pro socio, 1966; *Hermanns,* Unverzichtbare Mitverwaltungsrechte des Personengesellschafters, 1993; *Hillers,* Personengesellschaft und Liquidation, 1988; *Ulrich Huber,* Vermögensanteil, Kapitalanteil und Gesellschaftsanteil von Personengesellschaften des Handelsrechts, 1970; *Ulrich Hübner,* Interessenkonflikt und Vertretungsmacht, 1977; *Götz Hueck,* Der Grundsatz der gleichmäßigen Behandlung im Privatrecht, 1958; *Hüttemann,* Leistungsstörungen bei Personengesellschaften, 1998; *Immenga,* Die personalistische Kapitalgesellschaft, 1970; *John,* Die organisierte Rechtsperson, 1977; *Lieb,* Die Ehegattenmitarbeit im Spannungsfeld zwischen Rechtsgeschäft, Bereicherungsausgleich und gesetzlichem Güterstand, 1970; *Michalski,* Gesellschaftsrechtliche Gestaltungsmöglichkeiten zur Perpetuierung von Unternehmen, 1980; *Morck,* Die vertragliche Gestaltung der Beteiligung an Personenhandelsgesellschaften, 1980; *Hans-Friedrich Müller,* Der Verband in der Insolvenz, 2002; *Nitschke,* Die körperschaftlich strukturierte Personengesellschaft, 1970; *Reiff,* Die Haftungsverfassung nichtrechtsfähiger unternehmenstragender Verbände, 1996; *Reuter,* Privatrechtliche Schranken der Perpetuierung von Unternehmen, 1973; *Röttger,* Die Kernbereichslehre im Recht der Personenhandelsgesellschaften, 1989; *Roitzsch,* Der Minderheitenschutz im Verbandsrecht, 1981; *Carsten Schäfer,* Die Lehre vom fehlerhaften Verband, 2002; *Karsten Schmidt,* Zur Stellung der OHG im System der Handelsgesellschaften, 1972; *Schünemann,* Grundprobleme der Gesamthandsgesellschaft, 1975; *Schürnbrand,* Organschaft im Recht der privaten Verbände, 2007; *Schulze-Osterloh,* Das Prinzip der gesamthänderischen Bindung, 1972; *ders.,* Der gemeinsame Zweck der Personengesellschaften, 1973; *Sester,* Treupflichtverletzungen bei Widerspruch und Zustimmungsverweigerung im Recht der Personenhandelsgesellschaften, 1996; *Siegmann,* Personengesellschaftsanteil und Erbrecht, 1992; *Steckhan,* Die Innengesellschaft, 1966; *Teichmann,* Gestaltungsfreiheit in Gesellschaftsverträgen, 1970; *Ulbrich,* Die Unterbeteiligungsgesellschaft an Personengesellschaftsanteilen, 1982; *Wagner,* Die Unterbeteiligung an einem OHG-Anteil, 1975; *Wertenbruch,* Gesellschaften und Gesellschaftsanteile in der Zwangsvollstreckung, 2000; *Harm Peter Westermann,* Vertragsfreiheit und Typengesetzlichkeit im Recht der Personengesellschaften, 1970; *Wiedemann,* Die Übertragung und Vererbung von Mitgliedschaftsrechten bei Handelsgesellschaften, 1965; *Wiesner,* Die Lehre von der fehlerhaften Gesellschaft, 1980; *M. Winter,* Mitgliedschaftliche Treubindungen im GmbH-Recht, 1988; *Zöllner,* Die Schranken mitgliedschaftlicher Stimmenrechtsmacht bei den privatrechtlichen Personenverbänden, 1963; *ders.,* Die Anpassung von Personengesellschaftsverträgen an veränderte Umstände, 1979.

Übersicht

	Rn.		Rn.
A. Gesellschaft bürgerlichen Rechts – Begriff und systematische Stellung	1–33	a) Essentialia	5–7
		b) Verzichtbare Merkmale	8
I. Begriff und Wesen	1–13	3. Rechtsfähigkeit der (Außen-)GbR	9–13
1. Enger und weiter Gesellschaftsbegriff	1–4	a) Rechtsentwicklung und Tragweite	9–11
2. Wesensmerkmale der GbR	5–8	b) Unterscheidung gegenüber der juristischen Person	12, 13

	Rn.		Rn.
II. Systematische Stellung	14–25	d) Analoge Anwendung der gesellschaftsrechtlichen Ausgleichsordnung	79, 80
1. Gesellschaft als Schuldverhältnis	14	11. Lebensgemeinschaften	81–84
2. Gesellschaft und Gemeinschaft	15	a) Nichteheliche	81–83
3. GbR und Handelsgesellschaften	16–18	b) Eingetragene Lebenspartnerschaft	84
4. Verwandte Gesellschaftsformen	19–22	II. Einteilungskriterien	85–91
a) Freiberufler-Partnerschaft	19, 20	1. Überblick	85
b) EWIV	21, 22	2. Gelegenheits- und Dauergesellschaften	86–88
5. Personen- und Kapitalgesellschaften	23	3. Erwerbsgesellschaften	89, 90
6. Vorgesellschaft	24, 25	4. Außen- und Innengesellschaften	91
III. Reform	26–33	III. Die Unterbeteiligung	92–103
1. Die unvollkommene Regelung im BGB	26	1. Begriff und Wesen	92–95
2. Reformansätze	27–29	2. Rechtsverhältnisse in der Unterbeteiligungsgesellschaft	96–103
3. Einzelne Neuregelungen	30–33	a) Gründung	96, 97
a) Überblick	30	b) Rechte des Unterbeteiligten	98–101
b) Beschränkung der Minderjährigenhaftung	31	c) Auflösung und Auseinandersetzung	102, 103
c) Nachhaftungsbegrenzung	32	C. Abgrenzungsfragen	104–138
d) Sonstige	33	I. Gesellschafts- und Austauschverträge	104–123
B. Formen und Arten der GbR	34–103	1. Allgemeines	104–106
I. Erscheinungsformen	34–84	a) Grundsatz	104, 105
1. Allgemeines	34, 35	b) Gesellschaftsähnliche Rechtsverhältnisse	106
2. Erwerbsgesellschaften	36–42	2. Partiarische Rechtsverhältnisse	107–112
a) Freie Berufe	36–40	a) Begriff und Wesen	107
b) Landwirtschaft	41	b) Partiarisches Darlehen	108–110
c) Kleingewerbetreibende	42	c) Partiarischer Dienstvertrag	111
3. Arbeitsgemeinschaften	43–45	d) Partiarische Miete oder Pacht	112
4. Vermögensverwaltung	46	3. Gemischte Verträge	113–116
5. Bauherrengemeinschaften	47–50	a) Allgemeines	113, 114
6. Konsortien	51–64	b) Einzelfragen	115, 116
a) Allgemeines	51	4. Kasuistik	117–123
b) Emissionskonsortien	52–57	II. Gesellschaft und Gemeinschaft	124–135
c) Kredit- und Finanzierungskonsortien	58–60	1. Grundsatz	124–126
d) Anlagenbau-Konsortien	61–63	2. Gesellschaftsähnliche Gemeinschaften	127
e) Sonstige	64	3. Gemeinschaft von Urhebern oder ausübenden Künstlern	128–131
7. Kartell- und Konzernformen, Pools	65–71	a) Schlichte Miturhebergemeinschaft	128, 129
a) Kartelle	65	b) Künstlergruppe	130, 131
b) Konzernformen; Gemeinschaftsunternehmen	66, 67	4. Gemeinschaft der Wohnungseigentümer	132–135
c) Beteiligungskonsortien, Stimmrechtspools	68–69b	a) Gesetzliche Regelung; Rechtsnatur	132, 133
d) Familiengesellschaften (Familienpools)	70	b) Stellungnahme	134, 135
e) Sicherheitenpools; Sanierungsfonds	71	III. Gesellschaft und nichtrechtsfähiger Verein	136–138
8. Rechtsverfolgungs-Konsortium	71a, 71b	1. Grundlagen	136, 137
9. Metaverbindungen	72	a) Unterschiedliche Typenmerkmale	136
10. Ehegattengesellschaften	73–80	b) Annäherung im Außenverhältnis	137
a) Allgemeines	73	2. Mischtypen	138
b) Gesellschaftsrechtliche Grundlagen	74, 75		
c) Rechtsprechung und Kritik	76–78		

A. Gesellschaft bürgerlichen Rechts – Begriff und systematische Stellung

I. Begriff und Wesen

1 1. **Enger und weiter Gesellschaftsbegriff.** Gesellschaft im **weiten** Sinne ist jeder rechtsgeschäftliche Zusammenschluss von zwei oder mehr Personen zur Förderung des vereinbarten gemeinsamen Zwecks.¹ In dieser weiten Fassung erstreckt sich die Definition auf alle rechtsgeschäftlich begründeten, der Erreichung des vereinbarten Zwecks dienenden Personengemeinschaften unabhängig von deren jeweiliger Rechtsform. Es fallen darunter in erster Linie die *Personengesellschaften* des bürgerlichen und Handelsrechts (GbR, OHG und KG) und die Partnerschaft (→ Rn. 19 f.). Gesellschaften in diesem weiten Sinn sind aber auch die von zwei oder mehr Personen gegründeten *Kapitalgesellschaften* (AG und GmbH) und sonstige gemeinsamer Zweckverfolgung dienende *korporative Zusammenschlüsse* wie der Verein oder die Genossenschaft. Bei ihnen handelt es sich um zur juristischen Person verfestigte Zusammenschlüsse, bei denen die Verbandsorganisation sich im Unterschied zu den Personengesellschaften infolge der Registereintragung von den als Mitglieder beteiligten Personen gelöst hat, auf einer gegenüber den Gründern verselbstständigten Verfassung (der „Satzung") beruht und daher trotz Rückgangs der Mitgliederzahl auf eine Person („Einmanngesellschaft"), ja theoretisch sogar trotz Wegfalls aller Mitglieder fortbesteht.²

Für die **Gesellschaft bürgerlichen Rechts (GbR)** gilt demgegenüber ebenso wie für die anderen Personengesellschaften (OHG, KG, Partnerschaft) ein **engerer** Begriff der Gesellschaft, für den es zusätzlich auf die Einzelnen *Gesellschafter* als vertraglich verbundene und in der Regel auch gesamthänderisch beteiligte, nicht beliebig auswechselbare Mitglieder ankommt. Diese Gesellschaften werden **typischerweise** durch die als Gesellschafter beteiligten Personen geprägt. Nicht nur Ein- oder Austritt einzelner Gesellschafter, sondern streng genommen auch die Übertragung der Mitgliedschaft führen zu einer Änderung des Gesellschaftsvertrags. Derartige Akte setzen daher die Zustimmung der Mitgesellschafter hierzu voraus, wobei diese freilich auch in genereller Form bereits im Gesellschaftsvertrag selbst erteilt werden kann (→ § 719 Rn. 27). 2

Von den typischen, als Außengesellschaften gegründeten und auf persönlicher Verbindung der Gründer oder ihrer Rechtsnachfolger beruhenden Personenverbindungen zu unterscheiden sind die Fälle einer **atypischen** Fortentwicklung, wie sie im Recht der Personengesellschaften unter Einschluss der GbR auf Grund der dort grundsätzlich geltenden *Vertragsgestaltungsfreiheit* in einer ganzen Reihe von Regelungsbereichen und Erscheinungsformen zu beobachten ist.³ Als Beispiel derartiger atypischer Gestaltung sei verwiesen auf die **Innengesellschaft,** darunter namentlich die stille GbR und die *Unterbeteiligung* (→ Rn. 92 ff.; → § 705 Rn. 286 ff.) sowie auf den Sonderfall des Emissionskonsortiums (→ Rn. 52 ff.). Die Rechtsanwendung kann an derartigen Entwicklungen und an der Struktur der jeweiligen Gesellschaft nicht achtlos vorbeigehen, sondern hat ihnen über die ausdrücklich im Gesellschaftsvertrag vorgesehenen Abweichungen hinaus erforderlichenfalls durch ergänzende Vertragsauslegung abweichend vom dispositiven Recht oder im Wege des Analogieschlusses zu anderen, der konkreten Gesellschaftsstruktur besser entsprechenden Vorschriften, Rechnung zu tragen (→ Rn. 134; → § 705 Rn. 174).⁴ 3

Eine andere Art atypischer Erscheinungen bilden die verbreitet anzutreffenden **Massen-** oder **Publikumsgesellschaften,** die trotz der (meist aus steuerlichen Gründen gewählten) Rechtsform der Personengesellschaft (OHG, KG oder GbR) dem Beitritt einer Vielzahl untereinander nicht persönlich verbundener Gesellschafter offen stehen. In der Rechtsprechung des BGH haben sie im Interesse von Gläubiger- und Minderheitsschutz zu Recht eine – deutlich am aktienrechtlichen Regelungsmodell orientierte – Sonderbeurteilung erfahren,⁵ und das Schrifttum ist dem BGH darin 3a

---

[1] Vgl. etwa *Soergel/Hadding/Kießling* Rn. 1; *Wiedemann* GesR I S. 3 f.; *Erman/Westermann* Rn. 1; *Henssler/Strohn/Servatius* § 705 Rn. 2; *Windbichler* GesR § 1 Rn. 1; der Sache nach auch *Karsten Schmidt* GesR §§ 1 I 1, 4 II 1.

[2] Zu den Strukturunterschieden zwischen Gesamthandsgemeinschaften und juristischen Personen als Organisationsformen für Gesellschaften und zu dem für juristische Personen maßgeblichen, die Selbstständigkeit der Organisation gegenüber den Mitgliedern betonenden „Trennungsprinzip" vgl. etwa *Flume* BGB AT I 2 § 8 I, S. 258 ff.; *Kübler/Assmann* GesR § 4 IV 2; *Wiedemann* GesR I §§ 2 I, 4 und 5; → Rn. 12.

[3] Vgl. eingehend *Teichmann,* Gestaltungsfreiheit in Gesellschaftsverträgen, 1970, und *H. P. Westermann,* Vertragsfreiheit und Typengesetzlichkeit im Recht der Personengesellschaften, 1970; ferner *Flume* BGB AT I 1 § 13 I; *Soergel/Hadding/Kießling* Rn. 26 ff.; *Wiedemann* GesR II § 2 IV.

[4] So zutr. BGH NJW 1979, 2305 für einen Grenzfall GbR/nichtrechtsfähiger Verein. Allg. hierzu etwa *Nitschke,* Die körperschaftlich strukturierte Personengesellschaft, 1970; *Immenga,* Die personalistische Kapitalgesellschaft; sowie *Reuter,* Privatrechtliche Schranken der Perpetuierung von Unternehmen (unter diff. Behandlung von „Satzungs"- und „Vertrags"-GmbH).

[5] Vgl. etwa BGHZ 63, 338 = NJW 1975, 1022; BGHZ 64, 238 (241) = NJW 1975, 1318; BGHZ 66, 82 (86) – NJW 1976, 958; BGHZ 104, 50 (53 ff.) = NJW 1988, 1903; BGHZ 125, 74 (79 ff.) = NJW 1994, 1156; wN insbes. bei *Krieger,* FS Stimpel, 1985, S. 307 (312 ff.). Dazu namentlich auch *Stimpel,* FS Rob. Fischer, 1979, S. 771 ff. – Aus neuerer Zeit etwa BGH NZG 2011, 1432; NZG 2012, 744 – Behandlung von Treugebern wie Gesellschafter im Innenverhältnis; Geltendmachung der Ansprüche aus § 735 durch Liquidatoren; NJW 2011, 3087 – Vertretung einer als GbR ausgestalteten Publikumsgesellschaft in Liquidation: NJW 2010, 439; 2011, 921; BGHZ 196, 131 = NZG 2013, 379; BGH NZG 2015, 269 – Auskunft über Namen und Anschriften von Mitgesellschaftern und Treugebern; → § 716 Rn. 12a; NJW 2011, 1666 – Aufnahme neuer Gesellschafter durch Geschäftsführer.

ganz überwiegend gefolgt.⁶ Derartigen Verbandsformen ist durch die Handelsrechtsreform von 1998 (§ 105 Abs. 2 S. 1 HGB nF) der *Zugang zum Handelsrecht* als **OHG oder KG** auch dann eröffnet, wenn sie sich – als **Grundstücks-Fonds** oder sonstige Vermögensanlagegesellschaften – auf Vermögensverwaltung beschränken (→ Rn. 18).⁷ Ohne Handelsregistereintragung verbleiben sie in der Rechtsform der **GbR**. Mit der Möglichkeit der – von der Struktur her nahe liegenden – Behandlung derartiger Verbindungen als nichtrechtsfähiger Verein hat sich die Rechtsprechung nicht auseinandergesetzt;⁸ die Nähe zum Verein zeigt sich nicht zuletzt in der de facto-Anerkennung der Fremdorganschaft bei derartigen Verbandsformen (→ § 709 Rn. 6).

4 Einen Sonderfall atypischer Gestaltungen bilden schließlich die Fälle der **Typenverbindung**, darunter auf Seiten der Personengesellschaften namentlich die – meist als *GmbH & Co. KG* organisierten, der Haftungsvermeidung der als natürliche Personen beteiligten Gesellschafter dienenden – Verbindungen mit einer als Geschäftsführer eingesetzten Kapitalgesellschaft. Für die Rechtsform der GbR sind sie wegen der grundsätzlich unbeschränkten Haftung aller Gesellschafter (→ § 714 Rn. 31 ff.) im Regelfall ohne Interesse.

5 **2. Wesensmerkmale der GbR. a) Essentialia.** Erstes Kennzeichen der GbR ist die **vertragliche Dauerbeziehung** zwischen den Gesellschaftern. Sie trifft im Ansatz auch für die Gelegenheitsgesellschaft (→ Rn. 87) zu. Die GbR erweist sich damit als ein Unterfall der im Allgemeinen Schuldrecht mit Ausnahme des § 314 nicht näher geregelten Kategorie der Dauerschuldverhältnisse (→ Rn. 88). Deren Kennzeichen besteht darin, dass anders als etwa beim Kauf- oder Werkvertrag Rechte und Pflichten der Vertragspartner nicht auf die Erbringung einer oder mehrerer bestimmter Leistungen gerichtet sind, deren Erfüllung zur Beendigung des Schuldverhältnisses führt. Vielmehr schulden sich die Partner während der vertraglich festgelegten oder durch Kündigung gestaltbaren Vertragszeit wechselseitig eine **dauernde Pflichtenanspannung**, deren Rechtsgrund, als vertragliches „Stammrecht", unabhängig von der Erfüllung der jeweils fälligen Einzelleistungen, während der ganzen Vertragsdauer fortbesteht (→ Einl. Bd. 2 Rn. 29 *[Ernst]*; → § 314 Rn. 5 ff. *[Gaier]*).⁹ Das Ausscheiden oder der Wegfall aller bis auf einen Gesellschafter als Vertragspartner führt zur Beendigung der Dauerbeziehung und damit zugleich zum Ende der Gesellschaft.¹⁰

6 Ein zweites unverzichtbares Wesensmerkmal der GbR ist nach § 705 der **gemeinsame Zweck** (→ § 705 Rn. 142 f.) und die hierauf gerichtete, in erster Linie durch Beitragsleistung zu erfüllende **Förderungspflicht** (→ § 705 Rn. 153 f.). Beide Elemente dienen dazu, die Gesellschaft einerseits von sonstigen, auf Leistungsaustausch (Miete, Darlehen ua) oder Interessenwahrung (Auftrag und Geschäftsbesorgung) gerichteten Dauerschuldverhältnissen und andererseits von der Rechtsgemeinschaft (§ 741) zu unterscheiden (→ Rn. 104, 124).

7 Dauerbeziehung und gemeinsamer Zweck bilden zugleich den Grund für ein drittes Wesensmerkmal der GbR: die **Treubindung** der Gesellschafter und den von der grundsätzlichen Unübertragbarkeit der Mitgliedschaft ausgehenden **persönlichen Charakter des Zusammenschlusses** (intuitus personae). Beide Elemente können zwar je nach typischer oder atypischer Ausgestaltung der Gesellschaft (→ Rn. 2 ff.) unterschiedlich stark ausgeprägt sein. Im Ansatz sind sie jedoch unverzichtbar. Namentlich der Treupflicht kommt für die Beziehungen in der Gesellschaft und die Beurteilung der wechselseitigen Bindungen wesentliche Bedeutung zu (→ § 705 Rn. 221 ff.).

8 **b) Verzichtbare Merkmale.** Zu den zwar typischen, nicht aber unverzichtbaren Wesensmerkmalen der GbR gehören demgegenüber die für die „Gesellschaftsorganisation" kennzeichnenden Elemente **Organe** und **Gesamthandsvermögen,** auf denen die Fortentwicklung des Schuldverhältnisses des § 705 zur rechtsfähigen Gesamthand beruht. Wie die Beispiele der Innengesellschaft, insbesondere der stillen GbR und der Unterbeteiligung zeigen, gibt es Gesellschaften, die in Abweichung von § 718 über kein gemeinsames Vermögen verfügen und sich daher, ohne Gesamthandsbe-

---

⁶ Vgl. nur *K. Schmidt* GesR § 57; Kübler/Assmann GesR § 21 III; *U. H. Schneider* ZHR 142 (1978), 228 ff.; *Kellermann*, FS Stimpel, 1985, S. 295 ff.; *Krieger*, FS Stimpel, 1985, S. 307 (312 ff.), jeweils mwN; krit. vor allem *Kraft*, FS Rob. Fischer, 1979, S. 321 ff.

⁷ Dazu Erman/*Westermann* Rn. 13; Bamberger/Roth/*Schöne* § 705 Rn. 40; Baumbach/Hopt/*Roth* HGB § 105 Rn. 12 f.; *K. Schmidt* DB 1998, 61 f.; *Schön* DB 1998, 1169 ff.; *Habersack* in Bayer-Stiftung (Hrsg.), Die Reform des Handelsstands und der Personengesellschaften, 1999, S. 73, 78 ff.; *Schulze-Osterloh*, FS Baumann, 1999, S. 325 ff.

⁸ BGH NJW 1982, 877; 1982, 2495; 1983, 2498; zur Abgrenzung von Gesellschaft und Verein → Rn. 136; vgl. namentlich auch *Reuter* ZGR 1981, 364 ff.; *ders.* GmbHR 1981, 129 (137); Erman/*Westermann* Rn. 16.

⁹ Dazu insbes. *Beitzke*, Nichtigkeit, Auflösung und Umgestaltung von Dauerrechtsverhältnissen, 1948; *Gernhuber*, Das Schuldverhältnis, 1989, § 16, S. 383 ff., 388 ff.; *Oetker*, Das Dauerschuldverhältnis und seine Beendigung, 1994, S. 66 ff., 105 ff.; *Wiese*, FS Nipperdey, Bd. I, 1965, S. 837 ff.; *Ulmer*, Der Vertragshändler, 1969, S. 252 f.

¹⁰ Zur str. Frage der Anerkennung einer Einpersonen-GbR → § 705 Rn. 61 f. (verneinend); offenlassend Staudinger/*Habermeier* (2003) Vor § 705 Rn. 29a.

ziehungen zwischen den Gesellschaftern, auf das Schuldverhältnis des § 705 beschränken (→ § 705 Rn. 285 ff.). Auch von „Organen" iSv Personen (Geschäftsführern), die den Willen der Gesellschaft bilden und zur Ausführung bringen (→ § 705 Rn. 256), sollte man hier im Interesse klarer Begriffsbildung nicht sprechen. Da die Gesellschaft selbst, dh das Schuldverhältnis zwischen den Gesellschaftern, weder geeignet noch dazu bestimmt ist, nach außen hervorzutreten, der Vertrag sich vielmehr auf die Regelung der schuldrechtlichen Innenbeziehungen der Beteiligten beschränkt, werden die für gemeinsame Rechnung Handelnden nicht als Gesellschaftsorgane, sondern in einer Art Treuhandfunktion tätig. Auch von einer Rechtsfähigkeit derartiger Verbindungen kann im Unterschied zur Außengesellschaft (→ Rn. 9 ff.) keine Rede sein.

3. Rechtsfähigkeit der (Außen-)GbR. a) Rechtsentwicklung und Tragweite. Die GbR wurde, auch soweit sie über Gesamthandsvermögen verfügte, jahrzehntelang von der hM als **Schuldverhältnis** der Gesellschafter **mit** einem ihnen gemeinsam zugeordneten **Sondervermögen** angesehen.[11] Als Zuordnungssubjekt und Inhaber der zum Sondervermögen gehörenden Gegenstände galten nach dieser „traditionellen" bzw. „gesetzestreuen" Lehre die Gesellschafter „in ihrer gesamthänderischen Verbundenheit". Sie und nicht etwa die GbR als solche seien die Berechtigten und Verpflichteten aus den namens der GbR geschlossenen Rechtsgeschäften. Soweit abweichend von §§ 709, 714 *einzelnen* Gesellschaftern im Gesellschaftsvertrag Geschäftsführungsbefugnis und Vertretungsmacht verliehen war, wurde deren Kompetenz zum Handeln namens der GbR in Einklang mit dem Wortlaut des § 714 dahin verstanden, dass sie berechtigt seien, (auch) „die anderen Gesellschafter Dritten gegenüber zu vertreten". Die Forderungen aus den namens der GbR geschlossenen Rechtsgeschäften standen den Gesellschaftern nach dieser Ansicht zwar nicht je persönlich, sondern zur gesamten Hand zu; sie waren demgemäß mangels besonderer Vertretungsregelung von allen Gesellschaftern gemeinsam geltend zu machen. Demgegenüber wurden die Verbindlichkeiten nicht als Gesamthands-, sondern als Gesamtschulden angesehen, für die die Gesellschafter grundsätzlich je persönlich hafteten.[12] Dem trug auch die Vollstreckungsnorm des § 736 ZPO Rechnung, da sie die Vollstreckung in das Gesellschaftsvermögen davon abhängig macht, dass der Gläubiger über Titel gegen alle Gesellschafter verfügt.

Im letzten Drittel des 20. Jahrhunderts wurde diese traditionelle Lehre zunehmend durch die erstmals (seit 1972) von *Flume*[13] vertretene sog. „Gruppenlehre" in Frage gestellt. Anknüpfend an die Betrachtungen *Otto v. Gierkes*[14] bei Schaffung des BGB, dass die **gesellschaftsrechtliche Gesamthand** über das Sondervermögen hinaus auch eigenständigen Charakter als „überindividuelle Wirkungseinheit" iS eines Personenverbands aufweise, bestand die über die traditionelle Lehre hinausführende wesentliche Erkenntnis der Gruppenlehre darin, den Zusatz „in gesamthänderischer Verbundenheit" beim Wort zu nehmen und Gesellschaften bürgerlichen Rechts, die über Gesamthandsvermögen verfügen, als eigenständiges, von den Gesellschaftern zu unterscheidendes **Zuordnungssubjekt von Rechten und Verbindlichkeiten** anzusehen.[15] Träger des Gesellschaftsvermögens war danach die „(teil-)rechtsfähige" GbR als solche, unabhängig von der jeweiligen Zusammensetzung des Gesellschafterkreises. Dementsprechend richteten sich auch die Verbindlichkeiten – als Gesamt*hands*schulden – nach der Gruppenlehre primär gegen die GbR als solche, während für die persönliche Haftung der Gesellschafter ein besonderer Verpflichtungsgrund auf deren Seite gefordert wurde. Darüber, ob dieser Grund in der vertraglichen Mitverpflichtung der Gesellschafter[16] auf Seiten der GbR oder in der akzessorischen Haftung analog § 128 HGB zu finden sei,[17] gingen die Ansichten lange Zeit auseinander. Bis zur Jahrtausend-

---

[11] So insbes. noch *Kraft/Kreutz* GesR S. 105 f.; *Zöllner*, FS Gernhuber, 1993, S. 563 ff.; *ders.*, FS Kraft, 1998, S. 701 ff.; *G. Hueck*, FS Zöllner, 1998, S. 275 ff. (diff. *Windbichler* GesR § 3 Rn. 8 f.); *Wiedemann* GesR I § 5 I 2 (anders *Wiedemann* GesR II § 7 III 2); *Larenz* BGB AT, 7. Aufl. 1989, § 9 II 6 und *Larenz* SchuldR BT, 12. Aufl. 1981, § 60 IV c. Vgl. auch die Nachweise bei *G. Hueck*, FS Zöllner, 1998, S. 275 (277) Fn. 8 (umfassend).
[12] Dazu näher (referierend) *Aderhold*, Das Schuldmodell der BGB-Gesellschaft, 1981, S. 23 ff., 74 ff.; *Dauner-Lieb*, Unternehmen in Sondervermögen, 1998, S. 522 f.
[13] *Flume* ZHR 136 (1972), 177 ff.; *ders.*, FS Westermann, 1974, S. 119 ff.; zusammenfassend in *Flume* BGB AT I § 4 und § 5.
[14] *v. Gierke*, Deutsches Privatrecht, Bd. I, 1895, S. 660 ff.
[15] 3. Aufl. § 705 Rn. 127 ff. *(Ulmer)* K. Schmidt GesR § 8 III; *Hüffer* GesR, 7. Aufl. 2007, § 8 Rn. 4 ff.; Soergel/*Hadding/Kießling* Rn. 21; vgl. BGHZ 116, 86 (88) – NJW 1992, 499; BGHZ 136, 254 (257) – NJW 1997, 2754; BGH NJW 1998, 376; vgl. weiter BGH ZIP 1992, 695 (698) und die Urteile zur Verpflichtungsfähigkeit der GbR: BGHZ 72, 267 (271) = NJW 1979, 308; BGHZ 74, 240 (241) = NJW 1979, 1821; BGH NJW 1981, (377) = NJW 1981, 1213; offenlassend dann aber BGHZ 142, 315 (320 f.) = NJW 1999, 3483.
[16] So die früher herrschende, von der Rspr. geteilte sog. Doppelverpflichtungstheorie, vgl. 3. Aufl. § 714 Rn. 26 *(Ulmer)*.
[17] So die von *Flume, K. Schmidt, Wiedemann* ua vertretene Akzessorietätstheorie, vgl. 3. Aufl. § 714 Rn. 26 *(Ulmer)*.

wende hatte sich die Gruppenlehre im gesellschaftsrechtlichen Schrifttum weitgehend durchgesetzt;[18] auch in der höchstrichterlichen Rechtsprechung war sie auf zunehmende Akzeptanz gestoßen.[19] Das hinderte die Vertreter der traditionellen Lehre freilich nicht, unter Hinweis auf den abweichenden, als unvereinbar mit der Gruppenlehre angesehenen Gesetzeswortlaut nochmals nachhaltig für die Gegenansicht einzutreten.[20]

11   Nachdem der Gesetzgeber seit den 1990er Jahren mit Vorschriften wie § 11 Abs. 2 InsO[21] oder § 14 Abs. 2 BGB[22] eine gesetzliche „Aufwertung" der GbR eingeleitet hatte, kam die **höchstrichterliche Rechtsprechung** zur grundsätzlich uneingeschränkten **Bejahung der Rechtsfähigkeit der (Außen-)GbR**. Mit seinem Urteil vom 29.1.2001[23] hat der II. Zivilsenat des BGH nach ganz hM das Schlusswort in dieser jahrzehntelangen Auseinandersetzung gesprochen und für den endgültigen Durchbruch der Gruppenlehre gesorgt.[24] Nach dieser Rechtsprechung ist die (Außen-)GbR rechtsfähig und kann, soweit keine speziellen Vorschriften entgegenstehen, als solche am Rechtsverkehr teilnehmen, Rechte erwerben und Verbindlichkeiten eingehen, klagen und verklagt werden. Die Vermögensrechte der Gesellschafter beschränken sich auf ihre gesamthänderische Beteiligung am Gesellschaftsvermögen; für die Verbindlichkeiten der GbR haften sie grundsätzlich nach Maßgabe der Akzessorietätstheorie.[25] Seither hat sich diese Einordnung in der Rechtsprechung allgemein durchgesetzt.[26] Zur Tragweite der Rechts- und Parteifähigkeit der GbR und zur Mithaftung der Gesellschafter persönlich → § 705 Rn. 303 ff.; → § 714 Rn. 33 ff.; → § 718 Rn. 44 ff.

12   b) **Unterscheidung gegenüber der juristischen Person.** Der grundsätzliche Unterschied zwischen gesellschaftsrechtlicher Gesamthand und juristischer Person ist seit alters ein Strukturprinzip des deutschen Rechts der Personenverbände.[27] Dementsprechend sind AG, GmbH, eGen und e.V. kraft Gesetzes Gesellschaften bzw. Verbände „mit eigener Rechtspersönlichkeit". Die Qualität **juristischer Personen** erlangen sie nach Maßgabe des Normativsystems[28] mit der vom Registergericht nach Prüfung der Eintragungsvoraussetzungen veranlassten Eintragung im jeweils zuständigen Register (vgl. §§ 1 Abs. 1, 41 Abs. 1 S. 1 AktG, §§ 11 Abs. 1, 13 Abs. 1 GmbHG, §§ 13 Abs. 1, 17 Abs. 1 GenG, § 21 BGB). Demgegenüber sind die Personengesellschaften des Handelsrechts (OHG und KG) und die Partnerschaftsgesellschaft, deren Rechtsverhältnisse im Unterschied zur GbR eingehend im HGB bzw. im PartGG geregelt sind, trotz der ihnen in § 124 HGB, § 7 Abs. 2 PartGG zuerkannten Rechts- und Parteifähigkeit als **Gesamthandsgesellschaften** strukturiert; das folgt aus der Verweisung in § 105 Abs. 3 HGB auf das subsidiär geltende Recht der GbR, darunter auch die für die Gesamthand kennzeichnenden Vorschriften der §§ 718–720, 738. Nicht nur diese verschiedenen Regelungskomplexe, sondern auch die im Jahr 2000 eingeführte Definitionsnorm des § 14 lassen klar erkennen, dass der Gesetzgeber, unabhängig von der Anerkennung der Rechtsfähigkeit auch

---

[18] Vgl. eingehend *Ulmer* AcP 198 (1998), 113 (114 f.); wN bei *G. Hueck*, FS Zöllner, 1998, S. 277 Fn. 9.

[19] Insbes. BGHZ 116, 86 (88) = NJW 1992, 499; BGHZ 136, 254 (257) = NJW 1997, 2754; BGH NJW 1998, 376; vgl. weiter BGH ZIP 1992, 695 (698) und die Urteile zur Verpflichtungsfähigkeit der GbR: BGHZ 72, 267 (271) = NJW 1979, 308; BGHZ 74, 240 (241) = NJW 1979, 1821; BGHZ 79, 374 (377) = NJW 1981, 1213; offenlassend dann aber BGHZ 142, 315 (320 f.) = NJW 1999, 3483.

[20] So insbes. *Zöllner*, FS Gernhuber, 1993, S. 563 ff.; *ders.*, FS Kraft, 1998, S. 701 ff.; *G. Hueck*, FS Zöllner, 1998, S. 273 (279 ff.); im Ergebnis ebenso *Cordes* JZ 1998, 545 ff.; *Berndt/Boin* NJW 1998, 2854 ff. – Vgl. jüngst auch wieder *Beuthien* NZG 2011, 481 ff., der die Gruppenlehre „entzaubern" möchte, weil sie „Unordnung" geschaffen habe; es reiche aus, die GbR als „gesamtrechtsfähigen Personenverbund" anzuerkennen.

[21] Die Vorschrift behandelt die GbR ebenso wie OHG, KG, Partnerschaftsgesellschaft ua als insolvenzfähige „Gesellschaft ohne Rechtspersönlichkeit", deren organschaftlichen Vertretern nach § 15 Abs. 1 InsO das Antragsrecht zur Vahrenseröffnung zusteht.

[22] Die Vorschrift definiert die rechtsfähige Personengesellschaft als „Personengesellschaft, die mit der Fähigkeit ausgestattet ist, Rechte zu erwerben und Verbindlichkeiten einzugehen".

[23] BGHZ 146, 341 = NJW 2001, 1056 – Versäumnisurteil, der Sache nach bestätigt durch BGH NJW 2002, 1207.

[24] Ebenso der in den Urteilsrezensionen klar vorherrschende Tenor; vgl. insbes. *Dauner-Lieb* DStR 2001, 356 ff.; *Habersack* BB 2001, 477 ff.; *Hadding* ZGR 2001, 712 ff.; *K. Schmidt* NJW 2001, 993 ff.; *Ulmer* ZIP 2001, 585 ff.; *Westermann* NZG 2001, 289 ff.; *Wiedemann* JZ 2001, 661 ff.; im Rückblick auch *Reuter* AcP 207 (2007), 673 (675 ff.); krit. nur *Boin* GmbHR 2001, 513 ff.; *Heil* NZG 2001, 300 ff.; *Pfeifer* NZG 2001, 296 ff. und neuerdings *Schwab*, FS Hommelhoff, 2012, S. 1091 ff.

[25] So ausdrücklich BGHZ 146, 341 (358) = NJW 2001, 1056 unter Klärung der in BGHZ 142, 315 (318) = NJW 1999, 3483 noch offen gebliebenen Rechtsgrundlage der Haftung.

[26] Vgl. etwa auch BGH (IV. ZS) NJW 2008, 1737 – GbR als Versicherungsnehmerin, Aufgabe von BGH WM 1964, 592; BAG ZIP 2009, 1128 – GbR als Arbeitgeberin; Anwaltssozietät. Zur Entwicklung der Rechtsfähigkeit der GbR seit „ARGE Weißes Ross" *Armbrüster* ZGR 2013, 366 ff.; *H. P. Westerman* WM 2013, 441 ff.

[27] Dazu aus neuerer Zeit *Reuter* AcP 207 (2007), 673 (687 ff.).

[28] Vgl. dazu statt aller *K. Schmidt* GesR § 8 II 5; *Rittner*, Die werdende juristische Person, 1973, S. 91 ff.

der Personengesellschaften, zwischen Gesellschaften bzw. Verbänden mit Rechtspersönlichkeit und solchen ohne diese unterscheidet.[29]

In Teilen der Literatur ist diese Unterscheidung in Frage gestellt worden.[30] Gestützt auf die Zulassung „formwechselnder" Umwandlung zwischen Personen- und Kapitalgesellschaften in §§ 190, 191 UmwG und unter Hinweis auf die zwischen ihnen verbreitet anzutreffende Typenvermischung nach Art der GmbH & Co. KG hat insbesondere *Thomas Raiser*[31] die These aufgestellt, aus heutiger Sicht sei die Aufteilung zwischen juristischer Person und Gesamthand überholt; auch die Personengesellschaften unter Einschluss der GbR seien als juristische Person anzuerkennen. Für diese Ansicht lässt sich zwar anführen, dass die grundsätzliche Anerkennung der Rechts- und Parteifähigkeit von Personengesellschaften ebenso wie schon § 124 HGB die praktischen Unterschiede zwischen den beiden Arten von Personenverbänden relativiert hat. Die bestehenden **Strukturunterschiede** sind hiervon jedoch unberührt geblieben.[32] Neben der unterschiedlichen *Haftungsverfassung* und den besonderen Gläubigerschutzvorschriften nur bei juristischen Personen zeigen sie sich einerseits mit Blick auf das jeweilige *Innenverhältnis* der in Frage stehenden Verbände. So sind die grundsätzlich freie Übertragbarkeit der Anteile, die Geltung des Mehrheitsprinzips und die Zulassung der Fremdorganschaft auf Kapitalgesellschaften als juristische Personen beschränkt, während der persönliche Zusammenschluss als Kennzeichen der gesellschaftsrechtlichen Gesamthand in allen diesen Punkten von einem abweichenden Regelungsprinzip ausgeht. Andererseits unterstreicht auch die stärkere *Verselbständigung des als juristische Person organisierten Verbands* gegenüber seinen Mitgliedern die unterschiedliche Rechtsqualität von Kapital- und Personengesellschaften, da nur bei jenen die Vervielfachung der Beteiligung eines Mitglieds, der Erwerb eigener Anteile durch die Gesellschaft sowie die Anerkennung einer Einpersonengesellschaft denkbar ist, während für Personengesellschaften diese Möglichkeiten nach wie vor ausscheiden. Ein Erkenntnisgewinn lässt sich aus der Nivellierung des Unterschieds zwischen juristischer Person und Gesamthand nach allem nicht ableiten. An der rechtlichen Differenzierung zwischen juristischer Person und gesellschaftsrechtlicher Gesamthand bzw. zwischen Rechtspersönlichkeit und Rechtsfähigkeit ist trotz rechtlicher Anerkennung der Rechtsfähigkeit der Personengesellschaften festzuhalten (mit Blick auf die höchstrichterliche Rechtsfortbildung zur GbR → § 705 Rn. 307 f.).[33]

II. Systematische Stellung

1. Gesellschaft als Schuldverhältnis. Nach der systematischen Stellung des „Titel 16" (§§ 705– 740) im Besonderen Teil des Schuldrechts bildet die Gesellschaft ein – durch die Besonderheiten der Gesamthand (§§ 718–720) modifiziertes – vertragliches Schuldverhältnis in Gestalt eines Dauerschuldverhältnisses. Dementsprechend gelten für die Rechtsbeziehungen zwischen den Gesellschaftern im Grundsatz nicht nur die Vorschriften des Allgemeinen Teils, sondern auch diejenigen des Allgemeinen Schuldrechts, soweit sie zur Anwendung auf Dauerschuldverhältnisse geeignet sind. Der Grundsatz erfährt mit Rücksicht auf die Besonderheiten der Gesellschaft allerdings eine Reihe wesentlicher Einschränkungen. Zu nennen sind vor allem die besonderen Auslegungsgrundsätze für Gesellschaftsverträge in Abweichung von §§ 125, 139, 154 (→ § 705 Rn. 171 ff.) sowie die Nichtanwendung der auf Austauschverträge bezogenen Vorschriften des Allgemeinen Schuldrechts, darunter insbesondere der §§ 320–326 (im Detail str., → § 705 Rn. 161 ff.). Eine weitere Abweichung gilt für fehlerhafte Gesellschaftsverträge von dem Zeitpunkt an, in dem sie in Vollzug gesetzt sind; bei ihnen können Anfechtungs- und Nichtigkeitsgründe grundsätzlich nur ex nunc, durch außerordentliche Kündigung des für die Vergangenheit wirksam bleibenden Gesellschaftsvertrags, geltend gemacht werden (→ § 705 Rn. 323 ff.).

---

[29] Das gilt auch für § 11 Abs. 1 und 2 InsO und die in → § 705 Rn. 304 angeführten gesetzlichen Neuregelungen zur GbR.
[30] So insbes. *Raiser* AcP 194 (1994), 495 (499 ff.); *ders.*, FS Zöllner, 1998, S. 469 (474 ff.); ebenso *Timm* NJW 1995, 3209 (3214) und ZGR 1996, 247 (251 f.); *Bälz*, FS Zöllner, 1998, S. 35 (47 ff.); *Hadding*, FS Kraft, 1998, S. 137 (142 ff.); tendenziell auch *K. Schmidt* GesR § 8 I 3; *ders.*, ZHR 177 (2013), 722; *Mülbert* AcP 199 (1999), 38 (62 ff.); Staudinger/*Habermeier* (2003) Vor § 705 Rn. 28 ff.
[31] AcP 194 (1994), 495 (499 ff.); *ders.*, FS Zöllner, 1998, S. 469 (474 ff.).
[32] Vgl. dazu näher *Ulmer* AcP 198 (1998), 113 (119 ff.), und – im Lichte der höchstrichterlichen Anerkennung der Rechtsfähigkeit der GbR – dies. ZIP 2001, 585 (588); zur stärkeren Betonung der Unterschiede bei Gesellschafterhaftung und Selbst- bzw. Fremdorganschaft auch *Reuter* AcP 207 (2007), 673 (687 ff.).
[33] So auch die nach wie vor hM, vgl. nur Erman/*Westermann* Rn. 17 f.; Soergel/*Hadding/Kießling* Rn. 14 f.; *Wiedemann* GesR I § 1 II, GesR II § 1 I 2a b; Kübler/Assmann GesR § 4 III und IV und V; *Zöllner*, FS Claussen, 1997, S. 430 f.; s. auch *Schäfer*, Gutachten E zum 71. DJT, 2016, S. 73 ff. in Bezug auf rechtspolitische Vorschläge, das angeblich überholte Gesamthandsprinzip abzuschaffen.

15 **2. Gesellschaft und Gemeinschaft.** Die (Bruchteils-)Gemeinschaft, im BGB im Anschluss an das Recht der GbR in §§ 741–758 geregelt, weist insofern eine gewisse Parallele zur GbR auf, als es bei ihr um die gemeinsame Berechtigung mehrerer Personen an einem Vermögensgegenstand geht und sich damit häufig gleichgerichtete, auf die Verwaltung und Nutzung des Gegenstands bezogene Interessen verbinden. Diese Ähnlichkeit ist freilich nur äußerlicher Natur. Sie vermag die schon in den Definitionen der §§ 705, 741 zum Ausdruck kommenden grundsätzlichen Strukturunterschiede beider Rechtsinstitute nicht zu verdecken. Diese bestehen nicht nur in der Zahl der Gegenstände, auf die sich die gemeinsame Berechtigung bezieht,[34] sondern vor allem in der jeweiligen **Art und** dem **Inhalt des Gemeinschaftsverhältnisses.** Im Fall der GbR unterliegt die gemeinsame Berechtigung am Gesellschaftsvermögen gesamthänderischer Bindung; sie ist Ausdruck der Pflicht der Gesellschafter zur Förderung des gemeinsamen Zwecks. Dagegen bleibt im Fall der Gemeinschaft die Einzelverfügungsbefugnis jedes Gemeinschafters über seinen Anteil am gemeinschaftlich gehaltenen Gegenstand grundsätzlich unberührt (§ 747). Dem entspricht es, dass bei der GbR vertragliche Bindungen der Gesellschafter untereinander bestehen, während bei der Gemeinschaft ein vertragliches Schuldverhältnis zwischen den Gemeinschaftern regelmäßig fehlt und etwaige auf den gemeinsamen Gegenstand bezogene Beschlüsse der Gemeinschafter oder Vereinbarungen zwischen ihnen sich nach § 745 auf dessen Verwaltung und Benutzung beschränken. Zur Abgrenzung zwischen GbR und Gemeinschaft im Einzelnen → Rn. 124 ff.; → § 741 Rn. 4 f. *(K. Schmidt)*; zum Sonderfall einer GbR mit Bruchteilseigentum der Gesellschafter → § 705 Rn. 266 f.

16 **3. GbR und Handelsgesellschaften.** Das Verhältnis zwischen der GbR und den Personengesellschaften des Handelsrechts (OHG und KG) ist entgegen einer vor allem früher verbreiteten Annahme[35] nicht etwa durch grundsätzliche Strukturunterschiede gekennzeichnet. Das gilt ungeachtet der ausgeprägteren Organregelungen für die Handelsgesellschaften in §§ 114 ff., 125 ff. HGB sowie der zu Unrecht häufig[36] als „Annäherung an die juristische Person" verstandenen Vorschrift des § 124 HGB, die die OHG als Träger von Rechten und Pflichten und als selbständige Prozesspartei behandelt. Denn diese Vorschriften ändern nichts an der nach gesetzlicher Regel **allen Personengesellschaften gemeinsamen gesamthänderischen Grundstruktur** und der Anerkennung der Gesamthand oder Gruppe als selbständiges Zuordnungssubjekt von Rechten und Verbindlichkeiten (→ Rn. 10; zur Rechtsfähigkeit der Außen-GbR → § 705 Rn. 303 ff.). Die Funktion dieser die OHG und KG betreffenden Sondervorschriften des HGB besteht vielmehr darin, eine praktikable, im Interesse von Gesellschaftern und Dritten liegende gesetzliche Ausgestaltung der Art und Weise zu treffen, in der die Handelsgesellschaften trotz ihrer gesamthänderischen Struktur am Rechtsverkehr teilnehmen können. Für die GbR als – nach gesetzlicher Vorstellung – typische Gelegenheitsgesellschaft (→ Rn. 87) ging der BGB-Gesetzgeber ursprünglich davon aus, dass ein entsprechendes Regelungsbedürfnis nicht bestehe. Das hat sich als unzutreffend erwiesen und ist im Anschluss an entsprechende Vorarbeiten der Literatur im Wege höchstrichterlicher Rechtsfortbildung korrigiert worden (→ Rn. 11).

17 Die enge Verwandtschaft zwischen GbR einerseits, OHG und KG andererseits kommt indessen nicht nur darin zum Ausdruck, dass § 105 Abs. 3 HGB die subsidiäre Geltung der §§ 705–740 für die Handelsgesellschaften anordnet. Sie zeigt sich vielmehr auch in dem vereinfachten, ausschließlich vom jeweiligen Gesellschaftszweck abhängigen *Wechsel zwischen den genannten Rechtsformen*.[37] Für diesen Wechsel ist entscheidend, dass nach §§ 105 Abs. 1, 161 Abs. 1 HGB die Gesellschafter einen auf den gemeinsamen Betrieb eines Handelsgewerbes (§ 1 Abs. 2 HGB) gerichteten Zweck als Gesamthand nur in der Rechtsform der OHG oder KG verfolgen können, wobei dieser Zweck die Personengesellschaft zugleich stets zur Handelsgesellschaft macht (→ § 705 Rn. 3). Demgegenüber steht für alle sonstigen gesetzlich nicht verbotenen Zwecke vorbehaltlich der durch § 105 Abs. 2 HGB eröffneten HGB-Option die Rechtsform der GbR zur Verfügung. Daher hat jede für das Eingreifen der §§ 105, 161 HGB relevante, zur Begründung eines kaufmännischen Handelsgewerbes führende **Zweckänderung** unmittelbar einen entsprechenden **Rechtsformwechsel** zur Folge; bei Rückfall der gewerblichen Tätigkeit auf kannkaufmännische Dimensionen (§ 2 S. 1 HGB) gilt Entsprechendes im Sinne des Wechsels von OHG/KG zur GbR, wenn die Gesellschaft nicht (mehr)

---

[34] So aber *Schulze-Osterloh,* Das Prinzip der gesamthänderischen Bindung, 1972, S. 131 f.; dagegen zu Recht *Blaurock* ZHR 137 (1973), 435; *Schünemann,* Grundprobleme der Gesamthandsgesellschaft, 1975, S. 80 ff.

[35] *Reinhardt* GesR, 1. Aufl. 1973, Rn. 62, 110; GroßkommHGB/*Rob. Fischer,* 3. Aufl. 1967, § 105 Anm. 7 f.; Schlegelberger/*Geßler* HGB § 105 Rn. 28; vgl. auch *G. Hueck* GesR, 19. Aufl. 1991, § 12 II, § 15 I; wie hier *Flume* BGB AT I 1 § 5, S. 69 f.

[36] BGH JZ 1975, 178 (179); *Hueck* OHG § 19, S. 271; Schlegelberger/*Geßler* HGB § 124 Rn. 1; *Larenz* SchuldR BT, 12. Aufl. 1981, § 60 IV c; zurückhaltend aber GroßkommHGB/*Rob. Fischer,* 3. Aufl. 1967, § 124 Anm. 2; wie hier BGB AT I 1 § 5, S. 69.

[37] Dazu auch *K. Schmidt* ZHR 177 (2013), 712, 722 f.; *Schäfer,* Gutachten E zum 71. DJT, 2016, 25 ff., 31 ff., 70 ff.

im Handelsregister eingetragen ist.[38] Darauf, ob die Zweckänderung auf einem Gesellschafterbeschluss beruht oder auf sonstigen Umständen, wie etwa Eintragung oder Löschung im Handelsregister (§§ 2 S. 2, 3 HGB) bzw. Ausweitung oder Rückgang der Geschäftstätigkeit (§ 2 S. 1 HGB), kommt es nicht an (→ § 705 Rn. 11).

Ein besonderes Abgrenzungsproblem stellte sich bis zur Handelsrechtsreform 1998 für **Besitzge-** **18** **sellschaften** im Falle einer *Betriebsaufspaltung.* Sie wurden von der früher hM trotz Verpachtung des Geschäftsbetriebs an eine hierzu gegründete Betriebs-GmbH weiterhin als Handelsgesellschaften (meist als KG) behandelt und im Handelsregister belassen, sofern nur der Umfang ihrer Tätigkeit kaufmännische Einrichtung erforderte.[39] Nachdem vor allem *Karsten Schmidt*[40] wiederholt Kritik an dieser Praxis angemeldet und auf den Wegfall der gewerblichen Tätigkeit bei der Besitzgesellschaft hingewiesen hatte, hat der Gesetzgeber im Zuge der Handelsrechtsreform 1998 Abhilfe geschaffen und durch § 105 Abs. 2 nF HGB vermögensverwaltenden Gesellschaften den Weg ins Handelsregister eröffnet. Für Fälle der Betriebsaufspaltung bedeutet das, dass die – schon bisher im Handelsregister eingetragene – Besitzgesellschaft als KG fortbesteht, solange sich die Gesellschafter nicht zur Löschung der Eintragung entschließen.[41]

4. Verwandte Gesellschaftsformen. a) Freiberufler-Partnerschaft. Durch Gesetz vom **19** 25.7.1994[42] wurde die Partnerschaft(sgesellschaft) mit Wirkung zum 1.7.1995 eingeführt.[43] Als Rechtsform für den Zusammenschluss von **Angehörigen Freier Berufe** ist sie zur gemeinsamen Ausübung dieser Berufe unter Beachtung des jeweils einschlägigen Berufsrechts bestimmt. In ihrem auf Freiberufler bezogenen Anwendungsbereich bietet die Partnerschaft als Gesamthand eine Alternative zu der ohne besondere Rechtsformwahl entstehenden GbR, im Fall von Wirtschaftsprüfern und Steuerberatern als Freiberufler eine Alternative zur OHG oder KG. Die Entscheidung zwischen diesen Rechtsformen treffen die Beteiligten. Einigen sie sich nicht ausdrücklich auf eine Partnerschaft oder verzichten sie darauf, die Gesellschaft zum Partnerschaftsregister anzumelden (§ 4 Abs. 1 PartGG), so bewendet es vorbehaltlich der Wirtschaftsprüfer und Steuerberater bei der Rechtsform der GbR.

Systematisch gesehen ist die Partnerschaft die **Sonderform einer GbR,** freilich einer solchen, **20** die durch eine Reihe von gesetzlichen Verweisungen auf HGB-Vorschriften und durch die Notwendigkeit der Registereintragung weitgehend einer Handelsgesellschaft angenähert ist. Besonderheiten gegenüber der GbR zeigen sich im *Innenverhältnis* vor allem darin, dass die Partner nach § 6 PartGG nicht von der Geschäftsführung ausgeschlossen werden können, soweit es um die Ausübung des Freien Berufs unter gemeinsamem Namen geht. Im Verhältnis *nach außen* ist, abgesehen von der Registerpublizität der Partnerschaft, in erster Linie die Möglichkeit der Haftungsbeschränkung der Partner nach Maßgabe des § 8 Abs. 2 PartGG von Bedeutung. Die ursprünglich geringe Akzeptanz der Partnerschaft hat sich seit der Reform der Haftungsvorschrift des § 8 Abs. 2 PartGG im Jahr 1998 deutlich verbessert (→ PartGG Vor § 1 Rn. 26 ff.). Seither stellt sie unter Haftungsgesichtspunkten auch eine interessante Alternative zur Freiberufler-GmbH dar. Einen erheblichen Zuwachs hat dieser Rechtsform die Einführung der PartGmbB (vgl. § 8 Abs. 4 PartG mbB) durch Gesetzesänderung vom 15.7.2013[44] beschert.[45] Wegen der Rechtsverhältnisse der Partnerschaft im Einzelnen vgl. die Kommentierung des PartGG (nach § 740).

b) EWIV. Die **Europäische Wirtschaftliche Interessenvereinigung** (EWIV), geregelt durch **21** EG-VO vom 25.7.1985[46] mit Inkrafttreten zum 1.7.1989 (Art. 43 Abs. 2 EWIV-VO), ist die erste

---

[38] Zu den Folgen einer derartigen Umwandlung für das Innenverhältnis der Gesellschafter → § 705 Rn. 14; für Qualifizierung aller Personengesellschaftsformen als „Einheitsrechtsform" K. Schmidt ZHR 177 (2013), 712 (722 f.), ohne praktische Konsequenzen.
[39] So noch OLG München NJW 1988, 1036 (1037); LG Heidelberg BB 1982, 142; *Baumbach/Hopt,* 29. Aufl. 1995, HGB § 2 Rn. 2; Staub/*Hüffer,* 4. Aufl. 1995, HGB § 17 Rn. 20; wN in 5. Aufl. Fn. 38 *(Ulmer).*
[40] *K. Schmidt* GesR § 12 II 3d; Schlegelberger/*K. Schmidt* HGB § 105 Rn. 39; so auch schon *ders.* DB 1971, 2345 (2347); 1988, 897 f.; 1990, 93 (94) für die doppelstöckige GmbH & Co. KG.
[41] Vgl. nur MüKoHGB/*K. Schmidt* HGB § 105 Rn. 64; Staub/*Schäfer* HGB § 105 Rn. 28 f.
[42] Gesetz zur Schaffung von Partnerschaftsgesellschaften und zur Änderung anderer Gesetze vom 25.7.1994, BGBl. I S. 1744.
[43] Vgl. dazu näher *K. Schmidt* NJW 1995, 1 ff. und die Kommentierungen des PartGG im Anschluss an § 740; Kommentierungen des PartGG ferner bei Henssler/Strohn/*Hirtz* sowie *Henssler* PartGG, 2. Aufl. 2008 und Meilicke/v. Westphalen/Hoffmann/Lenz/Wolff PartGG, 3. Aufl. 2015.
[44] Gesetz zur Einführung der Partnerschaftsgesellschaft mit beschränkter Berufshaftung und zur Änderung des Berufsrechts der Rechtsanwälte, Patentanwälte, Steuerberater und Wirtschaftsprüfer (PartGesEGuBRÄndG) vom 15.7.2013, BGBl. I S. 2386.
[45] Vgl. hierzu auch *Römermann/Jähne* BB 2015, 579; *Lieder/Hoffmann* NJW 2015, 897.
[46] Verordnung (EWG) Nr. 2137/85 des Rates vom 25.7.1985 über die Schaffung einer Europäischen Wirtschaftlichen Interessenvereinigung, ABl. L 199 S. 1.

auf *supranationalem* (europäischem) Recht beruhende Rechtsform einer inländischen Personenvereinigung. Ihrer Zweckbestimmung nach ist sie – ohne eigene Gewinnerzielungsabsicht – auf **Kooperation ihrer Mitglieder** gerichtet, wobei diese entweder unternehmerisch oder freiberuflich tätig und in mindestens zwei Mitgliedstaaten der EU ansässig sein müssen; sie dient zur Förderung der grenzüberschreitenden wirtschaftlichen Zusammenarbeit (Art. 3 Abs. 1 EWIV-VO). Ihre **Rechtsgrundlage** bildet neben der bewusst lückenhaft gehaltenen EWIV-VO das jeweilige nationale Ausführungsgesetz desjenigen Mitgliedstaats, in dem die EWIV ihren satzungsmäßigen Sitz hat. Für Vereinigungen mit Sitz in Deutschland ist danach das EWIVAG[47] maßgebend, das sich seinerseits auf relativ wenige Regelungen beschränkt und im Übrigen (in § 1) die subsidiäre Geltung der §§ 105 ff. HGB anordnet. Diese Regelungstechnik führt zu **drei verschiedenen Schichten des** auf eine EWIV mit Sitz in Deutschland **anwendbaren Rechts:** in erster Linie das supranationale Recht der EWIV-VO, hinsichtlich der dort nicht geregelten Fragen das deutsche Recht des EWIVAG und subsidiär schließlich das deutsche OHG-Recht einschließlich der über die Verweisung in § 105 Abs. 3 HGB anwendbaren Teile des BGB-Gesellschaftsrechts.

22 Ihrer **Rechtsnatur** nach gilt die EWIV in Deutschland trotz ihres genossenschaftlichen Zwecks als **Handelsgesellschaft** (§ 1 EWIVAG); sie ist daher zur Eintragung in das Handelsregister anzumelden (§ 2 Abs. 1 EWIVAG). Sie ist rechtsfähige Gesamthandsgesellschaft entsprechend § 124 HGB. Ihre Gründung durch Abschluss eines EWIV-Vertrages setzt die Mitwirkung unternehmerisch oder freiberuflich tätiger Mitglieder voraus, sei es als natürliche Personen oder als Gesellschaften, und zwar aus mindestens zwei EU-Mitgliedstaaten (Art. 4 Abs. 2 EWIV-VO). Für das **Innenverhältnis** kennt das Recht der EWIV zwei Organe, die gemeinschaftlich handelnden Mitglieder und die Geschäftsführer (Art. 16 EWIV-VO), wobei abweichend vom OHG-Recht auch Fremdorganschaft zulässig ist. Im Grundsatz gilt das Mehrheitsprinzip, jedoch können wesentliche, in Art. 17 Abs. 2 EWIV-VO aufgelistete Beschlüsse nur einstimmig gefasst werden. Die Mitgliedschaft ist nach Art. 22 Abs. 1 EWIV-VO übertragbar, allerdings nur mit Zustimmung der Mitgesellschafter. Im **Außenverhältnis** gilt der Grundsatz unbeschränkter und unbeschränkbarer Vertretungsmacht der Geschäftsführer (Art. 20 Abs. 1 EWIV-VO). Neben der EWIV haften auch deren Mitglieder unbeschränkt für die Verbindlichkeiten der EWIV, freilich im Unterschied zu § 128 HGB nicht gleichrangig mit dieser, sondern subsidiär; im Verhältnis zwischen ihnen besteht gesamtschuldnerische Haftung (Art. 24 EWIV-VO). Wegen der Einzelheiten wird auf die EWIV-VO, das EWIVAG und die einschlägigen Kommentare verwiesen.[48]

23 **5. Personen- und Kapitalgesellschaften.** Die GbR bildet entsprechend den vorstehenden Erläuterungen den gesetzlichen Grundtyp der als Schuldverhältnis mit Gesamthandsvermögen konzipierten, auf vertraglicher Verbindung der Gesellschafter untereinander beruhenden Personengesellschaft. Als Gesellschaft im engeren Sinn (→ Rn. 2) unterscheidet sie sich dadurch klar von den Kapitalgesellschaften (AG, GmbH). Bei diesen verselbständigt sich das auf Gründung der AG oder GmbH gerichtete Vertragsverhältnis zwischen den Gründern als Mitgliedern der Vorgesellschaft (→ Rn. 24) infolge der Handelsregistereintragung zur Organisationsgrundlage der Gesellschaft; diese erlangt Rechtsfähigkeit als juristische Person. Der Vertrag (bzw. – bei der Einmann-Gründung – die Errichtungsurkunde des Einmann) wird durch Eintragung zur Satzung oder „Verfassung" der juristischen Person (→ Rn. 24). Eine Einschränkung gilt nur für den gesetzlichen Mischtyp der KGaA; er kennt trotz seiner grundsätzlichen Ausgestaltung als Kapitalgesellschaft und juristische Person auch vertragliche Rechtsbeziehungen der persönlich haftenden Gesellschafter untereinander und gegenüber der Gesamtheit der Kommanditaktionäre (§ 278 Abs. 2 AktG). Angesichts der für die Wahl der Rechtsform der KGaA aufgestellten klaren gesetzlichen Gründungsvoraussetzungen (§§ 279 ff. AktG) sind Abgrenzungsschwierigkeiten freilich auch insoweit ausgeschlossen. Zur Frage einer Gleichstellung von rechtsfähiger Gesamthand und juristischer Person → Rn. 12 f.

24 **6. Vorgesellschaft.** Die aus dem Recht der AG und GmbH bekannte, während des Gründungszeitraums zwischen Satzungsfeststellung (Vertragsschluss) und Entstehung der Kapitalgesellschaft durch Handelsregistereintragung (§ 41 Abs. 1 AktG, § 11 Abs. 1 GmbHG) bestehende (Kapital-)Vorgesellschaft ist entgegen früher verbreiteter Ansicht[49] **keine GbR.** Es handelt sich vielmehr um eine

---

[47] Gesetz zur Ausführung der EWG-Verordnung über die Europäische Wirtschaftliche Interessenvereinigung (EWIV-Ausführungsgesetz – EWIVAG) vom 14.4.1988, BGBl. I S. 514.

[48] *Ganske,* Das Recht der Europäischen wirtschaftlichen Interessenvereinigung, 1988; *von der Heydt/v. Rechenberg* (Hrsg.), Die Europäische wirtschaftliche Interessenvereinigung, 1991; *K. Schmidt* GesR § 66; *Lentner,* Das Gesellschaftsrecht der Europäischen wirtschaftlichen Interessenvereinigung, 1994; *Habersack/Verse* EuropGesR, 4. Aufl. 2011, § 1.

[49] So noch das RG in stRspr, RGZ 58, 55 (56); 151, 86 (91), und ein Teil der Lit., vgl. Nachweise bei Ulmer/Habersack/Löbbe/*Ulmer/Habersack* GmbHG § 11 Rn. 9.

durch die angestrebte Rechtsform (AG oder GmbH) vorgeprägte **Gesellschaft eigener Art**. Ihre Rechtsverhältnisse richten sich nach den im jeweiligen Organisationsgesetz sowie im Gesellschaftsvertrag bestimmten Gründungsvorschriften und darüber hinaus nach dem Recht der rechtsfähigen Gesellschaft, soweit dieses nicht die Eintragung voraussetzt.[50] Das ist heute im Grundsatz unbestritten, auch wenn die Rechtsverhältnisse innerhalb der Vorgesellschaft noch immer nicht abschließend geklärt sind. Anerkannt ist auch, dass die Vorgesellschaft als solche, handelnd durch ihre Geschäftsführer, schon vor Eintragung wirksam am Rechtsverkehr teilnehmen, also berechtigt und verpflichtet werden kann, sofern nur die Gründer sich mit dem Geschäftsbeginn einverstanden erklärt haben, und dass die Rechte und Pflichten aus diesen Geschäften ebenso wie die übrigen Rechtsverhältnisse der Vorgesellschaft im Wege der Gesamtrechtsnachfolge kraft Formwechsels auf die bei Eintragung entstehende Kapitalgesellschaft übergehen.[51] Die lange Zeit umstrittene Frage, ob die Gründer aus den Rechtsgeschäften der Vorgesellschaft in der Zeit bis zur Eintragung persönlich haften oder ob sich ihre durch die Höhe der übernommenen Stammeinlage und die anteilige „Vorbelastung" aus der Gründungsphase begrenzte Haftung auf das Innenverhältnis beschränkt,[52] wird inzwischen von den Gerichten einheitlich im Sinne einer zwar nicht auf die Stammeinlage begrenzten, aber grundsätzlich nur im Innenverhältnis eingreifenden Haftung entschieden.[53] – Allerdings wandelt sich eine Vor-GmbH (rückwirkend) in eine GbR um, wenn die Gesellschafter die Gesellschaft nach Aufgabe der Eintragungsabsicht fortsetzen (und mangels Gewerbebetrieb iSv § 1 HGB keine OHG in Frage kommt); die Gesellschafter haften dann analog § 128 HGB gesamtschuldnerisch für sämtliche Verbindlichkeiten der Gesellschaft.[54]

Von der Vorgesellschaft zu unterscheiden ist die auf **Gründung einer (Kapital-)Gesellschaft** 25 gerichtete **Vorgründungsgesellschaft**. Sie entsteht durch rechtsgeschäftliche Bindung von zwei oder mehr Personen im Rahmen eines *Vorvertrags*, durch den diese sich in einer für den künftigen Vertragsschluss hinreichend konkretisierten Art und Weise[55] zum Abschluss des intendierten Gesellschaftsvertrags verpflichten. Wegen des schon dem Vorvertrag eigentümlichen gemeinsamen Zwecks hat der Zusammenschluss regelmäßig die Rechtsnatur einer GbR, auch wenn die angestrebte Gesellschaft als solche in der Rechtsform einer *Kapitalgesellschaft* (AG, GmbH ua) gegründet werden soll.[56] Die Formvorschriften für die zu gründende Gesellschaft gelten auch für die Vorgründungsgesellschaft.[57] Bei **Personengesellschaften** sind die Grenzen zwischen Vorgründungsgesellschaft und zu gründender GbR, OHG oder KG wegen des dort möglichen konkludenten Vertragsschlusses (→ § 705 Rn. 25 ff.) fließend. Beginnen etwa die Partner des Vorvertrags einverständlich mit der beabsichtigten Geschäftstätigkeit, so liegt darin im Zweifel bereits die konkludente Gründung der angestrebten Gesellschaft (→ § 705 Rn. 25 ff.),[58] wobei deren Rechtsform als GbR oder OHG sich (bei Verzicht aller Gesellschafter auf eine Haftungsbeschränkung als Kommanditisten) nach dem Gesellschaftszweck bestimmt (→ Rn. 17).

---

[50] So der BGH seit BGHZ 21, 242 (246) = NJW 1956, 1435 in stRspr, BGHZ 45, 338 (347) = NJW 1966, 1311; BGHZ 51, 30 (32) = NJW 1969, 509; und die in der Lit. ganz hM; Nachweise bei Ulmer/Habersack/Löbbe/*Ulmer/Habersack* GmbHG § 11 Rn. 10.

[51] Grdl. BGHZ 80, 129 (133 ff.) = NJW 1981, 1373; dazu *Fleck* GmbHR 1983, 5 ff.; *K. Schmidt* NJW 1981, 1345 ff.; *Ulmer* ZGR 1981, 593 ff.; vgl. zum Ganzen auch Ulmer/Habersack/Löbbe/*Ulmer/Habersack* GmbHG § 11 Rn. 86 ff.

[52] Vgl. die durch die abw. Entscheidung des BSG ZIP 1986, 645 veranlassten Vorlagebeschlüsse des BAG ZIP 1995, 1892 (1893) und des BGH NJW 1996, 1210 (1211) zu dieser Frage; dazu auch *K. Schmidt* ZIP 1996, 353; 1996, 593; *Ulmer* ZIP 1996, 733; allg. zum Diskussionsstand vgl. Ulmer/Habersack/Löbbe/*Ulmer/Habersack* GmbHG § 11 Rn. 86 ff.

[53] Beschlüsse des BAG NJW 1996, 3165 und des BSG NJW 1996, 3165, in denen diese Gerichte sich der Auffassung des BGH (NJW 1996, 1210) anschlossen. Abschließend dann BGHZ 134, 333 (338 ff., 342) = NJW 1997, 1507 und ergänzend BGHZ 152, 290 = NJW 2003, 429. An dieser Rspr. festhaltend auch BGH ZIP 2005, 2257.

[54] BGH NJW 2008, 2441.

[55] Zu den Mindestanforderungen an die inhaltliche Bestimmtheit des Vorgründungsvertrags vgl. BGH WM 1976, 180; LM § 705 Nr. 3 = BB 1953, 97; RGZ 66, 116 (121); Soergel/*Hadding/Kießling* § 705 Rn. 15; Ulmer/Habersack/Löbbe/*Ulmer/Löbbe* GmbHG § 2 Rn. 55; für Annahme einer Vorgründungsgesellschaft auch bei Vorabsprachen zu Kapitalerhöhung OLG Schleswig ZIP 2014, 1525 = DStR 2014, 2246, dazu *Lieder* DStR 2014, 2464; *Priester* GWR 2014, 405.

[56] BGHZ 91, 148 (151) = NJW 1984, 2164; Soergel/*Hadding/Kießling* Rn. 39; Ulmer/Habersack/Löbbe/*Ulmer/Löbbe* GmbHG § 2 Rn. 55 f.

[57] Ganz hM, vgl. Soergel/*Hadding/Kießling* § 705 Rn. 15; Ulmer/Habersack/Löbbe/*Ulmer/Löbbe* GmbHG § 2 Rn. 48 f.; *Priester* GmbHR 1995, 481 (483); aA *Flume*, FS Geßler, 1971, S. 3 (18 f.). Allg. zur Form des Vorvertrags → Vor § 145 Rn. 64 *(Busche)*.

[58] BGHZ 11, 192 = NJW 1954, 757; BGH NJW 1962, 1008; 1982, 932; RGZ 103, 73.

III. Reform

26 **1. Die unvollkommene Regelung im BGB.** Die Vorschriften der §§ 705–740 haben seit ihrem Inkrafttreten im Jahr 1900 nur wenige Änderungen erfahren (→ Rn. 30). Sie waren von Anfang an auf **Gelegenheitsgesellschaften** ohne deutlich ausgeprägte Gesellschaftsorganisation zugeschnitten (vgl. etwa §§ 709 ff., 721, 723). Sie eignen sich deshalb nur begrenzt als Rechtsgrundlage für sog. Erwerbsgesellschaften (→ Rn. 89) und erfordern zahlreiche gesellschaftsvertragliche Abweichungen vom dispositiven Recht. Dem entspricht es, dass die Rechtsprechung beim Vorhandensein von Vertragslücken der ergänzenden Vertragsauslegung in den hierfür geeigneten Fällen den Vorrang einräumt vor der Heranziehung dispositiven Rechts (→ § 705 Rn. 174). Diesen Mängeln des Gesetzes könnte nicht durch Neufassung einzelner Vorschriften, sondern nur durch eine grundlegende Überarbeitung des Rechts der GbR abgeholfen werden, wobei sich eine stärkere Differenzierung nach den verschiedenen Arten der in der Rechtsform der GbR gegründeten Personenverbindungen empfehlen würde.[59] Das gilt insbesondere für Überlegungen zur Einrichtung eines *GbR-Registers für rechtsfähige Außengesellschaften* (→ § 705 Rn. 303 ff.); es würde deren Auftreten im Rechtsverkehr, insbesondere die Eintragung der GbR als Grundstücks- oder Wohnungseigentümer oder als Gesellschafter einer KG, wesentlich erleichtern. Auch mit Anerkennung der Grundbuchfähigkeit der GbR durch den BGH[60] und nach Inkrafttreten der zum 18.8.2009 geschaffenen Vorschriften der § 47 Abs. 2 S. 1 GBO und § 899a sind diese Vorschläge nicht obsolet geworden, zumal das Grundbuch trotz § 899a S. 1 naturgemäß keine allgemeine Registerfunktion für die GbR übernehmen kann (→ § 705 Rn. 312).[61] Immerhin hat eine jüngere Entscheidung des BGH (V. Zivilsenat) die erwähnten neuen Vorschriften zumindest für den Fall eines Grundstückserwerbs durch die GbR für die Praxis in vernünftiger Weise handhabbar gemacht.[62]

27 **2. Reformansätze.** Im Rahmen der *Vorarbeiten für die Schuldrechtsreform* war ein **Reformentwurf** von *Karsten Schmidt* im Auftrag des Bundesministers der Justiz erstellt worden.[63] Er zielte auf die grundsätzliche Unterscheidung von drei Arten der GbR ab: der reinen Innengesellschaft sowie der Außengesellschaft entweder mit oder ohne unternehmerischer Zielsetzung (Mitunternehmer-GbR/ schlicht zivilistische GbR). Hinsichtlich der Außengesellschaften sprach er sich für die weitgehende Unterstellung der Mitunternehmer-GbR unter das Recht der OHG aus, während die verschiedenen Erscheinungsformen der schlicht zivilistischen GbR (darunter auch die Arbeitsgemeinschaften und die Besitzgesellschaften im Rahmen einer Betriebsaufspaltung) unter Aufgabe des Anwachsungsprinzips (§ 738) vermögensrechtlich der Bruchteilsgemeinschaft angenähert werden sollten. Damit knüpfte der Reformentwurf an Modellvorstellungen an, die den ersten Entwürfen des BGB-Gesellschaftsrechts zu Grunde lagen und erst im Zuge der Gesetzesberatungen zu Gunsten der im BGB gewählten Einheitslösung aufgegeben wurden.[64] Ob ein derartiger Weg „zurück zu den Quellen" angesichts des seither erreichten Standes des Rechts der GbR, aber auch angesichts der erheblichen damit verbundenen Abgrenzungsprobleme empfohlen werden kann, ist freilich zu bezweifeln.[65]

28 Im Rahmen der **Schuldrechtsreform 2001** hat der Gesetzgeber darauf verzichtet, Eingriffe in das Recht der GbR vorzunehmen oder es entsprechend den Vorschlägen des in → Rn. 27 erwähnten Reformentwurfs auf neue Füße zu stellen. Das allgemein auf Dauerschuldverhältnisse bezogene, in § 314 nF neu geregelte Kündigungsrecht aus wichtigem Grund findet auf das Recht der GbR angesichts der Spezialregelung in § 723 Abs. 1 S. 2 und 3 keine Anwendung (→ § 723 Rn. 5).

29 Mittelbare Bedeutung für das Recht der GbR hat freilich die Erweiterung des § 105 HGB durch die Aufnahme eines neuen Abs. 2 im Zuge der **Handelsrechtsreform 1998** erlangt. Indem sie den Gesellschaftern einer Personengesellschaft, deren Zweck auf den Betrieb eines kannkaufmännischen Gewerbes oder auf die Verwaltung eigenen Vermögens gerichtet ist, die *Option zum Handelsregister*

---

[59] Zur Neuregelung des Rechts der Personengesellschaften *K. Schmidt* ZHR 177 (2013), 712 f.; *Schäfer*, Gutachten E zum 71. DJT, 2016; speziell zur GbR auch *Röder* AcP 215 (2015), 450 ff.; vgl. ferner (in Auseinandersetzung mit dem Gutachten) *K. Schmidt* ZHR 180 (2016) 411; *Tröger* JZ 2016, 834; *Westermann* NJW 2016, 2625.
[60] BGH NJW 2009, 594; weiterführend BGH (V. ZS) NJW 2011, 1958.
[61] So auch Begr. Rechtsausschuss, BT-Drs. Nr. 16/13437 S. 26 f.; dazu ferner *Ulmer* ZIP 2011, 1689 ff. und *ders.* in Bayer/Koch, Die BGB-Gesellschaft im Grundbuch, 2011, S. 29 ff.; *Röder* AcP 215 (2015) 466 ff. mit Plädoyer für konstitutive Wirkung der Eintragung[!]; *Schäfer*, Gutachten E zum 71. DJT, 2016, S. 65 ff., 69 f. für Verzicht auf Eintragungszwang.
[62] BGH NJW 2011, 1958 (1959 ff.); → § 705 Rn. 313.
[63] *K. Schmidt*, Änderungen im Recht der BGB-Gesellschaft, in Gutachten und Vorschläge zur Überarbeitung des Schuldrechts, hrsg. vom BMJ, Bd. 3, 1983, S. 413 ff.
[64] *K. Schmidt*, BMJ, Bd. 3, 1983, S. 492 f.
[65] Näher *Ulmer* ZGR 1984, 313 ff.; vgl. auch *Hüffer* AcP 184 (1984), 584 (588 ff.); *K. Schmidt* ZHR 177 (2013) 712, 730 ff.

einräumt und ihnen dadurch die Rechtswahl einer OHG oder KG eröffnet, überlässt sie es den Beteiligten, sich auf diesem Wege einer klarer konturierten Rechtsform zu bedienen und die Publizitätsvorteile des Handelsregisters in Anspruch zu nehmen. Bedeutung hat diese Möglichkeit der Rechtswahl vor allem im Hinblick auf die Haftungsverfassung der Gesellschaft, da eine gesellschaftsvertragliche Haftungsbeschränkung zu Gunsten eines Teils der Gesellschafter seit Anerkennung der akzessorischen Gesellschafterhaftung in der GbR (→ § 714 Rn. 4 f.) nur durch Wahl der KG-Rechtsform möglich ist. Freiberuflern bleibt der Weg zum Handelsregister freilich auch seither verschlossen, sofern ihr Berufsrecht ihnen nicht die Ausübung einer gewerblichen Nebentätigkeit gestattet;[66] stattdessen können sie von den Möglichkeiten des PartGG (→ Rn. 19) Gebrauch machen. Das für den **71. Deutschen Juristentag 2016** vom *Verf.* erstattete Gutachten zum Reformbedarf im Personengesellschaftsrecht empfiehlt insofern keine Änderung der Rechtslage, für die GbR neben der Einführung eines GbR-Registers (ohne Eintragungszwang) aber ua eine klare gesetzliche Unterscheidung zwischen (rechtsfähiger) Außen- und (nicht rechts- und vermögensfähiger) Innengesellschaft, eine (leichte) Modifizierung der Gesellschafterhaftung und die Schaffung eines § 139 HGB entsprechenden bedingten Austrittsrechts des Gesellschafter-Erben.

3. Einzelne Neuregelungen. a) Überblick. Nachdem die Vorschriften der §§ 705–740 seit Inkrafttreten des BGB nahezu hundert Jahre lang unverändert geblieben waren, kam es seit 1994 aus unterschiedlichen Gründen zu Änderungen bei den §§ 723, 728–730 und 736. Anlass hierfür war jeweils nicht ein GbR-spezifischer Reformbedarf, sondern die Angleichung des GbR-Rechts an übergreifende, auch auf die GbR ausstrahlende Rechtsänderungen.

b) Beschränkung der Minderjährigenhaftung. Die Neufassung des **§ 723 Abs. 1** in S. 3–6 durch Einführung eines außerordentlichen Kündigungsrechts für Gesellschafter bei Vollendung des 18. Lebensjahrs war Teil des Minderjährigenhaftungsbeschränkungsgesetzes.[67] Der Gesetzgeber reagierte damit auf die vom BVerfG zwölf Jahre zuvor festgestellte Verfassungswidrigkeit einer auf dem Handeln ihrer gesetzlicher Vertreter beruhenden Überschuldung volljährig gewordener Minderjähriger und ordnete die zu ihrem Schutz gebotenen Rechtsfolgen an.[68] Die Zentralnorm findet sich in § 1629a; sie beschränkt die Haftung des Minderjährigen kraft Gesetzes auf den Bestand seines bei Eintritt der Volljährigkeit vorhandenen Vermögens und schützt ihn dadurch vor den Folgen einer ohne sein Zutun eingetretenen Überschuldung. Mit Blick auf Verpflichtungen aus einer GbR-Beteiligung hat der Gesetzgeber dem volljährig gewordenen Gesellschafter in § 723 Abs. 1 S. 3 Nr. 2 nF ein **außerordentliches Kündigungsrecht** eingeräumt. Macht der Gesellschafter von diesem Recht nicht innerhalb von drei Monaten Gebrauch, so erschwert ihm die Vermutungsregelung des § 1629a Abs. 4 die Möglichkeit, sich Gesellschaftsgläubigern gegenüber auf die Haftungsbeschränkung des § 1629a Abs. 1 zu berufen. – Zu Einzelheiten → § 723 Rn. 38 ff.

c) Nachhaftungsbegrenzung. Auch die Neuregelung des **§ 736 Abs. 2** durch das Nachhaftungsbegrenzungsgesetz[69] geht auf einen Anstoß aus der Rechtsprechung zurück. Auslöser war das Urteil des II. Zivilsenats des BGH vom 19.5.1983,[70] das in Bezug auf die Forthaftung ausgeschiedener OHG-Gesellschafter für Verbindlichkeiten aus vor ihrem Ausscheiden begründeten Dauerschuldverhältnissen eine Gesetzeslücke festgestellt und im Wege richterlicher Rechtsfortbildung die Enthaftung des Ausgeschiedenen nach Ablauf von fünf Jahren begründet hatte. Der Gesetzgeber hat diesen Rechtssatz in § 160 HGB unter gleichzeitiger Ausdehnung auf alle Arten von Altverbindlichkeiten kodifiziert;[71] durch die Verweisung in § 736 Abs. 2 hat er die Regelung auch für die aus einer GbR ausscheidenden Gesellschafter übernommen (→ § 736 Rn. 21 ff.). Das ist inhaltlich sachgerecht, hat regelungstechnisch freilich die bemerkenswerte Folge, dass damit abweichend vom Regelungsmuster des § 105 Abs. 3 HGB das GbR-Recht erstmals auf das OHG-Recht verweist.

d) Sonstige. Unter den sonstigen Änderungen haben die Neuregelung des **§ 728 Abs. 1** und die Erweiterung des **§ 730 Abs. 1** um einen letzten Halbsatz im Zuge der **Insolvenzrechtsreform 1994**[72] jeweils die Konsequenzen gezogen aus der in § 11 Abs. 2 Nr. 1 InsO neu begründeten Insolvenzfähigkeit

---

[66] BGHZ 202, 92 Rn. 10 ff. = NJW 2015, 61; trotz verringerten Reformbedarfs weiterhin krit. *K. Schmidt* ZIP 2014, 2226; *Henssler* AnwBl. 2014, 762 f.; *Henssler/Markworth* NZG 2015, 7; dazu *Schäfer*, Gutachten E zum 71. DJT, 2016, S. 35 f.
[67] Gesetz vom 25.8.1998, BGBl. I S. 2487.
[68] Vgl. *Behnke* NJW 1998, 3078 ff.; *Habersack* FamRZ 1999, 1 ff.; *Grunewald* ZIP 1999, 597 ff.
[69] Gesetz vom 18.3.1994, BGBl. I S. 560.
[70] BGHZ 87, 286 = NJW 1983, 2254; vgl. dazu auch schon *Ulmer/Wiesner* ZHR 144 (1980), 393 und den Gesetzesvorschlag von *Ulmer* BB 1983, 1865 ff.
[71] Gesetz vom 18.3.1994, BGBl. I S. 560.
[72] Einführungsgesetz zur InsO vom 5.10.1994, BGBl. I S. 2911.

der GbR, indem sie die Folgen der Insolvenzeröffnung über das Vermögen der GbR für deren Auflösung sowie für die Art der Auseinandersetzung geregelt haben. Demgegenüber beruht die Neufassung des § 729 im Zuge der **Handelsrechtsreform 1998**[73] darauf, dass der Gesetzgeber die sachlich entsprechende Regelung des § 136 HGB angesichts ihrer nur noch geringen Bedeutung gestrichen und den Wortlaut des § 729 auf die gesetzlich begründete Geschäftsführungsbefugnis sowie auf Fälle eines nicht auflösungsbedingten Wegfalls der Befugnis ausgedehnt hat, um ihren Inhalt dem auf OHG und KG erweiterten Anwendungsbereich anzupassen.[74] Zu Einzelheiten → § 729 Rn. 2 ff.

B. Formen und Arten der GbR

I. Erscheinungsformen

34   **1. Allgemeines.** Entsprechend dem nur negativ – durch Ausschluss einerseits des Betriebs eines Handelsgewerbes, andererseits verbotswidriger Tätigkeiten – eingegrenzten Gesellschaftszweck (→ § 705 Rn. 144) und entsprechend dem Verzicht auf die Pflicht zu bestimmten Mindesteinlagen sind Verwendungsmöglichkeiten und Erscheinungsformen der GbR **außerordentlich vielfältig.**[75] Die Zusammenstellung in den folgenden Randnummern beschränkt sich auf die nach Zahl und Bedeutung wichtigsten Arten und Fälle. Daneben gibt es namentlich im *Grenzbereich zu den Gefälligkeitsverhältnissen* (→ § 705 Rn. 17 ff., 26) eine Vielzahl von Arten und Formen rechtsgeschäftlicher, als GbR zu qualifizierender Fälle der Zusammenarbeit zu gemeinsamem Zweck wie Reise- und Fahrgemeinschaften,[76] Jagd- und Bergsportgemeinschaften,[77] Wohngemeinschaften zwischen zwei oder mehr Mietern,[78] über das gemeinsame Wohnen hinausgehende, auf gemeinschaftliche Energieversorgung gerichtete Heizöl-[79] oder Zählergemeinschaften,[80] aber auch Gesellschaften zum gemeinsamen Erwerb und zur vertraglich geregelten Nutzung bestimmter Vermögensgegenstände (→ Rn. 46).[81] Verbreitet anzutreffen sind auch Lotto- und Tippgemeinschaften (→ Rn. 117; → § 762 Rn. 32 *[Habersack]*);[82] sie werden meist als Innengesellschaften betrieben, für die einer der Partner nach außen im eigenen Namen die Geschäfte führt, und haben die Gerichte nicht selten im Zusammenhang mit dem unterlassenen oder fehlerhaften Ausfüllen von Lottoscheinen ua beschäftigt.[83] Als GbR qualifiziert werden können auch *Künstlergruppen* (§ 80 UrhG)[84] sowie Absprachen von Teilzeitarbeitnehmern untereinander über die Teilung eines Vollarbeitsplatzes, die gegenseitige Vertretung und andere Fragen von gemeinsamen Interesse;[85] ihre jeweiligen Arbeitsverhältnisse zum Arbeitgeber stehen derartigen Innenbeziehungen nicht entgegen.

---

[73] Gesetz vom 22.6.1998, BGBl. I S. 1474.
[74] Vgl. Begr. RefE des HRefG ZIP 1996, 1485 (1487), unverändert in den RegE übernommen.
[75] Zur Bedeutung im internationalen Vergleich *Windbichler* ZGR 2014, 110 ff.
[76] Vgl. etwa BGHZ 46, 313 (315) = NJW 1967, 558 – gemeinsame nächtliche Vergnügungsfahrt; BGH JZ 1979, 101 – Urlaubsfahrgemeinschaft als gesellschaftsähnliches Rechtsverhältnis; NJW 2009, 441 – wechselseitige Haftungsbeschränkung bei gemeinsamer Mietwagenfahrt in Südafrika; OLG Saarbrücken NJW 1985, 811 – Kegelclub mit gemeinsamer Reisekasse als GbR; dazu auch *Mädrich* NJW 1982, 839; Soergel/*Hadding/Kießling* Rn. 41.
[77] Zu Jagdgesellschaften vgl. OLG München SeuffBl. 78, 386; OLG Karlsruhe AgrarR 1982, 75; NJOZ 2006, 1313; zu gemeinsamen Bergtouren (Seilschaften, alpine Führungstouren) *Galli*, Haftungsprobleme bei alpinen Tourengemeinschaften, 1995, S. 107 ff., 137 ff., 148 ff.; vgl. auch *Schünemann* VersR 1982, 825 ff.; 1982, 1130 ff.
[78] BGH ZIP 1998, 27 (30); OLG Düsseldorf ZIP 2000, 580 (581); OLG Hamm BB 1976, 529; LG München NJW-RR 1993, 334; näher Erman/*Westermann* Rn. 53; Soergel/*Hadding/Kießling* Rn. 41; *Sonnenschein* NJW 1984, 2121 ff.; s. auch *Jacobs* NZM 2008, 111 zur Haftung der studentischen Wohngemeinschaft.
[79] OLG Hamburg OLGZ 45, 168; Soergel/*Hadding/Kießling* Rn. 41; LG Konstanz NJW 1987, 2521; dazu krit. *K. Schmidt* JuS 1988, 444.
[80] AG Mölln MDR 1948, 249; *Arnold* MDR 1948, 278.
[81] Vgl. BGH NJW 1982, 170; ZIP 1998, 27 (30); OLG Düsseldorf ZIP 2000, 580 (581) für krankengymnastische Praxis; BGH WM 1962, 1086 für Sportflugzeug.
[82] Soergel/*Hadding/Kießling* Rn. 41.
[83] BGH NJW 1974, 1705 – keine Haftung für Fehler beim Ausfüllen; dazu *Kornblum* JuS 1976, 571; abl. *Plander* AcP 176 (1976), 425 ff.; vgl. auch BGH WM 1968, 376 – Anforderungen an Kündigung; BayObLG NJW 1971, 1664 – Untreue des Geschäftsführers; OLG Düsseldorf WM 1982, 969 – mangels Gesamthandsvermögens keine Liquidation gemäß § 730; OLG Karlsruhe NJW-RR 1988, 1266 – Änderung der Gewinnbeteiligungsregelungen nur mit Zustimmung aller Gesellschafter; OLG München NJW-RR 1988, 1268 – Handeln des Organisators der Tippgemeinschaft.
[84] So jedenfalls bei bestehender vertraglicher Verbindung zwischen den Mitgliedern (→ Rn. 130); dazu auch BGHZ 161, 161 (167 f.) = NJW 2005, 1656 – Bayreuther Festspielorchester als Gesellschaft oder Verein; und *Bastuck* NJW 2009, 719 (721) – Orchester als GbR. Zur Einordnung des Streichquartetts als GbR eingehend *Ulmer*, FS K. Schmidt, 2009, S. 1625 ff.
[85] Sog. Job-sharing, vgl. dazu *Schüren* Jobsharing, 1983, Rn. 212 ff.; *Breuninger* BGB-Gesellschaft, 1991, S. 152 ff.; *Reuter* AcP 207 (2007), 673 (683).

Die vielgestaltigen Erscheinungsformen und Zwecke solcher **Gelegenheitsgesellschaften** haben 35 sich einer systematischen Erfassung bisher entzogen.[86] Stehen sie dem Beitritt grundsätzlich beliebiger, an der gemeinsamen Zweckverfolgung interessierter Personen offen, kann auch ihre Abgrenzung zu nichtrechtsfähigen Vereinen Probleme bereiten (→ Rn. 133; für die Fälle der Publikums-GbR → Rn. 3a). Zu Poolvereinbarungen von Sicherungsnehmern in der Insolvenz des Sicherungsgebers → Rn. 71; zur Abgrenzung der GbR von gemischten Verträgen mit gesellschaftsrechtlichen Elementen → Rn. 114 ff.; zur Bauherren- und zur Miturhebergemeinschaft → Rn. 47 ff., 128 f. – weitere Beispiele → Rn. 87.

2. Erwerbsgesellschaften. a) Freie Berufe. aa) Anwaltssozietäten. Unter den von Angehörigen Freier Berufe (→ PartGG § 1 Rn. 49 ff.)[87] betriebenen Gesellschaften haben Anwaltssozietäten[88] 36 die weitaus stärkste Verbreitung. Das RDG steht – wie zuvor das RBerG – weder ihrer Gründung als Außengesellschaften noch der Übernahme von Gemeinschaftsmandaten entgegen.[89] Schließen sich Rechtsanwälte zur gemeinsamen Berufsausübung in einer Sozietät zusammen, so führt das im Regelfall zur Entstehung von Forderungen der GbR als rechtsfähige Gesamthand auf Grund des Handelns in ihrem Namen,[90] aber auch zur akzessorischen und gesamtschuldnerischen **Mithaftung** *aller Sozien* gegenüber dem Mandanten[91] für das der RA-Sozietät erteilte Mandat, und zwar auch derjenigen Sozien, die selbst keine Anwälte sind.[92] Das hat zur Folge, dass sie gesamtschuldnerisch für den Schaden des Mandanten haften, den einer von ihnen durch Sorgfaltspflichtverletzung verursacht hat (so ausdrücklich § 52 Abs. 2 S. 1 BRAO; zur abweichenden Regelung in § 8 Abs. 2 PartGG → PartGG § 8 Rn. 14 ff.).[93] Wird nur der Anschein einer Sozietät oder der Sozieneigenschaft erweckt oder aufrechterhalten, kann sich daraus eine Haftung des *Scheinsozius* bzw. eine Haftung der Sozietät für den Scheinsozius nach Rechtsscheingrundsätzen ergeben (→ § 705 Rn. 377 f.).[94] Für die persönliche Haftung ausgeschiedener oder neu eintretender Sozien gelten die allgemeinen Grundsätze (→ § 714 Rn. 70 ff.; → § 736 Rn. 21 ff.). Ein *Wettbewerbsverbot* für die Sozien folgt aus der Treupflicht nach Maßgabe der Regeln, die in einer GbR für geschäftsführende Gesellschafter gelten (→ § 705 Rn. 235 ff.).[95] Nachvertragliche Wettbewerbsverbote sind auf Grund standesrechtlicher Regelungen – §§ 1, 3 Abs. 3 BRAO (freie Anwaltswahl) – nur in engen Grenzen zulässig.[96]

---

[86] Vgl. dazu auch *Breuninger* BGB-Gesellschaft, 1991, S. 146 ff.; Erman/*Westermann* Rn. 25 ff.; *K. Schmidt* GesR § 58 III; Soergel/*Hadding/Kießling* Rn. 27, 41.

[87] Vgl. auch *Michalski*, Das Gesellschafts- und Kartellrecht der berufsrechtlich gebundenen freien Berufe, 1989.

[88] Vgl. zu diesen Feuerich/Weyland/*Brüggemann*, BRAO § 59a Rn. 1 ff.; *Kaiser/Bellstedt*, Die Anwaltssozietät, 2. Aufl. 1995, S. 31 ff.; *Breuninger* BGB-Gesellschaft, 1991, S. 207 ff.; *Donath* ZHR 156 (1992), 134 ff.; *Henssler* NJW 1993, 2137 ff.; *K. Schmidt* NJW 2005, 2801; *Steindorff*, FS Rob. Fischer, 1979, S. 747 ff.; ferner die Dissertationen von *Loukakos*, Die Mitunternehmer-BGB-Gesellschaft in der Rspr. des RG und des BGH, 1989, insbes. S. 139 ff., *Plass*, Der Haftungsstatus von Anwaltsgemeinschaften, 1991, und *Bunk*, Sozietät und Gemeinschaftspraxis, 2007; Rechtsprechungsübersicht bei *Kreft*, FS Goette, 2011, S. 263 (268 ff.).

[89] Vgl. zum RBerG BGHZ 56, 355 (359) = NJW 1971, 1801; *Klaus Müller* NJW 1969, 1416 (1417); *Loukakos*, Mitunternehmer-BGB-Gesellschaft, 1989, S. 149.

[90] Vgl. BGH WM 1996, 1632 zur Honorarforderung als Gesamthandsforderung.

[91] Zu Ausnahmen bei eindeutiger Erteilung eines Einzelmandats an ein Sozietätsmitglied BGHZ 56, 355 (361) = NJW 1971, 1801 (1803); BGH 124, 47 (49 f.) = NJW 1994, 257; BGH NJW 2000, 1333 (1334); Sieg WM 2002, 1432 (1435 f.); allg. *Hartstang* Anwaltsrecht, 1991, S. 591; *Zugehör/Fischer/Vill/Fischer/Rinkler/Chab*, Handbuch der Anwaltshaftung, 3. Aufl. 2011, Rn. 392; *Vollkommer/Greger/Heinemann* Anwaltshaftungsrecht, 3. Aufl. 2009, § 4 Rn. 7; *Borgmann/Jungk/Grams* Anwaltshaftung, 4. Aufl. 2005, S. 275, jeweils mN.

[92] BGH NJW 2012, 2435; Erman/*H. P. Westermann* Rn. 32.

[93] HM seit BGHZ 56, 355 (361 ff.) = NJW 1971, 1801 unter Abweichung von BGH NJW 1963, 1301; vgl. nur BGH VersR 1973, 232; NJW 1988, 1973; 1991, 49 (50); 1991, 1225; 1992, 3037 (3038); 2012, 2435; OLG Hamm NJW 1970, 1791 (1792); OLG Bamberg NJW-RR 1989, 223; *Kornblum* BB 1973, 225 ff. mwN; *Steindorff*, FS Rob. Fischer, 1979, S. 751 ff.; *Odersky*, FS Merz, 1991, S. 439 (449 f.); *Henssler* NJW 1993, 2137 (2138).

[94] BGHZ 70, 247 (251 f.) = NJW 1978, 996; BGH NJW 1991, 1225; WM 1999, 1846 (1847); NJW-RR 1988, 1299 (1300); BGHZ 172, 169 = NJW 2007, 2490 – Haftung der Sozietät für deliktisches Handeln eines Scheinsozius gemäß § 31; BGH NJW 2008, 2330 – keine Rechtsscheinhaftung des Mitglieds einer anwaltlichen Scheinsozietät für Forderungen, die nicht die anwaltstypische Tätigkeit betreffen; NJW 2011, 3718 – Sozienklausel in § 12 Abs. 1 Nr. 1 iVm § 12 Abs. 3 AVB-A auf Scheinsozien anwendbar; ZIP 2012, 28 – keine Haftung der Scheinsozietät für Altverbindlichkeiten; OLG Karlsruhe NJW-RR 1987, 867 (868); für eine Steuerberatersozietät auch BGH NJW 1990, 827 (828); 2011, 3303 – keine Anwendbarkeit der Sozienklausel auf Kooperation zwischen Steuerberatern; BFH DStR 2009, 296 – Zurechnung des Verschuldens eines Scheinsozius; → § 714 Rn. 40; *Odersky*, FS Merz, 1991, S. 450; *Henssler* NJW 1993, 2137 (2139); *Grunewald*, FS P. Ulmer, 2003, S. 141; *Peres/Depping* DStR 2006, 2261; *Schäfer* DStR 2003, 1078.

[95] *Michalski/Römermann* ZIP 1994, 433 (434 f.).

[96] Vgl. dazu Feuerich/Weyland/*Brüggemann*, BRAO § 2 Rn. 32; *Kleine-Cosack*, 6. Aufl. 2009, BRAO Vor § 59a Rn. 94 ff.; *Bruckner*, Nachvertragliche Wettbewerbsverbote zwischen Rechtsanwälten, 1987, S. 108 ff.; *T. Becker*, Zulässigkeit und Wirksamkeit von Konkurrenzklauseln zwischen Rechtsanwälten, 1990, S. 118 ff., 129 ff.; allg.

37 Von großer praktischer Bedeutung für die Wahl der Rechtsform ist die Möglichkeit der **Haftungsbeschränkung der Mitglieder einer Anwaltssozietät**.[97] Der Ausschluss der persönlichen Haftung derjenigen Sozien, die nicht selbst für den Mandanten tätig sind, aber auch eine höhenmäßige Beschränkung der Haftung des handelnden Gesellschafters durch vertragliche Vereinbarung mit dem Mandanten sind seit 1994 nach näherer Maßgabe des § 52 Abs. 1 BRAO gesetzlich zugelassen und können auch in AGB vereinbart werden.[98] Allerdings wird die Vereinbarung einer Haftungsbeschränkung bei Abschluss des Mandatsvertrages nicht selten zur Belastung des Vertrauensverhältnisses führen. Daher besteht ein Bedürfnis auch für eine allein durch die Wahl des Gesellschaftsverhältnisses erreichbare Haftungsbeschränkung. Das gilt umso mehr, nachdem der BGH früheren Bestrebungen, durch einen „mbH"-Zusatz im Namen der RA-GbR zu einer einseitigen Haftungsbeschränkung zu gelangen,[99] eine klare Absage erteilt hat (→ § 714 Rn. 59).

38 Was die **Wahl einer haftungsbeschränkenden Rechtsform** angeht, scheidet die den Gesellschaftern einer GbR in § 105 Abs. 2 HGB eröffnete KG-Option wegen des freiberuflichen, mit der Anwendung von Handelsrecht unvereinbaren Zwecks der RA-Sozietät aus.[100] In erster Linie bietet sich vielmehr die seit dem 1.3.1999[101] gesetzlich zugelassene, schon zuvor in der Rechtsprechung[102] anerkannte **RA-GmbH** an (vgl. §§ 59c–59m BRAO). Sie führt nach § 13 Abs. 2 GmbHG zur Haftungskanalisierung bei der GmbH unter Ausschluss der persönlichen Haftung der Gesellschafter für sorgfaltswidrige Vertragserfüllung und macht daher freilich einen entsprechend erhöhten, in § 59j Abs. 2 BRAO definierten Mindestversicherungsschutz erforderlich.[103] Entsprechendes gilt auch für die **RA-AG,** in der laut Mitgliederstatistik der BRAK zum 1.1.2015 bundesweit 26 Rechtsanwaltsgesellschaften organisiert waren. Eine Alternative bietet die seit 1.7.1995 verfügbare, im PartGG geregelte **Freiberufler-Partnerschaft** (dazu näher die Kommentierung des PartGG im Anschluss an § 740); sie bewirkte schon seit Neufassung des § 8 Abs. 2 PartGG im Jahr 1998[104] den Ausschluss persönliche Haftung der nicht selbst mit der Bearbeitung des Mandats befassten Sozien im Fall von Beratungsfehlern (→ PartGG § 8 Rn. 14 ff., 21 ff.) und erwies sich bereits hierdurch als eine für Freie Berufe zunehmend attraktive, die wesentlichen Nachteile der GmbH-Rechtsform vermeidende Organisationsform. Mit Einführung der Variante einer Partnerschaft „mit beschränkter Berufshaftung" (Part[G]mbB) durch § 8 Abs. 4 PartGG im Jahre 2013[105] wurde diese Attraktivität weiter erhöht (→ PartGG § 8 Rn. 41 ff.).[106] Schon zuvor war die PartG deutlich beliebter als die RA-GmbH.[107] Immer noch dürfte aber die deutliche Mehrzahl der Sozietäten in der Rechtsform der GbR organisiert sein.

---

zu Mandantenschutzklauseln BGHZ 91, 1 (6) = NJW 1984, 2366; BGH NJW 1986, 2944 f.; 1991, 699 f.; *Hirte* ZHR 154 (1990), 443 (446 ff.).
 [97] Vgl. etwa *Arnold* BB 1996, 597 ff.; *Henssler* NJW 1993, 2137 (2138); *Heermann* BB 1994, 2421 (2429); *Sieg* WM 2002, 1432 (1438 f.).
 [98] Im Einzelnen dazu *Arnold* BB 1996, 597 ff.; *Feuerich/Weyland/Träger* BRAO § 52 Rn. 4 ff., 15 ff.; allg. zur Rechtsformwahl bei Anwälten unter Haftungsaspekten auch *Schnittker/Leicht* BB 2010, 2971.
 [99] Dafür noch BGH NJW 1992, 3037 (3039); dazu *Henssler* NJW 1993, 2137 (2138); *Heermann* BB 1994, 2421 (2422); anders jetzt BGHZ 142, 315 (318 ff.) = NJW 1999, 3483; BGH NJW 2007, 2490.
 [100] Zur Unzulässigkeit der Anwalts-GmbH & Co. KG s. BGH NJW 2011, 3036; BayAGH NZG 2011, 344 mit im Ergebnis überwiegend zust. Anm. *K. Schmidt* DB 2011, 2477; *Henssler* NZG 2011, 1121; *Karl* NJW 2010, 967 und *Römermann* AnwBl. 2011, 750; zur abweichenden Beurteilung bei Steuerberatern, weil deren Berufsrecht einen gewerblichen Nebenzweck (Treuhandtätigkeit) gestattet, BGHZ 202, 92 = ZIP 2014, 2030; dazu *K. Schmidt* ZIP 2014, 2226; *Henssler/Markworth* NZG 2015, 1.
 [101] Gesetz vom 31.8.1998, BGBl. I S. 2600.
 [102] So im Anschluss an BGHZ 124, 224 (225 ff.) = NJW 1994, 786 – Zahnarzt-GmbH – erstmals BayObLG NJW 1995, 199 (201); vgl. dazu *Ahlers,* FS Rowedder, 1994, S. 12; *Boin* NJW 1995, 371 (372); *Schlosser* JZ 1995, 345 (346 ff.); *Dauner-Lieb* GmbHR 1995, 259 ff.; *Henssler* DB 1995, 1549 ff.; *Mayen* NJW 1995, 2317 (2320 ff.); für Rechtsanwalts-UG *Hommerich/Kilian* AnwBl. 2009, 861; s. aber auch BGH NJW 2012, 461 – keine RA-GmbH bei Mehrheit der Geschäfts- und Stimmanteile bzw. Geschäftsführungsbefugnisse in Besitz von Patentanwälten, mit Anm. *Römermann* GmbHR 2012, 64; hierzu die Entscheidung des BVerfGE 135, 90 = NJW 2014, 613 – partielle Nichtigkeit der Regelungen über den Ausschluss von Rechtsanwalts- und Patentanwalts-GmbHs mit Doppelzulassung.
 [103] Vgl. dazu *Kraus/Senft* in Sozietätsrecht, 2006, § 15 Rn. 81 ff.
 [104] Gesetz vom 22.7.1998, BGBl. I S. 1878.
 [105] Gesetz zur Einführung einer Partnerschaftsgesellschaft mit beschränkter Berufshaftung und zur Änderung des Berufsrechts der Rechtsanwälte, Patentanwälte, Steuerberater und Wirtschaftsprüfer vom 15.7.2013, BGBl. I S. 2386; vgl. auch RegE eines Gesetzes zur Einführung einer Partnerschaftsgesellschaft mit beschränkter Berufshaftung und zur Änderung des Berufsrechts der Rechtsanwälte, Patentanwälte und Steuerberater vom 15.8.2012, BT-Drs. 17/10487.
 [106] Zu ersten Rechtstatsachen *Lieder* NZG 2014, 127 ff.
 [107] Zum 1.1.2015 (1.1.2014 in Klammern) waren laut Mitgliederstatistik der Bundesrechtsanwaltskammer (BRAK) 3716 (3364) Partnerschaften (davon 843 Part[G]mbB), und 694 (654) RA-GmbHs dort registriert.

Bei bloßer **Bürogemeinschaft** kommt es nicht zu gemeinschaftlicher Beauftragung, da die   39
Anwälte ihren Beruf jeweils getrennt ausüben. Das schließt zwar die Errichtung einer (Außen-)Gesellschaft zwischen den Beteiligten nicht aus, wenn sie sich über die Verteilung der Büroaufwendungen hinaus vertraglich zur Anmietung eines Büros, zum Abschluss von Anstellungsverträgen mit dem Personal usw verbunden haben.[108] Eine RA-Sozietät kommt dadurch jedoch nicht zustande.

bb) Sonstige. Weitere typische Fälle einer GbR zwischen Freiberuflern bilden **interprofessio-**   40
nelle Sozietäten zwischen **Rechtsanwälten, Steuerberatern und/oder Wirtschaftsprüfern** sowie zwischen den zuletzt genannten untereinander.[109] Die Zulässigkeit einer gesellschaftsrechtlichen Zusammenarbeit als „Sozietät" war bislang gesetzlich durch die Vorschriften der § 59a BRAO aF, § 56 StBerG aF, § 44b WPO ausdrücklich anerkannt (s. 5. Aufl. Rn. 40 *[Ulmer]*), zugleich aber hierauf beschränkt.[110] Seit 12.4.2008 ist der Begriff „Sozietät" in § 59a BRAO und § 56 StBerG gestrichen worden, und es ist nurmehr von einer „Verbindung" bzw. von „gemeinschaftlicher Berufsausübung" die Rede, während § 44b WPO unverändert von „Sozietät" spricht. In Bezug auf die Zulässigkeit einer Sozietätsbildung hat sich in der Sache hierdurch aber nichts geändert, zumal die Neuregelung lediglich auf eine Erweiterung der Möglichkeiten zur gesellschaftsrechtlichen Zusammenarbeit zielt, so etwa in Form der PartG oder GmbH. Dem § 56 StBerG nF wurde zudem ein Abs. 5 hinzugefügt, wonach Steuerberater und Steuerbevollmächtigte nunmehr auch auf einen Einzelfall oder auf Dauer angelegte berufliche Zusammenarbeit mit anderen Angehörigen freier Berufe iSd § 1 Abs. 2 des PartGG sowie von diesen gebildeten Berufsausübungsgemeinschaften eingehen dürfen. Das alte Kooperationsverbot für Steuerberater mit nicht sozietätsfähigen Berufsgruppen ist somit gestrichen,[111] während es für Rechtsanwälte unverändert fortgilt; der Gesetzesvorschlag zur entsprechenden Änderung von § 59a BRAO konnte sich nicht durchsetzen.[112] Das BVerfG hat aber § 59a Abs. 1 S. 1 BRAO teilweise für verfassungswidrig erklärt, soweit Rechtsanwälten untersagt wird, sich mit Ärzten und Apothekern zur Ausübung ihrer Berufe zu einer Partnerschaftsgesellschaft zusammen zu schließen (→ PartGG § 1 Rn. 82).[113] Auch Sozietäten zwischen **Rechtsanwälten und Nur-Notaren** sind nach § 9 Abs. 1 S. 1 BNotO unzulässig. Für **Anwaltsnotare** lässt § 59a Abs. 1 S. 3 BRAO iVm § 9 Abs. 2 und 3 BNotO die Eingehung einer Sozietät mit Rechtsanwälten bzw. Steuerberatern und Wirtschaftsprüfern zu, sofern die Sozietät sich auf die Anwaltstätigkeit beschränkt.[114] Sonstige häufiger anzutreffende Fälle von Sozietäten zwischen Freiberuflern bilden die **ärztliche Gemeinschaftspraxis**[115] und die **Archi-**

---

[108] Vgl. *Breuninger* BGB-Gesellschaft, 1991, S. 197, 199 ff.; *Steindorff*, FS Rob. Fischer, 1979, S. 750 (755 ff.); *Kornblum* AnwBl. 1973, 153 (154); *Loukakos*, Die Mitunternehmer-BGB-Gesellschaft in der Rspr. des RG und des BGH, 1989, S. 145 f.; *Feuerich/Weyland/Brüggemann*, BRAO § 59a Rn. 79; *Bunk*, Sozietät und Gemeinschaftspraxis, 2007, S. 57 ff.; allg. zu den berufs- und haftungsrechtlichen Unterschieden von Bürogemeinschaft und Sozietät *Deckenbrock* NJW 2008, 3529.

[109] Aus der Rspr. zur gemischten Sozietät vgl. BGH NJW 2009, 1597 – keine Passivlegitimation der gemischten Sozietät im Schadensersatzprozess, wenn Vertrag nur mit dem sozietätsangehörigen Rechtsanwalt zustande gekommen ist mit Anm. *Römermann* NJW 2009, 1560; NJW-RR 2008, 1594 – keine rückwirkende Haftung von berufsfremden Mitgliedern einer gemischten Sozietät; NJW 2011, 2301 – Vertragsabschluss nur mit gemischter Sozietät.

[110] Überholt daher EGH Baden-Württemberg AnwBl. 1988, 245 (246) – Zulässigkeit einer Sozietät zwischen einem Rechtsanwalt und einer Steuerberater-AG; und BVerwG DB 1991, 2589 – Zulässigkeit einer Sozietät zwischen einem Steuerberater und einer Steuerberater-GmbH; wie hier auch *Kaminski* in WP-HdB, 12. Aufl. 2000, S. 46 Rn. 177.

[111] Dazu BGH NJW 2011, 3303; *Kamps/Wollweber* DStR 2009, 926.

[112] Vgl. zum Vorschlag BT-Drs. 16/3655 S. 107.

[113] § 59a Abs. 1 S. 1 BRAO ist teilweise verfassungswidrig, vgl. BVerfG NJW 2016, 700 und BGH NJW 2016, 2263 sowie auch den Vorlagebeschluss BGH NJW 2013, 2674.

[114] Dazu *Kunz* in Sozietätsrecht, 2006, § 2 Rn. 58 f. Zur Vorgeschichte dieser Regelung vgl. BGH NJW 1996, 392 f. – Verbot einer Sozietät zwischen Anwaltsnotar und Wirtschaftsprüfer, aufgehoben wegen Verstoßes gegen Art. 3 Abs. 1 GG durch BVerfGE 98, 49 = NJW 1998, 2269; krit. zur Entscheidung des BGH auch schon *Casper* ZIP 1996, 1501 ff.; *Budde/Steuber* ZIP 1997, 101 ff.

[115] §§ 23a ff. MBO, abgedruckt bei *Ratzel/Lippert,* Kommentar zur Musterberufsordnung der deutschen Ärzte (MBO), 5. Aufl. 2010. Dazu und zu davon zu unterscheidenden Gestaltungen wie Praxisgemeinschaft usw vgl. *Schlund* in Laufs/Kern (Hrsg.), Handbuch des Arztrechts, 4. Aufl. 2010, § 18 Rn. 6 ff.; *Breuninger* BGB-Gesellschaft, 1991, S. 198 ff.; *Bunk*, Sozietät und Gemeinschaftspraxis, 2007, S. 57 ff.; *Schirmer* MedR 1995, 341 (346 ff., 383 ff.); *Ehmann* MedR 1994, 141 ff.; *Taupitz* MedR 1993, 367 ff.; *Ahrens* MedR 1992, 141 ff. Zur Belegärztegemeinschaft, einem Unterfall der Praxisgemeinschaft, als Außengesellschaft der Belegärzte, vgl. BGH NZG 2006, 136. Zur Neuregelung von 2004 betr. die Gründung sog. Medizinischer Versorgungszentren in der Rechtsform einer GbR oder Partnerschaftsgesellschaft vgl. *Rau* DStR 2004, 640 (641 f.); ferner *Steinhilper* in Laufs/Kern § 31 Rn. 26 f.; umfassend zu ärztlichen Kooperationsformen auch MHdB GesR I/*Gummert* § 25.

tektengemeinschaft,[116] aber auch freiberuflich tätige **Kammermusikensembles** wie Streichquartette (→ Rn. 131). – Die *Partnerschaftsgesellschaft* bietet den Freiberuflern seit 1995 eine systematisch zwischen GbR und OHG/KG angesiedelte Alternative für die gemeinsame Berufsausübung, die von § 59a BRAO und § 56 StBerG nF unzweifelhaft mitumfasst wird (→ Rn. 19 f.).

41 b) **Landwirtschaft.** Der gemeinsame Betrieb der **Land- und Forstwirtschaft** kann in der Rechtsform der GbR, seit der Änderung des § 3 HGB im Jahr 1976 *wahlweise* aber auch – durch fakultative Eintragung im Handelsregister – als *Personenhandelsgesellschaft* erfolgen, sofern das Unternehmen nach Art oder Umfang die Dimensionen eines in kaufmännischer Weise eingerichteten Geschäftsbetriebs erreicht (vgl. § 3 Abs. 2 HGB).[117] Dadurch wurde die schon früher für land- und forstwirtschaftliche Nebenbetriebe geltende Wahlmöglichkeit auf alle land- und forstwirtschaftlichen Unternehmen ausgedehnt.[118] Mit der Herbeiführung der Handelsregistereintragung verfolgen die Beteiligten in derartigen Fällen vor allem den Zweck, die mit der Rechtsform der KG verbundene Haftungsbeschränkung für einen Teil von ihnen zu erlangen. Verzichten die Beteiligten auf die Handelsregistereintragung oder können sie hierüber keine Einigung erzielen, so bewendet es bei der Rechtsform der GbR für ihren Zusammenschluss.

42 c) **Kleingewerbetreibende.** Gesellschaften zwischen Kleingewerbetreibenden waren jahrzehntelang ein weiteres wichtiges Anwendungsgebiet der GbR.[119] Sie bildeten nach § 4 Abs. 2 HGB aF auch dann eine GbR, wenn der gemeinsame Zweck sich auf den Betrieb eines – minderkaufmännischen – Grundhandelsgewerbes iSv § 1 Abs. 2 HGB richtete. Seit der Handelsrechtsreform 1998 ist den Beteiligten in derartigen Fällen durch § 2 HGB nF die Option zum Handelsregister eröffnet mit der Folge, dass aus der GbR durch konstitutive Eintragung eine OHG oder KG wird (→ Rn. 29). Machen sie hiervon keinen Gebrauch, wird jedoch im Laufe der Geschäftstätigkeit der Zuschnitt eines kaufmännischen Geschäftsbetriebs (§ 1 Abs. 2 HGB) erreicht, so wandelt sich dadurch die Rechtsform der GbR automatisch in diejenige einer OHG um (→ Rn. 17), soweit die Parteien nicht für diesen Fall die Haftungsbeschränkung eines Teils der Gesellschafter vereinbart und dadurch die Grundlage für eine KG geschaffen haben. Zu den Rechtsfolgen derartiger Umwandlungen für die Innenbeziehungen der Gesellschafter → § 705 Rn. 14.

43 3. **Arbeitsgemeinschaften.** Unter Arbeitsgemeinschaften (auch „Arge") versteht man Zusammenschlüsse von selbstständigen (Bau-)Unternehmern zur gemeinsamen Durchführung eines bestimmten Bauauftrags.[120] Sie sind meist als **Außengesellschaften auf Zeit** unter besonderem, auf das auszuführende (Bau-)Werk oder auf den Ort des Baugeschehens Bezug nehmendem Namen organisiert und treten dem Besteller gegenüber als einheitlicher Vertragspartner auf.[121] Rechtsform der Arge ist regelmäßig die GbR.[122] Der Annahme einer OHG steht typischerweise das Fehlen einer auf *Dauer* angelegten Geschäftstätigkeit,[123] dh ihr auf ein bestimmtes Bauvorhaben begrenzter Zweck entgegen;[124] daher scheidet regelmäßig auch das Wahlrecht des § 105 Abs. 2 HGB mangels Gewerbebetrieb

---

[116] Vgl. dazu *Roth-Gaber/Hartmann*, Kommentar zum Vertragsrecht und zur Gebührenordnung für Architekten, 11. Aufl. 1974, S. 98 ff.

[117] Vgl. *Canaris* HandelsR § 3 Rn. 28 ff. sowie Baumbach/Hopt/*Hopt* HGB § 3 Rn. 2, 7, dort auch zu der Frage, ob bei kleingewerblichem Umfang eine Eintragung nach § 2 HGB in Betracht kommt.

[118] Rechtstatsachen zur Verwendung und Häufigkeit der GbR als Rechtsform zur Kooperation von Landwirten vgl. bei *Köbke* AgrarR 1975, 335 (337) und *Raisch* BB 1969, 1361 (1365 ff.); zum „Agrargesellschaftsrecht" als einem neuen Zweig des Agrarrechts vgl. *v. Lüpke* AgrarR 1975, 38 ff.; *Storm* JZ 1974, 568 ff. und *ders.* AgrarR 1976, 188 ff.

[119] Beispiele hierzu bei Soergel/*Hadding/Kießling* Rn. 43 f. Vgl. auch BVerwG NJW 1993, 1151 zum gemeinsamen Betrieb einer Fahrschule durch mehrere Inhaber von Fahrschulerlaubnissen.

[120] Vgl. *Fahrenschon/Burchardt* ARGE-Kommentar, 2. Aufl. 1982, Exkurs Rn. 1 ff.; *Kleine-Möller* in Kleine-Möller/Merl/Glöckner PrivBauR-HdB, 5. Aufl. 2014, § 3 Rn. 80 ff.; Erman/*Westermann* Rn. 35; Palandt/*Sprau* § 705 Rn. 37; Soergel/*Hadding/Kießling* Rn. 45; Bamberger/Roth/*Schöne* § 705 Rn. 168 ff.; *K. Schmidt*, Änderungen im Recht der BGB-Gesellschaft, in Gutachten und Vorschläge zur Überarbeitung des Schuldrechts, hrsg. vom BMJ, Bd. 3, 1983, S. 453 ff.

[121] Vgl. *Kleine-Möller* in Kleine-Möller/Merl/Glöckner PrivBauR-HdB, 5. Aufl. 2014, § 3 Rn. 80 f.

[122] StRspr, vgl. BGHZ 61, 338 (342 ff.) = NJW 1974, 451; BGHZ 72, 267 (271) = NJW 1979, 308; BGHZ 86, 300 (307) = NJW 1986, 300; BGHZ 146, 341 (342) = NJW 2001, 1056; BGH NJW-RR 1993, 1443 f.; OLG Köln DB 1996, 2173; OLG Schleswig NZG 2001, 796 (797). – S. zur Rechtsnatur der Bau-Arge auch *Thierau/Messerschmidt* NZBau 2007, 1 Entsprechende Abgrenzung in Österreich, die durch § 1197 Abs. 2 S. 2 ABGB indirekt bestätigt wird, der laut Begr. auf die ARGE zugeschnitten ist.

[123] Zu Sonderfällen vgl. *Joussen* BauR 1999, 1063 (1065); Einordnung als OHG durch KG BauR 2001, 1790; OLG Frankfurt BeckRS 2005, 00376.

[124] Zutr. Röhricht/v. Westphalen/Haas/*Röhricht*, 4. Aufl. 2014, HGB § 1 Rn. 30; ebenso Erman/*Westermann* Rn. 35; *Breuninger* BGB-Gesellschaft, 1991, S. 193; *K. Schmidt* DB 2003, 703 (705 f.); wohl auch Bamberger/Roth/*Schöne* § 705 Rn. 168 ff.; s. auch BGH BeckRS 2009, 5200: keine „sicheren" Anhaltspunkte für die Qualifi-

aus. Eine typische Abwandlung bildet die *Los-Arge*, bei der der einheitlich erteilte Auftrag im Innenverhältnis in einzelne Leistungsteile (Lose) aufgeteilt und diese an die einzelnen Arge-Mitglieder durch selbstständige Subunternehmerverträge vergeben werden.[125] Eine *Beihilfegemeinschaft* (Innengesellschaft ohne Gesamthandsvermögen) liegt vor, wenn der nach außen allein auftretende Bauunternehmer sich im Innenverhältnis die Mitwirkung bestimmter Kollegen gegen Vergütungsbeteiligung sichert.[126]

Die **Gründe** für den Zusammenschluss zu einer Arge können im organisatorischen, technischen oder wirtschaftlichen Bereich liegen. So können der Umfang des auszuführenden Werks oder dessen technische Schwierigkeiten die Kapazität oder Spezialerfahrung eines einzelnen Bauunternehmers übersteigen oder aber wegen des erheblichen Risikos die Durchführung durch einen Alleinunternehmer wirtschaftlich nicht sinnvoll erscheinen lassen.[127] **44**

Für die Regelung der **Innenbeziehungen** zwischen den Arge-Mitgliedern hat der Hauptverband der Deutschen Bauindustrie auf Grund von Vorläufern aus den 30er und 40er Jahren einen **Mustervertrag** entwickelt. Dieser wurde 2005 neugefasst[128] und trifft mit rund 30 Paragraphen Vorsorge für alle regelungsbedürftigen Einzelfragen. Entsprechend der wirtschaftlichen Bedeutung, die der Arge heute auf dem Bausektor zukommt, ist der Mustervertrag Gegenstand umfangreicher Kommentierungen.[129] Hierauf kann unter Verzicht auf eine Einzelerörterung der bei Argen auftretenden speziellen Rechtsfragen verwiesen werden. Wird seine Geltung – mit oder ohne Abweichungen – von den Parteien vereinbart, so sind die dispositiven Regeln des Rechts der GbR ergänzend auf das Innenverhältnis der Arge anwendbar. Für *Organisation und Außenbeziehungen* der Arge und ihrer Mitglieder (Haftung, Gesamthandsvermögen, Vollstreckung ua) gelten die gesetzlichen Regeln der §§ 705 ff. und ihre Interpretation durch Rechtsprechung und Schrifttum ohnedies.[130] **45**

4. Vermögensverwaltung. Dass der gemeinsame Zweck einer GbR zulässiger Weise auch in der Verwaltung des von den Beteiligten zu gesamthänderischer Bindung eingebrachten Vermögens bestehen kann, entspricht der Rechtslage ganz hM; es hat inzwischen durch das HGB-Optionsrecht des § 105 Abs. 2 HGB für die vermögensverwaltende GbR gesetzliche Anerkennung erfahren. Diese Beurteilung ist in allen denjenigen Fällen unproblematisch, in denen es um einen *Inbegriff von Vermögensgegenständen* geht und die Beteiligten an dessen gemeinsamem Halten und Verwalten ein spezifisches Interesse haben, so bei der auf die Verpachtung des Betriebsvermögens gerichteten Tätigkeit einer Besitzgesellschaft nach erfolgter Betriebsaufspaltung (→ Rn. 18), bei gemeinsamer Vermietung der mehreren Wohnungen eines im Gesamthandseigentum stehenden Hauses (zur GbR als Vermieterin → § 705 Rn. 311) oder bei gemeinsamer Verwaltung mehrfachen Beteiligungsbesitzes durch eine Holding-GbR. Zulässig ist aber auch die Gründung einer GbR zum gemeinsamen Benutzen einzelner Vermögensgegenstände, etwa eines Kraftfahrzeugs oder einer Segelyacht. Das gilt selbst für die Gründung einer „Eigenheim-Gesellschaft" zum gemeinsamen Halten und Verwalten des eingebrachten Familienheims; für eine Verweisung der Beteiligten auf die Begründung von Miteigentum gibt es angesichts der grundsätzlichen Beliebigkeit des gemeinsamen Zwecks der GbR keinen Rechtsgrund. Derartigen Gestaltungen wird allerdings zu Recht die Gefahr entgegengehalten, auf diesem Wege die Publizitätsvorschriften des Grundstücksrechts (§§ 925, 873) durch Veräußerung der GbR-Anteile an Stelle einer Verfügung über das Grundstück oder über Bruchteile davon zu vermeiden.[131] Fraglich ist deshalb insbesondere, ob auch Innengesellschaften mit Vermögen anzuer- **46**

---

kation einer Arge als OHG; aA *Joussen* BauR 1999, 1063 (1065 ff.) unter unzutr. Berufung auf die Handelsrechtsreform; für Fälle einer Arge für größere Bauvorhaben mit kaufmännisch eingerichtetem Geschäftsbetrieb auch OLG Dresden DB 2003, 713 (714) – dagegen zutr. *K. Schmidt,* Änderungen im Recht der BGB-Gesellschaft, in Gutachten und Vorschläge zur Überarbeitung des Schuldrechts, hrsg. vom BMJ, Bd. 3, 1983, S. 453 ff.; LG Bonn ZIP 2003, 2160; OLG Frankfurt NJOZ 2005, 2583; offenlassend *Kleine-Möller* in Kleine-Möller/Merl/Glöckner PrivBauR-HdB, 5. Aufl. 2014, § 3 Rn. 44 aE.

[125] Vgl. Palandt/*Sprau* § 705 Rn. 37; Erman/*Westermann* Rn. 35; *Kleine-Möller* in Kleine-Möller/Merl/Glöckner PrivBauR-HdB, 5. Aufl. 2014, § 3 Rn. 83.

[126] Vgl. Palandt/*Sprau* § 705 Rn. 37.

[127] *Jagenburg/Schröder/Baldringer,* Der ARGE-Vertrag, 3. Aufl. 2012, Einl. Rn. 9 ff.

[128] Zu beziehen über den Bundesverband der Deutschen Bauindustrie unter http://www.bauindustrie.de/info-center/shoppublikationen/betriebswirtschaft-mustervertrage/_/produkt/arge_vertrag2005/. Zur Neufassung *Zerhusen/Nieberding* BauR 2006, 296 ff.

[129] Vgl. *Fahrenschon/Burchardt* ARGE-Kommentar, 2. Aufl. 1982, Exkurs Rn. 1 ff.; *Kleine-Möller* in Kleine-Moller/Merl/Glöckner PrivBauR-HdB, 5. Aufl. 2014, § 3 Rn. 80 ff.

[130] Zur grds. unbeschränkten Außenhaftung der Arge-Mitglieder für die Verbindlichkeiten der Arge vgl. nur BGHZ 146, 341 (358) = NJW 2001, 1056; dazu auch *Ulmer* ZIP 2003, 1113 (1119); zu Partei- und Grundbuchfähigkeit der ARGE vgl. KG NJW-RR 2010, 1602; OLG Köln FGPrax 2010, 277; zur Parteifähigkeit der ARGE iSd SGB II BGH VersR 2010, 346.

[131] So nachdrücklich *K. Schmidt* AcP 182 (1982), 482 ff.; vgl. auch *K. Schmidt* GesR § 58 IV 3b. – Vgl. auch OLG Celle NJW-RR 2011, 1166; OLG München NJW 2007, 1536: es gelten allein die Regeln über die Anteilsübertragung, nicht über die Übertragung eines Grundstücks oder grundstücksgleichen Rechts.

kennen sind (→ § 705 Rn. 279 ff.). Als Außengesellschaft kann die GbR freilich anerkanntermaßen auch Grundstücke in ihrem Vermögen halten (→ § 705 Rn. 312 ff.). Die analoge Anwendung der §§ 925, 873 auf Fälle einer indirekten Übertragung des Grundeigentums durch Abtretung aller GbR-Anteile scheidet allemal aus; in Betracht kommt aber eine Analogie zur Formbedürftigkeit des Verpflichtungsgeschäfts nach § 311b Abs. 1.[132] – Zu vermögensverwaltenden Familiengesellschaften als Ersatz vorweggenommener Erbfolge → Rn. 70.

47 **5. Bauherrengemeinschaften.** Bauherrengemeinschaften werden zwischen Personen vereinbart, die am Erwerb und an der damit verbundenen Bebauung eines Grundstücks als „Bauherren" mitwirken mit dem Ziel, Wohnungseigentum in dem Bauwerk zu erlangen und dabei möglichst Steuervorteile aus der Bautätigkeit in Anspruch zu nehmen.[133] Die Bauherrengemeinschaft kommt regelmäßig durch Abschluss eines – mit Hilfe des Treuhandvertrags und den darin erteilten Vollmachten zusammengefassten – Bündels von Verträgen seitens der Beteiligten auf Veranlassung des Initiators (Treuhänders) zustande.[134] Der **Erwerb** des Grundstücks erfolgt meist **zu Miteigentum** der Beteiligten; sie bilden insoweit eine Bruchteilsgemeinschaft.[135] Auch bei der Vergabe der Bauaufträge durch den für sämtliche Bauherren tätigen Treuhänder sind die Bauherren, vertreten durch den Treuhänder, nicht notwendig gemeinschaftlich beteiligt, sondern werden je nach Vertragsgestaltung einzeln verpflichtet. Ihre Haftung kann auch bei grundsätzlicher Anwendung des § 128 HGB (analog) durch entsprechende, nach außen erkennbare Vertragsgestaltung auf den der jeweiligen Quote ihres künftigen Wohnungseigentums entsprechenden Anteil der Baukosten beschränkt werden (→ § 714 Rn. 64).[136]

48 Abweichend von der Gestaltung der Außenbeziehungen sehen Bauherrenmodelle mit Rücksicht auf die zur Grunderwerbsteuer bei Bauherrenobjekten ergangene BFH-Rechtsprechung[137] nicht selten die Gründung einer **Innen-GbR** zwischen den Bauherren vor.[138] Sie soll auch ohne direkte Kontakte zwischen den Bauherren sternförmig (→ § 705 Rn. 21) durch Abschluss gleich lautender Verträge mit dem Treuhänder als Vertreter der Bauherren zustande kommen[139] und Treupflichten zwischen den Bauherren begründen.[140] Als **gemeinsamer Zweck** der GbR werden die Errichtung des Bauwerks und die Bildung von Wohnungseigentum zu Gunsten der einzelnen Gesellschafter angesehen. Dessen Förderung soll erfolgen durch Abschluss der für die Errichtung notwendigen Verträge seitens der Bauherren, vertreten durch den Treuhänder, durch Aufbringung des vereinbarten Eigenkapitals und Aufnahme des erforderlichen Fremdkapitals sowie durch gemeinsame Beschlussfassung über die Bauausführung in einer Gesellschafterversammlung vor Baubeginn.

---

[132] Vgl. näher *Ulmer/Löbbe* DNotZ 1998, 711 ff.; weitergehend *K. Schmidt* AcP 182 (1982), 510 ff.; unter Umgehungsgesichtspunkten → § 311b Rn. 14 mwN *(Kanzleiter).*

[133] Vgl. dazu und zu den verschiedenen, in der Rechtswirklichkeit anzutreffenden Arten von Bauherrenmodellen *Goldbeck/Uhde*, Das Bauherrenmodell in Recht und Praxis, 1984; *Reithmann/Brych/Manhart* Bauherrenmodelle, 5. Aufl. 1983; *Pause* Baumodelle, 5. Aufl. 2011, Rn. 1316 ff.; *Schöner/Stöber* GrundbuchR, 15. Aufl. 2012, Rn. 3230 ff.; *Weitnauer*, 9. Aufl. 2004, WEG Anh. § 3; *Fleischmann* DB 1981, Beilage 9; *Lauer* WM 1980, 786 ff.; *Maser* NJW 1980, 961 ff.; *Reithmann* BB 1984, 681 ff.

[134] Zur Notwendigkeit notarieller Beurkundung (§ 311b Abs. 1) vgl. BGH NJW 1985, 730; 1992, 3228; Soergel/*Hadding/Kießling* Rn. 52; → § 311b Rn. 56 *(Kanzleiter).*

[135] Zutr. *Reithmann/Brych/Manhart/Brych* Bauherrenmodelle, 5. Aufl. 1983, Rn. 140b; so auch BGH WM 1996, 1004; 1990, 1543 (1546); BayObLG DB 1982, 1211; *Goldbeck/Uhde* Bauherrenmodell, 1984, S. 143 f.; Weitnauer/*Weitnauer*, 9. Aufl. 2004, WEG Anh. § 3 Rn. 3; *Lauer* WM 1980, 787 f.; *Maser* NJW 1980, 962 f.

[136] StRspr, vgl. BGHZ 75, 26 (30) = NJW 1979, 2101; BGH NJW 1959, 2160; 1977, 294 (295); 1979, 1821; 1980, 992; 1985, 56; zust. *Crezelius* JuS 1981, 498. Eine Haftungsbegrenzung der einzelnen Bauherren auch beim Außenhandeln der Bauherrengemeinschaft als GbR bejaht BGH WM 1985, 56 (57) sowie – im Fall eines Geschäftshauses – BGH WM 1989, 377; zur Fortgeltung dieser Rspr. für Bauherrengemeinschaften trotz grds. Bejahung akzessorischer Gesellschafterhaftung seit 1999 vgl. BGHZ 150, 1 (6) = NJW 2002, 1642; OLG Stuttgart NJW-RR 2011, 527 – nur anteilige Verpflichtung der zukünftigen Wohnungseigentümer zur Zahlung von Werklohn; → § 714 Rn. 62, 66; *Ulmer* ZIP 2003, 1113 (1119).

[137] BFH NJW 1977, 976 = BStBl. II 1977 S. 88; BB 1982, 665; 1982, 1906; 1983, 45; vgl. näher *Reithmann/Brych/Manhart* Bauherrenmodelle, 5. Aufl. 1983, Rn. 123; *Pause* Baumodelle, 5. Aufl. 2011, Rn. 1492; *Fleischmann* DB 1981, Beilage 9 S. 2 f.

[138] Vgl. das Vertragsmuster bei *Reithmann/Brych/Manhart* Bauherrenmodelle, 5. Aufl. 1983, Rn. 424; *Pause* Baumodelle, 5. Aufl. 2011, Rn. 1316 ff.

[139] HM, vgl. BGH NJW-RR 1988, 220; WM 1979, 774; 1985, 56; 1988, 661; BayObLG DB 1982, 1211; *Crezelius* JuS 1981, 496 f.; *Goldbeck/Uhde*, Das Bauherrenmodell in Recht und Praxis, 1984, S. 144 f.; *Lauer* WM 1980, 787 f.; 1982, 1346; *Maser* NJW 1980, 962 f.; *Reithmann* in Reithmann/Meichssner/v. Heymann, Kauf vom Bauträger, 7. Aufl. 1995, D 163; Soergel/*Stürner*, 12. Aufl. 1990, WEG § 3 Rn. 13; *Weitnauer*, 9. Aufl. 2004, WEG Anh. § 3 Rn. 3; Gegenansichten vgl. *Brych* in Reithmann/Brych/Manhart, Bauherrenmodelle, 5. Aufl. 1983, Rn. 140b; vgl. auch *Kirchhof* DStR 1983, 279 (283 f.).

[140] BGH WM 1996, 1004 f.

Der **Beurteilung** der Innenbeziehungen der Bauherren **als GbR** ist bei entsprechender Ausge- 49
staltung des Vertragswerks trotz der daran früher geübten Kritik[141] **zuzustimmen**. Der steuerrechtliche Hintergrund der in → Rn. 48 aufgezeigten Konstruktion ist zwar unverkennbar. Gleichwohl sind von den Beteiligten die Rechtsbeziehungen einer GbR zwischen ihnen ernsthaft gewollt.[142] Auch steht die tatsächliche Gestaltung damit nicht in Widerspruch. Insbesondere schließt der Erwerb des Grundstücks zu Miteigentum der Bauherren und der Abschluss der jeweiligen Bauverträge namens der einzelnen Bauherren die Annahme einer (Innen-)GbR zwischen ihnen nicht aus (zur Kombination einer *Außen*-GbR mit dem Miteigentum der Gesellschafter an den gemeinsamen Gegenständen → § 705 Rn. 266 f.). Gemeinsamer Zweck, Beitrags- sowie Förderungspflichten der Bauherren lassen sich angesichts der Zielsetzung der Bauherrengemeinschaft, angesichts der von den Beteiligten übernommenen jeweiligen Pflichten und angesichts der notwendigen Mitwirkung aller Bauherren zur Erreichung des Erfolgs nicht ernsthaft bestreiten.[143] Und schließlich erweist sich auch die meist fehlende Gesellschaftereigenschaft des Treuhänders nicht als Hindernis für die Annahme einer GbR, selbst wenn man ihn als (Fremd-)Geschäftsführer der Bauherrengemeinschaft ansieht.[144] Denn der Treuhänder ist gegenüber der Gesamtheit der Bauherren weisungsgebunden, sodass die oberste Geschäftsführung letztlich bei den Bauherren liegt und die Vorschrift des § 709 eingehalten ist.[145] Besteht somit eine (Innen-)Gesellschaft, so hat das auch zur Folge, dass jeder Bauherr die anderen Beteiligten nach den Grundsätzen der *actio pro socio* (→ § 705 Rn. 204 ff.) auf Erbringung der Beitragsleistungen in Anspruch nehmen kann.[146] Die Gesellschaft *endet* mit endgültiger Fertigstellung des Wohnungseigentums und Erbringung der von den Gesellschaftern geschuldeten Leistungen (Zweckerreichung).[147] An ihre Stelle tritt die Gemeinschaft der Wohnungseigentümer nach dem WEG (→ Rn. 132 ff.).

Fehlt es abweichend von den in → Rn. 47 ff. behandelten Gestaltungen im Einzelfall an vertragli- 50
chen, auf den Abschluss einer GbR gerichteten Vereinbarungen zwischen den Bauherren und lassen sich solche auch nicht aus den inhaltlich übereinstimmenden Treuhandverträgen ableiten, so ist das Rechtsverhältnis zwischen ihnen von Anfang an als **werdende Wohnungseigentümergemeinschaft** zu beurteilen; es bestimmt sich schon vor der Aufteilung in Wohnungseigentum grundsätzlich nach § 10 WEG.[148]

6. Konsortien. a) Allgemeines. Unter Konsortien versteht man typischerweise **Gelegenheits-** 51
gesellschaften mit einem auf die Durchführung eines oder mehrerer Einzelgeschäfte **beschränkten wirtschaftlichen Zweck**. Entsprechend ihrer variablen, dem jeweiligen Gegenstand anzupassenden Ausgestaltung ergibt sich eine Vielzahl von Verwendungszwecken und Anwendungsbereichen. Vom Sonderfall der Beteiligungs- und Stimmrechtskonsortien als langfristige Verbindungen zwischen Mitgliedern einer anderen Gesellschaft (→ Rn. 68) abgesehen, finden sich Konsortien vornehmlich einerseits im Verhältnis zwischen Kreditinstituten, sei es als Emissionskonsortien (→ Rn. 52) oder als Kredit- bzw. Finanzierungskonsortien (→ Rn. 58).[149] Andererseits ist auch der Typus des Anlagenbau-Konsortiums nicht selten anzutreffen, sei es im Industrieanlagenbau oder im Schiffbau (→ Rn. 61). Ungeachtet der typischen Kaufmannseigenschaft der Konsorten und trotz sachlicher Zugehörigkeit der von ihnen im Rahmen des jeweiligen Konsortiums durchgeführten Geschäfte zum Bereich der Handelsgeschäfte sind die Konsortien in aller Regel als GbR zu qualifizie-

---

[141] So namentlich *Brych* in Reithmann/Brych/Manhart, Bauherrenmodelle, 5. Aufl. 1983, Rn. 140b; vgl. auch *Kirchhof* DStR 1983, 279 (283 f.).
[142] Der früher erhobene Einwand des Scheingeschäfts bei Bauherrenmodellen, vgl. *Brych* in Reithmann/Brych/Manhart, Bauherrenmodelle, 5. Aufl. 1983, Rn. 140b; vgl. auch *Kirchhof* DStR 1983, 279 (283 f.), stößt daher zu Recht auf allg. Ablehnung, vgl. BGHZ 67, 334 (337 f.) = NJW 1977, 294; BGHZ 76, 86 (89 f.) = NJW 1980, 992; *Pause* Baumodelle, 4. Aufl. 2004, Rn. 1017 (in der 5. Aufl. nicht mehr enthalten); *Breuninger* BGB-Gesellschaft, 1991, S. 160 f.; *Crezelius* NJW 1978, 2158; *Wolfsteiner* DNotZ 1979, 579 (591).
[143] Ebenso *Pause* Baumodelle, 5. Aufl. 2011, Rn. 1317.
[144] So auch *Pause* Baumodelle, 5. Aufl. 2011, Rn. 1319.
[145] Zu dieser vom BGH auch bei BGB-Außengesellschaften mit einer Vielzahl von Gesellschaftern anerkannten Konstruktion → § 709 Rn. 6.
[146] BGH WM 1986, 1001; 1987, 1515; 1988, 661.
[147] BGH WM 1988, 661; NJW-RR 1988, 220.
[148] Zur werdenden Wohnungseigentümergemeinschaft vgl. Soergel/*Stürner*, 12. Aufl. 1990, WEG § 3 Rn. 15, Weitnauer/*Weitnauer*, 9. Aufl. 2004, WEG § 3 Rn. 46, WEG Anh. § 10 mwN.
[149] Schrifttum: Staudinger/*Geiler*, 10. Aufl. 1943, Anh. §§ 705 Rn. 31 ff.; Soergel/*Hadding/Kießling* Rn. 47; *Wiedemann* GesR II § 7 I 5, S. 619 ff.; *De Meo*, Bankenkonsortien, 1994; *Delorme/Hoessrich*, Konsortial- und Emissionsgeschäft, 2. Aufl. 1971; *Norbert Horn*, Internationale Anleihen, 1972; *Scholze*, Konsortialgeschäft, 1973; *Canaris* BankvertragsR Rn. 2248, 2304 ff.; *Schaub* Konsortialvertrag, 1991; *Rossbach* in Kümpel/Wittig, BankR/KapMarktR, 4. Aufl. 2011, S. 1408 ff.; *Claussen*, BankR/BörsenR, 5. Aufl. 2014, § 5 Rn. 195 ff.; *Brandt/Sonnenhol* WM 2001, 2329.

ren, weil es wegen der Beschränkung des Gesellschaftszwecks auf bestimmte Einzelgeschäfte am Tatbestandsmerkmal des auf Dauer angelegten Handelsgewerbes fehlt.[150]

52 **b) Emissionskonsortien. aa) Erscheinungsformen.** Emissionskonsortien sind Zusammenschlüsse mehrerer Kreditinstitute entweder zur Begebung oder zur Übernahme und Platzierung der von einem Emittenten (meist einer AG) ausgegebenen Wertpapiere (Aktien oder Schuldverschreibungen).[151] Das heute allenfalls noch vereinzelt anzutreffende **Begebungskonsortium** beschränkt sich darauf, als Geschäftsbesorger auf Rechnung des Emittenten, wenn auch meist im eigenen Namen, die Emission am Kapitalmarkt unterzubringen und den Erlös an den Emittenten abzuführen. Das wirtschaftliche Risiko der Emission verbleibt beim Emittenten, für den die Mitglieder des Konsortiums als Kommissionäre handeln.[152] Den Regelfall bildet demgegenüber das **Übernahmekonsortium.** Neben dem Zweck, die Wertpapiere des Emittenten auf eigene Rechnung zu übernehmen, dient es meist auch dazu, sie in Übereinstimmung mit den Vorstellungen und Wünschen des Emittenten zu platzieren, ihre Börseneinführung zu betreiben und für eine gewisse Kurspflege zu sorgen. Bei Aktienemissionen übernehmen die als Konsorten beteiligten Banken mit Rücksicht auf das Bezugsrecht der Aktionäre regelmäßig eine Bindung hinsichtlich der Weiterbegebung der neuen Aktien nach § 186 Abs. 5 AktG, soweit die Kapitalerhöhung nicht unter Ausschluss des Bezugsrechts durchgeführt wird. Aber auch beim Fehlen von Bezugsrechten hat der Emittent doch regelmäßig ein erhebliches Interesse an der Art und Weise, in der die Wertpapiere auf dem Kapitalmarkt platziert werden.[153] Dem tragen gewöhnlich auch die – auf den Übernahmevertrag zugeschnittenen – Konsortialvereinbarungen zwischen den beteiligten Banken Rechnung.

53 In rechtlicher Hinsicht sind bei der Wertpapieremission durch ein Übernahmekonsortium **drei verschiedene Rechtsverhältnisse** zu unterscheiden: der *Konsortialvertrag* zwischen den Banken zur Konstituierung des Konsortiums, der *Übernahme- und Platzierungsvertrag* zwischen Emittent und Konsortium sowie die einzelnen *Kaufverträge* zwischen den Mitgliedern des Konsortiums und dem Anlagepublikum bei Platzierung der auf sie jeweils entfallenden Quote.[154] Schwierigkeiten bereitet dabei namentlich die zutreffende Erfassung der beiden erstgenannten Rechtsverhältnisse, da die Trennungslinien zwischen den Gemeinschaftsaufgaben des Konsortiums und den Einzelrechten und -pflichten der beteiligten Banken in Bezug auf Übernahme und Platzierung aus tatsächlichen und rechtlichen Gründen nicht immer deutlich werden.

54 **bb) Konsortialvertrag.** Was zunächst das **Rechtsverhältnis zwischen den** als Konsorten **beteiligten Banken** angeht, so handelt es sich um eine *Innengesellschaft* bürgerlichen Rechts.[155] Der gemeinsame Zweck besteht in der Schaffung der Voraussetzungen für die Übernahme und Platzierung der Wertpapiere (→ Rn. 52). Für die Verhandlung der Verträge mit dem Emittenten (zum Übernahmevertrag → Rn. 56) wird der Konsortialführerin regelmäßig Geschäftsführungsbefugnis, nicht jedoch Vertretungsmacht für das Konsortium eingeräumt.[156] Demgegenüber ist die Platzierung Sache der einzelnen Konsorten.[157] Ihre Beitragspflichten gehen dahin, im Rahmen der von der Konsortialführerin mit dem Emittenten ausgehandelten Übernahmebedingungen die auf sie jeweils entfallende Wertpapierquote zu übernehmen und zu platzieren. Das Risiko der Platzierung seiner Quote trägt jeder Konsorte selbst; ebenso findet eine Verteilung der Platzierungsgewinne im Regelfall nicht statt.[158] Die gesamt-

---

[150] BGH WM 1992, 1225; Soergel/*Hadding/Kießling* Rn. 47; allg. zum Begriff des Handelsgewerbes vgl. *K. Schmidt* HandelsR § 9 IV; Baumbach/Hopt/*Hopt* HGB § 1 Rn. 11 ff., 22.
[151] Vgl. zum Emissionskonsortium schon *H. P. Westermann* AG 1967, 285 ff.; *Canaris* BankvertragsR Rn. 2248, 2304 ff.; *Scholze* Konsortialgeschäft, 1973, S. 285 ff.; ferner *Schäfer* ZGR 2009, 455 (489 ff.); MHdB GesR I/*Schücking* § 32; *Ekkenga/Maas* Wertpapieremissionen, 2006, Rn. 49 ff., 259 ff.; vgl. auch *Müller*, Das Emissionskonsortium im Wettbewerbsrecht, 2009.
[152] Vgl. *Scholze* Konsortialgeschäft, 1973, S. 290; *Claussen* BankR/BörsenR, 5. Aufl. 2014, § 7 Rn. 207; *Canaris* BankvertragsR Rn. 2243; *Ekkenga/Maas,* Wertpapieremissionen, 2006, Rn. 55; MHdB GesR I/*Schücking* § 32 Rn. 28; allg. zum Begebungskonsortium vgl. *Scholze* Konsortialgeschäft, 1973, S. 289.
[153] Vgl. *Canaris* BankvertragsR Rn. 2255 f.; *Claussen* BankR/BörsenR, 5. Aufl. 2014, § 7 Rn. 205; *Schäfer* ZGR 2008, 455 (489 ff.); *Ekkenga/Maas* Wertpapieremissionen, 2006, Rn. 57; MHdB GesR I/*Schücking* § 32 Rn. 30 mit etwas anderer Terminologie.
[154] Zur Einordnung dieses letztgenannten Rechtsverhältnisses als Kaufvertrag vgl. *Canaris* BankvertragsR Rn. 2245.
[155] BGHZ 118, 83 (99) = NJW 1992, 2222; näher dazu mit Hinweisen zu Gegenstimmen *Schäfer* ZGR 2008, 455 (490 f.).
[156] *Ekkenga/Maas* Wertpapieremissionen, 2006, Rn. 267, 271; *Schäfer* ZGR 2008, 455 (493), jeweils mwN; zur früher abw. Praxis vgl. *H. P. Westermann* AG 1967, 290; *Canaris* BankvertragsR Rn. 2264, 2310; *Claussen* BankR/BörsenR, 5. Aufl. 2014, § 7 Rn. 206.
[157] *H. P. Westermann* AG 1967, 289 (290); *Canaris* BankvertragsR Rn. 2311.
[158] Vgl. *Scholze* Konsortialgeschäft, 1973, S. 20, 291 f.; *Canaris* BankvertragsR Rn. 2307; *H. P. Westermann* AG 1967, 289.

schuldnerische Außenhaftung für die auf die Quoten der anderen Konsorten entfallenden Emissionspflichten wird im Übernahmevertrag regelmäßig ausgeschlossen.[159] Mit der seit BGHZ 142, 315 geltenden, zwingenden gesamtschuldnerischen Haftung der Gesellschafter einer *Außen*gesellschaft analog § 128 HGB (→ § 714 Rn. 33 ff.) gerät diese Praxis schon deshalb nicht in Konflikt, weil das Konsortium als Innengesellschaft ohne eigenes Gesellschaftsvermögen organisiert ist.[160] Wohl aber können die Konsorten beim Wegfall eines von ihnen entsprechend § 735 intern verpflichtet sein, den dadurch entstehenden Ausfall zu tragen und dessen Quote anteilig mit zu übernehmen;[161] ob dies gewollt ist, muss im Wege der Auslegung ermittelt werden (→ Rn. 56).

Die zu emittierenden Wertpapiere werden üblicherweise nicht Gesamthandseigentum des Konsortiums, sondern den einzelnen Konsorten vom Emittenten entsprechend den darüber getroffenen Abreden (→ Rn. 54) zu Alleineigentum übertragen.[162] Das schließt die Bildung von (anderem) **Gesamthandsvermögen** beim Konsortium zwar nicht aus; um die Haftungsbeschränkung nicht zu gefährden (→ Rn. 54), wird aber auch hierauf üblicherweise verzichtet.[163] **55**

cc) Übernahmevertrag mit dem Emittenten. Der Übernahmevertrag mit dem Emittenten[164] wird entweder von der Konsortialführerin als Vertreterin der je für sich handelnden Konsorten oder unmittelbar von diesen selbst abgeschlossen,[165] nicht aber vom Konsortium selbst, das als Innengesellschaft nicht als solches im Rechtsverkehr auftritt (→ Rn. 54; abweichend noch 5. Aufl. Rn. 56). Da die Übernahmepflicht von den einzelnen Konsorten demgemäß nur in Hinblick auf ihre eigene Quote übernommen wird, scheidet eine gesamtschuldnerische Haftung naturgemäß aus; die entsprechende Haftungsbegrenzung im Konsortialvertrag (→ Rn. 54) hat folglich lediglich deklaratorische Bedeutung. Ob hierdurch auch die interne Ausfallhaftung der Konsorten gemäß § 735 abbedungen ist (→ Rn. 54), ist Auslegungsfrage. Für die Annahme einer solchen (internen) Ausfallhaftung bei Wegfall eines Konsorten könnte etwa sprechen, dass die Emission anderenfalls insgesamt scheitert und die Konsorten einen solchen Fall bei Vertragsschluss eindeutig vermeiden wollten. **56**

Die **Rechtsnatur** des Übernahmevertrags ist bei *Aktienemissionen* als schuldrechtlicher Vertrag sui generis zu qualifizieren, der neben der Verpflichtung des Konsortiums zum Erwerb der Aktien im Hinblick auf den Platzierungsauftrag Elemente eines Geschäftsbesorgungsvertrages enthält.[166] Demgegenüber bildet der Zeichnungsvertrag[167] ein selbstständiges, mit anderem Inhalt und anderen Parteien (den einzelnen Konsorten als Zeichnern) zustande kommendes Rechtsgeschäft. – Auch bei der festen Übernahme neuemittierter *Schuldverschreibungen* durch ein Konsortium handelt es sich weder um einen reinen Kaufvertrag mit dem Schuldner über die künftigen Forderungen,[168] zumal diese erst durch Begebung der Wertpapiere an die Konsortialmitglieder zur Entstehung kommen, noch um einen Darlehensvertrag, der alsbald durch Begründung der verbrieften Forderungen als Leistung an Erfüllungs Statt (§ 364 Abs. 1) erfüllt würde.[169] Beide Lösungen werden dem besonderen Charakter des Übernahmevertrags als eines einheitlichen, auf *Übernahme und Platzierung* der Wertpapiere im Kapitalbeschaffungsinteresse des Emittenten gerichteten Schuldverhältnisses nicht gerecht. Auszugehen ist vielmehr auch hier von einem Vertrag eigener Art, der sowohl kaufrechtliche als auch Darlehens- und Geschäftsbesorgungselemente enthält (→ § 793 Rn. 54 *[Habersack]*).[170] **57**

---

[159] *Canaris* BankvertragsR Rn. 2265; *Claussen* BankR/BörsenR, 5. Aufl. 2014, § 7 Rn. 207.
[160] Vgl. *Schäfer* ZGR 2008, 455 (493 f.).
[161] So auch *Canaris* BankvertragsR Rn. 2308; *Scholze* Konsortialgeschäft, 1973, S. 21; aA *Timm/Schöne* ZGR 1994, 113 (137 ff.): Teilschuld mit subsidiärer Außenhaftung.
[162] *Canaris* BankvertragsR Rn. 2316; *Claussen* BankR/BörsenR, 5. Aufl. 2014, § 7 Rn. 206; *Ekkenga/Maas* Wertpapieremissionen, 2006, Rn. 280; MHdB GesR I/*Schücking* § 32 Rn. 41, 59, 75 ff.; *Schäfer* ZGR 2008, 455 (491 f.).
[163] Vgl. *Ekkenga/Maas* Wertpapieremissionen, 2006, Rn. 282; *Schäfer* ZGR 2008, 455 (493).
[164] Zu seinem typischen Regelungsgehalt vgl. *Ekkenga/Maas* Wertpapieremissionen, 2006, Rn. 297 ff.; *Schäfer* ZGR 2008, 455 (470 f.).
[165] *Canaris* BankvertragsR Rn. 2263 f. und auch noch *Claussen* BankR/BörsenR, 5. Aufl. 2014, § 7 Rn. 212 f., *Schäfer* ZGR 2008, 455 (490 f., 493); anders 5. Aufl. Rn. 56 (*Ulmer*) aufgrund der heute nicht mehr zutr. Prämisse, dass es sich um eine Außengesellschaft handele.
[166] Vgl. *Schäfer* ZGR 2008, 455 (472 f.) mwN; ferner MHdB GesR I/*Schücking* § 32 Rn. 81 ff.; *Einsele*, Bank- und Kapitalmarktrecht, 2006, § 7 Rn. 80. sowie bereits *Canaris* BankvertragsR Rn. 2244.
[167] Dazu umfassend *Hunecke*, Der Zeichnungsvertrag, 2011; ferner KK-AktG/*Lutter*, 2. Aufl. 1995, AktG § 185 Rn. 5 ff., 11 ff.; MüKoAktG/*Pfeifer* AktG § 185 Rn. 31 ff.
[168] So die hM, vgl. RGZ 28, 29 (30); 104, 119 (120); RG JW 1927, 1375; *Claussen* BankR/BörsenR, 5. Aufl. 2014, § 7 Rn. 217; *Horn*, Internationale Anleihen, 1972, S. 137 ff.; *Einsele*, Bank- und Kapitalmarktrecht, 2006, § 7 Rn. 22; *Lenenbach*, Kapitalmarkt- und Börsenrecht, 2002, Rn. 7.80; gegen Staudinger/*Freitag/Mülbert* (2011) § 488 Rn. 58, die selber von der Gewährung eines in der Anleihe verbrieften Darlehens ausgehen.
[169] So *Canaris* BankvertragsR Rn. 2243; dagegen Staudinger/*Freitag/Mülbert* (2011) § 488 Rn. 57 ff. mwN.
[170] Ebenso *Claussen* BankR/BörsenR, 5. Aufl. 2014, § 7 Rn. 212 ff.; für den Fall einer vom Konsortium nicht fest übernommenen, sondern auf Rechnung des Emittenten zu platzierenden Emission ähnlich *Canaris* BankvertragsR Rn. 2243, 2255 (Kommission).

58 **c) Kredit- und Finanzierungskonsortien.** Eine weitere Erscheinungsform bilden Kredit- und Finanzierungskonsortien zwischen mehreren Banken.[171] Der Zusammenschluss dient ihnen dazu, einen regelmäßig durch den Konsortialführer gewährten **Großkredit** (→ Rn. 59) im Rahmen der Begrenzung durch § 13 KWG gemeinsam zu finanzieren und das Risiko quotenmäßig zu begrenzen.[172] Auch insoweit handelt es sich regelmäßig um eine GbR und zwar in Form der *Innengesellschaft*,[173] doch kann nach dem erklärten Willen der Konsorten auch das Konsortium (als Außengesellschaft) mit dem Kreditnehmer in Rechtsbeziehungen treten.[174] Terminologisch wird unterschieden zwischen einfachen Kreditkonsortien zur Bereitstellung eines einmaligen Kredites an ein bestimmtes Unternehmen und Finanzierungskonsortien zum Zwecke wiederholter Kreditgewährung an ein oder mehrere Unternehmen.[175] Besondere Bedeutung kommt dem Kreditkonsortium im Verhältnis zu einem kraft Rechtsform nicht emissionsfähigen Kreditnehmer zu.[176] Es kann aber auch Vorfinanzierungskredite einräumen, wenn ein Unternehmen zwar grundsätzlich emissionsfähig, kurzfristig aber nicht zur Begebung von Anleihen oder Aktien in der Lage ist.[177]

59 Die **Kreditgewährung** selbst kann zentral oder dezentral erfolgen: Im Normalfall, beim „echten" Konsortialkredit, stellt die Konsortialführerin dem Kreditnehmer den Gesamtbetrag zur Verfügung und teilt im Innenverhältnis die beanspruchten und zurückbezahlten Beträge auf. Beim „unechten" Konsortialkredit („Parallelkredit") gewährt jede Konsortialbank selbst entsprechend ihrem quotenmäßigen Anteil dem Kreditnehmer ein Darlehen und erhält unmittelbar die Zinsen und die Kreditprovision.[178] Die Aufgabe der Konsortialführerin beschränkt sich in diesem Fall darauf, den Abruf und die Rückzahlung der Parallelkredite hinsichtlich der Beachtung der Konsortialquoten zu kontrollieren. Für die **Sicherheitsleistung**[179] des Kreditnehmers ist im Regelfall des echten Konsortialkredites vorgesehen, dass die Sicherheiten durch die Konsortialführerin als Treuhänderin für alle Konsorten gehalten werden.[180]

60 Einen Spezialfall des Kreditkonsortiums bildet das **Stillhaltekonsortium**,[181] ein Zusammenschluss von Kreditgebern zu dem Zweck, die jeweils von ihnen einem Dritten gewährten, fälligen Kredite bis zu einem bestimmten Zeitpunkt offenzuhalten bzw. sich mit ratenweiser Tilgung zu begnügen. Es kann in Fortsetzung eines Kreditkonsortiums, aber auch – durch Banken und andere Großgläubiger – eigens zum Zweck des Stillhaltens gebildet werden.[182] Die Konsortialquoten bestimmen sich hier regelmäßig nach dem Verhältnis der Forderungen, die die einzelnen Konsorten gegen den Kreditnehmer (Schuldner) haben. Ein **Sanierungskonsortium** liegt vor, wenn die Vereinbarungen außerdem einen Forderungsnachlass vorsehen.[183] Zum davon abweichenden, durch das Sicherungsinteresse der Beteiligten geprägten Fall des Sicherheitenpools → Rn. 71.

61 **d) Anlagenbau-Konsortien.** Zu den typischen Erscheinungsformen von Konsortien gehört auch das Konsortium für den Bau von Industrieanlagen oder Schiffen durch Zusammenwirken der

---

[171] Zur Abgrenzung der verschiedenen Erscheinungsformen beim Kreditkonsortium (Finanzierungs-, Stillhalte- und Sanierungskonsortiun) vgl. MHdB GesR I/*Schaffelhuber*/*Sölch* § 31 Rn. 12 ff.
[172] Staudinger/*Geiler*, 10. Aufl. 1943, Anh. §§ 705 ff. Rn. 65; *Scholze* Konsortialgeschäft, 1973, S. 100. – Zu den Pflichten der Konsortialführerin bei der Überwachung der Mittelverwendung vgl. OLG Celle WM 2006, 2036: Bank hat nur die Pflichten eines ordentlichen Bankkaufmanns zu erfüllen, nicht diejenigen eines Generalbauunternehmers, eines Architekten oder Baubetreuers.
[173] Erman/*Westermann* Rn. 48; Palandt/*Sprau* § 705 Rn. 44.
[174] S. den Hinweis bei MHdB GesR I/*Schaffelhuber*/*Sölch*, 3. Aufl. 2009, § 31 Rn. 10.
[175] Staudinger/*Geiler*, 10. Aufl. 1943, Anh. §§ 705 ff. Rn. 65.
[176] Vgl. *Scholze* Konsortialgeschäft, 1973, S. 100.
[177] *Scholze* Konsortialgeschäft, 1973, S. 100 f.
[178] *Scholze* Konsortialgeschäft, 1973, S. 104 f.; zur Abgrenzung zwischen echtem und unechtem Konsortialkredit vgl. auch MHdB GesR I/*Schaffelhuber*/*Sölch* § 31 Rn. 13.
[179] Vgl. dazu Staudinger/*Geiler*, 10. Aufl. 1943, Anh. §§ 705 ff. Rn. 31 ff.; *Scholze* Konsortialgeschäft, 1973, S. 108 ff.
[180] Erman/*Westermann* Rn. 48. Den Spezialfall eines „Poolvertrages" zur Zusammenfassung der an mehrere Kreditinstitute gegebenen Sicherheiten in einer Hand behandelt *Eberding* BB 1974, 1004 ff.; für sog. Finanzierung aus einer Hand vgl. BGH NJW-RR 2008, 780 = ZIP 2008, 703 mit Anm. *Fischer* ZInsO 2008, 477.
[181] *Scholze* Konsortialgeschäft, 1973, S. 119 ff.
[182] Vgl. den Fall BGH NJW 1985, 2584 f., in dem die beteiligten Banken sich untereinander zum vorübergehenden Offenhalten der Kreditlinien des späteren Gemeinschuldners verpflichteten und zwei Mitarbeiter mit der Überwachung des Stillhalteabkommens durch diesen beauftragten. Krit. zur Verneinung der Haftung der Konsorten gegenüber dem Kreditnehmer für die Handlungen der Überwachungsbeauftragten *Assmann* ZHR 152 (1988), 371 ff.
[183] *Scholze* Konsortialgeschäft, 1973, S. 119; *Nicklisch*/*Weick*, 3. Aufl. 2001, VOB/B Einl. §§ 4–13 Rn. 84. Zu davon zu unterscheidenden Fällen eines Sanierungskonsortiums, bestehend aus den einen eigenen Sanierungsbeitrag leistenden, unter sich eine GbR bildenden Kommanditisten einer Publikums-KG, vgl. BGH WM 1983, 555 (557); OLG Hamm NJW-RR 1988, 1119.

Konsorten.¹⁸⁴ Der damit von den Beteiligten verfolgte gemeinsame Zweck richtet sich darauf, (1) für ein bestimmtes Bauprojekt auf Grund eines gemeinsamen Angebots den Zuschlag zu erhalten und (2) dieses Projekt sodann in der Weise zu realisieren, dass die Konsorten die im Konsortialvertrag jeweils näher festgelegten Leistungen erbringen und die hierfür zugesagte Vergütung erhalten. Im Einzelnen ist dabei zwischen *Außen- und Innenkonsortien* zu unterscheiden: Während bei jenen alle Konsorten als Mitglieder einer Außen-GbR gegenüber dem Besteller in Erscheinung treten und neben dieser gesamtschuldnerisch für die Erstellung des Werkes haften, schließt beim **Innenkonsortium** der Konsortialführer den Anlagenbauvertrag mit dem Besteller im eigenen Namen ab; er handelt insoweit als mittelbarer Stellvertreter für die übrigen, vertraglich mit ihm verbundenen Konsorten, ohne sie aus dem Bauvertrag auch persönlich zu verpflichten.¹⁸⁵

Beim Vorliegen eines **Außenkonsortiums** erbringen die Konsorten die von ihnen im Konsortialvertrag jeweils übernommenen Beiträge nicht als Einlagen an das Konsortium, sondern unmittelbar gegenüber dem Besteller als (Teil-)Leistungen im Rahmen des Werkvertrags des Konsortiums mit ihm. Dementsprechend haben sie regelmäßig auch Anspruch auf einen im Konsortialvertrag meist klar definierten Teil der Gegenleistung des Bestellers.¹⁸⁶ In dieser von der typischen Gestaltung einer GbR abweichenden Behandlung der jeweiligen Leistungen liegt zugleich die Abgrenzung des Konsortiums von der Bau-Arge, bei der sich die Mitglieder regelmäßig zur Erbringung ihrer Beiträge an die Arge, dh zur gemeinsamen Ausführung des Bauwerks verpflichten, während der ihnen jeweils zustehende Anteil an der – der Arge zufließenden – Gegenleistung des Bestellers sich nach dem vertraglich festgelegten Gewinnverteilungsschlüssel berechnet (→ Rn. 45). An die Stelle der – für das Konsortium typischen – Bündelung der einzelnen Leistungsbeziehungen der Konsorten im Verhältnis zum Besteller tritt im Fall einer Arge mit anderen Worten eine *Gesamtleistung* und ein entsprechender Gegenleistungsanspruch der Arge, verbunden mit der Notwendigkeit, diese nach Zweckerreichung aufzulösen und Gewinn oder Verlust auf ihre Mitglieder zu verteilen. Im Vergleich zum Konsortium ist die Arge also eine deutlich höherstufige, zu engerer Verbindung der Mitglieder und zu weitergehender Vergemeinschaftung ihrer Chancen und Risiken führende Vereinigung, auch wenn im Außenverhältnis zum Besteller angesichts des jeweils einheitlichen Bauvertrags und der gesamtschuldnerischen Haftung der Mitglieder dieser Unterschied nicht entscheidend ins Gewicht fällt.¹⁸⁷

Für die **Ausgestaltung des Konsortialvertrags** im Anlagenbau gibt es eine Reihe von *Musterverträgen* mit im Wesentlichen übereinstimmenden, charakteristischen Elementen.¹⁸⁸ Neben der Notwendigkeit, den Konsortialvertrag nach Erteilung des Zuschlags an etwaige Modifikationen des ursprünglichen Vertragsangebots gegenüber dem Besteller anzupassen, gehören dazu vor allem die Bündelungsfunktion des Konsortialvertrags für das Verhältnis der Konsorten zum Besteller, das „risk splitting" zwischen den Konsorten sowie die enge Verzahnung zwischen Konsortialvertrag und Werkvertrag.¹⁸⁹ Unter *Bündelungsfunktion* ist die Zusammenfassung der von jedem Konsorten eigenverantwortlich zu erbringenden (Teil-)Leistung zu einem einheitlichen, auf die Erbringung des gesamten Bauwerks gerichteten Auftragswerk gegenüber dem Besteller sowie die entsprechende Festsetzung der Gegenleistung zu verstehen; diese setzt sich aus den von den Konsorten jeweils angemeldeten, untereinander abgestimmten Einzelpreisen zusammen, ggf. verbunden mit einem Zuschlag für unvorhergesehene Risiken ua des Konsortiums. Das Verhältnis der Einzelleistungen ist dabei nicht nur für die interne Aufteilung der vom Besteller zu erbringenden Gegenleistung maßge-

---

[184] Schrifttum: *Nicklisch* NJW 1985, 2361 ff.; *Nicklisch* (Hrsg.), Konsortien und Joint Ventures, 1998, mit Beiträgen von *Rosener* (S. 53 ff.), *Vetter* (S. 155 ff.) und *Nicklisch* (S. 187 ff.); *Schaub*, Konsortialvertrag, 1991; *Vetter* ZIP 2000, 1041 ff.

[185] *Nicklisch* NJW 1985, 2364 f.; *Schaub* Konsortialvertrag, 1991, S. 46 f.; *Vetter* in Nicklisch (Hrsg.), Konsortien und Joint Ventures, 1998, S. 156 ff.

[186] Ob es sich insoweit um Ansprüche im Innen- oder Außenverhältnis handelt, hängt von der Ausgestaltung des Werkvertrags mit dem Besteller ab, vgl. *Vetter*, FS Jagenburg, 2002, S. 913 (914 f.).

[187] Dazu *Nicklisch* NJW 1985, 2363 f.; *Nicklisch/Weick*, 3. Aufl. 2001, VOB/B Einl. §§ 4–13 Rn. 84; *Schaub* Konsortialvertrag, 1991, S. 41, 43 f.; *Vetter* in Nicklisch (Hrsg.), Konsortien und Joint Ventures, 1998, S. 159; *Messerschmidt/Thierau* NZBau 2007, 679 f.; zur inneren Organisation eines Anlagen-Konsortiums vgl. eingehend *Vetter* ZIP 2000, 1041 (1045 ff.).

[188] Vgl. die bei *Nicklisch* (Hrsg.), Konsortien und Joint Ventures, 1998, S. 211 ff. abgedruckten Vertragsmuster, darunter insbes. diejenigen von *Rosener* (S. 223 ff.), des Organisme de Liaison des Industries Métalliques Européennes – ORGALIME (S. 248 ff.) und der Japan Machinery Exporters' Association – JMEA (S. 262 ff.). Vgl. auch das Muster für einen internationalen Konsortialvertrag bei *Roquette/Otto/Mrosek*, Vertragsbuch Privates Baurecht, 2. Aufl. 2011, F. III. mit Kommentierung.

[189] Vgl. näher *Nicklisch* NJW 1985, 2364; *Rosener* in Nicklisch (Hrsg.), Konsortien und Joint Ventures, 1998, S. 60 ff.; *Schaub* Konsortialvertrag, 1991, S. 78 ff., 108 ff.; *Vetter* in Nicklisch (Hrsg.), Konsortien und Joint Ventures, 1998, S. 161 f., 171 ff.

bend, sondern auch für die Festsetzung des für unvorhergesehene Fälle ua gebildeten „Konsortialschlüssels". Beim *risk splitting* geht es um die interne Aufteilung der von den Konsorten gesamtschuldnerisch übernommenen Haftung für Gewährleistungsmängel und Leistungsstörungen; sie richtet sich regelmäßig nach dem Verursachungsprinzip, im Übrigen nach dem Konsortialschlüssel. Die *Verzahnung* zwischen Konsortialvertrag und Werkvertrag schließlich zeigt sich darin, dass der Inhalt des Konsortialvertrags auf denjenigen des Werkvertrags bezogen sein muss, um die Realisierung des Bauwerks sicherzustellen und die planmäßige Verteilung der Chancen und Risiken zwischen den Konsorten zu gewährleisten. Dieser Zusammenhang ändert freilich nichts an der Rechtsnatur des Konsortiums als GbR im Sinne eines Vertrags der Interessengemeinschaft im Unterschied zu dem auf Leistungsaustausch gerichteten Werkvertrag des Konsortiums mit dem Besteller.[190]

64 e) Sonstige. Gelegenheitsgesellschaften mit **wirtschaftlichem,** auf die Durchführung bestimmter Geschäfte oder sonstiger rechtserheblicher Aktionen beschränktem **Zweck** finden sich auch *außerhalb des Bankensektors und des Anlagenbaus.* Von den Fällen eines Sicherheitenpools zu vorübergehendem Zweck abgesehen, denen gegenüber eine scharfe Abgrenzung nicht möglich ist (→ Rn. 71), ist etwa an Konsortien zur gemeinsamen Exploration oder Ausbeutung bestimmter Bodenschätze in solchen Fällen zu denken, in denen es um ein sachlich und zeitlich begrenztes Projekt geht.[191] Spezialfälle von Gelegenheitsgesellschaften mit wirtschaftlichem Zweck bilden auch die Arbeitsgemeinschaften (→ Rn. 43 ff.) sowie der vertragliche Zusammenschluss zur einheitlichen Rechtsverfolgung gemeinsamer Interessen (→ Rn. 71b, 87).

65 7. Kartell- und Konzernformen, Pools. a) Kartelle. Unter Kartellen versteht man nach der Definition des § 1 GWB wettbewerbsbeschränkende Vereinbarungen zwischen miteinander in Wettbewerb stehenden Unternehmen oder entsprechende Beschlüsse von Unternehmensvereinigungen. Wenn auch die Bezugnahme der Vorschrift auf „Verträge zu einem gemeinsamen Zweck" im Zuge der GWB-Novelle 1998 entfallen ist, handelt es sich bei der großen Mehrzahl der Verträge, die unter den Kartellbegriff des § 1 GWB fallen, doch nicht um Austausch- oder gemischte Verträge, sondern um gesellschaftsrechtliche oder kooperative Verbindungen. Als Organisationsformen kommen dabei – vorbehaltlich der Wirksamkeit des Zusammenschlusses nach Maßgabe der §§ 2, 3, 28 und 30 GWB bzw. nach Art. 101 Abs. 3 AEUV (vormals Art. 81 Abs. 3 EG-Vertrag) – neben der GmbH und dem Verein namentlich auch die Personengesellschaften in Betracht.[192] Da Kartelle sich zudem überwiegend darauf beschränken, das Marktverhalten ihrer Mitglieder zu koordinieren, ohne selbst unter gemeinsamer Firma am Handelsverkehr teilzunehmen, ist die **GbR** die typische Rechtsform jedenfalls der einfachen, nicht über eine besondere Organisation verfügenden Kartelle, während bei „qualifizierten" Kartellen nach Art der Syndikate die GmbH am stärksten verbreitet ist. Wegen der Einzelheiten sei auf das Schrifttum zum GWB verwiesen.

66 b) Konzernformen; Gemeinschaftsunternehmen. Auch für Unternehmensverbindungen, soweit sie nicht auf faktischer, sondern auf *vertraglicher* Grundlage beruhen, ist die GbR – in Gestalt einer *Innengesellschaft* – als Rechtsform vielseitig verwendbar. Das gilt zwar nicht für die beiden im Zentrum des Konzernvertragsrechts stehenden Typen vertikaler Unternehmensverträge, den Beherrschungs- und den Ergebnisabführungsvertrag (§ 291 Abs. 1 AktG). Bei ihnen handelt es sich um satzungsüberlagernde Organisationsverträge zwischen Ober- und Untergesellschaft, die inhaltlich nicht durch einen gemeinsamen Zweck, sondern durch Austauschelemente geprägt sind.[193] Wohl aber findet die GbR, auch abgesehen vom praktisch wichtigen Sonderfall der Gemeinschaftsunternehmen (→ Rn. 67), im Falle *horizontaler* Unternehmensverträge Verwendung. Das gilt vor allem für vertragliche **Gewinngemeinschaften** (§ 292 Abs. 1 Nr. 1 AktG), bei denen der gemeinsame Zweck der Gewinnerzielung offenkundig ist,[194] aber auch für **Gleichord-**

---

[190] So zutr. die ganz hM, vgl. nur *Schaub* Konsortialvertrag 1991, S. 55 ff., 84 ff.; *Vetter* in Nicklisch (Hrsg.), Konsortien und Joint Ventures, 1998, S. 161 ff.; *ders.* ZIP 2000, 1041 (1043 ff.), jeweils mwN; für gemischten, aus gesellschafts- und werkvertraglichen Elementen zusammengesetzten Vertrag früher *Nicklisch* NJW 1985, 2364 – anders jetzt *ders.* in Nicklisch (Hrsg.), Konsortien und Joint Ventures, 1998, S. 195.
[191] Vgl. dazu näher *Kühne* ZgesGenW 32 (1982), 183 ff.
[192] Vgl. Immenga/Mestmäcker/*Zimmer* GWB § 1 Rn. 50 ff.; MHdB GesR I/*Mattfeld* § 33 Rn. 4.
[193] Ganz hM, vgl. nur MüKoAktG/*Altmeppen* § 291 Rn. 25 ff., 35; Hüffer/*Koch* AktG § 291 Rn. 17 f.; *Koch/Harnos* in Der Sanktionsdurchgriff im Unternehmensverbund, 2014, S. 171, 176 ff.; aA nur *Kersting* Der Konzern 2012, 445.
[194] So zutr. MüKoAktG/*Altmeppen* § 292 Rn. 12; Hüffer/*Koch* AktG § 292 Rn. 2; vgl. auch BGHZ 24, 279 (293 ff.) = NJW 1957, 1279 – Interessengemeinschaft zwischen zwei AGen mit Umtauschrecht der Aktionäre der einen in Aktien der anderen AG.

nungskonzerne auf vertraglicher Grundlage iSv § 18 Abs. 2 AktG.[195] Zu Einzelheiten vgl. das konzernrechtliche Schrifttum.

Erhebliche Verbreitung kommt Konsortialverträgen in Form der Innen-GbR insbesondere im Zusammenhang mit der Gründung oder der Führung eines sog. **Gemeinschaftsunternehmens** zu, dh einer Gesellschaft (AG oder GmbH), die sich in einem Abhängigkeitsverhältnis (§ 17 AktG) gegenüber zwei oder mehr an ihr beteiligten, untereinander gleichgerichtete Interessen verfolgenden Unternehmen befindet.[196] In Fällen dieser Art ist die *Interessengleichrichtung der Gesellschafter* meist nicht nur tatsächlicher Natur oder ergibt sich allein aus den mit dem Anteilsbesitz verbundenen gesellschaftsrechtlichen Beziehungen. Vielmehr treffen die Muttergesellschaften im Zusammenhang mit der Gründung des Gemeinschaftsunternehmens oder dem gemeinsamen Erwerb von Anteilen an ihm meist auch Absprachen über die Ausübung der Beteiligungsrechte im Rahmen einer sog. **Grundvereinbarung**.[197] Entsprechend dem damit verfolgten gemeinsamen Zweck handelt es sich bei ihr in aller Regel um eine Innengesellschaft bürgerlichen Rechts. Wegen der Überlagerung der Rechtsbeziehungen aus dem Anteilsbesitz durch die Grundvereinbarung kann man auch von einer Doppelgesellschaft sprechen.[198] Zur Behandlung sog. „Shoot-Out-Klauseln", die für Zweipersonen-Konsortien nicht untypisch sind, → Rn. 69b. 67

c) **Beteiligungskonsortien, Stimmrechtspools.** Zwischen Beteiligungs- und Stimmrechts- konsortien oder -pools in der Rechtsform der GbR ist wie folgt zu unterscheiden. Das **Beteiligungskonsortium**[199] dient zum gemeinsamen Erwerb oder Halten von Anteilen an einer Handels- (Personen- oder Kapital-)Gesellschaft. Es nimmt meist nicht selbst am Rechtsverkehr teil, sondern beschränkt sich auf Verwaltung und Kontrolle der Beteiligung.[200] Ob die Anteile im Gesamthandseigentum der Gesellschafter stehen oder ob sie treuhänderisch von der Konsortialführerin auf gemeinsame Rechnung gehalten werden, ist Frage des Einzelfalls. Demgegenüber stehen bei den **Stimmrechtspools oder -konsortien** die Anteile am Beteiligungsunternehmen den Poolmitgliedern selbst zu.[201] Diese verpflichten sich aber im Rahmen eines Stimmbindungsvertrags, zum Zwecke gemeinsamer Herrschaftsausübung gegenüber dem Beteiligungsunternehmen, ihr Stimmrecht einheitlich auf Grund entsprechender interner Willensbildung auszuüben.[202] Denkbar ist es auch, die Stimmrechtsausübung einem der Poolmitglieder zu übertragen, soweit sie nicht auf Grund der Organisationsverfassung des Beteiligungsunternehmens als Personengesellschaft höchstpersönlicher Natur ist. Zu Voraussetzungen und Grenzen der Stimmbindung im Rahmen von Stimmrechtsverträgen → § 717 Rn. 20 ff. Hinsichtlich der Kündigung von Konsortialvereinbarungen → Rn. 69a. – In der Praxis noch ungeklärt ist, ob auch eine **Cash-Pool-Rahmenvereinbarung** als (Innen-)GbR der beteiligten (Konzern-)Gesellschaften zu qualifizieren ist, wofür gute Gründe sprechen.[203] 68

Schutzgemeinschaftsverträge zwischen Familienmitgliedern oder einander aus sonstigen Gründen nahe stehenden Gesellschaftern dienen über die gemeinsame Stimmabgabe hinaus zur dauerhaften 69

---

[195] Ganz hM, vgl. MüKoAktG/*Bayer* § 18 Rn. 52; MüKoAktG/*Altmeppen* § 291 Rn. 212; Hüffer/*Koch* AktG § 18 Rn. 20; Emmerich/Habersack/*Emmerich* AktG § 291 Rn. 73; so im Grundsatz auch *K. Schmidt* GesR § 31 II 3c bb.

[196] Vgl. – mehrfache Abhängigkeit nach § 17 AktG bejahend – BGHZ 62, 193 = NJW 1974, 855 – Seitz; BGHZ 74, 359 (366) = NJW 1979, 2401 – WAZ/Brost und Funke.

[197] Näher *Gansweid*, Gemeinsame Tochtergesellschaften, 1976, S. 53 ff., 63 ff.; *G. Wiedemann*, Gemeinschaftsunternehmen im deutschen Kartellrecht, 1981, S. 86 ff.

[198] Der Begriff „Doppelgesellschaft" wird allerdings überwiegend enger gesehen, vgl. dazu RGZ 151, 321 (323); *Naegeli*, Die Doppelgesellschaft, Band 1, 1936, S. 1 ff., 9; *Gansweid*, Gemeinsame Tochtergesellschaften, 1976, S. 71.

[199] Dazu eingehend *Noack* Gesellschaftervereinbarungen, 1994, S. 191 ff.; *Westermann*, FS Bezzenberger, 2000, S. 449 ff.

[200] BGH WM 1969, 790; RGZ 111, 405; 161, 296; RG DNotZ 1936, 564; OLG Saarbrücken AG 1980, 26 f.; *Hartmann*, FS Werner, 1984, S. 217 ff.; *Janberg/Schlaus* AG 1967, 34; *Rasch*, Deutsches Konzernrecht, 5. Aufl. 1974, S. 71 f.

[201] Zu Stimmrechtspools vgl. BGHZ 126, 226 (229) = NJW 1994, 2536; BGHZ 179, 13 = NJW 2009, 669 mit Besprechungen von *K. Schmidt* ZIP 2009, 737; *Schäfer* ZGR 2009, 769; *Wertenbruch* NZG 2009, 645; *Goette* DStR 2009, 3602; *Podewils* BB 2009, 733; ferner BGH WM 1970, 962; OLG Karlsruhe AG 2005, 814; Erman/*Westermann* Rn. 43 f.; *Lübbert* Abstimmungsvereinbarungen, 1971, S. 81 ff.; Scholz/*K. Schmidt* GmbHG § 47 Rn. 35 ff., 40; *Overrath*, Die Stimmrechtsbindung, 1973, S. 1 ff.; *Noack* Gesellschaftervereinbarungen, 1994, S. 32 ff., 47 ff.; *Habersack* ZHR 164 (2000), 1 ff.; *Odersky*, FS Lutter, 2000, S. 557 ff.; *Zöllner*, FS P. Ulmer, 2003, S. 725 ff.; *Langenfeld* ZEV 2010, 17 f.

[202] *Jan Schröder* ZGR 1978, 578 ff.; *Noack* Gesellschaftervereinbarungen, 1994, S. 37 f.; zu Mehrheitsbeschlüssen im Aktionärspool *Krieger*, FS Hommelhoff, 2012, S. 593 ff.; *König* ZGR 2005, 417 ff. Zur fehlenden Unternehmensqualität derartiger Konsortien mit Blick auf die Abhängigkeitsbegründung nach § 17 AktG vgl. OLG Hamm ZIP 2000, 2302 (2305); LG Heidelberg ZIP 1997, 1787 f.

[203] *Decker* ZGR 2013, 392 (403 ff.); grds. zust. Erman/*H.P. Westermann* Rn. 44.

Sicherung des gemeinsamen Einflusses auf das Beteiligungsunternehmen.[204] Wie die Stimmrechtspools (→ Rn. 68) sind sie meist als reine *Innengesellschaften,* dh ohne Einbringung der Beteiligungsrechte in die Schutzgemeinschaft, ausgestaltet.[205] Neben der Sicherstellung der gemeinsamen Stimmrechtsausübung während der Vertragsdauer geht es bei ihnen auch um die dauerhafte *Erhaltung der Beteiligungsrechte in der Schutzgemeinschaft.* Sie ist in Fällen der Vererbung unproblematisch, da die Erben in die Rechtsposition des Erblassers eintreten und damit auch dessen Bindungen unterliegen.[206] Im Übrigen kann der Gefahr einer Veräußerung der Beteiligungsrechte an Dritte durch Aufnahme eines *Vorkaufsrechts* oÄ in den Schutzgemeinschaftsvertrag vorgebeugt werden,[207] ggf. ergänzt durch Vinkulierung der Beteiligungsrechte in der Satzung des Beteiligungsunternehmens.[208]

69a   Die ordentliche **Kündigung** eines unbefristeten Schutzgemeinschaftsvertrags oder einer Konsortialvereinbarung durch einzelne Mitglieder kann freilich nicht wirksam ausgeschlossen werden, da es sich dabei um ein unverzichtbares Mitgliedschaftsrecht handelt (§ 723 Abs. 3). Ob die Schutzgemeinschaft jederzeit ordentlich gekündigt werden kann (§ 723 Abs. 1 S. 1) oder nur innerhalb bestimmter Fristen, richtet sich zunächst nach den vertraglichen Abreden;[209] eventuell lässt sich auch aus dem Zweck der Vereinbarung eine (konkludente) Befristung herleiten, sofern deren Verwirklichung in absehbarer Zeit erfolgen soll (→ § 723 Rn. 23). Überlange Fristen sind allerdings mit § 723 Abs. 3 unvereinbar; für Schutzgemeinschaften hat der BGH jedenfalls eine zweijährige Kündigungsfrist ohne weiteres akzeptiert;[210] allgemein liegt die Grenze für eine zulässige Ausschlussfrist bei 15–30 Jahren (→ § 723 Rn. 66). Außerdem ist es demnach ohne Verstoß gegen § 723 Abs. 3 möglich, im Schutzgemeinschaftsvertrag eine entgeltliche **Andienungspflicht** des Kündigenden gegenüber den verbleibenden Mitgliedern vorzusehen.[211] Denn sie stellt den durch Kündigung aus der Innengesellschaft Ausscheidenden im Ergebnis ähnlich wie beim Ausscheiden aus einem Beteiligungskonsortium, in das die Beteiligungsrechte als Gesamthandsvermögen eingebracht worden waren. Es kommt deshalb im Ergebnis (nur) darauf an, dass für die anzudienenden Anteile an der Hauptgesellschaft ein angemessener Preis gezahlt wird (zu wegen Beeinträchtigung des Kündigungsrechts unzulässigen Abfindungsregeln, die eine Ausübungskontrolle rechtfertigen, → § 738 Rn. 44 ff., 49).

69b   Entsprechende Grundsätze gelten auch für – besonders in Zweipersonen-Konsortien – üblich gewordene sog. **„Shoot-Out"-Klauseln,** die in der Weise auf eine schnelle und reibungslose Zusammenarbeit gerichtet sind, dass die Parteien bei Vorliegen eines bestimmten Auslösetatbestands der jeweils anderen ein bestimmtes Kaufangebot machen können, auf das die andere Partei mit einem Gegenangebot zu einem höheren Preis reagieren kann.[212] Durch ein solches Verfahren wird eine unangemessen niedrige Abfindung iSv § 723 Abs. 3 im Grundsatz zuverlässig vermieden, so dass die Klausel nicht generell als unwirksam anzusehen ist. Dies kann sich zwar anders verhalten, wenn eine Partei die (momentane) finanzielle Schwäche der anderen ausnutzt; doch geht es insofern (nur) um eine Missbrauchskontrolle

---

[204] Vgl. insbes. *Lübbert,* Abstimmungsvereinbarungen, 1971, S. 81 ff.; *Schrötter* NJW 1979, 2592 ff.; ferner *Baumann/Reiss* ZGR 1989, 157 (162 ff.); *Hopt* ZGR 1997, 1 ff.; *Erman/Westermann* Rn. 43; *Westermann,* FS Bezzenberger, 2000, S. 448 ff.; *Zutt* ZHR 155 (1991), 213 ff.; zur „unterwanderten" Schutzgemeinschaft *Ulmer,* FS Hommelhoff, 2012, S. 1249 ff.

[205] *Lübbert* Abstimmungsvereinbarungen, 1971, S. 83; BeckFormB BHW/*Blaum/Scholz* Kap. VIII. A. 3., S. 1577 ff.; aus der Rspr. vgl. die Fälle BGHZ 126, 226 (234 f.) = NJW 1994, 2536; BGHZ 179, 13 (19) = NJW 2009, 669 (670) – Schutzgemeinschaft II; BGH WM 1966, 511; 1970, 962; NJW 1987, 890; 2010, 1208.

[206] Vgl. auch BGHZ 179, 13 (16 f.) = NJW 2009, 669 (670) – Schutzgemeinschaft II.

[207] Zur Auslegung eines solchen Rechts in einem Aktienpoolvertrag vgl. BGH NJW 1987, 890; dazu *G. Müller,* FS Boujong, 1996, S. 375 ff.

[208] Vgl. *Lübbert* Abstimmungsvereinbarungen, 1971, S. 103 ff.; *Schrötter* NJW 1979, 2592 (2593); *Baumann/Reiss* ZGR 1989, 157 (181 f.).

[209] Entsprechende Empfehlungen dazu etwa bei BeckFormB BHW/*Blaum/Scholz* Kap. VIII. A. 4.: Kündbarkeit zum Ablauf jedes fünften Jahres; vgl. ferner MAH AktR/*Sickinger,* 2. Aufl. 2010, § 11 Rn. 41; *Mayer* MittBayNot 2006, 281 (291): ohne Regelung gilt § 723 Abs. 1 S. 1, daher häufig Laufzeitvereinbarung in der Praxis. Zur grds. Anwendbarkeit des § 723 Abs. 1 S. 1 auch Ulmer/Habersack/Löbbe/*Hüffer/Schürnbrand* GmbHG § 47 Rn. 75; Scholz/*K. Schmidt* GmbHG § 47 Rn. 51; MüKoGmbHG/*Drescher* GmbHG § 47 Rn. 234. Ferner für Poolvereinbarung *Simon/Rubner* NJW-Spezial 2005, 27 (28).

[210] So BGHZ 126, 226 = NJW 1994, 2536 – Schutzgemeinschaft I; BGHZ 179, 13 (23) Rn. 24 = NJW 2009, 669 – Schutzgemeinschaftsvertrag II.

[211] BGHZ 126, 226 (234 f.) = NJW 1994, 2536; vgl. dazu auch *Ulmer/Schäfer* ZGR 1995, 134 (144 ff.) mwN; *Westermann* ZGR 1996, 272 ff.

[212] So in der Variante des „Texan Shoot-Out", dazu (und zu anderen Varianten) nur *Fleischer/Schneider* DB 2010, 2713 (2714); *Abt* in Fett (Hrsg.), HdB Joint Venture, 2010, Rn. 599, jeweils mwN; zur Wirksamkeit einer dort so bezeichneten „Russian-Roulette-Klausel" OLG Nürnberg ZIP 2014, 171 = NZG 2014, 222 mit Anm. *Wachter* EWiR 2014, 139; ferner *Weidmann* DStR 2014, 1500; *Schroeder/Welpot* NZG 2014, 609; *Schmolke* ZIP 2014, 897; *Heeg* BB 2014, 467; *Holler/Frese* BB 2014, 1479; *Lorz* FuS 2014, 125; *Schaper* DB 2014, 821; *Willms/Bicker* BB 2014, 1347.

Vorbemerkung

im Einzelfall.²¹³ Eine andere Frage ist freilich, ob „Shoot-Out"-Klauseln das Recht zur ordentlichen Kündigung *ersetzen* können, ob die Parteien also *nur* auf diesem Wege aus dem Konsortium ausscheiden können. Richtigerweise ist dies zu verneinen, weil die Kündigung nicht vom Vorliegen bestimmter Umstände – den sog. „trigger events" – abhängig gemacht werden darf; als zulässig wird man es daher lediglich ansehen können, das Kündigungsrecht für die Zeit nach Ingangsetzen eines „Shoot-Out"-Verfahrens zu suspendieren.²¹⁴ Erst recht kann das Recht zur außerordentlichen Kündigung nicht wirksam durch ein „Shoot-Out"-Verfahren ersetzt werden.²¹⁵

d) Familiengesellschaften (Familienpools). Sie werden zu dem Zweck gegründet, Abkömm- 70 linge noch zu Lebzeiten der Eltern an den gesamthänderisch gehaltenen Vermögenswerten, insbesondere an Grundstücken, aber auch an Unternehmen oder Wertpapierbesitz, zu beteiligen. Gegenüber sonstigen Formen der **vorweggenommenen Erbfolge,** wie etwa der Vollübertragung oder der Übertragung von Miteigentum an Grundstücken, hat die Gründung einer Vermögensverwaltungsgesellschaft, an der Eltern und Abkömmlinge als Gesellschafter beteiligt sind, den Vorteil, dass die Verwaltungs- und Nutzungsrechte durch den Gesellschaftsvertrag im Rahmen der für die GbR anerkannten Geschäftsführungs- und Vertretungsregelungen den Bedürfnissen des jeweiligen Familienverbandes angepasst werden können. Die gesamthänderische Bindung erleichtert zusammen mit dem Anwachsungsprinzip und der gesellschaftsrechtlichen Sondererbfolge die generationsübergreifende Erhaltung des Grundstücks oder der sonstigen Gegenstände des Gesamthandsvermögens im Familienverband, so dass die Familiengrundstücksgesellschaft eine bedenkenswerte Alternative zur Familienstiftung darstellt.²¹⁶

e) Sicherheitenpools; Sanierungsfonds. Unter **Sicherheitenpools** versteht man Vereinbarun- 71 gen zwischen Sicherungsnehmern (Banken und Lieferanten), durch die sie ihre Rechte an Mobiliarsicherheiten zum Zweck gemeinsamer Durchsetzung in einen Pool einbringen.²¹⁷ Rechtlich handelt es sich im Regelfall um eine Gesellschaft bürgerlichen Rechts.²¹⁸ Sie ist Außengesellschaft, wenn ihr die Sicherungsrechte von ihren Mitgliedern zur gemeinsamen Geltendmachung durch einen zum Geschäftsführer bestellten Gesellschafter übertragen sind.²¹⁹ Daneben finden sich auch **Treuhandlösungen,** die sich – als Treuhandverträge kombiniert mit einer Innengesellschaft der Treugeber – darauf beschränken, die gemeinsame Geltendmachung der Sicherungsrechte durch einen Treuhänder im eigenen Namen zu ermöglichen.²²⁰ Die gesicherten Forderungen als solche werden von der Rechtsübertragung oder -einräumung regelmäßig nicht erfasst, sondern verbleiben den jeweiligen Gesellschaftern.²²¹ Der Erlös aus den realisierten Sicherheiten wird nach dem vereinbarten Schlüssel unter den Mitgliedern verteilt.²²² Der **Zweck des Pools** besteht regelmäßig darin, durch kollektive Verwaltung und Durchsetzung der Sicherungsrechte sowie ihre Verwertung im gemeinsamen Interesse die rechtlichen und tatsächlichen Schwierigkeiten auszuräumen, die bei individueller Durchsetzung der Rechte wegen konkurrierender Rechte anderer Sicherungsnehmer zu erwarten wären. Die

---

²¹³ Zutr. *Fleischer/Schneider* DB 2010, 2713 (2717); ebenso auch OLG Nürnberg ZIP 2014, 171.
²¹⁴ Zutr. *Fleischer/Schneider* DB 2010, 2713 (2717); ferner *Willms/Becker* BB 2014, 1347 (1350 f.); *Schmolke* ZIP 2014, 897 (900); wohl auch *Schulte/Sieger* NZG 2005, 24 (29); aA *Holler/Frese* BB 2014, 1479 (1481), die Ersetzung für grds. zulässig halten.
²¹⁵ *Fleischer/Schneider* DB 2010, 2713 (2716 f.).
²¹⁶ *Langenfeld,* Die Gesellschaft bürgerlichen Rechts, 7. Aufl. 2009, S. 127 ff., 133 ff.; *ders.* NJW 1994, 2601 (2602 f.); MHdB GesR I/*Schücking* § 4 Rn. 110; *Spiegelberger* Vermögensnachfolge, 2. Aufl. 2010, § 11 Rn. 174; vgl. auch den Mustervertrag einer grundstücksverwaltenden Familien-KG bei *Langenfeld* ZEV 2010, 17 ff.
²¹⁷ Vgl. Jaeger/*Henckel* KO § 15 Rn. 72 f.; *Häsemeyer* Insolvenzrecht, 4. Aufl. 2007, Rn. 18.64 ff.; *Wenzel* in Bankrecht und Bankpraxis, 2. Aufl. 2000, Rn. 4/284d; *Obermüller,* Insolvenzrecht in der Bankpraxis, 8. Aufl. 2011, Rn. 6183 ff.; *Jauernig* ZIP 1980, 318 ff.; *Marx* NJW 1978, 246 ff.; *Peters* ZIP 2000, 2238 (2239); *Weitnauer,* FS F. Baur, 1981, S. 709 ff. mit Wiedergabe des Inhalts eines Poolvertrags S. 711 f.; *Bürgermeister,* Der Sicherheitenpool im Insolvenzrecht, 2. Aufl. 1996; *Heß,* Miteigentum der Vorbehaltslieferanten und Poolbildung, 1985; *Mitlehner,* Mobiliarsicherheiten im Insolvenzverfahren, 3. Aufl. 2011; Erman/*Westermann* Rn. 45; weitere Beispiele bei *Bohlen,* Der Sicherheiten-Pool, 1984, S. 135 ff.; zum Sanierungspool *Wenzel* WM 1996, 561 ff. mit Vertragsmuster.
²¹⁸ HM, vgl. *Bohlen,* Der Sicherheiten-Pool, 1984, S. 10 f.; Jaeger/*Henckel* KO § 15 Rn. 72; *Jauernig* ZIP 1980, 319; *Peters* ZIP 2000, 2239; *Weitnauer,* FS F. Baur, 1981, S. 709 (710); aA – schlichte Rechtsgemeinschaft – *Stürner* ZZP 94 (1981), 263 (275 f.); je nach Fall GbR oder Bruchteilsgemeinschaft: *Häsemeyer,* Insolvenzrecht, 4. Aufl. 2007, Rn. 18.65. Zur Abgrenzung zwischen Gesellschaft und Gemeinschaft bei Sicherheitenpools › § 741 Rn. 69 (K. Schmidt).
²¹⁹ Von typischem Verzicht auf die dingliche Einbringung der Sicherheiten ausgehend *Wenzel* in Bankrecht und Bankpraxis, Bd. 2, Stand 2000, Rn. 4/284d, 293; *Peters* ZIP 2000, 2239.
²²⁰ *Stürner* ZZP 94 (1981), 263 (275); *Häsemeyer* Insolvenzrecht, 4. Aufl. 2007, Rn. 18.65.
²²¹ *Bürgermeister,* Der Sicherheitenpool im Insolvenzrecht, 2. Aufl. 1996, S. 81 ff.; *Häsemeyer,* Insolvenzrecht, 4. Aufl. 2007, Rn. 18.65.
²²² Jaeger/*Henckel* KO § 15 Rn. 72.

rechtliche Wirksamkeit der Sicherheitenpools steht heute außer Zweifel;[223] ursprünglich hiergegen erhobene Einwendungen wegen angeblicher Umgehung insolvenzrechtlicher Regelungen[224] sind seit langem überholt.[225]

71a **8. Rechtsverfolgungs-Konsortium. Sanierungsfonds** in der Rechtsform einer GbR dienen der gemeinsamen Stützung eines insolvenzgefährdeten Zulieferers oder Abnehmers durch dessen an seinem Fortbestand interessierte Vertragspartner, wobei die Gesellschafter sich verpflichten, die zur Sanierung benötigte Liquidität nach dem vereinbarten Schlüssel für die voraussichtliche Sanierungsdauer zur Verfügung zu stellen.[226]

71b Seit höchstrichterlicher Anerkennung der Parteifähigkeit der Außen-GbR (→ § 705 Rn. 318) eignet sich diese Rechtsform auch für Zusammenschlüsse von Personen zu dem Zweck, die ihnen je persönlich gegen einen bestimmten Dritten zustehenden, auf gleicher Rechtsgrundlage beruhenden Ansprüche einheitlich durch eine von ihnen gegründete **GbR als Zessionarin der Ansprüche** durchzusetzen.[227] Von kollektiver Anspruchsverfolgung durch neue Prozessrechtsinstitute wie die Verbandsklage nach dem UKlaG[228] oder das mit dem KapMuG[229] eingeführte Musterverfahren für Haftungsansprüche wegen mangelhafter Kapitalmarktinformation unterscheidet sich dieses Vorgehen nicht nur durch seinen privatautonomen Ansatz, sondern auch durch die Klageerhebung aus eigenem Recht der GbR. Daher handelt es sich auch *nicht* um den Fall einer *Sammelklage*,[230] bei der die jeweils als Kläger beteiligten Anspruchsinhaber ihre Interessen durch abgestimmtes Vorgehen wie die übereinstimmende Beauftragung eines bestimmten Prozessvertreters gebündelt verfolgen.[231] Vielmehr führt die GbR den Prozess im eigenen Namen und aus eigenem Recht, wenn auch die hinter ihr stehenden Gesellschafter vom Ausgang des Verfahrens indirekt (durch Gewinn- oder Verlustbeteiligung) betroffen sind. Das frühere Verbot der Rechtsberatung ohne behördliche Erlaubnis (Art. 1 § 1 Abs. 1 RBerG aF, vgl. jetzt §§ 3 ff. RDG) sowie die heutigen Sachkundeanforderungen (§§ 10 ff. RDG) stehen einem solchen Vorgehen nicht entgegen. Denn die GbR macht als (echte) Zessionarin *eigene* Rechte geltend und sie handelt überdies im Fall ihrer ad-hoc-Gründung oder Beauftragung zur Durchsetzung einer bestimmten, ihre Gesellschafter gleichermaßen betreffenden Rechtsposition nicht geschäftsmäßig iSv § 2 Abs. 2 RDG.[232]

72 **9. Metaverbindungen.** Es handelt sich um Verbindungen zwischen zwei oder mehreren Personen zu dem Zweck, während der Vertragsdauer Umsatzgeschäfte in bestimmter oder unbestimmter Zahl über Waren oder Wertpapiere zwar im Namen des jeweils handelnden Metisten, aber **auf gemeinsame Rechnung** einzugehen und den Gewinn hieraus unter sich nach dem vereinbarten Schlüssel („à conto metà") zu teilen.[233] Metageschäfte sind häufig Termingeschäfte, müssen es aber nicht sein. Soweit es bei ihnen zur Eigentumsübertragung an den erworbenen Gegenständen kommt, erfolgt diese gegenüber dem jeweils handelnden Metisten; die Metaverbindung ist Innengesellschaft ohne Gesamthandsvermögen.[234] Die gemeinsam zu tragenden Aufwendungen für die Beschaffung der Waren oder Wertpapiere sind gewöhnlich vorab aus dem Erlös der Weiterveräußerung zu erstatten, soweit die Parteien nichts Abweichendes unter Beachtung von § 707 vereinbart haben.[235]

---

[223] BGH WM 1988, 1784 (1785); NJW 1992, 1501; NJW-RR 2005, 1636; OLG Hamburg ZIP 1985, 740; OLG Frankfurt WM 1986, 27 (29); OLG Oldenburg NZI 2000, 21.
[224] Vgl. die Nachweise in der 2. Aufl. Fn. 101, 102.
[225] So für Sicherheitenpools im Konzern auch BGHZ 138, 291 (297 ff.), 304) = NJW 1998, 2592.
[226] Vgl. OLG München DB 2002, 2429 zum „Feuerwehrfonds" von Kfz-Herstellern zur Stützung eines insolvenzgefährdeten Zulieferers.
[227] Vgl. dazu Bamberger/Roth/*Schöne* § 705 Rn. 167a; *Heß* AG 2003, 113 (122 f.); *Koch* NJW 2006, 1469 (1470 f.); eingehend (mit Bezug auf das RDG) *Mann* NJW 2010, 2391; *ders.* ZIP 2011, 2393.
[228] Zur Effizienz der Verbandsklage nach der Vorgängernorm des § 13 AGBG vgl. informativ *Hensen*, FS P. Ulmer, 2003, S. 1135 f.
[229] Gesetz zur Einführung von Kapitalanleger-Musterverfahren vom 16.8.2005 (BGBl. I S. 2437); dazu *Vorwerk/Wolf* KapMuG, 2007.
[230] So aber Bamberger/Roth/*Schöne* § 705 Rn. 167a; *Koch* NJW 2006, 1469 (1470 f.).
[231] In derartigen Fällen kann – muss aber nicht – zwischen den am abgestimmten Vorgehen Beteiligten eine Innen-GbR vorliegen.
[232] So zutr. *Koch* NJW 2006, 2469 (2471) im Unterschied zu einer als e.V. organisierten, nicht auf einen bestimmten Schadensfall beschränkten Schutzgemeinschaft von Kleinaktionären, OLG Düsseldorf ZIP 1993, 347 (349), bestätigt durch BGH NJW 1995, 516 – Girmes; für das neue RDG jetzt auch *Mann* NJW 2010, 2391; *ders.* ZIP 2011, 2393 – zugleich Besprechung von BGH NJW 2011, 2581 – noch zum RBerG.
[233] BGH NJW 1990, 573; BB 1964, 12; WM 1982, 1403; Soergel/*Hadding/Kießling* Rn. 46; vgl. auch BGH NJW 2011, 1730 – Vorliegen eines Metageschäfts aber abgelehnt.
[234] Hierzu sowie zur Metaverbindung allg. MHdB GesR I/*Schücking* § 4 Rn. 34–36.
[235] BGH BB 1964, 12; Soergel/*Hadding/Kießling* Rn. 46.

Vorbemerkung 73, 74 **Vor § 705**

10. Ehegattengesellschaften. a) Allgemeines. Besonderes Gewicht kam in den Diskussionen 73 der letzten Jahrzehnte nicht nur im familienrechtlichen Schrifttum,[236] sondern auch in der Rechtsprechung (→ Rn. 76 ff.) und der gesellschaftsrechtlichen Diskussion[237] dem lange Zeit lebhaft umstrittenen Institut der „Ehegatten(innen-)gesellschaft" zu. Im Unterschied zu den in → Rn. 34 ff. behandelten Fällen ging es dabei nicht um eine der typischen Erscheinungsformen der GbR (die sich selbstverständlich auch zwischen Ehegatten finden lassen), sondern um die Frage, ob die durch geschäftliche oder berufliche Zusammenarbeit gekennzeichneten Beziehungen zwischen Ehegatten, wenn sie über den engeren Bereich der Ehe (§ 1353 Abs. 1) hinausgehen, als Innengesellschaft qualifiziert und dadurch bei Auflösung der Ehe einem **angemessenen Vermögensausgleich** zwischen ihnen zugeführt werden können. Die Rechtsprechung des BGH war insoweit namentlich in den 1950er und 1960er Jahren von dem Bestreben geleitet, die Voraussetzungen für die Annahme einer Gesellschaft großzügig zu beurteilen und den Willen der Ehegatten, ihre Beziehungen als gesellschaftsrechtliche zu qualifizieren, notfalls zu fingieren, um dadurch zur Anwendung der gesellschaftsrechtlichen Gewinnverteilungs- und Auseinandersetzungsgrundsätze zu kommen. Dem wurde in der Literatur überwiegend heftig widersprochen (→ Rn. 76).

b) Gesellschaftsrechtliche Grundlagen. Gesellschaften zwischen Ehegatten unterliegen im 74 Grundsatz den *gleichen Beurteilungskriterien* wie solche zwischen familienrechtlich nicht verbundenen Personen und können ebenso wie diese gegründet werden; das Institut der Ehe steht einer solchen Gründung nicht entgegen. Das bedarf für Ehegatten, die in Gütertrennung oder Zugewinngemeinschaft leben, keiner Begründung, gilt aber auch im Falle der Gütergemeinschaft (str., → § 705 Rn. 75). Auch für den **Gesellschaftszweck** gelten insoweit keine weitergehenden Beschränkungen als nach allgemeinen Grundsätzen (→ § 705 Rn. 144 ff.). Insbesondere sind Ehegatten auch dann nicht gehindert, ihre vermögensrechtlichen Beziehungen gesellschaftsrechtlich auszugestalten, wenn eine Verpflichtung zu geschäftlicher oder beruflicher Zusammenarbeit sich im Ansatz bereits aus familienrechtlichen Gründen (§§ 1353, 1360) ergeben sollte (→ Rn. 75). Die vom BGH häufig verwendete Formel, ein über die Verwirklichung der ehelichen Lebensgemeinschaft nicht hinausgehender, sich auf die nach den jeweiligen Lebensumständen übliche Zusammenarbeit beschränkender Zweck sei für § 705 ohne Bedeutung,[238] trifft in Fällen geschäftlicher oder beruflicher Zusammenarbeit nicht uneingeschränkt zu. An ihr ist zwar wohl auch heute noch richtig, dass ein Zweck, der sich iSv § 1353 Abs. 1 auf die Begründung oder das Führen einer ehelichen (oder eheähnlichen) Gemeinschaft beschränkt, kein tauglicher Gesellschaftszweck ist;[239] ein hierauf gerichteter Vertrag zwischen unverheiratet zusammenlebenden Personen wäre mit ihrem Selbstbestimmungsrecht wohl unvereinbar.[240] Auch fehlt es bei einer geschäftlichen oder beruflichen Zusammenarbeit, die über den Rahmen des familienrechtlich Üblichen nicht hinausgeht, regelmäßig an Indizien für einen konkludenten Vertragsschluss (→ Rn. 75). Den Ehegatten ist es jedoch nicht verwehrt, ihre Zusammenarbeit in beruflicher und vermögensrechtlicher Hinsicht gesellschaftsrechtlich auszugestalten und ihr dadurch eine **gegenüber dem Familienrecht festere, schuldvertragliche Grundlage** zu geben.[241] Auch das *Ehegüterrecht* steht solchen auf die Verfolgung eines bestimmten gemeinsamen

---

[236] *Lieb*, Ehegattenmitarbeit im Spannungsfeld, 1970; *Fenn*, Die Mitarbeit in den Diensten Familienangehöriger, 1970; *Burckhardt*, Der Ausgleich für Mitarbeit eines Ehegatten, 1971; *Hepting*, Ehevereinbarungen, 1984, S. 126 ff.; Soergel/*Lange*, 12. Aufl. 1989, § 1356 Rn. 23 ff.; *Gernhuber/Coester-Waltjen* FamR § 20 Rn. 26 ff.; → § 1356 Rn. 26 (*Roth*).
[237] *Rothemund*, Ehegatteninnengesellschaft, 1987; Soergel/*Hadding/Kießling* Rn. 54 ff.; Staudinger/*Habermeier* (2003) § 705 Rn. 24; Erman/*Westermann* Rn. 49 f.; Bamberger/Roth/*Schöne* § 705 Rn. 172 ff.; Palandt/*Sprau* § 705 Rn. 39; *Rob. Fischer* NJW 1960, 937; *Schönle* ZHR 121 (1958), 161 (164 ff.).
[238] Vgl. etwa BGHZ 31, 197 (201) = NJW 1960, 428; BGHZ 84, 361 (366) = NJW 1982, 2236; BGHZ 142, 137 (153) = NJW 1999, 2962; BGHZ 155, 249 (255) = NJW 2003, 2982; BGHZ 165, 1 Rn. 13 = NJW 2006, 1269 (1268); BGH FamRZ 1961, 431; 1961, 519; DB 1972, 2201; NJW 1974, 2045; FamRZ 1989, 147 (148); dazu auch *Blumenröhr*, FS Odersky, 1996, S. 517 (519); bestätigend aus jüngerer Zeit OLG Karlsruhe NJW 2009, 2750 (2752); OLG Düsseldorf FamRZ 2009, 1834; OLG Köln FamRZ 2010, 1738.
[239] Vgl. zum Typenzwang im Recht der persönlichen Ehewirkungen *Lipp* AcP 180 (1980), 537 (569 f.) mN; ähnlich auch *Battes* ZHR 143 (1979), 385 (390); neuerdings relativierend Erman/*Westermann* Rn. 50.
[240] Für Nichtigkeit nach § 138 deshalb *Schwab* in Landwehr, Die nichteheliche Lebensgemeinschaft, 1978, S. 68; Staudinger/*Löhnig* (2012) Anh. §§ 1297 ff. Rn. 29; vgl. auch *Grziwotz*, Nichteheliche Lebensgemeinschaft, 4. Aufl. 2006, § 10 Rn. 17; so bei „Förderung doppelseitigen Ehebruchs" auch BGH FamRZ 1970, 19; 1965, 368 f.; nicht eindeutig OLG Schleswig SchlHA 1969, 198; OLG Düsseldorf DNotZ 1974, 169.
[241] Vgl. auch BGHZ 165, 1; BGHZ 155, 249 (253 ff.) = NJW 2003, 2982 – Ehegatteninnengesellschaft als Grundlage für die Zustimmungspflicht zur gemeinsamen ESt-Veranlagung; OLG Köln FamRZ 2010, 1738 – gemeinsamer Betrieb eines Unternehmens; die zu versteuernden Gewinne sind dann im Innenverhältnis auf die Eheleute aufzuteilen, ohne dass steuerrechtliche Beurteilung maßgeblich wäre.

Zwecks gerichteten gesellschaftsrechtlichen Vereinbarungen nicht entgegen;[242] praktische Bedeutung hat das vor allem bei Vereinbarung von Gütertrennung. Zur Rechtslage bei der Zusammenarbeit im Rahmen einer eheähnlichen Partnerschaft → Rn. 84.

75 Auch für die **Voraussetzungen** zur Annahme **eines konkludenten Vertragsschlusses** zwischen Ehegatten ist als Richtschnur auf allgemeine gesellschaftsrechtliche Grundsätze zurückzugreifen. Erste Voraussetzung ist danach, dass die tatsächliche Zusammenarbeit über ein Gefälligkeitsverhältnis hinausgeht und nach Art oder Umfang den *Rückschluss auf eine rechtsgeschäftliche Bindung* zwischen den Beteiligten und auf die Übernahme entsprechender *Beitragspflichten* gestattet (→ § 705 Rn. 26, 153). Hinzukommen muss zweitens, dass die bestehende *familienrechtliche Verbindung* durch die Zusammenarbeit *überschritten* wird (→ § 705 Rn. 27) und die Parteien sich dessen bewusst sind, auch wenn sie die Rechtsnatur ihrer schuldrechtlichen Beziehungen nicht zutreffend einordnen.[243] Der Umstand, dass es an einer familienrechtlichen Mitarbeitsverpflichtung des intern mitwirkenden Ehegatten fehlt, wie sie vormals in § 1356 Abs. 2 aF verankert war und seit dem 1. EheRG[244] in beschränktem Umfang noch aus §§ 1353, 1360 abgeleitet werden kann,[245] reicht für sich genommen nicht aus, um aus der tatsächlichen Zusammenarbeit den konkludenten Abschluss eines Gesellschaftsvertrags abzuleiten. Erforderlich ist vielmehr der erkennbare *Wille* der Ehegatten, ihrer Zusammenarbeit über die Ehewirkungen hinaus einen dauerhaften, auch die *Vermögensfolgen* mit abdeckenden rechtlichen *Rahmen* zu geben; er kann auch in der Geschäftsverteilung oder in Abreden über die Ergebnisverwendung seinen Niederschlag finden.[246] Liegen diese Voraussetzungen für einen – sei es auch konkludenten – Vertragsschluss vor, so kommt es im Regelfall zur Entstehung einer *Innengesellschaft* zwischen den Ehegatten unter dinglicher Zuordnung der gemeinsam geschaffenen Vermögensgegenstände zu dem nach außen die Geschäfte führenden Gesellschafter. Anderes gilt, wenn besondere Umstände erkennen lassen, dass die Beteiligten auch nach außen gemeinsam am Rechtsverkehr teilnehmen und Gesamthandsvermögen bilden.[247]

76 c) **Rechtsprechung und Kritik.** Der Familienrechtssenat des **BGH** hat sich im Anschluss an das Grundsatzurteil BGHZ 8, 249 (255) vor allem **in den 1950er und 60er Jahren** in einer Vielzahl von Entscheidungen mit Fragen der Ehegattengesellschaft befasst; er hat ihr Vorliegen in der Mehrzahl der Fälle bejaht.[248] Die dabei wiederholt verwendete und für die Rechtsprechung auch heute noch repräsentative **Formel** lautete:[249] „Ein Gesellschaftsverhältnis zwischen Eheleuten ist unter Würdigung aller Umstände des Einzelfalles dann anzunehmen, wenn sich feststellen lässt, dass die Eheleute abredegemäß durch beiderseitige Leistungen einen über den typischen Rahmen der ehelichen Lebensgemeinschaft hinausgehenden Zweck verfolgten, indem sie etwa durch Einsatz von Vermögenswerten und Arbeitsleistungen gemeinsam ein Vermögen aufbauten oder eine berufliche oder gewerbliche Tätigkeit gemeinsam ausübten." Wörtlich genommen deckt sich die Formel mit der vorstehenden gesellschaftsrechtlichen Beurteilung (→ Rn. 74 f.) und verdient insofern Zustimmung. Die in der Literatur verbreitete, berechtigte **Kritik** richtete sich denn auch überwiegend nicht hiergegen,[250] sondern gegen die nicht selten auf reine Billigkeitserwägungen gestützte Bejahung des

---

[242] Staudinger/*Kanzleiter* (2007) § 1408 Rn. 8 f.; Erman/*Kroll-Ludwigs* § 1356 Rn. 26 ff.; *Gernhuber/Coester-Waltjen* FamR § 20 Rn. 25; einschr. Soergel/*Gaul*, 12. Aufl. 1989, Vor § 1408 Rn. 28 f.
[243] So auch BGHZ 165, 1 = NJW 2006, 1268; BGHZ 142, 137 (145 f.) = NJW 1999, 2962 und schon BGHZ 31, 197 (201) = NJW 1960, 428; allg. zu den Anforderungen an den rechtsgeschäftlichen Willen der Ehegatten vgl. *Hepting*, Ehevereinbarungen, 1984, S. 137 f. und *Rothemund*, Ehegatteninnengesellschaft, 1987, S. 115 ff.
[244] Vom 14.6.1976, BGBl. I S. 1421; → 4. Aufl. Einl. vor § 1297 Rn. 97 ff. (Koch).
[245] BGHZ 77, 157 (162) = NJW 1980, 2196; 4. Aufl. § 1356 Rn. 20 *(Wacke)*; Soergel/*Lange*, 12. Aufl. 1989, § 1353 Rn. 23, § 1360 Rn. 16; Erman/*Kroll-Ludwigs* § 1356 Rn. 16; enger aber *Diederichsen* NJW 1977, 217 (220); *Gernhuber/Coester-Waltjen* FamR § 20 Rn. 17 ff. Allg. zum Verhältnis von § 1353 zu § 1356 Abs. 2 aF auch schon BGHZ 46, 385 (389) = NJW 1967, 1077 und die Nachweise in → § 1356 Rn. 20 f. *(Roth)*.
[246] Vgl. BGHZ 142, 137 (154) = NJW 1999, 2962; *Blumenröhr*, FS Odersky, 1996, S. 519 f.
[247] BGH NJW 1982, 170; WM 1965, 1134.
[248] Vgl. Rechtsprechungsübersichten von *Maiberg* DB 1975, 385; *Henrich* FamRZ 1975, 533; *Kuhn* WM 1975, 718 (722) und WM 1968, 1114 (1118); *Wever* FamRZ 2013, 281; *ders.* FamRZ 2014, 1669; *ders.*, Vermögensauseinandersetzung der Ehegatten außerhalb des Güterrechts, 6. Aufl. 2014, Rn. 592 ff.
[249] Vgl. schon BGH WM 1990, 877; 1990, 1463 (1464); FamRZ 1989, 147 (148); WM 1987, 843 (844) = NJW-RR 1988, 260; NJW 1974, 1554; 1974, 2045; 1974, 2278. So dann auch BGHZ 142, 137 (144) = NJW 1999, 2962; BGHZ 155, 249 (254) = NJW 2003, 2982; aktueller auch OLG Hamm FamRZ 2010, 1737.
[250] Vgl. aber *Herr*, Kritik der konkludenten Ehegatteninnengesellschaft, 2008, der generell für einen familienrechtlichen Vertrag sui generis und eine richterliche Ausübungskontrolle plädiert; zu diesem Ansatz *Dauner-Lieb* FuR 2009, 361; *Hoppenz* FamRZ 2009, 759; *Wever* FamRZ 2010, 237 (245); und Erman/*Westermann* Rn. 50 aE.

Vorbemerkung **Vor § 705**

Zustandekommens einer Gesellschaft;[251] sie rücke die Annahme eines konkludenten Vertragsschlusses nicht selten in den Grenzbereich zur Fiktion.[252] Zwar erscheint die Aussage überspitzt, so gut wie alle in der Rechtsprechung bejahten konkludenten Gesellschaftsverträge zwischen Ehegatten seien zu deren eigener Überraschung für die Zwecke einer angemessenen Vermögensauseinandersetzung „entdeckt" worden,[253] doch war die methodische Schwäche dieser Rechtsprechung nicht zu verkennen. Denn bei ihrer auf Billigkeitsgesichtspunkte gestützten, vom rechtsgeschäftlichen Parteiwillen absehenden Lösung ging es letztlich nicht um die Prüfung der Voraussetzungen des § 705, sondern um einen Analogieschluss[254] ohne Offenlegung der zur Analogie berechtigenden Regelungslücke (→ Rn. 79).

Unter diesem Vorbehalt steht daher auch der folgende Überblick über die **früher** vorherrschenden, **77** nicht stets widerspruchsfrei verwendeten[255] **Abgrenzungskriterien der höchstrichterlichen Rechtsprechung**. Sie beschränkten sich unter teilweise ausdrücklichem Absehen vom Parteiwillen[256] allein auf *objektive* Umstände, darunter neben dem Überschreiten der üblicherweise, entsprechend den konkreten Verhältnissen der jeweiligen Ehe geschuldeten Mitarbeit auf die Art der Mitarbeit und auf das Ausmaß der vom mitarbeitenden Ehegatten geleisteten, dem Unternehmen oder Beruf des anderen Teils dienenden Vermögensbeiträge. So wurde eine Gesellschaft in ständiger Rechtsprechung bejaht, wenn die über das nach § 1356 Abs. 2 aF Übliche hinausgehende *Mitarbeit selbständig und dem Partner gleichgeordnet* ausgestaltet war,[257] dh sich nicht auf abhängige Tätigkeiten beschränkte,[258] auch wenn es an der Gleichwertigkeit der Beiträge fehlte.[259] Hielt sich die Mitarbeit umfangmäßig im eheüblichen Rahmen, so konnte doch der *Einsatz von erheblichen Vermögenswerten* zur Begründung oder zum Ausbau des gemeinsamen Tätigkeitsbereichs die Annahme einer Gesellschaft gestatten.[260] Ebenso wurde die gleichberechtigte Teilhabe an den Ergebnissen der Tätigkeit als Indiz für eine Gesellschaft gewertet.[261] Dass aus den Erträgen der gemeinsamen Tätigkeit nicht nur Vermögen gebildet, sondern *auch der Lebensunterhalt bestritten* wurde, sollte der Annahme einer Gesellschaft nicht entgegenstehen.[262] Dagegen sollte es grundsätzlich **nicht** ausreichen, wenn die Ehegatten nur bei der Beschaffung der Familienwohnung oder dem Erwerb und der Bebauung des hierfür bestimmten Grundstücks zusammenwirkten.[263]

Unter dem Eindruck der Kritik an dieser Rechtsprechung wurde der **BGH** bei der Verwendung **78** des Instituts der „Ehegattengesellschaft" in der Folgezeit zwar **zurückhaltender** und griff auch auf

---

[251] Symptomatisch BGHZ 31, 197 (200 f.) = NJW 1960, 428, die Annahme eines Gesellschaftsverhältnisses könne in derartigen Fällen zu sachgerechten und billigen Ergebnissen führen. Es könne deshalb(!) berechtigt sein, davon auszugehen, dass stillschweigend zwischen den Ehepartnern ein Gesellschaftsvertrag abgeschlossen worden sei. Vgl. auch BSG FamRZ 1983, 485 (486), das die Annahme einer Innengesellschaft zwischen Ehegatten bei Mitarbeit der Ehefrau im Geschäft des Mannes darauf stützte, der Wille zum Ausschluss(!) der Innengesellschaft sei nicht erwiesen.
[252] So die verbreitete Kritik im Schrifttum, vgl. *Gernhuber/Coester-Waltjen* FamR § 20 Rn. 27 f.; *Beitzke/Lüderitz* FamR, 27. Aufl. 1999, § 12 II 3d und § 13 V 4; *Burckhardt*, Ausgleich für Mitarbeit unter Ehegatten, 1971, S. 255 ff. (266 ff., 281 f.); *Lieb*, Ehegattenmitarbeit im Spannungsfeld, 1970, S. 40 f.; *Müller-Freienfels*, Eranion Maridakis, 1963, S. 357, 384 f.; *Rothemund*, Ehegatteninnengesellschaft, 1987, S. 132 f., 178 ff.; *Dauner-Lieb* FuR 2009, 361 (369); vgl. auch *Herr*, Kritik der konkludenten Ehegatteninnengesellschaft, 2008, S. 232, 411; abwägend demgegenüber *Hepting*, Eheverinbarungen, 1984, S. 126 ff.
[253] So *Gernhuber* FamRZ 1958, 243 (245); vgl. auch *Gernhuber/Coester-Waltjen* FamR § 20 Rn. 26.
[254] So zutr. *Lieb*, Ehegattenmitarbeit im Spannungsfeld zwischen, 1970, S. 185 ff.; *Henrich* FamRZ 1975, 533 (536); *Müller-Freienfels*, Eranion Maridakis, 1963, S. 357, 397; für Annahme eines Gesellschaftsvertrags unter Auslegung des rechtsgeschäftlich relevanten Verhaltens der Beteiligten aber *Hepting*, Eheverinbarungen, 1984, S. 137 f.
[255] Zutr. 4. Aufl. § 1356 Rn. 26 *(Wacke)*; *Henrich* FamRZ 1975, 533 (534); *Maiberg* DB 1975, 385; *Kuhn* WM 1975, 718.
[256] Vgl. insbes. BGHZ 31, 197 (200 f.) = NJW 1960, 428: Annahme eines Gesellschaftsverhältnisses könne in derartigen Fällen zu sachgerechten und billigen Ergebnissen führen und deshalb (!) könne Annahme eines konkludenten Vertragsschlusses berechtigt sein; BGHZ 84, 361 (366) = NJW 1982, 2236; BGH FamRZ 1963, 279; 1961, 519 (520); 1954, 136 (137).
[257] So schon BGH 8, 249 (255) = NJW 1953, 418; erneut BGHZ 142, 137 (145) = NJW 1999, 2962; ebenso BGH FamRZ 1961, 431; 1961, 522; 1962, 110; DB 1967, 1579; 1972, 2201.
[258] ZB Tätigkeit als Sprechstundenhilfe, BGH DB 1974, 1957.
[259] BGH WM 1990, 877 (878); OLG Köln NJW-RR 1995, 930.
[260] BGHZ 47, 157 (163) = NJW 1967, 1275; BGH FamRZ 1962, 110; OLG Karlsruhe FamRZ 1973, 649 (650).
[261] BGH NJW 1974, 2278; FamRZ 1962, 110; BVerwG NJW 1959, 2277.
[262] BGHZ 142, 137 (145) = NJW 1999, 2962; BGH WM 1990, 877. Anders dann aber BGHZ 165, 1 (6) = NJW 2006, 1268.
[263] So namentlich BGHZ 84, 361 (366) = NJW 1982, 2236; OLG Karlsruhe NJW 2009, 2750; vgl. schon BGH DB 1976, 1956; WM 1969, 191. – Anderes gilt nach OLG Karlsruhe FamRZ 2008, 1080 aber dann, wenn die Eheleute sich bei Beginn der Zusammenarbeit bereits getrennt hatten und das Scheidungsverfahren rechtshängig war, so dass ein Vermögensausgleich über den Zugewinnausgleich ausscheiden musste.

andere Rechtsbehelfe zurück, um zu einem billigen Ausgleich zu gelangen.[264] So wurde als Rechtsgrund für die Rückforderung erheblicher, vom einen Ehegatten an den anderen erbrachter sog. ehebezogener unbenannter Vermögenszuwendungen oder erheblicher, ohne Entgelt erbrachter Arbeitsleistungen nach dem Scheitern der Ehe namentlich im Fall der Vereinbarung von *Gütertrennung* wiederholt auf die **Störung der Geschäftsgrundlage** eines zwischen den Ehegatten konstruierten familienrechtlichen Vertrags (sog. Kooperationsvertrag als familienrechtlicher Vertrag sui generis) abgestellt und auf diesem Wege ein billiger Ausgleich gesucht.[265] Demgegenüber wurde bei einer nach dem *gesetzlichen Güterstand* geschlossenen Ehe der **Vorrang der güterrechtlichen** vor der schuldrechtlichen **Ausgleichsordnung** betont und ein Rückgriff auf das Institut der Störung der Geschäftsgrundlage nur in denjenigen Ausnahmefällen zugelassen, in denen es um den – ehegüterrechtlich nicht durchsetzbaren – Anspruch auf Herausgabe der zugewandten Sache ging.[266] Im Falle *ehelicher Gütergemeinschaft* verneinte der BGH eine konkludent errichtete Innengesellschaft auch deshalb, weil das gemeinschaftlich betriebene Erwerbsgeschäft zum Gesamtgut gehörte und das eheliche Güterrecht einen sachgerechten und billigen Ausgleich gewährleiste.[267] Als mit der Annahme einer Innengesellschaft unvereinbar wurde es auch angesehen, dass die Parteien ausdrücklich abweichende Vereinbarungen getroffen hatten, etwa über die Mitarbeit des anderen Ehegatten im Rahmen eines ernstlich gewollten Dienstvertrags.[268] Demgegenüber nimmt seit Ende der 90er Jahre wieder die Tendenz zu, den Ausgleich bei Scheitern der Ehe über § 730 herbeizuführen, und zwar auch deshalb, weil die Lösung über § 313 nicht selten auf praktische Schwierigkeiten stoße.[269]

79 **d) Analoge Anwendung der gesellschaftsrechtlichen Ausgleichsordnung.** Wie im Schrifttum zu Recht betont worden ist,[270] geht es bei der erweiternden Anwendung des § 705 im Rahmen der Rechtsprechung zur „Ehegattengesellschaft" im Kern nicht um die Schaffung eines neuen, über § 705 hinausweisenden Gesellschaftstyps, sondern um ein **Analogieproblem** (→ Rn. 82 zur analogen Anwendung der §§ 730, 738 bei Beendigung einer nichtehelichen Lebensgemeinschaft). Voraussetzung für eine derartige Analogie ist allerdings, dass eine *Regelungslücke* besteht, dh dass weder das Familienrecht noch das Schuldrecht eine unmittelbar anwendbare, angemessene Ausgleichsordnung für die Vermögensinteressen mitarbeitender Ehegatten bei Scheidung der Ehe bereithält. Entgegen der neueren Rechtsprechung des BGH fehlt es, anders als bei Mitarbeit eines Ehegatten, an dieser Analogievoraussetzung bei klar abgrenzbaren **Vermögensleistungen** (Geld- und Sachbeiträge) während bestehender Ehe.[271] Ihnen kann sowohl im Rahmen des Zugewinnausgleichs[272] als auch – zumal bei vereinbarter Gütertrennung – unter dem Gesichtspunkt des Wegfalls der Geschäftsgrundlage Rechnung getragen werden.[273]

80 Anderes gilt für *sonstige Beitragsleistungen* während bestehender Ehe, darunter insbesondere die nicht besonders entgoltene **Mitarbeit eines Ehegatten.** Darüber, dass sie jedenfalls dann nicht ohne Entgelt bleiben sollte, wenn sie über das nach Familienrecht (§§ 1353, 1360) Gebotene deutlich

---

[264] Vgl. den informativen Rspr.-Bericht von *Blumenröhr,* FS Odersky, 1996, S. 517 (522); einen Überblick über die von der Rspr. angewandten Ausgleichsinstrumente bietet auch *Weinreich* FamRZ 2014, 1889.

[265] BGHZ 84, 361 (365, 368) = NJW 1982, 2236; BGHZ 115, 261 (265) = NJW 1992, 427; BGHZ 127, 48 (51, 53) = NJW 1994, 2545; vgl. schon BGH NJW 1972, 580; 1974, 1554; zust. *Henrich* FamRZ 1975, 533 (537); *Diederichsen* NJW 1977, 217 (220); *Schulte* ZGR 1983, 437 (440 f.); wohl auch *Kühne* JZ 1976, 488; dies als generellen Ansatz übernehmend *Herr,* Kritik der konkludenten Ehegatteninnengesellschaft, 2008.

[266] BGHZ 65, 320 (323, 325) = NJW 1976, 328; BGHZ 68, 299 (303) = NJW 1977, 1834; BGHZ 82, 227 (232 f., 235) = NJW 1982, 1093; BGH NJW 1997, 2747; abl. → Vor § 1363 Rn. 17 ff. *(Koch); Kühne* JZ 1976, 487 und FamRZ 1978, 221.

[267] BGH WM 1994, 694 (697).

[268] BGH NJW 1995, 3383 (3384 f.); WM 1987, 843 (844); 1990, 1463 (1464); FamRZ 1983, 485.

[269] So nachdrücklich BGHZ 142, 137 (144 ff., 150 ff.) = NJW 1999, 2962, im Anschluss an *Blumenröhr,* FS Odersky, 1996, S. 517 (525 ff.). Seither auch BGHZ 155, 249 (254) = NJW 2003, 2982; BGHZ 165, 1 (6 f.) = NJW 2006, 1268.

[270] Vgl. *Lieb,* Ehegattenmitarbeit im Spannungsfeld, 1970, S. 185 ff.; *Henrich* FamRZ 1975, 533 (536); *Müller-Freienfels,* Eranion Maridakis, 1963, S. 357, 397; für Annahme eines Gesellschaftsvertrags unter Auslegung des rechtsgeschäftlich relevanten Verhaltens der Beteiligten aber *Hepting* Ehevereinbarungen, 1984, S. 137 f. Der Sache nach auch BGH FamRZ 1973, 22 (25).

[271] Eine Ehegatteninnengesellschaft auch hier bejahend hingegen BGHZ 142, 137 = NJW 1999, 2962; BGHZ 155, 249 = NJW 2003, 2982; BGHZ 165, 1 = NJW 2006, 1268; *Dethloff* FamR, 30. Aufl. 2012, § 5 Rn. 216; *Dauner-Lieb* FuR 2009, 361 (366).

[272] So auch BGHZ 65, 320 (323) = NJW 1976, 328; *Reinicke* NJW 1957, 934 (935); vgl. auch Soergel/*Lange,* 12. Aufl. 1989, § 1356 Rn. 28; ferner Nachweise bei *Dethloff* FamR, 30. Aufl. 2012, § 5 Rn. 218.

[273] Vgl. BGHZ 84, 361 (365, 368) = NJW 1982, 2236; BGHZ 115, 261 (265) = NJW 1992, 427; BGHZ 127, 48 (51, 53) = NJW 1994, 2545; vgl. schon BGH NJW 1972, 580; 1974, 1554; BGH DB 1974, 1957; krit. aber *Blumenröhr,* FS Odersky, 1996, S. 525 ff. und, ihm folgend, BGHZ 142, 137 (150 f.) = NJW 1999, 2962.

Vorbemerkung

hinausgeht, herrscht im Ergebnis Einigkeit.[274] Ebenso ist anerkannt, dass die Vorschriften über den Zugewinnausgleich (§§ 1371 ff.) diesem Sonderfall nicht unmittelbar Rechnung tragen, sondern von einer auf das Übliche beschränkten Mitarbeit des nicht selbst erwerbstätigen Ehegatten ausgehen.[275] Ältere Vorschläge, die Lücke über einen auf § 1353 gestützten Ausgleichsanspruch zu schließen,[276] haben sich zwar nicht durchgesetzt (s. 4. Aufl. § 1356 Rn. 24 *[Wacke]*).[277] Auch Bereicherungsrecht[278] oder die Berufung auf eine Störung der Geschäftsgrundlage[279] führen hier regelmäßig nicht weiter. Am Vorliegen einer **Lücke** sollte daher beim Fehlen vertraglicher Vereinbarungen über die Mitarbeit des Ehegatten kein Zweifel bestehen, zumal das Bild der im Regelfall unentgeltlich mitarbeitenden Ehefrau längst überholt ist.[280] Auch ist die Interessenlage bei bisher zusammenarbeitenden Ehegatten im Fall der Scheidung derjenigen vergleichbar, die bei Auflösung einer als Gesellschaft strukturierten Tätigkeitsgemeinschaft besteht. Im Ergebnis ist in derartigen Fällen der Rechtsprechung des BGH daher zuzustimmen, soweit sie im Scheidungsfall zur Anwendung der für die Innengesellschaft geltenden Ausgleichsordnung kommt und auf diesem Wege Ansprüche des mitarbeitenden Partners begründet.[281] Eine Verlustbeteiligung des mitarbeitenden Ehegatten lässt sich hierauf freilich nicht stützen.

11. Lebensgemeinschaften. a) Nichteheliche. Zurückhaltung gegenüber der Bejahung konkludenter rechtsgeschäftlicher Vereinbarungen ist namentlich veranlasst, soweit es um die Rechtslage in einer nichtehelichen (faktischen) Lebensgemeinschaft[282] geht (→ Anh. § 1302 Rn. 22 ff. *[Wellenhofer]*). Gegen die Behandlung solcher Beziehungen als GbR spricht wohl auch hier die grundsätzliche Unwirksamkeit solcher Vereinbarungen, die die Ehewirkungen statt durch Eingehung einer Ehe bzw. Lebenspartnerschaft durch den Abschluss eines Schuldvertrages herbeiführen wollen (→ Rn. 74 mN; → Anh. § 1302 Rn. 24, 61 ff. *[Wellenhofer]*). Zudem bringen die Beteiligten durch Ablehnung einer Eheschließung typischerweise zum Ausdruck, dass sie ihr Zusammenleben und dessen Folgen keiner rechtlichen Ordnung unterwerfen, dh auch die vermögensrechtlichen Aspekte des Zusammenlebens und einer etwaigen Trennung nicht regeln wollen.[283] Zu Recht haben es die Gerichte daher im Regelfall **abgelehnt**, für die jeweiligen Leistungen der Partner zur Deckung der Bedürfnisse der Lebensgemeinschaft, insbesondere für den Unterhalt, aber auch für die Tilgung der laufenden Darlehensraten für das Familienheim oder für sonstige Anschaffungen *während des Bestehens der Lebensgemeinschaft* Ausgleichs- oder Rückforderungsansprüche zwischen den Partnern zu gewähren.[284] Das schließt Ansprüche aus besonderem Rechtsgrund nicht aus, darunter neben solchen bei Beendigung

---

[274] BGHZ 46, 385 (390 f.) = NJW 1967, 1077 in Auseinandersetzung mit der weitergehenden, eine Entgeltpflicht auch für übliche Mitarbeit bejahenden Ansicht im Schrifttum; ferner OLG Hamm FamRZ 2010, 1737 zu Ansprüchen aus Zeitraum nach Beendigung der Innengesellschaft; Rechtsprechungsübersicht bei *Wever* FamRZ 2010, 237 (245) und FamRZ 2011, 413; → § 1356 Rn. 23 ff. *(Roth)*; Dethloff FamR, 30. Aufl. 2012, § 4 Rn. 34; *Schlimm*, Die Ehegatteninnengesellschaft im außergüterrechtlichen Vermögensausgleich, 2010.
[275] Vgl. statt aller *Lieb*, Ehegattenmitarbeit im Spannungsfeld, 1970, S. 184; *Henrich* FamRZ 1975, 535; *Gernhuber/Coester-Waltjen* FamR § 20 Rn. 33.
[276] So *Gernhuber* FamRZ 1958, 243 (246 f.); Staudinger/*Hübner*, 12. Aufl. 1993, § 1356 Rn. 46; *Kropholler* FamRZ 1969, 244.
[277] Vgl. BGH NJW 1974, 2045; Soergel/*Lange*, 12. Aufl. 1989, § 1356 Rn. 28.
[278] Dagegen zutr. BGHZ 65, 320 (322) = NJW 1976, 328; BGHZ 84, 361 (364) = NJW 1982, 2236; *Henrich* FamRZ 1975, 536 f. mwN. Vgl. 4. Aufl. § 1356 Rn. 24 *(Wacke)*; *Canaris* BB 1967, 165; *Burckhardt*, Der Ausgleich für Mitarbeit eines Ehegatten, 1971, S. 399 ff.; *Lieb*, Ehegattenmitarbeit im Spannungsfeld, 1970, S. 116 f., 121; aA aber *Joost* JZ 1985, 10 ff.
[279] Krit. auch Soergel/*Lange*, 12. Aufl. 1989, § 1356 Rn. 30; *Blumenröhr*, FS Odersky, 1996, S. 517 ff.
[280] So zutr. schon BGHZ 8, 249 (251 f.) = NJW 1953, 418 in Auseinandersetzung mit der abw. Rspr. des RG.
[281] So auch *Lieb*, Ehegattenmitarbeit im Spannungsfeld, 1970, S. 185 f.; *Henrich* FamRZ 1975, 533 (536); *Müller-Freienfels*, Eranion Maridakis, 1963, S. 357, 397; für Annahme eines Gesellschaftsvertrags unter Auslegung des rechtsgeschäftlich relevanten Verhaltens der Beteiligten aber *Hepting* Ehevereinbarungen, 1984 S. 137 f.
[282] Das schließt homosexuelle Paare ein, die nicht „verpartnert" sind, vgl. *Coester* JZ 2008, 315 Fn. 3; *Dethloff* JZ 2009, 418.
[283] So zutr. BGHZ 77, 55 (58) = NJW 1980, 1520; BGH NJW 1983, 1055; FamRZ 1983, 1213 = DB 1983, 2568; NJW 1992, 906 (907); vgl. auch BGH NJW 1996, 2727: gegen Rückgriff auf Wegfall der Geschäftsgrundlage bei Beendigung.
[284] BGHZ 77, 55 (58) = NJW 1980, 1520; BGH NJW 1981, 1502; 1983, 1055; 1992, 906 (907); 1996, 2727; OLG Oldenburg NJW 1980, 1817; vgl. auch BGH MDR 2015, 468: keine Ausgleichsansprüche des ehemaligen Lebensgefährten gegen Eltern der Lebensgefährtin, in Abgrenzung zu BGHZ 184, 190: Ausgleichsansprüche der Eltern bei Zuwendungen an das Schwiegerkind; aA *Battes*, Nichteheliches Zusammenleben im Zivilrecht, 1983, Rn. 12; wohl auch *Roth/Stielow* JR 1978, 233 ff.: für rechtliche Anerkennung eines besonderen „Zusammenlebensvertrags" zwischen eheähnlich zusammenlebenden Personen unabhängig von konkreten Gemeinschaftsprojekten.

einer ausnahmsweise zu bejahenden Innengesellschaft[285] auch Aufwendungsersatzansprüche aus § 670 bei Vorliegen eines Auftrags- oder Geschäftsbesorgungsverhältnisses.[286]

82 Eine bedeutsame **Abweichung** von dieser Linie hat der früher fachlich zuständige II. Zivilsenat des BGH in jahrzehntelanger Rechtsprechung allerdings für den Fall der durch Trennung oder Tod eines Partners eintretenden *Beendigung der Lebensgemeinschaft* entwickelt;[287] andere Zivilgerichte sind ihm darin zunächst gefolgt,[288] während der inzwischen zuständige XII. Senat eigene Wege beschreitet und vom gesellschaftsrechtlichen Ausgleich abrückt (→ Anh. § 1302 Rn. 62 *[Wellenhofer]*).[289] Dem II. Zivilsenat ging es um die vermögensrechtlichen Trennungsfolgen in solchen Fällen, in denen bei Beendigung der Lebensgemeinschaft erhebliche, über die Zeit des Zusammenlebens hinausreichende Vermögenswerte vorhanden waren, die gemeinsam gebildet wurden. Da die Rechtsordnung insoweit keine gesetzliche Regelung bereithält, sprach der Senat sich mit guten Gründen dafür aus, die Regelungslücke im *Analogiewege* zu schließen. Voraussetzung für die Analogie sollte sein, dass (1) während des Zusammenlebens, sei es durch Arbeitsleistung und/oder Vermögensbeiträge *beider* Partner, beträchtliche, das Zusammenleben überdauernde Vermögenswerte (Immobilien, Unternehmen ua) geschaffen wurden und (2) die Partner damit die Absicht verfolgten bzw. in der Vorstellung handelten, dass diese Werte ihnen gemeinsam zustehen sollten.[290] Die hiervon typischerweise abweichende „formal-dingliche" Lage, dh das Alleineigentum des nach außen auftretenden Partners an den Vermögensgegenständen, sollte der Analogie nicht entgegenstehen.[291] Als *Rechtsfolge* wendete der II. Zivilsenat die für die GbR geltenden *Abwicklungsvorschriften* der §§ 722, 730 ff. analog an, was im Zweifel auf eine hälftige Teilung herauslief; ein anderer Verteilungsschlüssel sollte dann gelten, wenn die Beiträge eines der Partner bei Schaffung der Vermögenswerte deutlich überwogen.[292] Demgegenüber anerkennt die aktuelle Rechtsprechung des **XII. Zivilsenats** einen gesellschaftsrechtlichen Ausgleich nur noch auf der Basis eines besonderen Vertragsschlusses (→ Anh. § 1302 Rn. 62 ff. *[Wellenhofer]*),[293] gewährt dafür aber **Ansprüche aus ungerechtfertigter Bereicherung und Wegfall der Geschäftsgrundlage in großzügigerem Umfang.** Namentlich lehnt der Senat gesellschaftsrechtliche Ausgleichsansprüche ab, wenn „die in Rede stehende gemeinsame Wertschöpfung der Verwirklichung des nichtehelichen Zusammenwirkens bestimmt ist", weil dann „häufig keine über die Ausgestaltung der Lebensgemeinschaft hinausgehenden Vorstellungen der Partner und somit kein Rechtsbindungswillen" festzustellen sei.[294] Ein bereicherungsrechtlicher Ausgleich konkreter Leistungen komme aber entgegen der früheren Rechtsprechung des II. Zivilsenats dann in Betracht, wenn die Partner sich über die

---

[285] So BGHZ 165, 1 (10) = NJW 2006, 1268.
[286] BGH NJW 1981, 1502 (1504); OLG Frankfurt NJW 1985, 810.
[287] So erstmals BGH FamRZ 1965, 368; vgl. insbes. BGHZ 77, 55 (56 f.) = NJW 1980, 1520; BGHZ 84, 388 (390) = NJW 1982, 2863; BGH NJW 1992, 906 (907); 1996, 2727; 1997, 3371; WM 1997, 2259 (2260); 2000, 522. – Für Differenzierung zwischen Tod und Scheitern aber mit überzeugenden Argumenten *Coester* JZ 2008, 315 sowie – im Anschluss daran – BGHZ 183, 242 = NJW 2010, 998: kein Ausgleich im Todesfall, den der Partner zu Lebzeiten nicht selbst hätte beanspruchen können.
[288] BGHZ 115, 261 (264 f.) = NJW 1992, 427; BGHZ 142, 137 (146) = NJW 1999, 2962; OLG Hamm NJW 1980, 1530; OLG München FamRZ 1988, 58; LG Aachen FamRZ 1983, 81.
[289] BGHZ 165, 1 (10) = NJW 2006, 1268 (XII. ZS); bestätigt durch BGH NJW 2008, 443.
[290] Vgl. BGHZ 77, 55 (56 f.) = NJW 1980, 1520; BGHZ 84, 388 (390) = NJW 1982, 2863; BGH NJW 1992, 906 (907); 1996, 2727; 1997, 3371; WM 1997, 2259 (2260); 2000, 522. – Für Differenzierung zwischen Tod und Scheitern aber mit überzeugenden Argumenten *Coester* JZ 2008, 315 sowie – im Anschluss daran – BGHZ 183, 242 = NJW 2010, 998: kein Ausgleich im Todesfall, den der Partner zu Lebzeiten nicht selbst hätte beanspruchen können; übermäßig restriktiv freilich BGH WM 1997, 2259 (2260); dagegen zu Recht krit. *Liebs* JZ 1998, 408 (409).
[291] So klarstellend insbes. BGH NJW 1992, 906 (907); ebenso BGH NJW-RR 1993, 1475 (1476); anders noch BGHZ 77, 55 (57) = NJW 1980, 1520.
[292] BGHZ 84, 388 (391 f.) = NJW 1982, 2863; BGHZ 142, 137 (156) = NJW 1999, 2962; BGH FamRZ 1990, 973 (974); vgl. auch *Blumenröhr*, FS Odersky, 1996, S. 520 f.; BGH NJW 2008, 3282.
[293] BGHZ 177, 193 = NJW 2008, 3277; BGH NJW 2008, 3282 – nach Beendigung einer nichtehelichen Lebensgemeinschaft kommen wegen wesentlicher Beiträge eines Partners, mit denen ein Vermögenswert von erheblicher wirtschaftlicher Bedeutung geschaffen wurde, nicht nur gesellschaftsrechtliche Ausgleichsansprüche, sondern auch Ansprüche aus ungerechtfertigter Bereicherung sowie nach den Grundsätzen über den Wegfall der Geschäftsgrundlage in Betracht (Aufgabe von BGH FamRZ 2004, 94; NJW-RR 1996, 1473 f.); Anerkennung eines besonderen familienrechtlichen Kooperationsvertrages; ferner BGH NJW-RR 2009, 1142; BGHZ 183, 242 = NJW 2010, 998 – kein Wegfall der GG oder Bereicherungsausgleich, wenn die nichteheliche Lebensgemeinschaft durch Tod endet, vgl. demgegenüber BGH FamRZ 1965, 368; BGHZ 77, 55 (56 f.) = NJW 1980, 1520; BGHZ 84, 388 (390) = NJW 1982, 2863; BGH NJW 1992, 906 (907); 1996, 2727; 1997, 3371; WM 1997, 2259 (2260); 2000, 522; Überblick zur Rspr. seit BGHZ 165, 1 bei *Grziwotz* FamRZ 2009, 750 (752 f.).
[294] S. nur BGHZ 177, 193 = NJW 2008, 3277 (3280) im Anschluss an BGHZ 165, 1 (10).

bestimmte Zweckbestimmung einer Leistung stillschweigend geeinigt hätten. Davon sei allerdings nur bei solchen *Zuwendungen oder Arbeitsleistungen* auszugehen, die deutlich über das hinausgingen, „was die Gemeinschaft Tag für Tag benötigt".[295] Liege der gemeinschaftsbezogenen Zuwendung die Erwartung zugrunde, dass die Lebensgemeinschaft Bestand habe, komme ein Ausgleich nach den Grundsätzen über den Wegfall der Geschäftsgrundlage auch ohne Zweckabrede iSv § 812 Abs. 1 S. 2 Alt. 2 in Betracht, namentlich bei Arbeitsleistungen, die ein Partner zugunsten des Vermögens des anderen erbracht habe.[296]

Die frühere Rechtsprechung des II. Zivilsenats zum gesellschaftsrechtlichen Ausgleich verdient **83** entgegen der neueren Linie des XII. Zivilsenats und verbreiteter Literaturkritik[297] nach wie vor **Zustimmung.** Sie hat den doppelten Vorteil, für die Vermögensaufteilung bei Ende der Partnerschaft nicht auf die – häufig zufällige – dingliche Zuordnung abzustellen und mit Hilfe des Liquidationsrechts zu einer relativ einfach zu berechnenden Ausgleichsquote zu gelangen.[298] Auch steht ihr der fehlende rechtsgeschäftliche Wille der Beteiligten betreffend die Ausgestaltung ihres Innenverhältnisses nicht entgegen. Denn diese lehnen zwar nur mit ihrer Entscheidung für die „freie" Zusammenleben eine rechtliche Regelung ihrer Beziehungen während seiner Dauer konkludent ab; sie wollen damit aber Vermögensfolgen einer künftigen Trennung oder beim Tod eines der Partner typischerweise nicht ausschließen. Die **Praxis** wird sich freilich auf die neue, auf die Zurückdrängung des Gesellschaftsrechts gerichtete Linie des XII. Senats einzustellen haben,[299] zumal auf diese Weise letztlich ähnliche, wenn nicht großzügigere Ergebnisse lediglich auf anderem Wege (Bereicherungsrecht, Wegfall der Geschäftsgrundlage) begründet werden. Haben die Partner im Übrigen für den Todesfall eines von ihnen wechselseitig über die Vermögensaufteilung unter sich verfügt, so kommt dieser Verfügung grundsätzlich der Vorrang vor einer Analogie zu §§ 730 ff. zu, während ohne eine solche Verfügung ein Ausgleich im Todesfall grundsätzlich überhaupt ausscheidet.[300]

b) Eingetragene Lebenspartnerschaft. Sie ist für gleichgeschlechtliche Paare – als Ersatz für **84** die ihnen verwehrte Eheschließung – seit 2001 im Lebenspartnerschaftsgesetz geregelt.[301] Ihre Begründung setzt übereinstimmende Erklärungen der Partner vor der nach Landesrecht zuständigen Behörde (meist dem Standesamt, in Bayern dem Notar)[302] voraus (§ 1 Abs. 1 LPartG); außerdem darf keiner der Partner verheiratet oder an einer anderen Lebenspartnerschaft beteiligt sein (§ 1 Abs. 3 Nr. 1 LPartG). Auch die Rechtsfolgen dieser Partnerschaft, darunter die Unterhaltspflicht, das gesetzliche Erbrecht sowie die nach Maßgabe der §§ 6, 7 LPartG zu bestimmende, dem ehelichen Güterrecht angenäherte Vermögenszuordnung der Partner während ihres Bestehens und nach ihrer Beendigung, sind weitgehend dem Institut der Ehe nachgebildet;[303] wie bei dieser führt die Eingehung der Lebenspartnerschaft zur Änderung des Personenstands der Partner. Aus allen diesen Grün-

---

[295] BGHZ 177, 193 = NJW 2008, 3277 (3280) – Aufwendung erheblicher Mittel für gemeinsames Bauvorhaben; dem folgend OLG Bremen NZG 2013, 134 (136).
[296] BGHZ 177, 193 = NJW 2008, 3277 (3281) unter Bezugnahme auf die Rspr. zum entsprechenden Ausgleich unter Ehegatten im Falle der Gütertrennung, namentlich BGHZ 84, 361 (367 ff.) = NJW 1982, 2236; → Rn. 78.
[297] Vgl. etwa *Derleder* NJW 1980, 545 (547); *Lipp* AcP 180 (1980), 537 (567 ff.); *Steinert* NJW 1986, 683 (686); *Lieb*, Gutachten A zum 57. DJT 1988, 69 f.; *Coester-Waltjen* NJW 1988, 2085 (2088 f.); *Schwab* in Landwehr, Die nichteheliche Lebensgemeinschaft, 1978, S. 68 ff.; *Frank*, FS Müller-Freienfels, 1986, S. 131 ff.; *Gernhuber/Coester-Waltjen* FamR, 6. Aufl. 2010, § 44 Rn. 20 ff.; *Schlüter/Belling* FamRZ 1986, 405 f. (410); grds. zust. wie hier aber 4. Aufl. Anh. § 1302 Rn. 20 *(Wacke)*; *Erman/Westermann* Rn. 51 f.; *Hausmann*, Nichteheliche Lebensgemeinschaft, 1989, S. 564 ff., 587 ff.; Hausmann/Hohloch, Das Recht der nichtehelichen Lebensgemeinschaft, 1. Aufl. 1999, S. 73 f.; *K. Schmidt* GesR § 59 I 2b bb; weitergehend – für konkludente Innen-GbR – *Battes*, Nichteheliches Zusammenleben im Zivilrecht, 1983, Rn. 9 ff.; *ders.* ZHR 143 (1979), 385 (394 f.); *ders.* JZ 1988, 908 (911 f.); *Schwenzer*, Vom Status zur Realbeziehung, S. 192 ff.; *dies.* JZ 1988, 781 (784).
[298] So zu Recht *Battes*, Nichteheliches Zusammenleben im Zivilrecht, 1983, Rn. 14 ff.; *Lipp* AcP 180 (1980), 537 (575 ff.) mwN; *Derleder* NJW 1980, 549 ff.; *Steinert* NJW 1986, 683 (685); *Maus*, Scheidung ohne Trauschein, 1984, S. 147 ff.; *Hausmann*, Nichteheliche Lebensgemeinschaft, 1989, S. 281 ff.; *ders.* in Hausmann/Hohloch, Das Recht der nichtehelichen Lebensgemeinschaft, 2. Aufl. 2004, S. 259 ff., insbes. ab S. 266; so in der Rspr. auch noch BGH NJW 1981, 1502; 1983, 1055; OLG Karlsruhe NJW 1994, 948; OLG Köln NJW 1995, 2232 (2233).
[299] Zum Ganzen näher *Dethloff* JZ 2009, 418, die für gesetzliche Regelung plädiert; *Löhnig* DNotZ 2009, 59; *Schwab* FamRZ 2010, 1701 mit Vorschlägen zur Abgrenzung des „familienrechtlichen Kooperationsvertrags eigener Art" und Gesellschaftsvertrag. *Grädler/Nitze* ZGS 2009, 36; *Milzer* NJW 2008, 1621 ff. insbes. zum Finanzierungspool zur Realisierung des gemeinsamen Bauvorhabens; s. auch *Bücherl*, Die vermögensrechtliche Rückabwicklung nach Beendigung nichtehelicher Lebensgemeinschaften, Diss. Regensburg 2007; *Bammel*, Zur Abwicklungsproblematik nichtehelicher Lebensgemeinschaften aus rechtsvergleichender Sicht, Diss. Hagen 2007.
[300] Vgl. BGHZ 165, 1 (10) = NJW 2006, 1268 (XII. ZS); bestätigt durch BGH NJW 2008, 443.
[301] Gesetz vom 16.2.2001, BGBl. I S. 266; Verfassungswidrigkeit verneint von BVerfG NJW 2002, 2543 (2547 ff.); geändert durch das Überarbeitungsgesetz (LPartÜG) vom 15.12.2004, BGBl. I S. 3396.
[302] *Dethloff* NJW 2001, 2598 (2599); *Peters* StAZ 2002, 83 ff.
[303] Vgl. Übersicht von *Dethloff* NJW 2001, 2598 (2600); *Kaiser* JZ 2001, 617 (619 ff.).

den ist die eingetragene Lebenspartnerschaft als besondere, dem „klassischen" Familienrecht weitgehend angenäherte *personenrechtliche* Vereinigung anzusehen.[304] Für ihre Unterstellung unter das Recht der GbR oder für die analoge Anwendung gesellschaftsrechtlicher Grundsätze ist ohne zusätzliches Zustandekommen eines mindestens konkludent vereinbarten Gesellschaftsvertrags zwischen den Partnern grundsätzlich kein Raum; es gilt Entsprechendes wie für die Beurteilung der Rechtsverhältnisse zwischen Eheleuten (→ Rn. 73 ff.).

II. Einteilungskriterien

85   **1. Überblick.** Strukturunterschiede zwischen Personengesellschaften des bürgerlichen und des Handelsrechts finden sich in verschiedener Hinsicht. Aus dem Recht der Personenhandelsgesellschaften (OHG und KG) kennt man namentlich einerseits die Einteilung in personalistisch und kapitalistisch strukturierte Gesellschaften, andererseits diejenige in Gesellschaften, die auf persönlicher Verbindung beruhen, und solche in Massen- oder Publikumsgesellschaften (→ Rn. 3a). Für das Recht der GbR stehen bisher andere rechtlich relevante Strukturunterschiede im Vordergrund, darunter solche nach der Art und dem Gegenstand des Gesellschaftszwecks (Wahrnehmung einer Gelegenheit oder Zusammenarbeit auf Dauer; Erwerbs- und sonstige Gesellschaften) sowie solche zwischen Außen- und Innengesellschaften, letztere mit oder ohne Gesamthandsvermögen. Hierauf beschränkt sich, ohne Anspruch auf Vollständigkeit, daher auch die folgende Übersicht.

86   **2. Gelegenheits- und Dauergesellschaften.** Die GbR beruht zwar, ebenso wie die OHG und KG, auf einem **Dauerschuldverhältnis** in dem oben (→ Rn. 14) gekennzeichneten Sinn, dass der Bestand der GbR von der Erfüllung der Einzelverpflichtungen der Gesellschafter unabhängig ist. Gleichwohl ist sie nach gesetzlicher Regel als ein nicht auf langfristigen Bestand angelegtes, instabiles Institut ausgestaltet. Neben dem Fehlen besonderer Organe, die für die Gesamtheit der Gesellschafter handeln (§ 709), zeigt sich das insbesondere in der Vorschrift des § 721 Abs. 1, wonach Rechnungsabschluss und Gewinnverteilung im Regelfall erst nach Auflösung der GbR verlangt werden können, sowie in dem jederzeitigen und zudem fristlosen Kündigungsrecht bei unbefristeten Gesellschaften nach § 723 Abs. 1 S. 1.

87   Der instabilen, nicht auf lange Dauer bezogenen gesetzlichen Grundstruktur entspricht die Verwendung der GbR als Rechtsform für **Gelegenheitsgesellschaften.** Hierunter sind Zusammenschlüsse zu verstehen, die der Durchführung eines oder einer *begrenzten Anzahl* von Einzelgeschäften auf gemeinsame Rechnung dienen.[305] Neben den Spiel- und Fahrgemeinschaften und ähnlichen Verbindungen mit zeitlich begrenztem Zweck (→ Rn. 34) sind hierzu von den oben (→ Rn. 36 ff.) erwähnten Erscheinungsformen namentlich die Arbeitsgemeinschaft, das Emissions- oder Kreditkonsortium sowie die Metaverbindung zu rechnen.

88   Die Übersicht in → Rn. 36 ff. macht freilich zugleich deutlich, dass die GbR abweichend vom gesetzlichen Regelfall vielfach die Funktion einer **Dauergesellschaft** hat. Hierzu zählen insbesondere die Zusammenschlüsse zwischen Freiberuflern, Landwirten sowie Kleingewerbetreibenden in der Rechtsform der GbR, aber auch die Beteiligungs- und Stimmrechtskonsortien. Auch Ehegattengesellschaften beruhen, soweit sie nicht bloß fiktiven Charakter tragen (→ Rn. 76), meist auf langfristig eingegangener Verbindung. Den Besonderheiten dieser Gesellschaften und dem Bestandsinteresse der Beteiligten wird in diesen Fällen meist bereits durch entsprechende Vertragsgestaltung unter Bestellung von Organen, Vereinbarungen über die periodische Gewinn- und Verlustverteilung, Erschwerung der Kündigung sowie Fortsetzungs- bzw. Nachfolgeklauseln Rechnung getragen. Fehlen derartige Abreden, so kann es mit Rücksicht auf den Dauercharakter der Verbindung gleichwohl veranlasst sein, im Wege teleologischer Reduktion oder ergänzender Vertragsauslegung zu Abweichungen von den am Typus der Gelegenheitsgesellschaft orientierten gesetzlichen Regelungen zu kommen.

89   **3. Erwerbsgesellschaften.** Nach dem 1. Entwurf des BGB sollten Gesellschafter, die sich zum gemeinsamen Betrieb eines gewerbsmäßigen oder sonst auf Erwerb gerichteten Unternehmens

---

[304] Vgl. dazu die Kommentierungen des LPartG durch Erman/*Kaiser,* Palandt/*Brudermüller* und Staudinger/*Voppel.*

[305] Vgl. dazu aus jüngerer Zeit etwa BGH NJW 2011, 1730 – gemeinsame Planung und Durchführung eines Bauvorhabens mit anschließender Vermarktung; LG Detmold NJW 2015, 3176 mit krit. Anm. *Hippeli* – Organisation einer Abiturfeier durch Schülerjahrgang, der als Außen-GbR eingestuft wird; dann auch *Oechsler/Mihaylova* Jura 2016, 833. – Abw. hiervon wurde der Begriff der Gelegenheitsgesellschaft früher überwiegend auf die Verfolgung erwerbswirtschaftlicher Zwecke unter Ausklammerung altruistischer Vereinigungen bezogen; vgl. Düringer/Hachenburg/*Geiler* HGB Allg. Einl. Anm. 325; Staudinger/*Keßler,* 12. Aufl. 1979, Rn. 63b. Ein sachlicher Grund für diese auf eine angeblich dahingehende Verkehrsanschauung gestützte Beschränkung ist jedoch nicht ersichtlich. Auf die Verfolgung eines „vorübergehenden" gemeinsamen Zwecks abstellend *Bick,* Die Gelegenheitsgesellschaft, 2. Aufl. 1968, S. 13.

zusammenschließen, die Anwendbarkeit von OHG-Recht auf ihre Verbindung vereinbaren können.[306] Grund für diese Regelung war die ursprünglich vorgesehene, am Vorbild der römisch-rechtlichen *societas* orientierte Ausgestaltung der GbR als einfaches Schuldverhältnis unter den Gesellschaftern ohne organisationsrechtliche Elemente; sie hätte sich schwerlich als Rechtsform für Erwerbsgesellschaften geeignet. Dieses Bedenken erledigte sich zwar zunächst dadurch, dass das heute in den §§ 718–720, 738 verankerte *Gesamthandsprinzip* als generelles Regelungsmodell in den 2. Entwurf aufgenommen wurde; dementsprechend wurde die ursprünglich geplante Sonderregelung für Erwerbsgesellschaften gestrichen. Der besondere **Typus** der Erwerbsgesellschaft, der namentlich durch den Zusammenschluss von Angehörigen freier Berufe, Land- und Forstwirten oder Kleingewerbetreibenden (→ Rn. 36–42) repräsentiert wird, aber auch bei Arbeitsgemeinschaften (Arge, → Rn. 43 ff.) begegnet, und seine Unterscheidung gegenüber der Vielzahl sonstiger in der Rechtsform der GbR errichteter Vereinigungen sind dadurch jedoch nicht gegenstandslos geworden.[307] Beides hat durch die 1998 erfolgte Einführung des seither in § 105 Abs. 2 HGB geregelten Optionsrechts von Erwerbsgesellschaften bürgerlichen Rechts für die HGB-Rechtsformen OHG und KG inzwischen seinen gesetzlichen Niederschlag gefunden (→ Rn. 16).

Charakteristisch für Erwerbsgesellschaften ist ihr regelmäßiges und nachhaltiges Auftreten im Rechtsverkehr und die Vielzahl namens der Gesellschaft mit Dritten eingegangener Rechtsgeschäfte. Dem wird die unflexible Regelung von Gesamtgeschäftsführung und -vertretung in den §§ 709, 714 nicht gerecht; sie wird daher häufig durch die vertragliche Einführung der flexibleren **Einzelgeschäftsführung** und **Einzelvertretung** ersetzt (vgl. etwa §§ 7.1, 7.2, 8.1, 8.2 Muster-Arbeitsgemeinschaftsvertrag von 2005, → Rn. 45). *Haftungsrechtlich* wurde in der Literatur wiederholt die analoge Heranziehung der Vorschrift des § 128 HGB für Erwerbsgesellschaften vertreten.[308] Die Frage hat sich inzwischen dadurch erledigt, dass die höchstrichterliche Rechtsprechung sich seit dem Jahr 2001 generell für die analoge Anwendung des § 128 HGB auf die Außen-GbR entschieden hat (→ § 714 Rn. 5 f.). Auch im *Innenverhältnis* ist den Besonderheiten der Erwerbsgesellschaft, soweit veranlasst, Rechnung zu tragen. Ein Beispiel bildet etwa die Anerkennung eines Wettbewerbsverbots trotz Fehlens ausdrücklicher Vereinbarungen hierüber (→ § 705 Rn. 235 f.). 90

4. Außen- und Innengesellschaften. Eine andere Grundeinteilung orientiert sich daran, ob die Gesellschafter nach den zwischen ihnen getroffenen Vereinbarungen im Rahmen einer Außengesellschaft als Gesamthand (Gruppe) am Rechtsverkehr teilzunehmen beabsichtigen oder ob die Verbindung zwischen ihnen sich grundsätzlich auf ihr Innenverhältnis beschränken soll. Die Frage hat namentlich Bedeutung für die Rechtsfähigkeit der Gesellschaft (→ § 705 Rn. 303 ff.) und die Vertretungsmacht des zum Geschäftsführer bestellten Gesellschafters (→ § 705 Rn. 275, 279). Ob die Beschränkung auf Innenbeziehungen den notwendigen Verzicht auf ein Gesamthandsvermögen bedeutet, ist umstr. (→ § 705 Rn. 253 ff., 275 ff.). 91

III. Die Unterbeteiligung[309]

1. Begriff und Wesen. Unterbeteiligung ist die vertraglich eingeräumte **Mitberechtigung** einer oder mehrerer Personen an den Vermögensrechten, insbesondere **am Gewinn** – ggf. auch am Wertzuwachs und am Verlust (→ Rn. 98) – des dem „Hauptbeteiligten" als Partner des Unterbeteiligungsvertrags zustehenden Anteils an einer Personen- oder Kapitalgesellschaft.[310] Es handelt sich 92

---

[306] § 659, vgl. dazu Mot. II S. 632 ff.; *Raisch* BB 1969, 1361 (1365 f.); *K. Schmidt,* Änderungen im Recht der BGB-Gesellschaft, in Gutachten und Vorschläge zur Überarbeitung des Schuldrechts, hrsg. vom BMJ, Bd. 3, 1983, S. 498 f. Eingehend hierzu od zur Entstehungsgeschichte der Regelungen über die Gesamthand im BGB *Wächter,* Die Aufnahme der Gesamthandsgemeinschaften in das BGB, 2002, insbes. S. 115 ff.

[307] So namentlich *K. Schmidt,* Änderungen im Recht der BGB-Gesellschaft, in Gutachten und Vorschläge zur Überarbeitung des Schuldrechts, hrsg. vom BMJ, Bd. 3, 1983, S. 483; vgl. auch *Nicknig,* Die Haftung der Mitglieder einer BGB-Gesellschaft für Gesellschaftsschulden, 1972, S. 46 ff.; *H. P. Westermann* ZGR 1977, 552 (562 f.); → § 705 Rn. 235 zum Wettbewerbsverbot in Erwerbsgesellschaften.

[308] → § 714 Rn. 3, 6 mwN.

[309] Vgl. dazu *Blaurock,* Unterbeteiligung und Treuhand, 1981; *Friehe,* Unterbeteiligung, 1974; *Tebben,* Unterbeteiligung und Treuhand, 2000; *Ulbrich,* Unterbeteiligungsgesellschaft, 1982; *Wagner,* Unterbeteiligung, 1975; *Flume* BGB AT I 1 § 1 III, S. 8 ff.; *Armbrüster,* Treuhänderische Beteiligung, 2001, S. 22 ff.; *Daublaub* DB 1978, 873 ff.; *Esch* NJW 1964, 902 ff.; *Paulick* ZGR 1974, 253 ff.; *H. Schneider,* FS Möhring, 1965, S. 115 ff.; Staudinger/ *Habermeier* (2003) Rn. 64; Erman/*Westermann* Rn. 38 ff.; Soergel/*Hadding/Kießling* Rn. 33 ff.; Bamberger/Roth/ *Schöne* Rn. 188 ff.; MüKoHGB/*K. Schmidt* HGB § 230 Rn. 191–250, § 233 Rn. 33–38; MHdB GesR I/*Gayk* § 30.

[310] Ähnlich Soergel/*Hadding/Kießling* Rn. 33; *Wagner,* Unterbeteiligung, 1975, S. 13; *Armbrüster,* Treuhänderische Beteiligung, 2001, S. 22; *Tebben,* Unterbeteiligung und Treuhand, 2000, S. 36 f. Für Beschränkung auf Beteiligungen an Handelsgesellschaften aber *Paulick* ZGR 1974, 256 (258 f.).

nicht um eine stille Gesellschaft iSv § 230 HGB,³¹¹ da selbst beim Betrieb eines Handelsgeschäfts durch die Gesellschaft die (Unter-)Beteiligung nicht unmittelbar an jenem besteht, sondern nur an einem Gesellschaftsanteil. Auf die statt dessen gegebene **Innen-GbR**³¹² sind freilich, ähnlich wie bei der stillen GbR (→ § 705 Rn. 286 f.), vorbehaltlich einzelfallbedingter Abweichungen die Vorschriften der §§ 230–236 HGB analog anzuwenden, verbunden mit teleologischer Reduktion entgegenstehender Regelungen der §§ 705 ff.³¹³ Ist Gegenstand der „Unterbeteiligung" ausnahmsweise der *ganze Anteil* des Hauptbeteiligten, oder dient die Unterbeteiligung nur dazu, die Mitgliedschaft des Unterbeteiligten an der Hauptgesellschaft nicht publik werden zu lassen, und stehen dem Unterbeteiligten umfassende Weisungsrechte gegenüber dem Hauptbeteiligten zu, so fehlt es am gemeinsamen Zweck in Bezug auf die Unterbeteiligung; daher handelt es sich in der Regel nicht um eine GbR zwischen ihnen, sondern um ein *Treuhandverhältnis* mit dem Hauptbeteiligten als Treuhänder (→ § 705 Rn. 84 ff.).³¹⁴

93 Die **Gründe** für die nicht selten anzutreffende Vereinbarung von Unterbeteiligungen sind vielfältiger Natur.³¹⁵ Es geht insbesondere um verdeckte Beteiligungen eines Dritten bei fehlender Zustimmung der Mitgesellschafter zur Anteilsübertragung, aber auch um die Beteiligung von im Rahmen qualifizierter Gesellschafternachfolge „weichenden Erben" am Erfolg des Unternehmens zwecks Vermeidung von Abfindungszahlungen seitens des Nachfolger/Erben,³¹⁶ um Probleme der Kapitalbeschaffung sowie um das Interesse an Steuerersparnis.³¹⁷ Wirtschaftlich im Vordergrund stehen einerseits *Unterbeteiligungen an OHG- und KG-Anteilen*, andererseits solche *an GmbH-Anteilen*. Nicht ausgeschlossen ist die Unterbeteiligung auch am Anteil einer GbR als Hauptgesellschaft.³¹⁸ Die Struktur dieser Gesellschaftsform steht der Unterbeteiligung nicht etwa entgegen, wenn auch ein wirtschaftliches Bedürfnis hierfür bei anderen als Erwerbsgesellschaften nicht ohne weiteres erkennbar ist.

94 **Rechtliche Besonderheiten** der Unterbeteiligung gegenüber sonstigen Innengesellschaften ergeben sich, abgesehen von der Frage einer analogen Anwendung der §§ 230–236 HGB (→ Rn. 92), vor allem in Hinblick auf die Existenz zweier sich teilweise überlagernder Gesellschaften und auf die **Stellung des Hauptbeteiligten** im Schnittpunkt beider Gesellschaften.³¹⁹ Zwar müssen beide Rechtsverhältnisse, soweit sie ausnahmsweise aufeinander abgestimmt sind, im Grundsatz klar auseinandergehalten werden. Insbesondere ist der Unterbeteiligte nicht Mitglied der Hauptgesellschaft (→ § 705 Rn. 67). Für Rechte und Pflichten zwischen ihm und den anderen Mitgliedern

---

³¹¹ So aber *Esch* NJW 1964, 902 (904), auch *Schneider,* FS Möhring, 1965, S. 115 (116); für Gesellschaft eigener Art zwischen GbR und stiller Gesellschaft *Ulbrich,* Unterbeteiligungsgesellschaft, 1982, S. 56 ff., 66 ff.
³¹² HM, vgl. BGHZ 50, 316 (320) = NJW 1968, 2003; BGH LM § 705 Nr. 14 = BB 1965, 517; NJW-RR 1995, 165; *Tebben,* Unterbeteiligung und Treuhand, 2000, S. 44 f.; Soergel/*Hadding/Kießling* Rn. 34; *Friehe,* Unterbeteiligung, 1974, S. 22 ff., 29; *Paulick* ZGR 1974, 259 ff.
³¹³ Im Ergebnis heute ganz überwM, vgl. *Blaurock,* Unterbeteiligung und Treuhand, 1981, S. 113 f.; *K. Schmidt* GesR § 63 II 1; Soergel/*Hadding/Kießling* Rn. 34; Staudinger/*Habermeier* (2003) Rn. 64; Bamberger/Roth/*Schöne* § 705 Rn. 188, 190 f.; Erman/*Westermann* Rn. 39 f.; MüKoHGB/*K. Schmidt* HGB § 230 Rn. 204; für grds. Vorrang der §§ 705–740 aber *Tebben,* Unterbeteiligung und Treuhand, 2000, passim; → Rn. 95.
³¹⁴ HM, vgl. BGH NJW 1994, 2886 (2887) = LM § 662 Nr. 45 mit krit. Anm. *Roth;* OLG Hamm DB 1994, 1233; so auch Staub/*Schäfer* HGB § 105 Rn. 110; *Armbrüster,* Treuhänderische Beteiligung, 2001, S. 24; Soergel/*Hadding/Kießling* Rn. 33; Staudinger/*Habermeier* (2003) Rn. 64; eingehend *Tebben,* Unterbeteiligung und Treuhand, 2000, S. 67 ff., 76 f.; aA MüKoHGB/*K. Schmidt* § 230 Rn. 196, 202; *Wiedemann,* Übertragung, S. 387.
³¹⁵ Übersichten bei *Blaurock,* Unterbeteiligung und Treuhand, 1981, S. 49 ff.; *Friehe* Unterbeteiligung, 1974, S. 5 ff.; *Paulick* ZGR 1974, 253 ff.; *Ulbrich,* Unterbeteiligungsgesellschaft, 1982, S. 14 ff.; zu den verschiedenen *Arten* einer Unterbeteiligung vgl. *Tebben,* Unterbeteiligung und Treuhand, 2000, S. 27 ff. Vgl. auch zum Muster eines Unterbeteiligungsvertrages als Mittel der vorweggenommenen Erbfolge in die Hauptbeteiligung bei Beck-FormB BHW/*Blaum/Scholz* Kap. VIII. E. 3, S. 1849 ff.
³¹⁶ Vgl. BGHZ 50, 316 = NJW 1968, 2003; BGH WM 1967, 685; *Rüthers* AcP 168 (1968), 263 (281 ff.); allgemeiner *Kühne/Rehm* NZG 2013, 561.
³¹⁷ Zu den steuerrechtlichen Gründen für die Begründung einer Unterbeteiligung vgl. *Blaurock,* Unterbeteiligung und Treuhand, 1981, S. 49 ff. Zur ESt-rechtlichen Behandlung der Unterbeteiligung vgl. auch *Reiß* und *von Beckerath* in *Kirchhof* EStG, 14. Aufl. 2015, § 15 Rn. 140, 426 ff. und § 20 Rn. 78; dazu auch *Haegele* BWNotZ 1974, 53 ff.; 1974, 74 ff.; *Paulick* ZGR 1974, 253 (284 ff.) und *Blaurock/Berninger* GmbHR 1990, 87 ff.; zur Unterbeteiligung im System der Abgeltungssteuer *Worgulla* DB 2009, 1146. – Zur Qualifizierung eines (atypisch) Unterbeteiligten als wirtschaftlicher Eigentümer vgl. BFH NJW 2011, 3118; GmbHR 2008, 1229. – Zum Mitunternehmerkreis bei der atypischen Unterbeteiligung vgl. Schmidt/*Wacker,* 34. Aufl. 2015, EStG § 15 Rn. 365 ff.
³¹⁸ Vgl. die Beispiele bei *Blaurock,* Unterbeteiligung und Treuhand, 1981, S. 50 ff. und *Ulbrich,* Unterbeteiligungsgesellschaft, 1982, S. 6; aA anscheinend *Paulick* ZGR 1974, 256 (258 f.) ohne Begr.
³¹⁹ So zutr. namentlich *Friehe,* Unterbeteiligung, 1974, S. 44 ff., 51. Vgl. dazu eingehend auch *Tebben,* Unterbeteiligung und Treuhand, 2000, S. 77 ff., 86 ff., 175 ff.

der Hauptgesellschaft oder gegenüber dieser selbst ist vorbehaltlich der „offenen" Unterbeteiligung (→ Rn. 101) grundsätzlich kein Raum.[320] Anderes gilt demgegenüber für den Hauptgesellschafter als Mitglied beider Gesellschaften: bei ihm sind Interessenkollisionen nicht ausgeschlossen. Auch können die in der Unterbeteiligung getroffenen Vereinbarungen, namentlich solche über das Informations- und Mitspracherecht des Unterbeteiligten, mit denjenigen in der Hauptgesellschaft in Widerspruch geraten.

Der für Kollisionsfälle verbreitet hervorgehobene **Vorrang der Hauptgesellschaft**[321] darf **nicht** dahin missverstanden werden, dass die Wirksamkeit der Vereinbarungen über die Unterbeteiligung vom Inhalt des Hauptgesellschaftsvertrags abhinge.[322] Eine objektive Rangordnung dieser Art zwischen den beiden Vertragsverhältnissen lässt sich dem geltenden Recht nicht entnehmen. Für einen grundsätzlichen Vorrang der Hauptgesellschaft ist vielmehr nur Raum, wenn er entweder ausdrücklich im Unterbeteiligungsvertrag vorgesehen ist[323] oder wenn dessen Auslegung ergibt, dass die Parteien eine *hauptgesellschaftskonforme Ausgestaltung* angestrebt bzw. sie ihrer Vereinbarung zu Grunde gelegt haben. Für eine solche Annahme können Umstände wie die zeitliche Priorität der Hauptgesellschaft, die ausdrücklich betonte Abhängigkeit der Unterbeteiligung von deren Existenz sowie das vom Unterbeteiligten respektierte Interesse des Hauptgesellschafters sprechen, auf seine Treupflicht gegenüber seinen Mitgesellschaftern Rücksicht zu nehmen.[324] Auch ist in geeigneten Fällen, so insbesondere bei Unklarheit oder Lückenhaftigkeit des Unterbeteiligungsvertrags, an dessen ergänzende Auslegung unter Rückgriff auf den Hauptgesellschaftsvertrag zu denken.[325] Schließlich können besondere Umstände des Einzelfalls die Eingehung einer Unterbeteiligung als sittenwidrig oder rechtsmissbräuchlich erscheinen lassen und insoweit auch deren Wirksamkeit einschränken.[326] Im Übrigen bleibt es jedoch dabei, dass Schuldverhältnisse jeweils nur inter partes wirken; das gilt auch für das Verhältnis zwischen verschiedenen Gesellschaftsverträgen, soweit nicht das Außenhandeln des Geschäftsführers einer (Außen-)GbR gegenüber anderen Gesellschaften in Frage steht.

2. Rechtsverhältnisse in der Unterbeteiligungsgesellschaft. a) Gründung. Sie erfolgt durch **Abschluss eines Gesellschaftsvertrags** zwischen Haupt- und Unterbeteiligtem mit dem Ziel, zwischen ihnen eine gemeinsame obligatorische Berechtigung am Hauptgesellschaftsanteil zu begründen. Die letztwillige Anordnung im Testament des verstorbenen Gesellschafters, zwischen dem Gesellschafter-Erben und den übergangenen Miterben eine Unterbeteiligung zu vereinbaren, kann den Vertrag nicht ersetzen; sie begründet jedoch im Zweifel einen Vermächtnisanspruch der dadurch Begünstigten gegen den Gesellschafter-Erben auf Vertragsschluss. Der Gesellschaftsvertrag ist grundsätzlich **formlos** wirksam, soweit er nicht im Einzelfall bei Abschluss oder für den Zeitpunkt der Auflösung Verpflichtungen eines der Beteiligten zur Übertragung von Grundstücken oder von GmbH-Anteilen begründet (→ § 705 Rn. 33). Soll die Unterbeteiligung unentgeltlich eingeräumt werden, bedarf es der Form des § 518 Abs. 1 S. 1, soweit die Zuwendung nicht zum Zwecke der Ausstattung erfolgt (§ 1624 Abs. 1).[327] Inzwischen ist auch in der Rechtsprechung im Grundsatz anerkannt, dass eine Heilung des Formmangels durch Vollzug der Schenkung (§ 518 Abs. 2) schon mit Abschluss des Gesellschaftsvertrags eintritt (→ § 705 Rn. 44 f.).[328]

---

[320] Ganz hM, vgl. BGHZ 50, 316 (324) = NJW 1968, 2003; *Paulick* ZGR 1974, 257; *Soergel/Hadding/Kießling* Rn. 33; *Staudinger/Habermeier* (2003) Rn. 64.
[321] So mit iE unterschiedlicher Akzentsetzung etwa Staub/*Zutt* HGB § 230 Rn. 115; *Rüthers* AcP 168 (1968), 263 (283); *Ulbrich* Unterbeteiligungsgesellschaft, 1982, S. 112 f.; *Friehe*, Unterbeteiligung, 1974, S. 44 ff., 46; für die GmbH *Roth/Thöni*, FS 100 Jahre GmbHG, 1992, S. 245 (257 ff.).
[322] IdS aber *Rüthers* AcP 168 (1968), 263 (283) sowie *Friehe*, Unterbeteiligung, 1974 S. 46 f., letzterer unter Berufung auf § 717 S. 1 (→ Rn. 97); wie hier aber Staudinger/*Habermeier* (2003) Rn. 64; Soergel/*Hadding/Kießling* Rn. 33; Bamberger/Roth/*Schöne* § 705 Rn. 189; zum Ganzen eingehend *Tebben*, Unterbeteiligung und Treuhand, 2000, S. 179 ff.
[323] So zutr. insbes. *Tebben*, Unterbeteiligung und Treuhand, 2000, S. 176 ff. unter Hinweis in Fn. 6 auf entspr. Fallgestaltungen der Praxis, BGHZ 76, 127 (128) = NJW 1980, 1163; BGH WM 1983, 598; OLG München WM 1984, 810 (811).
[324] Weitergehend – für grds. hauptgesellschaftskonforme Auslegung des Unterbeteiligungsvertrags – aber *Friehe*, Unterbeteiligung, 1974, S. 49 f.; ähnlich *Ulbrich*, Unterbeteiligungsgesellschaft, 1982, S. 114 f. Tendenziell wohl auch *K. Schmidt* GesR § 63 IV 1, der von „drittschützenden Treupflichten" des Unterbeteiligten spricht.
[325] So zutr. *Tebben*, Unterbeteiligung und Treuhand, 2000, S. 177.
[326] Ähnlich *Tebben*, Unterbeteilgung und Treuhand, 2000, S. 184 ff. unter zutr. Ablehnung weitergehender, eine Sittenwidrigkeit des Unterbeteiligungsvertrags schon bei darin angelegter Pflichtenkollision des Hauptgesellschafters bejahender Ansichten, Nachweise dort in Fn. 45.
[327] BGH WM 1967, 685; *Billdorfer* NJW 1980, 2787.
[328] Wie hier (→ § 705 Rn. 45) BFH NJW-RR 2008, 986 Rn. 13; BGHZ 191, 354 Rn. 21 ff. = ZIP 2012, 326 (328 f.) – Siegfried-Unseld-Stiftung – lässt zwar offen, „ob die Rspr. des Senats hier zu überdenken ist", sieht aber jedenfalls eine qualifizierte Unterbeteiligung mit Abschluss des Gesellschaftsvertrages als vollzogen an gemäß §§ 518 Abs. 2, 2301 Abs. 2; dem grundsätzlich folgend BFH ZIP 2014, 2131; wie hier ferner *Friehe*, Unterbeteili-

97 Einer **Mitwirkung der anderen Mitglieder der Hauptgesellschaft** oder deren Zustimmung zum Vertragsschluss bedarf es nicht.[329] Die Gründung der Unterbeteiligungsgesellschaft enthält nicht etwa eine Verfügung über die Rechte aus dem Hauptgesellschaftsanteil iSv § 717 S. 1, sondern begründet eine bloß obligatorische Mitberechtigung des Unterbeteiligten hieran.[330] Daher steht auch § 137 der Vereinbarung eines Verbots von Unterbeteiligungen im Vertrag der Hauptgesellschaft nicht entgegen. Das Verbot hindert vorbehaltlich des Arglisteinwands zwar nicht die Wirksamkeit der Unterbeteiligung. Wohl aber kann seine Verletzung einen wichtigen Grund zum Ausschluss des Hauptbeteiligten aus der Hauptgesellschaft darstellen und in dessen Folge dazu führen, der Unterbeteiligung die Grundlage zu entziehen.[331] Zum Sonderfall der offenen Unterbeteiligung → Rn. 101.

98 **b) Rechte des Unterbeteiligten. aa) Regelfall.** Ist die Unterbeteiligung entsprechend dem Regelfall (→ Rn. 97) ohne Zustimmung der anderen Gesellschafter begründet worden, so richten sich die Rechte des Unterbeteiligten nicht gegen die Hauptgesellschaft selbst (zur „offenen" Unterbeteiligung → Rn. 101), sondern nur gegen den Hauptbeteiligten; dieser ist analog § 230 HGB auch ohne vertragliche Abweichung von § 709 zugleich Geschäftsführer der Unterbeteiligungsgesellschaft.[332] Inhaltlich bestimmen sie sich in erster Linie nach dem Unterbeteiligungsvertrag, im Übrigen nach dem Recht der GbR und dessen Modifikation durch die §§ 230–236 HGB (→ Rn. 92). Für die **Gewinnbeteiligung** gilt beim Fehlen vertraglicher Regelungen im Zweifel nicht § 722 Abs. 1, sondern § 231 Abs. 1 HGB.[333] Einbehaltene Gewinne und Aufstockungen des Kapitalkontos des Hauptbeteiligten stehen den Partnern der Unterbeteiligung im Zweifel anteilig zu und verändern nicht etwa das Beteiligungsverhältnis.[334] Ob die Berechtigung des Unterbeteiligten sich im Sinne einer atypischen Unterbeteiligung auch auf den (bei der Auseinandersetzung zu berücksichtigenden) **Wertzuwachs** am Anteil erstreckt[335] und ob der Unterbeteiligte abweichend vom Regelfall des § 232 Abs. 2 HGB auch an einem über die Verminderung des Anteilswerts hinausgehenden **Verlust** teilnimmt,[336] ist Frage der Vertragsauslegung.[337] Eine Außenhaftung des Unterbeteiligten für Verbindlichkeiten der Hauptgesellschaft scheidet beim Fehlen eines besonderen Verpflichtungsgrundes auch dann aus, wenn dessen Verlustteilnahme vereinbart ist.

99 Die Rechte des Unterbeteiligten auf **Rechnungslegung, Information** und **Kontrolle** bestimmen sich nicht nach § 716 Abs. 1, sondern nach § 233 HGB.[338] Verpflichteter ist der Hauptbeteiligte und

---

gung, 1974, S. 53 f.; *Ulbrich,* Unterbeteiligungsgesellschaft, 1982, S. 101 ff.; *Tebben,* Unterbeteiligung und Treuhand, 2000, S. 225 ff.; diff. MüKoHGB/*K. Schmidt* HGB § 230 Rn. 224; *ders.,* FS G.H. Roth, 2011, S. 709 (715 f.); aA noch BGHZ 7, 174 (179) = NJW 1952, 1412; BGHZ 7, 378 (379 f.) = NJW 1953, 138; BGH WM 1967, 685; BFH DB 1967, 1258; so auch *Blaurock,* Unterbeteiligung und Treuhand, 1981, S. 156 f.; Soergel/ *Hadding/Kießling* § 705 Rn. 12, jeweils mwN.

[329] So auch *Blaurock,* Unterbeteiligung und Treuhand, 1981, S. 153; Erman/*Westermann* Rn. 39; *Tebben,* Unterbeteiligung und Treuhand, 2000, S. 234 ff.; LG Bremen GmbHR 1991, 269 f. betr. GmbH-Anteil.

[330] Ganz hM, vgl. nur *Tebben,* Unterbeteiligung und Treuhand, 2000, S. 236 ff., 240 mN in Fn. 90.

[331] *Friehe* Unterbeteiligung, 1974, S. 52; *Paulick* ZGR 1974, 269; *Ulbrich,* Unterbeteiligungsgesellschaft, 1982, S. 99.

[332] HM, vgl. statt aller MüKoHGB/*K. Schmidt* HGB § 230 Rn. 237; näher zu den Geschäftsführungsproblemen bei der Unterbeteiligung vgl. namentlich *Wagner,* Unterbeteiligung, 1975, S. 66 ff.; *Blaurock,* Unterbeteiligung und Treuhand, 1981, S. 120 f.; *Friehe,* Unterbeteiligung, 1974, S. 56 ff.; *Tebben,* Unterbeteiligung und Treuhand, 2000, S. 258 ff.

[333] HM, vgl. *Paulick* ZGR 1974, 266; *Blaurock,* Unterbeteiligung und Treuhand, 1981, S. 117; *Friehe,* Unterbeteiligung, 1974, S. 66; *Wagner,* Unterbeteiligung, 1975, S. 114; *Tebben,* Unterbeteiligung und Treuhand, 2000, S. 280; Soergel/*Hadding/Kießling* Rn. 35; Erman/*Westermann* Rn. 39.

[334] So zutr. *Blaurock,* Unterbeteiligung und Treuhand, 1981, S. 117 f.; vgl. auch BGH WM 1966, 188 – Erhöhung der Einlage des Hauptbeteiligten in der Hauptgesellschaft ist dem Unterbeteiligten gegenüber vertragswidrig, wenn sich dadurch dessen Gewinnanteil verringert.

[335] Vgl. etwa die Auslegung im Fall BGH WM 1967, 685 sowie *Blaurock,* Unterbeteiligung und Treuhand, 1981, S. 114 f.; *Paulick* ZGR 1974, 281.

[336] Vgl. dazu namentlich *Paulick* ZGR 1974, 266 f.; für grds. Verlustteilhabe *Tebben,* Unterbeteiligung und Treuhand, 2000, S. 292.

[337] Zu den hierfür in Betracht kommenden Gestaltungen vgl. *Ulbrich,* Unterbeteiligungsgesellschaft, 1982, S. 131 ff.; aA für die Teilhabe am Wertzuwachs *Tebben,* Unterbeteiligung und Treuhand, 2000, S. 346 f., der mangels abw. Abreden die Geltung des § 738 Abs. 1 S. 2 ausgeht.

[338] HM, vgl. BGHZ 50, 316 (323) = NJW 1968, 2003; BGH NJW-RR 1995, 165 (166); *Paulick* ZGR 1974, 271; *Friehe,* Unterbeteiligung, 1974, S. 60 f.; *Ulbrich,* Unterbeteiligungsgesellschaft, 1982, S. 125; aA *Wagner,* Unterbeteiligung, 1975, S. 105 ff. mit der unzutr. Begr., der Unterbeteiligte hafte unbegrenzt für Gesellschaftsschulden; ferner *Blaurock,* Unterbeteiligung und Treuhand, 1981, S. 183 f. und *Tebben,* Unterbeteiligung und Treuhand, 2000, S. 276 ff. – Zu möglichen vorvertraglichen Informationspflichten vgl. BGH ZIP 2011, 2145 – keine vorvertragliche Aufklärungspflicht über Vertriebsprovisionen an Anlagevermittler vor Abschluss eines Unterbeteiligungsvertrages.

nicht etwa die Hauptgesellschaft, zu der der Unterbeteiligte regelmäßig nicht in direkten Rechtsbeziehungen steht (→ Rn. 98). Dementsprechend ist Gegenstand dieser Rechte auch nur die Rechnungslegung, Information und Kontrolle bezüglich der auf den **Anteil** an der Hauptgesellschaft entfallenden Erträge und deren Zusammensetzung (Gewinnanteil, Kapitalverzinsung, Geschäftsführervergütungen ua).[339] Dagegen ist der Hauptbeteiligte mangels besonderer Absprachen nicht verpflichtet und mit Rücksicht auf seine Verschwiegenheitspflicht in der Hauptgesellschaft regelmäßig auch nicht berechtigt, dem Unterbeteiligten die Bilanzen und die Gewinn- und Verlustrechnungen der Hauptgesellschaft mitzuteilen[340] oder ihm auf sonstige Weise Einblick in vertrauliche Unterlagen der Hauptgesellschaft zu gewähren. Das gilt im Zweifel selbst dann, wenn im Vertrag der Hauptgesellschaft Unterbeteiligungen ausdrücklich zugelassen sind und der Unterbeteiligte ein erhebliches Interesse an derartigen Informationen hat.[341] Gegenüber dem vorrangigen Geheimhaltungsinteresse der Hauptgesellschafter tritt dieses Interesse im Regelfall auch deshalb zurück, weil der Unterbeteiligte ihnen gegenüber keinen vertraglichen Bindungen unterliegt und insbesondere auch nicht zu Gesellschaftstreue oder zur Unterlassung von Wettbewerb angehalten werden kann.[342] Zum Sonderfall der „offenen" Unterbeteiligung aber → Rn. 101.

Eine **Bindung des Hauptbeteiligten** an die Interessen des Unterbeteiligten **bei Abstimmungen** in der Hauptgesellschaft oder eine Pflicht zu einvernehmlicher Stimmabgabe ist mit Rücksicht auf den Vorrang der Hauptgesellschaft (→ Rn. 95) im Regelfall zu verneinen. Soweit sie im Einzelfall besteht, führt sie nicht zur Unwirksamkeit abweichender Stimmabgaben in der Hauptgesellschaft; auch die Grundsätze über den Vollmachtsmissbrauch sind auf diesen Fall nicht anwendbar.[343] Wohl aber kann der Hauptbeteiligte sich dem Unterbeteiligten gegenüber schadensersatzpflichtig machen, wenn er sein Stimmrecht in der Hauptgesellschaft in einem für den Unterbeteiligten nachteiligen, nicht durch seine Treupflicht in der Hauptgesellschaft gebotenen Sinn ausübt.[344] Zu denken ist etwa an Fälle, in denen durch hohe Selbstfinanzierung und Bildung stiller Reserven die Ertragsbeteiligung des Unterbeteiligten ausgehöhlt wird.[345] Zur Problematik der Stimmbindungsverträge im Recht der GbR und zu ihren Grenzen auch im Fall der Unterbeteiligung → § 717 Rn. 20 ff., 26. 100

bb) Die offene (qualifizierte) Unterbeteiligung als Sonderfall. Entsprechend der im Gesellschaftsrecht herrschenden Privatautonomie ist es nicht ausgeschlossen, dass dem Unterbeteiligten im Einzelfall auch *unmittelbare Rechte gegen die Hauptgesellschaft* eingeräumt werden und er im weiteren Sinn in den Gesellschafterverband einbezogen wird.[346] Hierzu genügt allerdings nicht die Offenlegung der Unterbeteiligung oder deren generelle Zulassung im Hauptgesellschaftsvertrag. Vielmehr bedarf es der **Zustimmung der übrigen Gesellschafter** zur Vereinbarung der Unterbeteiligung; sie kann auch – ähnlich wie bei der Anteilsübertragung (→ § 719 Rn. 27) – in antizipierter Form erfolgen. Liegen diese Voraussetzungen vor, so erlangt der Unterbeteiligte eine interne, quasi-dingli- 101

---

[339] Ganz hM, vgl. BGHZ 50, 316 (323 f.) = NJW 1968, 2003; OLG Frankfurt GmbHR 1987, 57 (59); *Paulick* ZGR 1974, 271; *Blaurock*, Unterbeteiligung und Treuhand, 1981, S. 183; *Ulbrich*, Unterbeteiligungsgesellschaft, 1982, S. 125 f.; *Wiedemann*, Übertragung S. 313; *Esch* NJW 1964, 902 (905); *H. Schneider*, FS Möhring, 1965, S. 120; *Friehe*, Unterbeteiligung, 1974, S. 60 ff.; *Soergel/Hadding/Kießling* Rn. 35; aA *Tebben*, Unterbeteiligung und Treuhand, 2000, S. 277 f. sowie früher *Herzfeld* AcP 137 (1933), 270 (307); *Janberg* DB 1953, 77 (79); *Staudinger/Geiler*, 10. Aufl. 1943, Anh. §§ 705 ff. Rn. 77.

[340] So aber – unter Hinweis auf § 716 – *Tebben*, Unterbeteiligung und Treuhand, 2000, S. 277 f. sowie früher *Herzfeld* AcP 137 (1933), 270 (307); *Janberg* DB 1953, 77 (79); *Staudinger/Geiler*, 10. Aufl. 1943, Anh. §§ 705 ff. Rn. 77; anders die heute hM, vgl. BGHZ 50, 316 (323) = NJW 1968, 2003; BGH NJW-RR 1995, 165 (166); *Paulick* ZGR 1974, 271; *Friehe*, Unterbeteiligung, 1974, S. 60 f.; *Ulbrich*, Unterbeteiligungsgesellschaft, 1982, S. 125.

[341] BGHZ 50, 316 (324 f.) = NJW 1968, 2003; aA MüKoHGB/*K. Schmidt* HGB § 233 Rn. 34.

[342] Anders LG Bremen GmbHR 1991, 269 (270), allerdings für die Unterbeteiligung an einem GmbH-Anteil unter zutr. Hinweis auf die GmbH-Publizität. Relativierend auch *Tebben*, Unterbeteiligung und Treuhand, 2000, S. 293.

[343] Str., wie hier BGH WM 1977, 525 (527) und schon BGH NJW 1968, 1471 – Treuhand; aA *Tebben*, Unterbeteiligung und Treuhand, 2000, S. 192 ff., 202 mwN.

[344] BGH WM 1977, 525 (528 f.); ähnlich *Ulbrich*, Unterbeteiligungsgesellschaft, 1982, S. 117.

[345] Das gilt jedenfalls dann, wenn der Unterbeteiligte nicht auch an den so gebildeten Reserven beteiligt ist. Zur Unzulässigkeit, den Gewinnverteilungsschlüssel in der Unterbeteiligung einseitig durch Erhöhung der Einlage des Hauptbeteiligten in der Hauptgesellschaft zu ändern, vgl. BGH NJW 1966, 188 (191).

[346] So grds. auch *Blaurock*, Unterbeteiligung und Treuhand, 1981, S. 184 f.; *Erman/Westermann* Rn. 39 f.; Bamberger/Roth/*Schöne* § 705 Rn. 190; vgl. auch *Ulbrich*, Unterbeteiligungsgesellschaft, 1982, S. 128 f. Missverständlich *Tebben*, Unterbeteiligung und Treuhand, 2000, S. 104 ff. unter Ablehnung „dinglicher" (dh gesellschaftsrechtlicher!) Wirkungen. – Zur parallelen Situation (Treugeber als Quasi-Gesellschafter) bei der offenen Treuhand s. nur BGHZ 178, 271 Rn. 20 = NJW-RR 2009, 254; BGHZ 189, 45 Rn. 27; BGH ZIP 2011, 2299 Rn. 35; 2012, 1231; NJW 2013, 862 Rn. 28 ff.; → § 705 Rn. 92 f.

che Mitbeteiligung am Gesellschaftsanteil des Hauptbeteiligten.[347] Ihm können eigene Mitsprache- und Kontrollrechte in der Hauptgesellschaft eingeräumt werden, ohne dass das Abspaltungsverbot eingreift (zur entsprechenden Rechtslage bei offener Treuhand und Nießbrauch → § 705 Rn. 92 f., 96). Entsprechend unterliegt er auch seinerseits der Treupflicht im Verhältnis zur Hauptgesellschaft. Stimmbindungsvereinbarungen zwischen ihm und dem Hauptbeteiligten können ohne die für den Regelfall geltenden Einschränkungen (→ Rn. 98) vereinbart und durchgesetzt werden (→ § 717 Rn. 26).

102 c) **Auflösung und Auseinandersetzung.** Die **Dauer** der Unterbeteiligung kann nicht an diejenige der – unbefristeten – Hauptgesellschaft oder an die fortbestehende Mitgliedschaft des Hauptbeteiligten in dieser geknüpft werden.[348] Mangels Überschaubarkeit wäre eine derartige Bindung unvereinbar mit dem zwingenden Kündigungsrecht des § 723 Abs. 3, das auch für stille Beteiligungen gilt.[349] Für die **Kündigung** selbst, sei es durch einen der Vertragspartner oder durch einen Privatgläubiger, gelten abweichend von §§ 723 Abs. 1 S. 1, 725 die Fristen des § 234 Abs. 1 HGB iVm §§ 132, 135 HGB.[350] Der **Tod** des Unterbeteiligten hat entgegen § 727 Abs. 1 die Auflösung der Unterbeteiligung im Zweifel nicht zur Folge (§ 234 Abs. 2 HGB).[351] Gleiches wird unter Berufung auf den mutmaßlichen Parteiwillen mit guten Gründen auch für den Tod des Hauptbeteiligten vertreten;[352] Voraussetzung ist insoweit allerdings, dass der Anteil an der Hauptgesellschaft auf dessen Erben übergeht. Demgegenüber führt das Ausscheiden des Hauptbeteiligten aus der Hauptgesellschaft nach § 726 zur Auflösung der Unterbeteiligung wegen Unmöglichwerdens des Gesellschaftszwecks.[353]

103 Für die **Auseinandersetzung** gilt § 235 HGB.[354] Eine Liquidation des Hauptgesellschaftsanteils durch dessen Veräußerung oder durch Kündigung der Hauptgesellschaft kann der Unterbeteiligte vom Hauptbeteiligten nur verlangen, wenn die Parteien im Rahmen der Unterbeteiligung wirksam Entsprechendes vereinbart haben.

C. Abgrenzungsfragen

I. Gesellschafts- und Austauschverträge

104 1. **Allgemeines. a) Grundsatz.** Die Abgrenzung des Gesellschaftsvertrags gegenüber sonstigen vertraglichen Schuldverhältnissen, darunter insbesondere den Austausch-, aber auch den Interessenwahrungs-(Geschäftsbesorgungs-)verträgen, bestimmt sich nach § 705. Als konstitutive Elemente der Gesellschaft sind in dieser Vorschrift der **gemeinsame Zweck** und die hierauf gerichteten **Förderpflichten** der Beteiligten genannt (→ § 705 Rn. 142 ff., 153 f.). Liegen diese Merkmale vor und werden sie nicht nach Art gemischter Verträge (→ Rn. 113) von Austausch- oder Interessenwahrungselementen überlagert, so handelt es sich stets um eine Gesellschaft, und zwar unabhängig davon, wie eng die persönliche Bindung der Beteiligten ausgestaltet ist und welche Bezeichnung sie ihrem Rechtsverhältnis gegeben haben.

105 Die theoretisch einfache Unterscheidung kann freilich je nach Lage des Falles bei der Rechtsanwendung nicht geringe **Schwierigkeiten** bereiten, soweit die Beteiligten keine eindeutigen Rege-

---

[347] Vgl. näher *Ulmer*, FS Odersky, 1996, S. 888 ff. – Treuhand an GmbH-Anteilen.
[348] HM, vgl. BGHZ 50, 316 (320) = NJW 1968, 2003; BGH NJW 1994, 2886 (2888); *Friehe*, Unterbeteiligung, 1974, S. 71 f.; vgl. auch Soergel/*Hadding/Kießling* Rn. 36. AA noch *Herzfeld* AcP 137 (1933), 270 (317).
[349] BGHZ 23, 10 (15) = NJW 1957, 461; BGHZ 50, 316 (322) = NJW 1968, 2003; BGH NJW 1994, 2886 (2888); *Blaurock* Stille Ges-HdB Rn. 30.11, 30.57; EBJS/*Gehrlein*, 3. Aufl. 2014, HGB § 134 Rn. 2; aA *K. Schmidt*, FS G.H. Roth, 2011, S. 709 (717 ff.).
[350] HM, vgl. *Esch* NJW 1964, 906; *Paulick* ZGR 1974, 278; *Friehe*, Unterbeteiligung, 1974, S. 69 f.; *Ulbrich*, Unterbeteiligungsgesellschaft, 1982, S. 147; *Wagner*, Unterbeteiligung, 1975, S. 121, 123; aA *Blaurock*, Unterbeteiligung und Treuhand, 1981, S. 163 f.; Soergel/*Hadding/Kießling* Rn. 36; *Tebben*, Unterbeteiligung und Treuhand, 2000, S. 325 ff.; offenlassend BGHZ 50, 316 (321) = NJW 1968, 2003.
[351] *Paulick* ZGR 1974, 280; *Blaurock*, Unterbeteiligung und Treuhand, 1981, S. 166; *Ulbrich*, Unterbeteiligungsgesellschaft, 1982, S. 153. Für Vorrang ergänzender Vertragsauslegung in diesem Fall *Friehe*, Unterbeteiligung, 1974, S. 74; ähnlich *Tebben*, Unterbeteiligung und Treuhand, 2000, S. 340; für Anwendbarkeit von § 727 Abs. 1 *Wagner* Unterbeteiligung, 1975, S. 123 f.
[352] *Friehe*, Unterbeteiligung, 1974, S. 73; aA *Paulick* ZGR 1974, 280; grds. auch *Blaurock*, Unterbeteiligung und Treuhand, 1981 S. 165 f.; *Ulbrich*, Unterbeteiligungsgesellschaft, 1982, S. 152; *Tebben*, Unterbeteiligung und Treuhand, 2000, S. 340; vgl. auch BGH NJW 1994, 2886 (2887).
[353] Vgl. dazu und zu sonstigen Fällen der Veränderung bei der Hauptgesellschaft näher *Blaurock*, Unterbeteiligung und Treuhand, 1981, S. 166 ff.; *Tebben*, Unterbeteiligung und Treuhand, 2000, S. 332 ff.
[354] *Esch* NJW 1964, 906; *Paulick* ZGR 1974, 280; *Ulbrich*, Unterbeteiligungsgesellschaft, 1982, S. 162; *Wagner* Unterbeteiligung, 1975, S. 137 ff., 142; diff. *Blaurock*, Unterbeteiligung und Treuhand, 1981, S. 175 ff.

lungen getroffen haben oder soweit es an klar auf eine (Außen-)Gesellschaft hinweisenden Elementen wie Gesamtnamen, Bestellung von Geschäftsführern und Begründung von Gesamthandsvermögen fehlt. Die Schwierigkeiten beruhen im Wesentlichen auf zwei Gründen. Einerseits zeigen die Merkmale des gemeinsamen Zwecks und der Förderpflicht wegen der nahezu unbeschränkten Verwendungsmöglichkeit der GbR (→ § 705 Rn. 144) eine große Spannweite. Die ihr entsprechende geringe Begriffsschärfe wird noch dadurch unterstrichen, dass die rechtlich gebotene Differenzierung von *gemeinsamem Zweck* und außerhalb des Vertrages stehenden persönlichen *Motiven* („Endzweck") der Parteien nicht leicht ist (→ § 705 Rn. 147). Zum anderen begegnen in der Rechtswirklichkeit aber auch eine Reihe von Vertragstypen, die Elemente sowohl des Gesellschafts- als auch eines Austausch- oder Interessenwahrungsvertrags enthalten (gemischte Verträge, → Rn. 113). Bei ihnen geht es nicht so sehr um eine Abgrenzung nach Maßgabe des § 705 als vielmehr darum, mit den für gemischte Verträge geltenden Methoden der Rechtsanwendung zu einer interessengerechten Lösung zu kommen (→ Rn. 114).

b) Gesellschaftsähnliche Rechtsverhältnisse. Die genannten Schwierigkeiten haben vor allem **106** die Rechtsprechung, aber auch einen Teil des Schrifttums dazu veranlasst, beim Auftreten von Qualifikationsproblemen von „gesellschaftsähnlichen Rechtsverhältnissen" zu sprechen.[355] Die Verwendung dieses Begriffs führt indessen meist nicht weiter.[356] Denn er ist in erster Linie beschreibender Natur, ohne dass sich an ihn bestimmte Rechtsfolgen knüpfen. Eine Kategorie gesellschaftsähnlicher Rechtsverhältnisse als neben der Gesellschaft stehende, einen besonderen Schuldvertragstyp bildende Vertragsart gibt es nicht. Hinter der Bezeichnung verbergen sich vielmehr **zwei** deutlich zu unterscheidende **Fallgruppen**,[357] nämlich zum einen *atypische,* aber gleichwohl noch die Begriffsmerkmale des § 705 aufweisende und daher als Gesellschaften zu qualifizierende Verträge (→ Rn. 3), zum anderen *gemischte Verträge,* dh solche, die Elemente sowohl der Gesellschaft als auch eines Austausch- oder Interessenwahrungsvertrags enthalten (→ Rn. 113). Soweit es um die Anwendbarkeit der §§ 706–740 auf einen Vertrag geht, der (auch) gesellschaftsrechtliche Elemente aufweist, ist mit dessen Qualifikation als „gesellschaftsähnlich" daher nichts gewonnen. Vielmehr ist weiter zu prüfen, ob die Definitionsmerkmale des § 705 vorliegen sowie inwieweit sie durch Elemente eines Austausch- oder Interessenwahrungsvertrags überlagert werden. – Zum Sonderfall gesellschaftsähnlicher Rechtsgemeinschaften, insbesondere der Miturhebergemeinschaft, → Rn. 128. Zum Kartellvertrag → Rn. 65.

2. Partiarische Rechtsverhältnisse. a) Begriff und Wesen. Unter partiarischen Rechtsver- **107** hältnissen versteht man Austauschverträge (Darlehen, Miete, Dienstvertrag ua), bei denen die *Vergütung* für die versprochene Leistung nicht betragsmäßig fixiert, sondern *erfolgsbezogen ausgestaltet* ist.[358] Der Darlehenszins, die Miete oder Tätigkeitsvergütung besteht in diesen Fällen somit nicht – oder nicht nur – in einem festen periodischen Betrag, sondern in einem Anteil an dem vom anderen Teil erwirtschafteten Umsatz oder Gewinn. Derartige Verträge weisen zumal im Fall partiarischer Darlehen eine deutliche Ähnlichkeit zur stillen Gesellschaft (→ § 705 Rn. 286) auf. Angesichts des Dauerschuldcharakters beider Arten von Verträgen sowie des auch für die stille Gesellschaft charakteristischen Fehlens einer Außenhaftung des Stillen und eines Gesamthandsvermögens sind die praktischen Unterschiede zwar begrenzter Natur. Gleichwohl bleibt die **Abgrenzung** von Bedeutung. Das gilt vor allem für das auf Austauschverträge beschränkte Recht der Leistungsstörungen (§§ 320 ff., → § 705 Rn. 163 ff.). Aber auch abgesehen hiervon finden sich im BGB und HGB für die einzelnen Vertragsarten unterschiedliche Regelungen. Unter ihnen fällt vor allem die zwar nicht bei den partiarischen Rechtsverhältnissen, wohl aber bei der stillen Gesellschaft nach dispositivem Recht (§ 231 Abs. 1 HGB) eingreifende Verlustbeteiligung ins Gewicht, soweit hierüber nicht konkrete Vereinbarungen zwischen den Parteien getroffen sind. Weitere Unterschiede sind – mit Blick auf

---

[355] Vgl. etwa BGH NJW 1972, 1128 (1129); LM § 723 Nr. 6 = DB 1959, 733; NJW 1992, 967 (969); WM 1962, 1086; RGZ 142, 212 (214); OLG Celle NJW 1965, 339; KG ZIP 1980, 963 (964); OLG Köln JMbl. NRW 1962, 269; Palandt/*Sprau* § 705 Rn. 9; Staudinger/*Keßler*, 12. Aufl. 1979, Rn. 160, 176; RGRK/*v. Gamm* Rn. 10 ff.; vgl. auch *Larenz/Canaris* SchuldR BT II § 63 III 2a.
[356] So zu Recht schon Soergel/*Schultze-v. Lasaulx*, 10. Aufl. 1969, Rn. 35; *Ballerstedt* JuS 1963, 253 (261); tendenziell auch Erman/*Westermann* Rn. 6; aA *Schulze-Osterloh,* Der gemeinsame Zweck, 1973, S. 60.
[357] So auch Soergel/*Hadding/Kießling* Rn. 19; Erman/*Westermann* Rn. 6.
[358] Allg. zum Begriff der partiarischen Rechtsverhältnisse und zu deren Abgrenzung von der (stillen) Gesellschaft vgl. Soergel/*Hadding/Kießling* Rn. 10; MüKoHGB/*K. Schmidt* HGB § 230 Rn. 54 ff.; *Blaurock* Stille GesHdB § 8 Rn. 8.16 ff.; MHdB GesR II/*Bezzenberger/Keul* § 73 Rn. 9 ff.; Staub/*Zutt* HGB § 230 Rn. 21 ff.; Düringer/Hachenburg/*Flechtheim* § 335 HGB Anm. 10 f.; *Koenigs*, Stille Gesellschaft, 1961, S. 28 ff.; *Schulze-Osterloh,* Der gemeinsame Zweck, 1973, S. 2 ff.; aus der neueren Rspr. etwa OLG München BeckRS 2011, 13733 – Abgrenzung (Publikums-)Gesellschaftsvertrag von partiarischen Rechtsverhältnis bei „Beteiligung" an einem Grundstück; entscheidend ist, ob Beteiligte sich zur Erreichung eines gemeinsamen Zwecks verbunden haben oder lediglich ihre jeweils eigenen Interessen verfolgen (letzteres bejaht).

partiarische Darlehen – in → Rn. 110 behandelt. Zur Behandlung gemischter, austausch- und gesellschaftsvertragliche Elemente umfassender partiarischer Rechtsverhältnisse → Rn. 114.

108 **b) Partiarisches Darlehen. Abgrenzungsprobleme** zur stillen Gesellschaft stellen sich dann, wenn dem Geldgeber zwar eine Gewinnbeteiligung versprochen, über seine Verlustbeteiligung jedoch entweder keine Regelung getroffen oder diese ausdrücklich ausgeschlossen ist.[359] Ist eine Verlustteilnahme vereinbart, so handelt es sich notwendig um eine Gesellschaft; eine über das übliche Gläubigerrisiko hinausgehende Verlustteilnahme des Darlehensgebers ist dem geltenden Recht unbekannt.[360] Die Abgrenzung zwischen Darlehen und Gesellschaft hat – abgesehen von den Problemen einer Währungsumstellung[361] – **Bedeutung** namentlich für die unterschiedlichen Kündigungsfristen und -termine bei unbefristeten Verträgen (vgl. § 488 Abs. 3 BGB, §§ 132, 234 Abs. 1 HGB, → § 705 Rn. 288), aber auch für die Insolvenzanfechtung bei Rückzahlung des Gesellschaftskapitals innerhalb eines Jahres vor Stellung des Insolvenzantrags (§ 136 Abs. 1 InsO). Der Tod des Darlehensnehmers löst, anders als nach gesetzlicher Regel der Tod des tätigen Gesellschafters (§ 727 Abs. 1 BGB, § 234 Abs. 2 HGB), das Vertragsverhältnis nicht auf. Ein weiterer Unterschied ergibt sich nach hM daraus, dass die Grundsätze über die fehlerhafte Gesellschaft zwar nicht für das partiarische Darlehen, wohl aber für die stille Gesellschaft gelten sollen (str., → § 705 Rn. 358 ff.). Für das Eingreifen der Bereichsausnahme des § 310 Abs. 4 (des früheren § 23 Abs. 1 AGBG) ist die Abgrenzung nur dann von Bedeutung, wenn man die Ausnahme – wie der BGH – auch auf stille Gesellschaften erstreckt.[362] Dagegen ist die Differenzierung für die Kontroll- und Nachprüfungsrechte des Kapitalgebers nur noch von untergeordnetem Rang, nachdem die Auslegung des auf Urkunden bezogenen Einsichtsrechts des § 810 zu einer weitgehenden Annäherung an die Vorschrift des § 233 HGB geführt hat.[363]

109 Das **Merkmal der Gewinnbeteiligung** ist, da es sowohl für die stille Gesellschaft (§ 231 Abs. 2 aE HGB) als auch für das partiarische Darlehen eine notwendige Voraussetzung bildet, als Abgrenzungskriterium **nicht** geeignet.[364] Es begründet daher, für sich genommen, auch keine Vermutung für das Vorliegen einer stillen Gesellschaft. Anderes gilt, wenn der Kapitalgeber die Mittel für einen bestimmten Verwendungszweck im Unternehmen oder Tätigkeitsbereich des anderen Teils zur Verfügung stellt. Je konkreter die hierüber getroffenen Vereinbarungen sind und je weiter das interne Mitspracherecht des Kapitalgebers reicht, desto näher liegt die Annahme, dass der Verwendungszweck zum Vertragsgegenstand und damit zum gemeinsamen, von beiden Seiten zu fördernden Zweck gemacht worden ist, dh dass eine Gesellschaft vorliegt.[365]

110 Für die Abgrenzung im Einzelfall kommt es nach zutreffender stRspr auf eine *Gesamtwürdigung des Vertrages* und der ihm zu Grunde liegenden persönlichen oder geschäftlichen Beziehungen der Parteien an.[366] Abgesehen von den Fällen, in denen die Entscheidung zu Gunsten der Gesellschaft sich bereits aus der vertraglich vorgesehenen, dem Wesen des Darlehens widersprechenden Verlustbe-

---

[359] AA *Schön* ZGR 1993, 210 ff., der sich in derartigen Fällen stets für eine stille Gesellschaft ausspricht, da es partiarische Darlehen nicht gebe; gegen ihn, wenn auch die Unterschiede zwischen beiden Rechtsverhältnissen stark relativierend, MüKoHGB/*K. Schmidt* HGB § 230 Rn. 57 ff. Vgl. auch *Schulze-Osterloh*, Der gemeinsame Zweck, 1973, S. 25 ff., 37, der entgegen § 231 Abs. 2 HGB die Verlustbeteiligung als unverzichtbar für das Vorliegen einer Gesellschaft ansieht und bei deren Ausschluss daher notwendig zu einem partiarischen Rechtsverhältnis kommt. Nach Erman/*Westermann* Rn. 9 ist der Ausschluss der Verlustbeteiligung ein Indiz für das partiarische Darlehen.
[360] BGHZ 127, 176 (181) = NJW 1995, 192; BGH WM 1965, 1052 (1053); Soergel/*Häuser*, 12. Aufl. 1998, Vor § 607 Rn. 47; *Larenz/Canaris* SchuldR BT II § 63 III 2b; *Blaurock* Stille Ges-HdB § 8 Rn. 8.23; Staub/*Zutt* HGB § 230 Rn. 23; MüKoHGB/*K. Schmidt* HGB § 230 Rn. 60; Düringer/Hachenburg/*Flechtheim* HGB § 335 Anm. 11; im Ergebnis auch *Koenigs*, Stille Gesellschaft, 1961, S. 30.
[361] BGHZ 3, 75 (81) = NJW 1951, 710; RGZ 141, 143; Soergel/*Häuser*, 12. Aufl. 1998, Vor § 607 Rn. 47.
[362] So BGHZ 127, 176 (183 ff.) = NJW 1995, 192; dagegen aber Ulmer/Brandner/Hensen/*Ulmer/Schäfer* § 310 Rn. 128 f.; *H. Schmidt* ZHR 159 (1995), 734 (742 ff.).
[363] Ebenso *Schön* ZGR 1993, 211 (231 ff.). Zur erweiternden Auslegung des Begriffs der Urkunde in § 810 → § 810 Rn. 3 (*Habersack*) und BGH WM 1963, 990; 1971, 238; RGZ 56, 112; 87, 10 (14); 117, 332 (333); Soergel/*Mühl*, 12. Aufl. 2007, § 810 Rn. 7. AA – für gesellschaftsindizierende Wirkung der Einräumung von Kontrollrechten, jedoch nicht als gegenteiliges Indiz bei ihrem Fehlen MüKoHGB/*K. Schmidt* HGB § 230 Rn. 64.
[364] HM, vgl. Staub/*Zutt* HGB § 230 Rn. 23; MüKoHGB/*K. Schmidt* HGB § 230 Rn. 58; Düringer/Hachenburg/*Flechtheim* HGB § 335 Anm. 11; *Leenen*, Typus und Rechtsfindung, 1971, S. 140; aA *Schön* ZGR 1993, 211 ff. (222) – stets stille Gesellschaft.
[365] So für die Abgrenzung gegenüber einem partiarischen Pachtvertrag auch BGH NJW 1951, 308; vgl. auch BGHZ 127, 176 (179 f.) = NJW 1995, 192 zum Zustimmungserfordernis des Kapitalgebers bei Änderung des Unternehmensgegenstandes, Veräußerung des Unternehmens ua; tendenziell anders *Leenen*, Typus und Rechtsfindung, 1971, S. 140.
[366] BGHZ 127, 176 (178 ff.) = NJW 1995, 192; BGH LM HGB § 335 Nr. 1 = BB 1951, 849; LM HGB § 335 Nr. 8 = BB 1967, 349; NJW 1966, 501; BFH WM 1978, 994; 1984, 1207 (1208); so auch Staub/*Zutt* HGB § 230 Rn. 23; *Leenen*, Typus und Rechtsfindung, 1971, S. 151 f.

Vorbemerkung

teilung ergibt (→ Rn. 107), werden folgende **Indizien für das Vorliegen einer stillen Gesellschaft** genannt: Regelungen über den Ausschluss oder die Beschränkung der Abtretbarkeit vertraglicher Ansprüche des Kapitalgebers[367] oder über dessen interne Mitverwaltungs-, insbesondere Geschäftsführungsbefugnisse,[368] ferner Überwachungs- und Kontrollrechte in einem der Vorschrift des § 233 HGB zumindest entsprechenden Umfang,[369] Fortsetzung bereits bestehender persönlicher oder geschäftlicher Beziehungen[370] sowie Mitwirkung des Kapitalgebers schon bei der Finanzierung der Unternehmensgründung.[371] Auch der von den Parteien für das Rechtsverhältnis getroffenen Bezeichnung kommt zumindest indizielle Bedeutung zu, insbesondere wenn sie im beiderseitigen Bewusstsein des Unterschieds gewählt wurde.[372] Der Vereinbarung einer Mindestvergütung oder einer neben die erfolgsabhängige Vergütung tretenden festen Verzinsung kommt demgegenüber keine Indizfunktion zu; sie schließt das Vorliegen einer stillen Gesellschaft aber auch nicht aus.[373] Gegen eine Gesellschaft und **für** ein **partiarisches Darlehen** sprechen der Ausschluss oder die weitgehende Beschränkung von Mitsprache- und Kontrollrechten des Kapitalgebers[374] sowie die Einräumung von Sicherheiten für die von ihm gewährten Mittel.[375] Auch das Recht zu jederzeitiger Rückforderung des Kapitals oder zu kurzfristiger Kündigung sind Indizien für den Darlehenscharakter,[376] während eine langfristige Bindung der Mittel insoweit keinen Umkehrschluss gestattet.

c) Partiarischer Dienstvertrag. Die Erbringung von Diensten kann entweder Austauschleistung des Dienstverpflichteten oder Förderungstätigkeit des Gesellschafters sein; das gilt auch bei Innengesellschaften (→ § 705 Rn. 284 f.). Die Erfolgsbeteiligung des Dienstleistenden gestattet, zumal wenn sie zu einer festen Vergütung hinzutritt, ebenso wenig wie diejenige des Kapitalgebers einen Rückschluss auf das Vorliegen einer Gesellschaft.[377] Vorrangige Bedeutung für die Abgrenzung kommt vielmehr der **Ausgestaltung des Innenverhältnisses** der Beteiligten zu.[378] Ist es durch Über- oder Unterordnung mit entsprechenden Weisungsbefugnissen des einen Vertragspartners gekennzeichnet, so spricht das für einen Dienstvertrag.[379] Dagegen liegt bei einem gleichberechtigten Zusammenwirken beider Teile[380] sowie bei der Einräumung eigener, auf eine Gleichstellung hindeutender Entscheidungs- oder Widerspruchsrechte für den Erbringer der Dienste die Annahme einer Gesellschaft nahe. Gleiches gilt bei der Vereinbarung einer längerfristigen festen Bindung. Zum Ganzen → § 611 Rn. 27 ff. *(Müller-Glöge).*

111

---

[367] BGHZ 127, 176 (178) = NJW 1995, 192; MüKoHGB/*K. Schmidt* HGB § 230 Rn. 65; Düringer/Hachenburg/*Flechtheim* HGB § 335 Anm. 11 aE; *Koenigs,* Stille Gesellschaft, 1961, S. 31.
[368] BGHZ 127, 176 (179 f.) = NJW 1995, 192; BGH NJW 1992, 2696; 1990, 573 (574); *Koenigs,* Stille Gesellschaft, 1961, S. 31; MüKoHGB/*K. Schmidt* HGB § 230 Rn. 64.
[369] BGHZ 127, 176 (178) = NJW 1995, 192; Düringer/Hachenburg/*Flechtheim* HGB § 335 Anm. 11; *Koenigs,* Stille Gesellschaft, 1961, S. 32; Staub/*Zutt* HGB § 230 Rn. 23; MüKoHGB/*K. Schmidt* HGB § 230 Rn. 64; s. auch Soergel/*Hadding/Kießling* Rn. 11; abw. BFH WM 1978, 994 (995): auch bei gegenüber § 233 HGB eingeschränkten Kontrollrechten; aA BGH FamRZ 1987, 676 (678): keine indizielle Bedeutung.
[370] BGH LM HGB § 335 Nr. 1 mit Anm. *Rob. Fischer* = BB 1951, 849; Soergel/*Hadding/Kießling* Rn. 11; vgl. auch BFH WM 1984, 1207 (1208).
[371] Baumbach/Hopt/*Roth* HGB § 230 Rn. 4; Erman/*Westermann* Rn. 8; für Indizwirkung einer ungewöhnlichen Höhe der Geldeinlage im Verhältnis zum Haftungsfonds BFH WM 1978, 994.
[372] BGHZ 127, 176 (178) = NJW 1995, 192; OLG Frankfurt WM 1982, 198 (199); OLG Dresden NZG 2000, 302; MüKoHGB/*K. Schmidt* HGB § 230 Rn. 61; Soergel/*Hadding/Kießling* Rn. 11; *Koenigs,* Stille Gesellschaft, 1961, S. 30; weitergehend noch BGH LM HGB § 335 Nr. 1 = BB 1951, 849; BFH WM 1978, 994 (995); 1984, 1207 (1208); Düringer/Hachenburg/*Flechtheim* § 335 HGB Anm. 11.
[373] BGHZ 127, 176 (181) = NJW 1995, 192; BGH NJW 1990, 573 (574); Düringer/Hachenburg/*Flechtheim* HGB § 335 Anm. 11; Staub/*Zutt* HGB § 230 Rn. 17, 23; MüKoHGB/*K. Schmidt* HGB § 230 Rn. 63.
[374] So für partiarischen Pacht- und Dienstvertrag BGH NJW 1951, 308; Soergel/*Hadding/Kießling* Rn. 11; Düringer/Hachenburg/*Flechtheim* HGB § 335 Anm. 11 aE; *Koenigs,* Stille Gesellschaft, 1961, S. 32; aA MüKoHGB/*K. Schmidt* HGB § 230 Rn. 64.
[375] BGHZ 127, 176 (178) = NJW 1995, 192; MüKoHGB/*K. Schmidt* HGB § 230 Rn. 68; einschr. Staub/*Zutt* HGB § 230 Rn. 23.
[376] MüKoHGB/*K. Schmidt* HGB § 230 Rn. 67; Soergel/*Häuser,* 12. Aufl. 1998, Vor § 607 Rn. 47; vgl. auch BFH WM 1978, 994 – Unkündbarkeit der Geldeinlage als Indiz für das Vorliegen einer stillen Gesellschaft.
[377] BFH BB 1988, 186 (188); MüKoHGB/*K. Schmidt* HGB § 230 Rn. 55; Erman/*Westermann* Rn. 7; s. dazu auch Soergel/*Kraft,* 12. Aufl. 1998, Vor § 611 Rn. 48; Düringer/Hachenburg/*Flechtheim* HGB § 335 Anm. 10.
[378] AA MüKoHGB/*K. Schmidt* HGB § 230 Rn. 55, der für die Annahme einer stillen Gesellschaft das Vorhandensein einer Einlagegutschrift verlangt; dagegen zu Recht Staub/*Zutt* HGB § 230 Rn. 24. Zur Abgrenzung zwischen Gesellschaft und Anstellungsverhältnis bei einem in der OHG tätigen, als „Gesellschafter" bezeichneten Prokuristen vgl. RGZ 142, 13 (17 f.); zur Abgrenzung zwischen Partner und angestelltem Rechtsanwalt vgl. OLG Celle NZG 2007, 542.
[379] Soergel/*Kraft,* 12. Aufl. 1998, Vor § 611 Rn. 48; Soergel/*Hadding/Kießling* Rn. 12; Erman/*Westermann* Rn. 9.
[380] BGH NJW 1992, 2696; Staub/*Zutt* HGB § 230 Rn. 24; Erman/*Westermann* Rn. 8; so auch BGHZ 8, 249 (255) = NJW 1953, 418 für die rechtliche Beurteilung der Ehegattenmitarbeit (→ Rn. 80).

112 **d) Partiarische Miete oder Pacht.** Auch die Gebrauchsüberlassung einer Sache kann gegen eine erfolgsabhängige an Stelle einer festen Vergütung vereinbart werden. Zumal bei einem Pachtvertrag sind derartige Vereinbarungen nicht selten (→ § 581 Rn. 16 *[Harke]*). Gehen die Pflichten des einen Teils nicht über die Gebrauchsüberlassung hinaus und sind ihm auch keine nennenswerten internen Mitsprache- oder Kontrollrechte eingeräumt, so steht trotz der Erfolgsbeteiligung regelmäßig das Gebrauchsüberlassungselement im Vordergrund; die Annahme einer Gesellschaft scheidet im Zweifel aus.[381] Anderes gilt dann, wenn einem der Vertragspartner die Gutsverwaltung übertragen und dem anderen Teil nicht nur eine Erfolgsbeteiligung und die Garantie eines Mindestertrags, sondern auch ein Recht auf Entnahmen aus der auf gemeinsame Rechnung geführten Wirtschaftskasse eingeräumt wird.[382] Zum Sonderfall des Automatenaufstellvertrags → Rn. 119.

113 **3. Gemischte Verträge. a) Allgemeines.** Unter den gemischten, vielfach auch als „gesellschaftsähnlich" (→ Rn. 106) bezeichneten Verträgen lassen sich theoretisch **zwei Kategorien** von Vertragsverhältnissen unterscheiden. Zur einen Gruppe gehören diejenigen Verträge, die zwar nicht die beiden nach § 705 vorausgesetzten Merkmale des gemeinsamen Zwecks und der Förderpflicht erfüllen, bei denen die Ähnlichkeit zur Gesellschaft sich aber daraus ergibt, dass die Parteien im Vertrauen aufeinander und auf Grund gleichgerichteter Interessen ihre Belange in bestimmter Weise und zu bestimmten Zwecken miteinander verknüpfen.[383] Daneben finden sich auch Verträge, die durch eine Kombination sowohl der Merkmale des § 705 als auch derjenigen eines Austausch- oder Interessenwahrungsvertrags gekennzeichnet sind und bei denen der Beurteilung als Gesellschaft somit die Überlagerung durch andersartige Vertragsteile entgegensteht.[384]

114 Ob der jeweilige gemischte Vertrag der einen oder der anderen Gruppe zuzurechnen ist, kann für die Rechtsanwendung freilich meist offen bleiben. Denn in beiden Fällen scheitert die unmittelbare Anwendung der §§ 706–740 an dem von der Gesellschaftsdefinition des § 705 abweichenden Inhalt des Schuldverhältnisses und an der Notwendigkeit, den Besonderheiten des Vertragstyps Rechnung zu tragen. Den **methodischen Ansatz** für die Wahl des geeigneten Rechtsrahmens bieten die verschiedenen zur Behandlung gemischter Verträge aufgestellten Grundsätze (→ § 311 Rn. 28 ff. *[Emmerich]*).[385] Unter ihnen geht die *Absorptionsmethode* dahin, bei Vereinbarung von Elementen zweier oder mehrerer gesetzlich geregelter Vertragstypen den Hauptvertrag zu ermitteln und die Rechtsfolgen an den für ihn geltenden Normen auszurichten.[386] Die *Kombinationsmethode* bemüht sich, die einzelnen Teile eines gemischten Vertrags auf den ihnen jeweils entsprechenden gesetzlichen Vertragstyp zurückzuführen, und kommt auf diesem Wege zur Anwendung unterschiedlicher Normgruppen auf den gemischten Vertrag.[387] Einen dritten Weg bietet die analoge Heranziehung von Normen, die vergleichbare Interessenkonflikte für gesetzliche Vertragstypen lösen. Für gemischte Verträge empfiehlt sie sich namentlich dann, wenn es möglich ist, im Wege einer *Rechts- oder Gesamtanalogie* einen für die Lückenfüllung geeigneten allgemeinen, den verschiedenen Regelungen zugrunde liegenden Rechtsgrundsatz zu ermitteln.[388] Die verschiedenen Methoden schließen sich nicht etwa gegenseitig aus, sondern bieten den Gerichten neben der an § 157 orientierten ergänzenden Vertragsauslegung ein flexibles Instrumentarium an, um je nach Lage des Falles die interessengerechte, den Intentionen der Parteien am besten entsprechende Lösung zu finden.[389]

---

[381] BGH NJW 1951, 308; NJW-RR 1988, 417 (418); BFH BB 1988, 186 (188); im Ergebnis ebenso Erman/*Westermann* Rn. 9; s. auch Erman/*Dickersbach* Vor § 581 Rn. 6; aA MüKoHGB/*K. Schmidt* HGB § 230 Rn. 56 – Einlagekonto als Abgrenzungskriterium, vgl. dazu MüKoHGB/*K. Schmidt* HGB § 230 Rn. 55, der für die Annahme einer stillen Gesellschaft das Vorhandensein einer Einlagegutschrift verlangt; dagegen zu Recht Staub/*Zutt* HGB § 230 Rn. 24. Zur Abgrenzung zwischen Gesellschaft und Anstellungsverhältnis bei einem in der OHG tätigen, als „Gesellschafter" bezeichneten Prokuristen vgl. RGZ 142, 13 (17 f.); zur Abgrenzung zwischen Partner und angestelltem Rechtsanwalt vgl. OLG Celle NZG 2007, 542.
[382] RG DR 1942, 1161; Erman/*Westermann* Rn. 9.
[383] BGH LM § 723 Nr. 6 = DB 1959, 733; RGZ 142, 212 (214); Soergel/*Hadding/Kießling* Rn. 17; Bamberger/Roth/*Schöne* Rn. 31; Erman/*Westermann* Rn. 10.
[384] Soergel/*Hadding/Kießling* Rn. 17; vgl. auch *Leenen,* Typus und Rechtsfindung, 1971, S. 139 ff.
[385] Vgl. Erman/*Kindl* Vor § 311 Rn. 15 ff.; Palandt/*Grüneberg* Vor § 311 Rn. 19 ff.; Esser/*Schmidt* SchuldR AT I § 12 II; *Larenz/Canaris* SchuldR BT II § 63 I.
[386] Vgl. BGHZ 63, 333 (336 ff.) = NJW 1975, 645; BGH NJW 1989, 1673 (1674); 1963, 1449 f.; BAG AP § 611 Nr. 1 – Gemischter Vertrag Bl. 2; *Larenz/Canaris* SchuldR BT II § 63 I 3b mwN der Rspr.
[387] Vgl. BGHZ 60, 362 (364) = NJW 1973, 1235; BGHZ 63, 306 (309 ff.) = NJW 1975, 305; RGZ 69, 127 (129 f.); BAG AP § 611 Nr. 1 – Gemischter Vertrag Bl. 2; Erman/*Kindl* Vor § 311 Rn. 17. – Zur Verwendung der Typenlehre für die Konkretisierung der auf einen Vertrag anwendbaren Normen vgl. *Schwark,* Rechtstheorie 9, 1978, S. 73 ff.
[388] Für dieses Vorgehen namentlich *Raisch* BB 1968, 526 (529).
[389] So zutr. → § 311 Rn. 29 f. *(Emmerich); Larenz/Canaris* SchuldR BT II § 63 I 3b mwN der Rspr.; *Larenz/Canaris* SchuldR BT II II/2 § 63 I 3d; Staudinger/*Feldmann/Löwisch* (2012) § 311 Rn. 30 ff.; vgl. auch BGHZ 60, 362 (364) = NJW 1973, 1235; BGHZ 101, 172 (184) = NJW 1988, 640; BGH LM § 459 Nr. 20 Bl. 1 = DB 1969, 346.

b) Einzelfragen. Strukturelle Voraussetzung für die Bejahung gesellschaftsrechtlicher Elemente in 115
einem gemischten Vertrag ist zunächst dessen **Dauerschuldcharakter;** das gilt auch im Fall von Gelegenheitsgesellschaften (→ Rn. 35). Bei Schuldverhältnissen, deren Erfüllung durch einmaligen Leistungsaustausch bewirkt wird, scheidet eine Ähnlichkeit zur Gesellschaft von vornherein aus (→ Rn. 5). Hinzutreten müssen freilich weitere Umstände, um die gesellschaftsähnlichen von sonstigen, reinen Austausch- oder Interessenwahrungscharakter tragenden Dauerschuldverhältnissen abzugrenzen. Zu nennen sind namentlich ein enges beiderseitiges **Vertrauensverhältnis** zwischen den Parteien,[390] die weitgehende Übereinstimmung der von ihnen jeweils verfolgten Interessen, die Existenz gewisser Kontrollrechte[391] und die erfolgsabhängig ausgestaltete Entgeltregelung.[392]

Materielle Bedeutung hat die Heranziehung gesellschaftsrechtlicher Normen zur Lückenfüllung 116
nach den verschiedenen für gemischte Verträge entwickelten Methoden allerdings nur insoweit, als
nicht bereits die **allgemein für Dauerschuldverhältnisse geltenden Grundsätze** eine Lösung
bieten.[393] Zu diesen gehört namentlich die Anerkennung von Gestaltungsrechten zur *einseitigen
Vertragsbeendigung* bei unbefristeten Verträgen,[394] wobei freilich die Kündigungsfrist näherer, dem
Einzelfall angemessener Bestimmung bedarf. Die in § 723 Abs. 1 S. 1 vorgesehene, grundsätzlich
jederzeitige Kündigung einer unbefristeten GbR ohne Einhaltung einer Kündigungsfrist eignet sich
schon deshalb wenig als gesetzliches Vorbild, weil sie vom Sonderfall jederzeit auflösbarer Verbindungen im Rahmen einer Gelegenheitsgesellschaft ausgeht und im Verhältnis zu den Kündigungsregelungen der sonstigen im BGB geregelten Typen von Dauerschuldverträgen einen systemwidrigen
Fremdkörper enthält.[395] Für die *Kündigung aus wichtigem Grund* hat die Schuldrechtsreform in **§ 314**
erstmals eine allgemein für Dauerschuldverhältnisse geltende, gegenüber Sondervorschriften nach
Art des § 723 freilich unanwendbare Regelung gebracht; inhaltlich beschränkt sie sich im Wesentlichen auf die Kodifizierung des schon bisher geltenden Rechts (→ § 314 Rn. 5 ff. *[Gaier]*).[396]

4. Kasuistik. Lotto-, Fußballtoto- und sonstige **Wettspielgemeinschaften** stellen regelmäßig 117
Innengesellschaften dar.[397] Der gemeinsame Zweck ist bei ihnen auf die gemeinschaftliche Teilnahme
am Wettspiel zur Erhöhung der Gewinnchancen bei gleich bleibenden Aufwendungen gerichtet.
Ihn zu fördern sind die Mitglieder der Wettgemeinschaft in erster Linie durch regelmäßige Beiträge
für die benötigten Wetteinsätze verpflichtet (→ § 762 Rn. 32 *[Habersack]*).[398] Die Bezeichnung solcher Wettgemeinschaften als „gesellschaftsähnliche Rechtsverhältnisse"[399] sollte wegen ihrer Rechtsnatur als Gesellschaften unterbleiben. Gleiches gilt für den Zusammenschluss von **Sicherungsnehmern** in der Insolvenz des Sicherungsgebers im Rahmen einer sog. Pool-Vereinbarung
(→ Rn. 71) und von Vergleichsgläubigern bei einem außergerichtlichen Vergleich.[400]

Als GbR ist auch die **Vereinbarung zwischen** zwei oder mehr **Urhebern verbundener Werke** 118
(§ 9 UrhG) – beispielsweise von Musik und Text – über die gemeinsame Verwertung zu qualifizieren.[401] Dagegen bilden Miturheber eines Werkes (§ 8 Abs. 1 UrhG) und Miterfinder (§ 6 S. 2 PatG)
nur dann eine GbR (Erfindergemeinschaft), wenn sie sich zur Erarbeitung oder Verwertung der
geistigen Schöpfung oder Erfindung vertraglich zusammengeschlossen haben (zur Miturhebergesellschaft → Rn. 129; zur Frage der Zuordnung der gemeinsamen Erfindung → § 741 Rn. 59 ff.
[K. Schmidt]). Ohne vertragliche Vereinbarung, zB bei Freigabe einer Arbeitnehmererfindung an

---

[390] RGZ 81, 233 (235); 142, 212 (214).
[391] BGH LM § 723 Nr. 6 = DB 1959, 733.
[392] RGZ 142, 212 (214); wohl auch BGHZ 51, 55 (56) = NJW 1969, 230.
[393] → Einl. Bd. 2 Rn. 29 *[Ernst]*; § 314 Rn. 5 ff. *[Gaier]*; *Gernhuber* Schuldverhältnis § 16; *Beitzke,* Nichtigkeit, Auflösung und Umgestaltung von Dauerschuldverhältnissen, 1948; *Esser/Schmidt* SchuldR AT I § 15 II 4; *Larenz* SchuldR AT § 2 VI; *Ulmer,* Der Vertragshändler, 1969, S. 254 ff.
[394] BGH MDR 1978, 485; VersR 1960, 653 (654); RGZ 78, 421 (423 f.); 95, 166; *Gernhuber* Schuldverhältnis § 16 II 4; *Beitzke,* Nichtigkeit, Auflösung und Umgestaltung von Dauerschuldverhältnissen, 1948, S. 21; *Ulmer,* Der Vertragshändler, 1969, S. 257 ff.
[395] So zu Recht *Raisch* BB 1968, 530; zurückhaltend gegenüber der analogen Anwendung von § 723 Abs. 1 S. 1 auch BGH LM § 723 Nr. 6 = DB 1959, 733.
[396] Ebenso Palandt/*Grüneberg* § 314 Rn. 7 ff.
[397] → Rn. 34; Soergel/*Hadding/Kießling* Rn. 41.
[398] BayObLG NJW 1971, 1664.
[399] BayObLG NJW 1971, 1664 (1665).
[400] Anders für Absprachen einer Mehrheit von Vergleichsgläubigern wohl RGZ 153, 395 (398) und RG JW 1938, 178; vgl. auch BGH ZIP 1992, 191 (194); die Qualifikation als GbR oder gesellschaftsähnliches Rechtsverhältnis offenlassend OLG Celle NJW 1965, 399.
[401] BGH GRUR 1973, 328 (329) – Musikverleger II; NJW 1982, 641; 1983, 1192 (1193); WM 1998, 1020 (1025); Schricker/Loewenheim/*Loewenheim* Urheberrecht, 4. Aufl. 2010, UrhG § 9 Rn. 9; *Fromm/Nordemann* Urheberrecht, 11. Aufl. 2014, § 9 Rn. 1; zurückhaltender noch für die Rechtslage vor der Neuregelung des § 9 UrhG BGH GRUR 1964, 326 (327) – Subverleger.

mehrere angestellte Miterfinder, richtet sich das Verhältnis unter den Miterfindern nach den Vorschriften der §§ 741 ff.[402] Zum Sonderfall vertraglich nicht verbundener Miturheber → Rn. 128.

119 Der **Automatenaufstellvertrag** wird teilweise als „zumindest gesellschaftsähnlich"[403] oder als gemischter Vertrag „mit gesellschaftsrechtlichen Zügen"[404] angesehen. Seiner Einordnung in die Kategorie der „gesellschaftsähnlichen" (richtiger: gemischten, → Rn. 113) Rechtsverhältnisse ist zuzustimmen, sofern er dadurch vom Gesellschaftsvertrag unterschieden werden soll. Denn als typengemischter oder Austauschvertrag sui generis enthält er nicht nur gesellschaftsrechtliche Elemente, sondern auch Bestandteile eines Austauschvertrags. Streitige Fragen sind entsprechend den für gemischte Verträge geltenden Grundsätzen (→ Rn. 114) nach den jeweils sachnächsten dispositiven Vorschriften zu entscheiden (→ Vor § 535 Rn. 28 *[Häublein]*).[405] Das schließt nicht aus, dass das Rechtsverhältnis der Parteien im Einzelfall, wie etwa beim sog. Automatenanbringungsvertrag (→ Vor § 535 Rn. 27 *[Häublein]*),[406] als reiner Mietvertrag zu qualifizieren ist.

120 Als „gesellschaftsähnlich" werden je nach Ausgestaltung auch **Lizenzverträge** bezeichnet, durch die gewerbliche Schutzrechte,[407] nicht schutzrechtsfähige Geheimverfahren oder Know how[408] dem Lizenznehmer zur Nutzung überlassen werden. Ihrer Rechtsnatur nach handelt es sich um gemischte Verträge[409] oder Verträge sui generis,[410] deren rechtstatsächliche Erscheinungsformen außerordentlich vielfältig sind. Die Rechtsgrundsätze für den jeweils zur Entscheidung stehenden Lizenzvertrag entnimmt die Rechtsprechung daher „aus der Natur des Rechtsverhältnisses selbst".[411] Entsprechend den Grundsätzen für gemischte Verträge (→ Rn. 114) stellt sie namentlich darauf ab, ob der Lizenzvertrag Merkmale aufweist, die die Anwendung einzelner für gesetzlich geregelter Vertragstypen geltender Vorschriften gestatten.[412] Dabei sind entsprechend dem Charakter der Lizenzverträge als Vereinbarungen zur entgeltlichen, auf Dauer angelegten Überlassung eines Nutzungsrechts die Vorschriften des Kauf-, Miet- und Pachtrechts, aber auch des Gesellschaftsrechts zu berücksichtigen (→ Rn. 121).

121 Die **analoge Anwendung einzelner Vorschriften der §§ 706 ff.**, darunter diejenigen über Rechnungslegung nach § 713,[413] Büchereinsicht nach § 716[414] oder Kündigung nach § 723 Abs. 1 S. 2[415] auf **Lizenzverträge** wird in der Rechtsprechung dann bejaht, wenn die Verträge „gesellschaftsrechtlichen Charakter"[416] oder „Einschlag"[417] aufweisen, dh wenn sie „gesellschaftsähnlich"[418] sind. Gesellschaftsähnlichkeit wird bejaht, wenn Lizenzgeber und Lizenznehmer ihre jeweiligen Interessen auf längere Dauer verknüpfen und wenn diese Verbindung in gemeinsamen Mitwirkungspflichten, enger Zusammenarbeit, gegenseitigen Kontrollrechten und intensivem Meinungsaustausch zum Ausdruck kommt.[419] Allerdings hat die Heranziehung gesellschaftsrechtlicher Normen für die

---

[402] Benkard/*Melullis* PatG § 6 Rn. 56; *Ann* in Kraßer/Ann, Patentrecht, 7. Aufl. 2016, 519 Rn. 53 ff.
[403] OLG Köln JMBl. NRW 1962, 269; OLG Hamburg OLGE 45, 168 f.
[404] LG Nürnberg-Fürth NJW 1971, 52; die Rechtsnatur bewusst offenlassend BGHZ 47, 202 = NJW 1967, 1414; BGHZ 51, 55 (56) = NJW 1969, 230.
[405] OLG Hamburg MDR 1976, 577; OLG Celle BB 1968, 524; Soergel/*Schultze-v. Lasaulx*, 10. Aufl. 1969, Rn. 93; *Raisch* BB 1968, 526 (530); *v. Olshausen/K. Schmidt* Automatenrecht, 1972, Rn. B 48; vgl. auch *Gitter* Gebrauchsüberlassungsverträge, 1988, § 9 B IV 2 S. 234 ff.
[406] OLG München ZMR 1972, 210 (212); *v. Olshausen/K. Schmidt* Automatenrecht, 1972, Rn. B 38; *Raisch* BB 1968, 526 (531); *Gitter* Gebrauchsüberlassungsverträge, 1988, § 9 B II 2 S. 222; vgl. auch Staudinger/*Emmerich* (2014) Vor § 535 Rn. 41 ff.
[407] RG GRUR 1935, 812; *Lüdecke* in Lüdecke/Fischer, Lizenzverträge, 1957, S. 649 ff.; zurückhaltend *Groß*, Der Lizenzvertrag, 10. Aufl. 2011, Rn. 468 ff.
[408] BGH GRUR 1976, 140 – Polyurethan; vgl. dazu auch *Martinek*, Moderne Vertragstypen Bd. II, 1992, Kap. V III 4a S. 232.
[409] Soergel/*Hadding/Kießling* Rn. 18.
[410] BGHZ 2, 331 (335) = NJW 1951, 705; BGHZ 9, 262 (264 f.) = NJW 1953, 1258; BGHZ 105, 374 (378) = NJW 1989, 456; Benkard/*Ullmann/Deichfuß* PatG § 15 Rn. 81 ff.; *Osterrieth*, Patentrecht, 5. Aufl. 2015, Rn. 691.
[411] RGZ 75, 400 (405); RG GRUR 1932, 592 (594); vgl. auch *Preu* GRUR 1974, 623; krit. gegen die dadurch implizierte Rechtsunsicherheit und regelmäßig für Analogie zur Pacht *Groß*, Der Lizenzvertrag, 10. Aufl. 2011, Rn. 24.
[412] RG GRUR 1939, 700 (704); der Sache nach auch BGH NJW 1970, 1503; ebenso Benkard/*Ullmann/Deichfuß*, PatG § 15 Rn. 81 ff.; vgl. auch *Ann* in Kraßer/Ann, Patentrecht, 7. Auflage 2016, S. 41 Rn. 4.
[413] RG JW 1926, 2529.
[414] Abl. BGH GRUR 1961, 466 (469).
[415] BGH GRUR 1955, 338 (339); vgl. inzwischen aber § 314.
[416] RG MuW 1930, 400 (401).
[417] BGHZ 28, 144 (153) = NJW 1959, 239; RG MuW 1930, 400.
[418] So BGH GRUR 1971, 243 (245) – Gewindeschneidevorrichtungen; GRUR 1965, 135 (137) – Vanal-Patent; BPatGerE 2, 102 Ls. 2, S. 104 ff.
[419] BGH GRUR 1971, 243 (245) – Gewindeschneidevorrichtungen; BGHZ 26, 7 (8) = NJW 1958, 137; RGZ 142, 212 (214); RG GRUR 1939, 700 (704); BPatGE 2, 102 (104 f.); Soergel/*Hadding/Kießling* Rn. 18;

Vorbemerkung 122–124 **Vor § 705**

Beurteilung von Lizenzverträgen nur insoweit materiell-rechtliche Bedeutung, als sich nicht schon aus § 314 bzw. aus den sonstigen, allgemein für Dauerschuldverhältnisse entwickelten Regeln (→ Rn. 116) eine entsprechende Rechtsfolge ableiten lässt. Auch die Rechnungslegung ist keine spezifisch gesellschaftsrechtliche Rechtspflicht, sondern beruht auf einem ebenso in § 666 zum Ausdruck kommenden Grundsatz. Schon deshalb besteht auch für Lizenzverträge kein Anlass, an dem unscharfen Begriff der „gesellschaftsähnlichen" Verträge festzuhalten,[420] es bewendet vielmehr bei den allgemeinen Grundsätzen über gemischte Verträge.

Als gemischter Vertrag mit gesellschaftsrechtlichen Elementen ist weiter der **Verlagsvertrag** zu 122 qualifizieren, sofern der Verfasser am Reingewinn des Objektes beteiligt ist, insbesondere wenn dem Verleger bei Gewinnteilung auch die Verwertung sonstiger urheberrechtlicher Befugnisse überlassen wird.[421] Anderes gilt bei gewöhnlichen Verlagsverträgen,[422] aber auch bei Lizenzverträgen zwischen Verlag und Buchclub, die reine Austauschverträge sind.[423] Auch der **Bühnenaufführungsvertrag** ist ein gemischter Vertrag mit pacht-, werkvertrags- und gesellschaftsrechtlichen Elementen,[424] ebenso der **Filmherstellungs-** und **Filmverwertungs(lizenz-)vertrag,** der sowohl werkvertragliche wie gesellschaftsrechtliche Elemente enthält.[425] Eine GbR stellt hingegen regelmäßig die sog. Gemeinschaftsproduktion (Coproduktion) mehrerer Hersteller dar.[426]

Bei **Alleinvertriebs-(Vertragshändler-)verträgen** sind gesellschaftsrechtliche Elemente trotz 123 der gelegentlich anzutreffenden Bezeichnung als „gesellschaftsähnliches" Rechtsverhältnis regelmäßig zu verneinen.[427] Zwar haben beide Parteien ein Interesse am Absatz der Vertragswaren, da ihr jeweiliger Geschäftserfolg hiervon abhängt. Dadurch wird dieses Interesse jedoch nicht zum gemeinsamen;[428] vielmehr herrscht auf Seiten des Absatzmittlers der Interessenwahrungscharakter vor. Entsprechendes gilt für sonstige **Franchiseverträge**[429] sowie für die sog. **Tankstellenagenturverträge** zwischen Treibstoffgesellschaft und dem als Handelsvertreter tätigen Tankstellenverwalter.[430] Weder Gesellschafts- noch „gesellschaftsähnlicher" Vertrag ist auch der **Belegarztvertrag.**[431] Hier fehlt es an der Interessenparallelität von Arzt und Krankenhaus, da jede der Vertragsparteien eigene Interessen und Zwecke verfolgt.

II. Gesellschaft und Gemeinschaft

1. Grundsatz. Während die (Außen-)Gesellschaft durch die vertragliche Verbindung der Gesell- 124 schafter und die gesamthänderische Zuordnung des Gesellschaftsvermögens gekennzeichnet ist, beschränkt sich die **Rechts-(Bruchteils-)Gemeinschaft nach § 741** auf die gemeinsame Berechtigung von zwei oder mehr Personen an einzelnen Sachen oder sonstigen Vermögensgegenständen.[432] Gemeinschaftliche Rechtsbeziehungen zwischen den Beteiligten sind hier nicht Folge einer gesellschaftsvertraglichen Verbindung, sondern beruhen auf der gemeinschaftlichen Rechtsstellung in Bezug auf die Sache. Zwar kann auch zwischen Gesellschaftern eine Bruchteilsgemeinschaft bestehen; das kommt namentlich dann in Betracht, wenn die Gesellschaft entweder auf rein schuldrechtliche Innenbeziehungen beschränkt ist oder wenn die Beteiligten es versäumen, gemeinschaftlich gehaltene

---

Erman/*Westermann* Rn. 10; Benkard/*Bock/Bruchhausen,* 6. Aufl. 1973, PatG § 9 aF Rn. 87; *Lüdecke* in Lüdecke/Fischer, Lizenzverträge, 1957, S. 494; zurückhaltend nun Benkard/*Ullmann/Deichfuß* PatG § 15 Rn. 84; *Groß,* Der Lizenzvertrag, 10. Aufl. 2011, Rn. 22.
[420] Zutr. *Groß,* Der Lizenzvertrag, 10. Aufl. 2011, Rn. 22.
[421] RGZ 140, 264 (274 f.); 87, 215 (219); 81, 233 (235); Soergel/*Hadding/Kießling* Rn. 18; *Rehbinder/Peukert,* Urheberrecht, 17. Aufl. 2015, § 47 Rn. 1054; aA *Schricker* Verlagsrecht, 3. Aufl. 2001, § 1 Rn. 54 f., § 22 Rn. 12.
[422] *Schricker* Verlagsrecht, 3. Aufl. 2001, § 1 Rn. 11.
[423] BGH WM 1982, 588.
[424] BGHZ 13, 115 (119) = NJW 1954, 1081.
[425] BGHZ 2, 331 (335) = NJW 1951, 705; RGZ 161, 321 (323); Erman/*Westermann* Rn. 10; *Rehbinder/Peukert,* Urheberrecht, 17. Aufl. 2015, § 48 Rn. 1143 ff.; vgl. auch *v. Hartlieb/Schwarz,* Handbuch des Film-, Fernseh- und Videorechts, 5. Aufl. 2011, S. 640 f.
[426] *v. Hartlieb/Schwarz,* Handbuch des Film-, Fernseh- und Videorechts, 5. Aufl. 2011, S. 361.
[427] *Ulmer,* Der Vertragshändler, 1969, S. 321 ff.
[428] So auch BGH WM 1976, 1307 (1309) für einen „Eierpartnerschaftsvertrag".
[429] Vgl. dazu *Behr,* Der Franchisevertrag, 1976, insbes. S. 51 ff., 141; *Weber* JA 1983, 347 (351); *Martinek,* Franchising, 1987, S. 104 ff., zu Erscheinungsformen und Vorkommen des Franchising vgl. auch *Tietz/Mathieu,* Das Franchising als Kooperationsmodell der mittelständischen Groß- und Einzelhandel, 1979.
[430] So auch BGHZ 52, 171 (174 f.) = NJW 1969, 1662 (1663); Erman/*Westermann* Rn. 10; *Ulmer,* Der Vertragshändler, 1969, S. 323 Fn. 14; *Gitter* Gebrauchsüberlassungsverträge, 1988, § 10 B II 1 S. 265 ff.; aA – für gemeinsamen Zweck – OLG Stuttgart NJW 1964, 2255 (2257).
[431] BGH NJW 1972, 1128 (1129); Palandt/*Grüneberg* Vor § 311 Rn. 12; *Franzki/Hansen* NJW 1990, 737; aA – auch gesellschaftsvertragliche Elemente – OLG Hamm MedR 1989, 148 (150).
[432] Näher *Schnorr,* Gemeinschaft nach Bruchteilen, 2004, S. 153 f.

Schäfer

Sachen in das Gesamthandsvermögen zu übertragen (→ § 705 Rn. 266 f.). Insoweit (nicht jedoch hinsichtlich des nur für die Gesellschaft kennzeichnenden, der Rechtsfigur des § 741 unbekannten Vertragsmerkmals, → Rn. 5) trifft die Aussage von *Karsten Schmidt* (→ § 741 Rn. 4 [*K. Schmidt*]) zu, dass der wahre Gegensatz nicht Gemeinschaft und Gesellschaft lautet, sondern Gemeinschaft und Gesellschaftsvermögen. Im Regelfall (vgl. § 718) werden Gesellschaftsvertrag und Gesellschaftsvermögen jedoch zusammenfallen, so dass die Abgrenzung zur Gemeinschaft sich ähnlich derjenigen gegenüber Austauschverträgen (→ Rn. 104 ff.; → § 705 Rn. 128) in erster Linie am Vorliegen oder Fehlen der beiden Wesensmerkmale der Gesellschaft orientieren muss, der Vereinbarung über einen gemeinsamen Zweck und der hierauf gerichteten vertraglichen Förderpflicht.

125   Abweichend von der Abgrenzung gegenüber den Austauschverträgen, bei der es um die Unterscheidung zwischen gemeinsamem Zweck und entgegengesetzten Interessen der Vertragspartner geht, steht bei der **Abgrenzung von Gesellschaft und Gemeinschaft** allerdings die Frage im Vordergrund, ob zwischen den Beteiligten, die allein schon wegen ihrer gemeinsamen Berechtigung an einem oder mehreren Vermögensgegenständen im Zweifel eine gewisse Interessenübereinstimmung aufweisen (→ Rn. 124), *vertragliche Verpflichtungen* zur Förderung dieses gemeinsamen Interesses oder Zwecks begründet sind. Hauptunterscheidungsmerkmal gegenüber der Gemeinschaft ist also das **Bestehen eines** auf die Verfolgung eines gemeinsamen Zwecks gerichteten **Vertrages** sowie dessen Fortbestand auch über die zwischenzeitlich durchgeführten Förderungsmaßnahmen hinaus.[433] Dabei kann im Einzelfall namentlich die Abgrenzung gegenüber Verwaltungs- und Benutzungsregelungen hinsichtlich des gemeinsamen Gegenstandes (§ 745) Schwierigkeiten bereiten. – Zum Sonderfall der Gesellschaft mit Bruchteilsvermögen → § 705 Rn. 266 f.

126   **Andere** in der Diskussion genannte Unterscheidungskriterien sind demgegenüber für die Abgrenzung **nicht maßgebend**; auch als Indiz für die Annahme einer Gesellschaft oder Gemeinschaft sind sie untauglich. Das gilt einerseits für Ansichten, die in der Zahl der gemeinsamer Berechtigung unterliegenden Gegenstände den wesentlichen Unterschied zwischen Gesamthand und Gemeinschaft sehen und als Gesamthand alle diejenigen Fälle beurteilen, in denen mehr als ein Gegenstand zum gemeinsamen Vermögen gehört.[434] Untauglich ist aber auch der Versuch, nach der Art der gemeinsamen Interessen zu differenzieren. Auch das „Halten und Verwalten" von beweglichen oder unbeweglichen Sachen ist nicht auf Gemeinschaftsverhältnisse beschränkt, sondern kann als zulässiger Gesellschaftszweck vereinbart werden (→ § 705 Rn. 145; → § 741 Rn. 5 [*K. Schmidt*]).

127   **2. Gesellschaftsähnliche Gemeinschaften.** Auch wenn es an einem Gesellschaftsvertrag fehlt und die Bejahung einer Gesellschaft daher ausscheidet, können die Interessenübereinstimmung zwischen den gemeinsam an einem Vermögensgegenstand Berechtigten sowie ihre Verbundenheit untereinander im Einzelfall doch sehr weit gehen. Das kann dazu führen, dass zusätzlich zu den für das Rechtsverhältnis der Gemeinschafter geltenden Vorschriften oder an ihrer Stelle in derartigen Fällen eine *analoge Anwendung von Gesellschaftsrecht* in Betracht zu ziehen ist (→ § 741 Rn. 35 [*K. Schmidt*]). Zum Sonderfall der Miturhebergemeinschaft → Rn. 128; zur Gemeinschaft der Wohnungseigentümer → Rn. 132 ff.; zur Bauherrengemeinschaft ohne gesellschaftsvertragliche Vereinbarung zwischen den Bauherren → Rn. 50.

128   **3. Gemeinschaft von Urhebern oder ausübenden Künstlern. a) Schlichte Miturhebergemeinschaft. Miturhebergesellschaft.** Haben mehrere Urheber *ohne hierauf gerichtete Absprache zwischen ihnen* ein Werk gemeinsam geschaffen, ohne dass sich ihre Anteile gesondert verwerten lassen, so sind sie nach **§ 8 Abs. 1 UrhG** Miturheber des Werkes. Diese Miturheberschaft begründet zwischen den Urhebern eine Rechtsgemeinschaft am geistigen Eigentum, das Miturheberrecht. Nach § 8 Abs. 2 S. 1 UrhG steht den Miturhebern das Recht zur Veröffentlichung und zur Verwertung des Werkes *zur gesamten Hand* zu. Die darin zum Ausdruck kommende Miturhebergemeinschaft ist eine **Gemeinschaft eigener Art** (→ § 741 Rn. 65 [*K. Schmidt*]),[435] deren Rechtsverhältnisse sich in erster Linie nach urheberrechtlichen Grundsätzen richten, darunter insbesondere nach den Sonderregelungen des § 8 Abs. 2–4 UrhG;[436] daneben kommt die Anwendung von Gemeinschaftsrecht in Betracht (→ § 741 Rn. 65 [*K. Schmidt*]).

---

[433] Ähnlich *Wiedemann* GesR I § 1 I 2b aa. Für eine vermögensmäßig orientierte, auf den Unterschied zwischen Gesamthands- und Bruchteilsvermögen abstellende Abgrenzung → § 741 Rn. 4 (*K. Schmidt*). – Zur Ersetzung einer Gesellschaft durch eine Gemeinschaft infolge Erreichung des gemeinsamen Zwecks vgl. das Beispiel von *Ballerstedt* JuS 1963, 253 (260) – Anschaffung und anschließende gemeinsame Nutzung eines Kraftfahrzeugs.

[434] Vgl. *Schulze-Osterloh*, Das Prinzip der gesamthänderischen Bindung, 1972, S. 131 f.; dagegen zu Recht *Blaurock* ZHR 137 (1973), 435; *Schünemann*, Grundprobleme der Gesamthandsgesellschaft, 1975, S. 80 ff.

[435] Näher *Rehbinder/Peukert*, Urheberrecht, 17. Aufl. 2015, § 18 Rn. 364 ff.; s. auch OLG Frankfurt ZUM 2006, 332.

[436] Einzelheiten vgl. bei *E. Ulmer*, Urheber- und Vertragsrecht, 3. Aufl. 1980, § 34 III, S. 191 ff.

Im Verhältnis der Miturheber untereinander kann es zu **zusätzlichen vertraglichen Regelun-** 129
gen kommen, insbesondere über die Aufteilung der zu erbringenden Werkleistungen, über die
Verteilung der Erträgnisse sowie die Art der Verwertung des Werkes.[437] Der damit verfolgte gemeinsame Zweck macht die Vereinbarung zur Grundlage einer Gesellschaft bürgerlichen Rechts, einer
sog. **Miturhebergesellschaft.**[438] Die Gesellschaft kann eine Innengesellschaft sein oder, insbesondere wenn sich die Miturheber von Anfang an zum Zwecke gemeinsamer Verwertung zusammengeschlossen haben, auch eine Außengesellschaft, der von den Gesellschaftern entsprechende Nutzungsrechte zur gesamten Hand eingeräumt sind. Das Urheberrecht selbst kann freilich, da es nicht
übertragbar ist (§ 29 Abs. 1 UrhG), auch nicht Gesellschaftsvermögen nach § 718 werden.[439]

b) Künstlergruppe. In Bezug auf den Rechtsschutz ausübender Künstler (§§ 73 ff. UrhG), die 130
ihre Darbietungen *gemeinsam* und ohne die Möglichkeit gesonderter Verwertung der jeweiligen
Anteile erbringen, enthält **§ 80 UrhG**[440] eine in wesentlichen Teilen der Miturhebergemeinschaft
des § 8 UrhG nachgebildete Regelung.[441] Auch ihnen steht nach § 80 Abs. 1 S. 1 und 2 UrhG trotz
fehlender Vertragsgrundlage das Recht zur Verwertung kraft Gesetzes *zur gesamten Hand* zu, wobei
keiner der Beteiligten seine Einwilligung in die Verwertung wider Treu und Glauben verweigern
darf. Nach § 80 Abs. 1 S. 3 iVm § 8 Abs. 2 S. 3 UrhG ist jeder ausübende Künstler berechtigt, die
Nutzungs- und Schutzrechte der Gruppe für diese im eigenen Namen geltend zu machen. Hat die
Gruppe einen Vorstand oder Leiter, so steht das Recht zur Geltendmachung nach § 80 Abs. 2 UrhG
kraft gesetzlicher Prozessstandschaft diesem zu. Das ist vor allem bei größeren Gruppen mit über die
Jahre wechselndem Mitgliederbestand wie Orchestern oder Chören von praktischer Bedeutung.[442]

Rechtlich handelt es sich bei der „schlichten", nicht vertraglich verfassten Künstlergruppe iSv 131
§ 80 UrhG ebenso wie bei der Miturhebergemeinschaft (→ Rn. 128) um eine urheberrechtlich
geprägte **Gemeinschaft eigener Art.**[443] Sie ist deutlich zu unterscheiden von Gruppen ausübender
Künstler, die auf Grund entsprechender Absprachen zwischen ihnen als **Gesellschaft** oder (bei
großer Mitgliederzahl) als – meist wohl nichtrechtsfähiger – **Verein** organisiert sind. Geht es um
eine derartige Organisationsstruktur, so findet § 80 UrhG keine Anwendung. Entsprechend der
Rechtslage bei der Miturhebergesellschaft (→ Rn. 129) gilt für sie vielmehr Gesellschafts- oder
Vereinsrecht, auch soweit es um die Geltendmachung der kraft des einschlägigen Organisationsrechts
als Gesamthandsvermögen (bzw. beim e.V. als Vermögen der juristischen Person) entstandenen Verwertungs- und Schutzrechte der §§ 74 ff. UrhG geht. Die Geltendmachung gegenüber Dritten ist
Sache des jeweiligen organschaftlichen Vertreters; für eine Prozessführungsbefugnis nach Art des § 80
Abs. 1 S. 3 iVm § 8 Abs. 2 S. 3 oder des § 80 Abs. 2 UrhG ist kein Raum. Insbesondere bei professionellen Künstlergruppen mit einer überschaubaren Zahl persönlich untereinander verbundener Mitglieder und einer nicht nur kurzfristigen gemeinsamen Berufsausübung liegt die Annahme einer
(Freiberufler-)GbR nahe.[444] Das gilt auch dann, wenn es an einem schriftlichen Gesellschaftsvertrag
fehlt.[445]

---

[437] Vgl. BGH WM 1998, 1020 (1023 ff.) betr. eine Vereinbarung zwischen Miturhebern zur Gründung einer GbR über die Ertragnisaufteilung zwischen ihnen abw. von § 8 Abs. 3 UrhG.
[438] Dazu vgl. *E. Ulmer,* Urheber- und Vertragsrecht, 3. Aufl. 1980, S. 193 f.; *Sontag,* Das Miturheberrecht, 1972, S. 73 f.; Schricker/Loewenheim/*Loewenheim* Urheberrecht, 4. Aufl. 2010, UrhG § 8 Rn. 13; tendenziell auch Erman/*Westermann* Rn. 10.
[439] So auch *E. Ulmer,* Urheber- und Vertragsrecht, 3. Aufl. 1980, S. 194; *Sontag,* Das Miturheberrecht, 1972, S. 74; Schricker/Loewenheim/*Loewenheim* Urheberrecht, 4. Aufl. 2010, UrhG § 8 Rn. 13. Aus der Rspr. ebenso BGH WM 1998, 1020 (1025).
[440] In der Fassung vom 10.9.2003, BGBl. I S. 1774.
[441] Vgl. dazu Schricker/Loewenheim/*Krüger* Urheberrecht, 4. Aufl. 2010, UrhG § 80 Rn. 1 f.; Dreier/Schulze/*Dreier,* UrhG § 80 Rn. 2 f.
[442] BGHZ 161, 161 (168) = NJW 2005, 1656 – Götterdämmerung. Vgl. auch schon BGHZ 121, 319 (322 f.) = JZ 1994, 40 – The Doors, zum alten Recht; insoweit zust. *Schack* JZ 1994, 43 f.; s. auch LG Köln ZUM-RD 2008, 211: Darbietungsanteil eines Dirigenten ist im Verhältnis zum Orchester nicht getrennt verwertbar, weshalb zur Geltendmachung der in § 77 UrhG normierten Rechte nicht der Dirigent, sondern der gewählte Orchestervorstand gemäß § 74 Abs. 2 S. 2 UrhG berufen ist.
[443] Schricker/Loewenheim/*Krüger* Urheberrecht, 4. Aufl. 2010, UrhG § 80 Rn. 5. Zur Miturhebergemeinschaft: *E. Ulmer,* Urheber- und Vertragsrecht, 3. Aufl. 1980, S. 193 f.; *Sontag,* Das Miturheberrecht, 1972, S. 73 f.; Schricker/Loewenheim/*Loewenheim* in Urheberrecht, 4. Aufl. 2010, UrhG § 8 Rn. 13; tendenziell auch Erman/*Westermann* Rn. 10.
[444] Vgl. WM 1998, 1020 (1023) für eine zwischen zwei Popmusikern als Komponisten und ausübenden Künstlern getroffene Vereinbarung. Zur Qualifizierung eines professionellen Streichquartetts als GbR vgl. *Ulmer,* FS K. Schmidt, 2009, S. 1627 ff.
[445] Vgl. dazu *Ulmer,* FS K. Schmidt, 2009, S. 1630 f.

132 **4. Gemeinschaft der Wohnungseigentümer. a) Gesetzliche Regelung; Rechtsnatur.** Das Wohnungseigentum besteht nach der Regelung des § 1 Abs. 2 WEG aus dem *Gemeinschaftseigentum* am Grundstück einschließlich der gemeinsam genutzten Teile, Anlagen und Einrichtungen des Gebäudes sowie aus dem *Sondereigentum* an den jeweiligen Wohnungen. Es handelt sich um eine gesetzliche **Zweckschöpfung** aus dem Jahr 1951, dazu bestimmt, zur Behebung der nachkriegsbedingten Wohnungsnot den Eigentumserwerb an einzelnen Wohnungen abweichend von deren aus § 94 folgender Rechtsqualität als unselbstständiger Grundstücksbestandteil zu ermöglichen.[446] Das Konzept hat sich in der Praxis als sehr erfolgreich erwiesen, dies freilich um den Preis lang anhaltender Unsicherheit hinsichtlich der **Rechtsnatur** des Wohnungseigentums und der dinglichen Einordnung seiner einzelnen Bestandteile. Während die hM bis vor kurzem davon ausging, es handele sich vorbehaltlich des gesamthänderisch gebundenen Verwaltungsvermögens (→ Rn. 133) um eine besondere, aus Gemeinschaftseigentum und Sondereigentum der Wohnungseigentümer bestehende Art der Miteigentümergemeinschaft,[447] betonte eine beachtliche Mindermeinung die Nähe der Wohnungseigentümergemeinschaft zu Gesellschaft und nichtrechtsfähigem Verein.[448] In Fortentwicklung dieser Stimmen wurde die Wohnungseigentümerschaft in neuerer Zeit sogar als „dingliche Gesellschaft" qualifiziert, dh als zweckorientierter Zusammenschluss der Wohnungseigentümer auf rechtsgeschäftlicher Grundlage, wobei die Gesellschaftsanteile in Bezug auf ihren Inhalt ebenso wie in ihrer Aufteilung die Funktion haben sollen, die dingliche Rechtszuständigkeit an einem Gebäude festzulegen.[449]

133 Der Umstand, dass seit 2005 die **Rechtsfähigkeit** der Wohnungseigentümergemeinschaft als überindividueller Personenverband höchstrichterlich anerkannt worden ist, soweit es um die Teilnahme am Rechtsverkehr in Bezug auf das gemeinsam gehaltene Verwaltungsvermögen geht,[450] und dass der Gesetzgeber des WEG diese Entwicklung für den Bereich des Verwaltungsvermögens im Jahr 2007 durch Einfügung der Abs. 6–8 in § 10 WEG nachvollzogen hat, hat an dem vorstehend aufgezeigten Diskussionsstand nichts Wesentliches geändert. Denn diese Rechtsfortbildung unterstreicht zwar die *gesamthänderische Bindung des Verwaltungsvermögens* und die hierfür bestehende Dispositionsbefugnis von Verwalter und WEG-Versammlung als Organen der Wohnungseigentümergemeinschaft. Die in § 1 WEG definierte Aufteilung des für die WEG zentralen *Wohnungseigentums* in einerseits Sonder- (und Teil-)Eigentum, anderseits Gemeinschafts- (Mit-)Eigentum bleibt davon aber unberührt.[451] An der grundsätzlichen Qualifikation des Wohnungseigentums in Verbindung mit Alleineigentum der Gemeinschafter ändert sich durch die Rechtsfortbildung nichts.

134 **b) Stellungnahme.** Zu einer eingehenden Behandlung der Rechtsnatur der Wohnungseigentümerschaft und der komplexen Rechtsverhältnisse zwischen ihren Mitgliedern ist hier nicht der Ort (→ WEG Vor § 1 Rn. 26 ff., 37 ff. *[Commichau]*). Aus der Sicht der GbR und ihrer Abgrenzung gegenüber dem WEG-Institut ist freilich mit der hM festzuhalten, dass die Gemeinschaft der Wohnungseigentümer vom Gesetzgeber eindeutig iS einer **besonderen Art der Gemeinschaft** (§§ 741 ff., 1008 ff.) ausgestaltet worden ist. Dafür spricht insbesondere die Definition des § 1 Abs. 2 WEG, wonach das Wohnungseigentum „das Sondereigentum an einer Wohnung in Verbindung mit dem Miteigentumsanteil an dem gemeinschaftlichen Eigentum, zu dem es gehört", ist, aber auch die Verweisung in § 10 Abs. 2 WEG auf die subsidiär anzuwendenden Vorschriften des BGB über die Gemeinschaft. Auch die in § 6 WEG festgelegte Unselbstständigkeit des Sondereigentums gegenüber dem ihm zu Grunde liegenden Miteigentumsanteil, soweit es um dessen Veräußerung und um die Begründung sonstiger Rechte daran geht, weist eindeutig darauf hin, dass der Gesetzgeber

---

[446] Vgl. nur *Schwöser* NZM 2002, 421 (424).
[447] Vgl. statt aller Weitnauer/*Briesemeister*, 9. Aufl. 2004, WEG Vor § 1 Rn. 25, 38 ff.; Soergel/*Stürner*, 12. Aufl. 1990, WEG § 1 Rn. 2 ff.; Staudinger/*Langhein* (2002) § 741 Rn. 78 ff.; Palandt/*Bassenge* Einl. WEG Rn. 5; *Paulick* AcP 152 (1952), 420 ff.; so grds. auch → WEG Vor § 1 Rn. 37 ff. *(Commichau)*. Aus der Rspr. vgl. insbes. BGHZ 49, 250 (251) = NJW 1968, 499; BGHZ 50, 56 (60) = NJW 1968, 1230; BGHZ 91, 343 (345) = NJW 1984, 2409; BGHZ 141, 224 (228) = NJW 1999, 2108; BayObLGZ 1984, 198 (202).
[448] Bärmann/*Pick*, 19. Aufl. 2010, WEG Einl. Rn. 8; *Bärmann*, Die Wohnungseigentümergemeinschaft als rechtliches Zuordnungsproblem, 1985, S. 27; *ders.* NJW 1989, 1057 (1060 ff.); *Merle*, Das Wohnungseigentum im System des bürgerlichen Rechts, 1979, S. 142 ff.; *Schulze-Osterloh*, Das Prinzip der gesamthänderischen Bindung, 1972, S. 154 ff.; wN in BGHZ 163, 154 (158 f.) = NJW 2005, 2061.
[449] *M. Junker*, Die Gesellschaft nach dem Wohnungseigentumsgesetz, 1993, insbes. S. 75 ff., 84 ff.
[450] So BGHZ 163, 154 (160 ff., 170 f., 177) = NJW 2005, 2061 abw. von der früheren stRspr (Nachweise in BGHZ 163, 154 159). Krit. dazu Bork ZIP 2005, 1205. Gegen Insolvenzfähigkeit der Wohnungseigentümergemeinschaft auch seither LG Dresden NJW 2006, 2710.
[451] So ausdrücklich BGHZ 163, 154 (177). Vgl. auch BGH NJW 2009, 2521 zur Haftung der Eigentümer für Abfallentsorgung/Straßenreinigung gemäß § 10 Abs. 6, 8 WEG; NJW 2010, 932 – gesamtschuldnerische Haftung der Eigentümer nur, wenn sie sich klar und eindeutig auch persönlich verpflichtet haben.

mit der WEG-Regelung an das Recht der Gemeinschaft angeknüpft hat. An dieser normativen Grundentscheidung müssen alle Versuche scheitern, die Wohnungseigentümergemeinschaft als Gesellschaft zu qualifizieren.[452]

Die Gesetzeslage hindert indessen nicht daran, der Wohnungseigentümergemeinschaft eine **Nähe zur Gesellschaft** zu attestieren und diesen Aspekt bei der Rechtsanwendung zu berücksichtigen; insoweit ist den Vertretern der Mindermeinung Recht zu geben. Für diese Nähe spricht die in §§ 2, 3, 8 WEG vorgeschriebene *rechtsgeschäftliche Begründung* der Gemeinschaft ebenso wie ihre durch die Versammlung der Wohnungseigentümer (§ 23 WEG) und die obligatorische Einsetzung eines Verwalters[453] (§ 26 WEG) gekennzeichnete *Organstruktur*. Bedeutung kann diese Parallele etwa erlangen für die analoge Anwendung von Regelungen über die am Mehrheitsprinzip ausgerichtete Beschlussfassung in Verein und Kapitalgesellschaft.[454] Entsprechendes gilt für die Rechtsnatur des im WEG nicht besonders geregelten **Verwaltungsvermögens,** dh die „eingenommenen Gelder" iSv § 27 Abs. 1 Nr. 6, Abs. 3 Nr. 5 WEG, die aus Bargeldbestand, Guthaben bei Kreditinstituten und fälligen Ansprüchen gegen Wohnungseigentümer bestehen können. Nach früher hM sollten die „gemeinschaftlichen Gelder" (so noch § 27 Abs. 1 Nr. 4 WEG aF) den Gegenstand jeweils besonderer Bruchteilsgemeinschaften bilden; das hätte zur (unerwünschten) Folge, dass die Wohnungseigentümer hierüber unabhängig vom Wohnungseigentum verfügen könnten.[455] Dagegen spricht die *Zweckbindung* dieser Gelder (und etwaiger sonstiger nicht als Zubehör zum Miteigentum am Grundstück zu qualifizierender, gemeinsamer Gegenstände). Ihr lässt sich am besten dadurch Rechnung tragen, dass man die Gegenstände des Verwaltungsvermögens als – getrennter Verfügung nicht zugängliche – *Teile eines Gesamthandsvermögens* begreift und zugleich auch die getrennte Verfügung der Wohnungseigentümer über ihren Anteil an diesem Vermögen ausschließt.[456] Dem hat die höchstrichterliche Rechtsprechung durch die in → Rn. 133 aufgezeigte Entwicklung Rechnung getragen. Trotz solcher sachlich gebotener Annäherungen bleibt es freilich dabei, dass die Rechtsnatur der Gemeinschaft der Wohnungseigentümer nicht als Gesellschaft zu bestimmen ist, sondern als besondere Art der Gemeinschaft.

III. Gesellschaft und nichtrechtsfähiger Verein

1. Grundlagen. a) Unterschiedliche Typenmerkmale. Vom *Typus* der GbR und des nichtrechtsfähigen Vereins her gesehen fällt die Unterscheidung zwischen §§ 54 und 705 nicht schwer (→ Rn. 12). Die **GbR** beruht auf dem *höchstpersönlichen Zusammenschluss* einer beschränkten Zahl vertraglich untereinander verbundener Mitglieder. Sie dient der Verfolgung des ihnen gemeinsamen Zwecks, tritt unter dem Namen der Mitglieder, die nach gesetzlicher Regel gemeinsam zur Geschäftsführung berufen sind, oder unter einem davon abgeleiteten Gesamtnamen im Rechtsverkehr auf und wird grundsätzlich durch einen Wechsel im Mitgliederbestand aufgelöst. Demgegenüber wird der **nichtrechtsfähige Verein** durch seine *körperschaftliche Struktur* charakterisiert: trotz fehlender Rechtspersönlichkeit als juristische Person ist er in seiner Existenz von der jeweiligen Zahl und Zusammensetzung der Mitglieder unabhängig, beteiligt sich unter eigenem Namen und mit besonderen Organen (Vorstand) am Rechtsverkehr, hat ein von den Mitgliedern deutlich getrenntes, dem Zugriff ihrer Privatgläubiger entzogenes Vermögen und kennt als nichtwirtschaftlicher Verein regelmäßig auch keine gesamtschuldnerische Außenhaftung der Mitglieder.[457] Diese unverkennbaren Unterschiede waren denn auch der Grund für die Rechtsprechung, abweichend von der in § 54 S. 1 enthaltenen Verweisung auf das Recht der GbR die Rechtsbeziehungen sowohl innerhalb des nichtrechtsfähigen Vereins als auch zwischen ihm und Dritten in erster Linie am Recht des eingetragenen Vereins (§§ 21 ff.) auszurichten (→ § 54 Rn. 3 f., 41 ff., 49 ff. *[Arnold]*).[458]

---

[452] So zutr. insbes. Weitnauer/*Briesemeister,* 9. Aufl. 2004, WEG Vor § 1 Rn. 43 ff.; *ders.,* FS Seuss, 1987, S. 295 (302 ff.).

[453] Zur Frage, welche Gesellschaften Wohnungseigentumsverwalter werden können, ausf. *Schmid* NZG 2012, 134 ff. mwN; speziell zur GbR als Verwalter *Schäfer* NJW 2006, 2160.

[454] Vgl. eingehend *M. Junker,* Die Gesellschaft nach dem Wohnungseigentumsgesetz, 1993, S. 207 ff., dort auch zur Frage nach den Grenzen des Mehrheitsprinzips. Hinweise auf das Gesellschafts- und Vereinsrecht finden sich auch bei Bärmann/*Pick,* 19. Aufl. 2010, WEG § 10 Rn. 6; Soergel/*Stürner,* 12. Aufl. 1990, WEG § 1 Rn. 2b ua.

[455] Vgl. dazu näher Weitnauer/*Briesemeister,* 9. Aufl. 2004, WEG § 1 Rn. 9 ff., 12 mwN.

[456] So erstmals *Schulze-Osterloh,* Das Prinzip der gesamthänderischen Bindung, 1972, S. 155 ff., 160; ebenso aus seiner Sicht der „dinglichen Gesellschaft" jetzt *M. Junker,* Die Gesellschaft nach dem Wohnungseigentumsgesetz, 1993, S. 97 ff.

[457] Näher Soergel/*Hadding/Kießling* Vor § 21 Rn. 44 ff., Soergel/*Hadding,* 12. Aufl. 2007, Vor § 705 Rn. 16; *Windbichler* GesR § 2 Rn. 9 ff., *K. Schmidt* GesR § 25 I 2, III 2.

[458] Vgl. Erman/*Westermann* § 54 Rn. 1; *K. Schmidt* GesR § 25 II 2.

137 **b) Annäherung im Außenverhältnis.** Die in den letzten Jahrzehnten zunächst in der Literatur entwickelte, seit 2001 von der höchstrichterlichen Rechtsprechung nachvollzogene *Aufwertung der (Außen-)GbR zu einer rechts- und parteifähigen,* unter eigenem Namen handelnden *Organisation* (→ Rn. 11) hat dazu geführt, die Unterschiede zwischen Gesellschaft und nichtrechtsfähiger Verein im Außenverhältnis zu relativieren. Die Verweisung in § 54 S. 1 auf das Recht der GbR hat dadurch – wenn auch aus anderen als vom Gesetzgeber verfolgten Motiven und mit anderem Inhalt – neue Bedeutung erlangt. Das gilt nicht nur für die Beteiligung der jeweiligen Organisation (GbR oder nichtrechtsfähiger Verein) am Rechtsverkehr unter eigenem Namen und mit besonderen Organen, sondern auch für ihre – in § 50 Abs. 2 ZPO für die passive Parteifähigkeit des nichtrechtsfähigen Vereins seit alters anerkannte, inzwischen höchstrichterlich[459] auch auf die aktive Parteifähigkeit erstreckte – Fähigkeit, als solche zu klagen und verklagt zu werden.[460] Dadurch hat sich auch die Abgrenzung zwischen den beiden Rechtsinstituten nach außen relativiert. Eine *Ausnahme* gilt freilich für die *Außenhaftung der jeweiligen Mitglieder,* nachdem die Rechtsprechung sich in Bezug auf die (Außen-)GbR für die grundsätzlich uneingeschränkte Mitgliederhaftung nach Maßgabe der Akzessorietätstheorie entschieden hat (→ § 714 Rn. 5, 33 ff.), während beim Idealverein die Haftungsbeschränkung der Mitglieder „auf das Vereinsvermögen", verbunden mit der Handelndenhaftung nach § 54 S. 2, entgegen § 54 S. 1 seit alters anerkannt ist.[461] Es bleibt abzuwarten, ob es – wofür gute Gründe sprechen[462] – auch insoweit noch zu einer Annäherung in der Weise kommen wird, dass die Gerichte für die gemeinnützige GbR die Beschränkung bzw. den Ausschluss der Mitgliederhaftung entsprechend der Rechtslage beim Idealverein anerkennen (→ § 714 Rn. 61). De lege ferenda sollte der Gesetzgeber sowohl hinsichtlich der Rechtsfähigkeit des nicht eingetragenen Vereins als auch der Mitglieder- und Handelndenhaftung Klarheit schaffen.[463]

138 **2. Mischtypen.** Trotz der im Grundsatz klaren Strukturunterschiede kann die Abgrenzung zwischen GbR und nichtrechtsfähigem Verein im Einzelfall erhebliche Schwierigkeiten bereiten (→ Rn. 3a zu sog. Massengesellschaften).[464] Nach verschiedentlich anzutreffender Ansicht soll sie sogar überhaupt nicht[465] oder kaum[466] möglich sein. Daran ist richtig, dass nicht selten Vereinigungen anzutreffen sind, die sowohl körperschaftliche (= vereinstypische) als auch personalistische Elemente und entsprechend fließende Übergänge von mehr vereinsmäßigen zu mehr gesellschaftsähnlichen Strukturen aufweisen.[467] Das beruht auf dem sowohl das Vereins- als auch das Gesellschaftsrecht beherrschenden Grundsatz der Vertragsfreiheit (→ Rn. 3). Diesem Befund lässt sich einerseits dadurch Rechnung tragen, dass die von den Gründern gewählte **vertragliche Qualifizierung** des Zusammenschlusses als Gesellschaft oder Verein, jedenfalls wenn sie bewusst und auf Grund rechtlicher Beratung vorgenommen wurde, im Rahmen des rechtlich Zulässigen für die Abgrenzung und die daraus abzuleitenden Rechtsfolgen als maßgeblich angesehen wird.[468] Beim Fehlen einer vertraglichen Festlegung ist zum anderen die jeweilige **Struktur** des Zusammenschlusses für die Rechtsanwendung zu berücksichtigen, und zwar in der Weise, dass im Innenverhältnis je nach Art des Regelungsbereichs teils Normen des Vereinsrechts, teils solche des Gesellschaftsrechts entsprechend den Besonderheiten der Organisation und den schüt-

---

[459] BGH NZG 2007, 826 (830); anders noch BGHZ 109, 15 (17 f.) = NJW 1990, 186 (V. ZS); so auch BAG NZA 1990, 615 (616 f.).

[460] Für Anerkennung der aktiven Parteifähigkeit des Idealvereins schon vor BGH NZG 2007, 826 die im Vereinsrecht hM, → § 54 Rn. 20 *(Arnold)*; Staudinger/*Weick* (2005) § 54 Rn. 14 mwN; Erman/*Westermann* § 54 Rn. 8.

[461] Vgl. nur → § 54 Rn. 46 f. *(Arnold)*; Staudinger/*Weick* (2005) § 54 Rn. 49 ff.; Erman/*Westermann* § 54 Rn. 10 f.

[462] Vgl. dazu *Ulmer* ZIP 2001, 585 (598 f.) und schon *ders.* ZGR 2000, 339 (343).

[463] *K. Schmidt* ZHR 177 (2013), 712, 725 f.; *Schäfer*, Gutachten E zum 71. DJT, 2016, S. 92 ff.

[464] Aus der Rspr. vgl. insbes. BGH NJW 1979, 2304 – Werbegemeinschaft „Forum S".

[465] So *Nitschke*, Die körperschaftlich strukturierte Personengesellschaft, 1970, S. 142; ihm folgend *Flume* BGB AT I 1 § 7 I, S. 88 Fn. 5.

[466] So *Rittner*, Die werdende juristische Person, 1973, S. 260 ff., 266.

[467] Vgl. etwa BGH NJW 1979, 2304 (2305); so auch Erman/*Westermann* Rn. 16.

[468] Vgl. dazu auch die Rspr. zu Massen- oder Publikumsgesellschaften in der Rechtsform der GbR (→ Rn. 3a) BGHZ 63, 338 = NJW 1975, 1022; BGHZ 64, 238 (241) = NJW 1975, 1318; BGHZ 66, 82 (86) = NJW 1976, 958; BGHZ 104, 50 (53 ff.) = NJW 1988, 1903; BGHZ 125, 74 (79 ff.) = NJW 1994, 1156; wN insbes. bei *Krieger*, FS Stimpel, 1985, S. 307 (312 ff.). Dazu namentlich auch *Stimpel*, FS Rob. Fischer, 1979, S. 771 ff. – Aus neuerer Zeit etwa BGH NZG 2011, 1432 – Behandlung von Treugebern wie Gesellschafter im Innenverhältnis; Geltendmachung der Ansprüche aus § 735 durch Liquidatoren; NJW 2011, 3087 – Vertretung einer als GbR ausgestalteten Publikumsgesellschaft in Liquidation; NJW 2010, 439; 2011, 921 – Auskunft über Namen und Anschriften von Mitgesellschaftern und Treugebern, → § 716 Rn. 12a; NJW 2011, 1666 zur Aufnahme neuer Gesellschafter durch Geschäftsführer; aA → § 54 Rn. 7 *(Arnold)*; *Reuter*, FS Semler, 1992, S. 931 (937 f.) wegen des zwingenden Charakters des Sonderaußenrechts für nichtrechtsfähige Vereine, insbes. § 54 S. 2.

zenswerten Interessen ihrer Mitglieder herangezogen werden (→ Rn. 3).[469] Die methodische Berechtigung für ein solches Vorgehen folgt aus der Verweisung des § 54 S. 1 auf das Gesellschaftsrecht und aus ihrer weitgehenden Abwandlung durch die Rechtsprechung.[470]

§ 705 Inhalt des Gesellschaftsvertrags

Durch den Gesellschaftsvertrag verpflichten sich die Gesellschafter gegenseitig, die Erreichung eines gemeinsamen Zweckes in der durch den Vertrag bestimmten Weise zu fördern, insbesondere die vereinbarten Beiträge zu leisten.

Übersicht

	Rn.
A. Einführung	1–16
I. Entstehung der GbR	1–15
1. Regelmäßige Voraussetzungen	1–5
a) Entstehung im Innenverhältnis durch Vertragsschluss	1
b) Entstehung der Außengesellschaft durch Geschäftsbeginn gegenüber Dritten	2
c) Kein Handelsgewerbe	3, 4
d) Keine Eintragung im Partnerschaftsregister	5
2. Entstehungszeitpunkt	6, 7
3. Entstehung durch Umwandlung	8–15
a) Umwandlung nach UmwG	8–10
b) Sonstige Fälle der Umwandlung	11–14
c) Fortsetzung einer nichtrechtsfähigen Personengemeinschaft als Personengesellschaft (GbR)	15
II. Rechtstatsachen	16
B. Gesellschaftsvertrag	17–178
I. Abschluss und Änderungen	17–59
1. Vertragsschluss	17–31
a) Allgemeines	17–21
b) Unzutreffende Bezeichnung der Rechtsform; gemischte Verträge	22–24
c) Konkludenter Vertragsschluss	25–28
d) Unvollständiger Vertragsschluss	29, 30
e) Bedingter und befristeter Vertrag	31
2. Form des Gesellschaftsvertrags	32–51
a) Überblick	32–35
b) Vereinbarungen über Grundstücke	36–41
c) Unentgeltlich eingeräumte Beteiligung	42–48
d) Gewillkürte Form	49–51
3. Folgen der Teilnichtigkeit	52–54
a) Objektive Teilnichtigkeit (§ 139)	52, 53
b) Subjektive Teilnichtigkeit	54
4. Vertragsänderungen	55–59
II. Gesellschafter	60–127
1. Allgemeines	60–67
a) Mindestzahl; Einmann-GbR?	60–65
b) Keine Höchstzahl	66
c) Unterbeteiligung	67

	Rn.
2. Natürliche Personen	68–75
a) Nicht voll geschäftsfähige Personen	69–72
b) Ehegatten	73–75
3. Juristische Personen und Personenvereinigungen	76–83
a) Juristische Personen und Vorgesellschaften	76, 77
b) Personengesellschaften	78–79a
c) Nichtrechtsfähiger Verein	80
d) Erbengemeinschaft	81
e) Eheliche Gütergemeinschaft	82
f) Bruchteilsgemeinschaft	83
4. Sonderfälle	84–127
a) Treuhand	84–93
b) Nießbrauch	94–108
c) Testamentsvollstreckung	109–124
d) Vorsorgevollmacht	124a–124c
e) Insolvenz, Nachlassverwaltung	125–127
III. Inhalt des Gesellschaftsvertrags	128–154
1. Überblick	128–131
a) Notwendige Vertragsbestandteile	128, 129
b) Andere Vereinbarungen	130, 131
2. Vertragsfreiheit und Inhaltskontrolle	132–141
a) Schranken der Vertragsfreiheit	132–138
b) Inhaltskontrolle	139–141
3. Gemeinsamer Zweck	142–152
a) Vorbemerkungen	142, 143
b) Arten des Zwecks	144–147
c) Vergemeinschaftung des Zwecks	148
d) Beteiligung am Gewinn?	149–151
e) Gemeinsame Organisation?	152
4. Förderpflicht	153, 154
IV. Rechtsnatur des Gesellschaftsvertrags	155–170
1. Schuldvertrag	155–157
2. Organisationsvertrag	158, 159
3. Rechtsfähige Gesamthand	160
4. Gemeinschaftscharakter des Gesellschaftsvertrags	161–170
a) Unterschiede zum Austauschvertrag	161, 162
b) Folgerungen für Leistungsstörungen	163–170

---

[469] BGH NJW 1979, 2304 (2305); Erman/*Westermann* Rn. 16; Soergel/*Hadding* § 54 Rn. 5; *K. Schmidt* GesR § 25 II 2; wohl auch *Reuter* AcP 181 (1981), 1 (8, 13 f.).
[470] Für Behandlung des nichtrechtsfähigen Idealvereins als „vereinsmäßig modifizierte Gesellschaft" unter Betonung der Gestaltungsfreiheit der Vereinssatzung an Stelle der richterlichen Rechtsfortbildung aber *Flume* ZHR 148 (1984), 503 ff.

§ 705   Abschnitt 8. Titel 16. Gesellschaft

	Rn.
V. Auslegung des Gesellschaftsvertrags	171–176
1. Auslegungsmaßstäbe	171–174b
a) Grundsatz	171
b) Besonderheiten	172, 173
c) Ergänzende Vertragsauslegung; geltungserhaltende Reduktion	174–174b
2. Publikums-Personengesellschaften	175
3. Nachprüfung in der Revisionsinstanz	176
VI. Der Vorvertrag	177, 178
C. Rechte und Pflichten der Gesellschafter	179–252
I. Grundlagen	179–196
1. Mitgliedschaft	179–184
a) Wesen	179
b) Rechtsnatur	180
c) Einheitlichkeit der Mitgliedschaft?	181–184
2. Mitgliedschaftsrechte und -pflichten	185–188
a) Überblick	185–187
b) Stammrecht und Einzelrechte	188
3. Vermögensrechte und -pflichten	189–192
4. Verwaltungsrechte und -pflichten	193–196
a) Arten	193, 194
b) Besonderheiten	195, 196
II. Rechtsstellung gegenüber der Gesellschaft (Gesamthand)	197–214
1. Ansprüche des Gesellschafters gegen die Gesellschaft (Sozialverbindlichkeiten)	197–200
a) Vermögensrechte	197, 198
b) Verwaltungsrechte	199, 200
2. Verpflichtungen des Gesellschafters gegenüber der Gesellschaft (Sozialansprüche)	201
3. Rechte und Pflichten der Gesellschafter aus Drittgeschäften mit der Gesellschaft	202, 203
4. Actio pro socio	204–214
a) Überblick	204–206
b) Mitgliedschaftsrecht (Prozessstandschaft)	207–209
c) Folgerungen	210–214
III. Rechte und Pflichten gegenüber Mitgesellschaftern	215–220
1. Ansprüche gegen Mitgesellschafter	215, 216
2. Haftung für Sozialverbindlichkeiten	217–219
3. Haftung für Drittgläubigerforderungen	220
IV. Treupflicht	221–243
1. Grundlagen	221–225
a) Rechtlicher Ansatz	221, 222
b) Zur Konkretisierung relevante Umstände	223–225
2. Gegenstände und Inhalt der Treupflicht	226–238
a) Treupflicht gegenüber der Gesellschaft	226–228
b) Treupflicht gegenüber Mitgesellschaftern	229, 230
c) Vertragsänderung und Treupflicht	231–234
d) Wettbewerbsverbot	235–238
3. Rechtsfolgen von Treupflichtverstößen	239–243
V. Gleichmäßige Behandlung der Gesellschafter	244–252
1. Grundlagen	244–247
2. Ausprägungen des Grundsatzes gleichmäßiger Behandlung	248–251
a) Ordnungsprinzip und Auslegungsgrundsatz	248–250
b) Minderheitenschutz	251
3. Rechtsfolgen eines Verstoßes	252
D. Außen- und Innengesellschaft	253–288
I. Außengesellschaft	253–274
1. Grundlagen	253, 254
a) Gesetzlicher Normaltypus	253
b) Charakteristische Merkmale der Außengesellschaft	254
2. Gesellschaftsorgane	255–264
a) Wesen und Begriff	255–256a
b) Arten	257–259
c) Haftung für Organverschulden	260–264
3. Gesellschaftsvermögen	265–269
a) Gesamthänderische Bindung	265
b) Sondergestaltungen	266–269
4. Gesellschaftsname	270–274
a) Grundlagen	270, 271
b) Namensschutz	272, 273
c) Rechtsformhinweis	274
II. Innengesellschaft	275–288
1. Begriff und Erscheinungsformen	275–283
a) Typische Merkmale	275, 276
b) Begriffsbestimmung	277–282
c) Erscheinungsformen	283
2. Rechtliche Besonderheiten der Innengesellschaften	284, 285
a) Verhältnis zu Dritten	284
b) Innenverhältnis	285
3. Insbesondere: die stille Gesellschaft des bürgerlichen Rechts	286–288
E. (Außen-)Gesellschaft als rechtsfähiger Personenverband	289–322
I. Einführung	289–302
1. BGB-Gesamthand als gebundenes Sondervermögen einer Personenmehrheit	289–295
a) Arten, Gemeinsamkeiten und Unterschiede der Gesamthand	289–292
b) Gesellschaftsrechtliche Gesamthand	293–295
2. GbR-Gesamthand: vom Objekt zum Subjekt	296–302
a) Die traditionelle Lehre	296, 297
b) Die „Gruppen"-Lehre *(Flume)*	298
c) Entwicklung und Stand der Diskussion	299–301
d) Fazit	302
II. Rechtsfähigkeit der Außengesellschaft	303–317

Inhalt des Gesellschaftsvertrags 1 § 705

	Rn.		Rn.
1. Grundlagen	303–309	a) Überblick	342
a) Rechtsfähige Personengesellschaft (Gesamthand)	303, 304	b) Volle Wirksamkeit nach innen und außen	343, 344
b) Abgrenzungskriterien	305, 306	c) Geltendmachung des Fehlers	345
c) Verbleibende Unterschiede zu juristischen Personen	307–309	d) Abwicklung	346
2. Folgerungen	310–317	4. Dogmatische Begründung	347–356
a) Uneingeschränkte Vermögensfähigkeit	310–315	a) Überblick	347, 348
		b) Beschränkung der Nichtigkeitsfolgen	349, 350
b) Mitgliedschaft in Personenverbänden	316, 317	c) „Gesetzestreue" Ansichten (Einschränkungen der Lehre)	351–353
III. Parteifähigkeit im Zivilprozess	318–321	d) Doppelnatur der Gesellschaft als Schuldverhältnis und Organisation; allgemeines verbandsrechtliches Prinzip	354–356
1. Grundlagen	318–320		
2. Folgerungen	321		
IV. Insolvenzfähigkeit	322	II. Einzelfragen	357–380
F. Fehlerhafte Gesellschaft	323–380	1. Fehlerbeseitigung durch Vollzug	357
I. Grundlagen	323–356	2. Fehlerhafte Innengesellschaft (stille Gesellschaft)	358–359a
1. Herkunft und Entwicklung	323–325		
2. Voraussetzungen	326–341	3. Fehlerhafte Vertragsänderungen	360–376
a) Fehlerhafter Vertragsschluss	327–330	a) Allgemeines	360–364
b) Vollzug (Geschäftsbeginn)	331	b) Gesellschafterwechsel	365–376
c) Kein Vorrang sonstiger schutzwürdiger Interessen	332–341	4. Scheingesellschaft	377–380
		a) Grundsatz	377, 378
3. Rechtsfolgen	342–346	b) Schein-RA-Sozietät	379, 380

A. Einführung

I. Entstehung der GbR

1. Regelmäßige Voraussetzungen. a) Entstehung im Innenverhältnis durch Vertrags- 1 **schluss.** Grundvoraussetzung für die Entstehung der Gesellschaft bürgerlichen Rechts (GbR) ist der **Abschluss eines Gesellschaftsvertrags** iSv § 705, dh die vertragliche Verpflichtung von zwei oder mehr Gesellschaftern (→ Rn. 60), einen gemeinsamen Zweck (→ Rn. 142) durch Beitragsleistung oder in sonstiger, vertraglich vereinbarter Weise zu fördern (→ Rn. 154). Der Vertragsschluss kann ausdrücklich oder stillschweigend (konkludent) erfolgen, sich etwa aus den Umständen ergeben (→ Rn. 25); er ist nach gesetzlicher Regel formlos wirksam (→ Rn. 32). Zustandekommen oder Inhalt des Vertrages können an Mängeln leiden, ohne dass hieran – nach Vollzug – die rechtliche Anerkennung der Gesellschaft scheitern muss (fehlerhafte Gesellschaft, → Rn. 323 ff.). Ohne – sei es auch fehlerhaften – Vertragsschluss oder vergleichbares Rechtsgeschäft (zB Umwandlungsbeschluss, → Rn. 9) kann eine GbR jedoch nicht entstehen. Entsprechendes gilt für den Beitritt zu einer bestehenden Gesellschaft, sofern er nicht auf erbrechtlicher Nachfolge beruht.[1] Die in der Rechtsprechung des RG und in Teilen des früheren Schrifttums vertretene Lehre von der „faktischen Gesellschaft", die die Entstehung einer Gesellschaft auch ohne rechtsgeschäftliche Vereinbarung, allein auf Grund der Betätigung der Beteiligten als Gesellschafter nach außen und innen für möglich hielt, ist überholt.[2] – Bei der Innengesellschaft ist der Vertragsschluss einzige Entstehungsvoraussetzung; zur abweichenden Situation bei der Außengesellschaft → Rn. 2.

---

[1] Zum fehlerhaften Beitritt aber → Rn. 366 ff. Weitergehend – für fehlerhafte Gesellschaft kraft Erbrechts auch mit einem Scheinerben, wenn dieser sich als Gesellschafter betätigt – *Konzen* ZHR 145 (1981), 29 (63).

[2] IdS noch *Simitis*, Die faktischen Vertragsverhältnisse, 1957, S. 232 ff. Auch *Haupt*, FS Siber, DB II, 1943, S. 5 ff., knüpfte für seine Überlegungen im Ansatz allein an tatsächliche Vorgänge an (S. 8 f.), unabhängig von etwaigen Willenserklärungen, beschäftigte er sich in seinen gesellschaftsrechtlichen Untersuchungen (S. 16 ff.) dann allerdings nur mit einem „Rechtsverhältnis zwischen Gesellschaftern, deren Gesellschaftsvertrag (!) sich später als von Anfang an nichtig erweist". Im letztgenannten Sinn sind auch die den Rechtsfolgen nichtiger oder anfechtbarer Gesellschaftsverträge gewidmeten Untersuchungen von *Siebert* zu verstehen: *Siebert*, FS Hedemann, 1938, S. 266 ff. Schließlich verwendete auch das RG und – bis Anfang der 60er Jahre – der BGH zwar noch den Ausdruck „faktische Gesellschaft", stellte aber doch auf das Vorliegen eines, wenn auch fehlerhaften Gesellschaftsvertrags ab (→ Rn. 327 ff.). Der sachliche Unterschied zwischen den Vertretern der Lehre von der „faktischen" und denjenigen von der „fehlerhaften" Gesellschaft war also weniger groß, als das früher verbreitet angenommen wurde. Näher zum Ganzen *Lambrecht*, Die Lehre vom faktischen Vertragsverhältnis, 1994, S. 70 ff., 125 ff.; *Schäfer*, Die Lehre vom fehlerhaften Verband, 2002, S. 120 f.; 161 f.

2 b) Entstehung der Außengesellschaft durch Geschäftsbeginn gegenüber Dritten. Generell **nicht** zu den Entstehungsvoraussetzungen der GbR gehört die Leistung der versprochenen Beiträge oder die sonstige Bildung von **Gesamthandsvermögen**. Ob dies für alle Gesellschaftsformen bereits aus der gesetzessystematischen Behandlung der GbR als Schuldverhältnis (→ Rn. 155) und aus der rechtlichen Anerkennung der sog. „Innengesellschaft" ohne nach außen in Erscheinung tretende Organisation folgt (5. Aufl. Rn. 2 *[Ulmer]*), mag offenbleiben. Denn auch hinsichtlich der Entstehung von OHG und KG gegenüber Dritten stellt der Gesetzgeber nicht entscheidend auf das Vorhandensein von Gesellschaftsvermögen ab, sondern auf die Eintragung der Gesellschaft im Handelsregister (§ 123 Abs. 1 HGB) bzw. auf den Beginn ihrer Geschäfte (§ 123 Abs. 2 HGB). Die Regelungen des § 123 HGB über den Beginn der Wirksamkeit der OHG im Verhältnis zu Dritten sind entgegen verbreiteter Auffassung auch für die GbR nicht *generell* bedeutungslos.[3] Während es zwar auf die Handelsregistereintragung (§ 123 Abs. 1 HGB) für die GbR mangels Register bis zur Schaffung eines eigenen GbR-Registers (→ Vor § 705 Rn. 26 f.) naturgemäß nicht ankommen kann, ist die Bedeutung des **Geschäftsbeginns** iSv § 123 Abs. 2 HGB differenzierter zu sehen; denn die vom Gesetzgeber dort in typisierter Form vorgenommene Abwägung der Interessen der Gesellschafter an einem Schutz vor eigenmächtigem Handeln der Geschäftsführer einerseits und derjenigen des Rechtsverkehrs an Inanspruchnahme einer in Erscheinung getretenen Gesellschaft und ihrer Gesellschaftern andererseits ist in der **Außen-GbR** ebenso bedeutsam wie für die OHG, zumindest seit hier wie dort gleichermaßen nach §§ 128 ff. HGB gehaftet wird (→ § 714 Rn. 35 ff.). Richtigerweise ist bei der *Außengesellschaft* deshalb **§ 123 Abs. 2, 3 HGB analog** anzuwenden, so dass auch in der Außen-GbR zwischen einer Entstehung im Innenverhältnis (durch Vertragsschluss) und im Außenverhältnis (durch Geschäftsbeginn) zu unterscheiden ist.[4] Wegen des Begriffs des Geschäftsbeginns kann im Einzelnen auf die Kommentierungen zu § 123 HGB verwiesen werden.[5] Von Bedeutung ist namentlich, dass zum einen nur rechtsgeschäftliche Handlungen von Bedeutung sind, durch welche die Gesellschaft als solche nach außen in Erscheinung tritt, und dass zum anderen **sämtliche Gesellschafter** dem Geschäftsbeginn **zugestimmt** haben müssen. Letzteres ergibt sich sowohl aus dem Schutzzweck des § 123 Abs. 2 HGB als auch aus einem systematischen Vergleich mit der Entstehung durch Eintragung (§ 123 Abs. 1 HGB), an der wegen § 108 HGB ebenfalls sämtliche Gesellschafter notwendig beteiligt sind.[6] Nur durch analoge Anwendung des § 123 Abs. 2 HGB wird in der Außen-GbR ebenso wie bei der OHG gewährleistet, dass sämtliche Gesellschafter in die – haftungsträchtige – Entstehung der Gesellschaft im Außenverhältnis einbezogen werden.[7] Das Merkmal des Geschäftsbeginns ist im Übrigen inhaltlich deckungsgleich mit dem *Vollzug* der Gesellschaft, auf die herkömmlicherweise im Rahmen der Lehre von der *fehlerhaften* Gesellschaft abgestellt wird (→ Rn. 331).

3 c) Kein Handelsgewerbe. Neben dem Vertragsschluss ist zur Qualifikation der Personenvereinigung als GbR weiter erforderlich, dass der **Gesellschaftszweck** nicht auf ein Handelsgewerbe iSv § 1 HGB gerichtet ist. Andernfalls kommt es wegen des Rechtsformzwangs der §§ 105, 161 HGB zur Entstehung einer Handelsgesellschaft (OHG oder KG), und zwar unabhängig davon, ob die Parteien sich dieser Rechtsfolge bewusst waren oder ob sie irrtümlich eine GbR gründen wollten (→ Rn. 22). Sofern die Qualifikation der beabsichtigten Tätigkeit als Handelsgewerbe von der Eintragung im Handelsregister abhängt (§§ 2, 3 Abs. 2 und 3 HGB), ist die Gesellschaft bis zur Eintragung GbR;[8] das gilt auch für eine als GmbH & Co. KG geplante Gesellschaft.[9] Auf eine abweichende Parteivereinbarung über die Rechtsform kommt es hierbei ebenso wenig an wie im umgekehrten Fall (→ Rn. 22). Die Absicht, die Handelsregistereintragung herbeizuführen, reicht für das Eingreifen der §§ 105, 161 HGB nicht aus. Entsprechende Grundsätze gelten auch für die durch § 105 Abs. 2 HGB eingeführte Option für *Vermögensverwaltungsgesellschaften,* durch Handelsregistereintragung den Status einer OHG oder KG zu erlangen.

---

[3] AA noch 5. Aufl. Rn. 2 *(Ulmer)*; Erman/*Westermann* Rn. 1.
[4] Näher *Schäfer,* FS U.H. Schneider, 2011, S. 1085 (1093 ff.).
[5] S. nur Staub/*Habersack* HGB § 123 Rn. 14 ff.; dazu auch *Schäfer,* FS U.H. Schneider, 2011, S. 1085 (1090 f.).
[6] Näher *Schäfer,* FS U.H. Schneider, 2011, S. 1085 (1086 ff., 1090 f.).
[7] Zu den Konsequenzen hieraus bei Zustimmung nur einzelner Gesellschafter näher *Schäfer,* FS U.H. Schneider, 2011, S. 1085 (1094 ff.).
[8] BGHZ 59, 179 (181) = NJW 1972, 1616 und BGHZ 69, 95 (97) = WM 1977, 841 (843), jeweils für eine „Soll"-GmbH & Co. KG; vgl. auch BFH NJW 2009, 3743 (3744); Staub/*Schäfer* HGB § 105 Rn. 24, 28, 52, MüKoHGB/*K. Schmidt* HGB § 105 Rn. 40; EBJS/*Wertenbruch* HGB § 105 Rn. 17; unklar Baumbach/Hopt/*Roth* HGB § 105 Rn. 4 bzgl. der Eintragung aufgrund von Zukunftserwartungen; aA für das Innenverhältnis – Bejahung einer OHG bzw. KG auch in den Fällen der §§ 2, 3 HGB schon vor Eintragung – noch *Hueck* OHG § 5 I 2; Schlegelberger/*Geßler,* 4. Aufl. 1965, HGB § 105 Anm. 47.
[9] So zutr. BayObLG NJW 1985, 982. Zur Rechtsnatur der Kann- und der Vor-GmbH & Co. KG vgl. Ulmer/Habersack/Löbbe/*Ulmer/Habersack* GmbHG § 11 Rn. 161 f.

Die Rechtsverhältnisse innerhalb der Gesellschaft und die **internen Beziehungen** zwischen den Gesellschaftern bestimmen sich im Falle einer als Handelsgesellschaft geplanten Gesellschaftsgründung allerdings, soweit ausdrückliche vertragliche Regelungen fehlen, im Zweifel von Anfang an nach dem für die OHG oder KG maßgebenden dispositiven Handelsrecht, ohne dass es hierfür der vorherigen Eintragung bedarf.[10] Das folgt aus dem auf die Gründung einer Handelsgesellschaft gerichteten *Parteiwillen;* er richtet sich in derartigen Fällen regelmäßig auf die alsbaldige Geltung von OHG- oder KG-Recht. Eine Einschränkung ist freilich insoweit zu machen, als bestimmte Vorschriften – wie namentlich die Gestaltungsklagerechte der §§ 117, 127, 133, 140 HGB – zwingend das Bestehen einer Handelsgesellschaft voraussetzen.[11] Deshalb *ist* die Gesellschaft bis zur Eintragung auch im Innenverhältnis eine GbR, auf die kraft mutmaßlichen Parteiwillens aber überwiegend bereits OHG- bzw. KG-Recht zur Anwendung kommt. Zur Umwandlung einer Handelsgesellschaft in eine GbR durch Wegfall des gewerblichen Zwecks oder Löschung im Handelsregister → Rn. 11.

d) Keine Eintragung im Partnerschaftsregister. Für Gesellschaften, die zur Ausübung freiberuflicher Tätigkeiten geschlossen werden, bedarf es zusätzlich der **Abgrenzung zur Partnerschaftsgesellschaft.** Entscheidend hierfür ist, anders als im Verhältnis zur OHG oder KG (→ Rn. 3), der auf die Wahl der GbR oder der Partnerschaft als Organisationsform gerichtete Parteiwille sowie – bei Entscheidung der Beteiligten für die Partnerschaft – die Eintragung der Gesellschaft im Partnerschaftsregister. Wegen der konstitutiven Wirkung der Eintragung für die Rechtsform (vgl. § 7 Abs. 1 PartGG) ist daher eine Freiberufler-Gesellschaft stets GbR, solange sie nicht im Partnerschaftsregister eingetragen ist (näher → PartGG § 7 Rn. 3ff. zu § 7 Abs. 1 PartGG).

2. Entstehungszeitpunkt. Er fällt nach den vorstehenden Ausführungen (→ Rn. 1 f.) bei der **Innengesellschaft** regelmäßig mit dem **Vertragsschluss** zusammen. Ausnahmen gelten dann, wenn das Wirksamwerden des Vertrages von weiteren Umständen abhängt, etwa von dem Eintritt einer aufschiebenden Bedingung (§ 158 Abs. 1, → Rn. 31) oder der Genehmigung durch das Familiengericht (§ 1822 Nr. 3, → Rn. 70). In derartigen Fällen entsteht auch die GbR erst mit dem Wirksamwerden des Vertrages, soweit sie nicht schon vorher in Vollzug gesetzt wurde (→ Rn. 331; zur Beteiligung nicht voll Geschäftsfähiger → Rn. 337). Bei der **Außengesellschaft** kommt es entscheidend auf den Zeitpunkt des **Geschäftsbeginns** iSv § 123 Abs. 2 HGB an (→ Rn. 2).

Eine **rückwirkende Entstehung** der GbR ist ausgeschlossen. Wohl aber können die Gesellschafter vereinbaren, ihrem Zusammenschluss im Innenverhältnis Rückwirkung beizulegen, insbesondere die Geschäfte des eingebrachten Unternehmens oder die Aufwendungen und Erträge sonstiger eingebrachter Gegenstände von einem früheren Stichtag an als auf gemeinsame Rechnung laufend zu behandeln.[12] Ohne eine solche Vereinbarung stehen auch Erträge aus Geschäften eines der Gründer, die bei Entstehung der GbR bzw. Einbringung der geschuldeten Beiträge mangels Entgeltzahlung noch nicht vollständig abgewickelt sind, nicht der GbR zu, sondern dem jeweiligen Gesellschafter.[13] Entsprechendes gilt im Zweifel für Aufwendungen oder Risiken aus solchen Geschäften.[14] Ertragsteuerrechtlich sind Vereinbarungen über die rückwirkende Gesellschaftsgründung wegen der damit verbundenen Gewinnverlagerungen grundsätzlich unbeachtlich.[15]

3. Entstehung durch Umwandlung. a) Umwandlung nach UmwG. Außer durch Abschluss eines Gesellschaftsvertrags kann eine GbR auch durch Umwandlung einer **AG, KGaA** oder **GmbH** entstehen, sofern der Unternehmensgegenstand der umzuwandelnden Kapitalgesellschaft nicht im Betrieb eines Handelsgewerbes besteht (→ Rn. 3). Nach **altem Umwandlungsrecht** handelte es sich um eine *übertragende Umwandlung* unter Errichtung einer neuen Gesellschaft, der GbR. Das bedeutete zum einen, dass der Umwandlungsbeschluss und seine Eintragung im Handelsregister gleichzeitig die Auflösung der Kapitalgesellschaft und die Errichtung der GbR zur Folge hatten. Zum

---

[10] Staub/*Schäfer* HGB § 105 Rn. 50; MüKoHGB/*K. Schmidt* HGB § 123 Rn. 13, 15; für den Fall der Umwandlung einer OHG/KG in eine GbR (→ Rn. 11) auch BGH NJW 1987, 3124 (3126). Ebenso im Ergebnis *Hueck* OHG § 5 I 2; Schlegelberger/*Geßler,* 4. Aufl. 1965, HGB § 105 Anm. 47.
[11] So zutr. bereits GroßkommHGB/*Rob. Fischer,* 3. Aufl. 1973, HGB § 105 Anm. 62b gegen *Hueck* OHG § 5 I 2; Schlegelberger/*Geßler,* 4. Aufl. 1965, HGB § 105 Anm. 47.
[12] BGH NJW 1978, 264 (266 f.); WM 1976, 972 (974); Soergel/*Hadding/Kießling* Rn. 4; Erman/*Westermann* Rn. 2, *U. H. Schneider* AcP 175 (1975), 279 (298 f.), vgl. auch OLG Koblenz WM 1979, 1435 – Sittenwidrigkeit einer Rückdatierung der Beitrittserklärung zwecks Steuerverkürzung.
[13] BGH NJW 1972, 101; NJW-RR 1987, 1137 (1138) = WM 1987, 1073, jeweils für die nach Sozietätsbeginn eingehenden, von einem der beteiligten Rechtsanwälte allein erarbeiteten Honorare; vgl. ferner BGH NJW 1988, 1973; BGHZ 157, 361 (363) = DStR 2004, 609, wonach sich ein vor Gründung der Sozietät einem der beteiligten Anwälte erteiltes Mandat regelmäßig nicht auf die anderen Gesellschafter erstreckt.
[14] Vgl. den entspr. Rechtsgedanken in § 740 für den Fall des Ausscheidens eines Gesellschafters.
[15] Vgl. Kirchhof/*Reiß,* 14. Aufl. 2015, EStG § 15 Rn. 308 – Änderungen einer Gewinnverteilungsabrede.

anderen ging das Vermögen der Kapitalgesellschaft im Zeitpunkt der Eintragung der Umwandlung im Handelsregister (Abteilung B) uno actu auf die GbR über, ohne dass es entsprechender Verfügungen der Organe der Kapitalgesellschaft bedurfte; es ging um einen Fall der Gesamtrechtsnachfolge.[16]

9 Abweichend von der früheren Rechtslage qualifiziert das **UmwG 1994** in seinen §§ 190 ff. die Umwandlung einer Kapitalgesellschaft in eine Personengesellschaft (und umgekehrt) als identitätswahrenden **Formwechsel**.[17] Ausgehend von der Identität zwischen formwechselndem Rechtsträger und Rechtsträger neuer Rechtsform (§ 202 Abs. 1 Nr. 1 UmwG) verzichtet es sowohl auf eine Auflösung bzw. Errichtung dieser Gesellschaften als auch auf einen Übergang des Vermögens des formwechselnden auf den neuen Rechtsträger im Wege der Gesamtrechtsnachfolge. Der Hinweis in den Materialien, diese Rechtslage entspreche einer „modernen Auffassung von der Natur der Personengesellschaft",[18] vermag freilich die auch auf der Grundlage der Gesamthandslehre (→ Rn. 307 ff.) bestehenden Unterschiede zwischen Gesamthand und juristischer Person, darunter insbesondere die unterschiedliche Vermögenszuordnung (→ Rn. 308; → § 718 Rn. 2), nicht zu nivellieren.[19] Deshalb ist die in §§ 190 ff. UmwG (§ 202 Abs. 1 Nr. 1 UmwG) vorgesehene Identitätslösung als – zulässige – Fiktion anzusehen, die die grundsätzliche Zweiteilung der Verbände in Gesamthandsgesellschaften und juristische Personen nicht in Frage stellt.[20] Zur Umwandlung unter Beteiligung einer Partnerschaftsgesellschaft → PartGG § 1 Rn. 25 f.

10 Die **Voraussetzungen** der formwechselnden Umwandlung einer **Kapitalgesellschaft in eine GbR** sind in §§ 190 ff. UmwG (§ 191 Abs. 1 und 2 Nr. 1 UmwG), §§ 226 ff. UmwG geregelt. Danach bedarf die Umwandlung eines einstimmigen Beschlusses sowie der Zustimmung der nicht zur Beschlussfassung erschienenen Mitglieder der Kapitalgesellschaft (§ 233 Abs. 1 UmwG). Gemäß § 193 Abs. 3 S. 1 UmwG sind Beschluss und Zustimmung der nicht erschienenen Mitglieder des formwechselnden Rechtsträgers notariell zu beurkunden. Die grundsätzlich nach § 198 Abs. 1 UmwG erforderliche Eintragung der neuen Rechtsform im Handelsregister scheidet bei Umwandlung in eine GbR aus; an ihre Stelle tritt nach § 235 Abs. 1 S. 1 UmwG die Eintragung der Umwandlung in eine GbR im Register der formwechselnden Kapitalgesellschaft.[21] Sie hat nach § 202 Abs. 1 UmwG den Fortbestand des formwechselnden Rechtsträgers in der im Umwandlungsbeschluss bestimmten Rechtsform, die entsprechende Umgestaltung der Mitgliedschaften sowie die Heilung etwaiger Formmängel zur Folge.

11 b) **Sonstige Fälle der Umwandlung.** Von der im UmwG geregelten Umwandlung einer Kapitalgesellschaft strikt zu unterscheiden ist die formwechselnde Umwandlung einer **OHG oder KG in eine GbR** (vgl. § 190 Abs. 2 UmwG).[22] Sie beruht auf dem Rechtsformzwang des Personengesellschaftsrechts (→ Rn. 3; → Vor § 705 Rn. 16 f.). Eines Umwandlungsbeschlusses bedarf es hierfür nicht. Auch steht die abweichende Rechtsformwahl der Gesellschafter nicht entgegen (→ Rn. 3). Entscheidend ist vielmehr, dass sich – sei es aus rechtlichen (Zweckänderung) oder tatsächlichen (Schrumpfung des Unternehmens) Gründen – der Zweck der Gesellschaft nicht mehr auf den Betrieb eines Handelsgewerbes richtet und kein Fall des § 105 Abs. 2 HGB vorliegt. Ändert die Gesellschaft ihren Zweck unter gleichzeitiger Einstellung ihres Gewerbebetriebs, so tritt allein schon dadurch die Umwandlung ein. Allerdings bedarf es, sofern der Übergang zu einem Kleingewerbe in Frage steht, im Hinblick auf § 5 HGB (Kaufmann kraft Eintragung) für die Umwandlung einer eingetragenen OHG oder KG in eine GbR noch der Löschung der Firma im Handelsregister. Der Formwechsel ist in jedem Falle identitätswahrend; auch soweit Grundstücke zum Vermögen der GbR gehören, die im Grundbuch gemäß § 47 Abs. 2 GBO insofern durch ihre Gesellschafter „mediatisiert" wird (→ Rn. 312 ff.), bedarf es nach dem Wechsel zur GmbH&Co KG lediglich einer Richtigstellung im Grundbuch.[23]

12 Die **Gründe** für eine derartige formwechselnde Umwandlung von der OHG/KG in eine GbR sind vielfältig. Im Vordergrund dürfte weiterhin die aus steuerlichen und Haftungsgründen[24] verbrei-

---

[16] §§ 21 Abs. 2, 22 Abs. 2 iVm § 5 UmwG 1969; näher 2. Aufl. Rn. 7 f.
[17] BayObLG DB 2002, 1649 (1650); Lutter/*Decher/Hoger*, UmwG Vor § 190 Rn. 2, 22 f.
[18] *Ganske* Umwandlungsrecht, 2. Aufl. 1995, S. 209.
[19] Kritik an der Regelung deshalb bei *Zöllner*, FS Gernhuber, 1993, S. 563 (564 ff.), freilich auf der Grundlage der älteren, heute überholten Gesamthandslehre (→ Rn. 296). – Zu den steuerrechtlichen Folgen der Umwandlung einer Kapitalgesellschaft in eine Personengesellschaft s. Lutter/*Schumacher* UmwG Anh. § 304 Rn. 11 ff.; Semler/Stengel/*Moszka* Anh. UmwStG Rn. 657 ff.
[20] So auch *Hennrichs* ZIP 1995, 794 (796 f.); aA die Vertreter einer Gleichsetzung von juristischer Person und Gesamthand *(Raiser, Timm, Hadding* ua), → Rn. 307.
[21] Vgl. Lutter/*Göthel*, UmwG § 235 Rn. 1; Lutter/*Decher/Hoger*, UmwG § 198 Rn. 11.
[22] Dazu Lutter/*Decher/Hoger*, UmwG § 190 Rn. 12 ff.
[23] OLG München ZIP 2016, 269 Rn. 9 ff.
[24] Die Frage der Anwendbarkeit der §§ 32a, 32b GmbHG aF auf die (im Fall der Betriebsaufspaltung übliche) Nutzungsüberlassung – vgl. dazu nur BGHZ 127, 1 (7) = NJW 1994, 2349 und BGHZ 127, 17 (19) = NJW

tete **Betriebsaufspaltung** der OHG oder KG in eine auf die Verpächterrolle beschränkte sog. Besitz-Personengesellschaft und eine meist als GmbH organisierte Betriebsgesellschaft stehen, die das gepachtete Unternehmen weiterführt (→ Vor § 705 Rn. 18).[25] Aber auch der Übergang zu reinen **Holdingfunktionen** oder die – nicht nur vorübergehende[26] – Stilllegung des Unternehmens unter Vermietung oder Verpachtung der Betriebsgrundstücke gehören hierher,[27] sofern nicht die Gesellschafter unter Berufung auf § 105 Abs. 2 HGB an der Eintragung festhalten. Nicht um einen Fall der formwechselnden Umwandlung in eine GbR handelt es sich demgegenüber bei der Liquidation der Gesellschaft. In diesen Fällen besteht vielmehr grundsätzlich die OHG oder KG mit den sich aus dem Liquidationszweck ergebenden Besonderheiten (§§ 145 ff. HGB) bis zur vollständigen Verteilung des Gesellschaftsvermögens fort.

Rechtlich gesehen geht es bei der formwechselnden Umwandlung einer OHG oder KG in eine GbR um eine **Änderung nur der Rechtsform, nicht aber der Identität** der Gesellschaft.[28] Sie hat daher weder Änderungen des Gesellschafterbestands noch des Gesellschaftsvermögens zur Folge. Auch eine Gesamtrechtsnachfolge der GbR in das Gesamthandsvermögen der OHG oder KG findet nicht statt; einer besonderen Vorschrift nach Art des § 202 Abs. 1 Nr. 1 UmwG bedarf es daher nicht.[29] Gehören zum Gesamthandsvermögen Grundstücke, so soll die Rechtsformänderung der Gesellschaft nach bisher hM eine Änderung der Eigentumsangaben im Wege der Grundbuchberichtigung erforderlich machen;[30] indessen geht es lediglich um eine Richtigstellung tatsächlicher Angaben.[31] Näher zur GbR im Grundbuch → Rn. 312 ff.). **13**

Schwierigkeiten bereitet die Frage, wie sich nach dem Rechtsformwechsel die **Rechtsverhältnisse** der Gesellschafter **im Innenverhältnis** und **gegenüber Dritten** bestimmen, soweit nicht der Gesellschaftsvertrag hierfür Vorsorge trifft oder die Gesellschafter Entsprechendes beschließen. Probleme dieser Art treten vor allem bei der in eine GbR umgewandelten ehemaligen KG auf, weil die bei dieser anzutreffende Differenzierung in zwei Arten von Gesellschaftern für die GbR untypisch ist. Die Rechtsprechung ging in derartigen Fällen bisher im Wege der ergänzenden Vertragsauslegung grundsätzlich vom Fortbestand der in der KG geltenden Funktionsverteilung zwischen – ehemaligen – Komplementären und Kommanditisten aus.[32] Dem ist auch aus heutiger Sicht, trotz Änderung der Haftungssituation der ehemaligen Kommanditisten als Folge der in der GbR geltenden Akzessorietätstheorie (→ § 714 Rn. 33 ff.), grundsätzlich zuzustimmen (→ § 709 Rn. 19). Dem Risiko persönlicher Haftung für die ehemaligen Kommanditisten lässt sich bei fortbestehender Funktionsaufteilung zwischen den Gesellschaftern je nach Lage des Falles dadurch Rechnung tragen, dass jenen entweder ein Anspruch auf Haftungsfreistellung gegen die ehemaligen Komplementäre oder ein außerordentliches Kündigungsrecht zusteht. **14**

c) Fortsetzung einer nichtrechtsfähigen Personengemeinschaft als Personengesellschaft (GbR). Sie bildet den dritten Fall einer Umwandlung in eine GbR. In Betracht kommt namentlich die Umwandlung einer sonstigen Gesamthandsgemeinschaft **(Erbengemeinschaft, eheliche Gütergemeinschaft)** in eine GbR,[33] aber auch die Gründung einer GbR durch die Mitglieder **15**

1994, 2760; Ulmer/Habersack/Winter/*Habersack*, 1. Aufl. 2008, §§ 32a, 32b Rn. 121 ff. – hat sich allerdings durch die Streichung dieser Vorschriften im Zuge des MoMiG erledigt.
[25] MüKoHGB/*K. Schmidt* HGB § 105 Rn. 56 ff., 64; Staub/*Schäfer* HGB § 105 Rn. 29, Staub/*Schäfer* HGB Vor § 105 Rn. 23, jeweils mwN; allg. zur Betriebsaufspaltung *Liebscher*, in Sudhoff, GmbH & Co. KG, 6. Aufl. 2005, § 2 Rn. 48 ff.; *Knobbe-Keuk*, Bilanz- und Unternehmenssteuerrecht, 9. Aufl. 1993, § 22 X, S. 862 ff.; *Wittich*, Die Betriebsaufspaltung als Mitunternehmerschaft, 2002, S. 94 ff., 137: für Innen-GbR zwischen Betriebs- und Besitzgesellschaft!
[26] LG Köln DB 1980, 923.
[27] BGHZ 32, 307 (310–312) = NJW 1960, 1664; BGH WM 1962, 10 (12); 1975, 99; RGZ 155, 75 (84); BayObLG NJW 1952, 28 (29); Soergel/*Hadding/Kießling* Rn. 3; Staub/*Schäfer* HGB § 105 Rn. 29.
[28] Vgl. BGH DStR 2010, 284 (285); KG FGPrax 2009, 54 (55); aA *Kießling* WM 1999, 2391 (2394).
[29] BGH NJW 1967, 821; WM 1962, 10 (12); 1975, 99; Soergel/*Hadding/Kießling* Rn. 3; Erman/*Westermann* Rn. 4.
[30] RGZ 155, 75 (85 f.); OLG Hamm DB 1984, 341; vgl. auch Erman/*Westermann* Rn. 4; Staub/*Schäfer* HGB § 105 Rn. 56.
[31] BayObLG NJW 1952, 28 (29); OLG Zweibrücken ZIP 2012, 2254 (2255); KG FGPrax 2009, 54 (55) – keine Berichtigung iSv § 894 BGB, § 22 GBO, sondern Richtigstellung tatsächlicher Angaben.
[32] BGH NJW 1987, 3124 (3126); 1971, 1698: Fortbestand der Alleingeschäftsführung des (ehemaligen) Komplementärs unter Ausschluss der ehemaligen Kommanditisten. So auch BGH BB 1972, 61; BGHZ 113, 216 (218 f.) = NJW 1991, 922 (923) für eine als KG geplante, jedoch als GbR entstandene Gesellschaft. Zum Fall einer als OHG oder KG geplanten, mangels Handelsregistereintragung als GbR bestehenden Gesellschaft → Rn. 3, 4.
[33] Eingehend zur Frage der Umwandlung eines von der Erbengemeinschaft betriebenen Handelsgeschäfts in eine Personengesellschaft *Dauner-Lieb*, Unternehmen in Sondervermögen, 1998, insbes. S. 477 ff., 506 ff.; dazu auch BGHZ 92, 259 (262) = NJW 1985, 136 und Staub/*Schäfer* HGB § 105 Rn. 58 ff. mwN.

einer **Bruchteilsgemeinschaft**. Im Unterschied zu den Fällen der formwechselnden Umwandlung (→ Rn. 9–14) gelten insoweit für die Entstehung der GbR keine Besonderheiten. Es bedarf namentlich des Abschlusses eines Gesellschaftsvertrags zwischen den Gemeinschaftern, wobei wegen der bereits bestehenden Verbindung je nach Lage des Falles ein konkludenter Abschluss nahe liegen mag (→ Rn. 27). Ebenso ist zur Leistung der geschuldeten Beiträge eine jeweils gesonderte Rechtsübertragung erforderlich.[34] Das gilt auch für Gegenstände, an denen die Gesellschafter als Miterben oder Ehegatten in Gütergemeinschaft schon bisher gesamthänderisch beteiligt waren; sie sind von der einen auf die andere Gesamthand zu übertragen,[35] es gilt hier nichts anderes als für die Übertragung von Vermögensgegenständen zwischen zwei (personengleichen) Gesellschaften.[36] Für Grundstücke und grundstücksgleiche Rechte setzt das die Einhaltung der Erfordernisse der §§ 873, 925 voraus (→ § 706 Rn. 18).

II. Rechtstatsachen

16 Angesichts der Auffangfunktion, die der GbR als Personengesellschaft im Verhältnis zu OHG und KG beim Fehlen eines Handelsgewerbes als Gegenstand des gemeinsamen Zwecks und beim Verzicht der Gesellschafter auf eine Handelsregistereintragung nach § 105 Abs. 2 HGB zukommt, sind Erscheinungsformen und Verwendungsarten der GbR äußerst vielfältig (→ Vor § 705 Rn. 36 ff. mit ausführlicher Übersicht).

B. Gesellschaftsvertrag

I. Abschluss und Änderungen

17 **1. Vertragsschluss. a) Allgemeines. aa) Abgrenzung zu Gefälligkeitsverhältnissen.** Das Vorliegen eines Gesellschaftsvertrages erfordert als erstes den rechtsgeschäftlich relevanten Willen der Parteien, wechselseitige Leistungspflichten zur Förderung eines gemeinsamen Zwecks zu begründen. Das wirft die – vor allem im Hinblick auf *Gelegenheitsgesellschaften* häufig nicht leicht zu beantwortende – Frage nach der Abgrenzung zwischen Schuldvertrag und Gefälligkeitsverhältnis auf (→ § 662 Rn. 59 ff. *[Seiler]*).[37] Sie ist nach zutreffender neuerer Lehre nicht gleichbedeutend mit der generellen Frage nach dem Vorhandensein oder Fehlen von Schutzpflichten der Beteiligten: Solche kommen aufgrund einer zwischen ihnen bestehenden Sonderverbindung vielmehr auch dann in Betracht, wenn die Parteien rechtsgeschäftliche Leistungspflichten nicht begründen, sondern das Tätigwerden im gemeinsamen oder fremden Interesse ihrer jeweiligen freien Entschließung überlassen wollten.[38] Für die Bejahung eines Gesellschaftsvertrags genügt nicht eine irgendwie geartete, insbesondere auf die Anerkennung bloßer Neben- oder Schutzpflichten beschränkte Willensübereinstimmung; erforderlich ist vielmehr die wechselseitige Verpflichtung auf einen gemeinsamen Zweck und zu dessen Förderung (→ Rn. 153).

18 Ob und unter welchen Voraussetzungen ein derartiger, auf die Begründung von Leistungspflichten gerichteter Wille der Parteien zu bejahen ist, lässt sich nicht unabhängig von den jeweiligen Umständen des **Einzelfalls** beantworten. Nach einer zur Abgrenzung von Gefälligkeit und *Auftrag* ergangenen, ganz überwiegend auf Zustimmung gestoßenen **Grundsatzentscheidung des BGH** sind für die Frage eines rechtsgeschäftlichen Bindungswillens die Art der relevanten Handlung, ihr Grund und Zweck, ihre wirtschaftliche und rechtliche Bedeutung für den anderen Teil, ferner die Umstände ihrer Erbringung sowie die dabei bestehende Interessenlage der Parteien zu berücksichtigen (→ § 662

---

[34] So für den Fall der Einbringung eines bisher in Miteigentum stehenden Grundstücks in die von den Gemeinschaftern gebildete GbR ganz hM; vgl. RGZ 65, 227 (233); BayObLG Rpfleger 1981, 58; Soergel/ *Hadding/Kießling* Rn. 3; Staudinger/*Keßler*, 12. Aufl. 1979, § 719 Rn. 18 mwN; ebenso bei Fortführung des von mehreren Erben ererbten Handelsgeschäfts als OHG oder KG vgl. BGHZ 92, 259 (263) = NJW 1985, 136; Staub/*Schäfer* HGB § 105 Rn. 61.
[35] BGHZ 92, 259 (263) = NJW 1985, 136; OLG Hamm DNotZ 1958, 416 (418); KG DR 1940, 977; Staub/ *Schäfer* HGB § 105 Rn. 60; Erman/*Westermann* Rn. 5; aA noch *Ganssmüller* DNotZ 1955, 172 (178) unter unzutr. Berufung auf die schon bisher bestehende – aber anders strukturierte! – gesamthänderische Bindung.
[36] Vgl. etwa KG NJW-RR 1987, 1321 – Grundstücksübertragung.
[37] Vgl. die Nachweise in der folgenden Fn.
[38] So schon *Dölle* ZStW 103 (1943), 67 ff.; *Flume* BGB AT II § 74; *Honsell* JuS 1976, 621 (626); *Schwerdtner* NJW 1971, 1673 (1675); im Ergebnis auch *Willoweit* JuS 1984, 909 (913) unter Abstellen auf einen durch Leistungserbringung zu Stande kommenden „Realvertrag".

Rn. 59 ff. *[Seiler]*.[39] Bei Gefälligkeiten des täglichen Lebens und solchen, die im rein gesellschaftlichen Bereich wurzeln, soll regelmäßig davon auszugehen sein, dass sie sich außerhalb des rechtsgeschäftlichen Bereichs halten (→ § 662 Rn. 60 *[Seiler]*).[40]

Bezogen auf die Abgrenzung von *Gefälligkeitsverhältnis und Gesellschaft* ist danach in erster Linie von der Art des gemeinsamen Projekts sowie von dem primär gesellschaftlich-sozialen bzw. dem aus wirtschaftlichen oder sonstigen Gründen über den zwischenmenschlichen Bereich hinausgehenden Interesse der Beteiligten auszugehen.[41] Zumal dann, wenn es um die **Durchführung von Projekten** nicht nur untergeordneter Bedeutung **auf gemeinsame Rechnung** geht, liegt die Annahme einer von allen Beteiligten gewollten rechtsgeschäftlichen Bindung nahe. Beispiele bilden etwa die Verabredung zu einer gemeinsamen Ferienreise unter Kostenteilung bzw. die Bildung eines Kegelclubs mit gemeinsamer Kasse für Fernreisen[42] oder die Gründung einer Lottospielgemeinschaft mit regelmäßigen, von jedem der Beteiligten zugesagten Einsätzen (→ Vor § 705 Rn. 117).[43] Demgegenüber sollen durch eine Vereinbarung über die wechselseitige Beaufsichtigung der Kinder,[44] über einen gemeinsamen Ausflug oder Kinobesuch oÄ im Zweifel allenfalls Schutz-, aber keine Leistungspflichten der Beteiligten begründet werden. Das Vorliegen eines auf die Begründung gesellschaftsvertraglicher Bindungen gerichteten Willens kann schließlich auch deshalb zu verneinen sein, weil die Parteien bereits als Ehegatten, Miterben, Bruchteilseigentümer oder in einer ähnlichen Beziehung untereinander verbunden sind und das Zusammenwirken nicht über diese Beziehung hinausführt (→ Rn. 27). 19

bb) Anwendbarkeit der §§ 145 ff. Ist von den Beteiligten eine rechtsgeschäftliche Bindung gewollt, so gelten die Vorschriften der §§ 145 ff. über den Vertragsschluss grundsätzlich auch für den Gesellschaftsvertrag. Allerdings machen dessen Besonderheiten eine Reihe von **Abweichungen** erforderlich (→ Rn. 29 zur Nichtanwendung der Auslegungsregel des § 154). Eine dieser Abweichungen beruht auf der häufig vorgesehenen Beteiligung von *mehr als zwei Personen* an der geplanten Gesellschaft. In Fällen dieser Art lässt sich der Vertragsschluss nicht mehr auf „Antrag" und „Annahme" zurückführen. Der Vertrag kommt vielmehr grundsätzlich erst dann zu Stande, wenn die entsprechenden Beitrittserklärungen sämtlicher als Gesellschafter vorgesehenen Personen vorliegen (zum Fall subjektiver Teilnichtigkeit oder sonstiger Beitrittsmängel → Rn. 54). Die einzelnen Beitrittserklärungen können auch nacheinander abgegeben werden.[45] Sie müssen grundsätzlich allen anderen Vertragspartnern zugehen (§ 130 Abs. 1), soweit diese nicht einen Zugangsbevollmächtigten bestellt oder auf den Zugang verzichtet haben (§ 151 S. 1 Alt. 2). Zum konkludenten Vertragsschluss (§ 151 S. 1 Alt. 1) → Rn. 25. 20

cc) System von Sternverträgen. Um einen – namentlich als Organisationsform von Syndikaten oder anderen horizontalen Wettbewerbsbeschränkungen[46] anzutreffenden – Sonderfall des Gesellschaftsvertrags handelt es sich, wenn die Beteiligten **inhaltlich übereinstimmende**, der Förderung eines für alle Beteiligten gemeinsamen Zwecks dienende **zweiseitige Verträge** mit einer zentralen Stelle (Agentur, gemeinsame Vertriebsgesellschaft ua) schließen.[47] Bilden diese Verträge als sog. Sternverträge unselbständige, aufeinander bezogene Teile eines einheitlichen Vertragssystems, so sind sie als rechtliche Einheit zu behandeln mit der Folge, dass sie eine GbR zwischen den Vertragspartnern der gleichen Marktseite begründen und zu entsprechenden Treupflichten zwischen ihnen auch ohne förmlichen Gesellschaftsvertrag führen. Anderes gilt bei Vertriebs-, Franchisesystemen ua, bei denen Initiative und Schwerpunkt der Rechtsbeziehungen nicht auf Seiten der in das Netz eingegliederten Vertriebsunternehmen liegen, sondern bei der zentralen Stelle (Hersteller/Lieferant, Franchisegeber ua). Hier scheidet die Annahme einer Gesellschaft zwischen den Netzmitgliedern wegen 21

---

[39] BGHZ 21, 102 (106 f.) = NJW 1956, 1313; so auch BGH NJW 1968, 1874; DB 1974, 1619 (1620); NJW 1992, 498; 2009, 1141; OLG Nürnberg OLGZ 1967, 139 (140 f.); Soergel/*M. Wolf* Vor § 145 Rn. 84 ff.; Staudinger/*Bork* (2015) Vor § 145 Rn. 79 ff.; Staudinger/*Oelzen* (2015) § 241 Rn. 72, 76 ff.; aA namentlich *Flume* BGB AT II § 77.
[40] BGHZ 21, 102 (107) = NJW 1956, 1313.
[41] Ebenso im Ansatz BGH NJW 1974, 1705 (1706) – Lottospielgemeinschaft, allerdings mit der (wohl fallbedingten) Einschränkung, die Übernahme der Pflichten müsse unter Berücksichtigung der Unentgeltlichkeit (?) den Beteiligten auch zumutbar sein.
[42] So auch OLG Saarbrücken NJW 1985, 811 – Kenia-Reise; Erman/*Westermann* Rn. 7; für „gesellschaftsähnliches Rechtsverhältnis" BGH JZ 1979, 101.
[43] AA BGH NJW 1974, 1705 (1706); dazu krit. *Kornblum* JuS 1976, 571 ff.; *Plander* AcP 176 (1976), 424 ff.
[44] BGH NJW 1968, 1874 f.
[45] EinhM, vgl. Soergel/*Hadding/Kießling* Rn. 4; Erman/*Westermann* Rn. 6; Bamberger/Roth/*Schöne* Rn. 42.
[46] Vgl. etwa BGHZ 65, 30 (34 f.) = NJW 1975, 1837 – ZVN.
[47] Eingehend hierzu schon *Isay* Kart-Rdsch. 1927, 98 (106 f.) zur KartVO 1923; wN bei *Ulmer*, Der Vertragshändler, 1969, S. 322 f. Fn. 7 und 16; ferner *Martinek* Franchising, 1987, S. 544 ff.; *K. Schmidt*, Kartellverbot und sonstige Wettbewerbsbeschränkungen, 1978, S. 134 ff. und *Steindorff* BB 1979, Beilage 3 S. 5 f.: „Gesamtvertrag".

der rechtsgeschäftlich vorherrschenden zweiseitigen Beziehung der jeweiligen Vertragspartner typischerweise aus.[48]

22 **b) Unzutreffende Bezeichnung der Rechtsform; gemischte Verträge.** Der Abschluss eines Gesellschaftsvertrags iSv § 705 setzt **nicht** voraus, dass die Parteien sich ausdrücklich auf die **Rechtsform der GbR** geeinigt haben. Entscheidend für die Rechtsnatur sind vielmehr einerseits die in § 705 genannten Kriterien des gemeinsamen Zwecks und der Förderungspflicht, andererseits der Umstand, dass die Beteiligten weder ein Handelsgewerbe unter gemeinsamer Firma betreiben noch (bei freiberuflichem Unternehmensgegenstand) die Rechtsform der Partnerschaftsgesellschaft wählen wollen. Sind sich die Parteien über die Rechtsnatur der Gesellschaft im Unklaren oder haben sie die Gesellschaft trotz fehlenden Handelsgewerbes und ohne Absicht der Handelsregistereintragung nach § 105 Abs. 2 HGB vertraglich unzutreffend als OHG oder KG qualifiziert, so wird sie gleichwohl als GbR wirksam.[49] Auf einen etwa abweichenden Parteiwillen kommt es für den Vertragsschluss insoweit nicht an (zur Frage der Anfechtbarkeit wegen Irrtums → Rn. 23).[50] Die auf dem Rechtsformzwang (→ Rn. 3) beruhende Einschränkung der Privatautonomie lässt der rechtsgeschäftlichen Gestaltung im Fall eines gemeinschaftlich betriebenen, notwendig als OHG oder KG zu qualifizierenden Handelsgewerbes keinen Raum; anderes gilt bei freiberuflichen Tätigkeiten mit Rücksicht auf das PartGG.

23 Hinsichtlich der **Rechtsfolgen** einer unzutreffenden rechtlichen Beurteilung der Gesellschaft durch die Gründer ist zu unterscheiden. Soweit es sich nur um einen Bezeichnungsfehler iS einer falsa demonstratio handelt, können hieraus Anfechtungs- oder Auflösungsgründe nicht abgeleitet werden. Kam es einem der Beteiligten dagegen entscheidend darauf an, den Zusammenschluss in einer von der GbR abweichenden Rechtsform zu organisieren, etwa um die Haftungsbeschränkung des KG-Rechts in Anspruch nehmen zu können, und hat er diese Absicht durch die unzutreffende Bezeichnung erkennbar in seinen Geschäftswillen aufgenommen, so wird die Wirksamkeit des Gesellschaftsvertrags hiervon zwar nicht unmittelbar betroffen.[51] Wohl aber kann der dem Irrtum unterliegende Gesellschafter den Vertrag bis zur Geschäftsaufnahme (Vollzug) nach § 119 Abs. 1 anfechten (→ § 119 Rn. 80 ff. *[Armbrüster]*).[52] Nach diesem Zeitpunkt tritt an die Stelle der Anfechtung das Recht zur Kündigung aus wichtigem Grund (→ Rn. 345).

24 Die Kriterien des § 705 können auch im Rahmen eines anderen Vertrages erfüllt sein oder dessen unselbständigen Teil bilden;[53] dann liegt ein **gemischter oder kombinierter Vertrag** mit gesellschaftsrechtlichen Elementen vor (→ Vor § 705 Rn. 113 ff.).

---

[48] *Ulmer,* Der Vertragshändler, 1969, S. 324 ff.; *Martinek* Franchising, 1987, S. 231 ff., 256 ff. (vorbehaltlich des sog. Koalitions-Franchising, S. 389 ff.); *Blaurock,* FS Werner, 1984, S. 23 (27); *Steindorff* DB 1979, Beilage 3; im Ergebnis auch BGH EWiR § 705 BGB 4/85, 665 *(Bunte)*; offenlassend Erman/*Westermann* Rn. 7; Bamberger/Roth/*Schöne* Rn. 41.

[49] HM, vgl. BGHZ 10, 91 (97) = NJW 1953, 1217; BGHZ 22, 240 (244) = NJW 1957, 218; BGHZ 32, 307 (310) = NJW 1960, 1664; BGH WM 1962, 10 (11); BAG NJW 1994, 2973 (2974); Soergel/*Hadding/Kießling* Rn. 6; Staub/*Schäfer* HGB § 105 Rn. 158; MüKoHGB/*K. Schmidt* HGB § 105 Rn. 31; *ders.,* Zur Stellung der OHG im System der Handelsgesellschaften, 1972, S. 158, 164, 169. AA aber *Lieb,* Ehegattenmitarbeit im Spannungsfeld, 1970, S. 24 ff., 27 für Nichtigkeit des Gesellschaftsvertrages wegen „juristischer Unmöglichkeit"; *Battes* AcP 174 (1974), 429 (434 f., 438 f.) für Eingreifen von § 134, ggf. mit Aufrechterhaltung der Gesellschaft entgegen § 139; im Ergebnis ähnlich für Teilnichtigkeit betr. die Rechtsformwahl *Jahnke* ZHR 146 (1982), 595 (609 f.) trotz seiner der hM zust. Ausgangsthese (602 ff.). Von „Umdeutung" spricht auch BGHZ 19, 269 (272 ff.) = NJW 1956, 297, freilich ohne auf Voraussetzungen und Grenzen von § 140 einzugehen, vgl. *K. Schmidt,* Stellung der OHG, S. 160 Fn. 5 mwN.

[50] Zutr. Soergel/*Hadding/Kießling* Rn. 6; aA MüKoHGB/*K. Schmidt* HGB § 105 Rn. 31: nur wichtiger Grund zur Kündigung.

[51] AA *Battes* AcP 174 (1974), 429 (434 f., 438 f.); *Lieb,* Ehegattenmitarbeit im Spannungsfeld, 1970, S. 24 ff., 27 für Nichtigkeit des Gesellschaftsvertrages wegen „juristischer Unmöglichkeit"; im Ansatz auch *Jahnke* ZHR 146 (1982), 595 (609 ff.), der Teilnichtigkeit bezüglich der Rechtsformwahl annimmt und das Schicksal des Restvertrages davon abhängig macht, ob die Parteien den Vertragsschluss trotz nichtiger Rechtsformbezeichnung gewollt haben.

[52] Beachtlicher Rechtsfolgenirrtum als Unterfall des Inhalts-(Geschäfts-)Irrtums, so auch Soergel/*Hadding/Kießling* Rn. 6; aA einerseits *K. Schmidt,* Stellung der OHG, S. 168 f. unter Berufung auf den (anders gelagerten) Fall RGZ 76, 439 – Irrtum über die Haftungsfolgen bei Eintritt in Einzelhandelsgeschäft; und auf *Flume* BGB AT II § 23 4d, S. 466 f., andererseits – folgerichtig wegen § 139 – *Jahnke* ZHR 146 (1982), 595 (611 f.). Allg. dazu vgl. RGZ 88, 278 (284); 89, 29 (33); 134, 195 (197 ff.); Palandt/*Ellenberger* § 119 Rn. 15; *Mayer-Maly* AcP 170 (1970), 133 (168, 170).

[53] Vgl. BGH DB 1972, 2201: notariell beurkundeter Ehevertrag mit einem über den eigentlichen Aufgabenbereich der Ehe hinausgehenden Zweck beiderseitiger Zusammenarbeit als schuldrechtliche Grundlage einer GbR; vgl. auch OLG Hamm FamRZ 2010, 1737; MHdB GesR I/*Schücking* § 2 Rn. 63 ff.

c) Konkludenter Vertragsschluss. Die besondere Struktur und der Gegenstand der GbR, aber 25
auch das grundsätzliche Fehlen von Formvorschriften (→ Rn. 32), bringen es mit sich, dass ein
Zeitpunkt für den Vertragsschluss zwischen den Beteiligten bei Gründung einer Gesellschaft häufig
weniger leicht feststellbar ist als bei typischen Austauschverträgen wie etwa dem Kauf oder der
Miete. Während das Zustandekommen des Kauf- oder Mietvertrags sich beim Fehlen schriftlicher
Vereinbarungen im Austausch von Leistung und Gegenleistung bzw. im Bezug der Mietwohnung
mit Einverständnis des Vermieters dokumentiert, fehlt es vielfach an einem ähnlich aussagekräftigen
Umstand zu Beginn der GbR. Bei ihr gestaltet sich der Übergang von bloßen Vorbereitungshandlungen der Partner zum Zusammenwirken auf rechtsgeschäftlicher Grundlage nicht selten fließend
(→ Rn. 26). Bestehen zwischen den Partnern bereits andere Verbindungen wie etwa Erbengemeinschaft, Ehe, Bruchteilsgemeinschaft, die ebenfalls als Grundlage für rechtlich relevante Gemeinschaftsbeziehungen der fraglichen Art in Betracht kommen, so ist eine klare Abgrenzung beim Fehlen
eines ausdrücklichen Vertragsschlusses häufig noch schwieriger (→ Rn. 27).

Zum konkludenten Abschluss eines Gesellschaftsvertrags kann es namentlich (aber nicht nur) bei 26
den für die GbR typischen **Gelegenheitsgesellschaften** kommen.[54] Das erklärt sich aus Charakter
und Inhalt dieser Vereinbarungen. Sie dienen meist der gemeinsamen Herbeiführung eines einmaligen oder doch sachlich oder zeitlich begrenzten Erfolgs unter beider- bzw. allseitiger Teilnahme am
Gewinn oder Nutzen (Metageschäft, gemeinsame Reise, Anschaffung eines Gegenstands ua). Schon
aus diesem Grunde sind hier in der Regel keine detaillierten Absprachen über Beitragsleistungen,
Geschäftsführung, Gewinnverteilung, Dauer ua zu erwarten. Als maßgebliches Kriterium für die
Frage, ob in diesen Fällen auf Grund des tatsächlichen Zusammenwirkens der Parteien die Gründung
einer GbR anzunehmen ist oder ob das Zusammenwirken sich auf außerrechtsgeschäftlicher, rein
freiwilliger Grundlage vollzieht, bietet sich hier ähnlich wie bei der Abgrenzung von Auftrags- und
reinen Gefälligkeitsverhältnissen in erster Linie das wirtschaftliche Interesse der Beteiligten an der
geplanten Transaktion an (→ Rn. 19). Liegt es vor, so gestattet es jedenfalls in denjenigen Fällen
einen Schluss auf ihren rechtlichen Bindungswillen, in denen es an sonstigen Gemeinschaftsbeziehungen fehlt (→ Rn. 27). Kommt es in diesen Fällen zum einverständlichen Beginn der Durchführung,
so begründet das im Wege des Anscheinsbeweises die – widerlegbare – **Vermutung für einen
Vertragsschluss**.[55] Die Entstehung im Innenverhältnis fällt dann also mit derjenigen gegenüber
Dritten zusammen (→ Rn. 2). Die Rechtslage ist ähnlich derjenigen im Falle längerfristiger tatsächlicher Abweichung von einer Vertragsbestimmung ohne förmliche Vertragsänderung (→ Rn. 56).

Weniger eindeutig liegen die Dinge bei dem auf einen gemeinsamen Zweck gerichteten **Zusammenwirken zwischen** bereits **anderweitig verbundenen Personen** (Ehegatten, Miterben, 27
Bruchteilseigentümer), wenn es zwischen ihnen an einem ausdrücklichen Vertragsschluss fehlt. Die
theoretische Abgrenzung ist zwar auch hier einfach: zur Einigung auf einen gemeinsamen Zweck
muss eine rechtsgeschäftliche Förderpflicht iSv § 705 hinzukommen, wenn die schon bestehende
Beziehung in eine GbR umgewandelt (→ Rn. 15) oder durch sie überlagert werden soll. Die
rechtsgeschäftliche Bindung kann hier aber – anders als zwischen Beteiligten ohne anderweitige
Bindung – nicht allein aus der Tatsache des Zusammenwirkens und aus der Bedeutung des Projekts
entnommen werden. Hinzukommen muss vielmehr die Begründung einer für die GbR kennzeichnenden, über die anderweitige Bindung hinausgehenden und sich von dieser unterscheidenden
Rechtsbeziehung.[56] Das gilt entgegen einer teilweise großzügigeren, vor allem auf Gesichtspunkten
des Interessenausgleichs der Beteiligten beruhenden Rechtsprechung des BGH insbesondere für die
Ehegattengesellschaft (→ Vor § 705 Rn. 73 ff.), hat aber auch für den Übergang von der Erbenge-

---

[54] Vgl. aber auch OLG Frankfurt MDR 2010, 397 – Aufnahme der gemeinsamen geschäftlichen Tätigkeit als konkludenter Vertragsschluss, nachdem sich die Parteien vorvertraglich auf das partnerschaftliche Betreiben eines Geschäftsmodells („Flirtschule") verständigt hatten.

[55] Im grds. gleichen Sinne ferner die Urteile zum Vertragsschluss trotz unvollständiger Einigung BGHZ 11, 190 (192) = NJW 1954, 231; BGH NJW 1960, 430; WM 1958, 1105; BGH NJW 1982, 2816 (2817); RGZ 103, 73 (75); vgl. ferner OLG Frankfurt MDR 2010, 397 – ohne ausdrückliche Vereinbarung konkludenter Vertragsschluss mit Aufnahme der Geschäftstätigkeit; für den Fall der Begründung eines unternehmerischen Risikos auch BFH BB 1980, 1835; Soergel/*Hadding/Kießling* Rn. 7; Erman/*Westermann* Rn. 7; weitergehend *K. Schmidt*, Stellung der OHG, S. 169 ff., der für Gesellschaften, die auf den Betrieb eines Unternehmens gerichtet sind, im Anschluss an die Lehre von der fehlerhaften Gesellschaft von einer generellen Verkürzung der Privatautonomie unter Vernachlässigung des Parteiwillens ausgeht.

[56] Vgl. zum konkludenten Vertragsschluss bei einem vermögensrechtlich ins Gewicht fallenden Zusammenwirken zwischen Ehegatten BGHZ 155, 249 (253 ff.) = NJW 2003, 2982; BGH NJW 2006, 1268 (1269); NJW-RR 2009, 178; NJW 2012, 3374 (3375); OLG Hamm FamRZ 2010, 1737; OLG Karlsruhe NJW 2009, 2750 (2752 f.); bei über den Erwerb von Wohnungseigentum hinausgehenden Absprachen der Eigentümer über die Fertigstellung des Bauobjekts auch BGH ZIP 2008, 24 (25).

meinschaft zur (Handels-)Gesellschaft Bedeutung (→ Rn. 28). Zur Abgrenzung von GbR und Bruchteilsgemeinschaft → Vor § 705 Rn. 124 ff.

28 Die **Abgrenzung zwischen Erbengemeinschaft und (Handels-)Gesellschaft** wird in erster Linie für diejenigen Fälle diskutiert, in denen ein zum Nachlass gehörendes *Handelsgeschäft* über die Dreimonatsfrist des § 27 Abs. 2 HGB hinaus von den Erben fortgeführt wird. Die Diskussion dieser Fälle hat zu im Ansatz weit auseinander gehenden Ansichten über die Frage geführt, ob mangels ausdrücklichen Vertragsschlusses im Zweifel vom Fortbestand der Erbengemeinschaft auch hinsichtlich des Handelsgeschäfts auszugehen sei[57] oder ob es bei einverständlicher Fortführung der Geschäfte über die Frist des § 27 Abs. 2 HGB hinaus zwingend zur Entstehung einer OHG komme.[58] Bei der GbR liegen die Dinge schon deshalb regelmäßig anders, weil der Weiterbetrieb einer zum Nachlass gehörenden Aktivität meist weniger eindeutig aus dem typischen Aufgabenkreis der gemeinsamen Verwaltung des Nachlasses herausfällt als der Betrieb eines Handelsgewerbes. Es müssen also besondere Umstände hinzukommen, wie etwa eine über die gemeinsame Erbfolge hinausgehende enge persönliche Bindung der Beteiligten oder die einverständliche Einigung auf solche Projekte, die nicht bereits durch die Beschaffenheit der Nachlassgegenstände vorgegeben sind und daher nicht zur üblichen Verwaltungstätigkeit gehören, wenn ein konkludenter Vertragsschluss zwischen den Miterben unter teilweiser Erbauseinandersetzung angenommen werden soll.

29 **d) Unvollständiger Vertragsschluss.** Um eine in tatsächlicher Hinsicht dem konkludenten Vertragsschluss ähnliche, rechtlich jedoch Besonderheiten aufweisende Frage geht es in den Fällen, in denen die Parteien sich zwar darauf geeinigt haben, eine GbR gründen zu wollen, aber sich entweder noch nicht über sämtliche als regelungsbedürftig angesehenen Punkte verständigt oder die beabsichtigte Beurkundung des Vertrags noch nicht vorgenommen haben. Nach den Auslegungsregeln des § 154 Abs. 1 und 2 wäre in diesen Fällen der Vertrag im Zweifel nicht geschlossen. Demgegenüber hat die Rechtsprechung[59] mit Zustimmung der Literatur[60] wiederholt ausgesprochen, dass das *Invollzugsetzen* der Gesellschaft vor abschließender Klärung des Vertragsinhalts zu einer **Umkehrung der Auslegungsregeln des § 154** führe und dass es den Schluss auf den Willen der Parteien gestatte, zumindest einen vorläufigen (dh also im Zweifel jederzeit kündbaren) Vertrag abzuschließen. Dem ist angesichts des im Vollzug dokumentierten Bindungswillens der Beteiligten grundsätzlich zuzustimmen. Die bestehenden Lücken sind beim Scheitern nachträglicher Einigung entsprechend § 157 im Wege *ergänzender Vertragsauslegung* zu füllen (→ Rn. 174 mwN),[61] soweit nicht die Parteien die Bestimmung einem der Gesellschafter oder einem Dritten übertragen haben (§§ 315–319).[62] Darauf, dass der Gesellschaftsvertrag in allen wesentlichen Teilen bereits einen bestimmten Inhalt aufweist, kommt es nicht an.[63] Wohl aber muss eine Einigung über so zentrale Punkte wie den Gesellschaftszweck und die Förderpflicht der Beteiligten vorliegen, damit eine Vertragsergänzung überhaupt möglich ist.

30 Vom Fall eines auf offenem Einigungsmangel (§ 154 Abs. 1) beruhenden lückenhaften Vertrages zu unterscheiden ist eine gesellschaftsvertragliche Einigung, die sich bewusst und gewollt auf *wenige* Abreden beschränkt und die Ausfüllung des Vertrags im Übrigen dem **dispositiven Recht** überlässt. Hier handelt es sich nicht um einen lückenhaften, sondern einen den gesetzlichen Regeln unterstell-

---

[57] So eingehend BGHZ 92, 259 (264 f.) = NJW 1985, 136 und *Dauner-Lieb*, Unternehmen in Sondervermögen, 1998, insbes. S. 477 ff., 506 ff.; dazu auch BGHZ 92, 259 (262) = NJW 1985, 136 und Staub/*Schäfer* HGB § 105 Rn. 58 ff. mwN. Vgl. auch schon BGHZ 17, 299 (301 f.) = NJW 1955, 1227, der das Zustandekommen einer OHG trotz siebzehnjähriger gemeinsamer Fortführung des Handelsgeschäfts durch die Miterben offen ließ und sich darauf beschränkte, Gesellschaftsrecht für die Innenbeziehungen der Parteien entsprechend anzuwenden; dazu mit Recht krit. *Lehmann* NJW 1958, 1 (3); wN zum Schrifttum s. in der folgenden Fn.

[58] So übermäßig rigoros GroßkommHGB/*Rob. Fischer*, 3. Aufl. 1973, HGB § 105 Anm. 65a, 66 mit der Begründung, die – wegen § 27 HGB notwendige einverständliche – Fortführung des Handelsgeschäfts unter gemeinsamer Firma erfülle sämtliche Voraussetzungen des § 105 HGB und begründe dadurch zwangsläufig eine OHG; dazu eingehend *ders.* ZHR 144 (1980), 1 (10 ff.). AA die hM, vgl. etwa *Hueck* OHG § 6 V 5; Staub/*Hüffer*, 4. Aufl. 1983, HGB Vor § 22 Rn. 71 ff., 73; Staub/*Burgard* HGB § 27 Rn. 93; Staub/*Schäfer* HGB § 105 Rn. 60 ff.; Bamberger/Roth/*Schöne* Rn. 44; *K. Schmidt* NJW 1985, 2785 (2787 f.); *M. Wolf* AcP 180 (1980), 480 ff.

[59] BGHZ 11, 190 (192) = NJW 1954, 231; BGH NJW 1960, 430; WM 1958, 1105; NJW 1982, 2816 (2817); RGZ 103, 73 (75).

[60] Soergel/*Hadding/Kießling* Rn. 5; Erman/*Westermann* Rn. 6; Staub/*Schäfer* HGB § 105 Rn. 160; *K. Schmidt*, Stellung der OHG, S. 170.

[61] Allg. zum Verhältnis zwischen ergänzender Auslegung und Anwendung dispositiven Rechts → § 157 Rn. 35 ff.; Soergel/*M. Wolf* § 157 Rn. 109 ff.

[62] So auch BGH NJW 1960, 430; Staub/*Schäfer* HGB § 105 Rn. 160; Soergel/*Hadding/Kießling* Rn. 5, jeweils gegen RG JW 1935, 1783 (1784) – Bestimmung durch Schiedsgericht.

[63] So aber noch RGZ 95, 147 (149); Soergel/*Schultze-v. Lasaulx*, 10. Aufl. 1969, Rn. 2.

ten Vertrag.⁶⁴ Für eine richterliche Vertragsergänzung abweichend vom dispositiven Recht ist daher im Zweifel kein Raum.

e) Bedingter und befristeter Vertrag. Der Gesellschaftsvertrag kann unter *aufschiebender Bedingung oder Zeitbestimmung* geschlossen werden.⁶⁵ In beiden Fällen wird – was zulässig ist – das Wirksamwerden des Vertrages zeitlich hinausgeschoben. Aber auch die Vereinbarung einer *auflösenden Bedingung* begegnet keinen grundsätzlichen Einwendungen, da sie – anders als etwa ein vertragliches Rücktrittsrecht – nicht zur rückwirkenden Vernichtung der Gesellschaft führt,⁶⁶ sondern nur zur Auflösung ex nunc (→ Vor § 723 Rn. 7, 21). Der Sache nach handelt es sich um eine vertragliche Konkretisierung des in § 726 vorgesehenen, an die Erreichung oder das Unmöglichwerden des Gesellschaftszwecks geknüpften Auflösungsgrundes. – Zur Rückdatierung der Entstehung der GbR → Rn. 7. 31

2. Form des Gesellschaftsvertrags. a) Überblick. Der Abschluss eines Gesellschaftsvertrags ist – von spezialgesetzlichen Ausnahmen abgesehen (→ Rn. 33) – grundsätzlich **formlos wirksam.** Das gilt nicht nur für die GbR, sondern auch für die stärker durchnormierten Rechtsformen der OHG und KG; deren Anmeldung zum Handelsregister erstreckt sich nicht etwa auf die Einreichung eines Gesellschaftsvertrags (§ 106 Abs. 2 HGB). Abweichendes gilt nur für den Partnerschaftsgesellschaftsvertrag: er bedarf nach § 3 Abs. 1 PartGG der Schriftform. 32

Gesetzliche Formerfordernisse für den GbR-Vertrag können sich jedoch im Hinblick auf bestimmte, formbedürftige Verpflichtungen der Gründer oder später Beitretenden ergeben. Die beiden für Gesellschaftsverträge bedeutsamsten Vorschriften sind **§ 311b Abs. 1** (Verpflichtung eines Gesellschafters gegenüber der GbR zur Veräußerung oder zum Erwerb eines Grundstücks) und **§ 518** (Schenkungsversprechen betreffend die unentgeltliche Beteiligung eines Gesellschafters); → Rn. 36 ff., 12 ff. Daneben sind für bestimmte gesellschaftsvertragliche Beitragspflichten auch § 311b Abs. 3 sowie § 15 Abs. 3, 4 GmbHG zu beachten. Nach **§ 311b Abs. 3** bedarf der Gesellschaftsvertrag der notariellen Form, wenn sich ein Gesellschafter darin verpflichtet, sein ganzes Vermögen oder einen Bruchteil desselben einzubringen oder in sonstiger Weise darüber zu Gunsten der Gesellschaft zu verfügen. Die Verpflichtung muss sich auf das Vermögen als solches beziehen; die Einbringung bestimmter Gegenstände, die de facto das ganze Vermögen des Gesellschafters darstellen, wird von dieser Vorschrift nicht erfasst (→ § 311b Rn. 104 *[Krüger]*).⁶⁷ **§ 15 Abs. 4 GmbHG** regelt die Verpflichtung zur Abtretung von GmbH-Geschäftsanteilen. Sie bedarf ebenso wie die Abtretung selbst notarieller Beurkundung. Der Formmangel der Verpflichtung wird durch die formgültig vollzogene Abtretung geheilt (§ 15 Abs. 4 S. 2 GmbHG). **Keine Formbedürftigkeit** folgt aus **§ 1410,** wenn der Gesellschaftsvertrag eine sog. **Güterstandsklausel** enthält, welche die Gesellschafter verpflichtet, ihren Gesellschaftsanteil vom Zugewinnausgleich auszuschließen (modifizierte Zugewinngemeinschaft).⁶⁸ Denn aufgrund einer solchen Klausel entsteht weder eine (durchsetzbare) Verpflichtung zum Abschluss eines Ehevertrages noch bedarf es der Warnung des Gesellschafters, weil dieser durch die Klausel gerade zu einer ihm günstigen Güterstandsvereinbarung angehalten werden soll.⁶⁹ Die Klausel ist daher einem Ehevertrag (→ § 1410 Rn. 3 *[Kanzleiter]*) nicht vergleichbar. Zur (hiervon zu unterscheidenden) Frage der Formbedürftigkeit eines Gesellschaftsvertrags zwischen Ehegatten, die in Gütergemeinschaft leben, → Rn. 75 ff. Zur Beurteilung sonstiger, nicht auf Rechtsübertragung gerichteter Einlagevereinbarungen (Gebrauchsüberlassung, Einbringung dem Werte nach ua) vgl. die Kasuistik zu § 311b Abs. 1 (→ Rn. 37 ff., 40). 33

Greift auf Grund der von Gesellschaftern im Gesellschaftsvertrag übernommenen Verpflichtungen eine der in → Rn. 33 genannten Formvorschriften ein, so erstreckt sich der **Umfang des Former-** 34

---

⁶⁴ Das dispositive Recht gilt hier kraft Gesetzes, nicht etwa kraft vertraglicher Verweisung; aA BGHZ 38, 306 (316) = NJW 1963, 646; wohl auch noch GroßkommHGB/*Rob. Fischer*, 3. Aufl. 1973, HGB § 105 Anm. 48.

⁶⁵ Ganz hM, vgl. RG JW 1936, 2065; Soergel/*Hadding/Kießling* Rn. 4; Staub/*Schäfer* HGB § 105 Rn. 162 f.; MüKoHGB/*K. Schmidt* HGB § 105 Rn. 107; Baumbach/Hopt/*Roth* HGB § 105 Rn. 50. Für Zulässigkeit aufschiebend bedingten Beitritts zu einer Publikums-KG BGH WM 1979, 613; NJW 1985, 1080; OLG Koblenz WM 1979, 1435 (1437); OLG München WM 1984, 1335. Für grds. Beschränkung der Bedingungswirkungen auf das Innenverhältnis der Beteiligten aber *Koller/Buchholz* DB 1982, 2171 ff.

⁶⁶ So aber → § 311b Rn. 103; GroßkommHGB/*Rob. Fischer*, 3. Aufl. 1973, HGB § 105 Anm. 50; für auflösend bedingten Beitritt zur Publikums-KG auch *Koller/Buchholz* DB 1982, 2173 f.

⁶⁷ RGZ 94, 314 (316); BGHZ 25, 1 (4) = NJW 1957, 1514; so auch *Klockner* DB 2008, 1083 ff.; *Böttcher/Fischer* NZG 2010, 1332 (1333) in Bezug auf den asset deal, bei dem alle wesentlichen Gegenstände einzeln schriftlich aufgelistet werden; relativierend *Heckschen* NZG 2006, 772, (777), weil Fortgeltung der Rspr. zweifelhaft sei.

⁶⁸ Ebenso *Kuhn* BWNotZ 2008, 86 (87); aA *Wachter* in FA-HdB Handels- und GesR § 4 Rn. 1112 mwN in Hinblick auf eine hierdurch begründete mittelbare und meist sanktionsbewehrte Bindung mit ehegüterrechtlichen Auswirkungen.

⁶⁹ Überzeugend *Scherer* BB 2010, 323 (326).

fordernisses grundsätzlich auf den gesamten Vertrag, dh auf alle Vereinbarungen, aus denen sich nach dem Willen der Vertragspartner das Rechtsgeschäft zusammensetzt (→ § 125 Rn. 32 *[Einsele]* mN). Das ist zu § 311b Abs. 1 S. 1 von der ganz hM anerkannt (→ § 311b Rn. 50);[70] es führt zur Formbedürftigkeit des Gesellschaftsvertrags insgesamt einschließlich etwaiger, damit in unmittelbarem Zusammenhang stehender Zusatzabreden wie Liefer- oder Abnahmeverpflichtungen ua.[71] Entsprechendes gilt nach überwM für die aus § 15 Abs. 4 GmbHG folgende Formbedürftigkeit der Verpflichtung zur Abtretung von GmbH-Anteilen;[72] im Falle der Einbringung der Anteile an einer GmbH & Co. KG ist daher auch die damit verbundene Verpflichtung zur Abtretung der KG-Anteile formbedürftig.[73] Diese Grundsätze gelten entsprechend für die **Heilung** des Formmangels nach § 311b Abs. 1 S. 2 BGB, § 15 Abs. 4 S. 2 GmbHG; auch sie erstreckt sich auf den ganzen Vertrag. Spätere *Vertragsänderungen,* die nach Bewirken des formbedürftigen Versprechens vereinbart werden oder sich nicht unmittelbar auf die formbedürftigen Abreden beziehen, werden auch ohne Einhaltung der gesetzlichen Form wirksam (→ Rn. 57).

35 Kommt es nicht zur Heilung und scheidet auch eine Umdeutung der formnichtigen in eine formfreie und daher wirksam vereinbarte Beitragsverpflichtung aus, so sollen sich die **Rechtsfolgen der Formnichtigkeit** nach hM[74] auf die formbedürftige (Beitrags-)Verpflichtung als solche beschränken, während die Wirksamkeit des Restvertrages sich nach den Grundsätzen über die Teilunwirksamkeit bestimmen soll (→ Rn. 40, 52 f.). Das ist unvereinbar mit der den ganzen Gesellschaftsvertrag erfassenden Geltung des Formerfordernisses.[75] Die Nichtbeachtung der Form führt in diesen Fällen daher zum Eingreifen der Grundsätze über die fehlerhafte Gesellschaft (→ Rn. 40, 342 ff.).

36 **b) Vereinbarungen über Grundstücke. aa) Der Anwendungsbereich des § 311b Abs. 1 S. 1.** Die praktisch wichtigste Formvorschrift für Gesellschaftsverträge enthält § 311b Abs. 1. Danach bedarf nicht nur die **Pflicht zur Veräußerung** von Grundstücken, sondern – seit 1973 – auch diejenige **zum Erwerb** der notariellen Beurkundung (→ Rn. 38). Voraussetzung ist, dass die Veräußerungs- oder Erwerbspflicht den **Inhalt** des Vertrages bildet, im Fall von Gesellschaftsverträgen also zu den Beitragspflichten der einzelnen Gesellschafter gehört. Dem steht die Pflicht zum Erwerb eines bestimmten Grundstücks beim Ausscheiden aus der Gesellschaft oder bei deren Auflösung gleich,[76] nicht aber die Übernahme des Vermögens der Grundstücksgesellschaft bei Ausscheiden des vorletzten Gesellschafters.[77] Tritt die Mitberechtigung an einem Grundstück dagegen nur als Folge des Vertragsschlusses ein, so macht das den Vertrag nicht formbedürftig (→ § 311b Rn. 23 *[Kanzleiter]*).[78] Daher ist die Verpflichtung, einer Gesellschaft beizutreten, zu deren Vermögen Grundstücke gehören, oder aus ihr auszuscheiden, nicht formgebunden; die – durch Anwachsung eintretende – dingliche Rechtsänderung ist hier nicht Gegenstand, sondern Folge des Beitritts oder Ausscheidens (→ § 718 Rn. 7 f.). Gleiches gilt für die Pflicht zur **Anteilsübertragung** an einer Grundstücksgesellschaft; vorbehaltlich der im Analogiewege zu lösenden Fälle einer Gesetzesumgehung[79] ist sie

---

[70] Vgl. Staudinger/*Schumacher* (2012) § 311b Rn. 155 f., jeweils mN der Rspr.

[71] Dazu näher *Wiesner* NJW 1984, 95 ff.; vgl. auch BGH NJW 1979, 915; NJW-RR 1990, 340 f.

[72] Ulmer/Habersack/*Löbbe*/*Löbbe* GmbHG § 15 Rn. 80 ff.; MüKoHGB/*K. Schmidt* HGB § 105 Rn. 137, 139; *Petzoldt* GmbHR 1976, 83 f.; *Wiesner* NJW 1984, 97; einschr. BGH NJW 1983, 1843: untrennbarer Teil; NJW 1969, 2049: wesentliche Abreden; WM 1989, 256 (260): keine Formbedürftigkeit eines Schuldbeitritts auf Seiten des Erwerbers der Anteile; Scholz/*Seibt* GmbHG § 15 Rn. 66 ff.; aA *Schlüter,* FS Bartholomeyczik, 1973, S. 359 ff.; *Sigle*/*Maurer* NJW 1984, 2657 (2658 ff.).

[73] *Reichert* in Sudhoff GmbH & Co. KG § 28 Rn. 35; *Binz*/*Sorg,* Die GmbH & Co. KG, 11. Aufl. 2010, § 6 Rn. 9.

[74] BGHZ 45, 376 (377) = NJW 1966, 1747; BGH NJW 1981, 222; 1983, 565; MüKoHGB/*K. Schmidt* HGB § 105 Rn. 137, 139; Bamberger/Roth/*Schöne* Rn. 48; uneindeutig BGH NZG 2010, 619 (620), entscheidend auf salvatorische Klausel abstellend; aA *Wiesner* NJW 1984, 98; für Gesamtunwirksamkeit auch schon *Hueck* OHG § 6 III 2, S. 61 unter Berufung auf RGZ 97, 219 (220). Wohl auch Baumbach/Hopt/*Roth* HGB § 105 Rn. 57. Näher → Rn. 40.

[75] Das hebt *Wiesner* NJW 1984, 98 zu Recht hervor; für Gesamtunwirksamkeit daher auch schon *Hueck* OHG § 6 III 2, S. 61 unter Berufung auf RGZ 97, 219 (220). Wohl auch Baumbach/Hopt/*Roth* HGB § 105 Rn. 57. Näher → Rn. 40.

[76] BGH NJW 1978, 2505 (2506); Erman/*Westermann* Rn. 10.

[77] So zutr. Erman/*Grziwotz* § 311b Rn. 21 allg. für die Anwachsung.

[78] HM, vgl. BGH ZIP 1996, 547; RGZ 82, 299 (302); 108, 60; RG JW 1935, 3529; Soergel/*Hadding*/*Kießling* Rn. 9; Staub/*Schäfer* HGB § 105 Rn. 171; zu Unrecht aA – unter Hinweis auf die von § 311b Abs. 1 nicht erfassten Haftungsrisiken der beitretenden Gesellschafters – *Grunewald,* FS Hagen, 1999, S. 277 (286 ff.).

[79] So bei der Verpflichtung zur Übertragung der Anteile einer Gesellschaft, deren Vermögen im Wesentlichen nur aus einem oder mehreren Grundstücken besteht, → § 719 Rn. 35 f.; Ulmer/*Löbbe* DNotZ 1998, 711 (718 ff.); *Wertenbruch* NZG 2008, 454 (455 f.); abw. BGH DB 2008, 980 (981) betr. GbR, deren einziges Vermögen in einem GmbH-Anteil bestand, in Bezug auf den Anteilskauf: nicht in allen Fällen, in denen das Halten von GmbH-Anteilen der Haupt- oder alleinige Zweck einer GbR ist, liegt Umgehung von § 15 Abs. 4 GmbHG vor.

ebenso wie die Übertragung selbst, grundsätzlich formlos wirksam (→ § 311b Rn. 14 *[Kanzleiter]*; § 719 Rn. 33).[80] Keiner Form bedarf weiter die formwechselnde Umwandlung einer GbR in eine Personengesellschaft (OHG oder KG) oder umgekehrt; sie lässt die dingliche Zuordnung der zum Gesellschaftsvermögen gehörenden Grundstücke unberührt (→ Rn. 13). Wohl aber ist wegen der hier notwendigen rechtsgeschäftlichen Übertragungsakte die Form des § 311b Abs. 1 zu beachten, wenn Grundstücke von einer Personengesellschaft auf eine aus den gleichen Gesellschaftern bestehende andere Gesellschaft übertragen oder wenn eine sonstige Personengemeinschaft mit Grundvermögen als GbR fortgesetzt werden sollen (→ Rn. 15).

bb) Kasuistik. Soweit es um die Fälle der **Grundstücksveräußerung** geht, ist formbedürftig 37 die Verpflichtung eines Gesellschafters, der GbR ein Grundstück zu Eigentum zu übertragen[81] oder es im Interesse der Gesellschaft an einen Dritten zu übereignen.[82] Gleiches gilt für die Einräumung eines Vorkaufsrechts am Grundstück eines Gesellschafters zu Gunsten der GbR.[83] **Keiner Form** bedarf dagegen die Abrede über die bloße Gebrauchsüberlassung des Grundstücks;[84] sie fällt auch nicht etwa unter § 550 (Schriftform eines längerfristigen Mietvertrags).[85] Ebenso kann die Einbringung des Grundstücks „dem Werte nach" (quoad sortem, → § 706 Rn. 12) formlos vereinbart werden,[86] soweit der GbR nicht während deren Dauer oder im Rahmen der Liquidation ein Verwertungsrecht zustehen soll.[87] Unanwendbar ist § 311b Abs. 1 auch auf Vereinbarungen über eine stille Gesellschaft, eine Unterbeteiligung oder eine sonstige Innengesellschaft, wenn sie nicht ausnahmsweise eine Pflicht des Stillen, Unterbeteiligten ua zur Grundstücksübertragung an den tätigen Gesellschafter begründen; die Gewinnbeteiligung am Unternehmen des tätigen Gesellschafters löst mangels einer auf dingliche Rechtsänderung an Grundstücken gerichteten Verpflichtung auch dann keine Formbedürftigkeit aus, wenn zum Vermögen des tätigen Gesellschafters Grundstücke gehören.[88] Keiner Form bedarf schließlich die Pflicht, das von einem Gesellschafter auf Rechnung der GbR erworbene Grundstück an diese zu übertragen, sie ist nicht Gegenstand, sondern bloße Folge des Gesellschaftsvertrags (§§ 713, 667).

Erwerbspflichten über Grundstücke sind seit 1973 ebenfalls der Formvorschrift des § 311b 38 Abs. 1 unterstellt.[89] Danach bedarf ein Gesellschaftsvertrag notarieller Form, wenn er zum Zwecke des gesamthänderischen Erwerbs eines *bestimmten* Grundstücks geschlossen wird.[90] Durch Auslegung eines unter Mitwirkung aller Gesellschafter für die GbR geschlossenen notariellen Kaufvertrags über den Erwerb des Grundstücks wird es freilich häufig möglich sein, darin auf Seiten der Gesellschafter als gesamthänderische Erwerber zugleich einen formgültigen Gesellschaftsvertrag zu sehen.[91] Formbedürftig ist des Weiteren ein Gesellschaftsvertrag, durch den sich ein Gesellschafter verpflichtet, ein Grundstück im eigenen Namen zu erwerben, um es sodann der Gesellschaft oder einem Dritten zu übereignen.[92]

Keiner notariellen Form bedarf der Gesellschaftsvertrag einer **Grundstücksgesellschaft,** wenn 39 der gemeinsame Zweck sich *allgemein* auf den Erwerb (und die Veräußerung) von Grundstücken richtet.[93] Entsprechend der Funktion der Formvorschrift, die Vertragspartner vor übereilten Bindun-

---

[80] Vgl. OLG Frankfurt DB 1996, 1177.
[81] BGH BB 1955, 203; WM 1977, 783; RGZ 68, 260 (262); stRspr.
[82] BGH NJW-RR 1991, 613 (614); WM 1977, 196 (197); RGZ 162, 78 (84); RG JW 1905, 73 (74).
[83] RGZ 110, 327 (333); 125, 261 (263); Soergel/*Hadding*/*Kießling* Rn. 9.
[84] RGZ 109, 380 (381 f.); Soergel/*Hadding*/*Kießling* Rn. 9; Erman/*Westermann* Rn. 10.
[85] Soergel/*Hadding*/*Kießling* § 706 Rn. 24; *Hueck* OHG § 6 III 2, S. 61.
[86] HM, vgl. BGH WM 1965, 744 (745); 1967, 951 (952); RGZ 109, 380 (381 f.); 166, 160 (163); Soergel/ *Hadding*/*Kießling* Rn. 9; Erman/*Westermann* Rn. 10.
[87] BGH WM 1967, 609 (610); RGZ 162, 78 (81 f.).
[88] RGZ 109, 380 (381 f.). Anders nur, wenn vereinbart wird, die dem tätigen Gesellschafter gehörenden Grundstücke bei Auflösung der Gesellschaft zu verwerten, RGZ 166, 160 (165); → § 730 Rn. 13; *Petzoldt* BB 1975, 905 (907).
[89] Näher zu den damit verbundenen Konsequenzen für Gesellschaftsverträge *Petzoldt* BB 1975, 905 (906 ff.); *Heckschen*, Die Formbedürftigkeit mittelbarer Grundstücksgeschäfte, 1987, S. 127 ff.; zur früheren Rechtslage vgl. Soergel/*Schultze-v. Lasaulx*, 10. Aufl. 1969, Rn. 5 aE.
[90] Vgl. BGH NJW-RR 1991, 613 (614); OLG Köln NZG 2000, 930; GWR 2010, 321; *Ulmer*/*Löbbe* DNotZ 1998, 711 (740); MüKoHGB/*K. Schmidt* HGB § 105 Rn. 135; im Ergebnis auch *Grunewald*, FS Hagen, 1997, S. 277 (279, 285 f.).
[91] Zutr. *Petzoldt* BB 1975, 905 (908); *Heckschen*, Die Formbedürftigkeit mittelbarer Grundstücksgeschäfte, 1987, S. 127 ff.; wohl auch Erman/*Westermann* Rn. 10.
[92] Vgl. bei beabsichtigter anschließender Übereignung an die Gesellschaft BGHZ 85, 245 (250 f.) = NJW 1983, 566; Baumbach/Hopt/*Roth* § 105 Rn. 55; bei beabsichtigter Übereignung an Dritte BGH NJW-RR 1991, 613 (614); WM 1977, 196 (197); RGZ 162, 78 (84); RG JW 1905, 73 (74).
[93] Ganz hM, s. BGH NJW 1996, 1279; 1978, 2505 f.; sowie für Bau- oder Siedlungsgenossenschaften BGHZ 15, 177 (181) = NJW 1955, 178; BGHZ 31 (37, 38) = NJW 1959, 2211; Soergel/*Hadding*/*Kießling* Rn. 10;

gen auf dem Grundstücksmarkt zu schützen, ist in derartigen Fällen für das Eingreifen von § 311b Abs. 1 jedenfalls dann kein Raum, wenn Gesamtgeschäftsführung besteht und daher alle Partner am jeweiligen späteren Erwerbsvorgang mitwirken müssen (§§ 709, 714). Aber auch wenn die Gesellschafter Einzelgeschäftsführung vereinbart haben und bestimmte Gesellschafter von der Geschäftsführung ausgeschlossen sind, dh auch kein Widerspruchsrecht nach § 711 haben, ist § 311b Abs. 1 S. 1 unanwendbar, weil sein Eingreifen allein auf die Schutzbedürftigkeit der *Gesellschaft* als Erwerber des Grundstücks gestützt werden könnte.[94] Ihr trägt jedoch aus der Sicht der neueren Gesamthandslehre das Eingreifen des Formerfordernisses für die einzelnen von der GbR künftig zu schließenden Grundstücksgeschäfte hinreichend Rechnung.[95]

40   **cc) Rechtsfolgen des Formmangels.** Die Nichteinhaltung der Formvorschriften führt vorbehaltlich der Heilung (→ Rn. 41) zur Nichtigkeit der betroffenen Vereinbarung (§ 125 S. 1). Sie macht den gesamten **Gesellschaftsvertrag fehlerhaft,** wenn nicht im Einzelfall eine Umdeutung der formnichtigen Einlageverpflichtung nach § 140 möglich ist. Diese kommt bei formnichtigen Einlageversprechen über Grundstücke namentlich dann in Betracht, wenn einerseits die Erreichung des gemeinsamen Zwecks nicht speziell die Eigentumsverschaffung am Grundstück voraussetzt, andererseits die Einbringung zum Gebrauch oder dem Werte nach, ggf. auch unter Zuzahlung eines Geldbetrags durch den Inferenten, für alle Parteien zumutbar erscheint.[96] Scheidet eine Umdeutung nach Lage des Falles aus, so erfasst die Nichtigkeit nicht nur die Einlagepflicht, sondern den ganzen Vertrag (→ Rn. 35); für die Anwendung der Grundsätze über die Teilunwirksamkeit ist kein Raum.[97] Zur Behandlung in Vollzug gesetzter, auf einem nach § 125 nichtigen Vertragsschluss beruhender Gesellschaften → Rn. 342 ff.

41   Die **Heilung** des Formmangels tritt in Fällen formnichtiger Veräußerungs- oder Erwerbspflichten eines beitretenden oder ausscheidenden Gesellschafters dann ein, wenn es zum wirksamen dinglichen Vollzug des Verpflichtungsgeschäfts kommt; es gelten § 311b Abs. 1 S. 2 BGB, § 15 Abs. 4 S. 2 GmbHG. Dagegen hat im Falle *analoger* Anwendung des § 311b Abs. 1 S. 1 auf Verpflichtungsgeschäfte über Anteile an Gesellschaften mit grundstücksspezifischem Zweck (→ § 719 Rn. 35 f.) die Anteilsübertragung als solche keine Heilungswirkung. Eine solche kommt jedoch analog § 311b Abs. 1 S. 2 dann in Betracht, wenn der auf die Grundstücksgesellschaft bezogene Gesellschafterwechsel im Berichtigungswege im Grundbuch vermerkt wird.[98] Eine Heilung nach oder analog § 15 Abs. 4 S. 2 GmbHG scheidet ohne notarielle Abtretung des zum Gesamthandsvermögen gehörenden GmbH-Anteils aus.

42   **c) Unentgeltlich eingeräumte Beteiligung. aa) Unentgeltlichkeit.** Ein Formproblem besonderer Art stellt sich, wenn bei der Gründung der GbR oder im späteren Verlauf ein neuer Gesellschafter unentgeltlich beteiligt oder sein Gesellschaftsanteil zu Lasten von Mitgesellschaftern aufgestockt werden soll. In derartigen Fällen liegt nach § 516 Abs. 1 eine – grundsätzlich formbedürftige (§ 518 Abs. 1) – **Schenkung** dann vor, wenn die Aufnahme in die Gesellschaft oder die Aufstockung der Beteiligung zu einer Vermögensmehrung bei dem Begünstigten führt und beide Seiten über die Unentgeltlichkeit der Zuwendung einig sind (→ § 516 Rn. 24 f., 90 f. *[Koch]*). Von den nicht durch § 516 erfassten Fällen einer als Ausstattung (§ 1624) zugewendeten Beteiligung abgesehen, ist das bei

---

Erman/*Westermann* Rn. 10; Staub/*Schäfer* HGB § 105 Rn. 172; MüKoHGB/*K. Schmidt* HGB § 105 Rn. 136; aA *Mock*, FS Bezzenberger, 2000, S. 529 (537); *Schwanecke* NJW 1984, 1585 (1588); *Petzoldt* BB 1975, 905 (907); im Ergebnis auch Staudinger/*Schumacher* (2012) § 311b Rn. 117; bei auf Veräußerung der Grundstücke gerichtetem Gesellschaftszweck auch *Heckschen*, Die Formbedürftigkeit mittelbarer Grundstücksgeschäfte, 1987, S. 135 ff.

[94] Dazu näher *Ulmer/Löbbe* DNotZ 1998, 711 (735 ff.).
[95] Ganz hM, s. BGH NJW 1978, 2505 f.; sowie für Bau- oder Siedlungsgenossenschaften BGHZ 15, 177 (181) = NJW 1955, 178; BGHZ 31 (37, 38) = NJW 1959, 2211; Soergel/*Hadding/Kießling* Rn. 10; Erman/*Westermann* Rn. 10; Staub/*Schäfer* HGB § 105 Rn. 172; MüKoHGB/*K. Schmidt* HGB § 105 Rn. 136; aA *Mock*, FS Bezzenberger, 2000, S. 529 (537); *Schwanecke* NJW 1984, 1585 (1588); *Petzoldt* BB 1975, 905 (907) bei Alleingeschäftsführungsbefugnis eines Gesellschafters; im Ergebnis auch Staudinger/*Schumacher* (2012) § 311b Rn. 117; bei auf Veräußerung der Grundstücke gerichtetem Gesellschaftszweck auch *Heckschen,* Die Formbedürftigkeit mittelbarer Grundstücksgeschäfte, 1987, S. 135 ff. – Zur Formbedürftigkeit unwiderruflicher Vollmachten nach § 311b Abs. 1 → § 311b Rn. 45 *(Kanzleiter)*; Erman/*Grziwotz* § 311b Rn. 35; BGH NJW 1996, 1279.
[96] BGH WM 1967, 951 (952); vgl. auch Soergel/*Hadding/Kießling* § 706 Rn. 23.
[97] So zutr. *Wiesner* NJW 1984, 98 sowie früher schon *Hueck* § 60 III, S. 61 unter Berufung auf RGZ 97, 219 (220). AA die überwM, die hinsichtlich der Rechtsfolgen der Formnichtigkeit auf § 139 zurückgreift; BGHZ 45, 376 (377) = NJW 1966, 1747; BGH NJW 1981, 222; 1983, 565; MüKoHGB/*K. Schmidt* HGB § 105 Rn. 137, 139; Bamberger/Roth/*Schöne* Rn. 48; uneindeutig aber BGH NZG 2010, 619 (620) auf salvatorische Klausel abstellend.
[98] So auch *K. Schmidt* AcP 182 (1982), 481 (512); aber → Rn. 312 zur gebotenen Eintragung der GbR als solcher im Grundbuch.

Unentgeltlichkeit der Einräumung oder Aufstockung einer Beteiligung an einer **Innengesellschaft,** insbesondere einer stillen Beteiligung regelmäßig anzunehmen.

Bei der Aufnahme in eine **Außengesellschaft** soll nach *ständiger Rechtsprechung* Unentgeltlichkeit **43** grundsätzlich ausscheiden, sofern es um den Beitritt als persönlich haftender Gesellschafter zu einer OHG oder KG geht;[99] das müsste nach Durchsetzung der Akzessorietätstheorie (→ § 714 Rn. 5) auch für den Beitritt zu einer Außen-GbR gelten. Dieser Rechtsprechung ist indessen **nicht** zu folgen; vielmehr kommt es nach der im gesellschaftsrechtlichen Schrifttum hM[100] darauf an, ob der Wert der Beteiligung die Belastungen des unentgeltlich aufgenommenen Gesellschafters aus persönlicher Haftung und etwaiger Tätigkeitspflicht deutlich übersteigt sowie ob mit der unentgeltlichen Aufnahme auch subjektiv eine Zuwendung (gemischte Schenkung) gewollt war oder ob es den Mitgesellschaftern vielmehr darum ging, der GbR den Rat und die Dienste des neuen Gesellschafters zu sichern (dann Aufnahmevertrag formlos wirksam).[101] Die Frage hat nicht nur Bedeutung für die Form der schuldrechtlichen Vereinbarung, sondern auch für das Eingreifen der Vorschriften über den Widerruf wegen groben Undanks (§§ 530 ff.).[102] – Zur unentgeltlichen Anteilsübertragung → § 719 Rn. 34; zum Fall eines Zusammenschlusses, der dem Interesse nur eines Teils der Partner zu dienen bestimmt ist (societas leonina) und bei dem der fremdnützig handelnde Teil eine Zuwendungsabsicht verfolgt, → Rn. 151.

bb) Schenkungsvollzug (§ 518 Abs. 2). Ist nach dem Vorstehenden die unentgeltliche Beteili- **44** gung an der GbR oder die Aufstockung des Kapitalanteils als – ggf. gemischte[103] – Schenkung zu beurteilen, so führt die Nichteinhaltung der notariellen Form zu der Frage, unter welchen Voraussetzungen eine **Heilung** des Mangels **nach § 518 Abs. 2** wegen Vollzugs der Schenkung eintritt. Nach langjähriger **früherer Rechtsprechung des BGH** lässt sich ein solcher Vollzug, dh die „Bewirkung der versprochenen Leistung", zwar in der – zu Gesamthandseigentum und Außenhaftung des Beitretenden führenden – gesellschaftsvertraglich begründeten Beteiligung an einer *Außengesellschaft* sehen, *nicht* dagegen im Beitritt zu einer *Innengesellschaft*.[104] Im letzteren Fall werde nur eine formnichtige schuldrechtliche Forderung durch eine andere ersetzt, ohne dass es zu einer dinglichen Rechtseinräumung komme. Auch die handels- und steuerrechtliche Ein- oder Umbuchung der dem Begünstigten zugewendeten Beteiligung könne den Formmangel nicht heilen.[105] In **jüngerer Zeit** geht das Gericht hingegen davon aus, dass

---

[99] So unter Hinweis auf die persönliche Haftung des Beitretenden und die ihn regelmäßig treffende Geschäftsführungspflicht BGH NJW 1959, 1433; WM 1965, 355; 1977, 862 (864); NJW 1981, 1956; offenlassend BGHZ 112, 40 (44) = NJW 1990, 2616 für Kommanditanteil; grds. zust. Hermann § 516 Rn. 11; Palandt/ *Weidenkaff* § 516 Rn. 9a; aA OLG Schleswig NZG 2012, 1423 (1424ff.): bei vermögensverwaltender Gesellschaft tritt Haftung in den Hintergrund; Staub/*Schäfer* HGB § 105 Rn. 175; Erman/*Westermann* Rn. 11; Baumbach/ Hopt/*Roth* HGB § 105 Rn. 56; *K. Schmidt* BB 1990, 1992 (1994); wohl auch Soergel/*Hadding/Kießling* Rn. 11; Bamberger/Roth/*Schöne* Rn. 49; → § 516 Rn. 91 *(Koch)*.
[100] → § 516 Rn. 91 *(Koch)*; OLG Schleswig NZG 2012, 1423 (1424); Staub/*Schäfer* HGB § 105 Rn. 175; Erman/*Westermann* Rn. 11; Baumbach/Hopt/*Roth* HGB § 105 Rn. 56; *K. Schmidt* BB 1990, 1992 (1994); wohl auch Soergel/*Hadding/Kießling* Rn. 11; Bamberger/Roth/*Schöne* Rn. 49.
[101] Zu den denkbaren Fallgestaltungen und Motiven vgl. namentlich *Hueck* DB 1966, 1043 (1044) und *U. Huber*, Vermögensanteil, Kapitalanteil und Gesellschaftsanteil, 1970, S. 203 f. jeweils für die OHG.
[102] Vgl. dazu BGHZ 112, 40 (46 ff.) = NJW 1990, 2616 betr. Kommanditanteil; *U. Huber*, Vermögensanteil, Kapitalanteil und Gesellschaftsanteil, 1970, S. 205 f.; *Hueck* DB 1966, 1043. - Zur Frage der Wirksamkeit eines einseitigen Widerrufsvorbehalts ohne wichtigen Grund → § 737 Rn. 21 f.
[103] Zu ihrer Behandlung im Rahmen von § 518 → § 516 Rn. 36 ff. *(Koch)*; Erman/*E. Herrmann* § 516 Rn. 16; *U. Huber*, Vermögensanteil, Kapitalanteil und Gesellschaftsanteil, 1970, S. 297 mwN.
[104] BGHZ 7, 174 (179) = NJW 1952, 1412; BGHZ 7, 378 (379 ff.) = NJW 1953, 138; BGH WM 1967, 685; BFH DB 1979, 2160 (2161); so auch OLG Frankfurt DB 1996, 1177; offenlassend BGHZ 112, 40 (46) = NJW 1990, 2616 sowie noch BFH BStBl. II 1975 S. 141 = BB 1975, 166 f.; wohl auch Erman/*E. Herrmann* § 518 Rn. 5b – nicht eindeutig: Vollzug nur insoweit als Gewinne ausgezahlt werden; Staudinger/*Chiusi* (2013) § 518 Rn. 43 ff.; *U. Huber* Vermögensanteil, Kapitalanteil und Gesellschaftsanteil, 1970, S. 155 f.; *Bilsdorfer* NJW 1980, 2785 (2787); Zu Gegenansichten vgl. schon die Grundsatzkritik an der BGH-Rspr. durch *Hueck* NJW 1953, 138; *Siebert* NJW 1953, 806 f.; und *Würdinger* JZ 1953, 226. So auch Baumbach/Hopt/*Roth* HGB § 230 Rn. 10; *Blaurock*, Handbuch der stillen Gesellschaft, 7. Aufl. 2010, § 6 Rn. 6.23; *Blaurock*, Unterbeteiligung und Treuhand, 1981, S. 156; *Koenigs*, Stille Gesellschaft, 1961, S. 74 ff.; *Brandner/Bergmann*, FS Sigle, 2000, S. 327 (331 ff.); *Wiedemann/Heinemann* DB 1990, 1649 (1652). Nach der Art der stillen Beteiligung diff. MuKoHGB/ *K. Schmidt* HGB § 230 Rn. 99 ff.; ohne eigene Stellungnahme Bamberger/Roth/*Schöne* Rn. 49; Staudinger/ *Habermeier* (2003) Rn. 10; zur steuerrechtlichen Beurteilung von Beteiligungen an Innengesellschaften s. *L. Schmidt*, 33. Aufl. 2014, EStG § 15 Rn. 773 f.; *Groh* BB 1987, 1505 ff. – Anders entscheidet der BGH jetzt für die Schenkung einer atypischen Unterbeteiligung; sie werde mit Abschluss des Gesellschaftsvertrages vollzogen, BGHZ 191, 354 (360) Rn. 21 ff. = ZIP 2012, 326 (328 f.) – Siegfried-Unseld-Stiftung; → Vor § 705 Rn. 96 aE.
[105] BGHZ 7, 174 (179) = NJW 1952, 1412; BGHZ 7, 378 (380) = NJW 1953, 138.

die unentgeltliche Zuwendung einer atypischen stillen Beteiligung mit dem Abschluss des Gesellschaftsvertrags zivilrechtlich wirksam vollzogen ist.[106]

45 **Stellungnahme.** Die pauschale Differenzierung der alten Rechtsprechung zwischen Außen- und Innengesellschaft im Hinblick auf die Anforderungen an den Schenkungsvollzug ist mit der in der Literatur überwiegenden Ansicht[107] **abzulehnen.** Ihr steht einerseits entgegen, dass die Beteiligung nicht nur an einer Außen-, sondern auch an einer Innengesellschaft typischerweise über die bloße Einräumung einer schuldrechtlichen Forderung auf Vermögensleistungen (Gewinn und Auseinandersetzungsguthaben) hinausgeht. Mit der Beteiligung verbinden sich außer den Vermögensrechten auch eine Reihe von im Gesellschaftsanteil (der Mitgliedschaft) zusammengefassten Verwaltungsrechten und -pflichten.[108] Zum anderen unterscheiden sich aber auch die „Vollzugsakte" einer unentgeltlichen Beteiligung an einer Außen- oder Innengesellschaft nicht grundlegend voneinander.[109] In beiden Fällen geht es um Abschluss oder Änderung des Gesellschaftsvertrags unter Einbezug des Beitretenden, typischerweise verbunden mit der „Einbuchung" eines Kapitalanteils für ihn zu Lasten eines oder mehrerer Altgesellschafter. Die im Regelfall zwar bei der Außengesellschaft, nicht aber bei der Innengesellschaft ieS (→ Rn. 282) hinzukommende dingliche Mitberechtigung als Gesamthänder ist nicht etwa Gegenstand, sondern – als Anwachsung – bloße Folge der Beitrittsvereinbarung. Ein besonderer, zum Abschluss des Gesellschaftsvertrags oder der Vereinbarung über die Anteilsübertragung hinzutretender rechtsgeschäftlicher Vollzug fehlt daher auch bei der unentgeltlichen Beteiligung an einer Außengesellschaft, was der Wirksamkeit der Schenkung nach § 518 Abs. 2 bei Fehlen notarieller Form nach ganz hM nicht entgegensteht (→ Rn. 44). Ein Grund für die generell abweichende Behandlung der Innengesellschaft ist daher nicht ersichtlich; auch bei dieser liegt die Rechtsverschaffung regelmäßig schon in der Begründung oder Übertragung der Mitgliedschaft. Dem trägt die jüngere Rechtsprechung zutr. Rechnung.[110]

46 **Anderes** gilt für die Fälle der **typischen stillen Gesellschaft,** da sich bei ihr die Rechte des Stillen ähnlich wie bei partiarischen Darlehen auf *obligatorische Ansprüche gegen den Inhaber* beschränken.[111] Die schenkweise begründete Forderung wird hier mit anderen Worten durch eine solche aus stiller Beteiligung ersetzt.[112] Hierzu bedarf es mit Rücksicht auf § 518 Abs. 1 S. 2 in der Tat der Einhaltung der notariellen Form. Die Auszahlung von Gewinnen oder von Kapital als Abfindung bedeutet Vollzug nur für die jeweiligen Auszahlungsbeträge; sie schließt insoweit Rückforderung nach Bereicherungsrecht aus. Die Ausnahme greift *nicht* ein, wenn die stille Beteiligung nicht am (Einzel-)Unternehmen des Schenkers, sondern an einer Personen- oder Kapitalgesellschaft begründet wird, an der der Schenker seinerseits beteiligt ist. Da die Rechte des Stillen sich in diesem Fall nicht gegen den Schenker, sondern gegen die jeweilige Gesellschaft richten, steht der Rechtsgedanke des § 518 Abs. 1 S. 2 der Anerkennung des Vertragsabschlusses als Vollzug der Schenkung nicht entgegen.[113] Entsprechendes gilt bei Schenkung einer schon bestehenden stillen Beteiligung; auch insoweit wird der Formmangel alsbald durch die Anteilsübertragung geheilt, ohne dass § 518 Abs. 1 S. 2 entgegensteht (→ § 719 Rn. 34).

47 Aus den in → Rn. 45 genannten Gründen entfällt regelmäßig auch die Formbedürftigkeit eines Gesellschaftsvertrags, wenn darin der Schätzwert der Einlage oder der Gewinnanteil des für den

---

[106] BGHZ 191, 354 = NZG 2012, 222; ebenso auch BFH ZIP 2014, 2131 (2134).
[107] Vgl. schon die Grundsatzkritik an der BGH-Rspr. durch *Hueck* NJW 1953, 138; *Siebert* NJW 1953, 806 f.; *Würdinger* JZ 1953, 226. So auch Staudinger/*Chiusi* (2013) § 518 Rn. 45; Baumbach/Hopt/*Roth* HGB § 230 Rn. 10; *Blaurock,* Handbuch der stillen Gesellschaft, 7. Aufl. 2010, § 6 Rn. 6.23; *Blaurock,* Unterbeteiligung und Treuhand, 1981, S. 156; *Koenigs,* Stille Gesellschaft, 1961, S. 74 f.; *Brandner/Bergmann,* FS Sigle, 2000, S. 327 (331 ff.); *Wiedemann/Heinemann* DB 1990, 1649 (1652). Nach der Art der stillen Beteiligung diff. MüKoHGB/ *K. Schmidt* HGB § 230 Rn. 99 ff.; ohne eigene Stellungnahme Bamberger/Roth/*Schöne* Rn. 49; Staudinger/ *Habermeier* (2003) Rn. 10.
[108] Kontroll- und Mitspracherechte, Treupflichten ua, vgl. besonders *Hueck* NJW 1953, 138; *Coenen,* Formfreie Schenkung der Gesellschafterstellung in einer stillen Gesellschaft und einer Unterbeteiligung, 2002, S. 112 ff. Ähnlich spricht *Würdinger* JZ 1953, 226 von der Zuwendung eines „Wertanteils"; dagegen *U. Huber,* Vermögensanteil, Kapitalanteil und Gesellschaftsanteil, 1970, S. 155 f.
[109] Insoweit wie hier Erman/*Westermann* Rn. 11.
[110] BGHZ 191, 354 (360) Rn. 21 ff. = ZIP 2012, 326; BFH ZIP 2014, 2131 (2134), jeweils zur atypischen stillen Beteiligung.
[111] Vgl. allg. zu den Mitwirkungs- und Kontrollrechten des Stillen *Blaurock,* Handbuch der stillen Gesellschaft, 7. Aufl. 2010, § 12 Rn. 12.59 ff.; Staub/*Harbarth* HGB § 230 Rn. 126 ff.; MüKoHGB/*K. Schmidt* HGB § 230 Rn. 57 ff., 64, § 233 Rn. 5 ff. – Zur Abgrenzung gegenüber partiarischen Rechtsverhältnissen → Vor § 705 Rn. 107 ff.
[112] So in zutr. Differenzierung MüKoHGB/*K. Schmidt* HGB § 230 Rn. 103; *K. Schmidt* DB 2002, 829 (832); aA *Coenen,* Formfreie Schenkung der Gesellschafterstellung in einer stillen Gesellschaft und einer Unterbeteiligung, 2002, S. 161, 187 f.
[113] So zu Recht *K. Schmidt* DB 2002, 829 (833 f.).

Beitritt geworbenen Gesellschafters ungewöhnlich hoch festgesetzt wird.[114] Lediglich bei der unentgeltlichen **Aufstockung einer** bereits **bestehenden Beteiligung** mag zweifelhaft sein, ob zum Vollzug nicht mehr hinzutreten muss als die entsprechende Vertragsänderung und die sie verlautbarenden, keinen eigenen Rechtsverschaffungscharakter tragenden Buchungsvorgänge. Aber auch hier ist eine Heilung des Formmangels nach § 518 Abs. 2 spätestens dann zu bejahen, wenn innerhalb der Gesellschaft nach der Änderung verfahren, insbesondere dem Beschenkten ein höheres Stimmrecht eingeräumt oder der erhöhte Gewinnanteil ausgezahlt wird.

Fälle, in denen die schenkweise Begründung oder Aufstockung der Beteiligung an einer GbR am **Formmangel** scheitert, werden sich nach allem auf **Ausnahmen** beschränken; anderes gilt nur für typische stille Beteiligungen (→ Rn. 46). Bewendet es danach im Einzelfall bei der Formnichtigkeit, so betrifft diese doch im Zweifel nur die unentgeltliche Beteiligung als solche und erfasst nicht etwa den ganzen Gesellschaftsvertrag (→ Rn. 54). Zur Behandlung eines fehlerhaften Beitritts nach Vollzug → Rn. 366 ff.; zur Frage der Vereinbarkeit des Vorbehalts eines freien Schenkungswiderrufs mit den Schranken für den Ausschluss eines Gesellschafters ohne wichtigen Grund → § 737 Rn. 21 f. **48**

d) **Gewillkürte Form.** Nach § 125 S. 2 hat auch die Nichteinhaltung der *durch Rechtsgeschäft* **49** *bestimmten Form* im Zweifel die Nichtigkeit der Vereinbarung zur Folge. Die Bestimmung ist vor allem für Vertragsänderungen bedeutsam; für den Fall des in schriftlicher Form beabsichtigten Vertragsschlusses tritt an ihre Stelle die funktional übereinstimmende Auslegungsregel des § 154 Abs. 2 (→ Rn. 29).[115] Die Formerfordernisse richten sich im Fall einer Schriftformklausel (→ Rn. 50) mangels abweichender Vereinbarung nach §§ 126, 127; allerdings setzt die in § 126 Abs. 3 zugelassene Ersetzung der gewillkürten Schriftform durch die elektronische Form (§ 126a) nach hM voraus, dass die Parteien sich hierauf verständigen.[116] Neu ist die in § 127 Abs. 2 S. 1 nF geregelte Anerkennung telekommunikativer Übermittlung als im Zweifel ausreichendes Schriftformsurrogat. Das gilt nicht nur für Fax, sondern auch für E-Mail (→ § 127 Rn. 6 *[Einsele]*).[117] Gemeinsam ist diesen Surrogaten der jeweilige Verzicht auf das Erfordernis eigenhändiger Unterschrift. Bei Vertragsänderungen sog. *Publikumsgesellschaften* genügt abweichend hiervon im Regelfall die Protokollierung des Beschlusses der Gesellschafterversammlung, soweit nicht eine Erhöhung der Beiträge der einzelnen Gesellschafter in Frage steht (→ § 127 Rn. 7 *[Einsele]*).[118]

Schriftformklauseln, die für die Änderung oder Ergänzung des Vertrags schriftliche Form **50** vorschreiben, sind in Gesellschaftsverträgen weit verbreitet.[119] Entgegen BGHZ 49, 364, 366 f. = NJW 1968, 1378 haben sie nicht nur Klarstellungsfunktion,[120] sondern sollen entsprechend § 125 S. 2 die Wirksamkeit des Beschlusses von der Einhaltung der Form abhängig machen.[121] Das schließt es nicht aus, ihren Anwendungsbereich im Wege der **Auslegung** näher zu bestimmen, namentlich etwa die von den Gesellschaftern beschlossene einmalige oder begrenzte Durchbrechung einer grundsätzlich unverändert weitergeltenden Vereinbarung als nicht dem Schriftformerfordernis unterliegend anzusehen.[122]

Auch soweit die Schriftformklausel im Grundsatz eingreift, sind die Parteien als „Herren des **51** Geschäfts" nicht gehindert, sie durch formlose Abrede bzw. durch entsprechenden Mehrheitsbe-

---

[114] Im Zweifel ist hier freilich schon der Schenkungscharakter zu verneinen, vgl. BGH NJW 1959, 1433; Soergel/*Hadding*/*Kießling* Rn. 11.
[115] Soweit sich die Schriftformklausel auf die Vollständigkeit des schriftlich Vereinbarten bezieht, erlangt sie freilich auch bereits bei Vertragsschluss Bedeutung, RGZ 97, 175 (176); allg. zur Vermutung der Vollständigkeit vgl. Soergel/*Hefermehl* § 125 Rn. 24.
[116] Soergel/*Marly* § 126a Rn. 26; Staudinger/*Hertel* (2012) § 126 Rn. 167; Palandt/*Ellenberger* § 126a Rn. 6; aA → § 126 Rn. 27, 29 *(Einsele)*.
[117] Palandt/*Ellenberger* § 127 Rn. 2.
[118] BGHZ 66, 82 (86 f.) = NJW 1976, 958.
[119] Vgl. nur die übereinstimmend dahin gehenden Empfehlungen in Formularbüchern, etwa *Blaum*/*Scholz* in Beck'sches Formularbuch zum Bürgerlichen, Handels- und Wirtschaftsrecht, 10. Aufl. 2010, VIII D. 1. § 19; aber *Marsch-Barner* in Münchener Vertragshandbuch, Bd. 1, GesR, 7. Aufl. 2011, I.4. § 23, der sich mit dem BGH für eine bloße Klarstellungsfunktion der Schriftformklauseln ausspricht; s. ferner die Nachweise bei *Hueck* DB 1968, 1207 Fn. 3.
[120] Dh den Zweck, den Gesellschaftern, die sich auf die schriftliche Änderung berufen, den Beweis zu erleichtern (sog. deklaratorische Schriftformklausel, → § 125 Rn. 69 *[Einsele]*). Nach *Hueck* DB 1968, 1207 (1208) folgt aus dieser Funktion das Recht eines jeden Gesellschafters, die schriftliche Festlegung der formlos wirksamen Änderung zu Beweiszwecken zu verlangen.
[121] So entgegen BGHZ 49, 364 = NJW 1968, 1378 die hM auch in der neueren Lit., vgl. *Hueck* DB 1968, 1207 ff.; Erman/*Westermann* Rn. 12 (anders für sonstige, nicht auf die Änderung des Gesellschaftsvertrags zielende Beschlüsse; so auch Bamberger/Roth/*Schöne* Rn. 50); Soergel/*Hefermehl* § 125 Rn. 34: „bedenklich"; dem BGH zust. aber Soergel/*Hadding*/*Kießling* Rn. 14.
[122] Zutr. *Hueck* DB 1968, 1207 (1209 f.) mit weiteren Beispielen.

schluss außer Kraft zu setzen;[123] erforderlich ist freilich, dass die Parteien sich der Abweichung bewusst sind und sie auch auf die Schriftform erstrecken wollen.[124] Die **formlose Aufhebung der Schriftform** in Bezug auf den Änderungsbeschluss ist entsprechend der Auslegungsregel des § 125 S. 2 von demjenigen zu beweisen, der sich hierauf beruft.[125] Anderes gilt dann, wenn die Parteien seit langem einvernehmlich eine vom Inhalt des schriftlichen Gesellschaftsvertrags abweichende Praxis verfolgen, etwa bei der Geschäftsführung oder der Gewinnverteilung: In solchen Fällen besteht eine zwar widerlegbare, jedoch die Darlegungs- und Beweislast umkehrende tatsächliche Vermutung dafür, dass es konkludent zu einer entsprechenden Vertragsänderung gekommen ist.[126] – Zur Möglichkeit der Vereinbarung der elektronischen Form oder der Textform s. § 127 Abs. 1 und 2 iVm §§ 126a, 126b nF (→ § 127 Rn. 3 ff. *[Einsele]*); zur Rechtslage beim Vollzug einer wegen Formmangels fehlerhaften Vertragsänderung, insbesondere dem fehlerhaften Ausscheiden eines Gesellschafters, → Rn. 360 ff., 370.

52 **3. Folgen der Teilnichtigkeit. a) Objektive Teilnichtigkeit (§ 139).** Soweit der Abschluss oder die Änderung eines Gesellschaftsvertrags an Mängeln leidet, die nach ihrem Gegenstand nicht den ganzen Vertrag erfassen („objektive Teilnichtigkeit"), fragt sich, welche Folgerungen sich hieraus für die übrigen, nicht mangelbehafteten Vertragsteile ergeben. Nach der Auslegungsregel des § 139 würde die Teilnichtigkeit regelmäßig zur Nichtigkeit des ganzen Vertrages führen; bei gleichwohl erfolgtem Vollzug griffen die Grundsätze über die fehlerhafte Gesellschaft ein (→ Rn. 326 ff.).

53 Eine undifferenzierte Anwendung des § 139 auf Personengesellschaftsverträge stößt allerdings zu Recht auf verbreitete Bedenken.[127] Sie stützen sich auf das grundsätzlich allen Gesellschaftern **gemeinsame Interesse am Bestand der Gesellschaft.** Es findet nicht selten seinen Ausdruck in einer Klausel, wonach die Nichtigkeit einzelner Vertragsbestimmungen die Gültigkeit des Vertrags im Übrigen nicht berührt (sog. salvatorische Klausel). Aber auch wenn der Vertrag nicht ausdrücklich eine solche Regelung enthält, was gerade bei den gewöhnlich weniger ausgefeilten Verträgen über die Gründung einer GbR nicht fern liegt, ist die bei der Auslegung zu berücksichtigende Interessenlage doch meist keine andere.[128] Für eine Gesamtnichtigkeit des Vertrags ist daher grundsätzlich nur Raum, wenn entweder die nichtige Vereinbarung von zentraler Bedeutung für das Zusammenwirken der Gesellschafter ist[129] oder wenn die Nichtigkeit bereits kurz nach der Gründung festgestellt wird und der Gedanke des Bestandsschutzes daher noch nicht zum Tragen kommt. Aus Gründen der Rechtssicherheit wird man freilich bereits unmittelbar nach Geschäftsbeginn und damit nach Entstehung der (Außen-)Gesellschaft im Verhältnis zu Dritten (→ Rn. 2) regelmäßig von einem mutmaßlichen Bestandswillen der Gesellschafter auszugehen haben, der einer Gesamtnichtigkeit entgegensteht. Demgemäß lässt die Nichtigkeit einzelner Bestimmungen die Wirksamkeit des Restvertrages auch ohne salvatorische Klausel regelmäßig unberührt; die Auslegungsregel des **§ 139 ist unanwendbar.** Die bestehenden Vertragslücken sind grundsätzlich durch ergänzende Vertragsauslegung zu schließen (→ Rn. 174). Zur Frage der Beachtung nichtiger Vertragsteile, wenn ausnahmsweise die Grundsätze über die fehlerhafte Gesellschaft eingreifen, → Rn. 344.

---

[123] So auch Erman/*Westermann* Rn. 12; Römermann NZG 1998, 978 (980); aA → § 125 Rn. 66 *(Einsele)*, aber auch BGHZ 66, 378 (381 f.) = NJW 1976, 1395 für einen Mietvertrag, der entsprechend dem Verzicht auf das Formerfordernis an die Schriftform gebunden war; ebenso für eine Schriftformklausel im Gesellschaftsvertrag OLG Düsseldorf NJW 1977, 2216; offengelassen von BGH NJW-RR 1991, 1289 (1290).

[124] So zutr. BGHZ 119, 283 (291) = NJW 1993, 64 – Bierlieferungsvertrag; Erman/*Westermann* Rn. 12; Römermann NZG 1998, 980 f.; aA → § 125 Rn. 70 *(Einsele)*: Verzicht auf Schriftformerfordernis grds. nur unter Formwahrung möglich; zum Abstellen nur auf den materiellen Änderungswillen aber BGHZ 71, 162 (164) = NJW 1978, 1585; BGH WM 1982, 902.

[125] Soergel/*Hefermehl* § 125 Rn. 32.

[126] BGH NJW 1966, 826 (827) – Gewinnverteilung nach einem vom schriftlichen Vertrag abw. Schlüssel seit 20 Jahren; WM 1978, 300 (301) – fünfjährige einvernehmliche Abweichung von der Verzinsungsregelung des Gesellschaftsvertrags; Soergel/*Hefermehl* § 125 Rn. 32. Anderes gilt für Publikumsgesellschaften; hier spricht der Anschein für eine nur punktuelle Vertragsdurchbrechung, BGH NJW 1990, 2684 (2685); auch → Rn. 56.

[127] BGHZ 49, 364 (365) = NJW 1968, 1378; BGH DB 1955, 750; WM 1976, 1027 (1029); Soergel/*Hadding/Kießling* Rn. 40; Staub/*Schäfer* HGB § 105 Rn. 183; MüKoHGB/*K. Schmidt* HGB § 105 Rn. 156; Heymann/Emmerich HGB § 105 Rn. 10; Petzoldt BB 1975, 905 (908); Wiedemann GesR I § 3 I 2c, S. 153 f.

[128] So zutr. schon *Erman,* Personalgesellschaften auf mangelhafter Vertragsgrundlage, 1947, S. 29; vgl. auch BGHZ 47, 293 (301) = NJW 1967, 1961; BGH NJW 1962, 462 (463); Soergel/*Hadding/Kießling* Rn. 40; Staub/*Schäfer* HGB § 105 Rn. 183; Wiedemann GesR I § 3 I 2c, S. 153 f.; *Wiesner,* Fehlerhafte Gesellschaft, 1980, S. 106 f.

[129] BGH DStR 2010, 1037 (1039). – In diesem Fall kann sich die Gesamtnichtigkeit sogar gegenüber einer salvatorischen Klausel durchsetzen, BGH DB 1976, 2106.

b) Subjektive Teilnichtigkeit. Von ihr spricht man, wenn die Beitrittserklärung eines Partners **54** zu einer **mehrgliedrigen Gesellschaft** nichtig ist und der Vertrag deshalb an einem Mangel leidet. Anders als im Fall der in § 139 geregelten objektiven, den Vertragsinhalt betreffenden Teilnichtigkeit fehlt jedenfalls dann, wenn im **Gründungsstadium** eine der Beitrittserklärungen nichtig ist, im Zweifel ein Abschlusserfordernis, da nicht alle für den Vertragsschluss erforderlichen Willenserklärungen wirksam abgegeben wurden (→ Rn. 20). Für die Anwendung von § 139 ist daher streng genommen kein Raum.[130] Ergibt freilich die Auslegung, dass die Parteien den Vertrag auch ohne den fehlerhaft Beitretenden abgeschlossen hätten, dh die Wirksamkeit ihrer Erklärungen nicht vom Vorliegen aller vorgesehenen Beitrittserklärungen abhängen lassen wollten, so ist die Gesellschaft trotz subjektiver Teilnichtigkeit gegründet; ein Indiz hierfür kann die Aufnahme einer Fortsetzungsklausel (§ 736 Abs. 1) in den Gesellschaftsvertrag bilden.[131] Setzen die übrigen Beteiligten den Gesellschaftsvertrag trotz Kenntnis von der Nichtigkeit einer Beitrittserklärung in Vollzug, so kann hierin auch der stillschweigende Abschluss eines neuen Vertrags auf der Grundlage des fehlgeschlagenen liegen.[132] Zu den Folgen fehlender familiengerichtlicher Genehmigung → Rn. 70; zum fehlerhaften Beitritt zu einer bestehenden GbR → Rn. 366 ff.

4. Vertragsänderungen. Sie richten sich, auch wenn sie, wie meist, im Wege eines Gesellschaf- **55** terbeschlusses[133] erfolgen, nach den gleichen Grundsätzen wie der Vertragsschluss selbst (→ Rn. 20 ff.), soweit nicht der Gesellschaftsvertrag Abweichungen vorsieht. Daher setzt eine Vertragsänderung grundsätzlich die Zustimmung sämtlicher Gesellschafter voraus; die Gesellschaft selbst ist an der Änderung nicht beteiligt. Vertragsänderungen durch **Mehrheitsbeschlüsse** müssen im Gesellschaftsvertrag besonders zugelassen sein. Eine Aufzählung der einzelnen von der Mehrheitsklausel erfassten Vertragsbestandteile nach Art des „Bestimmtheitsgrundsatzes" ist zwar nach zutreffender neuerer Rechtsprechung nicht (mehr) erforderlich. Eine allgemein gehaltene, auf Vertragsänderungen aller Art bezogene Mehrheitsklausel berechtigt jedoch nicht zu Eingriffen in den „Kernbereich" der jeweiligen Mitgliedschaftsrechte (→ § 709 Rn. 90 ff.).

Eine **konkludente Abänderung** des Gesellschaftsvertrags ist im Grundsatz ebenso möglich wie **56** der konkludente Vertragsschluss selbst (→ Rn. 25). An die stillschweigende Änderung ausdrücklich geregelter Punkte durch tatsächliche Übung sind allerdings hohe Anforderungen zu stellen.[134] Eine einmalige oder nur vorübergehende Abweichung genügt in aller Regel nicht, wenn sich der übereinstimmende Änderungswille der Beteiligten nicht aus zusätzlichen Umständen ableiten lässt. Anderes gilt für eine langjährige, vom Vertrag abweichende Praxis; sie begründet die tatsächliche Vermutung für eine entsprechende Änderung.[135]

Ein **gesetzliches Formerfordernis** für den Vertragsabschluss (→ Rn. 33) ist für Vertragsände- **57** rungen nur dann zu beachten, wenn der Grund für sein Eingreifen fortbesteht und durch die Änderung berührt wird. Ist also das als Beitrag versprochene Grundstück (§ 311b Abs. 1) inzwischen auf die Gesamthand übertragen oder das Schenkungsversprechen (§ 518 Abs. 1) vollzogen, oder sind die Änderungen für den formbedürftigen Vertragsteil ohne Belang, so kann der notariell beurkundete Vertrag formlos, dh mündlich oder konkludent geändert werden. Zur Maßgeblichkeit der **gewillkürten Schriftform** für Vertragsänderungen und zur Möglichkeit formloser Aufhebung der Schriftformklausel → Rn. 49, 51.

Für vertragsändernde Beschlüsse gilt ebenso wie für den Vertragsschluss selbst das **Verbot des** **58** **Selbstkontrahierens (§ 181;** → § 709 Rn. 69, 78; → § 181 Rn. 21 *[Schubert]*).[136] Bei Gesellschaftsverträgen, an denen neben den **noch nicht volljährigen Kindern** beide Eltern oder auch nur ein

---

[130] So auch *Hueck* OHG § 7 I 2; Soergel/*Hadding/Kießling* Rn. 41; Erman/*Westermann* Rn. 16; aA aber Erman, Personalgesellschaften auf mangelhafter Vertragsgrundlage, 1947, S. 34.
[131] *Erman*, Personalgesellschaften auf mangelhafter Vertragsgrundlage, 1947, S. 34; *Wiedemann* GesR I § 3 I 2c, S. 154; zu eng – nur bei Fortsetzungsklausel – *Hueck* OHG § 7 I 2; Soergel/*Hefermehl* § 139 Rn. 28; zweifelnd Erman/*Westermann* Rn. 16. Trotz Fortsetzungsklausel ist die Wirksamkeit der Gründung freilich dann zu verneinen, wenn es für die Errichtung der Gesellschaft speziell auf die Mitwirkung des fehlerhaft Beigetretenen ankam, Soergel/*Hadding/Kießling* Rn. 41; Erman/*Westermann* Rn. 16; *Wiedemann* GesR I § 3 I 2c, S. 154.
[132] So zutr. *Hueck* OHG § 7 I 2 Fn. 14; ebenso Soergel/*Hadding/Kießling* Rn. 41.
[133] Zu ihrer Qualität als mehrseitiges Rechtsgeschäft → § 709 Rn. 51.
[134] BGH NJW 1966, 826; WM 1974, 177 (179); 1985, 1229; NJW 1990, 2684 (2685); Soergel/*Hadding/Kießling* Rn. 41.
[135] Vgl. BGH NJW 1966, 826 (827) – Gewinnverteilung nach einem vom schriftlichen Vertrag abw. Schlüssel seit 20 Jahren; BGHZ 70, 331 (332) = NJW 1978, 1001; WM 1978, 300 (301) – fünfjährige einvernehmliche Abweichung von der Verzinsungsregelung des Gesellschaftsvertrags; Soergel/*Hefermehl* § 125 Rn. 32; Soergel/*Hadding/Kießling* Rn. 16; *Wiedemann* GesR I § 3 II 2b, S. 171 f.
[136] Soergel/*Leptien* § 181 Rn. 20; Palandt/*Ellenberger* § 181 Rn. 11a, jeweils mwN; eingehend dazu *Hübner*, Interessenkonflikt und Vertretungsmacht, 1977, S. 265 ff. und *Rob. Fischer*, FS Hauß, 1978, S. 61 ff.

Elternteil (§§ 1629 Abs. 2, 1795) beteiligt sind bzw. ist, bedarf es zur Wirksamkeit der Vertragsänderung daher grundsätzlich der Mitwirkung je eines für jedes Kind vom Familiengericht zu bestellenden Pflegers (§ 1909; → § 1629 Rn. 42 f. [*Huber*]);[137] anderes gilt nur, soweit die Beschlussfassung in Erfüllung einer Verbindlichkeit der Eltern oder Kinder geschieht oder wenn sie den Kindern nur rechtliche Vorteile bringt (§§ 181, 1795 Abs. 1 Nr. 1).[138] Auch bei der Anteilsübertragung von Eltern an Kinder kann der Ergänzungspfleger mehrere minderjährige Kinder vertreten, weil sich mit der Übertragung keine Vertragsänderung verbindet, bei der sich die Kinder mit gegensätzlichen Interessen gegenüberstehen könnten.[139] Die Genehmigung des Familiengerichts ist demgegenüber nur zu solchen Änderungsbeschlüssen notwendig, die unter §§ 1643 Abs. 1, 1822 Nr. 3 fallen (→ Rn. 70 f.).

59 Für die **Wirksamkeit von Vertragsänderungen** und für die Frage einer etwaigen Zustimmungspflicht der Gesellschafter beachte auch die Anforderungen und Schranken aus der Treupflicht und dem Gleichbehandlungsgrundsatz (→ Rn. 221 ff., 244 ff.; § 709 Rn. 100 f.). Allgemein zu Beschlussmängeln und ihren Folgen → Rn. 360 ff.; § 709 Rn. 104 ff.

II. Gesellschafter

60 **1. Allgemeines. a) Mindestzahl; Einmann-GbR?** Entsprechend ihrer Rechtsnatur als Schuldverhältnis (§ 705) setzt die **Gründung** einer GbR stets die Beteiligung von mindestens **zwei Gesellschaftern** voraus. Die gesetzliche Zulassung der Einpersonengründung in § 2 AktG, § 1 GmbHG ist auf juristische Personen beschränkt und mit der Struktur einer Personengesellschaft unvereinbar.[140] Ist die GbR als Zwei- oder Mehrpersonengesellschaft entstanden, so führt der spätere ersatzlose Wegfall des vorletzten Gesellschafters im Regelfall zur Beendigung der Gesellschaft (→ Rn. 61 ff.).[141] Das gilt auch dann, wenn der Gesellschaftsvertrag eine Fortsetzungsklausel (§ 736) enthält (→ Vor § 723 Rn. 9). Zur Umwandlung des Gesellschaftsvermögens in Alleineigentum des einzig verbliebenen Gesellschafters und zum vertraglichen Übernahmerecht → § 730 Rn. 11, 65 ff. Zur Unzulässigkeit des Erwerbs **eigener Anteile** → Rn. 79a.

61 Auch für den **Fortbestand** einer von zwei oder mehr Personen gegründeten GbR entsprach es früher einhelliger Ansicht, dass die mehrfache Mitgliedschaft einer Person in einer Personengesellschaft und, darauf aufbauend, die **Einpersonen-Gesellschaft** mit der vertraglichen Grundlage der Personengesellschaft und ihrer Gesamthandsstruktur **unvereinbar** ist.[142] Demgegenüber mehren sich schon seit längerem **abweichende Stimmen**, die zwar nicht beim einseitigen, zur Anwachsung nach § 738 führenden Ausscheiden des vorletzten Gesellschafters, wohl aber bei dem auf rechtsgeschäftlichem oder erbrechtlichem Übergang beruhenden Zusammentreffen sämtlicher Anteile in der Hand des letzten verbleibenden Gesellschafters die **Möglichkeit mehrfacher Beteiligung** sowie ggf. des Fortbestands der Gesellschaft trotz Reduktion der Gesellschafterzahl auf eine Person anerken-

---

[137] BayObLG NJW 1959, 989; FamRZ 1976, 168; so auch *Hübner*, Interessenkonflikt und Vertretungsmacht, 1977, S. 278; Palandt/*Götz* § 1629 Rn. 13; Soergel/*Strätz* § 1629 Rn. 32.

[138] Zur Beschlussfassung in Erfüllung einer Verbindlichkeit vgl. BGH BB 1961, 304: durch Treupflicht gebotene Zustimmung zur Vertragsänderung. – Die Anwendung der Vorteilsregel des § 181 auch im Rahmen von § 1795 ist vom BGH zu Recht bejaht worden, BGH NJW 1975, 1885; → § 1795 Rn. 19; so auch Soergel/*Strätz* § 1629 Rn. 33 f.; Palandt/*Götz* § 1795 Rn. 12 f.

[139] Zutr. OLG München NZG 2010, 862; ebenso auch *Maier-Reimer/Marx* NJW 2005, 3025 (3027).

[140] Wohl nach wie vor einhM; selbst *Th. Raiser* AcP 194 (1994), 495 (509) als profiliertester Vertreter der Gleichstellung von Gesamthand und juristischer Person beschränkt sich darauf, die Anerkennung einer *nachträglich* durch Vereinigung aller Anteile in einer Person entstehenden Einmann-Personengesellschaft zu fordern.

[141] Früher ganz hM, vgl. nur Staub/*Schäfer* HGB § 105 Rn. 70; Schlegelberger/*K. Schmidt* HGB § 105 Rn. 125; Soergel/*Hadding/Kießling* Rn. 18; Staudinger/*Habermeier* (2003) Vor §§ 705–740 Rn. 29a; *Flume* BGB AT I 1 § 7 III 4; *Westermann* in Westermann/Wertenbruch PersGesR-HdB I. Teil § 36 Rn. 1085 f.; stRspr BGHZ 24, 106 (108) = NJW 1957, 1026 (1027); BGHZ 47, 293 (296) = NJW 1967, 1961 (1962); BGHZ 58, 316 (318) = NJW 1972, 1755; BGHZ 66, 98 (101) = NJW 1976, 848 (849); BGHZ 91, 132 (137) = NJW 1984, 2104 (2105); BGHZ 101, 123 (129) = NJW 1987, 3184 (3186); ebenso schon RGZ 163, 142 (149); anders dann – für das Innenverhältnis (?) zwischen Alleingesellschafter und Testamentsvollstrecker – BGHZ 98, 48 (57) = NJW 1986, 2431; offenlassend BGHZ 108, 187 (199) = NJW 1989, 3152 (II. ZS).

[142] So in stRspr BGHZ 24, 106 (108) = NJW 1957, 1026 (1027); BGHZ 47, 293 (296) = NJW 1967, 1961 (1962); BGHZ 58, 316 (318) = NJW 1972, 1755; BGHZ 66, 98 (101) = NJW 1976, 848 (849); BGHZ 91, 132 (137) = NJW 1984, 2104 (2105); BGHZ 101, 123 (129) = NJW 1987, 3184 (3186); ebenso schon RGZ 163, 142 (149); anders dann – für das Innenverhältnis(?) zwischen Alleingesellschafter und Testamentsvollstrecker – BGHZ 98, 48 (57) = NJW 1986, 2431; offenlassend BGHZ 108, 187 (199) = NJW 1989, 3152; iSd bisher hM auch noch 3. Aufl. Rn. 53 (*Ulmer*); Staudinger/*Keßler*, 12. Aufl. 1979; *Flume* BGB AT I 1 § 7 III 4 sowie aus neuerer Zeit noch *Joussen* DB 1992, 1773 ff.; *Sieveking*, FS Schippel, 1996, S. 505 (511 f.) und – trotz Anerkennung unterschiedlicher „Beteiligungen" eines Gesellschafters – *Bippus* AcP 195 (1995), 13 (24 ff.).

nen wollen.[143] Das soll einerseits dann in Betracht kommen, wenn der hinzuerworbene Anteil sich von demjenigen des letztverbleibenden Gesellschafters dadurch unterscheidet, dass an ihm zugleich *dingliche Rechte Dritter* bestehen. In derartigen Fällen scheide eine Verschmelzung beider Anteile aus; der Grundsatz der Einheitlichkeit der Mitgliedschaft finde insoweit keine Anwendung.[144] Entsprechendes gelte im Fall bestimmter *erbrechtlicher Institute* wie Testamentsvollstreckung (§ 2197), Nachlassverwaltung und Nachlassinsolvenzverfahren (§ 1976), Vor- und Nacherbschaft (§§ 2139, 2143) sowie Anteilsvermächtnis (§ 2175), in denen eine Anerkennung des Fortbestands der Gesellschaft trotz Anteilsvereinigung in einer Hand geboten sei.[145] Von anderer Seite wird auf die *Privatautonomie* der Gesellschafter verwiesen, die es ihnen gestatte, an der Anteilstrennung trotz Zusammentreffens in einer Hand festzuhalten.[146]

Stellungnahme. Der Ansicht, die jedenfalls in besonderen Situationen Einpersonen-Gesellschaften anerkennt, ist vorbehaltlich der in → Rn. 63, 64 erwähnten Sonderfälle der Drittberechtigung an einem der Anteile **nicht** zu folgen. Ihren Anhängern ist zwar einzuräumen, dass es eine Reihe von Gründen gibt, die dafür sprechen mögen, im Wege der Rechtsfortbildung den Weg zu einem derartigen, gesetzlich nicht vorgesehenen Rechtsinstitut zu öffnen.[147] Angesichts des Beruhens auch der Außengesellschaft auf einem *vertraglichen Schuldverhältnis* (§ 705) und angesichts der in § 718 Abs. 1 geregelten Gesamthandsstruktur steht diese Gestaltungsmöglichkeit jedoch **nicht zur Disposition der Gesellschafter.**[148] Daran hat sich auch durch die zwischenzeitliche Rechtsentwicklung (Übertragbarkeit der Gesellschaftsanteile; Rechtsfähigkeit der Außen-GbR) nichts Grundlegendes geändert.[149] Die Anerkennung einer Einpersonen-Gesellschaft lässt sich auch nicht allein oder in erster Linie auf Praktikabilitätserwägungen stützen. Vielmehr ist für den Fortbestand einer GbR grundsätzlich am *Erfordernis von mindestens zwei Gesellschaftern* festzuhalten. Will der letztverbleibende Gesellschafter die Fortexistenz der Gesellschaft sichern, so kann er das unschwer dadurch erreichen, dass er entweder rechtzeitig eine von ihm gegründete oder erworbene GmbH als Mitgesellschafterin aufnimmt oder den vorletzten Anteil von einem Treuhänder erwerben lässt; damit bleiben Vertragsgrundlage und Gesamthandsstruktur gewahrt. – Zur grundsätzlichen *Einheitlichkeit der Mitgliedschaft* und zu ihren Grenzen → Rn. 181 ff.

Ausnahmen vom Erfordernis einer Gesellschaftermehrheit sind allerdings dann anzuerkennen, wenn die Gesellschaftsanteile trotz ihres Zusammentreffens in einer Hand einer *unterschiedlichen* (quasi) *dinglichen oder erbrechtlichen Zuordnung* unterliegen; sie erhält die Trennung der Anteile aufrecht und führt zum Fortbestand der Gesellschaft. Denn in diesen Fällen gehen die betroffenen Drittinteressen auf Erhalt der zu ihren Gunsten bestehenden (dinglichen) Belastung am übergehenden Anteil vor, ohne dass es gerechtfertigt wäre, diese Belastung auf den Anteil des erwerbenden Gesellschafters zu erstrecken. Das gilt in erster Linie beim Zusammentreffen eines unbelasteten und eines mit dinglichen

---

[143] So – mit zT unterschiedlichen Voraussetzungen – namentlich MüKoHGB/*Grunewald* HGB § 161 Rn. 4 f.; *Esch* BB 1993, 664 ff. und BB 1996, 1621 ff.; *Lüttge* NJW 1994, 5 (8); *Kanzleiter*, FS Weichler, 1997, S. 39 ff.; *Weimar* ZIP 1997, 1769 (1772 ff.); *W. Baumann* BB 1998, 225 ff.; *Priester* DB 1998, 55 ff.; *Kießling*, FS Hadding, 2004, S. 477 (493 ff.); *Th. Schmidt*, Einmann-Personengesellschaften, 1998; *Pfister*, Die Einmann-Personengesellschaft – ein interdisziplinärer Ansatz, 1999; für mehrfache Beteiligung in einer Hand insbes. auch *Lamprecht*, Die Einheitlichkeit der Mitgliedschaft in einer Personengesellschaft – ein überholtes Dogma?, 2002 (dazu krit. *Ulmer* ZHR 167 [2003], 103 ff.); an der hM zweifelnd (ohne konkrete Alternative) auch Staudinger/*Habermeier* (2003) Rn. 20, Vor §§ 705–740; Rn. 29a. Für Vor- und Nacherbschaft auch schon *Baur/Grunsky* ZHR 133 (1970), 209 ff.; für weitere Sonderfälle (Nießbrauch, Testamentsvollstreckung ua) seither auch MüKoHGB/*K. Schmidt* HGB § 105 Rn. 24 f.; *Westermann* in Westermann/Wertenbruch PersGesR-HdB I. Teil § 36 Rn. 1088a für den Fall der Testamentsvollstreckung; Bamberger/Roth/*Schöne* Rn. 51; *Wiedemann* GesR II § 1 VI 3, S. 87 f.

[144] So insbes. *Baumann* BB 1998, 230; *Kanzleiter*, FS Weichler, 1997, S. 46 (50); *Lüttge* NJW 1994, 8; *Lamprecht*, Die Einheitlichkeit der Mitgliedschaft in einer Personengesellschaft – ein überholtes Dogma?, 2002, insbes. S. 56 ff., aber auch MüKoHGB/*K. Schmidt* HGB § 105 Rn. 24 f.; *Wiedemann* GesR II § 1 VI 2, S. 85 f.; *Ulmer* ZHR 167 (2003), 103 (114 f.).

[145] So, bezogen auf Testamentsvollstreckung, Nachlassverwaltung und Vor- und Nacherbschaft, MüKoHGB/*K. Schmidt* HGB § 105 Rn. 25; *Westermann* in Westermann/Wertenbruch PersGesR-HdB I. Teil § 36 Rn. 1088a; *Kanzleiter*, FS Weichler, 1997, S. 50; *Lüttge* NJW 1994, 8 f.; *Wiedemann* in FS Zöllner, 1998, S. 635 (647 f.); für Testamentsvollstreckung und Nachlassverwaltung auch *Ulmer* ZHR 167 (2003), 114 f.

[146] Vgl. insbes. *Kanzleiter*, FS Weichler, 1997, S. 39 ff.; *Weimar* ZIP 1997, 1769 (1772 ff.); *W. Baumann* BB 1998, 225 ff.; *Priester* DB 1998, 55 ff.

[147] Vgl. außer den in der vorigen Note Genannten noch (mit Schwerpunkt auf der Mehrfachbeteiligung) *Lamprecht*, Die Einheitlichkeit der Mitgliedschaft in einer Personengesellschaft – ein überholtes Dogma?, 2002, insbes. S. 56 ff.

[148] AA *W. Baumann* BB 1998, 229 ff.; *Kanzleiter*, FS Weichler, 1997, S. 49 f.; *Priester* DB 1998, 60.

[149] So aber – ohne Auseinandersetzung mit §§ 705, 718 Abs. 1 – *W. Baumann* BB 1998, 226 ff. und *Priester* DB 1998, 57 f. Wie hier unter Hinweis auf das Interesse des Rechtsverkehrs an standardisierten Mitgliedschaftsrechten *Wiedemann*, FS Zöllner, 1998, S. 641 f.

Rechten Dritter belasteten Anteils, so beim Bestehen eines **Nießbrauchs** (→ Rn. 94 ff.) oder eines **Pfandrechts** (→ § 719 Rn. 51 ff.) zu Gunsten eines Dritten;[150] die quasi-dingliche Mitbeteiligung des Dritten nähert die Rechtslage hier derjenigen einer Zwei- oder Mehrpersonen-Gesellschaft an. Dem ist die qualifizierte (offene) **Treuhand** am Anteil (→ Rn. 92) gleichzustellen, dh die Stellung des einzig verbliebenen Gesellschafters zugleich als Treuhänder für einen oder mehrere intern als Mitgesellschafter behandelte Treugeber. In allen diesen Fällen besteht die GbR trotz Reduktion der Gesellschafterzahl auf nominell ein Mitglied fort, solange die Sonderzuordnung Bestand hat.

64 Der Rechtslage bei quasi-dinglicher Sonderzuordnung vergleichbar ist ferner das Bestehen von **Testamentsvollstreckung** an einem der Anteile und dessen daraus folgende Nachlasszuordnung (→ Rn. 109 ff.). Es hindert den erbrechtlichen Eintritt der Anteilsvereinigung beim letzten verbliebenen Gesellschafter und lässt die Gesellschaft bis zu ihrem Ablauf oder der Anteilsfreigabe durch den Testamentsvollstrecker fortbestehen.[151] Fraglich ist demgegenüber, ob sich auch sonstige, auf Trennung des Nachlasses oder bestimmter Nachlassgegenstände vom Eigenvermögen des Erben gerichtete erbrechtliche Institute als Rechtsgrund – sei es auch nur vorübergehende – Anerkennung einer Einpersonen-GbR eignen. Die Frage ist bei Anordnung von **Nachlassverwaltung** oder bei der Eröffnung des **Nachlassinsolvenzverfahrens** über den Nachlass des verstorbenen vorletzten, vom letzten beerbten Gesellschafters zu bejahen.[152] Der Fortbestand des betroffenen Anteils folgt zwar nicht aus § 1976,[153] da diese Vorschrift sich darauf beschränkt, den Fortbestand der durch den Erbfall erloschenen Rechtsverhältnisse im Interesse der Nachlassgläubiger zu *fingieren*. Hierzu bedarf es im Fall der Anteilsvereinigung beim letztverbleibenden Gesellschafter nicht des – sei es auch fiktiven – Wiederauflebens der GbR; vielmehr genügt die Anerkennung eines vom Verwalter geltend zu machenden fiktiven Anspruchs des Nachlasses auf das Auseinandersetzungsguthaben (die Abfindung; → § 1976 Rn. 7 *[Küpper]*).[154] Entscheidend ist vielmehr wie bei Testamentsvollstreckung die selbständige Dispositionsbefugnis des Nachlass(insolvenz)verwalters über den Anteil.[155]

65 Das Vorliegen einer **Erbengemeinschaft** kommt demgegenüber für einen Fortbestand des vererbten Anteils schon deshalb **nicht** in Betracht, weil dieser der Sondervererbung an die jeweiligen Gesellschafter-Erben persönlich unterliegt (→ § 727 Rn. 33). Geht er im Fall einer qualifizierten Nachfolgeklausel (→ § 727 Rn. 41) auf nur einen der Miterben über und ist dieser zugleich der einzige überlebende Gesellschafter, so führt das grundsätzlich zur Anteilsvereinigung bei ihm; für einen Fortbestand der GbR ist kein Raum. Im Ergebnis Gleiches gilt bei Anordnung von **Vor- und Nacherbschaft** in Bezug auf den einen Gesellschaftsanteil umfassenden Nachlass. Auch hier bedarf es, wenn alle Anteile in der Hand des Vorerben vereinigt sind, nicht des Fortbestands der Gesellschaft, um die Rechte des Nacherben zu schützen;[156] es genügt das aus §§ 2139, 2143 folgende Wiederaufleben der Gesellschaft bei Eintritt des Nacherbfalls.[157] Ist der auf den letztverbleibenden Gesellschafter im Erbwege übergegangene Gesellschaftsanteil allerdings Gegenstand eines **Vermächtnisses** zu Gunsten eines Dritten, so erscheint es mit Blick auf die Sondervorschrift des § 2175 über das (fiktive) Nichteintreten von Konfusion und Konsolidation obligatorischer und dinglicher Rechte vertretbar,

---

[150] Inzwischen in der Lit. wohl schon hM, vgl. MüKoHGB/*K. Schmidt* HGB § 105 Rn. 25; *Westermann* in Westermann/Wertenbruch PersGesR-HdB I. Teil § 36 Rn. 1088a für die Testamentsvollstreckung; *Kanzleiter*, FS Weichler, 1997, S. 46 (50); *Lüttge* NJW 1994, 8; *Ulmer* ZHR 167 (2003), 103 (114 f.); *Wiedemann*, FS Zöllner, 1998, S. 642 (647); beschränkt auf den Nießbrauch auch *Fett/Brand* NZG 1999, 52 f. (54). Die Rspr. der Instanzgerichte ist noch uneinheitlich: für Fortbestand bei Nießbrauch LG Hamburg NZG 2005, 926; offenlassend OLG Schleswig ZIP 2006, 615 (617); ebenso BFH DStR 2010, 868 (869); aA OLG Düsseldorf NZG 1999, 26; so auch OLG Stuttgart NZG 2004, 766 (768): Pfandrecht.
[151] MüKoHGB/*K. Schmidt* HGB § 105 Rn. 25; *Westermann* in Westermann/Wertenbruch PersGesR-HdB I. Teil § 36 Rn. 1088a für die Testamentsvollstreckung; *Kanzleiter*, FS Weichler, 1997, S. 46 (50); *Lüttge* NJW 1994, 8; *Ulmer* ZHR 167 (2003), 103 (114 f.); *Wiedemann*, FS Zöllner, 1998, S. 642 (647); beschränkt auf den Nießbrauch aber *Fett/Brand* NZG 1999, 52 (53 f.); so grds. auch BGHZ 98, 48 (57) = NJW 1986, 2431, wenn auch beschränkt auf das Innenverhältnis (?), dazu krit. *Ulmer* JuS 1986, 856 (858 f.); OLG Schleswig ZIP 2006, 615 (617); offenlassend BGHZ 108, 187 (199) = ZIP 1989, 1186 (1190).
[152] Ebenso OLG Hamm ZEV 1999, 234 (236); wohl auch OLG Schleswig ZIP 2006, 615 (617).
[153] So aber Soergel/*Stein* § 1976 Rn. 2 (als Fiktion?); MüKoHGB/*K. Schmidt* HGB § 105 Rn. 78; *Kanzleiter*, FS Weichler, 1997, S. 50; *Fett/Brand* NZG 1999, 52; offenlassend BGHZ 113, 132 (137) = NJW 1991, 844; aA → § 1976 Rn. 7 *(Küpper)*; *Marotzke* ZHR 156 (1992), 17 (32 ff.).
[154] So zutr. *Marotzke* ZHR 156 (1992), 17 (32 ff.).
[155] Vgl. *Ulmer* ZHR 167 (2003), 103 (114 f.).
[156] So aber die wohl überwM, vgl. *K. Schmidt* GesR § 45 I 2b bb; MüKoHGB/*K. Schmidt* HGB § 105 Rn. 25; *Kanzleiter*, FS Weichler, 1997, S. 50; *Lüttge* NJW 1994, 8 f.
[157] Vgl. dazu eingehend *Stimpel*, FS Rowedder, 1994, S. 477 (481 ff.) und *Jan Timmann*, Vor- und Nacherbschaft innerhalb der zweigliedrigen OHG oder KG, 2000, insbes. S. 54 ff., 119 ff., 140 ff.; so auch *Fett/Brand* NZG 1999, 54.

b) Keine Höchstzahl. Eine gesetzliche Höchstzahl für die an einer GbR beteiligten Gesellschafter gibt es nicht. Je größer deren Zahl ist, desto mehr löst sich freilich der Zusammenschluss von der Person der einzelnen Mitglieder. Sieht man von Familiengesellschaften mit einer von Generation zu Generation wachsenden Zahl von meist verwandtschaftlich miteinander verbundenen Mitgliedern ab, so nähern sich Gesellschaften mit vielen, untereinander nicht verbundenen Mitgliedern (sog Publikumsgesellschaften, → Vor § 705 Rn. 3a) zunehmend einer körperschaftlichen Vereinigung, dh beim Fehlen der Entstehungsvoraussetzungen für eine juristische Person (e.V., AG ua) einer solchen in der Rechtsform des nichtrechtsfähigen Vereins an; die Abgrenzung kann je nach Lage des Falles fließend werden (→ Vor § 705 Rn. 134 f.). **66**

c) Unterbeteiligung. Von der Mitgliedschaft in der Gesellschaft strikt zu unterscheiden ist das Rechtsinstitut der Unterbeteiligung eines Dritten am Anteil eines Gesellschafters, des sog Hauptbeteiligten. Sie begründet nach ganz hM im Regelfall keine unmittelbaren Rechtsbeziehungen zwischen dem Unterbeteiligten und den Mitgesellschaftern des Hauptbeteiligten, sondern nur zwischen den Partnern des Unterbeteiligungsvertrags.[159] Wegen der **Doppelstellung des Hauptbeteiligten** als Gesellschafter sowohl in der Hauptgesellschaft als auch in der Unterbeteiligungsgesellschaft sind freilich mittelbare Rückwirkungen der Unterbeteiligung auf die Hauptgesellschaft nicht ausgeschlossen (→ Vor § 705 Rn. 96, 100). Ihnen kann durch ein – die Gesellschafter außerhalb der §§ 399, 717 S. 1 freilich nur obligatorisch bindendes – Unterbeteiligungsverbot im Vertrag der Hauptgesellschaft Rechnung getragen werden.[160] Die **Rechtsnatur** der Unterbeteiligung ist ebenfalls als GbR zu qualifizieren, freilich in der Form der Innengesellschaft (→ Rn. 282 f.).[161] Ist Gegenstand der Unterbeteiligung der ganze Anteil des Hauptbeteiligten, so wandelt sie sich zur Treuhandabrede (→ Vor § 705 Rn. 92). Verbreitet sind Unterbeteiligungsverhältnisse vor allem an OHG- und KG-Anteilen; rechtlich steht aber nichts im Wege, sie auch in Bezug auf die Beteiligung an einer GbR als Hauptgesellschaft zu begründen. Näher zur Unterbeteiligung → Vor § 705 Rn. 92 ff. **67**

2. Natürliche Personen. Rechtliche Schranken für ihre Beteiligung an einer GbR bestehen nicht.[162] Im Rahmen der Vertragsfreiheit kann jedermann über den Abschluss eines Gesellschaftsvertrags iSv § 705 sowie grundsätzlich auch über dessen inhaltliche Ausgestaltung frei entscheiden, soweit keine berufsrechtlichen Schranken entgegenstehen.[163] Die Beteiligung an einer Personengesellschaft (GbR, OHG oder KG) schließt diejenige an weiteren Gesellschaften, auch solchen zwischen denselben Personen, nicht aus, sofern es sich um je selbständige Personenvereinigungen handelt, dh sofern der Inhalt der Verträge nicht identisch ist und namentlich die jeweiligen Gesellschaftszwecke sich unterscheiden. **68**

a) Nicht voll geschäftsfähige Personen. Der Abschluss eines Gesellschaftsvertrags setzt auf Seiten der Gesellschafter Rechtsfähigkeit voraus.[164] Sie beginnt unabhängig von der Geschäftsfähigkeit mit der Vollendung der Geburt (§ 1). Daher können auch geschäftsunfähige (§ 104) und beschränkt geschäftsfähige Personen (§ 106) Gesellschafter einer GbR werden. Mit Ausnahme der durch Vererbung der Mitgliedschaft erlangten Gesellschafterstellung (→ § 727 Rn. 28 ff.) erfordert **69**

---

[158] S. auch MüKoHGB/*K. Schmidt* HGB § 105 Rn. 25.
[159] BGH WM 1959, 595 (596); Soergel/*Hadding/Kießling* Vor § 705 Rn. 33; Erman/*Westermann* Vor § 705 Rn. 39; *Flume* ZHR 136 (1972), 177 (183); *Paulick* ZGR 1974, 253 (256 f.).
[160] Vgl. näher *Friehe*, Unterbeteiligung, 1974, S. 52; *Ulbrich*, Unterbeteiligungsgesellschaft, 1982, S. 99; im Grundsatz auch Erman/*Westermann* Vor § 705 Rn. 39. Auch ohne eine solche Vereinbarung kann das Eingehen einer Unterbeteiligung gegen die Treupflicht verstoßen, *Herzfeld* AcP 137 (1933), 270 (291); *Friehe*, Unterbeteiligung, 1974, S. 52; *Ulbrich*, Unterbeteiligungsgesellschaft, 1982, S. 99, 113 f. – Zur entspr. Lage bei der Begründung von Treuhandverhältnissen an Gesellschaftsanteilen sowie zur im Einzelfall möglichen Unwirksamkeitsfolge nach §§ 138, 826 → Rn. 88.
[161] BGH NJW 1994, 2886 (2887), dort auch zur Abgrenzung gegenüber der Treuhand am Gesellschaftsanteil, → Rn. 85; Soergel/*Hadding/Kießling* Vor § 705 Rn. 33; Erman/*Westermann* Vor § 705 Rn. 38 f.
[162] Zum Eingreifen fremdenrechtlicher Schranken gegenüber der Erwerbstätigkeit von Ausländern im Rahmen inländischer Gesellschaften vgl. die Übersicht bei Ulmer/Habersack/Löbbe/*Behrens/Hoffmann* GmbHG Einl. Rn. B 216 ff.
[163] Derartige Schranken finden sich zB in § 59a BRAO für Rechtsanwaltssozietäten und in § 8 ApoG für Gesellschaften zum gemeinsamen Betrieb einer Apotheke.
[164] Vgl. zu nicht voll geschäftsfähigen Personen *Maier-Reimer/Marx* NJW 2005, 3025 ff.; *Rust* DStR 2005, 1942 f.

die Beteiligung freilich grundsätzlich die **Mitwirkung des gesetzlichen Vertreters** bzw. – wenn dieser oder sein Ehegatte selbst Gesellschafter ist (§§ 181, 1629 Abs. 2, 1795 Abs. 1 Nr. 1) – diejenige eines Pflegers (§ 1909 → Rn. 58). Nur beim Handeln beschränkt Geschäftsfähiger ist die Mitwirkung ausnahmsweise entbehrlich, und zwar dann, wenn es sich entweder um den *unentgeltlichen* Erwerb eines Anteils an einer *Innengesellschaft* handelt, mit dem sich für den beschränkt Geschäftsfähigen gesellschaftsvertraglich keine Pflichten oder Risiken verbinden (§ 107), oder wenn die Beteiligung zu den Geschäften gehört, die ihm nach § 112 Abs. 1 mit Genehmigung des Familiengerichts gestattet sind; für die entgeltliche Beteiligung an einer Erwerbsgesellschaft ist das ausgeschlossen (§ 112 Abs. 1 S. 2 iVm § 1822 Nr. 3). Das nach § 109 dem anderen Teil eingeräumte Widerrufsrecht bis zur Genehmigung des nicht unter diese Ausnahmen fallenden, schwebend unwirksamen Beitritts eines Minderjährigen steht jedem der übrigen Gesellschafter zu.[165]

70 Neben der Mitwirkung des gesetzlichen Vertreters oder Pflegers bedarf die Beteiligung eines nicht voll Geschäftsfähigen an der Gründung einer GbR oder dessen späterer Beitritt[166] zusätzlich auch der **Genehmigung des Familiengerichts**, sofern der Zweck der Gesellschaft auf den *Betrieb eines Erwerbsgeschäfts* gerichtet ist (§§ 1643, 1822 Nr. 3).[167] Ein Erwerbsgeschäft kann auch von einer GbR betrieben werden (→ Vor § 705 Rn. 89); der Begriff geht über denjenigen des kaufmännischen Handelsgewerbes iSv §§ 1–3 HGB deutlich hinaus und erfasst auch kleingewerbliche, handwerkliche, landwirtschaftliche, freiberufliche oder künstlerische, auf Erwerb gerichtete Tätigkeiten (→ § 1822 Rn. 11 *[Wagenitz]*).[168] Fällt die Beteiligung wegen des ursprünglich andersartigen Gesellschaftszwecks zunächst nicht unter § 1822 Nr. 3, so ist der spätere Übergang zum Betrieb eines Erwerbsgeschäfts auf Seiten des nicht voll Geschäftsfähigen genehmigungspflichtig.[169] Die Beschränkung der Minderjährigenhaftung nach § 1629a (→ § 723 Rn. 38 ff.) lässt das Genehmigungserfordernis unberührt.[170] Zur Möglichkeit des Eingreifens anderer Genehmigungstatbestände der §§ 1821, 1822 bei Abschluss oder Änderung von Gesellschaftsverträgen vgl. *Winkler* ZGR 1973, 177 ff. (193 ff.); für *Verfügungen der Gesellschaft über Grundstücke* oder andere von § 1821 erfasste Gegenstände ist ein Genehmigungserfordernis dann abzulehnen, wenn der Zweck der GbR nicht auf den Betrieb eines Erwerbsgeschäfts, sondern auf Vermögensverwaltung gerichtet ist.[171]

71 Der Genehmigungspflicht nach § 1822 Nr. 3 unterliegt auch das **Ausscheiden** des nicht voll Geschäftsfähigen aus einer Erwerbsgesellschaft,[172] nicht dagegen sonstige Vertragsänderungen wie der Ein- oder Austritt anderer Gesellschafter, die Erhöhung der Beiträge ua, mögen sie für den nicht

---

[165] Soergel/*Hadding/Kießling* Rn. 20; *Hueck* OHG § 7 I 2, S. 76 f. – Zu den Folgen des Widerrufs bei in Vollzug gesetzter Gesellschaft → Rn. 336.
[166] Zur Gleichstellung des Anteilserwerbs mit dem in § 1822 Nr. 3 genannten entgeltlichen Erwerb eines Erwerbsgeschäfts vgl. BGHZ 17, 160 (162 ff.) = NJW 1955, 1067; RGZ 122, 370 (372); → § 1822 Rn. 15 ff. *(Wagenitz)*; *Winkler* ZGR 1973, 177 (185 f.).
[167] Anders beim (unentgeltlichen) Erwerb des Anteils an einer KG, deren Tätigkeit sich auf Verwaltung des selbst genutzten Wohnhauses beschränkt: keine Genehmigung nach § 1822 Nr. 3 erforderlich, OLG München NJW-RR 2009, 152 (153); dazu auch *Wertenbruch* FamRZ 2003, 1714 (1716). Vgl. ferner OLG Braunschweig ZEV 2001, 75 (76) – kein Genehmigungserfordernis für unentgeltlichen Anteilserwerb bei landwirtschaftlicher GbR; OLG Jena ZEV 2013, 521 (522) und OLG Bremen NZG 2008, 750 (kein Genehmigungserfordernis für unentgeltliche Beteiligung an vermögensverwaltender Familien-KG).
[168] So auch BayObLG DB 1979, 2314; Erman/*Saar* § 1822 Rn. 5a; Erman/*Müller* § 112 Rn. 3.
[169] Hier fehlt es, im Unterschied zur Änderung des Vertrags einer von Anfang an auf den Betrieb eines Erwerbsgeschäfts gerichteten GbR – s. hierzu BGHZ 17, 160 (165) = NJW 1955, 1067; BGHZ 38, 26 (27) = NJW 1962, 2344; RGZ 115, 172; 122, 370 (373); OLG Karlsruhe NJW 1973, 1977; Soergel/*Zimmermann* § 1822 Rn. 20; *Gernhuber/Coester-Waltjen* FamR § 60 VI Rn. 107 und Fn. 215; *Winkler* ZGR 1973, 177 (202 f.) mwN – an der vorherigen Einschaltung des Familiengerichts; die Beurteilung des Vorgangs nach für den Vormund geltenden Sollvorschrift des § 1823 (Beginn eines Erwerbsgeschäfts des Mündels) wäre nicht angemessen, vgl. auch *Winkler* ZGR 1973, 177 (193 ff.); zust. Soergel/*Hadding/Kießling* Rn. 21; *Hilsmann*, Minderjährigenschutz durch das Vormundschaftsgericht bei der Änderung von Gesellschaftsverträgen, 1993, S. 93 f.
[170] Abw. OLG Braunschweig ZEV 2001, 75 (76) – Möglichkeit der Haftungsbeschränkung relevantes Abwägungskriterium für Genehmigungserfordernis.
[171] AA die hM zu § 1821 Nr. 1, die diese Vorschrift auf Grundstücksgeschäfte einer Vermögensverwaltungsgesellschaft bei Beteiligung von Minderjährigen als Gesellschafter der GbR mit der (unzutr.) Begründung anwendet, es werde auch über den Anteil des Minderjährigen am gesamthänderisch gebundenen Grundstück verfügt; → § 1821 Rn. 7 *(Wagenitz)*, anders dann aber → Rn. 9; Staudinger/*Veit* (2014) § 1821 Rn. 4; Soergel/*Zimmermann* Vor § 1821 Rn. 7 f.; so auch OLG Koblenz NJW 2003, 1401 (1402); OLG Nürnberg NJW 2013, 82 (83) sowie bereits OLG Hamburg FamRZ 1958, 333. Demgegenüber wird das Eingreifen des § 1821 Nr. 1 auf Verfügungen einer OHG, KG oder unternehmenstragenden GbR von der hM zutr. verneint, → § 1821 Rn. 9 *(Wagenitz)*; *Winkler* ZGR 1973, 177 (211 f.).
[172] Ganz hM, vgl. BGHZ 17, 160 (165) = NJW 1955, 1067; BGHZ 38, 26 (27) = NJW 1962, 2344; RGZ 115, 172; 122, 370 (373); OLG Karlsruhe NJW 1973, 1977; Soergel/*Zimmermann* § 1822 Rn. 20; *Gernhuber/Coester-Waltjen* FamR § 60 VI Rn. 107 und Fn. 215; *Winkler* ZGR 1973, 177 (202 f.) mwN.

voll Geschäftsfähigen auch einschneidende Folgen haben.[173] Die Beteiligung an einer auf Teilhabe am Erwerbsgeschäft eines Gesellschafters ausgerichteten **Innengesellschaft,** namentlich einer stillen Gesellschaft oder einer Unterbeteiligung, fällt nach zutreffender Ansicht[174] nur dann unter § 1822 Nr. 3, wenn der nicht voll Geschäftsfähige dadurch im Innenverhältnis ein der Beteiligung an einer Erwerbsgesellschaft entsprechendes finanzielles Risiko übernimmt.[175] Zum Schicksal von Gesellschaftsverträgen, deren Fehlerhaftigkeit auf der unwirksamen Beteiligung nicht voll Geschäftsfähiger beruht, → Rn. 335 ff.

Für die Beschlüsse der Gesellschafter in **laufenden Angelegenheiten,** die nicht wie die Vertragsänderung oder der Gesellschafterwechsel die Grundlagen der Gesellschaft betreffen, sind die vorstehenden Grundsätze über Pflegerbestellung und Mitwirkung des Betreuungsgerichts im Falle der Beteiligung nicht voll geschäftsfähiger Personen *nicht anwendbar.* Wie der BGH[176] entgegen einer früher verbreiteten Ansicht[177] zu Recht seit langem klargestellt hat, steht § 181 der mehrfachen Stimmabgabe eines Gesellschafters im eigenen und fremden Namen im Regelfall nicht entgegen (→ § 181 Rn. 34 *[Schubert]*).[178] Zwar gilt auch für Beschlussfassung in laufenden Angelegenheiten rechtsgeschäftlichen Charakter; eine besondere Kategorie des – nicht unter § 181 fallenden – „Sozialakts" gibt es nicht.[179] Wohl aber fehlt es bei einer der verbandsinternen Willensbildung dienenden, die Geschäftsführung betreffenden Beschlussfassung typischerweise an dem in § 181 vorausgesetzten Interessengegensatz. Entsprechend der heute vorherrschenden, nicht rein formalen, sondern wertenden Auslegung von § 181 (→ § 181 Rn. 4 f. *[Schubert]*)[180] greift die Vorschrift in Fällen dieser Art daher nicht ein. – Genehmigungstatbestände iSv §§ 1821, 1822 werden durch die laufende Beschlussfassung ohnehin nicht berührt.[181]

b) **Ehegatten.** Die Beteiligung von Ehegatten an einer GbR unterliegt im Grundsatz keinen Besonderheiten. Jedoch enthält **§ 1365** eine Einschränkung für einen Ehegatten, der im gesetzlichen Güterstand der Zugewinngemeinschaft (§ 1363) lebt: er kann sich nur mit Einwilligung des anderen Ehegatten verpflichten, über sein **Vermögen im Ganzen** zu verfügen (Abs. 1 S. 1). Solange die Einwilligung nicht erteilt ist, erstreckt sich die Unwirksamkeit auch auf das Erfüllungsgeschäft (Abs. 1 S. 2). Nach heute hM greift § 1365 im Unterschied zu § 311b Abs. 3 (→ Rn. 33) nicht nur ein, wenn sich die Verpflichtung auf das Vermögen als solches bezieht. Es genügt vielmehr, dass der vertraglich übernommene Gegenstand der Einlageleistung das wesentliche Vermögen des Ehegatten ausmacht, soweit nur dem anderen Teil (hier also den Mitgesellschaftern) die Vermögensverhältnisse

---

[173] So zu Recht die auf die Notwendigkeit formaler Auslegung der Genehmigungstatbestände verweisende Rspr. – BGHZ 17, 160 (163) = NJW 1955, 1067; BGHZ 38, 26 (28) = NJW 1962, 2344; BGH DB 1968, 932 ua – und hM im Schrifttum: Staudinger/*Veit* (2014) § 1822 Rn. 94; Gernhuber/Coester-Waltjen FamR § 60 VI Rn. 109; Soergel/*Hadding/Kießling* Rn. 21; *Wiedemann,* Übertragung und Vererbung von Mitgliedschaftsrechten, 1965, S. 250 f.; MüKoHGB/*K. Schmidt* HGB § 105 Rn. 23; Baumbach/Hopt/*Roth* HGB § 105 Rn. 26; *Hueck* OHG § 6 IV, S. 63 f.; *Winkler* ZGR 1973, 177 (193 ff.); aA → § 1822 Rn. 28 *(Wagenitz);* Erman/*Saar* § 1822 Rn. 16; Soergel/*Zimmermann* § 1822 Rn. 26; *Beitzke* JR 1963, 182; *Knopp* BB 1962, 939 (942); *Hilsmann,* Minderjährigenschutz durch das Vormundschaftsgericht, 1993, S. 231, 257 ff.

[174] AA – für Genehmigungsbedürftigkeit der Gründung einer typischen stillen Gesellschaft – LG München II NJW-RR 1999, 1018; diff. → § 1822 Rn. 26 *(Wagenitz);* MüKoHGB/*K. Schmidt* HGB § 230 Rn. 106; Soergel/*Zimmermann* § 1822 Rn. 25; *Brüggemann* FamRZ 1990, 124 (127); *Hilsmann,* Minderjährigenschutz durch das Vormundschaftsgericht, 1993, S. 103 ff., 110; dagegen aber bereits BGH NJW 1957, 672; s. ferner BFH DB 1974, 365.

[175] Fall der atypischen stillen Gesellschaft; dafür auch OLG Hamm BB 1974, 294; FG Sachsen-Anhalt EFG 2013, 1632; Palandt/*Götz* § 1822 Rn. 9; Erman/*Saar* § 1822 Rn. 17; *Reinicke* DNotZ 1957, 510; *Winkler* ZGR 1973, 177 (184); gegen Genehmigungspflicht trotz Verlustbeteiligung im Falle schenkweise zugewendeter stiller Beteiligung aber *Gernhuber/Coester-Waltjen* FamR § 60 VI Rn. 110; *Klamroth* BB 1975, 525 (528).

[176] BGHZ 65, 93 (97 f.) = NJW 1976, 49; BGHZ 112, 339 (341) = NJW 1991, 691.

[177] Vgl. etwa Soergel/*Schultze-v. Lasaulx,* 10. Aufl. 1969, § 709 Rn. 35 und die Meinungsübersicht bei *Klamroth* BB 1974, 160 (161 f.).

[178] Heute hM, Erman/*Maier-Reimer* § 181 Rn. 19; Soergel/*Leptien* § 181 Rn. 20; Staudinger/*Schilken* (2014) § 181 Rn. 23 ff.

[179] So zutr. *Winkler* ZGR 1973, 177 (212 f.); *Hübner,* Interessenkonflikt und Vertretungsmacht, 1977, S. 265, 272 f. in Auseinandersetzung mit der früher abw. BGH-Rspr. und Lit.; vgl. auch BGHZ 65, 93 (97) = NJW 1976, 49; *Klamroth* BB 1975, 160 (161).

[180] BGHZ 64, 72 (76) = NJW 1975, 1117 mwN; BGH NJW 1975, 1885 (1886); Erman/*Maier-Reimer* § 181 Rn. 22 ff.; Soergel/*Leptien* § 181 Rn. 6; Staudinger/*Schilken* (2014) § 181 Rn. 5 ff. Grdl. dazu *Hübner,* Interessenkonflikt und Vertretungsmacht, 1977, S. 265, 138 ff.

[181] Der Auflösungsbeschluss gehört nicht zu den laufenden Angelegenheiten, sondern enthält eine Vertragsänderung. Zur Frage seiner Genehmigungsbedürftigkeit nach § 1822 Nr. 3 bei Erwerbsgesellschaften vgl. Staub/*Schäfer* HGB § 131 Rn. 26 (verneinend) mwN; so auch Soergel/*Zimmermann* 1822 Rn. 19. – Zur Genehmigungsbedürftigkeit des einvernehmlichen Ausscheidens des nicht voll Geschäftsfähigen s. Staub/*Schäfer* HGB § 105 Rn. 87 mwN.

des sich verpflichtenden Ehegatten bekannt sind.¹⁸² Zu den Folgen einer nach § 1365 Abs. 1 fehlerhaften Beitrittserklärung → Rn. 341; zur Ehegattengesellschaft → Vor § 705 Rn. 73 ff.

74 Haben die Ehegatten den gesetzlichen Güterstand durch *Ehevertrag* ausgeschlossen, so ist zu unterscheiden. Im Falle der **Gütertrennung** (§ 1414) greifen keine eherechtlichen Besonderheiten ein; Schranken der Vertragsfreiheit bestehen nicht. Anders im Fall der **Gütergemeinschaft** (§ 1415). Die vermögensrechtliche Selbständigkeit jedes Ehegatten besteht hier zwar im Rahmen des *Vorbehaltsguts* (§ 1418) fort; insoweit ist der jeweilige Ehegatte in der Verwaltung nicht beschränkt und kann namentlich auch durch Verfügungen eine Bestandsveränderung des Vorbehaltsguts herbeiführen (§ 1418 Abs. 3). Eine mit dessen Mitteln erworbene Gesellschaftsbeteiligung gehört daher auch ihrerseits zum Vorbehaltsgut (§ 1418 Abs. 2 Nr. 3); der Mitwirkung des anderen Ehegatten beim Beteiligungserwerb bedarf es nicht. Soll die Gesellschaftsbeteiligung dagegen mit Mitteln des *Gesamtguts* erworben werden, so sind die ehevertraglichen Vereinbarungen über dessen Verwaltung zu beachten. Mangels vertraglicher Regelung gilt gemeinschaftliche Verwaltung (§ 1421 S. 2); Verfügungen über das Gesamtgut können also nur gemeinsam erfolgen. Der mit Mitteln des Gesamtguts erworbene Anteil wird freilich nicht nur dann, wenn er entsprechend gesetzlicher Regel unübertragbar ist, *Sondergut* desjenigen Ehegatten/Gesellschafter, in dessen Namen die Beteiligung erfolgt (§§ 1417 Abs. 2, 719);¹⁸³ er ist vom Ehegatten/Gesellschafter für Rechnung des Gesamtguts zu verwalten (§ 1417 Abs. 3). Vielmehr kann der Anteil auch deshalb nicht in das Gesamtgut fallen, weil eine Gesellschaftsbeteiligung der Gütergemeinschaft als solcher ausgeschlossen ist (str., → Rn. 82).

75 Besondere Probleme stellen sich bei der Gründung einer **Gesellschaft zwischen Ehegatten in Gütergemeinschaft.** Sie bereitet zwar keine Schwierigkeiten, wenn sie mit Mitteln des jeweiligen Vorbehaltsguts erfolgt (→ Rn. 74). In diesem Fall führt sie zu einer zweiten, neben die Gütergemeinschaft tretenden und den spezifischen Grundsätzen des Gesellschaftsrechts unterliegenden Gesamthandsgemeinschaft der Ehegatten.¹⁸⁴ Das gleiche Ziel können die Ehegatten beim Fehlen entsprechenden Vorbehaltsguts auch dadurch erreichen, dass sie den Gesellschaftsvertrag mit einem notariell zu beurkundenden Ehevertrag verbinden, worin die Gesellschaftsanteile zu Vorbehaltsgut erklärt werden (§§ 1408, 1410, 1418 Abs. 2 Nr. 1).¹⁸⁵ Zur Möglichkeit des gemeinsamen Betriebs eines Handelsgeschäfts in Gütergemeinschaft sowie zu der in diesem Fall gebotenen Firmierung → § 1416 Rn. 8 (Kanzleiter) mN.¹⁸⁶ Erfolgt die Gründung der Gesellschaft dagegen **mit Mitteln des Gesamtguts** ohne entsprechende ehevertragliche Absicherung, so soll sie entgegen der früheren Rechtsprechung¹⁸⁷ nach Ansicht des BGH deshalb fehlschlagen, weil die Begründung von Sondergut auf rechtsgeschäftlichem Wege (hier: durch Abschluss des Gesellschaftsvertrags zwischen den Ehegatten) nicht möglich sei, die Zugehörigkeit der Anteile zum Gesamtgut aber unvermeidlich deren Vereinigung und damit das Erlöschen der Gesellschaft zur Folge haben müsse.¹⁸⁸ Dem ist in der Literatur zu Recht widersprochen worden.¹⁸⁹ Der entscheidende Einwand bezieht sich darauf, dass der BGH das Verhältnis von Gesamt- und Sondergut in Bezug auf die Gesellschaftsbeteiligung verkannt hat. Die Zugehörigkeit der Anteile zum jeweiligen Sondergut der Ehegatten bedarf nicht etwa einer notariellen Vereinbarung zwischen ihnen, sondern sie folgt zwangsläufig aus der besonderen, vermögens- und personenrechtliche Elemente verkörpernden Rechtsnatur der Gesellschaft. Diese steht der Einbeziehung der Anteile in das Gesamtgut – und damit auch der Mitgliedschaft der Gütergemeinschaft in der GbR (→ Rn. 82) – selbst dann entgegen, wenn die Anteile im Gesellschaftsvertrag übertragbar ausgestaltet sind (→ § 719 Rn. 27) und damit nicht bereits einer Umqualifizierung nach § 1417 Abs. 2 unterliegen.¹⁹⁰ Die Gründung einer GbR zwischen Eheleuten mit Mitteln des

---

¹⁸² Sog. subjektive Einzeltheorie; vgl. BGHZ 35, 135 (143 ff.) = NJW 1961, 1301; BGHZ 43, 174 (177) = NJW 1965, 909; BGHZ 66, 217 = NJW 1976, 1398 zu § 419 aF; BGH WM 1972, 343 (344); NJW 1984, 609 f.; NJW 1989, 1609 f.; BGHZ 106, 253 (256 f.); = NJW 1993, 2441; BGH DNotZ 2013, 686 (687) → § 1365 Rn. 9 ff.; 12 ff., 26 ff. *(Koch)* mN zum Meinungsstand in der Lit.
¹⁸³ So aber → § 1416 Rn. 9; → § 1417 Rn. 4 *(Kanzleiter)* mwN.
¹⁸⁴ Zum Verhältnis beider Vermögensmassen vgl. *Reuter/Kunath* JuS 1977, 376 (377 f.).
¹⁸⁵ BGHZ 65, 79 (91) = NJW 1975, 1774.
¹⁸⁶ BayObLG FamRZ 1992, 61.
¹⁸⁷ BGH LM § 260 Nr. 1; BGHZ 57, 123 (128) = NJW 1972, 48; RGZ 145, 282 (283), jeweils für Entstehung von Sondergut im Falle der Beteiligung nur eines der Ehegatten an einer Personengesellschaft; die Beteiligung von zwei Ehegatten wie im Fall BGHZ 65, 79 = NJW 1975, 1774 führt zu keiner grds. abw. Beurteilung.
¹⁸⁸ So BGHZ 65, 79 (82 ff.) = NJW 1975, 1774.
¹⁸⁹ *Beitzke* FamRZ 1975, 575; *Tiedtke* FamRZ 1975, 676; *Reuter/Kunath* JuS 1977, 376; zust. aber *Schünemann* FamRZ 1976, 138.
¹⁹⁰ So zutr. namentlich *Reuter/Kunath* JuS 1977, 376 (378 ff.); im Ergebnis ebenso *Lutter* AcP 161 (1962), 170 ff.; *Beitzke* FamRZ 1975, 575; Staudinger/*B. Thiele* (2007) § 1416 Rn. 14; Soergel/*Hadding/Kießling* Rn. 23, sowie zur Beteiligung an einer OHG Soergel/*Gaul* § 1416 Rn. 6; Erman/*Heinemann* § 1417 Rn. 4; Staub/*Schäfer* HGB § 105 Rn. 92; MüKoHGB/*K. Schmidt* HGB § 105 Rn. 105; Baumbach/Hopt/*Roth* HGB § 105 Rn. 25; aA – für Zugehörigkeit der Anteile zum Gesamtgut – BFH BB 1969, 571 (572); → § 1416 Rn. 10 *(Kanzleiter)*;

Gesamtguts schlägt daher nur dann fehl, wenn das Geschäft abweichend von § 1417 Abs. 3 S. 2 nicht für Rechnung des Gesamtguts betrieben werden soll, die Formvorschriften für die Schaffung von Vorbehaltsgut (§§ 1410, 1418 Abs. 2 Nr. 1) aber nicht eingehalten sind.[191]

3. Juristische Personen und Personenvereinigungen. a) Juristische Personen und Vorge- **76** **sellschaften.** Die Fähigkeit **juristischer Personen,** Gesellschafter von Personengesellschaften zu sein, ist seit langem außer Streit. Schon im Jahre 1922 verwarf das RG die Bedenken des Hamburger Registergerichts gegen die Eintragung einer GmbH und ebnete damit der GmbH & Co KG den Weg;[192] in einer Reihe von Vorschriften (§§ 19 Abs. 2, 130a, 172 Abs. 6, 177a HGB ua) hat diese Entwicklung seit Jahrzehnten ausdrückliche gesetzliche Anerkennung gefunden. Das gilt auch für im Inland als rechtsfähig anerkannte *ausländische* juristische Personen, soweit sie nach ihrem Heimatrecht fähig sind, sich an Gesellschaften nach Art der OHG oder KG zu beteiligen.[193] Gegenüber der Beteiligung an Personenhandelsgesellschaften (OHG und KG) weist diejenige an einer GbR keine Besonderheiten auf, die eine abweichende Beurteilung der Gesellschaftereigenschaft von juristischen Personen erforderlich machen könnten. Die Möglichkeit, sich an einer GbR zu beteiligen, beschränkt sich auch nicht auf juristische Personen des Privatrechts (AG, KGaA, GmbH, e.V., rechtsfähige Stiftung ua). Vielmehr können auch *juristische Personen des öffentlichen Rechts* Gesellschafter einer GbR werden.[194] Die Beteiligung juristischer Personen an einer GbR findet sich namentlich einerseits bei Gelegenheitsgesellschaften (Arbeitsgemeinschaften, Konsortien ua, → Vor § 705 Rn. 43 ff., 51 ff.), andererseits bei GbR, die als Instrumente der Kartellierung und Konzernierung eingesetzt werden (→ Vor § 705 Rn. 65 ff.). Unter den Letzteren stehen im Vordergrund Gesellschaften zwischen den Partnern eines Gemeinschaftsunternehmens, die der einheitlichen Leitung der gemeinsamen Tochter durch Vereinheitlichung von Stimmmacht und Willensbildung dienen.[195]

Für die **Vor-GmbH** war die Fähigkeit, sich an einer Personengesellschaft zu beteiligen, früher **77** umstritten;[196] die Frage stellte sich vor allem im Hinblick auf die Gründung einer GmbH & Co. KG mit einer noch nicht im Handelsregister eingetragenen (Vor-)GmbH als Komplementärin. Seit mehr als 20 Jahren hat der BGH die Komplementärfähigkeit der Vor-GmbH jedoch ausdrücklich anerkannt;[197] das entspricht der einhelligen Ansicht im neueren Schrifttum zum GmbH-Recht.[198] Damit sind auch die Bedenken gegen die Beteiligung einer Vor-GmbH an einer GbR entfallen;[199] Voraussetzung ist allerdings, dass die GmbH-Gründer den Geschäftsführern eine entsprechende, über die zur GmbH-Gründung notwendigen Geschäfte hinausgehende Vertretungsmacht eingeräumt haben.[200] Kommt es zur Eintragung der Vor-GmbH, so erlangt sie dadurch die Rechtsnatur einer juristischen Person, ohne dass sich an ihrer Komplementärstellung etwas ändert. Entsprechendes gilt für die Vor-AG[201] und für andere in Entstehung begriffene juristische Personen vergleichbarer Struktur; allerdings dürfte der Frage für diese Rechtsformen kaum praktische Bedeutung zukommen.

b) Personengesellschaften. Die Fähigkeit von **OHG** und **KG,** Gesellschafter einer GbR zu **78** sein, ist wegen deren weitgehender rechtlicher Verselbständigung (§ 124 HGB) seit langem anerkannt.[202] Ihre Beteiligung an einer GbR kann zwar wegen der damit verbundenen Überlagerung

---

Tiedtke FamRZ 1975, 678; *Schlegelberger/Geßler* HGB § 105 Rn. 55d; *Gernhuber/Coester-Waltjen* FamR § 38 II Rn. 14 ff.
[191] BGHZ 65, 79 (81, 85) = NJW 1975, 1774; *Reuter/Kunath* JuS 1977, 376 (381).
[192] RGZ 105, 101 (102 ff.); zur Entwicklung der GmbH & Co. vgl. Staub/*Casper* HGB § 161 Rn. 65 f.; *K. Schmidt* GesR § 56 I 2.
[193] Vgl. BayObLG WM 1986, 968 (970); Staub/*Schäfer* HGB § 105 Rn. 94; näher Ulmer/Habersack/Löbbe/ *Behrens/Hoffmann* GmbHG Einl. Rn. B 220 ff., 223.
[194] RGZ 163, 142 (149); Soergel/*Hadding/Kießling* Rn. 27; Erman/*Westermann* Rn. 17; s. ferner BAG NJW 1989, 3034.
[195] Vgl. dazu *Gansweid*, Gemeinsame Tochtergesellschaften im deutschen Konzern- und Wettbewerbsrecht, 1976, S. 53 f., 60 ff.; *G. Wiedemann*, Gemeinschaftsunternehmen im deutschen Kartellrecht, 1981, S. 52 ff., 85 f.
[196] Vgl. die Nachweise bei Hachenburg/*Ulmer*, GmbHG § 11 Rn. 133.
[197] BGHZ 80, 129 (132 ff., 143) = NJW 1981, 1373.
[198] Vgl. *Lutter/Hommelhoff/Bayer* GmbHG § 11 Rn. 13; Baumbach/Hueck/*Fastrich* GmbHG § 11 Rn. 16; Scholz/*K. Schmidt* GmbHG § 11 Rn. 182; Ulmer/Habersack/Löbbe/*Ulmer/Habersack* GmbHG § 11 Rn. 160; *Hüffer* JuS 1980, 48 f.; *K. Schmidt* NJW 1981, 1347.
[199] So auch Erman/*Westermann* Rn. 17; Soergel/*Hadding/Kießling* Rn. 27.
[200] Vgl. näher Ulmer/Habersack/Löbbe/*Ulmer/Habersack* GmbHG § 11 Rn. 68 ff., 160.
[201] Dazu Hüffer/*Koch* AktG § 41 Rn. 4, 10 ff.; KK-AktG/*Arnold* § 41 Rn. 23 ff.
[202] Ganz hM, vgl. BGH WM 1959, 288; RGZ 142, 13 (21); Soergel/*Hadding/Kießling* Rn. 24; Erman/ *Westermann* Rn. 21; Staudinger/*Habermeier* (2003) Rn. 27. Zu der ebenso zulässigen Beteiligung einer OHG oder KG an einer anderen Personenhandelsgesellschaft vgl. namentlich Staub/*Schäfer* HGB § 105 Rn. 96 f.; MüKoHGB/*K. Schmidt* HGB § 105 Rn. 93 f.; *Hueck* OHG § 2 I 3, S. 22 f.

der gesamthänderischen Zuordnung des Gesellschaftsvermögens bei GbR und beteiligter Gesellschaft sowie wegen des mehrstufigen Willensbildungsprozesses[203] zu einer Reihe schwieriger, den Gegenstand des Personengesellschaftskonzernrechts bildender Probleme führen. Auch relativiert sich der personelle Zusammenschluss der GbR, wenn die Mitgesellschafter auf die Zusammensetzung der an ihrer Gesellschaft beteiligten OHG oder KG und deren Änderungen keinen unmittelbaren Einfluss haben. Insoweit handelt es sich jedoch nicht um grundsätzliche, die Beteiligung als solche in Frage stellende Einwendungen. Den Nachteilen, die den Mitgesellschaftern daraus drohen, kann vielmehr durch entsprechende Vertragsgestaltung bei beteiligter und Beteiligungsgesellschaft Rechnung getragen werden.

79 Zu Recht erkennt die hM aber auch die Fähigkeit einer **Gesellschaft bürgerlichen Rechts** an, Gesellschafterin einer anderen GbR zu werden.[204] Zwar wurde die Beteiligung einer GbR an einer OHG oder KG von der früher hM als ausgeschlossen angesehen.[205] Diese seit langem in Frage gestellte,[206] inzwischen höchstrichterlich jedenfalls für die Beteiligung der GbR als Kommanditistin einer KG aufgegebene Ansicht[207] beruhte jedoch nicht etwa auf einer grundsätzlichen dogmatischen Differenzierung zwischen den verschiedenen Personengesellschaftsformen, sondern auf Gesichtspunkten der Rechtsklarheit und Praktikabilität. Gegen die Mitgliedschaft der GbR in einer Personenhandelsgesellschaft wurde namentlich eingewandt, bei dieser müsse der Gesellschafterbestand für den Rechtsverkehr aus dem Handelsregister ersichtlich sein; im Falle der Beteiligung von Personengesellschaften sei das zwar bei OHG und KG wegen deren jeweiliger Registerpflicht gewährleistet, nicht aber im Falle einer GbR.[208] Für die Mitglieder der ihrerseits nicht eintragungsfähigen GbR treffen diese – inzwischen in Bezug auf die Kommanditbeteiligung überholten (→ Rn. 317) – Erwägungen nicht zu. Zumal bei einer **Innen-GbR,** die nicht am Rechtsverkehr teilnimmt (→ Rn. 275, 277), ist die Mitgliedschaft einer anderen GbR daher unbedenklich.[209] Aber auch bei einer **Außen-GbR** sprechen trotz der nicht ohne weiteres auszuschließenden Rechtsunsicherheit für Dritte die besseren Gründe dafür, die Gesellschafterstellung einer GbR anzuerkennen. Die Klärung der Beteiligungsverhältnisse wird für den Rechtsverkehr nicht etwa unverhältnismäßig dadurch erschwert, dass er es nicht mit einer einfachen, sondern mit einer doppelstöckigen GbR zu tun hat. Und die gegen die Mitgliedschaft von Erbengemeinschaft und Gütergemeinschaft in einer GbR sprechenden Einwände, die aus der besonderen personenrechtlichen, als Tätigkeits- und Haftungsgemeinschaft ausgestalteten Verbindung der GbR resultieren (→ Rn. 81 f.), greifen gegenüber einer GbR als Gesellschafterin nicht durch.

79a Neuerdings ist im Schrifttum die These vertreten worden, aufgrund ihrer Rechtsfähigkeit sei die Außen-GbR wie eine juristische Person in der Lage, **eigene Anteile** zu erwerben und zu halten.[210] Dem ist nicht zu folgen. Abgesehen davon, dass der Erwerb eigener Anteile auch in der Kapitalgesellschaft ohne flankierender gesetzliche Regelung kaum vorstellbar wäre, sprechen die erheblichen

---

[203] Dazu *Schulze-Osterloh*, FS H. Westermann, 1974, S. 541 ff. Eingehend zum Konzernrecht der Personengesellschaften Staub/*Schäfer* Anh. § 105 HGB; MüKoHGB/*Mülbert* Bd. 3 (nach § 236 HGB).
[204] BGH NJW 1998, 376. So der Sache nach auch schon RGZ 136, 236 (240); 142, 13 (21); Soergel/*Hadding*/*Kießling* Rn. 24; Erman/*Westermann* Rn. 21; Staudinger/*Habermeier* (2003) Rn. 28; *Flume*, FS Raiser, 1974, S. 27 (36) und *Flume* BGB AT I 1 § 4 IV, S. 64; *Hohner* NJW 1975, 719. Verneinend noch BGHZ 46, 291 (296) = NJW 1967, 826 obiter dictum; – Zur Rechtsfähigkeit der (Außen-)GbR → Rn. 303.
[205] So BGHZ 46, 291 (296) = NJW 1967, 826; BGH NJW-RR 1987, 416 = WM 1986, 1280; OLG Saarbrücken OLGZ 1982, 155 ff.; Staub/*Ulmer*, 4. Aufl. 2004, HGB § 105 Rn. 96 mit Fn. 194; Baumbach/Hopt/*Hopt*, 30. Aufl. 2000, HGB § 105 Rn. 29; *Hueck* OHG § 2 I 3b, S. 23 f.; Schlegelberger/*Martens* HGB § 161 Rn. 33a; Soergel/*Hadding*/*Kießling* Rn. 24; Staudinger/*Keßler*, 12. Aufl. 1979, Rn. 46; *Flume*, FS Raiser, 1974, S. 36 und *Flume* BGB AT I 1 § 4 IV, S. 63 f.; *Hohner* NJW 1975, 718 f.; offenlassend BGH NJW-RR 1990, 798 (799) = WM 1990, 586.
[206] So *K. Schmidt* DB 1990, 93 (94 ff.); MüKoHGB/*K. Schmidt* HGB § 105 Rn. 96 ff.; Erman/*Westermann* Rn. 21; *Breuninger*, BGB-Gesellschaft, 1991, S. 60 ff.; *Brodersen*, Die Beteiligung der BGB-Gesellschaft an den Personenhandelsgesellschaften, 1988, passim; *Schünemann*, Grundprobleme der Gesamthandsgesellschaft, 1975, *Klamroth* BB 1983, 796 (799 f.).
[207] BGHZ 148, 291 (293) = NJW 2001, 3121 mit Anm. *Ulmer* ZIP 2001, 1714 ff.; so auch schon BayObLG ZIP 2000, 2165 (2166) jeweils für Beteiligung der GbR als Kommanditistin; weitergehend – für Beteiligung auch als Komplementärin – LG Berlin GmbHR 2003, 719 (720 f.) und OLG Celle NZG 2012, 667 mit zust. Anm. *Heinze* DNotZ 2012, 426 (430 f.); näher zu letzterem → Rn. 317.
[208] Um Entkräftung dieser Einwendungen bemüht schon *Breuninger*, BGB-Gesellschaft, 1991, S. 60 ff.; *Brodersen*, Die Beteiligung der BGB-Gesellschaft an den Personenhandelsgesellschaften, 1988, S. 23 ff., 89 ff.; *Klamroth* BB 1983, 801 f.; ferner nur Soergel/*Hadding*/*Kießling* § 718 Rn. 6; Erman/*Westermann* Rn. 21.
[209] Dementsprechend wird die Möglichkeit der Beteiligung einer GbR als „Stiller" im Rahmen einer stillen Gesellschaft allg. anerkannt, vgl. Staub/*Harbarth* HGB § 230 Rn. 101; MüKoHGB/*K. Schmidt* HGB § 230 Rn. 34.
[210] So *Priester* ZIP 2014, 245; gegen ihn aber *K. Schmidt* ZIP 2014, 493; aus rechtspolitischer Perspektive auch *Schäfer*, Gutachten E zum 71. DJT, 2016, S. 47.

Unterschiede zwischen Gesamthand und juristischer Person (→ Vor § 705 Rn. 12) gegen die Zulässigkeit. Die bislang allgemein akzeptierte **Unmöglichkeit** des Erwerbs eigener Anteile beruht nicht entscheidend auf der noch vom historischen Gesetzgeber unterstellten fehlenden Rechtsfähigkeit der Gesamthandsgesellschaft (die spätestens seit 2001 auch für die GbR überwunden ist), sondern auf einem grundlegenden Strukturprinzip des Personengesellschaftsrechts, nämlich dem Vertragsverhältnis unter den Gesellschaftern im Sinne einer „personenrechtlichen Gemeinschaft" *(Gierke)* bzw. „Gruppe" *(Flume)* als Basis der Mitgliedschaft in der Gesellschaft,[211] und damit cum grano salis auf dem Vertragsprinzip. Folgerichtig galt und gilt sie auch in OHG und KG, deren Rechtsfähigkeit seit jeher zweifelsfrei ist (§ 124 HGB).[212] Die von *Priester* angeführten Gestaltungsvorteile („Aufbewahrung" von Anteilen ausgeschiedener Gesellschafter, zB solcher mit Sonderrechten, und leichtere Organisation von Gesellschafterwechseln ohne Ein- und Austritt bei der Publikumsgesellschaft) sind nicht hinreichend gewichtig, um einen Bruch mit diesem Prinzip zu legitimieren, zumal diese Gestaltungsziele auch durch Einschaltung von Treuhändern ohne ersichtliche Einbußen erreichbar sind.[213] Auch aus rechtspolitischer Sicht braucht deshalb an diesem Zustand nichts geändert zu werden.[214]

c) Nichtrechtsfähiger Verein. Auch er kann Gesellschafter einer GbR werden.[215] Aus strukturellen Gründen ist trotz typischer Vielzahl der Mitglieder die rechtliche Einheit des Vereins und sein Auftreten unter einem Vereinsnamen inzwischen in mindestens vergleichbarem Maße anerkannt wie bei Personenhandelsgesellschaften; die Verweisung in § 54 S. 1 auf das Recht der GbR steht nicht entgegen (→ § 54 Rn. 17 ff. *[Arnold]*). Praktische Schwierigkeiten registerrechtlicher Art, etwa bei der Eintragung eines zum Gesellschaftsvermögen gehörenden Grundstücks auf die Namen der Gesellschafter,[216] greifen gegenüber den für die Zulassung der Mitgliedschaft des Vereins sprechenden Gründen nicht durch, wenn sie sich nicht ohnedies durch Zusammenfassung der Vereinsmitglieder unter dem Vereinsnamen[217] oder durch Zwischenschaltung eines Treuhänders lösen lassen. Auch der von der Rechtsprechung anerkannte Haftungsausschluss der Mitglieder eines nichtrechtsfähigen Idealvereins schließt die Beteiligung des Vereins an einer GbR nicht aus. Im Rahmen der gesamtschuldnerischen Gesellschafterhaftung (→ § 714 Rn. 35 ff.) haftet den Gläubigern der GbR jedenfalls das Vereinsvermögen und daneben auch der Vereinsvorstand, soweit er an der Geschäftsführung der GbR beteiligt ist (§ 54 S. 2).

d) Erbengemeinschaft. Sie unterscheidet sich trotz der auch hier bestehenden gesamthänderischen Vermögensbindung deutlich von den Personengesellschaften des bürgerlichen und Handelsrechts. Das beruht vor allem auf den Vorschriften der §§ 2033 Abs. 1, 2042 Abs. 2, die jedem Miterben das Recht geben, über seinen Anteil an der Erbengemeinschaft zu verfügen sowie jederzeit die Auflösung zu verlangen. Hinzu kommt bis zur Auflösung die in § 2059 Abs. 1 vorgesehene Haftungsbeschränkung der Miterben auf den Nachlass. Aus diesen Gründen besitzt die Erbengemeinschaft, anders als eine Personengesellschaft, keine Rechtsfähigkeit;[218] sie kann nach zutreffender, ganz hM nicht Gesellschafterin einer werbenden OHG oder KG sein.[219] Gleiches hat aber auch für die

---

[211] *K. Schmidt* ZIP 2014, 497 f. – wörtliche Zitate: *Gierke*, Genossenschaftstheorie, 1887, S. 450; *Flume* BGB AT I 1 § 4 II S. 56, § 7 III S. 99.
[212] S. Staub/*Schäfer* HGB § 105 Rn. 97.
[213] Überzeugend *K. Schmidt* ZIP 2014, 493 ff.: Personengesellschaftsrecht kann rechtspolitische Wünsche, die außerhalb seines Konzepts liegen, nicht nach Belieben erfüllen, es muss Garant einer „Konsistenz der Rechtsform" bleiben.
[214] *Schäfer*, Gutachten E zum 71. DJT, 2016, S. 47.
[215] So zu Recht Soergel/*Hadding/Kießling* Rn. 25; Erman/*Westermann* Rn. 22; Staudinger/*Habermeier* (2003) Rn. 29; ebenso für die Mitgliedschaft in OHG und KG die hM, vgl. Staub/*Schäfer* HGB § 105 Rn. 99; *Hueck* OHG § 2 I 3b, S. 23 f.; auch schon MüKoHGB/*K. Schmidt* HGB § 105 Rn. 87; Baumbach/Hopt/*Roth* HGB § 105 Rn. 28; aA noch *Westermann* in Westermann/Wertenbruch PersGesR-HdB I. Teil § 5 Rn. 149b.
[216] Zur Vermeidung dieser bisher ganz herrschenden Eintragungspraxis durch Anerkennung der „Grundbuchfähigkeit" der GbR, dh der Eintragung des gesamthänderischen Grundvermögens auf ihren Namen → Rn. 312 f.
[217] Soergel/*Hadding/Kießling* Rn. 25.
[218] AA insbes. *Grunewald* AcP 197 (1997), 305 (306 ff., 315); dagegen *Ulmer* AcP 198 (1998), 113 (126 ff.); *Dauner-Lieb*, Unternehmen in Sondervermögen, 1998, S. 301 ff., 396 mwN zum Meinungsstand.
[219] St. Rspr. seit RGZ 16, 40 (56); vgl. BGHZ 22, 186 (192) = NJW 1957, 180; BGHZ 68, 225 (237) = NJW 1977, 1339; BGH NJW 1989, 2133 (2134); 2002, 3389 (3390); 2006, 3715 (3716); so auch die hM in der Lit., vgl. MüKoHGB/*K. Schmidt* HGB § 105 Rn. 100; Staub/*Schäfer* HGB § 105 Rn. 139 Rn. 43; Baumbach/Hopt/*Roth* HGB § 105 Rn. 29. Vereinzelte abw. Stimmen in der Vergangenheit *(Börner* AcP 166 (1966), 447 ff.; *Kruse*, FS Laufke, 1972, S. 184 ff.; *Stötter* DB 1970, 528 ff.) und der Neuansatz von *Grunewald* AcP 197 (1997), 305 (306 ff., 315) haben sich zu Recht nicht durchgesetzt. Vgl. auch *Reuter/Kunath* JuS 1977, 376 (380); jetzt auch BayObLG ZIP 2003, 480 – Beteiligung als Kommanditistin; dazu krit. *Grziwotz* ZIP 2003, 848; *Kanzleiter* DNotZ 2003, 422 (425 ff.).

Beteiligung an einer GbR zu gelten; sie wäre mit der nicht personen-, sondern primär vermögensrechtlichen, auf Auflösung zielenden Struktur der Erbengemeinschaft nicht vereinbar (→ § 2032 Rn. 14 *[Gergen]*; → § 727 Rn. 33).[220]

82   **e) Eheliche Gütergemeinschaft.** Für die eheliche Gütergemeinschaft gilt zumindest im Ergebnis das Gleiche wie für die Erbengemeinschaft: auch sie kann nicht Gesellschafterin einer GbR werden. Auch wenn das Band zwischen den Partnern des Ehevertrags dauerhafter ist als dasjenige zwischen den vertraglich nicht verbundenen Miterben, so steht doch auch bei der Gütergemeinschaft die vermögensrechtliche Struktur eindeutig im Vordergrund; sie verträgt sich nicht mit der Gesellschafterstellung.[221] Beteiligen sich in Gütergemeinschaft lebende Ehegatten aus Mitteln des Gesamtguts als Gesellschafter an einer GbR, ist das zwar rechtlich zulässig; die Gesellschaftsanteile fallen jedoch aus Rechtsgründen nicht in das gemeinschaftliche Gesamtgut, sondern in das jedem Ehegatten persönlich zugeordnete, wenn auch für Rechnung des Gesamtguts verwaltete Sondergut (→ Rn. 75).[222]

83   **f) Bruchteilsgemeinschaft.** Auch die Bruchteilsgemeinschaft kann nicht Mitglied einer GbR werden (→ § 741 Rn. 14).[223] Zwar ist inzwischen die Übertragbarkeit der Mitgliedschaft in einer GbR anerkannt, wenn die Mitgesellschafter zustimmen (→ § 719 Rn. 25 ff.). Es handelt sich somit um eine selbständiger Verfügung fähige Rechtsposition (→ Rn. 159), die nach § 741 grundsätzlich Gegenstand einer Bruchteilsgemeinschaft sein könnte. Als „Inbegriff aller Rechtsbeziehungen eines Gesellschafters zur Gesellschaft, zu deren Vermögen und zum Mitgesellschafter"[224] stellt sie aber – zumindest auch – ein Rechts*verhältnis* dar (→ Rn. 180);[225] es kann als solches nicht Mehreren zu Bruchteilen zustehen (→ § 741 Rn. 18).[226] – Davon zu unterscheiden ist die Möglichkeit, eine Bruchteilsgemeinschaft an einzelnen auf dem Rechtsverhältnis der GbR beruhenden Rechten zu bilden. So ist eine Bruchteilsgemeinschaft von Gesellschaftern oder Dritten an den nach § 717 S. 2 übertragbaren, aus der Mitgliedschaft fließenden Vermögensrechten wie dem Anspruch auf das Auseinandersetzungsguthaben denkbar. Ebenso können die Gesellschafter Vermögensgegenstände, die der Verfolgung des Gesellschaftszwecks dienen, an Stelle der gesamthänderischen Bindung in Bruchteilseigentum halten; insoweit sind sie dann zugleich Mitglieder einer Bruchteilsgemeinschaft (→ Rn. 267).

84   **4. Sonderfälle. a) Treuhand.** Treuhandverhältnisse – sei es in der Form der uneigennützigen oder Verwaltungstreuhand, sei es in derjenigen der eigennützigen oder Sicherungstreuhand[227] – sind dadurch gekennzeichnet, dass der **Treuhänder nach außen Vollrechtsinhaber** ist. Er hat damit eine weitergehende Rechtsstellung inne, als sie seinen internen Abreden mit dem Treugeber und den diesem gegenüber übernommenen Bindungen entspricht. Das rechtliche Können des Treugebers geht weiter als das rechtliche Dürfen.[228] Dieser Diskrepanz trägt namentlich das *Vollstreckungs- und Insolvenzrecht* Rechnung, indem es dem Treugeber bestimmte Vorzugsrechte am Treugut im Fall der Pfändung oder der Insolvenz beim Treuhänder einräumt.[229] Ob das Treuhandeigentum auch in sonstigen Beziehungen wegen der bestehenden fiduziarischen Bindungen als eine Art Eigentum minderen Rechts anzusehen ist, das dem Treugeber in bestimmten Fällen eine über bloße obligatorische Rechte hinausgehende Rechtsstellung einräumt, ist umstritten. Zumindest bei der *qualifizierten* (offenen) Treuhand an Gesellschaftsanteilen (→ Rn. 92) geht die Tendenz heute dahin, Treuhandbeziehungen in stärkerem Umfang, als dies der formalen Rechtslage entspricht, auch Drittwirkung

---

[220] Soergel/*Hadding/Kießling* Rn. 25; Bamberger/Roth/*Schöne* Rn. 55; wohl auch Erman/*Westermann* Rn. 22; zweifelnd Staudinger/*Habermeier* (2003) Rn. 31; aA *Flume* BGB AT I 1 § 18 III; *Lange/Kuchinke* ErbR, 5. Aufl. 2001, § 42 I 5a.
[221] So zutr. vor allem *Reuter/Kunath* JuS 1977, 376 (380); jetzt auch BayObLG ZIP 2003, 480 – Beteiligung als Kommanditistin; dazu krit. *Grziwotz* ZIP 2003, 848; *Kanzleiter* DNotZ 2003, 422 (425 ff.).
[222] So auch Soergel/*Hadding/Kießling* Rn. 25 sowie BGHZ 65, 79 (81, 85) = NJW 1975, 1774; *Reuter/Kunath* JuS 1977, 376 (381); aA BFH BB 1969, 571 (572), sowie *Tiedtke* FamRZ 1975, 678; *Gernhuber/Coester-Waltjen* FamR § 38 II Rn. 14 ff.; unklar BayObLG DB 1981, 519 (520).
[223] Vgl. Soergel/*Hadding/Kießling* Rn. 26; Erman/*Westermann* Rn. 22; Bamberger/Roth/*Schöne* Rn. 55; offengelassen von RGZ 169, 232 (235); zweifelnd auch Staudinger/*Habermeier* (2003) Rn. 30.
[224] BGHZ 65, 79 (82) = NJW 1975, 1774.
[225] Vgl. *Flume* BGB AT I 1 § 9, S. 127; *Wiedemann*, Die Übertragung und Vererbung von Mitgliedschaftsrechten bei Handelsgesellschaften, 1965, S. 39.
[226] *Flume* BGB AT I 1 § 8, S. 114.
[227] Hierzu und zu anderen Arten der Treuhand → § 164 Rn. 51 ff. *(Schubert); Coing*, Die Treuhand kraft privaten Rechtsgeschäfts, 1973, S. 88 ff.
[228] Statt aller *Coing*, Die Treuhand kraft privaten Rechtsgeschäfts, 1973, S. 88 ff. insbes. 94 ff.; Soergel/*Leptien* Vor § 164 Rn. 52, 59 f.
[229] Hierzu und zum umgekehrten Fall der Vollstreckung oder der Insolvenz beim Treugeber → Anh. §§ 929–936 Rn. 53 ff. *(Oechsler);* Soergel/*Leptien* Vor § 164 Rn. 63 ff. mwN.

gegenüber Gesellschaft und Mitgesellschaftern zu verleihen.[230] Hierauf ist für das Verhältnis des Treugebers zur Gesellschaft und zu den Mitgesellschaftern des Treuhänders zurückzukommen (→ Rn. 91 ff.). Zur Haftung des Treugebers für GbR-Verbindlichkeiten im Außenverhältnis → Rn. 92, → § 714 Rn. 42.

Im Gesellschaftsrecht sind Treuhandbeziehungen vielfach anzutreffen.[231] Soweit es um Anteile an Personengesellschaften geht, bildet den Schwerpunkt die **Verwaltungstreuhand**.[232] Sie ermöglicht es etwa, die Verwaltung des Anteils eines von den Mitspracherechten in der OHG oder KG ausgeschlossenen Gesellschafters treuhänderisch einem Dritten zu übertragen, ohne den von der Mitsprache ausgeschlossenen Gesellschafter weiter der Außenhaftung auszusetzen,[233] oder sie vereinfacht durch Zusammenfassung zahlreicher Kommanditanteile einer Publikums-KG in der Hand eines Treuhänders die Registereintragung.[234] Aber auch bei der GbR sind Treuhandverhältnisse an Gesellschaftsanteilen, darunter vor allem die Verwaltungstreuhand, aus einer Reihe von Gründen vorstellbar.[235] Derartige Gestaltungen können für den Treuhänder eine Pflichtenkollision auf Grund der divergierenden Interessen einerseits der Mitgesellschafter, andererseits des Treugebers zur Folge haben. Darin zeigt sich eine Parallele zu den Fällen der Unterbeteiligung (→ Vor § 705 Rn. 96 ff.), auch wenn bei dieser das Eigeninteresse des Hauptbeteiligten an dem der Unterbeteiligung unterliegenden Anteil typischerweise stärker ausgeprägt ist als dasjenige des Treuhänders. 85

aa) Begründung der Treuhand. Soweit die Treuhandbeziehung sich auf **übertragbare** Gesellschafterrechte (§ 717 S. 2) beschränkt, ist ihre Begründung unproblematisch. Das gilt namentlich für Treuhandabreden über Ansprüche auf Gewinn oder auf das Auseinandersetzungsguthaben; sie bedürfen weder der Zustimmung der Mitgesellschafter, noch müssen sie diesen gegenüber offen gelegt werden.[236] Entsprechendes gilt, wenn im Gesellschaftsvertrag die Anteilsübertragung generell zugelassen ist; hiervon wird meist auch die treuhänderische Übertragung erfasst sein. 86

Soll sich das Treuhandverhältnis dagegen auf einen ohne Zustimmung der Mitgesellschafter **unübertragbaren** Anteil beziehen, so ist zu unterscheiden. In diesem Fall bedarf die Einsetzung eines Dritten als **Treuhänder** – als formeller Gesellschafterwechsel – der Zustimmung der Mitgesellschafter.[237] Wird diese ohne Einschränkung erteilt, so erstreckt sie sich regelmäßig zugleich auf die künftige Rückübertragung vom Treuhänder auf den Treugeber.[238] 87

---

[230] Vgl. – mit iE unterschiedlichen Begründungen – die Nachweise bei *Coing*, Die Treuhand kraft privaten Rechtsgeschäfts, 1973, S. 94 ff. sowie die von ihm selbst (S. 51 ff., 95 f., 167 ua) im Anschluss an *Dölle* (FS Fritz Schulz, Bd. II, 1951, S. 268 ff.) betonte Parallele zwischen Treuhand und sonstigen durch Spaltung der rechtlichen Zuständigkeit gekennzeichneten „Verwaltungs"-Fällen (Testamentsvollstreckung, Nachlass-, Insolvenzverwaltung ua). Folgen dieser Drittwirkung sind etwa einseitige Verminderung der Gesellschaftsbeteiligung (so der Fall in BGH NJW 1968, 1471; vgl. dazu *U. Huber* JZ 1968, 791), des Gewinnanteils oder des Abfindungsanspruchs.

[231] Beispiele und Gründe für die Treuhand an Gesellschaftsanteilen bei *Armbrüster*, Treuhänderische Beteiligung, 2001, S. 49 ff.; *Blaurock*, Unterbeteiligung und Treuhand an Geschäftsanteilen, 1981, S. 66 ff.; *Tebben*, Unterbeteiligung und Treuhand, 2000, S. 33 f.; MüKoHGB/*K. Schmidt* HGB Vor § 230 Rn. 38 ff.; *Wiesner*, FS P. Ulmer, 2003, S. 673 ff., sowie bei *Coing*, Die Treuhand kraft privaten Rechtsgeschäfts, 1973, S. 71 für Anteile an Kapitalgesellschaften. Zur Treuhand im Gesellschaftsrecht vgl. auch *Eden*, Treuhandschaft an Unternehmen und Unternehmensanteilen, 2. Aufl. 1989; *Kümmerlein*, Erscheinungsformen und Probleme der Verwaltungstreuhand bei Personenhandelsgesellschaften, 1971, sowie *Markwardt*, Rechtsgeschäftliche Treuhandverhältnisse bei Personenhandelsgesellschaften, 1973; zur Treuhand bei der Publikums-KG vgl. *Bälz* ZGR 1980, 1 ff.; *Gieseke* DB 1984, 970 ff.; *Maulbetsch*, Beirat und Treuhand in der Publikumspersonengesellschaft, 1984; *ders.* DB 1984, 2232 ff.; *Kapitza*, Die Rechtsstellung der Treugeber in geschlossenen Immobilienfonds, 1996; *Wiedemann* ZIP 2012, 1786 in Bezug auf Publikumsgesellschaften; *Schürnbrand* ZGR 2014, 256 (258 ff.).

[232] Zur Sicherungstreuhand an Gesellschaftsanteilen vgl. etwa BGHZ 77, 392 = NJW 1980, 2708; *Armbrüster*, Treuhänderische Beteiligung, 2001, S. 42 ff.; *Hadding/Schneider/John*, Gesellschaftsanteile als Kreditsicherheit, 1979, S. 81 ff.; *Vossius* BB 1988, Beilage 5 S. 12 f.

[233] So im Fall der Testamentsvollstreckung am OHG- oder KG-Anteil, dazu *Beuthien* ZGR 1974, 26 (34); GroßkommHGB/*Ulmer*, 3. Aufl. 1973, HGB § 139 Anm. 78 mN.

[234] So namentlich bei der sog. „Publikums"-KG, vgl. etwa *Beuthien* ZGR 1974, 26 (35 f.); MüKoHGB/*Grunewald* HGB § 161 Rn. 106, 110; Staub/*Schilling*, 4. Aufl. 1987, HGB Anh. § 161 Rn. 3 und die Nachweise bei *Bälz* ZGR 1980, 1 ff.; *Gieseke* DB 1984, 970 ff.; *Maulbetsch*, Beirat und Treuhand in der Publikumspersonengesellschaft, 1984; *ders.* DB 1984, 2232 ff.; *Kapitza*, Die Rechtsstellung der Treugeber in geschlossenen Immobilienfonds, 1996.

[235] Vgl. nur BGHZ 102, 172 (174 f.) = NJW 1988, 969 (670 f.); BGH WM 1991, 1753; *Decher* ZIP 1987, 1097; Erman/*Westermann* Rn. 25.

[236] Ebenso Soergel/*Hadding/Kießling* Rn. 28.

[237] BGHZ 24, 106 (114) = NJW 1957, 1026; *Blaurock*, Unterbeteiligung und Treuhand an Geschäftsanteilen, 1981, S. 151 f.; *Armbrüster*, Treuhänderische Beteiligung, 2001, S. 94 ff.; Soergel/*Hadding/Kießling* Rn. 28; Erman/*Westermann* Rn. 26.

[238] BGHZ 77, 392 (396 f.) = NJW 1980, 2708; BGH WM 1985, 1143 (1144); so im Grundsatz auch *Blaurock*, Unterbeteiligung und Treuhand, 1981, S. 152.

88 Will einer der bisherigen Gesellschafter seinen Anteil künftig treuhänderisch für einen dritten **Treugeber** halten, so ist damit äußerlich keine Rechtsänderung verbunden. Sofern es um die Begründung einer *einfachen* (verdeckten) Treuhand geht, werden dadurch im Regelfall die Interessen der Mitgesellschafter nicht unmittelbar berührt, so dass es deren Zustimmung nicht bedarf.[239] Der zum Treuhänder gewordene Gesellschafter kann seine Verwaltungs- und Treupflichten innerhalb der Gesellschaft freilich nicht mit gesellschaftsinterner Wirkung den Bindungen gegenüber dem Treugeber unterordnen.[240] Ist allerdings nach Lage des Falles eine Interessenkollision als Folge der Treuhandbindung unschwer vorhersehbar, etwa wegen eines bestehenden Wettbewerbsverhältnisses zwischen Treugeber und Gesellschaft, so wird man bereits in der ohne Kenntnis und Zustimmung der Mitgesellschafter erfolgten Begründung der Treuhand einen Treupflichtverstoß sehen müssen.[241] Er ist geeignet, Schadensersatzansprüche der Mitgesellschafter gegen den Treuhänder zu begründen. Stimmbindungen, denen sich der Treuhänder gegenüber einem nicht zu den Gesellschaftern gehörenden Treugeber unterwirft, sind bei der verdeckten Treuhand nur in engen Grenzen zulässig (str., → § 717 Rn. 25 ff.). Eine Unwirksamkeit des Treuhandverhältnisses im Ganzen, etwa nach §§ 138, 826, kommt dagegen nur ausnahmsweise in Betracht. Handelt es sich demgegenüber um eine *qualifizierte* (offene) Treuhand, so soll sie meist zu entsprechenden unmittelbaren Rechtsbeziehungen des Treugebers zur Gesellschaft führen (→ Rn. 92); sie bedarf schon deshalb der Zustimmung der Mitgesellschafter. Wird diese erteilt, so bestehen auch gegen eine Stimmbindung zu Gunsten des Treugebers keine grundsätzlichen Bedenken (→ § 717 Rn. 26).[242]

89 **bb) Gesellschafterstellung des Treuhänders.** Der Treuhänder bleibt – oder er wird im Fall treuhänderischer Anteilsübertragung auf ihn (→ Rn. 87) – **Gesellschafter** der GbR. Das gilt namentlich im Außenverhältnis der Gesellschaft, dh gegenüber Gläubigern und sonstigen Dritten, aber grundsätzlich auch für die Beziehungen zu den Mitgesellschaftern.[243] Seine Stellung als Gesamthänder und seine gesellschaftsrechtlichen Rechte und Pflichten werden durch das (verdeckte) Treuhandverhältnis nicht eingeschränkt. Ohne Zustimmung der Mitgesellschafter oder Gestattung im Gesellschaftsvertrag ist ein Übergang oder eine Überlassung anderer als der *Vermögensrechte* an den Treugeber ausgeschlossen. Ob und inwieweit *Verwaltungsrechte* des Gesellschafters/Treuhänders im Rahmen einer qualifizierten (offenen) Treuhand (→ Rn. 92) auf den Treugeber übertragen oder von diesem ausgeübt werden können, richtet sich nach der hierüber mit den Mitgesellschaftern getroffenen Vereinbarung. Sind die Mitgesellschafter einverstanden, so steht freilich auch das *Abspaltungsverbot* (→ § 717 Rn. 7)[244] der Einräumung von Rechten an den Treugeber *nicht* entgegen (→ Rn. 92). Ihre von der Art der Treuhandbeziehungen und den damit verfolgten Zwecken abhängige, im Einzelfall zu bestimmende Grenze findet die Rechtsübertragung nur in § 138. Ein unentziehbarer Mindestbestand an gesellschaftsinternen Rechten muss im Unterschied zu einem nicht auf

---

[239] So auch Soergel/*Hadding*/*Kießling* Rn. 28; *Armbrüster*, Treuhänderische Beteiligung, 2001, S. 117 ff., 121; *Beuthien* ZGR 1974, 26 (39); *Markwardt*, Rechtsgeschäftliche Treuhandverhältnisse bei Personenhandelsgesellschaften, 1973, S. 46 f.; *Tebben*, Unterbeteiligung und Treuhand, 2000, S. 236 ff., 241; aA MüKoHGB/*K. Schmidt* HGB Vor § 230 Rn. 54; *Kümmerlein*, Erscheinungsformen und Probleme der Verwaltungstreuhand bei Personenhandelsgesellschaften, 1971, S. 30 f.; wohl auch *Blaurock*, Unterbeteiligung und Treuhand an Geschäftsanteilen, 1981, S. 153 unter Hinweis auf die hM im GmbH-Recht, die bei Genehmigungsbedürftigkeit der Anteilsübertragung (§ 15 Abs. 5 GmbHG) auch die Begründung eines verdeckten Treuhandverhältnisses zwischen Gesellschafter und Dritten der Genehmigung unterwirft, RGZ 159, 272 (281); RG JW 1931, 2967; Ulmer/Habersack/*Löbbe*/*Löbbe* GmbHG § 15 Rn. 209; *Wiedemann*, Die Übertragung und Vererbung von Mitgliedschaftsrechten bei Handelsgesellschaften, 1965, S. 84 mwN; *Lutter*/*Grunewald* AG 1989, 109 (113 f.); offenlassend Erman/*Westermann* Rn. 26.
[240] BGHZ 3, 354 (360) = NJW 1952, 178; *Armbrüster*, Treuhänderische Beteiligung, 2001, S. 337 f.; *Beuthien* ZGR 1974, 26 (41 ff.); wohl auch Erman/*Westermann* Rn. 26; s. dazu auch Staub/*Schäfer* HGB § 105 Rn. 104.
[241] Für Pflicht zur Offenlegung insoweit auch *Beuthien* ZGR 1974, 26 (46 f.); Erman/*Westermann* Rn. 26; weitergehend – für Zustimmungserfordernis in diesen Fällen – wohl Soergel/*Hadding*/*Kießling* Rn. 28; zurückhaltend (unter Umgehungsgesichtspunkten) *Armbrüster*, Treuhänderische Beteiligung, 2001, S. 125 ff. Vgl. auch BGH WM 1982, 234 (235) zum Treupflichtverstoß durch Anteilsübertragung an einen Wettbewerber.
[242] Zu den umstr. Folgen weisungswidriger Stimmabgabe bei der offenen Treuhand vgl. die Darstellung bei *Klöckner* BB 2009, 1313 (1315 ff.) mwN – Richtigerweise ist die weisungswidrig abgegebene Stimme grds. wirksam, vgl. *Henssler* AcP 196 (1996) 37 (48 f.).
[243] Vgl. BGH WM 1991, 1753 (1754): Begründung eines Treuhandverhältnisses zwischen den beiden einzigen Gesellschaftern führt nicht zur Entstehung einer – grds. unwirksamen (→ Rn. 62) – „Einmanngesellschaft des BGB".
[244] Dazu BGHZ 3, 354 (357) = NJW 1952, 178; BGHZ 20, 363 (364) = NJW 1956, 1198; BGH NJW 1987, 2677; BGH NZG 2015, 269 (270); Staub/*Schäfer* HGB § 109 Rn. 25; *K. Schmidt* GesR § 19 III 4, S. 455 ff.; *Reuter* ZGR 1978, 633 (634 ff.).

diese Rechtsstellung beschränkten Gesellschafter aus Rechtsgründen nicht gesichert werden (→ Rn. 91 ff.).[245]

In der **Verfügung über den Anteil** oder über die daraus resultierenden Mitgliedschaftsrechte ist der Treuhänder als formeller Rechtsinhaber im Verhältnis zu Dritten grundsätzlich nicht stärker beschränkt als die Mitgesellschafter. Anderes gilt im Verhältnis zu solchen Anteilserwerbern, die den Missbrauch der Verfügungsmacht des Treuhänders kennen oder kennen müssen.[246] Jedoch haben die Mitgesellschafter im Falle qualifizierter (offener), mit ihrer Zustimmung vereinbarter Treuhand die dadurch zwischen ihnen und dem Treugeber begründeten Beziehungen (→ Rn. 92) zu respektieren: der Treuhänder kann ihnen gegenüber nicht mit Wirksamkeit für den Treugeber gegen dessen Willen *Vertragsänderungen* zustimmen, die eine einseitige Verschlechterung von dessen Rechtsposition zur Folge haben.[247]

cc) Rechtsbeziehungen des Treugebers zur Gesellschaft (einfache/qualifizierte Treuhand). Bei der ohne Zustimmung der Mitgesellschafter eingegangenen, **einfachen** (verdeckten) **Treuhand** entspricht die Stellung des Treugebers gegenüber der Gesellschaft wegen der Unübertragbarkeit der meisten Gesellschaftsrechte (§ 717 S. 1) grundsätzlich derjenigen eines beliebigen Dritten. Auch mittelbare Mitsprachrechte des Treugebers, etwa über einen Stimmbindungsvertrag, sind hier nur in engen Grenzen anzuerkennen (→ § 717 Rn. 25 ff.).[248]

Anderes gilt bei der **qualifizierten** (offenen), mit Zustimmung der Mitgesellschafter eingegangenen **Treuhand**.[249] Über die vertragliche Bindung des Treuhänders gegenüber dem Treugeber hinaus begründet sie die Möglichkeit unmittelbarer Rechtsbeziehungen zwischen dem Treugeber und der Gesellschaft. Dem Treugeber können im Verhältnis zu den Mitgesellschaftern des Treuhänders auch solche Rechte eingeräumt oder zur Ausübung überlassen werden, deren Einräumung an Dritte am Abspaltungsverbot scheitern würde.[250] Dementsprechend hat es der BGH für möglich gehalten, dem Treugeber im Fall der qualifizierten Treuhand unmittelbare *Kontroll-* und *Mitspracherechte* gegenüber der Gesellschaft zu gewähren oder im Innenverhältnis die Rechtsbeziehungen zwischen den Beteiligten sogar so zu gestalten, als ob der Treugeber unmittelbar Gesellschafter wäre.[251] Sofern der Treugeber Gesellschaftsgläubiger befriedigt, steht ihm danach auch der Aufwendungsersatzanspruch unmittelbar gegen die Gesellschaft zu (→ § 714 Rn. 54), und falls die Gesellschaft nicht leistet, können sich Mit-Treugeber gegenüber ihrer

---

[245] Zust. Erman/*Westermann* Rn. 27; Soergel/*Hadding/Kießling* Rn. 29. Vgl. auch BGHZ 10, 44 (50) = NJW 1953, 1548 und BGH WM 1987, 811 jeweils für den Fall einer Treuhand an Kommanditanteilen; BGHZ 178, 271 Rn. 20 (XI. ZS) = ZIP 2008, 2354; BGH ZIP 2011, 2299 (2301) Rn. 16 ff. Vgl. auch BGH WM 1976, 1247 (1249 f.) zur Stimmrechtsabspaltung bei treuhänderisch gehaltenen GmbH-Anteilen; ebenso OLG Köln BB 1996, 2058 für die Einräumung eines Anfechtungsrechts an den Treugeber im Gesellschaftsvertrag sowie dessen Stimmrechtsausübung, und zwar trotz abw. Stimmabgabe des Treuhänders mit anderen Anteilen.
[246] So unter Berufung auf die Grundsätze zum Vollmachtsmissbrauch zu Recht *Coing*, Die Treuhand kraft privaten Rechtsgeschäfts, 1973, S. 167; *Kötz* NJW 1968, 1471 f.; Erman/*Westermann* Rn. 27; MüKoHGB/*K. Schmidt* HGB Vor § 230 Rn. 69; *Blaurock*, Unterbeteiligung und Treuhand an Geschäftsanteilen, 1981, S. 130 ff.; *Tebben*, Unterbeteiligung und Treuhand, 2000, S. 188 ff., 202, jeweils unter Ablehnung des gegenteiligen, auf die Vollrechtsstellung des Treuhänders verweisenden Standpunkts des BGH: BGH NJW 1968, 1471; WM 1977, 525. Wie der BGH aber Soergel/*Hadding/Kießling* Rn. 29; *Beuthien* ZGR 1974, 26 (60 f.); *U. Huber* JZ 1968, 791 ff.; *Armbrüster*, Treuhänderische Beteiligung, 2001, S. 162 f.
[247] Etwa einseitige Verminderung der Gesellschaftsbeteiligung – so der Fall in BGH NJW 1968, 1471, vgl. dazu *U. Huber* JZ 1968, 791 –, des Gewinnanteils oder des Abfindungsanspruchs.
[248] So im Grundsatz zutr. *Beuthien* ZGR 1974, 26 (43 f.); näher Staub/*Schäfer* HGB § 105 Rn. 105.
[249] Zur Differenzierung zwischen einfacher (verdeckter) und qualifizierter (offener) Treuhand vgl. näher *Ulmer*, FS Odersky, 1996, S. 873 (888 ff.); so tendenziell auch Erman/*Westermann* Rn. 26 f.; Soergel/*Hadding/Kießling* Rn. 29; Staudinger/*Habermeier* (2003) § 717 Rn. 6; MüKoHGB/*K. Schmidt* Vor § 230 Rn. 42 f.; *Armbrüster*, Treuhänderische Beteiligung, 2001, S. 20 f. mit weitergehender Unterteilung; *Tebben*, Unterbeteiligung und Treuhand, 2000, S. 31, 104 ff.; eingehend *Tebben* ZGR 2001, 586 ff.
[250] So zutr. namentlich *Fleck*, FS Rob. Fischer, 1979, S. 107 (118 ff., 127) für die GmbH; ferner MüKoHGB/*K. Schmidt* HGB Vor § 230 Rn. 43, 78; Soergel/*Hadding/Kießling* Rn. 29; Erman/*Westermann* Rn. 27; *Reuter* ZGR 1978, 633 (662); *Armbrüster*, Die treuhänderische Beteiligung an Gesellschaften, 2001, S. 276 ff.; *Tebben* ZGR 2001, 586 (612 f.); im Grundsatz auch *Blaurock*, Unterbeteiligung und Treuhand an Geschäftsanteilen, 1981, S. 181 f.
[251] BGHZ 10, 44 (50) = NJW 1953, 1548 und BGH WM 1987, 811 jeweils für den Fall einer Treuhand an Kommanditanteilen; BGHZ 178, 271 (XI. ZS) = ZIP 2008, 2354 (2356) Rn. 20; BGH ZIP 2011, 2299 (2301) Rn 16 ff.; BGHZ 189, 45 Rn. 27; BGH NZG 2012, 1345 (1346); BGH NJW 2013, 452 Rn. 33 ff.; ebenso bereits *Fleck*, FS Rob. Fischer, 1979, S. 107 (118 ff., 127) für die GmbH; ferner MüKoHGB/*K. Schmidt* HGB Vor § 230 Rn. 43, 78; Soergel/*Hadding/Kießling* Rn. 29; Erman/*Westermann* Rn. 27; *Reuter* ZGR 1978, 633 (642); *Armbrüster*, Treuhänderische Beteiligung, 2001, S. 276 ff., 281; *Tebben* ZGR 2001, 586 (612 f.); im Grundsatz auch *Blaurock*, Unterbeteiligung und Treuhand an Geschäftsanteilen, 1981, S. 181 f. Vgl. auch BGH WM 1976, 1247 (1249 f.) zur Stimmrechtsabspaltung bei treuhänderisch gehaltenen GmbH-Anteilen; ebenso OLG Köln BB 1996, 2058 für die Einräumung eines Anfechtungsrechts an den Treugeber im Gesellschaftsvertrag sowie dessen Stimmrechtsausübung, und zwar trotz abw. Stimmabgabe des Treuhänders mit anderen Anteilen.

§ 705

Inanspruchnahme im Regresswege (→ § 714 Rn. 56) nicht auf ihre bloß mittelbare Beteiligung berufen.[252] Im Außenverhältnis bleibt nach hM aber allein der Treuhänder Gesellschafter, so dass auch die **persönliche Haftung** gegenüber Dritten analog § 128 HGB nur ihn trifft (zur vorzugswürdigen Haftung der Anleger in einer Publikumsgesellschaft aber → § 714 Rn. 62 ff.).[253] Zwei im älteren Schrifttum[254] für den gegenteiligen Standpunkt angeführte BGH-Urteile,[255] in denen der Grundsatz der Sicherung der Gesellschafterrechte des Treuhänders und der Unzulässigkeit von deren Aushöhlung betont wurde, betrafen jeweils Fälle der einfachen (verdeckten) Treuhand.[256] Ungeachtet einer bloßen Innenhaftung des Treugebers gegenüber Dritten stellt der BGH diesen aber im Verhältnis zur Gesellschaft und zum Treuhänder einem Gesellschafter gleich, wobei er dies bislang auf die **Publikumsgesellschaft** mit Rücksicht auf die dort typische Verzahnung zwischen Treuhand- und Gesellschaftsvertrag beschränkt hat. Der Treugeber-Anleger dürfe zwar nicht schlechter, aber auch nicht besser gestellt werden als bei unmittelbarer Beteiligung. Deshalb hafte dem Treugeber-Anleger der Gesellschaft gemäß § 735 unmittelbar auf einen Liquidationsfehlbetrag und könne gegen Freistellungs- bzw. Regressansprüche des Treuhand-Gesellschafters nicht mit Schadensersatzansprüchen gegen diesen aufrechnen.[257] Im Ergebnis ist dem zwar zuzustimmen; doch besteht die konsequente Fortentwicklung dieser Rechtsprechung in einer **auch rechtlichen Außenhaftung der (qualifizierten) Treugeber;** sie vermeidet nicht nur Widersprüche bei Begründung und Rechtsanwendung, sondern weist auch Vorzüge bei der praktischen Handhabung auf; auch das Problem potentieller Haftungsverdoppelung lässt sich mit einfachen Mitteln lösen, sofern man die (bloße) Sicherungsfunktion der Treuhänderhaftung erkennt.[258] – Zur Frage, ob der Treugeber-Gesellschafter bei der offenen Treuhand (vom Treugeber) Auskunft über **Namen und Anschriften von Mit-Treugebern** verlangen kann, → § 716 Rn. 12.

93   Der Grund für die Abweichung vom allgemeinen Abspaltungsverbot im Fall qualifizierter Treuhand liegt in der **Sonderstellung des Treugebers als wirtschaftlicher Inhaber der Gesellschaftsbeteiligung.** Auch wenn man für das allgemeine Sachenrecht mit Rücksicht auf § 137 Bedenken haben sollte, dem oben (→ Rn. 92) aufgezeigten, auf Relativierung der Eigentümerstellung des Treuhänders gerichteten Trend zu folgen, so gilt doch anderes für den auf vertraglichem Zusammenschluss beruhenden, der vertraglichen Gestaltungsfreiheit unterliegenden Gesellschaftsanteil. Stimmen die Mitgesellschafter einem Treuhandverhältnis zu, so ist darin im Zweifel die **vertragliche Einbeziehung des Treugebers in das Rechtsverhältnis der Gesellschafter** zu sehen. In diesem Fall teilt sich die Gesellschafterstellung gesellschaftsintern zwischen Treuhänder und Treugeber auf, wobei beide Teile – also insbesondere auch der Treugeber – der gesellschaftsrechtlichen Treupflicht unterliegen.[259] Folge dieser Aufteilung im

---

[252] BGH NZG 2015, 1353 = ZIP 2015, 2268.
[253] BGHZ 178, 271 (276 f.) Rn. 21 f. = ZIP 2008, 2354 (2356); BGHZ 189, 45 (48) Rn. 10 = ZIP 2011, 906; BGH ZIP 2009, 1266 (1267) Rn. 15; 2012, 1231 (1232) Rn. 20; 2012, 1342 (1346 f.) Rn. 37; 2012, 1706 (1707) Rn. 21; vgl. aber auch sogleich im Text zum Ausschluss einer Aufrechnung im Verhältnis Treuhänder-Treugeber. – Für Außenhaftung nur des Treuhänders auch *Wiesner*, FS Ulmer, 2003, S. 673 (677 f.); *Tebben* ZIP 2001, 586 (612 f.); *Wertenbruch* NZG 2013, 285 (286); *Armbrüster* NJW 2009, 2167 (2168); *Schürnbrand* ZGR 2014, 256 (269 ff.); so auch noch Staub/*Schäfer* HGB § 105 Rn. 103; aA *Kindler*, FS K. Schmidt, 2009, S. 871 ff. und ZIP 2009, 1146 (1147); *Schäfer* ZHR 177 (2013) 619 (634 ff.); Staub/*Ulmer*, 4. Aufl. 1989, HGB § 105 Rn. 102; *Schlick* WM 2014, 581 (590).
[254] Vgl. etwa Soergel/*Schultze-v. Lasaulx*, 10. Aufl. 1969, Rn. 19, § 311b Rn. 103, § 105 Anm. 28b; *Wiedemann*, Die Übertragung und Vererbung von Mitgliedschaftsrechten bei Handelsgesellschaften, 1965, S. 277.
[255] BGHZ 3, 354 (360) = NJW 1952, 178; BGHZ 32, 17 (29) = NJW 1960, 866.
[256] AA – für einen Rspr.-Wandel durch BGHZ 10, 44 (50) – *Armbrüster*, Treuhänderische Beteiligung, 2001, S. 278 f. unter Hinweis auf *Bälz* ZGR 1980, 1 (95) Fn. 283. Vgl. auch BGH WM 1962, 1353, wo es – obiter – heißt, Gesellschafter mit allen Rechten und Pflichten sei auch bei der offenen Treuhand allein der Treuhänder. Indessen hatte der BGH bei Einsetzung eines gemeinsamen Kommanditistenvertreters im Rahmen einer KG trotz des Abspaltungsverbots keine Bedenken gegen die Ausübung der Kommanditistenrechte durch den Vertreter, BGHZ 46, 291 (296) = NJW 1967, 826.
[257] Zur Haftung des Treugebers für Liquidationsfehlbetrag gegenüber der Gesellschaft BGH ZIP 2011, 2299 (2301) Rn. 15 ff.; NZG 2012, 1345 (1346); 2012, 1342, 1343; ZIP 2012, 2246, 2248; NZG 2015, 269 (271); zum Aufrechnungsausschluss gegenüber Treuhänder BGHZ 189, 45 Rn. 27 = ZIP 2011, 906 (909) – KG; BGH BB 2011, 1807, 1809 Rn. 24 – KG; ZIP 2012, 1706 (1709) – OHG; NZG 2012, 1024, 1026; ebenso in Bezug auf die Aufrechnung mit Schadensersatzansprüchen gegen die Treuhandkommanditistin zust. *Stöber* NZG 2011, 738 (741); *Stumpf* BB 2011, 1429 (1433); *Wertenbruch* EWiR 2011, 325; *Blaum* in Westermann/Wertenbruch PersGesR-HdB I. Teil § 47 Rn. 2081 f.; *Schäfer* ZHR 177 (2013), 619 (620); *Schürnbrand* ZGR 2014, 256 (272 f.) krit. hingegen *Klöhn* in VGR (Hrsg.), Gesellschaftsrecht in der Diskussion 2012, 143 (150); *Zinger* BB 2014, 458 (460 ff.); *R. K. Wagner* NZG 2012, 58 ff.: wegen angeblicher „Doppelinanspruchnahme" des Treugebers, die aber in der Rspr. nicht angelegt sei.
[258] Näher *Schäfer* ZHR 177 (2013), 619 (634 ff.). Für Außenhaftung iE auch *Kindler*, FS K. Schmidt, 2009, S. 871 ff. und ZIP 2009, 1146 (1147); Staub/*Ulmer*, 4. Aufl. 1989, HGB § 105 Rn. 102; *Schlick* WM 2014, 581 (590).
[259] So zutr. *Fleck*, FS Rob. Fischer, 1979, S. 118 ff.; s. ferner MüKoHGB/*K. Schmidt* HGB Vor § 230 Rn. 78; Erman/*Westermann* Rn. 27; Soergel/*Hadding*/*Kießling* Rn. 29; *Blaurock*, Unterbeteiligung und Treuhand an Geschäftsanteilen, 1981, S. 181 f.; *Ulmer*, FS Odersky, 1996, S. 873 (887 ff.); *Wiesner*, FS P. Ulmer, 2003, S. 673,

Rahmen der qualifizierten Treuhand ist es, dass auch beim Treugeber die Voraussetzungen für eine Gesellschaftsbeteiligung erfüllt sein müssen. Daher bedarf es einer **familiengerichtlichen Genehmigung** auch dann, wenn zwar nicht beim Treuhänder, wohl aber beim Treugeber die Voraussetzungen des § 1822 Nr. 3 vorliegen.[260] Die **Übertragung** der Rechte des Treugebers auf einen Dritten ist nur mit Zustimmung der Mitgesellschafter möglich.[261] Und ebenso ist für den **Ausschluss** eines Gesellschafters aus wichtigem Grund nach Maßgabe von § 737 nicht allein auf die Verhältnisse beim Treuhänder abzustellen; ein Ausschließungsbeschluss gegenüber dem Treuhänder als formellem Rechtsinhaber kann vielmehr auch darauf gestützt werden, dass das Verhalten des Treugebers eine Fortsetzung der Gesellschaft mit ihm unmöglich macht.[262] Der Treugeber kann sich auch seinerseits bei Vorliegen eines wichtigen Grundes in der Person des Treuhänders durch Kündigung des Treuhandverhältnisses von der Beteiligung lösen, wenn diese nur über den Treuhänder möglich ist.[263]

b) Nießbrauch. aa) Überblick. Der Nießbrauch an Gesellschaftsanteilen[264] findet sich in erster **94** Linie bei Kapitalgesellschaften sowie bei OHG und KG, da die Anteile an diesen Handelsgesellschaften typischerweise stärker ertragsorientiert sind als diejenigen an Gesellschaften bürgerlichen Rechts. Die Rechtsfragen der Nießbrauchsbestellung an GbR-Anteilen und die daraus folgenden Rechtsbeziehungen zu Nießbrauchsbesteller, Mitgesellschaftern und Gesellschaft unterscheiden sich indessen nicht grundsätzlich von denjenigen bei OHG- oder KG-Anteilen.[265] Daher kann die folgende Darstellung sich auf einen Überblick über den inzwischen erreichten Meinungsstand beschränken und im Übrigen auf die Literatur zu OHG und KG verweisen (→ § 1068 Rn. 19 ff. *[Pohlmann]*).

Unter den **Gründen** für die Nießbrauchsbestellung stehen traditionell **erbschaftsteuerliche** **95** **Vorteile** (Abzug des kapitalisierten Nießbrauchswertes bei der Bewertung des vererbten Stammrechts) im Vordergrund.[266] In **einkommensteuerlicher Hinsicht** bleibt der mit der Einräumung des Nießbrauchs als selbständige Einkommensquelle verbundene Vorteil, zu einer im Vergleich zum Nießbrauchsbesteller geringeren Einkommensteuerbelastung bei einem Nießbraucher zu kommen, der über kein ins Gewicht fallendes sonstiges Einkommen verfügt.[267] Vor allem aber sind es die

---

[678 ff.]; im Ergebnis auch *Armbrüster*, Treuhänderische Beteiligung, 2001, S. 340 ff. Zur ähnlichen Rechtslage beim Nießbrauch an Gesellschaftsanteilen, bei dem Nießbraucher und Nießbrauchsbesteller nach zutr. Ansicht gemeinsam am Anteil berechtigt und die Mitgliedschaftsrechte zwischen ihnen aufgeteilt sind, → Rn. 94 ff. – Zur Haftung des an einem GmbH-Anteil wirtschaftlich beteiligten Treugebers nach § 31 GmbHG beim Empfang verbotener Zahlungen vgl. Ulmer/Habersack/*Löbbe* GmbHG § 2 Rn. 74 f.

[260] So auch *Armbrüster*, Treuhänderische Beteiligung, 2001, S. 124; *Beuthien* ZGR 1974, 26 (37 f.); MüKoHGB/*K. Schmidt* HGB Vor § 230 Rn. 54; aA offenbar BGH NJW 1968, 1471 – insoweit nicht veröffentlicht, vgl. dazu *U. Huber* JZ 1968, 791 (792).

[261] Vgl. BGH WM 1987, 811; MüKoHGB/*K. Schmidt* HGB Vor § 230 Rn. 54, 85; für entspr. Beurteilung bei der Verfügung des Treugebers über seine Beteiligung siehe am GmbH-Anteil BGH NJW 1965, 1376 (1377); RGZ 159, 272 (280 ff.); Baumbach/Hueck/*Fastrich* GmbHG § 15 Rn. 58; Scholz/*Seibt* GmbHG § 15 Rn. 234; Ulmer/Habersack/*Löbbe* GmbHG § 15 Rn. 222, 262 f., freilich jeweils ohne Beschränkung auf die Fälle der qualifizierten Treuhand. AA aber *Armbrüster*, Treuhänderische Beteiligung, 2001, S. 140 ff.

[262] BGHZ 32, 17 (33) = NJW 1960, 866; vgl. dazu Staub/*Schäfer* HGB § 140 Rn. 7.

[263] So BGHZ 73, 294 (300) = NJW 1979, 1503 für die mittelbare Beteiligung an einer Publikums-KG, näher zur Kündigung des Treuhandvertrags vgl. OLG Köln ZIP 1987, 1120 – insoweit bestätigt durch BGHZ 102, 172 (174 ff.) = ZIP 1988, 22 (23 ff.); *Decher* ZIP 1987, 1097 ff.; MüKoHGB/*K. Schmidt* HGB Vor § 230 Rn. 87, 89.

[264] Schrifttumsnachweise bis 1988 bei Staub/*Schäfer* § 105 HGB Vor Rn. 114. Ferner → § 1068 Rn. 19 ff. *(Pohlmann)*; *Wiedemann* GesR II § 5 II 2, S. 440 ff.; *Wertenbruch* in Westermann/Wertenbruch PersGesR-HdB I. Teil § 29 Rn. 676 ff.; *Petzoldt* DStR 1992, 1171; *Haas*, FS L. Schmidt, 1993, S. 314; *Schön* ZHR 158 (1994), 229; *Reichert/Schlitt*, FS Flick, 1997, S. 217; *Lohr*, NießbrGesR 1999, 601; *K. Schmidt* ZGR 1999, 601; *Hepp-Schwab*, Die Mitgliedschaft des Personengesellschafters und der Nießbrauch an seinem Gesellschaftsanteil, 1998; *Goebel*, Der Nießbrauch am Personengesellschaftsanteil, 2004. Rechtstatsächliche Feststellungen bei *Mentz*, Der Nießbrauch an OHG- und KG-Mitgliedschaftsrechten, 1972, S. 60 ff. Zum Nießbrauch an einem GbR-Anteil vgl. auch BGH NJW 1999, 571; OLG Hamm Rpfleger 1977, 136 f.; BFHE 119, 63 = NJW 1976, 1656.

[265] Vgl. auch Soergel/*Hadding/Kießling* § 717 Rn. 18 ff.; Erman/*Westermann* Rn. 28; Bamberger/Roth/*Schöne* § 717 Rn. 10.

[266] Vgl. näher Staub/*Schäfer* HGB § 105 Rn. 118; *Hannes/Onderka/v. Oertzen* ZEV 2009, 289. Aus der Rspr. BFHE 224, 144 = NJW-RR 2009, 722, fortgeführt durch BFH/NV 2015, 500 (502): Wenden Eltern Teile ihrer Beteiligungen an gewerblich geprägten Personengesellschaft unentgeltlich ihren Kindern zu und behalten sie sich dabei den lebenslänglichen Nießbrauch vor, fehlt es den Kindern an der für die Anwendung des § 13a ErbStG erforderlichen Mitunternehmerinitiative, wenn vereinbart ist, dass die Nießbraucher die Gesellschafterrechte der Kinder wahrnehmen und die Kinder den Eltern „vorsorglich" Stimmrechtsvollmacht erteilen.

[267] Zur BFH-Rspr. zum Nießbrauch an Personengesellschaftsanteilen vgl. *L. Schmidt*, FS v. Wallis, 1985, S. 359 ff.; *Haas*, FS L. Schmidt, 1993, S. 315 (321 ff.); *Petzold* GmbHR 1987, 433 ff.; *ders.* DStR 1992, 1171 (1175); *Frank* MittBayNot 2010, 96 (102 f.) insbes. zu BFH ZEV 2009, 149. Nicht anerkannt wird für das ESt-Recht namentlich der Nießbrauch am Gewinnstammrecht (→ Rn. 108).

durch den Nießbrauch eröffneten erb- und gesellschaftsrechtlichen Gestaltungsmöglichkeiten,[268] darunter die teilweise Vorwegnahme der Anteilsvererbung sowie die bessere rechtliche Absicherung des durch einen Nießbrauch belasteten Erben im Vergleich zur bloßen Nacherbenstellung (→ § 727 Rn. 68 ff.) bei zeitlich befristeter Zuwendung des Anteilsertrags an den Nießbraucher, die für die Nießbrauchslösung sprechen.[269] Ihnen steht als Nachteil freilich nach wie vor die aus der Doppelzuordnung der Mitgliedschaft im Rahmen des Nießbrauchs folgende Rechtsunsicherheit betreffend die Aufteilung der Mitgliedschaftsrechte zwischen Besteller und Nießbraucher gegenüber (→ Rn. 99 ff.). – Zu den verschiedenen mit der Nießbrauchsbestellung verfolgbaren wirtschaftlichen Zwecken → § 1068 Rn. 20 *(Pohlmann)*.

96 **bb) Nießbrauch am Gesellschaftsanteil. (1) Zulässigkeit und Bestellung.** Nach heute zu Recht ganz hM ist der Nießbrauch am Anteil einer Personengesellschaft zulässig.[270] Er richtet sich nach den für den Nießbrauch an Rechten geltenden Vorschriften der §§ 1068 ff. (→ Rn. 180 zur Qualifizierung der Mitgliedschaft als subjektives Recht). Die Bestellung eines Nießbrauchs an einem GbR-Anteil verstößt insbesondere nicht gegen das in § 717 S. 1 verankerte sog. **Abspaltungsverbot** (zu dessen Inhalt → § 717 Rn. 7 f.). Denn entsprechend der Rechtsnatur des Nießbrauchs als dingliches Recht sind Nießbraucher und Besteller gemeinsam an dem Gesellschaftsanteil berechtigt; der Nießbraucher wird für die Dauer des Nießbrauchs mit quasi-dinglicher Wirkung in den Gesellschaftsverband einbezogen, ohne dass der Besteller ausscheidet.[271] Überholt ist die früher verbreitete Ansicht,[272] nach der es für die Zwecke eines Nießbrauchs der Anteilsübertragung auf den Nießbraucher als Treuhänder, dh der Verschaffung einer über den Nießbrauch (§ 1030) hinausgehenden formalen Berechtigung für ihn bedürfe. Die Befugnisse des Nießbrauchers überlagern vielmehr die – entsprechend beschränkte, aber fortbestehende – Gesellschafterstellung des Bestellers (→ Rn. 99 ff.); darin unterscheidet sich der Anteilsnießbrauch namentlich auch von dem sog. Ertragsnießbrauch (→ Rn. 107).

97 Die wirksame **Bestellung** eines Anteilsnießbrauchs erfordert die *Zustimmung aller Gesellschafter* (→ § 719 Rn. 50). Sie kann bereits im Gesellschaftsvertrag erteilt werden; eine Klausel, die nach zutreffender Auslegung lediglich die Übertragbarkeit des Anteils als solche zulässt, genügt freilich nicht.[273] Stehen Grundstücke im Eigentum der GbR und sind sie nach der bisher üblichen Praxis

---

[268] Zu aktuellen (steuerrechtlichen) Gestaltungsproblemen des Nießbrauchs am Anteil einer Personengesellschaft s. *Wälzholz* DStR 2010, 1786 ff.; 1930 ff.; vgl. ferner die Gestaltungsvorschläge bei *Frank* MittBayNot 2010, 96 (103 f.); zu Problemen der Betriebsvermögensbegünstigung bei Anteilsübertragung unter Nießbrauchsvorbehalt: *Küspert* FR 2014, 397 (399 ff.); *Wachter* DStR 2013, 1929.
[269] Staub/*Schäfer* HGB § 105 Rn. 117; *Blaurock*, Unterbeteiligung und Treuhand an Geschäftsanteilen, 1981, S. 76; *Mentz*, Der Nießbrauch an OHG- und KG-Mitgliedschaftsrechten, 1972, S. 60 ff.; *Reichert/Schlitt*, FS Flick, 1997, S. 217 für GmbH-Anteile.
[270] So schon BGHZ 58, 316 ff. = NJW 1972, 1755; BGH BB 1975, 295; NJW 1999, 571 (572); aus der Lit. *Flume* BGB AT I 1 § 17 VI, S. 359 ff.; *Kreifels*, Freundesgabe Hengeler, 1972, S. 158 ff.; *Rohlff* NJW 1971, 1337 (1339 ff.); → § 1068 Rn. 25, 32 *(Pohlmann)*; MüKoHGB/*K. Schmidt* HGB Vor § 230 Rn. 14; Staub/*Schäfer* HGB § 105 Rn. 119; *Ulmer*, FS Fleck, 1988, S. 383 (385 ff.); *Wertenbruch* in Westermann/Wertenbruch PersGesR-HdB I. Teil § 29 Rn. 677 ff.; *Wiedemann* GesR II § 5 II 2, S. 440 ff.; *Schön* ZHR 158 (1994), 229 (236 ff.). Im Grundsatz ebenso, unmittelbare Mitspracherechte des Nießbrauchers gegenüber der Gesellschaft allerdings noch verneinend, OLG Koblenz NJW 1992, 2163 (2164 f.); Staudinger/*Frank* (2009) Anh. §§ 1068, 1069 Rn. 57, 71 ff.; *Teichmann* ZGR 1972, 1 (10 f.); *Blaurock*, Unterbeteiligung und Treuhand an Geschäftsanteilen, 1981, S. 143 f.; *Huber*, Vermögensanteil, Kapitalanteil und Gesellschaftsanteil an Personalgesellschaften des Handelsrechts, 1970, S. 414 f.; wohl auch Erman/*Michalski* § 1069 Rn. 9. Zur Gegenansicht vgl. *Hueck* OHG § 27 II 8; § 311b Rn. 103; GroßkommHGB/*Rob. Fischer*, 3. Aufl. 1973, HGB § 109 Anm. 20; Staudinger/*Keßler*, 12. Aufl. 1979, § 717 Rn. 27; Soergel/*Stürner* § 1068 Rn. 7 f.; *Bunke* DNotZ 1968, 5 (6); *Sudhoff* NJW 1971, 481 ff.; 2. Aufl. § 1068 Rn. 11, 14 *(Petzoldt)*; ders. GmbHR 1987, 381 (382 ff.); anders dann ders. DStR 1992, 1171 (1172).
[271] So zutr. auch BGHZ 108, 187 (199) = NJW 1989, 3152. Vgl. näher zum Ganzen *Ulmer*, FS Fleck, 1988, S. 383 (385 ff.); → § 1068 Rn. 25 *(Pohlmann)*; *K. Schmidt* GesR § 19 III 4b; *Wiedemann*, Die Übertragung und Vererbung von Mitgliedschaftsrechten bei Handelsgesellschaften, 1965, S. 398, 411; ders. GesR II § 5 II 2a aa, S. 441; *Habersack*, Die Mitgliedschaft, 1996, S. 110 ff.; *Rohlff* NJW 1971, 1337 (1339); *Schön* ZHR 158 (1994), 229 (251 ff.); *Fleck*, FS Fischer, 1979, S. 125 f. für den GmbH-Anteil; aA *Wertenbruch* in Westermann/Wertenbruch PersGesR-HdB I. Teil § 29 Rn. 681 und *Hueck* OHG § 27 II 8; § 311b Rn. 103; GroßkommHGB/*Rob. Fischer*, 3. Aufl. 1973, HGB § 109 Anm. 20; Staudinger/*Keßler*, 12. Aufl. 1979, § 717 Rn. 27; Soergel/*Stürner* § 1068 Rn. 7 f.; *Bunke* DNotZ 1968, 5 (6); *Sudhoff* NJW 1971, 481 ff.; so auch noch 2. Aufl. § 1068 Rn. 11, 14 *(Petzoldt)*; ders. GmbHR 1987, 381 (382 ff.); anders dann ders. DStR 1992, 1171 (1172).
[272] *Hueck* OHG § 27 II 8; → § 311b Rn. 103; GroßkommHGB/*Rob. Fischer*, 3. Aufl. 1973, HGB § 109 Anm. 20; Staudinger/*Keßler*, 12. Aufl. 1979, § 717 Rn. 27; Soergel/*Stürner* § 1068 Rn. 7 f.; *Bunke* DNotZ 1968, 5 (6); *Sudhoff* NJW 1971, 481 ff.; so auch noch 2. Aufl. § 1068 Rn. 11, 14 *(Petzoldt)*; ders. GmbHR 1987, 381 (382 ff.); anders dann ders. DStR 1992, 1171 (1172).
[273] *Wiedemann*, Die Übertragung und Vererbung von Mitgliedschaftsrechten bei Handelsgesellschaften, 1965, S. 400; *Wiedemann* GesR II § 5 II 2a bb, S. 442; *Wertenbruch* in Westermann/Wertenbruch PersGesR-HdB I. Teil

(→ Rn. 312) auf die Namen der Gesellschafter eingetragen, so ist die Grundbucheintragung im Wege der Berichtigung (§ 22 GBO) durch einen Nießbrauchsvermerk zu ergänzen.[274] Weil die Gesellschafter auch nach offizieller Anerkennung der Grundbuchfähigkeit der GbR mit in das Grundbuch einzutragen sind (§ 47 Abs. 2 GBO),[275] besteht kein Grund, hiervon künftig abzuweichen.

Der **Nießbrauch endet** entweder durch Zeitablauf oder durch Tod des Nießbrauchers (§ 1061). **98** Damit erlangt der Besteller wieder die uneingeschränkte Gesellschafterstellung, ohne dass es hierzu einer rechtsgeschäftlichen Verfügung oder der Zustimmung der Mitgesellschafter bedarf. Stirbt der Besteller, so kommt es für den Fortbestand des Nießbrauchs darauf an, ob der Gesellschaftsvertrag für den Fall des Todes eines Gesellschafters in Abweichung von § 727 Abs. 1 eine Fortsetzungsklausel entweder nur unter den übrigen Gesellschaftern (§ 736 Abs. 1) oder aber mit den Erben vorsieht (sog. Nachfolgeklausel, → § 727 Rn. 28). Ist Letzteres der Fall, setzt sich der Nießbrauch am Anteil der Erben fort; andernfalls tritt das Abfindungsguthaben der Erben des verstorbenen Gesellschafters als Nießbrauchsgegenstand an die Stelle der Mitgliedschaft (str., → Rn. 105).

(2) Verwaltungsrechte. Regelungen zur **Aufteilung des Stimmrechts** sowie des Rechts zur **99** Geschäftsführung zwischen Nießbraucher und Besteller sind – von der Ausnahmevorschrift des § 1071 abgesehen – im Gesetz nicht enthalten. Insbesondere sind diese Rechte nicht als Gebrauchsvorteil des Anteils iSv § 100 zu qualifizieren, der nach §§ 1068, 1030 Abs. 1 allein dem Nießbraucher zustehen würde.[276] Immerhin lässt sich den Vorschriften der §§ 1036 Abs. 2, 1066 Abs. 1 der Grundsatz entnehmen, dass der *Nießbraucher* für die *laufenden Angelegenheiten* der Gesellschaft allein zuständig ist, während dem Besteller die Kompetenz zur Abstimmung über außergewöhnliche Maßnahmen und Grundlagenentscheidungen verbleibt.[277] Die gegenteilige, vom grundsätzlichen Alleinstimmrecht des Bestellers ausgehende Ansicht[278] wird der quasi-dinglichen Wirkung des Nießbrauchs nicht gerecht. Der *Besteller* bleibt danach nur für solche (Grundlagen-)Beschlüsse zuständig, die seine Rechtsstellung innerhalb der Gesellschaft tangieren.[279] Zur letztgenannten Beschlusskategorie gehören vor allem *Eingriffe in den Kernbereich* der Mitgliedschaft, aber auch sonstige Änderungen des Gesellschaftsvertrags. Soweit schließlich unter Hinweis auf die andernfalls auftretenden Abgrenzungsschwierigkeiten eine Vergemeinschaftung des Stimmrechts von Nießbraucher und Besteller vorgeschlagen wird, mit der Folge ruhenden Stimmrechts für den Fall von Divergenzen zwischen ihnen,[280] vermag auch dies nicht zu überzeugen.[281] Abgesehen davon, dass das Gesetz für eine Vergemeinschaftung der Befugnisse von Besteller und Nießbraucher keinen Hinweis bietet, lassen sich Unsicherheiten in der Aufteilung der Verwaltungsrechte schon dadurch vermeiden, dass diese entsprechend der Wertung der §§ 1036, 1066 im Zweifel dem Nießbraucher zugewiesen werden.[282]

Die **Zuweisung an den Nießbraucher** gilt regelmäßig auch für das Recht zur *Geschäftsfüh-* **100** *rung*.[283] Auch *Informations- und Kontrollrechte* gegenüber der Gesellschaft in Bezug auf die laufenden

---

§ 29 Rn. 678a, 678c; *Flume* BGB AT I 1 § 17 VI, S. 366; *Lohr*, Nießbrauch an Unternehmen und Unternehmensanteilen, 1989, S. 57; *Ulmer*, FS Fleck, 1988, S. 383 (390); Staub/*Schäfer* HGB § 105 Rn. 119; *Petzoldt* DStR 1992, 1171 f.; aA MüKoHGB/*K. Schmidt* Vor § 230 Rn. 16; *Sudhoff* NJW 1971, 481; *Bunke* DNotZ 1968, 5 (7).
[274] OLG Hamm DB 1977, 579; Soergel/*Stürner* § 1068 Rn. 7g; aA OLG Celle NZG 2011, 1146; OLG München NZG 2011, 228 (229); 2015, 200 (201); *Wertenbruch* in Westermann/Wertenbruch PersGesR-HdB I. Teil § 29 Rn. 680a; → § 1068 Rn. 85 *(Pohlmann)*, die aber aufgrund von BGHZ 189, 274 = NJW 2011, 1958 davon ausgeht, dass die hier vertretene Auffassung Bestand hat.
[275] Vgl. zum Grunderwerb durch eine GbR BGHZ 189, 274 = NJW 2011, 1958; → Rn. 312 ff.
[276] Ebenso *Schön* ZHR 158 (1994), 229 (248 f.) mwN auch zur Gegenansicht.
[277] So mit Unterschieden iE *Flume* BGB AT I 1 § 17 VI, S. 363, 366 f.; Baumbach/Hopt/*Roth* HGB § 105 Rn. 46; wohl auch BGH NJW 1999, 571 (572); für ein Stimmrecht des Nießbrauchers nur bei Gewinnfeststellung und Gewinnverwendung *Hepp-Schwab*, Die Mitgliedschaft des Personengesellschafters und der Nießbrauch an seinem Gesellschaftsanteil, 1998, S. 180 f.
[278] So → § 1068 Rn. 71 ff., 81 *(Pohlmann)*; *Wertenbruch* in Westermann/Wertenbruch PersGesR-HdB I. Teil § 29 Rn. 683; MüKoHGB/*K. Schmidt* HGB Vor § 230 Rn. 21; *Wiedemann* GesR II § 5 II 2a dd, S. 445 f.; *Huber*, Vermögensanteil, Kapitalanteil und Gesellschaftsanteil an Personalgesellschaften des Handelsrechts, 1970, S. 414; *Blaurock*, Unterbeteiligung und Treuhand an Geschäftsanteilen, 1981, S. 142 ff.; *Reichert/Schlitt*, FS Flick, 1997, S. 227; dem folgend OLG Koblenz NJW 1992, 2163 (2164).
[279] So tendenziell BGH NJW 1999, 571 (572); ebenso schon BGHZ 108, 187 (199) = NJW 1989, 3 obiter; Staub/*Schäfer* HGB § 105 Rn. 124; *Ulmer*, FS Fleck, 1988, S. 383 (394 f.); *Flume* BGB AT I 1 § 17 VI, S. 366 f.; *Rohlff* NJW 1971, 1337 (1339 ff.).
[280] So insbes. *Schön* ZHR 158 (1994), 229 (260 ff.) im Anschluss an *Heck* SachenR, 1929, § 120, 11 und *Brodmann* GmbHR 1938, 11 ff.; für die AG wohl auch KK-AktG/*Zöllner* AktG § 134 Rn. 15; anders aber Baumbach/Hueck/*Zöllner* GmbHG § 47 Rn. 35 für die GmbH: Stimmrecht nur des Bestellers.
[281] So auch *Reichert/Schlitt*, FS Flick, 1997, S. 225; *K. Schmidt* ZGR 1999, 608 f.
[282] Vgl. näher hierzu Staub/*Schäfer* HGB § 105 Rn. 126; aA MüKoHGB/*K. Schmidt* HGB Vor § 230 Rn. 21.
[283] *Flume* BGB AT I 1 § 17 VI, S. 363; *Sudhoff* NJW 1971, 481 (482); für die GbR auch *Schön* ZHR 158 (1994), 229 (263); aA *Teichmann* ZGR 1972, 1 (9); Staudinger/*Frank* (2009) Anh. §§ 1068, 1069 Rn. 71, 75;

Angelegenheiten stehen regelmäßig dem Nießbraucher zu;[284] dem Besteller verbleibt insoweit nur der nach § 716 Abs. 2 unverzichtbare Mindestbestand. Anderes gilt für den Fall, dass die Verwaltungsrechte vertraglich dem Besteller vorbehalten sind; in diesem Fall hat der Nießbraucher jedoch ein eigenes Auskunfts- und Kontrollrecht gegen die Gesellschaft hinsichtlich der auf ihn entfallenden Erträge.[285]

101 **Im Einzelnen** ist freilich vieles streitig. Das gilt nicht zuletzt für die im Grenzbereich wenig trennscharfe Aufteilung zwischen Beschlüssen in laufenden und in Grundlagenangelegenheiten.[286] Zu den laufenden Angelegenheiten gehören jedenfalls auch *außergewöhnliche Geschäftsführungsmaßnahmen* und deren Billigung durch die Gesellschafter, während die Überschreitung des Gesellschaftszwecks (Unternehmensgegenstands) als materielle Änderung des Gesellschaftsvertrags den Grundlagenbereich betrifft. Auch die für den Nießbraucher besonders wichtige Beschlussfassung über die jährliche *Rechnungslegung und Gewinnverwendung* wird man im Zweifel zu den laufenden Angelegenheiten zu rechnen haben;[287] allerdings muss der Nießbraucher bei seiner Stimmabgabe auch auf das (Thesaurierungs-)Interesse von Gesellschaft und Mitgesellschaftern Rücksicht nehmen. Empfehlenswert ist in jedem Fall eine **vertragliche Regelung** zwischen Besteller und Nießbraucher über die Aufteilung der Verwaltungsrechte, sei es im Zusammenhang mit der Nießbrauchsbestellung oder durch eine – im Unterschied zur zweiseitigen Vereinbarung zwischen Besteller und Nießbraucher auch für die übrigen Gesellschafter bindende – Regelung im Gesellschaftsvertrag.[288]

102 Soweit es um Entscheidungen geht, die die Rechtsstellung des Bestellers betreffen und damit grundsätzlich in dessen Zuständigkeitsbereich fallen, sorgt die Vorschrift des **§ 1071** für einen hinreichenden, auch von den Mitgesellschaftern zu beachtenden **Schutz des Nießbrauchers**.[289] Seine danach erforderliche Zustimmung führt allerdings nicht zu einer Verdoppelung des mit dem Anteil verbundenen Stimmrechts.[290] Auch schützt sie den Nießbraucher nicht davor, dass der Besteller von den anderen Gesellschaftern in vertraglich zulässiger Weise überstimmt wird; dem Nießbraucher steht mit anderen Worten keine weitergehende Position zu, als sie der Besteller nach dem Gesellschaftsvertrag hat.[291] Aber in diesen Grenzen kann er Änderungen des Gesellschaftsvertrags verhindern, die sich für ihn nachteilig auswirken. Auf den Nießbraucher erstrecken sich auch die **Pflichten aus der Gesellschafterstellung,** darunter insbesondere die *Treupflicht* (allgemein → Rn. 221 f.).[292] Zur Kündigung der Beteiligung durch den Besteller → § 723 Rn. 7; zur Frage der Außenhaftung des Nießbrauchers → Rn. 106.

103 **(3) Vermögensrechte.** Wesentlicher Gegenstand der Vermögensrechte des Nießbrauchers ist der auf den Anteil entfallende bestimmungsgemäße Ertrag. Er umfasst den gemäß § 722 oder nach dem Gesellschaftsvertrag **entnahmefähigen Gewinn,** soweit er nicht als Geschäftsführervergütung dem in der Geschäftsführung tätigen Besteller zusteht.[293] Gewinnanteile, die von der Ausschüttung ausge-

---

vgl. aber auch *Frank* MittBayNot 2010, 96 (99) – Übertragung des Geschäftsführungsrechts auf Nießbraucher zulässig.

[284] *Blaurock*, Unterbeteiligung und Treuhand an Geschäftsanteilen, 1981, S. 147 f.; MüKoHGB/*K. Schmidt* HGB Vor § 230 Rn. 21; ebenso schon Staub/*Schäfer* HGB § 105 Rn. 127 aE; aA *Wertenbruch* in Westermann/Wertenbruch PersGesR-HdB I. Teil § 29 Rn. 683d; vgl. auch *Schön* ZHR 158 (1994), 229 (263 f.), der, wie auch beim Stimmrecht, für eine Vergemeinschaftung eintritt; ebenso *Wiedemann* GesR II § 5 II 2a ee, S. 447.

[285] S. für die OHG Staub/*Schäfer* HGB § 105 Rn. 127 aE; *Wiedemann*, Die Übertragung und Vererbung von Mitgliedschaftsrechten bei Handelsgesellschaften, 1965, S. 419 f.; *Teichmann* ZGR 1972, 1 (9).

[286] So namentlich *Schön* ZHR 158 (1994), 229 (261 f.); dem zust. *K. Schmidt* ZGR 1999, 601 (608).

[287] Ebenso *K. Schmidt* ZGR 1999, 606 gegen BGH NJW 1999, 571 (572). So jetzt auch BGH NJW 2007, 1685 (1687) – Otto; aA noch BGHZ 132, 263 (266) = NJW 1996, 1678.

[288] Vgl. hierzu eingehend *Reichert/Schlitt*, FS Flick, 1997, S. 227 ff., bezogen auf das Stimmrecht in der GmbH; zu pragmatischen Gestaltungsansätzen auch *Frank* MittBayNot 2010, 96 (99 f.). Für zwingende Alleinzuständigkeit des Bestellers gegenüber den Mitgesellschaftern aber *Wiedemann* GesR II § 5 II 2a dd, S. 446.

[289] Näher dazu Staub/*Schäfer* HGB § 105 Rn. 120, 125; MüKoHGB/*K. Schmidt* HGB Vor § 230 Rn. 22; wohl auch *Wertenbruch* in Westermann/Wertenbruch PersGesR-HdB I. Teil § 29 Rn. 683 ff.; Einschr. *Wiedemann* GesR II § 5 II a dd und → § 1068 Rn. 76 entgegen → Rn. 38 *(Pohlmann).*

[290] Vgl. näher hierzu Staub/*Schäfer* HGB § 105 Rn. 120; *Schön* ZHR 158 (1994), 229 (266 ff.); *Flume* BGB AT I 1 § 17 VI, S. 363 f.

[291] AllgM, s. *Flume* BGB AT I 1 § 17 VI, S. 364; *Schön* ZHR 158 (1994), 229 (269); Staub/*Schäfer* HGB § 105 Rn. 125; *Wiedemann*, Die Übertragung und Vererbung von Mitgliedschaftsrechten bei Handelsgesellschaften, 1965, S. 417.

[292] Dies folgt aus der Einbeziehung des Nießbrauchers in den Gesellschaftsverbund; aA *Teichmann* ZGR 1972, 1 (10).

[293] Vgl. für die GmbH RGZ 170, 358 (369); für die OHG Staub/*Schäfer* HGB § 105 Rn. 121; so auch MüKoHGB/*K. Schmidt* HGB Vor § 230 Rn. 18; *Wiedemann* GesR II § 5 II 2a cc, S. 343; *Wertenbruch* in Westermann/Wertenbruch PersGesR-HdB I. Teil § 29 Rn. 682a; *Teichmann* ZGR 1972, 1 (9).

nommen sind, kommen als Substanzmehrung dem Besteller zugute;²⁹⁴ er hat seinerseits auch die auf den Anteil entfallenden Verluste allein zu tragen.²⁹⁵ Gleiches gilt für *außerordentliche Erträge,* die den Rücklagen zugewiesen werden.²⁹⁶ Eine vereinzelt für den Nießbrauch am Anteil jedenfalls eines Mehrheitsgesellschafters vertretene, auf § 1049 Abs. 1 gestützte Ausgleichspflicht des Bestellers gegenüber dem Nießbraucher hinsichtlich etwaiger nicht entnahmefähiger Gewinne ist abzulehnen.²⁹⁷ Gegen sie spricht, dass der Anteilsnießbrauch als Rechtsnießbrauch auf die bestimmungsgemäßen Erträge der belasteten Mitgliedschaft bezogen ist, nicht aber auf die Gesellschaft selbst und deren Gewinn.²⁹⁸ Außerordentliche Erträge stehen daher grundsätzlich dem Besteller zu.²⁹⁹ Ein gewinnunabhängiges Entnahmerecht wird vom Nießbrauch nicht erfasst.³⁰⁰

Kapitalerhöhungen gegen Einlagen treffen grundsätzlich den Besteller, dem freilich auch die 104 daraus resultierenden Erträge zustehen (→ § 1068 Rn. 42 *[Pohlmann]*).³⁰¹ Demgegenüber stehen die Erträge aus einer nominellen Kapitalerhöhung aus Gesellschaftsmitteln grundsätzlich dem Nießbraucher zu.³⁰² Abweichende Vereinbarungen im Rahmen der Nießbrauchsbestellung sind möglich. **Lasten,** die im Außenverhältnis auf den Nießbraucher entfallen, hat dieser nach §§ 1047, 1068 auch im Innenverhältnis vorbehaltlich einer abweichenden Vereinbarung zwischen ihm und dem Besteller zu tragen.³⁰³

Wird die **Gesellschaft liquidiert** oder scheidet der Besteller aus, setzt sich der Nießbrauch im 105 Wege der *Surrogation* entsprechend §§ 1074, 1075 am Auseinandersetzungsguthaben des Bestellers fort. Der Nießbraucher kann dessen Verzinsung verlangen, während die Substanz des Guthabens beim Besteller verbleibt.³⁰⁴

(4) Außenhaftung. Ungeachtet der Bestellung eines Nießbrauchs haftet jedenfalls der Anteilsin- 106 haber als Gesellschafter gesamtschuldnerisch für die Verbindlichkeiten der Gesellschaft (→ § 714

---

²⁹⁴ Ganz hM, vgl. BGHZ 58, 316 (320) = NJW 1972, 1755; BGH BB 1975, 295; NJW 1981, 1560; → § 1068 Rn. 50 f. *(Pohlmann);* Staudinger/*Frank* (2009) Anh. §§ 1068, 1069 Rn. 79 f., 87; MüKoHGB/*K. Schmidt* Vor § 230 Rn. 18; Staub/*Schäfer* HGB § 105 Rn. 121; *Blaurock,* Unterbeteiligung und Treuhand an Geschäftsanteilen, 1981, S. 139 f.; *Bunke* DNotZ 1968, 5 (15); *Stimpel* ZGR 1973, 99; *Koch* ZHR 168 (2004), 55, 65 ff. (auch bei Erlöschen des Nießbrauchs); so für das Verhältnis zur Gesellschaft grds. auch *Schön* ZHR 158 (1994), 229 (241 ff.); aA – voller bilanzmäßiger Gewinn für den Nießbraucher – *Sudhoff* NJW 1971, 481 (483); wohl auch *Finger* DB 1977, 1033 (1036 ff.); *Haas,* FS L. Schmidt, 1993, S. 320.
²⁹⁵ MüKoHGB/*K. Schmidt* Vor § 230 Rn. 23 (mit zutr. Hinweis auf die Möglichkeit einer davon abw. Vereinbarung im Innenverhältnis zwischen Besteller und Nießbraucher); Staub/*Schäfer* HGB § 105 Rn. 121; *Petzoldt* DStR 1992, 1171 (1176); *Teichmann* ZGR 1982, 1 (13 f.); Staudinger/*Frank* (2002) Anh. §§ 1068, 1069 Rn. 86; *Bunke* DNotZ 1968, 5 (14); aA *Sudhoff* NJW 1971, 481 (483); *Biergans* DStR 1985, 327 (333); wohl auch *Schön* ZHR 158 (1994), 229 (243 f.), für den Fall, dass der Nießbrauch an einem Mehrheitsanteil besteht.
²⁹⁶ BGH BB 1975, 295 (296); vgl. ferner BGHZ 58, 316 (320) = NJW 1972, 1755; BGH BB 1975, 295; NJW 1981, 1560; › § 1068 Rn. 53 f. *(Pohlmann);* Staudinger/*Frank* (2009) Anh. §§ 1068, 1069 Rn. 77 f., 87; MüKoHGB/*K. Schmidt* Vor § 230 Rn. 18; Staub/*Schäfer* HGB § 105 Rn. 121; *Blaurock,* Unterbeteiligung und Treuhand, 1981, S. 139 f.; *Bunke* DNotZ 1968, 5 (15); *Stimpel* ZGR 1973, 99; *Koch* ZHR 168 (2004), 55 (65 ff.): auch bei Erlöschen des Nießbrauchs; so für das Verhältnis zur Gesellschaft grds. auch *Schön* ZHR 158 (1994), 229 (241 ff.).
²⁹⁷ So aber *Schön* ZHR 158 (1994), 229 (241 ff.).
²⁹⁸ Vgl. BGHZ 58, 316 (320) = NJW 1972, 1755 im Anschluss an *Wiedemann,* Die Übertragung und Vererbung von Mitgliedschaftsrechten bei Handelsgesellschaften, 1965, S. 404; ferner *Fleck* Anm. zu BGH LM § 109 HGB Nr. 10.
²⁹⁹ So auch *Schön* ZHR 158 (1994), 229 (245); *Petzoldt* DStR 1992, 1171 (1175); *Koch* ZHR 168 (2004), 55 (65 ff.); aA im Ausschüttungsfall → § 1068 Rn. 59 *(Pohlmann).*
³⁰⁰ So zutr. *Wiedemann* GesR II § 5 II 2a cc, S. 443; *Wertenbruch* in Westermann/Wertenbruch PersGesR-HdB I. Teil § 29 Rn. 682d; aA → § 1068 Rn. 61 *(Pohlmann).*
³⁰¹ Zutr. BGH GmbHR 1983, 148 (149) betr. KG; näher dazu Staub/*Schäfer* HGB § 105 Rn. 121; ebenso *Wiedemann* GesR II § 5 II 2a cc, S. 443.
³⁰² HM, vgl. MüKoHGB/*K. Schmidt* HGB Vor § 230 Rn. 17, 20; *Wertenbruch* in Westermann/Wertenbruch PersGesR-HdB I. Teil § 29 Rn. 682 f.; *Reichert/Schlitt,* FS Flick, 1997, S. 237 f.; Staub/*Schäfer* HGB § 105 Rn. 121 mwN, auch zu Gegenansichten. Offenlassend BGHZ 58, 316 (319) = NJW 1972, 1755; nicht eindeutig 3. Aufl. § 1068 Rn. 24 *(Petzoldt).*
³⁰³ § 1047 ist gemäß § 1068 auf den Nießbrauch an Rechten entsprechend anwendbar, vgl. OLG Karlsruhe BB 1988, 2128; → § 1068 Rn. 18 *(Pohlmann);* Palandt/*Bassenge* § 1068 Rn. 2; Staub/*Schäfer* HGB § 105 Rn. 121. – Zur Frage, ob die Vermögensteuer eine Last iSd § 1047 ist, s. (zu Recht verneinend) OLG Karlsruhe BB 1988, 2128 f. mwN.
³⁰⁴ Die rechtliche Konstruktion ist umstr.: für eine Surrogation entspr. §§ 1074, 1075 *Bunke* DNotZ 1968, 5 (13); Staub/*Schäfer* HGB § 105 Rn. 123; *Wiedemann* GesR II § 5 II 2a cc, S. 444; *Wertenbruch* in Westermann/Wertenbruch PersGesR-HdB I. Teil § 29 Rn. 682k, der zwar von einer Surrogation, nicht aber von einer analogen Anwendung der §§ 1074, 1075 ausgeht; wohl auch *Petzoldt* GmbHR 1987, 381 (385); für eine Surrogation entsprechend §§ 1077 ff. Staudinger/*Frank* (2009) Anh. §§ 1068, 1069 Rn. 88; für die Notwendigkeit einer Neube-

Rn. 35 ff.). Ob daneben auch der Nießbraucher haftet, ist umstritten. Angesichts der Einbeziehung des Nießbrauchers in das mitgliedschaftliche Rechtsverhältnis und der damit verbundenen Zuständigkeit hinsichtlich der Verwaltungsrechte in laufenden Angelegenheiten (→ Rn. 100) sprechen die besseren Gründe für die Annahme einer neben die Gesellschafterhaftung tretenden, gleichrangigen Haftung auch des Nießbrauchers.[305]

107   cc) **Nießbrauch an den Vermögensrechten?** Unproblematisch und ohne Zustimmung der Mitgesellschafter zulässig ist ein Nießbrauch an den nach § 717 S. 2 selbständig übertragbaren **vermögensrechtlichen Ansprüchen**. Allerdings ist ein solches Recht, soweit es sich auf den (künftigen) Anspruch auf das *Auseinandersetzungsguthaben* bezieht, für den Nießbraucher wegen der fehlenden Realisierungsmöglichkeit meist ohne Interesse. Der nicht selten empfohlene Nießbrauch an den *einzelnen Gewinnansprüchen*[306] setzt einerseits deren jeweilige Entstehung auf Grund des Bilanzfeststellungsbeschlusses (→ § 721 Rn. 8, 11) voraus und wird erst mit diesem Beschluss wirksam; eine dingliche Sicherung des Nießbrauchers ist auf diesem Weg in Bezug auf künftige Gewinnansprüche nicht möglich.[307] Andererseits und vor allem beschränkt sich das Nutzungsrecht des Nießbrauchers auf die *Verzinsung* der ausgeschütteten Gewinne, während er die Gewinne selbst oder deren Wert dem Besteller nach § 1067 herausgeben muss.[308] Soweit demgegenüber eingewandt wird, § 1067 sei abdingbar,[309] ist eine entsprechende Gestaltung der Sache nach nicht auf Nießbrauchsbestellung, sondern auf Vorausabtretung künftiger Gewinnansprüche gerichtet; sie sollte schon aus Gründen begrifflicher Klarheit als solche bezeichnet werden.[310] Der „Nießbrauch" am Gewinnanspruch führt nach allem nicht weiter.

108   Abzulehnen ist auch die auf *Siebert*[311] zurückgehende Konstruktion eines Nießbrauchs am **Gewinnstammrecht**.[312] Ihr steht bereits die Rechtsnatur der Mitgliedschaft als ein *sämtliche* mitgliedschaftlichen Rechte und Pflichten zu einer einheitlichen Position bündelndes subjektives Recht entgegen; für eine selbständige Belastung nur der mitgliedschaftlichen Vermögensstammrechte ist demzufolge kein Raum (→ Rn. 188). Hinzu kommt, dass mit Anerkennung des Anteilsnießbrauchs (→ Rn. 96) ein praktisches Bedürfnis für die Einräumung eines Nießbrauchs am Gewinnstammrecht entfallen ist, zumal mit dem Anteilsnießbrauch die Abbedingung sämtlicher Verwaltungsrechte des Nießbrauchers verbunden werden und er dadurch der Sache nach auf einen Ertragsnießbrauch beschränkt werden kann (→ Rn. 99 ff.). Damit kommt er im Ergebnis einem Nießbrauch am Gewinnstammrecht gleich.

109   c) **Testamentsvollstreckung. aa) Überblick.** Ähnlich wie beim Nießbrauch wird auch die Diskussion über die Zulassung der **Dauer-Testamentsvollstreckung** an Anteilen von Personengesellschaften[313] seit vielen Jahren in erster Linie im Hinblick auf die Anteile an Personen*handels*ge-

---

gründung *Wiedemann*, Die Übertragung und Vererbung von Mitgliedschaftsrechten bei Handelsgesellschaften, 1965, S. 403 f.; MüKoHGB/*K. Schmidt* HGB Vor § 230 Rn. 19; grds. aA – dem Nießbraucher steht der seit Nießbrauchsbestellung entstandene, nicht ausgeschüttete Überschuss iSd § 734 sowie daneben die Nutzung der dem ausgeschiedenen Gesellschafter zufließenden Kapitaleinlage zu – *Schön* ZHR 158 (1994), 229 (246 f.).

[305] So *Flume* BGB AT I 1 § 17 VI, S. 364 f.; *Ulmer*, FS Fleck, 1988, S. 383 (396); Staub/*Schäfer* HGB § 105 Rn. 128 für die OHG; aA → § 1068 Rn. 67 *(Pohlmann)*; Staudinger/*Frank* (2009) Anh. §§ 1068, 1069 Rn. 91; MüKoHGB/*K. Schmidt* Vor § 230 Rn. 24; *Wertenbruch* in Westermann/Wertenbruch PersGesR-HdB I. Teil § 29 Rn. 681a; *Blaurock*, Unterbeteiligung und Treuhand an Geschäftsanteilen, 1981, S. 148 f.

[306] So noch 2. Aufl. § 1068 Rn. 21, 24 ff. *(Petzoldt)*; Soergel/*Hadding/Kießling* § 717 Rn. 18 f.; *Bunke* DNotZ 1968, 5 ff.; *Sudhoff* NJW 1971, 481 (484 f.); vgl. auch BFH NJW-RR 35, 36.

[307] Vgl. näher Staub/*Schäfer* HGB § 105 Rn. 129.

[308] So zutr. *Finger* DB 1977, 1033; Staudinger/*Frank* (2009) Anh. §§ 1068, 1069 Rn. 65; ähnlich schon *Wiedemann*, Die Übertragung und Vererbung von Mitgliedschaftsrechten bei Handelsgesellschaften, 1965, S. 400.

[309] So insbes. Soergel/*Hadding/Kießling* § 717 Rn. 19; *Bunke* DNotZ 1968, 9 f.; *Sudhoff* NJW 1971, 481 (484); gegen Abdingbarkeit der Norm aber *Kruse* RNotZ 2002, 69 (72): Abbedingung verstößt gegen sachenrechtlichen Typenzwang.

[310] Vgl. näher hierzu Staub/*Schäfer* HGB § 105 Rn. 130; *Ulmer*, FS Fleck, 1988, S. 383 (397 f.) mwN.

[311] BB 1956, 1126 ff.; ihm folgend *Sudhoff* NJW 1971, 481 (483 f.); Soergel/*Schultze-v. Lasaulx*, 10. Aufl. 1969, § 719 Rn. 12; Staudinger/*Keßler*, 12. Aufl. 1979, § 717 Rn. 26.

[312] Dagegen zu Recht die ganz überwM, → § 1068 Rn. 29 *(Pohlmann)*; *Blaurock*, Unterbeteiligung und Treuhand an Geschäftsanteilen, 1981, S. 140; *Schön* ZHR 158 (1994), 229 (265 f.); MüKoHGB/*K. Schmidt* Vor § 230 Rn. 14; *Flume* BGB AT I 1 § 17 VI, S. 360 f.; *Lohr*, Nießbrauch an Unternehmen und Unternehmensanteilen, 1989, S. 75; *Hepp-Schwab*, Die Mitgliedschaft des Personengesellschafters und der Nießbrauch an seinem Gesellschaftsanteil, 1998, S. 170 f.; *Ulmer*, FS Fleck, 1988, S. 383 (399); Staub/*Schäfer* HGB § 105 Rn. 130; früher bereits *Wiedemann*, Die Übertragung und Vererbung von Mitgliedschaftsrechten bei Handelsgesellschaften, 1965, S. 400 f.; *Huber*, Vermögensanteil, Kapitalanteil und Gesellschaftsanteil an Personalgesellschaften des Handelsrechts, 1970, S. 414 f.; *Teichmann* ZGR 1972, 1 (21); *Rohlff* NJW 1971, 1337 (1340 f.); Staudinger/*Frank* (2009) Anh. §§ 1068, 1069 Rn. 66; aA noch Staudinger/*Keßler*, 12. Aufl. 1979, § 717 Rn. 26.

[313] Im Unterschied zur unproblematischen, die Verwaltungsrechte des Gesellschafters/Erben unberührt lassenden Abwicklungsvollstreckung und zur Dauervollstreckung am Anteil einer Liquidationsgesellschaft, → § 2205 Rn. 31, 33 ff. *(Zimmermann)*; Staub/*Schäfer* HGB § 139 Rn. 57.

sellschaften geführt.³¹⁴ Wesentlich geprägt durch ein Grundsatzurteil des BGH aus dem Jahr 1989,³¹⁵ sieht die hM die Testamentsvollstreckung am *Kommanditanteil* seither als zulässig an, während hinsichtlich des Anteils eines persönlich haftenden Gesellschafters wegen dessen unbeschränkter Haftung für die Gesellschaftsschulden die Bedenken unverändert vorherrschen (→ Rn. 113). Im vorliegenden Zusammenhang, bezogen auf den *Anteil an einer GbR*, stellt sich vor dem Hintergrund des Übergangs der höchstrichterlichen Rechtsprechung zur akzessorischen Gesellschafterhaftung (→ § 714 Rn. 5) die *Frage*, ob damit eine völlige Gleichstellung der Gesellschafterhaftung in OHG und GbR – mit der Folge unzulässiger Dauertestamentsvollstreckung auch am vererbten GbR-Anteil – verbunden ist oder ob sich eine differenzierte Beurteilung anbietet, die es entsprechend den Entwicklungen zum Kommanditanteil gestattet, die Testamentsvollstreckung auch am GbR-Anteil zuzulassen (→ Rn. 114).

bb) Grundlagen. In der **früheren Diskussion** wurden gegen die Möglichkeit einer letztwillig angeordneten Testamentsvollstreckung an Personengesellschaftsanteilen, soweit sie über die bloße Abwicklungsvollstreckung (§§ 2203, 2204) hinausgehen sollte, *gesellschaftsrechtlich* vor allem *drei Einwendungen* geltend gemacht. Sie galt erstens beim Fehlen der Zustimmung der Mitgesellschafter als unvereinbar mit dem auf *persönlichem Zusammenschluss* beruhenden, durch die Zulassung der Anteilsvererbung nicht entscheidend in Frage gestellten Charakter der Personengesellschaft.³¹⁶ Zweitens wurde eingewandt, dass die Einräumung gesellschaftsrechtlicher Verwaltungsrechte an einen nicht zu den Gesellschaftern gehörenden Testamentsvollstrecker unvereinbar sei mit dem grundsätzlichen *Abspaltungsverbot* für die unübertragbaren Mitgliedschaftsrechte.³¹⁷ Eine Verwaltungsbefugnis des Testamentsvollstreckers sei daher nur hinsichtlich der selbständig übertragbaren Vermögensrechte (§ 717 S. 2) anzuerkennen,³¹⁸ wobei freilich für das Gewinnrecht wegen dessen Bezug zu Tätigkeit und Haftung des Gesellschafters/Erben zum Teil weitere Vorbehalte gemacht wurden.³¹⁹ Drittens schließlich wurde (und wird) es im Hinblick auf persönlich haftende Gesellschafter in OHG und KG als unzulässig angesehen, den Erben als Gesellschafter der *unbeschränkten persönlichen Haftung* auszusetzen, ohne ihm entsprechende eigene Mitspracherechte in der Gesellschaft zu gewähren.³²⁰ Aus *erbrechtlichen* Gründen kam der auf die *Sondervererbung* von Personengesellschaftsanteilen gestützte Einwand hinzu, dass die Testamentsvollstreckung sich, sei es als Abwicklungs- oder als Dauervollstreckung, nach § 2205 S. 1 auf die Verwaltung des ihr unterliegenden *Nachlasses* beschränke, während

---

³¹⁴ Schrifttumsnachweise → § 2205 vor Rn. 14 *(Zimmermann)*. *Dörrie*, Die Testamentsvollstreckung im Recht der Personengesellschaften und der GmbH, 1994; *Everts* MittBayNot 2003, 427; *Faust* DB 2002, 189; *Flume* NJW 1988, 161; *Hehemann* BB 1995, 1301; *Hüfner*, Testamentsvollstreckung an Personengesellschaftsanteilen, 1990; *Kreppel* DStR 1996, 430; *Lorz*, FS Boujong, 1996, S. 319; *Marotzke* JZ 1986, 197; *ders.* AcP 187 (1987), 233; *Muscheler*, Die Haftungsordnung der Testamentsvollstreckung, 1994; *Quack* BB 1989, 2271; *Raddatz*, Die Nachlasszugehörigkeit vererbter Personengesellschaftsanteile, 1990; *Rowedder*, FS Goerdeler, 1987, S. 445; *Schmitz* ZGR 1988, 140; *Siegmann*, Personengesellschaftsanteil und Erbrecht, 1992; *Stimpel*, FS Brandner, 1996, S. 779; *Ulmer/Schäfer* ZHR 160 (1996), 413 ff. (439); *D. Weber*, FS Stiefel, 1987, S. 829; *Weidlich*, Testamentsvollstreckung im Recht der Personengesellschaften, 1993; *Wessels*, Testamentsvollstreckung an einem Kommanditanteil, 1989; *Westermann* in Westermann/Wertenbruch PersGesR-HdB I. Teil § 39 Rn. 1337 ff.; *Winkler*, FS Schippel, 1996, S. 519. Vgl. auch *Brandner*, FS Kellermann, 1991, S. 37; *Flume* ZHR 155 (1991), 501; *D. Mayer* ZIP 1990, 976; *Stodolkowitz*, FS Kellermann, 1991, S. 439; *Ulmer* NJW 1990, 73.
³¹⁵ BGHZ 108, 187 = NJW 1989, 3152. Vgl. dazu *Brandner*, FS Kellermann, 1991, S. 37; *Flume* ZHR 155 (1991), 501; *D. Mayer* ZIP 1990, 976; *Stodolkowitz*, FS Kellermann, 1991, S. 439; *Ulmer* NJW 1990, 73.
³¹⁶ Charakteristisch GroßkommHGB/*Rob. Fischer*, 3. Aufl. 1973, HGB § 105 Anm. 28c; wN in 2. Aufl. Rn. 87 Fn. 213 *(Ulmer)*.
³¹⁷ So namentlich; GroßkommHGB/*Rob. Fischer*, 3. Aufl. 1973, HGB § 105 Anm. 28d.
³¹⁸ Schlegelberger/*Geßler* HGB § 105 Anm. 14c; *Hueck* OHG § 28 II 5; *Wiedemann*, Übertragung und Vererbung von Mitgliedschaftsrechten, 1965, S. 341; Soergel/*Hadding*, 11. Aufl. 1985, § 727 Rn. 48 (jeweils unter der Voraussetzung, dass der Erblasser eine Erstreckung der Testamentsvollstreckung auf diese Rechte ausdrücklich angeordnet hat); das ältere Schrifttum hatte überwiegend für die generelle Erfassung der Vermögensrechte plädiert, vgl. Nachweise bei *Ulmer*, 3. Aufl. 1973, HGB § 139 Anm. 71.
³¹⁹ So GroßkommHGB/*Rob. Fischer*, 3. Aufl. 1973, HGB § 105 Anm. 28e, der darauf abstellt, ob der Erbe persönlich in der Gesellschaft tätig ist; zu der damit verbundenen Aufteilungsproblematik eingehend dann *Ulmer/Schäfer* ZHR 160 (1996), 413 (434 ff.). Grundsätzlich gegen ein Verfügungsrecht des Testamentsvollstreckers über den Gewinn auch RGZ 170, 392 (395); 172, 199 (203); RG DR 1943, 1221 (1226).
³²⁰ StRspr, vgl. BGHZ 108, 187 (195) = NJW 1989, 3152; BGH NJW 1977, 1339; BGHZ 24, 106 (113) = NJW 1957, 1026; BGH NJW 1981, 749 (750); BayObLG WM 1991, 131 (134); OLG Düsseldorf ZEV 2008, 142; ebenso bereits RGZ 170, 392 (394). Nachweise zum älteren Schrifttum bei GroßkommHGB/*Ulmer*, 3. Aufl. 1973, HGB § 139 Anm. 69. Aus der neueren Lit. vgl. *Stodolkowitz*, FS Kellermann, 1991, S. 439 (441) bei Fn. 8; *Raddatz*, Die Nachlasszugehörigkeit vererbter Personengesellschaftsanteile, 1990, S. 158; *Westermann* in Westermann/Wertenbruch PersGesR-HdB I. Teil § 39 Rn. 1339 f.; Staub/*Schäfer* HGB § 139 Rn. 57 ff., 60; MüKoHGB/*K. Schmidt* HGB § 139 Rn. 45.

der vererbte Gesellschaftsanteil dem oder den Erben notwendig *persönlich zugeordnet* sei und daher einen Bestandteil zwar der Erbschaft, nicht aber des selbständiger Verwaltung durch den Testamentsvollstrecker unterliegenden Sondervermögens Nachlass bilde.[321]

111 Von diesen früheren Einwänden sind die **gesellschaftsrechtlichen** aus *neuerer Sicht* ganz überwiegend überholt.[322] Gegenüber dem Charakter der Personengesellschaft als Zusammenschluss auf *persönlicher* Grundlage wird zu Recht darauf hingewiesen, dass ihm durch das Erfordernis der *Zustimmung* der Mitgesellschafter als Zulassungsvoraussetzung für die Testamentsvollstreckung ausreichend Rechnung getragen werde (→ Rn. 115). Einigkeit besteht auch darüber, dass das *Abspaltungsverbot* betreffend die Verwaltungsrechte der Anerkennung der Testamentsvollstreckung am Personengesellschaftsanteil schon deshalb nicht entgegensteht, weil die wesentlichen Gesellschafterrechte in diesem Fall beim Testamentsvollstrecker als Amtswalter liegen, ohne von diesem getrennt zu sein (dazu und zur Frage der Mitspracherechte des Gesellschafters/Erben bei Eingriffen in den Kernbereich der Mitgliedschaft → Rn. 119). Es bleibt der Einwand fehlender Verpflichtungsbefugnis des Testamentsvollstreckers gegenüber dem Erben persönlich (§ 2206 Abs. 1); ihm ist nach zutreffender hM dadurch Rechnung zu tragen, dass eine über die übertragbaren Vermögensrechte hinausgehende, auch die Verwaltungsrechte umfassende Testamentsvollstreckung auf Kommanditanteile beschränkt bleibt.[323] Weitergehende Ansichten, die auch die Anteile persönlich haftender Gesellschafter in eine umfassend angeordnete (Dauer-)Testamentsvollstreckung einbeziehen wollen, haben sich bisher nicht durchgesetzt (→ Rn. 114). Insoweit sollen die Beteiligten vielmehr auf die Treuhand als Ersatzkonstruktion (→ Rn. 124) angewiesen bleiben, falls der als persönlich haftender Gesellschafter nachfolgende Erbe sich nicht dazu entschließt, sein Verbleiben in der Gesellschaft nach § 139 Abs. 1 HGB von der Einräumung der Kommanditistenstellung abhängig zu machen, und die Mitgesellschafter hierauf eingehen.

112 Was zum anderen die **erbrechtlichen** Einwände gegen die Testamentsvollstreckung an Personengesellschaftsanteilen angeht, so ist die früher vertretene Differenzierung zwischen der Erbschaft als Inbegriff aller der Vererbung unterliegenden Gegenstände und dem Nachlass als einem den Erben bei einer Erbenmehrheit nicht persönlich zugeordneten, sondern gesamthänderischer Bindung unterliegenden Sondervermögen überholt, nachdem der BGH in Übereinstimmung mit der hM in der neueren Erbrechtsliteratur[324] keine Bedenken hatte, dem Nachlass auch Gegenstände der Sondervererbung zuzurechnen.[325] Wohl aber bleiben im Hinblick auf die Kompetenzen des Testamentsvollstreckers *zwei erbrechtliche Schranken* zu berücksichtigen. Die eine folgt aus der fehlenden Befugnis des Testamentsvollstreckers, den Erben über den Nachlass hinaus auch persönlich zu verpflichten (§ 2206 Abs. 1), die andere aus dem ihm fehlenden Recht zu unentgeltlichen Verfügungen (§ 2205 S. 3). Beiden Schranken ist durch entsprechende Eingrenzung der Rechte des Testamentsvollstreckers Rechnung zu tragen (→ Rn. 120).

---

[321] So noch *Ulmer* NJW 1984, 1496 (1497 f.) ua; Soergel/*Hadding*, 11. Aufl. 1985, § 727 Rn. 44; *Koch* NJW 1983, 1763. Vgl. auch BGH NJW 1981, 749 (750); „Ausgliederung aus der Nachlassmasse"; und BGHZ 91, 132 (135) = NJW 1984, 2104: Anteil fällt getrennt vom übrigen Nachlass „unmittelbar und endgültig in das Privatvermögen des Gesellschafter-Erben"; aA die heute ganz hM, *Muscheler*, Die Haftungsordnung der Testamentsvollstreckung, 1994, S. 470 ff.; *Brandner*, FS Kellermann, 1991, S. 40; *Dörrie*, Die Testamentsvollstreckung im Recht der Personengesellschaften und der GmbH, 1994, S. 25 ff.; *Schmitz* ZGR 1988, 140 (149 ff.); *Marotzke* JZ 1986, 457 (458 ff.); *ders*. AcP 187 (1987), 223 (229); *Raddatz*, Die Nachlasszugehörigkeit vererbter Personengesellschaftsanteile, 1990, S. 39 ff., 141 ff.; *Siegmann*, Personengesellschaftsanteil und Erbrecht, 1992, S. 153 f.; *Weidlich*, Testamentsvollstreckung im Recht der Personengesellschaften, 1993, S. 22 ff.; Soergel/*Damrau* § 2205 Rn. 31; *Hehemann* BB 1995, 1301 (1303 f.). Aus gesellschaftsrechtlicher Sicht auch *Flume* ZHR 155 (1991), 501 (504 ff., 510); *ders*. NJW 1988, 161 ff.; *K. Schmidt* GesR § 34 V 3c.

[322] Vgl. nur Staub/*Schäfer* HGB § 139 Rn. 59 mwN; idS auch KG ZEV 2009, 313; LG Leipzig ZEV 2009, 96 (97 f.) – Anteil unterliegt der Testamentsvollstreckung; Vollstrecker kann über Anteil verfügen.

[323] Dafür namentlich *Stimpel*, FS Brandner, 1996, S. 779 ff.; so auch *Westermann* in Westermann/Wertenbruch PersGesR-HdB I. Teil § 39 Rn. 1339; *Weidlich*, Testamentsvollstreckung im Recht der Personengesellschaften, 1993, S. 121 ff.; *Bommert* BB 1984, 178 (183); im Ergebnis auch *Muscheler*, Die Haftungsordnung der Testamentsvollstreckung, 1994, S. 554, Fn. 88, allerdings mit sachlich unzutr. Erst-Recht-Schluss von der Rechtslage in der OHG.

[324] *Muscheler*, Die Haftungsordnung der Testamentsvollstreckung, 1994, S. 470 ff.; *Brandner*, FS Kellermann, 1991, S. 40; *Dörrie*, Die Testamentsvollstreckung im Recht der Personengesellschaften und der GmbH, 1994, S. 25 ff.; *Schmitz* ZGR 1988, 140 (149 ff.); *Marotzke* JZ 1986, 457 (458 ff.); *ders*. AcP 187 (1987), 223 (229); *Raddatz*, Die Nachlasszugehörigkeit vererbter Personengesellschaftsanteile, 1990, S. 39 ff., 141 ff.; *Siegmann*, Personengesellschaftsanteil und Erbrecht, 1992, S. 153 f.; *Weidlich*, Testamentsvollstreckung im Recht der Personengesellschaften, 1993, S. 22 ff.; Soergel/*Damrau* § 2205 Rn. 31; *Hehemann* BB 1995, 1301 (1303 f.). Aus gesellschaftsrechtlicher Sicht auch *Flume* ZHR 155 (1991), 501 (504 ff., 510); *ders*. NJW 1988, 161 ff.; *K. Schmidt* GesR § 34 V 3c.

[325] So zunächst BGHZ 98, 48 = NJW 1986, 2431 (IVa-ZS); ihm folgend BGHZ 108, 187 = NJW 1989, 3152 (II. ZS); BGH ZIP 1996, 327 (329) (IV. ZS). Eingehend zur Entwicklung der Rspr. *Ulmer/Schäfer* ZHR 160 (1996), 413 (416 ff.).

cc) Haftungsschranken. Ein zentrales Problem in Bezug auf die Dauertestamentsvollstreckung am GbR-Anteil bildet die Frage unbeschränkter Haftung des Gesellschafters/Erben für die Gesellschaftsverbindlichkeiten. Wie aus den Regelungen der §§ 2206, 2207, 2208 folgt, kann der Testamentsvollstrecker durch sein rechtsgeschäftliches Handeln den Erben wirksam nur mit Bezug auf den Nachlass, nicht aber mit dessen Privatvermögen verpflichten. Zu Recht ist daraus in ständiger höchstrichterlicher Rechtsprechung[326] unter Zustimmung der in der Literatur hM[327] gefolgert worden, dass diese Testamentsvollstreckerschranke nicht nur der unmittelbaren persönlichen Verpflichtung des Erben durch das rechtsgeschäftliche Handeln des Testamentsvollstreckers, sondern auch der Einbeziehung des *OHG-Anteils* in den Machtbereich des Testamentsvollstreckers entgegensteht, weil der Erbe bei Zwischenschaltung des Testamentsvollstreckers anderenfalls kraft Gesetzes akzessorisch für die OHG-Verbindlichkeiten unbeschränkt haften würde. Für einen gesetzlichen Vorrang des § 128 HGB gegenüber der Schutzvorschrift des § 2206[328] sind überzeugende Gründe nicht ersichtlich.[329] Auch der Hinweis einiger Autoren auf das Wahlrecht des Gesellschafters/Erben nach § 139 HGB[330] bzw. auf die Möglichkeit, die Dreimonatsfrist zur Wahlrechtsausübung gesellschaftsvertraglich zu verlängern,[331] um auf diesem Wege die Haftungsschranken des Testamentsvollstreckungsrechts zu überwinden, hat sich nicht durchgesetzt.[332]

Soweit es um die **Dauertestamentsvollstreckung am GbR-Anteil** geht, war unter der Geltung der Doppelverpflichtungslehre (→ § 714 Rn. 3) in der Literatur die Ansicht entwickelt worden, in derartigen Fällen beschränke sich die Vollmacht, die der Testamentsvollstrecker den Geschäftsführern für den Gesellschafter/Erben erteile, gegenständlich auf die Haftung mit dem der Testamentsvollstreckung unterliegenden Nachlass.[333] Dieser der Zulassung der Testamentsvollstreckung dienenden Lehre ist durch den Übergang der Rechtsprechung zur *Akzessorietätstheorie* (→ § 714 Rn. 5) die Grundlage entzogen worden. Nicht ausgeschlossen erscheint es jedoch, dass dem ihr zu Grunde liegenden Gedanken auch im Rahmen der neu entwickelten Haftungsverfassung der GbR Rechnung getragen wird. Denn das für die Akzessorietätstheorie sprechende Sicherungsinteresse der GbR-Gläubiger erscheint im Falle der Testamentsvollstreckungsanordnung seitens des verstorbenen Gesellschafters schon dann gewahrt, wenn dessen bisherige Haftung sich in derjenigen seines Nachlasses fortsetzt, solange dieser unter Testamentsvollstreckung steht.[334] Da es für die GbR an einer gesetzlichen Haftungsregelung nach Art des § 128 HGB fehlt, ist die höchstrichterliche Rechtsfortbildung nicht gehindert, bei der Ausformung der Tragweite des neuen Haftungsrechts den berechtigten Interessen der Beteiligten und dem praktischen Bedürfnis an Zulassung der Dauertestamentsvollstreckung unter Einschluss von GbR-Anteilen Rechnung zu tragen.[335] Ohne eine

---

[326] BGHZ 108, 187 (195) = NJW 1989, 3152; BGHZ 68, 225 (239) = NJW 1977, 1339; BGHZ 24, 106 (113) = NJW 1957, 1026; BGH NJW 1981, 749 (750); BayObLG WM 1991, 131 (134); OLG Düsseldorf ZEV 2008, 142; ebenso bereits RGZ 170, 392 (394). Hiervon unberührt bleibt nach BGH NJW 1996, 1284 (1286) (IV. ZS) und BGH NJW 1998, 1313 = JZ 1998, 468 (II. ZS) mit krit. Anm. *Ulmer*, eine auf die *Vermögensrechte* des Anteils beschränkte Testamentsvollstreckung, s. auch *Goette* DStR 1998, 304; idS auch wieder OLG Düsseldorf ZEV 2008, 142 (143) mit Anm. *Grunsky*, Testamentsvollstreckung, die sich auf Wahrnehmung der Vermögensrechte beschränkt; vgl. ferner KG ZEV 2009, 313 und LG Leipzig ZEV 2009, 96 (97 f.) – Testamentsvollstrecker darf Anteil veräußern.

[327] Vgl. nur *Flume* BGB AT I § 14 V; Staub/*Schäfer* HGB § 139 Rn. 57 ff., 60 mwN; Heymann/*Emmerich* HGB § 139 Rn. 22; zweifelnd aber schon Schlegelberger/*K. Schmidt* HGB § 139 Rn. 51; so auch *Stodolkowitz*, FS Kellermann, 1991, S. 441; *Raddatz*, Die Nachlasszugehörigkeit vererbter Personengesellschaftsanteile, 1990, S. 157; aA sodann 3. Aufl. § 2205 Rn. 31 *(Brandner)*; *Muscheler*, Die Haftungsordnung der Testamentsvollstreckung, 1994, S. 549 ff.

[328] So *Muscheler*, Die Haftungsordnung der Testamentsvollstreckung, 1994, S. 545 ff.; dem folgend → § 2205 Rn. 36 *(Zimmermann)*.

[329] HM, vgl. BGHZ 24, 106 (112 f.) = NJW 1957, 1026; BGHZ 68, 225 (239) = NJW 1977, 1339; BGHZ 98, 48 (55 f.) = NJW 1986, 2431; BGHZ 108, 187 (195) = NJW 1989, 3152; *Flume* NJW 1988, 161 (163); Staub/*Schäfer* HGB § 139 Rn. 60; Baumbach/Hopt/*Roth* HGB § 139 Rn. 21; Heymann/*Emmerich* HGB § 139 Rn. 23a; *Faust* DB 2002, 191.

[330] So *Marotzke* JZ 1986, 457 (461 f.); MüKoHGB/*K. Schmidt* HGB § 139 Rn. 47, 51.

[331] So *Faust* DB 2002, 192 f.

[332] Dagegen zu Recht *Dörrie*, Die Testamentsvollstreckung im Recht der Personengesellschaften und der GmbH, 1994, S. 56; *Stimpel*, FS Brandner, 1996, S. 782; im Grundsatz auch schon *Emmerich* ZHR 132 (1969), 297 (309 ff.).

[333] So insbes. *Stimpel*, FS Brandner, 1996, S. 787 ff.; zust. 3. Aufl. Rn. 89a *(Ulmer)*; 4. Aufl. § 2205 Rn. 39 *(Brandner)*; trotz Aufgabe der Doppelverpflichtungstheorie beibehalten in → § 2205 Rn. 48 *(Zimmermann)*.

[334] Vgl. dazu *Stimpel*, FS Brandner, 1996, S. 788 f.

[335] Zur beschränkten Erbenhaftung bei Dauertestamentsvollstreckung am GbR-Anteil → § 714 Rn. 41; zur Einschränkbarkeit der Gesellschafterhaftung für die GbR-Verbindlichkeiten in Fällen geschlossener Immobilienfonds und von Bauherrengemeinschaften vgl. BGH ZIP 2002, 851 (853); → § 714 Rn. 62, 66. – Zur abw.

solche (höchstrichterliche) Einschränkung der Haftung (analog) § 128 HGB kommt eine Dauervollstreckung an GbR-Anteilen freilich nicht in Betracht. Auch die Einräumung eines Wahlrechts des Gesellschafter-Erben eines GbR-Anteils analog § 139 HGB (→ § 727 Rn. 46 ff.) ist a limine unzureichend, um darauf die Zulässigkeit der Dauertestamentsvollstreckung am GbR-Anteil zu stützen; dieser stehen vielmehr die gleichen Bedenken wie im Fall des OHG-Anteils entgegen (→ Rn. 113).

115 **dd) Folgerungen für den GbR-Anteil.** Sofern die Haftungsproblematik (→ Rn. 114) höchstrichterlich geklärt wird, was derzeit nicht absehbar ist, ist die Dauertestamentsvollstreckung am GbR-Anteil grundsätzlich zuzulassen.[336] Notwendige Voraussetzung für eine über die Erfassung der Vermögensrechte (→ Rn. 116) hinausgehende, wirksame Anordnung ist freilich die **Zustimmung der Mitgesellschafter**;[337] für die GbR gelten insoweit keine Besonderheiten gegenüber der Rechtslage in der OHG oder KG. Die Zustimmung kann nach Eintritt des Erbfalls *ad hoc* erteilt werden; sie führt ggf. zur Wirksamkeit der zunächst schwebend unwirksamen Anordnung. Sie kann aber auch schon im *Gesellschaftsvertrag* selbst vorgesehen sein, sei es generell oder beschränkt auf bestimmte Gesellschaftsanteile oder bestimmte Personen als Testamentsvollstrecker (→ § 2205 Rn. 34, 47 *[Zimmermann]*).[338] Wie bei der Vorsorgevollmacht kann die Zustimmung auch von der Person des in Aussicht genommenen Testamentsvollstreckers abhängig gemacht werden (→ Rn. 124c). Sind die Anteile im Gesellschaftsvertrag *generell* (auch unter Lebenden) übertragbar ausgestaltet, so kann angesichts des daraus ableitbaren Verzichts der Gesellschafter, die Gesellschaft als höchstpersönlichen Zusammenschluss zu behandeln, tendenziell dafür sprechen, dass sie im Zweifel auch mit der Anordnung der Testamentsvollstreckung einverstanden sind.[339] Dem steht auch die (für diesen Fall vorausgesetzte, → Rn. 114) Möglichkeit der Haftungsbeschränkung des Nachfolger/Erben auf den Nachlass nicht notwendig entgegen, weil sie aus Sicht der Mitgesellschafter die bisherigen Haftungsverhältnisse der Sache nach unverändert fortbestehen lässt.[340] Auch das Vorhandensein einer *einfachen,* für jedermann als Erben offenen Nachfolgeklausel lässt sich als Indiz für die Zustimmung werten.[341] Eine Vermutung dafür, dass die Mitgesellschafter zwar jeden Dritten als Anteilserwerber akzeptieren, die mit der Testamentsvollstreckung verbundene Kompetenzaufteilung aber nicht ohne besondere Zustimmung hinnehmen wollen, erscheint nicht veranlasst; Abweichendes kann sich freilich aus dem Regelungszusammenhang des Gesellschaftsvertrags ergeben.[342] Auf das Vorhandensein einer

---

Beurteilung für den OHG-Anteil: stRspr, vgl. BGHZ 108, 187 (195) = NJW 1989, 3152; BGHZ 68, 225 (239) = NJW 1977, 1339; BGHZ 24, 106 (113) = NJW 1957, 1026; BGH NJW 1981, 749 (750); BayObLG WM 1991, 131 (134); OLG Düsseldorf ZEV 2008, 142; ebenso bereits RGZ 170, 392 (394). Nachweise zum älteren Schrifttum bei GroßkommHGB/*Ulmer*, 3. Aufl. 1973, HGB § 139 Anm. 69. Aus der neueren Lit. vgl. *Stodolkowitz,* FS Kellermann, 1991, S. 439 (441) bei Fn. 8; *Raddatz,* Die Nachlasszugehörigkeit vererbter Personengesellschaftsanteile, 1990, S. 158; *Westermann* in Westermann/Wertenbruch PersGesR-HdB I. Teil § 39 Rn. 1339 f.; Staub/*Schäfer* HGB § 139 Rn. 57 ff., 60; MüKoHGB/*K. Schmidt* HGB § 139 Rn. 45.

[336] Auf den Kommanditanteil bezogen: *Stimpel,* FS Brandner, 1996, S. 779 ff.; so auch *Westermann* in Westermann/Wertenbruch PersGesR-HdB I. Teil § 39 Rn. 1339 f. *Weidlich,* Testamentsvollstreckung im Recht der Personengesellschaften, 1993, S. 121 ff.; *Bommert* BB 1984, 178 (183); im Ergebnis auch *Muscheler,* Die Haftungsordnung der Testamentsvollstreckung, 1994, S. 554, Fn. 88 allerdings mit sachlich unzutr. Erst-Recht-Schluss von der Rechtslage in der OHG; für grds. Zulässigkeit beim GbR-Anteil auch KG ZEV 2009, 313; LG Leipzig ZEV 2009, 96 (97 f.).

[337] EinhM, vgl. BGHZ 98, 48 (55) = NJW 1986, 2431 (IVa. ZS); BGHZ 108, 187 (191) = NJW 1989, 3152; BGHZ 68, 225 (241) = NJW 1977, 1339; BGH NJW 1985, 1953 (1954) (jeweils II. ZS); BayObLG BB 1983, 1751 (1752); OLG Hamburg ZIP 1984, 1226 (1227); OLG Hamm ZIP 1989, 505 (507); OLG Stuttgart ZIP 1988, 1335 (1336); Staub/*Schäfer* HGB § 139 Rn. 61; *Muscheler,* Die Haftungsordnung der Testamentsvollstreckung, 1994, S. 474 ff.; *Marotzke* JZ 1986, 457 (460); *K. Schmidt* GesR § 45 V 7b; *Ulmer* NJW 1990, 73 (75); → § 2205 Rn. 34 *(Zimmermann).*

[338] So auch Soergel/*Hadding/Kießling* § 727 Rn. 53; BGHZ 98, 45 (55) = NJW 1986, 2431 (IVa-ZS); BGHZ 108, 187 (191) = NJW 1989, 3152; BGHZ 68, 225 (241) = NJW 1977, 1339; BGH NJW 1985, 1953 (1954) (jeweils II. ZS); BayObLG BB 1983, 1751 (1752); OLG Hamburg ZIP 1984, 1226 (1227); OLG Hamm ZIP 1989, 505 (507); OLG Stuttgart ZIP 1988, 1335 (1336).

[339] So im Grundsatz bereits *Holch* DNotZ 1958, 282 (299): Vgl. näher *Ulmer* NJW 1990, 73 (76); zust. *Brandner,* FS Kellermann, 1991, S. 37, 48; → § 2205 Rn. 34 *(Zimmermann);* MüKoHGB/*K. Schmidt* HGB § 177 Rn. 27; tendenziell auch BGHZ 68, 225 (241) = NJW 1977, 1339. AA OLG Hamburg ZIP 1984, 1226 (1228); Soergel/*Hadding/Kießling* § 727 Rn. 53; *Faust* DB 2002, 194; *Muscheler,* Die Haftungsordnung der Testamentsvollstreckung, 1994, S. 475; Nachweise zum älteren Schrifttum in 2. Aufl. Rn. 87 Fn. 213 *(Ulmer).*

[340] AA tendenziell *Stimpel,* FS Brandner, 1996, S. 779 (781).

[341] So auch Soergel/*Damrau* § 2205 Rn. 30; Staub/*Schäfer* HGB § 139 Rn. 61; tendenziell auch Erman/*Westermann* § 727 Rn. 10; aA OLG Hamburg ZIP 1984, 1226 (1228); Soergel/*Hadding/Kießling* § 727 Rn. 51; *Faust* DB 2002, 194; *Stimpel,* FS Brandner, 1996, S. 779 (781).

[342] Dem folgend → § 2205 Rn. 34 *(Zimmermann).*

qualifizierten Nachfolgeklausel lässt sich die Vermutung für die konkludente Zustimmung zur Testamentsvollstreckung jedoch nicht stützen.

Die mit dem Gesellschaftsanteil verbundenen **Vermögensrechte,** darunter insbesondere das 116 *Gewinnrecht* des nicht selbst in der Gesellschaft tätigen Erben und das Recht auf das *Auseinandersetzungsguthaben,* unterfallen nicht nur bei Zustimmung der Mitgesellschafter,[343] sondern mit Blick auf § 717 S. 2 auch ohne diese[344] der Dispositionsbefugnis des Testamentsvollstreckers, selbst wenn ihm der Zugriff auf die Verwaltung des Anteils aus Haftungsgründen versagt bleibt. Für das *Entnahmerecht* gilt das mit Rücksicht auf die Begrenzung in § 2206 Abs. 1 nur insoweit als die Entnahme nicht zum Aufleben der Haftung des Erben persönlich führt, sei es im Innenverhältnis gegenüber der GbR oder auch – wie bei §§ 171 Abs. 1, 172 Abs. 4 HGB – gegenüber den Gesellschaftsgläubigern; für ein gewinnunabhängiges Entnahmerecht ist schon deshalb kein Raum. Über die mit dem Anteil verbundenen Vermögensrechte hinaus wird man – in den Grenzen des im Gesellschaftsvertrag eröffneten Verfügungsrechts der Gesellschafter – zu den Befugnissen des Testamentsvollstreckers auch die **Verfügung über den Anteil** als solchen, darunter insbesondere dessen rechtsgeschäftliche Veräußerung, aber auch die Kündigung der Beteiligung nach § 725 oder das Betreiben der Auflösung der Gesellschaft, rechnen können, wenn der Testamentsvollstrecker hierauf zur Erfüllung seiner Aufgaben angewiesen ist.[345]

Im Grundsatz unbedenklich ist bei mit Zustimmung der Mitgesellschafter angeordneter Testamentsvollstreckung vorbehaltlich der Haftungsproblematik (→ Rn. 114 f.) auch der Übergang der 117 mit dem Anteil verbundenen **Verwaltungsrechte** auf den Testamentsvollstrecker, darunter das Stimmrecht, das Recht auf Teilnahme an der Gesellschafterversammlung sowie das Informations- und Kontrollrecht.[346] Das *Abspaltungsverbot* steht nach zutreffender hM angesichts der (Mit-)Berechtigung des Testamentsvollstreckers an dem zum Nachlass gehörenden Gesellschaftsanteil nicht entgegen (→ § 2205 Rn. 37 *[Zimmermann]*).[347] Soweit dem Testamentsvollstrecker diese Rechte zugeordnet sind, ist der Gesellschafter/Erbe gehindert, sie konkurrierend mit ihm oder an dessen Stelle auszuüben, wenn der Testamentsvollstrecker ihn hierzu nicht besonders ermächtigt; eine Ausnahme ist nur für das unentziehbare Kontrollrecht nach § 716 Abs. 2 zu machen.[348] Den weitreichenden Befugnissen des Testamentsvollstreckers innerhalb der Gesellschaft entspricht es dann freilich auch, ihn hinsichtlich der *Treupflicht* einem Gesellschafter gleichzustellen.[349] Die Mitgesellschafter sind dadurch bei treuwidrigem Verhalten des Testamentsvollstreckers nicht auf ein Vorgehen gegen den Gesellschafter/Erben beschränkt, sondern können unmittelbar gegen den Testamentsvollstrecker klagen, sei es auf Zustimmung zu im Gesellschaftsinteresse dringend gebotenen Gesellschafterbeschlüssen oder auf Feststellung der Unbeachtlichkeit einer treuwidrigen Stimmabgabe.[350]

Die Befugnis des Testamentsvollstreckers zur Wahrnehmung der mit dem Anteil verbundenen Verwaltungsrechte bezieht sich nach zutreffender Ansicht auch auf das Recht zur **Geschäftsführung und** 118

---

[343] So BGH NJW 1996, 1284 (1286) (IV. ZS); hierauf beschränkt auch Soergel/*Hadding/Kießling* § 727 Rn. 56.
[344] HM, vgl. nur Staub/*Schäfer* HGB § 139 Rn. 62.
[345] So auch KG ZEV 2009, 313; LG Leipzig ZEV 2009, 96 (97 f.). Vgl. näher *Ulmer* NJW 1990, 73 (79); *Muscheler,* Die Haftungsordnung der Testamentsvollstreckung, 1994, S. 504 ff.; *Dörrie,* Die Testamentsvollstreckung im Recht der Personengesellschaften und der GmbH, 1994, S. 132 ff.; 134; ferner *Brandner,* FS Kellermann, 1991, S. 37 (45); *K. Schmidt* GesR § 45 V 7c; *D. Mayer* ZIP 1990, 976 (978); in diese Richtung wohl auch BGHZ 108, 187 (198) = NJW 1989, 3152 und BGHZ 98, 48 (57), wo allerdings jeweils nur davon die Rede ist, dass der Gesellschafter-Erbe nicht mehr über den Anteil verfügen kann; vgl. auch *Priester,* FS Stimpel, 1985, S. 463 (473) für GmbH-Anteil.
[346] Demgegenüber ist der Testamentsvollstrecker bei der Abwicklungsvollstreckung im Zweifel nicht einmal befugt, den durch Tod eines Kommanditisten eingetretenen Gesellschafterwechsels anzumelden, OLG München NJW-RR 2010, 15 (16); OLG Hamm ZEV 2011, 200.
[347] BGHZ 108, 187 (199) = NJW 1989, 3152; Soergel/*Hadding/Kießling* § 727 Rn. 51; *Westermann* in Westermann/Wertenbruch PersGesR-HdB I. Teil § 39 Rn. 1339; *Dörrie,* Die Testamentsvollstreckung im Recht der Personengesellschaften und der GmbH, 1994, S. 44 ff.; *Muscheler,* Die Haftungsordnung der Testamentsvollstreckung, 1994, S. 462; *Quack* BB 1989, 2271 (2274); *Raddatz,* Die Nachlasszugehörigkeit vererbter Personengesellschaftsanteile, 1990, S. 170 ff.; *Rowedder,* FS Goerdeler, 1987, S. 445 (464); *Ulmer* NJW 1990, 73 (78); *Weidlich,* Testamentsvollstreckung im Recht der Personengesellschaften, 1993, S. 59 ff.
[348] So auch *Brandner,* FS Kellermann, 1991, S. 37 (45); *Dörrie,* Die Testamentsvollstreckung im Recht der Personengesellschaften und der GmbH, 1994, S. 504 ff. Vgl. zum Vorbehalt betr. § 716 Abs. 2 auch *Stimpel,* FS Brandner, 1996, S. 779 (796).
[349] *Dörrie,* Die Testamentsvollstreckung im Recht der Personengesellschaften und der GmbH, 1994, S. 103 ff.; *D. Mayer* ZIP 1990, 976 (979); *Raddatz,* Die Nachlasszugehörigkeit vererbter Personengesellschaftsanteile, 1990, S. 172; *Ulmer* NJW 1990, 73 (81); aA *Faust* DB 2002, 190 f.; *Muscheler,* Die Haftungsordnung der Testamentsvollstreckung, 1994, S. 527 ff. mwN.
[350] Näher *Ulmer* NJW 1990, 73 (81).

Vertretung der GbR.[351] Soweit es um den Aspekt des Abspaltungsverbots geht, greifen die Bedenken gegen die Bejahung dieser Befugnis des Testamentsvollstreckers aus den in → Rn. 117 genannten Gründen nicht durch. Entsprechendes gilt aber auch mit Blick auf den Grundsatz der *Selbstorganschaft* (→ § 709 Rn. 5) und den ihm zu Grunde liegenden Gedanken der Einheit von Herrschaft und Haftung.[352] Auch wenn man ihn als allgemeines Rechtsprinzip anerkennt, hat er doch nicht das Gewicht, um darauf konkrete Rechtsfolgen wie die Unzulässigkeit der von allen Gesellschaftern akzeptierten Ausübung von Organrechten durch den Testamentsvollstrecker zu stützen, ganz abgesehen von den indirekt auch diesen treffenden Haftungsfolgen fehlerhaften Organhandelns.[353]

119 Nach wie vor umstritten ist, ob das Handeln des Testamentsvollstreckers seine Schranke am **Kernbereich** der Rechte des Gesellschafter/Erben findet.[354] Die besseren Gründe sprechen gegen diese Ansicht.[355] Denn der aus der Anerkennung eines mehrheitsfesten Kernbereichs resultierende Gesellschafterschutz ist der Sache nach ein Recht der Minderheit gegenüber der Mehrheit, das im Verhältnis zwischen Testamentsvollstrecker und Gesellschafter/Erben keine Entsprechung findet.[356] Auch wäre es widersprüchlich, dem Testamentsvollstrecker zwar – in den Grenzen des § 2205 S. 3 – das Recht zur Verfügung über den ganzen Anteil einzuräumen, ihn aber bei weniger weitreichenden Maßnahmen an die Zustimmung des Gesellschafter/Erben zu binden.[357] Daher fällt auch die *Umwandlung* der Personen- in eine Kapitalgesellschaft in den Kompetenzbereich des Testamentsvollstreckers;[358] anderes gilt für das höchstpersönliche Wahlrecht des Gesellschafter/Erben analog § 139 Abs. 1 HGB (→ § 727 Rn. 46 ff.).

120 **Grenzen** bei der Ausübung der Verwaltungsrechte durch den Testamentsvollstrecker ergeben sich allerdings aus **§ 2205 S. 3,** sofern unentgeltliche Verfügungen über den Anteil in Frage stehen. Das ist nicht nur bei Abtretung des Anteils ohne das bei einem einvernehmlichen *Ausscheiden* gegen ein nicht vollwertiges bzw. hinter der vertraglichen Abfindungsregelung zurückbleibendes Entgelt der Fall, sondern auch bei der Zustimmung zu *Vertragsänderungen,* die zur Verschlechterung der Rechtsstellung des Gesellschafter/Erben ohne vollwertige Kompensation führen. In derartigen Fällen bedarf es zur vollen Wirksamkeit dieser Maßnahmen der Mitwirkung des betroffenen Gesellschafter/Erben; andernfalls greifen bei Vollzug der Änderung die Grundsätze über fehlerhafte Vertragsänderungen ein (→ Rn. 360 ff.).

121 Unter den in → Rn. 115 bezeichneten Voraussetzungen wird die letztwillig angeordnete Testamentsvollstreckung auch dann wirksam, wenn der **Gesellschafter/Erbe schon vor dem Erbfall Gesellschafter** war. Der vererbte Anteil bleibt in diesem Fall trotz grundsätzlicher Einheitlichkeit der Mitgliedschaft als selbständiger bestehen, solange die Testamentsvollstreckung andauert (→ Rn. 64). Er kann daher unabhängig vom Eigenanteil des Gesellschafter/Erben dem Sonderregime der Testamentsvollstreckung unterliegen (→ Rn. 63).[359]

---

[351] HM, vgl. *Stimpel,* FS Brandner, 1996, S. 779 (783 f.); → § 2205 Rn. 37 *(Zimmermann);* MüKoHGB/ *K. Schmidt* HGB § 139 Rn. 47; *Westermann* in Westermann/Wertenbruch PersGesR-HdB I. Teil § 39 Rn. 1339; im Ergebnis auch *Weidlich,* Testamentsvollstreckung im Recht der Personengesellschaften, 1993, S. 124; aA *Dörrie,* Die Testamentsvollstreckung im Recht der Personengesellschaften und der GmbH, 1994, S. 43: rechtsgeschäftlich erteilte Vollmacht erforderlich; *Hehemann* BB 1995, 1301 (1307).

[352] Vgl. dazu etwa *Wiedemann* GesR I § 10 III 2.

[353] So zutr. auch *Faust* DB 2002, 194 f. mwN zum Diskussionsstand.

[354] Dafür noch OLG Hamm NJW-RR 2002, 729; *K. Schmidt* GesR § 45 V 7c und Schlegelberger/ *K. Schmidt* HGB § 139 Rn. 51 (anders jetzt MüKoHGB/ *K. Schmidt* HGB § 139 Rn. 51); Bamberger/Roth/ *Schöne* § 717 Rn. 12; *Hüffer* ZHR 151 (1987), 396 (403); *D. Mayer* ZIP 1990, 976 (978); *Quack* BB 1989, 2271 (2273); *Raddatz,* Die Nachlasszugehörigkeit vererbter Personengesellschaftsanteile, 1990, S. 173 ff.; *Weidlich,* Testamentsvollstreckung im Recht der Personengesellschaften, 1993, S. 46 ff., für die GmbH auch *Priester,* FS Stimpel, 1985, S. 463 (482 ff.); offenlassend BGHZ 108, 187 (198) = NJW 1989, 3152; wohl auch BGH in Westermann/ Wertenbruch PersGesR-HdB I. Teil § 39 Rn. 1341 f., 1344; Dagegen → § 2205 Rn. 37 *(Zimmermann);* Soergel/ *Hadding/Kießling* § 727 Rn. 51; Staub/ *Schäfer* HGB § 139 Rn. 64; *Muscheler,* Die Haftungsordnung der Testamentsvollstreckung, 1994, S. 506 f.; *Brandner,* FS Kellermann, 1991, S. 37 (45); *Lorz,* FS Boujong, 1996, S. 319 (325 ff.); *Rowedder,* FS Goerdeler, 1987, S. 445 (464 f.); *Siegmann,* Personengesellschaftsanteil und Erbrecht, 1992, S. 240 f.; *Hehemann* BB 1995, 1301 (1309).

[355] Abw. noch *Ulmer* NJW 1990, 73 (79).

[356] So zutr. insbes. *Muscheler,* Die Haftungsordnung der Testamentsvollstreckung, 1994, S. 506 f.; *Hehemann* BB 1995, 1301 (1309); *Lorz,* FS Boujong, 1996, S. 330 f.

[357] Zutr. *Muscheler,* Die Haftungsordnung der Testamentsvollstreckung, 1994, S. 604 f. gegen *Priester,* FS Stimpel, 1985, S. 464 und *D. Mayer* ZIP 1990, 976 (978).

[358] So auch LG Mannheim NZG 1999, 824; Staudinger/ *Reimann* (2012) § 2205 Rn. 147; MüKoHGB/ *K. Schmidt* HGB § 139 Rn. 51; einschr. *Westermann* in Westermann/Wertenbruch PersGesR-HdB I. Teil § 39 Rn. 1342.

[359] Ebenso BGHZ 98, 48 (57) = NJW 1986, 2431; BGH NJW 1996, 1284 (1286); OLG Hamm ZEV 1999, 234 (236); MüKoHGB/ *K. Schmidt* HGB § 105 Rn. 78; Staub/ *Schäfer* HGB § 139 Rn. 65; *Bippus* AcP 195 (1995), 13 (27 f., 31); *Ulmer* ZHR 167 (2003), 103 (115); offenlassend BGHZ 108, 187 (199) = NJW 1989, 3152 (II.

ee) Ersatzkonstruktionen. Scheitert die Testamentsvollstreckung am GbR-Anteil an der fehlen- 122
den Zustimmung der Mitgesellschafter oder an haftungsrechtlichen Bedenken, so stellt sich die Frage
nach Ersatzlösungen, um das vom Erblasser verfolgte Ziel einer Wahrnehmung der Gesellschafterrechte des Nachfolgers/Erben durch den Testamentsvollstrecker auf anderem Wege zu erreichen.
Genannt werden insbesondere die Treuhand- und die Vollmachtlösung. Sie sind in der Literatur
ausführlich behandelt worden (→ § 2205 Rn. 24 ff. *[Zimmermann]*).[360] Beide Lösungen setzen
grundsätzlich eine Rechtseinräumung durch den Nachfolger/Erben gegenüber dem Testamentsvollstrecker voraus. Zwar kann der Erblasser hierauf durch Erbeinsetzung unter Auflage (§ 1940) oder
Bedingung (§§ 2074, 2075) hinwirken. Jedoch erlangt eine solche letztwillige Anordnung mit Rücksicht auf die beschränkte Verpflichtungsbefugnis des Testamentsvollstreckers (§ 2206 Abs. 1) nur dann
Wirksamkeit, wenn sie nicht zur unbeschränkten Haftung des Nachfolger/Erben mit seinem Privatvermögen führt (→ § 2205 Rn. 26 *[Zimmermann]*).[361]

Die Schranke des § 2206 Abs. 1 hat Konsequenzen vor allem für die **Vollmachtlösung,** dh die 123
letztwillig angeordnete Verpflichtung des in die Gesellschafterstellung nachrückenden Erben, dem
Testamentsvollstrecker eine unwiderrufliche Vollmacht zur Wahrnehmung der mit dem Gesellschaftsanteil verbundenen Rechte zu erteilen. Sie hätte die persönliche Haftung des Nachfolger/Erben mit
seinem Privatvermögen zur Folge, wenn der Testamentsvollstrecker rechtsgeschäftlich als Vertreter
des Erben auftritt, und würde überdies dessen akzessorische Haftung als Gesellschafter für die Verbindlichkeiten der GbR begründen. Eine erbrechtliche Verfügung, die den Erben zu einer solchen
unbeschränkten Vollmacht anhalten soll,[362] ist daher unwirksam.[363] Bedenkt man überdies, dass die
Vollmachtlösung auch nur mit entsprechender Zustimmung der Mitgesellschafter durchsetzbar wäre
(→ § 2205 Rn. 38 *[Zimmermann]*),[364] wird man sie insgesamt als überholt betrachten müssen, da in
den Fällen, in denen die Testamentsvollstreckung an der fehlenden Zustimmung der Mitgesellschafter
scheitert, auch die Vollmachtlösung keine Abhilfe bringt.

Anderes gilt im Ausgangspunkt für die **Vollrechts-Treuhand,** weil bei ihr die Gefahr einer 124
persönlichen Haftung der Nachfolger/Erben nicht besteht. Da zu ihrer Realisierung der Anteil vom
Nachfolger/Erben auf den Testamentsvollstrecker als Treuhänder zu übertragen ist,[365] erlangt dieser
nach außen die volle Gesellschafterstellung mit der Folge, dass er seinerseits für die Gesellschaftsverbindlichkeiten mit seinem Privatvermögen haftet. Auch bedarf die Treuhandlösung der Zustimmung
der Mitgesellschafter.[366] Schon deshalb steht diese Lösung unter erheblichen praktischen Vorbehalten,
da ernsthaft wohl nur Personen, die selbst bereits Gesellschafter sind und daher der akzessorischen
Haftung unterliegen, zur Übernahme der Treuhänderstellung bereit sein werden.[367] Das Haftungsrisiko des Testamentsvollstreckers/Treuhänders verschärft sich zudem weiter dadurch, dass er Gefahr
läuft, nicht in vollem Umfang beim Erben Regress nehmen zu können. Geht man nämlich davon aus,
dass im Verhältnis zwischen Erben/Treugeber und Testamentsvollstrecker/Treuhänder die §§ 2205 ff.
(analog) gelten[368] und dass demgemäß der Regressanspruch des Treuhänders wegen persönlicher

---

ZS). AA noch BGHZ 24, 106 (113) = NJW 1957, 1026 (II. ZS); *Ulmer* NJW 1990, 73 (76 f.); Staub/*Thiessen*
HGB § 177 Rn. 29. In BGH NJW 1985, 1953 (1954) stellte sich die Frage für den BGH deshalb nicht in
gleicher Weise, weil er aus der Sicht der Abspaltungsthese davon ausging, dass ausschließlich die mit dem Anteil
verbundenen Vermögensrechte dem Testamentsvollstrecker zugeordnet seien.

[360] Vgl. Soergel/*Damrau* § 2205 Rn. 33 ff.; Staudinger/*Reimann* (2012) § 2205 Rn. 92 ff.; GroßkommHGB/
Ulmer, 3. Aufl. 1973, HGB § 139 Anm. 76 ff.; *ders.* ZHR 146 (1982), 555 (569 ff.); MüKoHGB/*K. Schmidt* HGB
§ 177 Rn. 38 f.; *Westermann* in Westermann/Wertenbruch PersGesR-HdB I. Teil § 39 Rn. 1345.

[361] Ebenso *Brandner*, FS Stimpel, 1996, S. 991 (1001 f.); *Dörrie*, Die Testamentsvollstreckung im Recht der
Personengesellschaften und der GmbH, 1994, S. 175 ff.

[362] Zu denken ist an Gestaltungen, die den Erben durch aufschiebend bedingte Erbeinsetzung oder durch
Auflage entweder zur Erteilung einer unwiderruflichen Bevollmächtigung des Testamentsvollstreckers zwingen
oder aber zu einer zwar widerruflichen Bevollmächtigung, wobei jedoch der Widerruf zur auflösenden Bedingung
der Erbeinsetzung gemacht wird, vgl. dazu *Dörrie*, Die Testamentsvollstreckung im Recht der Personengesellschaften und der GmbH, 1994, S. 172 f.

[363] Ebenso auch *Stimpel*, FS Brandner, 1996, S. 779 (788 f.).

[364] Vgl. *Ulmer* ZHR 146 (1982), 555 (570); aA anscheinend *Schmitz* ZGR 1988, 140 (161). Zur Frage, ob
eine Nachfolgeklausel im Gesellschaftsvertrag als Zustimmung gewertet werden kann, → Rn. 115.

[365] Zur Vollrechts-Treuhand eingehend *Dauner-Lieb*, Unternehmen in Sondervermögen, 1998, S. 282 ff.; zur
Treuhand an Gesellschaftsanteilen → § 2205 Rn. 27 *(Zimmermann)*; Soergel/*Damrau* § 2205 Rn. 34; *Westermann*
in Westermann/Wertenbruch PersGesR-HdB I. Teil § 39 Rn. 1345.

[366] Vgl. *Ulmer* ZHR 146 (1982), 555 (570) sowie MüKoHGB/*K. Schmidt* HGB § 177 Rn. 39; aA anscheinend
Schmitz ZGR 1988, 140 (161).

[367] Vgl. *Dörrie*, Die Testamentsvollstreckung im Recht der Personengesellschaften und der GmbH, 1994, S. 183
mN entsprechender Vorschläge.

[368] So zutr. GroßkommHGB/*Rob. Fischer*, 3. Aufl. 1973, HGB § 105 Anm. 28c; Staub/*Schäfer* HGB § 139
Rn. 68; Soergel/*Damrau* 2205 Rn. 24; *Dörrie*, Die Testamentsvollstreckung im Recht der Personengesellschaften

Inanspruchnahme auf §§ 2218, 670 beruht, so ist dieser Regressanspruch nach zutreffender Ansicht als Nachlassverbindlichkeit einzustufen mit der Folge, dass der Erbe/Treugeber hierfür nicht mit seinem Privatvermögen haftet. Im Ergebnis bietet somit auch die Treuhandlösung keinen befriedigenden Ersatz für eine – aus sonstigen Gründen unzulässige – Testamentsvollstreckung.

124a d) **Vorsorgevollmacht.** Eine der Testamentsvollstreckung dogmatisch verwandte Form der Fremdverwaltung stellt die für den Fall der eigenen Handlungsunfähigkeit erteilte Vorsorgevollmacht dar, mit der die Bestellung eines – in der Praxis meist unerwünschten – Betreuers verhindert werden kann (§ 1896 Abs. 2 S. 2).[369] Aktuelle Vertragsmuster empfehlen sogar die Verankerung der Pflicht zur Erteilung (und Hinterlegung) einer Vorsorgevollmacht,[370] nicht zuletzt damit das umständliche Verfahren der §§ 1896 ff.; §§ 271 ff. FamFG zur Einsetzung von Betreuer (und Gegenbetreuer) sowie eine hieraus resultierende Handlungsunfähigkeit der Gesellschaft vermieden wird und die Gesellschafter – über ihr Zustimmungsrecht – Einfluss auf die Auswahl des Vorsorgebevollmächtigten erhalten. Schließlich kann das Gesellschaftsleben auf diese Weise von bürokratischer Aufsicht und (betreuungs-)gerichtlichen Genehmigungsvorbehalten freigehalten werden. Empfehlenswert ist die Erteilung einer „auf alle Angelegenheiten der Gesellschaftsbeteiligung" bezogenen **Generalvollmacht,** die der Bevollmächtigte erst in Anspruch nehmen darf, wenn der Gesellschafter nach pflichtgemäßen Ermessen des Vertreters zur selbstbestimmten Wahrnehmung seiner Rechte nicht mehr in der Lage ist.[371]

124b Der Vergleich mit der Testamentsvollstreckung verdeutlicht, dass die Verwaltung des Anteils durch einen rechtsgeschäftlich eingesetzten Dritten gesellschaftsrechtlich **zulässig** ist, ohne dass dem zwingende (personen-)gesellschaftsrechtliche Grundsätze wie Abspaltungsverbot, Höchstpersönlichkeit der Mitgliedschaft oder Selbstorganschaft entgegenstünden. Mit Zustimmung der (übrigen) Gesellschafter (→ Rn. 124c) kann der Bevollmächtigte sämtliche Verwaltungsrechte, einschließlich einer mit dem Anteil ggf. verbundene **Geschäftsführungsbefugnis** wahrnehmen,[372] unterliegt dafür aber, wie der Testamentsvollstrecker, einer (eigenen) Treupflichtbindung.[373] Auch der **Kernbereich** der Mitgliedschaft stellt keine Schranke für die Rechtswahrnehmung durch den Vertreter dar (→ Rn. 119).

124c Die Vorsorgevollmacht, soll sie sich auf sämtliche Gesellschafterrechte beziehen, bedarf zwingend der **Zustimmung der Mitgesellschafter.** Dies folgt sowohl aus der Höchstpersönlichkeit der Mitgliedschaft wie auch aus dem Abspaltungsverbot und – in Bezug auf die Geschäftsführungsbefugnis – aus dem Grundsatz der Selbstorganschaft. Sowohl Abspaltungsverbot als auch der Grundsatz der Selbstorganschaft lassen eine Dritten erteilte Ausübungsermächtigung zwar zu (→ § 709 Rn. 5 f. zur Selbstorganschaft; → § 717 Rn. 9 f. zum Abspaltungsverbot), doch muss diese notwendig vom Willen der Gesellschafter getragen sein. Die Höchstpersönlichkeit der Mitgliedschaft verlangt ebenfalls zwingend die Einbeziehung der Mitgesellschafter.[374] *Ohne Zustimmung* kann der Bevollmächtigte *lediglich die Vermögensrechte und Informationsrechte* im Umfang des § 166 HGB wahrnehmen.[375] Die Zustimmung kann ad hoc oder im Wege einer entsprechenden Vertragsklausel erteilt werden. Möglich ist es auch, im Gesellschaftsvertrag die Pflicht zur Vorlage der Vollmacht vorzusehen und ihre Wirksamkeit an einen konkreten Zustimmungsbeschluss zu knüpfen.[376] Jedenfalls, wenn mit dem Anteil ein Geschäftsführungsrecht verbunden ist, reicht eine allgemein gefasste Abtretungs- oder Nachfolgeklausel nicht aus. Auch sonst bedarf es zusätzlicher Indizien dafür, dass die Mitgesellschafter mit der dauerhaften und umfassenden Wahrnehmung der Gesellschafterrechte durch einen Vorsorgebevollmächtigten einverstanden sind. Ein Anspruch auf Zustimmung besteht grundsätzlich nicht. Die (Mit-)Gesellschafter können ihre Zustimmung zur Vorsorgevollmacht (in Bezug auf einen konkreten Vertreter) mit der Folge **widerrufen,** dass der Bevollmächtigte, je nach Widerrufserklärung, entwe-

---

und der GmbH, 1994, S. 184; im Ergebnis → § 2205 Rn. 28 *(Zimmermann)*; aA *Wiedemann,* Übertragung und Vererbung von Mitgliedschaftsrechten, 1965, S. 343 f.

[369] Vgl. dazu *Reymann* ZEV 2005, 457; ZEV 2006, 12; *Langenfeld* ZEV 2005, 52; *Heckschen* NZG 2012, 10; näher zum Folgenden *Schäfer* ZHR 175 (2011), 557 ff.; eingehend auch *Raub,* Vorsorgevollmachten im Personengesellschaftsrecht, 2013.

[370] *Sommer,* Gesellschaftsvertrag der GmbH & Co. KG, 4. Aufl. 2012, Muster C. I. (§ 11a Abs. 1), S. 170.

[371] *Schäfer* ZHR 175 (2011), 557 (559, 577 f.).

[372] *Schäfer* ZHR 175 (2011), 557 (566, 570 ff.); abw. *Reymann* ZEV 2005, 457 (463).

[373] *Schäfer* ZHR 175 (2011), 557 (574 f.); aA *Raub,* Vorsorgevollmachten im Personengesellschaftsrecht, 2013, S. 153 ff.

[374] *Schäfer* ZHR 175 (2011), 557 (567 f.).

[375] Abweich. *Raub,* Vorsorgevollmachten im Personengesellschaftsrecht, 2013, S. 129 ff.: nur eigennützige Rechte.

[376] Vgl. das Muster bei *Sommer,* Gesellschaftsvertrag der GmbH & Co. KG, 4. Aufl. 2012, Muster C. I. (§ 11a Abs. 2), S. 170: Gesellschafter haben den Beschluss unverzüglich nach Vorlage der Vollmacht zu fassen; bei nachfolgeberechtigten Personen darf die Zustimmung nur aus wichtigem Grund versagt werden.

der nur die Geschäftsführungs-/Vertretungsbefugnis nicht mehr ausüben kann oder insgesamt seine Befugnis zur Wahrnehmung der Verwaltungsrechte verliert.[377] Hierfür bedarf es grundsätzlich eines wichtigen Grundes. In Bezug auf ein mit dem Anteil verbundenes Geschäftsführungsrecht kann die Zustimmung auch ohne wichtigen Grund widerrufen werden, solange der Gesellschafter noch geschäftsfähig ist und daher ggf. eine andere Person bevollmächtigen kann.

e) Insolvenz, Nachlassverwaltung. Die Eröffnung des **Insolvenzverfahrens** über das (Privat-)Vermögen eines **Gesellschafters** führt nach § 728 Abs. 2 zur Auflösung der Gesellschaft, wenn der Gesellschaftsvertrag keine Fortsetzungsklausel (§ 736 Abs. 1) enthält. Im Falle der *Auflösung* fällt der Anteil an der Liquidationsgesellschaft in die Insolvenzmasse (§ 35 InsO); die damit verbundenen Verwaltungs- und Vermögensrechte stehen grundsätzlich dem Insolvenzverwalter zu (→ § 728 Rn. 38).[378] Kommt es dagegen nach § 736 Abs. 1 zur *Fortsetzung* der Gesellschaft unter Ausscheiden des Gemeinschuldners, so wird der Abfindungsanspruch (§ 738) Massegegenstand und ist vom Insolvenzverwalter einzuziehen. 125

Für **Nachlassverwaltung** und **Nachlassinsolvenz** (§ 1975) ist im Grundsatz an die Ausführungen über die Testamentsvollstreckung anzuknüpfen (→ Rn. 115 ff.). Angesichts der Nachlasszugehörigkeit trotz Sondervererbung wird der Anteil auch von der Anordnung von Nachlassverwaltung oder der Eröffnung des Nachlassinsolvenzverfahrens erfasst. Indessen führt das selbst im Fall der **Nachlassinsolvenz** nicht ohne weiteres dazu, dass die Gesellschaft aufgelöst wird oder der Gesellschafter/Erbe aus der Gesellschaft ausscheidet.[379] Die auf die Gesellschafterinsolvenz bezogenen Vorschriften der §§ 728, 736 Abs. 1 sind angesichts der fortbestehenden Zahlungsfähigkeit des Gesellschafters/Erben und der ihm dadurch zu Gebote stehenden Möglichkeit, den Gesellschaftsanteil durch Zahlung mit Mitteln seines Privatvermögens aus der Insolvenzmasse auszulösen, nicht einschlägig.[380] Der Nachlassinsolvenzverwalter kann aber – über § 725 – den Anteil kündigen und den Abfindungsanspruch geltend machen. 126

Für die **Nachlassverwaltung** stellt sich die Frage der Auflösung ohnehin nicht, solange der Nachlassverwalter nicht von dem ihm analog § 725 zustehenden Kündigungsrecht (→ § 725 Rn. 4) Gebrauch macht. Allerdings beschränken sich die Befugnisse des Nachlassverwalters jeweils auf die Wahrnehmung der mit dem Anteil verbundenen *Vermögensrechte* einschließlich des Kündigungsrechts entsprechend § 725.[381] Die Verwaltungsrechte bleiben im Unterschied zum Fall der Testamentsvollstreckung (→ Rn. 117 f.) schon deshalb seinem Zugriff entzogen, weil er in aller Regel an der Zustimmung der Mitgesellschafter fehlen wird und eine solche selbst bei Übertragbarkeit der Anteile nicht zu vermuten ist. Im Übrigen ist der Verwalter entsprechend seiner auf die Abwicklung des Nachlassvermögens im Gläubigerinteresse beschränkten Funktion auf die Verwaltungsrechte auch nicht angewiesen. Soweit es um die Wahrnehmung der Vermögensrechte durch den Nachlassverwalter geht, ist diese, wie auch bei der Testamentsvollstreckung (→ Rn. 116), ohne Zustimmung der Mitgesellschafter zulässig. 127

III. Inhalt des Gesellschaftsvertrags

1. Überblick. a) Notwendige Vertragsbestandteile. Der Vertrag über die Gründung einer GbR muss mindestens Regelungen über die beiden zentralen, in § 705 genannten Tatbestandsmerkmale enthalten: den gemeinsamen Zweck und die Art seiner Verwirklichung, dh den Gegenstand und Inhalt der vertraglichen Förderpflichten der Parteien. Der **gemeinsame Zweck** (→ Rn. 142 ff.) bildet als das *gemeinschaftsrechtliche* Element das charakteristische Merkmal der Gesellschaft und grenzt sie von 128

---

[377] *Schäfer* ZHR 175 (2011), 557 (587 f.).
[378] Für die OHG vgl. § 146 Abs. 3 HGB, dazu Staub/*Schäfer* HGB § 131 Rn. 96; Staub/*Habersack* HGB § 146 Rn. 44.
[379] So zutr. BGH DB 2002, 2526 sowie zuvor schon BGHZ 91, 132 (135 f., 138) = NJW 1984, 2104, allerdings in erster Linie mit der Begr., dass nur die Vermögensrechte in den Nachlass fallen; *Stodolkowitz*, FS Kellermann, 1991, S. 439 (454); *Flume* NJW 1988, 161 (162). So im Ergebnis schon *Ulmer*, FS Schilling, 1973, S. 79 (98 f.); aA MüKoHGB/*K. Schmidt* HGB § 131 Rn. 73; Baumbach/Hopt/*Roth* HGB § 131 Rn. 22; *K. Schmidt*, FS Uhlenbruck, 2000, S. 655 ff.; → § 728 Rn. 35 mwN.
[380] Ebenso BGHZ 91, 132 (138 f.) = NJW 1984, 2104; BGH DB 2002, 2526 und *Stodolkowitz*, FS Kellermann, 1991, S. 439 (454); vgl. auch Staub/*Schäfer* HGB § 131 Rn. 93, *Ulmer*/*Schäfer* ZHR 160 (1996), 113 (138) sowie *Flume* NJW 1988, 161 (162). So im Ergebnis schon *Ulmer*, FS Schilling, 1973, S. 79 (98 f.); aA MüKoHGB/*K. Schmidt* HGB § 131 Rn. 73; Baumbach/Hopt/*Roth* HGB § 131 Rn. 22; *K. Schmidt*, FS Uhlenbruck, 2000, S. 655 ff.; → § 728 Rn. 35 mwN.
[381] BGHZ 47, 293 (296) = NJW 1967, 1961 f.; BGHZ 91, 132 (136) = NJW 1984, 2104; BGHZ 98, 48, 45 f. = NJW 1966, 2431; BayObLG NJW-RR 1991, 361 f.; OLG Hamm DB 1993, 158; MüKoHGB/*K. Schmidt* HGB § 139 Rn. 55; *Westermann* in Westermann/Wertenbruch PersGesR-HdB I. Teil § 39 Rn. 1346. Näher *Kick*, Die Haftung des Erben eines Personenhandelsgesellschafters, 1997, S. 143 ff.

sonstigen vertraglichen Schuldverhältnissen ab, namentlich von Austauschverträgen;[382] die vertragliche Einigung hierüber steht notwendig am Beginn jeder gesellschaftsrechtlichen Zusammenarbeit. Demgegenüber enthalten die Abreden über die **Förderpflichten** der Parteien, insbesondere über die Leistung von Beiträgen (→ Rn. 153 f.), in erster Linie das *obligatorische* Element, das die Gesellschaft als vertragliches Schuldverhältnis von der Rechtsgemeinschaft (§ 741) unterscheidet. Zugleich ergänzen sie die Regelung über den gemeinsamen Zweck und konkretisieren die Art und Weise seiner Verwirklichung. Weist der Vertrag in diesem Punkt Lücken auf oder ist er teilunwirksam, so kann ggf. auch die ergänzende Vertragsauslegung (§ 157) eingreifen.[383]

129 **Sonstige Mindestvoraussetzungen** für den Gesellschaftsvertrag **bestehen nicht.** Insbesondere ist es nicht erforderlich, dass die Parteien ihr Rechtsverhältnis ausdrücklich als Gesellschaft bezeichnen oder Vereinbarungen über dessen Rechtsnatur als GbR treffen (→ Rn. 22). In Zweifelsfällen, so namentlich bei der Abgrenzung von Gesellschaft und partiarischen Rechtsverhältnissen, enthält die Bezeichnung als Gesellschaft, Darlehen, Miete oÄ allerdings zumindest dann einen Hinweis auf das tatsächlich Gewollte, wenn der Vertrag auf Grund rechtlicher Beratung erstellt wurde.[384] Eine sachlich unzutreffende rechtliche Bezeichnung ist jedoch unschädlich; die Möglichkeit der Irrtumsanfechtung begründet sie nur dann, wenn der Parteiwille speziell auf das im Vertrag genannte Rechtsverhältnis gerichtet war.[385]

130 **b) Andere Vereinbarungen.** Neben den beiden in → Rn. 128 genannten Bestandteilen finden sich in Gesellschaftsverträgen häufig eine Vielzahl weiterer Regelungen, so über Geschäftsführung und Vertretung, über Rechnungslegung und Gewinnverteilung, über Vertragsdauer und Vertragsänderungen, über Gesellschafterwechsel und Abfindungsansprüche.[386] Nötig sind derartige Vereinbarungen freilich nicht. Fehlen sie, so greifen die dispositiven Vorschriften der §§ 706–740 ein, soweit die Vertragsauslegung nicht zu der Feststellung führt, dass die Parteien übereinstimmend von anderen Regelungsinhalten ausgegangen sind oder solche bei Kenntnis des dispositiven Rechts vereinbart hätten. Abweichungen vom dispositiven Recht, ja selbst von den vertraglich getroffenen Vereinbarungen, können sich auch aus einer entsprechenden, vom Änderungswillen aller Beteiligten getragenen tatsächlichen Übung ergeben (→ Rn. 26, 56).

131 Die für das Recht der *Kapitalgesellschaften* wesentliche Frage, ob die für das Gesellschaftsverhältnis getroffenen Vereinbarungen vollständig in die Satzung der AG oder GmbH aufgenommen sind,[387] ist für das Personengesellschaftsrecht angesichts seiner schuldvertraglichen Grundlage und angesichts des Fehlens bestimmter Formerfordernisse grundsätzlich ohne Bedeutung. So können einerseits **Teile des Gesellschaftsvertrags auf mündlicher oder konkludenter Abrede beruhen,** auch wenn der Vertrag im Übrigen schriftlich niedergelegt ist.[388] Formlos mit Bindungswillen vereinbarte Abreden verpflichten die Gesellschafter und deren Rechtsnachfolger grundsätzlich in gleicher Weise wie die in die Vertragsurkunde aufgenommenen Vereinbarungen. Und ebenso ist es andererseits möglich, mit dem Gesellschaftsvertrag in derselben Urkunde den Abschluss eines sonstigen Vertrags zwischen denselben Parteien zu verbinden oder Elemente des Gesellschaftsvertrags mit denjenigen eines oder mehrerer sonstiger Vertragstypen zu mischen. Zur Behandlung derartiger kombinierter oder gemischter Verträge → Vor § 705 Rn. 113 ff.

132 **2. Vertragsfreiheit und Inhaltskontrolle. a) Schranken der Vertragsfreiheit. aa) Allgemeines.** Die Vertragsfreiheit ist für das Recht der GbR in besonders weitgehendem Maße maßgebend. So enthalten die §§ 705–740 für das **Außenverhältnis** im Unterschied zur OHG und KG keine zwingenden Schranken. Den Gesellschaftern ist sogar die Entscheidung darüber überlassen, ob sie überhaupt – dann freilich nach neuerer höchstrichterlicher Rechtsprechung regelmäßig mit Haftungsfolgen für alle Gesellschafter (→ § 714 Rn. 5, 35 ff.)[389] – im Rechtsverkehr gemeinsam in Erscheinung treten oder aber sich auf eine bloße Innengesellschaft beschränken wollen

---

[382] Vgl. etwa BGH NJW-RR 2008, 287 (288): Gemeinsamer Zweck ergibt sich nicht aus Zusatzvereinbarung zu einem Kaufvertrag, wonach über den Kaufpreis unter Berücksichtigung der tatsächlichen Baukosten noch einmal nachverhandelt werden sollte.
[383] Zur Unanwendbarkeit der Auslegungsregel des § 154 Abs. 1 beim Vollzug einer lückenhaften Einigung → Rn. 29; zur Behandlung formnichtiger Einlageversprechen → Rn. 40.
[384] Vgl. auch BGH WM 1966, 188 (190).
[385] So etwa bei einer als KG geplanten GbR (→ Rn. 22).
[386] Vgl. dazu näher für die Vertragsmuster für die GbR, darunter *Blaum/Scholz* in Beck'sches Formularbuch zum Bürgerlichen, Handels- und Wirtschaftsrecht, 10. Aufl. 2010, VIII. A. 2; *Marsch-Barner* in Münchener Vertragshandbuch, Bd. 1, GesR, 7. Aufl. 2011, I. 1.
[387] Näher hierzu für das GmbH-Recht Ulmer/Habersack/Löbbe/*Ulmer/Löbbe* GmbHG § 3 Rn. 40 ff., 119 ff. mwN.
[388] Zur Wirksamkeit von Vertragsänderungen bei Nichteinhaltung gewillkürter Schriftform → Rn. 49 ff.
[389] Vgl. BGHZ 142, 315 (318 ff.) = NJW 1999, 3483; BGHZ 146, 341 (358) = NJW 2001, 1056.

(→ Rn. 275 ff.). Unzulässig ist es allerdings, die Rechte von Gesellschaftergläubigern durch vertraglichen Ausschluss oder einseitige Beschränkung des Abfindungsanspruchs im Fall der §§ 725, 728 zu verkürzen (→ § 738 Rn. 47 f.).

Der Grundsatz der Vertragsfreiheit gilt weitgehend auch für das **Innenverhältnis**.[390] Ausdrückliche **gesellschaftsrechtliche Schranken** finden sich insoweit nur einerseits in §§ 716 Abs. 2, 723 Abs. 3, 724. Sie betreffen die Einschränkung der Kontrollrechte sowie des Kündigungsrechts der Gesellschafter (→ § 716 Rn. 18 f.; → § 723 Rn. 50 ff.). Andererseits ist für die Vertragsgestaltung das auf § 717 S. 1 gestützte Abspaltungsverbot zu beachten. Es trägt dem auf persönlicher Grundlage beruhenden Zusammenschluss der Beteiligten zu einer GbR Rechnung und steht der Einräumung von unübertragbaren Verwaltungsrechten an Dritte entgegen.[391] Weitere Grenzen der Gestaltungsfreiheit bilden das Gebot der Einheitlichkeit der Mitgliedschaft (→ Rn. 181 ff.) sowie das aus dem Vertragsprinzip folgende Erfordernis mindestens zweier Gesellschafter (→ Rn. 60 ff.), ferner die Unzulässigkeit des Erwerbs eigener Anteile (→ Rn. 79a). Schließlich sind ungeschriebene gesellschaftsrechtliche Schranken der Vertragsgestaltung zu beachten, soweit es um die Vereinbarung unangemessener, die Kündigungsfreiheit wesentlich einschränkender Abfindungsklauseln geht oder um ein nicht an sachlich berechtigte Gründe geknüpftes, in den Kernbereich der Mitgliedschaft eingreifendes Ausschließungsrecht eines Teils der Gesellschafter gegenüber den Mitgesellschaftern.[392] – Auch **de lege ferenda** besteht kein Anlass, diese und die im Folgenden (→ Rn. 134 ff.) dargestellten Schranken der Gestaltungsfreiheit zu verschieben, also weniger oder mehr Freiheit einzuräumen.[393]

bb) § 138 Abs. 1. Unter den nach allgemeinem Vertragsrecht bestehenden Schranken ist namentlich diejenige des § 138 Abs. 1 zu beachten, vereinzelt auch diejenige des **§ 134**.[394] Sittenwidrig kann danach zum einen der verfolgte **Gesellschaftszweck** sein; das gilt etwa bei dessen Unvereinbarkeit mit dem im GG verankerten Wertesystem oder bei grundlegenden Verstößen gegen sonstige, der Rechtsordnung immanente rechtsethische Werte und Prinzipien.[395] Zum anderen kann der Vorwurf der Sittenwidrigkeit auch auf einer **groben Ungleichbehandlung der Gesellschafter** unter Ausnutzung der wirtschaftlichen Vormachtstellung des einen oder des Vertrauens und der Unerfahrenheit des anderen Teils beruhen, so bei grobem Missverhältnis zwischen dem tatsächlichen Wert der Einlagen und den hierfür vereinbarten Wertansätzen[396] oder bei entsprechend unterschiedlicher, durch keine Sachgründe bedingter Abrede über die Gewinnverteilung (zur Zulässigkeit eines einvernehmlich vereinbarten Ausschlusses der Gewinnbeteiligung eines Gesellschafters aber → Rn. 149 ff.; zum – verzichtbaren – Gleichbehandlungsgrundsatz → Rn. 244 ff.). Einen dritten Bereich sittenwidriger Vereinbarungen bilden Klauseln, die einen Teil der Gesellschafter praktisch rechtlos stellen oder unvertretbaren, einer Knebelung gleichkommenden Bedingungen unterwerfen.[397]

---

[390] Vgl. auch den aktuellen Überblick bei *Armbrüster* ZGR 2014, 334.

[391] Zum Abspaltungsverbot → § 717 Rn. 7 f. Es greift nach zutr. neuerer Ansicht nur ein, wenn der begünstigte Dritte nicht in einer besonderen, im Einvernehmen mit den Mitgesellschaftern begründeten Rechtsbeziehung (Treuhand, Nießbrauch, Testamentsvollstreckung) zum betroffenen Gesellschafter steht (→ Rn. 91, 96, 117).

[392] Näher → § 738 Rn. 44 ff. (Grenzen zulässiger Abfindungsklauseln) und → § 737 Rn. 17 ff. (Ausschließung ohne wichtigen Grund) mN.

[393] *Schäfer*, Gutachten E zum 71. DJT, 2016, S. 44 ff.

[394] Zur Nichtigkeit einer im Gesellschaftsvertrag einer „Rechtsverfolgungsgesellschaft" erteilten Ermächtigung zur gerichtlichen Geltendmachung von Ansprüchen sanierungswilliger Gesellschafter gegen sanierungsunwillige gemäß § 134 wegen Verstoßes gegen Art. 1 § 1 Abs. 1 RBerG s. BGH NJW 2011, 2581 (2582): Konsequenz ist freilich nicht die Gesamtnichtigkeit der Gesellschaft, sondern das Fehlen des Prozessführungsrechts. Das seit 1.7.2008 geltende RDG verlangt für die kollektive Durchsetzung von Forderungen nurmehr, dass die Tätigkeit der Gesellschaft weder eine erlaubnispflichtige noch eine Rechtsdienstleistung darstellt, näher *Mann* ZIP 2011, 2393 (2395 ff.): beide Voraussetzungen regelmäßig erfüllt.

[395] Die Rspr. hält sich mit dem Sittenwidrigkeitsvorwurf gegenüber dem Gesellschaftszweck deutlich zurück und lässt dabei namentlich die Motive für die Eingehung der Gesellschaft und die konkrete Art und Weise der Zweckverwirklichung außer Betracht, vgl. nur BGH NJW 1970, 1540 (1541); WM 1974, 749 (750); 1976, 1027 (1028); NJW 1982, 877 (879). Grds. zum Wertmaßstab der Sittenwidrigkeit in § 138 Abs. 1 → § 138 Rn. 11 ff. (*Armbrüster*); Soergel/*Hefermehl* § 138 Rn. 2; Palandt/*Ellenberger* § 138 Rn. 2 ff.

[396] BGH WM 1975, 325 – grob einseitige Einlagenbewertung durch einen Mitgesellschafter, der als Rechtsberater und Generalbevollmächtigter des Sacheinlegers mit der Ausgestaltung des Gesellschaftsvertrags betraut war; BGH WM 1998, 1020 (1023 ff.) – in concreto verneinend; OLG Schleswig ZIP 2002, 1244 (1245 f.). Vgl. auch *Kuhn* WM 1975, 718 (723) mwN; BGH NJW-RR 2013, 1258 (1260) – keine Sittenwidrigkeit, wenn eine nicht zahlungsfähige Gesellschafterin zur Rückzahlung aller Beträge verpflichtet wird, die der andere Gesellschafter einlegt und die an den Mann der Gesellschafterin fließen, wenn die Frau wirtschaftliches Eigeninteresse an den Zahlungen hat.

[397] Vgl. namentlich BGHZ 44, 158 (161) = NJW 1965, 2147 – Entziehung sämtlicher Verwaltungsrechte eines Gesellschafters der OHG trotz Fortbestands der persönlichen Haftung; BGH WM 1985, 772 (773) – Recht

135 Zulässig sind zwar **Mehrheitsklauseln,** auch zur Änderung des Gesellschaftsvertrags (→ § 709 Rn. 84 ff.). Sie finden jedoch ihre Schranke in dem durch § 138 garantierten **Kernbereich der Mitgliedschaft,** zu dem namentlich das Stimmrecht und die Vermögensrechte gehören (→ Rn. 137; näher → § 709 Rn. 81 ff., 91 ff.), und bedürfen deshalb, wenn sie sich auf die Änderung dieser Mitgliedschaftsrechte erstrecken sollen, außer einem Beschluss mit ausreichender, vertraglich bestimmter Mehrheit noch der individuellen Zustimmung der betroffenen Gesellschafter. Falls diese Zustimmung bereits im Gesellschaftsvertrag erteilt werden soll, ist dort eine hinreichende Konkretisierung des Eingriffs erforderlich (→ § 709 Rn. 91 f.). Grenzt eine derartige Vertragsklausel den zulässigen Umfang eines Eingriffs nicht klar genug ein, vermag sie den Kernbereichseingriff gegenüber nicht ad hoc zustimmenden Gesellschaftern nicht zu legitimieren und bleibt insofern wirkungslos. Die Sittenwidrigkeit **einzelner Vertragsklauseln** lässt entgegen § 139 die Wirksamkeit des Restvertrages meist unberührt (→ Rn. 53). Zu weiteren Schranken der Vertragsfreiheit, darunter namentlich zur Nichtigkeit wegen Verstoßes gegen ein gesetzliches Verbot (§ 134) sowie zu den Rechtsfolgen fehlerhafter Verträge → Rn. 333 f., 342 ff.

136 cc) **Bewegliche Schranken.**[398] Von den vorstehenden, zur Nichtigkeit (bzw. Unwirksamkeit) der betroffenen Vereinbarungen führenden festen Schranken der Vertragsfreiheit strikt zu unterscheiden sind die der *Rechtsausübung* gesetzten Grenzen der Gesellschafterautonomie. Bei ihnen geht es um allgemeine gesellschaftsrechtliche Grundsätze, die der Mehrheitsherrschaft in der GbR zum Schutz der Minderheit oder einzelner Gesellschafter Schranken setzen.[399] Sie sind sowohl für die **Auslegung** des Vertrages als auch für die **Ausübung** der darin vorgesehenen, als solche grundsätzlich wirksamen *Rechte und Befugnisse* der Gesellschafter zu beachten.

137 Im Einzelnen gehören zu diesen beweglichen Schranken zunächst das Erfordernis einer **Mehrheitsklausel** und die **Kernbereichslehre,** wonach für die Wirksamkeit bestimmter Beschlüsse die Zustimmung sämtlicher betroffener Gesellschafter erforderlich ist (→ § 709 Rn. 81 ff., 91 ff.). Eine zweite bewegliche Schranke enthält der **Gleichbehandlungsgrundsatz** (→ Rn. 244 ff.). Er ist ebenfalls vor allem bei Mehrheitsbeschlüssen zu beachten und steht der Veränderung, insbesondere der Verschlechterung der Rechtsposition einzelner Gesellschafter entgegen, soweit sie ohne deren Zustimmung von der Mehrheit beschlossen wird (→ Rn. 251 f.). Die dritte und wichtigste Schranke bildet schließlich die gesellschaftsrechtliche **Treupflicht** (→ Rn. 221 ff.). Sie macht die Wirksamkeit der Rechtsausübung im Einzelfall in wesentlich stärkerem Maß als bei Austauschverträgen oder sonstigen Dauerschuldverhältnissen davon abhängig, dass dabei auch die Interessen des oder der betroffenen Mitgesellschafter bedacht werden (zur Inhaltskontrolle von Beschlüssen am Treupflichtmaßstab → § 709 Rn. 100 f.). Zwar sind die Gesellschafter außerhalb von Geschäftsführungsmaßnahmen im Grundsatz nicht gehindert, bei Wahrnehmung ihrer Gesellschafterrechte eigene Interessen zu verfolgen. Die Rechtsausübung steht aber umso stärker unter dem Vorbehalt der Treupflicht, je größer der daraus für Gesellschaft und Mitgesellschafter drohende Nachteil ist und je eher dem einzelnen Gesellschafter die Rücksichtnahme auf die Belange der Gesamtheit bei der Verfolgung seiner Interessen zuzumuten ist (→ Rn. 231). Zur Ausübungskontrolle bei aus nachträglicher Sicht inhaltlich unangemessenen Abfindungsklauseln → § 738 Rn. 53 ff.

138 dd) **Grenzen atypischer Gestaltung?** Neben diesen teils festen, teils beweglichen Schranken von Vertragsfreiheit und Gesellschafterautonomie haben die im Recht der OHG und KG namentlich in den 1960er und 1970er Jahren vielerörterten Grenzen atypischer Gestaltung[400] für die GbR **keine selbständige Bedeutung.** Unabhängig davon, ob und welche rechtliche Relevanz der Lehre von der Typengesetzlichkeit im Gesellschaftsrecht generell zuzuerkennen ist,[401] führt sie für die GbR

---

eines Gesellschafters zum Ausschluss von Mitgesellschaftern nach freiem Ermessen; zu den Grenzen aus § 138 für Abfindungsbeschränkungen → § 738 Rn. 45 f.

[398] Vgl. hierzu namentlich *Zöllner,* Schranken mitgliedschaftlicher Stimmrechtsmacht, 1963, S. 287 ff.; *H. P. Westermann* AcP 175 (1975), 375 (415 f.); *ders.,* Vertragsfreiheit und Typengesetzlichkeit, 1970, insbes. S. 157 ff.; ferner *Wiedemann* GesR I § 8 II, S. 424 ff.; *K. Schmidt* GesR § 5 III § 21 II 3; Bamberger/Roth/*Schöne* Rn. 77 f.; Staudinger/*Habermeier* (2003) Rn. 14; Soergel/*Hadding/Kießling* Rn. 33; *Roitzsch,* Minderheitenschutz im Verbandsrecht, 1981, S. 40 ff., 173 ff.

[399] Vgl. näher *M. Winter,* Treubindungen im GmbH-Recht, 1988, S. 135 ff.

[400] Vgl. namentlich *Paulick,* Die eingetragene Genossenschaft als Beispiel gesetzlicher Typenbeschränkung, 1954; *O. Kuhn,* Strohmanngründung bei Kapitalgesellschaften, 1964; *Ott,* Typenzwang und Typenfreiheit im Recht der Personengesellschaft, 1966; *Koller,* Grundfragen einer Typuslehre im Gesellschaftsrecht, 1967. Tendenziell auch *Teichmann,* Gestaltungsfreiheit in Gesellschaftsverträgen, 1970, insbes. S. 127 ff.: „Institutionalisierung"; *H. P. Westermann,* Vertragsfreiheit und Typengesetzlichkeit, 1970, insbes. S. 123 ff.

[401] Vgl. etwa die krit. Rezensionsabhandlungen von *Schultze-v. Lasaulx* ZGesGenW 21 (1971), 325 ff. und *Duden* ZGR 1973, 360 ff. zu den Monographien von *Teichmann* und *H. P. Westermann;* dazu auch *Flume* BGB AT I 1 § 13 I, S. 189 ff.; *K. Schmidt* GesR § 5 III 2 mit umfassenden Literaturangaben.

doch schon wegen des Fehlens eines gesetzlich ausgeprägten Idealtyps nicht weiter. Wie die schwer überschaubare Vielfalt der tatsächlichen Erscheinungsformen der GbR zeigt (→ Vor § 705 Rn. 36 ff.), kommt dieser Rechtsform gegenüber den entsprechenden handelsrechtlichen Sonderformen OHG und KG in erster Linie eine Auffangfunktion zu. Sie ist einer Typisierung nach Art dieser Gesellschaften nicht in entsprechendem Maße zugänglich.

b) Inhaltskontrolle. Die in den **§§ 307–309** (den früheren §§ 9–11 AGBG) geregelte Inhaltskontrolle einseitig vorformulierter Vertragsbestimmungen erstreckt sich nach § 310 Abs. 4 auch dann **nicht** auf Gesellschaftsverträge, wenn diese ausnahmsweise für eine Vielzahl von Verträgen vorformuliert sein und dadurch die Voraussetzungen der AGB-Definition (§ 305 Abs. 1) erfüllen sollten. Der Grund für diese Sonderbehandlung liegt nicht etwa darin, dass die Gefahr eines Missbrauchs der Vertragsfreiheit im Gesellschaftsrecht grundsätzlich ausgeschlossen erscheint, sondern in den besonderen, durch das auf Austauschverträge zugeschnittene AGB-Recht nicht berücksichtigten Anforderungen an die Inhaltskontrolle von Gesellschaftsverträgen. Wo dieser Vorbehalt nicht zutrifft, so namentlich bei zweiseitigen Innengesellschaften im Grenzbereich zu partiarischen Rechtsverhältnissen, sollte man daher unter teleologischer Reduktion der Ausnahmevorschrift des § 310 Abs. 4 zur Einbeziehung typisierter Vertragsklauseln in die AGB-rechtliche Inhaltskontrolle kommen.[402]

139

Auch abgesehen von diesen Sonderfällen ist ein Bedürfnis nach **richterlicher Inhaltskontrolle einseitig vorformulierter Gesellschaftsverträge** nicht ohne weiteres zu verneinen. Das gilt selbst dann, wenn man die oben genannten Schranken der Vertragsfreiheit und der Rechtsausübung im Gesellschaftsrecht berücksichtigt. Denn während die festen, vor allem auf § 138 Abs. 1 gestützten Schranken nur in Extremfällen eingreifen und zur Nichtigkeit der fraglichen Klauseln führen, beschränkt sich die Bedeutung der beweglichen Ausübungsschranken auf ein Einschreiten im jeweiligen Einzelfall; auch haben sie nur rechtsbegrenzende, nicht auch rechtsbegründende Wirkung. Der BGH[403] hat daher zu Recht und unter Zustimmung im Schrifttum[404] die Grundsätze seiner ursprünglich auf § 242 gestützten richterlichen Inhaltskontrolle auch in Fällen einer sog. **Publikums-KG** mit einer Vielzahl untereinander nicht verbundener Kommanditisten angewandt, deren Gesellschaftsvertrag von den Initiatoren zuvor einseitig vorformuliert und im eigenen Interesse ausgestaltet worden war. Mit dieser Begründung hat er Vertragsklauseln über eine weitgehende Haftungsbeschränkung von Aufsichtsratsmitgliedern und über die kurzfristige Verjährung der gegen sie gerichteten Schadensersatzansprüche für unwirksam erklärt. An diesen Rechtsgrundsätzen hat sich durch die AGB-rechtliche Inhaltskontrolle nichts geändert;[405] sie sind für die Publikums-KG in einer Reihe von Urteilen fortgeführt und zu einer ständigen Rechtsprechung entwickelt worden.[406] Diese greift gegenüber einseitig vorformulierten Verträgen ein, die die Grundlage bilden für den Beitritt zu einer auf eine Vielzahl von Mitgliedern angelegten GbR (→ Vor § 705 Rn. 4).

140

Über diese Fälle hinaus wird vereinzelt gefordert, auch Verträge von **typischen Personengesellschaften** schon dann einer richterlichen Inhaltskontrolle zu unterwerfen, wenn sie (als „Adhäsions-

141

---

[402] Ulmer/Brandner/Hensen/*Ulmer/Schäfer* § 310 Rn. 128; so auch *H. Schmidt* ZHR 159 (1995), 734 (742 f.); diff. Wolf/Lindacher/Pfeiffer/*Schmidt* § 310 Abs. 4 Rn. 11; MüKoHGB/*K. Schmidt* HGB § 230 Rn. 122 ff.; ähnlich *Bieder* in ZHR 174 (2010) 705 (714 ff., 726) aufgrund einer „typologischen Gesamtbetrachtung"; aA die hM, vgl. BGHZ 127, 176 (182 ff.) = NJW 1995, 192; OLG Köln ZIP 1982, 1424 (1428); LG Koblenz ZIP 1982, 165 (166); LG Mannheim ZIP 1982, 558 (559); *Löwe/v. Westphalen* AGBG § 23 Abs. 1 Rn. 12; Soergel/*Stein*, 12. Aufl. 1991, AGBG § 23 Rn. 9; Staudinger/*Schlosser* (2013) § 310 Rn. 76; Erman/*Roloff* § 310 Rn. 27 f.; *Grunewald*, FS Semler, 1993, S. 179 (187 f.).

[403] Erstmals BGHZ 64, 238 (241) = NJW 1975, 1318; vgl. dazu die umfassende Zusammenstellung der BGH-Rspr. bei *A. Krieger*, FS Stimpel, 1985, S. 307 (311 ff.). Grundlegend zur eingeschränkten Dispositionsfreiheit bei Gesellschaften mit vorformulierter Vertragsgrundlage („Satzungsgesellschaften") *Reuter*, Privatrechtliche Schranken der Perpetuierung von Unternehmen, 1973, insbes. S. 59 f.

[404] *H. P. Westermann* AcP 175 (1975), 375 (408 ff.); *Martens* JZ 1976, 511 ff.; *Schulte* ZGR 1976, 97 ff.; *U. H. Schneider* ZGR 1978, 1 (6 ff.); *Wiedemann* GesR I § 9 III 2, S. 502 f.; aus neuerer Zeit *Fastrich*, Richterliche Inhaltskontrolle im Privatrecht, 1992, S. 124 ff.; Schlegelberger/*Martens* HGB § 161 Rn. 138 ff.; → § 230 Rn. 87 f. (*Basedow*) sowie die Kommentierungen des AGB-Rechts in Ulmer/Brandner/Hensen/*Ulmer/Schäfer* § 310 Rn. 131, 134 f.; Staudinger/*Schlosser* (2013) § 310 Rn. 82; Wolf/Lindacher/Pfeiffer/*Schmidt* § 310 Abs. 4 Rn. 25 ff. Krit. aber MüKoHGB/*Grunewald* § 161 Rn. 124 ff.; *Kraft*, FS Rob. Fischer, 1979, S. 321 ff.; *Lieb* DNotZ 1989, 274 (281); *Zöllner*, FS 100 Jahre GmbHG, 1992, S. 97 ff. (102 ff.); *Hille*, Die Inhaltskontrolle der Gesellschaftsverträge von Publikumsgesellschaften, 1986, S. 40 ff., 65 ff., 103 ff.

[405] *Löwe/v. Westphalen/Trinkner* AGBG § 23 Abs. 1 Rn. 17; Ulmer/Brandner/Hensen/*Ulmer/Schäfer* § 310 Rn. 134 f.; Wolf/Lindacher/Pfeiffer/*Schmidt* in § 310 Abs. 4 Rn. 25; für Einbeziehung sämtlicher Gesellschaftsverträge mit Verbrauchern in die AGB-Kontrolle hingegen *Bieder* ZHR 174 (2010), 705 (727 ff.).

[406] Vgl. BGHZ 84, 11 (14) = NJW 1982, 2303; BGHZ 102, 172 = NJW 1988, 969; BGHZ 104, 50 = NJW 1988, 1903; BGH NJW 1977, 2311; 1978, 425; WM 1983, 1407; ZIP 2001, 243 (244); 2004, 2095 (2097); 2012, 117 Rn. 50; 2012, 1342 Rn. 32; vgl. auch BGH NJW 2010, 439 zur Unwirksamkeit einer das vom BGH kreierte Auskunftsrecht über Mitgesellschafter beschränkenden Klausel; zu diesem Komplex näher → § 716 Rn. 12a.

verträge") nicht auf individuell-konkretem Aushandeln der gegenwärtigen Gesellschafter beruhen, sondern auf der **Unterwerfung des** durch rechtsgeschäftlichen Anteilserwerb, Aufnahmevertrag oder erbrechtliche Gesellschafternachfolge zum Mitglied gewordenen **Gesellschafters** unter die schon bestehende Vertragsordnung.[407] Gegenüber einer derartigen Verallgemeinerung ist indes *Vorsicht geboten*. So fehlt es selbst dann, wenn die jetzige Gesellschaftergeneration nicht an der Vertragsgestaltung beteiligt war, bei derartigen Familiengesellschaften regelmäßig an der für den Kontrollbedarf typischen Vorformulierung durch einen Teil der Parteien; der Vertrag war vielmehr zumindest anfänglich meist das *Produkt individuellen Aushandelns* aller Beteiligten. Hinzu kommt das rechtsdogmatische Bedenken, dass dem Rechtsnachfolger grundsätzlich keine weitergehenden Rechte aus der auf ihn übergegangenen Mitgliedschaft erwachsen können, als sie bereits dem Veräußerer oder Erblasser zustanden. Soweit aber Verträge dieser Art im Einzelfall wirklich bewusst zum Nachteil nicht der gegenwärtigen Vertragspartner, sondern später beitretender Gesellschafter ausgestaltet worden sein sollten, liegt die Annahme der Sittenwidrigkeit nach § 138 nahe. Daneben greifen zum Schutz der Gesellschafter auch die sonstigen festen und beweglichen Schranken für Vertragsgestaltung und Mehrheitsherrschaft ein (→ Rn. 136 f.). Angesichts der Vielzahl dieser gegen unangemessene Vorgänge in typischen Personengesellschaften gerichteten Schranken sollte sich die richterliche Inhaltskontrolle daher auch künftig auf einseitig vorformulierte, dem Beitritt einer Vielzahl von Gesellschaftern offen stehende Gesellschaftsverträge beschränken.[408]

142   **3. Gemeinsamer Zweck. a) Vorbemerkungen.** Gemeinsamer Zweck und Förderpflicht als die beiden nach § 705 konstitutiven Merkmale des Gesellschaftsvertrags hängen untrennbar zusammen (→ Rn. 128).[409] Die Vergemeinschaftung des Zwecks kommt einerseits darin zum Ausdruck, dass die Gesellschafter als Vertragspartner eine Einigung über bestimmte, gemeinsam zu verfolgende Interessen oder Ziele herbeiführen, um dadurch gemeinsam einen bestimmten Erfolg zu erzielen.[410] Andererseits und vor allem übernehmen sie damit die Verpflichtung, ihr Handeln an diesem Zweck auszurichten und seine Verwirklichung zu fördern. Die getrennte Behandlung der beiden Gesellschaftsmerkmale in der folgenden Darstellung dient ihrer genaueren Analyse, darf über diesen Zusammenhang jedoch nicht hinwegtäuschen.

143   Der gemeinsame Zweck war bis zur GWB-Novelle 1998 konstitutives Merkmal nicht nur des Gesellschaftsvertrags, sondern nach § 1 aF GWB auch des **Kartellvertrags**. Dementsprechend war die Gleichsetzung der beiden Begriffe früher verbreitet; es herrschte die Ansicht vor, der Kartellvertrag sei ein durch seine Ausrichtung auf die Veränderung der Marktverhältnisse qualifizierter Unterfall des Gesellschaftsvertrags.[411] Nachdem im Kartellrecht zunächst schon durch Ausdehnung des § 1 aF GWB auf das „gesellschaftsähnliche Verhältnis" eine gewisse Lockerung eingetreten war[412] und der BGH zu Recht klargestellt hatte, dass der Begriff des „gemeinsamen Zwecks" iSv § 1 aF GWB *eigenständig* unter Berücksichtigung der Zielsetzung des GWB auszulegen sei,[413] zog der Gesetzgeber durch Neufassung des § 1 GWB in der GWB-Novelle 1998 die gebotenen Konsequenzen und ersetzte das Merkmal des Vertrags „zu einem gemeinsamen Zweck" durch dasjenige der Vereinbarungen „zwischen miteinander in Wettbewerb stehenden Unternehmen".[414] Damit entfiel auch die Möglichkeit, aus der Praxis zum Kartellverbot Rückschlüsse auf die Auslegung des § 705 zu ziehen. Das gilt umso mehr für die ab 2005 geltende Fassung des § 1 GWB, die nur noch auf die Wettbewerbsbeschränkung als Vertragsgegenstand abstellt.

---

[407] *Martens* DB 1973, 413 (419); *Wiedemann,* FS Westermann, 1974, S. 585 (589 f.) und *ders.* GesR I § 3 II 3a, S. 173 f.; Anklänge auch bei *Teichmann,* Gestaltungsfreiheit in Gesellschaftsverträgen, 1970, S. 112 ff. und Wolf/Lindacher/Pfeiffer/*Schmidt* § 310 Abs. 4 Rn. 26 unter Hinweis auf die Rspr. zur Hinauskündigung sowie zur Abfindungsbeschränkung, → § 737 Rn. 17 ff.; → § 738 Rn. 44 ff.; für Einbeziehung sämtlicher Gesellschaftsverträge mit Verbrauchern in die AGB-Kontrolle ferner *Bieder* ZHR 174 (2010), 705 (727 ff.).

[408] So namentlich auch *K. Schmidt* GesR § 5 III 4; Staudinger/*Habermeier* (2003) Rn. 15; wohl auch *H. P. Westermann* AcP 175 (1975), 410 ff.

[409] Näher dazu *U. Lenz,* Personenverbände – Verbandspersonen – Kartellverträge, 1987, S. 51 ff., 61 ff., 71 ff.

[410] Das Erfolgsziel als Teil des gemeinsamen Zwecks betont zutr. *Böhmer* JZ 1994, 982 (984).

[411] BGHZ 31, 105 (110) = NJW 1960, 145 – Gasglühkörper; *Müller-Henneberg,* Gemeinschaftskomm. zum GWB, 3. Aufl. 1972, § 1 Rn. 35. So auch bereits die hM zu § 1 KartVO 1923, vgl. Nachweise bei *Müller-Henneberg* in Gemeinschaftskomm. zum GWB, 3. Aufl. 1972, GWB Vor § 1 Rn. 1; wN bei *Fikentscher,* FS Westermann, 1974, S. 87 (96 ff.).

[412] BGH WuW/E 810, 814 – Zimcofot; OLG Düsseldorf WuW/E OLG 1479 – Schnittblumen-Transport; vgl. auch *Müller-Henneberg,* Gemeinschaftskomm. zum GWB, 4. Aufl. 1980, GWB § 1 Rn. 33 mN.

[413] BGHZ 68, 6 = NJW 1977, 806 – Fertigbeton, mit Anm. *Ulmer*; vgl. dazu und zur nicht ganz einheitlichen späteren Rspr. namentlich Immenga/Mestmäcker/*Immenga,* 2. Aufl. 1992, GWB § 1 Rn. 148 ff., 152 ff., und *K. Schmidt* ZHR 149 (1985), 1 (14 ff.) mwN.

[414] Vgl. dazu näher Immenga/Mestmäcker/*Zimmer,* 3. Aufl. 2001, GWB § 1 Rn. 164 ff.

b) Arten des Zwecks. Grundsätzlich kann **jeder erlaubte Zweck** Gegenstand der GbR sein.[415] **144**
In Betracht kommen wirtschaftliche, auf den Betrieb eines (kleingewerblichen oder freiberuflichen) Unternehmens gerichtete sowie vermögensverwaltende Zwecke, aber auch ideelle Zwecke, seien sie wissenschaftlicher, kultureller, politischer oder religiöser Art. Der Zweck kann auf einen materiellen (körperlichen) Erfolg gerichtet sein, etwa auf den Erwerb oder die Herstellung einer Sache; er kann aber auch der gemeinsamen Ausübung einer (frei-)beruflichen Tätigkeit oder der Herbeiführung eines immateriellen Erfolgs wie einer gemeinsamen Reise oder Theateraufführung dienen.[416] Der verfolgte Zweck kann schließlich ein einmaliger sein wie die Errichtung eines Bauwerks durch eine Arbeitsgemeinschaft,[417] die Platzierung bestimmter Wertpapiere durch ein Konsortium, die Produktion und der Vertrieb eines bestimmten Verlagswerkes[418] oder das Führen eines Prozesses. Er kann aber auch auf Dauer angelegt sein und sein Ende nicht durch Zweckerreichung, sondern durch Zeitablauf oder Kündigung finden (→ Vor § 705 Rn. 87 f.).

Einen zulässigen Gesellschaftszweck bildet auch das **Halten und Verwalten** von beweglichen und **145** unbeweglichen Sachen. Die früher abweichende, zu Recht auf allgemeinen Widerspruch gestoßene Auffassung des OLG Düsseldorf[419] ist seit langem überholt.[420] Dass es sich insoweit um Aufgaben handelt, die zu den regelmäßigen Eigentümerfunktionen gehören und daher auch im Rahmen der schlichten Rechtsgemeinschaft an einer Sache wahrgenommen werden können, steht nicht entgegen. Den gemeinschaftlich an einer Sache Beteiligten ist es vielmehr unbenommen, ihre Beziehung durch Abschluss eines Gesellschaftsvertrags zu einem persönlichen Zusammenschluss mit entsprechenden wechselseitigen Bindungen zu verdichten und sich gegenseitig auf ein dauerhaftes, keinem personellen Wechsel unterworfenes und unter besondere Rechtspflichten gestelltes Zusammenwirken bei Nutzung der Sache festzulegen. Zur Abgrenzung von Gesellschaft und Gemeinschaft → Vor § 705 Rn. 124 f.

Ihre **Grenze** findet die Autonomie der Gesellschafter bei Bestimmung des gemeinsamen Zwecks **146** einerseits insoweit, als es um die Vereinbarung gesetz- oder sittenwidriger Zwecke geht (→ Rn. 134, 333). Andererseits sind die Schranken zu beachten, die sich aus dem Rechtsformzwang für den gemeinsamen Betrieb eines Handelsgewerbes (→ Rn. 3) ergeben. Sie schließen es aus, als Zweck der GbR die Ausübung einer kaufmännischen Tätigkeit zu vereinbaren. Ein Rechtsformzwang besteht mit Rücksicht auf das Rechtsinstitut der **Ehe** schließlich auch für den ausschließlich auf Begründung einer eheähnlichen Lebensgemeinschaft (§ 1353 Abs. 1) gerichteten Zweck (→ Vor § 705 Rn. 81).

Von dem Zweck der Gesellschaft iSd gemeinsamen Zwecks der Gesellschafter zu unterscheiden **147** sind die häufig als „Endzweck" bezeichneten, nicht zum Gegenstand der Zweckvereinbarung (→ Rn. 148) gemachten **Motive der Parteien** für ihre Beteiligung an der Gesellschaft.[421] Sie

---

[415] Ganz hM; vgl. hierzu und zum Folgenden vor allem *Ballerstedt* JuS 1963, 253 ff. So auch Soergel/*Hadding*/ *Kießling* Rn. 35; Erman/*Westermann* Rn. 30; *Westermann* in Westermann/Wertenbruch PersGesR-HdB I. Teil § 5 Rn. 131 f.; Bamberger/Roth/*Schöne* Rn. 63; Staudinger/*Habermeier* (2003) Rn. 18; *Böhmer* JZ 1994, 983 f.

[416] Sofern es sich um eine Zweckverfolgung auf rechtsgeschäftlicher Grundlage handelt und nicht lediglich um freund- oder gesellschaftliche Beziehungen außerrechtsgeschäftlicher Art (→ Rn. 17 ff.). Rechtsgeschäftliche Förderpflichten bei einer Lotto- und Tippgemeinschaft verneinen BGH NJW 1974, 1705; BayObLGSt 1971, 69. Das Vorliegen einer GbR bejaht *Weimar* MDR 1973, 907 für das Verhältnis zwischen den Mitgliedern einer Wohn-Kommune. Zur Rechtsnatur von Theaterbesuchervereinigungen (Idealverein oder Genossenschaft?) vgl. *Marx/Probst* UFITA 72 (1975), 147.

[417] Zur Abgrenzung gegenüber einem Austauschvertrag bei Vereinbarung betr. die Erstellung eines Wohngebäudes mit mehreren Wohneinheiten s. BGH NJW-RR 1991, 1186; dazu → Rn. 153 und RGZ 77, 223 (227 f.); ähnlich OLG München NJW 1968, 1384 (1385) – einseitige Verpflichtung zur Bebauung des gemeinsam zu erwerbenden Grundstücks.

[418] BGH NJW 1983, 1188.

[419] DNotZ 1973, 91 und BB 1973, 1325. Abl. namentlich *Flume* DB 1973, 2470; *Flume* BGB AT I 1 § 3 III, S. 45 ff. und *Petzoldt* BB 1973, 1332 unter Hinweis auf die in der Gesellschaftsgründung zum Ausdruck kommende Absicht der Parteien, sich weitergehenden wechselseitigen Bindungen zu unterwerfen als im Rahmen einer Bruchteilsgemeinschaft. So auch die hM, vgl. Soergel/*Hadding*/*Kießling* Rn. 35; Staudinger/*Habermeier* (2003) Rn. 18; *K. Schmidt* AcP 182 (1982), 482 ff. (506 f.); Erman/*Westermann* Rn. 30; Bamberger/Roth/*Schöne* Rn. 63; einschr. auch OLG Frankfurt NJW-RR 1998, 415 (416).

[420] Vgl. etwa BGH NJW 1982, 170 (171) – Ehegattengesellschaft zum Erwerb und Halten eines Familienheims; BGH NJW-RR 1991, 422 – Verwalten und Bewohnen des einem der Vertragspartner gehörenden Hauses durch mehrere Verwandte. Für Fortbestand der OHG/KG als GbR trotz Verpachtung des Handelsgeschäfts auch BGH BB 1962, 349. Eine Gesellschaft zur Verwaltung von GmbH-Anteilen bejaht BGH WM 1969, 790. Vgl. auch die Nachweise bei *Petzoldt* BB 1975, 905 (908) Fn. 58 zu der von der Ansicht des OLG Düsseldorf abw. Praxis anderer Instanzgerichte.

[421] BGH NJW 1951, 308; BB 1960, 15; *Ballerstedt* JuS 1963, 253 (254 f.); *Fikentscher*, FS Westermann, 1974, S. 94 f. So inzwischen die hM, vgl. *Westermann* in Westermann/Wertenbruch PersGesR-HdB I. Teil § 5 Rn. 131b;

wurden früher nicht selten mit dem gemeinsamen Zweck vermengt. Auch das Begriffspaar der eigennützigen oder uneigennützigen Gesellschaftsbeteiligung umschreibt nicht etwa den gemeinsamen Zweck,[422] sondern den – damit freilich im Regelfall übereinstimmenden – Beweggrund der Beteiligten für die Errichtung der Gesellschaft. Der Zweck eines Zusammenschlusses zur Finanzierung und zum Bau eines Museums, eines Krankenhauses ua erschöpft sich in dieser durch die vertraglichen Förderpflichten näher umschriebenen Tätigkeit. Die damit von einigen oder auch allen Beteiligten verfolgte, meist gemeinnützige Absicht verbleibt im Bereich der außervertraglichen Motive.[423] Dass einer der Beteiligten, etwa als Bauunternehmer, mit dem Bau zugleich eigene Interessen verfolgt, steht der Anerkennung des Zusammenschlusses als Gesellschaft daher nicht entgegen.[424] Entsprechendes gilt umgekehrt für das Betreiben eines Unternehmens in Gewinnerzielungsabsicht. Auch hier beschränkt sich der gemeinsame Zweck auf das – erwerbswirtschaftliche – Betreiben des Unternehmens. Die Teilnahme an dem dabei erwirtschafteten Ergebnis ist Motiv für die Gesellschaftsbeteiligung, aber nicht Gegenstand des gemeinsamen Zwecks. Daher schließt auch die altruistische, anderen Gesellschaftern (Kindern ua) zugute kommende Motivation eines der Beteiligten dessen Gesellschafterstellung nicht grundsätzlich aus (→ Rn. 150 f.).

148   **c) Vergemeinschaftung des Zwecks.** Sie wird durch die vertragliche Festlegung auf die Förderung des mit dem Zusammenschluss verfolgten Zwecks bewirkt und unterscheidet ihn dadurch von bloß gleichgerichteten, nicht zum Gegenstand rechtsgeschäftlicher Bindungen gemachten Interessen der Beteiligten. Dieser vertraglichen **Verschmelzung der Interessen zum gemeinsamen Zweck** der GbR kommt zentrale Bedeutung zu. Sie macht nicht nur, wie die in § 726 vorgesehene Auflösung der Gesellschaft bei Zweckerreichung oder deren Unmöglichkeit zeigt, den Bestand des Vertrages vom Schicksal des gemeinsamen Zwecks abhängig. Vielmehr stellt sie auch die Verwendung der Beiträge und die sonstigen Handlungspflichten der Gesellschafter in seinen Dienst. Durch die Einigung auf den gemeinsamen Zweck werden die gemeinsamen Vorstellungen der Parteien über Grundlage und Ziel des Vertrags, die bei Austauschverträgen zur Geschäftsgrundlage gehören, zum Vertragsinhalt erhoben.[425] Er bildet die *causa* für die von den Gesellschaftern übernommenen Förderpflichten.[426] Dadurch unterscheidet sich die GbR namentlich von den auf Leistungsaustausch angelegten partiarischen Rechtsverhältnissen, auch wenn die Abgrenzung im Einzelfall Schwierigkeiten bereitet (→ Vor § 705 Rn. 107 ff.). Dagegen ist das gemeinsame Tragen des mit der Zweckgemeinschaft verbundenen Risikos, insbesondere die **Verlustbeteiligung** im Rahmen eines gemeinsam betriebenen Erwerbsgeschäfts, ebenso wenig wie die Beteiligung am Gewinn (→ Rn. 149 f.) ein Wesensmerkmal der Gemeinsamkeit des Zwecks und damit der Gesellschaft;[427] sie kann daher kraft Dispositionsfreiheit der Gesellschafter abbedungen werden.

149   **d) Beteiligung am Gewinn?** Sie wurde früher als entscheidend angesehen für das Vorliegen eines gemeinsamen Zwecks, sei es in Form gleichmäßiger oder doch zumindest eingeschränkter Gewinnbeteiligung.[428] Demgegenüber hängt nach der heute im Schrifttum ganz hM[429] die Anerkennung eines gemeinsamen Zwecks **nicht** von der Gewinnbeteiligung jedes Gesellschafters ab. Dem

---

[421] H. P. Westermann ZHR 144 (1980), 232 (238); Soergel/Hadding/Kießling Rn. 36; Wiedemann GesR I § 1 I 1b, S. 9 f.; wohl auch Bamberger/Roth/Schöne Rn. 64.
[422] So aber Ballerstedt JuS 1963, 253 (254). Zum Nichtausreichen des abstrakten gemeinsamen Gewinninteresses für die Annahme einer Gesellschaft vgl. auch schon RGZ 73, 286 (287); 95, 147 (149).
[423] Zutr. GroßkommHGB/Rob. Fischer, 3. Aufl. 1973, HGB § 105 Anm. 9, 9a; vgl. ferner Soergel/Hadding/Kießling Rn. 36.
[424] Böhmer JZ 1994, 989.
[425] Das zeigt sich namentlich beim Vergleich zwischen partiarischem Rechtsverhältnis, für das die Ausübung einer auf Gewinn gerichteten Tätigkeit durch einen Vertragspartner Geschäftsgrundlage bleibt, und stiller Gesellschaft; → Vor § 705 Rn. 107 ff.
[426] Ballerstedt JuS 1963, 253 (254).
[427] Ganz hM, vgl. nur Soergel/Hadding/Kießling Rn. 36; Westermann in Westermann/Wertenbruch PersGesR-HdB I. Teil § 5 Rn. 131c. AA Schulze-Osterloh, Der gemeinsame Zweck, 1973, S. 25 f., der die Verlustbeteiligung als ausschlaggebend für die Abgrenzung zwischen Gesellschaft und partiarischen Rechtsverhältnissen ansieht. Dem ist jedoch schon wegen § 231 Abs. 2 HGB nicht zu folgen.
[428] Vgl. etwa RGZ 95, 149; RG JW 1930, 2655. Im Schrifttum wurde diese Meinung im Hinblick auf das Merkmal des Gewerbebetriebs früher vor allem für OHG und KG vertreten, vgl. Wieland HandelsR I, 1921, S. 462 f.; Staub/Pinner, 3. Aufl. 1932/33, HGB § 105 Anm. 9; RGRK-HGB/Weipert, 2. Aufl. 1950, HGB § 105 Anm. 9, HGB § 121 Anm. 12; so noch Ballerstedt JuS 1963, 253 (255); Schulze-Osterloh, Der gemeinsame Zweck, 1973, S. 25, 66 sowie die Meinungsübersicht bei Müller-Gugenberger, GS Rödig, 1978, S. 274 (277 f.). Für zumindest festen Gewinnbetrag als Gesellschaftsvoraussetzung auch Düringer/Hachenburg/Flechtheim HGB § 105 Anm. 2.
[429] Soergel/Hadding/Kießling Rn. 36 f.; Erman/Westermann Rn. 32; Staub/Schäfer HGB § 105 Rn. 22; MüKoHGB/K. Schmidt HGB § 105 Rn. 28; Heymann/Emmerich HGB § 105 Rn. 28; Westermann in Westermann/

hat sich auch der BGH angeschlossen.[430] Der Annahme einer Gesellschaft steht danach nicht entgegen, dass sich ein Teil der Gesellschafter aus eigennützigen, andere aus uneigennützigen Motiven an ihrer Gründung beteiligen. Verwiesen sei insbesondere auf Fälle, in denen ein Teil der Gesellschafter – etwa der Vater oder die Eltern – auf eine Beteiligung am Gewinn des gemeinsam betriebenen Unternehmens verzichtet, um den Kindern als Mitgesellschaftern den Aufbau einer Existenz zu ermöglichen.[431]

Stellungnahme. Der von der hM vertretenen Unterscheidung zwischen gemeinsamem Zweck **150** und Gewinnbeteiligung ist aus den in → Rn. 149 genannten Gründen zuzustimmen. Die allseitige **Gewinnbeteiligung** enthält auch dann **kein Wesensmerkmal** der Gesellschaft, wenn der gemeinsame Zweck auf eine erwerbswirtschaftliche Tätigkeit gerichtet ist. Die Grenze zwischen Gesellschaft und unentgeltlicher Zuwendung wird damit nicht etwa verwischt.[432] Vielmehr verbleibt es auch für den uneigennützig Beteiligten bei der im Gesellschaftsvertrag übernommenen Förderpflicht; die mit seiner Beteiligung verfolgte Zuwendungsabsicht kann demgegenüber den Gegenstand eines von der Beteiligung an der Gesellschaft zu unterscheidenden Schenkungsversprechens zwischen ihm und den begünstigten Gesellschaftern bilden. Soll sich die Mitwirkung des uneigennützig Beteiligten dagegen auf eine einmalige Leistung im Zuge der Gründung der Gesellschaft beschränken, so ist für die Annahme seiner Mitgliedschaft in der Gesellschaft regelmäßig kein Raum; es handelt sich vielmehr um eine Zuwendung an alle oder einen Teil der Gründer.

Nach diesen Grundsätzen ist auch die sog. **societas leonina** zu beurteilen, bei der ein Teil der **151** Gesellschafter von der Teilnahme am Gewinn ausgeschlossen oder auf einen geringen Gewinnanteil beschränkt ist.[433] Wenn derartige Gestaltungen auch außergewöhnlich sind und schon mit Rücksicht auf den Gleichbehandlungsgrundsatz (→ Rn. 244 ff.) auf Bedenken stoßen, so scheitert die Annahme einer Gesellschaft doch nicht etwa am Fehlen eines gemeinsamen Zwecks, sofern nur alle Beteiligten entsprechende Förderpflichten (→ Rn. 153 f.) übernommen haben.[434] Die Eigen- oder Fremdnützigkeit der Beteiligung ist nicht Bestand des gemeinsamen Zwecks, sondern bildet das jeweilige Motiv der Beteiligung (→ Rn. 147). Wohl aber kann im Einzelfall, insbesondere bei unfreiwilliger Schlechterstellung eines Teils der Gesellschafter, fraglich sein, ob der Gesellschaftsvertrag nicht wegen einseitiger Ausgestaltung gegen § 138 Abs. 1 verstößt.[435]

e) Gemeinsame Organisation? Kein Wesensmerkmal des gemeinsamen Zwecks oder der **152** Gesellschaft bildet schließlich die in Rechtsprechung und Literatur wiederholt erwähnte gemeinsame Organisation.[436] Das gilt jedenfalls dann, wenn darunter das Vorhandensein von Gesellschaftsorganen und eines Gesellschaftsvermögens verstanden wird. Derartige Merkmale finden sich zwar bei der typischen Außengesellschaft,[437] nicht aber bei der – von der ganz hM ebenfalls als GbR anerkannten – Innengesellschaft ieS (→ Rn. 282). Die Rechtsprechung scheint den Begriff der gemeinsamen Organisation denn auch nur im Sinne des Vorhandenseins von Kontroll- und Überwachungsrechten der Mitgesellschafter zu verstehen.[438] Insofern ist er aber zumindest missverständlich und bezeichnet im Übrigen nicht etwa eine Voraussetzung, sondern eine Rechtsfolge (§ 716) der GbR. Er sollte daher nicht weiter als GbR Voraussetzung erwähnt werden.

4. Förderpflicht. Die Pflicht der Gesellschafter zur Förderung des gemeinsamen Zwecks ist **153** notwendiger Gegenstand der mit der Beteiligung an einer GbR begründeten **rechtsgeschäftlichen Bindung**. Keine Gesellschaft liegt daher vor, wenn die Beteiligten entweder keine Förderpflichten

---

Wertenbruch PersGesR-HdB I. Teil § 5 Rn. 131c; *Flume* BGB AT I 1 § 3 II, S. 44; *Hueck* OHG § 1 I 1b; *U. Huber*, Vermögensanteil, Kapitalanteil und Gesellschaftsanteil, 1970, S. 296–299; *Teichmann*, Gestaltungsfreiheit in Gesellschaftsverträgen, 1970, S. 146 f.

[430] BGH NJW 1987, 3124 (3125) – Geschäftsführervergütung genügt als Erfolgsbeteiligung.
[431] Vgl. das Beispiel bei *Ballerstedt* JuS 1963, 253 (255); so auch *Böhmer* JZ 1994, 990; heute ganz hM.
[432] Das befürchtete anscheinend *Ballerstedt* JuS 1963, 253 (255).
[433] Vgl. dazu auch *Böhmer* JZ 1994, 989; *Westermann* in Westermann/Wertenbruch PersGesR-HdB I. Teil § 5 Rn. 131c; *Hingst*, Die societas leonina in der europäischen Privatrechtsgeschichte, 2003.
[434] So auch *Hueck* OHG § 1 I 1b; Soergel/*Hadding/Kießling* Rn. 36; Erman/*Westermann* Rn. 32; Staudinger/*Habermeier* (2003) Rn. 17; *Flume* BGB AT I 1 § 3 V, S. 48 ff.; aA noch *Ballerstedt* JuS 1963, 253 (255); Staudinger/*Keßler*, 12. Aufl. 1979, Vor § 705 Rn. 179.
[435] Zu den danach zu beachtenden Schranken → Rn. 134; eine grob einseitige Einlagenbewertung wertet BGH WM 1975, 325 als Verstoß gegen § 138 Abs. 1.
[436] So aber BGH NJW 1951, 308; OLG München NJW 1968, 1384 (1386); RGRK/*v. Gamm* Vor § 705 Rn. 1.
[437] So auch *Wiedemann* ZGR 1996, 286 (288 ff.) unter Differenzierung zwischen „organisierten" und „vertraglichen" Gesellschaften.
[438] So etwa BGH NJW 1951, 308; OLG München NJW 1968, 1384 (1386).

übernommen haben[439] oder wenn die in Frage stehenden Pflichten sich nach Art und Ausmaß bereits aus anderen, unabhängig vom Gesellschaftsvertrag zwischen ihnen bestehenden Bindungen ergeben:[440] in diesen Fällen fehlt es an den für die Annahme eines rechtsgeschäftlichen Zusammenschlusses wesentlichen Rechtswirkungen.[441] Die Förderpflicht muss wegen des Charakters des Gesellschaftsvertrags als Dauerschuldverhältnis[442] grundsätzlich eine **dauernde** sein, solange der gemeinsame Zweck verfolgt wird. Erschöpft sich die Bindung für einzelne Beteiligte in einer einmaligen Beitragspflicht, so spricht das gegen eine Gesellschaft und für ein Schenkungs- oder Austauschverhältnis.[443]

154 Als **Gegenstand** der Förderpflicht kommen alle Arten von Handlungen in Betracht; auch vertraglich geschuldete Unterlassungen wie etwa die Übernahme eines Wettbewerbsverbots fallen darunter.[444] Neben der Pflicht zur Leistung von gegenständlichen Beiträgen (→ § 706 Rn. 3, 10 ff.) sind vor allem Tätigkeitspflichten im Rahmen der Gesellschaft zu nennen.[445] In Betracht kommt daneben auch die mittelbare Förderung durch Stärkung der Kreditgrundlage oder des good will der Gesellschaft als Folge des Gesellschafterbeitritts. Selbst die gesellschaftsrechtliche Treupflicht ist nicht etwa nur eine auf § 242 gestützte, der Unterlassung vertragswidriger Handlungen dienende Nebenpflicht, sondern bildet einen Teil der vertraglich geschuldeten, je nach Lage des Falles selbständig durchsetzbaren Hauptpflichten (→ Rn. 221 ff.). Zur Frage beitragsfreier Beteiligungen → § 706 Rn. 17.

IV. Rechtsnatur des Gesellschaftsvertrags

155 **1. Schuldvertrag.** Grundlage der GbR und zentrale Entstehensvoraussetzung (→ Rn. 1) ist der Gesellschaftsvertrag zwischen zwei oder mehr Personen als Gründern und künftigen Mitgliedern der Gesellschaft. Nach *Aufbau und System des BGB* wird er als schuldrechtlicher Vertrag eingeordnet; die Vorschriften der §§ 705–740 bilden einen Titel des Abschnitts „Einzelne Schuldverhältnisse". Vorbehaltlich der organisationsrechtlichen Elemente (→ Rn. 158 ff.) zeigt sich in dieser Einteilung der römischrechtliche Ursprung der GbR: die societas war ein reines Schuldverhältnis zwischen den Gesellschaftern ohne jede Außenwirkung.[446] Im Erfordernis einer Mindestzahl von zwei Gesellschaftern (→ Rn. 60 ff.) und in Form der Innengesellschaft ohne Gesamthandsvermögen (→ Rn. 275 ff., 282) lebt sie im Wesentlichen unverändert auch heute noch fort.[447]

156 Entsprechend der gesetzlichen Systematik sind neben den Bestimmungen der §§ 705–740 grundsätzlich auch die **Vorschriften des allgemeinen Schuldrechts** auf Gesellschaftsverträge anwendbar, soweit nicht die Besonderheiten des Gesellschaftsrechts entgegenstehen.[448] So gelten die Vorschriften der §§ 311b, 311c über Inhalt, Form und Umfang bestimmter vertraglicher Leistungsversprechen auch für Einlagevereinbarungen in Gesellschaftsverträgen (→ Rn. 36 zu den Formvorschriften des § 311b). Vereinbarungen über noch zu bestimmende Einlageleistungen können nach Maßgabe der §§ 315, 317 im Gesellschaftsvertrag getroffen werden.[449] Die Vorschriften der §§ 241 ff. greifen vorbe-

---

[439] So etwa bei Gefälligkeitsverhältnissen ohne Leistungspflichten (→ Rn. 17 ff.).
[440] So namentlich im Verhältnis zwischen Ehegatten oder Miterben; → Rn. 27 f.; → Vor § 705 Rn. 53 ff.; ferner BGH WM 1972, 1122 (1123) – Hausgemeinschaft zwischen Mutter und Sohn.
[441] Dazu grdl. *v. Tuhr* BGB AT II 1, S. 161 ff.
[442] Zu der dafür vorausgesetzten dauernden, nicht durch einmalige Leistung zu erfüllenden Pflichtenanspannung vgl. näher *Ulmer*, Der Vertragshändler, 1969, S. 252 f. mwN; *Oetker*, Das Dauerschuldverhältnis und seine Beendigung, 1994, S. 105 ff.; → § 314 Rn. 5 f. *(Gaier)*.
[443] RGZ 77, 223 (227 f.). Vgl. auch BGH NJW-RR 1991, 1186 (1187) – Verpflichtung nur eines der Beteiligten zur Bebauung des einem anderen Beteiligten gehörenden und von diesem an den Bauherrn veräußerten Grundstücks; ähnlich OLG München NJW 1968, 1384 (1385) – einseitige Verpflichtung zur Bebauung des gemeinsam zu erwerbenden Grundstücks.
[444] Zutr. *Ballerstedt* JuS 1963, 253.
[445] *Ballerstedt* JuS 1963, 253 (256).
[446] *Kaser*, Das römische Privatrecht, Bd. I, 2. Aufl. 1971, § 133.3 II, S. 574. Zum Einfluss von societas und Gesamthand auf die Ausgestaltung der §§ 705–740 und zum Gang des Gesetzgebungsverfahrens vgl. *Flume* ZHR 136 (1972), 177 ff. und *Flume* BGB AT I § 1 II, S. 2 ff.; *Wächter*, Die Aufnahme der Gesamthandsgemeinschaften in das BGB, 2002, insbes. S. 115 ff.
[447] Vgl. nur *Flume* ZHR 136 (1972), 177 (180) und *Flume* BGB AT I § 1 III, S. 4 ff.
[448] Grundsätzlich abw. *Bälz*, FS Zöllner, 1998, S. 35 (39, 41, 56) ua, der im Ansatz strikt zwischen Schuld- und Organisationsrecht trennt, wobei er für Außengesellschaften als rechtsfähige Einheiten von Vorliegen eines Organisationsvertrags ohne Gesamthandsstruktur ausgeht, auf den neben OHG-Recht nur die Vorschriften der §§ 705–707, nicht aber diejenigen der §§ 718–720, anwendbar sein sollen, während es für Innengesellschaften bei einem Schuldvertrag ohne organisatorische Elemente, aber ggf. mit einem gesamthänderisch strukturierten Sondervermögen bewende.
[449] Soergel/*Hadding/Kießling* Rn. 42; vgl. auch BGH NJW 1960, 963 (964) zur Übertragung von Entscheidungsbefugnissen in Gesellschaftsangelegenheiten an Dritte entsprechend § 317.

haltlich abweichender Vereinbarungen im Gesellschaftsvertrag jedenfalls insoweit ein, als es um die Art (Gegenstand, Ort, Zeit) der Erbringung der Einlageleistung geht.

Die Anwendbarkeit des allgemeinen Schuldrechts auf Gesellschaftsverträge erfährt freilich eine Reihe von **Einschränkungen.** So ist der Verschuldensmaßstab des § 276 durch § 708 modifiziert. Zur Problematik der Rechtsfolgen bei Verzug, Unmöglichkeit und Schlechterfüllung und zur grundsätzlichen Unanwendbarkeit der Vorschriften der §§ 320–326 über den gegenseitigen Vertrag auf Gesellschaftsverträge → Rn. 163 ff. Gesellschaftsverträge zu Gunsten Dritter (§ 328), die Dritten ohne deren Zutun eine Gesellschafterstellung verschaffen sollen, scheitern im Regelfall daran, dass daraus neben Rechten auch Pflichten aus der Mitgliedschaft erwachsen;[450] derartigen Vereinbarungen steht beim Fehlen einer entsprechenden Ermächtigung durch den Dritten das Verbot von Verträgen zu Lasten Dritter entgegen.[451] Soweit die Regelungen über das Erlöschen der Schuldverhältnisse durch Erfüllung, Erfüllungssurrogate oder Erlass (§§ 362–397) in Frage stehen, ist deren Anwendung typischerweise unvereinbar mit dem Dauerschuldcharakter des Gesellschaftsvertrags (s. § 314). Gleiches gilt nach Vollzug der Gesellschaft für das Rücktrittsrecht (§§ 346 ff.); an seine Stelle tritt die Kündigung (§ 723). Zur Anwendbarkeit der Vorschriften über Rechtsgeschäfte aus dem Allgemeinen Teil des BGB → Rn. 20 ff.

2. Organisationsvertrag. Die GbR begründet nach gesetzlicher Regel (§§ 718, 719) nicht nur ein Schuldverhältnis, sondern – deutschrechtlichen Einflüssen folgend[452] – zugleich einen rechtsfähigen Personenverband zwischen den Gesellschaftern (→ Rn. 160, 289), soweit sie als Außengesellschaft mit Gesamthandsvermögen und Gesellschaftsorganen ausgestaltet ist. Dementsprechend beschränkt sich der Gesellschaftsvertrag nicht auf die Begründung schuldrechtlicher Beziehungen zwischen den Gesellschaftern, das sog. Innenverhältnis, sondern bildet zugleich die **Grundlage für den Personenverband,** dh die aus den Gesellschaftern bestehende, als rechtsfähige Personengesellschaft (§ 14 Abs. 2) durch ihre Organe (→ Rn. 255 ff.) handlungsfähige Gruppe.[453] In dieser Besonderheit liegt der Grund für die verbreitete Bezeichnung des Gesellschaftsvertrags als Organisationsvertrag,[454] früher auch personenrechtliches Verhältnis.[455] Dabei handelt es sich freilich nicht um einen Gegensatz zum Schuldvertrag[456] oder gar um ein zweites, neben den Schuldvertrag als reinen Gründungsakt tretendes Rechtsverhältnis;[457] die Einheitlichkeit des Gesellschaftsvertrags steht außer Frage. Wohl aber enthält der Vertrag Bestandteile, die über ein bloßes Schuldverhältnis der Gesellschafter untereinander hinausgehen, wenn er auf Verfolgung des gemeinsamen Zwecks im Rahmen einer Außengesellschaft mit eigenen Organen und gesamthänderisch gebundenem Vermögen gerichtet ist,[458] zumal er in diesem Falle die Entstehung eines eigenständigen Rechtssubjekts bewirkt (→ Rn. 160).[459]

Folge dieser – im BGB selbst angelegten – Fortentwicklung des Gesellschaftsvertrags vom bloßen Schuldverhältnis zur Organisation mit Außenwirkung ist einerseits seine größere **Bestandskraft** nach Maßgabe der Lehre von der fehlerhaften Gesellschaft (→ Rn. 326 ff., 354 ff.). Andererseits findet die auf dem Organisationsaspekt des Gesellschaftsvertrags beruhende Fortentwicklung der

---

[450] Daher haben sich rechtsgeschäftliche Nachfolgeklauseln zu Gunsten Dritter, die ohne deren Mitwirkung Rechtswirkungen entfalten sollen, zu Recht nicht durchgesetzt, vgl. BGHZ 68, 225 (231 f.) = NJW 1977, 1339 (1341) gegen *Säcker*, Gesellschaftsvertragliche und erbrechtliche Nachfolge in Gesamthandsmitgliedschaften, 1970, S. 43 ff.; → § 727 Rn. 49 f.; MüKoHGB/*K. Schmidt* HGB § 139 Rn. 23 f. und Staub/*Schäfer* HGB § 139 Rn. 13 f.
[451] Statt aller Palandt/*Grüneberg* Einf. vor § 328 Rn. 10.
[452] *Wächter*, Die Aufnahme der Gesamthandsgemeinschaften in das BGB, 2002, S. 43 ff.; vgl. auch *Flume* BGB AT I 1 § I II.
[453] AA *Bälz*, FS Zöllner, 1998, S. 35 f.: Außengesellschaft als rechtsfähige Organisation ohne schuldrechtliche Beziehungen zwischen den Gesellschaftern und ohne Gesamthandsvermögen.
[454] *Würdinger*, Gesellschaften, Teil I, 1937, § 8 II 3; *K. Schmidt* GesR § 59 I 2c; Soergel/*Hadding/Kießling* Rn. 43; *Wiedemann* GesR I § 3 II 1; *ders.* ZGR 1996, 286 ff.
[455] So im Anschluss an *O. v. Gierke* (Deutsches Privatrecht, Bd. I, S. 660 ff.) etwa Staudinger/*Keßler*, 12. Aufl. 1979, Vor § 705 Rn. 21, 23; RGRK-HGB/*Weipert*, 2. Aufl. 1950, HGB § 105 Anm. 31. Gegenüber dem Aussagewert dieser Bezeichnung mit Recht zweifelnd *Hueck* OHG § 6 II 2.
[456] Nicht frei von Missverständnissen daher die ursprüngliche Gegenüberstellung der beiden Begriffe bei *Flume* ZGR 136 (1972), 177 (179, 182). Klärend dann *Flume* BGB AT I 1 § 2 II, S. 12 f.
[457] So aber Staudinger/*Keßler*, 12. Aufl. 1979, Rn. 5, der zwischen „Gründungsvertrag" und „Normierungsvertrag" (bezüglich der Ausgestaltung der Gesellschaftsbeziehungen) unterschied. Ähnlich Staudinger/*Keßler*, 12. Aufl. 1979, Vor § 705 Rn. 20 f.: Doppelstruktur aus rechtlich organisierter Personengemeinschaft und Schuldverhältnis.
[458] Eingehend zum Strukturwandel der GbR vom Vertrags- zum Organisationsmodell vgl. AK-BGB/*Teubner* Rn. 1 ff. und Vor § 705 Rn. 1 ff., 11 ff.
[459] Vgl. *Schäfer*, Fehlerhafter Verband, 2002, S. 137 f., 141 f.; zur Rechtsfähigkeit der Außengesellschaft → Rn. 303 ff.

schuldrechtlichen Beziehung zum Personenverband ihre Anerkennung auch darin, dass die Mitgliedschaft in der Gesellschaft, der **Gesellschaftsanteil,** nach ganz hM ein eigenständiges, gesonderter Übertragung fähiges Rechtsobjekt bildet (→ § 719 Rn. 25 f.).[460] Über die bloße Vertragsposition und die sich damit verbindenden Rechte und Pflichten gegenüber den Vertragspartnern hinaus verkörpert der Anteil die Mitgliedschaftsrechte und -pflichten des Gesellschafters gegenüber der Gesamthand sowie die damit untrennbar verbundene, nicht selbständig übertragbare Beteiligung am Gesellschaftsvermögen (näher zur Unselbständigkeit der Beteiligung am Gesellschaftsvermögen → § 719 Rn. 4 ff.; zur Anteilsübertragung → § 719 Rn. 25 ff.).[461]

160 **3. Rechtsfähige Gesamthand.** Als gesamthänderisch strukturierter Personenverband auf vertraglicher Grundlage verfügt die GbR als *Außengesellschaft* (→ Rn. 253 f.) nach heute ganz hM über eigene Rechts- und Parteifähigkeit. Sie ist keine einheitliche juristische Person, sondern eine aus zwei oder mehr Gesellschaftern bestehende rechtsfähige Personenverbindung (§ 14 Abs. 2). Die ursprüngliche, der BGB-Regelung zugrundeliegende Qualifikation der gesellschaftsrechtlichen Gesamthand als *Objekt* (Sondervermögen) hat kraft höchstrichterlicher Rechtsfortbildung der Behandlung als *Subjekt* Platz gemacht. Zu den Voraussetzungen und Rechtsfolgen dieser Fortentwicklung → Rn. 296 ff.

161 **4. Gemeinschaftscharakter des Gesellschaftsvertrags. a) Unterschiede zum Austauschvertrag.** Nach § 705 verpflichten sich die Gesellschafter durch den Gesellschaftsvertrag „gegenseitig", zur Förderung des gemeinsamen Zwecks bestimmte Leistungen zu erbringen. Diese Aussage ist zutreffend, soweit sie den Gesellschaftsvertrag von den einseitig verpflichtenden[462] und den unvollkommen zweiseitigen Verträgen[463] abgrenzt. Die Gesellschaft ist ein Schuldverhältnis gegenseitiger, richtiger **wechselseitiger Verpflichtung** der Vertragspartner in dem Sinne, dass alle Gesellschafter gleichrangig und vorbehaltlich abweichender Vereinbarungen auch gleichmäßig zur Förderung des gemeinsamen Zwecks beizutragen haben.

162 Die Wechselseitigkeit der Vertragspflichten begründet freilich kein typisches Gegenseitigkeitsverhältnis zwischen diesen, **kein Synallagma** wie etwa bei Kauf, Miete oder Werkvertrag. Die jeweiligen Leistungen eines Gesellschafters werden nicht um der von den Mitgesellschaftern zugesagten Leistungen willen versprochen, sondern zur Förderung des vereinbarten gemeinsamen Zwecks. Dieser grundsätzliche Unterschied zwischen Austausch- und Gemeinschaftsverträgen[464] wird auch durch die Wechselseitigkeit der übernommenen Verpflichtungen nicht berührt. Das gilt jedenfalls für das Verhältnis der Beitragsleistungen untereinander, im Ansatz aber auch für den Zusammenhang zwischen Beitragsleistung und Gewinnanspruch.[465] Auch insoweit fehlt es am Synallagma; der Gewinn ist nicht etwa die Gegenleistung der Gesellschaft für die Beiträge der Gesellschafter, sondern Ausdruck der im Gemeinschaftsverhältnis begründeten Erfolgsbeteiligung.[466] Die Interessenverbindung trägt, wie *Esser/Schmidt*[467] zutreffend formuliert haben, genossenschaftsähnliche Züge.

163 **b) Folgerungen für Leistungsstörungen. aa) Grundsatz.** Mit der Verpflichtung zur Förderung des gemeinsamen Zwecks ist es im Grundsatz **unvereinbar,** die eigene Einlageleistung nach Maßgabe der für gegenseitige Verträge geltenden Vorschriften der **§§ 320–322** von dem Erbringen der anderen Beitragsleistungen abhängig zu machen; an die Stelle dieser Vorschriften tritt im Fall

---

[460] St. Rspr. seit RG DNotZ 1944, 195; vgl. BGHZ 13, 179 (184) = NJW 1954, 1155; BGHZ 24, 106 (114) = NJW 1957, 1026; BGHZ 45, 221 (222) = NJW 1966, 1307; BGHZ 81, 82 (84) = NJW 1981, 2747; BGH WM 1973, 169 (170); NJW-RR 1987, 286 (287) = WM 1986, 1314; dazu *Flume* BGB AT I § 9, S. 125 ff.; *K. Schmidt* GesR § 45 III 2.
[461] IE hierzu *U. Huber*, Vermögensanteil, Kapitalanteil und Gesellschaftsanteil, 1970, S. 16 ff., 369 ff.; AK-BGB/*Teubner* Vor § 705 Rn. 25 f.; *Lutter* AcP 180 (1980), 84 (97 ff.); *K. Schmidt* JZ 1991, 157 f.; aber auch *Hadding*, FS Steindorff, 1990, S. 31 ff.
[462] Schenkungsversprechen, §§ 516, 518.
[463] Leihe (§ 595), Auftrag (§ 662) ua, auch „zweiseitig verpflichtende" Schuldverhältnisse genannt, vgl. *Wolf/Neuner* BGB AT § 29 Rn. 25.
[464] Vgl. insbes. AK-BGB/*Teubner* Vor § 705 Rn. 25; so zB auch *Esser/Schmidt* SchuldR AT I § 12 III 3; *Larenz* SchuldR BT II, 12. Aufl. 1981, § 60 I b; aA mit beachtlichen Gründen aus der Entstehungsgeschichte des BGB insbes. *Hüttemann*, Leistungsstörungen bei Personengesellschaften, 1998, S. 19 ff., 48 ff., der im Ergebnis freilich ebenfalls die unmittelbare Anwendbarkeit der §§ 320 ff. wegen der bei Gesellschaftsverträgen bestehenden Besonderheiten ausschließt (→ Rn. 167).
[465] AA *Hüttemann*, Leistungsstörungen bei Personengesellschaften, 1998, S. 137 ff., 486 f.; ihm jetzt im Ansatz folgend *Westermann* in Westermann/Wertenbruch PersGesR-HdB I. Teil § 5 Rn. 132a und Erman/*Westermann* Rn. 43.
[466] So zu Recht die hM, vgl. Soergel/*Hadding/Kießling* Rn. 44; Erman/*Westermann* Rn. 43; Staub/*Schäfer* HGB § 105 Rn. 147; *Esser/Schmidt* SchuldR AT I § 12 III 3.
[467] *Esser/Schmidt* SchuldR AT I § 12 III 3.

von Leistungsstörungen bei Mitgesellschaftern vielmehr die Berufung auf den Gleichbehandlungsgrundsatz (→ Rn. 244 ff.). Unanwendbar sind im Grundsatz auch die Rechtsfolgen, die die §§ 323–326 für den Fall der Pflichtverletzung des Schuldners hinsichtlich einer der im Gegenseitigkeitsverhältnis stehenden Leistungen vorsehen. Sie beruhen auf der synallagmatischen Verknüpfung dieser Leistungen, die ihren Sinn und Zweck in der jeweiligen Gegenleistung finden, während im Mittelpunkt der Gesellschaft die Verpflichtung aller Vertragspartner auf den gemeinsamen Zweck steht. Die Vorschriften der §§ 323–326 über die Folgen von Leistungsstörungen in gegenseitigen Verträgen sind daher auf Gesellschaftsverträge nach zutreffender Ansicht **grundsätzlich unanwendbar**.[468] Eine *Ausnahme* kommt im Analogiewege für solche Gesellschaften in Betracht, bei denen – wie bei auf das Innenverhältnis beschränkten Zweipersonengesellschaften, darunter insbesondere der typischen stillen Gesellschaft – das zweiseitige Schuldverhältnis im Vordergrund steht (→ Rn. 169).

Soweit Leistungshindernisse der in §§ 323 ff. genannten Art im Rahmen der Gesellschaft auftreten, **164** ist ihnen mit den nicht auf synallagmatische Leistungspflichten abstellenden Mitteln des **allgemeinen Schuldrechts** sowie mit den spezifischen **Rechtsinstituten des Gesellschaftsrechts** Rechnung zu tragen. Unter den Letztgenannten bieten sich *in schwerwiegenden Fällen* die Vorschriften über die Kündigung aus wichtigem Grund (§ 723 Abs. 1 S. 2), über die Auflösung der Gesellschaft bei Zweckverfehlung (§ 726) sowie über die Ausschließung eines Gesellschafters nach Maßgabe von § 737 an. Bei ihrer Anwendung können je nach Lage des Falles auch die in §§ 323 ff. zum Ausdruck kommenden Wertungen berücksichtigt werden.[469] Geht es dagegen um Leistungsstörungen seitens einzelner Gesellschafter, die die *Grundlagen der Gesellschaft* unberührt lassen, so kann ihnen durch Vertragsanpassung im Rahmen der Treupflicht Rechnung getragen werden. Für die Leistungs- und Schadensersatzpflicht des Gesellschafters, bei dem das Leistungshindernis auftritt, bleibt es bei den allgemeinen Vorschriften der §§ 275 ff. (→ § 706 Rn. 24 ff.).

bb) Meinungsstand. Abweichend von dem vorstehend (→ Rn. 163) aufgestellten Grundsatz **165** war der Meinungsstand zur Anwendung aller oder einzelner der Vorschriften der §§ 320–327 aF auf die Gesellschaft in der Zeit bis zur Schuldrechtsreform 2002 uneinheitlich. Während das Reichsgericht in stRspr die Gesellschaft als gegenseitigen Vertrag beurteilte und demgemäß die Anwendbarkeit dieser Normen grundsätzlich bejaht hatte,[470] ließ der **BGH** die Grundsatzfrage offen;[471] in den wenigen einschlägigen Fällen kam er jeweils zur Verneinung ihres Eingreifens.[472] Das **Schrifttum** ging *früher* davon aus, die Gesellschaft sei ein gegenseitiger Vertrag „im weiteren Sinne", auf den die Vorschriften der §§ 320 ff. aF insoweit anwendbar seien, als sich das mit den Besonderheiten der Gesellschaft vereinbaren lasse.[473] Demgegenüber stand die *neuere Lehre* vor der Schuldrechtsreform der Anwendbarkeit jedenfalls der §§ 320–322 aF überwiegend ablehnend gegenüber;[474] nur für Zweipersonengesellschaften wurde sie überwiegend bejaht.[475] Auch hinsichtlich der §§ 323–327 aF überwogen diejenigen Stimmen, die sich unter Hinweis auf die besondere Rechtsnatur des Gesellschaftsvertrags gegen die Anwendbarkeit dieser Vorschriften aussprachen.[476] Das lag auf der Linie des in → Rn. 163 aufgestellten Grundsatzes.

---

[468] Str., im Grundsatz aA insbes. *K. Schmidt* und *Hüttemann* (→ Rn. 166 f.). Wie hier Soergel/*Hadding/Kießling* Rn. 45; tendenziell auch Bamberger/Roth/*Schöne* Rn. 67; für analoge Anwendung bei vergleichbarer Interessenlage Staudinger/*Habermeier* (2003) § 706 Rn. 18.

[469] Insoweit ist *Hüttemann*, Leistungsstörungen bei Personengesellschaften, 1998, S. 234 ff., 488 f. zu folgen.

[470] RGZ 76, 276 (279); 78, 303 (305); 81, 303 (305); 100, 1 (3); 147, 340 (342); 163, 385 (388).

[471] Vgl. BGH BB 1954, 92; NJW 1983, 1188 (1189); WM 1959, 53 (54 f.); dazu auch die Rspr.-Analyse von *Wertenbruch* NZG 2001, 306 f. In BGH NJW 1951, 308 wird der Gesellschaftsvertrag zwar (obiter) als gegenseitiger Vertrag bezeichnet, dabei aber ausdrücklich der Unterschied zum Austauschvertrag hervorgehoben.

[472] BGH BB 1954, 92; NJW 1983, 1188 (1189); WM 1959, 53 (54 f.); BGHZ 10, 44 (51) = NJW 1953, 1548 – Wegfall der Geschäftsgrundlage; und BGH WM 1967, 419 (420); so auch OLG München ZIP 2000, 2255 (2256 f.) – außerordentliche Kündigung statt Berufung auf § 326 aF.

[473] Vgl. namentlich *A. Hueck* OHG § 6 II 3; näher 2. Aufl. Rn. 141 mwN *(Ulmer)*; s. auch Heymann/*Emmerich* HGB § 105 Rn. 5 und Bamberger/Roth/*Schöne* Rn. 67.

[474] Vgl. aus der Zeit vor 2002 insbes. die früheren Aufl. von Soergel/*Hadding* Rn. 44; Staudinger/*Keßler*, 12. Aufl. 1979, Rn. 11 ff.; Baumbach/*Hopt* HGB § 105 Rn. 48; *Larenz* SchuldR BT II, 12. Aufl. 1981, § 60 I b; ungeachtet ihres die Anwendbarkeit der §§ 320 ff. aF grds. bejahenden Ansatzes auch Heymann/*Emmerich* HGB § 105 Rn. 6; mit Einschränkungen auch Erman/*Westermann* Rn. 43: „nicht gänzlich unpassend"; *Flume* BGB AT I 1 § 2 IV, S. 29 ff.

[475] So insbes. Soergel/*Hadding* Rn. 44; Heymann/*Emmerich* HGB § 105 Rn. 6; für Anwendbarkeit des § 273 Staudinger/*Keßler*, 12. Aufl. 1979, Rn. 15; aA Baumbach/Hopt/*Roth* HGB § 105 Rn. 48: „uU § 242".

[476] So vor 2002 Erman/*Westermann* Rn. 43; Soergel/*Hadding* Rn. 44 f.; Staudinger/*Keßler*, 12. Aufl. 1979, Rn. 11 ff.; *Larenz* SchuldR BT II, 12. Aufl. 1981, § 60 I b; aA noch Soergel/*Schultze-v. Lasaulx*, 10. Aufl. 1969, Rn. 35 ff.; vorbehaltlich gesellschaftsrechtlicher Besonderheiten auch *A. Hueck* OHG § 6 II 3, S. 52 ff.; *Flume* BGB AT I 1 § 2 IV, S. 29 ff.; für Zulässigkeit privatautonom vereinbarter Geltung des § 326 aF an Stelle von § 723 *Wertenbruch* NZG 2001, 306 (307 f.).

166 In betontem Gegensatz zu den neueren Lehren aus der Zeit vor der Schuldrechtsreform, die sich für die grundsätzliche Nichtanwendung der §§ 320–327 aF auf Beitragsleistungen in der GbR aussprachen, heben zwei neuere Ansichten den Gegenseitigkeitscharakter der Rechtsbeziehungen in der Gesellschaft hervor; sie verdienen daher besondere Erwähnung. Die erste dieser Ansichten stammt von *Karsten Schmidt*.[477] Mit der von ihm entwickelten **Differenzierungs-These** wendet er sich nachdrücklich gegen die Auffassung der hM, der Anwendbarkeit dieser Vorschriften stehe der fehlende Austauschcharakter des typischen Gesellschaftsvertrags entgegen. Geboten sei vielmehr die systematische Differenzierung zwischen dem gestörten *Beitragsverhältnis* und dem *Organisationsverhältnis* im Ganzen. Zwar beruhten beide Rechtsbeziehungen auf dem Gesellschaftsvertrag als einem beide Teile umfassenden, einheitlichen Rechtsverhältnis; die Unterscheidung gestatte es jedoch, den für sie jeweils geeigneten unterschiedlichen Rechtsfolgen angemessen Rechnung zu tragen.[478] Wie die nähere Betrachtung lehrt, bringt diese differenzierende Betrachtung freilich nichts wirklich Neues; sie führt also über die Ergebnisse der neueren Lehre nicht eigentlich hinaus. Denn es entspricht allgemeiner Ansicht, dass das Schicksal der jeweils gestörten Hauptleistung des Schuldners (dem „Beitragsverhältnis" iSv *K. Schmidt*) sich nach den Vorschriften der §§ 275 ff. richtet; das gilt selbstverständlich auch für die gesellschaftsvertraglichen Beitragspflichten. Die mit Blick auf die Rechtsnatur umstrittene Frage betrifft vielmehr das Schicksal der Gegenleistung bzw. des Gesamtvertrages (das „Organisationsverhältnis"), dh das Eingreifen der §§ 320 ff. Da sich auch *Karsten Schmidt* für das „Organisationsverhältnis" gegen das Eingreifen der Rücktrittsvorschriften der §§ 323 ff. ausspricht und die Mitgesellschafter stattdessen auf die gesellschaftsrechtliche Sonderregelung des § 723 verweist,[479] reduziert sich der Unterschied aus seiner Sicht auf die Anwendung der §§ 320, 322 betreffend die Leistung Zug-um-Zug. Und auch insoweit räumt der Verf. ein, dass für die Anwendung dieser Vorschriften bei „organisierten Verbänden" mit besonderen, zur Geltendmachung von Sozialansprüchen berufenen Organen kein Raum sei. An die Stelle des § 320 trete bei ihnen vielmehr der Gleichbehandlungsgrundsatz, auf den sich die Beitragsschuldner ggf. berufen könnten.[480] Anderes gelte (nur) bei Gesellschaften ohne besondere Organisation wie insbesondere rein schuldrechtlichen Innengesellschaften;[481] auch das entspricht indessen dem Ergebnis der hM (→ Rn. 165).

167 Im Ansatz grundsätzlicher und von dogmatisch größerer Tragweite sind demgegenüber die im Jahr 1998 veröffentlichten Untersuchungen von *Hüttemann*[482] zur **modifizierten Anwendung der §§ 320 ff. aF** auf Gesellschaftsverträge. Unter Rückgriff auf das gemeine Recht und die BGB-Motive unternimmt er den Nachweis, dass der Gesetzgeber auch den Gesellschaftsvertrag als gegenseitigen Vertrag ansah und daher von der grundsätzlichen Anwendbarkeit der hierauf bezogenen BGB-Vorschriften ausging.[483] Freilich räumt auch *Hüttemann*[484] ein, dass die Anwendung der §§ 320 ff. aF (1) nicht pauschal erfolgen dürfe, sondern eine Prüfung der jeweiligen Einzelregelung und des dort enthaltenen allgemeinen Rechtsgedankens auf seine Eignung für Gesellschaftsverträge erforderlich mache, dass (2) unter Berücksichtigung der anders ausgestalteten Leistungsrichtung der jeweiligen Vertragspflichten in der Gesellschaft (Gegenseitigkeit zwischen den jeweiligen Beitragspflichten und Teilhabe am Gesellschaftsergebnis) zu erfolgen habe und dass (3) eine Abstimmung zwischen den Rechtsfolgen der §§ 323 ff. aF und den gesellschaftsrechtlichen Sonderregelungen der §§ 723, 737 erforderlich sei, so insbesondere bei in Vollzug gesetzten Gesellschaften. Diesen Einschränkungen wäre, wollte man mit Rücksicht auf die Entstehungsgeschichte des BGB dem Ansatz von *Hüttemann* im Grundsatz folgen, voll zuzustimmen. Freilich reduzieren sich damit auch die Unterschiede seiner Ansicht gegenüber den Ergebnissen der hM wesentlich: während diese von der Geltung der §§ 705 ff. unter Einschluss der nicht auf gegenseitige Verträge bezogenen Vorschriften des allgemeinen Schuldrechts ausgeht, dabei aber den analogen Rückgriff auf die §§ 320 ff. in geeigneten Fällen nicht ausschließt, kommt *Hüttemann* ungeachtet seines gegensätzlichen Ausgangspunkts zu überwiegend ähnlichen Schlussfolgerungen.[485] Dann aber besteht kein Anlass, abweichend von der inzwischen

---

[477] *K. Schmidt* GesR § 20 III; so dann auch MüKoHGB/*K. Schmidt* HGB § 105 Rn. 186; ihm im Ansatz folgend Staudinger/*Habermeier* (2003) § 706 Rn. 18 ff.

[478] *K. Schmidt* GesR § 20 III 1a und b; zust. Staudinger/*Habermeier* (2003) § 706 Rn. 19 ff.; wohl auch *Westermann* in Westermann/Wertenbruch PersGesR-HdB I. Teil § 5 Rn. 132a aE.

[479] *K. Schmidt* GesR § 20 III 5; MüKoHGB/*K. Schmidt* HGB § 105 Rn. 186.

[480] *K. Schmidt* GesR § 20 III 2b aa; vgl. auch MüKoHGB/*K. Schmidt* HGB § 105 Rn. 186: Frage der (ergänzenden) Vertragsauslegung.

[481] *K. Schmidt* GesR § 20 III 2b bb.

[482] *Hüttemann*, Leistungsstörungen bei Personengesellschaften, 1998.

[483] *Hüttemann*, Leistungsstörungen bei Personengesellschaften, 1998, S. 37 ff., 48 ff.

[484] *Hüttemann*, Leistungsstörungen bei Personengesellschaften, 1998, passim, vgl. zusammenfassend S. 485 f.

[485] So insbes. für die Ersetzung des § 320 durch den Gleichbehandlungsgrundsatz in mehrseitigen Gesellschaftsverhältnissen (*Hüttemann*, Leistungsstörungen bei Personengesellschaften, 1998, S. 87 ff., 487) sowie für den Rückgriff auf §§ 723, 737 im Fall von Leistungsstörungen bei in Vollzug gesetzten Gesellschaften, *Hüttemann*, Leistungs-

Inhalt des Gesellschaftsvertrags 168–170 § 705

weitgehend akzeptierten Unterscheidung zwischen Austausch- und Gesellschaftsverträgen zur ursprünglichen Beurteilung durch Motive und RG-Rechtsprechung zurückzukehren.

cc) Folgerungen. (1) §§ 320–322. Was die **Einrede des nichterfüllten Vertrags** und die Ver- 168
urteilung Zug um Zug angeht, so steht der Berufung des Beitragsschuldners auf die Vorschriften der §§ 320, 322 typischerweise das Fehlen eines Synallagmas zwischen den Einlageleistungen der verschiedenen Gesellschafter entgegen.[486] Der einzelne Beitrag wird nicht als Gegenleistung für diejenigen der Mitgesellschafter geschuldet, sondern zur Förderung des gemeinsamen Zwecks und mit Blick auf den aus der Gesellschaftsbeteiligung erwarteten Gewinn.[487] Wohl aber kann sich der Beitragsschuldner gegenüber der Einforderung des Beitrags durch die Gesellschaftsorgane auf den *Gleichbehandlungsgrundsatz* (→ Rn. 244 ff.) berufen, sofern er nach dem Gesellschaftsvertrag nicht vorleistungspflichtig ist.[488] Mit dieser Begründung kann er entsprechend § 273 die Leistung der Einlage verweigern, wenn und solange die Einlagen der Mitgesellschafter weder eingefordert noch geleistet sind; die pflichtwidrige Nichtleistung nur durch einzelne, ihrerseits ebenfalls säumige Mitgesellschafter reicht für diese Einrede freilich nicht aus. Für *laufende* Verpflichtungen der Gesellschafter (Beiträge iwS) wie etwa die Übernahme von Geschäftsführungsfunktionen scheidet die Berufung auf die §§ 320, 322 ohnehin aus.[489]

Eine zum Eingreifen der §§ 320, 322 führende **Ausnahme** von diesem Grundsatz ist für *Zweiperso-* 169
nengesellschaften anzuerkennen.[490] Hier nähern sich die wechselseitigen Beitragspflichten angesichts der besonderen Konstellation des Gesellschaftsverhältnisses denjenigen in einem Austauschverhältnis so weitgehend an, dass der entsprechenden Anwendung der §§ 320, 322 keine Bedenken entgegenstehen.[491] Der Erfüllung verlangende Mitgesellschafter, dessen Beitrag ebenfalls noch aussteht, kann also nur Verurteilung des säumigen Gesellschafters auf Leistung gleichzeitig mit der Erbringung des eigenen Beitrags in das Gesellschaftsvermögen verlangen. Ob diese Ausnahme auch auf Mehrpersonengesellschaften ohne besondere Organverfassung zu erstrecken ist,[492] lässt sich nicht generell beantworten, sondern hängt von der Vergleichbarkeit der jeweiligen Konstellation mit den von §§ 320, 322 erfassten Schuldverhältnissen ab. Der Einwand der **Vermögensverschlechterung** eines Teils der oder aller Mitgesellschafter kann in vollem Umfang im Rahmen der §§ 723 Abs. 1, 726, 737 berücksichtigt werden. Das entspricht den Besonderheiten der Gesellschaft besser als das Leistungsverweigerungsrecht des § 321.[493]

(2) Leistungsstörungen. Zur Beurteilung von Leistungsstörungen (Unmöglichkeit, Schlechter- 170
füllung, Verzug) in Bezug auf die Beitragsleistungen der Gesellschafter und deren Rechtsfolgen wie

---

störungen bei Personengesellschaften, 1998, S. 234 ff., 381 ff., 488 f., 491 ua. Abw. von der hM will *Hüttemann* (S. 455 ff., 492) zwar uneingeschränkt die rückwirkende „Aufhebung des Beteiligungsverhältnisses" im Fall der Wandlung wegen mangelhafter Beitragsleistung nach §§ 493, 462 aF zulassen; dabei übergeht er jedoch die Problematik der in Vollzug gesetzten Gesellschaft.
[486] Ebenso Soergel/*Hadding/Kießling* Rn. 45; Staudinger/*Habermeier* (2003) § 706 Rn. 24; Erman/*Westermann* Rn. 44; im Ergebnis auch *K. Schmidt* GesR § 20 III 2b und *Hüttemann*, Leistungsstörungen bei Personengesellschaften, 1998, S. 87 ff., 486 f.
[487] Die Einrede der Gesellschaft aus § 320 gegenüber dem *Gewinnanspruch* des säumigen Beitragsschuldners daher zu Recht zulassend *Hüttemann*, Leistungsstörungen bei Personengesellschaften, 1998, S. 137 ff., 145.
[488] HM, Soergel/*Hadding* Rn. 44; Heymann/*Emmerich* HGB § 105 Rn. 6; für Anwendbarkeit des § 273 Staudinger/*Keßler*, 12. Aufl. 1979, Rn. 15; aA Baumbach/Hopt/*Roth* HGB § 105 Rn. 48: „uU § 242".
[489] Vgl. Soergel/*Hadding/Kießling* Rn. 45; *Hueck* OHG § 6 II 3b; näher *Hüttemann*, Leistungsstörungen bei Personengesellschaften, 1998, S. 118 ff. unter Hinweis auf die typische Vorleistungspflicht des Geschäftsführers gegenüber den Mitgesellschaftern. Vgl. auch BGH BB 1954, 92; WM 1959, 54 zur Frage, ob ein auf Einlageleistung verklagter Gesellschafter dem namens der Gesellschaft klagenden Geschäftsführer die „Einrede gemäß § 320" mit der Begründung entgegensetzen kann, dass er von diesem zu Unrecht an der Geschäftsführung gehindert werde (vom BGH zutr. verneint).
[490] Im Ergebnis ganz hM, Erman/*Westermann* Rn. 43; Soergel/*Hadding* Rn. 44 f.; Staudinger/*Keßler*, 12. Aufl. 1979, Rn. 11 ff.; Larenz SchuldR BT II, 12. Aufl. 1981, § 60 I b; vorbehaltlich gesellschaftsrechtlicher Besonderheiten auch *A. Hueck* OHG § 6 II 3, S. 52 ff.; *Flume* BGB AT I 1 § 2 V, S. 29 ff.; für Zulässigkeit privatautonom vereinbarter Geltung des § 326 aF an Stelle von § 723 Wertenbruch NZG 2001, 306 (307 f.); so auch RGRK/*v. Gamm* Rn. 9; *Hueck* OHG § 6 II 3b; aA noch Soergel/*Schultze-v. Lasaulx*, 10. Aufl. 1969, Rn. 35 ff.
[491] Die Anwendung des § 320 in derartigen Fällen dokumentiert also nicht die „Konzeptionslosigkeit" der hM (so aber *K. Schmidt* GesR § 20 III 2a), sondern beruht auf einem Analogieschluss.
[492] Dafür *K. Schmidt* GesR § 20 III 2b bb.
[493] Zust. Soergel/*Hadding/Kießling* Rn. 45; Erman/*Westermann* Rn. 44; Staudinger/*Habermeier* (2003) § 706 Rn. 24; für Eingreifen des § 321 im Falle einer Vermögensverschlechterung bei allen Mitgesellschaftern aber noch RGRK/*v. Gamm* Rn. 9; GroßkommHGB/*Rob. Fischer*, 3. Aufl. 1973, HGB § 105 Anm. 47c; *Hueck* OHG § 6 II 3c; diff. *Hüttemann*, Leistungsstörungen bei Personengesellschaften, 1998, S. 128 ff. – Für Berufung auf § 610 aF (= § 490) gegenüber den auf Kapitaleinlagen gerichteten Beitragsansprüchen der Gesellschaft bei wesentlicher Verschlechterung von deren Vermögensverhältnissen BGH WM 1968, 876.

§ 705   171–173   Abschnitt 8. Titel 16. Gesellschaft

Anpassung des Gesellschaftsvertrags, Kündigung der Gesellschaft oder Ausschließung des betroffenen Gesellschafters vgl. die Erläuterungen zu § 706. Die *Schuldrechtsreform* hat insoweit – durch Zusammenfassung der verschiedenen Tatbestände des allgemeinen Schuldrechts zur Kategorie der Pflichtverletzung (§ 280) und durch Gleichstellung der Rechtsfolgen kaufrechtlicher Sach- und Rechtsmängel in § 437 – eine Modernisierung gebracht, die auch für die Rechtslage des betroffenen Gesellschafters Berücksichtigung verdient. Zu Einzelheiten → § 706 Rn. 21 ff.

V. Auslegung des Gesellschaftsvertrags

171   **1. Auslegungsmaßstäbe. a) Grundsatz.** Die Auslegung des Gesellschaftsvertrags einer GbR richtet sich – anders als diejenige der Satzung einer Kapitalgesellschaft[494] – grundsätzlich nach den in §§ 133, 157 normierten, für die Auslegung von Rechtsgeschäften geltenden Maßstäben.[495] Ausgehend vom Vertragswortlaut sind daneben Entstehungsgeschichte und Systematik, Sinn und Zweck des Vertrags sowie die Besonderheiten seiner Durchführung zu berücksichtigen, um den übereinstimmenden oder für alle Beteiligten erkennbaren, zum Vertragsgegenstand gemachten **wirklichen Willen** der Parteien zu erforschen.[496] Das gilt jedenfalls für typische Personengesellschaften mit einem überschaubaren, untereinander verbundenen Kreis von Gesellschaftern, der sich seit der Gründung oder der Neufassung des Gesellschaftsvertrags nicht wesentlich durch Anteilserwerb Dritter verändert hat. Besonderheiten sind demgegenüber einerseits für Publikums-Gesellschaften zu beachten (→ Rn. 175), andererseits für sonstige auf einen Gesellschafterwechsel angelegte oder von einem solchen betroffene Gesellschaften (→ Rn. 172 f.).[497] Die Verteilung der Darlegungs- und Beweislast im Hinblick auf Auslegungsdifferenzen ist für die Vertragsauslegung als Akt der Rechtsanwendung grundsätzlich ohne Belang. Sie kann aber Bedeutung erlangen, soweit es um für die Auslegung erhebliche Tatsachen geht.[498]

172   **b) Besonderheiten.** Auch wenn die Auslegung von Gesellschaftsverträgen sich im Grundsatz nach den allgemeinen rechtsgeschäftlichen Auslegungsgrundsätzen richtet, sind insbesondere bei schon länger zurückliegendem Vertragsschluss, bei einem größeren Gesellschafterkreis oder bei zwischenzeitlich eingetretenem Gesellschafterwechsel einige Besonderheiten zu beachten.[499] Sie beruhen einerseits auf dem Eigenleben, das die Gesellschaft im Laufe ihres Bestehens entfaltet, andererseits auf der gegenüber sonstigen Rechtsgeschäften stärkeren, auch für die Auslegung zu beachtenden Bedeutung des Vertragszwecks und der Treupflicht der Gesellschafter. So verliert der individuelle Wille der Gründer, zumal wenn er im Vertragswortlaut nicht hinreichend zum Ausdruck gekommen ist, als Auslegungsmaxime im Laufe der Vertragsdauer mehr und mehr an Gewicht. Auch gestattet die **einverständliche tatsächliche Handhabung** des Vertrags abweichend vom Vertragswortlaut nicht selten den Schluss auf einen gegenüber dem Vertragsabschluss geänderten Parteiwillen und kann deshalb für die Auslegung nach den Grundsätzen über die *konkludente Vertragsänderung* (→ Rn. 56) Bedeutung erlangen.

173   **Im Einzelnen** sind danach für die Auslegung das Vorhandensein einer umfangreichen Organisation und erheblicher gemeinsam geschaffener Werte zu berücksichtigen; sie sprechen für eine im Zweifel von allen Beteiligten gewollte größere **Bestandskraft** der Gesellschaft und unterscheiden den Gesellschaftsvertrag dadurch deutlich von gewöhnlichen Rechtsgeschäften. Dieser Umstand verdient namentlich in Krisensituationen Beachtung. Er kann etwa dazu führen, abweichend vom dispositiven Recht auch ohne ausdrückliche Fortsetzungsklausel einen Fortsetzungswillen der Beteiligten beim Ausscheiden eines Partners zu bejahen.[500] Die **Treupflicht** legt bei mehrdeutigem

---

[494] Zu deren rein objektiver, nach Art der Gesetzesauslegung am Sinngehalt der Satzungsregelungen anknüpfender Auslegung näher Ulmer/Habersack/Löbbe/*Ulmer/Löbbe* GmbHG § 2 Rn. 194 ff.

[495] Ganz hM, vgl. Erman/*Westermann* Rn. 34; Soergel/*Hadding/Kießling* Rn. 38; Staudinger/*Habermeier* (2003) Rn. 13; *Coing* ZGR 1978, 659 ff.; aus der Rspr. vgl. etwa BGH NJW 1995, 3313 (3314); WM 1957, 512 f.; 1975, 662; RGZ 159, 272 (278); 165, 68 (73). Allg. zur Auslegung von Gesellschaftsverträgen vgl. auch *Wiedemann* GesR I § 3 II 2; *ders.* GesR II § 2 III 2; *Grunewald* ZGR 1995, 68 ff.; ferner *K. Schmidt* GesR § 5 I 4, der zwischen Satzungsregelungen im materiellen Sinne und nicht korporativen (individuellen) Vereinbarungen differenziert und allein letztere den allg. Grundsätzen über die Auslegung von Rechtsgeschäften unterstellt.

[496] Vgl. nur BGH NJW 1995, 3313 (3314); 2005, 2618 (2619); ZIP 2008, 1075 (1077); WM 1998, 1535 (1536). Zum Ganzen näher *Wiedemann* DNotZ 1977, Sonderheft S. 99 ff.; *Grunewald* ZGR 1995, 68 f.

[497] Vgl. dazu näher *Grunewald* ZGR 1995, 68 f.

[498] BGHZ 20, 109 (110) = NJW 1956, 665; BGH WM 1973, 285 (286); ZIP 1996, 750 (752); *Wiedemann* DNotZ 1977, Sonderheft S. 109.

[499] Allg. zur Notwendigkeit modifizierter Anwendung der Auslegungsregeln der §§ 125, 139, 154 → Rn. 29, 50, 53.

[500] Vgl. etwa BGHZ 68, 225 (229) = NJW 1977, 1339 (1341) zur Auslegung von Vereinbarungen über die Rechtsfolgen des Todes eines Gesellschafters iSd für den Fortbestand der Gesellschaft günstigeren Nachfolgeklausel. Ferner BGH BB 1973, 166 (Fortsetzungsklausel) und *Rob. Fischer* LM HGB § 138 Nr. 3.

Wortlaut eine Auslegung nahe, die den sachlich berechtigten Belangen der Gesellschaftergesamtheit am besten Rechnung trägt.[501] Namentlich bei Familiengesellschaften ist auch die **Grundtendenz des Vertrages,** etwa die gleichberechtigte Beteiligung der einzelnen Stämme oder die Aufteilung der Geschäftsführungsbefugnisse auf verschiedene Gesellschaftergruppen zu beachten.[502] Die Rechtsprechung berücksichtigt diese Umstände auf Grund der „allgemeinen Lebenserfahrung".[503] Damit sind rechtliche Gesichtspunkte allgemeiner Art gemeint, die nach der Lebenserfahrung für bestimmte, häufig wiederkehrende gesellschaftsvertragliche Bestimmungen von Bedeutung sind.[504]

c) Ergänzende Vertragsauslegung; geltungserhaltende Reduktion. Von der eigentlichen Auslegung zu unterscheiden ist die sog. „ergänzende Vertragsauslegung", dh die richterliche Vertragsergänzung nach Maßgabe des hypothetischen Parteiwillens (→ § 157 Rn. 26 ff., 45 ff. *[Busche]*). Sie greift nicht nur ein, wenn der Gesellschaftsvertrag sich auf Grund der Auslegung nach den in → Rn. 171 genannten, am wirklichen Willen der Parteien orientierten Auslegungsmethoden als lückenhaft erweist, sondern auch bei erst durch spätere Entwicklungen oder durch Rechtsmängel (Teilnichtigkeit) sich als unvollständig erweisendem Vertragsschluss (→ Rn. 29, 53).[505] Ihre Bedeutung erlangt die richterliche Vertragsergänzung namentlich in denjenigen Fällen, in denen mangels wirksamer abweichender Vereinbarung die Anwendung dispositiven Rechts in Frage steht, das Gesamtsystem des Vertrages aber die Annahme nahelegt, dass die Parteien eine andere Lösung getroffen hätten, wenn ihnen die Vertragslücke und die im dispositiven Recht angelegte Rechtsfolge bewusst gewesen wären. Das fehlende Bewusstsein eines Regelungsbedarfs ist bei Gesellschaftsverträgen angesichts des inhaltlich weitgehend überholten dispositiven Rechts nicht selten anzunehmen.[506] Zur Vertragsänderung kraft Treupflicht und zur Änderung der Geschäftsgrundlage → Rn. 231.

Bisher in methodisch-systematischer Sicht nicht abschließend geklärt ist das Verhältnis der ergänzenden Vertragsauslegung zur **geltungserhaltenden Reduktion** übermäßiger Vertragsklauseln; diese wird gerade im Gesellschaftsrecht von der Rechtsprechung nicht selten praktiziert.[507] Insoweit steht immerhin fest, dass sich die ergänzende Auslegung lückenhafter Verträge am *hypothetischen,* von den Parteien bei redlichem Verhalten verfolgten Willen zu orientieren hat, dh nach der objektiven Sinnhaftigkeit der zur Lückenfüllung bestimmten Regelung fragt, während die geltungserhaltende Reduktion vom *tatsächlichen* Parteiwillen ausgeht und es aus dieser Sicht unternimmt, übermäßige und deshalb rechtlich unwirksame Regelungen auf das rechtlich noch vertretbare Maß zurückzuführen.[508] Die Ergebnisse beider Korrekturmethoden können zwar übereinstimmen; sie werden aber in der Mehrzahl der Fälle differieren und bei ergänzender Vertragsauslegung zu einer besser ausgewogenen Vertragsgestaltung führen. Das ist auch der Grund dafür, dass bei einseitig vorformulierten Verträgen wie im AGB-Recht,[509] aber auch bei Verträgen für Publikums-Personengesellschaften (→ Rn. 175), für die am Willen des Vorformulierers ausgerichtete geltungserhaltende Reduktion als methodischer Ansatz kein Raum ist.[510]

Soweit es um **typische Personengesellschaftsverträge** geht, liegt das Abstellen auf den *tatsächlichen* Parteiwillen als Korrekturmaßstab nicht nur wegen des Fehlens einseitiger Vorformulierung, sondern auch aus einem weiteren Grunde nahe. Er beruht auf der weiten Verbreitung von *salvatorischen Klauseln* in Gesellschaftsverträgen; sie verpflichten die Parteien, Vertragslücken auf Grund rechtlich unwirksamer Vereinbarungen unter möglichst weitgehender Annäherung an das tatsächlich

---

[501] Vgl. BGH NJW 1995, 3313 (3314); 2005, 2618 (2619); ZIP 2008, 1075 (1077); WM 1998, 1535 (1536). Recht weitgehend freilich BGH BB 1977, 1271, wo durch „Auslegung" eine Pflicht der Mitgesellschafter bejaht wurde, einer angemessenen Erhöhung der Geschäftsführerbezüge zuzustimmen.
[502] *Wiedemann* DNotZ 1977, Sonderheft S. 104; vgl. auch *Ulmer* ZIP 2010, 549 (552 ff.).
[503] BGHZ 23, 17 (29) = NJW 1957, 591.
[504] So *Rob. Fischer* in Anm. zu diesem Urteil, LM HGB § 138 Nr. 3. Hierzu und zur Kritik an der herrschenden Auslegung von Gesellschaftsverträgen vgl. auch *Teichmann,* Gestaltungsfreiheit in Gesellschaftsverträgen, 1970, S. 129 ff., 132.
[505] Vgl. dazu *Hey,* Ergänzende Vertragsauslegung und Geschäftsgrundlagen-Störung im Gesellschaftsrecht, 1990.
[506] Für grds. Vorrang ergänzender Auslegung vor der Anwendung dispositiven Gesellschaftsrechts daher zu Recht die ganz hM, vgl. BGHZ 123, 281 (286) = NJW 1993, 3193; BGH NJW 1979, 1705; 1982, 2816; 1985, 192 (193); 2004, 2449 (2450); so → § 157 Rn. 44 f. *(Busche);* Erman/*Westermann* Rn. 36; Soergel/*Hadding/Kießling* Rn. 38, *Wiedemann* GesR I § 3 II 2b S. 170 f.; *Grunewald* ZGR 1995, 70 f.
[507] → § 157 Rn. 26 ff., 36 zum unterschiedlichen methodischen Ansatz; vgl. *H. P. Westermann,* FS Stimpel 1985, S. 69 (87 ff.) zu den Besonderheiten geltungserhaltender Reduktion im Gesellschaftsrecht.
[508] → § 157 Rn. 26 ff., 36 zum unterschiedlichen methodischen Ansatz; vgl. *H. P. Westermann,* FS Stimpel 1985, S. 69 (87 ff.) zu den Besonderheiten geltungserhaltender Reduktion im Gesellschaftsrecht.
[509] Das folgt nach ganz hM aus § 306 Abs. 2 (= § 6 Abs. 2 AGBG aF). Vgl. näher Ulmer/Brandner/Hensen/*H. Schmidt* § 306 Rn. 14 f., 33 ff. mwN.
[510] AA anscheinend Erman/*Westermann* Rn. 42.

Gewollte zu schließen. In dieselbe Richtung weist die auch für Anpassungen von Gesellschaftsverträgen an rechtliche Vorgaben relevante *Treupflicht* der Gesellschafter, die sie zur Mitwirkung bei der Schließung von Vertragslücken entsprechend dem tatsächlich Gewollten, wenn auch unter Beachtung der Übermaßschranken verpflichtet.[511] **Beispiele** für das Eingreifen geltungserhaltender Reduktion bilden die wegen Verstoßes gegen § 723 Abs. 3 unwirksamen Vereinbarungen betreffend übermäßig lange Vertragslaufzeiten[512] oder als Kündigungshindernis wirkende Abfindungsbeschränkungen (→ § 738 Rn. 74),[513] aber auch das uneingeschränkte Recht eines Teils der Gesellschafter, Mitgesellschafter unbefristet und ohne sachlichen Grund aus der Gesellschaft auszuschließen (→ § 737 Rn. 16 ff., 20).[514] Ihre Grenze findet die Methode geltungserhaltender Reduktion einerseits bei vertraglicher Aberkennung unverzichtbarer Rechte zu Lasten eines Teils der Gesellschafter, die nicht „reduziert" werden kann, und andererseits bei Verstößen gegen § 138 Abs. 1 oder Abs. 2, da die angemessene Rechtsfolge hier nicht die Orientierung am verwerflichen tatsächlichen Willen eines Teils der Gesellschafter ist, sondern der Rückgriff auf dispositives Recht oder auf die an objektiven Vorgaben ausgerichtete Vertragsergänzung.

175 **2. Publikums-Personengesellschaften.** Für die Auslegung der Verträge von sog. Publikums-Personengesellschaften gelten nach allgM in mehrfacher Hinsicht Besonderheiten.[515] Sie beruhen darauf, dass derartige Verträge typischerweise von einem mit den Gesellschaftern nicht oder nur zu kleinen Teilen identischen Kreis von Personen, den sog. Initiatoren, erstellt werden und zum Beitritt für eine meist große Zahl von über den Kapitalmarkt geworbenen, untereinander nicht verbundenen Anlegern offen stehen. Daher richtet sich die Auslegung dieser Verträge grundsätzlich nach *objektiven*, an Wortlaut, Systematik und (auch steuerrechtlicher) Zielsetzung des Vertragswerks orientierten Kriterien;[516] davon abweichende subjektive Vorstellungen der Initiatoren oder Gründer sind nur ausnahmsweise und zwar dann zu berücksichtigen, wenn sie sich *zu Gunsten* der Anleger auswirken und insbesondere ihnen gegenüber bei der Werbung zum Beitritt hervorgehoben wurden. Darüber hinaus legt der BGH Publikumsgesellschaftsverträge in Anlehnung an § 305c Abs. 2 zu Lasten des Verwendes aus, der sie gestellt hat.[517] Mehrjährige tatsächliche Abweichungen der Gesellschaftspraxis vom Vertragswortlaut reichen anders als im Fall der Normal-GbR (→ Rn. 56) regelmäßig nicht aus, um daraus auf eine konkludente, vom Willen auch der dadurch nachteilig betroffenen Anleger getragene Vertragsänderung zu schließen.[518] Bei der ergänzenden Vertragsauslegung bietet es sich ebenso wie bei der Inhaltskontrolle derartiger Verträge (→ Rn. 140 mwN) an, auch die im Aktienrecht getroffenen Regelungen für den entsprechenden Fragenkomplex zu berücksichtigen.[519] Für eine geltungserhaltende Reduktion übermäßiger Klauseln ist in derartigen Fällen kein Raum (→ Rn. 174a). – Die vorstehenden Grundsätze gelten auch für Treuhandkonstruktionen, bei denen die Anleger an der Publikums-GbR nicht unmittelbar, sondern unter Zwischenschaltung eines gemeinsamen Treuhänders beteiligt sind.[520]

176 **3. Nachprüfung in der Revisionsinstanz.** Die Auslegung von Gesellschaftsverträgen ist ebenso wie diejenige sonstiger Rechtsgeschäfte in der Revisionsinstanz grundsätzlich nur darauf nachprüfbar, ob entweder allgemein anerkannte Auslegungsregeln, Denk- und Erfahrungssätze verletzt worden oder wesentliche Tatsachen unberücksichtigt geblieben sind.[521] Die für Satzungen juristischer Perso-

---

[511] So zutr. *H. P. Westermann*, FS Stimpel, 1985, S. 69 (88 f.).
[512] Dazu BGH NJW 2007, 295 (297) – Verkürzung 30jähriger Bindung an RA-Sozietät auf 14 Jahre; NJW 1994, 2886 (2888); BB 1967, 309; OLG Stuttgart NZG 2007, 786 – Verkürzung 30jähriger Bindung auf „im Einzelfall angemessene Dauer"; → § 723 Rn. 63.
[513] BGHZ 123, 281 (285 f.) = NJW 1993, 3193; BGH NJW 1985, 192 (193); 1973, 651 (652).
[514] BGHZ 105, 213 (220 f.) = NJW 1989, 834; BGH ZIP 2004, 903 (905).
[515] Vgl. zu diesen vor allem für die Publikums-KG entwickelten besonderen Grundsätzen BGH WM 1978, 87 f.; NJW 1979, 2102; 1982, 877 (878); 1985, 195; 1989, 786; ZIP 2001, 243 (244); 2004, 2095 (2097); 2012, 117 Rn. 50; 2012, 1342 Rn. 32; Staub/*Schäfer* HGB § 105 Rn. 199; Erman/*Westermann* Rn. 38; *Coing* ZGR 1978, 659 (661); *Grunewald* ZGR 1995, 72 f.; *Wiedemann* DNotZ 1977, Sonderheft S. 99, 105.
[516] BGH ZIP 2011, 322 (324); 2011, 1657 (1661); 2011, 2299 (2301); NJW 1990, 2684 (2685); WM 1989, 786 (788); NJW 1979, 2102; MüKoHGB/*Grunewald* § 161 Rn. 115; Baumbach/Hopt/*Roth* HGB Anh. § 177a Rn. 67.
[517] BGH ZIP 2004, 2095 (2097 f.); 2013, 1222 Rn. 14; GWR 2014, 458 – im Zweifel stehen Auszahlungen an Kommanditisten daher unter Rückforderungsvorbehalt.
[518] BGH NJW 1990, 2684 (2685); *Grunewald* ZGR 1995, 72 f.
[519] Dazu sowie zu den damit verbundenen Schwierigkeiten *Stimpel*, FS Rob. Fischer, 1979, S. 771 (775 ff.).
[520] BGH NJW-RR 1989, 993 (994); Baumbach/Hopt/*Roth* HGB Anh. § 177a Rn. 67; *Grunewald* ZGR 1995, 73.
[521] BGH ZIP 2001, 1414; WM 2000, 1195; 1995, 1545; NJW 1994, 2228; so auch Erman/*Westermann* Rn. 37; Staub/*Schäfer* HGB § 105 Rn. 200.

nen anerkannte unbeschränkte Nachprüfung im Interesse objektiver, einheitlicher Auslegung[522] findet bei *Personengesellschaftsverträgen* mit Ausnahme der Publikums-Gesellschaften (→ Rn. 175) keine Entsprechung. Auch für sie ist jedoch die Tendenz des BGH unverkennbar, in weitergehendem Maße eine eigene Auslegungskompetenz in Anspruch zu nehmen als bei gewöhnlichen zweiseitigen Rechtsgeschäften. Den Einstieg hierzu eröffnet die Formel von der bei der Auslegung zu berücksichtigenden Lebenserfahrung (→ Rn. 173). Dieser Tendenz ist zuzustimmen.[523] Sie gestattet es, den Besonderheiten des jeweiligen Gesellschaftsvertrags möglichst weitgehend Rechnung zu tragen, zugleich aber eine einheitliche Rechtsentwicklung unabhängig von der im Einzelfall gewählten, häufig zufälligen Formulierung sicherzustellen.[524]

VI. Der Vorvertrag

Vom Gesellschaftsvertrag, auch dem unvollständig abgeschlossenen (→ Rn. 29 f.), ist der **Vorvertrag** zu unterscheiden. Er enthält nicht selbst die für § 705 kennzeichnende verbindliche Festlegung der Beteiligten auf einen gemeinsamen Zweck und dessen wechselseitige Förderung, sondern beschränkt sich auf die Verpflichtung der Parteien, unter den im Vorvertrag näher genannten Voraussetzungen zum Abschluss eines solchen Vertrags zu kommen. 177

Zur notwendigen **inhaltlichen Bestimmtheit** des Vorvertrags (→ Vor § 145 Rn. 62 f. *[Busche]*) bedarf es der Vereinbarung der wesentlichen Grundlagen für den künftigen Gesellschaftsvertrag, darunter namentlich des gemeinsamen Zwecks und der Beitragspflichten;[525] anstelle der Bestimmtheit genügt auch die Bestimmbarkeit nach Maßgabe der §§ 315, 317. Ist der Gesellschaftsvertrag wegen der Art der Einlageverpflichtungen oder wegen des Gesellschaftszwecks formbedürftig (→ Rn. 33), so gilt das grundsätzlich auch für den auf seinen Abschluss gerichteten Vorvertrag.[526] Die gerichtliche **Durchsetzung** des vorvertraglichen Anspruchs auf Gründung der Gesellschaft erfolgt ggf. nach § 894 ZPO (→ Vor § 145 Rn. 69 *[Busche]*). Dabei sind im Vorvertrag nicht geregelte Punkte, ähnlich wie beim unvollständigen Vertragsschluss, im Wege der richterlichen Vertragsergänzung zu schließen.[527] Der Vorvertrag kann aus wichtigem Grund gekündigt werden.[528] Er endet mit dem Abschluss des Hauptvertrags als Erfüllungshandlung. 178

C. Rechte und Pflichten der Gesellschafter

I. Grundlagen

1. Mitgliedschaft. a) Wesen. Die Mitgliedschaft in einer Personengesellschaft, der „Gesellschaftsanteil" (→ Rn. 159), verkörpert die aus dem Gesellschaftsvertrag resultierenden Rechte und Pflichten der einzelnen Gesellschafter. Ihre Ausgestaltung im Einzelnen ist gesetzlich nicht vorgegeben, sondern richtet sich nach dem Inhalt des jeweiligen Vertrages. Das gilt vor allem für die GbR, da sie wegen der hier besonders weitgehenden Dispositionsfreiheit der Gesellschafter (→ Rn. 132), aber auch wegen der Vielfalt der in Betracht kommenden Gesellschaftszwecke, über eine besonders große Variationsbreite in der Gestaltung der Mitgliedschaftsrechte und -pflichten verfügt. Sogar der Ausschluss einzelner Gesellschafter von der Erfolgsbeteiligung im Rahmen der sog. societas leonina ist nicht ohne weiteres unzulässig (→ Rn. 151). Die vertragliche Grundlage der Mitgliedschaftsrechte und -pflichten macht es zugleich notwendig, bei Auslegung und Anwendung der fraglichen Vereinbarungen auf die das Gesellschaftsverhältnis beherrschenden Grundsätze der Treupflicht (→ Rn. 221 ff.) und der Gleichbehandlung (→ Rn. 244 ff.) Rücksicht zu nehmen. 179

---

[522] StRspr, vgl. BGHZ 9, 279 (281) = NJW 1953, 1021; BGHZ 36, 296 (314) = NJW 1962, 864; RGZ 86, 283 (284); 170, 358 (366); wN bei Ulmer/Habersack/Löbbe/*Ulmer/Löbbe* GmbHG § 2 Rn. 204.
[523] So auch Erman/*Westermann* Rn. 37.
[524] Für Zurückhaltung bei Heranziehung von Erfahrungsgrundsätzen für die Auslegung aber *Wiedemann* DNotZ 1977, Sonderheft S. 111. Sein Hinweis, Verträge von Personengesellschaften seien typische Individualverträge, unterschätzt die Rolle der Kautelarjurisprudenz bei der Vertragsformulierung.
[525] BGH LM Nr. 3 = BB 1953, 97; RGZ 66, 116 (121); 156, 129 (138); OLG Karlsruhe NJW-RR 1996, 997 (998); Staudinger/*Habermeier* (2003) Rn. 8; Soergel/*Hadding/Kießling* Rn. 15; Staub/*Schäfer* HGB § 105 Rn. 202.
[526] Jedenfalls wenn die Formvorschriften, wie im Fall der §§ 311b, 518, die Beteiligten vor übereilten Bindungen schützen sollen. Zum Eingreifen der Formvorschriften auch für den Vorvertrag in diesen Fällen vgl. *Henrich*, Vorvertrag, Optionsvertrag, Vorrechtsvertrag, 1965, S. 147 f.; → Vor § 145 Rn. 64 *(Busche)*, jeweils mN der Rspr.
[527] Für Ergänzung nach § 287 ZPO aber BGH LM Nr. 3 = BB 1953, 97; RG JW 1938, 2740 (2743).
[528] BGH DB 1958, 955; Staub/*Schäfer* HGB § 105 Rn. 203, dort auch zum Argument, das Eingehen einer GbR sei unzumutbar; allg. → Vor § 145 Rn. 67 *(Busche)* mwN.

180 **b) Rechtsnatur.** Für die Rechtsnatur der Mitgliedschaft in der GbR[529] hat sich, entsprechend der inzwischen vollzogenen Anerkennung der **Rechtsfähigkeit der Außengesellschaft** und ihrer Eigenständigkeit gegenüber den Mitgliedern (→ Rn. 303 ff.), die Ansicht durchgesetzt, dass die Mitgliedschaft nicht nur die Stellung der Gesellschafter als Beteiligte des mitgliedschaftlichen Rechtsverhältnisses verkörpert, sondern zugleich als **subjektives Recht** zu qualifizieren ist.[530] Dem entspricht es, dass die Gesellschafter in der Lage sind, die Mitgliedschaft als solche (den Gesellschaftsanteil) zum Gegenstand rechtsgeschäftlicher Verfügungen zu machen. Die Übertragung der Mitgliedschaft oder die Begründung eines beschränkten dinglichen Rechts (Nießbrauch, Pfandrecht) an ihr führt zum Eintritt des Empfängers in das mitgliedschaftliche Rechtsverhältnis, wobei freilich die Wirksamkeit der Verfügung davon abhängt, dass der Gesellschaftsvertrag diese zulässt oder die Gesellschafter ihr ad hoc zustimmen (für die Anteilsübertragung → § 719 Rn. 27; für sonstige Verfügungen → § 719 Rn. 48 ff.). Den **Inhalt** des subjektiven Rechts bilden die verschiedenen aus der Gesellschafterstellung entspringenden Mitsprache-, Kontroll- und Vermögensrechte (→ Rn. 188) und die ihnen korrespondierenden mitgliedschaftlichen Verpflichtungen. Deren Bestehen steht der Qualifizierung als subjektives Recht nicht entgegen, wie die Beispiele der Aktie und des GmbH-Geschäftsanteils als nahezu allgemein anerkannte Gegenstände subjektiver Rechte zeigen.[531] Als Herrschaftsrecht[532] ist die Mitgliedschaft „**sonstiges Recht**" iSd **§ 823 Abs. 1**; daher genießt sie bei Eingriffen in die Substanz des Rechts – nicht dagegen bei Beeinträchtigung ihres Wertes, insbesondere im Fall der Schädigung der Gesellschaft – Schutz sowohl gegenüber außenstehenden Dritten[533] als auch innerhalb des Verbands.[534]

181 **c) Einheitlichkeit der Mitgliedschaft?** Der Grundsatz, dass die Mitgliedschaft jedes Gesellschafters in einer Personengesellschaft eine einheitliche ist, dh nicht in zwei oder mehr Anteile aufgeteilt sein kann, gehörte viele Jahrzehnte lang zum **gesicherten Bestand des Personengesellschaftsrechts**;[535] er wurde bis zur 3. Aufl.[536] uneingeschränkt auch in dieser Kommentierung vertreten. Dafür sprach der unmittelbare rechtliche Zusammenhang der Mitgliedschaft mit der Stellung des Mitglieds als *Vertragspartner* des Gesellschaftsvertrags (§ 705). Ebenso wie diese Stellung sich auf die jeweiligen am Gesellschaftsvertrag beteiligten natürlichen und juristischen Personen sowie rechtsfähigen Gesamthandsgesellschaften als solche beschränkt, während die Mehrfachbeteiligung einer Person an ein und demselben Vertragsverhältnis ausscheidet, schien auch die Anerkennung unterschiedlicher Mitgliedschaften in der Hand desselben Gesellschafters ausgeschlossen. Das abweichende Struktur-

---

[529] Für die Mitgliedschaft in OHG und KG s. Staub/*Schäfer* HGB § 105 Rn. 204 ff. mwN.
[530] Vgl. namentlich *Flume* BGB AT I 1 § 9, S. 125 ff.; *Habersack*, Die Mitgliedschaft – subjektives und sonstiges Recht, 1996, S. 62 ff., 98 ff.; *U. Huber*, Vermögensanteil, Kapitalanteil und Gesellschaftsanteil, 1970, S. 164; *Lutter* AcP 180 (1980), 84 (97 ff.); *K. Schmidt* GesR § 19 I 3, § 19 IV; *Wiedemann*, Übertragung und Vererbung von Mitgliedschaftsrechten, 1965, S. 39 f.; aA Soergel/*Hadding/Kießling* Rn. 46 und 67a mwN; vgl. auch *Hadding*, FS Reinhardt, 1972, S. 249 ff.; *ders.*, FS Steindorff, 1990, S. 31 ff.; *Lamprecht*, Die Zulässigkeit der mehrfachen Beteiligung an einer Personengesellschaft, 2002, S. 116 ff., 125 f.
[531] So zutr. *Lutter* AcP 180 (1980), 84 (101 f.); näher *Habersack*, Die Mitgliedschaft – subjektives und sonstiges Recht, 1996, S. 62 ff., 98 ff.
[532] So zu Recht *K. Schmidt* JZ 1991, 157 (158); *Habersack*, Die Mitgliedschaft – subjektives und sonstiges Recht, 1996, S. 142 ff.; ähnlich bereits *Wiedemann*, Übertragung und Vererbung von Mitgliedschaftsrechten, 1965, S. 39; *Lutter* AcP 180 (1980), 84 (102).
[533] So insbes. *K. Schmidt* GesR § 19 I 3a, § 21 V 4; *Lutter* AcP 180 (1980), 84 (130 f.); *Habersack*, Die Mitgliedschaft – subjektives und sonstiges Recht, 1996, S. 152 ff.; aA *Reuter*, FS Lange, 1992, S. 707 (712 f.); *Hadding*, FS Kellermann, 1991, S. 91 (102 f.).
[534] So für die Mitgliedschaft in einem Verein BGHZ 110, 323 (327 f., 334) = NJW 1990, 2877; dem BGH zust. *K. Schmidt* JZ 1991, 157 (158 f.); *Habersack*, Die Mitgliedschaft – subjektives und sonstiges Recht, 1996, S. 187 ff. mwN; abl. *Reuter*, FS Lange, 1992, S. 707 (712 f.) und *Hadding*, FS Kellermann, 1991, S. 91 (102 ff.).
[535] St. Rspr. vgl. BGHZ 24, 106 (108 f.) = NJW 1957, 1026; BGHZ 101, 123 (129) = NJW 1987, 3184; KG AG 1992, 64 (67) mwN; so auch die früher ganz hM in der Lit., vgl. Schlegelberger/*Martens* HGB § 161 Rn. 41; Staub/*Casper* HGB § 161 Rn. 47; Staub/*Schäfer* HGB § 105 Rn. 72; *K. Schmidt* GesR § 45 I 2b; betr. die – mit dem Einheitlichkeitsgrundsatz eng zusammenhängende Nichtanerkennung einer Einmann-Personengesellschaft: stRspr, BGHZ 24, 106 (108) = NJW 1957, 1026 (1027); BGHZ 47, 293 (296) = NJW 1967, 1961 (1962); BGHZ 58, 316 (318) = NJW 1972, 1755; BGHZ 66, 98 (101) = NJW 1976, 848 (849); BGHZ 91, 132 (137) = NJW 1984, 2104 (2105); BGHZ 101, 123 (129) = NJW 1987, 3184 (3186); ebenso schon RGZ 163, 142 (149); anders dann – für das Innenverhältnis(?) zwischen Alleingesellschafter und Testamentsvollstrecker – BGHZ 98, 48 (57) = NJW 1986, 2431 (Iva. ZS); offenlassend BGHZ 108, 187 (199) = NJW 1989, 3152 (II. ZS). Im Sinn der bisher hM zur Einmann-Personengesellschaft auch noch 3. Aufl. Rn. 53 *(Ulmer)*; Staudinger/*Keßler*, 12. Aufl. 1979; *Flume* BGB AT I 1 § 7 III 4 sowie aus neuerer Zeit noch *Joussen* DB 1992, 1773 ff.; *Sieveking*, FS Schippel, 1996, S. 505 (511 f.) und – trotz Anerkennung unterschiedlicher „Beteiligungen" eines Gesellschafters – *Bippus* AcP 195 (1995), 13 (24 ff.).
[536] 3. Aufl. § 705 Rn. 152, 152a *(Ulmer)*.

prinzip bei Kapitalgesellschaften, die gegenüber dem Gründungsvertrag und seinen Beteiligten verselbständigte juristische Personen bilden und an denen die Gesellschafter mehrere Anteile entweder von Anfang an in beliebiger Zahl (§§ 8, 23 Abs. 1 Nr. 2 AktG) oder jedenfalls bei späterem Hinzuerwerb (§§ 5 Abs. 2, 15 Abs. 2 GmbHG) erwerben können, lässt sich auf die davon zu unterscheidende, auf Gesellschaftsvertrag und Gesamthandsorganisation beruhende Grundstruktur der Personengesellschaft nicht übertragen, und zwar unabhängig davon, ob diese in der Rechtsform der GbR, der OHG oder der KG organisiert ist. Deswegen ist auch die Gründung einer Einpersonen-GbR nach zutreffender hM ausgeschlossen (→ Rn. 60). Selbst für den Fortbestand einer ursprünglich aus zwei oder mehr Gesellschaftern bestehenden GbR ist, wenn alle Anteile auf einen einzigen Gesellschafter übergehen, im Grundsatz kein Raum (zu Ausnahmen → Rn. 63 ff.). – Zur Unzulässigkeit des Erwerbs **eigener Anteile** durch die Personengesellschaft → Rn. 79a.

Der Einheitlichkeitsgrundsatz bedarf allerdings – darin ist den neueren Ansichten[537] zuzustimmen – der **Einschränkung** mit Blick auf bestimmte Sonderkonstellationen der Mitgliedschaft. Die wichtigste Ausnahme betrifft das Zusammentreffen von zwei oder mehr Gesellschaftsanteilen in der Hand eines Gesellschafters, sofern an einem dieser Anteile **Rechte Dritter** bestehen (→ Rn. 63). Das gilt in erster Linie für die dingliche Belastung eines Anteils mit einem *Nießbrauch* oder einem *Pfandrecht*.[538] Es ist aber auch für einen der *Testamentsvollstreckung* oder *Nachlassverwaltung* unterliegenden, als Nachlassbestandteil vom persönlichen Anteil des Erben separierten und der Verwaltungsbefugnis des Testamentsvollstreckers oder Nachlassverwalters unterstellten Gesellschaftsanteil anzunehmen[539] (→ Rn. 64). Geht es demgegenüber um die Rechtsfolgen einer anteilsbezogenen **letztwilligen Verfügung,** so erscheint zwar das *Anteilsvermächtnis* geeignet, zur vorübergehenden Aufrechterhaltung des vererbten Anteils als solchen in der Hand des Gesellschafter/Erben zu führen (§ 2175; → Rn. 65). Demgegenüber reicht die Anordnung von Vor- und Nacherbschaft nicht aus, um die Einheitlichkeit der Mitgliedschaft des Gesellschafters/Erben zu durchbrechen und den Fortbestand einer allein aus ihm bestehenden Gesellschaft zu ermöglichen (str., → Rn. 65). Entsprechendes gilt bei qualifizierter Nachfolge seitens des letztverbliebenen Gesellschafters ungeachtet der Vererbung des Nachlasses als solchen an eine Erbengemeinschaft (→ Rn. 65).

Keinen Ausnahmegrund bildet – entgegen neueren Ansichten[540] – die Ausstattung der ursprünglich in verschiedenen Händen liegenden **Anteile mit unterschiedlichen Mitgliedschaftsrechten** wie Gewinn- oder Stimmrecht, Sonderrecht auf Geschäftsführung, auf einseitigen Austritt oder auf Hinauskündigung von Mitgesellschaftern. Zwar gehen diese unterschiedlichen Rechte durch das Zusammentreffen der Anteile in einer Hand im Zweifel nicht unter, sondern bestehen in der Person des jeweiligen Anteilserwerbers fort;[541] sie können durch Weiterverfügung über den hinzuerworbenen, kraft gesellschaftsvertraglicher Zulassung oder mit Zustimmung der

---

[537] Vgl. MüKoHGB/*Grunewald* § 161 Rn. 4 f.; *Esch* BB 1993, 664 ff. und BB 1996, 1621 ff.; *Lüttge* NJW 1994, 5 (8); *Kanzleiter,* FS Weichler, 1997, S. 39 ff.; *Weimar* ZIP 1997, 1769 (1772 ff.); *W. Baumann* BB 1998, 225 ff.; *Priester* DB 1998, 55 ff.; *Kießling,* FS Hadding, 2004, S. 477 (493 ff.); *Th. Schmidt,* Einmann-Personengesellschaften, 1998; *Pfister,* Die Einmann-Personengesellschaft – ein interdisziplinärer Ansatz, 1999; für mehrfache Beteiligung in einer Hand insbes. auch *Lamprecht,* Die Einheitlichkeit der Mitgliedschaft in einer Personengesellschaft – ein überholtes Dogma?, 2002 (dazu krit. *Ulmer* ZHR 167 [2003], 103 ff.); an der hM zweifelnd (ohne konkrete Alternative) auch Staudinger/*Habermeier* (2003) Rn. 20, Vor §§ 705–740; Rn. 29a. Für Vor- und Nacherbschaft auch schon *Baur*/*Grunsky* ZHR 133 (1970), 209 ff.; für weitere Sonderfälle (Nießbrauch, Testamentsvollstreckung ua) seither auch MüKoHGB/*K. Schmidt* HGB § 105 Rn. 24 f.; *Westermann* in Westermann/Wertenbruch PersGesR-HdB I. Teil § 36 Rn. 1088a f., für den Fall der Testamentsvollstreckung; Bamberger/Roth/ *Schöne* Rn. 51; *Wiedemann* GesR II § 1 VI 3, S. 87 f.

[538] Inzwischen in der Lit. wohl schon hM, vgl. MüKoHGB/*K. Schmidt* HGB § 105 Rn. 25; *Westermann* in Westermann/Wertenbruch PersGesR-HdB I. Teil Rn. 1088a f., für den Fall der Testamentsvollstreckung; *Kanzleiter,* FS Weichler, 1997, S. 46 (50); *Lüttge* NJW 1994, 8; *Ulmer* ZHR 167 (2003), 103 (114 f.); *Wiedemann,* FS Zöllner, 1998, S. 642 (647); beschränkt auf den Nießbrauch auch *Fett/Brand* NZG 1999, 52 f. (54). Die Rspr. der Instanzgerichte ist noch uneinheitlich: für Fortbestand bei Nießbrauch LG Hamburg NZG 2005, 926; offenlassend OLG Schleswig ZIP 2006, 615 (617); ebenso BFH DStR 2010, 868 (869); aA OLG Düsseldorf NZG 1999, 26; so auch OLG Stuttgart NZG 2004, 766 (768) für Pfandrecht.

[539] So – wenn auch auf das Innenverhältnis(?) beschränkt – erstmals BGHZ 98, 48 (57) = NJW 1986, 2431 (Iva. ZS); offenlassend BGHZ 108, 187 (199) = NJW 1989, 3152, und BGHZ 113, 132 (137) = NJW 1991, 844 (II. ZS). Ebenso die neuere Lit. bezogen auf Testamentsvollstreckung und Vor- und Nacherbschaft, MüKoHGB/*K. Schmidt* HGB § 105 Rn. 25; *Westermann* in Westermann/Wertenbruch PersGesR-HdB I. Teil Rn. 1088a f.; *Kanzleiter,* FS Weichler, 1997, S. 50; *Lüttge* NJW 1994, 8 f.; *Wiedemann,* FS Zöllner, 1998, S. 635 (647 f.); für Testamentsvollstreckung und Nachlassverwaltung auch *Ulmer* ZHR 167 (2003), 114 f.

[540] So – unter Hinweis auf die Privatautonomie der Gesellschafter, wenn auch nicht durchweg deutlich zwischen Innen- und Außenverhältnis unterscheidend – *Esch* BB 1996, 1625 f.; *Baumann* BB 1998, 229 f.; *Kanzleiter,* FS Weichler, 1997, S. 49 f.; *Priester* DB 1998, 55 (60).

[541] *Ulmer* ZHR 167 (2003), 103 (115 f.).

Mitgesellschafter wieder verselbständigungsfähigen Anteil erneut separiert werden. Die Anerkennung mehrfacher Mitgliedschaften in der Hand einer Person und ein daraus resultierender Fortbestand des ehemaligen Verbands als eine *Außenwirkungen* entfaltende Einpersonen-Gesellschaft lässt sich auf die unterschiedliche Rechtsausstattung von ursprünglich getrennten Anteilen jedoch nicht stützen.[542] Daran ändert auch der Hinweis auf die den Gesellschaftern zustehende *Privatautonomie* bei Ausgestaltung des Gesellschaftsverhältnisses nichts.[543] Da sie nur innerhalb der strukturellen Grenzen des Personengesellschaftsrechts besteht, ist sie nicht geeignet, entgegen den gesetzlichen Vorgaben die Einmann-Gründung einer Personengesellschaft zu ermöglichen oder den einzelnen Gründern bzw. ihren Rechtsnachfolgern eine mehrfache Mitgliedschaft zu verschaffen. Auch der persönlich haftende Gesellschafter einer Mehrpersonen-KG erlangt durch Hinzuerwerb eines Kommanditanteils nicht etwa eine doppelte Gesellschafterstellung, sondern bleibt – vorbehaltlich der Umwandlung seiner (Gesamt-)Beteiligung in diejenige eines Kommanditisten durch Vereinbarung mit den übrigen Gesellschaftern oder durch Ausübung eines Gestaltungsrechts – Komplementär, wenn auch mit entsprechend erhöhtem Kapitalanteil.[544]

184 Demgegenüber sind die Gesellschafter in der **Ausgestaltung des Innenverhältnisses** ihrer Verbindung grundsätzlich frei; sie können einzelnen von ihnen daher eine Rechtsstellung einräumen, die derjenigen im Fall mehrfacher Beteiligung gleichkommt. Allerdings bedarf es für eine derart ungewöhnliche Gestaltung eindeutiger Vereinbarungen der Beteiligten. Will daher ein Gesellschafter, nachdem er seine Mitgliedschaft wirksam gekündigt hat, von einem Mitgesellschafter einen ungekündigten Anteil erwerben, so erlangt dieser Erwerb auch dann, wenn die Anteile unter Gesellschaftern nach dem Gesellschaftsvertrag im Grundsatz frei handelbar sind, in der Regel Wirksamkeit nur mit Zustimmung der Mitgesellschafter.[545] Denn der Sache nach läuft ein solcher Erwerb entweder auf eine Teilkündigung unter fortbestehender Mitgliedschaft mit dem hinzuerworbenen Anteil oder auf Verkürzung der vertraglichen Kündigungsfrist für diesen Anteil hinaus; beides ist für die Mitgesellschafter ohne entsprechende gesellschaftsvertragliche Abrede nicht zumutbar. Anderes gilt nur dann, wenn der Gesellschaftsvertrag sowohl die Teilabtretung eines Anteils zwischen Gesellschaftern als auch den erneuten Anteilserwerb nach kündigungsbedingtem Ausscheiden gestattet.[546]

185 **2. Mitgliedschaftsrechte und -pflichten. a) Überblick.** Die Mitgliedschaftsrechte und -pflichten in einer Personengesellschaft lassen sich in zweifacher Hinsicht unterscheiden. Die erste Unterscheidung knüpft an den **Gegenstand der Rechte und Pflichten** an. Insoweit hat sich die Differenzierung zwischen *Vermögens- und Verwaltungsrechten* bzw. *-pflichten* durchgesetzt (→ Rn. 189 ff.). Sie ist von Bedeutung zum einen für die Frage, ob und inwieweit die Mitgliedschaftsrechte abtretbar sind (§ 717), und zum anderen, ob die Pflichten auf vertretbare Leistung gerichtet oder aber höchstpersönlicher Natur sind.

186 Eine zweite Unterscheidung bezieht sich auf die jeweilige **Gläubiger- und Schuldnerbeziehung.** Insoweit sind in der Personengesellschaft trotz der einheitlichen Vertragsgrundlage zwei Ebenen streng zu trennen: die Beziehung zwischen Gesellschafter und *Gesellschaft* (Sozialsphäre; → Rn. 197 ff.) und diejenige der Gesellschafter untereinander, dh zu den jeweiligen *Mitgesellschaftern* (Individualsphäre; → Rn. 215 ff.). Die Art der Rechtsbeziehung entscheidet auch über die Aktiv- und Passivlegitimation von Gesellschaft oder Gesellschaftern bei gerichtlicher Geltendmachung der Ansprüche[547] sowie über das für den Haftungszugriff in Betracht kommende Vollstreckungsobjekt.

---

[542] Vgl. näher *Ulmer* ZHR 167 (2003), 103 (115 f.); so auch *Wiedemann*, FS Zöllner, 1998, S. 635 (643 ff.). Ähnlich – wenn auch unter problematischer Unterscheidung zwischen einheitlicher Mitgliedschaft und mehrfacher „Beteiligung" – *Bippus* AcP 195 (1995), 13 (22 ff.); wohl auch *Steinbeck* DB 1995, 761 (763 ff.).

[543] So aber *W. Baumann* BB 1998, 229 ff.; *Kanzleiter*, FS Weichler, 1997, S. 49 f.; *Priester* DB 1998, 60.

[544] Vgl. etwa BGHZ 66, 98 (101) = NJW 1976, 848; BGHZ 101, 123 (129) = NJW 1987, 3184; BGH WM 1963, 989; NJW 1984, 362 (363); OLG Hamm NJW 1982, 835; OLG Hamburg ZIP 1984, 1226; BayObLG DB 2003, 762 (763); OLG Jena NZG 2011, 1301; *Westermann* in Westermann/Wertenbroch PersGesR-HdB I. Teil § 35 Rn. 1027; *Wiedemann*, FS Zöllner, 1998, S. 635 (645) unter zutr. Hinweis auch auf die notwendig einheitliche Eintragung der Mitgliedschaft im Handelsregister. AA MüKoHGB/*Grunewald* HGB § 161 Rn. 4 f.; *Esch* BB 1993, 664 (666 ff.) und BB 1996, 1626; *Baumann* BB 1998, 229; *Priester* DB 1998, 59 f.

[545] So im Ergebnis auch BGH WM 1989, 1221 (1224) *(Röchling)*; vgl. dazu auch *Wiedemann*, FS Zöllner, 1998, S. 635 (644) – entgegen dem BGH für vorübergehende(?) Verlängerung der Mitgliedschaft; *Lamprecht*, Die Zulässigkeit der mehrfachen Beteiligung an einer Personengesellschaft, 2002, S. 241. AA OLG München DB 2004, 479 (480), wenn der Gesellschaftsvertrag den Anteilserwerb eines zuvor durch Kündigung ausgeschiedenen Gesellschafters zulässt.

[546] So (unter Missbrauchsvorbehalt) zutr. OLG München DB 2004, 479 (480).

[547] Individualansprüche können die Gesellschafter uneingeschränkt selbst geltend machen, Gesellschafts-(Sozial-)Ansprüche dagegen nur im Rahmen der actio pro socio (→ Rn. 204 ff.), soweit sie nicht kraft Vertretungsmacht für die Gesellschaft für diese handeln können.

Von den auf dem Gesellschaftsvertrag beruhenden Mitgliedschaftsrechten und -pflichten *strikt* **187** *zu trennen* sind schließlich diejenigen Rechtsverhältnisse, die sich aus *laufenden Rechtsgeschäften* der Gesellschaft mit Gesellschaftern ergeben, namentlich aus Austauschverträgen (Kauf, Miete, Dienst- und Werkvertrag ua) zur Verwirklichung des Gesellschaftszwecks. Derartige **Drittgeschäfte** kann die Gesellschaft nicht nur mit dritten Personen, sondern auch mit einzelnen Gesellschaftern schließen. Sozialansprüche oder -verbindlichkeiten werden hierdurch nicht begründet, da die daraus resultierenden Rechte und Pflichten ihre Grundlage nicht im Gesellschaftsvertrag finden, sondern in den jeweiligen von der Gesellschaft abgeschlossenen Rechtsgeschäften. Dementsprechend stehen auch die jeweiligen Gesellschafter der Gesellschaft insoweit grundsätzlich wie Dritte gegenüber. Sie können ihre rechtsgeschäftlichen Ansprüche gegen die Gesellschaft grundsätzlich wie ein Drittgläubiger durchsetzen, ohne den gesellschaftsvertraglichen, das Innenverhältnis bestimmenden Schranken unterworfen zu sein (→ Rn. 203).

b) Stammrecht und Einzelrechte. Für sämtliche Mitgliedschaftsrechte ist zwischen dem die **188** Mitgliedschaft umfassenden Stammrecht als gesellschaftsvertraglicher Rechtsquelle und der Durchsetzung dieses Rechts im konkreten Fall bzw. – im Fall von Vermögensrechten – dem einzelnen vermögensrechtlichen Anspruch iSv § 717 S. 2 zu unterscheiden.[548] Von Bedeutung ist die Unterscheidung namentlich im Hinblick auf die Übertragbarkeit der verschiedenen Rechte. Für die jeweilige *Rechtsquelle* gilt nämlich, dass sie als untrennbarer Bestandteil der Mitgliedschaft trotz Zustimmung der Mitgesellschafter nicht von dieser abgespalten werden kann (allgemein zum Abspaltungsverbot → § 717 Rn. 7 f.). Das gilt auch für den – gelegentlich als Vermögensstammrecht[549] bzw. Vermögenswert der Beteiligung[550] bezeichneten – Inbegriff der dem Gesellschafter auf Grund des Gesellschaftsvertrags zustehenden Vermögensrechte (→ § 717 Rn. 15 f.): für dessen Anerkennung als disponible Rechtsposition besteht zumal vor dem Hintergrund der Mitgliedschaft als subjektives und daher (mit Zustimmung der Mitgesellschafter) übertragbares und belastbares Recht kein Bedürfnis. Demgegenüber verselbständigen sich die *vermögensrechtlichen Ansprüche* iSd § 717 S. 2 (→ Rn. 189; → § 717 Rn. 34 ff.) gegenüber der Mitgliedschaft im Zeitpunkt ihrer Entstehung und können sodann im Wege der Abtretung gemäß § 398 übertragen sowie gemäß §§ 1279 ff. verpfändet oder gemäß § 1070 mit einem Nießbrauch belastet werden. Demgegenüber können das mitgliedschaftliche *Stimmrecht* sowie die sonstigen mitgliedschaftlichen *Teilhabe- und Kontrollrechte* zwar nicht von der Mitgliedschaft abgespalten werden, auch soweit es um ihre Ausübung im konkreten Einzelfall geht; doch können sie im Einvernehmen mit den Mitgesellschaftern Dritten zur Ausübung überlassen werden (→ § 717 Rn. 9 f.).

3. Vermögensrechte und -pflichten. Unter den nach § 717 S. 2 selbständig übertragbaren Ver- **189** mögensrechten der Gesellschafter steht der **Gewinnanspruch** im Vordergrund. Seine anteilige Höhe ist regelmäßig im Gesellschaftsvertrag selbst bestimmt; anderenfalls gilt nach § 722 Abs. 1 Gewinnverteilung nach Köpfen, soweit nicht die ergänzende Vertragsauslegung als vorrangige Rechtsquelle (→ Rn. 174) zu einem abweichenden Ergebnis führt. Ist die Gesellschaft auf längere Dauer angelegt, wird der Gewinn im Zweifel nicht erst nach ihrer Auflösung, sondern periodisch zum jeweiligen Geschäftsjahresende verteilt (§ 721 Abs. 2). In diesem Fall ist wie bei den Handelsgesellschaften zwischen dem Recht auf Rechnungslegung und den einzelnen, auf das jeweilige Geschäftsjahr bezogenen und im Anschluss an die Gewinnverteilung realisierbaren Gewinnansprüchen zu unterscheiden (→ § 721 Rn. 8, 11). Ein besonderes, neben den jährlichen Gewinnanspruch tretendes oder dessen Geltendmachung beschränkendes *Entnahmerecht* ist in der GbR nach gesetzlicher Regel unbekannt. Im Gesellschaftsvertrag kann es freilich vereinbart werden (→ § 721 Rn. 13).

Neben den Gewinnanspruch tritt als weiteres zentrales Vermögensrecht der **Anspruch auf das** **190** **Auseinandersetzungsguthaben** (§ 717 S. 2), dh auf Rückerstattung der Einlagen und Verteilung des aus der Liquidation resultierenden Überschusses (§§ 733, 734). Er bildet zunächst einen künftigen Anspruch und kommt im Zeitpunkt der Auflösung der Gesellschaft zur Entstehung. Fällig wird er

---

[548] Näher dazu *Wiedemann* WM 1992, Sonderbeilage 7, S. 23 ff., 29 ff. Vgl. auch, in der Sache ähnlich, Soergel/ Hadding/Kießling Rn. 67a.

[549] So noch Staudinger/*Keßler*, 12. Aufl. 1979, § 717 Rn. 26; Soergel/*Schultze-v. Lasaulx*, 10. Aufl. 1969, § 717 Rn. 12; *Siebert* BB 1956, 1126; *Sudhoff* NJW 1971, 483 f.; auch noch die 2. Aufl. Rn. 83 *(Ulmer)* und GroßkommHGB/*Ulmer*, 3. Aufl. 1973, HGB § 139 Rn. 88; aA Recht *Flume* BGB AT I 1 § 17 VI; *Habersack, Die Mitgliedschaft – subjektives und sonstiges Recht,* 1996, S. 86 ff., 88; *U. Huber,* Vermögensanteil, Kapitalanteil und Gesellschaftsanteil an Personalgesellschaften des Handelsrechts, 1970, S. 414 f.; *Wiedemann,* Übertragung und Vererbung, S. 400 f.; MüKoHGB/*K. Schmidt* HGB Vor § 230 Rn. 14; heute ganz hM.

[550] Vgl. dazu, im Ergebnis ein eigenes „Wertrecht" zu Recht abl., *U. Huber,* Vermögensanteil, Kapitalanteil und Gesellschaftsanteil, 1970, S. 145 ff., 165 ff.; gegen Anerkennung des „Vermögenswerts der Beteiligung" als eigenes abspaltbares Mitgliedschaftsrecht insbes. auch *Habersack,* Die Mitgliedschaft – subjektives und sonstiges Recht, 1996, S. 89 ff.

regelmäßig erst mit der Schlussabrechnung (→ § 730 Rn. 61). Scheidet ein Gesellschafter aus, während die Gesellschaft im Übrigen fortbesteht, so steht ihm anstelle des Auseinandersetzungsguthabens ein *Abfindungsanspruch* in grundsätzlich entsprechender Höhe zu (§§ 738, 740). Er richtet sich ebenso wie der Anspruch auf das Auseinandersetzungsguthaben gegen die Gesellschaft (→ § 738 Rn. 217).

191 Ein weiteres aus der Mitgliedschaft fließendes Vermögensrecht bildet der Anspruch auf **Aufwendungsersatz** (→ § 713 Rn. 15). Er bezieht sich einerseits auf den Ausgleich derjenigen Leistungen, die der einzelne Gesellschafter auf Grund seiner gesamtschuldnerischen Haftung für die Gesellschaftsschulden an Dritte erbracht hat, andererseits auf den Ersatz der im Rahmen der Geschäftsführung für die Gesellschaft getätigten, nach §§ 713, 670 ersatzfähigen Aufwendungen. Der Anspruch richtet sich gegen die Gesellschaft. Zur Frage des gesamtschuldnerischen Ausgleichs zwischen den Mitgesellschaftern → Rn. 217.

192 Zu den auf der Mitgliedschaft beruhenden **Vermögenspflichten** gehört in erster Linie die im Gesellschaftsvertrag festgelegte **Beitragspflicht** (§ 706), soweit sie nicht ausnahmsweise in Tätigkeitspflichten besteht oder sich auf Beiträge ohne konkreten Vermögenswert bezieht (→ § 706 Rn. 14, 17). Sie ist regelmäßig nicht höchstpersönlicher Natur, sondern kann auch von Mitgesellschaftern oder Dritten an Stelle des Beitragsschuldners erfüllt werden (aber → Rn. 195). Zur Einwilligung in eine nachträgliche Erhöhung der Beiträge sind die Gesellschafter nach gesetzlicher Regel nicht verpflichtet (→ § 707 Rn. 6 f.). Von der Beitragspflicht ist die vom Liquidationsergebnis abhängige **Nachschusspflicht** nach § 735 zu unterscheiden. Sie richtet sich anteilig gegen alle am Verlust beteiligten Gesellschafter und setzt voraus, dass die Liquidation zu einer Unterbilanz führt. Beim Ausscheiden eines Gesellschafters aus der unter den übrigen fortbestehenden Gesellschaft entspricht ihr die Haftung auf den in der Abfindungsbilanz ermittelten anteiligen Fehlbetrag (§ 739).

193 **4. Verwaltungsrechte und -pflichten. a) Arten.** Zu den **Verwaltungsrechten** gehören je nach vertraglicher Ausgestaltung das Recht auf Geschäftsführung und Vertretung (§§ 709, 714), das Widerspruchsrecht gegen Geschäftsführungsmaßnahmen von Mitgesellschaftern (§ 711), das Stimmrecht (→ § 709 Rn. 60 ff.), das Informations- und Kontrollrecht (§ 716), das Recht auf Rechnungslegung (§ 721), das Kündigungsrecht (§ 723), das Recht auf Mitwirkung bei der Liquidation (→ § 730 Rn. 40) sowie die außerordentlichen Entziehungs- und Ausschließungsrechte der §§ 712, 715, 737. Wegen der Einzelheiten dieser Rechte vgl. die Erläuterungen zu den jeweiligen Vorschriften.

194 Den Verwaltungsrechten entsprechen bestimmte vertraglich übernommene oder aus der Treupflicht folgende **Pflichten,** darunter namentlich die – *uneigennützig* auszuübende (→ Rn. 196) – Pflicht zur Geschäftsführung und Vertretung, die Pflicht zur Rechnungslegung sowie die Pflicht, diejenigen Rechte auszuüben, deren Wahrnehmung im Interesse der Gesellschaft geboten ist. Die *Treupflicht* kann je nach Lage des Falles auch die Ausübung der *eigennützigen* Verwaltungsrechte beeinflussen (→ Rn. 196) und ggf. zur Bejahung einer Verpflichtung führen, bestimmten Vertragsänderungen zuzustimmen oder an der Entziehung der Geschäftsführung bzw. an der Ausschließung eines Gesellschafters mitzuwirken (→ Rn. 231 ff.).

195 **b) Besonderheiten.** Eine erste Besonderheit der Verwaltungs- oder Mitspracherechte in der Gesellschaft besteht in ihrer **höchstpersönlichen,** mit der Mitgliedschaft untrennbar verbundenen **Natur.** Daher können die Verwaltungsrechte an Nichtgesellschafter weder abgetreten noch ihnen ohne Zustimmung der Mitgesellschafter zur Ausübung überlassen werden (sog. Abspaltungsverbot, → § 717 Rn. 7 f.). Auch die Verwaltungspflichten einschließlich der auf Dienstleistung gerichteten Beitragspflichten (§ 706 Abs. 3) sind grundsätzlich höchstpersönlich zu erfüllen.

196 Von besonderer Bedeutung für die Verwaltungsrechte ist weiter der **Einfluss der Treuplicht** auf ihre Ausübung. Insoweit ist strikt zwischen eigennützigen, den Gesellschaftern im eigenen Interesse verliehenen Verwaltungsrechten und uneigennützigen, im Interesse der Gesellschaft auszuübenden Rechten zu unterscheiden. Zu den **eigennützigen** Rechten gehören namentlich das Stimmrecht in anderen als Geschäftsführungsfragen, das Informations- und Kontrollrecht und das Kündigungsrecht. Insoweit beschränkt sich der Einfluss der Treupflicht grundsätzlich darauf, bei der dem Eigeninteresse dienenden Ausübung dieser Rechte auf die Belange der Gesellschaft und der Mitgesellschafter Rücksicht zu nehmen und das schonendste Mittel zu wählen. Das Zurückstellen der eigenen Interessen kann nur ausnahmsweise, unter der doppelten Voraussetzung verlangt werden, dass es wegen überragender Interessen der Gesellschaft geboten und dem betroffenen Gesellschafter zumutbar ist (→ Rn. 227, 229). Anderes gilt bei den **uneigennützigen** Rechten, darunter in erster Linie dem Recht (und der Pflicht) zur Geschäftsführung und Vertretung, daneben aber auch dem Widerspruchsrecht bei Einzelgeschäftsführung (§ 711). Insoweit handelt es sich um mitgliedschaftliche Aufgaben im Interesse der Gesellschaft. Bei deren Wahrnehmung sind die Gesellschafter der Gesellschaft verpflichtet und müssen namentlich auch die eigenen Interessen dem gemeinsamen Zweck und seiner Förderung unterordnen (→ Rn. 226).

II. Rechtsstellung gegenüber der Gesellschaft (Gesamthand)

1. Ansprüche des Gesellschafters gegen die Gesellschaft (Sozialverbindlichkeiten). 197
a) Vermögensrechte. Die aus der Mitgliedschaft der einzelnen Gesellschafter fließenden Vermögensrechte (→ Rn. 189 ff.) richten sich nur **gegen die Gesellschaft** und nicht auch gegen die Mitgesellschafter.[551] So müssen Gewinnanspruch, Anspruch auf Geschäftsführervergütung (→ § 709 Rn. 32 ff.) und auf Aufwendungsersatz gegen die parteifähige GbR (→ Rn. 318 ff.),[552] ansonsten gegen die übrigen Gesellschafter als Gesamthänder geltend gemacht werden; im letztgenannten Fall waren (sind) diese nach zutreffender Ansicht notwendige Streitgenossen auf der Passivseite.[553] In diesen Fällen kann abweichend von § 736 ZPO mit einem nur gegen die übrigen Gesellschafter gerichteten Titel in das Gesellschaftsvermögen vollstreckt werden; der Gesellschafter braucht sich nicht selbst zu verklagen (→ § 718 Rn. 56). Eine Haftung der Mitgesellschafter mit ihrem Privatvermögen für die Sozialverbindlichkeiten wird – abgesehen vom Abfindungsanspruch ausgeschiedener Gesellschafter (→ Rn. 218) – von der ganz hM im Grundsatz zu Recht abgelehnt;[554] bei unzureichendem Gesellschaftsvermögen greift in derartigen Fällen allerdings eine subsidiäre pro-rata-Haftung ein (→ Rn. 217).

Bei **Schadensersatzansprüchen einzelner Gesellschafter** wegen eines ihnen persönlich durch 198
Vertrags- oder Treupflichtverletzung von Mitgesellschaftern entstandenen Schadens, etwa wegen Behinderung in der Ausübung von Gesellschafterrechten oder wegen Beschädigung einer zum Gebrauch eingebrachten Sache, ist zu unterscheiden. Ansprüche gegen die *Gesellschaft* (Sozialverbindlichkeiten) werden dadurch nur dann begründet, wenn der Schaden auf Geschäftsführungshandlungen von Mitgesellschaftern beruht; diese muss die Gesellschaft sich nach § 278 zurechnen lassen (hierzu und zum Nichteingreifen von § 31 in diesen Fällen → § 718 Rn. 30). In sonstigen Fällen, so insbesondere wegen Vorgängen auf der Gesellschafterebene,[555] steht dem geschädigten Gesellschafter ein Anspruch nur gegen den oder die schädigenden *Mitgesellschafter* und zwar nur dann zu, wenn die Verschuldensvoraussetzungen des § 708 erfüllt sind; er unterliegt der regelmäßigen Verjährungsfrist der §§ 195, 199. – Zur Geltendmachung eines Schadensersatzanspruchs der *Gesellschaft* gegen Mitgesellschafter sind die nicht geschäftsführungsbefugten Gesellschafter nur im Rahmen der actio pro socio befugt (→ Rn. 204 ff.).

b) Verwaltungsrechte. Auch sie richten sich in erster Linie **gegen die Gesellschaft,** vertreten 199
durch die Geschäftsführer. Das gilt etwa für die Durchsetzung der Befugnis zur Geschäftsführung, für die Ausübung des Stimmrechts, für das Recht auf Rechnungslegung sowie für die Informations- und Kontrollrechte (→ Rn. 193). Immerhin lässt die hM insoweit die unmittelbare Geltendmachung *auch gegen widersprechende Mitgesellschafter* zu.[556] Dem ist zuzustimmen. Denn einerseits kann der klagende Gesellschafter die Respektierung dieser aus dem Gesellschaftsvertrag fließenden Rechte auch von den Mitgesellschaftern als seinen Vertragspartnern verlangen. Und zum anderen geht es hier nicht um die Erbringung von Vermögensleistungen, so dass sich die für die Geltendmachung mitgliedschaftlicher Vermögensrechte erhebliche Frage, ob durch Vollstreckung in das Privatvermögen der Mitgesellschafter deren Beitragspflichten entgegen § 707 vermehrt werden (→ Rn. 217), nicht stellt. Anderes gilt zwar für die Prozesskosten, die dem beklagten Mitgesellschafter zur Last

---

[551] Vgl. näher *Wiedemann* WM 1992, Sonderbeilage 7, S. 36 f.; *Walter* JuS 1982, 81 (82 ff.), jeweils mN.
[552] Vgl. dazu BGHZ 146, 341 (348 ff.) = NJW 2001, 1056.
[553] So – in der Zeit vor Anerkennung der Parteifähigkeit der (Außen-)GbR – die überwM, vgl. BGH NJW-RR 1990, 967 = WM 1990, 1113; Stein/Jonas/*Bork* ZPO § 62 Rn. 20a; *Heller*, Der Zivilprozess der GbR, 1989, S. 74 ff.; Erman/*Westermann* § 718 Rn. 14; *Kornblum* BB 1970, 1445 (1448); *K. Schmidt* GesR § 60 IV 1b betr. die schlicht zivilistische Gesamthand. AA – notwendige Streitgenossenschaft nur in Fällen der eine unteilbare Leistung betreffenden „echten Gesamthandsschuld" – *Rosenberg/Schwab/Gottwald* ZivilProzR § 49 III 1b (1), S. 246; MüKoZPO/*Schilken* ZPO § 62 Rn. 32; so auch *Thomas/Putzo* ZPO § 62 Rn. 14. Noch anders – notwendige Streitgenossenschaft der beklagten Gesellschafter generell abl. – Staudinger/*Keßler*, 12. Aufl. 1979, § 714 Rn. 20. Gegen die einschr. bzw. abl. Ansichten spricht, dass Prozess- (und Vollstreckungs-)ziel in diesen Fällen ausschließlich der Zugriff auf die Gesamthand und das gesamthänderisch gebundene Vermögen ist (→ § 718 Rn. 51).
[554] BGHZ 37, 299 (301 f.) = NJW 1962, 1863; BGH WM 1967, 275 – Sonderfall unmittelbaren Zugriffs im Zuge der Abwicklung; ZIP 1989, 852; Soergel/*Hadding/Kießling* Rn. 52, jeweils mN auch zur Rspr. des RG; s. auch Erman/*Westermann* Rn. 54. Dazu, dass § 128 HGB (analog) nicht für Sozialverbindlichkeiten gilt, s. im Übrigen nur Staub/*Habersack* HGB § 128 Rn. 12.
[555] Vgl. OLG Düsseldorf WM 1983, 1320 (1321) – treuwidrige Mitwirkung an einem unberechtigten Ausschließungsbeschluss; s. dazu auch Soergel/*Hadding/Kießling* Rn. 54.
[556] BGH WM 1955, 1585 (1586); 1970, 1223 (1224); 1992, 57 (58); RG DR 1944, 245 (246); Erman/*Westermann* Rn. 56; Staub/*Schäfer* HGB § 105 Rn. 211; einschr. (subsidiär) *Wiedemann*, FS Kellermann, 1991, S. 529 (535 f.); aA *W. Lüke* ZGR 1994, 266 (277).

fallen; jedoch kann er sie von der Gesellschaft ersetzt verlangen, wenn er die Prozessführung im Interesse der Gesellschaft für erforderlich halten durfte (§§ 713, 670).[557] – Der Gesellschaftsvertrag kann vorsehen, dass der Klageerhebung bei gesellschaftsrechtlichen Streitigkeiten ein gesellschaftsinterner *Schlichtungsversuch* durch ein Gesellschaftsorgan (Beirat) vorauszugehen hat; die Anrufung der Gerichte darf hierdurch jedoch nicht unangemessen erschwert werden.[558]

200 Soweit demgegenüber die **Vertragsgrundlage** als solche, dh die Auslegung und Änderung des Gesellschaftsvertrags, den Gegenstand des Rechtsstreits bildet, ist die Gesellschaft selbst (die Sozialsphäre) nicht die richtige Partei; ihr steht die Dispositionsbefugnis hierüber nicht zu. Derartige Auseinandersetzungen betreffen vielmehr ausschließlich die **Rechtsbeziehungen zwischen den einzelnen Gesellschaftern.** Demgemäß sind Streitigkeiten über die personelle Zusammensetzung der Gesellschaft im Wege der Feststellungsklage zwischen den hierüber streitenden Gesellschaftern auszutragen;[559] anderes gilt nur dann, wenn das Bestehen der Mitgliedschaft eine bloße Vorfrage in einem Rechtsstreit über die Geltendmachung von Sozialansprüchen oder -verbindlichkeiten bildet, oder wenn die Gesellschaft von den Mitgesellschaftern zur Prozessführung ermächtigt worden ist.[560] Zwischen mehreren an der Feststellungsklage auf der Aktiv- oder Passivseite beteiligten Gesellschaftern besteht keine notwendige Streitgenossenschaft.[561] Ist freilich das Bestehen oder Nichtbestehen der Mitgliedschaft zwischen sämtlichen Gesellschaftern rechtskräftig festgestellt, so ist diese Entscheidung auch bindend im Verhältnis zwischen Gesellschafter und Gesellschaft, soweit die Geltendmachung von Rechten aus der Mitgliedschaft in Frage steht.[562] Zu den Ansprüchen auf treupflichtbedingte Mitwirkung bei Vertragsänderungen ua, die ebenfalls die Individualsphäre zwischen den einzelnen Gesellschaftern betreffen, → Rn. 221 ff.

201 **2. Verpflichtungen des Gesellschafters gegenüber der Gesellschaft (Sozialansprüche).** Den Mitgliedschaftsrechten gegen die Gesellschaft („Sozialverbindlichkeiten") stehen die aus dem Gesellschaftsvertrag folgenden Rechte der Gesamthand gegen die einzelnen Mitglieder („Sozialansprüche") gegenüber. Unter ihnen sind die wichtigsten die Beitragspflicht einschließlich der Nachschusspflicht, die Pflicht zur Geschäftsführung, die Treupflicht sowie die Schadensersatzpflicht bei Vertragsverletzungen mit Schadensfolge für die Gesellschaft.[563] Die Sozialansprüche bilden, soweit sie auf vermögenswerte Leistungen gerichtet sind, einen **Teil des Gesamthandsvermögens.**[564] Sie sind für die parteifähige GbR von den geschäftsführenden Gesellschaftern, bei Gesamtgeschäftsführung und -vertretung aller Gesellschafter (§§ 709, 714) von den übrigen Gesellschaftern gegen den Verpflichteten geltend zu machen. Zur Möglichkeit auch nicht geschäftsführungsbefugter Gesellschafter, von Mitgesellschaftern die Erfüllung derartiger Sozialansprüche gegenüber der Gesamthand zu verlangen (actio pro socio), → Rn. 204 ff.

202 **3. Rechte und Pflichten der Gesellschafter aus Drittgeschäften mit der Gesellschaft.** Die einzelnen Gesellschafter können auch als „Dritte", dh außerhalb des Gesellschaftsvertrags, mit der Gesellschaft in Rechtsbeziehungen treten, Forderungen gegen sie erwerben und Verbindlichkeiten eingehen (→ Rn. 187). Voraussetzung hierfür ist freilich, dass sie zum Abschluss derartiger Verträge oder zur Erbringung der Leistungen **nicht in ihrer Eigenschaft als Gesellschafter** verpflichtet sind. So liegt etwa ein Mietvertrag zwischen Gesellschafter und Gesellschaft nur vor, wenn die Gebrauchsüberlassung der betreffenden Sache nicht als Beitrag geschuldet, sondern zwischen den Parteien frei ausgehandelt wird. Aber auch wenn die Leistung, wie etwa die darlehensweise Hingabe von Geld, auf Grund eines besonderen Rechtsgeschäfts erbracht wird, wird dadurch eine echte Drittgläubigerforderung doch nur begründet, wenn der Gesellschafter sich nicht im Gesellschaftsvertrag zur Darlehensgewährung verpflichtet hatte (→ § 706 Rn. 5).

---

[557] Zust. Erman/*Westermann* Rn. 56.
[558] BGH WM 1977, 997.
[559] BGHZ 48, 175 (176 f.) = NJW 1967, 2159 mwN; Erman/*Westermann* Rn. 56; *Wiedemann* GesR I § 5 III 1, S. 267.
[560] Dazu für OHG und KG BGH WM 1990, 309 (und 675); OLG München NZG 2001, 762; krit. *Bork* ZGR 1991, 125 (135 ff.).
[561] BGHZ 30, 195 (198) = NJW 1959, 1683; Soergel/*Hadding/Kießling* Rn. 46; Erman/*Westermann* Rn. 56; aA wohl *Rosenberg/Schwab/Gottwald* ZivilProzR § 49 III 1b (2), S. 247 mwN.
[562] BGHZ 48, 175 (177) = NJW 1967, 2159 unter Offenlassen der Begr. (materielle Folge des Gesellschaftsverhältnisses und des Missbrauchseinwands oder Rechtskrafterstreckung); zust. Soergel/*Hadding/Kießling* Rn. 46; zweifelnd Erman/*Westermann* Rn. 56.
[563] Vgl. statt aller Soergel/*Hadding/Kießling* Rn. 47; Erman/*Westermann* Rn. 53; Staudinger/*Habermeier* (2003) Rn. 40.
[564] EinhM, vgl. BGH WM 1961, 426 (427); NJW 2001, 1210 (1211); RGZ 76, 276 (278); 111, 77 (83); Soergel/*Hadding/Kießling* Rn. 47; Erman/*Westermann* Rn. 53; Staudinger/*Habermeier* (2003) Rn. 40. Eine Ausnahme gilt nur für die reine Innengesellschaft ohne Gesamthandsvermögen (→ Rn. 282).

Auch wenn sich die Ansprüche und Verbindlichkeiten von Gesellschaftern aus Drittgeschäften entsprechend der unterschiedlichen Rechtsgrundlage deutlich von den im Gesellschaftsvertrag begründeten Sozialverbindlichkeiten und -ansprüchen unterscheiden, lassen sich die Grenzen der Geltendmachung derartiger Drittgläubigerforderungen doch *nicht isoliert von der Gesellschafterstellung* des Berechtigten beurteilen. Vielmehr **überlagert** die Gesellschaftsbeziehung auch diese außergesellschaftsrechtlichen Rechtsverhältnisse. So kann der Gesellschafter eine Drittgläubigerforderung zwar grundsätzlich auch außerhalb der Liquidation unmittelbar gegen Mitgesellschafter verfolgen (zur Lage in der Abwicklungsgesellschaft → § 730 Rn. 53). Diese haften ihm wie einem Dritten als Gesamtschuldner;[565] sie können ihn nicht etwa auf die vorrangige Inanspruchnahme der Gesellschaft verweisen, zumal die Gesellschafter durch ihren gegen die Gesellschaft gerichteten Freistellungsanspruch ausreichend geschützt werden.[566] Wohl aber muss er sich im Verhältnis zu den Mitgesellschaftern den im Innenverhältnis auf ihn entfallenden *Verlustanteil* anrechnen lassen;[567] der Geltendmachung des vollen Anspruchs stünde der Arglisteinwand entgegen. Darüber hinaus ist die Geltendmachung auch dieser Ansprüche nicht ganz ohne Rücksicht auf die **Treupflicht** möglich. Sie kann es je nach Lage des Falles gebieten, bei der Durchsetzung des Anspruchs im Rahmen des Zumutbaren auf überragende Belange vor allem von Mitgesellschaftern, ggf. auch der Gesellschaft selbst Rücksicht zu nehmen.[568] Zusätzliche Beitragspflichten des Gesellschafters als Drittgläubiger abweichend von § 707 lassen sich hierdurch freilich nicht begründen. – Aus dem Gesellschaftsverhältnis resultierende Einwendungen gegen die Drittgläubigerforderung können nach § 404 auch einem dritten Zessionar entgegengesetzt werden.[569] 203

4. Actio pro socio. a) Überblick. Unter actio pro socio versteht man abweichend von dem gleichnamigen römischrechtlichen Institut[570] das Recht jedes Gesellschafters, von Mitgesellschaftern Erfüllung ihrer Verpflichtungen gegenüber der Gesellschaft zu verlangen und **im eigenen Namen Klage auf Leistung an die Gesellschaft** zu erheben.[571] Die Befugnis bezieht sich ausschließlich auf **Sozialansprüche,** dh auf solche Verpflichtungen von Gesellschaftern, die ihre Grundlage unmittelbar oder mittelbar im Gesellschaftsvertrag haben (→ Rn. 201). Praktische Bedeutung hat sie in erster Linie für *Beitragspflichten sowie für Schadensersatzpflichten* gegenüber der Gesellschaft aus der Verletzung des Gesellschaftsvertrags oder der in ihm begründeten Geschäftsführungspflichten. Die Klage kann grundsätzlich auch im Liquidationsstadium erhoben werden; insoweit ist es im Einzelfall auch zulässig, dass Mitgesellschafter auf Leistung an sich selbst klagen (→ § 730 Rn. 35).[572] – Unterlassungsansprüche gegen Gesellschafter in Bezug auf Maßnahmen der Geschäftsführung können mit der actio pro socio nicht durchgesetzt werden, da ein solches Vorgehen auf einen Eingriff in das Geschäftsführungsrecht hinausliefe;[573] anderes gilt nur bei gesellschaftswidrigem Zusammenwirken zwischen klagebefugtem Geschäftsführer und Gesellschaftsschuldner (→ Rn. 206 mwN). 204

---

[565] Schon vor Durchsetzung der Akzessorietätstheorie (→ § 714 Rn. 5, 33 f.) ganz hM, vgl. statt aller BGH NJW 1983, 749; WM 1970, 280 (KG); Soergel/*Hadding*/*Kießling* Rn. 57; Erman/*Westermann* Rn. 61; Staub/ *Habersack* HGB § 128 Rn. 13, jeweils mwN, auch zur Rspr. des RG; für pro rata-Haftung aber *Walter* JuS 1982, 86 und JZ 1983, 261. – Zur Durchsetzbarkeit des Anspruchs im Abwicklungsstadium → § 730 Rn. 53 (str.); zur abw. Beurteilung (pro rata-Haftung) beim Regress eines Gesellschafters wegen Inanspruchnahme aus Gesellschaftsschulden → Rn. 217.

[566] RGZ 85, 157 (162); 153, 305 (311 f.); BGH ZIP 2013, 2305 Rn. 32 ff.; DNotZ 2014, 865 (866); Soergel/ *Hadding*/*Kießling* Rn. 57; Erman/*Westermann* Rn. 61; Staudinger/*Habermeier* (2003) Rn. 42; Bamberger/Roth/ *Schöne* Rn. 130; aA – für Subsidiarität der Gesellschafterhaftung – noch *Walter* JuS 1982, 85 f. und das Schrifttum zum OHG-Recht, Staub/*Habersack* HGB § 128 Rn. 13, 26; *Hueck* OHG § 21 V 1; MüKoHGB/*K. Schmidt* HGB § 128 Rn. 20; Baumbach/Hopt/*Roth* HGB § 128 Rn. 24.

[567] Ganz hM, vgl. BGH NJW 1983, 749; ZIP 2002, 394 (396); Soergel/*Hadding*/*Kießling* Rn. 57; Staudinger/ *Habermeier* (2003) Rn. 42; Staub/*Habersack* HGB § 128 Rn. 13, 25; Baumbach/Hopt/*Roth* HGB § 128 Rn. 24; stärker einschr. (pro rata-Haftung) aber *Walter* JuS 1982, 85 f.

[568] Zurückhaltend BGH ZIP 2013, 2305 Rn. 36 ff.: nur für Ausnahmefälle; vgl. ferner Soergel/*Hadding*/ *Kießling* Rn. 57; Erman/*Westermann* Rn. 61; Staub/*Habersack* HGB § 128 Rn. 13, 26; *Walter* JZ 1983, 261 mwN.

[569] BGH NJW 1983, 749; Staub/*Habersack* HGB § 128 Rn. 25; MüKoHGB/*K. Schmidt* HGB § 128 Rn. 20; Baumbach/Hopt/*Roth* HGB § 128 Rn. 24; einschr. – nur bezüglich der Anrechnung des Verlustanteils – *Walter* JZ 1983, 261; Schlegelberger/*K. Schmidt* HGB § 128 Rn. 20; *A. Hueck* OHG § 21 V 2, S. 330.

[570] Dazu *Hadding*, Actio pro socio. Die Einzelklagebefugnis des Gesellschafters bei Gesamthandsansprüchen aus dem Gesellschaftsverhältnis, 1966, S. 17 ff. mwN; *Diederichsen* ZHR 132 (1969), 290 (291 f.); *Altmeppen*, FS Musielak, 2004, S. 2 f. Vgl. aber auch *Schanbacher* AC 1999, 21 (26 f.), der entgegen der heute vorherrschenden Ansicht die Zusammenhänge zwischen römischrechtlicher und heutiger actio pro socio betont.

[571] Vgl. nur Soergel/*Hadding*/*Kießling* Rn. 48 ff.; Erman/*Westermann* Rn. 57 ff.; Staudinger/*Habermeier* (2003) Rn. 46 ff.; Bamberger/Roth/*Schöne* Rn. 116 ff.; *K. Schmidt* GesR § 21 IV 1. Eingehend *M. Schwab*, Das Prozessrecht gesellschaftsinterner Streitigkeiten, 2005, S. 45 ff.

[572] Vgl. BGH WM 1967, 275.

[573] BGHZ 76, 160 (168) = NJW 1980, 1463 (KG); Erman/*Westermann* Rn. 57; Staudinger/*Habermeier* (2003) Rn. 46; Bamberger/Roth/*Schöne* Rn. 120; im Ergebnis ebenso *Zöllner* ZGR 1988, 392 (431); aA *Grunewald*, Die

205 Die grundsätzliche Anerkennung der actio pro socio als „eigenes Klagerecht" jedes Gesellschafters zur Durchsetzung von Sozialansprüchen (→ Rn. 201) und ihre Qualifizierung als fester Bestandteil der Gesellschaftsrechtsordnung[574] dürfen nicht darüber hinwegtäuschen, dass eine Reihe von **Rechtsfragen** im Zusammenhang mit der actio pro socio, darunter ihre Zulässigkeitsvoraussetzungen, ihre prozessualen Wirkungen, aber auch ihre Rechtsgrundlagen, nach wie vor **umstritten** sind. Unter ihnen kommt praktische Bedeutung vor allem der Frage zu, ob die actio pro socio nur subsidiär eingreift und ihre Geltendmachung daher besonderer Rechtfertigung bedarf oder ob sie grundsätzlich gleichrangig neben der Klagebefugnis der Geschäftsführer steht (→ Rn. 210), sowie welche prozessualen Folgen die actio pro socio für das Rechtsverhältnis zwischen Gesellschaft und verklagtem Gesellschafter hat (→ Rn. 213 f.). In grundsätzlicher Hinsicht geht die Auseinandersetzung darum, ob der Gesellschafter mit der actio pro socio ein eigenes materielles Recht geltend macht oder ob er in Prozessstandschaft für die Gesellschaft handelt, dh ein dieser zustehendes Recht im eigenen Namen einklagt (→ Rn. 207 f.).

206 **Keinen** Gegenstand der actio pro socio als mitgliedschaftliche Klagebefugnis bilden **sonstige Ansprüche der Gesellschaft gegen Gesellschafter oder Dritte als Schuldner,** die nicht auf dem Gesellschaftsvertrag beruhen, sondern auf Rechtsgeschäften der Gesellschaft mit dem Schuldner. Die Rechtsprechung lässt die gerichtliche Durchsetzung auch derartiger Ansprüche durch nicht geschäftsführungs- und vertretungsbefugte Gesellschafter unter bestimmten Voraussetzungen ausnahmsweise in zwei Fällen dann zu, wenn die Klage im eigenen Namen auf Leistung an die Gesellschaft erhoben wird.[575] *Voraussetzungen* für die erste dieser Fallgruppen sind (1) das berechtigte Interesse des Gesellschafters an der Geltendmachung des Anspruchs, (2) die gesellschaftswidrige Untätigkeit der vertretungsbefugten Geschäftsführer sowie (3) das Zusammenwirken des Dritten als Schuldner mit dem gesellschaftswidrig Handelnden (→ § 719 Rn. 11).[576] Für die zweite Fallgruppe stellt die Rechtsprechung analog § 744 Abs. 2 darauf ab, dass die Einzelklage – als Notkompetenz – angesichts der pflichtwidrigen Untätigkeit des Geschäftsführers und angesichts seines Zusammenwirkens mit dem Schuldner zur Durchsetzung der geltendgemachten Forderung im vorrangigen Interesse der Gesellschaft oder gar zur Rettung der Gesellschaft insgesamt erforderlich ist (→ § 709 Rn. 21).[577] Eine *Gleichsetzung* dieser außergewöhnlichen Fälle einer quasi-gesetzlichen Prozessstandschaft[578] mit der actio pro socio[579] ist allerdings *nicht* veranlasst;[580] ihr stehen nicht nur die jeweils unterschiedlichen Klagevoraussetzungen entgegen, sondern auch und vor allem der fehlende Zusammenhang dieser beiden außerordentlichen Klagebefugnisse mit der für die actio pro socio kennzeichnenden Mitgliedschaftssphäre.

207 **b) Mitgliedschaftsrecht (Prozessstandschaft).** Darüber, dass es sich bei der actio pro socio um ein aus der Mitgliedschaft fließendes Klagerecht des Gesellschafters handelt, besteht heute im Wesentlichen Einigkeit.[581] Zu Recht wird in der neueren Diskussion namentlich auch seine Funktion als *Minderheitsrecht* betont.[582] Daraus ergibt sich jedoch noch keine Antwort auf die Frage, wer Inhaber

---

Gesellschafterklage in der Personengesellschaft und der GmbH, 1990, S. 30 f.: bei offensichtlich unvertretbaren Maßnahmen; noch weitergehend *Raiser* ZHR 153 (1989), 1 (27, 33) und *Bork/Oepen* ZGR 2001, 515 (537 f.): auch Klage auf Erzwingung von bestimmten Maßnahmen.
[574] So *Wiedemann* GesR I § 5 III 2b, S. 272.
[575] Dazu näher *Bork/Oepen* ZGR 2001, 515 (543 ff.); vgl. auch *Kort* DStR 2001, 2164 f.
[576] Grdl. BGHZ 39, 14 (16 ff.) = NJW 1963, 641; so auch BGHZ 102, 152 (154 f.) = NJW 1988, 558; BGH NJW 2000, 734; OLG Dresden NZG 2000, 248 (249); OLG Düsseldorf NZG 2000, 475.
[577] BGHZ 17, 181 (187) = NJW 1955, 1027; BGH NJW 2000, 3272; BayObLGZ 1990, 260 (263); OLG Dresden NZG 2000, 248 (250).
[578] Ebenso *Kort* DStR 2001, 2162 (2163 f.); aA – für gewillkürte Prozessstandschaft – *Bork/Oepen* ZGR 2001, 515 (549 ff.).
[579] Für diese Gleichsetzung aber *Bork/Oepen* ZGR 2001, 515 (549 ff.) und *Kort* DStR 2001, 2162 (2163 f.).
[580] Sie lässt sich weder auf die Rspr. zu den beiden Fallgruppen noch auf die hM zur actio pro socio stützen, die sich ausdrücklich auf Sozialansprüche beschränkt (→ Rn. 204).
[581] Diesen Aspekt betonen namentlich BGH NJW 1992, 1890 (1892); ZIP 2010, 1232 (1233) Rn. 3; *Flume* BGB AT I 2 § 8 V 1, S. 301 (anders noch *Flume* BGB AT I 1 § 10 IV, S. 142); *Lutter* AcP 180 (1980), 84 (133 f.); Soergel/*Hadding/Kießling* Rn. 50; Erman/*Westermann* Rn. 57; *Teichmann* AcP 179 (1979), 475 (485); *Wiedemann* GesR I § 5 III 2b, S. 273 f., § 8 IV 1c, S. 459 ff.; *Altmeppen*, FS Musielak, 2004, S. 25.
[582] So schon *Hueck* OHG § 18 II 3, S. 266, Rn. 21; ebenso *Flume* BGB AT I 1 § 10 IV, S. 144; Staudinger/*Habermeier* (2003) Rn. 46; Bamberger/Roth/*Schöne* Rn. 117; *Fischer* ZGR 1979, 251 (260 f.) sowie *Flume* BGB AT I 2 § 8 V 1, S. 301 (anders noch *Flume* BGB AT I 1 § 10 IV, S. 142); *Lutter* AcP 180 (1980), 84 (133 f.); Soergel/*Hadding/Kießling* Rn. 50; Erman/*Westermann* Rn. 57; *Teichmann* AcP 179 (1979), 475 (485); *Wiedemann* GesR I § 5 III 2b, S. 273 f., § 8 IV 1c, S. 459 ff. unter besonderer Hervorhebung der Kontrollfunktion der actio pro socio; *Altmeppen*, FS Musielak, 2004, S. 25; *K. Schmidt* GesR §§ 16 III 2b, 21 IV 1c: „Minderheitsschutzinstrument".

des mit der Klage geltend gemachten materiellrechtlichen Anspruchs ist. Die **früher überwM** ging insoweit trotz unstreitiger Zugehörigkeit der Sozialansprüche zum Gesamthandsvermögen (→ Rn. 201) von der Geltendmachung eines **eigenen Rechts** durch den klagenden Gesellschafter aus; es handle sich um Ansprüche aus dem Gesellschaftsvertrag, deren Erfüllung sich die Gesellschafter bei Vertragsschluss *wechselseitig zugesagt* hätten.[583] Soweit man sich um eine dogmatische Absicherung dieser Ansicht bemühte, die der Sache nach auf die Annahme zweier im Ansatz zu unterscheidender, auf dasselbe Ziel gerichteter Ansprüche hinauslief, wurde auf die ähnliche Rechtslage beim berechtigenden Vertrag zu Gunsten Dritter (§§ 328, 335) verwiesen; wie dort sei der Anspruch der Gesellschaft (als begünstigter Dritter) auf Erfüllung, derjenige der Mitgesellschafter (als Versprechensempfänger) auf Leistung an die Gesellschaft gerichtet.[584] Trotz dieser Aufspaltung in zwei Ansprüche wurde freilich einhellig betont, dass verfügungsbefugt über den (?) Anspruch grundsätzlich nur die Gesellschaftsgesamtheit sei.[585]

Der Lehre von der actio pro socio als Verfolgung eines *eigenen* Rechts des klagenden Gesellschafters ist indessen **nicht zu folgen.**[586] Denn sie verträgt sich nur schwer mit dem Charakter des Gesellschaftsvertrags als eines nicht auf Austausch, sondern auf Begründung einer Zweckgemeinschaft gerichteten, regelmäßig mit Gesamthandsvermögen ausgestatteten Rechtsverhältnisses (→ Rn. 161 f.). Auch führt sie im Hinblick auf die Anspruchsverdoppelung und das Verhältnis zwischen gesamthänderisch gebundenem Sozialanspruch und individuellen Gesellschafteransprüchen zu unnötigen Schwierigkeiten. Wie nicht zuletzt das Beispiel der §§ 309 Abs. 4 S. 1 und 2, 317 Abs. 4 AktG zeigt, setzt die Anerkennung eines aus der Mitgliedschaft folgenden Rechts von Gesellschaftern zur prozessualen Geltendmachung von Gesellschaftsforderungen *nicht* voraus, dass dieses sich auf die Durchsetzung eines *eigenen* Anspruchs des Klägers richtet.[587] Bei der actio pro socio handelt es sich vielmehr um einen Fall der **Prozessstandschaft.**[588] Dieser Sicht hat sich neuerdings wohl auch die höchstrichterliche Rechtsprechung ange-

---

[583] So BGHZ 25, 47 (49) = NJW 1957, 1358; BGH NJW 1973, 2198; WM 1956, 88 (89); 1960, 399 (400); Staudinger/*Keßler*, 12. Aufl. 1979, Rn. 64; Großkomm*HGB*/*Fischer*, 3. Aufl. 1973, HGB § 124 Anm. 11; *Flume*, FS Raiser, 1974, S. 27; *Flume* BGB AT I § 10 IV, S. 142 (anders jetzt aber *Flume* BGB AT I 2 § 8 V 1, S. 301); *Hueck* OHG § 18 II 3, S. 261 ff.; *Nitschke* ZHR 128 (1966), 48 (87 ff.): in neuerer Zeit noch *Reuter* GmbHR 1981, 138; *Raiser* ZHR 153 (1989), 1 (11); *Schanbacher* AG 1999, 21 (27); *Altmeppen*, FS Musielak, 2004, S. 14 ff.; *Kreutz*, FS Hadding, 2004, S. 513 (518 ff., 526 f.); wohl auch *Lutter* AcP 180 (1980), 133 f. trotz seines Hinweises auf den Charakter der actio pro socio als Mitgliedschaftsrecht. Gegenansichten vgl. *Teichmann* AcP 179 (1979), 475 (485) in Auseinandersetzung mit der gegenteiligen Ansicht von *Flume* BGB AT I § 10 IV, S. 142 ff., noch dazu vor dem Hintergrund von dessen Lehre betr. die GbR als teilrechtsfähige Gruppe; Soergel/*Hadding*/*Kießling* Rn. 50; Erman/*Westermann* Rn. 57; Staudinger/*Habermeier* (2003) Rn. 46; Bamberger/Roth/*Schöne* Rn. 117; Staub/*Schäfer* HGB § 105 Rn. 256; Baumbach/Hopt/*Roth* HGB § 109 Rn. 32; *Berger*, Die subjektiven Grenzen der Rechtskraft bei der Prozessstandschaft, 1992, S. 275 f.; *Grunewald*, Die Gesellschafterklage in der Personengesellschaft und der GmbH, 1990, S. 13 f.; *Hadding*, Actio pro socio. Die Einzelklagebefugnis des Gesellschafters bei Gesamthandsansprüchen aus dem Gesellschaftsverhältnis, 1966, S. 58 f., 65, 101 und *ders.* JZ 1975, 164; *Bork*/*Oepen* ZGR 2001, 520 ff.; *Wiedemann* GesR I § 8 IV 1c, S. 461; *Mock* RabelsZ 72 (2008), 270; tendenziell auch *Flume* BGB AT I 2 § 8 V 1, S. 301; *Lutter* AcP 180 (1980), 134; *K. Schmidt* GesR § 21 IV 3 und 4.

[584] So *Ganssmüller* DB 1954, 860; *U. Huber*, Vermögensanteil, Kapitalanteil und Gesellschaftsanteil, 1970, S. 24 ff.; aA *Hadding*, Actio pro socio. Die Einzelklagebefugnis des Gesellschafters bei Gesamthandsansprüchen aus dem Gesellschaftsverhältnis, 1966, S. 43 ff.; *Nitschke* ZHR 128 (1966), 48 (88 f.). Für Parallele zu §§ 428, 432 aber *Altmeppen*, FS Musielak, 2004, S. 14 f. Allg. zur Unterscheidung des Leistungsanspruchs des Dritten von dem in § 335 geregelten Erfüllungsanspruch des Versprechensempfängers → § 335 Rn. 1 (Gottwald); Palandt/*Grüneberg* § 335 Rn. 1 *(Gottwald)*; Erman/*Westermann* § 335 Rn. 3; aA auch insoweit *Hadding* AcP 171 (1971), 403 (413 ff.).

[585] Ganz hM, vgl. BGHZ 25, 47 (50) = NJW 1957, 1358; BGH NJW 1985, 2830 (2831); *Hueck* OHG § 18 II 3, S. 263; *Wiedemann* GesR I § 5 III 2b, S. 274; § 8 IV 1c, S. 460; Staudinger/*Habermeier* (2003) Rn. 48; Bamberger/Roth/*Schöne* Rn. 122; *Hadding*, Actio pro socio. Die Einzelklagebefugnis des Gesellschafters bei Gesamthandsansprüchen aus dem Gesellschaftsverhältnis, 1966, S. 97 f.; anders aber *Raiser* ZHR 153 (1989), 1 (23).

[586] So zutr. *Teichmann* AcP 179 (1979), 475 (485) in Auseinandersetzung mit der gegenteiligen Ansicht von *Flume* BGB AT I 1 § 10 IV, S. 142 ff., noch dazu vor dem Hintergrund von dessen Lehre betr. die GbR als teilrechtsfähige Gruppe. Vgl. auch Soergel/*Hadding*/*Kießling* Rn. 50; Erman/*Westermann* Rn. 57; Staudinger/*Habermeier* (2003) Rn. 46; Bamberger/Roth/*Schöne* Rn. 117; Staub/*Schäfer* HGB § 105 Rn. 256; Baumbach/Hopt/*Roth* HGB § 109 Rn. 32; *Berger*, Die subjektiven Grenzen der Rechtskraft bei der Prozessstandschaft, 1992, S. 275 f.; *Grunewald*, Die Gesellschafterklage in der Personengesellschaft und der GmbH, 1990, S. 13 f.; *Hadding*, Actio pro socio. Die Einzelklagebefugnis des Gesellschafters bei Gesamthandsansprüchen aus dem Gesellschaftsverhältnis, 1966, S. 58 f., 65, 101 und *ders.* JZ 1975, 164; *Bork*/*Oepen* ZGR 2001, 520 ff.; *Teichmann* AcP 179 (1979), 475 (485); *Wiedemann* GesR I § 8 IV 1c, S. 461; *Mock* RabelsZ 72 (2008), 270; tendenziell auch *Flume* BGB AT I 2 § 8 V 1, S. 301; *Lutter* AcP 180 (1980), 134; weil der Struktur der GbR diff. *K. Schmidt* GesR § 21 IV 3 und 4.

[587] Vgl. nur Hüffer/*Koch* AktG § 309 Rn. 21a.

[588] Heute hM, so Soergel/*Hadding*/*Kießling* Rn. 50; Erman/*Westermann* Rn. 57; Staudinger/*Habermeier* (2003) Rn. 46; Bamberger/Roth/*Schöne* Rn. 117; Staub/*Schäfer* HGB § 105 Rn. 256; Baumbach/Hopt/*Roth* HGB § 109 Rn. 32; *Berger*, Die subjektiven Grenzen der Rechtskraft bei der Prozessstandschaft, 1992, S. 275 f.; *Grunewald*, Die Gesellschafterklage in der Personengesellschaft und der GmbH, 1990, S. 13 f.; *Hadding*, Actio pro socio. Die

schlossen.⁵⁸⁹ **Anders** verhält es sich freilich bei der **Innengesellschaft,** da die actio pro socio hier naturgemäß nicht der Durchsetzung von Ansprüchen der (nicht rechtsfähigen) Gesellschaft dienen kann. Vielmehr kann es hier allein um die Erfüllung von Individualansprüchen gehen, die ohne weiteres vom einzelnen Gesellschafter zugunsten der übrigen geltend zu machen ist; die actio pro socio bedeutet in der Innengesellschaft also „nichts anderes als die Durchsetzung von Ansprüchen unter Gesellschaftern."⁵⁹⁰

209 **Umstritten** ist unter den Vertretern der Prozessstandschaft, ob es sich bei dieser um eine **gewillkürte**⁵⁹¹ oder eine **gesetzliche Befugnis**⁵⁹² handelt. Zugunsten *gewillkürter* Prozessstandschaft wird vorgebracht, dass es insoweit an einer ausdrücklichen gesetzlichen Regelung fehle. Die Befugnis soll sich vielmehr, da die Gesellschaftsverträge durchweg keine entsprechende Regelung enthalten, kraft ergänzender Vertragsauslegung (!) ergeben; ihr Ausschluss (?) könnte in Verbindung mit weiteren Einschränkungen des Minderheitenschutzes gegen § 138 Abs. 1 oder § 242 verstoßen.⁵⁹³ Diese Ansicht ist für den Regelfall⁵⁹⁴ nicht nur methodisch unhaltbar, sondern verkennt auch die historischen Wurzeln der actio pro socio in der Lehre von der *societas*.⁵⁹⁵ Vielmehr handelt es sich um eine *quasigesetzliche* Befugnis kraft ungeschriebenen (Gewohnheits-)Rechts.⁵⁹⁶ In ihren Wirkungen entspricht sie nach wohl hM einer gesetzlichen, dh die Eigenbefugnisse der Gesellschaft nicht einschränkenden Prozessstandschaft (→ Rn. 213 f.). Als Minderheitsrecht kann sie im Gesellschaftsvertrag zwar eingeschränkt, insbesondere von erschwerenden Voraussetzungen abhängig gemacht, aber nicht völlig abbedungen werden;⁵⁹⁷ als Grenze der Privatautonomie bietet sich der Maßstab des § 716 Abs. 2 an.⁵⁹⁸

210 **c) Folgerungen. aa) Klagevoraussetzungen.** Die **Zulässigkeit** der actio pro socio hängt einerseits ab von der *Gesellschafterstellung des Klägers*. Fehlt sie oder entfällt sie während des Rechtsstreits, so ist die Klage als unzulässig abzuweisen;⁵⁹⁹ die auf den Übergang der Sachlegitimation abstellende Vorschrift des § 265 ZPO greift insoweit nicht ein.⁶⁰⁰ Darüber hinaus liegt die *Darlegungs- und*

Einzelklagebefugnis des Gesellschafters bei Gesamthandsansprüchen aus dem Gesellschaftsverhältnis, 1966, S. 58 f., 65, 101 und *ders.* JZ 1975, 164; *Bork/Oepen* ZGR 2001, 520 ff.; *Teichmann* AcP 179 (1979), 475 (485); *Wiedemann* GesR I § 8 IV 1c, S. 461; *Mock* RabelsZ 72 (2008), 270; tendenziell auch *Flume* BGB AT I 2 § 8 V 1, S. 301; *Lutter* AcP 180 (1980), 134; nach der Struktur der GbR diff. *K. Schmidt* GesR § 21 IV 3 und 4.

⁵⁸⁹ Vgl. BGH NJW 2000, 505 (506) – Ablehnung eines auf Nichterfüllung auch der Verpflichtung des aus actio pro socio vorgehenden Klägers gestützten Zurückbehaltungsrechts des Beklagten nach § 273; offenlassend aber BGH NJW 1985, 2830 (2831); 1992, 1890 (1891); ZIP 2010, 1232 (1233) Rn. 3.

⁵⁹⁰ *K. Schmidt*, GesR, § 21 IV 2, S. 633; zust. *Schäfer*, Gutachten E zum 71. DJT, 2016, S. 43.

⁵⁹¹ So *Grunewald*, Die Gesellschafterklage in der Personengesellschaft und der GmbH, 1990, S. 12 ff.; Soergel/*Hadding/Kießling* Rn. 50; *Bork/Oepen* ZGR 2001, 526 f.; nicht eindeutig Erman/*Westermann* Rn. 57; Bamberger/Roth/*Schöne* Rn. 117.

⁵⁹² So insbes. *Berger*, Die subjektiven Grenzen der Rechtskraft bei der Prozessstandschaft, 1990, S. 277; *Becker*, Verwaltungskontrolle durch Gesellschafterrechte, 1997, S. 543; *Kort* DStR 2001, 2163; *Mock* RabelsZ 72 (2008), 271; MHdB GesR I/*Weipert* § 6 Rn. 25; wohl auch Staudinger/*Habermeier* (2003) Rn. 46.

⁵⁹³ So *Grunewald*, Die Gesellschafterklage in der Personengesellschaft und der GmbH, 1990, S. 36; *Bork/Oepen* ZGR 2001, 527.

⁵⁹⁴ Gewillkürte Prozessstandschaft liegt allerdings dann vor, wenn die vertretungsberechtigten Gesellschafter der Klage im Namen des nicht vertretungsberechtigten Gesellschafters zustimmen (dazu BGH NJW 1988, 1585 [1586 f.]; OLG Düsseldorf ZIP 1985, 1000).

⁵⁹⁵ Vgl. dazu *Schanbacher* AG 1999, 21 (26 f.).

⁵⁹⁶ Der Einwand der Gegner (quasi-)gesetzlicher Prozessstandschaft, der Streit um Voraussetzungen und Rechtsfolgen der actio pro socio stehe der Anerkennung als Gewohnheitsrecht entgegen, so *Bork/Oepen* ZGR 2001, 526; *Altmeppen*, FS Musielak, 2004, S. 10 (14 f.), verkennt, dass umstritten nur die Details der Ausgestaltung der Rechtsfigur sind, während der grds. Anerkennung der actio pro socio allg. Rechtsüberzeugung und tatsächlicher Übung entspricht.

⁵⁹⁷ So mit unterschiedlicher Grenzziehung zutr. die ganz hM, vgl. Bamberger/Roth/*Schöne* Rn. 122; Staudinger/*Habermeier* (2003) Rn. 46; *U. Huber*, Vermögensanteil, Kapitalanteil und Gesellschaftsanteil, 1970, S. 28 f.; *Flume* BGB AT I 1 § 10 IV, S. 144; *Lutter* AcP 180 (1980), 84 (132); *Grunewald*, Die Gesellschafterklage in der Personengesellschaft und der GmbH, 1990, S. 34 ff.; *Wiedemann* GesR I § 5 III 2b, S. 274; *Martens*, Mehrheits- und Konzernherrschaft, 1970, S. 96; aA – für Abdingbarkeit – noch Soergel/*Schultze-v. Lasaulx*, 10. Aufl. 1969, Rn. 59; *Hueck* OHG § 18 II 3, S. 267; *Hadding*, Actio pro socio. Die Einzelklagebefugnis des Gesellschafters bei Gesamthandsansprüchen aus dem Gesellschaftsverhältnis, 1966, S. 65; offenlassend BGH WM 1973, 1291 (1292); NJW 1985, 2830 (2831).

⁵⁹⁸ Ebenso *Wiedemann* GesR I § 5 III 2b, S. 274.

⁵⁹⁹ OLG Karlsruhe NJW 1995, 1296; OLG Düsseldorf ZMR 2001, 182 f.; *Früchtl* NJW 1996, 1327 f.; Erman/*Westermann* Rn. 59; Staudinger/*Habermeier* (2003) Rn. 47; Bamberger/Roth/*Schöne* Rn. 118; aA *Hörstel* NJW 1995, 1271; nach Art des Ausscheidens diff. *Bork/Oepen* ZGR 2001, 529 f.

⁶⁰⁰ Insoweit aA BGH NJW 1960, 964, aber auch *Hadding*, Actio pro socio. Die Einzelklagebefugnis des Gesellschafters bei Gesamthandsansprüchen aus dem Gesellschaftsverhältnis, 1966, S. 102; wie hier *Wiedemann* GesR I § 8 IV 1c, S. 46; Erman/*Westermann* Rn. 59.

Beweislast für die Notwendigkeit der Klageerhebung entgegen der hM[601] bei dem aus der actio pro socio vorgehenden Kläger.[602] Dies folgt aus der **Subsidiarität** der actio pro socio; denn die Durchsetzung von Sozialansprüchen ist primär Sache der Geschäftsführer.[603] Die damit verbundene Einschränkung der Klagebefugnis beruht freilich nicht auf deren Rechtsnatur als Prozessstandschaft, sondern auf ihrem Charakter als Minderheitsrecht und der mit dessen Ausübung verbundenen Durchbrechung der gesellschaftsrechtlichen Zuständigkeitsordnung für die Geltendmachung von Sozialansprüchen.[604] Die Klage ist daher nicht erst dann unzulässig, wenn das Vorgehen des Klägers sich nach Lage des Falles als treuwidrig erweist.[605] Vielmehr muss der Kläger als Zulässigkeitsvoraussetzung seinerseits die Gründe vortragen und ggf. beweisen, aus denen sich die Erforderlichkeit der Klage durch ihn ergibt. Keine Bedeutung kommt dem Subsidiaritätserfordernis demgemäß aber in der **Innengesellschaft** zu (→ Rn. 208 aE).

Neben der actio pro socio lässt es der BGH (nicht nur) bei der *Publikumsgesellschaft* neuerdings 210a auch zu, dass die Gesellschafter zur Durchsetzung von Schadensersatzansprüchen gegen Geschäftsführer einen **besonderen Vertreter** analog § 46 Nr. 8 Hs. 2 GmbHG, § 147 Abs. 2 S. 1 AktG bestellen.[606] Dies ist auch dann zulässig, wenn die Gesellschaft im Schadensersatzprozess durch einen weiteren, nicht selbst betroffenen Geschäftsführer vertreten werden könnte, weil – so der Senat – nicht anzunehmen sei, dass dieser Geschäftsführer die Interessen der Gesellschaft gegenüber seinen Kollegen mit dem nötigen Nachdruck vertrete. Freilich wird man nicht davon auszugehen haben, dass die actio pro socio gegenüber diesem Instrument subsidiär wäre, also nur noch dann in Betracht kommt, wenn die Bestellung des Vertreters (trotz Stimmverbots eines betroffenen Gesellschafters, → § 709 Rn. 65 f.) an der notwendigen (einfachen) Beschlussmehrheit scheitert.[607] Wohl aber kann angenommen werden, dass die actio pro socio – vor allem bei Publikumsgesellschaften – de facto zurückgedrängt wird, weil sie für den klagenden Gesellschafter nun einmal riskant und kostenträchtig ist, so dass die Vertreterbestellung regelmäßig als der **attraktivere Rechtsbehelf** erscheint.[608]

An die **Darlegung und den Beweis der Zulässigkeitsvoraussetzungen** sind keine zu hohen 211 Anforderungen zu stellen, wenn das Minderheitsrecht nicht leerlaufen soll.[609] Schon gar nicht kommt

---

[601] Sie beschränkt sich darauf, die aus der Treupflicht folgende Grenze der actio pro socio zu betonen (vgl. BGHZ 25, 47 (50) = NJW 1957, 1358; 3. Aufl. Rn. 149 *(Ulmer)*; *Hueck* OHG § 18 II 3, S. 266 f.; *Flume* BGB AT I 1 § 10 IV, S. 143; *Raiser* ZHR 153, (1989), 1 (23); *Altmeppen*, FS Musielak, 2004, S. 15; wohl auch *Wiedemann* GesR I § 5 III 2b, S. 274, § 8 IV 1c, S. 460. AA einerseits *U. Huber*, Vermögensanteil, Kapitalanteil und Gesellschaftsanteil, 1970, S. 27, der eine Einschränkung unter dem Gesichtspunkt der Treupflicht ganz ablehnt, andererseits [Zulassung der Klage nur bei Handlungsbedarf wegen Untätigkeit der Geschäftsführer] die bei → Rn. 208 zur Prozessstandschaft genannten Autoren) und kommt insoweit zur Darlegungs- und Beweislast des sich auf den Treupflichtverstoß berufenden Beklagten.
[602] Ebenso zu Recht Erman/*Westermann* Rn. 59 und *Grunewald*, Die Gesellschafterklage in der Personengesellschaft und der GmbH, 1990, S. 14 f., 21; im Ansatz auch *Hadding*, Actio pro socio. Die Einzelklagebefugnis des Gesellschafters bei Gesamthandsansprüchen aus dem Gesellschaftsverhältnis, 1966, S. 59 ff.; *Nitschke* ZHR 128 (1966), 48 ff., – ihnen folgend – *Lutter* AcP 180 (1980), 84 (134), allerdings mit starker Betonung der Subsidiaritätsschranke auf Kosten der Minderheitsschutzfunktion der actio pro socio; zu weitgehend auch RGZ 171, 51 (54 f.), dagegen zu Recht BGHZ 25, 47 (50) = NJW 1957, 1358 und die ganz hM im Schrifttum, vgl. 3. Aufl. Rn. 149 *(Ulmer)*; *Hueck* OHG § 18 II 3, S. 266 f.; *Flume* BGB AT I 1 § 10 IV, S. 143; *Raiser* ZHR 153, (1989), 1 (23); *Altmeppen*, FS Musielak, 2004, S. 15; wohl auch *Wiedemann* GesR I § 5 III 2b, S. 274, § 8 IV 1c, S. 460.
[603] Zur Subsidiarität s. nur BGH NJW 1974, 1555: „Hilfsrecht"; *K. Schmidt* ZGR 2011, 108 (125); Soergel/*Hadding/Kießling* Rn. 50.
[604] Darauf haben vor allem *Hadding,* Actio pro socio. Die Einzelklagebefugnis des Gesellschafters bei Gesamthandsansprüchen aus dem Gesellschaftsverhältnis, 1966, S. 53 ff. und *Nitschke* ZHR 128 (1966), 48 (86) zu Recht hingewiesen; so im Ergebnis auch *Kreutz*, FS Hadding, 2004, S. 526 f.; für Ableitung aus der Treupflicht *Altmeppen*, FS Musielak, 2004, S. 15.
[605] So aber BGHZ 25, 47 (50) = NJW 1957, 1358; 3. Aufl. Rn. 149 *(Ulmer)*; *Hueck* OHG § 18 II 3, S. 266 f.; *Flume* BGB AT I 1 § 10 IV, S. 143; *Raiser* ZHR 153, (1989), 1 (23); *Altmeppen*, FS Musielak, 2004, S. 15; wohl auch *Wiedemann* GesR I § 5 III 2b, S. 274, § 8 IV 1c, S. 460. AA einerseits *U. Huber*, Vermögensanteil, Kapitalanteil und Gesellschaftsanteil, 1970, S. 27, der eine Einschränkung unter dem Gesichtspunkt der Treupflicht ganz ablehnt, andererseits (Zulassung der Klage nur bei Handlungsbedarf wegen Untätigkeit der Geschäftsführer): Erman/*Westermann* Rn. 59 und *Grunewald*, Die Gesellschafterklage in der Personengesellschaft und der GmbH, 1990, S. 14 f., 21; im Ansatz auch *Hadding,* Actio pro socio. Die Einzelklagebefugnis des Gesellschafters bei Gesamthandsansprüchen aus dem Gesellschaftsverhältnis, 1966, S. 59 ff.; *Nitschke* ZHR 128 (1966), 48 ff., *Lutter* AcP 180 (1980), 84 (134).
[606] BGH ZIP 2010, 2345 (2346) Rn. 8 (Übertragung der Anspruchsdurchsetzung auf Beirat) unter Berufung auf *Karrer* NZG 2008, 206; Baumbach/Hopt/*Roth* HGB § 124 Rn. 42; vgl. ferner *K. Schmidt* ZGR 2011, 108.
[607] So aber *Konzen*, FS Hommelhoff, 2012, S. 565 (579 f.).
[608] IdS auch *K. Schmidt* ZGR 2011, 108 (125).
[609] Zu weitgehend daher *Hadding,* Actio pro socio. Die Einzelklagebefugnis des Gesellschafters bei Gesamthandsansprüchen aus dem Gesellschaftsverhältnis, 1966, S. 53 ff.; *Nitschke* ZHR 128 (1966), 48 (86) und ihnen

es auf die Zustimmung der Mitgesellschafter zur Klageerhebung an;⁶¹⁰ in einer solchen Zustimmung läge vielmehr die Übertragung gewillkürter Prozessführungsbefugnis an den klagenden Gesellschafter.⁶¹¹ Stattdessen genügt der schlüssige Vortrag, dass der Gesellschaft ein durchsetzbarer Sozialanspruch gegen den oder die verklagten Mitgesellschafter zusteht und dass die Aufforderung an die Geschäftsführer, den Anspruch geltend zu machen, entweder erfolglos oder – wegen deren eigener Betroffenheit – nicht Erfolg versprechend war.⁶¹² Im Übrigen ist zu verlangen, dass der klagebereite Gesellschafter die *Interessen der Gesellschaft* berücksichtigt und sich nicht vorrangig vom eigenen Interesse leiten lässt.⁶¹³ Das gilt namentlich bei der Geltendmachung von Schadensersatzansprüchen; der Verzicht hierauf ist ihm umso eher zuzumuten, je geringer Tragweite und Auswirkungen der Vertragsverletzung sind und je größer Nachteile sich aus dem einseitigen Vorgehen für den Gesellschaftsfrieden ergeben können. Daher wird das Gericht bei Schadensersatzklagen gegen Mitgesellschafter auch darüber zu befinden haben, ob nicht der Widerspruch eines an der Pflichtverletzung unbeteiligten Geschäftsführers gemäß § 711 der Klageerhebung entgegensteht.⁶¹⁴ Demgegenüber ist ein Widerspruch gegen die Klage auf Beitragszahlung in aller Regel als unbeachtlich zurückzuweisen, weil sich die Beitragspflicht unmittelbar und ausreichend bestimmt aus dem Gesellschaftsvertrag ergibt.⁶¹⁵

212 Für die **Begründetheit** der im Wege der actio pro socio erhobenen Klage sind der materiellrechtliche Bestand und die Durchsetzbarkeit des Sozialanspruchs maßgebend. Schreibt etwa der Gesellschaftsvertrag für die Einziehung der Beiträge einen entsprechenden Gesellschafterbeschluss vor, so kann sich der Beitragsschuldner hierauf auch der actio pro socio gegenüber berufen. Gleiches gilt, wenn die Mitgesellschafter auf Grund eines vertraglich zugelassenen Mehrheitsbeschlusses wirksam auf den Sozialanspruch verzichtet oder ihn gestundet haben: durch einen solchen Beschluss wird auch der mit der actio pro socio geltend gemachte Erfüllungsanspruch entsprechend umgestaltet.⁶¹⁶ Der Minderheitsgesellschafter ist ausreichend dadurch geschützt, dass er gegen den Beschluss selbst vorgehen und ggf. die Wirksamkeit der darin liegenden Vertragsänderung angreifen kann.⁶¹⁷ Über den geltend gemachten Anspruch kann er auch im Rechtsstreit nicht verfügen; daher sind ihm Prozessvergleich oder Anspruchsverzicht verwehrt.

213 **bb) Prozessuale Wirkungen.** Die Klage begründet ein Prozessrechtsverhältnis des im *eigenen* Namen klagenden Gesellschafters zum Beklagten. Der Kläger kann freilich nur solche Prozesshandlungen vornehmen, die nicht (wie der Vergleich) zugleich eine materiellrechtliche Verfügung über den Anspruch enthalten (→ Rn. 212). Der Kläger und nicht die Gesellschaft ist Kostenschuldner;⁶¹⁸ im Fall der Klageabweisung hat er regelmäßig auch keinen Aufwendungsersatzanspruch gegen die Gesellschaft.

214 **Umstritten** ist, ob gegenüber einer Klage der GbR der *Einwand der Rechtshängigkeit* mit Rücksicht auf eine anhängige actio pro socio eingreift und inwieweit sich *Rechtskraftwirkungen* aus einem im

---

folgend *Windel,* Der Interventionsgrund des § 66 Abs. 1 ZPO als Prozessführungsbefugnis, 1992, S. 169, aber auch *Bork/Oepen* ZGR 2001, 534.

⁶¹⁰ So aber RGZ 171, 51 (54) und jetzt auch *Bork/Oepen* ZGR 2001, 535 f.; dagegen zu Recht BGHZ 25, 47 (50) = NJW 1957, 1358 und die ganz hM im Schrifttum, vgl. schon *Hueck* OHG § 18 II 3, S. 265.

⁶¹¹ BGH NJW 1988, 1585 (1586 f.); OLG Düsseldorf ZIP 1985, 100; vgl. auch BGH NJW 1987, 3121 (3122): Umdeutung einer unwirksamen Abtretung der Schadensersatzforderung in die Einräumung der Prozessführungsbefugnis.

⁶¹² AA *Hadding,* Actio pro socio. Die Einzelklagebefugnis des Gesellschafters bei Gesamthandsansprüchen aus dem Gesellschaftsverhältnis, 1966, S. 59 ff., der die actio pro socio nur für zulässig hält, wenn entweder eine Gesamtwillensbildung in der Gesellschaft wegen der geringen Gesellschafterzahl nicht möglich oder die Ablehnung der Anspruchsdurchsetzung durch die Mehrheit treuwidrig ist oder schließlich sich der Anspruch sich gegen den einzigen vertretungsbefugten Gesellschafter richtet; ähnlich auch *Bork/Oepen* ZGR 2001, 532 ff.

⁶¹³ Vgl. BGH ZIP 2010, 1232 f. (actio pro socio unterliegt gesellschaftsrechtlicher Treupflicht und kann auch aufgrund des Verhaltens des Klägers rechtsmissbräuchlich sein); zum möglichen Einwand nach § 242 s. auch schon BGH WM 2008, 1453 (1454). Vgl. ferner *Hadding* JZ 1975, 160 zur damit verbundenen Gefährdung des Vertrauensverhältnisses.

⁶¹⁴ *Grunewald,* Die Gesellschafterklage in der Personengesellschaft und der GmbH, 1990, S. 22; zum pflichtwidrigen Widerspruch → § 711 Rn. 11 f.

⁶¹⁵ So auch *Grunewald,* Die Gesellschafterklage in der Personengesellschaft und der GmbH, 1990, S. 22.

⁶¹⁶ BGHZ 25, 47 (50) = NJW 1957, 1358; BGH DStR 1991, 1355 (1356) – Gesellschaftermehrheit kann dem Anspruch die Grundlage entziehen, sofern dieser Beschluss der Treuepflicht genügt; Staudinger/*Habermeier* (2003) Rn. 49; Bamberger/Roth/*Schöne* Rn. 122; *Hueck* OHG § 18 II 3, S. 263.

⁶¹⁷ Vgl. dazu BGH NJW 1985, 2830 (2831); *Grunewald,* Die Gesellschafterklage in der Personengesellschaft und der GmbH, 1990, S. 37 ff.

⁶¹⁸ EinhM, vgl. Staudinger/*Habermeier* (2003) Rn. 48; Bamberger/Roth/*Schöne* Rn. 123; *Ganssmüller* DB 1954, 860 (862); *Hueck* JZ 1957, 626 (627); *Hadding,* Actio pro socio. Die Einzelklagebefugnis des Gesellschafters bei Gesamthandsansprüchen aus dem Gesellschaftsverhältnis, 1966, S. 106.

Verfahren der actio pro socio erstrittenen Urteil für oder gegen die Gesellschaft ergeben können.[619] Wendet man die für die gesetzliche Prozessstandschaft geltenden, nicht abschließend geklärten Grundsätze[620] auf die actio pro socio an, so sind beide Fragen im Grundsatz zu verneinen.[621] Daher kann die Gesellschaft ungeachtet der actio pro socio den Anspruch selbst klageweise geltend machen. Für die actio pro socio hat ihre Klageerhebung freilich zur Folge, dass dadurch im Regelfall die Notwendigkeit der Gesellschafterklage als Prozessvoraussetzung entfällt und sie als unzulässig abzuweisen ist.[622] Der Frage der *Rechtskraft* kommt meist nur im Hinblick auf ein *klageabweisendes* Urteil im Rahmen der actio pro socio Bedeutung zu, da die Gesellschaft bei erfolgreicher Klage diese genehmigen und dadurch Rechtskrafterstreckung erreichen kann;[623] die Klageabweisung hindert die spätere eigene Rechtsverfolgung durch die Gesellschaft nicht. Wird andererseits der von der *Gesellschaft* geltendgemachte Sozialanspruch dieser gegenüber rechtskräftig aberkannt, so ist das auch für die actio pro socio von Bedeutung, da der Schuldner insoweit alle Einwendungen erheben kann, die ihm gegen die Gesellschaft zustehen, einschließlich des Einwands der Rechtskraft des Abweisungsurteils.[624] Der Einwand kann vom beklagten Gesellschafter auch im Wege der Vollstreckungsgegenklage nach § 767 ZPO geltend gemacht werden.[625]

III. Rechte und Pflichten gegenüber Mitgesellschaftern

1. Ansprüche gegen Mitgesellschafter. Leistungsansprüche von Gesellschaftern **aus dem Gesellschaftsvertrag** bestehen im Regelfall nur gegen die Gesellschaft (Sozialverbindlichkeiten, → Rn. 197 ff.), aber nicht gegen die Mitgesellschafter. Abweichungen sind möglich, so etwa im Rahmen einer Innengesellschaft, namentlich einer stillen Gesellschaft, bei der sich der „Stille" zur Beitragsleistung an den Geschäftsinhaber verpflichtet (§ 230 Abs. 1 HGB, → Rn. 282). – Zur ausnahmsweisen Geltendmachung von gegen die Gesellschaft gerichteten Ansprüchen (Sozialverbindlichkeiten) gegenüber Mitgesellschaftern → Rn. 217 ff.; zur Durchsetzung von gesellschaftsvertraglichen Sozial-(Gesamthands-)ansprüchen seitens einzelner Gesellschafter gegen Mitgesellschafter im Wege der Prozessstandschaft (actio pro socio) → Rn. 204 ff.

Der Umstand, dass unmittelbare vertragliche Leistungsansprüche im Verhältnis zwischen den Gesellschaftern regelmäßig fehlen, darf nicht dahin missverstanden werden, es gebe zwischen ihnen keine vertraglichen Beziehungen. Diese Ansicht wäre unvereinbar mit der schuldvertraglichen Grundlage der Gesellschaft (→ Rn. 155); sie würde die hieraus resultierenden **wechselseitigen Bindungen** außer Acht lassen. So sind die Geschäftsführer auch den Mitgesellschaftern zu sorgfältiger Geschäftsführung verpflichtet. Aus der auch zwischen Mitgesellschaftern bestehenden Treupflicht können sich nicht nur Unterlassungs-, sondern je nach Lage des Falles auch Handlungspflichten einzelner Gesellschafter ergeben (→ Rn. 229 f.). Die Verletzung einer dieser Pflichten begründet, soweit sie zu einem Schaden nicht bei der Gesellschaft, sondern bei Mitgesellschaftern führt, *persönliche Schadensersatzansprüche* für diese gegen den Schädiger (→ Rn. 198). Die vertraglichen Beitragspflichten begründen allerdings keine eigenen Ansprüche der Mitgesellschafter, sondern nur Sozialansprüche (→ Rn. 207 f.).

---

[619] Für Rechtskraftwirkung des die actio pro socio abweisenden Urteils gegenüber der Gesellschaft *Berger*, Die subjektiven Grenzen der Rechtskraft bei der Prozessstandschaft, 1990, S. 277 ff., *Hadding*, Actio pro socio. Die Einzelklagebefugnis des Gesellschafters bei Gesamthandsansprüchen aus dem Gesellschaftsverhältnis, 1966, S. 104 ff.; *Wiedemann* GesR I § 8 IV 1c, S. 461 und *Bork/Oepen* ZGR 2001, 540; aA zu Recht *Hueck* OHG § 18 II 3, S. 264; Staudinger/*Habermeier* (2003) Rn. 48; Bamberger/Roth/*Schöne* Rn. 123; Erman/*Westermann* Rn. 60; *Raiser* ZHR 153 (1989), 1 (23 f.); ebenso der Meinungsstand zum Einwand der Rechtshängigkeit gegenüber einer nachträglich von der Gesellschaft erhobenen Klage, dafür *Hadding*, Actio pro socio. Die Einzelklagebefugnis des Gesellschafters bei Gesamthandsansprüchen aus dem Gesellschaftsverhältnis, 1966, S. 101 f. und *Wiedemann* GesR I § 8 IV 1c, S. 461; wohl auch *Bork/Oepen* ZGR 2001, 540 f.; dagegen die als aA zit. Autoren.
[620] Vgl. näher Zöller/*Vollkommer*, 29. Aufl. 2012, ZPO Vor § 50 Rn. 21 ff., 33 ff. und *Berger*, Die subjektiven Grenzen der Rechtskraft bei der Prozessstandschaft, 1990, S. 277.
[621] HM, vgl. BGHZ 78, 1 (7) = NJW 1980, 2463; BGHZ 79, 245 (247 f.) = NJW 1981, 1097 mwN. Krit. dazu im Hinblick auf den unzureichenden Schutz des beklagten Schuldners Zöller/*Vollkommer*, 29. Aufl. 2012, ZPO Vor § 50 Rn. 39; aA *Häsemeyer* ZZP 101 (1988), 404 f.; *Berger*, Die subjektiven Grenzen der Rechtskraft bei der Prozessstandschaft, 1990, S. 277 ff.
[622] AA – für Nebenintervention der Gesellschaft im Prozess des Gesellschafters – *Hadding*, Actio pro socio. Die Einzelklagebefugnis des Gesellschafters bei Gesamthandsansprüchen aus dem Gesellschaftsverhältnis, 1966, S. 102 und *Bork/Oepen* ZGR 2001, 541 f.; wieder anders *Windel*, Der Interventionsgrund des § 66 Abs. 1 ZPO als Prozessführungsbefugnis, 1992, S. 168 f.: § 64 ZPO analog. Wie hier Staudinger/*Habermeier* (2003) Rn. 48; Bamberger/Roth/*Schöne* Rn. 118; Erman/*Westermann* Rn. 60.
[623] Zöller/*Vollkommer*, 29. Aufl. 2012, ZPO Vor § 50 Rn. 38.
[624] Eingehend *Berger*, Die subjektiven Grenzen der Rechtskraft bei der Prozessstandschaft, 1990, S. 280 ff.
[625] Ebenso *Flume* BGB AT I 1 § 10 IV, S. 145.

217 **2. Haftung für Sozialverbindlichkeiten.** Die Haftung der Mitgesellschafter für **vermögensrechtliche Ansprüche,** die einem Gesellschafter aus dem Gesellschaftsvertrag gegen die Gesellschaft zustehen, ist *grundsätzlich ausgeschlossen,*[626] § 128 HGB ist insofern unanwendbar.[627] Einer persönlichen Haftung steht insofern die Beschränkung der vertraglichen Leistungspflichten auf die vereinbarten Beiträge (§ 707) entgegen. Anderes gilt vor allem im Fall der Liquidation, soweit ein Ausgleich zwischen den Gesellschaftern nach Maßgabe von § 735 zu erfolgen hat (→ § 735 Rn. 4 ff.). Über diesen Sonderfall hinaus lässt die hM eine *eng begrenzte Ausnahme* zu für die Geltendmachung von **Regress- und Freistellungsansprüchen** gegen Mitgesellschafter aus der Inanspruchnahme einzelner Gesellschafter durch Gesellschaftsgläubiger (→ Rn. 191). Sie ist unter den im Folgenden genannten Voraussetzungen schon während des Bestehens der Gesellschaft und außerhalb der in § 735 begründeten Nachschusspflicht möglich.[628] Das folgt aus der Stellung der Gesellschafter als Gesamtschuldner, der akzessorischen Gesellschafterhaftung (§ 426 Abs. 1 S. 1) sowie aus dem Umstand, dass das Risiko der Inanspruchnahme insoweit grundsätzlich jeden Gesellschafter in gleicher Weise trifft und dessen Realisierung beim einen oder anderen Gesellschafter häufig auf Zufall beruht. Die Ausnahme greift ein, wenn der vom Gesellschaftsgläubiger gegen den zahlenden Gesellschafter geltend gemachte Anspruch zu Recht bestand, und eine Erstattung aus dem Gesamthandsvermögen voraussichtlich an dessen Unzulänglichkeit scheitert. Die Mitgesellschafter haften grundsätzlich gemäß § 426 **pro rata** entsprechend ihrer Verlustbeteiligung, sofern sie nicht im Innenverhältnis allein verpflichtet sind. Ein Ausfall bei zahlungsunfähigen Gesellschaftern ist in entsprechender Weise auf den Erstattungsgläubiger und die zahlungskräftigen Mitgesellschafter umzulegen.[629] Bei drohender Inanspruchnahme wegen einer bereits fälligen Schuld kann jeder Gesellschafter als Haftungsschuldner anteilige Befreiung von den Mitgesellschaftern verlangen.[630]

218 Nach hM zulässig ist auch die Durchsetzung von **Abfindungsansprüchen** ausgeschiedener Gesellschafter gegen ihre ehemaligen Mitgesellschafter.[631] Dem ist abweichend von der 3. Aufl. (→ § 738 Rn. 12) zuzustimmen, nachdem das Hindernis in deren Person fehlenden Haftungsgrundes infolge der höchstrichterlichen Anerkennung akzessorischer Gesellschafterhaftung (→ § 714 Rn. 5, 39) entfallen ist. § 707 steht wegen der erloschenen Mitgliedschaft des Ausgeschiedenen nicht entgegen. Der Ausgeschiedene ist bei Zahlungsunfähigkeit oder -unwilligkeit der Gesellschaft auch nicht auf ein Vorgehen gegen die verbliebenen Gesellschafter pro rata der jeweiligen Verlustbeteiligung beschränkt, sondern kann sich grundsätzlich in vollem Umfang an jeden von ihnen halten, soweit nicht die nachvertragliche Treupflicht entgegensteht. Zur Relevanz einer Haftungsbeschränkung im Gesellschaftsvertrag → § 738 Rn. 17; zur Rechtslage nach Auflösung der Gesellschaft → § 730 Rn. 62. Zur Haftung des ausgeschiedenen Gesellschafters für Sozialverbindlichkeiten → § 719 Rn. 44; der BGH anerkennt für den Fall der Anteilsübertragung immerhin, dass der schuldbefreiende Übergang der Sozialverbindlichkeiten auf den Erwerber vereinbart werden kann.[632]

219 Soweit es um die Durchsetzung von **Verwaltungsrechten** einzelner Gesellschafter geht, können diese ohne Einschränkung auch unmittelbar gegenüber den hierfür nach der internen Geschäftsverteilung zuständigen oder das Recht bestreitenden Mitgesellschaftern geltend gemacht werden. Das gilt etwa für das Recht auf Geschäftsführung, auf Information und Einsicht in die Geschäftsunterlagen sowie auf Rechnungslegung und Aufstellung der Abfindungsbilanz. Die Schranke des § 707 steht hier nicht entgegen (→ Rn. 199).

220 **3. Haftung für Drittgläubigerforderungen.** Ansprüche von Gesellschaftern aus Rechtsgeschäften mit der Gesellschaft, die nicht auf dem Gesellschaftsvertrag beruhen („Drittgläubigerforderungen"), können anders als die Sozialverbindlichkeiten grundsätzlich **auch gegen Mitgesellschaf-**

---

[626] Vgl. BGHZ 37, 299 (301 f.) = NJW 1962, 1863; BGH WM 1967, 275 – Sonderfall unmittelbaren Zugriffs im Zuge der Abwicklung; ZIP 1989, 852; Soergel/*Hadding/Kießling* Rn. 52, jeweils mN auch zur Rspr. des RG; s. auch Erman/*Westermann* Rn. 54.
[627] Staub/*Habersack* HGB § 128 Rn. 12.
[628] BGHZ 37, 299 (302) = NJW 1962, 1853; BGHZ 103, 72 (76) = NJW 1988, 1375; BGH NJW 1980, 339 (340); WM 1979, 1282; ZIP 2007, 2313 (2314); NZG 2011, 502 (503); Soergel/*Hadding/Kießling* Rn. 52; Erman/*Westermann* § 714 Rn. 24; Staudinger/*Habermeier* (2003) Rn. 45; MüKoHGB/*K. Schmidt* HGB § 128 Rn. 34; Staub/*Habersack* HGB § 128 Rn. 12, 48 f.; eingehend vor allem auch *Hadding/Häuser* WM 1988, 1585 (1588 f.) und *Walter* JuS 1982, 83 f.; → § 714 Rn. 56.
[629] BGHZ 37, 299 (302) = NJW 1962, 1863; Staub/*Habersack* HGB § 128 Rn. 49.
[630] BGH ZIP 2007, 2313 (2314).
[631] BGHZ 148, 201 (206) = NJW 2001, 2718; für das Ausscheiden aus einer OHG oder KG ebenso Staub/*Habersack* HGB § 128 Rn. 12; MüKoHGB/*K. Schmidt* HGB § 131 Rn. 128; Heymann/*Emmerich* HGB § 138 Rn. 20.
[632] BGHZ 45, 221 (222) = NJW 1966, 1307 (1308); BGH WM 1986, 1314 (1315); NJW-RR 2009, 753 (754) Rn. 19.

ter durchgesetzt werden, sofern diese als Gesamtschuldner haften (→ § 714 Rn. 39). Der Gesellschafter/Gläubiger ist nicht verpflichtet, sich primär an die Gesellschaft zu halten. Für den seiner Verlustbeteiligung entsprechenden Forderungsanteil kann er freilich Zahlung von den Mitgesellschaftern nicht verlangen.[633] Im Übrigen sind dem Vorgehen gegen die Mitgesellschafter Schranken nur ausnahmsweise im Hinblick auf die gesellschaftsrechtliche Treupflicht gesetzt (→ Rn. 203).

IV. Treupflicht

1. Grundlagen. a) Rechtlicher Ansatz. Die gesellschaftsrechtliche Treupflicht ist ein **zentraler** **221 Rechtssatz** des Personengesellschaftsrechts. Seine Entwicklung geht auf die Rechtsprechung des Reichsgerichts vor dem 1. Weltkrieg zurück.[634] Nach zeitbedingter Übersteigerung des Treuegedankens während des NS-Regimes hat der BGH den Grundsatz der Treupflicht auf seinen sachgerechten Kern zurückgeführt und sich in einer Vielzahl von Entscheidungen darum bemüht, ihm schärfere Konturen zu verleihen.[635] Im Schrifttum hat sich als einer der ersten Autoren *Alfred Hueck* um die Herausarbeitung des Treuegedankens im Gesellschaftsrecht verdient gemacht;[636] seine Überlegungen haben die Rechtsprechung des BGH maßgeblich beeinflusst.

Die **Grundlage** der gesellschaftsrechtlichen Treupflicht bildet der **Gesellschaftsvertrag** (zur **222** nachvertraglichen Treupflicht → § 738 Rn. 7);[637] die Pflicht besteht daher auch während der *Liquidationsphase* fort. Auf die in der Literatur umstrittene Frage, ob die Treupflicht sich im Personengesellschaftsrecht als gesellschaftsrechtliche Verdichtung des allgemein für Schuldverhältnisse geltenden Grundsatzes von Treu und Glauben (§ 242) erweist[638] oder ob sie einen selbständigen Inhalt des Schuldverhältnisses bildet,[639] kommt es angesichts der Übereinstimmung über ihre vertragliche Wurzel nicht an.[640] Insbesondere kann auch der Grundsatz von Treu und Glauben nicht isoliert vom jeweiligen Schuldverhältnis gesehen werden; er beschränkt sich nicht etwa darauf, die Art und Weise der Leistungsbewirkung zu bestimmen.[641] Zu eng ist es allerdings, die Treupflicht lediglich als Teil der im Gesellschaftsvertrag übernommenen Verpflichtung zur Förderung des Gesellschaftszwecks zu sehen.[642] Durch ein solches Verständnis wird weder die Pflicht zur Rücksichtnahme auf die Belange der Mitgesellschafter noch die in Sonderfällen eingreifende Zustimmungspflicht zu Änderungen der Vertragsgrundlage erfasst, die beide nach heute hM Ausprägungen der Treupflicht sind (→ Rn. 229, 231 ff.).

b) Zur Konkretisierung relevante Umstände. Die Treupflicht beschränkt sich in ihrem **223** Anwendungsbereich nicht auf das Verhältnis des Gesellschafters zur Gesellschaft, sondern umfasst

---

[633] BGH NJW 1983, 749; RGZ 85, 157 (163); 153, 305 (311); Staub/*Habersack* HGB § 128 Rn. 13; mit anderer Begr. auch *Altmeppen* NJW 2009, 2241 (2244 f.); enger MüKoHGB/*K. Schmidt* HGB § 128 Rn. 18: bei überschaubaren Verhältnissen nur Teilschuld.

[634] Nachweise bei GroßkommHGB/*Fischer*, 3. Aufl. 1973, HGB § 105 Anm. 31a.

[635] Vgl. den Überblick von *M. Winter*, Treubindungen im GmbH-Recht, 1988, S. 23 ff., über die BGH-Rspr. zur Treupflicht, untergliedert nach deren Hauptanwendungsbereichen und Funktionen.

[636] *A. Hueck*, FS Hübner, 1935, S. 72 f.; *ders.*, Der Treuegedanke im modernen Privatrecht, 1947; eingehend auch *Zöllner*, Schranken mitgliedschaftlicher Stimmrechtsmacht, 1963, S. 335–356, und *M. Winter*, Treubindungen im GmbH-Recht, 1988. Speziell zur Treupflicht des herrschenden Gesellschafters und dem daraus folgenden Minderheitenschutz vgl. *Wiedemann* GesR I § 8 II 3, S. 431 ff.

[637] Zur gesellschaftsvertraglichen Grundlage vgl. etwa BGHZ 183, 1 = NJW 2010, 65 – Sanieren oder Ausscheiden; BGH NJW 2011, 1667 (1669) Rn. 21 jeweils in Bezug auf die Pflicht zur Zustimmung zu Sanierungsbeschlüssen. Zur treupflichtbedingten Pflicht, Mitgesellschafter mit Blick auf die Auseinandersetzungsrechnung über Umstände zu informieren, die die mitgliedschaftlichen Vermögensinteressen berühren, vgl. BGH ZIP 2003, 73 (74).

[638] So etwa → § 242 Rn. 177 (*Schubert*); Erman/*Westermann* Rn. 49; Bamberger/Roth/*Schöne* Rn. 101; *Larenz* SchuldR BT II § 60 II a; für die Ausübung eigennütziger Rechte sowie für die Treupflicht gegenüber den Mitgesellschaftern auch *M. Winter*, Treubindungen im GmbH-Recht, 1988, S. 12 ff. mwN zum Streitstand; näher zum Ganzen Staub/*Schäfer* HGB § 105 Rn. 228 ff.; *Hüffer*, FS Steindorff, 1990, S. 56 (64 ff., 70 ff.), jeweils mwN.

[639] So insbes. (unter Einstufung der Treupflicht als Hauptpflicht) *Hueck*, Der Treuegedanke im modernen Privatrecht, 1947, S. 18 f.; GroßkommHGB/*Rob. Fischer*, 3. Aufl. 1973, HGB § 105 Anm. 31a; Soergel/*Hadding/Kießling* Rn. 58.

[640] Zutr. *Zöllner*, Schranken mitgliedschaftlicher Stimmrechtsmacht, 1963, S. 336 f.

[641] So aber GroßkommHGB/*Fischer*, 3. Aufl. 1973, HGB § 105 Anm. 31a; Soergel/*Hadding/Kießling* Rn. 58; vgl. dagegen nur → § 242 Rn. 169, 177.

[642] So namentlich *Lutter* AcP 180 (1980), 84 (102 ff.) freilich unter Differenzierung gegenüber einer daneben bestehenden „Rücksichtspflicht" im Verhältnis zu den Mitgesellschaftern, AcP 180 (1980), 84 (120 ff.); und *Lettl* AcP 202 (2002), 3 (13 ff., 17); vgl. auch RG JW 1935, 1773 (Nr. 6); Soergel/*Hadding/Kießling* Rn. 58; *Larenz* SchuldR BT II § 60 II a; dagegen zu Recht schon GroßkommHGB/*Fischer*, 3. Aufl. 1973, HGB § 105 Anm. 31a; *M. Winter*, Treubindungen im GmbH-Recht, 1988, S. 13; *Hüffer*, FS Steindorff, 1990, S. 70 ff.

entsprechend ihrer Grundlage im Gesellschaftsvertrag auch dasjenige zu den **Mitgesellschaftern** als Vertragspartnern (→ Rn. 229 f.). Inhaltlich kann die Treupflicht je nach Lage des Falles zu **Unterlassungs-,** aber auch zu **Handlungspflichten** der Gesellschafter führen. Letztere sind vor allem insoweit zu bejahen, als es um die vertraglich vereinbarte, *uneigennützig* zu leistende Förderung des gemeinsamen Zwecks geht, also um Angelegenheiten der *Geschäftsführung* einschließlich der Ausübung des Widerspruchsrechts (§ 711) und der Beschlussfassung über Geschäftsführungsmaßnahmen: hier kommt dem Gesellschaftsinteresse grundsätzlich der Vorrang zu vor den Einzelinteressen der Gesellschafter (→ Rn. 226). Auch ein Wettbewerbsverbot zu Lasten der Gesellschafter im Tätigkeitsbereich der Gesellschaft ist jedenfalls für die Geschäftsführer aus der Treupflicht abzuleiten (→ Rn. 235). Soweit demgegenüber die Ausübung *eigennütziger,* den Gesellschaftern im eigenen Interesse verliehener Gesellschafterrechte in Frage steht, hat die Treupflicht in erster Linie *Schrankenfunktion;* sie verpflichtet den Gesellschafter zur Wahl eines für Gesellschaft und Mitgesellschafter möglichst schonenden Mittels bei Verfolgung seiner Interessen und kann bei rücksichtslosem Vorgehen zum Eingreifen des Missbrauchseinwands führen (→ Rn. 229 f.). Schließlich kann sich unter dem Gesichtspunkt der Treupflicht ausnahmsweise sogar eine Pflicht zur Mitwirkung bei Vertragsänderungen ergeben; hieran sind freilich im Grundsatz hohe Anforderungen zu stellen (→ Rn. 231 ff.).

224 Der Umfang und die **Intensität der Treupflicht** differieren je nach dem Gegenstand der Rechtsausübung und der Art des Gemeinschaftsverhältnisses. Eine erste, allgemein anerkannte und besonders wichtige Unterscheidung stellt darauf ab, ob es um die Ausübung **uneigennütziger,** zur Förderung des gemeinsamen Zwecks verliehener Befugnisse geht oder um den Gebrauch **eigennütziger** Mitgliedschaftsrechte (→ Rn. 226–228). Im ersten Fall haben die Interessen der Gesellschaft unbedingten Vorrang; eigene Interessen können nur insoweit verfolgt werden, als Gesellschaftsbelange nicht entgegenstehen.[643] Dagegen ist der Gesellschafter bei den eigennützigen Rechten grundsätzlich nicht gehindert, das eigene Interesse trotz abweichender Interessen der Gesellschaft oder der Mitgesellschafter zu verfolgen.[644] Wohl aber verbietet es die Treupflicht, von eigennützigen Rechten im Widerspruch zu dem mit ihrer Einräumung verbundenen Zweck Gebrauch zu machen.[645] Auch muss der Gesellschafter auf die Belange der anderen Beteiligten bei der Rechtsausübung im Rahmen des Zumutbaren Rücksicht nehmen; er darf sich nicht willkürlich oder grundlos über anerkennenswerte Interessen der Gemeinschaft oder der Vertragspartner hinwegsetzen. Das gilt umso mehr, je einschneidender die Folgen dieser Rechtsausübung für Gesellschaft oder Mitgesellschafter sind.[646] Dementsprechend ist der Einfluss der Treupflicht stärker, wenn es um zentrale Belange wie die Beschlussfassung über die Entziehung der Geschäftsführungs- und Vertretungsbefugnis eines ungeeigneten Mitgesellschafters geht, als bei der Ausübung von Informations- und Kontrollrechten. Auch für die Kündigungserklärung oder die Ausübung eines vertraglichen Übernahmerechts können Schranken der Treupflicht je nach Lage des Falles relevant werden; dass diese Gestaltungsrechte der gemeinsamen Zweckverfolgung ein Ende setzen, steht nicht entgegen.[647]

225 Was andererseits die **Art des Gesellschaftsverhältnisses** angeht, so hat der Treupflichtgrundsatz umso größere Bedeutung, je enger der persönliche Zusammenschluss ausgestaltet ist[648] und über je weitergehende Mitspracherechte der einzelne Gesellschafter verfügt. Zwar besteht jedenfalls bei Geltung

---

[643] Ganz hM, vgl. Soergel/*Hadding/Kießling* Rn. 59; Erman/*Westermann* Rn. 48 f.; Staudinger/*Habermeier* (2003) Rn. 51; Bamberger/Roth/*Schöne* Rn. 103 f.; *Hueck* OHG § 13 I 1; näher und mwN Staub/*Schäfer* HGB § 105 Rn. 232, 234 ff. Die Unterscheidung zwischen uneigennützigen und eigennützigen Rechten findet sich schon bei *Hachenburg* LZ 1907 Sp. 460, 466.

[644] Vgl. Soergel/*Hadding/Kießling* Rn. 59; Erman/*Westermann* Rn. 48 f.; Staudinger/*Habermeier* (2003) Rn. 51; Bamberger/Roth/*Schöne* Rn. 103 f.; *Hueck* OHG § 13 I 1; näher und mwN Staub/*Schäfer* HGB § 105 Rn. 232, 234 ff. Die Unterscheidung zwischen uneigennützigen und eigennützigen Rechten findet sich schon bei *Hachenburg* LZ 1907 Sp. 460, 466.

[645] Dazu *M. Winter,* Treubindungen im GmbH-Recht, 1988, S. 29 mwN.

[646] Diesen Aspekt betont zu Recht *Zöllner,* Schranken mitgliedschaftlicher Stimmrechtsmacht, 1963, S. 337 ff., 343; dazu auch *M. Winter,* Mitgliedschaftliche Treubindungen im GmbH-Recht, 1988, S. 27 f., 121 ff.

[647] So aber – jedenfalls gegenüber der Gesellschaft – *Zöllner,* Schranken mitgliedschaftlicher Stimmrechtsmacht, 1963, S. 344; tendenziell auch BGHZ 76, 352 (353) = NJW 1980, 1278 (GmbH). Wie hier *Ulmer,* FS Möhring, 1975, S. 295 ff.; vgl. auch BGH WM 1968, 874 – Hinwirken auf die Insolvenz einer Personengesellschaft ist dann nicht treuwidrig, wenn die Lage der Gesellschaft aussichtslos ist und eine schnelle Liquidation objektiv im Interesse aller Berechtigten liegt; vgl. ferner BGHZ 103, 184 (193) = NJW 1988, 1579 (1581): Treupflichtverstoß der Mehrheitsaktionärin, wenn im bereits im Vorfeld eines Auflösungsbeschlusses Absprachen zur Übernahme wesentlicher Teile des Gesellschaftsvermögens durch diese getroffen werden. – Zum Ganzen näher → § 723 Rn. 57 ff.

[648] Zu dem hierfür maßgebenden Grund, den gesteigerten Einwirkungsmöglichkeiten der einzelnen Gesellschafter auf Gesellschaft und Mitgesellschafter, s. grdl. *Zöllner,* Schranken mitgliedschaftlicher Stimmrechtsmacht, 1963, S. 340 ff.; Soergel/*Hadding/Kießling* Rn. 59; *Lutter* AcP 180 (1980), 84 (105 ff., 128 f.); für die GmbH auch *M. Winter,* Treubindungen im GmbH-Recht, 1988, S. 186 ff.

des Einstimmigkeitsgrundsatzes regelmäßig kein Anlass, je nach dem Ausmaß der Beteiligung und dem Stimmgewicht der einzelnen Gesellschafter zu differenzieren. Anderes gilt jedoch bei Vereinbarung des **Mehrheitsprinzips** im Hinblick auf die Einflussmöglichkeiten, die der Mehrheit dadurch im Verhältnis zur Minderheit zustehen; sie erfordern namentlich bei Vertragsänderungen besondere Rücksichtnahme auf die Interessen der überstimmten Minderheit (→ § 709 Rn. 100). Diesem Aspekt kommt auch in einer **Publikumsgesellschaft,** trotz der dort regelmäßig fehlenden persönlichen Beziehungen zwischen den Gesellschaftern, Bedeutung zu.[649] In derartigen Gesellschaften ist die Treupflicht jedenfalls insoweit zu beachten, als es um das Verhältnis der Gesellschafter zur Gesellschaft geht; sie kann je nach Lage des Falles auch der Durchsetzung gesellschaftsvertraglicher Ansprüche entgegenstehen, wenn andernfalls die Lebensfähigkeit der Gesellschaft ernsthaft gefährdet würde.[650]

2. Gegenstände und Inhalt der Treupflicht. a) Treupflicht gegenüber der Gesellschaft. 226 Den Schwerpunkt für das Eingreifen der Treupflicht bildet das Verhältnis des Gesellschafters zur Gesellschaft bzw. zur *Gesamtheit der Gesellschafter,* darunter insbesondere der Bereich der **uneigennützigen** oder **Pflicht-Rechte.** Hierzu zählen in erster Linie das Geschäftsführungsrecht (§ 709) einschließlich des Rechts zur Durchführung der Liquidation (§ 730 Abs. 2), ferner das Zustimmungs- und Widerspruchsrecht in Geschäftsführungsangelegenheiten (§§ 709, 711)[651] sowie sonstige Arten der Einflussnahme auf die Geschäftsführung.[652] Aber auch das Recht zur Entziehung der Geschäftsführungs- und Vertretungsbefugnis aus wichtigem Grunde (§§ 712, 715) ist – trotz seiner vertragsändernden Wirkung – im Interesse der Gesellschaftergesamtheit auszuüben (→ Rn. 234). Kennzeichen dieser Rechte ist es, dass sie dem Gesellschafter nicht im eigenen Interesse, sondern zur Förderung des gemeinsamen Zwecks zustehen. Den durch den Gesellschaftsvertrag definierten **gemeinsamen Interessen** kommt daher hier der **absolute Vorrang** zu; für die Verfolgung eigener Interessen ist nur Raum, soweit dadurch die Belange der Gesellschaft nicht tangiert werden.[653] Im Gesellschaftsvertrag können zwar gewisse Einschränkungen gegenüber diesem Grundsatz vereinbart werden, etwa durch ausdrücklichen Verzicht auf das aus der Treupflicht folgende Wettbewerbsverbot des Geschäftsführers (→ Rn. 235). Entsprechendes gilt für die Begründung eigennütziger Liefer- oder Bezugsrechte gegenüber der Gesellschaft für bestimmte Gesellschafter; die daraus resultierenden Befugnisse der betreffenden Gesellschafter können auch die Grundlage für eine *wechselseitige Treupflicht* zwischen ihnen und der GbR bilden. Die genannten Einschränkungen dürfen jedoch nicht so weit gehen, dass sie die für die Annahme einer Gesellschaft wesentliche Pflicht aller Vertragspartner zur Förderung des gemeinsamen Zwecks (→ Rn. 142 ff.) aufheben oder ernsthaft in Frage stellen.

---

[649] BGHZ 71, 53 (59) = NJW 1978, 1382; vgl. auch BGH NJW 1985, 974 f., 1985, 972 f. und dazu näher *M. Winter,* Treubindungen im GmbH-Recht, 1988, S. 18 f.; ferner zur Treupflicht des Aktionärs BGHZ 103, 184 (194 f.) = NJW 1985, 1579; BGH NJW 1995, 1739 (1741 f.). AA unter Betonung des Rechtsform-bezogenen Treupflichtansatzes *Reuter* GmbHR 1981, 129 (130, 137); → § 34 Rn. 22 f. *(Reuter)* in Auseinandersetzung mit *Lutter* AcP 180 (1980), 84 (105 ff.) und *Wiedemann* GesR I § 8 II 3, S. 432 ff.

[650] So BGH NJW 1985, 974 f. – Verzicht auf Verzinsung des eingesetzten Kapitals zur Erhaltung des Unternehmens; vgl. auch BGH NJW 1985, 972 f. – wirksame Ermächtigung an den Beirat einer Publikums-KG, solche in die Rechtsstellung der Gesellschafter eingreifende Vertragsänderungen – hier: Stundung von Zinsen – zu beschließen, denen diese kraft Treupflicht zustimmen müssten.

[651] RGZ 158, 302 (310); 163, 35 (38); *A. Hueck* ZGR 1972, 237 (240–244); Erman/*Westermann* Rn. 48 f. (hM).

[652] BGH NJW 1973, 2198 – Veranlassung des KG-Geschäftsführers durch einen Kommanditisten zu pflichtwidrigem Handeln.

[653] Dazu aus der Rspr.: BGHZ 37, 381 (384) = NJW 1962, 1811 – der Verpflichtung eines Gesellschafters, seine Arbeitskraft für die Gesellschaft einzusetzen, steht dessen Nebentätigkeit im eigenen Interesse nicht entgegen, soweit hierdurch keine Gesellschaftsinteressen berührt werden; BGH NJW 1986, 584 (585) – treuwidriges Handeln eines Geschäftsführers, der ein notwendiges Betriebsgrundstück nicht durch die Gesellschaft, sondern durch seine Ehefrau erwerben lässt und sie von dieser gegen eine erhöhte Miete für die Gesellschaft anmietet; NJW 1986, 844 – Widerspruch gegen die vom Mitgeschäftsführer beabsichtigten Gehaltserhöhungen für Mitarbeiter der Gesellschaft nicht deshalb unbeachtlich, weil der Widersprechende damit auch sein Interesse an einem höheren Gesellschaftsgewinn verfolgt; NJW 1989, 2687 f. (treuwidriger Erwerb eines notwendigen Betriebsgrundstücks durch Kommanditisten für eigene Zwecke); OLG Nürnberg WM 1962, 731 (732) – Treuwidrigkeit auch gegenüber den Mitgesellschaftern – eines Verhaltens, das diesen die Kontrolle und Verfügungsbefugnis über Vermögenswerte der Gesellschaft entzieht, selbst wenn die Gesellschaft hierdurch keinen Nachteil erleidet; ferner KG OLGZ 1969, 311 – treuwidrige Nutzung einer Wohnung in dem der GbR gehörenden Mietshaus für eigene Zwecke des Geschäftsführers; BGH NZG 2013, 216 und OLG Koblenz NZG 2010, 1182 – Anwendung der Geschäftschancenlehre auf die GbR; OLG München NZG 2015, 66 f. – GmbH; Verweigerung der Zustimmung zu Geschäftsführungsmaßnahme ist treuwidrig, wenn Gesellschafter die Maßnahme nicht inhaltlich angreift, sondern dem alleinigen Verantwortungsbereich des Geschäftsführers belassen will.

227 Von vergleichsweise geringerer Bedeutung ist die Treupflicht gegenüber der Gesamtheit dagegen bei **eigennützigen,** dem Gesellschafter im eigenen Interesse verliehenen **Mitgliedschaftsrechten.** Hierzu gehören einerseits die Vermögensrechte (Dispositionsrecht über den Anteil, Gewinn- und Entnahmerecht, Recht auf Aufwendungsersatz und auf Auseinandersetzungsguthaben), andererseits die nicht auf die Geschäftsführung bezogenen Verwaltungs- und Kontrollrechte wie das Stimmrecht, das Recht auf Information und Einsicht in die Geschäftsunterlagen (§ 716) und das Recht auf Rechnungslegung (§ 721). Ein Vorrang des Gesellschaftsinteresses bei Ausübung dieser Rechte besteht nicht. Wohl aber führt die Treupflicht dazu, dass der Gesellschafter diese Rechte, soweit sie Nachteile für die Gesellschaft zur Folge haben können, *nicht willkürlich* und ohne Rücksicht auf die Interessen der Gesellschaft gebrauchen darf, dass er sich des aus der Sicht der Gesellschaft *schonendsten Mittels* bedienen und dass er den Grundsatz der Verhältnismäßigkeit beachten muss.[654] Die Treupflicht hat insoweit daher in erster Linie **Schrankenfunktion.**[655] Sie setzt der Durchsetzung des Gewinnanspruchs ohne Rücksichtnahme auf die finanzielle Lage der Gesellschaft Grenzen[656] und steht der Geltendmachung des Informations- und Einsichtsrechts in einer die Geschäftsführung erschwerenden Art und Weise oder zum Zweck gesellschaftsfremder Verwertung der Informationen entgegen.[657]

228 Auch die **Kündigung** der Gesellschaft darf nicht zur Unzeit geschehen (§ 723 Abs. 2) oder sich wegen des damit verfolgten Zwecks oder der Begleitumstände als treuwidriges, die berechtigten Interessen der Gesamtheit schädigendes Verhalten darstellen (→ § 723 Rn. 50 ff.). Das Festhalten an vertraglich eingeräumten **Sonderrechten** ist zwar grundsätzlich nicht zu beanstanden.[658] Anderes gilt jedoch dann, wenn der Anlass für das Sonderrecht entfallen ist oder die weitere Berufung hierauf sich als unvereinbar mit der gebotenen Rücksicht auf Gesellschaft und Mitgesellschafter erweist. – Zum Einfluss der Treupflicht bei der Durchsetzung von Drittgläubigerforderungen gegenüber GbR oder Mitgesellschaftern → Rn. 203.

229 **b) Treupflicht gegenüber Mitgesellschaftern.** Die Treupflicht gegenüber den einzelnen Mitgesellschaftern beschränkt sich auf den vom Gesellschaftsvertrag erfassten, durch den Gesellschaftszweck definierten **mitgliedschaftlichen Bereich;** der private Bereich wird allenfalls mittelbar im Hinblick darauf erfasst, dass sich private Auseinandersetzungen in einer das gegenseitige Vertrauen gefährdenden Weise auf die Gesellschaft auswirken können.[659] Eigenständige Bedeutung gegenüber der Treupflicht zur Gesellschaft hat diejenige gegenüber Mitgesellschaftern nur dann, wenn nicht gleichzeitig die Interessen der Gesellschaft bzw. aller Mitgesellschafter berührt sind.[660] Das kommt namentlich im Rahmen der Liquidation sowie bei der Ausübung von Ausschluss- und Übernahmerechten in Betracht, ferner bei Zulässigkeit mehrheitlicher Vertragsänderungen (→ § 709 Rn. 84 ff.) sowie in sonstigen Fällen, in denen besonders schutzwürdige Belange einzelner Gesellschafter in der werbenden Gesellschaft in Frage stehen. In letzter Zeit hat der BGH besonders die Pflicht zur Unterstützung von *Sanierungsmaßnahmen* (Kapitalschnitt uÄ) betont, ohne den einzelnen Gesellschafter freilich einer Nachschusspflicht zu unterwerfen (→ § 707 Rn. 10 f.).[661] Inhaltlich gebietet die

---

[654] Dazu namentlich *Zöllner,* Schranken mitgliedschaftlicher Stimmrechtsmacht, 1963, S. 349 ff.; vgl. auch Soergel/*Hadding/Kießling* Rn. 60; Erman/*Westermann* Rn. 49; Staub/*Schäfer* HGB § 105 Rn. 235.
[655] Vgl. nur Erman/*Westermann* Rn. 51; allg. dazu *Zöllner,* Schranken mitgliedschaftlicher Stimmrechtsmacht, 1963, S. 97 ff., 287 ff.; *Wiedemann* GesR I § 8 II 3, S. 431 ff.
[656] Vgl. BGH NJW 1985, 972 f. (974 f.); OLG Koblenz WM 1984, 1051 – durch Treupflicht gebotener Verzicht auf Verzinsung von Gesellschafterdarlehen in der Publikums-KG; s. auch LG Frankfurt NZG 2013, 1064 (1065 f.) – Suhrkamp; aus Treupflicht resultierender Anspruch gegen Mitgesellschafter auf Stundung von Gewinnansprüchen und qualifizierten Rangrücktritt zur Abwehr der Insolvenzreife; aA, aber nicht überzeugend LG Berlin NZG 2014, 1303 (1305 f.) – Treupflicht habe keinen Einfluss auf Geltendmachung titulierter Gewinnansprüche.
[657] So auch § 51a Abs. 2 GmbHG als gesetzliche Verkörperung der treupflichtbedingten Schranken des Informationsrechts.
[658] BGHZ 14, 25 (38) = NJW 1954, 1401 – Stimmausübung zur Erhaltung der Sperrminorität in einer GmbH.
[659] Zutr. *Zöllner,* Schranken mitgliedschaftlicher Stimmrechtsmacht, 1963, S. 349; vgl. auch Soergel/*Hadding/Kießling* Rn. 60; Staub/*Schäfer* HGB § 105 Rn. 238; *Lutter* AcP 180 (1980), 84 (128 f.); *Lindacher* NJW 1973, 1169; hM; für das Aktienrecht BGH NJW 1992, 3167 (3171); → § 723 Rn. 31.
[660] Zust. Bamberger/Roth/*Schöne* Rn. 101; grdl. *M. Winter,* Treubindungen im GmbH-Recht, 1988, S. 88 ff.
[661] BGHZ 183, 1 Rn. 22 f. = NJW 2010, 65 (67) – Sanieren oder Ausscheiden – Pflicht beitragsunwilliger Gesellschafter zur Zustimmung zum eigenen Ausscheiden, wenn Gesellschaft überschuldet; dazu BGH ZIP 2015, 1626 Rn. 23 ff. – Pflicht zum Ausscheiden bei [unterstellt] sanierungsbedürftiger und -fähiger Gesellschaft, sofern Gesellschaftsvertrag keine die Pflicht ausschließende Regelungen enthält(?). Vgl. aber auch BGH NJW 2011, 1667 (1669 f.) – keine Pflicht zum Ausscheiden beitragsunwilliger Gesellschafter, wenn Gesellschaft nicht überschuldet, erst recht, wenn Vertragsregelung ausdrücklich vorsieht, dass Beitragsunwillige nur die Verwässerung ihrer Beteiligung hinzunehmen haben; → § 707 Rn. 10.

Treupflicht gegenüber den Mitgesellschaftern zwar nicht, deren Interessen zu fördern oder deren persönlichen Ziele zu unterstützen. Wohl aber begründet sie die *Pflicht zur Rücksichtnahme* auf die Belange der Mitgesellschafter bei der Verfolgung eigener Interessen.[662] Dementsprechend sind die Gesellschafter nicht nur gegenüber der Gesellschaft, sondern auch im Verhältnis zu ihren Mitgesellschaftern gehalten, deren willkürliche Schädigung zu unterlassen und bei der Rechtsausübung das schonendste Mittel zu wählen. Treuwidrig ist es namentlich, ein Mitgliedschaftsrecht funktionswidrig und nur zu dem Zweck auszuüben, um sich dadurch einen vertraglich nicht vorgesehenen Sondervorteil gegenüber Mitgesellschaftern zu verschaffen.[663]

Im Einzelnen wurde es in der **Rechtsprechung** als treuwidrig angesehen, von einem vertraglich **230** eingeräumten *Übernahmerecht* nicht zur Fortführung des Unternehmens, sondern nur deshalb Gebrauch zu machen, um den zu erwartenden Liquidationsgewinn ungeteilt zu erlangen.[664] Als treuwidrig beurteilt wurde auch die *Berufung auf das kündigungsbedingte Ausscheiden* eines Mitgesellschafters oder auf ein Übernahmerecht, wenn deren Voraussetzungen zuvor von dem derart vorgehenden Gesellschafter treuwidrig herbeigeführt worden waren;[665] ferner die *Eingliederung* des Unternehmens der Gesellschaft in dasjenige des herrschenden Gesellschafters ohne Absicherung der Minderheit.[666] Ein *Widerspruch gegen die von der Mehrheit gewünschte Auflösung* einer Gesellschaft ist wegen Treupflichtverstoßes unbeachtlich, wenn deren dauernde Unrentabilität feststeht und die Fortführung sich zum Nachteil der Mitgesellschafter auswirkt.[667] – Zur Pflicht der Gesellschafter, im Einzelfall auch einer mehrheitlich angestrebten Erhöhung der Geschäftsführervergütung eines Mitgesellschafters entsprechend der Änderung der wirtschaftlichen Verhältnisse der Gesellschaft zuzustimmen → Rn. 234; zur Treupflicht im Rahmen des Abwicklungsverfahrens → § 730 Rn. 29, zum Ausgleichsanspruch kraft Treupflicht wegen Vermögensvorteilen, die im Zuge der Liquidation nur einem Mitgesellschafter zugute kommen, → § 734 Rn. 9. Zur materiellen **Beschlusskontrolle** am Maßstab der Treupflicht → § 709 Rn. 93a.

c) Vertragsänderung und Treupflicht. Die **Auswirkungen der Treupflicht** beschränken sich **231** nicht auf die Rechtsausübung im Rahmen und auf der Grundlage des bestehenden Gesellschaftsvertrags sowie auf die Kontrolle mehrheitlicher Vertragsänderungen (→ § 709 Rn. 100). Vielmehr kann in besonders gelagerten Fällen auf Grund der Treupflicht auch eine Änderung des Gesellschaftsvertrags durchgesetzt werden.[668] Bedeutung kommt einem solchen Vorgehen vor allem bei *Geltung des*

---

[662] Vgl. namentlich *Zöllner*, Schranken mitgliedschaftlicher Stimmrechtsmacht, 1963, S. 349 ff.; so auch OLG Nürnberg WM 1962, 731; BGH WM 1966, 511 (512) für die Partner eines Poolvertrags; Soergel/*Hadding/Kießling* Rn. 60; Erman/*Westermann* Rn. 52; allg. für das Verbandsrecht *Roitzsch* Minderheitenschutz im Verbandsrecht, 1981, S. 183 ff. Zurückhaltender – für Treupflicht nur „in besonderen Fällen", im Hinblick auf die bisherige Zusammenarbeit und den Erfolg der gemeinsamen Arbeit – noch BGHZ 34, 80 (83) = NJW 1961, 504; GroßkommHGB/*Fischer*, 3. Aufl. 1973, HGB § 105 Anm. 31e; noch enger OGHZ 4, 66 (73); → Rn. 221.
[663] So für die Ausübung eines Übernahmerechts zur Erlangung eines besonderen Liquidationsvorteils BGH NJW 1959, 432 Ls. Vgl. weiter BGH NJW 1971, 802; 1980, 1628; → § 734 Rn. 9 und LG Frankfurt NZG 2013, 1315, 1317 f. – Suhrkamp; rücksichtsloses Ausnutzen des Insolvenzplanverfahrens zum Ausbau der eigenen Stellung zu Lasten des Mitgesellschafters ist Treupflichtverstoß; aufgehoben durch OLG Frankfurt NZG 2013, 1388 (1389), das aber auf die inhaltlichen Aspekte nicht eingeht.
[664] BGH NJW 1959, 432 Ls.; 2014, 1107 (1108 f.) – Gründung einer neuen GbR durch einige Gesellschafter unter Ausbootung der übrigen zum Weiterbetrieb des Unternehmens unter Ausnutzung ausgehandelter Sanierungsbedingungen; für die AG BGHZ 103, 184 (194 f.) = NJW 1988, 1579.
[665] BGHZ 30, 195 (201 f.) = NJW 1959, 1683 – Berufung auf Fortsetzungsklausel im Fall der durch einen Mitgesellschafter veranlassten Kündigung seitens eines zwischenzeitlich befriedigten Privatgläubigers; RGZ 162, 388 (394) – Übernahme nach einer durch Treuwidrigkeit ausgelösten Kündigung. – Zur Frage eines Fortsetzungsanspruchs im Fall der Befriedigung des kündigenden Privatgläubigers vor dem Ausscheiden des betroffenen Gesellschafters → § 725 Rn. 22 f.
[666] BGH NJW 1980, 231 – Gervais.
[667] BGH NJW 1960, 434 – Widerspruch eines Kommanditisten gegen den Verkauf des Unternehmens.
[668] Ganz hM BGH BB 1954, 456; NJW 1961, 724; 1970, 706; 1975, 1410 (1411); WM 1985, 256 (257); NJW 1987, 952 (953); für die GmbH BGHZ 98, 276 (279 ff.) = NJW 1987, 189; BGH WM 1994, 2244 (2246); NZG 2005, 129 – Pflicht eines OHG-Gesellschafters, der Vorwegnahme der Nachfolgeregelung für kranken Mitgesellschafter zuzustimmen; BGHZ 183, 1 Rn. 23 = NJW 2010, 65; BGH NJW 2011, 1667 (1669) Rn. 20 f.; ZIP 2015, 1626 Rn. 23 ff.; BGH ZIP 2016, 1220 Rn. 13 ff.; vgl. auch Soergel/*Hadding/Kießling* Rn. 63; Erman/*Westermann* § 709 Rn. 35 f., Staub/*Schäfer* HGB § 105 Rn. 239 ff., 241 Heymann/*Emmerich* HGB § 119 Rn. 18 f.; *M. Winter*, Mitgliedschaftliche Treubindungen im GmbH-Recht, 1988, S. 31 ff.; für großzügigere Anpassungspraxis *Zöllner*, Die Anpassung von Personengesellschaftsverträgen an veränderte Umstände, 1979, S. 25 ff.; wohl an *H. P. Westermann*, FS Hefermehl, 1976, S. 229 ff.; zurückhaltend – nur bei „ganz überwiegenden Interessen" aller oder der Mehrheit der Mitgesellschafter – *A. Hueck* ZGR 1972, 237 (244 ff.); für Anpassung nur im Rahmen der Zweckförderungspflicht *Lettl* AcP 202 (2002), 3 (16 f.). AA einerseits (grds. abl.) *Kollhosser*, FS Westermann, 1974, S. 275 ff.; *ders*. FS Bärmann, 1975, S. 533 ff.; *ders*. NJW 1976, 144; andererseits *Konzen* AcP 172 (1972), 317 (339).

Einstimmigkeitsprinzips zu, wenn eine im Interesse der Gesamtheit gebotene und allen Beteiligten zumutbare Änderung am Widerspruch einzelner Gesellschafter zu scheitern droht.[669] Aber auch im Geltungsbereich von Mehrheitsklauseln sind Fälle denkbar, in denen sich eine qualifizierte Minderheit oder gar eine Mehrheit treuwidrig gegen die im gemeinsamen Interesse gebotenen Beschlüsse sperrt. Der Rückgriff auf die **Lehre von der Geschäftsgrundlage (§ 313)** hilft in derartigen Fällen schon wegen ihres außergewöhnlichen, an hohe Voraussetzungen gebundenen Charakters meist nicht weiter; ihr kommt nach zutreffender Ansicht nur bei Störungen in der Sphäre einzelner Gesellschafter Bedeutung zu.[670]

232 Eine aus der Treupflicht fließende **Pflicht, Vertragsänderungen zuzustimmen,** ist nur **mit Zurückhaltung** und in besonders gelagerten Fällen anzuerkennen, wenn der richterlichen Vertragsgestaltung nicht ein zu weiter Spielraum eröffnet werden soll.[671] Die von der Rechtsprechung[672] geprägte Formel, die Änderung müsse nicht nur dem widersprechenden Gesellschafter **zumutbar,** sondern auch mit Rücksicht auf das bestehende Gesellschaftsverhältnis, etwa zur Erhaltung wesentlicher gemeinsam geschaffener Werte oder zur Vermeidung wesentlicher Verluste, **erforderlich** sein, enthält insoweit eine zutreffende Richtschnur.[673] Derartige Pflichten sind bisher vor allem bejaht worden, wenn es um die *Zustimmung zum Ausscheiden* eines für die Gesellschaft nicht mehr tragbaren Gesellschafters[674] bzw. um die Mitwirkung bei einer *Ausschlussklage*[675] ging. Hierher gehört auch die Pflicht, einem Beschluss zuzustimmen, der auf *Auflösung* einer auf Dauer unrentablen Gesellschaft[676] oder darauf gerichtet ist, mit Rücksicht auf das Bestandsinteresse der Gesellschaft den Gesellschaftszweck an die veränderten Umstände anzupassen.[677] In einem Sonderfall hat der BGH einen Gesellschafter sogar für verpflichtet gehalten, der vorübergehenden Aufnahme eines geschäftsführenden Gesellschafters (Komplementär-GmbH) unter Verschlechterung seiner eigenen Rechtsstellung zuzustimmen, um die Fortsetzung der Gesellschaft zu ermöglichen.[678]

233 Eine Bejahung von Änderungspflichten scheidet grundsätzlich aus, sofern die Änderung eine **Vermehrung der Pflichten** des widersprechenden Gesellschafters zur Folge hat; das folgt aus § 707. So hat der BGH zutreffend die Pflicht eines Mitgesellschafters verneint, anstelle des vertraglich vorgesehenen, wegen Konzessionsentzugs ausgefallenen Geschäftsführer/Gesellschafters die Geschäftsführung selbst zu übernehmen.[679] Ebenso wird man die Weigerung eines Gesellschafters, einer im Interesse der Gesellschaft liegenden Erhöhung seiner Beitragspflicht oder einer Vertragsverlängerung zuzustimmen, nur in ganz seltenen Fällen als treuwidrig ansehen können.[680] Wohl aber

---

[669] Hierauf weisen zutr. besonders *A. Hueck* ZGR 1972, 237 (239 f.) und *Zöllner*, Die Schranken mitgliedschaftlicher Stimmrechtsmacht bei den privatrechtlichen Personenverbänden, 1963, S. 353 hin. Weitere Gründe bei *Zöllner*, Die Anpassung von Personengesellschaftsverträgen an veränderte Umstände, 1979, S. 14 ff.

[670] So mit guten Gründen *Lettl* AcP 202 (2002), 23 (39); aA *Konzen* AcP 172 (1972), 317 (339). Für Eingreifen von § 313 neben der Treupflicht zur Vertragsänderung auch *Baier* NZG 2004, 356 ff.

[671] Zu Recht zurückhaltend daher OLG Hamm NZG 2000, 252 (253); OLG München NZG 2001, 793 (794); BGH ZIP 2016, 1220 Rn. 13 ff. scheint die strengen Voraussetzungen gerade auch auf die Pflicht zur Zustimmung an GF-Maßnahmen erstrecken zu wollen (sehr str.).

[672] BGH BB 1954, 456; NJW 1961, 724; 1970, 706; 1975, 1410 (1411); WM 1985, 256 (257); NJW 1987, 952 (953); für die GmbH BGHZ 98, 276 (279 ff.) = NJW 1987, 189; BGH WM 1994, 2244 (2246); BGHZ 180, 1 Rn. 2 = NJW 2010, 65; BGH NJW 2011, 1667 (1669) Rn. 20 f.; vgl. auch BGH NJW 1960, 434; BGHZ 64, 253 (257 f.) = NJW 1975, 1410; BGHZ 68, 81 (84) = NJW 1977, 1013 zu § 140 HGB.

[673] Zust. auch Soergel/*Hadding/Kießling* Rn. 63; Erman/*Westermann* § 709 Rn. 35 f.; Staub/*Schäfer* HGB § 105 Rn. 239 ff., 241; Heymann/*Emmerich* HGB § 119 Rn. 18 f.; *M. Winter*, Mitgliedschaftliche Treubindungen im GmbH-Recht, 1988, S. 31 ff.; für großzügigere Anpassungspraxis *Zöllner*, Die Anpassung von Personengesellschaftsverträgen an veränderte Umstände, 1979, S. 25 ff.; wohl auch *H. P. Westermann*, FS Hefermehl, 1976, S. 229 ff.; zurückhaltend – nur bei „ganz überwiegenden Interessen" aller oder der Mehrheit der Mitgesellschafter – *A. Hueck* ZGR 1972, 237 (244 ff.); für Anpassung nur im Rahmen der Zweckförderungspflicht *Lettl* AcP 202 (2002), 3 (16 f.).

[674] BGH NJW 1961, 724; vgl. auch BGH NJW-RR 1986, 256: Pflicht zum Ausscheiden aus aufgelöster Gesellschaft, falls beachtliche Gründe gegen deren Abwicklung sprechen und durch das Ausscheiden kein schutzwürdiges Interesse des Gesellschafters berührt wird.

[675] BGHZ 64, 253 (257 f.) = NJW 1975, 1410; BGHZ 68, 81 (84) = NJW 1977, 1013 zu § 140 HGB; abl. *Hueck* OHG § 29 I 2c, S. 443 und ZGR 1972, 237 (247).

[676] BGH NJW 1960, 434.

[677] So *Lettl* AcP 202 (2002), 3 (16 ff.) unter Hinweis auf die vertragliche Förderpflicht als Rechtsgrundlage.

[678] BGH WM 1979, 1058; vgl. auch BGH NJW 1987, 952 (953) – Pflicht, der Übertragung der Geschäftsführerstellung vom Vater auf den hierfür geeigneten Sohn in vorweggenommener Gesellschafternachfolge zuzustimmen.

[679] BGH BB 1954, 456; zust. *Lettl* AcP 202 (2002), 21.

[680] So auch BGH ZIP 2005, 1455 (1456 f.) und OLG Celle ZIP 2006, 807 (809) – Zustimmungspflicht zu Beitragserhöhung oder Nachschuss trotz Sanierungsbedarfs der GbR nur in ganz außergewöhnlichen – hier verneinten – Fällen; BGH WM 1973, 990 (991 f.) – grds. keine Pflicht, einer Vertragsverlängerung zuzustimmen;

dürften sanierungsunwillige Gesellschafter eine aussichtsreiche **Sanierung** nicht blockieren und sind demgemäß ggf. zur Zustimmung zu einer Kapitalerhöhung bzw. einem Kapitalschnitt verpflichtet (→ § 707 Rn. 10).[681] Zur Frage antizipierter Zustimmung zu künftigen Beitragserhöhungen → § 707 Rn. 8.

Erleichterte Voraussetzungen für eine Zustimmungspflicht zur Vertragsänderung sind als Ausnahme unter zwei Gesichtspunkten denkbar. Einmal kann es sich um Änderungen handeln, die sich inhaltlich auf die **Geschäftsführung** beziehen, ohne dem widersprechenden Gesellschafter zusätzliche Pflichten aufzuerlegen, so bei der Entziehung der Geschäftsführungs- und Vertretungsbefugnis eines Mitgesellschafters aus wichtigem Grund (→ § 712 Rn. 9 ff.). Hier kommt dem Gesellschaftsinteresse grundsätzlich der Vorrang zu, auch wenn den Gesellschaftern bei dessen Konkretisierung ein weiter Beurteilungsspielraum verbleibt.[682] Eine zweite Ausnahme bilden diejenigen Fälle, in denen es darum geht, eine nachträglich aufgetretene, nicht durch ergänzende Vertragsauslegung zu behebende **Vertragslücke** zu schließen.[683] Unter diesem Gesichtspunkt kann namentlich auch die Anpassung einer unangemessen niedrigen Geschäftsführervergütung an die geänderten Verhältnisse verlangt werden;[684] die entgegenstehende Entscheidung BGHZ 44, 40 = NJW 1965, 1960, in der eine derartige Anpassung auf seltene Ausnahmefälle beschränkt worden war, erscheint seit langem als überholt. 234

d) Wettbewerbsverbot. Ein Wettbewerbsverbot ist im Unterschied zur OHG (§ 112 HGB) für die Gesellschafter einer GbR gesetzlich nicht vorgesehen. Von Bedeutung ist es namentlich bei sog. Erwerbsgesellschaften (→ Vor § 705 Rn. 89). Auch ohne ausdrückliche vertragliche Verankerung ergibt sich für die **geschäftsführenden Gesellschafter** schon allein aus dem Inhalt ihrer Treupflicht, im Bereich der uneigennützigen Mitgliedschaftsrechte die eigenen Interessen hinter diejenigen der Gesellschaft zurückzustellen (→ Rn. 226). Damit wäre es unvereinbar, wollten die Geschäftsführer Geschäfte, die vom Gesellschaftszweck erfasst werden, auf eigene Rechnung tätigen und dadurch in Wettbewerb zur Gesellschaft treten.[685] In gleicher Weise sind insbesondere (aber nicht nur) die geschäftsführenden Gesellschafter gehalten, **Geschäftschancen** der Gesellschaft nicht für eigene Zwecke wahrzunehmen;[686] vielmehr müssen sie ihre persönlichen Interessen zurückstellen und der Gesellschaft zugeordnete Geschäftschancen für diese nutzen.[687] 235

Für die **von der Geschäftsführung ausgeschlossenen Gesellschafter** ist die Lage weniger eindeutig. Zwar ist es als treuwidrig anzusehen, wenn sie die auf Grund ihrer Mitgliedstellung, 236

---

vgl. ferner BGHZ 98, 276 (280 ff.) = NJW 1987, 189 – keine Pflicht des GmbH-Gesellschafters zur Übernahme neuer Anteile; Pflicht zur Zustimmung zu einer Kapitalerhöhung nur unter der Voraussetzung, dass die Rechtsstellung des betreffenden Gesellschafters durch die von anderen durchgeführte Kapitalerhöhung nicht beeinträchtigt wird. BGHZ 180, 1 Rn. 23 = NJW 2010, 65 (fortgeführt von BGH ZIP 2015, 1626 Rn. 23 ff.) zieht hieraus die Konsequenz, dass nicht sanierungswillige Gesellschafter aus der überschuldeten Gesellschaft ausscheiden müssen; anderes gilt für die nicht überschuldete Gesellschaft, vgl. BGH NJW 2011, 1667 (1669) Rn. 20 f.; vgl. ferner OLG Stuttgart BB 2013, 2127 (2129). Zum Ganzen → § 707 Rn. 10 f.

[681] BGH NJW 2011, 1667 (1669); in der überschuldeten Gesellschaft sind die nicht beitragswilligen Gesellschafter sogar (zur Zustimmung) zum eigenen Ausscheiden verpflichtet, BGHZ 183, 1 Rn. 23 ff. = NJW 2010, 65; BGH ZIP 2015, 1626 Rn. 23 ff., dh sie können aus wichtigem Grund ausgeschlossen werden, weshalb es nicht um eine „klassische" Zustimmung zur Vertragsänderung geht (→ § 707 Rn. 11).

[682] *Zöllner*, Schranken mitgliedschaftlicher Stimmrechtsmacht bei den privatrechtlichen Personenverbänden, 1963, S. 345 ff.; eine Mitwirkungspflicht abl. aber *Hueck* OHG § 10 VII 4, S. 148 und ZGR 1972, 237 (247) für die OHG; → Rn. 226; anders anscheinend BGH ZIP 2016, 1220 Rn. 13 (ohne Differenzierung zwischen GF-Maßnahmen und Vertragsänderungen).

[683] OLG Bremen NJW 1972, 1952 (bestätigt durch BGH NJW 1974, 1656); vgl. *H. P. Westermann*, FS Hefermehl, 1976, S. 236 ff.; *Zöllner*, Die Anpassung von Personengesellschaftsverträgen an veränderte Umstände, 1979, S. 53 f.; *Lettl* AcP 202 (2002), 16 ff.

[684] So auch BGH BB 1977, 1271 für den Fall, dass einer von mehreren Erben die Stellung als persönlich haftender, geschäftsführender Gesellschafter der KG annimmt, ohne iÜ kapital- oder gewinnmäßig bevorzugt zu werden. Der BGH begründet den Anspruch auf eine „angemessene" Vergütung allerdings nicht mit der Treupflicht, sondern – methodisch problematisch – mit ergänzender Vertragsauslegung, wohl um von der (einen Erhöhungsanspruch ablehnenden) Entscheidung BGHZ 44, 40 (41 f.) = NJW 1965, 1960 nicht offen abzuweichen. Anders wieder BGH WM 1978, 1230 (1231 ff.) – Treupflicht als maßgebender Gesichtspunkt. Für Anpassung namentlich auch *Zöllner*, Die Anpassung von Personengesellschaftsverträgen an veränderte Umstände, 1979, S. 17, 57 f. sowie im Grundsatz *H. P. Westermann*, FS Hefermehl, 1976, S. 230.

[685] Ganz hM, vgl. Soergel/*Hadding/Kießling* Rn. 62; Staudinger/*Habermeier* (2003) Rn. 52; Bamberger/Roth/*Schöne* Rn. 105; Erman/*Westermann* Rn. 50; *Armbrüster* ZIP 1997, 261 (272).

[686] Zur Anwendung der Geschäftschancenlehre auf die GbR BGH NZG 2013, 216; OLG Koblenz NZG 2010, 1182 f.

[687] Allgemein zur Geschäftschancenlehre Staub/*Schäfer* HGB § 112 Rn. 23 und aus der Rspr. des BGH inbes. BGHZ 180, 105 = NZG 2009, 744; BGH NJW 1989, 2687 f.

namentlich durch Ausübung ihrer Informations- und Einsichtsrechte erlangten Kenntnisse zum Schaden der Gesellschaft einsetzen (§ 51a Abs. 2 GmbHG als gesetzliche Verkörperung der treupflichtbedingten Schranken des Informationsrechts). Indessen ist das Betreiben einer Konkurrenztätigkeit nicht notwendig mit der Verwertung von Geschäftsgeheimnissen der Gesellschaft verbunden. Namentlich in den Fällen, in denen die Informations- und Kontrollrechte der von der Geschäftsführung ausgeschlossenen Gesellschafter vertraglich auf das nach § 716 Abs. 2 zulässige Mindestmaß beschränkt sind, ist für die Annahme eines aus der Treupflicht fließenden Wettbewerbsverbots daher regelmäßig kein Raum.[688]

237   Ein **nachvertragliches Wettbewerbsverbot** lässt sich auf die Treupflicht schon deshalb nicht stützen, weil diese sich grundsätzlich – vorbehaltlich der Anerkennung bestimmter nachvertraglicher Treupflichten (→ § 738 Rn. 7) – auf die Dauer der Zugehörigkeit zur Gesellschaft beschränkt und mit dem Ausscheiden entfällt.[689] Zulässig ist allerdings eine solches *Vereinbarung* eines solchen Verbots, wenn es sich in zeitlicher, räumlicher und gegenständlicher Hinsicht darauf bezieht, den Mitgesellschaftern die gemeinsam geschaffenen Werte zu erhalten, ohne den Ausgeschiedenen in sittenwidriger (§ 138 Abs. 1) oder gegen § 1 GWB verstoßender Weise in seiner Entfaltungsfreiheit zu beschränken.[690] Derartige Abreden begegnen vor allem beim Ausscheiden von Freiberuflern Bedenken, wenn ihnen anstelle der Mitnahme ihrer Mandanten eine finanzielle, am Wert der Sozietät ausgerichtete *Abfindung* zusteht (→ § 738 Rn. 7). Sie können sich in dem sachlich notwendigen Ausmaß je nach Lage des Falles auch konkludent aus einer derartigen Abfindungsvereinbarung ergeben. Schließlich kommt ein nachvertragliches Wettbewerbsverbot auch auf Grund von § 249 Abs. 1 in Betracht, wenn der Ausgeschiedene sein Ausscheiden schuldhaft, insbesondere durch treuwidrigen Wettbewerb, herbeigeführt hat und zur *Schadensbegrenzung* auch der Verzicht auf die Fortsetzung dieses Wettbewerbs für eine Übergangszeit gehört.[691]

238   Die im Recht der OHG früher vieldiskutierte Frage, inwieweit dem Wettbewerbsverbot des § 112 HGB das **Kartellverbot** des § 1 nF GWB entgegensteht,[692] ist für die Gesellschafter einer GbR schon deshalb von geringerem Gewicht, weil wegen des typischerweise nichtkaufmännischen Zwecks von Gesellschaften in dieser Rechtsform die Gefahr eines Eingreifens der GWB-Vorschriften weniger naheliegt. Soweit jedoch die Voraussetzungen des § 1 GWB im Einzelfall zu bejahen sind, tritt die Vorschrift nach den in der höchstrichterlichen Rechtsprechung[693] entwickelten Grundsätzen doch immer dann hinter ein aus dem Gesellschaftsvertrag folgendes oder ausdrücklich darin verankertes Wettbewerbsverbot zurück, wenn das Verbot sich in denjenigen Grenzen hält, deren Beachtung allein schon durch die Treupflicht geboten und damit gesellschaftsimmanent ist (→ Rn. 235). Nicht zu verwechseln mit dieser Frage, die sich allein auf das Wettbewerbsverbot im Rahmen einer ansonsten kartellrechtsneutralen Gesellschaft bezieht, ist die Beurteilung eines zu Wettbewerbszwecken abgeschlossenen Gesellschaftsvertrags unter kartellrechtlichen Aspekten. Dient der Vertrag der kartellrechtswidrigen Kooperation zwischen selbständig bleibenden Unternehmen, so bietet auch die Rechtsform der GbR keinen Grund, ihn dem Geltungsbereich des GWB zu entziehen.[694]

239   **3. Rechtsfolgen von Treupflichtverstößen.** Die Nichtbeachtung der Treupflicht kann eine Reihe unterschiedlicher, sich überlagernder oder ergänzender Rechtsfolgen auslösen. Im Rahmen

---

[688] So auch Soergel/*Hadding/Kießling* Rn. 62; Erman/*Westermann* Rn. 50; zu § 112 HGB auch *Armbrüster* ZIP 1997, 261 (266 f.).

[689] So zu 112 HGB auch Baumbach/Hopt/*Roth* HGB § 112 Rn. 14, § 131 Rn. 37; Staub/*Schäfer* HGB § 112 Rn. 13; MüKoHGB/*Langhein* HGB § 112 Rn. 20.

[690] Vgl. näher BGH NJW 1991, 699; WM 1997, 1707; NJW-RR 1996, 741 (742); NZG 2004, 35, jeweils mit umfassenden Rspr.-Nachweisen, sowie die umfassende Rspr.-Analyse von *A. Krämer*, FS Röhricht, 2005, S. 335 (337 ff.). Die Vereinbarkeit des im Gesellschaftsvertrag einer Ärztesozietät vorgesehenen Verzichts eines während der Probezeit ausscheidenden Arztes auf seine Kassenarztzulassung mit § 138 Abs. 1 bejaht BGH NJW 2002, 3536 f.; dazu auch OLG Frankfurt GesR 2010, 491.

[691] Vgl. eingehend *Paefgen* ZIP 1990, 839 ff.; so auch *Kandaras*, Das Wettbewerbsverbot in Personengesellschaften, 1968, S. 45 f.; aA OLG Düsseldorf ZIP 1990, 861 f.

[692] Vgl. Immenga/Mestmäcker/*Zimmer*, 4. Aufl. 2007, GWB § 1 Rn. 175 ff.; s. zum früheren Diskussionsstand auch Immenga/Mestmäcker/*Zimmer*, 3. Aufl. 2001, GWB § 1 Rn. 282 ff. mwN.

[693] BGHZ 38, 306 (311 ff.) = NJW 1963, 646 – Kino; BGHZ 70, 331 (335 f.) = NJW 1978, 1001 – Gabelstapler; BGHZ 89, 162 = NJW 1984, 1351 – Werbeagentur; BGH BB 1993, 1899 – Taxigenossenschaft II; vgl. auch BGH NJW 1994, 384 betr. Wettbewerbsverbot zu Lasten eines ausscheidenden Gesellschafters; dazu auch *Kellermann*, FS Rob. Fischer, 1979, S. 307 ff. und Immenga/Mestmäcker/*Zimmer*, 4. Aufl. 2007, GWB § 1 Rn. 175 ff.

[694] Einhellige, wenn auch meist nicht besonders betonte (weil selbstverständliche) Ansicht. Im Gegenteil wurde früher überwiegend die Meinung vertreten, für das Eingreifen von § 1 aF GWB müsse eine Gesellschaft oder ein gesellschaftsähnliches Verhältnis vorliegen, vgl. nur *Müller-Henneberg* in Gemeinschaftskomm. zum GWB, 4. Aufl. 1980, GWB § 1 Rn. 34; anders sodann BGHZ 68, 6 = NJW 1977, 804 – Fertigbeton, mit Anm. *Ulmer*; → Rn. 143.

der – verschuldensunabhängigen – Schrankenfunktion (→ Rn. 227) besteht die primäre Rechtsfolge in der **Unbeachtlichkeit der** gegen die Treupflicht verstoßenden **Rechtsausübung**.[695] Danach ist ein treuwidriger Widerspruch gegen Geschäftsführungsmaßnahmen unwirksam, eine treuwidrige Übernahmeerklärung löst keine Gestaltungswirkung aus. Soweit die Treupflicht eine Zustimmungspflicht des Gesellschafters begründet, steht der Gesellschaft oder den Mitgesellschaftern ein **Erfüllungsanspruch** zu, der im Wege der Leistungsklage über § 894 ZPO durchgesetzt werden kann; das gilt namentlich für die Pflicht, einer Vertragsänderung zuzustimmen oder an einer Ausschluss- oder Entziehungsklage mitzuwirken (→ Rn. 231 ff.).[696]

Nach wie vor *umstritten* ist die Frage, ob und unter welchen Voraussetzungen auf eine Zustimmungsklage verzichtet und die **treuwidrig verweigerte Zustimmung** als erteilt unterstellt werden kann.[697] Die *Rechtsprechung* ist zur Fiktion der Zustimmung unabhängig vom Beschlussgegenstand in der gesetzestypischen Gesellschaft bislang nur bereit, wenn der umstrittene Beschluss und seine rasche Umsetzung für die Gesellschaft von existenzieller Bedeutung sind;[698] großzügiger urteilt sie aber im Hinblick auf Vertragsänderungsbeschlüsse in einer dem Mehrheitsprinzip unterstehenden Publikumsgesellschaft.[699] In der *Literatur* reichen die Ansichten vom grundsätzlichen Erfordernis der Zustimmungsklage[700] über die Differenzierung danach, ob dem Beschluss Außenwirkung zukommt,[701] bis zur Unterscheidung zwischen Geschäftsführungs- und Vertragsänderungs-(Grundlagen-)beschlüssen unter Beschränkung des Erfordernisses einer – ggf. über § 894 ZPO durchzusetzenden – Zustimmungserklärung auf die letzteren.[702]

Stellungnahme. Der Unterscheidung nach dem Beschlussinhalt, dh zwischen Geschäftsführungs- und Grundlagenbeschlüssen, ist zuzustimmen.[703] Sie bietet einen relativ klaren Abgrenzungsmaßstab und verteilt die Klagelast zwischen der die Änderung betreibenden Mehrheit und der widersprechenden Minderheit im Regelfall angemessen. Bei **Grundlagenbeschlüssen,** insbesondere bei Vertragsänderungen, bedarf es danach regelmäßig einer Leistungsklage der an der Änderung interessierten Gesellschafter gegen den Widersprechenden. In Fällen besonderer, mit Existenzgefährdung für die Gesellschaft verbundener Dringlichkeit kann die Mehrheit eine kurzfristige (Vor-)Entscheidung über § 940 ZPO herbeiführen.[704] Der Rechtsprechung des BGH ist allerdings darin zuzustimmen, dass in der **Publikumsgesellschaft** strengere Maßstäbe gelten und die Zustimmung demgemäß bei dringend erforderlichen Vertragsänderungen, namentlich in Sanierungsfällen, als

---

[695] HM, vgl. schon RGZ 158, 302 (310); Soergel/*Hadding/Kießling* Rn. 64; Bamberger/Roth/*Schöne* Rn. 107; *M. Winter*, Mitgliedschaftliche Treubindungen im GmbH-Recht, 1988, S. 36 f.; grdl. dazu *Zöllner*, Schranken mitgliedschaftlicher Stimmrechtsmacht, 1963, S. 366 ff.; enger – nur bei evidenter Treuwidrigkeit – *Flume* BGB AT I 1 § 15 II 3, S. 268 f.; *Wiedemann*, FS Heinsius, 1991, S. 949 (957).
[696] BGH BB 1954, 456; RGZ 163, 35 (38); Bamberger/Roth/*Schöne* Rn. 107; *Zöllner*, Die Anpassung von Personengesellschaftsverträgen an veränderte Umstände, 1979, S. 32 ff.
[697] Näher zum Folgenden Staub/*Schäfer* HGB § 105 Rn. 245. Vgl. aber auch *Sester*, Treupflichtverletzung, 1996, S. 41 ff., 107 ff.
[698] So BGH WM 1979, 1058 – vorübergehende Aufnahme einer Komplementär-GmbH zur Fortsetzung der KG als werbende; ähnlich sodann auch BGH WM 1986, 1556 (1557); BGHZ 102, 172 (177) = WM 1988, 23 (25), freilich jeweils in concreto verneinend; NJW-RR 2008, 1484 (1487) Rn. 42 – Zustimmungsfiktion nur, wenn Gesellschafterbeschluss notwendig, um Funktionsfähigkeit zu erhalten bzw. werbende Tätigkeit fortzusetzen; OLG Stuttgart NZG 2010, 1223 – missbräuchlich verweigerte Zustimmung muss in Klagewege erstritten werden; weitergehend noch BGH NJW 1960, 434 – treupflichtwidriger und daher unbeachtlicher Widerspruch gegen die faktische Auflösung einer KG; OLG München BeckRS 2013, 02791 – Zustimmungsfiktion bei Vergütungsbeschluss, wenn ohne zusätzliche Vergütung akute Liquidationsgefahr besteht; demgegenüber scheint BGH ZIP 2016, 1220 (1221) Rn. 17 generell von der Unwirksamkeit der treuwidrig verweigerten Stimmen auszugehen (allerdings nur obiter).
[699] So BGH NJW 1985, 974; WM 1985, 195 (196); 1988, 23 (25 f.); BGHZ 180, 1 Rn. 22 ff. = NJW 2010, 65 – Sanieren oder Ausscheiden (fortgeführt von BGH ZIP 2015, 1626); im Ergebnis kam es hierauf allerdings nicht an, weil in der überschuldeten Gesellschaft die Nichtbeteiligung an Sanierungsmaßnahmen einen Ausschließungsgrund darstellt, s. *Schäfer*, FS Ganter, 2010, S. 33 (39 f.). Vgl. aber auch BGH NJW 1995, 194 (195): Einschränkung des Informationsrechts eines Kommanditisten in einer Normal-KG trotz Kernbereichs-Relevanz dann auf Grund einer Mehrheitsklausel ohne seine Zustimmung möglich, wenn er kraft Treupflicht zur Duldung verpflichtet ist, → § 709 Rn. 112; ferner BGH ZIP 2016, 1220 (1221) Rn. 17 (dazu vorige Fn.).
[700] So *Korehnke*, Treuwidrige Stimmen im Personengesellschafts- und GmbH-Recht, 1997, S. 188 ff. mit Ausnahme von Publikumsgesellschaften, grds. auch *Wiedemann*, FS Heinsius, 1991, S. 949 (957). außer wenn Treuwidrigkeit offenkundig.
[701] So 3. Aufl. Rn. 197a *(Ulmer)*.
[702] Vgl. MüKoHGB/*K. Schmidt* HGB § 105 Rn. 164, 166; Heymann/*Emmerich* HGB § 119 Rn. 50; *M. Winter*, Mitgliedschaftliche Treubindungen im GmbH-Recht, 1988, S. 37; tendenziell Soergel/*Hadding/Kießling* Rn. 64; offenlassend Bamberger/Roth/*Schöne* Rn. 107; eingehend dazu *Sester*, Treupflichtverletzung, 1996, S. 134 ff.
[703] Abw. noch 3. Aufl. Rn. 197a *(Ulmer)*.
[704] Ebenso *Wiedemann*, FS Heinsius, 1991, S. 949 (957); *Lettl* AcP 202 (2002), 37.

erteilt unterstellt werden darf. Der Versammlungsleiter kann deshalb eine treuwidrig verweigerte Zustimmung als Enthaltungs-, wenn erforderlich auch als Ja-Stimme werten und somit das Zustandekommen des Beschlusses feststellen.[705] Soweit demgegenüber **Geschäftsführungsmaßnahmen** in Frage stehen, kann die Mehrheit generell von einer Leistungsklage absehen und alsbald – wenn auch auf das Risiko der die Maßnahmen vollziehenden Gesellschafter[706] – entsprechend der angestrebten Änderung verfahren.[707] Sache des widersprechenden Gesellschafters ist es dann, sich gegen das eigenmächtige Vorgehen der Mitgesellschafter zur Wehr zu setzen. Seine Klage ist wegen des „dolo petit"-Einwands (→ § 242 Rn. 440 *[Schubert]*) als missbräuchlich abzuweisen, wenn er kraft Treupflicht zur Zustimmung verpflichtet ist und durch seine Klage eine Widerklage auf Zustimmung auslösen würde.

242 War das treuwidrige Verhalten *schuldhaft* (§ 708) und hat es zu einem Schaden bei Gesellschaft oder Mitgesellschaftern geführt, so begründet es eine **Schadensersatzpflicht** des Gesellschafters (→ Rn. 198). Bei fortgesetzten oder besonders schwerwiegenden Verstößen kann schließlich auch ein wichtiger Grund zur **Entziehung** von Geschäftsführungs- und Vertretungsbefugnis oder zum **Ausschluss** aus der Gesellschaft gegeben sein.

243 Hinsichtlich der **Klagebefugnis** zur Durchsetzung des Anspruchs auf Schadensersatz oder auf Zustimmung ist zu unterscheiden. Soweit das Verhältnis zur Gesellschaft betroffen ist, handelt es sich um einen *Sozialanspruch* der Gesellschaft, der nicht nur von ihr selbst, sondern im Rahmen der actio pro socio (→ Rn. 204 f.) auch von einzelnen Mitgesellschaftern geltend gemacht werden kann. Demgegenüber sind zur Geltendmachung von Zustimmungspflichten bei *Grundlagengeschäften,* insbesondere bei Vertragsänderungen, nur die Mitgesellschafter als solche – und zwar jeder für sich – aktivlegitimiert und klagebefugt. Klagt ein Gesellschafter, der treuwidrig die Zustimmung zu einem Grundlagenbeschluss verweigert hat, seinerseits auf Feststellung von dessen Unwirksamkeit, so kann ihm je nach Lage des Falles der dolo petit-Einwand entgegengesetzt werden.

V. Gleichmäßige Behandlung der Gesellschafter

244 **1. Grundlagen.** Wie die Treupflicht (→ Rn. 221 ff.), so gehört auch der Grundsatz der gleichmäßigen Behandlung der Gesellschafter zu den **zentralen Rechtssätzen des Gesellschaftsrechts;**[708] in § 53a AktG ist er ausdrücklich normiert. Für das Recht der GbR hat er in einer Reihe dispositiver Normen seinen gesetzlichen Niederschlag gefunden (vgl. §§ 706 Abs. 1, 709 Abs. 1 und 2, 711, 722 Abs. 1, 734, 735).[709] Sein Anwendungsbereich beschränkt sich jedoch nicht auf diese Fälle, sondern erfasst die mitgliedschaftliche Stellung der einzelnen Gesellschafter und deren daraus resultierende Rechte und Pflichten grundsätzlich in jeder Beziehung, sowohl hinsichtlich des Inhalts des Gesellschaftsvertrags als auch hinsichtlich seiner Durchführung. Die Frage, ob und inwieweit der Gleichbehandlungsgrundsatz als ein überpositiver, unmittelbar aus der Gerechtigkeitsidee zu entwickelnder Rechtssatz[710] im Privatrecht allgemein oder doch für alle Gemeinschaftsverhältnisse[711] Geltung beanspruchen kann, kann hier dahinstehen (zur Gleichbehandlung in der Bruchteilsgemeinschaft → § 741 Rn. 36 *[K. Schmidt]*). Für den Bereich der Gesellschaft beruht seine **Geltung** jedenfalls darauf, dass die Gesellschafter sich im Gesellschaftsvertrag als *gleichrangige Partner* zu einer Zweckgemeinschaft zusammengeschlossen haben.[712] Der Gleichbehandlungsgrundsatz lässt sich somit

---

[705] Näher *Schäfer,* FS Hommelhoff, 2012, S. 941 (954 ff.) zur AG; die Ausführungen gelten aber entsprechend für die (Publikums-)Personengesellschaft; idS jetzt anscheinend generell bei Treuwidrigkeit BGH ZIP 2016, 1220 (1221) Rn. 17 (obiter).

[706] Zur Haftung bei Überschreitung der Geschäftsführungsbefugnis und zur Bedeutung des Sorgfaltsmaßstabs des § 708 in derartigen Fällen → § 708 Rn. 8 ff.

[707] So wohl auch *Hueck* OHG § 11 III 3, S. 175; enger *Sester* Treupflichtverletzung, 1996, S. 141 f., 168 f.; aA BGH WM 1986, 1556 (1557); dazu *Korehnke,* Treuwidrige Stimmen im Personengesellschafts- und GmbH-Recht, 1997, S. 188 ff. mit Ausnahme von Publikumsgesellschaften; grds. auch *Wiedemann,* FS Heinsius, 1991, S. 949 (957): außer wenn Treuwidrigkeit offenkundig.

[708] Vgl. näher *Wiedemann* GesR I § 8 II 2, S. 427 ff.; allg. zum Grundsatz gleichmäßiger Behandlung im Privatrecht vgl. *L. Raiser* ZHR 111 (1948), 75 (ff.; *G. Hueck,* Der Grundsatz der gleichmäßigen Behandlung im Privatrecht, 1958, S. 35 ff., 278 ff. zur Anwendung im Gesellschaftsrecht.

[709] Vgl. dazu Soergel/*Hadding/Kießling* Rn. 65 ff.; Erman/*Westermann* Rn. 39 ff.; Staudinger/*Habermeier* (2003) Rn. 53 ff.; Bamberger/Roth/*Schöne* Rn. 108 ff.; *Hueck* OHG § 9 III.

[710] So *L. Raiser* ZHR 111 (1948), 75 (81 ff., 83 f., 90); ähnlich *G. Hueck,* Der Grundsatz der gleichmäßigen Behandlung im Privatrecht, 1958, S. 96 f.

[711] Dazu namentlich *G. Hueck,* Der Grundsatz der gleichmäßigen Behandlung im Privatrecht, 1958, S. 128 ff., 153, 169.

[712] Ähnlich *Hueck* OHG § 9 III – freiwilliger Zusammenschluss; *Hueck,* Der Grundsatz der gleichmäßigen Behandlung im Privatrecht, 1958, S. 152 f. – Gemeinschaftsbindung. Teilweise wird der Grundsatz auch nach Art einer Rechtsanalogie aus seiner Kodifizierung in § 706 Abs. 1 und anderen Normen abgeleitet, vgl. Soergel/

ebenso wie die gesellschaftsrechtliche Treupflicht auf die *Vertragsgrundlage* des Personenverbands zurückführen; er ist der Treupflicht auch inhaltlich nahe verwandt.[713] Allerdings betrifft er nur das Verhältnis zwischen Gesellschaft und Gesellschaftern; eine Pflicht der Gesellschafter, die Mitgesellschafter gleichzubehandeln, besteht nicht.

Inhaltlich ist der Grundsatz der gleichmäßigen Behandlung nicht etwa auf schematische oder formale Gleichstellung der Gesellschafter gerichtet.[714] Er schließt vielmehr nur die sachlich nicht gerechtfertigte, **willkürliche Ungleichbehandlung** aus.[715] Demgegenüber ist die Beachtung solcher Unterschiede bei dem jeweiligen Zusammenschluss, die aus der Sicht des gemeinsamen Zwecks entweder in Bezug auf die Personen der Gesellschafter oder auf die Art ihrer Beteiligung bestehen, nicht nur zulässig, sondern entspricht der üblichen Vertragspraxis und kann angesichts des Gerechtigkeitsgehalts des Gleichbehandlungsgrundsatzes im Einzelfall sogar geboten sein. Dementsprechend wird anstelle der in § 722 Abs. 1 vorgesehenen Gewinnverteilung nach Köpfen meist eine Ergebnisbeteiligung entsprechend der Einlagen und der sonstigen Beitragsleistungen der einzelnen Gesellschafter vereinbart. Auch die internen Mitspracherechte sind im Gesellschaftsvertrag häufig danach abgestuft, welche Bedeutung der Mitwirkung der verschiedenen Beteiligten und ihrem Beitrag zur Förderung des gemeinsamen Zwecks jeweils zukommt. Differenzierungskriterien sind insoweit neben unterschiedlichem Kapitaleinsatz namentlich die jeweilige Tätigkeit der Gesellschafter in der Gesellschaft einschließlich deren Bedeutung für die Gesamtheit, ferner Alter und Erfahrung, Verdienste um die Gesellschaftsgründung sowie unterschiedliches Haftungspotenzial.[716] **245**

Sind Unterschiede der in → Rn. 245 genannten Art vorhanden, so begründet zwar der Grundsatz gleichmäßiger Behandlung nicht ohne weiteres einen Anspruch auf Differenzierung, sondern überlässt es grundsätzlich den Gesellschaftern, ihnen im Rahmen der Vertragsgestaltung Rechnung zu tragen.[717] Wohl aber schafft er die **Legitimation für abgestufte Mitgliedschaftsrechte** auch in denjenigen Fällen, in denen diese nicht einstimmig mit Einverständnis aller Beteiligten, sondern durch vertraglich zugelassenen Mehrheitsbeschluss begründet oder modifiziert werden (→ Rn. 251). Fällt der Grund für die im Gesellschaftsvertrag vereinbarte Differenzierung später weg, stellt etwa der mit einem Gewinnvorzug bedachte Geschäftsführer seine Tätigkeit für die Gesellschaft aus Alters- oder Gesundheitsgründen nicht nur vorübergehend ein, so können die Mitgesellschafter von ihm **Zustimmung zur Vertragsanpassung** entsprechend den eingetretenen Änderungen verlangen.[718] Entsprechendes gilt umgekehrt für später eintretende, bei Vertragsschluss noch nicht absehbare Differenzierungsgründe. **246**

Der Grundsatz gleichmäßiger Behandlung ist **dispositiver Natur,**[719] soweit nicht die Schranke des § 138 eingreift (→ Rn. 134). Die einzelnen Gesellschafter sind also nicht gehindert, in eine sachlich nicht gebotene Vorzugsstellung eines Mitgesellschafters oder eine relative Verschlechterung ihrer eigenen Position einzuwilligen. Die Einwilligung kann durch Zustimmung zur konkreten Vertragsgestaltung erteilt werden. Denkbar ist aber auch eine Mehrheitsklausel im Gesellschaftsvertrag, die der Mehrheit das Recht gibt, Vertragsänderungen in Abweichung vom Gleichbehandlungsgrundsatz zu beschließen. Solche Vereinbarungen sind freilich durchaus ungewöhnlich und setzen **247**

Hadding/Kießling Rn. 65 und Erman/*Westermann* Rn. 39, die unter Hinweis auf § 53a AktG von einem allg. Prinzip des Gesellschaftsrechts ausgehen. Für Ableitung aus der Gestaltungsmacht des Verbands oder der ihn bestimmenden Personen *Wiedemann* GesR I § 8 II 2a, S. 428 f.; *K. Schmidt* GesR § 16 II 4b.

[713] So auch *G. Hueck*, Der Grundsatz der gleichmäßigen Behandlung im Privatrecht, 1958, S. 107 ff., 112 f., 171; für methodischen Vorrang des Gleichbehandlungsgrundsatzes *L. Raiser* ZHR 111 (1948), 75 (83 f.). Vgl. auch OGHZ 4, 66 (74) – kein Anspruch aus Treupflicht, soweit dessen Durchsetzung die Gleichbehandlung der Gesellschafter gefährdet.

[714] EinhM, vgl. BGH WM 1965, 1284 (1286); *G. Hueck*, Der Grundsatz der gleichmäßigen Behandlung im Privatrecht, 1958, S. 278 f.; Soergel/*Hadding/Kießling* Rn. 65; Staudinger/*Habermeier* (2003) Rn. 53; Bamberger/Roth/*Schöne* Rn. 108; *Wiedemann* GesR I § 8 II 2, S. 427; *K. Schmidt* GesR § 16 II 4b.

[715] So namentlich *G. Hueck*, Der Grundsatz der gleichmäßigen Behandlung im Privatrecht, 1958, S. 179 ff., 182 ff., in Abgrenzung zum positiven Gebot gleicher bzw. gleichmäßiger Behandlung; ebenso Erman/*Westermann* Rn. 39; Soergel/*Hadding/Kießling* Rn. 65.

[716] Vgl. dazu auch Soergel/*Hadding/Kießling* Rn. 65; Staudinger/*Habermeier* (2003) Rn. 53; zu den Maßstäben für die Gleichbehandlung s. *G. Hueck*, Der Grundsatz der gleichmäßigen Behandlung im Privatrecht, 1958, S. 198 ff., 323 ff.

[717] Vorbehaltlich einer Pflicht zur Vertragsänderung unter dem Gesichtspunkt der Treupflicht (→ Rn. 231 ff.).

[718] Vgl. einerseits OLG München NZG 2001, 558 (560) – gleiches „Entgelt" für gleiche Beiträge, andererseits OLG München NZG 2001, 793 (794) – kein Verzicht auf Vorabvergütung durch invaliden Komplementär, wenn sie auch Entgelt für Haftungsrisiko enthält; weniger eindeutig auch BGH NZG 2002, 518 – keine nachträgliche willkürliche Ungleichbehandlung durch geänderte tatsächliche Umstände; ggf. „Anlass für Vertragsänderung".

[719] EinhM, vgl. BGH WM 1965, 1284 (1286); RGZ 151, 321 (326); Soergel/*Hadding/Kießling* Rn. 65; Staudinger/*Habermeier* (2003) Rn. 53; Bamberger/Roth/*Schöne* Rn. 109; Erman/*Westermann* Rn. 40 mwN.

zu ihrer Wirksamkeit nicht nur die eindeutige Einbeziehung der fraglichen Regelungsgegenstände in ihren Anwendungsbereich voraus, sondern auch die vertragliche Bestimmung der **Grenzen,** innerhalb derer sich die Ungleichbehandlung durch Mehrheitsbeschluss halten muss, wenn sie Wirksamkeit erlangen soll (→ Rn. 251). Zur Änderung des Gesellschaftsvertrags durch Mehrheitsbeschluss → § 709 Rn. 84 ff.

248 **2. Ausprägungen des Grundsatzes gleichmäßiger Behandlung. a) Ordnungsprinzip und Auslegungsgrundsatz.** Der Gleichbehandlungsgrundsatz enthält ein rechtserhebliches Ordnungsprinzip[720] für die Ausgestaltung der Mitgliedschaftsrechte und -pflichten und deren Durchsetzung während der Dauer der Gesellschaft (→ Rn. 244). Er wirkt sich einerseits im Bereich der dispositiven Normen aus, beim Fehlen abweichender Vertragsgestaltung sowie bei der *Ausfüllung von Vertragslücken*. Zum anderen und vor allem erlangt er Bedeutung, soweit die *Auslegung des Gesellschaftsvertrags* und die Konkretisierung der Rechtsstellung der Gesellschafter in Frage steht.[721] Dementsprechend bestimmen sich die Mitsprache- (Stimm-) und Vermögensrechte der Gesellschafter in denjenigen Fällen, in denen der Vertrag mit Rücksicht auf die unterschiedlichen Beiträge erkennbar von abgestuften Beteiligungsrechten ausgeht, im Zweifel jeweils nach diesem Maßstab; dem Gewinnverteilungsschlüssel entspricht im Zweifel auch die Verlustbeteiligung. Andererseits ist für die Anerkennung von Sonderrechten, die einem Gesellschafter wegen seiner persönlichen Verdienste um die Gesellschaft eingeräumt worden waren, gegenüber seinen Rechtsnachfolgern im Zweifel kein Raum.

249 **Im Einzelnen** wirkt sich der Grundsatz gleichmäßiger Behandlung vor allem in drei Bereichen aus: bei den Beiträgen, den Geschäftsführungs- und Stimmrechten sowie bei der Gewinn- und Verlustverteilung. Hinsichtlich der **Beitragsleistung** kann jeder Gesellschafter sich unter Berufung auf den Gleichbehandlungsgrundsatz weigern, früher oder in stärkerem Maß als die Mitgesellschafter auf Erfüllung in Anspruch genommen zu werden, wenn weder ein sachlich gerechtfertigter Grund für dieses Vorgehen vorliegt noch die Ungleichbehandlung im Gesellschaftsvertrag vorgesehen ist (→ § 706 Rn. 20).[722] Auch Mehrheitsbeschlüsse über unproportionale Beitragserhöhungen ua sind im Zweifel ausgeschlossen (→ Rn. 251). Im Bereich der **Geschäftsführung** wird die Gleichbehandlung vor allem durch das Widerspruchsrecht des § 711 gesichert, soweit nicht alle Gesellschafter gemeinschaftlich geschäftsführungsbefugt sind. Es greift im Zweifel auch dann ein, wenn die Geschäftsführer die Leitung der Gesellschaft unter sich nach Sachgebieten aufgeteilt und einzelne Geschäftsführungsbereiche bestimmten Gesellschaftern allein zugewiesen haben (→ § 709 Rn. 16).

250 Für die **Gewinnverteilung** hat die Gleichbehandlung einmal dann Bedeutung, wenn die Gesellschafter in ungleichem Ausmaß zur Erbringung der vereinbarten Beiträge herangezogen worden sind: das kann zu einer Abweichung vom vertraglich vereinbarten Schlüssel so lange Anlass geben, bis das Ungleichgewicht durch Erbringung auch der noch ausstehenden Beiträge beseitigt ist. Mit der gebotenen Gleichbehandlung unvereinbar ist es aber auch, von der **Benutzung von Gesellschaftseinrichtungen** ohne sachlichen Grund einen Teil der Gesellschafter auszunehmen, von ihnen unterschiedliche Nutzungsentgelte zu verlangen oder ihnen die Vorteile der Nutzung vorzuenthalten.[723] Ebenso sind die Liefer- oder Bezugsquoten in einem zugelassenen Kartell grundsätzlich gleichmäßig aufzuteilen.[724] Schließlich kann auch eine an der jeweiligen Steuerbelastung ausgerichtete vertragliche **Entnahmeregelung** Gestaltungsprobleme aus der Sicht des Gleichbehandlungsgrundsatzes jedenfalls dann mit sich bringen, wenn die Gesellschafter in unterschiedlichem Maße der Steuerprogression unterliegen. In Fällen dieser Art ist es ohne Verstoß gegen den Gleichbehandlungsgrundsatz jedenfalls dann zulässig, das Entnahmerecht der einzelnen Gesellschafter an der jeweiligen Höhe ihrer auf die Gesellschaftsbeteiligung entfallenden Steuern auszurichten, wenn der nichtentnahmefähige Teil des Gewinns auf Darlehenskonten gebucht und angemessen verzinst wird.[725]

251 **b) Minderheitenschutz.** Besondere Bedeutung gewinnt der Gleichbehandlungsgrundsatz im Hinblick auf den Minderheitenschutz **gegenüber Mehrheitsbeschlüssen.**[726] Auch wenn Mehr-

---

[720] *G. Hueck,* Der Grundsatz der gleichmäßigen Behandlung im Privatrecht, 1958, S. 278 ff.; Staudinger/*Habermeier* (2003) Rn. 54.

[721] So neben *G. Hueck,* Der Grundsatz der gleichmäßigen Behandlung im Privatrecht, 1958, S. 278 ff. und Staudinger/*Habermeier* (2003) Rn. 54 auch Soergel/*Hadding/Kießling* Rn. 66; Bamberger/Roth/*Schöne* Rn. 111; Erman/*Westermann* Rn. 39.

[722] Staudinger/*Habermeier* (2003) Rn. 55; Heymann/*Emmerich* HGB § 109 Rn. 13; *G. Hueck,* Der Grundsatz der gleichmäßigen Behandlung im Privatrecht, 1958, S. 40 f.; OLG München NZG 2001, 558 (560).

[723] BGH NJW 1960, 2142 (2143) – Genossenschaft; NJW 1954, 953 Ls. – Verein; WM 1972, 931 – GmbH; OLG Saarbrücken NJW 1985, 811 – GbR; Soergel/*Hadding/Kießling* Rn. 66; Bamberger/Roth/*Schöne* Rn. 111.

[724] BGHZ 16, 59 (70) = NJW 1955, 384.

[725] BGH WM 1977, 1022.

[726] HM, vgl. Erman/*Westermann* Rn. 41; Bamberger/Roth/*Schöne* Rn. 108, 110. An der Effektivität des Gleichbehandlungsgrundsatzes als Mittel des Minderheitenschutzes zweifelnd aber *Wiedemann* GesR I § 8 II 2, S. 427 f., 429 f. und *Roitzsch* Minderheitenschutz im Verbandsrecht, 1981 S. 33 ff.

heitsklauseln im Gesellschaftsvertrag abweichend vom Einstimmigkeitsprinzip grundsätzlich vereinbart werden können und die jeweilige Minderheit damit in Kauf nimmt, Änderungen des Gesellschaftsvertrags hinnehmen zu müssen (→ § 709 Rn. 84 ff.), darf die Beschlussfassung doch jedenfalls nicht zur willkürlichen oder sachlich nicht gerechtfertigten Schlechterstellung der Minderheit führen, soweit die Mehrheitsklausel nicht im Einzelfall mit der erforderlichen Eindeutigkeit eine Abweichung auch vom Gleichbehandlungsgrundsatz deckt.[727] Nach diesen Grundsätzen ist zumal bei mehrheitlichen Vertragsänderungen, die die Rechtsstellung einzelner Gesellschafter unterschiedlich betreffen,[728] Vorsicht geboten. Lässt etwa der Gesellschaftsvertrag in wirksamer Weise (→ § 707 Rn. 8) Kapitalerhöhungen durch Mehrheitsbeschluss zu, so muss – wenn nicht eine allgemeine Beitragserhöhung in Frage steht – grundsätzlich sichergestellt werden, dass jeder Gesellschafter die Möglichkeit erhält, sich in gleichem Verhältnis und unter gleichen Bedingungen an der Kapitalerhöhung zu beteiligen.[729]

3. Rechtsfolgen eines Verstoßes. Soweit die Gefahr eines Verstoßes gegen den Gleichbehandlungsgrundsatz nicht durch Auslegung (→ Rn. 248) beseitigt werden kann, sind Vereinbarungen und Beschlüsse, die zu einer willkürlichen oder sachlich nicht gerechtfertigten Ungleichbehandlung der Gesellschafter führen, ohne Zustimmung der benachteiligten Gesellschafter **unwirksam**.[730] Die Unwirksamkeit kann durch Zustimmung der betroffenen Gesellschafter oder durch Behebung des Verstoßes geheilt werden.[731] Sozialansprüche (Beitragsforderungen), deren Geltendmachung auf einer Ungleichbehandlung beruht, sind nicht durchsetzbar. Hat eine schuldhafte Ungleichbehandlung zu einem Schaden des benachteiligten Gesellschafters geführt, so kann er von der Gesellschaft und den am Verstoß beteiligten Mitgesellschaftern **Schadensersatz** verlangen. Ein Anspruch darauf, einen einzelnen Gesellschaftern gewährten Vorzug auf alle Beteiligten auszudehnen, besteht dagegen grundsätzlich nicht. Es ist Sache der Gesamthand, auf welche Weise sie den Verstoß gegen den Gleichbehandlungsgrundsatz beseitigen will; sie kann stattdessen auch Rückgewähr von den begünstigten Gesellschaftern verlangen.[732] Werden freilich einzelne Gesellschafter von einer allgemein gewährten Vergünstigung willkürlich ausgeschlossen, steht ihnen grundsätzlich ein Erfüllungsanspruch zu.[733] – Zur Möglichkeit, unter Berufung auf den Gleichbehandlungsgrundsatz eine Vertragsänderung zu verlangen, → Rn. 246.

D. Außen- und Innengesellschaft

I. Außengesellschaft

1. Grundlagen. a) Gesetzlicher Normaltypus. Das BGB geht in den §§ 705–740 von der Außengesellschaft als Regeltyp aus.[734] Nach heute ganz hM handelt es sich dabei um eine **rechtsfähige Personenvereinigung (Gesamthand)**, die sich nicht auf interne Beziehungen zwischen den Vertragspartnern betreffend Förderung des gemeinsamen Zwecks, Tätigkeit auf gemeinsame

---

[727] RGZ 151, 321 (327); *G. Hueck*, Der Grundsatz der gleichmäßigen Behandlung im Privatrecht, 1958, S. 41 Fn. 4 (Nachweise), 305 ff., 307; Soergel/*Hadding/Kießling* Rn. 66.
[728] Zur Frage der Aufhebung von Sonderrechten abw. von § 35 durch Mehrheitsbeschluss → § 709 Rn. 99.
[729] BGH WM 1974, 1151 (1153); *Hueck* OHG § 9 III; *G. Hueck*, Der Grundsatz der gleichmäßigen Behandlung im Privatrecht, 1958, S. 345 ff. Vgl. auch § 186 Abs. 1, 3 AktG (Bezugsrecht), dazu statt aller Hüffer/*Koch* AktG § 186 Rn. 4 ff., 25 ff., 39 a ff.; *Lutter* ZGR 1979, 401 ff.; zur Erhöhung von Mitgliedschaftspflichten durch Mehrheitsbeschluss → § 707 Rn. 6.
[730] EinhM, vgl. Soergel/*Hadding/Kießling* Rn. 67; Erman/*Westermann* Rn. 41; Staudinger/*Habermeier* (2003) Rn. 56.
[731] Dazu und zu den Möglichkeiten der Heilung näher *G. Hueck*, Der Grundsatz der gleichmäßigen Behandlung im Privatrecht, 1958, S. 319.
[732] Zutr. *Tries*, Verdeckte Gewinnausschüttungen im GmbH-Recht, 1991, S. 228 f.; aA Bamberger/Roth/*Schöne* Rn. 112.
[733] Ebenso *G. Hueck*, Der Grundsatz der gleichmäßigen Behandlung im Privatrecht, 1958, S. 302 ff.; Soergel/ *Hadding/Kießling* Rn. 67; *M. Winter* ZHR 148 (1984), 579 (600); ähnlich auch BGH WM 1972, 931 (GmbH); OLG Saarbrücken NJW 1985, 811 (GbR).
[734] Zust. Erman/*Westermann* Rn. 64; so im Ergebnis – unter Abstellen auf den typischen Inhalt des Gesellschaftsvertrags – auch Soergel/*Hadding/Kießling* Vor § 705 Rn. 28 ff. Eine gesetzliche Vermutung für das Vorliegen einer Außengesellschaft lässt sich hieraus freilich nicht ableiten; wer sich auf den Außencharakter beruft, ist beweispflichtig, BGHZ 12, 308 (315) = NJW 1954, 1159; BGH NJW 1960, 1851; aber → Rn. 279 zur Auslegungsregel des § 714.

Rechnung und Ergebnisbeteiligung beschränkt,[735] sondern *als solche über organschaftliche Vertreter am Rechtsverkehr teilnimmt* (→ Rn. 254, 279). Hierfür sieht § 709 Abs. 1 die gemeinschaftliche Geschäftsführungsbefugnis aller Gesellschafter vor, und § 714 stellt im Auslegungswege klar, dass die Geschäftsführungsbefugnis der Gesellschafter sich im Zweifel mit einer entsprechenden Vertretungsmacht verbindet. § 718 begründet die gesamthänderische Bindung nicht nur für die Beiträge der Gesellschafter (zur gesamthänderischen Bindung auch der Beitragsforderungen → Rn. 201, 269), sondern auch für diejenigen Gegenstände des Gesellschaftsvermögens, die im Rahmen der Geschäftsführung „für die Gesellschaft", dh also durch Rechtsgeschäft in deren Namen (→ § 718 Rn. 25), erworben werden. § 725 behandelt in Übereinstimmung mit § 736 ZPO das Gesellschaftsvermögen als ein dem unmittelbaren Zugriff von Privatgläubigern einzelner Gesellschafter entzogenes, besonderes Vollstreckungsobjekt. Auch die Regelungen über die Auflösung der Gesellschaft (§§ 730–733) gehen von der Vorstellung aus, dass die Gesellschaft durch Teilnahme am Rechtsverkehr Gesamthandsvermögen gebildet und Gesellschaftsverbindlichkeiten begründet hat. Beim einseitigen Ausscheiden (§ 738 Abs. 1) schließlich ist davon die Rede, dass der Gesellschafter von der Haftung für die „gemeinschaftlichen", dh im Namen der Gesellschaft eingegangenen Schulden zu befreien ist.

254 **b) Charakteristische Merkmale der Außengesellschaft.** Die Außengesellschaft wird im Regelfall durch eine *Reihe typischer Merkmale* gekennzeichnet (zur Abgrenzung gegenüber der Innengesellschaft im Einzelnen → Rn. 279–282). Zu ihnen gehören die über die (Innen-)Gesellschaft iS eines bloßen Schuldverhältnisses hinausgehende, zum Auftreten nach außen erforderliche **Organisation** (→ Rn. 152), darunter namentlich das Vorhandensein von Gesellschaftsorganen (→ Rn. 255 ff.), ferner das Vorhandensein von **Gesamthandsvermögen** sowie schließlich die Begründung von Gesellschaftsverbindlichkeiten als besonderen, von der persönlichen Haftung der Gesellschafter als Gesamtschuldner zu unterscheidenden Verpflichtungen der GbR (→ § 718 Rn. 24 ff.). *Begriffsnotwendig* für die Außengesellschaft ist unter diesen Merkmalen nur das Auftreten nach außen (mit den sich daraus ergebenden Haftungsfolgen) und die hierfür erforderliche Organisation, während die Begründung von Gesamthandsvermögen vertraglich ausgeschlossen werden kann (→ Rn. 266 ff.). Soweit die Gesellschaft sich als solche am Rechtsverkehr beteiligt, insbesondere in ihrem Namen Geschäfte geschlossen werden, kommt ihr Rechtsfähigkeit zu (→ Rn. 303 ff.). Zur Namensfähigkeit der Gesamthand → Rn. 270, zur Haftung für Organverschulden (§ 31) → Rn. 260 ff.

255 **2. Gesellschaftsorgane. a) Wesen und Begriff.** Als von den einzelnen Mitgliedern zu unterscheidende Personenvereinigung ist die als Außengesellschaft strukturierte GbR fähig, am Rechtsverkehr teilzunehmen und im eigenen Namen Rechte und Verbindlichkeiten zu begründen (→ Rn. 303, 310 f.). Da sie ebenso wie juristische Personen oder sonstige rechtsfähige Personenvereinigungen (OHG, KG) nicht selbst handlungsfähig ist, bedarf sie wie diese der Mitwirkung natürlicher Personen als für sie handelnder „Organe". Diese unterscheiden sich, auch wenn sie typischerweise *im Namen der Gesellschaft* am Rechtsverkehr teilnehmen, deutlich von Bevollmächtigten; sie haben eine den **gesetzlichen Vertretern verwandte Stellung** (→ § 164 Rn. 7 ff. *[Schubert]*). Für Personengesellschaften kommen als Organmitglieder nach dem hier geltenden Grundsatz der *Selbstorganschaft* (→ § 709 Rn. 5) nur Gesellschafter in Betracht. Zu den verschiedenen Arten möglicher Organe einer GbR → Rn. 257 ff.

256 Der **Organbegriff** hatte in der gesellschafts- und verbandsrechtlichen Diskussion bis in die jüngste Zeit keine umfassende Klärung erfahren.[736] Teilweise wurde er in Zusammenhang mit der „Organhaftung" des Verbands aus § 31 gebracht und dahin umschrieben, es müsse sich um Personen (-gruppen) handeln, die für den Verband *nach außen wirksam handeln* können (etwa → § 31 Rn. 19 ff., 24). Gegen eine derartige Verengung auf vertretungsbefugte Organe spricht jedoch, dass das Organhandeln auch und sogar in erster Linie der internen Willensbildung und deren Umsetzung innerhalb des Verbands dient und die gesetzliche oder gesellschaftsvertragliche Einsetzung von Organen not-

---

[735] Zur Innengesellschaft → Rn. 275 ff. – Die Berechtigung der allg. üblichen Unterscheidung zwischen Außen- und Innengesellschaft wird grds. bestritten von *Steckhan,* Die Innengesellschaft, 1966, insbes. S. 54 ff., 129 f. Vgl. demgegenüber aber → Rn. 284 f. zu den rechtlichen Besonderheiten von Innengesellschaften.

[736] Vgl. etwa die Definitionen bei *Flume* BGB AT I 1 § 11 I; *Wiedemann* GesR I § 4 II 3a; *K. Schmidt* GesR § 14 II 1; dazu auch *Ulmer,* FS Wiedemann, 2002, S. 1297 (1304 ff.). In BGHZ 16, 17 (25) = NJW 1955, 499 wurde der Abschlussprüfer einer AG im Hinblick auf die ihm gesetzlich übertragenen Aufgaben (übermäßig weit) als „Organ" der AG qualifiziert, dem mit Rücksicht auf seine Treupflicht eine Warnfunktion gegenüber der AG zukomme, wenn er bei der Abschlussprüfung schwerwiegende Bedenken gegen die Geschäftsführung, die Rentabilität oder Liquidität der Gesellschaft bekäme. AA die hM, vgl. statt aller *Schürnbrand,* Organschaft im Recht privater Verbände, Mainzer Habil.-Schrift, 2007, S. 214 ff., 222, der den Abschlussprüfer zutr. als unabhängigen, außerhalb der Organverfassung der Gesellschaft stehenden Sachverständigen mit öffentlicher Funktion qualifiziert.

wendige Folge der fehlenden eigenen Handlungsfähigkeit des Verbands ist (→ Rn. 255). Zu Recht versteht die vorherrschende Ansicht unter Organen nicht nur die der juristischen Personen, sondern auch der rechtsfähigen Personengesellschaften daher – vorbehaltlich der Unterscheidung zwischen Organen und Organwaltern (→ Rn. 256a) – diejenigen verbandsinternen Einrichtungen oder Personen, die auf Grund der Verbandsverfassung befugt sind, den *Willen* einer als (teil-)rechtsfähig anerkannten Einheit oder Gruppe *zu bilden oder in die Tat umzusetzen*.[737] Dementsprechend werden bei der AG als notwendige Organe Vorstand, Aufsichtsrat und Hauptversammlung angesehen;[738] bei der GmbH gilt Entsprechendes für Geschäftsführer und Gesellschafterversammlung.[739]

Durch eine grundlegende **neuere Untersuchung** zum Organbegriff aus der Feder von *Schürn-* **256a** *brand*[740] ist der in → Rn. 256 aufgezeigte Diskussionsstand wesentlich vorangebracht worden. Das gilt namentlich für zwei dieser Untersuchung zu verdankende, eingehend begründete Erkenntnisse. Deren erste betrifft den verbandsrechtlichen **Organbegriff** als solchen, dh die Qualifikation des Organs als *abstrakte Verbandsinstitution* bzw. verbandsinternen „Zuständigkeitskomplex" mit institutionellem und funktionalem Charakter.[741] *Institutionell* sind die Organe danach zwar organisatorisch, nicht aber (im Außenverhältnis) rechtlich verselbständigte Teile der auf Gesetz und Gesellschaftsvertrag beruhenden Verbandsverfassung; ihr Bestand ist unauflöslich mit der Existenz des jeweiligen Rechtsträgers verbunden.[742] Aus *funktionaler* Sicht besteht die Aufgabe der Organe darin, die Willens- und Handlungsfähigkeit des Verbandes herzustellen.[743] Die zweite Erkenntnis bezieht sich auf die zwar nicht neue,[744] im privaten Verbandsrecht bisher aber meist nur eingeschränkt beachtete Unterscheidung zwischen Organ und **Organwalter**.[745] Unter letzteren sind die *natürlichen Personen* zu verstehen, die nach der Verbandsverfassung oder auf Grund von Wahlen zu Mitgliedern des jeweiligen Organs berufen sind und dessen Kompetenzen durch ihr Organhandeln wahrnehmen.[746] Die Unterscheidung macht deutlich, dass das Organ als solches auch bei Wegfall seiner sämtlichen Mitglieder bestehen bleibt und dass bei der Frage nach fehlerhaftem Organhandeln nicht auf das jeweilige Organ als Institution, sondern auf das Handeln seiner Mitglieder(-mehrheit) abzustellen ist.

b) Arten. aa) Geschäftsführer. Geborenes Organ der GbR ist nach gesetzlicher Regel (§ 709) **257** die *Gesamtheit der Gesellschafter* als zur Geschäftsführung berufener Organisationsteil; für juristische Personen oder Personengesellschaften als Gesellschafter treten an deren Stelle die als Geschäftsführer für sie handelnden Mitglieder. Ist nach dem Gesellschaftsvertrag nur ein Teil der Gesellschafter geschäftsführungsbefugt oder sieht der Vertrag Einzelgeschäftsführung vor, so modifiziert sich auch die Organstellung entsprechend; entscheidend ist die gesellschaftsvertragliche Ausgestaltung der Mitspracherechte in der Geschäftsführung (→ § 709 Rn. 13 ff.). Organqualität kommt weiter den gesetzlich (§ 714) oder gesellschaftsvertraglich berufenen **Vertretern** der GbR zu (→ § 714 Rn. 13 ff.). Das gilt auch dann, wenn Geschäftsführungsbefugnis und Vertretungsmacht abweichend von § 714 im Einzelfall auseinanderfallen.

bb) Gesellschafterversammlung. Im Unterschied zu AG und GmbH ist die Gesellschafterver- **258** sammlung in der GbR und in den Personenhandelsgesellschaften *kein geborenes Organ;* ihr sind kraft Gesetzes keine eigenen Kompetenzen zugewiesen (→ § 709 Rn. 71).[747] Zwar können sämtliche Gesellschafter durch einstimmigen Beschluss grundsätzlich jederzeit den Gesellschaftsvertrag ändern (→ Rn. 55 ff.); insoweit handeln sie jedoch nicht als Organ der GbR, sondern gestalten als Partner

---

[737] So tendenziell übereinstimmend Staudinger/*Weick* (2005) Vor § 21 Rn. 50; Soergel/*Hadding* § 26 Rn. 3; *Baltzer*, Der Beschluss als rechtstechnisches Mittel organschaftlicher Funktion im Privatrecht, 1965, S. 29 ff.; *Nitschke*, Die körperschaftlich strukturierte Personengesellschaft, 1970, S. 94; *Lewerenz*, Leistungsklagen gegen Organen und Organmitgliedern der AG, 1977, S. 63 f. Eingehender Überblick über den Diskussionsstand in Rspr. und Schrifttum bei *Schürnbrand*, Organschaft im Recht privater Verbände, Mainzer Habil.-Schrift, 2007, S. 35 ff.
[738] *K. Schmidt* GesR § 26 IV 2; *Raiser/Veil*, Recht der Kapitalgesellschaften, 5. Aufl. 2010, § 13 Rn. 7 ff.
[739] *K. Schmidt* GesR § 36 I 1 und *Raiser/Veil*, Recht der Kapitalgesellschaften, 5. Aufl. 2010, § 31 Rn. 1 f., jeweils auch zum obligatorischen Aufsichtsrat der mitbestimmten GmbH.
[740] *Schürnbrand*, Organschaft im Recht privater Verbände, Mainzer Habil.-Schrift, 2007.
[741] *Schürnbrand*, Organschaft im Recht privater Verbände, Mainzer Habil.-Schrift, 2007, S. 48 ff., 68 ff., 94.
[742] *Schürnbrand*, Organschaft im Recht privater Verbände, Mainzer Habil. Schrift, 2007, S. 49 ff., 435 f.
[743] *Schürnbrand*, Organschaft im Recht privater Verbände, Mainzer Habil.-Schrift, 2007, S. 69 ff., 436.
[744] So erstmals *Hans J. Wolff*, Organschaft und juristische Person, 1929, S. 224 ff.
[745] *Schürnbrand*, Organschaft im Recht privater Verbände, Mainzer Habil.-Schrift, 2007, S. 41 ff. So bisher im Ansatz schon *Beuthien*, FS Zöllner, Bd. I, 1997, S. 87 (97 f.); *Beuthien/Gätsch* ZHR 156 (1992), 459 (468 ff.); *K. Schmidt* GesR § 14 III 1b; *Ulmer*, FS Wiedemann, 2002, S. 1297 (1307); Staub/*Schäfer* HGB § 109 Rn. 43.
[746] *Schürnbrand*, Organschaft im Recht privater Verbände, Mainzer Habil.-Schrift, 2007, S. 42, 46 ff.
[747] HM, vgl. Staudinger/*Habermeier* (2003) § 709 Rn. 11; Bamberger/Roth/*Schöne* Rn. 147.

des Gesellschaftsvertrags und „Herren der Gesellschaft" deren Grundlagen um.[748] Sieht der **Gesellschaftsvertrag** die Einberufung einer Gesellschafterversammlung vor und weist er dieser bestimmte, über Geschäftsführungsfragen hinausgehende Aufgaben in Gesellschaftsangelegenheiten zu (Zustimmung zu [bestimmten] Geschäftsführungsmaßnahmen, Bilanzfeststellung, Gewinnverteilung, Entnahmeregelung, Kontrollaufgaben, Wahlen ua), so begründet er damit zugleich die Organstellung der Gesellschafterversammlung.

259 **cc) Beirat.** Weiteres mögliches Gesellschaftsorgan ist je nach gesellschaftsvertraglicher Regelung ein Beirat (Verwaltungsrat, Gesellschafterausschuss ua). Er findet sich nicht selten bei Personenhandelsgesellschaften[749] und solchen Gesellschaften mbH, die nicht kraft Gesetzes einen Aufsichtsrat bilden müssen.[750] Demgegenüber besteht bei BGB-Gesellschaften wegen ihrer insgesamt meist weniger verfestigten Struktur seltener ein Bedürfnis zur Einsetzung eines Beirats. Organqualität kommt dem Beirat nur zu, wenn er im Gesellschaftsvertrag oder durch einen mit vertragsändernder Mehrheit gefassten Beschluss eingesetzt ist und **eigenständige,** nicht von der Gesellschafterversammlung abgeleitete oder auf Beratung und Kontrolle der Geschäftsführung beschränkte **Mitspracherechte** besitzt.[751] In diesem Fall sind für seine Zusammensetzung die Grundsätze der Selbstorganschaft und der Verbandssouveränität zu beachten. Die Mitgliedschaft gesellschaftsfremder Personen in Beiräten ist grundsätzlich ausgeschlossen, soweit dem Beirat eigene Entscheidungsbefugnisse hinsichtlich der Geschäftsführung oder etwaiger Änderungen des Gesellschaftsvertrags zustehen sollen.[752]

260 **c) Haftung für Organverschulden. aa) Überblick.** Soweit die Schadensersatzhaftung gegenüber Dritten für **Erfüllungsmängel** bei Schuldverhältnissen in Frage steht, greift auch gegenüber der GbR als Schuldnerin die Zurechnungsvorschrift des § 278 über das Einstehen für das Verschulden gesetzlicher Vertreter und Erfüllungsgehilfen ein (→ § 718 Rn. 30); es bewendet bei den allgemeinen Grundsätzen. Anderes gilt in Bezug auf die Begründung einer Haftung der Gesellschaft für solches Handeln ihrer Organwalter und Verrichtungsgehilfen, das zu einer **deliktischen Schädigung** von Vertragspartnern oder Dritten führt. Ein Bedürfnis hierfür besteht trotz der typischerweise konkurrierenden Eigenhaftung des Schädigers auf Grund eines der Haftungstatbestände der §§ 823 ff. jedenfalls dann, wenn der Schädiger im Interesse der GbR bzw. in Ausführung der ihm in der Gesellschaft übertragenen Aufgaben tätig wurde und sein Handeln daher der Gesellschaftssphäre zuzurechnen ist. Als Haftungsgrundlage kommt insoweit zwar nicht § 831, wohl aber § 31 analog in Betracht (→ Rn. 261 ff.).

261 **bb) § 831?** Die in § 831 geregelte Haftung des Geschäftsherrn für widerrechtliche, in Ausführung der Verrichtung begangene Schädigungen Dritter durch einen Verrichtungsgehilfen lässt sich bei deliktischem Handeln von Geschäftsführern der GbR nach verbreiteter Ansicht deshalb nicht auf die GbR übertragen, weil die Geschäftsführer als Organwalter im Regelfall nicht weisungsgebunden sind und daher die an einen Verrichtungsgehilfen zu stellenden Anforderungen (→ § 831 Rn. 14 [*Wagner*]) nicht erfüllen.[753] Das ist im Ansatz zwar zutreffend; es lässt aber außer Betracht, dass § 831 keine (reine) Zurechnungsnorm enthält, sondern eine *Haftung für vermutetes eigenes Verschulden* des Geschäftsherrn aus Auswahl oder Überwachung des Verrichtungsgehilfen begründet (→ § 831 Rn. 11, 32). Da die GbR als nicht selbst handlungsfähiger Personenverband nicht schuldfähig ist, scheidet ihre Haftung nach § 831 schlechthin aus, und dies selbst dann, wenn entweder die handelnden Geschäftsführer ausnahmsweise weisungsabhängig sind, oder wenn die widerrechtliche Schädi-

---

[748] AA *Kießling* WM 1999, 2391 (2400) unter – sachlich nicht weiterführendem – Hinweis auf die Notwendigkeit von Gesellschafterbeschlüssen. Zu Recht offener *Wiedemann* ZGR 1996, 286 (292), der von der „Gesellschaftergesamtheit" als oberstem Organ bei fehlender Regelung im Gesellschaftsvertrag spricht. Nicht eindeutig *K. Schmidt* GesR § 14 III 1a.
[749] Vgl. dazu näher Staub/*Schäfer* HGB § 109 Rn. 48 ff.; *Voormann*, Der Beirat im Gesellschaftsrecht, 2. Aufl. 1990, S. 12 ff.; *Wiedemann*, FS Schilling, 1973, S. 105 ff.; zu Haftungsfragen vgl. auch *Hüffer* ZGR 1981, 348 ff.
[750] Vgl. *Scholz*/*U. H. Schneider* GmbHG § 52 Rn. 2 ff.; *Voormann*, Der Beirat im Gesellschaftsrecht, 2. Aufl. 1990, S. 20 ff.; *Hölters*, Der Beirat der GmbH und GmbH & Co. KG, 1979; ders. BB 1977, 105 ff.; *Reuter*, FS 100 Jahre GmbH, 1992, S. 631 ff.
[751] Näher dazu Staub/*Schäfer* HGB § 109 Rn. 50. – Einen Fall abgeleiteter, unter dem Vorbehalt der Rücknahme durch die Gesellschafterversammlung stehender Befugnisse des Beirats einer Publikums-KG behandelt etwa BGH NJW 1985, 972 f.
[752] Vgl. näher Staub/*Schäfer* HGB § 109 Rn. 51 ff.; ferner mit zT unterschiedlicher Akzentsetzung *Nitschke*, Die körperschaftlich strukturierte Personengesellschaft, 1970, S. 289 ff.; *Voormann*, Der Beirat im Gesellschaftsrecht, 2. Aufl. 1990, S. 110 ff.; *Wiedemann*, FS Schilling, 1973, S. 105 (109 ff.) mwN.
[753] BGHZ 45, 311 (313) = NJW 1966, 1807; → § 31 Rn. 14 (*Arnold*); Soergel/*Hadding/Kießling* 714 Rn. 40; zweifelnd Jauernig/*Stürner*, §§ 714, 715 Rn. 8; vorbehaltlich der unten (→ § 709 Rn. 6) genannten Einschränkungen des Grundsatzes der Selbstorganschaft auch Erman/*Westermann* Rn. 66; einschr. auch *Martinek*, Repräsentantenhaftung, 1979, S. 66. – Zur Frage der Weisungsbindung von Geschäftsführern → § 713 Rn. 7.

gung von einem Angestellten der GbR begangen wurde. Ob insoweit die *Außen*haftung des nach *interner* Kompetenzverteilung für die Verrichtung verantwortlichen Geschäftsführers nach § 831 in Betracht kommt, wenn er den Nachweis sorgfältiger Auswahl und Überwachung des Verrichtungsgehilfen nicht führen kann, ist angesichts seiner fehlenden Qualifikation als eigenverantwortlicher Geschäftsherr zweifelhaft.[754] Die GbR haftet ggf. nach § 31 iVm § 831 (→ § 718 Rn. 31).

cc) Analogie zu § 31. Der *Normzweck* der in § 31 geregelten „Organhaftung" des **Vereins** 262 für schädigende Handlungen seines Vorstands oder anderer verfassungsmäßig berufener Vertreter gegenüber Dritten geht dahin, den Verein für schädigendes Außenhandeln seiner Organe ebenso einstehen zu lassen wie eine natürliche Person für ihr eigenes Handeln (→ § 31 Rn. 2 *[Arnold]*). Über die Verallgemeinerungsfähigkeit dieses Rechtssatzes und über die Notwendigkeit seiner analogen Anwendung auf **andere Verbände** besteht heute im Wesentlichen Einigkeit. Nach ganz hM greift die Vorschrift über das Vereinsrecht hinaus nicht nur bei juristischen Personen des privaten und öffentlichen Rechts[755] ein, sondern auch bei Personenhandelsgesellschaften[756] und nichtrechtsfähigen Vereinen.[757] Denn auch diese Vereinigungen verfügen über handlungsfähige Organe, durch die sie ihren Willen bilden und umsetzen; sie haben daher entsprechend § 31 für deren deliktisches Verhalten im Rahmen der Organtätigkeit einzustehen.

Im Unterschied zu den in → Rn. 262 erwähnten Verbänden verneinte die früher hM für die 263 **Gesellschaft bürgerlichen Rechts** eine Analogie zu § 31.[758] Das beruhte auf der Annahme, diese Gesellschaftsform lasse sich in ihrem Außenhandeln nicht hinreichend deutlich von demjenigen ihrer Mitglieder unterscheiden. Sie sei, wie der BGH noch in einer Grundsatzentscheidung aus dem Jahr 1966 formulierte, „zu wenig körperschaftlich organisiert, als dass man die für sie handelnden Gesellschafter als „Organe" bezeichnen könnte".[759] Demgegenüber ist nach zutreffender, inzwischen ganz hM die analoge Anwendung des § 31 grundsätzlich auch gegenüber der GbR geboten.[760] Soweit sie als Außengesellschaft über ein verselbständigtes Sondervermögen und eine den Personenhandelsgesellschaften vergleichbare, der Teilnahme am Rechtsverkehr dienende Organstruktur verfügt (→ Rn. 264), liegt auch bei ihr eine die Analogie zu § 31 rechtfertigende Regelungslücke vor. Nachdem der BGH inzwischen die Rechtsfähigkeit der Außen-GbR anerkannt hatte (→ Rn. 300 f.), war es nur folgerichtig, dass er auch die Haftung analog § 31 unter Aufgabe von BGHZ 45, 311 in einer Reihe von Grundsatzurteilen bejahte.[761]

Nach den in → Rn. 263 aufgestellten Grundsätzen bedarf es zur analogen Anwendung des § 31 264 somit einer den Personenhandelsgesellschaften vergleichbaren Struktur der Außen-GbR, dh einer gewissen **Verselbständigung des Gesellschaftsvermögens** und der zum Handeln für die Gesellschaft berufenen **Organe** gegenüber den Verbandsmitgliedern. Diese Voraussetzung ist jedenfalls dann gegeben, wenn die GbR über eine bloße Gelegenheitsgesellschaft hinaus auf gewisse Dauer

---

[754] Dafür BGH NJW 1975, 533 (534 f.); Soergel/*Hadding/Kießling* § 714 Rn. 40; Erman/*Westermann* Rn. 66; grdl. aA *Kleindiek*, Deliktshaftung und juristische Person, 1997, S. 238 ff., der § 31 in derartigen Fällen auch ohne deliktisches, die Eigenhaftung gegenüber dem geschädigten Dritten begründendes Organhandeln eingreifen lässt.
[755] Zur Anwendung auf diese Organisationen vgl. § 89 Abs. 1 (→ § 89 Rn. 6 ff. *[Arnold]*); Soergel/*Hadding* § 89 Rn. 3 ff., 34 ff.
[756] BGH NJW 1952, 537 (538); MüKoHGB/*K. Schmidt* HGB § 124 Rn. 17; Staub/*Habersack* § 124 Rn. 16; Baumbach/Hopt/*Roth* HGB § 124 Rn. 25; *Hueck* OHG § 19 III, jeweils mwN.
[757] BGHZ 50, 325 (329) = NJW 1968, 1830; Soergel/*Hadding* § 54 Rn. 22; Erman/*Westermann* § 54 Rn. 12.
[758] BGHZ 45, 311 (312) = NJW 1966, 1807; so auch noch Staudinger/*Keßler*, 12. Aufl. 1979, § 713 Rn. 17; RGRK/*v. Gamm* Rn. 9; Palandt/*Thomas*, 56. Aufl. 1997, § 714 Rn. 5; *John*, Die organisierte Rechtsperson, 1977, S. 154. AA *Fabricius*, GS Rudolf Schmidt, 1966, S. 171 (194); heute ganz hM, vgl. *Beuthien* DB 1975, 773 (775); *Flume* BGB AT I 1 § 16 IV 2, S. 322 f.; *Grunewald* GesR Rn. 1 A 110; *Habersack* JuS 1993, 1 (3); *Hadding*, FS Rittner, 1991, S. 133 (143); *Windbichler* GesR § 8 Rn. 11; *Martinek*, Repräsentantenhaftung, 1979, S. 113 ff.; *Nicknig*, Die Haftung der Mitglieder einer BGB-Gesellschaft für Gesellschaftsschulden, 1972, S. 34 ff., 43 f.; Palandt/*Sprau* § 714 Rn. 6; *K. Schmidt* GesR § 60 II 4; *Sellert* AcP 175 (1975), 77 (98 ff., 106 f.); Staudinger/*Weick* (2005) § 31 Rn. 45; Erman/*Westermann* Rn. 66; *Wiedemann* GesR I § 5 II 3a; *ders.*, FS Kellermann, 1991, S. 529 (543); *Zöllner*, FS Gernhuber, 1993, S. 563 (575); *Larenz* SchuldR BT II § 60 IV; so → § 31 Rn. 16 *(Arnold)*.
[759] BGHZ 45, 311 (312) = NJW 1966, 1807.
[760] So erstmals wohl *Fabricius*, GS Rudolf Schmidt, 1966, S. 171 (194); heute ganz hM, vgl. *Beuthien* DB 1975, 773 (775); *Flume* BGB AT I 1 § 16 IV 2, S. 322 f.; *Grunewald* GesR Rn. 1 A 110; *Habersack* JuS 1993, 1 (3); *Hadding*, FS Rittner, 1991, S. 133 (143); *Windbichler* GesR § 8 Rn. 11, entsprechend"; *Martinek*, Repräsentantenhaftung, 1979, S. 113 ff.; *Nicknig*, Die Haftung der Mitglieder einer BGB-Gesellschaft für Gesellschaftsschulden, 1972, S. 34 ff., 43 f.; Palandt/*Sprau* § 714 Rn. 6; *K. Schmidt* GesR § 60 II 4; *Sellert* AcP 175 (1975), 77 (98 ff., 106 f.); Staudinger/*Weick* (2005) § 31 Rn. 45; Erman/*Westermann* Rn. 66; *Wiedemann* GesR I § 5 II 3a; *ders.*, FS Kellermann, 1991, S. 529 (543); *Zöllner*, FS Gernhuber, 1993, S. 563 (575); *Larenz* SchuldR BT II § 60 IV; so → § 31 Rn. 16 *(Arnold)*.
[761] BGHZ 154, 88 (93 f.) = NJW 2003, 1445; BGHZ 155, 205 (210) = NJW 2003, 2984; BGH NJW 2007, 2490 (2491) – Scheinsozius; so auch schon Erman/*Westermann* Rn. 66, Palandt/*Sprau* § 714 Rn. 6.

angelegt ist. Offen ist, ob für die analoge Anwendung zusätzlich eine von § 709 abweichende Einzelbefugnis vereinbart oder die Geschäftsführung zumindest einem Teil der Gesellschafter anvertraut werden muss.[762] Bedenkt man, dass selbst bei der AG das Gesetz von der Gesamtbefugnis als Regelfall ausgeht (§§ 77 Abs. 1, 78 Abs. 2 AktG), sollte es auf eine hiervon abweichende vertragliche Regelung nicht entscheidend ankommen, damit die Stellung der Geschäftsführer derjenigen der in § 31 genannten Organwalter im Hinblick auf den Regelungszweck dieser Vorschrift voll vergleichbar ist. Ist § 31 (analog) anwendbar, so folgt daraus die deliktische Haftung jedenfalls der GbR, nach hM aber auch der Mitgesellschafter persönlich als Folge ihrer akzessorischen Haftung für Gesellschaftsschulden (→ § 714 Rn. 38). – Wegen der Einzelheiten der Organhaftung[763] → § 31 Rn. 1 ff. *(Arnold)*

265 **3. Gesellschaftsvermögen. a) Gesamthänderische Bindung.** Entsprechend seiner Bestimmung, der Verfolgung des gemeinsamen Zwecks zu dienen, unterliegt das Gesellschaftsvermögen als Sondervermögen gesamthänderischer Bindung („Gesamthandsvermögen"). Das gilt sowohl für die geleisteten *Beiträge* einschließlich der ihnen zu Grunde liegenden, im Gesellschaftsvertrag begründeten Sozialansprüche (→ § 718 Rn. 16 f.), als auch für *rechtsgeschäftlich namens der Gesellschaft begründete Forderungen* und die hierauf bewirkten Leistungen. Die gesamthänderische Zuordnung wird bei neuen Forderungen und sonstigen Rechten dadurch bewirkt, dass sie im Namen der Gesellschaft bzw. für diese begründet werden,[764] im Übrigen durch *Verfügung an die Gesamthand*. Einer besonderen, zur Forderungsbegründung oder Leistungsbewirkung hinzutretenden Vereinbarung der Gesellschafter bedarf es nicht, um diese Gegenstände dem Gesamthandsvermögen zuzuweisen. Vielmehr muss umgekehrt die Regelung des § 718 Abs. 1 abbedungen werden, wenn die Gesellschafter die Begründung von Gesamthandsvermögen verhindern wollen (→ Rn. 267 ff.).

266 **b) Sondergestaltungen.** Nach **ganz hM** bildet das Gesamthandsvermögen kein notwendiges Merkmal der Außengesellschaft.[765] Es soll vielmehr auch möglich sein, das Gesellschaftsvermögen seitens der Gesellschafter als Bruchteilseigentum zu halten, es einem der Gesellschafter als – ggf. treuhänderisch gebundenes – Alleineigentum zuzuweisen oder schließlich auf die Bildung von Gesellschaftsvermögen ganz zu verzichten.[766]

267 **Stellungnahme.** An dieser Ansicht ist richtig, dass **§ 718 nachgiebiges Recht** enthält; hiervon abweichende Regelungen können auch für die Außengesellschaft wirksam getroffen werden (→ § 741 Rn. 4 *[K. Schmidt]*). Vom Sonderfall der Beitragsansprüche abgesehen (→ Rn. 269) reicht freilich eine entsprechende Vereinbarung im Gesellschaftsvertrag hierzu nicht aus. Vielmehr muss eine von § 718 Abs. 1 abweichende Zuordnung des aus **Rechtsgeschäften für die Gesellschaft resultierenden Vermögens** auch in den jeweiligen, namens der (Außen-)Gesellschaft mit Dritten geschlossenen Verträgen zum Ausdruck kommen, wenn sie dingliche Wirkung haben soll.[767] So muss die Übereignung einer der Gesellschaft geschuldeten Sache im Falle einer abweichend von § 718 Abs. 1 gewollten Zuordnung eindeutig an die einzelnen Gesellschafter *als Bruchteilseigentümer* erfolgen; es bedarf so vieler Verfügungen über die Sache, wie auf der Erwerberseite Gesellschafter beteiligt sind. Entsprechendes gilt bei Übereignung zu Alleineigentum eines Gesellschafters (→ § 718 Rn. 18).[768] Aber auch der Erfüllungsanspruch aus einem namens der Gesellschaft geschlossenen Vertrag steht den Gesellschaftern nur dann nicht als Gesamthandsforderung, sondern nach Bruchteilen zu, wenn eine dahin gehende Vereinbarung im Kausalgeschäft getroffen ist; der Sache nach handelt es sich dabei um eine Art Abrede zu Gunsten Dritter (der Gesellschafter persönlich). Diese Voraussetzungen lassen bereits erkennen, dass es sich bei der vermögenslosen Außengesellschaft eher um einen theoretisch interessanten Ausnahmefall handelt.

268 Zweifelhaft ist die Rechtslage demgegenüber im Falle der **Beiträge**. Insoweit steht zwar außer Streit, dass die Gesellschafter Vereinbarungen über die *Art der Beitragsleistung* treffen können; die Begründung von Gesamthandseigentum an den Einlagen ist keine notwendige Voraussetzung für

---

[762] 6. Aufl. Rn. 265; ähnlich diff. *Wiedemann,* FS Kellermann, 1991, S. 529 und *Zöllner,* FS Gernhuber, 1993, S. 563 (575); weitergehend *Fabricius,* GS Rudolf Schmidt, 1966, S. 187 f.

[763] Dazu vgl. namentlich auch die Überlegungen zum OHG-Recht (Art der Organtätigkeit; Kreis der Personen, für die die Haftung nach § 31 eingreift) bei Staub/*Habersack* HGB § 124 Rn. 14; *Hueck* OHG § 19 III.

[764] Zur Rechtsfähigkeit der GbR als Teilnehmerin am Rechtsverkehr → Rn. 303 ff.

[765] RGZ 80, 268 (271); 92, 341 (342); 142, 13 (20 f.); stRspr; so auch OLG München NJW 1968, 1384 (1385); Düringer/Hachenburg/*Geiler,* Bd. II 1 1932, HGB Anm. 53, 307; Soergel/*Hadding/Kießling* Vor § 705 Rn. 28, § 718 Rn. 9; Erman/*Westermann* Vor § 705 Rn. 28; aA aber *K. Schmidt* JuS 1988, 444; *ders.* GesR § 58 II 2; Bamberger/Roth/*Schöne* Rn. 136 f.; wohl auch Staudinger/*Habermeier* (2003) Rn. 59, 61.

[766] Vgl. dazu iE Düringer/Hachenburg/*Geiler,* Bd. II 1 1932, HGB Anm. 53, 307; Soergel/*Hadding/Kießling* Vor § 705 Rn. 28, § 718 Rn. 9; Erman/*Westermann* Vor § 705 Rn. 28.

[767] So zutr. *Flume* ZHR 136 (1972), 177 (184); *Flume* BGB AT I § 1 IV; aA etwa *Larenz* SchuldR BT II § 60 V a.

[768] Dazu Staudinger/*Habermeier* (2003) § 718 Rn. 6.

eine Gesellschaft iSv § 705. Insbesondere gibt es auch die Möglichkeit, die geschuldeten Gegenstände nur zum Gebrauch oder dem Werte nach in die Gesellschaft einzubringen, während das Eigentum entweder beim Gesellschafter verbleibt (→ § 706 Rn. 12 f.) oder aber auf einen Mitgesellschafter übertragen wird. Ebenso ist denkbar, einen für die Verfolgung des gemeinsamen Zwecks bestimmten Vermögensgegenstand entweder im – bisher schon bestehenden – Bruchteilseigentum der Gesellschafter zu belassen oder auf diese nach Bruchteilen zu übertragen;[769] zu denken ist namentlich an die Behandlung von Grundstücken (zur Abgrenzung derartiger Fälle gegenüber der reinen Bruchteilsgemeinschaft → Vor § 705 Rn. 124 ff.; → § 741 Rn. 4 ff. *[K. Schmidt]*).

Von der Art der Beitragsleistung zu unterscheiden ist die **Begründung der Sozialansprüche** 269 im Gesellschaftsvertrag, darunter namentlich derjenigen auf Beitragsleistung (→ Rn. 201). Sie stehen in aller Regel der (Außen-)Gesellschaft als solcher zu und bilden damit notwendig auch Gesamthandsvermögen. Allerdings können sie ausnahmsweise entsprechend § 328 auch für einen oder bestimmte Gesellschafter persönlich begründet werden (entsprechend der Rechtslage bei der Innengesellschaft → Rn. 275 ff., 282). In einem solchen Fall gehört schon der Sozialanspruch als solcher nicht zum Gesellschaftsvermögen. Deshalb mag man zwar behaupten, dass ein Gesamthandsvermögen für die Außengesellschaft nicht begriffsnotwendig sei;[770] wegen der äußerst diffizilen Anforderungen an die Vertragsgestaltung zur Vermeidung eines Gesellschaftsvermögen bei der Außengesellschaft handelt es sich hierbei aber um eine praktisch irrelevante Erkenntnis. Soll nach dem Parteiwillen ein gemeinsames Vermögen ausgeschlossen sein, liegt in aller Regel keine Außen-, sondern eine Innengesellschaft vor (→ Rn. 285).

4. Gesellschaftsname. a) Grundlagen. Die Gesamthand als rechtsfähige Personengesellschaft 270 (→ Rn. 303) kann sich als solche am Rechtsverkehr beteiligen. Dazu bedarf sie einer unterscheidungskräftigen Bezeichnung. Der Gebrauch einer Firma kommt nicht in Betracht, da das Recht zur Firmenführung ausschließlich Kaufleuten zusteht (§§ 1, 17 ff. HGB) und der Betrieb eines Handelsgewerbes als Zweck der GbR kraft Rechtsformzwang (→ Rn. 3) ausgeschlossen ist. Auch eine entsprechende Heranziehung des Firmenrechts scheidet bei der GbR im Unterschied zur Partnerschaftsgesellschaft (vgl. § 2 Abs. 2 PartGG) aus. Da der Gesetzgeber bewusst davon abgesehen hat, für das Auftreten der GbR im Rechtsverkehr Regelungen zu treffen, ging er ersichtlich davon aus, dass die Gesellschaft bei Bedarf durch die Namen sämtlicher Gesellschafter identifiziert werden sollte – eine Lösung, die insbesondere im Grundbuchrecht und im Prozessrecht lange Zeit dominierte. Für das Grundbuchrecht hat sich aufgrund von § 47 GBO und durch die Grundsatzentscheidung BGHZ 189, 274 (= NJW 2011, 1958) aus pragmatischen Gründen inzwischen wieder eine Mediatisierung der GbR durch ihre – als fiktive Eigentümer ins Grundbuch eingetragenen – Gesellschafter durchgesetzt (→ Rn. 312 ff., 318 ff.). Außerhalb derartiger Sondergebiete, in denen die formellen Anforderungen an Klarheit und Eindeutigkeit der Personenbezeichnung besonders hoch sind, war es den Gesellschaftern jedoch schon bisher unbenommen, sich unter einem unterscheidungskräftigen, schlagwortartigen **Gesamtnamen** am Rechtsverkehr zu beteiligen, solange dadurch weder Rechte Dritter verletzt wurden noch Verkehrsverwirrung zu befürchten war. Die ursprünglich gegen die Zulässigkeit eines besonderen Gesellschaftsnamens erhobenen Bedenken[771] waren schon lange vor Anerkennung der Rechtsfähigkeit der Außen-GbR überholt.[772]

Die **Auswahl** des Gesamtnamens kann entweder im Gesellschaftsvertrag selbst oder durch späteren 271 Gesellschafterbeschluss getroffen werden. Sie unterliegt als solche keinen gesetzlichen Vorschriften oder Mindestvoraussetzungen.[773] Im Interesse der Namensfunktion und der Schutzfähigkeit des

---

[769] Erman/*Westermann* § 718 Rn. 2; iE auch Staudinger/*Habermeier* (2003) § 718 Rn. 4.
[770] So früher Düringer/Hachenburg/*Geiler*, Bd. II 1 1932, HGB Anm. 307; RGZ 80, 268 (271); 92, 341 (342); 142, 13 (20 f.); stRspr; auch noch OLG München NJW 1968, 1384 (1385). Zweifelnd wegen der gesamthänderisch gebundenen Sozialansprüche aber *Flume* ZHR 136 (1972), 177 (181); Soergel/*Hadding/Kießling* Vor § 705 Rn. 28.
[771] So noch *Lehmann/Dietz* GesR, 3. Aufl. 1970, S. 109 und *Wessel* BB 1978, 1084; wN zum älteren Schrifttum, in dem diese Ansicht freilich meist ohne Begr. referiert wurde, bei *Holstein,* Der Name der BGB-Gesellschaft, 1968, S. 2.
[772] So schon RG JW 1906, 452 (453) und die heute ganz hM, vgl. OLG Karlsruhe BB 1978, 519 (520); OLG München NJW-RR 1993, 621; Soergel/*Heinrich* § 12 Rn. 31, 137; Soergel/*Hadding/Kießling* Rn. 68; Erman/*Westermann* Rn. 69; Staudinger/*Habermeier* (2013) § 12 Rn. 77; Staub/*Hüffer* HGB § 17 Rn. 13; *K. Schmidt* DB 1987, 1181 ff.; *Wertenbruch* in Westermann/Wertenbruch PersGesR-HdB I. Teil § 7 Rn. 182 f.; *Holstein,* Der Name der BGB-Gesellschaft, 1968, und die dort auf S. 3 angeführten Stimmen. Zur entspr. Beurteilung beim Namen nichtrechtsfähiger Vereine vgl. Soergel/*Heinrich* § 12 Rn. 31 und (vor Aufhebung des § 16 UWG im Zuge der Markenrechtsreform) *Baumbach/Hefermehl* Wettbewerbsrecht, 18. Aufl. 1995, UWG § 16 Rn. 21, jeweils mwN.
[773] So auch Soergel/*Heinrich* § 12 Rn. 138; *Wertenbruch* in Westermann/Wertenbruch PersGesR-HdB I. Teil § 7 Rn. 183; zur Bildung des Namens einer RA-Sozietät *Wellkamp* NJW 1993, 2715 ff. AA *Wessel* BB 1978,

Namens (→ Rn. 272 f.) sollten sich die Gesellschafter freilich um die Wahl einer unterscheidungskräftigen Bezeichnung bemühen. In negativer Hinsicht wird die Wahlfreiheit in erster Linie durch das handelsrechtliche Firmenrecht und die dem Registergericht zustehenden Befugnisse gegen einen unzulässigen Firmengebrauch (§ 37 Abs. 1 HGB) eingeschränkt; sie richten sich auch dagegen, andere Bezeichnungen nach Art einer Firma zu gebrauchen.[774] Weiter sind auch Rechte Dritter nach Maßgabe der § 12 BGB, §§ 5, 15 MarkenG zu beachten. *Unbedenklich* dürften danach regelmäßig solche Bezeichnungen sein, die sich aus dem Namen eines oder mehrerer Gesellschafter zusammensetzen und einen deutlichen, auf die Rechtsform als GbR hinweisenden Zusatz enthalten (→ Rn. 274). Aber auch die Aufnahme eines Sachbestandteils in den Gesellschaftsnamen[775] erscheint jedenfalls dann zulässig, wenn durch entsprechende Zusätze („Arbeitsgemeinschaft", „Konsortium" oder Ähnliches) der Gefahr der Verkehrsverwirrung vorgebeugt wird.

272 **b) Namensschutz.** Als Grundlage eines Schutzes des Gesellschaftsnamens bietet sich in erster Linie die **Vorschrift des § 12** an. Über Wortlaut und systematische Stellung hinaus erstreckt sie sich nach heute hM auch auf die Namen von Personengesellschaften (→ § 12 Rn. 20 *[Säcker]*).[776] Auf die Verkehrsgeltung des Gesellschaftsnamens kommt es für den Schutz gegen Eingriffe Dritter nicht an;[777] für eine derartige Verschärfung der Schutzvoraussetzungen gegenüber dem gesetzlichen Anwendungsbereich des § 12 besteht kein Anlass, sofern nur die Bezeichnung Namensfunktion entfaltet.[778] Wohl aber setzt die Berufung auf § 12 die individuelle Unterscheidungskraft der fraglichen Bezeichnung voraus sowie ihre Verwendung zur *Identifizierung der Gesellschaft als Namensträger* in deren durch den gemeinsamen Zweck geprägtem Wirkungskreis.[779] Auch räumlich wird der Namensschutz durch den Wirkungsbereich der Gesellschaft begrenzt; ein grundsätzlich unbeschränkter Schutz ist anders als bei natürlichen Personen nicht veranlasst.[780]

273 Wird der Name der GbR **im geschäftlichen Verkehr** benutzt, so genießt er als Unternehmenskennzeichen iSd § 5 Abs. 2 MarkenG Schutz gemäß **§ 15 MarkenG**.[781] Nach § 15 Abs. 4 und 5 MarkenG können Dritte insbesondere bei Verwendung einer verwechslungsfähigen, prioritätsjüngeren Bezeichnung auf Unterlassung (§ 15 Abs. 4 MarkenG) und Schadensersatz (§ 15 Abs. 5 MarkenG) in Anspruch genommen werden. Die Ansprüche aus § 15 MarkenG stehen der GbR gemäß § 5 Abs. 2 MarkenG nicht nur bezüglich ihres etwaigen Gesamtnamens, sondern auch dann zu, wenn sie zur Unterscheidung ihres Geschäfts von anderen Unternehmen im geschäftlichen Verkehr ein Unternehmenskennzeichen verwendet.

274 **c) Rechtsformhinweis.** Im Unterschied zu den Personenhandels- und Kapitalgesellschaften kennt das Recht der GbR keinen „amtlichen" oder allgemein im Verkehr durchgesetzten Rechtsformzusatz. Hierfür bestand bisher auch kein Bedürfnis, weil es keine gesetzliche Pflicht zur Aufnahme eines solchen Zusatzes in den Namen der GbR gab; auch lässt sich ein Ausschluss oder die Beschränkung der persönlichen Haftung der Gesellschafter hierauf nicht stützen.[782] Inzwischen ist allerdings durch **§ 11 Abs. 1 S. 3 PartGG** eine partielle Änderung eingetreten. Denn nach dieser Vorschrift darf der Zusatz „Partnerschaft" oder „und Partner", wenn er schon vor dem 1.7.1995 im Namen einer GbR verwendet wurde, über den 30.6.1997 hinaus dann weitergeführt werden, wenn dem Namen ein Hinweis auf die von der Partnerschaftsgesellschaft abweichende, andere Rechtsform des Namensträgers beigefügt wird. Angesichts der Verbreitung des Partner-

---

1084, der unter Berufung auf § 15b GewO stets die Angabe der Namen sämtlicher Gesellschafter im Geschäftsverkehr fordert; einschr. auch *Zwernemann* BB 1987, 774 (778).
[774] BayObLG BB 1960, 996; OLG Frankfurt BB 1975, 247 (248); OLG Karlsruhe BB 1978, 519; Staub/*Burgard* HGB § 37 Rn. 9 ff., 14; Baumbach/*Hopt* HGB § 37 Rn. 2.
[775] Rechenzentrum, vgl. OLG Karlsruhe BB 1978, 519.
[776] Vgl. Soergel/*Heinrich* § 12 Rn. 31; Soergel/*Hadding/Kießling* Rn. 69; Erman/*Westermann* Rn. 70; *Fezer* Markenrecht, 4. Aufl. 2009, MarkenG § 15 Rn. 66, 94 ff.
[777] So aber noch Soergel/*Schultze-v. Lasaulx*, 10. Aufl. 1969, Rn. 79; tendenziell auch *Holstein*, Der Name der BGB-Gesellschaft, 1968, S. 113 f., 133, offenbar in der – rechtstatsächlich nicht belegten – Annahme, nur bei Verkehrsgeltung könne der Gesamtname Namensfunktion für die GbR entfalten.
[778] So auch Soergel/*Hadding/Kießling* Rn. 69; Erman/*Westermann* Rn. 70; für ein Vereinsemblem auch BGH GRUR 1976, 644 (646) – Kyffhäuser.
[779] Zu Unterscheidungskraft und Namensfunktion der Bezeichnung als Voraussetzung für das Eingreifen des § 12 vgl. statt aller Soergel/*Heinrich* § 12 Rn. 115 ff. (118, 137, 145 f.); *Fezer* Markenrecht, 4. Aufl. 2009, MarkenG § 15 Rn. 78 ff.
[780] *Fezer* Markenrecht, 4. Aufl. 2009, MarkenG § 15 Rn. 86 f.
[781] Näher hierzu *Ingerl/Rohnke* NJW 1994, 1247 (1255); *Starck* WRP 1994, 698 (700 f.). Vgl. auch *Fezer* Markenrecht, 4. Aufl. 2009, MarkenG § 15 Rn. 185, 222.
[782] Ebenso Soergel/*Hadding/Kießling* Rn. 68; *Wertenbruch* in Westermann/Wertenbruch PersGesR-HdB I. Teil § 7 Rn. 185; tendenziell auch LG Berlin BB 1985, 1691.

Zusatzes speziell bei Freiberufler-Sozietäten in der Rechtsform der GbR kommt dieser Vorschrift besonders für freiberuflich tätige Gesellschaften Bedeutung zu. Darüber hinausgehend sprechen gute Gründe dafür, im obligatorischen Rechtsformzusatz des § 19 HGB ein allgemeines Prinzip zu sehen, wonach die am Rechtsverkehr teilnehmenden Gesellschaften ihre Rechtsform auch dann offenzulegen haben, wenn sie nicht firmenpflichtig sind, sondern einen firmenähnlichen Namen führen.[783] Dabei reicht neben der ausdrücklichen Rechtsformbezeichnung „BGB-Gesellschaft" oder „Gesellschaft bürgerlichen Rechts" angesichts der zwischenzeitlich erreichten Verkehrsdurchsetzung auch die Abkürzung **GbR** als Rechtsformhinweis aus. Irreführend und daher entsprechend § 18 Abs. 2 nF HGB unzulässig ist freilich die Aufnahme des weiteren Zusatzes „mit beschränkter Haftung" oder „mbH".[784]

II. Innengesellschaft

1. Begriff und Erscheinungsformen. a) Typische Merkmale. Als typische Merkmale einer Innengesellschaft, die geeignet sind, sie vom gesetzlichen Normaltyp der Außengesellschaft (→ Rn. 253) zu unterscheiden, werden in Rechtsprechung[785] und Literatur[786] zwei Negativ-Umstände genannt: einerseits die vertraglich geregelte *Nichtteilnahme der Gesellschaft am Rechtsverkehr* und dementsprechend das Fehlen von Vertretungsregelungen im Gesellschaftsvertrag, zum anderen der *Verzicht auf die Bildung von Gesamthandsvermögen* (→ Rn. 277).[787] Beide Merkmale hängen deshalb zusammen, weil die Begründung von Gesamthandsvermögen in der Regel Rechtsgeschäfte mit der Gesellschaft bzw. Verfügungen an diese voraussetzt (§ 718 Abs. 1, → Rn. 265).

Die (Innen-)Gesellschaft verfügt unstreitig über **keine** besondere, die schuldrechtlichen Beziehungen der Gesellschafter überlagernde **Organisation.** Ein organisationsrechtliches Element (→ Rn. 158) ist bei derartigen Gesellschaften allenfalls in rudimentärer Form vorhanden. Daher ist entgegen der Rechtsprechung des BGH auch eine Anwendung der Grundsätze über die fehlerhafte Gesellschaft auf die Innengesellschaft ohne Gesamthandsvermögen abzulehnen (→ Rn. 359). Zum anderen kommt es auch nicht zur Entstehung von Gesellschaftsverbindlichkeiten, da für Rechtsgeschäfte im Namen der GbR bei Innengesellschaften schon mangels Teilnahme am Rechtsverkehr kein Raum ist oder solche Geschäfte, sollten sie doch vorkommen, jedenfalls nicht von einer entsprechenden Vertretungsmacht der Gesellschafter gedeckt sind.[788] Demgegenüber ist für die Innengesellschaft nicht entscheidend, dass die Gesellschafter die Existenz der Gesellschaft gegenüber Dritten geheim halten.[789]

b) Begriffsbestimmung. aa) Grundlagen. Besteht über die typischen Merkmale der Innengesellschaft im Wesentlichen Einigkeit, so ist doch der **Begriff der Innengesellschaft umstritten.** Meist wird er dahin bestimmt, die Innengesellschaft trete nicht nach außen in Erscheinung bzw. es fehle an der gemeinsamen Vertretung.[790] Nach hM gehört auch das Nichtvorhandensein von

---

[783] So mit guten Gründen *Wertenbruch* in Westermann/Wertenbruch PersGesR-HdB I. Teil § 7 Rn. 184; tendenziell auch Staudinger/*Habermeier* (2003) Vor § 705 Rn. 23.
[784] Ganz hM, vgl. Soergel/*Hadding/Kießling* Rn. 68; *Wertenbruch* in Westermann/Wertenbruch PersGesR-HdB I. Teil § 7 Rn. 185; Bamberger/Roth/*Schone* Rn. 149; so auch schon BayObLG NJW 1999, 297 (298) (der Sache nach bestätigt durch BGHZ 142, 315 [318 ff.] = NJW 1999, 3483); ebenso OLG München DB 1998, 2012; offenlassend noch OLG Jena ZIP 1998, 1797 (1798).
[785] BGHZ 12, 308 (314 f.) = NJW 1954, 1159; BGHZ 126, 226 (234 ff.) = NJW 1994, 2536; BGHZ 191, 354, 363 = NZG 2012, 222 (225); BGH NJW 1960, 1851 (1852); WM 1965, 793; 1973, 296 (297); RGZ 166, 160 (163); OLG Frankfurt BB 1969, 1411; OLG Karlsruhe WM 2013, 643 (644).
[786] So jedenfalls im Grundsatz Düringer/Hachenburg/*Geiler*, Bd. II 1 1932, HGB Anm. 315–317; Soergel/*Hadding/Kießling* Vor § 705 Rn. 28; Bamberger/Roth/*Schöne* Rn. 159, 162 f.; Staudinger/*Keßler*, 11. Aufl. 1985, Vor § 705 Rn. 91 f.; Erman/*Westermann* Vor § 705 Rn. 28; *K. Schmidt* GesR § 43 II 3b; *H. P. Westermann*, Vertragsfreiheit und Typengesetzlichkeit, 1970, S. 186 ff.; *Blaurock*, Unterbeteiligung und Treuhand, 1981, S. 89 ff. Nur auf den Verzicht auf Gesamthandsvermögen abstellend Staudinger/*Habermeier* (2003) Vor § 705 Rn. 63.
[787] Grundsätzlich aA und die Berechtigung der Unterscheidung zwischen Außen- und Innengesellschaft bestreitend aber *Steckhan*, Die Innengesellschaft, 1966, passim.
[788] Näher *Brehm* KTS 1983, 21 (25 f.); *M. Winter* KTS 1983, 349 (356 f.).
[789] BGH NJW 1960, 1851 (1852); Soergel/*Hadding/Kießling* Vor § 705 Rn. 29.
[790] Vgl. BGHZ 12, 308 (314 f.) = NJW 1954, 1159; BGHZ 126, 226 (234 ff.) = NJW 1994, 2536; BGHZ 191, 354, 363 = NZG 2012, 222 (224); BGH NJW 1960, 1851 (1852); WM 1965, 793; 1973, 296 (297); RGZ 166, 160 (163); OLG Frankfurt BB 1969, 1411; OLG Karlsruhe WM 2013, 643 (644); ebenso Düringer/Hachenburg/*Geiler*, Bd. II 1 1932, HGB Anm. 315–317; Soergel/*Hadding/Kießling* Vor § 705 Rn. 28; Bamberger/Roth/*Schöne* Rn. 159, 162 f.; Staudinger/*Keßler*, 11. Aufl. 1985, Vor § 705 Rn. 91 f.; Erman/*Westermann* Vor § 705 Rn. 28; *K. Schmidt* GesR § 43 II 3b; *Blaurock*, Unterbeteiligung und Treuhand, 1981, S. 89 ff.; grds. aA *Steckhan*, Die Innengesellschaft, 1966, insbes. S. 20 ff., der Differenzierung zwischen Innen- und Außengesellschaft überhaupt ablehnt; ähnlich, aber für Rechtsfähigkeit auch der Innengesellschaft *Beuthien* NZG 2011, 161 ff. und (folgend) Erman/*Westermann* Vor § 705 Rn. 28.

Gesamthandsvermögen zu den Begriffsmerkmalen der Innengesellschaft[791] oder es wird darauf abgestellt, ob die Beziehungen zwischen den Beteiligten sich auf ein reines Schuldverhältnis beschränken.[792] Die Gegner dieser Definitionsversuche haben dem entgegen gehalten, der Charakter der GbR als Innen- oder Außengesellschaft könne nicht von dem häufig zufälligen Umstand abhängen, ob die Gesellschaft – trotz grundsätzlicher Beschränkung auf das Innenverhältnis – im einen oder anderen Fall nach außen hervortrete.[793] Auch gebe es keinen notwendigen Zusammenhang zwischen Beschränkung auf das Innenverhältnis und Fehlen von Gesamthandsvermögen.[794] Früher wurde sogar gelegentlich bezweifelt, dass über die Typusumschreibung hinaus eine *Begriffsbestimmung* der Innengesellschaft überhaupt *erforderlich* ist.[795] Das hat sich indessen spätestens dadurch geändert, dass die Abgrenzung zwischen Außen- und Innengesellschaft nach heute ganz hM **über die Rechtsfähigkeit** der Gesellschaft entscheidet (→ Rn. 289 ff.). Schon dies macht eine klare Grenzziehung erforderlich. Sie ist im Ansatz auch unproblematisch, kommt es doch nach heute einhM auf ein allseits konsentiertes **Auftreten im Rechtsverkehr** an (→ Rn. 279, 305), sollte aber de lege ferenda durch gesetzliche Vermutungsregeln nach Art des (österreichischen) § 1176 ABGB praktisch erleichtert werden.[796]

278 Der Charakter als Innen- oder Außengesellschaft ist darüber hinaus für eine Reihe weiterer Fragen von **rechtlicher Bedeutung.** Das gilt etwa für die Vertretungsmacht der GbR-Geschäftsführer und in Verbindung damit für die akzessorische Haftung der Mitgesellschafter.[797] Relevant werden kann der Unterschied auch in Bezug auf die Bildung von Gesamthandsvermögen. Sie interessiert sowohl im Hinblick auf die Verfügungsberechtigung über die der gemeinsamen Zweckverfolgung dienenden Gegenstände als auch mit Rücksicht auf die Möglichkeit der Zwangsvollstreckung; auch können sich bei Innen- und Außengesellschaften unterschiedliche Auflösungsfolgen ergeben (→ § 730 Rn. 10, 12). Schließlich ist der Charakter als Innengesellschaft nach zutreffender Ansicht auch für das Recht der fehlerhaften Gesellschaft von Bedeutung (str., → Rn. 358 f.). Alle diese Umstände sprechen zusätzlich für eine klare begriffliche Abgrenzung. Umstritten ist, ob hierbei zwischen Innengesellschaften im engeren und weiteren Sinne zu unterscheiden ist (→ Rn. 280, 282).

279 **bb) Fehlendes Auftreten im Rechtsverkehr.** Wie schon in → Rn. 277 hervorgehoben, gehört das **fehlende Auftreten der Gesellschaft nach außen** zu den Begriffsmerkmalen der Innengesellschaft und bewirkt nach ganz hM zugleich ihre Rechtsunfähigkeit (aber → Rn. 280). Im Hinblick auf die Haftungs- und Vermögensfolgen handelt es sich hierbei um ein zentrales Strukturelement der Gesellschaft. Für den Begriff der Innengesellschaft kommt es insoweit nicht auf die objektive Lage, das tatsächliche Verhalten der geschäftsführenden Gesellschafter an,[798] sondern darauf, welche *Vereinbarungen* hierüber *im Gesellschaftsvertrag* getroffen worden sind (→ Rn. 305).[799] Sollte die Gesellschaft nach dem Vertragsinhalt nicht selbst am Rechtsverkehr teilnehmen, sollten die Geschäfte vielmehr vom geschäftsführenden Gesellschafter zwar auf Rechnung der Gesellschaft, aber im eigenen Namen getätigt werden, so handelt es sich um eine Innengesellschaft. Das gilt unabhängig davon, ob die Beteiligten abweichend vom Vertragsinhalt entweder einem Gesellschafter im Einzelfall Vollmacht zum Handeln für sie gemeinsam erteilen oder ob alle Gesellschafter gemeinsam rechtsge-

---

[791] StRspr, seit RGZ 166, 160 (163); ferner BGHZ 126, 226 (234 f.) = NJW 1994, 2536; BGHZ 191, 354, 361 = NZG 2012, 222 (224); BGH WM 1973, 296 (297); OLG Karlsruhe WM 2013, 643 (644); aus dem Schrifttum insbes. *Ballerstedt* JuS 1963, 253 (255); *Flume* BGB AT I 1 § 1 III, S. 6; *Larenz* SchuldR BT II § 60 V b; *K. Schmidt* GesR § 43 II 3 b, S. 1290 f.; Staudinger/*Habermeier* (2003) § 705 Rn. 63; *Bälz*, FS Zöllner, 1998, S. 74 f.; *Röder* AcP 212 (2015), 495; s. auch Düringer/Hachenburg/*Geiler*, Bd. II 1 1932, HGB Anm. 315–317; Soergel/*Hadding/Kießling*, Vor § 705 Rn. 91 f.; *Blaurock*, HdB der stillen Gesellschaft, 7. Aufl. 2010, § 4 Rn. 4.11; *Blaurock*, Unterbeteiligung und Treuhand, 1981, S. 95 ff.
[792] So *Flume* ZHR 136 (1972), 177 (180 ff.); *Flume* BGB AT I 1 § 1 III, S. 6 f.
[793] *Koenigs*, Die stille Gesellschaft, 1961, S. 339; *Steckhan*, Die Innengesellschaft, 1966, S. 20 ff.; *H. P. Westermann*, Vertragsfreiheit und Typengesetzlichkeit, 1970, S. 187 f.; ähnlich auch *Beuthien* NZG 2011, 161 ff., der die Innengesellschaft mit Gesellschaftsvermögen sogar für rechtsfähig hält; zust. Erman/*Westermann* Vor § 705 Rn. 28.
[794] So früher *Steckhan*, Die Innengesellschaft, 1966, S. 74 ff.; ebenso *Koenigs*, Stille Gesellschaft, 1961, S. 337 f.; *H. P. Westermann*, Vertragsfreiheit und Typengesetzlichkeit, 1970, S. 188, 201 ff.; *Beuthien* NZG 2011, 161 ff., der die vermögenstragende Innengesellschaft mit Gesellschaftsvermögen sogar für rechtsfähig hält; zust. Erman/*Westermann* Vor § 705 Rn. 28; ferner Soergel/*Hadding/Kießling* Vor § 705 Rn. 28; uneingeschränkt auch noch 6. Aufl. Rn. 280.
[795] Abl. *Steckhan*, Die Innengesellschaft, 1966, insbes. S. 54 ff., 129 f. und *H. P. Westermann*, Vertragsfreiheit und Typengesetzlichkeit, 1970, S. 186 ff.
[796] Näher *Schäfer*, Gutachten E zum 71. DJT, 2016, S. 37.
[797] Vgl. etwa BGH WM 1966, 31 (32).
[798] So aber *Blaurock*, Unterbeteiligung und Treuhand, 1981, S. 91 f.
[799] So zutr. schon BGH WM 1966, 31 (32); ebenso zB *Wiedemann* WM 1994, Beilage 4 S. 3 f.; *Geibel* WM 2007, 1496 (1499). Aktuelle Rspr. zur Rechtsfähigkeit der Außengesellschaft in → Rn. 301, 305.

schäftlich tätig werden, solange sich damit nicht entweder eine Änderung des Gesellschaftsvertrags und des daraus resultierenden Charakters der Gesellschaft verbindet oder die Grundsätze über die Schein-(Außen-)sozietät eingreifen. Eine gesetzliche Vermutung gegen das Vorliegen einer Innengesellschaft besteht nicht; wer sich – etwa aus Haftungsgründen – darauf beruft, es handele sich um eine Außengesellschaft oder die Beteiligten hätten einen entsprechenden Rechtsschein gesetzt, hat dieses zu *beweisen*.[800] Ist freilich im Gesellschaftsvertrag einem oder bestimmten Gesellschaftern Geschäftsführungsbefugnis übertragen, ohne dass zugleich ausdrücklich oder konkludent die Vertretungsmacht ausgeschlossen ist, so greift die Auslegungsregel des § 714 ein; die Gesellschaft hat im Zweifel den Charakter einer Außengesellschaft. Im Übrigen sollte der Gesetzgeber bei einer Reform der §§ 705 ff. gesetzliche Vermutungsregeln schaffen, welche die Abgrenzung für die Praxis erleichtern (→ Rn. 277 aE).

cc) Innengesellschaften mit Gesamthandsvermögen (Innengesellschaften im weiteren Sinne)? Wie erwähnt (→ Rn. 277), ist umstritten, ob auch die Innengesellschaft ein **Gesamthandsvermögen** haben kann (dafür dezidiert noch 6. Aufl. Rn. 280 f.). Nur wenn man dies zulässt, ist es sinnvoll zwischen einer Innengesellschaft im engeren und im weiteren Sinne zu unterscheiden. Auch in diesem Falle wäre es aber keineswegs zwingend, die (vermögenstragende) Innengesellschaft für rechtsfähig zu erklären;[801] vielmehr wäre das Vermögen dann den einzelnen Gesellschaftern zur gesamten Hand zuzuweisen. Allerdings hätte die Anerkennung der Vermögensfähigkeit der Innengesellschaft, seitdem die (Außen-)GbR als rechtsfähig anerkannt ist, die systematische Zwischenkategorie einer zwar vermögenstragenden, aber rechtsunfähigen Gesellschaft mit besonderen Vermögenszuordnungsregeln zur Folge. Ob hierfür tatsächlich ein Bedarf besteht, ist indessen zweifelhaft, weil anerkennenswerte Gestaltungsinteressen für ein Vermögen *der Innengesellschaft* nur schwer auszumachen sind. Zunächst brauchen selbst Beitrags- und Einlageansprüche, wenn sie gewollt sind, nicht unbedingt der Gesellschaft (bzw. den Gesellschaftern in gesamthänderischer Verbundenheit) zugeordnet zu werden. Vielmehr kann das Einfordern von Beiträgen auch den einzelnen Gesellschaftern (als Individualrecht gegenüber den übrigen) überlassen bleiben. Entscheidend ist deshalb, ob nach dem Willen der Gesellschafter *Einlagen in das Gesellschaftsvermögen* geleistet werden sollen und nicht *ein* Gesellschafter (oder auch ein Dritter) die geleisteten Einlagen zugleich für die übrigen treuhänderisch verwalten soll. Im Übrigen ist es unproblematisch möglich, auch bei der Innengesellschaft ein **gemeinsames Vermögen mit schuldrechtlicher Wirkung** zu vereinbaren und die Gesellschafter an seinen Wertveränderungen wirtschaftlich zu beteiligen,[802] wie es in besonders weitgehender Form bei der Kapitalgesellschaft & Still als „virtuellem stillen Verband" geschieht[803] (→ Rn. 358a f.). Das ändert aber nichts daran, dass das Vermögen in diesen Fällen dinglich nur von *einem* Gesellschafter (zugleich treuhänderisch für die übrigen) gehalten wird. Damit dürften sich bereits viele der im Schrifttum genannten Beispiele für eine Innengesellschaft mit Gesellschaftsvermögen erledigen, erst recht aus dem Bereich der Gelegenheitsgesellschaften (Wettgemeinschaft mit regelmäßigen Beiträgen, Reisegruppe mit gemeinsamer Kasse);[804] denn für ein Interesse an einer unmittelbaren dinglichen Beteiligung der Gesellschafter am gemeinsamen Vermögen ist hier regelmäßig nichts ersichtlich. Es bleibt im Wesentlichen das häufig erwähnte Interesse, einen registrierten Gegenstand (Grundstück, Anteil an einer Handelsgesellschaft, Marke oder Patent) im Gesellschaftsvermögen halten zu können, ohne dass die Gesellschaft nach außen in Erscheinung tritt; Paradigma hierfür ist die Ehegattengesellschaft zum Halten eines selbst genutzten Grundstücks, also der Fall, dass sich die Ehegatten mit ihrem Grundstück als Gesellschaft ins Grundbuch eintragen lassen möchten. Aber hier spricht nichts dagegen, die Gesellschaft dann als Außengesellschaft zu qualifizieren;[805] denn rechtliche Nachteile sind damit nicht verbunden. Geschäftsführer hat die Gesellschaft in ihren Gesellschaftern ohnehin (§ 709), was sie aber naturgemäß nicht zwingt, außer beim Erwerb des Grundstücks und bei späteren Verfügungen darüber, (weitere) Geschäfte im Namen der Gesellschaft zu schließen. Da die Gesellschaft nach gesetzlicher Regel nur gemeinschaftlich durch sämtliche Gesellschafter vertreten wird (§§ 709, 714), besteht von vornherein kein Risiko, dass Geschäfte gegen den Willen eines Gesellschafters für die Gesellschaft geschlossen werden. Anderseits gibt es kein erkennbares Interesse, Verfügungen

---

[800] BGHZ 12, 308 (315) = NJW 1954, 1159; BGH NJW 1960, 1851. Vgl. aber auch OLG Köln DB 1973, 1065 – gemeinsames Auftreten der Gesellschafter in Gesellschaftsangelegenheiten lässt rechtsgeschäftliches Handeln im Namen der Gesellschaft vermuten.
[801] So aber *Beuthien* NZG 2011, 161 ff.; zust. Erman/*Westermann* Vor § 705 Rn. 28.
[802] Zutr. etwa MüKoHGB/*K. Schmidt* HGB § 230 Rn. 9.
[803] Dazu nur BGHZ 199, 104 115 = NZG 2013, 1422 (1424) sowie *Schäfer/Fallak*, FS B. Kübler, 2015, S. 607 ff, jew. nwN.
[804] S. nur *Beuthien* NZG 2011, 162 Fn. 14. – Wie hier (insoweit) auch *Röder* AcP 215 (2015), 498 ff.
[805] So iE auch *Röder* AcP 215 (2015), 504, der aber zusätzlich die Eintragung im GbR-Register verlangt.

über das Grundstück (Belastungen, Veräußerungen) nicht als im Namen der Gesellschaft geschlossene Geschäfte einzuordnen (womit sie nach außen auftritt). Zumindest de lege ferenda sollte der Gesetzgeber bei der Innengesellschaft aus Gründen legislatorischer Klarheit daher ein Vermögen ausschließen.[806] Auch de lege lata spricht einiges dafür, auf die Kategorie zu verzichten, doch mag das hier offenbleiben.

281 Die Anerkennung einer vermögenstragenden Innengesellschaft ist zudem verbunden mit **Risiken für Vertragspartner** der nach außen unter ihrem persönlichen Namen auftretenden Gesellschafter hinsichtlich der Durchsetzbarkeit der Forderungen und des Vollstreckungszugriffs auf die geleisteten Vermögensgegenstände (so auch 6. Aufl. Rn. 281).[807] Sie können sich dadurch ergeben, dass diese von den Gesellschaftern an die (Innen-)Gesellschaft zu Gesamthandseigentum weiterübertragen werden. Wie in der 6. Aufl. Rn. 281 näher ausgeführt, mögen diese zwar teilweise zu beheben sein (durch Anerkennung von Gesellschaftsverbindlichkeiten kraft objektiver Zurechnung → § 718 Rn. 29)[808] Doch blieben gerade im Grundstücksbereich erhebliche Publizitätsdefizite, die auch durch die – hier unanwendbaren – § 899a und § 47 Abs. 2 GBO (→ Rn. 312 f.) nicht zu beheben wären.

282 **dd) Stille Gesellschaft als Sonderfall.** Einen **Sonderfall** der (BGB-)Innengesellschaft bildet die *stille Gesellschaft* des Handelsrechts (§ 230 HGB), bei der es (heute unstreitig) ausschließlich zu schuldrechtlichen Beziehungen zwischen Geschäftsinhaber und Stillem kommt, wobei der Stille die Einlage in das Vermögen des Inhabers zu leisten hat und besondere Sozialansprüche daneben nicht bestehen.[809] Vereinbarungen dieser Art können auch mit Nichtkaufleuten als Geschäftsinhabern getroffen werden; die Vorschriften der §§ 230 ff. HGB greifen insoweit nicht unmittelbar ein (näher → Rn. 286 ff.).

283 **c) Erscheinungsformen.** Innengesellschaften begegnen in einer Vielzahl von Arten und Formen.[810] Es sprechen sogar gute Gründe dafür, dass sie in der Rechtswirklichkeit nicht weniger häufig anzutreffen sind als die den gesetzlichen Normaltyp verkörpernde Außengesellschaft.[811] Neben der in → Rn. 282 erwähnten *stillen Gesellschaft* als Sonderfall einer Innengesellschaft und ihrer Variante, der GbR zwischen einem nichtkaufmännischen Geschäftsinhaber und einem stillen Kapitalgeber, sind hier namentlich die *Konsortien* und *Metaverbindungen* zu nennen (→ Vor § 705 Rn. 68 ff.). Weitere Beispiele bilden die *Poolverträge*[812] einschließlich der dem Interessenausgleich zwischen den Muttergesellschaften eines Gemeinschaftsunternehmens dienenden GbR („Doppelgesellschaft"),[813] ferner nicht nach außen hervortretende, in der Rechtsform der GbR organisierte und vom Kartellverbot des § 1 nF GWB freigestellte *Kartelle* („Interessengemeinschaften") sowie die verschiedenen Arten von *Unterbeteiligungen* (→ Rn. 67; → Vor § 705 Rn. 92 ff.).[814] Schließlich gehören zu den Innengesellschaften regelmäßig auch die *Ehegattengesellschaften* (→ Vor § 705 Rn. 73 ff.) sowie eine Vielzahl unterschiedlicher Gelegenheitsgesellschaften an der Grenze zum Gefälligkeitsverhältnis (→ Rn. 26). – Die gelegentlich[815] ebenfalls als Beispiel der Innengesellschaft erwähnten *Arbeitsgemeinschaften* treten dagegen heute typischerweise unter eigenen Namen nach außen hervor und nehmen für die Gesamtheit ihrer Mitglieder am Rechtsverkehr teil. Sie gehören daher im Regelfall zur Kategorie der Außengesellschaften (→ Vor § 705 Rn. 43 ff.).

---

[806] Näher *Schäfer*, Gutachten E zum 71. DJT, 2016, S. 56 ff.
[807] AA *Blaurock*, Unterbeteiligung und Treuhand, 1981, S. 98 ff., 100, freilich ohne deutlich zu machen, worin die Sanktionen gegenüber einer Innengesellschaft ohne Gesamthandsvermögen bestehen sollen.
[808] Vgl. näher Brehm KTS 1983, 21 (25 f.); *M. Winter* KTS 1983, 349 (356 f.).
[809] S. speziell zur stillen Gesellschaft nur OLG Hamm NJW-RR 1994, 1382 (1383); *Blaurock*, Handbuch der stillen Gesellschaft, 7. Aufl. 2010, Rn. 4.20; Staub/*Harbarth*, 5. Aufl. 2014, HGB § 230 Rn. 16; MüKoHGB/ *K. Schmidt*, 3. Aufl. 2012, HGB § 230 Rn. 9 mN auch zur früher vereinzelt vertretenen Gegenansicht; insoweit auch *Beuthien* NZG 2011, 165.
[810] Vgl. dazu *Steckhan*, Die Innengesellschaft, 1966, S. 38 f.; *H. P. Westermann*, Vertragsfreiheit und Typengesetzlichkeit, 1970, S. 189 f.; Bamberger/Roth/*Schöne* Rn. 161.
[811] So mit Recht *Steckhan*, Die Innengesellschaft, 1966, S. 36.
[812] Vgl. dazu *Fikentscher*, Die Interessengemeinschaft, 1966, S. 15 f., 19 f.; Düringer/Hachenburg/*Geiler* HGB Bd. II 1 Anm. 445; Soergel/*Hadding/Kießling* Vor § 705 Rn. 49; Erman/*Westermann* Vor § 705 Rn. 43 f. Zur Zulässigkeit von Stimmbindungsvereinbarungen → § 717 Rn. 20.
[813] → Vor § 705 Rn. 65 ff.; dazu auch RGZ 151, 321 (325 ff.); *Gansweid*, Gemeinsame Tochtergesellschaften im deutschen Konzern- und Wettbewerbsrecht, 1976, S. 60 ff., 71 ff. mwN; Erman/*Westermann* Vor § 705 Rn. 42.
[814] Vgl. auch *Blaurock*, Unterbeteiligung und Treuhand, 1981, S. 151 ff.; *Friehe*, Unterbeteiligung, 1974; *Paulick* ZGR 1974, 253 ff.; *Ulbrich*, Unterbeteiligungsgesellschaft, 1982; Soergel/*Hadding/Kießling* Vor § 705 Rn. 33–36; Erman/*Westermann* Vor § 705 Rn. 38–40; Staudinger/*Habermeier* (2003) Vor § 705 Rn. 64; MüKoHGB/*K. Schmidt* Vor § 230 Rn. 97 ff.
[815] *Steckhan*, Die Innengesellschaft, 1966, S. 39.

2. Rechtliche Besonderheiten der Innengesellschaften. a) Verhältnis zu Dritten. Die 284
Innengesellschaft hat keine vertretungsbefugten Organe und beteiligt sich auch nicht am Rechtsverkehr mit Dritten. Besonderheiten weist sie deshalb vor allem dadurch auf, dass bei ihr wegen der fehlenden Außenbeziehungen eine **Außenhaftung der Gesamthand** und der nicht an der Geschäftsführung beteiligten Gesellschafter persönlich im Regelfall **ausscheidet.** Gleiches gilt für diejenigen Gesellschafter, die nicht im eigenen Namen, sondern als Bevollmächtigte des allein nach außen hervortretenden „Hauptgesellschafters" für diesen Verträge schließen; sie verpflichten grundsätzlich nur den Hauptgesellschafter. Handeln Gesellschafter ohne entsprechende Ermächtigung der Mitgesellschafter im Namen der Gesellschaft, so richten sich die Rechtsfolgen grundsätzlich nach den Regeln über die Vertretung ohne Vertretungsmacht (§§ 177–179); jedoch können die Grundsätze über die Duldungs- oder Anscheinsvollmacht eingreifen und zur Annahme einer Schein-(Außen-)gesellschaft führen.[816] Im Innenverhältnis bleiben die Vorschriften über die Geschäftsführung (§§ 709–713) anwendbar, soweit der Vertrag nicht ausdrücklich oder konkludent Abweichungen enthält.[817] Die vertragliche Beschränkung des Außenhandels auf den Hauptgesellschafter hat nicht etwa notwendig oder im Regelfall den Ausschluss der Mitgesellschafter von der Geschäftsführung zur Folge. Auch soweit die tatsächliche Geschäftsführung in erster Linie beim Hauptgesellschafter liegt, steht den übrigen doch grundsätzlich das Zustimmungsrecht des § 709 Abs. 1 zu. Die Vorschriften der §§ 714, 715 über die Vertretung finden allerdings keine Anwendung.[818] Ebenso ist für eine Haftung der Gesellschaft für Organverschulden entsprechend § 31 kein Raum (→ Rn. 263).

b) Innenverhältnis. Weitergehende Abweichungen vom gesetzlichen Normaltyp zeigen sich 285
durch das Fehlen von Gesamthandsvermögen (→ Rn. 280). Insofern entfallen nicht nur die Außenbeziehungen der Gesellschaft; vielmehr sind auch die **Innenbeziehungen** im Regelfall **rein schuldrechtlicher Art,** ggf. verbunden mit Miteigentum der Gesellschafter an den gemeinsamen Zwecken dienenden Vermögensgegenständen; es fehlt an einer sie überlagernden organisationsrechtlichen Komponente. Anderes gilt nur, soweit man auch vermögenstragende Innengesellschaften anerkennt (→ Rn. 280). Soweit von den Mitgesellschaftern Vermögensgegenstände als Beiträge zu leisten sind, sind diese, wie nach § 230 HGB, in das Alleineigentum des Hauptgesellschafters zu übertragen. Er hat notwendig Geschäftsführungsbefugnis; eine Entziehung derselben kommt nicht in Betracht (→ § 712 Rn. 8). Bei Auflösung der Gesellschaft greifen im Zweifel nicht die Rechtsfolgen der §§ 730 ff. ein. Vielmehr ist es Sache des Hauptgesellschafters, darüber zu entscheiden, ob er das Unternehmen liquidieren oder aber es fortführen und die Mitgesellschafter abfinden will (→ Rn. 288; → § 730 Rn. 12 f.). Auch für die Anwendung der Grundsätze über die actio pro socio[819] sowie derjenigen über die fehlerhafte Gesellschaft ist in Fällen dieser Art kein Raum (str., → Rn. 359). Zur Frage der Formbedürftigkeit von Verträgen über Innengesellschaften ieS unter dem Gesichtspunkt der §§ 311b, 518 → Rn. 37, 44 f., zur analogen Anwendung der §§ 230 ff. HGB auf die stille Gesellschaft bürgerlichen Rechts → Rn. 287 f., zur Unterbeteiligung an einem Gesellschaftsanteil → Vor § 705 Rn. 92 ff.

3. Insbesondere: die stille Gesellschaft des bürgerlichen Rechts. Um eine solche handelt 286
es sich bei denjenigen zweiseitigen[820] Gesellschaftsverträgen, in denen einer der Partner, der „Stille", gegen Gewinnbeteiligung die Leistung seiner Einlage in das Vermögen des Hauptgesellschafters verspricht. Ihre Besonderheit gegenüber der stillen Gesellschaft des Handelsrechts (§ 230 HGB) liegt darin, dass der Hauptgesellschafter kein Handelsgeschäft, sondern ein **nichtkaufmännisches Unternehmen** (Landwirtschaft ua) betreibt **oder einen freien Beruf** ausübt. Im Übrigen zeigen sich aber weitgehende Parallelen: bei beiden Typen fehlt ein Gesellschaftsvermögen und entfällt mangels Vertretungsmacht des Hauptgesellschafters eine Außenhaftung des Stillen, und für beide gilt als Regelfall, dass der Stille nicht an der Geschäftsführung teilnimmt.[821] Daher ist für die Anwendung der §§ 709, 711, 712, 714, 715, 718–720 hier regelmäßig kein Raum.

---

[816] *Steckhan*, Die Innengesellschaft, 1966, S. 69–71. Allg. zu Rechtsscheinvollmachten im bürgerlichen Recht → § 167 Rn. 46 ff., 54 ff. (*Schubert*).
[817] BGH WM 1966, 31 (32); vgl. auch *Steckhan*, Die Innengesellschaft, 1966, S. 45 ff.; Soergel/*Hadding*/*Kießling* Vor § 705 Rn. 30, jeweils unter Hinweis auf abw. Gestaltungsmöglichkeiten sowie auf die Notwendigkeit, den Gesellschaftsvertrag insoweit unter Berücksichtigung der Eigentumsverhältnisse und der dem Hauptgesellschafter insgesamt zustehenden Kompetenzen auszulegen.
[818] Vgl. Erman/*Westermann* Rn. 68; MüKoHGB/*K. Schmidt* HGB § 230 Rn. 10.
[819] BGH NJW 1995, 1353 (1355); wohl auch *Bälz*, FS Zöllner, 1998, S. 43.
[820] Zur mehrgliedrigen stillen Gesellschaft, bei der die Stillen ggf. untereinander eine GbR bilden, s. aber BGHZ 125, 74 (77) = NJW 1994, 1156; BGHZ 199, 104 115 = NZG 2013, 1422 (1424) (und dazu Schäfer/ Fallak FS B. Kübler, 2015, S. 607 ff.), sowie BGH ZIP 1995, 738 (742 f.); NJW 1998, 1946 (1948); Staub/*Harbarth* HGB § 230 Rn. 69, 108; MüKoHGB/*K. Schmidt* HGB § 230 Rn. 84.
[821] So auch Erman/*Westermann* Rn. 68.

287 Aber auch hinsichtlich der sonstigen Vorschriften der §§ 705–740 ist mangels abweichender Gestaltung im Gesellschaftsvertrag davon auszugehen, dass sie im Wege teleologischer Reduktion insoweit zurücktreten, als die **analog** anwendbaren Vorschriften über die **stille Gesellschaft des Handelsrechts** (§§ 230 ff. HGB) Spezialnormen enthalten.[822] Das gilt zunächst für die *Gewinn- und Verlustbeteiligung* des Stillen: §§ 231 Abs. 1, 232 Abs. 2 HGB enthalten mit dem flexiblen Maßstab des „angemessenen Anteils" und der Beschränkung der Verlustbeteiligung auf die Höhe der Einlage des Stillen eine geeignetere, der Ergebnisbeteiligung der Kommanditisten (§§ 167 Abs. 3, 168 Abs. 2 HGB) entsprechende Verteilungsregelung als die starre Vorschrift des § 722. Bei den sonstigen Regelungen der §§ 231, 232 HGB zeigen sich keine materiellen Unterschiede gegenüber dem Recht der GbR;[823] die Analogiefrage stellt sich daher nicht. Für die *Mitverwaltungsrechte* des Stillen bewendet es – auch hier in Parallele zur Rechtsstellung von Kommanditisten (§ 166 HGB) – bei dem in § 233 Abs. 1 HGB geregelten, analog anwendbaren jährlichen Informations- und Einsichtsrecht; die Einräumung der weitergehenden Kontrollrechte des § 716 Abs. 1 ist angesichts der Gesellschaftsstruktur nicht veranlasst.[824] Anstelle der nach § 716 Abs. 2 unentziehbaren Mindestkontrollrechte findet das außerordentliche Informationsrecht des § 233 Abs. 3 HGB einschließlich des dort geregelten gerichtlichen Verfahrens analoge Anwendung. Die Entziehung der Geschäftsführungsbefugnis des Hauptgesellschafters durch den Stillen scheidet aus (→ § 712 Rn. 8).

288 Unter den **Auflösungsgründen** wird die in § 234 Abs. 1 S. 1 HGB vorgesehene Befristung der ordentlichen Kündigung dem Bestandsschutzinteresse des Hauptgesellschafters besser gerecht als die jederzeitige Kündigungsmöglichkeit des § 723 Abs. 1 S. 1; sie ist auch für den Stillen und dessen Privatgläubiger zumutbar.[825] Hinsichtlich der außerordentlichen Kündigung besteht kein Regelungsunterschied zwischen bürgerlichem und Handelsrecht (§ 234 Abs. 1 S. 2 HGB). Der Tod des Stillen bildet ebenso wenig wie derjenige eines Kommanditisten (§ 177 HGB) einen sachgerechten Auflösungsgrund; vielmehr geht § 234 Abs. 2 HGB im Analogiewege der Vorschrift des § 727 Abs. 1 vor. Für eine **Liquidation** des im Eigentum des Hauptgesellschafters stehenden Unternehmens ist abweichend von §§ 730 ff. regelmäßig kein Raum. Für die Auseinandersetzung empfiehlt sich vielmehr eine Analogie zu § 235 HGB, dh die Auszahlung des dem Stillen nach Abwicklung der schwebenden Geschäfte zustehenden, grundsätzlich ohne Berücksichtigung eingetretener Wertsteigerungen zu berechnenden Abfindungsguthabens.[826] Analog anwendbar auf die stille Gesellschaft bürgerlichen Rechts ist auch § 236 HGB betreffend die Geltendmachung der Einlageforderung bzw. die Zahlungspflicht des Stillen im Insolvenzverfahren über das Vermögen des Hauptgesellschafters.[827]

E. (Außen-)Gesellschaft als rechtsfähiger Personenverband

I. Einführung

289 **1. BGB-Gesamthand als gebundenes Sondervermögen einer Personenmehrheit. a) Arten, Gemeinsamkeiten und Unterschiede der Gesamthand.** Die Rechtsfigur der Gesamthand wurde bei Erlass des BGB – als *Zweckschöpfung* des Gesetzgebers – für je ein Rechtsinstitut aus den Bereichen des Schuldrechts (Gesellschaft bürgerlichen Rechts), des Familienrechts (eheliche Güterge-

---

[822] So im Grundsatz auch Staub/*Harbarth* HGB § 230 Rn. 23; Erman/*Westermann* Rn. 68; im Ergebnis auch MüKoHGB/*K. Schmidt* HGB § 230 Rn. 25, 196 ff., 204. AA entspr. seinem grds. abw. Verständnis von der Innengesellschaft *Steckhan*, Die Innengesellschaft, 1966, S. 44 ff. Nach *Koenigs*, Stille Gesellschaft, 1961, S. 335, 349 soll die Frage der analogen Anwendung der §§ 230 ff. HGB von deren zwingender oder dispositiver Natur abhängen; die Unterscheidung leuchtet methodisch ein.

[823] § 231 Abs. 2 HGB entspricht § 722 Abs. 2; die Regelung des § 232 Abs. 3 HGB lässt sich auch aus § 707 ableiten.

[824] Ebenso wohl Staub/*Harbarth* HGB § 230 Rn. 23; Erman/*Westermann* Rn. 68; im Ergebnis auch MüKoHGB/*K. Schmidt* HGB § 233 Rn. 13 f., 25 f.

[825] Für analoge Anwendung wohl auch *Koenigs*, Stille Gesellschaft, 1961, S. 343. Zur zwingenden Geltung des Kündigungsrechts auch im Recht der stillen Gesellschaft entspr. § 723 Abs. 3 vgl. BGHZ 23, 10 (12) = NJW 1957, 461; BGH NJW 1954, 106; allg. für die Innengesellschaft BGHZ 126, 226 (230 ff.) = NJW 1994, 2536.

[826] Vgl. BGH WM 1968, 278 und *Karsten Schmidt* ZHR 140 (1976), 475 (483). Zur Unanwendbarkeit der Liquidationsvorschriften des § 730 ff. auch bei einer atypischen, durch Beteiligung des Stillen an der Wertsteigerung des Unternehmens gekennzeichneten stillen Gesellschaft vgl. BGH WM 1961, 574; MüKoHGB/*K. Schmidt* HGB § 235 Rn. 55 ff.; Staub/*Harbarth* HGB § 235 Rn. 49.

[827] Vgl. zu § 236 Abs. 1 HGB und zur fehlenden Außenhaftung des Stillen als Regelungsgrund dieser Vorschrift BGHZ 51, 350 (352) = NJW 1969, 1211; die Kreditfunktion der Einlage des Stillen als Regelungsgrund des § 236 Abs. 1 und 2 HGB betont *Karsten Schmidt* ZHR 140 (1976), 475 (482). Gegen eine analoge Anwendung von § 236 Abs. 2 HGB aber *Koenigs*, Stille Gesellschaft, 1961, S. 345.

meinschaft) und des Erbrechts (Erbengemeinschaft) gesetzlich geregelt. Terminologisch knüpfte das BGB damit zwar an die deutsch-rechtliche Tradition an; wie neuere rechtswissenschaftliche Forschungen bestätigt haben, gab es jedoch keine feststehende oder allgemein akzeptierte Rechtsfigur der Gesamthand in der Zeit vor 1900, auf die man hätte zurückgreifen können.[828] Dementsprechend war der BGB-Gesetzgeber frei in deren rechtlicher Ausgestaltung. Er hat von dieser Möglichkeit unter Berücksichtigung der Besonderheiten der jeweiligen Rechtsinstitute Gebrauch gemacht.[829] *Eine einheitliche Rechtsfigur der BGB-Gesamthand wurde damit nicht geschaffen;* sie gibt es auch heute nicht.

Gemeinsames Kennzeichen der verschiedenen Arten der Gesamthand und der mit ihr verfolgten Zwecke ist die Zusammenfassung der Vermögensgegenstände, die der jeweiligen Personenmehrheit als solcher zuzuordnen sind, zu einem *einheitlichen Sondervermögen,* um dessen Bestand für die spezifische Funktion der betreffenden Personenmehrheit zu sichern und ihn dadurch vor eigenmächtigen Verfügungen der einzelnen Gesamthänder zu schützen.[830] So ist in allen drei Fällen das Recht der Gesamthänder, über ihren „Anteil" an den einzelnen zum Gesamthandsvermögen gehörenden Gegenständen zu verfügen, gesetzlich ausgeschlossen (§§ 719 Abs. 1, 1419 Abs. 1, 2033 Abs. 2). Der Sache nach besagt diese Regelung, dass es einen derartigen Anteil an den einzelnen Gegenständen nicht gibt; sie ist daher zwingend (→ § 719 Rn. 4). Die dingliche Position der Gesamthänder beschränkt sich vielmehr auf den *vermögensrechtlichen Anteil an der Gesamthand* als solcher, dh als Inbegriff der gebundenen Vermögensgegenstände, also den Anteil am Gesellschaftsvermögen (§ 718), am Gesamtgut (§ 1416) oder am Nachlass (§ 2032). Soweit Verfügungen über die einzelnen Vermögensgegenstände vorgenommen werden sollen, setzt das entweder das Zusammenwirken aller Gesamthänder (so insbesondere bei der Erbengemeinschaft, vgl. § 2040 Abs. 1) oder das Tätigwerden der für sie handelnden Vertreter (so im Fall der §§ 714, 1422) voraus. 290

Demgegenüber überwiegen die **Unterschiede** zwischen den verschiedenen Arten von Gesamthandsgemeinschaften. Sie bestehen einerseits darin, dass den Gesamthändern die *Verfügung über ihren Anteil am Gesamtgut* zwar bei der Erbengemeinschaft freisteht (§ 2033 Abs. 1 S. 1), während sie im Fall der GbR – als untrennbarer Teil der Verfügung über die Mitgliedschaft als solche – von der Zulassung im Gesellschaftsvertrag bzw. der Zustimmung der Mitgesellschafter abhängt (→ § 719 Rn. 27). Im Fall der Gütergemeinschaft ist sie gänzlich ausgeschlossen; vorbehaltlich der Fortsetzung der Gütergemeinschaft mit den Erben (§ 1483) bedarf es zur Beendigung der familienrechtlichen Gesamthand vielmehr stets der Auseinandersetzung des Gesamtguts nach den Regeln der §§ 1471 ff. Weitere charakteristische Unterschiede zwischen den drei Gesamthandsgemeinschaften finden sich vor allem darin, dass zwar die Gütergemeinschaft und typischerweise auch die (Außen-)GbR auf *Dauer* angelegt ist und es für beide einer *Vertragsgrundlage* bedarf, während die Erbengemeinschaft nach gesetzlicher Regel der ordnungsgemäßen Auseinandersetzung des Nachlasses zwischen den Miterben dient und ihre Entstehung deren gemeinsamer Stellung als gesetzliche oder testamentarische Erben verankert. 291

Entsprechend den Unterschieden in Struktur und Funktion der verschiedenen Gesamthandsgemeinschaften lässt sich auch die Frage ihrer Einstufung als **Sondervermögen (Objekt) oder rechtsfähiger Personenverband (Subjekt)** nicht einheitlich beantworten. Aus heutiger Sicht entspricht es zwar ganz hM, dass der *(Außen-)GbR* jedenfalls dann die Qualität als rechtsfähiger Personenverband zukommt, wenn sie über einen Namen, über für sie handelnde Organe und über Gesellschaftsvermögen (Haftungsmasse) verfügt, dh für den Rechtsverkehr identifizierbar ist (→ Rn. 303 ff., 306). Demgegenüber haben sich Bestrebungen, auch die *Erbengemeinschaft*[831] oder sogar die *Gütergemeinschaft*[832] als rechtsfähig zu qualifizieren, bisher zu Recht nicht durchgesetzt. Mangels einer einheitlichen Rechtsfigur der Gesamthand und angesichts der unverkennbaren Unterschiede zwischen der typischen (Außen-)GbR als auf Teilnahme am Rechtsverkehr ausgerichteter Personenmehrheit (Gruppe) und den funktional davon klar zu unterscheidenden Sondervermögen des gemeinschaftli- 292

---

[828] Eingehend *Wächter,* Die Aufnahme der Gesamthandsgemeinschaften in das Bürgerliche Gesetzbuch, 2002, insbes. S. 37 ff., 205 ff.
[829] Vgl. *Wächter,* Die Aufnahme der Gesamthandsgemeinschaften in das Bürgerliche Gesetzbuch, 2002, S. 243 ff., 258 ff., 267 ff.
[830] *Wächter,* Die Aufnahme der Gesamthandsgemeinschaften in das Bürgerliche Gesetzbuch, 2002, S. 284 ff., 307 f.
[831] So *Grunewald* AcP 197 (1997), 305 ff.; *Ann,* Die Erbengemeinschaft, 2001, S. 397 ff.; *M. Wolf,* FS Canaris, 2007, S. 1313 (1318 ff.); *Eberl* ZEV 2002, 125 (127 ff., 132); für Teilrechtsfähigkeit zuvor schon *Jaschke,* Gesamthand und Grundbuchrecht, 1991, S. 27 ff.; zweifelnd *K. Schmidt* GesR § 8 III 3; für die unternehmenstragende Erbengemeinschaft bejahend *ders.* NJW 1985, 2785 (2788 ff.); aA BGH NJW 1989, 2133 (2134); 2002, 3389 (3390); 2006, 3715 f.; stRspr; so auch *Ulmer* AcP 198 (1998), 113 (124 ff.); *Lange/Kuchinke* ErbR, 5. Aufl. 2001, § 42 I 4b Fn. 39; *Schlüter* ErbR, 10. Aufl. 2007, § 32 Rn. 643; hM; eingehend dazu *Dauner-Lieb,* Unternehmen in Sondervermögen, 1998, S. 391 ff., 396.
[832] So *Fabricius,* Relativität der Rechtsfähigkeit, 1963, S. 152 ff.; *Schünemann* FamRZ 1976, 137 f.; aA BayObLG DNotZ 2003, 454 f.; *Gernhuber/Coester-Waltjen* FamR § 38 II 9 f.; *M. Wolf,* FS Canaris, 2007, S. 1313 (1317 f.); *Schulze-Osterloh,* Das Prinzip der gesamthänderischen Bindung, 1972, S. 8 ff., 13 ff., 26.

chen Nachlasses bzw. des ehelichen Gesamtguts fehlt es aber auch an einem Bedürfnis des Rechtsverkehrs, für diese Arten der Gesamthand zur Fortbildung des Sondervermögens zu einem Personenverband zu kommen. – Zu den trotz dieser Rechtsfortbildung fortbestehenden Unterschieden zwischen rechtsfähigem Personenverband (GbR, aber auch OHG und KG) und juristischer Person (AG, GmbH) → Rn. 307 ff.

293 **b) Gesellschaftsrechtliche Gesamthand.** Die für die gesellschaftsrechtliche Gesamthand kennzeichnenden Vorschriften, darunter in erster Linie diejenigen der §§ 718–720 über das Gesellschaftsvermögen und dessen gesamthänderische Bindung sowie des § 738 Abs. 1 S. 1 über die Anwachsung des Anteils eines ausscheidenden Gesellschafters bei denjenigen der übrigen Gesellschafter, wurden in den Entwurf des BGB bekanntlich erst von der 2. Kommission aufgenommen.[833] Dadurch wurde die im 1. Entwurf als bloßes Schuldverhältnis (societas), ggf. verbunden mit Bruchteilseigentum der Gesellschafter, ausgestaltete Rechtsform der GbR[834] zur Gesamthandsgemeinschaft erweitert.[835] Nach den Vorstellungen der Gesetzesverfasser sollten die Änderungen dazu dienen, mit der Rechtsfigur der Gesamthand die Grundlage für ein der Verfolgung des gemeinsamen Zwecks dienendes **Sondervermögen der GbR** zu schaffen und dessen Bestand gegenüber dem Zugriff einzelner Gesellschafter und ihrer Privatgläubiger abzusichern. Diesem vermögensrechtlichen Zweck trug neben dem Ausschluss von Verfügungen der Gesellschafter über ihren „Anteil" an den einzelnen Vermögensgegenständen (→ Rn. 290) einerseits die Vorschrift des § 736 ZPO über das Erfordernis eines Titels gegen alle Gesellschafter zur Vollstreckung in das Gesellschaftsvermögen Rechnung, andererseits die Regelungen des § 725 über das Sonderkündigungsrecht des Privatgläubigers eines Gesellschafters zur Ermöglichung des Zugriffs auf den Anteilswert sowie diejenigen der §§ 730 ff. über die Auseinandersetzung des Gesellschaftsvermögens nach Auflösung der Gesellschaft unter vorrangiger Berichtigung der gemeinschaftlichen Schulden. Auch die Vorschrift des § 714 über die Vertretungsmacht der geschäftsführenden Gesellschafter war ersichtlich nicht im Sinne einer Organstellung für den Personenverband der Gesellschafter als solchen (die Gruppe) konzipiert, sondern als Befugnis, „die anderen Gesellschafter Dritten gegenüber zu vertreten".

294 Aufgrund der Verweisung in §§ 105 Abs. 3 (Abs. 2 aF), 161 Abs. 2 HGB wurde die Gesamthandsstruktur im Grundsatz auch für die **Personenhandelsgesellschaften** übernommen. Dies geschah zwar mit der Maßgabe, dass deren Behandlung als im Rechtsverkehr unter eigener Firma und mit eigenen Organen teilnehmender *Personenverband* in den §§ 124–127 HGB abweichend vom GbR-Recht ausdrücklich geregelt wurde. An der Gesamthandsstruktur auch von OHG und KG als den handelsrechtlichen Sonderformen der Personengesellschaft bestand jedoch kein Zweifel.

295 Entgegen der deutlichen Unterscheidung im BGB und HGB des Jahres 1900 zwischen GbR einerseits, OHG und KG andererseits haben die **neueren Entwicklungen im GbR-Recht** dazu geführt, die Rechts- und Parteifähigkeit auch der Außen-GbR anzuerkennen und sie damit insoweit den Personenhandelsgesellschaften gleichzustellen (→ Rn. 303 ff.). Die Sondervorschrift des **§ 124 HGB** hat sich damit zu einer auch für die Außen-GbR maßgeblichen, das Wesen der gesellschaftsrechtlichen Gesamthand definierenden **Grundlagennorm** entwickelt. *Unverändert* geblieben ist demgegenüber der Charakter der (Außen-)GbR als *Schuldverhältnis der Gesellschafter* mit gesamthänderisch strukturierter Organisation; Gleiches gilt für die Personengesellschaften des Handelsrechts (OHG und KG). Ihre Qualifizierung als juristische Person ist abzulehnen (→ Rn. 308 f.). Auch **de lege ferenda** ist kein hinreichender Bedarf für die Abschaffung des Gesamthandsprinzips bei der (Außen-)GbR zu konstatieren.[836] Demgemäß sind die Vorschriften der §§ 718–720 nach wie vor maßgebend für die Strukturierung des Gesellschaftsvermögens und dessen gesamthänderische Bindung (vgl. dort), und sollten es (abgesehen von redaktionellen Verbesserungen) auch bleiben. Das Gleiche gilt für das in § 738 Abs. 1 S. 1 verankerte Prinzip der An- und Abwachsung beim Ausscheiden oder Neueintritt eines Gesellschafters. Für eine isolierte Verfügung von Gesellschaftern über ihren „Anteil am Gesellschaftsvermögen" (§ 719 Abs. 1) ohne gleichzeitige Übertragung der Mitgliedschaft als solcher ist kein Raum.

296 **2. GbR-Gesamthand: vom Objekt zum Subjekt. a) Die traditionelle Lehre.** Die traditionelle, bis in die Mitte der 80er Jahre hL zur Rechtsnatur der GbR knüpfte an den *Normenbefund des*

---

[833] *Wächter*, Die Aufnahme der Gesamthandsgemeinschaften in das Bürgerliche Gesetzbuch, 2002, S. 243 ff.; vgl. auch schon *Flume* ZHR 136 (1972), 177 ff.; *Flume* BGB AT I 1 § II mN.

[834] Vgl. näher *Wächter*, Die Aufnahme der Gesamthandsgemeinschaften in das Bürgerliche Gesetzbuch, 2002, S. 115 ff.; *Flume* BGB AT I 1 § I 2.

[835] Eingehend *Wächter*, Die Aufnahme der Gesamthandsgemeinschaften in das Bürgerliche Gesetzbuch, 2002, S. 243 ff.; dazu auch *Flume* BGB AT I 1 § I 2.

[836] *Schäfer*; Gutachten E zum 71. DJT, 2016, S. 85 ff. gegen rechtspolitische Vorschläge von *K. Schmidt* ZHR 177 (2013), 727 f. und – ihm folgend – *Röde*, AcP 215 (2015), 492 f.

Jahres 1900 an. Entsprechend der Funktion der Rechtsfigur der Gesamthand, das gemeinschaftliche Vermögen der Gesellschafter als **Sondervermögen** für die Zwecke der GbR zu binden und vor dem Zugriff einzelner Gesellschafter und ihrer Privatgläubiger zu bewahren, beurteilte man die Außen-GbR als ein auf vertraglicher Grundlage beruhendes Schuldverhältnis der Gesellschafter, denen durch die damit verbundene gesamthänderische Struktur das Gesellschaftsvermögen als **Objekt** zur gesamten Hand zustehe.[837] Dementsprechend sah man in den für die GbR tätigen Geschäftsführern die Vertreter aller Gesellschafter (§ 714) und ordnete diesen (und nicht der GbR als solcher) das Gesellschaftsvermögen als gemeinschaftliches Vermögen zu (§ 718 Abs. 1). Das rechtsgeschäftliche Handeln für die GbR sollte nach §§ 421, 427 grundsätzlich die gesamtschuldnerische Haftung der Gesellschafter begründen, und zwar sowohl mit ihrem Privatvermögen als auch mit dem Gesellschaftsvermögen.[838] Für eine deliktische Organhaftung der GbR analog § 31 war aus dieser Sicht mangels handlungsfähiger Organisation kein Raum.[839] Ansprüche der Gläubiger gegen die GbR waren gegen die Gesellschafter als Beklagte einzuklagen mit der Vollstreckungsmöglichkeit nach § 736 ZPO. Bestätigt sah sich die traditionelle („gesetzestreue") Lehre durch die Vorschrift des § 124 HGB, da diese im Umkehrschluss die fehlende Rechts- und Parteifähigkeit der (Außen-)GbR unterstrich.

Auf **Bedenken** stieß die traditionelle Lehre aus neuerer Sicht (→ Rn. 298) einerseits wegen ihres rein objektiven, vermögensbezogenen Gesamthandsverständnisses, andererseits und vor allem wegen ihrer unbefriedigenden Rechtsfolgen mit Blick auf die Teilnahme der GbR am Rechtsverkehr.[840] Schwierigkeiten bereitete allein schon der auf dem Rechtsformzwang des § 105 HGB beruhende, sich nach Art und Umfang der Geschäftstätigkeit der Gesellschaft richtende und von der Handelsregistereintragung weitgehend unabhängige *Rechtsformwechsel* von der GbR zur OHG und umgekehrt. Er hatte zur Folge, dass die Anerkennung der Rechtsfähigkeit der Gesellschaft von deren jeweiliger faktischer Situation abhing und zumal im Rahmen von Dauerschuldverhältnissen sachfremden Schwankungen unterlag – man denke nur an die nur für Rechtssubjekte mögliche Mitgliedschaft in anderen Personenverbänden (→ Rn. 316 f.). Auch ein *Gesellschafterwechsel* wirkte nach traditioneller Sicht nachteilig auf bestehende Rechtsverhältnisse der GbR mit Dritten und insbesondere auf die Gläubigerrechte der Dritten aus. Denn neu beitretende Gesellschafter unterlagen nur im Falle eines (nicht zu vermutenden) Schuldbeitritts der Außenhaftung für Altverbindlichkeiten; ohne einen Schuldtitel gegen sie war jedoch die Vollstreckung der Dritten in das Gesellschaftsvermögen nach § 736 ZPO ausgeschlossen.[841] Weitere Probleme verursachte der Gesellschafterwechsel in Bezug auf die Reichweite der Vertretungsmacht der Geschäftsführer und auf die Zuständigkeit zur Genehmigung eines ohne Vertretungsmacht für die Mitgesellschafter namens der GbR abgeschlossenen Vertrags durch die Vertretenen nach § 177.[842] Insgesamt wurde zunehmend deutlich, dass die Vorstellung von der gesellschaftsrechtlichen Gesamthand als bloßes Objekt (Sondervermögen) zu kurz griff, da sie nicht in der Lage war, den vielgestaltigen Erscheinungsformen der GbR und deren nicht seltener Teilnahme unter eigenem Namen am Rechtsverkehr angemessen Rechnung zu tragen.

b) Die „Gruppen"-Lehre *(Flume)*. Das Gegenkonzept zur traditionellen Lehre von der gesellschaftsrechtlichen Gesamthand als bloßes Zuordnungsobjekt wurde seit Beginn der 70er Jahre von *Flume* präsentiert.[843] Er knüpfte damit an eine von *Otto v. Gierke* schon vor Verabschiedung des BGB entwickelte, damals jedoch nicht auf Zustimmung gestoßene Ansicht an, wonach die gesamthänderische Gesellschaft bürgerlichen Rechts sich als eine auf personenrechtlicher Verbundenheit beruhende Personenmehrheit darstelle, die durch das Gesamthandsprinzip zu einer *Personeneinheit*

---

[837] Vgl. aus neuerer Zeit insbes. *Zöllner,* FS Gernhuber, 1993, S. 563 ff. und *Hueck,* FS Zöllner, 1998, S. 275 ff., jeweils mit umfassenden Lit.-Nachweisen zur traditionellen Lehre auf S. 563 Fn. 1 bzw. S. 277 Fn. 8; so auch noch *Huber,* Vermögensanteil, Kapitalanteil und Gesellschaftsanteil, 1970, S. 61 ff., 102 ff. – anders dann *ders.,* FS Lutter, 2001, S. 107 (122 ff., 139) –; und *Wiedemann* GesR I § 5 I 2 – anders dann *ders.,* FS Kellermann, 1991, S. 529 ff. und GesR II § 7 III 2 –; *Kraft/Kreutz* GesR, 11. Aufl. 2000, C I 1d; wohl auch *Kübler/Assmann* GesR, 6. Aufl. 2006, § 4 III, § 6 III 3c.
[838] Dazu eingehend *Aderhold,* Das Schuldmodell der BGB-Gesellschaft, 1981, S. 74 ff., 192 ff. mzN; ihm folgend *Dauner-Lieb,* Unternehmen in Sondervermögen, 1998, S. 522 ff. Vgl. auch BGHZ 142, 315 (320) = NJW 1999, 3483 zur unbeschränkten Gesellschafterhaftung auf der Grundlage der traditionellen Lehre.
[839] BGHZ 45, 311 (312) = NJW 1966, 1807.
[840] Vgl. dazu näher *Ulmer* AcP 198 (1998), 134 ff.; aA insbes. *Zöllner,* FS Kraft, 1998, S. 710 ff.: „heiße Luft"; zuvor schon *ders.,* FS Gernhuber, 1993, S. 572 f.
[841] Konstruktiv unbehelfliche Versuche zur Lösung dieses Dilemmas auf dem Boden der traditionellen Lehre bei *Zöllner,* FS Gernhuber, 1993, S. 575 f.; *ders.,* FS Kraft, 1998, S. 701 (714 f.).
[842] Vgl. nur BGHZ 79, 374 (379) = NJW 1981, 1213; dazu *Ulmer* AcP 198 (1998), 141 f.
[843] *Flume* ZHR 136 (1972), 177 ff. und sodann *Flume* BGB AT I 1 § 4 II; vgl. zuvor auch schon *Fabricius,* Relativität der Rechtsfähigkeit, 1963, S. 158 ff.

werde.[844] Vor diesem Hintergrund zeigte *Flume* auf, dass als **Rechtsubjekt** nicht nur OHG und KG, sondern auch die gesamthänderisch strukturierte GbR in Gestalt der gesellschaftsvertraglich zu einer „Gruppe" verbundenen Gesellschafter anzusehen sei, ein Rechtsubjekt, das hinsichtlich seiner Rechtsfähigkeit den Regeln des § 124 HGB unterliege.[845] Das Gesamthandsprinzip erschöpfe sich mit anderen Worten nicht in der Bündelung der gemeinsamen Vermögensgegenstände zu einem Sondervermögen, sondern eröffne der Gesamthand als Personenverband in Gestalt ihrer Gesellschafter oder der für sie handelnden Geschäftsführer zugleich auch die Teilnahme am Rechtsverkehr. *Zuordnungssubjekt* für das Gesamthandsvermögen und Haftungsschuldner waren aus dieser Sicht nicht die Gesellschafter „in ihrer gesamthänderischen Verbundenheit", sondern die Gesamthand (Gruppe) als solche, dh als Personenverband unabhängig von dessen jeweiliger Zusammensetzung. Die neue (Gruppen-)Lehre erwies sich damit zugleich als geeignet, die gegen die traditionelle Lehre bestehenden praktischen Bedenken (→ Rn. 297) zu überwinden, da sowohl der Rechtsformwechsel von der GbR zur OHG/KG oder umgekehrt als auch der Gesellschafterwechsel Bestand und Rechtsfähigkeit der Personengesellschaft und die ihr gegenüber bestehenden Rechte Dritter unberührt ließ.[846]

299 **c) Entwicklung und Stand der Diskussion.** Im **Schrifttum** zum *Gesellschaftsrecht* setzte sich die Gruppenlehre, beginnend mit der 1. Auflage dieses Kommentars,[847] in den letzten dreißig Jahren zunehmend durch.[848] Trotz einiger an der traditionellen Lehre festhaltender Stimmen[849] konnte sie schon im Jahr 1997 als inzwischen ganz hM bezeichnet werden,[850] während in den *Lehrbüchern und Kommentaren zum BGB-Schuldrecht* der Meinungsumschwung zunächst nur vereinzelt zur Kenntnis genommen wurde.[851] Ein Aufruf Ende der 90er Jahre an die Gegner der Gruppenlehre, die Kontroverse zu beenden und sich der auch in der Rechtsprechung zunehmend rezipierten neuen Lehre anzuschließen,[852] hatte freilich zunächst den gegenteiligen Effekt und wurde von den Adressaten als Herausforderung verstanden.[853] Erst dem Grundsatzurteil des BGH vom 29.1.2001 (→ Rn. 301) ist es gelungen, dieses Ziel zu erreichen und der neuen Lehre endgültig zum Durchbruch zu verhelfen.[854]

300 Die höchstrichterliche **Rechtsprechung** hat es zwar lange Zeit vermieden, ausdrücklich für oder gegen die Gruppenlehre Stellung zu beziehen. Insbesondere die Urteile des für das Gesellschaftsrecht zuständigen II. Zivilsenats des BGH ließen jedoch seit Ende der 1970er Jahre mit zunehmender Deutlichkeit erkennen, dass der Senat der Anerkennung der (Teil-)Rechtsfähigkeit der Außen-GbR zuneigte. Das gilt für die in zahlreichen Urteilen[855] akzeptierte Doppelverpflichtungstheorie zu § 714, die bekanntlich zwischen der GbR und den Gesellschaftern als je selbständigen Haftungsschuldnern unterscheidet (→ § 714 Rn. 3),[856] und für die Zuweisung der Genehmigungskompetenz nach § 177 Abs. 1 an den *nach* schwebend unwirksamem Vertragsschluss eingetretenen Rechtsnachfolger eines

---

[844] *O. v. Gierke*, Deutsches Privatrecht I, 1895 – Nachdruck 1936, S. 671 ff.
[845] *Flume* ZHR 136 (1972), 177 (187 ff.) und *Flume* BGB AT I 1 § 4 I und II.
[846] So zutr. resümierend auch BGHZ 146, 341 (344 ff.) = NJW 2001, 1056.
[847] 1. Aufl. Rn. 130 ff. (1980); vgl. zuvor schon *Schünemann*, Grundprobleme der Gesamthandsgesellschaft, 1975, S. 110 ff., 148 ff.
[848] Vgl. nur Soergel/*Hadding*, 11. Aufl. 1985, Vor § 705 Rn. 20 f.; *K. Schmidt* GesR §§ 8 III, 58 IV; *Wiedemann* WM 1994, Sonderbeilage 4 S. 4 ff.; so jetzt auch Palandt/*Sprau* § 705 Rn. 24; wN bei *Ulmer* AcP 198 (1998), 114 Fn. 6 und *Hueck*, FS Zöllner, 1998, S. 277 Fn. 9; aus neuerer Zeit s. die Darstellung von *K. Schmidt* AcP 209 (2009), 181 und *Beuthien* NZG 2011, 481 mit einem Versuch, die Gruppenlehre zu „entzaubern", ohne freilich ihren Ergebnissen zur Rechtsfähigkeit zu widersprechen.
[849] So insbes. noch *Hueck*, *Zöllner* und *Kübler*, vgl. Nachweise bei *Ulmer* AcP 198 (1998), 114 Fn. 6; seither noch *Berndt/Boin* NJW 1998, 2854 ff. und *Cordes* JZ 1998, 545 ff. Zweifelnd auch *Schöpflin*, Der nichtrechtsfähige Verein, 2003, S. 95 ff.
[850] *Ulmer* AcP 198 (1998), 114.
[851] So von *Larenz* SchuldR BT II, § 60 IV c S. 392 ff.; vgl. demgegenüber die Nachweise bei *Ulmer* AcP 198 (1998), 115 Fn. 13 und 14 zu den an der traditionellen Lehre festhaltenden Autoren (*Fikentscher, Medicus,* Palandt/*Thomas,* Jauernig/*Stürner*).
[852] So *Ulmer* AcP 198 (1998), 113 (151).
[853] Insbes. von *Zöllner*, FS Kraft, 1998, S. 701 ff.; vgl. auch *Hueck*, FS Zöllner, 1998, S. 275 ff.; *Kraft/Kreutz* GesR, 11. Aufl. 2000, C I 1d.
[854] So der einhellige Stand in den Kommentaren zu § 705, vgl. Staudinger/*Habermeier* (2003) Vor § 705 Rn. 8; Bamberger/Roth/*Schöne* Rn. 13, 16 f.; Palandt/*Sprau* § 705 Rn. 24; *Wertenbruch* in Westermann/Wertenbruch Pers-GesR-HdB I. Teil § 32 Rn. 786 ff.; *Wiedemann* GesR II § 7 III 2; wohl auch Soergel/*Hadding/Kießling* Vor § 705 Rn. 21 und § 718 Rn. 3; Erman/*Westermann* Rn. 64 ff., 71.
[855] Vgl. nur BGHZ 74, 240 (242) = NJW 1979, 1821; BGHZ 79, 374 (377) = NJW 1981, 1213; BGHZ 117, 168 (176) = NJW 1992, 1615; BGHZ 136, 254 (257 f.) = NJW 1997, 2754; BGH NJW 1998, 2904 (2905).
[856] Vgl. dazu näher *Ulmer* ZIP 1999, 509 (510 f.).

nicht wirksam vertretenen Gesellschafters,[857] aber auch für die Anerkennung der Mitgliedschaft der GbR als solcher in GmbH,[858] AG,[859] e.G.[860] und anderer GbR.[861] In die gleiche Richtung weist auch die Bejahung der Scheckfähigkeit der GbR durch den XI. Zivilsenat,[862] während die Verneinung der Markenfähigkeit[863] und der WEG-Verwalterfähigkeit der GbR[864] durch zwei andere Zivilsenate des BGH noch auf der traditionellen Lehre beruhte. Vor diesem Hintergrund wirkte es umso erstaunlicher, dass sogar der II. Zivilsenat selbst in einem „Grundsatzurteil" vom 27.9.1999,[865] in dem er dem Ausschluss der persönlichen Haftung der Gesellschafter unter Berufung auf den „mbH"-Zusatz im Gesellschaftsnamen eine Absage erteilte, abweichend von seiner früheren Rechtsprechung die dogmatische Begründung dieses Ergebnisses ausdrücklich offen ließ.[866] Er schien damit die Möglichkeit einer Abkehr der Rechtsprechung von der Gruppenlehre zu signalisieren.[867]

Die Irritation der Fachwelt durch das Urteil vom 27.9.1999 war allerdings nur von kurzer Dauer. **301** Denn die dadurch ausgelöste Diskussion trug vermutlich wesentlich dazu bei, dass der Senat sich kurz darauf im **Grundsatzurteil vom 29.1.2001**[868] kraft richterlicher Rechtsfortbildung ausdrücklich für die grundsätzlich uneingeschränkte **Rechts- und Parteifähigkeit der Außen-GbR** aussprach und damit die traditionelle Lehre endgültig verabschiedete.[869] Mit Recht wurde das Urteil im Schrifttum ganz überwiegend positiv aufgenommen[870] und als Meilen-,[871] Mark-[872] oder Schlussstein[873] bezeichnet. Dass es sich um ein Versäumnisurteil handelte, gegen das die Beklagten erfolgreich Einspruch einlegten, und dass das Verfahren wegen zwischenzeitlicher Erledigung der Hauptsache mit einer Kostenentscheidung endete,[874] tat der rechtlichen Tragweite der Urteilsgründe keinen Abbruch.[875] Dies umso mehr, weil das Nachverfahren dem Senat die Gelegenheit verschaffte, die zunächst unterlassene Abstimmung mit zuvor divergierenden BGH-Senaten nachzuholen,[876] während er auf eine Anrufung des Gemeinsamen Senats der obersten Gerichtshöfe des Bundes wegen fehlender Divergenzen verzichten konnte.[877] Auch das BVerfG hat das Grundsatzurteil in der Folgezeit zustimmend zur Kenntnis genommen und sich zugleich für die **Grundrechtsfähigkeit** der GbR ausgesprochen.[878]

d) Fazit. Als Ergebnis der sich über ein Jahrhundert hinziehenden Diskussion zur Rechtsnatur **302** der GbR-Gesamthand ist nach allem festzuhalten, dass aus heutiger Sicht an der grundsätzlichen

---

[857] BGHZ 79, 374 (379) = NJW 1981, 1213.
[858] BGHZ 78, 311 (313) = NJW 1981, 682.
[859] BGHZ 118, 89 (99) = NJW 1992, 2222.
[860] BGHZ 116, 86 (88 ff.) = NJW 1992, 499.
[861] BGH NJW 1998, 376.
[862] BGHZ 136, 254 (257) = NJW 1997, 2754.
[863] BGH GRUR 2000, 1028 (1030) – Ballermann (I. ZS); aA dann BPatG GRUR 2004, 1030 *Wertenbruch* in Westermann/Wertenbruch PersGesR-HdB I. Teil § 32 Rn. 796; *Fezer*, FS P. Ulmer, 2003, S. 119 (123); *Hildebrandt* DStR 2004, 1924 (1925 f.).
[864] BGHZ 107, 268 (271) = NJW 1989, 2059; unverändert BGH NJW 2006, 2189 (2190) (V. ZS); dazu krit. *Schäfer* NJW 2006, 2160 ff.
[865] BGHZ 142, 315 = NJW 1999, 3483.
[866] So BGHZ 142, 315 (319 ff.) = NJW 1999, 3483.
[867] Vgl. die krit. Urteilsrez. von *Altmeppen* ZIP 1999, 1758 (1759 f.) und *Ulmer* ZGR 2000, 339 (343 ff.); so tendenziell auch *Dauner-Lieb* DStR 1999, 1992 (1996).
[868] BGHZ 146, 341 (344 ff.) = NJW 2001, 1056 – ARGE Weißes Ross; ebenso dann BGH NJW 2002, 1207 (Folgeentscheidung); BGHZ 148, 291 (293 f.) = NJW 2001, 3121; BGHZ 151, 204 (206) = NJW 2002, 3593; BGHZ 154, 88 (94) = NJW 2003, 1445 ua.
[869] Der „soweit"-Zusatz im 1. Ls. steht nicht entgegen, → Rn. 310.
[870] Vgl. insbes. *Dauner-Lieb* DStR 2001, 356 f.; *Derleder* BB 2001, 2485 ff.; *Hadding* ZGR 2001, 712 ff.; *Habersack* BB 2001, 477 ff.; *K. Schmidt* NJW 2001, 993 ff.; *Ulmer* ZIP 2001, 585 ff.; *Westermann* NZG 2001, 289 ff.; *Wertenbruch* NJW 2002, 324 ff.; *Wiedemann* JZ 2001, 513 ff.; *Heil* NZG 2001, 300 ff.; *Peifer* NZG 2001, 296 ff.; rückblickend *Armbrüster* ZGR 2013, 366.
[871] *K. Schmidt* NJW 2001, 993 (995).
[872] *Ulmer* ZIP 2001, 585.
[873] *Hadding* ZGR 2001, 712 (714).
[874] BGH NJW 2002, 1207; krit. zu diesem Verfahrensablauf *Jauernig* NJW 2001, 2231 f.
[875] Der Senat betont selbst ausdrücklich (NJW 2002, 1207), dass er an seinen Ausführungen in BGHZ 146, 341 = NJW 2001, 1056 unter Abstellen auf die Begründung von Rechten und Pflichten der (Außen-)GbR „durch Teilnahme am Rechtsverkehr" festhalte; zust. auch *Hadding* ZGR 2001, 715 f.
[876] Vgl. dazu BGH NJW 2002, 1207 f.; *Kellermann*, FS Wiedemann, 2002, S. 1069 (1071); krit. zu dem vom Senat hierfür praktizierten informellen Verfahren *Prütting*, FS Wiedemann, 2002, S. 1177 (1181 f.).
[877] BGH NJW 2002, 1208 vorbehaltlich einer informellen Anfrage beim BFH; *Kellermann*, FS Wiedemann, 2002, S. 1069 (1071); krit. *Prütting*, FS Wiedemann, 2002, S. 1177 (1182).
[878] BVerfG NJW 2002, 3533 bezogen auf die Eigentumsgarantie und die Verfahrensgrundrechte der Art. 101 Abs. 1 S. 2, 103 Abs. 1 GG; krit. dazu *Stürner* JZ 2003, 44 f.

Rechts- und Parteifähigkeit der Außen-GbR nicht länger gezweifelt werden kann. Die Gruppen-Lehre hat sich voll durchgesetzt; die traditionelle Lehre ist trotz ihres „gesetzestreuen" Ansatzes überwunden. Auf die Frage, ob die Qualität als Rechtssubjekt sämtlichen oder aber nur den „höherstufigen", über eine eigene Identitätsausstattung verfügenden Außengesellschaften zusteht, ist zurückzukommen (→ Rn. 305 f.). Ebenso bleibt zu prüfen, wie weit die Rechtsfähigkeit der GbR trägt und ob Vorbehalte in Bezug auf bestimmte Rechtspositionen wegen der wenig ausgeprägten Verfassung der GbR oder wegen der fehlenden Registereintragung veranlasst sind (→ Rn. 312 ff., 317). Hiervon abgesehen unterliegt die Rechtsfähigkeit der GbR aus heutiger Sicht jedoch keinen weiteren Schranken. § 124 HGB findet analoge Anwendung. Eine Gleichsetzung der GbR mit Kapitalgesellschaften als juristische Personen scheidet aus (→ Rn. 307 ff.).

II. Rechtsfähigkeit der Außengesellschaft

303 **1. Grundlagen. a) Rechtsfähige Personengesellschaft (Gesamthand).** Zur Entwicklung und zum Stand der Lehre von der Rechtsfähigkeit der **Außen-GbR** als gesamthänderische Personenverbindung (Gruppe), dh als Zuordnungssubjekt des Gesellschaftsvermögens und der Gesellschaftsverbindlichkeiten, → Rn. 299 ff. Die Rechtsfähigkeit[879] ist von der inzwischen **ganz hM** in der Literatur anerkannt (→ Rn. 299) und durch die höchstrichterliche Rechtsprechung seit 2001 in einer Reihe von Grundsatzurteilen bestätigt worden (→ Rn. 301). Sie ist damit geltendes Recht.

304 Auch in der **Gesetzgebung** der letzten 20 Jahre hat diese Entwicklung ihren Niederschlag gefunden. So unterscheidet die im Jahr 2000 in das BGB aufgenommene Vorschrift des **§ 14 Abs. 1** für den Begriff des Unternehmers zwischen natürlichen Personen, juristischen Personen und *rechtsfähigen Personengesellschaften;* eine entsprechende Differenzierung zwischen den beiden letztgenannten Rechtssubjekten findet sich bereits seit 1996 in § 1059a betreffend die Übertragbarkeit des Nießbrauchs. Die Vorschrift des **§ 191 UmwG 1994** rechnet zu den aus einem Formwechsel hervorgehenden „Rechtsträgern neuer Rechtsform" in Abs. 2 Nr. 1 auch die GbR. Nach **§ 7 Nr. 3 MarkenG 1994** können auch rechtsfähige Personengesellschaften Inhaber eingetragener Marken sein. Schließlich bestimmt **§ 11 Abs. 2 InsO 1994,** dass ein Insolvenzverfahren auch über das Vermögen einer „Gesellschaft ohne Rechtspersönlichkeit", darunter neben OHG und KG auch dasjenige einer GbR, eröffnet werden kann. Auch wenn die Terminologie der zitierten Regelungen ersichtlich noch schwankt, ist doch unverkennbar, dass die (Außen-)GbR vom Gesetzgeber seit 1994 zunehmend als Rechtssubjekt angesehen wird und bereits mehrfach Adressat gesetzlicher Regelungen geworden ist. **§ 162 Abs. 1 S. 2 HGB** hat sodann klargestellt, dass die GbR Kommanditanteile halten kann, und aus **§ 899a und § 47 Abs. 2 GBO** ergibt sich schließlich, dass die GbR auch Träger von Immobiliarrechten sein kann (→ Rn. 312 f.).

305 **b) Abgrenzungskriterien.** Zum Begriff der *Außengesellschaft* und deren Abgrenzung von Innengesellschaften → Rn. 253 f., 277 ff. Nach zutreffender hM ist entscheidende Voraussetzung das Auftreten nach außen, dh die im Gesellschaftsvertrag vorgesehene **Teilnahme der GbR** als solcher **am Rechtsverkehr** durch ihre für sie als rechtsfähige Einheit handelnden Organe (→ Rn. 253 f., 279).[880] Ob auch das Vorhandensein von Gesamthandsvermögen eine Innengesellschaft ausschließt, ist hingegen umstritten (→ Rn. 280). Für die Teilnahme am Rechtsverkehr reicht eigenmächtiges Handeln einzelner Gesellschafter im Namen der Gesellschaft nicht aus, macht diese also nicht zur Außengesellschaft (→ Rn. 279); es gilt richtigerweise das Gleiche wie in Bezug auf die Entstehung einer Außengesellschaft durch Geschäftsbeginn: Nur die Zustimmung aller Gesellschafter kann ein Rechtssubjekt zur Entstehung bringen (→ Rn. 2).[881] Diesem Ansatz folgt auch das reformierte Recht der GesbR in Österreich: Nach § 1176 Abs. 1 S. 1 ABGB können die Gesellschafter „die Gesellschaft auf ihr Verhältnis untereinander beschränken (Innengesellschaft) oder gemeinschaftlich im Rechtsverkehr auftreten (Außengesellschaft)." Schon hierdurch und vollends durch die Vermutungsregel in S. 2 wird deutlich, dass die Teilnahme am Rechtsverkehr vom Willen aller Gesellschafter getragen sein muss. Für einen solchen Willen haben vertragliche Bestimmungen zur Geschäftsführung/Vertretung („Organisationsregeln") und die Vereinbarung eines Gesellschaftsnamens eine indi-

---

[879] Im Sinne einer „nicht personengebundenen", von den jeweiligen Gesellschaftern losgelösten Rechtsfähigkeit, so treffend *M. Wolf,* FS Canaris, 2007, S. 1313 (1315) im Unterschied zu Erben- und Gütergemeinschaft.
[880] S. nur BGHZ 146, 341 Ls. 2 = NJW 2001, 1056; *Flume* BGB AT I 1 § 1 III, S. 6 f.; Erman/*Westermann* § 705 Rn. 64, 67.
[881] Vgl. zu § 123 Abs. 2 HGB als systembildende Norm nur *Schäfer,* FS Schneider, 2011, S. 1085; demgegenüber meint *Beuthien,* dass auch die Zustimmung aller Gesellschafter eine Innen- nicht zur Außengesellschaft mache, vielmehr sei eine „umfassende und dauerhafte" (?) Erweiterung des Innen- zum Außenzweck erforderlich, *Beuthien* NZG 2011, 165. Dem kann schon aus Gründen der Rechtssicherheit nicht gefolgt werden.

zielle Wirkung, sind aber andererseits nicht begriffsnotwendig, zumal §§ 709, 714 dispositive Regelungen zu Geschäftsführung und Vertretung treffen. Dazu, dass der Gesetzgeber de lege ferenda die Abgrenzung – wie in Österreich – durch gesetzliche Vermutungsregeln unterstützen sollte, s. schon den Hinweis in → Rn. 277 aE.[882]

Auch wenn die vertraglich vorgesehene Teilnahme der GbR am Rechtsverkehr somit eine **306** notwendige Bedingung für die Anerkennung der Rechtsfähigkeit der GbR bildet, stellt sich die Frage, ob hiermit bereits das entscheidende Abgrenzungskriterium benannt ist. Das zeigen insbesondere Gelegenheitsgesellschaften, bei denen die Beteiligten nicht planmäßig und zielgerichtet, sondern fallweise und ohne für Dritte erkennbare Organisation gemeinsam nach außen in Erscheinung treten. In derartigen Fällen geht der Rechtsverkehr typischerweise vom gemeinsamen Handeln einer vertraglich nicht koordinierten Personenmehrheit aus und rechnet mit der Begründung von Gesamtschulden durch deren gemeinsames Handeln nach §§ 421, 427. Die Anerkennung der Rechts- und der Parteifähigkeit der GbR verlangt jedoch wegen ihrer rechtlichen und insbesondere prozessualen Tragweite nach klaren Abgrenzungskriterien. *Peter Ulmer* hat deshalb ua in diesem Kommentar dafür plädiert, entgegen der sämtliche Außengesellschaften gleich behandelnden Rechtsprechung (→ Rn. 301) und der überwiegenden Lehre[883] die Rechtsfähigkeit auf Fälle höherstufiger oder „organisierter",[884] durch eine eigene **Identitätsausstattung** (Name und Sitz, Handlungsorganisation, Haftungsverfassung) gekennzeichneter Außengesellschaften zu beschränken.[885] Sache der Gesellschafter sei es sodann, bei Ausgestaltung ihres Zusammenwirkens für das Vorliegen dieses Merkmals Sorge zu tragen. Sie würden hierzu regelmäßig schon im *Gesellschaftsvertrag* selbst, durch Einigung auf einen Namen[886] und Sitz der Gesellschaft, durch Bestellung von Geschäftsführern als Gesellschaftsorganen und durch Schaffung einer Haftungsgrundlage in Gestalt der Beiträge, das Nötige veranlassen. Insbesondere bei gewerblich oder unternehmerisch tätigen, auf Gewinnerzielung ausgerichteten Außengesellschaften zum gemeinsamen Betrieb eines Kleingewerbes oder eines freien Berufs, aber auch bei der gemeinsamen Vermietung oder Verpachtung von Gesellschaftsvermögen im Rahmen eines Geschäftsbetriebs, lägen diese Voraussetzungen einer organisierten, über eigene Rechts- und Parteifähigkeit verfügenden GbR in aller Regel vor (6. Aufl. Rn. 306). – Aus heutiger Sicht ist hierzu festzustellen:[887] Selbstverständlich ist es für den Rechtsverkehr unverändert von großer Bedeutung, rechtssicher identifizieren zu können, ob er es mit einem eigenen Rechtssubjekt zu tun hat. Insofern haben die vorgeschlagenen Kriterien viel für sich. Andererseits hat die Unterscheidung nur zwischen Innen- und Außengesellschaften in Bezug auf die Rechtsfähigkeit die größere Klarheit für sich, zumal sie die Entstehung einer dazwischenliegenden Kategorie von nichtrechtsfähigen Außengesellschaften (mit Gesellschaftsvermögen) vermeidet, für die ein eigenes Außenrecht (Vertretung, Haftung) gelten müsste. Hinzu kommt, dass seit Anerkennung der Rechtsfähigkeit im Jahre 2001 keine erheblichen Abgrenzungsprobleme bekannt geworden sind. Zudem können (und sollten) gesetzliche Vermutungsregeln die Abgrenzung *de lege ferenda* noch erleichtern (→ Rn. 277 aE). – Entsprechend der hM (→ Rn. 301) kann die Rechtsfähigkeit deshalb weiterhin *allen* Außengesellschaften zustehen.

c) Verbleibende Unterschiede zu juristischen Personen. In der *Rechtslehre* hat es seit der sich **307** abzeichnenden Anerkennung der Außen-GbR als rechtsfähige Einheit nicht an Bemühungen gefehlt,

---

[882] Dazu *Schäfer*, Gutachten E zum 71. DJT, 2016, S. 37 ff.
[883] So ausdrücklich *Habersack* BB 2001, 477 (478 f.); *Pohlmann* WM 2002, 1421 (1423); *Wertenbruch* NJW 2002, 324 (328); jetzt wohl auch *K. Schmidt* NJW 2003, 1897 (1904) – Verzicht auf unternehmenstrag. Tätigkeit; *Hadding* ZGR 2001, 716 f.; für Notwendigkeit der „Individualisierung" dann aber *ders.* ZGR 2001, 721. Auch der BGH hat bisher eine Einschränkung nicht vorgenommen, BGHZ 146, 341 (344 ff.) = NJW 2001, 1056 – ARGE Weißes Ross; ebenso dann BGH NJW 2002, 1207 – Folgeentscheidung; BGHZ 148, 291 (293 f.) = NJW 2001, 3121; BGHZ 151, 204 (206) = NJW 2002, 3593; BGHZ 154, 88 (94) = NJW 2003, 1445 ua; die Frage war aber wohl auch nicht entscheidungserheblich.
[884] So treffend *Wiedemann* ZGR 1996, 286 (291, 298 f.).
[885] So im Anschluss an die von *John*, Die organisierte Rechtsperson, 1977, S. 72 ff., entwickelte Lehre von den „organisierten Rechtspersonen" näher *Ulmer* AcP 198 (1998), 113 (126 ff.) und ZIP 2001, 585 (593 f.); zust. *Reuter* AcP 207 (2007), 673 (681 ff.); ähnlich schon *Breuninger*, BGB-Gesellschaft, 1991, S. 34 ff.; *Wiedemann* ZGR 1996, 286 (290 ff.) und *Wiedemann* GesR II § 7 III 2b; *Derleder* BB 2001, 2485 ff.; für Begrenzung der Rechtsfähigkeit auf die „unternehmenstragende" GbR noch *K. Schmidt* GesR §§ 58 V 1, 60 I 1 und NJW 2001, 993 (1002), aA – gegen Begrenzung – *Habersack* BB 2001, 477 (478 f.); *Pohlmann* WM 2002, 1421 (1423); *Wertenbruch* NJW 2002, 324 (328); *Geibel* WM 2007, 1496 (1498); wohl auch *K. Schmidt* NJW 2003, 1897 (1904) – Verzicht auf unternehmenstragende Tätigkeit; *Hadding* ZGR 2001, 716 f. – anders aber *ders.* ZGR 2001, 721. Anderer Ansatz bei *Beuthien* NZG 2011, 161 ff., der die Rechtsfähigkeit auf Innengesellschaften mit Gesamthandsvermögen erstrecken will.
[886] Das kann auch der Name aller Gesellschafter als Gesamtname sein, → Rn. 270 f.
[887] Ausführlicher *Schäfer*, Gutachten E zum 71. DJT, 2016, S. 27 ff.

Personengesellschaften **als juristische Personen zu qualifizieren**[888] oder sie ihnen doch weitgehend gleichzustellen.[889] Unter Berufung auf die in der Kautelarpraxis verbreitete Typenvermischung in Fällen der GmbH & Co. KG sowie auf gesetzliche Mischtypen nach Art der KGaA,[890] aber auch unter Hinweis auf die Gleichstellung der Personengesellschaften mit Kapitalgesellschaften als „personnes morales" im romanischen Rechtskreis,[891] wird gelehrt, die Differenzierung zwischen gesellschaftsrechtlichen Gesamthandsgemeinschaften und juristischen Personen sei überholt; entscheidend sei das Kriterium der Rechtsfähigkeit der Personenverbände.

308 Diesen Ansichten ist **nicht** zu folgen.[892] Gegen sie spricht schon die vor allem in § 14 zum Ausdruck gekommene Absicht des Gesetzgebers, terminologisch eindeutig zwischen juristischen Personen und rechtsfähigen Personengesellschaften zu unterscheiden (→ Rn. 304). Bestätigt und unterstrichen wird diese Differenzierung durch die *unterschiedlichen Strukturen von Personen- und Kapitalgesellschaften*, die ihrer einheitlichen Behandlung als juristische Personen entgegenstehen (→ Vor § 705 Rn. 12 f.). So ist für die **Kapitalgesellschaften** die klare Trennung zwischen Gesellschaft und Gesellschaftern als Folge ihrer mit der (stets konstitutiven!) Eintragung im Handelsregister erlangten Rechtsnatur als juristische Person kennzeichnend. Der Gesellschaftsvertrag verselbständigt sich dadurch zur Satzung der AG oder GmbH. Er ist autonom auszulegen und kann durch qualifizierten Mehrheitsbeschluss geändert werden. Die Anteile sind grundsätzlich frei übertragbar; sie können auch von der Gesellschaft selbst erworben werden. Der Rückgang der Gesellschafterzahl auf eine Person lässt die Existenz der Gesellschaft unberührt; sie kann sogar als Einmann-Gesellschaft gegründet werden. Das System von An- und Abwachsung ermöglicht den flexiblen Zu- und Abgang von Gesellschaftern (→ Rn. 295). Auch die Zulassung der Drittorganschaft zeigt die für Kapitalgesellschaften als juristische Personen typische strikte Trennung von Gesellschafts- und Gesellschafterebene.

309 In allen vorgenannten Punkten weist die **Personengesellschaft** deutliche Unterschiede auf. Ihre Existenz setzt grundsätzlich den Fortbestand des Gesellschaftsvertrags, dh das Vorhandensein von mindestens zwei Gesellschaftern voraus.[893] Es gelten Einstimmigkeitsgrundsatz (dispositiv) und Selbstorganschaft (zwingend). Der Erwerb eigener Anteile ist schlechthin ausgeschlossen (→ Rn. 79a), eine Anteilsübertragung nur mit Zustimmung der Mitgesellschafter oder kraft Zulassung im Gesellschaftsvertrag möglich. Gemeinsames Kennzeichen aller Personengesellschaften ist ferner die persönliche Verbindung zwischen den Gesellschaftern; sie kann (insbesondere bei sog. Publikumsgesellschaften) zwar wesentlich gelockert, aber nicht beseitigt werden. Auch die Regelung des § 124 HGB bestätigt, dass die Anerkennung der Rechtsfähigkeit der Personengesellschaft diese Besonderheiten ihrer Organisationsstruktur unberührt lässt. An der hergebrachten Differenzierung zwischen Personen- und Kapitalgesellschaften bzw. zwischen Gesamthand und juristischer Person führt nach allem kein Weg vorbei, jedenfalls solange auch der Gesetzgeber hieran festhält, wofür aus aus rechtspolitischer Sicht die besseren Gründe sprechen.[894]

310 **2. Folgerungen. a) Uneingeschränkte Vermögensfähigkeit. aa) Grundsatz.** Nach ganz hM unterliegt die Vermögensfähigkeit der (Außen-)GbR aus heutiger Sicht keinen rechtlichen Beschränkungen.[895] Der vorsichtige „Soweit"-Zusatz im ersten Leitsatz des Grundsatzurteils BGHZ 146, 341[896] lässt sich nicht etwa im Sinne einer „gespaltenen" Rechtsfähigkeit der jeweiligen GbR unter Beschränkung auf die rechtsgeschäftlich begründeten (im Unterschied zu den auf Einlageleistung beruhenden)

---

[888] So wiederholt insbes. *Raiser*, vgl. AcP 194 (1994), 495 (503 ff., 510), AcP 199 (1999), 104 (107 f.) und FS Zöllner, 1998, S. 469 (474 ff.); ähnlich auch *Timm* NJW 1995, 3209 (3214) und ZGR 1996, 247 (251 f.); *Hadding*, FS Kraft, 1998, S. 137 ff. und ZGR 2001, 718 f.
[889] So *K. Schmidt* GesR § 8 I 2; vgl. auch schon *dens.* AcP 191 (1991), 495 (505 ff., 509); ferner *Mülbert* AcP 199 (1999), 38 (66 f.).
[890] *Raiser* AcP 194 (1994), 508 f.
[891] Vgl. *Raiser* AcP 194 (1994), 499 f. (511); aus rechtspolitischer Sicht auch *Röder* AcP 215 (2015), 489 ff.; sympathisierend *K. Schmidt* ZHR 177 (2013) 722.
[892] So auch *Flume* BGB AT 1 § 7 I 1, III; *Grunewald* GesR Rn. 1.A.99 und 3.12; *Huber*, FS Lutter, 2000, S. 107 (113 f.); *Reuter* AcP 207 (2007), 673 (627, 687 ff.); *Beuthien* NZG 2011, 481 (483 f.); ebenso BGHZ 146, 344 (347 f.) = NJW 2001, 1056; mit Blick auf das VerbrKrG unter zutr. Differenzierung gegenüber der Rechtsfähigkeit der Außen-GbR auch BGHZ 149, 80 (84) = NJW 2002, 368; im Ergebnis auch *Mülbert/Gramse* WM 2002, 2085 (2093 f.); ebenso vom traditionellen Standpunkt aus *Kübler/Assmann* GesR, 6. Aufl. 2006, § 4 III, IV und *Zöllner*, FS Gernhuber, 1993, S. 563 (567 f.).
[893] Nach wie vor ganz hM unter Hinweis auf § 705, → Rn. 60 ff.
[894] *Schäfer*, Gutachten E zum 71. DJT, 2016, S. 25 ff.
[895] StRspr des II. ZS und ganz hM in der Lit. Früher abw. Urteile anderer ZS sind heute überholt (→ Rn. 300).
[896] Er erklärte sich wohl aus der Rücksicht des Senats auf mögliche Einschränkungen seitens anderer Oberster Bundesgerichte in ihrem Zuständigkeitsbereich, vgl. BGH NJW 2002, 1207 (1208); dazu *Kellermann*, FS Wiedemann, 2002, S. 1069 (1073).

Inhalt des Gesellschaftsvertrags　　　　　　　　　　　　　　　　310a, 311　§ 705

Aktiva und Passiva der Gesellschaft verstehen.[897] Die GbR kann **Eigentum** an beweglichen und unbeweglichen Sachen erwerben (zur davon zu unterscheidenden „formellen" Grundbuchfähigkeit → Rn. 312 ff.), Schuldverträge abschließen und die daraus resultierenden **Gläubigerrechte** als Gesamthandsforderungen begründen, sie kann eine Bankverbindung eingehen und Bankkonten eröffnen,[898] als Vermieterin auftreten (→ Rn. 311 f.), Dienstverträge abschließen und die Stellung eines Arbeitgebers erlangen.[899] Auch die Bedenken anderer BGH-Senate gegen die *Markenfähigkeit* der GbR oder gegen ihr Tätigwerden als *WEG-Verwalter* sind aus heutiger Sicht – entgegen der Rechtsprechung des V. und VII. Senats des BGH[900] – überholt.[901] In allen diesen Fällen gehören die aus diesen Rechtsverhältnissen resultierenden Rechte nach § 718 Abs. 1 zum Gesamthandsvermögen, soweit die für die GbR handelnden Geschäftsführer nicht im Rahmen ihrer Vertretungsmacht anderweitig disponieren, dh die Gegenstände als Bruchteilseigentum der Gesellschafter erwerben (→ Rn. 265 ff.). Auch für die Entstehung **gesetzlicher Ansprüche** (§§ 812, 823 ua) zu Gunsten der Gesamthand bestehen keine Besonderheiten. Zur Stellung der Gesamthand als *Besitzer* → § 718 Rn. 35 f.

Die vorstehenden Grundsätze gelten entsprechend für die Begründung von **Gesamthandsver-** 310a **bindlichkeiten.** Auch sie unterliegt keinen rechtlichen Beschränkungen, wobei die Verbindlichkeiten der GbR im Ansatz klar von der ihnen korrespondierenden akzessorischen Haftung der Gesellschafter analog §§ 128, 129 HGB zu unterscheiden sind (→ § 714 Rn. 31 f.; → § 718 Rn. 25 ff.). Die Verpflichtungsfähigkeit ist höchstrichterlich für die *Scheck- und Wechselfähigkeit* der GbR ausdrücklich anerkannt;[902] sie gilt aber auch hinsichtlich aller sonstigen vertraglichen und gesetzlichen Schuldverhältnisse. Auch in dieser Beziehung hat der „Soweit"-Vorbehalt im ersten Leitsatz von BGHZ 146, 341 (→ Rn. 310) nach ganz hM keine praktische Bedeutung.

bb) GbR als Vermieterin. Ist die GbR kraft ihrer Rechtsfähigkeit Eigentümerin oder Besitzerin 311 eines *Wohngrundstücks* und schließt sie insoweit als Vermieterin[903] Mietverträge mit Dritten, kann sich die Frage nach der Zulässigkeit einer **Kündigung wegen Eigenbedarfs** stellen. Sie wird von der ganz überwiegenden Ansicht im Grundsatz zu Recht bejaht.[904] Umstritten sind freilich die Voraussetzungen für ein solches, auf § 573 Abs. 2 Nr. 2 gestütztes Vorgehen der GbR. Eigener Wohnbedarf der GbR scheidet kraft Natur der Sache aus; gewerblicher Bedarf der GbR oder solcher als Freiberufler-Zusammenschluss bildet nach § 573 keinen Kündigungsgrund. Stattdessen geht es um die Frage, ob und inwieweit *Eigenbedarf von Gesellschaftern* als Kündigungsgrund ausreicht. Der BGH[905] hat die Frage im Fall einer Grundstücks-GbR bejaht, nachdem Bewohner des Hauses zum Zweck von dessen gemeinsamem Erwerb die Vermieter-GbR gegründet hatten. Zur Begründung führte er an, dass die gesamthänderisch verbundenen Eigentümer nicht schlechter gestellt werden dürften als solche Personen, die das Haus als Miteigentümer erworben hätten.[906] Daraus folge zugleich, dass für die Kündigung entsprechender Eigenbedarf schon bei einem Teil der Gesellschafter ausreiche.[907] Auf die Zahl der an der Gesellschaft Beteiligten komme es nicht an.[908] Demgegenüber

---

[897] So aber (schwer nachvollziehbar) *Kreutz*, FS Hadding, 2004, S. 513 (520 ff.).
[898] So zutr. *Hadding* ZGR 2001, 722 f.
[899] Heute wohl schon hM, vgl. *Lessner/Klebeck* ZIP 2002, 1385 ff. unter Hinweis auf die abw. frühere Rspr. des BAG NJW 1989, 3034 (3035); *Diller* NZA 2003, 401 (402); Bamberger/Roth/*Schöne* Rn. 142; offenlassend noch BGH NJW 2002, 1207 (1208).
[900] BGHZ 107, 268 (271) = NJW 1989, 2059; BGH NJW 2006, 2189 (2190) mit abl. Anm. *Schäfer* NJW 2006, 2160 ff.; BGH NZG 2009, 864; s. dazu auch *Armbrüster* ZGR 2013, 381 f.
[901] *Armbrüster* ZWE 2006, 118 ff.; *Schmid* NZG 2012, 135; Palandt/*Bassenge* WEG § 26 Rn. 1; Bamberger/ Roth/*Schöne* Rn. 142.
[902] BGHZ 136, 254 (257) = NJW 1997, 2754; BGHZ 146, 341 (358) = NJW 2001, 1056.
[903] So zutr. *Weitemeyer*, GS Sonnenschein, 2003, S. 431 (451), und ZMR 2004, 153 ff., in Auseinandersetzung mit BGHZ 138, 82 (85) = NJW 1998, 1220, das unzutr. von der Anwendbarkeit des § 566 (= § 571 aF) beim Gesellschafterwechsel auf Vermieterseite ausging.
[904] → § 573 Rn. 67 (*Häublein*); Staudinger/*Rolfs* (2014) § 573 Rn. 76a; Palandt/*Weidenkaff* § 573 Rn. 26; *Sonnenschein*, FS Kraft, 1998, S. 607 (625 f.); wN, auch zu den wenigen Gegenstimmen, bei BGH NJW 2007, 2845 re. Sp.
[905] BGH NJW 2007, 2845 (2846); 2009, 2738 f. – auf Eigenbedarfskündigung durch GbR findet § 577a keine Anwendung, wenn nach der Kündigung Wohnungseigentum der Gesellschafter begründet wird. Für die Möglichkeit der Eigenbedarfskündigung auch schon (ohne nähere Begr.) OLG Karlsruhe NJW 1990, 3278 (3279); OLG Köln ZMR 2004, 33 (34). Demgegenüber akzeptiert BGH NJW 2011, 993 Rn. 11 bei der Personenhandelsgesellschaft die Eigenbedarfskündigung, die deutlicher von einer bloßen Vermieter-Gemeinschaft abgrenzbar sei; krit. zu dieser Differenzierung *Wedemann* NZG 2011, 533.
[906] BGH NJW 2007, 2845 (2846); 2009, 2738; 2011, 993 Rn. 10; NZG 2012, 67 Rn. 22.
[907] Bei einer Vermieter-Mehrheit ganz hM, vgl. Nachweise bei BGH NJW 2007, 2845 (2846) re. Sp.
[908] BGH NJW 2007, 2845 (2846) unter Ablehnung der Notwendigkeit personalistischer Struktur der GbR; insofern krit. *Grunewald* NJW 2009, 3486 (3487); ferner BGH NJW 2009, 2738.

überwiegt in der Literatur der Ansatz, der eine besondere Nähe der Gesellschafter zur Vermieter-GbR als Kündigungsvoraussetzung fordert (→ § 573 Rn. 67 *[Häublein]*).[909] Während der BGH zunächst verlangt hatte, dass diese schon beim Grundstückserwerb Gesellschafter waren,[910] verzichtet er neuerdings auf diese, in der Tat nur schwer begründbare Voraussetzung.[911]

311a **Stellungnahme.** Bleibt man sich bewusst, dass es sich bei der Eigenbedarfskündigung durch die Grundstücks-GbR um ein **Analogieproblem** handelt, so geht die entscheidende Frage dahin, unter welchen Voraussetzungen Gesellschafter mit Eigenbedarf *Familienangehörigen* des kündigungsberechtigten Vermieters gleichzustellen sind, dh die Gesellschaft sich auf deren Eigenbedarf berufen kann. Maßgebend dafür sollten *Zweck und Struktur der Gesellschaft* sein: richtet sich ihr Zweck auf das Halten und Verwalten eines Wohnhauses im Interesse der unter sich persönlich verbundenen Gesellschafter,[912] so steht der Analogie nichts entgegen und zwar auch dann, wenn die über Eigenbedarf verfügenden Personen der Gesellschaft erst nach der Gründung beigetreten sind.[913] Der Analogiebereich wird erst dann überschritten, wenn es entweder um eine GbR geht, die von einer Vielzahl untereinander nicht verbundener Personen als Immobilienfonds zum Zweck der Kapitalanlage gegründet wurde, oder wenn die Gesellschaft (frei-)berufliche oder gewerbliche Zwecke verfolgt und das von ihr gehaltene Wohnhaus kein für diese Zwecke zentrales Aktivum bildet. Damit erfasst der Analogiebereich typischerweise Fälle einer Grundstücks-GbR als Vermieterin mit einem untereinander verbundenen Kreis von solchen Gesellschaftern, die zumindest potentiell auch als Träger eines Eigenbedarfs in Betracht kommen. Bei Miteigentümern als Vermieter-Mehrheit ist das entgegen der BGH-Rechtsprechung nicht notwendig der Fall.

312 **cc) Grundbuchfähigkeit.** Die Grundbuchfähigkeit der GbR richtet sich nicht nach materiellem Recht, sondern nach der **GBO** als dem für Grundbucheintragungen maßgebenden formellen Recht; sie ist vom BGH explizit anerkannt worden.[914] Maßgeblich ist die daraufhin mit Wirkung zum 18.8.2009 (BGBl. I S. 2713) durch das ERVGBG eingeführte Vorschrift des § 47 Abs. 2 GBO.[915] Sofern danach ein Recht für eine GbR in das Grundbuch eingetragen werden soll, sind „**auch**" **ihre Gesellschafter** einzutragen (zur Interpretation → Rn. 313). Auf diese Weise soll die GbR im Grundbuch klar von anderen Gesellschaften unterschieden werden.[916] Denn die GbR ist bei ihrer Namensgebung weder an firmenrechtliche Grundsätze gebunden noch existiert für sie ein besonderes Register,[917] so dass ohne Eintragung der Gesellschafter nicht sicher auszuschließen wäre, dass mehrere Gesellschaften im Rechtsverkehr die gleiche Bezeichnung führen, was dem grundbuchrechtlichen Bestimmtheitsgrundsatz zuwider liefe. Art und Weise der Eintragung richten sich sodann nach § 15 Abs. 1 lit. c GBV,[918] der ebenfalls durch das ERVGBG eingeführt wurde. Vor Anerkennung der Rechtsfähigkeit der GbR (und vor Einführung des § 47 Abs. 2 GBO) war die Art und Weise der Eintragung der zum Gesamthandsvermögen einer Gesellschaft bürgerlichen Rechts gehörenden Liegenschaftsrechte im Grundbuch lange Zeit umstritten. Nach der damals hM und nahezu einhelliger Praxis der Grundbuchämter richtete sich die Eintragung gesamthänderischen Grundeigentums der GbR nach der für *gemeinschaftliche Rechte* geltenden Vorschrift des § 47 GBO aF: als Berechtigte eingetragen wurden nur die Gesellschafter mit dem Zusatz „als Gesellschafter bürgerlichen Rechts".[919] Dieser Rechtszustand entspricht der aktuellen Interpretation des § 47 Abs. 2 GBO durch den BGH (→ Rn. 313).

---

[909] So insbes. *Sonnenschein*, FS Kraft, 1998, S. 607 (625); *Weitemeyer* ZMR 2004, 153 (165 f.).

[910] So BGH NJW 2007, 2845 (2846), ohne auf den darin (bei Miteigentümern) liegenden Widerspruch zu § 566 einzugehen.

[911] BGH NZG 2012, 67 (69) – Gesellschafter, der Eigenbedarf geltend macht, muss weder bei Abschluss des Mietvertrages noch bei Eintritt der Gesellschaft in den Mietvertrag schon beteiligt gewesen sein.

[912] Das war in den in BGH NJW 2007, 2845 (2846); OLG Karlsruhe NJW 1990, 3278 (3279) sowie OLG Köln ZMR 2004, 33 (34) behandelten Fällen gegeben.

[913] So zutr. *Häublein* NJW 2007, 2847 (2849) unter Hinweis auf § 566; zust. *Armbrüster* ZGR 2013, 375 f.

[914] BGH NJW 2009, 594 (595, 597) – GbR kann Eigentum an Grundstücken erwerben und ist somit materiell grundbuchfähig; sie kann folglich als Eigentümerin unter der im Gesellschaftsvertrag bestimmten Bezeichnung ins Grundbuch eingetragen werden; zu den Konsequenzen für die Eintragung nach Änderung der GBO → Rn. 313.

[915] Zur Rechtslage vor Einführung des ERVGBG (und BGHZ 189, 274 = NJW 2011, 1958) s. 5. Aufl. Rn. 314 *(Ulmer)*.

[916] S. nur BGHZ 179, 102 = NJW 2009, 594 (597); BGHZ 189, 274 = NJW 2011, 1958.

[917] Für die Einführung eines solchen Registers hat sich etwa *Ulmer* ZIP 2011, 1689 (1698) ausgesprochen; s. auch „Jenenser Appell", *Bayer/Koch*, Die BGB-Gesellschaft im Grundbuch, 2011, S. 97 f.

[918] IdF vom 11.8.2009, BGBl. I S. 2713: „Zur Bezeichnung des Berechtigten sind im Grundbuch anzugeben: [...] c) bei der Eintragung einer Gesellschaft bürgerlichen Rechts nach § 47 Absatz 2 der Grundbuchordnung zur Bezeichnung der Gesellschafter die Merkmale gemäß Buchstabe a oder Buchstabe b; zur Bezeichnung der Gesellschaft können zusätzlich deren Name und Sitz angegeben werden.".

[919] Vgl. nur *Demharter*, 28. Aufl. 2012, GBO § 19 Rn. 108; Meikel/*Böhringer*, 9. Aufl. 2004, GBO § 47 Rn. 179; *Schöner/Stöber* GrundbuchR Rn. 240e; *Eickmann* Rpfleger 1985, 85 (88); aus der Rspr. vgl. BGHZ 45,

Nach Änderung des § 47 GBO im Jahre 2009 (→ Rn. 312) entbrannte unter verschiedenen 313
Obergerichten alsbald ein Streit darüber, wie im Einzelnen die GbR als Erwerberin eines Grundstücks in das Grundbuch einzutragen sei, und insbesondere darüber, **ob die Gesellschaftereigenschaft in Form der §§ 29, 20 GBO nachzuweisen** sei. Diese Frage hatte sich in dem vom BGH 2009 entschiedenen Fall nicht gestellt, weil die Gesellschaft ihr Recht dort aus einem Zahlungstitel der Gesellschaft ableitete, was der BGH als hinreichende Eintragungsgrundlage ansah.[920] Während einige Oberlandesgerichte pragmatischerweise eine Erklärung der Beteiligten ausreichen ließen, dass eine GbR mit dem konkret bezeichneten Gesellschafterbestand gegründet worden sei und fortbestehe,[921] meinten andere, dass eine (schon vorhandene) GbR gar kein Grundeigentum mehr erwerben könne; § 29 GBO verlange nämlich, einen zeitgleich mit dem Grundstücksgeschäft erfolgenden notariellen Gesellschaftsvertrag abzuschließen.[922] Danach hätte die GbR für den Nachweis gemäß § 29 GBO in der Erwerbsurkunde (neu) gegründet werden müssen. Diese Auffassung hat der **BGH (V. Zivilsenat)** durch seine **Grundsatzentscheidung BGHZ 189, 274** (= NJW 2011, 1958) mit Recht zurückgewiesen.[923] Im Anschluss an *Reymann*[924] lässt er es für die Eintragung des Eigentumswechsels in das Grundbuch ausreichen, dass die GbR und ihre Gesellschafter in der notariellen Auflassungsverhandlung benannt werden und die für die GbR Handelnden erklären, dass sie deren alleinige Gesellschafter sind; weiterer Nachweise für Existenz, Identität und Vertretungsverhältnisse[925] der Gesellschaft bedürfe es nicht (und damit auch nicht in Form des § 29 GBO). Konsequentermaßen brauchen daher auch nach dem Ausscheiden eines Gesellschafters für die Berichtigung des Grundbuchs weder der Inhalt des Gesellschaftsvertrags noch die Kündigung des Anteils in Form des § 29 GBO nachgewiesen zu werden.[926] Entscheidend hierfür ist die aus § 47 Abs. 2 GBO nF folgende grundbuchrechtliche **„Mediatisierung"** der GbR durch ihre Gesellschafter: Weil es auf den Namen der GbR zu Identifizierungszwecken nicht mehr ankomme, bedürfe es auch keines auf die Gesellschaft bezogenen Nachweises. Etwas anderes gelte nur, wenn das Grundbuchamt *konkrete* Anhaltspunkte dafür habe, dass eine andere GbR mit identischen Gesellschaftern vorhanden sei, weil in diesem Fall das Unrichtigwerden des Grundbuchs droht.[927] Nicht ausreichend hierfür sei aber die theoretische Möglichkeit, dass der Gesellschaftsvertrag jederzeit – auch mündlich – abgeändert werden könne.[928] Dem ist zuzustimmen; Sinn und Zweck des § 47 Abs. 2 GBO nF besteht gerade in der Nachweiserleichterung für die Eintragung von Grundeigentum einer GbR. Dieser Zweck würde offensichtlich konterkariert, wenn bestehende GbR trotz inzwischen anerkannter Rechtsfähigkeit überhaupt kein Grundeigentum mehr erwerben könnten. Soweit der BGH nur bei begründeten Zweifeln hinsichtlich Existenz, Identität und Vertretungsverhältnissen der GbR von einer weitergehenden Nachweispflicht ausgeht, ist auch dem entgegen teilweise geäußerter Kritik[929] zuzustimmen.

---

338 (348) = NJW 1966, 1311; BayObLG DB 1985, 2140; BB 1991, 2106; OLG Düsseldorf NJW 1997, 1991; OLG Frankfurt Rpfleger 1975, 177; 1982, 469; zur weiteren Entwicklung auch *Tolani* JZ 2013, 224 (226).

[920] BGH NJW 2009, 594. – Erman/*Westermann* Rn. 71 weist allerdings zutr. darauf hin, dass dies aufgrund § 47 Abs. 2 GBO nF nunmehr unter der Voraussetzung gilt, dass der Titel sämtliche Gesellschafter benennt.

[921] So, in Anlehnung an die Grundsätzlich zur Vollmachtsbestätigung insbes. OLG Saarbrücken ZIP 2010, 1290; OLG Brandenburg NJW-RR 2011, 166 (168); OLG Oldenburg ZIP 2010, 1846 f.; OLG Dresden NotBZ 2010, 463 (464).

[922] OLG München ZIP 2010, 1496 (1497); DStR 2011, 730; OLG Hamm ZIP 2010, 2245 (2247); KG ZIP 2011, 814 (815); OLG Nürnberg ZIP 2010, 1344 (1345); OLG Köln FGPrax 2011, 13 (16); NZG 2011, 297 (299 f.): OLG Rostock NotBZ 2011, 64 (66); iE auch OLG Schleswig Rpfleger 2010, 320 f.; mit Recht krit. hierzu *Reymann* ZNotP 2011, 84 ff.; *Böttcher* AnwBl. 2011, 1 ff.

[923] BGHZ 189, 274 = NJW 2011, 1958; ferner BGH NJW-RR 2012, 86; dem folgend OLG München ZIP 2011, 1256 –.s. aber auch OLG München DStR 2011, 1965 (1966) –; OLG Brandenburg BeckRS 2011, 19772; OLG Schleswig BeckRS 2012, 4676; OLG München BeckRS 2012, 2576; OLG Hamm DStR 2011, 1631; FGPrax 2011, 226; zum Urteil näher *Ulmer* ZIP 2011, 1689 ff.; *Altmeppen* NJW 2011, 1905 ff.; *J. Kohler* ZIP 2011, 2277 ff. und NZG 2012, 441; *Wilhelm* NZG 2011, 801 ff.; zust. auch *Armbrüster* ZGR 2013, 378; schwer nachvollziehbare Kritik bei *Bestelmeyer* ZIP 2011, 1389 ff.: „verfassungswidrig"; s. auch *Tolani* JZ 2013, 224 (233 f.)

[924] *Reymann* ZNotP 2011, 84 ff.

[925] Einschr. für die von §§ 709, 714 abweichende Einzelvertretungsmacht (bzw. -verfügungsbefugnis, → Rn. 314), OLG Celle ZIP 2013, 1120 (1121): Einzelbefugnis ist gemäß § 29 GBO nachzuweisen; ebenso OLG München ZIP 2012, 1968 (1969); zu praktischen Konsequenzen *Suttmann* NJW 2013, 423 (425 f.) – Beteiligung aller Gesellschafter empfehlenswert.

[926] OLG München NJW-RR 2013, 589 (590); NZG 2015, 487 (488) = MittBayNot 2015, 477 mit insofern krit. Anm. *Tomasic*, betr. Nachweis einer gesellschaftsvertraglichen Nachfolgeklausel. – Zur Berichtigungspflicht s. § 82 S. 3 GBO.

[927] S. auch OLG München NJOZ 2013, 843 (844).

[928] BGHZ 189, 274 Rn. 25 = NJW 2011, 1958 (1960); s. auch *Reymann* ZNotP 2011, 84 (103).

[929] *Bestelmeyer* ZIP 2011, 1003 ff.; *Altmeppen* NJW 2011, 1905 ff.; *Wilhelm* NZG 2011, 801 ff.; *Zorn*, GbR und Grundbuch, 2013, S. 154 ff.

Anderenfalls würde der Grunderwerb in stärkerem Maße erschwert als dies vor Anerkennung der Rechtsfähigkeit und auf der Grundlage von § 47 GBO aF (→ Rn. 312 aE) der Fall war. Richtigerweise ist § 47 Abs. 2 GBO deshalb in der Weise zu interpretieren, dass die Gesellschaft zwar materiellberechtigt (also Eigentümerin) ist, verfahrensrechtlich aber die Gesellschafter (als fiktive Berechtigte) eingetragen werden, so dass die Gesellschaft ausschließlich durch ihre Gesellschafter identifiziert wird.[930]

314   Als **problematisch** bleibt damit der Fall der **Veräußerung** eines für die GbR eingetragenen Grundstücks durch diese und in diesem Zusammenhang die mit dem ERVGBG (→ Rn. 312) ebenfalls neu eingeführte Vorschrift des **§ 899a**.[931] Danach begründet die Eintragung einer GbR im Grundbuch einen Gutglaubensschutz auch in Bezug auf den Gesellschafterbestand der Gesellschaft „in Ansehung des eingetragenen Rechts". Es wird sowohl vermutet, dass die im Grundbuch für die GbR eingetragenen Personen Gesellschafter sind, als auch, dass keine weiteren Gesellschafter vorhanden sind. Umstritten ist allerdings, ob § 899a die Verfügungsbefugnis der Gesellschafter[932] oder deren Vertretungsmacht im Rahmen des dinglichen Geschäfts[933] betrifft. Macht man mit der Mediatisierungsthese Ernst, der sich auch der BGH angeschlossen hat (→ Rn. 313), so ist konsequentermaßen von einer Regelung zur **Verfügungsbefugnis** auszugehen; denn die Gesellschafter sind danach als „fiktive" Eigentümer des Grundstücks anzusehen.[934] Handeln somit sämtliche im Grundbuch eingetragenen, aber (teilweise) schon ausgeschiedene Gesellschafter, kann aufgrund von § 899a gutgläubig erworben werden, ohne dass es auf die Vertretungsverhältnisse noch ankäme. Als weitere Konsequenz ergibt sich hieraus auch die Möglichkeit, ein Grundstück von einer **nicht existenten GbR** zu erwerben, sofern diese über ihre „Gesellschafter" im Grundbuch eingetragen ist.[935] Für Zubehör gilt § 899a dagegen nach hM nicht, weil nach § 926 Abs. 2 auf den Erwerb von Zubehör die §§ 932 ff. Anwendung finden (→ § 899a Rn. 15 [*Kohler*]).[936]

315   Umstritten ist ferner, ob der gutgläubige Erwerb von im Grundbuch eingetragenen Gesellschaftern **kondiktionsfest** ist.[937] Eindeutig ist zunächst, dass jedenfalls die Grundsätze der Rechtsscheinvollmacht heranzuziehen sind.[938] Als Rechtsscheinträger kann insofern auch an die Grundbucheintragung und für die Zurechenbarkeit an die Berichtigungspflicht zu Unrecht nicht eingetragener Gesellschafter (§§ 82 S. 2; 19, 22 GBO) angeknüpft werden,[939] also ähnlich entschie-

---

[930] Eingehend *Ulmer* ZIP 2011, 1689 (1691, 1693); vgl. ferner *Zöller/Stöber*, ZPO § 867 Rn. 8c; Bsp. bei *Schöner/Stöber* GrundbuchR Rn. 240c. Dem BGH im Ergebnis zust. ferner *Kesseler* NJW 2011, 1909 (1911); *Heckschen* EWiR 2011, 347; *Soergel/Hadding/Kießling* § 718 Rn. 4; und wohl auch *Erman/Westermann* Rn. 72, 72c. – Zur Eintragungsfähigkeit eines Insolvenzvermerks im Grundbuch im Falle einer Gesellschafterinsolvenz (mit Auflösungsfolge) konsequent OLG München ZIP 2011, 375; OLG Dresden NZG 2012, 679.

[931] Zur Geltung der Vermutungswirkung des § 899a auch für die Bewilligung der im Grundbuch eingetragenen Gesellschafter einer GbR zur Eintragung eines Gesellschafterwechsels oder der Anwachsung zu Alleineigentum bei Ausscheiden des vorletzten Gesellschafters einer Zweipersonen-Gesellschaft s. OLG Frankfurt BeckRS 2011, 22740. Eine übereinstimmende Erklärung der Eingetragenen ist daher ausreichend.

[932] So OLG München ZIP 2011, 467 (468); *Ulmer* ZIP 2011, 1689 (1696); *Krüger* NZG 2010, 801 (804); *Kesseler* NJW 2011, 1009 (1913) und wohl auch BGH ZIP 2011, 119 (121) Rn. 28: § 899a bezieht sich nicht auf Geschäftsführungsbefugnis.

[933] So *Wilhelm* NZG 2011, 801 (806 f.); *Palandt/Bassenge* § 899a Rn. 7; *Steffek* ZIP 2009, 1445 (1454); *Bestelmeyer* Rpfleger 2010, 169 (175); *Wertenbruch* ZIP 2010, 1884 (1885); *Wertenbruch* in Westermann/Wertenbruch PersGesR-HdB I. Teil § 32 Rn. 798; *Westermann*, WM 2013, 441 (447) und FS Säcker, 2011, S. 543 (547); *Tolani* JZ 2013, 224 (229); wohl auch *Altmeppen* ZIP 2011, 1937 (1941).

[934] Näher *Ulmer* ZIP 2011, 1689 (1696).

[935] Ebenso Begr. Rechtsausschuss, BT-Drs. 16/13437 S. 27; *Ulmer* ZIP 2011, 1689 (1698); *Böttcher* AnwBl. 2011, 1 (9); *Kesseler* NJW 2011, 1909 (1912); *Wertenbruch* ZIP 2010, 1884 (1885); *Wertenbruch* in Westermann/ Wertenbruch PersGesR-HdB I. Teil § 32 Rn. 798; zweifelnd *Westermann* WM 2013, 441 (447); aA *Krüger* NZG 2011, 801 (805); *J. Kohler* NZG 2012, 441 ff. (448); *Steffek* ZIP 2009, 1445 (1453); *Bestelmeyer* Rpfleger 2010, 169 (174); wohl auch *Palandt/Bassenge* § 899a Rn. 7.

[936] *Jauernig/Berger* § 899a Rn. 4; *Zorn*, GbR und Grundbuch, 2013, S. 196 ff.

[937] Befürwortend *Böttcher* AnwBl. 2011, 1 (10); *Heßeler/Kleinheinz* WM 2010, 446 (449); *Ruhwinkel* MittBayNot 2009, 421 (423); *Lautner* DNotZ 2009, 650 (671); *Miras* DStR 2010, 604 (607); *Wertenbruch* in Westermann/ Wertenbruch PersGesR-HdB I. Teil § 32 Rn. 798; *Witt* BB 2011, 259 (262); *Tolani*, JZ 2013, 224 (231 f.); *Armbrüster* ZGR 2013, 379 f.; aA *Ulmer* ZIP 2011, 1689 (1696 f.); *Krüger* NZG 2010, 801 (805 f.); Palandt/ Bassenge § 899a Rn. 6; im Ansatz auch § 899a Rn. 16 (*J. Kohler*] und *J. Kohler* ZIP 2011, 2277 (2278 ff.), der aber gleichwohl für eine gewisse Konditionsfestigkeit des gutgläubigen Erwerbs plädiert (2287 f.).

[938] Dazu *Ulmer* ZIP 2011, 1986 (1697); *Reymann*, FS Reuter, 2010, S. 271 (281 ff.); *Kiehnle* ZHR 174 (2010), 209 (227 f.); *Krüger* NZG 2010, 801 (806); *J. Kohler* ZIP 2011, 2277 (2280 ff.).

[939] *Ulmer* ZIP 2011, 1689 (1697); *Heßeler/Kleinhenz* WM 2010, 446 (448 f.); *Lehmann* DStR 2011, 271 (285 f.); *Reymann*, FS Reuter, 2010, S. 271 (281 ff.); *Wicke* GWR 2009, 336 (338); aA *Krüger* NZG 2010, 801 (805); *Kiehnle* ZHR 174 (2010), 209 (227); *J. Kohler* ZIP 2011, 2277 (2281); *Westermann*, FS Säcker (2011), S. 543 (550).

den werden wie in Bezug auf die Zurechenbarkeit bei § 16 Abs. 3 S. 2 GmbHG.[940] In den meisten Fällen dürfte sich schon auf diese Weise ein konditionsfester Erwerb begründen lassen. Man sollte aber noch einen Schritt darüber hinausgehen und – wie es auch zu § 366 HGB für den Fall eines Erwerbs vom vollmachtlosen Vertreter gesagt wird[941] – hier erst recht davon ausgehen, dass der gutgläubige Erwerb nach § 899a *stets* konditionsfest ist, mit dem Erwerb des dinglichen Rechts also auch ein Behaltensgrund erworben wird, wodurch das Verpflichtungsgeschäft wirksam wird.[942] Geht es somit nicht darum, die Vermutungswirkung des § 899a generell auf das Verpflichtungsgeschäft (und somit die Vertretungsmacht der Eingetragenen) zu erstrecken, sondern § 899a lediglich einen gesetzlichen Behaltensgrund zu entnehmen, so schadet es auch nicht, dass sich die Vermutungswirkung des § 899a nicht auf die Vertretungsmacht, sondern auf die Verfügungsbefugnis bezieht (→ Rn. 314).[943] Folgt man dem, gilt somit: Sobald der Erwerbstatbestand gemäß § 899a vollendet ist, kann die Gesellschaft nicht mehr einwenden, dass der Kaufvertrag mangels Vertretungsmacht der (im Grundbuch eingetragenen) Handelnden unwirksam sei und der Erwerber das Grundstücks(recht) daher im Wege der Leistungskondiktion herauszugeben habe.[944] – Die verbleibenden Problemfälle lassen eine weitere Klarstellung durch den Gesetzgeber, darüber hinaus aber auch die Einführung eines GbR-Registers (ohne Eintragungspflicht) de lege ferenda als wünschenswert erscheinen (→ Vor § 705 Rn. 25, 29).

b) Mitgliedschaft in Personenverbänden. Die Fähigkeit der Außen-GbR, Mitglied in **Kapitalgesellschaften** zu werden und an deren Gründung mitzuwirken, ist in der höchstrichterlichen Rechtsprechung schon seit Jahrzehnten anerkannt. Die erste einschlägige Entscheidung aus dem Jahr 1980 betraf die Mitwirkung einer GbR an der Gründung einer *GmbH*.[945] Der BGH ließ sie zu, allerdings noch unter Hinweis auf § 18 Abs. 2 GmbHG und mit Urteilsgründen, die darauf schließen ließen, dass er letztlich doch die Gesellschafter selbst, wenn auch in ihrer gesamthänderischen Verbundenheit, als Gründer ansah.[946] Auf dieser Linie lag auch noch ein Urteil von 1992 über die Zeichnung und Übernahme von *Aktien* durch ein Konsortium in der Rechtsform der GbR.[947] Erstmals klar betont wurde die Mitgliedstellung der GbR als solcher demgegenüber in einem der Beitritt zu einer **Genossenschaft** betreffenden Beschluss von 1991;[948] zu Recht hob der BGH hervor, dass der GbR unabhängig von ihrer Mitgliederzahl nur *eine* Stimme in der Genossenschaft zusteht und dass die Voraussetzungen zum Erwerb der Mitgliedschaft, darunter insbesondere der Betrieb des genossenschaftlich zu fördernden Unternehmens, bei der GbR und nicht etwa bei ihren Gesellschaftern vorliegen müssen.

Die Fähigkeit einer Außen-GbR zur Beteiligung an einer **Personengesellschaft** bejahte der BGH erstmals 1997 in Bezug auf eine *andere GbR*;[949] zu Recht sah er insoweit keine Publizitätsprobleme. Die Frage fehlender Registerpublizität der GbR stellte sich dann allerdings im Jahr 2001, als der BGH auf Vorlage des BayObLG[950] über die *Kommanditisten-Fähigkeit* einer Außen-GbR zu entscheiden hatte. Abweichend von seiner früheren Rechtsprechung[951] bejahte er sie.[952] Aufgrund von § 162 Abs. 1 S. 2 HGB steht die Fähigkeit der GbR, Kommanditistin zu sein, mittlerweile außer

---

[940] Dazu etwa Ulmer/Habersack/Löbbe/*Löbbe* GmbHG § 16 Rn. 153 f.; Baumbach/*Hueck*/*Fastrich*, 19. Aufl. 2010, GmbHG § 16 Rn. 33 f.; Bork/Schäfer/*Brandes*, 2010, GmbHG § 16 Rn. 52 ff.: Zurechenbarkeit zu bejahen, wenn berechtigter Gesellschafter nichts gegen unrichtige Liste unternimmt.
[941] Dazu *K. Schmidt* HandelsR § 23 III 2, S. 685; *ders.* JuS 1987, 939; abw. – kein Erwerb vom machtlosen Vertreter möglich – Staub/*Canaris*, 4. Aufl. 2004, HGB § 366 Rn. 37 f. mwN.
[942] Vgl. namentlich *Witt* BB 2011, 259 (261 f.); mit anderer Begr. auch *J. Kohler* ZIP 2011, 2277 (2287 ff.); anders hM, → 899a Rn. 16 mwN *(Kohler)*, die eine *causa* und damit die Konditionsfestigkeit nur annehmen, wenn die Voraussetzungen einer Anscheins- oder Duldungsvollmacht gegeben sind; *Zorn*, GbR und Grundbuch, S. 225, 387 verlangt darüber hinaus einen entgeltlichen Schuldgrund gegenüber der Buchgesellschaft.
[943] Insofern abw. aber *Ulmer* ZIP 2011, 1689 (1696).
[944] Zu verbleibenden Folgen der durch § 899a ausgelösten Divergenz zwischen Schuld- und Sachenrecht s. *Ulmer* ZIP 2011, 1689 (1697).
[945] Vgl. BGHZ 78, 311 (313) = NJW 1981, 682.
[946] BGHZ 78, 311 (313) = NJW 1981, 682; dazu krit. *Ulmer* AcP 198 (1998), 113 (146 f.); ebenso schon *U. Koch* ZHR 146 (1982), 130.
[947] BGHZ 118, 89 (99) = NJW 1992, 2222.
[948] BGHZ 116, 86 (88 ff.) = NJW 1992, 499; so dann auch OLG Brandenburg ZIP 2006, 1733 Ls.
[949] BGH NJW 1998, 376; → Rn. 79, 300.
[950] BayObLG ZIP 2000, 2165.
[951] BGHZ 46, 291 (296) = NJW 1967, 826; BGH WM 1966, 188 (190); 1986, 1280; 1990, 586 (587); offenlassend BFH (GSZ) DB 1991, 889 (891 ff., 894).
[952] BGHZ 148, 291 (293) = NJW 2001, 3121 (3122); dazu *Baumann* JZ 2002, 402 ff.; *Ulmer* ZIP 2001, 1714 ff.

§ 705   318   Abschnitt 8. Titel 16. Gesellschaft

Zweifel.[953] Der BGH ging in seiner Entscheidung noch praeter legem davon aus, dass die auf der fehlenden GbR-Registrierung beruhende Publizitätslücke durch analoge Anwendung der nach §§ 106 Abs. 2, 162 Abs. 1 HGB für Kommanditisten bestehenden Eintragungspflicht im Handelsregister auf die GbR-Gesellschafter zu schließen sei;[954] dem ist der Gesetzgeber dann durch Einfügung des § 162 Abs. 1 S. 2 HGB gefolgt.[955] Noch nicht höchstrichterlich entschieden wurde über die Fähigkeit der GbR, *persönlich haftende Gesellschafterin* einer OHG oder KG zu werden.[956] Die damit verbundene unbeschränkte Haftung auch der GbR-Gesellschafter persönlich (zu ihrer höchstrichterlichen Anerkennung seit 2001 → § 714 Rn. 4 ff., 33 f.) spricht nicht gegen ihre Bejahung, tendenziell aber das vorrangige Interesse des Rechtsverkehrs an Klarheit über die Vertretungsverhältnisse in einer OHG oder KG. Dieses kann allerdings durch einen Analogieschluss zu § 161 Abs. 1 S. 1 HGB befriedigt werden,[957] so dass nicht nur die Gesellschaft, sondern auch ihre Gesellschafter im Handelsregister einzutragen sind. Auch ohne höchstrichterliche Bestätigung sollte die inzwischen hM insofern ausreichend Sicherheit gewähren (zurückhaltend noch 6. Aufl. Rn. 317). De lege ferenda sollte der Gesetzgeber das Publizitätsdefizit überdies durch die Schaffung eines GbR-Registers (→ Vor § 705 Rn. 26) sowie einer Parallelnorm zu § 161 Abs. 1 S. 2 HGB verringern.

III. Parteifähigkeit im Zivilprozess

318   **1. Grundlagen.** Die aktive und passive Parteifähigkeit der Außen-GbR im Zivilprozess bejahte der BGH – unter Berufung auf § 50 Abs. 1 ZPO als aus seiner Sicht logische Folge der Anerkennung der Rechtsfähigkeit der GbR[958] – ebenfalls im **Grundsatzurteil vom 29.1.2001**.[959] Auch wenn für den Schluss von der Rechtsfähigkeit auf die Parteifähigkeit gute Gründe sprechen (→ Rn. 319), erscheint die damit verbundene *Rechtsfortbildung* doch ungleich gewichtiger als diejenige bei Anerkennung ihrer Rechtsfähigkeit. Sie setzte sich nicht nur über die Sondervorschrift des § 50 Abs. 2 ZPO betreffend die (nur) passive Parteifähigkeit des nichtrechtsfähigen Vereins und über den insoweit nahe liegenden Umkehrschluss mit Blick auf die GbR hinweg, sondern auch über die von der fehlenden Parteifähigkeit der GbR ausgehende Vollstreckungsvorschrift des § 736 ZPO.[960] Ob sie seinerzeit noch als *praeter legem* oder doch schon als *contra legem* zu qualifizieren war, erschien zweifelhaft,[961] zumal sich in der gesellschaftsrechtlichen Literatur vor dem Grundsatzurteil von 2001 nur eine Minderheit für die Parteifähigkeit der GbR ausgesprochen hatte.[962] Auch im prozessrechtlichen Schrifttum herrschte überwiegend Ablehnung.[963]

---

[953] So Schlegelberger/*K. Schmidt* HGB § 105 Rn. 71; Soergel/*Hadding/Kießling* § 718 Rn. 6; MüKoHGB/*K. Schmidt* HGB § 105 Rn. 96; *Breuninger*, BGB-Gesellschaft, 1991, S. 64 ff., 71; *Brodersen*, Die Beteiligung der BGB-Gesellschaft an den Handelsgesellschaften, 1988, S. 15 ff., 109 ff.; *Klamroth* BB 1983, 796 f.; *K. Schmidt* DB 1990, 94 f.; so jetzt auch Baumbach/Hopt/*Roth* HGB § 161 Rn. 4 iVm § 105 Rn. 28; Staub/*Schäfer* HGB § 105 Rn. 98; aA noch Staub/*Ulmer*, 4. Aufl. 1988, HGB § 105 Rn. 96; *Hohner* NJW 1975, 718 f.; offenlassend *Wertenbruch* in Westermann/Wertenbruch PersGesR-HdB I. Teil § 32 Rn. 800.

[954] BGHZ 148, 291 (293 ff.) = NJW 2001, 3121.

[955] Eingefügt (auch für die Fachwelt überraschend) durch Art. 1 ERJuKoG vom 10.12.2001, BGBl. I S. 3422.

[956] Dafür OLG Celle DStR 2012, 918 = NZG 2012, 667; MüKoHGB/*K. Schmidt* HGB § 105 Rn. 96 f., 98; Erman/*Westermann* Rn. 21; *Brodersen*, Die Beteiligung der BGB-Gesellschaft an den Handelsgesellschaften, 1988, S. 98 ff.; *Steinbeck* DStR 2001, 1162 (1164 f.); *Weipert*, FS Bezzenberger, 2000, S. 439 ff.; so auch LG Berlin GmbHR 2003, 719 (721); wohl auch Staudinger/*Habermeier* (2003) Rn. 28; aA die früher hM, vgl. Staub/*Ulmer*, 4. Aufl. 1988, HGB § 105 Rn. 96 mwN.

[957] So im Grundsatz zutr. schon LG Berlin GmbHR 2003, 719 (721); inzwischen hM, s. insbes. OLG Celle DStR 2012, 918 = NZG 2012, 667; *Armbrüster* ZGR 2013, 366 (380); *Bergmann* ZIP 2003, 2231; *Heinze*, DNotZ 2012, 426 (431 f.); Staub/*Schäfer* HGB § 105 Rn. 98.

[958] BGHZ 146, 341 (347 f.) = NJW 2001, 1056; dazu krit. unter zutr. Hinweis auf die abw. Bedeutung des Begriffs „rechtsfähig" in § 50 Abs. 1 ZPO *Prütting*, FS Wiedemann, 2002, S. 1177 (1187 f.).

[959] BGHZ 146, 341 (348–357); so dann auch BGHZ 151, 204 = NJW 2002, 3539; BGH NJW 2002, 1207 (jeweils II. ZS); 2003, 1043 (1044) (XII. ZS); 2008, 1378 (1379) (V. ZS); BB 2008, 2413 (II. ZS); OLG Karlsruhe NJW 2001, 1072; aA noch BGHZ 80, 222 (227) = NJW 1981, 9153 (1954); BGH ZIP 1990, 715 (716); NJW 1997, 1236; 2000, 291 (292).

[960] So zutr. insbes. *Prütting*, FS Wiedemann, 2002, S. 1177 (1187 ff.); BAG NZG 2005, 264 f.

[961] Vgl. *Ulmer* ZIP 2001, 585 (591); eine Rechtsfortbildung contra legem nimmt *Prütting*, FS Wiedemann, 2002, S. 1177 (1193, 1195) an; aA *Kellermann*, FS Wiedemann, 2002, S. 1069 (1077) und schon *Hüffer*, FS Stimpel, 1985, S. 165 (177).

[962] So Soergel/*Hadding/Kießling* § 714 Rn. 52; *Breuninger*, BGB-Gesellschaft, 1991, S. 85 f.; *Hüffer*, FS Stimpel, 1985, S. 177 ff.; *Schünemann*, Grundprobleme der Gesamthandsgesellschaft, 1975, S. 212; *Wiedemann* WM 1994, Beilage 4 S. 9; für die unternehmenstragende GbR auch *K. Schmidt* GesR, 3. Aufl. 1997, § 60 IV 1c; aA die bis dahin hM, vgl. 3. Aufl. § 718 Rn. 42 f. mN in Fn. 7 *(Ulmer).*

[963] Vgl. insbes. *Heller*, Der Zivilprozess der Gesellschaft bürgerlichen Rechts, 1992, S. 84 ff.; *Lücke* ZGR 1994, 266 ff.; sowie die umfassenden Nachweise bei *Prütting*, FS Wiedemann, 2002, S. 1177 (1192) Fn. 40; aA MüKoZPO/*Lindacher*, 2. Aufl. 2000, ZPO § 50 Rn. 26; Musielak/*Weth* ZPO § 50 Rn. 22; so auch schon die 6. Aufl.

319 Gleichwohl ist auch diese Rechtsfortbildung in den Rezensionen des BGH-Urteils von 2001 ganz überwiegend auf *Zustimmung* gestoßen.[964] Für sie sprechen die erheblichen **Vorteile,** die die Anerkennung der Parteifähigkeit der GbR im Vergleich zum bisher für Gesamthandsprozesse praktizierten Streitgenossenschaftsmodell[965] für die forensische Praxis mit sich bringt.[966] Das gilt vor allem in Bezug auf die Kompetenz der geschäftsführenden Gesellschafter, die Außen-GbR in Aktiv- und Passivprozessen zu vertreten und dadurch für ein einheitliches, den Organstrukturen der GbR entsprechendes prozessuales Vorgehen zu sorgen, während nach bisherigem Recht die einzelnen Gesellschafter als Kläger oder Beklagte trotz der zwischen ihnen bestehenden notwendigen Streitgenossenschaft nicht gehindert waren, in Bezug auf Prozesshandlungen, Parteivortrag und Rechtsmittel je eigenständig zu disponieren.[967] Auch die im Rahmen der Streitgenossenschaftslösung bestehende Notwendigkeit, als Kläger bzw. Beklagte grundsätzlich sämtliche Gesellschafter anzuführen, und die hieraus für Gesellschaftsgläubiger mangels Registerpublizität der GbR resultierenden Schwierigkeiten sind infolge der Parteifähigkeit der unter eigenem Namen auftretenden GbR entfallen.[968] Schließlich erledigen sich dank der Rechtsfortbildung auch die bisher mit einem Gesellschafterwechsel bei der GbR während des Vollstreckungsverfahrens verbundenen Probleme: die Rolle der GbR als Prozesspartei oder Vollstreckungsgläubiger bzw. -schuldner bleibt von derartigen Veränderungen unberührt, ohne dass es hierzu des Rückgriffs auf §§ 239, 241, 246 ZPO bzw. §§ 265, 325, 727 ZPO bedarf.[969] Hinzu kommt, dass das Gegenargument aus § 50 Abs. 2 ZPO (→ Rn. 318) durch Änderung dieser Vorschrift entfallen ist; inzwischen ist auch der nichtrechtsfähige Verein in vollem Umfang parteifähig. – *De lege ferenda* sollten die Vorschriften der ZPO gleichwohl angepasst werden:[970] § 735, wonach ein Titel gegen den nichtrechtsfähigen Verein „genügt", ist zu streichen. § 736 ZPO sollte hingegen dahin angepasst werden, dass auch künftig ein Titel gegen alle Gesellschafter für die Vollstreckung in das (vorhandene) Gesellschaftsvermögen ausreicht (so dass im Text „erforderlich" durch „ausreichend" zu ersetzen ist).[971] Auch § 50 Abs. 2 ZPO sollte dahin geändert werden, dass die Klage einer (rechtsfähigen) GbR nur unter Beifügung von Namen und Zustelladressen ihrer Gesellschafter zulässig ist.

320 Die herausgehobene prozessuale Stellung, die der Außen-GbR als Prozesspartei und Vollstreckungsbeteiligte zukommt, macht eine klare **Abgrenzung der rechts- und parteifähigen GbR** gegenüber nicht rechts- und parteifähigen Gesellschaften erforderlich.[972] Das sieht auch der BGH, wenn er auf die Schwierigkeit hinweist, eine GbR im Prozess so klar zu bezeichnen, dass dem Prozessgericht die ihm kraft Amtes (§ 56 Abs. 1 ZPO) obliegende eindeutige Identifizierung möglich ist.[973] Aus heutiger Sicht erscheint es aber nicht (mehr) erforderlich, aus diesem Grund den Kreis der rechtsfähigen Außengesellschaften einzuschränken (→ Rn. 306), freilich sollte de lege ferenda zur Behebung von Publizitätsdefiziten ein eigenes GbR-Register eingerichtet werden (→ Vor § 705 Rn. 26 ff.).

321 **2. Folgerungen.** Die rechtsfähige Außen-GbR, vertreten durch ihre Geschäftsführer, ist demgemäß die richtige Klägerin oder Beklagte in Bezug auf die gesamthänderischen Rechte und Verbindlichkeiten.[974] Eine Klage aller oder gegen alle Gesellschafter, sei es auch als notwendige Streitgenossen,

---

[964] Vgl. nur *Dauner-Lieb* DStR 2001, 356 (358); *Derleder* BB 2001, 2485 (2487 f.); *Habersack* BB 2001, 477 (480); *Hadding* ZGR 2001, 712 (729 ff.); *Pohlmann* WM 2002, 1421 ff.; *K. Schmidt* NJW 2001, 993 (999 f.); *Ulmer* ZIP 2001, 585 (590 f.); *Westermann* NZG 2001, 289 (292 f.); *Wiedemann* JZ 2001, 661 f.; *Rosenberg/Schwab/Gottwald* ZivilProzR, 17. Aufl. 2010, § 43 Rn. 18; MüKoZPO/*Lindacher*, 3. Aufl. 2008, ZPO § 50 Rn. 26; aA auch neuerdings noch Stein/Jonas/*Bork*, 22. Aufl. 2004, ZPO § 50 Rn. 23 ff.; *Schilken* ZPR, 6. Aufl. 2010, Rn. 263; *Prütting*, FS Wiedemann, 2002, S. 1177 (1192 ff.); *Stürner* JZ 2002, 1108 (1109 f.); *Jauernig/Hess* ZivilProzR, 30. Aufl. 2011, § 19 II.
[965] Vgl. näher 3. Aufl. § 718 Rn. 45 ff. (*Ulmer*) sowie BGHZ 80, 222 (227) = NJW 1981, 9153 (1954); BGH ZIP 1990, 715 (716); NJW 1997, 1236; 2000, 291 (292).
[966] Dazu eingehend BGHZ 146, 341 (348) = NJW 2001, 1056. – Die Parteifähigkeit erlaubt der GbR auch, Prozesskostenhilfe (§ 116 S. 1 Nr. 2 ZPO) zu beantragen, s. BGH NJW 2011, 1596.
[967] BGHZ 146, 341 (348 f.) = NJW 2001, 1056.
[968] So zutr. BGHZ 146, 341 (350 f.) = NJW 2001, 1056.
[969] BGHZ 146, 341 (351) = NJW 2001, 1056; *M. Wolf*, FS Canaris, 2007, S. 1313 (1315).
[970] *Schäfer*, Gutachten E zum 71. DJT, 2016, S. 92.
[971] *K. Schmidt* ZHR 177 (2013), 733 f.; für Streichung demgegenüber *Habersack* BB 2001, 481.
[972] So zu Recht *Prütting*, FS Wiedemann, 2002, S. 1177 (1184, 1191), im Anschluss an *Schemmann*, Parteifähigkeit im Zivilprozess, 2002, S. 27 ff., 31 ff., unter Betonung der „eigenständigen Funktionalität" der Parteifähigkeit im Zivilprozess; ebenso für die Sache nach *Ulmer* ZIP 2001, 585 (591); tendenziell auch *Hadding* ZGR 2001, 712 (721); aA *Hess* ZZP 117 (2004), 267 (280 f.); *G. Wagner* ZZP 117 (2004), 305 (338).
[973] BGHZ 146, 341 (356). Der sich anschließende Rat in BGHZ 146, 341 (357), in Passivprozessen der GbR auch die Gesellschafter *persönlich* zu verklagen, hilft freilich nicht weiter, soweit es um den Gesamthandsschuldprozess, dh die Beklagtenstellung der GbR, geht.
[974] Zu den prozessrechtlichen Folgen von BGHZ 146, 341 eingehend *Derleder* BB 2001, 2485 ff.; *Pohlmann* WM 2002, 1421 ff.; *Hess* ZZP 117 (2004), 267 (277 ff.); *K. Schmidt*, FS Lindacher, 2007, S. 143 (145 ff.); *ders.*

ist als unbegründet abzuweisen, sofern dem Mangel nicht durch Parteiwechsel (→ Rn. 320) abgeholfen wird (s. aber auch die rechtspolitischen Vorschläge in → Rn. 319 aE). Gläubiger der GbR sind aber selbstverständlich nicht gehindert, unter Berufung auf die akzessorische Haftung der Gesellschafter (→ § 714 Rn. 33 f.) gegen diese persönlich vorzugehen, um in deren Privatvermögen vollstrecken zu können;[975] die Vollstreckung gegen sie persönlich aus einem gegen die GbR gerichteten Schuldtitel scheidet analog § 129 Abs. 4 HGB aus. Demgegenüber ist eine Vollstreckung in das Gesellschaftsvermögen auf Grund von Schuldtiteln (nur) gegen die Gesellschafter persönlich abzulehnen; das folgt aus analoger Anwendung des § 124 Abs. 2 HGB.[976] Demgemäß hat ein gegen alle Gesellschafter persönlich ergangenes Urteil keine Rechtskraft im Verhältnis zur Gesellschaft, so dass auch im Falle der Klagabweisung die Gesellschaft wegen derselben Forderung verklagt werden kann.[977] Die Vorschrift des § 736 ZPO ist auf Grund der eingetretenen Rechtsfortbildung auf diejenigen Fälle zu reduzieren, in denen Gesellschaftsgläubiger im Wege der Gesamthandsschuldklage einen Titel gegen alle Gesellschafter als notwendige Streitgenossen erstritten haben.[978] Dies ist allerdings nur noch relevant, falls man weiterhin eine (nicht parteifähige) Innengesellschaft mit Gesamthandsvermögen anerkennt (→ Rn. 279).[979] Zu rechtspolitischen Vorschlägen zur Umgestaltung des § 736 ZPO → Rn. 319 aE.

IV. Insolvenzfähigkeit

322   Die Insolvenzfähigkeit einer GbR steht angesichts ihrer ausdrücklichen gesetzlichen Anerkennung in **§ 11 Abs. 2 Nr. 1 InsO** außer Zweifel. Ihre Ablehnung durch die früher hM unter der Geltung der KO ist infolge der Neuregelung überholt. Entscheidend für die Möglichkeit, ein Insolvenzverfahren für die GbR zu eröffnen, ist im Unterschied zur Anerkennung des Rechts- und Parteifähigkeit nicht das Vorhandensein einer besonderen, zur Teilnahme am Rechtsverkehr geeigneten Identitätsausstattung der GbR (→ Rn. 306), sondern das Vorhandensein eines *Gesamthandsvermögens*.[980] Das folgt aus der Regelung des § 11 Abs. 2 Nr. 2 InsO, die ein Insolvenzverfahren auch für Gesamthandsvermögen ohne Rechtsfähigkeit (Nachlass) nach näherer Maßgabe der §§ 315 ff. InsO zulässt. Zu den mit der GbR-Insolvenz verbundenen Rechtsfolgen und Verfahrensfragen sei auf die InsO-Kommentare und auf das einschlägige sonstige Schrifttum verwiesen.[981]

F. Fehlerhafte Gesellschaft

I. Grundlagen

323   **1. Herkunft und Entwicklung.** Die Rechtsfigur der fehlerhaften, auf einem nichtigen oder anfechtbaren Gesellschaftsvertrag beruhenden Gesellschaft ist in der Rechtsprechung des Reichsgerichts ursprünglich für das Recht der **Kapitalgesellschaften** entwickelt worden.[982] Sie sollte dazu dienen, im Interesse des Rechtsverkehrs den Bestand und die Kapitalgrundlage der durch Eintragung ins Leben getretenen juristischen Person trotz fehlerhafter Gründungs- oder Beitrittsvereinbarungen im Interesse des Rechtsverkehrs zu sichern. In den entsprechenden, durch die EG-Rechtsangleichung modifizierten **Nichtigkeitsvorschriften** (§§ 275–277 AktG, §§ 75–77 GmbHG) hat sie seit langem ihren ausdrücklichen gesetzlichen Niederschlag gefunden. Nach zutreffender Ansicht[983] sind auch die

---

NJW 2008, 1841 ff.; *G. Wagner* ZZP 117 (2004), 305 (317 ff., 337 ff.). Für Parteifähigkeit der GbR auch bei Einklagung von Sozialansprüchen zu Recht *K. Schmidt* DB 2003, 703 f.

[975] Insoweit zutr. BGHZ 146, 341 (357) = NJW 2001, 1056; → § 718 Rn. 40 aE.
[976] AA aber (wenig folgerichtig) BGHZ 146, 341 (356) = NJW 2001, 1056; BGH NJW 2004, 3632; 2008, 1378 (1379) Rn. 10; 2011, 2048 (2049) Rn. 11; dem folgend zB Zöller/*Stöber* ZPO § 736 Rn. 2.
[977] So zutr. BGH NJW 2011, 2048 (2049) Rn. 12 ff., der hierin keinen Widerspruch zu seiner Interpretation des § 736 ZPO sieht.
[978] Ebenso *Hadding* ZGR 2001, 712 (731); *Pohlmann* WM 2002, 1421 (1427); *K. Schmidt* NJW 2001, 993 (1000 f.); *ders.* NJW 2008, 1841 (1843); *Wertenbruch* NJW 2002, 324 (328 f.); *Westermann* NZG 2001, 289 (293) entgegen der früher hM; vgl. auch 4. Aufl. § 718 Rn. 44, 57 ff. (*Ulmer*).
[979] So auch *Habersack* BB 2001, 477 (481); *Hadding* ZGR 2001, 712 (784); *Scholz* NZG 2002, 153 (163). Eingehend *Leipold*, FS Canaris, Bd. II, 2007, S. 221 (235 ff.). Großzügiger, wenn auch den Übergangsaspekt betonend, *K. Schmidt*, FS Lindacher, 2007, S. 143 (150 f.); aA – für alternatives Vorgehen – BGH NJW 2004, 3632 (3634); NZG 2007, 140 (141).
[980] Zweifelnd mit Hinweis auf die ggf. damit verbundene Benachteiligung gemeinschaftlicher, nicht mit der GbR als solcher kontrahierender Gläubiger der Gesellschafter *Häsemeyer*, Insolvenzrecht, 4. Aufl. 2007, Rn. 91.70.
[981] Vgl. insbes. *Hans-Fr. Müller*, Der Verband in der Insolvenz, 2002, S. 48 ff., 322 ff., 392 ff.; dazu auch *Häsemeyer*, Insolvenzrecht, 4. Aufl. 2007, Rn. 31.70 ff.; *K. Schmidt* ZGR 1998, 633 ff.; *Wellkamp* KTS 2000, 331 ff.
[982] Nachweise und Übersicht bei *Wiedemann* GesR I § 3 I 2a, S. 148 f.
[983] So eingehend *Schäfer*, Fehlerhafter Verband, 2002, S. 182 ff. mN zum Meinungsstand.

auf den Bestandsschutz für eingetragene Verschmelzungen zielende Norm des **§ 20 Abs. 2 UmwG 1994** und die Vorläuferbestimmung des § 352a AktG Ausdruck dieser Rechtsfigur. Sie enthalten ebenfalls eine Kodifizierung der Lehre von der fehlerhaften Gesellschaft, die zudem über den engeren Bereich des Kapitalgesellschaftsrechts hinausgeht (zu den möglichen Rechtsformen des übernehmenden und des neuen Rechtsträgers im Zuge der Verschmelzung vgl. § 3 Abs. 1, 2 UmwG).

Für das Recht der **Personengesellschaften** beschränkte sich das **Reichsgericht** ursprünglich darauf, die *rückwirkende Geltendmachung* von Gründungs- oder Beitrittsmängeln mit Wirkung für das Außenverhältnis auszuschließen.[984] Ausschlaggebend waren dabei in erster Linie Rechtsscheingrundsätze; das zeigt die entweder an die Handelsregistereintragung des fehlerhaft Beigetretenen[985] oder an sein Auftreten als Gesellschafter[986] anknüpfende Rechtsprechung.[987] Erst in den letzten Jahren seines Bestehens ging das Reichsgericht generell dazu über, den fehlerhaft zu Stande gekommenen Gesellschaftsvertrag nach dessen Invollzugsetzung grundsätzlich *nach außen und innen als wirksam* zu behandeln und den Gesellschafter, die sich auf den Mangel beriefen, auf den Weg der einseitigen Auflösung (§ 723 Abs. 1 S. 2 BGB, § 133 HGB) zu verweisen.[988] Dadurch sollte neben dem Verkehrsschutz zu Gunsten Dritter dem ebenfalls als rechtserheblich angesehenen Bestandsschutzinteresse der Gesellschafter Rechnung getragen und die rückwirkende Abwicklung fehlerhafter Gesellschaften vermieden werden. Etwa gleichzeitig kam es in der *Literatur* zu einem ersten, heute überholten Begründungsversuch, der sich auf die Theorie der „faktischen Vertragsverhältnisse" stützte.[989]

324

Der **BGH** hat diese Rechtsprechung mit gewissen Modifikationen[990] und Verfeinerungen[991] in einer Vielzahl von Entscheidungen fortgeführt und weiter ausgebaut.[992] Nach nicht nur vereinzelt vertretener Ansicht[993] soll sie in ihrem Kernbestand inzwischen sogar den Rang von Gewohnheits-

325

---

[984] Vgl. Staub/*Schäfer* HGB § 105 Rn. 321 mN; *ders.* Die Lehre vom fehlerhaften Verband, 2002, S. 71 ff.
[985] So als Haftungsgrund analog § 28 HGB für Altschulden.
[986] So mit Haftungsfolge entsprechend §§ 123 Abs. 2, 128 HGB.
[987] RGZ 51, 33 (36 f.); 76, 439 (441); 89, 97 (98); 93, 227 (229); 142, 98 (107); stRspr; dazu krit. *Canaris*, Die Vertrauenshaftung im deutschen Privatrecht, 1971, S. 175 ff.
[988] So die Grundsatzentscheidung RGZ 165, 193 (204 f.); zuvor schon RG JW 1935, 2617 zur Abfindung des fehlerhaft Beigetretenen nach § 738. Vgl. näher zur RG-Rspr. *Ronke*, FS Laufke, 1971, S. 217 ff.
[989] Vgl. *Simitis*, Die faktischen Vertragsverhältnisse, 1957, S. 232 ff. Auch *Haupt*, FS Siber, Bd. II, 1943, S. 5 ff., knüpfte für seine Überlegungen im Ansatz allein an tatsächliche Vorgänge an (S. 8 f.), unabhängig von etwaigen Willenserklärungen, beschäftigte er sich in seinen gesellschaftsrechtlichen Untersuchungen (S. 16 ff.) dann allerdings nur mit einem „Rechtsverhältnis zwischen Gesellschaftern, dessen Gesellschaftsvertrag (!) sich später als von Anfang an nichtig erweist". Im letztgenannten Sinn sind auch die den Rechtsfolgen nichtiger oder anfechtbarer Gesellschaftsverträge gewidmeten Untersuchungen von *Siebert* (FS Hedemann, 1938, S. 266 ff.) zu verstehen. Schließlich verwendete auch das RG und – bis Anfang der 60er Jahre – der BGH zwar den Ausdruck „faktische Gesellschaft", stellte aber doch auf das Vorliegen eines, wenn auch fehlerhaften Gesellschaftsvertrags ab (→ Rn. 327 ff.). Der sachliche Unterschied zwischen den Vertretern der Lehre von der „faktischen" und denjenigen der „fehlerhaften" Gesellschaft war also weniger groß, als das früher verbreitet angenommen wurde. Krit. dazu statt aller Staub/*Schäfer* HGB § 105 Rn. 323 ff.; *Hueck* OHG § 7 Fn. 6; Soergel/*Hadding/Kießling* Rn. 70, 85; *K. Schmidt* AcP 186 (1986), 421 (422 f.). Einschr. später auch *Siebert*, Faktische Vertragsverhältnisse, 1958, S. 56 ff. Überblick zu dieser Diskussionsphase bei *Lambrecht*, Die Lehre von den faktischen Vertragsverhältnissen, 1994, S. 70 f., 125 ff.
[990] Zusammenstellung bei GroßkommHGB/*Fischer*, 3. Aufl. 1973, HGB § 105 Anm. 73.
[991] So namentlich induziert durch terminologischen Übergang von der „faktischen" zur „fehlerhaften" Gesellschaft seit BGH BB 1964, 619.
[992] Vgl. namentlich BGHZ 3, 285 = NJW 1952, 97 zur Auflösung einer fehlerhaften Gesellschaft; BGHZ 8, 157 = NJW 1953, 818 – Anwendung der Lehre auf die atypische stille Gesellschaft; BGHZ 11, 190 = NJW 1954, 231 zum Erfordernis eines wenn auch fehlerhaften Gesellschaftsvertrags; BGHZ 17, 160 = NJW 1955, 1067 zum fehlerhaften Beitritt eines Minderjährigen; BGHZ 26, 330 = NJW 1958, 668 zur Einlageverpflichtung des fehlerhaft Beigetretenen; BGHZ 44, 235 = NJW 1966, 107 zur Haftung des fehlerhaft Beigetretenen für Altschulden trotz zwischenzeitlichen Ausscheidens; BGHZ 55, 5 = NJW 1971, 375 zur Anwendung auf die typische stille Gesellschaft; BGHZ 62, 20 = NJW 1974, 498 zur fehlerhaften Vertragsänderung; BGHZ 62, 234 = NJW 1974, 1201 zur Nichtanwendung bei verbotenem Gesellschaftszweck, § 134; BGH NJW 2005, 1784 (1785) zur Bestätigung der Anwendung auf dem HaustürWG unterliegenden Beitritt zu einem geschlossenen Immobilienfonds; BGHZ 199, 104 (108) = NZG 2013, 142 (1423) und BGH NJW-RR 2013, 1373 (1374) zur Anwendung der LfV auf mehrgliedrige stille Gesellschaften; → Rn. 358. – Zu den Besonderheiten bei der Publikums-KG oder -GbR mit Blick auf die Anwendung der Lehre von der fehlerhaften Gesellschaft vgl. auch BGHZ 63, 338 (344 f.) – NJW 1975, 1022, BGH NJW 1975, 1700 und NJW 1976, 894 jeweils zur Anerkennung eines außerordentlichen Kündigungsrechts des durch arglistige Täuschung zum Beitritt veranlassten Anlegers; s. ferner BFH DB 2012, 152 (154) zum GrEStG. Zusammenfassende Rspr.-Übersicht bei *Goette* DStR 1996, 266 ff. und *Schäfer* ZHR 170 (2006), 373 ff. betr. die Vereinbarkeit der Lehre von der fehlerhaften Gesellschaft mit der Anerkennung von Schadensersatzansprüchen getäuschter Anleger im Fall stiller Gesellschaften, → Rn. 359a.
[993] *Gursky*, Das fehlerhafte Ausscheiden eines Gesellschafters aus einer Personalgesellschaft, 1969, S. 10 ff.; *Lieberich*, Fehlerhafte Abänderungen des Gesellschaftsvertrages bei Personenhandelsgesellschaften, 1972, S. 34 ff.; *Hartmann*, FS Schiedermair, 1976, S. 257 (259).

recht erlangt haben. Auch wenn man dem im Grundsatz folgen wollte, schließt das freilich nicht aus, dass sowohl über eine Reihe von Einzelfragen als auch und vor allem über die dogmatische Begründung der Lehre von der fehlerhaften Gesellschaft bis heute nicht unerhebliche Meinungsunterschiede fortbestehen.[994]

326 **2. Voraussetzungen.** Die Anwendung der Grundsätze über die fehlerhafte Gesellschaft hängt für den Fall von **Gründungsmängeln** von zwei positiven und einer negativen Voraussetzung ab, dh einem fehlerhaften Vertragsschluss (→ Rn. 327 ff.), dessen Vollzug (→ Rn. 331) sowie dem Fehlen besonders schutzwürdiger Interessen (→ Rn. 332 ff.). Umstritten ist, ob die gleichen Grundsätze auch für **fehlerhafte Vertragsänderungen** einschließlich des Gesellschafterwechsels (Beitritt und Ausscheiden) Geltung beanspruchen können, oder ob es insoweit gewisser Modifikationen bedarf (→ Rn. 360 ff.).

326a Hervorzuheben ist auch die Nähe der Lehre von der fehlerhaften Gesellschaft zu den Erscheinungsformen und Rechtsproblemen der **fehlerhaften Bestellung gekorener Organwalter** und deren fehlerhafter Abberufung, und dies nicht nur im Recht der Kapital-, sondern auch der Personengesellschaften. Auf sie ist im neueren Schrifttum zutreffend wiederholt hingewiesen worden.[995] Wie bei der fehlerhaften Gesellschaft kommt es auch hier neben dem fehlerhaften Bestellungs- oder Abberufungsakt auf dessen jeweiligen Vollzug an. Auch bedarf es zur Geltendmachung des Fehlers eines Aktes der formalen Kundgabe, also des Widerrufs der Bestellung seitens des zuständigen Gesellschaftsorgans oder Amtsniederlegung seitens des Organwalters.[996]

327 **a) Fehlerhafter Vertragsschluss.** Erste und grundlegende Voraussetzung ist der von den Beteiligten angestrebte **Abschluss eines Gesellschaftsvertrags** auf Grund von ihnen zurechenbaren – wenn auch fehlerhaften – Willenserklärungen.[997] Die Lehre von der „faktischen" Gesellschaft, die die Anerkennung der Gesellschaft allein an die Tatsache des Zusammenwirkens nach Art von Gesellschaftern knüpfen wollte, ist seit langem überholt.[998] Daher kommt durch eine *Scheingründung* eine fehlerhafte Gesellschaft auch dann nicht zur Entstehung, wenn die Beteiligten nach außen gemeinsam auftreten und ihre „Gesellschaft" zum Schein in Vollzug setzen.[999] Auch das Handeln eines *Vertreters ohne Vertretungsmacht* reicht mangels Zurechenbarkeit gegenüber dem Vertretenen für die Bejahung einer fehlerhaften Gesellschaft mit diesem nicht aus.[1000] Die Mitgesellschafter haben nach § 179 Abs. 1 die Wahl, den Vertreter an seiner in fremdem Namen abgegebenen Beitrittserklärung festzuhalten oder ihn auf Schadensersatz in Anspruch zu nehmen und entweder die Gesellschaft unter sich als werbende fortzusetzen oder sie unter Berufung auf den Beitrittsmangel zur Auflösung zu bringen.

---

[994] Vgl. dazu umfassend *Schäfer,* Fehlerhafter Verband, 2002, S. 137 ff.; *Kort,* Bestandsschutz fehlerhafter Strukturänderungen im Kapitalgesellschaftsrecht, 1998, S. 5 ff.; → Rn. 347 ff. und *Wiedemann* GesR II § 2 V.

[995] *Schäfer,* Fehlerhafter Verband, 2002, S. 473 ff.; *Schürnbrand,* Organschaft im Recht privater Verbände, 2007, S. 267 ff.

[996] Zu Einzelheiten s. Spezialschrifttum in 3. Aufl. § 718 Rn. 45 ff. *(Ulmer)* sowie BGHZ 80, 222 (227) = NJW 1981, 9153 (9154); BGH ZIP 1990, 715 (716); NJW 1997, 1236; 2000, 291 (292).

[997] Heute einhM, vgl. BGHZ 11, 190 (191) = NJW 1954, 231; Soergel/*Hadding/Kießling* Rn. 72; Staudinger/*Habermeier* (2003) Rn. 65; Staub/*Schäfer* HGB § 105 Rn. 331; *Flume* BGB AT I 1 § 2 III; *Hueck* OHG § 7, S. 72 f. Von Vertragsschluss bzw. -änderung abzugrenzen ist die Anteilsübertragung, insofern findet die LfV keine Anwendung, → Rn. 374.

[998] Vgl. idS noch *Simitis,* Die faktischen Vertragsverhältnisse, 1957, S. 232 ff. Auch *Haupt,* FS Siber, Bd. II, 1943, S. 5 ff., knüpfte für seine Überlegungen im Ansatz allein an tatsächliche Vorgänge an (S. 8 f.), unabhängig von etwaigen Willenserklärungen, beschäftigte er sich in seinen gesellschaftsrechtlichen Untersuchungen (S. 16 ff.) dann allerdings nur mit Unterfällen des „Rechtsverhältnis zwischen fehlerhaften Gesellschaften, deren Gesellschaftsvertrag (!) sich später als von Anfang an nichtig erweist". Im letztgenannten Sinn sind auch die den Rechtsfolgen nichtiger oder anfechtbarer Gesellschaftsverträge gewidmeten Untersuchungen von *Siebert* (FS Hedemann, 1938, S. 266 ff.) zu verstehen. Schließlich verwendete auch das RG und – bis Anfang der 60er Jahre – der BGH zwar den Ausdruck „faktische Gesellschaft", stellte aber doch auf das Vorliegen eines, wenn auch fehlerhaften Gesellschaftsvertrags ab (→ Rn. 327 ff.). Der sachliche Unterschied zwischen den Vertretern der Lehre von der „faktischen" Gesellschaft und denjenigen von der „fehlerhaften" Gesellschaft war also weniger groß, als das früher verbreitet angenommen wurde. Näher zum Ganzen *Lambrecht,* Die Lehre vom faktischen Vertragsverhältnis, 1994, S. 70 ff., 125 ff.; *Schäfer,* Fehlerhafter Verband, 2002, S. 120 f.; 161 f., zur Problematik der fehlerhaften Fortsetzung der Gesellschaft mit einem Scheinerben → Rn. 376.

[999] Zur Scheingesellschaft → Rn. 377. Sie verwandelt sich freilich dann in eine vollwirksame Gesellschaft, wenn die Geschäftsaufnahme als rechtsgeschäftliche Bestätigung der ursprünglich zum Schein eingegangenen Gesellschaft zu verstehen ist, *Flume* BGB AT I 1 § 2 III, S. 20.

[1000] Näher *Schäfer,* Fehlerhafter Verband, 2002, S. 208 ff., 211; ebenso auch BGH ZIP 2011, 2005 (2007) Rn. 12; NJW 2010, 66 (68) = ZIP 2010, 1283 – Missbrauch einer Generalvollmacht; *Osterloh-Konrad* ZBB 2011, 155 (158); aA *Klimke* NZG 2012, 1366 (1368 f.), der in diesem Falle aber den Vollzug nicht zurechnen möchte, was beim fehlerhaften Beitritt indessen ausscheidet.

Der Vertragsabschluss muss zweitens an Mängeln leiden, die seinem Wirksamwerden nach allgemeinen Rechtsgeschäftsgrundsätzen entgegenstehen.[1001] Diese **Vertragsmängel** lassen sich im Grundsatz in *drei Gruppen* einteilen. Die **erste** und praktisch wichtigste Kategorie bilden die *Anfechtungstatbestände der §§ 119, 123*, dh die Fälle des auf Irrtum, Täuschung oder Drohung beruhenden, nach allgemeinen Grundsätzen (§ 142) rückwirkend vernichtbaren Vertragsschlusses. In eine **zweite** Gruppe sind die Fälle ursprünglich unwirksamen (nichtigen) Vertragsschlusses zusammenzufassen, darunter *Formnichtigkeit* (§ 125), *Dissens* (§§ 154, 155)[1002] oder sonstige dem wirksamen Zustandekommen des Vertrags entgegenstehende Gründe.[1003] Die praktische Bedeutung dieser Gruppe ist freilich gering, weil in den Fällen der §§ 125, 154, 155 die Bewirkung der formnichtig versprochenen Einlageleistung oder der sonstige, in Kenntnis des Mangels erfolgende Vertragsvollzug nicht selten zur Heilung des Formmangels oder zur Bestätigung des Rechtsgeschäfts führt,[1004] während bei einer durch den verbots- oder sittenwidrigen Gesellschaftszweck bedingten Nichtigkeit (§§ 134, 138) die rechtliche Anerkennung der Gesellschaft nach herrschender, aber nicht überzeugender Ansicht an übergeordneten Interessen der Allgemeinheit scheitert (→ Rn. 334). In die **dritte** Gruppe schließlich fallen Gründungen unter *fehlerhafter Mitwirkung einzelner, besonders schutzwürdiger Personen* (insbesondere Geschäftsunfähige und beschränkt Geschäftsfähige, → Rn. 335 ff.). Dem gesetzlichen Schutz dieser Personen kommt zwar grundsätzlich Vorrang vor der Rechtsfigur der fehlerhaften Gesellschaft zu mit der Folge, dass für den fehlerhaft Beigetretenen vertragliche Bindungen nicht zur Entstehung kommen (→ Rn. 337 f.). Für das Verhältnis zwischen den Mitgesellschaftern greifen die Grundsätze über die fehlerhafte Gesellschaft jedoch gleichwohl ein, wenn der Restvertrag sich im Auslegungswege nicht sogar als vollgültig erweisen sollte (→ Rn. 339).

Zweifelhaft ist die Rechtslage in Fällen, in denen ein Verbraucher **„außerhalb von Geschäftsräumen"** (so § 312b nF) zum Gesellschaftsbeitritt veranlasst wurde. Folgt man der für den Beitritt zu Publikumsgesellschaften verbreiteten Ansicht, Gesellschaftsverträge trotz ihrer abweichenden Struktur *Verträgen über eine entgeltliche Leistung* iSv § 312 Abs. 1 gleichzustellen (→ § 312 Rn. 17 mwN *[Wendehorst]*),[1005] so steht die Wirksamkeit des Beitritts in derartigen Fällen unter dem Vorbehalt fristgerechten Widerrufs (§§ 312g, 355 Abs. 1 S. 1). Nach § 357 Abs. 1 hätte das freilich zur Folge, dass der Widerruf zur Rückabwicklung des Beitritts führt (→ § 355 Rn. 55 *[Fritsche]*), ggf. verbunden mit der Fehlerhaftigkeit des Gesellschaftsvertrags insgesamt (→ Rn. 339). Gegen eine derartige Rückabwicklung sprechen jedoch die für den fehlerhaften Beitritt zu einer Gesellschaft geltenden Besonderheiten.[1006] Die Anwendung der Lehre von der fehlerhaften Gesellschaft führt vielmehr grundsätzlich (nur) zum Recht des Gesellschafters, seine Beteiligung fristlos zu kündigen (→ Rn. 345); ein Vorrang des Verbraucherschutzes ist aus BGH-Sicht nicht veranlasst.[1007] Der **EuGH** hat diese Rechtsprechung in der Sache **„Friz"** auf Basis der HaustürRL ausdrücklich für richtliniengemäß erklärt.[1008] Ob dies auch auf Basis der VerbrRRL (RL 2001/83/EG) und nament-

---

[1001] Vgl. dazu eingehend *Schäfer*, Fehlerhafter Verband, 2002, S. 213 ff.; *Wiesner*, Fehlerhafte Gesellschaft, 1980, S. 103 ff.

[1002] Insofern ist für die Lehre von der fehlerhaften Gesellschaft freilich nur Raum, falls nicht im Vollzug des nach § 154 lückenhaften Vertrags ein einvernehmliches Ingeltungsetzen liegt bzw. falls die Wertung des § 155 ausnahmsweise ein Wirksamkeitsdefizit begründet; dazu näher *Schäfer*, Fehlerhafter Verband, 2002, S. 215 f.

[1003] Zum Sonderfall des – nach Genehmigungsverweigerung endgültig unwirksamen – Vertragsschlusses unter Mitwirkung eines Vertreters ohne Vertretungsmacht (§ 177), bei dem die Anwendung der Lehre von der fehlerhaften Gesellschaft auf den Vertretenen an der fehlenden Zurechenbarkeit des Vertreterhandelns scheitert, → Rn. 327 aE.

[1004] → Rn. 29, 41, 357 ua; zur Heilung eines Formmangels (etwa aus § 311b Abs. 1 BGB, § 15 Abs. 4 GmbHG) namentlich auch *Wiesner* NJW 1984, 95 ff.

[1005] So für den Beitritt zu einer Publikums-Gesellschaft die stRspr, vgl. BGHZ 133, 254 (261 f.) = NJW 1996, 3414; BGHZ 148, 201 (203) = NJW 2001, 2718; BGH ZIP 2005, 254 (255); 2005, 753 (756); 2005, 1124 (1126); NJW 2013, 155 (156); 2014, 2022; OLG Dresden ZIP 2002, 1293 (1295); OLG Rostock ZIP 2001, 1009 (1010); OLG Köln ZIP 2007, 2212; OLG München NZG 2007, 225.

[1006] Eingehend dazu jetzt BGH ZIP 2008, 1018 (1019 ff.) in einem Vorlagebeschluss an den EuGH betr. die Vereinbarkeit der Lehre von der fehlerhaften Gesellschaft-Rechtsfolgen mit Art. 5 Abs. 2 RL 85/577/EWG (Haustürgeschäfte-RL); dazu *Goette* DStR 2008, 1103 f.; *Kindler/Libbertz* DStR 2008, 1335 ff.; *Schäfer* ZIP 2008, 1022 ff.; vgl. auch *Klaus-R. Wagner* NZG 2008, 447 ff.

[1007] So eingehend mit umf. Nachweisen aus Rspr. und Lit. BGH ZIP 2008, 1018 (1019 ff.). Aufgrund der „FRIZ"-Entscheidung des EuGH (NJW 2010, 1511) unverändert BGH NJW 2010, 3096; NJW-RR 2011, 1059 (1060), vgl. ferner BGH NJW-RR 2011, 406 (408) (XI. ZS); sowie BGH NZG 2010, 1025 f.; ZIP 2010, 2197 zur KG; dazu zust. *Schäfer* ZGR 2011, 352 (355 f.); seither BGH NJW-RR 2012, 1197 (1199); ZIP 2012, 1509; NJW 2013, 155 (158); BGHZ 192, 236 Rn. 10 f. = NJW 2014, 2022.

[1008] EuGH NJW 2010, 1511 zur Haustürgeschäfte-RL: Rechtsfolgen der Ausübung des Widerrufsrechts nach Art. 7 RL 85/577/EWG werden durch das einzelstaatliche Recht bestimmt; zust. *Schäfer* DStR 2010, 1138 (1139); *Habersack* ZIP 2010, 775; im Grundsatz auch *Podewils* MDR 2010, 117 (119); *M. J. Ulmer* WuB I G 5. – 1.11, S. 19, 22; *Armbrüster* EuZW 2010, 614 (616); *Westermann* DZWiR 2010, 265 (268); *Ensthaler/Kluge* BB 2010, 2835 (2838), jeweils mwN.

lich der Rechtsfolgenbestimmung in Art. 12–14 VerbrRRL fortgilt, die durch §§ 312–312k, 355 ff. nF im Jahre 2013 in deutsches Recht umgesetzt wurde (→ § 312 Rn. 1 *[Wendehorst]*; → § 355 Rn. 11 *[Fritsche]*), ist zwar nicht eindeutig; doch sprechen jedenfalls die besseren Sachgründe dafür, weiter an der Anwendung der Lehre von der fehlerhaften Gesellschaft festzuhalten (→ § 355 Rn. 55 *[Fritsche]*). *Rechtsfolge* dieser gesellschaftsrechtlichen Besonderheit ist es, dass der Kündigende anstelle der Rückgewähr seiner Einlage (§ 357 Abs. 1) nur eine Abfindung nach Maßgabe von § 738 verlangen kann;[1009] anderes soll nach umstrittener höchstrichterlicher Rechtsprechung zum Anlagemodell der „Göttinger Gruppe" nur für einfache stille Beteiligungen von Anlegern an einer AG als Inhaber des Handelsgeschäfts gelten, während der BGH neuerdings die mehrgliedrige stille Beteiligung ebenso wie den Beitritt zu einer Außengesellschaft behandelt (→ Rn. 359a). Diese Rechtsfolge zeigt freilich zugleich, dass mit der Erstreckung des Anwendungsbereichs des § 312 Abs. 1 auf den haustürinitiierten Gesellschaftsbeitritt in der Sache nach wenig gewonnen ist. Näher liegt es daher, die Beitrittswerbung in einer Haustürsituation vor dem Wertungshintergrund des § 312 Abs. 1 als wichtigen Grund zu beurteilen, der den Geworbenen innerhalb angemessener Frist zur *fristlosen Kündigung* seiner Beteiligung nach § 723 Abs. 1 S. 2 berechtigt. Entsprechendes gilt bei Widerruf eines Verbraucherkreditvertrags mit Blick auf den damit *finanzierten Beitritt zu einem Immobilienfonds,* wenn Beitritt und Kreditvertrag eine wirtschaftliche Einheit nach Maßgabe des § 358 Abs. 3 S. 3 bilden (→ § 358 Rn. 14, 80, 85 f., 90 *[Habersack]*).

330 **Kein** grundlegender, zur künftigen Auflösung der in Vollzug gesetzten Gesellschaft auf Verlangen auch nur eines Gesellschafters führender **Vertragsmangel** ist demgegenüber in denjenigen Fällen gegeben, in denen nur *einzelne Vertragsteile* unwirksam sind, denen für die gemeinsame Verfolgung des Gesellschaftszwecks keine entscheidende Bedeutung zukommt. Das gilt namentlich bei Unvereinbarkeit einzelner Vertragsbestimmungen mit geschriebenem oder ungeschriebenem zwingendem Gesellschaftsrecht[1010] oder bei Fehlerhaftigkeit einzelner, für die Gesellschaftsgründung nicht grundlegender Beitrittserklärungen oder Einlageverpflichtungen.[1011] Von der **Wirksamkeit des Restvertrags** ist insbesondere in denjenigen Fällen auszugehen, in denen der jeweils betroffene Gesellschaftsvertrag eine *salvatorische Klausel* über die Anpassung fehlerhafter Bestimmungen enthält. Aber auch beim Fehlen einer derartigen Klausel wird die Vertragsauslegung abweichend von der Auslegungsregel des § 139 doch meist zum Vorrang des Bestandsinteresses der Gesellschafter führen (→ Rn. 52 f.). Die Vertragslücke ist sodann im Wege ergänzender Vertragsauslegung,[1012] hilfsweise durch Rückgriff auf dispositives Recht zu schließen. Sollte im Einzelfall einem Gesellschafter das Festhalten an dem solcherart ergänzten Vertrag trotz der Orientierung der Entscheidung am hypothetischen Parteiwillen ausnahmsweise unzumutbar sein, so hat er auch ohne Rückgriff auf die Rechtsfigur der fehlerhaften Gesellschaft einen wichtigen Grund zur außerordentlichen Kündigung.[1013]

331 **b) Vollzug (Geschäftsbeginn).** Die zweite Voraussetzung dafür, der Gesellschaft trotz der bestehenden Gründungsmängel Wirksamkeit zuzuerkennen, bildet nach ganz hM das Invollzugsetzen der Gesellschaft, dh der Beginn der Vertragsdurchführung.[1014] Vollzug liegt dann vor, wenn die Gesellschaft mit Zustimmung der Gesellschafter[1015] ihre **Tätigkeit nach außen** aufgenommen hat, sei es auch nur im Rahmen von Vorbereitungsgeschäften.[1016] Darauf, ob bereits die Handelsregistereintra-

---

[1009] So für den Beitritt zu einer Publikums-Gesellschaft die stRspr, vgl. BGHZ 133, 254 (261 f.) = NJW 1996, 3414; BGHZ 148, 201 (203) = NJW 2001, 2718; BGHZ 192, 236 Rn. 11 = NJW 2014, 2022; BGH ZIP 2005, 254 (255); 2005, 753 (756); 2005, 1124 (1126); NJW 2013, 155 Rn. 46; OLG Dresden ZIP 2002, 1293 (1295); OLG Rostock ZIP 2001, 1009 (1010); OLG Köln ZIP 2007, 2212; OLG München NZG 2007, 225.

[1010] Zur Lückenfüllung bei Verstößen gegen zwingendes Recht unter Vermeidung der Fehlerhaftigkeit des Gesellschaftsvertrags als solchen vgl. eingehend *Schäfer,* Fehlerhafter Verband, 2002, S. 217 ff.

[1011] Vgl. etwa OLG Rostock NZG 2000, 930 (931) sowie → Rn. 41 zur Formnichtigkeit von Einlageversprechen und → Rn. 357 zur Abgrenzung fehlerfreier und fehlerhafter Verträge.

[1012] Zu ihrer Bedeutung für die Auslegung von Gesellschaftsverträgen → Rn. 174 und *Schäfer,* Fehlerhafter Verband, 2002, S. 217 ff.

[1013] *Ulmer,* FS Flume, 1978, S. 301 ff.

[1014] Abw. *Wiesner,* Fehlerhafte Gesellschaft, 1980, S. 117 ff. mit der im Ansatz zutr. Überlegung, entscheidend für die fehlerhafte Gesellschaft sei die Bildung von Gesamthandsvermögen (→ Rn. 354, 356), und dieses entstehe in Form der Beitragsansprüche schon mit dem Vertragsschluss. Vgl. dazu *Westermann* in Westermann/Wertenbruch PersGesR-HdB I. Teil § 8 Rn. 223 ff. sowie den folgenden Text.

[1015] Auf dieses – aus Gründen der Zurechenbarkeit ihnen gegenüber unverzichtbare – Erfordernis zutr. hinweisend *Schäfer,* Fehlerhafter Verband, 2002, S. 252 ff.

[1016] Ganz hM, vgl. BGHZ 3, 285 (288) = NJW 1952, 97; RGZ 165, 193 (205); RG DR 1941, 1943 (1944); 1943, 1221; Soergel/*Hadding/Kießling* Rn. 75; Erman/*Westermann* Rn. 79; Staudinger/*Habermeier* (2003) Rn. 66; *Schäfer,* Fehlerhafter Verband, 2002, S. 157 ff., 160 f.; weitergehend wohl *K. Schmidt* AcP 186 (1986), 441 und *K. Schmidt* GesR § 6 III 1b, der auf das „Ingangsetzen einer verfassten Organisation" abstellt, damit jedoch kein klareres Abgrenzungskriterium bietet.

gung als solche ausreicht,¹⁰¹⁷ kommt es bei der GbR im Unterschied zur OHG und KG nicht an. Erkennt man, dass es für die Anwendbarkeit der Lehre von der fehlerhaften Gesellschaft entscheidend darauf ankommt, dass der Verband auch nach außen zur Entstehung gelangt ist, kann es für den Vollzug **nicht** schon ausreichen, wenn mit der Vertragsdurchführung lediglich **intern,** insbesondere durch *Einlageleistung,* begonnen und dadurch liquidationsbedürftiges *Gesamthandsvermögen* begründet worden ist.¹⁰¹⁸ Denn erst mit Geschäftsbeginn iSv § 123 Abs. 2 HGB gelangt die (Außen-)Gesellschaft zur Entstehung.¹⁰¹⁹ Auch die Gegenauffassung will im Übrigen zulassen, dass die (Sach-)Einlagen, sofern sie in diesem Zeitpunkt noch unverändert vorhanden sind, den Gründern trotz grundsätzlichen Eingreifens der Lehre von der fehlerhaften Gesellschaft in natura zurückerstattet werden können, wenn der Mangel schon vor Geschäftsaufnahme geltend gemacht wird.¹⁰²⁰ Zur möglichen Heilungswirkung des Vollzugs → Rn. 357.

c) Kein Vorrang sonstiger schutzwürdiger Interessen. Die Anerkennung voller Wirksamkeit **332** der fehlerhaft zu Stande gekommenen Gesellschaft für die Zeit bis zur Geltendmachung des Mangels setzt drittens voraus, dass ihr nicht höherrangige rechtlich geschützte Interessen der Allgemeinheit oder besonders schutzwürdiger Personen entgegenstehen. Daher findet die Lehre von der fehlerhaften Gesellschaft nach (allerdings unzutreffender) hM ihre **Grenze** im Fall einer Gesamtnichtigkeit des Gesellschaftsvertrags nach §§ 134, 138 sowie beim Eingreifen von Schutzvorschriften zu Gunsten nicht voll Geschäftsfähiger (→ Rn. 333 ff.). Zum Sonderfall des § 1365 → Rn. 341.

aa) Verbotener oder sittenwidriger Gesellschaftszweck. Die Unvereinbarkeit **einzelner, 333** nicht unmittelbar den Gesellschaftszweck selbst betreffender **Klauseln** mit §§ 134, 138 steht der rechtlichen Anerkennung der Gesellschaft als solcher nach nahezu einhelliger Auffassung nicht entgegen.¹⁰²¹ Sie lässt die **Wirksamkeit des Restvertrags** im Regelfall unberührt und führt lediglich dazu, dass die jeweilige vom Mangel betroffene Klausel – die verbotswidrige Einlageverpflichtung, der sittenwidrige Gewinnverteilungsschlüssel ua (zur Kasuistik zu § 138 → Rn. 134) – unanwendbar ist und die Lücke durch ergänzende Vertragsauslegung oder dispositives Recht geschlossen wird (→ Rn. 330). Anderes gilt zwar, wenn der Mangel wegen des ihm nach dem Regelungsplan der Beteiligten zukommenden Gewichts ausnahmsweise die *Fehlerhaftigkeit des ganzen Vertrags* zur Folge hat. Jedoch greift in diesem Fall die Lehre von der fehlerhaften Gesellschaft bezüglich der nicht selbst gesetz- oder sittenwidrigen Vertragsteile ein und sorgt für deren Fortgeltung bis zur Geltendmachung des Mangels.

Eine andere Beurteilung ist entgegen der hM auch dann nicht veranlasst, wenn der **Gesellschafts- 334 zweck** selbst nach § 134 oder § 138 nichtig ist.¹⁰²² Nach hM soll es sich hierbei um Fälle handeln, in denen die Gesellschaft ein an besondere, im gegebenen Fall *nicht erfüllte gesetzliche Voraussetzungen* (Sachkunde, Konzession ua) geknüpftes Unternehmen betreibt¹⁰²³ oder dass der Hauptzweck der

---

¹⁰¹⁷ So *Hueck* OHG § 7 III 6, S. 98; dagegen aber *Westermann* in Westermann/Wertenbruch PersGesR-HdB I. Teil § 8 Rn. 223d; Staub/*Schäfer* HGB § 105 Rn. 335; *Schäfer,* Fehlerhafter Verband, 2002, S. 159.
¹⁰¹⁸ *Schäfer,* Fehlerhafter Verband, 2002, S. 157 ff.; Bamberger/Roth/*Schöne* Rn. 85; ebenso bereits GroßkommHGB/*Rob. Fischer,* 3. Aufl. 1973, HGB § 105 Anm. 85; *Hueck* OHG § 7 III 6; aA BGHZ 13, 320 (321) = NJW 1954, 1562 und RGZ 166, 51 (59) für die Vor-GmbH; ferner *Flume* BGB AT I 1 § 2 III, S. 17 f.; *Ulmer,* FS Flume, 1978, S. 311 und S. 314. 4. Aufl. Rn. 331; MüKoHGB/*K. Schmidt* HGB § 105 Rn. 236; tendenziell auch Staudinger/*Habermeier* (2003) Rn. 66; Soergel/*Hadding/Kießling* Rn. 75.
¹⁰¹⁹ Näher *Schäfer,* FS U.H. Schneider, 2011, S. 1085 (1093 ff.); → Rn. 2.
¹⁰²⁰ 5. Aufl. Rn. 331 *(Ulmer)* mit dem Hinweis darauf, dass sich dieses Ergebnis für Sacheinlagen abw. von § 733 Abs. 2 S. 2 bereits durch ergänzende Vertragsauslegung erreichen lasse.
¹⁰²¹ Ganz hM, vgl. BGH NJW 1970, 1540; WM 1973, 900 (901); DB 1976, 2106; NJW 1982, 877 (879); 5. Aufl. Rn. 333 *(Ulmer);* Soergel/*Hadding/Kießling* Rn. 81; Erman/*Westermann* Rn. 75; Bamberger/Roth/*Schöne* Rn. 87; Staub/*Schäfer* HGB § 105 Rn. 334, 345; *Hueck* OHG § 7 III 4a; *K. Schmidt* AcP 186 (1986), 447. AA aber OLG Schleswig BKR 2002, 1004 (1008 f.) mit krit. Anm. *Schäfer* BKR 2002, 1011 f.
¹⁰²² Für die hM vgl. BGHZ 62, 234 (241) = NJW 1974, 1201; BGHZ 75, 214 (217) = NJW 1980, 638; sich widersprechend BGH (XI. ZS) NJW 2011, 66 – einerseits Nichtigkeit des Gesellschaftsvertrages gemäß § 138 BGB und angebliche Unanwendbarkeit der Lehre von der fehlerhaften Gesellschaft, andererseits Kontoinhaberschaft der GbR; vgl. auch BGH NZG 2013, 1187 Rn. 14 f. – Nichtigkeit des Beitritts zu Schneeballsystem verneint; GuT 2013, 216 – unter Verstoß gegen § 8 S. 2 ApoG gegründete stille Gesellschaft; OLG Köln DStR 2013, 2594 – unter Verstoß gegen § 59c Abs. 2 BRAO gegründete stille Gesellschaft; *Hueck* OHG § 7 III 4a; Staudinger/*Habermeier* (2003) Rn. 68; *Wiesner,* Fehlerhafte Gesellschaft, 1980, S. 130; *Paschke* ZHR 155 (1991), 1 (19); *Goette* DStR 1996, 266 (270); wohl auch Soergel/*Hadding/Kießling* Rn. 81; aA – wie hier – dagegen MüKoHGB/*K. Schmidt* HGB § 105 Rn. 237, 243; *ders.* ZIP 2014, 863 (866); *Palzer* ZGR 2012, 631 (646 ff.); *Schäfer,* Fehlerhafter Verband, 2002, S. 260 ff.; *Schwintowski* NJW 1988, 937 (939); *Spiering/Hacker* RNotZ 2014, 349 (352) sowie *Wertenbruch* FIW-Heft 138, 1990, 59 ff.
¹⁰²³ Vgl. etwa BGHZ 62, 234 (241) = NJW 1974, 1201 und BGHZ 153, 214 (222) = NJW 2003, 1252 (1254) für Verstoß gegen das RBerG; WM 1967, 229 zum Güterfernverkehr ohne Konzession; BGHZ 75, 214

Gesellschaft auf Steuerhinterziehung oä gerichtet ist, was aber praktisch kaum je vorkommen wird.[1024] Entsprechendes gilt bei einem Gesellschaftsvertrag, der insgesamt gegen eines der *Kartellverbote* des § 1 GWB oder Art. 101 AEUV verstößt; auch hier stellen die Nichtexistenz der (nach außen aufgetretenen) Gesellschaft (ex tunc) und eine damit verbundene Parteiunfähigkeit keine angemessene Lösung dar, zumal Gläubiger der Gesellschaft hierdurch zusätzlich geschädigt werden.[1025] Hiervon unabhängig, kann es für die richtige Lösung jedenfalls nicht auf subjektive Kriterien ankommen.[1026] Im Ergebnis ist die Lehre von der fehlerhaften Gesellschaft somit auch dann anwendbar, wenn der Gesellschaftsvertrag ausnahmsweise insgesamt gemäß §§ 134, 138 nichtig sein sollte; hiervon unberührt bleiben Maßnahmen der zuständigen Behörde nach §§ 3, 10 ff. VereinsG, so dass das Vermögen einer verbotswidrigen Gesellschaft ggf. beschlagnahmt und eingezogen werden kann.[1027]

335 **bb) Fehlerhafte Beteiligung nicht voll Geschäftsfähiger. (1) Grundlagen.** Beteiligen sich nicht voll Geschäftsfähige ohne Mitwirkung ihres gesetzlichen Vertreters (Vormunds) an einer Gesellschaft, so ist die Beitrittserklärung bei Geschäftsunfähigkeit nichtig (§ 105 Abs. 1), bei beschränkter Geschäftsfähigkeit schwebend unwirksam (§ 108 Abs. 1). Schwebende Unwirksamkeit tritt bei der Beteiligung an einer auf Erwerb gerichteten Gesellschaft auch dann ein, wenn die Beitrittserklärung zwar vom gesetzlichen Vertreter oder mit dessen Einwilligung abgegeben wird, es aber an der erforderlichen Genehmigung des Familiengerichts (§§ 1643 Abs. 1, 1822 Nr. 3, § 151 Nr. 1, 4 FamFG) fehlt (→ Rn. 70 f.).

336 Die Zustimmung des gesetzlichen Vertreters oder die Genehmigung des Familiengerichts können **bei schwebend unwirksamer Beteiligung** auch *nachträglich* erteilt werden; sie heilen den Beitrittsmangel und führen zur rückwirkenden Wirksamkeit des Gesellschaftsvertrags auch im Verhältnis zum fehlerhaft Beigetretenen (§ 184). Eine Frist für die nachträgliche Genehmigung läuft nur dann, wenn einer der Mitgesellschafter den gesetzlichen Vertreter zur Erklärung über das Vorliegen der Genehmigung auffordert; sie beträgt nach § 108 Abs. 2 zwei Wochen, nach § 1829 Abs. 2 vier Wochen, berechnet vom Zugang der Aufforderung ab. Solange die Genehmigung des gesetzlichen Vertreters nicht erteilt ist, steht jedem der Mitgesellschafter, der den Mangel bei Vertragsabschluss nicht kannte, nach § 109 Abs. 1 ein *Widerrufsrecht* zu (→ § 109 Rn. 6 f. *[Schmidt]*). Dessen Ausübung führt zur endgültigen Unwirksamkeit der Beteiligung des Minderjährigen, lässt die Wirksamkeit der in Vollzug gesetzten Gesellschaft zwischen den übrigen Gesellschaftern bis zur Auflösung aber unberührt (→ Rn. 339). Fehlt die Genehmigung des Familiengerichts, so richtet sich das Widerrufsrecht nach § 1830.

(217 f.) = NJW 1980, 638 zur stillen Beteiligung an Apotheke, die den Apotheker als Erlaubnisinhaber entgegen dem ApothG in persönliche und wirtschaftliche Abhängigkeit bringt; BGHZ 97, 243 (250) = NJW 1987, 65 – Verstoß gegen NRW-BerufsO für öffentlich bestellte Vermessungsingenieure; BGH NJW-RR 1988, 1379 – Bordellbetrieb; OLG Hamm NZG 2001, 747 (748) – Spielhallenbetrieb ohne Konzession – insofern aber aufgehoben durch BGH NZG 2003, 770 f., der Nichtigkeit verneint.

[1024] Dazu, dass es in den entschiedenen Fällen entweder um Innengesellschaften ging, auf welche die LfV ohnehin nicht anwendbar ist (→ Rn. 359), oder lediglich die „Tätigkeit" der Gesellschaft verboten war, so dass der Vertrag als solche wirksam blieb, vgl. die Nachweise bei Staub/*Schäfer* HGB § 105 Rn. 345 und *Schäfer*, Fehlerhafter Verband, 2002, S. 257 ff. Vgl. zuletzt etwa BGH NJW 2011, 2581 – Verstoß gegen das RBerG, wo lediglich die Prozessführungsbefugnis der zur gerichtlichen Geltendmachung von Ausgleichsansprüchen gegründeten Gesellschaft verneint wurde.

[1025] Soergel/*Hadding/Kießling* Rn. 81; Staudinger/*Habermeier* (2003) Rn. 68; Bamberger/Roth/*Schöne* Rn. 87; OLG Stuttgart WuW/E OLG 1083/1090 – Fahrschulverkauf; OLG Düsseldorf WuW DE-R 344, 348 – Innengesellschaft ohne Verbandsstruktur; MüKoHGB/*K. Schmidt* HGB § 105 Rn. 237, 243; *K. Schmidt* AcP 186 (1986), 421 (446, 448); *ders.*, FS Mestmäcker, 1996, S. 763 (767 ff.); *ders.* ZIP 2014, 863 (866); *Keßler* WRP 2009, 1208 (1214); *Palzer* ZGR 2012, 631 (652); *Schäfer*, Fehlerhafter Verband, 2002, S. 264 ff.; *Schwintowski* NJW 1988, 937 (939); *Spiering/Hacker*, RNotZ 2014, 349 (352); *Ulshöfer* WuW 2011, 820 (828 ff.); *Wertenbruch* FIW-Heft 138, 1990, 59 f.; wohl auch *Barth*, Öffentliche Interessen, insbes. kartellrechtliche Interessen, als Grenze der Anerkennung fehlerhafter Gesellschaften, 1994, S. 78 ff., 129 ff. und tendenziell Erman/*Westermann* Rn. 75; **aA** – ohne erkennbares Problembewusstsein – BGH WuW/E DE-R 2361, 2364 Rn. 24 – Nord-KS/Xella (Unanwendbarkeit der Lehre von der fehlerhaften Gesellschaft auf ein gegen das Kartellverbot verstoßendes Gemeinschaftsunternehmen in Form einer GmbH&Co KG [daher streitgegenständliches Ausscheiden eines Gfters weder erforderlich noch möglich]; um Schadensbegrenzung (auf Basis der BGH-Rspr.) bemüht *Wessels* ZIP 2014, 857 mit Gestaltungsvorschlägen zur Entflechtung; dagegen zu Recht *K. Schmidt* ZIP 2014, 863; *Ulshöfer* WuW 2009, 820 (828 f.); ferner OLG Hamm WuW/E OLG 3748 = NJW-RR 1986, 1487 und WUW/E OLG 4033 = WRP 1988, 48; OLG Frankfurt WRP 1989, 396 (398); 5. Aufl. Rn. 334 *(Ulmer)*; *Wiesner*, Fehlerhafte Gesellschaft, 1980, S. 130; *Paschke* ZHR 155 (1991), 1 (19).

[1026] So zutr. auch 5. Aufl. Rn. 334 *(Ulmer)* gegen BGH BB 1954, 456 – Geschäftsaufnahme in entschuldbarer Unkenntnis über das Erfordernis einer Konzession; dagegen zu Recht krit. auch *Siebert*, Faktische Vertragsverhältnisse, 1958, S. 63, wohl auch *Hueck* OHG § 7 III 4a Fn. 66; *Schwintowski* NJW 1988, 937 (939).

[1027] Vgl. *K. Schmidt* GesR § 6 III 3a, S. 157; *Schäfer*, Fehlerhafter Verband, 2002, S. 267.

(2) Rechtsstellung des nicht voll Geschäftsfähigen. Die Mitwirkung des *Geschäftsunfähigen* 337
an der Gründung oder dessen spätere Beitrittserklärung ist **nichtig** (§ 105), und nach hM soll die
Lehre von der fehlerhaften Gesellschaft hier wie beim Beitritt beschränkt Geschäftsfähiger
(→ Rn. 338) generell nicht eingreifen (→ Vor § 104 Rn. 7 *[Schmidt]*).[1028] Dem ist freilich nicht zu
folgen, sofern es um Minderjährige geht. Denn der Schutz des nicht voll Geschäftsfähigen wird seit
Inkrafttreten des MBhG (1998) durch die §§ 1629a, 723 Abs. 1 S. 3–5 in ausreichendem Maße
gewährleistet.[1029] Demgegenüber räumt die hM dem Schutz nicht voll Geschäftsfähiger unbedingten
Vorrang vor den Interessen von Gläubigern und Mitgesellschaftern ein, was sich besonders misslich
in der Zweipersonengesellschaft auswirkt, die ohne die Beteiligung des nicht voll Geschäftsfähigen
nicht aufrecht erhalten werden kann (→ Rn. 339). Aber auch im Übrigen erscheint es nicht gerechtfertigt, den Drittschutz trotz der Möglichkeit der Haftungsbeschränkung nach § 1629a völlig hintan
zu stellen. Erst recht wäre es keine angemessene Lösung, zwar die Verlustbeteiligung des Minderjährigen rückwirkend entfallen zu lassen, die Gewinnbeteiligung hingegen für die Zeit bis zur Geltendmachung des Mangels zu bejahen.[1030] Dagegen spricht allemal, dass dem Gesellschaftsrecht die Stellung
eines „hinkenden", nur berechtigten aber nicht zugleich verpflichteten Gesellschafters unbekannt
ist.[1031] Haben die Mitgesellschafter aus den Einlagen des Geschäftsunfähigen Nutzen gezogen, so
haben sie diesen nach Maßgabe der §§ 818 Abs. 1, 987 ff. herauszugeben. Die Anwendbarkeit der
Lehre von der fehlerhaften Gesellschaft führt folgerichtig auch zur Außenhaftung des Minderjährigen,
zumal diese bei Eintritt der Volljährigkeit mit den Instrumenten des § 1629a bzw. des § 723 Abs. 1
S. 3 ausreichend begrenzbar ist.[1032]

Geht es um die Beteiligung eines *beschränkt Geschäftsfähigen*, die zunächst **schwebend unwirksam** 338
war (§ 108), so kommt es auf die Anwendung der Lehre von der fehlerhaften Gesellschaft nach den
in → Rn. 337 dargestellten Grundsätzen erst dann an, wenn die Genehmigung verweigert wird.
Im Unterschied zum nichtigen Beitritt haben es der gesetzliche Vertreter und das Familiengericht
hier also während des Schwebezustands in der Hand, die Interessen des Minderjährigen an einer
ertragreichen Beteiligung durch rückwirkende Erteilung der Genehmigung zu wahren. Eine *Außenhaftung* des fehlerhaft beigetretenen Minderjährigen wird erst begründet, nachdem die erforderlichen
Genehmigungen erteilt sind.

(3) Rechtsverhältnis zwischen den übrigen Gesellschaftern. Zwischen der Unwirksamkeit 339
einer einzelnen Beteiligung und derjenigen der Gesellschaft ist auch nach hM zu unterscheiden.
Nur wenn der Gesellschaftsvertrag unter den verbliebenen Gesellschaftern trotz des Mangels *keinen*
Bestand haben soll oder – bei der Zweipersonengesellschaft – haben kann (→ Rn. 330), kommt die
Gesamtunwirksamkeit des Gesellschaftsvertrages in Frage. Für die Aufrechterhaltung des Gesellschaftsvertrages ohne den unwirksam beigetretenen Minderjährigen spricht namentlich das Vorhandensein einer gesellschaftsvertraglichen Fortsetzungsklausel,[1033] doch kann sich der Wille zum Festhalten an dem (subjektiv unvollständigen) Vertragsschluss auch aus anderen Umständen ergeben
(→ Rn. 54). Nur wenn der Beitrittsmangel sich auf den ganzen Vertrag erstreckt, gelten die Grundsätze der fehlerhaften Gesellschaft, so dass der Zusammenschluss trotz Ausfalls eines Vertragspartners
unter den übrigen zwar wirksam ist, nach Entstehung der Gesellschaft aber ex nunc aufgelöst werden
kann. Für die Anerkennung einer (voll wirksamen oder fehlerhaften) *Gesellschaft* ist allerdings dann

---

[1028] So auch Soergel/*Hadding/Kießling* Rn. 82; Erman/*Westermann* Rn. 76; Heymann/*Emmerich* HGB § 105 Rn. 87a; Baumbach/Hopt/*Roth* HGB § 105 Rn. 84; *Westermann* in Westermann/Wertenbruch PersGesR-HdB I. Teil § 8 Rn. 219 ff. AA *Flume* BGB AT II § 13 7, S. 208; offenlassend aber dann *Flume* BGB AT I 1 § 2 III, S. 19 f.
[1029] *Schäfer*, Fehlerhafter Verband, 2002, S. 269 ff.; Staub/*Schäfer* HGB § 105 Rn. 339; *Habersack/Schneider* FamRZ 1997, 649 (655); tendenziell auch MüKoHGB/*K. Schmidt* HGB § 105 Rn. 239; aA – wie die hM – auch 5. Aufl. Rn. 337 (*Ulmer*).
[1030] So aber *Gansmüller* DB 1955, 257 (260) und NJW 1958, 1067; *Hueck* OHG § 7 III 4c, S. 95; so auch Staudinger/*Keßler*, 12. Aufl. 1979, Rn. 134; Schlegelberger/*Geßler*, 3. Aufl. 1992, HGB § 105 Rn. 62k; *Flume* BGB AT II § 13 7, S. 207 f.
[1031] Zutr. GroßkommHGB/*Rob. Fischer*, 3. Aufl. 1973, HGB § 105 Anm. 100 unter Aufgabe seiner früheren aA NJW 1955, 851; so jetzt auch die hM, vgl. Soergel/*Hadding/Kießling* Rn. 82; Erman/*Westermann* Rn. 76; Bamberger/Roth/*Schöne* Rn. 88; offenlassend Staudinger/*Habermeier* (2003) Rn. 69.
[1032] *Schäfer*, Fehlerhafter Verband, 2002, S. 269 ff. und Staub/*Schäfer* HGB § 105 Rn. 339; *Habersack/Schneider* FamRZ 1997, 649 (655); aA hM; → Vor § 104 Rn. 7 *(Schmidt)*; 5. Aufl. Rn. 337 *(Ulmer)*; so auch Soergel/*Hadding/Kießling* Rn. 82; Erman/*Westermann* Rn. 76; Heymann/*Emmerich* HGB § 105 Rn. 87a; Baumbach/Hopt/*Roth* HGB § 105 Rn. 84; *Westermann* in Westermann/Wertenbruch PersGesR-HdB I. Teil § 8 Rn. 219 ff.; *Flume* BGB AT II § 13 7, S. 208 (offenlassend aber dann *Flume* BGB AT I 1 § 2 III, S. 19 f.) und insofern auch *K. Schmidt* JuS 1990, 521 f. und MüKoHGB/*K. Schmidt* HGB § 105 Rn. 239.
[1033] HM, vgl. Staub/*Schäfer* HGB § 105 Rn. 340; *Hueck* OHG § 7 I 2, S. 77; Staudinger/*Habermeier* (2003) Rn. 69; *Larenz* SchuldR BT II § 60 VII; *Schäfer*, Fehlerhafter Verband, 2002, S. 241 ff.

kein Raum, wenn an der Gesellschaftsgründung außer dem nicht voll Geschäftsfähigen nur noch eine weitere Person beteiligt war;[1034] insoweit fehlt es beim Scheitern der Beteiligung des nicht voll Geschäftsfähigen an der erforderlichen Mindestzahl von zwei Gesellschaftern (→ Rn. 60). Nach hM führt die Beteiligung eines Minderjährigen in diesen Fällen daher zwingend zur Inexistenz der Gesellschaft, was schwerlich als angemessene Lösung akzeptiert werden kann (→ Rn. 337).[1035]

340   cc) **Sonstige Fälle schutzwürdiger Interessen?** Nach einem in *früheren* BGH-Urteilen wiederholt anzutreffenden obiter dictum sollte die Anwendung der Rechtsfigur der fehlerhaften Gesellschaft auch ausscheiden gegenüber solchen Personen, die durch besonders schwere Fälle arglistiger **Täuschung** oder widerrechtlicher **Drohung** zur Mitwirkung an der Gründung oder zum späteren Beitritt veranlasst worden waren.[1036] Dem wurde im *Schrifttum zu Recht widersprochen*;[1037] auch die neuere höchstrichterliche Rechtsprechung belässt es bei den Grundsätzen der fehlerhaften Gesellschaft.[1038] Dem ist zustimmen. Denn vorbehaltlich der Fälle der vis absoluta fehlt es insoweit nicht an zurechenbaren Willenserklärungen, an die für die Lehre von der fehlerhaften Gesellschaft angeknüpft werden kann. Entsprechendes gilt bei sittenwidriger Übervorteilung einzelner Gesellschafter unter Verstoß gegen § 138; sie führt zur Nichtigkeit nur der sittenwidrigen Klauseln; die Fehlerhaftigkeit der Gesellschaft als solcher hat sie nur dann zur Folge, wenn der Mangel auf den ganzen Vertrag ausstrahlt (→ Rn. 334). Den berechtigten Belangen der getäuschten, bedrohten oder sittenwidrig übervorteilten Gesellschafter kann trotz Beschränkung des Betroffenen auf das Recht zum Ausscheiden aus der Gesellschaft auch auf andere Weise (Schadensersatzansprüche gegen die an der Täuschung beteiligten Personen, Vertragsanpassung ua) Rechnung getragen werden. Eine Ausnahme von den allgemein für fehlerhafte Gesellschaften anerkannten Grundsätzen ist nicht veranlasst.

341   Eine weitere Ausnahme gegenüber der Lehre von der fehlerhaften Gesellschaft wird teilweise für den Fall bejaht, dass ein im gesetzlichen Güterstand lebender Vertragspartner sich **ohne die nach § 1365 erforderliche Zustimmung** seines Ehegatten mit seinem ganzen Vermögen an einer Gesellschaft beteiligt; insofern soll der mit § 1365 bezweckte Schutz der wirtschaftlichen Grundlage der Familie Vorrang genießen.[1039] Auch abgesehen von der geringen praktischen Bedeutung derartiger Fälle[1040] ist dieser Einschränkung indessen **nicht** zu folgen.[1041] Sie lässt sich mit den dogmatischen Grundlagen der Lehre nur schwer in Einklang bringen[1042] und geht angesichts des mit dem Beitritt verbundenen Erwerbs der Gesellschaftsbeteiligung durch den Ehegatten auch sachlich weiter, als es der Schutzzweck des § 1365 erfordert. Die Lösung ist vielmehr in der grundsätzlichen *Unwirksamkeit der Einlageverpflichtung* zu finden.[1043] Im Falle einer gleichwohl erbrachten Einlageleistung scheitert die Wirksamkeit der Verfügung an § 1365 Abs. 1 S. 2; der übergangene Ehegatte hat einen Anspruch auf Rückgewähr nach §§ 985, 1368.[1044] Die Beantwortung der Frage, ob der danach lückenhafte Gesellschaftsvertrag durch richterliche Vertragsergänzung heilbar ist oder ob die Geschäftsgrundlage für den Beitritt des den Beschränkungen des § 1365 unterliegenden Ehegatten entfallen und die

---

[1034] Für Entstehung der fehlerhaften Gesellschaft unter Einschluss des Minderjährigen in diesem Falle daher *K. Schmidt* JuS 1990, 521 f. und MüKoHGB/*K. Schmidt* HGB § 105 Rn. 239.
[1035] S. die Versuche zur Abhilfe im Falle einer Scheingesellschaft bei *Bartels/Wagner* ZGR 2013, 483 (486 ff.).
[1036] Vgl. etwa BGHZ 13, 320 (323) = NJW 1954, 1562; BGHZ 26, 330 (335) = NJW 1958, 668; BGHZ 55, 5 (9) = NJW 1971, 375.
[1037] *Flume* BGB AT I 1 § 2 III, S. 24; *Hueck* OHG § 7 III 4d, S. 95 f.; *Wiesner*, Fehlerhafte Gesellschaft, 1980, S. 134 f.; so auch Soergel/*Hadding/Kießling* Rn. 83; *K. Schmidt* AcP 186 (1986), 421 (445 f.); *Schäfer*, Fehlerhafter Verband, 2002, S. 279 ff.; ganz hM.
[1038] So BGHZ 63, 338 (345 f.) = NJW 1975, 1022; BGHZ 148, 201 (207) = NJW 2001, 2001 (2718); BGHZ 159, 280 (291) = NJW 2004, 2731; BGHZ 167, 239 (250) = NZG 2006, 501 (503); BGH NJW 1976, 894; 1979, 1604; ZIP 2008, 1018 (1021); NZG 2014, 433 (434).
[1039] GroßkommHGB/*Rob. Fischer*, 3. Aufl. 1973, HGB § 105 Anm. 102a; Soergel/*Lange* § 1365 Rn. 52 f.; *Tübbesing* BB 1966, 829 (832); Gegenansichten Soergel/*Hadding/Kießling* Rn. 84; Bamberger/Roth/*Schöne* Rn. 90; Staudinger/*Habermeier* (2003) Rn. 70; *Wiedemann*, Übertragung und Vererbung von Mitgliedschaftsrechten, 1965, S. 260 f.; *Sandrock*, FS Duden, 1977, S. 524 f.; Erman/*Westermann* Rn. 77.
[1040] Das liegt neben dem in Fällen dieser Art häufig anzutreffenden Ausschluss des gesetzlichen Güterstands (→ § 1365 Rn. 68 *[Koch]*) auch daran, dass eine das Vermögen als solches betreffende Einlagepflicht kaum vorkommen dürfte und die Anwendung des § 1365 auf die Einbringung von einzelnen Gegenständen, die das wesentliche Vermögen des Gesellschafters bilden, nach der herrschenden subjektiven Theorie (→ § 1365 Rn. 27 ff. *[Koch]*) nur in engen Grenzen in Betracht kommt.
[1041] So auch Soergel/*Hadding/Kießling* Rn. 84; Bamberger/Roth/*Schöne* Rn. 90; Staudinger/*Habermeier* (2003) Rn. 70; *Wiedemann*, Übertragung und Vererbung von Mitgliedschaftsrechten, 1965, S. 260 f.; *Sandrock*, FS Duden, 1977, S. 524 f.; Erman/*Westermann* Rn. 77.
[1042] *Ulmer*, FS Flume, 1978, S. 301 (316) Fn. 76.
[1043] Zur entspr. Rechtslage bei formnichtigen Einlageversprechen → Rn. 40.
[1044] AA anscheinend aber *Wiedemann*, Übertragung und Vererbung von Mitgliedschaftsrechten, 1965, S. 261.

Gesellschaft zwischen den übrigen Beteiligten dadurch fehlerhaft geworden ist, richtet sich nach allgemeinen Grundsätzen (→ Rn. 330, 339). Im Fall der Fehlerhaftigkeit steht jedem Gesellschafter ein außerordentliches Kündigungsrecht zu; es kann nach § 1368 auch von dem übergangenen Ehegatten ausgeübt werden.

3. Rechtsfolgen. a) Überblick. Liegen die Voraussetzungen eines insgesamt fehlerhaften, in **342 Vollzug** gesetzten Gesellschaftsvertrags vor, ist die Gesellschaft somit auch nach außen wirksam entstanden, so ist sie für die Zeit bis zur Geltendmachung des Fehlers vorbehaltlich der Anpassung einzelner Klauseln (→ Rn. 330) als wirksam zu behandeln. Die Geltendmachung des Fehlers erfolgt bei der GbR durch Kündigung (→ Rn. 345); diese führt im Regelfall zur Abwicklung der Gesellschaft nach allgemeinen Grundsätzen (→ Rn. 346). Zu den Rechtsfolgen eines fehlerhaften Beitritts → Rn. 368. **Vor Entstehung** der Gesellschaft (→ Rn. 331) sind die Gesellschafter im rückwirkenden Geltendmachen von Vertragsmängeln dagegen nicht beschränkt. Jeder Gesellschafter kann den Gesellschaftsvertrag anfechten oder sich auf dessen Nichtigkeit berufen und mit dieser Begründung das Erbringen der Einlage verweigern. Die Anfechtung muss gegenüber allen Mitgesellschaftern erklärt werden.[1045]

b) Volle Wirksamkeit nach innen und außen. Bis zur Geltendmachung des Fehlers ist die in **343** Vollzug gesetzte Gesellschaft grundsätzlich voll wirksam.[1046] Im *Innenverhältnis* gelten die Vereinbarungen über die Geschäftsführung. Die Rechte und Pflichten der Gesellschafter richten sich nach dem Gesellschaftsvertrag; auch die Treupflicht ist zu beachten. Gesellschafter, die sich vertragswidrig verhalten, können auf Schadensersatz in Anspruch genommen werden. Einlageleistungen führen (ebenso wie das rechtsgeschäftliche Erwerb von Vermögensgegenständen seitens der fehlerhaften Gesellschaft) zur Begründung von Gesamthandsvermögen. Die Wirksamkeit der Gesellschaft beschränkt sich auch nicht etwa auf das Innenverhältnis,[1047] sondern gilt in gleicher Weise *nach außen*, gegenüber Dritten. Dazu bedarf es weder eines „Erst-recht-Schlusses" vom Innen- auf das Außenverhältnis[1048] noch des Rückgriffs auf Rechtsscheingesichtspunkte. Vielmehr beruht die Anerkennung der Wirksamkeit auch im Außenverhältnis darauf, dass die in Vollzug gesetzte, über Gesamthandsvermögen verfügende Gesellschaft als rechtsfähiger Personenverband (→ Rn. 303 ff.) nach innen und außen eine Einheit bildet, die sich nicht in voneinander getrennte, unterschiedliche Rechtswirkungen entfaltende Teile aufspalten lässt.[1049]

Der Grundsatz voller Wirksamkeit der fehlerhaften Gesellschaft bis zur Geltendmachung des **344** Mangels erfährt eine **Einschränkung** allerdings insoweit, als es um bestimmte, für sich genommen *fehlerhafte Klauseln* geht, deren nach allgemeinen Regeln eintretende Unwirksamkeit den Bestand der Gesellschaft als solcher nicht in Frage stellt (→ Rn. 330 zur Teilunwirksamkeit). Das gilt etwa für Vereinbarungen mit rein schuldrechtlicher Wirkung,[1050] aber auch für formnichtige oder aus sonstigen Gründen unwirksame, noch nicht erfüllte Einlageverpflichtungen.[1051] Ebenso kann sich ein Gesellschafter nicht auf eine ihn besonders begünstigende, durch Täuschung oder sittenwidrige Übervorteilung erreichte Gewinnverteilungsabrede[1052] berufen;[1053] insofern greift auch der Arglisteinwand durch. Auch fehlerhafte, einen Teil der Gesellschafter unangemessen benachteiligende Abwicklungsklauseln oder die übermäßige Beschränkung von Gesellschafterrechten können keine Geltung beanspruchen. Voraussetzung ist jeweils, dass es sich um Vereinbarungen handelt, die entweder nur die Innenbeziehungen der Gesellschafter regeln oder deren Nichtgeltung keine Auswirkungen auf die durch Vollzug zur Entstehung gekommene, das gesellschaftsvertragliche Schuldverhältnis

---

[1045] Vgl. nur BGH BB 1976, 528 (529); *Hueck* OHG § 7 I 3, S. 78.
[1046] HM, vgl. etwa Soergel/*Hadding/Kießling* Rn. 76; Erman/*Westermann* Rn. 81 f.; Palandt/*Sprau* Rn. 18b; Staub/*Schäfer* HGB § 105 Rn. 316, 346; einschr. aber *Hueck* OHG § 7 III 2, S. 88 ff. sowie *Canaris*, Die Vertrauenshaftung im deutschen Privatrecht, 1971, S. 121 ff., 175 f.; ihm teilweise folgend *Möschel*, FS Hefermehl, 1976, S. 171 ff.
[1047] So entgegen der hM aber *Canaris*, Die Vertrauenshaftung im deutschen Privatrecht, 1971, S. 121 ff., 175 ff.; ihm teilweise folgend *Möschel*, FS Hefermehl, 1976, S. 171 ff.
[1048] So aber Staudinger/*Keßler*, 12. Aufl. 1979, Rn. 112; *Hueck* OHG § 7 II, S. 79; dagegen zu Recht krit. *Canaris*, Die Vertrauenshaftung im deutschen Privatrecht, 1971, S. 120 f.
[1049] Dazu näher *Ulmer*, FS Flume, 1978, S. 301 (314 ff.).
[1050] So zutr. BGH NJW 1969, 1483; *Flume* BGB AT I 1 § 2 III, S. 26; → Rn. 362.
[1051] Vgl. etwa BGH WM 1977, 783 – Mangel der nach § 313 aF vorgeschriebenen Form. Zur Haftungsproblematik nach § 176 HGB in derartigen Fällen vgl. *Riegger* BB 1979, 1380 (1382).
[1052] BGH WM 1975, 325 – grob einseitige Einlagebewertung durch einen Mitgesellschafter, der als Rechtsberater und Generalbevollmächtigter des Sacheinlegers mit der Ausgestaltung des Gesellschaftsvertrags betraut war; WM 1998, 1020 (1023 ff.), in concreto verneinend; OLG Schleswig ZIP 2002, 1244 (1245 f.).
[1053] *Rob. Fischer* NJW 1958, 971; Staub/*Schäfer* HGB § 105 Rn. 349; Soergel/*Hadding/Kießling* Rn. 83; *Hueck* OHG § 7 III 2a.

überlagernde und dessen rückwirkende Nichtigkeit ausschließende gesellschaftliche Organisation hat.[1054] Infolge der Unwirksamkeit einzelner Klauseln eintretende Vertragslücken sind vorbehaltlich einer salvatorischen Klausel im Wege ergänzender Vertragsauslegung zu schließen (→ Rn. 174).

345 **c) Geltendmachung des Fehlers.** Die für das Recht der Handelsgesellschaften vieldiskutierte, durch die Notwendigkeit einer Auflösungs- oder Ausschlussklage (§§ 133, 140 HGB) komplizierte Frage nach den Voraussetzungen für die Geltendmachung des Vertragsmangels ist für die GbR im Grundsatz unproblematisch zu beantworten. Die Anwendung der allgemeinen Auflösungsgrundsätze bedeutet hier, dass der sich auf den Mangel berufende Gesellschafter nach § 723 Abs. 1 S. 2 durch Erklärung gegenüber den Mitgesellschaftern von seinem Recht zur **außerordentlichen Kündigung** Gebrauch macht.[1055] Eines besonderen wichtigen Grundes bedarf es hierfür nicht; es genügt der Nachweis des – noch fortbestehenden (→ Rn. 357) – Vertragsmangels,[1056] soweit die Berufung hierauf sich nicht ausnahmsweise als treuwidrig erweisen sollte.[1057] Ist im Gesellschaftsvertrag anstelle der außerordentlichen Kündigung ein Ausschluss- oder Fortsetzungs-(Übernahme-)recht der übrigen Gesellschafter (§ 737) vorgesehen, so kann auch dieses unter Berufung auf den Vertragsmangel ausgeübt werden, sofern er seinen Grund in der fehlerhaften Beteiligung eines Mitgesellschafters hat (zum Sonderfall des fehlerhaften Beitritts → Rn. 366 ff.).

346 **d) Abwicklung.** Für die Abwicklung der wegen eines Vertragsmangels aufgelösten Gesellschaft gelten die **Liquidationsvorschriften der §§ 730–735,** sofern der Gesellschaftsvertrag hierfür keine abweichenden Regelungen enthält.[1058] Sind die Einlagen noch im Wesentlichen unverändert vorhanden, so kommt abweichend von § 733 Abs. 2 S. 2 auch deren Rückgabe in natura in Betracht (→ Rn. 331). Ein Rückgriff auf die allgemeinen Rechtsfolgen gescheiterter Vertragsbeziehungen, insbesondere auf die Vorschriften der §§ 812 ff., ist nur dann veranlasst, wenn die Grundsätze über die fehlerhafte Gesellschaft ausnahmsweise nicht zum Zuge kommen (→ Rn. 359). Auch insoweit bedarf es freilich meist keiner **Rück**abwicklung. Vielmehr ist das Gesellschaftsvermögen nach Maßgabe des § 818 Abs. 1–3 unter Berücksichtigung des allgemein für Dauerschuldverhältnisse geltenden, in § 346 Abs. 2 für bestimmte Konstellationen zum Ausdruck gekommenen Prinzips, die Vergangenheit bei Rückabwicklungsschwierigkeiten möglichst unberührt zu lassen, unter den Beteiligten entsprechend deren Kapitalanteilen aufzuteilen.[1059]

347 **4. Dogmatische Begründung. a) Überblick.** Die Entwicklung der Lehre von der fehlerhaften Gesellschaft war lange Zeit in erster Linie das Verdienst der höchstrichterlichen **Rechtsprechung**.[1060] Im Vordergrund standen dabei Argumente der Interessenabwägung, darunter neben dem – teilweise schon durch Rechtsscheingesichtspunkte gewährleisteten – *Verkehrsschutz* vor allem der auf das Innenverhältnis der Gesellschafter bezogene, der Vermeidung einer unerwünschten Rückabwicklung dienende Gedanke des *Bestandsschutzes* für die Vergangenheit. Hinzu kam insbesondere bei fehlerhaften Publikumsgesellschaften die Vermeidung eines unerwünschten „Windhundrennens" der in gleicher Weise vom Fehler betroffenen Gesellschafter.[1061] Der Nachteil dieses in erster Linie pragmatischen Vorgehens besteht darin, dass es der Rechtsprechung nicht immer gelungen ist, auch in Randbereichen der Lehre zu systematisch überzeugenden, klare Abgrenzungen gestattenden Lösungen zu kommen. Das gilt namentlich für die Behandlung fehlerhafter Innengesellschaften (→ Rn. 358, 359a) sowie für die Anwendung der Grundsätze über die fehlerhafte Gesellschaft auf fehlerhafte Vertragsänderungen (→ Rn. 360 ff.).

[1054] *Flume* BGB AT I 1 § 2 III, S. 26; *Ulmer,* FS Flume, 1978, S. 301 (312); → Rn. 354 f. zur dogmatischen Begründung der Lehre von der fehlerhaften Gesellschaft.
[1055] So bereits *Schäfer,* Fehlerhafter Verband, 2002, S. 173 ff. in Auseinandersetzung mit denjenigen Ansichten, die im Falle fehlerhafter Dauerschuldverhältnisse für Geltendmachung des Fehlers durch *Anfechtung ex nunc* plädieren.
[1056] StRspr und hM seit BGHZ 3, 285 (290) = NJW 1952, 97; Soergel/*Hadding/Kießling* Rn. 78; Staub/*Schäfer* HGB § 105 Rn. 350; *Hueck* OHG § 7 III 1b; aA *Flume* BGB AT I 1 § 2 III, S. 21 f. sowie früher das RG: RG DR 1943, 1221 (1223); dazu GroßkommHGB/*Fischer,* 3. Aufl. 1973, HGB § 105 Anm. 73.
[1057] Soergel/*Hadding/Kießling* Rn. 78; *Hueck* OHG § 7 III 1b, S. 85 f.; Erman/*Westermann* Rn. 83; Staudinger/*Habermeier* (2003) Rn. 67.
[1058] Ganz hM, vgl. BGHZ 3, 285 (289) = NJW 1952, 97; Soergel/*Hadding/Kießling* Rn. 78; Staudinger/*Habermeier* (2003) Rn. 67; *Hueck* OHG § 7 III 3, S. 92; *Wiesner,* Fehlerhafte Gesellschaft, 1980, S. 128 f.
[1059] Vgl. dazu näher *Rödig,* Bereicherung ohne Rechtfertigung durch Gesellschaftsvertrag, 1972, S. 43 f., 59 ff. sowie *H. Weber,* Zur Lehre von der fehlerhaften Gesellschaft, 1978, S. 94 ff., 174 ff.; auf § 346 S. 2 aF wies auch schon *Siebert,* Faktische Vertragsverhältnisse, 1958, S. 54 hin.
[1060] Vgl. RGZ 51, 33 (36 f.); 76, 439 (441); 89, 97 (98); 93, 227 (229); 142, 98 (107); stRspr; dazu krit. *Canaris,* Die Vertrauenshaftung im deutschen Privatrecht, 1971, S. 175 ff.; sowie die Rechtsprechungsberichte von *Ronke,* FS Laufke, 1971, S. 217 f. zum RG und FS Paulick, 1973, S. 55 ff. zum BGH.
[1061] So zutr. BGH ZIP 2008, 1018 (1021).

Im **Schrifttum** stand ursprünglich das Konzept der „faktischen", unabhängig vom Vertragsschluss 348 allein an die Tatsache des Vollzugs anknüpfenden Gesellschaft im Vordergrund (→ Rn. 324). Es ist der Sache nach seit langem überholt, auch wenn der faktische Bezug in der Diskussion nur allmählich überwunden wurde.[1062] Hiervon abgesehen lassen sich im Wesentlichen drei Gruppen von Ansichten unterscheiden: (1) die auf eine Beschränkung der Nichtigkeits- oder Abwicklungsfolgen abzielende Ansicht, die die Wirksamkeit der Gesellschaft für die Zeit bis zur Geltendmachung des Mangels in der Schwebe lässt (→ Rn. 349 f.); (2) die „gesetzestreue", von den allgemeinen Rechtsmängelgrundsätzen nur im Rahmen des Unvermeidbaren abweichende Meinung (→ Rn. 351 f.), sowie (3) die auf die Besonderheiten in Vollzug gesetzter Gesellschaften gestützte, an deren Doppelnatur als Schuldverhältnis und Organisation anknüpfende Lehre (→ Rn. 354) und ihre Fortentwicklung zu einem allgemeinen verbandsrechtlichen Prinzip (→ Rn. 355).

b) Beschränkung der Nichtigkeitsfolgen. Die im Schrifttum lange Zeit vorherrschende, als 349 „Lehre von der Beschränkung der Nichtigkeitsfolgen" bekannte Ansicht[1063] begründet die Lehre von der fehlerhaften Gesellschaft mit der mangelnden Eignung der Rechtsfolgen der Nichtigkeit oder Anfechtung von Verträgen zur Anwendung auf in Vollzug gesetzte Gesellschaftsverträge. An ihrer Stelle sei es im Interesse der Rechtssicherheit geboten, den Vertragsmangel grundsätzlich im Wege der Auflösung der Gesellschaft (durch außerordentliche Kündigung – bei Handelsgesellschaften – durch Auflösungsklage) geltend zu machen. Die Abwicklung richte sich nicht nach dem dafür ungeeigneten Bereicherungsrecht, sondern nach den entsprechend anwendbaren Liquidationsvorschriften des Gesellschaftsrechts. Eine besondere Variante dieser Lehre vertrat *Larenz*:[1064] er wollte grundsätzlich nur die Abwicklung anstelle des hierfür ungeeigneten Bereicherungsrechts dem Gesellschaftsrecht unterstellen, während es im Übrigen offenbar bei den allgemeinen Grundsätzen bleiben sollte.[1065]

Stellungnahme. Die methodische Grundlage dieser Ansichten (teleologische Reduktion und 350 Analogie) ist zwar deutlich.[1066] Ihre Schwäche liegt jedoch darin, dass sie eine klare Antwort auf die Frage schuldig bleiben, wie sich die Rechtslage zwischen Vollzug des fehlerhaften Vertrags und erfolgreicher Geltendmachung des Mangels gestaltet und ob die Gesellschaft in dieser Zeit grundsätzlich als voll wirksam zu behandeln ist oder nicht. Zwar bejaht die Mehrheit der Autoren in Übereinstimmung mit der Rechtsprechung die volle Wirksamkeit des fehlerhaften Vertrags jedenfalls im Innenverhältnis bis zur Auflösung;[1067] indessen ist aus teleologischen und methodischen Gründen der Rückgriff auf einen allgemeinen Rechtsgrundsatz allemal vorzugswürdig.[1068] Auch an dem bei den Anhängern dieser Lehre verbreitet anzutreffenden „Erst-recht-Schluss" von der Gültigkeit des Innen- auf das Außenverhältnis ist aus methodischer Sicht berechtigte Kritik angemeldet worden (→ Rn. 343).[1069] Angesichts dieser methodischen Schwächen ist der Lehre von der Beschränkung der Nichtigkeitsfolgen nicht zu folgen.

c) „Gesetzestreue" Ansichten (Einschränkungen der Lehre). Zu einer zweiten Gruppe 351 seien diejenigen Ansichten zusammengefasst, die – wenn auch mit unterschiedlicher Begründung – die Notwendigkeit in Frage stellen, für fehlerhafte Gesellschaften zu weitgehenden Abweichungen von den allgemein für Dauerschuldverhältnisse geltenden Grundsätzen zu kommen, und die dementsprechend auf eine **Korrektur der Rechtsprechung** zur fehlerhaften Gesellschaft hinzielen.

Die Kritik dieser Autoren bezieht sich zum Teil auf das **Innenverhältnis** der fehlerhaften Gesellschaft. Insoweit wird geltend gemacht, Gesamthandsvermögen könne auch ohne Gesellschaftsvertrag 352

[1062] Das hebt vor allem *Canaris*, Die Vertrauenshaftung im deutschen Privatrecht, 1971, S. 121 zutr. hervor. So im Grundsatz auch *Esser* AcP 157 (1958/59), 86 ff., 93; *Hueck* OHG § 7, S. 74 Fn. 6.
[1063] Vgl. etwa Staudinger/*Keßler*, 12. Aufl. 1979, Rn. 115 (anders aber → Rn. 117); GroßkommHGB/ *Rob. Fischer*, 3. Aufl. 1973, HGB § 105 Anm. 78; *Hueck* OHG § 7 III, S. 81 f.; wohl auch noch Erman/*Westermann* Rn. 74; der Sache nach auch 5. Aufl. Einl. Bd. 2 Rn. 68 ff. *(Kramer)*.
[1064] *Larenz* SchuldR BT II § 60 VII.
[1065] Vgl. jedoch auch *Larenz* Methodenlehre S. 379 f., der die analoge Anwendung der Auflösungsvorschriften des Gesellschaftsrechts auf die fehlerhafte Gesellschaft als Beispiel einer Rechtsfortbildung durch Rspr. und Lehre anführt.
[1066] So ausdrücklich *Larenz* Methodenlehre S. 380.
[1067] Vgl. etwa Staudinger/*Keßler*, 12. Aufl. 1979, Rn. 115 (anders aber → Rn. 117); GroßkommHGB/ *Rob. Fischer*, 3. Aufl. 1973, HGB § 105 Anm. 78; *Hueck* OHG § 7 III, S. 81 f.; wohl auch noch Erman/*Westermann* Rn. 74; der Sache nach auch 5. Aufl. Einl. Bd. 2 Rn. 68 ff. *(Kramer)*.
[1068] *Schäfer*, Fehlerhafter Verband, 2002, S. 127 f., und zwar unabhängig davon, ob sich die maßgeblichen Folgen der LfV auch auf diesem Wege begründen ließen (verneinend 5. Aufl. Rn. 350 *[Ulmer]*; *Siebert*, Faktische Vertragsverhältnisse, 1958, S. 59; vgl. auch *Flume* BGB AT I 1 § 2 II, S. 17 Fn. 18).
[1069] RGZ 51, 33 (36 f.); 76, 439 (441); 89, 97 (98); 93, 227 (229); 142, 98 (107); stRspr. Dazu krit. *Canaris*, Die Vertrauenshaftung im deutschen Privatrecht, 1971, S. 175 ff.

begründet werden.[1070] Auch sei das Bereicherungsrecht mit seinen flexiblen Regelungen in § 818 Abs. 1–3 durchaus in der Lage, eine geeignete Grundlage für die Auseinandersetzung zwischen den Beteiligten zu bilden.[1071] Demgegenüber wird von anderer Seite[1072] bezweifelt, ob die Anerkennung der fehlerhaften Gesellschaft mit Wirksamkeit für das **Außenverhältnis** veranlasst sei. Eine solche Rechtsfolge sei weder methodisch begründbar noch durch die berechtigten Interessen des Verkehrs und der auf die Wirksamkeit der Gesellschaft vertrauenden Gläubiger geboten; hierfür genüge vielmehr die allgemeine Rechtsschein- und Vertrauenshaftung.[1073]

353 **Stellungnahme.** Den Kritikern ist zuzugeben, dass die Beschränkung der Nichtigkeitsfolgen als dogmatische Begründung für die fehlerhafte Gesellschaft nicht ausreicht (→ Rn. 350). Auch mag es sein, dass – vorbehaltlich der Gesamthandsproblematik und der bei Verneinung des Entstehens von Gesamthandsvermögen eintretenden Übereignungsprobleme – die Ausgleichsordnung der §§ 812, 818 in der Lage wäre, eine angemessene Auseinandersetzung zwischen den an der fehlerhaften Gesellschaft Beteiligten ohne Rückabwicklung der Gesellschaft zu ermöglichen. *Nicht* gefolgt werden kann den Vertretern dieser Richtung jedoch darin, dass gesellschaftsrechtliches *Gesamthandsvermögen* unabhängig vom Zustandekommen eines – sei es auch fehlerhaften – Gesellschaftsvertrags gebildet werden kann. Denn diese These ist unvereinbar mit der eine Vertragsgrundlage erfordernden gesetzlichen Gesamthandsordnung der §§ 718–720, 738; sie führt zu einer unzutreffenden Angleichung von Gesamthand und Bruchteilsgemeinschaft.[1074] Berücksichtigt man zudem, dass die gesellschaftsrechtliche Gesamthand sowohl für das Innen- wie für das Außenverhältnis der Gesellschaft von zentraler Bedeutung ist, indem sie nach innen – als Teil der „Organisation" – die vermögensrechtliche Grundlage für die gemeinsame Zweckverfolgung durch die gesamthänderisch verbundene Personenmehrheit (Gruppe) bildet und nach außen den Gesellschaftsgläubigern den vorrangigen Zugriff auf das Gesellschaftsvermögen sichert, so erweist sich die Kritik an der Anerkennung der Wirksamkeit der fehlerhaften Gesellschaft als unhaltbar.[1075] Aus demselben Grunde muss auch der Versuch fehlschlagen, die Rechtswirkungen der fehlerhaften Gesellschaft auf das *Innenverhältnis* zu beschränken. Eine derartige Aufspaltung ist bei Gesamthandsgemeinschaften wegen des engen Wirkungszusammenhangs zwischen Innen- und Außenverhältnis ausgeschlossen (→ Rn. 343 aE).

354 **d) Doppelnatur der Gesellschaft als Schuldverhältnis und Organisation; allgemeines verbandsrechtliches Prinzip.** Die heute vorherrschende dritte Ansicht begründet die volle Wirksamkeit der in Vollzug gesetzten fehlerhaften Gesellschaft mit der einverständlichen Schaffung von Gesellschaftsorganen und Gesamthandsvermögen. Da sie zur Überlagerung des bis dahin uneingeschränkt den Nichtigkeits- und Anfechtungsregeln unterliegenden Schuldverhältnisses durch die gesellschaftliche „Organisation" führe, mache sie die Auflösung dieses komplexen Gebildes ex nunc erforderlich.[1076] Durch den Vollzug verlören die Gesellschafter die unbeschränkte Dispositionsbefugnis über ihre das Innenverhältnis überschreitenden Beziehungen; sie müssten sich für die Zeit bis zur Geltendmachung des Mangels grundsätzlich an der Existenz der Gesamthandsgemeinschaft unter Einschluss deren Vertragsgrundlage festhalten lassen. Eine Änderung ihres Gesellschaftsverhältnisses sei abweichend von den allgemeinen Grundsätzen (Anfechtung, Rücktritt ua) nur für die Zukunft möglich. Entsprechendes gelte bei anfänglich nichtigem, in Vollzug gesetztem Gesellschaftsvertrag. Insoweit habe das als einvernehmlich gewollte Zusammenwirken der Gesellschafter vorbehaltlich der Ausnahmetatbestände (→ Rn. 332 ff.) zumindest die Wirkung, die Berufung auf die Nichtigkeit für

---

[1070] So mit iE unterschiedlichen Gründen *Schulze-Osterloh*, Das Prinzip der gesamthänderischen Bindung, 1972, S. 237 ff., 242 ff., 258 f.; *Rödig*, Bereicherung ohne Rechtfertigung durch Gesellschaftsvertrag, 1972, S. 54 ff.; *H. Weber*, Zur Lehre von der fehlerhaften Gesellschaft, 1978, S. 86 f.; wohl auch *Canaris*, Die Vertrauenshaftung im deutschen Privatrecht, 1971, S. 523 f. Vgl. dagegen näher *Ulmer*, FS Flume, 1978, S. 301 (306 ff.); *Schäfer*, Fehlerhafter Verband, 2002, S. 131 ff.

[1071] *Rödig*, Bereicherung ohne Rechtfertigung durch Gesellschaftsvertrag, 1972, S. 43 f., 59 ff.; *H. Weber*, Zur Lehre von der fehlerhaften Gesellschaft, 1978, S. 94 ff., 174 ff.

[1072] *Canaris*, Die Vertrauenshaftung im deutschen Privatrecht, 1971, S. 121 ff.; ihm insoweit folgend *Möschel*, FS Hefermehl, 1976, S. 171 ff. und *H. Weber*, Zur Lehre von der fehlerhaften Gesellschaft, 1978, S. 172 ff.

[1073] *Canaris*, Die Vertrauenshaftung im deutschen Privatrecht, 1971, S. 121 ff., 175 ff.; *H. Weber*, Zur Lehre von der fehlerhaften Gesellschaft, 1978, S. 171 f.; in Bezug auf die Haftung fehlerhaft beigetretener Gesellschafter einer OHG oder KG gegenüber Altgläubigern aus §§ 28, 130, 173 HGB nach dem Zweck dieser Vorschriften diff. *Möschel*, FS Hefermehl, 1976, S. 171 (176 ff.).

[1074] So gegen *Schulze-Osterloh*, Das Prinzip der gesamthänderischen Bindung, 1972, zutr. auch *Blaurock* ZHR 137 (1973), 435 und *Schünemann*, Grundprobleme der Gesamthandsgemeinschaft, 1975, S. 80 f. Näher dazu *Ulmer*, FS Flume, 1978, S. 301 (306 f.); *Schäfer*, Fehlerhafter Verband, 2002, S. 133 f.

[1075] *Ulmer*, FS Flume, 1978, S. 301 (308); *Schäfer*, Fehlerhafter Verband, 2002, S. 132 f.

[1076] *Flume* BGB AT I 1 § 2 III; *Ulmer*, FS Flume, 1978, S. 301 (310 ff.); *Wiesner*, Fehlerhafte Gesellschaft, 1980, S. 81 ff., 110 ff. Ähnlich Soergel/*Hadding/Kießling* Rn. 88; *K. Schmidt* AcP 186 (1986), 421 (425 f.); ders. GesR § 6 I 3; AK-BGB/*Teubner* Rn. 11.

die Zeit bis zur Geltendmachung des Mangels auszuschließen,[1077] wenn es nicht – wie häufig – sogar zur Heilung des Mangels durch konkludente Bestätigung des ursprünglich fehlgeschlagenen Vertragsschlusses führe (→ Rn. 357).

Zumindest *im Ergebnis* trifft sich die Lehre von der Doppelnatur mit denjenigen neueren Ansichten, die in der rechtlichen Anerkennung der fehlerhaften Gesellschaft den Ausdruck eines **allgemeinen verbandsrechtlichen Prinzips** sehen,[1078] dass auch den §§ 75 ff. GmbHG, §§ 275 ff. AktG zugrundeliegt.[1079] Es wird dahin umschrieben, dass als *rechtsfähig* gegründete, wenn auch fehlerhafte Verbände nur mit Wirkung für die Zukunft aufgelöst werden können;[1080] entscheidend ist somit die Entstehung der Gesellschaft als eigenes Rechtssubjekt. Das deckt sich der Sache nach mit dem Abstellen der Doppelnatur-Vertreter auf das Vorhandensein einer besonderen Handlungsorganisation.[1081]

Stellungnahme. Die Doppelnatur der Gesellschaft als Schuldverhältnis und Gesamthand (Organisation) betont zu haben, ist das Verdienst von *Flume*.[1082] Wie schon erwähnt (→ Rn. 298), hat er mit seiner Lehre von der Gesamthand als „Gruppe" Gedanken *Otto v. Gierkes* aufgegriffen und weitergeführt.[1083] Diese Sicht der Dinge bringt die Besonderheit der (Außen-)Gesellschaft gegenüber anderen Dauerschuldverhältnissen treffend zum Ausdruck. Sie bietet eine *tragfähige systematische Grundlage* auch für die Rechtsfigur der fehlerhaften Gesellschaft[1084] und eignet sich nicht zuletzt als Baustein für die Entwicklung eines allgemeinen, auch die Kapitalgesellschaften umfassenden verbandsrechtlichen Prinzips der fehlerhaften Gesellschaft, wie sie ihren Ausdruck in der **Lehre vom fehlerhaften Verband** findet. Zugleich eröffnet sie die Möglichkeit, in *Grenzfällen* zu einer kongruenten, am System der Personengesellschaft orientierten Präzisierung der Grundsätze über die fehlerhafte Gesellschaft zu kommen; das gilt insbesondere für die Beurteilung fehlerhafter Innengesellschaften und fehlerhafter Vertragsänderungen. Aus dieser Sicht erweist sich daher auch eine Anpassung der bisherigen Rechtsprechung als notwendig (→ Rn. 358 f., 360 ff.).

II. Einzelfragen

1. Fehlerbeseitigung durch Vollzug. Voraussetzung für die Anwendbarkeit der Grundsätze zur fehlerhaften Gesellschaft ist ein fortdauernder, durch Kündigung geltend zu machender wesentlicher Vertragsmangel (→ Rn. 328). Zu dessen Beseitigung durch eine stets mögliche Neuvornahme oder Bestätigung des fehlerhaften Rechtsgeschäfts[1085] sind die Gesellschafter einander zwar grundsätzlich nicht verpflichtet. Wohl aber kann je nach Lage des Falles das einverständliche **Invollzugsetzen der Gesellschaft in Kenntnis des Mangels** als wirksame rechtsgeschäftliche Bestätigung des ursprünglich nichtigen oder anfechtbaren Vertrags verstanden werden. Eine solche Heilung tritt entgegen der Auslegungsregel des § 154 Abs. 1 namentlich dann ein, wenn die Gesellschafter mit der gemeinsamen Zweckverfolgung beginnen, ehe sie sich über alle offenen Punkte geeinigt oder den Vertrag wie beabsichtigt schriftlich niedergelegt haben (→ Rn. 29).[1086] Aus den gleichen Gründen wird sich regelmäßig auch der Mangel der gewillkürten Form (§ 125 S. 2) durch den Vollzug des formnichtigen Gesellschaftsvertrags erledigen (→ Rn. 50 f.). In derartigen Fällen besteht der Vertragsmangel nicht fort; die Gesellschaft ist voll wirksam. – Zur Heilung von Formmängeln durch Bewirken der Einlageleistung → Rn. 41; zur Aufrechterhaltung des Vertrags trotz einzelner fehlerhafter Klauseln in Abweichung von § 139 und zur Schließung der Lücke durch ergänzende Vertragsauslegung → Rn. 330.

[1077] Zur dogmatischen Begr. – Verwahrung (protestatio facto contraria) oder Folge rechtsgeschäftlichen, wenn auch fehlerhaften Zusammenwirkens – vgl. *Ulmer*, FS Flume, 1978, S. 301 (314).

[1078] So insbes. *K. Schmidt* AcP 186 (1986), 421 (424 ff.); *ders.* GesR § 6 I 3 und III 1; ihm folgend *Schäfer*, Fehlerhafter Verband, 2002, S. 129 f., 137 ff.

[1079] Dazu, dass die (bei der GbR nicht mögliche, bei OHG und KG nicht zwingend erforderliche) Eintragung im Handelsregister der Annahme eines allgemeinen Prinzips nicht entgegensteht, vgl. *Schäfer*, Fehlerhafter Verband, 2002, S. 149 ff.

[1080] Vgl. *K. Schmidt* AcP 186 (1986), 421 (424 ff.); *ders.* GesR § 6 I 3 und III 1; ihm folgend *Schäfer*, Fehlerhafter Verband, 2002, S. 129 f., 137 ff.

[1081] *Schäfer*, Fehlerhafter Verband, 2002, S. 126, 137, 147 f.

[1082] Vgl. nach einer Reihe von Aufsätzen die zusammenfassende Darstellung bei *Flume* BGB AT I 1 §§ 2, 4 und 5.

[1083] Dazu näher *Flume* BGB AT I 1 § 4 II, S. 55 f. unter Bezugnahme auch auf *Buchda* und *v. Tuhr*, vgl. auch *K. Schmidt* AcP 186 (1986), 421 (425). Auch *Larenz* SchuldR BT II § 60 I e hebt zutr. diese Besonderheit des Gesellschaftsvertrags hervor, freilich ohne daraus entsprechende Folgerungen für die Behandlung fehlerhafter Gesellschaften zu ziehen.

[1084] Dazu näher *Flume* BGB AT I 1 § 2 III und *Ulmer*, FS Flume, 1978, S. 301 (308 ff.).

[1085] Vgl. nur Soergel/*Hadding/Kießling* Rn. 72.

[1086] BGHZ 11, 190 (191) = NJW 1954, 231; BGH NJW 1960, 430; WM 1958, 1105.

358 **2. Fehlerhafte Innengesellschaft (stille Gesellschaft).** Nach ständiger **Rechtsprechung** des BGH sollen die Grundsätze über die fehlerhafte Gesellschaft auch auf Innengesellschaften ohne Gesamthandsvermögen anwendbar sein. Das wurde zunächst für eine *atypische* stille Gesellschaft entschieden, bei der die Innenbeziehungen (Tätigkeitspflicht des Stillen und Teilhabe an den Wertsteigerungen des Geschäftsvermögens) abweichend von den §§ 230 ff. HGB ausgestaltet waren.[1087] Später dehnte der BGH diese Rechtsprechung auch auf *typische* stille Gesellschaften aus, um dadurch zu möglichst einheitlicher Beurteilung der verschiedenen Arten von Innengesellschaften zu kommen und Abgrenzungsschwierigkeiten zu vermeiden.[1088] Seit dem hat er zwar gelegentlich Zweifel hieran anklingen lassen.[1089] Das hat ihn in der Folgezeit freilich nicht gehindert, im Grundsatz an der Einbeziehung stiller Gesellschaften selbst dann festzuhalten, wenn er – im Ergebnis zutreffend – keine Bedenken trug, deren Rückabwicklung unter voller Entschädigung des Stillen zuzulassen (→ Rn. 359a).[1090] Neuerdings deutet der BGH zumindest in Hinblick auf Schadensersatzansprüche eine differenzierende Anwendung der LfV auf stille Gesellschaften an, indem er sie insofern (nur) bei der mehrgliedrigen, einen virtuellen Verband in Form einer Innen-KG bildenden stillen Gesellschaft mit der Folge zur Anwendung bringt, dass Schadensersatzansprüche aus Prospekthaftung etc gegen den „Inhaber des Handelsgeschäfts" (iSv § 230 HGB) grundsätzlich nur bis zur Höhe des Abfindungsanspruchs beim Ausscheiden durchsetzbar sind.[1091]

358a Im **Schrifttum** überwiegt die Differenzierung zwischen typischer und atypischer stiller Gesellschaft,[1092] doch gibt es auch Befürworter der von der Rechtsprechung vertretenen Einheitsbehandlung.[1093] Zunehmend wird auch darauf abgestellt, ob die Innengesellschaft eine lediglich schuldrechtliche (dann Nichtanwendung) oder eine zugleich verbandsrechtliche Struktur aufweist.[1094]

359 **Stellungnahme.** Geht man aus von der zutreffenden dogmatischen Begründung der Lehre von der fehlerhaften Gesellschaft, die unter Anknüpfung an die Doppelnatur der Gesellschaft als Schuldverhältnis und Organisation (Gesamthand) die Lehre als Ausprägung eines allgemeinen verbandsrechtlichen Prinzips versteht (→ Rn. 354 f.), so erweist sich die **Einbeziehung der Innengesellschaften** jedenfalls dann als grundsätzlich **unzutreffend,** wenn sie als Innengesellschaften über kein Gesamthandsvermögen und keine verbandsähnliche Struktur mit eigenen Organen verfügen; dies gilt unabhängig von der typischen oder atypischen Ausgestaltung des Innenverhältnisses. Ein über rein pragmatische Erwägungen hinausgehender, rechtfertigender Grund zur abweichenden Behandlung der Innengesellschaften im Vergleich zu anderen, insbesondere partiarischen Dauerschuldver-

---

[1087] BGHZ 8, 157 (167) = NJW 1953, 818; so auch OLG Dresden BB 2002, 1776 (1777); OLG Hamm BB 2003, 653 (654); OLG Braunschweig ZIP 2003, 1154; aA OLG Jena ZIP 2003, 1444 (1446).

[1088] BGHZ 55, 5 (8) = NJW 1971, 375; BGHZ 62, 234 (237) = NJW 1974, 498; BGH WM 1973, 900 (901); 1977, 196 (197); 1980, 12 (14); ZIP 2009, 2155 Rn. 5; so auch wieder BGH NJW-RR 2013, 1373 Rn. 17.

[1089] So BGH WM 1990, 1543 (1546) betr. als GbR ohne Gesamthandsvermögen organisierte Bauherrengemeinschaft; anders dann wieder BGH NJW-RR 1991, 613. Vgl. jetzt aber auch *Goette* DStR 1996, 269; OLG Schleswig ZIP 2002, 1244 (1247 f.); 2003, 74 (77 f.).

[1090] So die stRspr des II. ZS zum Anlagemodell der sog. „Göttinger Gruppe", das auf einer Vielzahl paralleler stiller Gesellschaftsverträge zwischen einer AG als Inhaber des Handelsgeschäfts und dem jeweiligen Stillen als Kapitalanleger beruhte, vgl. BGH ZIP 2004, 1706 (1708); 2005, 254 (256); 2005, 753 (757); 2005, 763 (764); 2005, 2060 (2062); NJW 2005, 1784 (1786). Dazu *Armbrüster* ZfIR 2004, 928 ff.; *Armbrüster/Joos* ZIP 2004, 189 ff.; *Schäfer* ZHR 170 (2006), 373 ff.

[1091] BGHZ 199, 104 (108) = NZG 2013, 1422 und dazu *K. Schmidt* ZIP 2014, 1457; *Schäfer* GWR 2014, 25 und *Schäfer/Fallak*, FS Kübler, 2015, S. 607; differenzierend auch OLG Hamburg NZG 2013, 1391 (1392) und NZG 2013, 1025 (1027): LfV steht in der mehrgliedrigen stillen Gesellschaft dem Geltendmachen von Schadensersatzansprüchen jedenfalls dann entgegen, wenn das Vermögen des Geschäftsbetreibers maßgeblich aus den Einlagen der stillen Gesellschafter besteht.

[1092] So mit iE unterschiedlicher Abgrenzung Soergel/*Hadding/Kießling* Rn. 92; *Rob. Fischer* JR 1962, 203; *Brox* BB 1964, 523 (527); Schlegelberger/*Geßler*, 3. Aufl. 1986, HGB § 335 Rn. 56. Generell gegen die Anwendung der Lehre von der fehlerhaften Gesellschaft auf stille Gesellschaften aber *Koenigs*, Stille Gesellschaft, 1961, S. 90 ff., 111 ff.; Bamberger/Roth/*Schöne* Rn. 162; Bayer/Riedel NJW 2003, 2567 sowie *Wiesner*, Fehlerhafte Gesellschaft, 1980, S. 165 ff., der auf S. 177 ff. zu Recht darauf hinweist, dass die stattdessen eingreifenden Grundsätze über die Vertrauenshaftung nicht selten zu ähnlichen Ergebnissen führen.

[1093] So schon vor BGHZ 55, 5 = NJW 1971, 375: GroßkommHGB/*Schilling*, 3. Aufl. 1970, HGB § 335 Anm. 42 und *Steckhan*, Die Innengesellschaft, 1966, S. 112 ff., 128; seither auch Staudinger/*Keßler*, 12. Aufl. 1979, Rn. 139–141; Palandt/*Sprau* Rn. 19a; *Blaurock*, Handbuch der stillen Gesellschaft, 7. Aufl. 2010, § 11 Rn. 11.5 ff.; *Stimpel* ZGR 1973, 73 (101); tendenziell auch Erman/*Westermann* Rn. 88 (vorbehaltlich der Zweipersonen-Innengesellschaft) und *Westermann* in Westermann/Wertenbruch PersGesR-HdB I. Teil § 8 Rn. 221b, 221c.

[1094] So *K. Schmidt* AcP 186 (1986), 421 (432 f.) und MüKoHGB/*K. Schmidt* HGB § 230 Rn. 133 f.; *K. Schmidt* ZIP 2014, 1457 (1463); ähnlich auch *Röwer*, FS Weichler, 1997, S. 115 (127 f.); speziell für den Fall der „Innen-KG" zust. *Schäfer* GWR 2014, 25 (26) und *Schäfer/Fallak*, FS Kübler, 2015, S. 607 (609 f.); *Blaurock/Gimmler* ZGR 2014, 371 (392); zweifelnd Erman/*Westermann* Rn. 88.

hältnissen ist nicht ersichtlich.[1095] Hinzu kommt, dass die Differenzierung der Rechtsprechung zu unerwünschten Abgrenzungsproblemen zwischen stillen Gesellschaften und partiarischen Rechtsverhältnissen führt, während mit dem Merkmal des *Gesamthandsvermögens* ein eindeutiges Abgrenzungskriterium zur Verfügung steht. Auch aus Gründen des Verkehrsschutzes besteht für eine Anerkennung fehlerhafter, nicht am Rechtsverkehr teilnehmender Innengesellschaften ieS kein Anlass. Schließlich sind auch die Auseinandersetzungsprobleme bei der Innengesellschaft grundsätzlich nicht so schwerwiegend, dass sie die Anwendung von Organisationsrecht erforderlich machen würden. Vielmehr kann dem erforderlichen Ausgleich im Innenverhältnis auch durch die flexiblen Wertmaßstäbe des § 818 Abs. 1–3 Rechnung getragen werden, ohne dass es hierzu einer Rückabwicklung der Innenbeziehungen bedarf.[1096] Innengesellschaften ohne Gesamthandsvermögen sollten daher weiterhin grundsätzlich aus dem Anwendungsbereich der Lehre von der fehlerhaften Gesellschaft ausgeklammert bleiben.[1097] Im Anschluss an BGHZ 199, 104 (→ Rn. 358 aE) ist aber eine **Ausnahme** veranlasst, sofern es sich um eine sog. **„Innen-KG"** (mehrgliedrige GmbH bzw. AG & Still) dergestalt handelt, dass diese nach dem einheitlichen Gesellschaftsvertrag über eigene Organe verfügt und die Gesellschafter wirtschaftlich am Vermögen des Unternehmensträgers wie Außengesellschafter beteiligt werden;[1098] insofern sind auch die beschriebenen Abgrenzungsprobleme nicht zu erwarten.

Die mangelnde Eignung der Grundsätze der fehlerhaften Gesellschaft für die Anwendung auf **359a** Innengesellschaften ieS zeigt sich mit besonderer Deutlichkeit beim Blick auf die **widersprüchliche Rechtsprechung des II. Zivilsenats des BGH zu stillen Gesellschaften,** die eine AG als Kapitalanlagegesellschaft (Inhaberin des Handelsgeschäfts iSv § 230 HGB) je einzeln mit einer Vielzahl von Kapitalanlegern als Stillen geschlossen hatte.[1099] Die Stillen waren in diesen Fällen von der „Göttinger Gruppe" durchweg mit falschen Versprechungen für die Kapitalanlage geworben worden; sie verlangten nach Aufdeckung des Vertragsmangels ihre Einlagen zurück. Der BGH gab ihnen – trotz Festhaltens am Eingreifen der Grundsätze über die fehlerhafte Gesellschaft mit der Auflösungsfolge ex nunc und entsprechend verminderten Abfindungsanspruch der Stillen – im Ergebnis dadurch Recht, dass er das Bestehen entsprechender **Schadensersatzansprüche** der Stillen gegen die AG aus § 280 iVm §§ 241 Abs. 2, 311 Abs. 2 Nr. 1 (culpa in contrahendo) und/oder aus § 826 bejahte.[1100] Zu Recht wies er darauf hin, dass Gründe des Verkehrsschutzes dieser letztlich zur *Rückabwicklung* des Vertragsabschlusses führenden Rechtsfolge nicht entgegenstünden, da die jeweilige stille Gesellschaft als solche – im Unterschied zur AG als Inhaberin – am Rechtsverkehr nicht teilgenommen habe.[1101] Auch für einen Schutz der Interessen von Mitgesellschaftern bestand angesichts der jeweils zweiseitigen stillen Gesellschaftsverträge kein Anlass. Im Ergebnis verdient diese Rechtsprechung daher Zustimmung.[1102] Ihre Begründung ist jedoch unhaltbar, wenn man die vom BGH gesetzte Prämisse zugrundelegt, dh die Grundsätze der fehlerhaften Gesellschaft eingreifen lässt.[1103] Einen Fortschritt stellt daher **BGHZ 199, 104** (→ Rn. 359) dar; hierin bringt der BGH die LfV zu Recht auch gegenüber Schadensersatzansprüchen bei einer mehrgliedrigen stillen Gesellschaft in Form eines **virtuellen Verbands** zur Anwendung. Dies hat zur Folge, dass diese gegen den Unternehmensträger

---

[1095] Das gilt auch für den Einwand von *Larenz* SchuldR BT II § 60 VII gegen die Anwendung von Bereicherungsrecht auf fehlerhafte Gesellschaftsverträge, bei der Gesellschaft fehle es an Leistungen zwischen den Gesellschaftern, durch die der eine auf Kosten eines anderen bereichert würde: er trifft nicht die Rechtsverhältnisse in der Innengesellschaft, durch die Einlagen nicht an die Gesamthand, sondern in das Vermögen eines der Gesellschafter geleistet werden. – Zur Unanwendbarkeit der Grundsätze der fehlerhaften Gesellschaft auf einen „Eierpartnerschaftsvertrag" als partiarisches Rechtsverhältnis vgl. BGH WM 1976, 1307 (1309).
[1096] So auch *Koenigs*, Stille Gesellschaft, 1961, S. 107 f. sowie allg. *Rödig*, Bereicherung ohne Rechtfertigung durch Gesellschaftsvertrag, 1972, S. 59 ff.; *H. Weber*, Zur Lehre von der fehlerhaften Gesellschaft, 1978, S. 102 ff., 174 ff.; vgl. dazu auch *Ulmer*, FS Flume, 1978, S. 301 (318).
[1097] So auch *Koenigs*, Stille Gesellschaft, 1961, S. 90 ff., 111 ff.; Bamberger/Roth/*Schöne* Rn. 162; Bayer/*Riedel* NJW 2003, 2567; *Wiesner*, Fehlerhafte Gesellschaft, 1980, S. 165 ff.; *Schäfer*, Fehlerhafter Verband, 2002, S. 143 ff.; *ders.* BKR 2002, 1004. Ähnlich *K. Schmidt* AcP 186 (1986), 421 (432 f.); MüKoHGB/*K. Schmidt* HGB § 230 Rn. 133 f.
[1098] *Schäfer* GWR 2014, 25 (26); *Schäfer/Fallak*, FS Kübler, 2015, S. 607 (609 f.); speziell hierzu auch *Blaurock/Gimmler* ZGR 2014, 371 (392); *K. Schmidt* ZIP 2014, 1457; allg. zum „virtuellen Verband" *ders.* ZHR 178 (2013), 10 ff.; *Florstedt*, Der stille Verband, 2006, S. 30 ff., 72 ff.
[1099] BGH ZIP 2004, 1706 (1708); 2005, 254 (256); 2005, 753 (757); 2005, 763 (764); 2005, 2060 (2062); NJW 2005, 1784 (1786). Dazu *Armbrüster* ZfIR 2004, 928 ff., *Armbrüster/Joos* ZIP 2004, 189 ff.; *Schäfer* ZHR 170 (2006), 373 ff.
[1100] Vgl. BGH ZIP 2004, 1706 (1708); 2005, 254 (256); 2005, 753 (757); 2005, 763 (764); 2005, 2060 (2062); NJW 2005, 1784 (1786). Dazu *Armbrüster* ZfIR 2004, 928 ff.; *Armbrüster/Joos* ZIP 2004, 189 ff.; *Schäfer* ZHR 170 (2006), 373 ff.
[1101] So zutr. BGH ZIP 2004, 1706 (1708).
[1102] Näher *Schäfer* ZHR 170 (2006), 397.
[1103] Eingehend dazu *Schäfer* ZHR 170 (2006), 382 ff.

grundsätzlich nur in Höhe des beim Ausscheiden entstehenden Abfindungsanspruchs geltend gemacht werden können. Das Abwicklungsregime des BGH verdient in Hinblick auf seine Ziele und Wertungen volle Zustimmung, sollte aber in der (unnötig komplizierten) Umsetzung, die zwischen Abfindungs- und Restschadensersatzanspruch unterscheidet, noch verbessert werden.[1104] Richtigerweise besteht grundsätzlich allein ein Abfindungsanspruch. Ein darüber hinausgehender Schadensersatzanspruch kommt nur in Frage, wenn nicht das gesamte Vermögen des Unternehmensträgers in die stille Gesellschaft einbezogen ist. Im Übrigen sind die Anteile der (täuschenden) Initiatoren bei der Berechnung der Abfindungsansprüche außer Acht zu lassen, damit diese von der Anwendung der LfV nicht profitieren.

360   **3. Fehlerhafte Vertragsänderungen. a) Allgemeines.** Hinsichtlich der **Gründe** für die Fehlerhaftigkeit von Vertragsänderungen kann auf die Feststellungen in → Rn. 328 ff. verwiesen werden; es gilt Entsprechendes wie für den Vertragsschluss. Eine fehlerhafte Vertragsänderung liegt auch dann vor, wenn der Mangel auf dem Fehlen oder der Unwirksamkeit der zur Änderung erforderlichen Zustimmung einzelner Gesellschafter beruht, der Änderungsbeschluss jedoch scheinbar den gesellschaftsvertraglichen Anforderungen entspricht. An dem Erfordernis einer (wenn auch mangelhaften) vertraglichen Einigung fehlt es hier ebenso wenig wie beim Dissens oder bei der Unwirksamkeit der Beitrittserklärung einzelner Gesellschafter.[1105] Anderes gilt dann, wenn die für die Änderung stimmenden Gesellschafter trotz des Fehlens der notwendigen Zustimmung von Mitgesellschaftern und gegen deren alsbald erhobenen Widerspruch nach der Änderung verfahren; denn insofern fehlt es an einer ausreichenden rechtsgeschäftlichen Grundlage.

361   Was die **rechtliche Behandlung** fehlerhafter Vertragsänderungen angeht, so wird im Unterschied zur fehlerhaften Gründung teilweise die Ansicht vertreten, die Grundsätze über die fehlerhafte Gesellschaft seien hier nur mit **Zurückhaltung** anwendbar;[1106] anderes soll nur für den Gesellschafterwechsel gelten (→ Rn. 365 ff.). Dementsprechend hat auch der BGH eine wegen unbemerkten Wegfalls der Geschäftsgrundlage fehlerhaft geänderte Nachfolgeklausel als rückwirkend unwirksam beurteilt, obwohl inzwischen ein Nachfolgefall eingetreten und der Nachfolger im Vertrauen auf die fehlerhafte Änderung in der Kommanditistenstellung verblieben war, statt entsprechend der ursprünglichen Regelung Stellung und Rechte eines Komplementärs einzunehmen.[1107] Fehlerhafte Vertragsänderungen sollen nach dieser Ansicht nur dann wirksam sein, wenn sie den „Status" der Gesellschaft betreffen.[1108] Dagegen soll der fehlerhaften Änderung der Beziehungen der Gesellschafter untereinander keine Bestandskraft zukommen.[1109]

362   Diese Differenzierung vermag **nicht zu überzeugen.** Auch abgesehen von der Unschärfe des „Status"-Kriteriums[1110] gibt es keinen Rechtsgrund für die Annahme, dass Mängel im Zuge einer Vertragsänderung, die sich durch Vollzug der Änderung über den rein schuldrechtlichen Bereich hinaus auf die Gesellschaftsorganisation ausgewirkt haben, zu einer grundsätzlich anderen Beurteilung als Gründungsmängeln führen sollten. Vielmehr kommt es auch für den Fall fehlerhafter Änderungen darauf an, ob der Mangel, wie bei der Änderung der Gewinnverteilung ua, lediglich die schuldrechtlichen Beziehungen der Gesellschafter untereinander betrifft oder ob er zu **Folgen für die Organisation** geführt hat, insbesondere in der Geschäftsführung, der Vertretung, dem Gesamthandsvermögen (Beiträge) oder dem Haftungsumfang seinen Niederschlag gefunden hat.[1111] Im letztgenannten Fall greifen die Grundsätze über die fehlerhafte Gesellschaft ein, soweit der Mangel nicht zwischenzeitlich geheilt ist (→ Rn. 357). Eine rückwirkende Berufung auf den Mangel scheidet aus; das Recht auf Anpassung des Gesellschaftsvertrags oder – bei grundlegenden, sich auf den Gesamtvertrag auswirkenden Mängeln – ein einseitiges Auflösungsrecht greift vielmehr nur für die Zukunft ein. Fehlt es

---

[1104] Näher *Schäfer/Fallak,* FS Kübler, 2015, S. 607 (611 ff.; 617 ff.).

[1105] BGH NJW 1988, 1321 (1323); vgl. auch *Schäfer,* Fehlerhafter Verband, 2002, S. 368 ff.; aA *Wiesner,* Fehlerhafte Gesellschaft, 1980, S. 143 ff.

[1106] Vgl. etwa GroßkommHGB/*Rob. Fischer,* 3. Aufl. 1973, HGB § 105 Anm. 84; *Hueck* OHG § 7 III 7c, S. 100 f.; aA MüKoHGB/*K. Schmidt* HGB § 105 Rn. 252; Soergel/*Hadding/Kießling* Rn. 91; *Wiesner,* Fehlerhafte Gesellschaft, 1980, S. 138 ff.; *Schäfer,* Fehlerhafter Verband, 2002, S. 289 ff.; im Grundsatz auch *Flume* BGB AT I 1 § 2 III, S. 28; nicht eindeutig Erman/*Westermann* Rn. 84.

[1107] BGHZ 62, 20 (27) = NJW 1974, 498, freilich ohne im Ergebnis zu einer rückwirkenden Anpassung zu kommen. Dazu krit. auch *Finger* ZGR 1976, 240 (243 ff., 248).

[1108] BGHZ 62, 20 (29) = NJW 1974, 498; BGH DB 1956, 65; NJW 1969, 1483.

[1109] So auch *Flume* BGB AT I 1 § 2 III, S. 29; *Müller-Laube* JuS 1985, 885 (887).

[1110] So schon *Ganssmüller* NJW 1956, 698; *Hueck* OHG § 7 III 7c, S. 100; ebenso Staub/*Schäfer* HGB § 105 Rn. 366; *Schäfer,* Fehlerhafter Verband, 2002, S. 301 f., 361; wohl auch MüKoHGB/*K. Schmidt* HGB § 105 Rn. 252.

[1111] Dem folgend Soergel/*Hadding/Kießling* Rn. 91. Vgl. näher *Ulmer,* FS Flume, 1978, S. 301 (319 f.) und → Rn. 354 ff.; *Schäfer,* Fehlerhafter Verband, 2002, S. 357 ff.

dagegen an derartigen Organisationsfolgen, so gilt mangels Heilung der Gesellschaftsvertrag in seiner ursprünglichen, nicht geänderten Fassung fort.

Im Einzelnen gelten die Grundsätze über die fehlerhafte Gesellschaft danach für folgende fehlerhaft **363** zustande gekommene Änderungsbeschlüsse:[1112] die Aufnahme, das Ausscheiden oder die Ausschließung von Gesellschaftern sowie die Änderung ihrer Rechtsstellung; Maßnahmen der Kapitalerhöhung und Kapitalherabsetzung;[1113] Änderungen der Rechtsform der Gesellschaft; Änderungen der Organstruktur und der Organkompetenzen;[1114] Änderungen der mit der Mitgliedschaft verbundenen Verwaltungsrechte, darunter insbesondere des Geschäftsführungs- und des Stimmrechts.[1115] **Nicht** erfasst werden demgegenüber Änderungen der Vermögensrechte, darunter insbesondere des Gewinnverteilungsschlüssels, da deren rückwirkende Korrektur problemlos möglich ist und die Organisation der Gesellschaft unberührt lässt.[1116] Entsprechendes gilt für „klassische" Vermögensübertragungen außerhalb des UmwG.[1117] *Zweifelhaft* ist die Beurteilung im Blick auf Änderungen des Gesellschaftszwecks und des Unternehmensgegenstands; ebenso wie bei der Auflösung (→ Rn. 364) sprechen die besseren Gründe insoweit *gegen* ihre Einbeziehung in den Anwendungsbereich der Lehre von der fehlerhaften Gesellschaft.[1118]

Nach hM gelten die Grundsätze über die fehlerhafte Gesellschaft auch für den Fall **fehlerhafter** **364** **Auflösung** infolge von Nichtigkeit oder Anfechtbarkeit des Auflösungsbeschlusses oder der Unwirksamkeit der Kündigung.[1119] Dem ist nicht zu folgen. Die nach einem unwirksamen Auflösungsbeschluss vorgenommenen Rechtshandlungen sind in ihrer Wirksamkeit ohnehin nicht von diesem abhängig, und auch sonst sind keine Gründe ersichtlich, welche die Anwendbarkeit der Lehre von der fehlerhaften Gesellschaft rechtfertigen könnten: Die Gesellschafterhaftung wird durch die Auflösung nicht berührt und die Änderungen in der Organisationsstruktur fallen nicht wesentlich ins Gewicht.[1120] Es bedarf daher in keinem Falle eines Fortsetzungsbeschlusses; vielmehr ist die Auflösung rückwirkend als unwirksam zu behandeln und die werbende Tätigkeit, soweit möglich, wiederaufzunehmen.

b) Gesellschafterwechsel. Einen Sonderfall der Vertragsänderung stellt – vorbehaltlich der **365** Anteilsübertragung (→ Rn. 374) – der Beitritt oder das Ausscheiden eines Gesellschafters durch *Vereinbarung mit den Mitgesellschaftern* dar. Anders als bei Inhaltsänderungen handelt es sich hier streng genommen nicht um eine Änderung des bestehenden, sondern um den Abschluss eines neuen Vertrags zwischen einem veränderten Kreis von Vertragspartnern. Das mag einer der Gründe dafür sein, warum die hM hier – im Unterschied zu sonstigen Vertragsänderungen – keine Bedenken hat, die Grundsätze der fehlerhaften Gesellschaft uneingeschränkt zur Anwendung zu bringen.[1121] Im Einzelnen ist wie folgt zu unterscheiden:

aa) Fehlerhafter Beitritt. Der fehlerhafte Beitritt zu einer fehlerfreien Gesellschaft[1122] wird **366** meist auf entsprechenden Gründen beruhen wie die fehlerhafte Beteiligung an der Gründung.[1123]

[1112] Vgl. zum Folgenden die Positiv- und die Negativliste bei *Schäfer,* Fehlerhafter Verband, 2002, S. 357 ff.
[1113] *Schäfer,* Fehlerhafter Verband, 2002, S. 452 ff., 454.
[1114] *Schäfer,* Fehlerhafter Verband, 2002, S. 473 ff., 477 f. Zur fehlerhaften Bestellung und Abberufung von Organwaltern vgl. auch *Schürnbrand,* Organschaft im Recht privater Verbände, Mainzer Habil.-Schrift, 2007, S. 267 ff.
[1115] *Schäfer,* Fehlerhafter Verband, 2002, S. 483 ff., 488.
[1116] *Schäfer,* Fehlerhafter Verband, 2002, S. 487 f.
[1117] *Schäfer,* Fehlerhafter Verband, 2002, S. 359 f.
[1118] S. auch *Schäfer,* Fehlerhafter Verband, 2002, S. 418 ff.
[1119] So im Anschluss an *Steines,* Die faktisch aufgelöste offene Handelsgesellschaft, 1964 – 5. Aufl. Rn. 364 (*Ulmer*); Soergel/*Hadding*/*Kießling* Rn. 91; *Hueck* OHG § 7 III 8, S. 101; Erman/*Westermann* Rn. 86; weitergehend *Wiesner,* Fehlerhafte Gesellschaft, 1980, S. 156. AA MüKoHGB/*K. Schmidt* HGB § 105 Rn. 251; *Schäfer,* Fehlerhafter Verband, 2002, S. 402 ff. und Staub/*Schäfer* HGB § 105 Rn. 356.
[1120] Näher Staub/*Schäfer* HGB § 131 Rn. 56, § 105 Rn. 356; *Schäfer,* Die Lehre vom fehlerhaften Verband, 2002, S. 406 f.
[1121] So insbes. für den fehlerhaften Beitritt BGHZ 26, 330 (335) = NJW 1958, 668; BGHZ 44, 235 (237) = NJW 1966, 107; BGHZ 63, 338 (340) = NJW 1975, 1022; BGH NJW 1973, 1604; 1977, 1820 (1821); 1988, 1321 (1323 ff.); 1992, 1501 (1502); NZG 2003, 277 (278 f.); OGHZ 4, 241 (245); Soergel/*Hadding*/*Kießling* Rn. 89 f.; Erman/*Westermann* Rn. 85 f.; Bamberger/Roth/*Schöne* Rn. 94 f.; GroßkommHGB/*Rob. Fischer,* 3. Aufl. 1973, HGB § 105 Anm. 84; *Hueck* OHG § 7 III 7a bb; MüKoHGB/*K. Schmidt* HGB § 105 Rn. 248 ff.; *K. Schmidt* AcP 186 (1986), 421 (435 ff.), *Wiedemann* WM 1990, Beilage 8 S. 29; *Wiesner,* Fehlerhafte Gesellschaft, 1980, S. 148 ff. Eingehend jetzt *Schäfer,* Fehlerhafter Verband, 2002, S. 302 ff., 310 f., 321 ff.
[1122] Im Unterschied zum fehlerhaften Beitritt zu einer fehlerhaften Gesellschaft, bei dem sich der Beitretende auf den Vertragsmangel nur dann berufen kann, wenn dieser auch seinen Beitritt tangiert, vgl. *Hueck* OHG § 7 III 7a aa, S. 99.
[1123] Einen Fall fehlerhaften Beitritts wegen (angeblichen) Verstoßes gegen § 138 behandelt OLG Koblenz WM 1979, 1435. Für Vorrang des § 138 bei sittenwidrig herbeigeführtem Beitritt zu stiller Gesellschaft OLG Schleswig ZIP 2002, 1244 (1247).

Neben Irrtum, Täuschung[1124] und Drohung (sei es auf Seiten des Beitretenden oder der bisherigen Gesellschafter) sowie neben der Nichteinhaltung von Formvorschriften für die Übernahme bestimmter Vertragspflichten (§ 311b Abs. 1 ua, → Rn. 32 ff.) ist vor allem an den fehlerhaften Beitritt nicht voll Geschäftsfähiger zu denken (→ Rn. 335 ff.). Erforderlich ist auch hier jeweils, dass dem Beitritt ein – wenn auch fehlerhaftes – **rechtsgeschäftliches Handeln** auf Seiten der bisherigen Gesellschafter und des Beitretenden als der für die Vertragsänderung zuständigen Personen zu Grunde liegt. Die fehlende Mitwirkung eines Teils der bisherigen Gesellschafter macht den Beitrittsvertrag fehlerhaft, schließt dessen Vorliegen als solches jedoch nicht aus, sofern nur mindestens einer von ihnen am Vertragsschluss beteiligt war; sie steht der Anwendung der Grundsätze über die fehlerhafte Gesellschaft nach Vollzug des Beitritts nicht entgegen.[1125] Entsprechendes gilt a fortiori beim Beitritt zu einer *Publikumsgesellschaft* durch fehlerhaften Vertragsschluss zwischen Beitretendem und Geschäftsführung der Gesellschaft, wenn diese – wie üblich – im Gesellschaftsvertrag zur Aufnahme neuer Gesellschafter ermächtigt werden sollte.[1126] Die fehlende oder fehlerhafte Ermächtigung betrifft hier nicht die Vertragsgrundlage, sondern ist lediglich Wirksamkeitsvoraussetzung.[1127]

367 Auf einen **Vollzug** (allgemein → Rn. 331) kommt es beim Beitritt entgegen vielfach vertretener Auffassung **nicht an,** sobald die Gesellschaft als solche (durch Geschäftsbeginn) auch nach außen entstanden ist.[1128] Denn die Wirksamkeit des Beitritts – anders als diejenige der Gesellschaft – hängt generell nicht von einem Vollzugselement ab. Auf die – auch in sich nicht überzeugende – Differenzierung zwischen nichtigen und anfechtbaren Beitrittserklärungen[1129] kommt es daher nicht an. Die Lehre von der fehlerhaften Gesellschaft ist in beiden Fallgruppen gleichermaßen anzuwenden.

368 Die **Rechtsfolgen** des fehlerhaften Beitritts bestehen vorbehaltlich des Schutzes nicht voll Geschäftsfähiger (→ Rn. 335 ff.) im rückwirkend nicht vernichtbaren Erwerb der Mitgliedschaft mit den entsprechenden Rechten und Pflichten nach innen und außen.[1130] Der Fehler ist, solange er nicht geheilt ist (→ Rn. 357), von den dadurch betroffenen Gesellschaftern grundsätzlich durch fristlose Kündigung geltend zu machen.[1131] Beruht er auf dem Verhalten der oder der Person des Beitretenden, so haben die Mitgesellschafter ein Ausschlussrecht entsprechend § 737. Darauf, ob der Gesellschaftsvertrag eine Fortsetzungsklausel enthält, kommt es in diesem Fall nicht an; die durch den fehlerhaften Beitritt betroffenen Mitgesellschafter sind auch ohne eine solche Klausel berechtigt, die Gesellschaft in der ursprünglichen Zusammensetzung fortzusetzen.

369 Gegen die Einlageforderung der Gesellschaft kann dem fehlerhaft Beigetretenen im Einzelfall ein **Leistungsverweigerungsrecht** zustehen, so wenn er durch Täuschung oder Drohung zum Beitritt veranlasst wurde und die Erfüllung der Einlageverpflichtung im Wesentlichen dem oder den Täuschenden selbst zugute käme.[1132] Anderes gilt mit Rücksicht auf den Gleichbehandlungsgrundsatz,

---

[1124] Sie hat namentlich in der Rspr. zu den Publikumsgesellschaften Bedeutung erlangt, vgl. neben BGHZ 26, 330 = NJW 1958, 668 insbes. BGHZ 63, 338 = NJW 1975, 1022; BGH NJW 1975, 1700; 1976, 894; dazu *U. H. Schneider* ZHR 142 (1978), 228 ff.

[1125] *Schäfer,* Fehlerhafter Verband, 2002, S. 324 f. sowie BGH NJW 1988, 1321 (1323); aA noch BGH WM 1962, 1353 (1354); MüKoHGB/*K. Schmidt* HGB § 105 Rn. 248; *Wiesner,* Fehlerhafte Gesellschaft, 1980, S. 149.

[1126] Näher *Schäfer,* Fehlerhafter Verband, 2002, S. 326 f., 330. Zur grds. Ermächtigung der Geschäftsführer einer Publikums-KG, weitere Kommanditisten aufzunehmen, vgl. BGH NJW 1978, 1000; so auch schon BGH NJW 1973, 1604 – Unanwendbarkeit von § 278 auf die Gesellschafter einer Publikums-KG, wenn der für sie handelnde Geschäftsführer weitere Kommanditisten durch Täuschung zum Beitritt veranlasst; BGHZ 63, 338 (345) = NJW 1975, 1022.

[1127] Vgl. *Schäfer,* Fehlerhafter Verband, 2002, S. 327.

[1128] Schlegelberger/*K. Schmidt* HGB § 130 Rn. 6 und *Schäfer,* Fehlerhafter Verband, 2002, S. 311, 332 f.; aA BGH NJW 1992, 1502; 5. Aufl. Rn. 367 *(Ulmer)* und Bamberger/Roth/*Schöne* Rn. 94, die eine Einlageleistung für erforderlich halten.

[1129] Für sofortiges Eingreifen der LfV (nur) bei anfechtbaren Beitrittserklärungen 5. Aufl. Rn. 367 *(Ulmer);* Bamberger/Roth/*Schöne* Rn. 94; aA auch insofern BGH NJW 1992, 1502, der für den Vollzug des Beitritts generell darauf abstellt, dass der Beitretende Beiträge geleistet und Gesellschafterrechte ausgeübt hat.

[1130] AA für das Außenverhältnis *Canaris,* Die Vertrauenshaftung im deutschen Privatrecht, 1971, S. 121 ff.; ihm insoweit folgend *Möschel,* FS Hefermehl, 1976, S. 171 ff.

[1131] Das ist für die GbR im Hinblick auf § 723 Abs. 1 S. 2 unproblematisch. Für OHG und KG ist dagegen umstritten, ob dem Beitretenden im Falle der Täuschung nicht abw. von § 133 HGB ein einseitiges Kündigungs- oder Austrittsrecht einzuräumen ist; so für den auf Täuschung beruhenden Beitritt zu einer Publikums-KG die stRspr., vgl. BGHZ 26, 330 = NJW 1958, 668 insbes. BGHZ 63, 338 = NJW 1975, 1022; BGH NJW 1975, 1700; 1976, 894; dazu *U. H. Schneider* ZHR 142 (1978), 228 ff.; für Zuerkennung eines Übernahmerechts gegenüber einem Mitgesellschafter, der seinerseits durch Täuschung seine Aufnahme erreicht hat, BGHZ 47, 293 (301 f.) = NJW 1967, 1961; zum Meinungsstand im Schrifttum vgl. *Schäfer,* Fehlerhafter Verband, 2002, S. 385 f.

[1132] BGHZ 26, 330 (335) = NJW 1958, 668; *Rob. Fischer* NJW 1955, 851; Erman/*Westermann* Rn. 85; *Liebrich,* Fehlerhafte Abänderungen des Gesellschaftsvertrages bei Personenhandelsgesellschaften, 1972, S. 57; weitergehend *Hueck* OHG § 7 III 2a, S. 88.

wenn die Täuschung nur wenigen Gesellschaftern zuzurechnen ist und von ihr die Mehrzahl der oder sämtliche übrigen Gesellschafter gleichmäßig betroffen sind.[1133] Im Übrigen führt das kündigungsbedingte Wiederausscheiden des fehlerhaft Beigetretenen zwar zur Umgestaltung seines Rechtsverhältnisses zur Gesamthand in ein Abwicklungsverhältnis. Die noch nicht erfüllte Einlageforderung entfällt dadurch jedoch nicht ersatzlos, sondern geht – zumal bei negativem Geschäftsergebnis – nach Maßgabe der Auseinandersetzungsbilanz im Anspruch der Gesamthand gegen den fehlerhaft Beigetretenen auf Zahlung des sich daraus ergebenden Saldos auf (→ § 735 Rn. 3; → § 738 Rn. 38).[1134] Zur Rechtslage bei haustürinitiiertem Beitritt → Rn. 329.

bb) Fehlerhaftes Ausscheiden. Ebenso wie der Beitritt kann auch das auf **Vereinbarung** beruhende Ausscheiden oder der einstimmige Ausschließungsbeschluss der übrigen Gesellschafter (→ § 737 Rn. 13) fehlerhaft (nichtig oder anfechtbar) sein.[1135] Für das Eingreifen der Grundsätze über die fehlerhafte Gesellschaft kommt es auch in diesem Fall darauf an, ob der Fehler die Gesellschaftsorganisation betrifft oder ob er sich nur auf die schuldrechtlichen Beziehungen zwischen den Beteiligten auswirkt (→ Rn. 362 f.). Letzteres ist namentlich bei fehlerhaften Abfindungsvereinbarungen der Fall,[1136] soweit nicht der Mangel nach den gesellschaftsrechtlichen Auslegungsgrundsätzen (→ Rn. 53) auch die Abrede über das Ausscheiden selbst erfasst. Betrifft der Mangel das fehlerhafte Ausscheiden eines *nicht voll Geschäftsfähigen*, wie namentlich bei fehlender Genehmigung des Familiengerichts im Fall von Erwerbsgesellschaften (→ Rn. 70), so ist das Ausscheiden auch nach hM gleichwohl wirksam, zumal diese Rechtsfolge seinem Schutzbedürfnis besser entspricht.[1137] Dem Interesse des Minderjährigen kann problemlos durch dessen Anspruch auf Wiederaufnahme Rechnung getragen werden (→ Rn. 372). Dasselbe Ergebnis folgt zwangloser aus der hier vertretenen Ansicht zur Anwendbarkeit der Lehre von der fehlerhaften Gesellschaft auch auf den fehlerhaften Beitritt Minderjähriger (→ Rn. 337). 370

Hinsichtlich des **Vollzugs** ist wie beim Beitritt (→ Rn. 367) zu entscheiden: Entgegen einer vielfach vertretenen Ansicht ist dieses Merkmal beim Ausscheiden ohne Bedeutung.[1138] Gleichgültig ob die rechtsgeschäftliche Grundlage des Ausscheidens nichtig oder nur anfechtbar ist, kommt es folglich nicht darauf an, ob das Ausscheiden durch Vollzugsmaßnahmen „bekräftigt" worden ist; denn anders als bei der Gründung einer Gesellschaft gehört das Vollzugsmerkmal beim Ausscheiden nicht zum Tatbestand.[1139] 371

Die **Rechtsfolge** des vollzogenen fehlerhaften Ausscheidens besteht in dessen Wirksamkeit unter Anwachsung des Gesamthandsanteils des Ausgeschiedenen bei den Mitgesellschaftern und Entstehung des Abfindungsanspruchs.[1140] Der fehlerhaft Ausgeschiedene kann jedoch, wenn der Fehler nicht ihm zur Last fällt, seine **Wiederaufnahme** in die Gesellschaft verlangen.[1141] Dabei ist ihm 372

[1133] BGHZ 26, 330 (334 f.) = NJW 1958, 668; OLG Köln BB 1970, 1460; *Lieberich*, Fehlerhafte Abänderungen des Gesellschaftsvertrages bei Personenhandelsgesellschaften, 1972, S. 58.
[1134] BGH NJW 1973, 1604.
[1135] Vgl. dazu neben *Hueck* OHG § 7 III 7b, S. 99 namentlich auch *Däubler* BB 1966, 1292 ff.; *Gursky*, Das fehlerhafte Ausscheiden eines Gesellschafters aus einer Personalgesellschaft, 1969; *Lieberich*, Fehlerhafte Abänderungen des Gesellschaftsvertrages bei Personenhandelsgesellschaften, 1972, S. 85 ff., und *Hartmann*, FS Schiedermair, 1976, S. 257 ff.; aus der Rspr. vgl. BGH NJW 1969, 1483; 1988, 1324; 1992, 1503 (1504); WM 1975, 512 (514); NZG 2003, 215.
[1136] BGH NJW 1969, 1483; 1979, 104.
[1137] Für die vorläufige Wirksamkeit des fehlerhaften Austritts Minderjähriger daher auch *Däubler* BB 1966, 1294; *Hartmann*, FS Schiedermair, 1976, S. 257 (264 ff.); *W. Müller*, FS Maier-Reimer, 2010, S. 497 (499); aA BGH NJW 1992, 1503 (1504); Baumbach/Hopt/*Roth* HGB § 105 Rn. 95.
[1138] IdS auch *Gursky*, Das fehlerhafte Ausscheiden eines Gesellschafters aus einer Personalgesellschaft, 1969, S. 117 ff., 120, und *Lieberich*, Fehlerhafte Abänderungen des Gesellschaftsvertrages bei Personenhandelsgesellschaften, 1972, S. 115 f.; für einheitliche Festlegung eines Vollzugskriteriums Soergel/*Hadding/Kießling* Rn. 90; Bamberger/Roth/*Schöne* Rn. 95; Erman/*Westermann* Rn. 86; einschr. *W. Müller*, FS Maier-Reimer, 2010, S. 497 (504): nur nach außen wirkende Umstände; Errechnung und Auszahlung des Abfindungsguthabens hingegen irrelevant; für Differenzierung zwischen nichtigen und anfechtbaren Rechtsgeschäften 5. Aufl. Rn. 371 *(Ulmer)*.
[1139] Näher *Schäfer*, Fehlerhafter Verband, 2002, S. 331 ff., 362 und → Rn. 367 in Bezug auf den Beitritt.
[1140] Ganz hM; insoweit zust. auch *Möschel*, FS Hefermehl, 1976, S. 171 (184).
[1141] HM, vgl. BGH NJW 1969, 1483; WM 1975, 512 (515); NJW 1988, 1324 (1325); *Hueck* OHG § 7 III 7b, S. 99 f.; Staub/*Schäfer* HGB § 131 Rn. 191; aA *Hartmann*, FS Schiedermair, 1976, S. 257 (267 ff.). Zu der nur für die Personenhandelsgesellschaft relevanten Frage, ob die Wiederaufnahme nicht durch Aufnahmevertrag oder analog § 133 HGB durch Gestaltungsklage durchgesetzt werden kann, vgl. *Wiedemann*, Übertragung und Vererbung von Mitgliedschaftsrechten, 1965, S. 70 f.; *Schäfer*, Fehlerhafter Verband, 2002, S. 385 f.; *Däubler* BB 1966, 1292 (1293 f.); *Gursky*, Das fehlerhafte Ausscheiden eines Gesellschafters aus einer Personalgesellschaft, 1969, S. 106 ff.; *Lieberich*, Fehlerhafte Abänderungen des Gesellschaftsvertrages bei Personenhandelsgesellschaften, 1972, S. 133 ff.; *Steines*, Die faktisch aufgelöste offene Handelsgesellschaft, 1964, S. 36 f.; → Rn. 345.

hinsichtlich der Verwaltungsrechte grundsätzlich die alte Rechtsstellung einzuräumen. Zwischenzeitliche, nicht durch sein Ausscheiden veranlasste Vertragsänderungen muss er freilich hinnehmen.[1142] Zu welchen Bedingungen seine Wiederaufnahme zu erfolgen hat und welche Bedeutung zwischenzeitlichen Gewinnen und Verlusten, Wertsteigerungen oder -minderungen des Gesellschaftsvermögens zukommt, hängt von den Umständen des Einzelfalls ab.[1143]

373   cc) Fehlerhafte Gesellschafternachfolge. Die vorstehenden Grundsätze gelten auch dann, wenn es durch sachlich und zeitlich zusammenhängende **Vereinbarungen** des Ausscheidenden und des Beitretenden **mit den übrigen Gesellschaftern** (Doppelvertrag, → § 719 Rn. 17) zur Gesellschafternachfolge kommt. Unabhängig von Art und Zahl der Vertragsurkunden liegt hier sowohl eine Ausscheidens- als auch eine Beitrittsvereinbarung vor, wobei die Fehlerhaftigkeit der einen Vereinbarung nicht notwendig diejenige der anderen zur Folge haben muss.[1144]

374   Nach bisher hM sollte Entsprechendes auch im Fall der zweiseitigen **Anteilsübertragung** (→ § 719 Rn. 25) gelten, obwohl diese nicht auf einer Vereinbarung aller Gesellschafter (→ Rn. 365), sondern auf – fehlerhaftem – Vertrag zwischen Ausscheidendem und Beitretendem unter Zustimmung der Mitgesellschafter beruht. Das wurde damit begründet, dass erst die Erteilung der Zustimmung die Verfügung über den Anteil wirksam mache und dementsprechend die Zusammensetzung des Gesellschafterkreises und die gesamthänderische Berechtigung am Gesellschaftsvermögen ändere; diese Änderung könne nicht rückwirkend beseitigt werden.[1145] Der fehlerhaft Ausgeschiedene könne jedoch seine Wiederaufnahme durch Rückübertragung des Anteils verlangen (→ Rn. 372).[1146] Dieser Ansicht ist in neuerer Zeit widersprochen worden, weil sie nicht hinreichend zwischen dem – ggf. von der Zustimmung der Mitgesellschafter abhängigen – zweiseitigen Veräußerungsvertrag über den Anteil und dem davon zu unterscheidenden, von der Anteilsveräußerung nicht berührten Gesellschaftsvertrag als Bezugspunkt der Lehre von der fehlerhaften Gesellschaft unterscheidet.[1147] Diese Beurteilung trifft zu: Weder ergeben sich aus der unwirksamen Anteilsveräußerung spezifische Rückabwicklungsschwierigkeiten noch rechtfertigt die dogmatische Grundlage der Lehre von der fehlerhaften Gesellschaft eine Erstreckung auf Anteilsveräußerungen; *für das Eingreifen der Lehre von der fehlerhaften Gesellschaft ist daher kein Raum*. Gesellschaft und Mitgesellschafter werden durch die Unwirksamkeit der Anteilsübertragung in ihrem Interesse an Rechtssicherheit nicht substanziell beeinträchtigt, weil ihnen gegenüber Rechtshandlungen von und gegenüber dem Schein-Nachfolger gleichwohl Wirksamkeit erlangen. Das folgt, will man sich nicht zu analoger Anwendung des § 16 Abs. 1 GmbHG[1148] entschließen, aus einer erweiternden Anwendung der für Rechtsübertragungen geltenden allgemeinen Schutzvorschriften der §§ 413, 409, 407.[1149] Angesichts dieser Fortentwicklung ist zugleich auch das Bedürfnis für eine abweichende Beurteilung der Anteilsübertragung in einer Publikumsgesellschaft[1150] entfallen. Soweit der XI. Zivilsenat des BGH in einer jüngeren Entscheidung in Auseinandersetzung mit der auch hier vertretenen Gegenauffassung gemeint hat, an seiner alten Rechtsprechung, anders als im GmbH-Recht, selbst für die Publikumsgesellschaft aus Gründen des Verkehrsschutzes und wegen der Selbstorganschaft festhalten zu müs-

---

[1142] *Däubler* BB 1966, 1294; *Wiesner,* Fehlerhafte Gesellschaft, 1980, S. 154; Erman/*Westermann* Rn. 86.
[1143] So zutr. *Hueck* OHG § 7 III 7b, S. 100; für grds. Wiedereinräumung des bisherigen Kapitalanteils gegen Rückzahlung der Abfindungssumme aber *Däubler* BB 1966, 1294.
[1144] Näher *Däubler* BB 1966, 1294 f.; *Lieberich,* Fehlerhafte Abänderungen des Gesellschaftsvertrages bei Personenhandelsgesellschaften, 1972, S. 197 ff.; ebenso *Wiesner,* Die Lehre von der fehlerhaften Gesellschaft, 1980, S. 155; vgl. auch *U. Huber,* Vermögensanteil, Kapitalanteil und Gesellschaftsanteil an Personalgesellschaften des Handelsrechts, 1970, S. 409, 412. Aus der Rspr. vgl. (ohne Begr.) BGH WM 1968, 892.
[1145] So auch BGH WM 1968, 892; NJW 1988, 1324 (1325); bestätigt durch BGH NJW-RR 2010, 1402 (1405 f.) (XI. ZS in Abstimmung mit II. ZS); *Wiesner,* Fehlerhafte Gesellschaft, 1980, S. 155; *Müller-Laube* JuS 1985, 887; EBJS/*Wertenbruch* HGB § 105 Rn. 203 f.; Koller/Kindler/Roth/Morck/*Kindler* HGB § 105 Rn. 64.
[1146] BGH NJW 1988, 1324 (1325).
[1147] So zutr. erstmals *K. Schmidt* AcP 186 (1986), 421 (438 f.) und *ders.* BB 1988, 1053 (1059 f.); eingehend *Schäfer,* Fehlerhafter Verband, 2002, S. 312 ff., 320; so auch *Balz/Ilina* BB 2006, 2764 (2765 f.); für den Fall freier Übertragbarkeit des Anteils auch Erman/*Westermann* Rn. 87; Bamberger/Roth/*Schöne* Rn. 96. – Dass die wegen Höchstpersönlichkeit der Mitgliedschaft erforderliche Zustimmung der Mitgesellschafter zur Anteilsübertragung keine Vertragsänderung betrifft, betont jetzt zutr. auch BGH ZIP 2014, 2231 = NJW 2015, 859; vgl. auch *Schäfer* NZG 2014, 1401.
[1148] Für dessen Anwendung auf die fehlerhafte Abtretung eines GmbH-Anteils zu Recht BGH NJW 1990, 1915 (1916), bestätigt durch BGH NJW-RR 1995, 1182 (1183); ferner BGH NZG 2015, 478 (Kartellsenat) und BGH ZIP 2013, 118 (119) (II. ZS).
[1149] Ebenso *K. Schmidt* BB 1988, 1051 (1060); *Schäfer,* Fehlerhafter Verband, 2002, S. 318 f.; vgl. auch schon *U. Huber* Vermögensanteil, Kapitalanteil und Gesellschaftsanteil an Personalgesellschaften des Handelsrechts, 1970, S. 411; für Orientierung an § 16 GmbHG *Wiedemann* WM 1990, Beilage 8 S. 30.
[1150] So noch (mN) 3. Aufl. Rn. 290 *(Ulmer).*

sen,[1151] vermag dies nicht zu überzeugen. Weder können nachträglich Probleme mit dem Prinzip der Selbstorganschaft auftreten noch bedarf es eines besonderen Verkehrsschutzes, weil mit dem Veräußerer ein Haftungsschuldner ohne Weiteres zur Verfügung steht. Die Wirksamkeit der Rechtshandlungen des (vermeintlichen) Erwerbers ergibt sich zudem, wie beschrieben, aus § 16 Abs. 1 GmbHG (analog) oder einer Anwendung allgemeiner Rechtsgrundsätze.[1152]

dd) Beteiligung Minderjähriger am Gesellschafterwechsel. Besondere Probleme können im Fall fehlerhaften Gesellschafterwechsels dann auftreten, wenn an ihm als Ausscheidender oder Beitretender ein **Minderjähriger** beteiligt ist mit der Folge, dass für ihn die besonderen Minderjährigenschutzgrundsätze (→ Rn. 69 ff.) Beachtung finden müssen, sofern man diese mit der hM anerkennen möchte (dagegen aber → Rn. 337). Unter dieser Voraussetzung ist für die Beurteilung zwischen Fehlern beim Ausscheiden und solchen beim Beitritt des Minderjährigen zu differenzieren. Das fehlerhafte *Ausscheiden* erlangt grundsätzlich auch im Fall Minderjähriger zunächst Wirksamkeit; er kann jedoch seine Wiederaufnahme verlangen (→ Rn. 370), während nach hM für den fehlerhaften *Beitritt* der Vorrang des Minderjährigenschutzes gelten soll (→ Rn. 335 ff.), was hier abgelehnt wird (→ Rn. 337). Demgegenüber greift auf die fehlerhafte *Anteilsübertragung* unter Beteiligung eines Minderjährigen schon nach allgemeinen Grundsätzen die Lehre von der fehlerhaften Gesellschaft nicht ein (→ Rn. 374; str.).

ee) Fehlerhafte Gesellschafternachfolge im Todesfall. Zur fehlerhaften Gesellschafternachfolge im Todesfall kann es im Rahmen einer gesellschaftsvertraglichen **Nachfolgeklausel** dadurch kommen, dass an Stelle des wahren der *vermeintliche Erbe* von den Mitgesellschaftern als Berechtigter behandelt wird und die Mitgliedschaftsrechte ausübt. Soweit in diesen Fällen nicht besondere rechtsgeschäftliche Vereinbarungen zwischen den Beteiligten über die Mitgliedschaft des vermeintlichen Erben getroffen werden, fehlt es an einem (fehlerhaften) Vertragsschluss als Voraussetzung für die rechtliche Anerkennung der fehlerhaften Beteiligung (→ Rn. 327). Der bloße Vollzug der Nachfolgeregelung reicht hierfür nicht aus. Gesellschafter ist der wahre Erbe. Die Auseinandersetzung zwischen den Beteiligten richtet sich nach allgemeinen Grundsätzen, wobei der Gesellschaft bei Vorliegen eines Erbscheins der Schutz des § 2367 zugute kommt.[1153] Anderes gilt im Falle einer den Erben zum Beitritt berechtigenden gesellschaftsvertraglichen **Eintrittsklausel**, deren Vollzug eine rechtsgeschäftlichen Beitrittsvereinbarung mit den Mitgesellschaftern bedarf (→ § 727 Rn. 57). Wird sie mit dem vermeintlichen Erben getroffen, so ist sie wirksam und kann nach Vollzug des Beitritts (→ Rn. 367) trotz Fehlerhaftigkeit des Beitrittsvertrags (Anfechtbarkeit nach §§ 119, 123 ua) nur durch fristlose Kündigung bzw. Ausschluss (→ Rn. 368) korrigiert werden.

4. Scheingesellschaft. a) Grundsatz. Bei der **Scheingesellschaft** ist zu unterscheiden: Wird ein Gesellschaftsvertrag abgeschlossen, erfüllt er aber die Voraussetzungen eines Scheingeschäfts (§ 117), so handelt es sich um einen – wenn auch fehlerhaften – Vertragsschluss; so dass die Lehre von der fehlerhaften Gesellschaft zur Anwendung gelangt.[1154] Entscheidend für das **Vorliegen eines Scheingeschäfts** (§ 117 Abs. 1) ist, dass die vertragschließenden Parteien darin übereinstimmen, ihre Beziehungen trotz gegenteiliger Bezeichnung in Wahrheit nicht nach gesellschaftsrechtlichen Gesichtspunkten zu regeln.[1155] Vorbehaltlich der rechtlich irrelevanten protestatio facto contraria kann das etwa dann der Fall sein, wenn die Wahl der Gesellschaftsform nur dazu dient, ein anderes Geschäft zu verdecken.[1156] Dagegen macht die Einschaltung eines Treuhänders oder Strohmanns in die Gesellschaftsgründung diese nicht etwa zu einem Scheingeschäft, solange die Parteien bereit sind, die gesellschaftsrechtlichen Folgen ihres Verhaltens für ihre Rechtsbeziehungen zu akzeptieren.[1157] Der Fall eines (echten) Scheingeschäfts dürfte daher allenfalls ausnahmsweise auftreten.

[1151] BGH NJW-RR 2010, 1402 (1406) Rn. 41 ff. (XI. ZS in Abstimmung mit II. ZS, → Rn. 40); tendenziell krit. dazu auch *Westermann* EWiR 2010, 705 (706); aA ferner OLG Hamm NZG 2008, 24.
[1152] Näher *Schäfer*, Fehlerhafter Verband, 2002, S. 312 ff., 318 ff.
[1153] Ebenso K. Schmidt AcP 186 (1986), 421 (437 f.); *Schäfer*, Fehlerhafter Verband, 2002, S. 317 f.; aA – für weitgehende Anwendung der Grundsätze über fehlerhafte Gesellschaften – *Konzen* ZHR 145 (1981), 29 (61 ff.); → § 727 Rn. 67.
[1154] *Schäfer*, Fehlerhafter Verband, 2002, S. 204 ff. unter Hinweis auf die mit der Scheingründung typischerweise verbundenen Drittwirkung; aA (die insofern undifferenzierte) hM, BGH NJW 1954, 231; 5. Aufl. Rn. 377 (*Ulmer*); *Hueck* OHG § 7 III 4b, S. 94 f.; MüKoHGB/K. Schmidt HGB § 105 Rn. 258, 260.
[1155] BGH NJW 1953, 1220; vgl. Staub/*Schäfer* HGB § 105 Rn. 367 ff.
[1156] Vgl. BGH DB 1976, 2057 zum Fall einer Grundstücksübertragung in Gesellschaftsform (Scheingesellschaft verneint); für steuerliche Nichtanerkennung BFH WM 1980, 939.
[1157] Zur entspr. Problematik bei der GmbH vgl. Ulmer/Habersack/Löbbe/*Ulmer/Löbbe* GmbHG § 2 Rn. 69, 178.

378 Anders verhält es sich hingegen, wenn ein Gesellschaftsvertrag gar nicht, also nicht einmal zum Schein, abgeschlossen wird, vielmehr lediglich nach außen der **Rechtsschein** einer Gesellschaft erweckt wird. Die Rechtsprechung neigt allerdings gelegentlich dazu, als Scheingesellschaft auch diejenigen Gesellschaften zu behandeln, deren Gesellschaftsvertrag nach §§ 134, 138 als nichtig behandelt wird, weil sie die Lehre von der fehlerhaften Gesellschaft in diesem Falle für unanwendbar hält (dagegen aber → Rn. 334).[1158] In diesem Fall ist die **Lehre von der fehlerhaften Gesellschaft** mangels rechtsgeschäftlicher Grundlage **unanwendbar,** und es entstehen daher **weder Rechtssubjekt**[1159] **noch Gesamthandseigentum** (→ Rn. 353). Die vermögensrechtlichen Beziehungen der Beteiligten sind, soweit diese ausnahmsweise gleichwohl Beiträge geleistet haben sollten, nach Bereicherungsrecht abzuwickeln. Im Außenverhältnis greifen selbstverständlich die Grundsätze der Rechtsscheinhaftung ein, die aber stets nur zu einer Haftung der Gesellschafter, niemals zu derjenigen der (inexistenten) Gesellschaft führen können.[1160] Die Scheingesellschafter haften neben dem Geschäftsinhaber nur Neugläubigern gegenüber, die auf deren Gesellschafterstellung vertrauen konnten; eine Haftung für deliktische oder für Altverbindlichkeiten scheidet aus (→ § 714 Rn. 40 mwN).[1161]

379 b) **Schein-RA-Sozietät.** Scheingesellschaften treten typischerweise zwischen Freiberuflern, insbesondere Rechtsanwälten, auf (sog. Scheinsozietät). Bei ihnen trifft man nicht selten auf ein Auftreten nach außen, das – insbesondere auf Praxisschildern und Briefköpfen – keinen erkennbaren Unterschied zwischen echten Sozien und angestellten oder als freie Mitarbeiter tätigen Rechtsanwälten erkennen lässt.[1162] Die höchstrichterliche Rechtsprechung hat in derartigen Fällen stets das Vorliegen einer Scheinsozietät unter Einschluss der Nichtsozien bejaht, sei es als reine Scheingesellschaft mit einem alleinigen Kanzleiinhaber oder als eine um die Scheinsozien erweiterte, rechtlich nur aus den wirklichen Sozien bestehende Gesellschaft.[1163] Relevant ist diese Rechtsfigur hauptsächlich aus **Haftungsgründen** (→ Rn. 380). Denn über die allgemeinen Grundsätze der Anscheins- oder Duldungsvollmacht (→ § 167 Rn. 89 ff. *[Schubert]*) hinausgehend bejaht die Rechtsprechung in derartigen Fällen beim Abschluss eines Anwaltsvertrages mit einer Scheinsozietät regelmäßig die (Vertrags-)Haftung aller Beteiligten einschließlich der Scheinsozien.[1164] Begründet wird das damit, die rechtlich relevante Erwartung des Mandanten gehe typischerweise dahin, dass ihm alle beteiligten Rechtsanwälte sorgfältigen Rechtsrat schulden und dass sie daher auch je persönlich für Beratungsfehler oder sonstige Pflichtverletzungen, auch solche bei der Verwahrung von Mandantengeldern, einzustehen haben. Für Treuhand- oder sonstige Vermögensbetreuungsverträge mit Anwälten ohne rechtsberatende Aufgaben soll der Grundsatz allerdings nicht gelten; insoweit soll sich die personelle Tragweite des jeweiligen Vertragsschlusses vielmehr nach den konkreten Umständen richten.[1165]

[1158] Vgl. etwa BGH (XI. ZS) NJW 2011, 66, der aber – in sich widersprüchlich – die Schein-GbR gleichwohl als Kontoinhaberin behandeln will; (VI. ZS) ZIP 2011, 2005; dazu BGHZ 62, 234 (241) = NJW 1974, 1201; BGHZ 75, 214 (217) = NJW 1980, 638; *Hueck* OHG § 7 III 4a; Staudinger/*Habermeier* (2003) Rn. 68; *Wiesner,* Fehlerhafte Gesellschaft, 1980, S. 130; *Paschke* ZHR 155 (1991), 1 (19); *Goette* DStR 1996, 266 (270); wohl auch Soergel/*Hadding*/*Kießling* Rn. 81; aA – wie hier – dagegen MüKoHGB/K. *Schmidt* HGB § 105 Rn. 237, 243; *Schäfer,* Fehlerhafter Verband, 2002, S. 260 ff.; *Schwintowski* NJW 1988, 937 (939) sowie *Wertenbruch* FIW-Heft 138, 1990, 59 ff.

[1159] Richtig BGH (IX. ZS) NZG 2012, 65 (67); unzutr. demgegenüber BGH (XI. ZS) NJW 2011, 66, wonach die Scheingesellschaft Kontoinhaberin sein soll (im Ergebnis aber zutr., weil nach richtiger Auffassung die Lehre von der fehlerhaften Gesellschaft auch auf den nach § 138 nichtigen Gesellschaftsvertrag anwendbar ist); unzutr. ferner OLG Hamm NZG 2011, 137 – Scheingesellschaft wird als parteifähig akzeptiert. Zur unzutr. Bezeichnung einer bloßen Scheinsozietät „Außensozietät" → Rn. 379.

[1160] Vgl. dazu näher Staub/*Schäfer* HGB § 105 Rn. 371 für die Schein-OHG; ferner *Bartels*/*Wagner* ZGR 2013, 482 ff.

[1161] So zutr. *Peres*/*Depping* DStR 2006, 2261 (2263) unter Hinweis auf OLG Celle DStR 2006, 2095; OLG Köln DStRE 2004, 485; OLG Saarbrücken NJW-RR 2006, 707; zutr. ferner *W.-H. Roth,* FS K. Schmidt, 2009, S. 1375 (1387 f.).

[1162] Vgl. näher *Schäfer* DStR 2003, 1078; *Peres*/*Depping* DStR 2006, 2261 (2262).

[1163] Vgl. nur *Grunewald,* FS Ulmer, 2003, S. 141 ff.; *Schäfer* DStR 2003, 1078 (1079 f.); *Peres*/*Depping* DStR 2006, 2261 ff., jeweils mit Rspr.-Hinweisen. Missverständlich daher das Urteil BGHZ 148, 97 (103) = NJW 2001, 2402, das eine Scheinsozietät als „sog. Außensozietät" bezeichnet (so auch schon BGH NJW 1991, 49 (50) und DStR 1993, 25 (26) sowie OLG Hamm NZG 2011, 137 (139); dazu mit Recht krit. *Peres*/*Depping* DStR 2006, 2261); die Terminologie übernommen, aber missverständlich Henssler/Prütting/*Prütting* BORA § 8 Rn. 2 – Scheinsozietät als „reine Außensozietät"; ähnlich Henssler/Prütting/*Prütting* BORA § 8 Rn. 21; zutr. hingegen BGH NJW 2001, 165 (166): die Rechtsfigur der Scheinsozietät begründet keine Sozietät mit den Scheinsozien, sondern soll nur deren Rechtsscheinhaftung ermöglichen; ebenfalls zutr. zwischen Scheinsozietät und rechtsfähiger Außensozietät diff. BGHZ 194, 79 (89 f.) = NZG 2012, 1098 (1100).

[1164] BGHZ 70, 247 (249) = NJW 1978, 996; BGHZ 124, 47 (50 f.) = NJW 1994, 257; BGH NJW 1991, 1225; 1999, 3040 (3041); NJW-RR 2003, 490.

[1165] BGH NJW 1999, 3040 (3041 f.); BGHReport 2008, 886; OLG Celle NJW 2006, 3431 (3433).

Die **Haftungsfolgen** der Rechtsprechung zur Scheinsozietät bestehen einerseits darin, dass die – 380
mit anderen Gesellschaftern tatsächlich existierende – **Sozietät** aus dem rechtsgeschäftlichen Handeln
eines Scheinsozius bei Abschluss des Anwaltsvertrags auch dann verpflichtet wird und für Mandatsfehler und sonstige Vertragsverletzungen einzustehen hat, wenn der Scheinsozius im eigenen Namen
aufgetreten ist, sofern nur in seiner Person der Rechtsschein des Handelns als Sozius erweckt
wurde.[1166] Ebenso haftet umgekehrt auch der **Scheinsozius** persönlich, wenn der Anwaltsvertrag
ordnungsgemäß mit der Sozietät abgeschlossen wurde und die Rechtsberatung durch diese fehlerhaft
war.[1167] Richtigerweise ist freilich wie folgt zu differenzieren:[1168] Bei einer reinen Scheinsozietät
muss sich der Rechtsscheinstatbestand erstens auf die Existenz einer Sozietäts-GbR, zweitens auf die
Gesellschafterstellung des handelnden Anwaltes und dessen Vertretungsmacht sowie drittens auf die
Gesellschafterstellung des in Anspruch genommenen Anwaltes beziehen.[1169] Demgegenüber muss
er sich bei einer existierenden Sozietät darauf beziehen, dass der handelnde Anwalt Gesellschafter
und vertretungsberechtigt und (ggf.) der in Anspruch Genommene Gesellschafter ist. Über die
vertragliche Haftung hinausgehend bejaht die Rechtsprechung auch eine **deliktische Haftung** der
(vorhandenen) Sozietät und der (Schein-)Sozien nach § 31 BGB iVm § 128 HGB analog, wenn das
Delikt (wie die Veruntreuung von Mandantengeldern) im Rahmen der Mandatsbeziehung begangen
wurde.[1170] Das mag mit Blick auf die parallele Vertragshaftung, sofern gegeben, noch gerechtfertigt
erscheinen, obwohl eine Rechtsscheinhaftung für gesetzliche Verbindlichkeiten naturgemäß ausscheidet (→ Rn. 378 aE). Dass ein *Scheinsozius* als deliktisch Handelnder beteiligt war, steht im
Übrigen der Anwendung des § 31 zu Lasten der Sozietät mit daraus folgender Mithaftung der echten
(und sonstigen Schein-)Sozien nicht entgegen.[1171] Missverständlich ist es allerdings, wenn der BGH
eine Rechtsscheinhaftung der „Mitglieder einer Scheinsozietät"(?) für solche Forderungen verneint,
die nicht die anwaltstypische – rechtsberatende oder rechtsvertretende – Tätigkeit betreffen.[1172] Dem
ist nur insoweit zuzustimmen, als es um die in → Rn. 379 erwähnte, hier nicht eingreifende *Erweiterung* der Rechtsscheinhaftung im Rahmen von Mandatsbeziehungen geht. Das Eingreifen der allgemeinen, für rechtsgeschäftliches Handeln aller Art geltenden Rechtsscheingrundsätze bleibt hiervon
unberührt; ein Freibrief für das Handeln von Scheinsozien ist auch bei mandatsfremden Tätigkeiten
nicht veranlasst.

§ 706 Beiträge der Gesellschafter

(1) Die Gesellschafter haben in Ermangelung einer anderen Vereinbarung gleiche Beiträge zu leisten.

(2) ¹Sind vertretbare oder verbrauchbare Sachen beizutragen, so ist im Zweifel anzunehmen, dass sie gemeinschaftliches Eigentum der Gesellschafter werden sollen. ²Das Gleiche gilt von nicht vertretbaren und nicht verbrauchbaren Sachen, wenn sie nach einer Schätzung beizutragen sind, die nicht bloß für die Gewinnverteilung bestimmt ist.

(3) Der Beitrag eines Gesellschafters kann auch in der Leistung von Diensten bestehen.

Übersicht

	Rn.		Rn.
I. Normzweck	1	a) Allgemeines	7, 8
II. Beitragsverpflichtung	2–17	b) Auslegungsregeln in Abs. 2	9
1. Beitrag, Einlage	2–6	3. Inhalt der Beitragspflicht	10–14
a) Begriffe	2–4	a) Überblick	10
b) Abgrenzung von sonstigen Leistungen		b) Art der Einbringung	11–13
der Gesellschafter	5, 6	c) Leistung von Diensten (Abs. 3)	14
2. Festsetzung im Gesellschaftsvertrag	7–9	4. Beitragshöhe	15, 16

[1166] BGHZ 172, 169 (172 f.) = NJW 2007, 2490; ebenso BGH ZIP 2012, 369 (371) für den Fall, dass ein ausgeschiedener Gesellschafter nach außen weiterhin als Gesellschafter auftritt; vgl. BGHZ 70, 247 (249) = NJW 1978, 996; BGHZ 124, 47 (50 f.) = NJW 1994, 257; BGH NJW 1991, 1225; 1999, 3040 (3041); NJW-RR 2003, 490.
[1167] BGHZ 70, 247 (249) = NJW 1978, 996.
[1168] *W.-H. Roth*, FS K. Schmidt, 2009, S. 1375 (1380 f., 1383).
[1169] S. auch *Bartels/Wagner* ZGR 2013, 482 (502) mwN.
[1170] BGHZ 172, 169 (175 f.) = NJW 2007, 2490.
[1171] BGHZ 172, 169 (175 f.) = NJW 2007, 2490.
[1172] BGHReport 2008, 886 Ls. betr. Kauf einer PC-Anlage für die Sozietät durch den Scheinsozius.

§ 706 1–4   Abschnitt 8. Titel 16. Gesellschaft

	Rn.		Rn.
5. Beitragsfreie Beteiligungen?	17	2. Leistungsstörungen	21–29
III. Die Beitragsleistung	18–29	a) Meinungsstand zum alten Recht (vor 2002)	21, 22
1. Erfüllung der Beitragspflicht	18–20	b) Schuldrechtsreform 2002	23
		c) Stellungnahme	24–29

I. Normzweck

1 § 706 enthält die zentrale – über §§ 105 Abs. 3, 161 Abs. 2 HGB auch auf das Recht der OHG und KG anwendbare – Regelung des Personengesellschaftsrechts für die Gesellschafterbeiträge. Sein Regelungsgehalt ist allerdings begrenzt. Eine Beitragsverpflichtung wird durch § 706 nicht begründet; sie muss vielmehr im Gesellschaftsvertrag selbst vereinbart sein (→ Rn. 7; § 705). Auch allgemeine Rechtsgrundsätze für die Beitragsleistung werden in § 706 nicht geregelt, sondern gelten kraft ungeschriebenen Rechts. Die Vorschrift beschränkt sich vielmehr darauf, in **Abs. 1** dem gesellschaftsrechtlichen Gleichbehandlungsgrundsatz durch eine Auslegungsregel Rechnung zu tragen, wonach die Gesellschafter beim Fehlen besonderer Vereinbarungen *gleiche Beiträge* zu leisten haben (→ Rn. 15). Auch **Abs. 2** enthält eine Auslegungsregel, und zwar des Inhalts, dass vertretbare, verbrauchbare sowie nach einer Schätzung einzubringende sonstige Beitragsleistungen in das *Eigentum der Gesellschaft* übergehen sollen (→ Rn. 9). **Abs. 3** schließlich stellt klar, dass auch *Dienstleistungen* einen tauglichen Beitragsgegenstand in der GbR bilden (→ Rn. 14); das entspricht dem großen Gestaltungsspielraum, der den Gesellschaftern bei Festlegung der Beiträge offensteht.

II. Beitragsverpflichtung

2 **1. Beitrag, Einlage. a) Begriffe.** Zu den **Beiträgen iwS** gehören alle Arten von *Leistungen*, die die Gesellschafter *zur Förderung des gemeinsamen Zwecks* im Gesellschaftsvertrag versprechen.[1] Die Leistungen können materieller oder immaterieller, realer oder ideeller Art sein (→ Rn. 10). Darauf, ob und welchen Geldwert die versprochene Leistung hat, kommt es abweichend vom Kapitalgesellschaftsrecht[2] für die Beiträge in der GbR nicht an, da diese Rechtsform keinen Mindesthaftungsfonds kennt und die – nach außen nicht offengelegte – Beitragsvereinbarung nur Bedeutung für das Innenverhältnis hat. Beiträge iwS können daher auch der Gegenstand von sog. *Einbringungsvereinbarungen* sein, durch die sich Gesellschafter zur Erbringung entgeltlicher Leistungen gegenüber der Gesellschaft verpflichten.[3] Zur Frage beitragsfreier Beteiligungen → Rn. 17.

3 § 706 Abs. 2 und 3 nennen als Hauptfälle von Beiträgen die Einbringung von Sachen und die Leistungen von Diensten (→ Rn. 11 ff.). Bei ihnen handelt es sich um wichtige Arten *vermögenswerter Leistungen*, die dem Gesellschaftsvermögen zufließen sollen. Sie lassen sich als **Beiträge ieS** von dem weiten Beitragsbegriff (→ Rn. 2) unterscheiden.[4] Dieser enge Begriff, der alle als Beitrag geschuldeten, das Gesellschaftsvermögen vermehrenden vermögenswerten Leistungen der Gesellschafter umfasst, liegt der Regelung der §§ 705–707 zu Grunde. Das folgt neben den in § 706 genannten Beispielen auch aus der Differenzierung in § 705 zwischen der vertraglichen Förderungspflicht und der Beitragsleistung als ihrem wichtigsten, aber nicht einzigen Fall. Nicht zu den Beiträgen ieS gehören daher etwa die aus der Treupflicht (→ § 705 Rn. 226 f.) entspringenden Förderungspflichten wie das Wettbewerbsverbot, aber auch sonstige Gesellschafterpflichten (Sozialansprüche, → § 705 Rn. 201) rein ideeller Natur ohne eigenen Vermögenswert. Die Unterscheidung ist vor allem für die in § 707 geregelte Beitragserhöhung von Bedeutung. Sie gestattet eine Beschränkung des Anwendungsbereichs dieser Vorschrift auf diejenigen Beiträge (ieS), gegen deren einseitige Vermehrung ein Schutzbedürfnis der Gesellschafter anzuerkennen ist.

4 Neben dem Begriff des Beitrags verwendet das BGB denjenigen der **Einlage** (vgl. §§ 707, 733–735, 739). Hierunter werden klassischerweise die an die Gesellschaft *geleisteten Beiträge ieS* verstanden,[5]

---

[1] Die Differenzierung zwischen Beiträgen iwS und ieS wird besonders von *Hueck* OHG § 14 I betont; idS auch Soergel/*Hadding/Kießling* Rn. 1; Erman/*Westermann* Rn. 1; *U. Huber*, Vermögensanteil, Kapitalanteil und Gesellschaftsanteil von Personengesellschaften des Handelsrechts, 1970 S. 293 f.; *K. Schmidt* GesR § 59 III 1a, S. 1742 hält die Unterscheidung für überflüssig, weil für den Beitragsbegriff der Vermögenswert unerheblich sei.

[2] Zu dem dort geltenden Verbot der Unterpari-Emission vgl. § 9 Abs. 1 AktG, §§ 9 Abs. 1, 9c GmbHG; dazu Ulmer/Habersack/Löbbe/*Ulmer/Casper* GmbHG § 5 Rn. 89, 176 ff.

[3] Vgl. etwa OLG München NZG 2000, 1124 betr. die entgeltliche Einbringung eines Grundstücks als Beitragsverpflichtung iwS; dazu auch *Wertenbruch* NZG 2001, 306 (307).

[4] So auch *Hueck* OHG § 14 I; Erman/*Westermann* Rn. 1.

[5] HM, vgl. BGH WM 1980, 402 (403); RGZ 76, 278; Soergel/*Hadding/Kießling* Rn. 5; Palandt/*Sprau* Rn. 1; Erman/*Westermann* Rn. 1; Bamberger/Roth/*Schöne* Rn. 7; diff. MüKoHGB/*K. Schmidt* HGB § 105 Rn. 177 – Beitrag ist jedes den Gesellschaftszweck fördernde Tun, Einlage nur solches, das auf Eigenkapitalbildung durch Leistung in das Gesellschaftsvermögen zielt.

während sich der Begriff des Beitrags danach nicht auf den Gegenstand der Beitragsverpflichtung bezieht.[6] Die gegen dieses Begriffsverständnis gewendete Kritik[7] weist allerdings zu Recht auf die Wertlosigkeit einer solchen Differenzierung hin. Zwar ist der alternativ vorgeschlagene Beitragsbegriff, demzufolge als „Einlage" nur solche Beiträge zu verstehen sind, welche die Haftungsmasse vermehren, für die GbR ebenfalls nur von beschränkter Bedeutung, weil die Einlagepflicht eben kein Begriffsmerkmal der GbR ist. Immerhin mag er aber auch hier etwas zur Abgrenzung zwischen vermögenswerten und rein ideellen Beitragsleistungen beizusteuern (→ Rn. 3), zumal letztere für den Kapitalanteil nicht zu berücksichtigen sind (→ Rn. 15). Im Übrigen spricht auch ein verbandsübergreifendes, andere Rechtsformen einbeziehendes Begriffsverständnis für diesen Einlagenbegriff, der deshalb insgesamt vorzugswürdig ist.

b) Abgrenzung von sonstigen Leistungen der Gesellschafter. Die Rechtsbeziehungen der Gesellschafter zur Gesamthand sowie die von ihnen an die Gesamthand zu erbringenden Leistungen müssen nicht ausschließlich gesellschaftsrechtlicher Natur sein. Vielmehr können zwischen Gesellschaftern und Gesellschaft auch sog. **Drittgeschäfte** zustande kommen, in denen sich die Parteien im Grundsatz wie Dritte gegenüberstehen (→ § 705 Rn. 202). Das gilt auch insoweit, als die Erbringung von Vermögensgegenständen oder sonstigen Leistungen an die Gesellschaft durch einen Gesellschafter in Frage steht. Die Abgrenzung zwischen Beiträgen und Leistungen im Rahmen von Drittgeschäften richtet sich in erster Linie nach den hierüber getroffenen Vereinbarungen. Fehlt eine entsprechende Festlegung, so besteht jedenfalls für alle im **Gesellschaftsvertrag** enthaltenen Leistungspflichten die Vermutung für ihren gesellschaftsrechtlichen Charakter, dh für ihre Behandlung als Beitrag.[8] Das gilt auch dann, wenn für die im Gesellschaftsvertrag vereinbarten Leistungen eine Gegenleistung der Gesellschaft vorgesehen ist (sog. Einbringungsvereinbarung, → Rn. 2). Hier wird es zwar für die Ausführung der gesellschaftsvertraglichen Verpflichtung in der Regel zum Abschluss eines besonderen Rechtsgeschäfts (Darlehen, Kaufvertrag, Miete ua) zwischen Gesellschafter und Gesellschaft kommen. Von einem gewöhnlichen Drittgeschäft unterscheidet es sich jedoch dadurch, dass es seinen Rechtsgrund im Gesellschaftsvertrag findet. Es kann daher auch nicht ohne Rücksicht auf dessen Fortbestand beendet werden und tritt in der Insolvenz hinter andere Drittgeschäfte zurück.[9] Ferner handelt es sich nicht um die Leistung im Rahmen eines Drittgeschäfts, wenn bei einer Treuhandbeteiligung dem qualifizierten Treugeber, dem im Innenverhältnis die Rechtsstellung eines „Quasi-Gesellschafters" eingeräumt wird, die Einlage unmittelbar an die Gesellschaft leistet (zur Frage der Haftung des qualifizierten Treugebers → § 705 Rn. 92).[10]

Aufwendungen, die ein Gesellschafter im Interesse der Gesellschaft tätigt, sowie sonstige nicht im Gesellschaftsvertrag vorgesehene Leistungen zugunsten der Gesellschaft sind mangels abweichender Vereinbarungen der Gesellschafter *keine Beiträge*.[11] Sie verändern daher auch nicht die für Gewinnbeteiligung und Auseinandersetzungsguthaben des Gesellschafters maßgebende Einlage, den sog. Kapitalanteil. Soweit es sich nicht um vertraglich geschuldete Nachschüsse oder um unentgeltliche Zuwendungen handelt, steht dem Gesellschafter in diesen Fällen vielmehr ein Ersatzanspruch gegen die Gesamthand nach §§ 713, 670 zu. Gegen die Mitgesellschafter kann der Anspruch grundsätzlich erst nach Auflösung der Gesellschaft durchgesetzt werden, sofern die Gesellschaft noch zahlungsfähig ist (→ § 705 Rn. 217). Keine Beiträge sind auch die nach Maßgabe von § 735 geschuldeten, erst nach Liquidation des Gesellschaftsvermögens zu erbringenden **Nachschüsse** zum Ausgleich eines während der Gesellschaftsdauer entstandenen Fehlbetrags (→ § 735 Rn. 1). Für sie gilt daher auch nicht die Begrenzung aus § 707 (→ § 707 Rn. 6).

2. Festsetzung im Gesellschaftsvertrag. a) Allgemeines. Die Beitragsverpflichtung ist die zentrale vertragliche Förderungspflicht im Rahmen der Gesellschaft. Vom Sonderfall der Geschäfts-

---

[6] Für „Beitrag" als Oberbegriff auch gegenüber „Einlage" daher Soergel/*Hadding/Kießling* Rn. 5.
[7] Vgl. namentlich *U. Huber*, Vermögensanteil, Kapitalanteil und Gesellschaftsanteil von Personengesellschaften des Handelsrechts, 1970, S. 191; *K. Schmidt* GesR § 20 II 1a, S. 566 f.; *ders.* ZHR 154 (1990), 237 (240); *Bork* ZHR 154 (1990), 205 (206); *Wiedemann* WM 1992, Sonderbeilage 7 S. 14; *ders.* GesR § 3 II 1a, S. 184.
[8] So auch BGHZ 70, 61 (63) = NJW 1978, 376 und BGHZ 93, 159 (161 ff.) = NJW 1985, 1468 für die im Vertrag einer Massen-KG enthaltene Pflicht der Kommanditisten zur Gewährung von Darlehen, deren Höhe sich nach der jeweiligen Kommanditeinlage bestimmt vgl. auch BGH NZG 2013, 53 = ZIP 2013, 19 – Leistungen aus dem Gesellschaftsvermögen an Gesellschafter erfolgen regelmäßig aufgrund Gesellschaftsvertrags, nicht als Schenkung; ebenso Erman/*Westermann* Rn. 2; *ders.* FS Fleck, 1988, S. 423 (430 ff.).
[9] BGHZ 70, 61 = NJW 1978, 376; BGHZ 93, 159 (161) = NJW 1985, 1468; so auch schon RGZ 153, 305 (310 f.); ebenso Soergel/*Hadding/Kießling* Rn. 3; Erman/*Westermann* Rn. 2. Zur Behandlung von „Darlehenskonten" im Zuge der Auseinandersetzung → § 730 Rn. 49 ff.; zum „Mitarbeitervertrag" des Kommanditisten mit seiner KG und dessen Kündigung vgl. BAG NJW 1979, 999 (1000).
[10] BGH NZG 2012, 1342 = ZIP 2012, 2295; NZG 2012, 1345 (1346) = ZIP 2012, 2291.
[11] BGH WM 1975, 196; Soergel/*Hadding/Kießling* Rn. 4; Bamberger/Roth/*Schöne* Rn. 6.

führungspflicht (§ 709) abgesehen, bedarf sie daher der Regelung im Gesellschaftsvertrag, wobei für die Bestimmung der Beitragspflicht namentlich bei Publikumsgesellschaften auch (separat formulierte) Beitrittserklärungen heranzuziehen sind.[12] Spätere Änderungen sind nur im Wege der Vertragsänderung möglich (→ § 707 Rn. 1); **zuständig** hierfür ist die **Gesamtheit der Gesellschafter.** Die Vertretungsmacht der Geschäftsführer (§ 714) erstreckt sich nicht auf die Festsetzung oder Änderung von Beiträgen (→ § 714 Rn. 25). Wohl aber kann ihnen ausdrücklich oder stillschweigend die Befugnis übertragen sein, über die Einforderung der Beiträge zu entscheiden und dadurch deren Fälligkeit herbeizuführen (→ Rn. 19).

8 Beitragsvereinbarungen sind ebenso wie die sonstigen Teile des Gesellschaftsvertrags grundsätzlich **nicht formgebunden;** Ausnahmen ergeben sich namentlich aus den Formerfordernissen der §§ 311b Abs. 1, 518 (→ § 705 Rn. 36 ff., 42 f.). In der Festsetzung der Beiträge nach Art und Höhe und in deren – nur für das Innenverhältnis erheblicher (→ Rn. 2) – Bewertung haben die Gesellschafter weitgehende **Gestaltungsfreiheit;** Schranken bestehen nur nach Maßgabe der allgemeinen Grundsätze.[13] Eine Änderung der Beitragsfestsetzung, insbesondere die Beitragserhöhung, bedarf der Zustimmung des betroffenen Gesellschafters; in der Entscheidung hierüber ist er grundsätzlich frei (→ § 707 Rn. 1).

9 b) **Auslegungsregeln in Abs. 2.** Abs. 2 stellt für die Vereinbarung von **Sachen** als Beiträge zwei Auslegungsregeln auf.[14] Sie beziehen sich auf die verschiedenen Arten ihrer Einbringung (zu Eigentum, dem Werte nach, zum Gebrauch, → Rn. 11 ff.). Nach **Abs. 2 S. 1** geht bei vertretbaren und verbrauchbaren Sachen (§§ 91, 92) die – widerlegliche – Vermutung dahin, dass ihre Einbringung zu **Eigentum der Gesellschaft (quoad dominium)** erfolgen soll. Ein entsprechender voller Rechtsübergang auf die Gesellschaft ist im Zweifel auch für diejenigen sonstigen Beitragsgegenstände (Forderungen und sonstigen Rechte) gewollt, die wie vertretbare und verbrauchbare Sachen den Charakter von Umlaufvermögen haben. Auf **sonstige,** dh nicht vertretbare oder verbrauchbare Sachen (Grundstücke ua) dehnt **Abs. 2 S. 2** die Vermutung einer Übereignungspflicht unter der eng begrenzten Voraussetzung aus, dass die Einbringung nach einer – nicht nur zum Zwecke der Gewinnverteilung angeordneten – Schätzung erfolgen soll. Keine Bedeutung kommt der Vermutungsregel für die Frage zu, ob an die Gesellschafter ausgekehrte Scheingewinne wieder zurückzugewähren sind.[15] Liegen die Vermutungsvoraussetzungen des Abs. 2 nicht vor, so bewendet es bei den allgemeinen Auslegungsgrundsätzen. Ein Umkehrschluss gegen die Einbringung zu Eigentum und für die Vereinbarung einer der sonstigen Einbringungsarten ist nicht veranlasst.[16]

10 3. **Inhalt der Beitragspflicht. a) Überblick.** Die Beiträge sind zur Förderung des gemeinsamen Zwecks bestimmt (§ 705, → Rn. 1 f.). Da die GbR die Rechtsform zur Verfolgung grundsätzlich beliebiger, insbesondere auch ideeller Zwecke ist und da den Gesellschaftern nach § 705 ein entsprechend großer Gestaltungsspielraum offensteht (→ § 705 Rn. 128, 132), kommen die **verschiedensten Arten von Beiträgen** in Betracht.[17] Ihre Auswahl und Festlegung erfolgt im Gesellschaftsvertrag (→ Rn. 7). Es kann sich um einmalige oder um wiederkehrende Leistungen handeln. In Betracht kommen neben übertragbaren Vermögenswerten wie Geld, Sachen und Sachgesamtheiten (Unternehmen) sowie Rechten (Forderungen,[18] Immaterialgüterrechten ua) auch das Zurverfügungstellen von Diensten (→ Rn. 14), Werkleistungen,[19] Kenntnissen und Erfahrungen (Know How,[20] Kund-

---

[12] BGH NJW-RR 2008, 419 (420): Gesamtschau unter Einbeziehung der Beitrittserklärung; zust. etwa auch *Armbrüster* ZGR 2009, 1 (6); Bamberger/Roth/*Schöne* Rn. 9.
[13] Zur Sittenwidrigkeit einer grob einseitigen Einlagebewertung vgl. BGH WM 1975, 325 und *Kuhn* WM 1975, 718 (723); keine Sittenwidrigkeit einer gesellschaftsvertraglichen Ausgleichspflicht einer nicht leistungsfähigen Gesellschafterin (Ehefrau) bei deren wirtschaftlichem Eigeninteresse, BGH NZG 2013, 984 = ZIP 2013, 1620 mit Anm. *Schäfer* EWiR 2013, 545; zum Einfluss des Gleichbehandlungsgrundsatzes → Rn. 15, 19.
[14] Vgl. Soergel/*Hadding/Kießling* Rn. 13; Erman/*Westermann* Rn. 6; Bamberger/Roth/*Schöne* Rn. 12; vgl. auch RGZ 109, 380 (381) zur Auslegung einer Vereinbarung über die Einbringung eines Grundstücks.
[15] Dazu nur BGH NJW 2013, 2278 = ZIP 2013, 1222 betr. gesellschaftsvertraglich vorgesehene Kapitalrückzahlungen.
[16] Ebenso Soergel/*Hadding/Kießling* Rn. 13; Bamberger/Roth/*Schöne* Rn. 13 und Erman/*Westermann* Rn. 6 unter Berufung auf RGZ 109, 381.
[17] EinhM; vgl. Soergel/*Hadding/Kießling* Rn. 7; *K. Schmidt* GesR § 20 II 2, S. 568 ff.; Erman/*Westermann* Rn. 7; Bamberger/Roth/*Schöne* Rn. 6; jeweils mwN.
[18] Zur Umwandlung einer Darlehensforderung in eine Kapitalbeteiligung vgl. BGH WM 1963, 1230; dazu auch *K. Schmidt* GesR § 20 II 2e, S. 571 f.; *Wiedemann* WM 1992, Sonderbeilage 7 S. 15; *ders.* GesR II § 3 II 1c, S. 187, § 4 III 4d, S. 378 f.
[19] BGH WM 1980, 402 (403).
[20] Erman/*Westermann* Rn. 7; Bamberger/Roth/*Schöne* Rn. 6; Soergel/*Hadding/Kießling* Rn. 7; Staudinger/*Habermeier* (2003) Rn. 3. Dazu *Barz,* FS W. Schmidt, 1959, S. 157; vgl. auch „Geheimverfahren": BGHZ 16,

schaft oder sonstige Absatz- und Bezugsquellen,[21] good will). Aber auch die durch den Beitritt eines Gesellschafters erwartete Stärkung des Rufs oder der Kreditfähigkeit der Gesellschaft bilden mögliche, der Förderung des gemeinsamen Zwecks dienende Beitragsgegenstände.[22]

b) Art der Einbringung. Die Einbringung von Sachen oder sonstigen Gegenständen kann grundsätzlich auf drei verschiedene Arten erfolgen. Ihre Auswahl und Festlegung richtet sich nach dem Gesellschaftsvertrag; bei seinem Schweigen gibt Abs. 2 eine – freilich begrenzte – Auslegungsregel (→ Rn. 9). Den wesentlichsten und häufigsten Fall bildet die Einbringung **zu Eigentum (quoad dominium)** der Gesellschaft. Sie erfordert eine Übertragung an die Gesamthand nach Maßgabe der allgemeinen Vorschriften (→ Rn. 18). Ein Rückforderungsrecht des einbringenden Gesellschafters nach Auflösung der Gesellschaft oder nach seinem Ausscheiden ist gesetzlich nicht vorgesehen; an dessen Stelle besteht ein Geldanspruch (§§ 733 Abs. 2 S. 2, 738 Abs. 1 S. 2). Entsprechend liegt auch die Gefahr für den zufälligen Untergang der Sache bei der Gesellschaft (→ § 733 Rn. 13).[23]

Der Einbringung zu Eigentum kommt im Ergebnis die Einbringung **dem Werte nach (quoad sortem)** nahe. Sie zielt darauf ab, der Gesellschaft ohne formelle Rechtsänderung den wirtschaftlichen Wert der Sache zur Verfügung zu stellen.[24] Für die Wahl dieser Art der Einbringung kommen unterschiedliche Gründe in Betracht, darunter neben der Ersparung von Notarkosten (s. unten) oder der Vermeidung von Übertragungshindernissen vor allem das Interesse des einbringenden Gesellschafters, seine formale Eigentümerposition zu wahren und sein Mitspracherecht bei Verfügungen über den Gegenstand zu erhalten, während Steuervorteile für ihn in der Regel nicht eintreten.[25] Im Innenverhältnis wird die Sache als Teil des Gesellschaftsvermögens behandelt; der Gesellschaft steht ein (obligatorisches) Wertrecht am eingebrachten Gegenstand zu.[26] Die *Wertberechnung* gegenüber dem Gesellschafter richtet sich im Zweifel nach den Verhältnissen bei Vertragsschluss.[27] Nutzungen und Wertsteigerungen fließen dem Gesellschaftsvermögen zu; dieses trägt auch die Lasten und die Sachgefahr. Im Zuge der Liquidation oder beim Ausscheiden des einbringenden Gesellschafters ist die dem Wert nach eingebrachte Sache analog § 732 S. 1 dem Gesellschafter zurückzugeben (str., → § 732 Rn. 8 ff.). Auch vor der Rückgabe bewendet es nach außen, gegenüber Gesellschaftsgläubigern und sonstigen Dritten, während der Gesellschaftsdauer beim Alleineigentum des Gesellschafters.[28] Daher bedarf der Gesellschaftsvertrag bei Einbringung eines Grundstücks quoad sortem auch nicht der Form des § 311b Abs. 1 S. 1, sofern nicht der Gesellschaft auch die Verfügungsbefugnis über das Grundstück zustehen soll (→ § 705 Rn. 37 mwN). Bei fehlender Beurkundung kommt die Umdeutung einer als Einbringung quoad dominium gewollten formbedürftigen Beitragsleistung in eine solche quoad sortem in Betracht,[29] solange der Mangel nicht nach § 311b Abs. 1 S. 2 oA geheilt ist. Von der *bilanziellen Behandlung* des Einlagegegenstands in der Steuerbilanz der Gesellschaft ist eine Auslegungshilfe für die Art der vereinbarten Beitragsleistung nicht zu erwarten.[30]

---

172 (175) – Know-How als betrieblicher Vermögenswert; BFHE 115, 518 (520 f.) – Know-How als Gegenstand der Vermögenseinlage des stillen Gesellschafters; und *Vormann/Schütze* in Dieners/Reese, Handbuch des Pharmarechts, 2010, Rn. 98–100 zum Gestaltungsbedarf bei Einbringung von Know-How in Joint Ventures von Pharmaunternehmen.

[21] Dazu RGZ 95, 147 (150).
[22] So auch Soergel/*Hadding/Kießling* Rn. 6; *Hueck* OHG § 14 I.
[23] Die für den Versendungskauf geltende Vorverlegung des Gefahrübergangs (§ 447) greift dabei nicht ein, Soergel/*Hadding/Kießling* Rn. 22; Staudinger/*Habermeier* (2003) Rn. 5; diff. auch nach dem Ort der Versendung *Hueck* OHG § 14 II. Allg. zur Unabwendbarkeit von Kaufrecht auf Mängel bei der Erfüllung gesellschaftsrechtlicher Beitragsverpflichtungen → Rn. 21, 24.
[24] BGH WM 1965, 746; NJW-RR 2009, 1697 (1698) mit zust. Anm. *Berninger* DStR 2010, 874 (875, 877); RGZ 109, 380 (382); 54, 278 (280); Soergel/*Hadding/Kießling* Rn. 23; Erman/*Westermann* Rn. 8; Staudinger/*Habermeier* (2003) Rn. 6. Näher zu dieser Einbringungsart *Berninger*, Die Societas Quoad Sortem, 1994, passim.
[25] Vgl. näher *Berninger*, Die Societas Quoad Sortem, 1994, S. 42 ff., 48 f., 115.
[26] *Berninger*, Die Societas Quoad Sortem, 1994, S. 93 f.; *U. Huber*, Vermögensanteil, Kapitalanteil und gesellschaftsrechtliches Vermögen von Personengesellschaften des Handelsrechts, 1970, S. 165 ff.; *Gädcke*, Grundstücke in Gesellschaftsvermögen, 1987, S. 20.
[27] *Berninger*, Die Societas Quoad Sortem, 1994, S. 118.
[28] Gegen Vollstreckungsmaßnahmen durch einen Privatgläubiger des Gesellschafters kann die Gesellschaft sich nicht auf § 771 ZPO berufen, vgl. *Berninger*, Die Societas Quoad Sortem, 1994, S. 180 ff.
[29] BGH WM 1967, 951; 1965, 746; Soergel/*Hadding/Kießling* Rn. 23.
[30] BGH WM 1965, 746; 1986, 1109; Soergel/*Hadding/Kießling* Rn. 23; aA *Berninger*, Die Societas Quoad Sortem, 1994, S. 98 ff.; *Wiedemann* WM 1992, Sonderbeilage 7, S. 14; *ders.* GesR II § 3 II 1b, S. 186. Vgl. zur Behandlung von dem Werte nach eingebrachten Gegenständen in der Handelsbilanz der Gesellschaft und zur Vollstreckung aus einem Titel gegen die Gesamthand (→ § 718 Rn. 44, 55) in diese Gegenstände auch *Ullrich* NJW 1974, 1486 (1489 ff.); *Reinhardt* DStR 1991, 588.

13 Eine dritte Art der Einbringung bildet die **Gebrauchsüberlassung** (Einbringung quoad usum). Sie soll der Gesellschaft nicht die Substanz oder den Wert der Sache oder des Rechts verschaffen, sondern nur deren Gebrauch ermöglichen, wobei der Umfang der Nutzungsbefugnis durch den Gesellschaftszweck begrenzt wird;[31] insofern hat sie mietähnlichen Charakter. Den Rechtsgrund für die Überlassung bildet unmittelbar der Gesellschaftsvertrag. Ein besonderer Mietvertrag kommt daneben nicht zustande; auch die Formvorschrift des § 550 greift nicht ein.[32] Der Gesellschafter hat keinen Anspruch auf die Miete, sondern auf Gewinnbeteiligung. Im Gesellschaftsvertrag oder durch dessen Auslegung ist zu bestimmen, wer die Unterhaltungskosten und sonstigen laufenden Lasten der Sache trägt.[33] § 535 Abs. 1 S. 2 (= § 536 aF) ist nicht anwendbar.[34] Im Zuge der Liquidation oder beim Ausscheiden kann der Gesellschafter die Rückgabe der Sache verlangen. Im Unterschied zur Einbringung quoad sortem behält er nicht nur die Sachgefahr (→ § 732 Rn. 5) und bleibt nach außen veräußerungsbefugt, sondern wird im Zweifel auch obligatorisch, im Innenverhältnis, als Inhaber der Sache oder des Rechts respektiert. Im Fall der Veräußerung steht der Gesellschaft gegen den Erwerber der Einwand aus § 986 Abs. 1 oder 2 zu.[35]

14 **c) Leistung von Diensten (Abs. 3).** Abs. 3 stellt klar, dass der Beitrag (ieS → Rn. 3) auch (allein) im Leisten von Diensten bestehen kann.[36] Damit wird indirekt bestätigt, dass der Beitrag nicht zwingend in einer Kapitalbeteiligung bestehen muss.[37] Wichtigster, wenn auch nicht einziger Anwendungsfall ist die **Verpflichtung zur Geschäftsführung**. Dass sie mangels abweichender Vereinbarung nach § 709 jeden Gesellschafter trifft, steht ihrer Qualifikation als Beitrag nicht entgegen. Für ein besonderes, die Dienstleistung betreffendes Anstellungsverhältnis zur Gesellschaft ist nur insoweit Raum, als sich die Tätigkeitspflicht nicht bereits aus dem Gesellschaftsverhältnis ergibt.[38] Ist vertraglich eine Geschäftsführervergütung vereinbart, so handelt es sich regelmäßig nicht um ein Entgelt, sondern um einen Gewinnvoraus (→ § 709 Rn. 33); doch können die Gesellschafter hiervon einvernehmlich abweichen und eine feste Vergütung vorsehen, wofür aber besondere Anhaltspunkte, wenn nicht eine ausdrückliche Vereinbarung erforderlich sind.[39] Die Dienstleistung bleibt auch in diesem Falle ein aufgrund des Gesellschaftsvertrags geschuldeter Beitrag.[40] Außerdem ist dann prinzipiell denkbar, die Dienstvertragsvorschriften unter dem Vorbehalt gesellschaftsrechtlicher Besonderheiten analog anzuwenden.[41] Allerdings kommt das Vorliegen einer Lücke nur ausnahmsweise in Betracht – zumal unter Berücksichtigung des § 713 sowie der für das Innenverhältnis der Gesellschafter geltenden Vorschriften und Grundsätze (hinsichtlich der für Leistungsstörungen geltenden Regeln → Rn. 29). Zur Möglichkeit, die Geschäftsführervergütung bei Dienstunfähigkeit des Geschäftsführers zu verweigern, → § 709 Rn. 34. Macht ein Gesellschafter im Rahmen seiner – gesellschaftsvertraglich geschuldeten – Tätigkeit für die GbR eine Erfindung, so stehen die Rechte hieraus grundsätzlich ihm selbst zu (§ 6 PatG); das Gesetz über Arbeitnehmererfindungen greift nicht ein.[42] Die Auslegung kann allerdings ergeben, dass die Gesellschaft von dem für sie tätigen Erfinder die Überlassung dieser Rechte verlangen kann oder dass sie ihr im Gesellschaftsvertrag schon vorausabgetreten sind.[43] Hiervon zu unterscheiden ist der Fall, dass die Erfindung gemeinschaftlich im Rahmen einer GbR gemacht wird, deren Gesellschafter sich zum Zwecke des Erfindens zusammengeschlossen haben; in diesem Falle gehört die Erfindung zum Vermögen der GbR.[44]

15 **4. Beitragshöhe.** Ebenso wie der Inhalt der Beitragsverpflichtung wird auch deren Höhe regelmäßig im Gesellschaftsvertrag selbst festgelegt. Auf die in **Abs. 1** enthaltene Auslegungsregel, die

---

[31] Soergel/*Hadding*/*Kießling* Rn. 25; Staudinger/*Habermeier* (2003) Rn. 7; Bamberger/Roth/*Schöne* Rn. 12.
[32] Soergel/*Hadding*/*Kießling* Rn. 24; Staudinger/*Habermeier* (2003) Rn. 7; Bamberger/Roth/*Schöne* Rn. 6.
[33] Ebenso BGH WM 1986, 1109 f.
[34] Staudinger/*Habermeier* (2003) Rn. 7; so grds. auch Soergel/*Hadding*/*Kießling* Rn. 29.
[35] So auch Soergel/*Hadding*/*Kießling* Rn. 26; Staudinger/*Habermeier* (2003) Rn. 7.
[36] Vgl. etwa BGH NJW 1983, 1188 – Pflicht zum Vertrieb eines Verlagsprodukts. Zur bilanzrechtlichen Behandlung von Dienstleistungen als Gesellschaftereinlagen in Handelsgesellschaften vgl. *Sudhoff* NJW 1964, 1249 ff.
[37] Vgl. OLG Frankfurt NZG 2013, 338 = ZIP 2013, 727 mit Anm. *Priester* EWiR 2013, 243.
[38] Vgl. auch BAG NJW 1979, 999; Soergel/*Hadding*/*Kießling* Rn. 30; Erman/*Westermann* Rn. 9.
[39] Vgl. dazu *K. Schmidt* GesR § 20 II 2b, S. 569; Erman/*Westermann* Rn. 9; enger noch 4. Aufl. 2004, → Rn. 14 (stets Voraus).
[40] Zutr. *K. Schmidt* GesR § 20 II 2b, S. 569.
[41] So mit iE unterschiedlicher Akzentsetzung auch Soergel/*Hadding*/*Kießling* Rn. 30 ff.: „hinsichtlich einer analogen Anwendung zurückhaltend vorzugehen"; Erman/*Westermann* Rn. 9: „nur in Ausnahmefällen"; enger 4. Aufl. 2004 Rn. 14 (*Ulmer*): „schon im Ansatz verfehlt".
[42] BGH NJW 1955, 541 mit Anm. *Vollmer* 789; *Reimer/Schade/Schippel*, Recht der Arbeitnehmererfindung, 8. Aufl. 2007, § 1 Rn. 4; *Bartenbach/Volz*, Arbeitnehmererfindergesetz, 4. Aufl. 2002, § 1 Rn. 70; so auch Soergel/*Hadding*/*Kießling* Rn. 33; Bamberger/Roth/*Schöne* Rn. 15.
[43] BGH NJW 1955, 541; Soergel/*Hadding*/*Kießling* Rn. 33; Bamberger/Roth/*Schöne* Rn. 15.
[44] BFH HFR 2002, 19 f.

Ausdruck des Gleichbehandlungsgrundsatzes (→ § 705 Rn. 244 ff.) ist, kommt es daher nur an, soweit der Vertrag weder ausdrückliche Regelungen hierüber enthält noch konkludent abweichende Vereinbarungen aufgrund sonstiger Anhaltspunkte feststellbar sind. Das Eingreifen des Abs. 1 setzt überdies voraus, dass es sich bei den vertraglich vereinbarten Beiträgen um vertretbare Sachen (namentlich Geld) oder sonst geldwerte Leistungen handelt. Sind den Gesellschaftern unterschiedliche Rechte eingeräumt und lässt sich daraus auf entsprechend unterschiedliche Beteiligungsquoten (Kapitalanteile) schließen, so ist dem auch durch Abweichung von Abs. 1 Rechnung zu tragen.[45] Eine schematische rechnerische Gleichbemessung der Beiträge lässt sich nicht auf den Gleichbehandlungsgrundsatz stützen und folgt daher auch nicht aus der Auslegungsregel des Abs. 1.

Ebenso wie der Gleichbehandlungsgrundsatz generell steht auch das Prinzip gleicher Beitragsleistung zur **Disposition der Gesellschafter** (zur Frage beitragsfreier Beteiligungen → Rn. 17). Seine Einhaltung kann mit Zustimmung der dadurch benachteiligten Gesellschafter abbedungen werden (→ § 705 Rn. 247). Ist im Gesellschaftsvertrag allerdings eine Kapitalerhöhung wirksam durch **Mehrheitsbeschluss** zugelassen (→ § 707 Rn. 7 f.; → § 709 Rn. 92), so kann die Mehrheit von dieser Ermächtigung grundsätzlich nur unter Beachtung des Gleichbehandlungsgrundsatzes Gebrauch machen (→ § 705 Rn. 244 ff., 251). Auch in diesem Falle ist der einzelne Gesellschafter regelmäßig aber nicht verpflichtet, sich an der Kapitalerhöhung zu beteiligen (→ § 707 Rn. 10). 16

5. Beitragsfreie Beteiligungen? Die Frage, ob einzelne Gesellschafter generell von der Beitragspflicht ausgenommen werden können, war früher lebhaft umstritten;[46] die höchstrichterliche Rechtsprechung ließ keine einheitliche Linie erkennen.[47] Inzwischen geht die überwiegende Ansicht zu Recht dahin, dass der Frage zumindest praktisch keine Bedeutung zukommt.[48] Denn auch abgesehen von den hier nicht relevanten Fällen, in denen die Beitragspflicht zwar besteht, die Leistung zugunsten des Gesellschafters aber von einem Dritten bewirkt wird (schenkweise zugewandte Beteiligungen ua),[49] ergeben sich aus der Mitgliedschaft auch ohne Vereinbarung einer Pflicht zu Beiträgen ieS doch zumindest die aus der Gesellschafterstellung fließenden Förderungspflichten (§ 705), dh also Beitragspflichten iwS (→ Rn. 2). In diesem Sinne ist also schon das „Halten" einer Beteiligung als Beitrag zu verstehen.[50] Es gilt daher: Eine *pflichtenlose Gesellschaftsbeteiligung ist mit dem Schuldvertragscharakter der GbR unvereinbar*. Schon deshalb bedarf der Beitritt eines Minderjährigen zu einer Erwerbsgesellschaft stets der Einwilligung der gesetzlichen Vertreter (§ 107), im Falle des Beitritts zu einer Erwerbsgesellschaft auch der Genehmigung des Familiengerichts (§§ 1822 Nr. 3, 1643, § 151 Nr. 1, 4 FamFG, → § 705 Rn. 70). Zum Schenkungscharakter der beitragsfreien Beteiligung näher → § 705 Rn. 42 ff. 17

III. Die Beitragsleistung

1. Erfüllung der Beitragspflicht. Sie bestimmt sich nach dem jeweiligen Gegenstand der geschuldeten Beiträge (→ Rn. 10 ff.). Besteht die Verpflichtung in der Einbringung *zu Eigentum,* so sind die Gegenstände (Sachen oder Rechte) nach Maßgabe der **allgemeinen Vorschriften** (§§ 873, 925; 929 ff.; 398 ff. ua) an die Gesellschaft zu übertragen;[51] sie werden Gesamthandsvermögen der Gesellschafter (§ 718 Abs. 1). Zur Notwendigkeit rechtsgeschäftlicher Einbringung von Gegenständen, die den Gesellschaftern bisher schon aus anderem Grunde gemeinsam zustanden, → § 705 Rn. 15. – Bei Einbringung *dem Werte nach* oder *zum Gebrauch* genügt die Einräumung des Besitzes oder Erfüllung der sonstigen je nach Lage des Falles bestehenden Erfordernisse, um der Gesellschaft den Besitz bzw. die sonstige Möglichkeit der Nutzung der Gegenstände zu verschaffen. Des Abschlusses eines besonderen Miet- oder sonstigen Nutzungsvertrags bedarf es angesichts der gesellschaftsvertraglichen Rechtsgrundlage nicht. Die Ausgestaltung der Beitragspflicht durch ein Miet- oder Pachtverhältnis kann jedoch vorteilhaft sein, wenn die Beitragsleistung in der Gebrauchsüberlassung eines Grundstücks liegt; dann endet nämlich die Pflicht zur Gebrauchsüberlassung wegen § 152 Abs. 2 ZVG auch nicht im Fall der Zwangsverwaltung; eine 18

---

[45] Soergel/*Hadding/Kießling* Rn. 9; Bamberger/Roth/*Schöne* Rn. 10; vgl. auch RGZ 151, 321 (329).
[46] Nachweise bei Staudinger/*Habermeier* (2003) Rn. 10.
[47] Für beitragsfreie Beteiligung etwa RGZ 80, 268 (271); OLG Frankfurt NZG 2013, 338 = ZIP 2013, 727 mit Anm. *Priester* EWiR 2013, 243; abw. (bezogen auf Beiträge iwS) RGZ 95, 147 (149). BGH WM 1987, 689 (690) lässt jedenfalls die Geschäftsführungspflicht des Gesellschafters als Beitrag genügen.
[48] Soergel/*Hadding/Kießling* Rn. 6, *Huber*, Vermögensanteil, S. 293 f.; Erman/*Westermann* Rn. 2 f.; so tendenziell auch Bamberger/Roth/*Schöne* Rn. 10; aA – für Notwendigkeit von Beiträgen ieS als Voraussetzung einer Gesellschaft – *Herrmann* ZHR 147 (1983), 314 (317).
[49] Vgl. zur Beitragsleistung durch einen Mitgesellschafter als Dritten und zu ihrer Erfüllungswirkung etwa BGH NJW 1984, 2290; zur Anwendbarkeit von § 516 Abs. 1 auf schenkweise zugewandte Beteiligungen → § 705 Rn. 42 ff.; BGH WM 1990, 1379 (1380 ff.) für Kommanditanteile.
[50] So jetzt auch BGH NJW 2011, 921 (923); vgl. ferner *K. Schmidt* GesR § 59 II 4, S. 1736.
[51] Kasuistik bei Staudinger/*Habermeier* (2003) Rn. 13.

entsprechende Anwendung des § 152 Abs. 2 ZVG (allein) auf die Beitragspflicht hat der BGH abgelehnt.[52] Bei der Entgegennahme der Beiträge wird die Gesellschaft durch ihre Geschäftsführer vertreten. Soweit der leistende Gesellschafter zugleich Geschäftsführer ist und daher auf beiden Seiten handelt, steht das Verbot des Selbstkontrahierens wegen der auf die Erfüllung einer Verbindlichkeit bezogenen Ausnahme in § 181 aE nicht entgegen.

19 Die Beitragsverpflichtungen sind **im Zweifel sofort** mit Wirksamwerden des Gesellschaftsvertrags oder des Beitritts **fällig** (§ 271 Abs. 1). Die Gesellschafter können Abweichendes vereinbaren. Sie können auch unterschiedliche Fälligkeitstermine für die jeweiligen Beiträge vorsehen; beim Fehlen ausdrücklicher Abreden sind solche Abweichungen vom Gleichbehandlungsgrundsatz (§ 706 Abs. 1) von demjenigen zu beweisen, der sich darauf beruft. Auch aus den Umständen kann sich ein späterer Fälligkeitstermin für die Leistungspflicht ergeben, so wenn der Geschäftsbeginn auf einen wesentlich späteren Zeitpunkt festgesetzt wird oder es aus sonstigen Gründen ersichtlich ist, dass alle oder bestimmte Beiträge erst zu einem Zeitpunkt eingefordert werden sollen, in dem sie benötigt werden. Hängt der für die Fälligkeit maßgebende Zeitpunkt von objektiv bestimmbaren Umständen ab oder soll er sich an Beginn oder Ausweitung der Geschäftstätigkeit orientieren, so bedarf es im Zweifel keines besonderen Gesellschafterbeschlusses zur Herbeiführung der Fälligkeit. Die Entscheidung über die Einforderung der Einlagen ist in diesem Fall vielmehr Sache der Geschäftsführer. – Zur Geltendmachung von Leistungsverweigerungsrechten durch einen Gesellschafter gegenüber der Beitragsforderung der GbR, insbesondere der Einrede des nichterfüllten Vertrages, → Rn. 20; zur Durchsetzbarkeit der Beitragsverpflichtungen nach Auflösung der Gesellschaft → § 730 Rn. 30 f.

20 Für die **Einrede des nichterfüllten Vertrags (§ 320)** und die Berufung auf §§ 321, 322 ist wegen des fehlenden Synallagmas zwischen den jeweiligen Beitragspflichten der Gesellschafter im Regelfall kein Raum; an ihre Stelle tritt der Gleichbehandlungsgrundsatz, der je nach Lage des Falles auch einredeweise geltend gemacht werden kann (→ § 705 Rn. 161 ff., 168). Der Rückgriff auf §§ 320–322 kommt nur ausnahmsweise – im Analogiewege – in Betracht, wenn das zu beurteilende Rechtsverhältnis einem Austauschvertrag vergleichbar ist; zu denken ist insbesondere an zweigliedrige Innengesellschaften (→ § 705 Rn. 169). Die generelle Anwendbarkeit der §§ 320 ff. auf Drittbeziehungen zwischen Gesellschaft und Gesellschafter bleibt hiervon unberührt; sie gilt etwa auch für solche Dienstleistungspflichten, namentlich zur Geschäftsführung, deren Eingehung der Gesellschafter zwar als Beitrag schuldet, die aber nicht schon durch einen Gewinnvoraus abgegolten sein sollen (→ Rn. 14).

21 2. Leistungsstörungen. a) Meinungsstand zum alten Recht (vor 2002). Die in den §§ 705–740 nicht ausdrücklich geregelte Frage, welche Rechtsfolgen sich im Falle von Leistungsstörungen bei Erbringung der Beiträge (Unmöglichkeit, Verzug, Schlechterfüllung) ergeben, hat *vor der Schuldrechtsreform* in der Literatur zu einer lebhaften Diskussion geführt, während die höchstrichterliche Rechtsprechung zumal des BGH – offenbar mangels einschlägiger Fälle – hierzu wenig beitrug.[53] So lehnte die Literatur für den Fall der **Unmöglichkeit,** des **Verzugs** und der **pVV** in neuerer Zeit die unmittelbare Anwendung der §§ 323–327 aF überwiegend ab und verwies stattdessen auf die besonderen Vorschriften der §§ 723, 737 für diejenigen Fälle, in denen die Fortsetzung der Gesellschaft mit dem Beitragsschuldner unzumutbar war (Übersicht → § 705 Rn. 165; → § 705 Rn. 166 f. auch zu neueren Gegenstimmen).

22 Demgegenüber wurde unter Berufung auf §§ 445, 493 aF für **Rechts- oder Sachmängel** der zu Eigentum der Gesellschaft einzubringenden Gegenstände gelehrt, dass sich deren Rechtsfolgen nach *Kaufrecht* richten.[54] Für die Einbringung von Sachen zum Gebrauch wurde grundsätzlich auf die Mängelvorschriften des Mietrechts (§ 537 ff. aF) verwiesen,[55] für Leistungsstörungen bei den als Beiträge geschuldeten Dienstleistungen auf die analoge Heranziehung von Vorschriften des Dienstvertragsrechts.[56] Allerdings sollten die Rechtsfolgen der Wandelung und Minderung bzw. der entsprechenden mietrechtlichen Mängelvorschriften (§ 536 = §§ 537, 541 aF) nicht in der Minderung oder dem Wegfall der – bei der GbR meist fehlenden – vertraglichen Gegenleistung bestehen, sondern

---

[52] BGHZ 197, 235, 239 f. = NZG 2013, 707 = ZIP 2013, 1249.
[53] Vgl. die Nachweise in → § 705 Rn. 165 und die Rspr.-Analyse von *Wertenbruch* NZG 2001, 306 f.
[54] Vgl. Soergel/*Hadding/Kießling,* 11. Aufl. 1985, Rn. 19 ff.; Staudinger/*Keßler,* 12. Aufl. 1979, Rn. 19 ff.; *Hueck* OHG § 14 II 1; *G. Hueck* GesR § 7 I 1a (in *Hueck/Windbichler* GesR § 7 I 1); so auch *Hüttemann,* Leistungsstörungen bei Personengesellschaften, 1998, S. 442 ff. Stark einschr. aber Erman/*Westermann,* 10. Aufl. 2000, Rn. 10. Vgl. auch die umfangreichen Nachweise bei *K. Schmidt* GesR § 20 III 3d, Fn. 100, der aufgrund seines abw. Ansatzes eine (analoge) Anwendung der Kaufrechtsvorschriften insgesamt ablehnt.
[55] Soergel/*Hadding/Kießling,* 11. Aufl. 1985, Rn. 27; Staudinger/*Keßler,* 12. Aufl. 1979, Rn. 33; *Hüttemann,* Leistungsstörungen bei Personengesellschaften, 1998, S. 476 ff.; einschr. aber *Hueck* OHG § 14 II 2.
[56] Vgl. mit iE unterschiedlicher Akzentsetzung auch Soergel/*Hadding/Kießling* Rn. 30 ff.; Erman/*Westermann* Rn. 9; enger 4. Aufl. 2004 Rn. 14 *(Ulmer);* eingehend (zu § 616) *Hüttemann,* Leistungsstörungen bei Personengesellschaften, 1998, S. 344 ff.

in entsprechenden zusätzlichen Leistungspflichten des Gesellschafters, der die mangelhafte Sache eingebracht hat.[57] Diese Lösungen vermochten aus dogmatischer Sicht schon nach bisherigem Recht *nicht zu überzeugen* (→ § 705 Rn. 161 ff.). Sie trugen den Besonderheiten der Gesellschaft als einem von Austauschverträgen (Kauf, Miete) klar zu unterscheidenden Verhältnis der Interessengemeinschaft nicht hinreichend Rechnung.[58] Darüber hinaus ließen sie auch das Bemühen vermissen, die Lösung der jeweiligen Fragen zunächst aus den für Gesellschaftsverträge geltenden Regelungen des allgemeinen und besonderen Schuldrechts abzuleiten und auf die analoge Anwendung sonstiger Regelungen allenfalls insoweit zurückzugreifen, als die Analogievoraussetzungen (Regelungslücke, vergleichbares Regelungsproblem) zweifelsfrei vorliegen (→ Rn. 24–27).

b) Schuldrechtsreform 2002. Durch Modernisierung des Rechts der Leistungsstörungen hat die 23 Schuldrechtsreform 2002 die Fragestellung zwar vereinfacht. Denn seither kommt es nicht mehr prinzipiell auf den Unterschied zwischen anfänglicher objektiver Unmöglichkeit und sonstigen Fällen anfänglicher oder nachträglicher Leistungsstörungen an; auch wurde die Differenzierung zwischen den verschiedenen Arten von Leistungsstörungen durch die einheitlich für *Pflichtverletzungen* aller Art geltende Regelung des § 280 nF, wenn auch mit zum Teil unterschiedlichen Rechtsfolgen, ersetzt. Schließlich hat auch das Kaufmängelrecht eine entsprechende Fortschreibung erfahren; insbesondere wurden in § 437 nF die Rechtsfolgen für Sach- und Rechtsmängel einheitlich ausgestaltet. Die Grundfrage, ob sich das an Austauschverträgen orientierte Leistungsstörungs- oder Kaufmängelrecht für die Anwendung auf die Nicht- oder Schlechterfüllung von Beitragspflichten eignet oder welche gesellschaftsrechtlichen Besonderheiten insoweit geboten sind, hat sich damit jedoch nicht erledigt. Sie ist für das neue Schuldrecht nicht anders zu beantworten als für das bisherige Recht (s. 3. Aufl. Rn. 21 ff.).

c) Stellungnahme. Die Frage, ob die anfängliche Unmöglichkeit einer Beitragsverpflichtung zur 24 Nichtigkeit des Gesellschaftsvertrags oder der betroffenen Beitrittserklärung führen kann, hat sich durch Aufhebung der Nichtigkeitsvorschrift des § 306 aF erledigt. Demgegenüber bleiben die **unterschiedlichen Rechtsfolgen** einer Nicht- oder Schlechterfüllung der Beitragspflicht eines Gesellschafters zu bedenken; insoweit ist trotz grundsätzlicher Vereinheitlichung zwischen den verschiedenen Arten von Erfüllungsmängeln zu differenzieren.

Für die – anfängliche oder nachträgliche – **Unmöglichkeit** der Beitragsleistung gelten grundsätz- 25 lich die Vorschriften der §§ 275, 280, 281, 283–285. Hat der Gesellschafter nach Maßgabe von § 708 die Unmöglichkeit zu vertreten, so haftet er auf *Schadensersatz* (§ 283 Abs. 1). Einen seinerseits erlangten Ersatz hat er der Gesellschaft nach § 285 herauszugeben. Für die Anwendung der auf gegenseitige Verträge bezogenen Rücktrittsvorschriften der §§ 323–326 nF ist ebenso wenig Raum wie nach bisherigem Recht (→ Rn. 21; → § 705 Rn. 163).[59] Wohl aber haben die Mitgesellschafter bei ersatzlosem Ausfall der vereinbarten Beitragsleistung[60] einen Anspruch auf Vertragsanpassung insbesondere hinsichtlich der Kapital- und Gewinnbeteiligung des Beitragsschuldners; maßgebend hierfür sind nicht die Grundsätze über die Störung der Geschäftsgrundlage (§ 313),[61] sondern diejenigen über die treuepflichtbedingte Zustimmungspflicht zu Vertragsänderungen.[62] Je nach Lage des Falles kann stattdessen auch entweder die Auflösung der Gesellschaft nach § 726 wegen Unmöglichkeit der Zweckerreichung in Betracht kommen, oder die Mitgesellschafter können ein Kündigungs- oder Ausschlussrecht nach §§ 723, 737 erlangen, wenn ihnen die Fortsetzung der Gesellschaft mit dem Schuldner wegen des Ausfalls von dessen Beitragsleistung nicht zumutbar ist (→ § 705 Rn. 164). Der **Verzug** des Beitragsschuldners und seine Folgen regeln sich nach §§ 286–290. Auch hier kommt

---

[57] Vgl. Soergel/*Hadding/Kießling*, 11. Aufl. 1985, Rn. 21, 27; Staudinger/*Keßler*, 12. Aufl. 1979, Rn. 23.
[58] Das gilt auch für die These von *K. Schmidt* GesR § 20 III 3d, es sei zwischen Beitrags- und Gesellschaftsverhältnis zu unterscheiden und auf jenes seien die §§ 320 ff. aF (modifiziert) anwendbar (→ § 705 Rn. 166).
[59] Zutr. OLG München ZIP 2000, 2255 (2256 f.); so im Ergebnis auch *K. Schmidt* GesR § 20 III 2, 3, freilich aufgrund seines abw. Ansatzes. → § 705 Rn. 166.
[60] Zur Geltendmachung von Schadensersatzansprüchen eines in der Gesellschaft tätigen Gesellschafters gegen einen Dritten wegen des ihm persönlich durch den Ausfall seiner Arbeitskraft entstandenen Schadens als Gesellschafter vgl. BGH VersR 1963, 433 (434); 1963, 585 (586); DB 1972, 2201 (2202): dort akzeptierte der BGH im Wege der hypothetischen Schadensberechnung die Geltendmachung der (fiktiven) Aufwendungen für eine Ersatzkraft. Ebenso OLG Karlsruhe FamRZ 1975, 341 (343) – Kosten einer Ersatzkraft, selbst einer nicht eingestellten, als liquidationsfähiger Schaden des Gesellschafters, mit krit. Anm. *Fenn*; → § 709 Rn. 35.
[61] So aber BGH DB 1972, 2201 (2202), vorbehaltlich einer im Wege ergänzender Vertragsauslegung zu erzielenden Lösung (hier: Geldersatz für den unfallbedingten Arbeitsausfall?). Zur Anpassung der Geschäftsführervergütung bei nicht nur vorübergehender Verhinderung des Geschäftsführers → § 709 Rn. 34.
[62] So zutr. *Lettl* AcP 202 (2002), 3 (16 f., 23, 39) unter Differenzierung zwischen Störungen bei Verfolgung des Gesellschaftszwecks als Gegenstand treuepflichtbedingter Vertragsanpassung und nachteiligen Änderungen in der Sphäre einzelner Gesellschafter als Gegenstand des § 313 (→ § 705 Rn. 231); für Vertragsanpassung auch OLG München NZG 2001, 558 (560).

bei Unzumutbarkeit der Fortsetzung mit dem Beitragsschuldner eine einseitige Lösungsmöglichkeit der Mitgesellschafter nach §§ 723, 737 in Betracht.

26   Bei **Sach- oder Rechtsmängeln** der in das **Eigentum** der Gesellschaft geleisteten Einlage fragt sich zunächst, ob die Leistung überhaupt Erfüllungswirkung hat. Hier hat das seit 2002 geltende Schuldrecht insofern eine Änderung gebracht, als für Rechts- und Sachmängel nach §§ 435, 437 jetzt einheitliche Rechtsfolgen gelten (→ § 435 Rn. 1 *[Westermann]*). Diese, nicht die allgemeinen Leistungsstörungsregeln, sind bei Rechts- oder Sachmangelhaftigkeit im maßgeblichen Zeitpunkt anwendbar. Bei Sachmängeln handelt es sich um den Zeitpunkt des Gefahrübergangs (§ 434, → § 434 Rn. 50 f. *[Westermann]*), bei Rechtsmängeln um den Zeitpunkt des vorgesehenen Rechtserwerbs der Gesellschaft (→ § 435 Rn. 6 *[Westermann]*). Ist jedoch der Inferent im zuletzt genannten Zeitpunkt gar nicht Eigentümer einer von ihm geschuldeten **Sache,** so liegt nach wohl überwiegend vertretener Auffassung kein Rechtsmangel, sondern Unmöglichkeit vor, sofern nicht die Gesellschaft gutgläubig erwirbt (→ § 435 Rn. 7 *[Westermann]*).[63] Entsprechendes wird für den Fall angenommen, dass der Inferent die Übertragung eines in Wahrheit nicht existenten **Rechts,** insbesondere einer Forderung, schuldet (→ § 435 Rn. 9 *[Westermann]*).[64] Hier sind also die für die Unmöglichkeit geltenden Grundsätze anwendbar (→ Rn. 25).

27   Für die **Fälle mangelhafter Einlageleistung** können die kaufrechtlichen Gewährleistungsregeln hingegen in weiterem Umfang herangezogen werden, als dies bis 2002 der Fall war (4. Aufl. Rn. 27 *[Ulmer]*), zumal § 438 die Verjährung der Rechtsbehelfe des Käufers an die allgemeine Verjährungsregelung angeglichen hat.[65] Für nicht behebbare **Rechts- oder Sachmängel,** die schon bei Vertragsschluss vorlagen, ergibt sich hieraus eine Schadensersatzpflicht nach § 311a Abs. 2 (→ § 435 Rn. 7 *[Westermann];* → § 437 Rn. 22, 26 *[Westermann]*), sofern nicht die Voraussetzungen des § 311a Abs. 2 S. 2 vorliegen, der Inferent hinsichtlich des Mangels also nicht einmal fahrlässig ohne Kenntnis war. Auch die bei nachträglichen Mängeln eingreifenden Schadensersatzansprüche aus § 281 (bei Behebbarkeit des Mangels) bzw. § 283 (im Falle der Unbehebbarkeit), sofern der Mangel zu vertreten ist, kommen prinzipiell ebenso in Betracht wie das Nacherfüllungsrecht aus § 439. Lediglich die Rechte des Käufers zum Rücktritt (§§ 323, 326 Abs. 5) und zur Minderung (§ 441) bleiben aus gesellschaftsrechtlichen Gründen unverändert ausgeschlossen.[66] Hat der Inferent die Mangelhaftigkeit nicht zu vertreten und ist eine Nacherfüllung ausgeschlossen, so bleibt vielmehr nur der Weg der treupflichtbedingten Vertragsanpassung oder der Kündigung bzw. des Ausschlusses wegen Unzumutbarkeit unveränderter Fortsetzung der Gesellschaft. Demgegenüber führte die Lösung der früher hM, die den Beitragsschuldner unter Berufung auf §§ 459, 462 aF auch bei nicht zu vertretenden Mängeln stets entweder auf Zahlung der Wertdifferenz oder – im Fall der Rückgabe der Sache („Wandelung") – des vollen Geldwerts in Anspruch nehmen wollte,[67] nicht selten zu für den Schuldner unzumutbaren Lösungen. Auch nach neuem Recht wäre einer solchen auf Rücktritt oder Minderung (nur scheinbar) gestützten Ansicht daher nicht zu folgen.[68]

28   Die in → Rn. 26, 27 dargelegten Grundsätze finden auch Anwendung bei Mängeln einer Sache oder eines Rechts, die der Gesellschaft **dem Werte nach** oder **zum Gebrauch überlassen** werden sollen. Sind die Mängel vom Beitragsschuldner zu vertreten, so bedarf es eines Rückgriffs auf § 536a (= § 538 aF) schon deshalb nicht, weil die Schadensersatzfolge sich bereits aus §§ 280, 281 ergibt. Ist der Mangel dagegen nicht zu vertreten, so kann der von der hM befürworteten Umgestaltung der Rechtsfolgen des § 536 so wenig zugestimmt werden wie im Fall der §§ 459, 462 aF (→ Rn. 27).[69] Auch hier bleiben vielmehr nur Vertragsanpassung oder Gebrauchmachen von den Lösungsmöglichkeiten der §§ 723, 737.

29   Entsprechendes gilt schließlich für Störungen bei der Erbringung von **Dienstleistungen.** Sie führen bei zu vertretender Schlechterfüllung zu Schadensersatzansprüchen wegen Pflichtverletzung nach §§ 280, 281.[70] Zu den Folgen einer Verhinderung des Geschäftsführers für das Gesellschaftsverhältnis → § 709 Rn. 31.

---

[63] Vgl. Palandt/*Weidenkaff* § 435 Rn. 8; Bamberger/Roth/*Faust* § 435 Rn. 15; aA etwa *Jauernig/Chr. Berger* § 435 Rn. 5; *Canaris* JZ 2003, 832; *Scheuren-Brandes* ZGS 2005, 295 ff.; Medicus/*Lorenz* SchuldR II BT § 74 II 1 Rn. 31.

[64] Palandt/*Weidenkaff* § 453 Rn. 19; Bamberger/Roth/*Faust* § 453 Rn. 12; *Eidenmüller* NJW 2002, 1626; aA *Jauernig/Chr. Berger* § 453 Rn. 4.

[65] Ebenso jetzt auch Ulmer/Habersack/Löbbe/Ulmer/Casper GmbHG § 5 Rn. 117; → § 433 Rn. 6 *(Westermann)*; teilweise abw. noch 4. Aufl. 2004 Rn. 27 *(Ulmer)*.

[66] Ulmer/Habersack/Löbbe/Ulmer/Casper GmbHG § 5 Rn. 117; 4. Aufl. 2004 Rn. 27 *(Ulmer)*.

[67] Vgl. Soergel/*Hadding/Kießling,* 11. Aufl. 1985, Rn. 21, 27; Staudinger/*Keßler,* 12. Aufl. 1979, Rn. 22 f.

[68] Im Ergebnis wie hier auch *K. Schmidt* GesR § 20 III 3d und *Hüttemann,* Leistungsstörungen bei Personengesellschaften, 1998, S. 455 ff. Zur ähnlichen Problematik bei Sacheinlagen im GmbH-Recht vgl. Ulmer/Habersack/Löbbe/Ulmer/Casper GmbHG § 5 Rn. 114 ff.

[69] Für § 537 aF von der hM abw. auch *Hueck* OHG § 14 II 2; zweifelnd auch Erman/*Westermann* Rn. 11.

[70] Vgl. BGH NJW 1983, 1188 (1189) – mangelhafter Vertrieb eines Verlagswerks durch den hierzu verpflichteten Gesellschafter.

§ 707 Erhöhung des vereinbarten Beitrags

Zur Erhöhung des vereinbarten Beitrags oder zur Ergänzung der durch Verlust verminderten Einlage ist ein Gesellschafter nicht verpflichtet.

Übersicht

	Rn.		Rn.
I. Auslegung der Vorschrift	1–6	1. Voraussetzungen	7, 8
1. Normzweck und Inhalt	1, 2	2. Wirksamkeitsschranken	9
2. Geltungsbereich	3–5		
3. Grenzen	6		
II. Beitragserhöhungen durch Mehrheitsbeschluss	7–9	**III. Pflicht zur Teilnahme an Beitragserhöhungen?**	10, 11

I. Auslegung der Vorschrift

1. Normzweck und Inhalt. § 707 bezieht sich auf die Beiträge ieS, dh die im Gesellschaftsvertrag 1 übernommenen Verpflichtungen der Gesellschafter, zur Förderung des gemeinsamen Zwecks vermögenswerte Beiträge zu leisten (→ § 706 Rn. 3; zum Begriff der Einlage § 706 Rn. 4). Beitragserhöhungen setzen somit eine **Vertragsänderung** voraus. Dies folgt allerdings nicht aus § 707, sondern aus der allgemeinen *Abgrenzung zwischen Geschäftsführungs- und Grundlagenbereich* (→ § 714 Rn. 25). Mit der Zuweisung des Grundlagenbereichs an sämtliche Gesellschafter ist es, unabhängig von § 707, insbesondere unvereinbar, die Entscheidung über die Erhöhung der Beiträge an die Geschäftsführer zu delegieren; lediglich die Einforderung fest vereinbarter Beiträge kann ihnen überlassen werden (→ Rn. 4). Zwar bedarf die Vertragsänderung der GbR nach dem Gesetz ohnehin eines einstimmigen Beschlusses (→ § 709 Rn. 53). Dass die Vorschrift des § 707 das Zustimmungsrecht jedes Gesellschafters für den Fall der Beitragserhöhung gleichwohl besonders hervorhebt, erklärt sich aus dem besonderen Gewicht, das dem **Schutz vor einer unfreiwilligen Vermehrung ihrer Beitragspflichten** beigemessen wird.[1] Es handelt sich um die Ausprägung eines allgemeinen verbandsrechtlichen „Grundrechts",[2] das sich im Recht der Kapitalgesellschaft etwa bei § 53 Abs. 3 GmbHG und § 180 Abs. 1 AktG wiederfindet.[3] Es dient nicht dem Minderheiten-, sondern dem **Individualschutz**, nämlich vor unabsehbarer Belastung,[4] und ist demgemäß Ausprägung der *Kernbereichslehre*, die den Bereich der unverzichtbaren Rechte umschreibt (→ § 709 Rn. 98).[5] Folglich setzt sich das aus § 707 abzuleitende Zustimmungsrecht auch gegenüber Mehrheitsbeschlüssen durch (→ Rn. 7) und ist ferner bei Auslegung des Gesellschaftsvertrags zu beachten. Eine aus der Treuepflicht abgeleitete Pflicht zur Einwilligung in eine Beitragserhöhung (→ § 705 Rn. 233) wird durch § 707 zwar nicht schlechthin ausgeschlossen. An die Bejahung einer solchen Pflicht sind aber besonders hohe Anforderungen zu stellen.[6] Die Tatsache, dass das Unternehmen sanierungsbedürftig ist, reicht hierfür nicht aus;[7] das gilt selbst dann, wenn die Gesellschafter zur Finanzierung der Sanierungsmaßnahmen unschwer in der Lage wären. Davon zu unterscheiden ist die – zu bejahende –

---

[1] EinhM, vgl. RGZ 68, 93 (96); 151, 321 (326); 163, 385 (391); BGHZ 20, 363 (369 f.) = NJW 1956, 1198; stRspr; zuletzt BGH DStR 2007, 1263 = ZIP 2007, 1458; WM 2006, 774 = ZIP 2006, 754; WM 2006, 577 = ZIP 2006, 562; WM 2005, 1608 = ZIP 2005, 1455; Staudinger/*Habermeier* (2003) Rn. 1; *Wiedemann* GesR I § 7 IV 1a.

[2] So treffend *Wiedemann* GesR I § 7 IV 1a.

[3] Vgl. dazu nur *Schäfer,* Der stimmrechtslose GmbH-Geschäftsanteil, 1997, S. 162 ff., speziell zur Wertungsgleichheit von Leistungsvermehrung und Rechtsverkürzung, S. 171 f.

[4] Prägnant etwa BGH NJW-RR 2006, 827 = WM 2006, 577 (578); NJW-RR 2006, 829 = WM 2006, 774 (775): jeder Gesellschafter soll das Maß seiner durch die Mitgliedschaft eingegangenen Belastung sicher abschätzen können.

[5] Ebenso etwa *Wiedemann* GesR II § 3 III 2, S. 220 f.; s. auch *Abram* MDR 2006, 7 (8).

[6] Vgl. BGH NJW-RR 2006, 827 = WM 2006, 774 (775); NJW-RR 2006, 829 = WM 2006, 577 (578); NJW-RR 2005, 1347 = WM 2005, 1608; NJW-RR 2009, 1666 (1667) = NZG 2009, 1143; OLG Stuttgart DB 2010, 1058 (1060); vgl. auch BGH LM HGB § 105 Nr. 8 – keine Pflicht, an Stelle des krankheitshalber ausfallenden Mitgesellschafters die Geschäftsführung zu übernehmen. So im Grundsatz auch *K. Schmidt,* Änderungen im Recht der BGB-Gesellschaft, in Gutachten und Vorschläge zur Überarbeitung des Schuldrechts, hrsg. vom BMJ, Bd. 3, 1983, S. 525; *ders.* GesR § 5 IV 5b; Erman/*Westermann* Rn. 1; *Armbrüster* ZGR 2009, 1 (21); eingehende Nachweise zum Meinungsstand bei *Nentwig* WM 2011, 2168 (2173 f.) und *dems.,* Nachschusspflichten im Verbandsrecht, 2011, S. 115 ff.

[7] BGH NJW-RR 2006, 827 = WM 2006, 577 (578); NJW-RR 2006, 829 = WM 2006, 774; NJW-RR 2005, 1347 = WM 2005, 1608; ebenso bereits RG JW 1938, 1522; *K. Schmidt* Änderungen im Recht der BGB-Gesellschaft, in Gutachten und Vorschläge zur Überarbeitung des Schuldrechts, hrsg. vom BMJ, Bd. 3, 1983, S. 525; *ders.* GesR § 5 IV 5b, S. 135.

Frage, ob Gesellschafter kraft Treupflicht gehalten sein können, einer aussichtsreichen Sanierung mit Beitragserhöhung für die hierzu bereiten Mitgesellschafter zuzustimmen (→ Rn. 10).

2 Das aus § 707 abzuleitende Zustimmungsrecht ist seinem Individualschutzzweck entsprechend *unverzichtbar*, § 707 also **zwingender Natur**,[8] wie jetzt auch § 127 Abs. 3 S. 4 KAGB klarstellt.[9] Insofern gilt nichts anderes als für § 53 Abs. 3 GmbHG.[10] Herkömmlicher- und missverständlicherweise wird zwar das Gegenteil gesagt,[11] doch zielt dies in Wahrheit auf die ganz andere – und im Prinzip zu bejahende – Frage, ob die nach § 707 erforderliche Zustimmung zur Beitragserhöhung auch im Voraus („antizipiert"), namentlich bereits im Gesellschaftsvertrag, erteilt werden kann (→ Rn. 7). Demgegenüber ist man sich in der Sache weithin darin einig, dass der Gesellschaftsvertrag die Regelung des § 707 nicht kurzerhand für unanwendbar erklären kann (was aber bei nur dispositiver Geltung möglich sein müsste).[12] Es handelt sich daher bei der (angeblichen) Dispositivität in Wahrheit nur um eine terminologische Ungenauigkeit. Das Thema der Unverzichtbarkeit eines Rechts sollte freilich schon aus Gründen dogmatischer Klarheit und zur Vermeidung von Missverständnissen[13] deutlich von der Frage unterschieden werden, ob das Recht antizipiert ausgeübt werden kann.[14] Im Übrigen ergibt sich die zwingende Geltung des § 707 unmittelbar aus dem Schutzcharakter des daraus abgeleiteten Zustimmungsrechts als eines individuellen „Grundrechts" im beschriebenen Sinne (→ Rn. 1). Ein solcher Zweck steht ebenso wenig zur Disposition der Gesellschafter(mehrheit) wie bei § 53 Abs. 3 GmbHG. Die zwingende Geltung der Vorschrift ist das dogmatische Rückgrat des auf § 707 basierenden Schutzkonzepts; ihr stehen weder Sonderformen der GbR entgegen noch steht sie in einem Wertungswiderspruch zur persönlichen Gesellschafterhaftung (→ Rn. 4).[15]

3 **2. Geltungsbereich.** § 707 greift nur ein, soweit es um eine Erhöhung der im Vertrag festgelegten Beiträge geht. **Keine** spätere **Erhöhung** liegt vor, wenn die Höhe der Beiträge im Vertrag nicht beziffert wird, sondern nur in objektiv bestimmbarer, künftigen Entwicklungsmöglichkeiten Rechnung tragender Weise ausgestaltet ist. Zu denken ist etwa an die Vereinbarung aufschiebend bedingter Einlagepflichten schon bei Gesellschaftsgründung oder an die Ausrichtung der Beitragshöhe an objektivierbaren Daten des Geschäftsumfangs oder entsprechenden Veränderungen des Gesellschaftszwecks.[16] Allerdings muss sich die *Verpflichtung eindeutig aus dem Gesellschaftsvertrag* (ggf. unter Einbeziehung der Beitrittserklärung, → § 706 Rn. 7) ergeben;[17] aus einer Vertragsbestimmung, dass Gewinne und Verluste „auf Privatkonto verbucht" werden, lässt sich eine Pflicht zum Verlustausgleich vor Auflösung der Gesellschaft (§ 735) nicht ableiten.[18] Ebenso wenig kann von einer eindeutigen Festsetzung der (ursprünglichen) Beiträge die Rede sein, wenn die Gesellschafter zum Ausgleich von „Unterdeckungen" aus der „laufenden Bewirtschaftung" des Anlageobjekts verpflichtet werden sollen.[19] Zudem fehlt es immer dann an einer

---

[8] *Schäfer* in VGR (Hrsg.), Gesellschaftsrecht in der Diskussion 2007, 2008, S. 137, 141; zust. *Armbrüster* ZGR 2009, 1 (8 ff.); *ders.* ZGR 2014, 333 (346); *Nentwig* WM 2011, 2168 (2169 f.); *Wiedemann*, FS Hommelhoff, 2012, S. 1337 (1338 f.); *Meyer* ZIP 2015, 256 (260).
[9] Darauf zutr. hinweisend *Armbrüster* ZGR 2014, 333 (347).
[10] Zur zwingenden Geltung s. nur Ulmer/Habersack/Winter/*Ulmer* GmbHG § 53 Rn. 85 mwN; auch *Schäfer*, Der stimmrechtslose GmbH-Geschäftsanteil, 1997, S. 162 f.
[11] BGH NJW-RR 2006, 827 = WM 2006, 577; NJW-RR 2008, 419 Rn. 17 = WM 2007, 2381 (2382); Erman/*Westermann* Rn. 1 f.; Bamberger/Roth/*Schöne* Rn. 8; Soergel/*Hadding/Kießling* Rn. 3; *K. Schmidt* ZGR 2008, 1 (20); so auch noch 4. Aufl. Rn. 6; alle ohne (nachvollziehbare) Begr.
[12] Vgl. namentlich BGH DStR 2007, 1263, wo der Vertrag § 707 ausdrücklich „abbedungen" hatte – der ZS hielt dies aber mit Recht für unbeachtlich.
[13] Vgl. etwa *Wagner* WM 2006, 1273. S. auch *Goette* DStR 2008, 115: „die vom Senat gewählte Bezeichnung des § 707 als dispositiv war Anlass geben".
[14] S. schon *Schäfer*, Der stimmrechtslose GmbH-Geschäftsanteil, 1997, S. 163 f.
[15] Näher *Schäfer* in VGR (Hrsg.), Gesellschaftsrecht in der Diskussion 2007, 2008, S. 137, 141 ff.
[16] BGH NJW-RR 2006, 827 = WM 2006, 577 (578); NJW-RR 2006, 829 = WM 2006, 774 (775); NJW-RR 2005, 1347 = WM 2005, 1608 (1609); 1979, 1282 (1283); wohl auch BGH WM 1961, 32 (34); weitergehend Soergel/*Hadding/Kießling* Rn. 1, der es genügen lassen will, dass die Beitragshöhe sich aus dem sachlich und wirtschaftlich begrenzten Gesellschaftszweck ergibt. Einschr. aber *Kaligin* DB 1981, 1172 ff. für Nachschussklauseln in einer Publikums-Gesellschaft unter Hinweis auf den früheren § 3 AGBG.
[17] Vgl. etwa BGH NJW-RR 2008, 903; ZIP 2008, 695 (696); NJW-RR 2008, 419 (420) – Höhe laufender Beiträge muss im Gesellschaftsvertrag in objektiv bestimmbarer Weise vertraglich geregelt sein; KG WM 2009, 2177 (2178); s. auch *Armbrüster* ZGR 2009, 1 (9) mit dem Hinweis, dass wegen der Wertung des § 707 eine solche Regelung nur bei eindeutigem Wortlaut in Frage komme, so dass im Zweifel keine Nachschusspflicht vereinbart sei.
[18] BGH NJW 1983, 164.
[19] BGH NJW-RR 2006, 827 = WM 2006, 577 (578); NJW-RR 2006, 829 = WM 2006, 774 (775) – die Ausgleichspflicht sollte jeweils durch einen von den Geschäftsführern zu erstellenden Wirtschaftsplan konkretisiert werden.

solchen Festsetzung, wenn die konkrete Höhe der Beiträge sich erst aus einer konkretisierenden Entscheidung der Geschäftsführer bzw. Gesellschafter ergibt.[20]

Sind die Beitragspflichten im Gesellschaftsvertrag nach Art und Höhe von vornherein klar fixiert, so bedarf ihre **Geltendmachung** im Zweifel keines weiteren Gesellschafterbeschlusses, sondern ist Sache der Geschäftsführer (→ Rn. 1; → § 706 Rn. 19). Anders verhält es sich jedoch, wenn zwar eine **Nachschusspflicht** vereinbart ist, deren Umfang und Fälligkeit sich aber noch nicht abschließend aus dem Vertrag ergibt (→ Rn. 3). Mit der Zuständigkeit der Gesellschafter in Grundlagenangelegenheiten wäre es unvereinbar und hielte sich nicht mehr in den Grenzen privatautonomer Gestaltung, wollte man in diesem Falle eine Beitragsfestsetzung oder -erhöhung der einseitigen Bestimmung der Geschäftsführer oder eines Dritten überlassen.[21] Es handelt sich dann nicht mehr um die bloße Geltendmachung einer schon zuvor begründeten Einlageforderung, welche zu den Aufgaben der Geschäftsführer gehört. Sind die eingeforderten Beiträge nicht ausreichend im Vertrag fixiert (→ Rn. 3), so bedarf es vielmehr zum einen eines Gesellschafterbeschlusses, um das (Fest-)Kapital der Gesellschaft zu erhöhen, zum anderen aber nach § 707 auch der Zustimmung sämtlicher Gesellschafter, die sich an dieser Kapitalerhöhung durch eigene Einlagen beteiligen sollen, damit die Beitragspflicht ihnen gegenüber wirksam begründet wird (→ Rn. 7, 10).

Der Grundsatz freier Entscheidung der Gesellschafter über Beitragserhöhung und Verlustausgleich **5** gilt *während der Gesellschaftsdauer*. § 707 gilt unabhängig davon, ob von **Beiträgen, Nachschüssen oder Einlagen** die Rede ist; entsprechendes gilt für sonstige vertraglicher Festsetzung bedürftige Sozialansprüche der Gesellschaft gegen die Gesellschafter (zur Verlustdeckung nach § 735 → Rn. 5). Vor Auseinandersetzung schließt er ferner grundsätzlich aus, dass die Mitgesellschafter für Sozialansprüche eines Gesellschafters gegen die Gesellschaft haften.[22] Eine **Ausnahme** wird von der hM zu Recht dann zugelassen, wenn ein Gesellschafter von einem Gesellschaftsgläubiger auf Zahlung einer Gesellschaftsschuld in Anspruch genommen worden ist und bei der Gesellschaft keinen Ersatz erlangen kann; hier kann er seinen Regressanspruch gegen die Mitgesellschafter pro rata bereits während der Gesellschaftsdauer verfolgen.[23] Gleiches hat bei Vermögenslosigkeit der Gesellschaft für Aufwendungsersatzansprüche von Geschäftsführern zu gelten (→ § 713 Rn. 15). Andererseits hat der BGH aber mit Recht entschieden, dass der Geschäftsführer wegen § 707 seine Befugnisse überschreitet, wenn er Belastungen eingeht, die erkennbar nicht mehr vom Gesellschaftsvermögen (oder bereits konsentierten Nachschüssen) gedeckt sind.[24] Der Geltendmachung von **Drittgläubigerforderungen** eines Gesellschafters gegen seine Mitgesellschafter steht § 707 naturgemäß nicht entgegen.

3. Grenzen. § 707 schließt Beitragserhöhungen ohne Zustimmung der Gesellschafter nur wäh- **6** rend der Gesellschaftsdauer aus. Die Pflicht zur *Verlustdeckung* im Zuge der **Liquidation** oder des **Ausscheidens** (§§ 735, 739) wird dadurch nicht berührt. Ebenso kann § 707 nicht Gesellschaftsgläubigern entgegengesetzt werden, da ihnen neben der GbR auch die Gesellschafter persönlich haften (→ § 714 Rn. 33 ff.). Die für Kommanditisten bestehende Möglichkeit, ihre Haftung auf die Hafteinlage zu beschränken (§ 171 Abs. 1 HGB), ist im Recht der GbR nicht vorgesehen.

II. Beitragserhöhungen durch Mehrheitsbeschluss

1. Voraussetzungen. Zwar ist das durch § 707 gewährte Zustimmungsrecht **unverzichtbar** **7** (→ Rn. 2), doch kann die Zustimmung nach einhM antizipiert, also im Vorwege ausgeübt werden.

---

[20] Zutr. BGH NJW-RR 2005, 1347 = WM 2005, 1608; NJW-RR 2006, 827 = WM 2006, 577; NJW-RR 2007, 832 = WM 2007, 835.
[21] Vgl. KG DB 1978, 1922 und *Barfuß* DB 1977, 571 (573 f.) betr. die Unwirksamkeit einer Klausel im Gesellschaftsvertrag einer Publikums-KG, wonach eine Erhöhung der Kommanditeinlagen um bis zu 20 % auch ohne Gesellschafterbeschluss verlangt werden kann, wenn ein Kreditinstitut es verlangt. Für restriktive Auslegung der Pflicht der Gesellschafter einer Publikums-KG, auf Anforderung der Geschäftsführung die Beiträge zu erhöhen oder „Auflagen" von Kreditinstituten bei Finanzierung der Gesellschaft zu erfüllen, auch BGH WM 1978, 1399 (1400); KG DB 1978, 1025. Vgl. auch Erman/*Westermann* Rn. 1a, der im Falle vertraglich zugelassener Beitragsbestimmung durch ein Gesellschaftsorgan eine Inhalts- und Angemessenheitskontrolle verlangt; wie hier auch Bamberger/Roth/*Schöne* Rn. 5 – zu Unrecht relativierend dann aber in → Rn. 9, wo die Delegation (nur?) am Grundsatz der Selbstorganschaft zu messen sei.
[22] EinhM; vgl. RGZ 80, 268 (272), BGH ZIP 1989, 852 f. – auch während des Liquidationsstadiums, Soergel/ *Hadding/Kießling* Rn. 1; Erman/*Westermann* Rn. 2 f.
[23] BGHZ 37, 299 (302) = NJW 1962, 1863; BGH NJW 1980, 339 (340); WM 1974, 749 (751); 1988, 446 (448); NZG 2002, 232 = ZIP 2002, 394 – Aufwendungsersatzanspruch eines Kommanditisten; NZG 2011, 502 = ZIP 2011, 809; Soergel/*Hadding/Kießling* Rn. 1; Erman/*Westermann* Rn. 3; *Hueck* OHG § 18 III 2; vgl. auch Staub/*Schäfer* HGB § 110 Rn. 32.
[24] So BGH NJW 1980, 339 (340); idS auch Staub/*Schäfer* HGB § 116 Rn. 13; MüKoHGB/*Jickeli* HGB § 116 Rn. 13; *Wertenbruch* DStR 2007, 1680 (1683).

§ 707 8

Sofern der Gesellschaftsvertrag künftige Beiträge in ausreichend bestimmter Form regelt (→ Rn. 3), bezieht sich diese Zustimmung auf den die Nachschusspflicht konkretisierenden (Mehrheits-)Beschluss (→ Rn. 4). Die Zustimmung bei Leistungsvermehrung bzw. Kernbereichseingriff ist dogmatisch zu trennen von der Stimmabgabe bei der Beschlussfassung; und Entsprechendes gilt folglich für die Voraussetzungen mehrheitlicher Beschlussfassung einerseits (→ § 709 Rn. 84 ff.), und den Bedingungen für eine antizipierte Zustimmung zu Kernbereichseingriff oder Beitragserhöhung andererseits (→ § 709 Rn. 92 ff., insbesondere → § 709 Rn. 93a).[25] Über die Frage, ob für eine „Kapitalerhöhung" in der Personengesellschaft – ausgedrückt in der Erhöhung der Einlagen – ein Mehrheitsbeschluss zulässig ist, enthält § 707 unmittelbar keine Aussage; sie richtet sich nach den allgemeinen Regeln, so dass es lediglich einer allgemeinen, auch auf Vertragsänderungen bezogenen Mehrheitsklausel bedarf (→ § 709 Rn. 84 ff.); eindeutig ist zudem, dass eine solche Maßnahme *nur* durch die Gesellschafter beschlossen werden kann (→ Rn. 4). Durch einen entsprechenden Beschluss kann freilich nur allgemein über die Durchführung der Kapitalmaßnahme beschlossen werden, nicht dagegen eine individuelle Verpflichtung jedes einzelnen Gesellschafters zur Übernahme eines eigenen Beitrags wirksam begründet werden; dies ist vielmehr wegen § 707 nur mit seiner Zustimmung möglich. Sie kann zwar mit der Ausübung des Stimmrechts bei der Beschlussfassung verbunden werden,[26] ist aber dogmatisch von ihr deutlich zu unterscheiden. Konsequentermaßen kann auch die **Versäumung einer vertraglichen Beschlussanfechtungsfrist** nicht zur Begründung einer Nachschusspflicht führen.[27] Denn ein Beschlussmangel liegt gar nicht vor; vielmehr fehlt es an einer Wirksamkeitsvoraussetzung für die individuelle Nachschusspflicht.[28] Der Gesellschafter hat folglich die Möglichkeit, die Unwirksamkeit des Beschlusses bis zur Verwirkungsgrenze (präventiv) geltend zu machen, ohne einen Rechtsverlust fürchten zu müssen, falls er hiervon keinen Gebrauch macht.[29]

8   Es versteht sich daher, dass nicht schon die Mehrheitsklausel als solche – bzw. der auf ihrer Grundlage gefasste Mehrheitsbeschluss – zur **Wirksamkeit** der Vertragsänderung führen kann; sie wird deshalb zu Recht von *strengen Voraussetzungen* abhängig gemacht. Zwar kennt das bürgerliche Recht auch (zulässige) Generaleinwilligungen,[30] doch würde eine solche hier klar dem Schutzzweck des § 707 widersprechen (→ Rn. 1, 2). Eine nur allgemein auf Vertragsänderungen bezogene Mehrheitsklausel reicht somit keineswegs aus; vielmehr muss die gesellschaftsvertragliche Mehrheitsklausel oder eine andere Vertragsklausel als *Spezialeinwilligung* des einzelnen Gesellschafters in die Beitragserhöhung interpretiert werden können. Hierzu bedarf es neben der eindeutigen Einbeziehung der Beitragserhöhung in den Anwendungsbereich der Mehrheitsklausel[31] zusätzlich der *Angabe einer Obergrenze* oder sonstiger Kriterien im Gesellschaftsvertrag, die der Eingrenzung der Erhöhungsrisiken für mehrheitlich zu beschließende Kapitalerhöhungen dienen.[32] Es gelten also ähnliche Grundsätze wie bei § 26 Abs. 3 GmbHG, der ebenfalls die Angabe eines *bestimmten* Betrages in der Satzung verlangt.[33] Dem ist angesichts des allgemeinen verbandsrechtlichen Charakters von Kernbereichs-

---

[25] Zum Ganzen näher *Schäfer*, Der stimmrechtslose GmbH-Geschäftsanteil, 1997, S. 35 ff.; *ders.* ZGR 2013, 237 (253 ff.); *Armbrüster* ZGR 2014, 333 (346 f.); *Ulmer* ZIP 2015, 657 (659 f.); ebenso auch OLG Düsseldorf ZIP 2014, 2183.

[26] S. etwa BGH NJW-RR 2009, 1264 (1266) – Stimmabgabe für die Erhöhung der Einlage ist im Zweifel als Zustimmungserklärung zu werten.

[27] So zu Recht BGH NZG 2007, 381; NJW-RR 2007, 1477 = WM 2007, 1333; NJW-RR 2009, 753 (754); 2009, 1264 (1266); OLG Stuttgart DB 2010, 1058 (1061); KG NZG 2010, 1184 (1185); näher *Schäfer* in VGR (Hrsg.), Gesellschaftsrecht in der Diskussion 2007, 2008, S. 145 f.

[28] Dazu *Schäfer* in VGR (Hrsg.), Gesellschaftsrecht in der Diskussion 2007, 2008, S. 145 f.

[29] Vgl. auch *Nentwig*, Nachschusspflichten, 2011, S. 140.

[30] Etwa bei § 107 (→ § 107 Rn. 18 f. *[Schmitt]*) und bei der Vollmacht (→ § 167 Rn. 64 f. *[Schubert]*).

[31] Näher zu den Voraussetzungen einer wirksamen Einbeziehung spezieller Vertragsänderungen in die Mehrheitsklausel → § 709 Rn. 84 ff.

[32] StRspr, prägnant etwa BGH NJW-RR 2006, 827 = WM 2006, 577 (578); NJW-RR 2006, 829 = WM 2006, 774 (775) mit Anm. *Schäfer* EWiR § 707 BGB 1/06, 301; NJW-RR 2007, 757 = NZG 2007, 381 = ZIP 2007, 766; ferner BGH NJW-RR 2009, 753 (754) = NZG 2009, 501; 2008, 419 (420); NJW 2012, 1439 (1440 f.); OLG Hamburg NJOZ 2010, 1034 (1036) OLG Stuttgart DB 2010, 1058 (1060); ebenso in der Sache KG ZIP 2010, 1545 (1546); zust. *Armbrüster* ZGR 2009, 1 (13); *ders.* ZGR 2014, 333 (348); *Westermann* NZG 2010, 321 (322); *Nentwig* WM 2011, 2168 (2172) mit dem ergänzenden Hinweis, dass auch die Angabe eines Höchstbetrages für einen bestimmten Zeitraum ausreichen könne („bis zu x pro Jahr"); s. auch *dens.*, Nachschusspflichten im Verbandsrecht, 2011, S. 107 f.; mit Vorbehalt *Römermann* NZI 2009, 910; vgl. auch *Abram* MDR 2006, 7 (8 f.); *Barfuß* DB 1977, 571 (572); *Wagner* WM 2006, 1273; 1274; *Wiedemann* ZGR 1977, 690 (692); *Leenen*, FS Larenz, 1983, S. 371 (386); *K. Schmidt* GesR § 16 III 3b; *ders.* ZGR 2008, 1 (20 f.) – Obergrenze muss absolut sein.

[33] *Nentwig*, Nachschusspflichten im Verbandsrecht, 2011, S. 105 f. missversteht diesen Hinweis offenbar dahin, dass hier eine Analogie befürwortet würde; derer bedarf es indessen nicht; es geht insofern allein um einen Vergleichsfall zum Grad der Konkretisierung.

schutz und Schutz vor Leistungsvermehrung (→ Rn. 1) unbedingt zuzustimmen.[34] Die Obergrenze braucht freilich nicht notwendigerweise in der (ursprünglichen) Vertragsklausel fixiert zu sein; vielmehr ist es auch ausreichend, wenn sie in der individuellen Beitrittserklärung fixiert ist.[35] Allemal unzureichend ist demnach aber, dass die Konkretisierung einer zunächst allgemeinen Vertragsklausel erst durch einen späteren (Mehrheits-)Beschluss erfolgt. Nach der zutreffenden jüngeren Rechtsprechung des BGH gelten diese Regeln **auch für Publikumsgesellschaften.**[36] Hiervon unberührt bleibt naturgemäß die bloße Befugnis zur mehrheitlichen Beschlussfassung über eine Kapitalerhöhung, sofern sich diese *nicht* mit einer individuellen Verpflichtung zur Teilnahme, also mit neuen Beiträgen, verbindet (→ Rn. 10).[37]

2. Wirksamkeitsschranken. Auch wenn die in → Rn. 8 genannten Voraussetzungen für Mehrheitsbeschlüsse erfüllt sind, also aufgrund einer entsprechend präzise gefassten Klausel wirksam in die künftige Beitragserhöhung eingewilligt wurde, kann die Mehrheit von den ihr danach zustehenden Befugnissen doch nicht beliebigen Gebrauch machen. Schranken der Wirksamkeit von Erhöhungsbeschlüssen können sich namentlich im Hinblick auf Treupflicht und Gleichbehandlungsgrundsatz ergeben. So steht die **Treupflicht** Erhöhungsbeschlüssen entgegen, die nicht durch einen entsprechenden Kapitalbedarf der Gesellschaft veranlasst sind, sondern als Mittel zur Zurückdrängung der finanzschwachen Minderheit dienen. Aber auch wenn die Beitragserhöhung im Gesellschaftsinteresse liegt, setzt ihre Rechtmäßigkeit doch weiter voraus, dass der damit verbundene Eingriff in die Rechte der Minderheit den Grundsätzen der Erforderlichkeit und Verhältnismäßigkeit genügt (→ § 709 Rn. 100 f.). Mit dem **Gleichbehandlungsgrundsatz** sind Beschlüsse unvereinbar, die rechtlich oder faktisch (durch die Art der Beiträge) der Minderheit nicht die gleiche Chance auf Teilnahme an der Erhöhung einräumen.[38]

III. Pflicht zur Teilnahme an Beitragserhöhungen?

Einseitige Änderungen, insbesondere auch Erhöhungen der im Gesellschaftsvertrag vereinbarten Beiträge einzelner Gesellschafter, sind ohne **Zustimmung der Mitgesellschafter** wegen ihrer Rückwirkungen auf die Beteiligungsverhältnisse grundsätzlich ausgeschlossen.[39] Ebenso ist es regelmäßig ausgeschlossen, den einzelnen Gesellschafter zur Übernahme zusätzlicher Beiträge zu zwingen.[40] Wohl aber kann sich aus der **Treupflicht** im Einzelfall eine *Pflicht* der Mitgesellschafter ergeben, der von einem Gesellschafter angebotenen Beitragserhöhung (Kapitalerhöhung) zuzustimmen, so wenn die Gesellschaft dringend auf weiteres Kapital angewiesen ist, die Mitgesellschafter aber nicht bereit oder in der Lage sind, an der im Gesellschaftsinteresse gebotenen Kapitalerhöhung teilzunehmen.[41] Sollte es also für die Kapitalerhöhung auf ihre Stimme ankommen, so dürfen sie die Kapitalerhöhung nicht blockieren und sind deshalb zur Zustimmung verpflichtet (ohne aber selbst neue Einlagepflichten übernehmen zu müssen); in der Logik von BGHZ 183, 1 (→ Rn. 11) liegt es sodann, dass der Versammlungsleiter treuwidrige Nein-Stimmen oder Enthaltungen erforderlichenfalls als Ja-Stimmen (bzw. Nein-Stimmen als Enthaltung) werten kann.[42] Demgegenüber ist

---

[34] Vgl. *Schäfer* EWiR § 707 BGB 1/06, 302 sowie näher *ders.*, Der stimmrechtslose GmbH-Geschäftsanteil, 1997 S. 264 ff.; ebenso *Abram* MDR 2006, 7 (8); *Armbrüster* ZGR 2014, 333 (348).
[35] So zu Recht BGH NJW-RR 2007, 832 = WM 2007, 835 f.; NJW-RR 2008, 419 Rn. 19 ff. = WM 2007, 2381 (2383) – gespaltene Beitragspflicht; ferner BGH NJW-RR 2008, 903 (904); KG WM 2009, 2177 (2178); dazu zust. *Frings* NZG 2008, 218 (219); *Armbrüster* ZGR 2009, 1 (6).
[36] BGH NJW-RR 2007, 832 = WM 2007, 835 f.; NJW-RR 2006, 827 = WM 2006, 577 (578); NJW-RR 2006, 829 = WM 2006, 774 (775) mit Anm. *Schäfer* EWiR § 707 BGB 1/06, 301; NJW-RR 2005, 1347 = WM 2005, 1608 (1609); s. ferner BGH NZG 2007, 382; OLG Stuttgart DB 2010, 1058 (1061); KG NZG 2010, 1184 (1185); überholt demgemäß BGH NJW 1975, 958 (959). Vgl. zur neueren Rspr. auch *Abram* MDR 2006, 7; *Wagner* WM 2006, 1273.
[37] Konsequent daher BGHZ 66, 82 (85) = NJW 1976, 958; dazu *Barfuß* DB 1977, 571 f.; *Wiedemann* ZGR 1977, 690 ff.
[38] BGH WM 1974, 1151; OLG München NZG 2001, 558 (560); Soergel/*Hadding/Kießling* Rn. 3; Bamberger/Roth/*Schöne* Rn. 9.
[39] EinhM, vgl. Soergel/*Hadding/Kießling* Rn. 4; Erman/*Westermann* Rn. 4; Bamberger/Roth/*Schöne* Rn. 10.
[40] BGH NJW-RR 2006, 829 = WM 2006, 774; ebenso auch *K. Schmidt* GesR § 5 IV 5, S. 134 f.; *Müller* DB 2005, 95 (96); *Wertenbruch* DStR 2007, 1680; *Meyer* ZIP 2015, 256 (262); zur entsprechenden Vorstellung des historischen Gesetzgebers vgl. *Mugdan* Mot. Bd. II 1899 S. 333 f.
[41] Vgl. *Hueck* OHG § 14 IV und Soergel/*Hadding/Kießling* Rn. 4; Erman/*Westermann* Rn. 4; Bamberger/Roth/*Schöne* Rn. 10; ähnlich auch *Nentwig*, Nachschusspflichten im Verbandsrecht, 2011, S. 170 ff.; allg. auch *Wiedemann* WM 2009, 1 (4); zu eng *Armbrüster* ZGR 2009, 1 (17 f.), der eine Pflicht zur Hinnahme einer geringeren Beteiligungsquote nur akzeptieren will, wenn die Gesellschaft ohne Kapitalerhöhung der zahlenden Gesellschafter liquidiert werden müsste.
[42] Dazu eingehend *Schäfer*, FS Hommelhoff, 2012, S. 941 (956 f.).

die von manchen Autoren diskutierte Möglichkeit, widerstrebende Gesellschafter gegen Abfindung aus der Gesellschaft **auszuschließen**,[43] nicht nur **grundsätzlich unverhältnismäßig** aus Sicht der betroffenen Gesellschafter; vielmehr kann sie auch die Liquidität der Gesellschaft empfindlich belasten, sofern die Abfindung zum vollen Verkehrswert zu erfolgen hat (→ Rn. 11).[44] Dies könnte selbst dann der Fall sein, wenn der Gesellschaftsvertrag eine Abfindungsbeschränkung vorsieht, um einen Konflikt mit dem verfassungskräftigen Eigentumsschutz zu vermeiden.[45] Hielte man eine solche Abfindungsklausel auch in diesem Fall für wirksam, käme es im Übrigen erst recht nicht in Betracht, den beitragsunwilligen Gesellschafter aus der Gesellschaft auszuschließen. Wer also sein „Bezugsrecht" nicht ausübt, muss eine verringerte Beteiligungsquote in Kauf nehmen, kann aber nicht aus der Gesellschaft gedrängt werden.[46] Er hat dem Erhöhungsbeschluss zuzustimmen, nicht aber ist er zur Übernahme neuer eigener Beitragspflichten verpflichtet.[47] Hierdurch werden die sanierungsbereiten Gesellschafter nicht unbillig belastet, weil sich ihre Beteiligungsquote zulasten der unwilligen Gesellschafter durch die Kapitalerhöhung verbessert.[48] Sollte das Festkapital der Gesellschaft im Zeitpunkt der Sanierung nicht mehr durch ihr Vermögen gedeckt sein, haben die sanierungswilligen Gesellschafter zudem die Möglichkeit, einen von den übrigen Gesellschaftern hinzunehmenden **„Kapitalschnitt"** durchzuführen, also zunächst das Festkapital und die ursprünglichen Einlagen auf den Betrag des tatsächlich vorhandenen Vermögens herabzusetzen, um es anschließend um den Betrag der konsentierten Beitragsleistungen der nachschusswilligen Gesellschafter wieder heraufzusetzen. Auf diese Weise lassen sich auch in dieser Situation ein Vermögenstransfer zugunsten der beitragsunwilligen Gesellschafter vermeiden und neue Beteiligungsquoten bilden, die den jeweiligen Beiträgen an der Sanierung exakt entsprechen. Zwingend ist dieses Vorgehen aber nicht.[49]

11 **Ausnahmsweise** können die nicht beitragswilligen Gesellschafter aber aus wichtigem Grund **ausgeschlossen** werden, wenn nämlich die **Gesellschaft (rechnerisch) überschuldet** ist und ihre Anteile daher vollständig entwertet sind. Dies hat der BGH 2009 der Sache nach in seinem Aufsehen erregenden Urteil „Sanieren oder Ausscheiden" im Ansatz zu Recht entschieden.[50] Weil und soweit die Gesellschaft ohne die Kapitalerhöhung hätte liquidiert werden müssen und die nicht zahlungswilligen Gesellschafter durch den anteiligen Auseinandersetzungsfehlbetrag (§ 735) finanziell nicht stärker belastet würden, als dies im Falle der sofortigen Liquidation der Gesellschaft der Fall wäre, seien die Gesellschafter aufgrund der Treupflicht gehalten gewesen, einem Beschluss zuzustimmen, der ihr eigenes Ausscheiden für den Fall vorsah, dass sie keine neuen Einlagen zu übernehmen bereit waren. Dem ist jedenfalls im Ergebnis zuzustimmen, wenngleich die rechtliche Konstruktion unnötig gewunden erscheint, weil man die fehlende Bereitschaft zur Übernahme neuer Einlagepflichten in der vom BGH beschriebenen Situation, namentlich also bei vollständiger

---

[43] So etwa *Wagner* WM 2006, 1273 (1276 f.).
[44] So auch BGH NJW 2011, 1667 = NZG 2011, 510 = ZIP 2011, 768 (in Abgrenzung zu „Sanieren oder Ausscheiden") für den Fall einer sanierungsbedürftigen, aber nicht überschuldeten Gesellschaft; zur Einordnung näher *Schäfer* in BrV (Hrsg.) Stärkung des Anlegerschutzes (Bankrechtstag 2011), 2012, 81 (86 ff.); zur Kritik am Begründungsansatz → Rn. 11.
[45] So für den zwangsweisen Ausschluss aus der Aktiengesellschaft BVerfGE 14, 263 (283); 100, 289 (303); s. auch BVerfG (Nichtannahmebeschluss) NJW 2007, 3268 (3269 f.) Rn. 17 ff. = BB 2007, 1515 (1516) betr. Squeeze Out.
[46] *Schäfer* in VGR (Hrsg.), Gesellschaftsrecht in der Diskussion 2007, 2008, S. 148 f.; *Grunewald*, FS Roth, 2011, S. 187, 193 und eingehend *Schneider*, Gesellschafterstimmpflichten in der Sanierung, 2014, S. 60 f., 303 ff.
[47] Wie hier auch *K. Schmidt* GesR § 5 IV 5, S. 134 f.; missverständlich insoweit die Interpretation von *Wagner* WM 2006, 1273 (1276).
[48] Näher dazu *Schäfer* in VGR (Hrsg.), Gesellschaftsrecht in der Diskussion 2007, 2008, S. 149.
[49] *Schäfer* in VGR (Hrsg.), Gesellschaftsrecht in der Diskussion 2007, 2008, S. 149 f.; sehr gründlich und präzise *Schneider*, Gesellschafterstimmpflichten, S. 32 ff., 38 ff.
[50] BGHZ 183, 1 = NJW 2010, 65 = NZG 2009, 1347 – Sanieren oder Ausscheiden; fortgeführt von BGH NZG 2015, 995 = ZIP 2015, 1626; ausf. zur Einordnung von BGHZ 183, 1 *Schäfer*, FS Ganter, 2010, S. 33 ff. und *ders.* in VGR (Hrsg.), Gesellschaftsrecht in der Diskussion 2007, 2008, S. 81, 84 ff.; ebenso auch KG NZG 2010, 1184 f.; vgl. ferner (jeweils grds. zust.) *K. Schmidt* JZ 2010, 125; *Wagner* NZG 2009, 1378 und WM 2010, 1684 (1687); *Haas* NJW 2010, 984 (985); *Miras* DStR 2011, 318 (321); *Armbrüster* EWiR 2009, 739 (740); *Deutscher* ZflR 2010, 481 (486); *Ulrich* GmbHR 2010, 36; *Weber* DStR 2010, 702 (705); *Wahl/Schult* BB 2010, 10 (12); s. auch *Goette* GWR 2010, 1; *Schneider*, Gesellschafterstimmpflichten, S. 303 ff., 324 ff. (Vorziehen des Verlustausgleiches im Verbandsinteresse zu rechtfertigen); mit Einschränkung auch *Westermann*, FS Reuter, 2010, S. 1219 (1225, 1227) und NZG 2010, 321 (324 f.) – Voraussetzungen für eine „Hinauskündigung" bleiben zu vage); *Priester* ZIP 2010, 497 (501) – Sonderrecht für Publikumsgesellschaften; *Römermann* NZI 2009, 910 f.; s. auch *Nentwig*, Nachschusspflichten im Verbandsrecht, 2011, S. 156 f.; krit. *Wiedemann*, FS Hommelhoff, 2012, S. 1337 (1342 ff.); *Schöne* ZIP 2015, 501. Aus der Instanz-Rspr. (im Anschluss an den BGH) OLG München NZG 2014, 818 = ZIP 2014, 1172 (aufgehoben durch BGH NZG 2015, 995 = ZIP 2015, 1626); OLG Düsseldorf ZIP 2014, 2183 nrk; OLG Stuttgart GmbHR 2015, 309; OLG Stuttgart NZG 2013, 1061.

Entwertung der Anteile, ausnahmsweise als wichtigen, den Ausschluss rechtfertigenden Grund ansehen kann; der Sache nach handelt es sich somit um ein Ausschließungsproblem.[51] Aber nicht nur *diese* Konstruktion verschleiert die **tragfähige Wertungsgrundlage** mehr als sie sie offenlegt. Vielmehr gilt das erst recht für den in den Folgeentscheidungen – mit entgegengesetztem Ergebnis[52] – betonten Ansatz, es komme für die Ausschließungsmöglichkeit entscheidend darauf an, ob der Gesellschaftsvertrag Regelungen für Sanierungssituationen getroffen habe, die für oder gegen die Möglichkeit zur Ausschließung sprächen; demnach soll eine Ausschließung – dargestellt als Pflicht, dem eigenen Ausscheiden zuzustimmen – immer dann möglich sein, wenn der Vertrag keine dem Ausscheiden bei fehlender Nachschussbereitschaft entgegenstehende Regelungen enthält.[53] Indessen kann es für die Ausschließung nicht beitragender Gesellschafter nicht entscheidend darauf ankommen, ob der Vertrag eine entgegenstehende Regelung enthält, sondern allein auf den – objektiven – Umstand, ob die Gesellschaft **überschuldet und sanierungsfähig** ist oder nicht, wofür eine – überschlägige – Unternehmensbewertung zum Zeitpunkt der Entscheidung erforderlich ist (→ Rn. 10). Bedenklich ist außerdem, dass BGHZ 183, 1 im konkreten Fall ohne Weiteres davon ausgegangen ist, dass den nicht beitragswilligen Gesellschafter ein anteiliger **Auseinandersetzungsfehlbetrag** in Rechnung gestellt werden konnte, obwohl die Gesellschaft bei einem vom Management vorgelegten und aussichtsreichen Sanierungskonzept ganz offenbar keinen negativen Unternehmenswert hatte.[54] Als angemessen wird man es im Ansatz zwar ansehen müssen, die Gesellschafter von Wertsteigerungen auszuschließen, die auf einem Sanierungskonzept beruhen, an dessen Durchführung sie sich nicht mit neuen Einlagen beteiligen. Andererseits werden sie über die Beteiligung an einem (fiktiven) Auseinandersetzungsfehlbetrag indirekt eben doch zu Sanierungsbeiträgen gezwungen, was den Ansatz wieder relativiert und bei Bestimmung der Rechtsfolgen des Ausscheidens zu berücksichtigen ist. Es gilt daher: Eine **Abfindungsklausel,** die dem ausscheidenden Gesellschafter – trotz Sanierungsfähigkeit der Gesellschaft – die Beteiligung an einem fiktiven Auseinandersetzungsfehlbetrag auferlegen sollte, ist *undurchsetzbar*. An ihre Stelle tritt eine gesetzliche Abfindung, die der besonderen Situation der überschuldeten, aber sanierungsfähigen Gesellschaft Rechnung trägt: Demnach darf den nicht beitragswilligen Gesellschaftern in gewissem Umfang auch ein Anteil an einem bloß fiktiven Fehlbetrag in Rechnung gestellt werden; der Betrag muss aber zum einen (deutlich) niedriger sein als der von den beitragswilligen Gesellschaftern zu erbringende. Zum anderen muss er den Gesellschaftern im Zeitpunkt ihrer Entscheidung transparent vor Augen geführt werden.[55]

§ 708 Haftung der Gesellschafter

Ein Gesellschafter hat bei der Erfüllung der ihm obliegenden Verpflichtungen nur für diejenige Sorgfalt einzustehen, welche er in eigenen Angelegenheiten anzuwenden pflegt.

Übersicht

	Rn.		Rn.
I. Grundsatzfragen	1–4	1. Personengesellschaften	5
1. Normzweck und Kritik	1, 2	2. Gesellschafterhandeln in Erfüllung gesellschaftsvertraglicher Obliegenheiten	6–15
2. Systematische Stellung	3, 4	a) Allgemeines	6, 7
II. Anwendungsbereich, Voraussetzungen	5–15	b) Überschreitung der Geschäftsführungsbefugnis	8–11

---

[51] Näher *Schäfer*, FS Ganter, 2010, S. 33 (39 f.); ähnlich auch *Weber* DStR 2010, 702 (705 f.) mit weiterführenden Hinweisen zur Frage, *wann* die Entwertung eines Anteils anzunehmen ist; insgesamt skeptischer aber *Westermann* NZG 2010, 321 (322 ff.); aus (nicht überzeugenden) formellen Gründen abl. *Schneider*, Gesellschafterstimmpflichten, S. 96 f., 103, der BGHZ 183, 1 folgt.

[52] Zu BGH NJW 2011, 1667 (dort Ablehnung der Zustimmungspflicht) → Rn. 10.

[53] Deutlich BGH ZIP 2015, 1626 Rn. 23 ff.: aufgrund einer entsprechenden Vertragsklausel habe jeder Gesellschafter damit rechnen müssen, bei Verweigerung von Nachschüssen aus der Gesellschaft ausscheiden zu müssen, ZIP 2015, 1626 Rn. 30 f. Insofern zu Recht krit. auch *Schöne* ZIP 2015, 501 (502); *Heckschen/Bachmann* NZG 2015, 531 (535) – kein Ausschluss wegen unzureichend formulierter Klausel; s. ferner *Armbrüster* ZGR 2014, 349 f., der die Frage aufwirft, inwiefern die Treupflicht zur Disposition des Gesellschaftsvertrags gestellt werden dürfe; skeptisch auch *Westermann* NZG 2016, 9 (12 f.).

[54] Eingehend dazu *Schäfer*, FS Ganter, 2010, S. 33 (41 ff.); krit. hierzu auch *Priester* ZIP 2010, 497 (502); *K. Schmidt* JZ 2010, 125 (130); *Schöne* ZIP 2015, 501 (505); für pauschales Abstellen auf fiktive Liquidationswerte als Obergrenze hingegen *Schneider*, Gesellschafterstimmpflichten, S. 127 ff.

[55] *Schäfer*, FS Ganter, 2010, S. 33 (48 f.) – beide Voraussetzungen waren im Falle „Sanieren oder Ausscheiden" nicht gegeben.

	Rn.		Rn.
c) Handeln im Straßenverkehr	12–15	2. Beweisfragen	19, 20
III. Eigenübliche Sorgfalt	16–20		
1. Sorgfaltsmaßstab	16–18	**IV. Rechtsfolgen**	21–23

I. Grundsatzfragen

1. Normzweck und Kritik. Die aus dem römischen Recht stammende Haftungsbeschränkung auf Verletzung der in eigenen Angelegenheiten üblichen Sorgfalt (diligentia quam in suis rebus) bezieht sich auf das *Innenverhältnis* der Gesellschafter. In den Protokollen[1] heißt es zum **Normzweck,** es müsse angenommen werden, „dass Parteien, die miteinander einen Gesellschaftsvertrag einzugehen beabsichtigen, *sich gegenseitig so nehmen wollten, wie sie einmal seien,* dass jeder Teil von vornherein die Individualität des anderen ins Auge fasse und daher nur verlange, dass er in den gemeinschaftlichen Angelegenheiten dieselbe Sorgfalt wie in den eigenen Angelegenheiten übe". Dieser Gedanke ist trotz der an ihm seit langem geübten Kritik (→ Rn. 2) jedenfalls im Ansatz zutreffend. Er schöpft die für die Haftungsbeschränkung sprechenden Gründe indessen nicht voll aus.[2] Zu berücksichtigen ist nämlich weiter der dem Gesamthandsprinzip entsprechende Umstand, dass Gesellschaftsangelegenheiten stets zugleich auch *eigene Angelegenheiten der beteiligten Gesellschafter* sind und dass zudem jeder von ihnen nach der Regel des § 709 an der Führung der gemeinsamen Geschäfte auch persönlich beteiligt ist.[3] Jeder Gesellschafter ist somit – wenn auch nicht allein oder ausschließlich – „Herr des Geschäfts". Er sollte daher auch den Mitgesellschaftern nicht zu einem höheren Maß an Sorgfalt verpflichtet sein, als er sie in seinem eigenen Bereich anwendet.

Trotz dieser an den Besonderheiten der Gesellschaft orientierten, zutreffenden Grundgedanken ist die **rechtspolitische Kritik** an der Regelung des § 708 verbreitet.[4] Neben der – zu Recht beanstandeten – Unangemessenheit in Bezug auf diejenigen Gesellschaften, bei denen die in § 708 vorausgesetzte persönliche Verbundenheit schlechthin fehlt (→ Rn. 5), wird namentlich geltend gemacht, die Haftungsbeschränkung möge zwar für Gelegenheitsgesellschaften an der Grenze zu Gefälligkeitsverhältnissen geeignet sein, sie vertrage sich aber nicht mit den Grundsätzen eines arbeitsteiligen, auf sorgfältige Erfüllung der übernommenen Aufgaben angelegten Geschäftsverkehrs. Wenn etwa von Rechtsanwälten im Rahmen des Anwaltsvertrags eine gewissenhafte Erledigung der übertragenen Aufgaben erwartet werde, gehe es nicht an, ihnen im Innenverhältnis, gegenüber den anderen Mitgliedern der Sozietät, einen großzügigeren Sorgfaltsmaßstab zuzugestehen. Auf entsprechenden Überlegungen beruht die auf eine Art teleologischer Reduktion gestützte Nichtanwendung von § 708 auf Sorgfaltsverletzungen im Straßenverkehr (→ Rn. 12). Dogmatisch gesehen erklären sich diese Ansichten aus einer unhaltbaren Vermengung von Außen- und Innenverhältnis. Sie könnte selbst dann nicht überzeugen, wenn man der rechtspolitischen Kritik im Ansatz zustimmen wollte (→ Rn. 13). Für grundsätzliche Beibehaltung der Vorschrift spricht auch der Umstand, dass die Rechtsprechung sonst unausweichlich Zuflucht bei stillschweigenden (fiktiven) Haftungsbeschränkungsabreden sucht, soweit es um die Haftung im Rahmen von Gelegenheitsgesellschaften geht.[5]

2. Systematische Stellung. § 708 enthält als Regelung des Innenverhältnisses der Gesellschafter **nachgiebiges Recht.**[6] Den Parteien steht es nicht nur frei, die Haftung zwischen sich generell auf Vorsatz zu beschränken. Sie können vielmehr auch auf die Entlastungsmöglichkeit des § 708 verzichten und sich zur Einhaltung der im Verkehr erforderlichen Sorgfalt (§ 276 Abs. 1 S. 2) auch für das Innenverhältnis verpflichten. Den methodisch unhaltbaren Versuchen, unter Berufung auf die

---

[1] *Mugdan* Bd. II S. 985; vgl. zur Entstehungsgeschichte auch *Ballerstedt* JuS 1963, 253 (258).
[2] Zur Frage weiterer Aspekte des Normzwecks vgl. *Müller-Graff* AcP 191 (1991), 475 (480 ff.).
[3] Gegen die Maßgeblichkeit dieses Aspekts aber *Müller-Graff* AcP 191 (1991), 475 (482 f.): allein entscheidend sei vielmehr, dass Personengesellschafter durch ihre Verbindung die Bereitschaft dokumentieren, auch das „Risiko des individualüblichen Verhaltens des Mitgesellschafters" einzugehen.
[4] Vgl. nur Soergel/*Hadding/Kießling* Rn. 1; *K. Schmidt* GesR § 59 III 2a; *Hueck* OHG § 9, Fn. 10; *Hauss,* FS Möhring, 1965, S. 345 (361); *Rother,* Haftungsbeschränkung im Schadensrecht, 1965, S. 192. Diff. *Ballerstedt* JuS 1963, 253 (258). De lege ferenda für Streichung von § 708 auch *K. Schmidt,* Gutachten und Vorschläge zur Überarbeitung des Schuldrechts, Bd. III, 1981, S. 526 f.; *Schlechtriem,* Vertragliche und außervertragliche Haftung, in Gutachten und Vorschläge zur Überarbeitung des Schuldrechts, hrsg. vom BMJ, Bd. II S. 1622; *Wiedemann* GesR II § 3 II 2b, S. 190 f.; aA *Schäfer,* Gutachten E zum 71. DJT, 2016, S. 88.
[5] Vgl. nur BGH JZ 1979, 101 Fn. 36 und die weiteren Beispiele bei *K. Schmidt,* Änderungen im Recht der BGB-Gesellschaft, in Gutachten und Vorschläge zur Überarbeitung des Schuldrechts, hrsg. vom BMJ, Bd. 3, 1983, S. 526 f.; s. auch *Schäfer,* Gutachten E zum 71. DJT, 2016, S. 88; Im Ergebnis wie hier *Müller-Graff* AcP 191 (1991), 475 (483) und Erman/*Westermann* Rn. 1 aE; gegen *K. Schmidt* GesR § 59 III 2c, der für einschr. Interpretation des § 708 als Auslegungsregel plädiert.
[6] EinhM; vgl. Soergel/*Hadding/Kießling* Rn. 2; Staudinger/*Habermeier* (2003) Rn. 15; Bamberger/Roth/*Schöne* Rn. 3; *Müller-Graff* AcP 191 (1991), 475 (494).

rechtspolitische Kritik an § 708 zur Annahme einer stillschweigend vereinbarten Haftungsverschärfung zu kommen,[7] ist freilich zu Recht eine Absage erteilt worden.[8]

Die Vorschrift des § 708 bezieht sich auf **vertragliche** Schadensersatzansprüche von Gesellschaft und Mitgesellschaftern, nicht jedoch auf Sorgfalts- und Aufklärungspflichtverletzungen im Vorfeld eines Gesellschaftsvertragsschlusses.[9] Im Rahmen ihres Anwendungsbereichs schließt sie aber auch die Geltendmachung **deliktischer** Ansprüche wegen derselben schädigenden Handlung aus.[10] Andernfalls würde das Haftungsprivileg auf dem Umweg über § 823 praktisch weitgehend außer Kraft gesetzt.[11] – Zur Frage des Eingreifens des § 708 oder der §§ 677 ff. im Fall der Überschreitung der Geschäftsführungsbefugnis → Rn. 8 ff. 4

II. Anwendungsbereich, Voraussetzungen

1. Personengesellschaften. § 708 beruht auf der engen persönlichen Verbundenheit der Gesellschafter und dem besonderen Vertrauensverhältnis im Rahmen einer Personengesellschaft. Er gilt nicht nur zwischen den Gesellschaftern einer **GbR,** sondern kraft der Verweisung der §§ 105 Abs. 3, 161 Abs. 2 HGB auch zwischen denjenigen einer personalistisch strukturierten **OHG** und **KG.** Auf das Innenverhältnis des nichtrechtsfähigen Vereins wird er wegen dessen andersartiger Struktur trotz der pauschalen Verweisung auf das Recht der GbR in § 54 S. 1 zu Recht nicht angewandt.[12] Gleiches hat für die strukturell dem Verein vergleichbaren Verhältnisse in einer **Publikums-Gesellschaft** zu gelten; zu Recht hat daher der BGH die Anwendung des § 708 auf eine Publikums-KG im Wege teleologischer Reduktion verneint.[13] Aber auch bei sonstigen *kapitalistisch strukturierten*, nicht auf engen persönlichen Bindungen der Gesellschafter und gegenseitigem Vertrauen beruhenden Personengesellschaften ist mit Rücksicht auf den Normzweck (→ Rn. 1) Zurückhaltung gegenüber dem Eingreifen der Haftungsbeschränkung veranlasst.[14] An diesen Grundsätzen hat sich auch der Sorgfaltsmaßstab für die Gesellschafter/Geschäftsführer einer **GmbH & Co. KG** zu orientieren.[15] Es geht nicht um den Vorrang von § 708 oder § 43 GmbHG; das Eingreifen von § 708 richtet sich vielmehr nach der personalistischen oder kapitalistischen Struktur der Gesellschaft. In einer Familien-GmbH & Co. KG können sich daher auch die GmbH-Gesellschafter/Geschäftsführer gegenüber Ansprüchen aus § 43 GmbHG auf das zwischen KG und GmbH geltende, inhaltlich durch die eigenübliche Sorgfalt der GmbH-Organe ausgefüllte Haftungsprivileg berufen.[16] 5

2. Gesellschafterhandeln in Erfüllung gesellschaftsvertraglicher Obliegenheiten. a) Allgemeines. Die Anwendung von § 708 beschränkt sich nicht auf Geschäftsführer. Die Haftungsbeschränkung kommt vielmehr auch sonstigen Gesellschaftern zugute, soweit diese aufgrund des Gesellschaftsvertrags und nicht etwa kraft eines davon zu unterscheidenden Anstellungsverhältnisses für die Gesellschaft tätig werden[17] oder soweit sie auf sonstige Weise als Gesellschafter mit ihr in Verbindung treten und dabei einen Schaden verursachen. Ob die Tätigkeit unentgeltlich oder entgeltlich (Gewinnvoraus) erbracht wird sowie ob die Gesellschaft ideelle oder wirtschaftliche Zwecke verfolgt, 6

---

[7] Vgl. etwa RGZ 143, 212 (215) für den nichtrechtsfähigen Verein.
[8] BGHZ 46, 313 (317) = NJW 1967, 558; *Hueck* OHG § 9, Fn. 10; vgl. auch *Müller-Graff* AcP 191 (1991), 475 (478 f.).
[9] BGH NZG 2012, 31 (33) = ZIP 2011, 2145.
[10] StRspr, vgl. BGHZ 46, 313 (316) = NJW 1967, 558; BGH VersR 1960, 802; NJW 1954, 145; RGZ 66, 363; 88, 317; zur Konkurrenzproblematik → Vor § 823 Rn. 73 *(Wagner)*.
[11] BGHZ 46, 313 (316 f.) = NJW 1967, 558; BGHZ 93, 23 (29) = NJW 1985, 794; Soergel/*Hadding/Kießling* Rn. 7 aE; Bamberger/Roth/*Schöne* Rn. 13. Zur im Ergebnis abw. Beurteilung in den Straßenverkehrsfällen → Rn. 12 ff.; einschr. Erman/*Westermann* Rn. 5.
[12] EinhM; vgl. RGZ 143, 212 (215); Staudinger/*Habermeier* (2003) Rn. 18; Soergel/*Hadding/Kießling* Rn. 2; Erman/*Westermann* Rn. 3; Bamberger/Roth/*Schöne* Rn. 5; zur entsprechenden Anwendung der Norm auf den Stiftungsvorstand (im Ergebnis ablehnend) *Werner* ZEV 2009, 366 (368).
[13] BGHZ 69, 207 (209 f.) = NJW 1977, 2311; BGHZ 75, 321 (327 f.) = NJW 1980, 589; BGH NJW 1995, 1353 (1354); zust. *Hüffer* ZGR 1981, 348 (361 f.); *Grunewald*, FS Kropff, 1997, S. 91 ff.; Erman/*Westermann* Rn. 3; Soergel/*Hadding/Kießling* Rn. 2; Bamberger/Roth/*Schöne* Rn. 6.
[14] So auch *K. Schmidt*, Änderungen im Recht der BGB-Gesellschaft, in: Gutachten und Vorschläge zur Überarbeitung des Schuldrechts, hrsg. vom BMJ, Bd. 3, 1983, S. 526; vgl. *K. Schmidt*, GesR § 59 III 2b.
[15] AA *Krebs*, Geschäftsführerhaftung, 1991, S. 68 ff., 72.
[16] Ebenso *Hüffer* ZGR 1981, 362 f.; etwas zurückhaltender *Nietsch* GmbHR 2014, 348 (355 f.). Für Nichtanwendung von § 708 auf Gesellschaften, an denen juristische Personen beteiligt sind, aber *Ballerstedt* JuS 1963, 258 f.; ebenso für AG & Co. offenbar auch *Otte* NZG 2011, 1013 (1015); dagegen zu Recht Erman/*Westermann* Rn. 3.
[17] RGZ 89, 99 (102); Soergel/*Hadding/Kießling* Rn. 4; Erman/*Westermann* Rn. 4; Staudinger/*Habermeier* (2003) Rn. 5; Bamberger/Roth/*Schöne* Rn. 8.

ist für das Eingreifen von § 708 ohne Bedeutung.[18] Die Vorschrift greift auch ein, soweit es um Leistungsstörungen bei der Erfüllung der Beitragspflichten geht (→ § 706 Rn. 25).

7 § 708 knüpft das Eingreifen der Haftungsbeschränkung daran, dass die schadensverursachende Handlung **bei der Erfüllung der** dem Gesellschafter obliegenden, **durch den Gesellschaftsvertrag begründeten Verpflichtungen** begangen wurde. Diese in ähnlicher Weise in §§ 31, 831 angelegte Begrenzung klammert zunächst solche Schadensverursachungen aus, die lediglich bei Gelegenheit eines Gesellschafterhandelns eingetreten sind, mit ihm aber in keinem unmittelbaren inneren Zusammenhang stehen (→ § 31 Rn. 33 f. *[Arnold]*; → § 831 Rn. 24 ff. *[Wagner]*). Ebenso gilt § 708 nicht für Sorgfaltsverletzungen von Gesellschaftern als Partner eines Unternehmensvertrags[19] oder für solche im Rahmen sog. Drittgeschäfte, die Gesellschafter nicht kraft gesellschaftsvertraglicher Verpflichtung, sondern wie Dritte mit der Gesellschaft schließen (→ § 705 Rn. 202). Dagegen ist eine Ausnahme von § 708 für Schäden aus der Verletzung bloßer **Neben- oder Schutzpflichten** nicht veranlasst.[20] Auch deren Erfüllung gehört zu den aus dem Gesellschaftsvertrag folgenden, den Mitgesellschaftern gegenüber bestehenden Obliegenheiten. Zudem würde es wenig einleuchten, dass die Gesellschafter für die Verletzung von Nebenpflichten schärfer haften sollen als für diejenige von Hauptpflichten.

8 b) **Überschreitung der Geschäftsführungsbefugnis. aa) Meinungsstand.** Die Behandlung der Fälle einer Schadensverursachung durch Handlungen von Geschäftsführern außerhalb der ihnen eingeräumten Geschäftsführungsbefugnis (→ § 709 Rn. 25) oder trotz des Widerspruchs hierzu berechtigter Mitgesellschafter ist seit Jahrzehnten Gegenstand von Auseinandersetzungen. Das **RG** bejahte in diesen Fällen ursprünglich eine verschuldensunabhängige Haftung des Handelnden,[21] ohne die Anspruchsgrundlage zu nennen.[22] Später schränkte es diese Rechtsprechung dahin ein, dass eine Haftung auf der Grundlage des GoA-Rechts nach § 678 die schuldhafte Überschreitung der Geschäftsführungsbefugnis voraussetze.[23] Von *Hueck*[24] wurden diese Grundsätze unter weitgehender Zustimmung der späteren Literatur[25] dahin präzisiert und verfeinert, dass die Prüfung des Verschuldens hinsichtlich der *Überschreitung der Geschäftsführungsbefugnis* nicht nach § 276, sondern auf der Basis von § 708 erfolgen müsse. Nur wenn die Überschreitung nach diesem Maßstab vorwerfbar sei, komme das GoA-Recht mit seiner in § 678 geregelten strikten Haftung bei erkennbarem Handeln gegen den wirklichen oder mutmaßlichen Willen des Geschäftsherrn (der Gesamtheit der Gesellschafter) zum Zuge. Habe der Geschäftsführer demgegenüber bei Prüfung seiner Handlungsbefugnis die eigenübliche Sorgfalt beachtet, so finde Gesellschaftsrecht auf die Geschäftsführung Anwendung; für einen der Gesellschaft bei *Durchführung* der Maßnahme verursachten Schaden müsse der Geschäftsführer nur in den Grenzen des § 708 einstehen. Noch weitergehend lehnte der **BGH**[26] im Anschluss an *Robert Fischer*[27] das Eingreifen von GoA-Recht in Fällen dieser Art generell ab, da die Vorschriften der §§ 677 ff. das Fehlen einer vertraglichen Bindung zwischen Geschäftsführer und Geschäftsherrn voraussetzten und für diesen Fall eine außervertragliche Haftung begründeten. Demgegenüber gehe es bei der Überschreitung von Geschäftsführungsbefugnissen um – ggf. fehlerhaftes –

---

[18] So zutr. bereits GroßkommHGB/*Rob. Fischer*, 3. Aufl. 1967, HGB § 116 Anm. 18; einschr. Erman/*Westermann* Rn. 4 (zehrt Geschäftsführervergütung erheblichen Teil des Überschusses auf, liegt konkludenter Ausschluss des § 708 nahe).
[19] BGH NJW 1980, 231 (232).
[20] So aber für die Verletzung von Schutzpflichten *Schwerdtner* NJW 1971, 1673 (1675) und *Larenz*, FS Westermann, 1974, S. 299 (302 f.) mit der Begründung, dass die Herausbildung derartiger Vertragspflichten durch die Rspr. jedenfalls zu einer Verschlechterung der Geschädigten führe, da dieser seine ursprünglich rein deliktischen Ansprüche früher ohne Rücksicht auf vertragliche Haftungsbeschränkungen durchsetzen konnte. Dagegen zu Recht auch *K. Schmidt* GesR § 59 III 2b; Soergel/*Hadding*/*Kießling* Rn. 4; *Müller-Graff* AcP 191 (1991), 475 (488 f.). Bamberger/Roth/*Schöne* Rn. 8; krit. auch Erman/*Westermann* Rn. 5.
[21] RG LZ 1914, 580 Nr. 9; JW 1930, 705 (706); wN bei *Hueck* OHG § 10 VI 5, Fn. 76 und bei *Häuser*, FS Kraft, 1998, S. 147 (152 f.).
[22] So zutr. *Häuser*, FS Kraft, 1998, S. 147 entgegen der in der Lit. vorherrschenden Verständnis, das RG habe die Haftung auf § 678 gestützt. Vgl. dann aber RGZ 158, 302 (312 f.).
[23] RGZ 158, 302 (313).
[24] OHG § 10 VI 5, S. 142–144.
[25] Soergel/*Hadding*/*Kießling* Rn. 5; Erman/*Westermann* Rn. 7; Staudinger/*Keßler*, 12. Aufl. 1979, Rn. 10; *Müller-Graff* AcP 191 (1991), 475 (487 f.). Im Ergebnis ähnlich – trotz prinzipieller Ablehnung unter Berufung auf BGH WM 1988, 968 (970) – Schlegelberger/*Martens* HGB § 114 Rn. 37. Vgl. auch *dens.* ZHR 147 (1983), 377 (397 ff.).
[26] BGH NJW 1997, 314 (OHG) und schon WM 1988, 968 (970). Vgl. auch BGH WM 1989, 1335 (1339) – Nichtanwendung der GoA-Regeln auf angemaßte Eigengeschäftsführung in der GmbH; zust. Bamberger/Roth/*Schöne* Rn. 16.
[27] GroßkommHGB/*Robert Fischer*, 3. Aufl. 1967, HGB § 116 Anm. 29.

Geschäftsführerhandeln, das zur Schadensersatzpflicht im Fall eines nach § 708 vorwerfbaren Übernahmeverschuldens führe, ohne dass es zusätzlich auf ein Ausführungsverschulden ankomme.[28] Den im Ergebnis entgegengesetzten Standpunkt vertritt *Wiedemann*.[29] Auch er hält zwar den Weg über die GoA-Regeln für nicht gangbar, will aber § 708 auf Geschäftsführerhandeln überhaupt nicht anwenden, soweit nicht alle Gesellschafter an der Geschäftsführung beteiligt sind, sondern diese nach § 710 einzelnen Gesellschaftern übertragen ist.

bb) Stellungnahme. Den Kritikern des RG ist mit der in der Literatur hM darin zuzustimmen, **9** dass der Sorgfaltsmaßstab des § 708 auch dann eingreift, wenn es um die Prüfung der Frage geht, ob dem Gesellschafter die Verletzung der Geschäftsführungsbefugnis vorwerfbar ist. Denn an der Zugehörigkeit der Handlung zum Bereich der (sei es auch unbefugten) **Geschäftsführung** kann, wenn es sich um eine Tätigkeit für die Gesellschaft handelt, kein Zweifel bestehen. Und ebenso steht außer Frage, dass die Prüfung seiner Handlungsbefugnis zu den dem Geschäftsführer obliegenden Verpflichtungen gehört. Nicht zu folgen ist demgegenüber dem Einwand von *Wiedemann*,[30] wonach § 708 in Fällen der nach § 710 auf einzelne Gesellschafter übertragenen Geschäftsführung generell keine Anwendung findet; für eine derartige Restriktion des § 708 gibt es keine überzeugenden Sachgründe.

Was andererseits die Auseinandersetzung zwischen *Hueck* und *Robert Fischer* über die **Haftung** **10** **nach GoA-Recht** im Falle einer nach § 708 *schuldhaften* Überschreitung der Geschäftsführungsbefugnis angeht,[31] so beschränkt sich ihre Bedeutung im Ergebnis darauf, ob der Geschäftsführer sich auch wegen *zusätzlicher* Fehler, die er bei Durchführung der seine Kompetenz überschreitenden Handlung begeht und die auch ihrerseits schadensverursachend wirken, auf § 708 berufen kann (so *Robert Fischer*) oder ob insoweit der allgemeine, im Rahmen des § 678 sogar verschärfte Haftungsmaßstab eingreift (so *Hueck*). Gegen die Lösung von *Robert Fischer* lässt sich zwar nicht einwenden, dass der Geschäftsführer für bewusst eigenmächtiges Handeln stets einzustehen habe und sich zur Rechtfertigung nicht auf Interesse und mutmaßlichen Willen der Mitgesellschafter (§ 677) berufen könne.[32] Denn der Gedanke der Notgeschäftsführung, der der Regelung des § 677 zugrunde liegt, lässt sich auch auf das Geschäftsführungsrecht in der GbR übertragen (→ § 709 Rn. 21). Wohl aber überzeugt der Einwand von *Hueck*,[33] dass die Mitgesellschafter das in § 708 zum Ausdruck kommende besondere Vertrauen in die Tätigkeit des Geschäftsführers auf den Kreis der ihm im Gesellschaftsvertrag übertragenen Geschäfte beschränkt und ihm nicht etwa einen generellen Freibrief in den Grenzen des § 708 ausgestellt haben.[34] Dementsprechend kommt auch der BGH mittlerweile zur Haftung des Geschäftsführers für den Schaden, der der Gesellschaft durch nach § 708 pflichtwidrige Überschreitung der Geschäftsführungsbefugnis entstanden ist, ohne zusätzlich auf ein Ausführungsverschulden in Bezug auf die Schadensverursachung abzustellen.[35]

Dieser zur verschärften Geschäftsführerhaftung führenden Ansicht des BGH ist für den Regelfall **11** zu folgen.[36] Beruht der Schaden allerdings nicht auf der Überschreitung der Geschäftsführungsbefugnis, sondern auf einer davon unabhängigen, erneuten **Schadensverursachung bei späteren Geschäftsführungshandlungen** bezüglich desselben Vermögensgegenstands, so kommt es für die Haftung des Geschäftsführers erneut darauf an, ob er insoweit die eigenübliche Sorgfalt verletzt hat; man denke an den sorgfaltswidrig unterlassenen Versicherungsschutz für eine außerhalb der Geschäftsführungsbefugnis zum Gesamthandsvermögen erworbene, später durch Zufall untergegangene Sache.

c) Handeln im Straßenverkehr. Eine zumal für Gelegenheitsgesellschaften zur gemeinsamen **12** Benutzung eines Kraftfahrzeugs erhebliche **Einschränkung** des Anwendungsbereichs von § 708 wird vom **BGH** seit Mitte der 60er Jahre für solche Schäden an Körper und Eigentum von Mitgesellschaftern gemacht, die durch fehlerhaftes Verhalten des als Geschäftsführer tätigen Gesellschafters im

---

[28] BGH NJW 1997, 314 für OHG; zust. *Häuser*, FS Kraft, 1998, S. 147 (163 ff.).
[29] *Wiedemann* WM 1992, Sonderbeilage 7, S. 16; GesR II § 3 II 2b, S. 190 f.
[30] *Wiedemann* WM 1992, Sonderbeilage 7, S. 16; GesR II § 3 II 2b, S. 190 f.
[31] *Hueck* OHG § 10 VI 5, S. 141–144.
[32] So aber *Hueck* OHG § 10 VI 5 Fn. 83a; wohl auch MüKoHGB/*Rawert* HGB § 114 Rn. 64.
[33] *Hueck* OHG § 10 VI 5 Fn. 83a; wohl auch MüKoHGB/*Rawert* HGB § 114 Rn. 64 – aber Berufung auf rechtmäßiges Alternativverhalten zulässig.
[34] Im Fall BGH WM 1988, 968 (970) kam der BGH denn auch nicht zur Anwendung des § 708 auf das Geschäftsführerhandeln, freilich ohne dass der Grund hierfür aus den Urteilsgründen ersichtlich ist. Klarstellend sodann BGH NJW 1997, 314.
[35] BGH NJW 1997, 314 betr. OHG.
[36] Vgl. schon Staub/*Schäfer* HGB § 114 Rn. 59.

Straßenverkehr verursacht wurden; insoweit soll § 708 nicht eingreifen.[37] Ob die Ausnahme auch auf Schädigungen im Luftverkehr zu erstrecken ist, hat er offen gelassen.[38] Die Rechtsprechung ist in Teilen der Literatur begrüßt worden.[39] Angesichts ihrer zwischenzeitlichen Fortführung und Bestätigung im Rahmen von § 1359 für die ähnlich gelagerte Ehegattenhaftung[40] muss sie als gesicherter Bestand der Auslegung von § 708 angesehen werden.

13   Die verschiedenen für diese Einschränkung von § 708 angeführten **Gründe** vermögen aus gesellschaftsrechtlicher Sicht freilich **nicht zu überzeugen.** Sieht man ab von dem verbreiteten Unbehagen an der Sonderregelung des § 708 (→ Rn. 2), das sich auch in der Straßenverkehrsrechtsprechung des BGH manifestiert, ohne dazu einen besonderen Sachbezug aufzuweisen, so finden sich zu ihrer Begründung im Wesentlichen drei Argumente. Nach einer ersten, vom BGH inzwischen wieder aufgegebenen Ansicht soll § 708 sich nur auf Vermögens- und nicht auf Körperschäden beziehen.[41] Wäre das richtig, so bestünde kein Anlass für eine Sonderbehandlung der im *Straßenverkehr* verursachten Körperschäden. Eine zweite Begründung geht dahin, mit Rücksicht auf die besonderen Gefahren im Straßenverkehr sei eine eingehende Normierung gerade des Verhaltens im Straßenverkehr und seiner Haftungsfolgen getroffen worden; sie beanspruche Geltung auch für die Innenbeziehungen der Gesellschafter.[42] Dem ihr zugrunde liegenden Schluss von der Außenhaftung der Gesellschafter gegenüber geschädigten Dritten auf das Verhältnis zwischen den Gesellschaftern steht allerdings nicht nur dessen Systemwidrigkeit entgegen.[43] Vielmehr sind auch keine überzeugenden Gründe ersichtlich, einem derartigen normativen Sorgfaltsmaßstab zwar im Bereich des Straßenverkehrs den Vorrang vor § 708 zu geben, nicht aber in anderen Fällen der Verletzung deliktischer oder vertraglich (gegenüber Dritten) geschuldeter Sorgfaltspflichten.[44]

14   Als eigentlicher Kern für die Sonderbeurteilung von im öffentlichen Straßenverkehr verursachten Schäden von Mitgesellschaftern bleibt der Grundsatz der **haftungsrechtlichen Gleichbehandlung aller Verkehrsteilnehmer** unter Wahrung des Schadensausgleichs entsprechend den Verantwortungsanteilen (§ 17 StVG);[45] er hat inzwischen auch zur Nichtanwendung des Verweisungsprivilegs des § 839 Abs. 1 S. 2 auf Schäden im Straßenverkehr geführt (→ § 839 Rn. 313 *[Papier]*).[46] Auch wenn dieser Grundsatz Anerkennung verdient, folgt daraus doch nicht die Unanwendbarkeit von § 708 im *Innenverhältnis* zwischen schädigendem und geschädigtem Gesellschafter, sondern nur die Verpflichtung des nicht selbst haftpflichtigen Schädigers zum anteiligen Schadensausgleich gegenüber einem dritten Mitschädiger, soweit nicht die Haftung auch des Dritten entsprechend gemindert wird.[47]

15   Eine *Haftungsverschärfung* gegenüber der durch § 708 eingeschränkten allgemeinen Vertrags- und Deliktshaftung im Innenverhältnis der Gesellschafter ließe sich nach allem nur mit dem Gesichtspunkt der **besonderen Gefahr** im Straßenverkehr[48] und der dem Haftungsmaßstab zukommenden Präven-

---

[37] BGHZ 46, 313 (317 f.) = NJW 1967, 558; BGH VersR 2009, 558 (559); ebenso BGHZ 54, 352 (355) = NJW 1970, 1271 zu § 1359; anders noch BGH VersR 1960, 802. Für Haftungseinschränkung zwischen mehreren an einer gemeinschaftlichen Urlaubsreise Beteiligten im Wege ergänzender Vertragsauslegung (dh letztlich aber für Wiederherstellung der Rechtsfolge von § 708) dann aber BGH JZ 1979, 101.
[38] BGH JZ 1972, 88; dazu *Brandenburg* JuS 1974, 16.
[39] Soergel/*Hadding/Kießling* Rn. 3; *Böhmer* NJW 1969, 595 und JR 1969, 178; *Larenz*, FS Westermann, 1974, S. 299 (306 f.); so zuvor schon *Böhmer* VersR 1960, 943; *Stoll* JZ 1964, 61 und *Hauss*, FS Möhring, 1965, S. 345 (361 f.). Abl. demgegenüber *Hoffmann* NJW 1967, 1207; *Deutsch* JuS 1967, 496 (497); *Schütz* VersR 1968, 633; *Döpp* JR 1969, 14 und NJW 1969, 1472; *Medicus*, FS Deutsch, 2009, S. 883 mit eingehender Begr.; *Müller-Graff* AcP 191 (1991), 475 (489 ff.); Erman/*Westermann* Rn. 6; Bamberger/Roth/*Schöne* Rn. 14.
[40] BGHZ 53, 352 (355) = NJW 1970, 1271; BGHZ 61, 101 (105) = NJW 1973, 1654; BGHZ 63, 51 (57) = NJW 1974, 2124; BGH NJW 2009, 1875 – Unfall beim Wasserski; → § 1359 Rn. 16 ff. *(Roth)* mN zum Meinungsstand im Familienrecht.
[41] So BGHZ 46, 313 (318) = NJW 1967, 558 im Anschluss an *Hauss*, FS Möhring, 1965, S. 345 (361 f.); anders dann BGHZ 53, 352 (354) = NJW 1970, 1271; BGH JZ 1972, 88.
[42] BGHZ 46, 313 (317 f.) = NJW 1967, 588; ebenso *Stoll* JZ 1964, 61 (62); *Larenz*, FS Westermann, 1974, S. 299 (305); *Brandenburg* JuS 1974, 16 (19).
[43] IdS auch *Medicus*, FS Deutsch, 2009, S. 883 (885).
[44] Vgl. die in → Rn. 4 angeführten allg. Grundsätze über die Auswirkung von § 708 auch auf deliktische Ansprüche.
[45] Vgl. hierzu sowie allg. zum Regressproblem → § 840 Rn. 40 *(Wagner)* sowie *Deutsch* JuS 1967, 496 (497); *Hanau* VersR 1967, 516; *Hoffmann* NJW 1967, 1207 und *J. Prölss* JuS 1966, 400.
[46] BGHZ 68, 217 (220 f., 224) = NJW 1977, 1238.
[47] Zust. *Müller-Graff* AcP 191 (1991), 475 (491). Allg. zu diesem Ausgleichsproblem → § 426 Rn. 62 ff., 66 *(Bydlinski)*.
[48] Seine Nichtberücksichtigung bei Entstehung von § 708 betonen zur Begründung der teleologischen Reduktion der Vorschrift BGHZ 46, 313 (318) = NJW 1967, 558 und *Larenz*, FS Westermann, 1974, S. 299 (305 f.); → § 1359 Rn. 19 *(Roth)*; vgl. auch *Deutsch* JuS 1967, 498.

III. Eigenübliche Sorgfalt

1. Sorgfaltsmaßstab. Die Vorschrift des § 708 schränkt die Haftung der Gesellschafter für vertragswidriges Verhalten ein, indem sie an die Stelle der nach § 276 Abs. 2 maßgebenden verkehrserforderlichen Sorgfalt den Maßstab der Sorgfalt **in eigenen Angelegenheiten** setzt (→ § 277 Rn. 2 f. *[Grundmann]*). Die Untergrenze der danach geschuldeten Sorgfalt ist durch § 277 bestimmt: Gegenüber *grobfahrlässigem* Verhalten versagt die Berufung auf die eigenübliche Sorgfalt. Andererseits hat § 708 keine Ausweitung der Haftung über § 276 hinaus zur Folge.[50] Auch ein in eigenen Angelegenheiten ungewöhnlich sorgfältiger Gesellschafter kann nur dann auf Schadensersatz in Anspruch genommen werden, wenn sein Verhalten gemessen am Sorgfaltsmaßstab des § 276 pflichtwidrig war. Zur Bedeutung der Einwilligung der Mitgesellschafter → Rn. 23.

Die Beschränkung des § 708 gilt auch insoweit, als eine **Haftung** des Gesellschafters **für Verschulden Dritter** in Frage steht. So kann er für ein Fehlverhalten von *Erfüllungsgehilfen* (§ 278) nicht weitergehend in Anspruch genommen werden, als wenn er selbst tätig geworden wäre und die Schadensursache gesetzt hätte (→ § 278 Rn. 49 *[Grundmann]*).[51] Zu beachten ist freilich, dass ihn für Angestellte der Gesellschaft, zu deren Einstellung er befugt war, im Innenverhältnis keine Haftung aus § 278 trifft. Im Unterschied zu privat von ihm bestellten Gehilfen sind sie nicht Erfüllungsgehilfen des Geschäftsführers, sondern eben Angestellte der Gesellschaft. Insoweit haftet er dieser gegenüber daher nur für eigenes Verschulden bei Auswahl, Anleitung und Überwachung.[52]

Zu den Fällen **typischen Fehlverhaltens** eines Geschäftsführers gehören insbesondere Verstöße gegen das aus der Treupflicht folgende Gebot uneigennütziger Geschäftsführung (→ § 705 Rn. 226), darunter die Vornahme von Geschäften aus der Gesellschaftssphäre auf eigene Rechnung[53] sowie die Verwendung von Gesellschaftsvermögen im eigenen Interesse.[54] Außerhalb der Geschäftsführung kann die Haftung vor allem im Zusammenhang mit zu vertretender Unmöglichkeit der Schlechterfüllung von Beitragspflichten (→ § 706 Rn. 25 ff.) oder beim Verstoß gegen ein Wettbewerbsverbot praktisch werden.

2. Beweisfragen. Die **Beweislast** für den Nachweis der Schadensverursachung durch den Gesellschafter, der Schadenshöhe sowie des **Fehlverhaltens iSv § 276 Abs. 1** trifft grundsätzlich die Geschädigten, im Regelfall also die *Gesellschaft* (→ Rn. 21). Soweit es um Verstöße der als Geschäftsführer tätigen Gesellschafter in dem ihnen übertragenen Pflichtenkreis geht, greifen als Ausnahme allerdings die ursprünglich in der Rechtsprechung zur Haftung von Organmitgliedern entwickelten, sodann in §§ 93 Abs. 2, 116 AktG verankerten besonderen Beweislastregeln ein.[55] Danach braucht die Gesellschaft nur den Schadenseintritt und dessen Verursachung durch ein Handeln oder Unterlassen des Geschäftsführers nachzuweisen. Mit Rücksicht auf die Rechenschaftspflicht des Geschäftsführers ist es sodann dessen Sache, darzutun und zu beweisen, dass er seine Sorgfaltspflicht erfüllt hat.

Die Darlegungs- und Beweislast für die gegenüber dem objektiven Sorgfaltsmaßstab des § 276 Abs. 1 geringere **eigenübliche Sorgfalt** ist stets Sache des in Anspruch genommenen *Gesellschafters,* nachdem die Gegenseite die klagebegründenden Tatsachen dargetan hat. An den Nachweis sind

---

[49] Auf die Präventivwirkung abstellend etwa BGHZ 53, 352 (356) = NJW 1970, 1271 mwN; ebenso *Böhmer* JR 1969, 178 (179); dies freilich jeweils ohne auf die danach nahe liegende Frage einer Ausdehnung der Grundsätze über den Straßenverkehrsbereich hinaus einzugehen.
[50] EinhM; → § 277 Rn. 3; Staudinger/*Löwisch* (2004) § 277 Rn. 3; Staudinger/*Habermeier* (2003) Rn. 7; Soergel/*Hadding/Kießling* Rn. 7.
[51] Soergel/*Hadding/Kießling* § 713 Rn. 5; *Hueck* OHG § 10 V 2.
[52] Vgl. Staub/*Schäfer* HGB § 114 Rn. 36, 52; zur Frage der Haftung des Geschäftsführers aus § 831 → § 705 Rn. 261.
[53] RGZ 89, 99; BGH NJW 1986, 584; 1989, 2687; zu dem letztgenannten Urteil und zur sog. Geschäftschancenlehre allg. *Kübler/Waltermann* ZGR 1991, 162 ff.; zu Anerkennung der Geschäftschancenlehre auch bei der GbR s. BGH NZG 2013, 216 (217 f.) = ZIP 2013, 361 und OLG Koblenz ZIP 2011, 85 (86). Vgl. auch Staub/*Schäfer* HGB § 114 Rn. 46; Erman/*Westermann* § 709 Rn. 17; *K. Schmidt* GesR § 47 II 2b; zur entspr. Rechtslage im GmbH-Recht Scholz/*Emmerich* GmbHG § 3 Rn. 98; Ulmer/Habersack/Löbbe/*Raiser* GmbHG § 14 Rn. 109.
[54] RGZ 82, 10; weitere Beispiele bei Soergel/*Hadding/Kießling* Rn. 7.
[55] RG JW 1931, 40; 1936, 2313; 1938, 2019 ua; dazu und zum Eingreifen dieser Grundsätze bei der Haftung von Geschäftsführern einer Personengesellschaft vgl. Staub/*Schäfer* HGB § 114 Rn. 64; MüKoHGB/*Rawert* § 114 Rn. 69; Soergel/*Hadding/Kießling* § 713 Rn. 4; zu § 93 Abs. 2 AktG näher MüKoAktG/*Spindler* § 93 Rn. 126 ff.

strenge Anforderungen zu stellen.[56] Der Umstand, dass der Gesellschafter sich durch die schadensbegründende Handlung zugleich selbst geschädigt hat, reicht zum Nachweis der nicht auf den konkreten Schädigungsfall, sondern auf das generelle Verhalten des Schädigers in dem entsprechenden Pflichtenkreis abstellenden Entlastungsvoraussetzungen des § 708 nicht aus.[57]

IV. Rechtsfolgen

21 Schadensersatzansprüche gegen Gesellschafter wegen Verletzung der von diesen im Rahmen des § 708 geschuldeten Sorgfaltspflicht stehen der **Gesellschaft** zu, soweit sich – wie meist – der Schaden auf das Gesamthandsvermögen ausgewirkt hat. Schadensberechtigung und -höhe sowie Durchsetzbarkeit bestimmen sich nach den allgemein für Vertragsverstöße geltenden Haftungsgrundsätzen. Zur Geltendmachung des Anspruchs sind nicht nur die vertretungsberechtigten Geschäftsführer befugt, sondern (im Rahmen der actio pro socio, → § 705 Rn. 204 ff.) auch jeder der übrigen Gesellschafter. Die Klage richtet sich auf Leistung an die Gesellschaft.

22 Ist über den der Gesamthand entstandenen Schaden hinaus oder an dessen Stelle einem oder mehreren **Mitgesellschaftern** unmittelbar ein Schaden aus dem pflichtwidrigen Handeln entstanden, so haben sie insoweit auch persönliche Schadensersatzansprüche gegen den Schädiger (→ § 705 Rn. 198, 216). Wurde der Schaden von einem der Geschäftsführer im Rahmen der ihm übertragenen Aufgaben verursacht, so kann der Geschädigte nach § 278 auch von der Gesellschaft Ersatz verlangen (→ § 705 Rn. 198).

23 Beruht die schadensverursachende Handlung auf einem wirksamen **Beschluss der Gesellschafter** oder haben ihr alle Gesellschafter, sei es auch nachträglich, in Kenntnis der Risiken zugestimmt, so ist trotz eines etwa sorgfaltswidrigen Handelns des Geschäftsführers für Schadensersatzansprüche von Gesamthand oder Mitgesellschaftern abweichend von → Rn. 21 f. grundsätzlich kein Raum. Die Anerkennung eines vom Willen aller Gesellschafter abweichenden, rechtlich geschützten Eigeninteresses der Gesamthand ist bei der GbR abzulehnen. Der Handelnde haftet jedoch, wenn ihm wegen der Herbeiführung des Beschlusses ein Vorwurf zu machen ist, er es namentlich versäumt hat, die Mitgesellschafter ausreichend zu informieren und auf die mit der Maßnahme voraussichtlich verbundenen Risiken hinzuweisen.[58]

§ 709 Gemeinschaftliche Geschäftsführung

(1) Die Führung der Geschäfte der Gesellschaft steht den Gesellschaftern gemeinschaftlich zu; für jedes Geschäft ist die Zustimmung aller Gesellschafter erforderlich.

(2) Hat nach dem Gesellschaftsvertrag die Mehrheit der Stimmen zu entscheiden, so ist die Mehrheit im Zweifel nach der Zahl der Gesellschafter zu berechnen.

Übersicht

	Rn.		Rn.
A. Geschäftsführung	1–37	1. Gesetzliche Regeltypen	13–15
		a) Gesamtgeschäftsführung (§ 709)	13
I. Grundlagen	1–12	b) Einzelgeschäftsführung aller oder mehrerer Gesellschafter (§ 711)	14
1. Regelung der §§ 709–715	1–6	c) Übertragung der Geschäftsführung (§ 710)	15
a) Überblick und Normzweck	1, 2		
b) Systematik	3, 4	2. Abweichende Gestaltungen	16–20
c) Selbstorganschaft	5, 6	a) Allgemeines	16
2. Geschäftsführung	7–11	b) Funktionell beschränkte Einzelgeschäftsführung	17
a) Begriff	7, 8	c) Geschäftsführung in ehemaliger OHG oder KG	18, 19
b) Verhältnis zur Vertretung	9	d) Ausschließung aller Gesellschafter von der Geschäftsführung?	20
c) Abgrenzung zu Grundlagengeschäften und sonstigen allen Gesellschaftern obliegenden Angelegenheiten	10, 11		
3. Gegenstände der Geschäftsführung	12	3. Sonderfälle	21, 22
II. Arten der Geschäftsführungsbefugnis	13–22	III. Umfang der Geschäftsführungsbefugnis	23–25

---

[56] BGH NZG 2013, 1302 = ZIP 2013, 2152 (mit Anm. *Zarth* EWiR 2014, 73 und *Werner*, GmbHR 2013, 1044); BGH NJW 1990, 573 (575); Soergel/*Hadding/Kießling* Rn. 8; Staudinger/*Habermeier* (2003) Rn. 8.

[57] So zutr. BGH NJW 1990, 573 (575); näher Soergel/*Hadding/Kießling* Rn. 8 in Auseinandersetzung mit abw. älterer RG-Rspr.; heute hM, vgl. Bamberger/Roth/*Schöne* Rn. 19; Staudinger/*Habermeier* (2003) Rn. 8.

[58] Staub/*Schäfer* HGB § 114 Rn. 51; *Hueck* OHG § 10 VI 4; Erman/*Westermann* Rn. 9.

	Rn.
1. Maßgeblichkeit des Gesellschaftszwecks	23, 24
2. Überschreitung	25
IV. Rechtsstellung des Geschäftsführers	26–37
1. Allgemeines	26, 27
2. Recht auf Geschäftsführung	28
3. Pflicht zur Geschäftsführung	29–31
4. Vergütung	32–36
5. Sonderaufträge	37
B. Gemeinschaftliche Geschäftsführung nach § 709	38–49
I. Grundsatz der Einstimmigkeit (Abs. 1)	38–44
1. Allgemeines	38–41
2. Zustimmungspflicht?	42–44
II. Mehrheitliche Geschäftsführung (Abs. 2)	45–49
C. Gesellschafterbeschlüsse	50–114
I. Grundlagen	50–70
1. Willensbildung durch Beschluss	50
2. Rechtsnatur des Beschlusses	51, 52
3. Beschlussgegenstände	53–59
a) Arten	53–55
b) Rechtliche Besonderheiten	56–59
4. Stimmrecht	60–64
a) Allgemeines	60–62
b) Vereinbarter Stimmrechtsausschluss	63, 64
5. Stimmrechtsausschluss bei Interessenkollision	65–70

	Rn.
a) Geltungsgrund und Anwendungsbereich	65, 66
b) Bei Rechtsgeschäften mit einem Gesellschafter	67–70
II. Beschlussfassung	71–101
1. Allgemeines	71–73
2. Stimmabgabe	74–80
a) Willenserklärung	74–76
b) Bevollmächtigte	77, 78
c) Vertreterklauseln	79, 80
3. Mehrheitsklauseln	81–95
a) Allgemeines	81, 82
b) Geschäftsführungsbeschlüsse	83
c) Vertragsänderungen	84–94
d) Sonstige Gesellschafterbeschlüsse	95
4. Berechnung der Mehrheit	96, 97
5. Grenzen der Mehrheitsherrschaft	98–101
a) Kernbereich der Mitgliedschaft	98
b) Sonderrechte	99
c) Bewegliche Schranken	100, 101
III. Beschlusswirkungen	102, 103
IV. Mängel der Beschlussfassung	104–114
1. Grundlagen	104
2. Beschlussmängel	105–110
a) Allgemeines	105
b) Verfahrensfehler	106, 107
c) Inhaltsmängel	108
d) Einschränkungen der Nichtigkeit	109
e) Heilung	110
3. Mängel der Stimmabgabe	111, 112
4. Gerichtliche Geltendmachung	113, 114

A. Geschäftsführung

I. Grundlagen

1. Regelung der §§ 709–715. a) Überblick und Normzweck. Die Rechtsfragen der Geschäftsführung und Vertretung in der GbR sind in den Vorschriften der §§ 709–715 geregelt. Die dispositive, insgesamt knapp gefasste Regelung ist angesichts der neueren Entwicklungen und Erkenntnisse betreffend die gesellschaftsrechtliche Gesamthand teilweise überholt. Der Begriff der Geschäftsführung (→ Rn. 7) wird nicht besonders definiert. Die Vertretungsmacht ist nach § 714 auf die Vertretung der Mitgesellschafter – statt auf diejenige der Gesamthand (Gesellschaft) – bezogen. Ungenau ist schließlich auch die Verknüpfung der mehrheitlichen Geschäftsführung in § 709 Abs. 2 mit den allgemeinen Beschlussgrundsätzen im Recht der GbR (vgl. demgegenüber die Trennung zwischen §§ 114, 115 und § 119 HGB im Recht der OHG). Der Unterschied hat namentlich in denjenigen Fällen Bedeutung, in denen nicht Geschäftsführungsbeschlüsse, sondern sonstige Akte der internen Willensbildung der GbR in Frage stehen (→ Rn. 53 ff.).

Im Einzelnen beschränken sich die *Geschäftsführungsvorschriften* der **§§ 709–711** auf die Regelung typischer Ausgestaltungen der Geschäftsführungsbefugnis und ihrer Folgen für die Mitspracherechte der Gesellschafter in Geschäftsführungsangelegenheiten; entsprechend ihrem dispositiven Charakter lassen sie die Privatautonomie im Grundsatz unberührt (→ Rn. 16). **§ 712** ermöglicht die Entziehung oder Niederlegung der Geschäftsführungsbefugnis aus wichtigem Grund. **§ 713** schließlich bringt eine Verweisung auf das Auftragsrecht, soweit es um die Rechtsstellung des Geschäftsführers und um dessen Beziehungen zur Gesamthand geht. Die Verweisung erfasst freilich nur einen Teil der Auftragsregelungen. Sie hat überdies subsidiären Charakter und darf nicht etwa dahin missverstanden werden, dass die Rechtsstellung des Geschäftsführers derjenigen eines Beauftragten im Grundsatz vergleichbar sei (→ § 713 Rn. 1 ff.).

3 **b) Systematik.** Zur **Geschäftsführung** sind nach der Regel des § 709 alle Gesellschafter berufen. Die Geschäftsführung ist *Ausfluss der Gesellschafterstellung* und beruht auch dann, wenn sie einem oder bestimmten Gesellschaftern übertragen ist (§ 710), nicht auf einem Anstellungsverhältnis, sondern unmittelbar auf dem Gesellschaftsvertrag (→ Rn. 26). Dementsprechend führen auch Umgestaltungen der Geschäftsführungsbefugnis jeweils zugleich zu Änderungen des Gesellschaftsvertrags; das gilt auch für einseitige Änderungen iSv § 712. Inhaltlich umfasst die Geschäftsführerstellung grundsätzlich nicht nur das Recht auf, sondern auch die Pflicht zur Geschäftsführung (→ Rn. 29). Es handelt sich um eine **Tätigkeitspflicht zur Förderung des gemeinsamen Zwecks** und damit um eine Beitragspflicht iSv §§ 705, 706 (→ § 706 Rn. 14). Haben Gesellschafter im Gesellschaftsvertrag die Übernahme der Geschäftsführung für sich ausgeschlossen oder haben sich die Beteiligten aus sonstigen Gründen darauf geeinigt, die Geschäftsführung einem oder bestimmten Gesellschaftern zu übertragen, so sind die übrigen grundsätzlich auch später nicht verpflichtet, in deren Übernahme einzuwilligen (→ § 707 Rn. 1).

4 Ausgeübt wird die Geschäftsführung nicht für die Mitgesellschafter je persönlich, sondern für alle Gesellschafter in ihrer gesamthänderischen Verbundenheit, dh also für die personenrechtliche **Gesamthand („Gruppe")** als – bei Außengesellschaften grundsätzlich rechtsfähiger – Personenverband.[1] Rechte und Pflichten aus der Geschäftsführung betreffen nach § 718 Abs. 1 das Gesamthandsvermögen. Die Vorschrift des § 714, wonach ein Gesellschafter im Umfang der Geschäftsführungsbefugnis im Zweifel auch ermächtigt ist, „die anderen Gesellschafter" Dritten gegenüber zu vertreten, steht nicht entgegen. Aus heutiger Sicht ist sie vielmehr missverständlich formuliert, da sie die notwendige Unterscheidung zwischen der Vertretung der Gesellschaft und derjenigen der Gesellschafter persönlich nicht erkennen lässt (hierzu und zur Haftung der Gesellschafter für Gesamthandsverbindlichkeiten → § 714 Rn. 13, 35 ff.).

5 **c) Selbstorganschaft.** Als Teil der Mitgliedschaft ist die *Geschäftsführerstellung* notwendig den *Gesellschaftern vorbehalten*. Im Unterschied zu den Kapitalgesellschaften gilt für die GbR ebenso wie für OHG und KG der **Grundsatz der Selbstorganschaft**.[2] Er schließt es zwar nicht aus, dass *Dritten* im Rahmen eines Anstellungs- oder Auftragsverhältnisses Geschäftsführungsaufgaben übertragen werden. Das kann im Sinne einer „Generalvollmacht" auch in sehr weitgehendem Umfang mit der Folge geschehen, dass sämtliche in der GbR anfallenden Aufgaben erfasst werden. Immer bleibt die Befugnis des Dritten jedoch *abgeleiteter* Natur. Sie steht ihm anders als dem Gesellschafter nicht kraft eigenen Rechts zu und kann ihm daher auch ohne sein Zutun wieder entzogen werden,[3] wobei Entscheidungen zur Publikumsgesellschaft es als ausreichend angesehen haben, dass die vertraglich übertragene Geschäftsführungsbefugnis nur aus wichtigem Grund wieder entziehbar ist (→ Rn. 6). Mit der Geschäftsführerstellung iSd §§ 709–711 ist die Befugnis des Dritten nicht vergleichbar; §§ 712, 713 finden auf ihn keine Anwendung (→ Rn. 20). Die vor allem für OHG und KG lebhaft diskutierte Frage, ob und unter welchen Voraussetzungen vom Grundsatz der Selbstorganschaft ausnahmsweise abgewichen werden kann,[4] ist jedenfalls für das Recht der GbR zu verneinen.[5] Allerdings kann auch in die GbR eine *geschäftsführende GmbH* aufgenommen und dadurch mittelbar

---

[1] Das betont zutr. *Flume* BGB AT I 1 § 10 I in Auseinandersetzung mit der verbreiteten Gegenansicht (Nachweise vgl. aaO S. 129 Fn. 1). Allg. zur (Außen-)Gesellschaft als rechtsfähiger Personenverband und Zuordnungssubjekt des Gesamthandsvermögens nicht nur bei den Personenhandelsgesellschaften, sondern auch im Recht der GbR → § 705 Rn. 303 ff.

[2] Ganz hM, vgl. BGHZ 33, 105 (106 ff.) = NJW 1960, 1997; BGHZ 146, 341 (360) = NJW 2001, 1056; BGH WM 1994, 237 (238); für einen Sonderfall relativierend BGH NJW 1982, 1817 – Holiday Inn. Aus der Lit. iSd hM Soergel/*Hadding/Kießling* Rn. 22; *Flume* BGB AT I 1 § 14 VIII; *Wiedemann* GesR I § 6 IV 1; *Wiedemann* GesR II § 4 II 2c, S. 333; Staub/*Schäfer* HGB § 109 Rn. 33 f., § 114 Rn. 9 f.; MüKoHGB/*Rawert* § 114 Rn. 23; vgl. auch Staudinger/*Habermeier* (2003) Rn. 12; Bamberger/Roth/*Schöne* Rn. 4; *Heidemann*, Der zwingende und dispositive Charakter des Prinzips der Selbstorganschaft bei Personengesellschaften, 1999; *Werra*, Selbstorganschaft, 1991, S. 109 f. mwN der Gegenansicht; zweifelnd *K. Schmidt* GesR § 14 II 2; *ders.*, GS Knobbe-Keuk, 1997, S. 307 ff.; einschr. auch Erman/*Westermann* Rn. 4 für Abdingbarkeit; und *Grunewald* GesR 1.A Rn. 41 ff. Grundlegend aA in jüngerer Zeit besonders *Beuthien* ZIP 1993, 1589 (1595 ff.).

[3] BGHZ 36, 292 (294) = NJW 1962, 738; BGH NJW 1982, 1817; WM 1994, 237; für Publikumsgesellschaften in der Rechtsform der GbR vgl. BGH NJW 1982, 877; 1982, 2495; 1982, 2495 f.

[4] So namentlich *Teichmann*, Gestaltungsfreiheit in Gesellschaftsverträgen, 1970, S. 116 ff.; *H. P. Westermann* Vertragsfreiheit S. 153 ff., 445 ff.; *Reinhardt/Schultz* GesR Rn. 167 ff. Vgl. auch Erman/*Westermann* Rn. 3 sowie *Heidemann*, Selbstorganschaft, 1999, S. 106 ff. und *Werra*, Selbstorganschaft, 1991, S. 101 ff.

[5] So offenbar auch BGHZ 33, 105 (107) = NJW 1960, 1997; OLG Frankfurt ZIP 2014, 875 (876 f.) = NZG 2014, 418 (keine Bestellung eines Notgeschäftsführers durch Registergericht analog § 29 BGB) und dazu *Schodder* EWiR 2014, 549; aA für die Dauer eines Rechtsstreits über den Entzug der Geschäftsführungs- und Vertretungsbefugnis des Alleingeschäftsführers *Flume* BGB AT I 1 § 14 VIII S. 242 f. Zum Ganzen → Rn. 20.

Fremdorganschaft ermöglicht werden. – Zum Sonderfall der Geschäftsführung im Abwicklungsstadium → § 730 Rn. 47.

Wie erwähnt (→ Rn. 5), hat die Rechtsprechung den Grundsatz der Selbstorganschaft für **Publi- 6 kumsgesellschaften** am stärksten eingeschränkt (→ Vor § 705 Rn. 3a), ohne ihn freilich aufzugeben oder insofern eine besondere Ausnahme zu reklamieren.[6] Der BGH hat nicht nur die dauernde Ausübung der Geschäftsführung durch im Gesellschaftsvertrag benannte Dritten toleriert;[7] vielmehr hat er sogar den Ausschluss des Widerrufs der Vollmacht des Drittgeschäftsführers für die Dauer des Anstellungsvertrags zugelassen, zugleich aber das Recht der Gesellschafter zum Widerruf der Vollmacht aus wichtigem Grund durch einfachen Mehrheitsbeschluss sowie zur außerordentlichen Kündigung des Anstellungsvertrags hervorgehoben.[8] Als zulässig wurde überdies angesehen, dass die gesamte Geschäftsführung im Wege des Geschäftsbesorgungsvertrages auf einen Dritten übertragen wird, solange nur die Gesellschafter die organschaftliche Geschäftsführungsbefugnis behalten und somit den Vertrag mindestens aus wichtigem Grund kündigen können.[9] Dass Fragen der Selbstorganschaft bei Publikumsgesellschaften in verstärktem Maße auftreten, ist nicht zuletzt darin begründet, dass die Geschäftsführung dort häufig in den Händen von Personen liegt, die zum Kreis der Initiatoren gehören, jedoch nicht selbst Gesellschafter sind. Solange die organschaftliche Geschäftsführungsbefugnis der (bzw. wenigstens eines) Gesellschafter(s) erhalten bleibt und die Gesellschaft somit die Geschäftsführung zumindest aus wichtigem Grund wieder an sich ziehen kann, lässt sich diese Rechtsprechung (gerade noch) mit den allgemeinen Grundsätzen der Selbstorganschaft vereinbaren und kann insofern akzeptiert werden.[10]

2. Geschäftsführung. a) Begriff. Als Geschäftsführung ist jede zur Förderung des Gesellschafts- 7 zwecks bestimmte, für die Gesamthand wahrgenommene Tätigkeit zu verstehen, mit Ausnahme solcher Maßnahmen, die die Grundlagen der Gesellschaft betreffen (→ Rn. 10 f.).[11] Darauf, ob es um Handlungen tatsächlicher oder rechtsgeschäftlicher Natur geht, ob die Tätigkeit sich auf das Innenverhältnis beschränkt oder ob sie Außenwirkungen hat, namentlich in der Vertretung der Gesellschaft Dritten gegenüber besteht (→ Rn. 9), kommt es für ihre Zugehörigkeit zur Geschäftsführung nicht an. Demgegenüber ist die *Beitragsleistung* zwar ebenfalls zur Förderung des Gesellschaftszwecks bestimmt, von der Geschäftsführungstätigkeit für die Gesellschaft jedoch im Grundsatz dadurch zu unterscheiden, dass es bei ihr um die Erfüllung einer persönlichen Verpflichtung des Beitragsschuldners gegenüber der GbR geht. Soweit freilich ein Geschäftsführer mit seiner Tätigkeit für die Gesellschaft zugleich seiner entsprechenden Beitragspflicht genügt, fallen Beitragsleistung und Geschäftsführung de facto zusammen; das hat insbesondere für Sozietäten von *Freiberuflern* Bedeutung.[12] Zur Vereinbarkeit der Behandlung der Freiberufler-Tätigkeit als Geschäftsführung mit dem in § 6 Abs. 2 PartGG verankerten Prinzip unabhängiger Ausübung eines Freien Berufs → PartGG § 6 Rn. 13 ff.

Von der Geschäftsführung als einer Tätigkeit im Interesse der Gesellschaft zu unterscheiden ist 8 die **Geschäftsführungsbefugnis,** dh das Recht des Gesellschafters zum Handeln für die Gesamthand (sein „rechtliches Dürfen"). Ihre Ausgestaltung und ihr Umfang richten sich nach gesellschaftsvertraglicher Vereinbarung, bei deren Fehlen nach Gesellschaftszweck und gesetzlicher Regel (§ 709).

---

[6] Nicht jedoch suspendiert; wie hier Bamberger/Roth/*Schöne* Rn. 6; abw. Erman/*Westermann* Rn. 4, der hieraus die Abdingbarkeit des Grundsatzes ableitet; für Zulassung der Fremdorganschaft in derartigen Fällen auch *Arlt* NZG 2002, 407 (409 ff.); unklar Staudinger/*Habermeier* (2003) Rn. 12 – Durchbrechung des Grundsatzes der Selbstorganschaft durch die Rspr.

[7] Vgl. BGH NJW 1982, 877; 1982, 2495.

[8] BGH NJW 1982, 2495 f.; BGHZ 188, 233 Rn. 21 = NZG 2011, 583; BGH NZG 2014, 303 Rn. 21 ff. – Mehrheitsbeschluss ausreichend.

[9] BGH NJW 2006, 2980 (2981) – XI. ZS – Übertragung der Geschäftsführungsbefugnis per Geschäftsbesorgungsvertrag möglich, sofern Gründungsgesellschafter organschaftliche Vertretungsbefugnis behalten; allemal zu weit noch die Vorgängerentscheidung BGH ZIP 2005, 1361 (1363) = BeckRS 2005, 3951; mit Recht krit. dazu *Habersack* BB 2005, 1695; *Ulmer* ZIP 2005, 1341 (1343). Den Ansatz bestätigend BGH ZIP 2011, 909 (911) (II. ZS) – ausreichend, dass Geschäftsbesorger an Vorgaben des Gesellschaftsvertrages und Weisungen der Gesellschafter gebunden ist; diese Rspr. ohne Weiteres auf ein gewöhnliche GbR übertragend BGH FGPrax 2011, 106 (V. ZS).

[10] Vgl. auch *Wertenbruch* in Westermann/Wertenbruch PersGesR-HdB I. Teil § 18 Rn. 353b.

[11] Ähnlich die Definition bei Soergel/*Hadding/Kießling* Rn. 3; Erman/*Westermann* Rn. 5 f.; Staudinger/*Habermeier* (2003) Rn. 1 f.; Bamberger/Roth/*Schöne* Rn. 3; *Hueck* OHG § 10 I 1. Sachliche Unterschiede kommen den Formulierungsabweichungen nicht zu.

[12] So für die Freiberufler-GbR zutr. *Michalski*, Gesellschafts- und Kartellrecht der freien Berufe, 1989, S. 202; *Steindorff*, FS Robert Fischer, 1979, S. 747 (750); der Sache nach auch BGHZ 56, 355 (358) = NJW 1971, 1801. Für strikte Trennung zwischen Berufsausübung (= Beitragsleistung) in der Anwalts-GbR und Geschäftsführung aber *Gail/Overlack*, Anwaltsgesellschaften, 2. Aufl. 1996, S. 41 f.

Um Geschäftsführung handelt es sich grundsätzlich auch dann, wenn Geschäftsführer bei ihrer Tätigkeit die Grenzen ihrer *Befugnisse überschreiten* (→ Rn. 25). Kannten sie die Überschreitung oder hätten sie sie nach Maßgabe von § 708 erkennen müssen, so bestimmen sich die Rechtsfolgen ihres Handelns gegenüber der Gesellschaft nach den Vorschriften über die Geschäftsführung ohne Auftrag (→ § 708 Rn. 8 ff., 10).

9 **b) Verhältnis zur Vertretung.** Die Vertretung der Gesamthand gegenüber Dritten ist keine qualitativ von der Geschäftsführung zu unterscheidende Tätigkeit, sondern derjenige **Teilbereich der Geschäftsführung,** der das *rechtsgeschäftliche Außenhandeln* der Geschäftsführer umfasst. Die verbreitet anzutreffende Gegenüberstellung von Geschäftsführung als Handeln im Innenverhältnis und Vertretung als Außenhandeln ist daher unzutreffend.[13] Wohl aber ist – ähnlich wie zwischen Auftrag und Vollmacht – zwischen Geschäftsführungsbefugnis und Vertretungsmacht zu unterscheiden. Jene bestimmt das „rechtliche Dürfen", diese das „rechtliche Können". Zwar richtet sich bei der GbR, anders als bei OHG und KG (§ 126 Abs. 2 HGB), der *Umfang* der Vertretungsmacht im Zweifel nach demjenigen der Geschäftsführungsbefugnis (§ 714). Dieser Zusammenhang bezieht sich aber nur auf deren generelle Ausgestaltung. Er geht nicht so weit, die Vertretungsmacht schon dann zu verneinen, wenn einzelne, an sich vom Gesellschaftszweck gedeckte Geschäftsführungsmaßnahmen sich wegen der Besonderheiten des Einzelfalls (Widerspruch von Mitgesellschaftern, Sorgfaltspflichtverletzung ua) als Überschreitung der Geschäftsführungsbefugnis erweisen (→ § 714 Rn. 25, 28).

10 **c) Abgrenzung zu Grundlagengeschäften und sonstigen allen Gesellschaftern obliegenden Angelegenheiten.** Nicht zur Geschäftsführung gehören schließlich alle diejenigen Maßnahmen, die die Grundlagen der Gesellschaft, insbesondere deren Struktur und Organisation, betreffen.[14] Darauf, ob sie sich in einer (formellen) Vertragsänderung manifestieren oder bloß faktisch in die bestehende Struktur oder Organisation der Gesellschaft eingreifen, kommt es nicht an; die Unterscheidung dient vielmehr dem Schutz der Mitgesellschafter vor der Umgestaltung der Gesellschaftsgrundlagen durch Handlungen der hierzu nicht berufenen Geschäftsführer. Entsprechendes gilt auch für andere, meist wiederkehrende Angelegenheiten, die von sämtlichen Gesellschaftern zu entscheiden sind. Für sie fehlt angesichts ihres Auffangcharakters bislang ein plastischer Begriff (→ Rn. 11). Bei den Grundlagengeschäften geht es um Angelegenheiten, die der Gestaltung durch die **Gesamtheit der Gesellschafter** im Rahmen des Gesellschaftsvertrags vorbehalten sind.[15] Dessen jeweilige Ausgestaltung bildet die Basis der Geschäftsführung. Sie steht nicht zur Disposition der Geschäftsführer, soweit ihnen nicht ausnahmsweise im Gesellschaftsvertrag eine entsprechende Ermächtigung eingeräumt ist. So hat es die Rechtsprechung insbesondere bei Publikumsgesellschaften zugelassen, dass das Recht zur Auswahl neuer Gesellschafter auf die Gesellschaft selbst und damit indirekt auf deren Geschäftsführer übertragen werden kann.[16] Der von der Rechtsprechung hierbei gelegentlich verwendete Begriff der „Ermächtigung" der Geschäftsführer durch sämtliche Gesellschafter[17] ist allerdings unscharf; richtigerweise führt diese Ermächtigung dazu, dass der Beitrittsvertrag – wie bei der Körperschaft – zwischen Gesellschaft und Gesellschafter geschlossen wird, wodurch er in den Aufgabenbereich der Geschäftsführer fällt.[18]

11 **Beispiele:**
Zu den grundsätzlich der Regelung im Gesellschaftsvertrag vorbehaltenen **Grundlagengeschäften** gehören die Bestimmungen über Art, Umfang und Aufteilung der Geschäftsführungsbefugnis, über Gegenstand und Änderungen des Gesellschaftszwecks sowie über Veräußerung des wesentlichen Gesellschaftsvermögens, über Beitragserhöhungen, über Änderungen der Rechtsform sowie über Auflösung und deren Folgen.[19] Eine **besondere Kategorie** bilden Beschlüsse in sonstigen, wiederkehrenden Angelegenheiten wie die Entlastung der Geschäftsführer, Wahlen zu fakultativen Gesellschaftsorganen oder die Wahl des Abschlussprüfers; nach der neueren Rechtsprechung gehört hierzu auch die Feststellung des Jahresabschlusses: Es handelt sich demnach zwar nicht (mehr) um eine Grundlagenentscheidung, andererseits fällt sie aber auch nicht in die Kompetenz der Geschäftsführer, sondern ist von sämtlichen Gesellschaftern zu beschließen; der BGH spricht, nicht ganz glücklich, von einer „den Gesell-

---

[13] So zu Recht namentlich *Hueck* OHG § 10 I 2; wie hier auch *Wiedemann* GesR II § 4 1b, S. 330.
[14] EinhM; vgl. statt aller Soergel/*Hadding/Kießling* Rn. 11 f. mwN; vgl. auch *dens.*, FS Lutter, 2000, S. 851 (859 f.).
[15] Dazu *Wiedemann* ZGR 1996, 286 (292 f.); *ders.* GesR II § 4 I 1c, S. 295 f.
[16] BGHZ 63, 338 (344 f.); BGH BB 1976, 15 (16); NJW 1978, 1000; ferner BGH NJW 1973, 1604; 1975, 1022; dazu näher *Wiedemann* ZGR 1996, 286 (296 f.); *Schäfer* ZHR 170 (2006), 373 (383 f.) – Zu Möglichkeiten und Grenzen einer Ermächtigung der Geschäftsführer, eine Beitragserhöhung vorzunehmen, → § 707 Rn. 2.
[17] So etwa BGHZ 63, 338 (345); BGH WM 1976, 15 (16).
[18] *Wiedemann* ZGR 1996, 286 (296 f.); *Schäfer* ZHR 170 (2006), 373 (384).
[19] Vgl. näher Staub/*Schäfer* HGB § 114 Rn. 15 f.; dazu auch *Wiedemann* ZGR 1996, 293; *ders.* GesR II § 4 I 1a, S. 294.

schaftern obliegende Angelegenheit der laufenden Verwaltung".[20] Soweit sich Organisationsmaßnahmen demgegenüber im Rahmen des Gesellschaftsvertrags und des darin festgelegten gemeinsamen Zwecks halten, sind sie grundsätzlich[21] der **Geschäftsführungsebene** zuzurechnen, unabhängig von ihrem gewöhnlichen oder ungewöhnlichen Charakter.[22] Ältere Literaturansichten, die auf eine darüber hinausgehende Einschränkung des Geschäftsführungsbereichs unter genereller Ausklammerung organisatorischer Maßnahmen schließen lassen,[23] mögen auf einer Vermengung von Geschäftsführungstätigkeit und -befugnis beruhen. Auf das der Gesellschaftergesamtheit vorbehaltene Recht der (formellen oder faktischen) Vertragsänderung lassen sie sich jedenfalls nicht stützen.

3. Gegenstände der Geschäftsführung. Sie sind nach dem zuvor Gesagten (→ Rn. 7, 9) **12** außerordentlich vielfältig und entziehen sich daher einer abschließenden oder auch nur repräsentativen Aufzählung. Für die Zugehörigkeit zur Geschäftsführung maßgebend sind vielmehr Funktion und Zweckbestimmung der jeweiligen Tätigkeit (→ Rn. 7). Im Einzelnen fallen hierunter einerseits **tatsächliche Handlungen** für die Gesellschaft, seien sie organisatorischer, betriebsleitender oder ausführender Art (Buchführung und Rechnungslegung, Schriftwechsel, Planung und Gestaltung der Geschäftsabläufe und des Personaleinsatzes), andererseits **Rechtsgeschäfte** namens der Gesellschaft wie die Einstellung von Personal oder der Abschluss von Verträgen mit Dritten sowie schließlich die **Prozessführung** im Interesse der Gesellschaft. Zur Geschäftsführung gehört auch die Geltendmachung von Sozialansprüchen (→ § 705 Rn. 201) gegenüber Gesellschaftern, darunter die Einziehung von Beiträgen oder die Durchsetzung von Schadensersatzansprüchen. Soweit Mitgesellschafter im Rahmen der actio pro socio (→ § 705 Rn. 204) derartige Ansprüche geltend machen, nehmen auch sie der Sache nach Funktionen der Geschäftsführung wahr. Aus der Qualifizierung einer Maßnahme als Geschäftsführungstätigkeit folgt allerdings nicht schon die Befugnis des Gesellschafters, die Maßnahme zu treffen (→ Rn. 8).

II. Arten der Geschäftsführungsbefugnis

1. Gesetzliche Regeltypen. a) Gesamtgeschäftsführung (§ 709). Sie gilt beim Fehlen abwei- **13** chender Vereinbarungen im Gesellschaftsvertrag. Dabei bedarf es nach § 709 Abs. 1 grundsätzlich der **Einstimmigkeit** aller Gesellschafter, dh entweder ihres gemeinsamen Handelns oder der Zustimmung der Mitgesellschafter zum Tätigwerden eines von ihnen. Abweichend hiervon kann nach § 709 Abs. 2 die Gesamtgeschäftsführung im Gesellschaftsvertrag auch dem **Mehrheitsprinzip** unterstellt werden. In diesem Fall ist das jeweilige Tätigwerden eines oder mehrerer Gesellschafter zur Förderung des Gesellschaftszwecks bereits dann zulässig, wenn die Mehrheit sich für die betreffende Maßnahme ausgesprochen hat; ein Widerspruchsrecht der Minderheit besteht nicht. Wegen der Einzelheiten → Rn. 38 ff.

b) Einzelgeschäftsführung aller oder mehrerer Gesellschafter (§ 711). Sie kann – auch **14** stillschweigend[24] – im Gesellschaftsvertrag vereinbart werden; eine Notwendigkeit hierfür kann sich bei Freiberufler-Sozietäten aus berufsrechtlichen Gründen ergeben (→ PartGG § 6 Rn. 16 ff.). Das Gewollte ist durch Auslegung zu ermitteln. Wer sich auf Einzelgeschäftsführung beruft, trägt hierfür wegen des Abweichens von der Grundnorm des § 709 Abs. 1 die Darlegungs- und Beweislast. Die Regelung des § 711 entspricht dem für OHG und KG geltenden Grundmodell des § 115 Abs. 1 HGB. Funktionell ist die Einzelgeschäftsführung mit der Gesamtgeschäftsführung deshalb verwandt, weil den ebenfalls geschäftsführungsbefugten Mitgesellschaftern durch das Recht zum Widerspruch auch hier ein – freilich eingeschränktes – Mitspracherecht zusteht und sie dadurch die Möglichkeit haben, von ihnen nicht gebilligte Maßnahmen zu verhindern (→ § 711 Rn. 1 ff.).

c) Übertragung der Geschäftsführung (§ 710). Sie setzt voraus, dass im Gesellschaftsvertrag **15** entweder bestimmte Gesellschafter mit der Geschäftsführung betraut oder andere davon ausgeschlossen werden. Entscheidend ist die *Beschränkung* der Geschäftsführungsbefugnis *auf einen* **Teil der Gesellschafter.** Ob diese als Gesamt- oder als Einzelgeschäftsführer handeln sollen, bestimmt sich

---

[20] BGHZ 170, 283 = NJW 2007, 1685 Ls. b; anders – für Grundlagencharakter – noch BGH NJW 1999, 571 (572). Allg. zur Kategorie der sonstigen, den Gesellschaftern obliegenden Angelegenheiten Staub/*Schäfer* HGB § 119 Rn. 14.
[21] Vorbehaltlich abweichender Vereinbarung im Gesellschaftsvertrag, vgl. BGH NJW 1999, 571 (572).
[22] Zur fehlenden Differenzierung zwischen gewöhnlichen und ungewöhnlichen Geschäften (§ 116 Abs. 1, 2 HGB) im Recht der GbR → Rn. 24; für Behandlung eines Eingehens einer stillen Beteiligung als Geschäftsführungsmaßnahme zutr. RGZ 153, 371 (373).
[23] Vgl. etwa RGRK/*v. Gamm* Rn. 2: „Maßnahmen, die die Grundlagen der Gesellschaft und die Gestaltung ihrer Organisation betreffen", sowie solche, „die die Rechtsbeziehungen der Gesellschafter zueinander zum Gegenstand haben"; Staudinger/*Keßler*, 12. Aufl. 1979, Vor § 709 Rn. 7: „alle Fragen organisatorischer Art".
[24] BGHZ 16, 394 (396 f.) = NJW 1955, 825.

ebenfalls nach dem Gesellschaftsvertrag. Schweigt er zu diesem Punkt und ist sein Schweigen auch nicht durch Auslegung zu beheben, so gilt nach § 709 Gesamtgeschäftsführung der zu Geschäftsführern bestellten Gesellschafter (→ § 710 Rn. 1 ff.).

16 **2. Abweichende Gestaltungen. a) Allgemeines.** Die Regelungen der §§ 709–711 sind vorbehaltlich des Grundsatzes der Selbstorganschaft (→ Rn. 5) in vollem Umfang *dispositiver Natur*. Ob und welche von der Grundnorm des § 709 Abs. 1 abweichende Geschäftsführungsgestaltung die Beteiligten getroffen haben, ist nach den allgemein für Gesellschaftsverträge geltenden Auslegungsgrundsätzen zu ermitteln (→ § 705 Rn. 171 ff.) Ebenso wie im Fall der §§ 710, 711 (→ Rn. 14, 15) bedarf es auch für die Wahl sonstiger Gestaltungen keiner ausdrücklichen Regelung oder der Einhaltung einer bestimmten Form. Wohl aber muss der auf eine Abweichung von § 709 gerichtete übereinstimmende Wille der Parteien unzweideutig erkennbar sein, sei es aus dem **Gesellschaftsvertrag** selbst, sei es aus einem **Gesellschafterbeschluss** oder aus einer im Einverständnis aller Gesellschafter praktizierten **langjährigen Übung** (→ § 705 Rn. 56). Hierfür reicht es freilich nicht aus, dass die Geschäftsführer untereinander, ohne Billigung durch die übrigen, nicht an der Geschäftsführung beteiligten Gesellschafter, nach einer bestimmten Geschäftsaufteilung verfahren, indem sie sich etwa gegenseitig ermächtigen, im kaufmännischen oder im technischen Bereich, im Ein- oder Verkauf je allein tätig zu werden. Derartige Absprachen können die zu den Gesellschaftsgrundlagen gehörende Ausgestaltung der Geschäftsführung als solche (→ Rn. 10) und die ihr entsprechende, grundsätzlich gemeinsame Verantwortung aller Geschäftsführer nicht modifizieren.[25] Sie sind vielmehr als *Maßnahmen interner Arbeitsteilung* zu verstehen, die im Sinne einer generell erteilten Zustimmung der übrigen Geschäftsführer (§ 709 Abs. 1) zu einer bestimmten Art von Geschäften das Alleinhandeln des jeweiligen Gesamtgeschäftsführers ermöglichen sollen. Auch insoweit sind sie freilich nur dann beachtlich, wenn nicht der Gesellschaftsvertrag ein solches Vorgehen in Abweichung von echter Gemeinschaftstätigkeit ausschließt.

17 **b) Funktionell beschränkte Einzelgeschäftsführung.** Sie ist die am häufigsten anzutreffende Abweichung von den Regelungsmodellen der §§ 709–711. Inhaltlich zielt sie darauf ab, an Stelle gemeinschaftlicher Verantwortung und entsprechender Mitsprache aller Geschäftsführer eine funktionelle, nach **Tätigkeitsbereichen** unterschiedliche Aufteilung der Geschäftsführung zu begründen.[26] Sind im Gesellschaftsvertrag oder durch Gesellschafterbeschluss etwa Produktion, Vertrieb, Verwaltung ua je einem oder bestimmten Gesellschaftern zur Wahrnehmung zugewiesen, so ist im Zweifel davon auszugehen, dass es sich um eine je *ausschließliche Zuweisung* dieser Gebiete handelt mit der Maßgabe, dass den für andere Ressorts zuständigen Mitgeschäftsführern insoweit kein Widerspruchsrecht zusteht, sie aber auch keine Mitverantwortung tragen. Gehen einzelne Maßnahmen oder Rechtsgeschäfte über die Zuständigkeit eines Ressorts hinaus oder ist die Ressortzuständigkeit im Gesellschaftsvertrag auf Vorgänge geringerer Bedeutung begrenzt, so gilt im Übrigen mangels abweichender Vertragsgestaltung gemeinsame Geschäftsführungsbefugnis der mehreren beteiligten bzw. sämtlicher Geschäftsführer (§ 709).

18 **c) Geschäftsführung in ehemaliger OHG oder KG.** Kommt es infolge Änderung des Gesellschaftszwecks oder Schrumpfung des unter gemeinsamer Firma betriebenen Gewerbes ausnahmsweise zur Umwandlung einer OHG oder KG in eine GbR (→ § 705 Rn. 11), so soll sich nach Ansicht des **BGH** dadurch die bisher geltende **Geschäftsführungsregelung nicht ändern**.[27] Ebenso soll die nach Gesellschaftsvertrag und angestrebter Rechtsform vorgesehene Geschäftsführungsbefugnis auch dann maßgebend sein, wenn die Eintragung einer als KG beabsichtigten Gesellschaft im Handelsregister an deren nicht unter § 105 Abs. 2 HGB fallenden Geschäftsbetrieb scheitert.[28] Dem einzigen als Komplementär vorgesehenen Gesellschafter soll in der GbR abweichend von § 709 somit Alleingeschäftsführungsbefugnis auch dann zustehen, wenn der Gesellschaftsvertrag für diesen Fall – wie meist – keine Vorsorge getroffen hat.

19 Der Ansicht des BGH ist trotz der an ihr in Teilen der Literatur geübten Kritik[29] **im Grundsatz zu folgen** (→ § 705 Rn. 14).[30] Zwar trifft angesichts des Durchbruchs der Akzessorietätstheorie

---

[25] So zutr. *Hueck* OHG § 10 II 2, S. 120; ebenso Erman/*Westermann* Rn. 8.
[26] Dazu *Schwamberger* BB 1963, 279; Soergel/*Hadding/Kießling* Rn. 21; Staudinger/*Habermeier* (2003) Rn. 13; Bamberger/Roth/*Schöne* Rn. 22; *Wiedemann* GesR II § 4 II 3a aa, S. 336 f. sowie BGHZ 16, 394 (396 f.) = NJW 1955, 825.
[27] BGH NJW 1971, 1968 – Zweckänderung; vgl. dazu auch *Stimpel* ZGR 1973, 73 (80 ff.), sowie allg. zur Fortgeltung von OHG-Recht bei Umwandlung einer OHG in eine GbR schon BGH NJW 1960, 1664 (1666).
[28] BGH WM 1972, 21 (22) – Geschäftsbetrieb war nicht auf den Umfang eines [voll-]kaufmännischen Gewerbes iSv § 1 Abs. 2 HGB aF angelegt.
[29] Vgl. namentlich *Beyerle* NJW 1972, 229 und BB 1973, 1376; *Kornblum* BB 1972, 1032; ferner Staudinger/*Habermeier* (2003) Rn. 14.
[30] So für den Fall der „Schrumpfung" des Geschäftsbetriebs auch *K. Schmidt* BB 1973, 1612 (1613).

(→ § 714 Rn. 33 f.) der Einwand der Kritiker zu, durch Verlust der Kommanditistenstellung infolge der Umwandlung vergrößere sich das aus der Alleingeschäftsführung folgende Haftungsrisiko der Mitgesellschafter erheblich. Die Kritiker unterstellen jedoch zu Unrecht Fähigkeit und Bereitschaft der ehemaligen oder potentiellen Kommanditisten, an der Geschäftsführung mitzuwirken. Auch für eine schematische Differenzierung der Umwandlungsfälle danach, ob sie auf einer Schrumpfung des Geschäftsbetriebs oder einer Zweckänderung der Gesellschaft beruhen, und für eine Beschränkung der BGH-Lösung auf den ersten Fall[31] ist kein Raum. Zunächst ist die „Schrumpfung" des Geschäftsbetriebs bei der eingetragenen Gesellschaft seit 1998 nur noch insoweit relevant, als die Gesellschaft nach Verringerung des Geschäftsumfangs nicht einmal mehr ihr eigenes Vermögen verwaltet.[32] Überdies geht es in beiden Fällen der Sache nach um ein Problem der *ergänzenden Vertragsauslegung*, sofern es an einer ausdrücklichen oder stillschweigenden Geschäftsführungsregelung der Parteien für den Fall der Umwandlung fehlt. Dabei sprechen die besseren Gründe im Zweifel dafür, die Geschäftsführungsvereinbarungen trotz Änderung der Rechtsform fortgelten zu lassen.[33] Sollte sich für die Geschäftsführung ausgeschlossene Gesellschafter das Haftungsrisiko im Einzelfall gleichwohl als unzumutbar erweisen, so bleibt ihnen das Recht zur Kündigung aus wichtigem Grund, wenn die Mitgesellschafter nicht bereit sind, ihrem Verlangen nach Vertragsänderung Rechnung zu tragen. Entsprechendes gilt wegen § 6 Abs. 3 PartGG auch für den Fall, dass die Eintragung einer Partnerschaft (vgl. § 7 Abs. 1 PartGG) scheitert.

d) Ausschließung aller Gesellschafter von der Geschäftsführung? Sie ist entgegen einer 20 namentlich früher verbreiteten Ansicht[34] **unzulässig.**[35] Die Übertragung der Geschäftsführung im Gesellschaftsvertrag an einen Dritten wäre unvereinbar mit dem Grundsatz der Selbstorganschaft (→ Rn. 5). Wird ein *Dritter* zum Geschäftsführer bestellt, so handelt es sich rechtlich gesehen nur um eine – dem einseitigen Widerruf unterliegende – *Beauftragung des Dritten* im Rahmen eines Anstellungsverhältnisses (→ Rn. 5). Die Geschäftsführung selbst liegt demgegenüber – als Gesamtgeschäftsführung (§ 709) – in den Händen der Gesellschafter, die im Fall entsprechender Willensübereinstimmung entweder selbst handeln oder dem Dritten Weisungen erteilen können (→ Rn. 6).[36] Damit stimmen im Ergebnis auch die Vertreter der Gegenansicht überein, freilich mit der unzutreffenden Begründung, in einem solchen einvernehmlichen Vorgehen der Gesellschafter liege eine konkludente Änderung der Vereinbarung über den Ausschluss der Gesellschafter von der Geschäftsführung.[37]

3. Sonderfälle. Außerhalb der gesetzlich bzw. vertraglich geregelten Geschäftsführungsbefugnis 21 kann in Einzelfällen eine Befugnis zur **Notgeschäftsführung** analog § 744 Abs. 2 gegeben sein (→ § 705 Rn. 206). Über den Wortlaut dieser Vorschrift hinaus ist sie nicht nur dann anzuerkennen, wenn die fraglichen Maßnahmen zur Erhaltung eines bestimmten Gegenstands des Gesamthandsvermögens notwendig sind. Vielmehr greift sie auch dann ein, wenn der *Gesellschaft* selbst eine akute *Gefahr droht* und zu ihrer Abwendung rasches Handeln erforderlich ist.[38] Auf § 744 Abs. 2 kann sich jeder Gesellschafter berufen, auch der von der Geschäftsführung ausgeschlossene. Die Notgeschäftsführungsbefugnis umfasst auch das Recht des Gesellschafters, ein Recht der Gesellschaft im eigenen Namen geltend zu machen; Vertretungsmacht für die Gesellschaft ist damit nicht verbunden.[39] – *Weitere Fälle* eines zulässigen Geschäftsführungshandelns außerhalb der gesetzlich oder vertraglich eingeräumten Geschäftsführungsbefugnis bilden die actio pro socio (→ § 705 Rn. 204) und die nach

---

[31] *K. Schmidt* BB 1973, 1612 (1613) und DB 1971, 2345.
[32] Führt die Gesellschaft ihre Geschäfte in verringertem Umfang fort, bleibt sie gemäß § 5 HGB OHG. Verwaltet sie nur noch ihr eigenes Vermögen, gilt das Gleiche aufgrund einer analogen Anwendung des § 5 HGB, vgl. Staub/*Schäfer* HGB § 131 Rn. 13.
[33] Ebenso Soergel/*Hadding/Kießling* Rn. 20;/*Schöne* Rn. 23.
[34] Vgl. *Hueck* OHG § 10 II 2, S. 119 sowie die Nachweise bei Soergel/*Hadding/Kießling* Rn. 22.
[35] Vgl. näher Staub/*Schäfer* HGB § 114 Rn. 9, 36; Staub/*Habersack* HGB § 125 Rn. 5 f.; ebenso Soergel/ *Hadding/Kießling* Rn. 22; MüKoHGB/*Rawert* § 114 Rn. 24; wohl auch Staudinger/*Habermeier* (2003) Rn. 12; für Abdingbarkeit hingegen Erman/*Westermann* Rn. 4. Ausf. Nachweise bei *Werra*, Selbstorganschaft, 1991, S. 95 f.
[36] BGH NJW 1982, 877; s. auch OLG Frankfurt ZIP 2014, 875 (876) = NZG 2014, 418 – keine Bestellung eines Notgeschäftsführers analog § 29 HGB; dazu *Schodder* EWiR 2014, 549.
[37] So etwa *Hueck* OHG § 10 II 2, S. 120.
[38] Vgl. BGHZ 17, 181 (183) = NJW 1955, 1027; BayObLG 1990, 2468 (2469) – in concreto verneinend; LG Bonn WM 1992, 22 (24); Erman/*Westermann* Rn. 8; *Hueck* OHG § 10 II 7; *Flume* BGB AT I 1 § 15 II 1, Fn. 17. Vgl. aber auch die einschränkende Tendenz in § 744, 745 Rn. 50 *(K. Schmidt)*; offenlassend noch RGZ 158, 302 (311).
[39] BayObLG ZIP 1980, 904; vgl. ferner OLG Düsseldorf NZG 2012, 1148 – Prozessführungsbefugnis lässt sich aus § 744 Abs. 2 nur herleiten, wenn gerade die Klage zur Erhaltung von Substanz oder Wert des Gegenstands der Gesellschaft erforderlich ist.

§ 677 zulässige Geschäftsführung ohne Auftrag. – Zur grundsätzlichen Unanwendbarkeit von § 432 auf die Einziehung von Gesamthandsforderungen → § 719 Rn. 11.

22 Eine die Geschäftsführung im **Liquidationsstadium** betreffende Sonderregelung findet sich schließlich in § 730 Abs. 2. Danach ist die Liquidation unabhängig von der Ausgestaltung der laufenden Geschäftsführung grundsätzlich Sache aller Gesellschafter, auch der bisher von der Geschäftsführung ausgeschlossenen (→ § 730 Rn. 40).

III. Umfang der Geschäftsführungsbefugnis

23 **1. Maßgeblichkeit des Gesellschaftszwecks.** Von der Qualifikation einer Handlung als Maßnahme der Geschäftsführung (→ Rn. 7) sowie von den Arten der Geschäftsführungsbefugnis (→ Rn. 13 ff.) zu unterscheiden ist der **sachliche Umfang** der Geschäftsführungs*befugnis*. Er gibt Antwort auf die Frage, ob die betreffende, nicht der Grundlagen-, sondern der Geschäftsführungsebene zugehörende Handlung des oder der Geschäftsführer von der durch den Gesellschaftsvertrag erteilten Ermächtigung erfasst ist. Soweit der Vertrag hierüber keine besonderen Absprachen enthält, indem er etwa wichtige Geschäfte an die Zustimmung der Mitgesellschafter bindet, richtet sich der Umfang der Geschäftsführungsbefugnis nach dem **Gesellschaftszweck.** Da die Geschäftsführung der Förderung dieses Zwecks zu dienen hat (→ Rn. 13), begrenzt er auch die den Geschäftsführern zustehende Befugnis zum Handeln für die Gesellschaft.[40] – Zur Überschreitung → Rn. 25.

24 Eine Differenzierung zwischen **gewöhnlichen** und **außergewöhnlichen Geschäften,** wie sie der Vorschrift des § 116 Abs. 2 HGB zugrunde liegt, ist im dispositiven Recht der GbR nicht vorgesehen.[41] Soweit nicht der Gesellschaftsvertrag derartige Beschränkungen enthält, erstreckt sich die Geschäftsführungsbefugnis daher auch auf ungewöhnliche Handlungen. Dies freilich nur dann, wenn die fraglichen Maßnahmen sich im Rahmen der Förderung des Gesellschaftszwecks halten und nicht zu einer Veränderung der Vertragsgrundlagen führen (→ Rn. 10). *Nicht* mehr durch die Geschäftsführungsbefugnis gedeckt sind daher etwa Änderungen im Mitgliederbestand sowie solche Handlungen, die wie der Verkauf des gesamten Gesellschaftsvermögens oder der für die Zweckverfolgung wesentlichen Aktiva zur **stillen Liquidation der Gesellschaft** führen. Demgegenüber gibt es keine allgemeinen Schranken nach Art von § 116 Abs. 3 HGB hinsichtlich der Vollmachtserteilung für das Personal. Auch über deren Zulässigkeit entscheidet mangels abweichender Vertragsgestaltung das Kriterium der Förderung des Gesellschaftszwecks.

25 **2. Überschreitung.** Zur Überschreitung der Geschäftsführungsbefugnis kann es einerseits dann kommen, wenn die Maßnahme nicht mehr durch die Förderungspflicht gedeckt ist oder wenn sie die Gesellschaftsgrundlagen berührt (→ Rn. 23). Daneben kommt eine Verletzung der Geschäftsführungsbefugnis aber auch im Hinblick auf das Verhalten der Mitgesellschafter in Betracht, so wenn deren nach §§ 709, 710 S. 2 erforderliche Zustimmung fehlt oder wenn einer von ihnen nach § 711 einer geplanten Maßnahme rechtzeitig und wirksam widersprochen hat.[42] – Zu den Folgen der Überschreitung für die Verantwortlichkeit des Geschäftsführers → § 708 Rn. 8 ff.; zur Frage der Vertretungsmacht bei fehlender Geschäftsführungsbefugnis → § 714 Rn. 24, 28.

IV. Rechtsstellung des Geschäftsführers

26 **1. Allgemeines.** Als Folge der Mitgliedschaft (→ Rn. 3) ist die Geschäftsführerstellung von derjenigen eines Angestellten klar zu unterscheiden.[43] Die mit ihr verbundenen Rechte und Pflichten sind **gesellschaftsrechtlicher Art;** eine vertraglich vereinbarte Geschäftsführervergütung ist aus steuerlichen Gründen im Zweifel kein Entgelt, sondern Gewinnvoraus (→ Rn. 32). Soweit der Gesellschaftsvertrag keine abweichenden Vereinbarungen enthält, bestimmen sich die Rechtsbeziehungen des Geschäftsführers zur Gesamthand nach dispositivem Gesellschaftsrecht. Seine **Haftung** ist nach § 708 auf Verletzung der eigenüblichen Sorgfalt beschränkt.[44] Für Rechnungslegung, Aufwendungsersatz ua gilt das nach § 713 subsidiär anwendbare Auftragsrecht. Bei dessen Heranziehung ist freilich auf die gesellschaftsrechtlichen Besonderheiten Rücksicht zu nehmen (→ § 713 Rn. 2, 7 ff.). – Zur Möglichkeit eines Gesellschafters, sich nicht als Geschäftsführer, sondern im Rahmen

---

[40] Staudinger/*Habermeier* (2003) Rn. 3.
[41] EinhM, vgl. Soergel/*Hadding/Kießling* Rn. 14; Erman/*Westermann* Rn. 5; Bamberger/Roth/*Schöne* Rn. 15; Staudinger/*Habermeier* (2003) Rn. 3.
[42] Näher *Glasenapp,* Verletzung der Geschäftsführungsbefugnisse eines Gesellschafters der Personengesellschaft, 1970, S. 23 ff. Dazu auch Soergel/*Hadding/Kießling* Rn. 14; Bamberger/Roth/*Schöne* Rn. 18 f.
[43] RGZ 142, 13 (18).
[44] Zur Geschäftsführerhaftung in der Personengesellschaft *Podewils* BB 2014, 2632 ff.

eines Drittgeschäfts mit der Gesellschaft zur Erbringung von Dienstleistungen zu verpflichten, → Rn. 37.

Als Geschäftsführer einer GbR kommt grundsätzlich auch ein **Minderjähriger** in Betracht.[45] 27
Zu denken ist namentlich an Fälle, in denen abweichend von § 727 Abs. 1 Anteile, mit denen sich nach dem Gesellschaftsvertrag Geschäftsführungsbefugnis verbindet, vererblich gestellt sind und beim Tod von Gesellschaftern auf noch nicht volljährige Erben übergehen. Problematisch ist hier nicht die Erlangung der Geschäftsführungsbefugnis, sondern die Entscheidung der Frage, ob der Minderjährige selbst als Geschäftsführer handeln kann oder ob er hierfür seines gesetzlichen Vertreters bedarf, wobei dieser bei fehlender Gesellschafterstellung freilich nur mit Zustimmung der Mitgesellschafter in Angelegenheiten der GbR tätig werden könnte.[46] Ihre Beantwortung richtet sich für **tatsächliche Handlungen** nach der Reife und Einsichtsfähigkeit des Minderjährigen.[47] Für **Rechtsgeschäfte** namens der Gesamthand kommt es wegen deren auch den Minderjährigen selbst betreffenden Haftungsfolgen darauf an, ob ihm entsprechend § 112 Abs. 1 vom gesetzlichen Vertreter mit Genehmigung des Familiengerichts eine Ermächtigung zum selbstständigen Handeln für die GbR generell erteilt ist[48] oder ob der gesetzliche Vertreter im jeweiligen Einzelfall seine Einwilligung bzw. Genehmigung zu dem fraglichen Rechtsgeschäft nach Maßgabe von §§ 107, 108 gegeben hat.

2. Recht auf Geschäftsführung. Das Recht auf Geschäftsführung folgt nach § 709 grundsätzlich 28
aus der Gesellschafterstellung (→ Rn. 3). Zu seiner Begründung bedarf es daher abweichend vom Kapitalgesellschaftsrecht keiner besonderen Bestellung der Gesellschafter als Geschäftsführer. Auch kann die Geschäftsführungsbefugnis – vom Sonderfall des § 712 abgesehen – nicht einseitig entzogen werden, soweit der Gesellschaftsvertrag nicht derartige Gestaltungsrechte für die Mitgesellschafter vorsieht (zu den Anforderungen an die Konkretisierung der Eingriffsvoraussetzungen → Rn. 92; → § 712 Rn. 22). Mit dem Recht auf Geschäftsführung wäre es namentlich **unvereinbar,** aus § 713 iVm § 665 auf ein grundsätzliches **Weisungsrecht** der Mitgesellschafter oder der Gesellschafterversammlung gegenüber den Geschäftsführern zu schließen (→ § 713 Rn. 7). Diese können zwar aufgrund der verweigerten Zustimmung oder des Widerspruchs von Mitgeschäftsführern nach Maßgabe der §§ 709–711 an der Vornahme bestimmter Handlungen gehindert, nicht aber zu einem bestimmten Tätigwerden gezwungen werden. Ein *Vorbehalt* gilt neben der Vereinbarung von *Mehrheitsbeschlüssen* in Geschäftsführungsangelegenheiten nach § 709 Abs. 2 (→ Rn. 45 ff.) nur für diejenigen Fälle, in denen die *Treupflicht* ein Einschreiten des Geschäftsführers im Gesellschaftsinteresse erfordert (→ § 705 Rn. 226). – Zum Sonderfall des minderjährigen Geschäftsführers, der nur mit Hilfe seines gesetzlichen Vertreters handeln kann, → Rn. 27.

3. Pflicht zur Geschäftsführung. Dem Recht auf Geschäftsführung entspricht grundsätzlich 29
eine Pflicht zum Tätigwerden für die Gesellschaft einschließlich der Ausübung eines Zustimmungs- oder Widerspruchsrechts, soweit der Gesellschaftsvertrag nicht im Einzelfall Abweichendes bestimmt.[49] Der Geschäftsführer ist zwar nicht gehindert, im Rahmen des durch den Gesellschaftszweck Gebotenen Mitarbeiter einzustellen und sich ihrer zur Durchführung der laufenden Geschäfte zu bedienen. Eine Übertragung von Geschäftsführerstellung oder -aufgaben auf einen Dritten iS einer Substitution nach § 664 Abs. 1 S. 2 ist aber ausgeschlossen.[50] Das folgt nicht nur aus der Verweisung auf § 664 Abs. 1 S. 1 in § 713, sondern auch aus dem Grundsatz der Selbstorganschaft und der dem Gesellschaftsvertrag vorbehaltenen Regelungskompetenz für die Ausgestaltung der Geschäftsführung (→ Rn. 5, 8). Die Leitung der Gesellschaft und die damit verbundene Verantwortung bleiben daher auch in denjenigen Fällen den Geschäftsführern vorbehalten, in denen sie die laufenden Aufgaben durch Angestellte ausführen lassen.

---

[45] Soergel/*Hadding/Kießling* Rn. 7; Erman/*Westermann* Rn. 12; Bamberger/Roth/*Schöne* Rn. 13.
[46] *Gogos*, Geschäftsführung der OHG, 1953, S. 70 ff.; aA *Hueck* OHG § 20 V 1a, S. 307, der beim Fehlen gesellschaftsvertraglicher Regelungen für diesen Fall ein Recht des gesetzlichen Vertreters zum Tätigwerden bejaht, so auch Erman/*Westermann* Rn. 12. Zuzustimmen ist *Hueck* allerdings insoweit, als er (S. 307–309) einerseits eine Pflicht des gesetzlichen Vertreters zum Tätigwerden grds. verneint, andererseits die gesellschaftsrechtliche Treupflicht im Fall von dessen Tätigwerden auch auf den Vertreter erstreckt. – Vgl. zur Zustimmungsbedürftigkeit der Vertretung eines Geschäftsunfähigen auf Grund einer *Vorsorgevollmacht*, *Schäfer* ZHR 175 (2011), 557 (567–569); allg. zur Vorsorgevollmacht → § 705 Rn. 124a ff.
[47] Soergel/*Hadding/Kießling* Rn. 7; Erman/*Westermann* Rn. 12.
[48] Zur Anwendbarkeit von § 112 auch auf Geschäftsführungstätigkeiten von Minderjährigen in einer Personenhandelsgesellschaft vgl. *Hueck* OHG § 20 V 1a, S. 306.
[49] EinhM; vgl. RGZ 142, 13 (18); Soergel/*Hadding/Kießling* Rn. 8; Erman/*Westermann* Rn. 16; *Hueck* OHG § 10 V 1.; unter Haftungsaspekten *Podewils* BB 2014, 2632 ff.
[50] OGH SJZ 1948, 751 (754); Soergel/*Hadding/Kießling* Rn. 8; Bamberger/Roth/*Schöne* Rn. 12; *Hueck* OHG § 10 V 2; *Gogos*, Geschäftsführung der OHG, 1953, S. 22 ff.

30 Von der Pflicht zur Geschäftsführung zu unterscheiden ist die Konkretisierung der **Anforderungen an die Geschäftsführungstätigkeit**.[51] Insoweit steht zunächst außer Zweifel, dass die Geschäftsführer zwar aufgrund der Treupflicht zur *uneigennützigen Tätigkeit* verpflichtet sind; sie müssen ihre eigenen Interessen dem gemeinsamen Zweck grundsätzlich unterordnen (→ § 705 Rn. 226). Im Übrigen liegt die Entscheidung der Geschäftsführer über die Art und Weise, wie sie den gemeinsamen Zweck fördern, innerhalb der ihnen durch die Pflicht zu sorgfältiger Geschäftsführung gesetzten Grenzen (→ § 708 Rn. 18, 21 ff.) jedoch grundsätzlich in ihrem *Ermessen*. Sowenig sie hierbei Weisungen von Mitgesellschaftern unterliegen (→ Rn. 28), sowenig ist es grundsätzlich auch Sache der Gerichte, bei Uneinigkeit zwischen zwei oder mehr Geschäftsführern eine Entscheidung über die Vornahme bestimmter Maßnahmen zu treffen, auch wenn diese objektiv zur Förderung des gemeinsamen Zwecks geeignet sind.[52] Ein gerichtliches Einschreiten im Rahmen einer Klage auf Zustimmung zu einer Geschäftsführungsmaßnahme bzw. auf Feststellung der Pflichtwidrigkeit des Widerspruchs kommt nur bei Ermessensmissbrauch in Betracht (→ Rn. 42 f.; → § 711 Rn. 11). – Zur Möglichkeit der Entziehung der Geschäftsführungsbefugnis im Falle ihres dauernd oder schwerwiegend missbräuchlichen Gebrauchs → § 712 Rn. 10.

31 Die Pflicht zur Geschäftsführung findet ihre **Grenze** in denjenigen Fällen, in denen der Gesellschafter durch *Krankheit* oder andere *unverschuldete Umstände* an der Führung der Geschäfte verhindert ist.[53] Zu solchen die gesellschaftsrechtliche Pflicht einschränkenden Umständen gehört mit Rücksicht auf Art. 48 Abs. 2 S. 1 GG auch die Ausübung eines Abgeordnetenmandats.[54] Die nicht zu vertretende Verhinderung begründet weder eine Schadensersatzpflicht des Gesellschafters wegen Nichterfüllung, noch gibt sie – vorbehaltlich abweichender Vertragsabreden – der Gesellschaft einen Anspruch auf Ersatzleistung (→ § 706 Rn. 25, 29). Wohl aber kann sie Folgen für die vereinbarte Geschäftsführervergütung als Teil der Gewinnverteilung haben (→ Rn. 34). Ist die Verhinderung nicht nur vorübergehender Art, so kann je nach Lage des Falles auch die Entziehung der Geschäftsführungsbefugnis (→ § 712 Rn. 10 a. a. 1), der Ausschluss des Gesellschafters (§ 737) oder die Auflösung der Gesellschaft (§§ 723 Abs. 1 S. 2, 726) in Betracht kommen. Auch der betroffene Gesellschafter kann nach Maßgabe von § 712 Abs. 2 die Geschäftsführung kündigen, wenn ihm die Beibehaltung der Geschäftsführerstellung und die Erfüllung der damit verbundenen Pflichten unzumutbar geworden ist (→ § 712 Rn. 25).

32 **4. Vergütung.** Die Geschäftsführertätigkeit beruht auf der Gesellschafterstellung und ist daher keine entgeltliche Dienstleistung. Ein Anspruch auf Vergütung nach §§ 611 Abs. 1 Hs. 2, 612 Abs. 1 scheidet somit aus.[55] Ebenso ist für eine Vergütung unter dem Gesichtspunkt des Aufwendungsersatzes (§§ 713, 670) meist kein Raum. Wohl aber kann eine Geschäftsführervergütung **im Gesellschaftsvertrag** vereinbart werden.[56] Bedeutung kommt ihr insbesondere in den Fällen zu, in denen nicht alle Gesellschafter gleichmäßig an der Geschäftsführung beteiligt sind und die Tätigkeitspflicht auch kein Äquivalent für das von anderen Gesellschaftern zur Verfügung gestellte Kapital bildet. Rechtlich handelt es sich bei der Vergütungsregelung nicht um die Vereinbarung eines Entgelts für die Leistung von Diensten, sondern um eine *Gewinnverteilungsabrede*.[57] Dies entspricht auch der steuerlichen Behandlung; demnach kann der Gesamtgewinn der Mitunternehmerschaft nicht durch eine Geschäftsführervergütung gemindert werden, gleichviel ob es sich um einen Gewinnvoraus oder eine Sondervergütung handelt.[58] Die Vergütungsvereinbarung kann auch stillschweigend getroffen

---

[51] So zu Recht *Flume* BGB AT I 1 § 15 II 1, S. 263: „Die Pflicht zur Entscheidung ist nicht gleichzusetzen mit der Verpflichtung zu einem bestimmten Inhalt der Entscheidung.".
[52] BGH NJW 1972, 862; Soergel/*Hadding/Kießling* Rn. 16. Den Gesichtspunkt der Privatautonomie der Gesellschafter in Geschäftsführungsangelegenheiten betont besonders nachdrücklich *Flume* BGB AT I 1 § 15 II.
[53] Vgl. BGHZ 43, 384 (387) = NJW 1965, 1958 – keine Schadensersatzpflicht, wenn Untätigkeit auf Krankheit oder anderen unverschuldeten Umstände beruht.
[54] BGHZ 43, 384 (387) = NJW 1965, 1958. Vgl. dazu auch *Bettermann* BB 1967, 270; *Flume* BGB AT I 1 § 10 II, S. 134; *Hueck* OHG § 10 IV 2, Fn. 59a; Erman/*Westermann* Rn. 16; krit. *Konzen* AcP 172 (1972), 317.
[55] Vgl. etwa OLG Brandenburg DB 2007, 1130.
[56] Vgl. dazu BGHZ 44, 40 (41 f.) = NJW 1965, 1960; OLG Koblenz WM 1986, 590 (591); OLG Brandenburg DB 2007, 1130; Soergel/*Hadding/Kießling* § 713 Rn. 12.
[57] Das wird nicht immer klar gesehen; wie hier *Riegger* DB 1983, 1909 (1910); OLG Koblenz WM 1986, 590 (591). Vgl. aber auch BGH NJW 1963, 1051 (1052) – Vergütungsabrede im Gesellschaftsvertrag als Vereinbarung dienstvertragsähnlicher Art; sowie Soergel/*Hadding/Kießling* § 713 Rn. 13; Erman/*Westermann* Rn. 14 – Gewinnvoraus für die nur schwer ein anderes Verständnis angenommen werden kann; *K. Schmidt* GesR § 59 III 3a; Schlegelberger/*Martens* HGB § 114 Rn. 24; OLG Brandenburg DB 2007, 1130 – sowohl dienstvertragliche Gehaltsvereinbarung als auch Gewinnverteilungsregelung möglich; ebenso Bamberger/Roth/*Schöne* Rn. 14 – Frage der Auslegung im Einzelfall; MüKoHGB/*Rawert* HGB § 114 Rn. 79; *Wiedemann* GesR II § 4 II 4a, S. 341. – Für Pfändbarkeit einer erfolgsunabhängigen Tätigkeitsvergütung nach den für Arbeitseinkommen geltenden Grundsätzen OLG Düsseldorf MDR 1970, 934.
[58] Vgl. nur Schmidt/*Wacker*, 34. Aufl. 2015, EStG § 15 Rn. 440.

werden. Nach der Rechtsprechung[59] soll das schon dann anzunehmen sein, wenn die einem Gesellschafter übertragenen Dienste über das Maß des Üblichen hinausgehen. Als nicht ausreichend wurde es hingegen angesehen, dass von mehreren Gesellschaftern nur einige Geschäftsführer sind.[60]

Inhaltlich kann die Vergütung entweder in einer entsprechenden *Erhöhung des prozentualen* 33 *Gewinnanteils* des oder der Geschäftsführer bestehen oder aber – wie namentlich bei Personenhandelsgesellschaften, aber auch bei Freiberufler-Sozietäten – in einem festen oder erfolgsabhängigen, als *Gewinnvoraus* des oder der Geschäftsführer zu behandelnden, periodisch zu zahlenden Geldbetrag.[61] Frage der Vertragsauslegung ist es, ob die Vergütung auch in den Jahren zu zahlen ist, in denen entweder der von der Gesellschaft erzielte Gewinn hinter der Höhe der Vergütung zurückbleibt oder die Gesellschaft sogar Verluste erwirtschaftet. Für die Bejahung spricht namentlich die Vereinbarung einer *festen,* in regelmäßige Teilbeträgen zu zahlenden Vergütung.[62] Sie wirkt sich im Innenverhältnis dahin aus, dass auf die nicht an der Geschäftsführung beteiligten Mitgesellschafter rechnerisch ein höherer Verlustbetrag entfällt, als es ihrem Anteil am (negativen) Geschäftserfolg ohne Berücksichtigung der Vergütung entsprechen würde.

Ist der Gesellschafter nicht nur kurzfristig an der Wahrnehmung seiner Geschäftsführerpflichten 34 **verhindert,** so fragt sich, ob und in welchem Umfang ein *Vergütungsanspruch,* der ihm mit Rücksicht auf die Pflicht zur Geschäftsführung vertraglich eingeräumt wurde, *durchsetzbar* bleibt. In Rechtsprechung und Literatur wird insoweit teilweise auf § 616 Abs. 1 verwiesen;[63] jedoch stehen die von einem Dienstvertragsentgelt deutlich zu unterscheidende Rechtsnatur der Tätigkeitsvergütung und die Besonderheiten der Geschäftsführerstellung nicht nur der unmittelbaren, sondern auch einer analogen Anwendung dieser Vorschrift entgegen.[64] Soweit bestimmte, feste oder erfolgsabhängige Zahlungen im Gesellschaftsvertrag als Tätigkeitsvergütung für die Geschäftsführer vorgesehen sind, wird meist schon die *Vertragsauslegung* dazu führen, dass sie nur so lange zu gewähren sind, als auch die den Zahlungsgrund bildende Geschäftsführung von dem Gesellschafter wahrgenommen wird[65] oder dieser bei nur vorübergehender Verhinderung für die erforderliche Ersatzkraft sorgt.[66] Lässt sich im Auslegungswege keine Lösung finden, so bleibt die Vertragsanpassung wegen Änderung der Geschäftsgrundlage (→ Rn. 36).

Ist die Verhinderung des Geschäftsführers durch einen **Dritten** verursacht und haftet dieser auf 35 **Schadensersatz,** so ist nach den allgemein für die Begrenzung einer Vorteilsausgleichung geltenden Grundsätzen (→ § 249 Rn. 228 ff. *[Oetker]*)[67] seine Ersatzpflicht gegenüber dem geschädigten Gesellschafter nicht dadurch ausgeschlossen oder gemindert, dass die Geschäftsführervergütung an diesen weitergezahlt wird. Der geschädigte Gesellschafter kann vom Dritten als eigenen Schaden auch denjenigen Teil des der Gesellschaft durch den Ausfall seiner Arbeitskraft entstehenden Schadens ersetzt verlangen, der ihn durch anteilige Gewinnminderung, Wegfall der Geschäftsführervergütung oder vertragliche Pflicht zur Stellung einer Ersatzkraft unmittelbar betrifft.[68] Der Gesellschaft selbst

---

[59] BGH Z 17, 299 (301) = NJW 1955, 1277; RGZ 170, 392 (396).
[60] OLG Koblenz WM 1986, 590 (591).
[61] Zu Ausgestaltung und Inhalt von Vergütungsansprüchen vgl. BGH WM 1986, 1556 (1557); *Ganssmüller,* Tätigkeitsvergütung, 1961, insbes. S. 4 ff.; Staub/*Schäfer* HGB § 114 Rn. 47 f.; *Hueck* OHG § 17 II 3.
[62] Für Qualifizierung einer auch in Verlustjahren zu zahlenden Vergütung als gesellschaftsrechtlicher Ausgleichsanspruch analog §§ 713, 670 BGB, § 110 HGB *Bork* AcP 184 (1984), 465 (478). Vgl. auch OLG Brandenburg DB 2007, 1130 (1131).
[63] BGH (VI. ZS) NJW 1963, 1051 (1052); *Ganssmüller* NJW 1965, 1948 (1949); *Hüttemann,* Leistungsstörungen bei Personengesellschaften, 1998, S. 358 ff.; im Grundsatz wohl auch Soergel/*Hadding/Kießling* § 713 Rn. 14; zust. bei dienstvertraglicher Grundlage MüKoHGB/*Rawert* HGB § 114 Rn. 79.
[64] Dazu näher Staub/*Schäfer* HGB § 114 Rn. 49; so auch OLG Koblenz DB 1980, 247 (248); Erman/*Westermann* Rn. 15; Schlegelberger/*Martens* HGB § 114 Rn. 27.
[65] BGHZ 10, 44 (53) = NJW 1953, 1548; Staub/*Schäfer* HGB § 114 Rn. 49; im Grundsatz auch Soergel/*Hadding/Kießling* § 713 Rn. 14; einschr. wohl OLG Koblenz DB 1980, 247 (249).
[66] BGH DB 1972, 2201 (2202).
[67] Vgl. dazu Staudinger/*Schiemann* (2005) § 249 Rn. 132 ff. Die hM leitet dieses Ergebnis aus den zur Lohnfortzahlung nach § 616 entwickelten Grundsätzen ab, BGH NJW 1963, 1051 (1052); WM 1964, 1271 (1272); *Ganssmüller,* Tätigkeitsvergütung, 1961, S. 23, 25 f. und NJW 1965, 1948 (1949); Soergel/*Hadding/Kießling* § 713 Rn. 14. Einer analogen Heranziehung dieser Grundsätze für den Schadensersatzanspruch des Geschäftsführers bedarf es indessen schon deshalb nicht, weil auch sie nur eine Ausprägung der Lehre von der Vorteilsausgleichung bilden; so auch Staudinger/*Schiemann* (2005) § 249 Rn. 153. Allg. zur Nichtberücksichtigung der Lohnfortzahlung aus Gründen der Vorteilsausgleichung vgl. BGHZ 7, 30 (49) = NJW 1952, 1249; BGHZ 10, 107 (108) = NJW 1953, 1346; BGHZ 107, 325 (328) = NJW 1989, 2062; → § 249 Rn. 261 ff. *(Oetker);* Erman/*Ebert* Vor § 249 Rn. 93 f., 105; Staudinger/*Schiemann* (2005) § 249 Rn. 152; speziell zum Schadensersatzanspruch des geschäftsführenden Komplementärs einer KG trotz Fortzahlung der erfolgsunabhängigen Vergütung BGH NJW 1963, 1051 sowie für den GmbH-Geschäftsführer BGH NJW 1977, 1283.
[68] So im Ergebnis auch BGH VersR 1963, 433 (434); 1963, 585 (586); DB 1972, 2201 f., allerdings unter problematischer Zugrundelegung einer Pflicht des verletzten Geschäftsführers zur Stellung einer Ersatzkraft auch

steht für den weitergehenden Schaden ein unmittelbarer Ersatzanspruch gegen den Dritten nicht zu, soweit nicht ausnahmsweise die Voraussetzungen eines Eingriffs in den Gewerbebetrieb (→ § 823 Rn. 187 ff. *[Wagner]*) gegeben sind; bei Weiterzahlung der Geschäftsführervergütung kann sie aber vom Geschäftsführer verlangen, dass er ihr seine Ansprüche gegen den Dritten abtritt.[69]

36 Die Regelungen über die Geschäftsführervergütung unterliegen in besonderem Maß der Gefahr, durch eine *Änderung der Geschäftsgrundlage* anpassungsbedürftig zu werden, soweit nicht bereits im Gesellschaftsvertrag selbst für den jeweiligen Fall Vorsorge getroffen ist. Auch abgesehen vom Sonderfall der nicht nur kurzfristigen Verhinderung des Geschäftsführers (→ Rn. 34) kann sich die Notwendigkeit einer **Anpassung** aus einer Reihe von Gründen ergeben. So kann der dauernde Rückzug einer der Gesellschafter aus der ursprünglich von allen gemeinsam übernommenen Geschäftsführung Anlass dazu geben, zu einer Differenzierung bei der Gewinnverteilung zu gelangen.[70] Ist im Gesellschaftsvertrag ein monatlicher oder jährlicher Festbetrag als Vergütung vorgesehen, so kann sich für ihn mit Rücksicht auf wesentliche Änderungen von Kaufkraft, Gehaltsniveau und Tätigkeitsumfang längerfristig ein Anpassungsbedarf ergeben.[71] Soweit in derartigen Fällen eine Lösung nicht ausnahmsweise durch Vertragsauslegung gefunden werden kann, sind *Ansprüche auf Vertragsanpassung* unter dem Gesichtspunkt der Treupflicht im Klageweg durchsetzbar (→ § 705 Rn. 234).

37 **5. Sonderaufträge.** Die vorstehenden Grundsätze gelten für den Fall, dass Gesellschafter aufgrund dispositiver (§ 709) oder gesellschaftsvertraglicher Regelung zur Geschäftsführung berufen sind. Nicht ausgeschlossen wird dadurch zwar die Vereinbarung besonderer Tätigkeitspflichten eines Gesellschafters im Wege eines **Drittgeschäfts** (→ § 705 Rn. 202), seien sie entgeltlicher (§ 611) oder unentgeltlicher (§ 662) Natur.[72] Derartige – entgeltliche oder unentgeltliche – Sonderaufträge bilden jedoch schon deshalb die *Ausnahme,* weil die GbR im Unterschied zur KG nach gesetzlicher Regel keine von der Geschäftsführung ausgeschlossenen Gesellschafter kennt. Insbesondere bei Tätigkeitspflichten für Gesellschafter, die im Gesellschaftsvertrag selbst begründet sind, handelt es sich in aller Regel um Geschäftsführungspflichten gesellschaftsrechtlicher Art und nicht etwa um davon zu unterscheidende Dienstleistungspflichten auf der Grundlage entgeltlicher oder unentgeltlicher Drittgeschäfte.

B. Gemeinschaftliche Geschäftsführung nach § 709

I. Grundsatz der Einstimmigkeit (Abs. 1)

38 **1. Allgemeines.** Zu Begriff und Gegenständen der Geschäftsführung, zu Umfang der Befugnis und Rechtsstellung der Geschäftsführer → Rn. 7 ff. Die Vorschrift des § 709 Abs. 1 sieht als gesetzlichen **Regelfall** der Geschäftsführung in der GbR die *gemeinschaftliche Befugnis aller Gesellschafter* vor (→ Rn. 13). Sie greift dann ein, wenn die Gesellschafter nicht ausdrücklich oder stillschweigend[73] im Gesellschaftsvertrag Abweichendes vereinbaren. Eine *zwischen den Geschäftsführern vereinbarte Arbeitsteilung* führt nur dann zu einer Abweichung von § 709 Abs. 1, wenn sie aufgrund der Mitwirkung aller Gesellschafter oder der Billigung seitens der Mitgesellschafter als Vertragsänderung zu werten ist; anderenfalls handelt es sich nur um eine geschäftsführungsinterne Ressortaufteilung kraft generell erteilter gegenseitiger Zustimmung (→ Rn. 16).

39 Aufgrund des in § 709 Abs. 1 verankerten **Einstimmigkeitsprinzips** bedarf es grundsätzlich der Zustimmung aller Gesellschafter zu jeder Geschäftsführungsmaßnahme; anderes gilt nur im Falle eines Stimmrechtsausschlusses wegen Interessenkollision (→ Rn. 65, 69). Gemeinsames Handeln bei Durchführung der Maßnahme ist dagegen zumindest im Innenverhältnis nicht erforderlich (zur

---

ohne ausdrückliche gesellschaftsvertragliche Regelung; weitergehend OLG Karlsruhe FamRZ 1975, 341 (343) mit abl. Anm. *Fenn,* das dem Geschädigten neben dem Anspruch auf Ersatz der anteiligen Gewinnminderung kumulativ die Erstattung der Kosten für eine fiktive Ersatzkraft zuspricht; → § 706 Rn. 25.

[69] So für den Schadensersatzanspruch des Gesellschafter-Geschäftsführers einer GmbH BGH NJW 1970, 95 (96). Als Rechtsgrundlage für den Abtretungsverlangen wurde in den Lohnfortzahlungsfällen § 255 genannt; BGHZ 21, 112 (119) = NJW 1956, 1473; BGHZ 107, 325 (329) = NJW 1989, 2062; Palandt/*Grüneberg* Vor § 249 Rn. 103, § 255 Rn. 7; in § 6 I EFZG ist für Ansprüche von Arbeitnehmern ein gesetzlicher Forderungsübergang angeordnet.

[70] *Rob. Fischer* NJW 1959, 1063; *Hueck* OHG § 10 VII 10, S. 156.

[71] So jetzt auch BGH BB 1977, 1271 unter Bejahung eines Anspruchs auf Anpassung der Geschäftsführervergütung an die veränderten Verhältnisse nach billigem Ermessen, sofern die Gewinnbeteiligung des Geschäftsführers sich iÜ nicht von derjenigen der Nichtgeschäftsführer unterscheidet; ebenso Soergel/*Hadding/Kießling* § 713 Rn. 15; Bamberger/Roth/*Schöne* Rn. 14; grds. abl. noch BGHZ 44, 40 (41 f.) = NJW 1965, 1960; GroßkommHGB/*Rob. Fischer,* 3. Aufl. 1967, HGB § 114 Anm. 15.

[72] Soergel/*Hadding/Kießling* Rn. 13.

[73] BGHZ 16, 394 (396 f.) = NJW 1955, 825; → Rn. 14.

Vertretung → § 714 Rn. 19). **Stimmenthaltung** kommt einer Ablehnung gleich (§ 709 Abs. 1 aE).[74]

Ist ein Handeln im Interesse der Gesellschaft dringend geboten, die erforderliche Zustimmung **40** der Mitgesellschafter aber nicht rechtzeitig zu erlangen, so ist ausnahmsweise eine **Notgeschäftsführung** nach § 677 oder entsprechend § 744 Abs. 2 möglich (→ Rn. 21).

Eine Einschränkung der Gesamtgeschäftsführung unter Berufung auf § 432 scheidet grundsätzlich **41** aus (→ § 719 Rn. 11). Auch soweit es um die **Einziehung von Gesellschaftsforderungen** geht, hat die (vertragliche) Ausgestaltung der Geschäftsführungsbefugnis schon deshalb Vorrang gegenüber den Vorschriften über die Gläubigermehrheit, weil die Forderung der Gesellschaft zusteht.[75] Auszunehmen sind *Fälle kollusiven Zusammenwirkens* zwischen Mitgesellschafter und Schuldner.[76] Darüber noch hinausgehend lässt der BGH schon seit jeher zu, dass einzelne Gesellschafter eine Gesellschaftsforderung auch dann einklagen können, wenn sie ein berechtigtes Interesse an der Geltendmachung haben, weil die anderen Gesellschafter dies aus gesellschaftswidrigen Gründen verweigern und der verklagte Schuldner an diesem gesellschaftswidrigen Verhalten auch selbst beteiligt ist.[77]

2. Zustimmungspflicht? In der Entscheidung darüber, ob sie der von einem oder mehreren **42** Mitgesellschaftern vorgeschlagenen Maßnahme zustimmen wollen, sind die Gesellschafter **grundsätzlich frei**. Bei Uneinigkeit muss die Maßnahme unterbleiben. *Differenzen über die Zweckmäßigkeit* von Geschäftsführungshandlungen *unterliegen nicht gerichtlicher Entscheidung*.[78] *Anderes* gilt mit Rücksicht auf die Pflicht der Gesellschafter zu sorgfältiger Geschäftsführung dann, wenn die fragliche Maßnahme im Interesse der Gesellschaft geboten ist und den Geschäftsführern kein Entscheidungsspielraum zusteht, so namentlich bei der Erfüllung von Gesellschaftsverbindlichkeiten, deren Durchsetzbarkeit nicht ernsthaft in Frage gestellt werden kann. In Fällen dieser Art ist die Verweigerung der Zustimmung *pflichtwidrig*[79] und daher unbeachtlich (→ § 705 Rn. 240 f.); auch kann sie Schadensersatzansprüche auslösen. Der pflichtwidrig Handelnde kann sich gegenüber den Mitgesellschaftern daher auch nicht auf seine fehlende Zustimmung berufen und hieraus ihnen gegenüber den Vorwurf einer Überschreitung der Geschäftsführungsbefugnis ableiten.[80]

Mit der Pflicht zur Geschäftsführung (→ Rn. 30) unvereinbar und pflichtwidrig ist namentlich **43** auch die durch sachfremde Gründe veranlasste **beharrliche Weigerung** eines Gesellschafters, sich an der Geschäftsführung zu beteiligen oder den von den Mitgesellschaftern geplanten Maßnahmen zuzustimmen. Der BGH hat in einem derartigen Fall die Möglichkeit eines Verlusts des Zustimmungsrechts unter dem Gesichtspunkt der Verwirkung bejaht.[81] Methodisch richtiger erscheint es demgegenüber, die Mitgesellschafter auf das Recht zur *Entziehung* der Geschäftsführungsbefugnis zu verweisen und ihnen dieses Recht in extensiver Auslegung von § 712 Abs. 1 auch dann einzuräumen, wenn die Geschäftsführung ursprünglich allen Gesellschaftern gemeinsam zustand (→ § 712 Rn. 6).

Streitig ist, ob der die Zustimmung verweigernde oder einer Geschäftsführungsmaßnahme wider- **44** sprechende Gesellschafter die *Gründe für sein Verhalten offenlegen* muss.[82] Zur Entscheidung der Frage bedarf es der Berücksichtigung der Umstände des jeweiligen Falles. Dabei ist mit Rücksicht auf die Geschäftsführungs- und Treupflicht des Gesellschafters eine **Begründungspflicht** umso eher zu bejahen, je mehr sein Verhalten den Anschein erweckt, von sachfremden Erwägungen beeinflusst

---

[74] Vgl. auch *Ermann/Westermann* Rn. 9; zur grds. entsprechenden Rechtslage bei Mehrheitsentscheidungen → Rn. 47.

[75] Im Ergebnis ebenso bereits BGHZ 12, 308 = NJW 1954, 1149; BGHZ 17, 340 (346) = NJW 1955, 1393; BGHZ 102, 153 (154) = NJW 1988, 558; BGH WM 1979, 366; *Flume* BGB AT I 1 § 15 II 4, S. 272.

[76] BGHZ 39, 14 (20) = NJW 1963, 641; LG Bonn WM 1992, 22 (24).

[77] BGHZ 102, 153 (155) = NJW 1988, 558; BGH NJW 2000, 734; ebenso OLG Karlsruhe OLGR 2006, 236; OLG Düsseldorf NZG 2003, 323; krit. dazu aber *K. Schmidt* GesR § 21 IV 3.

[78] Vgl. BGH NJW 1972, 862; 1986, 844; OLG Stuttgart NZG 2007, 102 Ls.

[79] BGH NJW 1972, 862. Für Zustimmungspflicht zu einer durch gemeinsamen Zweck und Gesellschaftsinteresse gebotenen Geschäftsführungsmaßnahme schon RGZ 97, 329 (331); 162, 78 (83). So auch Soergel/*Hadding/Kießling* Rn. 16; wohl auch Erman/*Westermann* Rn. 9; Staudinger/*Habermeier* (2003) Rn. 41; *Wiedemann* GesR II § 4 II 3b bb, S. 339; krit. aber *Flume* BGB AT I 1 § 15 II, S. 263 f.

[80] Zu den Voraussetzungen der Unbeachtlichkeit pflichtwidriger Zustimmungsverweigerung vgl. *Sester*, Treupflichtverletzung, 1996, S. 77 ff., 168.

[81] BGH NJW 1972, 862 (864). Dem folgend Soergel/*Hadding/Kießling* Rn. 16; Bamberger/Roth/*Schöne* Rn. 12; wohl auch Erman/*Westermann* Rn. 9.

[82] Die Frage wird überwiegend im Hinblick auf den Widerspruch nach § 115 Abs. 1 HGB erörtert. Grundsätzlich für Begründungszwang GroßkommHGB/*Rob. Fischer*, 3. Aufl. 1967, HGB § 115 Anm. 11 und Schlegelberger/*Martens* HGB § 115 Rn. 11; MüKoHGB/*Rawert* HGB § 115 Rn. 23; mit Einschränkungen auch Staub/*Schäfer* HGB § 115 Rn. 18; *Hueck* OHG § 10 III 4, S. 128 und Erman/*Westermann* Rn. 10; generell abl. aber *Flume* BGB AT I 1 § 15 II 2, S. 267. Für „regelmäßige" Pflicht zur Begründung der Zustimmungsverweigerung anscheinend BGH NJW 1972, 862 (863) obiter dictum.

zu sein, namentlich also bei grundsätzlicher, nicht auf bestimmte Einzelfälle beschränkter Verweigerung der Zustimmung oder Erhebung des Widerspruchs. Die Ablehnung einer Begründung legt in derartigen Fällen den Schluss auf die Pflichtwidrigkeit und daher Unbeachtlichkeit der Zustimmungsverweigerung oder des Widerspruchs nahe (→ Rn. 42); sie erlaubt es den Mitgesellschaftern, gegen den Willen des Ablehnenden zu handeln.[83] Ein *allgemeiner Begründungszwang* lässt sich aus § 709 jedoch *nicht* ableiten; er würde auf eine bedenkliche Einschränkung des privatautonomen Entscheidungsspielraums der Geschäftsführer hinauslaufen.[84] Einer besonderen Begründung bedarf es insbesondere dann nicht, wenn die Gründe bereits aus etwaigen Gegenvorschlägen des die Zustimmung verweigernden Gesellschafters erkennbar sind.

II. Mehrheitliche Geschäftsführung (Abs. 2)

45 Die Regel der Gesamtgeschäftsführung kann im **Gesellschaftsvertrag** oder durch dessen spätere Änderung dahin modifiziert sein, dass die Geschäftsführungsbefugnis zwar sämtlichen Gesellschaftern zusteht, ein Handeln für die Gesellschaft aber schon dann gestattet ist, wenn sich die Mehrheit hierauf verständigt hat.

46 Die Mehrheitsklausel erstreckt sich, soweit der Vertrag keine Sonderregelung enthält, auf **gewöhnliche** und **außergewöhnliche** Geschäftsführungsmaßnahmen; Ausnahmen gelten entsprechend § 35 für solche Maßnahmen, auf deren Vornahme einem Gesellschafter ein Sonderrecht zusteht (→ Rn. 99).

47 Hinsichtlich der Anforderungen an die Mehrheit kommt es grundsätzlich auf die **absolute** Mehrheit der stimmberechtigten Mitglieder an, soweit nicht im Einzelfall die relative Mehrheit als maßgebend vereinbart, namentlich durch Bezugnahme auf die *abgegebenen* Stimmen, oder ein Gesellschafter wegen Interessenkollision an der Mitwirkung verhindert ist (→ Rn. 65 ff.). Gilt die absolute Mehrheit, wirken *Stimmenthaltungen* wie eine Ablehnung; Gleiches gilt bei Nichtbeteiligung an der Abstimmung.[85]

48 Für die **Berechnung der Mehrheit** steht nach der Auslegungsregel des Abs. 2 *jedem Gesellschafter im Zweifel eine Stimme* zu (Mehrheit nach Köpfen). Der Gesellschaftsvertrag kann aber auch insoweit ausdrücklich oder stillschweigend Abweichendes vorsehen, insbesondere auf die Höhe der Einlagen oder der Kapitalanteile abstellen.[86] Sind die sonstigen Gesellschafterrechte, darunter namentlich das Stimmrecht in der Gesellschafterversammlung, aber auch die Gewinnansprüche, am Einlagen- oder Kapitalschlüssel ausgerichtet, so spricht das dafür, dass dieser Schlüssel abweichend von Abs. 2 auch für die Beschlussfassung in Geschäftsführungsfragen Geltung haben soll.

49 Die **Wirkung des Mehrheitsbeschlusses** besteht einerseits darin, dass er die Geschäftsführungsmaßnahme legitimiert. Andererseits verpflichtet er die überstimmte Mehrheit, an der Durchführung der Maßnahme mitzuwirken, soweit es ihrer Mitwirkung – wie namentlich im Fall der Gesamtvertretung aller Gesellschafter – bedarf.[87] Insoweit kommt nach §§ 713, 665 ausnahmsweise auch eine Weisungsbindung der Minderheit in Betracht. Voraussetzung ist freilich jeweils, dass die umstrittene Maßnahme sich noch im Rahmen des für den Umfang der Geschäftsführungsbefugnis maßgebenden Gesellschaftszwecks hält (→ Rn. 23). Eine mehrheitliche Ausdehnung dieses Umfangs liefe auf eine Vertragsänderung hinaus; sie ist weder durch die auf Geschäftsführungsmaßnahmen bezogene Mehrheitsklausel noch im Zweifel durch ein der Mehrheit vorbehaltenes, generelles Recht zur Vertragsänderung gedeckt (→ Rn. 84, 90 ff.).

C. Gesellschafterbeschlüsse

I. Grundlagen

50 **1. Willensbildung durch Beschluss.** Nicht nur hinsichtlich der Geschäftsführungsmaßnahmen, sondern auch in den anderen Angelegenheiten der Gesellschaft (Änderungen des Gesellschaftsvertrags, sonstige gemeinschaftliche Angelegenheiten, → Rn. 53, 55) erfolgt die Willensbildung grundsätzlich durch Beschluss aller oder der jeweils zuständigen Gesellschafter. Die Vorschrift des **§ 709** bildet dadurch, dass sie in Abs. 1 und 2 Grundsätze über das Zustandekommen der Gesellschafterbe-

---

[83] Staub/*Schäfer* HGB § 115 Rn. 21; vgl. auch *Hueck* OHG § 10 Fn. 38.
[84] So für den Widerspruch zutr. *Flume* BGB AT I 1 § 15 II 2, S. 267.
[85] Soergel/*Hadding/Kießling*.
[86] Vgl. BGHZ 179, 13 (19 f.) = NJW 2009, 669 (670) – Schutzgemeinschaft II; Soergel/*Hadding/Kießling* Rn. 17; zur Möglichkeit stillschweigender Abweichungen vgl. BGHZ 16, 394 (396) = NJW 1955, 825.
[87] Soergel/*Hadding/Kießling* Rn. 17; Bamberger/Roth/*Schöne* Rn. 21.

schlüsse aufstellt, über die Grundnorm für die Geschäftsführung hinaus zugleich die **Grundlage für das Beschlussrecht in der GbR** (→ Rn. 1). Insgesamt ist dieser Regelungsgegenstand allerdings sehr rudimentär ausgestaltet. Insbesondere *verzichtet das BGB* (ebenso wie das HGB in Bezug auf OHG und KG) darauf, die *Gesellschafterversammlung* als Gesellschaftsorgan vorzusehen und Vorschriften für deren Zuständigkeit und Verfahren zu treffen (→ § 705 Rn. 258). Diese Zurückhaltung ist allerdings unproblematisch nur für die gesetzestypische Gesellschaft, deren Beschlüsse nur mit der Zustimmung jedes einzelnen Gesellschafters zustande kommen. Für den typischen Fall, dass die Gesellschafter die Geltung des Mehrheitsprinzips vereinbart haben (→ Rn. 81 ff.), besteht hingegen ein Normmangel, erst recht wenn sich die Mehrheit lediglich auf die *abgegebenen* Stimmen bezieht, also abweichend vom gesetzlichen Normalfall (→ Rn. 48) die *relative* Mehrheit ausreicht, so dass Vorkehrungen getroffen werden müssen, die jedem Gesellschafter die Teilnahme an der Abstimmung ermöglichen. Beim Fehlen gesellschaftsvertraglicher Regelungen für diese Fragen erweist sich daher die analoge Heranziehung vereins- und GmbH-rechtlicher Vorschriften über die Willensbildung der Gesellschafter durch Beschlussfassung (§§ 34, 35 BGB, § 47 Abs. 4 GmbHG, → Rn. 65 ff.) jedenfalls dann als erforderlich, wenn der Gesellschaftsvertrag das Mehrheitsprinzip auf die abgegebenen Stimmen bezieht und so die Gesellschafterversammlung als Beschlussorgan etabliert (→ Rn. 71 f.).

2. Rechtsnatur des Beschlusses. Nach heute wohl einhM ist der Beschluss ein **mehrseitiges** 51 **Rechtsgeschäft;**[88] es setzt sich aus den für sein Zustandekommen erforderlichen, mit Bezug auf einen Beschlussantrag abgegebenen Stimmen iSv empfangsbedürftigen Willenserklärungen (→ Rn. 74) zusammen.[89] *Vertragsqualität* hat der Beschluss nicht nur insoweit, als Änderungen des Gesellschaftsvertrags in Frage stehen (→ Rn. 53), sondern auch soweit über sonstige das Verhältnis der Gesellschafter untereinander betreffende Gegenstände wie die Bilanzfeststellung (→ § 721 Rn. 8) zu beschließen ist.[90] In den *übrigen Fällen*, darunter namentlich bei Geschäftsführungsbeschlüssen, geht es demgegenüber um die interne *Willensbildung der Gesamthand;* bei ihr kommt der jeweiligen Stimmabgabe aber ebenfalls die Qualität einer Willenserklärung zu, auch wenn sie nicht auf den Abschluss bzw. die Änderung des Vertrages gerichtet ist (→ Rn. 74). Denn sie löst bestimmungsgemäß Rechtsfolgen für das Organhandeln oder die Durchsetzung von Sozialansprüchen gegen Mitgesellschafter (→ § 705 Rn. 201) aus. Eine besondere Kategorie von **Sozialakten,** die von gesellschaftsinternen Rechtsgeschäften zu unterscheiden wäre und nicht den allgemeinen Rechtsgeschäftsgrundsätzen unterstünde, ist nicht anzuerkennen. Die BGH-Rechtsprechung, die diesen Begriff früher im GmbH-Recht verwendet hatte, um die betreffenden Gesellschafterbeschlüsse dem Anwendungsbereich des § 181 zu entziehen,[91] ist durch die zutreffende, wertende Auslegung des Selbstkontrahierungsverbots seit langem überholt (→ Rn. 57, 59).[92]

Aus der Rechtsgeschäftsqualität der Beschlüsse folgt die Anwendbarkeit der **allgemeinen** 52 **Rechtsgeschäftsgrundsätze** der **§§ 104 ff.**[93] für das Zustandekommen und die Wirksamkeit von Beschlüssen; der Beschlussgegenstand (Antrag) muss dabei hinreichend bestimmt sein.[94] Für die Stimmabgaben gelten die Vorschriften über Willenserklärungen (→ Rn. 74). Soweit es um **Vertragsänderungen** geht, sind dabei die für Gesellschaftsverträge geltenden Besonderheiten zu beachten, darunter neben der Bedeutung und Häufigkeit konkludenter Vereinbarungen (→ § 705 Rn. 56) und den Auslegungsmaßstäben für Gesellschaftsverträge (→ § 705 Rn. 172) namentlich die Grundsätze über die fehlerhafte Gesellschaft. Neben sonstigen Vertragsänderungen (→ § 705 Rn. 360 ff.)

---

[88] So wohl auch *Mülbert/Gramse* WM 2002, 2085 (2086) ungeachtet der von ihnen für Beschlüsse in rechtsfähigen Personengesellschaften propagierten, nicht ohne weiteres einsichtigen Unterscheidung zwischen „Vertragsmodell" und „Beschlussmodell", WM 2002, 2085 (2086 f.).
[89] Soergel/*Hadding/Kießling* Rn. 24; Staudinger/*Habermeier* (2003) Rn. 17; Erman/*Westermann* Rn. 18a; *Wiedemann* GesR I § 3 III 1b, S. 178 ff.; *Wiedemann* GesR II § 4 I 2a, S. 297; *K. Schmidt* GesR § 15 I 2; eingehend schon *Bartholomeyczik* ZHR 105 (1938), 293 ff. (300 f.) mwN zur früheren Diskussion.
[90] Näher dazu *Ulmer*, FS Niederländer, 1991, S. 424 ff. mwN zur teils abweichenden hM.
[91] Gegen diesen Begriff und seine Anerkennung als besondere Rechtsgeschäftskategorie mit Recht die im Schrifttum hM in Auseinandersetzung mit der früheren Rspr. des BGH, etwa in BGHZ 33, 189 (191) = NJW 1960, 2285 – Satzungsänderung; BGHZ 48, 163 (167) = NJW 1967, 1963 – Abtretungsgenehmigung; BGHZ 51, 209 (217) = NJW 1969, 841 – Organbestellung; BGHZ 52, 316 (318) = NJW 1970, 33 – Auflösungsbeschluss. Anders BGH NJW 1961, 724 – Ausscheiden eines Gesellschafters aus OHG; vgl. namentlich *Wiedemann* JZ 1970, 291; *Winkler* ZGR 1973, 177 (212); *Schilling*, FS Ballerstedt, 1975, S. 259 (261); *Hadding*, FS Merle, 2010, 143 (149). Dem folgend bereits *Rob. Fischer*, FS Hauß, 1978, S. 61 (75 ff.); ferner Soergel/*Hadding/Kießling* Rn. 24; Erman/*Westermann* Rn. 18a.
[92] BGHZ 65, 93 (96 f.) = NJW 1976, 49, offenbar unter Aufgabe des Begriffs „Sozialakt"; ferner BGHZ 112, 339 (341 f.) = NJW 1991, 691.
[93] Zur Stimmabgabe durch minderjährigen Gesellschafter *J. Flume* NZG 2014, 17 ff.
[94] Vgl. BGH ZIP 2013, 366 (Eckdaten eines Vergleichs ausreichend).

können sie auch für die Fälle eines fehlerhaften Gesellschafterwechsels (→ § 705 Rn. 365 ff.) Bedeutung erlangen (→ Rn. 109).

53   **3. Beschlussgegenstände. a) Arten.** Die Gesellschafterbeschlüsse lassen sich nach ihrem jeweiligen Gegenstand in drei Arten unterteilen.[95] Den wichtigsten Beschlussgegenstand bilden die **Änderungen der Gesellschaftsgrundlagen, insbesondere des Gesellschaftsvertrags** (→ Rn. 10). Hierfür sind ausschließlich die Gesellschafter zuständig, soweit das *Gesetz* nicht ausnahmsweise, wie in § 725, einem Dritten ein entsprechendes Gestaltungsrecht einräumt.[96] Zu den durch Gesellschafterbeschluss zu bewirkenden Vertragsänderungen gehören neben den Inhaltsänderungen auch sonstige auf mehrseitigem Rechtsgeschäft beruhende *Grundlagenänderungen* wie die Aufnahme oder das Ausscheiden eines Gesellschafters sowie die Auflösung der Gesellschaft (→ Vor § 723 Rn. 18). Durch Mehrheitsbeschluss sind Vertragsänderungen möglich, sofern der Gesellschaftsvertrag eine hierauf bezogene Mehrheitsklausel enthält (→ Rn. 73, 90 ff.). Das Gesetz selbst lässt – in den Fällen der §§ 712 Abs. 1, 715, 737 – Mehrheitsentscheidungen mit vertragsändernder Wirkung nur aus wichtigem Grund und mit der Maßgabe zu, dass es eines übereinstimmenden Beschlusses der übrigen, von der Entziehung oder dem Ausschluss nicht betroffenen Gesellschafter bedarf.

54   Einen zweiten Beschlussgegenstand bilden **Geschäftsführungsangelegenheiten.** Für sie gilt nach gesetzlicher Regel der Grundsatz der einstimmigen Gesamtgeschäftsführung (§ 709 Abs. 1). Mangels abweichender Vertragsgestaltung erfordert daher *jede* Geschäftsführungsmaßnahme eine entsprechende Beschlussfassung (→ Rn. 39); die Geschäftsführer können sich freilich im Wege interner Arbeitsteilung zur Vornahme bestimmter Geschäftsarten gegenseitig durch generell erteilte Zustimmung ermächtigen (→ Rn. 16). Aber auch wenn die Gesellschafter Gesamtgeschäftsführung nach Mehrheitsprinzip vereinbart haben (§ 709 Abs. 2, → Rn. 45 f.), bedarf es zur Feststellung des Mehrheitswillens regelmäßig der Beschlussfassung. Nur im Falle von *Einzelgeschäftsführung* (→ Rn. 14 f.) ist für Gesellschafterbeschlüsse in Geschäftsführungsfragen mangels abweichender Vertragsgestaltung kein Raum. Erhebt ein Mitgeschäftsführer nach § 711 *Widerspruch* gegen eine geplante Maßnahme, so muss diese unterbleiben. Der Widerspruch kann nicht etwa durch Beschluss der übrigen Gesellschafter entkräftet werden. Anscheinend in Abweichung von dieser Ansicht ließ ein Teil des älteren Schrifttums allgemein Beschlussfassung in Geschäftsführungsangelegenheiten mit der Begründung zu, die Gesellschafter seien „Herren der Gesellschaft" und könnten daher auch über deren Geschäftsführung beschließen.[97] Das trifft nur insoweit zu, als die Beschlussfassung sich auf Fragen der Ausgestaltung der Geschäftsführung bezieht; insoweit handelt es sich dann aber um eine generelle oder auf den Einzelfall bezogene, grundsätzlich nur einstimmig mögliche Vertragsänderung. In der Ausübung ihrer Befugnisse unterliegen die geschäftsführenden Gesellschafter dagegen anders als bei der GmbH grundsätzlich keinen Weisungen der Gesellschafterversammlung (→ § 713 Rn. 7). Auch kommt es für die Ausübung der Einzelgeschäftsführung nicht auf die Zustimmung der Mitgesellschafter an.

55   Als dritter Beschlussgegenstand kommen schließlich **sonstige,** nicht zu den Vertragsgrundlagen oder zur Geschäftsführung gehörende **gemeinsame Gesellschaftsangelegenheiten** in Betracht.[98] Dabei handelt es sich um eine recht heterogene Gruppe von Gegenständen. Von Geschäftsführungsangelegenheiten unterscheiden sie sich dadurch, dass sie nicht das Handeln der Gesamthand zur Förderung des gemeinsamen Zwecks betreffen, sondern sich auf die Organisation der Gesellschaft sowie auf das Verhältnis der Gesellschafter untereinander oder gegenüber der Gesamthand beziehen. *Im Einzelnen* fallen hierunter einerseits Beschlüsse über Bilanzfeststellung und Gewinnverwendung, die zu den Grundlagengeschäften gehören (aber → Rn. 11); für sie gelten hinsichtlich der rechtlichen Qualifizierung des Beschlusses keine Besonderheiten (→ Rn. 51 f.). Davon zu unterscheiden sind andererseits Beschlüsse über Gegenstände innergesellschaftlicher Willensbildung, bei denen die Gesellschafter nicht als Vertragspartner, sondern als oberstes Gesellschaftsorgan abstimmen.[99] Für sie ist daher ausnahmsweise die Vertragsnatur des Beschlusses zu verneinen (→ Rn. 75). Hierzu zählen

---

[95] BGHZ 65, 93 (96) = NJW 1976, 49. Zur rechtlichen Bedeutung der Unterscheidung → Rn. 56 ff.

[96] Zu vertraglichen Möglichkeiten und Grenzen, die Befugnis zu Vertragsänderungen einem Gesellschafterausschuss oder Dritten zu überlassen, näher *Barfuß* DB 1977, 571 (573 f.); *Teichmann,* Gestaltungsfreiheit in Gesellschaftsverträgen, 1970, S. 217 ff.; *Wiedemann,* FS Schilling, 1973, S. 105 (119 f.); *Wiedemann* GesR II § 4 I 1c, S. 295 und *Voormann,* Der Beirat im Gesellschaftsrecht, 2. Aufl. 1989, S. 82 ff. → § 717 Rn. 7 f. zum sog. Abspaltungsverbot sowie → § 717 Rn. 9 f. zu den Schranken der Begründung von Rechten Dritter im Gesellschaftsvertrag.

[97] Vgl. etwa Großkomm HGB/*Rob. Fischer,* 3. Aufl. 1967, HGB § 119 Anm. 2; *Hueck* OHG § 11 I 1; s. auch Soergel/*Hadding/Kießling* Rn. 27, 29.

[98] BGHZ 65, 93 (96) = NJW 1976, 49; vgl. auch Staudinger/*Keßler,* 12. Aufl. 1979, Rn. 20.

[99] Vgl. *Ulmer,* FS Niederländer, 1991, S. 415 (428).

die Entlastung der Geschäftsführer, ferner die Geltendmachung des gemeinsamen Auskunftsrechts (→ § 713 Rn. 8) sowie die Entscheidung über außergewöhnliche, nicht von der Geschäftsführungsbefugnis gedeckte Geschäfte. Der Gesellschaftsvertrag kann den Gesellschaftern weitere Gegenstände zur Beschlussfassung übertragen, wie etwa die Einforderung von Beiträgen, die Wahl eines Beirats oder eines Abschlussprüfers ua.

b) Rechtliche Besonderheiten. Trotz Übereinstimmung in zahlreichen Einzelfragen der Beschlussfassung (Stimmrecht und Stimmabgabe, Förmlichkeiten und Wirksamwerden der Beschlüsse, Mehrheitsberechnung ua) unterliegen die verschiedenartigen Beschlussgegenstände in einer Reihe von Punkten unterschiedlicher rechtlicher Beurteilung; das gilt insbesondere für die Intensität der Treupflicht, aber auch für das Eingreifen des § 181 und des Stimmverbots wegen Interessenkollision sowie für die Beurteilung von Mehrheitsklauseln (→ Rn. 57 ff.). Bei der Prüfung von Einzelfragen ist daher immer auch die Art des in Frage stehenden Beschlussgegenstandes zu berücksichtigen. 56

So ist für **Geschäftsführungsfragen** anerkannt, dass die Ausübung der entsprechenden Mitgliedschaftsrechte sich am *Interesse der Gesellschaft* zu orientieren hat (→ § 705 Rn. 226) und dass die Gesellschafter insoweit grundsätzlich eine Stimmpflicht trifft. Daraus kann sich im Einzelfall die Pflicht ergeben, einer vorgeschlagenen Geschäftsführungsmaßnahme zuzustimmen oder die Ablehnung zu begründen (→ Rn. 42 ff.). Eine Stimmrechtsausübung in offensichtlicher Verletzung des Gesellschaftsinteresses ist unwirksam[100] und braucht von den Mitgesellschaftern nicht beachtet zu werden. Durch das Verbot des § 181 wird der Vertreter eines Gesellschafters nicht gehindert, zugleich im eigenen Namen oder als Vertreter weiterer Gesellschafter an der Abstimmung teilzunehmen (→ Rn. 59).[101] In Fällen typischer Interessenkollision wie insbesondere bei der Beschlussfassung über ein Rechtsgeschäft zwischen der Gesamthand und einem Gesellschafter hat dieser kein Stimmrecht (→ Rn. 65, 70). Mehrheitsklauseln bezogen auf Geschäftsführungsentscheidungen sind nichts Ungewöhnliches (vgl. § 709 Abs. 2). 57

Demgegenüber steht bei **Vertragsänderungen** das *Eigeninteresse der Gesellschafter* im Vordergrund. Eine Zustimmungspflicht zu Änderungsvorschlägen von Mitgesellschaftern kommt nur in seltenen Ausnahmefällen in Betracht (→ § 705 Rn. 231 ff.). Das Verbot des Selbstkontrahierens steht der Abstimmung sowohl im eigenen als auch in fremdem Namen oder der gleichzeitigen Vertretung von zwei oder mehr Mitgesellschaftern entgegen, soweit nicht einer der in § 181 genannten Ausnahmefälle eingreift (→ § 705 Rn. 58 mwN).[102] Ein Stimmverbot wegen Interessenkollision ist gesetzlich nur im Rahmen der §§ 712 Abs. 1, 715, 737 vorgesehen (zur Möglichkeit einer Rechtsanalogie → Rn. 65 f.). An Mehrheitsklauseln im Gesellschaftsvertrag sind hohe Anforderungen hinsichtlich ihrer inhaltlichen Konkretisierung zu stellen, soweit es um Eingriffe in zentrale Mitgliedschaftsrechte oder um die Begründung weiterer Pflichten geht (→ Rn. 91); im Anwendungsbereich der Mehrheitsklauseln ist dem Schutz überstimmter Gesellschafter durch Prüfung der Erforderlichkeit und Verhältnismäßigkeit des Mehrheitsbeschlusses Rechnung zu tragen (→ Rn. 100). 58

Für Beschlüsse über **sonstige gemeinsame Gesellschaftsangelegenheiten** ist die Herausarbeitung der für sie geltenden Besonderheiten nicht ohne Berücksichtigung des jeweiligen Beschlussgegenstands und der Einzelfallumstände möglich. So steht etwa bei der Ausübung gemeinsamer Befugnisse wie des Auskunftsrechts oder der Geschäftsführerentlastung das Gesellschaftsinteresse im Vordergrund, während die Gesellschafter sich bei der Wahl eines Beirats, bei der Beschlussfassung über die Gewinnverwendung sowie namentlich über Geschäfte außerhalb des eigentlichen Gesellschaftszwecks auch, wenn nicht sogar in erster Linie, vom Eigeninteresse leiten lassen dürfen. Demgemäß ist auch für das Eingreifen von § 181 beim Handeln von Vertretern in Übereinstimmung mit der in der Rechtsprechung im Vordergrund stehenden wertenden Betrachtung[103] danach zu differenzieren, ob nach der Art des Beschlussgegenstands typischerweise mit einem Interessenwiderstreit gerechnet werden muss oder ob, wie bei der Entscheidung über Geschäftsführungsmaßnahmen, das gemeinsame Interesse im Vordergrund steht (→ Rn. 68, 78; 59

---

[100] → § 705 Rn. 239; → § 711 Rn. 11. Zur Pflichtwidrigkeit einer verweigerten Zustimmung BGH NJW 1972, 862. Für Zustimmungspflicht zu einer durch gemeinsamen Zweck und Gesellschaftsinteresse gebotenen Geschäftsführungsmaßnahme → § 709 Rn. 42.
[101] BGHZ 65, 93 (96 f.) = NJW 1976, 49.
[102] Zur stillschweigenden Befreiung vom Verbot des § 181 bei Vollmachterteilung an einen Mitgesellschafter vgl. BGHZ 66, 82 (86) = NJW 1976, 958 – Publikums-KG.
[103] BGHZ 65, 93 (97) = NJW 1976, 49 mwN; wohl auch BGHZ 112, 339 (341 f.) = NJW 1991, 691. Allg. zum Stand der Diskussion → § 181 Rn. 3 ff. (*Schubert*); grundlegend *U. Hübner*, Interessenkonflikt und Vertretungsmacht, 1977, S. 138 ff., 265 ff.; aus neuerer Zeit etwa *Tiedtke*, § 181 BGB, 2002, S. 32 ff.

→ § 705 Rn. 72). Ein Stimmrechtsausschluss wegen Interessenkollision kommt nach den hierfür maßgeblichen Rechtsgrundlagen (→ Rn. 65 ff.) nur in Fällen typischer Interessenkollision in Betracht. Wohl aber kann die Stimmabgabe im Einzelfall wegen Treupflichtverletzung unbeachtlich sein (→ Rn. 112). Mehrheitsklauseln, die sich auf laufende Gesellschaftsangelegenheiten beziehen, gelten im Zweifel nicht nur für Geschäftsführungsfragen, sondern auch für diejenigen sonstigen gemeinsamen Angelegenheiten, über die nach Gesetz oder Gesellschaftsvertrag in regelmäßigen Abständen Beschluss zu fassen ist.[104]

60 **4. Stimmrecht. a) Allgemeines.** Als Mitgliedschaftsrecht ist das Stimmrecht *höchstpersönlicher Natur*. Es steht grundsätzlich jedem Gesellschafter in gleichem Umfang zu (→ Rn. 97). Einem Dritten kann es – selbst mit Zustimmung der Mitgesellschafter – weder übertragen noch auf Dauer zur Ausübung überlassen werden (→ § 717 Rn. 7, 9). Stimmbindungsverträge gegenüber Mitgesellschaftern sind grundsätzlich wirksam; gegenüber Dritten bestehen weitergehende Schranken (→ § 717 Rn. 20 ff.). Zur Zulässigkeit gesellschaftsvertraglicher *Vertreterklauseln* → Rn. 79 f. Das Stimmrecht nicht voll Geschäftsfähiger wird vom *gesetzlichen Vertreter* ausgeübt.[105]

61 Stimmabgabe durch **Bevollmächtigte** ist grundsätzlich nur mit Zustimmung der Mitgesellschafter zulässig (→ Rn. 77). Unerfahrene Gesellschafter können in schwierigen Fragen die *Zulassung eines* vertrauenswürdigen, der Verschwiegenheitspflicht unterliegenden *Beistands* verlangen.[106] Einen Sonderfall der Bevollmächtigung stellt die sog. **Vorsorgevollmacht** dar, eine Generalvollmacht, die der Gesellschafter für den Fall der eigenen Geschäftsunfähigkeit erteilt; auch sie bedarf (erst recht) der Zustimmung der Mitgesellschafter, sofern sie sich nicht auf die Wahrnehmung der Vermögensrechte beschränkt (→ § 705 Rn. 124a ff.).[107]

62 Die **Funktion** des Stimmrechts besteht – abgesehen von der Beschlussfassung über Vertragsänderungen und über sonstige Rechtsbeziehungen zwischen den Gesellschaftern (→ Rn. 53, 55) – darin, an der Willensbildung auf der Gesellschaftsebene mitzuwirken.[108] Soweit das Stimmrecht sich auf Geschäftsführungsfragen bezieht (→ Rn. 54), werden die stimmberechtigten Gesellschafter daher als Organe der Gesellschaft tätig (zur Wirkung des Mehrheitsbeschlusses in diesen Fällen → Rn. 49). – Zum Stimmrechtsausschluss wegen Interessenkollision → Rn. 58 f., 65; zur Frage einer Stimmpflicht → Rn. 57 f.; zur Stimmabgabe und zu den Mehrheitserfordernissen → Rn. 74 ff.

63 **b) Vereinbarter Stimmrechtsausschluss.** Der vertragliche Ausschluss einzelner Gesellschafter vom Stimmrecht ist mit ihrem Einverständnis **im Grundsatz zulässig.** Für Geschäftsführungsfragen folgt das schon aus den gesetzlich vorgesehenen Gestaltungsmöglichkeiten der §§ 710, 711. Es gilt aber auch für Vertragsänderungen[109] und sonstige gemeinsame Gesellschaftsangelegenheiten (→ Rn. 55). Zwingende **Schranken** für den Stimmrechtsausschluss gelten freilich insoweit, als die Beschlussfassung sich auf unmittelbare Eingriffe in die Rechtsstellung der stimmrechtslosen Gesellschafter richtet. Solche Beschlüsse wirken nur dann gegenüber dem Stimmrechtslosen, wenn dieser *zugestimmt* hat;[110]

---

[104] So auch Soergel/*Hadding/Kießling* Rn. 25; enger noch BGH WM 1961, 303 (304), der eine nicht näher konkretisierte Mehrheitsklausel nur auf Geschäftsführungsfragen bezogen wissen wollte; zutr. idS allerdings RGZ 114, 393 (395) bei einer auf „geschäftliche Fragen" bezogenen Mehrheitsklausel. Vgl. auch BGH WM 1973, 100 (101) – mehrheitliche Abberufung eines Beiratsmitglieds durch Mehrheitsklausel gedeckt. Allg. zur Auflockerung des Bestimmtheitsgrundsatzes in der neueren Diskussion → Rn. 86 ff.
[105] EinhM, vgl. BGHZ 44, 98 (100 f.) = NJW 1965, 1961; Soergel/*Hadding/Kießling* Rn. 28; Staudinger/*Habermeier* (2003) Rn. 21; *Wiedemann* GesR II § 4 I 4a, S. 307. – Zur Pflegerbestellung als Voraussetzung für Vertragsänderungen bei eigener Gesellschafterstellung der Eltern als gesetzliche Vertreter minderjähriger Gesellschafter → § 705 Rn. 58.
[106] LG Köln BB 1975, 342 = NJW 1975, 981 für KG; Soergel/*Hadding/Kießling* Rn. 28; *Kirberger* BB 1978, 1390 ff.; vgl. auch *Saenger* NJW 1992, 348.
[107] Eingehend dazu *Schäfer* ZHR 175 (2011), 557 ff.; Vertragsmuster für eine empfehlenswerte Zustimmungsklausel im Gesellschaftsvertrag bei *Sommer* Gesellschaftsverträge der GmbH und Co KG, 4. Aufl. 2011, S. 76 (§ 11a).
[108] Vgl. nur *Zöllner,* Schranken mitgliedschaftlicher Stimmrechtsmacht, 1960, S. 11.
[109] HM, vgl. BGHZ 20, 363 (368) = NJW 1956, 1198 für einen Kommanditisten; BGH NJW 1993, 2100; Soergel/*Hadding/Kießling* Rn. 30; Erman/*Westermann* Rn. 24; Bamberger/Roth/*Schöne* Rn. 48; aA *Wiedemann* GesR I § 7 II 1a, S. 368 f. und WM 1992, Sonderbeilage 7 S. 28 für Grundlagenentscheidungen (dagegen *Schäfer,* Der stimmrechtslose GmbH-Geschäftsanteil, 1997, S. 95 ff.). Allg. zum Stimmrechtsausschluss vgl. *Teichmann,* Gestaltungsfreiheit in Gesellschaftsverträgen, 1970, S. 208 f. mwN; *Schäfer,* Der stimmrechtslose GmbH-Geschäftsanteil, 1997, S. 19 f., 35 ff. – zwar aus Sicht der GmbH, doch handelt es sich um eine allg. verbandsrechtliche Problematik.
[110] BGH NJW 1985, 972 (974) in Fortführung von BGHZ 20, 363 (369) = NJW 1956, 1198, das noch von einem zwingenden Stimmrecht ausging; vgl. auch BGH NJW 1995, 194 (195). Ebenso die ganz hM im Schrifttum, vgl. *Hadding* ZHR 151 (1987), 396 (402); *K. Schmidt* GesR § 16 III 3b und c; *Röttger,* Die Kernbereichslehre im Recht der Personengesellschaften, 1989, S. 126 ff., 148; *Hermanns,* Unverzichtbare Mitverwaltungsrechte, 1993,

die Ausübung des Zustimmungsrechts aufgrund der Kernbereichslehre (→ Rn. 91 f.) oder nach § 707 ist von der Stimmabgabe bei der Abstimmung deutlich zu unterscheiden; das individualschützende Zustimmungsrecht steht nach seiner Zielrichtung auch dem Stimmrechtslosen zu (→ § 707 Rn. 1, 7 f.).[111] Allerdings kann der Vertrag bereits die antizipierte Zustimmung der Gesellschafter zu einem späteren Eingriff enthalten (→ Rn. 92).[112] Freilich muss den stimmrechtslosen Gesellschaftern auch in derartigen Fällen jedenfalls die Mitwirkung an der Beratung und damit die Möglichkeit der indirekten Einflussnahme auf das Ergebnis offen bleiben (→ Rn. 64). Sonderrechte können ebenfalls grundsätzlich nur mit Zustimmung des Betroffenen entzogen oder eingeschränkt werden (→ Rn. 99).

Soweit nach dem Vorstehenden ein Stimmrechtsausschluss wirksam vereinbart ist, verbleiben dem **64** Gesellschafter doch die Informations- und Kontrollrechte sowie die Befugnis zur **Anwesenheit und Mitsprache in Gesellschafterversammlungen.**[113] Kommt es zu einer für den stimmrechtslosen Gesellschafter verbindlichen Beschlussfassung, so steht diesem noch das Recht zu, im Klagewege eine richterliche Inhaltskontrolle auf Verstöße gegen die beweglichen Schranken der Stimmrechtsmacht, insbesondere gegen die Treupflicht herbeizuführen (→ Rn. 100). Entfaltet der Beschluss jedoch ihm gegenüber deshalb keine Wirkung, weil die erforderliche Zustimmung fehlt (→ Rn. 63), kann dieser Mangel unbeschränkt von gesellschaftsvertraglichen Beschlussanfechtungsregeln, namentlich auch außerhalb einer bestimmten Klagefrist, geltend gemacht werden.[114]

5. Stimmrechtsausschluss bei Interessenkollision. a) Geltungsgrund und Anwendungs- 65 bereich. Ausdrückliche Regelungen über einen Stimmrechtsausschluss des betroffenen Gesellschafters enthält das BGB nur in **§§ 712, 715, 737 S. 2.** Über diese Vorschriften hinaus ist anerkannt, dass ein Stimmrechtsausschluss wegen Interessenkollision jedenfalls in denjenigen Fällen eingreift, in denen es um die Beschlussfassung über die *Entlastung* eines Gesellschafters, über seine *Befreiung von einer Verbindlichkeit* oder über die *Einleitung eines Rechtsstreits* gegen ihn geht;[115] das folgt aus einer **Rechtsanalogie** zu den gemeinsamen Grundlagen der verschiedenen gesetzlichen Stimmrechtsausschlusstatbestände im Verbandsrecht (§ 34 BGB, § 47 Abs. 4 GmbHG, § 136 Abs. 1 AktG, § 43 Abs. 6 GenG). – Zur umstrittenen Frage des Stimmrechtsausschlusses des interessierten Gesellschafters bei der Beschlussfassung über ein Rechtsgeschäft mit ihm → Rn. 67, 69.

Bei **sonstigen Gesellschafterbeschlüssen,** namentlich solchen über die *Änderung des Gesell-* **66** *schaftsvertrags,* aber auch über Fragen der innergesellschaftlichen Organisation (→ Rn. 53, 55) oder über *Wahlen* zu den Gesellschaftsorganen, greift das Stimmverbot wegen Interessenkollision nach einhM *nicht* ein.[116]

b) Bei Rechtsgeschäften mit einem Gesellschafter. aa) Meinungsstand. Nach früher hM **67** sollte der Stimmrechtsausschluss wegen Interessenkollision außer für die in → Rn. 65 erwähnten Fälle

---

S. 118 f.; *Mecke* BB 1988, 2258 (2263); *M. Winter* GesRZ 1986, 74 (83); *Schäfer,* Der stimmrechtslose GmbH-Geschäftsanteil, 1997, S. 19 f., 153 ff., jeweils mwN auch zu Gegenansichten.
[111] Zur notwendigen Unterscheidung zwischen Stimmrecht und Zustimmungsrecht näher *Schäfer,* Der stimmrechtslose GmbH-Geschäftsanteil, 1997, S. 35 ff.
[112] Ebenso die BGH-Rspr. zur Beitragserhöhung (→ § 707 Rn. 8); vgl. ferner *Löffler* NJW 1989, 2656 (2260) und eingehend *Schäfer,* Der stimmrechtslose GmbH-Geschäftsanteil, 1997, S. 256 ff. Von vornherein gegen die Möglichkeit antizipierter Zustimmung im Kernbereich aber *Immenga* ZGR 1974, 385 (425); *Göbel,* Mehrheitsentscheidungen, 1992, S. 184; wohl auch *Martens* DB 1972, 413 (418) und *Röttger,* Die Kernbereichslehre im Recht der Personengesellschaften, 1989, S. 171 f. – Kernbereich gegenüber Mehrheitsentscheidungen unüberwindbar; wN → Rn. 88.
[113] So zutr. BGHZ 14, 264 (270 f.) = NJW 1954, 1563 für einen stimmrechtslosen GmbH-Anteil; *Schäfer,* Der stimmrechtslose GmbH-Geschäftsanteil, 1997, S. 277 f., 288 ff.; *Teichmann,* Gestaltungsfreiheit in Gesellschaftsverträgen, 1970, S. 209 f.
[114] Zutr. BGH NZG 2007, 381; NJW-RR 2007, 1477 = WM 2007, 1333 zum Parallelfall des § 707, → § 707 Rn. 7; näher *Schäfer* in VGR (Hrsg.), Gesellschaftsrecht in der Diskussion 2007, 2008, S. 137, 145 f.
[115] Insoweit einhM, vgl. BGH ZIP 2012, 917 (918) Rn. 16 – kein Stimmrecht bzgl. Einholung eines Rechtsgutachtens in Hinblick auf die Geltendmachung von Schadensersatzansprüchen gegen Gesellschafter/GF; auch in Bezug auf Mit-GF; WM 1983, 60; 1974, 834 (835); RGZ 162, 370 (372 f.); 136, 236 (245); Schlegelberger/ *Martens* HGB § 119 Rn. 39; Staudinger/*Habermeier* (2003) Rn. 24; MüKoHGB/*Enzinger* HGB § 119 Rn. 32; Staub/*Schäfer* HGB § 119 Rn. 61 f.; *Hueck* OHG § 11 III 2; *Wiedemann* GesR II § 4 I 4e aa, S. 317; für Einleitung eines Rechtsstreites auch BGH WM 1974, 834 (835); 1983, 60; vgl. ferner OLG München NZG 2009, 1267 (1268) für den Fall, dass der Gesellschafter Vertreter einer anderen, durch den Gesellschaftsbeschluss begünstigten Gesellschaft ist.
[116] Vgl. nur *Spengler,* FS Möhring, 1965, S. 165 (169); *Hueck* OHG § 11 III 2, S. 172; *Hadding,* FS Merle, 2010, S. 143 (150) und BGHZ 14, 264 (270 f.) = NJW 1954, 1563 für einen stimmrechtslosen GmbH-Anteil; *Schäfer,* Der stimmrechtslose GmbH-Geschäftsanteil, 1997, S. 277 f., 288 ff.; *Teichmann,* Gestaltungsfreiheit in Gesellschaftsverträgen, 1970, S. 209 f.

auch für Beschlüsse über den Abschluss eines Rechtsgeschäfts mit dem interessierten Gesellschafter gelten.[117] Demgegenüber hatten sich im Anschluss an die Reduktion von § 136 Abs. 1 AktG 1965 und § 43 Abs. 6 nF GenG auf die Fälle der Entlastung eines Gesellschafters, seiner Befreiung von einer Verbindlichkeit und der Geltendmachung eines Anspruchs gegen ihn vorübergehend diejenigen Stimmen gemehrt, die auch bei Personengesellschaften den Abschluss von Rechtsgeschäften mit einem Gesellschafter aus dem generellen Stimmverbot *ausnehmen* und Begrenzungen insoweit nur im Einzelfall, wegen treuwidriger Stimmrechtsausübung, anerkennen wollen.[118] Im Rahmen der GbR hat die Frage namentlich *Bedeutung bei Geltung des Mehrheitsprinzips* nach § 709 Abs. 2: ihre Beantwortung entscheidet darüber, ob die Stimme des am Rechtsgeschäft interessierten Gesellschafters bei der Berechnung der Mehrheit mitgezählt wird. Unerheblich ist der Streit demgegenüber meist in denjenigen Fällen, in denen die Geschäftsführung sich nach dem Einstimmigkeitsprinzip (§ 709 Abs. 1) richtet, da hier jeder Mitgesellschafter die Vornahme des Rechtsgeschäfts verhindern kann. In diesen Fällen sowie bei Einzelgeschäftsführung mit Widerspruchsrecht kann die Frage freilich dann Bedeutung gewinnen, wenn es um die Kündigung eines Vertrages zwischen der Gesellschaft und dem interessierten Gesellschafter geht (→ § 711 Rn. 2), so dass es aus diesem Grund auf die Stimme des befangenen Gesellschafters ankommt.

68   **bb) Abgrenzung von § 181.** Begründung und Umfang eines Stimmverbots wegen Interessenkollision bei Rechtsgeschäften mit dem interessierten Gesellschafter sind zumindest im Ansatz von dem grundsätzlichen Verbot von Insichgeschäften nach § 181 zu unterscheiden.[119] Denn auch wenn beide Verbote auf den gleichen, an die Gefahr der Interessenkollision anknüpfenden Rechtsgrundsätzen beruhen,[120] so haben sie doch einen **unterschiedlichen Schutzzweck.** Während es bei den verbandsrechtlichen Stimmverboten um den Schutz der *verbandsinternen Willensbildung* vor schädlichen, durch Interessenkollision geprägten Einflüssen geht, richtet sich § 181 auf den Schutz der Interessen des *Vertretenen;* er ist bei der Beschlussfassung über Geschäftsführungsangelegenheiten nicht unmittelbar tangiert.[121]

69   Dem unterschiedlichen Schutzzweck entsprechend unterscheidet sich auch der **Anwendungsbereich** beider Stimmrechtseinschränkungen. Derjenige des § 181 beschränkt sich auf die Vertretung beim Abschluss von Rechtsgeschäften und diesen vergleichbaren Rechtsakten (→ Rn. 78). Hierunter fällt nach zutreffender Ansicht zwar nicht nur die rechtsgeschäftliche, sondern auch die organschaftliche – für die GbR durch ihre Geschäftsführer wahrgenommene – Vertretung.[122] Nicht um Insichgeschäfte iSv § 181 handelt es sich jedoch insoweit, als die gesellschaftsinterne Willensbildung über eine Geschäftsführungsmaßnahme und nicht etwa deren Umsetzung durch Vertragsschluss mit dem Gesellschafter in Frage steht.[123] In diesen Fällen kann ein Ausschluss des Stimmrechts nicht auf § 181, sondern nur auf die Schranken bei Interessenkollision gestützt werden.

---

[117] RGZ 136, 236 (245) (offenlassend aber RGZ 162, 370 [373] und BGHZ 48, 251 (256) = NJW 1967, 2157); so jetzt auch wieder OLG München NZG 2009, 1267 (1268) – analoge Anwendung des § 47 Abs. 4 S. 2 GmbHG (Gesellschafter war Vertreter einer anderen, durch den Beschluss begünstigten Gesellschaft); offenlassend BGH ZIP 2012, 917 (920) Rn. 30 f. – jedenfalls kein Stimmverbot, wenn Gesellschafter nur [Fremd-]Geschäftsführer oder Prokurist einer GmbH ist, mit der das Geschäft geschlossen wird; Staudinger/*Keßler*, 12. Aufl. 1979, Rn. 9; RGRK-HGB/*Weipert*, 2. Aufl. 1950, HGB § 119 Anm. 6; *Herzfelder*, Stimmrecht und Interessenkollision, 1927, S. 60 f. So in neuerer Zeit auch noch Baumbach/Hopt/*Roth* HGB § 119 Rn. 8; *Flume* BGB AT I § 14 IX, S. 248; Soergel/*Hadding/Kießling* Rn. 29; Erman/*Westermann* Rn. 26; Bamberger/Roth/*Schöne* Rn. 49; *Zöllner*, Schranken mitgliedschaftlicher Stimmrechtsmacht, 1960, S. 184, 193 f. mwN zum noch älteren Schrifttum S. 190 Fn. 8.

[118] *Hueck* OHG § 11 III 2, S. 170 unter Berufung auf RGZ 162, 370 (373); ihm folgend GroßkommHGB/*Rob. Fischer*, 3. Aufl. 1967, HGB § 119 Anm. 22; Schlegelberger/*Geßler* HGB § 119 Rn. 3; MüKoHGB/*Enzinger* HGB § 119 Rn. 33.

[119] HM, Nachweise → Rn. 69; aA *Flume* BGB AT I § 1 § 14 IX, S. 248 und *Wilhelm*, Rechtsform und Haftung, 1981, S. 66 ff.; *ders.* JZ 1976, 674 ff.; NJW 1983, 912 f. – Stimmverbote als verbandsrechtliche Ergänzung des § 181; Stimmrechtsverbot des § 34 daher als im Hinblick auf die Zuständigkeit der Mitgliederversammlung abgewandeltes Verbot des Insichgeschäfts, also mit diesem identisch. So im Ergebnis wohl auch *U. Hübner*, Interessenkonflikt und Vertretungsmacht, 1977, S. 282 ff., der von der grds. Überlagerung von Stimmverboten und § 181 ausgeht.

[120] Insoweit zutr. *Wilhelm* JZ 1976, 674 ff.

[121] So zutr. *U. Hübner*, Interessenkonflikt und Vertretungsmacht, 1977, S. 277, 282; s. auch OLG München NZG 2009, 1267.

[122] *U. Hübner*, Interessenkonflikt und Vertretungsmacht, 1977, S. 265 ff., 284 ff. mwN.

[123] BGHZ 65, 93 (96) = NJW 1976, 49; vgl. auch BGHZ 112, 339 (341) = NJW 1991, 691 betr. die Vertretung anderer Gesellschafter, zu der der handelnde Gesellschafter bevollmächtigt war, → Rn. 77. *Rob. Fischer*, FS Hauß, 1978, S. 61 (78); *Schilling*, FS Ballerstedt, 1975, S. 25 (264, 271); *Wiedemann* GesR I § 3 III 2a aa, S. 181 f.; *ders.* GesR II § 4 I 4e bb, S. 318 f. Gegen Begründung des Stimmverbots mit § 181 auch Erman/*Westermann* Rn. 26; Schlegelberger/*Martens* HGB § 119 Rn. 4; Baumbach/Hopt/*Roth* HGB § 119 Rn. 8; MüKoHGB/*Enzinger* § 119 Rn. 21, 33; Soergel/*Hadding/Kießling* Rn. 29 – aber Heranziehung des dem § 181 zugrunde

cc) Stellungnahme. Ungeachtet der Notwendigkeit der Differenzierung iSv → Rn. 68 f. ist der 70
hM darin zuzustimmen, dass der **Stimmrechtsausschluss** wegen Interessenkollision sich auf
Beschlüsse über Rechtsgeschäfte des betreffenden Gesellschafters mit der Gesellschaft erstreckt;[124] die Stimmverbote der § 34 BGB, § 47 Abs. 4 GmbHG sind unter Berücksichtigung auch der Wertung des
§ 181 analog auf die GbR anzuwenden. Der Umstand, dass der Gesetzgeber die Beschlussfassung
über Rechtsgeschäfte mit einem Gesellschafter aus den jüngeren Vorschriften der § 136 Abs. 1 AktG,
§ 43 Abs. 6 GenG eliminiert hat, steht schon deshalb nicht entgegen, weil die Kompetenzverteilung
in Geschäftsführungsfragen bei AG und Genossenschaft wesentlich von derjenigen bei der GbR
abweicht: bei ihnen ist die Mitgliederversammlung an derartigen Entscheidungen regelmäßig nicht
beteiligt, so dass es keines Stimmverbots bedarf. Auch hat der Gesetzgeber der GmbH-Novelle 1980
die im Zuge der großen GmbH-Reform vorgesehene entsprechende Reduktion der Stimmverbotsregelung nicht vorgenommen, sondern die bisherige Regelung des § 47 Abs. 4 GmbHG unverändert
beibehalten.[125] Eine generelle Tendenz zur Beseitigung des auf den Abschluss von Rechtsgeschäften
mit einem Gesellschafter bezogenen Stimmverbots lässt sich daher nicht feststellen. Schließlich reicht
auch die Verweisung auf die Treupflicht nicht aus, um Gesellschaft und Mitgesellschaftern den
nötigen Schutz gegen die Gefahren einer Mitwirkung des interessierten Gesellschafters an der Willensbildung über Rechtsgeschäfte mit ihm zu gewähren, zumal Argumentations- und Beweislast
insoweit bei denjenigen liegen würden, die sich auf die Unwirksamkeit der Stimmrechtsausübung
des interessierten Gesellschafters berufen wollten.[126] Sollte ausnahmsweise der Abschluss eines
bestimmten Rechtsgeschäfts mit einem Gesellschafter im Interesse der Gesellschaft dringend geboten
sein, so könnte der interessierte Gesellschafter von den übrigen die Vornahme der Handlung nach
den allgemeinen Grundsätzen verlangen (→ Rn. 30, 42).

II. Beschlussfassung

1. Allgemeines. Vorbehaltlich gesellschaftsvertraglicher Regelungen über die Beschlussfassung 71
(→ Rn. 73) kommen **Gesellschafterbeschlüsse** dadurch zustande, dass sich sämtliche Gesellschafter
oder – soweit der Gesellschaftsvertrag Mehrheitsentscheidungen zulässt – die erforderliche Mehrheit
für den betreffenden Beschlussantrag ausspricht, so dass dieser angenommen ist (zu Stimmabgabe
und Zugang → Rn. 74). Eine **Gesellschafterversammlung** als Gesellschaftsorgan wie bei der AG
und GmbH kennt das Personengesellschaftsrecht nach gesetzlicher Regel **nicht** (→ § 705 Rn. 258).
Auch die Einhaltung bestimmter Förmlichkeiten bei der Beschlussfassung ist im dispositiven Recht
der GbR nicht vorgeschrieben.[127] Die Vorschrift des § 32 über die Mitgliederversammlung des
Vereins findet keine entsprechende Anwendung.[128] Es wurde aber bereits betont, dass anderes gilt,
wenn nach dem Gesellschaftsvertrag Beschlüsse mit der Mehrheit der abgegebenen Stimmen gefasst
werden können (→ Rn. 50 aE; → Rn. 73).

Die zur Beschlussfassung erforderliche **Stimmabgabe** kann grundsätzlich **jederzeit** und auf 72
beliebige Weise erfolgen, sei es schriftlich oder mündlich, gleichzeitig oder nacheinander.[129] Voraussetzung für eine nachträgliche Zustimmung ist freilich, dass die Mitgesellschafter noch an ihrer
Stimmabgabe festhalten.[130] Regelmäßig genügt auch eine **konkludente** Willensübereinstimmung

---

liegenden Rechtsgedankens; so wohl auch Bamberger/Roth/*Schöne* Rn. 49; Staudinger/*Habermeier* (2003) Rn. 24.
Zu Gegenansichten → Rn. 67.

[124] So namentlich auch OLG München NZG 2009, 1267 (1268); BGH ZIP 2012, 917 (920) Rn. 30 f. konnte die Frage offenlassen; *Flume* BGB AT I 1 § 14 IX, S. 248 und *Zöllner*, Schranken mitgliedschaftlicher Stimmrechtsmacht, 1960, S. 184, 193 f. mwN zum noch älteren Schrifttum, S. 190 Fn. 8; sowie Baumbach/Hopt/*Roth* HGB § 119 Rn. 8; Soergel/*Hadding/Kießling* Rn. 29; Erman/*Westermann* Rn. 26; Schlegelberger/*Martens* HGB § 119 Rn. 40; → § 34 Rn. 4 ff., in *(Arnold)*.

[125] § 82 Abs. 3 RegE GmbHG, BT-Drs. 6/3088, der eine Anpassung an § 136 Abs. 1 AktG bringen sollte, ist in die GmbH-Novelle (BT-Drs. 8/1374) nicht übernommen worden.

[126] So zu Recht *Flume* BGB AT I 1 § 14 IX, S. 248.

[127] EinhM; vgl. Soergel/*Hadding/Kießling* Rn. 38; Staudinger/*Habermeier* (2003) Rn. 16; Bamberger/Roth/*Schöne* Rn. 41; so auch für die Personenhandelsgesellschaften Staub/*Schäfer* HGB § 119 Rn. 5, 17; MüKoHGB/*Enzinger* HGB § 119 Rn. 40; Schlegelberger/*Martens* HGB § 119 Rn. 5; *Hueck* OHG § 11 II 2.

[128] BGH ZIP 1994, 1523 (1525) gegen entspr. Anwendung von § 32 Abs. 1 S. 2 jedenfalls bei Geltung des Einstimmigkeitsprinzips; Schlegelberger/*Martens* HGB § 119 Rn. 5; Staub/*Schäfer* HGB § 119 Rn. 5; MüKoHGB/*Enzinger* § 119 Rn. 40; ganz hM.

[129] RGZ 128, 172 (177); 163, 385 (392 f.); BGH NJW-RR 1990, 798 (799); Soergel/*Hadding/Kießling* Rn. 38; Erman/*Westermann* Rn. 18a; Bamberger/Roth/*Schöne* Rn. 41; Schlegelberger/*Martens* HGB § 119 Rn. 5; Staub/*Schäfer* HGB § 119 Rn. 5; *Hueck* OHG § 11 II 2.

[130] RGZ 128, 172 (176 f.); offenlassend RGZ 163, 385 (392 f.) – jedenfalls so lange, als alle an der Einigung festhalten; und BGH NJW-RR 1990, 798 (799). Ausf. Nachweise bei *Ulmer*, FS Niederländer, 1991, S. 417. Zur Bindung an die Stimmabgabe → Rn. 75.

der Gesellschafter, um einen Beschluss zustande zu bringen. Zum Nachweis für eine Vertragsänderung kann auf eine entsprechende tatsächliche Handhabung verwiesen werden, soweit diese nicht nur einmaliger oder vorübergehender Natur oder durch außergewöhnliche Umstände veranlasst ist (→ § 705 Rn. 25 ff., 50 f., 56).

73 Der **Gesellschaftsvertrag** kann *Abweichendes* regeln. Er kann Bestimmungen über Beschlussfassung und Gesellschafterversammlung enthalten und die bei der Einberufung zu beobachtenden Förmlichkeiten (Ladungsfrist, Mitteilung der Tagesordnung ua) festsetzen (→ Rn. 106).[131] Ein Bedürfnis hierfür besteht namentlich bei Zulassung von *Mehrheitsbeschlüssen*, da hier neben der Feststellung der Mehrheit auch das Mitspracherecht der Minderheit gewährleistet sein muss, wenn der Beschluss Wirksamkeit erlangen soll.[132] Jedenfalls soweit die Mehrheit der abgegebenen Stimmen den Ausschlag geben soll, ist **§ 32 entsprechend** anwendbar. Demnach sind alle Beschlüsse unwirksam, sofern zu der Versammlung nicht ordnungsgemäß, namentlich unter Angabe der Gegenstände der Tagesordnung, **eingeladen** wurde (→ § 32 Rn. 14 ff. *[Arnold]*). Darüber hinaus gelten in jedem Falle auch die § 34 bzw. § 47 Abs. 4 GmbHG analog, so dass der befangene Gesellschafter vom Stimmrecht ausgeschlossen ist (→ Rn. 65). Zur Bedeutung vertraglicher Formvorschriften für die Änderung des Gesellschaftsvertrags → § 705 Rn. 50 f. Möglich und für größere Gesellschaften auch sinnvoll ist ferner die Einsetzung eines **Versammlungsleiters,** entweder bereits im Gesellschaftsvertrag oder durch (Mehrheits-)Beschluss.[133] Sinnvollerweise sollten überdies die Kompetenzen im Gesellschaftsvertrag bestimmt werden; wichtigste Aufgabe des Versammlungsleiters ist es, Gesellschafterbeschlüsse herbeizuführen, also Anträge zur Abstimmung zu stellen, und die Ergebnisse festzustellen, zumal wenn der Vertrag nach kapitalgesellschaftsrechtlichem Vorbild eine Frist zur „Beschlussanfechtung" vorsieht (→ Rn. 114).

74 **2. Stimmabgabe. a) Willenserklärung.** Die Teilnahme der Gesellschafter an der Beschlussfassung vollzieht sich in Gestalt von Willenserklärungen.[134] Dies gilt unabhängig davon, ob die Stimmabgabe inhaltlich auf Zustimmung, Ablehnung oder Stimmenthaltung gerichtet ist.[135] Als *Rechtsgeschäft* ist allerdings nur der nach seinem Gegenstand hierfür geeignete Beschluss als solcher, nicht bereits die jeweils abgegebene Stimme zu qualifizieren (→ Rn. 51). Der Unterscheidung zwischen Stimmabgabe und Beschluss kommt selbst dann Bedeutung zu, wenn bereits die Stimmabgabe nur eines Gesellschafters den Beschluss herbeiführt.[136] Es gelten die Vorschriften der §§ 116 ff. Auf Irrtum oder Täuschung beruhende Stimmabgaben können angefochten werden, soweit nicht die Lehre von der fehlerhaften Gesellschaft entgegensteht (→ Rn. 109). Erfolgt die Stimmabgabe nicht in einer Gesellschafterversammlung oder sonst in Anwesenheit aller Gesellschafter oder ihrer Vertreter, so wird sie mangels abweichender Vertragsgestaltung oder Einsetzung des Versammlungsleiters (→ Rn. 73) als Empfangsvertreter erst mit dem *Zugang gegenüber Abwesenden* wirksam (§ 130).[137] Im Falle einer Mehrheit von Empfängern kommt es auf den Zugang beim ersten von ihnen an.[138] Die vorstehenden Grundsätze gelten auch in den Fällen zugelassener Mehrheitsentscheidungen sowie beim gesetzlichen Ausschluss einzelner Gesellschafter vom Stimmrecht (§§ 712 Abs. 1, 715, 737).

75 Die **Bindung an die Stimmabgabe** richtet sich nach §§ 145 ff., soweit es um *Vertragsänderungen* und um ihnen hinsichtlich der Vertragsqualität gleichzustellende Grundlagenbeschlüsse geht.[139]

---

[131] Beispiele bei Staub/*Schäfer* HGB § 119 Rn. 6. Zum Selbsteinberufungsrecht der Gesellschafter einer Publikumsgesellschaft vgl. BGHZ 102, 172 (175) = NJW 1988, 558 und dazu *Reichert/Winter* BB 1988, 981 (985 f.). – Zur Bedeutung einer im Gesellschaftsvertrag begründeten Pflicht zur Protokollierung von Gesellschafterbeschlüssen vgl. *Rutenfranz* BB 1965, 601 und → Rn. 107.

[132] RG HRR 1937 Nr. 1220; vgl. auch BGH ZIP 1994, 1523 (1525) – Anforderungen an Einberufung einer Gesellschafterversammlung aus Gründen des Minderheitenschutzes; Soergel/*Hadding/Kießling* Rn. 38; Bamberger/Roth/*Schöne* Rn. 41; Staub/*Schäfer* HGB § 119 Rn. 6; *U. H. Schneider* AG 1979, 57 (68).

[133] Allg. zur Einsetzung eines Versammlungsleiters und zu dessen Befugnissen in der Personengesellschaft *Scholz* FS Spellenberg, 2010, 51 ff.

[134] BGHZ 65, 93 (96 f.) = NJW 1976, 49; Soergel/*Hadding/Kießling* Rn. 32; *K. Schmidt* GesR § 15 I 2b. So auch für die Stimmabgabe in der GmbH BGHZ 14, 264 (267) = NJW 1954, 1563; BGHZ 48, 163 (173) = NJW 1967, 1963. Umfassende Schrifttumsnachweise bei *Zöllner*, Schranken mitgliedschaftlicher Stimmrechtsmacht, 1960, S. 10 Fn. 29 und *Hueck* OHG § 11 V 1 Fn. 52; *Wiedemann* GesR II § 4 I 4a, S. 308.

[135] Eingehend *Ulmer*, FS Niederländer, 1991, S. 415 (418 f.).

[136] Vgl. *Ulmer*, FS Niederländer, 1991, S. 415 (420 f.). Anders anscheinend *Messer*, FS Fleck, 1988, S. 226.

[137] RGZ 163, 385 (393 f.); BGHZ 65, 93 (97); OLG Hamburg AG 2006, 48 (49); Soergel/*Hadding/Kießling* Rn. 32, 38; Erman/*Westermann* Rn. 28; Staudinger/*Habermeier* (2003) Rn. 18; *Hueck* OHG § 11 II 3. AA anscheinend *Schilling*, FS Ballerstedt, 1975, S. 257 (263) unter Hinweis darauf, dass es einer Verkündung des Beschlusses im Personengesellschaftsrecht nicht bedarf; das ist richtig, besagt aber nichts über die Voraussetzungen wirksamer Stimmabgabe.

[138] *Ulmer*, FS Niederländer, 1991, S. 415 (421).

[139] Eingehend *Ulmer*, FS Niederländer, 1991, S. 415 (424 ff.). Für uneingeschränkte Bindung nach Zugang aber *Messer*, FS Fleck, 1988, S. 224 (228); *Bartholomeyczik* ZHR 105 (1938), 327 f.; wohl auch MüKoHGB/

Abweichend von § 147 Abs. 1 ist den Mitgesellschaftern bei wichtigen Beschlussvorschlägen für die Zustimmung eine Bedenkzeit einzuräumen; während deren Dauer bleibt der Antragsteller an seinen Vorschlag gebunden.[140] Demgegenüber ist für Beschlüsse in Geschäftsführungsfragen von einer Bindung an die abgegebene Stimme nur bis zur Beendigung des laufenden Abstimmungsprozesses auszugehen.[141] Auf das von der hM befürwortete Recht zum Widerruf aus wichtigem Grund kommt es daher nur an, soweit die Bindung an die Stimmabgabe nach den §§ 130, 146 ff. fortbesteht; ist das der Fall, so ist aus Gründen der Treupflicht ein ungeschriebenes *Widerrufsrecht aus wichtigem Grund* anzuerkennen. Es greift in erster Linie bei Beschlüssen in Geschäftsführungsfragen ein, wenn geänderte Verhältnisse oder nachträglich erlangte Informationen ein Abrücken von der Stimmabgabe im Geschäftsinteresse erforderlich machen. Bei Beschlüssen in Grundlagenfragen kommt es demgegenüber nur ausnahmsweise in Betracht.[142]

Ein **Widerruf** aus wichtigem Grund ist auch noch **nach Zustandekommen des Beschlusses** 76 zuzulassen. Er berührt dessen Bestand jedoch nur, wenn die widerrufene Stimme für den Beschluss kausal war. Ist der Beschluss vollzogen, kommt allerdings nur ein Anspruch aus Treupflicht auf Wiederherstellung des status quo ante in Frage.[143] – Zur Frage der Stimmpflicht und zum Anwendungsbereich von § 181 bei Gesellschafterbeschlüssen → Rn. 56 ff.; zur Bedeutung treuwidriger oder aus sonstigen Gründen fehlerhafter Stimmabgaben für die Gültigkeit des Beschlusses → Rn. 111 f.

b) Bevollmächtigte. Die Ausübung des Stimmrechts durch Dritte als Bevollmächtigte kann 77 entweder **im Gesellschaftsvertrag oder durch ad hoc-Zustimmung** seitens der Mitgesellschafter zugelassen werden, soweit es sich nicht um eine sog. verdrängende Vollmacht als Ersatz unzulässiger Stimmrechtsübertragung handelt (→ § 717 Rn. 16). Die Zustimmung muss nicht ausdrücklich erklärt werden, sondern kann auch im Nichtwiderspruch gegen die Stimmabgabe durch einen Bevollmächtigten liegen.[144] Ein Anspruch des Vollmachtgebers gegen die Mitgesellschafter auf Zustimmung ist wegen der höchstpersönlichen Natur des Stimmrechts als Mitverwaltungsrecht (→ Rn. 60) im Regelfall ausgeschlossen. Anderes gilt mit Rücksicht auf die *Treupflicht* dann, wenn der Gesellschafter an der persönlichen Stimmabgabe gehindert und die Bevollmächtigung eines Mitgesellschafters ihm wegen der potentiellen Interessenwiderstreits oder aus sonstigen Gründen nicht zumutbar ist.[145] Bei der Auswahl des Bevollmächtigten muss er freilich auf die Mitgesellschafter Rücksicht nehmen. Diese Regeln gelten im Prinzip auch für die dauerhafte Vertretung aufgrund einer **Vorsorgevollmacht,** wobei es hierfür regelmäßig einer ausdrücklichen Zustimmungserklärung der Mitgesellschafter bedarf (→ Rn. 61; → § 705 Rn. 124a ff.).

Hat der vertretene Gesellschafter wegen **Interessenkollision** kein Stimmrecht (→ Rn. 65 ff.), 78 so kann es auch nicht von einem Vertreter ausgeübt werden. Wird ein Gesellschafter zugleich als Vertreter eines Mitgesellschafters tätig, so greift **§ 181** nur ein, wenn es bei der Beschlussfassung nicht um Maßnahmen der Geschäftsführung geht, sondern um Grundlagenbeschlüsse, insbesondere Vertragsänderungen, oder ihnen gleichstehende Rechtsakte auf Gesellschafterebene wie die Bestellung eines Geschäftsführers.[146] – Zur Stimmabgabe durch gesetzliche Vertreter und zur Zuziehung eines Beistands → Rn. 60 f.

Enzinger § 119 Rn. 14 f.; für Widerruflichkeit aus wichtigem Grunde Staudinger/*Keßler*, 12. Aufl. 1979, Rn. 26; Soergel/*Hadding*/*Kießling* Rn. 32; Erman/*Westermann* Rn. 28; Schlegelberger/*Martens* HGB § 119 Rn. 5; wohl auch Staudinger/*Habermeier* (2003) Rn. 19; für uneingeschränkte Widerruflichkeit wohl RGZ 128, 172 (177) und RGZ 163, 385 (393 f.). Offenlassend BGH NJW-RR 1990, 798 (799 f.) – wegen konkludent vereinbarter Bindung an die Stimmabgabe.
[140] Ebenso Staudinger/*Habermeier* (2003) Rn. 19.
[141] Näher dazu *Ulmer*, FS Niederländer, 1991, S. 415 (424 ff.), dort Fn. 46 f. auch Nachweise zur abw. hM, die der Vertragsnatur von Beschlüssen generell verneint. Gegen die hier vertretene Differenzierung ausdrücklich auch *Wiedemann* WM 1992, Sonderbeilage 7, S. 26 f.; *ders.* GesR II § 4 I 4b, S. 310.
[142] *Ulmer*, FS Niederländer, 1991, S. 415 (421 ff., 432 f.); grds. zust. Schlegelberger/*Martens* HGB § 119 Rn. 5; im Ergebnis auch die hM, vgl. MüKoHGB/*Enzinger* HGB § 119 Rn. 41; Soergel/*Hadding*/*Kießling* Rn. 32; Erman/*Westermann* Rn. 28; Schlegelberger/*Martens* HGB § 119 Rn. 5; wohl auch Staudinger/*Habermeier* (2003) Rn. 19; für uneingeschränkte Widerruflichkeit wohl RGZ 128, 172 (177) und RGZ 163, 385 (393 f.).; AA *Wiedemann* WM 1992, Sonderbeilage 7, S. 27; *ders.* GesR II § 4 I 4b, S. 310: Bindung ab Wirksamwerden des Beschlusses.
[143] *Ulmer*, FS Niederländer, 1991, S. 415 (432 f.) mwN; aA *Wiedemann* WM 1992, Sonderbeilage 7, S. 26 f.; *ders.* GesR II § 1 I 4b, S. 310.
[144] RGZ 123, 289 (300).
[145] BGH NJW 1970, 706; *Hueck* OHG § 11 II 3; Staudinger/*Habermeier* (2003) Rn. 21; Soergel/*Hadding*/*Kießling* Rn. 28; Erman/*Westermann* Rn. 23; Bamberger/*Roth*/*Schöne* Rn. 52; *Wiedemann*, Übertragung, S. 350; → § 716 Rn. 15 zur Ausübung von Kontrollrechten durch Bevollmächtigte.
[146] BGHZ 112, 339 (341) = NJW 1991, 691; vgl. auch BGHZ 51, 209 (217) = NJW 1969, 841 – Geschäftsführerbestellung in der GmbH. Dazu auch Schlegelberger/*Martens* HGB § 119 Rn. 41; Erman/*Westermann* Rn. 23; Staudinger/*Habermeier* (2003) Rn. 21.

79 **c) Vertreterklauseln.** Von der Bevollmächtigung von Mitgesellschaftern oder Dritten zur Stimmabgabe für den Vollmachtgeber zu unterscheiden sind gesellschaftsvertragliche Regelungen, durch die bestimmte Gesellschafter(-gruppen) auf die gemeinsame Stimmrechtsausübung entweder im Gesellschaftsvertrag benanntes oder von den betroffenen Gesellschaftern mehrheitlich bestelltes Mitglied als **gemeinsamer Vertreter** festgelegt werden. Derartige Vertragsgestaltungen finden sich insbesondere in Kommanditgesellschaften mit entsprechend großer, durch Anteilsvererbung angewachsener Mitgliederzahl;[147] sie kommen aber auch bei sonstigen Personengesellschaften mit zahlreichen Mitgliedern (GbR, OHG) in Betracht.[148] Die typische Funktion solcher Vertreterklauseln besteht darin, die Willensbildung in der Gesellschaft trotz der Vielzahl der Gesellschafter überschaubar zu halten und hierzu die **gebündelte,** inhaltlich übereinstimmende Abgabe der Stimmen der jeweils betroffenen Mitglieder durch den gemeinsamen Vertreter vorzuschreiben. Dadurch unterscheiden sie sich nicht nur von Regelungen über stimmrechtslose Anteile (→ Rn. 63), sondern auch von Mehrheitsklauseln in Bezug auf die Beschlussfassung auf Gesellschaftsebene unter unmittelbarer Beteiligung der Gesellschafter (→ Rn. 81 ff.).

80 Die grundsätzliche **Zulässigkeit** solcher Klauseln ist heute anerkannt.[149] Dabei wird freilich vorausgesetzt, dass der gemeinsame Vertreter selbst Mitglied der betroffenen Gesellschaftergruppe ist und dass die übrigen Mitglieder das Recht haben, ihn aus wichtigem Grund durch ein anderes Mitglied der Gruppe zu ersetzen.[150] Ihre Grenze findet die Vertreterklausel bei Abstimmungen, die in den Kernbereich der Gesellschafterrechte der gebundenen Mitglieder eingreifen.[151] Ein solcher Eingriff bedarf ihrer jeweiligen persönlichen Zustimmung (→ Rn. 91); diese kann nicht durch die Stimmenmehrheit in der Gruppe ersetzt werden. Zu den Anforderungen an die Willensbildung innerhalb der Gesellschaftergruppe vgl. das einschlägige Schrifttum.[152]

81 **3. Mehrheitsklauseln. a) Allgemeines.** Für Gesellschafterbeschlüsse in der GbR gilt nach gesetzlicher Regelung das **Einstimmigkeitsprinzip;** erforderlich ist danach die *Zustimmung aller stimmberechtigten Gesellschafter* zu dem Beschlussvorschlag.[153] Das folgt auch ohne generelle Regelung nach Art des § 119 Abs. 1 HGB aus der Struktur der GbR als persönlicher Zusammenschluss der Gesellschafter auf vertraglicher Grundlage ohne Verselbständigung der Gesellschaft zur juristischen Person. Für Geschäftsführungsmaßnahmen ist es in § 709 Abs. 1 ausdrücklich geregelt.

82 Der Gesellschaftsvertrag kann durch sog. **Mehrheitsklauseln** vom Grundsatz der Einstimmigkeit abweichen. An die Vereinbarung derartiger Abweichungen werden je nach Art des Beschlussgegenstands unterschiedlich hohe Anforderungen gestellt (→ Rn. 83 f., 95). Insbesondere für mehrheitliche *Vertragsänderungen* hatte die Rechtsprechung noch bis in die jüngere Zeit gefordert, dass der der Mehrheitsentscheidung unterliegende Beschlussgegenstand sich eindeutig aus der Mehrheitsklausel ergibt, sofern es sich um eine (sog. Bestimmtheitsgrundsatz, → Rn. 84 f.). Sieht der Gesellschaftsvertrag bei grundsätzlicher Geltung des Mehrheitsprinzips für einzelne Beschlussgegenstände Einstimmigkeit oder höhere Mehrheiten vor, so setzt auch die Abänderung derartiger Sonderregelungen die Einhaltung des betreffenden höheren Quorums voraus.[154] Die Gesellschafter sind aber frei darin, ob und für welche Fälle sie ein qualifiziertes **Beschlussquorum** vorsehen wollen; *qualifizierte Mehrheitserfordernisse* des Kapitalgesell-

---

[147] Vgl. Schlegelberger/*Martens* HGB § 161 Rn. 79 ff.; Staub/*Casper* HGB § 163 Rn. 13; *K. Schmidt* ZHR 146 (1982), 525 ff.; *Westermann* in Westermann/Wertenbruch PersGesR-HdB I. Teil § Rn. 537 ff. Aus der Rspr. vgl. nur BGHZ 46, 291 = NJW 1967, 826.
[148] Zur OHG vgl. Staub/*Schäfer* HGB § 119 Rn. 61; einschr. *Westermann* in Westermann/Wertenbruch PersGesR-HdB I. Teil § 24 Rn. 539 f.
[149] Schlegelberger/*Martens* HGB § 161 Rn. 80; Staub/*Casper* HGB § 163 Rn. 13; Staub/*Schäfer* HGB § 119 Rn. 62; MüKoHGB/*Enzinger* HGB § 119 Rn. 52.
[150] Schlegelberger/*Martens* HGB § 161 Rn. 84, 86 f.; Staub/*Schäfer* HGB § 119 Rn. 62; MüKoHGB/*Enzinger* § 119 Rn. 52; *K. Schmidt* ZHR 146 (1982), 525 (547, 551); weitergehend *Westermann* in Westermann/Wertenbruch PersGesR-HdB I. Teil § 24 Rn. 542: auch nicht gesellschaftsangehörige Dritte.
[151] BGHZ 119, 346 (354 f.) = NJW 1993, 1267; *Westermann* in Westermann/Wertenbruch PersGesR-HdB I. Teil § 24 Rn. I 541.
[152] Dazu Schlegelberger/*Martens* HGB § 161 Rn. 88; Staub/*Casper* HGB § 161 Rn. 51 ff.; Staub/*Schäfer* HGB § 119 Rn. 65; *Westermann* in Westermann/Wertenbruch PersGesR-HdB I. Teil § 24 Rn. 544 f.; *K. Schmidt* ZHR 146 (1982), 525 (545 ff.). Vgl. auch BGHZ 119, 346 (353) = NJW 1993, 1267 und BGHZ 121, 137 (150) = NJW 1993, 2114, jeweils Kartellsenat.
[153] EinhM; vgl. nur RGZ 114, 392 (395); BGHZ 8, 35 (41) = NJW 1953, 102; aus dem Schrifttum statt aller Soergel/*Hadding/Kießling* Rn. 16; Staudinger/*Habermeier* (2003) Rn. 7; *K. Schmidt* GesR § 16 II 2a.
[154] Vgl. BGH NZG 2013, 63; für die AG BGHZ 76, 191 (196) = NJW 1980, 1465; vgl. auch BGH NJW 1988, 411 (412): Anwendung des Bestimmtheitsgrundsatzes auf den Beschluss über die Herabsetzung des Quorums; ebenso *Leenen*, FS Larenz, 1983, S. 371 (386). Anders aber OLG Hamm ZIP 2001, 1915 (1917) = NZG 2002, 783 (784 f.): Erfordernis einstimmiger Zustimmung zur Veräußerung von GmbH-Anteilen kann grds. mit qualifizierter Mehrheit geändert werden.

schaftsrechts sind auf die Personengesellschaft selbst dann nicht übertragbar, wenn es sich um ein Stimmrechtskonsortium oÄ handelt, dass der vorherigen Abstimmung über die Beschlussfassung in der Kapitalgesellschaft dient.[155] Ein vertragliches Beschlussquorum, das an die *jeweiligen* Stimmverhältnisse bei einer Beschlussfassung anknüpft, vermittelt weder ein Sonderrecht des einzelnen Gesellschafters iSv § 35[156] noch sonst eine individuelle Rechtsposition unter dem Aspekt der Kernbereichslehre (allgemein → Rn. 91 f.).[157] Es liegt vielmehr auf der Hand, dass gesellschaftsrechtliche Sperrminoritäten bzw. Einstimmigkeitserfordernisse als – zumindest faktische – Minderheitsbefugnisse nicht zum Kernbereich der individuellen Mitgliedschaft des einzelnen Gesellschafters gehören können; Minderheitsbefugnis und Individualrecht sind vielmehr kategorial verschieden. Ein Quorum kann daher stets mit der von ihm selbst festgesetzten Mehrheit wieder geändert (herauf- oder herabgesetzt) werden; der Zustimmung jedes einzelnen Gesellschafters bedarf es hierfür nicht. – Zur Berechnung der Mehrheiten → Rn. 96 f., zum Ausschluss mehrheitlichen Eingriffs in Sonderrechte einzelner Gesellschafter und zu den sonstigen generellen Schranken der Mehrheitsherrschaft → Rn. 99 ff.

b) Geschäftsführungsbeschlüsse. In Geschäftsführungsfragen richtet sich die Art der Willensbildung nach der jeweiligen Ausgestaltung der Geschäftsführung in der GbR (→ Rn. 13 ff.). Mehrheitsbeschlüsse finden sich namentlich in den Fällen, in denen mehrheitliche Gesamtgeschäftsführung nach Art von § 709 Abs. 2 gilt (→ Rn. 45 ff.). Nach dem Prinzip der Einzelgeschäftsführung (§ 711) kann auf eine Beschlussfassung aber auch ganz verzichtet und die Mitsprache der anderen Geschäftsführer auf ein Widerspruchsrecht beschränkt werden. Für die Feststellung, welche Geschäftsführungsregelung der Gesellschaftsvertrag enthält, gelten die allgemeinen Auslegungsgrundsätze (→ § 705 Rn. 171 f.). Eine allgemein formulierte Mehrheitsklausel erfasst allemal den Geschäftsführungsbereich (→ Rn. 90) und lässt somit auf mehrheitliche Gesamtgeschäftsführung schließen (→ Rn. 45 f.). Auch konkludente Abweichungen vom Regelfall einstimmiger Gesamtgeschäftsführung sind möglich.[158] **83**

c) Vertragsänderungen. aa) Bestimmtheitsgrundsatz. Soweit es um die Zulassung von Vertragsänderungen durch Mehrheitsbeschluss geht, sollte es für Wirksamkeit und Anwendungsbereich der Klausel nach früher verbreiteter Ansicht nicht allein darauf ankommen, dass sie nach allgemeinen Auslegungsgrundsätzen auch *Änderungen des Gesellschaftsvertrages* umfasst. Erforderlich sei vielmehr außerdem, dass sich aus der Mehrheitsklausel auch die Erstreckung auf den jeweils in Frage stehenden Gegenstand der Vertragsänderung mit Bestimmtheit ergibt (sog. Bestimmtheitsgrundsatz).[159] Hierfür wurde zwar nicht die ausdrückliche Aufzählung der einzelnen in Betracht kommenden Beschlussgegenstände gefordert, wohl aber die **eindeutige,** für jeden Gesellschafter unverkennbare Einbeziehung des in Frage stehenden Gegenstands der Vertragsänderung. Die Anforderungen an die Konkretheit der Mehrheitsklausel seien umso höher, je schwerer der potentielle Eingriff des Mehrheitsbeschlusses in die Gesellschafterstellung wiege.[160] Die Kautelarpraxis bemühte sich, dem durch möglichst umfassende Angabe der in Betracht kommenden Beschlussgegenstände Rechnung zu tragen.[161] **84**

---

[155] BGHZ 179, 13 (18 ff.) = NJW 2009, 669 – Schutzgemeinschaft II; dazu (jeweils zust.) *K. Schmidt* ZIP 2009, 737 (742 f.); *Schäfer* ZGR 2009, 768 (781 ff.); *Krieger,* FS Hommelhoff, 2012, S. 593. Die Frage war zuvor str., s. einerseits *Zöllner,* FS Ulmer, 2003, 725 – wie hier gegen Übertragung, andererseits *Habersack* ZHR 164 (2000), 1 – befürwortend.

[156] Ebenso BGH NZG 2013, 63 = ZIP 2013, 65; zutr. insoweit auch OLG Hamm ZIP 2001, 1915 (1917) = NZG 2002, 783 (784 f.); *Priester* NZG 2013, 321 (323).

[157] BGHZ 179, 13 (23 f.) Rn. 22 = NJW 2009, 669 – Schutzgemeinschaft II; BGHZ NZG 2013, 63 = ZIP 2013, 65; KG ZIP 2011, 659 (661); zust. *Wertenbruch* NZG 2013, 641 (643 f.); nicht überzeugend hingegen MHdB GesR II/*Weipert* § 14 Rn. 63, demzufolge die „Stimmqualität" eine individuelle Rechtsposition des einzelnen Gesellschafters sei; so tendenziell auch *Priester* NZG 2013, 321 (323 f.); s. ferner Wackerbarth.

[158] BGHZ 16, 394 (396 f.) = NJW 1955, 825; RGZ 151, 321 (326 f.); → Rn. 13 ff.

[159] BGHZ 8, 35 (41 f.) = NJW 1953, 102 (obiter); Soergel/*Hadding/Kießling* Rn. 39 f.; Erman/*Westermann* Rn. 30; Staudinger/*Keßler,* 12. Aufl. 1979, Rn. 23; Schlegelberger/*Martens* HGB § 119 Rn. 17 ff.; Baumbach/Hopt/*Roth* HGB § 119 Rn. 37a ff.; Heymann/*Emmerich* HGB § 119 Rn. 30 ff.; *Marburger* NJW 1984, 2252 (2257); *Wiedemann* GesR I § 8 I 2a, S. 410 ff.; *ders.* GesR II § 4 I 3a, S. 300 f.; *K. Schmidt* GesR § 16 II 2 b; ZHR 158 (1994), 205 (218 f.); *Westermann* in Westermann/Wertenbruch PersGesR-HdB I. Teil § 24 Rn. 518 f.; *Röttger,* Die Kernbereichslehre im Recht der Personengesellschaften, 1989, S. 151 ff.; *Göbel,* Mehrheitsentscheidungen, 1992, S. 131 ff., 167 f.; *Nils Heinrichs,* Mehrheitsbeschlüsse, 2006, S. 103 ff.; *Kübler/Assmann* GesR § 7 II 5, S. 68; *Sigle,* FS Hüffer, 2010, S. 923 f.; enger – nur für ungewöhnliche Beschlüsse – aber *Hueck* OHG § 11 IV 3; *U. H. Schneider* ZGR 1972, 371; *Wiedemann,* FS Hopt, 2010, S. 1491 (1497 f.). Für Anwendbarkeit nur bei Änderungen ‚korporativer' Vertragsbestandteile *Flume* BGB AT I 1 § 14 III, S. 220 mit Ergänzung in FS Rittner, 1991, S. 119 (120 ff.). Rspr.-Nachweise → Rn. 85.

[160] So *Westermann* in Westermann/Wertenbruch PersGesR-HdB I. Teil § 24 Rn. 519.

[161] Vgl. *K. Schmidt* ZHR 158 (1994), 205 (206), der (S. 218 ff.) dieser Entwicklung entgegentritt, weil sie vom Bestimmtheitsgrundsatz nicht gefordert sei. Zu Formulierungsvorschlägen für die Praxis vgl. MVHdB GesR/*Riegger/Götze,* 6. Aufl. 2005, Form. III 10, § 27 Abs. 1 sowie *Sudhoff,* Personengesellschaften, 8. Aufl. 2005, § 12 Rn. 72 f.

85 Die **Rechtsprechung** entwickelte den Bestimmtheitsgrundsatz am Beispiel mehrheitlich in Abweichung von § 707 zu beschließender *Beitragserhöhungen*[162] und dehnte ihn in der Folgezeit auch auf sonstige ungewöhnliche, die Rechtsstellung einzelner Mitgesellschafter wesentlich berührende **Beschlussgegenstände** aus.[163] Angewendet wurde er auf die Änderung des Gewinnverteilungsschlüssels,[164] die Vertragsverlängerung,[165] die Änderung der Kündigungs-[166] oder Liquidationsfolgen,[167] die Umwandlung der Stellung eines persönlich haftenden Gesellschafters in diejenige eines Kommanditisten unter gleichzeitiger Umwandlung der KG in eine GmbH & Co. KG,[168] die Einschränkung der actio pro socio,[169] die Gestattung nicht vorgesehener Entnahmen[170] oder die Herabsetzung eines für Vertragsänderungen vorgesehenen Quorums.[171]

86 In neuerer Zeit hat der **BGH** – nicht zuletzt wohl unter dem Eindruck der zunehmenden Kritik am Bestimmtheitsgrundsatz (→ Rn. 87 f.) – zunächst eine Reihe von **Einschränkungen** gegenüber dem Anwendungsbereich des Bestimmtheitsgrundsatzes entwickelt und obiter die Frage der *Abdingbarkeit* des Bestimmtheitsgrundsatzes aufgeworfen.[172] Die Einschränkungen betrafen zunächst *Publikumsgesellschaften* (→ Rn. 94), aber auch sonstige *große* Personengesellschaften, die durch Mitgliederzahl und „körperschaftliche Verfassung" vom gesetzlichen Leitbild abweichen und bei denen die Erzielung einstimmiger Beschlüsse daher auf besondere Schwierigkeiten stößt. In derartigen Fällen bejahte der BGH die Wirksamkeit von Klauseln über mehrheitliche Vertragsänderungen einschließlich solcher über sonstige zentrale Fragen wie die Wirksamkeit einer mehrheitlichen Umwandlungsbefugnis, ohne eine nähere Bezeichnung der unter die Mehrheitsklausel fallenden Beschlussgegenstände zu verlangen.[173] Aber auch für die *dem gesetzlichen Leitbild entsprechende Personengesellschaft* deutete er schon seit längerem Zweifel am Bestimmtheitsgrundsatz an und warf die Frage auf, ob an ihm festzuhalten sei oder ob er unter stärkerer Berücksichtigung der gesellschaftlichen Treupflicht aufgelockert bzw. durch die Kernbereichslehre ersetzt werden sollte.[174] In jüngeren Entscheidungen hielt er zwar zunächst noch verbal am Bestimmtheitsgrundsatz fest,[175] betonte aber bereits, dass die Beschlussgegenstände im Vertrag nicht einzeln aufgelistet zu werden brauchten, sondern die Erstreckung der Mehrheitsklausel hierauf lediglich aufgrund allgemeiner Auslegungsgrundsätze dem Vertrag müsse entnommen werden können.[176] Zudem sei die materielle Zulässigkeit eines Eingriffs in Gesellschafterrechte erst auf einer „zweiten Stufe" mit Hilfe von Treupflicht und Kernbereichslehre

---

[162] RGZ 91, 166 (168); 151, 321 (327); 163, 385 (391); → § 707 Rn. 6.
[163] Überblick über die Rspr.-Entwicklung bei *Goette*, FS Sigle, 2000, S. 145 (149 ff.); neuerdings BayObLG NZG 2005, 173: Mehrheitsbeschluss (drei Viertel) über den Eintritt einer zu diesem Zweck gegründeten GmbH als Komplementär einer KG; dazu auch *Werner* GmbHR 2005, 366.
[164] BGH BB 1976, 948; WM 1986, 1556 (1557); OLG Hamm BB 1978, 120 (121); vgl. auch BGH WM 1973, 100 (101 f.) und WM 1975, 662 (663) – Beschlüsse mit Auswirkungen auf die Gewinnverteilung grds. nur einstimmig.
[165] BGH NJW 1973, 1602; OLG Düsseldorf NJW 1977, 2216 (2217).
[166] BGHZ 48, 251 (253 f.) = NJW 1967, 2157; anders BGHZ 8, 35 (44) = NJW 1953, 102 für die Rückumwandlung einer durch Tod des einzigen Komplementärs aufgelösten KG in eine werbende Gesellschaft wegen einer das Bestandsinteresse der Gesellschaft betonenden Mehrheitsklausel.
[167] BGH WM 1966, 876; RGZ 114, 393 (395); noch vom Bestimmtheitsgrundsatz ausgehend auch OLG Naumburg NZG 2012, 1259 (mehrheitliche Ausschließung eines Gesellschafters als Liquidators – richtigerweise ist darin aber ein Eingriff in den Kernbereich (Eingriff in das Geschäftsführungsrecht) iSv → Rn. 93a zu sehen.
[168] OLG Düsseldorf OLGZ 1983, 191 = BB 1983, 459.
[169] BGH NJW 1985, 2830 (2831).
[170] BGH WM 1986, 1109.
[171] BGH NJW 1988, 411 (412).
[172] BGH NJW 1988, 411 (412). Insoweit aus methodischen Gründen zu Recht krit. *Marburger* ZGR 1989, 146 (153); *K. Schmidt* ZHR 158 (1994), 205 (219 f.); abl. auch *Westermann* in Westermann/Wertenbruch PersGesR-HdB I. Teil § 24 Rn. 522; für Abdingbarkeit aber *Brändel*, FS Stimpel, 1985, S. 95 (104).
[173] BGHZ 85, 350 (355 ff.) = NJW 1983, 1056.
[174] BGHZ 71, 53 (57 f.) = NJW 1978, 1382; BGHZ 85, 350 (356) = NJW 1983, 1056; BGHZ 132, 263 (268) = NJW 1996, 1678; BGH NJW 1995, 194 f.
[175] BGHZ 170, 283 (286 ff.) insbes. Rn. 9 f. = NJW 2007, 1685 (1686 f.) = ZIP 2007, 475 (476 f.); dazu *K. Schmidt* ZGR 2008, 1; *Haar* NZG 2007, 601; *Wertenbruch* ZIP 2007, 798; s. auch *Priester* DStR 2008, 1386 sowie DStR 2007, 28 zur Vorinstanz OLG Hamburg ZIP 2006, 895; ferner *Binz/Mayer* DB 2007, 1739 mit Vorschlägen für die „moderne" Praxis, DB 2007, 1739 (1740).
[176] BGHZ 170, 283 (287) Rn. 9 = NJW 2007, 1685 (1686) = ZIP 2007, 475 (476) mit ausdrücklicher Bezugnahme auf die Auslegung des Vertrages („und sei es auch durch dessen Auslegung"); so dann auch wieder BGHZ 179, 13 (20) = NJW 2009, 669 (671) – Schutzgemeinschaft II: keine Übertragung aktienrechtlicher Beschlussquoren auf BGB-Innengesellschaft im Wege des Bestimmtheitsgrundsatzes; ebenso KG ZIP 2010, 1545 (1546).

zu überprüfen.¹⁷⁷ Inzwischen hat sich der II. Senat explizit auch vom Begriff „Bestimmtheitsgrundsatz" verabschiedet;¹⁷⁸ die Entscheidung von 2014 betraf die (mehrheitliche) Zustimmung zu einer Anteilsabtretung, für die der BGH eine einfache Mehrheitsklausel – entgegen der Vorinstanz – für ausreichend erklärte. Damit ist für das Gebot einer *restriktiven* Auslegung von Mehrheitsklauseln, wie sie mit dem Bestimmtheitsgrundsatz verbunden war, kein Raum mehr. Es ist danach vielmehr jedenfalls ausreichend, wenn der Vertrag verdeutlicht, dass (auch) Vertragsänderungen bzw. Grundlagenentscheidungen *generell* einer Mehrheitsentscheidung unterworfen sein sollen. Noch nicht abschließend geklärt ist lediglich, ob eine ganz allgemein gehaltene Mehrheitsklausel, die sich schlicht auf „sämtliche Beschlüsse" bezieht, auch Vertragsänderungen mitumfasst (→ Rn. 90).

bb) Kritik am Bestimmtheitsgrundsatz. Der Aufgabe des Bestimmtheitsgrundsatzes durch die neuere Rechtsprechung ist zuzustimmen.¹⁷⁹ Schon seit längerem war der Bestimmtheitsgrundsatz in der Literatur auf *verbreitete Kritik* gestoßen.¹⁸⁰ Gegen ihn wird eingewandt, dass er seine Minderheitenschutzfunktion schon deshalb nicht erfüllen kann, weil die Kautelarjurisprudenz zunehmend dazu übergegangen ist, in den Gesellschaftsverträgen die in Frage kommenden Änderungsgegenstände katalogmäßig aufzulisten.¹⁸¹ Auf Grund dieser Entwicklung war die ihm zugedachte **Warnfunktion** weitgehend **entfallen**.¹⁸² Es ist nicht selten eine Frage des Zufalls oder der detaillierten Vertragsgestaltung, ob die fraglichen Beschlussgegenstände in der Mehrheitsklausel besonders erwähnt sind. Fehlt es hieran, so besteht die Gefahr, dass im Interesse der Gesellschaft gebotene, von der qualifizierten Mehrheit gewünschte Vertragsänderungen unter Berufung auf den Bestimmtheitsgrundsatz blockiert werden,¹⁸³ zumal die Rechtsprechung eine Zustimmungspflicht zu Vertragsänderungen kraft Treupflicht nur in engen Grenzen anerkennt (→ § 705 Rn. 231 ff.). Überdies wird eine sachgerechte inhaltliche Beschlusskontrolle durch den Bestimmtheitsgrundsatz eher verhindert.¹⁸⁴

Zu Recht *kritisiert* wurden aber auch die **dogmatischen Begründungen,** die für die Geltung des Bestimmtheitsgrundsatzes in seiner bisherigen Form vorgebracht worden sind. Sollte die Maßgeblichkeit des Mehrheitsbeschlusses für sämtliche Gesellschafter sich aus deren *antizipiert erklärter*

---

¹⁷⁷ BGHZ 170, 283 Rn. 9 f.; 179, 13 (21) Rn. 17 = NJW 2009, 669: „Klarstellung", dass Mehrheitsentscheidung auf der zweiten Stufe generell auf Treuepflichtverstöße zu prüfen seien, ohne dass es auf Kernbereich ankomme. Vgl. ferner BGH NZG 2014, 302 (304 f.); 2013, 63; 2013, 57 (59 f.); ZIP 2012, 515 (518) Rn. 23 = NZG 2012, 393 mit Anm. *Schäfer* EWiR 2012, 515; ZIP 2012, 520 (523) Rn. 24 = NZG 2012, 397 mit Anm. *Schodder* EWiR 2012, 239; WM 2011, 1851 (1853); ZIP 2011, 1906 (1909); Überblick über die jüngere Rspr. bei *Heckschen/Bachmann* NZG 2015, 531; *Goette/Goette* DStR 2016, 74 (76 f.); krit. zur „Stufenterminologie" *K. Schmidt* ZIP 2009, 737 (739); *Schäfer* ZGR 2009, 768 (775, 777); *ders.* NZG 2014, 1401 (1403); *ders.* ZGR 2013, 237 (246); *ders.* ZIP 2015, 1313.
¹⁷⁸ BGHZ 203, 77 = NJW 2015, 859 = ZIP 2014, 2231; dazu *Altmeppen* NJW 2015, 2065; *Grunewald* BB 2015, 328; *Schäfer* NZG 2014, 1401 (1403); *ders.* ZIP 2015, 1313; *Schiffer* BB 2015, 584; *Ulmer* ZIP 2015, 657.
¹⁷⁹ *Grunewald* BB 2015, 328; *Heckschen/Bachmann* NZG 2015, 531 (537); *Priester* EWiR 71 f.; *Schäfer* NZG 2014, 1401; *Schiffer* BB 2015, 584; *Ulmer* ZIP 2015, 657; *Weber* ZfPW 2015, 123; *Wertenbruch* DB 2014, 2875; nominell abw. zwar *Altmeppen* NJW 2015, 2065 ff., aber mit eigenem Verständnis des Bestimmtheitsgrundsatzes unter Vermengung der Auslegung einer Mehrheitsklausel mit dem Schutz vor Eingriffen in die individuelle Rechtsstellung (→ Rn. 91 ff.).
¹⁸⁰ Vgl. schon *Rob. Fischer,* FS Barz, 1974, S. 32 (41 ff.); *Hadding* ZGR 1979, 636 (646); *U. H. Schneider* AG 1979, 57 (60); *Leenen,* FS Larenz, 1983, S. 371 (381 ff.); *Hennerkes/Binz* BB 1983, 713 (715 ff.); *Autenrieth* DB 1983, 1034 f.; *Brändel,* FS Stimpel, 1985, S. 95 (102); *M. Winter* GesRZ 1986, 74 (78 ff.); *Hüffer* ZHR 151 (1987), 396 (406 f.); *Mecke* BB 1988, 2258 (2261 ff.); MüKoHGB/*Enzinger* HGB § 119 Rn. 81; tendenziell auch *Wiedemann* GesR I § 8 I 2a, S. 409 ff., 412; *ders.* GesR II § 4 I 3a, S. 302 – Warn- oder Schutzfunktion sei aber weiterhin erfüllt; ZGR 1977, 690 (694) und JZ 1983, 559 f. Für grds. Beibehaltung des Bestimmtheitsgrundsatzes aber *Marburger* NJW 1984, 2252 ff.; *ders.* ZGR 1989, 146 (150 f.); *K. Schmidt* ZHR 158 (1994), 205 (218 ff.); *ders.* GesR § 16 II 2c, d aa; *Röttger,* Die Kernbereichslehre im Recht der Personengesellschaften, 1989, S. 151 ff. und *Göbel,* Mehrheitsentscheidungen, 1992, S. 131 ff., 167 f.; *Flume,* FS Rittner, 1991, S. 119 (124 ff.); ferner *Erman/Westermann* Rn. 30; *Soergel/Hadding/Kießling* Rn. 40; *Schlegelberger/Martens* HGB § 119 Rn. 19 ff.; *Baumbach/Hopt/Roth* HGB § 119 Rn. 39; *Heymann/Emmerich* HGB § 119 Rn. 35; *Westermann* in Westermann/Wertenbruch PersGesR-HdB I. Teil § 24 Rn. 517a; für personalistische Personengesellschaften („Vertragsgesellschaften") auch *Reuter* ZGR 1981, 364 (372); *ders.* GmbHR 1981, 129 ff.
¹⁸¹ Vgl. auch die Hinweise zur Vertragsgestaltung bei *Sudhoff,* Personengesellschaften, 8. Aufl. 2005, § 12 Rn. 72 f. (deutlicher noch die 6. Aufl., S. 227 f., 684 f.). Hiergegen krit. *K. Schmidt* ZHR 158 (1994), 205 (208 f., 218 f.), nach dessen Auffassung der Bestimmtheitsgrundsatz das Katalogprinzip nicht verlangt.
¹⁸² So schon *Rob. Fischer,* FS Barz, 1974, S. 32 (41, 43 f.); ebenso *Leenen,* FS Larenz, 1983, S. 371 (387, 389); *Hennerkes/Binz* BB 1983, 714; *Wiedemann* ZGR 1977, 694; *ders.* JZ 1983, 560; *U. H. Schneider* AG 1979, 57 (60); aA wohl nunmehr *Wiedemann* GesR II § 4 I 3, S. 302.
¹⁸³ Vgl. dazu *Leenen,* FS Larenz, 1983, S. 371 (382 ff.).
¹⁸⁴ Vgl. in diesem Zusammenhang *Leenen,* FS Larenz, 1983, S. 371 (389 f.); *Hennerkes/Binz* BB 1983, 714 f.; *Mecke* BB 1988, 2258 (2262); zust. auch BGHZ 170, 283 (286 f.) Rn. 9 = NJW 2007, 1685 (1686 f.) = ZIP 2007, 475 (476). Anders aber *K. Schmidt* ZHR 158 (1994), 205 (215 f.); *ders.* ZGR 2008, 1 (8 f.).

Zustimmung zu dem später gefassten Beschluss ergeben,[185] so wäre folgerichtig nicht nur die Aufzählung der Beschlussgegenstände, sondern zumindest auch eine Skizzierung des jeweils zulässigen Beschlussinhalts zu verlangen.[186] Erst dann ließe sich nicht nur fiktiv von einem vorweggenommenen Einverständnis mit der konkreten Vertragsänderung sprechen. Ist die Mehrheitsklausel dagegen als grundsätzlich wirksame Einräumung eines *Gestaltungsrechts* an die Gesellschafterversammlung zu mehrheitlicher Vertragsänderung zu verstehen,[187] so lässt sich der Schutz der überstimmten Minderheit effektiv nur durch offene Ausübungskontrolle anhand der beweglichen Schranken der Mehrheitsherrschaft (→ § 705 Rn. 136 f.) sicherstellen.[188] Demgegenüber läuft die Berufung auf den Bestimmtheitsgrundsatz und den danach ggf. fehlenden „Unterwerfungswillen" der überstimmten Minderheit nicht selten auf eine *verdeckte Inhaltskontrolle* hinaus, ohne dass die entscheidenden Wertungsgrundlagen offengelegt werden.[189] Denn das Gebot einer restriktiven Auslegung und ein daraus abgeleitetes Erfordernis gegenstandsscharfer Formulierung der Mehrheitsklausel lässt sich unter keinem Aspekt rechtfertigen und auch nicht mit *allgemeinen* Auslegungsregeln vereinbaren (→ Rn. 90).

89 Zur „Rettung" des Bestimmtheitsgrundsatzes ist von *Karsten Schmidt* die These entwickelt worden, er beziehe sich auf die *formelle Voraussetzung wirksamer Mehrheitsermächtigung*, also auf die **Legitimation** der Gesellschafter, mit der vertraglich vorgesehenen Mehrheit über Vertragsänderungen zu beschließen. Davon zu unterscheiden seien die – zusätzlich erforderlichen – *materiellen* Voraussetzungen wirksamer Mehrheitsbeschlüsse, sei es im Sinne der Kernbereichslehre oder der Respektierung ungeschriebener Inhaltsschranken nach Art der Treupflicht oder des Gleichbehandlungsgrundsatzes.[190] Teilweise ist auch bezweifelt worden, dass sich Kernbereichslehre und Bestimmtheitsgrundsatz – verstanden als Erfordernis des Einverständnisses aller Gesellschafter mit der mehrheitlichen Beschlussfassung über kernbereichsrelevante Gegenstände – unterscheiden.[191] Beiden Ansätzen ist letztlich nicht zu folgen. Vielmehr folgt die Auslegung von Mehrheitsklauseln allgemeinen Grundsätzen (→ Rn. 90), während die (individualschützende) Kernbereichslehre bestimmte Beschlüsse von der individuellen Zustimmung einzelner Gesellschafter abhängig macht (→ Rn. 91 f.); die hieraus für eine „antizipierte" Zustimmung folgenden Anforderungen gehen inhaltlich deutlich über eine gegenstandsscharf formulierte Mehrheitsklausel (im Sinne des Bestimmtheitsgrundsatzes) hinaus. Schließlich richtet sich die Inhaltskontrolle von Mehrheitsbeschlüssen nach Treupflichtaspekten (→ Rn. 93a). Kernbereichslehre und Treupflicht stellen dabei (und insoweit durchaus in Übereinstimmung mit *Karsten Schmidt*) unterschiedliche **„Stufen"** der Prüfung eines Mehrheitsbeschlusses dar. Demgegenüber spricht der II. Zivilsenat (→ Rn. 86) die Auslegung als erste, Treupflicht bzw. Kernbereich als zweite Stufe der Prüfung an. Das ist dogmatisch nicht überzeugend;[192] denn die vom BGH sog. „zweite Stufe" soll sowohl Treupflicht (also eine inhaltliche Beschlusskontrolle) als auch Kernbereichsschutz (durch individuelle Zustimmungsrechte) umfassen und ist daher sehr heterogen zusammengesetzt.

---

[185] So namentlich *Martens*, Mehrheits- und Konzernherrschaft, 1970, S. 64 ff.; *ders.* DB 1973, 415; ähnlich *Immenga* ZGR 1974, 419.

[186] So mit Recht *Leenen*, FS Larenz, 1983, S. 371 (376); ihm folgend *Schiemann* AcP 185 (1985), 73 (75); ebenso auch *Hüffer* ZHR 151 (1987), 396 (407); *K. Schmidt* ZHR 158 (1994), 205 (212 f.) – als zweite Schranke neben dem Bestimmtheitsgrundsatz auch; *Schäfer*, Der stimmrechtslose GmbH-Geschäftsanteil, 1997, S. 119 ff.

[187] So *Bötticher*, Gestaltungsrecht und Unterwerfung, 1964, S. 28 ff.; *Thiele*, Zustimmungen in der Lehre vom Rechtsgeschäft, 1966, S. 48; *Menk*, Verhältnis des Bestimmtheitsgrundsatzes zur Kernbereichslehre, 1975, S. 62 ff.; *Marburger* NJW 1984, 2254; *M. Winter* GesRZ 1986, 74 (79); ähnlich *Röttger*, Die Kernbereichslehre im Recht der Personengesellschaften, 1989, S. 141 f.; krit. *Leenen*, FS Larenz, 1983, S. 371 (377 ff.), dessen Deutung der Mehrheitsklausel als Verfahrensregel (S. 379 ff., zust. *Schiemann* AcP 185 [1985], 75) freilich ebenfalls eine überzeugende dogmatische Begründung der Mehrheitsklausel vermissen lässt. Den Aspekt der Verfahrensregel modifiziert *K. Schmidt* ZHR 158 (1994), 205 (214 f.) zur formalen Begrenzung (?) der Mehrheitskompetenz.

[188] So denn auch *Westermann* in Westermann/Wertenbruch PersGesR-HdB I. Teil § 24 Rn. 517, 524, 527 f. trotz grds. Festhaltens am Bestimmtheitsgrundsatz.

[189] Ein Beispiel hierfür bietet BGH BB 1976, 948, das die mehrheitliche Rücklagenbildung unter Durchbrechung der gesellschaftsvertraglichen Regelung als von der Mehrheitsklausel gedeckt, eine mehrheitliche Änderung des Gewinnverteilungsschlüssels dagegen als unzulässig ansah, ohne dass sich aus der Mehrheitsklausel Anhaltspunkte für diese Differenzierung ergaben. Zur Kritik an der Begründung der Entscheidung vgl. *Ulmer* BB 1976, 950; *Wiedemann* ZGR 1977, 694. Wieder anders dann BGHZ 132, 263 (268) = NJW 1996, 1678: mehrheitliche Bilanzfeststellung erfordert besondere Legitimation, insofern aber aufgegeben durch BGHZ 170, 283 (287) = NJW 2007, 1685 (1686) = ZIP 2007, 475 (476).

[190] *K. Schmidt* GesR § 16 II 2c, d aa und schon *ders.* ZHR 158 (1994), 205 (215 ff.); bekräftigend *ders.* ZGR 2008, 1 (8 f.); dem folgend *Goette*, FS Sigle, 2000, S. 145 (157 f.); *Hermanns* ZGR 1996, 103 (105 f.); ähnlich auch *Wiedemann*, FS Hopt, 2010 S. 1491 (1498 f.).

[191] So *Goette*, FS Sigle, 2000, S. 145 (149, 153); ähnlich anscheinend *Altmeppen* NJW 2015, 2065 (2068 ff.), der Bestimmtheitsgrundsatz und antizipierte Zustimmung zum Kernbereichseingriff vermengt.

[192] Zu Recht krit. zur „Stufenterminologie" des BGH *K. Schmidt* ZIP 2009, 737 (739); s. auch *Schäfer* ZGR 2009, 768 (775, 777); apologetisch hingegen *Goette/Goette* DStR 2016, 74 (77 f.).

cc) **Folgerungen. (1) Aufgabe des Bestimmtheitsgrundsatzes.** Die Abwendung der neueren **90** Rechtsprechung vom Bestimmtheitsgrundsatz **überzeugt,**[193] das Konzept einer *restriktiven* Auslegung von Mehrheitsklauseln in Bezug auf „ungewöhnliche" Vertragsänderungen und die damit verbundene (verdeckte) Inhaltskontrolle sind damit obsolet. So wenig allein die katalogartige Aufzählung aller der Mehrheitsherrschaft unterworfenen Beschlussgegenstände eine materielle Rechtfertigung für die auf ihrer Grundlage mit qualifizierter Mehrheit beschlossenen Vertragsänderungen enthält, so wenig sollten andererseits mehrheitliche Vertragsänderungen an der formalen Schranke scheitern, dass der fragliche Beschlussgegenstand zwar klar und deutlich, jedoch nicht in einer den besonderen Anforderungen restriktiver Auslegung standhaltenden Art und Weise von der auf Vertragsänderungen bezogenen Mehrheitsklausel gedeckt ist.[194] Wie immer eine Mehrheitsklausel dogmatisch fundiert wird, lässt sich der Bestimmtheitsgrundsatz nicht „materiell", also mit Hilfe seiner dogmatischen Grundlage, sondern allein als Auslegungsregel rechtfertigen, und hiermit wiederum ist ein wie immer gefasstes Gebot gegenstandsscharfer Formulierung der Klausel nicht zu vereinbaren.[195] § 709 ist nun einmal keine materiale Beweisregel, sondern dispositives Recht.[196] Davon unberührt bleiben die Anforderungen *allgemeiner Auslegungsgrundsätze.* Hiernach ist es für die Erstreckung auf Vertrags- und sonstige Grundlagenänderungen aber allemal ausreichend, wenn die Klausel dies *generell* zu erkennen gibt, namentlich also auch von Vertrags- und/oder Grundlagenänderungen spricht. Teilweise wird sogar eine solche **Differenzierung zwischen Vertragsänderungen und sonstigen Beschlüssen** für entbehrlich gehalten,[197] so dass selbst eine ganz allgemein auf „sämtliche Beschlüsse" bezogene Mehrheitsklausel Vertragsänderungen stets mitumfassen würde. Doch sollte die kategorial unterschiedliche rechtliche Qualität von Vertragsänderungen (also einer dauerhaften Änderung der ‚Verfassung' der Gesellschaft) und allen anderen Entscheidungen schon nach allgemeinen Auslegungsregeln erfordern, dass Vertragsänderungen – in allgemeiner Form – in einer Mehrheitsklausel angesprochen werden, damit auch insofern Mehrheitsentscheidungen möglich sind. Der unterschiedlichen rechtlichen Qualität entspricht auch die Gestaltungspraxis, die für Vertragsänderungen typischerweise qualifizierte Mehrheitserfordernisse vorsieht (was aber nicht zwingend ist, → Rn. 82). Im Übrigen gilt es jedenfalls im Ansatz klar zu unterscheiden zwischen der durch eine allgemein formulierte Klausel eingeräumten Mehrheitsbefugnis, einen Beschluss zustande zu bringen, und der für die Wirksamkeit des Beschlusses gegenüber dem betroffenen Gesellschafter nach der Kernbereichslehre ggf. erforderlichen Zustimmung der betroffenen Gesellschafter iSv § 182 (→ Rn. 91).[198]

(2) Kernbereichslehre. Eine Einschränkung der Mehrheitsbefugnis ist allerdings bei solchen **91** Vertragsänderungen veranlasst, die in den Kernbereich der Mitgliedschaft des einzelnen Gesellschafters eingreifen. Die Kernbereichslehre war ursprünglich zur Abgrenzung derjenigen Beschlussgegenstände entwickelt worden, bei denen das Stimmrecht des Gesellschafters als unverzichtbar angesehen wurde (→ Rn. 63).[199] Demgegenüber werden die zum Kernbereich zählenden Rechte heute als *nur mit Zustimmung des betroffenen Gesellschafters entziehbar* angesehen, also mit dem Kreis der **unentziehbaren Rechte** deckungsgleich (→ Rn. 93).[200] Die erforderliche **Zustimmung** des betroffenen

---

[193] *Grunewald* BB 2015, 328; *Heckschen/Bachmann* NZG 2015, 531 (537); *Priester* EWiR 71 f.; *Schäfer* NZG 2014, 1401; *Schiffer* BB 2015, 584; *Ulmer* ZIP 2015, 657; *Weber* ZfPW 2015, 123; *Wertenbruch* DB 2014, 2875; nominell abw. zwar *Altmeppen* NJW 2015, 2065 ff., aber mit eigenem Verständnis des Bestimmtheitsgrundsatzes unter Vermengung der Auslegung einer Mehrheitsklausel mit dem Schutz vor Eingriffen in die individuelle Rechtsstellung (→ Rn. 91 ff.).
[194] So der Sache nach auch *Brändel,* FS Stimpel, 1985, S. 95 (103 f.); *Hadding* ZGR 1979, 636 (642); *Mecke* BB 1988, 2258 (2261 ff.).
[195] Vgl. *Schäfer,* Der stimmrechtslose GmbH-Geschäftsanteil, 1997, S. 120 ff. für Einordnung der Mehrheitsklausel und S. 124 gegen *K. Schmidt* ZHR 158 (1994), 205 (218), namentlich dessen – schon stark relativierende – Auffassung, eine „konkludente Gegenstandsschärfe" reiche aus.
[196] *Schäfer,* Der stimmrechtslose GmbH-Geschäftsanteil, 1997, S. 123 f.
[197] So wohl *Goette/Goette* DStR 2017, 74 (77).
[198] Hierzu näher *Schäfer,* Der stimmrechtslose GmbH-Geschäftsanteil, 1997, S. 140 f.; ebenso zutr. auch *K. Schmid* ZIP 2009, 737 (738 f.) mit Kritik an der Begriffsbildung des BGH in Bezug auf die „zweite Stufe".
[199] BGHZ 20, 363 (368) = NJW 1956, 1198.
[200] Vgl. BGH NJW 1985, 974; 1995, 194 (195), dort allerdings mit der zweifelhaften Aussage, dass die Pflicht zur Zustimmung selbst dann ausreichen kann, wenn es nicht um eine Publikumsgesellschaft geht, → Rn. 94 aE; OLG Hamm DB 1989, 815; *K. Schmidt* ZHR 158 (1994), 205 (227); *ders.* ZGR 2008, 1 (17 f.); *Mecke* BB 1989, 2258 (2263); *M. Winter* GesRZ 1986, 74 (83); *Hüffer* ZHR 187 (1987), 396 (402); *Röttger,* Die Kernbereichslehre im Recht der Personengesellschaften, 1989, S. 148 ff.; *Hermanns,* Unverzichtbare Mitverwaltungsrechte, 1993, S. 118 f.; *Löffler* NJW 1989, 2656 (2666); *Göbel,* Mehrheitsentscheidungen, 1992, S. 183 ff.; Schlegelberger/*Martens* HGB § 119 Rn. 24; Baumbach/Hopt/*Roth* HGB § 119 Rn. 36; MüKoHGB/*Enzinger* HGB § 119 Rn. 70; *Wiedemann* GesR I § 7 I 1b, S. 362 mwN; *Wiedemann* GesR II § 4 I 3b, S. 302 f.

Gesellschafters ist daher nicht Bestandteil des Beschlusses und somit nicht mit der „Zustimmung" nach § 709 (im Sinne einer positiven Stimmabgabe) zu verwechseln; vielmehr ist sie Zustimmung iSv § 182 und somit ein gegenüber dem Beschluss selbständiges Rechtsgeschäft, das freilich mit der Ausübung des Stimmrechts verbunden werden kann. Es gilt mithin das Gleiche wie im Falle des § 707 (→ § 707 Rn. 7 f.).[201] Werden folglich Beschlüsse, die in den Kernbereich der Mitgliedschaft eingreifen, ebenso wie bei Begründung von Nachschusspflichten, nur mit Zustimmung der betroffenen Gesellschafter wirksam und sind sie in diesem Sinne „mehrheitsfest", so ist damit aber nicht ausgeschlossen, dass der Gesellschafter seine Zustimmung schon im Voraus („antizipiert") erklärt (→ Rn. 63, 92). Da es hierbei aber nicht um die Auslegung der Mehrheitsklausel geht, sondern darum, ob die Gesellschafter ihre Zustimmung zu konkreten Eingriffen vorab erklärt haben, sollte diese Frage nicht mit dem (Fehl-)Etikett des Bestimmtheitsgrundsatzes versehen werden.

92 Um eine Vertragsklausel als „*antizipiertes*" Einverständnis mit einem konkreten Eingriff in ein „relativ unentziehbares" Recht ansehen zu können, muss sie besonderen Anforderungen genügen.[202] Insofern gilt im Ansatz das Gleiche, wie der BGH in jüngerer Zeit für die parallele Frage einer nachträglichen Erhöhung der Beitragspflichten entschieden hat (→ § 707 Rn. 8).[203] Demnach bedarf es neben der eindeutigen Einbeziehung der Beitragserhöhung in den Anwendungsbereich der Mehrheitsklausel zusätzlich der *Angabe einer Obergrenze* oder sonstiger Kriterien, die der Eingrenzung der Erhöhungsrisiken für mehrheitlich zu beschließende Kapitalerhöhungen dienen.[204] Diese Anforderungen gelten mutatis mutandis ganz allgemein für Kernbereichseingriffe. Daher muss sich die Vertragsklausel **eindeutig** auf einen solchen Eingriff beziehen und sie muss **Art und Ausmaß** des Eingriffs exakt erkennen lassen.[205] Eine generelle Unterwerfung der einzelnen Gesellschafter unter den Mehrheitswillen bezüglich derartiger zum Kernbereich der Mitgliedschaft gehöriger Rechte genügt danach ebenso wenig[206] wie eine pauschale Zulassung mehrheitlicher Eingriffe in den Kernbereich durch katalogmäßige Auflistung im Gesellschaftsvertrag. Dem Gesellschafter muss insofern von vornherein erkennbar sein, bis zu welchem Grad er ggf. eine Verkürzung seiner Rechtsstellung hinzunehmen hat.

92a In seiner **neueren Rechtsprechung** hat der II. Zivilsenat in einer Reihe von obiter dicta allerdings angedeutet, dass er auf die Zustimmung der betroffenen Gesellschafter zu einem Eingriff in den Kernbereich künftig verzichten und in einem solchen Falle statt dessen lediglich die Treuwidrigkeit des Beschlusses vermuten könnte.[207] Ausgehend vom jüngsten Judikat in dieser

---

[201] Deutlich etwa *Goette/Goette* DStR 2016, 73 (82 f.): „keine Ersetzung der Zustimmungserklärung auf verfahrensrechtlichem Weg", unter zutr. Verweis darauf, dass die Versäumung einer gesellschaftsvertraglichen Anfechtungsfrist den Gesellschafter nicht präkludiert, das Fehlen seiner Zustimmung geltend zu machen; → § 707 Rn. 8 mwN.

[202] Zur Zulässigkeit einer „antizipierten Zustimmung" (Einwilligung) und zu den hieran zu stellenden Anforderungen näher *M. Winter* GesRZ 1986, 74 (83); *Schilling/M. Winter*, FS Stiefel, 1987, S. 670 f.; *Schäfer*, Der stimmrechtslose GmbH-Geschäftsanteil, 1997, S. 256 ff.; *ders.* ZGR 2013, 237 (251 ff.); *Altmeppen* NJW 2015, 2065 (2070); *Meyer* ZIP 2015, 256 (259 f.); *Schiffer* BB 2015, 584 (586); einschr. *Löffler* NJW 1989, 2656 (2661); aA – nur ad hoc-Zustimmung relevant – *Immenga* ZGR 1974, 385 (425); *Göbel*, Mehrheitsentscheidungen, 1992, S. 184 f.; MüKoHGB/*Enzinger* HGB § 119 Rn. 66, 70; gegen die Möglichkeit einer antizipierten Zustimmung außerhalb von § 707 jetzt auch *Ulmer* ZIP 2015, 657 (659 f.).

[203] Deutlich noch BGHZ 170, 283 Rn. 10 = NJW 2007, 1685 (1687) – Otto; andere Terminologie dann seit BGHZ 179, 13 (21 f.) = NJW 2009, 669 – Schutzgemeinschaft II – Rn. 17: bei Eingriff in den Kernbereich liege „regelmäßig eine treupflichtwidrige Mehrheitsentscheidung vor"; krit. zu dieser Begriffsbildung *K. Schmidt* ZIP 2009, 737 (738); *Schäfer* ZGR 2009, 768 (775); → Rn. 92a.

[204] BGH NJW-RR 2006, 827 = WM 2006, 577 (578); NJW-RR 2006, 829 = WM 2006, 774 (775); NJW-RR 2007, 1347 = WM 2005, 1608 (1609); ZIP 2009, 864 (865) = NJW-RR 2009, 753 (754); 2008, 418 (420); OLG Hamburg NJOZ 2010, 1034 (1036); OLG Stuttgart DB 2010, 1058 (1060); der Sache nach auch KG WM 2174, 2175; ZIP 2010, 1545 (1546); dazu eingehend *Schäfer*, Der stimmrechtslose GmbH-Geschäftsanteil, 1997, S. 137 ff.

[205] Ebenso *Leenen*, FS Larenz, 1983, S. 371 (386) und *M. Winter* GesRZ 1986, 74 (83); *Schäfer*, Der stimmrechtslose GmbH-Geschäftsanteil, 1997, S. 260 ff., 269 f., alle mwN. Vgl. auch BGH NJW 1995, 194 (195), allerdings mehrheitliche Einschränkung des Informationsrechts betr.

[206] Ebenso *Hüffer* ZHR 151 (1987), 396 (408); *Mecke* BB 1988, 2263; *K. Schmidt* ZHR 158 (1994), 205 (227 f.); der Sache nach auch OLG Hamm DB 1989, 815 f. mit zu Unrecht krit. Anm. *Tiedtke* DB 1989, 813; zur entsprechenden Rechtslage in Bezug auf Nachschüsse → § 707 Rn. 8.

[207] BGHZ 170, 283 Rn. 9 f.; 179, 13 (21) Rn. 17 = NJW 2009, 669: „Klarstellung", dass Mehrheitsentscheidung auf der zweiten Stufe generell auf Treuepflichtverstöße zu prüfen seien, ohne dass es auf Kernbereich ankomme. Vgl. ferner BGH NZG 2014, 302 (304 f.); 2013, 63; 2013, 57 (59 f.); ZIP 2012, 515 (518) Rn. 23 = NZG 2012, 393 mit Anm. *Schäfer* EWiR 2012, 515); ZIP 2012, 520 (523) Rn. 24 = NZG 2012, 397 mit Anm. *Schodder* EWiR 2012, 239; WM 2011, 1851 (1853); ZIP 2011, 1906 (1909); Überblick über die jüngere Rspr. bei *Heckschen/Bachmann* NZG 2015, 531; ähnlich hielten bereits BGH NJW 1985, 972 (973 und 974) betr. Publikumsgesellschaft und BGH NJW 1995, 194 (195) eine Zustimmung für entbehrlich, sofern der Gesellschafter zur Zustimmung verpflichtet war.

Reihe[208] ist deshalb im Schrifttum eine Diskussion darüber entstanden, ob sich der Senat nunmehr auch von der **Kernbereichslehre abgewandt** habe,[209] was vereinzelt begrüßt,[210] überwiegend aber kritisiert wird.[211] Dass der BGH den Schutz des Kernbereichs aufgegeben habe, ist indessen zu bezweifeln, zumal der Senat unverändert an der mit dem Kernbereich deckungsgleichen Kategorie der (relativ) unentziehbaren, dh nur mit Zustimmung des Betroffenen entziehbaren Rechte, festgehalten hat (dazu, dass es nicht sinnvoll ist, auch die unverzichtbaren Rechte einzubeziehen, → Rn. 93).[212] Zu kritisieren ist aber die Tendenz, die nach der Kernbereichslehre erforderliche (individuelle) Zustimmung, durch die (treupflichtgestützte) Pflicht des Betroffenen zur Zustimmung zu ersetzen, wie sie auch in BGH NJW 2015, 859 Rn. 19 wieder anklingt (→ § 705 Rn. 240 f.). Unabhängig hiervon, ist an der Kategorie des unentziehbaren Rechts jedenfalls **unverändert festzuhalten,** und sollten Stimm- und Vermögensrechte auch weiterhin nicht nur gegen den Entzug, sondern auch gegen Beeinträchtigungen geschützt werden, soweit diese unmittelbar durch einen (Mehrheits-)Beschluss herbeigeführt werden (→ Rn. 93 f.).[213]

Die Frage, **wie weit der Kernbereichsschutz reicht,** namentlich in welchen Fällen mehrheitli- **93** cher Beeinträchtigung der Mitgliedschaft ein Zustimmungsrecht der betroffenen Gesellschafter entsteht, lässt sich nicht ohne Kenntnis der Besonderheiten der jeweiligen Gesellschaft beantworten.[214] Hinsichtlich der **zum Kernbereich gehörigen Rechte** besteht bei näherem Zusehen hingegen weithin Einigkeit. Abgesehen von dem speziell durch § 707 gewährten Schutz vor Beitragserhöhungen (→ § 707 Rn. 7 f.), geht es jedenfalls um den Schutz des **Stimmrechts und der Vermögensrechte** (Gewinnrecht und Abfindungsrecht bzw. anteiliger Liquidationserlös) sowie das **Geschäftsführungsrecht** (vorbehaltlich der Entziehung aus wichtigem Grund, §§ 712, 715, → § 712 Rn. 22),[215] also der **unentziehbaren,** dh nur mit Zustimmung des Betroffenen entziehbaren Rechte (→ Rn. 92a). Von dem auf die Kernbereichslehre gestützten Zustimmungsrecht zu unterscheiden sind außerdem die (dispositive, s. § 40) Zustimmungsrecht bei *Zweckänderungen* (vgl. § 33 Abs. 1 S. 2, → § 33 Rn. 12 ff. [*Arnold*]) einschließlich der *Auflösung* der Gesellschaft (→ Vor § 723 Rn. 11) sowie das (wie nach der Kernbereichslehre zwingende) Zustimmungsrecht bei Beeinträchtigung oder Entzug eines Sonderrechts (→ Rn. 99). **Nicht sinnvoll** erscheint es überdies, auch die **unverzichtbaren Rechte** dem Kernbereich zuzuschlagen.[216] Denn hier scheidet nicht nur der vollständige Entzug des Rechts (Bespiel: Informationsrecht, Teilnahmerecht), sondern auch seine Beeinträchtigung per se aus, kann also durch eine Zustimmung des betroffenen Gesellschafters nicht wirksam werden.

Der Sache nach geht es somit bei der Kernbereichslehre vor allem darum, diejenigen Mehrheitsbe- **93a** schlüsse zu identifizieren, bei denen ein **unmittelbarer Eingriff in ein Kernbereichsrecht** (Stimmrecht/Vermögensrechte) anzunehmen ist und bei denen ein Mehrheitsbeschluss aus diesem Grund der Zustimmung der betroffenen Gesellschafter bedarf. Demgegenüber bereitet der vollständige oder teilweise Entzug eines dieser Rechte von vornherein keine Abgrenzungsschwierigkeiten;

---

[208] BGHZ 203, 77 = NJW 2015, 859 = ZIP 2014, 2231; → Rn. 86 aE.
[209] *Altmeppen* NJW 2015, 2065; *Priester* NZG 2015, 529; *Ulmer* ZIP 2015, 657 (658 f.); *Wertenbruch* DB 2014, 2875 (2876 f.), aA *Schäfer* ZIP 2015, 1313 (1314 f.); *Schiffer* BB 2015, 584 (585); *Weber* ZfPW 2015, 126 f.; tendenziell auch *Heckschen/Bachmann* NZG 2015, 531 (537) und iE *Goette/Goette* DStR 2016, 74 (79 f., 84): „nichts Neues", die auch mit Reserve ggü. dem Begriff „Kernbereich" (nicht hingegen gegenüber der Kategorie des unentziehbaren Rechts).
[210] *Wertenbruch* DB 2014, 2875 (2876 f.).
[211] *Priester* NZG 2015, 529; *Schäfer* ZIP 2015, 1313 (1315); *Ulmer* ZIP 2015, 657 (658 f.); iE auch *Altmeppen* NJW 2015, 2065 (2069 f.).
[212] Näher *Schäfer* ZIP 2015, 1313 (1314 f.).
[213] Ebenso namentlich *Priester* NZG 2015, 529; *Ulmer* ZIP 2015, 657 (658 f.); *Schiffer* BB 2015, 584 (585); iE auch *Altmeppen* NJW 2015, 2065 (2069 f.); so bereits *Schäfer* ZIP 2015, 1313 (1315).
[214] Vgl. näher Staub/*Schäfer* HGB § 119 Rn. 38 ff.; *M. Winter* GesRZ 1986, 74 (84); ähnlich *K. Schmidt* GesR § 16 III 3b; Baumbach/Hopt/*Roth* HGB § 119 Rn. 36; *Westermann* in Westermann/Wertenbruch PersGesR-HdB I. Teil § 24 Rn. 524a, 528; *Sigle*, FS Hüffer, 2010, S. 973 (979 ff.) mit Vorschlägen zur Typisierung (auch) nach Gesellschaftsstruktur (Familien-, Gelegenheits-, Berufsausübungs- und Publikumsgesellschaften). Abgrenzungsvorschläge auch bei *Hennerkes/Binz* BB 1983, 716; *Löffler* NJW 1989, 2656 (2657 ff.), wenn auch im Einzelfall zu weitgehend. Aus der Rspr. etwa BGHZ 170, 283 (290 f.) Rn. 15 = NJW 2007, 1685 (1687 f.) = ZIP 2007, 475 (477 f.).
[215] Im Ergebnis zutr. daher OLG Naumburg NZG 2012, 1259 – obwohl auf Bestimmtheitsgrundsatz gestützt.
[216] So aber in Bezug auf das Informationsrecht BGH NJW 1995, 194 (195) mit Anm. *Flume* ZIP 1995, 651 und *K. Schmidt* JZ 1995, 313; auch in der neueren Rspr. werden unentziehbare und unverzichtbare Rechte meist in einem Atemzug genannt, s. zuletzt BGH NJW 2015, 859 Rn. 12 = ZIP 2014, 2231; vgl. dagegen etwa *Schäfer* ZGR 2013, 237 (251 f.); zust. *Schiffer* BB 2015, 584 (586); *Weber* ZfPW 2015, 123 (127); ebenso der Sache nach *Altmeppen* NJW 2015, 2065 (2069) mit dem zutr. Hinweis, dass BGH NJW 1985, 194 nicht mit dem Kernbereichsschutz zu tun habe.

§ 709   93b, 93c   Abschnitt 8. Titel 16. Gesellschaft

er spricht allerdings deutlich für eine **Erstreckung des Schutzes auf Beeinträchtigungen** eines Kernbereichsrechts. Im Einzelnen sind noch nicht alle Fragen abschließend geklärt. So hat der BGH keine klare Linie in Bezug auf (Mehrheits-)Entscheidungen mit *Gewinnverwendungscharakter* verfolgt. Während der II. Zivilsenat in einer Grundsatzentscheidung aus dem Jahre 1996[217] Entscheidungen zur Bildung offener oder verdeckter Rücklagen als eine Beeinträchtigung des Gewinnrechts jedes einzelnen Gesellschafters gewertet hatte, die nur mit dessen Zustimmung wirksam würden,[218] ist der Senat neuerdings von dieser Linie teilweise wieder abgerückt.[219] Er lässt es nunmehr ausdrücklich dahinstehen, ob die Feststellung des Jahresabschlusses, soweit sie Gewinnverwendungscharakter trage, ein „bilanzrechtliches Grundlagengeschäft" sei, das „wegen seiner ‚Kernbereichsrelevanz' einer besonderen Mehrheitsermächtigung im Gesellschaftsvertrag mit Begrenzung nach Ausmaß und Umfang bedarf."[220] Dies war deshalb möglich, weil der Vertrag eine Klausel enthielt, mit der ein 20%iger Anteil des Gewinns in eine Rücklage eingestellt werden durfte. Nur sofern mit einer solchen Klausel die *Höchstgrenze* zulässiger Rücklagenbildung umschrieben wird,[221] lässt sie sich aber als Zustimmung mit dem Eingriff in das Gewinnbezugsrecht auffassen und nur mit dieser Maßgabe ist der neuen Entscheidung daher zuzustimmen (zur Problematik der Rücklagenbildung → § 721 Rn. 9 ff.).[222] Soweit es des Weiteren um Änderungen im *Bestand und in der Zusammensetzung der Mitglieder* geht, betreffen sie jedenfalls dann den Kernbereich der Mitgliedschaft, wenn die Gesellschaft entsprechend dem gesetzlichen Leitbild als personenbezogene Arbeits- und Haftungsgemeinschaft ausgestaltet ist. Dies gilt unabhängig davon, ob der Mitgliederbestand durch eine Vertragsänderung (Beitritt) oder eine Anteilsübertragung (→ § 719 Rn. 28) herbeigeführt wird.[223] Indizien für eine dem Leitbild entsprechende Gesellschaft bilden etwa die Einschränkung der Vererblichkeit der Anteile oder die Beschränkung der Gesellschafternachfolge auf bestimmte Personen (zur sog. qualifizierten Nachfolgeklausel → § 727 Rn. 41 ff.). Sind dagegen die Anteile im Gesellschaftsvertrag generell übertragbar gestellt, so kann auch die Aufnahme neuer ohne gleichzeitiges Ausscheiden bisheriger Gesellschafter trotz der damit verbundenen Verschiebung der Beteiligungsverhältnisse aufgrund einer vertraglichen Mehrheitsklausel (→ Rn. 90) erfolgen.[224] Den Schutz der Minderheit gewährleistet in diesen Fällen die Inhaltskontrolle des Mehrheitsbeschlusses (→ Rn. 100 f.).

93b   Zu Recht **nicht als Eingriff in den Kernbereich** hat der Senat die *Feststellung der Auseinandersetzungsbilanz* gewertet, auch soweit der Liquidator Verlustausgleichsansprüche nach § 735 S. 1 bzw. Ansprüche aufgrund der Ausfallhaftung nach § 735 S. 2 in die Rechnung eingestellt hat.[225] Das ist deshalb zutreffend, weil die Feststellung in diesem Falle lediglich die gesetzliche Ausfallhaftung konkretisiert. Die Einkalkulierung einer – plausibel geschätzten – Ausfallquote ist zudem deshalb unproblematisch, weil die Schlussrechnung eine Fehleinschätzung korrigieren kann und muss. Die Feststellung der Auseinandersetzungsbilanz kann daher in Bezug auf die darin eingestellten Ansprüche aus § 735 (aufgrund einer allgemeinen Mehrheitsklausel) mit einfacher Mehrheit beschlossen werden.

93c   **(3) Materielle Beschlusskontrolle.** Seit seiner Entscheidung „Schutzgemeinschaft II"[226] fasst der BGH – in missverständlicher Weise (→ Rn. 89 aE) – Kernbereichsschutz und materielle Beschlusskontrolle am Treupflichtmaßstab zu einer „zweiten Stufe" zusammen.[227] Richtigerweise ist indessen zwischen Kernbereichsschutz (→ Rn. 92 f.) und einer materiellen Inhaltskontrolle von Mehrheitsbeschlüssen (→ Rn. 100 f.) zu trennen, was auch der BGH in der Sache zumindest insofern anerkennt, als er von einer abweichenden Beweislastverteilung ausgeht, je nachdem, ob es sich um einen Eingriff in ein

---

[217] BGHZ 132, 263 = NJW 1996, 1678.
[218] Dazu näher Staub/*Schäfer* HGB § 120 Rn. 34 ff., 41 ff.; sowie *Schön*, FS Beisse, 1997, S. 471 ff.
[219] BGHZ 170, 283 = NJW 2007, 1685 = ZIP 2007, 475 und dazu *Wertenbruch* ZIP 2007, 798 (800); *Haar* NZG 2007, 601; *Binz/Mayer* DB 2007, 1739; *K. Schmidt* ZGR 2008, 1 (22), der Verwendungsentscheidungen den Kernbereichsschutz explizit abspricht; für Kernbereichsrelevanz Staub/*Schäfer* HGB § 120 Rn. 41 f.
[220] BGHZ 170, 283 (290 f.) Rn. 15 = NJW 2007, 1685 (1687 f.) = ZIP 2007, 475 (477 f.).
[221] Problematisch war allerdings, dass der Vertrag auch die Entscheidung über eine höhere Rücklagenbildung zuließ, sofern diese mit qualifizierter Mehrheit (76 %) getroffen wurde; weiterhin war problematisch, dass der ZS auf Tochterebene gebildete Rücklagen offenbar nicht einbeziehen wollte; krit. insoweit auch *Wertenbruch* ZIP 2007, 798 (803); *Schäfer* Status Recht 2007, 116 f.; s. auch *Haar* NZG 2007, 601 (604 f.); großzügiger (und deshalb problematisch) aber *Priester* DStR 2007, 28 (31 f.).
[222] So auch *Wahlers/Orlikowski-Wolf* ZIP 2012, 1164 f. und 1167 f.; aA MüKoHGB/*Priester* HGB § 122 Rn. 55.
[223] *Schäfer* ZGR 2013, 237 (256 f.); offenlassend (speziell in Bezug auf Anteilsabtretung) BGHZ 203, 77 Rn. 19 = NJW 2015, 859 = ZIP 2014, 2231.
[224] So wohl auch *Hennerkes/Binz* BB 1983, 717.
[225] BGHZ 191, 293 Rn. 20 f. = ZIP 2011, 515 (517 f.) mit Anm. *Schäfer* EWiR 2012, 237.
[226] BGHZ 179, 13 (21) Rn. 17 = NJW 2009, 669; zur weiteren Entwicklung → Rn. 92a; dazu auch *Schäfer* ZIP 2015, 1313 (1314 f.).
[227] Zur Kritik *Schäfer* ZGR 2009, 768 (775 ff.); *ders.* ZGR 2013, 237 (250 ff.); *K. Schmidt* ZIP 2009, 737 (738 ff.).

unentziehbares Recht handelt oder nicht (→ Rn. 92a).[228] Anerkanntermaßen wirken zudem gesellschaftsvertragliche *Regeln zur Geltendmachung von Beschlussmängeln* nicht in Bezug auf Eingriffe in den Kernbereich der Mitgliedschaft; das Fehlen einer nach der Kernbereichslehre erforderlichen Zustimmung kann vielmehr unabhängig von etwaigen Klagefristen bis zur Verwirkungsgrenze geltend gemacht werden (→ § 707 Rn. 7).[229] Bemerkenswert an BGHZ 179, 13 ist, dass der Senat dort in aller Deutlichkeit eine allgemeine **Inhaltskontrolle** von Mehrheitsbeschlüssen am Treupflichtmaßstab anerkannt hat, die in die Rechtsstellung von Minderheitsgesellschaftern eingreifen (→ Rn. 100 f.), freilich mit der Maßgabe, dass – sofern kein (unmittelbarer) Eingriff in den Kernbereich vorliegt – grundsätzlich die Minderheit den **Nachweis** einer treupflichtwidrigen Mehrheitsentscheidung zu führen habe.[230] Richtigerweise stehen bei einem *unmittelbaren* Eingriff in den Kernbereich indessen inhaltliche Mängel des Beschlusses a limine nicht in Frage; vielmehr geht es dann allein um dessen Unwirksamkeit wegen Fehlens der erforderlichen Zustimmung (→ Rn. 92). Eine (tatsächliche) Vermutung der Treuwidrigkeit ist deshalb nur dann von Bedeutung, wenn man sie auf Beschlüsse bezieht, die sich zwar auf zum Kernbereich der Mitgliedschaft gehörende Rechte nachteilig auswirken, aber (noch) nicht die Qualität eines (unmittelbaren) Eingriffs in den Kernbereich erreichen. Dann ist sie für die meisten Vertrags- bzw. Grundlagenänderungen relevant,[231] und zwar in dem Sinne, dass hier die Mehrheitsgesellschafter die Verhältnismäßigkeit des Beschlusses nachweisen müssen.[232]

dd) Besonderheiten für Publikumsgesellschaften. Bei Publikumsgesellschaften, die sich aus 94 einer Vielzahl untereinander nicht persönlich verbundener, ja nicht selten anonymer Gesellschafter zusammensetzen, hat die Rechtsprechung schon seit langem die **Anwendung des Bestimmtheitsgrundsatzes abgelehnt**.[233] Den einschlägigen Urteilen ist sogar die Tendenz zu entnehmen, in derartigen Fällen mehrheitliche Vertragsänderungen ohne besondere Mehrheitsklausel zuzulassen.[234] Diese Sonderbeurteilung verdient schon deshalb Zustimmung, weil Mehrheitsbeschlüsse in derartigen Fällen nicht selten das effizienteste Mittel sind, um den als Kapitalanleger beteiligten Gesellschaftern die Möglichkeit zu eröffnen, auf die Geschicke der Gesellschaft Einfluss zu nehmen und die im Interesse des Anlegerschutzes gebotenen Vertragsänderungen durchzusetzen.[235] Gut begründet ist zudem die Forderung, kapitalgesellschaftsrechtliche *Mindestquoren* entsprechend anzuwenden; ihr wird in der Regel durch entsprechende Vertragsgestaltung Rechnung getragen.[236] Eine andere Frage ist es, ob auch die Gesellschafter von Publikumsgesellschaften Schutz durch die **Kernbereichslehre** genießen. Während dies früher zum Teil verneint wurde,[237] entscheidet der zuständige Senat zur Parallelfrage einer Erhöhung der Beitragspflichten inzwischen entgegengesetzt und erklärt den durch § 707 begründeten Schutz ausdrücklich auch in der Publikumsgesellschaft für anwendbar.[238] Dem ist wegen des parallelen Individualschutzzwecks auch für die Kernbereichslehre zu folgen; Leistungs-

---

[228] S. *Schäfer* ZIP 2015, 1313 (1314 f.).
[229] BGHZ 180, 1 (6) Rn. 16 = NJW 2010, 65 – Sanieren oder Ausscheiden; *Schäfer* ZGR 2009, 768 (775 f.).
[230] BGHZ 179, 13 (21 f.) Rn. 17 = NJW 2009, 669 – Schutzgemeinschaft II; näher *Schäfer* ZGR 2009, 768 (775 f.); *K. Schmidt* ZIP 2009, 737 (741); *Krieger*, FS Hommelhoff, 2012, S. 593 (602 f.).
[231] *Schäfer* ZGR 2009, 768 (777).
[232] Abw. *Holler* ZIP 2010, 1678 (1682): Minderheit trägt immer Beweislast für Unwirksamkeit eines „formell legitimierten" Beschlusses; krit. insofern auch *Krieger*, FS Hommelhoff, 2012, S. 593 (602 f.).
[233] BGHZ 66, 82 (85 f.) = NJW 1976, 958; BGHZ 69, 160 = NJW 1977, 2160; BGHZ 71, 53 (58) = NJW 1978, 1382; zust. auch die Befürworter des Bestimmtheitsgrundsatzes, vgl. Soergel/*Hadding/Kießling* Rn. 41; *Flume* BGB AT I 1 § 14 III, S. 219; *Barfuß* DB 1977, 572; *Wiedemann* ZGR 1977, 690 f.; *K. Schmidt* ZHR 158 (1994), 205 (220 ff.); *ders.* ZGR 2008, 1 (13 f.); *Goette*, FS Sigle, 2000, S. 145 (146); *Röttger*, Die Kernbereichslehre im Recht der Personengesellschaften, 1989, S. 154 f.; *Göbel*, Mehrheitsentscheidungen, 1992, S. 150 ff.; *Heinrichs*, Mehrheitsbeschlüsse, 2006, S. 134 f.
[234] Vgl. etwa BGHZ 71, 53 (58 f.) = NJW 1978, 1382; dazu *Stimpel*, FS Rob. Fischer, 1979, S. 771 (779 f.); ferner OLG Köln BB 1994, 455 – keine Bedenken gegen Mehrheitsbeschluss in Publikums-GbR zur Ausschließung insolventer Gesellschafter trotz unspezifischer Mehrheitsklausel; krit. zu dieser „durch die Rspr. kaum belegten" These aber *K. Schmidt* ZGR 2008, 1 (13), der aber eine entsprechende ergänzende Vertragsauslegung für unproblematisch hält.
[235] Grundlegend *Stimpel*, FS Rob. Fischer, 1979, S. 771 (778 f.); vgl. auch BGH NJW 1982, 2495; WM 1983, 1407: Unwirksamkeit einer gesellschaftsvertraglichen Regelung, durch die den Initiatoren eine Sperrminorität bei Abberufung und Bestellung des Geschäftsführers gesichert werden sollte; → Rn. 6.
[236] So etwa *K. Schmidt* ZGR 2008, 1 (15) mit Hinweis auf die entsprechende Kautelarpraxis, *Priester* DStR 2008, 1386 (1388).
[237] 4. Aufl. Rn. 94: „regelmäßig nicht veranlasst". Vgl. auch OLG Köln BB 1994, 455 f. – Ausschluss insolventer Gesellschafter trotz Erhöhung der anteiligen Außenhaftung der übrigen Gesellschafter durch einfachen Mehrheitsbeschluss möglich.
[238] Nachweise → § 707 Rn. 8; ebenso bereits BGH NJW 1985, 974: Beschluss zur Aufhebung einer gesellschaftsvertraglich vorgesehenen Einlagenverzinsung grds. nur mit Zustimmung aller Gesellschafter wirksam; und jetzt wieder BGHZ 183, 1 (5 f.) Rn. 16 = NJW 2010, 65 – Sanieren oder Ausscheiden.

vermehrung und Rechtsverkürzung entsprechen sich und verlangen daher in gleichem Maße nach Individualschutz. Allerdings ist der Charakter der Publikumsgesellschaft bei der Bestimmung der kernbereichsrelevanten Rechte bzw. des Eingriffscharakters zu berücksichtigen. So stellt etwa die *Aufnahme* neuer Gesellschafter in eine Anlagegesellschaft naturgemäß *keinen* Eingriff in den Kernbereich der übrigen Gesellschafter dar (→ Rn. 93a); und auch in anderen Fällen mag Abweichendes im Vergleich zur personalistisch strukturierten Gesellschaft gelten. Nicht begründbar ist hingegen, warum etwa der Gesellschafter einer Publikumsgesellschaft einen unmittelbaren Eingriff in seine Gewinn- oder Stimmquote sollte hinnehmen müssen. Hier vermag auch ein außerordentliches Austrittsrecht keine angemessene Kompensation zu verschaffen.[239] – Zur Möglichkeit, das kapitalgesellschaftsrechtliche Beschlussmängelsystem im Gesellschaftsvertrag zu adaptieren, → Rn. 114.

95 **d) Sonstige Gesellschafterbeschlüsse.** Soweit es um Beschlüsse der Gesellschafter in sonstigen, nicht zu den Vertragsänderungen gehörenden gemeinsamen Angelegenheiten geht (→ Rn. 55), ist der Bestimmtheitsgrundsatz schon bisher im Regelfall nicht angewandt worden. Die *Auslegung der Mehrheitsklausel* führt bei ihnen im Zweifel dazu, dass sie sich auf **alle derartigen Angelegenheiten** erstreckt.[240] Einer Aufzählung der möglichen Beschlussgegenstände bedarf es nicht. Sie würde schon an deren Vielzahl scheitern und überdies einen allenfalls begrenzten Minderheitenschutz bewirken. Aber auch auf die sachliche Notwendigkeit des jeweiligen Mehrheitsbeschlusses[241] kann es für den Anwendungsbereich der Klausel nicht ankommen. Dieser Aspekt ist vielmehr im Rahmen der Inhaltskontrolle des Beschlusses auf Verstöße gegen die „beweglichen", auf der Treupflicht oder dem Gleichbehandlungsgrundsatz beruhenden Schranken (→ Rn. 100) zu beachten.

96 **4. Berechnung der Mehrheit.** Soweit der Gesellschaftsvertrag Mehrheitsbeschlüsse zulässt, kommt es im Zweifel, also beim Fehlen einer anderslautenden Vertragsklausel, auf die Mehrheit der **stimmberechtigten Mitglieder** an und nicht etwa auf diejenige der erschienenen oder der an der Abstimmung teilnehmenden Gesellschafter (→ Rn. 47). Vom Sonderfall der Publikumsgesellschaften[242] abgesehen, scheidet eine analoge Anwendung von § 32 Abs. 1 S. 3 aus. Stimmenthaltungen stehen danach Gegenstimmen gleich. Vom Stimmrechtsausschluss betroffene Gesellschafter (→ Rn. 63, 65 ff.) werden bei der Mehrheitsberechnung nicht mitgezählt. Der *Gesellschaftsvertrag* kann aber Abweichendes vorsehen; oftmals wird die Mehrheit auf die Zahl der *abgegebenen* Stimmen bezogen, was die analoge Anwendung des § 32 nach sich zieht (→ Rn. 73). Eine Klausel, wonach die Mehrheit der „anwesenden" Stimmen den Ausschlag geben soll, ist dahin zu verstehen, dass es nur auf die Gesellschafter ankommt, die sich an der (schriftlichen) Abstimmung beteiligt haben, sofern der Gesellschaftsvertrag hinreichend verdeutlicht, dass die Mehrheit nicht, wie bei **Publikumsgesellschaften** üblich, ein Überwiegen der Ja- über die Nein-Stimmen bedeutet, sondern als Mehrheit aller anwesenden Stimmen zu verstehen ist.[243] Die Einhaltung bestimmter Mindesterfordernisse für Beschlussmehrheiten, etwa soweit es um Vertragsänderungen geht, ist im Übrigen gesetzlich nicht vorgeschrieben.

97 Für die Mehrheitsberechnung gilt nach dem gesellschaftsrechtlichen Gleichbehandlungsgrundsatz im Zweifel **Mehrheit nach Köpfen**.[244] Abweichend hiervon finden sich namentlich bei Personenhandelsgesellschaften im Falle ungleicher Beitrags- oder Beteiligungsverhältnisse verbreitet besondere Stimmrechtsregelungen, die das Stimmrecht nach Kapitalanteilen oÄ staffeln (→ Rn. 48). Zulässig ist in den Grenzen des § 138 auch die einvernehmliche Gewährung eines **mehrfachen Stimmrechts** an bestimmte Gesellschafter. Soweit gegenüber dem Stimmrechtsausschluss Schranken zu beachten sind (→ Rn. 63), stehen diese ungleichen Stimmrechten oder Mehrheitsklauseln nicht entgegen.[245]

---

[239] Zur parallelen Frage, ob der sanierungsunwillige Gesellschafter aus der Gesellschaft gedrängt werden kann, → § 707 Rn. 10 mwN.

[240] Das gilt allemal seit Aufgabe des Bestimmtheitsgrundsatzes durch die Rspr. (→ Rn. 86 ff.), galt aber auch schon davor vgl. Staub/*Schäfer* HGB § 119 Rn. 47; wohl auch schon GroßkommHGB/*Rob. Fischer*, 3. Aufl. 1967, HGB § 119 Anm. 12; *Hueck* OHG § 11 IV 3; abw. Soergel/*Hadding/Kießling* Rn. 39: nur Geschäftsführungsangelegenheiten.

[241] So noch BGH BB 1976, 948 (949) zur Zulässigkeit eines Gewinnverwendungsbeschlusses (Rücklagenzuweisung). Dazu krit. *Ulmer* BB 1976, 950; *Wiedemann* ZGR 1977, 694.

[242] Bei ihnen richtet sich die Mehrheitsberechnung nach der Zahl der an der Abstimmung *teilnehmenden* Gesellschafter, vgl. BGH WM 1998, 1028 (1031) unter Hinweis auf die Berechnung im Kapitalgesellschaftsrecht (RGZ 106, 258 (263); BGHZ 104, 66 (74 f.) = NJW 1988, 1844. So nun auch BGH WM 2011, 1851 (1852); ZIP 2011, 1906 (1908).

[243] BGH DStR 2011, 1913 (1915) Rn. 11 f.

[244] Soergel/*Hadding/Kießling* Rn. 38 unter zutr. Hinweis auf den in § 119 Abs. 2 HGB zum Ausdruck kommenden, allg. für Personengesellschaften geltenden Grundsatz. Ebenso Erman/*Westermann* Rn. 32; Bamberger/Roth/*Schöne* Rn. 21; Staudinger/*Habermeier* (2003) Rn. 48; *Wiedemann* GesR II § 4 I 4, S. 308.

[245] Vgl. zur grds. Zulässigkeit von Mehrstimmrechten BGHZ 20, 363 (370) = NJW 1956, 1198; *K. Schmidt* GesR § 21 II 1e; Schlegelberger/*Martens* HGB § 119 Rn. 38; Staudinger/*Habermeier* (2003) Rn. 48; → § 32 Rn. 26 (*Arnold*). Zu den Schranken für Mehrheitsklauseln → Rn. 82 ff.

5. Grenzen der Mehrheitsherrschaft. a) Kernbereich der Mitgliedschaft. Eingriffe in den 98 sog. Kernbereich der Mitgliedschaft des überstimmten Gesellschafters, dh die Verkürzung der individuellen Gesellschafterrechte (Stimmrecht, Gewinnrecht, Geschäftsführungsrecht ua) oder die Vermehrung der Beitragspflichten (→ § 707 Rn. 1 ff.), sind der Mehrheit grundsätzlich verwehrt (→ Rn. 91 f.). Derartige Mehrheitsbeschlüsse benötigen zu ihrer Wirksamkeit gegenüber dem einzelnen Gesellschafter zwingend dessen Zustimmung, die allerdings unter strengen Voraussetzungen auch antizipiert, namentlich im Gesellschaftsvertrag, erteilt werden kann (→ Rn. 91 ff., 94).

b) Sonderrechte. Die Beantwortung der Frage, ob entsprechend § 35 eine Beeinträchtigung von 99 Sonderrechten einzelner Gesellschafter in jedem Fall die konkrete Zustimmung des Betroffenen voraussetzt oder ob auch insoweit Mehrheitsbeschlüsse vorgesehen werden können, hängt von der **Definition** des „Sonderrechts" ab.[246] Versteht man darunter mit der hM nur solche mitgliedschaftlichen Vorrechte, die nach dem *Gesellschaftsvertrag* nicht ohne Zustimmung des Begünstigten entzogen werden können, dh mehrheitsfest sein sollen (→ § 35 Rn. 5 aE [*Arnold*]),[247] so folgt die Unentziehbarkeit schon aus der Natur des Sonderrechts. Die Fragestellung verlagert sich also dahin, *ob* die betreffende Rechtsposition im Gesellschaftsvertrag als Sonderrecht ausgestaltet worden ist. Hiervon unberührt bleibt aber die Möglichkeit einer antizipierten Zustimmung nach den zu § 707 bzw. für die Kernbereichslehre entwickelten Grundsätzen (→ Rn. 92). Legt man demgegenüber einen weiteren, auf den *Inhalt* der Befugnis als **Vorzugsrecht** abstellenden Begriff zugrunde (zu Beispielen → § 35 Rn. 4 f. [*Arnold*]), so ist damit über die Möglichkeit einseitiger Beeinträchtigung durch Mehrheitsbeschluss noch nichts Abschließendes gesagt. Sollte sich ein Recht danach durch Mehrheitsbeschlüsse einschränkbar erweisen, findet die Mehrheitsherrschaft aber jedenfalls ihre Grenze doch in der Beachtung der sog. beweglichen Schranken (insbesondere Gleichbehandlungsgrundsatz und Treupflicht, → Rn. 100). Im Sinne begrifflicher Klarheit vorzugswürdig erscheint es aber, mit der hM die Unentziehbarkeit eines Rechts schon mit dem Begriff des Sonderrechts zu verknüpfen.

c) Bewegliche Schranken. Die Erweiterung der Mehrheitsherrschaft aufgrund entsprechender 100 Mehrheitsklauseln erfordert zum Ausgleich eine inhaltliche Verstärkung des Minderheitenschutzes, auch soweit es um die nicht zum Kernbereich gehörenden Beschlussgegenstände geht. Sie ist durch **Kontrolle des Inhalts des Mehrheitsbeschlusses** auf Verstöße gegen die sog. „beweglichen Schranken" der Mehrheitsherrschaft zu bewirken.[248] Hierzu gehören in erster Linie der Gleichbehandlungsgrundsatz und die Treupflicht (→ § 705 Rn. 221 ff., 244 ff.; → Rn. 108). Darüber hinaus kann die vom BGH für den Bezugsrechtsausschluss im Aktienrecht entwickelte,[249] für Beschlüsse über Strukturänderungen in der GmbH übernommene[250] Lehre vom Erfordernis sachlicher Rechtfertigung auf Mehrheitsbeschlüsse in Personengesellschaften übertragen werden, soweit sie die Rechtsstellung der überstimmten Gesellschafter beeinträchtigen.[251]

Die **Überprüfung** des Mehrheitsbeschlusses erfolgt danach grundsätzlich **in drei Stufen**.[252] Die 101 mehrheitliche Vertragsänderung muss erstens im *Gesellschaftsinteresse* liegen,[253] wobei der Mehrheit

---

[246] So zutr. *Hueck* OHG § 11 IV 3 und Fn. 52. Nicht eindeutig *Spengler*, FS Möhring, 1965, S. 165 (179), der offenbar Vorrechte generell als Sonderrechte wertet, wenn ihre Entziehung durch Mehrheitsbeschluss nicht ausdrücklich im Gesellschaftsvertrag festgelegt ist; zur Terminologie und zur historischen Entwicklung der Sonderrechtsdiskussion vgl. *Wiedemann* GesR I § 7 I 1a, S. 358 ff., s. auch *Beuthien* ZGR 2014, 24 ff.

[247] Vgl. *Wiedemann* GesR I § 7 I 1a, S. 358 f. S. aber auch *Beuthien* ZGR 2014, 24 (29 ff. [*Arnold*]), der darin eine „sachwidrige Verengung" des Sonderrechtsbegriffs sieht und jedes Vorzugsrecht als Sonderrecht bezeichnen möchte.

[248] Ebenso *Westermann* in Westermann/Wertenbruch PersGesR-HdB I. Teil § 24 Rn. 524, 527; *M. Winter* GesRZ 1986, 74 (84 f.); Staudinger/*Habermeier* (2003) Rn. 53; im Grundsatz auch Schlegelberger/*Martens* HGB § 119 Rn. 30 f.; *K. Schmidt* GesR § 21 II 3; MüKoHGB/*Enzinger* HGB § 119 Rn. 83 f. für die Bildung von Fallgruppen; *Wiedemann* GesR II § 4 I 3c, S. 304 ff. Für Beschlusskontrolle unter Rückgriff auf § 138 aber *Hadding* ZGR 1979, 636 (647) und Soergel/*Hadding/Kießling* Rn. 41.

[249] BGHZ 71, 40 = NJW 1978, 1316; BGHZ 83, 319 = NJW 1982, 2444; BGHZ 120, 141 (145 f.) = NJW 1993, 400; aus der Lit. insbes. *Lutter* ZGR 1979, 401 ff. und *M. Winter*, Treubindungen im GmbH-Recht, 1988, S. 262 ff. Krit. zur neuerlichen Relativierung des Bezugsrechts insbes. *Zöllner* AG 2002, 585 ff.

[250] BGHZ 80, 69 (73 ff.) = NJW 1981, 1512. Vgl. auch Hachenburg/*Ulmer* GmbHG § 53 Rn. 62 f., GmbHG § 55 Rn. 46 f.; *M. Winter*, Treubindungen im GmbH-Recht, 1988, S. 141 ff.

[251] IdS (wohl) jetzt auch BGHZ 179, 13 (21 f.) = NJW 2009, 669 – Schutzgemeinschaft II, → Rn. 93c.

[252] So zutr. MüKoAktG/*Hüffer* AktG § 243 Rn. 47 f., 57; Hüffer/*Koch* AktG § 243 Rn. 24; Staudinger/*Habermeier* (2003) Rn. 53. Grundlegend zur Übertragung der für hoheitliche Eingriffe entwickelten Schranken der Erforderlichkeit und Verhältnismäßigkeit des Eingriffs auf die Beschlusskontrolle in privatrechtlichen Verbänden schon *Zöllner*, Schranken mitgliedschaftlicher Stimmrechtsmacht, 1960, S. 352; KK-AktG/*ders.* § 243 Rn. 202.

[253] BGHZ 71, 40 (44) = NJW 1978, 1316; BGHZ 80, 69 (74 f.) = NJW 1981, 1512; BGHZ 120, 141 (146) = NJW 1993, 400; vgl. aber auch BGHZ 76, 352 = NJW 1980, 1278 zum Auflösungsbeschluss nach § 60 Abs. 1 Nr. 2 GmbHG; dazu *Lutter* ZGR 1981, 171 ff.; *Timm* JZ 1980, 665 ff.

bei dessen Konkretisierung ein Ermessensspielraum verbleibt.[254] Der Eingriff in die Rechte der Minderheit muss zweitens *erforderlich* sein zur Erreichung des angestrebten Ziels; es darf kein die Minderheit weniger belastendes Mittel zur Verfügung stehen. Schließlich müssen die für die Gesellschaft angestrebten Vorteile *in einem angemessenen Verhältnis* zu den Eingriffen in die Rechte der überstimmten Minderheit stehen; dabei sind die Anforderungen an die sachliche Rechtfertigung umso strenger, je weitergehend durch den Beschluss in die Rechte der Minderheit eingegriffen wird.[255] Führt etwa die Befreiung des Mehrheitsgesellschafters von einem gesellschaftsvertraglichen Wettbewerbsverbot dazu, dass die Gesellschaft zu einem abhängigen Unternehmen wird, ist der Beschluss angesichts der mit der Konzernierung für die abhängige Gesellschaft verbundenen Gefahren nur wirksam, wenn andernfalls der Bestand der Gesellschaft ernsthaft gefährdet wäre.[256]

III. Beschlusswirkungen

102 Im **Innenverhältnis** entfalten Gesellschafterbeschlüsse bereits unmittelbar mit ihrem Zustandekommen (→ Rn. 71) Rechtswirkungen. Besonderer Umsetzungsmaßnahmen bedarf es nicht. Das gilt sowohl für Vertragsänderungen, einschließlich der Entziehungs- und Ausschließungsbeschlüsse der §§ 712 Abs. 1, 715, 737, als auch für Beschlüsse in Geschäftsführungs- oder sonstigen gemeinsamen Angelegenheiten. Da die für das Zustandekommen des jeweiligen Beschlusses erforderlichen Stimmabgaben empfangsbedürftige Willenserklärungen und als solche allen Mitgesellschaftern gegenüber abzugeben sind (→ Rn. 74), ist gewährleistet, dass Änderungen der Rechtslage nicht ohne entsprechende Information der Gesellschafter zustande kommen. – Zur Bindung an Gesellschafterbeschlüsse bis zu ihrer einvernehmlichen Aufhebung → Rn. 75.

103 Unmittelbare **Außenwirkung** kann Gesellschafterbeschlüssen zwar in den Fällen zukommen, in denen es um die Einsetzung oder Abberufung vertretungsberechtigter Gesellschaftsorgane geht; im letztgenannten Fall bleibt die Notwendigkeit der Zerstörung des Rechtsscheins fortbestehender Vertretungsmacht (→ § 714 Rn. 28) hiervon unberührt. Im Übrigen bedarf es aber einer Umsetzung der Gesellschafterbeschlüsse gegenüber den hiervon betroffenen Dritten. So setzt die Aufnahme neuer Gesellschafter einen Vertragsschluss zwischen diesen und den Mitgesellschaftern voraus, soweit es sich nicht um den Sonderfall einer Anteilsübertragung handelt (→ § 719 Rn. 17, 20 ff.). Geschäftsführungsbeschlüsse führen erst dann zu Rechtsbeziehungen der Gesellschaft gegenüber Dritten, wenn die vertretungsberechtigten Gesellschafter das entsprechende Rechtsgeschäft für die Gesellschaft abschließen.

IV. Mängel der Beschlussfassung

104 **1. Grundlagen.** Der Beschluss als Rechtsgeschäft (→ Rn. 51) setzt sich aus der nach Gesetz oder Gesellschaftsvertrag erforderlichen Zahl von Willenserklärungen der Gesellschafter in der Gestalt von Stimmabgaben zusammen (→ Rn. 71, 74). Dementsprechend ist auch bei Mängeln danach zu unterscheiden, ob sie sich auf den Beschluss als solchen oder auf einzelne der ihm zugrunde liegenden Willenserklärungen beziehen.[257] Während der Beschluss im ersten Fall grundsätzlich nichtig ist (→ Rn. 105 ff.), ist das im zweiten Fall (bei Mangelhaftigkeit einzelner Stimmabgaben) nur dann anzunehmen, wenn die fehlerhafte Stimme für das Zustandekommen des Beschlusses erforderlich war und ihre Unwirksamkeit es nicht etwa gestattet, den Beschluss gleichwohl, ggf. auch mit anderem Inhalt, aufrechtzuhalten (→ Rn. 111).

105 **2. Beschlussmängel. a) Allgemeines.** Die Mängel können sowohl das Zustandekommen als auch den Inhalt des Beschlusses betreffen und führen nach hM grundsätzlich zur **Nichtigkeit** des Beschlusses[258] (zu Ausnahmen → Rn. 109). Eine Analogie zum aktienrechtlichen Beschlussmängel-

---

[254] BGHZ 71, 40 (49 f.) = NJW 1978, 1316.
[255] BGHZ 80, 69 (74) = NJW 1981, 1512; dazu auch Staub/*Schäfer* HGB Anh. § 105 (Konzernrecht) Rn. 43 f. und *Hachenburg/Ulmer* GmbHG § 55 Rn. 46, 47 f.
[256] BGHZ 80, 69 (74 f.) = NJW 1981, 1512; allg. zur Personengesellschaft als abhängiges Unternehmen Staub/*Schäfer* HGB Anh. § 105 (Konzernrecht) Rn. 21 ff.; MüKoHGB/*Mülbert* KonzernR Rn. 114 ff.; *Reuter* ZHR 146 (1982), 1 ff.; *Raiser* ZGR 1980, 558 ff.; *U. H. Schneider* ZGR 1980, 511 ff. und *Emmerich*, FS Stimpel, 1985, S. 743 ff.
[257] Diese besonders von *Zöllner*, Schranken mitgliedschaftlicher Stimmrechtsmacht, 1960, S. 359 ff., 373 f. zutr. betonte Unterscheidung hat sich inzwischen allg. durchgesetzt; vgl. Soergel/*Hadding/Kießling* Rn. 45; Erman/*Westermann* Rn. 37 f.; Staudinger/*Habermeier* (2003) Rn. 26; Staub/*Schäfer* HGB Rn. 73 f., 79 ff.; MüKoHGB/*Enzinger* HGB § 119 Rn. 94; *Hueck* OHG § 11 V.
[258] BGH WM 1983, 1407 (1408); 1988, 23 (24); 1995, 701 (706); OLG Stuttgart GesR 2010, 12; offenlassend aber BGH WM 1990, 675 (676); Soergel/*Hadding/Kießling* Rn. 44; Erman/*Westermann* Rn. 37 f.; Staub/*Schäfer* HGB § 119 Rn. 79 f.; Schlegelberger/*Martens* HGB § 119 Rn. 31 f.; *Timm*, FS Fleck, 1988, S. 365 (372); *Wiedemann* GesR II § 4 I 5b, S. 323.

recht der §§ 241 ff. AktG ist abzulehnen.²⁵⁹ Als *Fehlergründe* kommen Verfahrensmängel und Ordnungsverstöße sowie Verstöße gegen allgemeine Inhaltsschranken (→ Rn. 108) oder gegen den Gesellschaftsvertrag in Betracht.

b) Verfahrensfehler. Sie bilden einen Nichtigkeitsgrund nur dann, wenn nicht ausgeschlossen **106** werden kann, dass das *Zustandekommen* des Beschlusses durch den Fehler beeinflusst ist, so bei Fehlern in der Feststellung des Beschlussergebnisses, Mitzählen von Stimmen, die wegen Interessenkollision ausgeschlossen sind (→ Rn. 65 ff.), Nichtmitwirkung fehlerhaft nicht geladener Gesellschafter ua *Ladungsmängel* Verstöße gegen gesellschaftsvertragliche Regelungen über Form, Frist und Inhalt der Einberufung einer Gesellschafterversammlung führen nach der Rechtsprechung dann zur Unwirksamkeit, wenn hierdurch die Teilnahme eines Gesellschafters oder die Vorbereitung auf die Tagesordnungspunkte vereitelt oder erschwert wird,²⁶⁰ nicht jedoch, wenn ausgeschlossen werden kann, dass das Zustandekommen des Beschlusses durch den Fehler beeinflusst ist. Ferner bleibt der Beschluss trotz des Mangels gültig, wenn die fehlerhaft mitgezählte Stimme für das Zustandekommen des Beschlusses ohne Bedeutung ist oder der versehentlich nicht geladene Gesellschafter gleichwohl an der Beschlussfassung mitwirkt,²⁶¹ insbesondere führt auch ein Ladungsmangel nicht zur Nichtigkeit, wenn auszuschließen ist, dass das Zustandekommen des Beschlusses durch den Fehler beeinflusst ist.²⁶² Enthält der Gesellschaftsvertrag Bestimmungen zur Beschlussfassung (Ladung, Durchführung der Versammlung, Beschlussfähigkeit), lässt sich diese differenzierende Fehlerbehandlung auf eine Analogie zum GmbH-Recht stützen,²⁶³ anderenfalls auf § 125 S. 2.²⁶⁴

Die Wirksamkeit des Beschlusses soll nach verbreiteter Ansicht auch dann zu bejahen sein, wenn **107** der Mangel auf der **Nichtbeachtung bloßer Ordnungsvorschriften** beruht, wobei als Beispiel das Fehlen einer im Gesellschaftsvertrag vorgesehenen Protokollierung des Gesellschafterbeschlusses genannt wird.²⁶⁵ Gegenüber dieser Kategorie ist indessen Vorsicht geboten, zumal die Grenzen zwischen Ordnungs- und sonstigen Verfahrensvorschriften fließend sind. Die Entscheidung über die Folgen des Beschlussmangels richtet sich vielmehr wie bei der Nichteinhaltung der gewillkürten Schriftform für Vertragsänderungen (→ § 705 Rn. 50) danach, welche Bedeutung der Ordnungsvorschrift nach allgemeinen Auslegungsgrundsätzen zukommt und ob die Beteiligten sich bei der Beschlussfassung bewusst und mit der hierfür erforderlichen Mehrheit über die Vertragsbestimmung hinweggesetzt haben.²⁶⁶

c) Inhaltsmängel. Nichtigkeit wegen inhaltlicher Mängel ist namentlich dann zu bejahen, wenn **108** der Beschlussinhalt entweder gegen Gesetz und gute Sitten oder gegen vorrangige Vereinbarungen im Gesellschaftsvertrag verstößt. Beispiele für einen *Gesetzesverstoß* bilden die Verletzung des Gleich-

---

²⁵⁹ HM, vgl. MüKoAktG/*Hüffer* AktG § 241 Rn. 100; *ders.* ZGR 2001, 833 (839); Staub/*Schäfer* HGB § 119 Rn. 76 f.; *Casper* ZHR 163 (1999), 54 (72 ff.); *Scholz* WM 2006, 897 (904); Bamberger/*Roth*/*Schöne* Rn. 65. Einschr. *K. Schmidt*, FS Stimpel, 1985, S. 217 ff. und Scholz/*K. Schmidt* GmbHG § 45 Anh. Rn. 48 ff., 52; *ders.* GesR § 15 II 3 – Bindung der Mangelgeltendmachung an Klage nach dem Vorbild der §§ 243, 246 AktG; dem folgend auch MüKoHGB/*Enzinger* HGB § 119 Rn. 99, 108 und Staudinger/*Habermeier* (2003) Rn. 26 für unternehmenstragende Gesellschaften; abw. auch *Noack*, Fehlerhafte Beschlüsse, 1989, S. 49 ff., 170 ff. – Unterscheidung zwischen genereller und interner Nichtigkeit, von der nur letztere zur Disposition der Mitglieder steht.
²⁶⁰ BGH WM 1995, 701 (706); BeckRS 2012, 25540 Rn. 47; KG GmbHR 1995, 524; OLG Dresden NZG 2000, 782 (783 f.); OLG Stuttgart GesR 2010, 12. Vgl. zu den Anforderungen an die Ladung zur Gesellschafterversammlung weiter BGH NZG 2006, 349 Rn. 13 zur GmbH-Gesellschafterversammlung; BGH WM 1994, 1925 (1927); zur Kausalität bei Ladungsfehlern BGH NZG 2014, 621 = ZIP 2014, 1019; BGH WM 1983, 1407 (1408); NJW 1988, 1262 (1263); zur Beweislastverteilung in diesen Fällen auch BGH NJW 1987, 1262 (1263); WM 1987, 927 (928).
²⁶¹ HM, vgl. *Zöllner*, Schranken mitgliedschaftlicher Stimmrechtsmacht, 1960, S. 374 f.; Soergel/*Hadding*/*Kießling* Rn. 43, 45; *Hueck* OHG § 11 V 2a. Vgl. auch BGHZ 59, 369 (373) = NJW 1973, 235 – Verein. Zur Heilung von Ladungsmängeln durch Anwesenheit s. auch BGHZ 100, 264 (269 f.) = NJW 1987, 2580 zu § 51 Abs. 3 GmbHG; RGZ 104, 413 (415); 122, 367 (369); Soergel/*Hadding*/*Kießling* Rn. 45; Schlegelberger/*Martens* HGB § 119 Rn. 11; Heymann/*Emmerich* HGB § 119 Rn. 10; *Hueck* OHG § 11 V 2a.
²⁶² BGH NZG 2014, 621 = ZIP 2014, 1019.
²⁶³ Näher Staub/*Schäfer* HGB § 119 Rn. 81 ff.
²⁶⁴ Vgl. *Schäfer*, Fehlerhafter Verband, 2002, S. 16 f.; aA *Noack*, Fehlerhafte Beschlüsse, 1989, S. 32: der Interessenlage entspreche es nicht, Verfahrensfehler dem § 125 S. 2 zuzuordnen; das ist in dieser Allgemeinheit nicht zutr.
²⁶⁵ RGZ 104, 413 (415); 122, 367 (369); Soergel/*Hadding*/*Kießling* Rn. 45; Schlegelberger/*Martens* HGB § 119 Rn. 11; *Hueck* OHG § 11 V 2a. Vgl. dazu auch *Rutenfranz* BB 1965, 601.
²⁶⁶ So im Grundsatz auch KG GmbHR 1995, 524 – förmliche Mitteilung der Tagesordnung ist Wirksamkeitsvoraussetzung; kein Verzicht auf Einhaltung der Formvorschriften ohne Gelegenheit zur Aussprache über wichtigen Beschlussgegenstand und Abgabe einer Gegenstimme.

behandlungsgrundsatzes²⁶⁷ oder der Treupflicht²⁶⁸ durch Mehrheitsbeschluss (→ Rn. 93a, 100 f.), oder der Verstoß gegen das Kartellverbot.²⁶⁹ Der Nichtigkeit wegen *Sittenverstoßes* durch Machtmissbrauch der Mehrheit gegenüber der Minderheit kommt angesichts der Anerkennung der Treupflicht als – im Vorfeld greifende – inhaltliche Schranke der Mehrheitsmacht nur geringe Bedeutung zu.²⁷⁰ – Keinen Inhaltsmangel begründet, sondern zur *Unwirksamkeit* des Beschlusses gegenüber dem nicht zustimmenden Gesellschafter führt die Erhöhung der Beitragspflichten (→ § 707 Rn. 7 f.) sowie der mehrheitliche Eingriff in unentziehbare Sonderrechte bzw. den Kernbereich der Mitgliedschaft (→ Rn. 98 f.). Insoweit haben gesellschaftsrechtliche Anfechtungsfristen folglich keine Präklusionswirkung (→ Rn. 114).

109 d) **Einschränkungen der Nichtigkeit.** Eine Einschränkung gegenüber der Nichtigkeit fehlerhafter Gesellschafterbeschlüsse folgt aus den Grundsätzen über die **fehlerhafte Gesellschaft.** Diese gelten nicht nur für den Abschluss des Gesellschaftsvertrags, sondern auch für dessen Änderungen einschließlich des Gesellschafterwechsels (→ § 705 Rn. 360 ff.). Voraussetzung für ihr Eingreifen ist, dass **Änderungen des Gesellschaftsvertrags** in Frage stehen, die sich nicht auf die schuldrechtlichen Beziehungen der Gesellschafter untereinander beschränken, sondern auch Bedeutung für die Gesellschaftsorganisation haben (→ § 705 Rn. 362), und dass die Änderungen in Vollzug gesetzt sind. Sieht der Gesellschaftsvertrag mehrheitliche Vertragsänderungen vor, so greifen die Grundsätze der Lehre von der fehlerhaften Gesellschaft bei Vorliegen der sonstigen Voraussetzungen auch dann ein, wenn die Beteiligten wegen eines Berechnungsfehlers zu Unrecht davon ausgegangen sind, der Beschluss habe die erforderliche Mehrheit erreicht.²⁷¹

110 e) **Heilung.** Eine Heilung nichtiger Beschlüsse ist einerseits durch deren ausdrückliche oder konkludente Bestätigung unter Beseitigung des Mangels möglich.²⁷² So wie die Gesellschafter nicht gehindert sind, jederzeit einen neuen, mangelfreien Beschluss zu fassen, können sie die Wirksamkeit des Beschlusses auch durch unwidersprochenen Vollzug in Kenntnis des Mangels herbeiführen, soweit es nicht um Verstöße gegen §§ 134, 138 geht. Aber auch das längere Nichtgeltendmachen eines allen Beteiligten bekannten Mangels kann im Ergebnis zu dessen Heilung führen. Zwar gibt es im Unterschied zum Aktienrecht **keine gesetzlichen Klagefristen** bei mangelhaften Beschlüssen von Personengesellschaften. Auch wenn der Gesellschaftsvertrag keine materiellen Ausschlussfristen bestimmt,²⁷³ sind die Gesellschafter jedoch schon mit Rücksicht auf die Treupflicht gehalten, sich in angemessener Zeit auf den Mangel zu berufen, wenn sie sich nicht dem Verwirkungseinwand aussetzen wollen.²⁷⁴

---

²⁶⁷ BGHZ 20, 363 (369) = NJW 1956, 1198; *Spengler*, FS Möhring, 1965, S. 165 (181).
²⁶⁸ → § 705 Rn. 221 ff. Zum GmbH-Recht vgl. BGHZ 65, 15 = NJW 1976, 191 mit Anm. *Ulmer*; dazu auch *E. Rehbinder* ZGR 1976, 386 ff.; zur rechtsbegrenzenden Funktion der Treupflicht unter Mitgesellschaftern eingehend *M. Winter*, Treubindungen im GmbH-Recht, 1988, S. 23 ff., 135 ff. Allg. zum Minderheitenschutz im Personengesellschaftsrecht vgl. *Rob. Fischer*, FS Barz, 1974, S. 32 (41 ff.); *U. H. Schneider* ZGR 1972, 357 ff.; *ders.* ZGR 1975, 253 ff.; *ders.*, FS Bärmann, 1975, S. 873 ff.; *K. Schmidt* GesR § 16 II 4c, § 20 IV 3; Schlegelberger/ *Martens* HGB § 119 Rn. 12.
²⁶⁹ Vgl. dazu *K. Schmidt*, FS Rob. Fischer, 1979, S. 693 ff. Zum Verstoß des Gesellschaftszwecks gegen § 1 GWB → § 705 Rn. 334.
²⁷⁰ Auf die Sittenwidrigkeit des Mehrheitsbeschlusses abstellend aber noch *Hueck* OHG § 11 V 2b; *Spengler*, FS Möhring, 1965, S. 165 (179 f.); in neuerer Zeit auch wieder *Hadding* ZGR 1979, 647 und Soergel/*Hadding*/ *Kießling* Rn. 43.
²⁷¹ AA *Wiesner*, Fehlerhafte Gesellschaft, 1980, S. 145 f. (vorbehaltlich des fehlerhaften Beitritts, S. 149 f.).
²⁷² RG Recht 1921 Nr. 72; Soergel/*Hadding/Kießling* Rn. 45; Bamberger/Roth/*Schöne* Rn. 65; Staub/*Schäfer* HGB § 119 Rn. 89; *Hueck* OHG § 11 V 2a, Fn. 60a; vgl. auch Staudinger/*Habermeier* (2003) Rn. 27.
²⁷³ Vgl. zu derartigen Vereinbarungen BGHZ 68, 212 (216) = NJW 1977, 1292; BGHZ 112, 339 (344) = NJW 1991, 691; BGH NJW 1988, 411 (413); dort auch zur Anwendung des § 270 Abs. 3 (§ 167 nF) ZPO auf diese Fristen.
²⁷⁴ Im Schrifttum werden hier zum Teil recht enge zeitliche Grenzen aufgestellt, vgl. namentlich *Hueck* OHG § 11 V 1d und 2a, der unverzüglichen Widerspruch verlangt, aber auch *Westermann* in Westermann/Wertenbruch PersGesR-HdB I. Teil § 24 Rn. 553: Monatsfrist. Vgl. ferner *Noack*, Fehlerhafte Beschlüsse, 1989, S. 72 ff., 174, der nur bei von ihm sog. interner Nichtigkeit die Erhebung eines Widerspruchs innerhalb angemessener Zeit fordert. In BGH WM 1973, 100 (101) wurde die Geltendmachung der Nichtigkeit einer Änderung des Gewinnverteilungsschlüssels nach vier Jahren als verspätet zurückgewiesen, wobei zugunsten der Beklagten besonders die Unklarheit der Rechtslage hervorgehoben wurde. Nach BGH WM 1991, 509 (510) tritt die "Heilung" durch Fristablauf jedenfalls nicht bereits nach sechs Monaten ein. Auch für die Anfechtungsklage im GmbH-Recht lässt der BGH Klageerhebung innerhalb „angemessener" Frist genügen, BGHZ 111, 224 (225) = NJW 1990, 2625; BGHZ 80, 212 (216 f.) = NJW 1981, 2225 (2227); Scholz/*K. Schmidt* GmbHG § 45 Rn. 142 f., während einer Nichtigkeitsklage gegen eingetragene GmbH-Beschlüsse die Dreijahresfrist des § 242 Abs. 2 S. 1 AktG entgegenstehen soll (außer den genannten Urteilen auch BGH WM 1984, 473). Dazu Scholz/*K. Schmidt* GmbHG § 45 Rn. 89.

3. Mängel der Stimmabgabe. Sie beschränken sich im Unterschied zu den Beschlussmängeln auf die jeweiligen der Beschlussfassung zugrunde liegenden Willenserklärungen von Gesellschaftern. Auf die Wirksamkeit des Beschlusses haben sie nur Einfluss, wenn – wie namentlich bei Geltung des Einstimmigkeitsprinzips (→ Rn. 81) – das für den Beschluss erforderliche Quorum ohne sie nicht erreicht wird. Anderenfalls lässt die fehlerhaft abgegebene Stimme im Falle ihrer Nichtberücksichtigung die Wirksamkeit des Beschlusses unberührt; sie kann aber je nach dem Verhältnis der verbleibenden Stimmen ein anderes Beschlussergebnis zur Folge haben.[275] Ist die Beschlussfassung noch nicht abgeschlossen, so kann die Stimmabgabe grundsätzlich wiederholt werden;[276] andernfalls gilt sie als Enthaltung.[277] Dem fehlerhaft abstimmenden Gesellschafter kann aber im Einzelfall, aus Gründen der Treupflicht, auch ein Anspruch auf Wiederholung der Abstimmung zustehen.[278]

Die möglichen **Gründe** für eine wegen Fehlerhaftigkeit nichtige oder unbeachtliche Stimmabgabe sind vielfältig.[279] Neben einer auf Irrtum, Täuschung oder Drohung gestützten Anfechtung kommen auch fehlende Geschäftsfähigkeit des Abstimmenden oder die Tatbestände der §§ 116–118 in Betracht. Weitere Gründe bilden die Nichtbeachtung eines Stimmrechtsausschlusses wegen Interessenkollision oder die Stimmabgabe durch einen Vertreter unter Verletzung von § 181. Schließlich kann auch ein in der Stimmabgabe liegender **Treupflichtverstoß** zur Nichtigkeit der Stimmabgabe wegen unzulässiger Rechtsausübung führen.[280] Dies kommt auch in der Form in Betracht, dass der Gesellschafter, obwohl er zur Zustimmung verpflichtet ist, seine Zustimmung verweigert; die abgegebene Nein-Stimme ist dann unwirksam.[281] Zwar wird häufig der Treupflichtverstoß auf den Beschlussinhalt durchschlagen und auch die Nichtigkeit des Beschlusses zur Folge haben (→ Rn. 108). Es steht einem **Versammlungsleiter** aber frei, die treuwidrige Stimme gar nicht erst mitzuzählen bzw. als Enthaltung oder Zustimmung zu werten.[282] Letzteres wird namentlich dann relevant, wenn der Gesellschafter aufgrund seiner Treupflicht ausnahmsweise gehalten ist, einer Vertragsänderung, insbesondere einem Sanierungskonzept und einem damit verbundenen Kapitalschnitt, zuzustimmen (zu solchen Fällen → § 707 Rn. 10 f.).[283] Vor allem in eilbedürftigen Sanierungsfällen erhält der Versammlungsleiter auf diese Weise ein wirksames Mittel an die Hand, die erforderlichen Beschlüsse auf Basis der Treubindung effizient durchzusetzen.[284] Ein unzumutbarer Rechtsverlust ist für die dissentierenden Gesellschafter damit nicht verbunden, da sie selbstverständlich den Beschluss auf seine Wirksamkeit (und damit inzident die Treuwidrigkeit ihrer Stimmabgabe) überprüfen lassen können. Bedenkt man die unter Umständen erheblichen Schadensersatzfolgen, welche die treuwid-

---

[275] Vgl. BGHZ 65, 93 (98) = NJW 1976, 49; BGH WM 1979, 1060; BGHZ 102, 172 (176) = NJW 1988, 969; BGH ZIP 1991, 23 (24); OLG Hamburg WM 1992, 272 (273); so für die GmbH auch schon BGHZ 76, 154 (158) = NJW 1980, 1527 – Stimmabgabe unter Verstoß gegen § 47 Abs. 4 S. 2 GmbHG; BGHZ 88, 320 (329 f.) = NJW 1983, 489 – treuwidrige Stimmabgabe. Grundlegend *Zöllner*, Schranken mitgliedschaftlicher Stimmrechtsmacht, 1960, S. 359 ff., 373 f. gegen die früher hM. Ihm folgend Soergel/*Hadding/Kießling* Rn. 45; Erman/*Westermann* Rn. 37; Staudinger/*Habermeier* (2003) Rn. 26, 29; Bamberger/Roth/*Schöne* Rn. 54; Staub/*Schäfer* HGB § 119 Rn. 74; MüKoHGB/*Enzinger* § 119 Rn. 94; *Hueck* OHG § 11 V 1c; → § 32 Rn. 48 (*Arnold*).
[276] *Hueck* OHG § 11 V 1b und § 11 II 2; aA Bamberger/Roth/*Schöne* Rn. 54; zur Form und zur nachträglichen Zustimmung → Rn. 72 mwN.
[277] HM, vgl. *Zöllner*, Schranken mitgliedschaftlicher Stimmrechtsmacht, 1960, S. 359; Soergel/*Hadding/Kießling* Rn. 45; Bamberger/Roth/*Schöne* Rn. 54; *Hueck* OHG § 11 V 1b.
[278] *Hueck* OHG § 11 V 1b Fn. 58; Staudinger/*Habermeier* (2003) Rn. 29.
[279] Dazu näher *Zöllner*, Schranken mitgliedschaftlicher Stimmrechtsmacht, 1960, S. 360 ff.
[280] BGHZ 65, 93 (98) = NJW 1976, 49 – Verletzung des Gesellschaftsinteresses aus Selbstsucht; BGH WM 1979, 1060; BGHZ 102, 172 (176) = NJW 1988, 969; BGH ZIP 1991, 23 (24); OLG Hamburg WM 1992, 272 (273); aus der Lit. vgl. *Spengler*, FS Möhring, 1965, S. 165 (181); *Zöllner*, Schranken mitgliedschaftlicher Stimmrechtsmacht, 1960, S. 366; Staub/*Schäfer* HGB § 119 Rn. 73; Baumbach/Hopt/*Roth* HGB § 109 Rn. 28; zum GmbH-Recht vgl. ferner nur Ulmer/Habersack/*Löbbe* GmbHG § 47 Rn. 205; Ulmer/Habersack/Löbbe/*Raiser* GmbHG § 47 Anh. Rn. 132.
[281] S. BGHZ 180, 1 (8 ff.) Rn. 22 ff. = NJW 2010, 65 – Sanieren oder Ausscheiden, wo die Zustimmung zum eigenen Ausscheiden, also zu einem Kernbereichseingriff, aufgrund der Treupflichtbindung unterstellt wurde.
[282] Im GmbH-Recht unstr., vgl. etwa Ulmer/Habersack/*Löbbe*/Hüffer/*Schürnbrand* GmbHG § 47 Rn. 17; Lutter/Hommelhoff/*Bayer* GmbHG § 47 Rn. 53 für die treuwidrig abgegebene Stimme und Rn. 48 für die unter Missachtung eines Stimmverbots abgegebene Stimme und aus der Rspr. zB BGH GmbHR 1991, 62; 1993, 580 (581); NJW 2002, 3704.
[283] Vgl. BGHZ 180, 1 (8 ff.) Rn. 22 ff. = NJW 2010, 65 – Sanieren oder Ausscheiden, wo die treuwidrig verweigerte Zustimmung fingiert wird; dazu auch *Schäfer*, FS Ganter, 2009, S. 33 (38 ff.); wie hier etwa auch Erman/*Westermann* Rn. 31b; andere (allerdings nicht leicht nachvollziehbare) Interpretation möglicherweise bei *Holler* ZIP 2010, 1678 (1682) – bei „gleichzeitiger formell wirksamer Beschlussfassung"(?) werde Rückgriff auf die „Grundsätze der ausnahmsweisen Zustimmungspflicht im Einzelfall versperrt"(?).
[284] Zum Blockadeverbot in Sanierungsfällen vgl. BGHZ 129, 136 – Girmes (explizit in Bezug genommen in BGHZ 180, 1 [8] = NJW 2010, 65 – Sanieren oder Ausscheiden); zum Ganzen eingehend *Schäfer*, FS Hommelhoff, 2012, S. 941 ff.

rige Stimmabgabe anderenfalls nach sich ziehen kann,[285] so erscheint dieser Weg aus Sicht der einzelnen Gesellschafter sogar als der deutlich schonendere.

113 **4. Gerichtliche Geltendmachung.** Ein besonderes Verfahren zur Geltendmachung von Beschlussmängeln ist im Personengesellschaftsrecht abweichend vom Aktienrecht nicht vorgesehen.[286] Wer sich auf die Nichtigkeit des Beschlusses oder die Unrichtigkeit des festgestellten Beschlussergebnisses beruft, kann hierzu **Feststellungsklage** erheben.[287] Ein Feststellungsinteresse (iSd § 256 ZPO) liegt in der Regel auch dann noch vor, wenn die Gesellschaft oder die Mitgliedschaft des (klagenden) Gesellschafters nicht mehr besteht.[288] Die Klage richtet sich gegen diejenigen Gesellschafter, die der beantragten Feststellung widersprechen. Die Gesellschaft ist ggf. verpflichtet, dem Klagewilligen die Namen und Anschriften der Mitgesellschafter bekannt zu geben.[289] Notwendige Streitgenossenschaft besteht weder auf der Aktiv- noch auf der Passivseite.[290] Im Interesse der gewünschten Klärung ist es freilich zweckmäßig, die Feststellungsklage zugleich gegen sämtliche widersprechenden Gesellschafter zu erheben.

114 Der **Gesellschaftsvertrag** kann – auch konkludent[291] – vorsehen, dass die Geltendmachung der Mangelhaftigkeit von Beschlüssen gegenüber der Gesellschaft erfolgen muss.[292] Er kann hierfür auch **Anfechtungsfristen** statuieren;[293] eine solche Fristbestimmung bedeutet in der Regel zugleich, dass die Klage gegen die Gesellschaft zu richten ist.[294] Anfechtungsfristen präkludieren den Gesellschafter jedoch nur bei Nichtigkeit des Beschlusses, nicht dagegen bei Unwirksamkeit wegen Fehlens einer erforderlichen Zustimmung des einzelnen Gesellschafters (aufgrund von § 707, § 35 oder der Kernbereichslehre, → Rn. 108). Nach der zutreffenden neueren Rechtsprechung des BGH bezieht sich die Frist nur auf Beschlussmängel, nicht aber auf die Unwirksamkeit des Beschlusses gegenüber dem einzelnen Gesellschafter.[295] Ein Beschluss, der in Kernbereichsrechte eingreift oder die Gesellschafter zu Nachschüssen verpflichtet, ist als solcher nicht mangelhaft, wenn einzelne Gesellschafter nicht zugestimmt haben (→ § 707 Rn. 7).[296] Gegenüber den zustimmenden Gesellschaftern treten seine bestimmungsgemäßen Wirkungen ein, sofern der Beschlussantrag nicht dahin auszulegen ist, dass er nur wirksam werden soll, wenn eine ausreichende Anzahl (oder sämtliche) Gesellschafter – etwa an einer Kapitalerhöhung – beteiligen.[297] Dadurch, dass der Gesellschafter mit dem Vorbringen von Beschlussmängeln aufgrund von Vertragsklauseln präkludiert ist, kann seine fehlende Zustimmung demnach nicht ersetzt werden.[298] Bei fehlender Parteifähigkeit der (Innen-)GbR (→ § 705

---

[285] Auch dazu BGHZ 129, 136 – Girmes (die dort angenommenen einschränkenden Voraussetzungen einer Schadensersatzpflicht [Vorsatzerfordernis] waren aktienrechtsspezifisch und sind daher nicht auf das Personengesellschaftsrecht übertragbar).

[286] AA – für Unterscheidung zwischen nichtigen und anfechtbaren Beschlüssen auch im Personengesellschaftsrecht und für Anerkennung eines Anfechtungsverfahrens nach dem Vorbild der §§ 241 ff. AktG – *K. Schmidt*, FS Stimpel, 1985, S. 217 ff. und GesR § 15 II 3; vgl. auch schon *dens.* AG 1977, 243 (251 f.); ebenso MüKoHGB/*Enzinger* § 119 Rn. 107 f.; Staudinger/*Habermeier* (2003) Rn. 26 für unternehmenstragende Gesellschaften. Abw. auch *Noack,* Fehlerhafte Beschlüsse, 1989, S. 85 ff., 174, der das Konzept von *K. Schmidt* zwar ablehnt, aber gleichwohl für eine Beschlussmängelklage gegen den Verband plädiert.

[287] HM; vgl. BGH NJW 1999, 3113 (3115); KG ZIP 2011, 659; OLG Stuttgart DB 2010, 1058 (1061); Soergel/*Hadding/Kießling* Rn. 44; Erman/*Westermann* Rn. 38; Bamberger/Roth/*Schöne* Rn. 65; Staub/*Schäfer* HGB § 119 Rn. 91; *Hueck* OHG § 11 V 2d; *Hüffer* ZGR 2001, 833 (839); *Wiedemann* GesR II § 4 I 5c, S. 324; *Westermann* NZG 2012, 1122.

[288] BGH ZIP 2013, 1021 = NZG 2013, 664; ZIP 2012, 917.

[289] So zutr. BGH NJW 1988, 411 (413).

[290] So BGH WM 1966, 1036; BGH NJW 1995, 1218 f.; BGHZ 30, 195 (197) = NJW 1959, 1683; BGH NJW 1999, 3113 (3115); Erman/*Westermann* Rn. 38; Bamberger/Roth/*Schöne* Rn. 65; Staub/*Schäfer* HGB § 119 Rn. 91; aA *K. Schmidt*, FS Stimpel, 1985, S. 220 (236 f.): die kassatorische Anfechtungsklage sei bei den parteifähigen Personenhandelsgesellschaften gegen diese, bei der GbR gegen sämtliche Mitgesellschafter als notwendige Streitgenossen zu erheben. Ebenso im Ergebnis *Noack,* Fehlerhafte Beschlüsse, 1989, S. 174 f.

[291] BGH NJW 1999, 3113 (3115).

[292] Zur Zulässigkeit einer solchen Klausel bei den Personenhandelsgesellschaften vgl. BGHZ 85, 350 (353) = NJW 1983, 1056; BGH WM 1966, 1036; ferner BGHZ 180, 1 (5) = NJW 2010, 65 – Sanieren oder Ausscheiden; BGH WM 2011, 1851; ZIP 2011, 1906 (1907). So auch KG ZIP 2011, 659 (660).

[293] → Rn. 110 mwN; s. auch Staub/*Schäfer* HGB § 119 Rn. 93.

[294] BGH ZIP 2003, 844.

[295] BGH NZG 2007, 381; NJW-RR 2007, 1477 = WM 2007, 1333; → § 707 Rn. 7.

[296] BGHZ 180, 1 (6) Rn. 16 = NJW 2010, 65 – Sanieren oder Ausscheiden; *Schäfer* ZGR 2009, 768 (775 f.).

[297] Zur grundsätzlichen Geltung eines Beschlusses, der nach § 707 oder der Kernbereichslehre der Zustimmung aller Gesellschafter bedarf, (nur) gegenüber den zustimmenden Gesellschaftern BGHZ 183, 1 = NJW 2010, 65; BGH ZIP 2009, 864 Rn. 16; 2013, 65 Rn. 19; NJW 2015, 859 Rn. 16 f. = ZIP 2014, 2231, dort allerdings irreführend als „relative Wirksamkeit" bezeichnet; zu Recht krit. insofern *Ulmer* ZIP 2015, 657 (660 f.); weitgehend übereinstimmend jetzt auch *Armbrüster* ZGR 2014, 333 (348 f.) – anders noch *ders.* ZGR 2009, 1 (16).

[298] *Schäfer,* Der stimmrechtslose GmbH-Geschäftsanteil, 1997, S. 145 f.

Rn. 320) ist eine solche Klausel dahin auszulegen, dass die Klage gegen die übrigen Gesellschafter als notwendige Streitgenossen zu richten ist. – Zur Klagefrist → Rn. 110.

§ 710 Übertragung der Geschäftsführung

¹Ist in dem Gesellschaftsvertrag die Führung der Geschäfte einem Gesellschafter oder mehreren Gesellschaftern übertragen, so sind die übrigen Gesellschafter von der Geschäftsführung ausgeschlossen. ²Ist die Geschäftsführung mehreren Gesellschaftern übertragen, so findet die Vorschrift des § 709 entsprechende Anwendung.

I. Normzweck

1. Auslegungsregel (S. 1). Ähnlich wie § 709 Abs. 2 enthält auch § 710 – abgesehen von der Verweisung in S. 2 – eine Auslegungsregel. Sie setzt die gesellschaftsvertragliche Übertragung der Geschäftsführung abweichend von § 709 Abs. 1 auf bestimmte Gesellschafter dadurch voraus und stellt für diesen Fall klar, dass die übrigen Gesellschafter von der Geschäftsführung ausgeschlossen sind. Das hat Bedeutung namentlich für das Widerspruchsrecht nach § 711 (→ Rn. 7). 1

2. Voraussetzungen. Die Geschäftsführung muss im Gesellschaftsvertrag abweichend von § 709 Abs. 1 in der Weise geregelt sein, dass die Befugnis hierzu nur einem Teil der Gesellschafter zusteht (→ § 709 Rn. 15).¹ Das kann entweder dadurch geschehen, dass sie – ausdrücklich oder stillschweigend² – auf die als Geschäftsführer vorgesehenen Gesellschafter **übertragen** wird, **oder** dadurch, dass bestimmte Gesellschafter von der Geschäftsführung **ausgeschlossen** werden. Um eine Übertragung iSv § 710 S. 1 handelt es sich auch dann, wenn sie sich auf einen *Teilbereich* beschränkt, sei es in gegenständlicher (technische Leitung, Kassenführung ua) oder in qualitativer Hinsicht (gewöhnliche Geschäfte). Ein Ausschluss der Mitgesellschafter von der Geschäftsführung tritt in diesen Fällen nicht generell, sondern nur insoweit ein, als die Übertragung reicht.³ Von der Übertragung zu unterscheiden sind Maßnahmen bloß interner Arbeitsteilung (→ § 709 Rn. 16). – Zur Unzulässigkeit des Ausschlusses sämtlicher Gesellschafter von der Geschäftsführung bzw. deren Übertragung auf einen Dritten → § 709 Rn. 20. 2

Sachlich ist die „Übertragung" sowohl von der bei Kapitalgesellschaften erforderlichen Bestellung zum Mitglied des Geschäftsführungsorgans als auch von der rechtsgeschäftlichen Beauftragung klar zu unterscheiden. Unabhängig davon, ob der Gesellschaftsvertrag den Weg der Übertragung auf bestimmte Gesellschafter wählt oder denjenigen des Ausschlusses der anderen von der Geschäftsführung, geht es jeweils darum, die nach gesetzlicher Regel allen Gesellschaftern zustehende **Geschäftsführungsbefugnis auf einen Teil der Gesellschafter zu konzentrieren.** Der abweichende Wortlaut der Vorschrift erklärt sich aus der überholten Vorstellung, dass die typische GbR keine für sie handelnden Organe habe, vielmehr alle Gesellschafter gemeinschaftlich für die Förderung des gemeinsamen Zwecks tätig würden. Aus dieser Sicht schien die „Übertragung" der Geschäftsführung in der Tat einer Beauftragung nahezukommen (s. § 713). Besinnt man sich demgegenüber auf die in § 718 angelegte, inzwischen höchstrichterlich anerkannte Qualität der (Außen-)Gesellschaft als rechtsfähiger Personenverband und Zuordnungssubjekt des Gesamthandsvermögens (→ § 705 Rn. 303 ff.) und auf die bei jeder Außengesellschaft anzutreffenden Organisationselemente (→ § 705 Rn. 158 f.), so zeigt sich die dogmatische Ungenauigkeit des Begriffs der Übertragung. Vielmehr ist die in § 710 geregelte Gestaltungsmöglichkeit als ein Fall der *Beschränkung der Geschäftsführungsbefugnis* anzusehen. Die Frage hatte nach früher überwiegender, freilich unzutreffender Ansicht Bedeutung vor allem für den Anwendungsbereich des § 712 (→ § 712 Rn. 1, 4 ff.). 3

II. Rechte der Geschäftsführer

Allgemein zur Rechtsstellung der Geschäftsführer → § 709 Rn. 26 ff. Die dortigen Feststellungen gelten auch für die Fälle „übertragener", dh auf einen Teil der Gesellschafter beschränkter Geschäftsführungsbefugnis (→ Rn. 3). Die Frage, ob die als Geschäftsführer ausgewählten Gesellschafter **Gesamt-** oder **Einzelgeschäftsführungsbefugnis** haben, richtet sich nach dem Gesellschaftsvertrag, bei seinem Schweigen nach § 709 Abs. 1 (§ 710 S. 2). Bei Auslegung des Gesellschaftsvertrags ist auch auf etwaige, den Partnern bekannte *berufsrechtliche Anforderungen* an die Ausgestaltung der Geschäftsführungsbefugnis (→ PartGG § 6 Rn. 16 ff.) Rücksicht zu nehmen. Ist im Gesellschaftsver- 4

---
[1] Vgl. OLG Braunschweig ZIP 2010, 2402 (2403).
[2] BGHZ 16, 394 (396 f.) = NJW 1955, 825.
[3] Soergel/*Hadding/Kießling* Rn. 2; Erman/*Westermann* Rn. 1; Staudinger/*Habermeier* (2003) Rn. 3; Bamberger/Roth/*Schöne* Rn. 6.

trag die Geschäftsführung zwar einem Teil der Gesellschafter vorbehalten, über die Art ihres Tätigwerdens aber nichts gesagt, so gilt nach § 709 Abs. 1 *Gesamtgeschäftsführung* der betreffenden Gesellschafter in dem Sinne, dass es zu jeder Maßnahme grundsätzlich der *Zustimmung aller Geschäftsführer* bedarf (→ § 709 Rn. 38 ff.).

5 Ist von zwei Gesamtgeschäftsführern einer **auf Dauer verhindert** oder erlischt seine Geschäftsführungsbefugnis durch Tod, Ausscheiden ua, so erstarkt die Befugnis des anderen im Zweifel nicht zur Einzelgeschäftsführung; vielmehr greift der gesetzliche Regelfall des § 709 Abs. 1 ein.[4] Gleiches gilt bei Wegfall des einzigen zur Geschäftsführung berufenen Gesellschafters.

6 **Abweichende Gestaltungen** sind einerseits in der Weise möglich, dass *Gesamtgeschäftsführung,* verbunden mit *Mehrheitsprinzip,* vorgesehen wird (§ 709 Abs. 2, → § 709 Rn. 45 ff.). Das setzt regelmäßig die Beteiligung von mehr als zwei Gesellschaftern an der Geschäftsführung voraus. Daneben kommt auch die Einräumung von *Einzelgeschäftsführungsbefugnis* für zwei oder mehr Geschäftsführer in Betracht. In diesem Fall steht jedem von ihnen nach § 711 ein Widerspruchsrecht gegen die Maßnahmen der Mitgeschäftsführer zu. Beschränkt sich die Geschäftsführungsbefugnis schließlich auf *einen* Gesellschafter, so entscheidet er allein über Geschäftsführungsfragen. Der Gesellschaftsvertrag kann freilich auch in diesem Fall ungewöhnliche Geschäfte an die Zustimmung der Mitgesellschafter binden. – Zu den Möglichkeiten sonstiger Ausgestaltung der Geschäftsführung → § 709 Rn. 16 ff.

III. Rechte der von der Geschäftsführung ausgeschlossenen Gesellschafter

7 Die Beschränkung der Geschäftsführungsbefugnis auf einen Teil der Gesellschafter hat zur Folge, dass die übrigen von der Geschäftsführung ausgeschlossen sind (→ Rn. 1). Sie dürfen nicht selbst in Angelegenheiten der Gesellschaft tätig werden. Auch haben sie **kein Widerspruchsrecht** gegen Maßnahmen eines Geschäftsführers;[5] dieses ist nach § 711 den Mitgeschäftsführern vorbehalten.

8 Die sonstigen **Gesellschafterrechte,** darunter neben den Vermögensrechten (→ § 705 Rn. 197 f.) auch das *Kontrollrecht* (§ 716), das Recht auf *Rechnungslegung* (§ 721) und das *Stimmrecht,* stehen den von der Geschäftsführung ausgeschlossenen Gesellschaftern demgegenüber uneingeschränkt zu. Bei Vorliegen eines wichtigen Grundes können die Mitgesellschafter dem oder den Geschäftsführern auch die Geschäftsführungsbefugnis entziehen (§ 712). Bei der Liquidation der Gesellschaft geht nach § 730 Abs. 2 S. 2 die Geschäftsführungsbefugnis nach gesetzlicher Regel auf alle Gesellschafter, auch die davon bis zur Auflösung ausgeschlossenen, gemeinschaftlich über.

§ 711 Widerspruchsrecht

¹**Steht nach dem Gesellschaftsvertrag die Führung der Geschäfte allen oder mehreren Gesellschaftern in der Art zu, dass jeder allein zu handeln berechtigt ist, so kann jeder der Vornahme eines Geschäfts durch den anderen widersprechen.** ²**Im Falle des Widerspruchs muss das Geschäft unterbleiben.**

Übersicht

	Rn.		Rn.
I. Wesen und Funktion des Widerspruchsrechts	1–5	3. Notgeschäftsführung entsprechend § 744 Abs. 2	8
1. Normzweck und Systematik	1, 2	III. Geltendmachung und Rechtsfolgen	9–16
2. Unterrichtungspflicht	3	1. Ausübung des Widerspruchsrechts	9, 10
3. Dispositive Natur	4, 5	2. Pflichtwidriger Widerspruch	11, 12
II. Voraussetzungen	6–8	3. Wirkungen des Widerspruchs	13–15
1. Einzelgeschäftsführung	6	4. Verspäteter Widerspruch	16
2. Gesamtgeschäftsführung	7		

I. Wesen und Funktion des Widerspruchsrechts

1 **1. Normzweck und Systematik.** Das Widerspruchsrecht ist nach § 711 den geschäftsführenden Gesellschaftern vorbehalten. Es handelt sich um ein **Geschäftsführungsrecht,** das ähnlich wie das

---

[4] So für den Wegfall eines von zwei Gesamtvertretern BGHZ 41, 367 (368 f.) = NJW 1964, 1624; wie hier auch Soergel/*Hadding/Kießling* Rn. 6; Bamberger/Roth/*Schöne* Rn. 10; aA Staudinger/*Habermeier* (2003) Rn. 6; diff. Erman/*Westermann* Rn. 2 für Einzelgeschäftsführung, soweit es bei der Übertragung der Geschäftsführung auf mehrere nicht um die Gewährleistung einer Kontrolle im Kreise der Geschäftsführungsbefugten ging.

[5] EinhM; vgl. RGZ 102, 410 (412); Soergel/*Hadding/Kießling* Rn. 5; Erman/*Westermann* Rn. 1; Staudinger/ *Habermeier* (2003) Rn. 7; Bamberger/Roth/*Schöne* Rn. 8.

Zustimmungsrecht bei Gesamtgeschäftsführung dazu bestimmt ist, Mitsprache und gleichberechtigten Einfluss der Geschäftsführer auf die Leitung der Gesellschaft zu sichern.[1] Der Unterschied zur Gesamtgeschäftsführung liegt darin, dass das Modell der Einzelgeschäftsführung mit Widerspruchsrecht eine schnellere und **flexiblere Handlungsfähigkeit** der Geschäftsführung ermöglicht. Abweichend von § 709 ist dieses Modell daher für OHG und KG in § 115 HGB als gesetzliche Regel gewählt worden. Auf die meist ausführliche Kommentierung dieser Vorschrift[2] kann auch für das Widerspruchsrecht in der GbR verwiesen werden.

Aus dem Geschäftsführungscharakter des Widerspruchsrechts ergeben sich eine Reihe von **Folgerungen.** So gelten für die Ausübung des Widerspruchs die gleichen Anforderungen aus der gesellschaftsrechtlichen Sorgfalts- und Treupflicht wie für sonstige Geschäftsführungsmaßnahmen.[3] Pflichtwidrig kann sowohl der willkürliche Widerspruch sein (→ Rn. 11) als auch der Nichtwiderspruch gegen gesellschaftsschädigende Handlungen eines Mitgesellschafters (→ Rn. 10). Soweit ein Gesellschafter wegen *Interessenkollision* von der Entscheidung über bestimmte Geschäftsführungsmaßnahmen ausgeschlossen ist (→ § 709 Rn. 65, 70), steht ihm auch kein Widerspruchsrecht zu. Er kann daher der Erhebung einer gegen ihn gerichteten Klage der Gesamthand nicht widersprechen.[4] Gleiches gilt für die Kündigung einer zwischen der Gesellschaft und ihm bestehenden Geschäftsverbindung;[5] sie darf freilich, um Wirksamkeit zu erlangen, weder ein ihm etwa eingeräumtes Sonderrecht verletzen noch sich aus sonstigen Gründen ihm gegenüber als treuwidrig erweisen. – Schließlich richtet sich das Widerspruchsrecht auch nur gegen *Geschäftsführungshandlungen* von Mitgesellschaftern.[6] Gegen deren Ausübung sonstiger Gesellschafterrechte, wie namentlich der Informations- und Kontrollrechte (§ 716), aber auch der actio pro socio (→ § 705 Rn. 204), ist der Widerspruch nicht gegeben. Das Widerspruchsrecht kann aus wichtigem Grund entzogen werden (→ Rn. 5).

2. Unterrichtungspflicht. Damit die grundsätzliche Mitsprachemöglichkeit der Mitgeschäftsführer im Rahmen des Widerspruchsrechts nicht nur auf dem Papier steht, ist der zum Handeln bereite Geschäftsführer verpflichtet, die Mitgeschäftsführer jedenfalls in solchen Fällen vorher zu unterrichten, in denen wegen der grundsätzlichen Bedeutung oder außergewöhnlichen Natur des betreffenden Geschäfts oder wegen des dem Handelnden bekannten Vorhandenseins unterschiedlicher Auffassungen in der Geschäftsführung über die Zweckmäßigkeit der Maßnahme damit zu rechnen ist, dass Mitgeschäftsführer von ihrem Widerspruchsrecht nach § 711 Gebrauch machen wollen.[7] Die Ausgestaltung der Geschäftsführung als Einzelbefugnis mit Widerspruchsrecht darf *nicht zur Überrumpelung der Mitgeschäftsführer* missbraucht werden.[8] Handelt ein Geschäftsführer unter Verletzung dieser Informationspflicht und ist der Widerspruch der anderen deshalb verspätet, so können sie nach § 249 im Rahmen des tatsächlich und rechtlich Möglichen **Rückgängigmachung** des betreffenden Geschäfts verlangen oder selbst die entsprechenden Gegenmaßnahmen treffen,[9] ohne dass der vorschnell Handelnde seinerseits hiergegen Widerspruch einlegen könnte (→ Rn. 16).

---

[1] So zutr. namentlich *Schmidt/Rimpler,* FS Knur, 1972, S. 235 (244); dem folgend auch Staudinger/*Habermeier* (2003) Rn. 1; MüKoHGB/*Rawert* § 115 Rn. 9.
[2] Vgl. insbes. Schlegelberger/*Martens* HGB § 115; Staub/*Schäfer* HGB § 115; MüKoHGB/*Rawert* HGB § 115; *Hueck* OHG § 10 III.
[3] Staub/*Schäfer* HGB § 115 Rn. 5 ff.; Erman/*Westermann* Rn. 2; *Hueck* OHG § 10 III 5; *Gogos,* Geschäftsführung der OHG, 1953, S. 39; einschr. unter Betonung der Privatautonomie der Gesellschafter *Flume* BGB AT I 1 § 15 II 2, S. 265 f. Für familienrechtliche Aspekte im Rahmen der Ausübungskontrolle *Weygand* AcP 158 (1959/60), 150, 163 ff.
[4] BGH NJW 1974, 1555 (1556).
[5] Vgl. Staub/*Schäfer* HGB § 115 Rn. 11; ebenso Schlegelberger/*Martens* HGB § 115 Rn. 10; Staudinger/*Habermeier* (2003) Rn. 6. AA anscheinend RGZ 81, 92 (94), das den Gesichtspunkt der Interessenkollision nicht erwähnt; so auch GroßkommHGB/*Rob. Fischer,* 3. Aufl. 1967, HGB § 115 Anm. 4a aE.
[6] EinhM; vgl. Soergel/*Hadding/Kießling* Rn. 1; Erman/*Westermann* Rn. 3; Staudinger/*Habermeier* (2003) Rn. 7; Bamberger/Roth/*Schöne* Rn. 4; *Gogos,* Geschäftsführung der OHG, 1953, S. 43 f.
[7] So auch BGH WM 1971, 819 für Maßnahmen, „bei denen nach ihrer Bedeutung anzunehmen ist, dass der Mitgeschäftsführer auf eine vorherige Unterrichtung Wert legt". Die Unterrichtungspflicht betonen auch *Weidenbaum* ZHR 99 (1934), 35 ff.; Staudinger/*Habermeier* (2003) Rn. 3; Erman/*Westermann* Rn. 2, Soergel/*Hadding/Kießling* Rn. 2; Bamberger/Roth/*Schöne* Rn. 5; Staub/*Schäfer* HGB § 115 Rn. 15; Schlegelberger/*Martens* HGB § 115 Rn. 10; Heymann/*Emmerich* HGB § 115 Rn. 8; MüKoHGB/*Rawert* § 115 Rn. 20; *Hueck* OHG § 12, 1; ganz hM; *Wiedemann* GesR II § 4 II 3a bb, S. 337; aA noch Düringer/Hachenburg/*Flechtheim* HGB § 115 Anm. 4; *Gogos,* Geschäftsführung der OHG, 1953, S. 45.
[8] Zu der auf entspr. Erwägungen beruhenden Behandlung des Widerspruchsrechts der Kommanditisten nach § 164 HGB als Zustimmungsrecht vgl. RGZ 158, 302 (307) und Staub/*Casper* HGB § 164 Rn. 12 mwN.
[9] BGH WM 1971, 819.

§ 711 4–8

4 **3. Dispositive Natur.** Die Regelung des § 711 ist insgesamt dispositiver Natur.[10] Ebenso wie die Gesellschafter frei sind, sich anstelle der Einzelgeschäftsführung für die Gesamtgeschäftsführung des § 709 zu entscheiden oder eine sonstige Ausgestaltung der Geschäftsführung zu vereinbaren (→ § 709 Rn. 16 ff.), können sie **Einzelgeschäftsführung** für zwei oder mehr Gesellschafter auch **ohne Widerspruchsrecht** vorsehen. Der Sache nach wird eine solche Regelung meist auf eine funktionell beschränkte Einzelgeschäftsführung (→ § 709 Rn. 17) hinauslaufen. Möglich ist ferner eine Regelung im Gesellschaftsvertrag, wonach die Mitgeschäftsführer einen Widerspruch durch Mehrheitsbeschluss für unbeachtlich erklären können.[11] Denkbar, wenn auch nicht empfehlenswert, ist schließlich auch eine konkurrierende, auf eine Ressortabgrenzung verzichtende Einzelgeschäftsführung von zwei oder mehr Gesellschaftern ohne Widerspruchsrecht.

5 **Ausgeschlossen** ist wegen des Grundsatzes der Selbstorganschaft (→ § 709 Rn. 5, 20) die Übertragung des Widerspruchsrechts auf einen *Nichtgesellschafter*.[12] Wird im Gesellschaftsvertrag ein Widerspruchsrecht für bestimmte – etwa *ungewöhnliche* – Geschäfte auch für solche Gesellschafter begründet, die von der laufenden Geschäftsführung ausgeschlossen sind, so wird es dadurch nicht etwa zum Individualrecht. Vielmehr liegt in dieser Vereinbarung die Einräumung einer, wenn auch auf bestimmte Geschäfte und auf ein bloßes **Vetorecht** beschränkten Geschäftsführungsbefugnis an diese Gesellschafter. Die allgemeinen Schranken für die Ausübung des Widerspruchs (→ Rn. 2) gelten daher auch in diesem Fall. Als Geschäftsführungsrecht kann auch ein solches auf die Vetofunktion beschränktes Widerspruchsrecht nach § 712 Abs. 1 entzogen werden (→ § 712 Rn. 2).

II. Voraussetzungen

6 **1. Einzelgeschäftsführung.** Nach § 711 S. 1 setzt das Widerspruchsrecht voraus, dass **zwei oder mehr** Gesellschaftern je *Einzelgeschäftsführungsbefugnis* eingeräumt ist. In diesem Fall ist jeder Mitgeschäftsführer zum Widerspruch gegen die von einem der anderen beabsichtigten Geschäftsführungsmaßnahmen berechtigt. **Abweichendes** gilt dann, wenn die Einzelgeschäftsführung im Gesellschaftsvertrag als *Ressortaufteilung* zwischen den Geschäftsführern ausgestaltet (→ § 709 Rn. 17) oder das Widerspruchsrecht der Mitgeschäftsführer aus sonstigen Gründen ausdrücklich ausgeschlossen ist (→ Rn. 4). Beschränkt sich die Einzelbefugnis auf einen bloßen *Teilbereich* der Geschäftsführung (→ § 710 Rn. 2), so besteht auch das Widerspruchsrecht nur in diesem Umfang.[13]

7 **2. Gesamtgeschäftsführung.** Über den Wortlaut des § 711 S. 1 hinaus kann ein Widerspruchsrecht grundsätzlich auch dann vereinbart werden, wenn die Geschäftsführung nach dem Gesellschaftsvertrag je zwei oder mehr Gesellschaftern gemeinschaftlich übertragen ist. Voraussetzung hierfür ist entsprechend der dem Zustimmungsvorbehalt vergleichbaren Funktion des Widerspruchs (→ Rn. 1), dass die Geschäftsführung auf **zwei oder mehr Gruppen** von Geschäftsführern aufgeteilt ist, die je für sich handeln dürfen, sei es jeweils als Gesamtgeschäftsführungsgruppen, sei es in einem Mischsystem von Einzel- und Gesamtgeschäftsführung. Soweit das Widerspruchsrecht von Gesamtgeschäftsführern ausgeübt wird, setzt das ebenso wie bei sonstigen Geschäftsführungsmaßnahmen die Zustimmung aller zur Gesamtgeschäftsführung befugten Gesellschafter nach Maßgabe von § 709 voraus.[14] Die früher anzutreffenden abweichenden Ansichten,[15] die das Widerspruchsrecht jedem Gesamtgeschäftsführer persönlich geben wollten, sind heute überholt.

8 **3. Notgeschäftsführung entsprechend § 744 Abs. 2.** Zu ihren Voraussetzungen → § 709 Rn. 21. Das Recht hierzu besteht nach Maßgabe von § 744 Abs. 2 für *jeden Gesellschafter*, unabhängig davon, ob und inwieweit ihm Geschäftsführungsbefugnis eingeräumt ist. Es ist Folge seiner Gesellschafterstellung und berechtigt ihn, zur Abwendung akuter Gefahren tätig zu werden. Dementspre-

---

[10] EinhM; vgl. Soergel/*Hadding/Kießling* Rn. 9; Erman/*Westermann* Rn. 1; Staudinger/*Habermeier* (2003) Rn. 2; Bamberger/Roth/*Schöne* Rn. 2; *Wiedemann* GesR II § 4 II 3a bb, S. 337.

[11] Vgl. den Fall BGH WM 1988, 968 (969).

[12] So auch Soergel/*Hadding/Kießling* Rn. 1; Erman/*Westermann* Rn. 2; Staub/*Schäfer* HGB § 115 Rn. 26; MüKoHGB/*Rawert* HGB § 115 Rn. 41; am Grundsatz der Selbstorganschaft zweifelnd Staudinger/*Habermeier* (2003) Rn. 2, § 709 Rn. 12; aA BGH NJW 1960, 963 f. = JZ 1960, 490 mit zust. Anm. *Hueck*; Schlegelberger/*Martens* HGB § 115 Rn. 30; → § 717 Rn. 7.

[13] Staudinger/*Habermeier* (2003) Rn. 5; Bamberger/Roth/*Schöne* Rn. 3; MüKoHGB/*Rawert* HGB § 115 Rn. 12; *Hueck* OHG § 10 III 3, S. 127; Schlegelberger/*Martens* HGB § 115 Rn. 3; Staub/*Schäfer* HGB § 115 Rn. 25.

[14] Soergel/*Hadding/Kießling* Rn. 2; Erman/*Westermann* Rn. 3; Staudinger/*Habermeier* (2003) Rn. 4; MüKoHGB/*Rawert* HGB § 115 Rn. 11; Staub/*Schäfer* HGB § 115 Rn. 9; Schlegelberger/*Martens* HGB § 115 Rn. 6; *Hueck* OHG § 10 III 3.

[15] Düringer/Hachenburg/*Flechtheim* HGB § 115 Anm. 3 und 9; RGRK-HGB/*Weipert*, 2. Aufl. 1950, HGB § 115 Anm. 4.

chend wird gegen Maßnahmen, die sich im Rahmen von § 744 Abs. 2 halten, zu Recht **kein Widerspruchsrecht** der (Mit-)Geschäftsführer anerkannt.[16]

III. Geltendmachung und Rechtsfolgen

1. Ausübung des Widerspruchsrechts. Die Einlegung des Widerspruchs ist eine empfangsbedürftige, gegenüber dem handlungswilligen Geschäftsführer abzugebende **Willenserklärung**. Einer besonderen Form bedarf er nicht. Er kann sich auch konkludent aus einem entsprechenden, die Ablehnung erkennen lassenden Verhalten des Mitgeschäftsführers ergeben. Inhaltlich muss sich der Widerspruch gegen *bestimmte* Maßnahmen eines Geschäftsführers richten. Er kann eine *einzelne Handlung* betreffen, aber auch bestimmte *Pläne* oder bestimmte *Gattungen* von sich *wiederholenden Handlungen*.[17] Dieses weite Verständnis des Rechtsinstituts ist mit Rücksicht auf die vorbeugende Natur des Widerspruchsrechts und seine Funktion als Zustimmungsäquivalent erforderlich. Seine Grenze findet es, abgesehen vom willkürlichen und daher pflichtwidrigen Widerspruch (→ Rn. 11), in einem Vorgehen, das auf den Entzug der Geschäftsführungsbefugnis nach § 712 Abs. 1 hinausläuft. Der Widerspruch darf daher wohl so weit gehen, die Geschäftsführungstätigkeit eines Mitgeschäftsführers zu blockieren, noch darf er in seiner Wirkung einer – dem Beschluss aller Mitgesellschafter vorbehaltenen – Entziehung der Geschäftsführungsbefugnis aus wichtigem Grund gleichkommen.[18] Zur Frage einer Begründungspflicht für den Widerspruch → Rn. 12; → § 709 Rn. 44. Ein Widerspruch gegen den Widerspruch ist mit Rücksicht auf dessen Vetofunktion ausgeschlossen.[19]

Als Geschäftsführungsrecht (→ Rn. 1) gelten für die Ausübung des Widerspruchsrechts die gleichen Grundsätze wie für sonstige Geschäftsführungsmaßnahmen. Der Widersprechende muss sich, wenn er von dem Recht Gebrauch macht, von den **Interessen der Gesellschaft** leiten lassen, wobei ihm freilich ein weiter Ermessensspielraum verbleibt (→ Rn. 2; → § 709 Rn. 42).[20] Die Orientierung am Gesellschaftsinteresse gilt nicht nur für die Frage, unter welchen Voraussetzungen ein Widerspruch *pflichtwidrig* und daher unbeachtlich ist (→ Rn. 11). Vielmehr kann das Interesse der Gesellschaft im Einzelfall auch eine *Pflicht zum Widerspruch* begründen,[21] wenn etwa der Gesellschafter von einer bevorstehenden, für die Gesellschaft offensichtlich nachteiligen Maßnahme eines Mitgeschäftsführers erfährt oder von diesem hierüber unterrichtet wird. Der Sorgfaltsmaßstab des Widerspruchsberechtigten richtet sich ebenso wie bei sonstigen Geschäftsführungshandlungen nach § 708.

2. Pflichtwidriger Widerspruch. Dass der Widerspruch im Einzelfall pflichtwidrig sein kann, folgt bereits aus dem allgemeinen, in der GbR angesichts der gesellschaftsrechtlichen Treupflicht verstärkt zu beachtenden Missbrauchsvorbehalt des § 242. Schwierig ist allerdings die Grenzziehung zwischen einem noch zulässigen und dem die Treupflicht verletzenden Widerspruch. Mit der Rechtsprechung[22] wird man einen Widerspruch jedenfalls dann als unbeachtlich anzusehen haben, wenn er **willkürlich und unter offensichtlichem Verstoß gegen die Treupflicht** erklärt wird. Zwar ist es grundsätzlich nicht Sache der Gerichte, die Zweckmäßigkeit des Widerspruchs nachzuprüfen[23] und auf diesem Wege eine Entscheidung in umstrittenen Sachfragen der Geschäftsführung zu treffen; die Anerkennung eines Ermessensspielraums auch für den Widersprechenden wird vom BGH zu

---

[16] *Hueck* OHG § 10 III 6; *Gogos*, Geschäftsführung der OHG, 1953, S. 10 ff., 39 ff.; *Schmidt/Rimpler*, FS Knur, 1972, S. 235 (246); Soergel/*Hadding/Kießling* Rn. 3; Staudinger/*Habermeier* (2003) Rn. 5; Bamberger/Roth/*Schöne* Rn. 4; MüKoHGB/*Rawert* HGB § 115 Rn. 40, 60; Staub/*Schäfer* HGB § 115 Rn. 14, 38; zweifelnd Erman/*Westermann* Rn. 3.
[17] Vgl. dazu namentlich Staudinger/*Habermeier* (2003) Rn. 8; Soergel/*Hadding/Kießling* Rn. 3; Staub/*Schäfer* HGB § 115 Rn. 13; *Hueck* OHG § 10 III 2; MüKoHGB/*Rawert* § 115 Rn. 18; *Wiedemann* GesR II § 4 II 3a bb, S. 337; zu weitgehend RGZ 84, 136 (139), wonach erst der praktische Ausschluss der Geschäftsführungsbefugnis die Grenze des zulässigen Widerspruchs bildet. AA Schlegelberger/*Martens* HGB § 115 Rn. 7 – kein Widerspruch gegen Gattung von Handlungen, weil diese situationsgebunden beurteilt werden müssten.
[18] Vgl. RGZ 84, 136 (139).
[19] So auch Staudinger/*Habermeier* (2003) Rn. 7; Soergel/*Hadding/Kießling* Rn. 3; Bamberger/Roth/*Schöne* Rn. 4.
[20] BGH NJW 1986, 844; WM 1988, 968 (970); Soergel/*Hadding/Kießling* Rn. 7; Staub/*Schäfer* HGB § 115 Rn. 6.
[21] Soergel/*Hadding/Kießling* Rn. 8; Bamberger/Roth/*Schöne* Rn. 12; Staudinger/*Keßler*, 12. Aufl. 1979, Rn. 13; Staub/*Schäfer* HGB § 115 Rn. 7 ff.
[22] BGH NJW 1986, 844; WM 1988, 968 (970); vgl. auch schon RGZ 158, 302 (310); 163, 35 (39) jeweils obiter.
[23] BGH NJW 1986, 844; WM 1988, 968 (970); RGZ 109, 56 (59); *Flume* BGB AT I 1 § 15 II 2, S. 267.

Recht betont.²⁴ Anderes gilt jedoch für den Vorwurf, der Widerspruch diene nicht dem Gesellschaftsinteresse, sondern der Wahrung individueller Belange.²⁵ Da der Widerspruch eine Geschäftsführungsmaßnahme ist, darf der Widersprechende eigene Interessen damit nur verfolgen, wenn dadurch die Belange der Gesellschaft nicht tangiert werden (→ § 705 Rn. 226); anderenfalls kann er sich nicht auf sein Geschäftsführungsermessen berufen. Für die *Prüfung der Pflichtwidrigkeit* ist namentlich auch von Bedeutung, ob der Widerspruch mit sonstigen im Rahmen der Mitgliedschaft zu beachtenden Grundsätzen in Konflikt gerät, etwa mit dem Wettbewerbsverbot zulasten des Widersprechenden oder mit dem Gleichbehandlungsgrundsatz. Pflichtwidrig und damit unbeachtlich ist der Widerspruch auch in den Fällen, in denen der dissentierende Gesellschafter bei Gesamtgeschäftsführungsbefugnis zur Zustimmung verpflichtet wäre (→ § 709 Rn. 42 ff.).²⁶

12 Die **Vermutung für** einen willkürlichen oder offensichtlich **sachfremden Widerspruch** ist umso stärker, je häufiger oder wahlloser ein Mitgeschäftsführer von seinem Widerspruchsrecht Gebrauch macht.²⁷ Ein Missbrauch liegt namentlich vor, wenn ein Geschäftsführer sein Widerspruchsrecht bei Streit zwischen den Gesellschaftern dazu benutzt, die Geschäftsführungstätigkeit zu blockieren oder auf diesem Wege sachfremde eigene Interessen, etwa das Verlangen nach einer Vertragsänderung, durchzusetzen. Erweckt das Vorgehen eines Gesellschafters den Anschein eines solchen willkürlichen oder sachfremden Widerspruchs und lehnt der Widersprechende es auch ab, Sachgründe für die jeweilige Ablehnung der Maßnahmen von Mitgeschäftsführern anzuführen, so kann diesen, wenn sie sich über den Widerspruch hinwegsetzen, selbst dann kein Vorwurf gemacht werden, wenn sich in einem späteren Rechtsstreit die Berechtigung des Widerspruchs herausstellen sollte.²⁸

13 **3. Wirkungen des Widerspruchs.** Im **Innenverhältnis** hat der Widerspruch nach § 711 S. 2 zur Folge, dass das beabsichtigte Geschäft unterbleiben muss. Die grundsätzlich bestehende Einzelgeschäftsführungsbefugnis des Handlungswilligen wird also für die betreffende Einzelmaßnahme oder Art von Geschäften (→ Rn. 9) durch den Widerspruch ausgeschlossen. Setzt der Mitgeschäftsführer sich unter Verletzung der eigenüblichen Sorgfalt (→ § 708 Rn. 8 ff.) über den Widerspruch hinweg und kann er sich auch nicht auf § 744 Abs. 2 berufen (→ Rn. 8), so haftet er der Gesellschaft aus Pflichtverletzung auf Schadensersatz, ohne dass ihn die business judgment rule schützte oder dass es auf ein Verschulden bei Ausführung der Maßnahme ankäme.²⁹ Anderes gilt, wenn der Widerspruch seinerseits pflichtwidrig ist (→ Rn. 11).

14 *Umstritten* sind die **Außenwirkungen** des Widerspruchs, dh dessen Bedeutung für den Umfang der – nach § 714 im Zweifel der Geschäftsführungsbefugnis entsprechenden – Vertretungsmacht. Nach hM wird die *Vertretungsmacht* durch den wirksam erklärten Widerspruch *nicht berührt*.³⁰ Dritten könne der Widerspruch nur nach den Grundsätzen über den Vollmachtsmissbrauch (→ § 164 Rn. 106 ff. *[Schubert]*) entgegengesetzt werden.

15 **Stellungnahme.** Den Kritikern der in → Rn. 14 dargelegten überwiegenden Ansicht³¹ ist einzuräumen, dass die Verweisung des BGH auf die in §§ 712, 715 geregelten, besonderen Entziehungsvoraussetzungen als Begründung für die fehlende Außenwirkung nicht trägt. Denn diese Vorschriften schließen es nicht aus, dass bezüglich *einzelner* Maßnahmen die Geschäftsführungsbefugnis abwei-

---

²⁴ BGH NJW 1986, 844; WM 1988, 968 (970) – Treuwidrigkeit jeweils verneint: der Widerspruch sei erst dann unbeachtlich, wenn der Gesellschafter wegen seines Handelns aus eigennützigen Motiven gegen das Gesellschaftsinteresse verstoße.
²⁵ So BGH LM HGB § 105 Nr. 11 = BB 1956, 92; NJW 1986, 844; WM 1988, 968 (970): der Widerspruch unbeachtlich, wenn Gesellschafter aus eigennützigen Motiven gegen das Gesellschaftsinteresse verstoße. Vgl. auch Staub/*Schäfer* HGB § 115 Rn. 7.
²⁶ Zum funktionellen Zusammenhang zwischen Gesamtgeschäftsführung und Widerspruchsrecht bei Einzelgeschäftsführung → Rn. 1.
²⁷ Anhaltende Streitigkeiten unter den Geschäftsführern reichen als solche nach BGH NJW 1986, 844 allerdings nicht aus, um darauf die Vermutung zu stützen.
²⁸ Zur Anwendung des § 708 bei Überschreitung der Geschäftsführungsbefugnis → § 708 Rn. 8 ff.; zur Begründungspflicht des Widersprechenden → § 709 Rn. 44.
²⁹ BGH NJW 1997, 314; s. auch Staub/*Schäfer* HGB § 114 Rn. 57 f.; Erman/*Westermann* Rn. 7; eingehend zu den sich hieraus ergebenden Konflikten zwischen Mehrheit und Minderheit *Westermann*, FS Maier-Reimer, 2010, S. 855 (857 ff.).
³⁰ So BGHZ 16, 394 (398 f.) = NJW 1955, 825; BGH (III. ZS) WM 2008, 1552 (1557) Rn. 47; Soergel/*Hadding/Kießling* Rn. 6; Staudinger/*Habermeier* (2003) Rn. 10; Erman/*Westermann* Rn. 5; Bamberger/Roth/*Schöne* Rn. 8; Palandt/*Sprau* Rn. 1. Für den Widerspruch nach § 115 HGB folgt das bereits aus § 126 Abs. 2; vgl. Staub/*Schäfer* HGB § 115 Rn. 22; Schlegelberger/*Martens* HGB § 115 Rn. 21; MüKoHGB/*Rawert* HGB § 115 Rn. 30.
³¹ *Baur* JZ 1955, 609; *Schmidt/Rimpler*, FS Knur, 1972, S. 235 (247 ff.); *Flume* BGB AT I 1 § 15 II 4, S. 270 ff.

chend von § 712 Abs. 1 durch bloßen Widerspruch eines Mitgeschäftsführers beseitigt werden kann.[32] Gleichwohl ist der überwiegenden Meinung im Ergebnis zu folgen. Der Dritte muss sich auf die aus Gesetz (§ 714) oder Gesellschaftsvertrag ersichtliche Vertretungsmacht verlassen können. Auf Auseinandersetzungen zwischen den Gesellschaftern über die Durchführung bestimmter Maßnahmen sowie über die in Fällen dieser Art meist umstrittene Beachtlichkeit des Widerspruchs braucht er grundsätzlich selbst dann keine Rücksicht zu nehmen, wenn sie ihm zur Kenntnis kommen. Daher scheidet auch eine Anwendung von § 173[33] aus; ihr stünde auch entgegen, dass die organschaftliche Vertretungsmacht in der GbR anders als die rechtsgeschäftliche Vollmacht (§ 168) nicht zur beliebigen Disposition der Mitgeschäftsführer steht. Der Geschäftsführer bleibt daher trotz des Widerspruchs vertretungsberechtigt; Schranken findet sein Außenhandeln nur nach den Grundsätzen über den Vollmachtsmissbrauch.

4. Verspäteter Widerspruch. Er ist **grundsätzlich unbeachtlich** und gibt dem Widersprechenden namentlich nicht das Recht, vom Mitgeschäftsführer das Rückgängigmachen der Maßnahme zu verlangen.[34] Auch die Vornahme des Gegengeschäfts durch den Widersprechenden selbst würde regelmäßig eine Verletzung von dessen Geschäftsführungsbefugnis darstellen, da ihm die ablehnende Haltung des zuerst Handelnden bekannt ist und er sich deshalb nicht auf das Fehlen eines ausdrücklichen Widerspruchs berufen könnte. Eine **Ausnahme** von der Unbeachtlichkeit des verspäteten Widerspruchs gilt in den Fällen, in denen die Verspätung darauf beruht, dass der Handelnde seiner Unterrichtungspflicht nicht genügt hat: Hier kommt neben dem Verlangen nach Rückgängigmachen[35] auch ein darauf gerichtetes eigenes Handeln des Widersprechenden in Betracht (→ Rn. 3).[36]

§ 712 Entziehung und Kündigung der Geschäftsführung

(1) Die einem Gesellschafter durch den Gesellschaftsvertrag übertragene Befugnis zur Geschäftsführung kann ihm durch einstimmigen Beschluss oder, falls nach dem Gesellschaftsvertrag die Mehrheit der Stimmen entscheidet, durch Mehrheitsbeschluss der übrigen Gesellschafter entzogen werden, wenn ein wichtiger Grund vorliegt; ein solcher Grund ist insbesondere grobe Pflichtverletzung oder Unfähigkeit zur ordnungsmäßigen Geschäftsführung.

(2) Der Gesellschafter kann auch seinerseits die Geschäftsführung kündigen, wenn ein wichtiger Grund vorliegt; die für den Auftrag geltende Vorschrift des § 671 Abs. 2, 3 findet entsprechende Anwendung.

Übersicht

	Rn.		Rn.
I. Die Entziehung (Abs. 1)	1–23	3. Rechtsfolgen	19–21
1. Anwendungsbereich	1–8	4. Abweichende Vereinbarungen	22, 23
a) Übertragene Geschäftsführung	1–3	**II. Kündigung (Abs. 2)**	24–30
b) Gesamtgeschäftsführung nach § 709	4–6	1. Anwendungsbereich und Voraussetzungen	24–28
c) Innengesellschaft	7, 8	a) Allgemeines	24, 25
2. Voraussetzungen	9–18	b) Kündigung der Gesamtgeschäftsführungsbefugnis nach § 709?	26, 27
a) Wichtiger Grund	9–11	c) Kündigungserklärung und -frist	28
b) Beschluss der Mitgesellschafter	12–15	2. Rechtsfolgen	29
c) Gegenstand des Entziehungsbeschlusses	16, 17	3. Abweichende Vereinbarungen	30
d) Gerichtliche Nachprüfung	18		

---

[32] So zu Recht namentlich *Schmidt/Rimpler*, FS Knur, 1972, S. 235 (241 ff.).
[33] So aber *Flume* BGB AT I 1 § 15 II 4, S. 270 ff.; im Ergebnis auch RGZ 81, 92 (94). Wie hier Soergel/ *Hadding/Kießling* Rn. 6; Schlegelberger/*Martens* HGB § 115 Rn. 21; Staudinger/*Habermeier* (2003) Rn. 10.
[34] Soergel/*Hadding/Kießling* Rn. 2; Erman/*Westermann* Rn. 5; Bamberger/Roth/*Schöne* Rn. 6; Staudinger/ *Habermeier* (2003) Rn. 12; Staub/*Schäfer* HGB § 115 Rn. 19; *Hueck* OHG § 10 III 4, S. 129 f.; MüKoHGB/*Rawert* HGB § 115 Rn. 25; Baumbach/Hopt/*Roth* HGB § 115 Rn. 2; aA noch Düringer/Hachenburg/*Flechtheim* HGB § 115 Anm. 4; *Weidenbaum* ZHR 99 (1934), 35 (41 f.).
[35] Vgl. dazu BGH BB 1971, 759 = WM 1971, 819 (821).
[36] So wohl auch Staudinger/*Habermeier* (2003) Rn. 12; Bamberger/Roth/*Schöne* Rn. 6 und im Ergebnis MüKoHGB/*Rawert* § 115 Rn. 28, der aber einen Schadensersatzanspruch wegen Verletzung der Geschäftsführerpflichten (Nichtinformation) gewähren will.

I. Die Entziehung (Abs. 1)

1. Anwendungsbereich. a) Übertragene Geschäftsführung. Die Vorschrift des § 712 Abs. 1 beschränkt ihrem Wortlaut nach die Entziehungsmöglichkeit auf diejenigen Fälle, in denen die Befugnis zur Geschäftsführung dem betroffenen Gesellschafter durch den Gesellschaftsvertrag „übertragen" worden ist. Voraussetzung für die Entziehung ist nach dem Wortlaut der Norm somit, dass die Geschäftsführungsbefugnis im Gesellschaftsvertrag abweichend von § 709 ausgestaltet ist.[1] Hierunter fällt nicht nur die ausdrückliche Übertragung auf bestimmte Gesellschafter, sondern auch der Ausschluss eines Teils der Gesellschafter von der Geschäftsführung (→ § 710 Rn. 3) sowie die Einräumung von Einzelgeschäftsführung nach § 711, sei es an alle oder einen Teil der Gesellschafter. – Zur Möglichkeit der Entziehung der Gesamtgeschäftsführungsbefugnis iSv § 709 Abs. 1 → Rn. 4 ff.

Auf **Art** und **Inhalt der Geschäftsführungsbefugnis** kommt es für die Anwendbarkeit von § 712 Abs. 1 nicht an. Die Entziehungsmöglichkeit besteht bei Übertragung sowohl von Gesamt- wie von Einzelgeschäftsführungsbefugnis. Sie erstreckt sich auch auf Fälle eingeschränkter Geschäftsführung bis hin zum bloßen Widerspruchsrecht (→ § 711 Rn. 2).[2] Wohl aber sind Art und Inhalt der Geschäftsführungsbefugnis bei *Prüfung des wichtigen Grundes* zu berücksichtigen. Je eingeschränkter die Befugnis ausgestaltet ist und je geringere Gefahren der Gesellschaft von ihrer unsachgemäßen Ausübung drohen, desto höhere Anforderungen sind an die Bejahung des wichtigen Grundes zu stellen (→ Rn. 10).

Unanwendbar ist § 712 Abs. 1 in denjenigen Fällen, in denen die Geschäftsführung einem *Nichtgesellschafter* „übertragen", dh zur Ausübung überlassen ist (→ § 709 Rn. 5 f., 20).[3] Die Ausgestaltung des Entziehungsrechts in § 712 Abs. 1 entspricht der mitgliedschaftlichen Natur der Geschäftsführungsbefugnis (→ § 709 Rn. 3) und der mit ihrer Entziehung verbundenen Vertragsänderung. Diese Merkmale liegen bei der Betrauung eines Dritten mit Geschäftsführungsaufgaben nicht vor. Unabhängig von der Auflösbarkeit des Dienst- oder Auftragsverhältnisses mit dem Dritten bleiben die Gesellschafter als Geschäftsherren jederzeit berechtigt, die Geschäftsführungsbefugnis wieder an sich zu ziehen, soweit nicht Besonderheiten der Gesellschaftsstruktur wie bei der Publikums-GbR entgegenstehen (→ § 709 Rn. 6). Für den Widerruf der Vertretungsmacht des Dritten gilt § 168.

b) Gesamtgeschäftsführung nach § 709. In Übereinstimmung mit dem Wortlaut der Vorschrift (→ Rn. 1) soll die *Entziehungsbefugnis* des **§ 712 Abs. 1** nach früher hM **nicht eingreifen**, wenn die einem Gesellschafter „gesetzlich" zustehende Gesamtgeschäftsführungsbefugnis in Frage steht.[4] Dem entspricht das von der überwiegenden Meinung befürwortete „Wiederaufleben" der Gesamtgeschäftsführungsbefugnis aller – auch der von der Entziehung betroffenen – Gesellschafter (§ 709) als Rechtsfolge jeder wirksamen Entziehung übertragener Geschäftsführung (→ Rn. 20). Konsequenz dieser Ansicht ist es, dass störendem, für die Mitgesellschafter unzumutbarem Verhalten (etwa: grundsätzliche Verweigerung der Zustimmung) eines Gesamtgeschäftsführers nicht mit dem milderen Mittel der Entziehung[5] begegnet werden kann, sondern nur mit demjenigen der *Kündigung der Gesellschaft* aus wichtigem Grunde *oder* – falls der Gesellschaftsvertrag eine Fortsetzungsklausel enthält – mit der **Ausschließung** des störenden Gesellschafters (§ 737).

Stellungnahme. Die **wenig sachgerechten Folgen,** zu denen die Verneinung der Entziehungsmöglichkeit gegenüber der Gesamtgeschäftsführungsbefugnis nach § 709 Abs. 1 durch die hM führt, geben Anlass, nach den Gründen für die im Anschluss an Wortlaut und Entstehungsgeschichte des § 712 Abs. 1 vertretene Differenzierung zwischen „übertragener" und „gesetzlicher" Geschäftsführungsbefugnis zu fragen. Wie nicht zuletzt der Vergleich mit der abweichenden Gestaltung in §§ 115, 117 HGB zeigt, ging der Gesetzgeber bei Ausgestaltung des Rechts der GbR von einem wenig gefestigten, dem Typus der Gelegenheitsgesellschaft (→ Vor § 705 Rn. 87) entsprechenden Zusam-

---

[1] Darauf abstellend Staudinger/*Keßler*, 12. Aufl. 1979, Rn. 1; tendenziell auch Erman/*Westermann* Rn. 2; *Link*, Amtsniederlegung durch Gesellschaftsorgane, 2003, S. 99 f.; OLG Braunschweig ZIP 2010, 2402 (2403); Zur herrschenden Gegenansicht, die § 712 BGB auch im Fall gesetzlicher Geschäftsführungsbefugnis für anwendbar hält: LG Hamburg NJOZ 2010, 1329; *Priester* EWiR 2011, 181 (182); Baumbach/Hopt/*Roth* HGB § 117 Rn. 3; Schlegelberger/*Martens* HGB § 117 Rn. 1; Staudinger/*Habermeier* (2003) Rn. 5; Bamberger/Roth/*Schöne* Rn. 7.
[2] *Hueck* OHG § 10 VII 2, S. 146; Erman/*Westermann* Rn. 1.
[3] BGHZ 36, 292 (294) = NJW 1962, 738; *Hueck* OHG § 10 VII 2; Soergel/*Hadding/Kießling* Rn. 1.
[4] Vgl. OLG Braunschweig ZIP 2010, 2402 (2403) unter nicht überzeugender Berufung auf den „klaren" Wortlaut und verfehlten systematischen Überlegungen; krit. zur formalen Argumentation des OLG Braunschweig auch *Priester* EWiR 2011, 181.
[5] Zum Verhältnis zwischen Entziehung, Ausschluss und Auflösung vgl. Staub/*Schäfer* HGB § 133 Rn. 13, HGB § 140 Rn. 16; BGH BB 1971, 759 = WM 1971, 819 (821) mwN; MüKoHGB/*Jickeli* HGB § 117 Rn. 13 ff. Zur Situation in der Publikumsgesellschaft vgl. *Reichert/Winter* BB 1988, 981 (987).

menschluss mit gemeinsamem Tätigwerden aller Gesellschafter aus. Aus der Sicht dieses „Leitbilds" mag die regelmäßige Auflösung der Gesellschaft als Folge schwerwiegender Störungen im Zusammenwirken aller Beteiligten als die geeignete Rechtsfolge erschienen sein. Sie ist es aber nicht mehr, wenn man die Fortentwicklung zu einer weitgehend verselbständigten, über eine dauerhafte Organisation verfügenden Einheit oder „Gruppe" berücksichtigt, die die GbR sowohl in rechtstatsächlicher Hinsicht als auch in der rechtlichen Beurteilung (→ § 705 Rn. 155 ff.) seither erfahren hat. Diese Fortentwicklung hat dazu geführt, dass die (Außen-)GbR heute rechtlich weitgehend den Personenhandelsgesellschaften angenähert ist. Sie wird wie diese als rechtsfähig angesehen (→ § 705 Rn. 303 ff.). Ebenso wie im Handelsrecht haben auch die Geschäftsführer der GbR die Stellung von Organen, und zwar sowohl im Fall übertragener Geschäftsführung als auch bei gemeinschaftlicher Befugnis nach § 709 Abs. 1 (→ § 705 Rn. 257; → § 709 Rn. 4 f.; → § 714 Rn. 16 f.).

Angesichts dieser Entwicklung erweist sich die Beschränkung der Entziehungsbefugnis in § 712 **6** Abs. 1 auf die „übertragene" im Unterschied zur „gesetzlichen" (freilich gleichwohl auf vertraglicher Grundlage beruhenden) Geschäftsführung als **überholt**. Sachliche Gesichtspunkte für die in § 712 Abs. 1 abweichend von § 117 HGB getroffene Differenzierung sind nicht ersichtlich. Vielmehr bedarf es, um im Falle von Gesamtgeschäftsführung die unerwünschte Folge vorzeitiger Auflösung der Gesellschaft oder einer den störenden Geschäftsführer ungleich härter treffenden Ausschließung nach Maßgabe von § 737 zu vermeiden, einer erweiternden Anwendung von § 712. Über den Wortlaut von Abs. 1 hinaus ist die *Entziehungsmöglichkeit* bei Vorliegen eines wichtigen Grundes daher auch gegenüber einem Gesellschafter mit Gesamtgeschäftsführungsbefugnis nach § 709 Abs. 1 *zuzulassen*.[6] Sie ist auch sachgerechter als die von anderer Seite[7] für derartige Fälle empfohlene Klage gegen widersprechende Gesellschafter auf treupflichtbedingte Zustimmung zur Vertragsänderung.

c) Innengesellschaft. Bei mehrgliedrigen Innengesellschaften, die einen **„virtuellen Verband"** **7** im Sinne einer Innen-KG mit eigener Organisation bilden (→ § 705 Rn. 280, 358a f.), bestehen gegen die Anwendbarkeit von § 712 Abs. 1 keine Bedenken. Abgesehen von der fehlenden Vertretungsmacht der Geschäftsführer unterscheiden sie sich nicht grundlegend von der Außengesellschaft als gesetzlichem Regeltyp der GbR. Es bewendet daher bei den Vorschriften der §§ 709–713, soweit der Vertrag keine Abweichungen enthält.

Anderes gilt bei der auf rein schuldrechtliche Innenbeziehungen reduzierten, durch das Fehlen **8** von Gesamthandsvermögen gekennzeichneten **Innengesellschaft ieS** (→ § 705 Rn. 285). Wie das Beispiel der *stillen Gesellschaft* als wichtigster Fall der Innengesellschaft ieS zeigt, wird hier gewöhnlich nur einer der Beteiligten, der Hauptgesellschafter, nach außen tätig; er ist regelmäßig auch Inhaber des der gemeinsamen Zweckverfolgung dienenden Vermögens. Für eine Entziehung seiner Geschäftsführungsbefugnis ist hier schon deshalb kein Raum, weil dadurch die Grundstruktur des vertraglichen Zusammenschlusses verändert würde.[8] Den Mitgesellschaftern bleibt nur die Möglichkeit der Kündigung der Gesellschaft, wenn die Belassung der Geschäftsführung beim Hauptgesellschafter für sie unzumutbar geworden ist.

2. Voraussetzungen. a) Wichtiger Grund. Materiellrechtlich entscheidende Voraussetzung für **9** die Entziehung der Geschäftsführungsbefugnis ist das Vorliegen eines wichtigen Grundes, dh von Umständen, die die Belassung der Geschäftsführungsbefugnis und der damit verbundenen **Mitspracherechte des Störers** für die Mitgesellschafter **unzumutbar** machen.[9] Da die Geschäftsführungsbefugnis als Pflichtrecht der Förderung des gemeinsamen Zwecks zu dienen hat (→ § 709 Rn. 3), beurteilt sich auch das Gewicht der jeweils in Frage stehenden Umstände danach, welche Bedeutung ihnen für die Verfolgung dieses Zwecks zukommt. Die beiden in Abs. 1 aE genannten Fälle, grobe Pflichtverletzung oder Unfähigkeit zur ordnungsmäßigen Geschäftsführung, enthalten Hauptbeispiele eines wichtigen Grundes. Das zuletzt genannte Beispiel macht zugleich deutlich, dass je nach Lage des Falles ein **Verschulden** des Geschäftsführers **keine notwendige Voraussetzung** der Entziehung

---

[6] Ebenso LG Hamburg NJOZ 2010, 1329; OLG Frankfurt BeckRS 2013, 01954 Rn. 51; *Priester* EWiR 2011, 181 (182); Baumbach/Hopt/*Roth* HGB § 117 Rn. 3; Schlegelberger/*Martens* HGB § 117 Rn. 1; Staudinger/ *Habermeier* (2003) Rn. 5; Bamberger/Roth/*Schöne* Rn. 7; tendenziell auch Soergel/*Hadding/Kießling* Rn. 1.
[7] Erman/*Westermann* Rn. 2.
[8] HM, vgl. BGH DB 2008, 806 (807) Rn. 16; *H. P. Westermann* Vertragsfreiheit S. 196 ff. und Erman/*Westermann* Rn. 2 sowie für die stille Gesellschaft Staudinger/*Habermeier* (2003) Rn. 3; Bamberger/Roth/*Schöne* Rn. 8; Staub/*Harbarth* HGB § 230 Rn. 211; *Koenigs*, Die stille Gesellschaft, S. 154 (anders zutr. *ders.* S. 158 für die Entziehung einer dem Stillen übertragenen Geschäftsführung; dem folgend auch Staub/*Harbarth* HGB § 230 Rn. 217).
[9] Vgl. etwa LG Hamburg NJOZ 2010, 1329 (1330); Soergel/*Hadding/Kießling* Rn. 2 mit Hinweisen zur Kasuistik; Staudinger/*Habermeier* (2003) Rn. 7; *Wiedemann* GesR II § 4 5a aa, S. 350; Beispiele zur Publikumsgesellschaft bei *Reichert/Winter* BB 1988, 981 (988).

ist. Die grobe Pflichtverletzung muss zwar grundsätzlich verschuldet sein, um die Entziehung zu rechtfertigen.[10] In sonstigen Fällen genügt es, das Verschulden des Störers bei der Gewichtung des Grundes zu beachten.[11]

10 Das Vorliegen eines wichtigen Grundes lässt sich nur aufgrund einer **Gesamtbetrachtung** aller Umstände des Einzelfalls beurteilen. Das gilt auch für die ihrerseits ausfüllungsbedürftigen Beispiele eines wichtigen Grundes in § 712 Abs. 1[12] sowie für das sittenwidrige oder arglistige Verhalten eines Geschäftsführers.[13] Neben den in → Rn. 9 genannten Gesichtspunkten sind dabei namentlich auch Art und Inhalt der zu entziehenden Geschäftsführungsbefugnis zu berücksichtigen (→ Rn. 2). Mit dieser Maßgabe kann auch die Rechtsprechung zu §§ 117, 127 HGB herangezogen werden, soweit es um die Ausfüllung des unbestimmten Rechtsbegriffs „wichtiger Grund" in § 712 Abs. 1 geht.[14] Blockiert ein Gesellschafter durch nachhaltige Verweigerung der Zustimmung oder dauernden Widerspruch die Tätigkeit der Mitgeschäftsführer aus offensichtlich sachfremden Motiven, so ist ein wichtiger Grund im Zweifel zu bejahen.[15] Das Gleiche gilt für das hartnäckige Ignorieren der Mitwirkungsrechte anderer Gesellschafter.[16] Dagegen reicht Vertrauensentzug seitens der Mitgesellschafter nicht ohne weiteres aus;[17] hier sind weiter die Art der Geschäftsführungsbefugnis und die Gründe für den Vertrauensentzug zu berücksichtigen. So vermag etwa ein unrechtmäßiger Eingriff des Geschäftsführers in das Vermögen einer *anderen* GbR wegen Erschütterung des Vertrauens den Entzug der Geschäftsführungsbefugnis zu rechtfertigen. Dabei braucht sich die Unzuverlässigkeit nicht notwendigerweise schon auf die Gesellschaft ausgewirkt zu haben.[18]

11 Geht es – wie namentlich bei Spannungen in Zweipersonengesellschaften – um **beiderseits veranlasste Unverträglichkeiten** in der Geschäftsführung, so ist es nicht sachgerecht, die Entziehung davon abhängig zu machen, welcher der beiden Gesellschafter sich gegenüber dem anderen Teil als erster auf § 712 Abs. 1 beruft (→ Rn. 13) oder eine entsprechende Feststellungsklage erhebt.[19] Vielmehr sind die Gesellschafter in derartigen Fällen auf den Weg der Kündigung aus wichtigem Grund zu verweisen, soweit nicht das störende Verhalten eines der Geschäftsführer deutlich überwiegt.

12 **b) Beschluss der Mitgesellschafter.** Neben dem wichtigen Grund setzt die Entziehung weiter einen Beschluss der Mitgesellschafter voraus. Er hat nicht nur formale Bedeutung, sondern sorgt mit Rücksicht auf die vertragsändernde Natur der Entziehung (→ § 709 Rn. 3) und die sich aus der Entziehung ergebenden Folgerungen für die Ausgestaltung der Geschäftsführung (→ Rn. 20) für das **Einverständnis der Mitgesellschafter** mit dieser Änderung. Eine Aberkennung der Geschäftsführungsbefugnis im Wege der Verwirkung und ohne Einverständniserklärung der Mitgesellschafter (→ § 709 Rn. 43)[20] ist mit dieser Funktion des Beschlusses nicht vereinbar.

13 Der Beschluss bedarf grundsätzlich der **Einstimmigkeit** der Mitgesellschafter. Anderes gilt dann, wenn der Gesellschaftsvertrag entweder hierfür oder allgemein für Vertragsänderungen **Mehrheitsentscheidungen** zulässt (→ § 709 Rn. 81 f., 84 ff.). Bei **Publikumsgesellschaften** ist die Kompetenz der (einfachen) Mehrheit zur Entscheidung über die Entziehung aus wichtigem Grund sogar zwingend, und zwar ohne dass der Vertrag dies eigens vorzusehen braucht.[21] Von diesem Sonderfall abgesehen, reicht aber die vertragliche Organisation der Geschäftsführung nach dem Mehrheitsprinzip iSv § 709 Abs. 2 als Grundlage für eine Mehrheitsentscheidung nicht aus, da sie sich nicht

---

[10] BGH NJW 1984, 173 – grds. keine Entziehung bei entschuldbarem Irrtum; Soergel/*Hadding/Kießling* Rn. 2; Schlegelberger/*Martens* HGB § 117 Rn. 17; MüKoHGB/*Jickeli* HGB § 117 Rn. 47; Staudinger/*Habermeier* (2003) Rn. 7.
[11] BGH LM HGB § 140 Nr. 2 = BB 1952, 649; Staub/*Schäfer* HGB § 140 Rn. 9; Erman/*Westermann* Rn. 3.
[12] Vgl. Staub/*Schäfer* HGB § 117 Rn. 33 f., 36; Schlegelberger/*Martens* HGB § 117 Rn. 20; Soergel/*Hadding/Kießling* Rn. 2; Staudinger/*Habermeier* (2003) Rn. 8; Erman/*Westermann* Rn. 3; Bamberger/Roth/*Schöne* Rn. 11.
[13] AA noch RG JW 1935, 696.
[14] Vgl. dazu Staub/*Schäfer* HGB § 117 Rn. 33 ff.; *Wiedemann* GesR II § 4 II 5a aa, S. 350 und Schlegelberger/*Martens* HGB § 117 Rn. 15 ff. mwN; Staudinger/*Habermeier* (2003) Rn. 8.
[15] BGH NJW 1972, 862.
[16] BGH NJW 1984, 173; vgl. auch OLG Köln OLGR 2005, 610 = DB 2005, 2571 (Verletzung von Informationspflichten).
[17] Staudinger/*Keßler*, 12. Aufl. 1979, Rn. 3. Anders jedoch bei Publikumsgesellschaften, so zutr. *Reichert/Winter* BB 1988, 981 (988).
[18] BGH NZG 2008, 298 Rn. 18 = DB 2008, 806 (807 f.).
[19] So auch OLG Zweibrücken OLGR 2005, 444 (445).
[20] So BGH NJW 1972, 862 (864).
[21] BGHZ 102, 172 (178 f.) = NJW 1988, 969; OLG Frankfurt BeckRS 2013, 01954 Rn. 53. Dazu näher MüKoHGB/*K. Schmidt* HGB § 140 Rn. 91; Staub/*Schäfer* HGB § 140 Rn. 52; *Reichert/Winter* BB 1988, 981 (986).

auf Vertragsänderungen bezieht;²² es bedarf vielmehr im Allgemeinen einer Mehrheitsklausel, wie beschrieben. Der betroffene Gesellschafter selbst hat nach ausdrücklicher Vorschrift des Abs. 1 mit Rücksicht auf die Interessenkollision kein Stimmrecht. Erklärt er sich seinerseits mit der Maßnahme einverstanden, so handelt es sich nicht um eine (einseitige) Entziehung, sondern um einen der Parteidisposition überlassenen, nicht von besonderen Voraussetzungen abhängigen Fall einvernehmlicher Vertragsänderung.

In der **Zweipersonengesellschaft** tritt an die Stelle der Beschlussfassung die einseitige *Erklärung* **14** *des Mitgesellschafters*.²³ Sie wird ebenso wie der Beschluss in der mehrgliedrigen Gesellschaft erst wirksam, wenn sie dem betroffenen Gesellschafter zugeht.

Gesellschafter, die an der Entziehung nicht mitwirken wollen, können von den übrigen **auf 15 Zustimmung verklagt** werden.²⁴ Zur Verurteilung genügt freilich nicht der Nachweis eines wichtigen Grundes für die Entziehung. Vielmehr muss dem Beklagten die Mitwirkung auch *zumutbar* sein.²⁵ Dabei ist neben engen Beziehungen zu dem von der Entziehung bedrohten Gesellschafter vor allem auch zu berücksichtigen, welche Folgen sich aus der Entziehung für die eigene Geschäftsführertätigkeit des Beklagten ergeben (→ Rn. 20). Die *Anforderungen* an die Zustimmungspflicht sind im Fall von § 712 Abs. 1 freilich regelmäßig weniger hoch anzusetzen als bei sonstigen Vertragsänderungen. Mit Rücksicht auf den Inhalt der begehrten Änderung hat sich die Entscheidung primär am Gesellschaftsinteresse zu orientieren und nicht am Individualinteresse der einzelnen Gesellschafter (→ § 705 Rn. 226, 234).²⁶

c) **Gegenstand des Entziehungsbeschlusses.** Der Beschluss nach § 712 Abs. 1 betrifft die Ent- **16** ziehung der **Geschäftsführungsbefugnis.** Hiervon unterscheidet das Gesetz die in § 715 geregelte, von entsprechenden Voraussetzungen abhängige Entziehung der **Vertretungsmacht.** Letztere ist nach § 715 nur zusammen mit der gleichzeitigen Entziehung der dem betroffenen Gesellschafter zustehenden Geschäftsführungsbefugnis zulässig. Demgegenüber kann nach § 712 Abs. 1 die Geschäftsführungsbefugnis auch isoliert entzogen und die Vertretungsmacht gleichwohl belassen werden.²⁷ Dem steht auch § 714 nicht entgegen, da er nur eine Auslegungsregel enthält. Zu vermuten ist ein solches auf die Geschäftsführung beschränktes Vorgehen freilich schon deshalb nicht, weil die Beteiligten am Fortbestehen einer isolierten Vertretungsmacht des betroffenen Gesellschafters nur selten interessiert sein dürften. Auch soweit der Beschluss nur auf Entziehung der Geschäftsführungsbefugnis lautet, ist er daher im Zweifel dahin auszulegen, dass er sich *auch auf die Vertretungsmacht erstrecken* soll.

Eine **Beschränkung der Geschäftsführungsbefugnis** anstelle ihrer Entziehung *ist im Rahmen* **17** *von § 712 Abs. 1 nur dann möglich,* wenn der Gesellschaftsvertrag eine solche Folge vorsieht.²⁸ Für das Gestaltungsurteil nach § 117 HGB wird die Möglichkeit einer Teilentziehung (Beschränkung) heute zwar ganz überwiegend auch ohne Vertragsregel anerkannt.²⁹ Auf den Entziehungsbeschluss lässt sich diese Ansicht aber nicht übertragen, weil den Mitgesellschaftern anderenfalls die Möglichkeit einseitiger Vertragsgestaltung über die in § 712 Abs. 1 vorgesehene Rechtsfolge hinaus eröffnet würde. Das aber würde dem für Vertragsänderungen geltenden Einstimmigkeitsgrundsatz widerspre-

---

²² Ebenso Erman/*Westermann* Rn. 4; Soergel/*Hadding/Kießling* Rn. 3; Staudinger/*Habermeier* (2003) Rn. 9; Bamberger/Roth/*Schöne* Rn. 13. AA zu Unrecht *Flume* BGB AT I 1 § 15 III, S. 273 f.
²³ RGZ 162, 78 (83); Soergel/*Hadding/Kießling* Rn. 3; Staudinger/*Habermeier* (2003) Rn. 9; Bamberger/Roth/*Schöne* Rn. 14.
²⁴ Vgl. BGHZ 64, 253 (257 f.) = NJW 1975, 1410 und BGHZ 68, 81 (82) = NJW 1977, 1013 für die Mitwirkung an einer Ausschließungsklage nach § 140 HGB; speziell zur Zustimmungspflicht im Rahmen von § 712 Abs. 1 RGZ 162, 388 (397); BGH NJW 1984, 173 (174); Soergel/*Hadding/Kießling* Rn. 3; Erman/*Westermann* Rn. 4; Staudinger/*Habermeier* (2003) Rn. 10; MüKoHGB/*Jickeli* HGB § 117 Rn. 63; *Wiedemann* GesR II § 4 II 5a bb, S. 351; Schlegelberger/*Martens* HGB § 117 Rn. 25 f.; *Flume* BGB AT I 1 § 15 III, S. 273 ff. sowie → § 705 Rn. 226, 234.
²⁵ Vgl. zu diesem Merkmal und seiner Bedeutung bei Klagen auf Zustimmung zu Vertragsänderungen → § 705 Rn. 232 sowie Staub/*Schäfer* HGB § 140 Rn. 39 für die Ausschließungsklage. Auf die Zweckverfolgungspflicht der Gesellschafter abstellend *Zöllner*, Die Anpassung von Personengesellschaftsverträgen an veränderte Umstände, 1979, S. 42.
²⁶ Zu weit geht allerdings die Ansicht von *Flume* BGB AT I 1 § 15 III, S. 273 f., der aus dem Inhalt des Beschlusses unzutr. auf dessen Rechtsnatur als „außerordentliche" Geschäftsführungsmaßnahme schließt.
²⁷ So auch Soergel/*Hadding/Kießling* Rn. 4; Staudinger/*Habermeier* (2003) Rn. 11; Bamberger/Roth/*Schöne* Rn. 18.
²⁸ RG WarnR 1913 Nr. 51; Soergel/*Hadding/Kießling* Rn. 4; abw. Erman/*Westermann* Rn. 7 – Pflicht zur Vertragsänderung bei wichtigem Grund.
²⁹ Vgl. Staub/*Schäfer* HGB § 117 Rn. 15 ff.; MüKoHGB/*Jickeli* HGB § 117 Rn. 19; Schlegelberger/*Martens* HGB § 117 Rn. 9; Baumbach/Hopt/*Roth* HGB § 117 Rn. 5; so auch BGHZ 51, 198 (203) = NJW 1969, 507; BGH WM 1977, 500 (502); NJW 1984, 173 f.; so schon RG JW 1935, 696; OGHZ 1, 33 (39).

chen. Eine Ausnahme kommt nur dann in Betracht, wenn der Gesellschaftsvertrag dem betroffenen Gesellschafter verschiedenartige, je selbständig für sich bestehende Arten der Geschäftsführungsbefugnis eingeräumt hat (etwa Einzelgeschäftsführung in bestimmten laufenden Angelegenheiten, Widerspruchsrecht bei außergewöhnlichen Geschäften) und der wichtige Grund nur für einen Teil dieser Befugnisse zu bejahen ist.[30] Dem von der Entziehung bedrohten Gesellschafter bleibt es freilich unbenommen, von sich aus in eine für die Mitgesellschafter akzeptable Beschränkung einzuwilligen, um dem völligen Ausschluss von der Geschäftsführung zuvorzukommen. Die gegen eine Teilentziehung bestehenden Bedenken stehen einer *befristeten* Entziehung in Einschränkung von § 712 Abs. 1 nicht entgegen.

18 **d) Gerichtliche Nachprüfung.** Der Entziehungsbeschluss unterliegt wie jede Streitigkeit zwischen Gesellschaftern gerichtlicher Kontrolle. Anders als bei den Handelsgesellschaften (§§ 117, 127 HGB) erfolgt sie nicht im Wege der Gestaltungs-, sondern der **Feststellungsklage.** Ein Feststellungsinteresse iSv § 256 ZPO hat jeder Gesellschafter, auch der von der Entziehung betroffene. Die Darlegungs- und Beweislast für das Vorliegen des wichtigen Grundes und für das Zustandekommen des Gesellschafterbeschlusses trägt derjenige, der sich auf die Wirksamkeit der Entziehung beruft.

19 **3. Rechtsfolgen.** Die Rechtsfolgen der Entziehung treten, sofern die Voraussetzungen des § 712 Abs. 1 gegeben sind, mit der **Bekanntgabe des Beschlusses** an den betroffenen Gesellschafter ein. Ist dieser bei der Beschlussfassung nicht anwesend, so gilt § 130. Eine gerichtliche Entscheidung (→ Rn. 18) hat nur feststellende Wirkung.

20 **Inhaltlich** geht die Rechtsfolge entgegen einer teilweise vertretenen Ansicht[31] *nicht ohne Weiteres* auf Ersetzung der vertraglichen Regelung durch die *Gesamtgeschäftsführung nach § 709 Abs. 1.* Zum Eingreifen von § 709 kommt es im Falle **übertragener Geschäftsführung** (→ Rn. 1) vielmehr nur dann, wenn infolge der Entziehung die Vertragsgestaltung außer Kraft gesetzt ist, also beim Entzug gegenüber dem einzigen Geschäftsführer[32] oder gegenüber einem von zwei Gesamtgeschäftsführern.[33] Ist im Gesellschaftsvertrag demgegenüber die Geschäftsführung auch anderen Gesellschaftern übertragen, ohne dass diese an die Mitwirkung des Betroffenen gebunden sind, so bleibt deren Befugnis mangels abweichender Vereinbarung unberührt; für ein Eingreifen der dispositiven Gesamtgeschäftsführung nach § 709 ist kein Raum.[34] Ist Gegenstand der Entziehung andererseits die **Gesamtgeschäftsführungsbefugnis** eines der Beteiligten nach § 709 (→ Rn. 5), so führt das notwendig zu deren Beschränkung auf die übrigen Gesellschafter. Die Rechtslage entspricht hier dem Fall, dass der Betroffene nach § 710 von der Geschäftsführung ausgeschlossen worden ist.

21 Ist im Gesellschaftsvertrag eine besondere **Geschäftsführervergütung** vorgesehen, so entfällt sie für die Zeit nach dem Wirksamwerden des Entziehungsbeschlusses.[35] Fehlt eine derartige Vereinbarung, etwa weil zunächst alle Gesellschafter an der Geschäftsführung beteiligt waren, so kann sich infolge der Entziehung die Notwendigkeit ergeben, zu einer Anpassung der Gewinnverteilungsabrede zu kommen (→ § 709 Rn. 34, 36).

22 **4. Abweichende Vereinbarungen.** Die Vorschrift des § 712 Abs. 1 enthält in vollem Umfang **dispositives Recht.**[36] Der Gesellschaftsvertrag kann die Entziehung *erleichtern,* indem er etwa bestimmte Umstände ohne Rücksicht auf ihr Gewicht als wichtigen Grund bezeichnet oder auf das

---

[30] Vgl. die zutr. Differenzierung bei *Lukes* JR 1960, 41.
[31] Vgl. OLG München DRZ 1950, 280 aber die Abberufung des einzigen Geschäftsführers betr., bei dem der Eintritt von Gesamtvertretungsmacht in der Tat unvermeidlich ist, s. RGZ 162, 78 (83); im Ergebnis wie hier letztlich auch Palandt/*Sprau* Rn. 2, der die gesetzliche Regelung (§ 709) explizit unter den Vorbehalt stellt, dass „sich eine abweichende vertragliche Regelung nicht feststellen lässt"; abw. Erman/*Westermann* Rn. 8; Staudinger/*Habermeier* (2003) Rn. 13; Bamberger/Roth/*Schöne* Rn. 18; *Link,* Amtsniederlegung durch Gesellschaftsorgane, 2003, S. 109; Soergel/*Hadding/Kießling* Rn. 4.
[32] RGZ 162, 78 (83); *Flume* BGB AT I § 10 II, S. 135.
[33] BGHZ 33, 105 (108) = NJW 1960, 1997; BGHZ 41, 367 (368) = NJW 1964, 1624 – abw. jedoch bezüglich der Vertretungsmacht des einzigen von der Entziehung nicht betroffenen Komplementärs einer KG; BGHZ 51, 198 (201) = NJW 1969, 507; *Flume* BGB AT I § 10 II, S. 135; *Link,* Amtsniederlegung durch Gesellschaftsorgane, 2003, S. 109; *Hueck* OHG § 10 VII 9, S. 154 mwN zu § 117 HGB.
[34] Ebenso Erman/*Westermann* Rn. 8; Staudinger/*Habermeier* (2003) Rn. 13; Bamberger/Roth/*Schöne* Rn. 18; *Link,* Amtsniederlegung durch Gesellschaftsorgane, 2003, S. 109; wohl auch *Flume* BGB AT I § 10 II; Soergel/ *Hadding/Kießling* Rn. 4.
[35] So auch Staudinger/*Habermeier* (2003) Rn. 14.
[36] Ebenso Soergel/*Hadding/Kießling* Rn. 5; Erman/*Westermann* Rn. 9; Staudinger/*Habermeier* (2003) Rn. 6; Bamberger/Roth/*Schöne* Rn. 3; einschr. *Wiedemann* GesR II § 4 II 5a aa, S. 349: kein vollständiger Ausschluss des Entziehungsrechts.

Erfordernis eines wichtigen Grundes ganz verzichtet.[37] Im letztgenannten Fall sind im Hinblick auf den mit der Entziehung der Geschäftsführungsbefugnis verbundenen Eingriff in den **Kernbereich** der Mitgliedschaft (→ § 709 Rn. 93) die besonderen Anforderungen an die vertragliche Konkretisierung der Eingriffsbefugnis zu beachten (→ § 709 Rn. 91). Der Gesellschaftsvertrag kann auch Regelungen über die Beschlussmehrheiten und das Verfahren bei der Entziehung treffen. Ebenso kann er andererseits die Entziehung *erschweren,* indem er nur bestimmte, besonders schwerwiegende Umstände als wichtigen Grund gelten lässt.

Entgegen einer namentlich früher verbreiteten Ansicht[38] ist auch der **Ausschluss des Entziehungsrechts** zulässig. Die Mitgesellschafter werden dadurch nicht der Willkür des oder der Geschäftsführer ausgeliefert, da ihnen in jedem Fall das Recht zur Kündigung aus wichtigem Grund, im Rahmen von § 737 auch das Ausschließungsrecht verbleibt.[39]

II. Kündigung (Abs. 2)

1. Anwendungsbereich und Voraussetzungen. a) Allgemeines. Der mit der Geschäftsführungsbefugnis verbundenen **Tätigkeitspflicht** (→ § 709 Rn. 29) entspricht das Recht der einzelnen Gesellschafter, die Pflicht zur Geschäftsführung auch ihrerseits aus wichtigem Grund zu kündigen.[40] Der Geschäftsführer wird dadurch vor der Notwendigkeit bewahrt, bei Unzumutbarkeit weiterer Tätigkeit in der Gesellschaft diese selbst nach § 723 kündigen und dadurch zur Auflösung bringen zu müssen. Insofern unterscheidet sich das Kündigungsrecht des § 712 Abs. 2 namentlich auch von den Regelungen über die Kündigung von Dienst- und Geschäftsbesorgungsverträgen aus wichtigem Grund in § 626 oder in § 89a HGB, die jeweils zur Beendigung des Vertragsverhältnisses führen. Folge der Kündigung der Geschäftsführung kann es freilich sein, dass nunmehr ein Mitgesellschafter von sich aus den Gesellschaftsvertrag aus wichtigem Grund kündigt, wenn sich etwa die Folgen der Niederlegung der Geschäftsführung durch den Kündigenden (→ Rn. 29) für ihn als unzumutbar erweisen.

Voraussetzung für die Kündigung ist das Vorliegen eines **wichtigen Grundes** aufseiten des Kündigenden, dh von Umständen, die die Fortführung der Geschäfte in der vereinbarten Art *für ihn unzumutbar* machen. Welche Anforderungen an den wichtigen Grund zu stellen sind, hängt ebenso wie im Fall der Entziehung (→ Rn. 9) von einer Gesamtbeurteilung aller Umstände des Einzelfalls ab. Darauf, dass der Kündigende aus von ihm nicht zu vertretenden Umständen verhindert ist, die Geschäfte zu führen, kommt es nicht an, da in einem derartigen Fall die Geschäftsführungspflicht auch ohne Kündigung ruht (→ § 709 Rn. 31).

b) Kündigung der Gesamtgeschäftsführungsbefugnis nach § 709? Ebenso wie die Entziehung (→ Rn. 1) wurde auch das Recht zur Kündigung von der früher **hM** auf die **übertragene Geschäftsführungsbefugnis** beschränkt.[41] § 712 Abs. 2 stellt im Unterschied zu Abs. 1 hierauf zwar nicht ausdrücklich ab, doch entspricht die Gleichbehandlung beider Fälle dem systematischen Zusammenhang der Regelungen in § 712. Demgegenüber lässt die hM im Recht der OHG eine Kündigung auch der „gesetzlichen" Geschäftsführerstellung zu, da es sich hier abweichend von § 709 um Einzelgeschäftsführung handele, die meist mit erheblichen Belastungen für die Geschäftsführer verbunden sei.[42]

---

[37] So auch BGH NJW 1973, 651 für die einseitige „Herabstufung" eines Komplementärs zum Kommanditisten; Schlegelberger/*Martens* HGB § 117 Rn. 53. Zu Recht einschr. − nur bei Vorliegen ganz besonderer Umstände − für den − anders gelagerten − Fall eines Ausschließungsrechts ohne wichtigen Grund BGHZ 68, 212 (215) = NJW 1977, 1292; BGHZ 81, 263 (266 ff.) = NJW 1981, 2565; BGHZ 105, 213 (217) = NJW 1989, 834; BGHZ 107, 351 (356) = NJW 1989, 2681; → § 737 Rn. 17 ff.
[38] RG JW 1935, 696; Staudinger/*Keßler,* 12. Aufl. 1979, Rn. 6; RGRK/*v. Gamm* Rn. 1.
[39] Ebenso Soergel/*Hadding/Kießling* Rn. 6; Erman/*Westermann* Rn. 9; Bamberger/Roth/*Schöne* Rn. 3; für den Ausschluss von § 117 HGB Staub/*Schäfer* HGB § 117 Rn. 10; Schlegelberger/*Martens* HGB § 117 Rn. 51; *Hueck* OHG § 10 VII 11a, S. 157; *Gogos,* Geschäftsführung der OHG, 1953, S. 67; aA *Wiedemann* GesR II § 4 II 5a aa, S. 349.
[40] Ebenso *K. Schmidt* DB 1988, 2241 (2243) unter zutr. Betonung des Umstands, dass die Kündigung den Sinn hat, den Gesellschafter von der Verpflichtung zur Geschäftsführung zu befreien. Wegen deren Charakter als Pflichtrecht erstreckt sie sich entgegen *K. Schmidt* DB 1988, 2241 (2243) freilich auch auf die Geschäftsführungsbefugnis; hier auch *Link,* Amtsniederlegung durch Gesellschaftsorgane, 2003, S. 103; *Wiedemann* GesR II § 4 II 5b, S. 357.
[41] Soergel/*Hadding/Kießling* Rn. 7; Erman/*Westermann* Rn. 10; Staudinger/*Keßler,* 12. Aufl. 1979, Rn. 8; RGRK/*v. Gamm* Rn. 5.
[42] Staub/*Schäfer* HGB § 117 Rn. 84; *Hueck* OHG § 10 VII 12, S. 159; Schlegelberger/*Martens* HGB § 117 Rn. 57; Baumbach/Hopt/*Roth* HGB § 114 Rn. 19; *Gogos,* Geschäftsführung der OHG, 1953, S. 69 f.

§ 713

27 Aus den oben (→ Rn. 5 f.) genannten Gründen ist der früher hM auch im Rahmen von § 712 Abs. 2 hinsichtlich der **Differenzierung** zwischen übertragener und dispositiver Geschäftsführung in der GbR **nicht zu folgen**.[43] Der Umstand, dass die übertragene Geschäftsführung in der GbR oder die Einzelgeschäftsführung in der OHG häufig belastender sein wird als die Gesamtgeschäftsführung nach § 709, steht nicht entgegen. Ihm ist vielmehr bei Prüfung des wichtigen Grundes (→ Rn. 25) Rechnung zu tragen. Das mag dazu führen, dass die Voraussetzungen des § 712 Abs. 2 bei Gesamtgeschäftsführung nach § 709 nur selten vorliegen. Es ist jedoch kein Grund, die vom Gesetzgeber eröffnete Möglichkeit, sich anstelle einer Kündigung der Gesellschaft auf die Kündigung der Geschäftsführung zu beschränken, bei Vorliegen eines wichtigen Grundes nicht auch einem Gesamtgeschäftsführer iSv § 709 zugute kommen zu lassen.

28 c) **Kündigungserklärung und -frist.** Die Kündigung ist als empfangsbedürftige, auf Änderung des Gesellschaftsvertrags gerichtete Willenserklärung **allen Mitgesellschaftern gegenüber** zu erklären.[44] Sie bedarf zu ihrer Wirksamkeit zwar nicht der Einhaltung einer Kündigungsfrist. Wohl aber muss der Kündigende nach § 712 Abs. 2 iVm § 671 Abs. 2 den Mitgesellschaftern Gelegenheit geben, sich rechtzeitig auf die veränderten Umstände einzustellen. Eine **Kündigung zur Unzeit** ist wirksam;[45] jedoch hat der Kündigende der Gesellschaft den ihr hieraus entstehenden Schaden zu ersetzen (§ 671 Abs. 2 S. 2). Anderes gilt nach § 671 Abs. 2 S. 1 aE nur dann, wenn auch das fristlose, zur Unzeit erfolgende Vorgehen durch den wichtigen Grund gedeckt ist.

29 **2. Rechtsfolgen.** Es gelten uneingeschränkt die oben (→ Rn. 20 f.) für den **Fall der Entziehung** genannten Rechtsfolgen.[46] Gesamtgeschäftsführung nach § 709 als Folge der Kündigung tritt nur dann ein, wenn die vertragliche Regelung der Geschäftsführung durch die Kündigung hinfällig geworden ist. Anderes gilt, wenn die übertragene Geschäftsführung bei anderen Gesellschaftern fortbesteht oder wenn die Kündigung von einem der Gesamtgeschäftsführer iSv § 709 erklärt wird. Wird infolge der Kündigung Gesamtgeschäftsführung auch für Gesellschafter begründet, die bisher von der Geschäftsführung freigestellt waren, so können diese sich bei Unzumutbarkeit ihrerseits entweder auf § 712 Abs. 2 berufen oder die Gesellschaft aus wichtigem Grund kündigen. Zu den Folgen für Geschäftsführervergütung und Gewinnverteilung → Rn. 21.

30 **3. Abweichende Vereinbarungen.** Auch § 712 Abs. 2 ist im Grundsatz **dispositiv**; insbesondere kann die Kündigung unter erleichterten Bedingungen zugelassen werden (→ Rn. 22). Eine **Grenze** für die Vertragsgestaltung ergibt sich jedoch aus der Verweisung auf **§ 671 Abs. 3**. Danach kann im Voraus auf das Recht zur Kündigung aus wichtigem Grund nicht wirksam verzichtet werden (→ § 671 Rn. 14 *[Seiler]*).

§ 713 Rechte und Pflichten der geschäftsführenden Gesellschafter

Die Rechte und Verpflichtungen der geschäftsführenden Gesellschafter bestimmen sich nach den für den Auftrag geltenden Vorschriften der §§ 664 bis 670, soweit sich nicht aus dem Gesellschaftsverhältnis ein anderes ergibt.

Übersicht

	Rn.		Rn.
I. Normzweck und Anwendungsbereich	1–5	1. Ausschluss der Substitution (§ 664)	6
1. Rechtsstellung der Geschäftsführer	1–4	2. Weisungsbindung (§ 665)?	7
a) Grundlagen	1, 2	3. Auskunfts- und Rechenschaftspflicht (§ 666)	8–11
b) Folgerungen	3, 4	a) Sozialanspruch	8
2. Auftragstätigkeit von Gesellschaftern	5	b) Auskunft	9
II. Entsprechend anwendbare Auftragsvorschriften	6–17	c) Rechenschaft	10, 11
		4. Herausgabepflicht (§§ 667, 668)	12–14

---

[43] So jetzt auch *K. Schmidt* DB 1988, 2241 (2243); Schlegelberger/*Martens* HGB § 117 Rn. 57; Baumbach/Hopt/*Roth* § 114 Rn. 19; Staudinger/*Habermeier* (2003) Rn. 18; Bamberger/Roth/*Schöne* Rn. 22; *Wiedemann* GesR II § 4 II 5b, S. 357; aA *Link*, Amtsniederlegung durch Gesellschaftsorgane, 2003, S. 99 f.

[44] Staudinger/*Habermeier* (2003) Rn. 19; Soergel/*Hadding/Kießling* Rn. 7; Erman/*Westermann* Rn. 11; *Hueck* OHG § 10 VII 12, S. 160; *Wiedemann* GesR II § 4 II 5b, S. 357.

[45] HM, → § 671 Rn. 13 mwN; Baumbach/Hopt/*Roth* § 114 Rn. 19; aA *Link*, Amtsniederlegung durch Gesellschaftsorgane, 2003, S. 105 ff.; *van Venrooy* JZ 1981, 53 (57).

[46] AA *K. Schmidt* DB 1988, 2241 (2243 f.), der das Erlöschen der Geschäftsführungsbefugnis zwar als regelmäßige, nicht aber als zwingende Folge einer Kündigung der Geschäftsführungspflicht ansieht.

	Rn.		Rn.
5. Aufwendungsersatz und Vorschuss (§§ 669, 670)	15–17	III. Unanwendbare Auftragsvorschriften	18, 19

I. Normzweck und Anwendungsbereich

1. Rechtsstellung der Geschäftsführer. a) Grundlagen. Die Geschäftsführungsbefugnis der Gesellschafter **folgt unmittelbar aus ihrer Mitgliedschaft** (→ § 709 Rn. 3). Sie unterscheidet sich dadurch grundsätzlich von der Stellung eines durch zweiseitige schuldrechtliche Abrede (§ 662) beauftragten Dritten. Das gilt auch im Falle „übertragener", dh auf einen Teil der Gesellschafter beschränkter Geschäftsführungsbefugnis (→ § 710 Rn. 3) sowie im Falle sonstigen befugten Tätigwerdens von Gesellschaftern in Gesellschaftsangelegenheiten; der Begriff „geschäftsführender Gesellschafter" in § 713 ist in einem weiten Sinn zu verstehen.[1] 1

Eine unmittelbare Anwendung von Auftragsrecht auf das Verhältnis zwischen Geschäftsführer und Gesamthand ist aus den in → Rn. 1 genannten Gründen ausgeschlossen. Demgegenüber ordnet § 713 zwar die **entsprechende Anwendung der §§ 664–670** an, stellt sie aber unter den *Vorbehalt*, dass sich nicht aus dem *Gesellschaftsverhältnis* ein anderes ergibt. Solche Abweichungen kommen einerseits kraft ausdrücklicher oder stillschweigender Vereinbarung im Gesellschaftsvertrag in Betracht; wie die übrigen Geschäftsführungsvorschriften ist auch § 713 dispositiver Natur. Andererseits steht auch die mitgliedschaftliche Struktur des Geschäftsführungsrechts der Anwendung bestimmter Auftragsgrundsätze entgegen (zur Weisungsbindung → Rn. 7). 2

b) Folgerungen. Wegen der Einzelheiten der Rechtsstellung der Gesellschafter-Geschäftsführer → § 709 Rn. 26 ff. (Recht auf und Pflicht zur Geschäftsführung, Geschäftsführervergütung ua). Die dort genannten Grundsätze gehen dem Auftragsrecht vor. Das gilt auch für die in § 708 geregelte, auf die Verletzung der Sorgfalt in eigenen Angelegenheiten beschränkte Haftung der Geschäftsführer anstelle des für Beauftragte geltenden Sorgfaltsmaßstabs des § 276. Zur Rechtslage eines Geschäftsführers bei Überschreitung seiner Befugnis → § 708 Rn. 8 ff. 3

Ist die Geschäftsführung einem **Nichtgesellschafter** zur Ausübung überlassen (→ § 709 Rn. 20), so handelt es sich regelmäßig um ein Geschäftsbesorgungsverhältnis. Insoweit greift Auftragsrecht uneingeschränkt bereits nach § 675 ein. Die Verweisungsvorschrift des § 713 findet keine Anwendung. 4

2. Auftragstätigkeit von Gesellschaftern. Denkbar ist, dass Gesellschafter sich im Einzelfall nicht aufgrund ihrer Mitgliedstellung, sondern *im Rahmen eines Drittgeschäfts* mit der Gesellschaft (Sonderauftrag, → § 709 Rn. 37) dazu verpflichten, für diese bestimmte Geschäfte zu führen oder in deren Interesse tätig zu werden. Insoweit handelt es sich um eine von der Geschäftsführung zu unterscheidende Geschäftsbesorgungstätigkeit, für die wie bei Nichtgesellschaftern Auftragsrecht nach §§ 662 ff., 675 grundsätzlich uneingeschränkt zum Zuge kommt.[2] Das Haftungsprivileg des § 708 greift in derartigen Fällen nur ein, wenn sich dessen Ausdehnung auf diese Tätigkeit abweichend von der gesetzlichen Regel kraft Vertragsauslegung ergibt (→ § 708 Rn. 6).[3] 5

II. Entsprechend anwendbare Auftragsvorschriften

1. Ausschluss der Substitution (§ 664). Die **Unübertragbarkeit** der Geschäftsführungsbefugnis folgt unabhängig von §§ 713, 664 bereits aus ihrer mitgliedschaftlichen Natur (→ § 709 Rn. 29). Bedeutung hat die Verweisung auf § 664 daher nur, soweit es darum geht, im Falle einer nach dem Gesellschaftsvertrag gestatteten Überlassung der Geschäftsführung zur Ausübung durch einen Dritten die Haftung des Geschäftsführers auf **Auswahlverschulden** zu beschränken (→ § 709 Rn. 29).[4] In Fällen schuldhaft unerlaubter Substitution haftet der Geschäftsführer demgegenüber nach Maßgabe von § 708 für den vom Substituten verursachten Schaden. Hiervon abgesehen kommt eine Haftung des Geschäftsführers wegen Verschuldens von **Erfüllungsgehilfen** nur in denjenigen Fällen in Betracht, in denen diese nicht als Angestellte der Gesellschaft (Gesamthand) tätig werden, sondern Aufgaben erfüllen, deren Wahrnehmung nach dem Gesellschaftsvertrag den Geschäftsführern selbst vorbehalten sein sollte (→ § 708 Rn. 17). 6

---

[1] Vgl. dazu Staub/*Schäfer* HGB § 110 Rn. 34.
[2] Vgl. etwa OLG Frankfurt BeckRS 2013, 01954.
[3] Generell bejahend wegen des Zusammenhangs mit dem Gesellschaftsverhältnis aber Staudinger/*Habermeier* (2003) Rn. 3.
[4] Soergel/*Hadding/Kießling* Rn. 5; Erman/*Westermann* Rn. 2; Staudinger/*Habermeier* (2003) Rn. 4.

7 **2. Weisungsbindung (§ 665)?** Die Vorschrift des § 665 beruht auf der regelmäßigen Weisungsbindung des Beauftragten (→ § 665 Rn. 14 *[Seiler]*).[5] Auf den Geschäftsführer ist sie grundsätzlich **unanwendbar,** weil sie sich nicht mit dessen eigenverantwortlicher, auf der Mitgliedschaft beruhenden Stellung verträgt.[6] **Ausnahmen** bestehen nur insoweit, als entweder infolge der Gestaltung der Geschäftsführung nach dem Mehrheitsprinzip (§ 709 Abs. 2) überstimmte Gesellschafter an die Mehrheitsentscheidung gebunden und je nach Lage des Falles zu deren Ausführung verpflichtet sind (→ § 709 Rn. 49) oder der Gesellschaftsvertrag in den Grenzen von § 138 Geschäftsführer den Weisungen der Gesellschafterversammlung unterwirft.[7] Ist in derartigen Fällen eine Weisungsbindung ausnahmsweise gegeben, so richten sich die *Grenzen der Weisungsbindung* und die Verhaltenspflichten des Geschäftsführers im Falle ihrer Nichtbefolgung nach § 665.

8 **3. Auskunfts- und Rechenschaftspflicht (§ 666). a) Sozialanspruch.** Die Informationsrechte der **einzelnen** Gesellschafter und ihr Anspruch auf Rechenschaft nach Auflösung der Gesellschaft oder Geschäftsjahresende sind abweichend von § 713 in §§ 716, 721 geregelt. Demgegenüber steht der in §§ 713, 666 gewährte Auskunfts- und Rechenschaftsanspruch gegenüber den Geschäftsführern als kollektives Recht der **Gesamtheit** der übrigen Gesellschafter zu.[8] Da er sich von den Rechten aus §§ 716, 721 auch in sachlichen Voraussetzungen und Umfang unterscheidet, hat er ihnen gegenüber selbständige Bedeutung.[9] Folgerichtig kann der Anspruch aus § 666 daher grundsätzlich auch im Rahmen der *actio pro socio* (→ § 705 Rn. 204) von einzelnen Gesellschaftern zugunsten der Gesamthand geltend gemacht werden.[10] Allerdings kommt dem Subsidiaritätseinwand (→ § 705 Rn. 210) insoweit besondere Bedeutung zu. Es kann nicht Zweck der Berufung auf § 666 sein, sich ohne Sachgrund über die aus §§ 716, 721 folgenden Schranken der Informationsrechte hinwegzusetzen.[11]

9 **b) Auskunft.** Die Auskunftspflicht der Geschäftsführer besteht während der ganzen Dauer der Geschäftsführungstätigkeit und nicht nur zu bestimmten Stichtagen. Im Unterschied zu § 716 beschränkt sie sich nicht darauf, den Mitgesellschaftern Einsicht in die Geschäftsunterlagen zu ermöglichen, sondern verpflichtet die Geschäftsführer zu eigener Informationstätigkeit. Im Einzelnen unterscheidet § 666 dabei zwischen der nicht von einer entsprechenden Anfrage abhängigen Pflicht, die erforderlichen *Nachrichten* zu erteilen, und der nur auf Verlangen zu erteilenden *Information über den Stand des Geschäfts* (→ § 666 Rn. 6 *[Seiler]*).[12] Adressat der zu erteilenden Nachrichten und Auskünfte ist die Gesellschaftergesamtheit. Ihr kann die Information entweder auf schriftlichem Wege oder im Rahmen einer Gesellschafterversammlung erteilt werden. Für die in § 260 vorgesehene Pflicht, bei Auskünften über einen Inbegriff von Gegenständen ein Bestandsverzeichnis vorzulegen, besteht wegen der Rechnungslegungspflicht nach § 721 allerdings im Zweifel kein Bedürfnis. Auch im Übrigen darf das Auskunftsverlangen, zumal wenn es von einzelnen Gesellschaftern ausgeht, nicht überspannt werden. Primäres Informationsmittel der nicht an der Geschäftsführung beteiligten Gesellschafter sind die individuellen Einsichts- und Kontrollrechte des § 716. Aus dieser Vorschrift

---

[5] Dazu Erman/*Berger* § 665 Rn. 4 f.
[6] Ganz hM; vgl. Soergel/*Hadding/Kießling* Rn. 6; Erman/*Westermann* Rn. 2; Palandt/*Sprau* Rn. 3; Staudinger/*Habermeier* (2003) Rn. 5; Bamberger/Roth/*Schöne* Rn. 4; MüKoHGB/*Rawert* HGB § 114 Rn. 38; Staub/*Schäfer* HGB § 114 Rn. 19; *Hueck* OHG § 10 V 3, S. 138 f.; *U. Huber* ZGR 1982, 544 f.; Schlegelberger/*Martens* HGB § 114 Rn. 18; Baumbach/Hopt/*Roth* HGB § 114 Rn. 9.
[7] Der früher teilweise (RGRK/*v. Gamm* Rn. 2) erwähnte Ausnahmefall, dass Weisungen bei Übertragung der Geschäftsführung erteilt werden, hat daneben keine selbständige Bedeutung, da eine nicht schon im Gesellschaftsvertrag geregelte „Übertragung" dessen nachträgliche Änderung voraussetzt, soweit sie sich nicht auf eine rein intern wirkende Geschäftsaufteilung beschränkt (→ § 709 Rn. 16).
[8] Dazu näher *K. Schmidt,* Informationsrechte in Gesellschaften und Verbänden, 1984, S. 18 f., 28 f.; so auch Soergel/*Hadding/Kießling* Rn. 7; Erman/*Westermann* Rn. 3; Staudinger/*Habermeier* (2003) Rn. 6; Bamberger/Roth/*Schöne* Rn. 5; *Wiedemann* GesR II § 4 II 4b bb, S. 343 f.; vgl. ferner *Altmeppen* NZG 2010, 1321 (1322) in Bezug auf Treugeber bei qualifizierter Treuhand; → § 705 Rn. 92; relativierend mit Blick auf die actio pro socio *U. Huber* ZGR 1982, 539 (546 ff.).
[9] RGZ 148, 278 (279); BGH NZG 2013, 1258 (1260); Soergel/*Hadding/Kießling* Rn. 7; Erman/*Westermann* Rn. 3; Staudinger/*Habermeier* (2003) Rn. 6 f. Anders für das OHG-Recht *Hueck* OHG § 12, 5.
[10] RGZ 91, 34 (36); Staudinger/*Habermeier* (2003) Rn. 6; Erman/*Westermann* Rn. 3; Bamberger/Roth/*Schöne* Rn. 5; *U. Huber* ZGR 1982, 539 (546 ff.); BGH NJW 1992, 1890 (1892) mit der unzutr. Begründung, auf diesem Wege könnten nur Rechte geltend gemacht werden, die sich aus dem jeweiligen Mitgliedschaftsrecht ableiten ließen.
[11] So im Ergebnis zutr. BGH NJW 1992, 1890 (1892) betr. die Geltendmachung der dem Verwaltungsrat einer KG eingeräumten weitergehenden Informationsrechte durch einen Kommanditisten; Otte NZG 2014, 525 f.
[12] Vgl. Erman/*Berger* § 666 Rn. 1, 9, 13.

folgt nach Ansicht des BGH auch ein Anspruch jedes Gesellschafters auf Mitteilung von *Namen und Anschrift aller Mitgesellschafter* (einer Publikumspersonengesellschaft); → § 716 Rn. 12a f.[13]

c) Rechenschaft. Zur Rechenschaft ist der Beauftragte nach § 666 erst verpflichtet, nachdem **10** der Auftrag durchgeführt ist. Übertragen auf die Geschäftsführer der GbR bedeutet das, dass entweder die Gesellschaft aufgelöst oder die Geschäftsführungstätigkeit einzelner Gesellschafter aus sonstigen Gründen beendet sein muss.[14] Da sich die Pflicht zur Rechnungslegung im erstgenannten Fall schon aus §§ 721 Abs. 1, 730 ergibt, hat § 666 insoweit vor allem für das vorzeitige Ausscheiden von Gesellschaftern aus der Geschäftsführung Bedeutung. Wenn die Mitgesellschafter in derartigen Fällen ein auf § 666 gestütztes Verlangen nach umfassender Rechnungslegung entsprechend § 259 verweigern, kann daraus das Recht überstimmter Gesellschafter folgen, den Anspruch im Wege der actio pro socio geltend zu machen.[15] Ein genereller vertraglicher Ausschluss der Rechenschaftspflicht aus § 666 verstößt zumindest bei Gesellschaften mit erheblichem Vermögenswert gegen § 138.[16] – Der Rechenschaftspflicht der Geschäftsführer bei Beendigung ihrer Tätigkeit entspricht ein *Anspruch auf Entlastung.*[17]

Inhaltlich bestimmt sich die Rechenschaftspflicht grundsätzlich nach **§ 259**. Die dort vorge- **11** schriebene Pflicht, eine die geordnete Zusammenstellung der Einnahmen und Ausgaben enthaltende Rechnung mitzuteilen, macht es regelmäßig erforderlich, dass die Geschäftsführer schon während der Dauer ihrer Tätigkeit *Geschäftsbücher führen;* Ausnahmen kommen nur bei leicht überschaubaren Verhältnissen, insbesondere bei Gelegenheitsgesellschaften ohne erwerbswirtschaftliche Ziele in Betracht.[18] Eine von den Geschäftsführern zu beachtende Buchführungspflicht ist außerhalb von § 141 AO für die GbR gesetzlich zwar nicht statuiert. Dass der Gesetzgeber von einer Pflicht zur Buchführung auch bei der GbR ausgeht, zeigen jedoch schon die Vorschriften der §§ 716, 721, die das Vorhandensein entsprechender Unterlagen voraussetzen.

4. Herausgabepflicht (§§ 667, 668). Sie besteht nach § 667 für alle aus der Geschäftsbesorgung **12** erlangten Gegenstände. Die Bedeutung der Vorschrift ist bei *Außengesellschaften* im Regelfall gering, da die Leistungen Dritter beim Handeln des Geschäftsführers namens der GbR schon nach § 718 Abs. 1 unmittelbar in das Gesamthandsvermögen übergehen (→ § 718 Rn. 18). Anderes gilt beim **Auftreten des Geschäftsführers im eigenen Namen,** das bei Innengesellschaften iwS trotz Vorhandensein eines Gesamthandsvermögens die Regel darstellt (→ § 705 Rn. 279, 284). Hier richtet sich seine Herausgabepflicht schon während der Gesellschaftsdauer grundsätzlich nach § 667. Demgegenüber verbleibt im Falle einer Innengesellschaft ieS (→ § 705 Rn. 282) das zur Förderung des gemeinsamen Zwecks bestimmte Vermögen während der Vertragsdauer beim Hauptgesellschafter; § 667 greift nicht ein.

Nach der zu § 667 ergangenen stRspr[19] kann die Gesamthand vom Geschäftsführer auch die **13 Vorteile** (Sonderprovisionen, Schmiergelder ua) herausverlangen, die ihm in Zusammenhang mit der Geschäftsführertätigkeit von Dritten zugeflossen sind. – Gegenüber dem Herausgabeanspruch aus § 667 kann der Geschäftsführer mit Aufwendungsersatzansprüchen (§ 670) aufrechnen bzw. ein Zurückbehaltungsrecht geltend machen.

Nach § 668 hat der Geschäftsführer Geld zu **verzinsen,** das er entgegen seiner Geschäftsführungs- **14** pflicht für eigene Zwecke verwendet hat. Ein weitergehender vertraglicher oder deliktischer Schadensersatzanspruch der Gesamthand wird dadurch nicht berührt.

5. Aufwendungsersatz und Vorschuss (§§ 669, 670). Der Geschäftsführer kann – wie sämtli- **15** che Gesellschafter (→ § 714 Rn. 54) – nach **§ 670** *Aufwendungsersatz* verlangen und sich nach Maß-

---

[13] BGH NJW 2011, 921 (922); OLG München NZG 2011, 861; OLG Stuttgart BeckRS 2013, 04352; OLG München ZIP 2015, 523.
[14] Soergel/*Hadding/Kießling* Rn. 8; Erman/*Westermann* Rn. 3; Bamberger/Roth/*Schöne* Rn. 8; Staudinger/*Habermeier* (2003) Rn. 8.
[15] So im Ergebnis auch RG JW 1927, 368 für die OHG; ähnlich Soergel/*Hadding/Kießling* Rn. 8 mwN der Rspr.; Erman/*Westermann* Rn. 3; für grds. Beschränkung der Rechenschaftspflicht auf die Vorlegung der Bücher entspr. § 716 aber noch Staudinger/*Keßler,* 12. Aufl. 1979, Rn. 9.
[16] BGH WM 1965, 709 (710).
[17] Ebenso Soergel/*Hadding/Kießling* Rn. 8; Staudinger/*Habermeier* (2003) Rn. 8; Bamberger/Roth/*Schöne* Rn. 8.
[18] Wie hier für grds. Buchführungspflicht in der GbR Staudinger/*Habermeier* (2003) Rn. 8; enger RGZ 103, 71 (72), wonach eine Buchführungspflicht bei solchen Geschäften entfällt, die weder kaufmännischen Charakter noch erheblichen Umfang haben; so auch Soergel/*Hadding/Kießling* Rn. 8 – Frage der Art der Gesellschaft und ihrer Geschäfte; Erman/*Westermann* Rn. 3 – Frage der Auslegung des Gesellschaftsvertrages; Bamberger/Roth/*Schöne* Rn. 8.
[19] → § 667 Rn. 17 *(Seiler);* Erman/*Berger* § 667 Rn. 7 ff.; Staudinger/*Habermeier* (2003) Rn. 9.

gabe von § 669 einen *Vorschuss* hierauf zahlen lassen. Demgegenüber scheidet ein Befreiungsanspruch nach § 257 aus; er wäre unvereinbar mit der Haftungsstruktur der GbR (→ § 714 Rn. 55). Die Ansprüche richten sich, auch soweit es um den Regress des Gesellschafters wegen Inanspruchnahme analog § 128 HGB geht, gegen die Gesellschaft.[20] Eine anteilige Haftung der Mitgesellschafter hierfür ist mit Rücksicht auf § 707 vor der Auseinandersetzung grundsätzlich ausgeschlossen, zumal § 128 HGB auf Sozialverbindlichkeiten keine Anwendung findet (→ § 714 Rn. 39).[21] Zwar haften die Gesellschafter gemäß § 128 HGB untereinander als Gesamtschuldner. Der Gesamtschuldregress gemäß § 426 steht aber wegen § 707 unter dem Vorbehalt, dass aus dem Gesellschaftsvermögen kein Ersatz zu erlangen ist, und beschränkt sich außerdem auf den Verlustanteil des einzelnen Gesellschafters (→ § 707 Rn. 5).[22] Entgegen der hM[23] ist es mit Rücksicht auf die zwingende Natur des § 707 (→ § 707 Rn. 1 f.) nicht möglich, dass der Gesellschaftsvertrag von der Subsidiarität des Regressanspruchs abweicht, namentlich also eine primäre Haftung anordnet oder die Gesellschafter untereinander von der Beschränkung auf einen bloß anteiligen Regress befreit. Abgesehen davon, dass für eine solche Abweichung kein anerkennenswertes Bedürfnis ersichtlich ist, scheitert sie schon daran, dass sich eine Obergrenze für eine Inanspruchnahme des einzelnen Gesellschafters im Regresswege kaum sinnvoll bestimmen ließe, was wegen § 707 aber erforderlich wäre (→ § 707 Rn. 8). Dies gilt für den Regress im Falle der Inanspruchnahme eines Gesellschafters analog § 128 HGB (→ § 714 Rn. 56) ebenso wie für sonstige Fälle des Regresses wegen der von einem Gesellschafter gemachten Aufwendungen. Dass andererseits § 707 einem Regress nicht im Wege steht, wenn die Gesellschaft nicht zum Ersatz in der Lage ist, ergibt sich daraus, dass es mit dem Schutzzweck des § 707 gerade unvereinbar wäre, einen Gesellschafter hinsichtlich seiner im Gesellschaftsinteresse gemachten Aufwendungen zugunsten der übrigen regresslos zu stellen.

16 Zu den Aufwendungen gehören nach heute hM auch die **Verluste,** dh Vermögensnachteile aufgrund von Körper-, Sachschäden ua, die der Geschäftsführer als *notwendige Folge der Geschäftsführung* und in unmittelbarem Zusammenhang mit ihr erlitten hat. Dieser in § 110 HGB für OHG- oder KG-Geschäftsführer ausdrücklich geregelte Rechtsgedanke hat sich inzwischen auch im Rahmen von § 670 durchgesetzt (→ § 670 Rn. 14, 17).[24] Da es sich in beiden Fällen um das gleiche Regelungsanliegen handelt,[25] sollten auch Voraussetzungen und Umfang der Verlustübernahme im Auftrags- und Gesellschaftsrecht nicht differieren.[26] Dann besteht aber auch keine Notwendigkeit, einer Analogie zu § 110 HGB insoweit den Vorrang vor § 670 einzuräumen.[27] Wegen der Einzelheiten vgl. die Kasuistik zu § 110 HGB.[28]

17 Die Geltendmachung einer **Geschäftsführervergütung** als Aufwendungsersatz ist mit Rücksicht auf die mitgliedschaftliche Geschäftsführungspflicht *grundsätzlich ausgeschlossen* (→ § 709 Rn. 32 f.).[29] Die Geschäftsführungstätigkeit ist vielmehr als Beitragsleistung im Rahmen der Gewinnverteilung zu berücksichtigen (→ § 709 Rn. 32). Eine *Ausnahme* kommt nach den Grundsätzen in → Rn. 16 allenfalls dann in Betracht, wenn der Geschäftsführer durch eine übermäßige Inanspruchnahme für die Gesellschaftsangelegenheiten in einem bei Vertragsschluss nicht vorhersehbaren Ausmaß gehin-

---

[20] So schon zur alten Rechtslage (Doppelverpflichtungslehre) BGH NJW 1980, 339 (340).
[21] BGHZ 37, 299 (301) = NJW 1962, 1863 (1864); Staub/*Habersack* HGB § 128 Rn. 12.
[22] Vgl. Staub/*Schäfer* HGB § 110 Rn. 31 f. sowie BGH NJW 2011, 1730 (1731) – Inanspruchnahme der Mitgesellschafter auf Aufwendungsersatz setzt mangelnde Liquidität bei der Gesellschaft voraus und ist beschränkt auf Verlustanteil; → § 705 Rn. 217; → § 714 Rn. 56. Demgegenüber wollte die früher hM (vgl. *Hueck* OHG § 18 III 2; *Walter* JZ 1983, 260; *ders.* JuS 1982, 82 f.) Ansprüche gegen Mitgesellschafter vor beendeter Abwicklung der Gesellschaft überhaupt nur dann zulassen, wenn der Gesellschaftsvertrag Entsprechendes vorsah; nach dem geltenden Haftungsregime ist diese Abweichung vom OHG-Recht jedoch obsolet.
[23] Anders noch 4. Aufl. 2004 Rn. 15 (*Ulmer*) und Staub/*Ulmer,* 4. Aufl. 2004, HGB § 110 Rn. 31, 42; ferner Bamberger/Roth/*Schöne* Rn. 13; Soergel/*Hadding/Kießling* Rn. 10; wohl auch Staudinger/*Habermeier* (2003) Rn. 10; BGH NJW 1980, 339 (340); KG NZG 2001, 556 (557) noch auf Basis der Doppelverpflichtungslehre; ebenso für OHG auch BGH WM 1961, 32; MüKoHGB/*Langhein* HGB § 110 Rn. 10; Staub/*Habersack* HGB § 128 Rn. 53.
[24] Erman/*Berger* § 670 Rn. 8; aA – kein Verlustausgleich in der Gelegenheitsgesellschaft – *Fitz,* Risikozurechnung, 1985, S. 140 ff.
[25] So zutr. *Genius* AcP 173 (1973), 481 (512); ihm folgend Erman/*Ehmann* § 670 Rn. 17 [*Seiler*].
[26] AA *Fitz,* Risikozurechnung bei Tätigkeit im fremden Interesse, 1985, S. 140 ff, der im Anschluss an *Steindorff,* FS Dölle, 1963, S. 288 f. bei Gelegenheitsgesellschaften eine Verlustübernahme, wie sie § 110 HGB ermöglicht, für nicht sachgerecht hält.
[27] Soergel/*Hadding/Kießling* Rn. 11; wohl auch Staudinger/*Habermeier* (2003) Rn. 10.
[28] Dazu Staub/*Schäfer* HGB § 110 Rn. 24 f.
[29] HM, vgl. Soergel/*Hadding/Kießling* Rn. 12; Erman/*Westermann* Rn. 5; Staudinger/*Habermeier* (2003) Rn. 10; Bamberger/Roth/*Schöne* Rn. 14; Staub/*Schäfer* HGB § 110 Rn. 3, § 114 Rn. 47; *Köhler* JZ 1985, 359 (361); *Wiedemann* GesR II § 4 II 4a, S. 340; so auch OLG Koblenz WM 1986, 589 (590).

dert wird, seine Arbeitskraft anderweitig zu verwenden, und dadurch *Vermögensnachteile* in unmittelbarem Zusammenhang mit der Geschäftsführertätigkeit erleidet.[30]

III. Unanwendbare Auftragsvorschriften

Von der Verweisung ausgenommen sind einerseits §§ 662, 663. Der Vorschrift des **§ 662** über die Unentgeltlichkeit des Auftrags steht allein schon die vom Auftrag als zweiseitigem Rechtsgeschäft zu unterscheidende Struktur des Gesellschaftsvertrags als Gemeinschaftsverhältnis (→ § 705 Rn. 162) entgegen. Für die Annahme von Leistung und Gegenleistung ist hier kein Raum. Eine etwa vereinbarte Geschäftsführervergütung hat den Charakter eines Gewinnvoraus (→ § 709 Rn. 32 f.). Für **§ 663** fehlt es an einem entsprechenden auf die Besorgung gewisser Geschäfte gerichteten Angebot der Geschäftsführer. **18**

Was andererseits die Vorschrift des **§ 671** über Widerruf und Kündigung des Auftrags angeht, so wird sie grundsätzlich durch die Sonderregelung in § 712 über Entziehung oder Kündigung der Geschäftsführungsbefugnis verdrängt. Allerdings verweist § 712 Abs. 2 für das Kündigungsrecht in beschränktem Umfang auf § 671 Abs. 2 und 3. Mit Blick auf die Vorschriften der **§§ 672–674** über den Tod eines der Beteiligten und die fiktiv fortbestehende Geschäftsführungsbefugnis, finden sich die für die GbR vorrangigen Vorschriften in §§ 727, 729. **19**

§ 714 Vertretungsmacht

Soweit einem Gesellschafter nach dem Gesellschaftsvertrag die Befugnis zur Geschäftsführung zusteht, ist er im Zweifel auch ermächtigt, die anderen Gesellschafter Dritten gegenüber zu vertreten.

Übersicht

	Rn.		Rn.
A. Einführung	1–11	a) Allgemeines; Gesamtvertretung	26, 27
I. Normzweck	1	b) Überschreitung der Vertretungsmacht	28
II. Vertretung und Haftung in der Außen-GbR	2–7	c) Verbot des Selbstkontrahierens (§ 181)	29, 30
1. Rechtsentwicklung	2–6	**C. Akzessorische Haftung der Gesellschafter**	31–75
2. Aufbau der Kommentierung	7	I. Grundlagen	31–34
III. Haftungsfragen in der Innen-GbR	8–11	1. Unterscheidung gegenüber der Haftung der Gesellschaft	31, 32
1. Keine Haftung der GbR	8	2. Akzessorische Gesellschafterhaftung	33, 34
2. Haftung der Gesellschafter	9–11	II. Ausgestaltung der Gesellschafterhaftung	35–45
B. Vertretung der (Außen-)Gesellschaft (§ 714)	12–30	1. Rechtsgrund	35–42
I. Grundlagen	12–17	a) Grundlagen	35, 36
1. Vertretungsbefugnis als Mitgliedschaftsrecht	12	b) Sachliche Reichweite	37–39
2. Vertretung der Gesellschaft	13–15	c) Persönliche Reichweite	40–42
3. Organschaftliche Vertretung	16, 17	2. Haftungsinhalt	43, 44
II. § 714 als Auslegungsregel	18–23	3. Geltendmachung in der Insolvenz der GbR	45
1. Regelungsinhalt	18–20	III. Folgen der akzessorischen Gesellschafterhaftung	46–57
2. Von der Geschäftsführungsbefugnis abweichende Vertretungsregelung	21, 22	1. Akzessorietät in Bezug auf Haftungsumfang und Gläubigerstellung	46–48
3. Innengesellschaft	23	a) Maßgeblichkeit des jeweiligen Bestands der Gesellschaftsverbindlichkeit	46
III. Umfang und Grenzen der Vertretungsmacht	24–30	b) Unanwendbarkeit der §§ 422–425	47
1. Die Geschäftsführungsbefugnis als Maßstab	24, 25	c) Gläubigerstellung	48
2. Ergänzende Anwendung des allgemeinen Vertretungsrechts	26–30	2. Einwendungen und Einreden des Gesellschafters	49–53

---

[30] Wie hier auch Erman/*Westermann* Rn. 5; Staudinger/*Habermeier* (2003) Rn. 10; Bamberger/Roth/*Schöne* Rn. 14; vgl. auch Staub/*Schäfer* HGB § 110 Rn. 15; Schlegelberger/*Martens* HGB § 110 Rn. 17.

	Rn.		Rn.
a) Persönliche	49	b) Die Vielgestaltigkeit der GbR-Erscheinungsformen als Problem	60
b) Aus abgeleitetem Recht (§ 129 Abs. 1–3 HGB analog)	50, 51	c) Gründe für Ausschluss oder Beschränkung der Gesellschafterhaftung	61
c) Keine Zwangsvollstreckung aus Schuldtiteln gegen die Gesellschaft (§ 129 Abs. 4 HGB)	52, 53	2. Wege zur Haftungsbeschränkung	62–69
3. Regress- und Freistellungsanspruch gegen die Gesellschaft	54, 55	a) Reduktion der Analogie zu § 128 HGB – institutionelle Haftungsbeschränkung	62–65
4. Ausgleichsansprüche gegen Mitgesellschafter	56, 57	b) Vertraglicher Haftungsausschluss	66, 67
IV. Möglichkeiten der Haftungsbeschränkung	58–69	c) Beschränkung der Vertretungsmacht der Geschäftsführer?	68, 69
1. Fragestellung	58–61	V. Haftung beim Gesellschafterwechsel	70–75
a) Der Übergang zur akzessorischen Gesellschafterhaftung als Paradigmenwechsel	58, 59	1. Haftung des Ausgeschiedenen	70, 71
		2. Haftung des Eintretenden für Altverbindlichkeiten?	72–75

A. Einführung

I. Normzweck

1 Die Vorschrift befasst sich mit der **Vertretung** der Gesellschafter (aus heutiger Sicht: der **Gesellschaft** → Rn. 15) im Rechtsverkehr durch die für die (Außen-)GbR handelnden Geschäftsführer. Sie enthält eine **Auslegungsregel** des Inhalts, dass Geschäftsführungsbefugnis und Vertretungsmacht im Zweifel nach Art und Umfang übereinstimmen. Relevant wird die Regel in den Fällen, in denen abweichend von § 709 die Geschäftsführungsbefugnis im Gesellschaftsvertrag einem Teil der Gesellschafter vorbehalten oder einzelnen von ihnen übertragen ist, sei es als Gesamt- oder Alleinbefugnis. Entsprechendes ist mangels abweichender vertraglicher Regelung sodann auch für die Vertretungsmacht anzunehmen.

II. Vertretung und Haftung in der Außen-GbR

2 **1. Rechtsentwicklung.** Die Rechtsfragen und dogmatischen Zusammenhänge der **Vertretung und Haftung** im Recht der GbR gehörten lange Zeit zu den viel diskutierten und **lebhaft umstrittenen Bereichen** des Personengesellschaftsrechts.[1] Die Auseinandersetzungen bezogen sich in **erster** Linie auf das Verhältnis und die Entstehungsvoraussetzungen von Gesamthands-(Gesellschafts-)schuld und Gesellschafterschuld bei rechtsgeschäftlichen und gesetzlichen Gesellschaftsverbindlichkeiten. Aus der Sicht der modernen, von der Rechtsfähigkeit der (Außen-)GbR ausgehenden Gesamthandslehre (→ Rn. 14) spitzte sich die Frage darauf zu, ob die Doppelverpflichtungstheorie oder die am OHG-Modell des § 128 HGB orientierte Akzessorietätstheorie den Vorzug verdient.

3 In der Rechtsprechung herrschte lange die auch in der Literatur[2] überwiegend befürwortete **Doppelverpflichtungstheorie** vor.[3] Sie ging für **rechtsgeschäftliche** Verbindlichkeiten davon

---

[1] Vgl. aus den letzten Jahrzehnten (vor der Trendwende der BGH-Rspr.) *Aderhold*, Das Schuldmodell der BGB-Gesellschaft, 1981; *Alberts*, Die GbR im Umbruch, 1994, S. 95 ff.; *M. Beck*, Die Haftung der Gesellschafter bei der BGB-Gesellschaft, 1999; *Beuthien* DB 1975, 725 (und 773); *Breuninger*, BGB-Gesellschaft, 1991, S. 18 ff.; *Dauner-Lieb*, Unternehmen in Sondervermögen, 1998, S. 520 ff., *dies.* DStR 1998, 2014; *Flume*, FS Westermann, 1974, S. 119; *Flume* BGB AT I 1 § 16 IV, S. 314 ff.; *Gummert*, Haftung und Haftungsbeschränkung, 1991; *ders.* ZIP 1993, 1063; *Habersack* JuS 1993, 1; *Hadding*, FS Rittner, 1991, S. 133; *Heckelmann*, FS Quack, 1991, S. 243; *Heermann* BB 1994, 2421; *Kindl* NZG 1999, 517; *Kornblum*, Haftung der Gesellschafter, 1972; *Leuthe*, Die gewerblich geprägte GbR, 1993, S. 74 ff.; *Lieb*, FS Westermann, 1974, S. 309; *Nicknig*, Haftung der Mitglieder einer BGB-Gesellschaft, 1972; *Plambeck*, Die Vereinbarung der Haftungsbeschränkung in der GbR, 1993; *Reiff*, Die Haftungsverfassungen nichtrechtsfähiger unternehmenstragender Verbände, 1996; *ders.* ZIP 1999, 517; *K. Schmidt* GesR §§ 8 III, 60 II, III; *ders.*, FS Fleck, 1988, S. 271; *ders.* NJW 2003, 1897; *Schwark*, FS Heinsius, 1991, S. 753; *Ulmer* ZIP 1999, 509; *ders.* ZIP 1999, 554; *ders.* ZIP 2003, 1113; *Wackerbarth* ZGR 1999, 365; *Wiedemann* WM 1975, Sonderbeilage 4, S. 41 ff.; *ders.* WM 1994, Sonderbeilage 4, S. 10 ff.; *ders.* GesR I § 5 IV, S. 277 ff.; *Wolf*, Vertragliche Haftungsbeschränkungen der GbR, 1991.

[2] So *Beuthien, Brandner, Grunewald, Habersack, Hadding, Heckelmann, Heermann, Henssler, Hommelhoff, Hüffer, Kirberger, Kübler, Ulmer, H. P. Westermann* ua, vgl. Nachweise in 3. Aufl. Rn. 26 Fn. 53 und bei *Ulmer* ZIP 1999, 511 Fn. 22.

[3] BGHZ 74, 240 (242) = NJW 1979, 1281; BGHZ 79, 374 (377) = NJW 1981, 1213; BGHZ 117, 168 (176) = NJW 1992, 1615; BGH NJW 1987, 3124 (3125); 1998, 2904 (2905); WM 1989, 377 (379); 1990, 1037 (1037).

aus, dass der oder die für die (Außen-)GbR handelnden Geschäftsführer diese typischerweise durch gleichzeitiges Handeln als Vertreter sowohl für die GbR wie auch die Mitgesellschafter als Verpflichtete begründeten.[4] Schwierigkeiten hatte diese Theorie jedoch damit, zu einer Haftung der Gesellschafter persönlich auch für **gesetzliche** Verbindlichkeiten der GbR zu kommen.[5] Demgegenüber bejahten die Anhänger der **Akzessorietätstheorie**[6] die grundsätzlich uneingeschränkte akzessorische Mithaftung der Gesellschafter für die Gesellschaftsverbindlichkeiten analog § 128 HGB unabhängig von deren rechtsgeschäftlicher oder gesetzlicher Grundlage; dies freilich um den Preis einer nicht selten als übermäßig rigide empfundenen, der Vielgestaltigkeit der GbR nicht hinreichend Rechnung tragenden Haftungsverfassung der GbR.[7] Die dritte, am Wortlaut des § 714 orientierte, sog. **traditionelle oder gesetzestreue Theorie**[8] sah als Schuldner nur die Gesellschafter an; das Gesellschaftsvermögen stufte sie als zur gesamten Hand zugeordnetes, dem Gläubigerzugriff nach Maßgabe des § 736 ZPO unterliegendes Sondervermögen ohne eigene Rechtsfähigkeit ein. Im gesellschaftsrechtlichen Schrifttum der letzten Jahrzehnte war diese Theorie deutlich rückläufig; sie wird heute nur noch selten vertreten.[9]

Durch **zwei Grundsatzurteile des BGH** aus den Jahren 1999 und 2001[10] ist die Rechtsentwicklung in eine **neue Phase** getreten. Im **ersten** dieser Urteile, das sich mit der – im Ergebnis verneinten – Möglichkeit befasste, die persönliche Haftung der Gesellschafter für Gesellschaftsverbindlichkeiten durch einen entsprechenden Namenszusatz (GbR mit beschränkter Haftung oÄ) auszuschließen oder zu beschränken,[11] erteilte der II. Zivilsenat des BGH zwar der **Doppelverpflichtungstheorie** eine **Absage**, ließ aber die Entscheidung zwischen der Akzessorietätstheorie und der traditionellen Lehre mit der Begründung (scheinbar) offen, dass beide zum selben Ergebnis (der von Gesetzes wegen unbeschränkten Gesellschafterhaftung) führten.[12] Dass damit zugleich die in vielen vorangegangenen Urteilen akzeptierte (Teil-)Rechtsfähigkeit der (Außen-)GbR in Frage gestellt war,[13] schien den Senat nicht zu stören. 4

Umso begrüßenswerter war dann der anderthalb Jahre später im **zweiten** Grundsatzurteil erfolgte „Durchbruch" zur Anerkennung der Rechtsfähigkeit der Außen-GbR und, in Verbindung damit, zur Akzessorietätstheorie unter gleichzeitiger Verabschiedung der traditionellen Lehre;[14] das Urteil wurde zu Recht verbreitet als „Meilen-" oder „Markstein" gewertet.[15] Zur Begründung bezog sich der Senat zwar nicht unmittelbar auf die nahe liegende Analogie zu § 128 HGB, sondern formulierte vorsichtig, **soweit** der Gesellschafter für Verbindlichkeiten der Gesellschaft persönlich hafte, entspreche das Verhältnis zwischen Gesellschafts- und Gesellschafterhaftung der in der OHG geltenden Rechtslage akzessorischer Gesellschafterhaftung.[16] Das deckte sich im Ergebnis mit der Bezugnahme im ersten Urteil auf einen (angeblichen[17]) allgemeinen Grundsatz des bürgerlichen Rechts und des 5

---

[4] Vgl. Soergel/*Hadding/Kießling* Rn. 10, 29; Erman/*Westermann,* 10. Aufl. 2000, Rn. 10; 3. Aufl. Rn. 26, 31 f.
[5] Vgl. statt aller 3. Aufl. Rn. 53 ff. mwN.
[6] So *Bälz, Flume, Mülbert, Schwark, Timm* ua; für die „unternehmenstragende" GbR auch *Dauner-Lieb, Reiff, G. H. Roth, K. Schmidt, Schünemann, Wiedemann,* vgl. Nachweise in 3. Aufl. Rn. 26 Fn. 55, 56 und bei *Ulmer* ZIP 1999, 512 Fn. 25.
[7] Die Akzessorietätstheorie deshalb vor 1999 in stRspr abl. BGHZ 74, 240 (243) = NJW 1979, 1281; BGHZ 117, 168 (176) = NJW 1992, 1615; BGH NJW 1998, 2904 (2905).
[8] So noch *Hueck,* GesR, 19. Aufl. 1991, § 9 IV 1; *ders.,* FS Zöllner, 1998, S. 275 (286 ff.); *Larenz,* SchuldR BT I, 12. Aufl. 1981, § 60 IV c; *Zöllner,* FS Gernhuber, 1993, S. 563 (573); *ders.,* FS Kraft, 1998, S. 701 (704 ff.).
[9] Vgl. aber *Cordes* JZ 1998, 545; *Berndt/Boin* NJW 1998, 2854 sowie neuerdings noch *Kraft/Kreutz* GesR, 11. Aufl. 2000, C I 1d und wohl auch *Windbichler* GesR, 22. Aufl. 2009, § 8 Rn. 16.
[10] BGHZ 142, 315 = NJW 1999, 3483; BGHZ 146, 341 = NJW 2001, 1056.
[11] BGHZ 142, 315 = NJW 1999, 3483 (27.9.1999).
[12] BGHZ 142, 315 (320 ff.) = NJW 1999, 3483.
[13] Krit. dazu *Ulmer* ZGR 2000, 339 (343); so tendenziell auch *Dauner-Lieb* DStR 1999, 1992 (1996); *Hadding* WuB II J. § 705 BGB 1.00.
[14] BGHZ 146, 341 (343 ff., 358) = NJW 2001, 1056 (29.1.2001); der Sache nach bestätigt durch BGH NJW 2002, 1207 – Kostenbeschluss als abschließende Entscheidung nach Einspruch der Beklagten gegen das Versäumnisurteil vom 29.1.2001 und anschließender Erledigungserklärung der Hauptsache durch die Parteien.
[15] So *K. Schmidt* NJW 2001, 993 (995); *Ulmer* ZIP 2001, 585; ähnlich *Dauner-Lieb* DStR 2001, 356 ff.; *Habersack* BB 2001, 477 ff.; *Hadding* ZGR 2001, 712 ff.; *Westermann* NZG 2001, 289 ff.; *Wiedemann* JZ 2001, 661 ff
[16] BGHZ 146, 341 (358) und Ls. c.
[17] Krit. dazu *Ulmer* ZIP 1999, 555 f. und ZGR 2000, 339 (346 f.) unter Hinweis auf die Gegenbeispiele des nichtrechtsfähigen Vereins mit unternehmerischem Nebenzweck und der Fortführung eines Handelsgeschäfts durch eine Erbengemeinschaft; krit. insofern auch *Canaris* ZGR 2004, 69 (91 f.); *Westermann,* FS Konzen, 2006, S. 957 (962); zust. hingegen *Wiedemann* GesR II § 7 III 4, S. 658; *A. Meyer,* Unbeschränkte Verbandsmitgliederhaftung, 2006, S. 195 ff.; aus institutionenökonomischer Sicht grds. zust. auch *Tröger,* FS Westermann, 2008, S. 1533 (1555 ff.).

Handelsrechts, dass derjenige, der in Gemeinschaft mit anderen Geschäfte betreibt, für die daraus entstehenden Verpflichtungen mit seinem ganzen Vermögen haftet.[18] Inhaltlich kann aber kein Zweifel daran bestehen, dass der Senat mit der Entscheidung zugunsten einer **akzessorischen Haftung** der Gesellschafter für die Gesellschaftsverbindlichkeiten das **Regelungsmodell des § 128 HGB** im Blick hatte[19] und in neueren Urteilen sprechen die beteiligten Senate denn auch ausdrücklich von dessen entsprechender Anwendung.[20] Die Frage, welche Folgerungen sich aus dieser Perspektive für die Einzelausgestaltung der Gesellschafterhaftung ergeben (→ Rn. 35 ff.) und auf welchem Wege insbesondere eine Haftungsbeschränkung der Beteiligten in hierfür geeigneten Fällen zu erreichen ist (→ Rn. 58 ff., 63 f.), ist aber noch nicht vollends geklärt (→ Rn. 35 ff., 62 ff.).

6 Angesichts der mit diesen Grundsatzurteilen erreichten, seither nicht nur vom II. Senat, sondern auch von anderen Fachsenaten des BGH sowie weiteren Bundesgerichten vielfach bestätigten[21] Rechtsfortbildung ist es geboten, für eine aktuelle Kommentierung des § 714 von der **Geltung der Akzessorietätstheorie** in Analogie zu § 128 HGB in Bezug auf die Gesellschafterhaftung in der (Außen-)GbR auszugehen. Soweit es um die Beurteilung der Rechtsfragen nach Maßgabe der Doppelverpflichtungstheorie geht, kann auf die Erläuterungen in der 3. Aufl. verwiesen werden. Aus heutiger Sicht sind sie überholt, wenngleich die Akzessorietätstheorie im Schrifttum nach wie vor umstritten ist.[22]

7 **2. Aufbau der Kommentierung.** Eine übersichtliche, systemkonforme Behandlung der Haftungsprobleme in der (Außen-)GbR ist nur möglich, wenn klar zwischen der **Haftung der Gesellschaft** (Gesamthand) und der **Haftung der einzelnen Gesellschafter** unterschieden wird. Daher werden im Folgenden zunächst (unter B) die Vertretung der (Außen-)Gesellschaft und die damit verbundenen Auslegungsfragen zu § 714 behandelt. Daran schließt sich (unter C) die Problematik der Gesellschafterhaftung nach Rechtsgrund, Inhalt und Beschränkungsmöglichkeiten an. – Zu den unterschiedlichen Entstehungsgründen für die Haftung der Gesellschaft → § 718 Rn. 25 ff.; zu den verfahrens- und vollstreckungsrechtlichen Konsequenzen der Trennung von Gesamthands- und Gesellschafterschuld → § 718 Rn. 44 f., 50 ff.

III. Haftungsfragen in der Innen-GbR

8 **1. Keine Haftung der GbR.** Kennzeichen der Innen-GbR und Unterscheidungskriterium gegenüber der Außen-GbR ist die **fehlende Teilnahme als GbR am Rechtsverkehr,** sei es durch alle Gesellschafter oder durch vertretungsbefugte Organe (→ § 705 Rn. 275). Aus diesem Grunde scheidet die Möglichkeit aus, kraft Rechtsgeschäfts Gesellschaftsverbindlichkeiten zu begründen. Entsprechendes gilt regelmäßig auch für gesetzliche Verbindlichkeiten. Dies schon deshalb, weil die Innen-GbR, auch wenn sie (als Innen-GbR iwS) über Gesamthandsvermögen verfügt, nach außen nicht in Erscheinung tritt; sie kommt daher nicht als Zurechnungssubjekt für gesetzliche Handlungs- oder Unterlassungspflichten in Betracht. Auch für die Frage ihrer Rechtsfähigkeit und ihrer Anerkennung als Haftungsschuldner ist kein Raum (→ § 705 Rn. 277).

9 **2. Haftung der Gesellschafter.** Soweit es um die Haftungsfolgen des – persönlichen – Handelns der Gesellschafter einer Innen-GbR geht, ist danach zu unterscheiden, ob sie **gemeinschaftlich** oder **individuell** nach außen hervortreten, Verträge schließen, deliktisch handeln oder in sonstiger Weise (GoA oÄ) einen gesetzlichen Haftungsgrund auslösen.

---

[18] BGHZ 142, 315 (319) = NJW 1999, 3483.
[19] Vgl. nur den Hinweis in BGHZ 146, 341 (358), das Verhältnis zwischen Gesellschafts- und Gesellschafterhaftung entspreche „damit" der Rechtslage in den Fällen der akzessorischen Gesellschafterhaftung gemäß §§ 128 f. HGB bei der OHG.
[20] BGH WM 2007, 2289 (2290) Rn. 14; NJW 2006, 3716 (3717) Rn. 14, 19; NJW-RR 2006, 1268 (1269) Rn. 10, 14 f.; NJW 2006, 765 (766) Rn. 12: Haftung analog § 130 HGB; vgl. ferner BGH NJW 2004, 836 (837); 2006, 683 (685) Rn. 20; NZG 2007, 140 (141) Rn. 22.
[21] II. ZS: NJW 2002, 1207 – Kostenbeschluss, vgl. auch BGHZ 146, 341 (343 ff., 358) = NJW 2001, 1056 (29.1.2001); BGHZ 150, 1 = NJW 2002, 1642; BGH NJW-RR 2006, 1268 (1269) Rn. 10, 14 f.; NJW 2006, 3716 (3717) Rn. 14, 19; WM 2007, 2289 (2290) Rn. 14; IX. ZS: NJW 2004, 836 (837); XI. ZS: NJW-RR 2006, 683 (685) Rn. 20; NZG 2007, 140 (141) Rn. 22; 2007, 183 Rn. 18. Unklar aber VI. ZS NJW 2006, 437 (439) Rn. 16: Haftung wird über Doppelverpflichtung konstruiert, obgleich Voraussetzungen einer Außen-GbR zweifelsfrei vorlagen. Vgl. ferner BFH BFH/NV 2005, 1141; NJW 2006, 1696 = ZIP 2006, 1860 (offenlassend noch BFH BFH/NV 2005, 827); BSG MedR 2007, 669; unklar aber BAG NZG 2006, 507 (509) – Haftung der Gesellschafter iE wohl nach §§ 705 ff.(?), Rn. 18 f., betr. unechte Vor-GmbH.
[22] Grds. krit. insbes. *Hadding*, FS Raiser, 2005, S. 130 (137 ff.); hinsichtlich einzelner Aspekte – Altverbindlichkeiten; gesetzliche Verbindlichkeiten; Beschränkbarkeit der Haftung – etwa *Canaris* ZGR 2004, 69 (86 ff.) mwN; *Armbrüster* ZGR 2005, 34 (49 ff., 56 ff.); vgl. auch *Beuthien* WM 2012, 1 (2 ff.) – vornehmlich wegen Auswirkungen auf den nichtrechtsfähigen Verein.

Gemeinschaftliche Teilnahme am Rechtsverkehr, wenn auch ohne Offenlegung der beste- 10 henden Personenvereinigung als Geschäftsherr, führt nach § 427 bei teilbarer Leistungsverpflichtung im Zweifel zur **gesamtschuldnerischen** Haftung der Beteiligten. Zugleich werden sie **Gesamtgläubiger** der Gegenleistung nach Maßgabe von § 428; für die Begründung einer Gesamthandsforderung (→ § 718 Rn. 18) ist mangels Offenlegung des Gesellschaftsverhältnisses grundsätzlich kein Raum; ein Vorbehalt gilt nur für den Sonderfall von Geschäften für „den, den es angeht" (→ § 164 Rn. 124 ff. *[Schubert]*). Bei unteilbarer Leistungsverpflichtung der Gesellschafter folgt ihre Stellung als Gesamtschuldner aus § 431. Gemeinschaftliches deliktisches Handeln begründet ihre gesamtschuldnerische Haftung nach §§ 830, 840.

Demgegenüber treffen die Haftungsfolgen bei **individuellem Auftreten** einzelner Gesellschafter 11 nach außen im eigenen Namen nur den jeweils Handelnden. Er wird Vertragspartner bzw. Deliktsschuldner. Für eine deliktische Haftung auch der nicht selbst beteiligten Mitgesellschafter fehlt es regelmäßig an einer Zurechnungsnorm. Die Regressmöglichkeiten des Haftenden gegen die Mitgesellschafter richten sich nach §§ 713, 670 (→ § 713 Rn. 15).

B. Vertretung der (Außen-)Gesellschaft (§ 714)

I. Grundlagen

1. Vertretungsbefugnis als Mitgliedschaftsrecht. Ebenso wie die Geschäftsführungsbefugnis 12 (→ § 709 Rn. 5) ist auch die **organschaftliche** Vertretungsmacht der Geschäftsführer der GbR als mitgliedschaftliche ausgestaltet und dementsprechend **nicht auf Dritte übertragbar**.[23] Das wird auch ohne ausdrückliche Regelung nach Art der §§ 125 Abs. 1, 170 HGB durch die enge Verbindung bestätigt, die das BGB zwischen den beiden Befugnissen herstellt. So richtet sich die Ausgestaltung der Vertretungsmacht in der GbR aufgrund der Auslegungsregel des § 714 im Zweifel danach, welche gesellschaftsvertraglichen Vereinbarungen die Gesellschafter über die Geschäftsführung getroffen haben. Und nach § 715 kann beim Fehlen abweichender Vereinbarungen die gesellschaftsvertragliche Vertretungsmacht ebenso wie nach § 712 Abs. 1 die Geschäftsführungsbefugnis nur aus wichtigem Grund, dazu nur zusammen mit dieser entzogen werden. Demgegenüber bewendet es auch in der GbR bei der grundsätzlich freien Widerruflichkeit der **gewillkürten** Vertretungsmacht nach § 168, wenn diese entweder – nach Art einer Generalvollmacht – einem Nichtgesellschafter erteilt oder außerhalb des Gesellschaftsvertrags, insbesondere durch Delegation seitens vertretungsbefugter Geschäftsführer, einem Mitgesellschafter eingeräumt ist (→ Rn. 22).

2. Vertretung der Gesellschaft. Die Vorschrift des § 714 bezeichnet die Vertretungsmacht in 13 der Gesellschaft als die Ermächtigung, „die anderen Gesellschafter Dritten gegenüber zu vertreten". Der **Wortlaut** deutet auf eine **Vertretungsbefugnis gegenüber den nichtgeschäftsführenden Mitgesellschaftern** persönlich hin. Von der aus heutiger Sicht in erster Linie interessierenden Befugnis des Geschäftsführers als **Gesellschaftsorgan,** namens der Gesellschaft mit Wirkung für diese handeln zu können, ist in § 714 **nicht** die Rede. Das geht zurück auf die dem ersten Entwurf des BGB zugrunde gelegte, am Vorbild der römisch-rechtlichen societas orientierte rein schuldvertragliche Behandlung der GbR (→ § 705 Rn. 293).[24] Sie erfuhr zwar eine Modifikation im zweiten Entwurf durch Aufnahme des Gesamthandsprinzips (§ 718). Auf eine Anpassung des § 714 an diese Änderung glaubte man aber deshalb verzichten zu können, weil das **Gesamthandsvermögen** zunächst nur als besonderes **Haftungsobjekt** der gemeinschaftlich – sei es persönlich (§ 709) oder über Vertreter (§ 714) – handelnden Gesellschafter angesehen wurde. In Übereinstimmung mit dieser rein vermögensrechtlichen Betrachtung wurde auch der Gläubigerzugriff hierauf nach § 736 ZPO von einem gegen alle Gesellschafter gerichteten Titel abhängig gemacht.

Die Gründe für die **Unrichtigkeit dieser rein vermögensbezogenen Betrachtung** (→ § 705 14 Rn. 296 ff.) wurden schon bald nach Inkrafttreten des BGB erkannt.[25] In den Jahren nach 1970 hat

---

[23] HM, vgl. BGH NJW 2006, 2980 (2981) = WM 2006, 1673 (1674) Rn. 18 ff.; KG NZG 2010, 1423 (aufgehoben durch BGH [V. ZS] DNotZ 2011, 361 (362) Rn. 8 ff. wegen Irrelevanz im konkreten Fall); Soergel/Hadding/Kießling Rn. 8; Erman/Westermann Rn. 4; Staudinger/Habermeier (2003) Rn. 2; Bamberger/Roth/Schöne Rn. 2; Armbrüster ZGR 2013, 366 (369 f.); dazu allg. → § 717 Rn. 16 f.
[24] Mot. II S. 591; Prot. II S. 428; Denkschrift S. 86 ff.; vgl. auch *Flume* BGB AT I 1 § 1 II, S. 2 ff. und *K. Schmidt* BMJ-Gutachten S. 472 ff.
[25] So *v. Gierke* ArchBürgR 19 (1901), 114 (115 ff.) und schon *ders.* in Die Genossenschaftstheorie und die Deutsche Rspr., 1887, S. 353 ff.; aA noch *Joerges* ZHR 49 (1900), 140 (172 ff.), der entgegen *v. Gierke* von „gebundenem Miteigentum" spricht.

vor allem *Flume*[26] unter Hinweis auf *Otto v. Gierke*[27] zutreffend herausgearbeitet, dass die gesellschaftsrechtliche Gesamthand nicht nur im Fall der OHG und KG, sondern auch bei der GbR kein bloßes Sondervermögen ist. Die von ihm begründete „Gruppenlehre", die die **(Außen-)Gesellschaft** als **Zuordnungssubjekt** der durch die gemeinsame Tätigkeit begründeten Rechte und Verbindlichkeiten ansieht und ihr eigene **Rechtsfähigkeit** zuerkennt, wurde im Schrifttum weitgehend übernommen; sie hat sich inzwischen dank höchstrichterlicher Rechtsfortbildung allgemein durchgesetzt (→ § 705 Rn. 303 ff.). Danach nehmen die für die GbR handelnden Gesellschafter nicht etwa je persönlich, sondern als Organe der Gesellschaft (Gruppe) am Geschäftsverkehr teil. Die Gesellschaft kann unter eigenem Namen handeln (→ § 705 Rn. 270), haftet entsprechend § 31 für deliktisches Verhalten ihrer Organe (→ § 705 Rn. 263 f.) und wird infolge des Anwachsungsprinzips in ihrer Position als Rechtsinhaberin durch das Ausscheiden oder den Eintritt von Mitgliedern nicht berührt.[28]

15 **Praktisch bedeutsam** ist diese Rechtsfortbildung vor allem insoweit, als es um die Haftung für **gesetzliche** Gesamthandsverbindlichkeiten geht (→ Rn. 37 f.). Aber auch die Durchsetzung von Ansprüchen gegen die Gesellschaft als solche wird aus dieser neueren Sicht erleichtert (zur Parteifähigkeit der Außen-GbR → § 705 Rn. 318 ff.). Das hat Bedeutung nicht zuletzt in Fällen eines Gesellschafterwechsels (→ § 718 Rn. 45). Soweit die mitgliedschaftliche Vertretungsbefugnis der Geschäftsführer (§ 714) in Frage steht, ist damit entgegen der früher hM[29] die **organschaftliche Vertretung der Gesamthand** gemeint, dh nicht der Gesellschafter persönlich, sondern in ihrer gesamthänderischen Verbundenheit.

16 **3. Organschaftliche Vertretung.** Die Vertretungsmacht der Geschäftsführer gegenüber der Gesamthand ist bei der als Außengesellschaft auftretenden GbR ebenso wie im Fall der OHG und KG nicht rechtsgeschäftlicher (§ 164), sondern organschaftlicher Natur. Das wurde von der **früher überwM**[30] **bestritten,** obwohl sie das Vorhandensein von Organisationselementen bei der Außengesellschaft nicht in Frage stellte (→ § 705 Rn. 158; → Vor § 705 Rn. 8). Diese Ansicht beruhte darauf, dass die Gesamthand meist nur in ihren vermögensrechtlichen Aspekten, nicht aber als eigenständiges Zuordnungssubjekt beurteilt wurde (→ Rn. 13; → § 705 Rn. 293, 296). Sie ist spätestens seit Anerkennung der Rechtsfähigkeit der Außen-GbR überholt (→ § 705 Rn. 303 ff.). Das gilt – nach zwischenzeitlicher Anerkennung der Grundbuchfähigkeit der GbR – auch in **Grundstücksangelegenheiten.**[31]

17 **Organschaftlich** handeln Personen, die den Willen einer im Rechtsverkehr als rechtsfähig anerkannten Organisation (eines Verbands) bilden und in die Tat umsetzen (→ § 705 Rn. 256 f. mN). Von dieser Definition ausgehend kann mit Blick auf die (Außen-)Gesellschaft als rechtsfähiges Zuordnungssubjekt des Gesellschaftsvermögens nicht zweifelhaft sein, dass die vertretungsberechtigten

---

[26] *Flume* BGB AT I 1 § 5, S. 68 ff. und ZHR 136 (1972), 177 (184 f.).
[27] Vgl. *v. Gierke* ArchBürgR 19 (1901), 114 (115 ff.) und schon *ders.* in Die Genossenschaftstheorie und die Deutsche Rspr., 1887, S. 353 ff.; aA noch *Joerges* ZHR 49 (1900), 140 (172 ff.).
[28] So auch BGHZ 79, 374 (379) = NJW 1981, 1213 mit Anm. *Brandes* LM § 177 Nr. 14.
[29] Vgl. nur Soergel/*Schultze-v. Lasaulx,* 10. Aufl. 1969, Rn. 1; RGRK/*v. Gamm* Rn. 1; Staudinger/*Keßler,* 12. Aufl. 1979, Rn. 3; *Nicknig,* Haftung der Mitglieder einer BGB-Gesellschaft, 1972, S. 8 und in jüngerer Zeit noch *Alberts,* Die GbR im Umbruch, 1994, S. 107 ff.; *Breuninger,* BGB-Gesellschaft, 1991, S. 18 ff.; wie hier aber *Flume* BGB AT I 1 § 10 I, S. 129 ff.; Soergel/*Hadding/Kießling* Rn. 3; Erman/*Westermann* Rn. 4; Staudinger/*Habermeier* (2003) Rn. 1; *K. Schmidt* GesR § 8 III; *Wiedemann* GesR I S. 279 ff.; *ders.* GesR II § 7 III 3b, S. 654.
[30] Soergel/*Schultze-v. Lasaulx,* 10. Aufl. 1969, Rn. 1; RGRK/*v. Gamm* Rn. 1; Staudinger/*Keßler,* 12. Aufl. 1979, Rn. 5; Düringer/Hachenburg/*Geiler* HGB Allg. Einl. Rn. 136; so auch noch BGHZ 45, 311 (312) = NJW 1966, 1807; BGH NJW 1971, 1698; aA *Flume* BGB AT I 1 § 10 I, S. 131; *K. Schmidt* GesR § 60 II 2b; Soergel/*Hadding/Kießling* Rn. 7; Erman/*Westermann* Rn. 4; Staudinger/*Habermeier* (2003) Rn. 2; Bamberger/Roth/*Schöne* Rn. 2; *Wiedemann* GesR I S. 262, 281 f.; *Wiedemann* GesR II § 7 III 3b, S. 654; *Beuthien* DB 1975, 725 (729 f.); *Fabricius,* GS R. Schmidt, 1966, S. 171 (188 und 196); *Nitschke,* Die körperschaftlich strukturierte Personengesellschaft, 1970, S. 100; für Organqualität iSv § 31 auch *Nicknig,* Haftung der Mitglieder einer BGB-Gesellschaft, 1972, S. 43.
[31] Im Falle einer Gesamtvertretung reicht nach BGH DNotZ 2011, 361 (363) auch eine von den übrigen Gesellschaftern erteilte Generalvollmacht aus, damit die Gesellschaft durch einen Geschäftsführer wirksam vertreten werden kann (großzügig, s. auch BGHZ 16, 394 (396 f.) = NJW 1955, 825; sehr weitgehend auch BGH NZG 2005, 345); es handelt sich insofern um eine „Ermächtigung" iSv § 125 Abs. 2 S. 2 HGB, für die die gleichen Grundsätze gelten wie für eine rechtsgeschäftlich erteilte Vollmacht, → Rn. 22 (nicht nachvollziehbar daher die von KG ZIP 2010, 2294 aufgeworfene Frage, ob „Altvollmachten" nach Anerkennung der Rechtsfähigkeit der Gesellschaft noch fortwirken; im Ergebnis abl. auch *Reymann* EWiR 2011, 77 (78); *Tebben* NZG 2009, 288 (292); *Ruhwinkel* MittBayNot 2010, 128; im Ergebnis auch OLG München NJW-RR 2010, 888 (890). – Näher zu Fragen der Grundbuchfähigkeit → § 705 Rn. 312 ff.

Geschäftsführer **Organqualität** haben (→ § 705 Rn. 255, 257).³² Dem entspricht nicht nur die heute anerkannte analoge Anwendung des § 31 auf die GbR (→ § 705 Rn. 263 f.), sondern auch die in § 715 zum Ausdruck kommende Sonderstellung der mitgliedschaftlichen im Vergleich zur gewillkürten Vertretungsmacht. Demgegenüber sind die Regelungen der §§ 164 ff. in erster Linie auf rechtsgeschäftlich erteilte Vollmachten bezogen. Auf die Vertretung der GbR durch ihren Geschäftsführer finden sie daher nur ergänzende Anwendung (→ Rn. 27).

II. § 714 als Auslegungsregel

1. Regelungsinhalt. Anders als § 125 Abs. 1 HGB enthält die Vorschrift des § 714 **keine gesetzliche**, mangels abweichender Vertragsgestaltung gültige **Regelung der Vertretungsmacht** in der GbR. Sie beschränkt sich vielmehr auf eine an die Geschäftsführungsbefugnis anknüpfende **Auslegungsregel** und sorgt dadurch für regelmäßige Übereinstimmung in der Ausgestaltung beider Befugnisse. Für sie spricht, dass die Tätigkeiten als Geschäftsführer und Vertreter regelmäßig zusammenfallen, soweit es um das Außenhandeln für die Gesellschaft geht (→ § 709 Rn. 9). Mangels besonderer Vereinbarung wird es daher in aller Regel dem Willen der Gesellschafter einer **Außengesellschaft** entsprechen, dass die jeweilige Ausgestaltung der Geschäftsführungsbefugnis auch für die Vertretungsmacht maßgebend ist (zum Sonderfall der Innengesellschaft → Rn. 23). Ein Rückschluss von der Vertretungsmacht auf die Geschäftsführungsbefugnis ist durch § 714 freilich nicht gedeckt. – Die **Notgeschäftsführung** entsprechend § 744 Abs. 2 (→ § 709 Rn. 21) setzt keine Vertretungsbefugnis voraus; auch die Auslegungsregel des § 714 greift insoweit nicht ein.³³

Zu den unterschiedlichen Möglichkeiten der **Ausgestaltung** der Geschäftsführungsbefugnis → § 709 Rn. 13 ff. Die dort getroffenen Feststellungen gelten nach § 714 im Zweifel auch für die **Vertretung** der Gesellschaft. Insbesondere ist bei der Vertretung ebenso wie bei der Geschäftsführung (→ § 709 Rn. 16 aE) zwischen der Regelung im Gesellschaftsvertrag und einer bloß internen, der Arbeitsteilung zwischen den Geschäftsführern dienenden ein- oder gegenseitigen Ermächtigung nach Art des § 125 Abs. 2 S. 2 HGB zu unterscheiden. Bei **mehrheitlicher Gesamtgeschäftsführung** (§ 709 Abs. 2) reicht im Zweifel auch zur Vertretung die Mitwirkung der Mehrheit aus.³⁴ Bestimmt sich die Geschäftsführung – als **Gesamtgeschäftsführung aller Gesellschafter** – nach der dispositiven Vorschrift des § 709 Abs. 1, so wurde früher das Vorliegen einer „Vertretung" angesichts des Gesamthandelns aller Beteiligten teilweise verneint.³⁵ Aus heutiger Sicht ist diese Ansicht schon deshalb überholt, weil es in § 714 um die Vertretung der – selbst nicht handlungsfähigen – Gesellschaft geht. – Sollte die Gesellschaft nach der Vorstellung der Gründer als **KG** zur Entstehung kommen oder handelt es sich bei der GbR um eine **ehemalige KG**, so bestimmen sich Geschäftsführungsbefugnis und Vertretungsmacht im Zweifel nach derjenigen Regelung, die die Gesellschafter für die KG vorgesehen hatten (→ § 709 Rn. 18 f.). Der **Wegfall eines von zwei Gesamtvertretern** führt im Zweifel nicht zur Einzelvertretung, sondern zur Gesamtbefugnis der verbleibenden Gesellschafter.³⁶

Umstritten ist die Frage, ob der **Widerspruch** gegen eine Geschäftsführungsmaßnahme (§ 711) Auswirkungen auf die Vertretungsmacht des handlungswilligen Geschäftsführers hat.³⁷ Aus den in → § 711 Rn. 14 f. genannten Gründen ist der Rechtsprechung³⁸ jedenfalls im Ergebnis darin zu folgen, dass der Widerspruch die **Vertretungsmacht unberührt** lässt, auch soweit es um die konkret davon betroffene Maßnahme geht. Angesichts der auf dem Gesellschaftsvertrag beruhenden und nur unter den erschwerten Voraussetzungen des § 715 entziehbaren Befugnis brauchen Dritte

---

³² So allg. auch *Flume* BGB AT I 1 § 10 I, S. 131; *K. Schmidt* GesR § 60 II 2b; Soergel/*Hadding/Kießling* Rn. 7; Erman/*Westermann* Rn. 4; Staudinger/*Habermeier* (2003) Rn. 2; Bamberger/Roth/*Schöne* Rn. 2; *Wiedemann* GesR I S. 262, 281 f.; *ders.* GesR II § 7 III 3b, S. 654; *Beuthien* DB 1975, 725 (729 f.); *Fabricius*, GS R. Schmidt, 1966, S. 171 (188 und 196); *Nitschke*, Die körperschaftlich strukturierte Personengesellschaft, 1970, S. 100; für Organqualität iSv § 31 auch *Nicknig*, Haftung der Mitglieder einer BGB-Gesellschaft, 1972, S. 43; → § 164 Rn. 11 ff. (Schubert).
³³ BGHZ 17, 181 (184) = NJW 1955, 1027; BayObLG ZIP 1980, 904; Erman/*Westermann* Rn. 6; Staudinger/ *Habermeier* (2003) Rn. 3; Bamberger/Roth/*Schöne* Rn. 14; vgl. auch LG Berlin WM 1992, 22 (24 f.) Prozessführungsbefugnis betr. GbR-Forderung des unter Bezugnahme auf § 744 Abs. 2 handelnden Gesellschafters.
³⁴ Soergel/*Hadding/Kießling* Rn. 14; RGRK/*v. Gamm* Rn. 2; Staudinger/*Habermeier* (2003) Rn. 4; Bamberger/Roth/*Schöne* Rn. 5; wohl auch Erman/*Westermann* Rn. 5.
³⁵ Vgl. etwa Soergel/*Schultze-v. Lasaulx*, 10. Aufl. 1969, Rn. 1; Staudinger/*Keßler*, 12. Aufl. 1979, Rn. 3.
³⁶ BGHZ 41, 367 (368 f.) = NJW 1964, 1624; Soergel/*Hadding/Kießling* Rn. 19; Staudinger/*Habermeier* (2003) Rn. 4. Zur entsprechenden Lage bei der Gesamtgeschäftsführung → § 710 Rn. 5; zum Sonderfall eines wegen Interessenkollision im Einzelfall nach § 181 verhinderten Gesamtvertreters → Rn. 30.
³⁷ Nachweise in → § 711 Rn. 14.
³⁸ BGHZ 16, 394 (398 f.) = NJW 1955, 825; ebenso BGH (III. ZS) WM 2008, 1552 (1557) Rn. 47.

von gesellschaftsinternen Auseinandersetzungen über die Durchführung einer Maßnahme keine Kenntnis zu nehmen. Grenzen der Wirksamkeit eines trotz des Widerspruchs eines Mitgeschäftsführers abgeschlossenen Rechtsgeschäfts ergeben sich nur unter dem Gesichtspunkt des Missbrauchs der Vertretungsmacht. Gleiches gilt – vorbehaltlich der Überschreitung der durch den Gesellschaftszweck begrenzten Handlungsbefugnis (→ Rn. 25) – für sonstige Fälle pflichtwidrigen Geschäftsführungshandelns; auch sie lassen die Vertretungsmacht grundsätzlich unberührt.

21 **2. Von der Geschäftsführungsbefugnis abweichende Vertretungsregelung.** Wie die Auslegungsregel des § 714 zeigt, sind die Gesellschafter nicht gehindert, Geschäftsführung und organschaftliche Vertretung der GbR in verschiedene Hände zu legen. Auch abgesehen vom Sonderfall der Innengesellschaft (→ Rn. 23) kann es für eine unterschiedliche Behandlung **Sachgründe** geben. So mag ein geschäftsführungsbefugter Gesellschafter nur an einer internen Tätigkeit für die Gesellschaft oder daran interessiert sein, das mit der Geschäftsführung nach § 711 verbundene Widerspruchsrecht zu erlangen, ohne für die Gesellschaft nach außen handeln zu wollen. Gesamt- und Einzelvertretung können auch in der Weise kombiniert werden, dass dem B nur Gesamtvertretung mit A, diesem aber zugleich Einzelvertretung eingeräumt wird.[39] – Lagen Geschäftsführungsbefugnis und Vertretungsmacht ursprünglich in einer Hand, so kann die Vertretungsmacht nach § 715 nur zusammen mit jener entzogen werden; anderes gilt für den umgekehrten Fall (→ § 712 Rn. 16).

22 **Nicht** um eine von § 714 abweichende Vertretungsregelung handelt es sich, wenn Gesellschaftern oder Dritten außerhalb des Gesellschaftsvertrags **Vollmacht** eingeräumt wird.[40] Insoweit geht es nicht um die Begründung organschaftlicher, sondern um gewillkürte Vertretungsmacht iSv §§ 164 ff. Hierzu gehören auch diejenigen Fälle, in denen zwei oder mehr **Gesamtvertreter** (→ Rn. 27) einen von ihnen (konkludent) bevollmächtigen, die Gesellschaft allein zu vertreten (vgl. § 125 Abs. 2 S. 2 HGB).[41] Unabhängig davon, ob eine solche Vollmacht einmalig oder im Rahmen entsprechender Geschäftsverteilung auf Dauer erteilt wurde, kann sie nach § 168 grundsätzlich jederzeit widerrufen werden. Die Einräumung weitreichender, wenn auch abgeleiteter Geschäftsführungs- und Vertretungsbefugnisse **an Dritte** kann allerdings mit dem Grundsatz der Selbstorganschaft kollidieren; ihn hat der BGH freilich bei Publikumsgesellschaften in nicht unproblematischer Weise relativiert (→ § 709 Rn. 6).

23 **3. Innengesellschaft.** Das gemeinsame Kennzeichen der verschiedenen Arten von Innengesellschaften besteht darin, dass sie nach gesellschaftsvertraglicher Ausgestaltung nicht als solche am Rechtsverkehr mit Dritten teilnehmen (→ Rn. 8). **Daher greift,** wenn Gesellschafter sich zu einer Innengesellschaft mit oder ohne Gesamthandsvermögen zusammenschließen, **die Auslegungsregel des § 714 nicht ein.** Auch wenn die Vertretungsmacht des oder der Geschäftsführer nicht ausdrücklich ausgeschlossen ist, ergibt sich der entsprechende Wille der Gesellschafter doch konkludent daraus, dass sie ihren Zusammenschluss vertraglich auf die Innenbeziehungen beschränken.[42] Ein gelegentliches gemeinsames Außenhandeln der Beteiligten ändert an dieser Grundausrichtung nichts (→ § 705 Rn. 279). – Zur Frage einer Haftung der Gesamthand kraft objektiver Zurechnung auch ohne rechtsgeschäftliches Handeln im Namen der GbR, wenn die Gegenleistung in das Gesellschaftsvermögen geflossen ist, → § 718 Rn. 29.

III. Umfang und Grenzen der Vertretungsmacht

24 **1. Die Geschäftsführungsbefugnis als Maßstab.** Eine unbeschränkte und unbeschränkbare Vertretungsmacht entsprechend **§ 126 HGB** wird durch den Zusammenschluss zu einer GbR nach

---

[39] So zutr. RGZ 90, 21 (22) unter Hervorhebung der eigenständigen Bedeutung auch einzelner Gesamtvertreter.
[40] EinhM, vgl. statt aller Soergel/*Hadding*/*Kießling* Rn. 8.
[41] BGHZ 16, 394 (396 f.) = NJW 1955, 825; sehr weitgehend BGH NZG 2005, 345: ein gesamtvertretungsbefugter Gesellschafter kann dem anderen konkludent die generelle (gewillkürte) Alleinvertretungsmacht erteilen; das wird man allg. nur mit Billigung der übrigen Gesellschafter zulassen; im konkreten Fall war sie angesichts der konkreten Konstellation aber unproblematisch, vgl. zur Kritik auch *Wertenbruch* NZG 2005, 462 sowie *Wiedemann*/*Wimber* EWiR 2005, 629 – eine Vermischung von gewillkürter und organschaftlicher Vertretung; ganz entsprechenden Lage bei der internen Aufteilung der Geschäftsführung → § 709 Rn. 16. – Ähnlich weitgehend und daher ebenfalls problematisch auch BGH DNotZ 2011, 361 (363) – Generalvollmacht ausreichend.
[42] Vgl. BGHZ 12, 308 (314) = NJW 1954, 1159; BGH WM 1966, 31 (33); RGRK/*v. Gamm* Rn. 8; Soergel/ *Hadding*/*Kießling* Rn. 18; Erman/*Westermann* Rn. 6; Staudinger/*Habermeier* (2003) Rn. 7; Bamberger/Roth/ *Schöne* Rn. 12.

hM **nicht** begründet.[43] Es sprechen zwar gute Gründe für die analoge Anwendung des § 126 HGB in der unternehmenstragenden (Außen-)GbR.[44] Allerdings erscheint de lege ferenda die Übertragung des § 126 HGB ins BGB-Gesellschaftsrecht nicht erforderlich, weil der Gesetzgeber die unerwünschte Möglichkeit einer Haftungsbeschränkung auf das Gesellschaftsvermögen (→ Rn. 68 f.) auf einfache Weise ausschließen kann, worin die vorzugswürdige Lösung liegt.[45] De lege lata wird die analoge Anwendung zudem verbreitet abgelehnt.[46] Deshalb wird für das Folgende die hM zugrunde gelegt, wonach sich der **Umfang** der Vertretungsmacht im Prinzip bei **allen** Außen-GbR ebenso wie ihre Ausgestaltung (→ Rn. 19) im Zweifel nach dem Umfang der Geschäftsführungsbefugnis richtet, wie sich vor allem aus der Verwendung des Wortes „soweit" in § 714 ableiten lässt. Maßgebend ist die Ausgestaltung der Geschäftsführungsbefugnis im **Gesellschaftsvertrag,** nicht die Situation des Einzelfalls. Deshalb lässt der Widerspruch eines Mitgesellschafters oder die Pflichtwidrigkeit der Handlung des Geschäftsführers die Vertretungsmacht unberührt (→ Rn. 20). Ein Missbrauch der Geschäftsführungsbefugnis wirkt sich nur dann auf die Vertretungsmacht aus, wenn es zu einem kollusiven Handeln des Geschäftsführers mit dem Vertragspartner der GbR kommt.[47]

Zum **Umfang der Geschäftsführungsbefugnis** und zu den auch für die Vertretungsmacht 25 relevanten Möglichkeiten ihrer unterschiedlichen Ausgestaltung im Einzelnen → § 709 Rn. 7, 23 ff. Auch soweit der Gesellschaftsvertrag keine besonderen Beschränkungen enthält, folgt aus dem Zusammenhang mit der Geschäftsführungsbefugnis doch einerseits, dass die Vertretungsmacht sich **nicht** auf Rechtshandlungen erstreckt, die die **Grundlagen der Gesellschaft** betreffen.[48] Neben der Änderung des Gesellschaftsvertrags, der Erhöhung der Beiträge (§ 707) oder der Aufnahme neuer Gesellschafter gehören dazu auch Rechtsgeschäfte namens der Gesellschaft, die wie der Verkauf des gemeinsamen Unternehmens oder die Veräußerung des gesamten Vermögens faktisch den Gesellschaftszweck ändern.[49] Aber auch **Geschäfte außerhalb des Gesellschaftszwecks** überschreiten nicht nur die Geschäftsführungsbefugnis, sondern sind mit Rücksicht auf § 714 auch von der Vertretungsmacht im Regelfall nicht gedeckt.[50] Verbindlichkeit für die GbR können sie allerdings nach Rechtsscheingrundsätzen erlangen.[51] – Zur (zwingenden) Empfangszuständigkeit jedes Geschäftsführers für Klagen und Titel → § 718 Rn. 45.[52]

---

[43] Zur früheren Rechtslage bereits BGHZ 38, 26 (34) = NJW 1962, 2344; BGHZ 61, 59 (67) = NJW 1973, 1691; seither BGHZ 142, 315 (321) = NJW 1999, 3483; *Armbrüster* ZGR 2005, 34 (38 f.); *Canaris* ZGR 2004, 69 (80 ff., 88 ff.); *Hadding*, FS Raiser, 2005, S. 129 (140 f.); *Westermann*, FS Konzen, 2006, S. 957 (964); aA *Schäfer* ZIP 2003, 1225 (1233 f.); *Hasselbach* MDR 1998, 1200 (1203); *Dauner-Lieb* DStR 2001, 361; Bamberger/Roth/ *Schöne* Rn. 7; *Kazele* INF 2003, 667 (671); *Hasselmann*, Die Lehre Ulmers zur GbR im Wandel, 2007, S. 131 ff.; wohl auch MHdB GesR I/*Gummert* § 18 Rn. 83; tendenziell auch *K. Schmidt* GesR § 58 V 2a; *Wiedemann* GesR II § 7 III 34, S. 656 (unwiderlegliche Vermutung für Vertretungsbefugnis im Geschäftsbereich); offenlassend hingegen Erman/*Westerman* Rn. 17; ferner BGHZ 142, 315 (321) = NJW 1999, 3483; *Dauner-Lieb* DStR 1999, 1995 f.; *Kindl* WM 2002, 697 (702 f.).

[44] *Schäfer* ZIP 2003, 1225 (1233 f.); zust. Bamberger/Roth/*Schöne* Rn. 7; *Kazele* INF 2003, 667 (671); *Dauner-Lieb* DStR 2001, 361; *Hasselbach* MDR 1998, 1200 (1203); *ders.*, Die Lehre Ulmers zur GbR im Wandel, 2007, S. 131 ff.; wohl auch MHdB GesR I/*Gummert* § 18 Rn. 83; tendenziell auch *K. Schmidt* GesR § 58 V 2a; *Wiedemann* GesR II § 7 III 34, S. 656 – unwiderlegliche Vermutung für Vertretungsbefugnis im Geschäftsbereich; offenlassend hingegen Erman/*Westerman* Rn. 17; ferner BGHZ 142, 315 (321) = NJW 1999, 3483; hierzu *Dauner-Lieb* DStR 1999, 1995 f.; *Kindl* WM 2002, 697 (702 f.).

[45] *Schäfer*, Gutachten E zum 71. DJT, 2016, S. 84.

[46] Vgl. namentlich *Canaris* ZGR 2004, 69 (88 ff.); *Westermann*, FS Konzen, 2006, S. 957 (964); *Armbrüster* ZGR 2005, 34 (38 f.); obiter und ohne jede Diskussion auch BGH NZG 2005, 345.

[47] Vgl. dazu BGH WM 1985, 997 (998); allg. zu Fällen des kollusiven Zusammenwirkens → § 164 Rn. 212 f. (*Schubert*).

[48] HM, vgl. Soergel/*Hadding/Kießling* Rn. 16; Bamberger/Roth/*Schöne* Rn. 9 f.; Staub/*Habersack* HGB § 126 Rn. 12 ff.; MüKoHGB/*K. Schmidt* HGB § 126 Rn. 10 und MüKoHGB/*Rawert* HGB § 114 Rn. 9 f.; tendenziell abw. aber Erman/*Westermann* Rn. 9; Staudinger/*Habermeier* (2003) Rn. 8; zum Ganzen näher *Schlüter*, Vertretungsmacht und Grundlagen, 1965, unter Aufgliederung nach den verschiedenen in Betracht kommenden Fallgruppen.

[49] So für § 126 HGB, trotz des mit dieser Vorschrift besonderen bezweckten Verkehrsschutzes, auch MüKoHGB/*K. Schmidt* HGB § 126 Rn. 10 f.; Staub/*Habersack* HGB § 126 Rn. 12 ff.; *Hueck* OHG § 20 III 1c, S. 294; für Sonderfälle auch BGH NJW 1960, 434; RGZ 162, 370 (375 f.); aA noch *Schlüter*, Vertretungsmacht und Grundlagen, 1965, S. 50 f., 90.

[50] RGRK/*v. Gamm* Rn. 6, im Grundsatz auch Soergel/*Hadding/Kießling* Rn. 17, einschl. namentlich *K. Schmidt* GesR § 8 V 2; Bamberger/Roth/*Schöne* Rn. 10.

[51] Der Frage kommt vor allem in der Liquidationsphase Bedeutung zu, wenn für den Vertragspartner nicht erkennbar ist, dass das Geschäft nicht vom Liquidationszweck gedeckt ist; vgl. BGH NJW 1984, 982; *K. Schmidt* GesR § 8 V 2.

[52] Vgl. BGH NJW 2006, 2191 f. für § 170 Abs. 1, 3 ZPO; 2007, 995 (997); 2006, 2189 (2190 f.) für § 170 Abs. 1 ZPO; OVG Münster ZfBR 2009, 486 für Verwaltungsakte; s. auch *Schäfer* NJW 2006, 2160; *Scholz* NJW 2002, 153 (159); *Wertenbruch* NJW 2002, 324 (326).

26 2. **Ergänzende Anwendung des allgemeinen Vertretungsrechts. a) Allgemeines; Gesamtvertretung.** Die Vorschriften der §§ 164 ff. finden auf die organschaftliche Vertretungsmacht nur Anwendung, soweit für diese keine Sonderregelungen gelten.[53] Im Unterschied zu der gesetzlich stärker verfestigten organschaftlichen Vertretung bei Handelsgesellschaften kommt dem Rückgriff auf das Recht der Vollmacht bei der GbR allerdings erhöhte Bedeutung zu. So wird eine Verpflichtung der Gesellschaft nach **§ 164 Abs. 1 iVm Abs. 2** grundsätzlich nur begründet, wenn für den Dritten erkennbar ist, dass der Geschäftsführer namens der GbR handelt.[54] Ein von einem Organvertreter einem Dritten gegenüber vorgenommenes einseitiges Rechtsgeschäft kann von diesem entsprechend **§ 174 S. 1** unverzüglich zurückgewiesen werden.[55]

27 Auch Ausgestaltung, Befugnisse und Wirkungen der **Gesamtvertretung** richten sich nach allgemeinem Vertretungsrecht. Danach bedarf es zur wirksamen Verpflichtung der Gesellschaft zwar grundsätzlich des gemeinsamen Handelns aller Gesamtvertreter, soweit diese sich nicht im Rahmen des Zulässigen gegenseitig zum Alleinhandeln ermächtigen.[56] Doch ist jeder der Gesamtvertreter allein zur Entgegennahme empfangsbedürftiger Willenserklärungen befugt (§ 125 Abs. 2 S. 3 HGB);[57] auch **Klagen und Titel** brauchen nur einem Geschäftsführer zugestellt zu werden.[58] Ferner reicht bereits die Kenntnis rechtserheblicher Tatsachen bei einem der Gesamtvertreter aus, um sie allen Vertretern mit der Folge des § 166 Abs. 1 zuzurechnen.[59] Zur möglichen „Ermächtigung" einzelner Gesamtvertreter durch die übrigen → Rn. 22.

28 b) **Überschreitung der Vertretungsmacht.** Zu ihr kann es schon deshalb kommen, weil das Recht der GbR keine unbeschränkbare Vertretungsmacht nach Art des § 126 HGB kennt (→ Rn. 24). Es greifen die Rechtsfolgen der §§ 177–179 ein, falls sich die Verpflichtung der Gesellschaft nicht auf die Grundsätze der **Duldungs- oder Anscheinsvollmacht** stützen lässt.[60] Eine Anscheinsvollmacht kommt insbesondere in den Fällen in Betracht, in denen die Gesellschaft durch die Art ihres Auftretens im Rechtsverkehr, durch die Verwendung eines firmenähnlichen Namens, den **Anschein einer Handelsgesellschaft** erweckt. Wegen der bei Handelsgesellschaften fehlenden Beschränkungsmöglichkeit kann sich auch die GbR in derartigen Fällen auf eine Überschreitung des Umfangs der Vertretungsmacht nicht berufen.[61] Eine entsprechende Vermutung unbeschränkter Vertretungsmacht wird man darüber hinaus allgemein bei **unternehmenstragende Gesellschaften** anzunehmen haben.[62] Die Mithaftung der anderen Gesellschafter folgt unabhängig davon, ob der Rechtsschein auch ihnen persönlich zuzurechnen ist, aus der analogen Anwendung des § 128 HGB

---

[53] So auch Soergel/*Hadding/Kießling* Rn. 19; Erman/*Westermann* Rn. 7; Staudinger/*Habermeier* (2003) Rn. 9; Bamberger/Roth/*Schöne* Rn. 3.

[54] BGH MDR 2009, 655; Soergel/*Hadding/Kießling* Rn. 19; Erman/*Westermann* Rn. 7; Bamberger/Roth/*Schöne* Rn. 3; vgl. auch OLG München NJW-RR 1988, 1268. Zum Sonderfall des Handelns im Namen eines Unternehmens, das auch ohne besonderen Hinweis dem Geschäftsinhaber zugerechnet wird, → § 164 Rn. 117 ff. *(Schubert)*; § 718 Rn. 18.

[55] BGH NJW 2002, 1194 (1195); zust. *Wertenbruch* DB 2003, 1099 (1100 f.); ebenso BGHZ 200, 195 Rn. 16 ff. = NJW 2014, 1587 in Bezug auf WEG-Verwalter (§ 27 Abs. 3 S. 1 Nr. 7 WEG).

[56] → § 164 Rn. 198 ff. *(Schubert)*; vgl. auch BGHZ 16, 394 (396 f.) = NJW 1955, 825; sehr weitgehend BGH NZG 2005, 345: ein gesamtvertretungsbefugter Gesellschafter kann dem anderen konkludent die generelle (gewillkürte) Alleinvertretungsmacht erteilen; das wird man allg. nur mit Billigung der übrigen Gesellschafter zulassen; im konkreten Fall war sie angesichts der konkreten Konstellation aber unproblematisch, vgl. zur Kritik auch *Wertenbruch* NZG 2005, 462 sowie *Wiedemann/Wimber* EWiR 2005, 629 – keine Vermischung von gewillkürter und organschaftlicher Vertretung; zur entsprechenden Lage bei der internen Aufteilung der Geschäftsführung → § 709 Rn. 16. – Ähnlich weitgehend und daher ebenfalls problematisch auch BGH DNotZ 2011, 361 (363) – Generalvollmacht ausreichend.

[57] RGZ 53, 227 (230 f.); BGHZ 62, 166 (173) = NJW 1974, 1194; BGH NZG 2012, 69 = DB 2012, 109 (110) Rn. 37; Erman/*Westermann* Rn. 8; Staudinger/*Habermeier* (2003) Rn. 11.

[58] BGH NJW 2006, 2191 f. zu § 170 Abs. 1, 3 ZPO; NJW 2007, 995 (997); 2006, 2189 (2190 f.) zu § 170 Abs. 1 ZPO; OVG Münster ZfBR 2009, 486 für Verwaltungsakte; s. auch *Schäfer* NJW 2006, 2160; *Scholz* NJW 2002, 153 (159); *Wertenbruch* NJW 2002, 324 (326).

[59] BGHZ 140, 54 (61 f.) = NJW 1999, 284; Staub/*Habersack* HGB § 125 Rn. 24; vgl. auch BGH ZIP 2010, 270 (272) – keine Zurechnung nach § 166 Abs. 1, wenn rechtserhebliche Tatsache ein Insichgeschäft [§ 181] eines Gesellschafters ist. – → § 166 Rn. 15 *(Schubert)*.

[60] EinhM, vgl. statt aller Soergel/*Hadding/Kießling* Rn. 20; s. auch OLG Saarbrücken NJW-RR 2009, 1488 (1489) – bei Gesamtvertretung muss Rechtsschein durch alle Gesellschafter veranlasst werden. Näher zur Duldungs- bzw. Anscheinsvollmacht → § 167 Rn. 102 ff., 107 ff. *(Schubert)*.

[61] So zutr. RGRK/*v. Gamm* Rn. 9.

[62] *K. Schmidt* GesR § 60 II 2b, S. 1777; *Wiedemann* GesR II § 7 III 3b, S. 656; tendenziell auch *Armbrüster* ZGR 2005, 36 (41 f.) – Vermutung unbeschränkter Vertretungsmacht hinsichtlich einer Haftung der Gesellschafter setze sich gegenüber Vollmachtsbeschränkungen im Innenverhältnis ebenso wie gegenüber unwirksamen Haftungsbeschränkungsklauseln durch; zurückhaltend aber *Westermann*, FS Konzen, 2006, S. 957 (964 f.).

(→ Rn. 36). – Zur Unmöglichkeit, die Vertretungsmacht auf eine Verpflichtung nur der Gesellschaft zu begrenzen, → Rn. 68 f.

c) Verbot des Selbstkontrahierens (§ 181). Das Selbstkontrahierungsverbot gilt auch für Geschäftsführer der GbR, soweit sie namens der Gesellschaft mit sich im eigenen Namen oder als Vertreter Dritter rechtsgeschäftlich handeln und soweit keine der in § 181 vorgesehenen oder in Ergänzung hierzu von der Rechtsprechung anerkannten Ausnahmen[63] eingreift. Das Verbot ist nicht zu verwechseln mit der die interne Beschlussfassung betreffenden Frage, wann ein Gesellschafter wegen Interessenkollision gehindert ist, an der Entscheidung über eine Geschäftsführungsmaßnahme mitzuwirken (→ § 709 Rn. 65 ff.). Der Gesellschaftsvertrag kann Ausnahmen vom Verbot des Selbstkontrahierens zulassen.[64]

Ist von **mehreren Gesamtvertretern einer** nach § 181 an der Vertretung der Gesellschaft **gehindert,** so sollten nach der früher im Schrifttum hM auch die verbleibenden Vertreter nicht handeln können; vielmehr sollte Gesamtvertretung sämtlicher übrigen Gesellschafter gelten.[65] Das Reichsgericht, auf das sich diese Ansicht stützte, hatte sich demgegenüber auf die Feststellung beschränkt, bei Verhinderung eines von zwei Gesamtvertretern erstarke die Vertretungsmacht des anderen nicht zur Einzelvertretung.[66] Für zulässig hatte es demgegenüber auch in diesem Fall die (formal von § 181 nicht erfasste) Bestellung eines Unterbevollmächtigten durch die Gesamtvertreter und dessen Einschaltung in den Vertragsschluss gehalten;[67] das ist als Umgehung von § 181 mit Recht allgemein auf Ablehnung gestoßen.[68] Folgt man mit der neueren Rechtsprechung der **teleologischen,** formale Interessenkonflikte ausklammernden **Auslegung von § 181** (→ § 181 Rn. 5, 23 ff. [*Schubert*]), so sollten im Interesse der Praktikabilität auch keine Bedenken dagegen bestehen, bei Verhinderung eines von zwei Gesamtvertretern **den verbleibenden allein** mit Wirksamkeit für die Gesellschaft handeln zu lassen.[69] Dem Interesse der Mitgesellschafter am Schutz gegen eine einseitige Interessenwahrnehmung durch den auf beiden Seiten beteiligten Gesellschafter ist regelmäßig bereits durch das Handeln eines verantwortlichen, nicht selbst von der Interessenkollision betroffenen Geschäftsführers aufseiten der Gesellschaft Genüge getan.[70]

C. Akzessorische Haftung der Gesellschafter

I. Grundlagen

1. Unterscheidung gegenüber der Haftung der Gesellschaft. Aus traditioneller („gesetzestreuer") Sicht war **lange Zeit zweifelhaft,** ob und inwieweit in einer Außen-GbR für die Unterscheidung zwischen Gesamthands-(Gesellschafts-)Verbindlichkeiten und Gesellschafterhaftung Raum sei. **Gegen** sie sprach die Qualifizierung der Gesamthand als **Sondervermögen,** das im Unterschied zur Rechtslage in OHG oder KG (vgl. § 124 Abs. 1 HGB) nicht selbst Verbindlichkeiten eingehen könne. Haftungsschuldner seien vielmehr die jeweiligen Gesellschafter im Zeitpunkt der Haftungsbegründung; sie hafteten grundsätzlich sowohl mit ihrem Privatvermögen als auch mit dem gesamthän-

---

[63] → § 181 Rn. 28 ff. (*Schubert*); *Hübner,* Interessenkonflikt und Vertretungsmacht, 1977, S. 142 f., 261 f.; *Schubert* WM 1978, 290 ff., jeweils mN der Rspr.
[64] Dazu und zur Möglichkeit der Gestaltung im Einzelfall vgl. *Hübner,* Interessenkonflikt und Vertretungsmacht, 1977, S. 108 ff.
[65] *Soergel/Schultze-v. Lasaulx,* 10. Aufl. 1967, § 164 Rn. 21; RGRK/*v. Gamm* Rn. 1; *Staudinger/Keßler,* 12. Aufl. 1979, Rn. 9.
[66] RGZ 103, 417; 116, 116 (117); so auch BGH NJW 1960, 91; einschr. dann aber BGH NJW-RR 1991, 1441 für den Fall einer zweigliedrigen Gesellschaft, in der der verhinderte Gesellschafter seinen Anteil treuhänderisch für den verbliebenen Gesellschafter hält. Wieder dem RG folgend OLG München NZG 2014, 899 (900): es bleibt bei Gesamtvertretung; (Prozess-)Pflegschaft erforderlich.
[67] RGZ 103, 417 (418); 108, 405 (406 ff.); 157, 24 (31).
[68] Vgl. BGHZ 64, 72 (74) = NJW 1975, 1117; BGHZ 91, 334 (336) = NJW 1984, 2085; BGH NJW 1991, 692; → § 181 Rn. 43 f.; *Erman/Westermann* Rn. 7; *Hübner,* Interessenkonflikt und Vertretungsmacht, 1977, S. 236 f.
[69] So im Ergebnis auch BGHZ 64, 72 (76 f.) – NJW 1975, 1117, wenn auch unter problematischem Hinweis auf eine (wirksame?) Ermächtigung des verhinderten an den anderen Gesamtvertreter zum Alleinhandeln. Krit. zu diesem Urteil *Klamroth* BB 1975, 851; *Plander* BB 1975, 1493 (1496); *Hübner,* Interessenkonflikt und Vertretungsmacht, 1977, S. 273 f.
[70] So auch *Soergel/Hadding/Kießling* Rn. 27; im Ergebnis ähnlich *Hübner,* Interessenkonflikt und Vertretungsmacht, 1977, S. 186 ff., 238 f., der die Gültigkeit des Rechtsgeschäfts freilich zusätzlich von dem Nachweis des allein handelnden Gesamtvertreters abhängig machen will, dass das betreffende Geschäft ordnungsgemäß war und dem Interesse der Gesellschaft entsprach.

derisch gebundenen Gesellschaftsvermögen.⁷¹ **Für** die Notwendigkeit einer Unterscheidung wurden demgegenüber eine **Reihe teils rechtlicher, teils praktischer Gründe** vorgebracht, darunter das in § 719 Abs. 2 geregelte Verbot des GbR-Schuldners, mit einer ihm gegen einen Gesellschafter zustehenden Forderung aufzurechnen, die Haftungssituation bei Eintritt und Ausscheiden von Gesellschaftern, die den Zugriff der Gläubiger auf das Gesamthandsvermögen unberührt lassen muss, ferner die Beschränkung der Geltendmachung von Aufwendungsersatz- oder Regressansprüchen einzelner Gesellschafter auf das Gesamthandsvermögen unter grundsätzlicher Verneinung einer persönlichen Haftung der Mitgesellschafter vor Liquidation der Gesellschaft, sowie schließlich die in § 733 Abs. 1 getroffene Anordnung, bei Liquidation des Gesamthandsvermögens zunächst die „gemeinschaftlichen Schulden" zu berichten.⁷² Diese Gründe führten zur Anerkennung einer besonderen „Gesamthandsschuld" der Gesellschafter neben ihrer persönlichen Haftung gewissermaßen als Vorstufe zur Behandlung der GbR als rechtsfähiger und daher auch verpflichtungsfähiger Personenverband.

32 Spätestens mit der Durchsetzung der (Gruppen-)Lehre von der **Rechtsfähigkeit der Außen-GbR** (→ § 705 Rn. 298) und – daraus folgend – der Fortentwicklung der gesellschaftsrechtlichen Gesamthand vom Sondervermögen (Objekt) zum Subjekt von Rechten und Verbindlichkeiten hat sich diese Streitfrage erledigt. Seither kann an der **Notwendigkeit der Unterscheidung** zwischen Gesellschaftsverbindlichkeiten und Gesellschafterhaftung kein Zweifel mehr bestehen. Sie sorgt für klare Separierung des Gesellschaftsvermögens zugunsten der Gesellschaftsgläubiger unter Verweisung der Privatgläubiger auf die Kündigungsmöglichkeit nach § 725, stellt die Forthaftung der Gesellschaft unabhängig vom jeweiligen Gesellschafterbestand sicher und gestattet den Gesellschaftsgläubigern, unmittelbar auf Befriedigung aus dem Gesamthandsvermögen zu klagen.⁷³ Zugleich begründet sie die Notwendigkeit eines besonderen Haftungsgrunds aufseiten der Gesellschafter, um sie wegen der Gesellschaftsschuld auch persönlich in Anspruch nehmen zu können (→ Rn. 36), eröffnet die Möglichkeit, zwischen dem Inhalt von Gesellschaftsschuld und Gesellschafterhaftung zu unterscheiden (→ Rn. 43 f.) und ermöglicht eine Haftungsbeschränkung auf das Gesellschaftsvermögen unter Ausschluss der persönlichen Haftung der Gesellschafter (→ Rn. 62 ff.).

33 **2. Akzessorische Gesellschafterhaftung.** Der Rechtsgrund der Gesellschafterhaftung war **lange Zeit umstritten.** Wie in → Rn. 3 aufgezeigt, standen sich aus der Sicht der modernen (Gruppen-)Lehre von der Rechtsfähigkeit der Außen-GbR mit der Doppelverpflichtungs- und der Akzessorietätstheorie zwei sowohl im Ansatz als auch in den Haftungsfolgen wesentlich differierende Ansichten gegenüber, ganz abgesehen von der traditionellen, primär auf die Gesellschafterhaftung abstellenden Ansicht derjenigen Autoren, die an der Beurteilung der gesellschaftsrechtlichen Gesamthand als bloßes Haftungsobjekt (Sondervermögen) festhielten.

34 Aus heutiger Sicht hat sich die **Akzessorietätstheorie** durch höchstrichterliche Rechtsfortbildung (→ Rn. 4 f.) durchgesetzt.⁷⁴ Die gegen sie bestehenden Bedenken, darunter vor allem die mit der Vielfalt der GbR-Zwecke nicht ohne weiteres zu vereinbarenden, der Rechtslage in der OHG entsprechenden scharfen Haftungsfolgen für die Gesellschafter,⁷⁵ sind durch die seit 1998 erweiterten Möglichkeiten haftungsgünstiger Rechtsformwahl für Personengesellschafter, darunter einerseits derjenigen der KG über §§ 105 Abs. 2, 161 HGB, andererseits (für Freiberufler) derjenigen der PartG, deutlich relativiert worden.⁷⁶ Auch bleibt trotz Geltung der Akzessorietätstheorie die Möglichkeit bestehen, im Hinblick auf bestimmte (haftungsprivilegierte) Gesellschaftszwecke zu einem vertraglichen Ausschluss oder einer Beschränkung der persönlichen Gesellschafterhaftung zu kommen (→ Rn. 66 f.). Deshalb wird die Akzessorietätstheorie auch der folgenden Kommentierung

---

⁷¹ Vgl. Darstellung des Meinungsstands bei *Aderhold*, Schuldmodell der BGB-Gesellschaft, 1981, S. 74 ff., 111 ff., und bei *Dauner-Lieb*, Unternehmen in Sondervermögen, 1998, S. 522 ff.

⁷² Vgl. näher 3. Aufl. Rn. 23a mN (*Ulmer*) tendenziell in diesem Sinn (trotz grds. Festhaltens am traditionellen Ansatz) auch *Zöllner*, FS Kraft, 1998, S. 701 (710 ff.).

⁷³ Das galt schon vor Anerkennung der Parteifähigkeit der Außen-GbR (→ § 705 Rn. 318) aufgrund der Rechtsfigur der sog. Gesamthandsschuldklage (→ § 718 Rn. 53).

⁷⁴ Grundsatzkritik aber bei *Canaris* ZGR 2004, 69 (86 ff.) – in der konkreten Form verfassungswidrig; akzessorische Haftung als solche allerdings konsequent; gegen ihn *Altmeppen* NJW 2004, 1563; weiterhin abl. auch *Hadding*, FS Raiser, 2005, S. 130 (143 f.) und Soergel/*Hadding/Kießling* Rn. 11 – wegen § 714 mit seiner unwiderlegbaren Vermutung der Vertretungsmacht fehle es an einer Regelungslücke; und tendenziell *Armbrüster* ZGR 2005, 39 (61); mit Blick auf drohende Haftungsverschärfung bei nichtrechtsfähigem Verein auch *Beuthien* NJW 2005, 855 (858).

⁷⁵ Vgl. die hierauf gestützten langjährigen Bedenken des BGH gegen die Akzessorietätstheorie BGHZ 74, 240 (243) = NJW 1979, 1281; BGHZ 117, 168 (176) = NJW 1992, 1615; BGH NJW 1998, 2904 (2905).

⁷⁶ Das war auch der Grund für *Peter Ulmer* noch vor dem Rspr.-Wandel durch BGHZ 142, 315 von der Doppelverpflichtungs- zur Akzessorietätstheorie überzugehen, *Ulmer* ZIP 1999, 554 (559 ff.).

zugrunde gelegt. Gegenüber der früheren Doppelverpflichtungslehre (von *Peter Ulmer* bis zur 3. Aufl. vertreten) verbinden sich eine Reihe nicht unerheblicher **Rechtsänderungen,** soweit die **Gesellschafterhaftung** in Frage steht, darunter vor allem deren Bejahung auch für gesetzliche Gesamthandsverbindlichkeiten sowie gegenüber neu eintretenden Gesellschaftern mit Blick auf Altschulden der GbR, aber auch die strikte Bejahung des Akzessorietätsprinzips für Bestand und Umfang der jeweiligen Gesellschafterhaftung sowie die Notwendigkeit eines neuen Ansatzes, um zum Ausschluss oder zur Beschränkung der Gesellschafterhaftung zu kommen.

II. Ausgestaltung der Gesellschafterhaftung

1. Rechtsgrund. a) Grundlagen. Als Anspruchsgrundlage für die akzessorische Gesellschafterhaftung wurden in der bisherigen Diskussion **unterschiedliche Begründungen** genannt. Während *Flume* als Vater der Gruppenlehre auf das „Wesen der Gesamthand" abstellte,[77] verwiesen die meisten Anhänger der Akzessorietätstheorie, teils freilich beschränkt auf die „unternehmenstragende" GbR, auf eine Analogie zu § 128 HGB als der Grundnorm für die akzessorische Gesellschafterhaftung im Handelsrecht.[78] Der BGH schließlich bezog sich im ersten, den Übergang zur Akzessorietätstheorie signalisierenden Grundsatzurteil von 1999 auf ein „allgemeines Rechtsprinzip", wonach derjenige, der allein oder zusammen mit anderen Geschäfte betreibe, auch mit seinem persönlichen Vermögen hafte, sofern er sich nicht auf eine vertraglich vereinbarte oder gesetzlich vorgesehene Haftungsbeschränkung berufen könne.[79] Hieran hat er auch in seinem zweiten Grundsatzurteil von 2001 festgehalten,[80] inzwischen hat er die Haftung aber mehrfach ausdrücklich auf die Analogie zu § 128 HGB gestützt.[81]

Stellungnahme: Unter den drei in → Rn. 35 genannten Ansätzen verdient die **Analogie zu § 128 HGB** den Vorzug. Für sie spricht vor allem, dass damit eine aus dem OHG-Recht bekannte, für die akzessorische Gesellschafterhaftung geschaffene Rechtsfigur zur Verfügung steht, auf die grundsätzlich auch für die Haftungsverhältnisse in der GbR zurückgegriffen werden kann. Die Analogievoraussetzungen – Regelungslücke und vergleichbarer Regelungsgegenstand – sind deshalb erfüllt, weil die Vorschriften der §§ 705 ff. wegen ihres die Gesamthand als Sondervermögen behandelnden, heute überholten Ansatzes auf eine die Mithaftung der Gesellschafter betreffende Regelung verzichtet haben, das Fehlen besonderer Gläubigerschutznormen aber die grundsätzliche Mithaftung der Gesellschafter persönlich vergleichbar dem OHG-Recht erforderlich erscheinen lässt. Demgegenüber trägt die Berufung auf das „Wesen der Gesamthand" nicht, bedenkt man die andersartige, für eine akzessorische Haftung aller Beteiligten ungeeignete Rechtslage bei der Erben- und der Gütergemeinschaft als sonstige Gesamthandsgemeinschaften, aber auch diejenige in der Innen-GbR iwS, dh mit Gesamthandsvermögen, aber ohne gemeinsames Außenhandeln (→ Rn. 8). Bei dem vom BGH zunächst bemühten „allgemeinen Rechtsprinzip" fragt sich schließlich, ob es ein solches in der umfassenden Umschreibung durch den Senat überhaupt gibt;[82] bezieht man es aber auf die Tätigkeit mehrerer unter gemeinsamer Firma oder gemeinsamem Namen, so hat es seinen gesetzlichen Niederschlag unzweifelhaft in § 128 HGB gefunden. Hierauf und nicht auf ein schwer greifbares allgemeines Prinzip sollte sich die Analogie daher auch beziehen.[83] Damit sind zugleich die Weichen gestellt für die analoge Anwendung der auf die Einwendungen der Gesellschaft bezogenen, eine wesentliche Ausprägung der Haftungsakzessorietät enthaltenden Vorschrift des § 129 HGB

---

[77] *Flume* BGB AT I 1 § 16 IV 3, S. 326 f.
[78] Vgl. *Bälz, Flume, Mülbert, Schwark, Timm* ua; für die „unternehmenstragende" GbR auch *Dauner-Lieb, Reiff, G. H. Roth, K. Schmidt, Schünemann, Wiedemann,* vgl. Nachweise in 3. Aufl. Rn. 26 Fn. 55, 56 und bei *Ulmer* ZIP 1999, 512.
[79] BGHZ 142, 315 (319) = NJW 1999, 3483.
[80] BGHZ 146, 341 (358) = NJW 2001, 1056; BGH NJW 2002, 1642; dazu mit Recht krit. *Casper* JZ 2002, 1112.
[81] BGH NJW 2006, 3716 (3717) Rn. 14, 19; NJW-RR 2006, 1268 (1269) Rn. 10, 14 f.; NJW 2006, 765 (766) Rn. 12; vgl. ferner BGH NJW 2004, 836 (837); 2006, 683 (685) Rn. 20; NZG 2007, 140 (141) Rn. 22; dem folgend auch BFH NJW 2009, 3743 (3744).
[82] Krit. dazu *Ulmer* ZIP 1999, 555 f. und ZGR 2000, 339 (346 f.) unter Hinweis auf die Gegenbeispiele des nichtrechtsfähigen Vereins mit unternehmerischem Nebenzweck und der Fortführung eines Handelsgeschäfts durch eine Erbengemeinschaft; krit. insofern auch *Canaris* ZGR 2004, 69 (91 f.); *Westermann,* FS Konzen, 2006, S. 957 (962); zust. hingegen *Wiedemann* GesR II § 7 III 4, S. 658; *A. Meyer,* Unbeschränkte Verbandsmitgliederhaftung, 2006, S. 195 ff.; aus institutionenökonomischer Sicht grds. zust. auch *Tröger,* FS Westermann, 2008, S. 1533 (1555 ff.).
[83] So zutr. *Casper* JZ 2002, 1112 f.; ebenso *Schäfer* ZIP 2003, 1225 (1226); Erman/*Westermann* Rn. 11; aA *Wiedemann* GesR II § 7 III 4, S. 658.

(→ Rn. 50 ff.), ferner für die inzwischen gleichfalls vom BGH befürwortete, aber immer noch umstrittene Analogie zu § 130 HGB (→ Rn. 72 ff.).

37   **b) Sachliche Reichweite. aa) Grundsatz.** Die akzessorische Gesellschafterhaftung erstreckt sich auf grundsätzlich **alle Gesellschaftsverbindlichkeiten,** unabhängig von deren Rechtsgrund. Die für die Doppelverpflichtungstheorie charakteristische Differenzierung zwischen **rechtsgeschäftlich begründeten und gesetzlichen** Verbindlichkeiten der GbR unter Beschränkung der Gesellschafterhaftung auf die erstgenannten (3. Aufl. Rn. 34 ff., 53 ff. [Ulmer]) ist damit überholt,[84] sofern man nicht die Haftung für deliktische Verbindlichkeiten generell aus dem Anwendungsbereich des § 128 HGB ausschließt (→ Rn. 38). Die Gesellschafter haben danach auch für Ansprüche gegen die GbR aus culpa in contrahendo, aus ungerechtfertigter Bereicherung und aus Produkt- oder Gefährdungshaftung einzustehen. Entsprechendes gilt für Steuerschulden der GbR, ohne dass es hierzu auf eine steuerrechtliche Haftungserstreckung ankommt.[85] Allerdings ergibt sich aus der privatrechtlichen Norm des § 128 HGB **keine Befugnis** zur Durchsetzung öffentlich-rechtlicher Verbindlichkeiten im Wege des **Verwaltungsakts,**[86] so dass die Haftung mangels spezialgesetzlicher Grundlage für einen Haftungsbescheid grundsätzlich im Zivilrechtsweg durchzusetzen ist. § 128 HGB erfasst weiter auch Ansprüche gegen die GbR, die aus einer Sachgründung unter Einbringung eines (Handels-)Geschäfts nach oder analog § 28 HGB (→ Rn. 75) oder aus dem Formwechsel eines Rechtsträgers sonstiger Rechtsform in eine GbR resultieren (§§ 191 Abs. 2 Nr. 1, 202 Abs. 1 Nr. 1 UmwG).[87] Mit der **Umwandlung einer KG in eine GbR** entfällt für die bisherigen Kommanditisten die Möglichkeit, sich nach § 171 HGB auf ihre Haftungsbeschränkung zu berufen; auch für eine Fortdauer dieser Haftungsbeschränkung kraft Rechtsscheins[88] ist kein Raum. Allerdings ist seit 1998 wegen § 105 Abs. 2 HGB kaum mehr zu befürchten, dass sich eine KG aufgrund des Rechtsformzwangs kraft Gesetzes in eine GbR umwandelt; dies kommt vielmehr nur in Betracht, wenn die eingetragene KG weder ein Gewerbe betreibt noch ihr eigenes Vermögen verwaltet.[89] – Zur Haftung für **Altverbindlichkeiten** → Rn. 72.

38   **bb) Ausnahme für deliktische Verbindlichkeiten?** Die vorstehenden Grundsätze (→ Rn. 37) gelten auch für aus der Zurechnungsnorm des § 31 resultierende deliktische Verbindlichkeiten der GbR (→ § 705 Rn. 263 f.). Diese Frage ist im Anwendungsbereich des § 128 HGB allerdings nach wie vor **umstritten;**[90] eine Reihe von Autoren[91] lehnt die Haftung mit dem systematischen Argu-

---

[84] So jetzt ausdrücklich auch BGHZ 154, 88 = NJW 2003, 1445; vgl. auch Erman/*Westermann* Rn. 13; *Wiedemann* GesR II § 7 III 4, S. 659.

[85] Diese sah der BFH in stRspr vor allem in § 191 AO iVm §§ 421, 427; inzwischen geht er ebenfalls von einer analogen Anwendung des § 128 HGB aus, BFH NJW-RR 2006, 1696 (1697); BFH/NV 2005, 1141; offenlassend noch BFH/NV 2005, 827; ebenso etwa Erman/*Westermann* Rn. 13; *Haunhorst* DStZ 2003, 751 (752); *Klein* DStR 2009, 1963.

[86] Zutr. OVG Brandenburg ZIP 1998, 1636 (1639); OVG Brandenburg BeckRS 2015, 43121 Rn. 3 ff.; *Wertenbruch* in Westermann/Wertenbruch PersGesR-HdB Teil I, S. 686/1 Rn. 895; zurückhaltender MüKoHGB/*K. Schmidt* HGB § 129 Rn. 31 (Ermächtigung zum Erlass eines Leistungsbescheids gegen Gesellschaft „sollte" als ausreichend akzeptiert werden). Zum Parallelfall der Durchsetzung einer (gleichfalls akzessorischen) Bürgschuld auch BVerwGE 105, 302 (305); und BGHZ 90, 187 (190); s. auch BVerwGE 139, 125 Rn. 18.

[87] Vgl. *Heidinger* GmbHR 1996, 890 ff. für den Fall des Formwechsels einer GmbH in die Rechtsform der GbR.

[88] So noch BGH NJW 1971, 1698 – Umwandlung aufgrund Rechtsformzwangs, freilich unter gleichzeitiger Betonung einer aus dem Gesellschaftsvertrag folgenden Pflicht der Geschäftsführer, die Haftungsbeschränkung in dem durch den Verkehrsschutz gebotenen Maß erkennbar zu machen. Abl. *Flume* BGB AT I 1 § 16 IV 5, S. 338. Eingehend zur Haftungsproblematik der „bürgerlich-rechtlichen KG" namentlich *K. Schmidt* DB 1973, 653 ff. und 703 ff.; *Plambeck,* Die Vereinbarung der Haftungsbeschränkung in der Gesellschaft bürgerlichen Rechts, 1993, S. 127 ff.

[89] Dazu näher Staub/*Schäfer* HGB § 131 Rn. 11 ff.

[90] Für Eingreifen der akzessorischen Gesellschafterhaftung auch insoweit die hM, vgl. BGHZ 154, 88 (94) = NJW 2003, 1445 (1446); BGHZ 155, 205 (212) = NJW 2003, 2984; OLG Koblenz OLGR 2005, 572; Bamberger/Roth/*Schöne* Rn. 20; Staub/*Habersack* HGB § 128 Rn. 10; MüKoHGB/*K. Schmidt* HGB § 128 Rn. 10; Baumbach/Hopt/*Roth* HGB § 128 Rn. 2; *Beuthien* DB 1975, 725 (726); *Schwark,* FS Heinsius, 1991, S. 753 (764); *Ulmer* ZIP 2003, 1113 (1115); *K. Schmidt* NJW 2003, 1897 (1900); *Wiedemann* GesR II § 7 III 4, S. 659; *Grunewald* JZ 2004, 439 (440); *Reiff* ZGR 2003, 550 (553 f.); *Casper/Eberspächer* Jura 2003, 770 (772 f.); *Damm,* FS Raiser, 2005, S. 23 (33 f.); wohl auch Erman/*Westermann* Rn. 13; *Reiff* ZGR 2003, 550 (553 f.); mit ökonomischer Begr. auch *Tröger,* FS Westermann, 2008, S. 1533 (1559 ff.); aA *Flume* BGB AT I 1 § 16, S. 343 f.; *ders.* DB 2003, 1775; *Altmeppen* NJW 2003, 1554 f.; *Schäfer* ZIP 2003, 1225 (1227 f.); *Armbrüster* ZGR 2004, 34 (56 f.); grds. auch *Canaris* ZGR 2004, 69 (110 ff.).

[91] *Flume* BGB AT I 1 § 16 IV 6; *ders.,* FS H. Westermann, 1974, S. 119 (143); *Altmeppen* NJW 1996, 1017 (1021 ff.); *H. Baumann* JZ 2001, 895 (900 f.); *Schäfer* ZIP 2003, 1225 (1227 f.); *Armbrüster* ZGR 2004, 34 (56 f.); grds. auch *Canaris* ZGR 2004, 69 (110 ff.); mit Einschränkung auch *Schöpflin* DStR 2003, 1349.

ment ab, dass der Normzweck des § 128 HGB keine Haftung der Gesellschafter für deliktische Verbindlichkeiten trage, zumal die Deliktsschuld nicht in Hinblick auf einen bestimmten Haftungsfonds der Gesellschaft begründet werde und die Haftung des Handelnden zudem selbstverständlich sei. Der BGH hat sich mit den gegen eine Haftung sprechenden Gründen zwar nicht näher auseinandergesetzt, lehnt eine Differenzierung aber im Ergebnis ab. Mit der Zurechnung des deliktischen Handelns der Geschäftsführer gegenüber der Gesellschaft hat diese Frage unmittelbar freilich nichts zu tun; sie ist durch die analoge Anwendung des § 31 auch auf die GbR mittlerweile beantwortet.[92] Allerdings entsteht die Problematik der Gesellschafterhaftung für Deliktsschulden überhaupt erst durch diesen Analogieschluss; dem historischen Gesetzgeber war die Zurechnung deliktischen Handelns der Geschäftsführer noch unbekannt. Sieht man allerdings die persönliche Haftung als Ersatz für einen gesetzlich gesicherten, bei Personengesellschaften fehlenden Haftungsfonds zugunsten der Gläubiger,[93] erscheint die Annahme einer Haftung auch für deliktische Verbindlichkeiten immerhin vertretbar.[94] Man wird sie daher spätestens durch BGHZ 155, 205 im Sinne der hM als geklärt anzusehen haben. *De lege ferenda* sollte sie freilich ausgeschlossen werden, zumal sie sich aus rechtspolitischer Sicht nicht überzeugend rechtfertigen lässt.[95]

cc) Nicht: Sozialverbindlichkeiten. Unanwendbar ist § 128 HGB – auch bei analoger **39** Anwendung – auf sog. Sozialverbindlichkeiten der GbR, dh aus dem Gesellschaftsverhältnis entspringende Verbindlichkeiten gegenüber Mitgesellschaftern.[96] Einer solchen Haftung steht die in § 707 geregelte **Begrenzung der Beitragspflichten** auf die im Gesellschaftsvertrag vereinbarte Höhe entgegen; sie würde durchbrochen, wenn Gesellschafter sich wegen ihrer Ansprüche gegen die Gesellschaft, sei es auf Aufwendungsersatz, Geschäftsführervergütung, Gewinn oÄ anteilig auch an die Mitgesellschafter halten könnten (→ § 707 Rn. 5 – dort auch zu einer begrenzten Ausnahme). Derartige Ansprüche bilden vielmehr grundsätzlich einen im Zuge der Auseinandersetzung zu berücksichtigenden Rechnungsposten (→ § 730 Rn. 49 ff.). Der Haftungsausschluss gilt **nicht** für **Drittgläubigerforderungen** eines Gesellschafters gegen die GbR; dieser muss sich bei der Inanspruchnahme der Mitgesellschafter lediglich seine Haftungsquote anrechnen lassen (→ § 705 Rn. 202 f., 220). Auch gegenüber dem **Abfindungsanspruch** eines ausgeschiedenen Gesellschafters können die Mitgesellschafter sich nicht auf den aus § 707 resultierenden Einwand berufen (→ § 705 Rn. 218).

c) Persönliche Reichweite. Die Haftung analog § 128 HGB erfasst grundsätzlich **alle Gesell-** **40** **schafter** der GbR, darunter auch die **ausgeschiedenen** für die während ihrer Mitgliedschaft begründeten Gesellschaftsschulden[97] (→ Rn. 70 f.; zur Haftung Beitretender für Altverbindlichkeiten → Rn. 72 f., zum Wahlrecht der Gesellschafter/Erben analog § 139 HGB → Rn. 74). Sie gilt nach Rechtsscheingrundsätzen auch für **Scheingesellschafter** oder Mitarbeiter einer **Scheinsozietät,**[98] etwa auf dem Briefkopf oder dem Praxisschild einer Freiberufler-Sozietät als Sozien aufgeführte

---

[92] Dazu BGHZ 155, 205 = NJW 2003, 2984 (2985).
[93] Dafür auch *K. Schmidt* GesR § 18 IV 2c, S. 542 f.; *Wiedemann* GesR I § 5 IV 1c, S. 284; *Zöllner*, FS Gernhuber, 1993, S. 563 (575); krit. zu diesem Argument aber *Altmeppen* NJW 2003, 1553 (1555 f.); *Canaris* ZGR 2004, 69 (112 f.); vgl. auch *Tröger*, FS Westermann, 2008, S. 1533 (1547 f.).
[94] So auch *Canaris* ZGR 2004, 69 (111), der Haftung und Argumentation für GbR im Ergebnis jedoch ablehnt.
[95] *Schäfer*, Gutachten E zum 71. DJT, 2016, S. 84.
[96] Vgl. nur BGH ZIP 2010, 515 (516); MüKoHGB/*K. Schmidt* HGB § 128 Rn. 12; Staub/*Habersack* HGB § 128 Rn. 12; Staudinger/*Habermeier* (2003) Vor § 705 Rn. 46; Erman/*Westermann* Rn. 12.
[97] Das gilt auch für die gemischt-berufliche Sozietät; die Haftung für Berufsfehler trifft daher auch diejenigen Gesellschafter, die berufsrechtlich zur Erbringung der Leistung gar nicht in der Lage sind, vgl. BGH NJW 2012, 2435 (2441 f.) Rn. 68 ff. – Haftung auch eines Steuerberaters für anwaltliche Pflichtverletzung; *Römermann* NJW 2009, 1560 (1562). – Zum Inhalt der Haftung bei gemischten Soziäten → Rn. 44.
[98] Vgl. zur Scheinsozietät BGHZ 70, 247 (249) = NJW 1978, 996; BGHZ 148, 97 (103 f.) = NJW 2001, 2462; NJW 1971, 1801 (1802); 1990, 827 (828 f.); 1991, 1225; 1999, 3040 (3041); 2001, 165 (166); 2007, 2490 (2492) (IX. ZS): Haftung der Sozien für deliktisches Handeln eines nach § 31 zurechenbaren Handelns eines Scheinsozius; BGH NJW 2008, 2330 (VIII. ZS): keine Haftung eines Scheinsozius für nicht die anwaltstypische Tätigkeit betreffende Forderungen; dagegen *Lux* NJW 2008, 2309, *Wischemeyer/Honisch* NJW 2014, 881 [884]; BGH ZIP 2010, 1283 (1285) (XI. ZS); 2012, 369 (370 f.) (II. ZS); NJW 2012, 3368 (3370) (X. ZS); BFH NJW-RR 2006, 1696 (1697) (keine Rechtsscheinhaftung für Altverbindlichkeiten zutr.; NJW-RR 2006, 707 zur Erstreckung eines Mandats auf eintretenden Scheinsozius; OLG Celle NJW 2006, 3431 (3433) – mit Recht abl. für deliktische Verbindlichkeiten; OLGR 2006, 611; OLG Saarbrücken NZG 2009, 22 (23); KG KGR 2005, 752; zum Ganzen näher *Schäfer* DStR 2003, 1078; *Roth* BB 2007, 616; *Odersky*, FS Merz, 1992, S. 439 (448 ff.); *Kamps/Alvermann* NJW 2001, 2121 ff.; *Grunewald*, FS P. Ulmer, 2003, S. 141 (144 ff.); *Lux* MDR 2009, 957 (959); Erman/*Westermann* Rn. 14.

Angestellte oder ehemalige Gesellschafter.[99] **Nicht** in Betracht kommt allerdings eine Haftung des Scheinsozius auch für Altverbindlichkeiten analog § 130 HGB (→ Rn. 72); denn nach der Rechtsscheinlehre entscheidet allein das konkrete Vertrauen im Zeitpunkt des Vertragsschlusses, so dass ein „rückwirkender" Rechtsschein naturgemäß nicht entstehen kann.[100] Auch die Haftung für Altverbindlichkeiten eines ehemaligen Einzelanwalts, der seine Kanzlei in eine Sozietät eingebracht hat, kommt nach Rechtsscheingrundsätzen nicht in Frage.[101] Ebenso scheidet die Rechtsscheinhaftung für gesetzliche Verbindlichkeiten mangels Vertrauens aus. – Selbst für **geschäftsunfähige und beschränkt geschäftsfähige Gesellschafter** sieht das Gesetz keine Ausnahme vor, sofern sie wirksam Gesellschafter geworden sind (→ § 705 Rn. 69 f.). Das zum 1.1.1999 in Kraft getretene Gesetz zur Beschränkung der Haftung Minderjähriger (MHbeG)[102] gibt dem volljährig gewordenen Minderjährigen zwar nach § 1629a Abs. 1 im Grundsatz das Recht, seine Haftung für vor Eintritt der Volljährigkeit begründete Gesellschaftsverbindlichkeiten auf den Bestand seines Vermögens zu diesem Zeitpunkt zu beschränken und ggf. die Gesellschaft nach § 723 Abs. 1 S. 3 Nr. 2 fristlos zu kündigen (→ § 723 Rn. 38 ff.). Eine Ausnahme von der aus § 128 HGB oder dessen analoger Anwendung folgenden Haftung für Gesellschaftsverbindlichkeiten ist mit dieser gegenständlichen Haftungsbeschränkung jedoch nicht verbunden. – Zur Möglichkeit einer Beschränkung oder des Ausschlusses der Gesellschafterhaftung durch Vertrag der GbR mit dem jeweiligen Gläubiger → Rn. 66.

41 Eine **Einschränkung** gegenüber der gesamtschuldnerischen Gesellschafterhaftung hat der BGH zugunsten der Mitglieder von als Außen-GbR organisierten **Bauherrengemeinschaften** getroffen (→ Rn. 62): sie sollen auch „weiterhin grundsätzlich nur anteilig nach den bisherigen Rechtsprechungsgrundsätzen" haften.[103] Dem ist zwar im Ergebnis (→ Rn. 63 f.), nicht aber in der – mit der Akzessorietätstheorie schwer vereinbaren – Begründung zu folgen.[104] Geboten erscheint allerdings eine Reduktion der Analogie zu § 128 HGB in Fällen der **Dauertestamentsvollstreckung** über GbR-Anteile, sofern man diese zulässt (→ § 705 Rn. 109 ff.), und zwar in der Weise, dass die Haftung für Gesellschaftsverbindlichkeiten während des Bestehens der Testamentsvollstreckung nur den Nachlass und nicht auch die Gesellschafter/Erben persönlich trifft.[105] Begründen lässt sich diese Modifikation der Akzessorietätstheorie mit der Berücksichtigung des Interesses der Beteiligten. Denn die Gesellschaftsgläubiger sind durch ihr fortbestehendes vorrangiges Zugriffsrecht auf den Nachlass in aller Regel hinreichend gesichert, während den Gesellschaftern/Erben die persönliche Haftung angesichts der ihrer Verwaltung entzogenen GbR-Beteiligung nicht zugemutet werden kann (→ § 705 Rn. 114). Auf rechtsgeschäftlichem Wege ließe sich eine derart umfassende, sachlich gebotene Haftungsbeschränkung auf den Nachlass nicht erreichen (→ Rn. 66).

42 Eine **Erweiterung** der Haftung analog § 128 HGB über den Kreis der Gesellschafter hinaus ist demgegenüber geboten, soweit es um den **Nießbrauch** am Gesellschaftsanteil geht.[106] Da der Nießbraucher kraft seiner „dinglichen" Berechtigung (§§ 1068, 1069) nicht nur nach innen, sondern auch nach außen in den Gesellschafterverband eintritt, ist es nur folgerichtig, ihn auch in die Außenhaftung der Gesellschafter einzubeziehen (→ § 705 Rn. 106). Anderes soll nach hM hingegen für sonstige, mittelbar am Anteil Beteiligte wie **Treugeber** oder **Unterbeteiligte** gelten (→ § 705 Rn. 93, 101); doch sprechen zumindest im Falle der qualifizierten Treuhand die besseren Gründe *für* eine Haftung nach § 128 HGB (→ § 705 Rn. 92). Der **Testamentsvollstrecker** am GbR-Anteil kommt – als Partei kraft Amtes – nicht selbst in die Gesellschafterhaftung analog § 128 HGB, sofern er der Gesellschaft nicht als Treuhänder beitritt; zum Ausschluss der persönlichen Haftung der Gesellschafter/Erben → Rn. 41.

43 **2. Haftungsinhalt.** Im **Recht der OHG und KG** war – unter den Stichworten „Haftungs- oder Erfüllungstheorie" – lange umstritten, welchen Inhalt die in §§ 128, 171 HGB angeordnete Gesellschafterhaftung hat, dh ob der Gläubiger von den Gesellschaftern persönlich nur ein Einstehen

---

[99] Dazu speziell BGH ZIP 2012, 369 (371) Rn. 18 ff. (II. ZS): ausgeschiedener Gesellschafter, der weiterhin nach außen als Gesellschafter aufgetreten ist.
[100] So im Ergebnis zutr. BGH ZIP 2012, 369 (371) Rn. 18 ff.; OLG Saarbrücken NJW 2006, 2862; OLG München BeckRS 2008, 273 = BRAK-Mitt. 2009, 18 Ls.; wie hier auch *Canaris* HandelsR, 24. Aufl. 2006, § 6 III Nr. 4 Rn. 35, S. 80 f.; *ders.*, Die Vertrauenshaftung im deutschen Privatrecht, 1971, S. 176; *W.-H. Roth*, FS K. Schmidt, 2009, S. 1375 (1387 f.); Erman/*Westermann* Rn. 17 aE; → § 705 Rn. 378 aE mwN.
[101] So zutr. BGH ZIP 2012, 28 (30) Rn. 20 ff. (XI. ZS), wo zugleich die analoge Anwendung des § 28 HGB auf Freiberufler abgelehnt wird; für diese aber *Schodder* EWiR 2012, 351 (352).
[102] Gesetz zur Beschränkung der Haftung Minderjähriger vom 25.8.1998, BGBl. I S. 2487; → § 1629a Rn. 6 ff., 31 ff. *(Huber)*; *Habersack* FamRZ 1999, 1 ff.
[103] BGHZ 150, 1 (6) = NJW 2002, 1642; zur früheren Rspr. vgl. 3. Aufl. Rn. 43.
[104] So zu Recht *Casper* JZ 2002, 1112 (1113 f.); krit. auch *Hadding* WuB II J. § 705 BGB 4.02 S. 865, 868.
[105] So auch Erman/*Westermann* Rn. 14; aA *Everts* MittBayNot 2003, 427.
[106] AA Erman/*Westermann* Rn. 14.

für fremde Schuld verlangen oder sie unmittelbar auf Erfüllung in Anspruch nehmen kann. Nach **Ansicht des BGH** besteht ein Erfüllungsanspruch gegen die Gesellschafter persönlich auch bei anderen als Geldschulden jedenfalls dann, wenn ihnen die Erfüllung zumutbar ist, sie diese namentlich durch Geldeinsatz bewirken können.[107] Während die **Literatur früher** überwiegend einen Erfüllungsanspruch gegenüber den Gesellschaftern bei anderen als Geldschulden nur bejahte, sofern der Gesellschafter sich der Gesellschaft gegenüber seinerseits zu der geschuldeten Leistung verpflichtet hatte,[108] wird **in neuerer Zeit** die Differenzierung des Inhalts von Gesellschafts- und Gesellschafterschuld überwiegend abgelehnt; grundsätzlich sollen danach auch die Gesellschafter persönlich auf Erfüllung in Anspruch genommen werden können.[109] Anderes soll nur bei personenbezogenen, ihrer Art oder ihrem Inhalt nach nur von der Gesamthand oder ihren Organen zu erfüllenden Verbindlichkeiten gelten, wie etwa bei einem Wettbewerbsverbot der Gesellschaft[110] oder der Erbringung unvertretbarer Leistungen sowie bei Unterlassungen;[111] in derartigen Fällen soll sich die Haftung der Gesellschafter auch dann auf eine bloße Einstandspflicht beschränken, wenn sie im Innenverhältnis zur Erbringung der entsprechenden Leistungen für die Gesamthand verpflichtet sind.[112] So ist etwa eindeutig, dass die Gesellschafter nicht aus § 128 HGB verpflichtet sind, von der Gesellschaft geschuldete Willenserklärungen (in eigenem Namen) abzugeben.[113]

Für eine grundsätzliche Stellungnahme zu diesen Fragen besteht **aus GbR-Sicht** derzeit kein Anlass; es kann vielmehr auf die Diskussion zum OHG-Recht verwiesen werden (→ Rn. 43).[114] Allerdings gibt die **Vielfalt der GbR-Zwecke** und die entsprechende Unterschiedlichkeit des jeweiligen Zusammenwirkens der Gesellschafter Anlass, diesen dem Rechtsverkehr meist bekannten Umständen auch mit Blick auf den Inhalt der Gesellschafterhaftung stärkere Bedeutung zu verleihen, als das für den Bereich der Handelsgesellschaften anerkannt ist. So berechtigen **berufsspezifische Leistungspflichten,** die Freiberufler-Sozietäten im Rahmen von Mandatsverträgen übernehmen, die Mandanten regelmäßig dazu, Erfüllung durch jeden der der jeweiligen Berufsgruppe angehörenden Gesellschafter zu verlangen und diesen Anspruch auch unmittelbar gegen die fraglichen Personen durchzusetzen, während es im Falle **interprofessioneller** Sozietäten für die Angehörigen **anderer Berufsgruppen** bei der Einstandspflicht in Geld bleibt.[115] Bei **Bau-Arbeitsgemeinschaften** beschränkt sich die Erfüllungspflicht der einzelnen Partner analog § 128 HGB entsprechend dem vereinbarten Zusammenwirken der Partner im Zweifel auf die von ihnen jeweils auch intern über-

---

[107] BGH NJW 1981, 1095 (1096); aA *Hadding/Häuser* WM 1988, 1585 (1590): weiterhin Subsidiarität.
[108] So mit iE unterschiedlicher Begr. namentlich GroßkommHGB/*Rob. Fischer*, 3. Aufl. 1971, HGB § 128 Anm. 11 f.; *Hueck* OHG § 21 II 5, S. 315 ff.; Heymann/*Emmerich* HGB § 128 Rn. 21, 22; *Wiedemann* GesR I, S. 288; vgl. aber jetzt dens. GesR II § 8 III 3b cc, S. 737 – Erwartung des Rechtsverkehrs entscheidet; innergesellschaftliche Verpflichtung stellt Indiz für Zumutbarkeit dar; *Kornblum* BB 1971, 1434 (1439 f.); *Lindacher* JuS 1982, 352 ff.; sowie für einen Einzelfall BGHZ 23, 302 (306) = NJW 1957, 871. AA einerseits *Hadding* ZGR 1981, 581 f. – dezidiert gegen eine Berücksichtigung des Innenverhältnisses für die Bestimmung des Haftungsinhalts; andererseits *John*, Die organisierte Rechtsperson, 1977, S. 250 ff., insbes. S. 267 ff.: primäre Erfüllungsansprüche gegen die Gesellschafter generell abl.
[109] So namentlich *Flume* BGB AT I 1 § 16 III 2–4, S. 303 f., 305, 306 f.; Staub/*Habersack* HGB § 128 Rn. 27 ff.; MüKoHGB/*K. Schmidt* HGB § 128 Rn. 24; *ders.* GesR § 49 III 1; Baumbach/Hopt/*Roth* HGB § 128 Rn. 8 f.; ebenso auch BGH NZG 2009, 136 für vertretbare Handlungen iSv § 887 ZPO. Weitergehend – generell für Erfüllungshaftung – *Hadding* ZGR 1981, 581 f.
[110] Dazu auch OLG Frankfurt ZIP 2015, 976 (978): Gesellschafter haften auf Auskunft und Schadensersatz bei Wettbewerbsverstößen der Gesellschaft, aber nicht selbst auf Unterlassen.
[111] Dazu BGH ZIP 2013, 1856 (1857) – Markenheftchen II, betr. vertragliche Unterlassungspflicht der Gesellschaft.
[112] *Flume* BGB AT I 1 § 16 III 5, S. 312 f. unter Hinweis darauf, dass unmittelbare Ansprüche gegen Gesellschaftsorgane auf Erfüllung von Gesellschaftsschulden auch sonst nicht gewährt werden; vgl. demgegenüber für die Durchsetzung mitgliedschaftlicher Verwaltungsrechte aber → § 705 Rn. 199; ähnlich Staub/*Habersack* HGB § 128 Rn. 36; MüKoHGB/*K. Schmidt* HGB § 128 Rn. 29; *K. Schmidt* GesR I § 49 III 2c; *Wiedemann* GesR II § 8 III 3b, S. 735 ff.
[113] Vgl. etwa BGH ZIP 2008, 501 (502) Rn. 8 = NJW 2008, 1378 (1379) betr. die von der Gesellschaft geschuldete Bestellung einer Dienstbarkeit; dazu auch *K. Schmidt* NJW 2008, 1841 ff.
[114] Ebenso Erman/*Westermann* Rn. 20.
[115] Vgl. etwa BGH WM 1982, 743 (744); 1993, 1677 (1681); dazu auch *Grunewald*, FS Peltzer, 2001, S. 129 (132 f.); *Sieg* WM 2002, 1432 (1436); *Römermann* NJW 2009, 1560 (1562). – Zu eng BGH NJW 2000, 1333 (1334): Verneinung der Haftung von Steuerberatern und Wirtschaftsprüfern einer interprofessionellen Sozietät für Veruntreuung von Mandantengeldern durch einen der Sozietät angehörenden Rechtsanwalt, da der Rechtsberatungsvertrag nur mit diesem zustande gekommen sei; dazu mit Recht krit. *Grunewald*, FS Peltzer, 2001, S. 131 ff.; *Damm/Micklitz* JZ 2001, 76; *A. Schmidt* NJW 2001, 1911 f.; relativierend *Sieg* WM 2002, 1432 (1435 f.); vgl. auch *Westermann* WM 2013, 441 (445), dessen grds. Feststellung, die Sozien müssten nur „haften", wohl ebenfalls im Sinne eines Tätigwerdens (als Haftungsinhalt) zu verstehen ist.

nommenen Beitrags-(Werk-)Leistungen.[116] Entsprechendes ist aufgrund des Inhalts der mit Dritten abgeschlossenen Geschäftsbesorgungsverträge auch bei **Emissions-, Kredit- und Finanzierungskonsortien** anzunehmen. Soweit es schließlich um die – typischerweise auf Geld gerichteten – Pflichten einer als GbR organisierten **Bauherrengemeinschaft** geht, modifiziert sich die Haftung der einzelnen Bauherren typischerweise zusätzlich dadurch, dass jeder von ihnen nur auf den ihn anteilig treffenden Betrag der Bausumme oder des Finanzierungsdarlehens in Anspruch genommen werden kann (→ Rn. 62 ff.).

45 **3. Geltendmachung in der Insolvenz der GbR.** Wird das Insolvenzverfahren über das Vermögen einer Außen-GbR eröffnet, so geht die Befugnis zur Geltendmachung der Gläubigeransprüche gegen die Gesellschafter auf den Insolvenzverwalter über. Das folgt aus der auf persönlich haftende Gesellschafter einer OHG oder KG bezogenen Vorschrift des § 93 InsO; sie gilt infolge der Durchsetzung der Akzessorietätstheorie auch für die Gesellschafter einer Außen-GbR (→ § 728 Rn. 21).[117] Prozesse von Gesellschaftsgläubigern gegen Gesellschafter zur Durchsetzung ihrer akzessorischen Haftung werden durch Eröffnung des GbR-Insolvenzverfahrens unterbrochen.[118] Ebenso unzulässig ist die Feststellungsklage eines Gesellschafters gegen einen Gläubiger auf Feststellung, dass er ihm nicht persönlich hafte; denn auch insofern liegt die Passivlegitimation allein beim Insolvenzverwalter.[119]

III. Folgen der akzessorischen Gesellschafterhaftung

46 **1. Akzessorietät in Bezug auf Haftungsumfang und Gläubigerstellung. a) Maßgeblichkeit des jeweiligen Bestands der Gesellschaftsverbindlichkeit.** Die Analogie zu § 128 hat zur Folge, dass sich die Gesellschafterhaftung nicht nur in Bezug auf die Entstehung, sondern ebenso auf den **Fortbestand** nach derjenigen der Gesellschaft richtet.[120] Die **Tilgung** seitens der Gesellschaft führt zum Wegfall auch der Gesellschafterhaftung, diejenige seitens eines Mitgesellschafters zum Übergang der Gläubigerforderung auf ihn kraft cessio legis (→ Rn. 54). Entsprechendes wie für die Tilgung gilt für einen **Forderungserlass** im Verhältnis zwischen Gläubiger und Gesellschaft;[121] die gegenteilige frühere Rechtsprechung des BGH[122] ist überholt. Demgegenüber lässt der Erlass gegenüber einem Mitgesellschafter den Bestand der Forderung gegen Gesellschaft und übrige Gesellschafter regelmäßig unberührt (vgl. § 423).[123]

47 **b) Unanwendbarkeit der §§ 422–425.** Zwischen Gesellschaft und Gesellschaftern besteht **kein Gesamtschuldverhältnis**, da es insoweit an der Gleichstufigkeit zwischen Gesellschaftshaftung und akzessorischer Gesellschafterhaftung fehlt;[124] der Hinweis „als Gesamtschuldner" in § 128 S. 1 HGB bezieht sich nur auf das (Gesamtschuld-)Verhältnis zwischen den Gesellschaftern (→ Rn. 56). Die Haftung der Gesellschafter ist vielmehr, was ihre Akzessorietät gegenüber der Gesellschaftsschuld angeht, dem Verhältnis zwischen (selbstschuldnerischer) Bürgenhaftung und Hauptschuld nachgebil-

---

[116] Im Ansatz aA die zu § 128 HGB herrschende Erfüllungstheorie, vgl. namentlich *Flume* BGB AT I 1 § 16 III 2–4, S. 303 f., 305, 306 f.; Staub/*Habersack* HGB § 128 Rn. 27 ff.; MüKoHGB/*K. Schmidt* HGB § 128 Rn. 24; *ders.* GesR § 49 III 1; Baumbach/Hopt/*Roth* HGB § 128 Rn. 8 f.; ebenso auch BGH NZG 2009, 136 für vertretbare Handlungen iSv § 887 ZPO. Weitergehend – generell für Erfüllungshaftung – *Hadding* ZGR 1981, 581 f. und BGHZ 73, 217 (221) = NJW 1979, 1361, die eine Leistungspflicht der Gesellschafter im Fall *vertretbarer* Handlungen im Grundsatz bejaht, über §§ 280, 281 bzw. – bei Verurteilung zur Erfüllung – über §§ 787, 788 ZPO dann aber ebenfalls zu einem Zahlungsanspruch des Gläubigers gelangt.
[117] BGH NJW 2003, 590; DStR 2007, 125 mit Hinweis, dass § 93 InsO gesetzliche Prozessstandschaft darstellt; OLG Jena NZG 2002, 172 (173); OLG Stuttgart DB 2002, 1929; *K. Schmidt* ZHR 174 (2010), 163 (165); *Wiedemann* GesR II § 7 IV 2b, S. 674; Erman/*Westermann* § 728 Rn. 3.
[118] Im Ergebnis einhM, vgl. BGH NJW 2003, 590 (591) unter analoger Anwendung von § 17 Abs. 1 S. 1 AnfG entgegen der überwM in der Lit., die die Unterbrechung auf unmittelbare oder analoge Anwendung des § 240 ZPO stützt; Nachweise bei BGH NJW 2003, 590 (590).
[119] BGH ZIP 2012, 1683 (1684) Rn. 10 f.
[120] So auch BGH ZIP 2010, 319 (323); Erman/*Westermann* Rn. 22; Bamberger/Roth/*Schöne* Rn. 26. Aus Sicht der Doppelverpflichtungstheorie auch schon die bisher überwM unter Hinweis auf eine rechtsgeschäftlich begründete Akzessorietät zwischen Gesellschaftsschuld und Gesellschafterhaftung – so *Habersack* JuS 1993, 1 (5 ff.); *ders.* AcP 198 (1998), 152 (166 ff.); ähnlich Soergel/*Hadding/Kießling* Rn. 37 – bzw. auf das Vorliegen einer „unechten" Gesamtschuld – so 3. Aufl. Rn. 45; ähnlich Erman/*Westermann* 10. Aufl. 2000, Rn. 14.
[121] Vgl. statt aller MüKoHGB/*K. Schmidt* HGB § 128 Rn. 17; Staub/*Habersack* HGB § 128 Rn. 21.
[122] BGHZ 47, 376 (378) = NJW 1967, 2155; BGH WM 1975, 974.
[123] MüKoHGB/*K. Schmidt* HGB § 128 Rn. 14; Staub/*Habersack* HGB § 128 Rn. 24.
[124] Ganz hM, vgl. BGH ZIP 2011, 909 (911 f.); MüKoHGB/*K. Schmidt* HGB § 128 Rn. 19; Staub/*Habersack* HGB § 128 Rn. 23; Erman/*Westermann* Rn. 22; *Wiedemann* GesR II § 8 III 3a cc, S. 732.

det.[125] Daraus folgt die Unanwendbarkeit der §§ 422 ff. im Verhältnis zwischen Gesellschaft und Gesellschaftern: Erfüllung (§ 422), Erlass (§ 423), Stundung sowie der in § 425 verankerte Grundsatz der Einzelwirkung von Pflichtverletzungen ua auf Seiten der Gesellschaft und sonstige Modifikationen des Schuldverhältnisses haben unmittelbare Auswirkungen auf die akzessorische Gesellschafterhaftung. Vorbehaltlich abweichender Abreden zwischen Gläubiger und Gesellschafter hängt die Haftung in Entwicklung, Fortbestand und Durchsetzbarkeit voll von der jeweiligen Rechtslage zwischen Gläubiger und Gesellschaft ab.[126] – Zum Recht der Gesellschafter, sich gegenüber den Gläubigern auf Einreden der Gesellschaft zu berufen, → Rn. 50 f.

c) Gläubigerstellung. Auch insoweit ist die Akzessorietät der Gesellschafterhaftung zu beachten. **48** Nach §§ 398, 412 iVm § 401 stellt sie sicher, dass die Forderung des Gesellschaftsgläubigers aus § 128 HGB kein selbständiger Verfügungsgegenstand ist, sondern der jeweiligen Zuständigkeit für die fragliche Hauptforderung entspricht. Das gilt sowohl für den Fall rechtsgeschäftlichen wie auch gesetzlichen Übergangs der Forderung gegen die Gesellschaft; die Gläubigeridentität ist zwingender Natur.[127] Einer Änderung auf der Schuldnerseite, sei es kraft Schuldübernahme oder kraft Gesellschafterwechsels (→ Rn. 70 ff.), steht die Akzessorietät demgegenüber nicht entgegen.[128] – Zu den Auswirkungen von Zahlungen aus dem Gesellschaftsvermögen im Falle einer **quotalen Haftungsbeschränkung** bei Publikumsgesellschaften aber → Rn. 62a.

2. Einwendungen und Einreden des Gesellschafters. a) Persönliche. Das Recht des Gesell- **49** schafters, ihm persönlich gegen den Gesellschaftsgläubiger zustehende Einwendungen und Einreden geltend zu machen, richtet sich nach **allgemeinem Schuldrecht**.[129] Maßgebend ist das jeweilige Rechtsverhältnis zwischen dem (analog § 128 HGB haftenden) Gesellschafter und dem Gesellschaftsgläubiger, insbesondere die hierauf bezogenen Abreden zwischen ihnen bzw. zwischen Gesellschaft und Gläubiger iS eines Vertrags zugunsten Dritter (→ Rn. 66). Hierunter fallen etwa die Berufung des Gesellschafters auf einen Erlass oder die Stundung der Gläubigerforderung ihm gegenüber, die Aufrechnung mit einer Gegenforderung gegen den Gläubiger sowie die Berufung auf ein mögliches Zurückbehaltungsrecht, aber auch diejenige auf den Eintritt der **Verjährung**; sofern sie sich auf die persönliche Haftung des Gesellschafters bezieht, wird sie durch Unterbrechungshandlungen des Gläubigers gegenüber der Gesellschaft nicht tangiert.[130] – Zu dem Gesellschafter aus abgeleitetem Recht zustehenden persönlichen Einreden der Anfechtbarkeit und der Aufrechenbarkeit (§ 129 Abs. 2 und 3 HGB analog) → Rn. 51.

b) Aus abgeleitetem Recht (§ 129 Abs. 1–3 HGB analog). Die akzessorische Gesellschafter- **50** haftung analog § 128 HGB hat notwendig zur Folge, dass zugunsten des Gesellschafters auch eine Analogie zu § 129 Abs. 1–3 HGB eingreift.[131] Soweit es um rechtshindernde **Einwendungen** der Gesellschaft geht (Nichtigkeit, erfolgreiche Anfechtung ua), folgt das Recht des Gesellschafters, sich darauf zu berufen, schon aus dem Akzessorietätsprinzip selbst, da es in derartigen Fällen an einer wirksamen Gesellschaftsverbindlichkeit fehlt.[132] Entsprechendes gilt für rechtsvernichtende Einwendungen (Erfüllung, Aufrechnung, Erlass ua). Bedeutung erlangt die **Analogie zu § 129 Abs. 1 HGB** hingegen für **Einreden** der Gesellschaft wie Stundung, Zurückbehaltungsrecht, Verjährung,

---

[125] So zutr. *Habersack* AcP 198 (1998), 152 (159 ff.); s. auch *Wiedemann* GesR II § 7 III 4a, S. 659.
[126] So im Fall von Freiberufler-Sozietäten in Bezug auf die Nichtanwendung des § 425 seit RGZ 85, 306 stRspr; vgl. BGHZ 56, 355 (361 f.) = NJW 1971, 1801; BGHZ 70, 247 (251 f.) = NJW 1978, 996; BGHZ 83, 328 (329 ff.) = NJW 1982, 1866; BGHZ 97, 273 (276 ff.) = NJW 1986, 2364; *Steindorff*, FS Rob. Fischer, 1979, S. 751 (756 f.); *Grunewald*, FS Peltzer, 2001, S. 129 ff. Aus der Sicht der Akzessorietätstheorie vgl. BGH ZIP 2011, 909 (911 f.); MüKoHGB/*K. Schmidt* HGB § 128 Rn. 19; Staub/*Habersack* HGB § 128 Rn. 23; Erman/*Westermann* Rn. 22; *Wiedemann* GesR II § 8 III 3a cc, S. 732; zur Beurteilung aus Sicht der Doppelverpflichtungstheorie vgl. 3. Aufl. Rn. 49.
[127] Vgl. nur Staub/*Habersack* HGB § 128 Rn. 22; Erman/*Westermann* Rn. 22.
[128] Staub/*Habersack* HGB § 128 Rn. 22.
[129] MüKoHGB/*K. Schmidt* HGB § 129 Rn. 2; Staub/*Habersack* HGB § 129 Rn. 2, 17 ff.
[130] Str., vgl. Staub/*Habersack* HGB § 129 Rn. 6 f.; aA MüKoHGB/*K. Schmidt* HGB § 129 Rn. 7 f.
[131] So ausdrücklich auch BGH NJW-RR 2006, 1268 (1269) Rn. 10, 15; vgl. bereits den Hinweis in BGHZ 146, 341 (358) auf die Parallele der Gesellschafterhaftung zu „§§ 128 f. HGB"; ebenso Erman/*Westermann* Rn. 22; Bamberger/Roth/*Schöne* Rn. 26; *Wiedemann* GesR II § 7 III 4, S. 659; wohl auch *Hadding* ZGR 2001, 712 (741 f.); vgl. auch BGH NJW 2014, 1107 (1110), Rn. 23 ff.: im Falle der treupflichtwidrigen Gründung einer Auffang-GbR nur durch einen Teil der Gesellschafter kann die Einrede der Treuwidrigkeit gem. § 129 HGB (analog) ausnahmsweise auch gegenüber der Neu-GbR erhoben werden, die eine Darlehensforderung gegen die Alt-GbR erworben hatte und hieraus gegen einzelne Gesellschafter der Alt-GbR vorging.
[132] Vgl. nur Staub/*Habersack* HGB § 129 Rn. 4; Erman/*Westermann* Rn. 22; s. jetzt auch BGH NJW-RR 2006, 1268 (1269) Rn. 15: auch nach rechtskräftiger Verurteilung der Gesellschaft können Einwendungen der Gesellschaft unmittelbar gegenüber der Inanspruchnahme geltend gemacht werden.

rechtskräftige Klageabweisung. Auf sie kann sich der Gesellschafter auch seinerseits berufen, solange sie von der Gesellschaft erhoben werden können (vgl. § 129 Abs. 1 aE HGB). Wegen der Einzelheiten wird auf die Kommentierungen zu § 129 Abs. 1 HGB verwiesen.

51 Nicht von § 129 Abs. 1 HGB erfasst werden die der Gesellschaft zustehenden rechtshindernden oder -vernichtenden **Gestaltungsrechte**, solange sie hiervon noch keinen Gebrauch gemacht hat. Dieser Problematik tragen **§ 129 Abs. 2 und 3 HGB** Rechnung, indem sie dem haftenden Gesellschafter eine aus derartigen Anfechtungs- bzw. Aufrechnungsbefugnissen der Gesellschaft abgeleitete **persönliche Einrede** gewähren.[133] Auch insoweit ist infolge der akzessorischen Gesellschafterhaftung eine analoge Anwendung auf das Recht der GbR geboten.[134] Die Gesellschafter können danach die Einrede der Anfechtbarkeit oder der Aufrechenbarkeit solange erheben und den Gläubiger an der Durchsetzung seines Anspruchs hindern, als der Gesellschaft das fragliche Gestaltungsrecht zusteht.

52 **c) Keine Zwangsvollstreckung aus Schuldtiteln gegen die Gesellschaft (§ 129 Abs. 4 HGB).** Die Vorschrift des § 129 Abs. 4 HGB zieht die im Grundsatz selbstverständliche Konsequenz aus der Parteifähigkeit der Personenhandelsgesellschaften und dem Erfordernis eines besonderen, gegen sie gerichteten Schuldtitels zur Vollstreckung in das Gesellschaftsvermögen (§ 124 Abs. 1 und 2 HGB); ihre rechtliche Bedeutung beschränkt sich darauf, eine Titelumschreibung nach § 727 ZPO ohne Gesamtrechtsnachfolge des Gesellschafters auszuschließen.[135] Für das Recht der GbR stellte sich die Frage ihrer Anwendbarkeit so lange nicht, als die Gesellschaft selbst weder als rechts- noch als parteifähig angesehen und die Vollstreckung in das Gesellschaftsvermögen nach § 736 ZPO von entsprechenden Titeln gegen alle Gesellschafter abhängig gemacht wurde; diese berechtigten aus traditioneller Sicht selbstverständlich auch zur Vollstreckung in das Privatvermögen der Gesellschafter.[136] Die Rechtslage änderte sich schon dadurch, dass es mit Rücksicht auf die besonderen Haftungsverhältnisse im GbR-Recht zur Herausbildung einer **Gesamthandsschuldklage** gegen die jeweiligen Gesellschafter kam; sie unterscheidet sich von der gegen einzelne oder alle Gesellschafter je persönlich gerichteten Gesamtschuldklage dadurch, dass sie – nur – auf Vollstreckung in das Gesamthandsvermögen gerichtet ist (→ § 718 Rn. 53).

53 Seit Anerkennung der **Parteifähigkeit der Außen-GbR** (→ § 705 Rn. 318) bedarf es dieses Umwegs nicht mehr. Vielmehr lassen sich die unterschiedlichen Beklagten seither schon aus dem jeweiligen Rubrum des Urteils erkennen. Damit erledigt sich auch die früher nicht ohne weiteres auszuschließende Gefahr mangelnder Differenzierung zwischen Gesamthands- und Gesamtschuldtitel. Eine Vollstreckung in das persönliche Vermögen von Gesellschaftern ist schon nach allgemeinem Vollstreckungsrecht nur aufgrund eines gegen sie persönlich gerichteten Schuldtitels möglich, ohne dass es hierfür einer Analogie zu § 129 Abs. 4 HGB bedarf. Unvereinbar mit diesen Grundsätzen ist eine jüngere Rechtsprechung des XI., für Bankrecht zuständigen Senats des BGH, wonach aus der akzessorischen Haftung folge, dass sich die Gesellschafter persönlich der **Zwangsvollstreckung** für Gesellschaftsschulden zu **unterwerfen** hätten, sofern die Gesellschaft eine entsprechende Unterfungserklärung abgegeben habe.[137] Eine solche persönliche Verpflichtung kann indessen niemals Inhalt der akzessorischen Haftung sein; diese setzt vielmehr voraus, dass die Erfüllung durch die Gesellschaft einerseits, durch die Gesellschafter andererseits **inhaltsgleich** sind, woran es hinsichtlich der Unterwerfung unter die sofortige Zwangsvollstreckung offensichtlich fehlt; eine entsprechende Verpflichtung hätte also nur durch die Gesellschafter selbst oder durch **für sie** handelnde Vertreter begründet werden können.[138]

54 **3. Regress- und Freistellungsanspruch gegen die Gesellschaft.** Erfüllt ein vom Gesellschaftsgläubiger in Anspruch genommener Gesellschafter eine Forderung, für die er analog § 128 HGB haftet, so tätigt er eine Aufwendung im Interesse der Gesellschaft als Primärschuldnerin und kann von dieser nach **§§ 713, 670** Regress verlangen (→ § 705 Rn. 191; → § 713 Rn. 15). Streitig ist, ob sich mit der Leistung zugleich ein Übergang der gegen die Gesellschaft gerichteten Forderung auf den Leistenden im Wege der **cessio legis** verbindet.[139] Die Frage ist entgegen der hM zu

---

[133] Vgl. dazu statt aller MüKoHGB/*K. Schmidt* HGB § 129 Rn. 17 ff.; Staub/*Habersack* HGB § 129 Rn. 20 ff.
[134] Ebenso *Habersack* BB 2001, 477 (483); Erman/*Westermann* Rn. 22; Bamberger/Roth/*Schöne* Rn. 26.
[135] So zutr. MüKoHGB/*K. Schmidt* HGB § 129 Rn. 27; Staub/*Habersack* HGB § 129 Rn. 26.
[136] Vgl. dazu 3. Aufl. § 718 Rn. 51 ff.
[137] BGH WM 2005, 1698 – Gesellschafter dürfe sich nicht auf die Unwirksamkeit einer Unterwerfungserklärung berufen, weil er aus § 128 HGB ohnehin zur Unterwerfung verpflichtet sei; ebenso in der Sache auch BGH NZG 2007, 140 (141) Rn. 18; ZIP 2007, 1650 (1653) Rn. 26; zu Recht aA jetzt BGH ZIP 2008, 501 (V. ZS).
[138] Näher dazu *Ulmer* ZIP 2005, 1341 (1344 f.).
[139] Dagegen die hM, vgl. BGHZ 39, 319 (323 f.) = NJW 1963, 1873; BGH NJW 2011, 1023 Rn. 59 f.; *Hueck* OHG § 21 II 7; Baumbach/Hopt/*Roth* HGB § 128 Rn. 25; EBJS/*Hillmann* HGB § 128 Rn. 30; *Wertenbruch* in Westermann/Wertenbruch PersGesR-HdB I. Teil § 20 Rn. 403; dafür *Flume* BGB AT I 1 § 16 II 2c; Staub/*Habersack* HGB § 128 Rn. 43; *Kubis*, Der Regreß des Personenhandelsgesellschafters aus materiell-rechtlicher und verfahrensrechtlicher Sicht, 1988, S. 119 f.

bejahen, wobei als Rechtsgrund freilich § 426 Abs. 2 mangels Gesamtschuldverhältnisses zwischen Gesellschafter und Gesellschaft ausscheidet. Der **Forderungsübergang** beruht vielmehr auf einem aus §§ 774 Abs. 1, 1143 Abs. 1, 1225 abzuleitenden, für akzessorische Verbindlichkeiten kennzeichnenden **allgemeinen Prinzip,** wonach die Hauptforderung auf den akzessorisch Haftenden übergeht, soweit dieser den Gläubiger befriedigt.[140] Bedeutung hat dieser Übergang nach §§ 412, 401 vor allem für etwaige akzessorische Sicherheiten und Vorzugsrechte, die sich mit der Hauptforderung verbinden. Nicht zu folgen ist demgegenüber der nicht belegbaren Behauptung des BGH, § 110 HGB regele den Regress des Personengesellschafters abschließend.[141] Das ist schon deshalb wenig überzeugend, weil § 110 HGB den Fall des Regresses nach Inanspruchnahme durch einen Gesellschaftsgläubiger gar nicht ausdrücklich behandelt,[142] und daher erst recht keine „abschließende" Regelung beinhalten kann (im Übrigen könnte aus dem Vorhandensein einer Regressnorm nicht kurzerhand auf deren abschließende Geltung geschlossen werden). Ferner bleibt das Schicksal der gegen die Gesellschaft gerichteten Verbindlichkeit unklar, wenn man eine cessio legis ablehnt. Denn der Gesellschafter leistet allein auf den gegen ihn gerichteten Anspruch aus § 128 HGB, und der Untergang des (akzessorischen) Nebenrechts lässt das Hauptrecht im Allgemeinen unberührt. Auch lässt sich die (angebliche) Einzigartigkeit des § 774 nicht damit begründen, dass der Bürge „wirtschaftlich gesehen" eine fremde Verbindlichkeit, der Gesellschafter aber eine eigene begleiche; das überzeugt schon deshalb nicht, weil diese Betrachtung allenfalls auf die (rechtlich unmögliche) Einpersonengesellschaft, gewiss aber nicht in Bezug auf Kleinbeteiligungen passt. Dogmatisch liegt ohnehin in beiden Fällen ein Einstehenmüssen für fremde Schuld vor.

Freistellung von der akzessorischen Haftung können die Gesellschafter im Regelfall nur verlangen, wenn und soweit ihnen die Inanspruchnahme durch den Gesellschaftsgläubiger droht, ohne dass sie bereits verklagt sein müssten. Das folgt aus §§ 713, 669 (→ § 713 Rn. 15).[143] Wie auch zu § 128 HGB anerkannt ist,[144] wäre ein weitergehender, schon durch die Fälligkeit oder gar die Begründung der akzessorischen Haftung ausgelöster Freistellungsanspruch mit der Haftungsstruktur der Personengesellschaft und der Pflicht der Gesellschafter zur Förderung des Gesellschaftszwecks unvereinbar. – Zum Freistellungsanspruch ausscheidender Gesellschafter vgl. § 738 Abs. 1 S. 2 (→ § 738 Rn. 77 f.), zur besonderen Situation bei ausdrücklich oder konkludent im Gesellschaftsvertrag vereinbartem Anspruch von Gesellschaftern auf Ausschluss oder Beschränkung der akzessorischen Gesellschafterhaftung → Rn. 57, 69. 55

4. Ausgleichsansprüche gegen Mitgesellschafter. Werden die Gesellschafter erfolgreich auf Erfüllung in Anspruch genommen, so können sie bis zur Liquidation zwar von der Gesellschaft (→ Rn. 54), im Regelfall jedoch **nicht** von ihren Mitgesellschaftern Ausgleich verlangen. Das folgt aus der Vorschrift des § 707, wonach Gesellschafter nicht zur Erhöhung ihrer Beiträge verpflichtet werden können; sie geht dem in § 426 Abs. 1 vorgesehenen, zwischen den Gesellschaftern als Gesamtschuldnern grundsätzlich eingreifenden Ausgleichsanspruch vor (→ § 707 Rn. 5; → § 713 Rn. 15; → § 705 Rn. 217). Hat die Gesellschaft allerdings keine zur Bezahlung verfügbaren Mittel, so kann der zahlende Gesellschafter seinen Ausgleichsanspruch nach § 426 in anteiliger Höhe **alsbald** gegen die Mitgesellschafter geltend machen, spätestens wenn die in Anspruch genommene Gesellschaft Zahlung oder Freistellung verweigert hat (→ § 713 Rn. 15; → § 707 Rn. 5).[145] Der Ausgleichsanspruch entsteht nämlich nicht erst mit Befriedigung des Gesellschaftsgläubigers, sondern als Befreiungsanspruch schon mit der Entstehung des Gesamtschuldverhältnisses, sofern zu diesem Zeitpunkt bereits feststeht, dass die Gesellschaft nicht über freie Mittel verfügt.[146] Die Höhe der 56

---

[140] So zutr. *Habersack* AcP 198 (1998), 152 (159 ff.); ähnlich auch MüKoHGB/*K. Schmidt* HGB § 128 Rn. 31 für Analogie zu § 774 Abs. 1.
[141] BGH NJW 2011, 1023 Rn. 59 f.
[142] Vielmehr bedarf es zur Subsumtion dieses Falles zusätzlicher Begr., s. nur Staub/*Habersack* HGB § 110 Rn. 12 ff.
[143] Ebenso Erman/*Westermann* Rn. 24.
[144] Staub/*Schäfer* HGB § 110 Rn. 40; Staub/*Habersack* HGB § 128 Rn. 41 für treupflichtbedingt eingeschränkten Freistellungsanspruch aus § 257; LG Hagen BB 1976, 763; weitergehend MüKoHGB/*K. Schmidt* HGB § 128 Rn. 35: Grenze nur bei fehlendem Rechtsschutzinteresse; für analoge Anwendung des § 257 auch Baumbach/Hopt/*Roth* HGB § 128 Rn. 26.
[145] BGH NJW 1980, 339 (340); ZIP 2002, 394 (396); WM 2007, 2289 (2290) Rn. 14; OLG Koblenz OLGR 2006, 965; zust. Erman/*Westermann* Rn. 24; Bamberger/Roth/*Schöne* Rn. 29; Baumbach/Hopt/*Roth* HGB § 128 Rn. 27; *Hadding/Häuser* WM 1988, 1585 (1588); *Wagner* WM 2010, 1684 (1686); wN → § 707 Rn. 5; → § 705 Rn. 211 f.
[146] BGH WM 2007, 2289 (2290) Rn. 14 ff. – Gesellschaftsvermögen bestand lediglich aus Anspruch gegen Versicherer; aA als Vorinstanz OLG Koblenz OLGR 2006, 965 (966): Anspruch entsteht erst mit Befriedigung des Gläubigers.

Ausgleichspflicht bestimmt sich nach der jeweiligen Verlustbeteiligung. Ein **ausgeschiedener** Gesellschafter haftet als Gesamtschuldner einer vor seinem Ausscheiden begründeten Verbindlichkeit nur dann anteilig für den Regressanspruch, wenn der den Gläubiger befriedigende Gesellschafter aus dem verbliebenen Gesellschaftsvermögen keine Befriedigung zu erlangen vermag.[147] Anderes gilt, wenn der zahlende Gesellschafter seinerseits aus der Gesellschaft ausscheidet: Er kann von den Mitgesellschaftern alsbald anteiligen Ausgleich verlangen, ohne sich auf die vorrangige Inanspruchnahme des Gesamthandsvermögens verweisen lassen zu müssen.[148] – Zur Haftung der Mitgesellschafter für Drittgläubigerforderungen eines Gesellschafters → Rn. 39.

57 Von der Ausgleichshaftung zu unterscheiden ist die Frage eines **Schadensersatzanspruchs** des in Anspruch genommenen Gesellschafters gegen den handelnden Geschäftsführer, wenn dieser die Durchsetzung einer Haftungsbeschränkung zu seinen Gunsten unterlässt. Er kommt nur dann in Betracht, wenn sich eine Pflicht zur Durchsetzung von Haftungsbeschränkungen aus dem Innenverhältnis ergibt und diese schuldhaft verletzt wurde.

IV. Möglichkeiten der Haftungsbeschränkung

58 **1. Fragestellung. a) Der Übergang zur akzessorischen Gesellschafterhaftung als Paradigmenwechsel.** Unter der Geltung der Doppelverpflichtungstheorie, dh vor dem Rechtsprechungswandel seit 1999 (→ Rn. 3 ff.), bereitete die Beschränkung der Haftung in der GbR auf das Gesellschaftsvermögen konstruktiv keine Schwierigkeiten. Da nicht die Gesellschaftsschuld, sondern die gesamtschuldnerische Haftung der Gesellschafter persönlich einer besonderen Begründung (in Gestalt der „Doppelverpflichtung" für rechtsgeschäftliche Verbindlichkeiten) bedurfte, ließ sich die Beschränkung schon dadurch herbeiführen, dass die Geschäftsführer beim rechtsgeschäftlichen Handeln für die GbR klar erkennen ließen, nicht gleichzeitig namens der Gesellschafter persönlich zu handeln;[149] im Fall gesetzlicher Verbindlichkeiten der GbR entsprach die Nichthaftung der Gesellschafter persönlich ohnehin dem Regelfall.[150]

59 Die Rechtslage änderte sich grundlegend, seit der BGH der Möglichkeit der Gesellschafter einen Riegel vorschob, durch einen bloßen **Haftungsbeschränkungszusatz** zum GbR-Namen („mit beschränkter Haftung" oÄ) zum Ausschluss der persönlichen Haftung zu kommen.[151] Spätestens durch den offenen Übergang zur Akzessorietätstheorie im Jahr 2001 (→ Rn. 5)[152] hat sich die Darlegungslast umgekehrt: Die Mithaftung der Gesellschafter entspricht seither der Regel; Abweichungen hiervon bedürfen besonderer, vom BGH bisher nur in engen Grenzen zugelassener Gründe, und zwar unabhängig davon, ob es um rechtsgeschäftliche oder gesetzliche Verbindlichkeiten geht.

60 **b) Die Vielgestaltigkeit der GbR-Erscheinungsformen als Problem.** Die Problematik dieses jedenfalls im theoretischen Ansatz radikalen Umschwungs ergibt sich aus der – vom BGH[153] früher wiederholt zur Ablehnung der Akzessorietätstheorie angeführten – Vielgestaltigkeit der Erscheinungsformen der GbR in einem breiten Spektrum zwischen unternehmerischer (kleingewerblicher oder freiberuflicher) und ideeller Zweckverfolgung. Vor diesem Hintergrund wirft die am OHG-Modell orientierte, mangels KG-Alternative sogar noch verschärfte neue Haftungsverfassung der Außen-GbR die Frage auf, ob die höchstrichterliche Rechtsfortbildung nicht über das Ziel des angemessenen Gläubigerschutzes hinausschießt und die künftige Verwendung der GbR-Rechtsform in „haftungssensiblen" Bereichen übermäßig erschwert. Die Problematik zeigt sich nicht zuletzt mit Blick auf den – im Grenzbereich zur GbR mit einer Vielzahl von Mitgliedern angesiedelten – nichtrechtsfähigen Verein,[154] da bei ihm die Haftungsbeschränkung auf das Vereinsvermögen, verbunden mit der Handelndenhaftung nach § 54 S. 2, seit jeher anerkannt ist (→ § 54 Rn. 49 [*Arnold*]).[155] Durch Öffnung des Zugangs zu OHG und KG für kleingewerbliche und vermögensver-

---

[147] BGH NJW 1981, 1095; BGHZ 103, 72 (76 f.) = NJW 1988, 1375.
[148] BGH NJW 1981, 1095 (1096); Baumbach/Hopt/*Roth* HGB § 128 Rn. 36 mwN; weitergehend MüKoHGB/*K. Schmidt* HGB § 128 Rn. 62, § 131 Rn. 109 f.: Haftung der verbleibenden Gesellschafter nach § 128 HGB; aA *Hadding/Häuser* WM 1988, 1585 (1590): weiterhin Subsidiarität.
[149] Vgl. 3. Aufl. Rn. 41, 44.
[150] 3. Aufl. Rn. 53.
[151] BGHZ 142, 315 (318 ff.) = NJW 1999, 3483.
[152] BGHZ 146, 341 (358) = NJW 2001, 1056.
[153] Vgl. die Akzessorietätstheorie deshalb vor 1999 in stRspr abl. BGHZ 74, 240 (243) = NJW 1979, 1281; BGHZ 117, 168 (176) = NJW 1992, 1615; BGH NJW 1998, 2904 (2905).
[154] Zu den insoweit bestehenden Abgrenzungsproblemen → Vor § 705 Rn. 136 ff.
[155] Dazu auch *Beuthien* WM 2012, 1 (6): In § 54 S. 2 BGB lasse sich eine institutionelle Erklärung dafür finden, dass die Mitglieder eines nrV für die rechtsgeschäftlichen Vereinsschulden keine unmittelbare persönliche Haftung treffe; für die Ideal-GbR einen solchen Ansatz *Beuthien* WM 2012, 1 (6) gleichwohl abl. – Haftungsausschluss nur bei nach außen erkennbarer vertraglicher Vereinbarung „zumindest" bei nichtwirtschaftlicher GbR.

waltende Gesellschaften im Zuge der Handelsrechtsreform 1998 (§ 105 Abs. 2 HGB nF) sowie durch Schaffung des Haftungsprivilegs des § 8 Abs. 2 PartGG für Freiberufler-Sozietäten, die die Rechtsform der Partnerschaftsgesellschaft wählen, hat sich die Frage zwar teilweise entschärft. Die Notwendigkeit, auch bei Verwendung der GbR-Rechtsform Wege zur Beschränkung oder zum Ausschluss der Gesellschafterhaftung für rechtsgeschäftliche Verbindlichkeiten der GbR in den hierfür nach der Interessenlage der Beteiligten in Betracht kommenden Fällen zu eröffnen, ist dadurch jedoch nicht entfallen. So ist man sich heute denn auch im Ergebnis darin einig, dass die Vielgestaltigkeit der Erscheinungsformen, in denen die (Außen-)GbR begegnet, nach einer Differenzierung bei der persönlichen Gesellschafterhaftung verlangt, zumal es der Gesellschaftsrechtssenat des BGH abgelehnt hat, Rechtsfähigkeit und gesamtschuldnerische Haftung auf unternehmenstragende Gesellschaften oder solche mit Identitätsausstattung zu beschränken (→ Rn. 62).

c) Gründe für Ausschluss oder Beschränkung der Gesellschafterhaftung. Was das Bedürfnis für eine derartige Haftungsbeschränkung entweder allein auf das Gesellschaftsvermögen oder zusätzlich auf die anteilige Gesellschafterhaftung angeht, liegt es im Ansatz nahe, sich an den insoweit unter der Geltung der Doppelverpflichtungstheorie anerkannten, auch aus heutiger Sicht sachgerechten Sonderkonstellationen „privilegierungsbedürftiger" Gesellschaften zu orientieren (→ Rn. 66).[156] Danach erscheint ein **Verzicht** auf die persönliche Gesellschafterhaftung jedenfalls bei der Verfolgung **gemeinnütziger und sonstiger ideeller (nichtwirtschaftlicher) Zielsetzungen** im Grenzbereich zum nichtrechtsfähigen Verein bei entsprechender Anwendung der Handelndenhaftung aus § 54 S. 2 sachgerecht;[157] er sollte von der Rechtsprechung respektiert werden. Eine **Beschränkung** der Gesellschafterhaftung liegt insbesondere im Bereich der Vermögensverwaltung mit voller Zugriffsmöglichkeit der Gläubiger auf das gemeinsame Vermögen nahe, wie der BGH für geschlossene Immobilienfonds und als Außen-GbR organisierte **Bauherrengemeinschaften** auch selbst anerkannt hat.[158] Während mit dem BGH für die Bauherrengemeinschaft eine anteilige Haftung zu befürworten ist,[159] sollte auf Fondsgesellschaften und sonstige **Publikumsgesellschaften** das Haftungsmodell der KG angewandt werden, so dass die Haftung auf die Einlage beschränkt ist, und zwar unabhängig von der Gestaltung des Gesellschaftsvertrages und/oder von Darlehensverträgen, welche die Gesellschaft abgeschlossen hat (→ Rn. 62a, 64). Soweit es andererseits um die gemeinsame Verfolgung **erwerbswirtschaftlicher Ziele** geht, erscheint es im Interesse der Gesellschaftsgläubiger grundsätzlich[160] angemessen, die Beteiligten an der persönlichen Außenhaftung analog § 128 S. 1 HGB festzuhalten, wenn sie darauf verzichten, von der ihnen offen stehenden Wahl der KG oder der PartG als im Vergleich zur GbR haftungsprivilegierten Rechtsformen Gebrauch zu machen.[161] **Abzulehnen** ist eine beschränkte Haftung auch dann,

---

[156] Dazu 3. Aufl. Rn. 42 f.; so im Ansatz, ausgehend von der „traditionellen" Haftungsverfassung, auch *H. Baumann* JZ 2001, 895 (903 f.).

[157] Vgl. OLG Breslau OLGE 32, 362 (363) – Breslauer Brunnen – als Musterbeispiel; dem Ausschluss der Gesellschafterhaftung in derartigen Fällen zust. Soergel/*Hadding/Kießling* Rn. 31; *Flume* BGB AT I 1 § 16 IV 5; *Ulmer* ZIP 2003, 1113 (1119); *Casper* JZ 2002, 1112 (1114); *Armbrüster* ZGR 2005, 36 (47); iE auch Bamberger/Roth/*Schöne* Rn. 44; *Wiedemann* GesR II § 7 III 4b bb, S. 662; *Reiff* ZGR 2003, 550 (574); *Beuthien* NZG 2005, 493 (494); *J. Jacobs,* Die institutionelle Haftungsbeschränkung bei der atypischen Außen-GbR, 2007, S. 141 ff.; *Schäfer,* FS Nobbe, 2009, S. 909 (925); insbes. zur Handelndenhaftung auch *Canaris* ZGR 2004, 69 (105); ähnlich im Ergebnis auch *Brand* AcP 208 (2008), 490 (504 ff.), der aber insofern weiterhin (wenig überzeugend) auf die Doppelverpflichtungslehre zurückgreifen will; ferner *Beuthien* WM 2012, 1 (6 ff.), der einen Haftungsausschluss aber nur bei nach außen erkennbarem gesellschaftsvertraglichen „Schuldausschluss" und somit nur für vertragliche Verbindlichkeiten befürwortet; aA *Nicknig,* Die Haftung der Mitglieder einer BGB-Gesellschaft, 1972, S. 19; *Hasselmann,* Die Lehre Ulmers zur GbR im Wandel, 2007, S. 126 ff.; *Dauner-Lieb* in VGR (Hrsg.), Gesellschaftsrecht in der Diskussion, Bd. 5, 2002, S. 117, 135 f.; *Schöpflin,* Der nichtrechtsfähige Verein, 2003, S. 405 ff.; *A. Meyer* ZGR 2008, 712 (718, 719); wohl auch *Schwark,* FS Heinsius, 1991, S. 753 (756); *Reuter* NZG 2004, 217 (220).

[158] BGHZ 150, 1 (4 ff.) = NJW 2002, 1642, vgl. auch schon OLG Bamberg NZG 2000, 364 (365); ebenso für Fondsgesellschaften auch die neuere Rspr. des XI. ZS: BGH ZIP 2006, 1622 (1625 f.) Rn. 31 ff.; 2007, 169 (170); 2008, 1317 (1319 f.) Rn. 18 ff.: keine Haftung analog § 128 HGB für Bereicherungsanspruch der Bank gegenüber der Gesellschaft infolge der Unwirksamkeit eines Darlehensvertrages wegen Verstoßes gegen Art. 1 § 1 RBerG. Zur Haftung für öffentlich-rechtliche Verbindlichkeiten → Rn. 37. – Zum Ansatz einer quotalen Gesellschafterhaftung → Rn. 62a.

[159] So auch Bamberger/Roth/*Schöne* Rn. 43; sowie eingehend *J. Jacobs,* Die institutionelle Haftungsbeschränkung bei der atypischen Außen-GbR, 2007, S. 114 ff.

[160] Eine Ausnahme gilt für Publikumsgesellschaften (→ Rn. 63); vgl. zum dort nach bisherigem Recht anerkannten Haftungsausschluss BGH NJW 1979, 2304 (2306); ähnlich auch BGHZ 113, 216 (219) = NJW 1991, 922 für die Gesellschafter einer Schein-KG.

[161] So jetzt eingehend *Reiff* ZGR 2003, 550 (565 ff.). Zur Frage analoger Anwendung des Haftungsprivilegs des § 8 Abs. 2 PartGG auf Freiberuflersozietäten vgl. immerhin *H. Baumann* JZ 2001, 895 (901); *Sieg* WM 2002, 1432 (1434 f.).

wenn sie, wie die ARGE, ihre unternehmerische Tätigkeit nur für begrenzte Zeit entfalten.[162] Dies gilt insbesondere auch bei der **Freiberuflersozietät.** Das im Ansatz berechtigte Interesse an einer beschränkten persönlichen Haftung lässt sich hier ohne weiteres durch die Wahl einer anderen Rechtsform, namentlich der Partnerschaftsgesellschaft befriedigen (zur Frage einer Haftungskonzentration analog § 8 Abs. 2 PartGG für die Gesellschafter einer Freiberufler-GbR → Rn. 67 aE). Keine wesentliche praktische Bedeutung kommt der Frage für die **ehemalige KG** zu, seit gemäß § 105 Abs. 2 HGB auch die nur eigenes Vermögen verwaltende Gesellschaft, sofern sie nur eingetragen ist, im Stadium der Handelsgesellschaft verbleibt. Keine Bedeutung hat sie zudem für sog. **Emissionskonsortien,** die aufgrund der Interessenlage der Parteien in aller Regel als Innen-GbR zu qualifizieren sind.[163]

62 2. **Wege zur Haftungsbeschränkung.** a) **Reduktion der Analogie zu § 128 HGB – institutionelle Haftungsbeschränkung. aa) Einführung und Meinungsstand.** Diesen Weg ist der BGH – abgesehen von der Nichtanwendung der Analogie auf **Altfälle** aus der Zeit vor September 1999[164] – in Bezug auf **Bauherrengemeinschaften** in der Rechtsform der Außen-GbR gegangen; insoweit hat der Senat obiter an der jeweils anteiligen Haftung der Bauherren in Anknüpfung an die frühere Rechtsprechung[165] festgehalten,[166] hierfür aber keine formularvertragliche Haftungsbeschränkungsklausel verlangt, mithin einen institutionellen Ansatz verfolgt.[167] Im selben Urteil, das eine vor 1995 gegründete Immobilienfonds-GbR betraf, deren Gesellschaftsvertrag eine akzessorische Haftung der Gesellschafter ausdrücklich ausschloss, nahm er aber für die Anlegerhaftung in der **Fondsgesellschaft** an, dass die Haftung durch eine formularvertragliche Regelung beschränkt werden könne. Weil der Rechtsverkehr vernünftigerweise die Übernahme einer persönlichen Haftung für das gesamte Investitionsvolumen vom einzelnen Anleger nicht erwarten könne, sei auch eine vorformulierte Haftungsbeschränkung zulässig; sie bewirke keine unangemessene Benachteiligung des Vertragspartners. In der Sache ist dem Senat zu folgen; zu Recht geht er wegen der Eigenart dieser Fonds als reine Kapitalanlagegesellschaft davon aus, dass eine unbeschränkte Gesellschafterhaftung nicht in Betracht kommt.[168] Anderes gilt hingegen für den insoweit gewählten methodischen Ansatz. Dieser dürfte aber auch noch nicht fest gefügt sein, zumal er wiederum in ein obiter dictum gekleidet wurde; denn für Altfälle gewährt der Senat grundsätzlich Vertrauensschutz entsprechend den bisher anerkannten Grundsätzen, den er allerdings im konkreten Fall versagt hat. Für diese – nicht weiter begründete – Differenzierung im methodischen Ansatz ist der Senat nicht ohne Grund kritisiert worden;[169] denn ohne eindeutig erkennbare methodische Grundlage für Haftungsbeschränkung bzw. -ausschluss lassen sich die Folgefragen kaum konsistent lösen. Darüber, welcher der beiden Wege vorzugswürdig ist, wird derzeit lebhaft gestritten. Den Befürwortern des (formular-)vertraglichen Ansatzes[170] steht das inzwischen annähernd gleich starke Lager der Anhänger einer institutionellen, also gesetzlichen Haftungsbeschränkung gegenüber.[171]

---

[162] Der Fall von BGHZ 146, 341 = ZIP 2001, 330, der den BGH zur Anwendung des § 128 HGB veranlasst hatte, betraf eine bauwirtschaftliche ARGE („Weißes Roß").

[163] Dazu nur *Schäfer* ZGR 2008, 455 ff.

[164] So mit Blick auf geschlossene Immobilienfonds BGHZ 150, 1 (4 ff.) = NJW 2002, 1642 unter Hinweis auf BGH NJW-RR 1990, 867; bestätigt durch BGH NJW 2006, 3716 (3717) Rn. 19; zur Entbehrlichkeit der – im Detail zweifelhaften – Übergangsregelung aber → Rn. 65 aE; → Rn. 72.

[165] Vgl. nur BGHZ 75, 26 (28 f.) = NJW 1979, 2101; BGH NJW 1980, 992 (994) – insoweit in BGHZ 76, 86 nicht abgedruckt; wN bei *Leuthe*, Die gewerblich geprägte GbR, 1993, S. 104 in Fn. 220; vgl. auch *Breuninger*, BGB-Gesellschaft, 1991, S. 159 ff.

[166] BGHZ 150, 1 (6) = NJW 2002, 1642 (bestätigt von BGH ZIP 2006, 2128 = NJW 2006, 3716); dazu etwa *Casper* JZ 2002, 1112; *Böken* DStR 2004, 558; *Reiff* ZGR 2003, 550 (564 f.).

[167] So insbes. *Wiedemann* GesR II § 7 III 4b, S. 662; *J. Jacobs*, Die institutionelle Haftungsbeschränkung bei der atypischen Außen-GbR, 2007, S. 45 ff.; Bamberger/Roth/*Schöne* Rn. 42 ff.; im Ansatz auch *Reiff* ZGR 2003, 550 (565 ff.).

[168] BGHZ 150, 1 (6) = NJW 2002, 1642; vgl. auch BGH NJW 2006, 3716 – keine Haftung aus § 128 HGB, sondern nur nach Maßgabe der gesellschaftsvertraglichen Regelung wg. Vertrauensschutzes; ebenso im Ergebnis bereits 4. Aufl. 2004 Rn. 66 *(Ulmer)*.

[169] *Casper* JZ 2002, 1112 f.; 4. Aufl. 2004 Rn. 62 *(Ulmer)*; ähnlich *Hadding* WuB II J. § 705 BGB 4.02, S. 865, 868; iE auch Bamberger/Roth/*Schöne* Rn. 40, 42; *J. Jacobs*, Die institutionelle Haftungsbeschränkung bei der atypischen Außen-GbR, 2007, S. 49 ff.

[170] *Ulmer* ZIP 2003, 1113 (1118); *Casper* JZ 2002, 1112 (1113); *Hasenkamp* BB 2004, 230 (232); *Wälzholz* MittBayNot 2003, 35 (39); *Wössner* ZIP 2003, 1235 (1237); s. auch Ulmer/Brandner/Hensen/*Fuchs* § 307 Rn. 318 ff.; so auch noch *Schäfer* ZIP 2003, 1225 (1232), aber unter der Prämisse, dass für gesetzliche Verbindlichkeiten generell nicht abgefunden werde; für Fortführung der Doppelverpflichtungslehre in diesen Fällen *Brand* AcP 208 (2008), 490 (504 ff.); s. BGHZ 150, 1 (6) = NJW 2002, 1642; bestätigt von BGH ZIP 2006, 2128 = NJW 2006, 3716); dazu etwa *Casper* JZ 2002, 1112; *Böken* DStR 2004, 558; *Reiff* ZGR 2003, 550 (564 f.).

[171] *Wiedemann* GesR II § 7 III 4b, S. 662; *Reiff* ZGR 2003, 550 (565 ff.); *J. Jacobs*, Die institutionelle Haftungsbeschränkung bei der atypischen Außen-GbR, 2007, S. 45 ff.; Bamberger/Roth/*Schöne* Rn. 42 ff.; Staudinger/*Habermeier* (2003) Vor § 705 Rn. 40, 70; so jetzt auch *Schäfer*, FS Nobbe, 2009, S. 909 (918 f.).

62a In den letzten Jahren verfolgt der II. Senat des BGH für **Fondsgesellschaften** aufgrund entsprechender Regelungen im Gesellschaftsvertrag und/oder den von der Gesellschaft geschlossenen (Darlehens-)Verträgen zunehmend das Modell einer **quotalen Gesellschafterhaftung** und überlässt die Reichweite der persönlichen Gesellschafterhaftung daher vollständig der – den Anlegern nicht zugänglichen – Vertragsgestaltung durch die Fondsinitiatoren bzw. Geschäftsführer.[172] Auf die Grundsatzfrage, ob eine solche Vertragslösung überzeugt, ist in → Rn. 63 ff. zurückzukommen. An dieser Stelle ist zunächst auf einige Folgerungen hinzuweisen, die der BGH neuerdings aus einer vertraglich vereinbarten quotalen (= anteiligen) Haftung der Gesellschafter zieht, namentlich für die zuvor unter den Instanzgerichten sehr umstrittene Frage, inwiefern (Teil-)Zahlungen der Gesellschaft auf die jeweiligen Haftungsquoten der Gesellschafter anzurechnen sind. Der BGH hat eine solche Anrechnung grundsätzlich abgelehnt, sofern sie nicht ausdrücklich in den zugrundeliegenden Verträgen vereinbart worden ist; die quotale Haftung bemesse sich nicht nach der im Zeitpunkt der Inanspruchnahme noch offenen Darlehensschuld, sondern nach dem Nominalbetrag des ausreichenden Darlehens nebst Zinsen und Kosten.[173] Der Senat interpretiert die quotale Haftung demgemäß als eine **verdeckte gesamtschuldnerische Haftung der Gesellschafter,** weil diese für den Quotenanteil ihrer Mitgesellschafter letztlich einzustehen haben, wenn die Teilbefriedigung aus dem Gesellschaftsvermögen die Gesellschafterhaftung unberührt lässt.[174] Dass eine solche Lösung vereinbart werden *kann,* wenn dies im Vertrag in eindeutiger Weise formuliert ist und die Anleger im Prospekt hierauf deutlich hingewiesen werden, mag noch angehen, auch wenn nicht recht erkennbar ist, inwiefern eine solche Klausel die Anlegerinteressen angemessen berücksichtigen sollte und die akzessorische Haftung im allgemeinen nur in der jeweiligen Höhe der Gesellschaftsschuld besteht, von Teilleistungen also automatisch profitiert.[175] **Nicht nachvollziehbar** ist aber, dass diese Lösung „im Zweifel" die richtige sein soll, also gleichsam einem verdeckten gesetzlichen Haftungsmodell der Quotenhaftung entspricht, von dem die Parteien nur durch hinreichend klare Formulierung, also letztlich nur ausdrücklich, abweichen können.[176]

63 **bb) Stellungnahme.** Die besseren Gründe sprechen dafür, bei den in → Rn. 61 erwähnten atypischen Gesellschaften einheitlich eine **institutionelle Haftungsbeschränkung** (bzw. -ausschluss) anzunehmen; auf die vertragliche Ausgestaltung der Haftung kommt es dann nicht mehr an, so dass sich auch die Probleme der quotalen Haftung (→ Rn. 62a) erledigen.[177] Der **Bedarf** nach einer Einschränkung der Analogie zu § 128 HGB für bestimmte Fallgruppen ist seit der Ausgangsentscheidung des II. Zivilsenats von 2002 erheblich gewachsen. Zwischenzeitlich hat der Senat nämlich

---

[172] So BGHZ 188, 223 = NJW 2011, 2040; BGH NJW 2011, 2045; DB 2011, 1914; NZG 2012, 701 (703) Rn. 20 ff. speziell zur Haftung für Altverbindlichkeiten; ZIP 2013, 266 speziell zur Ermittlung der Quoten bei teilweiser Nichtzeichnung; dazu *Schäfer* EWiR 2013, 141; ebenso zuvor bereits KG ZIP 2009, 1118; OLG Köln NZG 2010, 102; aA OLG Frankfurt ZIP 2009, 1619 (1622); KG NZG 2009, 299; 2010, 1265; ZIP 2011, 227; ebenso krit. schon *Schäfer* NZG 2010, 241 (gegenüber den Vorinstanzen); krit. zur Ausgestaltung der quotalen Haftung ferner *Klimke* WM 2011, 492 (494 f.); *Priester* DStR 2011, 1278 (1280 f.); *Westermann* NZG 2011, 1041 (bes. 1045 f.), *ders.* FS Krämer, 2009, S 373 (388); *ders.* NZG 2011, 1041.und Erman/*Westermann* Rn. 22; trotz Einzelkritik tendenziell zust. hingegen *K. Schmidt* NJW 2011, 2001 (2005 ff.): „gewöhnungsbedürftig, aber nachvollziehbar".

[173] BGH BGHZ 188, 233 (239) = NJW 2011, 2040 (2042) Rn. 22; 2011, 2045 (2046); zuletzt BGH NJW 2012, 701 (704); ebenso zuvor bereits KG ZIP 2009, 1118; OLG Köln NZG 2010, 102. AA OLG Frankfurt ZIP 2009, 1619 (1622); KG NZG 2009, 299; 2010, 1265; ZIP 2011, 227; ebenso auch *Klimke* WM 2010, 492 (493 ff.); *Loddenkemper* ZflR 2006, 707 (711); *Schäfer* NZG 2010, 241 (242); *Westermann,* FS Krämer, 2009, S. 373 (388); *ders.* NZG 2011, 1041.

[174] So treffend *K. Schmidt* NJW 2011, 2001 (2005); s. auch *Priester* DStR 2011, 1278 (1280 f.).

[175] Dass die persönliche gesamtschuldnerische Haftung dem „Wesen" der GbR entspreche (so Senat in BGHZ 188, 233 (244) = NJW 2011, 2040 (2043) Rn. 34), mag allg. zutreffen, aber eben gerade nicht auf die Publikumsgesellschaft zu Anlagezwecken. Darauf, dass der BGH über Gesellschafterinteressen hinweggehe, weist zutr. auch *K. Schmidt* NJW 2011, 2001 (2005) hin.

[176] IdS aber BGHZ 188, 223 = NJW 2011, 2040 Rn. 34 ff. = ZIP 2011, 907 (912 ff.); zuletzt BGH NJW 2012, 701 (704); krit. zu diesem Ansatz schon *Schäfer* NZG 2010, 241 (gegenüber den Vorinstanzen); krit. zur Ausgestaltung der quotalen Haftung ferner *Klimke* WM 2011, 492 (494 f.); *Priester* DStR 2011, 1278 (1280 f.); *Westermann* NZG 2011, 1041 (bes. 1045 f.) und Erman/*Westermann* Rn. 22; trotz Einzelkritik tendenziell zust. hingegen *K. Schmidt* NJW 2011, 2001 (2005 ff.): „gewöhnungsbedürftig, aber nachvollziehbar"; zu Konsequenzen für die Vertragsgestaltung *Priester* DStR 2011, 1278 (1281) und *Stenzel/Beckmann* BB 2011, 2507 (2509 f., 2511 f.).

[177] Näher *Schäfer,* FS Nobbe, 2009, S. 909 (918 f.); *ders.* NZG 2010, 241 (244); *Wiedemann* GesR II § 7 III 4b, S. 662; *Reiff* ZGR 2003, 550 (554 ff.); *J. Jacobs,* Die institutionelle Haftungsbeschränkung bei der atypischen Außen-GbR, 2007, S. 57 f.; eingehend zur Interessenlage bei gesetzlichen Verbindlichkeiten und mwN *Schäfer* ZIP 2003, 1225 (1227 f.); zurückhaltend *Priester* DStR 2011, 1278 (1281 f.); aA – dh für formularvertragliche Beschränkung bei geschlossenen Immobilienfonds – BGHZ 150, 1 (4 ff.) = NJW 2002, 1642 f.; ebenso noch 4. Aufl. 2004 Rn. 62, 68 *(Ulmer).*

festgestellt, dass die Gesellschafter auch für gesetzliche Verbindlichkeiten haften,[178] und die Haftung für gesetzliche Verbindlichkeiten lässt sich naturgemäß nicht auf vertraglichem Wege beschränken. Es ist deshalb eine erhebliche Schwäche des formularvertraglichen Ansatzes, ausgerechnet dort zu versagen, wo die Gläubigerinteressen an einer weiteren Haftungsmasse, also an der persönlichen Gesellschafterhaftung, am schwächsten ausgeprägt sind.[179] Gerade am Beispiel der Publikumsgesellschaften zeigt sich eine weitere Schwäche des formularvertraglichen Ansatzes: Die Gesellschafter, um deren Interessen es geht, tragen das Einbeziehungsrisiko; denn sie sind darauf angewiesen, dass die Geschäftsführer bereit und in der Lage sind, die formularvertragliche Haftungsbeschränkung gegenüber den Gesellschaftsgläubigern durchzusetzen. Eine solche Risikozuweisung ist indessen nicht gerechtfertigt; denn die Gesellschafter können das Risiko nicht selbst steuern. Zugleich rechtfertigt die Interessenlage auch nach Ansicht des BGH selbst den völligen Haftungsausschluss. Entsprechendes gilt auch hinsichtlich des **Umfangs** der Gesellschafterhaftung. Er ist vor allem durch die Rechtsprechung des XI. Zivilsenats[180] in den Blick geraten, welcher in mehreren Fällen von einer (nur) quotalen Haftungsbeschränkung ausgegangen ist und diese überdies auf Altverbindlichkeiten erstreckt hat. Ist es aber gerechtfertigt, wovon auch der II. Senat ausgeht, bei Anlagegesellschaften die Haftung völlig auszuschließen, ist nicht ersichtlich, warum die Gesellschafter das Risiko tragen sollten, dass in der konkreten Fondsgesellschaft nicht diese für sie günstigste Variante gewählt, sondern die Haftung lediglich quotal beschränkt wird. Allgemeiner lässt sich formulieren, dass der institutionelle Ansatz ohne weiteres Raum lässt, durch ein differenziertes Haftungsmodell auf die jeweilige, zum Ausschluss oder zur Beschränkung der Gesellschafterhaftung führenden Interessenlage gerecht zu werden (→ Rn. 64). − Zum erbrechtlich geprägten Sonderfall der Haftungsbeschränkung auf den Nachlass bei Gesellschaftsanteilen unter Testamentsvollstreckung → Rn. 41.

64 Die Frage nach dem **Umfang der Haftung in der atypisch gestalteten GbR** ist differenziert zu beantworten: Für die **Ideal-GbR** ist weithin anerkannt, dass die Haftung der Gesellschafter ganz ausgeschlossen ist und nur die Handelnden analog § 54 S. 2 haften (→ Rn. 61).[181] Im Anschluss an das obiter dictum des II. Zivilsenat[182] ist ferner anerkannt, dass **Bauherren**, die sich zu einer GbR zusammengefunden haben, nur anteilig, entsprechend ihrer Beteiligung am Gesamtinvestment für die Gesellschaftsschulden einzustehen haben (→ Rn. 61). Komplizierter liegen die Dinge bei der **Fondsgesellschaft.** Der II. Zivilsenat des BGH hält hier sowohl eine Haftungsbegrenzung auf das Gesellschaftsvermögen, also den völligen Ausschluss der Haftung, wie auch eine quotale Außenhaftung für prinzipiell angemessen und will es der Vertragsgestaltung überlassen, welche dieser Alternativen im Einzelfall gilt (zu Ausgestaltung der quotalen Haftung → Rn. 62a);[183] ebenso hält es der XI. Senat. Indessen passt das Modell der quotalen Außenhaftung nicht für die Anlagegesellschaften; es begegnete im Personengesellschaftsrecht sonst nur bei der Partenreederei (§ 507 HGB aF), die aber einer Publikumsgesellschaft gewiss nicht vergleichbar war. Vorzugswürdig ist insofern ein schon im Schrifttum vorgeschlagenes,[184] an der Kommanditistenhaftung der §§ 171 ff. HGB orientiertes Haftungsmodell; es entspricht eher dem Konzept des Gesetzgebers als der völlige Ausschluss der Haftung.[185] Denn auch der Kommanditist ist nach dem Plan des Gesetzes ein passiver, nur kapitalistisch interessierter Gesellschafter (vgl. §§ 164 f., 166 Abs. 2, 170 HGB) und unterliegt dennoch einer (beschränkten) persönlichen Haftung. Daher sind die §§ 171 ff. HGB analog anzuwenden, sofern sie nicht zwingend die Eintragung voraussetzen (→ Rn. 65). Hierzu passt im Übrigen auch, dass die geschäftsführenden Gesellschafter, die regelmäßig zum Kreis der Initiatoren gehören, unverändert

---

[178] BGHZ 154, 88 (94) = ZIP 2003, 664 = NJW 2003, 1445.
[179] *Schäfer*, FS Nobbe, 2009, S. 909 (918); vgl. ferner insbes. *Wiedemann* GesR II § 7 III 4b, S. 662; *Reiff* ZGR 2003, 550 (554 ff.); *J. Jacobs*, Die institutionelle Haftungsbeschränkung bei der atypischen Außen-GbR, 2007, S. 57 f.; eingehend zur Interessenlage bei gesetzlichen Verbindlichkeiten und mwN *Schäfer* ZIP 2003, 1225 (1227 f.).
[180] Vgl. insbes. BGH ZIP 2006, 1622 (1625 f.) Rn. 31 ff.; 2007, 169 (170).
[181] Demgegenüber plädiert *Beuthien* WM 2012, 1 (5 ff.) (nur) für die Zulässigkeit eines vertraglichen Haftungsausschlusses, der den Gläubigern kenntlich zu machen ist („GbRmbH") − „zumindest" bei der nichtwirtschaftlichen GbR.
[182] BGHZ 150, 1 (4 ff.) = NJW 2002, 1642. Neuere Urteile BGH NJW 2011, 2040 (2042) Rn. 22; 2011, 2045 (2046); ebenso zuvor bereits KG ZIP 2009, 1118; OLG Köln NZG 2010, 102. AA OLG Frankfurt ZIP 2009, 1619 (1622); KG NZG 2009, 299; 2010, 1265; ZIP 2011, 227. − Praktische Hinweise zur quotalen Haftung in der Publikumsgesellschaft bei *Wagner* ZfIR 2009, 728; *Barchewitz* MDR 2009, 1374; *Stenzel/Beckmann* BB 2011, 2507 ff.
[183] BGHZ 150, 1 (4 ff.) = NJW 2002, 1642 f.
[184] *M. Wolf* WM 2000, 704 (708 ff.); *J. Jacobs*, Die institutionelle Haftungsbeschränkung bei der atypischen Außen-GbR, 2007, S. 190 ff.; dem folgend Bamberger/Roth/*Schöne* Rn. 45; Staudinger/*Habermeier* (2003) Vor § 705 Rn. 40, 70.
[185] Näher *Schäfer*, FS Nobbe, 2009, S. 909 (921 f.).

analog § 128 S. 1 HGB haften.[186] Dass die – der Einlage entsprechende – „Haftsumme" bei der GbR im Übrigen keiner Registerpublizität unterliegt, ist zwar nicht ideal, aber kein zwingender Gegengrund, wie § 176 HGB zeigt.[187] Es ist dann Sache des Anlagegesellschafters, seine ihm nach dem Gesellschaftsvertrag obliegende Einlagepflicht und deren Erfüllung vorzutragen und ggf. zu beweisen. Im Innenverhältnis begrenzt § 167 Abs. 3 HGB die Verlustteilnahme. Dieses Haftungsmodell ist auf sämtliche Formen der Publikums-GbR zu übertragen.[188]

Speziell für die **Publikumsgesellschaft** ergibt sich aus den in → Rn. 64 genannten Gründen **65** das folgende **Haftungsmodell**:[189] Wie bei allen atypischen GbR ist die beschränkte Haftung auch hier zunächst eine **gesetzliche**; auf den Inhalt des Gesellschaftsvertrages kommt es daher zur Haftungsbegründung ebenso wenig an wie auf (formular-)vertragliche Vereinbarungen mit den Gläubigern. Die beschränkte Gesellschafterhaftung gilt nur für die (passiven) Anlagegesellschafter; die geschäftsführenden Gesellschafter haften dagegen analog § 128 S. 1 HGB. Der Charakter einer Publikumsgesellschaft ist den Gläubigern in der Regel schon aus dem Namen bzw. Zweck der Gesellschaft erkennbar, im Übrigen aus der Gesellschafterstruktur. Sollte die Erkennbarkeit im Einzelfall zu verneinen sein, kommt die Rechtsscheinhaftung infolge des Auftretens als Außengesellschaft in Betracht. Der **Umfang** der Haftung der Anlagegesellschafter ist auf die Einlage (= Haftsumme) beschränkt; wie bei der KG ist die Außenhaftung der Gesellschafter somit erst dann ausgeschlossen, wenn die sich aus dem Beitrittsvertrag ergebende Einlagepflicht erfüllt ist. Eine quotale Haftung ist damit unvereinbar und ist deshalb in keinem Falle anzunehmen. Die **Rückgewähr der Einlage** führt analog § 172 Abs. 4 HGB zum Wiederaufleben der Haftung. Die Gesellschafter haften analog § 173 HGB auch für **Altverbindlichkeiten**, jedoch wiederum begrenzt auf die Haftsumme. Die reduzierte Haftung entspricht dabei auch für Altverbindlichkeiten dem begrenzten Einfluss des Kommanditisten auf die Gesellschaft und ihr Vermögen. Denn die Haftung für Altverbindlichkeiten ist als Ausgleich dafür anzusehen, dass der Beitretende kraft seiner Gesellschafterstellung Einfluss auf das Gesellschaftsvermögen und damit auf einen Haftungsfonds gewinnt, der – im Zeitpunkt des Eintritts – exklusiv den Altgläubigern der Gesellschaft zugewiesen ist.[190] Bei nur geringem Einfluss ist folglich auch nur ein geringer Haftungsumfang gerechtfertigt. Im Verhältnis zur Gesellschaft gilt überdies § 167 Abs. 3 HGB entsprechend. Einer **Übergangslösung** für Altfälle bedarf es nicht, da die Haftung nicht wesentlich über den Umfang hinausgeht, wie er sich auf der Grundlage der Doppelverpflichtungslehre ergab. Das gilt auch in Bezug auf die (beschränkte) Haftung für Altverbindlichkeiten. Eine solche bestand zwar nach der Doppelverpflichtungslehre überhaupt nicht; doch trifft sie den Anlagegesellschafter richtigerweise ohnehin nur, sofern er seine Einlage nicht geleistet oder zurückerhalten hat. Das hier vertretene Haftungsmodell hat den Vorzug, auf die sehr zweifelhafte Unterscheidung danach, ob der eintretende Gesellschafter eine bestimmte Verbindlichkeit hätte erkennen können oder sonstige für eine Haftung sprechende Einzelfallumstände vorliegen,[191] völlig verzichten zu können. Denn der Gläubiger konnte und kann stets nur auf eine auf die Einlage beschränkte Haftung der Anlagegesellschafter vertrauen.

b) Vertraglicher Haftungsausschluss. Angesichts der in → Rn. 61 ff. angesprochenen atypi- **66** schen Gestaltungen, bei denen schon eine institutionelle Haftungsbeschränkung (kraft Gesetzes) zu befürworten ist, fragt sich, ob darüber hinaus auch ein rechtsgeschäftlicher Ausschluss der persönlichen Gesellschafterhaftung anzuerkennen ist. Wie aus § 128 S. 2 HGB folgt, genügt hierfür jedenfalls keine entsprechende Vereinbarung im Gesellschaftsvertrag; eine solche kann Dritten auch dann nicht entgegengesetzt werden, wenn sie nach außen erkennbar ist.[192] Es bedarf vielmehr einer **Freistellungsab-**

---

[186] LG Gera EWiR 2003, 405 f. mit zust. Anm. *Bayer.* Ebenso auch *J. Jacobs,* Die institutionelle Haftungsbeschränkung bei der atypischen Außen-GbR, 2007, S. 181 ff.; ähnlich auch *Canaris* ZGR 2004, 69 (105); Erman/*Westermann* Rn. 19; abl. aber *Hasenkamp,* Die Haftungsbeschränkungen bei der Gesellschaft bürgerlichen Rechts, 2003, S. 225.
[187] Darauf zu Recht hinweisend *J. Jacobs,* Die institutionelle Haftungsbeschränkung bei der atypischen Außen-GbR, 2007, S. 193; *Mülbert* AcP 1999 (1999), 38 (96 ff.); *M. Wolf* WM 2000, 704 (709).
[188] So bereits 4. Aufl. 2004 Rn. 66; ferner auch *Wiedemann* GesR II § 7 III 4b, S. 662; *J. Jacobs,* Die institutionelle Haftungsbeschränkung bei der atypischen Außen-GbR, 2007, S. 197 f.; *Schäfer,* FS Nobbe, 2009, 909 (920 f.); im Ergebnis auch *Canaris* ZGR 2004, 69 (101).
[189] Näher *Schäfer,* FS Nobbe, 2009, 909 (921 f.).
[190] *Canaris* ZIP 1989, 1161 (1167); *ders.* HandelsR, 23. Aufl. 2000, § 7 Rn. 93; *Schäfer* ZIP 2003, 1225 (1230); dem folgend auch BGHZ 154, 88 (94) = NJW 2003, 1445.
[191] So BGHZ 150, 1 = NJW 2002, 1642; BGH ZIP 2006, 82 (84) = NJW 2006, 765; dem folgend BGH ZIP 2006, 1622 (1626) Rn. 34; 2007, 169; krit. zur Einzelfallbetrachtung auch *Casper* JZ 2002, 1112 (1114).
[192] MüKoHGB/*K. Schmidt* HGB § 128 Rn. 13, 15; Staub/*Habersack* HGB § 128 Rn. 15; anders „zumindest" für die nichtwirtschaftliche GbR *Beuthien* WM 2012, 1 (5 ff.); → Rn. 64.

rede oder eines **Erlassvertrages**[193] mit dem jeweiligen Gesellschaftsgläubiger, sei es als Vertrag zugunsten der Gesellschafter (§ 328) zwischen GbR und Gläubiger, sei es unmittelbar zwischen Gläubiger und Haftungsschuldner. Eine solche individualvertragliche Abrede ist unproblematisch zulässig, wirkt allerdings nur in Bezug auf **rechtsgeschäftliche GbR-Verbindlichkeiten.** Demgegenüber kommt bei **gesetzlichen Verbindlichkeiten** nur ein nachträglicher Erlassvertrag in Betracht.[194] Hierin liegt ein wesentlicher Grund, für die Haftungsbeschränkung bei „privilegierungsbedürftigen" Gesellschaften (→ Rn. 61) auf den institutionellen Begründungsansatz zurückzugreifen (→ Rn. 63). Deshalb ist der **formularvertragliche** Weg zur Haftungsbeschränkung zwar möglich; insbesondere trifft es nicht zu, dass eine Haftungsbeschränkung auf das Gesellschaftsvermögen prinzipiell nur individuell vereinbar wäre.[195] Denn aus der speziellen Generalklausel des § 307 Abs. 2 Nr. 1 folgt zwar eine gesetzliche Vermutung („im Zweifel") für die Unangemessenheit der abweichenden Vereinbarung.[196] Liegen jedoch Sachgründe für den Ausschluss oder die Beschränkung der persönlichen Gesellschafterhaftung vor, so sind die Beteiligten nicht gehindert, diese auch in AGB-Gestalt zu vereinbaren, sofern die Einbeziehung in den Einzelvertrag nicht am Überraschungseinwand des § 305c Abs. 1 scheitert. Hierauf kommt es jedoch wegen der bei atypischen GbR anzuerkennenden institutionellen Haftungsbeschränkung (→ Rn. 63) bei diesen letztlich nicht mehr an. Vielmehr führt eine zum Haftungsausschluss bzw. zur Haftungsbeschränkung führende atypische Interessenlage (s. 4. Aufl. 2004 Rn. 66 *[Ulmer]*) schon kraft Gesetzes zum jeweiligen Haftungsmodell. Dies gilt sowohl für **geschlossene Immobilienfonds** wie auch für sonstige **Publikums-Gesellschaften;** für die **Bauherrengemeinschaft** ebenso wie in Fällen, in denen die Beteiligten mit der GbR **ideelle Zwecke** verfolgen (→ Rn. 61). Für weitere Fälle einer – ausnahmsweise – zulässigen formularvertraglichen Haftungsbeschränkung dürfte deshalb weder Rechtfertigung noch Bedarf bestehen.

67 **Sonderregeln** für vorformulierte Haftungsbeschränkungen gelten zugunsten von Angehörigen rechts- und wirtschaftsberatender Berufe. Sie lassen einerseits eine höhenmäßige Haftungsbeschränkung auf das Vierfache der Mindestversicherungssumme in Verträgen zwischen bestimmten Freiberuflern und ihren Mandanten zu (§ 52 Abs. 1 Nr. 2 BRAO, § 67a Abs. 1 Nr. 2 StBerG, § 54a Abs. 1 Nr. 2 WPO), andererseits sehen sie eine an § 8 Abs. 2 PartGG orientierte, formularmäßige Haftungskonzentration vor bei Schadensersatzansprüchen des Mandanten auf diejenigen Mitglieder der Freiberufler-Sozietät, die mit dem Mandat persönlich befasst waren (§ 52 Abs. 2 S. 2 BRAO, § 67a Abs. 2 S. 1 StBerG, § 54a Abs. 2 WPO). In derartigen Fällen ist für eine Inhaltskontrolle aufgrund einer der Generalklauseln des § 307 oder gar für die vom BGH postulierte absolute Unwirksamkeit von Haftungsbeschränkungsklauseln von vornherein kein Raum. Demgegenüber scheidet eine Analogie zur gesetzlichen Haftungskonzentration des § 8 Abs. 2 PartGG aus;[197] angesichts dieses speziell für die PartG geschaffenen Haftungsprivilegs und angesichts der vorgenannten Sondervorschriften für rechts- und wirtschaftsberatende Berufe fehlt es an der für die Analogie erforderlichen Gesetzeslücke. Entsprechendes gilt erst recht für den vollständigen Haftungsausschluss bei der 2013 geschaffenen Rechtsformvariante der „Partnerschaft mit beschränkter Berufshaftung" (→ PartGG § 8 Rn. 41 ff.).

68 **c) Beschränkung der Vertretungsmacht der Geschäftsführer?** Wie schon dargelegt (→ Rn. 24), sind die Gesellschafter einer GbR grundsätzlich nicht gehindert, den Umfang der Vertretungsmacht der Geschäftsführer privatautonom festzulegen; eine Analogie zu dem für Handelsgesellschaften geltenden Rechtsprinzip unbeschränkter und unbeschränkbarer Vertretungsmacht der Gesellschaftsorgane (so § 126 Abs. 1 HGB, § 82 Abs. 1 AktG, § 37 Abs. 2 GmbHG) wird von der

---

[193] Vgl. MüKoHGB/*K. Schmidt* HGB § 128 Rn. 14; Staub/*Habersack* HGB § 128 Rn. 16; Erman/*Westermann* Rn. 18.
[194] Vgl. aber auch den Hinweis bei *Klein* DStR 2009, 1963 (1964), dass dem Finanzamt durch § 85 AO der Erlass von Steuerforderungen verwehrt wird.
[195] So aber noch BGHZ 142, 315 (323) = NJW 1999, 3483; ebenso BGH NZG 2005, 209 (210); anders dann aber BGHZ 150, 1 (6) = NJW 2002, 1642. Vgl. zu BGHZ 142, 315 auch die authentische Interpretation durch zwei Senatsmitglieder (*Goette* DStR 1999, 1797; *Henze* BB 1999, 2262), es sei um die vorsorgliche Abwehr möglicher vorformulierter Haftungsausschlussklauseln gegangen. Ebenso OLG Stuttgart NZG 2002, 84 (85). Dagegen aber *Ulmer* ZGR 2000, 339 (347 f.); 4. Aufl. 2004 Rn. 64 f. (*Ulmer*).
[196] Dazu Ulmer/Brandner/Hensen/*Fuchs* § 307 Rn. 193 ff.; allg. zur Inhaltskontrolle auch *Hasenkamp* BB 2004, 34 (38 ff.); *Furmans* NJW 2007, 1400 ff.; sowie eingehend *Canaris*, FS P. Ulmer, 2003, S. 1073 (1075 ff., 1081).
[197] Offenlassend aber BGH NJW 2003, 1803 (1805); wie hier abl. aber LG Frankenthal NJW 2004, 3190; LG Hamburg NJW 2004, 3492 (3495); *K. Schmidt* NJW 2005, 2801 (2805 f.); *Wiedemann* GesR II § 7 III 4b bb, S. 664 ff.; *Armbrüster* ZGR 2005, 35 (55); *Arnold/Dötsch* DStR 2003, 1398 (1402); *Damm*, FS Raiser, 2005, S. 23 (42); *Habersack/Schürnbrand* JuS 2003, 739 (742); Bamberger/Roth/*Schöne* Rn. 47; *Lux* MDR 2009, 957 (959, 960); wohl auch *Grunewald* JZ 2004, 439 (440).

hM abgelehnt.[198] Dementsprechend kann die Vertretungsmacht der GbR-Organe grundsätzlich in der Weise eingeschränkt werden, dass sie sich nur auf solche Verträge bezieht, in denen die persönliche Haftung der Gesellschafter ausgeschlossen oder beschränkt wird.[199] Vorbehaltlich der Fälle einer – weitergehenden – Duldungs- oder Anscheinsvertretungsmacht[200] müssen auch die Vertragspartner der GbR eine derartige Beschränkung hinnehmen, wenn diese entweder allgemein deutlich erkennbar oder ihnen gegenüber unmissverständlich offengelegt ist.[201]

Trifft diese Prämisse zu, so folgt daraus zunächst, dass die GbR-Geschäftsführer im Rahmen **69** ihrer Vertretungsmacht nur dann wirksam für die GbR handeln können, wenn sie den genannten Beschränkungen durch **Vereinbarung von Haftungsbeschränkungsklauseln** zugunsten der Gesellschafter Rechnung tragen; andernfalls setzen sie sich der persönlichen Haftung nach Maßgabe des § 179 aus.[202] Nicht allein der BGH will indes dieser Konsequenz ausweichen;[203] vielmehr lehnt auch das Schrifttum die Möglichkeit überwiegend ab, über eine Begrenzung der Vertretungsmacht in weiterem Umfang zur beschränkten Gesellschafterhaftung zu gelangen, als durch die Sonderkonstellationen (→ Rn. 61 ff.) vorgezeichnet.[204] Nachdem man sich allerdings einstweilen nicht auf die Unbeschränkbarkeit der Vertretungsmacht analog § 126 HGB in der (unternehmenstragenden) GbR verständigen kann (→ Rn. 24), versuchen neuere Ansätze eher im Wege der Inhaltskontrolle der Vertretungsmachtbeschränkung als solcher zum gewünschten Ergebnis zu gelangen.[205] Sie müssen sich hierfür allerdings nicht nur offen über den AGB-rechtlichen Grundsatz hinwegsetzen, dass einseitige Erklärungen des Verwenders nicht „gestellt" werden.[206] Vielmehr bereitet es auch erhebliche Probleme, auf diesem Wege zur erwünschten Rechtsfolge zu gelangen, nämlich einer in Bezug auf die Haftung unbeschränkten Vertretungsmacht und folglich einem wirksamen Vertragsschluss.[207]

---

[198] Zur früheren Rechtslage bereits BGHZ 38, 26 (34) = NJW 1962, 2344; BGHZ 61, 59 (67) = NJW 1973, 1691; seither BGHZ 142, 315 (321) = NJW 1999, 3483; *Armbrüster* ZGR 2005, 34 (38 f.); *Canaris* ZGR 2004, 69 (80 ff., 88 ff.); *Hadding*, FS Raiser, 2005, S. 129 (140 f.); *Westermann*, FS Konzen, 2006, S. 957 (964); aA *Schäfer* ZIP 2003, 1225 (1233 f.) für unternehmenstragende Gesellschaften; *Hasselbach* MDR 1998, 1200 (1203); *Dauner-Lieb* DStR 2001, 361; Bamberger/Roth/*Schöne* Rn. 7; *Kazele* INF 2003, 667 (671); *Hasselmann*, Die Lehre Ulmers zur GbR im Wandel, 2007, S. 131 ff.; wohl auch MHdB GesR I/*Gummert* § 18 Rn. 83; tendenziell auch *K. Schmidt* GesR § 58 V 2a; *Wiedemann* GesR II § 7 III 34, S. 656: unwiderlegliche Vermutung für Vertretungsbefugnis im Geschäftsbereich; offenlassend hingegen Erman/*Westerman* Rn. 17; ferner BGHZ 142, 315 (321) = NJW 1999, 3483; *Dauner-Lieb* DStR 1999, 1995 f.; *Kindl* WM 2002, 697 (702 f.).
[199] *Ulmer* ZIP 1999, 564 und ZGR 2000, 345 f.; vgl. auch *Westermann* FS Krämer, 2009, 373 (378) und Erman/*Westermann* Rn. 18.
[200] → Rn. 28; für grds. unwiderlegliche Vermutung einer (gegenständlich) unbeschränkten Vertretungsmacht innerhalb des „Geschäftsbereichs" *Wiedemann* GesR II § 7 III 3b, S. 656; tendenziell auch *Armbrüster* ZGR 2005, 36 (41 f.) - Vermutung unbeschränkter Vertretungsmacht hinsichtlich einer Haftung der Gesellschafter setze sich gegenüber Vollmachtsbeschränkungen im Innenverhältnis ebenso wie gegenüber unwirksamen Haftungsbeschränkungsklauseln durch; dagegen aber *Westermann,* FS Konzen, 2006, S. 957 (964 f.).
[201] Anders aber für grds. unwiderlegliche Vermutung einer (gegenständlich) unbeschränkten Vertretungsmacht innerhalb des „Geschäftsbereichs" *Wiedemann* GesR II § 7 III 3b, S. 656; tendenziell auch *Armbrüster* ZGR 2005, 36 (41 f.) - Vermutung unbeschränkter Vertretungsmacht hinsichtlich einer Haftung der Gesellschafter setze sich gegenüber Vollmachtsbeschränkungen im Innenverhältnis ebenso wie gegenüber unwirksamen Haftungsbeschränkungsklauseln durch; dagegen aber *Westermann,* FS Konzen, 2006, S. 957 (964 f.).
[202] *Ulmer* ZIP 1999, 554 (564); *ders.* ZGR 2000, 339 (345 f.). – Erfüllt allerdings der Geschäftsführer den Anspruch des Dritten gem. § 179 Abs. 1, so wird man hierin eine regressfähige Aufwendung gegenüber der Gesellschaft iSd §§ 713, 670 zu sehen haben; denn der Vertragsschluss mit der Gesellschaft als solcher überschreitet nicht die Geschäftsführungsbefugnis.
[203] So BGHZ 142, 315 (321) = NJW 1999, 3483; dem zust. *Dauner-Lieb* DStR 1999, 1995 f.; *Kindl* WM 2002, 697 (702 f.); wie hier aber *Altmeppen* ZIP 1999, 1795; *Nagel* NZG 2001, 202 (203 ff.); *Petersen*/*Rothenfußer* GmbHR 2000, 757 (760 f., 803 f.).
[204] *Dauner-Lieb* VGR (Hrsg.), Gesellschaftsrecht in der Diskussion, 2001, 2002, S. 117, 126 ff.; *Schäfer* ZIP 2003, 1225 (1233); *Reiff* ZIP 1999, 1329 (1334); *Wiedemann* JZ 2001, 661 (664); *Dauner-Lieb* DStR 1999, 1992 (1995); *Kindl* WM 2000, 697 (702 f.); *Weitemeyer*, FS K. Schmidt, 2009, S. 1693 (1705).
[205] So namentlich *Canaris* ZGR 2004, 69 (96 ff.); trotz Kritik an diesem Begründungsansatz ähnlich auch *Armbrüster* ZGR 2005, 43 (39 ff.). – Vermutung hinsichtlich der Haftung unbeschränkter Vertretungsmacht; wieder anders und mit Kritik an beiden Ansätzen *Westermann*, FS Konzen, 2006, S. 957 (966 f.), der im Ergebnis eine Vollmachtsbeschränkung aber ebenfalls nur dann durchgreifen lassen will, wenn der Gläubiger eine unbeschränkte Haftungsübernahme nicht erwarten kann.
[206] So die hM, vgl. die Nachweise bei *Schäfer* ZIP 2003, 1225 (1233) und *Canaris* ZGR 2004, 69 (98). Nach *Canaris* soll das „zumindest für die vorliegende Konstellation" aber nicht gelten; krit. dazu aber *Armbrüster* ZGR 2005, 34 (40 f.); nicht erörtert wird das Problem bei *Westermann*, FS Konzen, 2006, S. 957 (965); *Hasenkamp* BB 2004, 230.
[207] Vgl. die Kritik („doppelter Rittberger") von *Westermann*, FS Konzen, 2006, S. 957 (966 f.) am Vorschlag von *Armbrüster*, FS Raiser, 2005, S. 41 und ZGR 2005, 34 (41 ff.), der wiederum den Vorschlag *Canaris'* ZGR 2005, 69 (97 ff.) kritisiert. Eine friktionsfreie Lösung ist offenbar kaum möglich; das gilt auch für den eigenen Vorschlag *Westermanns*.

Hierfür bedarf es letztlich doch einer unbeschränkbaren Vertretungsmacht als Leitbild, beruhe sie nun auf einer Analogie zu §§ 125 f. HGB oder zumindest auf einer entsprechenden Verkehrserwartung. Die Berufung auf die Unwirksamkeit formularmäßiger Haftungsbeschränkungen führt als solche jedenfalls noch nicht weiter, da sie am Tatbestand fehlender Vertretungsmacht für die uneingeschränkte, die Haftungsfolgen des § 128 HGB auslösende Verpflichtung der GbR nichts ändert. Verzichten immerhin die Geschäftsführer im Interesse des Vertragsschlusses auf die Durchsetzung derartiger Haftungsbeschränkungsklauseln und nehmen die Mitgesellschafter das hin, so lässt sich darin die konkludente Erweiterung der Vertretungsmacht oder ein auf Rechtsscheingründe gestützter Vertragsschluss sehen; auch mag je nach Lage des Falles die Rechtsfigur der protestatio facto contraria (→ Vor § 116 Rn. 10) eingreifen. Im Übrigen steht nach wie vor eine überzeugende Begründung dafür aus, warum der Weg über die Beschränkung der Vertretungsmacht nicht grundsätzlich geeignet sein soll, um zum Haftungsausschluss zugunsten der GbR-Gesellschafter zu kommen. De lege lata sollte es der Gesetzgeber bei unternehmenstragenden Gesellschaften explizit ausschließen, dass die Vertretungsmacht auf eine Haftung des Gesellschaftsvermögens begrenzt wird.[208]

V. Haftung beim Gesellschafterwechsel

70 **1. Haftung des Ausgeschiedenen.** Die Forthaftung ausscheidender Gesellschafter für sog. Altschulden, dh während ihrer GbR-Mitgliedschaft begründete Gesellschafterverbindlichkeiten,[209] richtete sich aufgrund der im Jahr 1994 eingeführten **Verweisungsnorm des § 736 Abs. 2** schon bisher nach OHG-Recht (§ 160 HGB). Hieran hat sich durch den Übergang zur akzessorischen Gesellschafterhaftung in der GbR nichts geändert; eines Analogieschlusses bedarf es insoweit nicht. Der Sache nach wird der Ausgeschiedene mit dem Ablauf von fünf Jahren seit seinem Ausscheiden bzw. dessen Kundbarmachung gegenüber den Gläubigern **enthaftet** (→ § 736 Rn. 26 f.), sofern er den jeweiligen Anspruch nicht zuvor schriftlich anerkannt hat oder dieser ihm gegenüber gerichtlich geltend gemacht wurde. Der Ablauf einer kürzeren Verjährungsfrist bleibt hiervon unberührt. Wegen der Einzelheiten dieser Haftungsbegrenzung ist auf die Erläuterungen zu § 736 Abs. 2 zu verweisen (→ § 736 Rn. 21 ff.).

71 Vom Ausschluss der Außenhaftung mit Ablauf der Fünfjahresfrist des § 736 Abs. 2 iVm § 160 Abs. 1 HGB zu unterscheiden ist der in § 738 Abs. 1 S. 2 geregelte **interne Anspruch** des Ausgeschiedenen gegen die GbR **auf Befreiung** von der akzessorischen Gesellschafterhaftung. Er wird schon wegen der mit seiner Erfüllung verbundenen Schwierigkeiten für die GbR regelmäßig vertraglich ausgeschlossen (→ § 738 Rn. 77); dem Ausgeschiedenen bleibt dann nur der Regressanspruch gegen GbR und Gesellschafter im Fall seiner Inanspruchnahme durch einen Gesellschaftsgläubiger (→ Rn. 56). Den Gläubigern kann der Befreiungsanspruch in keinem Fall entgegengesetzt werden.

72 **2. Haftung des Eintretenden für Altverbindlichkeiten?** Bis 2003 war die Haftung des einer Außen-GbR beitretenden Gesellschafters für die vor seinem Eintritt begründeten GbR-Verbindlichkeiten noch lebhaft umstritten. Im OHG-Recht folgt sie nicht bereits aus § 128 HGB, sondern aus der ergänzenden Vorschrift des **§ 130 HGB**. Obwohl es schon aus systematischen Gründen nahelag, die mit dem Übergang zur Akzessorietätstheorie verbundene Analogie zu §§ 128, 129 HGB auf § 130 HGB zu erstrecken, ließ der BGH diese Frage doch zunächst offen.[210] In der Literatur hielten sich Befürworter der Analogie zu § 130 HGB[211] und

---

[208] *Schäfer*, Gutachten E zum 71. DJT, 2016, S. 83.
[209] Zur Abgrenzung etwa BGH ZIP 2012, 369 (370) = NZG 2012, 221 Rn. 14 ff.: Bereicherungsanspruch gegen die Gesellschaft wegen versehentlicher Doppelzahlung nach Ausscheiden keine Altverbindlichkeit, für die der Ausgeschiedener haftet. *Lüneborg* ZIP 2012, 2229 (2235) und *Schlinker/Hammerschmid* NJW 2012, 657 wollen das auf die Haftung für Pflichtverletzungen ausdehnen, die erst nach dem Ausscheiden begangen werden; das trifft allerdings nur in Bezug auf Berufsfehler in Sozietäten zu, näher → PartGG § 8 Rn. 16a.
[210] So jedenfalls wurde der Hinweis auf die Parallele zu §§ 128 f. (nicht: ff.) HGB in BGHZ 146, 341 (358) = NJW 2001, 1056 verstanden, vgl. nur *Hadding* ZGR 2001, 740.
[211] *Habersack* BB 2001, 477 (482); *K. Schmidt* NJW 2001, 993 (999); *Ulmer* ZIP 2001, 585 (598); *Derleder* BB 2001, 2485 (2492); *Hasenkamp* DB 2002, 2632 (2635 f.); *Scholz* NZG 2002, 153 (162); so tendenziell auch *Bruns* ZIP 2002, 1602; *Hadding* ZGR 2001, 712 (740); *Peifer* NZG 2001, 296 (299); aus der Rspr. OLG Hamm ZIP 2002, 527 (529) sowie zuvor schon OLG München NZG 2000, 736 (737) und BGHZ 124, 47 (49 f.) = NJW 1994, 257 für den Eintritt in eine Anwaltssozietät. Seit 2003 befürwortend auch *Schäfer* ZIP 2003, 1225 (1230 f.); *Habersack/Schürnbrand* JuS 2003, 739 (741 f.); *Erman/Westermann* Rn. 17 mit Blick wie die sonst drohende Haftungslücke, § 736 Abs. 2; *K. Schmidt* NJW 2005, 2801 (2806 ff.); *Wössner* ZIP 2003, 1235; *Tröger*, FS Westermann, 2008, S. 1533 (1556 f.); Bamberger/Roth/*Schöne* Rn. 52; mit Einschränkung auch Staudinger/*Habermeier* (2003) Vor § 705 Rn. 41a: nur bei „ausgeprägt professioneller" Unternehmung; speziell für Steuerschulden auch *Haunhorst* DStZ 2003, 751 (752 ff.): nach § 191 Abs. 1 S. 1 Hs. 1 AO sollen aber vorrangig Altgesellschafter in Anspruch genommen werden müssen.

deren Gegner[212] etwa die Waage. Gegen die Analogie wurde insbesondere eingewandt, sie sei weder die notwendige Folge der analogen Anwendung des § 128 HGB noch lasse sie sich auf den – wenig klaren – Normzweck des § 130 HGB stützen.[213] Auch führe sie zu einer deutlichen Haftungsverschärfung zulasten neu eintretender Gesellschafter, wie sich insbesondere bei freiberuflichen Sozietäten mit unter Umständen erheblichen, beim Eintritt nicht ohne weiteres erkennbaren Haftungsrisiken gegenüber Mandanten aus früherer Zeit zeige; ein solcher Schritt müsse dem Gesetzgeber vorbehalten bleiben.[214] Mit seinem Urteil vom 7.4.2003[215] hat der BGH sich – vorbehaltlich des Vertrauensschutzes für bisher beigetretene Gesellschafter[216] – **für** die analoge Anwendung des § 130 HGB ausgesprochen und damit ein wesentliches Datum für den weiteren Gang der Diskussion gesetzt.[217]

Stellungnahme. Den Gegnern einer Analogie zu § 130 HGB ist einzuräumen, dass der Normzweck dieser Vorschrift nicht eindeutig ist und dass ihre analoge Anwendung auf die Außen-GbR aus bisheriger Sicht zu einem „überraschenden Geschenk" für diejenigen GbR-Gläubiger führen konnte, die bei Anspruchsbegründung mit der Haftung künftig beitretender Gesellschafter nicht rechneten.[218] Auch lassen sich Beweisschwierigkeiten für Gläubiger in Bezug auf das jeweilige Beitrittsdatum der Gesellschafter, die aus dem Fehlen eines GbR-Registers resultieren,[219] durch Verlagerung der Beweislast auf den sachlich näher stehenden Gesellschafter ausräumen.[220] Es bleibt freilich das grundsätzliche Bedenken, dass eine Haftungsdifferenzierung in Bezug auf die akzessorische Gesellschafterhaftung nur schwer mit dem Wesen der (Außen-)GbR als **Haftungsgemeinschaft** und der gemeinschaftlichen Verantwortung aller jeweiligen Gesellschafter für die ordnungsmäßige Erfüllung der von der GbR übernommenen Aufgaben zu vereinbaren wäre. Berücksichtigt man weiter, dass einerseits die Beitragshöhe für den Beitretenden sich typischerweise am anteiligen Gesellschaftswert orientiert und dass in die Ermittlung jedenfalls des Substanzwerts neben den Aktiven auch die Passiven der Gesellschaft eingehen, während der Neueintretende auch die Tilgung der Altverbindlichkeiten aus dem Gesellschaftsvermögen hinnehmen muss, und bedenkt man andererseits die Tragweite des Begriffs der Altverbindlichkeiten zumal mit Blick auf Dauerschuldverhältnisse für die Haftungsverfassung der GbR,[221] so sprechen auch diese Umstände dafür, den neu Eintretenden in gleicher Weise wie die bisherigen Gesellschafter für die Altschulden haften zu lassen.[222] Der BGH hat daher zu Recht die analoge Anwendung des § 130 HGB auf die Außen-GbR im Grundsatz

---

[212] *Wiedemann* JZ 2001, 661 (664); *ders.* GesR II § 7 III 4c, S. 666 f. hält die Analogie nicht für zwingend, akzeptiert aber offenbar die Entscheidung des BGH; *H. Baumann* JZ 2001, 895 (900 f.); *H. Baumann/Rößler* NZG 2002, 793 ff.; *Dauner-Lieb,* FS Ulmer, 2003, S. 73 (79 ff.); *Lange* NZG 2002, 401 (403 ff.); *Wertenbruch,* Haftung von Gesellschaften in der Zwangsvollstreckung, 2000, S. 182 (223); wohl auch *Westermann* NZG 2001, 289 (294 f.); aus der Rspr. vgl. OLG Düsseldorf ZIP 2002, 616 (618 f.); aus Sicht der Doppelverpflichtungstheorie folgerichtig auch noch BGHZ 74, 240 (242 f.) = NJW 1979, 1281; neuerdings abl. *Canaris* ZGR 2005, 69 (114 ff.); *Armbrüster* ZGR 2005, 34 (49 f.); Soergel/*Hadding/Kießling* Rn. 46; für Gesellschafter einer Gemeinschaftspraxis in Bezug auf vertragsrechtliche (Regress-)Ansprüche insbes. der Kassenärztlichen Vereinigung *Engelmann,* FS 50 Jahre BSG, 2004, S. 429 (446 f.).

[213] *Dauner-Lieb,* FS Ulmer, 2003, S. 78 (85); so auch wieder *Canaris* ZGR 2004, 69 (114 ff., 118).

[214] *Dauner-Lieb,* FS Ulmer, 2003, S. 85.

[215] BGHZ 154, 370 (377) = NJW 2003, 1803.

[216] Vgl. dazu neuerdings BGH NJW 2006, 3716 (3717) – ohne Einschränkung: sowie die einschränkenden Entscheidungen BGH NJW 2006, 675 und DStR 2007, 125 Rn. 10 – kein Vertrauensschutz, sofern Altverbindlichkeiten bekannt oder erkennbar waren – mit krit. Anm. *Segna* NJW 2006, 1566; ebenso auch BGH NZG 2007, 140 (142) Rn. 31 f.; NJW 2006, 2980 (2983) Rn. 34; KGR 2005, 76 (77 f.); 2005, 670 (673 f.); OLG Dresden NZG 2005, 549 – nur Beschränkung auf quotale Haftung, mit abl. Anm. *Gutmann* NZG 2005, 544 und *Weisemann* DZWiR 2007, 183 (187); OLG Brandenburg NotBZ 2005, 263 – Berufung auf Vertrauensschutz nach § 242 treuwidrig, wenn sich Gesellschafter gegenüber den übrigen Gesellschaftern zur (anteiligen) Übernahme der Verbindlichkeiten verpflichtet hat; Überblick auch bei *Wagner/Loritz* WM 2009, 2149 (2150).

[217] Bestätigt durch BGH NJW 2006, 675; DStR 2007, 125 Rn. 10; ebenso BGH NJW 2006, 2980 (2983); NZG 2007, 183 (183 f.) Rn. 18; ZIP 2011, 1657 (1660) Rn. 40 f. – Verfassungsbeschwerde gegen das Urteil nicht zur Entscheidung angenommen, BVerfG NJW 2013, 523 (524); zust. seither etwa *Klein* DStR 2009, 1963 (1965).

[218] So *Dauner-Lieb,* FS Ulmer, 2003, S. 76.

[219] So OLG Hamm ZIP 2002, 529 unter Hinweis auf *Habersack* BB 2001, 477 (481).

[220] Zutr. *Dauner Lieb,* FS Ulmer, 2003, S. 76.

[221] Vgl. näher *Schäfer* ZIP 2003, 1225 (1230 f.) mit Hinweis auf Staub/*Habersack* HGB § 128 Rn. 63 ff.; dort (S. 1230) auch zur Kompensation des internen Einflusses auf das Gesellschaftsvermögen als einem den Gesellschaftsgläubigern reservierten Haftungsfonds durch die Außenhaftung.

[222] Auf den Normzweck des § 130 HGB, die interne Abrechnung zwischen den Gesellschaftern zu vereinfachen, weisen – freilich mit gegenteiliger Schlussfolgerung – auch hin *Wertenbruch,* Haftung von Gesellschaften in der Zwangsvollstreckung, 2000, S. 56 und 182; *Baumann/Rößler* NZG 2002, 793 (795); *Lange* NZG 2002, 401 (405).

§ 715   Abschnitt 8. Titel 16. Gesellschaft

bejaht und einen Vorbehalt nur einerseits für Altfälle, andererseits im Hinblick auf den Eintritt in eine Freiberufler-GbR gemacht.[223] Von der Außenhaftung unberührt bleiben interne Ausgleichs- oder Schadensersatzansprüche des Eintretenden gegen die Mitgesellschafter beim nachträglichen Auftreten unbekannter oder unerwarteter Altverbindlichkeiten der GbR.

74 Beruht der Eintritt eines Gesellschafters auf **Vererbung** des Gesellschaftsanteils (→ § 727 Rn. 28 ff.), so führt die analoge Anwendung des § 130 HGB dazu, dass er nicht nur kraft Erbrechts mit den entsprechenden Beschränkungsmöglichkeiten (§§ 1967, 1975 ff., 2058 f.), sondern auch persönlich und unbeschränkt aufgrund seiner Gesellschafterstellung der Haftung für Altverbindlichkeiten unterliegt.[224] Dieser mit den Besonderheiten der beschränkten Erbenhaftung schwer vereinbaren Rechtsfolge trägt bei persönlich haftenden Gesellschaftern einer OHG oder KG das **Wahlrecht des § 139 HGB** Rechnung; es soll den Nachfolger/Erben vor der Zwangslage schützen, entweder die Erbschaft auszuschlagen oder für die Verbindlichkeiten der Gesellschaft mit seinem Privatvermögen haften zu müssen.[225] Die ratio dieser Vorschrift trifft angesichts der analogen Anwendung der §§ 128, 130 HGB auf die Gesellschafterhaftung in der GbR nunmehr auch auf diese zu. Daher ist eine **Analogie zu § 139 HGB** in der Weise zu bejahen, dass der Nachfolger/Erbe – soweit nach §§ 105 Abs. 2, 161 HGB möglich – die Umwandlung der GbR in eine KG unter Einräumung der Kommanditistenstellung beantragen kann und bei Scheitern seines Antrags das Recht hat, innerhalb von drei Monaten nach Kenntnis vom Erbfall ohne persönliche Haftungsfolgen aus der Gesellschaft auszuscheiden (→ § 727 Rn. 46 ff.).[226]

75 Einen **Sonderfall** bilden schließlich diejenigen Konstellationen, in denen einer der Beteiligten in das Unternehmen eines anderen eintritt und es dadurch zur Gründung einer GbR kommt. Nach der insoweit für den „Eintritt in das Geschäft eines Einzelkaufmanns" geltenden Vorschrift des § 28 HGB haftet die neugegründete **Gesellschaft** mangels abweichender Handelsregistereintragung für die im Betrieb des Geschäfts entstandenen Verbindlichkeiten des Einzelkaufmanns. Als **Folge dieser Haftung** kommt es sodann auch zur Haftung des eintretenden Gesellschafters. Die vergleichbare Lage beim Eintritt in ein nichtkaufmännisches Unternehmen legt – trotz fehlender Handelsregistereintragung – eine **Analogie zu § 28 Abs. 1 HGB** nahe.[227] Bejaht man sie, so folgt die akzessorische Haftung des zum Zwecke der GbR-Gründung eintretenden Mitgesellschafters bereits aus der analogen Anwendung des § 128 HGB, da es sich – aus der nunmehr maßgebenden Sicht der GbR – um Neuverbindlichkeiten handelt. Der Beitretende käme somit auch dann in die akzessorische Außenhaftung, wenn man eine Analogie zu § 130 HGB entgegen der höchstrichterlichen Rechtsprechung (→ Rn. 72 f.) ablehnen wollte.

§ 715 Entziehung der Vertretungsmacht

Ist im Gesellschaftsvertrag ein Gesellschafter ermächtigt, die anderen Gesellschafter Dritten gegenüber zu vertreten, so kann die Vertretungsmacht nur nach Maßgabe des

---

[223] BGHZ 154, 370 (377 f.) = NJW 2003, 1803 (1805). Demgegenüber bejaht BGH ZIP 2011, 1657 (1660) die Anwendbarkeit des § 130 HGB auch für Gesellschafter, die vor Veröffentlichung von BGHZ 154, 370 beigetreten waren; die hiergegen erhobene Verfassungsbeschwerde wurde nicht zur Entscheidung angenommen, BVerfG NJW 2013, 523 (524); ebenso bereits BGH NJW 2006, 765, weil die Verbindlichkeiten aus Versorgungsverträgen den Beitretenden erkennbar gewesen seien; vgl. Erman/*Westermann* Rn. 17.
[224] Vgl. auch BGH ZIP 2014, 1221 (1222).
[225] Vgl. nur Staub/*Schäfer* HGB § 139 Rn. 1; *Schäfer* NJW 2005, 3665.
[226] Offenlassend BGH ZIP 2014, 1221 (1222); wie hier Anm. *Wachter* EWiR 2014, 513 (514); wN → § 727 Rn. 47.
[227] Dafür *K. Schmidt* HandelsR § 8 III 1b bb; *ders.* DB 1973, 653 (703 ff.); *ders.* ZHR 145 (1981), 2 (19 f., 22 f.); *ders.* NJW 2003, 1897 (1903); *ders.* BB 2004, 785 (krit. zu BGH NJW 2004, 836); *ders.* NJW 2005, 2801 (2807); *Grunewald* JZ 683 (684); Staub/*Burgard* HGB § 28 Rn. 21; MüKoHGB/*Thiessen* § 28 Rn. 13; *Lieb*, FS H. Westermann, 1974, S. 309 (320 ff.); Bamberger/Roth/*Schöne* Rn. 54; *Möschel*, FS Hefermehl, 1976, S. 171 (182 f.); *Waskönig*, Rechtsgrund und Tragweite der §§ 25, 28 HGB, 1979, S. 186 ff.; Erman/*Westermann* Rn. 16a; *Kleindiek*, FS Röhricht, 2005, S. 315 (320 ff.); *Arnold*/*Dötsch* DStR 2003, 1398 (1402 f.) für unternehmenstragende GbR; OLG Naumburg NZG 2006, 711 (712) – Mietzins, mit zust. Anm. *Knöfel* AnwBl. 2006, 373; LSG NRW MedR 2006, 310 betr. Haftung für alte Honorarrückforderungen der Kassenärztlichen Vereinigung, aufgehoben durch BSG MedR 2007, 669; mit Einschränkung für freie Berufe auch *Eckart*/*Fest* WM 2007, 196; aA BGHZ 31, 397 (400 f.) = NJW 1960, 624; BGHZ 143, 314 (317 f.) = NJW 2000, 1193; BGH NJW 1966, 1917; WM 1972, 20 (21); speziell für Freiberufler auch BGH ZIP 2012, (30) Rn. 20 ff. mit abl. Anm. *Schodder* EWiR 2012, 351 (352); OLG Schleswig BeckRS 2011, 17664. Im Allgemeinen offenlassend aber BGHZ 157, 361 = NJW 2004, 836 (837 f.); BGH DB 2012, 106 (108) Rn. 20 – nur bei Anwalts-GbR mit Rücksicht auf besondere Pflicht zur persönlichen Leistungserbringung abgelehnt; OLG Düsseldorf ZIP 2002, 616 (619); Baumbach/Hopt/*Hopt* HGB § 28 Rn. 2; Schlegelberger/*Hildebrandt* HGB § 28 Rn. 3; *Canaris* HandelsR § 7 Rn. 80 ff., 88; Koller/Kindler/Roth/Morck/*Roth* HGB § 28 Rn. 5; *Römermann* BB 2003, 1084 (1086); grds. auch Heymann/*Emmerich* HGB § 28 Rn. 14.

§ 712 Abs. 1 und, wenn sie in Verbindung mit der Befugnis zur Geschäftsführung erteilt worden ist, nur mit dieser entzogen werden.

I. Normzweck

Die – regelmäßig mit der Geschäftsführungsbefugnis zusammenfallende (§ 714) – organschaftliche **1** Vertretungsmacht der Gesellschafter ist ein ihnen kraft gesellschaftsvertraglicher Regelung zustehendes Mitgliedschaftsrecht. Ihre Entziehung erfordert eine *Vertragsänderung;* sie ist wegen des damit verbundenen Eingriffs in den Kernbereich der Mitgliedschaft des betroffenen Gesellschafters grundsätzlich nur mit dessen Zustimmung möglich, auch wenn der Gesellschaftsvertrag eine Mehrheitsklausel enthält (→ § 709 Rn. 93). Liegt ein *wichtiger Grund* in der Person des vertretungsbefugten Gesellschafters vor, der den Fortbestand der Vertretungsmacht für die übrigen Gesellschafter unzumutbar macht, so gewährt § 715 ihnen ein durch einstimmigen Beschluss auszuübendes **Gestaltungsrecht;** sein Inhalt richtet sich auf Änderung des Gesellschaftsvertrags durch Entziehung der Vertretungsmacht sowie der damit ggf. verbundenen Geschäftsführungsbefugnis des betroffenen Gesellschafters.

II. Anwendungsbereich

Das in § 715 geregelte Entziehungsrecht aus wichtigem Grund betrifft nur die mitgliedschaftliche **2** Vertretungsmacht der Gesellschafter. Dabei geht es entgegen dem missverständlichen Wortlaut nicht um die Befugnis zur Vertretung der Gesellschafter persönlich, sondern um die **organschaftliche Befugnis zum Außenhandeln für die Gesellschaft** (→ § 714 Rn. 12 ff.). Abweichend vom allgemeinen Vertretungsrecht (§ 168) ist ein einseitiger Widerruf insoweit grundsätzlich ausgeschlossen (→ Rn. 1). Anderes gilt für außerhalb des Gesellschaftsvertrags von den Gesellschaftsorganen an Gesellschafter oder Dritte erteilte Vollmachten; sie unterstehen voll den Vorschriften der §§ 164 ff.[1] Die unter der Geltung der Doppelverpflichtungstheorie (→ § 714 Rn. 3) relevante Frage gleichzeitiger Entziehung der von den Gesellschaftern *persönlich* erteilten Vertretungsmacht (→ 3. Aufl. Rn. 2 [*Ulmer*]) stellt sich infolge der Durchsetzung der Akzessorietätstheorie (→ § 714 Rn. 5 f.) nicht mehr. Die Haftung der Gesellschafter für die GbR-Verbindlichkeiten folgt seither aus einer Analogie zu § 128 HGB (→ § 714 Rn. 33 f.). Einer Vertretungsbefugnis der Geschäftsführer ihnen gegenüber bedarf es nicht.

Die Vorschrift des § 715 erfasst aus den zu § 712 Abs. 1 genannten Gründen (→ § 712 Rn. 5 f.) **3** nicht nur diejenigen Fälle, in denen die organschaftliche Vertretungsmacht, sei es als **Einzel- oder Gesamtvertretung,** auf einen Teil der Gesellschafter beschränkt ist.[2] Ebenso wie hinsichtlich der Geschäftsführungsbefugnis kann auch im Falle der *Gesamtvertretung* nach §§ 709, 714 ein Bedürfnis bestehen, einen der Gesamtvertreter aus wichtigem Grund abzuberufen. § 715 kann darüber hinaus auch eingreifen, soweit es darum geht, aus wichtigem Grund den **Umfang** der organschaftlichen Vertretungsmacht zu reduzieren.[3] Allerdings scheiden beliebige Reduzierungen wegen der grundsätzlich nur einstimmig möglichen Vertragsänderung aus; es gilt das zu § 712 (› Rn. 17) Ausgeführte. *Für* die Ausdehnung von § 715 auf Fälle dieser Art spricht der Verhältnismäßigkeitsgrundsatz; er räumt einem milderen Mittel Vorrang vor dem weitergehenden Eingriff der völligen Entziehung ein.[4]

III. Voraussetzungen und Rechtswirkungen

Die **Voraussetzungen** des § 715 entsprechen im Grundsatz den in § 712 Abs. 1 genannten. Die **4** Entziehung der Vertretungsmacht erfordert das Vorliegen eines wichtigen Grundes und einen Beschluss der übrigen Gesellschafter. Wegen der Einzelheiten → § 712 Rn. 9 ff. Der Begriff des wichtigen Grundes und die Maßstäbe hierfür stimmen in beiden Vorschriften in aller Regel überein. Ein Beschluss über die Entziehung der Geschäftsführungsbefugnis erstreckt sich im Zweifel, wenn auch nicht notwendig,[5] auf die Vertretungsmacht (→ § 712 Rn. 16). Demgegenüber kann die Vertretungsmacht, wenn sie mit der Geschäftsführungsbefugnis verbunden ist, nach ausdrücklicher Vor-

---

[1] Soergel/*Hadding/Kießling* Rn. 2; Palandt/*Sprau* Rn. 1; Staudinger/*Habermeier* (2003) Rn. 1; Bamberger/Roth/*Schöne* Rn. 3; diff. Erman/*Westermann* Rn. 1. → § 714 Rn. 22.
[2] So aber noch Staudinger/*Keßler,* 12. Aufl. 1979, Rn. 1 und die hM zu § 712 Abs. 1 (→ § 712 Rn. 4); wie hier Soergel/*Hadding/Kießling* Rn. 4; Erman/*Westermann* Rn. 2; Staudinger/*Habermeier* (2003) Rn. 2.
[3] Erman/*Westermann* Rn. 2; Staudinger/*Habermeier* (2003) Rn. 2; aA Soergel/*Hadding/Kießling* Rn. 1.
[4] Zum Verhältnismäßigkeitsgrundsatz → § 709 Rn. 101; Erman/*Westermann* § 712 Rn. 7.
[5] Erman/*Westermann* Rn. 3; Soergel/*Hadding/Kießling* Rn. 4; Staudinger/*Habermeier* (2003) Rn. 3; Bamberger/Roth/*Schöne* Rn. 5.

schrift des § 715 nur zusammen mit dieser entzogen werden.[6] Zur Abdingbarkeit des Entziehungsrechts → § 712 Rn. 23.

5   Die **Wirkungen** der Entziehung der Vertretungsmacht entsprechen denjenigen im Fall von § 712 Abs. 1: der Gesellschafterbeschluss führt zur Änderung des Gesellschaftsvertrags in Bezug auf die Vertretungsregelung. Gesamtvertretung nach §§ 709, 714 greift nur ein, wenn infolge der Entziehung die vertragliche Ausgestaltung der Vertretung insgesamt außer Kraft gesetzt ist (→ § 712 Rn. 20).

IV. Keine Kündigung der Vertretungsmacht

6   Für ein Kündigungsrecht des organschaftlichen Vertreters aus wichtigem Grund entsprechend § 712 Abs. 2 ist kein Raum.[7] Im Unterschied zur Geschäftsführungsbefugnis als Pflichtrecht (→ § 709 Rn. 29) begründet die Vertretungsbefugnis eines Gesellschafters keine Tätigkeitspflichten, deren Fortbestehen für ihn unzumutbar werden könnte. Sofern ein Gesellschafter nach § 712 Abs. 2 seine Geschäftsführungsbefugnis kündigt, erlischt damit freilich nach § 714 im Zweifel auch seine Vertretungsmacht.[8]

§ 716 Kontrollrecht der Gesellschafter

(1) Ein Gesellschafter kann, auch wenn er von der Geschäftsführung ausgeschlossen ist, sich von den Angelegenheiten der Gesellschaft persönlich unterrichten, die Geschäftsbücher und die Papiere der Gesellschaft einsehen und sich aus ihnen eine Übersicht über den Stand des Gesellschaftsvermögens anfertigen.

(2) Eine dieses Recht ausschließende oder beschränkende Vereinbarung steht der Geltendmachung des Rechts nicht entgegen, wenn Grund zu der Annahme unredlicher Geschäftsführung besteht.

Übersicht

	Rn.		Rn.
I. Grundlagen	1–12c	II. Höchstpersönliche Natur	13–16
1. Gegenstand; Abgrenzung gegenüber sonstigen Informationsrechten	1, 2	1. Das Kontrollrecht als Gesellschafterrecht	13, 14
2. Anwendungsbereich	3–5	2. Bevollmächtigte, Sachverständige	15, 16
3. Inhalt des Rechts	6–12c	III. Abweichende Vereinbarungen	17–19
a) Allgemeines	6, 7	1. Allgemeines	17
b) Unterrichtung und Einsicht	8–10	2. Der zwingende Mindestbestand (Abs. 2)	18, 19
c) Anfertigung von Auszügen	11		
d) Auskunftsrecht?	12–12c		

I. Grundlagen

1   **1. Gegenstand; Abgrenzung gegenüber sonstigen Informationsrechten.** § 716 Abs. 1 gewährt den einzelnen Gesellschaftern ein **höchstpersönliches** (→ Rn. 13) **Recht,** sich durch Einsicht in die Bücher und Papiere der Gesellschaft über deren Angelegenheiten zu unterrichten. Es richtet sich grundsätzlich gegen die *Gesamthand* (zur Anwendung auf Innengesellschaften → Rn. 3), kann aber auch unmittelbar gegen die für die Einsichtsgewährung zuständigen *Geschäftsführer* durchgesetzt werden.[1] In den Grenzen des § 716 Abs. 2 ist es zwingender Natur (→ Rn. 18 f.).

2   Vom **Anspruch auf Rechnungslegung (§ 721)** unterscheidet sich das Kontrollrecht des § 716 durch seinen primär auf Duldung gerichteten Inhalt, seinen weiterreichenden gegenständlichen Anwendungsbereich und durch die während der ganzen Gesellschaftsdauer einschließlich des Liqui-

---

[6] Soergel/*Hadding/Kießling* Rn. 4; Erman/*Westermann* Rn. 3; Staudinger/*Habermeier* (2003) Rn. 3; Bamberger/Roth/*Schöne* Rn. 8.

[7] So auch Soergel/*Hadding/Kießling* Rn. 6; Staudinger/*Habermeier* (2003) Rn. 4; aA Bamberger/Roth/*Schöne* Rn. 9.

[8] Ebenso Soergel/*Hadding/Kießling* Rn. 6; Erman/*Westermann* Rn. 5; Staudinger/*Habermeier* (2003) Rn. 5; weitergehend die früher hM, die diese Folge als zwingend ansah und sich hierzu trotz des bei Kündigung der Geschäftsführungsbefugnis fortbestehenden Gesellschaftsvertrags auf § 168 S. 1 berief, RGRK/*v. Gamm* Rn. 2; Staudinger/*Keßler*, 12. Aufl. 1979, Rn. 3; wohl auch Palandt/*Sprau* Rn. 1.

[1] BGH BB 1970, 187; BB 1962, 899; RG DR 1944, 246; OLG Saarbrücken NZG 2002, 669; ebenso *K. Schmidt*, Informationsrechte in Gesellschaften und Verbänden, 1984, S. 65; Soergel/*Hadding/Kießling* Rn. 1; Erman/*Westermann* Rn. 1; Nachweise → § 705 Rn. 199.

dationsstadiums² bestehende, vom Rechnungsabschluss unabhängige Möglichkeit seiner Geltendmachung. Die Abgrenzung gegenüber dem **auf §§ 713, 666 beruhenden Auskunftsrecht der Gesellschaft,** das sich gegen die Geschäftsführer persönlich richtet (→ § 713 Rn. 8 ff.) folgt daraus, dass das Kontrollrecht des § 716 nicht der Gesellschaft als solcher zusteht, sondern als Mitgliedschaftsrecht jedes einzelnen Gesellschafters ausgestaltet ist.

2. Anwendungsbereich. § 716 findet grundsätzlich auf **alle Arten von GbR** Anwendung, einschließlich solcher ohne Gesamthandsvermögen (Innengesellschaften ieS, → § 705 Rn. 282, 285).³ Eine **Ausnahme** gilt – abgesehen von der Unterbeteiligung (→ Rn. 4) – zumindest für *typische stille Gesellschaften* des bürgerlichen Rechts, bei denen sich der Stille auf die Leistung einer Einlage in das Vermögen des ein nichtkaufmännisches Unternehmen betreibenden Hauptgesellschafters gegen Einräumung einer Gewinnbeteiligung beschränkt. Angesichts der Strukturgleichheit zur stillen Gesellschaft des Handelsrechts steht dem Stillen bei solchen Gesellschaften lediglich ein jährliches Informations- und Einsichtsrecht analog § 233 Abs. 1 HGB zu (→ § 705 Rn. 287).⁴ Für andere Innengesellschaften ist eine teleologische Reduktion der weitergehenden Kontrollrechte des § 716 dagegen schon mangels handelsrechtlicher Spezialvorschriften nicht veranlasst.⁵

Dem **Unterbeteiligten** stehen keine Rechte aus § 716 gegen die Hauptgesellschaft zu.⁶ Er kann Rechnungslegung entsprechend § 233 HGB nur von dem mit ihm verbundenen Hauptgesellschafter verlangen (→ Vor § 705 Rn. 99).

Entsprechendes gilt, wenn die **Gesellschaft an anderen Unternehmen beteiligt** ist. Auch in derartigen Fällen hat der Gesellschafter grundsätzlich weder ein eigenes Einsichtsrecht gegenüber den Beteiligungsgesellschaften noch kann er die Rechte seiner Gesellschaft gegenüber der Beteiligungsgesellschaft geltend machen; ein solcher Anspruch ist nur dann zu bejahen, wenn sich die Anteile des Beteiligungsunternehmens zu 100 % in der Hand der Gesellschaft befinden.⁷ Der Gesellschafter kann jedoch von der Gesellschaft bzw. deren Geschäftsführern Auskunft über Vorgänge in den Beteiligungsgesellschaften verlangen, soweit nicht berechtigte Interessen dieser Gesellschaften entgegenstehen.⁸

3. Inhalt des Rechts. a) Allgemeines. Das Recht auf Unterrichtung umfasst die **Einsicht** in die Unterlagen und die **Anfertigung einer Übersicht** (→ Rn. 8 ff.). Zur Erteilung von Auskünften sind die Geschäftsführer nach § 716 nur ausnahmsweise verpflichtet (→ Rn. 12). Der *Nachweis eines besonderen Interesses ist nicht erforderlich,* wenn ein Gesellschafter sich nach § 716 Abs. 1 vom Stand der Geschäfte unterrichten will.⁹ Vom Einsichtsrecht darf freilich *nicht missbräuchlich* oder in treuwidriger Weise Gebrauch gemacht werden. Ein Missbrauch liegt namentlich in der Ausübung des Rechts zur Störung des Geschäftsablaufs oder zur Beschaffung von Informationen für vertragswidriges Handeln,¹⁰ aber auch in der Ausübung zur Unzeit.¹¹

Ist ein Gesellschafter als **Konkurrent** tätig und besteht der begründete Verdacht, dass er die durch Einsicht erlangten Kenntnisse im eigenen Interesse verwerten will, so kann ihm der persönliche Einblick verwehrt und er stattdessen auf die Möglichkeit verwiesen werden, die Kontrollrechte durch einen neutralen Buchsachverständigen auszuüben.¹² Eine **Entziehung** des Kontrollrechts analog § 712 Abs. 1 kommt angesichts dessen eigennütziger, mit der Geschäftsführungsbefugnis nicht vergleichbarer Natur selbst bei Konkurrenztätigkeit des Gesellschafters nur als äußerstes Mittel in

---

² BGH BB 1970, 187; RGZ 148, 278 (280); Soergel/*Hadding/Kießling* Rn. 1; *Wohlleben,* Informationsrechte der Gesellschafter, 1989, S. 64; vgl. auch BayObLG BB 1987, 2184 zu § 166 HGB.
³ BGH WM 1982, 1403 f.
⁴ So auch Staudinger/*Habermeier* (2003) Rn. 2; Bamberger/Roth/*Schöne* Rn. 3; aA Erman/*Westermann* Rn. 4.
⁵ Ebenso Staudinger/*Habermeier* (2003) Rn. 2; Bamberger/Roth/*Schöne* Rn. 3.
⁶ Erman/*Westermann* Rn. 4; Bamberger/Roth/*Schöne* Rn. 3.
⁷ BGHZ 25, 115 (118) = NJW 1957, 1555; näher Staub/*Schäfer* HGB Anh. § 105 Rn. 85.
⁸ BGH BB 1984, 1271 (1272) zur KG; BB 1984, 1273 f. zur stillen Beteiligung; OLG Karlsruhe BB 1984, 2016.
⁹ Erman/*Westermann* Rn. 1; Soergel/*Hadding/Kießling* Rn. 1; Staudinger/*Habermeier* (2003) Rn. 3; vgl. auch RGZ 148, 278 (279) zur Möglichkeit, trotz Erfüllung der Geschäftsführerpflichten aus §§ 713, 666 und Bilanzfeststellung durch die Gesellschaftergesamtheit die Kontrollrechte aus § 716 geltend zu machen; aA *K. Schmidt,* Informationsrechte in Gesellschaften und Verbänden, 1984, S. 63.
¹⁰ RGZ 148, 278 (280); Soergel/*Hadding/Kießling* Rn. 11; MüKoHGB/*Enzinger* HGB § 118 Rn. 29; vgl. auch § 51a Abs. 2 GmbHG.
¹¹ Soergel/*Hadding/Kießling* Rn. 11; Staudinger/*Habermeier* (2003) Rn. 3; die Einhaltung der Geschäftsstunden kann allerdings nicht ohne weiteres verlangt werden, Staub/*Schäfer* HGB § 118 Rn. 39; Soergel/*Hadding/Kießling* Rn. 11.
¹² BGH BB 1970, 187; 1979, 1315 (1316) zur KG; WM 1982, 1403 f.; RGZ 103, 71 (73); MüKoHGB/*Enzinger* HGB § 118 Rn. 21, 29 mwN; Bamberger/Roth/*Schöne* Rn. 3; Palandt/*Sprau* Rn. 1.

Betracht;[13] wohl aber kann seine Durchsetzung je nach Lage des Falles am Missbrauchseinwand scheitern.[14]

8   **b) Unterrichtung und Einsicht.** Das Einsichtsrecht erstreckt sich grundsätzlich auf *alle* **Bücher und Papiere der Gesellschaft,** soweit sie über deren Angelegenheiten und insbesondere die Geschäftsvorgänge Aufschluss geben.[15] Hierzu zählen auch in Datenverarbeitungsanlagen gespeicherte Informationen. Insoweit kann ein Ausdruck oder die Darstellung auf einem Bildschirm verlangt werden; ein Anspruch auf ständigen Zugriff durch ein eigenes EDV-Gerät des Gesellschafters besteht nicht.[16] In seiner Reichweite entspricht das Einsichtsrecht voll dem Informationsrecht der Gesellschafter einer OHG nach § 118 Abs. 1 HGB. Eine Beschränkung auf die Kontrolle des Rechnungsabschlusses, wie sie § 166 Abs. 1 HGB für Kommanditisten vorsieht, ist in § 716 nicht vorgesehen. Grundsätzlich kann auch Einsicht in Papiere verlangt werden, die die Rechtsbeziehungen der Gesellschaft zu Beteiligungsunternehmen betreffen.[17] Eigene Kontrollrechte gegenüber den Beteiligungsgesellschaften stehen dem Gesellschafter dagegen grundsätzlich nicht zu (→ Rn. 5).

9   Voraussetzung für die effektive Ausübung des Einsichtsrechts ist eine entsprechende **Buchführung** durch die Geschäftsführer. Die Pflicht hierzu ergibt sich zwar nicht aus § 716, wohl aber im Regelfall aus §§ 713, 666 (→ § 713 Rn. 11). Fehlt es gleichwohl an entsprechenden Unterlagen, so kommt ausnahmsweise ein Auskunftsanspruch aus § 716 in Betracht (→ Rn. 12). Die Tatsache, dass der Geschäftsführer geschäftliche und persönliche Aufzeichnungen nicht getrennt hat, berechtigt ihn nicht zur Verweigerung der Einsicht.[18]

10 Die Einsicht hat in der Regel in den **Geschäftsräumen** stattzufinden. Erschwert jedoch die Gesellschaft die Ausübung des Einsichtsrechts in unzumutbarer Weise, so kann der Gesellschafter ausnahmsweise auch vorübergehende Überlassung der Unterlagen verlangen.[19] Zur Hinzuziehung von Sachverständigen → Rn. 16.

11 **c) Anfertigung von Auszügen.** Zur Anfertigung einer **Übersicht über den Vermögensstand** darf der Gesellschafter grundsätzlich auch Abschriften und Auszüge aus den Unterlagen anfertigen. Darunter fällt auch das Recht, Kopien der Unterlagen auf eigene Kosten zu fertigen. Die Gesellschaft darf ihn daran nur hindern, wenn entweder die betreffenden Unterlagen für die Vermögensübersicht ohne Aussagekraft sind oder wenn die Gesellschaft ein anerkennenswertes Geheimhaltungsinteresse daran hat.[20]

12 **d) Auskunftsrecht?** Auskunft oder laufende Berichterstattung können die einzelnen Gesellschafter nach § 716 Abs. 1 **grundsätzlich nicht** verlangen. Ein solcher Anspruch steht vielmehr nur der Gesamthand selbst gegen die Geschäftsführer in den Grenzen der §§ 713, 666 zu (→ § 713 Rn. 9).[21] Anderes gilt jedoch dann, wenn der Zweck des Kontrollrechts, dem Gesellschafter die Möglichkeit persönlicher Unterrichtung über die Angelegenheiten der Gesellschaft zu verschaffen, durch die Einsicht nicht erreicht werden kann. Ein Auskunftsrecht ist daher auch im Rahmen von § 716 Abs. 1 **ausnahmsweise anzuerkennen,** wenn entweder Bücher und Geschäftspapiere nicht vorhanden sind oder diese wegen Lückenhaftigkeit, Widersprüchlichkeit oder aus sonstigen Gründen keine geeignete Grundlage für die Beschaffung der Information bilden;[22] es richtet sich gegen die Gesamt-

---

[13] BGH NJW 1995, 194 (195) mwN zu § 166 HGB; weitergehend OGHZ 1, 33 (39) im Anschluss an RGRK-HGB/*Weipert*, 2. Aufl. 1950, HGB § 117 Anm. 2, der § 117 HGB grds. in diesen Fällen analog auf das Informationsrecht eines Kommanditisten anwenden wollte; aA – gegen jegliche Analogie zu § 117 HGB – *Rob. Fischer* NJW 1959, 1057 (1058); *Peters* NJW 1965, 1212 f.; Soergel/*Hadding/Kießling* Rn. 14; Erman/*Westermann* Rn. 6.
[14] BGH NJW 1995, 194 (196); *Rob. Fischer* NJW 1959, 1057 (1058); *Peters* NJW 1965, 1212 (1214); Erman/*Westermann* Rn. 6.
[15] Vgl. näher *Akerman*, Der Kernbereich des Informationsrechts im Recht der Personengesellschaften, 2002, S. 25 ff. – Zum Beschwerdewert beim Streit um die Einsicht nach § 716 s. BGH NZG 2013, 1258.
[16] Schlegelberger/*Martens* HGB § 118 Rn. 10; EBJS/*Drescher* HGB § 118 Rn. 11; Staub/*Schäfer* HGB § 118 Rn. 20; *Wohlleben*, Informationsrechte der Gesellschafter, 1989, S. 116 f. mwN.
[17] BGH BB 1984, 1271 f. zur KG; BB 1984, 1273 f. zur stillen Beteiligung.
[18] BGH BB 1970, 187; RGZ 103, 71 (73); MüKoHGB/*Enzinger* § 118 Rn. 15; *Wohlleben*, Informationsrechte der Gesellschafter, 1989, S. 119 f.
[19] OLG Zweibrücken OLGR 2005, 444; Soergel/*Hadding/Kießling* Rn. 11; Bamberger/Roth/*Schöne* Rn. 6; Staub/*Schäfer* HGB § 118 Rn. 36; MüKoHGB/*Enzinger* HGB § 118 Rn. 26.
[20] OLG Köln ZIP 1985, 800 (802); Staub/*Schäfer* HGB § 118 Rn. 22; MüKoHGB/*Enzinger* HGB § 118 Rn. 9; *Wohlleben*, Informationsrechte der Gesellschafter, 1989, S. 126 f.
[21] So auch *K. Schmidt* GesR § 47 V 3; Staudinger/*Habermeier* (2003) Rn. 8; Bamberger/Roth/*Schöne* Rn. 7; aA *U. Huber* ZGR 1982, 546 ff.
[22] HM, vgl. BGH BB 1972, 1245; 1984, 1271 (1272); OLG Saarbrücken NZG 2002, 669 (670); Soergel/ *Hadding/Kießling* Rn. 8; Erman/*Westermann* Rn. 1; Staudinger/*Habermeier* (2003) Rn. 8; Bamberger/Roth/*Schöne*

hand, kann aber auch unmittelbar gegen die Geschäftsführer geltend gemacht werden (→ Rn. 1). Entsprechendes gilt, wenn sich die Auskunft auf wesentliche Vorgänge in Tochtergesellschaften beziehen soll (→ Rn. 5).[23] Im Einzelfall kann der Auskunftsanspruch daher auch in eine Informationsbeschaffungspflicht des Geschäftsführers umschlagen.[24] Der fehlende Sachverstand eines Gesellschafters reicht zur Begründung eines Auskunftsrechts freilich nicht aus; wohl aber kann sich grundsätzlich jeder Gesellschafter auf seine Kosten eines Buchsachverständigen bedienen (→ Rn. 16).

Ungeachtet dieser Grundsätze bejaht der BGH neuerdings das Recht der Gesellschafter einer GbR, von der Gesellschaft Auskunft über **Namen und Anschriften von Mitgesellschaftern** zu verlangen,[25] indem er die persönlichen Daten der Mitgesellschafter als „Angelegenheit der Gesellschaft" ansieht. Der Anspruch sei auf Herausgabe eines Ausdrucks der persönlichen Daten gerichtet, wenn diese in einer „Datenverarbeitungsanlage" gespeichert seien. Die kaum begründete Entscheidung betrifft eine **Publikumsgesellschaft,** deren Vertrag nach Ansicht des Senats gemäß § 242 überdies dahin zu kontrollieren sei, dass eine das Recht, Auskunft über Mitgesellschafter zu verlangen, explizit ausschließende Klausel trotz § 716 Abs. 2 unwirksam sei.[26] Das „Recht"(?) seine Vertragspartner zu kennen, sei so selbstverständlich, dass es nicht wirksam ausgeschlossen werden könne.[27] Datenschutzaspekte könnten Gesellschafter untereinander ebenso wenig geltend machen wie ein schützenswertes Interesse auf Anonymität.[28] In einer Folgeentscheidung hat der II. Zivilsenat diese Rechtsprechung auch auf **mittelbar an einer Publikumsgesellschaft in Form der (offenen) Treuhand beteiligte Gesellschafter** erstreckt, sofern die Treugeber untereinander eine Innengesellschaft bürgerlichen Rechts bilden[29] und einen Anspruch gegen den Treuhandkommanditisten als Geschäftsführer bejaht, sofern nach der konkreten Ausgestaltung der Verträge zwischen den einzelnen Treugebern eine Innen-GbR besteht. Nachdem zunächst lediglich Instanzgerichte auch noch auf diese Voraussetzung verzichtet und ein unbeschränktes Auskunftsrecht ohne erkennbare Rechtsgrundlage gegen die Fondsgesellschaft selbst zugesprochen haben, auch wenn diese gar nicht Mitglied der Treugeber-Innengesellschaft war,[30] hat mittlerweile auch der BGH selbst jeden Bezug zu einer Rechtsgrundlage aufgeben und einen unverzichtbaren (!) Anspruch unmittelbar wie mittelbar beteiligter Gesellschafter gegen die Gesellschaft postuliert, gerichtet auf Mitteilung der Personaldaten anderer mittelbar und sogar unmittelbar beteiligter (Mit-)Gesellschafter, die im Handelsregister eingetragen sind.[31] Der Anspruch ergebe sich daraus, dass die mittelbaren Gesellschaftern den unmittelbaren gleichgestellt seien.[32] Anspruchsgegner seien sowohl die Gesellschaft als auch „jeder Mitgesell-

---

Rn. 7; Staub/*Schäfer* HGB § 118 Rn. 25; ausf. *Wohlleben,* Informationsrechte der Gesellschafter, 1989, S. 82 ff.; vgl. auch BGHZ 14, 53 (59) = NJW 1954, 1564 für die GmbH; MüKoHGB/*Enzinger* HGB § 118 Rn. 11 f.; weitergehend *Goerdeler,* FS Stimpel, 1985, S. 125 (132 ff.); *Akerman,* Der Kernbereich des Informationsrechts im Recht der Personengesellschaften, 2002, S. 55 ff.

[23] BGH BB 1984, 1271 (1272); Staub/*Schäfer* HGB § 118 Rn. 14; enger *Wohlleben,* Informationsrechte der Gesellschafter, 1989, S. 102 ff.

[24] Ähnlich OLG Hamm NJW 1986, 1693 (1694) zu § 166 HGB, § 51a GmbHG; *Wohlleben,* Informationsrechte der Gesellschafter, 1989, S. 134 ff., der diese als Teil des Informationsanspruchs qualifiziert; für eine umfassendere Informationspflicht der Geschäftsführung MüKoHGB/*Enzinger* HGB § 118 Rn. 14.

[25] Erstmals BGH NJW 2010, 439 Rn. 7 ff.; 2011, 921; sodann insbes. BGHZ 196, 131 (141) Rn. 24 ff. = NJW 2013, 2190; BGH ZIP 2015, 319; dem folgend etwa OLG München ZIP 2011, 1204; WM 2011, 1562; ZIP 2015, 523.

[26] BGH NJW 2010, 439 (440).

[27] Zust. *Altmeppen* ZIP 2011, 326; *ders.* NZG 2011, 1321 (1322); *Armbrüster,* FS Kanzleiter, 2010, S. 31; aA *Sester/Voigt* NZG 2010, 375 (377); *Hoeren* ZIP 2010, 2436 (2439); *Holler* ZIP 2010, 2429 (2432 f.); zweifelnd auch *K. Schmidt* NZG 2011, 361 (362) unter Hinweis auf die „Dürre" des Urteils, das es aber (in Hinblick auf Treuhandmodelle) vor allem um die „Erschließung von Fonds als Innenverbänden geht".

[28] BGH NJW 2010, 439 (449) Rn. 13; ebenso auch BGHZ 196, 131 (142) Rn. 27 = NJW 2013, 2190. Zur (angeblichen) Vereinbarkeit dieser Rspr. mit dem BDSG eingehend OLG München BB 2015, 848 (850); knapp auch BGHZ 196, 131 (147) Rn. 41; BGH NJW 2011, 921 (923 f.) Rn. 17; dagegen aber namentlich *Hoeren* ZIP 2010, 2436 ff. Vgl. auch LG Aachen NZG 2010, 1339 (1340 f.), wonach Anonymitäts- und Vertraulichkeitsinteressen in der Personengesellschaft deshalb generell nicht anerkennbar seien, weil es auch Aktiengesellschaften gebe(?). Dagegen zu Recht *Holler* ZIP 2010, 2429 ff.; krit. insbes. ferner *Asmus/Markwardt* ZIP 2012, 1581 (1586); *Schürnbrand* ZGR 2014, 256 (265 f.).

[29] BGH NJW 2011, 921 (922) Rn. 10 ff.

[30] So OLG München NZG 2011, 861; WM 2011, 1562; ZIP 2011, 1204; 2015, 523 mit einem methodisch unhaltbaren Erst-recht-Schluss; zur Auskunft sollen demnach die Fondsgesellschaft und ihre Komplementärin verpflichtet sein (?), nicht aber die Treuhand-Kommanditistin; dazu zu Recht abl. *Petrovicki* GWR 2011, 285; einschr. unter Betonung der „Funktionsgebundenheit" des Anspruchs aber OLG Düsseldorf NZG 2015, 1153.

[31] BGHZ 196, 131 (141) Rn. 24 ff. = NJW 2013, 2190 und (nahezu identisch) BGH ZIP 2013, 619; ferner BGH ZIP 2015, 319.

[32] BGHZ 196, 131 (137 f.) Rn. 17, 20 = NJW 2013, 2190.

schafter, der die Auskunft unschwer erteilen kann".[33] Diese Rechtsprechung ist im Schrifttum verbreitet auf Ablehnung gestoßen, wobei sich Kritik sowohl an der ungerechtfertigten Zurückstellung berechtigter Anonymitätsinteressen als auch an der vom BGH postulierten Einordnung der Treugeber als Innen-GbR entzündet hat.[34] Inzwischen wird ferner verstärkt der Verzicht auf eine Rechtsgrundlage kritisiert.[35]

12b **Stellungnahme:** Ein auf § 716 gestütztes, trotz Abs. 2 (→ Rn. 17) unverzichtbares (!) Auskunftsrecht über Namen und Anschriften von Mitgesellschaftern widerspricht nicht nur den bislang hierzu anerkannten Grundsätzen (→ Rn. 6 ff.).[36] Vielmehr ist auch die These, jeder habe ein Recht, seinen Vertragspartner zu kennen, zweifelhaft: Selbstverständlich kann niemand dazu gezwungen werden, mit einer anderen Person einen Vertrag einzugehen, wenn diese ihre Identität nicht offenbart, aber ebenso selbstverständlich kann er freiwillig auf ein solches Wissen verzichten und beispielsweise ein Geschäft mit einem Strohmann abschließen oder akzeptieren, dass ein Vertreter die Identität des Vertretenen nicht offenlegt.[37] Soll er dann, obwohl er sich auf einen Vertragsschluss zu solchen Bedingungen eingelassen hat, gleichwohl nach Vertragsschluss verlangen können, dass ihm die Identität seines Gegenübers offenbart werden, ohne hierfür ein berechtigtes Interesse (etwa aufgrund von Störungen bei Durchführung des Vertrages) geltend machen zu können?[38] Der Hinweis auf – im Falle eigener Haftungsinanspruchnahme – *mögliche* Regressansprüche gegen Mitgesellschafter aus § 426 vermag ebenfalls keine generelle Offenbarungspflicht zu rechtfertigen, sondern eben erst dann, wenn es um die konkrete Durchsetzung bestehender Ansprüche geht (sofern diese im Falle mittelbarer Beteiligung nicht ohnehin vom Treuhand-Gesellschafter erfüllt werden).[39] Speziell für **Publikumsgesellschaften** liegt im Übrigen die Wertung des § 67 Abs. 6 S. 1 AktG (Auskunftsrecht des [Namens-]Aktionärs nur hinsichtlich eigener Daten) wesentlich näher als das – schon mit § 716 Abs. 2 schwer vereinbare – Postulat eines unverzichtbaren Auskunftsrechts. Wer die mittelbare Beteiligung an einer Publikumsgesellschaft der unmittelbaren gleichstellt, kann die Wertung des § 67 Abs. 6 S. 1 AktG nicht überzeugend mit dem Argument beiseiteschieben, dass die Treugeber untereinander keine Publikumsgesellschaft, sondern (nur?) eine Innengesellschaft bildeten.[40] Schließlich überzeugt es nicht, dass der Auskunftsanspruch nach dem Ansatz des BGH davon abhängt, ob sich das Rechtsverhältnis der Treugeber untereinander noch als eine (beitragsfreie!)[41] Innengesellschaft bürgerlichen Rechts einordnen lässt (dann kein schutzwürdiges Anonymitätsinteresse; sehr weitgehender Auskunftsanspruch) oder nicht (dann respektiertes Anonymitätsinteresse). Das zu lösende Problem sollte vielmehr nicht von der konkreten Vertragsgestaltung abhängen, und die Lösung sollte in einem angemessenen Interessenausgleich bestehen. Zwar hat der BGH diesen Ansatz in seinen neuen Entscheidungen aufgegeben (→ Rn. 12a); dies allerdings um den Preis eines völligen Verzichts auf jede nachvollziehbare Rechtsgrundlage: Sofern der Senat nunmehr auf die Gleichstellung zwischen mittelbaren und unmittelbaren Gesellschaftern abstellt, ist diese zwar, für sich betrachtet, im Ansatz zutreffend (→ § 705 Rn. 92 f.); doch scheidet damit § 716 als Rechtsgrundlage schon im Ansatz aus (sofern es sich bei der [Haupt-]Gesellschaft nicht ausnahmsweise um eine GbR handelt); konsequenterweise könnte der Anspruch nur auf § 166 HGB gestützt werden, der aber erst recht nichts von einem

---

[33] BGH ZIP 2015, 319 (322) Rn. 27 ff.
[34] Abl. insbes. *Altmeppen* NZG 2010, 1321 (1326); *ders.* ZIP 2011, 326; *Holler* ZIP 2010, 2429 (2434); *Hoeren* ZIP 2010, 1321 (1326); *Markwardt* BB 2011, 643 (646) und *Asmus/Markwardt* ZIP 2012, 1581; *Krämer*, FS Blaurock, 2013, S. 225 (229 ff.); *Schürnbrand* ZGR 2014, 256 (264 ff.); *Voigt* NZG 2011, 256; zust. aber *Priester* ZIP 2011, 697 ff.; *Wertenbruch* EWiR 2011, 184; grds. auch Staub/*Casper* HGB § 166 Rn. 251; offenlassend *K. Schmidt* NZG 2011, 361 (362, 365 f.), der die Einordnung der Treugeber als „Innenverband" für zutr. hält, die Frage des Anspruchsinhalts aber ausblendet.
[35] S. etwa *Schürnbrand* ZGR 2014, 256 (264 f.).
[36] Insofern übereinstimmend auch *Altmeppen* NZG 2010, 1321 (1322), der aber eine auf § 242 gestützte unabdingbare Pflicht jedes Gesellschafters annimmt, seine Identität zu offenbaren.
[37] Vgl. auch *Sester/Voigt* NZG 2010, 375 (376).
[38] Im Fall von BGH NJW 2011, 921 war den Treugebern nicht nur die Konstruktion bekannt, der Vertrag enthielt vielmehr sogar eine ausdrückliche Anonymitätsklausel, so dass den „Mittreugebern" das Anonymitätsinteresse zweifelsfrei bekannt war, vgl. *Altmeppen* NZG 2011, 1321 (1327).
[39] Nur für ein zweck- bzw. anlassbezogenes Auskunftsrecht mit Recht denn auch OLG Hamburg NZG 2010, 1342; einschr. auch LG Berlin NZG 2001, 375 und LG Frankfurt NZG 2009, 1120 – Auskunftsrecht nur in außergewöhnlicher Krisensituation.
[40] So aber BGH NJW 2011, 921 (923) Rn. 16.
[41] Explizit gegen die Zulässigkeit beitragsfreier Mitgliedschaften in Innengesellschaften *Altmeppen* ZIP 2011, 326 (328); gegen ihn aber *Priester* ZIP 2011, 697 (700) unter nicht zweifelsfreiem Hinweis auf Stimmrechtskonsortien; gänzlich andere Konstruktion aber bei *K. Schmidt* NZG 2011, 365 ff. – Treugeber-Kommanditisten als Innenverband mit „virtueller" KG.

zwingenden Recht zur Mitteilung persönlicher Daten weiß, zumal die Information über Mitgesellschafter durch das Handelsregister erfolgt.[42]

Zutreffend erscheint deshalb folgende einheitliche Lösung: Ein (mittelbarer) Gesellschafter kann von der Gesellschaft bzw. dem Treuhand-Gesellschafter **aufgrund des Gesellschaftsvertrages** nur dann Auskunft über seine Mit-Gesellschafter bzw. -Treugeber verlangen, wenn er hierfür ein **konkretes berechtigtes Interesse** geltend machen kann. Dies entspricht auch der datenschutzrechtlichen Beurteilung. Denn nach § 28 Abs. 1 S. 1 Nr. 1 BDSG muss die Datenermittlung für die Durchführung des Vertrages *erforderlich* sein, wofür der bloße Wunsch nach Kontakt mit Mitgesellschaftern entgegen dem BGH eindeutig nicht ausreicht.[43] Vermag es somit schon generell nicht zu überzeugen, berechtigte Anonymitätsinteressen, insbesondere nur mittelbar beteiligter Gesellschafter, entgegen der gesetzlichen Wertung gänzlich beiseitezuschieben, so gilt dies erst recht in den – praktisch häufigen – Fällen, in denen die Gesellschafter die Wahl haben, ob sie sich unmittelbar an der Publikumsgesellschaft beteiligen oder anonym über ein Treuhandmodell indirekt beteiligen wollen. Wer sich freiwillig offenbaren will, mag dies über ein Anlegerforum oder auf andere Weise tun. Warum aber auch diejenigen ans Licht der Öffentlichkeit gezerrt werden sollen, die ihre – den Mitgesellschaftern offenbare – Anonymität wahren möchten, bleibt letztlich unerfindlich, zumal der BGH jeden Beleg dafür schuldig geblieben ist, warum die Offenlegung für die Wahrnehmung (welcher?) Rechte erforderlich sein soll. **Mit § 716** (oder § 166 HGB) hat alles dies **nichts zu tun;**[44] vielmehr geht es um einen aus § 242 hergeleiteten Informationsanspruch auf der Grundlage des Gesellschafts- bzw. Treuhandvertrages, der ein konkretes Informationsbedürfnis voraussetzt. Namentlich muss der Gesellschafter vortragen, dass er zur Durchsetzung bestimmter Rechte gegen Mitgesellschafter – namentlich von Regressansprüchen – auf deren Namen und Anschrift angewiesen ist. Immerhin einen Schritt in die richtige Richtung stellt eine neuere instanzgerichtliche Entscheidung dar, die einem Anleger unter Berufung auf die „Funktionsgebundenheit" des Anspruchs die Auskunft versagt hat, weil die Auskunftsklage nur erhoben wurde, um einem Schadensersatzbegehren Nachdruck zu verleihen.[45]

II. Höchstpersönliche Natur

1. Das Kontrollrecht als Gesellschafterrecht. Die Rechte aus § 716 Abs. 1 sind als Mitverwaltungsrechte höchstpersönlicher Natur und **nicht übertragbar.**[46] Sie stehen den jeweiligen Gesellschaftern bis zu ihrem Ausscheiden oder bis zur Beendigung der Gesellschaft zu. **Ausgeschiedene** Gesellschafter haben ein Einsichtsrecht nicht aus § 716, wohl aber im Rahmen von § 810.[47] Gleiches gilt für abfindungsberechtigte *Erben* eines Gesellschafters bei Fortsetzung der Gesellschaft unter den Überlebenden.[48] Geht der Gesellschaftsanteil dagegen auf den oder die Erben über (→ § 727 Rn. 31 ff.), so steht ihnen als Gesellschaftern auch das Einsichtsrecht zu. Auch ein Testamentsvollstrecker kann das Kontrollrecht des Gesellschafters ausüben (zur Ausübung der Verwaltungsrechte durch den Testamentsvollstrecker → § 705 Rn. 117).

Haben Gesellschafter einen **gesetzlichen Vertreter,** so ist dieser auch befugt, für sie die Kontrollrechte aus § 716 wahrzunehmen. Das Interesse der Gesellschafter, unter sich zu bleiben, tritt hier

---

[42] Zwar wird heute mittels § 242 der Umfang des Informationsrechts über den Wortlaut des § 166 HGB hinaus ausgedehnt, dazu allg. nur Staub/*Casper* HGB § 166 Rn. 21 ff.; ein konkreter Inhalt ist damit aber naturgemäß nicht vorgegeben, so dass die Berufung darauf eine reine petitio principii wäre.

[43] Zutr. *Markwardt* BB 2011, 643 (645); *Hoeren* ZIP 2010, 2436 (2437). – BGH NJW 2011, 921 (923) Rn. 17 verzichtet demgegenüber auf jede Begründung dafür, dass bestimmte Rechte nur nach vorheriger Offenlegung wahrgenommen werden können.

[44] Ebenso *Altmeppen* NZG 2010, 1321 (1322); *ders.* ZIP 2010, 2399; insoweit auch *Priester* ZIP 2011, 697 (700).

[45] OLG Düsseldorf NZG 2015, 1153; vgl. auch OLG Karlsruhe WM 2014, 1174 (1175 f.), wonach das Verlangen nach einer sehr großen Datenmenge (Namen und Anschriften von 5100 Personen) ein Indiz für Rechtsmissbrauch ist; zust. Staub/*Casper* HGB § 161 Rn. 251 aE.

[46] EinhM, vgl. BGHZ 25, 115 (122 f.) = WM 1957, 1059; Soergel/*Hadding/Kießling* Rn. 10; Erman/*Westermann* Rn. 3; Staudinger/*Habermeier* (2003) Rn. 4.

[47] BGH NZG 2008, 623 (628) Rn. 29; NJW 2000, 2276; WM 1994, 1925 (1928); 1989, 878 (879) zu § 166 HGB; 1988, 1447 (1448) zu § 51a GmbHG; OLG Frankfurt BB 1982, 143; Soergel/*Hadding/Kießling* Rn. 2; Erman/*Westermann* Rn. 4; Staudinger/*Habermeier* (2003) Rn. 4; Bamberger/Roth/*Schöne* Rn. 4; *Wiedemann* GesR II § 3 III 4c, S. 256; *Wohlleben,* Informationsrechte der Gesellschafter, 1989, S. 63; Staub/*Schäfer* HGB § 118 Rn. 8; so für den aus einer stillen Gesellschaft Ausgeschiedenen auch BGHZ 50, 316 (324) = NJW 1968, 2003; aA unter Außerachtlassung von § 810 OLG Hamburg MDR 1961, 325 und OLG Hamm OLGZ 1970, 388 (393); Heymann/*Emmerich* HGB § 118 Rn. 4. – Zum Inhalt des Einsichtsrechts nach § 810 → § 810 Rn. 13 (*Habersack*).

[48] OGHZ 1, 33 (39); Schlegelberger/*Martens* HGB § 118 Rn. 5; MüKoHGB/*Enzinger* HGB § 118 Rn. 18; Staub/*Schäfer* HGB § 118 Rn. 8; Soergel/*Hadding/Kießling* Rn. 2; aA Heymann/*Emmerich* HGB § 118 Rn. 4.

gegenüber dem Schutzinteresse des Vertretenen zurück.[49] Da der gesetzliche Vertreter aber nicht als solcher der gesellschaftsrechtlichen Treupflicht unterliegt, muss er sich zuvor zur Verschwiegenheit verpflichten.[50] Gleiches gilt im Falle der Anordnung einer **Pflegschaft;**[51] einer etwaigen Unvereinbarkeit zwischen Gesellschaftsinteresse und Person des Pflegers ist durch Antrag auf Bestellung eines anderen Pflegers Rechnung zu tragen.[52]

15 **2. Bevollmächtigte, Sachverständige.** Ebenso wie die Übertragung des Kontrollrechts (→ Rn. 13) scheidet auch dessen Überlassung an einen **Bevollmächtigten** ohne Einverständnis der Mitgesellschafter grundsätzlich aus.[53] Eine Ausnahme gilt namentlich dann, wenn ein Gesellschafter für längere Zeit durch Abwesenheit, Krankheit ua gehindert ist, das Kontrollrecht selbst wahrzunehmen. Hier können die Mitgesellschafter der Bevollmächtigung eines Dritten nicht widersprechen, soweit nicht in dessen Person besondere Hinderungsgründe gegeben sind.[54]

16 Eine grundsätzlich andere Beurteilung gilt nach hM für die Hinzuziehung von freiberuflichen **Sachverständigen,** namentlich von Wirtschaftsprüfern und Steuerberatern.[55] Sie soll den Gesellschaftern unbenommen sein, wenn der betreffende Sachverständige für die Aufgabe geeignet und zur Verschwiegenheit verpflichtet ist, gegen ihn aus Gesellschaftssicht keine besonderen Ablehnungsgründe bestehen[56] und die Verantwortung für die Büchereinsicht einschließlich der Verhandlungen hierüber mit der Gesellschaft beim Gesellschafter verbleibt.[57] Dem ist zwar im Ergebnis zuzustimmen. *Die Grenzziehung zwischen Bevollmächtigtem und Sachverständigem sollte allerdings nicht überspitzt werden.* Insbesondere kann es nicht darauf ankommen, ob der Gesellschafter bei der Einsicht durch den Sachverständigen persönlich zugegen ist und ob er für die „Leitung der Büchereinsicht" die Verantwortung trägt.[58] Entscheidend ist vielmehr die **Funktion** der Hilfsperson als Sachverständiger, dh der Umstand, dass er das Einsichtsrecht nicht selbständig, sondern im Einvernehmen mit dem Gesellschafter und nach dessen mit der Gesellschaft abgestimmten Weisungen wahrzunehmen hat. Ist der einsichtsberechtigte *Gesellschafter potenzieller Wettbewerber* der Gesellschaft, kann das zur Folge haben, dass er sein Einsichtsrecht *nur* durch einen zur Berufsverschwiegenheit verpflichteten Sachverständigen ausüben lassen darf, sofern die Gefahr besteht, dass er die erlangten Informationen zu Wettbewerbszwecken verwenden würde.[59]

III. Abweichende Vereinbarungen

17 **1. Allgemeines.** Die Vorschrift des § 716 Abs. 1 ist vorbehaltlich der Schranken aus Abs. 2 (→ Rn. 18) dispositiver Natur. Der Gesellschaftsvertrag kann die Informationsrechte **erweitern,** etwa durch Einführung laufender Berichts- oder Auskunftspflichten der Geschäftsführer oder durch Gewährung der Kontrollrechte des § 716 auch an Unterbeteiligte, ausgeschiedene Gesellschafter und sonstige an den Gesellschaftsergebnissen interessierte Personen. Er kann die Befugnisse aus § 716 Abs. 1 aber auch **beschränken,** indem er ihre Geltendmachung an bestimmte Termine bindet oder

---

[49] BGHZ 44, 98 (100 f., 103) = NJW 1965, 1961.
[50] Ebenso Staudinger/*Habermeier* (2003) Rn. 4; Bamberger/Roth/*Schöne* Rn. 9; Schlegelberger/*Martens* HGB § 118 Rn. 22; Staub/*Schäfer* HGB § 118 Rn. 32; *Goerdeler,* FS Stimpel, 1985, S. 125 (135 f.); aA wohl MüKoHGB/ *Enzinger* HGB § 118 Rn. 20: gesetzlicher Vertreter tritt grds. in die Pflichtenlage des Vertretenen ein.
[51] BGHZ 44, 98 (100 f.) = NJW 1965, 1961.
[52] BGHZ 44, 98 (102 f.) = NJW 1965, 1961.
[53] HM, vgl. BGHZ 25, 115 (122 f.) = NJW 1957, 1555; BGH BB 1962, 899; RG DR 1944, 245; Soergel/ *Hadding/Kießling* Rn. 10; Staudinger/*Habermeier* (2003) Rn. 4; MüKoHGB/*Enzinger* § 118 Rn. 22; Staub/*Schäfer* HGB § 118 Rn. 33.
[54] BGHZ 25, 115 (122 f.) = NJW 1957, 1555; Staudinger/*Habermeier* (2003) Rn. 4; Bamberger/Roth/*Schöne* Rn. 9; Staub/*Schäfer* HGB § 118 Rn. 33; Schlegelberger/*Martens* HGB § 118 Rn. 23; wohl auch Soergel/*Hadding/ Kießling* Rn. 10.
[55] BGHZ 25, 115 (123) = NJW 1957, 1555; BGH BB 1984, 1274 f.; 1962, 899 (900); RGZ 170, 392 (395); RG DR 1942, 279; Soergel/*Hadding/Kießling* Rn. 10; Staudinger/*Habermeier* (2003) Rn. 4; Bamberger/Roth/ *Schöne* Rn. 9; *Hueck* OHG § 12, 3; MüKoHGB/*Enzinger* HGB § 118 Rn. 23; Staub/*Schäfer* HGB § 118 Rn. 31; *Hirte* BB 1985, 2208 (2209 f.); abw. *Saenger* NJW 1992, 348 (351 f.): Interessenabwägung.
[56] BGH BB 1962, 899 (900).
[57] BGHZ 25, 115 (123) = NJW 1957, 1555; *Wohlleben,* Informationsrechte der Gesellschafter, 1989, S. 60 f.; krit. *Goerdeler,* FS Stimpel, 1985, S. 125 (127 f.).
[58] So aber BGHZ 25, 115 (123) = NJW 1957, 1555; *Wohlleben,* Informationsrechte der Gesellschafter, 1989, S. 62; Staudinger/*Habermeier* (2003) Rn. 4; wie hier Staub/*Schäfer* HGB § 118 Rn. 31; *Goerdeler,* FS Stimpel, 1985, S. 125 (128 f.); Bamberger/Roth/*Schöne* Rn. 9.
[59] BGH NJW 1995, 194 (195) zu § 166 HGB; WM 1982, 1403 f.; BB 1979, 1315 f.; zust. MüKoHGB/ *Enzinger* HGB § 118 Rn. 29; Staudinger/*Habermeier* (2003) Rn. 4; Bamberger/Roth/*Schöne* Rn. 10; *Wohlleben,* Informationsrechte der Gesellschafter, 1989, S. 62 f.; *Goerdeler,* FS Stimpel, 1985, S. 125 (129); *Hirte* BB 1985, 2208 (2209 f.).

vorschreibt, dass das Einsichtsrecht nur von Repräsentanten der Gesellschafter oder von neutralen Sachverständigen, namentlich Wirtschaftsprüfern, ausgeübt werden darf.[60] Zulässig ist sogar ein Ausschluss der ordentlichen Kontrollrechte insoweit, als kein Verdacht unredlicher Geschäftsführung besteht.[61] Ob die Beschränkung oder der Ausschluss sich auch auf das gesamthänderische Auskunftsrecht der übrigen Gesellschafter gegen die Geschäftsführer aus §§ 713, 666 (→ § 713 Rn. 8) erstrecken oder jedenfalls dessen Geltendmachung im Wege der actio pro socio verhindern soll, ist Frage der Vertragsauslegung.[62]

2. Der zwingende Mindestbestand (Abs. 2). Eine Einschränkung erfährt die Dispositionsfreiheit durch die zwingende Gewährung der Kontrollrechte bei *Verdacht unredlicher Geschäftsführung*. Abs. 2 steht nicht nur dem gänzlichen **Ausschluss** der Kontrollrechte im Gesellschaftsvertrag entgegen, sondern auch dem einseitigen **Verzicht** des berechtigten Gesellschafters. Auch die Berufung auf den Missbrauchseinwand (→ Rn. 6) scheidet bei Vorliegen der Voraussetzungen von Abs. 2 in aller Regel aus. 18

Die **Anforderungen** an das Eingreifen von Abs. 2 dürfen nicht überspannt werden, wenn die Vorschrift nicht leerlaufen soll. Auf einen Nachweis des unredlichen Verhaltens kann es nicht ankommen, zumal die Feststellungen hierzu regelmäßig erst durch Ausübung des Kontrollrechts getroffen werden können.[63] Andererseits reicht eine unsubstanziierte Vermutung nicht aus. Erforderlich, aber auch genügend ist vielmehr ein durch Tatsachenbehauptungen **glaubhaft vorgetragener** und von der Gegenseite **nicht ausgeräumter Verdacht**, dass Gesellschaft oder Mitgesellschafter durch das Verhalten von Geschäftsführern pflichtwidrig geschädigt werden.[64] Auf ein strafrechtliches Verhalten oder eine Schädigungsabsicht der Geschäftsführer iSd § 826 kommt es für das Eingreifen des Abs. 2 nicht an. Es genügt die fehlerhafte Führung der Geschäftsunterlagen oder die grundlose Verweigerung der Ausübung des Kontrollrechts.[65] 19

§ 717 Nichtübertragbarkeit der Gesellschafterrechte

¹**Die Ansprüche, die den Gesellschaftern aus dem Gesellschaftsverhältnis gegeneinander zustehen, sind nicht übertragbar.** ²**Ausgenommen sind die einem Gesellschafter aus seiner Geschäftsführung zustehenden Ansprüche, soweit deren Befriedigung vor der Auseinandersetzung verlangt werden kann, sowie die Ansprüche auf einen Gewinnanteil oder auf dasjenige, was dem Gesellschafter bei der Auseinandersetzung zukommt.**

Übersicht

	Rn.		Rn.
I. Grundlagen	1–15	c) Abtretbarkeit von Vermögensrechten (S. 2)	14, 15
1. Die Vorschriften der §§ 717–719	1–4	**II. Verwaltungsrechte**	16–29
2. Normzweck des § 717	5, 6	1. Überblick	16, 17
3. Zwingende Geltung von S. 1	7, 8	2. Stimmbindungsverträge	18–29
4. Grenzen des Abspaltungsverbots	9–15	a) Wesen und Arten	18, 19
a) Überlassung zur Ausübung	9, 10	b) Zulässigkeit	20–27
b) Treuhand, Nießbrauch, Testamentsvollstreckung	11–13	c) Durchsetzbarkeit von Stimmbindungsverträgen	28, 29

---

[60] BGH WM 1984, 807 (808) zu § 338 HGB aF; Soergel/*Hadding/Kießling* Rn. 12; Staudinger/*Habermeier* (2003) Rn. 9; Bamberger/Roth/*Schöne* Rn. 12; MüKoHGB/*Enzinger* HGB § 118 Rn. 31; eingehend Staub/*Schäfer* HGB § 118 Rn. 43 f.; *Akerman*, Der Kernbereich des Informationsrechts im Recht der Personengesellschaften, 2002, S. 88 ff., 171 ff.; tendenziell kritisch BGH WM 1988, 1447 f. im Hinblick auf § 51a GmbHG, vgl. dazu auch Schlegelberger/*Martens* HGB § 118 Rn. 32; *Grunewald* ZGR 1989, 545 (549 ff.).
[61] Zweifelnd BGH WM 1988, 1447 f. im Hinblick auf § 51a Abs. 3 GmbHG.
[62] Zur Frage der Abdingbarkeit der actio pro socio im Gesellschaftsvertrag → § 705 Rn. 209.
[63] EinhM, vgl. BGH WM 1984, 807 (808); Erman/*Westermann* Rn. 5; Soergel/*Hadding/Kießling* Rn. 13; Staudinger/*Habermeier* (2003) Rn. 10; Staub/*Schäfer* HGB § 118 Rn. 45; *Hueck* OHG § 12, 4; *Wiedemann* GesR I § 7 II 2a, S. 376.
[64] So auch BGH WM 1984, 807 (808); Staub/*Schäfer* HGB § 118 Rn. 45; Erman/*Westermann* Rn. 5; Staudinger/*Habermeier* (2003) Rn. 10; Bamberger/Roth/*Schöne* Rn. 12; MüKoHGB/*Enzinger* HGB § 118 Rn. 34; Baumbach/Hopt/*Roth* HGB § 118 Rn. 18; im Ergebnis auch Soergel/*Hadding/Kießling* Rn. 13; enger noch Staudinger/*Keßler*, 12. Aufl. 1979, Rn. 9 und *Hueck* OHG § 12, 4, die einen „durch Tatsachen unterstützten Verdacht" fordern und insoweit wohl den Nachweis der Tatsachen voraussetzen.
[65] Schlegelberger/*Martens* HGB § 118 Rn. 34; MüKoHGB/*Enzinger* HGB § 118 Rn. 35; Staub/*Schäfer* HGB § 118 Rn. 46.

	Rn.		Rn.
III. Vermögensrechte	30–41	a) Aufwendungsersatz	34
1. Allgemeines	30–33	b) Gewinn	35, 36
a) Grundlagen	30	c) Auseinandersetzungsguthaben	37–39
b) Künftige Ansprüche	31, 32	3. Rechtsstellung des Zessionars	40, 41
c) Sonstige Vermögensrechte	33	**IV. Pfändung und Verpfändung**	42–45
2. Die einzelnen Vermögensrechte nach Satz 2	34–39	1. Pfändung	42–44
		2. Verpfändung	45

I. Grundlagen

1 1. **Die Vorschriften der §§ 717–719.** Sie enthalten zentrale Regelungen zur Rechtsstellung der Gesellschafter als Mitglieder der Gesellschaft, zur Bildung des Gesamthandsvermögens sowie zu den Möglichkeiten und Grenzen einer Verfügung über den Anteil am Gesellschaftsvermögen und über Rechte aus der Mitgliedschaft. Die Übergänge zwischen den drei Vorschriften scheinen auf den ersten Blick fließend. Das gilt vor allem für das Verhältnis der §§ 717, 719, die sich beide mit Verfügungsmöglichkeiten der Gesellschafter beschäftigen. Bei näherer Prüfung zeigt sich jedoch, dass jeder der drei Paragraphen seinen eigenständigen und unverwechselbaren Regelungsbereich hat (→ Rn. 2–4).

2 Als grundlegende Vorschrift ist zunächst § 719 zu nennen: sie dient dem **Schutz des Gesamthandsvermögens** in seinem Bestand gegen Verfügungen nichtberechtigter Gesellschafter. Die Regelung bezieht sich entgegen früher verbreiteter Ansicht nicht auf die Verfügung über den Gesellschaftsanteil als Inbegriff der Mitgliedschaftsrechte; diese ist gesetzlich nicht geregelt und nach heute ganz hM mit Zustimmung der Mitgesellschafter zulässig (→ § 719 Rn. 21 ff., 27 ff.). Vielmehr schließt § 719 in **Abs. 1** die isolierte Verfügung über die Gesamthandsbeteiligung des Gesellschafters sowie über den Anteil an den einzelnen Gesamthandsgegenständen aus. Das Verbot beruht auf dem Wesen der gesellschaftsrechtlichen Gesamthand und ist zwingender Natur. Denn die Gesamthänderstellung als solche kann nicht von der Mitgliedschaft getrennt werden, während es einen Anteil der Gesellschafter an den einzelnen Gegenständen des Gesamthandsvermögens, anders als bei einer Bruchteilsgemeinschaft, nicht gibt (→ § 719 Rn. 4, 8). Wohl aber kann die Gesellschaft selbst durch ihre Organe über die zum Gesamthandsvermögen gehörenden Gegenstände ganz oder teilweise verfügen. Das weiter in Abs. 1 genannte, den Bestand des Gesamthandsvermögens bedrohende Teilungsverlangen ist nur während der Dauer der „werbenden" Gesellschaft ausgeschlossen; nach der Auflösung gelten die Vorschriften der §§ 730 ff. – Auch das in § 719 **Abs. 2** enthaltene Aufrechnungsverbot für Gesellschaftsschuldner ist Ausdruck der Gesamthandszugehörigkeit der betreffenden Forderung. Angesichts der mangelnden Gegenseitigkeit von Gesellschaftsforderung und Forderung des Schuldners gegen einen Gesellschafter folgt es bereits aus dem Fehlen der Aufrechnungsvoraussetzungen des § 387.

3 Im Unterschied zu § 719 Abs. 1 bezieht sich die Vorschrift des § 717 nicht auf das Vermögen der Gesellschaft, sondern auf die **einzelnen aus der Mitgliedschaft fließenden Rechte,** dh die individuellen Verwaltungs- und Vermögensrechte der Gesellschafter (→ § 705 Rn. 189 ff.). Sie stellt in **Satz 1** den Grundsatz der Unübertragbarkeit dieser Rechte auf; insoweit ist sie im Wesentlichen zwingender Natur (→ Rn. 7). Die in **Satz 2** zugelassenen Ausnahmen für bestimmte Vermögensrechte beruhen auf der Vorstellung des Gesetzgebers, bei ihnen handele es sich trotz des gesellschaftsvertraglichen Ursprungs um von der Mitgliedschaft trennbare Ansprüche, deren Abtretung aus der Sicht der Mitgesellschafter im Grundsatz unbedenklich sei.[1] Demgemäß erwirbt der Zessionar mit der Abtretung derartiger Ansprüche nicht auch die auf ihre Geltendmachung gerichteten oder diese erleichternden Verwaltungs- und Kontrollrechte; er kann sich insoweit vielmehr nur an den Zedenten halten (→ Rn. 40).

4 Die Vorschrift des § 718 schließlich enthält die erst im zweiten Entwurf[2] in das BGB aufgenommene gesetzliche **Grundlage der gesellschaftsrechtlichen Gesamthand.** Sie regelt die Zugehörigkeit bestimmter Gegenstände (Beiträge, rechtsgeschäftlicher Erwerb namens der Gesellschaft, Surrogate) zum Gesamthandsvermögen. Dementsprechend sind auch Gesamthandsverbindlichkeiten, ohne dass dies in § 718 besonders erwähnt wird, als besondere, von der Gesellschafterhaftung zu unterscheidende Verpflichtungen anzuerkennen (→ § 714 Rn. 31 f.). Von § 717 unterscheidet sich die Vorschrift des § 718 deutlich dadurch, dass jene nicht von den Gesamthandsbefugnissen, sondern von den individuellen Mitgliedschaftsrechten handelt. Demgegenüber besteht ein unmittelbarer Zusammenhang von § 718 mit § 719, da auch bei diesem die Gesamthandszugehörigkeit des Gesell-

---

[1] Mot. II S. 613 ff. zu § 644 E I; vgl. dazu auch RGZ 67, 17.
[2] Prot. II S. 426 ff.; vgl. auch *Flume* BGB AT I 1 § 1 II, S. 2 ff.

schaftsvermögens betont und daraus der Ausschluss der Verfügung über Anteile an den dazu gehörenden Gegenständen sowie das Verbot der Aufrechnung zwischen Gesamthandsforderungen und Gesellschafterschulden abgeleitet wird.

2. Normzweck des § 717. Die Vorschrift bezieht sich auf *sämtliche aus der Mitgliedschaft fließenden Rechte*. Sie stellt mit Ausnahme von S. 2 den **Grundsatz der Unübertragbarkeit** auf. Der Begriff „Ansprüche" in S. 1 ist missverständlich, da er den Bereich der Mitgliedschaftsrechte nur unzureichend erfasst. Nach ganz hM[3] gehören hierzu nicht nur die mitgliedschaftlichen Individualansprüche gegen die Gesellschaft (Sozialverbindlichkeiten, → § 705 Rn. 197 ff.), sondern auch die sonstigen Verwaltungsrechte der Gesellschafter wie Geschäftsführung, Vertretung, Stimmrecht ua (→ Rn. 16).

Nicht unter § 717 fallen demgegenüber sonstige Ansprüche, die Gesellschaftern unabhängig von ihrer Mitgliedstellung gegen Gesamthand und Mitgesellschafter zustehen, darunter namentlich **Drittgläubigerforderungen.** Sie bleiben auch dann übertragbar, wenn im Gesellschaftsvertrag die Abtretung der in S. 2 genannten Vermögensansprüche ausgeschlossen ist. Nicht erfasst werden von § 717 auch die **Sozialansprüche** wie Beitragsforderungen ua (→ § 705 Rn. 201); sie stehen nicht den Mitgliedern persönlich zu, sondern der Gesellschaft, und unterliegen als Teil des Gesamthandsvermögens nach § 718 der Verfügung nur durch die vertretungsbefugten Gesellschafter.[4]

3. Zwingende Geltung von S. 1. Die in § 717 angeordnete grundsätzliche Unübertragbarkeit der Mitgliedschaftsrechte ist, soweit es die **Verwaltungsrechte** angeht, zwingender Natur; sie führt zur Nichtigkeit dagegen verstoßender Vereinbarungen. Das wird nicht nur vom BGH unter Hinweis auf das Wesen der Gesamthandsgemeinschaft und die mit der Gesellschafterstellung unvereinbare Abspaltung von Mitgliedschaftsrechten in stRspr betont,[5] sondern es entspricht auch der einhM in der neueren Literatur.[6] Die früher verbreitete Ansicht, bei dem Abtretungsverbot handele es sich um ein relatives Verbot iSv § 135, auf das die Gesellschafter verzichten könnten,[7] wird heute nicht mehr vertreten. Auch die in neuerer Zeit verschiedentlich anzutreffenden Versuche, zu einer Durchbrechung des Grundsatzes der Selbstorganschaft (→ § 709 Rn. 5), dh also zur Übertragbarkeit der Geschäftsführungs- und der Vertretungsbefugnis als zwei der wichtigsten Mitgliedschaftsrechte auf Dritte zu kommen,[8] haben sich nicht durchgesetzt. Wenn auch die Begründungen für das Abspaltungsverbot differieren,[9] so steht doch im Ergebnis außer Streit, dass die Unübertragbarkeit der Mitgliedschaftsrechte nicht nur dem Schutz der Mitgesellschafter gegen eine Mitsprache Dritter in Gesellschaftsangelegenheiten Rechnung trägt, sondern dass sie die *unselbständige, von der Mitgliedschaft als Stammrecht nicht trennbare Natur der einzelnen Mitgliedschaftsrechte* zum Ausdruck bringt. Daher steht es den Gesellschaftern auch nicht frei, im Gesellschaftsvertrag oder durch Einzelvereinbarung Ausnahmen vom Abspaltungsverbot zuzulassen. Zu den Grenzen des Abspaltungsverbots → Rn. 9 ff.

Dispositiv ist die in S. 2 zugelassene Ausnahme vom Abspaltungsverbot für bestimmte Vermögensrechte. Daher ist es den Gesellschaftern unbenommen, nach § 399 deren Unübertragbarkeit im Gesellschaftsvertrag festzulegen.[10]

---

[3] Anders nur *U. Huber* Vermögensanteil S. 352, der § 717 S. 1 auf Ansprüche ieS beschränkt.
[4] Soergel/*Hadding/Kießling* Rn. 2; Erman/*Westermann* Rn. 2; vgl. auch RGZ 76, 276 (280) – Pfändung einer Beitragsforderung nur nach § 736 ZPO.
[5] BGHZ 3, 354 (357) = NJW 1952, 178; BGHZ 20, 363 (365) = NJW 1956, 1198; BGHZ 36, 292 (293 ff.) = NJW 1962, 738; BGH LM HGB § 105 Nr. 6 = BB 1953, 926; NJW 1987, 780 zu § 134 AktG; BayObLG GmbHR 1986, 87; OLG Stuttgart DStR 2013, 1138 (1140) zur KG; OLG Stuttgart NZG 2010, 753 – Verstoß gegen Abspaltungsverbot im Vereinsrecht; einschr. nur BGHZ 33, 105 (108 ff.) = NJW 1960, 1997 für den Sonderfall der Einsetzung eines Dritten als Geschäftsführer der OHG während der Dauer des Ausschließungsprozesses gegen den einzigen geschäftsführungs- und vertretungsberechtigten Gesellschafter.
[6] Statt aller Staudinger/*Habermeier* (2003) Rn. 4; Soergel/*Hadding/Kießling* Rn. 20; Erman/*Westermann* Rn. 3; Staub/*Schäfer* HGB § 109 Rn. 25 f.; *Ulmer*, FS Fleck, 1988, S. 383 (384 ff.); ebenso im Ergebnis auch Bamberger/Roth/*Schöne* Rn. 6, die die Unwirksamkeit allerdings auf § 134 stützen, ebenso OLG Stuttgart NZG 2010, 753.
[7] So namentlich RG JW 1919, 933 und LZ 1921, 617; seither noch Soergel/*Schultze-v. Lasaulx*, 10. Aufl. 1969, Rn. 1 unter unzutr. Berufung auf Urteile zu § 719 Abs. 1; und Erman/*Schultze-Wenck*, 7. Aufl., 1981, Rn. 3.
[8] *Teichmann*, Gestaltungsfreiheit in Gesellschaftsverträgen, 1970, S. 116 ff.; *H. P. Westermann* Vertragsfreiheit S. 153 ff., 445 ff.; *Reinhardt/Schultz* GesR Rn. 167 ff.; aus der Rspr. vgl. BGHZ 33, 105 (108) – NJW 1960, 1997 für den Sonderfall der Einsetzung eines Dritten als Geschäftsführer der OHG während der Dauer des Ausschließungsprozesses gegen den einzigen geschäftsführungs- und vertretungsberechtigten Gesellschafter.
[9] Eingehend hierzu *Wiedemann* Übertragung S. 276 ff.; *K. Schmidt*, FS Knobbe-Keuk, 1997, S. 307 ff.; *Westermann*, FS Lutter, 2000, S. 955 ff.; vgl. auch *K. Schmidt* GesR § 14 II 2e; *Reuter* ZGR 1978, 633 ff.; *ders.*, FS Steindorff, 1990, S. 229 (232 ff.).
[10] BGH WM 1978, 514 (515) auch zur Auslegung gesellschaftsvertraglicher Abtretungsverbote; Staudinger/*Habermeier* (2003) Rn. 12; Soergel/*Hadding/Kießling* Rn. 7; Bamberger/Roth/*Schöne* Rn. 22.

9 **4. Grenzen des Abspaltungsverbots. a) Überlassung zur Ausübung.** Das Abspaltungsverbot hindert die Gesellschafter nicht, *im allseitigen Einvernehmen* einzelne Mitgliedschaftsrechte *Dritten zur Ausübung* zu überlassen. Das ist namentlich für Geschäftsführung und Vertretung anerkannt; sie können einem Dritten im Rahmen eines Auftrags mit Generalvollmacht übertragen werden (→ § 709 Rn. 5).[11] Es gilt aber auch für sonstige Mitgliedschaftsrechte wie etwa die Kontrollrechte des § 716, das Recht auf Rechnungslegung sowie das Stimmrecht. Der Unterschied ist nicht rein formaler Natur, sondern zeigt sich darin, dass die Rechte dem Dritten *nicht auf Dauer* zur Ausübung überlassen, sondern ihm ohne sein Zutun wieder entzogen werden können und dass die **Gesellschafter als Rechtsinhaber** frei bleiben in der Entscheidung darüber, ob sie unter Ausschluss des Dritten wieder selbst tätig werden wollen. Die Überlassung von Mitgliedschaftsrechten zur Ausübung an Dritte stellt somit keine Verletzung des Abspaltungsverbots dar. Eine gegen § 717 S. 1 verstoßende und daher nichtige Übertragung von Mitgliedschaftsrechten kann nach Maßgabe von § 140 in eine Überlassung zur Ausübung *umgedeutet* werden.[12] – Zur Wahrnehmung der Mitgliedschaftsrechte nicht voll Geschäftsfähiger durch ihre *gesetzlichen Vertreter* → § 709 Rn. 60; → § 716 Rn. 14; zur Möglichkeit verhinderter Gesellschafter, sich zur Rechtsausübung eines *Bevollmächtigten* zu bedienen, → § 709 Rn. 77; → § 716 Rn. 15.

10 Nach einer (vereinzelt gebliebenen) Entscheidung des VII. Zivilsenats des BGH soll das Abspaltungsverbot einer gesellschaftsvertraglichen **Einräumung originärer,** nicht von bestehenden Mitgliedschaften abgespalteter **Stimm- und Kontrollrechte an Nichtgesellschafter** nicht entgegenstehen. Da die Mitgliedschaftsrechte der Gesellschafter hiervon nicht betroffen seien, sei die Einheit von Mitgliedschaft und Verwaltungsrechten gewahrt.[13] Diese Ansicht ist in der Literatur zu Recht verbreitet auf **Kritik** gestoßen.[14] Zwar ist angesichts der Doppelnatur des Vertrages einer Personengesellschaft als Schuld- und Organisationsvertrag (→ § 705 Rn. 158) die Begründung von Rechten für Nichtgesellschafter im Wege einer Vereinbarung zugunsten Dritter nach § 328 nicht per se ausgeschlossen.[15] Ihre Unzulässigkeit wegen Verstoßes gegen das Abspaltungsverbot folgt jedoch aus der unselbständigen, von der Mitgliedschaft abgeleiteten Natur der Verwaltungsrechte (→ Rn. 7) und der legitimierenden Funktion insbesondere des Stimmrechts als Instrument der innergesellschaftlichen Willensbildung.[16] Soweit der Gesellschaftsvertrag Mitwirkungsrechte Dritter in Gesellschaftsangelegenheiten vorsieht, kann es sich deshalb nur um zur Ausübung überlassene, *keine eigenen Rechte begründende Befugnisse* handeln; sie können den Dritten von den Gesellschaften grundsätzlich jederzeit wieder entzogen werden.[17] Die vertragliche Einräumung eines „Sonderrechts" für Nichtgesellschafter ist nicht möglich.[18]

11 **b) Treuhand, Nießbrauch, Testamentsvollstreckung.** Besonderheiten gegenüber dem Abspaltungsverbot gelten für bestimmte auf die Mitgliedschaft als solche einwirkende Rechtsverhältnisse. Ist der Gesellschaftsanteil Gegenstand einer **Treuhand,** so steht die formelle Rechtsstellung als Gesellschafter und damit auch die Ausübung der Mitgliedschaftsrechte grundsätzlich dem *Treuhänder*

---

[11] BGHZ 36, 292 (295) = NJW 1962, 738; *Wiedemann* GesR II § 2 III 2c aa, S. 215 f. und 2e, S. 221 f.
[12] BGHZ 20, 363 (366) = NJW 1956, 1198; Soergel/*Hadding/Kießling* Rn. 22; vgl. auch OLG Koblenz ZIP 1992, 844 (846) – Umdeutung der Stimmrechtsübertragung an einen Nießbraucher in eine widerrufliche Stimmrechtsvollmacht; OLG Hamm NZG 1999, 995 – Umdeutung unwirksamer Stimmrechtsabspaltung in Treuhand am Gesellschaftsanteil; OLG Hamburg NJW 1987, 1865 (1867) und ZIP 1989, 298 (300) zur GmbH.
[13] BGH NJW 1960, 963 f. = JZ 1960, 490 mit zust. Anm. *A. Hueck*; dem BGH folgend noch Staudinger/*Keßler*, 12. Aufl. 1979, § 709 Rn. 10; Soergel/*Schultze-v. Lasaulx*, 10. Aufl. 1969, § 709 Rn. 41; GroßkommHGB/*Rob. Fischer*, 3. Aufl. 1967, § 119 Rn. 24; MüKoHGB/*Enzinger* § 109 Rn. 12 (Gegenansichten in der folgenden Fn.); abw. aber dann BGH NJW 1982, 877 (878) sub I 2: Vereinbarung im Gesellschaftsvertrag einer Publikums-GbR, wonach ein Dritter mit Geschäftsführungsangelegenheiten betraut werden soll, begründet als solche keine Rechte des am Gesellschaftsvertrag nicht beteiligten Dritten; hierfür bedarf es eines gesonderten Anstellungs- bzw. Geschäftsbesorgungsvertrags mit diesem.
[14] Abl. *Flume* BGB AT I 1 § 14 VII, S. 235 ff.; *Nitschke*, Die kapitalistisch strukturierte Personengesellschaft, 1970, S. 286 ff.; *Priester*, FS Werner, 1984, S. 657 (664); *Teichmann*, Gestaltungsfreiheit in Gesellschaftsverträgen, 1970, S. 218 ff.; Schlegelberger/*Martens* HGB § 109 Rn. 14; jetzt wie hier auch Staudinger/*Habermeier* (2003) Rn. 4; Bamberger/Roth/*Schöne* Rn. 8. Allg. zum Abspaltungsverbot vgl. auch *K. Schmidt* GesR §§ 14 II 2b, 19 III 4.
[15] Zur gesellschaftsvertraglichen Eintrittsklausel beim Tod eines Gesellschafters → § 727 Rn. 53 ff. Zur abw. Rechtslage bei der GmbH im Hinblick auf die Rechtsnatur der Satzung als körperschaftlicher Organisationsvertrag *Ulmer*, FS Werner, 1984, S. 911 ff. und FS Wiedemann, 2002, S. 1297 (1309 ff.); vgl. auch Ulmer/Habersack/Löbbe/*Ulmer/Löbbe* GmbHG § 3 Rn. 43 ff.
[16] So zutr. Scholz/*K. Schmidt* GmbHG § 47 Rn. 20 für die GmbH.
[17] So mit Recht *Flume* BGB AT I 1 § 14 VII, S. 238 f.; aA Staudinger/*Keßler*, 12. Aufl. 1979, § 709 Rn. 10; Soergel/*Schultze-v. Lasaulx*, 10. Aufl. 1969, § 709 Rn. 41; GroßkommHGB/*Rob. Fischer*, 3. Aufl. 1967, HGB § 119 Rn. 24, die einen Widerruf des dem Dritten eingeräumten Stimmrechts nur aus wichtigem Grund zulassen.
[18] Vgl. BGH WM 1970, 246 – in NJW 1970, 706 insoweit nicht abgedruckt.

zu (→ § 705 Rn. 84 ff., 89 ff.). Der Treugeber hat bei *einfacher* (verdeckter) Treuhand keine unmittelbaren Beziehungen zur Gesellschaft, sondern steht ihr wie ein beliebiger Dritter gegenüber. Handelt es sich dagegen um eine *qualifizierte* (offene), mit Zustimmung der Mitgesellschafter eingegangene Treuhand, so können sich damit nicht nur unmittelbare, auf entsprechender Vereinbarung beruhende Rechtsbeziehungen zwischen Treugeber und Mitgesellschaftern verbinden. Vielmehr kann es mit Einverständnis der Mitgesellschafter in Fällen dieser Art auch zu einer internen Aufteilung der Rechte aus dem Gesellschaftsanteil zwischen Treuhänder und Treugeber kommen, ohne dass das Abspaltungsverbot eingreift (→ § 705 Rn. 91 ff.). – Zur ähnlichen Rechtslage bei der *Unterbeteiligung* → Vor § 705 Rn. 92 ff., 96 ff.

Eine Aufteilung der Mitgliedschaft ist auch beim **Nießbrauch** anzunehmen, wenn dieser mit Zustimmung der Mitgesellschafter den ganzen Anteil erfasst und sich nicht auf den Gewinn beschränkt (→ § 705 Rn. 96 ff.). Da der Nießbrauch nach § 1030 eine dingliche Berechtigung an den damit belasteten Gegenständen verleiht, ist die Stellung des Nießbrauchers am Anteil nach zutreffender, wenn auch bestrittener Ansicht (→ § 705 Rn. 96 f.) **mitgliedschaftlicher** Art. Der Nießbraucher ist neben dem Besteller in den Gesellschafterverband einbezogen; er kann mangels abweichender Vereinbarungen die auf *laufende* Angelegenheiten bezogenen Verwaltungsbefugnisse (Stimmrecht, Kontrollrechte ua) anstelle des Bestellers kraft eigenen Rechts ausüben. Das Abspaltungsverbot greift auch hier nicht ein.

Im Fall einer mit Zustimmung der Mitgesellschafter angeordneten **Testamentsvollstreckung** am Gesellschaftsanteil kommt es demgegenüber grundsätzlich nicht zu einer Aufteilung der Mitgliedschaft. Vielmehr ist der Testamentsvollstrecker an dem zum Nachlass gehörenden Gesellschaftsanteil kraft Amtes mitberechtigt und übt in dieser Eigenschaft alle wesentlichen, mit dem Anteil verbundenen Vermögens- und Verwaltungsrechte unter Ausschluss der Gesellschafter/Erben aus (→ § 705 Rn. 116 f.). Soweit er bestimmte Verwaltungsrechte wie die Geschäftsführung und die Vertretung der GbR nicht selbst ausüben kann (aber → § 705 Rn. 118), ruhen diese nicht und stehen nicht etwa dem Gesellschafter/Erben zu. Da es an einer Aufteilung der Mitgliedschaft fehlt, scheidet ein Verstoß gegen das Abspaltungsverbot bei der Testamentsvollstreckung am Gesellschaftsanteil von vornherein aus (→ § 705 Rn. 111, 117). Dies gilt auch in Fällen, in denen ausnahmsweise der Gesellschafter/Erbe persönlich unentziehbare Rechte wie das nach § 716 Abs. 2 unentziehbare Kontrollrecht als Notbefugnis neben dem Testamentsvollstrecker ausüben kann (→ § 705 Rn. 117). – Entsprechendes gilt (erst recht) auch für die Wahrnehmung von Gesellschafterrechten aufgrund einer **Vorsorgevollmacht,** zumal die auch hier erforderliche Zustimmung der Mitgesellschafter zumindest aus wichtigem Grund widerrufen werden kann (→ § 705 Rn. 124a ff.).

c) Abtretbarkeit von Vermögensrechten (S. 2). Eine ausdrückliche Ausnahme vom Abspaltungsverbot lässt **§ 717 S. 2** für bestimmte Vermögensrechte zu. Ihr gemeinsames Kennzeichen besteht darin, dass es sich jeweils um obligatorische Ansprüche gegen die Gesamthand handelt, die sich nach ihrer Entstehung von der Mitgliedschaft gelöst haben und vorbehaltlich etwaiger auf ihrer gesellschaftsvertraglichen Herkunft beruhenden Durchsetzungsschranken zu selbständigen Gläubigerrechten geworden sind (→ Rn. 3, 30). Schutzwürdige Belange der Mitgesellschafter oder Besonderheiten der Mitgliedschaft als Inbegriff unübertragbarer Rechte stehen ihrer Abtretung daher nicht entgegen. Zur Frage der Abtretbarkeit künftiger Ansprüche → Rn. 31 f.

Über die in S. 2 genannten Ansprüche hinaus erscheint es im Unterschied zu den ihrer Art nach höchstpersönlichen Verwaltungsrechten zulässig, mit Einverständnis aller Gesellschafter auch einen gesellschaftsvertraglich eingeräumten **Anspruch auf gewinnunabhängige Entnahmen** (→ Rn. 36) abzutreten. Anderes gilt dagegen für den vereinzelt als besonderes Vermögensrecht angesehenen, den Inbegriff der dem Gesellschafter aufgrund des Gesellschaftsvertrags zustehenden Vermögensrechte repräsentierenden *Vermögenswert der Beteiligung* (gegen seine rechtliche Anerkennung aber → § 705 Rn. 188)[19] sowie für sonstige angebliche Vermögensstammrechte, darunter insbesondere das *Gewinnstammrecht* (→ § 705 Rn. 108). Auch wenn man von den konstruktiven Bedenken absieht, die allgemein gegen die Figur eines – zudem auf ein Gesamtvermögen bezogenen – Wertrechts sprechen,[20] haben sich mit der Verselbständigung der Mitgliedschaft und ihrer Anerkennung als übertragbares und belastbares subjektives Recht (→ § 705 Rn. 180) Ersatzkonstruktionen nach Art der Anerkennung eines besonde-

---

[19] Zu Recht gegen Übertragbarkeit dieser Vermögenspositionen *Flume* BGB AT I 1 § 11 IV, S. 164; *Huber* Vermögensanteil S. 150, 156 f., 365; *Wiedemann* Übertragung S. 54; ders. WM 1992, Sonderbeilage 7 S. 23; wohl auch BGHZ 97, 392 (394) = NJW 1986, 1991; aA noch 3. Aufl. Rn. 5; wohl auch BGH ZIP 1987, 1042 (1043): „ohne Zustimmung der Mitgesellschafter von der Mitgliedschaft nicht zu trennender Anteil am Gesellschaftsvermögen".

[20] Dazu *Wiedemann* WM 1975, Sonderbeilage 4 S. 33; s. ferner bereits *Ehrenberg*, FG Regelsberger, 1901, S. 1 (39 ff.), in Auseinandersetzung mit der Wertrechtslehre *J. Kohlers* AcP 91 (1901), 155 ff.

ren Gewinnstammrechts oder auch des Vermögenswerts der Beteiligung erübrigt. Gegen sie spricht auch, dass die Übertragung des Vermögenswerts der Beteiligung zu Mitspracherechten des Zessionars in Vermögensangelegenheiten führen würde, die sich als unvereinbar mit dem Abspaltungsverbot des § 717 S. 1 erweisen.[21] Soweit es darum geht, das Risiko des Zessionars aus einer Vorausabtretung des Anspruchs auf das Auseinandersetzungsguthaben (→ Rn. 32) zu vermeiden, lässt sich das mittels *Verpfändung der Mitgliedschaft* an den Zessionar und unter Einbeziehung des Pfandgläubigers in den Gesellschafterverband erreichen.[22]

II. Verwaltungsrechte

16   **1. Überblick.** Nicht von der Mitgliedschaft abspaltbar und daher **unübertragbar** sind nach § 717 S. 1 sämtliche Verwaltungsrechte (→ § 705 Rn. 193), darunter namentlich das Geschäftsführungsrecht einschließlich des Widerspruchsrechts, das Stimmrecht, das Informations- und Kontrollrecht, das Kündigungsrecht, die actio pro socio und das Recht auf Mitwirkung bei der Liquidation.[23] Zur zwingenden Geltung des auf die Verwaltungsrechte bezogenen Abspaltungsverbots → Rn. 7; zur Möglichkeit, Verwaltungsrechte Dritten zur Ausübung zu überlassen, sowie zum nicht vom Abspaltungsverbot erfassten Sonderfall von Treuhand, Nießbrauch und Testamentsvollstreckung → Rn. 9 f., 11 ff. Die Einräumung einer auch den Gesellschafter selbst von der Ausübung des betreffenden Verwaltungsrechts ausschließenden, *verdrängenden Vollmacht* steht der verbotenen Abspaltung gleich und ist daher wie diese grundsätzlich unwirksam.[24]

17   Das Abspaltungsverbot beschränkt sich entsprechend dem Wortlaut von § 717 S. 1 darauf, die Übertragung von Verwaltungsrechten an *Nichtgesellschafter* auszuschließen. Davon scharf zu unterscheiden und von dem Verbot *nicht erfasst* sind Vereinbarungen über eine vom dispositiven Recht abweichende, insbesondere auch **unterschiedliche Ausgestaltung der Mitgliedschaftsrechte** von Gesellschaftern. Sie sind in den allgemein für Gesellschaftsverträge geltenden Grenzen der Vertragsfreiheit (→ § 705 Rn. 132) zulässig. So kann insbesondere die Geschäftsführungs- und Vertretungsbefugnis auf einen Teil der Gesellschafter beschränkt sein (§§ 710, 714). Es kann das Stimmrecht einzelner Gesellschafter ausgeschlossen werden, soweit nicht unmittelbare Eingriffe in die Rechtsstellung des stimmrechtslosen Gesellschafters in Frage stehen (→ § 709 Rn. 63 f.). Auf das Informations- und Kontrollrecht kann in den Grenzen des § 716 Abs. 2 verzichtet werden. Der unverzichtbare Mindestbestand an Gesellschafterrechten („Kernbereich") wird nicht durch § 717 S. 1, sondern durch § 138 garantiert (→ § 705 Rn. 134). Aus den gleichen Gründen fällt auch das einem Gesellschafter eingeräumte erhöhte Stimmrecht (→ § 709 Rn. 97) nicht unter das Abspaltungsverbot. Selbst wenn ihm eine entsprechende Verminderung oder ein Ausschluss des Stimmrechts bei einem Mitgesellschafter gegenübersteht, ist darin doch keine verbotene Stimmrechtsübertragung iSv § 717 S. 1 zu sehen.[25]

18   **2. Stimmbindungsverträge. a) Wesen und Arten.** Besondere Beachtung in der Diskussion um das Abspaltungsverbot und seine Grenzen haben sog. Stimmbindungsverträge erlangt.[26] Dabei

---

[21] Vgl. näher *Habersack*, Die Mitgliedschaft, 1996, S. 82 ff. insbes. S. 89 ff.; die bis zur 2. Aufl. in Rn. 36 vertretene gegenteilige Ansicht wurde daher aufgegeben.
[22] Vgl. für den rechtsähnlichen Fall der Nießbrauchsbestellung *Ulmer*, FS Fleck, 1988, S. 383 (393 ff.); *Flume* BGB AT I 1 § 17 VI, S. 362 f.; → § 705 Rn. 99 ff.
[23] Vgl. auch Soergel/*Hadding*/*Kießling* Rn. 5; Erman/*Westermann* Rn. 3.
[24] StRspr, vgl. BGHZ 3, 354 (359) = NJW 1952, 178; BGHZ 20, 363 (365) = NJW 1956, 1198; BGH NJW 1970, 468; Staub/*Schäfer* HGB § 119 Rn. 68; *Hueck* OHG § 11 II 3, S. 166 f.; dies gilt auch für eine verdrängende Vollmacht des Erben an den Testamentsvollstrecker in Bezug auf den vererbten Gesellschaftsanteil, → § 705 Rn. 123.
[25] So zu Recht *Flume* BGB AT I 1 § 14 IV, S. 221 gegen BGHZ 20, 363 (365, 367) = NJW 1956, 1198; vgl. auch Staub/*Schäfer* HGB § 119 Rn. 69; *Schäfer*, Der stimmrechtslose GmbH-Anteil, 1997, S. 83 ff.; aA *Lockowandt*, Stimmrechtsbeschränkungen im Recht der Personengesellschaften, 1996, S. 231 ff.
[26] Vgl. dazu *Behrens*, FS 100 Jahre GmbHG, 1992, S. 539; *Beuthien* ZGR 1974, 26; *Busse* BB 1961, 261; *Rob. Fischer* GmbHR 1953, 65; *ders.*, FS Kunze, 1969, S. 95 (98 ff.); *Fleck*, FS Rob. Fischer, 1979, S. 107; *Flume* BGB AT I 1 § 14 VI, S. 229 ff.; *Habersack* ZHR 164 (2000), 1; *Herfs*, Einwirkung Dritter auf den Willensbildungsprozess der GmbH, 1994, S. 166 ff.; *A. Hueck*, FS Nipperdey, Bd. I, 1965, S. 401; *H. Lübbert*, Abstimmungsvereinbarungen in den Aktien- und GmbH-Rechten der EWG-Staaten, der Schweiz und Großbritanniens, 1971, S. 95 ff.; *Mühlhäuser*, Stimmrechtsbindung in der Personengesellschaft und Nachlassplanung, 1999; *Noack*, Gesellschaftervereinbarungen bei Kapitalgesellschaften, 1994, S. 133 ff., 144 ff.; *Odersky*, FS Lutter, 2000, S. 557; *Overrath*, Die Stimmrechtsbindung, 1973; *Priester*, FS Werner, 1984, S. 657; *Rodemann*, Stimmbindungsvereinbarungen in den Aktien- und GmbH-Rechten Deutschlands, Englands, Frankreichs und Belgiens, 1998, S. 24 ff.; *K. Schmidt* GesR § 21 II 4; Scholz/*K. Schmidt* GmbHG § 47 Rn. 35 ff.; *Teichmann*, Gestaltungsfreiheit in Gesellschaftsverträgen, 1970, S. 226 ff.; *Christoph Weber*, Privatautonomie und Außeneinfluss im Gesellschaftsrecht, 2000, S. 92 ff., 338 ff.; *Wiedemann*, FS Schilling, 1973, S. 105 (115 ff.); *Zluhan* AcP 128 (1928), 62 ff. (257 ff.); *Zöllner* ZHR 155 (1991), 168; *Zutt* ZHR 155 (1991), 190.

handelt es sich nicht um eine Stimmrechtsabspaltung, sondern um **schuldrechtlich bindende Verträge** darüber, in welcher Weise der gebundene Gesellschafter von dem rechtlich nach wie vor nur ihm zustehenden Stimmrecht Gebrauch zu machen hat. Allerdings hat der BGH[27] wiederholt die Vollstreckbarkeit derartiger Vereinbarungen nach § 894 ZPO im Grundsatz anerkannt und ihnen dadurch eine Art mittelbare Außenwirkung verliehen (→ Rn. 28).

Stimmbindungsverträge sind **rechtstatsächlich** verbreitet anzutreffen. Sie dienen in erster Linie 19 dazu, den an der Vereinbarung beteiligten *Gesellschaftern* durch übereinstimmende Stimmabgabe vermehrten Einfluss auf die Willensbildung der Gesellschaft zu verschaffen.[28] Dementsprechend kommen Stimmbindungsverträge (ähnlich der Bestellung eines gemeinsamen Vertreters mehrerer Kommanditisten[29]) namentlich zwischen den Angehörigen eines Gesellschafterstamms in Familiengesellschaften vor. Es finden sich aber auch Stimmbindungsverträge zwischen Gesellschaftern und **Dritten,** die diesen Einflussmöglichkeiten auf bestimmte oder alle Gesellschaftsangelegenheiten verschaffen sollen. Hintergrund derartiger Vereinbarungen sind häufig ein Interessenwahrungs-, namentlich Treuhandverhältnis,[30] doch sind auch sonstige Fälle denkbar.[31] – Zum Sonderfall der **Stimmrechtspools** (Stimmbindungs- und Beteiligungskonsortien) in der Rechtsform der (Innen-)GbR, deren Gesellschaftsvertrag die Stimmbindung der Beteiligten begründet, um ihre vereinigte Stimmmacht in einer *anderen Gesellschaft* (vielfach einer AG oder GmbH) zur Geltung zu bringen, → Vor § 705 Rn. 68 ff.

b) Zulässigkeit. aa) Allgemeines. Hinsichtlich der Zulässigkeit von Stimmbindungsverträgen 20 ist im Grundsatz danach zu unterscheiden, ob der Gesellschafter sich gegenüber Mitgesellschaftern (→ Rn. 23 f.) oder aber gegenüber außenstehenden Dritten (→ Rn. 25 ff.) gebunden hat. Im letzteren Fall bestehen gegen die Wirksamkeit eines umfassenden Stimmbindungsvertrags entgegen der hM grundlegende Bedenken, außer wenn der Dritte der Gesellschaft im Rahmen eines offenen Treuhandverhältnisses ua nahesteht und entsprechenden Treupflichten unterliegt (→ Rn. 26). Von dieser Unterscheidung abgesehen, ergeben sich **generelle Schranken** für die Zulässigkeit von Stimmbindungsverträgen aus **§ 138,** soweit die Verträge im Einzelfall auf sittenwidrige Schädigung von Gesellschaft oder Mitgesellschaftern gerichtet sind oder soweit sie eine solche Schädigung angesichts der Interessenlage (Stimmbindung zugunsten eines Konkurrenten der Gesellschaft) mit Wahrscheinlichkeit erwarten lassen.[32] Schranken im Hinblick auf die gesellschaftsvertragliche *Treupflicht* können sich für die Wirksamkeit von Stimmbindungsverträgen dann ergeben, wenn *beide* Vertragspartner durch *Eingehung der Stimmbindung* gegen die Treupflicht verstoßen.[33] Das setzt einen Stimmbindungsvertrag zwischen Gesellschaftern oder mit der Gesellschaft nahestehenden Dritten (→ Rn. 26) voraus und erfordert darüber hinaus, dass der Vertrag einen treuwidrigen Inhalt hat; zumindest an dem zuletzt genannten Erfordernis wird es meist fehlen.

Bedeutsamer sind **Treupflichtschranken für die inhaltliche Weisungsbindung des Gesell-** 21 **schafters** aus einer an sich wirksamen Stimmbindung. Sie werden von der hM in weitem Umfang anerkannt, wenn die Weisung des Mitgesellschafters oder Dritten auf eine treuwidrige Stimmabgabe durch den Gebundenen gerichtet ist.[34] Dem ist zuzustimmen, soweit es um die Stimmbindung

---

[27] BGHZ 48, 163 (169 ff.) = NJW 1967, 1963 betr. die Stimmbindung eines GmbH-Gesellschafters; so auch BGH ZIP 1989, 1261; dazu und zur Entwicklung der Rspr. vgl. *Rob. Fischer,* FS Kunze, S. 98 f.; *Zöllner* ZHR 155 (1991), 168 (186 f.).

[28] Vgl. auch BGHZ 179, 13 – Schutzgemeinschaft II; dazu etwa *K. Schmidt* ZIP 2009, 737; *Schäfer* ZGR 2009, 768 ff.; *Podewils* BB 2009, 733 (737); *Wertenbruch* NZG 2009, 645 ff.; näher zu den mit dieser Entscheidung verbundenen Aspekten des Minderheitenschutzes gegenüber Mehrheitsbeschlüssen (in der Schutzgemeinschaft) → § 709 Rn. 89, 93a.

[29] BGHZ 46, 291 = NJW 1967, 826; BGH NJW 1973, 702; MüKoHGB/*Grunewald* HGB § 161 Rn. 170 ff.; *Heymann*/*Horn* HGB § 164 Rn. 16 ff.; *Flume* BGB AT I 1 § 14 V; *K. Schmidt* ZHR 146 (1982), 525 ff.; dazu für das Recht der GbR → § 709 Rn. 79 f.

[30] Vgl. namentlich *Beuthien* ZGR 1974, 26 (43 ff.) und *Zutt* ZHR 155 (1991), 190 (214); zum Vorkommen von Stimmbindungen vgl. insbes. *Mühlhäuser,* Stimmrechtsbindung in der Personengesellschaft und Nachlassplanung, 1999, S. 125 ff. und *Zutt* ZHR 155 (1991), 190 (213 ff.); allg. zur Treuhand an Gesellschaftsanteilen → § 705 Rn. 84 ff.

[31] Vgl. die Beispiele bei *Zutt* ZHR 155 (1991), 190 (213 f.).

[32] Das RG hat Stimmbindungsverträge nur in seltenen Ausnahmefällen, RGZ 69, 134 (137); 88, 220 (222), für sittenwidrig gehalten und das Eingreifen von § 138 meist abgelehnt, RGZ 80, 385 (390 f.), 107, 67 (70 f.); 133, 90 (94, 96); 160, 257 (264 f.); RG DR 1940, 244 (245); einschlägige BGH-Urteile sind nicht bekannt.

[33] So für die Stimmbindung zwischen Gesellschaftern zutr. schon *A. Hueck,* FS Nipperdey, Bd. I, 1965, S. 401 (409 ff.); zust. Soergel/*Hadding/Kießling* § 709 Rn. 35; *Habersack* ZHR 164 (2000), 1 (8 f.); im Ergebnis auch *Noack,* Gesellschaftervereinbarungen bei Kapitalgesellschaften, 1994, S. 146 ff.; stark einschr. aber *Mühlhäuser,* Stimmrechtsbindung in der Personengesellschaft und Nachlassplanung, 1999, S. 166 ff., 181 f.

[34] GroßkommHGB/*Rob. Fischer,* 3. Aufl. 1967, HGB § 119 Anm. 33 f.; *ders.* GmbHR 1953, 65 (66 f.); *A. Hueck,* FS Nipperdey, Bd. I, 1965, S. 401 (407, 409 ff., 419 f.); *Fleck,* FS Rob. Fischer, 1979, S. 107 (115 f.);

des Gesellschafters gegenüber *Mitgesellschaftern* oder anderen ebenfalls der gesellschaftsrechtlichen Treupflicht unterliegenden Personen (Treugeber bei qualifizierter Treuhand ua) geht (→ Rn. 24).[35] Dagegen führt ein *einseitiger* Treupflichtverstoß nur des aus einem Vertrag mit *Dritten* gebundenen Gesellschafters entgegen der hM weder zur Unwirksamkeit einer an sich zulässigen Stimmbindung noch zur Unbeachtlichkeit der auf treuwidrige Stimmabgabe gerichteten Weisung;[36] die Verletzung der Interessen Nichtbeteiligter (hier: der Gesellschaft) hat nur dann die Sittenwidrigkeit der Vereinbarung zur Folge, wenn sie beiden Parteien vorwerfbar ist.[37] Die Befolgung treuwidriger Weisungen eines Nichtgesellschafters kann der Gebundene jenem gegenüber deshalb nur dann verweigern, wenn die Auslegung des Stimmbindungsvertrags ergibt, dass der Gebundene sich zur Weisungsbefolgung nur in den durch seine Treupflicht gezogenen Grenzen verpflichten wollte.[38] Diese Rechtsfolge ist angesichts der sich daraus für die Gesellschaft ergebenden Risiken bei der Beurteilung der Zulässigkeit von Stimmbindungsverträgen mit Dritten zu berücksichtigen (→ Rn. 25). Zwar befreit die Stimmbindung den gebundenen Gesellschafter nicht von seiner Treupflicht gegenüber der Gesellschaft; eine treuwidrige Stimmabgabe ist dementsprechend unwirksam (→ § 709 Rn. 112). Dennoch eröffnet die Stimmbindung gegenüber Außenstehenden diesen faktisch einen erheblichen, mit der Verbandsautonomie häufig nur schwer vereinbaren Einfluss auf die Entscheidungen in der Gesellschaft.

22 Einem **Stimmrechtsausschluss wegen Interessenkollision** (→ § 709 Rn. 65 ff.) kommt im Fall von Stimmbindungsverträgen auch dann Bedeutung zu, wenn die Interessenkollision nicht beim gebundenen Gesellschafter besteht, sondern beim weisungsbefugten Vertragspartner. So kann ein *Gesellschafter* in den vom Stimmrechtsausschluss erfassten Fällen (→ § 709 Rn. 65, 70) nicht nur nicht selbst abstimmen, sondern ist auch gehindert, ein ihm im Grundsatz wirksam eingeräumtes Weisungsrecht gegenüber einem Mitgesellschafter durchzusetzen. Gleiches gilt für einen *Dritten* in Angelegenheiten, in denen er als Gesellschafter nicht mitstimmen könnte, namentlich bei dem Beschluss über die Vornahme eines Rechtsgeschäfts zwischen der Gesellschaft und ihm.[39] Der gebundene, nicht selbst von der Interessenkollision betroffene Gesellschafter behält in derartigen Fällen zwar das Stimmrecht; er ist bei dessen Ausübung jedoch weisungsfrei. Geht es dagegen wie im Fall einer von der Zustimmung der Mitgesellschafter abhängigen Anteilsübertragung darum, Ansprüche des Bindenden gegen den Gebundenen mit Hilfe eines Gesellschafterbeschlusses durchzusetzen, so unterliegt die Weisungserteilung unter dem Gesichtspunkt des Stimmrechtsausschlusses wegen Interessenkollision keinen Schranken.[40]

23 **bb) Stimmbindung gegenüber Mitgesellschaftern.** Sie ist **grundsätzlich zulässig,** auch wenn sie sich nicht auf einzelne Gegenstände beschränkt, sondern alle Arten von Abstimmungen erfasst. Der Zustimmung der Mitgesellschafter bedarf es hierfür nicht,[41] falls der Gesellschaftsvertrag ein solches Erfordernis nicht ausdrücklich oder stillschweigend aufstellt. Auch lässt sich eine ungeschriebene Pflicht zur Offenlegung von Stimmbindungen nicht generell, sondern nur im Einzelfall, insbesondere bei einem besonders ausgeprägten Vertrauensverhältnis zwischen den Gesellschaftern, bejahen.

Rodemann, Stimmbindungsvereinbarungen in den Aktien- und GmbH-Rechten Deutschlands, Englands, Frankreichs und Belgiens, 1998, S. 28 ff., 36; für das GmbH-Recht ebenso Ulmer/Habersack/Löbbe/*Hüffer/Schürnbrand* GmbHG § 47 Rn. 79 f.; Scholz/*K. Schmidt* GmbHG § 47 Rn. 50; für das Aktienrecht KK-AktG/*Zöllner* AktG § 136 Rn. 90 f.; zu Recht zweifelnd aber *ders.* ZHR 155 (1991), 168 (172 ff.); noch weitergehend *Overrath,* Die Stimmrechtsbindung, 1973, S. 76 ff., der den Verpflichteten von seiner Bindung schon dann frei werden lässt, wenn er vertretbare Gründe dafür hat, anders als vereinbart zu stimmen; grds. aA *Mühlhäuser,* Stimmrechtsbindung in der Personengesellschaft und Nachlassplanung, 1999, S. 166 ff.: nur „relative" Wirkung der Treupflicht.

[35] Ebenso bereits BGH WM 1970, 904 f.; *Flume* BGB AT I 1 § 14 VI, S. 231; speziell für Weisungsbindung in Geschäftsführungsangelegenheiten auch Staub/*Schäfer* HGB § 119 Rn. 71; *Mühlhäuser,* Stimmrechtsbindung in der Personengesellschaft und Nachlassplanung, 1999, S. 159 ff. Zur neueren Entwicklung → Rn. 24.

[36] So zutr. *Flume* BGB AT I 1 § 14 VI, S. 231; im Grundsatz auch *Zöllner* ZHR 155 (1991), 168 (172 ff.).

[37] Vgl. BGH NJW 1990, 567 (568) (in BGHZ 109, 334 insoweit nicht abgedruckt); NJW 1995, 2284; Palandt/*Ellenberger* § 138 Rn. 40; Erman/*Palm/Arnold* § 138 Rn. 47.

[38] Nach *A. Hueck,* FS Nipperdey, Bd. I, 1965, S. 401 (411, 419) soll die Auslegung regelmäßig zu diesem Ergebnis führen; ähnlich *Zöllner* ZHR 155 (1991), 176 f.

[39] *Flume* BGB AT I 1 § 14 VI, S. 234; so auch *Overrath,* Die Stimmrechtsbindung, 1973, S. 40 f.; Scholz/*K. Schmidt* GmbHG § 47 Rn. 47; *Rowedder/Koppensteiner* GmbHG § 47 Rn. 55.

[40] Vgl. den Fall BGHZ 48, 163 = NJW 1967, 1963 betr. die Verpflichtung des gebundenen Gesellschafters, der Übertragung seines Gesellschaftsanteils an den Dritten zuzustimmen.

[41] So wohl auch – allerdings meist ohne besondere Hervorhebung – die hM, vgl. etwa Soergel/*Hadding/Kießling* § 709 Rn. 35; Scholz/*K. Schmidt* GmbHG § 47 Rn. 40; *Mühlhäuser,* Stimmrechtsbindung in der Personengesellschaft und Nachlassplanung, 1999, S. 136 ff., 146; *Wiedemann* GesR II § 4 I 2d, S. 314; aA aber *Flume* BGB AT I 1 § 14 VI, S. 232; *Herfs,* Einwirkung Dritter auf den Willensbildungsprozess der GmbH, 1994, S. 364 ff.

Schranken für innergesellschaftliche Stimmbindungen bestehen einerseits dann, wenn ein geschäftsführungsbefugter Gesellschafter sein Verhalten in **Geschäftsführungsfragen** den Weisungen eines Mitgesellschafters unterstellt.[42] Eine solche Bindung verstößt, zumal wenn sie gegenüber einem Nichtgeschäftsführer eingegangen ist, gegen die im Gesellschaftsvertrag übernommene Pflicht zu eigenverantwortlicher und uneigennütziger Geschäftsführung (→ § 709 Rn. 3) und ist daher unwirksam. Andererseits gelten die Schranken der Mehrheitsmacht auch gegenüber (mehrheitlichen) Abstimmungsbeschlüssen zur Aktivierung der Stimmbindung. Mit Rücksicht auf den unverzichtbaren **Kernbereich** von Mitgliedschaftsrechten kann deshalb zwar eine Stimmbindung auch in Bezug auf unmittelbar in die Rechtsstellung des gebundenen Gesellschafters *im Konsortium* (Stimmrecht, Vermögensrechte) eingreifende Beschlüsse nicht ohne dessen Zustimmung durch Mehrheitsbeschluss erzeugt werden.[43] Doch stellen typische Stimmbindungsbeschlüsse gerade keinen solchen Eingriff dar, beziehen sie sich doch auf die Stimmrechtsausübung *in der Hauptgesellschaft* und können daher per se nicht zu einem Eingriff in Mitgliedschaftsrechte *im Pool* führen.[44] Die – angreifbare – Aussage des BGH in „**Schutzgemeinschaft II**", dass im Falle eines Kernbereichseingriffs regelmäßig eine „treupflichtwidrige Ausübung der Mehrheitsmacht" vorliege, während in anderen Fällen die Minderheit den Nachweis einer treuwidrigen Mehrheitsentscheidung zu führen habe (krit. dazu → § 709 Rn. 92a),[45] bleibt daher im vorliegenden Kontext regelmäßig ebenso bedeutungslos wie der Schutz des Kernbereichs selbst, zumal sich die durch mehrheitliche Beschlussfassung aktivierte Stimmbindung andererseits nur auf die *Beschlussfassung* in der Hauptgesellschaft bezieht, so dass die Poolmitglieder nicht etwa verpflichtet werden können, ein dort erforderliches individuelles Zustimmungsrecht in einem bestimmten Sinne auszuüben.[46] Damit kommt der **Treupflichtbindung** die zentrale Bedeutung bei einer Begrenzung der Mehrheitsmacht in Bezug auf Abstimmungsbeschlüsse zur Aktivierung der Stimmbindung zu (→ Rn. 20). Dies gilt umso mehr, als es der BGH – mit Recht und vorbehaltlich einer Poolung von 100% des Anteilsbesitzes – ausdrücklich ablehnt, kapitalgesellschaftsrechtlich zwingende qualifizierte Mehrheitserfordernisse auf die Beschlussfassung im Konsortium entsprechend anzuwenden,[47] so dass also Mehrheitsbeschlüsse im Pool stets mit einfacher Mehrheit gefasst werden können, sofern der Vertrag dies vorsieht. Im Ansatz hat der Senat in „Schutzgemeinschaft II" zu Recht zu erkennen gegeben, dass **Abstimmungsbeschlüsse dann treuwidrig** sind, wenn sie auf die Zustimmung zu *rechtswidrigen* Beschlüssen in der Hauptversammlung zielen,[48] also auf einen anfechtbaren oder gar nichtigen Beschluss. Ferner kann die Treuwidrigkeit des Konsortialbeschlusses aber auch daraus hergeleitet werden, dass der Hauptbeschluss unverhältnismäßig in Mitgliedschaftsrechte *in der Hauptgesellschaft* eingreift, wobei freilich umstritten ist, wie insofern die Beweislast zu verteilen ist (allgemein zur Inhaltskontrolle von Mehrheitsbeschlüssen am Treupflichtmaßstab → § 709 Rn. 93a).[49] Sofern der Abstimmungsbeschluss in diesem Sinne treuwidrig ist, **entfällt die Stimmbindung** ohne weiteres, so dass die Poolmitglieder frei sind in ihrem Stimmverhalten.[50] Sieht der Konsortialvertrag allerdings eine Klagefrist für die Geltendmachung von Beschlussmängeln vor, so riskiert der Gesellschafter, den Fehler nach Fristablauf nicht

---

[42] Für Differenzierung zwischen Geschäftsführungsangelegenheiten und sonstigen die Gesellschaftsgrundlagen betreffenden Beschlüssen als Gegenstand der Bindung mit guten Gründen *A. Hueck*, FS Nipperdey, Bd. I, 1965, S. 401 (410); zust. Soergel/*Hadding/Kießling* § 709 Rn. 35; Erman/*Westermann* § 709 Rn. 22; MüKoHGB/*Enzinger* HGB § 119 Rn. 37; Staub/*Schäfer* HGB § 119 Rn. 71; *Mühlhäuser*, Stimmrechtsbindung in der Personengesellschaft und Nachlassplanung, 1999, S. 159 ff.; aA *Flume* BGB AT I 1 § 14 VI, S. 233; *K. Schmidt* GesR § 21 II 4a; OLG Köln WM 1988, 974 (976 ff.) für eine KG; im Ergebnis auch *Wiedemann*, FS Schilling, 1973, S. 105 (115 ff., 118).
[43] So der Sache nach auch BGHZ 179, 13 (16 f., 25 f.) Rn. 9 f., 25 = NJW 2009, 669 – Schutzgemeinschaft II; dazu näher → § 709 Rn. 89, 91, 93 sowie *Schäfer* ZGR 2009, 758 (775 ff.); vgl. ferner *Flume* BGB AT I 1 § 14 VI, S. 232; Erman/*Westermann* § 709 Rn. 22; Soergel/*Hadding/Kießling* § 709 Rn. 35; Ulmer/Habersack/Löbbe/*Hüffer/Schürnbrand* GmbHG § 47 Rn. 83; *Mühlhäuser*, Stimmrechtsbindung in der Personengesellschaft und Nachlassplanung, 1999, S. 165 f.; zu den Grenzen eines vereinbarten Stimmrechtsausschlusses → § 709 Rn. 63.
[44] *K. Schmidt* ZIP 1009, 740; *Schäfer* ZGR 2009, 778; *Krieger*, FS Hommelhoff, 2012, S. 600.
[45] BGHZ 179, 13 (21 f.) Rn. 17 = NJW 2009, 669.
[46] *Zöllner*, FS Ulmer, 2009, S. 751; *Schäfer* ZGR 2009, 779; *Krieger*, FS Hommelhoff, 2012, S. 601 mit dem Hinweis darauf, dass selbst das Aktienrecht individuelle Zustimmungserfordernisse kennt, so bei der Umwandlung stimmberechtigter in stimmrechtslose Aktien, bei der nachträglichen Vinkulierung (§ 180 Abs. 2 AktG) oder bei der Aufhebung von Sonderrechten (§ 101 Abs. 2 AktG).
[47] BGHZ 179, 13 = NJW 2009, 669 – Schutzgemeinschaft II; zust. *K. Schmid* ZIP 2009, 737 (742 f.); *Podewils* BB 2009, 733 (737); *Schäfer* ZGR 2009, 768 (781 ff.); ebenso bereits *Zöllner*, FS Ulmer, 2003, S. 725 (737 ff.) aA vor allem *Habersack* ZHR 164 (2000) 1, 15 ff.
[48] BGHZ 179, 13 (25 f.) Rn. 25; *Schäfer* ZGR 2009, 758 (779); *Krieger*, FS Hommelhoff, 2012, S. 607 f.
[49] Vgl. einerseits *Krieger*, FS Hommelhoff, 2012, S. 602 und wohl auch BGHZ 179, 13 (21 f.) Rn. 17, allerdings ohne konkreten Bezug; andererseits *Schäfer* ZGR 2009, 768 (791).
[50] BGHZ 179, 13 (21 f., 25 f.) Rn. 17, 25 = NJW 2009, 669 – Schutzgemeinschaft II.

mehr geltend machen zu können (→ § 709 Rn. 110, 114), sofern der Beschluss in der Hauptgesellschaft erst *nach* Ablauf der konsortialvertraglichen Klagefrist gefasst wird.

25 **cc) Stimmbindung gegenüber Dritten.** Auch sie wird nach der Rechtsprechung des **BGH** grundsätzlich **zugelassen** und soll nach § 894 ZPO vollstreckbar sein.[51] Dem hat sich die überwiegende Literatur trotz zum Teil gewichtiger, auf den mittelbaren Einfluss der Nichtgesellschafter ohne entsprechende vermögensmäßige Risiken aus der Gesellschafterstellung gestützter Bedenken angeschlossen.[52] Ein Vorbehalt wird zwar zu Recht insoweit gemacht, als die Stimmbindung als uneingeschränkte ausgestaltet ist und dem Dritten ein umfassendes Weisungsrecht gegenüber dem Stimmverhalten des Gebundenen einräumt;[53] hier folgt die Unwirksamkeit bereits aus den Grenzen, die § 138 der Selbstentmündigung eines Gesellschafters zieht.[54] Entgegen der hM unterliegt die nicht konkret eingegrenzte bzw. als vertragliche Nebenpflicht begründete Stimmbindung gegenüber Dritten aber schon grundsätzlich Bedenken und zwar *mit Rücksicht auf das Abspaltungsverbot.* Denn nachdem der BGH die Durchsetzung wirksamer Stimmbindungen im Vollstreckungswege zugelassen hat (→ Rn. 28), ist deren funktionale Vergleichbarkeit mit einer Abspaltung von Gesellschafterrechten unverkennbar.[55] Eine vollstreckbare Stimmbindung stellt tendenziell die Unselbständigkeit des Stimmrechts als Teil der Mitgliedschaft in Frage und eröffnet dem Dritten einen unzulässigen Einfluss auf die Entscheidungen in der Gesellschaft. Das gilt sowohl für den Bereich der Geschäftsführung, in dem die Stimmbindung zudem in Konflikt mit dem zwingenden Grundsatz der Selbstorganschaft gerät, als auch für Vertragsänderungen, die grundsätzlich in die Alleinentscheidungskompetenz der Gesellschafter fallen.[56] Der Hinweis darauf, dass die Zwangsvollstreckung ein rechtskräftiges Urteil voraussetzt (zur Unzulässigkeit einer einstweiligen Verfügung → Rn. 29), mag zwar wegen des damit verbundenen Zeitaufwands die praktischen Probleme entschärfen; er ist jedoch nicht geeignet, die gegen die Stimmbindung gerichteten grundsätzlichen Bedenken zu entkräften. Sie verstärken sich weiter dadurch, dass ein drohender Verstoß gegen die immanenten Schranken des Stimmrechts auf einen Stimmbindungsvertrag mit Dritten im Allgemeinen nicht durchschlägt (→ Rn. 20 f.). **Stimmbindungsverträge mit Nichtgesellschaftern** sind deshalb grundsätzlich wegen Verstoßes gegen das Abspaltungsverbot **nichtig.**[57]

26 **Ausnahmen** von dem in → Rn. 25 aufgestellten Grundsatz sind insoweit anzuerkennen, als der Dritte zumindest partiell die wirtschaftliche Stellung eines Gesellschafters innehat.[58] Dies gilt einmal

---

[51] BGHZ 48, 163 = NJW 1967, 1963 (dazu vgl. *Rob. Fischer,* FS Kunze, 1969, S. 95 [98 ff.]); vgl. auch BGH NJW 1983, 1910 (1911); 1987, 1890 (1892) jeweils zur Stimmbindung unter Gesellschaftern; OLG Köln WM 1988, 974 (976) zur Stimmbindung des GmbH-Gesellschafters gegenüber Kommanditisten in der GmbH & Co KG; OLG Koblenz NJW 1986, 1692 zur Stimmbindung unter GmbH-Gesellschaftern.

[52] Vgl. *Zöllner* ZHR 155 (1991), 168 (180 f.); MüKoHGB/*Enzinger* HGB § 119 Rn. 37; *Herfs,* Einwirkung Dritter auf den Willensbildungsprozess der GmbH, 1994, S. 177; *Wiedemann* GesR II § 4 I 4d, S. 315; einschr. Scholz/*K. Schmidt* GmbHG § 47 Rn. 42: keine dauernde und umfass. Bindung; für grds. Unzulässigkeit *Mühlhäuser,* Stimmrechtsbindung in der Personengesellschaft und Nachlassplanung, 1999, S. 197 ff. und Ulmer/Habersack/Löbbe/*Hüffer/Schürnbrand* GmbHG § 47 Rn. 90; Bedenken auch bei Erman/*Westermann* § 709 Rn. 22 und Rowedder/Schmidt-Leithoff/*Koppensteiner/Gruber* GmbHG § 47 Rn. 24, 29.

[53] *Flume* BGB AT I 1 § 14 VI, S. 230; *Beuthien* ZGR 1974, 26 (45); *Habersack* ZHR 164 (2000), 1 (11); *Overrath,* Die Stimmrechtsbindung, 1973, S. 35 f., 48 ff.; *K. Schmidt* GesR § 21 II 4a cc und Scholz/*K. Schmidt* GmbHG § 47 Rn. 42, 48; *Chr. Weber,* Privatautonomie und Außeneinfluss im Gesellschaftsrecht, 2000, S. 338 ff.; *Wiedemann,* FS Schilling, 1973, S. 115; für weitergehende Zulassung wohl *A. Hueck,* FS Nipperdey, Bd. I, 1965, S. 401 (417 f.).

[54] So zutr. *Flume* BGB AT I 1 § 14 VI, S. 230; *Zöllner* ZHR 155 (1991), 176 f.; *Rodemann,* Stimmbindungsvereinbarungen in den Aktien- und GmbH-Rechten Deutschlands, Englands, Frankreichs und Belgiens, 1998, S. 30 f.; *Mühlhäuser,* Stimmrechtsbindung in der Personengesellschaft und Nachlassplanung, 1999, S. 147 f.; im Ergebnis auch *Chr. Weber,* Privatautonomie und Außeneinfluss im Gesellschaftsrecht, 2000, S. 338 ff., 362. Vgl. auch BGHZ 44, 158 (161) = NJW 1965, 2147 zur Sittenwidrigkeit einer Vereinbarung, durch die die Verwaltungsrechte des Gesellschafters einer OHG einem Treuhänder überlassen werden sollten, auf dessen Auswahl und Abberufung der Gesellschafter keinen Einfluss hatte.

[55] So zutr. *Fleck,* FS Rob. Fischer, 1979, S. 107 (116); *Priester,* FS Werner, 1984, S. 657 (667 ff.); *Mühlhäuser,* Stimmrechtsbindung in der Personengesellschaft und Nachlassplanung, 1999, S. 198 ff.; Ulmer/Habersack/Löbbe/*Hüffer/Schürnbrand* GmbHG § 47 Rn. 80.

[56] So mit Recht *Priester,* FS Werner, 1984, S. 657 (671 f.); aA *Zöllner* ZHR 155 (1991), 181 f.

[57] So grds. auch Soergel/*Hadding/Kießling* § 709 Rn. 36; Bamberger/Roth/*Schöne* Rn. 15; Ulmer/Habersack/Löbbe/*Hüffer/Schürnbrand* GmbHG § 47 Rn. 80; *Flume* BGB AT I 1 § 14 IV, S. 220 f.; Staub/*Schäfer* HGB § 119 Rn. 72; Baumbach/Hopt/*Roth* HGB § 119 Rn. 18; *Mühlhäuser,* Stimmbindung in der Personengesellschaft und Nachlassplanung, 1999, S. 197 ff.; tendenziell auch Staudinger/*Habermeier* (2003) Rn. 11: „engere Grenzen".

[58] Ebenso *Priester,* FS Werner, 1984, S. 657 (672 ff.); Bamberger/Roth/*Schöne* Rn. 15; ähnlich Ulmer/Habersack/Löbbe/*Hüffer/Schürnbrand* GmbHG § 47 Rn. 82; Scholz/*K. Schmidt* GmbHG § 47 Rn. 42; vgl. auch *Fleck,* FS Rob. Fischer, 1979, S. 107 (127) für eine begrenzte Ausnahme vom Abspaltungsverbot; *Mühlhäuser,* Stimmrechtsbindung in der Personengesellschaft und Nachlassplanung, 1999, S. 223 ff.

für den Fall der **qualifizierten** (offenen), mit Zustimmung der Mitgesellschafter eingeräumten **Treuhand**.[59] Hier ist eine Stimmbindung zwischen Treuhänder und Treugeber zulässig, sofern es nicht ohnehin mit Zustimmung der Mitgesellschafter zu einer Aufteilung der Rechte aus dem Gesellschaftsanteil kommt (→ Rn. 11; → § 705 Rn. 92). Entsprechendes gilt bei einer mit Zustimmung der Mitgesellschafter eingeräumten **qualifizierten (offenen)** Unterbeteiligung für die Stimmbindung des Hauptgesellschafters gegenüber dem Unterbeteiligten.[60] Aufgrund der in diesem Fall regelmäßig bestehenden unmittelbaren Rechtsbeziehungen zwischen Unterbeteiligtem und Mitgesellschaftern (→ Vor § 705 Rn. 101) gelten die gesellschaftsimmanenten Stimmrechtsschranken auch für den Unterbeteiligten bei Ausübung seiner Rechte aus dem Stimmbindungsvertrag. Verstößt seine Weisung an den Hauptgesellschafter etwa gegen die Treupflicht, ist dieser zur Befolgung nicht verpflichtet. Wird die Unterbeteiligung dagegen ohne Zustimmung der Mitgesellschafter eingeräumt, ist eine Stimmbindung des Hauptgesellschafters gegenüber dem Unterbeteiligten ebenso wie gegenüber einem Dritten wegen Verstoßes gegen das Abspaltungsverbot unwirksam.[61] Für den **Nießbrauch** gilt Entsprechendes wie im Fall der qualifizierten Treuhand, soweit das Stimmrecht kraft interner Vereinbarung zwar beim Besteller verblieben ist, er sich jedoch einer Stimmbindung gegenüber dem Nießbraucher unterworfen hat.[62]

Eine *weitere Ausnahme* von der grundsätzlichen Unzulässigkeit von Stimmbindungen mit Dritten ist schließlich für den Fall anzuerkennen, dass sich die Stimmpflicht als Nebenpflicht aus einem Austauschvertrag zwischen Gesellschafter und Drittem ergibt und sich auf bestimmte, damit in sachlichem Zusammenhang stehende **Einzelpunkte** der Beschlussfassung beschränkt. Unbedenklich ist etwa die Pflicht des seinen Anteil veräußernden Gesellschafters gegenüber dem Anteilserwerber, in der Gesellschafterversammlung für die Zustimmung zur Anteilsübertragung zu stimmen, sofern hierüber nach dem Gesellschaftsvertrag mit Mehrheit zu entscheiden ist.[63] 27

c) Durchsetzbarkeit von Stimmbindungsverträgen. Soweit Verpflichtungen aus Stimmbindungsverträgen von der Rechtsordnung als wirksam anerkannt werden, können sie durch Leistungsklage gegen den Gebundenen mit Wirkung für die Gesellschaft **gerichtlich durchgesetzt** werden. Das wird seit der Grundsatzentscheidung BGHZ 48, 163 = NJW 1967, 1963 in der Literatur[64] ganz überwiegend bejaht.[65] Die praktische Bedeutung der Frage wird freilich dadurch relativiert, dass Klage und Urteil auf Erfüllung eines Stimmbindungsvertrages fast immer zu spät kommen werden[66] und die Durchsetzung der Stimmbindung meist auf anderem Wege, etwa durch Stimmrechtsvollmachten,[67] Treuhänderbestellung[68] oder Vertragsstrafen, gesichert 28

---

[59] So auch *Flume* BGB AT I 1 § 14 IV, S. 232; Soergel/*Hadding/Kießling* § 709 Rn. 36; Bamberger/Roth/*Schöne* Rn. 15; Ulmer/Habersack/Löbbe/*Hüffer/Schürnbrand* GmbHG § 47 Rn. 82; Baumbach/Hopt/*Roth* HGB § 119 Rn. 18; *Beuthien* ZGR 1974, 43 (45); weitergehend – für grds. Zulässigkeit von Stimmbindungsverträgen auch bei einfacher Treuhand – *Blaurock*, Unterbeteiligung und Treuhand an Gesellschaftsanteilen, 1981, S. 189 ff.

[60] Vgl. BGH WM 1977, 525 (528).

[61] Zur Frage des „Vorrangs der Hauptgesellschaft" → Vor § 705 Rn. 95.

[62] Zur regelmäßigen Einräumung des Stimmrechts in laufenden Angelegenheiten an den Nießbraucher → § 705 Rn. 99.

[63] Vgl. den Fall BGHZ 48, 163 = NJW 1967, 1963; ebenso Scholz/*K. Schmidt* GmbHG § 47 Rn. 42; Ulmer/Habersack/Löbbe/*Hüffer/Schürnbrand* GmbHG § 47 Rn. 82; Baumbach/Hopt/*Roth* HGB § 119 Rn. 18; *Mühlhäuser*, Stimmrechtsbindung in der Personengesellschaft und Nachlassplanung, 1999, S. 221 f.; stark einschr. aber KK-AktG/*Zöllner* AktG § 136 Rn. 94. Vgl. auch BGH WM 1983, 1279 (1280): Verpflichtung des Zedenten der Gewinnansprüche gegenüber dem Zessionar, bei der Bilanzfeststellung dafür einzutreten, dass entstandene Gewinne als solche ausgewiesen werden.

[64] Im Anschluss an die Rspr. Soergel/*Hadding/Kießling* § 709 Rn. 37; Erman/*Westermann* § 709 Rn. 21; Staudinger/*Habermeier* (2003) Rn. 11; Bamberger/Roth/*Schöne* Rn. 17; MüKoHGB/*Enzinger* HGB § 119 Rn. 39; Scholz/*K. Schmidt* GmbHG § 47 Rn. 55; Rowedder/*Koppensteiner* GmbHG § 47 Rn. 34.

[65] Anders noch das RG in stRspr, vgl. RGZ 112, 273 (279); 119, 386 (389 f.); 133, 90 (95 f.); RG JW 1927, 2993. So auch Teile der älteren Lit., vgl. zB *Max Wolff* JW 1929, 2116 f.; aus neuerer Zeit noch *Overrath*, Die Stimmrechtsbindung, 1973, S. 101 ff.; Ulmer/Habersack/Löbbe/*Hüffer/Schürnbrand* GmbHG § 47 Rn. 87; Geßler/Hefermehl/Eckardt/Kropff/*Eckardt* AktG § 136 Rn. 56 für das Aktienrecht; Bedenken äußert auch KK-AktG/*Zöllner* AktG § 136 Rn. 112 und *ders.* ZHR 155 (1991), 186 f.; wN bei *H. Lübbert*, Abstimmungsvereinbarungen in den Aktien- und GmbH-Rechten der EWG-Staaten, der Schweiz und Großbritanniens, 1971, S. 176 f. Fn. **355** ff.

[66] So zutr. *A. Hueck*, FS Nipperdey, Bd. I, 1965, S. 401 (407); *K. Schmidt* GesR § 21 II 4a; Ulmer/Habersack/Löbbe/*Hüffer/Schürnbrand* GmbHG § 47 Rn. 87; *Zutt* ZHR 155 (1991), 190 (192). Dem vom BGHZ 48, 163 ff. = NJW 1967, 1963 entschiedenen Fall lag insoweit ein atypischer Sachverhalt zugrunde (→ Rn. 27).

[67] *Scholze*, Das Konsortialgeschäft der deutschen Banken, 1973, S. 670.

[68] Dazu *A. Hueck*, FS Nipperdey, Bd. I, 1965, S. 401 (407); *Janberg/Schlaus* AG 1967, 33 ff. (34); *Beuthien* ZGR 1974, 43 ff. Zu weiteren Sicherungsmitteln *H. Lübbert*, Abstimmungsvereinbarungen in den Aktien- und GmbH-Rechten der EWG-Staaten, der Schweiz und Großbritanniens, 1971, S. 97.

§ 717 29

wird.⁶⁹ Die **Vollstreckung** des Urteils auf Stimmabgabe richtet sich nach **§ 894 ZPO**. Wegen des Zugangserfordernisses bei Stimmabgaben (→ § 709 Rn. 74) ist zusätzlich die Mitteilung des rechtskräftigen Urteils an die Mitgesellschafter oder einen von ihnen Bevollmächtigten erforderlich.⁷⁰ Das rechtskräftige Urteil ersetzt nur die Stimmabgabe, führt jedoch noch nicht den Beschluss herbei.⁷¹ Davon zu unterscheiden ist das Urteil auf Unterlassung der Stimmabgabe. Bei ihm richtet sich die Vollstreckung nach § 890 ZPO;⁷² eine abweichende Stimmabgabe bleibt also wirksam.

29   Eine **einstweilige Verfügung** mit dem Gebot, in dem vereinbarten Sinn zu stimmen, wurde früher überwiegend als unzulässig angesehen.⁷³ Dasselbe galt hinsichtlich des Verbots abredewidriger Stimmrechtsausübung.⁷⁴ Demgegenüber mehren sich in neuerer Zeit zwar die Stimmen, die eine einstweilige Verfügung zulassen wollen.⁷⁵ Gegen diese Ansicht spricht jedoch das *Verbot der Vorwegnahme der Hauptsache*.⁷⁶ Soweit davon vor allem im Unterhaltsrecht Ausnahmen bei sog. Leistungsverfügungen anerkannt werden, lassen sie sich nicht ohne weiteres auf die Durchsetzung von Stimmbindungsverträgen übertragen. Die Tatsache, dass ein Hauptsacheverfahren in der Regel zu spät kommt, reicht für die Vergleichbarkeit nicht aus. Vielmehr ist es grundsätzlich Sache des Gläubigers der Stimmbindung, die Realisierung seines Anspruchs durch eine Vertragsstrafe oder ähnliche Maßnahmen bis zum Eintritt der Rechtskraft zu sichern.⁷⁷ Im Übrigen wäre auch die Vollstreckung einer derartigen einstweiligen Verfügung ausgeschlossen. Zwar wird von der Rechtsprechung und von Teilen des prozessrechtlichen Schrifttums eine einstweilige Verfügung mit Blick auf § 894 ZPO dann für möglich erachtet, wenn die Willenserklärung nur auf eine vorläufige Regelung oder Sicherung abzielt.⁷⁸ Selbst wenn man dem zustimmen wollte, scheidet die Parallele für die Stimmpflicht aus, da die Stimmabgabe den Beschluss herbeiführen soll und somit auf eine endgültige Regelung gerichtet ist.⁷⁹ – Die Frage, ob der Verstoß gegen eine *allseitige* Stimmbindung zur **Anfechtbarkeit des Beschlusses in der Hauptgesellschaft** führt, ist eine solche des GmbH- (bzw. Aktien-)Rechts.⁸⁰

---

⁶⁹ So auch Schlegelberger/*Martens* HGB § 119 Rn. 51; Ulmer/Habersack/Löbbe/*Hüffer/Schürnbrand* GmbHG § 47 Rn. 88; *H. Lübbert*, Abstimmungsvereinbarungen in den Aktien- und GmbH-Rechten der EWG-Staaten, der Schweiz und Großbritanniens, 1971, S. 127.

⁷⁰ HM, vgl. BGHZ 48, 174 = NJW 1967, 1963; BGH ZIP 1989, 1261; Scholz/*K. Schmidt* GmbHG § 47 Rn. 56; Ulmer/Habersack/Löbbe/*Hüffer/Schürnbrand* GmbHG § 47 Rn. 88; *Zluhan* AcP 128 (1928), 257 (297); *Rob. Fischer* GmbHR 1953, 65 (107); *H. Lübbert*, Abstimmungsvereinbarungen in den Aktien- und GmbH-Rechten der EWG-Staaten, der Schweiz und Großbritanniens, 1971, S. 190; *Overrath*, Die Stimmrechtsbindung, 1973, S. 128. AA *Peters* AcP 156 (1957), 311 (326 ff.) für § 887 ZPO; *Max Wolff* JW 1929, 2116 für § 888 Abs. 1 ZPO; *Zutt* ZHR 155 (1991), 190 (197 f.) für Konkurrenz von § 894 und § 888 ZPO.

⁷¹ BGH ZIP 1989, 1261.

⁷² EinhM, Scholz/*K. Schmidt* GmbHG § 47 Rn. 56; Ulmer/Habersack/Löbbe/*Hüffer/Schürnbrand* GmbHG § 47 Rn. 88; *Zutt* ZHR 155 (1991), 190 (198); *Max Wolff* JW 1929, 2116; *Rob. Fischer* GmbHR 1953, 70; *Peters* AcP 156 (1957), 311 (341 f.); *Overrath*, Die Stimmrechtsbindung, 1973, S. 114.

⁷³ *A. Hueck*, FS Nipperdey, Bd. I, 1965, S. 401 (407); *H. Lübbert*, Abstimmungsvereinbarungen in den Aktien- und GmbH-Rechten der EWG-Staaten, der Schweiz und Großbritanniens, 1971, S. 193; *Overrath*, Die Stimmrechtsbindung, 1973, S. 140 f. mwN.

⁷⁴ *A. Hueck*, FS Nipperdey, Bd. I, 1965, S. 401 (407); *Overrath*, Die Stimmrechtsbindung, 1973, S. 142.

⁷⁵ Grdl. *v. Gerkan* ZGR 1985, 179 ff.; *Damm* ZHR 154 (1990), 413 ff.; *Zutt* ZHR 155 (1991), 190 (199 ff.); vgl. ferner *Westermann* in Westermann/Wertenbruch PersGesR-HdB I. Teil § 24 Rn. 508; Lutter/Hommelhoff/*Bayer* GmbHG § 47 Rn. 19 und GmbHG Anh. § 47 Rn. 92; Scholz/*K. Schmidt* GmbHG § 47 Rn. 59; *Herfs*, Einwirkung Dritter auf den Willensbildungsprozess der GmbH, 1994, S. 171 ff.; für das Aktienrecht s. nur MüKoAktG/*Schröer* AktG § 136 Rn. 89 ff. mwN; für Einwirkung auf Gesellschafterbeschlüsse in der GmbH im Wege des einstweiligen Rechtsschutzes bei Darlegung eines qualifizierten Rechtsschutzbedürfnisses *Nietsch* GmbHR 2006, 393 (395 ff.); ausnahmsweise für die Durchsetzung eines Stimmverbotes bei eindeutiger Rechtslage oder besonders schwerwiegender Beeinträchtigung Ulmer/Habersack/Löbbe/*Hüffer/Schürnbrand* GmbHG § 47 Rn. 89 f.; aus der Rspr. OLG Koblenz ZIP 1986, 563 f. – zumindest bei Geboten; einschr. aber OLG Koblenz NJW 1991, 1119 (1120); OLG Hamburg NJW 1992, 186 (187); OLG Stuttgart NJW 1987, 2449; OLG Frankfurt NJW-RR 1992, 934.

⁷⁶ Vgl. OLG Koblenz NJW 1991, 1119; Erman/*Westermann* § 709 Rn. 21; Staudinger/*Habermeier* (2003) Rn. 11; Bamberger/Roth/*Schöne* Rn. 17.

⁷⁷ So zutr. Ulmer/Habersack/Löbbe/*Hüffer/Schürnbrand* GmbHG § 47 Rn. 90; MüKoHGB/*Enzinger* § 119 Rn. 39; ähnlich auch Rowedder/Schmidt-Leithoff/*Koppensteiner/Gruber* GmbHG § 47 Rn. 36.

⁷⁸ So OLG Frankfurt MDR 1954, 686; OLG Stuttgart NJW 1973, 908; LG Braunschweig NJW 1975, 782 (783); weitergehend (auch endgültige Willenserklärungen könnten aufgrund einer einstweiligen Verfügung nach § 894 ZPO vollstreckt werden) OLG Köln NJW-RR 1997, 59 (60); dagegen aber OLG Hamburg NJW-RR 1991, 382. Aus der Lit. für grds. Zulässigkeit Thomas/Putzo/*Seiler* ZPO § 894 Rn. 4 ff.; Zöller/*Vollkommer* ZPO § 938 Rn. 5.

⁷⁹ So auch *Mühlhäuser*, Stimmrechtsbindung in der Personengesellschaft und Nachlassplanung, 1999, S. 252 ff.; tendenziell auch Staudinger/*Habermeier* (2003) Rn. 11; aA *v. Gerkan* ZGR 1985, 179 (188 ff.); *Zutt* ZHR 155 (1991), 190 (202 f.).

⁸⁰ Dazu nur GroßkommGmbHG/*Ulmer/Löbbe* § 3 Rn. 128 ff. (mwN).

III. Vermögensrechte

1. Allgemeines. a) Grundlagen. Die nach § 717 S. 2 übertragbaren Ansprüche (→ Rn. 14) **30** sind solche, die sich mit ihrer Entstehung von dem ihnen zugrunde liegenden Gesellschaftsverhältnis lösen und die Qualität selbständiger Geldforderungen annehmen (→ Rn. 3). Jedoch kann die gesellschaftsvertragliche Grundlage der Ansprüche sich auf ihre Durchsetzbarkeit auswirken und die Gesellschafter als Gläubiger aus Gründen der Treupflicht zur Rücksichtnahme auf das Gesellschaftsinteresse verpflichten (→ § 705 Rn. 227). Stehen der Gesellschaft hieraus im Einzelfall Einwendungen gegen einen dieser Ansprüche zu, so können sie nach § 404 auch dem Zessionar entgegengesetzt werden; das gilt namentlich für Entnahmebeschränkungen bei Gewinnansprüchen. Auch eine **Sicherungsabtretung** der in S. 2 genannten Vermögensrechte ist möglich.[81] Soweit es sich dabei um künftige Ansprüche handelt, hängt die Rechtsstellung des Sicherungsnehmers als Zessionar und die Möglichkeit seines Zugriffs auf das Sicherungsgut im Zeitpunkt der Anspruchsentstehung davon ab, dass der Sicherungsgeber nicht zwischenzeitlich über den Anteil verfügt (→ Rn. 31 f., 38, 40). – Zur Möglichkeit, die Übertragbarkeit der in S. 2 genannten Vermögensrechte im Gesellschaftsvertrag auszuschließen, → Rn. 8.

b) Künftige Ansprüche. Die Übertragbarkeit nach S. 2 erstreckt sich nach einhM nicht nur auf **31** schon entstandene (einschließlich bedingter), sondern auch auf künftige Ansprüche. Bei ihnen hängt die *Wirksamkeit der Abtretung* jedoch davon ab, dass der Zedent *im Zeitpunkt der Anspruchsentstehung* seinen Anteil noch nicht weiterveräußert hat.[82] Das gilt namentlich für die vorweggenommene Abtretung von **Gewinnansprüchen**; diese stehen demjenigen zu, der im Zeitpunkt des Beschlusses über die Gewinnverteilung (→ § 721 Rn. 8) Anteilsinhaber ist. Hat der Zedent vor diesem Zeitpunkt wirksam über den Anteil verfügt oder ist der Anteil zwischenzeitlich gepfändet worden, so kommt der jeweilige Gewinnanspruch nicht mehr in seiner Person zur Entstehung, sondern in derjenigen des neuen Anteilsinhabers, oder er unterliegt dem Pfandrecht.[83] Die Vorausabtretung des Gewinnanspruchs erweist sich in diesen Fällen aus der auf den Entstehungszeitpunkt bezogenen Sicht als Verfügung eines Nichtberechtigten; der Zessionar hat ihn nicht erworben. Dieses Ergebnis wird bestätigt durch die Regelung des § 566b, auch wenn man sie analog anwendet.[84] Aus dieser Vorschrift ergibt sich, dass periodisch wiederkehrende künftige Ansprüche grundsätzlich demjenigen zustehen, der im Zeitpunkt der Anspruchsentstehung aus dem Vertragsverhältnis selbst berechtigt ist, und dass Vorausverfügungen seines Rechtsvorgängers ihm gegenüber keine Wirkung haben. Wegen § 91 InsO kann ein Pfandgläubiger jedoch an nach Eröffnung eines **Insolvenzverfahrens** über das Gesellschaftervermögen entstehenden Gewinnansprüchen selbst dann kein (insolvenzfestes) Pfandrecht erwerben, wenn der Gesellschafter ihm neben den künftigen Gewinnansprüchen auch den Gesellschaftsanteil selbst verpfändet hatte.[85]

Hinsichtlich des Anspruchs auf das **Auseinandersetzungsguthaben** (→ Rn. 37) bzw. auf die **32** Abfindung im Fall vorzeitigen Ausscheidens war früher zweifelhaft, ob es sich um einen aufschiebend bedingt entstandenen oder um einen künftigen, den in → Rn. 31 genannten Abtretungsschranken unterliegenden Anspruch handelt. Die Rechtsprechung zu dieser Frage war lange Zeit uneinheitlich;[86]

---

[81] Dazu näher *Serick*, Eigentumsvorbehalt und Sicherungsübereignung II, 1965, S. 483 ff.; *Riegger* BB 1972, 115; zust. Soergel/*Hadding/Kießling* Rn. 8; Erman/*Westermann* Rn. 7.

[82] Soergel/*Hadding/Kießling* Rn. 8; eingehend *G. Müller* ZIP 1994, 342 (351 ff.); offenlassend Erman/*Westermann* Rn. 7. Zum Schicksal mit dem Anteil verbundener, nach § 717 S. 2 aber selbständig abtretbarer, bereits entstandener Ansprüche im Fall der Anteilsübertragung → § 719 Rn. 43.

[83] BGHZ 88, 205 (207) = NJW 1984, 492 und BGHZ 104, 351 (353 f.) = NJW 1989, 458 betr. Abfindungsanspruch beim Ausscheiden aus einer GmbH; BGH JZ 1987, 880 mit Anm. *Ulmer*; *Flume* BGB AT I § 11 III, S. 160 und § 17 III, S. 354; *Hueck* OHG § 17 IV 2, S. 254; im Ergebnis auch *Wiedemann*, Übertragung S. 299 ff., 301; *Armbrüster* NJW 1991, 606 (607 f.); *G. Müller* ZIP 1994, 342 (351 ff.); ebenso für den Gewinnanspruch in der GmbH RGZ 98, 318 (320); einschr. aber *Rob. Fischer* ZHR 130 (1968), 359 (363 f.) und *Marotzke* ZIP 1988, 1509 (1514 ff.), die für eine Analogie zu § 566b (= § 573 aF) eintreten; aA wohl noch RGZ 60, 126 (130). Allg. zur Vorausabtretung künftiger Forderungen, deren Rechtsgrund im Zeitpunkt der Zession bereits gelegt ist, *Serick*, Eigentumsvorbehalt und Sicherungsübereignung IV, 1976, S. 260 f., 330 ff., der ein Anwartschaftsrecht des Zessionars an der künftigen Forderung bejaht und die Abtretung daher wohl trotz zwischenzeitlicher Verfügung über das Stammrecht für wirksam hält.

[84] Vgl. BGHZ 88, 205 (207) = NJW 1984, 492 zur GmbH; Soergel/*Hadding/Kießling* Rn. 8; für Analogie aber *Rob. Fischer* ZHR 130 (1968), 359 (363 f.) und *Marotzke* ZIP 1988, 1509 (1514 ff.).

[85] BGH NZI 2010, 682 (683); ZIP 2010, 335 (337, 338; Aufgabe von BGHZ 70, 86); mit Anm. *Gattringer* ZInsO 2010, 802 (804); zust. *Riedemann* EWiR 2010, 297 (298); *Servatius* WuB VI A § 91 InsO 2.10, 427, 428 ff.

[86] Für aufschiebend bedingt entstandenen Anspruch noch BGHZ 58, 327 (330) = NJW 1972, 1193 zur eG; so wohl auch die Rspr. des RG, vgl. RGZ 60, 126 (130); 90, 19 (20); 91, 428 (431); 95, 231 (234 f.).

inzwischen geht der BGH jedoch von einem *künftigen Anspruch* aus.[87] Dieser auch in der neueren Literatur vorherrschenden Ansicht[88] ist zu folgen; für sie spricht aus teleologischer Sicht, dass das auf Vorausverfügung, insbesondere Sicherungszession, beruhende Auseinanderfallen von Mitgliedschaft und Anspruch auf das Auseinandersetzungsguthaben für Gesellschaft und Mitgesellschafter unerwünscht ist und zu erheblichen Problemen bei der späteren Auseinandersetzung oder dem Ausscheiden des betroffenen Gesellschafters führen kann.[89] Die Wirksamkeit der Vorausverfügung über den Anspruch auf das Auseinandersetzungsguthaben hängt somit davon ab, dass der Zedent im Zeitpunkt der Auflösung der Gesellschaft noch Gesellschafter ist, dh nicht anderweitig über seinen Anteil verfügt hat (→ Rn. 31, 39).

33 **c) Sonstige Vermögensrechte.** Über die nach S. 2 abtretbaren Ansprüche (→ Rn. 34 ff.) hinaus ist aus den in → Rn. 15 genannten Gründen mit Zustimmung aller Gesellschafter auch eine Verfügung über sonstige Vermögensrechte zuzulassen, darunter namentlich ein vom jeweiligen Gewinnanspruch unabhängiges *vertragliches Entnahmerecht*.[90] Ihr wird außerhalb von Nießbrauch und Sicherungsabtretung freilich meist nur geringe Bedeutung zukommen. Weiter ist an Forderungen aus einem **Darlehenskonto** (auch als Forderungskonto bezeichnet) zu denken, sofern für die Gesellschaft das Drei-Konten-Modell vereinbart ist und auf dem Darlehenskonto die entnahmefähigen Teile des Jahresgewinns etc gebucht werden.[91]

34 **2. Die einzelnen Vermögensrechte nach Satz 2. a) Aufwendungsersatz.** Abtretbar ist der Aufwendungsersatzanspruch des Geschäftsführers nach §§ 713, 670 (→ § 713 Rn. 15). Anderes gilt für den Anspruch auf Vorschuss nach §§ 713, 669, da er sich im Unterschied zum Aufwendungsersatzanspruch nicht von der Geschäftsführungsmaßnahme, für die der Vorschuss zweckbestimmt ist, trennen lässt,[92] sowie für den Freistellungsanspruch nach §§ 713, 670, 257 (→ § 713 Rn. 15); dieser kann nur von demjenigen Gläubiger gepfändet werden, dem gegenüber die Freistellung zu erfolgen hat.[93] Dem Aufwendungsersatzanspruch gleichzustellen ist der **gesamtschuldnerische Ausgleichsanspruch** des von einem Gesellschaftsgläubiger auf Zahlung in Anspruch genommenen Gesellschafters gegen Mitgesellschafter (→ § 714 Rn. 56);[94] auch bei ihm handelt es sich um ein verselbständigtes Gläubigerrecht (→ Rn. 3). Nicht zu den Ansprüchen aus der Geschäftsführung, sondern zum Gewinn gehören die Ansprüche auf Geschäftsführervergütung, auch soweit sie im Innenverhältnis gewinnunabhängig ausgestaltet sind (→ § 709 Rn. 32).[95] Beschränkt sich die Abtretung auf die „Ansprüche aus der Geschäftsführung", so wird die Auslegung freilich meist zu dem Ergebnis führen, dass hiervon auch die Geschäftsführervergütung erfasst sein soll.

35 **b) Gewinn.** Zum Gewinnanspruch, seiner Entstehung und Fälligkeit → § 721 Rn. 13. Die Wirksamkeit seiner **Vorausabtretung** hängt nach den in → Rn. 31 getroffenen Feststellungen davon ab, dass der Zedent noch im Zeitpunkt der Anspruchsentstehung Gesellschafter ist. Andernfalls kommt der Gewinnanspruch beim Rechtsnachfolger zur Entstehung; der Zedent hat hierüber als Nichtbe-

---

[87] So – ohne Auseinandersetzung mit älteren Urteilen (vorige Fn.) – BGH NJW 1989, 453; 1997, 3370 (3371); OLG München BeckRS 2010, 6478; ebenso auch schon BGHZ 88, 205 (207) = NJW 1984, 492; BGHZ 104, 351 (353) = NJW 1989, 458 jeweils für den Abfindungsanspruch beim Ausscheiden aus einer GmbH; zust. *Fleischer* WuB II H § 235 HGB 1.98.
[88] *Flume* BGB AT I 1 § 11 III, S. 160 und 17 III, S. 354 und *Wiedemann* Übertragung S. 299 ff., 301; so auch Soergel/*Hadding*/*Kießling* Rn. 11; *D. Weber*, FS Stiefel, 1987, S. 829 (856 ff.); *Konzen* ZHR 145 (1981), 44 f.; *Bommert* BB 1984, 181.
[89] *Wiedemann* Übertragung S. 301; *D. Weber*, FS Stiefel, 1987, S. 829 (858 f.).
[90] Die früher hM beschränkt sich insoweit auf die Feststellung, dass ein Anspruch auf Entnahmen nicht nach § 717 S. 2 abtretbar ist, soweit diese nicht durch entsprechende Gewinne gedeckt sind; vgl. RGZ 67, 13 (17 ff.); Soergel/*Hadding*/*Kießling* Rn. 10; *Wiedemann* Übertragung S. 294 ff.; so auch noch *ders*. GesR II § 3 III 3c, S. 231; zu § 122 HGB auch Schlegelberger/*Martens* HGB § 122 Rn. 13. Demgegenüber lässt eine neuere Auffassung die selbständige Abtretbarkeit des Entnahmerechts generell zu, vgl. *Ganßmüller* DB 1967, 1531 (1534); *Muth* DB 1986, 1761 (1762); → Rn. 10; *Winnefeld* DB 1977, 897 ff.; Erman/*Westermann* Rn. 6; Staudinger/*Habermeier* (2003) Rn. 18; Bamberger/Roth/*Schöne* Rn. 20; einschr. – nur bei vertraglichem Entnahmerecht – Baumbach/Hopt/*Roth* HGB § 122 Rn. 4. Wie hier – für Abtretbarkeit bei Zustimmung der Gesellschafter – *Teichmann*, Gestaltungsfreiheit in Gesellschaftsverträgen, 1970, S. 156; Staub/*Schäfer* HGB § 122 Rn. 15; MüKoHGB/*Priester* § 122 Rn. 23; → Rn. 36.
[91] OLG Stuttgart DStR 2013, 1138 (1140); dazu näher Staub/*Schäfer* HGB § 120 Rn. 70 ff.
[92] Soergel/*Hadding*/*Kießling* Rn. 9; Palandt/*Sprau* Rn. 5; Staudinger/*Habermeier* (2003) Rn. 15.
[93] Vgl. Stein/Jonas/*Brehm*, 22. Aufl. 2004, ZPO § 851 Rn. 38; MüKoZPO/*Smid* ZPO § 851 Rn. 8 f.
[94] Staudinger/*Habermeier* (2003) Rn. 15; Soergel/*Hadding*/*Kießling* Rn. 9.
[95] Für ihre Behandlung als Ansprüche, die aus der Geschäftsführung herrühren, aber Staudinger/*Habermeier* (2003) Rn. 15; Soergel/*Hadding*/*Kießling* Rn. 9; wohl auch Erman/*Westermann* Rn. 6.

rechtigter verfügt. Zum Fehlen eines Rechts des Zessionars gegenüber der Gesamthand auf Gewinnfeststellung und Kontrolle → Rn. 40.

Der **Zessionar erwirbt** den Gewinnanspruch mit dem Inhalt, wie er auch dem Zedenten zustand 36 (§ 404). Vertragliche Entnahmebeschränkungen können daher auch ihm entgegengesetzt werden. Auch ist er nicht dagegen geschützt, dass die Gesellschafter einvernehmlich die Gewinnbeteiligung des Zedenten oder die Entnahmeregelung **ändern,** solange der vorausabgetretene Gewinnanspruch noch nicht entstanden ist;[96] anderes gilt bei Verstoß gegen § 826. Gewinnunabhängige **Ansprüche auf Entnahme** (→ § 721 Rn. 15) stehen dem Zessionar des Gewinnanspruchs nicht zu. Sie unterfallen nicht der Ausnahmeregelung des S. 2 und können nur mit Zustimmung aller Gesellschafter abgetreten werden (→ Rn. 33). Abweichendes kommt nach dem Regelungszweck des S. 2 (→ Rn. 3) freilich dann in Betracht, wenn das Entnahmerecht im Gesellschaftsvertrag nach Art einer festen *Vorausdividende* oder eines Zinsanspruchs konkretisiert ist und zur Entstehung selbständiger, nicht von der Geltendmachung durch den Gesellschafter abhängiger periodischer Ansprüche gegen die Gesellschaft führt.[97]

c) **Auseinandersetzungsguthaben.** Der Anspruch auf dasjenige, was dem Gesellschafter bei der 37 Auseinandersetzung zukommt, umfasst je nach Lage des Falles die Rückerstattung der Einlagen (§ 733 Abs. 2), den anteiligen Liquidationserlös (§ 734) sowie etwaige Ausgleichsansprüche gegen Mitgesellschafter nach § 735. Im Falle des Ausscheidens des Zedenten aus der fortbestehenden Gesellschaft tritt an seine Stelle der Anspruch auf das Abfindungsguthaben (§§ 738–740). Ob im Zusammenhang mit der Abtretung dieser Ansprüche auch das beim Gesellschafter verbliebene Eigentum an den der Gesellschaft zur Benutzung überlassenen, nach § 732 bei Vertragsende zurückzugebenden Gegenständen auf den Zessionar übergehen soll, ist Frage der Vertragsauslegung, bedarf aber hierfür nicht besonderer formgebundener Übertragungsakte (§§ 925, 873). Zur *Entstehung und Fälligkeit* des Anspruchs auf das Auseinandersetzungsguthaben oder die Abfindung → § 730 Rn. 61; → § 738 Rn. 19 ff., zu den fehlenden Rechten des Zessionars auf Mitwirkung bei der Auseinandersetzung oder der Festsetzung der Abfindung → Rn. 40; zur Pfändung des Anspruchs → Rn. 43.

Für **Änderungen** des Anspruchs auf das Auseinandersetzungsguthaben gilt Entsprechendes wie 38 beim Gewinnanspruch (→ Rn. 36). Sie sind trotz Vorausabtretung des Anspruchs so lange möglich, als dieser noch nicht entstanden ist. Die Gesellschafter können daher mit Wirkung gegenüber dem Zessionar einvernehmlich eine vom Gesetz oder Gesellschaftsvertrag abweichende Art der Auseinandersetzung beschließen oder Beschränkungen des Abfindungsanspruchs für den Fall vorzeitigen Ausscheidens vorsehen.[98] Auch ist die Abtretung der genannten Ansprüche **wirkungslos,** wenn der Zedent den Gesellschaftsanteil vor ihrer Entstehung wirksam an einen Dritten veräußert hat.[99] Eine zwischenzeitliche Pfändung des Anteils am Gesellschaftsvermögen nach § 859 Abs. 1 ZPO geht der Abtretung vor.[100] Anderes gilt bei einer Pfändung des künftigen Anspruchs auf das Auseinandersetzungsguthaben; sie geht ins Leere, wenn der Gesellschafter den Anspruch im Voraus an einen Dritten abgetreten hat.[101]

Will der Zessionar sich gegen die in → Rn. 38 genannten Gefahren schützen, so muss er sich 39 außer der Vorausabtretung des Anspruchs auf das Auseinandersetzungsguthaben auch den Gesellschaftsanteil selbst verpfänden lassen. Nur bei einem solchen Vorgehen ist er sowohl **gegen einseitige Veränderungen** des ihm abgetretenen künftigen Rechts als auch dagegen **geschützt,** dass die Abtretung infolge zwischenzeitlicher Verfügung des Zedenten über den Anteil oder infolge einer

---

[96] BGH WM 1985, 1343 (1344); Soergel/*Hadding/Kießling* Rn. 14; Erman/*Westermann* Rn. 7; Staudinger/*Habermeier* (2003) Rn. 19; Bamberger/Roth/*Schöne* Rn. 23; Staub/*Schäfer* HGB § 121 Rn. 8; *Hueck* OHG § 17 IV 2, S. 256; MüKoHGB/*Priester* HGB § 122 Rn. 28.

[97] BGH WM 1985, 1343 (1344); Soergel/*Hadding/Kießling* Rn. 10; Erman/*Westermann* Rn. 6. Für Veräußerlichkeit des für das laufende Geschäftsjahr geltend gemachten(?) Entnahmeanspruchs entsprechend § 717 S. 2 *Wiedemann* Übertragung S. 296.

[98] Vgl. BGH WM 1985, 1343 (1344); Soergel/*Hadding/Kießling* Rn. 14; Erman/*Westermann* Rn. 7; Staudinger/*Habermeier* (2003) Rn. 19; Bamberger/Roth/*Schöne* Rn. 23; Staub/*Schäfer* HGB § 121 Rn. 8; *Hueck* OHG § 17 IV 2, S. 256; MüKoHGB/*Priester* HGB § 122 Rn. 28;
sowie *Riegger* BB 1972, 116; aA noch RGZ 90, 19 (20) – eingeschränkt in RGZ 91, 428 (431).

[99] BGHZ 88, 205 (207) – NJW 1984, 492; BGHZ 104, 351 (353 f.) – NJW 1989, 458; so auch BGH NJW 1997, 3370 (3371) – vorbehaltlich der Fälle zwischenzeitlicher Anteilsvererbung; → Rn. 31 f.; ebenso *Flume* BGB AT I 1 § 17 III, S. 162 und § 17 III, S. 356; Soergel/*Hadding/Kießling* Rn. 15; Staudinger/*Habermeier* (2003) Rn. 17; im Ergebnis auch U. *Huber* Vermögensanteil S. 396; aA wohl RGZ 60, 126 (130); → Rn. 31 f.

[100] BGHZ 104, 351 (353 ff.) = NJW 1989, 458 – Pfändung eines GmbH-Anteils; *Flume* BGB AT I § 17 III, S. 355; Soergel/*Hadding/Kießling* Rn. 15; Staudinger/*Habermeier* (2003) Rn. 18; aA noch RGZ 95, 231 (234 f.); offenlassend BGH WM 1981, 648 (649).

[101] Vgl. BGH WM 1981, 648 (649); Staub/*Schäfer* HGB § 135 Rn. 7.

Anteilspfändung durch dessen Privatgläubiger ins Leere geht bzw. zu einer nachrangigen Berechtigung des Zessionars führt. Die Rechtsstellung der Mitgesellschafter wird dadurch nicht unzulässig beeinträchtigt, weil die Verpfändung der Mitgliedschaft abweichend von § 717 S. 2 nur mit ihrer Zustimmung möglich ist, sofern sie oder die Anteilsabtretung nicht bereits im Gesellschaftsvertrag zugelassen wurde (→ § 719 Rn. 27, 52).

40 **3. Rechtsstellung des Zessionars.** Durch die Abtretung der Rechte nach § 717 S. 2 erwirbt der Zessionar nur die Forderung als solche, **nicht** aber die zu ihrer Geltendmachung und Kontrolle erforderlichen **Verwaltungsrechte**.[102] Diese verbleiben als unübertragbare Mitgliedschaftsrechte beim Zedenten; nur ihre Ausübung kann mit Einverständnis der Mitgesellschafter dem Zessionar überlassen werden (→ Rn. 9, 16). Die Abtretung künftiger Gewinnansprüche gibt dem Zessionar also nicht das Recht, nach § 721 Rechnungslegung und Gewinnverteilung zu verlangen.[103] Entsprechendes gilt für die Abtretung des künftigen Anspruchs auf das Auseinandersetzungsguthaben oder die Abfindung: auch hier stehen dem Zessionar keine Möglichkeiten zu, die Gesellschaft aufzulösen oder an der Aufstellung der Auseinandersetzungs- oder Abschichtungsbilanz mitzuwirken.[104] In beiden Fällen ist jedoch eine **Mitteilungspflicht** der Gesamthand gegenüber dem Zessionar über die Höhe des festgestellten Anspruchs zu bejahen.[105]

41 Das außerordentliche **Kündigungsrecht des § 725 Abs. 1** kann nur von demjenigen geltend gemacht werden, der nach § 859 Abs. 1 ZPO eine Anteilspfändung erwirkt hat. Eine analoge Anwendung auf den Zessionar ist ausgeschlossen.[106] Er kann sich vielmehr grundsätzlich nur an den Zedenten halten und ihn auf Schadensersatz in Anspruch nehmen, wenn dieser den vertraglich übernommenen Pflichten zur Herbeiführung der Fälligkeit der abgetretenen Ansprüche unter Wahrung der Interessen des Zessionars nicht nachkommt.

IV. Pfändung und Verpfändung

42 **1. Pfändung.** Die Pfändbarkeit von **Forderungen** hängt nach § 851 ZPO grundsätzlich von ihrer Abtretbarkeit ab; ein in Abweichung von § 717 S. 2 vereinbarter Abtretungsausschluss steht der Pfändung allerdings nicht entgegen (§ 851 Abs. 2 ZPO iVm § 399). Die Pfändung in Gesellschafterrechte setzt einen in das Privatvermögen des Gesellschafters vollstreckbaren Titel voraus (→ § 718 Rn. 54). Sie erstreckt sich auch auf künftige und bedingte Forderungen.

43 Im Einzelnen wird auf die Ausführungen zu den nach § 717 S. 2 übertragbaren Ansprüchen verwiesen (→ Rn. 30 ff.). Sie gelten entsprechend für deren Pfändung.[107] Auch der Pfändungsgläubiger einer **künftigen Forderung** ist gegen zwischenzeitliche Verfügungen des Schuldners über den Anteil vor Entstehung der Forderung nicht geschützt.[108] Die Pfändung des Anspruchs auf das künftige Auseinandersetzungsguthaben, die nach § 717 S. 2 iVm § 851 Abs. 1 ZPO möglich ist, stellt ihn also nicht besser als den Zessionar des Anspruchs (→ Rn. 38)[109] und gibt ihm ebenso wenig wie diesem einen Realisierungsanspruch.[110] Den wesentlich zweckmäßigeren und Erfolg versprechenderen Weg eröffnet daher die **Pfändung des Gesellschaftsanteils** nach § 859 Abs. 1 ZPO in

---

[102] BGH WM 1983, 1279 (1280); 1981, 648 (649); OLG Hamm NZG 2006, 823 – gilt auch bei liquidationslosem Erlöschen der Gesellschaft.
[103] HM, vgl. Soergel/*Hadding/Kießling* Rn. 14; *Hueck* OHG § 17 IV 2, S. 254; Staudinger/*Habermeier* (2003) Rn. 19; Bamberger/Roth/*Schöne* Rn. 24. Vgl. auch BGH WM 1983, 1279 (1280); 1981, 648 (649); OLG Hamm NZG 2006, 823 – gilt auch bei liquidationslosem Erlöschen der Gesellschaft.
[104] RGZ 90, 19 (20); *Riegger* BB 1972, 117 mwN BGH WM 1970, 246 – in NJW 1970, 706 insoweit nicht abgedruckt. Zur abw. Rechtslage für den Fall der Anteilspfändung und Kündigung, wonach dem Pfandgläubiger ein Anspruch gegen die Gesellschafter auf Durchführung der Auseinandersetzung zugebilligt wird, → § 725 Rn. 20 f.
[105] BGH BB 1976, 11; vgl. auch schon RGZ 52, 35 (37 f.).
[106] So auch Erman/*Westermann* Rn. 7; Soergel/*Hadding/Kießling* Rn. 16a; Bamberger/Roth/*Schöne* Rn. 24.
[107] Ebenso Soergel/*Hadding/Kießling* Rn. 16a; aA *Marotzke* ZIP 1988, 1509 (1519) betr. § 566b (= § 573 aF). Zur Pfändbarkeit von auf dem Entnahmerecht beruhenden, zu selbständigen Forderungen gewordenen Ansprüchen → Rn. 36.
[108] Soergel/*Hadding/Kießling* Rn. 16a; aA RGZ 60, 126 (130); zur Entstehung künftiger Forderungen nach Abtretung näher → Rn. 31.
[109] Vgl. BGH ZIP 2008, 1629: Ein Pfändungspfandgläubiger, der einen künftigen Auseinandersetzungsanspruch gepfändet hat, kann diesen klageweise durchsetzen; für den Fall, dass das Gesellschaftsvermögen bereits versilbert ist, kann er deshalb auf der Grundlage einer von ihm zu erstellenden Auseinandersetzungsrechnung das ihm zustehende Auseinandersetzungsguthaben von den übrigen Gesellschaftern fordern.
[110] Vgl. RGZ 90, 19 (20); *Riegger* BB 1972, 117 mwN; BGH WM 1970, 246 – in NJW 1970, 706 insoweit nicht abgedruckt. Zur abw. Rechtslage für den Fall der Anteilspfändung und Kündigung, wonach dem Pfandgläubiger ein Anspruch gegen die Gesellschafter auf Durchführung der Auseinandersetzung zugebilligt wird, → § 725 Rn. 20 f.

Verbindung mit dem außerordentlichen Kündigungsrecht des Pfändungsgläubigers nach § 725 Abs. 1. Zum Sonderfall der Pfändung und Verwertung eines im Gesellschaftsvertrag übertragbar gestellten Gesellschaftsanteils (der Mitgliedschaft) als Vermögensrecht nach § 857 ZPO → § 725 Rn. 8 ff.

Sonstige Vermögensrechte, deren Übertragung ausgeschlossen ist, sind nach § 857 Abs. 3 ZPO **44** insoweit der Pfändung unterworfen, als ihre Ausübung einem Dritten überlassen werden kann. Angesichts der höchstpersönlichen Natur der nicht unter § 717 S. 2 fallenden Mitgliedschaftsrechte scheidet diese Möglichkeit regelmäßig aus, soweit nicht der Gesellschaftsvertrag im Einzelfall Abweichendes vorsieht. Eine Zwangsvollstreckung wegen einer Geldforderung in **Verwaltungsrechte** des Schuldners ist in jedem Fall ausgeschlossen[111] (zu der davon zu unterscheidenden Vollstreckung aus einem Stimmbindungsvertrag → Rn. 28).

2. Verpfändung. Für die Verpfändung von Forderungen gelten die Ausführungen über deren **45** Übertragbarkeit in vollem Umfang entsprechend (§§ 1273, 1274 Abs. 2, 1280). Der Gesellschaftsanteil selbst kann verpfändet werden, wenn er im Gesellschaftsvertrag übertragbar gestellt ist oder wenn sämtliche Mitgesellschafter zustimmen. → § 719 Rn. 51 ff.; zur Wirkung der Verpfändung künftiger Gewinnansprüche in der Gesellschafter-Insolvenz → Rn. 31.

§ 718 Gesellschaftsvermögen

(1) Die Beiträge der Gesellschafter und die durch die Geschäftsführung für die Gesellschaft erworbenen Gegenstände werden gemeinschaftliches Vermögen der Gesellschafter (Gesellschaftsvermögen).

(2) Zu dem Gesellschaftsvermögen gehört auch, was auf Grund eines zu dem Gesellschaftsvermögen gehörenden Rechts oder als Ersatz für die Zerstörung, Beschädigung oder Entziehung eines zu dem Gesellschaftsvermögen gehörenden Gegenstands erworben wird.

Übersicht

	Rn.		Rn.
A. Normzweck	1	d) Gesamtrechtsnachfolge	28
B. Gesellschaftsvermögen	2–38	e) Haftung kraft objektiver Zurechnung?	29
I. Grundlagen	2–11	3. Haftung aus §§ 278, 831	30, 31
1. Wesen und Funktion der Gesamthand	2–5	4. Keine Haftung für Privatschulden der Gesellschafter	32–34
a) Rechtlicher Ansatz	2, 3	V. Gesamthand als Besitzer	35–38
b) Gesetzliche Ausgestaltung	4, 5	1. Grundsatz	35–37
2. Gesellschafterstellung und Gesamthandsberechtigung	6–9	2. Rechtsfolgen	38
3. Gesellschaften ohne Gesamthandsvermögen	10, 11	C. Die GbR in Zivilprozess und Zwangsvollstreckung	39–66
II. Entstehung und Wegfall des Gesamthandsvermögens	12–15	I. Überblick	39–43
1. Allgemeines	12, 13	1. Ausgangslage im Jahr 1900	39
2. Umwandlungsfälle	14, 15	2. Rechtsentwicklung bis 2001	40–42
III. Erwerb von Gesamthandsvermögen	16–23	3. Gang der Kommentierung	43
1. Beiträge	16, 17	II. Parteifähigkeit der Außen-GbR	44–48
2. Rechtsgeschäftlicher Erwerb	18, 19	1. Grundlagen	44–46
3. Erwerb durch Surrogation (Abs. 2)	20, 21	2. Schranken der persönlichen Reichweite	47, 48
4. Sonstige Erwerbstatbestände	22, 23	a) Außen-GbR ohne Identitätsausstattung	47
IV. Begründung von Gesamthandsverbindlichkeiten	24–34	b) Innen-GbR mit Gesamthandsvermögen	48
1. Überblick	24	III. Prozess- und Vollstreckungsfragen bei der nicht parteifähigen Gesamthands-GbR	49–66
2. Entstehungsgründe	25–29	1. Verbleibender Anwendungsbereich	49
a) Rechtsgeschäft	25	2. Rechtlicher Ansatz	50–52
b) Gesellschaftsvertrag	26	a) Parteistellung aufseiten der Gesamthand	50, 51
c) Gesetz	27		

---

[111] So auch Soergel/*Hadding/Kießling* Rn. 16a.

	Rn.		Rn.
b) Vollstreckung	52	a) Vollstreckungstitel	55–58
3. Gesamthandsschuldklage	53, 54	b) Gewahrsam	59
a) Grundsatz	53	5. Gesellschafterwechsel	60–64
b) Keine Vollstreckung ins Privatvermögen	54	a) Während der Rechtshängigkeit	60–63
4. Vollstreckung in das Gesellschaftsvermögen	55–59	b) Im Vollstreckungsverfahren	64
		6. Rechtsformwechsel der Gesamthand	65, 66

A. Normzweck

1   Die Vorschrift des § 718 enthält die **gesetzliche Anerkennung des** für die gesellschaftsrechtliche Gesamthand kennzeichnenden, vom Privatvermögen der Gesellschafter abgesonderten **Gesellschaftsvermögens** als Regelfall der Vermögensorganisation der GbR. Abs. 1 regelt die Begründung dieses Vermögens durch die Beiträge der Gesellschafter – genauer: durch die vertraglichen Beitragsansprüche (→ Rn. 16) – sowie durch rechtsgeschäftlichen Erwerb namens der Gesellschaft. Abs. 2 stellt die Geltung des Surrogationsprinzips für das Gesellschaftsvermögen klar. – Zum Verhältnis von § 718 gegenüber den Regelungen der §§ 717, 719 → § 717 Rn. 4; zur Anerkennung von Gesamthandsverbindlichkeiten als einer besonderen, der Vermögensfähigkeit der Gesamthand entsprechenden und neben die Gesellschafterhaftung tretenden Kategorie von Gesellschaftsschulden → § 714 Rn. 31 f.

B. Gesellschaftsvermögen

I. Grundlagen

2   **1. Wesen und Funktion der Gesamthand. a) Rechtlicher Ansatz.** Die Regelung über das gesellschaftsrechtliche Gesamthandsvermögen (§ 718) wurde erst von der 2. Kommission in das ursprünglich ganz an der *societas* des römischen Rechts ausgerichtete Recht der GbR eingeführt (→ § 705 Rn. 293). Es dient der Zusammenfassung der zur Förderung des Gesellschaftszwecks bestimmten, in § 718 bezeichneten Gegenstände zu einem Sondervermögen (dem „Gesellschaftsvermögen") und ihrer dinglichen Zuordnung zur Gesellschaft. Inhaber des Gesamthandsvermögens sind die Gesellschafter in ihrer gesamthänderischen Verbundenheit, dh als eine von den einzelnen Mitgliedern zu unterscheidende, aus heutiger Sicht rechtsfähige Personenverbindung (→ § 705 Rn. 289 ff.). Das Gesamthandsvermögen erweist sich somit als die **vermögensrechtliche (dingliche) Komponente** des gesellschaftsrechtlichen Zentralbegriffs Gesamthand. Dessen personenrechtliches Element besteht in der Verbindung (Gruppe) der Gesellschafter, dh einer rechtsfähigen Organisation in Gestalt der *Außen-GbR,* die auch ohne ausdrückliche Gesetzesregelung inzwischen als rechtsfähiger Teilnehmer am Rechtsverkehr anerkannt ist (→ § 705 Rn. 303 ff.). Die **Gültigkeit** des Gesamthandsprinzips **für die rechtsfähige GbR** wird zwar bisweilen bestritten;[1] für diese Abweichung von der gesetzlichen Regelung besteht jedoch keinerlei Notwendigkeit; überdies verbindet sie sich zum Teil mit inakzeptablen Folgerungen.[2] Sie missachtet zudem, dass bei der GbR die Rechtsfähigkeit keiner eigenständigen Rechtsperson zukommt, sondern den Gesellschaftern als Gruppe (→ § 705 Rn. 298, 307 ff.). Auch aus rechtspolitischer Sicht besteht weder Anlass zur Abschaffung des Gesamthandsprinzips noch des Prinzips von An- und Abwachsung.[3]

3   Der Zusammenhang zwischen personen- und vermögensrechtlichen Elementen der Gesamthand ist für das Verständnis des **Rechts der GbR als** eines über bloß schuldvertragliche Beziehungen der Beteiligten hinausgehenden **Organisationsrechts** von entscheidender Bedeutung. Er findet seinen Niederschlag in einer Reihe von Rechtsgrundsätzen wie der Rechtsfähigkeit der Außen-GbR (→ § 705 Rn. 310 ff.), der Stellung der Geschäftsführer als Organe der Gesamthand (→ § 705 Rn. 257; § 714 Rn. 12 f., 16 f.), der Lehre von der fehlerhaften Gesellschaft (→ § 705 Rn. 323 ff., 354), dem Prinzip der An- und Abwachsung bei Veränderungen im Gesellschafterbestand (→ Rn. 5)

---

[1] Vgl. *Kießling,* FS Hadding, 2004, S. 477 (484 ff.); ähnlich auch Staudinger/*Habermeier* (2003) Rn. 1 f.
[2] So wird das für die Personengesellschaft wesentliche Anwachsungsprinzip (§ 738 Abs. 1 S. 1) als Ausdruck des Gesamthandsprinzips in Abrede gestellt, *Kießling,* FS Hadding, 2004, S. 477 (489 f.) unter Vermengung der Mitgliedschaft mit deren Vermögenswert. Dagegen in der Sache auch *K. Schmidt,* FS Huber, 2006, 981 ff.: „wertbezogene Anwachsungslehre".
[3] Näher *Schäfer,* Gutachten E zum 71. DJT, 2016, S. 85 ff., gegen entsprechende Forderungen von *K. Schmidt* ZHR 177 (2013), 727 f.; *Röder* AcP 215 (2015), 491.

und der selbständigen Übertragbarkeit der Gesellschaftsanteile bei Zustimmung der Mitgesellschafter (→ § 719 Rn. 25 ff.).

b) Gesetzliche Ausgestaltung. Der Gesetzgeber hat sich im Wesentlichen auf die Regelung der **sachenrechtlichen Aspekte der Gesamthand** iSd Vermögensverfassung der GbR beschränkt. Er hat damit das Ziel verfolgt, die dem gemeinsamen Zweck gewidmeten Beiträge und die rechtsgeschäftlich für die Gesamthand erworbenen Gegenstände einschließlich deren Surrogate zu einem *Sondervermögen* zusammenzufassen, dieses gegen Verfügungen einzelner nicht vertretungsbefugter Gesellschafter und gegen den Zugriff von Privatgläubigern zu sichern sowie den sachenrechtlichen Bestand des Gesellschaftsvermögens von der jeweiligen personellen Zusammensetzung der Gesellschaft unabhängig zu machen.[4]

Im Einzelnen dienen diesem Ziel neben den Liquidationsvorschriften der §§ 731 ff. vor allem die drei das Gesamthandsprinzip kennzeichnenden **„Basisregeln"** der §§ 718, 719 und 738 Abs. 1.[5] Unter ihnen legt § 718 *Bestand und Umfang des Gesamthandsvermögens* fest und grenzt dieses Sondervermögen gegenüber dem jeweiligen Privatvermögen der Gesellschafter ab (zu Entstehungsgeschichte und systematischer Stellung der Norm → § 717 Rn. 4). **§ 719** stellt klar, dass die *Verfügung über Gegenstände des Gesamthandsvermögens* den Gesellschaftsorganen vorbehalten ist, während die Gesellschafter je persönlich insoweit keine Verfügungsmacht haben und auch nicht etwa Inhaber von Anteilen an den einzelnen Gegenständen des Gesamthandsvermögens sind. In Übereinstimmung damit behalten auch die vollstreckungsrechtlichen Vorschriften der §§ 736, 859 Abs. 1 ZPO den Zugriff auf das Gesamthandsvermögen den gemeinsamen Gläubigern vor und verweisen die Privatgläubiger der Gesellschafter auf den Weg der Anteilspfändung mit anschließender Verwertungsmöglichkeit nach § 725 (→ Rn. 32 f.). Den Schlussstein bildet das in **§ 738 Abs. 1 S. 1** nur unvollkommen zum Ausdruck kommende *Prinzip der An- und Abwachsung*. Es gewährleistet die Übereinstimmung zwischen der sachenrechtlichen Zuordnung des Gesellschaftsvermögens und dem jeweiligen Gesellschafterbestand. Ebenso wie das Ausscheiden eines Gesellschafters automatisch zum Verlust der gesamthänderischen Mitberechtigung des Ausscheidenden am Gesellschaftsvermögen führt und damit zu deren „Anwachsung" bei den übrigen Gesellschaftern (→ Rn. 7), hat umgekehrt der Eintritt eines neuen Gesellschafters beim Vorhandensein von Gesamthandsvermögen zwangsläufig dessen Mitberechtigung hieran im Wege der „Abwachsung" zur Folge (→ Rn. 8). Zu Gesellschaften ohne Gesamthandsvermögen → Rn. 10 f.

2. Gesellschafterstellung und Gesamthandsberechtigung. Für das Verständnis der Gesamthand und namentlich für dasjenige der in § 738 Abs. 1 gesetzlich verankerten An- und Abwachsung (→ Rn. 5) ist von entscheidender Bedeutung, dass klar zwischen der **Gesamthandsberechtigung** als dinglicher Zuordnung und der jeweiligen **wertmäßigen Beteiligung** der Gesellschafter in Gestalt der Mitgliedschaft unterschieden wird. Das Gesamthandsvermögen als Sondervermögen steht sachenrechtlich der aus den jeweiligen Gesellschaftern gebildeten Personengruppe (Gesamthand) zu. Auf die jeweilige Höhe der versprochenen oder geleisteten Einlage kommt es zwar für den jeweiligen Vermögenswert der Beteiligung und seine Berücksichtigung bei der Auseinandersetzung oder Abfindung an, nicht aber für die dingliche Mitberechtigung der einzelnen Gesamthänder am Gesamthandsvermögen (→ Rn. 7). Auch wenn ein Gesellschafter ohne vermögenswerte Einlage aufgenommen worden ist (→ § 706 Rn. 17) oder wenn er die versprochene Einlage noch nicht geleistet hat, ist er gleichwohl als Mitglied der Personenverbindung automatisch auch Mitinhaber des Gesamthandsvermögens. An dieser Zuordnung ändert sich auch dann nichts, wenn die Gesellschaft aufgelöst wird. Es bedarf vielmehr zusätzlich der Liquidation des bis dahin fortbestehenden Sondervermögens unter Verteilung des Überschusses an die Gesellschafter.

Das **Ausscheiden** eines Gesellschafters führt wegen des Wegfalls der Mitgliedstellung zwangsläufig zum Verlust der Gesamthandsberechtigung des Ausscheidenden. Diese *wächst* den übrigen Gesellschaftern *an*, ohne dass es hierzu rechtsgeschäftlicher Verfügungsakte bedarf (zum Sonderfall des Ausscheidens des vorletzten Gesellschafters → § 723 Rn. 9). Darin bestätigt sich, dass das Anwachsungsprinzip nichts anderes ist als der Ausdruck der sachenrechtlichen Zuordnung des Gesellschaftsvermögens zum jeweiligen Gesellschafterkreis.[6] Da der Ausgeschiedene nicht mehr Gesellschafter ist, hat er auch seine Mitberechtigung am Gesamthandsvermögen verloren. Der vermögensrechtliche Ausgleich vollzieht sich unabhängig hiervon über den nach §§ 738–740 zu berechnenden Abfindungsanspruch.

---

[4] So zutr. namentlich *U. Huber* Vermögensanteil S. 102 ff., 103; vgl. auch *Wiedemann* GesR I § 5 I 2, S. 248 ff.; Erman/*Westermann* Rn. 3.
[5] *Wiedemann* GesR I § 5 I 2a, S. 249.
[6] So zu Recht *Flume* BGB AT I 1 § 17 VIII, S. 370; *K. Schmidt* BMJ-Gutachten S. 473.

8 Das in → Rn. 7 Ausgeführte gilt mit umgekehrten Vorzeichen entsprechend für den **Neueintritt** eines Gesellschafters durch Aufnahmevertrag (→ § 719 Rn. 17 f.; zur abweichenden Rechtslage bei Anteilsübertragung → § 719 Rn. 21 ff.). Der neue Gesellschafter wird mit dem Tage seines Eintritts als Mitglied der Gesellschaft automatisch – durch *„Abwachsung"* bei den Mitgesellschaftern – Mitberechtigter am Gesamthandsvermögen.[7] Davon zu unterscheiden sind die vermögensrechtlichen Beziehungen zwischen ihm und der Gesamthand, für die es unabhängig hiervon auf die Vereinbarungen über seine Beitragsleistung und deren Erfüllung ankommt. Voraussetzung für die gesamthänderische Mitberechtigung im Wege der „Ab- und Anwachsung" ist freilich, dass im Zeitpunkt des Eintritts bereits eine Gesellschaft mit Gesamthandsvermögen besteht. Beim „Eintritt" in ein Einzelunternehmen durch Gründung einer Gesellschaft bedarf es demgegenüber der Einbringung der vereinbarten Einlagen beider Gesellschafter in das neu entstehende Gesellschaftsvermögen durch rechtsgeschäftliche Übertragungsakte (→ § 706 Rn. 18).

9 Die Konsequenzen der An- und Abwachsung lassen sich am besten verdeutlichen am **Beispiel eines zum Gesamthandsvermögen gehörenden Grundstücks.** Insoweit ist im Falle des Ausscheidens oder Neueintritts der Grundbucheintrag hinsichtlich der gesamthänderischen Eigentümer zwar jeweils zu berichtigen, weil nach § 47 Abs. 2 GBO auch die Gesellschafter in das Grundbuch einzutragen sind.[8] Demgegenüber bedarf es der Auflassung und Umschreibung nur dann, wenn entweder der Ausgeschiedene Rückgabe eines von ihm eingebrachten Grundstücks verlangen kann oder der Neueingetretene sich seinerseits zur Einbringung eines Grundstücks verpflichtet hat. Zum Sonderfall der Anteilsveräußerung im Fall einer GbR, deren Gesellschaftszweck sich auf das Halten und Verwalten von Grundstücken beschränkt, → § 719 Rn. 33, 35 f.

10 **3. Gesellschaften ohne Gesamthandsvermögen.** Sie sind nicht etwa ausgeschlossen; vielmehr ist § 718 abweichender Parteivereinbarung zugänglich. Die wichtigste Ausnahme vom Gesamthandsprinzip bilden die **Innengesellschaften,** bei denen die Beteiligten im Gesellschaftsvertrag nicht nur auf Außenbeziehungen verzichten, sondern auch auf die Bildung gemeinsamen Vermögens (→ § 705 Rn. 282, 285). Prototyp dieser Gesellschaftsart ist die stille Gesellschaft (→ § 705 Rn. 286 ff.). Umstritten ist, ob auch Innengesellschaften mit Gesamthandsvermögen anzuerkennen sind (→ § 705 Rn. 280 f.); bejaht man dies, gilt § 718 auch für solche Gesellschaften.

11 Aber auch bei **Außengesellschaften** können die dem gemeinsamen Zweck dienenden Gegenstände abweichend von der gesetzlichen Regel als **Bruchteilseigentum** gehalten werden (→ Vor § 705 Rn. 124), so etwa beim vertraglichen Zusammenschluss von Miteigentümern eines Grundstücks zu dessen gemeinsamer Bewirtschaftung ohne Begründung von Gesamthandseigentum an diesem. Soll auch der rechtsgeschäftliche Erwerb aus einem Handeln namens der Gesellschaft (→ Rn. 18) nicht der gesamthänderischen Bindung unterfallen, sondern unmittelbar den Mitgliedern nach Bruchteilen zustehen, so reicht hierfür eine entsprechende innergesellschaftliche Abrede in Abweichung von § 718 Abs. 1 freilich nicht aus. Hinzukommen muss vielmehr grundsätzlich[9] eine dahin gehende Vereinbarung in den jeweiligen, namens der Gesellschaft mit Dritten geschlossenen dinglichen Rechtsgeschäften, da nur auf diesem Wege die rechtsgeschäftliche Begründung von Bruchteilseigentum abweichend von § 718 Abs. 1 mit dinglicher Wirkung möglich ist (→ § 705 Rn. 267). Fehlt es an einer entsprechenden Vereinbarung mit dem Dritten und erwirbt die Gesellschaft als Verfügungsempfänger daher zunächst Gesamthandseigentum, so setzt die Begründung von Miteigentum die Weiterverfügung durch die vertretungsberechtigten Gesellschafter im Namen der Gesamthand zu Miteigentum der Gesellschafter persönlich voraus.[10]

II. Entstehung und Wegfall des Gesamthandsvermögens

12 **1. Allgemeines.** Als dingliche Komponente des Gesamthandsprinzips (→ Rn. 2) richtet sich das Gesamthandsvermögen in Entstehung und Bestand nach der Existenz der **Personenvereinigung als Zuordnungssubjekt.** Daher kommt Gesamthandsvermögen (in Form von Sozialansprüchen) regelmäßig bereits mit dem Abschluss des Gesellschaftsvertrags, also schon vor Aufnahme der Geschäftstätigkeit oder Erbringung der Beiträge, zur Entstehung (→ § 705 Rn. 201, 269). Die anschließende, durch Rechtsgeschäfte mit der Gesamthand zu bewirkende Leistung der Einlagen

---

[7] Abw. *K. Schmidt,* FS Huber, 2006, S. 981: „rein wertmäßig"; näher → § 738 Rn. 9.
[8] Näher zu Grundbuchfähigkeit der GbR und zur Eintragung im Grundbuch → § 705 Rn. 312 ff. Zur Unanwendbarkeit des § 311b Abs. 1 auf Vereinbarungen über den Gesellschafterwechsel bei Zugehörigkeit eines Grundstücks zum Gesamthandsvermögen → § 719 Rn. 33 ff.
[9] Zum Sonderfall des „Geschäfts für den, den es angeht", bei dem die Person des Verfügungsempfängers für den Geschäftspartner ausnahmsweise ohne Interesse ist und ihm gegenüber daher auch nicht offengelegt werden muss, → § 164 Rn. 124 ff. *(Schubert)* mwN.
[10] So auch Soergel/*Hadding/Kießling* Rn. 9.

dient der Erfüllung der gesamthänderischen Ansprüche. Es besteht so lange fort, als noch mindestens zwei Gesellschafter vorhanden sind und das Gesellschaftsvermögen nicht vollständig verteilt ist. Die Auflösung der Gesellschaft hat auf den Bestand des Gesamthandsvermögens grundsätzlich keinen Einfluss; zu seiner Aufhebung bedarf es vielmehr der Liquidation. Zur Wirkung eines Gesellschafterwechsels → Rn. 7 f.

Anderes gilt, wenn die **Gesellschaft** mit der Auflösung zugleich **beendet** wird, sei es durch Ausscheiden des vorletzten Gesellschafters oder durch Ausübung eines vertraglichen Übernahmerechts (→ Vor § 723 Rn. 8 f.). Die Beendigung der Gesellschaft führt dazu, dass auch für das ihr zugeordnete Gesamthandsvermögen die Grundlage entfällt. Es tritt Anwachsung bei dem allein verbleibenden Gesamthänder mit der Besonderheit ein, dass die Gesamthandsberechtigung sich zu Alleineigentum in seiner Person umwandelt (→ § 730 Rn. 11; → § 738 Rn. 8).[11] Der Sache nach handelt es sich dabei um einen Fall der **Rechtsnachfolge** (zu den Haftungsfolgen → Rn. 28). **13**

2. Umwandlungsfälle. Im Rahmen der Umwandlung durch **Formwechsel** (§§ 1 Abs. 1, 190 ff. UmwG, → § 705 Rn. 8 f.) kann Gesamthandsvermögen dadurch neu zur Entstehung kommen, dass eine Kapitalgesellschaft (AG, KGaA oder GmbH) oder eine sonstige privatrechtliche Körperschaft nach den Vorschriften des UmwG in eine GbR umgewandelt wird. Mit der Eintragung des Umwandlungsbeschlusses in das für die betroffene Kapitalgesellschaft zuständige Handelsregister (Abteilung B) entsteht die GbR (§§ 226, 235 Abs. 1 iVm §§ 198 Abs. 1, 202 UmwG). Das bisher der Kapitalgesellschaft zustehende Vermögen wandelt sich in Gesamthandsvermögen der GbR um. Ein Wegfall des Gesamthandsvermögens einer GbR kommt auch auf diesem Wege dagegen nicht in Betracht, da eine übertragende Umwandlung aus der Rechtsform der GbR in diejenige einer Kapitalgesellschaft auch im neuen UmwG nicht vorgesehen ist.[12] Um einen Fall der formwechselnden Umwandlung handelt es sich auch, wenn die Gesellschafter einer KG sämtliche KG-Anteile als Einlagen in eine GbR einbringen. Die KG, die als Einpersonengesellschaft nicht fortbestehen kann, erlischt daraufhin liquidationslos; ihr Vermögen geht im Wege der Universalsukzession auf die GbR über und verschmilzt auf diese Weise mit deren Vermögen (→ § 719 Rn. 26).[13] **14**

Vom Formwechsel iSd UmwG zu unterscheiden ist die außerhalb des UmwG eintretende **Änderung der Rechtsform von Personengesellschaften** (GbR, PartG, OHG oder KG, → § 705 Rn. 11 ff.). Sie richtet sich in erster Linie nach der Art des gemeinsamen Zwecks (→ § 705 Rn. 3), im Verhältnis zwischen OHG und KG auch nach dem Hinzutritt beschränkt haftender Gesellschafter. Auf Bestand und Rechtsnatur des Gesellschaftsvermögens hat diese Fälle einer Umwandlung ohne Auswirkung.[14] Das Vermögen ist sowohl bei der GbR oder der PartG als auch bei OHG oder KG den Gesellschaftern in ihrer gesamthänderischen Verbundenheit zugeordnet. Die in § 124 HGB zum Ausdruck kommende weitgehende Verselbstständigung von OHG und KG dient der Vereinfachung des Rechtsverkehrs, indem sie das Auftreten der Gesamthand unter gemeinsamer Firma gestattet und dieser aktive und passive Parteifähigkeit im Prozess einräumt. Für Struktur und Funktion des Gesamthandsvermögens und für seine Zuordnung zur Gesamtheit der Mitglieder sind diese Besonderheiten jedoch ohne Bedeutung; das gilt auch abgesehen von der inzwischen erreichten Gleichstellung der Außen-GbR als rechts- und parteifähiger Personenverband mit der Regelung des § 124 HGB (→ § 705 Rn. 310 ff., 318 ff.).[15] – Zur anders gelagerten „Umwandlung" einer sonstigen Gesamthandsgemeinschaft (Güter-, Erbengemeinschaft) in eine GbR demgegenüber → § 705 Rn. 15. **15**

III. Erwerb von Gesamthandsvermögen

1. Beiträge. Sie bilden nach § 718 Abs. 1 Alt. 1 die Basis des Gesamthandsvermögens. Gesamthänderisch gebunden sind nicht nur die Einlagen, dh die durch Verfügung an die Gesamthand (→ § 706 Rn. 18) geleisteten Beiträge, sondern auch schon die Ansprüche auf die von den Gesellschaftern vertraglich zugesagten Beiträge. Auch sie stehen als **Sozialansprüche** der Gesamthand zu (→ § 705 Rn. 269) und gehören daher, soweit sie einen Vermögenswert haben (→ § 706 Rn. 3), **16**

---

[11] Vgl. eingehend Staub/*Schäfer* HGB § 131 Rn. 9 mwN; aA *Wiedemann*, GS Lüderitz, 2000, S. 839 (843), der für die Anwachsung den Fortbestand der Gesellschaft verlangt.
[12] Folge der abschließenden Aufzählung in § 191 Abs. 1 UmwG; näher zur Umwandlung durch Formwechsel nach neuem Recht → § 705 Rn. 8 ff. Zur davon abw. Möglichkeit der Übertragung sämtlicher Anteile einer GbR auf eine Kapitalgesellschaft → § 719 Rn. 26.
[13] Vgl. BGH NJW-RR 1990, 798 (799).
[14] BGH NJW 1967, 821; vgl. auch BGH WM 1975, 99 zum Fortbestand eines Mietvertrags im Fall eines Gesellschafterwechsels aufseiten der Gesamthand.
[15] Vgl. aus rechtspolitischer Perspektive *Schäfer*, Gutachten E zum 71. DJT, 2016, S. 27 ff., 86.

zum Gesamthandsvermögen.[16] Dementsprechend können Gesellschaftsgläubiger mit einem Titel gegen die (Außen-)Gesellschaft (→ Rn. 44) bzw., bei fehlender Parteifähigkeit, gegen die Gesellschafter (§ 736 ZPO, → Rn. 52, 55 ff.) auch bereits die Beitragsforderungen pfänden und sich zur Einziehung überweisen lassen.

17 Wegen der **Einzelheiten** der Beitragsverpflichtungen, insbesondere ihrer Arten und Gegenstände, ihrer Abgrenzung von sonstigen Gesellschafterleistungen, ihrer Fälligkeit und Erfüllung sowie wegen der Rechtsfolgen von Leistungsstörungen vgl. die Erläuterungen zu § 706. Zum Gesamthandsvermögen gehören nicht nur die von den Gesellschaftern in das Eigentum der Gesellschaft geleisteten Einlagen, sondern auch die der Gesellschaft dem Werte nach oder zum Gebrauch überlassenen Einlagen (→ § 706 Rn. 12 f.). In den beiden letztgenannten Fällen verbleibt das Eigentum zwar beim einbringenden Gesellschafter; der Gesamthand steht jedoch das Nutzungsrecht an den Gegenständen sowie ggf. das Recht auf die Wertsteigerungen zu.

18 **2. Rechtsgeschäftlicher Erwerb.** Die Zugehörigkeit rechtsgeschäftlich erworbener Gegenstände zum Gesamthandsvermögen setzt nach § 718 Abs. 1 Alt. 2 voraus, dass der Erwerb „durch die Geschäftsführung für die Gesellschaft" erfolgt ist. Erforderlich ist ein **Handeln namens der Gesellschaft**.[17] Tritt ein vertretungsbefugter Gesellschafter nach außen im eigenen Namen auf oder lässt er das Handeln für die Gesamthand nicht erkennen (§ 164 Abs. 2), so wird grundsätzlich nur er selbst aus den von ihm geschlossenen Rechtsgeschäften berechtigt und verpflichtet;[18] eine Ausnahme gilt nur im Rahmen der Lehre von den „Geschäften für den, den es angeht" (→ § 164 Rn. 124 ff. *[Schubert]*). Nach §§ 713, 667 ist er im Innenverhältnis gehalten, das Erlangte an die Gesamthand zu übertragen (→ § 713 Rn. 12); Surrogationserwerb nach § 718 Abs. 2 greift nicht ein (→ Rn. 20). Die gleiche rechtliche Beurteilung ist aber auch dann veranlasst, wenn **sämtliche Gesellschafter** aufseiten der Gesellschaft am Rechtsgeschäft beteiligt sind. Auch insoweit bedarf es einer Offenlegung ihres Organhandelns (→ § 714 Rn. 26 f.) bzw. der zwischen ihnen bestehenden gesamthänderischen Verbindung, wenn der Gegenstand des rechtsgeschäftlichen Erwerbs ihnen nicht als Gesamtgläubigern (§ 428) zustehen oder nach Bruchteilen übertragen werden sollen, sondern in das Gesamthandsvermögen übergehen soll. Das gilt entgegen der früheren höchstrichterlichen Rechtsprechung auch für Honorarforderungen von Freiberufler-Sozietäten.[19]

19 Hinsichtlich der **Gegenstände des rechtsgeschäftlichen Erwerbs** sind der GbR als Berechtigter grundsätzlich keine Grenzen gesetzt. Es kann sich um Sachen, Wertpapiere, Forderungen, immaterielle Rechte oder sonstige Vermögensgegenstände handeln; eine Ausnahme gilt nur für die Beteiligung der GbR an einer OHG (str., → § 705 Rn. 317). Für die Rechtsübertragung an die Gesamthand gelten die allgemeinen Grundsätze. Bei beweglichen Sachen muss zur Einigung die Besitzverschaffung an die Gesamthand (→ Rn. 36 f.) hinzukommen, bei Liegenschaftsrechten die Eintragung sämtlicher Gesellschafter mit Gesellschaftszusatz (§ 47 Abs. 2 GBO; zum Erwerb von Grundeigentum → § 705 Rn. 312 f.).

20 **3. Erwerb durch Surrogation (Abs. 2).** Die Vorschrift des § 718 Abs. 2 kennt zwei Tatbestände dinglicher Surrogation. Im ersten Fall geht es um Gesamthandserwerb **aufgrund eines zum Gesellschaftsvermögen gehörenden Rechts.** Hierzu rechnen alle Arten von *Sach- und Rechtsfrüchten* (§ 99), darunter der Gesamthand nach §§ 953 ff. gebührenden Erzeugnisse von Sachen, aber auch die ihr als Nießbraucher ua zustehenden Rechtsfrüchte wie die Miete und die Pacht usw.[20] **Nicht** unter diese Alternative fallen die auf *rechtsgeschäftlichem Erwerb* beruhenden Gegenstände;[21] ihre Zugehörigkeit zum Gesamthandsvermögen ist abschließend bereits in § 718 Abs. 1 geregelt (→ Rn. 18). Daher bildet die Kaufpreisforderung für eine aus dem Gesellschaftsvermögen veräußerte Sache nur dann einen Gesamthandsbestandteil, wenn die Veräußerung namens der Gesellschaft erfolgt ist; als rechtsgeschäftliche Gegenleistung für die veräußerte Sache ist sie kein Surrogat iSv Abs. 2.

---

[16] Erman/*Westermann* Rn. 4; Soergel/*Hadding/Kießling* Rn. 10; Staudinger/*Habermeier* (2003) § 705 Rn. 40.
[17] Ganz hM, vgl. RGZ 54, 103 (106); OLG Celle NZG 2004, 613 (614); Staudinger/*Habermeier* (2003) Rn. 6; Soergel/*Hadding/Kießling* Rn. 11; Erman/*Westermann* Rn. 4 *Habersack* JuS 1990, 179 (184). Weitergehend K. Schmidt BMJ-Gutachten S. 534, der für den Erwerb in das Gesellschaftsvermögen auch einen Erwerb im Namen der Gesellschafter ohne Hervorhebung des Gesellschaftsverhältnisses genügen lässt.
[18] Vgl. BGH NJW 1995, 44: über die mangelnde Erkennbarkeit eines Handelns für die Gesamthand vermag auch die Rechtsfigur des unternehmensbezogenen Rechtsgeschäfts nicht hinwegzuhelfen.
[19] So zutr. BGH NJW 1996, 2859. Anders noch BGH NJW 1963, 1301 (1302); 1980, 2407 für Gesamtgläubigerschaft der Sozien auch bei Vertrag mit der Sozietät.
[20] KG SeuffA 68 Nr. 8; Soergel/*Hadding/Kießling* Rn. 12; → § 99 Rn. 1 ff. *(Stresemann)*.
[21] EinhM, vgl. Soergel/*Hadding/Kießling* Rn. 12; Erman/*Westermann* Rn. 5; Staudinger/*Habermeier* (2003) Rn. 8.

Als zweiten Surrogationstatbestand nennt § 718 Abs. 2 den Gesamthanderwerb als **Ersatz für** die **Zerstörung, Beschädigung** oder **Entziehung** eines Gesamthandsgegenstands. Insoweit handelt es sich um Surrogate, wie sie als „stellvertretendes commodum" auch in § 285 Abs. 1 erfasst sind, wobei sich der Erwerb ohne besonderen Übertragungsakt unmittelbar mit Wirkung für die Gesamthand vollzieht. Im Einzelnen gehören hierzu Ansprüche auf Schadensersatz und sonstige Entschädigung, ferner Versicherungs- und Bereicherungsansprüche einschließlich der zu ihrer Erfüllung erbrachten Leistungen, soweit diese nicht schon nach Abs. 1 Gesamthandsvermögen werden.

4. Sonstige Erwerbstatbestände. Die Vorschrift des § 718 ist nicht abschließender Natur, sondern umschreibt nur die wichtigsten Fälle gesamthänderischen Erwerbs. Entsprechend der Qualität der Außen-GbR als rechtsfähige Personenvereinigung kann sie im Rechtsverkehr auch auf sonstige Weise Vermögen erwerben, soweit nicht strukturelle Besonderheiten entgegenstehen. Derartige Schranken wurden von der früher hM[22] gegenüber einer *Erbeinsetzung der Gesellschaft* betont, weil nach geltendem Erbrecht bei Einsetzung mehrerer Personen zwingend eine Erbengemeinschaft entstehe und mit den hierauf bezogenen erbrechtlichen Vorschriften die Anerkennung der Erbfähigkeit einer Personengruppe unvereinbar sei. Demgegenüber wird bereits seit geraumer Zeit zu Recht die **Erbfähigkeit** nicht der OHG oder KG, sondern auch diejenige der GbR anerkannt.[23] Sie entspricht der Rechtsfähigkeit der GbR und führt im Erbrecht dazu, dass die GbR als solche je nach dem Inhalt der letztwilligen Verfügung des Erblassers entweder Alleinerbin oder Mitglied einer aus mehreren Erben bestehenden Erbengemeinschaft werden kann, ohne dass sich eine Unvereinbarkeit zwischen Gesellschaftsrecht und Erbrecht ergibt. Der von *Flume*[24] vorgeschlagenen Ersatzkonstruktion, die Gesellschafter persönlich als Erben einzusetzen verbunden mit der Auflage, die Erbschaft der Gesellschaft zuzuwenden, bedarf es nicht. Unproblematisch ist es auch, für die Gesellschaft letztwillig ein *Vermächtnis* anzuordnen; die Anordnung hat zur Folge, dass der Vermächtnisanspruch unmittelbar mit dem Erbfall zum Gesamthandsvermögen gehört.[25] Entsprechendes gilt beim Abschluss eines echten (begünstigenden) Vertrags zugunsten der Gesellschaft **(§ 328 Abs. 1).**[26] Eine schenkweise Zuwendung fällt dagegen als rechtsgeschäftlicher Erwerb schon unter Abs. 1.

Weitere denkbare Erwerbstatbestände bilden **Verbindung** und **Vermischung** (§§ 946–948) sowie **Verarbeitung** für die Gesellschaft (§ 950). Bei ihnen handelt es sich weder um Erwerb kraft Rechtsgeschäft noch kraft Surrogation. Auch ein besonderer Geschäftswert kann durch die Tätigkeit für die Gesellschaft als Aktivum des Gesellschaftsvermögens zur Entstehung kommen.[27] Macht ein Geschäftsführer im Rahmen seiner Tätigkeit als Gesellschaftsorgan eine **Erfindung,** so stehen die Rechte hieran nach § 6 S. 1 PatG allerdings nicht der Gesamthand zu, sondern dem Erfinder persönlich,[28] auch wenn die Gesamthand einen Anspruch auf die Erfindung hat (→ § 706 Rn. 14). Zur Rechtsverschaffung bedarf es daher eines besonderen Übertragungsaktes, soweit der Gesellschaftsvertrag nicht schon eine entsprechende Vorausverfügung enthält.

IV. Begründung von Gesamthandsverbindlichkeiten

1. Überblick. Der gesetzlichen Begründung eines eigenständigen, vom Privatvermögen der Gesellschafter zu unterscheidenden Gesamthandsvermögens in § 718 entspricht die **Anerkennung von Gesellschaftsschulden** als einer besonderen, von der gesamtschuldnerischen Gesellschafterhaftung zu unterscheidenden, die unmittelbare Vollstreckung in das Gesamthandsvermögen ermöglichenden Kategorie von Verbindlichkeiten.[29] Dass solche Gesamthandsschulden nicht nur bei OHG und KG, sondern auch im Recht der GbR anzuerkennen sind und dass sie scharf zu unterscheiden sind von der regelmäßig

---

[22] So generell für Personengesellschaften *Flume* BGB AT I 1 § 7 III 6, S. 107 f.; für die GbR auch noch 2. Aufl. Rn. 18; Soergel/*Schultze-v. Lasaulx,* 10. Aufl. 1969, Rn. 5; RGRK/*v. Gamm* Rn. 7; Staudinger/*Keßler,* 12. Aufl. 1979, Rn. 6; aus dem erbrechtlichen Schrifttum Soergel/*Stein* § 1923 Rn. 8; *Lange/Kuchinke,* Erbrecht, 4. Aufl. 1995, § 4 III 1 S. 75.
[23] So zutr. Soergel/*Hadding/Kießling* Rn. 5, 13; *Habersack* JuS 1990, 179 (184); *Hadding* ZGR 2001, 712 (725); *Mülbert* AcP 199 (1999), 38 (74); Erman/*Westermann* Rn. 6; Staudinger/*Habermeier* (2003) Rn. 11; *Elsing* BB 2003, 909 (914); *Scherer/Feick* ZEV 2003, 341 (342). Näher dazu *Ulmer* ZIP 2001, 585 (596).
[24] *Flume* BGB AT I 1 § 7 III 6, S. 107, dort in Fn. 61.
[25] Soergel/*Hadding/Kießling* Rn. 5; Erman/*Westermann* Rn. 6; Bamberger/Roth/*Schöne* Rn. 7.
[26] AA Soergel/*Hadding/Kießling* Rn. 13: Fall des Abs. 1.
[27] Vgl. BGH BB 1967, 95 – Anwaltssozietät; Soergel/*Hadding/Kießling* Rn. 13.
[28] Bei gemeinschaftlichen Erfindungen steht das Patentrecht nach § 6 S. 2 PatG den mehreren Erfindern zwar gemeinschaftlich zu, nicht aber der Gesellschaft. Zu derartigen Fällen vgl. *B. Homma,* Der Erwerb des Miterfinderrechts, 1998.
[29] So in der Rspr. erstmals wohl BGHZ 72, 267 (271 f.) = NJW 1979, 308; BGHZ 74, 240 (242) = NJW 1979, 1281; BGHZ 79, 374 (377) = NJW 1981, 1213; BGHZ 117, 168 (176) = NJW 1992, 1615; BGH NJW 1987, 3124 (3125); 1998, 2904 (2905); WM 1989, 377 (379); 1990, 1035 (1037).

daneben bestehenden *Gesellschafterhaftung,* ist heute im Wesentlichen außer Streit (→ § 714 Rn. 32). Auch hat sich kraft höchstrichterlicher Rechtsfortbildung inzwischen die *Akzessorietätstheorie* in der Außen-GbR durchgesetzt (→ § 714 Rn. 4 ff.): Sie führt zur – grundsätzlich unbeschränkten – Gesellschafterhaftung für Gesellschaftsverbindlichkeiten analog § 128 HGB (→ § 714 Rn. 33 ff.). Daraus folgt die zentrale Bedeutung der Entstehung von Gesellschaftsschulden für die Haftungsverhältnisse in der GbR.

25 2. **Entstehungsgründe. a) Rechtsgeschäft.** Die Gesellschaft nimmt, vertreten durch ihre Geschäftsführer als Organe (→ § 705 Rn. 257), als Rechtssubjekt am Rechtsverkehr teil. Sie wird aus den **in ihrem Namen** geschlossenen Rechtsgeschäften innerhalb der organschaftlichen Vertretungsmacht (→ § 714 Rn. 18 ff.) nicht nur berechtigt (→ Rn. 18), sondern auch verpflichtet. Entsprechendes gilt auch ohne ausdrückliches Handeln namens der Gesamthand nach den Grundsätzen des *unternehmensbezogenen Geschäfts* (→ § 164 Rn. 117 ff. *[Schubert]*),[30] wenn die Gesellschaft als Erwerbsgesellschaft über eigene Geschäftsräume verfügt und unter einem auf Geschäftsbriefen, Bestellformularen, Rechnungen etc erscheinenden Gesamtnamen auftritt. Die Wirkungen des rechtsgeschäftlichen Handelns der Gesellschaftsorgane treffen das Gesellschaftsvermögen somit sowohl in positiver Hinsicht, durch Erwerb weiterer Aktiva, als auch in negativer, durch Begründung entsprechender Verbindlichkeiten.

26 b) **Gesellschaftsvertrag.** Er bildet eine zweite wesentliche Quelle für Gesellschaftsverbindlichkeiten, die sog. **Sozialverbindlichkeiten** (→ § 705 Rn. 197). Bei ihnen geht es um Forderungen, die den einzelnen Gesellschaftern im Rahmen ihrer Mitgliedschaftsrechte gegen die Gesamthand zustehen; sie sind das Äquivalent für deren Handeln zugunsten der Gesellschaft und die dem Gesellschaftsvermögen zugeflossenen Beiträge. Im Einzelnen handelt es sich um Ansprüche auf Gewinn einschließlich einer Geschäftsführervergütung (→ § 721 Rn. 13) sowie auf das Auseinandersetzungsguthaben (→ § 730 Rn. 61) oder die Abfindung (→ § 738 Rn. 14). Hierzu gehören aber auch die Forderungen auf Ersatz von Aufwendungen aus der Geschäftsführung (→ § 713 Rn. 15) sowie auf gesamtschuldnerischen Ausgleich für Zahlungen an Gesellschaftsgläubiger (→ § 714 Rn. 54).

27 c) **Gesetz.** Gesetzliche Gesamthandsverbindlichkeiten können sich aus einer Reihe von Verpflichtungsgründen ergeben (→ § 714 Rn. 37 f.). Zu nennen sind neben §§ 683, 670 und 812 ff. vor allem die Haftung für Organverschulden entsprechend § 31 (→ § 705 Rn. 262 ff.), ferner Verbindlichkeiten der Gesamthand aus §§ 278, 831 (→ Rn. 30 f.) sowie aus dem Gesichtspunkt der Halterhaftung (§§ 833 ff.). Die frühere Haftung wegen Vermögensübernahme (§ 419 aF) ist zum 31.12.1998 aufgehoben worden (näher 3. Aufl. Rn. 24 f.).

28 d) **Gesamtrechtsnachfolge.** Einen weiteren Haftungsgrund für die GbR bildet ihre Gesamtrechtsnachfolge in das Vermögen (und die Verbindlichkeiten) einer anderen Gesellschaft oder eines Einzelunternehmers. Zu unterscheiden sind im Wesentlichen zwei Fälle: (1) der Formwechsel einer Kapitalgesellschaft in die Rechtsform einer GbR nach §§ 190 ff. UmwG (→ Rn. 14) und (2) die Übertragung aller Anteile an einer Personengesellschaft auf die GbR mit Anwachsungsfolge bei dieser. Ihnen steht im Ergebnis gleich die Einbringung des Geschäfts eines Einzelunternehmers in eine von ihm gemeinsam mit einem Dritten neu gegründete GbR, da sie mangels abweichender Vereinbarungen zur Mithaftung der neuen GbR für die Verbindlichkeiten des Einzelunternehmers analog § 28 HGB führt (→ § 714 Rn. 75). Nicht zu diesen Haftungsgründen zählen die Fälle eines Formwechsels von der OHG, KG oder PartG in die Rechtsform einer GbR; sie lassen die Gesamthandsstruktur der betroffenen Personengesellschaft und die Zusammensetzung der Aktiva und Passiva ihres Gesellschaftsvermögens unberührt (→ Rn. 15). Zum früheren Haftungstatbestand der Vermögensübernahme (§ 419 aF) → Rn. 27 aE.

29 e) **Haftung kraft objektiver Zurechnung?** Fehlt es an den Voraussetzungen für die Haftungsbegründung der Gesamthand aus einem der vorgenannten Gründe (→ Rn. 25 ff.), so scheidet die Möglichkeit einer Zwangsvollstreckung in das Gesellschaftsvermögen grundsätzlich aus (→ Rn. 32 f., 57 f.). Das gilt auch dann, wenn die *Gegenleistung* des Gläubigers *in das Gesamthandsvermögen gelangt* ist, dieser aber mangels Auftretens der Gesellschafter namens der Gesamthand rechtsgeschäftliche Ansprüche nur gegen einzelne Gesellschafter persönlich erlangt hat. Dieser Befund und die daraus resultierende Gläubigergefährdung[31] rechtfertigen es zwar nicht, die Haftung des Gesamthandsvermögens auf diejenigen Verbindlichkeiten der Gesellschafter auszudehnen, für die sie dem

---

[30] Dazu *K. Schmidt* HandelsR § 5 III 16; aus der Rspr. vgl. BGHZ 62, 216 (218 ff.) = NJW 1974, 1191; BGHZ 64, 11 (14 ff.) = NJW 1975, 1166; BGHZ 91, 148 (152) = NJW 1984, 2164; BGHZ 92, 259 (268) = NJW 1985, 136; BGH NJW 1983, 1844 f.; 1990, 2678; 1992, 1380 f.; 1995, 43; 1998, 2897; 2000, 2984.
[31] Auf sie weist zu Recht *Brehm* KTS 1983, 21 (25) hin.

betroffenen Gläubiger gegenüber gesamtschuldnerisch haften.[32] Dadurch würde die Unterscheidung zwischen Gesellschafts- und Gesellschafterschulden letztlich wieder aufgehoben; auch würde nur ein Teil der problematischen Fälle – nämlich das gemeinsame Handeln *aller* Gesellschafter in Verfolgung des Gesellschaftszwecks – erfasst.[33] Zu erwägen ist aber, in Anlehnung an die für das Erbrecht entwickelten Grundsätze der sog. Nachlasseigenschulden[34] die Entstehung von Gesellschaftsverbindlichkeiten im Wege objektiver Zurechnung zu bejahen, sofern ein oder mehrere Gesellschafter ohne Offenlegung des Gesellschaftsverhältnisses, aber *in Verfolgung des Gesellschaftszwecks* persönliche Verbindlichkeiten eingehen.[35]

3. Haftung aus §§ 278, 831. Die Gesellschaft als Haftungsschuldnerin (→ Rn. 25 ff.) hat den Gläubigern gegenüber nach § 278 für das **Verschulden ihrer Erfüllungsgehilfen** einzustehen (zur Haftung analog § 31 → § 705 Rn. 262 ff.). Zu diesen zählen nicht nur die Angestellten der Gesellschaft, sondern auch ihre Organe; für das Eingreifen von § 278 kommt es anders als bei § 831 auf eine Weisungsabhängigkeit des Erfüllungsgehilfen nicht an (→ § 278 Rn. 44 *[Grundmann]*).[36] Die im Vereinsrecht umstrittene Frage, ob die **Organhaftung nach § 31** zur Unanwendbarkeit der Zurechnungsnorm des § 278 für Organhandeln führt,[37] stellt sich für das Recht der GbR schon deshalb nicht, weil die analoge Heranziehung von § 31 nur möglich ist, soweit eine Regelungslücke besteht (→ § 705 Rn. 263). Eine solche kann in Hinblick auf § 278 für das Handeln von Organen als Erfüllungsgehilfen aber mit gutem Grund verneint werden.[38] Letztlich kann die Streitfrage deshalb aber dahinstehen; denn im Ergebnis haftet die Gesellschaft in Bezug auf vertragliche Schadensersatzansprüche allemal auch für das Verschulden ihrer Geschäftsführer, sofern diese die Vertragsverletzung in Ausübung ihrer Funktion begangen haben.

Die in § 831 begründete Haftung des Geschäftsherrn für rechtswidriges Verhalten von Verrichtungsgehilfen ist im Unterschied zu § 278 als Haftung für *vermutetes eigenes Verschulden* bei Auswahl und Überwachung des Verrichtungsgehilfen ausgestaltet. Da die Gesellschaft selbst – als Geschäftsherrin – nicht schuldfähig ist, scheidet § 831 als selbständige Anspruchsgrundlage ihr gegenüber aus (→ § 705 Rn. 261). Wohl aber kann sich eine Haftung der *Gesellschaft* für Verrichtungsgehilfen auf dem Weg über die – insoweit wegen der Regelungslücke gebotene – **analoge Anwendung von § 31** (→ § 705 Rn. 263 f.) ergeben. Voraussetzung hierfür ist, dass die Geschäftsführer oder sonstigen Repräsentanten (§ 30) der Gesellschaft innerhalb ihres organschaftlichen Zuständigkeitsbereichs bei der Auswahl oder Überwachung der Verrichtungshilfen unsorgfältig handeln; das ist der Gesellschaft entsprechend § 31 zuzurechnen.[39] Dagegen scheidet eine unmittelbare deliktische Haftung von *Gesellschaftern* oder *Geschäftsführern* für rechtswidriges Verhalten von Mitgeschäftsführern regelmäßig schon deshalb aus, weil diese ihnen gegenüber nicht weisungsgebunden und damit nicht abhängig iSv § 831 sind (zur akzessorischen Haftung → § 714 Rn. 38).[40] Soweit Geschäftsführer im Rahmen ihrer Tätigkeit für die Gesellschaft persönlich eine zum Schadensersatz verpflichtende Handlung begehen, folgt die Haftung der Gesamthand unabhängig von § 831 aus der analogen Anwendung von § 31.

4. Keine Haftung für Privatschulden der Gesellschafter. Nach früher verbreiteter Ansicht sollte das Gesellschaftsvermögen auch solchen (Privat-)Gläubigern sämtlicher Gesellschafter haften, deren Forderungen ihre Grundlage nicht in einer Gesamthandsverbindlichkeit haben, sondern in beliebigen sonstigen Verpflichtungen der Gesellschafter persönlich.[41] Die Ansicht beruhte auf der

---

[32] So aber *Brehm* KTS 1983, 26 f. (29 ff.).
[33] So auch *M. Winter* KTS 1983, 349 (352 f., 356).
[34] Neue Nachlassverbindlichkeiten, vgl. grdl. RGZ 90, 91 ff.; → § 1967 Rn. 15 ff. *(Küpper)*; Staudinger/ *Marotzke* (2010) § 1967 Rn. 39 ff., 50 mN der Rspr.; eingehend dazu *Dauner-Lieb*, Unternehmen als Sondervermögen, 1998, S. 120 ff., 142 ff.
[35] So zutr. *M. Winter* KTS 1983, 356 ff.
[36] Vgl. BGHZ 62, 119 (121 ff.) = NJW 1974, 692; BGH NJW 1984, 1748 (1749).
[37] So Soergel/*Hadding/Kießling* § 31 Rn. 4; Erman/*Westermann* § 31 Rn. 10; *K. Schmidt* GesR § 10 IV 3; zu Recht abl. *Flume* BGB AT I 1 § 16 IV 2, S. 321; *Medicus/Lorenz* SchuldR I AT Rn. 374; Staudinger/*Weick* (2005) § 31 Rn. 3; diff. → § 31 Rn. 29 f. *(Arnold)*.
[38] *Flume* BGB AT I 1 § 16 IV 2, S. 321; Erman/*Westermann* Rn. 8; *Nicknig* Haftung S. 12 f.; aA *Beuthien* DB 1975, 725 (729); Soergel/*Hadding/Kießling* Rn. 22; *Wiedemann* GesR § 5 II 3a, S. 263 f.
[39] Vgl. näher *Kleindiek*, Deliktshaftung und juristische Person, 1997, insbes. S. 256 ff., 273 ff., 286 ff.
[40] BGHZ 45, 311 (313) = NJW 1966, 1807; → § 705 Rn. 261.
[41] Vgl. etwa RGRK/*v. Gamm* Rn. 10; Staudinger/*Keßler*, 12. Aufl. 1979, Rn. 10; Soergel/*Schultze-v. Lasaulx*, 10. Aufl. 1969, Rn. 8; so auch noch Stein/Jonas/*Münzberg*, 21. Aufl. 1995, ZPO § 736 Rn. 5; Thomas/Putzo/ *Seiler* ZPO § 736 Rn. 2; MüKoZPO/*Heßler* § 736 Rn. 24 ff., 27; *Noack* MDR 1974, 811 (812); im Ergebnis auch *Brehm* KTS 1983, 26 f. (29 ff.) und aus neuerer Zeit (mit eingehender Begr. aus der Entstehungsgeschichte) *Wertenbruch*, Die Haftung von Gesellschaften und Gesellschaftsanteilen in der Zwangsvollstreckung, 2001, S. 141 ff., 149 f. Zu Gegenansichten s. nachfolgende Fn.

Gleichsetzung von Gesellschafts- und Gesellschafterschulden. Sie konnte sich immerhin auf den Wortlaut von **§ 736 ZPO** berufen, wonach zur Vollstreckung in das Gesellschaftsvermögen ein gegen alle Gesellschafter ergangenes Urteil erforderlich (und genügend) ist.

33   **Stellungnahme.** Aus heutiger Sicht, vor dem Hintergrund klarer Differenzierung zwischen Gesellschafts- und Gesellschafterverbindlichkeiten, ist die in → Rn. 32 wiedergegebene Ansicht **überholt.**[42] Sie lässt sich auch nicht auf § 736 ZPO stützen. Denn diese Vorschrift regelt lediglich die formelle Vollstreckungsbefugnis, die mit der materiellen Haftung nicht notwendig kongruent ist.[43] Zudem trägt sie den Besonderheiten der gesellschaftsrechtlichen Gesamthand und der Notwendigkeit, im Rahmen von § 718 das *Gesamthandsvermögen den Gesellschaftsgläubigern zu reservieren*, nicht hinreichend Rechnung.[44] Der früher überwM zu § 736 ZPO kann daher nicht gefolgt werden. Auch wenn die Vollstreckung in das Gesellschaftsvermögen bei nicht parteifähigen Gesellschaften aufgrund eines Titels gegen alle Gesellschafter nach § 736 ZPO formell rechtmäßig ist (→ Rn. 57), können die Geschäftsführer doch durch *Drittwiderspruchsklage* analog § 771 ZPO diesem Vorgehen entgegentreten und die ausschließliche Haftung des Gesellschaftsvermögens für Gesamthandsschulden vollstreckungsrechtlich gegenüber denjenigen Privatgläubigern sicherstellen, die ohne entsprechende Rechtsbeziehungen zur Gesellschaft über Schuldtitel gegen sämtliche Gesellschafter verfügen (→ Rn. 58). – Unabhängig hiervon ist eine redaktionelle Anpassung des § 736 ZPO sinnvoll.[45]

34   Für die **Erbengemeinschaft** hat der BGH zwar entschieden, dass der Zugriff auf den gesamthänderisch gebundenen Nachlass vor Anordnung von Nachlassverwaltung und -konkurs auch Privatgläubigern der Erben offensteht, denen diese gesamtschuldnerisch haften.[46] Diese Rechtsprechung steht der Beschränkung der Haftung des Gesellschaftsvermögens auf Gesamthandsschulden jedoch nicht entgegen. Vielmehr rechtfertigen die bestehenden *Strukturunterschiede zwischen Erbengemeinschaft und GbR* sowie die unterschiedlichen Zugriffsmöglichkeiten von Nachlass- und Gesellschaftsgläubigern auf das jeweilige Privatvermögen der Beteiligten die Ungleichbehandlung.[47]

V. Gesamthand als Besitzer

35   **1. Grundsatz.** Der **Besitz** als tatsächliche Sachherrschaft sollte nach früher hM jedenfalls bei der GbR[48] nicht der Gesamthand als solcher zustehen, sondern *dem oder den die Sachherrschaft ausübenden Gesellschaftern.*[49] Die für juristische Personen anerkannte Zurechnung des von Angestellten als Besitzdiener oder von Organen ausgeübten Besitzes[50] scheide bei der GbR wegen ihrer von juristischen Personen

---

[42] Ebenso namentlich *Wiedemann* GesR I § 5 I 2a, S. 250; Soergel/*Hadding/Kießling* § 714 Rn. 55, 56; Erman/*Westermann* Rn. 10; *Nicknig* Haftung S. 130 f.; *Schünemann* Grundprobleme S. 232 f.; *M. Winter* KTS 1983, 352 ff.; *K. Schmidt* GesR § 60 IV 2b; so im Ergebnis auch bereits Staudinger/*Geiler*, 9. Aufl. 1929, § 718 Anm. III 1b; aus der prozessrechtlichen Lit. ebenfalls *Heller*, Der Zivilprozess der Gesellschaft bürgerlichen Rechts, 1989, S. 232; *Göckeler*, Die Stellung der Gesellschaft bürgerlichen Rechts im Erkenntnis-, Vollstreckungs- und Konkursverfahren, 1992, S. 201 ff.; *Neumann*, Der Konkurs der BGB-Gesellschaft, 1986, S. 83 f.; jetzt wohl auch Stein/Jonas/*Münzberg*, 22. Aufl. 2002, ZPO § 736 Rn. 7; Thomas/Putzo/*Seiler* ZPO § 736 Rn. 2. Die Frage war in der zweiten BGB-Kommission umstritten und wurde dort mehrheitlich entgegen der hier vertretenen Auffassung entschieden, Prot. II S. 434 ff. = Mugdan II S. 993 f.; vgl. dazu *Wertenbruch*, Die Haftung von Gesellschaften und Gesellschaftsanteilen in der Zwangsvollstreckung, 2001, S. 141 f.
[43] Zutr. *Brehm* KTS 1983, 34; *K. Schmidt* GesR § 60 IV 2a; *Neumann*, Der Konkurs der BGB-Gesellschaft, 1986, S. 83; → Rn. 57 f. und *Göckeler*, Die Stellung der Gesellschaft bürgerlichen Rechts im Erkenntnis-, Vollstreckungs- und Konkursverfahren, 1992, S. 202 f.
[44] So auch Soergel/*Hadding/Kießling* § 714 Rn. 56; aA *Wertenbruch*, Die Haftung von Gesellschaften und Gesellschaftsanteilen in der Zwangsvollstreckung, 2001, S. 146 ff.
[45] Näher *K. Schmidt* ZHR 177 (2013) 712 (733 f.); *Schäfer*, Gutachten E zum 71. DJT, 2016, S. 92.
[46] BGHZ 53, 110 (113 ff.) = NJW 1970, 473; zust. *Dauner-Lieb*, Unternehmen als Sondervermögen, 1998, S. 336.
[47] So zutr. *M. Winter* KTS 1983, 353 f.; aA *Wertenbruch*, Die Haftung von Gesellschaften und Gesellschaftsanteilen in der Zwangsvollstreckung, 2001, S. 139, 145 ff.
[48] Anders überwiegend für die OHG, vgl. BGH JZ 1968, 69 (offenlassend aber BGHZ 57, 166 = NJW 1972, 43); OLG Celle NJW 1957, 27; *Flume* BGB AT I § 6 II, S. 79; *Hueck* OHG § 19 II, S. 272; *K. Schmidt* GesR § 10 III 3; Staub/*Schäfer* HGB § 105 Rn. 286; *Klett*, Die Besitzverhältnisse bei der Personengesellschaft, 1989, S. 48 f.; im Ergebnis auch *Steindorff* JZ 1968, 70.
[49] BGHZ 86, 300 (307) = NJW 1983, 1114; BGHZ 86, 340 (344) = NJW 1983, 1123; *U. Huber*, Vermögensanteil S. 113; *Ballerstedt* JuS 1965, 272 (276 f.); *Festge/Seibert* BB 1983, 1819 (1821); *Baur/Stürner* SachenR § 7 Rn. 80; Staudinger/*Bund* (2000) § 866 Rn. 16 und Staudinger/*Gutzeit* (2012) § 866 Rn. 15 f.; Erman/*O. Werner* § 854 Rn. 5; *Klett*, Die Besitzverhältnisse bei der Personengesellschaft, 1989, S. 86 ff.; aA aber schon BGH WM 1963, 560 (561); 1964, 788; 1985, 997 (999 und 1433, 1434).
[50] Vgl. dazu BGHZ 57, 166 (167) = NJW 1972, 43; BGH WM 1971, 589 (592); → § 854 Rn. 17 *(Joost)*; *Wolff/Raiser* § 5 I, S. 24; Palandt/*Bassenge* § 854 Rn. 10; Erman/*O. Werner* § 854 Rn. 5.

deutlich abweichenden Struktur und wegen des Fehlens besonderer Organe aus.[51] Als Regelfall nahm die früher hM in der GbR schlichten Mitbesitz aller Gesellschafter (§ 866) an,[52] wobei teilweise weiter zwischen unmittelbarem Mitbesitz der Geschäftsführer und mittelbarem Mitbesitz der übrigen Gesellschafter unterschieden wurde.[53] Mit dieser Fragestellung nicht zu verwechseln ist der im Anschluss an *Martin Wolff*[54] auch heute noch verbreitet anzutreffende Begriff des „gesamthänderischen Mitbesitzes"; er setzt kein rechtliches Gesamthandsverhältnis voraus, sondern ist iSv Mitverschluss mehrerer Mitbesitzer bzw. iSv deren gemeinsamer Herrschaftsausübung gegenüber einem Besitzdiener zu verstehen.[55]

Stellungnahme. Aus der Sicht der heute herrschenden, die gesellschaftsrechtliche Gesamthand als rechtsfähige Personengruppe mit eigenen Organen behandelnden Gesamthandslehre (→ § 705 Rn. 296; § 714 Rn. 16 f.) ist die Annahme, die Gesellschaft könne nicht Besitzer sein, überholt.[56] Wie schon *Flume*[57] im Einzelnen zutreffend dargelegt hat, lässt die Gegenüberstellung der Besitzposition von juristischer Person und Gesamthand unter Beschränkung der Besitzzurechnung auf die juristische Person nicht nur in ihren Voraussetzungen zahlreiche Fragen offen. Vielmehr erweisen sich auch die Rechtsfolgen der Anerkennung der Gesellschaft als Besitzer denjenigen gegenüber als überlegen, zu denen die Annahme schlichten Mitbesitzes der Gesellschafter führen müsste (→ Rn. 38). 36

Soweit es um die **Zurechnung des Besitzes,** den Geschäftsführer oder Angestellte der GbR ausüben, **gegenüber der Gesellschaft** geht, kommt es demnach ebenso wie bei juristischen Personen auf zwei Momente an, nämlich einmal auf die *Willensrichtung* der natürlichen Person, die die tatsächliche Herrschaft für die Gesellschaft als Besitzdiener ausübt, und zweitens auf die Zugehörigkeit der die Sachherrschaft ausübenden natürlichen Person und der Sache zum *Organisationskreis* der Gesellschaft.[58] Die Gesellschaft kann, muss aber nicht Besitzer sein.[59] Ändert die natürliche Person ihren Willen nach außen erkennbar dahin, nunmehr für sich selbst besitzen zu wollen, oder behält sie die Sachherrschaft auch nach ihrem Ausscheiden aus dem Herrschaftsbereich der Gesellschaft bei, so begeht sie dieser gegenüber verbotene Eigenmacht (§ 858), soweit nicht die zum Besitzverlust der Gesellschaft führende Änderung mit Einverständnis ihrer Geschäftsführer vorgenommen wurde, und ist den Besitzschutzansprüchen der Gesellschaft ausgesetzt.[60] 37

2. Rechtsfolgen. Die Ansicht, dass die Sachherrschaft der Gesellschaftsorgane der Gesellschaft als Besitz zuzurechnen ist und die Gesellschaftsorgane demgemäß Besitzdiener sind, erweist sich der früher hM auch in den Rechtsfolgen als überlegen.[61] So lässt sich damit etwa die zum Eigentumsübergang an beweglichen Sachen erforderliche Besitzverschaffung für die Gesamthand (§ 929) unschwer begründen, während aus der Sicht der früher hM Einigung und Besitzverschaffung auseinanderfielen.[62] Die Gesellschaft ist gegen gutgläubigen Erwerb Dritter bei Verfügungen durch andere als die Organmitglieder oder in ihrem Auftrag handelnde Personen geschützt (§ 935); das gilt auch für Verfügungen nichtberechtigter Gesellschafter.[63] Sie hat Besitzschutzansprüche gegen ehemalige 38

---

[51] So ausdrücklich etwa *Steindorff,* FS Kronstein, 1967, S. 151 (153).
[52] Erman/*O. Werner* § 854 Rn. 6; Staudinger/*Bund* (2000) § 866 Rn. 16; Staudinger/*Gutzeit* (2012) § 866 Rn. 15 f.; *Klett,* Die Besitzverhältnisse bei der Personengesellschaft, 1989, S. 98 f.; im Grundsatz auch *Steindorff,* FS Kronstein, 1967, S. 151 (155).
[53] So *Ballerstedt* JuS 1965, 272 (276); *U. Huber* Vermögensanteil S. 113; *Baur/Stürner* SachenR § 7 Rn. 80; Staudinger/*Bund* (2000) § 866 Rn. 16; *Klett,* Die Besitzverhältnisse bei der Personengesellschaft, 1989, S. 99 f. Noch anders *Kuchinke,* FS Paulick, 1973, S. 45 (53 f.): Mitbesitz aller Gesellschafter zur gesamten Hand.
[54] JherJb. 44 (1902), 143 (159 ff.).
[55] Vgl. dazu *Flume* BGB AT I 1 § 6 I, S. 76; *Baur/Stürner* SachenR § 7 Rn. 79; Staudinger/*Bund* (2000) § 866 Rn. 16; Staudinger/*Gutzeit* (2012) § 866 Rn. 15 f.
[56] Heute hM, vgl. *Flume* BGB AT I 1 § 6 II, S. 79 ff.; *K. Schmidt* GesR § 60 II 3; Soergel/*Hadding/Kießling* Rn. 18; *Hadding* ZGR 2001, 712 (723); *Habersack* BB 2001, 477 (479); *Derleder* BB 2001, 2485 (2491); *Gesmann-Nuissl* WM 2001, 973; aus sachenrechtlicher Sicht jetzt auch Soergel/*Stadler* § 854 Rn. 15; Palandt/*Bassenge* § 854 Rn. 12; *Wolff* SachenR, 23. Aufl. 2007, § 8 Rn. 193; im Ergebnis auch schon *Steindorff,* FS Kronstein, 1967, S. 169 f. und BGH WM 1963, 560 (561); 1964, 788; 1985, 997.
[57] *Flume* BGB AT I 1 § 6 II, S. 79 ff.
[58] *Flume* BGB AT I 1 § 6 II, S. 81; Soergel/*Hadding/Kießling* Rn. 18.
[59] So zutr. *K. Schmidt* GesR § 60 II 3.
[60] *Flume* BGB AT I 1 § 6 III, S. 82; Soergel/*Hadding/Kießling* Rn. 19; aA *U. Huber* Vermögensanteil S. 113, der die Besitzschutzansprüche den Geschäftsführern persönlich als unmittelbaren Besitzern geben will und dementsprechend wohl auch die Möglichkeit verbotener Eigenmacht durch sie verneint.
[61] Dazu iE *Flume* BGB AT I 1 § 6 III, S. 81 f.; ferner Soergel/*Hadding/Kießling* Rn. 19.
[62] Anders freilich *U. Huber* Vermögensanteil, unter Berufung auf die zu § 929 entwickelte Lehre von der „Geheißperson"; wie hier Soergel/*Hadding/Kießling* Rn. 19.
[63] So auch *K. Schmidt* GesR § 10 III 3 für die OHG. Nach BGHZ 57, 166 (168) = NJW 1972, 43 und *Flume* BGB AT I 1 § 6 III, S. 83 soll sich die Frage des Abhandenkommens nach der Vertretungsmacht des handelnden Gesellschafters beantworten; so wohl auch Soergel/*Hadding/Kießling* Rn. 19.

Gesellschafter/Geschäftsführer, die trotz ihres Ausscheidens die Sachherrschaft über Gesamthandsgegenstände behalten haben und sie jetzt im eigenen Interesse ausüben.[64] Die Rechtsfolgen der §§ 937, 955, 1006 kommen der Gesellschaft zugute und nicht etwa den geschäftsführenden Gesellschaftern.[65] Gleiches gilt für den deliktischen Besitzschutz nach § 823 Abs. 1 und das Geltendmachen der Rechte aus §§ 1007, 987 ff.[66] Herausgabeansprüche nach § 985 wegen Gegenständen im Herrschaftsbereich der Gesellschaft führen zu Gesellschaftsschulden und sind daher gegen diese zu richten, nicht aber gegen die jeweiligen Geschäftsführer persönlich.[67] Schließlich geht auch beim Tod eines Gesellschafters der (Mit-)Besitz nicht auf dessen Erben über (§ 857), sondern verbleibt unverändert bei der Gesellschaft.[68] Beim Eintritt eines neuen Gesellschafters erlangt dieser eine gesamthänderische Mitbeteiligung an der Besitzstellung der Gesellschaft, ohne dass es darauf ankommt, ob und inwieweit ihm die tatsächliche Sachherrschaft zusteht.

C. Die GbR in Zivilprozess und Zwangsvollstreckung

I. Überblick

39 **1. Ausgangslage im Jahr 1900.** Der BGB-Gesetzgeber ging bei der Regelung des Gesellschaftsrechts bekanntlich davon aus, dass die Gesellschaft ein zwar **um Gesamthandselemente** (Sondervermögen) **angereichertes Schuldverhältnis** sei, dass ihr aber weder eigene Rechtsfähigkeit zukomme noch dass sie eine gegenüber den Gesellschaftern verselbstständigte, handlungsfähige Organisation bilde. Dementsprechend beschränkte er sich auf einige das Gesamthandsvermögen betreffende Grundvorschriften (§§ 718–720, 738) in Ergänzung des Schuldrechtstitels „Gesellschaft", verzichtete jedoch im Unterschied zum OHG-Recht (§ 124 Abs. 1; §§ 115, 125 HGB) darauf, die Rechts- und Parteifähigkeit der Gesellschaft (und sei es auch nur durch fiktive Annäherung im Außenverhältnis an eine juristische Person[69]) zu normieren und Regelungen über besondere Gesellschaftsorgane zu treffen. Folgerichtig sah er abweichend von § 124 Abs. 2 HGB auch davon ab, die Zwangsvollstreckung in das Gesellschaftsvermögen von einem Schuldtitel gegen die Gesellschaft abhängig zu machen. Stattdessen stellte die einschlägige Vollstreckungsnorm des § 736 ZPO auf ein „gegen alle Gesellschafter ergangenes Urteil" ab; die Gesellschafter – und nicht die GbR als solche – waren aus dieser Sicht die maßgebenden, für den Zugriff auf das Gesamthandsvermögen zuständigen Rechtspersonen.

40 **2. Rechtsentwicklung bis 2001.** Die im BGB geregelte Behandlung der gesellschaftsrechtlichen Gesamthand als *Rechtsobjekt,* dh als gesamthänderisch gebundenes Sondervermögen der Gesellschafter, bestimmte viele Jahrzehnte lang die Diskussion zum Recht der GbR (→ § 705 Rn. 297 f.). Eine grundlegende Neubewertung setzte erst in den 70er Jahren des 20. Jahrhunderts ein, ausgelöst durch die von *Flume* im Anschluss an *Otto v. Gierke* entwickelte Lehre von der Gesamthand als *Gruppe,* dh als zwar aus den Gesellschaftern zusammengesetzte, aber von ihnen gleichwohl zu unterscheidende Personenverbindung im Sinne eines eigenständigen Rechtssubjekts (→ § 705 Rn. 298). Mit Blick auf den **Zivilprozess** entsprach dieser materiellrechtlichen Entwicklung die prozessuale Differenzierung zwischen der *Gesamthands(schuld)klage* seitens der oder gegen die unter sich eine notwendige Streitgenossenschaft bildende Gesellschaftergesamtheit, vertreten durch die Geschäftsführer, und einer *Gesamt(schuld)klage,* an der auf der Aktiv- bzw. Passivseite alle oder mehrere Gesellschafter als je einfache Streitgenossen beteiligt sind.[70] Der Unterschied zwischen Gesamthands- und Gesamtschuldklage beruhte darauf, dass bei jener der Antrag des Klägers auf Leistung aus

---

[64] Vgl. *Flume* BGB AT I 1 § 6 III, S. 82; Soergel/*Hadding/Kießling* Rn. 19; aA *U. Huber* Vermögensanteil S. 113, der die Besitzschutzansprüche den Geschäftsführern persönlich als unmittelbaren Besitzern geben will und dementsprechend wohl auch die Möglichkeit verbotener Eigenmacht durch sie verneint.
[65] *Flume* BGB AT I 1 § 6 III, S. 83; Soergel/*Hadding/Kießling* Rn. 19.
[66] *Flume* BGB AT I 1 § 6 III, S. 83; Soergel/*Hadding/Kießling* Rn. 19.
[67] *Flume* BGB AT I 1 § 6 III, S. 84; Soergel/*Hadding/Kießling* Rn. 19. Zur prozessualen Bedeutung dieses Unterschieds selbst bei fehlender Parteifähigkeit der GbR → Rn. 51.
[68] *Flume* BGB AT I 1 § 6 III, S. 81 f.; *Steindorff,* FS Kronstein, 1967, S. 151 (167 f.); Soergel/*Hadding/Kießling* Rn. 19; aA *U. Huber* Vermögensanteil S. 113.
[69] Vgl. idS das früher vorherrschende, die Berechtigung der Gesellschafter als gesamthänderische Inhaber des Gesamthandsvermögens betonende Verständnis von der Rechtsnatur der OHG und KG angesichts der Regelungen des § 124 HGB, dazu Düringer/Hachenburg/*Flechtheim,* 3. Aufl. 1932, HGB § 124 Anm. 1; Staub/*Pinner,* 12./13. Aufl. 1926, HGB § 105 Anm. 8; zum Ganzen näher *U. Huber* Vermögensanteil S. 90 ff., 101 f.
[70] So etwa Soergel/*Hadding/Kießling* § 714 Rn. 54; *K. Schmidt* GesR § 60 IV 1b; aus der Rspr. erstmals BGH WM 1990, 1113 (1114); aus der Instanz-Rspr. etwa OLG Frankfurt NZG 2005, 712; zum Ganzen näher 3. Aufl. Rn. 49 f.

dem Gesamthandsvermögen abzielte, während es dem Kläger bei der Gesamtschuldklage um die Geltendmachung der persönlichen Gesellschafterhaftung ging. Dementsprechend sollte aus dieser neueren Sicht ein gegen alle Gesellschafter erzielter Titel zur **Vollstreckung** in das Gesamthandsvermögen nach § 736 ZPO auch nur dann ausreichen, wenn er das Ergebnis einer Gesamthandsschuldklage war. Anderes sollte bei Titeln gegen die einzelnen Gesellschafter gelten, die auf je persönlichen Haftungsgründen beruhten; insoweit wurde der Gesamthand das Recht zugebilligt, sich gegen die Vollstreckung nach § 771 ZPO zur Wehr zu setzen (→ Rn. 57, 58). Selbstverständlich stand nichts entgegen und entsprach auch verbreiteter Praxis, Gesamthands- und Gesamtschuldklage im Wege der **Klagehäufung** ebenso zu verbinden, wie das im OHG- und KG-Recht bei gleichzeitigen Klagen gegen Gesellschaft und persönlich haftende Gesellschafter der Fall ist.[71] Daran hat sich auch durch die Anerkennung der Parteifähigkeit der Außen-GbR (→ Rn. 41) nichts geändert.

Über diese aus der Sicht des Prozessrechts komplizierten, keine vollwertige Alternative zur Parteifähigkeit der Gesellschaft bildenden *Ersatzkonstruktionen*[72] ist der BGH mit seinem rechtsfortbildenden Grundsatzurteil **BGHZ 146, 341** in zweierlei Hinsicht deutlich hinausgegangen. Einerseits hat er – unter nicht unproblematischer Berufung auf § 50 Abs. 1 ZPO[73] und ohne sich mit dem nahe liegenden Umkehrschluss aus § 50 Abs. 2 ZPO aF auseinanderzusetzen – aus der Anerkennung der Rechtsfähigkeit der (Außen-)GbR auf diejenige ihrer **Parteifähigkeit** geschlossen und die Gesellschaft auch insoweit der nach § 124 Abs. 1 HGB parteifähigen OHG und KG gleichgestellt.[74] Und andererseits hat er das in § 736 ZPO enthaltene Erfordernis von Vollstreckungstiteln gegen alle Gesellschafter dahin relativiert, insoweit allerdings inkonsequent, dass es ihrer nur dann bedürfe, wenn der Vollstreckungsgläubiger keinen **Titel gegen die GbR** als solche besitze.[75] Seit Änderung des § 50 Abs. 2 ZPO (der nichtrechtsfähige Verein ist seither aktiv und passiv parteifähig) haben sich die seinerzeit hiergegen erhobenen Bedenken allerdings im Wesentlichen erledigt.

41

Diese **Rechtsfortbildung** seitens des II. Zivilsenats des BGH hat auch insoweit, als es um die Parteifähigkeit der (Außen-)GbR und die Vollstreckungsfolgen geht, in der Literatur verbreitete **Zustimmung** gefunden;[76] andere Gerichte sind ihr **alsbald** gefolgt.[77] Dessen ungeachtet sollte der Gesetzgeber aber § 736 ZPO an die geänderte Rechtslage anpassen (Hinweis → Rn. 33 aE). Auch die Auswirkungen der Rechtsprechungsänderung auf *laufende Prozesse* dürften inzwischen überwiegend geklärt sein (→ Rn. 44 aE). Die neue Sichtweise liegt abweichend von der Kommentierung bis zur 3. Aufl.[78] auch den folgenden Erläuterungen zugrunde.

42

3. Gang der Kommentierung. Die Kommentierung des § 718 folgt aus den in → Rn. 42 genannten Erwägungen im Grundsatz der neuen, durch Anerkennung der Parteifähigkeit der (Außen-)GbR gekennzeichneten Rechtslage (→ Rn. 44 f.). Mit Rücksicht auf die bis zur 6. Aufl. von *Peter Ulmer* befürwortete Begrenzung der Rechts- und Parteifähigkeit auf Außengesellschaften mit Identitätsausstattung (→ § 705 Rn. 306) sowie in Hinblick auf die verschiedentlich für möglich gehaltene Innen-GbR mit Gesamthandsvermögen (→ § 705 Rn. 280 f.), für die sich die neue

43

---

[71] 3. Aufl. Rn. 49; für Klagen von GbR-Gläubigern ebenso schon BGH WM 1990, 1113 (1114); *K. Schmidt* GesR § 60 IV 1b; aus neuer Sicht auch BGHZ 146, 341 (357) = NJW 2001, 1056.

[72] So zutr. BGHZ 146, 341 (348 ff.) unter Hinweis auf eine ganze Reihe verbleibender Probleme aus der Sicht der Gesamthandsschuldklage.

[73] Dazu mit Recht krit. (auf Basis der damaligen Rechtslage) *Prütting*, FS Wiedemann, 2002, S. 1177 (1187 f.).

[74] BGHZ 146, 341 (347 f.); ebenso dann BGHZ 151, 204 = NJW 2002, 3539 und BGH NJW 2002, 1207.

[75] BGHZ 146, 341 (353 f.) im Anschluss an *Wertenbruch*, Die Haftung von Gesellschaften und Gesellschaftsanteilen in der Zwangsvollstreckung, 2001, S. 122 ff., 135 für Gleichstellung eines Titels gegen die GbR mit einem solchen gegen „alle Gesellschafter" aufgrund der Entstehungsgeschichte des § 736 ZPO; ebenso auch BGH NZG 2007, 140 (141); OLG Schleswig WM 2006, 583 (586); dagegen aber *Prütting*, FS Wiedemann, 2002, S. 1177 (1183 f.); *Soergel/Hadding/Kießling* § 714 Rn. 56.

[76] Vgl. nur *Dauner-Lieb* DStR 2001, 356 (358); *Derleder* BB 2001, 2485 (2487 f.); *Habersack* BB 2001, 477 (480); *Hadding* ZGR 2001, 712 (729 ff.); *Pohlmann* WM 2002, 1421 ff.; *K. Schmidt* NJW 2001, 993 (999 f.); *Ulmer* ZIP 2001, 585 (590 f.); *Westermann* NZG 2001, 289 (292 f.); *Wiedemann* JZ 2001, 661 f.; *Rosenberg/Schwab/Gottwald* ZivilProzR § 43 Rn. 18; MüKoZPO/*Lindacher*, 3. Aufl. 2008, ZPO § 50 Rn. 26; aA auch neuerdings noch Stein/Jonas/*Bork*, 22. Aufl. 2004, ZPO § 50 Rn. 23 ff.; *Schilken* ZPR, 6. Aufl. 2010, Rn. 263; *Prütting*, FS Wiedemann, 2002, S. 1177 (1192 ff.); *Stürner* JZ 2002, 1108 (1109 f.); *Jauernig/Hess* ZivilProzR, 30. Aufl. 2011, § 19 II.

[77] So BGH BB 2003, 438 (XII. ZS); BVerfG JZ 2003, 43 mit Anm. *Stürner*; BAGE 113, 50 = NJW 2005, 1004 (1005); BPatG GRUR 2004, 1030 (1031) – Patentfähigkeit; Abweichung von BGH GRUR 2000, 1028 – „Ballermann", dazu *Fezer*, FS Ulmer, 2001, S. 119 (124); *Hildebrandt* DStR 2001, 1924); OLG Karlsruhe NJW 2001, 1072; zur abw. früheren Rspr. vgl. BGHZ 80, 222 (227) = NJW 1981, 9153 (1954); BGH ZIP 1990, 715 (716); NJW 1997, 1236; 2000, 291 (292).

[78] Ausf. 3. Aufl. Rn. 45 ff.

Rechtslage als nicht geeignet erweist, wird noch *ergänzend* auf die bisherige Beurteilung der gesellschaftsrechtlichen Gesamthand nach Prozess- und Vollstreckungsrecht eingegangen (→ Rn. 49 ff.).

II. Parteifähigkeit der Außen-GbR

1. Grundlagen. Die Gründe, die für die Maßgeblichkeit der mit BGHZ 146, 341 erreichten Anerkennung der Parteifähigkeit der Außen-GbR sprechen, und die sich daran anknüpfenden Rechtsfolgen sind bereits in § 705 Rn. 318 ff. dargestellt; hierauf wird verwiesen. Prozesse, die das Gesellschaftsvermögen betreffen, können daher nur von der und gegen die Gesellschaft geführt werden.[79] Die Parteifähigkeit ist unabhängig davon zu bejahen, ob es sich um Rechtsstreitigkeiten der GbR mit Dritten oder solche mit Gesellschaftern handelt; anderes gilt für Streitigkeiten zwischen Gesellschaftern, bei denen die GbR (nach wie vor) nur Objekt ist.[80] Sie erstreckt sich nicht nur auf das Erkenntnis-, sondern auch auf das Vollstreckungsverfahren. Für ein Vorgehen von Vollstreckungsgläubigern gegen die parteifähige Außen-GbR nach § 736 ZPO ist daher kein Raum; ein aus einer Gesamthandsschuldklage resultierender, gegen alle Gesellschafter gerichteter Vollstreckungstitel ist ggf. nach § 727 ZPO auf die Außen-GbR als Vollstreckungsschuldnerin umzuschreiben.[81] Im Rahmen eines von allen Gesellschaftern als Kläger oder Beklagte in notwendiger Streitgenossenschaft geführten, auf Gegenstände oder Verbindlichkeiten des Gesamthandsvermögens bezogenen Prozesses ist dem begründeten Einwand des Prozessgegners, die Außen-GbR selbst sei die richtige Partei, künftig durch *Parteiwechsel* iS einer sachdienlichen Klageänderung Rechnung zu tragen (→ § 705 Rn. 320).[82]

Wegen der **einzelnen Rechtsfolgen** aus der Anerkennung der Parteifähigkeit der Außen-GbR kann auf die für OHG und KG anerkannten Grundsätze zu § 124 Abs. 1 HGB verwiesen werden.[83] Die Gesellschaft selbst ist *nicht prozessfähig*, sondern handelt analog § 51 Abs. 1 ZPO durch die Geschäftsführer als organschaftliche Vertreter nach Maßgabe von deren Vertretungsmacht.[84] *Zustellungen* können an jeden einzelnen Geschäftsführer bewirkt werden (§ 170 Abs. 1, 3 ZPO).[85] Diese haben – im Unterschied zu den übrigen Gesellschaftern – im Prozess die *Stellung als Partei* und können daher nicht als Zeugen vernommen werden.[86] Ein *Gesellschafterwechsel* während des Prozesses hat auf die Parteistellung der GbR und grundsätzlich auch auf die Vertretungsbefugnis keinen Einfluss. *Allgemeiner Gerichtsstand* für Passivprozesse der Außen-GbR ist nach § 17 Abs. 1 ZPO ihr Sitz. Als solcher ist, wenn der Gesellschaftsvertrag hierüber keine Regelung enthält, der tatsächliche Sitz bzw. der Ort anzusehen, von dem aus sie die Geschäfte betreibt.[87] Dieser Gerichtsstand ist nach § 22 ZPO auch maßgebend für Klagen der GbR gegen ihre Gesellschafter bzw. für solche zwischen Gesellschaftern.[88] Die *Parteibezeichnung* (§ 253 Abs. 2 Nr. 1 ZPO) richtet sich nach dem Namen der Gesellschaft (→ § 705 Rn. 270); ohne einen solchen Namen fehlt es im Zweifel an der für die Anerkennung der Parteifähigkeit erforderlichen Identitätsausstattung der GbR (→ Rn. 46 f.). Die *Rechtskraft* eines im Gesellschaftsprozess ergehenden Urteils beschränkt sich auf das Verhältnis zwischen Gesellschaft und Prozessgegner; jedoch wirkt das Urteil analog § 129 Abs. 1 HGB auch für

---

[79] BGH ZIP 2016, 211 Rn. 28 gegen die Ansicht des Berufungsgerichts, das eine Prozessführung der Gesellschafter „als GbR" in Erwägung gezogen hatte.
[80] Vgl. dazu *Ulmer* ZIP 2001, 585 (591 f.); ebenso *K. Schmidt* NJW 2001, 993 (1000).
[81] Anders – aus der Sicht der Parteifähigkeit der Außen-GbR inkonsequent – BGHZ 146, 341 (356); vgl. auch BGH ZIP 2008, 501 (502) Rn. 10 = NJW 2008, 1378 (1379) mit krit. Bespr. *K. Schmidt* NJW 2008, 1841 (1844); als Übergangslösung auch noch *K. Schmidt* NJW 2001, 993 (1000 f.); *Westermann* NZG 2001, 289 (293); *Wertenbruch* NJW 2002, 324 (328 f.); aA – wie hier – *Habersack* BB 2001, 477 (481); *Hadding* ZGR 2001, 712 (734); und Soergel/*Hadding/Kießling* § 714 Rn. 56; *Gesmann-Nuissl* WM 2001, 973 (976); *Pohlmann* WM 2002, 1421 (1426 f.); *Scholz* NZG 2002, 153 (163). – Zur Sondersituation bei Vollstreckung in Grundeigentum der GbR → Rn. 45a.
[82] BGH NJW 2002, 3536 (3538) (II. ZS); in Altfällen soll dagegen die bloße Berichtigung des Rubrums ausreichen, vgl. BGH NJW 2003, 1043 (XII. ZS); dazu auch *Jacoby* NJW 2003, 1644 f.; darüber hinausgehend aber BGH NZG 2006, 16 (VIII. ZS): auch bei Klagen nach 2001 Rubrumsberichtigung, wenn Klageschrift ergibt, dass Gesellschaftsforderung durchgesetzt werden soll; OLG Rostock NZG 2006, 941: auch rechtskräftiges „Aktivrubrum" kann dahin berichtigt werden, dass Klägerin die Gesellschaft ist.
[83] Vgl. näher MüKoHGB/*K. Schmidt* HGB § 124 Rn. 1 ff.; Staub/*Habersack* HGB § 124 Rn. 23 ff.
[84] Staub/*Habersack* HGB § 124 Rn. 27 für die OHG.
[85] BGH NJW 2006, 2191 f.; OLG Celle NZG 2004, 613 für § 170 Abs. 1, 3 ZPO; NJW 2007, 995 (997); NJW 2006, 2189 (2190 f.) für § 170 Abs. 1 ZPO; s. auch BGH NJW-RR 2005, 119: Rubrumsbezeichnung als Geschäftsführer meint geschäftsführende Gesellschafter; → § 714 Rn. 27.
[86] Staub/*Habersack* HGB § 124 Rn. 33 für die OHG.
[87] Ähnlich *Pohlmann* WM 2002, 1421 (1423): hilfsweise Wohnsitz des geschäftsführenden Organs.
[88] AA (vor BGHZ 146, 341) BayObLG DB 1996, 1819 für eine Klage zwischen Gesellschaftern einer GbR: Gerichtsstand am Wohnsitz des Schuldners; Sitz der GbR bedeutungslos.

und gegen die Gesellschafter persönlich, soweit es um ihre Haftung analog § 128 HGB geht.[89] Hat hingegen ein Gesellschaftsgläubiger die Gesellschafter aufgrund ihrer persönlichen Haftung verklagt, dann entfaltet die Rechtskraft des (klagabweisenden) Urteils auch dann keine Rechtskraftwirkung im Verhältnis zur Gesellschaft, wenn sämtliche Gesellschafter am Rechtsstreit beteiligt waren, so dass nunmehr die Gesellschaft wegen desselben Anspruchs verklagt werden kann.[90]

Für die **Vollstreckung in ein Grundstück** der Gesellschaft hat der BGH Unterwerfungserklärungen der Gesellschafter (§ 800 ZPO) schon nach alter Rechtslage ausreichen lassen.[91] Aufgrund der geänderten grundbuchrechtlichen Lage (insbesondere § 47 Abs. 2 GBO nF, → § 705 Rn. 312 f.) kommt es nunmehr für die Zwangsvollstreckung in ein Grundstück der GbR stets darauf an, dass sich der Titel (auch) gegen sämtliche Gesellschafter richtet; Vollstreckungsmaßnahmen dürfen nur angeordnet werden, wenn sämtliche Gesellschafter aus dem Titel hervorgehen und mit den im Grundbuch eingetragenen Gesellschaftern übereinstimmen. Im Falle eines Gesellschafterwechsels bedarf es demgemäß einer Rechtsnachfolgeklausel analog § 727 ZPO.[92] **Vor Eintragung des Gesellschafterwechsels** im Grundbuch gelten aber gemäß §§ 1148 S. 1, 1192 Abs. 1 noch die Eingetragenen als Gesellschafter, so dass es insofern keiner Umschreibung bedarf.[93] Entsprechendes gilt, wenn die Gesellschaft infolge des Todes eines Gesellschafters nach § 727 Abs. 1 **aufgelöst** wird, jedenfalls solange sie als Liquidationsgesellschaft fortbesteht, also noch wenigstens zwei Gesellschafter vorhanden sind.[94]

2. Schranken der persönlichen Reichweite. a) Außen-GbR ohne Identitätsausstattung. 47
Nach Ansicht des BGH[95] und der hL[96] steht die Rechtsfähigkeit und damit auch die Parteifähigkeit *jeder* Außen-GbR zu; auf die Möglichkeit ihrer eindeutigen Identifizierung soll es nicht ankommen.[97] Zu *Aktivprozessen* der Gesellschaft ist es demnach Sache der für sie handelnden Organe, die Gesellschaft „identifizierbar zu beschreiben"; gelinge das nicht, sei die Klage mit Kostenfolge abzuweisen.[98] In *Passivprozessen* sei es „praktisch immer ratsam", neben der Gesellschaft auch die Gesellschafter persönlich zu verklagen; auch wenn die Klage gegen die Gesellschaft mangels Existenz einer Außen-GbR mit Gesamthandvermögen abzuweisen sei, blieben dem Gläubiger sodann immer noch die Titel gegen die gesamtschuldnerisch nach § 427 haftenden Gesellschafter.[99] Demgegenüber hat *Peter Ulmer*, bis zur 6. Aufl. auch in diesem Kommentar, dafür plädiert, die Rechtsfähigkeit auf Außengesellschaften **mit eigener Identitätsausstattung** der Außen-GbR (Name und Sitz, Handlungsorganisation [und Haftungsverfassung]) zu begrenzen (→ § 705 Rn. 306), um angesichts des nicht selten fließenden Übergangs von Innen- und Außen-GbR mit Gesamthandvermögen der Gefahr zu begegnen, eine unerwünschte Rechtsunsicherheit in das durch Formenstrenge gekennzeichnete Prozess- und Vollstreckungsrecht hineinzutragen.[100] Folge dieser Auffassung ist somit die Entstehung einer nicht rechts- und parteifähigen Variante der Außen-GbR, für die die nachfolgenden Ausführungen relevant wären; (auch) aus rechtspolitischer Sicht sprechen allerdings die besseren Gründe dafür, auf diese Sonderform zu verzichten (→ § 705 Rn. 306).

b) Innen-GbR mit Gesamthandsvermögen. Es ist zwar sehr umstritten, ob eine Innengesellschaft mit Gesamthandsvermögen anzuerkennen ist (→ § 705 Rn. 280); bejaht man das aber, akzeptiert also, dass die Gesellschafter als Innengesellschaft, dh ohne Teilnahme am Rechtsverkehr, ein Gesamthandsvermögen bilden, so hat dies ebenfalls zur Konsequenz, dass für Rechtsstreitigkeiten für oder gegen die Innen-GbR und für die Vollstreckung in das Gesamthandsvermögen nur der „klassische" Weg der Gesamthands(schuld)klage offensteht (→ Rn. 49 ff.), zumal die Erstreckung

---

[89] Staub/*Habersack* HGB § 124 Rn. 36 für die OHG; zur analogen Anwendung von § 129 Abs. 1 HGB gegenüber der rechtsfähigen Außen-GbR → § 714 Rn. 50.
[90] BGH NJW 2011, 2048 Rn. 7 ff. = ZIP 2011, 1143.
[91] BGH NJW 2004, 3632 (3633); so auch OLG Hamburg Rpfleger 2011, 426.
[92] BGHZ 187, 344 Rn. 9 ff. = NJW 2011, 615 = ZIP 2011, 119; dazu *Demharter* EWiR 2011, 99 (100); *Heinze* DB 2011, 460 (462); *K. Schmidt* JuS 2011, 364; *Reymann* NJW 2011, 1412 ff.; *Witt* BB 2011, 399 (400).
[93] BGHZ 187, 344 Rn. 20 f. = NJW 2011, 615 = ZIP 2011, 119; BGH NJW 2011, 1449 Rn. 12 ff. = ZIP 2011, 881 für noch nicht im GB eingetragenen Gesellschafterwechsel durch erbrechtliche Nachfolge.
[94] BGH ZIP 2016, 24 Rn. 10 ff.
[95] Vgl. den Hinweis auf mögliche Identifizierungsprobleme in BGHZ 146, 341 (356 f.).
[96] Nachweis → § 705 Rn. 306.
[97] Dazu aus prozessrechtlicher Sicht mit gutem Grund krit. *Prütting*, FS Wiedemann, 2002, S. 1177 (1184, 1191) unter Hinweis auf *Schemmann*, Parteifähigkeit im Zivilprozess, 2002, S. 27 ff., 31 ff.
[98] BGHZ 146, 341 (356 f.) = NJW 2001, 1056.
[99] BGHZ 146, 341 (357) = NJW 2001, 1056.
[100] Vgl. auch *Prütting*, FS Wiedemann, 2002, S. 1177 (1184, 1191) unter Berufung auf *Schemmann*, Parteifähigkeit im Zivilprozess, 2002, S. 27 ff., 31 ff.

der Rechts- und Parteifähigkeit auf eine solche Variante der Innengesellschaft nach zutr. hM nicht in Betracht kommt (→ § 705 Rn. 277, 280).

III. Prozess- und Vollstreckungsfragen bei der nicht parteifähigen Gesamthands-GbR

49 **1. Verbleibender Anwendungsbereich.** Die folgenden, aus der dritten Auflage (→ Rn. 42 ff.) übernommenen und fortgeführten Feststellungen knüpfen an den Diskussionsstand vor BGHZ 146, 341 an. Sie beziehen sich **ausschließlich auf die in → Rn. 47 f. genannten (umstrittenen) Fälle,** also eine Innen-GbR mit Gesamthandsvermögen und eine Außengesellschaft ohne Identitätsausstattung.

50 **2. Rechtlicher Ansatz. a) Parteistellung aufseiten der Gesamthand.** Mangels Parteifähigkeit dieser Gesellschaften (→ Rn. 49) verbleibt es für Gesamt*hands*prozesse bei der Parteistellung der *Gesellschafter,* und zwar *in notwendiger Streitgenossenschaft.* Das entspricht für **Aktivprozesse** der Gesamthand, dh die prozessuale Geltendmachung gesamthänderisch gebundener Rechte, der schon bisher hM[101] (zur Ausnahme für diejenigen Fälle, in denen ein Gesellschafter von der actio pro socio Gebrauch macht, → § 705 Rn. 204 ff.; 3. Aufl. Rn. 45). *Vertreten* werden die Gesellschafter nach Maßgabe des Gesellschaftsvertrags durch die vertretungsbefugten **Geschäftsführer;** sind solche nicht vorgesehen (insbesondere bei der Innengesellschaft), handeln alle Gesellschafter gemeinsam (vgl. § 709). Zu einer Beschränkung der Vertretungsmacht (sofern vorhanden) auf rechtsgeschäftliches Handeln unter Ausklammerung der Prozessführung[102] besteht kein Anlass. Dementsprechend sind Prozesshandlungen mit Wirkung für die Gesamthand von bzw. gegenüber den Geschäftsführern vorzunehmen;[103] ein nichtgeschäftsführungs- und vertretungsberechtigter Gesellschafter kann ihrer Vornahme nicht widersprechen. Ein die Vollstreckung in das Gesamthandsvermögen ermöglichendes Versäumnisurteil gegen alle Gesellschafter kann auch dann ergehen, wenn nicht vertretungsberechtigte Gesellschafter zum Termin erschienen sind.[104] – Aus der Parteistellung aller Gesellschafter folgt, dass sie im Gesamthandsprozess auch dann nicht als Zeugen, sondern nur als Partei vernommen werden können, wenn sie nicht geschäftsführungs- und vertretungsberechtigt sind.[105]

51 Entsprechendes wie in → Rn. 50 gilt auch für **Passivprozesse** der Gesamthand, dh für sog. *Gesamthandsschuldklagen.* Sofern sich das Klageziel auf *Leistung aus dem bzw. Vollstreckung in das Gesellschaftsvermögen* richtet, ist die Rechtsverteidigung durch die als Gesamthänder betroffenen Gesellschafter eine notwendig gemeinsame iSv § 62 Abs. 1 Alt. 2 ZPO;[106] auch insoweit greift die gesellschaftsvertragliche Vertretungsregelung (wenn vorhanden) ein (→ Rn. 50). Ebenso ist für *Feststellungsklagen* gegen die Gesamthand aus Rechtsbeziehungen mit Dritten zu entscheiden; eine notwendige Streitgenossenschaft liegt auch hier vor, weil eine einheitliche Sachentscheidung erfor-

---

[101] BGHZ 30, 195 (197) = NJW 1959, 1683; Stein/Jonas/*Bork,* 22. Aufl. 2002, ZPO § 62 Rn. 18, 20a; Baumbach/Lauterbach/Albers/*Hartmann* ZPO § 62 Rn. 11; Thomas/Putzo/*Hüßtege* ZPO § 62 Rn. 13; Erman/ *Westermann* Rn. 15; Staudinger/*Keßler,* 12. Aufl. 1979, § 714 Rn. 20; *Heller,* Der Zivilprozess der Gesellschaft bürgerlichen Rechts, 1989, S. 60 ff.

[102] So unter Hinweis auf § 63 ZPO, jedoch ohne Auseinandersetzung mit der Organstellung der geschäftsführenden Gesellschafter, anscheinend BGHZ 146, 341 (348 f.); ebenso *Heller,* Der Zivilprozess der Gesellschaft bürgerlichen Rechts, 1989, S. 144 f. Wie hier schon RGZ 57, 90 (92 f.) für den nichtrechtsfähigen Verein; BGH NJW 1997, 1236; zust. Erman/*Westermann* Rn. 14.

[103] RGZ 57, 90 (92); Soergel/*Schultze-v. Lasaulx,* 10. Aufl. 1969, § 714 Rn. 15; aA *Heller,* Der Zivilprozess der Gesellschaft bürgerlichen Rechts, 1989, S. 159 f.; *Göckeler,* Die Stellung der Gesellschaft bürgerlichen Rechts im Erkenntnis-, Vollstreckungs- und Konkursverfahren, 1992, S. 121 ff.; allg. zur Vornahme von Prozesshandlungen durch die nach materiellem Recht Verfügungsbefugten in den Fällen notwendiger Streitgenossenschaft Baumbach/Lauterbach/Albers/*Hartmann* ZPO § 62 Rn. 17 ff.; Stein/Jonas/*Bork,* 22. Aufl. 2002, ZPO § 62 Rn. 39 f.; Zöller/*Vollkommer* ZPO § 62 Rn. 24 ff

[104] So zutr. *Lindacher* JuS 1982, 594 f.; aA *Heller,* Der Zivilprozess der Gesellschaft bürgerlichen Rechts, 1989, S. 171 f. und *Göckeler,* Die Stellung der Gesellschaft bürgerlichen Rechts im Erkenntnis-, Vollstreckungs- und Konkursverfahren, 1992, S. 134.

[105] So trotz Bejahung der Parteifähigkeit der GbR auch *Hüffer,* FS Stimpel, 1985, S. 165 (182); im Ergebnis auch *Göckeler,* Die Stellung der Gesellschaft bürgerlichen Rechts im Erkenntnis-, Vollstreckungs- und Konkursverfahren, 1992, S. 130 f.; *Heller,* Der Zivilprozess der Gesellschaft bürgerlichen Rechts, 1989, S. 166.

[106] Str., wie hier Erman/*Westermann* Rn. 15; *H. Westermann,* FS Baur, 1981, S. 723 (731); RGRK/*v. Gamm* § 714 Rn. 10; Stein/Jonas/*Bork,* 22. Aufl. 2002, ZPO § 62 Rn. 20a; *Kornblum* BB 1970, 1449 ff. (1454); *ders.* Haftung S. 61; *Heller,* Der Zivilprozess der Gesellschaft bürgerlichen Rechts, 1989, S. 76 f.; *K. Schmidt* GesR § 60 IV 1b; *Göckeler,* Die Stellung der Gesellschaft bürgerlichen Rechts im Erkenntnis-, Vollstreckungs- und Konkursverfahren, 1992, S. 65 ff.; offengelassen in BGH ZIP 1990, 715 (716); aA RGZ 68, 221 (223); Staudinger/ *Keßler,* 12. Aufl. 1979, § 714 Rn. 20; wohl auch Stein/Jonas/*Münzberg,* 22. Aufl. 2002, ZPO § 736 Rn. 3.

derlich ist (§ 62 Abs. 1 Alt. 1 ZPO). Für das Feststellungsinteresse reicht das Bestreiten durch einen geschäftsführungsbefugten Gesellschafter aus.[107] – Zur Unterscheidung der Gesamthands-(schuld)klagen von den *Gesamt(schuld)klagen,* bei denen es um Rechte oder Verbindlichkeiten der einzelnen Gesellschafter geht und an denen diese als einfache Streitgenossen beteiligt sind, → Rn. 40.

b) Vollstreckung. Für die Zwangsvollstreckung in das Gesellschaftsvermögen verbleibt es in den 52 hier erörterten Fällen (→ Rn. 49) bei der Regelung des **§ 736 ZPO.** Sie behält bei fehlender Parteifähigkeit der (Außen-)GbR schon deshalb ihren gesetzlich bestimmten Anwendungsbereich, weil ein Urteil gegen die Gesellschaft als solche in derartigen Fällen nicht ergehen kann. Wegen der Einzelheiten → Rn. 55 ff.

3. Gesamthandsschuldklage. a) Grundsatz. Die Klage richtet sich gegen sämtliche Gesell- 53 schafter, ggf. vertreten durch einen vertretungsberechtigten Geschäftsführer; die Gesellschafter bilden eine notwendige Streitgenossenschaft auf der Passivseite (→ Rn. 51). Klageziel ist die Erfüllung des eingeklagten Anspruchs aus dem Gesellschaftsvermögen, Klagegrund das Bestehen einer Gesamthandsverbindlichkeit (→ Rn. 24 ff.). Auf Einwendungen, die nicht der Gesellschaft, sondern den Gesellschaftern als Gesamtschuldner persönlich zustehen, können sich die Streitgenossen nicht berufen. Der korrekte **Urteilstenor** hat entsprechend dem Klageantrag auf *Leistung aus dem Gesamthandsvermögen* zu lauten.[108] Die Beschränkung kann im Rahmen von § 321 ZPO auch noch nachträglich durch Urteilsergänzung in den Tenor aufgenommen werden. Dagegen ist für die von einem Teil der Literatur[109] entsprechend §§ 780, 786 ZPO bejahte Möglichkeit, das Urteil auf Antrag der Beklagten unter Vorbehalt ihrer Haftungsbeschränkung auf das Gesamthandsvermögen ergehen zu lassen und über die Berechtigung der Haftungsbeschränkung nach §§ 785, 767 ZPO im Rahmen einer Vollstreckungsabwehrklage zu befinden, schon deshalb kein Raum, weil der Kläger mit der Gesamthandsschuldklage nur Leistung aus dem Gesamthandsvermögen begehrt (→ Rn. 51). Aus dem gleichen Grunde scheidet auch die Vollstreckung aus einem Gesamthandsschuldtitel in das Privatvermögen der Gesellschafter aus (→ Rn. 54). – Zu den Auswirkungen eines Gesellschafterwechsels auf den Gesamthandsprozess und die Vollstreckung in das Gesellschaftsvermögen → Rn. 60 ff., 64.

b) Keine Vollstreckung ins Privatvermögen. Ist im Urteilstenor eine ausdrückliche Anord- 54 nung der Haftungsbeschränkung auf das Gesamthandsvermögen unterblieben, ergibt sich jedoch durch Auslegung des Urteils aufgrund der Entscheidungsgründe, dass die Verurteilung der Gesamthänder nur im Rahmen der Gesamthandsschuldklage erfolgt und die Vollstreckung daher auf das Gesamthandsvermögen zu beschränken ist, so können sich die Gesellschafter gegen Vollstreckungsmaßnahmen in ihr Privatvermögen mit der *Drittwiderspruchsklage* nach § 771 ZPO zur Wehr setzen. „Dritter" iS dieser Vorschrift kann auch der Vollstreckungsschuldner selbst sein, wenn entweder seine Haftung auf einen bestimmten Vermögenskomplex beschränkt oder ein solcher von der Haftung ausgenommen ist.[110] Daneben kommt auch ein Vorgehen nach § 766 iVm § 750 ZPO in Betracht,[111] sofern zwischen den Parteien Streit über die (andere) Frage besteht, ob der Titel auch zur Vollstreckung in das Privatvermögen der Gesellschafter berechtigt.

4. Vollstreckung in das Gesellschaftsvermögen. a) Vollstreckungstitel. aa) Grundsatz. 55 Die Vorschrift des § 736 ZPO trägt der fehlenden Parteifähigkeit der nicht von der Rechtsfortbildung durch BGHZ 146, 341 erfassten GbR (→ Rn. 49) dadurch Rechnung, dass sie zur Zwangsvollstreckung in das Gesellschaftsvermögen ein gegen alle Gesellschafter ergangenes Urteil erfordert (→ Rn. 52). Mit der hM ist die Vorschrift nicht im strikten Wortsinn („*ein* Urteil") zu verstehen, sondern dahin auszulegen, dass hierfür *auch mehrere* in getrennten Verfahren gegen jeden einzelnen

---

[107] Stein/Jonas/*Bork,* 22. Aufl. 2002, ZPO § 62 Rn. 23; *Göckeler,* Die Stellung der Gesellschaft bürgerlichen Rechts im Erkenntnis-, Vollstreckungs- und Konkursverfahren, 1992, S. 67 f.; *Heller,* Der Zivilprozess der Gesellschaft bürgerlichen Rechts, 1989, S. 82 f.
[108] Staudinger/*Keßler,* 12. Aufl. 1979, § 714 Rn. 20; Erman/*Westermann* Rn. 15; *RGRK/v. Gamm* § 714 Rn. 10. → § 728 Rn. 41 und *Oehlerking* KTS 1980, 17 f. zur Zulässigkeit der auf Leistung aus dem Gesamthandsvermögen gerichteten Klage gegen einen Gesellschafter-Gemeinschuldner trotz der Sperrwirkung des § 87 InsO.
[109] *Kornblum* BB 1970, 1452; *Nicknig* Haftung S. 134 ff.; *Noack* MDR 1974, 813 f.; *Hennecke,* Das Sondervermögen der Gesamthand, 1976, S. 134; *Fehl,* FS Trinkner, 1995, S. 135 (147 ff.).
[110] Stein/Jonas/*Münzberg,* 22. Aufl. 2002, ZPO § 771 Rn. 45; MüKoZPO/*K. Schmidt* ZPO § 771 Rn. 18; Thomas/Putzo/*Seiler* ZPO § 771 Rn. 9, 20.
[111] Stein/Jonas/*Münzberg,* 22. Aufl. 2002, ZPO § 766 Rn. 21, 34; MüKoZPO/*K. Schmidt* ZPO § 766 Rn. 5, 27; *Ullrich* NJW 1974, 1490.

Gesellschafter erstrittene *Urteile* ausreichen.[112] Einer Klage gegen alle Gesamthänder gemeinsam als notwendige Streitgenossen (Gesamthandsschuldklage, → Rn. 53) bedarf es nicht (→ Rn. 57). Die Zwangsvollstreckung in das Gesamthandsvermögen aufgrund von Gesamtschuldtiteln gegen alle Gesellschafter ist *formell* auch dann möglich, wenn eine Gesamthandsschuld daneben nicht besteht und das Gesellschaftsvermögen dem Gläubiger deshalb materiell nicht haftet. Die Gesellschaft kann jedoch einer Vollstreckung in das Gesellschaftsvermögen durch einen Privatgläubiger nach § 771 ZPO entgegentreten (→ Rn. 58), wenn dieser aufgrund von Ansprüchen, die mit der Gesellschaftssphäre in keinem Zusammenhang stehen, Titel gegen sämtliche Gesellschafter erlangt hat. Zur Vollstreckung aus Gesamtschuldtiteln → Rn. 57 f.

56 Machen **Gesellschafter selbst** Ansprüche gegen die Gesellschaft geltend, sei es im Sinne von Sozialverbindlichkeiten (→ § 705 Rn. 197) oder von Drittgläubigerforderungen (→ § 705 Rn. 202 f.), so genügt für die Vollstreckung in das Gesamthandsvermögen abweichend von § 736 ZPO ein *Titel gegen die übrigen Gesellschafter*.[113] Da die Gesellschafter am Gesamthandsprozess der GbR als Partei beteiligt sind (→ Rn. 51), müssten sie sich andernfalls selbst verklagen.[114]

57 **bb) Vollstreckung aus Gesamtschuldtiteln?** Fraglich ist, ob *Titel gegen sämtliche Gesellschafter,* die im Wege der Gesamtschuldklage erstritten wurden, zur Vollstreckung in das Gesamthandsvermögen berechtigen.[115] Die Frage ist mit der ganz überwiegenden Meinung in *formeller* Hinsicht zu bejahen, und zwar auch dann, wenn neben den titulierten Gesamtschulden der Gesellschafter materiell eine Gesamthandsschuld nicht vorliegt, der Titel vielmehr reine Privatverbindlichkeiten der Gesellschafter betrifft (→ Rn. 55). Dass das Gesellschaftsvermögen für diese Verbindlichkeiten materiellrechtlich nicht haftet, lässt die **formelle Rechtmäßigkeit der Zwangsvollstreckung** unberührt. Eine restriktive Auslegung des § 736 ZPO in dem Sinne, dass eine Vollstreckung unzulässig ist, wenn dem Gesamtschuldtitel reine Privatverbindlichkeiten der Gesellschafter zugrunde liegen, würde dem Vollstreckungsorgan die von ihm nicht zu leistende Prüfung des Rechtsgrundes der titulierten Verbindlichkeit auferlegen und die Frage der materiellen Haftung systemwidrig in das Erinnerungsverfahren nach § 766 ZPO verlagern.[116] In den Fällen der Zwangsvollstreckung in das Gesellschaftsvermögen aufgrund von Gesamtschuldtiteln führt § 736 ZPO daher zu einer Erstreckung der Vollstreckbarkeit gegen Dritte (die Gesamthand), wie sie auch für andere im systematischen Zusammenhang mit § 736 ZPO stehende Vorschriften – etwa § 741 ZPO – allgemein anerkannt ist.[117] Das Fehlen einer materiellen Gesamthandsschuld berech-

---

[112] BGHZ 53, 110 (113) = NJW 1970, 473; RGZ 68, 221 (223) jeweils zu § 747 ZPO; vgl. zur neueren Rspr. betr. Außen-GbR: BGHZ 146, 341 (356); auch BGH ZIP 2008, 501 (502) Rn. 10 = NJW 2008, 1378 (1379) mit krit. Bespr. *K. Schmidt* NJW 2008, 1841 (1844); sowie → Rn. 44; ferner *Hüffer,* FS Stimpel, 1985, S. 165 (184 f.); *Kornblum* BB 1970, 1450 f.; aus dem Vollstreckungsrecht MüKoZPO/*Heßler* ZPO § 736 Rn. 9; Stein/Jonas/*Münzberg,* 22. Aufl. 2002, ZPO § 735 Rn. 6; Zöller/*Stöber* ZPO § 736 Rn. 3; Thomas/Putzo/*Seiler* ZPO § 736 Rn. 2; Baumbach/Lauterbach/Albers/*Hartmann* ZPO § 736 Rn. 4; aA – einheitlicher Titel über die Gesamthandsschuld erforderlich – Soergel/*Hadding/Kießling* § 714 Rn. 54; *Göckeler,* Die Stellung der Gesellschaft bürgerlichen Rechts im Erkenntnis-, Vollstreckungs- und Konkursverfahren, 1992, S. 201 ff.; *Heller,* Der Zivilprozess der Gesellschaft bürgerlichen Rechts, 1989, S. 230 und 232; *Nicknig* Haftung S. 133; *Aderhold* S. 165; *Schünemann* Grundprobleme S. 228; im Ergebnis auch *Lindacher* JuS 1982, 592 (595) sowie offenbar – von seinem die Gruppenlehre abl. Ausgangspunkt schwer nachvollziehbar – Staudinger/*Keßler,* 12. Aufl. 1979, § 714 Rn. 20 – anders aber *ders.* § 718 Rn. 10.
[113] Erman/*Westermann* Rn. 16; Staudinger/*Keßler,* 12. Aufl. 1979, § 705 Rn. 78; aA *Schünemann* Grundprobleme S. 254 f.
[114] Ganz hM für die auf Haftung des Nachlasses gerichtete sog. Gesamthandsklage eines Miterben, vgl. 4. Aufl. § 2059 Rn. 27 (*Heidrich*); Stein/Jonas/*Münzberg,* 22. Aufl. 2002, ZPO § 747 Rn. 2; MüKoZPO/*Heßler* ZPO § 747 Rn. 14.
[115] Vgl. BGHZ 53, 110 (113) = NJW 1970, 473; RGZ 68, 221 (223) jeweils zu § 747 ZPO; ferner *Hüffer,* FS Stimpel, 1985, S. 165 (184 f.); *Kornblum* BB 1970, 1450 f.; so auch die hM im Vollstreckungsrecht, vgl. MüKoZPO/*Heßler* ZPO § 736 Rn. 9; Stein/Jonas/*Münzberg,* 22. Aufl. 2002, ZPO § 736 Rn. 5 und ZPO Vor § 735 Rn. 6; Zöller/*Stöber* ZPO § 736 Rn. 3; Thomas/Putzo/*Seiler* ZPO § 736 Rn. 2; Baumbach/Lauterbach/Albers/*Hartmann* ZPO § 736 Rn. 4; aA – einheitlicher Titel über die Gesamthandsschuld erforderlich – Soergel/*Hadding/Kießling* § 714 Rn. 54; *Göckeler,* Die Stellung der Gesellschaft bürgerlichen Rechts im Erkenntnis-, Vollstreckungs- und Konkursverfahren, 1992, S. 201 ff.; *Heller,* Der Zivilprozess der Gesellschaft bürgerlichen Rechts, 1989, S. 230 und 232; *Nicknig* Haftung S. 133; *Aderhold* S. 165; *Schünemann* Grundprobleme S. 228; im Ergebnis auch *Lindacher* JuS 1982, 592 (595) sowie offenbar – von seinem die Gruppenlehre abl. Ausgangspunkt schwer nachvollziehbar – Staudinger/*Keßler,* 12. Aufl. 1979, § 714 Rn. 20 – anders aber *ders.* § 718 Rn. 10.
[116] So zutr. *Brehm* KTS 1983, 33 f.; *M. Winter* KTS 1983, 365 f.; zust. Erman/*Westermann* Rn. 13 und *Hüffer,* FS Stimpel, 1985, S. 165 (184 f.) trotz Bejahung der Parteifähigkeit der GbR; dagegen *Göckeler,* Die Stellung der Gesellschaft bürgerlichen Rechts im Erkenntnis-, Vollstreckungs- und Konkursverfahren, 1992, S. 204 ff.
[117] Vgl. nur Stein/Jonas/*Münzberg,* 22. Aufl. 2002, ZPO Vor § 735 Rn. 2 f.; MüKoZPO/*Heßler* ZPO § 741 Rn. 4; Zöller/*Stöber* ZPO § 741 Rn. 1.

tigt die Gesamthand allerdings zur Erhebung der *Drittwiderspruchsklage* analog § 771 ZPO (→ Rn. 58). – Der Unterschied zwischen Gesamtschuld- und Gesamthandsschuldklage bleibt für § 736 ZPO auch abgesehen von § 771 ZPO deshalb bedeutsam, weil eine Umschreibung des Titels nach § 727 ZPO beim Eintritt neuer Gesellschafter nur möglich ist, soweit der Titel auf einer Gesamthandsschuldklage beruht (→ Rn. 64).

Erfolgt die Zwangsvollstreckung in das Gesamthandsvermögen aufgrund von Gesamtschuldtiteln, **58** kann die Gesamthand analog § 771 ZPO die materielle Nichthaftung im Wege der **Drittwiderspruchsklage** geltend machen.[118] Begründet ist eine solche Klage freilich nur, wenn neben der titulierten Gesamtschuld, die die Grundlage der Vollstreckung bildet, nicht zugleich eine entsprechende Gesamthandsschuld besteht. Andernfalls kann der Vollstreckungsgläubiger dem Widerspruchskläger den *Einwand der materiellen Mithaft* entgegenhalten. Dass die Forderung gegen den Widerspruchskläger nicht tituliert ist, steht der Geltendmachung des Einwands im Verfahren nach § 771 ZPO nicht entgegen.[119] Das Bestehen einer Gesamthandsschuld führt somit zur Abweisung der Widerspruchsklage. Nur wenn die Gesamtschuldtitel auf reinen Privatschulden der Gesellschafter beruhen, hat das Gericht die Zwangsvollstreckung in das Gesellschaftsvermögen für unzulässig zu erklären.[120]

b) Gewahrsam. Die Zwangsvollstreckung in bewegliche Sachen setzt grundsätzlich voraus, **59** dass diese sich im Gewahrsam des Vollstreckungsschuldners befinden (§§ 808, 883 ZPO). Unter Gewahrsam wird die tatsächliche Herrschaft über die Sache verstanden; der Gewahrsamsbegriff entspricht damit dem sachenrechtlichen Begriff des **unmittelbaren Besitzes.**[121] Bei der rechtsfähigen GbR sprechen die besseren Gründe dafür, den Besitz der Gesamthand als solcher zuzurechnen, nicht etwa den die Sachherrschaft für sie ausübenden Gesellschaftern persönlich (→ Rn. 35 f.); konsequentermaßen ist dann auch die **Gewahrsamsfähigkeit der Gesellschaft** zu bejahen,[122] so dass es insofern des problematischen Rückgriffs auf den Gewahrsam der Gesellschafter als im Titel genannter Vollstreckungsschuldner[123] nicht bedarf. Erfolgt die Vollstreckung aufgrund eines Gesamtschuldtitels (→ Rn. 57), steht der Gewahrsam der Gesamthand der formellen Rechtmäßigkeit der Zwangsvollstreckung nicht entgegen.[124] Die Erweiterung der Vollstreckungsbefugnis durch § 736 ZPO deckt auch den Eingriff in den Gewahrsam der Gesellschaft. **Fraglich** ist allerdings, ob man diese Grundsätze auch auf die **nichtrechtsfähige Gesellschaft** übertragen kann; zumindest für die vermögenstragende Innengesellschaft (sofern anzuerkennen, → Rn. 48), ließe sich dies kaum befürworten, zumal sie über keine Organe verfügt, deren Besitz ihr zugerechnet werden könnte; hier ist daher notwendig auf den Gewahrsam der Gesellschafter abzustellen. Bei der nichtrechtsfähigen Außengesellschaft (→ Rn. 47) ist die Übertragung zweifelhaft, aber wohl zu befürworten.

5. Gesellschafterwechsel. a) Während der Rechtshängigkeit. aa) Ausscheiden eines 60 Gesellschafters. Das ersatzlose Ausscheiden eines Gesamthänders aus der Gesellschaft führt entgegen der hM,[125] die § 265 Abs. 2 ZPO anwendet, zu einer *gesetzlichen Parteiänderung;* die auf der Mitgliedschaft in der Gesamthand beruhende aktive oder passive Parteistellung (→ Rn. 50 f.) des Ausschei-

---

[118] Trotz Bejahung der Parteifähigkeit der GbR auch *Hüffer*, FS Stimpel, 1985, S. 165 (184 f.); im Grundsatz auch *Fehl*, FS Trinkner, 1995, S. 135 (143), der jedoch auch den Gesellschaftsgläubigern eine Klagebefugnis zuerkennt; aA *Wertenbruch*, Die Haftung von Gesellschaften und Gesellschaftsanteilen in der Zwangsvollstreckung, 2001, S. 148 f.
[119] StRspr, vgl. zuletzt BGHZ 80, 296 (302 f.) = NJW 1981, 1835; ebenso für § 774 ZPO Stein/Jonas/ *Münzberg*, 22. Aufl. 2002, ZPO § 771 Rn. 59; krit. dazu MüKoZPO/*K. Schmidt* ZPO § 771 Rn. 49.
[120] Ebenso *M. Winter* KTS 1983, 367 f.; *Hüffer*, FS Stimpel, 1985, S. 165 (184 f.); aA *Wertenbruch*, Die Haftung von Gesellschaften und Gesellschaftsanteilen in der Zwangsvollstreckung, 2001, S. 148 f.
[121] MüKoZPO/*Gruber* ZPO § 808 Rn. 6; Stein/Jonas/*Münzberg*, 22. Aufl. 2002, ZPO § 808 Rn. 6; Baumbach/Lauterbach/Albers/*Hartmann* ZPO § 808 Rn. 10; *Jauernig/Berger*, Zwangsvollstreckungs- und Insolvenzrecht, 22. Aufl. 2007, § 17 II Rn. 7.
[122] KG NJW 1977, 1160 zur KG; *Schünemann* Grundprobleme S. 264 ff.; abw. *Göckeler*, Die Stellung der Gesellschaft bürgerlichen Rechts im Erkenntnis-, Vollstreckungs- und Konkursverfahren, 1992, S. 195, der die Frage offen lässt, da der Gesellschafter zumindestens nicht Dritter iSd § 809 ZPO sei. Zur Besitzfähigkeit der Gesellschaft → Rn. 35 ff.
[123] So MüKoZPO/*Heßler*, 2. Aufl. 2002, ZPO § 736 Rn. 39 – anders dann 3. Aufl. 2007 Rn. 39; und noch Stein/Jonas/*Münzberg*, 21. Aufl. 1995, ZPO § 736 Rn. 7 – anders dann 22. Aufl. 2002 Rn. 9.
[124] AA offenbar *Brehm* KTS 1983, 33.
[125] RGZ 78, 101 (105); BGH WM 1963, 729 (730); Staudinger/*Keßler*, 12. Aufl. 1979, § 738 Rn. 19; Stein/Jonas/*Roth*, 22. Aufl. 2002, ZPO § 265 Rn. 21; *Göckeler*, Die Stellung der Gesellschaft bürgerlichen Rechts im Erkenntnis-, Vollstreckungs- und Konkursverfahren, 1992, S. 165 ff.

denden entfällt.[126] Die Vorschrift des § 265 Abs. 2 ZPO passt auch bei weiter Auslegung[127] nicht, da sie eine Änderung der Sachlegitimation voraussetzt. Demgegenüber bleibt die materiellrechtliche Berechtigung oder Verpflichtung der Gesamthand durch den Mitgliederwechsel unberührt; lediglich die auf der Mitgliedschaft beruhende Parteistellung ändert sich.[128] Für eine Unterbrechung des Verfahrens entsprechend §§ 239 ff. ZPO ist im Fall des ersatzlosen Ausscheidens eines Gesellschafters im Allgemeinen kein Anlass, da die verbliebenen Gesellschafter, denen der Anteil des Ausgeschiedenen am Gesamthandsvermögen anwächst, wegen der fortbestehenden Vertretungsbefugnis der Gesellschaftsorgane (→ Rn. 50 f.) keines Schutzes bedürfen;[129] eine Ausnahme gilt beim Ausscheiden des einzigen geschäftsführungs- und vertretungsberechtigten Gesellschafters.[130] Ebenso besteht kein Anlass, mit Rücksicht auf die Prozesskosten im Austritt des Gesellschafters eine teilweise Erledigung der Hauptsache iSv § 91a ZPO zu sehen.[131] Haftungsmasse für Kostenerstattungsansprüche ist bei Gesamthandsprozessen trotz der Parteistellung der Gesellschafter nur das Gesamthandsvermögen.[132]

61   **bb) Neueintritt.** Auch die Erweiterung der GbR durch Neueintritt eines weiteren Gesamthänders führt entsprechend der materiellrechtlichen An- und Abwachsung und ihrer Folgen für die Prozessführungsbefugnis zu einer *gesetzlichen Parteiänderung*. Einer Anwendung des § 265 Abs. 2 ZPO steht auch hier die unveränderte Sachlegitimation der Gesamthand entgegen.[133] Die prozessualen Folgen ergeben sich vielmehr aus der entsprechenden Anwendung der §§ 241, 246 ZPO.[134] Im Regelfall, in dem die am Gesamthandsprozess beteiligten Gesellschafter durch einen von den Geschäftsführern bestellten Prozessbevollmächtigten vertreten werden, wird der Prozess nicht kraft Gesetzes unterbrochen; es besteht nur die Möglichkeit der antragsweisen **Aussetzung des Verfahrens** gemäß § 246 ZPO.[135] Entsprechendes gilt, wenn die Gesamthänder zwar nicht anwaltlich vertreten sind, aber ein oder mehrere Geschäftsführer der GbR den Prozess im Namen der Gesellschafter führen. Nur falls kein Anwalt bestellt war und in der betroffenen GbR mangels gesellschaftsvertraglicher Vertretungsregelung der Prozess von allen Gesellschaftern geführt wird, tritt bis zur Aufnahme des Prozesses durch den Neuen entsprechend § 241 ZPO eine Unterbrechung des Verfahrens ein. Während der Dauer der Unterbrechung sind Entscheidungen des Gerichts vorbehaltlich § 249 Abs. 3 ZPO unzulässig.[136]

62   Wird in den Fällen des § 246 ZPO **kein Aussetzungsantrag** gestellt, hat der Neueintritt auf die Fortsetzung des Rechtsstreits keinen Einfluss. Wird dem Gericht der Neueintritt des Gesellschafters mitgeteilt, so ist die *Parteibezeichnung* auf Antrag zu *berichtigen*.[137] Bleibt der Eintritt des neuen

---

[126] So im Ergebnis auch *Heller*, Der Zivilprozess der Gesellschaft bürgerlichen Rechts, 1989, S. 196 f. und die Befürworter der Parteifähigkeit der GbR, vgl. MüKoZPO/*Becker-Eberhard* ZPO § 265 Rn. 47.
[127] Dazu Stein/Jonas/*Roth,* 22. Aufl. 2002, ZPO § 265 Rn. 18 f.; Baumbach/Lauterbach/Albers/*Hartmann* ZPO § 265 Rn. 3.
[128] Die Unanwendbarkeit des § 265 ZPO im Fall einer Änderung der Prozessführungsbefugnis ist in der Rspr. anerkannt; vgl. zum Erlöschen der Prozessführungsbefugnis des Testamentsvollstreckers RGZ 155, 350 (353); zum früheren ehelichen Güterrecht BGHZ 1, 65 (67 f.) = NJW 1951, 311. Vgl. auch *Rosenberg/Schwab/Gottwald* ZivilProzR § 46 Rn. 49 ff. mwN.
[129] So im Ergebnis auch *Riegger*, Die Rechtsfolgen des Ausscheidens eines Gesellschafters aus einer zweigliedrigen Personalgesellschaft, 1969, S. 65 f., und *Heller,* Der Zivilprozess der Gesellschaft bürgerlichen Rechts, 1989, S. 196 f.
[130] In diesem Fall tritt Gesamtgeschäftsführungs- und Vertretungsbefugnis sämtlicher übrigen Gesellschafter ein (→ § 710 Rn. 5); die prozessualen Folgen bestimmen sich nach §§ 241, 246 ZPO (→ Rn. 61).
[131] So *Riegger*, Die Rechtsfolgen des Ausscheidens eines Gesellschafters aus einer zweigliedrigen Personalgesellschaft, 1969, S. 68 ff.
[132] Vgl. zur Kostentragung des verwalteten Sondervermögens im Falle der Prozessführung durch den Verwalter als Partei kraft Amtes Stein/Jonas/*Bork,* 22. Aufl. 2002, ZPO Vor § 91 Rn. 23, ZPO § 91 Rn. 1 mwN; zum Testamentsvollstrecker → § 2212 Rn. 13 *(Zimmermann).*
[133] AA *Göckeler,* Die Stellung der Gesellschaft bürgerlichen Rechts im Erkenntnis-, Vollstreckungs- und Konkursverfahren, 1992, S. 169.
[134] Zust. *Heller,* Der Zivilprozess der Gesellschaft bürgerlichen Rechts, 1989, S. 200 f.; aA *Reichert,* Die BGB-Gesellschaft im Zivilprozess, 1988, S. 66: gewillkürter Parteiwechsel analog § 264 ZPO. Zur entspr. Anwendung des § 241 ZPO in den Fällen des Verlusts der Prozessführungsbefugnis durch eine Partei kraft Amtes vgl. Stein/Jonas/*Roth,* 22. Aufl. 2002, ZPO § 241 Rn. 7; Zöller/*Greger,* 21. Aufl. 1999, ZPO § 241 Rn. 1 und *Rosenberg/Schwab/Gottwald* ZivilProzR § 40 Rn. 19 und Rn. 52, die auch eine analoge Anwendung von § 239 ZPO erwägen.
[135] So auch *Heller,* Der Zivilprozess der Gesellschaft bürgerlichen Rechts, 1989, S. 200. Zum Zweck des § 246 ZPO s. Stein/Jonas/*Roth,* 22. Aufl. 2002, ZPO § 246 Rn. 1 f. und MüKoZPO/*Gehrlein* ZPO § 246 Rn. 1 f.
[136] Vgl. statt aller Stein/Jonas/*Roth,* 21. Aufl. 1993, ZPO § 249 Rn. 23 f., 26 ff.; Thomas/Putzo/*Hüßtege* ZPO § 249 Rn. 8; MüKoZPO/*Gehrlein* ZPO § 249 Rn. 19 ff.
[137] BGH ZIP 1990, 715 (716); NJW 1997, 1236; 2000, 291 (292); allg. zur Berichtigung der Parteibezeichnung im Falle des gesetzlichen Parteiwechsels vgl. Stein/Jonas/*Roth,* 22. Aufl. 2002, ZPO § 246 Rn. 9.

Gesellschafters dem Gericht unbekannt und erscheint dessen Name deshalb nicht im Rubrum des Urteils, wird die Wirkung des Urteils auch für und gegen den neueingetretenen Gesellschafter dadurch nicht berührt.[138] Die unrichtige Parteibezeichnung kann dadurch berichtigt werden, dass das Urteil analog § 727 ZPO auf den Neueingetretenen umgeschrieben wird (→ Rn. 64); dass die Rechtsänderung bereits vor Urteilserlass eingetreten war, steht nicht entgegen.[139]

cc) Gesellschafterwechsel. Das Vorstehende gilt entsprechend im Fall des Gesellschafterwechsels, und zwar unabhängig davon, ob dieser auf einem Rechtsgeschäft mit den Mitgesellschaftern über Ausscheiden und Eintritt beruht (→ § 719 Rn. 17 f.) oder auf einer Anteilsübertragung zwischen bisherigem und neuem Gesellschafter (→ § 719 Rn. 21 ff.).[140] Auch die gleichzeitige Auswechslung sämtlicher Gesellschafter lässt die Identität der Gesamthand und ihre Sachlegitimation unberührt (→ § 719 Rn. 26). Eine Anwendung des § 265 ZPO scheidet daher auch in diesem Fall aus.[141] 63

b) Im Vollstreckungsverfahren. Tritt die Änderung in der Zusammensetzung des Mitgliederkreises erst nach Erlass eines vollstreckbaren Urteils im *Gesamthandsprozess* ein, so hat das keine Auswirkungen auf die Vollstreckung in das Gesamthandsvermögen. Das *Ausscheiden* eines im Urteil genannten Gesellschafters ist ohnedies unschädlich. Entsprechendes gilt aber auch für den *Eintritt* eines neuen Gesellschafters im Hinblick auf die damit verbundene, durch Ab- und Anwachsung eintretende Rechtsänderung (→ Rn. 61).[142] Das gegen die Gesamthand ergangene Urteil bindet auch den neueingetretenen Gesellschafter als Mitglied der Gesamthand. Der **Vollstreckungstitel ist entsprechend § 727 ZPO umzuschreiben,**[143] und zwar unter Beschränkung auf das Gesellschaftsvermögen.[144] Dass der Gesellschafterwechsel nicht unter §§ 265, 325 ZPO fällt (→ Rn. 60 ff.), steht der Anwendung des § 727 ZPO schon deshalb nicht entgegen, weil die Anwendungsbereiche der Vorschriften sich nicht notwendig decken.[145] – Kann der Gläubiger den Neueintritt nicht in der in § 727 ZPO vorgesehenen Weise nachweisen, muss er Klage gemäß § 731 ZPO erheben. 64

6. Rechtsformwechsel der Gesamthand. Die Änderung der Rechtsform einer GbR in eine Personenhandelsgesellschaft (OHG oder KG) oder eine Partnerschaft hat ebenso wie der umgekehrte Vorgang auf die materiellrechtliche Identität der Gesamthand keinen Einfluss; Gesellschafterbestand und Zuordnung des Gesamthandsvermögens bleiben von dem Rechtsformwechsel unberührt (→ § 705 Rn. 11 ff., 13). Im Prozess um Rechte und Verbindlichkeiten einer nicht selbst parteifähigen GbR kommt es dagegen wegen der nach § 124 Abs. 1 HGB iVm § 7 Abs. 2 PartGG für OHG, KG und PartG zu bejahenden Parteifähigkeit zu einem **gesetzlichen Parteiwechsel.**[146] Dem ist durch *Berichtigung der Parteibezeichnung* (des Rubrums) Rechnung zu tragen.[147] Die fehlende Parteifähigkeit der GbR ohne Identitätsausstattung steht der Bezeichnungsänderung für die Fälle der Gesamthandsprozesse (→ Rn. 50 f., 53) nicht entgegen.[148] Auf Klagen gegen die Gesellschafter persönlich 65

---

[138] Vgl. Stein/Jonas/*Roth*, 21. Aufl. 1993, ZPO § 246 Rn. 2.
[139] Stein/Jonas/*Münzberg*, 22. Aufl. 2002, ZPO § 727 Rn. 12, 15; MüKoZPO/*Wolfsteiner* ZPO § 727 Rn. 7.
[140] *Heller*, Der Zivilprozess der Gesellschaft bürgerlichen Rechts, 1989, S. 201.
[141] Zweifelnd *Heller*, Der Zivilprozess der Gesellschaft bürgerlichen Rechts, 1989, S. 201 Fn. 48; aA *Göckeler*, Die Stellung der Gesellschaft bürgerlichen Rechts im Erkenntnis-, Vollstreckungs- und Konkursverfahren, 1992, S. 169 f.
[142] *Bettermann*, Die Vollstreckung des Zivilurteils in den Grenzen seiner Rechtskraft, 1948, S. 197 betr. OHG; *Bruns/Peters*, Zwangsvollstreckungsrecht, 3. Aufl. 1987, S. 57.
[143] BGHZ 120, 387 (392) = NJW 1993, 1396; BGHZ 146, 341 (352) = NJW 2001, 1056; Stein/Jonas/*Münzberg*, 22. Aufl. 2002, ZPO § 736 Rn. 4; *Göckeler*, Die Stellung der Gesellschaft bürgerlichen Rechts im Erkenntnis-, Vollstreckungs- und Konkursverfahren, 1992, S. 170 f.; *Heller*, Der Zivilprozess der Gesellschaft bürgerlichen Rechts, 1989, S. 202 f.; so für die Begründung oder Beendigung der Stellung als Partei kraft Amtes → § 727 Rn. 27, 30.
[144] So auch MüKoZPO/*Heßler* ZPO § 736 Rn. 16 f.; *Wieczorek*, 3. Aufl. 1999, ZPO § 736 Rn. 15; Zöller/*Stöber* ZPO § 736 Rn. 5. S. auch BGH NZG 2007, 140 (142) – Titelumschreibung auf den Erwerber eines Gesellschaftsanteils hinsichtlich dessen persönlicher Haftung scheidet aus, soweit dieser nicht haftet.
[145] Stein/Jonas/*Münzberg*, 22. Aufl. 2002, ZPO § 727 Rn. 4; *Baumgärtl* DB 1990, 1905; teilweise aA *Bettermann*, Die Vollstreckung des Zivilurteils in den Grenzen seiner Rechtskraft, 1948, S. 197 S. 44 ff. und MüKoZPO/*Wolfsteiner* ZPO § 727 Rn. 2.
[146] So auch *Heller*, Der Zivilprozess der Gesellschaft bürgerlichen Rechts, 1989, S. 223; *Göckeler*, Die Stellung der Gesellschaft bürgerlichen Rechts im Erkenntnis-, Vollstreckungs- und Konkursverfahren, 1992, S. 174 ff., anders – für gewillkürten Parteiwechsel – *Reichert*, Die BGB-Gesellschaft im Zivilprozess, 1988, S. 68 f.
[147] So für den Übergang von der Gesamthandsschuldklage zur Klage gegen die GbR auch BGH NJW 2003, 1043 (→ Rn. 44); offenlassend BGH NJW 2002, 3536 (3538); zur davon zu unterscheidenden irrtümlichen Verklagung einer parteifähigen GbR als Gesamthand der Gesellschafter (Parteiwechsel iS sachdienlicher Klageänderung) → § 705 Rn. 320 aE.
[148] Anders im Fall der Klage namens einer schon vor Klageerhebung in eine GbR umgewandelten ehemaligen KG, vgl. LG Regensburg WM 1979, 594.

(Gesamtschuldklagen) ist der Rechtsformwechsel der Gesamthand ohnedies ohne Einfluss; insoweit bedarf es daher auch keiner Anpassung der Parteibezeichnung.

66 Darüber, ob und wie der mit dem Rechtsformwechsel verbundene gesetzliche Parteiwechsel, wenn er im Prozess unbeachtet blieb oder erst nach Prozessende eintrat, für das **Vollstreckungsverfahren** berücksichtigt werden kann, gehen die Ansichten auseinander. Während der BGH in einem Sonderfall für die Wirksamkeit der Pfändung die bloße Auslegung des Vollstreckungstitels ausreichen ließ,[149] wird in Teilen der Literatur[150] die Umstellung des Titels in Form einer „Klarstellungsklausel" befürwortet, da die Voraussetzungen für eine Berichtigung des Urteils oder eine Umschreibung des Titels nach §§ 319, 727 ZPO regelmäßig nicht vorlägen. Ein Bedürfnis für einen derartigen außergesetzlichen Rechtsbehelf ist jedoch nicht ersichtlich. Dem Kläger bleibt es vielmehr unbenommen, eine *Urteilsberichtigung nach § 319 ZPO* zu betreiben, wenn während des Rechtsstreits ein Rechtsformwechsel eingetreten war und dieser von den Parteien vorgetragen wurde.[151] Unstreitig erfasst nämlich § 319 ZPO auch die Berichtigung von Parteibezeichnungen[152] und ist insoweit im Interesse der Prozessökonomie weit auszulegen.[153] Etwas anderes gilt, wenn die Entscheidung mangels entsprechenden Parteivortrags „richtig" ergangen ist. Diesen Fällen kann indessen ebenso wie einer Umwandlung der Gesellschaft nach Erlass des Urteils durch *Umschreibung des Titels entsprechend § 727 ZPO* Rechnung getragen werden, soweit nicht bereits die Auslegung des Titels zur Feststellung des richtigen Vollstreckungsschuldners führt.[154]

§ 719 Gesamthänderische Bindung

(1) Ein Gesellschafter kann nicht über seinen Anteil an dem Gesellschaftsvermögen und an den einzelnen dazu gehörenden Gegenständen verfügen; er ist nicht berechtigt, Teilung zu verlangen.

(2) Gegen eine Forderung, die zum Gesellschaftsvermögen gehört, kann der Schuldner nicht eine ihm gegen einen einzelnen Gesellschafter zustehende Forderung aufrechnen.

Übersicht

	Rn.		Rn.
A. Regelungen des § 719	1–16	II. Anteilsübertragung	25–39
I. Normzweck	1–3	1. Wesen	25, 26
II. Verfügungsverbote des Abs. 1	4–11	2. Voraussetzungen	27–32
1. Anteil am Gesellschaftsvermögen	4–7	a) Zustimmung der Mitgesellschafter	27, 28
2. Anteil an den einzelnen Vermögensgegenständen	8–11	b) Einzelheiten	29–31
		c) Sonstige Erfordernisse	32
III. Ausschluss des Teilungsanspruchs	12	3. Form	33–37
IV. Aufrechnung bei Gesellschaftsforderungen	13–16	a) Grundsatz	33, 34
		b) Ausnahmen	35–37
1. Aufrechnungsausschluss (Abs. 2)	13, 14	4. Vollzug und Wirkungen	38, 39
2. Unberührte Aufrechnungsbefugnisse	15, 16	III. Rechtsstellung des Erwerbers	40–47
B. Übertragung der Mitgliedschaft	17–60	1. Grundsatz; Verwaltungsrechte	40, 41
I. Grundlagen	17–24	2. Vermögensrechte und -pflichten	42–47
		a) Überblick	42
1. Ausscheiden und Eintritt	17–20	b) Ansprüche des Veräußerers	43
2. Verfügung über den Gesellschaftsanteil	21–23	c) Verbindlichkeiten	44–47
3. Gang der Darstellung	24	IV. Sonstige Verfügungen über den Anteil	48–60

---

[149] BGH NJW 1967, 821 (822).
[150] *Eickmann* Rpfleger 1970, 113 (115); *Noack* JR 1971, 225; *Schünemann* Grundprobleme S. 248 f.; wohl auch *Lindacher* ZZP 96 (1983), 497 f.
[151] Zust. *Heller*, Der Zivilprozess der Gesellschaft bürgerlichen Rechts, 1989, S. 221 f.; *Göckeler* Die Stellung der Gesellschaft bürgerlichen Rechts im Erkenntnis-, Vollstreckungs- und Konkursverfahren, 1992, S. 175 f.
[152] Stein/Jonas/*Leipold*, 22. Aufl. 2007, ZPO § 319 Rn. 5; Baumbach/Lauterbach/Albers/*Hartmann* ZPO § 319 Rn. 18. *Eickmann* Rpfleger 1970, 113 (115) verneint allerdings eine Unrichtigkeit des Urteilstenors; dies ist angesichts der falschen Rechtsformangabe unzutr.
[153] IdS zB BGH JZ 1964, 591; NJW 1985, 742; Thomas/Putzo/*Reichold* ZPO § 319 Rn. 2; Baumbach/Lauterbach/Albers/*Hartmann* ZPO § 319 Rn. 12; einschr. Stein/Jonas/*Leipold*, 22. Aufl. 2007, ZPO § 319 Rn. 1.
[154] *Heller*, Der Zivilprozess der Gesellschaft bürgerlichen Rechts, 1989, S. 222 f. Anders für den Fall der Vollbeendigung der Gesellschaft, da die Titelumschreibung auf die (ehemaligen) Gesellschafter dazu führen würde, ihnen die persönlichen Einwendungen gegen den Gläubiger zu entziehen, OLG Hamm NJW 1979, 51.

	Rn.		Rn.
1. Teilübertragung	48, 49	b) Voraussetzungen	52
2. Nießbrauch	50	c) Rechtsstellung des Pfandgläubigers	53–56
3. Verpfändung	51–58	d) Verwertung des Gesellschaftsanteils	57, 58
a) Gegenstände	51	4. Pfändung	59, 60

A. Regelungen des § 719

I. Normzweck

Die Verfügungsverbote des § 719 **Abs. 1** gehörten lange Zeit zu den umstrittensten Regelungen des Rechts nicht nur der GbR, sondern (über die Verweisung in § 105 Abs. 3 HGB) auch der Personenhandelsgesellschaften. Anlass des Streits war die Frage, ob und inwieweit die Verbote auch die Übertragung des Gesellschaftsanteils erfassten und ob es vertretbar sei, von der ersten der beiden Verbotsalternativen Abweichungen zu gestatten, obwohl die zweite – wie allgemein anerkannt – zwingend ausgestaltet ist.[1] Demgegenüber wurde in dem Aufrechnungsverbot des **Abs. 2** angesichts der fehlenden Gegenseitigkeit der Forderungen zu Recht nur eine Klarstellung gesehen. **1**

Indessen ist seit langem dank einiger grundlegender Untersuchungen,[2] die ihren Niederschlag in der höchstrichterlichen Rechtsprechung gefunden haben,[3] auch für Abs. 1 eine weitgehende Klärung eingetreten. So steht heute fest, dass die Verfügungsverbote des § 719 Abs. 1 sich entsprechend seinem Wortlaut darauf beschränken, in *Fall 1* den **unauflöslichen Zusammenhang zwischen Gesellschafterstellung und Gesamthandsberechtigung** zu betonen und in *Fall 2*, im Interesse der **Erhaltung des Gesellschaftsvermögens**, Eingriffen durch nicht verfügungsbefugte Gesellschafter vorzubeugen. Die Vorschrift dient damit der Absicherung des in § 718 gesetzlich verankerten Gesamthandsprinzips und spiegelt die *gemeinsame* Berechtigung aller Gesellschafter am Gesellschaftsvermögen wider (→ § 718 Rn. 2).[4] Dadurch unterscheidet sie sich zugleich deutlich von dem auf die Mitgliedschaftsrechte der einzelnen Gesellschafter bezogenen grundsätzlichen Abtretungsverbot des § 717 S. 1 (→ § 717 Rn. 3). **2**

Anerkannt ist heute auch, dass der **Gesellschafterwechsel durch Verfügung über die Mit-** **3** **gliedschaft** im Ganzen nicht unter § 719 Abs. 1 fällt, sondern sich mangels besonderer Regelung nach allgemeinen Grundsätzen richtet (→ Rn. 21). Dabei ist im Einzelnen scharf zu unterscheiden zwischen den auf einer Vereinbarung mit den übrigen Gesellschaftern beruhenden, sich durch Ausscheiden und Eintritt vollziehenden Änderungen des Mitgliederkreises (→ Rn. 17 ff.) und der Übertragung der Mitgliedschaft durch zweiseitigen Vertrag zwischen Veräußerer und Erwerber aufgrund genereller oder für den Einzelfall erteilter Zustimmung der Mitgesellschafter (→ Rn. 21 ff.).

II. Verfügungsverbote des Abs. 1

1. Anteil am Gesellschaftsvermögen. Das Verbot, über den Anteil am Gesellschaftsvermögen **4** iSv § 719 Abs. 1 Fall 1 zu verfügen, bezieht sich nicht auf die Vermögensstellung des Gesellschafters, sondern auf seine **Gesamthandsbeteiligung**.[5] Diese steht ihm in seiner Eigenschaft *als Mitglied der Personenverbindung* unabhängig davon zu, wie hoch die kapital- oder stimmenmäßige Beteiligung des einzelnen Gesellschafters am Gesellschaftsvermögen ist, dh welche Anteilsquote auf ihn entfällt (→ § 718 Rn. 6 f.). Dementsprechend ist auch eine Rechtsänderung hinsichtlich der Gesamthandsberechtigung der einzelnen Gesellschafter kein möglicher Gegenstand von Rechtsgeschäften zwischen ihnen oder mit Dritten. Sie tritt vielmehr als notwendige *Folge eines Gesellschafterwechsels*, nämlich im Wege der An- oder Abwachsung ein (→ § 718 Rn. 5). Aus diesem Grund, dh wegen der untrennbaren Verbindung zwischen Mitgliedschaft und Gesamthandsbeteiligung (= Mitberechtigung an der Gesamtheit der der Gesellschaft zugeordneten Gegenstände),[6] kann der „Anteil am

---

[1] Vgl. die Kritik an der früher hM bei *Wiedemann* Übertragung S. 31 f. und *U. Huber* Vermögensanteil S. 360.
[2] *Wiedemann* Übertragung S. 58 ff.; *U. Huber* Vermögensanteil S. 349 ff.; *Flume* BGB AT I 1 § 17.
[3] So erstmals deutlich in BGHZ 44, 229 (231) = NJW 1966, 499; vgl. auch BGH NJW 1975, 166; noch auf den Gedanken einer Abweichung von § 719 Abs. 1 gestützt BGHZ 13, 179 (183) = NJW 1954, 1155.
[4] Abw. *Kießling*, FS Hadding, 2004, S. 477 (487 f.), der das Gesamthandsprinzip auf nichtrechtsfähige Gesellschaften beschränken will und § 719 daher für die rechtsfähige GbR für obsolet hält; dazu unten Rn. 9.
[5] So zu Recht die heute hM, vgl. Soergel/*Hadding/Kießling* Rn. 2; *Flume* BGB AT I 1 § 17 II, S. 350 f.; *U. Huber* Vermögensanteil S. 360; *Wiedemann* Übertragung S. 31 f. und GesR I S. 256 f.; anders früher BGHZ 13, 179 (183) = NJW 1954, 1155; RGRK/*v. Gamm* Rn. 1; *Hueck* OHG § 27 II 2, S. 395 f.; Staudinger/*Keßler*, 12. Aufl. 1979, Rn. 4 und *Weber-Grellet* AcP 182 (1982), 316 (325 f., 331 f.).
[6] Krit. zu dieser Definition Soergel/*Hadding/Kießling* Rn. 5, die sie dahin missverstehen, sie würde bei Forderungen zu einer Gläubigermehrheit von Gesellschaft und Gesellschaftern führen.

Gesellschaftsvermögen" nicht Gegenstand selbständiger Verfügung sein (zu der davon scharf zu unterscheidenden Verfügung über den *Gesellschaftsanteil* → Rn. 21 ff.).

5 Das „Verbot" der Verfügung über die Gesamthandsberechtigung ist aus den in → Rn. 4 genannten Gründen **zwingender Natur;** denn es markiert eben die Grenze bestehender Rechtsmacht.[7] Die früher[8] vielfach zum Beweis des Gegenteils angeführte Vorschrift des § 2033 Abs. 1, die die Verfügung über den Miterbenanteil gestattet, steht wegen der grundsätzlich anderen Struktur der Miterbengemeinschaft als einer reinen Vermögensgemeinschaft nicht entgegen. Sie beruht darauf, dass die Miterbengemeinschaft ohne vertragliche Grundlage entsteht und von Anfang an auf Auseinandersetzung angelegt ist.[9]

6 Die **Umdeutung** einer unwirksamen Verfügung über den Anteil am Gesellschaftsvermögen in eine solche über die nach § 717 S. 2 selbständig abtretbaren Rechte, ggf. auch in die Einräumung einer Unterbeteiligung am Gesellschaftsanteil (→ Vor § 705 Rn. 92 ff.), ist möglich.[10] Demgegenüber kann von einer beabsichtigten Verfügung über den Vermögensanteil (die Vermögensrechte) im Allgemeinen nicht auf den Willen der Beteiligten geschlossen werden, die Mitgliedschaft im Ganzen zu übertragen.[11]

7 Mit der Verfügung über den Anteil am Gesellschaftsvermögen iSd Gesamthandsberechtigung nicht zu verwechseln und vom „Verbot" des § 719 Abs. 1 (Fall 1) nicht erfasst, ist die Verfügung über **einzelne Vermögensrechte.** Sie ist hinsichtlich des Anspruchs auf den Gewinn und das Auseinandersetzungsguthaben in § 717 S. 2 auch ohne Zustimmung der Mitgesellschafter zugelassen (→ § 717 Rn. 30 ff.). Demgegenüber sind der vereinzelt als besonderes Vermögensrecht behandelte *Vermögenswert der Beteiligung* (→ § 705 Rn. 188) sowie das sog. *Gewinnstammrecht* nicht von der Mitgliedschaft abspaltbar und damit als solche keiner Verfügung bzw. Pfändung zugänglich (→ § 717 Rn. 15). Zum Nießbrauch am Gesellschaftsanteil → § 705 Rn. 107 f.; zur Pfändung der Mitgliedschaft → § 725 Rn. 8 ff.

8 **2. Anteil an den einzelnen Vermögensgegenständen.** Auch dieses in § 719 Abs. 1 Fall 2 geregelte „Verfügungsverbot" ist **zwingender** Natur.[12] Das folgt nach zutreffender Ansicht[13] schon daraus, dass es derartige Einzelberechtigungen der Gesellschafter an den zum Gesamthandsvermögen gehörenden Gegenständen weder gibt noch geben kann; auch insofern mangelt es dem Gesellschafter daher von vornherein an der erforderlichen Rechtsmacht. Im Unterschied zum Bruchteilseigentum, das ideelle Bruchteile der Teilhaber an dem ihnen gemeinschaftlich zustehenden Recht kennt und den Teilhabern nach § 747 die getrennte Verfügung hierüber gestattet, beruht das Gesamthandseigentum auf dem Prinzip der Zusammenfassung der in § 718 genannten Gegenstände zu einem *einheitlichen Sondervermögen* und seiner umfassenden Zuordnung zur Mitgliedergesamtheit oder Gruppe der Gesamthänder (→ § 705 Rn. 265). Für die Annahme von Anteilen der Gesamthänder an den einzelnen Gegenständen des Sondervermögens ist daher entgegen der missverständlichen Formulierung in § 719 Abs. 1 BGB, § 859 Abs. 1 S. 2 ZPO kein Raum.[14] Demgemäß ist es auch ausgeschlossen, den „Anteil" eines Gesellschafters an einem Gesellschaftsgrundstück mit einem Grundpfandrecht zu belasten[15] oder eine Gesamthandsforderung in Höhe des der jeweiligen Gesellschaftsbeteiligung entsprechenden Teils zum Gegenstand der Verfügung des Gesellschafters zu machen oder dem Vollstreckungszugriff seines Privatgläubigers zu unterwerfen.[16] Derartige Verfügungen sind – wie für die

---

[7] Vgl. nur Soergel/*Hadding/Kießling* Rn. 3, 7; *Kießling,* FS Hadding, 2004, S. 477 (487) Fn. 35 – mit Überbetonung eines nur vermeintlich bestehenden Gegensatzes; mit „Verbot" ist hier kein Verbotsgesetz iSv § 134 gemeint.

[8] Vgl. etwa BGHZ 13, 179 (183) = NJW 1954, 1155; RGRK/*v. Gamm* Rn. 1; so auch noch Staudinger/*Keßler,* 12. Aufl. 1979, Rn. 4.

[9] So zu Recht *U. Huber* Vermögensanteil S. 361; Soergel/*Hadding/Kießling* Rn. 3 mit Fn. 5; vgl. auch *Wiedemann* Übertragung S. 58 sowie BGH NJW 2002, 3389 (3390); NJW-RR 2004, 1006; NJW 2006, 3715 f. unter Betonung des Strukturunterschieds zwischen GbR und Erbengemeinschaft.

[10] So im Grundsatz auch Staudinger/*Habermeier* (2003) Rn. 4; RGRK/*v. Gamm* Rn. 5; *Hueck* OHG § 27 II 1; im Ergebnis auch Soergel/*Hadding/Kießling* Rn. 7; Bamberger/Roth/*Schöne* Rn. 3 für ergänzende Vertragsauslegung; die Möglichkeit zur Umdeutung hängt indes nicht davon ab, ob die Verfügung nichtig oder unwirksam ist, vgl. nur → § 140 Rn. 13 und Bamberger/Roth/*Wendtland* § 140 Rn. 6 f.

[11] So aber offenbar *Hueck* OHG § 27 II 2, S. 395 f.

[12] Ganz hM, vgl. Bamberger/Roth/*Schöne* Rn. 1; Soergel/*Hadding/Kießling* Rn. 3; Staudinger/*Habermeier* (2003) Rn. 1; Jauernig/*Stürner* §§ 718–720 Rn. 4; *Flume* BGB AT I 1 § 17 II, S. 351; *Wiedemann* GesR I S. 257; *K. Schmidt* GesR § 59 IV 2a; aA *Weber-Grellet* AcP 182 (1982), 316 (331) aufgrund unzutr. Bejahung der Existenz von Anteilen der Gesellschafter an einzelnen Gegenständen des Gesamthandsvermögens.

[13] So bereits *Flume* BGB AT I 1 § 17 II, S. 351; wN s. nachfolgende Fn.

[14] Soergel/*Hadding/Kießling* Rn. 6; Erman/*Westermann* Rn. 2; Bamberger/Roth/*Schöne* Rn. 4; *K. Schmidt* GesR § 58 IV 2a, S. 1436; aA *Weber-Grellet* AcP 182 (1982), 316 (331).

[15] KGJ 24 (1902) Nr. 36 S. A 126 f.

[16] KG SeuffA 68 (1913) Nr. 8 – Pfändung des Anteils an einer Mietforderung; so auch Staudinger/*Habermeier* (2003) Rn. 2.

Pfändung in § 859 Abs. 1 S. 2 ZPO ausdrücklich klargestellt ist – mangels Verfügungsobjekt rechtlich wirkungslos.

Nicht von § 719 Abs. 1 erfasst werden **Verfügungen über Gesamthandsgegenstände,** die 9 *namens der Gesamthand* durch die hierfür zuständigen Organe (→ § 714 Rn. 13, 16) oder in deren Auftrag vorgenommen werden. Sie unterliegen als Rechtsgeschäfte der rechtsfähigen (Außen-)GbR den allgemeinen Grundsätzen; für eine familiengerichtliche Genehmigung nach § 1821 ist auch dann kein Raum, wenn an der Gesellschaft Minderjährige beteiligt sind (str., → § 705 Rn. 70 aE). Die GbR kann insoweit auch einzelne Gegenstände des Gesamthandsvermögens entweder an die Gesellschafter oder auch an Dritte zu *Bruchteilen* übertragen und mit diesen hieran eine Bruchteilsgemeinschaft bilden. Im letzten Fall gehört der auf die GbR entfallende Bruchteil wiederum zum Gesamthandsvermögen. – Von der Geschäftsverteilung in der GbR unberührt bleibt die Möglichkeit einer Verfügung des nichtberechtigten Gesellschafters über Gegenstände des Gesamthandsvermögens, die nach § 185 oder den Vorschriften über den gutgläubigen Erwerb Wirksamkeit erlangen kann.

Eine **Verfügungsberechtigung einzelner,** nicht selbst vertretungsberechtigter **Gesellschafter** 10 über Gesamthandsgegenstände ist nur im Rahmen der *actio pro socio* anzuerkennen (→ § 705 Rn. 204). Danach ist jeder Gesellschafter berechtigt, Sozialansprüche gegen Mitgesellschafter im eigenen Namen geltend zu machen. Er kann freilich Leistung nicht an sich, sondern nur an die Gesellschaft verlangen. Auch gewährt die actio pro socio keine Befugnis, über den materiellen Anspruch als solchen (durch Verzicht oder Vergleich) zu verfügen (→ § 705 Rn. 212 aE).

Die **Anwendbarkeit von § 432** mit ihrer weitergehenden Befugnis für die einzelnen Gesamtgläu- 11 biger wird für das Recht der GbR von der hM schon deshalb zu Recht **verneint,** weil den in der Gesamthand geltenden Geschäftsführungsregelungen Vorrang zukommt, zumal allein die (rechtsfähige) Gesellschaft Gläubigerin von Gesellschaftsforderungen ist.[17] Eine Ausnahme hat die BGH-Rechtsprechung für die GbR nur in denjenigen Sonderfällen zugelassen, in denen ein nicht (allein) geschäftsführungsbefugter Gesellschafter wegen der besonderen Umstände des Falles ein überragendes Interesse an unmittelbarem Vorgehen gegen den Gesellschaftsschuldner hat, so entweder bei bewusstem gesellschaftswidrigem Zusammenwirken zwischen Geschäftsführer und Gesellschaftsschuldner,[18] oder wenn der Dritte von dem gesellschaftswidrigen Verhalten des Geschäftsführers wusste oder wissen musste.[19] Mit Rücksicht auf die inzwischen anerkannte Rechtsfähigkeit der GbR ist es systematisch allerdings konsequenter, diese Ausnahmebefugnis künftig auf ein Notgeschäftsführungsrecht[20] (→ § 709 Rn. 21; → § 705 Rn. 206) bzw. auf die actio pro socio (→ Rn. 10; → § 705 Rn. 204) zu stützen.

III. Ausschluss des Teilungsanspruchs

§ 719 Abs. 1 *Fall 3* schließt ausdrücklich das Recht des Gesellschafters aus, Teilung zu verlangen. 12 Die Vorschrift beschränkt sich auf eine **Klarstellung** dahingehend, dass das für die Bruchteilsgemeinschaft in § 749 bzw. für die Miterbengemeinschaft in § 2042 zugelassene Recht jedes Teilhabers/Miterben, jederzeit die Aufhebung der Gemeinschaft verlangen zu können, für die Gesellschaft nicht gilt. Ein Anspruch auf Verteilung des Gesamthandsvermögens ist nur im Rahmen der Auseinandersetzung nach §§ 730 ff. vorgesehen. Er setzt die vorherige **Auflösung** der Gesellschaft voraus; sie kann im Rahmen des Kündigungsrechts nach § 723 Abs. 1 auch von den einzelnen Gesellschaftern herbeigeführt werden (vorbehaltlich einer gesellschaftsvertraglichen Fortsetzungsklausel, s. § 736; → § 736 Rn. 1 ff.). Der Anwendungsbereich des § 719 Abs. 1 Fall 3 beschränkt sich somit auf die *werbende* Gesellschaft. Auch insoweit steht er freilich einer einvernehmlichen Teilauseinandersetzung trotz Fortführung der Gesellschaft nicht entgegen, da die GbR im Unterschied zu den Kapitalgesellschaften keine zwingenden Vorschriften über die Kapitalerhaltung im Gläubigerinteresse kennt.[21]

---

[17] StRspr, vgl. BGHZ 12, 308 (311) = NJW 1954, 1159 mN zur abw. RG-Praxis; BGHZ 17, 340 (346) = NJW 1955, 1393; BGHZ 39, 14 (15) = NJW 1963, 641; BGH WM 1979, 366; so auch *Wiedemann* GesR I S. 459; → § 432 Rn. 7 und Erman/*Ehmann* § 432 Rn. 15, jeweils mN der Lit.; Palandt/*Grüneberg* § 432 Rn. 4; aA *K. Schmidt* GesR § 21 IV 3 für Gesellschaften, in denen keine selbständige, von den §§ 709, 714 abw. Vertretungsorganisation besteht.

[18] BGHZ 17, 340 (347) = NJW 1955, 1393; BGHZ 39, 14 (20) = NJW 1963, 641; für generelle Unanwendbarkeit von § 432 bei Personenhandelsgesellschaften BGH NJW 1973, 2198 (2199).

[19] BGHZ 102, 152 (155) = NJW 1988, 558; BGH WM 2000, 193 (194); NJW-RR 2008, 1484 (1487); zust. *Grunewald* Gesellschafterklage S. 40 ff.; zu diesen Fällen → § 705 Rn. 206.

[20] Vgl. auch BGH NJW-RR 2008, 1484 (1487).

[21] EinhM, vgl. nur Erman/*Westermann* Rn. 5; Soergel/*Hadding/Kießling* Rn. 8.

IV. Aufrechnung bei Gesellschaftsforderungen

13 **1. Aufrechnungsausschluss (Abs. 2).** Nach § 719 Abs. 2 ausgeschlossen ist das Recht eines **Gesellschaftsschuldners,** gegen die Gesamthandsforderung mit einer ihm gegen einen Gesellschafter persönlich zustehenden Forderung aufzurechnen.[22] Das folgt wegen der notwendigen Unterscheidung zwischen Gesamthands- und Privatvermögen der Gesellschafter (→ § 718 Rn. 32 f.) bereits aus dem *Fehlen der* in § 387 als Aufrechnungsvoraussetzung genannten *Gegenseitigkeit* von Forderung und Schuld; die Vorschrift erklärt sich aus der Konzeption des ersten Entwurfs des BGB, in dem ein Gesamthandsvermögen der GbR noch nicht vorgesehen war. Auch § 719 Abs. 2 hat daher nur klarstellende Bedeutung. Der Aufrechnungsausschluss greift mangels Gegenseitigkeit selbst dann ein, wenn sich die Gegenforderung des Gesellschaftsschuldners zwar nicht gegen die Gesellschaft, wohl aber gegen *alle* Gesellschafter richtet.[23] Etwas anderes gilt nach allgemeinen Grundsätzen allerdings, wenn die Berufung auf die Eigenständigkeit der Gesellschaft gegen Treu und Glauben verstößt.[24]

14 Auch der **Gesellschafter** selbst kann gegen eine persönliche Verbindlichkeit nicht mit einer der Gesellschaft zustehenden Forderung aufrechnen. Das ergibt sich unabhängig von der Frage seiner Verfügungsbefugnis über Gesamthandsgegenstände ebenfalls bereits aus § 387; es gilt daher auch für einen vertretungsberechtigten Gesellschafter.[25] Wohl aber kann ein Gesellschafter sich analog § 129 Abs. 3 HGB auf eine der Gesellschaft wegen einer Gegenforderung zustehende Aufrechnungsbefugnis berufen, wenn er von einem Gesellschaftsgläubiger im Rahmen seiner akzessorischen Haftung (→ § 714 Rn. 33 f.) auf Zahlung in Anspruch genommen wird.[26]

15 **2. Unberührte Aufrechnungsbefugnisse.** Durch § 719 Abs. 2 unberührt ist einerseits die Aufrechnungsbefugnis der **Gesellschaft** mit der gegen einen Gesellschaftsgläubiger gerichteten Gegenforderung. Auf eine Privatforderung eines Gesellschafters gegen den Gesellschaftsgläubiger kann sie sich allerdings trotz der akzessorischen Gesellschafterhaftung nicht berufen. Auch die Einrede der Aufrechenbarkeit ist ihr verwehrt; der Rechtsgedanke der § 129 Abs. 3 HGB, § 770 Abs. 2 BGB kommt ihr nicht zugute, da die Gesellschafter gegenüber der Gesellschaft zur Befriedigung des Gesellschaftsgläubigers nicht verpflichtet sind.

16 Der einzelne **Gesellschafter,** der von einem Gesellschaftsgläubiger im Rahmen seiner akzessorischen Mithaftung in Anspruch genommen wird, kann seinerseits die Aufrechnung mit einer gegen diesen gerichteten Privatforderung erklären.[27] Gleiches gilt umgekehrt für die Aufrechnung eines **Gesellschaftsgläubigers** gegenüber der Privatforderung eines Gesellschafters, da das Merkmal der Gegenseitigkeit angesichts der akzessorischen Gesellschafterhaftung regelmäßig erfüllt ist. § 719 Abs. 2 steht dieser Aufrechnung schon deshalb nicht entgegen, weil das Gesamthandsvermögen hierdurch nicht berührt wird; nach § 426 Abs. 2 tritt vielmehr nur ein Gläubigerwechsel ein.

B. Übertragung der Mitgliedschaft

I. Grundlagen

17 **1. Ausscheiden und Eintritt.** Ein Gesellschafterwechsel kann einerseits dadurch zustande kommen, dass ausscheidender und neueintretender Gesellschafter nacheinander oder gleichzeitig jeweils entsprechende **Vereinbarungen mit den übrigen Gesellschaftern** treffen (sog. *Doppelvertrag*).[28]

---

[22] Für Verjährungsunterbrechung (heute: -hemmung) der im Prozess erklärten Aufrechnung nach § 209 Abs. 2 Nr. 3 aF (= § 204 Abs. 1 Nr. 5 nF) trotz des Aufrechnungshindernisses fehlender Gegenseitigkeit BGHZ 80, 222 (227) = NJW 1981, 1953; abl. *Tiedtke* BB 1981, 1920 (1923 f.).

[23] So auch Soergel/*Hadding*/*Kießling* Rn. 9; aA RGRK/*v. Gamm* Rn. 11; nicht eindeutig Staudinger/*Habermeier* (2003) Rn. 22.

[24] BGH ZIP 2014, 565 (568): Eine treuwidrig nur von einem Teil der Gesellschafter gegründete „Auffanggesellschaft" macht nicht eine gegen die Altgesellschaft erworbene Forderung (nur) gegen die daran nicht beteiligten Gesellschafter der Altgesellschaft geltend.

[25] Soergel/*Hadding*/*Kießling* Rn. 9; Bamberger/Roth/*Schöne* Rn. 7; RGRK/*v. Gamm* Rn. 10 mN der Rspr.

[26] So schon bisher hM, vgl. BGHZ 38, 122 (127 f.) = NJW 1963, 244 zur Erbengemeinschaft; Soergel/*Hadding*/*Kießling* Rn. 10; Erman/*Westermann* Rn. 6 – entsprechende Anwendung von § 125 HGB; Staudinger/*Habermeier* (2003) Rn. 23; Bamberger/Roth/*Schöne* Rn. 7. Zur analogen Anwendung von § 129 Abs. 3 HGB als Folge der Akzessorietätstheorie → § 714 Rn. 51.

[27] So schon bisher BGHZ 26, 241 (243) = NJW 1958, 666; RGRK/*v. Gamm* Rn. 11; s. ferner Soergel/*Hadding*/*Kießling* Rn. 10; Erman/*Westermann* Rn. 6; Bamberger/Roth/*Schöne* Rn. 7.

[28] EinhM, vgl. BGHZ 44, 229 (231) = NJW 1966, 499; BGH NJW 1975, 166 (167); Soergel/*Hadding*/*Kießling* Rn. 11; Erman/*Westermann* Rn. 7; Bamberger/Roth/*Schöne* Rn. 8; dazu eingehend *U. Huber* Vermögensanteil S. 354 ff. mwN.

Die Gesellschafter als „Herren der Gesellschaft" sind in der Entscheidung über Änderungen des Gesellschaftsvertrags grundsätzlich frei. Das gilt auch für die Ausgestaltung der personellen Zusammensetzung der Gesellschaft. Ob Ausscheiden und Neuaufnahme in einer einheitlichen Vertragsurkunde oder in zwei getrennten Verträgen vereinbart werden, ist ohne Belang. In jedem Fall handelt es sich sachlich um zwei zu unterscheidende Rechtsgeschäfte, die zwar grundsätzlich jeweils der Zustimmung aller verbleibenden Gesellschafter bedürfen (zur Möglichkeit von Mehrheitsklauseln → § 709 Rn. 93), nicht aber der Mitwirkung des jeweils anderen wirtschaftlich am Gesellschafterwechsel beteiligten, bisherigen bzw. künftigen Gesellschafters. Der „Übergang" der gesamthänderischen Berechtigung auf den Neueintretenden vollzieht sich im Wege der Anwachsung mit anschließender Abwachsung bei den Mitgesellschaftern (→ § 718 Rn. 5, 7 f.).

Zwischen dem ausscheidenden und dem neueintretenden Gesellschafter bestehen bei dieser Art **18** des Gesellschafterwechsels im Regelfall **keine unmittelbaren gesellschaftsrechtlichen Beziehungen.** Auch soweit es zwischen ihnen zu unmittelbaren Vereinbarungen kommt, etwa über die Frage der Verrechnung von Abfindungsanspruch und Beitragsverpflichtung, sind diese doch nicht gesellschaftsvertraglicher Art. Der Abfindungsanspruch des Ausgeschiedenen richtet sich nur gegen die Gesellschaft und die übrigen Gesellschafter (→ § 738 Rn. 16 f.); eine Haftung des Neueintretenden folgt allerdings aus analoger Anwendung des § 130 HGB (→ § 714 Rn. 72 f.).[29]

Aus dem Fehlen von Gesellschaftsbeziehungen zwischen Ausscheidendem und Neueintretendem **19** folgt zugleich, dass ein Gesellschafterwechsel der hier genannten Art nur im Rahmen einer mehrgliedrigen Gesellschaft möglich ist. In einer **Zweipersonengesellschaft** führt er demgegenüber zumindest für eine logische Sekunde zum Verbleib nur eines Gesellschafters und damit zur Beendigung der Gesellschaft.[30] Dadurch verwandelt sich zugleich das Gesamthandseigentum in Alleineigentum des letzten Gesellschafters und muss auf rechtsgeschäftlichem Wege neu begründet werden (→ § 718 Rn. 7, 13). Um diese meist unerwünschte Folge zu vermeiden, bietet sich entweder der Weg der rechtsgeschäftlichen Anteilsübertragung an (→ Rn. 21) oder derjenige der Aufnahme des Neueintretenden vor dem Zeitpunkt des Ausscheidens des nicht fortsetzungsbereiten Gesellschafters.

Einen insbesondere bei *Publikums-Personengesellschaften* begegnenden Sonderfall des Neueintritts **20** zusätzlicher Gesellschafter (ohne in sachlichem und/oder zeitlichem Zusammenhang damit stehendem Ausscheiden anderer) bildet die **Aufnahme durch Vertrag mit der GbR** (bzw. OHG oder KG), vertreten durch ihre Geschäftsführer. Sie wird in der höchstrichterlichen Rechtsprechung seit langem zugelassen, wenn der Gesellschaftsvertrag eine entsprechende Regelung enthält.[31] Die *Rechtsfolgen* einer derartigen „organisationsrechtlichen Gestaltung des Neueintritts"[32] für die neuentstehende Mitgliedschaft entsprechen im Ergebnis denjenigen eines Aufnahmevertrags mit den schon vorhandenen Gesellschaftern (→ § 709 Rn. 10). Der Eintretende erwirbt einen Gesellschaftsanteil in Höhe der vereinbarten Beteiligungsquote, wird Vertragspartner der Mitgesellschafter und tritt im Wege der Abwachsung in die Gesamthänderstellung ein (→ § 718 Rn. 8). Als Minderjähriger bedarf er der Genehmigung des Familiengerichts (§§ 1643, 1822 Nr. 3). Verpflichtet er sich zur Einbringung von Grundbesitz oder GmbH-Anteilen, ist der Aufnahmevertrag formbedürftig nach § 311b Abs. 1 oder § 15 Abs. 4 GmbHG. Demgegenüber zeigen sich *Unterschiede* mit Rücksicht auf die organisationsrechtliche Gestaltung darin, dass die an den Verhandlungen unbeteiligten Mitgesellschafter – vorbehaltlich der ggf. abdingbaren (→ § 714 Rn. 62, 67 f.) akzessorischen Gesellschafterhaftung – nicht nach § 278 für Verschulden der Geschäftsführer bei den Vertragsverhandlungen haften[33] und dass eine auf Änderungen des Gesellschaftsvertrags bezogene Schriftformklausel sich nicht ohne weiteres auf den Aufnahmevertrag erstreckt.[34]

---

[29] Dazu, dass § 128 HGB auch die Haftung für den Abfindungsanspruch eines ausgeschiedenen Gesellschafters erfasst, vgl. nur Staub/*Habersack* HGB § 128 Rn. 12.

[30] Soergel/*Hadding/Kießling* Rn. 11; Staub/*Habersack* HGB § 130 Rn. 6; Staub/*Schäfer* HGB § 105 Rn. 290. Zu den Grunderwerbsteuerfolgen der vorübergehenden Beendigung vgl. BFH NJW 1979, 1000.

[31] Vgl. BGHZ 63, 338 (345) = NJW 1975, 1022 (1024); BGH WM 1976, 15 (16); 1983, 118 (120); 1985, 125 (126); BayObLG ZIP 2001, 1812 (1813) jeweils zur Publikums-KG; ferner BGHZ 199, 104 (112) Rn. 17 = ZIP 2013, 2355 zur mehrgliedrigen atypischen stillen Gesellschaft; zust. MüKoHGB/*Grunewald* HGB § 161 Rn. 142; Staub/*Casper* HGB § 161 Rn. 146; Baumbach/Hopt/*Roth* HGB Anh. § 177a Rn. 57; *Wiedemann* ZGR 1996, 286 (296); einhM.

[32] So treffend *Wiedemann* ZGR 1996, 296 f., vgl. zu den Gestaltungsmöglichkeiten auch *Schäfer* ZHR 170 (2006), 373 (384).

[33] StRspr seit BGH NJW 1973, 1604; vgl. BGHZ 71, 284 (286) = NJW 1978, 1625; BGH WM 1984, 1529 (1530); NJW 1985, 380; ZIP 1987, 912 (913); *Wiedemann* ZGR 1996, 297 f.; einschr. MüKoHGB/*Grunewald* HGB § 161 Rn. 147 f.; näher und dabei krit. zur Begründung der Rspr. *Schäfer* ZHR 170 (2006), 373 (385 f.): richtige Begründung muss beim Verhältnis zwischen dem auf c.i.c. gestützten Schadensersatzanspruch und der Lehre von der fehlerhaften Gesellschaft ansetzen; s. auch *Schäfer/Fallak*, FS Kübler, 2015, S. 607 (617) zur mehrgliedrigen atypischen stillen Gesellschaft: bei Anwendung der Lehre von der fehlerhaften Gesellschaft können

21 **2. Verfügung über den Gesellschaftsanteil.** Eine zweite, vom jeweils getrennten rechtsgeschäftlichen Ausscheiden und Eintritt (→ Rn. 17) scharf zu unterscheidende Art des Gesellschafterwechsels vollzieht sich in der Form der **Anteilsübertragung** zwischen ausscheidendem und neueintretendem Gesellschafter.[35] Ihre Zulässigkeit bei Zustimmung der Mitgesellschafter steht heute außer Streit. Auch wird die früher verbreitete Ansicht, es handele sich um eine zulässige Abweichung von dem als dispositiv verstandenen Verbot des § 719 Abs. 1 (Fall 1), über den Anteil am Gesellschaftsvermögen zu verfügen, aus heutiger Sicht nicht mehr vertreten.[36]

22 Ausgehend vom klassischen Verständnis der GbR als eines um Organisationselemente erweiterten Schuldvertrags schien es naheliegend, die mit Zustimmung der Mitgesellschafter zwischen Veräußerer und Erwerber vereinbarte Anteilsübertragung einzuordnen als Verfügung über eine *Vertragsposition,* dh über den Inbegriff der aus der Stellung des Mitglieds als Vertragspartner fließenden Rechte und Pflichten.[37] Eine solche Betrachtung würde freilich der heute jedenfalls bei rechtsfähigen Außengesellschaften eingetretenen Verselbstständigung der Gesellschaft gegenüber ihren Mitgliedern (→ § 705 Rn. 296 ff., 303 ff.) und der Anerkennung der Mitgliedschaft als subjektives Recht (→ § 705 Rn. 180) nicht gerecht. Vielmehr ist die Veräußerung des Gesellschaftsanteils als **Rechtsgeschäft über ein selbständiger Verfügung fähiges Recht** zu beurteilen.[38] Der Gesellschaftsanteil der Personengesellschaften nähert sich bei dieser Betrachtung dem Geschäftsanteil der GmbH, ohne dass es für die rechtliche Zulassung der Anteilsübertragung einer Analogie zu § 15 GmbHG bedarf.[39]

23 Die *Unterscheidung zwischen Doppelvertrag und Anteilsübertragung* als zwei rechtlich unterschiedlichen Formen des Gesellschafterwechsels ist nicht nur theoretischer Natur, sondern hat eine Reihe **praktischer Auswirkungen**.[40] So ist die von der heute ganz hM anerkannte gleichzeitige Auswechslung sämtlicher Gesellschafter unter Aufrechterhaltung der Gesellschaftsidentität[41] nur auf der Basis der Anteilsübertragung möglich (→ Rn. 26), nicht dagegen aufgrund eines Doppelvertrags mit Ausscheidendem und Eintretendem; Gleiches gilt für den Gesellschafterwechsel im Rahmen einer Zweipersonengesellschaft (→ Rn. 19). Auch sind die Bestellung eines Nießbrauchs am Gesellschaftsanteil (→ § 705 Rn. 94 ff.) oder dessen Verpfändung (→ Rn. 51 ff.) nur möglich, wenn der Anteil ein übertragbares Recht bildet (§§ 1069 Abs. 2, 1274 Abs. 2).

---

auch die Anteile der den Beitritt weiterer Gesellschafter initiierenden Altgesellschafter im Rahmen der Ermittlung von Abfindungsansprüchen außer Betracht bleiben.

[34] So zutr. *Wiedemann* ZGR 1996, 298.

[35] So in der Rspr. erstmals RG DNotZ 1944, 195 = WM 1964, 1130 für den Übergang einer Kommanditbeteiligung unter Vermeidung der Haftungsfolgen aus § 172 Abs. 4 HGB. Ebenso die heute ganz hM BGHZ 81, 82 (84) = NJW 1981, 2747; BGHZ 71, 296 (299) = NJW 1978, 1525; BGHZ 44, 229 (231) = NJW 1966, 499; *Wiedemann* Übertragung S. 58 ff. und GesR I S. 257; *U. Huber* Vermögensanteil S. 358 ff., 369 ff.; *Flume* BGB AT I 1 § 17 II, S. 349 ff.; Erman/*Westermann* Rn. 7; Bamberger/Roth/*Schöne* Rn. 1; Staub/*Schäfer* HGB § 105 Rn. 291; *Lutter* AcP 180 (1980), 84 (98 f.); im Ergebnis auch *Kießling,* FS Hadding, 2004, S. 477 (498); nicht eindeutig *Hueck* OHG § 27 II, S. 395 f., 398; einschr. noch *Hadding,* FS Reinhardt, 1972, S. 249 (257), der die Mitgliedschaft nicht als verfügungsfähiges subjektives Recht anerkennt und stattdessen von der Globalübertragung eines Inbegriffs von Rechten ausgeht; vgl. nunmehr Soergel/*Hadding/Kießling* Rn. 14 (Vertragsübernahme iSv § 311); eingehend zur Mitgliedschaft als tauglicher Verfügungsgegenstand auch *Habersack* Mitgliedschaft S. 98 ff., 104 ff.

[36] Anders noch BGHZ 13, 179 (183) = NJW 1954, 1155; RGRK/*v. Gamm* Rn. 1; *Hueck* OHG § 27 II 2, S. 395 f.; Staudinger/*Keßler,* 12. Aufl. 1979, Rn. 4 und *Weber-Grellet* AcP 182 (1982), 316 (325 f., 331 f.).

[37] Dazu allg. *Pieper,* Vertragsübernahme und Vertragsbeitritt, 1963, insbes. S. 210 ff.; speziell für den Gesellschafterwechsel *U. Huber* Vermögensanteil S. 363 ff.; § 398 Rn. 4 ff. *(Roth/Kieninger)*.

[38] So auch die heute ganz hM, vgl. BGHZ 81, 82 (84) = NJW 1981, 2747; BGHZ 71, 296 (299) = NJW 1978, 1525; BGHZ 44, 229 (231) = NJW 1966, 499; *Wiedemann* Übertragung S. 58 ff. und GesR I S. 257; *U. Huber* Vermögensanteil S. 358 ff., 369 ff.; *Flume* BGB AT I 1 § 17 II, S. 349 ff.; Erman/*Westermann* Rn. 7; Bamberger/Roth/*Schöne* Rn. 1; Staub/*Schäfer* HGB § 105 Rn. 291; *Lutter* AcP 180 (1980), 84 (98 f.); im Ergebnis auch *Kießling,* FS Hadding, 2004, S. 477 (498); nicht eindeutig *Hueck* OHG § 27 II, S. 395 f., 398; einschr. noch *Hadding,* FS Reinhardt, 1972, S. 249 (257), der die Mitgliedschaft nicht als verfügungsfähiges subjektives Recht anerkennt und stattdessen von der Globalübertragung eines Inbegriffs von Rechten ausgeht; vgl. nunmehr Soergel/*Hadding/Kießling* Rn. 14: Vertragsübernahme iSv § 311; eingehend zur Mitgliedschaft als tauglicher Verfügungsgegenstand auch *Habersack* Mitgliedschaft S. 98 ff., 104 ff.

[39] So zu Recht *Flume* BGB AT I 1 § 17 II, S. 351 gegen *U. Huber* Vermögensanteil S. 369 ff., 387. Für eine von der jeweiligen Verbands- und Gesellschaftsart unabhängige, aus der rechtlichen Struktur der Mitgliedschaft und deren Übertragbarkeit *Lutter* AcP 180 (1980), 84 (101, 155); *Habersack* Mitgliedschaft S. 98 ff., 104 ff.

[40] Vgl. auch *Flume* BGB AT I 1 § 17 V, S. 358; *Wiedemann* Übertragung S. 52.

[41] BGHZ 44, 229 (231) = NJW 1966, 499; Staub/*Schäfer* HGB § 105 Rn. 291; BGHZ 44, 229 (231) = NJW 1966, 499; zust. Soergel/*Hadding/Kießling* Rn. 11; Bamberger/Roth/*Schöne* Rn. 8; Staudinger/*Keßler,* 12. Aufl. 1979, Rn. 4; RGRK/*v. Gamm* Rn. 2; *Flume* BGB AT I 1 § 17 V, S. 358; *Hueck* OHG § 27 II 5, S. 399; vgl. auch *Müller-Laube,* FS E. Wolf, 1985, S. 501 (513 ff.).

3. Gang der Darstellung. Im Folgenden (→ Rn. 25 ff.) ist vor allem auf **Voraussetzungen und** 24 **Rechtsfolgen der Anteilsübertragung** als eines gesetzlich nicht besonders geregelten, *zahlreiche Rechtsfragen* aufwerfenden Instituts einzugehen. Demgegenüber geht es im Fall eines Gesellschafterwechsels, der durch Doppelvertrag mit Ausscheidendem und Neueintretendem zustande kommt, in erster Linie um Fragen der Vertragsauslegung. Insoweit kann auf die allgemeinen Grundsätze verwiesen werden.

II. Anteilsübertragung

1. Wesen. Der Gesellschafterwechsel durch Anteilsübertragung unterscheidet sich vom Ausschei- 25 den und Neueintritt kraft Doppelvertrages dadurch, dass er auf einer unmittelbaren Rechtsbeziehung zwischen Anteilsveräußerer und -erwerber beruht, ohne den Anteil als solchen zu verändern (→ Rn. 21 f.); auch tritt in diesen Fällen *keine An- oder Abwachsung* ein. Die Verfügung bedarf zwar der Zustimmung der Mitgesellschafter (→ Rn. 27 ff.), doch werden diese dadurch nicht Partner des Veräußerungsvertrags. Wohl aber besteht die Wirkung der Verfügung darin, dass der Erwerber anstelle des Veräußerers seinerseits in den im Übrigen grundsätzlich unverändert fortbestehenden Gesellschaftsvertrag eintritt. Daher unterscheidet sich auch die *Rechtsstellung des Erwerbers* regelmäßig nicht von derjenigen des Veräußerers (→ Rn. 40), während beim Gesellschafterwechsel durch Doppelvertrag hierüber nicht selten abweichende Vereinbarungen mit dem Neueintretenden getroffen werden. Ein *Abfindungsanspruch* des Anteilsveräußerers kommt abweichend von §§ 738–740 wegen der Rechtsnachfolge des Erwerbers in den Anteil nicht zur Entstehung (→ § 738 Rn. 14).

Die mit der Anteilsübertragung erreichte weitgehende Verselbständigung der Mitgliedschaft gegen- 26 über der Stellung des Gesellschafters als Partner des Gesellschaftsvertrags ermöglicht sogar die vollständige und **gleichzeitige Auswechslung aller Mitglieder** unter Wahrung der Identität der Personengesellschaft und unter Aufrechterhaltung des ihr zugeordneten Gesamthandsvermögens. Sie ist höchstrichterlich zu Recht anerkannt worden.[42] In der Konsequenz dieser Rechtsprechung liegt es, auch die gleichzeitige **Übertragung aller Anteile auf einen Erwerber**[43] sowie diejenige von einem Mitgesellschafter auf den anderen zuzulassen, auch wenn der Erwerber für den letzte verbleibende Gesellschafter ist.[44] In beiden Fällen wird die *Gesellschaft infolge der Anteilsvereinigung ohne Liquidation beendet,* das Gesamthandseigentum wird durch Anwachsung zu Alleineigentum des Anteilserwerbers, ohne dass es dazu einer Verfügung über die einzelnen Vermögensgegenstände bedarf.[45] Übertragen alle Gesellschafter einer KG ihre Anteile auf eine personenidentische GbR, so führt das zum liquidationslosen Erlöschen der KG unter Übergang ihres Vermögens auf die GbR – die Praxis bezeichnet diesen Vorgang auch als „anwachsende Verschmelzung". Die GbR wandelt sich zugleich kraft Rechtsformzwangs in eine Handelsgesellschaft um; zur Umwandlung in eine KG unter Vermeidung der OHG bedarf es allerdings einer wirksamen Haftungsbeschränkung bei einem Teil der bisherigen GbR-Gesellschafter gemäß §§ 172, 176 HGB aufgrund entsprechender Vereinbarung im Gesellschaftsvertrag.[46] Auf der Grundlage der inzwischen geltenden akzessorischen Haftung der Gesellschafter (→ Rn. 31 ff.) ist indes ungewiss, ob die Haftungsgefahr in solchen Fällen durch Vorkehrungen im Gesellschaftsvertrag der GbR zu bannen ist. Denn eine gesellschaftsvertragliche Regelung reicht zur Haftungsbeschränkung im Allgemeinen nicht aus (→ § 714 Rn. 62 ff.), so dass die Rechtsprechung einen weiteren Ausnahmefall von der akzessorischen Haftung anerkennen müsste. Hierfür spricht allerdings, dass der Unternehmensträger sowohl in der Ausgangskonstellation als auch bei Abschluss des Umwandlungsvorgangs stets eine KG war, so dass die Gläubiger niemals mit einer unbeschränkten Haftung aller Gesellschafter rechnen konnten; die vorbehaltlose Anwendung des § 176 Abs. 1 HGB würde ihnen also ein unberechtigtes Geschenk verschaffen. – Die Übertragung von mindestens 95 % der Anteile an einer Gesellschaft mit Grundbesitz sowie die Verpflichtung hierzu sowie die Vereinigung von mindestens 95 % der Anteile in einer Hand machen den Vorgang nach § 1 Abs. 3 GrEStG *grunderwerbsteuerpflichtig.*[47]

---

[42] BGHZ 44, 229 (231) = NJW 1966, 499; BGH ZIP 2016, 211 Rn. 27; zust. Soergel/*Hadding/Kießling* Rn. 11; Bamberger/Roth/*Schöne* Rn. 8; Staudinger/*Keßler,* 12. Aufl. 1979, Rn. 4; RGRK/*v. Gamm* Rn. 2; *Flume* BGB AT I 1 § 17 V, S. 358; *Hueck* OHG § 27 II 5, S. 399; vgl. auch *Müller-Laube,* FS E. Wolf, 1985, S. 501 (513 ff.).

[43] *U. Huber* Vermögensanteil S. 406 f.; Soergel/*Hadding/Kießling* Rn. 11; Staub/*Schäfer* HGB § 105 Rn. 291. So für KG-Anteile und ihre Übertragung auf eine GmbH auch BGHZ 71, 296 (299) = NJW 1978, 1525; bestätigt durch BGH WM 1979, 249 f. – Übertragung auf eine KG.

[44] *Flume* BGB AT I 1 § 17 VIII, S. 373 f.; Staub/*Schäfer* HGB § 105 Rn. 291; Soergel/*Hadding/Kießling* Rn. 11.

[45] BGHZ 71, 296 (299) = NJW 1978, 1525; BGH WM 1979, 249 f.; OLG Düsseldorf Rpfleger 1999, 70; ebenso LG Essen EWiR 2005, 403 = BeckRS 2006, 945 für die PartG; zust. Soergel/*Hadding/Kießling* Rn. 11; Staub/*Schäfer* HGB § 131 Rn. 9, 111 f.; aA noch OLG Zweibrücken OLGZ 1975, 405.

[46] BGH NJW-RR 1990, 798 (799).

[47] So § 1 Abs. 3 GrEStG (Fassung 2000; vgl. dazu den gleich lautenden Länder-Erlass NJW 2000, 2005 f.); vgl. zur ähnlichen Rechtslage schon seit 1997 näher *Ulmer/Löbbe* DNotZ 1998, 711 (722 ff.).

27 **2. Voraussetzungen. a) Zustimmung der Mitgesellschafter.** Wichtigste Voraussetzung für die Wirksamkeit der Anteilsübertragung ist die *Zustimmung aller Mitgesellschafter* zum Verfügungsgeschäft zwischen Veräußerer und Erwerber.[48] Das folgt entgegen der früher hM nicht aus dem Verfügungsverbot des § 719 Abs. 1 (→ Rn. 3), sondern aus dem höchstpersönlichen Charakter des Zusammenschlusses der Mitglieder einer Personengesellschaft.[49] Das Zustimmungserfordernis bezieht sich nur auf das Verfügungsgeschäft, nicht dagegen auf die Verpflichtung des bisherigen Gesellschafters zur Anteilsveräußerung.[50] Die Zustimmung kann in genereller Form schon im *Gesellschaftsvertrag* selbst erteilt sein,[51] wie sich auch aus der Anerkennung von Nachfolgeklauseln herleiten lässt (§ 139 HGB, → § 727 Rn. 28 ff.); sie kann aber auch als Spezialeinwilligung oder nachträglich – als Genehmigung (§ 184) – ad hoc erklärt werden.[52]

28 **Mehrheitsklauseln** betreffend die Ad-hoc-Zustimmung zur Anteilsübertragung sind zulässig. Der BGH hat mittlerweile entschieden, dass eine **allgemein formulierte** Mehrheitsklausel ausreicht, zumal es sich bei der Anteilsübertragung nicht um eine Vertragsänderung handelt (→ Rn. 21 f.).[53] Dem ist zuzustimmen, so dass (entgegen der 6. Aufl.) eine speziell auf die Anteilsübertragung bezogene Ermächtigung der Mehrheit auch unter dem Aspekt der Höchstpersönlichkeit nicht (mehr) erforderlich ist.[54] Erst recht bedarf es grundsätzlich keiner näheren Eingrenzung des potentiellen Erwerberkreises, wie § 139 HGB zeigt (→ Rn. 27). Nach ganz hM darf der veräußerungswillige Gesellschafter zudem am Zustimmungsbeschluss mitwirken.[55] Ist eine so weitgehende Mehrheitsbefugnis nicht gewünscht, muss der Gesellschaftsvertrag deshalb künftig klarstellen, dass beispielsweise die Zustimmung „aller Gesellschafter" erforderlich ist, womit ein einstimmiger Beschluss erforderlich wird.[56] Alternativ kann der Vertrag selbstverständlich eine qualifizierte Mehrheit für die Zustimmung zur Anteilsübertragung verlangen. Ohne eine derartige Regelung kann aber hierüber künftig die einfache Mehrheit aufgrund einer allgemeinen Mehrheitsklausel entscheiden, und der konkrete Zustimmungsbeschluss unterliegt sodann allein einer **materiellen Kontrolle,** und zwar entweder (ausnahmsweise) unter dem Aspekt des Eingriffs in den **Kernbereichs** (→ § 709 Rn. 93a)[57] oder eines Verstoßes gegen das aus der **Treupflicht** abgeleitete Rücksichtnahmegebot, falls der konkrete Erwerber den übrigen Gesellschaftern nicht zumutbar ist (→ Rn. 30).[58]

29 **b) Einzelheiten.** Bis zur Erteilung der Zustimmung ist die Anteilsübertragung *schwebend unwirksam*;[59] wird sie auch nur von einem Mitgesellschafter definitiv verweigert, tritt endgültige Unwirksamkeit ein.[60] Die Geschäftsführer sind für die Erteilung der Zustimmung nur zuständig, wenn sie hierzu im Gesellschaftsvertrag oder durch Gesellschafterbeschluss ermächtigt worden sind.[61] Der *Gesellschaftsvertrag* kann anstelle genereller oder auf bestimmte Erwerber beschränkter Zulassung der Übertragbarkeit dem Veräußerer auch einen Anspruch auf Zustimmung gewähren oder die generell

---

[48] EinhM, vgl. Soergel/*Hadding/Kießling* Rn. 14; Erman/*Westermann* Rn. 8; *K. Schmidt* GesR § 45 III 2d; Staudinger/*Habermeier* (2003) Rn. 8; dazu *Wiedemann* GesR II § 5 II 1c, S. 427; eingehend schon *ders.* Übertragung S. 58, 61 f.; *U. Huber* Vermögensanteil S. 353, 369 f., 388 f.
[49] So zu Recht *Flume* BGB AT I § 17 II, S. 352; vgl. auch schon *Wiedemann* Übertragung S. 58; *U. Huber* Vermögensanteil S. 388; ferner Bamberger/Roth/*Schöne* Rn. 8; abw. Soergel/*Hadding/Kießling* Rn. 14: Einverständnis wegen Vertragsübernahme erforderlich.
[50] BGH BB 1958, 57; WM 1961, 303 (304).
[51] EinhM, vgl. BGHZ 13, 179 (184) = NJW 1954, 1155; Erman/*Westermann* Rn. 8; Soergel/*Hadding/Kießling* Rn. 14; *K. Schmidt* GesR § 45 III 2d; Staudinger/*Habermeier* (2003) Rn. 8 und § 736 Rn. 14 mN.
[52] Ganz hM, vgl. BGHZ 13, 179 (186); Bamberger/Roth/*Schöne* Rn. 10; Staudinger/*Habermeier* (2003) Rn. 10; MüKoHGB/*K. Schmidt* HGB § 105 Rn. 219; Staub/*Schäfer* HGB § 105 Rn. 294; aA – keine Rückwirkung der Genehmigung nach § 184 – Soergel/*Hadding/Kießling* Rn. 14.
[53] BGHZ 203, 77 Rn. 18 = NJW 2015, 859 = ZIP 2014, 2231 und dazu *Priester* EWiR 2015, 71 f.; *Ulmer* ZIP 2015, 657; *Weber* ZfPW 2015, 126; *Wertenbruch* DB 2014, 2875 (2876 f.); *Schäfer* NZG 2014, 1401; *ders.* ZIP 2015, 1401; *Altmeppen* NJW 2015, 2065; *Schiffer* BB 2015, 584; → § 709 Rn. 86, 92a.
[54] *Schäfer* ZIP 2015, 1413 mit Fn. 4; anders noch BGH WM 1961, 303 (304); Soergel/*Hadding/Kießling* Rn. 14; Staudinger/*Habermeier* (2003) Rn. 8; Bamberger/Roth/*Schöne* Rn. 10; MüKoHGB/*K. Schmidt* HGB § 105 Rn. 220.
[55] S. nur BayObLG BB 1992, 226; Ulmer/Habersack/Löbbe/*Löbbe* GmbHG § 15 Rn. 249 mwN.
[56] S. nur Ulmer/Habersack/Löbbe/*Löbbe* GmbHG § 15 Rn. 249.
[57] *Schäfer* ZGR 2013, 237 (256 f.); offenlassend BGHZ 203, 77 Rn. 19 = NJW 2015, 859 = ZIP 2014, 2231.
[58] So auch BGHZ 203, 77 Rn. 12 f., 18 = NJW 2015, 859 = ZIP 2014, 2231.
[59] BGHZ 13, 179 (185 f.) = NJW 1954, 1155 unter Aufgabe der abw., relative Unwirksamkeit iSv § 135 bejahenden Praxis des RG, RGZ 92, 398 (400); 93, 292 (294); zust. Soergel/*Hadding/Kießling* Rn. 15; Erman/*Westermann* Rn. 9; Bamberger/Roth/*Schöne* Rn. 10.
[60] BGHZ 13, 179 (187) = NJW 1954, 1155; BGH WM 1964, 878 (879); Soergel/*Hadding/Kießling* Rn. 15; Erman/*Westermann* Rn. 9; Bamberger/Roth/*Schöne* Rn. 10; MüKoHGB/*K. Schmidt* HGB § 105 Rn. 219.
[61] So auch Erman/*Westermann* Rn. 9; Soergel/*Hadding/Kießling* Rn. 15; vgl. auch *Wiedemann* ZGR 1996, 297 f. – Neueintritt.

erteilte Zustimmung unter den Vorbehalt des Widerrufs aus wichtigem Grund stellen.[62] Die Zustimmung zur Anteilsübertragung kann sich auch ohne ausdrückliche Erklärung aus den Umständen ergeben. Mangels abweichender Bestimmung erstreckt sich die Zustimmung zur *sicherungsbedingten Anteilsübertragung* auch auf die Rückübertragung des Anteils an den Sicherungsgeber nach Erreichen des Sicherungszwecks; insoweit ist sie mit Rücksicht auf den treuhänderischen, nur vorübergehenden Charakter der Sicherungsabtretung des Anteils unwiderruflich, wenn die Mitgesellschafter ihre Zustimmung zur Sicherungsübertragung nicht entsprechend einschränken.[63]

30 Die Übertragung des Anteils ist **unwirksam,** wenn die im Voraus erteilte Zustimmung der Mitgesellschafter *vor* der Übertragung wirksam **widerrufen** worden ist.[64] Ohne Widerrufsvorbehalt sind die einzelnen Gesellschafter an ihre Zustimmungserklärung so lange gebunden, wie der Zustimmungsbeschluss noch wirksam gefasst werden kann.[65] Im Übrigen muss der Anteilsveräußerer die allgemeinen gesellschaftsrechtlichen Schranken der Rechtsausübung, darunter namentlich die **Treupflicht,** beachten. Eine Anteilsübertragung ist daher auch dann unwirksam, wenn die Mitgliedschaft des Erwerbers den Mitgesellschaftern unzumutbar ist (→ Rn. 28).[66] Das ist im Regelfall anzunehmen, wenn beim Erwerber ein wichtiger Grund zum Ausschluss nach § 737 gegeben ist.[67] Ist nach dem Gesellschaftsvertrag der Anteil an Mitgesellschafter ohne Zustimmung übertragbar, so ist die Übertragung auch dann unwirksam, wenn der Erwerber bereits Gesellschafter war und seinen bisherigen Anteil gekündigt hatte. Andernfalls würden die Kündigungsfristen umgangen, da eine Aufspaltung des neuen, einheitlichen Anteils in einen gekündigten und einen nichtgekündigten Anteil ausscheidet.[68]

31 Ist eine **andere Gesellschaft** (Personen- oder Kapitalgesellschaft) **Gesellschafterin einer GbR,** so bedarf die *Übertragung der Anteile jener Gesellschaft* im Zweifel nicht der Zustimmung der GbR-Mitgesellschafter. Gesellschafterin der GbR bleibt in diesen Fällen die andere Gesellschaft; ihre Mitgliedstellung in der GbR wird durch Veränderungen in ihrem Gesellschafterkreis formell nicht berührt. Werden allerdings sämtliche Anteile oder die Anteilsmehrheit der anderen Gesellschaft übertragen und tritt dadurch mittelbar ein Gesellschafterwechsel bei der GbR ein, so kann dieser Umstand den übrigen Gesellschaftern ein Recht zur Ausschließung der anderen Gesellschaft nach § 737 oder zur Kündigung aus wichtigem Grund geben.[69] Beschränkt sich der Zweck der anderen Gesellschaft im Wesentlichen auf das Halten der GbR-Beteiligung, so kommt ausnahmsweise auch eine Bindung der Übertragung der an ihr bestehenden Anteile im Durchgriffswege an die Zustimmung der GbR-Gesellschafter in Betracht.

32 **c) Sonstige Erfordernisse.** Sonstige generelle Wirksamkeitsvoraussetzungen bestehen nicht. Versteht man die Anteilsübertragung als Verfügung über die Mitgliedschaft (→ Rn. 22), so ist es auch nicht notwendig, auf das Vorliegen eines Gesamthandsvermögens abzustellen;[70] mit Zustimmung der Mitgesellschafter können vielmehr auch *Beteiligungen an Innengesellschaften ieS* (→ § 705 Rn. 282) übertragen werden, darunter auch stille Beteiligungen.[71] Wohl aber kann sich im Einzelfall entsprechend den allgemein für die Beteiligung an einer GbR geltenden Grundsätzen die Notwendigkeit ergeben, nach **§§ 1643, 1822 Nr. 3** die Genehmigung des Familiengerichts zum Beitritt oder Ausscheiden nicht voll Geschäftsfähiger bzw. nach **§ 1365** die Einwilligung des anderen Ehegatten zum Beitritt oder Ausscheiden eines im gesetzlichen Güterstand lebenden, über sein gesamtes Vermögen verfügenden Ehegatten einzuholen (→ § 705 Rn. 70, 73).

---

[62] BGH WM 1968, 303 (305); 1961, 303 (304); vgl. auch RGRK/*v. Gamm* Rn. 2; *Wiedemann* Übertragung S. 61 ff.; Erman/*Westermann* Rn. 8.
[63] BGHZ 77, 392 (395 ff.) = NJW 1980, 2708; zur Frage eines Rechts zum Widerruf aus wichtigem Grund bei unwiderruflich erteilter Zustimmung vgl. BGHZ 77, 392 (397 ff.) – in concreto aus Vertrauensschutzgründen verneinend.
[64] BGHZ 77, 392 (396) = NJW 1980, 2708; zust. Erman/*Westermann* Rn. 9.
[65] BGH NJW-RR 1990, 798 (799 f.); zust. Bamberger/Roth/*Schöne* Rn. 10; Staudinger/*Habermeier* (2003) Rn. 10; → § 709 Rn. 75.
[66] So BGH ZIP 1982, 309 (310) betr. die Anteilsübertragung auf einen Wettbewerber der Gesellschaft trotz eines gesellschaftsvertraglichen Wettbewerbsverbots; ebenso auch BGHZ 203, 77 Rn. 12 f., 18 = NJW 2015, 859 = ZIP 2014, 2231; Soergel/*Hadding/Kießling* Rn. 15; Erman/*Westermann* Rn. 9; Bamberger/Roth/*Schöne* Rn. 10.
[67] BGH ZIP 1982, 309 (310); Soergel/*Hadding/Kießling* Rn. 15; so wohl auch *Wiedemann* Übertragung S. 58. Für geringere Anforderungen an das Vorliegen des wichtigen Grundes in den Fällen einer Zustimmung mit Widerrufsvorbehalt BGH WM 1961, 303 (305).
[68] BGH NJW-RR 1989, 1259 (1260); vgl. auch Erman/*Westermann* Rn. 8; zur grds. Einheitlichkeit der Beteiligung an einer Personengesellschaft → § 705 Rn. 181 ff.
[69] Vgl. OLG Naumburg NZG 2004, 775 (778) zur Umgehung von Vinkulierungsklauseln im GmbH-Recht; dazu eingehend Ulmer/Habersack/Löbbe/*Löbbe* GmbHG § 15 Rn. 262 ff. mwN.
[70] So aber *U. Huber* Vermögensanteil S. 387 f.; dagegen zu Recht *Flume* BGB AT I 1 § 17 II, S. 351.
[71] *Flume* BGB AT I 1 § 17 II, S. 351; *Blaurock,* Handbuch der stillen Gesellschaft, 6. Aufl. 2003, Rn. 10.33.

33 **3. Form. a) Grundsatz.** Eine besondere Form für die **Anteilsübertragung** als Verfügungsgeschäft iSv § 413[72] oder für das Verpflichtungsgeschäft hierzu ist *nicht* erforderlich.[73] Das gilt grundsätzlich auch dann, wenn zum Gesellschaftsvermögen Gegenstände gehören, von denen die Übertragung oder die hierauf gerichtete Verpflichtung, wie bei *Grundstücken oder GmbH-Anteilen* (§§ 311b Abs. 1 S. 1, 925 BGB, §§ 15 Abs. 3, 4 S. 1 GmbHG), für sich genommen formbedürftig ist. Denn Gegenstand der Veräußerung ist nicht eine Beteiligung des veräußernden Gesellschafters an Gegenständen des Gesamthandsvermögens, sondern die Mitgliedschaft als solche (→ § 705 Rn. 36). Demgemäß richtet sich auch das der Anteilsübertragung zugrunde liegende Verpflichtungsgeschäft nicht auf die Übertragung von Gegenständen des Gesamthandsvermögens; die Änderung in der gesamthänderischen Mitberechtigung am Gesellschaftsvermögen tritt ohne weiteres als gesetzliche *Folge* der Anteilsübertragung ein.[74] Die **Formfreiheit** ist grundsätzlich unabhängig von der Zahl der übertragenen Anteile und ihrer Erwerber; sie besteht im Regelfall auch dann, wenn sämtliche Anteile auf mehrere oder nur auf einen Erwerber übertragen werden sollen (→ § 311b Rn. 14 *[Kanzleiter]*).[75] Dass in derartigen Fällen bei Sachmängeln an Gegenständen des Gesellschaftsvermögens kaufrechtliche Gewährleistungsvorschriften auf die Anteilsveräußerung Anwendung finden können (→ § 453 Rn. 17 ff., 23 f. *[Westermann]*),[76] steht dieser Beurteilung wegen des unterschiedlichen Regelungszwecks der genannten Vorschriften nicht entgegen.

34 Ist die Anteilsübertragung Gegenstand einer **Schenkung,** dh der in Zuwendungsabsicht zu bewirkenden *unentgeltlichen Verfügung* eines Gesellschafters über seinen Gesellschaftsanteil oder über Teile davon zugunsten eines Mitgesellschafters oder Dritten,[77] so stellt sich die Frage nach dem Formerfordernis iSv **§ 518 Abs. 1 S. 1** für das Schenkungsversprechen. Da insoweit Schenkungsabrede und Anteilsübertragung typischerweise zusammenfallen, so dass es sogleich zum *Schenkungsvollzug* kommt, wird der Mangel der notariellen Form nach § 518 Abs. 2 in aller Regel geheilt; die Einhaltung der Form wird dadurch gegenstandslos.[78] Das gilt jedenfalls dann, wenn die Anteilsübertragung entweder im Gesellschaftsvertrag zugelassen ist oder die Mitgesellschafter ihr zugestimmt haben, weil sie anderenfalls schwebend unwirksam und somit noch nicht vollzogen ist. Für eine Unterscheidung zwischen Außen- und Innengesellschaft ist im Hinblick auf § 518 Abs. 2 kein Anlass. Selbst wenn Gegenstand der Schenkung eine – schon bestehende – stille Beteiligung ist, greift § 518 Abs. 2 ein.[79] Zur abweichenden Beurteilung bei unentgeltlicher *Begründung einer typischen stillen Beteiligung* am Unternehmen des Schenkers durch Abschluss eines Gesellschaftsvertrags → § 705 Rn. 46.

35 **b) Ausnahmen.** Eine eng begrenzte Ausnahme von dem in → Rn. 33 angeführten Grundsatz der Formfreiheit ist dann geboten, wenn die Änderungen im Gesellschafterkreis bei wirtschaftlicher Betrachtung darauf gerichtet sind, unter Vermeidung der für das *Verpflichtungsgeschäft* geltenden Formvorschriften den Rechtsgrund für die Verfügung über das Eigentum an Grundstücken oder GmbH-Anteilen zu schaffen. Für diese Ausnahme spricht das aus der Formfreiheit der Verpflichtung zur Anteilsveräußerung resultierende potentielle *Defizit* des mit den Formvorschriften bezweckten Schutzes der Beteiligten vor Übereilung; es beruht bei Gesellschaften mit Grund- oder Anteilsvermögen darauf, dass formeller Gegenstand des Verpflichtungsgeschäfts nicht die Rechtsänderung betreffend Grundstücke oder GmbH-Anteile ist, sondern der Erwerb (oder die Aufgabe) eines Gesellschaftsanteils.[80] Berücksichtigt man zudem, dass sich der Zweck einer GbR nach ganz hM auch auf das bloße Halten und Verwalten von Grundstücken oder sonstigen Vermögensgegenständen richten kann (→ § 705 Rn. 145) und dass hieran nicht zuletzt wegen der anders kaum befriedigend lösbaren

---

[72] S. nur MüKoHGB/*K. Schmidt* HGB § 105 Rn. 214; *K. Schmidt* GesR § 45 III 3a; → Rn. 22 mN.
[73] EinhM, → § 311b Rn. 14; Soergel/*Hadding/Kießling* Rn. 15; Erman/*Westermann* Rn. 10; Bamberger/Roth/*Schöne* Rn. 9; MüKoHGB/*K. Schmidt* HGB § 105 Rn. 216; *Wiedemann* GesR II § 5 II 1 f aa, S. 435 ff.; *Heckschen,* Die Formbedürftigkeit mittelbarer Grundstücksgeschäfte, 1987, S. 147 ff.
[74] BGHZ 86, 367 (369 f.) = NJW 1983, 1110; BFHE 209, 62 (69) = NZG 2005, 525 (527); OLG Frankfurt DB 1996, 1177; so auch Soergel/*Hadding/Kießling* Rn. 16; Erman/*Westermann* Rn. 10; MüKoHGB/*K. Schmidt* HGB § 105 Rn. 216.
[75] So zutr. BGHZ 86, 367 (370) = NJW 1983, 1110; *Petzoldt* BB 1975, 905 (907 f.); MüKoHGB/*K. Schmidt* HGB § 105 Rn. 216; Erman/*Westermann* Rn. 10.
[76] *Heckschen,* Die Formbedürftigkeit mittelbarer Grundstücksgeschäfte, 1987, S. 151 f. Nachweise zur Grunderwerbsteuerpflicht bei Übertragung bzw. Vereinigung von mindestens 95 % der Anteile vgl. § 1 Abs. 3 GrEStG (Fassung 2000; vgl. dazu auch den gleich lautenden Länder-Erlass NJW 2000, 2005 f.); vgl. zur ähnlichen Rechtslage schon seit 1997 näher *Ulmer/Löbbe* DNotZ 1998, 711 (722 ff.).
[77] Zu den denkbaren Fallgestaltungen und Motiven derartiger Verfügungen vgl. eingehend *U. Huber* Vermögensanteil S. 203 f.
[78] Vgl. nur *K. Schmidt* BB 1990, 1992 (1993 f.) unter Hinweis auf BGHZ 112, 40 (44 ff.) = NJW 1990, 2616; so auch OLG Frankfurt DB 1996, 1177.
[79] Dazu näher *K. Schmidt* DB 2002, 829 (830); MüKoHGB/*K. Schmidt* HGB § 230 Rn. 98 ff., 101.
[80] *K. Schmidt* AcP 182 (1982), 481 (491, 498 f.) und *ders.* BMJ-Gutachten S. 413, 490.

Abgrenzungsschwierigkeiten festzuhalten ist,[81] so kann sich in derartigen Fällen ein Bedürfnis für die **analoge Anwendung der § 311b Abs. 1 BGB, § 15 Abs. 4 GmbHG auf das Verpflichtungsgeschäft** ergeben (→ Rn. 36). Dadurch wird nicht nur dem Schutzzweck der Formvorschriften Rechnung getragen, sondern auch der Gefahr entgegengewirkt, dass der Anteilsinhaber durch die Anteilsveräußerung zu Lasten seiner Gläubiger erhebliche Vermögenswerte in intransparenter Weise der Einzelzwangsvollstreckung oder dem Insolvenzbeschlag entzieht.[82] Das gilt selbst unter Beachtung der grundsätzlich begrenzten Analogiefähigkeit von Formvorschriften und des Erfordernisses ihrer strikten Auslegung und Anwendung.[83] Auf eine Umgehungsabsicht kommt es nicht an;[84] entscheidend ist, ob objektive Umstände unter Berücksichtigung des Normzwecks der § 311b Abs. 1 BGB, § 15 Abs. 4 GmbHG ihre analoge Anwendung rechtfertigen (→ Rn. 36).[85] Dagegen scheidet eine Analogie zu den Formvorschriften für die entsprechenden **Verfügungstatbestände** (§§ 925, 873 BGB, § 15 Abs. 3 GmbHG) in jedem Fall aus; sie wäre mit der Anwachsungsfolge der Anteilsübertragung oder des Beitritts bzw. Ausscheidens nicht vereinbar.[86]

Die **Analogievoraussetzungen** sind unter Berücksichtigung des Umgehungsaspekts vor allem 36 dann zu bejahen, wenn sich der tatsächliche Gesellschaftszweck auf das *Halten und Verwalten von Grundstücken oder GmbH-Anteilen* beschränkt.[87] Die deutliche Nähe derartiger Fälle zur Bruchteilsgemeinschaft, die sich funktional in der Rolle der GbR als „Trägerin modifizierten Miteigentums" widerspiegelt,[88] rechtfertigt es, die im Fall unmittelbarer Veräußerung von Gegenständen des Gesellschaftsvermögens für das *Verpflichtungsgeschäft* geltenden Formvorschriften auch bei der ihr wirtschaftlich entsprechenden Verpflichtung zur Anteilsveräußerung bzw. zu sonstigem vertraglichem Gesellschafterwechsel heranzuziehen. Besteht das Gesellschaftsvermögen ganz oder im Wesentlichen aus Grundstücken, so ist darin ein *Indiz* für einen grundstücksspezifischen, die Analogievoraussetzungen erfüllenden Gesellschaftszweck zu sehen (→ § 311b Rn. 14 *[Kanzleiter]*).[89] Auch wenn der „wirtschaftlichen Betrachtungsweise" bei der Frage, ob der Weg der Anteilsveräußerung im Ergebnis die formfreie Verpflichtung zur Veräußerung von Gegenständen des Gesellschaftsvermögens ermöglicht, im Grundsatz zu Recht der Einwand mangelnder Schärfe entgegengehalten wurde,[90] so überwiegt in derartigen Fällen, zumal wenn die Pflicht zur *Veräußerung aller Anteile* in Frage steht, doch die Gefahr der Schutzzweckverfehlung (→ § 311b Rn. 14 *[Kanzleiter]*);[91] das Abstellen auf den im Gesellschaftsvertrag vereinbarten, im allseitigen Einvernehmen abweichender Gestaltung zugängli-

---

[81] So zutr. *K. Schmidt* AcP 182 (1982), 481 (507) und auch Staudinger/*Langhein* (2002) § 741 Rn. 218 f. sowie Staudinger/*von Proff* (2015) ebd.

[82] Über ein unveröffentlichtes Rspr.-Beispiel berichtet *K. Schmidt* BMJ-Gutachten S. 413, 490; vgl. auch *dens.* BB 1983, 1697 (1701 f.).

[83] Vgl. statt aller *Häsemeyer*, Die gesetzliche Form der Rechtsgeschäfte, 1971, S. 204 ff.

[84] Vgl. nur *Teichmann*, Die Gesetzesumgehung, 1962, S. 69 f.; *Sieker* Umgehungsgeschäfte, 2001, S. 39 ff.; Soergel/*Hefermehl* § 134 Rn. 40; *Heckschen*, Die Formbedürftigkeit mittelbarer Grundstücksgeschäfte, 1987, S. 157 f.; aA BGHZ 86, 367 (371) = NJW 1983, 1110; BGH WM 1997, 2220 (2222); OLG Frankfurt NJW-RR 1996, 1123; → § 134 Rn. 18 *(Armbrüster)*.

[85] Zust. *Heckschen*, Die Formbedürftigkeit mittelbarer Grundstücksgeschäfte, 1987, S. 147 ff., insbes. 157 f.; ferner Bamberger/Roth/*Schöne* Rn. 9; wohl auch Erman/*Westermann* Rn. 10; die Anwendung von § 313 aF nicht grds. abl. BGHZ 86, 367 (371) = NJW 1983, 1110.

[86] Vgl. zur Anteilsübertragung an Gesellschaften mit Grundvermögen näher *Ulmer/Löbbe* DNotZ 1998, 711 (729 ff.); so im Ergebnis auch *K. Schmidt* AcP 182 (1982), 481 (511 f.); Soergel/*Hadding/Kießling* Rn. 15; für Anwendbarkeit von § 15 Abs. 3 GmbHG aber *K. Schmidt* BB 1983, 1697 (1702).

[87] So im Ansatz zutr. *K. Schmidt* AcP 182 (1982), 481 (511) und BB 1983, 1697 (1702); *Heckschen*, Die Formbedürftigkeit mittelbarer Grundstücksgeschäfte, 1987, S. 157, eingehend *Ulmer/Löbbe* DNotZ 1998, 724 ff. betr. Grundstücksgesellschaften; zust. Staudinger/*Wufka* (2001) § 313 Rn. 124; auch Staudinger/*Schumacher* (2011) § 311b Rn. 124; enger wohl BGHZ 86, 367 (371) = NJW 1983, 1110; → § 311b Rn. 14 *(Kanzleiter)* und Erman/*Westermann* Rn. 10, die auf die Gesellschaftsgründung zum Zweck der erleichterten Verlagerung von Grundeigentum abstellen. Vgl. auch BFH WM 1981, 274 (275) = BStBl. II 1980 S. 598: Bejahung der Grunderwerbsteuerpflicht unter dem Gesichtspunkt der Steuerumgehung bei Übertragung aller Anteile an einer GbR, deren Gesellschaftszweck im Wesentlichen in der Grundstücksverwaltung besteht; dazu *Ulmer/Löbbe* DNotZ 1998, 722 ff. mwN.

[88] So treffend *K. Schmidt* AcP 182 (1982), 481 (511).

[89] Ebenso *Heckschen*, Die Formbedürftigkeit mittelbarer Grundstücksgeschäfte, 1987, S. 157; Ulmer/Habersack/*Löbbe*/*Löbbe* GmbHG § 15 Rn. 56 zu § 15 Abs. 4 GmbHG; aA BGHZ 86, 367 (370 f.) = NJW 1983, 1110, im Anschluss auch *K. Schmidt* AcP 182 (1982), 481 (510 f.) und BB 1983, 1698 (1702).

[90] Vgl. BGHZ 86, 367 (371) = NJW 1983, 1110.

[91] Insoweit stark zurückhaltend jedoch (zu § 313 aF) BGHZ 86, 367 (370 f.) = NJW 1983, 1110; *Petzoldt* BB 1975, 905 (907 f.); *Reinelt* NJW 1992, 2052 (2053 f.) und im Grundsatz *K. Schmidt* AcP 182 (1982), 481 (510 f.); im Ergebnis ebenso zu § 15 GmbHG Ulmer/Habersack/*Löbbe*/*Löbbe* GmbHG § 15 Rn. 56; im Grundsatz auch Scholz/*Seibt* GmbHG § 15 Rn. 50, GmbHG § 18 Rn. 7a.

chen Gesellschaftszweck bietet insoweit keinen hinreichenden Schutz.[92] Das gilt namentlich bei der beabsichtigten Anteilsveräußerung an einen *einzigen Erwerber*, da dieser infolge der Anwachsung Alleineigentum erwirbt und damit an die Stelle der GbR als bisherige Inhaberin des Grundstücks oder GmbH-Anteils tritt. Das Formerfordernis greift aber auch bei der Verpflichtung zu *sukzessiver* Anteilsübertragung ein, wenn die einzelnen Übertragungsakte in unmittelbarem sachlichem und zeitlichem Zusammenhang stehen und deshalb wirtschaftlich auf die Veräußerung der genannten Gegenstände gerichtet sind.

37 Die **Nichtbeachtung der Formvorschriften** für das auf Anteilsübertragung gerichtete Verpflichtungsgeschäft führt zu dessen Nichtigkeit, lässt die Wirksamkeit der dinglichen Rechtsänderung am Gesellschaftsanteil aber unberührt. Dem aus dem Gesellschaftsverband ausscheidenden Gesellschafter steht daher ein auf Rückübertragung seines Anteils gerichteter *Bereicherungsanspruch* gegen den Anteilserwerber zu; auf ihn können seine Privatgläubiger im Wege der Pfändung und in der Insolvenz der Insolvenzverwalter zugreifen. Ist die Gesellschaft infolge der Übertragung aller Anteile auf einen Gesellschafter beendet worden, so steht den bisherigen Mitgesellschaftern ein Anspruch auf Neugründung zu. Die analoge Anwendung des § 311b Abs. 1 nF erstreckt sich freilich auch auf die Vorschrift des § 311b Abs. 1 S. 2; die *Heilung* des Formmangels tritt durch die – zwar nur deklaratorisch wirkende, jedoch den Publizitätsmangel ausräumende – Grundbuchberichtigung nach § 47 GBO ein (→ § 705 Rn. 41).[93]

38 **4. Vollzug und Wirkungen.** Der **Vollzug** des Anteilsübergangs richtet sich nach dem *Wirksamwerden der Verfügung*; eine nachträglich erteilte Zustimmung wirkt im Zweifel auf den Zeitpunkt des Vertragsschlusses zurück (§ 184 Abs. 1).[94] Sonstige Vollzugserfordernisse bestehen nicht. Ist der Anteil im Gesellschaftsvertrag generell übertragbar gestellt, so bedarf es für die Wirksamkeit des Anteilsübergangs namentlich auch nicht der Mitteilung gegenüber Gesellschaft oder Mitgesellschaftern. Sie empfiehlt sich freilich mit Rücksicht auf die §§ 407, 408 (iVm § 413).

39 Die **Wirkungen** der Verfügung bestehen darin, dass der Erwerber anstelle des Veräußerers Gesellschafter wird und damit die Gesamthandsberechtigung erlangt sowie in die Mitgliedschaftspflichten eintritt (→ Rn. 40, 44 ff.). Einlageverpflichtungen gegenüber der Gesellschaft werden dadurch nicht neu begründet. Vielmehr vollzieht sich der vermögensmäßige Ausgleich unmittelbar zwischen Veräußerer und Erwerber; §§ 738, 739 finden keine Anwendung.[95] Zur Haftung von Anteilsveräußerer und -erwerber für Gesellschaftsschulden → § 714 Rn. 70 ff.; zu den prozess- und vollstreckungsrechtlichen Folgen des Gesellschafterwechsels → § 718 Rn. 44 f., 60 ff. Rechtsmängel der Anteilsübertragung führen – anders als bei Ausscheiden und Eintritt im Wege des Doppelvertrags – nicht zum Eingreifen der Lehre von der fehlerhaften Gesellschaft (str., → § 705 Rn. 374); sie unterliegen daher den allgemeinen Vorschriften und können auch rückwirkend geltend gemacht werden.

III. Rechtsstellung des Erwerbers

40 **1. Grundsatz; Verwaltungsrechte.** Der Gesellschaftsanteil geht im Fall der Anteilsübertragung grundsätzlich mit demjenigen Inhalt über, den er beim Veräußerer hatte; der Erwerber rückt als neuer Gesellschafter voll in die **Rechtsstellung des Veräußerers** ein.[96] Das bedarf hinsichtlich der selbständig abtretbaren Vermögensrechte (§ 717 S. 2) und der gesellschaftsvertraglichen Verbindlichkeiten des Veräußerers näherer Präzisierung (→ Rn. 42 ff.). Für die dem Abspaltungsverbot unterliegenden **Verwaltungsrechte** (→ § 717 Rn. 16) folgt es allein schon aus dem Umstand, dass sie nicht vom Anteil getrennt werden können, dh dass der Veräußerer sie im Falle der Übertragung der Mitgliedschaft nicht zurückbehalten kann.[97] Anderes gilt dann, wenn die Veräußerung unter Nießbrauchsvorbehalt erfolgt (→ § 705 Rn. 99).

---

[92] Zu den Fallgruppen eines grundstücksbezogenen, zur Analogie führenden Gesellschaftszwecks und zu dessen Ermittlung näher *Ulmer/Löbbe* DNotZ 1998, 725 ff.
[93] So auch *K. Schmidt* AcP 182 (1982), 481 (512); in den Fällen des § 15 GmbHG scheidet eine Heilung mangels Abtretung des GbR-Anteils in notarieller Form (vgl. § 15 Abs. 4 S. 2 GmbHG) idR freilich aus.
[94] HM, vgl. BGHZ 13, 179 (186); Bamberger/Roth/*Schöne* Rn. 10; Staudinger/*Habermeier* (2003) Rn. 10; MüKoHGB/*K. Schmidt* HGB § 105 Rn. 219; Staub/*Schäfer* HGB § 105 Rn. 294.
[95] BGH NJW 1981, 1095 (1096); zust. Erman/*Westermann* Rn. 11.
[96] EinhM, vgl. BGH WM 1986, 1314 (1315); NJW 1999, 715 (717); DB 2003, 497; Soergel/*Hadding/Kießling* Rn. 16; Erman/*Westermann* Rn. 11; Bamberger/Roth/*Schöne* Rn. 11; MüKoHGB/*K. Schmidt* HGB § 105 Rn. 222; vgl. auch BGHZ 81, 82 (89) = NJW 1981, 2747: mit der Übertragung eines Kommanditanteils geht das Recht des Veräußerers, sich nach § 171 Abs. 1 HGB auf den Haftungsausschluss zu berufen, auf den Erwerber über; und BGH NJW 1998, 371 – Schiedsvereinbarung.
[97] Daher zu Recht für Übergang der Genehmigungsbefugnis nach § 177 auf den Anteilserwerber bei einem vor Anteilsübertragung durch einen Vertreter ohne Vertretungsmacht namens der GbR geschlossenen Vertrag BGHZ 79, 374 (377 ff.) = NJW 1981, 1213; vgl. auch Soergel/*Hadding/Kießling* Rn. 17; Erman/*Westermann* Rn. 11.

Eine *Einschränkung* erfährt der vorgenannte Grundsatz im Hinblick auf **höchstpersönliche** 41
Rechte des Veräußerers. Sie sind, wie die Einräumung eines an die Person des Veräußerers gebundenen Mehrfachstimmrechts oder eines nicht durch entsprechende Beitragsleistungen bedingten erhöhten Gewinnanteils zeigt, unübertragbar und kommen daher infolge der Anteilsveräußerung in Wegfall. Ob dem Mitgliedschaftsrecht höchstpersönlicher Charakter zukommt, ist durch Vertragsauslegung festzustellen.[98] Schwierigkeiten kann dabei namentlich die Regelung der *Geschäftsführungs- und Vertretungsbefugnis* bereiten. Steht sie – sei es als Gesamt- oder Einzelbefugnis – nicht sämtlichen, sondern nur einem Teil der Gesellschafter zu, so kommt es für die Rechtsstellung des Erwerbers darauf an, ob die vertragliche Regelung auf der Zuweisung der Geschäftsführung an bestimmte, hierfür ausgewählte Gesellschafter beruht oder ob umgekehrt der Ausschluss einzelner Gesellschafter von der Geschäftsführung durch besondere persönliche Umstände bei ihnen bedingt ist. Im letztgenannten Fall bildet die Befugnis zu Geschäftsführung und Vertretung die Regel; sie steht dementsprechend grundsätzlich auch dem Erwerber zu. Im Einzelfall kann daher sogar der Nachfolger eines von Geschäftsführung und Vertretung ausgeschlossenen Gesellschafters diese Befugnisse erlangen, wenn der Ausschluss auf persönlichen Gründen (Alter ua) beim Veräußerer gestützt und erkennbar auf die Zeit seiner Zugehörigkeit zur Gesellschaft beschränkt war.[99]

2. Vermögensrechte und -pflichten. a) Überblick. Der Grundsatz des inhaltlich unveränder- 42
ten Übergangs der Gesellschafterstellung (→ Rn. 40 f.) greift auch ein, soweit es um die Beurteilung der auf der Mitgliedschaft beruhenden, der Gesellschaft gegenüber bestehenden Ansprüche und Verbindlichkeiten (Sozialverbindlichkeiten und -ansprüche) geht.[100] Allerdings können hinsichtlich der nach § 717 S. 2 getrennt übertragbaren *Ansprüche* Abweichungen zwischen Veräußerer und Erwerber auch ohne Mitwirkung der Mitgesellschafter vereinbart werden (→ Rn. 43). Bei den *Verbindlichkeiten* fragt sich, ob und inwieweit bei Schuldübernahme durch den Erwerber auch der Veräußerer verpflichtet bleibt (→ Rn. 44 f.).

b) Ansprüche des Veräußerers. Hinsichtlich der bereits *entstandenen* selbständig übertragbaren 43
Ansprüche **aus dem Gesellschaftsvertrag** (§ 717 S. 2) sind Veräußerer und Erwerber grundsätzlich frei, über deren Schicksal abweichend von der Anteilsübertragung zu bestimmen.[101] Haben sie hierüber *keine* ausdrückliche oder stillschweigende *Vereinbarung* getroffen, so ist für die Annahme eines Verbleibs dieser Ansprüche beim Veräußerer unter Separierung vom Anteil im Regelfall kein Raum. Das gilt jedenfalls für gesellschaftsvertragliche Ansprüche wie auf Privatkonto verbuchte, entnahmefähige Gewinne,[102] *nicht aber für Drittgläubigerforderungen* des Veräußerers.[103] Entscheidend ist, ob die fraglichen Ansprüche in der Auseinandersetzungsbilanz zugunsten des auf den Anteil entfallenden Guthabens zu berücksichtigen wären (→ § 730 Rn. 49 ff.). Erfolgt die Übertragung auf der Grundlage einer Bilanz, so sind im Zweifel diejenigen Ansprüche gegen die Gesellschaft davon ausgenommen und verbleiben beim Veräußerer, die aus den in der Bilanz enthaltenen Konten des Veräußerers nicht ersichtlich sind.[104] Hat der Veräußerer über bereits *entstandene* Ansprüche vor der Anteilsübertragung anderweitig verfügt, so ist die Verfügung auch dem Erwerber gegenüber wirksam.[105] *Künftige* Ansprüche stehen dem Erwerber unabhängig von ihrer etwaigen Vorausabtretung an einen Dritten zu, wenn der Vertrag über die Anteilsübertragung insoweit keinen Vorbehalt enthält (→ § 717 Rn. 35, 38).

c) Verbindlichkeiten. Auch für die mit dem Anteil verbundenen, schon bestehenden gesell- 44
schaftsvertraglichen Verpflichtungen (Sozialansprüche) hat der BGH festgestellt, Veräußerer und

---

[98] Vgl. eingehend *Wiedemann* Übertragung S. 71 ff.; so auch Soergel/*Hadding/Kießling* Rn. 17; GroßkommHGB/*Rob. Fischer*, 3. Aufl. 1967, HGB § 130 Anm. 16; *Hueck* OHG § 27 II 3, S. 399; *Teichmann* NJW 1966, 2336 (2339).
[99] *Rob. Fischer* BB 1956, 840; Soergel/*Hadding/Kießling* Rn. 17; Erman/*Westermann* Rn. 11; s. auch Staub/*Schäfer* HGB § 139 Rn. 52; einschr. *Hueck* OHG § 28 II 1b; *Wiedemann* Übertragung S. 74.
[100] Vgl. BGH WM 1986, 1314 (1315); näher *Wertenbruch*, Die Haftung von Gesellschaften und Gesellschaftsanteilen in der Zwangsvollstreckung, 2000, S. 507 ff., 567.
[101] Insoweit zutr. BGHZ 45, 221 (222) = NJW 1966, 1307; vgl. ferner BGH WM 1986, 1314 (1316); Soergel/*Hadding/Kießling* Rn. 18.
[102] BGH NJW 1973, 328; WM 1986, 1314 (1315); Soergel/*Hadding/Kießling* Rn. 18; Erman/*Westermann* Rn. 11; *Gansmüller* DB 1967, 891 (892); aA *Flume* BGB AT I § 17 III, S. 353.
[103] Vgl. BGH LM HGB § 120 Nr. 5 = DB 1978, 877 zur selbständigen Behandlung des Guthabens eines Gesellschafters auf einem im Gesellschaftsvertrag von den Beteiligungskonten deutlich unterschiedenen „Darlehenskonto" im Rahmen der Auseinandersetzung; zust. Soergel/*Hadding/Kießling* Rn. 18.
[104] BGHZ 45, 221 (223) = NJW 1966, 1307; so wohl auch BGH WM 1986, 1314 (1315); Soergel/*Hadding/Kießling* Rn. 18; Bamberger/Roth/*Schöne* Rn. 11.
[105] BGH BB 2003, 545 (546).

Erwerber stehe es grundsätzlich frei, nach eigenem Ermessen zu *vereinbaren,* in welchem Umfang sie den Veräußerer treffen oder vom Erwerber übernommen werden sollen, sofern die Mitgesellschafter der Übertragung im Voraus zugestimmt hätten.[106] Dieser Rechtssatz ist im Schrifttum zu Recht auf verbreitete Kritik gestoßen.[107] Denn soweit die Beteiligten einen Übergang auf den Erwerber vereinbaren, bedarf dieser als **befreiende Schuldübernahme** nach § 415 der Genehmigung der Gesellschaft. Sie kann zwar je nach Lage des Falles darin liegen, dass die Mitgesellschafter in Kenntnis des Vertragsinhalts der Anteilsveräußerung zustimmen,[108] keinesfalls aber in der *generellen* Zulassung der Übertragung im Gesellschaftsvertrag.[109] Entsprechendes gilt auch umgekehrt für Vereinbarungen, wonach der Erwerber nicht für rückständige Einlagen, unzulässige Entnahmen oder sonstige auf der Mitgliedschaft beruhende Sozialansprüche haften soll. Auch sie sind wegen des mit dem Anteilsübergang verbundenen Eintritts des Erwerbers in die Rechtsstellung des Veräußerers nur mit Zustimmung der Mitgesellschafter wirksam.[110]

45   Im **Regelfall** führt die Anteilsveräußerung daher zur *gesamtschuldnerischen Haftung von Veräußerer und Erwerber* für bestehende gesellschaftsvertragliche Verbindlichkeiten des Veräußerers (zur akzessorischen Haftung des Erwerbers für Verbindlichkeiten der GbR → § 714 Rn. 72 f.). Abweichende Vereinbarungen zwischen den Beteiligten haben ohne die erforderliche Zustimmung der Mitgesellschafter nur interne, den Ausgleichsanspruch nach § 426 Abs. 1 betreffende Wirkungen.[111] Eine Ausnahme gilt für Schadensersatzansprüche der Gesellschafter gegen den Anteilsveräußerer wegen Verletzung der Geschäftsführer- oder Treupflicht, wegen Verstoßes gegen das Wettbewerbsverbot uÄ. Trotz ihrer Natur als Sozialansprüche knüpfen sie nicht unmittelbar an die Gesellschafterstellung an, sondern hängen vom Vorliegen weiterer Voraussetzungen in der Person des Veräußerers ab. Den Erwerber binden sie nur kraft besonderen Verpflichtungsgrundes.[112]

46   Schuldet der Anteilsveräußerer einem Mitgesellschafter, der einen Gesellschaftsgläubiger befriedigt hat, aufgrund § 426 Abs. 1 S. 1 **gesamtschuldnerischen Ausgleich** (→ § 714 Rn. 56), so bedarf die befreiende Schuldübernahme durch den Anteilserwerber der Zustimmung des ausgleichsberechtigten Gesellschafters.[113] Die generelle Zulassung der Anteilsveräußerung im Gesellschaftsvertrag genügt auch insoweit nicht (→ Rn. 44). Ohne derartige Schuldübernahme trifft den Anteilserwerber grundsätzlich keine Haftung gegenüber dem ausgleichsberechtigten Gesellschafter. Die Pflicht zur Ausgleichsleistung bildet keinen der Mitgliedschaft folgenden und deshalb auch gegen den Erwerber persönlich gerichteten Sozialanspruch, sondern findet ihre Grundlage in der gesamtschuldnerischen Verpflichtung des Anteilsveräußerers iVm § 426 Abs. 1 S. 1 (→ § 714 Rn. 56).

47   Haben die an der Anteilsveräußerung Beteiligten **keine** besonderen **Vereinbarungen** über die Behandlung der Verbindlichkeiten getroffen, so ist der Erwerber gegenüber dem Veräußerer jedenfalls bezüglich aller im Abtretungszeitpunkt bekannten Verbindlichkeiten im Zweifel zur Erfüllung verpflichtet und kann von diesem nach § 426 auf Ausgleich in Anspruch genommen werden.

IV. Sonstige Verfügungen über den Anteil

48   **1. Teilübertragung.** Sie ist entsprechend den Grundsätzen über die Vollübertragung (→ Rn. 25 ff.) mit Zustimmung der Mitgesellschafter zulässig.[114] Die Zustimmung muss sich freilich eindeutig auch auf die *Teil*übertragung als solche beziehen, da diese im Unterschied zur Vollübertragung nicht zum Gesellschafterwechsel führt, sondern zur Vermehrung der Zahl der Gesellschafter und entsprechend auch zum Entstehen zusätzlicher Verwaltungsrechte (→ Rn. 49). Die generelle

---

[106] BGHZ 45, 221 (222) = NJW 1966, 1307 = WM 1966, 615; so grds. auch BGH WM 1968, 892. – *Goette,* FS Krämer, 2009, S. 253 (254) weist allerdings darauf hin, dass die Gründe zu weit formuliert worden seien, weil im Fall tatsächlich die konkrete Einwilligung zur streitgegenständlichen Anteilsübertragung vorgelegen habe.
[107] *Teichmann* NJW 1966, 2336 ff.; *Ganssmüller* DB 1967, 891 ff.; *Flume* BGB AT I 1 § 17 III, S. 353; so auch Staudinger/*Habermeier* (2003) Rn. 16; Bamberger/Roth/*Schöne* Rn. 11; diff. *Wiedemann* GesR II § 5 II 1e aa, S. 433; Soergel/*Hadding*/*Kießling* Rn. 19.
[108] Weitergehend BGH WM 1968, 892; wie hier für das Erfordernis konkreter Zustimmung zu der vereinbarten Pflichtenverteilung *Teichmann* NJW 1966, 2336 (2339 f.); *Ganssmüller* DB 1967, 891 (893); Erman/*Westermann* Rn. 12.
[109] So auch Erman/*Westermann* Rn. 12; ebenso aber auch *Goette,* FS Krämer, 2009, S. 253 (258 ff.), nach dessen Interpretation auch der eine allgemeine Zustimmung als nicht ausreichend betrachtet.
[110] *Teichmann* NJW 1966, 2336 (2339 f.).
[111] *Wiedemann* Übertragung S. 76; *Ganssmüller* DB 1967, 891 ff.; Bamberger/Roth/*Schöne* Rn. 11; im Ergebnis auch Soergel/*Hadding*/*Kießling* Rn. 19: Erstreckung des Einverständnisses der Mitgesellschafter mit der Übertragung der Mitgliedschaft auch hierauf.
[112] Vgl. Staub/*Schäfer* HGB § 105 Rn. 310 Fn. 918; so auch OLG Frankfurt DB 1996, 1177.
[113] Vgl. BGH NJW 1981, 1095 (1096); Erman/*Westermann* Rn. 12.
[114] HM, vgl. *Wiedemann* Übertragung S. 64 f.; Staudinger/*Habermeier* (2003) § 719 Rn. 18; Soergel/*Hadding*/*Kießling* Rn. 21; Erman/*Westermann* Rn. 13; *Flume* BGB AT I 1 § 11 II 2, S. 151, § 17 II, S. 352.

Zulassung der Anteilsübertragung im Gesellschaftsvertrag berechtigt daher nicht auch zur Teilübertragung.[115]

Schwierigkeiten bereitet im Fall der Teilübertragung die Bestimmung der **Rechtsstellung** von **Veräußerer** und **Erwerber**. Hinsichtlich der auf den bisherigen Anteil entfallenden *Vermögensrechte und -pflichten* ist dabei davon auszugehen, dass diese durch die Teilung keine inhaltliche Änderung erfahren sollen.[116] Die Ansprüche auf Gewinn und Auseinandersetzungsguthaben werden daher im Zweifel entsprechend dem Beteiligungsverhältnis zwischen Veräußerer und Erwerber aufgeteilt, während den Erwerber die auf seinen Beteiligungsanteil entfallenden Verbindlichkeiten als Gesamtschuldner neben dem Veräußerer treffen. Dagegen stehen die *Verwaltungsrechte* im Zweifel jedem der beiden Gesellschafter voll zu;[117] die Teilübertragung bewirkt insoweit also eine der Vermehrung der Mitgliederzahl entsprechende, durch die Zustimmung der Mitgesellschafter gedeckte Ausweitung. Das gilt jedenfalls für das Informations- und Kontrollrecht, das Kündigungsrecht sowie im Zweifel für das Stimmrecht, wenn dieses im Gesellschaftsvertrag nicht nach Maßgabe der Kapitalanteile gestaffelt, sondern nach Köpfen verteilt ist (→ § 709 Rn. 97). Dagegen kommt es für das Recht zu Geschäftsführung und Vertretung in erster Linie auf die hierüber im Gesellschaftsvertrag getroffenen Vereinbarungen an.[118] 49

2. Nießbrauch. Die Zulässigkeit des Nießbrauchs am Gesellschaftsanteil richtet sich nach dessen Übertragbarkeit (§ 1069 Abs. 2). Auf die Ausführungen zur Anteilsübertragung kann daher verwiesen werden (→ Rn. 27 ff.). Wegen der Einzelheiten der Nießbrauchsbestellung → § 705 Rn. 96 ff. 50

3. Verpfändung. a) Gegenstände. Die Anerkennung der **Mitgliedschaft** als eines selbständiger Verfügung zugänglichen Rechts ermöglicht nach zutreffender, wenn auch umstrittener Ansicht grundsätzlich auch ihre Verpfändung (→ Rn. 52).[119] Hiervon zu unterscheiden ist die Bestellung eines Pfandrechts an den **einzelnen Vermögensrechten** des Gesellschafters aus dem Gesellschaftsverhältnis iSv § 717 S. 2. Im Unterschied zur Anteilsverpfändung eröffnet dieses Vorgehen nur den Zugriff auf das jeweilige Vermögensrecht und setzt dessen Bestand im Zeitpunkt der Verpfändung voraus.[120] 51

b) Voraussetzungen. Die wirksame Verpfändung des **Gesellschaftsanteils** (der Mitgliedschaft) ist grundsätzlich von dessen **Übertragbarkeit** abhängig (§ 1274 Abs. 2).[121] Die Verpfändung kann auch als solche im Gesellschaftsvertrag generell zugelassen sein;[122] fehlt es hieran, so bedarf sie der Zustimmung der Mitgesellschafter im Einzelfall. Eine Anzeige der Verpfändung nach § 1280 an die Gesellschaft ist nicht erforderlich.[123] Mit Rücksicht auf das regelmäßig nur geringe Interesse, GbR-Anteile auf dem freien Markt zu erwerben, geht es dem Gläubiger im Zweifel in erster Linie darum, mit dem Pfandrecht am Anteil auch die Kündigungsmöglichkeit nach § 725 Abs. 1 zu erlangen, um auf diese Weise den Vermögenswert des Anteils zu realisieren. Dementsprechend kann der Gläubiger bei der Verwertung des Pfandrechts im Regelfall zwischen der Anteilsveräußerung und der Kündigung nach § 725 Abs. 1 wählen (→ Rn. 57 f.). Die Mitgesellschafter haben es freilich in der Hand, auf die Vereinbarungen zwischen Besteller und Pfandgläubiger über die Art der Verwertung Einfluss zu nehmen, sofern die Verpfändung ihrer Zustimmung bedarf. Sie können die Zustimmung etwa 52

---

[115] So zutr. *Wiedemann* Übertragung S. 65; Soergel/*Hadding*/*Kießling* Rn. 21; Erman/*Westermann* Rn. 13; nicht eindeutig *Staudenmaier* DNotZ 1966, 724 (726 f.).
[116] *Hueck* OHG § 27 II 7, S. 400; so auch Staudinger/*Keßler*, 12. Aufl. 1979, § 736 Rn. 25.
[117] *Wiedemann* Übertragung S. 65; *Hueck* OHG § 27 II 7, S. 400; Soergel/*Hadding*/*Kießling* Rn. 21; Erman/*Westermann* Rn. 13; aA *Staudenmaier* DNotZ 1966, 724 (727), der von gemeinschaftlicher Zuständigkeit beider Teile bei „nicht aufspaltbaren" Verwaltungsrechten ausgeht.
[118] So auch Erman/*Westermann* Rn. 13; abw. Soergel/*Hadding*/*Kießling* Rn. 21: im Rahmen der Vertragsübernahme zu regeln.
[119] Ebenso MüKoHGB/*K. Schmidt* HGB § 105 Rn. 225; Erman/*Westermann* § 717 Rn. 10; Bamberger/Roth/*Schöne* § 717 Rn. 25; *Wiedemann* GesR II § 5 II 2b aa, S. 449; → § 1274 Rn. 70 f. (*Damrau*); Soergel/*Hadding*/*Kießling* § 717 Rn. 17; Erman/*Westermann* § 717 Rn. 10; a noch Soergel/*Hadding*/*Kießling* § 717 Rn. 17; *Hadding*, Gesellschaftsanteile als Kreditsicherheit, 1979, S. 37, 40, 42 f.
[120] EinhM, vgl. nur MüKoHGB/*K. Schmidt* HGB § 105 Rn. 225; → § 1274 Rn. 70 f. (*Damrau*); Soergel/*Hadding*/*Kießling* § 717 Rn. 17; Erman/*Westermann* § 717 Rn. 10.
[121] OLG Hamm Rpfleger 1977, 136 (137); → § 1274 Rn. 70 (*Damrau*); MüKoHGB/*K. Schmidt* HGB § 105 Rn. 225; *Rümker* WM 1973, 626 (630); *K. Schmidt* JR 1977, 177 (178); Palandt/*Bassenge* § 1274 Rn. 6.
[122] MüKoHGB/*K. Schmidt* HGB § 105 Rn. 225; *Wiedemann* GesR II § 5 II 2 bb, S. 449; enger *Flume* BGB AT I 1 § 17 VII, S. 367; *Wiedemann* Übertragung S. 423; und Soergel/*Habersack* § 1274 Rn. 40, die eine ausdrückliche Zustimmung zur Verpfändung verlangen.
[123] RGZ 57, 414 (415); so auch → § 1274 Rn. 70 (*Damrau*); *H. Roth* ZGR 2000, 187 (204); aA *Hadding*, Gesellschaftsanteile als Kreditsicherheit, 1979, S. 47: auf der Grundlage der Verpfändung nur der einzelnen Vermögensrechte.

davon abhängig machen, dass der Gläubiger auf das Recht zur Kündigung der Gesellschaft bei Pfandreife verzichtet.

53 c) **Rechtsstellung des Pfandgläubigers.** Sie richtet sich nach dem Gegenstand des Pfandrechts. Die auf den **Gesellschaftsanteil** bezogene Verpfändung (→ Rn. 52) berechtigt den Gläubiger nach § 1277 zur Verwertung des Anteils im Wege der Zwangsvollstreckung (→ Rn. 57) und zur Mitsprache nach § 1276 bei Aufhebung oder Änderung der mit dem Anteil verbundenen Vermögensrechte.[124] Mangels abweichender Vereinbarung (→ Rn. 52) gibt sie ihm auch das *Kündigungsrecht nach § 725* und ermöglicht ihm auf diesem Wege den Zugriff auf das Auseinandersetzungsguthaben. Hierzu muss der Pfandgläubiger allerdings zunächst einen rechtskräftigen Titel auf Duldung der Zwangsvollstreckung erworben haben, um damit den Gesellschaftsanteil zu pfänden und sich gemäß § 835 ZPO überweisen zu lassen (→ Rn. 58).[125]

54 Beschränkt sich die Verpfändung auf die nach § 717 S. 2 getrennt übertragbaren und daher ohne Zustimmung der Mitgesellschafter verpfändbaren **Vermögensrechte,** so gibt sie dem Pfandgläubiger zwar das Recht zur Forderungseinziehung nach Maßgabe der §§ 1281, 1282. Dagegen steht ihm ein eigenes Kündigungsrecht zur Liquidierung des gepfändeten Anspruchs auf das Auseinandersetzungsguthaben nach § 725 nicht zu. Auch das in § 1283 Abs. 3 vorgesehene Recht des Pfandgläubigers, nach Pfandreife das Kündigungsrecht des Schuldners auszuüben, um den Anspruch durchsetzen zu können, greift mit Rücksicht auf § 717 S. 1 im Regelfall nicht ein. Abweichendes kommt nur dann in Betracht, wenn die Mitgesellschafter der Verpfändung zugestimmt und dem Pfandgläubiger dadurch eine über die reinen Vermögensrechte hinausgehende Stellung gegenüber der Gesellschaft verschafft haben.

55 Abgesehen vom Kündigungsrecht (→ Rn. 58) stehen dem Gläubiger **Verwaltungsrechte** trotz Verpfändung des Gesellschaftsanteils *nicht* zu.[126] Die Zustimmung der Mitgesellschafter beschränkt sich auf die dingliche Sicherung des Gläubigers durch Belastung des Gesellschaftsanteils; sie soll ihm nicht etwa die damit verbundenen Mitspracherechte verschaffen. Daher kommt es grundsätzlich auch nicht zur Abspaltung von Verwaltungsrechten zugunsten des Gläubigers. Eine **Ausnahme** ist in entsprechender Anwendung der §§ 1258 Abs. 1, 1273 Abs. 2 S. 1 nur hinsichtlich solcher Verwaltungsbefugnisse veranlasst, die, wie *Kontroll- und Informationsrechte,* zum Schutz des Pfandgläubigers erforderlich sind.[127] Diese Rechte kann neben dem Gesellschafter/Schuldner daher auch der Gläubiger geltend machen. Das ist unbedenklich, weil die Verpfändung des Anteils nur mit genereller oder im Einzelfall erteilter Zustimmung der Mitgesellschafter zulässig ist. Der weitergehenden Ansicht, die § 1258 Abs. 1 uneingeschränkt auf die Anteilsverpfändung anwenden will,[128] ist nicht zu folgen.[129]

56 **Verfügungen der Gesellschaft** über Gegenstände des Gesellschaftsvermögens werden durch das Pfandrecht am Gesellschaftsanteil nicht eingeschränkt. Demgemäß ist auch für die Grundbucheintragung eines Verpfändungsvermerks kein Raum, wenn zum Gesellschaftsvermögen Grundstücke gehören.[130]

57 d) **Verwertung des Gesellschaftsanteils.** Sie erfolgt nach § 1277 S. 1 **im Wege der Zwangsvollstreckung.**[131] Erforderlich ist ein zumindest vorläufig vollstreckbarer Duldungstitel gegen den Anteilsinhaber und die Pfändung des Anteils nach § 859 Abs. 1 ZPO (→ Rn. 59); zur stattdessen

---

[124] Vgl. zu § 1276 näher *Flume* BGB AT I 1 § 17 VII und *Wiedemann* Übertragung S. 429 ff.
[125] *Hadding,* Gesellschaftsanteile als Kreditsicherheit, 1979, S. 58; *Hackenbroch,* Die Verpfändung von Mitgliedschaftsrechten, 1970, S. 109 f.; *Wiedemann* Übertragung S. 417 f.; MüKoHGB/K. *Schmidt* HGB § 135 Rn. 38, alle zur OHG.
[126] *Flume* BGB AT I 1 § 17 VII; *Hadding,* Gesellschaftsanteile als Kreditsicherheit, 1979, S. 49 ff.; § 1274 Rn. 71 *(Damrau);* Staudinger/*Wiegand* (2009) § 1274 Rn. 45; *Wiedemann* GesR II § 5 II 2b cc, S. 451 f.; zur Verpfändung eines GmbH-Anteils auch RGZ 139, 224 (227 f.); OLG Hamm WM 1987, 972 (973).
[127] MüKoHGB/K. *Schmidt* HGB § 135 Rn. 35; Soergel/*Habersack* § 1274 Rn. 40; ähnlich *Wiedemann* Übertragung S. 432; *H. Roth* ZGR 2000, 204 (210); aA *Hadding,* Gesellschaftsanteile als Kreditsicherheit, 1979, S. 51; abw. auch OLG Düsseldorf NJW-RR 2004, 1111: mit Verpfändung verbundene Verfügungsbeschränkung rechtfertige Eintragung eines Verpfändungsvermerks im Grundbuch; dagegen aber etwa. *Wertenbruch* NZG 2006, 408 (418).
[128] Vgl. Soergel/*Mühl,* 12. Aufl. 1987, § 1258 Rn. 1; Staudinger/*W. Wiegand* (2009) § 1258 Rn. 3 (anders aber Staudinger/*D. Wiegand* [2009] § 1274 Rn. 45) unter Berufung auf RGZ 83, 27 (30 und 84, 395, 396 f.) betr. Pfandrecht an Anteilen einer Miterbengemeinschaft; generell gegen die Anwendung von § 1258 Abs. 1 auf Gesellschaftsanteile außer *Hadding,* Gesellschaftsanteile als Kreditsicherheit, 1979, S. 49 auch *Flume* BGB AT I 1 § 17 VII; *Rupp/Fleischmann* Rpfleger 1984, 223 (227); wohl auch § 1258 Rn. 12 *(Damrau).*
[129] So auch MüKoHGB/K. *Schmidt* HGB § 135 Rn. 35; Soergel/*Habersack* § 1274 Rn. 40.
[130] So auch OLG Zweibrücken OLGZ 1982, 406; OLG Hamm WM 1987, 972 (973) mwN; *Rupp/Fleischmann* Rpfleger 1984, 223 (227) (anders *dies.* S. 226 für die Pfändung); aA LG Hamburg Rpfleger 1982, 142.
[131] Vgl. näher *Hadding,* Gesellschaftsanteile als Kreditsicherheit, 1979, S. 58 ff.; *Hackenbroch,* Die Verpfändung von Mitgliedschaftsrechten, 1970, S. 113 ff.; *H. Roth* ZGR 2000, 211. Allg. zu § 1277 S. 1 und zum Erfordernis der Pfändung des verpfändeten Anteils → § 1277 Rn. 4 *(Damrau).*

möglichen Kündigung nach § 725 Abs. 1 → Rn. 58. Drittschuldner ist nach heute überwiegender Ansicht die Gesellschaft selbst; daher genügt die Zustellung des Pfändungsbeschlusses an einen Geschäftsführer als ihren Vertreter (→ § 725 Rn. 12). Ist die Pfändung erfolgt, so richtet sich die Verwertung des Anteils nach §§ 857 Abs. 5, 844 ZPO; sie geschieht durch *öffentliche Versteigerung* oder *freihändigen Verkauf* des Anteils.

Anstelle der Anteilsverwertung durch Versteigerung oder freihändigen Verkauf (→ Rn. 57) hat der Pfandgläubiger auch die Möglichkeit der **Kündigung nach § 725,** um auf diesem Wege das Auseinandersetzungsguthaben zu liquidieren und es sich nach §§ 835 Abs. 1, 857 Abs. 1 ZPO zur Einziehung überweisen zu lassen (→ § 725 Rn. 16). Mit Rücksicht auf die ausdrückliche Regelung des § 725 Abs. 1 setzt diese Art der Verwertung freilich die Anteilspfändung (→ Rn. 59) sowie einen rechtskräftigen, dh nicht nur vorläufig vollstreckbaren Titel voraus.[132] **58**

4. Pfändung. Zur Pfändung der **Mitgliedschaft** → § 725 Rn. 10; sie ist der in § 859 Abs. 1 ZPO angesprochene „Anteil am Gesellschaftsvermögen".[133] Der Pfändungsgläubiger ist zwar nicht gehindert, im Vollstreckungswege stattdessen auf einzelne Vermögensrechte wie den Gewinnspruch oder das Auseinandersetzungsguthaben zuzugreifen. Zur Kündigung nach § 725 Abs. 1 bedarf es jedoch der Pfändung der Mitgliedschaft als solcher (→ § 725 Rn. 14). Die Pfändung ist auch ohne Zustimmung der Mitgesellschafter wirksam.[134] Sie hat zur Folge, dass der Pfändungspfandgläubiger in den Gesellschafterverband einbezogen wird. Die Pfändung bewirkt eine Verstrickung der aus der Mitgliedschaft folgenden Vermögensrechte des Gesellschafters/Schuldners, während die Verwaltungsrechte grundsätzlich beim Gesellschafter verbleiben (→ § 725 Rn. 11). **59**

Die **Befriedigung** des Pfändungspfandgläubigers erfolgt durch Überweisung der laufenden Gewinnansprüche zur Einziehung sowie nach erfolgter Kündigung gemäß § 725 durch Einziehung des anteiligen Liquidationserlöses bzw. der Abfindung, falls der Gesellschaftsvertrag bei Ausscheiden des Gesellschafter/Schuldners die Fortsetzung unter den verbleibenden Gesellschaftern vorsieht (→ § 725 Rn. 20 f.). Ist der Gesellschaftsanteil ausnahmsweise bereits im Gesellschaftsvertrag selbst übertragbar gestellt, so kann die Verwertung des Anteils auch im Wege der Zwangsvollstreckung durch öffentliche Versteigerung oder freihändigen Verkauf erfolgen.[135] Zusätzliche Voraussetzung hierfür ist nach §§ 857 Abs. 4, 844 ZPO zwar, dass die Einziehung des Abfindungsanspruchs *mit Schwierigkeiten verbunden* ist.[136] Bei der Pfändung von Gesellschaftsanteilen ist das freilich regelmäßig anzunehmen.[137] **60**

§ 720 Schutz des gutgläubigen Schuldners

Die Zugehörigkeit einer nach § 718 Abs. 1 erworbenen Forderung zum Gesellschaftsvermögen hat der Schuldner erst dann gegen sich gelten zu lassen, wenn er von der Zugehörigkeit Kenntnis erlangt; die Vorschriften der §§ 406 bis 408 finden entsprechende Anwendung.

I. Normzweck und Bedeutung

Die Vorschrift des § 720 dient dem **Schutz des Schuldners** einer Gesellschaft nach § 718 Abs. 1 zustehenden Forderung, der von der Zugehörigkeit der Forderung zum Gesellschaftsvermö- **1**

---

[132] MüKoHGB/*K. Schmidt* HGB § 135 Rn. 8, 12, 33 ff.; *Hadding*, Gesellschaftsanteile als Kreditsicherheit, 1979, S. 47; *Hackenbroch,* Die Verpfändung von Mitgliedschaftsrechten, 1970, S. 109 f.
[133] HM, *Flume* BGB AT I 1 § 5 und § 11 IV; Staub/*Habersack* HGB § 124 Rn. 7, 43; *U. Huber* Vermögensanteil S. 348, 417; MüKoHGB/*K. Schmidt* HGB § 135 Rn. 8, 12; Bamberger/Roth/*Schöne* § 717 Rn. 25; Staudinger/*Habermeier* (2003) Rn. 19; MüKoZPO/*Smid* ZPO § 859 Rn. 4; *Wiedemann* Übertragung S. 399 f.; *Wössner*, Die Pfändung des Gesellschaftsanteils bei Personengesellschaften, 2000, S. 36 ff., 41 f.; aA *Wertenbruch*, Die Haftung von Gesellschaften und Gesellschaftsanteilen in der Zwangsvollstreckung, 2000, S. 487 ff., 502 f.: Wertanteil am Reinvermögen der Gesellschaft.
[134] Heute hM, vgl. *Flume* BGB AT I 1 § 5 und § 11 IV; Staub/*Habersack* HGB § 124 Rn. 7, 43; *U. Huber* Vermögensanteil S. 348, 417; MüKoHGB/*K. Schmidt* HGB § 135 Rn. 8, 12; Bamberger/Roth/*Schöne* § 717 Rn. 25; Staudinger/*Habermeier* (2003) Rn. 19; MüKoZPO/*Smid* ZPO § 859 Rn. 4; *Wiedemann* Übertragung S. 399 f.; *Wössner*, Die Pfändung des Gesellschaftsanteils bei Personengesellschaften, 2000, S. 36 ff., 41 f.
[135] HM, vgl. schon *Furtner* MDR 1965, 613 (614); *Rupp/Fleischmann* Rpfleger 1984, 223 (224 f.); so auch MüKoHGB/*K. Schmidt* HGB § 135 Rn. 14; MüKoZPO/*Smid* ZPO § 859 Rn. 14; Stein/Jonas/*Brehm*, 22. Aufl. 2004, ZPO § 859 Rn. 8; Thomas/Putzo/*Seiler* ZPO § 859 Rn. 5; *Wertenbruch*, Die Haftung von Gesellschaften und Gesellschaftsanteilen in der Zwangsvollstreckung, 2000, S. 560 f., 567.
[136] Das betonen im Ansatz zu Recht *Wertenbruch* in Westermann/Wertenbruch PersGesR-HdB I. Teil § 29 Rn. 662a und *Wössner* S. 230 ff.
[137] So zutr. *Wertenbruch*, Die Haftung von Gesellschaften und Gesellschaftsanteilen in der Zwangsvollstreckung, 2000, S. 560; für Anteile an Publikumsgesellschaften auch *Wössner*, Die Pfändung des Gesellschaftsanteils bei Personengesellschaften, 2000, S. 233 f.

gen keine Kenntnis hat. Sie erklärt die für die Forderungsabtretung geltenden Vorschriften der §§ 406–408 (Erhaltung der Aufrechnungsbefugnis gegenüber dem bisherigen Gläubiger, Leistung mit befreiender Wirkung an den bisherigen Gläubiger bzw. – bei mehrfacher Abtretung – an den nichtberechtigten Dritten) für entsprechend anwendbar; ihre Bedeutung ist freilich gering (→ Rn. 2).

2   Die Verweisung auf die §§ 406–408 findet sich auch bei den anderen Gesamthandsgemeinschaften des BGB (vgl. §§ 1473 Abs. 2, 2019 Abs. 2). Sie knüpft an die **Vermutung des § 420** an.[1] Nach dieser Vorschrift stehen die auf teilbare Leistung gerichteten Forderungen im Falle einer Mehrheit von Gläubigern diesen im Zweifel zu gleichen Teilen zu. Ein Schuldner, der in Unkenntnis der gesamthänderischen Verbundenheit der Gläubiger Teilleistungen an einzelne Gesellschafter erbringt, würde daher Gefahr laufen, erneut an die Gesellschaft leisten zu müssen. Zu seinem Schutz sind daher die Vorschriften der §§ 406–408 für entsprechend anwendbar erklärt. Da allerdings der originäre Erwerb von Gesamthandsforderungen im Wege der Geschäftsführung für die Gesellschaft nach **§ 718 Abs. 1** grundsätzlich ein Handeln namens der Gesamthand voraussetzt, ist die Begründung neuer Gesamthandsforderungen kaum ohne Kenntnis des Schuldners von der Gesamthandszugehörigkeit vorstellbar.[2] Ist dem Vertragspartner zwar das Vorhandensein einer Personenmehrheit, nicht aber deren gesamthänderische Verbundenheit bekannt, so führt die rechtsgeschäftliche Einigung im Zweifel nur zur Entstehung von Teilforderungen (→ § 718 Rn. 18).[3] Eines Schuldnerschutzes bedarf es daher regelmäßig nur beim *derivativen Erwerb* durch die Gesamthand, solange der Schuldner zwar Kenntnis vom Gläubigerwechsel, nicht dagegen auch von der gesamthänderischen Verbundenheit der neuen Gläubiger hat. In diesem Sonderfall kann die Verweisung auf die §§ 406–408 praktische Bedeutung erlangen (aber → Rn. 4).

II. Analoge Anwendung auf Surrogationserwerb

3   Ein Bedürfnis für die Anwendung von § 720 kann sich entsprechend seinem Schutzzweck (→ Rn. 1) vor allem gegenüber Forderungen ergeben, die nach **§ 718 Abs. 2** als **Surrogate** für ein zum Gesamthandsvermögen gehörendes Recht oder als Ersatz für einen zerstörten oder entzogenen Gegenstand gesamthänderischer Bindung unterliegen (→ § 718 Rn. 20 f.).[4] Insoweit kann es zu originärem Rechtserwerb durch die Gesamthand kommen, ohne dass der Schuldner hiervon Kenntnis erlangt. Er ist daher aus der Sicht des § 720 schutzbedürftig. Die fehlende Verweisung auf § 718 Abs. 2 beruht offenbar auf einem Redaktionsversehen;[5] sie steht der entsprechenden Anwendung des § 720 auf diese Fälle nicht entgegen.

III. Unmittelbare Anwendung der §§ 406–408

4   Keiner Anwendung von § 720 bedarf es, wenn die Gesellschaft von einem Gesellschafter oder einem Dritten eine Forderung erwirbt, ohne dass der Schuldner von dem Erwerb Kenntnis erlangt. Zu denken ist namentlich an die Einbringung einer Forderung des Gesellschafters in das Gesamthandsvermögen im Rahmen der Beitragspflicht oder an den (Durchgangs-)Erwerb einer Forderung durch einen im eigenen Namen für Rechnung der Gesamthand handelnden Gesellschafter. Der Forderungserwerb durch die Gesellschaft vollzieht sich hier durch Abtretung; die Vorschriften der §§ 406–408 greifen daher ohne die Verweisung in § 720 unmittelbar zugunsten des Schuldners ein.[6] Der Verweisung des § 720 bedarf es schließlich auch nicht in Fällen des gesetzlichen Forderungsübergangs (§§ 268 Abs. 3, 426 Abs. 2, 774 Abs. 1 ua) auf die Gesamthand, da insoweit bereits § 412 das Eingreifen der §§ 406–408 regelt.[7]

---

[1] Vgl. Prot. II S. 434; so auch Staudinger/*Habermeier* (2003) Rn. 1.
[2] Heute einhM, → § 718 Rn. 18 unter Vorbehalt der „Geschäfte für den, den es angeht". Zu früheren abw. Ansichten vgl. 3. Aufl. Fn. 2.
[3] Vgl. Bamberger/Roth/*Schöne* Rn. 2; aA *K. Schmidt* BMJ-Gutachten S. 534 f.
[4] HM, vgl. Soergel/*Hadding/Kießling* Rn. 3; Bamberger/Roth/*Schöne* Rn. 1; Erman/*Westermann* Rn. 2; Palandt/*Sprau* Rn. 1; Jauernig/*Stürner* §§ 718–720 Rn. 6; *K. Schmidt* BMJ-Gutachten S. 535; wohl auch Staudinger/*Habermeier* (2003) Rn. 1.
[5] Der Tatbestand des Surrogationserwerbs (§ 718 Abs. 2) wurde erst während der Gesetzesberatungen in den zweiten Entwurf des BGB aufgenommen, wobei man sich in diesem Zusammenhang zu einer Diskussion um die Anpassung auch des § 720 kam (Prot. VI S. 195). Zweifelnd bezüglich eines Redaktionsversehens aber Soergel/*Hadding/Kießling* Rn. 3.
[6] Soergel/*Hadding/Kießling* Rn. 1; Bamberger/Roth/*Schöne* Rn. 4; aA Jauernig/*Stürner* §§ 718–720 Rn. 6 zur mittelbaren Stellvertretung.
[7] So auch Bamberger/Roth/*Schöne* Rn. 4; für entsprechende Anwendung des § 720 aber Soergel/*Hadding/ Kießling* Rn. 4.

§ 721 Gewinn- und Verlustverteilung

(1) Ein Gesellschafter kann den Rechnungsabschluss und die Verteilung des Gewinns und Verlusts erst nach der Auflösung der Gesellschaft verlangen.

(2) Ist die Gesellschaft von längerer Dauer, so hat der Rechnungsabschluss und die Gewinnverteilung im Zweifel am Schluss jedes Geschäftsjahrs zu erfolgen.

Übersicht

	Rn.		Rn.
I. Gesetzlichee Regelfall des Abs. 1	1–3	1. Allgemeines	4, 5
1. Normzweck	1	2. Rechnungsabschluss	6, 7
2. Anwendungsbereich	2, 3	3. Gewinnverteilung	8–12
II. Jährliche Gewinnverteilung (Abs. 2)	4–17	4. Gewinnanspruch	13, 14
		5. Entnahmen und Beschränkungen	15–17

I. Gesetzlichee Regelfall des Abs. 1

1. Normzweck. Die GbR ist vom Gesetzgeber als typische *Gelegenheitsgesellschaft* von vorüber- 1 gehender Dauer konzipiert (→ Vor § 705 Rn. 86 f.). Dementsprechend ist in § 721 Abs. 1 abweichend von § 120 Abs. 1 HGB als Regelfall die Gewinn- und Verlustverteilung nicht zum Ende jedes Geschäftsjahres vorgesehen, sondern nur *einmalig* nach Auflösung der Gesellschaft. Für diesen Zeitraum gelten aber nicht mehr die allgemeinen Normen des GbR-Rechts, sondern die besonderen Liquidationsvorschriften der §§ 730 ff. Nach ihnen richtet sich daher auch die in Abs. 1 genannte Gewinn- und Verlustverteilung (näher bei §§ 733–735).[1] Funktion und Bedeutung von **§ 721 Abs. 1** beschränken sich in derartigen Fällen somit darauf, einen *Anspruch auf Rechnungsabschluss und Gewinnverteilung vor Auflösung der Gelegenheitsgesellschaft auszuschließen;* Entsprechendes gilt für die Aufteilung eines etwaigen Verlustes. Zu dem von § 721 Abs. 1 zu unterscheidenden, gegen die Geschäftsführer gerichteten Anspruch der Gesamtheit der Mitgesellschafter auf Rechnungslegung nach §§ 713, 666 und zu seiner Abgrenzung gegenüber dem Individualanspruch auf Rechnungsabschluss nach § 721 Abs. 1 → § 713 Rn. 8 ff.

2. Anwendungsbereich. Die **Abgrenzung** zwischen einmaliger und jährlicher (Abs. 2) 2 Gewinnverteilung entspricht derjenigen zwischen Gelegenheits- und Dauergesellschaft (→ Vor § 705 Rn. 87 f.). Maßgebend hierfür ist in erster Linie der *Gesellschaftszweck*.[2] Dauergesellschaften mit jährlichem Rechnungsabschluss sind namentlich bei Zusammenschlüssen anzunehmen, die *Erwerbszwecken* dienen, darunter solchen zwischen Freiberuflern, Minderkaufleuten oder Landwirten (→ Vor § 705 Rn. 88). Geht es dagegen um Durchführung sowie Abwicklung eines oder einer begrenzten Anzahl von Einzelgeschäften auf gemeinsame Rechnung (zu Beispielen → Vor § 705 Rn. 87), so handelt es sich im Zweifel um eine nach § 721 Abs. 1 zu beurteilende Gelegenheitsgesellschaft.

Die Vorschrift des § 721 Abs. 1 ist **dispositiv**. Daher kann zwischen den Gesellschaftern auch im 3 Fall von Gelegenheitsgesellschaften periodische oder an bestimmte Geschäftsvorfälle anknüpfende Gewinnverteilung vereinbart werden.[3] Insoweit greifen dann die für die Anwendung von Abs. 2 maßgebenden Grundsätze ein (→ Rn. 4 ff.). Handelt es sich um eine *Gelegenheitsgesellschaft von längerer,* ein Geschäftsjahr deutlich überschreitender *Dauer,* mit der die Erzielung laufender Einkünfte angestrebt wird, so wird vielfach die Vertragsauslegung dazu führen, dass die Beteiligten die Gewinnverteilung und -ausschüttung nicht bis zur Auflösung der Gesellschaft zurückstellen wollten.[4] Zu denken ist etwa an eine für ein mehrjähriges Großprojekt gegründete, nach außen im eigenen Namen und auf eigene Rechnung handelnde Arbeitsgemeinschaft.

II. Jährliche Gewinnverteilung (Abs. 2)

1. Allgemeines. Zur Abgrenzung des Anwendungsbereichs von **§ 721 Abs. 2** betreffend Gesell- 4 schaften von längerer Dauer von demjenigen des Abs. 1 → Rn. 2. Die in Abs. 2 geregelten Ansprüche auf Rechnungsabschluss und auf Gewinnverteilung sind zwar beide *mitgliedschaftlicher Natur* und stehen daher jedem Gesellschafter zu. Sie unterscheiden sich jedoch nicht nur hinsichtlich ihres

---

[1] So auch Staudinger/*Habermeier* (2003) Rn. 1; Bamberger/Roth/*Schöne* Rn. 2.
[2] Soergel/*Hadding/Kießling* Vor § 705 Rn. 27; Staudinger/*Habermeier* (2003) Rn. 2.
[3] RGZ 95, 147 (152) – Gewinnverteilung nach Durchführung jedes auf gemeinsame Rechnung getätigten Geschäfts; Erman/*Westermann* Rn. 1.
[4] RG JR 1927 Nr. 1388; Staudinger/*Habermeier* (2003) Rn. 2; Bamberger/Roth/*Schöne* Rn. 2.

Inhalts, sondern auch in Bezug auf die Durchsetzung deutlich voneinander. So richtet sich der Anspruch auf **Rechnungsabschluss** gegen die Geschäftsführer, soweit es um die Bilanz*aufstellung* (→ Rn. 6) geht,[5] im Übrigen – hinsichtlich der Zustimmung zur Bilanzfeststellung (→ Rn. 8) – gegen alle der Feststellung widersprechenden bzw. die Zustimmung verweigernden Mitgesellschafter.[6] In beiden Fällen besteht keine notwendige Streitgenossenschaft.[7] Als von § 717 S. 1 erfasste Verwaltungsrechte können diese Ansprüche nicht selbständig abgetreten werden (→ § 717 Rn. 7, 16); sie stehen daher auch keinem Zessionar des Gewinnanspruchs zu (→ § 717 Rn. 40). Demgegenüber ist der Anspruch auf **Auszahlung des Gewinns** (→ Rn. 13) während der Gesellschaftsdauer nur gegen die Gesellschaft geltend zu machen;[8] seine Entstehung setzt im Unterschied zum Anspruch auf Gewinnverteilung die Feststellung des Jahresabschlusses (Bilanz sowie Gewinn- und Verlustrechnung) voraus.[9] Die Ansprüche aus § 721 Abs. 2 greifen auch bei Innengesellschaften ohne Gesamthandsvermögen ein;[10] Abweichungen kommen dort nur für den gesetzlichen Gewinnverteilungsschlüssel in Betracht (→ § 722 Rn. 4).

5 Einer *besonderen Vereinbarung* über die jährliche anstelle der einmaligen Ergebnisverteilung bedarf es bei Dauergesellschaften iSv § 721 Abs. 2 *nicht;* das Eingreifen der Vorschrift ergibt sich vielmehr unmittelbar aus der durch den Gesellschaftszweck geprägten Gesellschaftsstruktur (→ Rn. 2). In **Abweichung von Abs. 2** können die Gesellschafter aber andere Perioden für Rechnungsabschluss und Gewinnverteilung vereinbaren (→ Rn. 3). Es kann auch die Zahlung einer am voraussichtlichen Geschäftserfolg orientierten Vorausdividende oder fester Zinsen auf die Einlagen zu Lasten des Ergebnisses vereinbart werden.[11] Zur Geschäftsführervergütung als besonderer Fall der Gewinnverteilung und ihrer Auszahlung → § 709 Rn. 32 ff.

6 **2. Rechnungsabschluss.** Insoweit geht es um die **Bilanzaufstellung** sowie die Aufstellung einer den Verhältnissen der GbR angepassten Gewinn- und Verlustrechnung (GuV) als Grundlage für die Ermittlung und Verteilung des periodengerechten Ertrags. Die Pflicht zur Aufstellung von Bilanz und GuV obliegt den **Geschäftsführern**.[12] Sie sind dabei zwar nicht unmittelbar an die Regelungen der §§ 238 ff. HGB sowie die im Handelsrecht maßgebenden *Grundsätze ordnungsgemäßer Buchführung* (GoB) gebunden.[13] Die GoB bilden jedoch im Zweifel auch für die GbR die am besten geeignete Rechnungsgrundlage, wenn sie nicht sogar ausdrücklich oder stillschweigend im Gesellschaftsvertrag als maßgebend vereinbart wurden. Die Aufstellung hat innerhalb der einem ordnungsgemäßen Geschäftsgang entsprechenden Frist zu erfolgen.[14] Zur Pflicht, Geschäftsbücher zu führen, → § 713 Rn. 10 f.

7 **Streitigkeiten** über die Bilanzaufstellung sind unmittelbar zwischen den beteiligten Gesellschaftern auszutragen (→ Rn. 4); eine Klage gegen die Gesellschaft scheidet aus. Soweit es um Einwände gegen die inhaltliche Richtigkeit der Bilanz geht, betreffen diese allerdings nicht die Bilanzaufstellung. Sie bleiben der Bilanzfeststellung vorbehalten, an der alle Gesellschafter beteiligt sind (→ Rn. 8). Bei Streitigkeiten hierüber besteht keine notwendige Streitgenossenschaft zwischen Klägern bzw. Beklagten.[15]

---

[5] BGH BB 1980, 121 (122); WM 1983, 1279 (1280); vgl. auch BGH NZG 2011, 697 – nach Auflösung Anspruch gegen Mitgesellschafter als Liquidator; OLG Saarbrücken NZG 2002, 669 (670); MüKoHGB/*Priester* § 120 Rn. 47; Staub/*Schäfer* HGB § 120 Rn. 21; *Bormann/Hellberg* DB 1997, 2415.

[6] So zutr. BGH NJW 1999, 571 (572) unter Hinweis auf BGH WM 1990, 309 – die Gesellschaftsgrundlagen betr- Streit zwischen Gesellschaftern; der Sache nach auch BGHZ 132, 263 (274 ff.) = NJW 1996, 1678; ebenso Staub/*Schäfer* HGB § 120 Rn. 21.

[7] BGH NJW 1999, 571 (572); Soergel/*Hadding/Kießling* Rn. 8; MüKoHGB/*Priester* § 120 Rn. 53; offenlassend noch BGH WM 1983, 1279 (1280); aA Staudinger/*Habermeier* (2003) Rn. 7.

[8] BGH WM 1960, 187 f.; RGZ 120, 135 (137); bei nicht selbst parteifähiger GbR genügt dazu Klage gegen den alleinigen Mitgesellschafter, da der Kläger sich nicht selbst verklagen muss, RGZ 170, 392 (395); zur Vollstreckung in diesen Fällen → § 718 Rn. 56.

[9] BGHZ 80, 357 (358) = NJW 1981, 2563. → Rn. 8, 13.

[10] So jetzt auch BGH BeckRS 2011, 3186 – Auseinandersetzungsbilanz aber ausnahmsweise entbehrlich, wenn aufgelöste Gesellschaft über kein Vermögen verfügt; Ausgleichsansprüche können dann aufgrund einfacher Auseinandersetzungsrechnung unmittelbar gegen ausgleichspflichtigen Gesellschafter geltend gemacht werden.

[11] Vgl. RGZ 95, 147 (152) – Gewinnverteilung nach Durchführung jedes auf gemeinsame Rechnung getätigten Geschäfts; Erman/*Westermann* Rn. 1.

[12] BGH BB 1980, 121 (122);1980, 695 (696); *Schulze-Osterloh* BB 1980, 1402 (1404) mwN.

[13] Die Vorschrift des § 262 aF HGB, die die Geltung der §§ 238 ff. HGB auf die nach § 2 aF HGB eintragungspflichtigen Unternehmen ausdehnte, ist durch das HRefG 1998 gestrichen worden.

[14] So § 243 Abs. 3 HGB für die handelsrechtliche Bilanzierungspflicht, vgl. dazu Baumbach/Hopt/*Merkt* HGB § 243 Rn. 10.

[15] Vgl. BGH NJW 1999, 571 (572); Soergel/*Hadding/Kießling* Rn. 8; MüKoHGB/*Priester* HGB § 120 Rn. 53; offenlassend BGH WM 1983, 1279 (1280); BB 2009, 1235; aA Staudinger/*Habermeier* (2003) Rn. 7.

3. Gewinnverteilung. Die Gewinnverteilung erfolgt durch **Bilanzfeststellung** unter Anwendung des nach Gesetz oder Gesellschaftsvertrag maßgebenden Gewinnverteilungsschlüssels (→ § 722 Rn. 1, 5). Dabei handelt es sich nicht um ein abstraktes, sondern um ein *kausales* Schuldanerkenntnis bzw. einen **Feststellungsvertrag**[16] **zwischen allen Gesellschaftern** (→ § 781 Rn. 19 ff.).[17] Er dient dazu, die Bilanzwerte als Grundlage der Gewinnverteilung zwischen den Gesellschaftern verbindlich festzulegen. Damit bildet er zugleich die notwendige Voraussetzung für die Entstehung und Fälligkeit der jeweiligen Gewinnansprüche, soweit der Gesellschaftsvertrag nicht Abweichendes regelt.[18]

Der Beschluss über die Bilanzfeststellung bedurfte nach bisheriger Rechtsprechung des BGH der Einstimmigkeit, wenn der Gesellschaftsvertrag keine Mehrheitsklausel für Grundlagengeschäfte enthält.[19] Hiervon ist der zuständige Senat in einer neueren Entscheidung im rechtlichen Ansatz abgerückt.[20] Demnach handelt es sich bei der Bilanzfeststellung zwar um ein Grundlagengeschäft, weil darüber nicht lediglich die für die Aufstellung zuständigen Geschäftsführer, sondern alle Gesellschafter zu entscheiden haben;[21] im Übrigen bezeichnet der Senat die Feststellung aber als eine Angelegenheit der laufenden Verwaltung[22] und sieht sie von einer **allgemeinen Mehrheitsklausel** gedeckt, so dass die Feststellung grundsätzlich mit einfacher Mehrheit beschlossen werden kann.[23] Das gilt erst recht, seit sich der Senat mittlerweile vollständig vom Bestimmtheitsgrundsatz verabschiedet hat (→ § 709 Rn. 86).[24] Zutreffend ist ferner der Ausgangspunkt, dass alle Gesellschafter über die Bilanzfeststellung zu entscheiden haben, dabei aber grundsätzlich an die Vorschläge der Geschäftsführer gebunden sind, sofern diese sachlich begründet sind und der bisherigen Bilanzpraxis entsprechen. Im Übrigen brauchte der Senat die Frage nicht zu entscheiden,[25] ob die Bildung offener Rücklagen als Eingriff in den **Kernbereich,** namentlich das Gewinnrecht jedes einzelnen Gesellschafters, zu werten ist, so dass sie einer Mehrheitsentscheidung nur im Falle einer gesellschaftsvertraglichen Begrenzung nach Ausmaß und Umfang zugänglich ist.[26] Denn der Gesellschaftsvertrag enthielt eine Thesaurierungsgrenze in Höhe von 20 %, und hierin kann grundsätzlich die Zustimmung zur konkreten Verwendungsentscheidung gesehen werden. Im Unterschied zur nachträglichen Beitragserhöhung (→ § 707 Rn. 8) ist es unmöglich und somit nicht erforderlich, eine absolute Obergrenze für die thesaurierungsfähigen Gewinnanteile festzusetzen. Es reicht vielmehr aus, wenn eine auf das

---

[16] Dazu *Kübler*, Feststellung und Garantie, 1967, S. 90 f.
[17] *Ulmer*, FS Hefermehl, 1976, S. 207 (214 f.) und Staub/*Schäfer* HGB § 120 Rn. 19; so auch BGHZ 132, 263 (266) = NJW 1996, 1678; BGH NJW 2011, 2292 Rn. 20; *Zunft* NJW 1959, 1945 (1946); *Schulze-Osterloh* BB 1980, 1402 (1404); Schlegelberger/*Martens* HGB § 120 Rn. 5; Erman/*Westermann* Rn. 2; Bamberger/Roth/*Schöne* Rn. 4; aA MüKoHGB/*Priester* HGB § 120 Rn. 57 und *ders.* DStR 2007, 28 (31), der die Bilanzfeststellung als Organisationsbeschluss qualifiziert; zust. Soergel/*Hadding/Kießling* Rn. 5; in diese Richtung jetzt wohl auch BGHZ 170, 283 (289 f.) Rn. 13 f. = NJW 2007, 1685 (1687) = ZIP 2007, 475 (477) – allerdings ohne positive Aussage zur Qualifikation; → Rn. 9; offen gelassen, aber auf den jeweiligen Einzelfall abstellend BGH BB 2009, 1235 zur GmbH mit Verweis auf Personengesellschaften. Die von einem abstrakten, zur Begründung neuer Verbindlichkeiten führenden Schuldanerkenntnis ausgehende Gegenansicht, vgl. BGH WM 1960, 187 (188); GroßkommHGB/*Rob. Fischer*, 3. Aufl. 1967, HGB § 120 Anm. 11; *Hueck* OHG § 17 I 4, S. 243 ist heute jedenfalls überholt.
[18] BGHZ 80, 357 (358) = NJW 1981, 2563; BGHZ 132, 263 (266) = NJW 1996, 1678; BGH BB 2009, 1235 zur GmbH mit Verweis auf Personengesellschaften; RGZ 112, 19 (23); MüKoHGB/*Priester* HGB § 121 Rn. 10; Staub/*Schäfer* HGB § 120 Rn. 17; *Hueck* OHG § 17 III 3, S. 252; *Ulmer*, FS Hefermehl, 1976, S. 207 (215).
[19] BGHZ 132, 263 (266) = NJW 1996, 1678; dort auch näher zur Aufteilung der Kompetenzen für Rechnungslegung und Gewinnermittlung in der KG zwischen Geschäftsführern und sonstigen Gesellschaftern.
[20] BGHZ 170, 283 = NJW 2007, 1685 = ZIP 2007, 475 und dazu *K. Schmidt* ZGR 2008, 1; *Wertenbruch* ZIP 2007, 798; *Haar* NZG 2007, 601; *Binz/Mayer* DB 2007, 1739.
[21] BGHZ 170, 283 (285 f., 289 f.) Rn. 6, 13 = NJW 2007, 1685 (1686 f.) = ZIP 2007, 475 (476 f.).
[22] BGHZ 170, 283 (289 f.) Rn. 13 = NJW 2007, 1685 (1687) = ZIP 2007, 475 (477).
[23] Ebenso für Feststellung einer Auseinandersetzungsbilanz BGH ZIP 2012, 515 (517); → § 709 Rn. 93a aE – kein Kernbereichseingriff durch Einstellung von Ansprüchen aus § 735 in die Bilanz.
[24] Da der streitgegenständliche Vertrag eine auf die Feststellung bezogene Mehrheitsklausel enthielt, BGH ZIP 2012, 515 (517) Rn. 15, kam es letztlich nicht auf die Frage an, ob die Mehrheitsklausel sich wenigstens allg. auf Vertragsänderungen bzw. Grundlagenangelegenheiten beziehen muss. Dies folgt indes schon aus allg. Auslegungsregeln (→ § 709 Rn. 90) und hat nichts mit dem jetzt auch vom Senat verabschiedeten Bestimmtheitsgrundsatz zu tun; näher → Rn. 86, 90 ff.
[25] BGHZ 170, 283 (290 f.) Rn. 15 = NJW 2007, 1685 (1687 f.) = ZIP 2007, 475 (477 f.).
[26] Dies allerdings deshalb, weil der Vertrag eine Klausel enthielt, mit der ein 20 %iger Anteil des Gewinns in eine Rücklage eingestellt werden konnte. – Für zustimmungspflichtigen Eingriff in das Gewinnrecht durch Thesaurierungsentscheidung Staub/*Schäfer* HGB § 120 Rn. 32 f.; *Binz/Mayer* DB 2007, 1739 (1742); *Wahlers/Orlikowski-Wolff* ZIP 2012, 1161 (1164 f.); aA *Priester* DStR 2008, 1386 (1391); 2007, 28 (31); s. auch nachfolgende Fn.

jeweilige Geschäftsjahr bezogene **relative Obergrenze** vertraglich definiert wird. Man wird den Senat, der ausdrücklich auf die Kernbereichslehre verweist, auch in diesem Sinne verstehen können.[27] Damit steht fest: Nur sofern der Vertrag die (relative) Obergrenze zulässiger Rücklagenbildung umschreibt, kann die Klausel als (antizipierte) Zustimmung mit dem damit insofern verbundenen Eingriff in das Gewinnbezugsrecht interpretiert werden (→ § 709 Rn. 92).

10 Die Thesaurierungsquote braucht jedoch **nicht als starre Grenze** definiert zu werden. Ist nämlich die Obergrenze benannt, als solche konsentiert und in der Höhe nicht unangemessen, kommt es den Minderheitsgesellschaftern nur zugute, wenn einer – einfachen oder qualifizierten – Mehrheit die Befugnis eingeräumt wird, in *geringerem Umfang* Rücklagen zu bilden. Die durch die Kernbereichslehre vorgegebenen materiellen Anforderungen an den konkreten Gehalt der Zustimmung (→ § 709 Rn. 92) sind aus diesem Grund auch dann erfüllt, wenn die Voraussetzungen der einer Mehrheitsentscheidung zugänglichen Rücklagenbildung *bis zu einer bestimmten Höchstgrenze* umschrieben werden. Was die angemessene Höhe der Rücklagenquote betrifft, so ist eine vom Gesellschaftsvertrag definierte Grenze, weil von allen Gesellschaftern akzeptiert, grundsätzlich auch dann nicht zu beanstanden, wenn sie bis an die Hälfte des ausschüttungsfähigen Gewinns reicht (freilich unter Einbeziehung der Bilanzierungswahlrechte mit Gewinnverwendungscharakter). Sie steht allerdings unter dem Vorbehalt, dass die Gesellschafter jedenfalls ihre auf den Gewinn entfallende Steuerschuld mittels der ausgeschütteten Beträge erfüllen können; hohe Thesaurierungsquoten sind daher durch entsprechende Steuerklauseln zu ergänzen. Die **Erhöhung** der vertraglichen Thesaurierungsquote kommt bei Fehlen einer antizipierten Zustimmung nur unter den besonderen Voraussetzungen einer Zustimmungspflicht in Betracht (→ Rn. 11); sie ist daher auch einer qualifizierten Mehrheit grundsätzlich versperrt.

11 Soweit es danach der **Zustimmung** aller Gesellschafter zur **Thesaurierungsentscheidung** bedarf, insbesondere also beim völligen Fehlen einer vertraglichen Obergrenze (→ Rn. 10) oder wenn die Thesaurierungsquote im Einzelfall *erhöht* werden soll, kann die Gesellschafter eine Zustimmungspflicht treffen. Abweichend von der Rechtslage im Falle einer Beitragserhöhung, wo eine Zustimmungspflicht auch in Sanierungsfällen grundsätzlich ausscheidet (→ § 707 Rn. 10), kann der Gesellschafter wegen der unterschiedlichen Interessenlage im Einzelfall verpflichtet sein, einer erhöhten Thesaurierung zuzustimmen, sofern dies im Interesse der Gesellschaft wegen eines besonders hohen Eigenkapitalbedarfs dringend geboten und den einzelnen Gesellschaftern – insbesondere unter Berücksichtigung ihrer Steuerlast – zumutbar ist (allgemein → § 705 Rn. 232). Hiervon unberührt bleibt die Mitwirkungspflicht an der **Bilanzfeststellung** als solcher; sie wird jedoch nur dann relevant, wenn der Vertrag keine – zulässige (→ Rn. 9) – Mehrheitsklausel enthält und ist dann als Ausprägung der gesellschaftsvertraglichen Treupflicht grundsätzlich zu bejahen; denn die Bilanzfeststellung ist nicht nur für Gewinnermittlung und Entstehung der Gewinnansprüche bedeutsam; sie fungiert vielmehr auch als Grundlage künftiger Rechnungsabschlüsse.[28] Sie kann demgemäß gegenüber widersprechenden oder untätigen Gesellschaftern gerichtlich durchgesetzt werden, wobei die Gerichte in diesem Rahmen ggf. auch über umstrittene Bilanzansätze zu entscheiden haben (→ Rn. 7). Dem Zessionar des Gewinnanspruchs steht ein Mitwirkungsrecht an der Bilanzfeststellung nicht zu (→ § 717 Rn. 40).[29]

12 Eine **Verlustverteilung** iS einer *Nachschusspflicht* ist in § 721 Abs. 2 im Unterschied zu Abs. 1 **nicht** vorgesehen. Das erklärt sich aus der Vorschrift des § 707; sie schließt Beitragserhöhungen während der Gesellschaftsdauer ohne entsprechende Vertragsänderung aus. Nachschüsse der Gesellschafter können nach Maßgabe von § 735 erst im Zuge der Liquidation verlangt werden. Dagegen schließt § 721 Abs. 2 eine *Ermittlung* des Verlustes und dessen Aufteilung auf die Kapitalkonten der Gesellschafter nach Maßgabe des Verlustverteilungsschlüssels (→ § 722 Rn. 3 f.) im Rahmen der Bilanzfeststellung nicht aus.[30]

---

[27] Problematisch war allerdings, dass der Vertrag auch die Entscheidung über eine höhere Rücklagenbildung zuließ, sofern diese mit qualifizierter Mehrheit (76 %) getroffen wurde; weiterhin war problematisch, dass der Senat auf Tochterebene gebildete Rücklagen offenbar nicht einbeziehen wollte; krit. insoweit auch *Wertenbruch* ZIP 2007, 798 (803); *Schäfer* Status Recht 2007, 116 f.; s. auch *Haar* NZG 2007, 601 (604 f.); großzügiger und deshalb problematisch) aber *Priester* DStR 2007, 28 (31 f.) und – ihm folgend – *K. Schmidt* ZGR 2008, 1 (22): Ergebnisverwendung niemals Kernbereichseingriff; wie hier im Ansatz auch schon Staub/*Schäfer* HGB § 120 Rn. 32 f.; zweifelhaft OLG Stuttgart OLGR 2008, 184: Gesellschaftsvertrag könne Kommanditisten von Beschlussfassung über Rücklagenbildung ausschließen; Thesaurierungsquote auch über 20 % unproblematisch; iE bestätigt durch BGH DStR 2009, 1545: Minderheitsgesellschafter habe Nachweis einer treupflichtwidrigen Thesaurierungsentscheidung des Mehrheitsgesellschafters nicht erbracht.
[28] MüKoHGB/*Priester* HGB § 120 Rn. 55; Staub/*Schäfer* HGB § 120 Rn. 16 ff., 20 und schon *Ulmer,* FS Hefermehl, 1976, S. 211; vgl. auch BGHZ 80, 357 (358) = NJW 1981, 2563.
[29] BGH WM 1983, 1279 (1280).
[30] So auch Erman/*Westermann* Rn. 2; Soergel/*Hadding/Kießling* Rn. 19; Staudinger/*Habermeier* (2003) Rn. 8; enger Bamberger/Roth/*Schöne* Rn. 7: nur bei entsprechender Vereinbarung.

4. Gewinnanspruch. Der **Anspruch auf Auszahlung des Gewinns** für das abgelaufene 13 Geschäftsjahr richtet sich gegen die Gesellschaft, nicht aber gegen die Mitgesellschafter persönlich (→ Rn. 4). Er *entsteht* nicht bereits zum Ende des Geschäftsjahrs, sondern erst *mit dem Beschluss über die Bilanzfeststellung* (→ Rn. 8), da regelmäßig erst zu diesem Zeitpunkt die für die Gewinnermittlung maßgebenden Werte festliegen.[31] Erst von da an kann er auch geltend gemacht werden, soweit die Gewinnentnahme nicht vertraglich beschränkt ist (→ Rn. 16). Schon weil der Gewinnanspruch erst bei Bilanzfeststellung entsteht, kann seine *Pfändung* sich nicht etwa auf Ansprüche der Gesellschaft gegen einen anderen Gesellschafter erstrecken.[32] Nach §§ 195, 199 Abs. 1 unterliegt der Anspruch der regelmäßigen, mit dem Schluss des Entstehungsjahrs beginnenden *Verjährungsfrist* von drei Jahren (→ § 195 Rn. 6 *[Grothe]*).[33] Zu Entnahmebeschränkungen → Rn. 16.

Die **Abtretung** des Gewinnanspruchs als *künftiger* Anspruch ist zwar schon vor dessen jeweiliger 14 Entstehung möglich; ihre Wirksamkeit steht aber unter dem Vorbehalt, dass der Zedent im Zeitpunkt der Anspruchsentstehung seinen Anteil noch nicht veräußert hat (→ § 717 Rn. 31). Zu Möglichkeit und Voraussetzungen einer Verpfändung der Mitgliedschaft, um dem Pfandgläubiger die Anwartschaft auf den künftigen Gewinnanspruch zu sichern, → § 719 Rn. 51 ff.

5. Entnahmen und Beschränkungen. Einen Anspruch auf **gewinnunabhängige Entnah-** 15 **men** oder Vorschriften über Entnahmebeschränkungen kennt das Recht der GbR nicht; § 122 Abs. 1 HGB ist nicht etwa analog anwendbar.[34] Wohl aber können Vereinbarungen hierüber im Gesellschaftsvertrag getroffen werden.[35] So finden sich gewinnunabhängige Entnahmerechte namentlich im Zusammenhang mit Bestimmungen über eine Geschäftsführervergütung (→ § 709 Rn. 32 ff.).

Der Gesellschaftsvertrag kann auch **Beschränkungen der Gewinnentnahme** vorsehen. Mehr- 16 heitsbeschlüsse hierüber haben sich, auch wenn sie im Gesellschaftsvertrag ausdrücklich zugelassen sind, an der Treupflicht und am Gleichbehandlungsgrundsatz zu orientieren (→ Rn. 9; → § 705 Rn. 229, 250; → § 709 Rn. 100 f.). Auch ohne derartige Klauseln kann sich je nach finanzieller Lage der Gesellschaft im Einzelfall aus der Treupflicht die Verpflichtung der Gesellschafter ergeben, Teile des Gewinns in der Gesellschaftskasse zu belassen;[36] eine versteckte Beitragserhöhung darf sich mit dem Treupflichteinwand aber nicht verbinden (§ 707).[37] Der Treupflichteinwand kann nach § 404 auch dem Zessionar entgegengesetzt werden. Stehengelassene Gewinne erhöhen entgegen § 120 Abs. 2 HGB nicht die Kapitalanteile der Gesellschafter, wenn diese nicht einstimmig oder mit den für Vertragsänderungen erforderlichen Mehrheiten (→ § 709 Rn. 84 ff.) Abweichendes beschließen.[38] Dementsprechend können Ansprüche auf den Gewinn des vergangenen Geschäftsjahrs grundsätzlich auch noch nach Feststellung des Abschlusses für das folgende Geschäftsjahr geltend gemacht werden.[39]

Unberechtigte Entnahmen, also solche, die vom Gesellschaftsvertrag nicht gedeckt sind, müssen 17 der Gesellschaft zurückgewährt werden; der Rückgewähranspruch ist vertraglicher Natur, so dass der Einwand der Entreicherung ausscheidet.[40] Er bezieht sich auch auf **verdeckte Entnahmen** (verdeckte Gewinnausschüttungen).[41] Bei der **Rückforderung** von unberechtigten Entnahmen

---

[31] Vgl. BGHZ 80, 357 (358) = NJW 1981, 2563; BGHZ 132, 263 (266) = NJW 1996, 1678; RGZ 112, 19 (23); MüKoHGB/*Priester* HGB § 121 Rn. 10; Staub/*Schäfer* HGB § 120 Rn. 17; *Hueck* OHG § 17 III 3, S. 252; *Ulmer*, FS Hefermehl, 1976, S. 207 (215).

[32] So aber OLG Celle NZG 2004, 613 (614) in Bezug auf einen Erlösherausgabeanspruch wegen unberechtigter Vermietung im eigenen Namen; der „Pfändungsdurchgriff" erspare den rechtstechnischen Umweg der Zahlung; das trifft allenfalls im entschiedenen Fall, nicht aber als allg. Rechtssatz das Richtige; zutr. *Wertenbruch* NZG 2006, 408 (414) mit Fn. 146.

[33] Vgl. Palandt/*Ellenberger* § 195 Rn. 3; Palandt/*Sprau* Rn. 2. Zur früher geltenden dreißigjährigen Regelverjährung vgl. BGHZ 80, 357 (359) = NJW 1981, 2563 und die Nachweise in 3. Aufl. Fn. 22.

[34] So auch Soergel/*Hadding/Kießling* Rn. 18; aA *K. Schmidt* GesR § 58 V 2 für die Mitunternehmer-GbR; dem folgend Staudinger/*Habermeier* (2003) Rn. 10.

[35] Vgl. BGH NJW-RR 1994, 996; BB 2000, 58 (59): Entnahmerecht nur bei entspr. Vereinbarung.

[36] BGHZ 132, 263 (276) = NJW 1996, 1678.

[37] *Rob. Fischer*, FS Barz, 1974, S. 33 (45 f.); so, freilich unter Abstellen auf einen von § 169 HGB abw. hypothetischen Parteiwillen, auch BGH DB 1973, 999 zur Entnahmebeschränkung eines Kommanditisten.

[38] Soergel/*Hadding/Kießling* Rn. 16; Palandt/*Sprau* Rn. 4; für unternehmenstragende Gesellschaften auch Staudinger/*Habermeier* (2003) Rn. 10; vgl. Soergel/*Hadding/Kießling* Rn. 18; aA *K. Schmidt* GesR § 58 V 2 für die Mitunternehmer-GbR; dem folgend Staudinger/*Habermeier* (2003) Rn. 10.

[39] Anders das Entnahmerecht nach § 122 HGB, vgl. Staub/*Schäfer* HGB § 122 Rn. 10.

[40] Vgl. näher *Wiedemann* WM 1992, Sonderbeilage 2, S. 34; s. auch MüKoHGB/*Priester* HGB § 122 Rn. 44.

[41] Vgl. näher *Bitter* ZHR 168 (2004), 302, 320 ff.; *Priester*, FS Korn, 2005, S. 377 (385); MüKoHGB/*Priester* HGB § 122 Rn. 15; Staub/*Schäfer* HGB § 122 Rn. 9.

§ 722 1–4 Abschnitt 8. Titel 16. Gesellschaft

durch Gesellschafter im Wege der *actio pro socio* trägt die Darlegungs- und Beweislast für die Entnahmen der klagende und für die Berechtigung der beklagte Gesellschafter.[42]

§ 722 Anteile am Gewinn und Verlust

(1) Sind die Anteile der Gesellschafter am Gewinn und Verlust nicht bestimmt, so hat jeder Gesellschafter ohne Rücksicht auf die Art und die Größe seines Beitrags einen gleichen Anteil am Gewinn und Verlust.

(2) Ist nur der Anteil am Gewinn oder am Verlust bestimmt, so gilt die Bestimmung im Zweifel für Gewinn und Verlust.

I. Inhalt der Vorschrift

1 **1. Grundlagen.** § 722 schreibt in **Abs. 1** als Maßstab für die Verteilung von Gewinn und Verlust die **Aufteilung nach Köpfen** vor (zum Beschluss über die Gewinnverteilung und zum Gewinnanspruch → § 721 Rn. 8 ff.). Der Gesellschaftsvertrag kann jedoch – und wird häufig – abweichende Vereinbarungen enthalten (→ Rn. 5 f.). Ebenso wie § 706, der in Abs. 1 mangels abweichender Vereinbarung gleiche Beitragsleistungen vorsieht, ist auch § 722 Abs. 1 Ausdruck des gesellschaftsrechtlichen Gleichbehandlungsgrundsatzes (→ § 705 Rn. 244 ff.).

2 Sind die **Beitragspflichten unterschiedlich** ausgestaltet, so reicht dieser Umstand für sich genommen zwar nicht schon aus, um zu einer von § 722 Abs. 1 abweichenden Ergebnisverteilung zu kommen;[1] anderes gilt im Zweifel für die Zusammenarbeit zwischen gewerblichen Unternehmern (→ Rn. 6). Die unterschiedliche Beitragshöhe kann aber je nach Fallgestaltung, namentlich bei unvorhersehbaren Änderungen in Bezug auf die Beitragsleistung oder ihrer Wertverhältnisse, Anlass zu einer ergänzenden Vertragsauslegung geben oder einen Anspruch auf Vertragsänderung begründen (→ § 705 Rn. 245).[2] Unterschiedlichen Zeitpunkten der Erbringung der vereinbarten Beiträge ohne entsprechend unterschiedliche Fälligkeitsregelungen im Gesellschaftsvertrag kann auch ohne generelle Vertragsänderung durch vorübergehende Differenzierung des Gewinnverteilungsschlüssels Rechnung getragen werden (→ § 705 Rn. 250).

3 Nach der **Auslegungsregel des Abs. 2** stimmen *Gewinn- und Verlustanteil* mangels abweichender Vereinbarung überein; die Vorschrift greift ein, wenn der Gesellschaftsvertrag Vereinbarungen nur entweder über die Gewinn- oder die Verlustbeteiligung enthält. Die Teilnahme jedes Gesellschafters nicht nur an den Gewinnen, sondern auch an den Verlusten der Gesellschaft entspricht zwar gesetzlicher Regel; sie ist aber keine notwendige Voraussetzung für das Vorliegen einer Gesellschaft.[3]

4 **2. Sonderfälle.** Die Vorschrift des § 722 bezieht sich grundsätzlich auf alle Arten von GbR, auch die Innengesellschaft.[4] Eine Abweichung ist entsprechend § 231 Abs. 1 HGB allerdings insoweit veranlasst, als es um die Ergebnisbeteiligung in der **stillen Gesellschaft** und bei der **Unterbeteiligung** geht. Wegen der Vergleichbarkeit der Interessenlage kommt dem nach § 231 Abs. 1 HGB geltenden, auf eine *angemessene* Gewinn- und Verlustbeteiligung des Stillen abstellenden flexiblen Maßstab auch in denjenigen Fällen der Innengesellschaft der Vorrang vor der Aufteilung nach Köpfen zu, in denen eine unmittelbare Anwendung dieser Vorschrift wegen Fehlens einer der in § 230 HGB genannten Voraussetzungen ausscheidet (→ Vor § 705 Rn. 98; → § 705 Rn. 287).[5]

---

[42] BGH NJW 2000, 505 (506) zur GbR.
[1] So auch BGH NJW 1982, 2816 (2817).
[2] Für die Anpassung von Geschäftsführervergütungen an Kaufkraftänderungen ua → § 709 Rn. 36; eine Anpassung in concreto verneinend BGH WM 1998, 1020 (1025) für Künstler-GbR mit unterschiedlichem Gewicht der jeweils eingebrachten Nutzungsrechte. Zur Frage des zivilrechtlichen Ausgleichs der Steuerbelastungen zwischen Gesellschaftern bei steuerrechtlicher Nichtanerkennung gesellschaftsvertraglicher Gewinnverteilungsabreden vgl. *Felix/Streck* DB 1975, 2213.
[3] Ganz hM, vgl. BGH WM 1967, 346 (347); BAG NJW 1993, 2458 (2460); Soergel/*Hadding/Kießling* Vor § 705 Rn. 11; Staudinger/*Habermeier* (2003) Rn. 2; so auch *Jud*, FS Wilburg, 1975, S. 119 (133) und *Müller-Gugenberger*, GS Rödig, 1978, S. 274 (280), jeweils mwN auch zu Gegenmeinungen; aA *Schulze-Osterloh*, Der gemeinsame Zweck der Personengesellschaften, 1973, S. 25 f.
[4] HM, vgl. BGH WM 1967, 346 (347); NJW-RR 1990, 736; NJW 1999, 2962 (2964) – Ehegatten-Innengesellschaft; RGZ 147, 112 (113); Soergel/*Hadding/Kießling* Rn. 2; Staudinger/*Habermeier* (2003) Rn. 4; Erman/*Westermann* Rn. 2. Für analoge Anwendung von § 121 HGB auf Mitunternehmer-GbR dagegen *K. Schmidt* GesR § 59 III 4, § 58 V 2.
[5] Ebenso Soergel/*Hadding/Kießling* Rn. 2; Staudinger/*Habermeier* (2003) Rn. 4; Bamberger/Roth/*Schöne* Rn. 1. Vgl. auch Erman/*Westermann* Rn. 2: für entsprechende Anwendung von § 232 Abs. 2 HGB (beschränkte Verlustbeteiligung) auf eine der stillen Gesellschaft nachgebildete GbR, in der der stille Gesellschafter keinen Einfluss auf die Geschäftstätigkeit nimmt.

II. Abweichende Vereinbarungen

Sie sind im Rahmen der allgemeinen Schranken der Vertragsfreiheit (→ § 705 Rn. 132 ff.) grundsätzlich beliebig möglich. Verbreitet ist namentlich die **Ergebnisverteilung entsprechend** der jeweiligen **Einlagenhöhe** (dem Kapitalanteil) sowie die Gewährung eines festen oder variablen Gewinnvoraus als **Geschäftsführervergütung** (→ § 709 Rn. 32 ff.). Zulässig ist auch die Zusage eines garantierten Mindestgewinns an bestimmte Gesellschafter[6] oder die Anwendung unterschiedlicher Schlüssel für Gewinn- und Verlustverteilung. Ist im Gesellschaftsvertrag die Bestimmung des jeweiligen Gewinn- und/oder Verlustanteils einem der Gesellschafter überlassen worden, finden §§ 315 ff. Anwendung. Im Einzelfall kann nicht nur die Verlust- (→ Rn. 3), sondern auch die *Gewinnbeteiligung* einzelner Gesellschafter ganz *ausgeschlossen* werden (→ § 705 Rn. 149 f.).[7] Entgegen einer zumal für Personenhandelsgesellschaften auch heute noch anzutreffenden Ansicht bildet sie kein notwendiges oder unverzichtbares Mitgliedschaftsrecht (→ § 705 Rn. 149 ff.).

5

Für die Anforderungen an das **Zustandekommen** abweichender Gewinn- und Verlustverteilungsabreden und für ihre **Auslegung** gelten die allgemeinen Grundsätze (→ § 705 Rn. 20 ff., 171 ff.).[8] Die Vereinbarungen hierüber können ausdrücklich oder konkludent getroffen werden; sie können sich aber auch aufgrund ergänzender Vertragsauslegung ergeben.[9] *Konkludente Abreden* sind namentlich anzunehmen im Falle von kapitalistisch strukturierten Beteiligungen oder bei aus sonstigen Gründen erkennbar an der jeweiligen Beteiligungshöhe ausgerichteten Gesellschaftsanteilen. Das gilt insbesondere für Gesellschaften zwischen Unternehmern mit erwerbswirtschaftlichem Zweck, wenn der Umfang der Beitragsleistungen sich an der tatsächlichen Geschäftsentwicklung orientiert; mangels abweichender Umstände ist insoweit davon auszugehen, dass sich auch Gewinn- und Verlustanteil entsprechend kaufmännischen Grundsätzen nach dem jeweiligen Tätigkeitsbeitrag und den eingesetzten Vermögenswerten richten sollen.[10] Erfolgt die Gewinnverteilung im Einverständnis aller Gesellschafter lange Jahre hindurch abweichend vom vertraglichen Verteilungsschlüssel, so begründet das die tatsächliche Vermutung für eine entsprechende *Vertragsänderung*. Wer sich demgegenüber auf die ursprüngliche Abrede beruft, ist für deren Fortgeltung beweispflichtig.[11] Dies gilt jedoch nicht für Publikumsgesellschaften; hier spricht eine unterbliebene Änderung des Gesellschaftsvertrages eher dafür, dass von den Beteiligten nur eine Ausnahme für den Einzelfall geschaffen werden sollte.[12] Zu den Schranken von Mehrheitsklauseln über Änderungen der Gewinn- und Verlustverteilung → § 709 Rn. 91 f.

6

Vorbemerkung (Vor § 723)

Übersicht

	Rn.		Rn.
I. Die Regelungen der §§ 723–740	1–4	2. Sonstige	13–21
II. Auflösung und Beendigung	5–11	a) Zeitablauf	14–16
1. Umwandlung in Abwicklungsgesellschaft	5–7	b) Vereinigung aller Anteile	17
2. Ausnahmefälle sofortiger Vollbeendigung	8–10	c) Gesellschafterbeschluss	18–20
3. Rückumwandlung in werbende Gesellschaft	11	d) Auflösende Bedingung	21
		IV. Auflösungsfolgen	22–24
III. Auflösungsgründe	12–21	1. Im Innenverhältnis	22
1. Gesetzliche	12	2. Gegenüber Dritten	23, 24
		V. Streitigkeiten	25

---

[6] BGH WM 1989, 1850 (1851).
[7] Ebenso Soergel/*Hadding/Kießling* Rn. 4; MüKoHGB/*Priester* HGB § 121 Rn. 37; Jauernig/*Stürner* §§ 721, 722 Rn. 6. Zur Sittenwidrigkeit von Abreden zur Gewinn- oder Verlustverteilung BGH WM 2013, 1556 (1558) Rn. 25 f.
[8] Vgl. dazu Jud, FS Wilburg, 1975, S. 119 (122 ff.).
[9] So zu Recht BGH NJW 1982, 2816 (2817); NJW-RR 1990, 736.
[10] BGH NJW 1982, 2816 (2817) zur Arge; Soergel/*Hadding/Kießling* Rn. 5; Bamberger/Roth/*Schöne* Rn. 3; auch bei der Ehegatteninnengesellschaft können aber unterschiedlich hohe Beiträge Indiz für eine abw. Regelung sein, vgl. BGH WM 1990, 877 (878); OLG Schleswig NJW-RR 2004, 972.
[11] BGH NJW 1966, 826 – trotz Nichteinhaltung der für Vertragsänderungen vorgesehenen Form; allg. zu konkludenten Vertragsänderungen und entgegenstehenden Formvorschriften → § 705 Rn. 50 f., 56.
[12] BGH NJW 1990, 2684.

I. Die Regelungen der §§ 723–740

1 Mit § 723 beginnt sachlich ein **neuer Abschnitt** im Recht der GbR, auch wenn die Einteilung äußerlich nicht hervortritt. Während die Vorschriften der §§ 705–722 sich mit den Grundbegriffen des Personengesellschaftsrechts sowie mit den Rechtsverhältnissen zwischen den Gesellschaftern und gegenüber Dritten für die Dauer der *werbenden* GbR beschäftigen, sind die Rechtsfragen der *Auflösung* der GbR und ihrer Folgen sowie des Ausscheidens einzelner Gesellschafter in den §§ 723–740 geregelt. Im Einzelnen lassen sich dabei drei Normengruppen unterscheiden (→ Rn. 2–4).

2 Die **gesetzlichen Auflösungsgründe** finden sich in **§§ 723–728**; sie sind nicht erschöpfend (→ Rn. 13). Unter ihnen ist der wichtigste derjenige der *Kündigung*. Dabei unterscheidet das Gesetz zwischen der ordentlichen Kündigung unbefristeter oder ihnen gleichzustellender Gesellschaften (§§ 723 Abs. 1 S. 1, 724), der Kündigung aus wichtigem Grund (§ 723 Abs. 1 S. 2 und 3) und der Kündigung durch den Pfändungspfandgläubiger (§ 725). *Weitere* gesetzliche Auflösungsgründe bilden das Erreichen oder Unmöglichwerden des Gesellschaftszwecks (§ 726), der Tod eines Gesellschafters (§ 727) sowie die Eröffnung des Insolvenzverfahrens über das Vermögen der Gesellschaft oder eines Gesellschafters (§ 728). Zu den sonstigen Auflösungsgründen → Rn. 13 ff.

3 Eine zweite Normengruppe bilden die **Vorschriften über die Abwicklungsgesellschaft**. Zu ihnen zählen in erster Linie die **§§ 730–735**. Sie betreffen die Auseinandersetzung der aufgelösten Gesellschaft einschließlich der Ergebnisverteilung unter den Gesellschaftern und gehen insoweit den allgemeinen Vorschriften der §§ 705 ff. vor. Hierher gehört aber auch die Bestimmung des **§ 729**. Ihre systematisch ungewöhnliche Einordnung vor der Grundnorm des § 730 erklärt sich aus ihrem auf vorübergehenden Fortbestand der Geschäftsführungsregelungen der werbenden Gesellschaft gerichteten Inhalt; er verleiht der Vorschrift eine Art Übergangscharakter.

4 Den Abschluss bilden als dritte Normengruppe die Vorschriften über das **Ausscheiden eines Gesellschafters** unter Fortsetzung der Gesellschaft zwischen den übrigen (**§§ 736–740**). Sie regeln die Voraussetzungen des einseitigen Ausscheidens (§§ 736 Abs. 1, 737) und die damit verbundenen Fragen der Haftungsfortdauer (§ 736 Abs. 2) sowie der Abfindungsfolgen (§§ 738–740). Systematisch enthalten sie Abweichungen sowohl gegenüber den Regelungen über die Auflösung als auch gegenüber denjenigen über die sich anschließende Auseinandersetzung. Die Rechtsverhältnisse innerhalb der von den Mitgesellschaftern als werbende fortgesetzten Gesellschaft richten sich nach den allgemeinen Vorschriften der §§ 705–722.

II. Auflösung und Beendigung

5 **1. Umwandlung in Abwicklungsgesellschaft.** Als Dauerschuldverhältnis mit Gesamthandsvermögen und sonstigen organisationsrechtlichen Elementen (→ § 705 Rn. 155 ff.) wird die Gesellschaft im Regelfall nicht etwa durch Erfüllung (Zweckerreichung) oder Zeitablauf beendet. Auch wenn sie für eine befristete Zeit eingegangen ist, führt der Zeitablauf doch nur zur Auflösung (→ Rn. 15); anschließend muss sie nach Maßgabe der §§ 730 ff. oder den hiervon abweichenden Vertragsvereinbarungen **abgewickelt** werden. Entsprechendes gilt in den Fällen, in denen die Auflösung nicht durch Zeitablauf, sondern aus anderen Gründen eintritt (zu den Ausnahmen sofortiger Vollbeendigung → Rn. 8 ff.). Bis zur vollständigen Durchführung der Abwicklung, d h der Verteilung des gesamten Gesellschaftsvermögens, nicht notwendig aber der Erfüllung der Gesellschaftsverbindlichkeiten und der Ausgleichung der gegenseitigen Vermögensansprüche der Mitglieder (→ § 730 Rn. 38), besteht die Gesellschaft somit fort. Eine Änderung ihrer Identität, ihrer Rechtsfähigkeit oder ihres Mitgliederbestands wird durch die Auflösung als solche nicht bewirkt; der Fortbestand ist auch nicht etwa ein nur fiktiver.[1] Die *Vollbeendigung der Gesellschaft* unter Wegfall der gesellschaftsvertraglichen Bindung tritt erst mit dem Abschluss der Liquidation ein.

6 Das **Wesen der Auflösung** lässt sich somit bestimmen als eine *zur Zweckänderung führende Vertragsumgestaltung*. Je nach Art des Auflösungsgrundes kann die Auflösung im Wege einvernehmlicher Vertragsänderung (→ Rn. 18), durch einseitige Gestaltungserklärung (§§ 723–725) oder durch objektive Umstände (§§ 726–728) bewirkt werden. Anstelle des werbenden, auf die Verwirklichung der mit der Gesellschaft verfolgten Ziele gerichteten gemeinsamen Zwecks tritt der **Abwicklungszweck**. Zugleich ändern sich damit die Rechte und Pflichten der Beteiligten. Rückständige Beiträge können nur noch insoweit eingefordert werden, als es für die Zwecke der Abwicklung erforderlich ist (→ § 730 Rn. 26 ff.). Die Geschäftsführung geht nach dispositivem Recht (§ 730 Abs. 2 S. 2) auf alle Gesellschafter als Liquidatoren über.

---

[1] So entgegen dem auf eine Fiktion hindeutenden Wortlaut von § 730 Abs. 2 S. 1 (→ § 730 Rn. 24) die heute einhM, vgl. Soergel/*Hadding/Kießling* Rn. 15; Erman/*Westermann* § 723 Rn. 1; Bamberger/Roth/*Schöne* § 723 Rn. 3; Staudinger/*Habermeier* (2003) Rn. 17.

Die Regelungen über Auflösung und Beendigung gelten grundsätzlich für jede in Vollzug gesetzte 7
Gesellschaft (zum Begriff des Vollzugs → § 705 Rn. 331). Eine rückwirkende Vernichtung scheidet
in diesen Fällen aus. Das gilt namentlich auch für die **fehlerhafte Gesellschaft;** sie kann trotz
bestehender Anfechtungs- oder Nichtigkeitsgründe regelmäßig nur durch Kündigung und anschließende Liquidation beendet werden (→ § 705 Rn. 323 ff.). Aus den gleichen Gründen wandelt sich
ein gesetzliches oder vertragliches **Rücktrittsrecht** nach Invollzugsetzung der Gesellschaft in ein
Kündigungsrecht aus wichtigem Grund um.[2] Und schließlich ist auch für eine **rückwirkende
Auflösung** nach § 158 Abs. 2 kein Raum. Der Eintritt einer auflösenden Bedingung führt vielmehr
zur Auflösung ex nunc (→ Rn. 21).[3]

2. Ausnahmefälle sofortiger Vollbeendigung. Auflösung und Vollbeendigung der Gesellschaft 8
fallen in *zeitlicher* Hinsicht abweichend vom gesetzlichen Regelfall (→ Rn. 5) dann zusammen,
wenn der zur Auflösung führende Umstand ausnahmsweise zugleich die gesellschaftsvertraglichen
Beziehungen beendet, ohne dass es hierzu der in §§ 730 ff. vorgesehenen Liquidation bedarf. Dabei
sind zwei Fälle zu unterscheiden.

Den wichtigsten Fall sofortiger Vollbeendigung bildet der **Rückgang der Mitgliederzahl auf** 9
einen Gesellschafter und in Verbindung damit der Übergang des Gesellschaftsvermögens in dessen
Alleineigentum (→ § 718 Rn. 13). Hierzu kann es namentlich bei Zweipersonengesellschaften aus
einer Reihe von Gründen kommen, so beim Tod eines Gesellschafters, sei es unter Beerbung durch
den alleinigen Mitgesellschafter[4] oder aufgrund einer gesellschaftsvertraglichen Eintrittsklausel
(→ § 727 Rn. 53), beim Ausscheiden des vorletzten Gesellschafters auf Grund einer gesellschaftsvertraglichen Fortsetzungsklausel (→ § 736 Rn. 8)[5] oder bei der Ausübung eines vertraglichen oder
gesetzlichen Übernahmerechts (→ § 730 Rn. 81 f.). Weitere Beispiele bilden die Vereinigung aller
Anteile in einer Hand aufgrund rechtsgeschäftlicher Anteilsübertragung (→ § 719 Rn. 26) sowie die
Fusion zweier als einzige Gesellschafter an einer GbR beteiligter Kapitalgesellschaften.[6] In allen
genannten Fällen kommt infolge des Rückgangs der Mitgliederzahl auf *einen* Gesellschafter die
für den Bestand einer Personengesellschaft unerlässliche Vertragsgrundlage in Wegfall (→ § 705
Rn. 60 ff.); die Gesellschaft ist zugleich mit der Auflösung vollbeendet. Auflösung und sofortige
Vollbeendigung treten demgegenüber *nicht* ein, wenn die Ehegatten bei einer zwischen ihnen bestehenden GbR die Gütergemeinschaft vereinbaren. Die Gesellschaftsanteile der Ehegatten fallen nicht
etwa in das Gesamtgut, sondern gehören mit Rücksicht auf ihre Rechtsnatur auch dann zum Sondergut des jeweiligen Ehegatten, wenn sie im Gesellschaftsvertrag übertragbar ausgestaltet sind (→ § 705
Rn. 74).[7]

Einen zweiten Fall sofortiger Vollbeendigung bildet die **Auflösung einer Innengesellschaft** 10
(→ § 705 Rn. 285 ff.). Das beruht nicht auf dem Wegfall des Vertragspartners, sondern auf dem
Fehlen eines abzuwickelnden Gesamthandsvermögens. An die Stelle des Gesellschaftsverhältnisses
tritt mit dem Zeitpunkt der Auflösung ein *einseitiger Abfindungsanspruch* des oder der bisherigen
Innengesellschafter gegenüber dem nach außen im eigenen Namen auftretenden Geschäftsführer als
Inhaber des Gesellschaftsvermögens.[8] Für die Annahme einer fortbestehenden Abwicklungsgesellschaft mit gegenseitigen Pflichten der Beteiligten besteht daher kein Bedürfnis.[9] Von den gesetzlichen
Auseinandersetzungsvorschriften der §§ 730 ff. ist allenfalls ein Teil kraft Analogie oder ergänzender
Vertragsauslegung auf das Verhältnis der Beteiligten anwendbar (→ § 730 Rn. 12 ff.).

3. Rückumwandlung in werbende Gesellschaft. Sie bleibt grundsätzlich möglich, solange die 11
Abwicklung andauert, die Gesellschaft also nicht vollbeendet ist. Sachlich handelt es sich bei der
Rückumwandlung, entsprechend der Lage bei der Auflösung, um eine Änderung des Gesellschaftsvertrages durch Änderung des auf Abwicklung gerichteten Zwecks in einen werbenden. Die Rückumwandlung bedarf eines Gesellschafterbeschlusses, der auch konkludent, durch einvernehmliche

---

[2] BGH WM 1967, 419. Zu diesem allg. für Dauerschuldverhältnisse geltenden Grundsatz → § 314 Rn. 3 (*Gaier*) mwN.
[3] So auch Staudinger/*Habermeier* (2003) Rn. 8; Erman/*Westermann* § 723 Rn. 4.
[4] BGHZ 65, 79 (82) = NJW 1975, 1774; BGHZ 113, 132 (133) = NJW 1991, 844.
[5] BGH NJW 2011, 2292 (2293) Rn. 10, 2008, 2992.
[6] RGZ 163, 142 (149).
[7] So jetzt auch Staudinger/*Habermeier* (2003) § 705 Rn. 32.
[8] BGH NJW 1982, 99 (100); Erman/*Westermann* § 723 Rn. 5; zur entspr. Anwendung des für die typische stille Gesellschaft geltenden § 235 Abs. 1 HGB auf vergleichbare Fälle von Innen-GbR → § 705 Rn. 288; vgl. ferner nur BGH NJW 2015, 1956 zur Anwendung der Durchsetzungssperre auch bei der ‚Abwicklung' einer stillen Gesellschaft.
[9] *Koenigs*, Die stille Gesellschaft, 1961, S. 260 f.; Staub/*Harbarth* HGB § 235 Rn. 1.

Geschäftsfortführung gefasst werden kann.[10] Sie setzt grundsätzlich die **Zustimmung aller Gesellschafter** voraus.[11] Fraglich ist jedoch, ob der Gesellschaftsvertrag wenigstens mit hinreichender Deutlichkeit für Fortsetzungsbeschlüsse eine Mehrheitsentscheidung zulassen kann.[12] Richtig ist zunächst, dass schon wegen § 33 Abs. 1 S. 2 jedenfalls eine allgemein gefasste **Mehrheitsklausel** unzureichend wäre, und zwar unabhängig davon, dass der Bestimmtheitsgrundsatz im Allgemeinen obsolet ist (→ § 709 Rn. 90).[13] Eine Mehrheitsklausel müsste die Fortsetzung der Gesellschaft nach vorheriger Auflösung folglich eindeutig einbeziehen, damit von einer – nach § 40 zulässigen – Abbedingung des § 33 Abs. 1 S. 2 ausgegangen werden kann. Zu bedenken ist darüber hinaus aber ferner, dass die Fortsetzung der aufgelösten Gesellschaft den bereits entstandenen Anspruch auf das anteilige Auseinandersetzungsguthaben wieder entfallen lässt und deshalb grundsätzlich eine nur mit Zustimmung *jedes* Gesellschafters wirksam zu beschließende *Leistungsvermehrung* darstellt.[14] Dem steht allerdings die Vereinbarung eines durch Gesellschafterbeschluss auszuübenden Fortsetzungsrechts der *übrigen* Gesellschafter im Falle eines personenbezogenen Auflösungsgrundes nicht entgegen, sofern der betroffene Gesellschafter zum *vollen Verkehrswert* abgefunden wird; denn in diesem Falle bleibt seine Rechtsstellung unberührt; er erhält das gleiche wie bei Abwicklung der aufgelösten Gesellschaft (→ § 736 Rn. 17).[15] Demgemäß können die übrigen Gesellschafter die Fortsetzung auch ad hoc beschließen, sofern der zur Fortsetzung nicht bereite Gesellschafter zum vollen Wert abgefunden wird. Soll die Gesellschaft dagegen mit *allen* Gesellschaftern fortgesetzt werden, bedarf es bei einer nach §§ 725, 728 Abs. 2 herbeigeführten Auflösung für die Rückumwandlung oder Fortsetzung der Zustimmung von *Pfändungspfandgläubiger oder Insolvenzverwalter,* solange die Pfändung oder das Insolvenzverfahren andauert.[16] Eine Rückumwandlung scheidet im Übrigen nicht deshalb aus, weil die Auflösung wegen Erreichung oder Unmöglichwerden des Gesellschaftszwecks eingetreten ist; allerdings bedarf es hier gleichzeitig der Vereinbarung eines neuen, nicht von § 726 erfassten Zwecks.

III. Auflösungsgründe

12   **1. Gesetzliche.** Das Gesetz regelt in den §§ 723–728 insgesamt sechs Auflösungsgründe (→ Rn. 2). Davon setzen die ersten drei die Ausübung eines entsprechenden Gestaltungsrechts, dh die Kündigung, voraus (vgl. §§ 723 Abs. 1 S. 1–3, 725 Abs. 1); die Auflösung wird hier erst bewirkt, wenn die Kündigungserklärung allen Mitgesellschaftern zugegangen ist (→ § 723 Rn. 19). Demgegenüber bildet die Auflösung in den Fällen der §§ 726–728 die unmittelbare Folge des Eintritts eines der dort genannten Auflösungsgründe (Zweckerreichung, Tod oder Insolvenzverfahren). Die Mitteilung hierüber an die Mitgesellschafter hat daher nur deklaratorische Wirkung. Dem trägt die Vorschrift des § 729 Rechnung, indem sie den begrenzten Fortbestand der bisherigen Geschäftsführungsbefugnis bis zur Kenntnis oder zum Kennenmüssen des Auflösungsgrundes anordnet.

13   **2. Sonstige.** Die gesetzlichen Auflösungsgründe sind nach einhM nicht abschließender Natur.[17] Das zeigt bereits der Vergleich mit § 131 Abs. 1 HGB, dessen ersten beiden Nummern (Zeitablauf, Gesellschafterbeschluss) auch für die GbR von Bedeutung sind. Der Verzicht des BGB-Gesetzgebers auf ihre ausdrückliche Regelung dürfte sich daraus erklären, dass die fraglichen Gründe sich nach der damals vorherrschenden Beurteilung der GbR als Schuldverhältnis der Gesellschafter bereits aus dem allgemeinen Vertragsrecht ergaben (im Einzelnen → Rn. 14 ff., 18 ff.).

14   **a) Zeitablauf.** § 723 Abs. 1 unterscheidet für das Kündigungsrecht zwischen befristeten und unbefristeten Gesellschaften. Als *Befristungen* kommen die Vereinbarung von Mindest- und/oder

---

[10] BGH NJW 1995, 2843 (2844) – im konkreten Fall verneint.
[11] EinhM, vgl. BGH NJW 1995, 2843 (2844); Soergel/*Hadding/Kießling* § 730 Rn. 36; Staudinger/*Habermeier* (2003) Rn. 22; Erman/*Westermann* § 723 Rn. 6; Staub/*Schäfer* HGB § 131 Rn. 66; Wiedemann GesR II § 3 III 5, S. 269; zur Frage mehrheitlicher Beschlussfassung in den Sonderfällen der Publikums-GbR → § 709 Rn. 94.
[12] Im Ausgangspunkt tendenziell abw. 5. Aufl. Rn. 11, aber mit bedeutsamer Einschränkung in → Rn. 18: Vorbehalt der Kernbereichslehre; idS auch Soergel/*Hadding/Kießling* Rn. 17.
[13] BGHZ 8, 35 (43) lässt es, insofern zu Recht, nicht ausreichen, dass sich die Mehrheitsklausel explizit auf die Auflösung der Gesellschaft bezieht, sondern verlangt weitere Anhaltspunkte dafür, dass auch die Fortsetzung erfasst sein soll, hat diese dann aber zu Unrecht in der Abbedingung von Auflösungsgründen nach § 131 HGB aF gesehen; damit wird der Aspekt der Zweckänderung aber nicht erfasst.
[14] Staub/*Schäfer* HGB § 131 Rn. 66.
[15] So auch 5. Aufl. Rn. 11.
[16] Zur erforderlichen Zustimmung der Pfandgläubiger vgl. BGHZ 51, 84; Soergel/*Hadding/Kießling* § 730 Rn. 36, § 725 Rn. 9; Erman/*Westermann* § 723 Rn. 6, § 725 Rn. 5; Bamberger/Roth/*Schöne* § 723 Rn. 4; Staudinger/*Habermeier* (2003) Rn. 23.
[17] Soergel/*Hadding/Kießling* Rn. 3, 7; Staudinger/*Habermeier* (2003) Rn. 3; Bamberger/Roth/*Schöne* § 723 Rn. 1.

Höchstdauern in Betracht. Die **Mindestdauer** hat die Funktion, für den fraglichen Zeitraum die ordentliche Kündigung auszuschließen; ihr Ablauf führt daher nicht zur Auflösung der Gesellschaft, sondern zu deren *Fortbestand als unbefristete*.[18] Entsprechendes gilt bei Vereinbarungen, nach denen die Gesellschaft jeweils für eine weitere Periode fortbesteht, wenn sie nicht auf einen bestimmten Zeitpunkt gekündigt wird; auch hier liegt funktionell gesehen eine unbefristete Gesellschaft vor, freilich mit der in § 723 Abs. 1 S. 6 berücksichtigten Besonderheit vertraglicher Vereinbarung einer Kündigungsfrist sowie periodischer Kündigungstermine (→ § 723 Rn. 71). In derartigen Fällen bedarf es zur Auflösung somit stets eines besonderen Auflösungstatbestandes, darunter im Regelfall desjenigen der *ordentlichen Kündigung* nach § 723 Abs. 1 S. 1.

Anderes gilt bei Vereinbarung einer **Fest- oder Höchstdauer.** Ihr Ablauf hat unmittelbar die *Auflösung* zur Folge, wenn die Gesellschafter nicht rechtzeitig vor dem Endtermin eine Verlängerung beschließen. Als Vertragsänderung bedarf der Fortsetzungsbeschluss grundsätzlich der Einstimmigkeit (→ Rn. 11). Mehrheitsklauseln sind mit Rücksicht auf § 723 Abs. 3 nur wirksam, wenn sie nicht nur mit hinreichender Deutlichkeit die Einbeziehung der Vertragsverlängerung in ihren Anwendungsbereich erkennen lassen, sondern darüber hinaus auch bestimmte Grenzen für den Verlängerungsbeschluss festlegen (→ § 709 Rn. 91 f.; → § 723 Rn. 67).[19] 15

Zu den **Anforderungen** an vertragliche Zeitbestimmungen → § 723 Rn. 65 f. Nicht erforderlich ist die Vereinbarung eines kalendermäßig bestimmten Zeitraumes oder Endzeitpunkts. Es genügt, dass die *Zeitdauer objektiv bestimmbar* ist, so wenn die Gesellschaft auf die Dauer eines anderen befristeten Rechtsverhältnisses eingegangen ist[20] oder der Endtermin sich nach dem Eintritt eines künftigen, bestimmten Ereignisses richten soll.[21] Der Unterschied zur auflösenden Bedingung (→ Rn. 21) liegt darin, dass der Eintritt des Ereignisses zwar gewiss ist, nicht aber dessen Zeitpunkt. *Beispiele* bilden die Durchführung eines bestimmten Projekts,[22] die Nutzungsdauer eines gemeinsam auszuwertenden gewerblichen Schutzrechts[23] oder der Fortbestand einer für den Gesellschaftszweck wesentlichen Rechtslage;[24] insoweit kann sich der Auflösungsgrund des Zeitablaufs auch mit demjenigen des § 726 decken. Immer muss der Eintritt des fraglichen Ereignisses *absehbar* sein, da nur so die den Gesellschaftern durch § 723 Abs. 3 gewährleistete Überschaubarkeit ihrer Bindung erhalten bleibt.[25] 16

b) Vereinigung aller Anteile. Sie führt nach den oben (→ Rn. 9) getroffenen Feststellungen nicht nur zur Auflösung, sondern gleichzeitig zur *Beendigung* der Gesellschaft, da infolge des Rückgangs der Mitgliederzahl auf eine Person das Schuldverhältnis als Grundlage der Gesellschaft erlischt und das Gesamthandsvermögen sich in Alleineigentum umwandelt.[26] Zu den Gründen für die Anteilsvereinigung → Rn. 9. 17

c) Gesellschafterbeschluss. Die Auflösung der Gesellschaft ist dadurch gekennzeichnet, dass an die Stelle des werbenden der auf Abwicklung gerichtete Gesellschaftszweck tritt (→ Rn. 6). Es handelt sich somit um eine Vertragsänderung in Gestalt der **Zweckänderung;** sie kann nicht nur durch einseitige Gestaltungserklärung oder durch objektive Umstände, sondern auch einvernehmlich durch Gesellschafterbeschluss herbeigeführt werden. Als „Herren der Gesellschaft" sind die Gesellschafter grundsätzlich in der Lage, jederzeit einvernehmlich die Gesellschaftsgrundlagen zu ändern; sie können daher auch eine auf bestimmte Zeit eingegangene Gesellschaft vorzeitig auflösen. **Mehrheitsklauseln** müssen aber, weil sie auf die gemäß § 40 zulässige Abbedingung des Zustimmungsrechts aus § 33 Abs. 1 S. 2 (Zweckänderung!) zielen, unabhängig davon speziell auf die Auflösung 18

---

[18] Staudinger/*Habermeier* (2003) Rn. 6; Erman/*Westermann* § 723 Rn. 3; Staub/*Schäfer* HGB § 132 Rn. 4.
[19] BGH NJW 1973, 1602.
[20] BGH NJW 1979, 2304 (2305) – befristeter Mietvertrag.
[21] HM, vgl. BGH NJW 1994, 2886 (2888); 1992, 2696 (2698); BGHZ 50, 316 (321 f.) = NJW 1968, 2003; BGHZ 10, 91 (98) = NJW 1953, 1217; RG JW 1911, 323; OLG Frankfurt NZG 1999, 492; OLG Köln NZG 2001, 1082; *Wiedemann* WM 1992, Beilage 7 S. 23, 50; Soergel/*Hadding/Kießling* Rn. 8; Staudinger/*Habermeier* (2003) Rn. 7; MüKoHGB/*K. Schmidt* HGB § 131 Rn. 12; Staub/*Schäfer* HGB § 131 Rn. 19; aA *Merle*, FS Bärmann, 1975, S. 631 (632 ff., 637) in eingehender Auseinandersetzung mit der stRspr.
[22] BGH NJW 1962, 880 (881) – Erwerb eines Grundstücks; OLG Köln NZG 2001, 1082 (1083) – Bauprojekt; OLG Frankfurt NZG 1999, 492 – Ausstellung; RG Recht 1911 Nr. 3807, 1916 Nr. 592; vgl. auch RG SeuffA 85 (1931) Nr. 190 und 94/95 (1940/1941) Nr. 3 – Mindestdauer.
[23] RG LZ 1911, 298.
[24] So etwa die Dauer der für die Tätigkeit der GbR erforderlichen Kartellerlaubnis. – Auf den Gesellschaftszweck abstellend auch BGH LM HGB § 339 Nr. 2 bei einer zur Versorgung des Unterbeteiligten eingegangenen Unterbeteiligungsgesellschaft. → § 723 Rn. 22.
[25] BGHZ 50, 316 (322) = NJW 1968, 2003; BGH NJW 2007, 295 – 30jähriger Kündigungsausschluss in jedem Falle unwirksam; *Wiedemann* WM 1992, Beilage 7 S. 23, 50; Staub/*Schäfer* HGB § 131 Rn. 19.
[26] Zum Erfordernis von mindestens zwei Gesellschaftern und zum Grundsatz der Einheitlichkeit der Mitgliedschaft → § 705 Rn. 60 ff., 181 ff.

bezogen sein, dass der Bestimmtheitsgrundsatz mittlerweile obsolet ist (es gelten die Ausführungen zur Rückumwandlung entsprechend; → Rn. 11). Anderenfalls kommt nur die einvernehmliche Auflösung in Betracht.

19 Der Auflösungsbeschluss kann **konkludent** zustande kommen, etwa durch die einstimmige oder mit der nötigen Mehrheit gefasste Entscheidung, den Geschäftsbetrieb oder das wesentliche Gesellschaftsvermögen zu veräußern und den Erlös unter den Gesellschaftern zu verteilen.[27] Die **Genehmigung des Familiengerichts** im Falle nicht voll geschäftsfähiger Gesellschafter ist nach § 1822 Nr. 3 nur dann erforderlich, wenn der Auflösungsbeschluss auf die Veräußerung eines von der GbR betriebenen Erwerbsgeschäfts gerichtet ist.[28] Gehört zu den Gesellschaftern ein im gesetzlichen Güterstand lebender Ehegatte, so bedarf es nach § 1365 der **Zustimmung des anderen Ehegatten** zum Auflösungsbeschluss, wenn der Gesellschaftsanteil das wesentliche Vermögen des beteiligten Ehegatten bildet.[29]

20 Die Einräumung eines vertraglichen **Rücktrittsrechts** im Rahmen des Auflösungsbeschlusses, etwa um den Gesellschaftern hinsichtlich der Auflösung eine Bedenkzeit einzuräumen, ist zulässig.[30] Ein **fehlerhafter Auflösungsbeschluss** kann nicht rückwirkend beseitigt werden, sobald mit der Abwicklung begonnen ist. Wohl aber kann ein Gesellschafter, der sich auf den Auflösungsmangel beruft, von den Mitgesellschaftern Fortsetzung der Gesellschaft verlangen, sofern die Abwicklung nicht schon weit fortgeschritten und dadurch die Geschäftsgrundlage für die Fortsetzung entfallen ist (→ § 705 Rn. 364).

21 d) **Auflösende Bedingung.** Eng verwandt mit dem Auflösungsgrund des Zeitablaufs, dh der vertraglichen Befristung der Gesellschaft (→ Rn. 15), ist derjenige der Vereinbarung einer auflösenden Bedingung (§ 158 Abs. 2). Sie führt beim Eintritt des als Bedingung vereinbarten künftigen ungewissen Ereignisses die Auflösung der Gesellschaft ex nunc herbei (→ Rn. 7). Sachlich dient sie häufig dazu, die Unmöglichkeit der Zweckerreichung (§ 726) zu konkretisieren. Im Einzelfall mag die Unterscheidung zwischen Befristung und auflösender Bedingung Schwierigkeiten bereiten.[31] Rechtlich ist sie gleichwohl von Bedeutung, da die ordentliche Kündigung des § 723 Abs. 1 S. 1 zwar im Falle einer wirksamen Befristung, nicht aber bei Vereinbarung einer auflösenden Bedingung ausgeschlossen ist.[32]

IV. Auflösungsfolgen

22 1. **Im Innenverhältnis.** Die Auflösung führt zu einer Zweckänderung der Gesellschaft (→ Rn. 6) und in Verbindung damit zur Umgestaltung der innergesellschaftlichen Rechte und Pflichten. An die Stelle der Geschäftsführungsregelung in der werbenden Gesellschaft (→ § 709 Rn. 13 ff.) tritt die Liquidationsgeschäftsführung aller Gesellschafter nach Maßgabe von § 730 Abs. 2, soweit der Vertrag für den Abwicklungszeitraum keine Abweichungen vorsieht. Sozialansprüche sind nur noch insoweit durchsetzbar, als es ihrer Erfüllung für den Abwicklungszweck bedarf. Ansprüche der Gesellschaft aus dem Gesellschaftsverhältnis werden unselbständige Rechnungsposten, die ebenso wie die Forderungen auf Rückzahlung der Einlagen und auf den Liquidationserlös den Gesellschaftern in der Auseinandersetzungsbilanz gutzuschreiben sind; Nachschusspflichten werden nach Maßgabe von § 735 fällig (im Einzelnen → § 730 Rn. 49 ff.).

23 2. **Gegenüber Dritten.** Im Verhältnis zu den Geschäftspartnern der Gesellschaft tritt abgesehen von dem nach gesetzlicher Regel eintretenden Wechsel in der Geschäftsführung (§ 730 Abs. 2) durch die Auflösung zunächst *keine Änderung* ein; anderes gilt nur im Fall sofortiger Vollbeendigung durch Rückgang der Mitgliederzahl auf einen Gesellschafter (→ Rn. 9). Die **Identität der Gesellschaft** bleibt erhalten, auch der Bestand des Gesellschaftsvermögens wird durch die Auflösung nicht unmit-

---

[27] BGHZ 26, 126 (130) = NJW 1958, 299; BGH NJW 1960, 434; WM 1958, 1105 (1106); vgl. auch Staub/*Schäfer* HGB § 131 Rn. 25.
[28] So unter zutr. Hinweis auf die strikte Auslegung der §§ 1821, 1822 durch die Rspr. – BGHZ 38, 26 (28) = NJW 1962, 2344; BGHZ 52, 316 (319) = NJW 1970, 33 – *Hueck* OHG 23 II 2; Soergel/*Hadding/Kießling* Rn. 12; s. auch Staub/*Schäfer* HGB § 131 Rn. 26; aA MüKoHGB/K. *Schmidt* HGB § 131 Rn. 18; wohl auch *Wiedemann* Übertragung S. 246, die die Genehmigung generell für erforderlich halten. Zum Begriff des Erwerbsgeschäfts → § 1822 Rn. 11 *(Wagenitz)*.
[29] So *Wiedemann* Übertragung S. 263 f.; Soergel/*Hadding/Kießling* Rn. 12; Staub/*Schäfer* HGB § 131 Rn. 27; aA § 1365 Rn. 73 *(Koch).* – Zur Anwendbarkeit von § 1365 auf die Kündigung durch einen im gesetzlichen Güterstand lebenden Gesellschafter → § 723 Rn. 9.
[30] RG JW 1936, 1953; Staub/*Schäfer* HGB § 131 Rn. 29; aA noch RG JW 1929, 2147; Düringer/Hachenburg/ *Flechtheim* HGB § 133 Anm. 1.
[31] Auf die Unterscheidung verzichtend daher *Hueck* OHG § 23 II 1 Fn. 8.
[32] So auch Soergel/*Hadding/Kießling* Rn. 11; Erman/*Westermann* § 723 Rn. 2, 4.

telbar tangiert. Ob und inwieweit die Gesellschaft sich Dritten gegenüber zur Kündigung von Dauerschuldverhältnissen aus wichtigem Grund auf die Auflösung berufen kann, beurteilt sich nach dem auf das jeweilige Schuldverhältnis anwendbaren Recht.[33]

Die fälligen **Gesellschaftsschulden** sind von den Liquidatoren nach § 733 Abs. 1 zu erfüllen; für noch nicht fällige oder streitige Verbindlichkeiten sind die erforderlichen Mittel zurückzustellen. Auf die Einhaltung der in § 733 festgelegten Reihenfolge, wonach vor der Erstattung der Einlagen die gemeinsamen Schulden zu berichtigen sind, haben die Gläubiger zwar keinen Anspruch (→ § 733 Rn. 10). Kommt es zur Einlagenerstattung ohne vorherige Berichtigung der Gesellschaftsschulden, so bleibt den Gesellschaftsgläubigern immer noch der Rückgriff auf die fortbestehende akzessorische Gesellschafterhaftung (→ § 714 Rn. 33 f.). – Zur analogen Anwendung des § 159 HGB → § 736 Rn. 29. 24

V. Streitigkeiten

Streitigkeiten über den Eintritt der Auflösung sind **zwischen den Gesellschaftern,** regelmäßig im Wege der **Feststellungsklage,** auszutragen (→ § 709 Rn. 113).[34] Sie beziehen sich auf den Gesellschaftsvertrag als Grundlage des Gesellschaftsverhältnisses und dessen Änderung (→ Rn. 6) und betreffen damit die Rechtsstellung der Gesellschafter als Vertragspartner. Die Gesellschaft selbst bildet den Gegenstand der Auflösung; ihr stehen Dispositionsbefugnisse hierüber daher nicht zu.[35] Eine Klage gegen die GbR scheidet daher im Regelfall aus, es sei denn, dass der Gesellschaftsvertrag eine solche ausnahmsweise zulässt (→ § 709 Rn. 114).[36] 25

§ 723 Kündigung durch Gesellschafter

(1) ¹Ist die Gesellschaft nicht für eine bestimmte Zeit eingegangen, so kann jeder Gesellschafter sie jederzeit kündigen. ²Ist eine Zeitdauer bestimmt, so ist die Kündigung vor dem Ablauf der Zeit zulässig, wenn ein wichtiger Grund vorliegt. ³Ein wichtiger Grund liegt insbesondere vor,
1. wenn ein anderer Gesellschafter eine ihm nach dem Gesellschaftsvertrag obliegende wesentliche Verpflichtung vorsätzlich oder aus grober Fahrlässigkeit verletzt hat oder wenn die Erfüllung einer solchen Verpflichtung unmöglich wird,
2. wenn der Gesellschafter das 18. Lebensjahr vollendet hat.

⁴Der volljährig Gewordene kann die Kündigung nach Nummer 2 nur binnen drei Monaten von dem Zeitpunkt an erklären, in welchem er von seiner Gesellschafterstellung Kenntnis hatte oder haben musste. ⁵Das Kündigungsrecht besteht nicht, wenn der Gesellschafter bezüglich des Gegenstands der Gesellschaft zum selbständigen Betrieb eines Erwerbsgeschäfts gemäß § 112 ermächtigt war oder der Zweck der Gesellschaft allein der Befriedigung seiner persönlichen Bedürfnisse diente. ⁶Unter den gleichen Voraussetzungen ist, wenn eine Kündigungsfrist bestimmt ist, die Kündigung ohne Einhaltung der Frist zulässig.

(2) ¹Die Kündigung darf nicht zur Unzeit geschehen, es sei denn, dass ein wichtiger Grund für die unzeitige Kündigung vorliegt. ²Kündigt ein Gesellschafter ohne solchen Grund zur Unzeit, so hat er den übrigen Gesellschaftern den daraus entstehenden Schaden zu ersetzen.

(3) Eine Vereinbarung, durch welche das Kündigungsrecht ausgeschlossen oder diesen Vorschriften zuwider beschränkt wird, ist nichtig.

Übersicht

	Rn.		Rn.
I. Grundlagen	1–19	3. Systematik	4, 5
1. Regelungsinhalt	1	4. Gesellschaftsrechtliches Kündigungsrecht	6–10
2. Anwendungsbereich im Gesellschaftsrecht	2, 3	a) Funktion	6
		b) Rechtsinhaber	7, 8

---

[33] Vgl. etwa OLG Brandenburg NZG 2008, 506 – Auflösung der Gesellschaft als solche ergibt regelmäßig kein außerordentliches Kündigungsrecht; näher Staub/*Schäfer* HGB § 131 Rn. 51.
[34] BGHZ 91, 132 (133) = NJW 1984, 2104; BGH NJW 2008, 2987 (2989) Rn. 12; aA Staudinger/*Habermeier* (2003) Rn. 15.
[35] BGHZ 85, 350 (353) = NJW 1983, 1056; BGHZ 81, 263 (264 f.) = NJW 1981, 2565; BGHZ 48, 175 (176 f.) = NJW 1967, 2159.
[36] BGH WM 1966, 1036 f.

	Rn.		Rn.
c) Zustimmung Dritter?	9, 10	c) Kündigungsvoraussetzungen	42–44
5. Kündigungserklärung	11–18	d) Kündigungswirkungen	45
a) Rechtsnatur, Form und Frist	11–13	4. Kündigung der fehlerhaften Gesellschaft; fehlerhafter Beitritt	46
b) Inhalt	14–16	5. Verzicht, Verwirkung	47, 48
c) Umdeutung	17	6. Kündigung und Schadensersatz	49
d) Rücknahme, Anfechtung	18	**IV. Kündigungsschranken**	50–60
6. Kündigungsfolgen	19	1. Allgemeines, Missbrauchseinwand	50–52
II. Die ordentliche Kündigung (Abs. 1 S. 1)	20–25	2. Kündigung zur Unzeit (Abs. 2)	53–56
1. Unbefristete Gesellschaft	20, 21	a) Begriff der Unzeit	53
2. Konkludente Befristung	22–25	b) Wichtiger Grund	54
a) Rechtlicher Ansatz	22, 23	c) Rechtsfolgen	55, 56
b) Folgerungen	24, 25	3. Sonstige Kündigungsschranken	57–60
III. Kündigung aus wichtigem Grund (Abs. 1 S. 2 und 3)	26–49	**V. Schranken abweichender Vereinbarungen (Abs. 3)**	61–76
1. Wesen und Voraussetzungen	26, 27	1. Allgemeines	61–63
2. Der wichtige Grund nach Abs. 1 S. 3 Nr. 1	28–37	2. Befristung der Gesellschaft	64–69
a) Begriff	28, 29	a) Zulässigkeit und Grenzen	64–67
b) Gründe in der Person eines Gesellschafters	30–34	b) Mindest- und Höchstfristen	68
		c) Verlängerungsklauseln	69
c) Objektive, nicht personenbezogene Umstände	35	3. Vereinbarungen über die ordentliche Kündigung	70–73
d) Nachprüfung in der Revisionsinstanz	36, 37	a) Kündigungsausschluss	70
3. Volljährigkeit als wichtiger Grund (Abs. 1 S. 3 Nr. 2)	38–45	b) Kündigungsbeschränkungen	71–73
a) Regelungsanlass	38, 39	4. Einschränkungen der Kündigung aus wichtigem Grund	74, 75
b) Anwendungsbereich	40, 41	5. Abfindungsausschluss; übermäßige Abfindungsbeschränkungen	76

I. Grundlagen

1 **1. Regelungsinhalt.** Die Vorschrift des § 723 **Abs. 1** unterscheidet zwischen ordentlicher und außerordentlicher Kündigung. Letztere ist nur bei Vorliegen eines wichtigen Grundes möglich, berechtigt dann aber zur sofortigen Auflösung auch befristet eingegangener Gesellschaften und macht die Beachtung vertraglicher Kündigungsfristen entbehrlich. Ergeht eine den Anforderungen des Abs. 1 genügende Kündigung zur Unzeit, so ist sie nach **Abs. 2** zwar wirksam, jedoch begründet das unzeitige Vorgehen im Regelfall einen Schadensersatzanspruch der Mitgesellschafter. Nach **Abs. 3** sind die Kündigungsvorschriften nur *beschränkt dispositiv*. Das Kündigungsrecht ist in beiden Varianten unentziehbar. Sein vertraglicher Ausschluss oder seine wesentliche Erschwerung sind unzulässig (→ Rn. 61 ff.).

2 **2. Anwendungsbereich im Gesellschaftsrecht.** Für den *Anwendungsbereich* von § 723 ist zu differenzieren. Die Vorschrift des Abs. 1 S. 1 über die **ordentliche Kündigung** einschließlich des Verbots, das Kündigungsrecht zur Unzeit auszuüben (Abs. 2), gelten nur für die GbR, da nicht nur für unbefristete Personenhandelsgesellschaften (§ 132 HGB), sondern auch für die stille Gesellschaft des Handelsrechts (§ 234 Abs. 1 S. 1 HGB iVm § 132 HGB) Sonderregelungen mit gesetzlichen Kündigungsfristen und -terminen bestehen. Wegen ihrer größeren Sachnähe sind diese handelsrechtlichen Vorschriften entsprechend auch auf Innen-GbR (→ § 705 Rn. 279 ff.) und Unterbeteiligung (→ Vor § 705 Rn. 102) anzuwenden. Demgegenüber gilt der in § 723 Abs. 3 verankerte Grundsatz der *Unverzichtbarkeit* des ordentlichen Kündigungsrechts auch für die Personengesellschaften des Handelsrechts (→ Rn. 62).

3 Der Anwendungsbereich des **außerordentlichen** Kündigungsrechts (Abs. 1 S. 2, 3) einschließlich des in Abs. 3 geregelten Verbots seiner Beeinträchtigung erstreckt sich über die GbR hinaus infolge der Verweisung in § 234 Abs. 1 S. 2 HGB auch auf die stille Gesellschaft des Handelsrechts. Für OHG und KG ist im Interesse der Rechtssicherheit stattdessen in § 133 HGB die Auflösung aus wichtigem Grund durch Gestaltungsurteil und die Unverzichtbarkeit des Klagerechts bestimmt. – Zur Frage der analogen Anwendung der Kündigungsvorschriften auf sog. gesellschaftsähnliche Rechtsverhältnisse, dh gemischte Verträge, → Vor § 705 Rn. 106; zur Nichtgeltung der allgemeinen Kündigungsvorschrift des § 314 für Gesellschaften → Rn. 5.

3. Systematik. Das Kündigungsrecht als Recht zur einseitigen Vertragsänderung aus wichtigem 4
Grund (Auflösung oder Beendigung, → Vor § 723 Rn. 5 ff.) ersetzt bei der Gesellschaft als Dauerschuldverhältnis den *Rücktritt* als das generell bei gegenseitige Verträge anwendbare einseitige Lösungsrecht im Fall von **Leistungsstörungen** ua (§§ 323 ff.). Es greift schon vom Zeitpunkt des Vertragsschlusses an ein, auch wenn mit dem Vollzug der Gesellschaft noch nicht begonnen wurde.[1] Anderes gilt in den Fällen einer auf **nichtigem oder anfechtbarem Vertragsschluss** beruhenden Gesellschaft; nach der insoweit einschlägigen Lehre von der fehlerhaften Gesellschaft (→ § 705 Rn. 326 ff.) wird die *Berufung auf den* jeweils einschlägigen *Willensmangel* erst durch den Vollzugsbeginn versperrt und durch das Recht zur Kündigung aus wichtigem Grund ersetzt (→ § 705 Rn. 345). Demgegenüber ist **Störungen der Geschäftsgrundlage** auch bei Gesellschaftsverträgen in erster Linie durch Vertragsanpassung nach der allgemeinen Vorschrift des § 313 Abs. 1 Rechnung zu tragen. Nur wenn sich diese Anpassung als unmöglich oder unzumutbar erweist, tritt an ihre Stelle nach § 313 Abs. 3 S. 2 das Kündigungsrecht aus wichtigem Grund.[2]

Das im Zuge der Schuldrechtsreform in **§ 314** allgemein für Dauerschuldverhältnisse eingeführte 5
Kündigungsrecht aus wichtigem Grund findet auf Gesellschaften keine unmittelbare Anwendung, da § 723 insoweit als *lex specialis* vorgeht.[3] Praktische Bedeutung hat der Vorrang vor allem im Hinblick auf die **Nichtgeltung des § 314 Abs. 2** betreffend die vergebliche Abhilfefrist oder Abmahnung als Kündigungsvoraussetzung für das Recht der GbR; stattdessen ist hier das grundsätzliche Verbot der Kündigung zur Unzeit zu beachten (§ 723 Abs. 2). Demgegenüber können die *in § 314 kodifizierten allgemeinen Grundsätze* für die außerordentliche Kündigung, darunter der Begriff des wichtigen Grundes (§ 314 Abs. 1 S. 2) sowie die Kündigung binnen angemessener Frist (§ 314 Abs. 3), auch im Rahmen des § 723 Abs. 1 S. 2–6 Bedeutung erlangen.

4. Gesellschaftsrechtliches Kündigungsrecht. a) Funktion. Die Kündigung dient zur **einsei-** 6
tigen Beendigung von Dauerschuldverhältnissen (→ Vor § 705 Rn. 116).[4] Es handelt sich um ein für Dauerschuldverhältnisse in § 314 allgemein sowie in einer Reihe von Spezialvorschriften (vgl. §§ 489 f., 542 f., 594a ff., 605, 620 ff., 649, 651e, 651j, 671, 675h) geregeltes Rechtsinstitut mit der Rechtsnatur eines **Gestaltungsrechts**. Seine wirksame Ausübung führt bei Gesellschaften zur Auflösung unter Umwandlung in eine Abwicklungsgesellschaft (→ Vor § 723 Rn. 5 ff.). Zur – grundsätzlich unwirksamen – Vereinbarung eines Rechts für bestimmte Gesellschafter zur *Hinauskündigung* (Ausschließung) der übrigen *ohne wichtigen Grund* → § 737 Rn. 17 ff.

b) Rechtsinhaber. Zur Kündigung berechtigt ist nach Maßgabe des § 723 Abs. 1 und etwaiger 7
hiervon wirksam abweichender Vereinbarungen **jeder Gesellschafter.** Denkbar ist auch, dass die übrigen Gesellschafter **gemeinschaftlich** kündigen, um auf diese Weise ausschlussähnliche Wirkungen zu erzielen.[5] Eine solche Kündigung hat allerdings zur Folge, dass die Gesellschaft erlischt und das Unternehmen im Wege der Universalsukzession auf den einzigen verbleibenden Gesellschafter übergeht. Der **Gesellschaft** steht das Kündigungsrecht nicht zu; sie ist Objekt der Kündigung. Als Verwaltungsrecht kann es nicht von der Mitgliedschaft getrennt und auf Dritte übertragen werden (→ § 717 Rn 16) Auch der *Nießbraucher* hat kein eigenes Kündigungsrecht; die Kündigung durch den Nießbrauchsbesteller als Inhaber des belasteten Anteils hängt trotz § 1071 jedenfalls dann nicht von seiner Zustimmung ab, wenn es um die außerordentliche Kündigung geht.[6] Eine Ausübung durch Bevollmächtigte ist zulässig.[7] Das Kündigungsrecht der einzelnen Gesellschafter kann *nicht dadurch unterschiedlich ausgestaltet* werden, dass eine Mindestdauer der Gesellschaft nur für einen Teil der Gesellschafter vereinbart wird.[8] Möglich ist aber die Einräumung eines Übernahme- anstelle des Kündigungsrechts nur für bestimmte Gesellschafter (→ § 730 Rn. 68); der Gleichbehandlungsgrund-

---

[1] BGH WM 1995, 1277 unter Hinweis auf BGHZ 73, 350 (351) = NJW 1979, 1288 – Mietvertrag.
[2] Vgl. Soergel/*Hadding/Kießling* Rn. 4; s. auch *Baier* NZG 2004, 356 f., der allerdings § 313 Abs. 3 S. 2 als durch § 723 Abs. 1 S. 2 verdrängt ansieht; das mag dahinstehen.
[3] So unter Hinweis auf die Begr. zu § 314 RegE (BT-Drs. 14/6040 S. 177) → § 314 Rn. 9 (*Gaier*); Soergel/ *Hadding/Kießling* Rn. 3; Palandt/*Sprau* Rn. 3; Palandt/*Grüneberg* § 314 Rn. 4; *A. Stodolkowitz* NZG 2011, 1327 f.
[4] Allg. zur Kündigung von Dauerschuldverhältnissen → § 314 Rn. 1, 5, 10 ff. (*Gaier*); Oetker, Das Dauerschuldverhältnis und seine Beendigung, 1994, insbes. S. 258 ff.
[5] Dazu in Bezug auf Mitunternehmergesellschaften *Henssler/Kilian* ZIP 2005, 2229 ff., insbes. 2237.
[6] Str., wie hier *Flume* BGB AT I 1 § 17 IV, S. 363 f.; *Teichmann* ZGR 1972, 1 (15 f.); Staub/*Schäfer* HGB § 105 Rn. 125; *Ulmer*, FS Fleck, 1988, S. 383 (393 f.); und jetzt auch Staudinger/*Habermeier* (2003) Rn. 3; weitergehend *Wiedemann* Übertragung S. 417, der dem Besteller trotz § 1071 auch das ordentliche Kündigungsrecht allein vorbehalten will.
[7] RG JW 1929, 368 (369); *Wiedemann* WM 1992, Beilage 7 S. 23, 49; Staudinger/*Habermeier* (2003) Rn. 3.
[8] Vgl. BGHZ 23, 10 (12 ff.); 50, 316 (320 f.) sowie näher Staub/*Schäfer* HGB § 132 Rn. 6; aA noch 4. Aufl. § 723 Rn. 7 (*Ulmer*) sowie MüKoHGB/*K. Schmidt* HGB § 132 Rn. 12; Soergel/*Hadding/Kießling* Rn. 13, jeweils unter Berufung auf RGZ 156, 129 (135) für eine stille Gesellschaft.

satz steht bei Zustimmung der benachteiligten Gesellschafter nicht entgegen (→ § 705 Rn. 247). Zur Rechtslage bei der auf Lebenszeit eines Gesellschafters eingegangenen Gesellschaft vgl. § 724; zum eigenständigen Kündigungsrecht des Pfandgläubigers → § 719 Rn. 58; → § 725 Rn. 1 ff.

8   Eine aufschiebend bedingte **Verfügung über die Mitgliedschaft auf den Todesfall** des Verfügenden (rechtsgeschäftliche Nachfolgeklausel, → § 727 Rn. 30) schränkt das Kündigungsrecht des Verfügenden nicht ein. Die Kündigung erlangt ohne Zustimmung des Erwerbers Wirksamkeit; die Vorschrift des § 161 Abs. 1 S. 1 greift wegen § 723 Abs. 3 nicht ein.[9] Mit Bedingungseintritt erlangt der Erwerber jedoch ein vertragliches *Eintrittsrecht* gegenüber den übrigen Gesellschaftern, das er ggf. im Klagewege durchsetzen kann.[10] Ist das Abfindungsguthaben schon ausbezahlt, muss der neue Gesellschafter eine entsprechende Einlage erbringen; bei wirksamem Verpflichtungsgeschäft zwischen ihm und dem Verstorbenen kann er jedoch von den Erben Schadensersatz nach §§ 160 Abs. 1, 1967 Abs. 1 verlangen.[11]

9   c) **Zustimmung Dritter?** Die Kündigung durch den *gesetzlichen Vertreter* oder *Vormund* eines nicht voll geschäftsfähigen Gesellschafters ist auch **ohne** Zustimmung des **Familiengerichts** wirksam; § 1822 Nr. 3 greift nicht ein (→ § 1822 Rn. 20 *[Wagenitz]*).[12] Zwar hat der *Vormund* im Falle der Kündigung einer auf Erwerb gerichteten GbR § 1823 zu beachten; als Ordnungsvorschrift (→ § 1823 Rn. 1 *[Wagenitz]*) steht ihre Nichteinhaltung der Wirksamkeit einer ohne Genehmigung des Familiengerichts ausgesprochenen Kündigung aber nicht entgegen. Ebenso bedarf es nicht der Zustimmung eines **Pfandgläubigers** des Gesellschaftsanteils (→ § 719 Rn. 58; § 725 Rn. 28). Bei verheirateten Gesellschaftern, die im gesetzlichen Güterstand leben, bedarf die ordentliche Kündigung zur Wirksamkeit der Einwilligung des **Ehegatten** nach § 1365 Abs. 1, sofern der Gesellschaftsanteil das wesentliche Vermögen des Gesellschafters bildet und dieses den Mitgesellschaftern bekannt ist;[13] eine Ausnahme ist – in teleologischer Reduktion von § 1365 Abs. 1 – für die Kündigung aus wichtigem Grund zuzulassen. Wegen ihrer zur Auflösung der Gesellschaft führenden Wirkungen ist die Kündigung ein einseitiges Verfügungsgeschäft iSv § 1365 Abs. 1 (→ § 1365 Rn. 35, 38 *[Koch]*).

10 Im Fall der **Vor- und Nacherbschaft** kann der Vorerbe ohne Zustimmung des Nacherben kündigen. Das gilt nicht nur bei Geltung der auf Ersatz des vollen Anteilswerts gerichteten Abfindungsregelung des § 738 Abs. 1 S. 2,[14] sondern auch im Fall dahinter zurückbleibender gesellschaftsvertraglicher, für den Gesellschaftsanteil maßgeblicher und deshalb auch vom Nacherben hinzunehmender Abfindungsbeschränkung;[15] die Vorschrift des § 2113 Abs. 2 über die Unwirksamkeit unentgeltlicher Verfügungen des Vorerben über Erbschaftsgegenstände greift nicht ein.[16]

11 5. **Kündigungserklärung. a) Rechtsnatur, Form und Frist.** Die Kündigung ist **empfangsbedürftige Willenserklärung.** Es gelten die Vorschriften der §§ 116 ff. (aber → Rn. 18). Die Wirksamkeit der Kündigung setzt grundsätzlich voraus, dass sie allen Mitgesellschaftern **zugeht.**[17] Ein Zugang gegenüber den vertretungsberechtigten Gesellschaftern reicht nicht aus; deren Befugnis erstreckt sich nicht auf die Vertretung der Mitgesellschafter in Bezug auf die Gesellschaftsgrundlagen.[18] Anderes gilt dann, wenn entweder der Gesellschaftsvertrag die Organe zur Entgegennahme derartiger Erklärungen ermächtigt oder sie eine an die Gesellschaft gerichtete Kündigungserklärung von sich aus an die übrigen Gesellschafter zur Kenntnisnahme weiterleiten.[19] Hiervon ist auch

---

[9] So zutr. *Becker* AcP 201 (2001), 629 (644 ff., 651).
[10] *Becker* AcP 201 (2001), 629 (651, 653).
[11] *Becker* AcP 201 (2001), 629 (652, 655 ff.).
[12] BGHZ 26, 126 (130) = NJW 1958, 299; BGH NJW 1960, 434; WM 1958, 1105 (1106); vgl. auch Staub/*Schäfer* HGB § 131 Rn. 26 und HGB § 132 Rn. 8; MüKoHGB/*K. Schmidt* HGB § 132 Rn. 13; *Reimann* DNotZ 1999, 179 (205); wohl auch Soergel/*Hadding/Kießling* Rn. 20; aA *Wiedemann* Übertragung S. 246; → Vor § 723 Rn. 19.
[13] Dazu → Vor § 723 Rn. 19; BGHZ 26, 126 (130) = NJW 1958, 299; BGH NJW 1960, 434; WM 1958, 1105 (1106); vgl. auch Staub/*Schäfer* HGB § 131 Rn. 27, § 132 Rn. 8; Soergel/*Hadding/Kießling* Rn. 19; so wohl auch MüKoHGB/*K. Schmidt* HGB § 132 Rn. 13; aA → § 1365 Rn. 73 *(Koch)*; diff. *Rob. Fischer* NJW 1960, 937 (942 f.), der die Einwilligung des Ehegatten nur im Falle des Ausscheidens des Kündigenden, nicht aber bei der Auflösung der Gesellschaft für erforderlich hält.
[14] BGHZ 78, 177 (183) = NJW 1981, 115.
[15] So zutr. *Lutter* ZGR 1982, 108 (116); *Paschke* ZIP 1985, 129 (135 f.); aA 4. Aufl. → § 2113 Rn. 26 ff. *(Grunsky)*.
[16] Einschr. für den Fall, dass „der Nachlass ohne Kündigung offensichtlich besser gefahren wäre", *Lutter* ZGR 1982, 108 (116).
[17] Vgl. nur BGH NJW 2008, 1943.
[18] EinhM, vgl. Soergel/*Hadding/Kießling* Rn. 14; Staudinger/*Habermeier* (2003) Rn. 9; Erman/*Westermann* Rn. 9. Zur fehlenden Vertretungsmacht der Geschäftsführer in Fragen der Vertragsgrundlagen → § 714 Rn. 25.
[19] BGH NJW 1993, 1002; RGZ 21, 93 (95) für eine KG; OLG Celle NZG 2000, 586; Soergel/*Hadding/Kießling* Rn. 14; Staudinger/*Habermeier* (2003) Rn. 9.

dann auszugehen, wenn der Beitrittsvertrag, wie häufig bei Publikumsgesellschaften, zwischen der Gesellschaft und dem Beitretenden geschlossen wird bzw. die Organe zum Abschluss bevollmächtigt sind.[20] Im Falle des drittfinanzierten Fondsbeitritts hat es der BGH überdies aufgrund des Einwendungsdurchgriffs (§ 359) zugelassen, dass die Kündigung wegen Fehlerhaftigkeit des Beitritts unmittelbar der finanzierenden Bank gegenüber erklärt wird.[21]

Die Kündigung ist grundsätzlich **formlos** möglich, sofern der Gesellschaftsvertrag nicht die Einhaltung einer bestimmten Form vorschreibt.[22] Das Schweigen auf eine nicht formgerechte Kündigung bedeutet nicht Verzicht auf die Beachtung der Form. Wohl aber kann das Verhalten der Gesellschafter im Anschluss an die Kündigung, etwa der einvernehmliche Beginn von Abwicklungsmaßnahmen, den Rückschluss auf einen solchen Verzicht oder auf einen konkludent gefassten Auflösungsbeschluss gestatten. **12**

Fristen oder Termine für die Kündigung sind in § 723 Abs. 1 **nicht** vorgesehen; das gilt selbst für den Fall ordentlicher Kündigung. Das Gesetz begnügt sich in Abs. 2 mit dem flexiblen Instrument eines schadensersatzbewehrten Verbots der Kündigung zur Unzeit. Dem im Kontext der bürgerlichrechtlichen Kündigungsregelungen (→ Rn. 6) ganz ungewöhnlichen Verzicht auf eine Frist für die ordentliche Kündigung[23] trägt die Praxis dadurch Rechnung, dass sie im Auslegungswege großzügig zur Bejahung einer Mindestdauer der Gesellschaft kommt (→ Rn. 23).[24] Die vertragliche Vereinbarung von Kündigungsfristen und -terminen fällt grundsätzlich nicht unter die nach Abs. 3 verbotenen Kündigungserschwerungen (vgl. Abs. 1 S. 6; → Rn. 64 ff.). **13**

b) **Inhalt.** Die Erklärung muss den Willen des Kündigenden, die Auflösung der Gesellschaft herbeizuführen oder aus ihr auszuscheiden, **eindeutig** erkennen lassen. Eine Verwendung des Begriffs „Kündigung" ist nicht erforderlich. Es genügen auch sonstige Erklärungen wie Rücktritt, Anfechtung, Auflösung, Austritt oÄ, die den Mitgesellschaftern den Kündigungswillen deutlich erkennbar machen.[25] Eine Kündigung unter dem „Vorbehalt" einer vom Kündigenden gewünschten Vertragsänderung ist im Zweifel als Änderungskündigung zu verstehen.[26] – Zum Erfordernis der Angabe der Kündigungsgründe im Fall der außerordentlichen Kündigung → Rn. 27. Die bloße Androhung einer Kündigung reicht freilich nicht aus. **14**

Ein Recht zur **Teilkündigung** wird von der ganz hM in Rechtsprechung[27] und Schrifttum[28] allgemein abgelehnt, sofern die Teilkündigung nicht ausnahmsweise für bestimmte Dauerschuldverhältnisse kraft Gesetzes gestattet[29] oder vertraglich den Beteiligten vorbehalten ist. Daran ist entgegen nachdrücklicher Kritik an dieser Ansicht[30] auch für das *Gesellschaftsrecht* festzuhalten. Vorbehaltlich der Möglichkeit einer Änderungskündigung[31] und der auf eine subjektive Teilkündigung hinauslaufenden Ausschließung eines Gesellschafters aus wichtigem Grund (§ 737) bzw. der Entziehung von Geschäftsführungsbefugnis und Vertretungsmacht (§§ 712, 715), jeweils durch Beschluss der übrigen **15**

---

[20] Zur Dogmatik des Beitrittsvertrages → § 709 Rn. 10; *Schäfer* ZHR 170 (2006), 373 (383 f.) mwN.
[21] BGHZ 156, 46 (53) = NJW 2003, 2821 (2823); BGHZ 159, 294 (312 f.) = NJW 2004, 2736 (2740); BGHZ 159, 280 (291 f.) = NJW 2004, 2731 (2734) – anders noch BGH NJW 2000, 3558 (3560); → § 705 Rn. 223 und (insoweit krit.) → § 359 Rn. 17 *(Habersack)*.
[22] Zur Heilung des Mangels der „eingeschriebenen" Form durch tatsächlichen Zugang des Kündigungsbriefs beim Empfänger vgl. RGZ 77, 70.
[23] So zu Recht *Raisch* BB 1968, 526 (530); *Strothmann/Vieregge*, FS Oppenhoff, 1985, S. 451 ff.
[24] Weitergehend – für analoge Anwendung von § 132 HGB auf die Mitunternehmer-GbR – *Strothmann/Vieregge*, FS Oppenhoff, 1985, S. 467 ff. im Anschluss an *K. Schmidt* GesR § 59 V 1g aa, § 58 V 2a.
[25] BGH NJW 1993, 1002; RGZ 89, 398 (400); RG LZ 1917, 457; Staudinger/*Habermeier* (2003) Rn. 9; Soergel/*Hadding/Kießling* Rn. 15; Bamberger/Roth/*Schöne* Rn. 9. Zur Auslegung einer Klage auf Durchsetzung von Ausscheidensfolgen als Kündigungserklärung vgl. BGH NJW 1979, 1060 (1063); zur (verneinten) Frage, ob die Kündigung eines zwischen GbR und einem Gesellschafter geschlossenen Mietvertrages über die von ihr betriebene Diskothek zugleich als Kündigung der Gesellschaft auszulegen ist, vgl. OLG Saarbrücken OLGR 2006, 200; vgl. ferner OLG Düsseldorf NJW-RR 1998, 658 – Auszug aus gemeinsamer Wohnung als Kündigung; NZG 2001, 746 – Erteilen eines Hausverbots in Bezug auf ein gemeinsam bewirtschaftetes Grundstück als Kündigung.
[26] Vgl. zur Änderungskündigung etwa Erman/*Westermann* Rn. 9; Soergel/*Hadding/Kießling* Rn. 17.
[27] BGH NJW 1993, 1320 (1322) – Vertriebsvertrag; LM § 242 (Bc) Nr. 21; OLG Karlsruhe NJW 1983, 1499; BAG BB 1983, 1791; NJW 1989, 1562 (1563); zu Sonderfällen ausnahmsweise zulässiger Teilkündigung vgl. BGHZ 96, 275 (280 ff.) – NJW 1986, 925 – Bauträgervertrag; BGH NJW 1999, 2269 (2270) – Darlehensvertrag.
[28] → § 314 Rn. 19 *(Gaier)*, allerdings mit erheblichen Einschränkungen; ferner Palandt/*Grüneberg* Einf. v. § 346 Rn. 12; Staudinger/*Emmerich* § 543 Rn. 86; *Ferner*, Die Teilkündigung von Dauerschuldverhältnissen, 1988, S. 49 ff.
[29] So für bestimmte Fälle von Darlehensverträgen (§§ 489 Abs. 1, 608 Abs. 2) sowie bei Mietverträgen in Bezug auf nicht zum Wohnen bestimmte Nebenräume oder Teile eines Grundstücks (§ 573b).
[30] *Kießling/Becker* WM 2002, 578 (580 ff.); Soergel/*Hadding/Kießling* Rn. 22.
[31] Vgl. Erman/*Westermann* Rn. 9; Soergel/*Hadding/Kießling* Rn. 17.

Gesellschafter, ist der kündigungswillige Gesellschafter durch § 723 darauf beschränkt, den Gesellschaftsvertrag *insgesamt* zu kündigen. *Partielle* Vertragsänderungen kann er nicht durch Kündigung, sondern nur ausnahmsweise dadurch erreichen, dass er unter Berufung entweder auf eine Störung der Geschäftsgrundlage (§ 313) oder auf die Treupflicht von den Mitgesellschaftern die Zustimmung zur Vertragsanpassung verlangt.

16 Die Kündigung **unter einer Bedingung** ist unwirksam, sofern sie zu *Ungewissheit* über den Eintritt der Kündigungswirkungen führt. Die Kündigung ist zwar nicht schon wegen ihrer Rechtsnatur als Gestaltungsrecht schlechthin bedingungsfeindlich.[32] Unschädlich sind aber nur solche Bedingungen, deren Eintritt entweder vom Willen des Vertragspartners abhängt[33] oder die sich auf ein mit Wahrscheinlichkeit bevorstehendes und leicht feststellbares Ereignis beziehen.[34] Von Bedeutung ist die Abgabe einer derart aufschiebend bedingten Kündigungserklärung namentlich im Fall vereinbarter Kündigungsfristen, da die Frist dann erst mit dem Eintritt des in der Bedingung genannten Ereignisses zu laufen beginnt.

17 **c) Umdeutung.** Es gilt § 140. Danach kann je nach Lage des Falles eine fristlose außerordentliche Kündigung bei Fehlen des wichtigen Grundes in eine solche unter Einhaltung der vertraglichen Kündigungsfrist umgedeutet werden, wenn die ordentliche Kündigung vom Willen des Kündigenden mit erfasst ist und dieser Wille für die Kündigungsempfänger erkennbar zum Ausdruck kommt.[35] Auch kann eine verspätete Kündigung im Einzelfall als – dann rechtzeitige – Erklärung zum nächsten Termin aufrechterhalten werden.[36]

18 **d) Rücknahme, Anfechtung.** Wegen ihrer Gestaltungswirkung ist die einseitige **Rücknahme** der Kündigung nur so lange möglich, als die Erklärung noch nicht allen Mitgesellschaftern zugegangen (§ 130 Abs. 1 S. 2) und die Kündigung deshalb noch nicht wirksam geworden ist (→ Rn. 11).[37] Nach diesem Zeitpunkt bedarf die Rücknahme ebenso wie der Fortsetzungsbeschluss (→ Vor § 723 Rn. 11) der Zustimmung aller Gesellschafter, auch wenn die Auflösung wegen einer vertraglichen Kündigungsfrist noch nicht eingetreten ist. Die **Anfechtung** der Kündigung oder die Berufung auf deren Nichtigkeit setzen voraus, dass mit der Abwicklung noch nicht begonnen wurde. Andernfalls gelten nach herkömmlicher Auffassung die Grundsätze über die fehlerhaft aufgelöste Gesellschaft (→ § 705 Rn. 323 ff., 364; → Vor § 723 Rn. 20).[38] Abgesehen von der zweigliedrigen Gesellschaft, ist die Auflösung jedoch richtigerweise kein Anwendungsfall der Lehre von der fehlerhaften Gesellschaft.[39]

19 **6. Kündigungsfolgen.** Die Gestaltungswirkungen der Kündigung treten nach § 723 Abs. 1 grundsätzlich ein, sobald die Erklärung allen Gesellschaftern zugegangen ist; anderes gilt im Falle einer vereinbarten Kündigungsfrist.[40] Die Gesellschaft wird dadurch aufgelöst und muss nach Maßgabe der §§ 730 ff. abgewickelt werden. Enthält der Gesellschaftsvertrag allerdings eine Fortsetzungsklausel iSv § 736 Abs. 1, so führt die Kündigung nicht zur Auflösung, sondern zum Ausscheiden des Kündigenden unter Fortbestand der Gesellschaft zwischen den übrigen Gesellschaftern (zur Möglichkeit sonstiger Fortsetzungsgestaltungen → § 736 Rn. 17 ff.). Dies gilt auch in der **zweigliedrigen Gesellschaft**.[41] Abweichend von der Rechtslage in der OHG,[42] wird die Gesellschaft hier durch die Kündigung eines Gesellschafters aufgelöst; allerdings kann der Gesellschaftsvertrag nach einem Urteil des BGH für diesen Fall die Übernahme des Gesellschaftsvermögens durch den

---

[32] RGZ 91, 307 (309); *Enneccerus/Nipperdey* BGB AT II § 195 II 2; Erman/*C. Armbrüster* Vor § 158 Rn. 18; *Flume* BGB AT II § 38, 5, S. 697 f.; Staudinger/*Bork* (2003) Vor §§ 158–163 Rn. 40 ff.

[33] Sog. Potestativbedingung; ihre Zulässigkeit bei Kündigungserklärungen wird allg. bejaht, vgl. etwa RGZ 91, 307 (309); *Enneccerus/Nipperdey* BGB AT II § 195 II 2; Erman/*Armbrüster* Vor § 158 Rn. 18; *Flume* BGB AT II § 38, 5, S. 697 f.; Staudinger/*Bork* (2015) Vor §§ 158–163 Rn. 40 ff.; *Wiedemann* GesR II § 3 III 5, S. 268; Soergel/*Hadding/Kießling* Rn. 17; Bamberger/Roth/*Schöne* Rn. 9; *Hueck* OHG § 24 I 2, S. 362.

[34] So *Hueck* OHG § 24 I 2, S. 362 f.; Erman/*Westermann* Rn. 9; Staub/*Schäfer* HGB § 132 Rn. 11; MüKoHGB/*K. Schmidt* HGB § 132 Rn. 18.

[35] StRspr, vgl. BGHZ 20, 239 (249 f.) = NJW 1956, 906; BGH NJW 1981, 976; 1982, 2603; 1998, 76; 1998, 1551; so auch Soergel/*Hadding/Kießling* Rn. 16; Bamberger/Roth/*Schöne* Rn. 11.

[36] RG LZ 1908, 699; Soergel/*Hadding/Kießling* Rn. 16; Erman/*Westermann* Rn. 9; auf die Art des Kündigungsgrunds abstellend RG WarnR 1908 Nr. 616.

[37] So auch LG Frankenthal NZG 1998, 939; Erman/*Westermann* Rn. 9.

[38] 4. Aufl. Rn. 18; ebenso auch Soergel/*Hadding/Kießling* Rn. 23.

[39] *Schäfer*, Die Lehre vom fehlerhaften Verband, 2002, S. 402 ff. und Staub/*Schäfer* HGB § 131 Rn. 55 ff.

[40] Vgl. BGH WM 1983, 170 (171): nach Kündigung einer stillen Gesellschaft kann der Stille noch bis zum Ende der Kündigungsfrist von dem ihm gesellschaftsvertraglich eingeräumten Recht zur Umwandlung seiner stillen in eine Kommanditbeteiligung Gebrauch machen.

[41] Vgl. etwa BGH NJW 2006, 844 zur Kündigung aus wichtigem Grund.

[42] Dazu näher Staub/*Schäfer* HGB § 131 Rn. 9, 100, 107 f. mwN.

anderen Gesellschafter vorsehen.[43] Dem ist schon deshalb zuzustimmen, weil die Rechtsfolgen denen im Falle einer nach § 736 Abs. 1 zweifellos zulässigen Fortsetzungsklausel entsprechen, die in der zweigliedrigen Gesellschaft zu deren liquidationslosem Erlöschen und zum Übergang des Gesellschaftsvermögens auf den anderen, verbliebenen Gesellschafter im Wege der Universalsukzession führt.[44] Zur Abwicklungsgesellschaft → Vor § 723 Rn. 5 ff.; → § 730 Rn. 24 ff. Wird die Kündigung als außerordentliche erklärt, obwohl **kein wichtiger Grund** vorliegt, bedarf sie, um ihre Wirkungen herbeizuführen, ausnahmsweise der Zustimmung der übrigen Gesellschafter (→ Rn. 26 aE).

II. Die ordentliche Kündigung (Abs. 1 S. 1)

1. Unbefristete Gesellschaft. Das Recht zur ordentlichen Kündigung setzt nach § 723 Abs. 1 S. 1 voraus, dass der Gesellschaftsvertrag **nicht für eine bestimmte Zeit eingegangen** ist (→ Rn. 22 f.), dass es sich also um eine unbefristete Gesellschaft handelt. Der unbefristeten Gesellschaft steht nach § 724 eine auf Lebenszeit eingegangene oder nach Ablauf der bestimmten Zeit fortgesetzte Gesellschaft gleich. Bei Gesellschaften, die für eine bestimmte Zeit geschlossen sind, tritt als Auflösungsgrund an die Stelle der ordentlichen Kündigung der Zeitablauf (→ Vor § 723 Rn. 15). Auflösung durch Zeitablauf tritt auch bei Vereinbarung einer **Höchstdauer** ein. Im Unterschied zur Vereinbarung einer festen Dauer schließt eine solche Klausel aber nicht notwendig das ordentliche Kündigungsrecht aus. Sie kann sich vielmehr auch darauf beschränken, die maximale Dauer der Gesellschaft festzulegen; das Gewollte ist durch Auslegung zu ermitteln (→ Rn. 68). – Zu den Anforderungen an die Kündigungserklärung → Rn. 11 ff. 20

Der Einhaltung einer **Kündigungsfrist** bedarf es nach gesetzlicher Regel **nicht**; ebenso verzichtet das Gesetz auf die Festlegung von Kündigungsterminen. Zu gesellschaftsvertraglichen Abweichungen hiervon → Rn. 71. Die in Abs. 2 enthaltene Einschränkung für Kündigungen zur Unzeit beeinträchtigt nicht die Wirksamkeit der Kündigung, sondern begründet nur Schadensersatzpflichten für den Kündigenden (→ Rn. 55). 21

2. Konkludente Befristung. a) Rechtlicher Ansatz. Der in Abs. 1 S. 1 enthaltene Verzicht auf Fristen für die ordentliche Kündigung ist im Vergleich zu sonstigen Dauerschuldverhältnissen durchaus ungewöhnlich.[45] Er lässt sich zwar als Ausdruck des vom Gesetzgeber dem Recht der GbR zu Grunde gelegten Regeltyps der *Gelegenheitsgesellschaft* mit entsprechend lockeren Bindungen der Beteiligten erklären (→ Vor § 705 Rn. 86 f.). Schon in den *Motiven* (Mot. II S. 618) findet sich jedoch auch der Hinweis, die Vereinbarung einer bestimmten Vertragsdauer, dh aber der Ausschluss der ordentlichen Kündigung während dieser Zeitspanne, könne nicht nur ausdrücklich getroffen werden, sondern auch auf andere Weise, etwa durch einen Vertragsschluss zur gemeinsamen Durchführung bestimmter Geschäfte. 22

Im Einklang mit den Motiven hat sich die Praxis recht *großzügig* gezeigt bei der **Bejahung konkludenter,** aus dem Gesellschaftszweck oder aus sonstigen zentralen Vertragsbestandteilen wie etwa den Beitragsvereinbarungen ableitbarer **Befristungen** (→ Rn. 24), sofern die Dauer nur *objektiv*, wenn auch nicht notwendig kalendermäßig, *bestimmbar* ist (zu Beispielen → Vor § 723 Rn. 16). Im Ergebnis zu Recht wird dadurch der Anwendungsbereich der ordentlichen Kündigung zumal bei Gelegenheitsgesellschaften eingeschränkt. Bei Dauergesellschaften sehen die Parteien vielfach ohnehin Regelungen über Vertragszeit und Kündigungsmöglichkeiten vor. Zu den Grenzen zulässiger Befristungen → Rn. 65 f.; zur Bindung der Dauer einer Gesellschaft an diejenige einer an ihr als Gesellschafter beteiligten juristischen Person oder Gesamthand → § 724 Rn. 8. 23

b) Folgerungen. In den Fällen einer aus dem **Gesellschaftszweck** ableitbaren Befristung (→ Vor § 723 Rn. 14 ff.) geht es überwiegend um *Gelegenheitsgesellschaften,* die zur Durchführung eines oder einer bestimmten Zahl von Geschäften, zur Auswertung eines befristeten Schutzrechts oder zum Abbau einer begrenzten Menge von Bodenschätzen gegründet sind.[46] Sie sollen nach dem übereinstimmenden, wenn auch häufig nicht ausdrücklich hervorgehobenen Willen der Parteien 24

---

[43] BGH NJW 2005, 2618 (2619).
[44] Staub/*Schäfer* HGB § 131 Rn. 9, 111 f.
[45] Vgl. näher *Oetker,* Das Dauerschuldverhältnis und seine Beendigung, 1994, S. 272 ff.
[46] Vgl. BGH WM 1962, 880 (881) – Erwerb eines Grundstücks; OLG Köln NZG 2001, 1082 (1083) – Bauprojekt; OLG Frankfurt NZG 1999, 492 – Ausstellung); RG Recht 1911 Nr. 3807, 1916 Nr. 592; vgl. auch RG SeuffA 85 (1931) Nr. 190 und 94/95 (1940/1941) Nr. 3 – Mindestdauer; RG LZ 1911, 298; Soergel/*Hadding/Kießling* Rn. 25; *Strothmann/Vieregge,* FS Oppenhoff, 1985, S. 451 (459 f.) mwN; abl. *Merle,* FS Bärmann, 1975, S. 631 (633 f.).

während der Verfolgung dieses zeitlich befristeten Zwecks nur aus wichtigem Grund gekündigt werden können.[47]

25 Eine zweite Gruppe von Gesellschaften, für die die Annahme einer konkludenten Befristung naheliegt, bilden diejenigen Zusammenschlüsse, bei denen aus dem **Inhalt der Beitragsvereinbarungen** auf den Willen der Beteiligten geschlossen werden kann, zumindest für eine Anlaufperiode das Recht zur jederzeitigen Kündigung auszuschließen. So hat die Rechtsprechung für den Fall des von einem der Beteiligten eingebrachten Know-how (vorteilhafte Bezugsquelle) festgestellt, die Gesellschafter hätten stillschweigend das Kündigungsrecht jedenfalls solange ausgeschlossen, bis der Einbringende aus seiner Gewinnbeteiligung eine angemessene Entschädigung für das dem Partner mitgeteilte Know-how erhalten hätte.[48] Der BGH hat eine Kündigung, die einer der Partner im Interesse der alleinigen Fortsetzung des Unternehmens kurze Zeit nach der Gründung einer Gesellschaft zum Betrieb eines Adressbuchverlags ausgesprochen hatte, für unwirksam erklärt, da die Parteien die Dauer ihrer Zusammenarbeit jedenfalls bis zur Publikation bestimmter, zunächst geplanter Werke konkludent fest vereinbart hätten.[49] Insoweit steht also jeweils die Annahme einer stillschweigend vereinbarten *Mindestdauer* in Frage (→ Vor § 723 Rn. 14). Die Grenze zur missbräuchlichen Ausübung des Kündigungsrechts (→ Rn. 50 ff.) ist freilich fließend. Auch reicht die Tatsache der noch nicht lange zurückliegenden Gründung nicht aus, um allein deshalb zur Annahme einer stillschweigend vereinbarten Mindestdauer zu kommen.[50]

III. Kündigung aus wichtigem Grund (Abs. 1 S. 2 und 3)

26 **1. Wesen und Voraussetzungen.** Das in § 723 Abs. 1 S. 2 und 3 Nr. 1 enthaltene Recht zur *außerordentlichen* Kündigung der Gesellschaft bei Vorliegen eines wichtigen, die Fortsetzung unzumutbar machenden Grundes ist Ausdruck eines seit der Schuldrechtsreform in § 314 kodifizierten **allgemeinen Rechtsgrundsatzes.** Er gilt für alle Arten von Dauerschuldverhältnissen, die eine persönliche Bindung der Beteiligten begründen, und gibt diesen das Recht, unabhängig von der befristeten oder unbefristeten Vertragsdauer das Schuldverhältnis bei Vorliegen eines wichtigen Grundes einseitig mit sofortiger Wirkung zur Auflösung zu bringen.[51] Funktionell übernimmt das außerordentliche Kündigungsrecht damit eine Reihe von Aufgaben, für die bei gewöhnlichen Austauschverträgen die Rechtsinstitute des Rücktritts, der Anfechtung[52] und der Störung der Geschäftsgrundlage zur Verfügung stehen (→ Rn. 4 f.).[53] Entsprechend *vielseitig* sind auch die Umstände, die bei der Prüfung der Frage, ob ein wichtiger Grund vorliegt, berücksichtigungsfähig sind. Dem Recht zur Kündigung aus wichtigem Grund kommt umso größere Bedeutung zu, je länger die Beteiligten bei Eintritt des Grundes noch an den Vertrag gebunden sind, sei es auf Grund einer Befristung der Gesellschaft oder auf Grund langer Kündigungsfristen und -termine. Zum Sonderkündigungsrecht bei Vollendung des 18. Lebensjahrs (S. 3 Nr. 2) → Rn. 38 ff., zur Unentziehbarkeit des außerordentlichen Kündigungsrechts → Rn. 74 f., zu den Anforderungen an die Kündigungserklärung und deren Wirkungen → Rn. 11 ff. Eine Austrittserklärung eines Gesellschafters, für die **kein wichtiger Grund vorliegt,** führt nur dann zu seinem Ausscheiden, wenn die Gesellschaft den Austritt annimmt. In der Annahmeerklärung muss der Annahmewille der Gesellschaft wegen der weitreichenden Folgen eines Gesellschafteraustritts hinreichend deutlich zum Ausdruck kommen.[54] Sofern der Gesellschaftsvertrag die Aufnahme von Gesellschaftern nicht ausnahmsweise den Geschäftsführern zuweist (→ § 705 Rn. 366), womit im Zweifel zugleich eine Befugnis zur Billigung eines Austritts eingeräumt wird, bedarf es hierfür eines Gesellschafterbeschlusses.[55]

---

[47] So auch BGH WM 1967, 315 (316) für eine zur lebenslangen Versorgung des Unterbeteiligten vereinbarte Unterbeteiligung.

[48] RGZ 95, 147 (151); vgl. auch OLG Hamm NJW-RR 1993, 1383 (1384) – stillschweigend vereinbarte Befristung bei Einbringung von Geschäftsidee und Kundenkontakt.

[49] BGHZ 10, 91 (98) = NJW 1953, 1217.

[50] Vgl. BGH WM 1977, 736 (738).

[51] Vgl. BGH NJW 1951, 836; RGZ 53, 19 (22); 65, 37 (38); 78, 385 (389); 79, 156 (161); 128, 1 (16); dazu auch *Wiedemann* GesR II § 3 III 5, S. 273 f.; *Beitzke,* Nichtigkeit, Auflösung und Umgestaltung von Dauerrechtsverhältnissen, 1948, S. 21; *Ulmer,* Vertragshändler, 1969, S. 258 f.; *Oetker,* Das Dauerschuldverhältnis und seine Beendigung, 1994, S. 264 ff.

[52] → Rn. 46 betr. die Lehre von der fehlerhaften Gesellschaft.

[53] So auch Staudinger/*Habermeier* (2003) Rn. 24. Zur Frage, ob auch im Anwendungsbereich der außerordentlichen Kündigung Raum für eine Vertragsanpassung wegen Störung der Geschäftsgrundlage verbleibt, → § 313 Rn. 171 *(Finkenauer); Haarmann,* Wegfall der Geschäftsgrundlage bei Dauerrechtsverhältnissen, 1979, S. 127 ff.

[54] BGH ZIP 2014, 873.

[55] Vgl. auch *Schodder* in EwiR 2014, 518.

Der wichtige Grund als Voraussetzung der außerordentlichen Kündigung muss bereits *im Zeitpunkt* 27
der Kündigung vorliegen; spätere Vorgänge haben allenfalls indizielle Bedeutung.[56] Schon mit Rücksicht auf die Treupflicht ist die **Angabe des Kündigungsgrundes** in der Kündigungserklärung im Regelfall geboten, wenn der Grund den Mitgesellschaftern nicht ohnehin bekannt ist.[57] Die Rechtsprechung hat allerdings in Einzelfällen zugelassen, dass die Kündigung auch auf Gründe gestützt werden kann, die nicht in der Erklärung erwähnt wurden, sofern sie im Zeitpunkt der Erklärung objektiv vorhanden, wenn auch nicht notwendigerweise schon bekannt waren.[58] Indes ist daran festzuhalten, dass ein **Nachschieben** von Gründen unter der doppelten Voraussetzung steht, dass die Gründe nicht erst später eingetreten sind *und* dass die Mitgesellschafter mit ihrer nachträglichen Geltendmachung rechnen mussten.[59] Letzteres ist namentlich dann der Fall, wenn zwischen geltend gemachten und nachgeschobenen Gründen ein innerer Zusammenhang besteht und die Mitgesellschafter daher nicht darauf vertrauen durften, der Kündigende werde hierauf nicht zurückgreifen.[60] War ein früher gegebener Grund zwischenzeitlich entfallen, etwa durch Verzicht oder Verwirkung (→ Rn. 47), so ist auch für dessen Nachschieben kein Raum.[61] Sind andererseits Gründe erst nachträglich entstanden oder mussten die Mitgesellschafter nicht mit ihrem Nachschieben rechnen, so kann in ihrer späteren Geltendmachung allerdings eine erneute, entsprechend später wirksam werdende fristlose Kündigung zu sehen sein.[62] Zur Umdeutung einer mangels hinreichender Gründe unwirksamen außerordentlichen in eine ordentliche Kündigung → Rn. 17.

2. Der wichtige Grund nach Abs. 1 S. 3 Nr. 1. a) Begriff. Der Begriff des in Abs. 1 S. 3 28
Nr. 1 geregelten, für *alle Gesellschafter* geltenden wichtigen Grundes wird gewöhnlich dahin umschrieben, dass dem Kündigenden nach Lage des Falles eine Fortsetzung der Gesellschaft bis zum Vertragsende oder zum nächsten ordentlichen Kündigungstermin *nicht zugemutet* werden kann, weil das Vertrauensverhältnis grundlegend gestört oder ein gedeihliches Zusammenwirken aus sonstigen, namentlich auch wirtschaftlichen Gründen nicht mehr möglich ist.[63] Dem kommt im Ergebnis die ebenfalls wiederholt anzutreffende, die Notwendigkeit der *Interessenabwägung* betonende Formel nahe, wonach das auf dem wichtigen Grund beruhende Individualinteresse an der sofortigen Auflösung höher zu bewerten sein müsse als das Interesse der Mitgesellschafter an der unveränderten Fortsetzung der Gesellschaft.[64] Beide Formeln *zusammengenommen* umschreiben das Merkmal des wichtigen Grundes im Grundsatz zutreffend; sie haben inzwischen in der **Legaldefinition des § 314 Abs. 1 S. 2** ihren gesetzlichen Niederschlag gefunden (→ § 314 Rn. 10 ff. [*Gaier*]).

Die Definition des wichtigen Grundes in § 314 Abs. 1 S. 2 bestätigt den schon bisher anerkannten 29
Grundsatz, dass die Feststellung eines wichtigen Grundes zur Kündigung der GbR nicht ohne eingehende **Würdigung der Gesamtumstände des Einzelfalls,** darunter der Art und des Zwecks sowie der bisherigen Dauer[65] der Gesellschaft, des Zeitraums bis zum nächsten ordentlichen Auflösungstermin,[66] der Intensität der persönlichen Zusammenarbeit und der Stellung des Kündigenden in und zu der Gesellschaft möglich ist;[67] das gilt auch für die in Abs. 1 S. 3 Nr. 1 als Regelbeispiele genannten Fälle der groben Pflichtverletzung und der Unmöglichkeit der Pflichterfüllung. Mit Rücksicht auf diese Gesamtwürdigung kann ein bestimmter Umstand somit bei der einen Gesellschaft die

---

[56] BGH NJW 2000, 3491 (3492).
[57] Die hM im Dienstvertragsrecht ist hinsichtlich der Forderung nach Angabe des Kündigungsgrunds zurückhaltend (→ Vor § 620 Rn. 109 [*Hesse*]); Soergel/*Kraft* Vor § 620 Rn. 27. Die Kommentare zu § 723 beschäftigen sich nur mit dem Nachschieben von Gründen. Im Mietrecht begründen die §§ 573 Abs. 3, 573a Abs. 3 die Pflicht des Vermieters zur Angabe der Kündigungsgründe.
[58] BGH NJW 1999, 3485; OLG Köln NZG 2001, 1084; zust. Soergel/*Hadding/Kießling* Rn. 30.
[59] BGHZ 27, 220 (225 f.) = NJW 1958, 1136; RGZ 122, 38 (40); *Wiedemann* WM 1992, Beilage 7 S. 23 (52); Soergel/*Hadding/Kießling* Rn. 29; s. auch OLG München NZG 1998, 937.
[60] BGHZ 27, 220 (225 f.) = NJW 1958, 1136; BGH NJW 2000, 3492; RG JW 1938, 1392 (1393); Soergel/*Hadding/Kießling* Rn. 29.
[61] BGH WM 1967, 251.
[62] Bejahend BGH BB 1954, 647; RGRK/*v. Gamm* Rn. 10.
[63] Vgl. etwa BGHZ 4, 108 (113) = NJW 1952, 46; BGHZ 31, 295 (304) = NJW 1960, 625; BGHZ 84, 379 (382 f.) = NJW 1982, 2821; BGH WM 1975, 329 (330 f.); 1963, 282 (283); OGHZ 2, 253; 3, 350; RGZ 65, 37 (38); 142, 212 (215); RG JW 1938, 1392 (1393); Soergel/*Hadding/Kießling* Rn. 34; Staudinger/*Habermeier* (2003) Rn. 26; *Wiedemann* GesR II § 3 III 5, S. 275.
[64] BGHZ 84, 379 (383) = NJW 1982, 2821; BGH NJW 2007, 589 (590); Soergel/*Hadding/Kießling* Rn. 34, 36; Staudinger/*Habermeier* (2003) Rn. 26; Bamberger/Roth/*Schöne* Rn. 17.
[65] BGH DB 1977, 87 (88).
[66] BGH WM 1975, 329 (331).
[67] EinhM, vgl. BGHZ 84, 379 (382) = NJW 1982, 2821; BGH NJW 1996, 2573; Soergel/*Hadding/Kießling* Rn. 35; Staudinger/*Habermeier* (2003) Rn. 26; Erman/*Westermann* Rn. 11; vgl. auch die entspr. Regelung in § 626 Abs. 1 zum Dienstvertragsrecht.

außerordentliche Kündigung rechtfertigen, bei einer anderen die an einen wichtigen Grund zu stellenden Anforderungen dagegen nicht erfüllen.[68] Bei Gründen in der Person eines Gesellschafters ist jeweils auch zu prüfen, ob nicht bereits der Entzug der Geschäftsführungs- und Vertretungsbefugnis nach §§ 712, 715 als das *mildere Mittel* ausreicht, um die gemeinsame Fortführung der Gesellschaft zumutbar erscheinen zu lassen.[69] Zur Nachprüfbarkeit des wichtigen Grundes in der Revisionsinstanz → Rn. 36 f.

30 **b) Gründe in der Person eines Gesellschafters.** Die beiden in **Abs. 1 S. 3 Nr. 1** beispielhaft genannten Gründe (grob schuldhafte Verletzung wesentlicher Pflichten oder Unmöglichkeit ihrer Erfüllung) entsprechen wörtlich denjenigen, die § 133 Abs. 2 HGB als Voraussetzung für eine Auflösungsklage bei Personenhandelsgesellschaften nennt. Angesichts von deren größerer praktischer Bedeutung kann auf die Auslegung der HGB-Vorschrift auch für die außerordentliche Kündigung der GbR zurückgegriffen werden.[70] Zum Verhältnis zwischen der Kündigung aus wichtigem Grund in der Person eines Gesellschafters und der Ausschließung dieses Gesellschafters nach Maßgabe von § 737 → § 737 Rn. 9.

31 Eine grob schuldhafte **Verletzung wesentlicher Verpflichtungen** aus dem Gesellschaftsvertrag (Nr. 1) liegt insbesondere in der hartnäckigen Weigerung eines Gesellschafters, seinen vertraglich übernommenen Beitrags- oder sonstigen Förderpflichten nachzukommen.[71] Dazu gehört die nachhaltige Nichtleistung fälliger Einlagen, aber auch schwerwiegende Sorgfaltspflichtverstöße im Rahmen der Geschäftsführertätigkeit. Auch schwerwiegende Treuepflichtverstöße kommen als Kündigungsgrund in Betracht.[72] Dabei stehen im Vordergrund **Störungen des Vertrauensverhältnisses** im *geschäftlichen* Bereich wie die ungehörige Behandlung, Beschimpfung oder Verleumdung von Mitgesellschaftern[73] oder die treuwidrige nachhaltige Verweigerung der Zusammenarbeit in der Gesellschaft. Aber auch das *außergeschäftliche* Verhalten kann, soweit es Rückwirkungen auf die Gesellschaftssphäre hat, nicht unberücksichtigt bleiben. Das gilt etwa für die nachhaltige üble Nachrede gegenüber Familienmitgliedern eines Mitgesellschafters.[74] Ebenso kann das Unterhalten ehewidriger Beziehungen zur Ehefrau eines Mitgesellschafters zu einer unerträglichen Belastung des Gesellschaftsverhältnisses führen und die Auflösung gebieten.[75]

32 Einen Kündigungsgrund bilden typischerweise auch nachhaltige **Verstöße gegen Geschäftsführungspflichten,** insbesondere wenn sie schuldhaft herbeigeführt wurden. Hierunter fallen namentlich die bewusste und gesellschaftsschädigende Überschreitung der Geschäftsführungsbefugnisse, die fortlaufende Verletzung eines Wettbewerbsverbots oder sonstige grobe Unredlichkeiten in der Geschäftsführung.[76] Sie können allein schon mit Rücksicht auf die Wiederholungsgefahr die gemeinsame Fortsetzung der Gesellschaft unzumutbar machen, wenn nicht bereits der Entzug von Geschäftsführungsbefugnis und Vertretungsmacht als das mildere Mittel (→ Rn. 29) Abhilfe schafft. Bei weniger schwerwiegenden oder erstmals auftretenden Pflichtverstößen bedarf es vor der Kündigung im Regelfall einer auf die Einstellung des pflichtwidrigen Verhaltens gerichteten Abmahnung.[77] Gerin-

---

[68] Staudinger/*Habermeier* (2003) Rn. 26.
[69] Ebenso Soergel/*Hadding/Kießling* Rn. 36.
[70] Näher Staub/*Schäfer* HGB § 133 Rn. 23 ff. und 28 ff.
[71] Vgl. auch BGH NZG 2005, 472 = ZIP 2005, 753 (758); NJW 2005, 1784 – Göttinger Gruppe; stille Gesellschaft: Weigerung des Unternehmens, dem Stillen das Auseinandersetzungsguthaben vertragsgemäß ratierlich auszuzahlen, ist wichtiger Grund; NJW 2007, 589 (592) – Vor-AG: mangelnde Leistungsfähigkeit eines Gesellschafters zur Erbringung der Einlagen, die zum Scheitern der Gründung führt, ist wichtiger Grund.
[72] BGHZ 4, 108 (113) = NJW 1952, 461; BGH NJW 2000, 3491 (3492); vgl. auch BGH WM 1963, 282 – objektiver Tatbestand tiefgreifender Zerrüttung als wichtiger Grund; DB 1977, 87 (88) – Zerstörung des Vertrauensverhältnisses durch Nichteinhaltung wesentlicher Zusagen; WM 1975, 329 (330 f.) – trotz Zerstörung des Vertrauensverhältnisses Abwarten des nächsten Kündigungstermins zumutbar; OLG München NZG 2002, 85 (86) – Herabwürdigung eines Gesellschafters im Rundbrief an Mandanten unter Beifügung einer Strafanzeige gegen ihn; OLG Naumburg DStR 2010, 190 – Nichtaufklärung über den zeitweisen Verlust der Zulassung zur Anwaltschaft wegen Vermögensverfall rechtfertigt sofortige Kündigung.
[73] BGHZ 46, 392 (394, 396) = NJW 1967, 1081; BGHZ 4, 108 (120 f.) = NJW 1952, 461; vgl. auch BGH NJW 2000, 3491 (3492) – irreparable Zerstörung des Vertrauensverhältnisses als wichtiger Grund.
[74] BGH DB 1977, 87 (88).
[75] BGHZ 46, 392 (394) = NJW 1967, 1081; BGHZ 4, 108 (114) = NJW 1952, 461; *Lindacher* NJW 1973, 1169. Zum Wegfall der Geschäftsgrundlage für die Beteiligung eines „eingeheirateten" Gesellschafters infolge Ehescheidung vgl. BGH NJW 1973, 92.
[76] Vgl. BGH WM 1985, 997 – Vollmachtsmissbrauch durch geschäftsführenden Gesellschafter; weitere Beispiele bei Staub/*Schäfer* HGB § 133 Rn. 25. Dem OLG Düsseldorf zufolge rechtfertige auch ein zweimaliger vorsätzlicher Verstoß gegen den Gesellschaftsvertrag keine fristlose Kündigung, wenn die infolge des Verstoßes eintretende finanzielle Belastung verhältnismäßig gering ist. Es können daraus allenfalls Schadensersatzansprüche erwachsen.
[77] So auch OLG München BeckRS 2009, 13138.

gere Verstöße, die keine erheblichen (finanziellen) Auswirkungen haben, können zudem, auch wenn sie vorsätzlich erfolgt sind, im Wege des Schadensersatzes hinreichend kompensiert werden.[78]

Verschulden des Gesellschafters, auf dessen Person sich der für den wichtigen Grund in Betracht 33 kommende Umstand bezieht, ist ebenso wie in § 133 HGB für den wichtigen Grund **nicht erforderlich**.[79] Ein Kündigungsgrund kann deshalb auch in schwerer körperlicher oder geistiger Krankheit oder in hohem Alter eines Gesellschafters liegen, wenn diese Umstände für die Mitgesellschafter die Fortsetzung der Zusammenarbeit in der Gesellschaft unzumutbar machen, oder in der nachträglichen unverschuldeten **Unmöglichkeit** der für den Geschäftserfolg wesentlichen **Beitragsleistung** eines Gesellschafters. Weitere denkbare unverschuldete Gründe bilden der finanzielle Zusammenbruch eines Gesellschafters oder Minderungen seines Ansehens, die sich schwerwiegend auf den Geschäftserfolg auswirken.[80] Auch die **Insolvenz eines Gesellschafters** kann einen wichtigen Grund darstellen; führt sie nach dem Gesellschaftsvertrag aber zu dessen Ausscheiden und zur Fortsetzung der Gesellschaft unter den übrigen Gesellschaftern, so stellt die Eröffnung des Insolvenzverfahrens über das Vermögen eines (geschäftsführenden) Gesellschafters für einen *anderen* Gesellschafter nur bei Darlegung besonderer Umstände einen wichtigen Grund dar.[81]

Die Vorwerfbarkeit des **eigenen Verhaltens des Kündigenden,** insbesondere dessen Mitursäch- 34 lichkeit für den eingetretenen Vertrauensschwund, schließt die Berufung auf den Auflösungsgrund nicht ohne weiteres aus. Sogar die schuldhafte Verursachung des Auflösungsgrundes in erster Linie durch den Kündigenden selbst steht seiner Anerkennung als wichtiger Grund nicht notwendig entgegen, wenn in ihrer Folge das für die Erreichung des Gesellschaftszwecks erforderliche Zusammenwirken der Gesellschafter unmöglich geworden ist;[82] Schadensersatzansprüche der Mitgesellschafter bleiben hiervon unberührt (→ Rn. 49). Wer allerdings selbst wesentlich zur Verschärfung der Spannungen in der Gesellschaft beigetragen hat, kann auf unfreundliche Reaktionen der Mitgesellschafter die fristlose Kündigung nicht ohne weiteres stützen.[83] Schafft ein Gesellschafter vorsätzlich die Voraussetzungen für die Unzumutbarkeit der Fortsetzung der Gesellschaft, um einen Auflösungsgrund zu haben, so handelt er missbräuchlich. Seiner Kündigung steht der Arglisteinwand entgegen (→ Rn. 59).

c) **Objektive, nicht personenbezogene Umstände.** Unter ihnen ist der *wichtigste,* die Errei- 35 chung oder Unmöglichkeit des Gesellschaftszwecks, abweichend von § 133 HGB[84] im Recht der GbR durch § 726 zu einem *eigenständigen Auflösungsgrund* gemacht. Einer Kündigung bedarf es insoweit zur Herbeiführung der Auflösung nicht. Die **Abgrenzung zu § 726** ist allerdings je nach

---

[78] OLG Düsseldorf BeckRS 2009, 28074 – Einstellung zweier – offenbar schlecht bezahlter – Mitarbeiter gegen Widerspruch eines Mitgesellschafters in interprofessioneller Sozietät.
[79] So auch *Wiedemann* GesR II § 3 III 5, S. 275; Soergel/*Hadding/Kießling* Rn. 39; Bamberger/Roth/*Schöne* Rn. 21; zurückhaltend Erman/*Westermann* Rn. 12 für den Fall unverschuldeter schwerer Pflichtverstöße, da sie nicht unbedingt zu einer Zerstörung des Vertrauensverhältnisses führen.
[80] Staudinger/*Habermeier* (2003) Rn. 29; Staub/*Schäfer* HGB § 133 Rn. 28 f., sofern keine Kompensation durch Hilfskräfte in Frage kommt; und aus der Rspr. BGHZ 84, 379 (382) = NJW 1982, 2821: Auflösung der KG als Geschäftsinhaberin als wichtiger Kündigungsgrund für den Stillen; BGH NJW 2007, 589 (592) – Vor-AG: mangelnde Leistungsfähigkeit eines Gesellschafters zur Erbringung der Einlagen, die zum Scheitern der Gründung führt, ist wichtiger Grund; vgl. BGH NJW 1996, 2573 (2574) – Auseinandersetzungen in einer RA-GbR; 2000, 3491 (3492); 2005, 3061 – bei Zerwürfnis kommt es darauf an, wer dieses ausgelöst und maßgeblich geschürt hat; 2006, 844 (845) – zweigliedrige GbR: die Frage der Zumutbarkeit kann nicht ohne Berücksichtigung der beiderseitigen Verhaltensweisen der Gesellschafter beantwortet werden; eine – unwirksame – Kündigung aus wichtigem Grund des einen Gesellschafters stellt nicht ohne weiteres einen wichtigen Grund für den anderen dar; OLG Hamm BeckRS 2010, 11539 – keine Kündigung, wenn kündigender Gesellschafter den zur Zerrüttung führenden Streit allein veranlasst hat.
[81] BGH ZIP 2012, 1500.
[82] RGZ 122, 312 (313); OGHZ 2, 253 (259); OLG Schleswig BeckRS 2010, 29118 – allein finanzierungspflichtiger Gesellschafter kann im Falle eines endgültigen Zerwürfnisses auch dann außerordentlich kündigen, wenn er Zerwürfnis mitverschuldet hat; Soergel/*Hadding/Kießling* Rn. 42; Staub/*Schäfer* HGB § 133 Rn. 30; zurückhaltend Erman/*Westermann* Rn. 12, der in diesen Fällen Rechtsmissbrauch in Betracht zieht; für stärkere Berücksichtigung der Schuldfrage wohl auch BGH WM 1960, 49 (50); 1966, 1051.
[83] BGH NJW 1996, 2573 (2574) – Auseinandersetzungen in einer RA-GbR; NJW 2000, 3491 (3492); 2005, 3061 (bei Zerwürfnis kommt es darauf an, wer dieses ausgelöst und maßgeblich geschürt hat; NJW 2006, 844 (845) – zweigliedrige GbR: die Frage der Zumutbarkeit kann nicht ohne Berücksichtigung der beiderseitigen Verhaltensweisen der Gesellschafter beantwortet werden; eine – unwirksame – Kündigung aus wichtigem Grund des einen Gesellschafters stellt nicht ohne weiteres einen wichtigen Grund für den anderen Gesellschafter dar; OLG Hamm BeckRS 2010, 11539 – keine Kündigung, wenn kündigender Gesellschafter den zur Zerrüttung führenden Streit allein veranlasst hat.
[84] Staub/*Schäfer* HGB § 133 Rn. 35.

Lage des Falles nicht einfach;[85] im Zweifel empfiehlt sich eine Kündigungserklärung. Unter § 726 fällt etwa die voraussichtlich dauernde Unrentabilität des Unternehmens (→ § 726 Rn. 5). Für die fristlose Kündigung nach **§ 723 Abs. 1 S. 2** genügen demgegenüber weniger eindeutige Umstände, die aber doch so *schwerwiegende Bedenken gegenüber dem Erfolg der weiteren Zusammenarbeit* oder dem Erreichen des Gesellschaftszwecks begründen, dass sie das Festhalten an der Gesellschaft für den Kündigenden unzumutbar machen. So liegt es beim Eintritt nachhaltiger, auf der allgemeinen Geschäftslage oder der mangelnden Konkurrenzfähigkeit des Unternehmens beruhender *Verluste*, wenn eine Wende zum Besseren zwar möglich, aber nicht konkret absehbar ist.[86] Entsprechendes gilt, wenn die Kapitalbasis der Gesellschaft zwar im Wesentlichen noch vorhanden, aber durch deren Fortsetzung ernsthaft und in einem über das allgemeine oder das bei der Gesellschaftsgründung konkret in Kauf genommene Risiko deutlich hinausgehenden Maß gefährdet ist. Auch der Wegfall der Gewinnerwartung lässt in aller Regel die Geschäftsgrundlage der Gesellschaft entfallen. Das gilt erst recht, wenn einem Gesellschafter aus der Fortsetzung der wirtschaftliche Zusammenbruch droht.[87] Unter den genannten Voraussetzungen kann ein Festhalten am Vertrag mit weiterem Einsatz von Kapital und Arbeit nach ständiger Rechtsprechung keinem Gesellschafter zugemutet werden.[88]

36 **d) Nachprüfung in der Revisionsinstanz.** Nach §§ 545, 546 ZPO sind die Revisionsrügen auf Gesetzesverletzungen beschränkt. Die dem angegriffenen Urteil zugrunde liegenden tatsächlichen Feststellungen, die „Tatfrage" im Unterschied zur „Rechtsfrage", sind mit der Revision nicht angreifbar. Die Abgrenzung bereitet besonders für den Bereich des wichtigen Grundes Schwierigkeiten.[89] Das beruht darauf, dass hier über die Sachverhaltsermittlung und die Herausarbeitung des Rechtsbegriffs wichtiger Grund hinaus zusätzlich die – nur in wertender Betrachtung mögliche – *Subsumtion der festgestellten Tatsachen unter den Obersatz des wichtigen Grundes* erforderlich ist. Dabei handelt es sich zwar im Ansatz um eine Rechtsfrage; ihr mischen sich aber unvermeidlich auch tatsächliche Wertungen bei.[90]

37 Im Unterschied zur zurückhaltenden Revisionspraxis des Reichsgerichts, die die Nachprüfung jeweils darauf beschränkte, ob das tatrichterlich festgestellte Verhalten in abstracto einen wichtigen Grund bilden könne,[91] nimmt der **BGH** grundsätzlich das Recht zur **konkreten Nachprüfung** des wichtigen Grundes für sich in Anspruch, freilich unter Anerkennung eines „tatrichterlichen Beurteilungsspielraumes".[92] Zu den voll nachprüfbaren Umständen rechnet er neben dem Begriff des wichtigen Grundes als „Obersatz" auch die Frage, ob sämtliches für den wichtigen Grund erhebliche Parteivorbringen vom Berufungsgericht im Rahmen der erforderlichen Abwägung (→ Rn. 29) berücksichtigt worden ist.[93] Dagegen legt er sich bei der Würdigung dieser Umstände Zurückhaltung auf und prüft nur nach, ob das Berufungsgericht die Grenzen seines tatrichterlichen Beurteilungsspielraumes überschritten hat.[94] Neben Fehlern in der Subsumtionsmethode werden

---

[85] Vgl. BGH WM 1980, 868 (869) – wesentliche Umgestaltung des tatsächlichen Gesellschaftszwecks durch Austausch des zu finanzierenden Filmprojekts als wichtiger Kündigungsgrund; LG München NJW-RR 1993, 334 f. – Scheitern einer nichtehelichen Lebensgemeinschaft als wichtiger Grund für die Kündigung einer als GbR zu qualifizierenden Wohnungsgemeinschaft.
[86] RG JW 1913, 265; Soergel/*Hadding/Kießling* Rn. 41; Bamberger/Roth/*Schöne* Rn. 21; vgl. auch RG WarnR 1917 Nr. 289; vgl. BGH NJW 1992, 2696 (2697 f.) zur Kündigung des (atypischen) stillen Gesellschafters aus wichtigem Grund, nachdem sich herausstellt, dass Gesellschaft keine Geschäfte tätigt.
[87] Soergel/*Hadding/Kießling* Rn. 41.
[88] BGH NJW 1960, 434; RG JW 1913, 265; 1927, 1684; 1928, 1568; Staudinger/*Habermeier* (2003) Rn. 32.
[89] Vgl. namentlich *Gottwald*, Die Revisionsinstanz als Tatsacheninstanz, 1975; *Henke*, Die Tatfrage, 1965; *Kuchinke*, Grenzen der Nachprüfbarkeit tatrichterlicher Würdigung und Feststellungen in der Revisionsinstanz, 1964; ferner *Henke* ZZP 81 (1968), 196 (321).
[90] Weitergehend – für grds. Untrennbarkeit von Tat- und Rechtsfragen bei der Rechtsanwendung – *Kuchinke*, Grenzen der Nachprüfbarkeit tatrichterlicher Würdigung und Feststellungen in der Revisionsinstanz, 1964, insbes. S. 67 ff.; mit Recht abl. aber *Henke* ZZP 81 (1968), 209 ff. und *Rosenberg/Schwab/Gottwald* Zivilprozessrecht § 141 Rn. 32.
[91] RGZ 78, 22; 110, 297 (300); RG JW 1919, 309; 1919, 504; 1925, 945; 1938, 2833; dazu *Henke*, Die Tatfrage, 1965, S. 19, 228 ff., 269 f.
[92] Vgl. etwa BGHZ 4, 108 (111 ff.) = NJW 1952, 461; BGHZ 46, 392 (396) = NJW 1967, 1081; aus neuerer Zeit etwa BGH NZG 2005, 472 = ZIP 2005, 753 (758); NJW 2006, 844 (845); NZG 2011, 544 (546) Rn. 30, jeweils vorbehaltlich einer tatrichterlichen „Gesamtabwägung"; zur Problematik auch *Henke* ZZP 81 (1968), 236 ff.; vgl. auch Bamberger/Roth/*Schöne* Rn. 27; Soergel/*Hadding/Kießling* Rn. 44.
[93] BGHZ 4, 108 (111, 116 f.) = NJW 1952, 461; BGHZ 46, 392 (396) = NJW 1967, 1081; BGH JZ 1952, 276; BB 1952, 649; WM 1966, 1051; DB 1977, 87 (88); vgl. aus neuerer Zeit etwa BGH NZG 2005, 472 = ZIP 2005, 753 (758); NJW 2006, 844 (845); NZG 2011, 544 (546) Rn. 30, jeweils vorbehaltlich einer tatrichterlichen „Gesamtabwägung"; zur Problematik auch *Henke* ZZP 81 (1968), 236 ff.; vgl. ferner Bamberger/Roth/*Schöne* Rn. 27; Soergel/*Hadding/Kießling* Rn. 44.
[94] BGHZ 46, 392 (396) = NJW 1967, 1081.

dadurch auch die Fälle offenbar unrichtiger tatrichterlicher Würdigung erfasst.⁹⁵ Diesem Vorgehen ist zumindest im Ergebnis **zuzustimmen,** da es unabhängig von der Qualifikation des Subsumtionsvorgangs als Rechtsanwendung sowohl der Wahrung der Rechtseinheit als vorrangigem Revisionszweck als auch der meist größeren Sachferne des Revisionsgerichts im Vergleich zu der mit den Einzelheiten des Falles besser vertrauten Tatsacheninstanz angemessen Rechnung trägt.⁹⁶

3. Volljährigkeit als wichtiger Grund (Abs. 1 S. 3 Nr. 2). a) Regelungsanlass. Der in Abs. 1 S. 3 Nr. 2 geregelte wichtige Grund zur fristlosen Kündigung, die *Vollendung des 18. Lebensjahrs* des kündigenden Gesellschafters, steht nur *rechtstechnisch* auf der gleichen Stufe wie der durch die Regelbeispiele des S. 3 Nr. 1 gekennzeichnete, auf der Unzumutbarkeit der Fortsetzung der Gesellschaft (→ Rn. 28) beruhende „klassische" Kündigungsgrund. Wie dieser gewährt er dem betroffenen Gesellschafter das Recht, seine Beteiligung an der werbenden Gesellschaft einseitig durch deren Auflösung oder durch Herbeiführung seines Ausscheidens (§ 736 Abs. 1) zu beenden. Der **Kündigungsanlass** ist jedoch von *qualitativ anderer Art* (→ Rn. 42). Die Kündigung soll es dem volljährig Gewordenen erleichtern, das Risiko einer Haftung seines (Neu-)Vermögens für (Alt-)Verbindlichkeiten aus der Zeit vor Eintritt der Volljährigkeit auszuschließen und bei Berufung auf die Haftungsbeschränkungseinrede des § 1629a Abs. 1 der ihn benachteiligenden doppelten Vermutung des § 1629a Abs. 4 zu entgehen (→ Rn. 45).

Der **Normzweck** der im Jahr 1998 im Zuge des Minderjährigenhaftungsbeschränkungsgesetzes⁹⁷ eingeführten Regelung des S. 3 Nr. 1 iVm S. 4 und 5 erschließt sich aus dessen *Entstehungsgeschichte.* Bekanntlich hatte das **BVerfG** durch Beschluss vom 13.5.1986⁹⁸ es für unvereinbar mit dem allgemeinen Persönlichkeitsrecht Minderjähriger (Art. 2 Abs. 1 iVm Art. 1 Abs. 1 GG) erklärt, „dass Eltern ihre Kinder kraft elterlicher Vertretungsmacht (§ 1629) bei Fortführung eines ererbten Handelsgeschäfts in ungeteilter Erbengemeinschaft finanziell unbegrenzt verpflichten können". Um dieser Vorgabe zu entsprechen, hatte sich der Gesetzgeber nach langer Bedenkzeit gegen das Modell einer Begrenzung der elterlichen Vertretungsmacht und für die Einführung des Rechts des volljährig gewordenen Minderjährigen entschieden, seine Haftung für Verbindlichkeiten aus der früheren Zeit auf den Bestand seines (ererbten oder aus anderen Quellen stammenden) Altvermögens zu beschränken.⁹⁹ Dadurch sollte der Begünstigte die Chance haben, im ungünstigsten Fall zwar vermögenslos, aber ohne Vorbelastungen aus der Zeit vor Vollendung des 18. Lebensjahrs ins Leben zu treten. Die materiellrechtlichen Voraussetzungen für die Berufung auf die Haftungsbeschränkung finden sich in § 1629a; hierauf wird verwiesen. Demgegenüber hat die Ergänzung des § 723 Abs. 1 um den neuen Kündigungsgrund des S. 3 Nr. 2 nur flankierende, der Beweiserleichterung des Kündigenden dienende Funktion (→ Rn. 45).

b) Anwendungsbereich. Die Neuregelung gilt unmittelbar für Gesellschafter einer **GbR,** die ihre Mitgliedschaft, sei es auf erbrechtlichem oder rechtsgeschäftlichem Wege, vor Vollendung des 18. Lebensjahrs erlangt haben. Sie bezieht sich mit Blick auf die Haftungsrisiken in erster Linie auf *Außengesellschaften,* kann aber auch für Innengesellschaften Bedeutung erlangen, wenn die Zugehörigkeit zu ihnen absehbare Haftungsfolgen im Innenverhältnis, insbesondere mit Bezug auf die Auseinandersetzung nach einem das Gesellschaftsvermögen übersteigenden Verlust, zur Folge hat.

Auf die *persönlich haftenden Gesellschafter* einer **OHG oder KG** sollte der Kündigungsgrund des S. 3 Nr. 2 nach der Regierungsbegründung¹⁰⁰ auch ohne Änderung des § 133 Abs. 1 und Abs. 2 HGB „ausstrahlen". Das ist angesichts des Normzwecks der Vorschrift (→ Rn. 39) folgerichtig, bereitet jedoch in seiner rechtlichen Umsetzung Schwierigkeiten.¹⁰¹ Denn einer entsprechenden Ausdehnung des wichtigen Grundes in § 133 Abs. 1 HGB auf dem Weg über die Verweisung des § 105 Abs. 3 HGB steht das Vorhandensein dieser von § 723 Abs. 1 grundsätzlich abweichenden Sonderregelung des HGB entgegen, da sie einen Rückgriff auf das subsidiär geltende BGB-Gesellschaftsrecht versperrt. Auch greifen die Gründe der Rechtssicherheit und des Verkehrsschutzes, die

---
⁹⁵ *Henke,* Die Tatfrage, 1965, S. 260, 269 ff.
⁹⁶ Krit. zur Zubilligung eines „tatrichterlichen Beurteilungsspielraums" aber Erman/*Westermann* Rn. 16 aE.
⁹⁷ Gesetz zur Beschränkung der Haftung Minderjähriger vom 25.8.1998, BGBl. I S. 2487; vgl. dazu *Behnke* NJW 1998, 3078 ff.; *Grunewald* ZIP 1999, 597 ff.; *Habersack* FamRZ 1999, 1 ff.; *Muscheler* WM 1998, 2271 ff.; *Coester,* FS Werner Lorenz, 2003, S. 113 ff.
⁹⁸ BVerfGE 72, 155 = NJW 1986, 1859; dazu *K. Schmidt* BB 1986, 1238 ff.; *Fehnemann* JZ 1986, 1055 ff.; *Hertwig* FamRZ 1987, 124 ff.
⁹⁹ Zum Für und Wider der beiden im Anschluss an den BVerfG-Beschluss diskutierten Regelungsalternativen näher Begr. RegE, BT-Drs. 13/5624 S. 6 f., und *Muscheler* WM 1998, 2272 (2274 ff.); umfassende Lit.-Nachweise zu dieser Diskussion bei *Coester,* FS Werner Lorenz, 2003, S. 113.
¹⁰⁰ BT-Drs. 13/5624 S. 10.
¹⁰¹ So zu Recht schon *Behnke* NJW 1998, 3078 (3082).

anstelle des Kündigungsrechts des § 723 Abs. 1 S. 2 zur Einführung einer *Auflösungsklage* für OHG und KG Anlass gegeben haben,[102] angesichts des regelmäßig unschwer nachprüfbaren Kündigungsgrundes der Erlangung der Volljährigkeit nicht ein. Aus diesen Gründen ist für OHG und KG von einer – vom Gesetzgeber ungewollten – Regelungslücke auszugehen, die durch *Anerkennung eines Kündigungsrechts des volljährig Gewordenen* in **Analogie zu § 723 Abs. 1 S. 2, 3 Nr. 2** zu schließen ist.[103] Der Analogieschluss ermöglicht es den Mitgesellschaftern zugleich, die Gesellschaft nach § 131 Abs. 3 Nr. 3 HGB ohne den Kündigenden fortzusetzen und diesen abzufinden.[104] Für *Kommanditisten* kommt das Kündigungsrecht nur ausnahmsweise dann in Betracht, wenn ihnen wegen nicht voll erbrachter Haft- oder Pflichteinlage ein persönliches Haftungsrisiko droht.[105]

42 c) **Kündigungsvoraussetzungen.** Zentrale, wenn auch ungeschriebene Kündigungsvoraussetzung ist neben der Vollendung des 18. Lebensjahrs das **Risiko von Altverbindlichkeiten,** das dem Gesellschafter aus seiner Mitgliedstellung in der GbR (oder OHG/KG) droht. Darauf, ob es um die Haftung gegenüber Gesellschaftsgläubigern nach oder analog § 128 HGB oder um diejenige für interne Sozialansprüche (→ § 705 Rn. 201) geht, kommt es nach dem Normzweck des Kündigungsgrundes (→ Rn. 39) nicht an. Allerdings ist der Wortlaut des § 1629a Abs. 1 S. 1 mit seiner Definition der relevanten Verbindlichkeiten zu eng gefasst. Denn jedenfalls die Haftung für Gesellschaftsverbindlichkeiten nach oder analog § 128 HGB lässt sich nicht auf ein Handeln der Eltern oder sonstiger vertretungsberechtigter Personen „für das Kind" zurückführen, sondern auf dessen Mitgliedstellung in der Personengesellschaft. Nach Normzweck und Entstehungsgeschichte der Vorschrift besteht aber kein Zweifel, dass auch diese Haftungsrisiken den volljährig Gewordenen zur Kündigung berechtigen.[106]

43 Eine **Einschränkung** gegenüber dem Kündigungsrecht gilt nach **Abs. 1 S. 5** für solche Haftungsrisiken, die auf einer vom Minderjährigen kraft Ermächtigung nach § 112 eingegangenen Gesellschaftsbeteiligung[107] oder auf einer Mitgliedschaft beruhen, deren Zweck allein der Befriedigung der persönlichen Bedürfnisse des Gesellschafters dient.[108] Die Einschränkung trägt der entsprechenden Vorschrift des § 1629a Abs. 2 Rechnung, die für derartige Verbindlichkeiten eine Ausnahme von der Haftungsbeschränkung des § 1629a Abs. 1 dekretiert. Sie bestätigt zugleich das Erfordernis des Haftungsrisikos des volljährig Gewordenen als ungeschriebene Kündigungsvoraussetzung (→ Rn. 42).

44 Für die Ausübung des Kündigungsrechts sieht **Abs. 1 S. 4** eine **Kündigungsfrist** von drei Monaten vor. Im Unterschied zur entsprechenden Vorschrift des § 1629a Abs. 4 S. 1 beginnt die Frist nicht schon mit dem Eintritt der Volljährigkeit, sondern erst mit dem Zeitpunkt, in dem der Berechtigte von seiner Gesellschafterstellung Kenntnis hat oder haben muss;[109] auf die Kenntnis vom Haftungsrisiko kommt es für den Fristbeginn nicht an. Da die Kündigungserklärung des volljährig Gewordenen ihm nicht als solche, sondern nur in Verbindung mit der Vermutungsregelung des § 1629a Abs. 4 einen gewissen Schutz vor den Haftungsrisiken aus Altverbindlichkeiten verschafft (→ Rn. 45), bedarf es *verfassungskonformer Auslegung* der zu rigiden Frist in dieser Vorschrift, um zum einheitlichen Fristablauf für beide Vorschriften in Fällen der Gesellschaftskündigung zu kommen und dadurch dem Normzweck der Neuregelung gerecht zu werden.[110]

45 d) **Kündigungswirkungen.** Die Kündigung nach Abs. 1 S. 3 Nr. 2 lässt die *gesellschaftsrechtliche* (Fort-)Haftung des volljährig Gewordenen für Altverbindlichkeiten unberührt; das gilt unabhängig davon, ob sie zur Auflösung der Gesellschaft oder zum Ausscheiden des Kündigenden führt (→ § 730 Rn. 10; → § 737 Rn. 7); das Ausscheiden des Kündigenden setzt, wie auch sonst, eine Fortsetzungs-

---

[102] Vgl. näher Staub/*Schäfer* HGB § 133 Rn. 2.
[103] Ebenso Staub/*Schäfer* HGB § 133 Rn. 32 mit Fn. 114; Erman/*Westermann* Rn. 17; Bamberger/Roth/*Schöne* Rn. 24; im Ergebnis ebenso, aber für unmittelbare Anwendung K. *Schmidt* JuS 2004, 361 (362) und *Wiedemann* GesR II § 3 III 5, S. 278.
[104] So – wenn auch ohne Stellungnahme zur Analogiefrage – auch *Grunewald* ZIP 1999, 597 (599).
[105] Ebenso *Grunewald* ZIP 1999, 597 (599 f.).
[106] Ebenso *Grunewald* ZIP 1999, 598; *Muscheler* WM 1998, 2280; zur Einbeziehung der Gesellschafterhaftung vgl. auch schon Begr. RegE, BT-Drs. 13/5624 S. 8, 10.
[107] Zur Behandlung der Gesellschafterstellung in einer Personenhandelsgesellschaft als „Erwerbsgeschäft" iSv § 112 → § 112 Rn. 6; Soergel/*Hefermehl* § 112 Rn. 2; MüKoHGB/K. *Schmidt* HGB § 125 Rn. 18; ganz hM.
[108] Vgl. dazu *Muscheler* WM 1998, 2282 f. Die Begr. RegE verweist insoweit – wenig lebensnah – auf eine Gesellschaft zur Befriedigung persönlicher Bedürfnisse Minderjähriger (Kleingeschäfte oder für die Altersgruppe typische, keine unzumutbar hohen Verbindlichkeiten auslösende Geschäfte), BT-Drs. 13/5624 S. 13.
[109] Nach der Begr. RegE sind damit Fälle gemeint, in denen die Eltern den Minderjährigen nicht über seine Gesellschafterstellung informiert hatten, BT-Drs. 13/5624 S. 12.
[110] Für eine modifizierende Lesart des § 1629a Abs. 4 und einheitlichen Fristbeginn Staudinger/*Coester* (2015) § 1629a Rn. 82. In den Kommentaren zu § 1629a Abs. 4 wird diese Frage sonst bisher nicht behandelt.

klausel voraus.¹¹¹ Auch die Berufung auf die *Einrede der Haftungsbeschränkung* nach § 1629a Abs. 1 S. 1 hängt nicht von der Ausübung des Kündigungsrechts ab. Deren Rechtswirkung ergibt sich vielmehr aus der **Vermutungsregel des § 1629a Abs. 4.** Danach führt die *Nichtausübung* des Kündigungsrechts innerhalb der Dreimonatsfrist zu der *doppelten Vermutung* zu Lasten des volljährig Gewordenen, dass (1) die auf seiner Mitgliedschaft beruhenden Verbindlichkeiten nach Eintritt der Volljährigkeit entstanden sind und (2) sein gegenwärtiges Vermögen bereits bei Eintritt der Volljährigkeit vorhanden war, dh dem Haftungszugriff auch der Altgläubiger unterliegt. Zur Verlagerung der Beweislast in beiden Punkten auf die Gläubiger bedarf es daher der fristgemäßen Ausübung des neugeschaffenen Kündigungsrechts.¹¹²

4. Kündigung der fehlerhaften Gesellschaft; fehlerhafter Beitritt. Für die fristlose Kündigung einer trotz der Fehlerhaftigkeit ihres Zustandekommens in Vollzug gesetzten Gesellschaft bzw. eines fehlerhaften Beitritts bedarf es keines besonderen wichtigen Grundes. Es genügt der Nachweis des – noch fortbestehenden – **Vertragsmangels,** es sei denn, dass sich die Berufung hierauf ausnahmsweise als treuwidrig erweist. Wegen der Einzelheiten → § 705 Rn. 345, 360. Beim fehlerhaften **Beitritt** tritt an die Stelle der Auflösungskündigung auch ohne explizite Fortsetzungsklausel ausnahmsweise ein außerordentliches Austrittsrecht (→ § 705 Rn. 368).¹¹³ Eine Anfechtungserklärung des Gesellschafters ist dabei als Kündigung auszulegen.¹¹⁴ Die Lehre vom fehlerhaften Verband begrenzt – entgegen einer zur stillen Gesellschaft ergangenen Rechtsprechung des BGH¹¹⁵ – auch **konkurrierende Schadensersatzansprüche** auf Rückabwicklung des Beitrittsvertrages wegen fahrlässiger oder vorsätzlicher Verletzung von Aufklärungspflichten.¹¹⁶

5. Verzicht, Verwirkung. Das Recht zur außerordentlichen Kündigung ist als solches zwar zwingender Natur und daher unverzichtbar (Abs. 3). Wohl aber kann im Einzelfall nachträglich auf die Geltendmachung bestimmter Umstände als Kündigungsgrund **verzichtet** werden. Der Verzicht kann ausdrücklich oder stillschweigend, etwa durch längeres widerspruchsloses Festhalten am Vertrag und Fortführen der Geschäfte trotz Kenntnis des Kündigungsgrundes, erfolgen.¹¹⁷ Da das Kündigungsrecht ein Individualrecht ist (→ Rn. 7), liegt auch die Entscheidung über den Verzicht bei den einzelnen Gesellschaftern je persönlich. Vom Verzicht als einseitiges, einen entsprechenden Verzichtswillen voraussetzendes Rechtsgeschäft zu unterscheiden ist die **Verwirkung** der Geltendmachung des betreffenden Kündigungsgrundes. Sie tritt auch ohne Verzichtswillen des Kündigungsberechtigten dann ein, wenn dieser sich über einen längeren Zeitraum hinweg so verhalten hat, dass sich der andere Teil darauf eingerichtet hat und darauf vertrauen durfte, mit der Ausübung des Rechts werde nicht mehr zu rechnen sein.¹¹⁸ Hieran fehlt es, wenn der Berechtigte wiederholt durch Erklärungen zu erkennen gegeben hat, dass er sich die Geltendmachung seines Rechts vorbehalte.

Auch wenn die vorgenannten Voraussetzungen von Verzicht oder Verwirkung nicht vorliegen, kann die **verzögerte Ausübung des Kündigungsrechts** dennoch, wie § 314 Abs. 3 nF bestätigt, für die Wirksamkeit der Kündigung Bedeutung erlangen. Zu Recht hat der BGH am Beispiel einer erst 15 Monate nach Kenntnis von den Verfehlungen eines Mitgesellschafters ausgesprochenen Kündigung festgestellt, in derartigen Fällen spreche eine tatsächliche Vermutung dafür, dass der Kündigungsgrund nicht so schwer wiegt, die Fortsetzung für den Kündigenden unzumutbar zu machen, oder dass er dieses Gewicht jedenfalls in der Zwischenzeit, infolge der seitherigen Entwick-

---

¹¹¹ Vgl. Soergel/*Hadding/Kießling* Rn. 48; unzutr. *Klump* ZEV 1998, 413.
¹¹² Die Kommentare zu § 1629a Abs. 4 beschränken sich zwar – entsprechend dem Wortlaut der Vorschrift – auf die Aussage, dass die dort geregelte Vermutung bei rechtzeitiger Kündigung nicht eingreift, → § 1629a Rn. 75 (*Huber*); Palandt/*Götz* § 1629a Rn. 13. Dann bliebe aber die Beweislast für das Vorliegen der Voraussetzungen des § 1629a Abs. 1 S. 1 gleichwohl beim Kündigenden, der sich auf die Haftungsbeschränkung beruft, vgl. nur *Muscheler* WM 1998, 2284; das wäre mit dem Normzweck schwer vereinbar. Aus teleologischen Gründen ist vielmehr eine Beweislastumkehr geboten.
¹¹³ Vgl. Staub/*Schäfer* HGB § 133 Rn. 3, 39; *ders.,* Die Lehre vom fehlerhaften Verband, 2002, S. 334, jeweils mwN.
¹¹⁴ BGHZ 63, 338 (344 f.) = NJW 1975, 1022; BGH NJW 2003, 1252 (1254).
¹¹⁵ Vgl. insbes. BGH NJW-RR 2004, 1407 = ZIP 2004, 1706 – Realdirekt II; dazu etwa *Armbrüster* ZfIR 2004, 942; *Schäfer* BGHR 2004, 1500; BGH NJW-RR 2005, 627 = ZIP 2005, 254 (256) – Securenta/Göttinger Gruppe und NZG 2005, 472 = ZIP 2005, 753 (757) – Göttinger Gruppe, NJW 2005, 1784 (1786 f.) – ZIP 2005, 759 – Göttinger Gruppe; NZG 2005, 476 = ZIP 2005, 763 (764) – Göttinger Gruppe, mit Anm. *Schäfer* BGHR 2005, 845 f.; BGH ZIP 2005, 2060 (2062); s. aber auch die nachfolgende Fn.
¹¹⁶ Dazu eingehend *Schäfer* ZHR 170 (2006), 373 (382 ff.). So für mehrgliedrige stille Gesellschaft in Form der „AG&Still" jetzt auch BGHZ 199, 104 Rn. 11, 16 ff. = ZIP 2013, 2355; → § 705 Rn. 359 f.
¹¹⁷ BGH LM HGB § 133 Nr. 4 = WM 1959, 134; RGZ 51, 89 (91); 153, 274 (280); RG JW 1935, 2490.
¹¹⁸ BGHZ 25, 47 (52) = NJW 1957, 1358; BGH NJW 1966, 2160 (2161); allg. zur Verwirkung → § 242 Rn. 356 ff. (*Schubert*).

lung der persönlichen und gesellschaftlichen Verhältnisse, verloren hat.[119] Sache des Kündigenden ist es sodann, durch Darlegung und Beweis der für die Verzögerung maßgebenden, auf anerkennenswerten Gründen beruhenden Umstände die Vermutung zu widerlegen. Eine die Vermutung begründende *Verzögerung* ist zwar nicht schon dann anzunehmen, wenn der Kündigungsberechtigte von seinem Recht nicht unverzüglich Gebrauch macht. Vielmehr ist ihm, zumal bei erheblicher wirtschaftlicher Tragweite der Kündigung, entsprechend § 314 Abs. 3 eine *angemessene Bedenkzeit* zuzubilligen, die je nach Lage des Falles einige Monate erreichen kann.[120] Der vom BGH hervorgehobene Erfahrungssatz greift aber dann ein, wenn diese Frist deutlich überschritten ist und die Fortsetzung der Gesellschaft sich trotz des Kündigungsgrundes als möglich erwiesen hat. Kommt es später zu erneuten Vertragsstörungen, so hindert der zwischenzeitliche Fristablauf allerdings nicht den Rückgriff auf einen früheren wichtigen Grund im Rahmen der gebotenen Gesamtbetrachtung.[121]

49 **6. Kündigung und Schadensersatz.** Beruht die Kündigung auf einer schuldhaften, dem verursachenden Gesellschafter nach § 708 vorwerfbaren Vertragsverletzung, insbesondere auf zu vertretender Nichtleistung der Einlagen, mangelhafter Geschäftsführung oder schwerwiegenden Treupflichtverstößen, so können die Mitgesellschafter von ihm Schadensersatz verlangen.[122] Der Anspruch umfasst den durch die **vorzeitige Auflösung** entstandenen Schaden der Mitgesellschafter;[123] er ist nicht mit dem Schadensersatzanspruch wegen unzeitiger Kündigung (→ Rn. 55) zu verwechseln. Die Kündigungserklärung durch einen Mitgesellschafter führt nicht etwa zur Verminderung der Ersatzpflicht nach § 254 oder schließt solche Ansprüche gar völlig aus (so auch § 314 Abs. 4; § 314 Rn. 24 *[Gaier]*). Auch macht sich derjenige, der bei Unzumutbarkeit der Fortsetzung die Gesellschaft aus wichtigem Grund kündigt, nicht seinerseits gegenüber den am Fortbestand interessierten Mitgesellschaftern schadensersatzpflichtig. Wohl aber bestimmt sich die Ersatzpflicht nach § 254, wenn mehrere Gesellschafter je für sich durch Verletzung ihrer Gesellschafterpflichten zu der für den wichtigen Grund ausschlaggebenden Zerstörung des Vertrauensverhältnisses beigetragen haben.[124] Im Ergebnis wird das nicht selten dazu führen, dass es bei der Auseinandersetzung nach §§ 730 ff. bleibt und etwaige Schadensersatzansprüche gegeneinander aufgewogen werden. – Zum Verhältnis eines auf Vertragsaufhebung gerichteten Schadensersatzanspruchs zur Lehre vom fehlerhaften Verband → Rn. 46 aE; zu der vom Schadensersatzanspruch zu unterscheidenden Möglichkeit eines Ausgleichsanspruchs wegen tatsächlicher Vorteile eines Teils der Gesellschafter aus der Auflösung → § 734 Rn. 9.

IV. Kündigungsschranken

50 **1. Allgemeines, Missbrauchseinwand.** Das Kündigungsrecht steht wie jedes andere Mitgliedschaftsrecht der Gesellschafter unter dem Vorbehalt missbräuchlicher Ausübung (→ Rn. 57 ff.). Die in § 723 Abs. 2 vorgesehene Schadensersatzpflicht im Fall einer *Kündigung zur Unzeit* (→ Rn. 53 ff.) ist zwar eine besonders typische, aber keineswegs die einzige Ausprägung dieses Vorbehalts; neben ihr sind im Rahmen der allgemeinen Missbrauchslehre weitere Fallgruppen entwickelt worden.[125] Der Vorbehalt beschränkt sich auch nicht auf die *ordentliche* Kündigung, wenn ihm hier auch vorrangige Bedeutung zukommt; vielmehr kann trotz grundsätzlicher Anerkennung eines *außerordentlichen* Auflösungsrechts durch Kündigung aus wichtigem Grund die Art und Weise des Vorgehens des Kündigenden auch insoweit den Missbrauchsvorwurf begründen. Zur Frage der Verwirkung des Kündigungsrechts (→ Rn. 47).

51 Die **Besonderheiten der Kündigung** als einer einseitigen, auf Vertragsauflösung gerichteten Gestaltungserklärung machen es freilich erforderlich, ihnen bei den Voraussetzungen und Rechtsfol-

---

[119] BGH NJW 1966, 2160 (2161) zur Kündigung einer OHG; 1999, 2820 (2821) zur Ausschließung eines Kommanditisten; so im Ergebnis auch OLG Hamm NJW-RR 1993, 1383 (1384); OLG München DB 2000, 2588 (2589); OLG Stuttgart ZIP 2001, 692 (698) zur Verwirkung des Kündigungsrechts des Gesellschafters eines Immobilienfonds; Soergel/*Hadding/Kießling* Rn. 33; Bamberger/Roth/*Schöne* Rn. 22.
[120] BGH NJW 1966, 2160.
[121] OLG Köln WM 1993, 325 (328).
[122] BGH WM 1960, 50; RGZ 89, 398 (399 f.); 162, 388 (396); RG Recht 1929 Nr. 232.
[123] BGH WM 1963, 282 (283); BGH WM 1960, 50; RGZ 89, 398 (399 f.); 162, 388 (396); RG Recht 1929 Nr. 232; so auch Soergel/*Hadding/Kießling* Rn. 43; Erman/*Westermann* Rn. 15.
[124] Zust. Erman/*Westermann* Rn. 15.
[125] Vgl. die Ansätze bei Soergel/*Siebert/Knopp*, 10. Aufl. 1967, § 242 Rn. 262, 263 und Staudinger/*Weber*, 11. Aufl. 1961, § 242 Rn. A 682, 683; für die Fälle missbräuchlicher Ausübung der ordentlichen Kündigung *Ulmer*, FS Möhring, 1975, S. 295 (308 ff.); Staub/*Schäfer* HGB § 132 Rn. 23 ff.; *Strothmann/Vieregge*, FS Oppenhoff, 1985, S. 451 (461 ff.) für Gesellschaftsverträge. Allg. zu den aus § 242 folgenden Kündigungsschranken auch *Molitor*, Die Kündigung, 2. Aufl. 1951, S. 194 ff.; *Oetker*, Das Dauerschuldverhältnis und seine Beendigung, 1994, S. 284 ff.

gen des gegen die Kündigung gerichteten Missbrauchseinwands Rechnung zu tragen. So ist das Kündigungsrecht zum einen ein **eigennütziges Recht,** bei dessen Ausübung der Kündigende in erster Linie eigene Interessen verfolgen darf. Begrenzt wird sein Vorgehen freilich durch das aus der Treupflicht entspringende Gebot, die Interessen der Mitgesellschafter mitzubedenken und sich über deren Belange nicht rücksichtslos oder willkürlich hinwegzusetzen (→ § 705 Rn. 229). Und zum anderen dürfen die aus dem Missbrauchseinwand folgenden Kündigungsschranken nicht so weit gehen, die der Vertragsfreiheit immanente, durch § 723 Abs. 3 besonders hervorgehobene **Vertragsbeendigungsfreiheit** zu beseitigen oder ernsthaft in Frage zu stellen.[126] Dies umso mehr deshalb, weil die Einschränkung oder der Ausschluss der Kündigung angesichts der besonderen Rechtswirkungen von Dauerschuldverhältnissen, während ihres Bestehens zur ständigen Neubegründung von Pflichten bzw. zu einer dauernden Pflichtenanspannung der Beteiligten zu führen, sich entgegen dem äußeren Anschein letztlich nicht rechtsbegrenzend auswirkt, sondern im Gegenteil die Entstehung weiterer Pflichten als Folge des Missbrauchseinwands bewirkt.[127]

Aus den in (→ Rn. 51) genannten Gründen ist namentlich auch dann Zurückhaltung gegenüber dem Missbrauchseinwand geboten, wenn er darauf abzielt, die Wirksamkeit einer Kündigung trotz Vorliegens der hierfür geltenden Voraussetzungen für einen nicht nur vorübergehenden Zeitraum auszuschließen (→ Rn. 58 f.). Ein langfristiger Fortbestand der Gesellschaft, der das nach Abs. 3 zwingende Vertragsbeendigungsrecht im Ergebnis beseitigt, lässt sich hierauf nicht gründen.[128] Gleiches gilt für Schadensersatzansprüche, die die Mitgesellschafter im Ergebnis so stellen sollen, als wäre das Vertragsverhältnis langfristig fortgeführt worden. Der Schwerpunkt der Rechtsfolgen missbrauchsbedingter Kündigungsschranken liegt im Gesellschaftsrecht vielmehr bei **Schadensersatzansprüchen,** mit denen der durch die *missbräuchliche Art und Weise der Kündigung* den Mitgesellschaftern entstandene Schaden ausgeglichen werden soll.[129] Die Regelung des Abs. 2 S. 2 über die Rechtsfolgen der Kündigung zur Unzeit trägt diesen Zusammenhängen zutreffend Rechnung.

2. Kündigung zur Unzeit (Abs. 2). a) Begriff der Unzeit. Das in § 723 Abs. 2 enthaltene schadensersatzbewehrte Verbot der unzeitigen Kündigung enthält die gesetzliche Sanktionierung eines typischen, durch grundsätzliche Zulassung jederzeitiger fristloser Kündigung in Abs. 1 S. 1 besonders nahe liegenden Treupflichtverstoßes. Kündigung zur Unzeit liegt vor, wenn der Kündigende zwar nach Abs. 1 S. 1 oder den hiervon abweichenden Vertragsvereinbarungen zur Kündigung berechtigt ist, hierzu aber einen Zeitpunkt wählt, der auf die gesellschaftsvertraglich relevanten Interessen der Mitgesellschafter keine Rücksicht nimmt.[130] Zulässig ist die Kündigung zur Unzeit nach Abs. 2 S. 1, wenn hierfür ein wichtiger Grund vorliegt (→ Rn. 54). Das Eingreifen des Tatbestands des Abs. 2 kommt in erster Linie bei der ordentlichen Kündigung in Betracht; es ist aber auch bei außerordentlicher Kündigung möglich.

b) Wichtiger Grund. Der wichtige Grund iSv Abs. 2 S. 1 darf nicht mit dem wichtigen Kündigungsgrund iSv Abs. 1 S. 2 und 3 verwechselt werden. Anders als dieser entscheidet er nicht über das Bestehen des Kündigungsrechts, sondern nur über die Zulässigkeit des für die Kündigung gewählten *Zeitpunkts*.[131] Zu seiner Ausfüllung bedarf es einer **Abwägung der Interessen** des Kündigenden an schneller Auflösung der Gesellschaft oder Beendigung seiner Mitgliedschaft und derjenigen der

---

[126] BGHZ 23, 10 (16) = NJW 1957, 461; BGH NJW 1954, 106; WM 1977, 736 (738); Erman/*Westermann* Rn. 19; MüKoHGB/*K. Schmidt* HGB § 132 Rn. 20; vgl. zu den Grenzen des Missbrauchseinwands bei der Kreditkündigung auch *Canaris* ZHR 143 (1979), 113 (122 f.); *Oetker*, Das Dauerschuldverhältnis und seine Beendigung, 1994, S. 289 ff.

[127] Vgl. *Ulmer*, FS Möhring, 1975, S. 301 ff.; ähnlich *Oetker*, Das Dauerschuldverhältnis und seine Beendigung, 1994, S. 289 ff.; aA *Canaris* ZHR 143 (1979), 113 (123); allg. zur Unterscheidung zwischen der Begrenzung und der Begründung von Ansprüchen aus § 242 vgl. *dens.*, Die Vertrauenshaftung im deutschen Privatrecht, 1971, S. 270, 511 f., 531.

[128] Vgl. BGHZ 23, 10 (16) = NJW 1957, 461; BGH NJW 1954, 106; WM 1977, 736 (738); Erman/*Westermann* Rn. 19; MüKoHGB/*K. Schmidt* HGB § 132 Rn. 20; vgl. zu den Grenzen des Missbrauchseinwands bei der Kreditkündigung auch *Canaris* ZHR 143 (1979), 113 (122 f.); *Oetker*, Das Dauerschuldverhältnis und seine Beendigung, 1994, S. 289 ff.

[129] Sog. Lehre von den „schuldrechtlichen" Kündigungsbeschränkungen, dazu *Molitor*, Die Kündigung, 2. Aufl. 1951, S. 194 ff.; *Oetker*, Das Dauerschuldverhältnis und seine Beendigung, 1994, S. 312 ff.; *Ulmer*, FS Möhring, 1975, S. 307 f.; Staub/*Schäfer* HGB § 132 Rn. 22; *Strothmann/Vieregge*, FS Oppenhoff, 1985, S. 451 (462 ff.); aus der Rspr. BGH NJW 2005, 2618 (2620); WM 1967, 419.

[130] BGH GRUR 1959, 384 (388); RG SeuffA 85 Nr. 3 S. 5, 7; OLG Karlsruhe NZG 2003, 324 (325); Staudinger/*Habermeier* (2003) Rn. 16; Erman/*Westermann* Rn. 19; Soergel/*Hadding/Kießling* Rn. 51; *Henssler/Kilian* ZIP 2005, 2229 (2232 f.).

[131] Soergel/*Hadding/Kießling* Rn. 51; Bamberger/Roth/*Schöne* Rn. 28.

Mitgesellschafter an der Wahl eines schonenderen Zeitpunkts,[132] regelmäßig also des Interesses an einer zeitlichen Hinausschiebung der Kündigung. Dabei kommt es auf die Gesamtumstände des Falles an.[133] Der Unzeitvorwurf liegt vor allem im Falle *fristloser ordentlicher Kündigung* nahe, wenn den Mitgesellschaftern dadurch die Möglichkeit genommen ist, sich auf die drohende Auflösung einzurichten. Auf die Nachteile, die sich aus der kündigungsbedingten Auflösung als solcher für die Mitgesellschafter ergeben, kann der Einwand unzeitiger Kündigung nicht gestützt werden, da Abs. 2 hiergegen keinen Schutz gewähren will. Bei *außerordentlicher* Kündigung überwiegt typischerweise das Interesse des Kündigenden am unverzüglichen Gebrauchmachen von seinem Recht. Das gilt wegen der Dreimonatsfrist des Abs. 1 S. 4 namentlich bei Kündigung wegen Vollendung des 18. Lebensjahrs, aber auch bei Auflösung einer fehlerhaften Gesellschaft (→ Rn. 46). Wird die außerordentliche Kündigung mit Rücksicht auf das in Abs. 2 enthaltene Verbot hinausgeschoben, so können die Mitgesellschafter hierauf weder den Verwirkungseinwand noch eine tatsächliche Vermutung für die Zumutbarkeit der gemeinsamen Fortführung der Gesellschaft (→ Rn. 48) stützen.

55 c) **Rechtsfolgen.** Sie bestehen nach Abs. 2 S. 2 nicht in der Unwirksamkeit der Kündigung,[134] sondern in einem den Mitgesellschaftern je persönlich zustehenden **Schadensersatzanspruch.** Im Unterschied zu dem auf den Auflösungsschaden bezogenen Anspruch gegen diejenigen Gesellschafter, die schuldhaft einen wichtigen Kündigungsgrund gesetzt haben (→ Rn. 49), richtet sich der Anspruch wegen unzeitiger Kündigung stets gegen den Kündigenden selbst. Voraussetzung ist, dass das Vorgehen zur Unzeit dem Kündigenden vorwerfbar ist.[135]

56 Die **Höhe des Schadens** bemisst sich nach den Nachteilen, die den Mitgesellschaftern durch die treuwidrige Wahl des Kündigungszeitpunkts entstanden sind; ein Ersatz des Auflösungsschadens als solchen (des positiven Interesses) kann nicht verlangt werden.[136] Eine einseitige Rücknahme der Kündigung im Sinne einer Naturalrestitution kommt wegen deren Gestaltungswirkung auch im Fall von Abs. 2 nicht in Betracht (→ Rn. 18); sie wäre auch nicht mit dem Schaden auf Grund unzeitiger Kündigung deckungsgleich, da dieser nicht in der Auflösung als solcher besteht, sondern in den Nachteilen aus der treuwidrigen Art und Weise ihrer Herbeiführung.[137] Wohl aber können die Gesellschafter einverständlich die Kündigungswirkung so lange hinausschieben, bis der Einwand unzeitiger Kündigung entfallen ist. Hierfür kann im Einzelfall, unter dem Gesichtspunkt von § 254 Abs. 2, auch eine Obliegenheit der Mitgesellschafter bestehen.

57 3. **Sonstige Kündigungsschranken.** Über Abs. 2 hinausgehend kommen auch sonstige den Vorwurf eines Treupflichtverstoßes begründende Kündigungsschranken in Betracht; ein Umkehrschluss scheidet aus. Zwar ist eine umfassende Zusammenstellung wegen der jeweils erforderlichen Berücksichtigung der Besonderheiten des Einzelfalls nicht möglich. Immerhin lassen sich anhand der in → Rn. 51 aufgestellten allgemeinen Wertungsgesichtspunkte die folgenden Fallgruppen unterscheiden.

58 Die Treuwidrigkeit der Kündigung kann einmal darin liegen, dass der Kündigende in **Schädigungsabsicht** oder doch in **rücksichtsloser Verfolgung eigener Interessen** handelt.[138] Wegen des insoweit bestehenden engen Zusammenhangs mit den Verboten der §§ 138, 226, 826 liegt es hier nahe, für eine begrenzte Zeit zur *Unwirksamkeit* der Kündigung als solcher zu kommen.[139]

59 Eine zweite Gruppe treuwidrigen Vorgehens bilden diejenigen Kündigungen, die sich wegen ihrer **Begleitumstände** dem Missbrauchsvorwurf aussetzen. Geht es dabei um gesetzwidriges oder grob missbräuchliches Verhalten wie etwa die Ausnutzung einer arglistig herbeigeführten Kündi-

---

[132] BGH DB 1977, 87 (89); RG WarnR 1933 Nr. 116; Soergel/*Hadding/Kießling* Rn. 51.
[133] Nach BGH DB 1977, 87 (89) soll allerdings derjenige Gesellschafter die Kündigung nicht als unzeitig beanstanden können, der den Anlass für sie in dem fraglichen Zeitpunkt gegeben hat.
[134] So aber van Venrooy JZ 1981, 53 (57 f.), der zu Unrecht nicht nur den Umfang des Schadensersatzanspruchs, sondern auch die in → Rn. 51 angeführten Aspekte außer Betracht lässt; wie hier dagegen die ganz hM, vgl. BGH DB 1977, 87 (88 f.); Soergel/*Hadding/Kießling* Rn. 52; Bamberger/Roth/*Schöne* Rn. 29; Staudinger/*Habermeier* (2003) Rn. 37; Erman/*Westermann* Rn. 19.
[135] So auch Soergel/*Hadding/Kießling* Rn. 52; Erman/*Westermann* Rn. 20.
[136] *Strothmann/Vieregge*, FS Oppenhoff, 1985, S. 451 (464); Erman/*Westermann* Rn. 20. Generell gegen die Möglichkeit eines Schadenseintritts bei wirksamer Kündigung zu Unrecht *van Venrooy* JZ 1981, 53 (58).
[137] *Ulmer*, FS Möhring, 1975, S. 295 (307).
[138] RGZ 164, 257 (258); RG DR 1943, 1220; vgl. auch BGHZ 30, 195 (202) = NJW 1959, 1683 und → Rn. 34 zum Arglisteinwand bei vorsätzlicher Herbeiführung des zur außerordentlichen Kündigung berechtigenden wichtigen Grundes. Zum Verbot rechtsmissbräuchlicher Kündigung s. auch *Henssler/Kilian* ZIP 2005, 2229 (2233 ff.).
[139] Ebenso *Strothmann/Vieregge*, FS Oppenhoff, 1985, S. 451 (463).

gungslage¹⁴⁰ oder einer besonderen Notlage des anderen Teils,¹⁴¹ so kommt auch hier die *Unwirksamkeit* der Kündigung in Betracht. Entsprechendes gilt dann, wenn der kündigende Gesellschafter vor der Kündigung Maßnahmen getroffen hat, um auf die kündigungsbedingte Abwicklung in Verfolgung eigener Interessen Einfluss zu nehmen und sich die Geschäftschancen des von der Gesellschaft betriebenen Unternehmens unter Übergehung der Mitgesellschafter zu sichern.¹⁴² Die Unwirksamkeitsfolge kann je nach Lage des Falles schließlich auch bei ungewöhnlich **widersprüchlichem Verhalten** eingreifen, wenn etwa ein Gesellschafter von seinem Kündigungsrecht Gebrauch macht, nachdem er kurz zuvor Mitgesellschafter zur Erhöhung ihrer Einlage oder zum Verzicht auf eine günstige Gelegenheit, aus der Gesellschaft auszuscheiden, bewogen hatte.¹⁴³ Im Übrigen bewendet es aber, wie die in § 723 Abs. 2 für die Kündigung zur Unzeit angeordnete Sanktion zeigt, bei bloßen *Schadensersatzansprüchen*. Zum Kündigungsausschluss wegen Verwirkung → Rn. 47.

Das bloße **Fehlen eines Kündigungsgrundes** reicht demgegenüber gewöhnlich nicht aus, um hierauf den Missbrauchseinwand gegen eine *ordentliche* Kündigung zu stützen.¹⁴⁴ Andernfalls würde die gesetzlich vorgesehene Unterscheidung zwischen dem regelmäßigen und dem außerordentlichen, einen wichtigen Grund erfordernden Auflösungsrecht unzulässig verwischt und die in § 723 Abs. 3 bestimmte Unverzichtbarkeit des ordentlichen Kündigungsrechts in Frage gestellt. Nicht ausgeschlossen ist allerdings, dass im Einzelfall eine willkürliche, die gemeinsam geschaffenen Werte grundlos beeinträchtigende und die übrigen Gesellschafter schädigende Kündigung auch außerhalb von Abs. 2 zu Schadensersatzansprüchen wegen Treupflichtverstoßes führen kann.¹⁴⁵ 60

V. Schranken abweichender Vereinbarungen (Abs. 3)

1. Allgemeines. Das in § 723 Abs. 3 geregelte Verbot, das Kündigungsrecht des Abs. 1 auszuschließen oder entgegen dieser Vorschrift zu beschränken, beruht auf dem auch in anderen Kündigungsbestimmungen des BGB (§§ 624, 671 Abs. 3) zum Ausdruck kommenden **allgemeinen Rechtsgrundsatz,** dass das Eingehen persönlicher oder wirtschaftlicher Bindungen ohne zeitliche Begrenzung und ohne Kündigungsmöglichkeit mit der **persönlichen Freiheit der Vertragschließenden** unvereinbar ist und von ihnen daher auch nicht wirksam vereinbart werden kann.¹⁴⁶ Für das Gesellschaftsrecht hat der Grundsatz in § 724 dadurch eine weitere Verstärkung erfahren, dass nach dieser Vorschrift Vereinbarungen über eine Gesellschaftsdauer auf Lebenszeit eines Gesellschafters wegen der daraus resultierenden Bindung auf unüberschaubar lange Zeit unwirksam sind und die betroffenen Gesellschaften grundsätzlich wie unbefristete behandelt werden (→ § 724 Rn. 9 f.). 61

Der grundlegenden Bedeutung der Norm entsprechend ist ihre Geltung auch für den Bereich der **Personenhandelsgesellschaften**¹⁴⁷ und der **stillen Gesellschaft**¹⁴⁸ anerkannt. Für die Kündigung aus wichtigem Grund bzw. die ihr gleichstehende Auflösungsklage folgt die Unentziehbarkeit zwar bereits aus den Vorschriften der §§ 133 Abs. 3, 234 Abs. 1 S. 2 HGB. Darüber hinaus geht die 62

---

¹⁴⁰ BGHZ 30, 195 (202) = NJW 1959, 1683 zu § 135 HGB.
¹⁴¹ OGH NJW 1950, 503 (504) zur Kündigung gegenüber einer Kriegerwitwe, die noch im Ungewissen über das Schicksal ihres Mannes war.
¹⁴² So auch MüKoHGB/*K. Schmidt* HGB § 132 Rn. 20; vgl. zur Anfechtbarkeit eines Auflösungsbeschlusses in der GmbH aus diesem Grunde BGHZ 76, 352 (355 ff.) = NJW 1980, 1278.
¹⁴³ So auch *Strothmann/Vieregge,* FS Oppenhoff, 1985, S. 451 (463 f.); je nach Lage des Falles kann darin sogar die konkludente Vereinbarung einer Mindestdauer zu sehen sein (→ Rn. 25).
¹⁴⁴ So aber *Merkel* NJW 1961, 2004 (2005); *Siebel* DNotZ 1954, 71 (73); dagegen zu Recht schon RGRK-HGB/*Weipert*, 2. Aufl. 1950, HGB Anm. 13; Schlegelberger/*K. Schmidt* HGB § 132 Rn. 19; im Grundsatz auch *Oetker*, Das Dauerschuldverhältnis und seine Beendigung, 1994, S. 272 ff.
¹⁴⁵ Vgl. dazu *Ulmer* Vertragshändler S. 466 f. und Staub/*Schäfer* HGB § 132 Rn. 23; *Oetker*, Das Dauerschuldverhältnis und seine Beendigung, 1994, S. 289 ff., 293 f.
¹⁴⁶ BGHZ 50, 316 (322) = NJW 1968, 2003; BGHZ 126, 226 (230 f.) = NJW 1994, 2536 (2537); BGH NJW 1973, 1602; 1954, 106; BGHZ 23, 10 (15) = NJW 1957, 461 für die stille Gesellschaft; so mit zT unterschiedlicher Akzentsetzung auch Soergel/*Hadding/Kießling* Rn. 55; *Wiedemann* GesR I S. 396 f.; *ders.* WM 1992, Beilage 7 S. 23 (50 f.); *Oetker*, Das Dauerschuldverhältnis und seine Beendigung, 1994, S. 470 ff. Weitergehend *Reuter* AcP 181 (1981), 1 (7 ff.), der in wirtschaftlichen Vereinigungen unabhängig von ihrem mehr vereins- oder gesellschaftsrechtlichen Charakter den Beteiligten stets ein kurzfristiges Austrittsrecht nach § 39 gewähren will.
¹⁴⁷ Vgl. BGH NJW 1985, 193 sowie für OHG und KG BGH NJW 1954, 106; MüKoHGB/*K. Schmidt* HGB § 132 Rn. 30; Staub/*Schäfer* HGB § 132 Rn. 29; *Wiedemann* WM 1992, Beilage 7 S. 23 (50); im Ergebnis auch Bamberger/Roth/*Schöne* Rn. 31: allgemeiner Rechtsgrundsatz.
¹⁴⁸ BGHZ 23, 10 (14) = NJW 1957, 461; BGH NJW 1992, 2696 (2698); WM 1983, 170 (171); vgl. auch BGHZ 50, 316 (321) = NJW 1968, 2003 – Unterbeteiligung; ebenso Staub/*Harbarth* HGB § 234 Rn. 23; MüKoHGB/*K. Schmidt* HGB § 234 Rn. 47; *Wiedemann* WM 1992, Beilage 7 S. 23 (50); aA noch RGZ 156, 129 (134 f.).

hM inzwischen zu Recht davon aus, dass § 723 Abs. 3 trotz des aus dem Gesetzesaufbau nahe liegenden Umkehrschlusses auch auf die *ordentliche* Kündigung unbefristeter Gesellschaften des Handelsrechts anwendbar ist.[149]

63 Die **Rechtsfolgen** von § 723 Abs. 3 bestehen in der *Nichtigkeit entgegenstehender Kündigungsbeschränkungen*. Eine Erstreckung der Nichtigkeit auf den Gesellschaftsvertrag im Ganzen scheidet abweichend von § 139 regelmäßig aus (→ § 705 Rn. 53). An die Stelle der nichtigen Vereinbarungen tritt *dispositives* Recht, soweit nicht der Gesellschaftszweck oder die sonstigen zwischen den Beteiligten getroffenen Vereinbarungen erkennen lassen, dass sie übereinstimmend eine zeitlich unbegrenzte oder langanhaltende Bindung gewollt und mit der Nichtigkeit aus § 723 Abs. 3 bzw. der Behandlung der Gesellschaft als unbefristete nach Maßgabe von § 724 nicht gerechnet haben. In derartigen Fällen sind die Gerichte befugt, dem Parteiwillen durch *ergänzende Vertragsauslegung*, dh Festsetzung einer den Vorstellungen der Beteiligten möglichst nahekommenden, noch zulässigen Befristung Rechnung zu tragen.[150]

64 2. **Befristung der Gesellschaft. a) Zulässigkeit und Grenzen.** Vereinbarungen über eine Befristung der Gesellschaft unter Ausschluss der ordentlichen Kündigung (→ Rn. 22 ff.) werden von Abs. 3 grundsätzlich **nicht berührt** (arg. §§ 723 Abs. 1 S. 2, 724). Das Recht zur ordentlichen Kündigung ist nur für unbefristete Gesellschaften gewährleistet (→ Rn. 20). Allerdings ist die früher verbreitete Ansicht, Befristungen könnten zwar nicht auf die Lebenszeit eines Gesellschafters, im Übrigen aber *zeitlich unbeschränkt* und wesentlich über die Lebenserwartungen der jeweiligen Beteiligten hinaus vereinbart werden,[151] ist seit den 1970er Jahren zunehmend auf **Kritik** gestoßen.[152] Soweit dabei entweder für eine entsprechende Anwendung des für Dienstverträge von mehr als fünf Jahren in § 624 zwingend eingeräumten Kündigungsrechts plädiert[153] oder die wirksame Befristung der Gesellschaft auf einen Zeitraum beschränkt wird, der die Lebenserwartung des ältesten Mitglieds nicht übersteigt,[154] oder schließlich die Zulässigkeit der Befristung davon abhängig gemacht wird, dass sie durch den Gesellschaftszweck geboten ist,[155] kann dem zwar nicht gefolgt werden; diese Ansichten sind unvereinbar mit der den Gesellschaftern zustehenden Vertragsgestaltungsfreiheit und lassen sich auch nicht auf § 724 S. 1 stützen. Im Übrigen ist den Kritikern jedoch darin Recht zu geben, dass § 723 Abs. 3 iVm § 724 S. 1 die Gesellschafter vor der Eingehung unüberschaubarer Bindungen schützen will.[156]

---

[149] Vgl. BGH NJW 1985, 193 sowie für OHG und KG BGH NJW 1954, 106; MüKoHGB/*K. Schmidt* HGB § 132 Rn. 30; Staub/*Schäfer* HGB § 132 Rn. 29; *Wiedemann* WM 1992, Beilage 7 S. 23 (50); im Ergebnis auch Bamberger/Roth/*Schöne* Rn. 31: allgemeiner Rechtsgrundsatz; allg. auch *Andörfer,* Ausschluss und Beschränkung des Kündigungsrechts bei Personengesellschaften, 1967, S. 23 ff.

[150] BGH NJW 1994, 2886 (2888); BB 1967, 309; zust. *Flume* BGB AT I 1 § 13 II, S. 194; Erman/*Westermann* Rn. 22; MüKoHGB/*K. Schmidt* HGB § 132 Rn. 35; *Oetker,* Das Dauerschuldverhältnis und seine Beendigung, 1994, S. 557 ff. Für richterliche Ersetzung der übermäßigen oder auf Lebenszeit eingegangenen Bindung durch eine nicht zulässige auch *G. Hueck,* FS Larenz, 1973, S. 741 (748). Allg. zur ergänzenden Auslegung von Gesellschaftsverträgen → § 705 Rn. 174.

[151] BGHZ 10, 91 (98) = NJW 1953, 1217; *Flume* BGB AT I 1 § 13 II, S. 194 ff.; *ders.* ZHR 148 (1984), 503 (520); *Hueck* OHG § 24 I 5, S. 365; GroßkommHGB/*Ulmer,* 3. Aufl. 1971, HGB § 132 Rn. 31; *Andörfer,* Ausschluss und Beschränkung des Kündigungsrechts bei Personengesellschaften, 1967, S. 39; *Merle,* FS Bärmann, 1975, S. 631 (640 ff.); so vorbehaltlich § 138 auch noch Staudinger/*Habermeier* (2003) Rn. 8 und *K. Schmidt* BMJ-Gutachten S. 540.

[152] Mit unterschiedlicher Begründung etwa *Heckelmann,* Abfindungsklauseln in Gesellschaftsverträgen, 1973, S. 132 f.; *U. Huber,* Vermögensanteil, 1970, S. 54; *Nitschke,* Körperschaftlich strukturierte Personengesellschaft, 1970, S. 367 ff.; *Reuter,* Privatrechtliche Schranken der Perpetuierung von Unternehmen, 1972, S. 281 ff.; *Wiedemann* GesR I S. 398 f.; *Gersch* BB 1977, 871 (873 f.); vgl. auch Staub/*Schäfer* HGB § 132 Rn. 33 f.

[153] *Nitschke,* Körperschaftlich strukturierte Personengesellschaft, 1970, S. 369 f.; so auch *Wiedemann* WM 1992, Beilage 7 S. 23 (51) und *ders.,* GesR II § 3 III 5, S. 272 für geschäftsführende Gesellschafter; dagegen OLG München BeckRS 2011, 1289; *Wertenbruch* DB 2009, 1223, der allerdings § 624 für die Bestimmung einer zulässigen Festlaufzeit der Gesellschaft heranzieht; *G. Hueck,* FS Larenz, 1973, S. 741 (744) Fn. 4; *Merle,* FS Bärmann, 1975, S. 631 (640 f.); *Gersch* BB 1977, 871 (873); Staudinger/*Habermeier* (2003) Rn. 8.

[154] So *Heckelmann,* Abfindungsklauseln in Gesellschaftsverträgen, 1973, S. 133; aA die ganz hM, vgl. Soergel/Hadding/*Kießling* § 724 Rn. 1; Staub/*Schäfer* HGB § 134 Rn. 3; Baumbach/Hopt/*Roth* HGB § 134 Rn. 3; *Hueck* OHG § 24 I 1 Fn. 6; → § 724 Rn. 6.

[155] So *Reuter,* Privatrechtliche Schranken der Perpetuierung von Unternehmen, 1972, S. 281, 283; ähnlich *Wiedemann* GesR I S. 399, der von der Situation von Gesellschaft oder Gesellschaftern beruhende Gründe verlangt; dagegen zu Recht *Gersch* BB 1977, 871 (873).

[156] Zutr. weist *Flume* ZHR 148 (1984), 503 (520) Fn. 97 (vgl. schon Mot. in Mugdan II S. 347) zwar darauf hin, dass sich § 723 Abs. 3 nur gegen den Ausschluss der ordentlichen Kündigung bei *unbefristeten* Gesellschaften (und daneben gegen die Beschränkung des Rechts zur Kündigung aus wichtigem Grund) richtet; das schließt es aber nicht aus, unter Umgehungsgesichtspunkten befristete, auf überlange Zeit eingegangene Gesellschaften wie unbefristete zu behandeln.

Zu den danach wegen übermäßiger Bindung als **unbefristet** zu behandelnden, nach § 723 Abs. 1 **65** S. 1, Abs. 3 grundsätzlich jederzeit kündbaren Gesellschaften gehören nicht nur solche, die durch Bindung der Gesellschaftsdauer an die **Lebenszeit** eines Gesellschafters zu unübersehbaren Bindungen führen, sondern auch auf **überlange** und deshalb für den einzelnen Gesellschafter nicht mehr überschaubare Zeit eingegangene Zusammenschlüsse.[157] Entgegen einer in früheren Jahrzehnten verbreiteten Ansicht sind daher Zeitvereinbarungen „auf 99 Jahre", „bis zum Jahre 2100" oÄ nicht nur dann nichtig, wenn sie im Einzelfall wegen sittenwidriger Knebelung gegen § 138 verstoßen. Vielmehr ist in derartigen Fristen angesichts des auf die persönliche Freiheit der Gesellschafter gerichteten Schutzzwecks der §§ 723, 724 eine unzulässige *Umgehung des in § 723 Abs. 3 verbotenen Kündigungsausschlusses* zu sehen.[158] Zu den Rechtsfolgen übermäßig langer und daher nichtiger Bindungen → Rn. 63.

Die Frage, wo die zeitliche **Grenze zulässiger Zeitbestimmungen** verläuft, lässt sich nicht **66** unabhängig vom Einzelfall beantworten. Hierbei sind außer dem schutzwürdigen Interesse der einzelnen Gesellschafter an absehbaren einseitigen, ohne wichtigen Grund gewährten Lösungsmöglichkeiten auch die Struktur der Gesellschaft, sei es als Familiengesellschaft, als Arbeits- und Haftungsgemeinschaft oder als sonstige Interessengemeinschaft, die Art und das Ausmaß der für die Beteiligten aus dem Gesellschaftsvertrag folgenden Pflichten sowie das durch den Gesellschaftszweck begründete Interesse an möglichst langfristigem Bestand der Gesellschaft zu berücksichtigen.[159] Die verschiedentlich genannte Maximaldauer von 30 Jahren[160] erscheint daher als generelle Richtschnur zu schematisch; als Obergrenze mag ihr immerhin eine gewisse Berechtigung zukommen.[161] Je nach Lage des Falles können auch kürzere Fristen gegen § 723 Abs. 3 verstoßen; das gilt nicht zuletzt mit Rücksicht auf das grundsätzlich unbegrenzte Haftungsrisiko der Gesellschafter einer Außen-GbR. In neuerer Zeit hat der BGH Zeitbestimmungen zwischen 5 und 12 Jahren noch als akzeptabel angesehen,[162] während er den Kündigungsausschluss für 30 Jahre bei einem Sozietätsvertrag als Verstoß gegen § 723 Abs. 3 wertete.[163] Die mit übermäßigen Befristungen verbundenen Risiken für die Wirksamkeit der vereinbarten Zeitdauer lassen sich unter Wahrung des Bestandsinteresses der Gesellschafter am besten dadurch vermeiden, dass in Verbindung mit zeitlich überschaubaren Dauerregelungen eine Fortsetzungsklausel für den Kündigungsfall vereinbart (→ Rn. 72) und zugleich abweichend von § 723 Abs. 1 S. 1 eine angemessene Frist für die ordentliche Kündigung zum jeweiligen Stichtag vorgesehen wird.

Keinen Fall einer (ggf. übermäßigen) Befristung bildet die Bindung der Gesellschaftsdauer an ein **67** künftiges *ungewisses* Ereignis wie die Auflösung oder Insolvenz einer mit der GbR eng verbundenen Kapitalgesellschaft[164] oder das Aussterben eines Gesellschafterstamms.[165] Derartige Fälle einer **auflösend bedingten Gesellschaft** sind mangels Befristung als *unbefristete* jederzeit kündbar, soweit keine Anhaltspunkte für eine konkludente Befristung oder eine ergänzende Vertragsauslegung bestehen (→ Vor § 723 Rn. 21). Das folgt aus Abs. 1 S. 1, ohne dass es eines Rückgriffs auf Abs. 3 bedarf.

---

[157] So im Anschluss an BGHZ 50, 316 (321) = NJW 1968, 2003 *Gersch* BB 1977, 874; *K. Schmidt* GesR § 50 II 4c; Soergel/*Hadding/Kießling* Rn. 28; Erman/*Westermann* Rn. 22; 2003; *Wiedemann* GesR II § 3 III 5, S. 269; vgl. auch *U. Huber*, Vermögensanteil, 1970, S. 54; aA auch in jüngerer Zeit noch *Flume* BGB AT I 1 § 13 II und *ders.* ZHR 148 (1984), 503 (520).

[158] So jetzt ausdrücklich auch BGH NJW 2007, 295 f.; vgl. ferner Staub/*Schäfer* HGB § 132 Rn. 33 f. (abw. noch Großkomm HGB/*Ulmer*, 3. Aufl. 1971, HGB § 134 Anm. 7) sowie BGH ZIP 2012, 1599: Befristung der Beteiligung an einem geschlossenen Fonds auf 31 Jahre ist unzulässig, wenn damit das ordentliche Kündigungsrecht ausgeschlossen (oder unzulässig) eingeschränkt wird.

[159] Vgl. dazu auch die Erwägungen bei *G. Hueck*, FS Larenz, 1973, S. 741 (746 f.) und *Wiedemann* GesR II § 3 III 5, S. 272, der für kapitalistisch beteiligte Gfter eine Grenze von zehn Jahren vorschlägt; *Ulmer* ZIP 2010, 805 (806), der dafür plädiert, bei großen, generationsübergreifenden Familien-KG'en zumindest an der 30-Jahres-Grenze festzuhalten.

[160] Vgl. etwa *Gersch* BB 1977, 871 (874); *U. Huber* Vermögensanteil, 1970, S. 54; näher *Oetker*, Das Dauerschuldverhältnis und seine Beendigung, 1994, S. 499 f., 501 ff.

[161] Ähnlich *K. Schmidt* GesR § 50 II 4c bb und MüKoHGB/*K. Schmidt* HGB § 132 Rn. 33; Staub/*Schäfer* HGB § 132 Rn. 34; vgl. auch *Ulmer* ZIP 2010, 805 (806 f.). Weitergehend noch BGH WM 1967, 315 (316): Bindung der Gesellschafter bis zu 30 Jahren kann im Allgemeinen als unbedenklich angesehen werden.

[162] BGH NZG 2006, 425: 5 Jahre; NJW 2005, 1784 (1786): 10–12 Jahre.

[163] BGH NJW 2007, 295 f. – auch unter Berücksichtigung der Berufsausübungsfreiheit nach Art. 12 GG; vgl. dazu auch die Anm. *Römermann* NJW 2007, 297.

[164] Zur entsprechenden Beurteilung der Bindung eines Konsortialvertrags an die Bestandsdauer der unbefristeten Kapitalgesellschaft der Konsorten vgl. *Noack*, Gesellschaftervereinbarungen bei Kapitalgesellschaften, 1994, S. 231 f.; für Behandlung einer auf die Dauer der Hauptgesellschaft eingegangenen Unterbeteiligung als unbefristete auch BGHZ 50, 316 (321 f.) = NJW 1968, 2003; dem folgend auch *Wiedemann* GesR II § 3 III 5, S. 269 f.

[165] Zum Kündigungsausschluss auf unbestimmte Zeit vgl. auch OLG Düsseldorf NZG 2000, 588 (589) – Bindung der Gesellschaftsdauer an die Nutzungszeit eines Bauwerks; OLG Karlsruhe NZG 2000, 304 (305) – Bindung an die Einstellung des Vertriebs sämtlicher in einer Liste aufgeführten Verlagswerke.

68 **b) Mindest- und Höchstfristen.** Zur Frage der konkludenten Vereinbarung von Vertragsfristen → Rn. 22 ff.; → Vor § 723 Rn. 14 ff. Als *Mindest*fristen schließen sie die ordentliche Kündigung für die entsprechende Zeit aus; die Grenzen ihrer Zulässigkeit bestimmen sich nach den vorstehend (→ Rn. 65 f.) genannten Grundsätzen. Demgegenüber haben *Höchst*fristen (→ Rn. 20) in erster Linie die Funktion, die Auflösung allein durch Zeitablauf, ohne besondere Kündigungserklärung, herbeizuführen. Ob sie darüber hinaus nach Art einer **festen** Befristung zugleich die ordentliche Kündigung während ihrer Dauer generell ausschließen sollen, ist Frage der Auslegung; eine Vermutung hierfür lässt sich aus der Vereinbarung einer Höchstdauer nicht ableiten.[166]

69 **c) Verlängerungsklauseln.** Nach den vorstehend (→ Rn. 65 ff.) genannten Maßstäben sind auch Verlängerungsklauseln zu beurteilen, die der **Gesellschaftermehrheit** das Recht einräumen, die befristete Gesellschaft durch Beschluss zu verlängern. Entsprechend den strengen Anforderungen für Mehrheitsbeschlüsse über Vertragsänderungen, die in den Kernbereich der Mitgliedschaft eingreifen (→ § 709 Rn. 91 f.), muss sich die Vereinbarung eindeutig auf die Vertragsverlängerung beziehen und die zeitlichen Grenzen der Verlängerung angeben.[167] Mit § 723 Abs. 3 unvereinbar sind danach nicht nur Verlängerungsklauseln, die keine Bestimmung über die Dauer der Verlängerung enthalten, sondern auch Regelungen, die eine mehrheitliche Verlängerung auf eine zwar bestimmte, aber insgesamt überlange Dauer (→ Rn. 65 f.) gestatten; anderes gilt, wenn sie sich mit einem Recht überstimmter Gesellschafter zum vorzeitigen Ausscheiden zum Verkehrswert verbinden.

70 **3. Vereinbarungen über die ordentliche Kündigung. a) Kündigungsausschluss.** Er ist bei unbefristeten, überlangen (→ Rn. 65) oder auf Lebenszeit eingegangenen Gesellschaften grundsätzlich **unzulässig**. Das gilt auch für Vereinbarungen, die Wirksamkeit der Kündigung vom Vorliegen bestimmter Gründe abhängig machen (→ Rn. 60),[168] sie an die Mitwirkung von Mitgesellschaftern oder eines gemeinsamen Vertreters oder gar an einen Mehrheitsbeschluss binden.[169] Einem Kündigungsausschluss steht es regelmäßig gleich, wenn der Gesellschaftsvertrag für den Fall der Kündigung das Ausscheiden des Kündigenden ohne Abfindung vorsieht (→ Rn. 76). Eröffnet der Gesellschaftsvertrag an Stelle der ordentlichen Kündigung ein jederzeitiges oder an bestimmte Fristen gebundenes **Austrittsrecht,** indem er nicht nur die Übertragung der Anteile zulässt, sondern den austrittswilligen Gesellschaftern auch einen Anspruch gegen die Mitgesellschafter auf Anteilsübernahme bei Unveräußerlichkeit einräumt, so ist dem Schutzzweck von § 723 Abs. 3 ausnahmsweise auch dadurch genüge getan;[170] die Vereinbarung steht funktionell einer Fortsetzungsklausel gleich. Entsprechendes gilt für eine gesellschaftsvertraglich vorgesehene Übertragung des Anteils des Kündigenden auf die verbleibenden Gesellschafter gegen angemessene Entschädigung.[171]

71 **b) Kündigungsbeschränkungen.** Sie sind nicht generell, sondern nur insoweit unwirksam, als nicht entweder § 723 Abs. 1 oder die sonstigen GbR-Regelungen (vgl. namentlich § 736 Abs. 1) den Rückschluss auf die Zulässigkeit solcher Vereinbarungen gestatten. Keine Bedenken bestehen demnach gegen *Kündigungsfristen* für die ordentliche Kündigung (vgl. § 723 Abs. 1 S. 6), solange sie nicht ihrerseits auf eine überlange Bindung hinauslaufen; die gleiche Wertung gilt für die ihnen funktionell entsprechenden *Kündigungstermine*. Derartige Vereinbarungen werden von der einhM zu Recht nicht als von Abs. 3 erfasste Beschränkungen gewertet.[172]

72 *Zulässig* sind weiter **Fortsetzungsklauseln,** die entweder unmittelbar zum Ausscheiden des Kündigenden führen oder den Mitgesellschaftern das Recht geben, die Fortsetzung ohne ihn zu beschlie-

---

[166] BGH WM 1967, 315 (316); MüKoHGB/*K. Schmidt* HGB § 132 Rn. 7 f.; Staub/*Schäfer* § 132 Rn. 3. Für jederzeitiges Kündigungsrecht bei Vereinbarung einer Höchstdauer *Hueck* OHG § 24 I 1; *Merle,* FS Bärmann, 1975, S. 631 (638).

[167] BGH NJW 1973, 1602 unter Einschluss auch von Vertreterklauseln; so auch Staudinger/*Habermeier* (2003) Vor §§ 723 ff. Rn. 6.

[168] *Merkel* NJW 1961, 2004 (2005); *Siebel* DNotZ 1954, 71 (73); dagegen zu Recht schon RGRK-HGB/ *Weipert,* 2. Aufl. 1950, § 132 Anm. 13; Schlegelberger/*K. Schmidt* HGB § 132 Rn. 19; im Grundsatz auch *Oetker,* Das Dauerschuldverhältnis und seine Beendigung, 1994, S. 272 ff.

[169] BGH NJW 1973, 1602; 1954, 106; RGZ 21, 93 (94); RG LZ 1911, 455; KG BeckRS 2009, 25559; Soergel/*Hadding/Kießling* Rn. 57; Staudinger/*Habermeier* (2003) Rn. 21; *Wiedemann* GesR I S. 398; einschr. MüKoHGB/*K. Schmidt* HGB § 132 Rn. 32. Zur Frage gesetzlicher Mitwirkungsrechte Dritter → Rn. 9 f.

[170] So auch *Wiedemann* GesR I S. 397 f.; *ders.* WM 1992, Beilage 7 S. 23 (51); *Simon* DB 1961, 1679 (1682); *Andörfer,* Ausschluss und Beschränkung des Kündigungsrechts bei Personengesellschaften, 1967, S. 34 f.; *H. P. Westermann* Vertragsfreiheit, 1970, S. 239 f.; weitergehend – für bloße Übertragbarkeit als ausreichendes Kündigungsäquivalent – *Barz* JW 1938, 490 (491); *Siebel* DNotZ 1954, 71 (73); MüKoHGB/*K. Schmidt* HGB § 132 Rn. 31: wenn zusätzlich die persönliche Haftung über die Höhe der Einlage hinaus ausgeschlossen ist; im Grundsatz auch *Nitschke,* Körperschaftlich strukturierte Personengesellschaft, 1970, S. 371.

[171] BGHZ 126, 226 (238) = NJW 1994, 2536.

[172] Vgl. etwa Soergel/*Hadding/Kießling* Rn. 60; Bamberger/Roth/*Schöne* Rn. 33.

ßen (→ § 736 Rn. 17). Nichtig wäre freilich eine Vereinbarung, die die Mehrheit berechtigt, die Gesellschaft unter Einschluss des Kündigenden fortzusetzen.[173] Problematisch im Zusammenhang mit Fortsetzungsklauseln sind aus der Sicht von § 723 Abs. 3 die verbreitet anzutreffenden **Abfindungsklauseln,** soweit sie für den kündigungsbedingt Ausscheidenden zu einer wesentlichen Schlechterstellung im Vergleich zur Lage bei Auflösung der Gesellschaft führen (→ Rn. 76); es gelten dann freilich die Rechtsfolgen unzulässiger Abfindungsbeschränkungen, während die Wirksamkeit der Fortsetzungsklausel unberührt bleibt.[174]

Als *unzulässige* Beschränkung des ordentlichen Kündigungsrechts ist auch die Vereinbarung einer **73 Vertragsstrafe** für den Fall der Kündigung anzusehen.[175] Auf die Höhe der Vertragsstrafe kommt es nicht an. Eine unzulässige, der Vertragsstrafe vergleichbare Beschränkung kann auch in einer Abfindungsklausel liegen, wonach das Auseinandersetzungsguthaben oder der Abfindungsanspruch des Kündigenden, ohne sachlichen Grund für die Differenzierung, nach ungünstigeren Maßstäben berechnet wird, als sie in den sonstigen Fällen der Auflösung oder des Ausscheidens gelten.[176] Demgegenüber hat der BGH Klauseln für unbedenklich gehalten, nach denen der aus einer als Innen-GbR konstituierten Schutzgemeinschaft kündigungsbedingt ausscheidende Gesellschafter verpflichtet ist, seine der Vertragsbindung unterliegenden Gesellschaftsanteile an die verbleibenden Gesellschafter zu übertragen, sofern er hierfür eine angemessene Abfindung erhält.[177] Auch sind nachvertragliche **Wettbewerbsverbote** grundsätzlich nicht als unzulässige Beschränkung des Kündigungsrechts einzuordnen.[178] – Zur Frage der Zulässigkeit eines die Kündigung ersetzenden **Andienungsrechts** oder einer die Kündigung ersetzenden **„Shoot-Out"-Klausel** in Konsortialvereinbarungen → Vor § 705 Rn. 69a. Zur Vereinbarkeit von **Rentenanspruchsklauseln** mit § 723 Abs. 3 → § 738 Rn. 69.

4. Einschränkungen der Kündigung aus wichtigem Grund. Beschränkungen des in Abs. 1 **74** S. 2 und 3 Nr. 1 und 2 vorgesehenen außerordentlichen Kündigungsrechts sind ebenso wie dessen Ausschluss **generell unzulässig** und daher nichtig, soweit sie dazu führen, dass der kündigungswillige Gesellschafter bei Vorliegen eines wichtigen Grundes an der sofortigen Auflösung der Gesellschaft bzw. – im Fall einer Fortsetzungsklausel – am sofortigen Ausscheiden gehindert wird.[179] Nichtig sind danach Klauseln, die die Kündigung von anderen als rein verfahrensmäßigen Voraussetzungen wie der Einhaltung einer bestimmten Form abhängig machen, sie etwa an die Einhaltung von bestimmten Fristen binden[180] oder die Kündigungswirkung erst zu bestimmten Terminen wie dem Geschäftsjahresende eintreten lassen.[181] Gleiches gilt für Abfindungsbeschränkungen in einem die Entschließungsfreiheit des Kündigungswilligen beeinträchtigenden Umfang (→ Rn. 76), während gegen eine Fortsetzungsklausel ebenso wie im Fall der ordentlichen Kündigung (→ Rn. 72) keine Bedenken bestehen.[182] Die Feststellungen über die Unzulässigkeit von Beschränkungen des ordentlichen Kündigungsrechts (→ Rn. 70 ff.) gelten umso mehr für die Kündigung aus wichtigem Grund. Zur Unwirksamkeit einer die außerordentliche Kündigung ersetzenden „Shoot-Out"-Klausel in Konsortialvereinbarungen → Vor § 705 Rn. 69a.

---

[173] Staudinger/*Habermeier* (2003) Rn. 23; vgl. auch BGHZ 48, 251 (256) = NJW 1967, 2157 zur Unzulässigkeit einer Mehrheitsklausel, die die Änderung der Folgen einer bereits ausgesprochenen Kündigung erstreckt. Zu Mehrheitsklauseln über die Verlängerung befristeter Gesellschaften → Rn. 69.

[174] BGH NJW 2008, 1943 Rn. 14 unter Berufung auf BGHZ 126, 226 (230) = NJW 1994, 2536 – Schutzgemeinschaft I, wo Entsprechendes hinsichtlich eines Andienungsrechts gesagt wurde (→ Vor § 705 Rn. 69a).

[175] RGZ 61, 328; *Strothmann/Vieregge,* FS Oppenhoff, 1985, S. 451 (457); Soergel/*Hadding/Kießling* Rn. 29; Staudinger/*Habermeier* (2003) Rn. 20, 23; MüKoHGB/*K. Schmidt* HGB § 132 Rn. 30; Staub/*Schäfer* HGB § 132 Rn. 37; vgl. auch § 344.

[176] Vgl. OLG Bamberg NZG 1998, 897 – übermäßiger Abfindungsanspruch des anderen Teils bei kündigungsbedingter Auflösung der Gesellschaft.

[177] BGHZ 126, 226 (234 ff.) = NJW 1994, 2536; zust. *Westermann* ZGR 1996, 272 (278); näher → Vor § 705 Rn. 69a.

[178] Staub/*Schäfer* HGB § 132 Rn. 38; MüKoHGB/*K. Schmidt* HGB § 132 Rn. 30; aA Soergel/*Hadding/Kießling* Rn. 65; erwogen auch bei BGH NJW 2005, 2618 (2619), im Ergebnis verneint.

[179] EinhM, vgl. RGZ 162, 388 (393); 136, 236 (243); Soergel/*Hadding/Kießling* Rn. 65; Staudinger/*Habermeier* (2003) Rn. 41; Bamberger/Roth/*Schöne* Rn. 34.

[180] Bamberger/Roth/*Schöne* Rn. 35; Staudinger/*Habermeier* (2003) Rn. 42; aA offenbar *Gersch* BB 1977, 871 (875), der längerfristigen, für die ordentliche Kündigung geltenden vertraglichen Schranken sogar durch ein befristetes außerordentliches Kündigungsrecht bei minder(?) wichtigem Grund im Wege der Rechtsfortbildung Rechnung tragen will.

[181] Vgl. einhM, vgl. RGZ 162, 388 (393); 136, 236 (243); Soergel/*Hadding/Kießling* Rn. 65; Staudinger/*Habermeier* (2003) Rn. 41; Bamberger/Roth/*Schöne* Rn. 34.

[182] RGZ 162, 388 (393); Staudinger/*Habermeier* (2003) Rn. 42; *Andörfer,* Ausschluss und Beschränkung des Kündigungsrechts bei Personengesellschaften, 1967, S. 154; → § 736 Rn. 10.

75 Umstritten ist, inwieweit der Vertrag **Vereinbarungen über den** zur Kündigung berechtigenden **wichtigen Grund** enthalten kann.[183] Keine Bedenken aus der Sicht von § 723 Abs. 3 bestehen zwar gegen Klauseln, die zu einer *Erleichterung* der außerordentlichen Kündigung führen, indem sie bestimmte Tatsachen stets als wichtigen Grund qualifizieren. Dagegen ist eine ins Gewicht fallende Kündigungs*erschwerung* auch dann ausgeschlossen, wenn sie auf dem Umweg über die vertragliche Konkretisierung des wichtigen Grundes erfolgt. Insbesondere kann nicht generell auf die Berücksichtigung bestimmter Umstände bei Feststellung des wichtigen Grundes verzichtet werden. Wohl aber ist es zulässig, dass die Gesellschafter bei Vertragsschluss ihre übereinstimmende Ansicht bekunden, bestimmte Umstände regelmäßig nicht als ausreichend für die vorzeitige Auflösung anzusehen.[184] Da der Rechtsbegriff des wichtigen Grundes der wertenden Ausfüllung unter Berücksichtigung der Gesamtumstände des jeweiligen Falles bedarf, sind solche Klauseln nicht zu beanstanden, mit denen die Beteiligten zum Ausdruck bringen, welche künftigen Störungen sie in Kauf zu nehmen bereit sind, ohne daran die Auflösungsfolge zu knüpfen. Derartige Vereinbarungen können freilich nicht wirksam ausschließen, dass besondere, namentlich unvorhergesehene Umstände des Einzelfalls gleichwohl Anlass zu einer abweichenden Wertung der im Gesellschaftsvertrag als noch zumutbar bezeichneten Tatsachen geben. Sie sind generell unzulässig, soweit sie auf Einschränkung des Kündigungsrechts des Abs. 1 S. 3 Nr. 2 bei Vollendung des 18. Lebensjahrs gerichtet sind.

76 **5. Abfindungsausschluss; übermäßige Abfindungsbeschränkungen.** Mit § 723 Abs. 3 unvereinbar sind nicht nur direkte unangemessene Erschwerungen des Kündigungsrechts der in → Rn. 68–73 genannten Art, sondern auch *indirekt* wirkende, den Kündigungswilligen von der Ausübung seines Rechts abhaltende Beschränkungen.[185] Das gilt in erster Linie für den vertraglichen *Ausschluss* einer Abfindung beim Ausscheiden des Kündigenden aus der von den übrigen Gesellschaftern fortgesetzten Gesellschaft. Er ist in aller Regel unvereinbar mit § 723 Abs. 3; ein Vorbehalt ist nur insoweit veranlasst, als es um eine Beteiligung ohne Vermögenseinlage oder um eine solche an einer Gesellschaft mit ideellem Zweck geht.[186] Vom Verbot des § 723 Abs. 3 erfasst werden aber auch *übermäßige Beschränkungen* des gesetzlichen Abfindungsanspruchs oder der Auszahlungsmodalitäten, wenn sie die Entschließungsfreiheit der Gesellschafter im Kündigungszeitpunkt ernsthaft beeinträchtigen.[187] Sie sind nichtig, wenn sie diese Wirkung schon im Zeitpunkt des Gesellschaftsvertragsschlusses entfalten.[188] Im Fall erst später, infolge zwischenzeitlicher Wertänderungen eintretender unverhältnismäßiger Diskrepanz zwischen gesetzlicher und vertraglicher Abfindung tritt zwar keine nachträgliche Nichtigkeit wegen Verstoßes gegen § 723 Abs. 3 ein. Die verbleibenden Gesellschafter sind jedoch nach § 242 gehindert, sich dem Ausscheidenden gegenüber auf die übermäßige Beschränkung zu berufen.[189] Zum Ganzen → § 738 Rn. 49 ff.

---

[183] Der Streit beschränkt sich auf die Zulässigkeit von Klauseln, die auf eine Erschwerung der Kündigung durch vertragliche Einschränkung der wichtigen Gründe gerichtet sind. Nur klarstellende, der Konkretisierung des „wichtigen Grundes" dienende Vereinbarungen lässt die hM zu Recht zu, vgl. RG JW 1938, 521 (522 f.); Staudinger/*Habermeier* (2003) Rn. 43; Erman/*Westermann* Rn. 24; *Hueck* OHG § 25 V 1a, S. 379; MüKoHGB/ *K. Schmidt* HGB § 132 Rn. 43; Staub/*Schäfer* HGB § 133 Rn. 70 f.; *Andörfer*, Ausschluss und Beschränkung des Kündigungsrechts bei Personengesellschaften, 1967, S. 140 ff.; wohl auch Soergel/*Hadding/Kießling* Rn. 67; weitergehend wohl Baumbach/Hopt/*Roth* HGB § 133 Rn. 19.

[184] Vgl. RG JW 1938, 521 (522 f.); Staudinger/*Habermeier* (2003) Rn. 43; Erman/*Westermann* Rn. 24; *Hueck* OHG § 25 V 1a, S. 379; MüKoHGB/*K. Schmidt* HGB § 132 Rn. 43; Staub/*Schäfer* HGB § 133 Rn. 70 f.; *Andörfer*, Ausschluss und Beschränkung des Kündigungsrechts bei Personengesellschaften, 1967, S. 140 ff.; wohl auch Soergel/*Hadding/Kießling* Rn. 67; weitergehend wohl Baumbach/Hopt/*Roth* HGB § 133 Rn. 19.

[185] Vgl. BGH ZIP 2008, 967 zur Frage, ob eine Klausel zulässig ist, wonach ein ausscheidender Gesellschafter für die Rentenansprüche der Alt-Sozien auch nach seinem Ausscheiden forthaftet (verneint); dazu auch LG Heidelberg NZG 2009, 1181 (Zulässigkeit ausnahmsweise bejaht).

[186] So zutr. *Flume* BGB AT I 1 § 12 III, S. 178. → § 738 Rn. 60 f.; zur besonderen Situation von Freiberufler-Sozietäten (Mitnahme des Mandantenstamms statt Abfindung etc) vgl. hier nur *Henssler* NZG 2012, 401 und *Wolff* NJW 2009, 1302.

[187] HM, vgl. BGH WM 1979, 1064 (1065); 1984, 1506; NJW 1989, 3272; 1993, 2101; 2008, 2990; NZG 2006, 425 – Liquidationswert betrug mehr als das Dreifache des vertraglich vereinbarten Ertragswerts; DStR 2014, 1404; OLG Bamberg NZG 1998, 897 – übermäßiger Abfindungsanspruch des anderen Teils bei kündigungsbedingter Auflösung der Gesellschaft; ebenso *Ulmer* NJW 1979, 82; Soergel/*Hadding/Kießling* Rn. 62; Erman/ *Westermann* Rn. 23; Staudinger/*Habermeier* (2003) § 738 Rn. 25; Staub/*Schäfer* HGB § 131 Rn. 172 ff.; Baumbach/ Hopt/*Roth* HGB § 131 Rn. 64; vgl. auch OLG Bamberg NZG 1998, 897 sowie zur Unwirksamkeit einer Regelung über die Haftung ausgeschiedener Sozien gegenüber Altsozien für deren Versorgungsansprüche BGH DStR 2008, 785 (786); aA MüKoHGB/*K. Schmidt* HGB § 131 Rn. 166: Kontrolle nach § 138; zum umgekehrten Fall – Abfindung übersteigt Zeitwert der Beteiligung – OLG München OLGR 2006, 516: kein Fall von § 138.

[188] So zutr. BGHZ 123, 281 (284) = NJW 1993, 3193 und BGHZ 126, 226 (233) = NJW 1994, 2536 entgegen den früher überwiegenden, auch die Möglichkeit späterer Unwirksamkeit bejahenden Ansichten.

[189] Näher dazu *Ulmer/Schäfer* ZGR 1995, 134 ff.

§ 724 Kündigung bei Gesellschaft auf Lebenszeit oder fortgesetzter Gesellschaft

¹Ist eine Gesellschaft für die Lebenszeit eines Gesellschafters eingegangen, so kann sie in gleicher Weise gekündigt werden wie eine für unbestimmte Zeit eingegangene Gesellschaft. ²Dasselbe gilt, wenn eine Gesellschaft nach dem Ablauf der bestimmten Zeit stillschweigend fortgesetzt wird.

Übersicht

	Rn.		Rn.
I. Grundlagen	1–5	1. Voraussetzungen	6, 7
1. Regelungsinhalt	1	2. Bindung an die Dauer einer juristischen Person oder Gesamthand als Gesellschafter	8
2. Normzweck	2–4		
3. Anwendungsbereich	5	3. Rechtsfolgen	9, 10
II. Gesellschaft auf Lebenszeit (S. 1)	6–10	III. Stillschweigende Fortsetzung (S. 2)	11–13

I. Grundlagen

1. Regelungsinhalt. Die Vorschrift des § 724 befasst sich aus der Sicht des Kündigungsrechts des 1 § 723 Abs. 1 S. 1 mit zwei besonderen, die Zeitdauer der Gesellschaft betreffenden Vertragsgestaltungen. **Satz 1** bezieht sich auf Gesellschaften, die auf Lebenszeit eines Gesellschafters eingegangen sind, und schreibt ihre Gleichstellung mit einer für *unbestimmte Zeit* eingegangenen Gesellschaft vor. Nach der Regel des § 723 Abs. 1 S. 1 sind sie daher – vorbehaltlich der Berücksichtigung eines abweichenden Parteiwillens (→ Rn. 9) – auch ohne wichtigen Grund jederzeit kündbar. Die Vorschrift ist jedenfalls insoweit **zwingend**, als sie auf Lebenszeit eingegangenen Bindungen die Wirksamkeit versagt.[1] Demgegenüber beschränkt sich **Satz 2** auf eine *Auslegungsregel* für den Fall, dass eine auf bestimmte Zeit eingegangene Gesellschaft stillschweigend fortgesetzt wird.[2] Insoweit sind die Parteien nicht gehindert, ausdrücklich oder stillschweigend im Rahmen des Fortsetzungsbeschlusses Abweichendes festzulegen.

2. Normzweck. Über den Normzweck von S. 1 ist viel gerätselt worden. Nach den Motiven 2 soll er darin liegen, Gesellschafter vor **Übereilung,** Selbsttäuschungen und Illusionen zu bewahren, wie sie erfahrungsgemäß gerade bei auf Lebenszeit eingegangenen Gesellschaftsverträgen vorkämen.[3] Wäre das richtig, so müssten unter die Vorschrift auch solche Verträge fallen, die auf eine zwar feste, aber die Lebenserwartung zumindest *eines* Gesellschafters übersteigende Zeit eingegangen sind. Diese Auslegung wird indes von der hM seit langem zu Recht abgelehnt (→ Rn. 6). Gerade langfristige Bindungen sprechen vielmehr häufig nicht für Leichtfertigkeit oder Übereilung der Beteiligten, sondern im Gegenteil für einen besonders ausgeprägten Bindungswillen mit Blick auf das gemeinsame Unternehmen. Der in den Motiven aufgestellte Erfahrungssatz lässt sich jedenfalls nicht belegen.

Eine zweite These geht dahin, die lebenslange Bindung einer Person an die Gesellschaft sei mit 3 den Anschauungen über die **persönliche Freiheit** unvereinbar.[4] Auch insoweit überwiegen indessen schon deshalb die Zweifel, weil das BGB an anderen Stellen lebenslange Bindungen ausdrücklich honoriert (so für Miete und Pacht in §§ 544 S. 2, 581 Abs. 2). Im Übrigen beschneidet eine – nach bisher überwiegender Meinung zulässige (→ § 723 Rn. 66) – dreißigjährige Frist je nach dem Alter der Gesellschafter deren persönliche Freiheit in nicht geringerem Maße als eine lebenslange Bindung.

Den *Vorzug* verdient die Ansicht, dass § 724 S. 1 die **Gesellschafter vor unüberschaubaren** 4 **Bindungen schützen** will.[5] Dabei liegt die Unüberschaubarkeit im Falle der lebenslangen Bindung weniger in deren absoluter Länge als in dem nicht vorhersehbaren Zeitpunkt der Auflösung.

3. Anwendungsbereich. § 724 gilt unmittelbar nur für die **GbR** unter Einschluss der stillen 5 Gesellschaft des bürgerlichen Rechts;[6] bei dieser tritt jedoch an die Stelle jederzeitiger Kündigungs-

---

[1] EinhM, vgl. Soergel/*Hadding/Kießling* Rn. 1; Bamberger/Roth/*Schöne* Rn. 3; Staudinger/*Habermeier* (2003) Rn. 2; Palandt/*Sprau* Rn. 1.
[2] *Hueck* OHG § 24 I 1, S. 361; Soergel/*Hadding/Kießling* Rn. 8; abw. Staudinger/*Habermeier* (2003) Rn. 6 (Umdeutung).
[3] Mot. II S. 621.
[4] So etwa RGZ 156, 129 (136); ähnlich Soergel/*Hadding/Kießling* Rn. 1, die auf das Recht zur freien Entfaltung der Persönlichkeit verweisen; aA Erman/*Westermann* Rn. 1.
[5] HM, vgl. BGH WM 1967, 315; *G. Hueck*, FS Larenz, 1973, S. 741 (742); Erman/*Westermann* Rn. 1; Staudinger/*Habermeier* (2003) Rn. 1; Staub/*Schäfer* HGB § 134 Rn. 2; *Gersch* BB 1977, 871 (873 f.); *Merle*, FS Bärmann, 1975, S. 631 (646); → § 723 Rn. 61.
[6] So auch Soergel/*Hadding/Kießling* Rn. 3; Bamberger/Roth/*Schöne* Rn. 2; im Ansatz übereinstimmend auch Staudinger/*Habermeier* (2003) Rn. 1, der aber auf die unternehmenstragende GbR § 134 HGB anwenden will.

möglichkeit die befristete Kündigung nach § 234 Abs. 1 S. 1 HGB (→ § 705 Rn. 288). Für die Personenhandelsgesellschaften einschließlich der stillen Gesellschaft des Handelsrechts findet sich eine inhaltsgleiche Regelung in §§ 134, 234 Abs. 1 S. 1 HGB. Eine unterschiedliche Auslegung der jeweiligen Normen ist nicht veranlasst.

II. Gesellschaft auf Lebenszeit (S. 1)

6 **1. Voraussetzungen.** Das Eingreifen von S. 1 hängt nach hM davon ab, dass die Gesellschaft **ausdrücklich** auf die Lebenszeit eines oder mehrerer Gesellschafter eingegangen ist.[7] Nicht zu folgen ist den lange überwunden geglaubten[8] abweichenden Stimmen, die auch diejenigen Fälle in die Regelung einbeziehen wollen, in denen zwar eine feste, kalendermäßig bestimmte Dauer vereinbart ist, diese jedoch die voraussichtliche Lebenserwartung mindestens eines Gesellschafters übersteigt.[9] Sie können sich weder auf den richtig verstandenen Schutzzweck der Norm (→ Rn. 4) berufen noch bieten sie praktikable Lösungen für die Vertragsgestaltung an.[10] Mit der hM ist vielmehr am Erfordernis einer ausdrücklich auf die Lebenszeit bestimmter Gesellschafter abstellenden Dauervereinbarung festzuhalten. Zur Problematik überlanger kalendermäßig fixierter Bindungen → § 723 Rn. 65 f.

7 § 724 S. 1 greift nur ein, wenn die Lebenszeit eines Gesellschafters als **Fest- oder Mindestdauer** der Gesellschaft vereinbart ist. Es genügt bereits, dass eine derartige Bindung für *einen* Gesellschafter begründet ist, während die übrigen schon vor dem Ablauf dieser Zeit zur Kündigung berechtigt sind.[11] Dagegen ist die Vorschrift unanwendbar, wenn die Lebenszeit als Höchstdauer gewählt ist und daneben eine feste Mindestzeit oder ein periodisches Kündigungsrecht besteht.[12] In derartigen Fällen fehlt es an der in S. 1 vorausgesetzten unüberschaubaren, nicht ohne wichtigen Grund lösbaren Bindung.

8 **2. Bindung an die Dauer einer juristischen Person oder Gesamthand als Gesellschafter.** Sie fällt nach zutreffender Ansicht *nicht* unter S. 1.[13] Das folgt bereits aus Wortlaut und Entstehungsgeschichte der Vorschrift. Es besteht aber auch kein Bedürfnis zu ihrer erweiternden Auslegung oder analogen Anwendung auf Fälle dieser Art. Denn wenn für die Gesellschafter-Gesellschaft wirksam eine Frist vereinbart ist, so gilt die gleiche Befristung auch für die auf deren Dauer eingegangene Gesellschaft; eine unüberschaubare Bindung ist nicht gegeben. Enthält der Vertrag (die Satzung) der Gesellschafter-Gesellschaft dagegen keine Frist, so gilt Entsprechendes auch für die Gesellschaft, an der die Beteiligung besteht;[14] die Bezugnahme auf die unbestimmte Dauer jener Gesellschaft führt bei ihr nicht zu einer Befristung, sondern zu einer auflösenden Bedingung (→ § 723 Rn. 67). Die Gesellschaft ist daher auch ohne Anwendung von § 724 S. 1 grundsätzlich jederzeit kündbar.

9 **3. Rechtsfolgen.** In Rechtsprechung und Literatur besteht weitgehend Einigkeit darüber, dass die in § 724 S. 1 angeordnete Gleichstellung der auf Lebenszeit eines Gesellschafters eingegangenen mit einer unbefristeten, *jederzeit kündbaren* Gesellschaft nicht zwingend ist; sie soll vielmehr nur dann eintreten, wenn sich aus den Umständen, insbesondere aus dem Gesellschaftszweck, ein **abweichender Parteiwille** ergibt.[15] Dem ist aus den in § 723 Rn. 63 genannten Gründen zuzustimmen. Zur Begründung bedarf es nicht des Rückgriffs auf die Störung der Geschäftsgrund-

---

[7] Soergel/*Hadding/Kießling* Rn. 1; Staudinger/*Habermeier* (2003) Rn. 3; *Hueck* OHG § 24 I 1, S. 360 f. Fn. 6; MüKoHGB/*K. Schmidt* HGB § 134 Rn. 10; *Gersch* BB 1977, 871 (872 f.).
[8] Vgl. *Barz* JW 1938, 490 (491 f.); RGRK-HGB/*Weipert*, 2. Aufl. 1950, HGB § 134 Anm. 4; *Würdinger* Gesellschaften S. 137.
[9] So *Heckelmann*, Abfindungsklauseln in Gesellschaftsverträgen, 1973, S. 132 f.; *U. Huber* Vermögensanteil S. 54; wohl auch *Teichmann*, Gestaltungsfreiheit in Gesellschaftsverträgen, 1970, S. 240 f.
[10] Vgl. dazu nur *G. Hueck*, FS Larenz, 1973, S. 741 ff.; *Merle*, FS Bärmann, 1975, S. 631 (639 ff., 647).
[11] RGZ 156, 129 (136); Soergel/*Hadding/Kießling* Rn. 5; Bamberger/Roth/*Schöne* Rn. 3; Staudinger/*Habermeier* (2003) Rn. 3; Erman/*Westermann* Rn. 1; MüKoHGB/*K. Schmidt* HGB § 134 Rn. 12.
[12] Ganz hM, vgl. Soergel/*Hadding/Kießling* Rn. 5; *Hueck* OHG § 24 I 1, S. 360 f. Fn. 6; Staub/*Schäfer* HGB § 134 Rn. 4; aA nur *Merle*, FS Bärmann, 1975, S. 631 (648 f.).
[13] Soergel/*Hadding/Kießling* Rn. 6; Bamberger/Roth/*Schöne* Rn. 6; Erman/*Westermann* Rn. 2; Staub/*Schäfer* HGB § 134 Rn. 4; Baumbach/*Hopt* HGB § 134 Rn. 3; *Hueck* OHG § 24 I 1, S. 360 f. Fn. 6; *Simon* DB 1961, 1679 (1681); aA für die unbefristete Gesellschafter-Gesellschaft, sofern die Bindung als Mindestdauer zu verstehen ist, MüKoHGB/*K. Schmidt* HGB § 134 Rn. 13.
[14] BGHZ 50, 316 (321 f.) = NJW 1968, 2003; so auch RGRK/*v. Gamm* Rn. 2 und *Simon* DB 1961, 1679 (1681).
[15] BGH WM 1967, 315; Soergel/*Hadding/Kießling* Rn. 7; Staudinger/*Habermeier* (2003) Rn. 2; MüKoHGB/ *K. Schmidt* HGB § 134 Rn. 15; Staub/*Schäfer* HGB § 134 Rn. 7; Erman/*Westermann* Rn. 2; *Simon* DB 1961, 1679 (1682); *Flume* BGB AT I 1 § 13 II, S. 194 ff.

lage.¹⁶ Vielmehr sind die Gerichte befugt, dem erkennbaren Parteiwillen trotz Unzulässigkeit der auf Lebenszeit eingegangenen Bindung durch ergänzende Vertragsauslegung (→ § 705 Rn. 174) Rechnung zu tragen. Der Schutzzweck der Norm steht nicht entgegen, weil er nur eine zeitlich unbegrenzte und deshalb unüberschaubare Bindung verhindern will (→ Rn. 4).¹⁷

Bewendet es vorbehaltlich der Erwägungen in → Rn. 9 im Grundsatz bei der Rechtsfolge 10 des § 724 S. 1, so steht das **Kündigungsrecht** aus § 723 Abs. 1 S. 1 grundsätzlich **allen** Gesellschaftern zu, dh nicht nur denjenigen, auf deren Lebenszeit die Gesellschaftsdauer abgestellt war.¹⁸ Die Vertragsauslegung kann freilich auch insoweit zu einem abweichenden Ergebnis führen. Ist den Mitgesellschaftern etwa im Unterschied zu dem auf Lebenszeit Gebundenen ein von bestimmten Fristen und Terminen abhängiges, ordentliches Kündigungsrecht schon während dessen Mitgliedstellung eingeräumt, so steht nichts entgegen, an dieser Regelung ihnen gegenüber trotz Eingreifens von § 724 S. 1 festzuhalten und ihr den Vorzug vor der jederzeitigen Kündigung zu geben.

III. Stillschweigende Fortsetzung (S. 2)

Die Vorschrift des S. 2 greift als **Auslegungsregel** (→ Rn. 1) ein, wenn es **nach Auflösung** 11 **infolge Zeitablaufs** (→ Vor § 723 Rn. 14 ff.) zu einem stillschweigenden Fortsetzungsbeschluss (→ Vor § 723 Rn. 11) kommt, sich aber keine Feststellungen über die Dauer der von den Parteien beschlossenen Fortsetzung treffen lassen. Entsprechendes gilt im Fall eines ausdrücklichen Fortsetzungsbeschlusses ohne Zeitdauervereinbarung.¹⁹ Ein abweichender, auf befristete Fortsetzung gerichteter Parteiwille geht jeweils vor. Er kann sich auch aus dem Gesellschaftszweck ergeben (→ § 723 Rn. 24), aber auch aus den im Zusammenhang mit der Fortsetzung im Einverständnis aller Gesellschafter getroffenen Geschäftsführungsmaßnahmen.²⁰

Die gleichen Wertungsgrundsätze gelten auch dann, wenn bereits **vor** der durch Zeitablauf verur- 12 sachten **Auflösung** stillschweigend die Fortsetzung über das Vertragsende hinaus beschlossen wird. Allerdings genügt die nach außen unveränderte Fortführung des Unternehmens der Gesellschaft nicht für das Eingreifen von § 724 S. 2, wenn zwischen den Gesellschaftern keine Einigung über die Fortsetzung erzielt werden kann.²¹

Für **sonstige** Fälle eines Fortsetzungsbeschlusses, namentlich nach vorzeitiger Auflösung durch 13 Tod oder Insolvenz eines Gesellschafters ua, ist die Auslegungsregel des S. 2 nicht geeignet. Insoweit bewendet es vielmehr im Zweifel bei der ursprünglich vereinbarten Zeitbestimmung.²²

§ 725 Kündigung durch Pfändungspfandgläubiger

(1) Hat ein Gläubiger eines Gesellschafters die Pfändung des Anteils des Gesellschafters an dem Gesellschaftsvermögen erwirkt, so kann er die Gesellschaft ohne Einhaltung einer Kündigungsfrist kündigen, sofern der Schuldtitel nicht bloß vorläufig vollstreckbar ist.

(2) Solange die Gesellschaft besteht, kann der Gläubiger die sich aus dem Gesellschaftsverhältnis ergebenden Rechte des Gesellschafters, mit Ausnahme des Anspruchs auf einen Gewinnanteil, nicht geltend machen.

Übersicht

	Rn.		Rn.
I. Grundlagen	1–7	4. Zwingendes Recht	7
1. Normzweck	1	**II. Pfändung**	8–13
2. Anwendungsbereich	2–5	1. Gegenstand	8–11
a) Außen- und Innengesellschaften	2	2. Durchführung	12, 13
b) Kündigungsberechtigte	3–5	**III. Kündigung (Abs. 1)**	14–23
3. Verhältnis zu § 717 S. 2	6		

---

¹⁶ So aber BGH WM 1967, 315; dagegen treffend *Flume* BGB AT I 1 § 13 II, S. 194.
¹⁷ BGH WM 1967, 315; *Rob. Fischer* in Anm. zu LM HGB § 132 Nr. 1; *Koenigs*, Die stille Gesellschaft, 1961, S. 263 ff.; → Rn. 2.
¹⁸ MüKoHGB/*K. Schmidt* HGB § 134 Rn. 14; *Simon* DB 1961, 1679 (1682); Staub/*Schäfer* HGB § 134 Rn. 8.
¹⁹ So zutr. Soergel/*Hadding/Kießling* Rn. 8; Erman/*Westermann* Rn. 3.
²⁰ Befristete Verlängerung von Schuldverträgen als Grundlage für die Fortführung der GbR ua, vgl. Staub/*Schäfer* HGB § 134 Rn. 9.
²¹ BGH NJW 1995, 2843 (2844).
²² MüKoHGB/*K. Schmidt* HGB § 134 Rn. 17; Staub/*Schäfer* HGB § 134 Rn. 13; aA Soergel/*Hadding/Kießling* Rn. 8; Bamberger/Roth/*Schöne* Rn. 7.

§ 725   1–4   Abschnitt 8. Titel 16. Gesellschaft

	Rn.		Rn.
1. Voraussetzungen	14–16	IV. Rechtsstellung des Pfandgläubigers	
2. Kündigungserklärung und -frist	17, 18	(Abs. 2)	24–26
3. Kündigungsfolgen	19–21	V. Rechtsstellung des Gesellschafters/	
4. Wegfall des Kündigungsgrundes	22, 23	Schuldners	27, 28

I. Grundlagen

1 **1. Normzweck.** Die Vorschrift eröffnet **Privatgläubigern** einzelner Gesellschafter, die keine entsprechende Forderung auch gegen die Gesellschaft selbst erlangt haben und daher keinen Titel zur Vollstreckung in das Gesamthandsvermögen erlangen können (→ § 718 Rn. 44, 55), die indirekte Zugriffsmöglichkeit auf das in der Mitgliedschaft gebundene Vermögen ihres Schuldners. Sie greift auch dann ein, wenn der Gläubiger zwar einen Titel gegen alle Mitgesellschafter hat, als deren Privatgläubiger jedoch ggf. der Drittwiderspruchsklage ausgesetzt ist (→ Rn. 16; → § 718 Rn. 58). Die Pfändbarkeit des Anteils am Gesellschaftsvermögen ist zwar bereits in § 859 Abs. 1 S. 1 ZPO geregelt. Zur *Realisierung des Anteilswerts* bedarf es im Regelfall aber zusätzlich der Auflösung der Gesellschaft oder des Ausscheidens des Gesellschafters/Schuldners. Daher begründet § 725 Abs. 1 ein **eigenständiges gesetzliches Kündigungsrecht** für den Pfändungspfandgläubiger, wenn er Inhaber eines rechtskräftigen Schuldtitels gegen den betroffenen Gesellschafter ist.[1]

2 **2. Anwendungsbereich. a) Außen- und Innengesellschaften.** § 725 gilt nicht nur für Außen-, sondern auch für **Innengesellschaften.** Auf das Vorhandensein von Gesamthandsvermögen kommt es entgegen dem insoweit missverständlichen Wortlaut von § 725 Abs. 1 nicht an. Auch die Pfändung iSv § 725 Abs. 1 BGB, § 859 Abs. 1 S. 1 ZPO bezieht sich nach zutreffender Ansicht auf die Mitgliedschaft als solche (→ Rn. 10); sie setzt das Bestehen von Gesellschaftsvermögen nicht voraus (→ § 728 Rn. 33). Anteilspfändung und Kündigung nach § 725 Abs. 1 sind daher auch im Falle von Innengesellschaften ohne Gesamthandsvermögen zulässig.[2] Gegenüber der stillen Gesellschaft bürgerlichen Rechts und der Unterbeteiligung finden §§ 135, 234 HGB analoge Anwendung (→ Vor § 705 Rn. 102; → § 705 Rn. 288).

3 **b) Kündigungsberechtigte. aa) Pfandgläubiger.** Das gesetzliche Kündigungsrecht des § 725 Abs. 1 steht in erster Linie dem *Pfändungspfandgläubiger* zu, soweit auch die übrigen Voraussetzungen dieser Vorschrift erfüllt sind (→ Rn. 14 ff.). Es greift aber auch für den *Inhaber eines vertraglichen Pfandrechts* am Gesellschaftsanteil oder am Vermögenswert ein, wenn die Pfandreife eingetreten ist und der Pfandgläubiger nach § 1277 zur Befriedigung seiner Ansprüche die Zwangsvollstreckung in den Anteil betreibt (→ § 719 Rn. 52 ff., 58). Demgegenüber verschafft die sog. „Vorpfändung" gemäß § 845 ZPO kein Kündigungsrecht nach § 725 Abs. 1.[3]

4 **bb) Testamentsvollstrecker, Nachlass(insolvenz)verwalter.** Zur Verfügungsbefugnis des *Testamentsvollstreckers* über einen nach dem Gesellschaftsvertrag übertragbaren Anteil → § 705 Rn. 116. Zusätzlich ist dem Testamentsvollstrecker auch das **Kündigungsrecht analog § 725** zuzubilligen, damit er zur Erfüllung von Nachlassverbindlichkeiten bzw. zum Wertausgleich unter den Nachlassbeteiligten auch bei fehlender Verfügungsmöglichkeit den Anteilswert realisieren kann.[4] Gleiches gilt für den *Nachlassverwalter*.[5] Auch wenn ihm die Verwaltungsrechte nicht in gleichem Umfang wie einem Testamentsvollstrecker zustehen (→ § 705 Rn. 126), muss er doch entsprechend seiner Aufgabe in der Lage sein, den Wert der Mitgliedschaft notfalls im Kündigungswege zu liquidieren. Aus denselben Gründen ist auch für den *Nachlassinsolvenzverwalter* das Kündigungsrecht anzuerkennen, wenn man nach zutreffender, wenn auch umstrittener Ansicht in der Nachlassinsolvenz keinen

---

[1] Zur Anteilspfändung vgl. die neuen Monografien von *Wertenbruch*, Die Haftung von Gesellschaften und Gesellschaftsanteilen in der Zwangsvollstreckung, 2001 (insbes. S. 483 ff.) und von *Wössner*, Die Pfändung des Gesellschaftsanteils bei Personengesellschaften, 2001; ferner *H. Roth* ZGR 2000, 187.
[2] BGH WM 1956, 1026 (1027); Staudinger/*Habermeier* (2003) Rn. 5; Bamberger/Roth/*Schöne* Rn. 2; im Ergebnis auch *K. Schmidt* GesR § 45 IV 4; *ders.* JR 1977, 177 (181); aA *Wernicke* WM 1981, 862 (863).
[3] OLG Hamm BeckRS 2009, 10744.
[4] So schon früher, freilich noch beschränkt auf die Abwicklungsvollstreckung, *Wiedemann* Übertragung S. 340; Ulmer, FS Schilling, 1973, S. 79 (97 f.); ferner 4. Aufl. § 2205 Rn. 41; wie hier auch *Stodolkowitz*, FS Kellermann, 1991, S. 439 (455 f.).
[5] BGHZ 91, 132 (137) = NJW 1984, 2104 – Nachlassinsolvenzverwalter; *Stodolkowitz*, FS Kellermann, 1991, S. 439 (455); *Wiedemann* Übertragung S. 347; *Westermann* AcP 173 (1973), 24 (42); Staudinger/*Habermeier* (2003) Rn. 6; Soergel/*Hadding/Kießling* § 727 Rn. 60 f.; MüKoHGB/*K. Schmidt* HGB § 139 Rn. 55; Staudinger/*Marotzke* (2010) § 1985 Rn. 21; im Ergebnis auch *Flume* NJW 1988, 161 (162 f.), allerdings unter Berufung auf § 723.

Auflösungsgrund nach § 728 Abs. 2 sieht (→ § 728 Rn. 35). Wollte man insoweit das Eingreifen von § 725 ablehnen, bliebe insbesondere bei Nachlassverwaltung nur der Weg über die Gläubigerkündigung, was zur Folge hätte, dass der Verwalter sich auch dann verurteilen lassen müsste, wenn er die Forderung als berechtigt ansähe; das wäre ein auch aus Kostengründen unnötig umständlicher Weg.[6] Freilich kommt die Ausübung des Kündigungsrechts nur in Betracht, wenn sonstiges verwertbares Nachlassvermögen nicht vorhanden ist.[7]

Bei der entsprechenden Anwendung des § 725 kann auf die Erfordernisse des (rechtskräftigen) **Titels** und der **Pfändung verzichtet** werden. Sie passen zwar für die Gläubigerkündigung, weil Gläubiger nur im Wege der Pfändung auf das Schuldnervermögen zugreifen können. Die Fremdverwalter bedürfen eines solchen Titels jedoch angesichts ihrer *Verwaltungsbefugnis* nicht, da diese erforderlichenfalls das Recht zur Verwertung des Nachlasses umfasst. Sie ergibt sich für den Testamentsvollstrecker aus § 2205 (→ 2205 Rn. 10 f., 14 *[Zimmermann]*), für den Nachlassverwalter aus § 1985 (→ § 1985 Rn. 8 *[Küpper]*) und für den Nachlassinsolvenzverwalter aus § 80 Abs. 1 InsO. 5

3. Verhältnis zu § 717 S. 2. Die nach § 717 S. 2 für übertragbar erklärten Vermögensrechte, darunter namentlich der Gewinnanspruch und der Anspruch auf das Auseinandersetzungsguthaben, unterliegen der Pfändung bereits nach §§ 829, 851 ZPO; das gilt auch dann, wenn ihre Abtretung im Gesellschaftsvertrag ausgeschlossen worden ist (→ § 717 Rn. 42). Soweit es sich um *künftige* Ansprüche handelt, setzt ihre Verstrickung jedoch voraus, dass sie dem Vollstreckungsschuldner auch noch im Zeitpunkt ihrer Entstehung zustehen (→ § 717 Rn. 43). Bei zwischenzeitlicher Anteilsveräußerung geht die Pfändung daher letztlich ins Leere. Hinzu kommt, dass die Pfändung des Anspruchs auf das Auseinandersetzungsguthaben abweichend von derjenigen der Mitgliedschaft dem Gläubiger nicht das in § 725 Abs. 1 vorgesehene, für die Realisierung des Anspruchs wesentliche Kündigungsrecht verschafft.[8] Angesichts dieser unterschiedlichen Rechtsfolgen sind die verschiedenen Arten von Vollstreckungsgegenständen klar auseinanderzuhalten (→ Rn. 9 f.). 6

4. Zwingendes Recht. Die Kündigungsbefugnis in § 725 Abs. 1 enthält als Gläubigerschutzvorschrift zwingendes Recht.[9] Der Gesellschaftsvertrag kann den dadurch gesicherten Zugriff von Privatgläubigern auf den Anteilswert weder ausschließen noch von zusätzlichen sachlichen oder zeitlichen Anforderungen abhängig machen. Eine **Beschränkung des Auseinandersetzungsguthabens** oder des Abfindungsanspruchs ist im Gesellschaftsvertrag zwar grundsätzlich möglich (→ § 738 Rn. 39 ff.). Ihre Vereinbarung nur für den Fall der Anteilspfändung würde jedoch von den Anfechtungstatbeständen der InsO und des AnfG erfasst oder verstieße als sittenwidrige Gläubigerschädigung gegen § 138.[10] Wohl aber kann gemäß § 736 Abs. 1 eine **Fortsetzungsklausel** für den Fall der Kündigung oder Anteilspfändung in den Gesellschaftsvertrag aufgenommen[11] oder den Mitgesellschaftern das Recht vorbehalten werden, bei Anteilspfändung oder bei Kündigung durch den Pfandgläubiger die Fortsetzung ohne den Gesellschafter/Schuldner zu beschließen (→ § 736 Rn. 17). Eine allgemein auf den Kündigungsfall bezogene Fortsetzungsklausel erstreckt sich im Zweifel auch auf die Kündigung durch einen Privatgläubiger (→ § 736 Rn. 12). Schließlich kann einem der Mitgesellschafter auch ein Übernahmerecht eingeräumt werden (→ § 730 Rn. 68). In allen diesen Fällen erfasst die Anteilspfändung den Abfindungsanspruch des auf Grund der Fortsetzungsklausel oder des Fortsetzungsbeschlusses ausscheidenden Gesellschafters/Schuldners.[12] 7

II. Pfändung

1. Gegenstand. § 725 Abs. 1 setzt für das Kündigungsrecht des Pfandgläubigers voraus, dass dieser den „Anteil des Gesellschafters an dem Gesellschaftsvermögen" gepfändet hat (→ § 719 Rn. 59). Er 8

---

[6] Zutr. *Stodolkowitz*, FS Kellermann, 1991, S. 439 (455).
[7] S. schon *Ulmer*, FS Schilling, 1973, S. 79 (97); so auch *Stodolkowitz*, FS Kellermann, 1991, S. 439 (455) unter Hinweis auf die analog eintretende Haftung nach §§ 1975, 1915, 1833 (dazu 4. Aufl. § 1985 Rn. 10 f.).
[8] HM, vgl. Soergel/*Hadding/Kießling* § 717 Rn. 16a; Erman/*Westermann* § 717 Rn. 7; Bamberger/Roth/*Schöne* Rn. 1; MüKoZPO/*Smid* ZPO § 859 Rn. 4; *Rupp/Fleischmann* Rpfleger 1984, 223 f.; wohl auch Staudinger/*Habermeier* (2003) Rn. 2; aA Stein/Jonas/*Brehm*, 22. Aufl. 2004, ZPO § 859 Rn. 9; *K. Schmidt* GesR § 45 IV 3c; ders. JR 1977, 177 (179 f.).
[9] EinhM, vgl. Soergel/*Hadding/Kießling* Rn. 9; Staudinger/*Habermeier* (2003) Rn. 3; Erman/*Westermann* Rn. 6; *Wiedemann* GesR II § 5 I 2, S. 395; Bamberger/Roth/*Schöne* Rn. 1; Palandt/*Sprau* Rn. 3.
[10] So auch Erman/*Westermann* Rn. 6; Soergel/*Hadding/Kießling* Rn. 9. Zum Verhältnis zwischen diesen Rechtsschranken → § 738 Rn. 47 f.
[11] EinhM, vgl. Soergel/*Hadding/Kießling* Rn. 9; Staudinger/*Habermeier* (2003) Rn. 4; zur gesellschaftsvertraglichen Gestaltung *Koch* DZWiR 2010, 441.
[12] BGH BB 1972, 10; OLG Stuttgart NZG 2004, 766 (769); Soergel/*Hadding/Kießling* Rn. 9.

knüpft damit an die gleich lautende Formulierung in § 859 Abs. 1 ZPO an, nach der zwar dieser Anteil (richtiger: die Mitgliedschaft, → Rn. 10) der Pfändung unterworfen ist (S. 1), nicht aber der Anteil an den einzelnen zum Gesellschaftsvermögen gehörenden Gegenständen (S. 2).[13]

9 Nach ganz hM umfasst der „Anteil am Gesellschaftsvermögen" alle zur Mitgliedschaft gehörenden **Vermögensrechte,** darunter namentlich das Recht auf den Gewinnanteil und das Auseinandersetzungsguthaben.[14] Im Anschluss an *Ulrich Huber*,[15] der den Vermögensanteil vom Gesellschaftsanteil als Inbegriff aller Mitgliedschaftsrechte (einschließlich der Verwaltungsrechte) unterschied und dazu nur die aus der Mitgliedschaft resultierenden Vermögensrechte rechnete, wurde als Pfändungsgegenstand iSv § 859 Abs. 1 ZPO *früher* ein besonderes, diese Vermögensrechte repräsentierendes *Wertrecht* angesehen.[16] Noch enger wollte *Karsten Schmidt*[17] darunter nur die nach § 717 S. 2 ohnehin übertragbaren und daher auch selbständig pfändbaren Ansprüche auf Gewinn und Auseinandersetzungsguthaben verstehen. Diese Ansichten haben sich nicht durchgesetzt.[18]

10 *Aus heutiger Sicht* ist die lange Zeit vorherrschende Differenzierung zwischen Mitgliedschaft (Gesellschaftsanteil) und Wertrecht (Vermögenswert der Beteiligung) überholt. Angesichts der dinglichen Wirkung der Anteilspfändung und der Anerkennung gemeinsamer Berechtigung mehrerer am Gesellschaftsanteil wie im Fall des Nießbrauchs oder der qualifizierten (offenen) Treuhand[19] bedarf es derartiger Ersatzkonstruktionen nicht.[20] Gegenstand der Pfändung ist vielmehr die **Mitgliedschaft** (der Gesellschaftsanteil) als solche;[21] durch die Pfändung wird der Pfandgläubiger in den Gesellschafterverband einbezogen.

11 Die **Rechtsfolge** der Pfändung besteht in der Verstrickung der aus der Mitgliedschaft folgenden *Vermögensrechte*.[22] Dazu gehören neben dem Anspruch auf den anteiligen Liquidationserlös (die Abfindung) und neben den periodisch neu entstehenden Gewinnansprüchen auch etwaige Ansprüche auf Aufwendungsersatz sowie Ausgleichsansprüche auf Grund von Leistungen des Gesellschafters/Schuldners im Gesellschaftsinteresse (→ § 713 Rn. 15; → § 714 Rn. 56), nicht aber sonstige Forderungen des Gesellschafters/Schuldners gegen die Gesamthand wie Darlehens- oder andere Drittgläubigeransprüche (→ § 730 Rn. 49 ff.). Hat der Gesellschafter/Schuldner über derartige gesellschaftsvertragliche Ansprüche nach deren Entstehung bereits anderweitig verfügt, so geht die Pfändung insoweit ins Leere;[23] anderes gilt im Falle der Vorausabtretung der in § 717 S. 2 genannten künftigen Ansprüche (→ § 717 Rn. 31, 38). Demgegenüber bleiben die aus der Mitgliedschaft folgenden *Verwaltungsrechte*, darunter das Stimmrecht, das Recht auf Rechnungslegung und das Kontrollrecht, trotz der Anteilspfändung ausschließlich dem Gesellschafter vorbehalten; die Rechtslage ändert sich erst nach kündigungsbedingter Auflösung (→ Rn. 20). Das entspricht der unübertragbaren Natur dieser Rechte (→ § 717 Rn. 7, 16) und ist in § 725 Abs. 2 ausdrücklich bestimmt (→ Rn. 25); die Erstreckung der Pfändung auf die Mitgliedschaft als solche (→ Rn. 10) ändert daran nichts.

---

[13] Zur bloß klarstellenden, auf das Nichtvorhandensein solcher Anteile hinweisenden Bedeutung des § 859 Abs. 1 S. 2 ZPO → § 719 Rn. 8; aA anscheinend *H. Roth* ZGR 2000, 193 f.

[14] BGHZ 116, 222 (229) = NJW 1992, 830; BGHZ 97, 392 (394) = NJW 1986, 1992; RGZ 95, 231 (233); Soergel/*Hadding/Kießling* Rn. 8; Staudinger/*Habermeier* (2003) Rn. 7; Stein/Jonas/*Brehm*, 22. Aufl. 2004, ZPO § 859 Rn. 3; *H. Roth* ZGR 2000, 187 (193); *U. Huber* Vermögensanteil S. 148 ff.; *Rupp/Fleischmann* Rpfleger 1984, 223; *Wiedemann* GesR II § 5 I 2, S. 395.

[15] *U. Huber* Vermögensanteil S. 143, 147, 164 ff.

[16] So BGHZ 97, 392 (394) = NJW 1986, 1992; *Rupp/Fleischmann* Rpfleger 1984, 223 ua; ebenso noch 2. Aufl. Rn. 7.

[17] JR 1977, 177 ff.; vgl. auch *dens.* BMJ-Gutachten S. 541 f. und AcP 182 (1982), 481 (495); anders jetzt aber MüKoHGB/*K. Schmidt* HGB § 135 Rn. 9; *K. Schmidt* GesR § 45 IV 2b, S. 1093.

[18] Vgl. BGHZ 97, 392 (394) = NJW 1986, 1992; Staudinger/*Habermeier* (2003) Rn. 5; Erman/*Westermann* Rn. 1; MüKoZPO/*Smid* ZPO § 859 Rn. 4; *Smid* JuS 1988, 613 (615); *Stodolkowitz*, FS Kellermann, 1991, S. 439 (446).

[19] → § 705 Rn. 92, 99 f.; *Ulmer*, FS Fleck, 1988, S. 383 (393 ff.); *Flume* BGB AT I 1 § 17 IV, S. 362 f.

[20] So zu Recht insbes. auch MüKoZPO/*Smid* ZPO § 859 Rn. 4.

[21] Heute ganz hM, vgl. OLG Köln NJW-RR 1994, 1518; Staudinger/*Habermeier* (2003) Rn. 5; Erman/*Westermann* Rn. 1; Bamberger/Roth/*Schöne* Rn. 3; *Wertenbruch*, Die Haftung von Gesellschaften und Gesellschaftsanteilen in der Zwangsvollstreckung, 2001, S. 487 ff. (562); *Wössner*, Die Pfändung des Gesellschaftsanteils bei den Personengesellschaften, 2001, S. 22 ff. (41 ff.); *H. Roth* ZGR 2000, 187 (193), jeweils mwN; ebenso auch Soergel/*Hadding/Kießling* Rn. 10.

[22] Vgl. eingehend *Wertenbruch*, Die Haftung von Gesellschaften und Gesellschaftsanteilen in der Zwangsvollstreckung, 2001, S. 507 ff.; *Wössner*, Die Pfändung des Gesellschaftsanteils bei den Personengesellschaften, 2001, S. 180 ff.

[23] Vgl. BGHZ 104, 351 (355) = NJW 1989, 458 – GmbH-Anteil; *Wertenbruch*, Die Haftung von Gesellschaften und Gesellschaftsanteilen in der Zwangsvollstreckung, 2001, S. 515 ff.; *Wössner*, Die Pfändung des Gesellschaftsanteils bei den Personengesellschaften, 2001, S. 194 f.

2. Durchführung. Die Mitgliedschaft als Pfändungsgegenstand (→ Rn. 10) ist ein sonstiges Vermögensrecht. Die Durchführung der Pfändung richtet sich daher nach § 857 ZPO und nicht unmittelbar nach der auf Geldforderungen bezogenen Vorschrift des § 829 ZPO.[24] Als *Drittschuldner* iSv §§ 829 Abs. 2 S. 1, 857 ZPO, dh **Adressat der Zustellung,** qualifiziert die heute überwiegende Ansicht[25] die *Gesellschaft als solche*, also die Gesamthand und nicht die Mitgesellschafter als die von der Pfändung Mitbetroffenen. Zwar kann ein Gesellschafter ohne Zustimmung der Mitgesellschafter nicht wirksam über seinen Anteil verfügen, weshalb die früher überwiegende Ansicht die Mitgesellschafter als Drittschuldner ansah und eine Zustellung des Pfändungsbeschlusses an alle Gesellschafter forderte.[26] Dagegen spricht jedoch, dass der Pfändungspfandgläubiger mangels Veräußerungsmöglichkeit regelmäßig darauf angewiesen ist, das Gesellschaftsverhältnis zu *kündigen* (zu den Adressaten dieser Erklärung → Rn. 17). Dadurch erhält er einen durchsetzbaren Anspruch auf Auszahlung des Auseinandersetzungsguthabens oder der Abfindung. Dieser Anspruch richtet sich *gegen die Gesellschaft,* vertreten durch ihre Geschäftsführer, und nicht gegen die Mitgesellschafter. Auch für den Fall, dass der Pfändungspfandgläubiger nicht kündigt, sondern seine Befriedigung durch Einziehung der laufenden Gewinnansprüche sucht und es somit bei seiner Einbeziehung in den Gesellschafterverband (→ Rn. 10 f.) verbleibt, richtet sich sein Anspruch gegen die Gesellschaft. Deshalb genügt die *Zustellung des Pfändungsbeschlusses an einen der Geschäftsführer* als Vertreter des Drittschuldners (der Gesellschaft) für eine wirksame Pfändung. Hierfür spricht bei Gesellschaften mit einer Vielzahl von Gesellschaftern auch der Aspekt der Praktikabilität. Daneben bedarf es einer Zustellung des Pfändungsbeschlusses auch an den Gesellschafter/Schuldner; dies folgt aus § 829 Abs. 2 S. 2 iVm § 857 ZPO.[27]

Eine **Verwertung** des Pfandrechts durch Einziehung der mit der Mitgliedschaft verbundenen vermögensrechtlichen Ansprüche (→ Rn. 11) setzt deren Überweisung nach §§ 835 Abs. 1, 857 Abs. 1 ZPO voraus; die *Kündigung* ist beim Vorliegen der Voraussetzungen des § 725 Abs. 1 aber bereits vor der Überweisung möglich.[28] Zur Rechtsstellung des Pfandgläubigers und des Gesellschafters/Schuldners → Rn. 24 ff., 27 ff.

III. Kündigung (Abs. 1)

1. Voraussetzungen. Erste Voraussetzung für das in § 725 Abs. 1 geregelte, eigenständige gesetzliche Kündigungsrecht des Pfandgläubigers ist die wirksame **Pfändung des Gesellschaftsanteils** unter Beachtung der in → Rn. 12 genannten Zustellungserfordernisse. Das Pfandrecht muss dem Gläubiger im Zeitpunkt der Kündigungserklärung noch zustehen; es darf nicht durch Ablösung

---

[24] BGHZ 97, 392 (395) = NJW 1986, 1991 (1992); Soergel/*Hadding/Kießling* Rn. 10; Bamberger/Roth/ *Schöne* Rn. 2; MüKoZPO/*Smid* ZPO § 859 Rn. 3; *Zimmer,* Zwangsvollstreckung gegen den Gesellschafter einer Personengesellschaft, 1978, S. 48 ff.; allg. zur Vollstreckung in Anteile an Personengesellschaften vgl. auch *Becker* GmbHR 1950, 133; *Furtner* MDR 1965, 613.
[25] BGHZ 97, 392 (393 ff.) = NJW 1986, 1991; *Heller,* Der Zivilprozess der GbR, 1989, S. 234; Erman/ *Westermann* Rn. 2; Soergel/*Hadding/Kießling* Rn. 10; MüKoZPO/*Smid* ZPO § 859 Rn. 6; Stein/Jonas/*Brehm,* 22. Aufl. 2004, ZPO § 859 Rn. 3; Thomas/Putzo/*Seiler* ZPO § 859 Rn. 3; *K. Schmidt* GesR § 45 IV 3a; *Wertenbruch,* Die Haftung von Gesellschaften und Gesellschaftsanteilen in der Zwangsvollstreckung, 2001, S. 506 f.; *Wössner,* Die Pfändung des Gesellschaftsanteils bei den Personengesellschaften, 2001, S. 151 ff. (169); *Behr* NJW 2000, 1137 (1139); *H. Roth* ZGR 2000, 187 (194 f.). Zur entsprechenden Beurteilung im OHG-Recht vgl. Staub/*Schäfer* HGB § 135 Rn. 13. Zu früheren Gegenansichten vgl. Staudinger/*Keßler,* 12. Aufl. 1979, Rn. 6 – anders jetzt aber Staudinger/*Habermeier* (2003) Rn. 9; RGRK/*v. Gamm* Rn. 2; *Hintzen* Rpfleger 1992, 262. Nicht eindeutig *Rosenberg/Gaul/Schilken,* Zwangsvollstreckungsrecht, 11. Aufl. 2004, § 58 III 3a, S. 684; Baumbach/ Lauterbach/Albers/*Hartmann* ZPO § 859 Rn. 3 – sie qualifizieren die Mitgesellschafter in ihrer gesamthänderischen Verbundenheit als Drittschuldner, wollen gleichwohl aber eine Zustellung an die Geschäftsführer genügen lassen. Unzutr. und überholt RGZ 57, 414 (415), wonach es bei der Anteilspfändung keine Drittschuldner geben soll.
[26] Staudinger/*Keßler,* 12. Aufl. 1979, Rn. 6 (anders jetzt aber Staudinger/*Habermeier* (2003) Rn. 9); RGRK/ *v. Gamm* Rn. 2; *Hintzen* Rpfleger 1992, 262. Nicht eindeutig *Rosenberg/Gaul/Schilken,* Zwangsvollstreckungsrecht, 11. Aufl. 2004, § 58 III 3a, S. 684; Baumbach/Lauterbach/Albers/*Hartmann* ZPO § 859 Rn. 3 – sie qualifizieren die Mitgesellschafter in ihrer gesamthänderischen Verbundenheit als Drittschuldner, wollen gleichwohl aber eine Zustellung an die Geschäftsführer genügen lassen. Unzutr. und überholt RGZ 57, 414 (415), wonach es bei der Anteilspfändung keine Drittschuldner geben soll.
[27] Vgl. zur abw. Regelung im Steuerrecht (§ 321 Abs. 1 iVm § 309 Abs. 2 S. 3 AO, wonach die bloße Mitteilung an den Gesellschafter-Schuldner genügt) BFH NJW 1987, 2703 f.
[28] HM, vgl. Staudinger/*Habermeier* (2003) Rn. 6; Soergel/*Hadding/Kießling* Rn. 12; Bamberger/Roth/*Schöne* Rn. 17; Erman/*Westermann* Rn. 2; MüKoZPO/*Smid* ZPO § 859 Rn. 11; Stein/Jonas/*Brehm,* 22. Aufl. 2004, ZPO § 859 Rn. 5; aA *Stöber,* Forderungspfändung, 14. Aufl. 2005, Rn. 1566 f.; *Behr* NJW 2000, 1137 (1140).

seitens der Mitgesellschafter nach § 268[29] auf diese übergegangen sein. Die nach § 717 S. 2 BGB, § 851 ZPO zulässige Pfändung des künftigen Anspruchs auf das Auseinandersetzungsguthaben (→ § 717 Rn. 42 f.) steht der Anteilspfändung nicht gleich. Sie gibt dem Gläubiger daher auch nicht das gesetzliche Kündigungsrecht des § 725 Abs. 1.[30]

15   Die Kündigung setzt zweitens einen nicht bloß vorläufig vollstreckbaren, dh mit ordentlichen Rechtsmitteln nicht mehr angreifbaren, **rechtskräftigen Schuldtitel** voraus.[31] Welcher Art der Vollstreckungstitel ist, ist nicht entscheidend (vgl. im Einzelnen § 794 ZPO). Die Rechtskraft muss nicht schon im Pfändungszeitpunkt eingetreten sein.[32] Die sonstigen in § 135 HGB für die Kündigung einer OHG oder KG genannten Voraussetzungen finden im Recht der GbR keine Anwendung.

16   Dritte Kündigungsvoraussetzung ist die Stellung des Pfandgläubigers ausschließlich als **Privatgläubiger** des Gesellschafters/Schuldners. Das folgt aus der teleologisch-restriktiven Auslegung von § 725 Abs. 1, wie sie im Interesse des Gesellschaftsbestands geboten ist.[33] Privatgläubiger kann auch ein Mitgesellschafter sein, wenn ihm gegen den Gesellschafter/Schuldner ein nicht auch gegen die Gesellschaft durchsetzbarer Anspruch zusteht.[34] Haben Gläubiger zugleich einen *Anspruch gegen die Gesellschaft*, so können sie ihn durch Vollstreckung in das Gesamthandsvermögen auf Grund eines gegen die Gesellschaft oder gegen alle Gesellschafter (§ 736 ZPO) erzielten Schuldtitels durchsetzen (→ § 718 Rn. 44, 55). Sie bedürfen nicht der durch § 725 Abs. 1 eröffneten Realisierungsmöglichkeit; allerdings steht es ihnen frei, die nach § 717 S. 2 übertragbaren Vermögensrechte zu pfänden und sich zur Einziehung überweisen zu lassen. *Anderes* gilt für Privatgläubiger, die aufgrund persönlicher, nicht aus der Gesellschaftssphäre resultierender Forderungen gegen alle Gesellschafter einen Titel gegen diese erlangt haben. Sie können nach herkömmlicher, wenn auch überholter Auffassung mit einem solchen Titel zwar nach § 736 ZPO die Vollstreckung in das Gesellschaftsvermögen betreiben.[35] Doch kann die Gesellschaft dem jedenfalls mit der Drittwiderspruchsklage (§ 771 ZPO) entgegentreten und die Vollstreckung abwenden (→ § 718 Rn. 58). Konsequentermaßen bleibt für diese Privatgläubiger daher der Weg über § 725 Abs. 1 offen.[36] Das gilt erst recht, wenn man die Vollstreckung in das Gesellschaftsvermögen nach § 736 ZPO in diesen Fällen von vornherein ablehnt (→ § 718 Rn. 44).

17   **2. Kündigungserklärung und -frist.** Die Kündigung durch den Privatgläubiger ist ebenso wie diejenige nach § 723 Abs. 1 **allen Mitgesellschaftern** gegenüber zu erklären.[37] Sie wird erst wirksam, wenn sie jedem von ihnen zugegangen ist (→ § 723 Rn. 11). Eine Erklärung gegenüber den Geschäftsführern reicht vorbehaltlich abweichender Regelung im Gesellschaftsvertrag nicht aus. Darüber hinaus bedarf es aber auch der Erklärung gegenüber dem **Gesellschafter/Schuldner,** da auch mit Wirkung für ihn die Gesellschaft aufgelöst werden soll;[38] der kündigende Gläubiger handelt nicht etwa an seiner Stelle, sondern kraft eigenen Rechts. Auf den Wortlaut der Erklärung kommt es nicht an, sofern sie für die Adressaten den Kündigungswillen des Gläubigers klar erkennen lässt.

---

[29] Dazu Soergel/*Hadding/Kießling* Rn. 11; Staudinger/*Habermeier* (2003) Rn. 17; Erman/*Westermann* Rn. 5; nach MüKoHGB/*K. Schmidt* HGB § 135 Rn. 31 steht das Ablösungsrecht gemäß § 268 zunächst der Gesellschaft zu, den Mitgesellschaftern nur hilfsweise.
[30] Str., vgl. Soergel/*Hadding/Kießling* § 717 Rn. 16a.; Erman/*Westermann* § 717 Rn. 7; Bamberger/Roth/*Schöne* Rn. 1; MüKoZPO/*Smid* ZPO § 859 Rn. 4; *Rupp/Fleischmann* Rpfleger 1984, 223 f.; wohl auch Staudinger/*Habermeier* (2003) Rn. 2; aA Stein/Jonas/*Brehm,* 22. Aufl. 2004, ZPO § 859 Rn. 9; *K. Schmidt* GesR § 45 IV 3c; *ders.* JR 1977, 177 (179 f.).
[31] Dazu Staub/*Schäfer* HGB § 135 Rn. 9; MüKoZPO/*Smid* ZPO § 859 Rn. 11; *Furtner* MDR 1965, 613 f. (617).
[32] So auch BGH NJW 1982, 2773 zu § 135 HGB.
[33] Soergel/*Hadding/Kießling* Rn. 11; Staudinger/*Habermeier* (2003) Rn. 10; Bamberger/Roth/*Schöne* Rn. 6; *Schönle* NJW 1966, 1797; *H. Roth* ZGR 2000, 187 (194); aA *Clasen* NJW 1965, 2141 (2142).
[34] Vgl. hierzu und zu den von Mitgesellschaftern als Privatgläubigern zu beachtenden Treupflichtschranken bei Ausübung des Kündigungsrechts BGHZ 51, 84 (87 ff.) = NJW 1969, 505; BGH WM 1978, 675; Soergel/*Hadding/Kießling* Rn. 11; Bamberger/Roth/*Schöne* Rn. 7; MüKoHGB/*K. Schmidt* HGB § 135 Rn. 6; Staub/*Schäfer* HGB § 135 Rn. 5.
[35] So auch noch BGHZ 146, 341 = NJW 2001, 1056 (1060) – inkonsequent; vgl. demgegenüber zutr. Soergel/*Hadding/Kießling* § 714 Rn. 56; → § 705 Rn. 321; → § 718 Rn. 44 mwN.
[36] AA *Noack* MDR 1974, 811 (813): Pfändung unzulässig; im Ergebnis wie hier *Heller,* Der Zivilprozess der GbR, 1989, S. 234.
[37] BGH WM 1957, 163 für § 135 HGB; Staudinger/*Habermeier* (2003) Rn. 12; Bamberger/Roth/*Schöne* Rn. 12; aA *Wertenbruch,* Die Haftung von Gesellschaften und Gesellschaftsanteilen in der Zwangsvollstreckung, 2001, S. 536: Kündigung gegenüber den Geschäftsführern; zust. *K. Schmidt* GesR § 45 IV 3c.
[38] Ebenso BGH WM 1957, 163 für § 135 HGB; Staudinger/*Habermeier* (2003) Rn. 12; MüKoHGB/*K. Schmidt* HGB § 135 Rn. 23; Staub/*Schäfer* HGB § 135 Rn. 20; offenlassend BGH NJW 1993, 1002 – Kenntniserlangung genügt.

Daher reicht im Allgemeinen auch bereits die allen Gesellschaftern zugegangene Forderung des Gläubigers nach Auszahlung des Auseinandersetzungsguthabens unter Berufung auf die Pfändung und Überweisung als Kündigung aus.[39] Dagegen kann die Zustellung des Pfändungs- und Überweisungsbeschlusses als Vollstreckungsmaßnahme die Kündigungserklärung durch den Gläubiger nicht ersetzen.

Eine **Kündigungsfrist** ist in § 725 Abs. 1 **nicht** vorgesehen. Die Gesellschaft ist daher aufgelöst, 18 sobald die Kündigungserklärung dem letzten Gesellschafter zugegangen und damit wirksam geworden ist (→ Rn. 17). Die vertragliche Vereinbarung einer Kündigungsfrist hat für das zwingende Kündigungsrecht des § 725 Abs. 1 keine Wirkung.[40] Auch die Schranken, die einer Kündigung zur Unzeit in § 723 Abs. 2 gezogen sind, sind vom kündigenden Pfandgläubiger nicht zu beachten. – Enthält der Vertrag eine Fortsetzungs- oder Übernahmeklausel (→ Rn. 7), so scheidet der Gesellschafter/Schuldner im Zeitpunkt der Kündigung bzw. – wenn die Klausel nur ein Recht der Mitgesellschafter auf entsprechende Beschlussfassung bzw. Übernahmeerklärung begründet – mit der Mitteilung dieser Gestaltungserklärung gegenüber dem Betroffenen aus. Im letztgenannten Fall ist die Gesellschaft in der Zeit zwischen Kündigung und Gestaltungserklärung aufgelöst.

3. Kündigungsfolgen. Die Kündigung führt je nach Vertragsgestaltung zur Auflösung der Gesellschaft bzw. zum Ausscheiden des Gesellschafters/Schuldners unter Fortsetzung der Gesellschaft zwischen den Mitgesellschaftern (→ Rn. 7). Die Auflösungs- oder Ausscheidensfolgen richten sich nach Gesetz (§§ 730 ff., 738 ff.) und Gesellschaftsvertrag.

Kommt es zur **Auflösung,** so verneinte die bisher hM unter Hinweis auf § 725 Abs. 2 die 20 Teilnahme des Pfandgläubigers an der Liquidation einschließlich der damit verbundenen Verwaltungsrechte und beließ ihm nur den Zugriff auf die Vermögensrechte.[41] Dem ist angesichts der Erstreckung der Pfändung auf die Mitgliedschaft als solche und der Einbeziehung des Pfandgläubigers in den Gesellschaftsverband (→ Rn. 10) nicht zu folgen. Nachdem inzwischen der BGH[42] zutreffend dem Gläubiger das Recht zugebilligt hat, nach kündigungsbedingter Auflösung den Anspruch des Gesellschafters/Schuldners auf Durchführung der Auseinandersetzung selbst geltend zu machen, bestehen keine Bedenken dagegen, ihm auch die *Geltendmachung der* sonstigen für die Realisierung seines Anspruchs erforderlichen *Verwaltungsrechte,* darunter insbesondere das Informations- und Kontrollrecht und das Recht auf Rechnungslegung, zu gestatten.[43] Er kann auch – ggf. im Wege der Stufenklage – die Auseinandersetzung im Klagewege durchsetzen,[44] nicht aber diese selbst betreiben. Der Vorbehalt des § 725 Abs. 2 steht nicht entgegen, wenn man ihn teleologisch auf die Verwaltungsrechte in der werbenden Gesellschaft reduziert, weil das Element der persönlichen Verbundenheit der Gesellschafter als Schranke für den Außeneinfluss sich infolge der Auflösung der Gesellschaft verflüchtigt.

Abweichendes gilt im Fall des kündigungsbedingten **Ausscheidens** des Gesellschafter-Schuldners. 21 Mit dem Ausscheiden entfällt die Mitgliedschaft und wandelt sich in einen Abfindungsanspruch um (→ § 738 Rn. 14 ff.). Dementsprechend stehen dem Ausgeschiedenen auch keine Verwaltungsrechte mehr zu, auf die der Pfandgläubiger zugreifen könnte. Wohl aber ist diesem aufgrund seines am Abfindungsanspruch fortbestehenden Pfandrechts das Recht einzuräumen, nicht nur vom Gesellschafter/Schuldner, sondern auch von den Mitgesellschaftern Berechnung und vertragsgemäße Auszahlung des Abfindungsguthabens zu verlangen.[45] Deren schuldhafte Verzögerung macht die Gesellschafter schadensersatzpflichtig.

---

[39] BGH NJW 1993, 1002; RG SeuffA 98 Nr. 7.
[40] Staudinger/*Habermeier* (2003) Rn. 13; Erman/*Westermann* Rn. 5; Bamberger/Roth/*Schöne* Rn. 13; → Rn. 7.
[41] RGZ 60, 126 (130 f.); 95, 231 (232); LG Hamburg MDR 1982, 1028; *Flume* BGB AT I § 17 III, S. 356; Erman/*Westermann* Rn. 3; *Hintzen* Rpfleger 1992, 262 (263); *Heller,* Der Zivilprozess der GbR, 1989, S. 234; wohl auch Staudinger/*Habermeier* (2003) Rn. 15; MüKoZPO/*Smid* ZPO § 859 Rn. 11.
[42] BGHZ 116, 222 (230) = NJW 1992, 832; ebenso LG Konstanz NJW-RR 1987, 1023; *Behr* Rpfleger 1983, 36; Baumbach/Lauterbach/Albers/*Hartmann* ZPO § 859 Rn. 5; Zöller/*Stöber* ZPO § 859 Rn. 4; *Stöber,* Forderungspfändung, 14. Aufl. 2005, Rn. 1571.
[43] Zust. OLG München BeckRS 2008, 18097; so auch *H. Roth* ZGR 2000, 187 (197 f.); Soergel/*Hadding/Kießling* Rn. 19; eingehend *Wössner,* Pfändung des Gesellschaftsanteils bei den Personengesellschaften, 2001, S. 50 ff., 69; für eigenständigen, aus §§ 836 Abs. 3, 840 ZPO abgeleiteten Informationsanspruch *Wertenbruch,* Die Haftung von Gesellschaften und Gesellschaftsanteilen in der Zwangsvollstreckung, 2001, S. 533 f., 55/ f., 56/; so wohl auch schon MüKoHGB/*K. Schmidt* HGB § 135 Rn. 29; aA Bamberger/Roth/*Schöne* Rn. 14 noch unter Berufung auf RGZ 95, 231.
[44] BGH ZIP 2008, 1629; zur Tenorierung und Vollstreckung eines Auseinandersetzungsurteils näher *H. Roth* ZGR 2000, 187 (197 ff.); weitergehend *Behr* NJW 2000, 1137 (1140) für eigenes Verwertungsrecht des Gläubigers.
[45] Ebenso Staudinger/*Habermeier* (2003) Rn. 16; Bamberger/Roth/*Schöne* Rn. 14; Stein/Jonas/*Brehm,* 22. Aufl. 2004, ZPO § 859 Rn. 7. Zur weitergehenden Rechtsstellung des nach § 135 HGB kündigenden Gläubigers vgl. Staub/*Schäfer* HGB § 135 Rn. 27.

22 **4. Wegfall des Kündigungsgrundes.** Wird der Gläubiger *nach Kündigung,* aber vor Durchführung der Auseinandersetzung oder Zahlung des Abfindungsbetrags entweder vom Gesellschafter/Schuldner selbst oder nach § 268 Abs. 1 von den Mitgesellschaftern befriedigt, so stehen ihm am Gesellschaftsanteil und den dazu gehörenden Ansprüchen keine Rechte mehr zu. Gleiches gilt bei Befriedigung aufgrund der Einziehung der mitgepfändeten Gewinnansprüche. Die Gesellschafter sind in diesen Fällen auch ohne Zustimmung des Gläubigers nicht gehindert, die **Fortsetzung der Gesellschaft** mit dem Schuldner oder dessen Wiederaufnahme in die Gesellschaft zu beschließen. Zur Frage eines Anspruchs des Gesellschafters/Schuldners auf gemeinsame Fortsetzung → Rn. 23.

23 Ist der Gesellschafter/Schuldner infolge der Pfändung oder Kündigung aufgrund einer vertraglichen Fortsetzungsklausel bereits aus der Gesellschaft ausgeschieden, so kann ihm bei voraussichtlich dauernder Beseitigung seiner Zahlungsschwierigkeiten je nach Lage des Falles aus Gründen der Treupflicht ein **Anspruch auf Wiederaufnahme** zustehen.[46] Ein solcher Anspruch kommt namentlich dann in Betracht, wenn Mitgesellschafter von ihrem Fortsetzungs- oder Übernahmerecht Gebrauch gemacht haben, nachdem sie zuvor den Gläubiger zum Vorgehen nach § 725 Abs. 1 veranlasst oder sich selbst zu diesem Zweck einen entsprechenden Schuldtitel verschafft hatten.[47]

IV. Rechtsstellung des Pfandgläubigers (Abs. 2)

24 Nach § 725 Abs. 2 hat der pfändende Gläubiger **vor** dem Ausspruch der **Kündigung** und der dadurch bedingten Auflösung der Gesellschaft oder dem Ausscheiden des Schuldners nur das Recht, dessen **Gewinnanspruch** geltend zu machen. Über den Wortlaut der Vorschrift hinaus ist er auch berechtigt, die sonstigen mit dem Anteil verbundenen, auch ohne Kündigung fälligen Geldforderungen (→ Rn. 11) einzuziehen; das gilt jedoch nicht für den Anspruch auf das Auseinandersetzungsguthaben.

25 Auch der Zugriff auf die mit der Mitgliedschaft verbundenen **Verwaltungsrechte** ist dem pfändenden Gläubiger bis zur Kündigung verwehrt (→ Rn. 11). Anderes gilt nach erfolgter Kündigung, wenn diese zur Auflösung der Gesellschaft führt; sie berechtigt den Gläubiger dazu, die zu seiner Rechtsverfolgung erforderlichen Verwaltungsrechte des Gesellschafters/Schuldners im Liquidationsstadium wahrzunehmen, ohne dass § 725 Abs. 2 entgegensteht (→ Rn. 20). Führt die Kündigung zum Ausscheiden des Schuldners aus der Gesellschaft, so entfallen damit auch dessen Mitgliedschaftsrechte (→ Rn. 21). Zu den dem Gesellschafter/Schuldner verbleibenden Mitsprache- und Verfügungsrechten → Rn. 27.

26 **Verfügungen der Gesellschaft** über Gegenstände des Gesamthandsvermögens bleiben von der Pfändung des Anteils am Gesellschaftsvermögen unberührt; sie unterliegen der Verstrickung nicht.[48] Daher ist auch für die Grundbucheintragung eines Pfändungsvermerks kein Raum, wenn Grundstücke zum Gesellschaftsvermögen gehören.[49]

V. Rechtsstellung des Gesellschafters/Schuldners

27 Der Gesellschafter/Schuldner ist infolge der *Anteilspfändung* gehindert, Verfügungen über den Anteil zu treffen, soweit hierdurch das Pfändungspfandrecht des Gläubigers beeinträchtigt würde.[50] Bei der **Verfügung über den Gesellschaftsanteil** als solchen mit Zustimmung der Mitgesellschafter

---

[46] RGZ 169, 153 (156); BGHZ 30, 195 (201 f.) = NJW 1959, 1683; BGH NJW 1982, 2773; WM 1957, 163; 1964, 420; Soergel/*Hadding/Kießling* Rn. 12; MüKoHGB/*K. Schmidt* HGB § 135 Rn. 27; Staub/*Schäfer* HGB § 135 Rn. 34.

[47] BGHZ 30, 195 (202) = NJW 1959, 1683; BGH WM 1964, 1127 (1128); Staub/*Schäfer* HGB § 135 Rn. 34.

[48] Ganz hM, vgl. Soergel/*Hadding/Kießling* Rn. 13; Staudinger/*Habermeier* (2003) Rn. 8; Bamberger/Roth/*Schöne* Rn. 10; Palandt/*Sprau* Rn. 2; Baumbach/Hopt/*Roth* HGB § 124 Rn. 21; vgl. OLG Hamm OLGZ 1987, 175 (178); OLG Zweibrücken Rpfleger 1982, 413; LG Hamburg Rpfleger 1982, 142; Staudinger/*Habermeier* (2003) Rn. 8; Bamberger/Roth/*Schöne* Rn. 10; *Stöber,* Forderungspfändung, 14. Aufl. 2005, Rn. 1558 mwN; aA *Hintzen* Rpfleger 1992, 262 (263), soweit die Übertragbarkeit des Gesellschaftsanteils im Gesellschaftsvertrag zugelassen ist, auch *Rupp/Fleischmann* Rpfleger 1984, 226; für den Fall der Verpfändung – unzutr. – auch OLG Düsseldorf NZG 2004, 415 (→ § 719 Rn. 56). aA unter unzutr. Hinweis auf § 829 Abs. 1 S. 2 ZPO aber *H. Roth* ZGR 2000, 187 (191, 202).

[49] Ganz hM, vgl. OLG Hamm OLGZ 1987, 175 (178); OLG Zweibrücken Rpfleger 1982, 413; LG Hamburg Rpfleger 1982, 142; Staudinger/*Habermeier* (2003) Rn. 8; Bamberger/Roth/*Schöne* Rn. 10; *Stöber,* Forderungspfändung, 14. Aufl. 2005, Rn. 1558 mwN; aA *Hintzen* Rpfleger 1992, 262 (263), soweit die Übertragbarkeit des Gesellschaftsanteils im Gesellschaftsvertrag zugelassen ist, auch *Rupp/Fleischmann* Rpfleger 1984, 226; für den Fall der Verpfändung – unzutr. – auch OLG Düsseldorf NZG 2004, 415; → § 719 Rn. 56.

[50] *Wiedemann* Übertragung S. 429; *Smid* JuS 1988, 613 (616); Erman/*Westermann* Rn. 7; Soergel/*Hadding/Kießling* Rn. 16; vgl. allg. zu § 829 ZPO BGH NJW 1968, 2059; Stein/Jonas/*Brehm,* 22. Aufl. 2004, ZPO § 829 Rn. 90; MüKoZPO/*Smid* ZPO § 829 Rn. 49 ff.

oder aufgrund gesellschaftsvertraglicher Ermächtigung (→ § 719 Rn. 27) ist das nicht der Fall; sie lässt die Verstrickung des Anteils und die Rechte des Pfandgläubigers unberührt.[51] Auch an **Gesellschafterbeschlüssen** kann der Gesellschafter/Schuldner vor seinem kündigungsbedingten Ausscheiden weiterhin mitwirken, wenn sie nicht zu einer Verschlechterung seiner Vermögensstellung in der Gesellschaft und damit zu einem Eingriff in die Gläubigerrechte führen. Zulässig bleiben danach Beschlüsse, die sich, wie etwa die Entscheidung über Geschäftsführungsfragen oder die Einführung oder Erweiterung mehrheitlicher Beschlusskompetenz, nur mittelbar auf den Anteilswert auswirken.[52]

Auch die Ausübung eines dem Gesellschafter/Schuldner nach Gesetz oder Vertrag zustehenden **Kündigungsrechts** bleibt in aller Regel zulässig.[53] Sie verschlechtert nicht die Vermögensstellung des Pfandgläubigers, sondern trägt im Gegenteil dazu bei, den Anteilswert zugunsten des Gläubigers zu liquidieren. 28

§ 726 Auflösung wegen Erreichens oder Unmöglichwerdens des Zweckes

Die Gesellschaft endigt, wenn der vereinbarte Zweck erreicht oder dessen Erreichung unmöglich geworden ist.

I. Normzweck und Anwendungsbereich

Die Vorschrift des § 726 erhebt für das Recht der GbR[1] einschließlich der stillen Gesellschaft des HGB[2] zwei im Hinblick auf den gemeinsamen Zweck besonders wesentliche Umstände, die *Erreichung* und das *Unmöglichwerden des Gesellschaftszwecks,* zu **unmittelbar wirkenden Auflösungsgründen.** Im Unterschied zu sonstigen wichtigen Gründen, auch solchen objektiver, nicht personenbezogener Art (→ § 723 Rn. 35), bedarf es hier also keiner Kündigung, um die Auflösung herbeizuführen. Der Unterschied hat einerseits Bedeutung für den Zeitpunkt, in dem sich die Umwandlung in eine Liquidationsgesellschaft mit entsprechend geänderten Rechten und Pflichten im Innenverhältnis vollzieht (→ Vor § 723 Rn. 12). Andererseits führt die unmittelbare Wirkung der Auflösung dazu, dass jeder der Beteiligten – auch ein für den Eintritt der Unmöglichkeit allein verantwortlicher Gesellschafter – sich auf die eingetretene Auflösung berufen kann, ohne den Arglisteinwand befürchten zu müssen. Und schließlich kommen im Anwendungsbereich des § 726 Fortsetzungsklauseln nicht zum Zuge, die für den Fall der Kündigung durch einen Gesellschafter dessen Ausscheiden an Stelle der Auflösung vorsehen. 1

Mit dem Auflösungsgrund der Zweckerreichung steht derjenige des **Zeitablaufs** (→ Vor § 723 Rn. 15 f.) in einem engen sachlichen Zusammenhang. Das gilt zumal bei Gelegenheitsgesellschaften, da hier vom Gesellschaftszweck verbreitet auf die stillschweigende Vereinbarung einer Höchst- oder Festdauer der Gesellschaft geschlossen wird (→ § 723 Rn. 24). Zweckerreichung und Zeitablauf werden sich in diesen Fällen nicht selten als Auflösungsgründe überlagern. 2

II. Voraussetzungen

1. Zweckerreichung. Sie kommt vor allem bei *Gelegenheitsgesellschaften* (→ Vor § 705 Rn. 87) in Betracht; das folgt aus dem bei ihnen meist eng begrenzten Gesellschaftszweck.[3] **Beispiele** hierfür bilden die Ausnutzung eines befristeten gewerblichen Schutzrechts durch die Gesellschaft, die Ausbeutung begrenzter Rohstoffvorkommen oder die Durchführung eines bestimmten Projekts, zB die Bebauung eines Grundstücks durch die hierzu gegründete Gesellschaft.[4] Bei ihnen ist die zeitliche Begrenzung der Gesellschaftsdauer meist auch dann absehbar, wenn es an einem kalendermäßig bestimmten Termin für den Eintritt der Zweckerreichung fehlt. Bei einer *Bauherrengemeinschaft* tritt Zweckerreichung, selbst wenn Entsprechendes im Gesellschaftsvertrag vor- 3

---

[51] So zur Wirksamkeit der Abtretung einer gepfändeten Forderung auch RGZ 73, 276 (278); Stein/Jonas/*Brehm*, 22. Aufl. 2004, ZPO § 829 Rn. 90; *Tempel* JuS 1967, 75 (79).
[52] Zutr. *Wiedemann* Übertragung S. 431 f.
[53] So auch *Wiedemann* Übertragung S. 430; Erman/*Westermann* Rn. 7; Bamberger/Roth/*Schöne* Rn. 9; MüKoZPO/*Smid* ZPO § 829 Rn. 53; aA noch RG LZ 1916, 592; RGRK/*v. Gamm* Rn. 5.
[1] Anders für das Recht der Personenhandelsgesellschaften, da § 726 nach ganz hM durch 133 HGB verdrängt wird, vgl. MüHoHGB/*K. Schmidt* HGB § 133 Rn. 3; Staub/*Schäfer* HGB § 131 Rn. 44.
[2] BGHZ 84, 379 (381) = NJW 1982, 2821.
[3] Ebenso Soergel/*Hadding/Kießling* Rn. 4; Bamberger/Roth/*Schöne* Rn. 6.
[4] BGH NJW 1981, 749; DStR 2005, 1235 (1236) – Gesellschaft zur Sanierung und Weiterveräußerung eines Hauses endet mit Ablauf der Gewährleistungsfristen; vgl. auch die Beispiele bei Staudinger/*Keßler*, 10./11. Aufl. 1975, Rn. 3 und die Fälle → Vor § 723 Rn. 16.

gesehen ist, nicht schon mit der Bezugsfertigkeit der Wohnungen ein, solange noch nicht alle Gesellschafter das geschuldete Kapital erbracht haben.[5] Zur Möglichkeit vorzeitiger ordentlicher Kündigung angesichts einer als Höchstfrist gedachten Zeitbegrenzung → § 723 Rn. 68.

4 **2. Unmöglichwerden des Gesellschaftszwecks.** Hierbei handelt es sich um die für die Beteiligten einschneidendere, weil im Gesellschaftsvertrag nicht vorgesehene, Alternative des § 726. Wegen des mit der Auflösungsfolge verbundenen gravierenden Eingriffs in die Gesellschaftsstruktur werden an den Begriff der Unmöglichkeit von der ganz hM zu Recht *hohe Anforderungen* gestellt.[6] Eine bloß zeitweilige, vorübergehende oder durch organisatorische Änderungen einschließlich der Zufuhr weiteren Kapitals zu behebende Unmöglichkeit reicht nicht ohne weiteres aus.[7] Die Zweckverfolgung muss vielmehr **dauernd und offenbar unmöglich** werden.[8] Bei weniger eindeutigen Umständen bleibt den Gesellschaftern die Möglichkeit einer Kündigung aus wichtigem Grund (→ § 723 Rn. 35).

5 Die **Unrentabilität** des Unternehmens führt meist schon deshalb nicht zur Unmöglichkeit des Gesellschaftszwecks, weil dieser sich in der Regel nicht auf den abstrakten Zweck der Gewinnerzielung richtet, sondern auf das erwerbswirtschaftliche Betreiben der konkreten Unternehmenstätigkeit (→ § 705 Rn. 147). Nur wenn infolge grundlegender Änderung der wirtschaftlichen Verhältnisse mit Gewinnerzielung auch langfristig nicht gerechnet werden kann und dadurch die Möglichkeit einer erwerbswirtschaftlichen Betätigung entfällt, liegt die für das Eingreifen von § 726 erforderliche Eindeutigkeit vor (→ § 723 Rn. 35).[9] Auch **Kapitalmangel** begründet dauernde und offenbare Unmöglichkeit erst dann, wenn die Gesellschafter definitiv die für die Unternehmensfortführung unerlässlichen Sanierungsmaßnahmen wie Beitragserhöhungen, Nachschüsse oÄ abgelehnt haben.[10]

6 Dauernde Unmöglichkeit kann weiter auf dem **Verlust** oder Untergang bestimmter für den Gesellschaftszweck **unentbehrlicher Gegenstände** des Gesellschaftsvermögens beruhen, so bei Nichtigerklärung des zur gemeinsamen Auswertung bestimmten Patents,[11] Zerstörung oder Veräußerung von in absehbarer Zeit nicht wieder zu beschaffenden Produktionsmitteln,[12] ua vorübergehende kriegs- oder mangelbedingte Produktionsunterbrechungen reichen für die Bejahung der Unmöglichkeit regelmäßig nicht aus.[13] Gleiches gilt für Störungen in der Zusammenarbeit der Gesellschafter oder für Änderungen der Interessenlage der Beteiligten;[14] sie bilden aber je nach Lage des Falles einen wichtigen Grund zur außerordentlichen Kündigung. Die Veräußerung des Gesellschaftsanteils, an dem eine Unterbeteiligung besteht, durch den Hauptgesellschafter hat deren Beendigung wegen dauernder Unmöglichkeit zur Folge.[15] Dementgegen führt die Auflösung der Hauptgesellschaft als Inhaberin einer stillen Gesellschaft nicht dazu, dass die Erreichung des Zwecks der stillen Gesellschaft unmöglich wird, wenn mit der Fortsetzung der Hauptgesellschaft zu rechnen ist.[16] Streitigkeiten über das Vorliegen der die Auflösung begründenden Umstände sind regelmäßig zwischen den Gesellschaftern im Wege der Feststellungsklage auszutragen (→ Vor § 723 Rn. 25).

III. Rechtsfolgen

7 Hinsichtlich der Rechtsfolgen des § 726 gelten die allgemeinen Grundsätze über die Wirkungen von Auflösungsgründen (→ Vor § 723 Rn. 5 ff.). Entgegen dem missverständlichen Wortlaut („endigt") ist regelmäßige Folge nicht die Vollbeendigung, sondern die **Auflösung** der Gesellschaft;

---

[5] BGH WM 1988, 661 f.; Palandt/*Sprau* Rn. 2.
[6] Vgl. nur Soergel/*Hadding/Kießling* Rn. 5; Bamberger/Roth/*Schöne* Rn. 6; so auch OLG Köln BB 2002, 1167.
[7] Anders bei Ablehnung der für die Fortführung unerlässlichen Kapitalzufuhr durch alle Gesellschafter, OLG Köln BB 2002, 1167.
[8] BGHZ 84, 379 (381) = NJW 1982, 2821; BGHZ 24, 279 (293) = NJW 1957, 1279; RGZ 164, 129 (142 f.).
[9] So im Ergebnis auch Staudinger/*Habermeier* (2003) Rn. 5; Bamberger/Roth/*Schöne* Rn. 7; Palandt/*Sprau* Rn. 2; wohl auch Soergel/*Hadding/Kießling* Rn. 6.
[10] RG JW 1938, 1522; OLG Köln BB 2002, 1167; Soergel/*Hadding/Kießling* Rn. 6; Bamberger/Roth/*Schöne* Rn. 7.
[11] Vgl. auch RG JW 1930, 1730 – Verkauf des Patents.
[12] Dazu RGZ 123, 23 (25).
[13] RGZ 164, 129 (142 f.); vgl. auch BGHZ 24, 279 (293) = NJW 1957, 1279 (Ostenteignung der Betriebsstätten einer AG, zwischen den Aktionären eine Interessengemeinschaft bestand, kein Auflösungsgrund).
[14] BGH WM 1970, 962 – Wegfall des Interesses ohne von zwei Großaktionären an dem zwischen ihnen bestehenden Poolvertrag kein Fall von § 726; für Eingreifen von § 726 beim Massenaustritt (93 % aller Gesellschafter) aus einer Publikums-GbR, die der einheitlichen Verwaltung der Unternehmen der Gesellschafter dienen soll, aber OLG Stuttgart BB 1983, 13.
[15] Vgl. OLG Hamm NJW-RR 1994, 999.
[16] Vgl. BGHZ 84, 379 (381 f.) = NJW 1982, 2821.

anderes gilt für Innengesellschaften ohne Gesamthandsvermögen. Der Zeitpunkt der Auflösung richtet sich nach dem Eintritt der Zweckerreichung oder deren Unmöglichkeit; auf die Kenntnis der Gesellschafter hiervon kommt es nicht an (→ Vor § 723 Rn. 12).[17]

Der Auflösung hat sich mangels abweichender Vereinbarungen die **Liquidation nach §§ 730 ff.** 8 anzuschließen. Eine sofortige Vollbeendigung kommt im Fall der Zweckerreichung selbst bei Außengesellschaften nur dann in Betracht, wenn zugleich mit dem Eintritt dieses Zeitpunkts auch das Gesellschaftsvermögen verbraucht ist, Gesellschaftsschulden nicht mehr zu berichtigen und gegenseitige Beziehungen zwischen den Parteien nicht mehr abzuwickeln sind. Zum Sonderfall der Vereinigung aller Anteile → Vor § 723 Rn. 17.

IV. Abweichende Vereinbarungen

§ 726 ist insofern **zwingend,** als er den Fortbestand der Gesellschaft als werbende trotz erreichten 9 oder unmöglich gewordenen Gesellschaftszwecks ausschließt. Gesellschaftsvertragliche Vereinbarungen, die die Auflösung nach § 726 erschweren sollen, sind daher unwirksam.[18] Wohl aber kann entweder bereits im Gesellschaftsvertrag ein Eventualzweck vorgesehen[19] oder durch späteren Fortsetzungsbeschluss (→ Vor § 723 Rn. 11) der Gesellschaftszweck geändert werden mit der Folge, dass der Auflösungsgrund des § 726 entfällt bzw. die Gesellschaft mit geändertem Zweck fortgeführt wird.[20] Hierfür bedarf es freilich der Zustimmung sämtlicher Gesellschafter, die an der fortgeführten Gesellschaft beteiligt sind.[21] Zulässig sind auch Erleichterungen der Auflösung durch gesellschaftsvertragliche Vereinbarungen über Umstände, die regelmäßig oder stets als Auflösungsgründe iSv § 726 gelten sollen.[22]

§ 727 Auflösung durch Tod eines Gesellschafters

(1) **Die Gesellschaft wird durch den Tod eines der Gesellschafter aufgelöst, sofern nicht aus dem Gesellschaftsvertrag sich ein anderes ergibt.**

(2) **¹Im Falle der Auflösung hat der Erbe des verstorbenen Gesellschafters den übrigen Gesellschaftern den Tod unverzüglich anzuzeigen und, wenn mit dem Aufschub Gefahr verbunden ist, die seinem Erblasser durch den Gesellschaftsvertrag übertragenen Geschäfte fortzuführen, bis die übrigen Gesellschafter in Gemeinschaft mit ihm anderweit Fürsorge treffen können. ²Die übrigen Gesellschafter sind in gleicher Weise zur einstweiligen Fortführung der ihnen übertragenen Geschäfte verpflichtet. ³Die Gesellschaft gilt insoweit als fortbestehend.**

Übersicht

	Rn.		Rn.
A. Überblick	1–5	b) Fiktion des Fortbestands der Gesellschaft (Abs. 2 S. 3)	10
I. Einführung	1–3	c) Verhältnis zu § 729	11, 12
1. Normzweck	1	II. Stellung der Erben in der Abwicklungsgesellschaft	13–23
2. Anwendungsbereich	2, 3	1. Allgemeines	13, 14
II. Häufigkeit abweichender Vereinbarungen	4, 5	2. Pflichten aus Abs. 2 S. 1	15–19
B. Die Regelungen des § 727	6–25	a) Anzeigepflicht	15
I. Die Auflösung und ihre Folgen	6–12	b) Notgeschäftsführung	16
1. Tod als Auflösungsgrund (Abs. 1)	6–8	c) Kreis der Verpflichteten und Haftungsmaßstab	17–19
2. Fortbestehende Geschäftsführungspflichten der Mitgesellschafter	9–12	3. Willensbildung bei einer Erbenmehrheit	20
a) Beschränkung auf die übertragene Geschäftsführung (Abs. 2 S. 2)	9	4. Haftung der Erben(gemeinschaft) für Gesellschaftsschulden	21

---
[17] Vgl. Soergel/*Hadding/Kießling* Rn. 7; zum Schutz des geschäftsführenden Gesellschafters → § 729 Rn. 1 ff.
[18] EinhM, vgl. BGH WM 1963, 728 (730); Staudinger/*Habermeier* (2003) Rn. 3.
[19] Vgl. Soergel/*Hadding/Kießling* Rn. 2; einen Eventualzweck anführend auch Staudinger/*Habermeier* (2003) Rn. 3.
[20] BGH NJW-RR 2004, 472 – wegen Verlust der Zulassung eines Anwalts aufgelöste Sozietät wird mit Steuerberater fortgeführt.
[21] Zu den Voraussetzungen eines Fortsetzungsbeschlusses → Vor § 723 Rn. 11; Staub/*Schäfer* HGB § 131 Rn. 66 ff.
[22] Ebenso Staudinger/*Habermeier* (2003) Rn. 3: „weitere Auflösungsgründe festzulegen"; → Vor § 723 Rn. 21.

	Rn.		Rn.
5. Testamentsvollstreckung und Nachlassverwaltung	22, 23	III. Eintrittsklauseln	53–59
III. Entsprechende Anwendung von Abs. 2 S. 1 bei Fortsetzung der Gesellschaft nach § 736 Abs. 1?	24, 25	1. Unterschiede zur Nachfolgeklausel	53–56
		a) Inhalt und Rechtsnatur	53
		b) Folgerungen	54–56
C. Abweichende Vereinbarungen	26–73	2. Eintrittsrecht	57
I. Überblick	26, 27	3. Das Schicksal des Abfindungsanspruchs	58, 59
II. Nachfolgeklauseln	28–52	IV. Auslegungsfragen	60–62
1. Wesen und Arten	28, 29	1. Allgemeines	60, 61
2. Einfache Gesellschafter-Nachfolge	30–40	2. Umdeutung	62
a) Voraussetzungen	30	V. Sonderfälle	63–73
b) Rechtsfolgen	31–40	1. Vermeintlicher Erbe	63–67
3. Qualifizierte Nachfolge	41–45	a) Nachfolgeklausel	63–65
a) Voraussetzungen	41, 42	b) Eintrittsklausel	66, 67
b) Rechtsfolgen	43–45	2. Vor- und Nacherbschaft	68–72
4. Bedingtes Austrittsrecht des Gesellschafter-Erben analog § 139 HGB	46–48	a) Gesellschafterstellung des Vorerben	68–70
		b) Eintritt des Nacherbfalls	71, 72
5. Rechtsgeschäftliche Nachfolgeklauseln	49–52	3. Nießbrauch und Testamentsvollstreckung	73

A. Überblick

I. Einführung

1 **1. Normzweck.** Die Vorschrift des § 727 trägt der höchstpersönlichen Natur der Gesellschafterstellung in der werbenden Gesellschaft und ihrer grundsätzlichen Unübertragbarkeit (→ § 719 Rn. 21, 27) Rechnung. Sie bestimmt daher in **Abs. 1** den Tod eines Gesellschafters als Auflösungsgrund. Die Gesellschaft wandelt sich dadurch in eine Abwicklungsgesellschaft (→ Vor § 723 Rn. 5 ff.) um. An die Stelle des verstorbenen Gesellschafters treten der oder die *Erben als Mitglieder der Abwicklungsgesellschaft*. Für diese begründet **Abs. 2 S. 1** kraft ihrer Mitgliedschaft die doppelte Pflicht, den Tod des Gesellschafters/Erblassers den Mitgesellschaftern anzuzeigen und jenem übertragenen Geschäfte für eine Übergangszeit insoweit fortzuführen, als es zur Abwehr von Gefahren für das Gesellschaftsvermögen erforderlich ist. Eine entsprechend begrenzte Notgeschäftsführungspflicht trifft nach **Abs. 2 S. 2** auch diejenigen Mitgesellschafter, denen die Geschäftsführung in der werbenden Gesellschaft übertragen war. Während dieser Übergangszeit gehen die Bestimmungen des § 727 Abs. 2 den Vorschriften der § 730 Abs. 2 BGB, § 146 Abs. 1 HGB über die Geschäftsführung in der Abwicklungsgesellschaft vor.

2 **2. Anwendungsbereich.** Die Regelung des **Abs. 1** gilt für **alle Arten der GbR** ohne Unterschied danach, ob es sich um eine Außen- oder eine Innen-GbR handelt. Im Fall der *stillen Gesellschaft* greift sie nur beim Tod des Inhabers ein; der Tod des Stillen lässt den Bestand der Gesellschaft nach § 234 Abs. 2 HGB unberührt. Für Handelsgesellschaften gelten die Sondervorschriften der §§ 131 Abs. 3 Nr. 1, 177 HGB: danach werden OHG und KG beim Tod eines persönlich haftenden Gesellschafters von den übrigen Gesellschaftern, beim Tod eines Kommanditisten unter Einschluss von dessen Erben fortgesetzt.

3 Auch die Regelungen des **Abs. 2** waren ursprünglich auf die **GbR** beschränkt, während § 137 Abs. 1 HGB eine besondere, wenn auch inhaltsgleiche Vorschrift für OHG und KG enthielt. Nachdem diese Vorschrift im Rahmen des HRefG 1998 praktisch funktionslos und daher als entbehrlich gestrichen wurde, kann Abs. 2 über die Verweisung des § 105 Abs. 3 HGB auch auf **Personenhandelsgesellschaften** Anwendung finden. Die Bedeutung der Verweisung ist allerdings schon deshalb gering, weil der Tod eines Gesellschafters bei diesen Gesellschaften seit dem HRefG keinen gesetzlichen Auflösungsgrund mehr darstellt (zur Nichtanwendung des Abs. 2 S. 1 auf die nicht in die fortgesetzte Gesellschaft nachfolgenden Erben → Rn. 24 f.).

II. Häufigkeit abweichender Vereinbarungen

4 Die Regelungen des § 727 sind in ihrer Gesamtheit nicht zwingend. Unter den in Gesellschaftsverträgen anzutreffenden Abweichungen stehen im Vordergrund Sonderregelungen gegenüber der Auflösungsfolge des Abs. 1. Dabei ist zwischen Nachfolgeklauseln und Fortsetzungsklauseln zu unterscheiden. **Nachfolgeklauseln** machen den Anteil an der werbenden Gesellschaft für bestimmte oder alle Erben des verstorbenen Gesellschafters vererblich (→ Rn. 28 f.). Im Unterschied zu § 727 Abs. 1 führen sie zum Fortbestand der Gesellschaft als werbende unter Übergang des Gesellschaftsanteils des Verstorbenen auf den oder die begünstigten Erben als Gesellschafter; zu Abfindungsansprüchen kommt es nicht. Demgegenüber lassen **Fortsetzungsklauseln** (§ 736) die Gesellschaft unter den übrigen Gesellschaftern fortbestehen, während die Erben mangels Anteilsvererbung auf den Abfindungsanspruch als Nachlassgegenstand verwiesen sind. Verbindet sich die Fortsetzungsklausel mit einer **Eintrittsklausel** (→ Rn. 53), so steht den dadurch begünstigten Personen (nicht notwendig den Erben) das Recht zu, ihre Aufnahme in die Gesellschaft zu verlangen.

Vereinbarungen der in → Rn. 4 genannten Art sind vor allem bei Personenhandelsgesellschaften **5** verbreitet, wie nicht zuletzt die Vorschrift des § 139 HGB erkennen lässt. Die Behandlung der damit zusammenhängenden Fragen hat daher im Handelsrecht einen deutlichen Schwerpunkt.[1] Soweit entsprechende Gestaltungen – wie namentlich bei **BGB-Dauergesellschaften** – auch im Gesellschaftsvertrag einer GbR anzutreffen sind (→ Rn. 26), kann angesichts der grundsätzlichen Übereinstimmung der Rechtsfolgen weitgehend auf die Diskussion zum OHG-Recht verwiesen werden.[2]

B. Die Regelungen des § 727

I. Die Auflösung und ihre Folgen

1. Tod als Auflösungsgrund (Abs. 1). Mit dem Tod eines Gesellschafters wandelt sich die GbR **6** mangels abweichender gesellschaftsvertraglicher Vereinbarungen (→ Rn. 4, 26 ff.) in eine **Abwicklungsgesellschaft** um. Sie ist nach §§ 730 ff. auseinanderzusetzen, wenn nicht die übrigen Gesellschafter mit Zustimmung der Erben (→ Rn. 20) die Fortsetzung der Gesellschaft (→ Vor § 723 Rn. 11) oder eine andere Art der Abwicklung beschließen. Dem Tod stehen Todeserklärung oder Feststellung des Todes und dessen Zeitpunkt durch gerichtliche Entscheidung gleich (§§ 9, 39 VerschG). Zu dem im Beschluss über die Todeserklärung oder die Feststellung des Todes genannten Zeitpunkt (§§ 23, 44 VerschG) ist die Gesellschaft aufgelöst.[3] Im **Grundbuch** gelten gemäß §§ 1148 S. 1, 1192 Abs. 1 noch die Eingetragenen als Gesellschafter, auch wenn die Gesellschaft infolge des Todes eines Gesellschafters nach § 727 Abs. 1 **aufgelöst** wird, jedenfalls solange sie als Liquidationsgesellschaft fortbesteht, also noch wenigstens zwei Gesellschafter vorhanden sind (→ § 718 Rn. 46).

Die bloße **Verschollenheit** führt die Auflösungsfolgen dagegen nicht herbei. Für den Verschollenen **7** nen ist nach § 1911 erforderlichenfalls von Amts wegen ein Abwesenheitspfleger zu bestellen, der zur Wahrnehmung von dessen Gesellschafterrechten (auch den Verwaltungsrechten) befugt ist. Im Einzelfall kann die Verschollenheit eines Gesellschafters einen wichtigen Grund zur außerordentlichen Kündigung oder zum Ausschluss des Verschollenen bilden; die insoweit gegenüber dem verschollenen Gesellschafter erforderlichen Erklärungen sind an den Pfleger zu richten.[4]

Dem Tod einer natürlichen Person steht bei **juristischen Personen** und **Personengesellschaf- 8 ten** als Gesellschaftern nicht schon deren Auflösung, sondern erst die **Vollbeendigung** gleich.[5] Diese setzt die vollständige Liquidation des Vermögens der juristischen Person oder Gesellschaft voraus; sie tritt somit erst ein, nachdem auch der Gesellschaftsanteil liquidiert ist. Daher greift der Auflösungsgrund des § 727 Abs. 1 bei juristischen Personen oder Personengesellschaften als Gesellschafter einer GbR *regelmäßig nicht* ein.[6] Entsprechendes gilt grundsätzlich für den Fall einer Umwandlung der Gesellschafter-Gesellschaft, weil sie auch dadurch nicht ersatzlos in Wegfall kommt,

---

[1] Aus früherer Zeit s. die Literaturübersicht bei *Ulmer* ZGR 1972, 195 ff.; 1972, 324 ff.; dazu insbes. *Liebisch* ZHR 116 (1954), 128 ff.; *Siebert*, Gesellschaftsvertrag und Erbrecht bei der OHG, 3. Aufl. 1958; *Wiedemann* Übertragung S. 151 ff. Zur weiteren Entwicklung der Diskussion vgl. *Hueck* OHG § 28, S. 401 ff.; *H. P. Westermann* AcP 173 (1973), 24 ff.; *Flume* BGB AT I § 18, S. 375 ff.; Schlegelberger/*K. Schmidt* HGB § 139 Rn. 16 ff. sowie Staub/*Schäfer* HGB § 139 Rn. 3 ff., 23 ff., 144 ff. und *Windel*, Über die Modi der Nachfolge in das Vermögen einer natürlichen Person beim Todesfall, 1998, insbes. S. 126 ff., 270 ff.
[2] Von hoher Relevanz sind Abweichungen zB bei Familiengesellschaften; zu deren Besonderheiten vgl. *Ulmer* ZIP 2010, 549; 2010, 805; zu Gestaltungsvorschlägen zB *Becker* ZEV 2011, 157 ff.
[3] Näher GroßkommHGB/*Ulmer*, 3. Aufl. 1971, HGB § 131 Rn. 83.
[4] GroßkommHGB/*Ulmer*, 3. Aufl. 1971, § 131 Rn. 84. Dazu, dass entgegen der überwM § 1911 grds. auch anzuwenden ist, der Pflegerbestellung rechtserhebliche Maßnahmen gegenüber dem Verschollenen ermöglichen soll, → § 1911 Rn. 15 (*Schwab*) mwN.
[5] BGHZ 84, 379 = NJW 1982, 2821 für eine KG als Gesellschafter; OLG Frankfurt WM 1982, 1266; Staub/*Schäfer* HGB § 131 Rn. 78.
[6] So zutr. Soergel/*Hadding/Kießling* Rn. 3; *Hueck* OHG § 23 II 4; ähnlich Erman/*Westermann* Rn. 2: bei Vollbeendigung der beteiligten Gesellschaft kein Bedürfnis für eine Auflösung der GbR.

sondern entweder in anderer Rechtsform fortbesteht oder kraft Universalsukzession durch einen anderen Rechtsträger ersetzt wird.[7] Einem Erbfall vergleichbar sind allenfalls Aufspaltung und Verschmelzung auf Seiten der übertragenden (Gesellschafter-)Gesellschaft; doch geht die Übertragbarkeit der GbR-Anteile im Rahmen einer umwandlungsrechtlichen (partiellen) Universalsukzession der Höchstpersönlichkeit vor.[8]

9 **2. Fortbestehende Geschäftsführungspflichten der Mitgesellschafter. a) Beschränkung auf die übertragene Geschäftsführung (Abs. 2 S. 2).** Abweichend von der in § 730 Abs. 2 angeordneten Gesamtgeschäftsführung aller Gesellschafter in der Abwicklungsphase bestimmt Abs. 2 S. 2, dass die übertragene Geschäftsführung (→ § 729 Rn. 3) überlebender Gesellschafter für eine Übergangszeit in einem durch den Zweck der Gefahrenabwehr begrenzten Umfang fortbesteht. Dadurch sorgt die Vorschrift nicht nur für den begrenzten Fortbestand der *Geschäftsführungsbefugnis*, sondern lässt auch eine *Tätigkeitspflicht* dieser Gesellschafter fortbestehen. Entsprechendes gilt für die Vertretungsmacht. Deren Umfang richtet sich im Zweifel (§ 714) nach der fortbestehenden Geschäftsführungsbefugnis (→ § 729 Rn. 13 f.); der Vertrag kann Abweichendes regeln.

10 **b) Fiktion des Fortbestands der Gesellschaft (Abs. 2 S. 3).** Der nach Abs. 2 S. 3 fingierte Fortbestand der Gesellschaft als werbende beschränkt sich auf den Bereich der *Geschäftsführung und Vertretung* nach Maßgabe von Abs. 2 S. 1 und 2. Weitergehende Geltung kommt der Fiktion nicht zu. Namentlich lässt sich hieraus nicht etwa die Geltendmachung sonstiger, infolge der Umwandlung in eine Abwicklungsgesellschaft undurchsetzbar gewordener Sozialansprüche, darunter noch offene Beitragsforderungen, Wettbewerbsverbote ua stützen (allgemein zu den geänderten Pflichten in der Abwicklungsgesellschaft → § 730 Rn. 26 ff.). § 727 Abs. 2 dient nicht etwa dazu, für eine Übergangszeit die Fortführung der Gesellschaft als werbende unabhängig von einer Beschlussfassung hierüber zu ermöglichen. Er soll es den Beteiligten vielmehr nur erleichtern, rechtzeitig die zur Abwehr von Gefahren für das Gesellschaftsvermögen erforderlichen Maßnahmen zu treffen, und stellt zugleich die Verantwortlichkeit hierfür während der Übergangszeit klar.

11 **c) Verhältnis zu § 729.** Die Regelung des § 727 Abs. 2 hat nicht etwa Vorrang gegenüber der allgemein für die nicht kündigungsbedingte Auflösung geltenden Fiktion des Fortbestands der Geschäftsführung (§ 729), sondern ist neben dieser anwendbar. Unterschiede zu § 729 zeigen sich darin, dass Abs. 2 S. 2 nicht nur zu Gunsten, sondern auch **zu Lasten** der Geschäftsführer wirkt und entsprechende, sanktionsbewehrte Tätigkeitspflichten für diese begründet. Auch hängt die Dauer der in § 727 Abs. 2 S. 3 aufgestellten Fiktion anders als nach § 729 nicht von der Gutgläubigkeit der Geschäftsführer ab, sondern davon, wann die durch den Wegfall des verstorbenen Gesellschafters bedingte *Übergangszeit* beendet ist. Hierfür kommt es nach Abs. 2 S. 2 darauf an, wann übrige Gesellschafter und Erben gemeinsam anderweitig Fürsorge für die Geschäftsführung treffen können, dh in welcher Zeit sie in der Lage sind, sich auf die Umwandlung in eine Abwicklungsgesellschaft und auf den damit verbundenen, in § 730 Abs. 2 geregelten Übergang zur Gesamtgeschäftsführung einzustellen.

12 Galt in der betroffenen GbR schon bisher **Gesamtgeschäftsführung** nach § 709 Abs. 1, so bedarf es deren Anpassung an die durch den Tod eingetretene Änderung regelmäßig nicht; § 727 Abs. 2 S. 2 ist nicht anwendbar. Ein Unterschied gegenüber § 729 ergibt sich auch daraus, dass § 727 Abs. 2 die fortbestehende Geschäftsführung auf Maßnahmen der **Gefahrenabwehr**[9] im Interesse des Gesamthandsvermögens beschränkt, während der Umfang der nach § 729 als fortbestehend geltenden Befugnisse sich nicht von demjenigen in der werbenden Gesellschaft unterscheidet.

II. Stellung der Erben in der Abwicklungsgesellschaft

13 **1. Allgemeines.** Die aus dem Anteil des verstorbenen Gesellschafters folgenden, durch die *Auflösung* der GbR modifizierten Rechte gehen mit dem Erbfall auf den oder die Erben über.[10] Das gilt

---

[7] Soergel/*Hadding/Kießling* Rn. 3; *Hueck* OHG § 23 II 4; näher Staub/*Schäfer* HGB § 131 Rn. 82 ff.
[8] Näher Staub/*Schäfer* HGB § 131 Rn. 82 ff.
[9] Zu diesem Begriff → § 672 Rn. 7 *(Seiler)*.
[10] Vgl. auch OLG München NZG 2015, 487 zu Nachweisanforderungen für die berichtigende Eintragung neuer Gesellschafter im Grundbuch bei einer durch Tod aufgelösten Gesellschaft; NJW-RR 2010, 1667 zur Eintragung des Gesellschafter-Erben im Grundbuch.

sowohl für die **Vermögens-** als auch für die **Verwaltungsrechte**.[11] Unvererblich ist nach gesetzlicher Regel nur der Anteil an der werbenden Gesellschaft. Dagegen entspricht der erbrechtliche Übergang des Anteils an der durch den Tod **aufgelösten Gesellschaft** auf den oder die Erben dem gesetzlichen Leitbild des § 727 Abs. 1. Das zeigt sich nicht nur in der Zuweisung vorübergehender Geschäftsführungsaufgaben in der als fortbestehend geltenden Gesellschaft an die Erben durch Abs. 2 S. 1, sondern auch in deren Beteiligung an der Geschäftsführung der Abwicklungsgesellschaft (→ § 730 Rn. 41).

Wird der Gesellschafter von **mehreren Erben** beerbt, so stehen die Rechte an der Abwicklungsgesellschaft nach ganz hM sämtlichen Erben gemeinsam zu, dh also der **Erbengemeinschaft**; der Gesellschaftsanteil bildet einen Teil des gesamthänderisch gebundenen Nachlasses.[12] Der Grundsatz, dass eine Erbengemeinschaft wegen der mit dem Anteil verbundenen Tätigkeitspflichten und Haftungsfolgen nicht Mitglied einer werbenden GbR sein kann (→ § 705 Rn. 81), findet auf die anders strukturierte Abwicklungsgesellschaft keine Anwendung. Wird freilich von Mitgesellschaftern und Erben die Fortsetzung der Abwicklungsgesellschaft als werbende beschlossen, so verbindet sich damit notwendig eine Nachlassteilung in Bezug auf den Gesellschaftsanteil; die Gesellschafterstellung geht auf die Erben je persönlich über.[13] Zur Willensbildung in der Erbengemeinschaft bei Beschlussfassung in Gesellschaftsangelegenheiten sowie zur Ausübung der Abwicklerfunktionen durch einen gemeinsamen Vertreter → Rn. 20. 14

2. Pflichten aus Abs. 2 S. 1. a) Anzeigepflicht. Der Tod des Gesellschafters ist den Mitgesellschaftern von den Erben unverzüglich (§ 121 Abs. 1 S. 1) anzuzeigen. Die Anzeige ist an sämtliche übrige Gesellschafter zu richten, nicht nur an die Geschäftsführer. Die Pflicht hierzu entfällt jedoch, wenn die Mitgesellschafter bereits auf sonstige Weise zuverlässige Kenntnis vom Tod des Gesellschafters erlangt haben. Mit der Absendung der Anzeige in der üblichen Form haben die Erben in der Regel ihre Pflicht erfüllt. Da es um die Vornahme einer tatsächlichen Handlung geht und nicht um die Abgabe einer Willenserklärung, findet § 130 keine Anwendung. Zur Frage einer Anzeigepflicht bei einer auf den Todesfall bezogenen gesellschaftsvertraglichen Fortsetzungsklausel → Rn. 25. 15

b) Notgeschäftsführung. Sie ist nach Abs. 2 S. 1 an drei Voraussetzungen geknüpft.[14] Erstens muss dem Erblasser die in Frage stehende Art der Geschäftsführung in der GbR allein oder mit anderen Gesellschaftern **übertragen** gewesen sein; hieran fehlt es nicht nur beim Ausschluss des Erblassers von der Geschäftsführung, sondern auch bei Gesamtgeschäftsführung aller Gesellschafter (§ 709). Zweitens setzt die Pflicht zum Tätigwerden voraus, dass mit dem Aufschub **Gefahr** für das Gesellschaftsvermögen verbunden ist; nur im Rahmen dieses Fürsorgebedürfnisses sind die Erben auch befugt und zugleich verpflichtet, die dem Erblasser übertragene Geschäftsführung – und über § 714 die Vertretung der GbR – auszuüben. Die dritte Voraussetzung bezieht sich auf die **Dauer** der Pflicht zur Notgeschäftsführung: sie ist auf denjenigen Zeitraum beschränkt, der für die Umstellung der Gesellschaft auf die Abwicklung unter Berücksichtigung der in § 730 Abs. 2 angeordneten Gesamtgeschäftsführung erforderlich ist. Darauf, ob die Beteiligten die Umstellung tatsächlich in dieser Zeit bewirken, kommt es nicht an; die Pflicht der Erben zur Notgeschäftsführung verlängert sich nicht etwa bei Untätigkeit der Mitgesellschafter. Für die Ansprüche aus der Notgeschäftsführung gelten §§ 713, 670 (→ § 713 Rn. 15). 16

c) Kreis der Verpflichteten und Haftungsmaßstab. Die Verpflichtungen aus Abs. 2 S. 1 treffen die **Erben** unabhängig von dem Rechtsgrund ihrer Berufung. Sie beginnen mit dem Anfall der 17

---

[11] Heute ganz hM, vgl. BGH NJW 1982, 170; 1995, 3314 (3315); NZG 2011, 697 zum Anspruch auf Rechnungsabschluss bzw. Rechnungslegung; *Liebisch* ZHR 116 (1954), 128 (178); *Siebert*, Gesellschaftsvertrag und Erbrecht bei der OHG, 3. Aufl. 1958, S. 29; Soergel/*Hadding/Kießling* Rn. 4; Bamberger/Roth/*Schöne* Rn. 3; Staub/*Habersack* HGB § 146 Rn. 10; Staub/*Schäfer* HGB § 131 Rn. 87; Staudinger/*Habermeier* (2003) Rn. 7; wohl auch schon BGHZ 1, 324 (327) = NJW 1951, 650 mit zust. Anm. *Hueck*; abw. noch die Rspr. des RG, vgl. RGZ 106, 63 (65); RG DNotZ 1936, 209 und im Anschluss daran etwa Düringer/Hachenburg/*Flechtheim*, 3. Aufl. 1932, HGB § 131 Anm. 7.

[12] BGHZ 98, 48 (58) = NJW 1986, 2431 (2434); BGH NJW 1995, 3314 (3315); Soergel/*Hadding/Kießling* Rn. 4; Staudinger/*Habermeier* (2003) Rn. 10; Erman/*Westermann* Rn. 3; *Hueck* OHG § 23 II 4; *Wiedemann* Übertragung S. 171; Staub/*Schäfer* HGB § 131 Rn. 85; s. auch *Wiedemann* GesR II § 5 III 1, S. 464, der die Erbengemeinschaft entspr. § 146 Abs. 1 S. 2 HGB, § 18 GmbHG und § 69 AktG für verpflichtet hält, einen gemeinsamen Vertreter zu bestimmen; aA noch *Liebisch* ZHR 116 (1954), 179.

[13] So auch BGH NJW 1982, 170; Erman/*Westermann* Rn. 3; Staub/*Schäfer* HGB § 131 Rn. 85 f.

[14] Vgl. Staub/*Schäfer* HGB § 131 Rn. 86: mit Wegfall des inhaltsgleichen § 137 HGB durch das HRefG 1998 gilt in der durch Tod aufgelösten OHG/KG über § 105 Abs. 3 HGB § 727 Abs. 2 entsprechend; → Rn. 9 zur Notgeschäftsführung der Mitgesellschafter.

Erbschaft (§ 1942), nicht erst mit deren Annahme oder dem Ablauf der Ausschlagungsfrist.[15] Die Ausschlagung der Erbschaft lässt die Verpflichtung des betreffenden Erben rückwirkend entfallen (§ 1953). Die von dem Erben in der Zwischenzeit für die Gesellschaft getätigten Geschäfte bleiben Dritten gegenüber aber wirksam. Entsprechendes gilt für das Verhältnis zu den Mitgesellschaftern. Der Ausschlagende wird ihnen gegenüber nicht etwa rückwirkend zum Geschäftsführer ohne Auftrag (anders nur gegenüber dem durch die Ausschlagung berechtigten Erben, vgl. § 1959).

18   **Mehrere Erben** haben die erforderlichen Handlungen im Grundsatz gemeinschaftlich vorzunehmen (§ 2038 Abs. 1; zur Willensbildung → Rn. 20). Für die Anzeigepflicht genügt freilich das Handeln *eines* Erben; es bringt die Pflicht auch der Miterben zum Erlöschen. Im Übrigen kann jeder Miterbe Handlungen, die zur Erhaltung des Nachlasses (einschließlich der hierzu gehörenden Gesellschaftsbeteiligung) notwendig sind, nach § 2038 Abs. 1 S. 2 auch ohne Mitwirkung der anderen vornehmen. Alleinvertretungsmacht in der Gesellschaft steht ihm freilich auch dann nicht zu, wenn der Erblasser alleinvertretungsbefugt war.

19   Der **Haftungsmaßstab** richtet sich auch für die Erben nach § 708;[16] maßgebend ist die Person des jeweiligen Erben, nicht diejenige des Erblassers.[17] Dabei ist namentlich auch auf mangelnde Erfahrung geschäftsunkundiger Erben Rücksicht zu nehmen. Die Pflichten aus Abs. 2 S. 1 sind gesellschaftsrechtlicher Art; sie treffen die Erben kraft ihrer Mitgliedschaft in der Abwicklungsgesellschaft (→ Rn. 1). Da der Anteil zum Nachlass gehört, sind auch etwaige Schadensersatzpflichten gegenüber den Mitgesellschaftern wegen Verletzung der Anzeige- oder Notgeschäftsführungspflicht Nachlassverbindlichkeiten. Den Erben steht insoweit das Recht zu, ihre Haftung auf den Nachlass zu beschränken (§§ 1975 ff., 2059). Zur Außenhaftung gegenüber Gesellschaftsgläubigern → Rn. 21.

20   **3. Willensbildung bei einer Erbenmehrheit.** Die Rechte aus dem Anteil stehen den Erben gemeinschaftlich zu (→ Rn. 14). Sie können den Mitgesellschaftern gegenüber nur einheitlich durch Zusammenwirken der Erben oder durch einen gemeinsamen Vertreter wahrgenommen werden. Gleiches gilt für die Ausübung der Abwicklerfunktion für die Erbengemeinschaft (→ § 730 Rn. 41). Das für die interne Willensbildung in der Erbengemeinschaft nach §§ 2038 Abs. 2, 745 Abs. 1 maßgebende **Mehrheitsprinzip** findet grundsätzlich auch hinsichtlich der Ausübung der Gesellschafterrechte Anwendung, soweit es sich um Maßnahmen der ordnungsgemäßen Verwaltung des Gesellschaftsanteils handelt;[18] im Übrigen bleibt es bei dem Grundsatz der Einstimmigkeit (§ 2038 Abs. 1 S. 1).[19] Ein Fortsetzungsbeschluss (→ Vor § 723 Rn. 11) bedarf schon deshalb der Zustimmung sämtlicher Miterben, weil er dazu führt, dass an Stelle der Erbengemeinschaft die Erben persönlich Mitglieder der als werbende fortgesetzten Gesellschaft werden.[20]

21   **4. Haftung der Erben(gemeinschaft) für Gesellschaftsschulden.** Zur Unterscheidung zwischen Gesellschafts- und Gesellschafterverbindlichkeiten und zu den Voraussetzungen einer Haftung der Gesellschafter für Gesellschaftsverbindlichkeiten allgemein (→ § 714 Rn. 31 ff.). Im Fall der Vererbung sind die **vor** dem Erbfall entstandenen Gesellschaftsschulden für die Erbengemeinschaft als Gesellschafter der *Abwicklungsgesellschaft* gewöhnliche **Nachlassverbindlichkeiten**.[21] Aber auch für die **nach** dem Erbfall aus dem rechtsverbindlichen Handeln für die Abwicklungsgesellschaft begründeten Verbindlichkeiten können die Erben die Haftung auf den Nachlass beschränken. Es handelt sich um sog. „Nachlasserbenschulden", die aus Rechtsgeschäften für den Nachlass im Rahmen einer ordnungsmäßigen Verwaltung herrühren und deren Bezug nicht zu den Erben persönlich, sondern zum Nachlass für die Gesellschaftsgläubiger im Regelfall unverkennbar ist.[22] Es gilt insofern

---
[15] Soergel/*Hadding/Kießling* Rn. 8; Bamberger/Roth/*Schöne* Rn. 7; Staudinger/*Habermeier* (2003) Rn. 7.
[16] EinhM, vgl. Soergel/*Hadding/Kießling* Rn. 9; Erman/*Westermann* Rn. 5; Staudinger/*Habermeier* (2003) Rn. 7.
[17] Staudinger/*Habermeier* (2003) Rn. 7.
[18] Vgl. Soergel/*Hadding/Kießling* Rn. 5; Erman/*Westermann* Rn. 4; Bamberger/Roth/*Schöne* Rn. 9; wohl auch Staub/*Habersack* HGB § 146 Rn. 22; aA *Hueck* OHG § 32 III 1, der das gesellschaftsrechtliche Einstimmigkeitsprinzip abw. von §§ 2038, 745 offenbar auch auf das Innenverhältnis der Erben übertragen will.
[19] Vgl. Erman/*Westermann* Rn. 4, insbes. zur Abgrenzung zwischen Maßnahmen der ordnungsgemäßen Verwaltung und Entscheidungen iSd § 2038 Abs. 1 S. 1.
[20] BGHZ 1, 324 (328) = NJW 1951, 650; BGH NJW 1982, 170 (171); Soergel/*Hadding/Kießling* Rn. 6; Erman/*Westermann* Rn. 4; zur Mitgliedschaft der Erben persönlich (und nicht der Miterbengemeinschaft) in einer werbenden Gesellschaft → Rn. 33.
[21] BGH NJW 1995, 3314 (3315); Erman/*Westermann* Rn. 5.
[22] → § 1967 Rn. 15 ff. (*Küpper*); Staudinger/*Marotzke* (2010) § 1967 Rn. 5, 39 ff.; iE ist hier vieles strittig; das gilt auch für die Frage, ob und unter welchen Voraussetzungen der Erbe die Haftung für die durch sein Handeln für den Nachlass begründeten Verbindlichkeiten auf diesen beschränken kann. Ausf. zum Ganzen und krit. gegenüber der Lehre von der Nachlasserben-(Nachlasseigen-)schuld *Dauner-Lieb*, Unternehmen in Sondervermögen, 1998, S. 120 ff., 142 f.

das Gleiche wie bei der Nachfolge in die werbende Gesellschaft, bei welcher der – entsprechend anwendbare (→ Rn. 47) – § 139 Abs. 4 HGB für die sog. Zwischenneuschulden sogar eine explizite Zuordnung zu den Nachlassverbindlichkeiten vornimmt.[23] Werden die Erben selbst als Notgeschäftsführer tätig, so bleibt freilich § 164 Abs. 2 unberührt.

5. Testamentsvollstreckung und Nachlassverwaltung. Ist Testamentsvollstreckung angeordnet, so erstrecken sich die Verwaltungsbefugnisse des **Testamentsvollstreckers** (§§ 2205, 2209) auch auf den vererbten Anteil an der *Abwicklungsgesellschaft*.[24] Das steht schon deshalb außer Zweifel, weil die Erbengemeinschaft selbst Mitglied der Abwicklungsgesellschaft wird (→ Rn. 14). 22

Entsprechendes wie in → Rn. 22 gilt auch für den **Nachlassverwalter.**[25] Gesellschaftsrechtliche Hindernisse, die Mitverwaltungsrechte geltend zu machen, bestehen auch für ihn nicht. Anders als bei der Fremdverwaltung des Anteils an einer werbenden Gesellschaft bedarf es hierfür ebenso wenig der Zustimmung der Mitgesellschafter wie für die Vererbung des Anteils als solchen (→ Rn. 13). Demgemäß greifen die Beschränkungen, welche in der *werbenden* Gesellschaft für den Nachlass(insolvenz)verwalter (→ § 705 Rn. 126 f.) hinsichtlich der Verwaltungsbefugnisse bestehen, im Falle der auf die Verteilung des Gesellschaftsvermögens gerichteten *Abwicklungsgesellschaft* nicht ein. Im Rahmen seiner Verwaltungsaufgaben treffen den Fremdverwalter auch die Pflichten aus § 727 Abs. 2 S. 1. 23

III. Entsprechende Anwendung von Abs. 2 S. 1 bei Fortsetzung der Gesellschaft nach § 736 Abs. 1?

Im Schrifttum zu der inhaltlich mit § 727 Abs. 2 übereinstimmenden Vorschrift des § 137 Abs. 1 aF HGB wurde teilweise die Ansicht vertreten, die Pflicht zur Anzeige des Todes[26] und sogar diejenige zur Notgeschäftsführung[27] treffe die Erben auch dann, wenn der Gesellschaftsvertrag eine Fortsetzungsklausel enthalte, wonach die Gesellschaft beim Tod eines Gesellschafters abweichend von § 131 Nr. 4 aF HGB nicht aufgelöst, sondern ohne dessen Erben von den übrigen fortgesetzt wird. Dieser Ansicht kann für die **Notgeschäftsführung** der Erben nach Abs. 2 S. 1 nicht gefolgt werden, da die Rechtslage sich im Fall des § 736 Abs. 1 in doppelter Hinsicht von derjenigen in § 727 unterscheidet.[28] So wird die Gesellschaft bei Vereinbarung einer Fortsetzungsklausel zum einen nicht aufgelöst. Die den Mitgesellschaftern übertragene Geschäftsführungsbefugnis besteht daher trotz des Todes eines Gesellschafters im Grundsatz unverändert fort; bei Wegfall des einzigen Geschäftsführers gilt Gesamtgeschäftsführung der verbleibenden Gesellschafter (→ § 710 Rn. 5). Zum anderen haben die Erben im Fall der Fortsetzungsklausel keinerlei mitgliedschaftliche Beziehungen zur Gesellschaft und kommen schon deshalb nicht als Geschäftsführer in Betracht. 24

Auch für eine **Anzeigepflicht** der Erben entsprechend § 727 Abs. 2 S. 1 ist im Fall der fortgesetzten Gesellschaft kein Raum. Zwar mag insoweit ein Interesse der übrigen Gesellschafter daran zu bejahen sein, von den Erben über den Todesfall informiert zu werden. Da jedoch auch die Anzeigepflicht mitgliedschaftlicher Art ist (→ Rn. 1),[29] reicht dieses Interesse nicht aus, um die nicht der Gesellschaft angehörenden Erben zu einem Tätigwerden zu verpflichten. 25

C. Abweichende Vereinbarungen

I. Überblick

Zu den typischen Arten von Vereinbarungen, die in Abweichung von der Auflösungsfolge des § 727 Abs. 1 in Gesellschaftsverträgen anzutreffen sind, → Rn. 4. Unter ihnen kommen bei solchen **BGB-Dauergesellschaften,** die wie die Zusammenschlüsse von Freiberuflern auf beruflicher Qualifikation und persönlicher Verbindung beruhen, in erster Linie sog. *Fortsetzungsklauseln* nach § 736 Abs. 1 in Betracht; sie machen den Bestand der Gesellschaft vom Tod einzelner Mitglieder unabhän- 26

---

[23] Dazu Staub/*Schäfer* HGB § 139 Rn. 121, 123 f.
[24] BGHZ 98, 48 (58) = NJW 1986, 912; BGH NJW 1981, 749 (750); → § 2205 Rn. 31 (Zimmermann); Erman/*Westermann* Rn. 9.
[25] Str., wie hier *Marotzke* EWiR 1991, 155 f.; aA BayObLG BB 1988, 791 (793) und WM 1991, 131 (133); Soergel/*Stein* § 1985 Rn. 6; → § 1985 Rn. 6 (Küpper).
[26] So *Hueck* OHG § 23 II 4; Schlegelberger/*K. Schmidt* HGB § 137 Rn. 3 f.; dagegen GroßkommHGB/*Ulmer*, 3. Aufl. 1973, HGB § 137 Rn. 4 ff.; Baumbach/*Hopt*, 29. Aufl. 1995, HGB § 137 Rn. 1.
[27] So noch Schlegelberger/*Geßler*, 4. Aufl. 1965, HGB § 137 Rn. 2.
[28] Ebenso Soergel/*Hadding/Kießling* Rn. 12.
[29] So auch Soergel/*Hadding/Kießling* Rn. 8.

gig und beschränken die Erben des Verstorbenen auf einen Abfindungsanspruch. *Nachfolgeklauseln* zur Ermöglichung auch der Anteilsvererbung in der fortbestehenden Gesellschaft oder die ihnen funktionell vergleichbaren Eintrittsklauseln (→ Rn. 28 ff., 53 ff.) finden sich demgegenüber bei solchen Gesellschaften, bei denen der Zusammenschluss weder höchstpersönlicher Natur ist noch eine bestimmte berufliche Qualifikation der Mitglieder voraussetzt.

27   Bei **Gelegenheitsgesellschaften** mag sich eine von § 727 Abs. 1 abweichende Gestaltung dann empfehlen, wenn die – meist am Gesellschaftszweck orientierte – Gesellschaftsdauer nicht zusätzlich durch den Tod eines Mitgliedes begrenzt werden soll und der Gesellschaftszweck auch von den übrigen Gesellschaftern, sei es mit oder ohne einen Nachfolger für das verstorbene Mitglied, erreicht werden kann.

II. Nachfolgeklauseln

28   **1. Wesen und Arten.** Im Gesellschaftsvertrag vereinbarte sog. **erbrechtliche Nachfolgeklauseln** haben die Funktion, abweichend von § 727 Abs. 1 die Auflösung der Gesellschaft beim Tod eines Gesellschafters auszuschließen und den **Anteil** an der werbenden Gesellschaft für den oder die als Nachfolger in Betracht kommenden Personen **vererblich** zu stellen.[30] Sie bilden eine notwendige Voraussetzung für die Gesellschafter-Nachfolge im Todesfall.[31] Deren Vollzug richtet sich dann aber, vorbehaltlich der Sonderzuordnung der Mitgliedschaft zu den Erben persönlich an Stelle der Erbengemeinschaft (→ Rn. 33), nicht nach Gesellschaftsrecht, sondern nach allgemeinem Erbrecht. Daher reicht namentlich auch die im Gesellschaftsvertrag erfolgte Benennung einer Person als Nachfolger für den Fall des Todes eines Mitglieds nicht aus, um im Todeszeitpunkt den Anteilsübergang zu bewirken (zur Möglichkeit der Umdeutung in eine rechtsgeschäftliche Nachfolge- oder Eintrittsklausel → Rn. 62). Hinzukommen muss vielmehr die *Erbenstellung* der als Nachfolger bezeichneten Person, da sie den Rechtsgrund für den durch die Nachfolgeklausel ermöglichten Anteilsübergang bildet (→ Rn. 42).

29   Unter den verschiedenen gesellschaftsvertraglich möglichen Nachfolgeklauseln unterscheidet man einfache und qualifizierte. Im Fall der **einfachen** Nachfolgeklausel ist der Anteil generell vererblich gestellt, unabhängig von der Person der jeweiligen Erben (vgl. den Wortlaut des § 139 HGB); jeder Erbe wird folglich Gesellschafter. Der Erblasser entscheidet mit der testamentarischen Erbeinsetzung somit auch über die Gesellschafter-Nachfolge; belässt er es bei der gesetzlichen Erbfolge, so ist diese auch für die Nachfolge in die Mitgliedschaft maßgebend. Die einfache Nachfolgeklausel ermächtigt die Gesellschafter deshalb unbeschränkt durch Erbeinsetzung ihre jeweiligen Nachfolger zu bestimmen. Demgegenüber beschränkt die **qualifizierte** Nachfolgeklausel die Möglichkeit der Anteilsvererbung auf einen bestimmten, im Gesellschaftsvertrag namentlich genannten oder durch abstrakte Merkmale umschriebenen Personenkreis wie etwa die Kinder, den ältesten Sohn oder die Erben erster Ordnung (§ 1924). Ihr Vollzug setzt voraus, dass eine (oder mehrere) der als Nachfolger in Betracht kommenden Personen vom Erblasser auch zum Erben berufen sind. Der Gesellschaftsvertrag kann es auch den Gesellschaftern überlassen, im Wege letztwilliger Anordnung einen oder eine bestimmte Anzahl von Nachfolgern aus dem Kreis seiner Erben auszuwählen. Das Auswahlrecht des Gesellschafter-Erblassers ist dann zwar deutlich eingeschränkt gegenüber der einfachen Nachfolgeklausel, aber immer noch erheblich größer als bei namentlicher Benennung des Nachfolgers, welche die höchste Qualifizierungsstufe einer Nachfolgeklausel darstellt (→ Rn. 44). Das Auswahlrecht ist grundsätzlich vererblich, so dass sich auch die Erben noch über eine neue Auswahl einen – mit der Klausel vereinbaren – Nachfolgers verständigen können, sollte der Erblasser dies versäumt haben.[32] Auswahlklauseln eignen sich besonders, eine Atomisierung der Anteile im Wege der Erbfolge vorzubeugen; zugleich wirken sie dem Risiko eines gänzlichen Fehlschlagens der Nachfolgeregelung mangels Erbenstellung des Benannten entgegen (→ Rn. 42).

30   **2. Einfache Gesellschafter-Nachfolge. a) Voraussetzungen.** Voraussetzung dafür, dass der Anteil an der fortbestehenden Gesellschaft beim Tod eines Gesellschafters an dessen Erben fällt, ist die Vererblichkeit des Anteils durch eine generell gehaltene Nachfolgeklausel im Gesellschaftsvertrag,

---

[30] BGHZ 68, 225 (229) = NJW 1977, 1339; aus dem Schrifttum vgl. namentlich *Wiedemann* Übertragung S. 162 ff.; Soergel/*Hadding/Kießling* Rn. 17 ff.; Staub/*Schäfer* HGB § 139 Rn. 9, 23 ff.; *Windel*, Über die Modi der Nachfolge in das Vermögen einer natürlichen Person im Todesfall, 1998, S. 132 ff.; zum Sonderfall rechtsgeschäftlicher Nachfolgeklauseln → Rn. 49 ff. Dagegen soll nach *Flume* BGB AT I § 18, S. 375 ff., 385 f. die Nachfolgeklausel wegen Unvereinbarkeit der Sondererbfolge (→ Rn. 33) mit dem erbrechtlichen Grundsatz der Universalsukzession stets als rechtsgeschäftliche gewollt sein.

[31] Ganz hM; aA aber *Marotzke* AcP 184 (1984), 541 (545 f.) für den OHG-Anteil entgegen der insoweit klaren Regelung des § 139 Abs. 1 HGB.

[32] BGH WM 1966, 1035.

etwa des Inhalts „Beim Tod eines Gesellschafters geht der Anteil auf dessen Erben über", sowie der Tod des Gesellschafters. Ist der Anteil in dieser Weise generell vererblich gestellt, so hängt der Übergang nicht davon ab, welche Personen als Erben berufen sind. Auch hat es der Erblasser dann nicht in der Hand, den Anteil kraft letztwilliger Verfügung nur einem Teil der von ihm als Erben eingesetzten Personen zuzuweisen. In einer solchen Verfügung wäre eine bloße Teilungsanordnung ohne dingliche Wirkung zu sehen (§ 2048); sie ist im Zuge der Nachlassteilung nur durchsetzbar, wenn entweder die übrigen Gesellschafter der Anteilsübertragung zwischen den Erben von sich aus zustimmen oder an der Gesellschaft nach dem Tod des Erblassers nur Gesellschafter beteiligt sind, die zu den Erben gehören und daher sämtlich der Teilungsanordnung unterliegen.[33] Will der Erblasser trotz einfacher Nachfolgeklausel die Nachfolge mit unmittelbarer gesellschaftsrechtlicher Wirkung auf eine bestimmte Person beschränken, so muss er diese als Alleinerben einsetzen.

b) Rechtsfolgen. aa) Unmittelbarer Anteilsübergang. Mit dem Tode des Erblassers treten 31 der oder die Erben unmittelbar kraft erbrechtlicher Nachfolge an die Stelle des verstorbenen Gesellschafters. Rechtsgeschäftlicher Erklärungen ihrerseits bedarf es hierfür im Unterschied zum Eintrittsrecht (→ Rn. 57) nicht. Wenn die Gesellschafter/Erben diese Rechtsfolge vermeiden wollen, haben sie die Möglichkeit, die Erbschaft auszuschlagen (§§ 1942 ff.); im Übrigen ist für sie mit Rücksicht auf die mit der Anteilsvererbung grundsätzlich verbundene unbeschränkte Gesellschafterhaftung das bedingte Austrittsrecht analog § 139 Abs. 1 und 2 HGB anzuerkennen (→ Rn. 46 ff.). Ein Nachfolger/Erbe kann die Gesellschaft auch aus wichtigem Grund kündigen, wenn sich die Gesellschafterstellung für ihn als unzumutbar erweist.[34] Die Mitgesellschafter können in diesem Fall auch ohne Fortsetzungsklausel (§ 736 Abs. 1) die Fortsetzung der Gesellschaft ohne den Kündigenden beschließen.[35]

bb) Gesellschafterstellung der Erben. Ist der Nachfolger **Alleinerbe,** so tritt er nach § 1922 32 in vollem Umfang in die Rechte und Pflichten des Verstorbenen ein, soweit diese nicht höchstpersönlicher Natur sind oder soweit der Gesellschaftsvertrag eine Änderung der Rechtsstellung des Erblassers im Zusammenhang mit der Nachfolge vorsieht. Es gilt Entsprechendes wie für den Fall des rechtsgeschäftlichen Anteilsübergangs (→ § 719 Rn. 40 ff.).

Auch im Fall einer **Erbenmehrheit** geht die Gesellschafterstellung nicht auf die Erbengemein- 33 schaft über, sondern auf die Nachfolger/Erben je persönlich. Nach heute ganz hM wird der erbrechtliche Grundsatz der Gesamtrechtsnachfolge durch die Erbengemeinschaft (§ 2032 Abs. 1) insoweit durchbrochen.[36] Da die Erbengemeinschaft nicht Mitglied einer werbenden Personengesellschaft sein kann (→ § 705 Rn. 81), kommt es zur **Sondererbfolge** der Miterben je persönlich in den ihrer Erbquote entsprechenden Teil der vererbten Gesellschaftsbeteiligung. Entsprechend vermehrt sich auch die Zahl der Gesellschafter. Für die Rechtsstellung der Nachfolger/Erben in der Gesellschaft gelten die gleichen Grundsätze wie für die Teilübertragung eines Anteils durch Rechtsgeschäft unter Lebenden (→ § 719 Rn. 49). Die Verwaltungsrechte vervielfältigen sich entsprechend der Anzahl der Mitglieder der Erbengemeinschaft, da diese Rechte unteilbar sind.[37] Das gilt auch für das Stimmrecht, wenn es nach Köpfen gestaltet ist und der Gesellschaftsvertrag keine an der Beteiligungsquote oÄ orientierte Abweichung vorsieht.

cc) Sicherung der Nachlassgläubiger. Sie bereitet keine Probleme im Fall des – grundsätzlich 34 unbeschränkt für die Nachlassschulden haftenden – **Alleinerben.** Betreibt er die Haftungsbeschränkung nach Maßgabe der §§ 1975 ff., so erfasst die beschränkte Erbenhaftung auch den Gesellschaftsanteil und behält ihn unter Ausschluss der Privatgläubiger dem Zugriff der Nachlassgläubiger vor (zu Nachlassverwaltung und Nachlassinsolvenz am Gesellschaftsanteil → § 705 Rn. 126 f.). Mit besonderen, gesellschaftsrechtlich begründeten Problemen ist insoweit nicht zu rechnen. Zur Frage der gesellschaftsrechtlichen Haftungsbeschränkung analog § 139 HGB → Rn. 46 ff.

---

[33] Vgl. BGH WM 1990, 1066.
[34] So zu Recht *Flume* BGB AT I 1 § 7 III 5, S. 104.
[35] *Flume* BGB AT I 1 § 7 III 5, S. 104.
[36] St. Rspr. seit RGZ 16, 40 (56); vgl. BGHZ 22, 186 (192 f.) = NJW 1957, 180; BGHZ 55, 267 (269) = NJW 1971, 1278; BGHZ 58, 316 (317) = NJW 1972, 1755; BGHZ 68, 225 (237) = NJW 1977, 1339; BGH NJW 1983, 2376; WM 1991, 131 (133); NJW 1999, 571 (572); Soergel/*Hadding/Kießling* Rn. 21; Erman/*Westermann* Rn. 8; Bamberger/Roth/*Schöne* Rn. 16; *Hueck* OHG § 28 II 2a; Staub/*Schäfer* HGB § 139 Rn. 45; *Windel*, Über die Modi der Nachfolge in das Vermögen einer natürlichen Person beim Todesfall, 1998, S. 133 f.; *Kipp/Coing* ErbR, 14. Aufl. 1990, § 91 IV 8d, S. 510; 4. Aufl. § 2032 Rn. 63. AA noch *Börner* AcP 166 (1966), 447 f.; *Stötter* DB 1970, 525 (528 f.); *Kruse*, FS Laufke, 1972, S. 179 (184 ff.); *Knieper/Fromm* NJW 1980, 2677 (2681); *Weipert*, FS Bezzenberger, 2000, S. 439 ff.; für die GbR (im Unterschied zu OHG und KG) generell auch *Flume* BGB AT I 1 § 18 III, S. 395 f.
[37] Vgl. Soergel/*Hadding/Kießling* Rn. 22, 29; Erman/*Westermann* Rn. 8; Bamberger/Roth/*Schöne* Rn. 16.

35 Erhebliche **Schwierigkeiten** ergeben sich demgegenüber, angesichts der Nachlasszugehörigkeit des Gesellschaftsanteils, für den Fall einer **Erbengemeinschaft** bei einfacher Gesellschafter-Nachfolge. Insoweit fragt sich zunächst, ob und inwieweit die im Zuge der Anteilsvererbung eintretende partielle Aufteilung des Nachlasses in Bezug auf die den Erben je persönlich zustehende Mitgliedschaft in der Gesellschaft dazu führt, dass die Erben trotz des gesamthänderisch gebundenen übrigen Nachlassvermögens die Einrede der beschränkten Erbenhaftung (§ 2059 Abs. 1) verlieren. Bleibt den Erben diese Einrede im Grundsatz erhalten (ggf. vorbehaltlich der Fälle, in denen der Anteil das wesentliche Nachlassvermögen ausmacht), so stellt sich die weitere Frage, ob und auf welche Weise die *Nachlassgläubiger* gleichwohl auf den jedem Gesellschafter/Erben persönlich zustehenden (Teil-)Gesellschaftsanteil zugreifen und wie sie sich, ggf. über §§ 1975, 1981 Abs. 2, den Vorrang vor dem Zugriff der Privatgläubiger eines (oder aller?) Nachfolger/Erben sichern können.

36 **(1) Meinungsstand.** Zur **Lösung** dieses Interessenwiderstreits werden in der **Literatur** unterschiedliche Wege eingeschlagen;[38] neuere höchstrichterliche Urteile liegen nicht vor. Eine **erste** Gruppe von Ansichten sieht in der Sondervererbung eine ipso iure eintretende Nachlassteilung jedenfalls dann, wenn der Anteil den *wesentlichen Nachlasswert* ausmacht. In diesem Falle sollen die Nachfolger/Erben die Einrede nach § 2059 Abs. 1 insgesamt verlieren;[39] Nachlass- und Privatgläubiger können danach grundsätzlich gleichrangig auf das gesamte Vermögen des jeweiligen Nachfolger/Erben zugreifen. Unter teleologischer Reduktion des § 2062 Hs. 2 wird den Nachfolger/Erben von einigen Autoren immerhin die Möglichkeit offengehalten, ohne Mitwirkung der Miterben, also entgegen § 2062 Hs. 1, Nachlassverwaltung zu beantragen, um nachträglich ihre Haftungsbeschränkung auf den Nachlass herbeizuführen.[40] Macht der Anteil demgegenüber *nicht den wesentlichen Teil* des Nachlasses aus, so soll die Einrede des § 2059 Abs. 1 im Hinblick auf das sonstige Nachlassvermögen erhalten bleiben. Ergänzend soll entweder als Ersatz für den ins Privatvermögen gefallenen Anteil ein aus § 1978 abgeleiteter Wertersatzanspruch in den Nachlass fallen,[41] oder den Nachlassgläubigern soll der unmittelbare Zugriff auf den Anteil unter Beschränkung der Einrede nach § 2059 Abs. 1 auf das sonstige Vermögen der Erben eröffnet bleiben.[42] Die Vertreter dieser Ansicht übertragen also grundsätzlich den objektiven Teilungsbegriff des § 2059 Abs. 1 (→ § 2059 Rn. 8 f.) auf die kraft Gesetzes durch die Sondervererbung eintretende Nachlassteilung.

37 Eine **zweite,** im Grundsatz abweichende Ansicht sieht in der Sondervererbung generell *keine* Nachlassteilung, gleichviel ob außer dem Anteil noch weitere wesentliche Nachlassgegenstände vorhanden sind oder nicht.[43] Die §§ 2059 Abs. 1 S. 1, 2062 Hs. 2 sind danach trotz Sondervererbung anwendbar, wobei der jeweilige Anteil als zum gesamthänderisch gebundenen Nachlass gehörend behandelt wird und dem Zugriff der Nachlassgläubiger unterliegt. Den Nachfolger/Erben bleibt demzufolge die Einrede des § 2059 Abs. 1 S. 1 in Bezug auf ihr sonstiges Privatvermögen erhalten; zur Anordnung von Nachlassverwaltung bedarf es des Antrags sämtlicher Miterben. Im klaren Gegensatz dazu bejaht eine **dritte** Ansicht generell den *Eintritt unbeschränkter Erbenhaftung* als Folge der Sondervererbung des Anteils.[44] Von der erstgenannten Ansicht (→ Rn. 36) unterscheidet sie sich

---

[38] Vgl. die ausf. Darstellung des Streitstands bei *Raddatz,* Die Nachlasszugehörigkeit vererbter Personengesellschaftsanteile, 1991, S. 60 ff.; *Siegmann,* Personengesellschaftsanteil und Erbrecht, 1992, S. 216 f.; *Stodolkowitz,* FS Kellermann, 1991, S. 439 (450 ff.). Eingehend dazu sodann *Ulmer/Schäfer* ZHR 160 (1996), 413 ff. (s. auch Staub/Schäfer HGB § 139 Rn. 51); *Windel,* Über die Modi der Nachfolge in das Vermögen einer natürlichen Person beim Todesfall, 1998, S. 278 ff.

[39] So insbes. *Kieserling,* Die erbrechtliche Haftung des Miterben-Gesellschafters, 1972, S. 53 ff.; *H. P. Westermann* AcP 173 (1973), 24 (28 f.); krit. dazu schon *Ulmer* ZGR 1972, 195 (203).

[40] So *H. P. Westermann* AcP 173 (1973), 24 (36 ff.); im Ergebnis auch 4. Aufl. § 2062 Rn. 9 f.; *Siegmann,* Personengesellschaftsanteil und Erbrecht, 1992, S. 35; aA Staudinger/*Marotzke* (2010) § 2059 Rn. 60.

[41] *H. P. Westermann* AcP 173 (1973), 24 (31 f., 40). Ein Rückgewährungsanspruch aus §§ 1978 Abs. 2, 1991 Abs. 1 entspricht der hM in Bezug auf vorab verteilte Nachlassgegenstände, vgl. RGZ 89, 403 (408 f.); Soergel/*Wolf* § 2059 Rn. 4; Palandt/*Weidlich* § 2059 Rn. 3; aA *Kieserling,* Die erbrechtliche Haftung des Miterben-Gesellschafters, 1972, S. 119 ff., 140; *Raddatz,* Die Nachlasszugehörigkeit vererbter Personengesellschaftsanteile, 1991, S. 70 ff., 73; *Stodolkowitz,* FS Kellermann, 1991, S. 439 (451).

[42] So *Kieserling,* Die erbrechtliche Haftung des Miterben-Gesellschafters, 1972, S. 119 ff., 140; *Raddatz,* Die Nachlasszugehörigkeit vererbter Personengesellschaftsanteile, 1991, S. 70 ff., 73; *Stodolkowitz,* FS Kellermann, 1991, S. 439 (451). Diese Lösung favorisieren allg. für vorab verteilte Nachlassgegenstände → § 2059 Rn. 10 *(Ann)*; Jauernig/*Stürner* § 2059 Rn. 3.

[43] Staudinger/*Marotzke* (2010) § 2059 Rn. 57 f., 62 ff.; 4. Aufl. § 2059 Rn. 11; grds. auch *Stodolkowitz,* FS Kellermann, 1991, S. 439 (450 ff., 453) – solange der Anteil nicht durch Verfügungen des Erben beeinträchtigt ist.

[44] So jetzt eingehend *Windel,* Über die Modi der Nachfolge in das Vermögen einer natürlichen Person beim Todesfall, 1998, S. 283 ff.; ähnlich zuvor schon *Heckelmann,* FS v. Lübtow, 1980, S. 619 (632 f.). Für den Fall, dass außer dem Anteil keine weiteren Nachlassgegenstände vorhanden sind, auch *Raddatz,* Die Nachlasszugehörigkeit vererbter Personengesellschaftsanteile, 1991, S. 76 ff.; ansonsten will er die Einrede des § 2059 Abs. 1 in Bezug auf das sonstige Privatvermögen gewähren; aA Staudinger/*Marotzke* (2010) Vor § 2058 Rn. 8.

einerseits dadurch, dass sie nicht auf die Wertrelation zwischen Gesellschaftsanteil und restlichem Erbteil abstellt. Andererseits will sie jedem Gesellschafter/Erben nur nach Maßgabe der §§ 1975 ff. das Recht einräumen, eine Beschränkung seiner Erbenhaftung herbeizuführen; für eine Berufung auf § 2059 Abs. 1 in Bezug auf das übrige Privatvermögen des Erben soll also kein Raum sein.[45] Kommt es auf diesem Wege (§§ 1975, 1981 Abs. 1) zur Bestellung eines Nachlassverwalters, so soll seinem Zugriff nicht nur der Gesellschaftsanteil, sondern auch der restliche Erbteil des Gesellschafters/Erben unterliegen.[46]

Schließlich findet sich ungeachtet der Anerkennung der Nachlasszugehörigkeit der Anteile durch BGHZ 108, 187 noch eine **vierte** Ansicht, wonach entsprechend der *Abspaltungsthese* die Vermögensrechte aus dem Anteil trotz dessen Sondervererbung in den gesamthänderisch gebundenen Nachlass fallen. Folgt man dem, so erledigt sich die Problematik der Nachlassteilung durch Sondererbfolge, da in diesem Fall die gleiche Rechtslage besteht wie bei Universalsukzession.[47] Auch können Privatgläubiger und Dritte vom Zugriff auf die Vermögensrechte relativ einfach ferngehalten werden, sofern abweichend von allgemeinen Grundsätzen anzunehmen ist, dass Anteilsverfügungen des Erben die Nachlasszugehörigkeit der Vermögensrechte unberührt lassen (näher 2. Aufl. Rn. 27a). **38**

(2) Stellungnahme. Eine unmittelbar aus dem Gesetz zu gewinnende Problemlösung scheidet **39** aus, da der Gesetzgeber des 5. Buches des BGB den Fall der Sondervererbung des Gesellschaftsanteils nicht bedacht hat. Bedenken bestehen auch gegen die Beibehaltung der auf die Vermögensrechte bezogenen, zu angemessenen Ergebnissen führenden Abspaltungsthese (→ Rn. 38), da ihre Grundlage durch Behandlung des Gesellschaftsanteils trotz Sondervererbung als Teil des Nachlasses entfallen ist.[48] Die Lösung hat sich vielmehr an dem Grundsatz zu orientieren, dass das Erbrecht dem Gesellschaftsrecht bei der Anteilsvererbung *nur insoweit* zu weichen hat, als es mit Rücksicht auf die Besonderheiten der Personengesellschaft, darunter insbesondere ihre Natur als Arbeits- und Haftungsgemeinschaft, unverzichtbar ist.[49]

Geht man von diesen Prämissen aus, so bereitet die **vorrangige Reservierung des Gesell-** **40** **schaftsanteils für die Nachlassgläubiger** unter Zurückdrängung der Privatgläubiger entsprechend der oben (→ Rn. 37) angeführten zweiten Ansicht keine unüberwindlichen konstruktiven Schwierigkeiten.[50] Das gilt auch dann, wenn es nicht zu Nachlassverwaltung oder Nachlassinsolvenz (→ § 705 Rn. 126 f.) kommt. Aus *Gläubigersicht* bleibt es vielmehr zunächst bei dem erbrechtlichen Grundsatz, dass der Gesellschaftsanteil mit dem Erbfall Bestandteil des Nachlassvermögens wird und *daher* dem vorrangigen Zugriff der Nachlassgläubiger unterliegen muss. Seine Abgrenzung gegenüber dem sonstigen Privatvermögen der Gesellschafter/Erben ist aus erbrechtlicher Sicht trotz Sondervererbung unschwer möglich,[51] und gesellschaftsrechtlich bestehen gegen diese Rechtsfolge keine Bedenken. Aus der fortbestehenden Nachlasszugehörigkeit folgt einerseits, dass *Nachlassgläubiger* in den jeweiligen (Teil-)Anteil der einzelnen Erben nach Maßgabe von § 725 vollstrecken können, ohne dass diesen dagegen die Einrede der beschränkten Erbenhaftung zusteht;[52] mit Rücksicht auf die Sondervererbung ist für die Vollstreckung freilich ein Titel gegen den jeweiligen Erben erforderlich.[53] Den *Privatgläubigern* andererseits ist der Vollstreckungszugriff verwehrt, auch ohne dass die Erben (gemeinschaftlich oder je für sich handelnd) bzw. die Nachlassgläubiger Nachlassverwaltung beantragen müssen.[54] Gegen eine gleichwohl erfolgende Vollstreckung können die Erben Drittwi-

---

[45] *Windel*, Über die Modi der Nachfolge in das Vermögen einer natürlichen Person beim Todesfall, 1998, S. 287 ff.

[46] *Windel*, Über die Modi der Nachfolge in das Vermögen einer natürlichen Person beim Todesfall, 1998, S. 287 ff.

[47] *Siegmann*, Personengesellschaftsanteil und Erbrecht, 1992, S. 222 f. Gegen die Abspaltungsthese aber *Flume* ZHR 155 (1991), 501 (505, 506 f.); *ders.*, FS Müller-Freienfels, 1986, S. 113 (126) und NJW 1988, 161 (162); ferner *Marotzke* JR 1988, 184 (186); *Stodolkowitz*, FS Kellermann, 1991, S. 439 (444).

[48] Gegen diese These auch *Windel*, Über die Modi der Nachfolge in das Vermögen einer natürlichen Person beim Todesfall, 1998, S. 280 f.; aA *Siegmann*, Personengesellschaftsanteil und Erbrecht, 1992, S. 222 f.

[49] So im Grundsatz zutr. schon *Wiedemann* Übertragung S. 207 ff. Vgl. auch BGHZ 91, 132 (136 f.) = NJW 1984, 2104; BGH NJW 1983, 2376.

[50] Dazu und zum Folgenden näher *Ulmer/Schäfer* ZHR 160 (1996), 413 (424 ff.); zust. Soergel/*Hadding/Kießling* Rn. 33.

[51] Zutr. *Stodolkowitz*, FS Kellermann, 1991, S. 439 (451 f.).

[52] Die Zubilligung der Einrede aus § 2059 Abs. 1 S. 1 auch bezüglich des Anteils führt nämlich dazu, dass er wie gesamthänderisch gebundenes Nachlassvermögen behandelt wird, vgl. *Stodolkowitz*, FS Kellermann, 1991, S. 439 (450 ff.). So im Ergebnis auch Staudinger/*Marotzke* (2010) § 2059 Rn. 62.

[53] Vgl. näher *Ulmer/Schäfer* ZHR 160 (1996), 413 (427 ff.) – Für die Vollstreckung der Nachlassgläubiger in (gesamthänderisch gebundene) Nachlassgegenstände bedarf es normalerweise eines Titels gegen sämtliche Miterben gemäß § 747 ZPO, → § 2058 Rn. 25 *(Ann)*.

[54] Weniger weitgehend *Stodolkowitz*, FS Kellermann, 1991, S. 439 (451) und Staudinger/*Marotzke* (2010) § 2059 Rn. 64, die es beim Antragsrecht der Nachlassgläubiger aus § 1981 Abs. 2 belassen wollen.

derspruchsklage erheben; die Nachlassgläubiger sind stattdessen berechtigt, Nachlassverwaltung zu beantragen.[55] Die Einrede der beschränkten Erbenhaftung entfällt erst dann und insoweit, als einzelne Erben dazu übergehen, den ererbten Anteil zu veräußern oder darüber auf sonstige Weise, durch Verpfändung, Nießbrauchbestellung, Kündigung oÄ zu verfügen.[56] In einer solchen Verfügung ist, bezogen auf den jeweiligen Erben, ein der Nachlassteilung iSd §§ 2059 ff. entsprechender Vorgang zu sehen, der den Verlust der Haftungsbeschränkung für ihn zur Folge hat.

41 **3. Qualifizierte Nachfolge. a) Voraussetzungen.** Von der „einfachen" erbrechtlichen Nachfolgeklausel unterscheidet sich die „qualifizierte" dadurch, dass der Anteil nur **für bestimmte Personen vererblich** gestellt ist (→ Rn. 29). Die Zulässigkeit einer solchen Vereinbarung ist nicht nur aus gesellschaftsrechtlicher, sondern auch aus erbrechtlicher Sicht heute außer Streit (→ Rn. 44). Derartige Klauseln führen nicht etwa zu einer Einschränkung der Testierfreiheit, sondern begründen im Gegenteil erst die Möglichkeit, den Anteil an der werbenden Gesellschaft, wenn auch beschränkt auf die in der Nachfolgeklausel bezeichneten Personen, in die Rechtsnachfolge von Todes wegen einzubeziehen.

42 Voraussetzung für den Anteilsübergang ist auch bei der qualifizierten erbrechtlichen Nachfolgeklausel, dass der Gesellschafter als Erblasser für die **Erbenstellung** der als Nachfolger nach dem Gesellschaftsvertrag in Betracht kommenden Person sorgt.[57] Einer letztwilligen Verfügung bedarf es hierfür jedenfalls dann, wenn die in der Nachfolgeklausel bezeichnete Person nicht schon zu den gesetzlichen Erben gehört. Die Anordnung eines bloßen *Vermächtnisses* für die als Nachfolger vorgesehene Person reicht wegen seiner nur obligatorischen Natur nicht aus; die letztwillige Begründung eines Vermächtnisanspruchs vermag den Anteilsübergang nicht zu bewirken.[58] Ist der potenzielle Nachfolger nicht als Erbe eingesetzt, so geht die Nachfolgeklausel ins Leere. Die Gesellschaft wird zunächst unter den überlebenden Gesellschaftern fortgeführt. Im Übrigen ist es eine Frage des Einzelfalls, ob die Nachfolge- in eine Eintrittsklausel zu Gunsten der als Nachfolger vorgesehenen Person(en) umgedeutet werden kann (→ Rn. 62) und welche Folgen das zunächst ersatzlose Ausscheiden des verstorbenen Gesellschafters für den Abfindungsanspruch hat (→ Rn. 58 f.).

43 **b) Rechtsfolgen. aa) Vererbung des ganzen Anteils.** Stimmen – wie im Regelfall – Benennung als Nachfolger und Berufung zum Erben überein, so ist hinsichtlich der Rechtsfolgen danach zu unterscheiden, ob sämtliche oder nur ein Teil der als Erben berufenen Personen zu dem in der qualifizierten Nachfolgeklausel des Gesellschaftsvertrags bezeichneten Personenkreis gehören. Erstreckt sich die qualifizierte Nachfolgeklausel auf **sämtliche Erben** des verstorbenen Gesellschafters, so wirkt sie sich wie eine einfache Nachfolgeklausel aus; es gelten die Feststellungen in → Rn. 31 ff.

44 Im Regelfall hat die qualifizierte Nachfolgeklausel freilich zur Folge, dass der Anteil **nur für einen** (bzw. einen Teil der) **Erben** vererblich gestellt ist. Auch eine solche Gestaltung ist, wie in Übereinstimmung mit der in der Literatur ganz hM[59] seit langem höchstrichterlich[60] anerkannt ist, mit unmittelbarer erbrechtlicher Wirkung möglich. Die qualifizierte Nachfolgeklausel führt hier dazu, dass der Anteil nicht nur in Höhe der auf den Nachfolger entfallenden Erbquote,[61] sondern **insgesamt** auf den Nachfolger/Erben übergeht. Wegen der Rechtsstellung des Nachfolger/Erben im Verhältnis zu den Nachlassgläubigern im Einzelnen → Rn. 39 f. Solange weder Nachlassverwaltung angeordnet noch das Nachlassinsolvenzverfahren eröffnet ist, stehen ihm die vollen Rechte am Anteil

---

[55] Dies entspricht der Situation bei Abwehr des Vollstreckungszugriffs von Privatgläubigern eines Miterben in den noch ungeteilten Nachlass. Vgl. *Ulmer/Schäfer* ZHR 160 (1996), 413 (430 ff.); zur Anwendbarkeit des § 771 ZPO in diesem Falle s. auch MüKoZPO/*K. Schmidt* ZPO § 771 Rn. 19.
[56] Überzeugend *Stodolkowitz*, FS Kellermann, 1991, S. 439 (453); näher *Ulmer/Schäfer* ZHR 160 (1996), 413 (427).
[57] EinhM seit BGHZ 68, 225 (229, 238) = NJW 1977, 1339; vgl. Staub/*Schäfer* HGB § 139 Rn. 32; MüKoHGB/*K. Schmidt* HGB § 139 Rn. 17.
[58] Staub/*Schäfer* HGB § 139 Rn. 32; ebenso MüKoHGB/*K. Schmidt* HGB § 139 Rn. 22, Erman/*Westermann* Rn. 7 und Soergel/*Hadding/Kießling* Rn. 25. Zur davon zu unterscheidenden Möglichkeit der Zuwendung eines *Eintrittsrechts* durch Vermächtnis → Rn. 54.
[59] Vgl. nur Soergel/*Hadding/Kießling* Rn. 27; Staudinger/*Habermeier* (2003) Rn. 20 sowie Staub/*Schäfer* HGB § 139 Rn. 47 f., jeweils mwN; ferner die Übersicht zum älteren Schrifttum bei *Ulmer* ZGR 1972, 195 (206 ff.) (*Hueck, Siebert, Liebisch, H. Westermann, Rüthers, Säcker, Coing, Lange* ua); aA noch *U. Huber* Vermögensanteil S. 451 ff.
[60] BGHZ 68, 225 (237 f.) = NJW 1977, 1339; BGHZ 108, 187 (192) = NJW 1989, 3152; BGH WM 1983, 672.
[61] So noch BGHZ 22, 186 (195) = NJW 1957, 180; ausdrücklich aufgegeben durch BGHZ 68, 225 (229, 238) = NJW 1977, 1339.

zu. Hat der Nachfolger/Erbe über den Anteil noch nicht verfügt, so steht der Vollstreckungszugriff darauf nur den Nachlassgläubigern offen. Vom Zugriff auf sein sonstiges Privatvermögen kann sie der Nachfolger/Erbe demgegenüber mit der Einrede des § 2059 Abs. 1 fernhalten (→ Rn. 40).

bb) Auseinandersetzung unter den Miterben. Bei der Erbauseinandersetzung muss sich der Nachfolger/Erbe grundsätzlich den vollen Anteilswert anrechnen lassen.[62] Übersteigt der Anteilswert den Wert der ihm zustehenden Erbquote, so ist er zur **Zahlung der Differenz** an die Erbengemeinschaft verpflichtet.[63] Die Pflicht ergibt sich weder aus dem – für das Verhältnis zwischen Erben als rechtliche Sonderverbindung ungeeigneten – Bereicherungsrecht[64] noch lediglich aus Treu und Glauben gemäß § 242,[65] sondern aus einer entsprechenden Anwendung des § 1978, wenn man in dem Anteilsübergang eine vorweggenommene Erbteilung sieht,[66] andernfalls aus einer Analogie zu den für die Ausgleichung lebzeitiger Zuwendungen geltenden Vorschriften der §§ 2050 ff.[67] Die Einschränkung des § 2056 greift nicht ein, weil sie Ausgleichszahlungen nur hinsichtlich eines bereits zu *Lebzeiten* des Erblassers erhaltenen Mehrempfangs verhindern soll.[68] Dem Erblasser steht es zwar in den durch das Pflichtteilsrecht gesetzten Grenzen frei, letztwillig eine Ausgleichspflicht des Nachfolgers/Erben ganz oder teilweise auszuschließen, etwa durch Behandlung des Anteils als Vorausvermächtnis (§ 2150).[69] Jedoch ist in der Berufung zum Nachfolger als solcher im Zweifel kein Ausschluss der Ausgleichspflicht zu sehen; über die wertmäßige Verteilung der Nachlassgegenstände sagt sie nichts aus.[70]

4. Bedingtes Austrittsrecht der Gesellschafter-Erben analog § 139 HGB. Die Vorschriften des § 139 Abs. 1–3 HGB gewähren jedem Gesellschafter/Erben im Fall der Nachfolge in die Stellung eines **persönlich haftenden Gesellschafters einer OHG oder KG** das unentziehbare Recht, oftmals missverständlich als „Wahlrecht" bezeichnet, innerhalb von drei Monaten ab Kenntnis von der Erbschaft aus der Gesellschaft fristlos auszuscheiden, sofern die Mitgesellschafter seinen fristgemäßen Antrag auf Einräumung der Kommanditistenstellung abgelehnt haben. Die Mitgesellschafter haben also die Wahl, ob sie sich notfalls auf die Umwandlung der Gesellschaft in eine KG (oder jedenfalls mit der Umwandlung einer Beteiligung) einverstanden erklären oder das – abfindungspflichtige – Ausscheiden des Nachfolgers/Erben riskieren wollen. Das bedingte Austrittsrecht soll ihn davor schützen, die Erbschaft ausschlagen zu müssen, wenn er die unbeschränkte persönliche Haftung aus §§ 128, 130 HGB vermeiden will.[71] Dementsprechend gestattet ihm § 139 Abs. 4 HGB die *Berufung auf die beschränkte Erbenhaftung* gegenüber den ihn als Erbe treffenden Gesellschaftsverbindlichkeiten (einschließlich den in der Überlegungsfrist entstandenen sog. „Zwischenneuschulden"), wenn er entweder innerhalb der Dreimonatsfrist mit Einverständnis der Mitgesellschafter in die Kommanditistenstellung überwechselt oder – bei deren fehlendem Einverständnis – seinen Austritt aus der Gesellschaft erklärt.[72]

---

[62] Zur Problematik der Anteilsbewertung unter Berücksichtigung künftiger Abfindungsrisiken des Nachfolgers/Erben, namentlich im Falle der auf den objektiven Wert abstellenden Pflichtteilsberechnung (§ 2311), → § 2311 Rn. 50 *(Lange)*; Staub/*Schäfer* HGB § 139 Rn. 159 ff., jeweils mwN.
[63] So auch BGHZ 22, 186 (196 f.) = NJW 1957, 180; offengelassen in BGHZ 68, 225 (238) = NJW 1977, 1339; krit. zum Ansatz des BGH bei § 242 *Marotzke* AcP 184 (1984), 541 (576 f.).
[64] So aber *Heckelmann,* FS v. Lübtow, 1980, S. 619 (627 f.).
[65] So aber anscheinend BGHZ 22, 186 (197) = NJW 1957, 180.
[66] IdS etwa *Rüthers* AcP 168 (1968), 263 (281); dazu *Ulmer* ZGR 1972, 326 f.; *ders.,* FS Schilling, 1973, S. 79 (86 ff.); aA *Heckelmann,* FS v. Lübtow, 1980, S. 619 (626) mit dem unzutr. Hinweis, § 1978 enthalte keine Anspruchsgrundlage.
[67] So *Brox/Walker* ErbR, 22. Aufl. 2007, Rn. 794; *Flume* BGB AT I 1 § 18 VI 2, S. 405 ff.; aA *Heckelmann,* FS v. Lübtow, 1980, S. 619 (625 f.); *Marotzke* AcP 184 (1984), 541 (562 ff.); vgl. zum Ganzen auch Soergel/*Hadding/Kießling* Rn. 32; Staub/*Schäfer* HGB § 139 Rn. 152 f. und → § 2032 Rn. 60 *(Gergen)*.
[68] So zu Recht *Brox/Walker* ErbR, 22. Aufl. 2007, Rn. 794; eingehend auch *Säcker,* Gesellschaftsvertragliche und erbrechtliche Nachfolge in Gesamthandsmitgliedschaften, 1970, S. 94 ff., 100 f. AA *Flume* BGB AT I 1 § 18 VI 2, S. 406; *Heckelmann,* FS v. Lübtow, 1980, S. 619 (626); *Marotzke* AcP 184 (1984), 541 (565 f.).
[69] Vgl. *Ulmer* ZGR 1972, 324 (327 f.); *ders.* BB 1977, 805 (807); so auch Soergel/*Hadding/Kießling* Rn. 32; Staudinger/*Habermeier* (2003) Rn. 20.
[70] Ebenso *Heckelmann,* FS v. Lübtow, 1980, S. 619 (629); wohl auch *Flume* BGB AT I 1 § 18 VI 2, S. 403 ff., der zwar das Bestehen einer Anrechnungspflicht insgesamt als Problem der Testamentsauslegung behandelt, im Falle eines nicht feststellbaren Erblasserwillens dann aber doch auf eine Analogie zu §§ 2050 ff. zurückgreift und sich damit im Zweifel für die Anrechnung ausspricht. Vgl. zum Ganzen auch *Windel,* Über die Modi der Nachfolge in das Vermögen einer natürlichen Person beim Todesfall, 1998, S. 307 ff.
[71] Vgl. Baumbach/*Hopt* HGB § 139 Rn. 6; Staub/*Schäfer* HGB § 139 Rn. 67; MüKoHGB/*K. Schmidt* HGB § 139 Rn. 5.
[72] Baumbach/*Hopt* HGB § 139 Rn. 44; Staub/*Schäfer* HGB § 139 Rn. 120, 155; MüKoHGB/*K. Schmidt* HGB § 139 Rn. 111.

47 Der Übergang von der Doppelverpflichtungs- zur Akzessorietätstheorie im **GbR-Recht** (→ § 714 Rn. 3 ff.), namentlich die seither den Nachfolger/Erben aus §§ 128, 130 HGB treffende Haftung, hat zur Folge, dass sich der Konflikt zwischen unbeschränkter Gesellschafter- und beschränkter Erbenhaftung seither auch für Gesellschafter/Erben eines GbR-Anteils stellt. Der Normzweck des § 139 HGB trifft daher auch in diesen Fällen zu.[73] Da der Gesetzgeber diese Entwicklung nicht vorhergesehen hat, liegt eine *Regelungslücke* vor, die – mutatis mutandis – durch **analoge Anwendung des § 139 HGB** zu schließen ist; die bisher überwiegende Ablehnung dieser Analogie[74] ist überholt.[75] Das Fehlen von Gestaltungsmöglichkeiten nach Art einer KG im GbR-Recht steht der Analogie angesichts des in §§ 105 Abs. 2, 161 HGB für die meisten GbR-Dauergesellschaften zugelassenen **Formwechsels in die Rechtsform der KG** nicht entgegen.[76] Sind die Mitgesellschafter hierzu innerhalb der Dreimonatsfrist des § 139 Abs. 3 HGB nicht bereit, so kann jeder Gesellschafter analog § 139 Abs. 2 sein fristloses Ausscheiden aus der – im Übrigen fortbestehenden[77] – Gesellschaft erklären. Der Antrag muss allerdings zur Erhaltung des Haftungsprivilegs aus § 139 Abs. 4 HGB so rechtzeitig gestellt werden, dass ggf. auch der Austritt noch innerhalb der Dreimonatsfrist erklärt werden kann.[78] Aufgrund des eindeutigen Schutzzwecks des § 139 HGB gilt all dies aber selbstverständlich nur in derjenigen (Außen-)GbR, in der auch tatsächlich nach §§ 128, 130 HGB gehaftet wird, insbesondere also nicht bei solchen Erscheinungsformen wie (Immobilien-)Fondsgesellschaften oder Bauherrengemeinschaften, bei denen die Rechtsprechung eine nur beschränkte Gesellschafterhaftung weiterhin anerkennt.[79]

48 Die entsprechende Anwendung von § 139 Abs. 1 HGB scheitert allerdings bei Gesellschaften, deren Zweck nicht auf einen Gewerbebetrieb oder die Vermögensverwaltung (§ 105 Abs. 2 HGB) gerichtet ist, so dass die Gesellschafter **keinen Formwechsel in die KG** beschließen können. Gleichwohl besteht auch in diesen Fällen ein **vergleichbares Schutzbedürfnis** der Gesellschafter/Erben. Dass dieses besondere Schutzbedürfnis die Interessen der Mitgesellschafter, das Kapital der Gesellschaft zu erhalten, auch dann überwiegt, wenn die Mitgesellschafter über keine Wahlmöglichkeit verfügen, ergibt sich aus der Parallelwertung des § 9 Abs. 3 S. 3 PartGG, der dem Erben eines Partners gleichfalls ein unbedingtes Austrittsrecht einräumt. Entsprechend dieser Vorschrift ist dem unveränderten Schutzbedürfnis des persönlich haftenden Nachfolger/Erben deshalb dadurch Rechnung zu tragen, dass sich die Befugnis des Gesellschafters/Erben analog § 139 HGB darauf beschränkt, innerhalb der Dreimonatsfrist des § 139 Abs. 3 HGB seinen **Austritt** aus der Gesellschaft zu erklären. In *Freiberufler-Sozietäten* sollte den Mitgesellschaftern allerdings ebenfalls das Recht zugebilligt werden, den Austritt durch das Angebot eines Rechtsformwechsels in eine Partnerschaftsgesellschaft mit dem Haftungsprivileg des § 8 Abs. 2 PartGG (→ PartGG § 8 Rn. 14 ff.) abzuwenden. Im Ergebnis verbleibt es also auch hier bei einem nur bedingten Austrittsrecht, bedingt nämlich durch die Ablehnung eines – rechtzeitigen – Antrags auf Umwandlung in eine Partnerschaftsgesellschaft.[80]

49 **5. Rechtsgeschäftliche Nachfolgeklauseln.** Im Unterschied zu den im Gesellschaftsvertrag enthaltenen „erbrechtlichen" Nachfolgeklauseln, die sich darauf beschränken, den Anteil vererblich zu stellen, den Vollzug des Übergangs aber dem Erbrecht überlassen (→ Rn. 31), sollen „rechtsgeschäftliche" Nachfolgeklauseln auf rechtsgeschäftlichem Wege, durch **Verfügungsvertrag** und ohne Rückgriff auf die erbrechtliche Rechtsnachfolge, den Anteilsübergang im Todeszeitpunkt auf die begünstigten Personen bewirken. Ein Interesse der Beteiligten an solchen Klauseln kann namentlich

---

[73] *Schäfer* NJW 2005, 3665 (3666).
[74] So *Westermann* HdB, Ausgabe 1979, Rn. I 743; *Schröder* ZGR 1978, 578 (599); Staudinger/*Habermeier* (2003) Rn. 16; für Analogie aber schon *Hüfner*, Testamentsvollstreckung an Personengesellschaftsanteilen, 1990, S. 156 f.; so auch Erman/*Lieder* § 1922 Rn. 31 ohne Begr.; MüKoHGB/*K. Schmidt* HGB § 139 Rn. 60; tendenziell zust. auch Staudinger/*Marotzke* (2008) § 1922 Rn. 168.
[75] *Ulmer* ZIP 2003, 1113 (1121); *Schäfer* NJW 2005, 3665 (3667 f.); ebenso auch *Mock* NZG 2004, 118 (119 f.), *Elsing* BB 2003, 909 (911); Bamberger/Roth/*Schöne* Rn. 13; mit „Abstrichen" auch Erman/*Westermann* Rn. 11; offenlassend BGH ZIP 2014, 1221 Rn. 9 f.; aA auch in neuerer Zeit noch Soergel/*Hadding/Kießling* Rn. 34 f. (die allerdings auch für die Fortgeltung des Doppelverpflichtungslehre eintreten, vgl. Soergel/*Hadding/Kießling* § 714 Rn. 29 ff.) sowie *Hoppe* ZEV 2004, 226 (227 f.) wegen – angeblicher – Undurchführbarkeit des Austrittsrechts in der GbR. – Die von ihm genannten Beispiele passen aber entweder nicht (so droht in einer Innen-GbR naturgemäß keine Haftung aus §§ 128, 130 HGB und kommt daher auch § 139 HGB nicht in Betracht; das Gleiche gilt für Fondsgesellschaften) oder belegen eher das Gegenteil (kannkaufmännische GbR).
[76] Abw. insoweit anscheinend *Mock* NZG 2004, 118 (120); dagegen *Schäfer* NJW 2005, 3665 (3668).
[77] Vgl. nur Baumbach/*Hopt* HGB § 139 Rn. 43; Staub/*Schäfer* HGB § 139 Rn. 112, 115.
[78] Näher Staub/*Schäfer* HGB § 139 Rn. 90, 94.
[79] Zur beschränkten Haftung in diesen Gesellschaften BGHZ 150, 1 (6) = NJW 2002, 1642; → § 714 Rn. 61 ff.; zum Fehlen der Analogievoraussetzungen in diesen Fällen *Schäfer* NJW 2005, 3665 (3668 f.).
[80] *Schäfer* NJW 2005, 3665 (3668).

dann bestehen, wenn die Berufung der als Nachfolger in Betracht gezogenen Personen zu Erben aus der Sicht des Verfügenden oder der Mitgesellschafter zweifelhaft oder unwahrscheinlich ist und der Anteilsübergang auf sie gleichwohl sichergestellt werden soll.

Die **Problematik** solcher rechtsgeschäftlicher Nachfolgeklauseln ist, wenn diese ohne Beteiligung der dadurch begünstigten Personen vereinbart sind, doppelter Natur.[81] Einerseits setzen sie sich wegen der damit bezweckten, dem unmittelbaren Anteilsübergang dienenden Verfügungswirkung in Widerspruch zu dem von Rechtsprechung[82] und Teilen der Literatur[83] postulierten Verbot von Verfügungen zugunsten Dritter. Und zum anderen enthalten sie wegen der mit jeder Gesellschafterstellung verbundenen Verpflichtungen auch Elemente eines Vertrages zu Lasten Dritter.[84] Zu Recht hat daher der BGH in seiner Grundsatzentscheidung von 1977 zur Gesellschafter-Nachfolge auf den Todesfall[85] den in der Literatur wiederholt vertretenen Bestrebungen eine Absage erteilt, rechtsgeschäftliche Nachfolgeklauseln gleichrangig neben erbrechtlichen zuzulassen[86] oder gar sämtliche Nachfolgeklauseln im Hinblick auf die mit der Sondererbfolge verbundenen Probleme als rechtsgeschäftliche zu behandeln.[87] Rechtsgeschäftliche Nachfolgeklauseln sind vielmehr **grundsätzlich unwirksam**. Zur Frage der Auslegung von Nachfolgeklauseln und ihrer etwaigen Umdeutung in Eintrittsklauseln → Rn. 60 ff. 50

Eine **Ausnahme** von der grundsätzlichen Unzulässigkeit rechtsgeschäftlicher Nachfolgeklauseln greift dann ein, wenn die hierdurch begünstigten Personen selbst an der Vereinbarung beteiligt sind, insbesondere also bei Klauseln, durch die für den Todesfall eines Gesellschafters ein **Mitgesellschafter** als Nachfolger in den Anteil namentlich bestimmt ist.[88] In diesem Fall stehen weder die Bedenken gegen Verfügungen zugunsten Dritter noch das Verbot von Verträgen zu Lasten Dritter der Wirksamkeit des Verfügungsgeschäfts entgegen. Der Sache nach geht es um eine Anteilsübertragung unter Lebenden an den Begünstigten, aufschiebend bedingt durch den Tod des Verfügenden.[89] Die insoweit erforderliche Zustimmung der übrigen Gesellschafter (→ § 719 Rn. 27) liegt in der Nachfolgeklausel als Bestandteil des Gesellschaftsvertrages. Das Fehlen der in § 2301 Abs. 1 vorgeschriebenen Form kann einer solchen Klausel nicht entgegengesetzt werden (→ Rn. 58 f.).[90] 51

Der **Unterschied** derartiger **rechtsgeschäftlicher Nachfolgeklauseln** unter Begünstigung eines Mitgesellschafters gegenüber einer bloßen Fortsetzungsklausel liegt darin, dass in diesem Fall wegen des Anteilsübergangs ein Abfindungsanspruch für die Erben des verstorbenen Gesellschafters nicht zur Entstehung gelangt und dass die mit dem Anteil verbundenen Mitgliedschaftsrechte nicht untergehen bzw. sämtlichen Mitgesellschaftern anwachsen, sondern dem durch die Nachfolgeklausel begünstigten Gesellschafter zustehen. Dieser haftet auch gesamtschuldnerisch neben dem Nachlass für die auf dem Gesellschaftsvertrag beruhenden Verbindlichkeiten des verstorbenen Gesellschafters.[91] Ausgleichsansprüche der weichenden Erben und Pflichtteilsberechtigten bestehen mit Rücksicht auf den ihnen durch die Verfügung auf den Todesfall entgehenden Abfindungsanspruch zumindest nach § 2325 gegen die Erben bzw. nach § 2329 gegen den beschenkten Anteilserwerber. Demgegenüber ist umstritten, ob über die Pflichtteilsergänzung hinaus noch Ausgleichsansprüche analog §§ 2050 ff. 52

---

[81] Vgl. dazu BGHZ 68, 225 (231 ff.) = NJW 1977, 1339; *Ulmer* ZGR 1972, 212 ff. mN.
[82] BGHZ 41, 95 f. = NJW 1964, 1124 mN zur Rspr. des RG; BGHZ 68, 225 (231) = NJW 1977, 1339.
[83] Vgl. Palandt/*Grüneberg* Einf. § 328 Rn. 8; eingehend Staudinger/*Klumpp* (2015) Vor §§ 328 ff. Rn. 43; sowie diejenigen Autoren, die die Anwendbarkeit von § 328 auf Verfügungsverträge zur Begründung von Ansprüchen auf Leistung aus dem Grundstück beschränken, *Enneccerus/Lehmann* SchuldR § 34 VI; *Wolff/Raiser* SachenR § 38 II 3 ua; zurückhaltend → § 328 Rn. 277 f. (*Gottwald*). Für generelle Zulassung von Verfügungen zu Gunsten Dritter *Esser/Schmidt* SchuldR AT II § 36 IV; *Larenz* SchuldR AT § 17 IV; Erman/*Westermann* § 328 Rn. 2 f.
[84] BGHZ 68, 225 (232) = NJW 1977, 1339; Soergel/*Hadding/Kießling* Rn. 37; Staudinger/*Habermeier* (2003) Rn. 23; Bamberger/Roth/*Schöne* Rn. 19; Staub/*Schäfer* HGB § 139 Rn. 13; so auch schon *Rüthers* AcP 168 (1968), 263 (274); *Siebert*, Gesellschaftsvertrag und Erbrecht bei der OHG, 3. Aufl. 1958, S. 17; aA namentlich *Säcker*, Gesellschaftsvertragliche und erbrechtliche Nachfolge in Gesamthandsmitgliedschaften, 1970, S. 49 ff., 54, 63 f.
[85] BGHZ 68, 225 (231 ff.) = NJW 1977, 1339.
[86] So *Lange/Kuchinke* ErbR § 5 VI 3; ferner *Säcker*, Gesellschaftsvertragliche und erbrechtliche Nachfolge in Gesamthandsmitgliedschaften, 1970, S. 54, 63 f. Für die Möglichkeit rechtsgeschäftlicher Nachfolgeklauseln auch *H. P. Westermann* JuS 1979, 764 f.; die Zulässigkeit verneinend jetzt aber *Brox/Walker*, Erbrecht, 22. Aufl. 2007, Rn. 787, 791.
[87] So eingehend *Flume* BGB AT I § 18, S. 375 ff.
[88] BGHZ 68, 225 (234) = NJW 1977, 1339; BayObLG ZIP 2000, 1614 (1615 f.); vgl. auch *Becker* AcP 201 (2001), 629 ff.; → § 723 Rn. 8.
[89] Vgl. *Marotzke* AcP 184 (1984), 541 (557 ff.); Soergel/*Hadding/Kießling* Rn. 38 mwN.
[90] Eingehend *Ulmer* ZGR 1972, 195 (212 ff., 216); so im Ergebnis auch Soergel/*Hadding/Kießling* Rn. 38.
[91] Vgl. aber auch BGH WM 1974, 834, wonach im Falle eines ersatzlosen Ausscheidens des verstorbenen Gesellschafters unter Ausschluss des Abfindungsanspruchs nur der Nachlass, nicht aber die durch den Abfindungsausschluss begünstigten Mitgesellschafter zur Rückzahlung unzulässiger Entnahmen verpflichtet sind.

bzw. § 2048 zu bejahen sind.[92] Konsequentermaßen ist dies jedoch zu verneinen, sofern man von einer lebzeitig vollzogenen Schenkung iSv § 2303 Abs. 2 und damit von einem Anteilsübergang außerhalb des Nachlasses ausgeht.[93]

III. Eintrittsklauseln

53 **1. Unterschiede zur Nachfolgeklausel. a) Inhalt und Rechtsnatur.** Gesellschaftsvertragliche Eintrittsklauseln sind ebenso wie Nachfolgeklauseln dazu bestimmt, im Gesellschaftsvertrag das künftige Schicksal des Anteils eines durch Tod ausscheidenden Gesellschafters zu regeln. Im Unterschied zur Nachfolgeklausel kommt es bei der Eintrittsklausel jedoch nicht zum Anteilsübergang im Zeitpunkt des Todes des bisherigen Gesellschafters. Vielmehr hat der Tod zunächst die Fortsetzung der Gesellschaft unter den übrigen Gesellschaftern zur Folge. Die in der Eintrittsklausel benannten Personen haben jedoch ein **Recht auf Beitritt** zur fortbestehenden Gesellschaft unter den in der Klausel genannten Voraussetzungen.[94] Die Eintrittsklausel verbindet sich daher, auch wenn das nicht ausdrücklich im Gesellschaftsvertrag gesagt ist, in aller Regel mit einer Fortsetzungsklausel iSv § 736 (→ Rn. 4).

54 **b) Folgerungen.** Aus der unterschiedlichen Rechtsnatur und Funktion von Nachfolge- und Eintrittsklausel ergeben sich für diese eine Reihe von Abweichungen gegenüber der Vereinbarung einer Nachfolgeklausel.[95] So müssen, was die **Voraussetzungen** einer Nachfolge in den Anteil angeht, im Fall der erbrechtlichen Nachfolgeklausel gesellschaftsvertragliche und erbrechtliche Lage übereinstimmen (→ Rn. 42), während das durch die Eintrittsklausel gewährte Eintrittsrecht allein aus dem Gesellschaftsvertrag erwächst und daher auch einer nicht zum Erben berufenen Person als begünstigtem Dritten zustehen kann. Auch muss bei der Nachfolgeklausel die Auswahl des Nachfolgers grundsätzlich vom Erblasser selbst durch Erbeinsetzung vorgenommen werden.[96] Demgegenüber ist die Bestimmung des durch die Eintrittsklausel begünstigten Dritten, soweit sie nicht entweder im Gesellschaftsvertrag oder letztwillig, ggf. im Vermächtniswege,[97] erfolgt, auch noch nach dem Tod des Gesellschafters durch eine vertraglich hierzu ermächtigte Person möglich (→ § 328 Rn. 24 *[Gottwald]*).[98] Andererseits setzt die Eintrittsklausel Regelungen über das Schicksal des Abfindungsanspruchs beim Tod des Gesellschafters voraus (→ Rn. 58 f.), während es bei der Nachfolgeklausel wegen des unmittelbaren Anteilsübergangs auf den Nachfolger/Erben von vornherein nicht zur Entstehung eines Abfindungsanspruchs kommt (→ § 738 Rn. 14).

55 Den unterschiedlichen Voraussetzungen entsprechen auch unterschiedliche **Rechtsfolgen** der beiden Klauselarten. So ist die Entscheidung über die Ausübung des Eintrittsrechts im Fall der Eintrittsklausel dem Begünstigten überlassen, während der Nachfolger/Erbe, wenn er nicht die Erbschaft ausschlägt, ohne sein Zutun Gesellschafter wird und vorbehaltlich der analogen Anwendung des § 139 HGB (→ Rn. 47 f.) nur die Möglichkeit hat, durch Kündigung auszuscheiden (→ Rn. 31). Ist der Eintrittsberechtigte zugleich Erbe, so kann der Erblasser freilich letztwillig eine *Eintrittspflicht* begründen, sei es durch ein Vermächtnis zugunsten der Mitgesellschafter[99] oder durch Erbeinsetzung unter Auflage oder Bedingung. Steht das Eintrittsrecht einem nicht voll Geschäftsfähigen zu, so bedarf dessen Ausübung im Unterschied zur erbrechtlichen Nachfolge der Mitwirkung des gesetzlichen Vertreters sowie nach Maßgabe von § 1822 Nr. 3 auch derjenigen des Familiengerichts. Besteht die Gesellschaft nur noch aus *zwei Personen,* so wird sie im Fall der Eintrittsklausel durch den Tod des vorletzten Gesellschafters beendet (→ Vor § 723 Rn. 9, 17). Die Ausübung des Eintrittsrechts macht hier also eine Neugründung erforderlich, während

---

[92] Dafür noch 4. Aufl. Rn. 33; Bamberger/Roth/*Schöne* Rn. 20; dagegen *Marotzke* AcP 184 (1984), 541 (560 ff.); EBJS/*Lorz* HGB § 139 Rn. 52; Soergel/*Hadding/Kießling* Rn. 38.
[93] Staub/*Schäfer* HGB § 139 Rn. 15.
[94] Zur Eintrittsklausel vgl. etwa Soergel/*Hadding/Kießling* Rn. 15 f.; *Flume* BGB AT I 1 § 18 II 3, S. 391 f.; *Siebert,* Gesellschaftsvertrag und Erbrecht bei der OHG, 3. Aufl. 1958, S. 12 ff.; *Wiedemann* Übertragung S. 162 ff.; *Säcker,* Gesellschaftsvertragliche und erbrechtliche Nachfolge in Gesamthandsmitgliedschaften, 1970, S. 39 ff.; Staub/*Schäfer* HGB § 139 Rn. 16 ff., 144 ff. Für Eingreifen von Sondererbfolge auch im Fall der Eintrittsklausel zu Unrecht *Kipp/Coing* ErbR, 14. Aufl. 1990, § 91 IV 8 f., S. 506 f.
[95] Dazu *Wiedemann* Übertragung S. 163 f.; Staub/*Schäfer* HGB § 139 Rn. 16–18.
[96] Das folgt aus § 2065 Abs. 2; vgl. Staub/*Schäfer* HGB § 139 Rn. 28 mwN; *Windel,* Über die Modi der Nachfolge in das Vermögen einer natürlichen Person beim Todesfall, 1998, S. 310 f.
[97] Zur Zuwendung eines Eintrittsrechts durch Vermächtnis vgl. BGH NJW-RR 1987, 989.
[98] Im Ergebnis auch Staudinger/*Klumpp* (2015) § 328 Rn. 47 ff., der lediglich auf die Bestimmbarkeit der Person des Dritten abstellt.
[99] Ebenso Soergel/*Hadding/Kießling* Rn. 16; Bamberger/Roth/*Schöne* Rn. 22; *Hueck* OHG § 28 II 1a; *Siebert,* Gesellschaftsvertrag und Erbrecht bei der OHG, 3. Aufl. 1958, S. 13; aA *v. Godin* JR 1948, 61 (65).

im Falle der Nachfolgeklausel der Fortbestand der Gesellschaft durch den Tod nicht berührt wird.

Unterschiede bestehen auch hinsichtlich der Rechtsstellung der **übrigen Nachlassbeteiligten** 56 (weichende Erben, Pflichtteilsberechtigte und sonstige Nachlassgläubiger). Beim Übergang des Anteils im Wege einer erbrechtlichen Nachfolgeklausel steht der vorrangige Vollstreckungszugriff den Nachlassgläubigern zu (→ Rn. 40); der Anteilswert ist grundsätzlich bei der Auseinandersetzung zu berücksichtigen (→ Rn. 45). Dagegen bildet der aus dem Anteil folgende Abfindungsanspruch bei der Eintrittsklausel nur dann ein Aktivum zu Gunsten der Nachlassgläubiger und der weichenden Erben, wenn er nicht gesellschaftsvertraglich zu Gunsten des Eintrittsberechtigten ausgeschlossen ist, sondern mit dem Erbfall entsteht und dem Eintrittsberechtigten auf erbrechtlichem Wege zugewendet wird. Andernfalls richtet sich eine etwaige Ausgleichspflicht nach den Grundsätzen über unentgeltliche Verfügungen unter Lebenden (→ Rn. 52).

2. Eintrittsrecht. Die Eintrittsklausel begründet als **berechtigender Vertrag zu Gunsten Drit-** 57 **ter** (§ 328 Abs. 1) mit dem Todesfall ein eigenes Recht der dadurch begünstigten Personen auf Beitritt zur Gesellschaft.[100] Ob es zu seiner Ausübung der Mitwirkung der übrigen Gesellschafter bedarf oder ob der Eintritt sich durch einseitige Erklärung des Eintrittsberechtigten gegenüber den Mitgesellschaftern vollzieht, ist durch Auslegung zu klären; beide Gestaltungen sind möglich. Die Annahme eines *einseitigen* Eintrittsrechts – sei es als Options-(Gestaltungs-)Recht oder als Recht auf Annahme eines in der Eintrittsklausel enthaltenen, bindenden Vertragsangebots der übrigen Gesellschafter[101] – liegt dann nahe, wenn die Bedingungen des Eintritts und die Ausgestaltung der Gesellschafterstellung des Eintrittsberechtigten bereits feststehen, er namentlich in vollem Umfang an die Stelle des verstorbenen Gesellschafters treten und dessen Rechte und Pflichten unverändert übernehmen soll.[102] Das Eintrittsrecht ist in angemessener Frist auszuüben.[103] Zur Frage einer *Eintrittspflicht* → Rn. 55.

3. Das Schicksal des Abfindungsanspruchs. Enthält der Gesellschaftsvertrag keine Nach- 58 folge-, sondern eine Fortsetzungs- und Eintrittsklausel, so empfiehlt es sich, daneben noch Vereinbarungen darüber zu treffen, was mit dem Abfindungsanspruch geschehen und wem er ggf. zustehen soll. *Ohne eine derartige Regelung* entsteht der Abfindungsanspruch nach §§ 736 Abs. 1, 738 Abs. 1 S. 2 mit dem Tod des bisherigen Gesellschafters als **Nachlassgegenstand.** Daran ändert sich auch dann nichts, wenn der durch die Eintrittsklausel Begünstigte sein Eintrittsrecht ausübt. Dadurch wird er zwar Mitglied der Gesellschaft und erwirbt unter Abwachsung bei den anderen Gesellschaftern einen entsprechenden Gesellschaftsanteil, doch ist das für seine vermögensrechtliche Stellung in der Gesellschaft ohne Einfluss → § 718 Rn. 6 f. Insoweit bleibt der Eintrittsberechtigte vielmehr zu einer dem Abfindungsbetrag mindestens entsprechenden Einlage verpflichtet, wenn er die Vermögensposition des verstorbenen Gesellschafters erlangen will.[104] Die Einbringung des Abfindungsanspruchs anstelle einer Geldeinlage ist ihm aber nur dann möglich, wenn ihm dieser – ggf. im Rahmen der Erbauseinandersetzung – von dem oder den Erben zuvor abgetreten wird. Der Erblasser kann die Voraussetzungen dafür schaffen, indem er letztwillig ein entsprechendes Vermächtnis oder eine Teilungsanordnung zu Gunsten des Eintrittsberechtigten verfügt.[105]

Für Gesellschaft und Mitgesellschafter günstiger ist es demgegenüber, wenn dem Eintrittsbe- 59 rechtigten auf *rechtsgeschäftlichem Wege,* durch entsprechende Ausgestaltung des Gesellschaftsvertrags, neben dem Eintrittsrecht auch die **Vermögensstellung des bisherigen Gesellschafters verschafft** wird. Das kann entweder durch Vorausabtretung des Abfindungsanspruchs zwischen bisherigem Gesellschafter und Eintrittsberechtigtem auf den Todesfall entsprechend § 2301 Abs. 2[106]

---

[100] Staub/*Schäfer* HGB § 139 Rn. 146; → § 1922 Rn. 81 *(Leipold)*; → § 2301 Rn. 45 *(Musielak)*.
[101] Zum Meinungsstand vgl. Staub/*Schäfer* HGB § 139 Rn. 148. Die Unterscheidung hat nur bei Formbedürftigkeit des Gesellschaftsvertrags praktische Bedeutung, *Ulmer* ZGR 1972, 218 Fn. 111.
[102] BGH NJW 1978, 264 (266); Staub/*Schäfer* HGB § 139 Rn. 148 mwN; tendenziell für Aufnahmeanspruch aber Erman/*Westermann* Rn. 13.
[103] RGZ 170, 98 (108); vgl. dazu auch Soergel/*Hadding* Rn. 15.
[104] AA anscheinend *Flume* BGB AT I 1 § 18 II 3, S. 393, der einen Unterschied zwischen Nachfolge- und Eintrittsklausel nur hinsichtlich des Zeitpunkts des Beteiligungserwerbs durch den Eintrittsberechtigten sieht. Auch wenn das den Vorstellungen der Beteiligten entsprechen mag, ändert es jedoch nichts daran, dass dieses Ergebnis bei der Eintritts- im Unterschied zur Nachfolgeklausel nur durch einen – sei es auch stillschweigenden – Ausschluss des Abfindungsanspruchs der Erben und die treuhänderische Wahrnehmung der mit dem Anteil verbundenen Vermögensrechte durch die Mitgesellschafter erreichbar ist.
[105] Sog. erbrechtliche Lösung, vgl. *Ulmer* ZGR 1972, 220.
[106] Zur Frage der Anwendbarkeit von § 2301 Abs. 1 S. 1 oder Abs. 2 in derartigen Fällen vgl. *Michalski,* Gesellschaftsrechtliche Gestaltungsmöglichkeiten zur Perpetuierung von Unternehmen, 1980, S. 190 ff. und *Marotzke* AcP 184 (1984), 541 (573 ff.), jeweils mwN.

geschehen[107] oder dadurch, dass im Gesellschaftsvertrag der Abfindungsanspruch beim Tod eines Gesellschafters ausgeschlossen wird (→ § 738 Rn. 61) und die übrigen Gesellschafter sich nach § 328 verpflichten, die mit dem Anteil verbundenen Vermögensrechte treuhänderisch für den Eintrittsberechtigten zu halten und bei dessen Eintritt auf ihn zu übertragen.[108] Der letztgenannte Weg ist der aus der Sicht der Mitgesellschafter sicherste und schützt sie am besten gegen die Gefahren eines planwidrigen Kapitalabflusses trotz Ausübung des Eintrittsrechts. § 2301 ist hier nach hM wegen des Vorrangs des Vertrages zugunsten Dritter auch im Valutaverhältnis unanwendbar.[109] Mit der Eintrittsklausel ist daher, wenn der Eintrittsberechtigte voll an die Stelle des verstorbenen Gesellschafters treten und insbesondere dessen Vermögensposition übernehmen soll, im Zweifel eine derartige **Treuhandlösung** gewollt.[110] Angesichts der Ungewissheit über die Ausübung des Eintrittsrechts ist der Abfindungsausschluss im Regelfall als durch den Nichteintritt des Berechtigten auflösend bedingt anzusehen. – Für die Stellung der durch den Abfindungsausschluss betroffenen Erben und Pflichtteilsberechtigten gelten die Feststellungen in → Rn. 52.

IV. Auslegungsfragen

60   **1. Allgemeines.** Bei der Auslegung von im Gesellschaftsvertrag für den Todesfall getroffenen Vereinbarungen kommt es entsprechend den allgemeinen Auslegungsmaßstäben (→ § 705 Rn. 171) nicht allein oder in erster Linie auf den Vertragswortlaut an, sondern auf den wirklichen Willen der Beteiligten. Vorbehaltlich des Sonderfalls von Freiberufler-Sozietäten[111] geht dieser wegen der für die Gesellschaft günstigeren Rechtsfolgen *im Zweifel* dahin, nicht eine Eintritts-, sondern eine **erbrechtliche Nachfolgeklausel** vorzusehen, da auf diesem Wege ein sofortiger Anteilsübergang ermöglicht, die bis zur Ausübung des Eintrittsrechts bestehende Rechtsunsicherheit vermieden und der Gefahr eines planwidrigen Kapitalabflusses vorgebeugt wird.[112] Darauf, ob in der Klausel von „Nachfolge", von „Übergang" oder von „Eintritt" die Rede ist und ob der Gesellschaftsvertrag die nachfolgeberechtigten Personen namentlich oder generell bezeichnet, kommt es nicht an.[113]

61   Eine abweichende, für die Annahme einer **Eintrittsklausel** sprechende Wertung ist demgegenüber dann veranlasst, wenn im Gesellschaftsvertrag die Fortsetzung der Gesellschaft mit Personen vorgesehen ist, die voraussichtlich nicht zum Kreis der Erben des verstorbenen Gesellschafters gehören werden. Die Annahme einer – den verfügenden Gesellschafter schon zu Lebzeiten bindenden – **rechtsgeschäftlichen Nachfolgeklausel** (→ Rn. 49, 51) liegt schließlich dann nahe, wenn als Nachfolger ein Mitgesellschafter namentlich bestimmt ist und Anhaltspunkte dafür vorliegen, dass sich der Anteilsinhaber hinsichtlich des Anteils endgültig seiner Verfügungsbefugnis begeben wollte.[114]

62   **2. Umdeutung.** Sie setzt nach § 140 voraus, dass die Auslegung der Klausel zu einer vertraglichen Nachfolgeregelung führt, die sich entweder als generell unzulässig und daher nichtig oder als im Einzelfall unwirksam erweist. Ein Beispiel für den erstgenannten Fall bildet die nichtige Vereinbarung einer rechtsgeschäftlichen Nachfolgeklausel zugunsten eines Nichtgesellschafters (→ Rn. 50). Bei ihr kommt je nachdem, ob der Begünstigte Erbe geworden ist oder nicht, die Umdeutung entweder in eine erbrechtliche Nachfolgeklausel oder in eine Eintrittsklausel mit treuhänderischer Wahrnehmung der Vermögensrechte aus dem Anteil durch die Mitgesellschafter (→ Rn. 59) in Betracht.[115] Scheitert dagegen eine – an sich zulässige – erbrechtliche Nachfolgeklausel an der mangelnden

---

[107] Für Zulässigkeit auch einer Vorausabtretung zwischen den Gesellschaftern zugunsten des Eintrittsberechtigten Erman/*Westermann* Rn. 14.
[108] Vgl. dazu *Ulmer* ZGR 1972, 219 f.; Erman/*Westermann* Rn. 14; so auch BGH NJW 1978, 264 (265) und zuvor schon BGHZ 22, 186 (194 ff.) = NJW 1957, 180, freilich für den anders gelagerten und daher ohne Treuhandgestaltung lösbaren Fall der qualifizierten Nachfolgeklausel (→ Rn. 43 f.).
[109] Vgl. allg. zum Vorrang des § 331 BGH NJW 1984, 480; 1993, 2171; eingehend → § 2301 Rn. 31 ff. (*Musielak*); s. auch Staub/*Schäfer* HGB § 139 Rn. 152.
[110] So im Ergebnis auch RGZ 145, 289 (293); OLG Hamburg MDR 1955, 43.
[111] Zu den insoweit zu beachtenden, gegen eine Nachfolgeklausel sprechenden Besonderheiten → Rn. 26; Erman/*Westermann* Rn. 15.
[112] HM, vgl. BGHZ 68, 225 (231) = NJW 1977, 1339; BGH NJW 1974, 498 (insoweit in BGHZ 62, 20 nicht abgedruckt); BB 1974, 902 (903); WM 1973, 37 (38); *Wiedemann* Übertragung S. 164; Staub/*Schäfer* HGB § 139 Rn. 20; *Ulmer* BB 1977, 805 (807); Soergel/*Hadding/Kießling* Rn. 39; Erman/*Westermann* Rn. 15; Bamberger/Roth/*Schöne* Rn. 25.
[113] BGHZ 68, 225 (231) = NJW 1977, 1339; Staub/*Schäfer* HGB § 139 Rn. 20.
[114] BGHZ 68, 225 (234) = NJW 1977, 1339.
[115] BGHZ 68, 225 (233) = NJW 1977, 1339; BGH NJW 1978, 264 (265).

Erbenstellung der als Nachfolger vorgesehenen Person (→ Rn. 28), so bietet sich je nach Lage des Falles die Umdeutung in eine Eintrittsklausel an.[116]

V. Sonderfälle

1. Vermeintlicher Erbe.[117] **a) Nachfolgeklausel.** Wie vorstehend ausgeführt (→ Rn. 31), tritt 63 der Anteilsübergang auf den oder die Erben im Falle der erbrechtlichen Nachfolgeklausel mit dem Zeitpunkt des Erbfalls ein, ohne dass es hierzu rechtsgeschäftlicher Erklärungen des Nachfolger/ Erben oder der Mitgesellschafter bedarf. Der **wahre Erbe wird** daher auch dann **Gesellschafter**, wenn zunächst ein Dritter als vermeintlicher Erbe auftritt und die Gesellschafterrechte in Anspruch nimmt. Die Lehre von der fehlerhaften Gesellschaft greift nicht ein, da die Nachfolge sich ohne (fehlerhaften) Vertragsschluss vollzieht (→ § 705 Rn. 327, 366); anderes gilt nur dann, wenn es in der Folgezeit zu gesellschaftsvertraglichen Vereinbarungen zwischen dem vermeintlichen Erben und den Mitgesellschaftern über den Anteil kommt, etwa zur Änderung seiner gesellschaftsrechtlichen Stellung oder zur Vereinbarung seines Ausscheidens. Die bloße Tatsache seiner Mitwirkung in der Gesellschaft reicht nicht aus, um den Scheinerben unter Verdrängung des wahren Erben zum Gesellschafter zu machen.[118]

Hinsichtlich der Wirkungen von **Rechtshandlungen des vermeintlichen Erben** in der Gesell- 64 schaft ist danach zu unterscheiden, ob für ihn ein Erbschein ausgestellt war oder nicht. Lag ein **Erbschein** vor, so können sich die Mitgesellschafter dem wahren Erben gegenüber wegen der vom vermeintlichen Erben getätigten Verfügungsgeschäfte und der an ihn erbrachten Leistungen auf den öffentlichen Glauben des Erbscheins berufen (§ 2367). Der wahre Erbe muss den Anteil – bzw. den Abfindungsanspruch als Surrogat (§ 2019) bei zwischenzeitlichem Ausscheiden des vermeintlichen Erben – grundsätzlich in dem Zustand übernehmen, in dem er sich bei Aufdeckung des Irrtums befindet.[119] Im Übrigen ist er auf die Ansprüche nach §§ 2018 ff. gegen den vermeintlichen Erben verwiesen. Dieser kann seinerseits von den Mitgesellschaftern entsprechend § 738 Abs. 1 Befreiung von den Verbindlichkeiten verlangen, die für ihn kraft Rechtsscheins während seiner Stellung als Scheingesellschafter entstanden sind.[120] Gegen die Gesellschaft und den wahren Erben hat er wegen seiner in deren Interesse gemachten Aufwendungen ggf. Ansprüche aus Geschäftsführung ohne Auftrag.

Ohne Erbschein oder gesellschaftsvertragliche, zum Eingreifen der Lehre von der fehlerhaf- 65 ten Vertragsänderung (→ § 705 Rn. 326 ff., 376) führende **Abreden** der übrigen Gesellschafter mit dem Scheinerben stehen dem wahren Erben nach gesetzlicher Regel die mit dem Erbfall erlangten Anteilsrechte unter Berücksichtigung zwischenzeitlicher Gewinne oder Verluste in vollem Umfang zu.[121] Entnahmen des vermeintlichen Erben oder sonstige von diesem herbeigeführte Verschlechterungen der mit dem Anteil verbundenen Rechtsstellung haben ihm gegenüber keine Wirkung; die Gesellschaft muss sich insoweit an den vermeintlichen Erben halten (Umkehrschluss aus § 2367). Diese für die Gesellschaft unerfreulichen Rechtsfolgen lassen sich allerdings vermeiden, wenn man entsprechend den allgemein für die Abtretung geltenden Schutzvorschriften der §§ 413, 407, 409 zu einer *Annäherung an § 16 Abs. 1 GmbHG* kommt, so dass die Gesellschaft grundsätzlich nur die ihr bekannten Personen als Gesellschafter behandeln kann und muss.[122] Ist der vermeintliche Erbe

---

[116] BGH NJW 1978, 264; Staub/*Schäfer* HGB § 139 Rn. 22; problematisch aber die von BGH ZIP 1987, 1042 (1043) = JZ 1987, 880 f. mit Anm. *Ulmer* in einem Sonderfall vorgenommene ergänzende Auslegung einer fehlgeschlagenen gesellschaftsvertraglichen Nachfolgeklausel als Eintrittsrecht für die nachfolgeberechtigten Abkömmlinge, verbunden mit der Vererbung des Abfindungsanspruchs an die als Alleinerbin eingesetzte Witwe des verstorbenen Gesellschafters; mit der früher für die Sondervererbung vertretenen Abspaltungsthese hatte die vom BGH entschiedene, auf Trennung der Gesellschaftsbeteiligung von den damit verbundenen Vermögensrechten zielende Konstellation in Wahrheit nichts zu tun; näher *Ulmer* JZ 1987, 881 ff. (883).
[117] Vgl. dazu *Rob. Fischer,* FS Heymanns Verlag, 1965, S. 271 ff.; *Konzen* ZHR 145 (1981), 29 ff.; *Bode,* Der Irrtum über die Person des fortsetzungsberechtigten Gesellschafter-Erben bei der OHG, 1969; *Roloff,* Der Scheinerbe in den Personenhandelsgesellschaften, 1969; *Schäfer,* Die Lehre vom fehlerhaften Verband, 2002, S. 317 ff.; Soergel/*Hadding* Rn. 37 ff.; Staub/*Schäfer* HGB § 139 Rn. 41–43.
[118] Soergel/*Hadding/Kießling* Rn. 45; *Wiesner,* Die Lehre von der fehlerhaften Gesellschaft, 1980, S. 150; *Schäfer,* Die Lehre vom fehlerhaften Verband, 2002, S. 317 f.; im Ergebnis auch *Rob. Fischer,* FS Heymanns Verlag, 1965, S. 271 (281 f.); aA – für uneingeschränkte Anwendung der Lehre von der fehlerhaften Gesellschaft auch im Fall des Vollzugs einer Nachfolgeklausel gegenüber dem vermeintlichen Erben – *Konzen* ZHR 145 (1981), 29 (63 ff.).
[119] *Rob. Fischer,* FS Heymanns Verlag, 1965, S. 271 (277). Zur Einschränkung für den Fall von Vertragsänderungen mit bindender Wirkung für den wahren Erben vgl. *Konzen* ZHR 145 (1981), 29 (66).
[120] *Rob. Fischer,* FS Heymanns Verlag, 1965, S. 271 (283); Soergel/*Hadding/Kießling* Rn. 45.
[121] So im Ergebnis auch *Konzen* ZHR 145 (1981), 29 (65 f.).
[122] So vor allem *K. Schmidt* BB 1988, 1051 (1060); ihm folgend *Schäfer,* Die Lehre vom fehlerhaften Verband, 2002, S. 318 f.; ähnlich auch schon *U. Huber* Vermögensanteil S. 411; *Wiedemann* Übertragung S. 69 ff.; *ders.* WM 1990, Beilage 8 S. 30.

zwischenzeitlich durch – fehlerhafte – Vereinbarung mit den Gesellschaftern ausgeschieden, so ist damit zwar auch die Gesellschafterstellung des wahren Erben entfallen; er kann jedoch nach Aufdeckung des Irrtums seine Wiederaufnahme verlangen (→ § 705 Rn. 372, 376).[123] Für die Rechtsstellung des vermeintlichen Erben gelten die Ausführungen in → Rn. 64 aE entsprechend.

66 **b) Eintrittsklausel.** Unterschiede gegenüber der Lage bei der Nachfolgeklausel ergeben sich für den Fall, dass der vermeintliche Erbe von dem ihm scheinbar zustehenden gesellschaftsvertraglichen Eintrittsrecht Gebrauch macht. Kommt es dadurch zum Abschluss eines Aufnahmevertrags bzw. übt der vermeintliche Erbe ein entsprechendes Gestaltungsrecht (→ Rn. 57) des Erben aus, so greifen die Grundsätze über die **fehlerhafte Gesellschaft** ein: der vermeintliche Erbe wird auf Grund des Vollzugs des fehlerhaften Aufnahmevertrags Gesellschafter (→ § 705 Rn. 376) und kann nur ex nunc wieder ausgeschlossen werden.[124] Das gilt nach einhM jedenfalls beim **Fehlen eines Erbscheins** (zur Lage bei Erteilung eines Erbscheins → Rn. 67). Da in diesem Fall die Rechtshandlungen des vermeintlichen Erben vorbehaltlich einer Annäherung an § 16 GmbHG (→ Rn. 65) die Stellung des wahren Erben nicht schmälern können, bleibt diesem unabhängig vom Verhalten des vermeintlichen Erben das gesellschaftsvertragliche Eintrittsrecht oder ersatzweise der Abfindungsanspruch im Grundsatz erhalten.[125] Auf Leistungen an den vermeintlichen Erben kann die Gesellschaft sich nur berufen, wenn man dem Grundgedanken des § 16 GmbHG folgt (→ Rn. 65).

67 War der vermeintliche Erben ein **Erbschein** erteilt, so herrschte früher die Ansicht vor, dass aufgrund der Ausübung des Eintrittsrechts abweichend vom Regelfall (→ Rn. 66) ein wirksamer Aufnahmevertrag zustande kommt, wobei die Rechte hieraus allerdings nicht dem vermeintlichen, sondern kraft Surrogation (§ 2019) dem wahren Erben zustehen sollten.[126] Gegen diese Ansicht sind seither begründete Bedenken erhoben worden.[127] Sie stützen sich einerseits darauf, dass das Eintrittsrecht als solches kein Nachlassgegenstand ist, über den durch den Eintritt verfügt wurde, und dass selbst eine Verfügung über den Abfindungsanspruch als Nachlassgegenstand sich mit dem Eintritt nur dann verbindet, wenn dieser nicht bereits im Gesellschaftsvertrag für den Eintrittsfall ausgeschlossen wurde (→ Rn. 56). Vor allem aber spricht gegen die Annahme einer Mitgliedschaft des wahren Erben kraft Surrogation (§ 2019) als Folge des Beitritts des vermeintlichen Erben, dass auch der Erbschein diesem keine Verpflichtungsbefugnis zu Lasten des wahren Erben verschafft.[128] Daher erfolgt der Eintritt der vermeintlichen Erben auch beim Vorliegen eines Erbscheins **fehlerhaft** und lässt das Ausschlussrecht der Mitgesellschafter bei Aufdeckung der wahren Rechtslage unberührt;[129] das *Eintrittsrecht des wahren Erben besteht grundsätzlich fort.* Der mit §§ 2366, 2367 bezweckte Verkehrsschutz Dritter bei Rechtsgeschäften mit dem Erbscheinserben beschränkt sich darauf, die Mitgesellschafter insoweit zu schützen, als es um die Wirksamkeit von *Verfügungen* des oder gegenüber dem Erbscheinserben geht, sei es über den Abfindungsanspruch als Nachlassgegenstand oder über Gewinnansprüche und Entnahmen. Dagegen werden vom öffentlichen Glauben des Erbscheins solche Vertragsänderungen *nicht* erfasst, die *künftige Pflichten* für den wahren Erben begründen.[130] – Zur Rechtsstellung des vermeintlichen Erben → Rn. 64 aE.

68 **2. Vor- und Nacherbschaft.**[131] **a) Gesellschafterstellung des Vorerben.** Die Anordnung einer Nacherbschaft steht der Nachfolge des Vorerben in die Gesellschaft oder der Ausübung eines gesellschaftsvertraglichen Eintrittsrechts durch ihn grundsätzlich nicht entgegen, sofern in seiner Person die im Gesellschaftsvertrag bestimmten Nachfolge- oder Eintrittsvoraussetzungen gegeben

---

[123] *Konzen* ZHR 145 (1981), 29 (67).
[124] *Rob. Fischer*, FS Heymanns Verlag, 1965, S. 271 (279); *Konzen* ZHR 145 (1981), 29 (49 ff.); Soergel/*Hadding* Rn. 38.
[125] Soergel/*Hadding/Kießling* Rn. 43.
[126] Soergel/*Schultze-v. Lasaulx*, 10. Aufl. 1969, Rn. 32; so auch noch 1. Aufl. Rn. 49; im Grundsatz auch *Rob. Fischer*, FS Heymanns Verlag, 1965, S. 271 (281), der lediglich die Anwendbarkeit von § 2019 verneint; aA BGH BB 1977, 160 (161) für den Fall, dass sich der vermeintliche Erbe zwar mit Mitteln des Nachlasses, aber ohne ein auf den Erbfall beruhendes Eintrittsrecht an einer Personengesellschaft beteiligt.
[127] *Konzen* ZHR 145 (1981), 29 (54 ff.); ihm folgend Soergel/*Hadding* Rn. 39.
[128] So zutr. *Konzen* ZHR 145 (1981), 29 (56) mit Verweis auf BGHZ 57, 341 (344); Erman/*Bartholomeyczik/Schlüter*, 6. Aufl. 1975, § 2666 Rn. 3, § 2367 Rn. 2; Palandt/*Weidlich* § 2367 Rn. 1; Soergel/*Müller* § 2366 Rn. 5, § 2367 Rn. 2.
[129] Zur Frage einer Pflicht der Mitgesellschafter gegenüber dem wahren Erben, den vermeintlichen Erben auszuschließen, vgl. *Konzen* ZHR 145 (1981), 29 (60).
[130] Vgl. näher *Konzen* ZHR 145 (1981), 29 (57 ff.). So im Grundsatz auch die hM, → § 2366 Rn. 9, 18 (*J. Mayer*) mN.
[131] Dazu vgl. *Baur/Grunsky* ZHR 133 (1970), 209 ff.; *Hefermehl*, FS Westermann, 1974, S. 223 ff.; *Lutter* ZGR 1982, 108 ff.; *Paschke* ZIP 1985, 129 ff.; *Stimpel*, FS Roweder, 1994, S. 477 ff.; Staub/*Schäfer* HGB § 139 Rn. 39, 81 ff.; *J. Timmann*, Vor- und Nacherbschaft innerhalb der zweigliedrigen OHG oder KG, 2000, S. 34 ff., 86 ff.

sind. Die für den Vollerben getroffenen Feststellungen (→ Rn. 30 ff., 57) gelten unverändert auch für den Vorerben. Während der Dauer der Vorerbschaft übt er grundsätzlich uneingeschränkt die mit dem Anteil verbundenen Rechte aus. Die Kontrollrechte des Nacherben nach §§ 2121, 2122, 2127 richten sich nach gesetzlicher Regel nicht gegen die Gesellschaft, sondern nur gegen den Vorerben.[132] Einer Verfügungsbeschränkung zu Gunsten des Nacherben unterliegt der Vorerbe nur hinsichtlich unentgeltlicher Verfügungen über den Gesellschaftsanteil (§ 2113 Abs. 2).[133]

Änderungen des Gesellschaftsvertrags, die mit Zustimmung des Vorerben beschlossen werden, muss der Nacherbe grundsätzlich hinnehmen. Anderes gilt nur hinsichtlich solcher Änderungen, die sich einseitig zum Nachteil des Vor- (oder des Nach-)Erben auswirken, ohne im Gesellschaftsinteresse geboten zu sein; sie sind als quasi unentgeltliche Verfügungen dem Nacherben gegenüber nach § 2113 Abs. 2 unwirksam.[134] Auch das vom Vorerben durch Ausübung eines Kündigungsrechts, Vereinbarung mit den übrigen Gesellschaftern oder Anteilsveräußerung herbeigeführte Ausscheiden ist für den Nacherben verbindlich, wenn es dazu führt, dass dem Nachlass ein angemessenes Entgelt zufließt.[135] Daran fehlt es bei einem unverhältnismäßig hinter dem Anteilswert zurückbleibenden gesellschaftsvertraglichen Abfindungsanspruch[136] oder bei Vereinbarung einer bis zum Eintritt des Nacherbfalls an den Vorerben zu zahlenden Leibrente als Veräußerungserlös.[137] Die mit Zustimmung eines nicht befreiten Vorerben erfolgte Liquidation einer Grundstücks-GbR muss der Nacherbe hinnehmen.[138] **69**

Die **Nutzungen** aus dem Anteil stehen dem Vorerben im Verhältnis zum Nacherben insoweit zu, als es sich um die auf den Zeitraum der Vorerbschaft entfallenden entnahmefähigen Gewinne handelt, während vertraglich gebundene, die Kapitalbeteiligung erhöhende Gewinne zusammen mit dem Anteil auf den Nacherben übergehen.[139] Tätigt der Vorerbe über das gesellschaftsvertraglich zugelassene Maß hinaus Entnahmen zu Lasten des Kapitalanteils, so haftet für den Rückzahlungsanspruch auch der Nacherbe, wenn er Rechtsnachfolger in die Mitgliedschaft geworden ist (→ Rn. 71). Er hat jedoch gegen den Vorerben einen gesamtschuldnerischen Ausgleichsanspruch nach §§ 426, 2133. **70**

b) Eintritt des Nacherbfalls. Mit dem Eintritt des Nacherbfalls geht die Erbschaft auf den Nacherben über. Dieser wird Rechtsnachfolger nicht des Vorerben, sondern des Erblassers.[140] Freilich übernimmt er die Erbschaft grundsätzlich in dem Zustand, in dem sie sich aufgrund der Verwaltung durch den Vorerben befindet (§§ 2111, 2139). Enthält der Gesellschaftsvertrag eine **Nachfolgeklausel**, so stellt sich der Nacherbfall aus der Sicht der Gesellschaft als neuer Erbfall dar, da er wie dieser den Mitgliederbestand verändert. Der Nacherbe tritt, sofern er zu den von der Nachfolgeklausel erfassten Personen gehört, ipso iure mit dem Eintritt des Nacherbfalls als Gesellschafter anstelle des Vorerben; einer „Herausgabe" des Anteils iSv § 2130 bedarf es hierfür nicht.[141] Hatte der Vorerbe im Fall einer Zweipersonengesellschaft den Anteil seines verstorbenen Mitgesellschafters allein geerbt und war die Gesellschaft deshalb unter Anwachsung beim Vorerben beendet worden, so lebt sie entsprechend §§ 2139, 2143 mit dem Anfall der Nacherbschaft wieder auf.[142] Ist der Anteil für den Nacherben dagegen nicht vererblich gestellt, so scheidet der Vorerbe ersatzlos aus der im Übrigen fortbestehenden Gesellschaft aus; der Abfindungsanspruch steht dem Nacherben zu.[143] **71**

Ist der Vorerbe auf Grund einer **Eintrittsklausel** durch Ausübung der ihm darin verliehenen Befugnis Gesellschafter geworden, so kommt ein unmittelbarer Anteilsübergang auf den Nacherben **72**

---

[132] Vgl. *Ulmer* JuS 1986, 856 (857); weitergehend – für Geltendmachung auch gegenüber der Gesellschaft – *Paschke* ZIP 1985, 129 (137).
[133] StRspr, BGHZ 78, 177 (183 f.) = NJW 1981, 115; BGH NJW 1981, 1560; BGHZ 69, 47 (50 f.) = NJW 1977, 1540; BGH NJW 1984; gegen eine entspr. Anwendung der Verfügungsbeschränkung des § 2113 Abs. 1 auf unentgeltliche Verfügungen über den Gesellschaftsanteil zu Recht auch schon *Hefermehl*, FS Westermann, 1974, S. 223 (227).
[134] BGHZ 78, 177 (183 f.) = NJW 1981, 115; BGH NJW 1981, 1560; zust. *Lutter* ZGR 1982, 108 ff.; für weitergehende Schranken zugunsten des Nacherben aber *Paschke* ZIP 1985, 129 (134 ff.).
[135] BGHZ 69, 47 (50 f.) = NJW 1977, 1540; BGH NJW 1984, 362; dazu auch *Lutter* ZGR 1982, 108 (113 ff.).
[136] BGH NJW 1984, 362.
[137] BGHZ 69, 47 (51 f.) = NJW 1977, 1540.
[138] OLG Hamburg NJW-RR 1994, 1231.
[139] Vgl. näher *Daus/Grunsky* ZHR 133 (1970), 209 (211 ff.); *Hefermehl*, FS Westermann, 1974, S. 223 (228 ff.) mN zum Meinungsstand.
[140] EinhM, vgl. BGHZ 57, 186 (188) = NJW 1972, 436; BGHZ 3, 254 (255) = NJW 1952, 102; → § 2100 Rn. 1 *(Grunsky)* mwN.
[141] *Hefermehl*, FS Westermann, 1974, S. 223 (228).
[142] Vgl. näher *Stimpel*, FS Rowedder, 1994, S. 477 (481 f.); *J. Timmann*, Vor- und Nacherbschaft innerhalb der zweigliedrigen OHG oder KG, 2000, S. 92 ff.
[143] Vgl. zum Ganzen auch BGH NJW-RR 1987, 989.

ebenso wenig in Betracht, wie wenn er die Erbfolge nach dem Vorerben antreten würde. Die Frage, ob der Vorerbe mit dem Nacherbfall entweder ipso iure ausscheidet oder von den übrigen Gesellschaftern ausgeschlossen werden kann, ist durch Auslegung der Eintrittsklausel zu klären; als Indiz für die Begrenzung der Mitgliedschaft auf die Dauer der Vorerbschaft ist der Umstand zu werten, dass das Eintrittsrecht dem Begünstigten nicht ad personam, sondern nur als (Vor-)Erbe eingeräumt war. Dem Nacherben gewährt die Eintrittsklausel beim Nacherbfall nur dann ein eigenes Eintrittsrecht, wenn auch er zum Kreis der dadurch begünstigten Personen gehört. In diesem Fall ist auch das Wahlrecht des Nacherben, ob er Mitglied werden oder die Abfindung beanspruchen will, durch den Gesellschaftsbeitritt des Vorerben nicht verbraucht. Hat freilich bereits der Vorerbe sich unter Verzicht auf den Beitritt die Abfindung auszahlen lassen, so bindet das nach § 2112 grundsätzlich auch den Nacherben,[144] soweit nicht § 2113 Abs. 2 eingreift (→ Rn. 68).

73 **3. Nießbrauch und Testamentsvollstreckung.** Zu Voraussetzungen und Besonderheiten im Fall eines Gesellschaftsanteils als Gegenstand des Nießbrauchs oder der Erbschaft → § 705 Rn. 94 ff., 109 ff.

§ 728 Auflösung durch Insolvenz der Gesellschaft oder eines Gesellschafters

(1) ¹Die Gesellschaft wird durch die Eröffnung des Insolvenzverfahrens über das Vermögen der Gesellschaft aufgelöst. ²Wird das Verfahren auf Antrag des Schuldners eingestellt oder nach der Bestätigung eines Insolvenzplans, der den Fortbestand der Gesellschaft vorsieht, aufgehoben, so können die Gesellschafter die Fortsetzung der Gesellschaft beschließen.

(2) ¹Die Gesellschaft wird durch die Eröffnung des Insolvenzverfahrens über das Vermögen eines Gesellschafters aufgelöst. ²Die Vorschrift des § 727 Abs. 2 Satz 2, 3 findet Anwendung.

Übersicht

	Rn.		Rn.
I. Einführung	1–3	a) Grundlagen	23, 24
1. Normzweck	1	b) Nach Verfahrenseinstellung	25–27
2. InsO-Hintergrund des Abs. 1	2	c) Nach Bestätigung eines die Fortsetzung der Gesellschaft vorsehenden Insolvenzplans	28–30
3. Zwingende Geltung	3		
II. Gesellschaftsinsolvenz (Abs. 1)	4–30	III. Gesellschafterinsolvenz (Abs. 2)	31–44
1. Insolvenzfähigkeit der GbR	4–7	1. Grundlagen	31–33
2. Auflösung	8–14	2. Voraussetzungen	34–36
a) Verfahrenseröffnung	8, 9	3. Rechtsfolgen	37–42
b) Insolvenzgrund	10	a) Insolvenzmasse	37
c) Antragsrecht	11, 12	b) Auseinandersetzung	38
d) Gesellschaft als InsO-Schuldnerin	13, 14	c) Fortgeltung übertragener Geschäftsführung	39
3. Rechtsfolgen	15–22	d) Verbindlichkeiten des Schuldners aus der Gesellschafterstellung	40–42
a) Übergang der Verwaltungsbefugnisse auf den Insolvenzverwalter	15, 16	4. Die Fortsetzung der Gesellschaft	43, 44
b) Insolvenzmasse	17–19	a) Ohne den Gesellschafter/Schuldner	43
c) Gesellschafter als Insolvenzgläubiger	20	b) Mit dem Gesellschafter/Schuldner	44
d) Gesellschafterhaftung (§ 93 InsO)	21, 22		
4. Fortsetzung der Gesellschaft	23–30		

I. Einführung

1 **1. Normzweck.** Die Vorschriften des § 728 sehen in Ergänzung des Katalogs der in §§ 723 ff. geregelten Tatbestände im *Gläubigerinteresse* zwei weitere, jeweils **insolvenzbedingte Auflösungsgründe** für die GbR vor. Nach dem neuen **Abs. 1** S. 1 wird die *(Außen-)GbR* durch die Eröffnung des Insolvenzverfahrens über ihr Vermögen aufgelöst; die Regelung trägt der zum 1.1.1999 eingeführten Insolvenzfähigkeit der GbR (→ Rn. 2) Rechnung. Ergänzend regelt S. 2 die Voraussetzungen für eine Fortsetzung der Gesellschaft nach Einstellung oder Aufhebung des Insolvenzverfahrens. Demgegenüber bestimmt der zu **Abs. 2** gewordene bisherige § 728 als weiteren Auflösungsgrund

---

[144] So für das Wahlrecht des Nacherben im Fall eines OHG-Anteils auch *Picot*, Vor- und Nacherbschaft an der Gesellschafterstellung in einer Personenhandelsgesellschaft, 1966, S. 94 f. und Staub/*Schäfer* HGB § 139 Rn. 86 mN zu älteren Gegenansichten.

die Eröffnung des Insolvenzverfahrens über das Vermögen eines *Gesellschafters;* er steht unter dem Vorbehalt einer abweichenden, zum Ausscheiden des Gesellschafters/Schuldners aus der Gesellschaft führenden Fortsetzungsklausel nach § 736 Abs. 1 (→ Rn. 3). Angesichts der höchstrichterlich seit 1999 anerkannten grundsätzlich unbeschränkten Gesellschafterhaftung für Gesellschaftsverbindlichkeiten (→ § 714 Rn. 33 ff.) werden beide Auflösungsgründe trotz getrennter Insolvenzverfahren nicht selten zeitlich zusammenfallen.

2. InsO-Hintergrund des Abs. 1. Die Neuregelung des Abs. 1 beruht auf der zum 1.1.1999 2 in Kraft getretenen InsO als Ergebnis der seit Ende der 1970er Jahre betriebenen *Insolvenzrechtsreform.*[1] Sie hat in **§ 11 Abs. 2 Nr. 1 InsO** die (Außen-)GbR den Personenhandelsgesellschaften insolvenzrechtlich gleichgestellt und sie als eine „Gesellschaft ohne Rechtspersönlichkeit" für insolvenzfähig erklärt. Damit ist einer seit längerem erhobenen rechtspolitischen Forderung entsprochen worden.[2] Zugleich hat sich der jahrzehntelange Streit darüber erledigt, ob und auf welche Weise jedenfalls bei Insolvenz sämtlicher Gesellschafter ein Insolvenzverfahren auch mit Wirkung für das Gesellschaftsvermögen durchgeführt werden kann.[3] Vorbehaltlich der durch die InsO bewirkten generellen Änderungen entspricht das neue Insolvenzverfahren der GbR im Wesentlichen den für das Konkursverfahren der OHG schon bisher anerkannten Grundsätzen (vgl. § 209 KO).[4] Hieran kann daher auch für die Auslegung des § 728 Abs. 1 iVm § 11 Abs. 2 Nr. 1 InsO angeknüpft werden.

3. Zwingende Geltung. Als Vorschriften zum Gläubigerschutz (→ Rn. 1) sind die Regelungen 3 des § 728 in ihrem Kern zwingender Natur. Das gilt vor allem für **Abs. 1;** er schließt eine Fortführung der GbR als werbende durch ihre Geschäftsführer als Organe während des Insolvenzverfahrens aus und lässt einen Fortsetzungsbeschluss erst nach Einstellung des Verfahrens oder dessen Aufhebung nach Maßgabe von Abs. 1 S. 2 zu (→ Rn. 23 ff.). Demgegenüber steht der Auflösungsgrund des **Abs. 2** unter dem Vorbehalt einer gesellschaftsvertraglichen Fortsetzungsklausel (§ 736 Abs. 1) oder eines im Gesellschaftsvertrag zugelassenen Fortsetzungsbeschlusses (→ § 737 Rn. 7). Das ist für die Eigen-(Privat-)Gläubiger des Gesellschafters/Schuldners schon deshalb hinnehmbar, weil dem Insolvenzverwalter dadurch der erleichterte Zugriff auf den mit dessen Ausscheiden entstehenden Abfindungsanspruch (§ 738 Abs. 1 S. 2) eröffnet wird. Zum Gläubigerschutz gegen Abfindungsklauseln, die speziell für den Pfändungs- oder Insolvenzfall eine (ggf. zusätzliche) Beschränkung des Abfindungsanspruchs vorsehen, → § 738 Rn. 47 f.

II. Gesellschaftsinsolvenz (Abs. 1)

1. Insolvenzfähigkeit der GbR. Die Insolvenzfähigkeit der GbR ist – dem Vorbild der Perso- 4 nenhandelsgesellschaften (OHG und KG) und der Partnerschaftsgesellschaft folgend – in **§ 11 Abs. 2 Nr. 1 InsO** gesetzlich anerkannt, ebenso wie die Neufassung des § 728 Abs. 1, seit 1.1.1999 in Kraft (→ Rn. 2). Sie bezeichnet die GbR als „Gesellschaft ohne Rechtspersönlichkeit" und stellt sie damit auf die gleiche Stufe wie die OHG, KG und PartG. Diese insolvenzrechtliche Wertung hat zwar keine unmittelbaren Auswirkungen auf die lange umstrittene materiellrechtliche Qualifikation der GbR als Sondervermögen oder Rechtssubjekt; sie korrespondiert jedoch im Ergebnis mit der im Jahr 2001 erreichten höchstrichterlichen Anerkennung der (Außen-)GbR als rechtsfähiger Verband (→ § 705 Rn. 303 ff.). Es ist daher nur folgerichtig, auch für die insolvenzrechtliche Behandlung der GbR zu weitgehenden Parallelen mit derjenigen einer insolventen OHG zu gelangen.

Die Insolvenzfähigkeit der GbR setzt das Vorhandensein eines als *Insolvenzmasse* (§ 35 InsO) in 5 Betracht kommenden *Gesellschaftsvermögens* voraus. Sie bezieht sich daher in erster Linie auf die **Außen-GbR.** Darauf, ob diese – im Sinne einer höherstufigen, über eigene Identitätsausstattung (Name und Sitz) und über Organe verfügenden Gesamthand – alle Erfordernisse für Anerkennung als rechts- und parteifähig erfüllt (→ § 705 Rn. 305 f.), kommt es angesichts des auf Abwicklung der Insolvenzmasse im Gläubigerinteresse gerichteten Insolvenzzwecks nicht an. Erforderlich ist allerdings neben dem Gesellschaftsvermögen auch das – für Außengesellschaften typische – Vorhan-

---

[1] Vgl. dazu statt aller *Häsemeyer,* Insolvenzrecht, 4. Aufl. 2007, Rn. 4.03 ff.
[2] Für Anerkennung der Außen-GbR als insolvenzfähig schon unter der Geltung der KO insbes. *K. Schmidt,* FS 100 Jahre KO, 1977, S. 247 (255 ff.); *ders.* GesR, 3. Aufl. 1997, § 60 IV 3; *Kilger/K. Schmidt,* 16. Aufl. 1993, KO § 209 Anm. 4a; so auch *Hüffer,* FS Stimpel, 1985, S. 165 (185 f.); *Heller,* Der Zivilprozess der GbR, 1989, S. 237 ff.; *Timm* NJW 1995, 3215; aA die hM, vgl. Nachweise in 3. Aufl. § 705 Rn. 134a Fn. 394 und bei *Prütting* ZIP 1997, 1725 (1728 f.) Fn. 27.
[3] Dazu – im Anschluss an BGHZ 23, 307 (314 f.) = NJW 1957, 759 und BFH ZIP 1996, 1617 (1618) – näher 3. Aufl. Rn. 13 f.
[4] Vgl. dazu insbes. die grundlegenden Erläuterungen von *Jaeger/Weber,* 8. Aufl. 1973, KO §§ 209, 210.

densein von Gesellschaftsgläubigern; dies schon deshalb, weil es anderenfalls an einem Insolvenzgrund (→ Rn. 10) fehlt. Mit diesem Vorbehalt gilt die Insolvenzfähigkeit für alle Außengesellschaften.[5] Auch die Insolvenzfähigkeit einer *fehlerhaften* Gesellschaft ist nach Vollzugsbeginn anzuerkennen.[6]

6 Die Insolvenzfähigkeit der Außen-GbR erstreckt sich auch auf das **Liquidationsstadium**.[7] Dass die Auflösung in derartigen Fällen schon aus anderen Gründen eingetreten ist, steht wegen des besonderen Zwecks des Insolvenzverfahrens und wegen des Übergangs der Kompetenzen von den GbR-Liquidatoren (§ 730 Abs. 2 aE) auf den Insolvenzverwalter nicht entgegen. Erst mit der Vollbeendigung der GbR durch Verteilung des gesamten Vermögens entfällt auch die Insolvenzfähigkeit (§ 11 Abs. 3 InsO).[8] Schon zuvor wird eine Verfahrenseröffnung freilich nicht selten an der infolge fortschreitender Liquidation unzureichend gewordenen Masse scheitern (§ 26 InsO).

7 Für **Innengesellschaften** ist die Insolvenzfähigkeit nach dem Vorstehenden (→ Rn. 5) abzulehnen, weil (und soweit) sie kein Gesellschaftsvermögen besitzen (→ § 705 Rn. 280); für ein Insolvenzverfahren ist hier von vornherein kein Raum.[9] Entsprechendes wäre aber auch anzunehmen, wenn man Innengesellschaften mit Gesellschaftsvermögen anerkennen wollte (→ § 705 Rn. 280 f.), weil auch diese von den Beteiligten aber nicht zur Teilnahme am Rechtsverkehr bestimmt ist. Insoweit fehlt es mangels Außenhandelns als GbR regelmäßig an Gesellschaftsverbindlichkeiten. Schon deshalb besteht kein Bedarf für ein GbR-Insolvenzverfahren (näher 6. Aufl. Rn. 7).[10] Im Falle ihrer Auflösung durch Gesellschafterinsolvenz (§ 728 Abs. 2), könnte die Abwicklung des Gesellschaftsvermögens unter Mitwirkung des oder der für jene Verfahren bestellten Insolvenzverwalter als GbR-Liquidatoren im Rahmen der §§ 730 ff. erfolgen, ohne dass es eines besonderen, auf das GbR-Vermögen bezogenen Insolvenzverfahrens bedürfte (→ Rn. 38).

8 **2. Auflösung. a) Verfahrenseröffnung.** Nach dem eindeutigen Wortlaut des Abs. 1 S. 1 tritt die Auflösung durch die „Eröffnung des Insolvenzverfahrens" ein, dh mit dem **Wirksamwerden des Eröffnungsbeschlusses** des Insolvenzgerichts nach § 27 Abs. 1 InsO. Maßgebend hierfür ist die richterliche Unterzeichnung des Beschlusses und dessen Herausgabe durch die Geschäftsstelle zum Zwecke der Bekanntgabe;[11] auf die Rechtskraft des Beschlusses oder auf dessen Zugang bei der GbR bzw. ihren Geschäftsführern kommt es nicht an. Wird der Eröffnungsbeschluss im Beschwerdeverfahren aufgehoben, so entfällt rückwirkend auch der Auflösungsgrund. Die Gesellschaft wird wieder zur werbenden.[12] Zwischenzeitliche Geschäftsführungsmaßnahmen durch die Abwickler bleiben zwar wirksam (§ 34 Abs. 3 S. 3 InsO);[13] sie sind jedoch – soweit möglich und durch die Zweckänderung geboten – rückgängig zu machen. – Die in §§ 270–285 InsO geregelte Anordnung der **Eigenverwaltung** der Insolvenzmasse durch den Schuldner unter der Aufsicht eines Sachwalters ist eine Sonderform des Insolvenzverfahrens[14] mit zumindest partieller Einschränkung der Verfügungsbefugnis der Gesellschaftsorgane.[15] Sie führt daher ebenfalls zur Auflösung der Gesellschaft nach Abs. 1 S. 1.

9 Die **Anordnung vorläufiger Sicherungsmaßnahmen** (§ 21 InsO) oder die Einsetzung eines vorläufigen Insolvenzverwalters (§ 22 InsO) ist von den Gesellschaftsorganen zwar zu respektieren;

---

[5] EinhM, vgl. statt aller MüKoInsO/*Ott* InsO § 11 Rn. 50; Kübler/Prütting/*Lüke* InsO § 93 Rn. 46; *Häsemeyer*, Insolvenzrecht, 4. Aufl. 2007, Rn. 31.70; *K. Schmidt* ZGR 1998, 633 (640).

[6] Vgl. nur MüKoInsO/*Ott* InsO § 11 Rn. 47; HK-InsO/*Kirchhof*, 4. Aufl. 2006, InsO § 11 Rn. 9; *Häsemeyer*, Insolvenzrecht, 4. Aufl. 2007, Rn. 31.05; so bereits Jaeger/*Weber*, 8. Aufl. 1973, KO §§ 209, 210 Rn. 4, 7 (ebenso wieder Jaeger/*Ehricke*, 2004, InsO § 11 Rn. 64).

[7] HM, vgl. HK-InsO/*Kirchhof*, 4. Aufl. 2006, InsO § 11 Rn. 25; Kübler/Prütting/*Prütting* InsO § 11 Rn. 30; *Häsemeyer*, Insolvenzrecht, 4. Aufl. 2007, Rn. 31.05; *K. Schmidt* ZGR 1998, 636.

[8] Vgl. auch BGH NJW 2008, 2992 f. zur Nichtigkeit eines Eröffnungsbeschluss nach Wegfall des vorletzten Gesellschafters in zweigliedriger Gesellschaft; zust. *Trams* NZG 2008, 736 sowie (nur) im Ansatz auch *K. Schmidt* ZIP 2008, 2337 (2340 f.), der aber bei der im BGH-Fall vorliegenden Simultaninsolvenz von Gesellschaft und Gesellschaftern überzeugend für die Nichtanwendung einer Fortsetzungsklausel plädiert und damit zur Insolvenz(fähigkeit) der dann nur aufgelösten Gesellschaft gelangt, ZIP 2008, 2337 (2345 f.); im Ergebnis abl. auch *Marotzke* ZInsO 2009, 590.

[9] EinhM, vgl. HK-InsO/*Kirchhof*, 4. Aufl. 2006, InsO § 11 Rn. 16; Kübler/Prütting/*Prütting* InsO § 11 Rn. 41; MüKoInsO/*Ott* InsO § 11 Rn. 53; *K. Schmidt* ZGR 1998, 640; Soergel/*Hadding/Kießling* Rn. 2.

[10] So zutr. *Prütting* ZIP 1997, 1731 f. entgegen teilweise abw. Abgrenzungsversuchen; zust. Soergel/*Hadding/Kießling* Rn. 2.

[11] Vgl. nur Jaeger/*Weber*, 8. Aufl. 1973, KO § 108 Rn. 1; Soergel/*Hadding/Kießling* Rn. 5.

[12] Vgl. allg. MüKoInsO/*Schmahl* InsO § 80 Rn. 86 ff.; wie hier auch Baumbach/Hopt/*Roth* HGB § 131 Rn. 3; Staub/*Schäfer* HGB § 131 Rn. 30; Soergel/*Hadding/Kießling* Rn. 5; Erman/*Westermann* Rn. 5; Staudinger/*Habermeier* (2003) Rn. 7; aA *Steines*, Die faktisch aufgelöste OHG, 1964, S. 23 (62) für den Fall, dass mit der Abwicklung schon begonnen war (zu § 728 aF).

[13] Dazu MüKoInsO/*Schmahl* InsO § 34 Rn. 92 ff.

[14] Vgl. näher *Häsemeyer*, Insolvenzrecht, 4. Aufl. 2007, Rn. 8.01 ff., 8.05.

[15] *Häsemeyer*, Insolvenzrecht, 4. Aufl. 2007, Rn. 8.17 f.

sie lässt das Fortbestehen der GbR als werbende jedoch zunächst noch unberührt.[16] Entsprechendes gilt a fortiori für die Stellung des Insolvenzantrags.[17] Kein Auflösungsgrund ist auch der Beschluss über die **Abweisung des Insolvenzantrags mangels Masse** (§ 26 InsO);[18] für seinen Erlass kommt es nur auf den Stand des Gesellschaftsvermögens an, ohne Berücksichtigung der Leistungen, mit denen auf Grund der akzessorischen Gesellschafterhaftung zu rechnen ist (→ Rn. 22).[19] Demgegenüber lässt die *spätere Einstellung des Verfahrens* mangels Masse (§ 207 InsO) die Auflösungswirkung nicht entfallen. Sie eröffnet den Gesellschaftern jedoch die Möglichkeit, die Fortsetzung zu beschließen und die GbR dadurch wieder in eine werbende umzuwandeln.[20]

b) Insolvenzgrund. Der allgemeine Eröffnungsgrund der **Zahlungsunfähigkeit** (§ 17 InsO) ist auch für die GbR maßgebend; er entfällt nicht dadurch, dass die akzessorisch haftenden Gesellschafter selbst zahlungsfähig sind.[21] Eine Eröffnung wegen *drohender* Zahlungsunfähigkeit (vgl. § 18 Abs. 1 und 2 InsO) setzt nach § 18 Abs. 3 InsO voraus, dass alle Gesellschafter den entsprechenden Antrag stellen. *Überschuldung* kommt bei der GbR als Eröffnungsgrund nur nach § 19 Abs. 3 InsO und zwar dann in Betracht, wenn es sich ausnahmsweise – nach Art der typischen GmbH & Co. KG – um eine Gesellschaft ohne natürliche Personen als voll haftende Gesellschafter handelt.

c) Antragsrecht. Das Recht, Insolvenzantrag zu stellen, steht – neben den Gläubigern, vgl. § 14 Abs. 1 InsO – nach § 15 Abs. 1 InsO auch jedem persönlich haftenden Gesellschafter einer Personengesellschaft zu; das ist im Fall einer (Außen-)GbR **jeder Gesellschafter** (→ § 714 Rn. 40). Einer *Glaubhaftmachung* des Eröffnungsgrundes bedarf es nach § 15 Abs. 2 InsO nur, wenn nicht alle Gesellschafter den Antrag stellen. Ist Zahlungsunfähigkeit eingetreten, so liegt zwar in der Antragstellung durch einen Gesellschafter in der Regel auch dann kein **Treupflichtverstoß,** wenn ihr Vorgehen sich für die Gesellschaft als kreditschädlich erweist. Anderes gilt aber, wenn aussichtsreiche Sanierungsbemühungen im Gang sind, die durch das einseitige Vorgehen des Antragstellers gefährdet oder vereitelt werden oder eine Zahlungsunfähigkeit in nur untergeordneten Umfang besteht; in solchen Fällen liegt in der Insolvenzantragstellung ein schadensersatzpflichtiger Treupflichtverstoß des Antragstellers.[22] Überdies wird man – unbeschadet der Antragsbefugnis jedes einzelnen Gesellschafters – den Antragsteller als verpflichtet ansehen müssen, vor Antragstellung den übrigen Gesellschaftern zumindest **Gelegenheit zur Stellungnahme** zu geben.[23]

Eine **Antragspflicht** für die Gesellschafter oder Organe einer GbR ist insolvenzrechtlich nicht vorgesehen; eine Ausnahme gilt gemäß § 15a Abs. 1 S. 2 InsO nur für Gesellschaften ohne natürliche Personen als voll haftende Gesellschafter. Allerdings kann sich eine derartige Pflicht für die vertretungsbefugten Gesellschafter auf Grund ihrer *zivilrechtlichen Sorgfaltspflichten als Geschäftsführer* ergeben;[24] zu diesen gehört auch das rechtzeitige Einleiten von Sanierungsmaßnahmen sowie die Vermeidung weiterer, die persönlich haftenden Gesellschafter auch mit ihrem Privatvermögen treffender Verluste.

d) Gesellschaft als InsO-Schuldnerin. Die Schuldnerrolle kommt im Insolvenzverfahren nach zutreffender neuerer Ansicht nicht den Gesellschaftern zu, sondern der Gesellschaft als solcher.[25]

---

[16] So auch Baumbach/Hopt/*Roth* HGB § 131 Rn. 13; zweifelnd wohl *K. Schmidt* ZGR 1998, 646.
[17] Baumbach/Hopt/*Roth* HGB § 131 Rn. 13.
[18] Ganz hM, vgl. (jeweils zur KG) BGHZ 75, 178 (181) = NJW 1980, 233; BGHZ 96, 151 (154) = NJW 1986, 850; BGH NJW 1995, 196; Soergel/*Hadding/Kießling* Rn. 11; Bamberger/Roth/*Schöne* Rn. 3; Baumbach/Hopt/*Roth* HGB § 131 Rn. 13; Heymann/*Emmerich* HGB § 131 Rn. 10; Staub/*Schäfer* HGB § 131 Rn. 37; zweifelnd allerdings MüKoHGB/*K. Schmidt* HGB § 131 Rn. 22; s. ferner Staudinger/*Habermeier* (2003) Rn. 7: Marktbereinigungsfunktion des § 728 spricht auch insofern für Auflösung.
[19] Die für Kapitalgesellschaften geltenden abw. Vorschriften (vgl. § 262 Abs. 1 Nr. 4 AktG, § 60 Abs. 1 Nr. 5 GmbHG) finden auf Personengesellschaften vorbehaltlich § 131 Abs. 2 Nr. 1 HGB keine Anwendung.
[20] Ebenso Jaeger/*Weber*, 8. Aufl. 1973, KO §§ 209, 210 Rn. 39; *Häsemeyer*, Insolvenzrecht, 4. Aufl. 2007, Rn. 31.08; *K. Schmidt* ZGR 1998, 635; ferner Bamberger/Roth/*Schöne* Rn. 3. Zum Fortsetzungsbeschluss in derartigen Fällen → Rn. 27.
[21] So zutr. Soergel/*Müller*, 2004, InsO § 17 Rn. 18; vgl. auch Soergel/*Hadding/Kießling* Rn. 4; Staudinger/*Habermeier* (2003) Rn. 9.
[22] Zutr. OLG München ZIP 2015, 826 (827 f.) – die fälligen Verbindlichkeiten beliefen sich nur auf ca. 23.000 Euro, einem unbedeutenden Betrag im Vergleich zum Gesamtvolumen. Zur Treuwidrigkeit einer missbräuchlichen („strategischen") Insolvenzantrags s. auch LG Frankfurt a.M. ZIP 2013, 1720 – Suhrkamp und dazu *Schäfer* ZIP 2013, 2237; *ders.* ZIP 2014, 2417 mwN.
[23] Vgl. OLG München ZIP 2015, 826 (827 f.): Weigerung des Mitgesellschafters hätte abgewartet werden müssen.
[24] Vgl. BGH NJW 1960, 434 betr. die aus der Treupflicht folgende Pflicht der Gesellschafter, der Auflösung einer auf Dauer unrentablen Gesellschaft zuzustimmen.
[25] Vgl. dazu eingehend *Müller*, Der Verband in der Insolvenz, 2002, S. 46 ff., 53 f.; so auch Soergel/*Hadding/Kießling* Rn. 6; MüKoInsO/*Ott* InsO § 80 Rn. 113; MüKoHGB/*K. Schmidt* HGB § 124 Rn. 34; *K. Schmidt* ZGR

Diese Beurteilung deckt sich mit der Anerkennung der Gesellschaft als insolvenzfähig durch § 11 Abs. 2 Nr. 1 InsO. Dementsprechend ist *Zustellungsadressat* für den Eröffnungsbeschluss (§ 30 Abs. 2 InsO) die GbR als solche; ihr und nicht den Gesellschaftern persönlich steht auch die Beschwerdebefugnis nach § 34 InsO zu.[26] Der Insolvenzvermerk nach § 32 Abs. 1 InsO ist bei den für die GbR im *Grundbuch* eingetragenen Grundstücken oder sonstigen dinglichen Rechten einzutragen.[27]

14 Die Erfüllung der **Auskunftspflicht** gegenüber dem Insolvenzgericht und den sonstigen Beteiligten nach §§ 20 Abs. 1, 97 InsO sowie die Abgabe der sonstigen Erklärungen für die GbR als Schuldnerin bzw. das Gebrauchmachen von Rechtsmitteln ist nach § 101 Abs. 1 S. 1 InsO Sache der *vertretungsberechtigten* Gesellschafter (→ Rn. 16). **Anderes** gilt für solche Handlungen wie die interne Beschlussfassung über einen Insolvenzplan (→ Rn. 29) oder die Zustimmung zur Fortsetzung der Gesellschaft nach Einstellung oder Aufhebung des Insolvenzverfahrens (→ Rn. 23 ff.); als Grundlagengeschäfte fallen sie in die Kompetenz *aller* Gesellschafter (→ Rn. 16).

15 **3. Rechtsfolgen. a) Übergang der Verwaltungsbefugnisse auf den Insolvenzverwalter.** Die Eröffnung des Insolvenzverfahrens führt nach § 80 Abs. 1 InsO zum Übergang der Rechte und Pflichten der Geschäftsführer, das Gesellschaftsvermögen zu verwalten und darüber zu verfügen, auf den Insolvenzverwalter.[28] Er wird an Stelle der Gesellschafter als **Liquidator** der aufgelösten GbR tätig; seine Aufgaben bestimmen sich nicht nach §§ 730 ff., sondern nach den an deren Stelle tretenden Vorschriften der InsO (vgl. § 730 Abs. 1 aE). Zur Änderung des Gesellschaftsvertrags oder zu sonstigen, den Liquidationszweck überschreitenden Einwirkungen auf die Gesellschaftsgrundlagen ist der Insolvenzverwalter nicht berechtigt.

16 Die Funktionen und Kompetenzen der **Gesellschafter** beschränken sich infolge der Insolvenzeröffnung auf die ihnen nach Maßgabe des Insolvenzrechts verbleibenden Bereiche. So sind die *geschäftsführenden* Gesellschafter berufen, für die GbR als Schuldnerin (→ Rn. 13) die gebotenen Auskünfte zu erteilen und die sonstigen erforderlichen Erklärungen abzugeben.[29] Zu ihren Aufgaben gehört auch ein etwaiger Widerspruch namens der GbR gegen die Anmeldung von Insolvenzforderungen zur Tabelle[30] und die Prozessführung gegen eine hiergegen vom Gläubiger angestrengte Klage. Bis zum Inkrafttreten des ESUG am 1.3.2012 waren demgegenüber Reorganisationsmaßnahmen, die im darstellenden Teil eines Insolvenzplans vorgesehen sind und zur Änderung der Gesellschaftsgrundlagen führen (→ Rn. 28), sowie sonstige Grundlagenbeschlüsse auch im **Planverfahren** Sache *aller* Gesellschafter im Rahmen der ihnen im Grundsatz verbleibenden, wenn auch durch den vorrangigen Liquidationszweck eingeschränkten Organisationskompetenz.[31] Seither *können* gemäß § 217 S. 1 InsO (nF) auch Anteils- und Mitgliedschaftsrechte in den gestaltenden Teil des Insolvenzplans einbezogen werden, und es kann gemäß § 225a Abs. 3 InsO nF dort jede Regelung getroffen werden, die „gesellschaftsrechtlich zulässig" ist, also zwingendes Gesellschaftsrecht beachtet.[32] Die Anteilseigner sind dann lediglich als Gruppe zu beteiligen (vgl. § 222 Abs. 1 S. 2 Nr. 4 InsO nF), so dass ihnen insoweit keine Blockadeposition in Bezug auf Grundlagenbeschlüsse mehr zukommt. Als Grundsatz hält § 225a Abs. 1 InsO freilich nach wie vor fest, dass die Gesellschafter vom Insolvenzplan unberührt bleiben. Unabhängig hiervon haben sie gemäß § 230 Abs. 1 S. 2 InsO gemeinsam zu erklären, ob sie zu einer im Insolvenzplan vorgesehenen Fortführung der GbR bereit sind (→ Rn. 29). Der Plan führt im Übrigen gemäß § 227 Abs. 2 InsO auch zur Enthaftung der Gesellschafter, sofern die Gesellschaftsgläubiger, wie im Plan vorgesehen, befriedigt werden.

17 **b) Insolvenzmasse.** Der Verwaltungs- und Verfügungsbefugnis des Insolvenzverwalters unterliegt – als Insolvenzmasse (§ 35 InsO) – das *gesamte Gesellschaftsvermögen* der GbR. Für die Anerken-

---

1998, 642; Staub/*Habersack* HGB § 124 Rn. 44; Staub/*Schäfer* HGB § 131 Rn. 38; Baumbach/Hopt/*Roth* HGB § 124 Rn. 46; aA noch Jaeger/*Ehricke*, 2004, InsO § 11 Rn. 71 mwN; *Armbruster*, Die Stellung des haftenden Gesellschafters in der Insolvenz, 1996, S. 22; *Häsemeyer*, Insolvenzrecht, 4. Aufl. 2007, Rn. 31.10.
[26] Anders wohl MüKoInsO/*Schmahl* § 34 Rn. 45.
[27] Vgl. LG Leipzig Rpfleger 2000, 111; MüKoInsO/*Ott* InsO § 11 Rn. 50; zur Grundbucheintragung von GbR-Grundstücken → § 705 Rn. 312 ff.
[28] MüKoInsO/*Ott* InsO § 80 Rn. 7, 43 f.; eingehend *Müller*, Der Verband in der Insolvenz, 2002, S. 105 ff.
[29] *K. Schmidt* ZGR 1998, 645; MüKoInsO/*Ott* InsO § 80 Rn. 112; eingehend *Müller*, Der Verband in der Insolvenz, 2002, S. 92 ff.
[30] Vgl. *Smid*, 2. Aufl. 2001, InsO § 184 Rn. 1; *Müller*, Der Verband in der Insolvenz, 2002, S. 89; grdl. Jaeger/*Weber*, 8. Aufl. 1973, KO §§ 209, 210 Rn. 22.
[31] *Häsemeyer*, Insolvenzrecht, 4. Aufl. 2007, Rn. 31.11; *K. Schmidt* ZGR 1998, 645; Soergel/*Hadding/Kießling* Rn. 8.
[32] Im Detail ist die Bedeutung dieses Begriffs und damit die zulässige Plangestaltungsfreiheit stark umstr., s. etwa *K. Schmidt* BB 2011, 1603; *Schäfer* ZIP 2014, 2417; *ders.* ZIP 2015, 1208; *ders.*, FS Müller-Graff, 2015, S. 241; *Eidenmüller* ZIP 2014, 18; *Westermann* NZG 2015, 140, alle mwN.

nung sog. massefreien Vermögens einer insolventen Gesellschaft, das den Gesellschaftern zur Disposition verbleibt, ist unter der Geltung der InsO kein Raum;[33] § 36 InsO greift nicht ein.

Zur Masse gehören auch die sog. **Sozialansprüche,** dh auf dem Gesellschaftsvertrag beruhende **18** Ansprüche der Gesellschaft gegen ihre Mitglieder, sei es auf Leistung ausstehender Einlagen, auf Schadensersatz wegen Sorgfalts- oder Treupflichtverletzung oder auf Herausgabe des Erlangten aus der Geschäftsbesorgung.[34] Ebenso wie die GbR bzw. ihre Geschäftsführer sind auch die Mitgesellschafter persönlich wegen des Insolvenzbeschlags gehindert, derartige Ansprüche im Wege der actio pro socio (→ § 705 Rn. 204) geltend zu machen.[35] Auf *Einreden* können sich die Gesellschafter gegenüber dem Insolvenzverwalter nur berufen, soweit dem nicht der Insolvenzzweck entgegensteht; Letzteres ist etwa mit Blick auf die Stundung der Einlagen oder auf das im Gesellschaftsvertrag enthaltene Erfordernis eines Beschlusses der Gesellschafter als Voraussetzung ihrer Einforderung der Fall.[36] Sofern *Nachschusspflichten* oder Einlagenerhöhungen in den engen Grenzen des § 707 (→ § 707 Rn. 7 f.) aufgrund einer gesellschaftsvertraglichen Regelung mehrheitlich beschlossen werden können, ist zu ihrer Begründung allerdings ein entsprechender Beschluss unerlässlich. Ohne ihn fehlt es an Sozialansprüchen, die der Insolvenzverwalter geltend machen könnte.[37]

Verlangt der Insolvenzverwalter Erfüllung einer im Gesellschaftsvertrag vorgesehenen **entgeltli- 19 chen Beitragspflicht,** etwa die weitere Gebrauchsüberlassung eines Gesellschaftergrundstücks, so übt er damit sein Wahlrecht nach § 103 Abs. 1 InsO aus und begründet eine Masseverbindlichkeit nach § 55 Abs. 1 Nr. 2 InsO in Höhe des Entgelts; der Gesellschafter wird insoweit Massegläubiger. Dass Entsprechendes auch mit Bezug auf die gesellschaftsvertraglich vorgesehene Geschäftsführervergütung gilt, wenn der Verwalter sich für Fortsetzung der Geschäftsführertätigkeit des Gesellschafters entscheidet,[38] ist schon wegen der Rechtsnatur dieser Vergütung als Gewinnvoraus (→ § 709 Rn. 32 f.) abzulehnen. Im Übrigen trifft § 101 Abs. 1 S. 3 iVm § 100 InsO hierfür anderweitige Vorsorge.

c) **Gesellschafter als Insolvenzgläubiger.** Rückständige Forderungen auf Aufwendungsersatz, **20** etwa wegen Tilgung von Gesellschaftsschulden, oder Drittgläubigerforderungen können die Gesellschafter als Insolvenzforderungen anmelden, soweit sie aus der Zeit vor Insolvenzeröffnung stammen.[39] Auch der Abfindungsanspruch eines vor Insolvenzeröffnung ausgeschiedenen Gesellschafters bildet eine Insolvenzforderung.[40] Demgegenüber sind etwaige Sozialverbindlichkeiten aus der Zeit nach Insolvenzeröffnung undurchsetzbar, soweit ein Insolvenzplan keine Abweichungen vorsieht.

d) **Gesellschafterhaftung (§ 93 InsO).** Die Gesellschafterhaftung analog § 128 HGB für *bis zur* **21** *Insolvenzeröffnung entstandene Verbindlichkeiten* der Gesellschaft (vgl. § 38 InsO) besteht trotz Eröffnung des Insolvenzverfahrens unverändert fort, soweit sie nicht durch einen Insolvenzplan eingeschränkt oder erlassen wird (→ Rn. 28); anderes gilt für Neuverbindlichkeiten aus dem Handeln des Insolvenzverwalters.[41] Allerdings geht das Recht zu ihrer Geltendmachung nach § 93 InsO auf den *Insolvenzverwalter* über, um für gleichmäßige Befriedigung der Insolvenzgläubiger zu sorgen und einen Gläubigerwettlauf zu vermeiden.[42] Schwebende Prozesse von Gesellschaftsgläubigern gegen

---

[33] So zutr. K. Schmidt GesR § 11 VI 4b bb und ZGR 1998, 637 f.; eingehend *Müller*, Der Verband in der Insolvenz, 2002, S. 25 ff., 45; Staub/*Schäfer* HGB § 131 Rn. 34; aA unter Hinweis auf § 32 Abs. 3 InsO Staub/ *Habersack* HGB § 145 Rn. 56.
[34] Vgl. nur Jaeger/*Müller*, 2004, InsO § 35 Rn. 202, 205; Kübler/Prütting/*Noack*, 1999, InsO, Sonderband 1 (Gesellschaftsrecht), Rn. 471.
[35] Baumbach/Hopt/*Roth* HGB § 124 Rn. 46.
[36] So bereits Jaeger/*Weber*, 8. Aufl. 1973, KO §§ 209, 210 Rn. 30; *Hueck* OHG § 26 IV.
[37] Vgl. nur Jaeger/*Weber*, 8. Aufl. 1973, KO §§ 209, 210 Rn. 30; *Hueck* OHG § 26 IV; Bamberger/Roth/ *Schöne* Rn. 5. Zur Haftung der Gesellschafter wegen eines nach § 735 auszugleichenden Fehlbetrags → Rn. 40.
[38] So *Häsemeyer*, Insolvenzrecht, 4. Aufl. 2007, Rn. 31.22, freilich unter unzutr. Berufung auf Jaeger/*Weber*, 8. Aufl. 1973, KO §§ 209, 210 Rn. 26.
[39] Kübler/Prütting/*Lüke* InsO § 93 Rn. 19; *Häsemeyer*, Insolvenzrecht, 4. Aufl. 2007, Rn. 31.22, 31.24; Kübler/Prütting/*Noack*, 1999, InsO, Sonderband 1 (Gesellschaftsrecht), Rn. 460.
[40] BGHZ 27, 51 (59) = NJW 1958, 787; Jaeger/*Weber*, 8. Aufl. 1973, KO §§ 209, 210 Rn. 27; Kübler/ Prütting/*Noack*, 1999, InsO, Sonderband 1 (Gesellschaftsrecht), Rn. 461.
[41] BGH NJW 2010, 69 (70 f.); K. Schmidt ZHR 152 (1988), 105 (115 f.); *Häsemeyer*, Insolvenzrecht, 4. Aufl. 2007, Rn. 31.16; *Müller*, Der Verband in der Insolvenz, 2002, S. 233 ff.; MüKoInsO/*Brandes* InsO § 93 Rn. 7 ff.; Soergel/*Hadding/Kießling* Rn. 7; aA Kübler/Prütting/*Bork/Lüke* InsO § 93 Rn. 27 ff.
[42] So zutr. BGH NJW 2010, 69 (70) Rn. 15 zur GbR; so auch OLG Jena NZG 2002, 172 (173) zur GbR; so auch Soergel/*Hadding/Kießling* Rn. 7; Staudinger/*Habermeier* (2003) Rn. 7; Bamberger/Roth/*Schöne* Rn. 6. – Zum auf Gläubigergleichbehandlung gerichteten Normzweck des § 93 vgl. MüKoInsO/*Brandes* InsO § 93 Rn. 1; HK-InsO/*Eickmann*, 4. Aufl. 2006, InsO § 93 Rn. 1; Kübler/Prütting/*Lüke* InsO § 93 Rn. 3; *Gerhardt* ZIP 2000, 218 f.; ganz hM; aA aber *Brinkmann* ZGR 2003, 264 (267 ff., 272 ff.): Verbesserung der Sanierungs- und Reorganisationsaussichten im Gesellschaftsinteresse.

Gesellschafter, die analog § 240 ZPO bzw. § 17 Abs. 1 S. 1 AnfG durch Insolvenzeröffnung bei der GbR unterbrochen werden,[43] kann der Insolvenzverwalter nach § 85 InsO aufnehmen.[44] Die Gesellschafter können die Erfüllung dieser Ansprüche insoweit verweigern, als offensichtlich ist, dass die entsprechenden Leistungen nicht für die Zwecke des Insolvenzverfahrens benötigt werden.[45] Außerdem verbleibt ihnen das Recht, sich gegenüber dem Insolvenzverwalter analog § 129 Abs. 1–3 HGB auf Einwendungen und Einreden der Gesellschaft und daneben auf eigene Einreden zu berufen. Aus diesem Grunde sind sie auch persönlich berechtigt, der Anmeldung von Gläubigerforderungen zur Insolvenztabelle (§ 174 InsO) zu widersprechen.[46] Auf Ansprüche von Gesellschaftsgläubigern gegen Gesellschafter aus der Einräumung persönlicher oder dinglicher Sicherheiten ist § 93 InsO nicht anwendbar.[47]

22 Leistungen, die der Insolvenzverwalter bei den Gesellschaftern nach § 93 InsO beitreibt, sind in eine **Sondermasse** zugunsten der Insolvenzgläubiger einzustellen und im Zuge des Verfahrens anteilig unter ihnen zu verteilen. Die Massegläubiger und die Inhaber von Aussonderungs- oder Absonderungsrechten nehmen an dieser Verteilung nicht teil. Die Grundlage für die Verteilung bilden die zur Insolvenztabelle der Gesellschaft angemeldeten, unbestrittenen oder rechtskräftig festgestellten Forderungen. Für *Massekosten* hat die Sondermasse *nicht* einzustehen;[48] anderes gilt für die Kosten der Rechtsverfolgung nach § 93 InsO. Dementsprechend bleibt auch die Chance ihrer Beitreibung auch insoweit außer Betracht, als es um die Prüfung der Frage geht, ob das Gesellschaftsvermögen voraussichtlich ausreicht, um die Verfahrenskosten zu decken, oder ob der Insolvenzantrag nach § 26 Abs. 1 InsO mangels Masse abzuweisen ist.[49] Für *Leistungen ausgeschiedener Gesellschafter* im Rahmen ihrer Nachhaftung (→ § 736 Rn. 21 f.), die ebenfalls von § 93 InsO erfasst wird,[50] sind weitere Sondermassen zugunsten der jeweils begünstigten Altgläubiger zu bilden.[51]

23 **4. Fortsetzung der Gesellschaft. a) Grundlagen.** Sie setzt nach der dem § 144 aF HGB nachgebildeten Vorschrift des Abs. 1 S. 2 die vorzeitige *Beendigung des Insolvenzverfahrens vor (Schluss-)Verteilung der Insolvenzmasse* voraus, sei es durch Einstellung des Verfahrens auf Antrag der Gesellschaft (→ Rn. 25) oder durch dessen Aufhebung nach rechtskräftiger Bestätigung eines den Fortbestand der Gesellschaft vorsehenden Insolvenzplans (→ Rn. 28). Hinzukommen muss ein **Fortsetzungsbeschluss** der Gesellschafter (→ § 736 Rn. 17).

24 Die **Ablehnung der Eröffnung** des Insolvenzverfahrens, entweder *mangels Glaubhaftmachung* des Eröffnungsgrunds (§§ 14 Abs. 1, 15 Abs. 2 InsO) oder *auf Beschwerde* der Gesellschaft (§ 34 Abs. 2), lässt die in Abs. 1 S. 1 angeordnete Auflösung nicht eintreten (→ Rn. 8 f.). Entsprechendes gilt abweichend von der Rechtslage bei Kapitalgesellschaften[52] bei Abweisung des Eröffnungsantrags *mangels Masse* (§ 26 Abs. 1 InsO). Daher bedarf es in derartigen Fällen für die Fortsetzung der

---

[43] Die Analogiegrundlage ist umstr.; für § 17 Abs. 1 S. 1 AnfG BGH NJW 2003, 590 (591) mN zum Meinungsstand; vgl. zur Unterbrechung auch OLG Koblenz NZG 2010, 544 und LG Saarbrücken NZG 2011, 37.
[44] BGH NJW 2003, 590 (591); MüKoInsO/*Ott* § 80 Rn. 84.
[45] Kübler/Prütting/*Lüke* InsO § 93 Rn. 22 f.; weitergehend – Inanspruchnahme nur, soweit erforderlich – MüKoInsO/*Brandes* InsO § 93 Rn. 25; Baumbach/Hopt/*Roth* HGB § 128 Rn. 46; Kübler/Prütting/*Noack*, 1999, InsO, Sonderband 1 (Gesellschaftsrecht), Rn. 512; Soergel/*Hadding/Kießling* Rn. 7; Staudinger/*Habermeier* (2003) Rn. 13.
[46] Kübler/Prütting/*Lüke* InsO § 93 Rn. 32; Baumbach/Hopt/*Roth* HGB § 128 Rn. 46; *Häsemeyer*, Insolvenzrecht, 4. Aufl. 2007, Rn. 31.10, 31.18 unter Hinweis auf §§ 178 Abs. 2, 201 Abs. 2 InsO; *Müller*, Der Verband in der Insolvenz, 2002, S. 254 f.
[47] BGH WM 2002, 1361 (1363); LG Bayreuth ZIP 2001, 1782 (1783); Kübler/Prütting/*Lüke* InsO § 93 Rn. 18; MüKoInsO/*Brandes* InsO § 93 Rn. 21; aA für Personalsicherheiten *Bork* NZI 2002, 362 ff.; HK-InsO/*Eickmann*, 4. Aufl. 2006, § 93 Rn. 4; *Oepen*, Massefremde Masse, 1999, Rn. 272; unter Beschränkung auf die Sperrwirkung des § 93 InsO auch *Brinkmann* ZGR 2003, 264 (277 f.).
[48] HM, vgl. MüKoInsO/*Brandes* InsO § 93 Rn. 10; Kübler/Prütting/*Lüke* InsO § 93 Rn. 26; *Häsemeyer*, Insolvenzrecht, 4. Aufl. 2007, Rn. 31.16; *Armbruster*, Die Stellung des haftenden Gesellschafters in der Insolvenz, 1996, S. 192.
[49] So entgegen der Begr. RegE (BT-Drs. 12/2443 S. 140) zu Recht *Häsemeyer*, Insolvenzrecht, 4. Aufl. 2007, Rn. 31.13, 31.16; Kübler/Prütting/*Lüke* InsO § 93 Rn. 26; *Brinkmann*, Die Bedeutung der §§ 92, 93 InsO für den Umfang der Insolvenz- und Sanierungsmasse, 2001, S. 132 f.; aA MüKoInsO/*Brandes* InsO § 93 Rn. 10; *Müller*, Der Verband in der Insolvenz, 2002, S. 245 ff., 247.
[50] So zutr. Kübler/Prütting/*Lüke* InsO § 93 Rn. 25; MüKoInsO/*Brandes* InsO § 93 Rn. 6; *Gerhardt* ZIP 2000, 2181 (2182 f.).
[51] Vgl. Kübler/Prütting/*Lüke* InsO § 93 Rn. 25; *Armbruster*, Die Stellung des haftenden Gesellschafters in der Insolvenz, 1996, S. 190 ff.; *Müller*, Der Verband in der Insolvenz, 2002, S. 256 f.
[52] Die für Kapitalgesellschaften geltenden abw. Vorschriften zur Auflösung der Gesellschaft bei Ablehnung des Insolvenzverfahrens mangels Masse, vgl. § 262 Abs. 1 Nr. 4 AktG, § 60 Abs. 1 Nr. 5 GmbHG, finden auf Personengesellschaften vorbehaltlich § 131 Abs. 2 Nr. 1 HGB keine Anwendung.

Gesellschaft auch keines Beschlusses der Gesellschafter. Nicht ausgeschlossen ist in derartigen Fällen freilich, dass ex lege eine Auflösung nach § 726 wegen Zweckverfehlung eintritt.

b) Nach Verfahrenseinstellung. Abs. 1 S. 2 lässt einen Fortsetzungsbeschluss der Gesellschafter 25 zu, wenn die Einstellung des Verfahrens auf **Antrag der Gesellschaft** als Schuldner erfolgt. In Betracht kommen *zwei Fälle:* (1) die Einstellung nach § 212 InsO unter der Voraussetzung, dass die Gesellschaft das Fehlen der Eröffnungsgründe glaubhaft macht, und (2) diejenige nach § 213 InsO mit Zustimmung aller Insolvenzgläubiger. Der Einstellungsbeschluss ist nach § 215 Abs. 1 InsO öffentlich bekannt zu machen, wobei die Beteiligten vorab zu unterrichten sind; er unterliegt nach § 216 InsO der Anfechtung durch jeden Insolvenzgläubiger. Als Folge der Einstellung erlangt der Schuldner nach § 215 Abs. 2 InsO wieder das Recht, über die verbliebene Insolvenzmasse frei zu verfügen. Daher steht sodann auch einem Fortsetzungsbeschluss der Gesellschafter nichts entgegen.

Zwei weitere, in Abs. 1 S. 2 *nicht* erwähnte Einstellungsgründe finden sich in §§ 207, 211 InsO 26 für den Fall der **Massearmut.** Sie greifen ein, wenn sich entweder nach Verfahrenseröffnung herausstellt, dass die Insolvenzmasse nicht zur Deckung der Verfahrenskosten ausreicht (§ 207 InsO), oder wenn der Insolvenzverwalter nach § 208 InsO dem Gericht die Masseunzulänglichkeit anzeigt; in diesem Fall hat er aus den noch vorhandenen Mitteln die Massegläubiger nach Maßgabe von § 209 InsO vor Einstellung des Verfahrens (§ 211 InsO) zu befriedigen.

Kommt es aus einem der in → Rn. 26 genannten Gründe zur Verfahrenseinstellung, so ist in 27 aller Regel nicht damit zu rechnen, dass nach Verfahrenseinstellung noch nennenswertes Gesellschaftsvermögen verbleibt. Darauf dürfte auch die – mit § 144 aF HGB übereinstimmende – **Nichteinbeziehung** der Fälle der Massearmut **in die Fortsetzungsregelung des Abs. 1 S. 2** beruhen. Berücksichtigt man indessen die – außerhalb eines Planverfahrens (→ Rn. 16) – umfassende Dispositionsfreiheit, die den Gesellschaftern in Bezug auf die Gestaltung der Rechtsverhältnisse ihrer Gesellschaft zukommt, so erscheint die in Abs. 1 S. 2 geregelte Eingrenzung der Fortsetzungsgründe *nicht als zwingend.*[53] So wenig die Gesellschafter gehindert sind, anstelle der aufgelösten Gesellschaft eine neue zu gründen und auf diese das restliche Vermögen zu übertragen, so wenig sollte ihnen in diesen Fällen die (einstimmige) Fortsetzung der aufgelösten Gesellschaft verwehrt sein, wenn sie bereit und in der Lage sind, sich auf die hierfür erforderlichen zusätzlichen Einlagen zu einigen und diese zu leisten. Die Gläubiger werden dadurch in ihren Interessen nicht betroffen, da sie nicht gehindert sind, ihre Forderungen gegen die Gesellschaft weiterzuverfolgen.

c) Nach Bestätigung eines die Fortsetzung der Gesellschaft vorsehenden Insolvenz- 28 **plans.** Die Regelungen über den **Insolvenzplan** (→ Rn. 16) mit seinem von den Bestimmungen der InsO über die Befriedigung der Insolvenzgläubiger, die Verwertung der Insolvenzmasse und die Haftung des Schuldners nach Verfahrensbeendigung abweichenden Inhalt (vgl. § 217 InsO) finden sich in §§ 218 ff. InsO. Nach § 219 InsO gliedert sich der Plan in einen darstellenden und einen gestaltenden Teil. Dabei enthält der *darstellende Teil* (§ 220 InsO) die Reorganisationsmaßnahmen und sonstigen Leistungen, die von den Gesellschaftern als Voraussetzung für die Annahme des Plans durch die anderen Beteiligten und für dessen Vollzug zu erbringen sind, während der *gestaltende Teil* (§ 221 InsO) sich auf die Änderungen der Rechtsstellung der Insolvenzgläubiger, darunter insbesondere die Stundung oder den (Teil-)Erlass ihrer Forderungen, als Folge der rechtskräftigen Bestätigung des Plans durch das Insolvenzgericht bezieht (§§ 224, 227, 254 f. InsO).[54] Der Plan kann – und wird nicht selten – die Fortführung der Gesellschaft als Schuldnerin anstelle ihrer Liquidation vorsehen.[55] Er bedarf, wenn er vom Insolvenzverwalter vorgelegt wird, einer von den vertretungsbefugten Gesellschaftern abzugebenden Stellungnahme der Gesellschaft (§ 232 Abs. 1 Nr. 2 InsO) sowie ihrer – kraft Nichtwiderspruch fingierten – Zustimmung (§ 247 Abs. 1 InsO); → Rn. 16.

Weitere **Voraussetzung** für die Fortsetzung der Gesellschaft ist in diesem Fall die entsprechende, 29 auf einem **Fortsetzungsbeschluss** aller Gesellschafter beruhende Erklärung. Eine besondere Erklärung erübrigt sich allerdings, sofern die Anteile gemäß § 217 S. 2 InsO in den Plan einbezogen werden und die Gesellschafter deshalb gemäß § 222 Abs. 1 S. 2 Nr. 4 InsO nF als eigene Gruppe am Planverfahren beteiligt sind; denn insofern gelten auch für sie die allgemeinen Abstimmungsregeln der §§ 235 ff. InsO, so dass ihre Zustimmung ggf. auch gemäß §§ 245, 246a InsO fingiert werden kann. Sofern erforderlich, ist die Erklärung dem Plan nach § 230 Abs. 1 S. 2 InsO als Anlage beizufügen und muss daher schon *vor* Annahme des Plans durch die Gläubiger (§§ 244 ff. InsO) und dessen Bestätigung durch das Gericht (§ 248 InsO) vorliegen. **Wirksam** wird der Beschluss allerdings erst

---

[53] So auch Jaeger/*Weber,* 8. Aufl. 1973, KO §§ 209 Rn. 39; *Häsemeyer,* Insolvenzrecht, 4. Aufl. 2007, Rn. 31.08; und *K. Schmidt* ZGR 1998, 635; zust. Bamberger/Roth/*Schöne* Rn. 7.
[54] Vgl. näher *Müller,* Der Verband in der Insolvenz, 2002, S. 376 ff.; *Häsemeyer,* Insolvenzrecht, 4. Aufl. 2007, Rn. 28.11 ff., 28.18; *K. Schmidt* ZGR 1998, 648 f.
[55] *Müller,* Der Verband in der Insolvenz, 2002, S. 392 ff.; *Brinkmann* ZGR 2003, 273.

nach Rechtskraft der Bestätigung des Plans (§ 254 Abs. 1 S. 1 InsO) und anschließender Aufhebung des Insolvenzverfahrens durch das Gericht (§ 258 Abs. 1 InsO). Denn erst mit diesem Zeitpunkt entfällt die Fortsetzungssperre des § 728 Abs. 1.

30 **Stundung oder Erlass** der Gläubigerforderungen (§ 227 Abs. 1 InsO) beschränken sich in ihrer Wirkung nicht auf die Gesellschaft als Schuldnerin, sondern kommen auch den persönlich haftenden *Gesellschaftern* einschließlich der forthaftenden ehemaligen Gesellschafter[56] zugute. Das folgt im Grundsatz bereits aus dem für ihre Haftung geltenden Akzessorietätsprinzip; in §§ 227 Abs. 2, 254 Abs. 1 InsO ist es zudem ausdrücklich geregelt. Nach der Wiederauflebensklausel des § 255 Abs. 1 InsO stehen die Beschränkungswirkungen unter der auflösenden Bedingung, dass die Gesellschaft als Schuldnerin mit der Erfüllung des Plans erheblich in Rückstand gerät. Von dem Erlass ausgenommen sind nach § 254 Abs. 2 InsO Forderungen gegenüber solchen Gesellschaftern, die zusätzlich eine Bürgschaft gegenüber Gesellschaftsgläubigern übernommen oder eine dingliche Sicherheit gestellt haben.

III. Gesellschafterinsolvenz (Abs. 2)

31 **1. Grundlagen.** Die Regelung des Abs. 2 entspricht der bis 1998 geltenden Fassung des § 728 (→ Rn. 1). Sie stellt mit *zwingender* Geltung sicher, dass die Insolvenzeröffnung über das Vermögen eines Gesellschafters zur Beendigung seiner Mitgliedschaft in der werbenden Gesellschaft und zur Liquidation seiner Beteiligung führt.[57] Die in Abs. 2 angeordnete Auflösungsfolge für die Gesellschaft ist jedoch *dispositiv* und steht unter dem Vorbehalt einer im Gesellschaftsvertrag enthaltenen Fortsetzungsklausel (§ 736 Abs. 1) oder eines den Mitgesellschaftern vorbehaltenen Fortsetzungsbeschlusses, jeweils verbunden mit dem Ausscheiden des betroffenen Gesellschafters und seiner Abfindung nach Maßgabe der §§ 738–740 oder der hierüber im Gesellschaftsvertrag getroffenen Vereinbarungen (→ Rn. 3).

32 Die **GbR-Insolvenz** führt wegen der akzessorischen Gesellschafterhaftung nicht selten zur gleichzeitigen oder alsbald nachfolgenden *Insolvenz der Gesellschafter*. Allerdings sind – vorbehaltlich § 26 InsO – jeweils getrennte Insolvenzverfahren zu eröffnen.[58] An der – schon nach Abs. 1 S. 1 eingetretenen – Auflösung der GbR ändert sich durch die Gesellschafterinsolvenz nichts; eine gesellschaftsvertragliche Fortsetzungsklausel unter Ausscheiden des insolventen Gesellschafters/Schuldners ist jedoch im Zweifel gegenstandslos. Die auf dem Gesellschaftsverhältnis beruhenden, fälligen wechselseitigen Ansprüche (Sozialansprüche und -verbindlichkeiten, → § 705 Rn. 197 f., 201) sind ggf. jeweils als Insolvenzforderungen geltend zu machen (→ Rn. 18, 20, 40). Im Blick auf die akzessorische Gesellschafterhaftung analog § 128 HGB bestimmt § 93 InsO deren gebündelte Geltendmachung durch den Insolvenzverwalter der GbR (→ Rn. 21).

33 Der **Anwendungsbereich** des Abs. 2 erstreckt sich, anders als derjenige des Abs. 1 S. 1 (→ Rn. 5, 7), auf alle Arten von GbR, darunter auch *Innengesellschaften*. Da es um die Realisierung des Wertes der Mitgliedschaft zu Gunsten der Insolvenzmasse des Gesellschafters als Schuldner geht, kommt es auf das Bestehen von Gesellschaftsvermögen bei der GbR nicht an.[59] Das zu realisierende Auseinandersetzungsguthaben bzw. der Abfindungsanspruch umfasst auch die Rückgabe von Gegenständen, die der Gesellschaft zur Nutzung überlassen wurden (§ 732 S. 1). Je nach Lage des Falles kann die Liquidation auch zu Nachschusspflichten der Gesellschafter führen (§ 735); sie sind einfache Insolvenzforderungen (→ Rn. 40). Abs. 2 gilt auch für die *stille Gesellschaft* des Handelsrechts, wenn beim Geschäftsinhaber Insolvenz eintritt.[60]

34 **2. Voraussetzungen.** Voraussetzung für die Auflösung der Gesellschaft nach Abs. 2 S. 1 bzw. für das ihr gleichstehende insolvenzbedingte Ausscheiden des Gesellschafters/Schuldners (→ Rn. 31) ist

---

[56] Kübler/Prütting/*Lüke* InsO § 93 Rn. 55; so zu § 109 Abs. 1 Nr. 1 VerglO auch schon Schlegelberger/ *K. Schmidt* HGB § 128 Rn. 71 entgegen der früher hM.

[57] Zu Konsequenzen einer Gesellschafterinsolvenz in dem Fall, dass eine (zweigliedrige) GbR Gesellschafterin einer anderen (Personen-)Gesellschaft ist, *Neumann* NZG 2015, 255.

[58] Gegen Bestellung desselben Insolvenzverwalters sowohl für Gesellschafts- als auch für Gesellschafterinsolvenz wegen des typischen Interessengegensatzes der verschiedenen Gläubigergruppen zu Recht *Häsemeyer*, Insolvenzrecht, 4. Aufl. 2007, Rn. 31.27; Kübler/Prütting/*Lüke* InsO § 93 Rn. 52; MüKoInsO/*Brandes* InsO § 93 Rn. 23.

[59] So zutr. *K. Schmidt* KTS 1977, 1 (8); Staudinger/*Habermeier* (2003) Rn. 17; Bamberger/Roth/*Schöne* Rn. 2; Palandt/*Sprau* Rn. 2; wohl auch BAG ZIP 1987, 1588 (1592); deutlich dann BAG ZInsO 2009, 1312 (1317) Rn. 38; ZInsO 2010, 569 (573) – stille Gesellschaft; aA unter unzutr. Gleichsetzung von Gesellschaftsvermögen und Vermögenswert der Beteiligung *Wernicke* WM 1981, 862 f. und, ihm folgend, Soergel/*Hadding/Kießling* Rn. 11.

[60] HM, vgl. RGZ 122, 70 (72); BGHZ 51, 350 (352) = NJW 1969, 1211; BGH NJW 1983, 1855 (1856); *Koenigs*, Stille Gesellschaft, 1961, S. 322; *K. Schmidt* KTS 1977, 1 (5 ff.); MüKoHGB/*K. Schmidt* HGB § 234 Rn. 11; Staub/*Harbarth* HGB § 234 Rn. 51; *Häsemeyer*, Insolvenzrecht, 4. Aufl. 2007, Rn. 31.53.

die Eröffnung des **Insolvenzverfahrens über sein Eigenvermögen,** sei es auch in der Form der Eigenverwaltung (→ Rn. 8). Wegen des *maßgeblichen Zeitpunkts* für Auflösung oder Ausscheiden kann auf die entsprechenden Feststellungen zur Auflösungsfolge nach Abs. 1 S. 1 (→ Rn. 8) verwiesen werden. Wird der Eröffnungsbeschluss im Beschwerdeverfahren (§ 34 InsO) *aufgehoben,* so entfällt damit auch der Auflösungs- oder Ausscheidensgrund. Gemäß § 34 Abs. 3 S. 3 InsO bleiben hiervon Handlungen des Insolvenzverwalters jedoch unberührt. Daneben ist für das Eingreifen der Lehre über die fehlerhafte Gesellschaft schon deshalb kein Raum, weil die Auflösung kraft Gesetzes erfolgt und somit die erforderliche rechtsgeschäftliche Grundlage fehlt;[61] die Gesellschaft wird bei Aufhebung des Eröffnungsbeschlusses folglich als werbende zusammen mit dem betroffenen Gesellschafter/Schuldner fortgesetzt. Dazu, dass die Auflösung allgemein kein Anwendungsfall der Lehre von der fehlerhaften Gesellschaft ist, → § 723 Rn. 18.

Keinen Auflösungs- oder Ausscheidensgrund bilden, ebenso wie im Fall des Abs. 1 S. 1 35 (→ Rn. 9), die Anordnung vorläufiger Sicherungsmaßnahmen (§§ 21, 22 InsO), aber auch die Abweisung des Insolvenzantrags mangels Masse (§ 26 InsO). Nicht von Abs. 2 S. 1 erfasst wird auch die Eröffnung des *Nachlassinsolvenzverfahrens* (§§ 315 ff. InsO) über den Nachlass des Gesellschafters/Erben. Das folgt nach zutreffender, wenn auch umstrittener Ansicht aus der gebotenen teleologischen Restriktion des Abs. 2 S. 1, da die Nachlassinsolvenz den Gesellschafter/Erben nicht hindert, an der Mitgliedschaft unter Einsatz seines nicht vom Insolvenzbeschlag erfassten Eigenvermögens festzuhalten.[62] Dem Nachlassinsolvenzverwalter steht allerdings zur Liquidation des Anteilswerts ein Kündigungsrecht analog § 725 zu, wenn der Gesellschafter/Erbe nicht zur Übernahme des Anteils gegen Erstattung von dessen Wert in die Insolvenzmasse bereit ist (→ § 725 Rn. 4 f.).

Die **Einstellung des Insolvenzverfahrens** auf Antrag des Schuldners oder dessen Aufhebung 36 nach Bestätigung eines Insolvenzplans lässt den Eintritt der Auflösung oder das Ausscheiden des insolventen Gesellschafters unberührt (vgl. die Feststellungen zu Abs. 1 in → Rn. 23 ff.). Sie eröffnet den Gesellschaftern jedoch die Möglichkeit, die Rückumwandlung in eine werbende Gesellschaft oder die Wiederaufnahme des kraft Insolvenz ausgeschiedenen Gesellschafters zu beschließen (→ Rn. 25).

3. Rechtsfolgen. a) Insolvenzmasse. Zur Insolvenzmasse gehört nach § 80 InsO das gesamte 37 pfändbare Vermögen des Schuldners. Bezogen auf die Gesellschaft ist das die Mitgliedschaft (der Gesellschaftsanteil) des Gesellschafters/Schuldners (→ § 725 Rn. 10). Dementsprechend steht dem Insolvenzverwalter das Recht zu, anstelle des Schuldners an der Auseinandersetzung mitzuwirken (→ Rn. 38). Nicht vom Insolvenzbeschlag erfasst werden demgegenüber die Gegenstände des Gesamthandsvermögens.[63] Ihre Liquidation erfolgt außerhalb des Insolvenzverfahrens (→ Rn. 38).

b) Auseinandersetzung. Sie vollzieht sich außerhalb des Insolvenzverfahrens (§ 84 Abs. 1 InsO) 38 nach allgemeinem Gesellschaftsrecht. Maßgebend sind die §§ 730–735, soweit der Gesellschaftsvertrag keine abweichenden Vereinbarungen enthält. Im Rahmen der **Gesamtgeschäftsführungsbefugnis** aller Gesellschafter (§ 730 Abs. 2) nimmt der *Insolvenzverwalter* die Funktionen des Schuldners als Geschäftsführer wahr.[64] Dabei ist er nach § 733 Abs. 1 zwar nicht den Gesellschaftsgläubigern (→ § 733 Rn. 11 f.), wohl aber den Gesellschaftern gegenüber gehalten, vor einer Verteilung des Liquidationserlöses für die Berichtigung der Gesellschaftsschulden Sorge zu tragen, um sie vor der persönlichen Inanspruchnahme durch die Gesellschaftsgläubiger (→ § 714 Rn. 37 ff.) zu bewahren.[65] Auch ist er an zuvor zwischen den Gesellschaftern getroffene Abfindungsvereinbarungen gebunden, sofern er sie nicht anfechten kann.[66] Das auf den Schuldner entfallende Auseinandersetzungsguthaben

---

[61] Staub/*Schäfer* § 131 Rn. 55, 90; abw. 4. Aufl. Rn. 34.
[62] So zutr. BGHZ 91, 132 (137) = NJW 1984, 2104 zur OHG; ebenso schon *Ulmer,* FS Schilling, 1973, S. 79 (98 f.); sodann auch *Flume* NJW 1988, 161 (162); *Stodolkowitz,* FS Kellermann, 1991, S. 439 (454); *Ulmer/Schäfer* ZHR 160 (1996), 413 (438); Staudinger/*Habermeier* (2003) Rn. 20; Heymann/*Emmerich* HGB § 131 Rn. 23a; Staub/*Schäfer* HGB § 131 Rn. 91. AA MüKoHGB/*K. Schmidt* HGB § 131 Rn. 73; *K. Schmidt,* FS Uhlenbruck, 2000, S. 655 (658); Soergel/*Hadding/Kießling* Rn. 10; Baumbach/Hopt/*Roth* HGB § 131 Rn. 22; *Raddatz,* Die Nachlasszugehörigkeit vererbter Personengesellschaftsanteile, 1991, S. 144 ff., 154.
[63] BGHZ 23, 307 (314) = NJW 1957, 750; KG ZIP 2011, 370 (371); OLG Rostock NJW-RR 2004, 260 – keine Eintragung eines Insolvenzvermerks für Grundstück der GbR bei Gesellschafterinsolvenz; OLG Dresden NJW-RR 2003, 46; Soergel/*Hadding/Kießling* Rn. 12; Staudinger/*Habermeier* (2003) Rn. 4; Bamberger/Roth/*Schöne* Rn. 14. Zur früher abw. Beurteilung bei Konkurs sämtlicher Gesellschafter vgl. 3. Aufl. Rn. 13 f.
[64] So im Anschluss an § 146 Abs. 3 HGB die einhM auch für das Recht der GbR, vgl. schon RG SeuffA 89 Nr. 82; ferner OLG Zweibrücken ZIP 2001, 1207 (1209); KG ZIP 2011, 370 (371); Soergel/*Hadding/Kießling* Rn. 15; Staudinger/*Habermeier* (2003) Rn. 22.
[65] RGRK/*v. Gamm* Rn. 3.
[66] Vgl. Erman/*Westermann* Rn. 7; Soergel/*Hadding/Kießling* Rn. 15.

steht der Insolvenzmasse zu. Ein etwa sich ergebender, vom Schuldner nach § 735 auszugleichender Fehlbetrag kann nur als einfache Insolvenzforderung geltend gemacht werden (→ Rn. 40).

39 **c) Fortgeltung übertragener Geschäftsführung.** Sie ist im Falle der durch *Gesellschafterinsolvenz* bedingten Auflösung sowohl nach Abs. 2 S. 2 iVm § 727 Abs. 2 S. 2 und 3 als auch nach § 729 möglich (zum Verhältnis der beiden Geschäftsführungsregelungen und zu ihren unterschiedlichen Voraussetzungen → § 727 Rn. 11 f.). Im Rahmen der **Notgeschäftsführung des Abs. 2 S. 2** sind die Mitgesellschafter, soweit ihnen die Geschäftsführungsbefugnis übertragen war, für eine Übergangszeit bei Gefahr für das Gesellschaftsvermögen zur Fortführung der Geschäfte berechtigt und verpflichtet (→ § 727 Rn. 11). Dem Insolvenzverwalter steht diese Befugnis auch dann nicht zu, wenn dem Gesellschafter/Schuldner nach dem Gesellschaftsvertrag die Geschäftsführung übertragen war (Umkehrschluss aus Abs. 2 S. 2 iVm § 727 Abs. 2 S. 2).[67] Die in § 729 zugunsten *gutgläubiger* Gesellschafter begründete Fiktion des Fortbestands der Geschäftsführungsbefugnis greift auch im Fall einer durch Gesellschafterinsolvenz bedingten Auflösung ein (→ § 729 Rn. 5 f.). Zur Geltendmachung von Ansprüchen Dritter aus der Notgeschäftsführung im Insolvenzverfahren des Schuldners → Rn. 41.

40 **d) Verbindlichkeiten des Schuldners aus der Gesellschafterstellung.** Forderungen der **Mitgesellschafter**, soweit sie *gesellschaftsrechtlicher Natur* sind, können grundsätzlich nicht getrennt geltend gemacht werden, sondern sind in die Berechnung des Abfindungsguthabens (des Fehlbetrags) einzubeziehen (→ § 730 Rn. 49 ff.). Wenn § 84 Abs. 1 S. 2 InsO den *Gläubigern* insoweit ein Recht auf abgesonderte Befriedigung gewährt, so stellt er nur klar, dass die Saldierung in der Auseinandersetzungsbilanz nicht etwa an der zwischenzeitlichen Insolvenzeröffnung scheitert (→ § 733 Rn. 8). Entsprechendes gilt für die bei Insolvenzeröffnung bestehenden **Sozialansprüche** der Gesamthand gegen den Gesellschafter/Schuldner. Nicht saldierungsfähig sind Verbindlichkeiten des Schuldners aus Geschäften mit der Gesellschaft, die nicht auf dem Gesellschaftsvertrag beruhen.[68] Ein vom Schuldner nach § 735 auszugleichender **Fehlbetrag** ist als einfache Insolvenzforderung zur Tabelle anzumelden.[69] Anderes gilt nach § 118 S. 1 InsO nur insoweit, als der Fehlbetrag auf Ansprüchen von Mitgesellschaftern aus der Notgeschäftsführung nach Abs. 2 S. 2 beruht; sie bilden Masseschulden iSv § 55 Abs. 1 Nr. 2 InsO.

41 **Gesellschaftsgläubiger** sind mit ihren Ansprüchen analog § 128 HGB grundsätzlich einfache Insolvenzgläubiger in der Gesellschafterinsolvenz.[70] Trotz der Mithaftung von Gesellschaft und Mitgesellschaftern können sie ihre Forderung in der bei Insolvenzeröffnung bestehenden Höhe bis zur vollen Befriedigung in der jeweiligen Gesellschafterinsolvenz anmelden (§ 43 InsO);[71] an der Verteilung der Insolvenzmasse nehmen sie freilich nur insoweit teil, als nicht bereits die Zahlungen der Gesellschaft oder der übrigen Gesamtschuldner Erfüllung der Forderung bewirkt haben.[72] Eine Vollstreckung in das Gesellschaftsvermögen bleibt trotz Eröffnung des Gesellschafterinsolvenzverfahrens möglich. Auch steht die Sperrwirkung des § 87 InsO der Verschaffung eines Titels zur Vollstreckung in das nicht insolvenzbefangene Gesellschaftsvermögen nicht entgegen.[73]

42 **Neue Insolvenzforderungen** können von den GbR-Geschäftsführern nach Eröffnung des Insolvenzverfahrens über das Vermögen eines Gesellschafters im Rahmen der akzessorischen Gesellschafterhaftung **nicht** begründet werden. Das beruht auch dann, wenn man das Eingreifen des § 729 in Fällen der durch Gesellschafterinsolvenz bedingten Auflösung im Grundsatz bejaht (→ § 729 Rn. 6), auf der Sperrwirkung des § 38 InsO. Aus ihr folgt, dass Rechtshandlungen von Mitgesellschaftern nach insolvenzbedingter Auflösung nicht zu Verbindlichkeiten des Schuldners führen, die im Insolvenzverfahren zu berücksichtigen wären. Abweichendes gilt für solche Gesellschaftsverbindlichkeiten,

---

[67] So im Ergebnis auch Erman/*Westermann* Rn. 7 – Folge der Sonderstellung des Insolvenzverwalters; aA Soergel/*Hadding/Kießling* Rn. 15.

[68] RGZ 26, 110 (114); Soergel/*Hadding/Kießling* Rn. 16; Staudinger/*Habermeier* (2003) Rn. 23; Bamberger/Roth/*Schöne* Rn. 15; Jaeger/*Lent*, 8. Aufl. 1958, KO § 51 Rn. 1, 6; Kilger/K. Schmidt, 16. Aufl. 1993, KO § 51 Anm. 3.

[69] Vgl. Kübler/Prütting/*Noack*, 1999, InsO, Sonderband 1 (Gesellschaftsrecht), Rn. 469.

[70] Heute ganz hM, vgl. MüKoInsO/*Brandes* InsO § 93 Rn. 29; Kübler/Prütting/*Lüke* InsO § 93 Rn. 27, 54; *Häsemeyer*, Insolvenzrecht, 4. Aufl. 2007, Rn. 31.16; Soergel/*Hadding/Kießling* Rn. 16; Bamberger/Roth/*Schöne* Rn. 17; Staub/*Habersack* HGB § 128 Rn. 80; so auch schon Jaeger/*Weber*, 8. Aufl. 1973, KO § 212 Rn. 8; aA – für Erstreckung eines Konkursvorrechts im Konkurs der OHG oder KG auch auf den Gesellschafterkonkurs – aber BGHZ 34, 293 (298) = NJW 1961, 1022; Schlegelberger/*K. Schmidt* HGB § 128 Rn. 77.

[71] Vgl. nur MüKoInsO/*Lwowski/Bitter* InsO § 43 Rn. 1, 2; *Häsemeyer*, Insolvenzrecht, 4. Aufl. 2007, Rn. 31.26; zust. Soergel/*Hadding/Kießling* Rn. 16; Bamberger/Roth/*Schöne* Rn. 17; aA MüKoInsO/*Brandes* InsO § 93 Rn. 27 f.; *K. Schmidt* ZIP 2000, 1077 (1085 f.).

[72] Vgl. schon Jaeger/*Weber*, 8. Aufl. 1973, KO § 212 Rn. 2; *Oehlerking* KTS 1980, 16; ebenso Soergel/*Hadding/Kießling* Rn. 16; so auch BGH WM 1958, 1105 für Gesellschafter einer OHG oder KG.

[73] So zutr. *Oehlerking* KTS 1980, 17 f.

die aus Rechtshandlungen des Insolvenzverwalters als Liquidator der GbR erwachsen. Sie sind nach § 55 Abs. 1 Nr. 2 InsO Masseschulden in der Gesellschafterinsolvenz.[74]

4. Die Fortsetzung der Gesellschaft. a) Ohne den Gesellschafter/Schuldner. Enthält der 43 Gesellschaftsvertrag eine Fortsetzungsklausel für den Fall der Gesellschafterinsolvenz, so scheidet nach § 736 Abs. 1 mit dem Zeitpunkt der Eröffnung des Insolvenzverfahrens (→ Rn. 8) der Gesellschafter/Schuldner aus der im Übrigen fortbestehenden Gesellschaft aus. Der Abfindungsanspruch nach § 738 fällt in die Insolvenzmasse. Zu den Möglichkeiten seiner vertraglichen Beschränkung mit Wirkung auch für den Insolvenzfall → § 738 Rn. 39 ff., 47 f., zur Ausgestaltung von Fortsetzungsklauseln abweichend von § 736 Abs. 1 daselbst → Rn. 10 ff. Fehlt es an entsprechenden gesellschaftsvertraglichen Vorkehrungen für den Insolvenzfall, so ist die Fortsetzung durch die übrigen Gesellschafter als Abweichung von den Auflösungsfolgen der §§ 730 ff. nur mit Zustimmung des Insolvenzverwalters möglich.[75] Eine entsprechende Anwendung des § 131 Abs. 3 Nr. 2 HGB, der die Gesellschafterinsolvenz als einen der gesetzlichen Ausscheidensfälle bestimmt, scheidet angesichts der in § 728 Abs. 2 getroffenen abweichenden Regelung aus.[76]

b) Mit dem Gesellschafter/Schuldner. Eine Fortsetzung unter Einschluss des Gesellschafters/ 44 Schuldners ist mit Rücksicht auf den Zweck von § 728 (→ Rn. 1) **während** des **Insolvenzverfahrens** nur möglich, wenn der Insolvenzverwalter die Gesellschaftsbeteiligung des Schuldners (die Mitgliedschaft → Rn. 37) – ggf. gegen eine Vergütung seitens der Mitgesellschafter – aus der Masse freigibt.[77] Ist freilich der Schuldner infolge der Eröffnung des Insolvenzverfahrens kraft gesellschaftsvertraglicher Fortsetzungsklausel (→ Rn. 3) aus der fortbestehenden Gesellschaft ausgeschieden, so sind die Mitgesellschafter nicht gehindert, ihn unbeschadet des der Masse zustehenden Abfindungsanspruchs als neues Mitglied aufzunehmen.[78] Insoweit steht seiner Beteiligung auch die nach § 80 InsO aus der Insolvenzeröffnung folgende Verfügungsbeschränkung nicht entgegen, da sie sich nur auf die Massegegenstände bezieht, nicht dagegen auf nach Insolvenzeröffnung vom Schuldner neu erworbene Gegenstände. Ist **nach Einstellung** oder Aufhebung des Gesellschafterinsolvenzverfahrens die Gesellschaft noch nicht völlig abgewickelt, so sind die Gesellschafter nicht gehindert, die Fortsetzung mit dem ehemaligen Schuldner zu beschließen.

§ 729 Fortdauer der Geschäftsführungsbefugnis

¹Wird die Gesellschaft aufgelöst, so gilt die Befugnis eines Gesellschafters zur Geschäftsführung zu seinen Gunsten gleichwohl als fortbestehend, bis er von der Auflösung Kenntnis erlangt oder die Auflösung kennen muss. ²Das Gleiche gilt bei Fortbestand der Gesellschaft für die Befugnis zur Geschäftsführung eines aus der Gesellschaft ausscheidenden Gesellschafters oder für ihren Verlust in sonstiger Weise.

Übersicht

	Rn.		Rn.
I. Grundlagen	1, 2	2. Sonstiger Verlust der Geschäftsführungsbefugnis (S. 2)	7, 8
1. Normzweck	1		
2. Entwicklung und Anwendungsbereich	2	3. Gutgläubigkeit des Geschäftsführers	9, 10
II. Voraussetzungen	3–10	III. Rechtsfolgen	11–14
1. Auflösungsbedingter Wegfall (S. 1)	3–6	1. Geschäftsführungsbefugnis	11, 12
a) Betroffene Geschäftsführungsbefugnis	3, 4		
b) Auflösungsgründe	5, 6	2. Vertretungsmacht	13, 14

I. Grundlagen

1. Normzweck. Die Vorschrift des § 729 soll – ähnlich wie § 674 im Auftragsrecht – diejenigen 1 **Gesellschafter,** die in der werbenden Gesellschaft zur Geschäftsführung berufen sind, vor den

---

[74] Die Tätigkeit des Insolvenzverwalters als Liquidator entspricht, soweit es um die Haftung der Insolvenzmasse geht, derjenigen eines Gesellschafter-Geschäftsführers.
[75] OLG Hamm BauR 1986, 462; vgl. auch Erman/*Westermann* Rn. 8; Bamberger/Roth/*Schöne* Rn. 11; Soergel/*Hadding/Kießling* Rn. 17.
[76] AA für unternehmenstragende Gesellschaften Staudinger/*Habermeier* (2003) Rn. 18, 21.
[77] *Hueck* OHG § 23 V 1; Staudinger/*Habermeier* (2003) Rn. 25; Bamberger/Roth/*Schöne* Rn. 11; Soergel/*Hadding/Kießling* Rn. 17.
[78] Jaeger/*Weber*, 8. Aufl. 1973, KO § 212 Rn. 6; Soergel/*Hadding/Kießling* Rn. 17; Bamberger/Roth/*Schöne* Rn. 11.

§ 729   2–5   Abschnitt 8. Titel 16. Gesellschaft

Risiken des durch Auflösung der Gesellschaft oder durch ihr einseitiges Ausscheiden eintretenden Erlöschens dieser Befugnis **schützen**. Solange die Gesellschafter die Auflösung weder kennen noch kennen müssen, wird zu ihren Gunsten der Fortbestand der Geschäftsführungsbefugnis – und damit über § 714 im Zweifel auch derjenige der Vertretungsmacht gegenüber der Gesamthand (→ Rn. 13) – fingiert. Sie können aufgrund ihres Organhandelns also weder im Innenverhältnis als Geschäftsführer ohne Auftrag in Anspruch genommen noch nach außen als falsus procurator (§ 179) haftbar gemacht werden. Mittelbar wirkt sich der Fortbestand von Geschäftsführungsbefugnis und Vertretungsmacht auch zugunsten der Gesellschaftsgläubiger aus. Soweit die Geschäftsführer trotz Auflösung der Gesellschaft auch nach §§ 727 Abs. 2 S. 3, 728 Abs. 2 S. 2 zur einstweiligen Fortführung der ihnen übertragenen Geschäfte berechtigt und verpflichtet sind (→ § 727 Rn. 9 ff.; § 728 Rn. 39), bedarf es des Schutzes des § 729 nicht. Als Ergänzung der vertraglichen Geschäftsführungsregelungen ist auch § 729 *dispositiv*.[1]

2   **2. Entwicklung und Anwendungsbereich.** § 729 galt ursprünglich nur für die **GbR,** während für OHG und KG Sondervorschriften betreffend die bei Auflösung fortbestehende Geschäftsführungsbefugnis in § 136 HGB getroffen waren.[2] Diese Vorschrift wurde im Zuge des **HRefG 1998** wegen ihrer schon bisher geringen, durch Reduzierung der Auflösungsgründe in § 131 Abs. 1 HGB noch weiter zurückgehenden Bedeutung gestrichen; zugleich wurde § 729 in S. 1 inhaltlich umgestaltet und durch einen auf den Ausscheidensfall bezogenen S. 2 erweitert.[3] Seither gilt die Vorschrift auf Grund der Verweisungsnorm des § 105 Abs. 3 HGB auch für **Personenhandelsgesellschaften.** Für ihre Auslegung kann in geeigneten Fällen weiterhin auf die Erl. zu § 136 aF HGB zurückgegriffen werden.

II. Voraussetzungen

3   **1. Auflösungsbedingter Wegfall (S. 1). a) Betroffene Geschäftsführungsbefugnis.** Gegenüber der **GbR** findet S. 1 nur Anwendung, wenn im Gesellschaftsvertrag die Geschäftsführungsbefugnis bestimmten Gesellschaftern *übertragen* ist (so wörtlich § 729 aF); hierunter fallen nicht nur die ausdrückliche Übertragung an bestimmte Gesellschafter, sondern auch der Ausschluss anderer von der Geschäftsführung sowie die Begründung von Einzelgeschäftsführungsbefugnis nach § 711 (→ § 712 Rn. 1). **Nicht** erfasst wird dagegen die *Gesamtgeschäftsführung nach § 709,* sei es als einstimmige oder mehrheitliche. Da hier alle Gesellschafter an der Geschäftsführung beteiligt sind, tritt mit dem Übergang zur Liquidation durch alle Gesellschafter (§ 730 Abs. 2 S. 2) vorbehaltlich der internen Abweichung (→ § 730 Rn. 47) keine Änderung ein; es bedarf im Zweifel auch keines Schutzes nach § 729.[4] – Ist einem von der organschaftlichen Geschäftsführung ausgeschlossenen Gesellschafter nur die *Vornahme einzelner Geschäfte* übertragen, so kann er sich im Fall unverschuldeter Unkenntnis vom Erlöschen des Auftrags zwar nicht auf § 729 S. 1, wohl aber auf § 674 berufen.[5]

4   Die Auflösung der **OHG und KG** führt beim Fehlen gesellschaftsvertraglicher Regelungen über die Geschäftsführungsbefugnis dazu, dass an die Stelle der in §§ 114, 115 Abs. 1 HGB vorgesehenen *Einzel*geschäftsführungsbefugnis jedes persönlich haftenden Gesellschafters die *gemeinsame* Handlungsbefugnis aller Gesellschafter als Liquidatoren nach §§ 146 Abs. 1, 150 Abs. 1 HGB tritt. In derartigen Fällen greift § 729 S. 1 nach seinem Normzweck (→ Rn. 1) ebenso ein wie dann, wenn der Gesellschaftsvertrag die Geschäftsführungsbefugnis in der werbenden Gesellschaft in anderer Weise regelt als diejenige in der Liquidationsgesellschaft. Zum begrenzten Fortbestand der *Vertretungsmacht* → Rn. 13 ff.

5   **b) Auflösungsgründe.** Angesichts des Gutgläubigkeitserfordernisses des S. 1 aE (→ Rn. 9) ist die Vorschrift nur für diejenigen Auflösungsgründe relevant, die ohne Kenntnis der davon betroffenen Geschäftsführer eintreten können. Das gilt bei der GbR in erster Linie für die in §§ 726, 727, 728 Abs. 2 genannten Gründe der Zweckerreichung bzw. -verfehlung, des Todes und der Insolvenz eines Gesellschafters.[6] Demgegenüber ist bei OHG und KG der Eintritt eines der gesetzlichen Auflösungsgründe des § 131 Abs. 1 Nr. 1, 2 oder 4 HGB ohne Kenntnis der geschäftsführenden

---

[1] HM, vgl. Soergel/*Hadding*/*Kießling* Rn. 1; Staudinger/*Habermeier* (2003) Rn. 1.
[2] Dazu GroßkommHGB/*Ulmer,* 3. Aufl. 1972, HGB § 136 Rn. 3 ff., 12.
[3] Dazu Begr. RegE, BT-Drs. 13/10332 S. 30 = ZIP 1996, 1487 (1489) (RefE).
[4] Zust. Soergel/*Hadding*/*Kießling* Rn. 4; Staudinger/*Habermeier* (2003) Rn. 4; Erman/*Westermann* Rn. 1; abw. jedoch Bamberger/Roth/*Schöne* Rn. 2: auch § 709; Palandt/*Sprau* Rn. 1.
[5] Vgl. Erman/*Westermann* Rn. 1; Soergel/*Hadding*/*Kießling* Rn. 4; Bamberger/Roth/*Schöne* Rn. 2; zu § 136 HGB auch Schlegelberger/*K. Schmidt* HGB § 136 Rn. 9; GroßkommHGB/*Ulmer,* 3. Aufl. 1972, HGB § 136 Rn. 3.
[6] HM, vgl. Staudinger/*Habermeier* (2003) Rn. 5; Bamberger/Roth/*Schöne* Rn. 3 ff.; insoweit auch Soergel/*Hadding*/*Kießling* Rn. 2. Zu diesen Auflösungsgründen näher → Vor § 723 Rn. 13 ff.

Gesellschafter schwerlich denkbar; anders mag es bei im Gesellschaftsvertrag geregelten, dem GbR-Recht nachgebildeten Auflösungsgründen stehen. Was die *Kündigung* als Auflösungsgrund angeht, hängt ihre Wirksamkeit regelmäßig vom Zugang der Kündigungserklärung bei allen (Mit-)Gesellschaftern ab (→ § 723 Rn. 11), so dass es des Schutzes durch § 729 S. 1 nicht bedarf. Anderes kommt nur dann in Betracht, wenn der Gesellschaftsvertrag hiervon abweichende Regelungen enthält (→ § 723 Rn. 11).

Besonderheiten gelten für den Auflösungsgrund der **Gesellschaftsinsolvenz** (§ 728 Abs. 1 BGB, 6 § 131 Abs. 1 Nr. 3 HGB). Er wird bereits mit Unterzeichnung des gerichtlichen Eröffnungsbeschlusses und dessen Herausgabe zum Zwecke der Bekanntgabe wirksam (→ § 728 Rn. 8), dh zu einem Zeitpunkt, von dem die Gesellschafter meist erst nachträglich Kenntnis erlangen. Gleichwohl greift § 729 S. 1 insoweit nicht ein, da mit der Verfahrenseröffnung das Recht der Geschäftsführer, das Gesellschaftsvermögen zu verwalten und darüber zu verfügen, nach §§ 80, 148 Abs. 1 InsO zwingend auf den Insolvenzverwalter übergeht.[7] Für die Fiktion ihres Fortbestands nach § 729 S. 1 ist daneben kein Raum. Anderes gilt für die Fiktion des § 729 S. 2; insoweit steht § 80 InsO mit Bezug auf das Gesellschaftsvermögen nicht entgegen.

2. Sonstiger Verlust der Geschäftsführungsbefugnis (S. 2). Die im Zuge des HRefG 1998 7 (→ Rn. 2) neu aufgenommene Vorschrift des S. 2 dehnt die Fiktionswirkung des S. 1 auf Fälle aus, in denen ein Gesellschafter trotz Fortbestands der Gesellschaft seine Geschäftsführungsbefugnis aus einem in seiner Person eintretenden Grund verliert; sie waren schon bisher kraft Analogie in § 729 aF einbezogen worden.[8] Als ersten Grund nennt S. 2 das **Ausscheiden** eines geschäftsführenden Gesellschafters; infolge des Verlusts der Mitgliedschaft führt es notwendig auch zum Wegfall der mit ihr verbundenen Verwaltungsrechte. *Gesetzliche* Ausscheidensgründe unter Fortsetzung der Gesellschaft finden sich nur für die OHG und KG (§ 131 Abs. 3 HGB); sie können in den Fällen der Nr. 2 und 4 ggf. auch ohne zeitgleiche Kenntnis des Betroffenen eintreten. Bei der GbR setzt das einseitige Ausscheiden eine *gesellschaftsvertragliche* Regelung nach Art der §§ 736 Abs. 1, 737 voraus. Tritt es ausnahmsweise ohne gleichzeitige oder vorherige Kenntnis des Betroffenen ein, so findet § 729 S. 2 auch hier Anwendung.

Ein Verlust der Geschäftsführungsbefugnis **in sonstiger Weise** tritt – abgesehen von sonstigen 8 im Gesellschaftsvertrag vorgesehenen Gründen – vor allem bei *Entziehung der Geschäftsführungsbefugnis* ein, sei es durch Beschluss der übrigen Gesellschafter (§ 712) oder durch rechtskräftige gerichtliche Entscheidung (§ 117 HGB). In beiden Fällen erlangt der Betroffene von der Entziehung in aller Regel rechtzeitige Kenntnis (→ § 712 Rn. 19). Daher ist die Ausdehnung des § 729 insoweit typischerweise ohne Bedeutung.

3. Gutgläubigkeit des Geschäftsführers. Der Schutz des § 729 greift nicht ein, wenn der 9 Geschäftsführer die Gründe für das Erlöschen seiner Geschäftsführungsbefugnis kannte oder kennen musste. Fällt die Gutgläubigkeit des Geschäftsführers zu einem späteren Zeitpunkt weg, so gilt die Fiktion des § 729 bis dahin. Der Kenntnis des Erlöschens steht die Kenntnis der Tatsachen gleich, die nach Gesetz oder Gesellschaftsvertrag das Erlöschen herbeiführen. Entsprechendes gilt für das „Kennenmüssen". Der Sorgfaltsmaßstab für das „Kennenmüssen", dh die fahrlässige Unkenntnis vom Erlöschen (§ 122 Abs. 2), richtet sich nach der für die Beziehungen zwischen Gesellschaftern geltenden Haftungsvorschrift des § 708: Entscheidend ist die Sorgfalt in eigenen Angelegenheiten (→ § 708 Rn. 16 ff.). Der Geschäftsführer wird somit ebenso behandelt wie bei Überschreitung des sachlichen Umfangs der ihm zustehenden Befugnis (→ § 708 Rn. 8 ff.).

Die **Beweislast** für das Fehlen oder den Wegfall der Gutgläubigkeit obliegt demjenigen, der sich 10 darauf beruft,[9] im Falle von Schadensersatzansprüchen wegen unbefugter Geschäftsführung also den Mitgesellschaftern.

III. Rechtsfolgen

1. Geschäftsführungsbefugnis. Zu Gunsten des gutgläubigen bisherigen Geschäftsführers **gilt** 11 die Geschäftsführungsbefugnis **als fortbestehend.** Damit kann er sich den Mitgesellschaftern gegenüber für die Schwebezeit weiterhin auf den Umfang der ihm eingeräumten Befugnis berufen und haftet für Sorgfaltsverletzungen nur nach Maßgabe des § 708. Der Fiktion fortbestehender Befugnis entspricht es, dass ihm für diese Zeit auch die Geschäftsführervergütung noch zusteht und er die Aufwendungen aus der Geschäftsführung nach §§ 713, 670 von der Gesellschaft ersetzt verlangen kann.

---

[7] Vgl. nur MüKoInsO/*Ott/Vuia* InsO § 80 Rn. 11, 112 f.; *Häsemeyer*, Insolvenzrecht, 4. Aufl. 2007, Rn. 9.03 ff.; wie hier auch Staudinger/*Habermeier* (2003) Rn. 5; aA Soergel/*Hadding/Kießling* Rn. 3.
[8] Vgl. 3. Aufl. Rn. 4.
[9] Staudinger/*Habermeier* (2003) Rn. 7; Bamberger/Roth/*Schöne* Rn. 7.

Ein unmittelbarer Anspruch gegen die Mitgesellschafter steht ihm insoweit vor Durchführung der Auseinandersetzung im Regelfall nicht zu (→ § 713 Rn. 15; → § 714 Rn. 56). Das gilt nach § 118 InsO auch im Verhältnis zu einem durch Eröffnung des Insolvenzverfahrens ausgeschiedenen Gesellschafter.

12 Die Geschäftsführungsbefugnis gilt **nur zu Gunsten des Geschäftsführers** als fortbestehend, nicht zu seinen Lasten. Eine Verpflichtung zur Geschäftsführung lässt sich daraus nicht ableiten.[10] Wegen Unterlassung der ihm übertragenen Geschäftsführung kann der ehemalige Geschäftsführer nicht haftbar gemacht werden. Davon zu unterscheiden ist die Möglichkeit einer Haftung wegen Nichterfüllung der Pflicht zur Fortführung der Geschäfte nach §§ 727 Abs. 2, 728 S. 2 (→ § 727 Rn. 11).

13 **2. Vertretungsmacht.** Die organschaftliche Vertretungsmacht in der **GbR** gilt, vorbehaltlich vertraglicher Sonderregelungen, nach Maßgabe des **§ 714** im Umfang der Geschäftsführungsbefugnis als fortbestehend. Begrenzt wird sie durch § 169, wonach die Fiktion nicht zugunsten derjenigen Geschäftsgegner wirkt, die das Erlöschen der Vertretungsmacht kennen oder kennen müssen (→ § 169 Rn. 1 *[Schubert]*).[11] In welcher Art die Vertretungsmacht des Geschäftsführers kundgemacht wurde, ist für das Eingreifen der §§ 729, 169 unerheblich, da es insoweit nicht um Rechtsscheintatbestände geht, sondern um Rechtsfolgen kraft Fiktion. Ist umgekehrt der handelnde Geschäftsführer seinerseits nicht gutgläubig, so greifen §§ 729, 714 nicht ein; wohl aber kommt eine Haftung der Gesellschaft gegenüber gutgläubigen Dritten nach Rechtsscheingrundsätzen in Betracht.

14 In **OHG und KG** entfällt die Vertretungsmacht der vom Verlust der Geschäftsführungsbefugnis betroffenen Gesellschafter alsbald mit Auflösung, Ausscheiden oder Wegfall in sonstiger Weise (§ 127 HGB); für eine Erstreckung der Fiktionen des § 729 hierauf ist mangels einer dem § 714 entsprechenden Vorschrift kein Raum. Allerdings kann sich der betroffene Gesellschafter im *Innenverhältnis* auf den fiktiven Fortbestand der Geschäftsführungsbefugnis berufen, da die Ausübung der Vertretungsmacht insoweit Teil der Geschäftsführung ist.[12] Gegenüber gutgläubigen *Dritten* greift § 143 HGB iVm § 15 Abs. 1 HGB ein; ihnen gegenüber gilt die Vertretungsmacht solange als fortbestehend, bis ihr Wegfall im Handelsregister eingetragen und bekanntgemacht ist.

§ 730 Auseinandersetzung; Geschäftsführung

(1) Nach der Auflösung der Gesellschaft findet in Ansehung des Gesellschaftsvermögens die Auseinandersetzung unter den Gesellschaftern statt, sofern nicht über das Vermögen der Gesellschaft das Insolvenzverfahren eröffnet ist.

(2) ¹Für die Beendigung der schwebenden Geschäfte, für die dazu erforderliche Eingehung neuer Geschäfte sowie für die Erhaltung und Verwaltung des Gesellschaftsvermögens gilt die Gesellschaft als fortbestehend, soweit der Zweck der Auseinandersetzung es erfordert. ²Die einem Gesellschafter nach dem Gesellschaftsvertrag zustehende Befugnis zur Geschäftsführung erlischt jedoch, wenn nicht aus dem Vertrag sich ein anderes ergibt, mit der Auflösung der Gesellschaft; die Geschäftsführung steht von der Auflösung an allen Gesellschaftern gemeinschaftlich zu.

Übersicht

	Rn.		Rn.
A. Die Auseinandersetzung unter Abwicklung der Gesellschaft nach §§ 730–735	1–62	c) Innengesellschaft ohne Gesamthandsvermögen	12–17
I. Grundlagen	1–23	d) Stille Gesellschaft bürgerlichen Rechts	18, 19
1. Gegenstand und Funktion der Auseinandersetzung	1–6	e) Gesellschaftsähnliche Rechtsverhältnisse	20
a) Abwicklung des Gesellschaftsvermögens	1, 2	f) Nichteheliche Lebensgemeinschaft	21, 22
b) Ausgleich unter den Gesellschaftern	3–5	4. Sonderfall der Gesellschaftsinsolvenz	23
c) Sonderfall der Innengesellschaft	6	II. Abwicklungsgesellschaft	24–39
2. Der Gang der Auseinandersetzung	7–9	1. Unterschiede gegenüber der werbenden Gesellschaft	24, 25
3. Anwendungsbereich der §§ 730–735	10–22	2. Stellung der Gesellschafter	26–35
a) Regelfall	10	a) Allgemeines	26–29
b) Sofortige Vollbeendigung	11	b) Beitragspflicht	30, 31
		c) Schadensersatzhaftung	32

---

[10] Soergel/*Hadding/Kießling* Rn. 6; Erman/*Westermann* Rn. 2; Bamberger/Roth/*Schöne* Rn. 8.
[11] S. auch Soergel/*Hadding/Kießling* Rn. 6; Bamberger/Roth/*Schöne* Rn. 9.
[12] Statt aller Staub/*Habersack* HGB § 125 Rn. 3.

	Rn.		Rn.
d) Actio pro socio	33–35	I. Allgemeines	63, 64
3. Stellung der Gläubiger	36, 37	II. Übernahme durch einen Gesellschafter	65–85
4. Beendigung der Gesellschaft	38, 39	1. Fragestellung	65–67
III. Geschäftsführung und Vertretung	40–48	2. Rechtsgrundlagen	68–76
1. Allgemeines	40–43	a) Vereinbarung der Gesellschafter	68–72
2. Aufgaben der Abwickler	44, 45	b) Objektives Recht?	73–76
3. Abweichende Vereinbarungen	46–48	3. Ausübung des Übernahmerechts; unmittelbar eintretende Gesamtrechtsnachfolge	77–80
IV. Das Schicksal der Gesellschafteransprüche	49–56	4. Vollzug der Übernahme	81, 82
1. Grundsatz	49–51	5. Rechte und Pflichten des Ausgeschiedenen	83, 84
2. Sachliche Tragweite	52, 53	6. Haftungsfolgen	85
3. Ausnahmen	54–56	III. Sonstige Fälle	86–92
V. Schlussabrechnung und Auseinandersetzungsguthaben	57–62	1. Veräußerung des Gesellschaftsvermögens im Ganzen	86–88
1. Schlussabrechnung	57–60	2. Einbringung in eine GmbH oder AG	89–91
2. Anspruch auf das Auseinandersetzungsguthaben	61, 62	3. Spaltung, Realteilung	92
B. Andere Arten der Auseinandersetzung	63–92		

A. Die Auseinandersetzung unter Abwicklung der Gesellschaft nach §§ 730–735

I. Grundlagen

1. Gegenstand und Funktion der Auseinandersetzung. a) Abwicklung des Gesellschafts- **1** **vermögens.** Die Kündigung oder der Eintritt eines der sonstigen Auflösungsgründe führen im Regelfall nicht zur sofortigen Beendigung der Gesellschaft, sondern zu deren Umwandlung in eine Abwicklungsgesellschaft (→ Vor § 723 Rn. 5 ff.). Die darin liegende Abweichung von sonstigen Dauerschuldverhältnissen erklärt sich aus den organisationsrechtlichen Elementen der typischen Personengesellschaft, darunter namentlich dem Vorhandensein von Gesellschaftsvermögen (→ § 705 Rn. 158, 161). Dieses würde herrenlos oder müsste sich infolge der Auflösung in Miteigentum der Gesellschafter umwandeln, wenn die Gesellschaft als Zuordnungssubjekt mit dem Eintritt der Auflösung in Wegfall käme. Für die Gesellschaftsgläubiger entfiele mangels Schuldner das ihnen bis dahin zustehende Recht, vorrangig auf das Gesellschaftsvermögen zuzugreifen. Um diese unerwünschten Folgen zu vermeiden, enthält das BGB in den §§ 730–735 eine Reihe von Vorschriften über die Abwicklung des Gesellschaftsvermögens, die Berichtigung der Gesellschaftsverbindlichkeiten und die Verteilung des Überschusses zwischen den Gesellschaftern. Erst wenn das Gesellschaftsvermögen vollständig abgewickelt ist, ist die Gesellschaft beendet (→ Rn. 10 f., 38).

Ist **kein Gesellschaftsvermögen** (mehr) vorhanden, so entfällt die Berechtigung für die **2** Annahme eines Fortbestands der Abwicklungsgesellschaft. Die Gesellschaft ist vollbeendet mit der Folge, dass für (weitere) Auseinandersetzungsmaßnahmen kein Raum ist (→ Rn. 38).[1] Es bedarf auch nicht der Vorlage einer Auseinandersetzungsbilanz (→ Rn. 57 ff.).[2] Eine Auseinandersetzung ist auch dann entbehrlich, wenn sich das Gesellschaftsvermögen in einer Hand vereinigt und zu Alleineigentum des letzten Gesellschafters wird (→ Rn. 11). Die *Herbeiführung eines noch ausstehenden Ausgleichs* zwischen den Gesellschaftern wird durch das Ende der Auseinandersetzung nicht gehindert. Des Fortbestehens der Gesellschaft zwischen ihnen bedarf es hierfür ebenso wenig wie bei sonstigen Dauerschuldverhältnissen, bei denen nach Vertragsende ebenfalls die Notwendigkeit einer internen Auseinandersetzung in Betracht kommt.[3] Hierzu sind die Beteiligten im Rahmen der *nachvertraglichen Pflichten* untereinander verpflichtet.[4]

---

[1] Ebenso BGH NJW 1983, 1188; ZIP 1993, 1307; RG JW 1937, 2971; Soergel/*Hadding/Kießling* Vor § 730 Rn. 5; Bamberger/Roth/*Schöne* Rn. 5 f.; aA Erman/*Westermann* Rn. 1; nicht eindeutig Palandt/*Sprau* Rn. 1, 9.
[2] BGH ZIP 1993, 1307; NJW-RR 2006, 468 (469); 2007, 245 (246); ZIP 2016, 216 Rn. 15.
[3] Soergel/*Hadding/Kießling* Vor § 730 Rn. 3; so für die Beendigung von Vertragshändlerverträgen auch BGHZ 54, 338 (345) = NJW 1971, 49; BGH DB 1974, 233; näher *Ulmer,* Der Vertragshändler, 1969, S. 468 ff., 484 ff. Allg. zu den Haftungsfolgen kündigungsbedingter Beendigung von Dauerschuldverhältnissen vgl. auch *Oetker,* Das Dauerschuldverhältnis, 1994, S. 628 ff., 696 ff.
[4] Vgl. dazu BGHZ 54, 338 (345) = NJW 1971, 49; BGH DB 1974, 233; NJW 1983, 1188; ZIP 1993, 1307; RG JW 1937, 2971; DB 1960, 352; 1966, 1966; RGZ 101, 47 (49); 161, 330 (338 f.); Soergel/*Hadding/Kießling*

3 **b) Ausgleich unter den Gesellschaftern.** Aus der in § 730 Abs. 1 geregelten Funktion der Auseinandersetzung, das Gesellschaftsvermögen zu liquidieren, erklärt sich, dass die hM einen erst nach der Abwicklung (einschließlich der Überschussverteilung) zu veranlassenden **Kontenausgleich** zwischen den Gesellschaftern *nicht* mehr als Gegenstand der Abwicklungsgesellschaft und damit als Aufgabe der Abwickler begreift,[5] wenn er ihnen nicht ausdrücklich oder stillschweigend im Gesellschaftsvertrag übertragen ist.[6] Dem ist im Ansatz zuzustimmen (zum engen sachlichen Zusammenhang zwischen Abwicklung des Gesellschaftsvermögens und internem Ausgleich aber → Rn. 4).

4 Unverkennbar ist freilich, dass die theoretisch klare **Unterscheidung zwischen Abwicklung und internem Ausgleich** im Einzelfall **Schwierigkeiten** bereitet. Auseinandersetzung „in Ansehung des Gesellschaftsvermögens" (so § 730 Abs. 1) und solche hinsichtlich der auf dem Gesellschaftsverhältnis beruhenden internen Ansprüche zwischen den (ehemaligen) Gesellschaftern lassen sich nur schwer trennen.[7] Daher ist auch allgemein anerkannt, dass es zu den Aufgaben der Abwickler gehört, die verschiedenen, durch die Auflösung zu unselbstständigen Rechnungsposten gewordenen gesellschaftsvertraglichen Ansprüche zwischen ihnen und gegen die Gesellschaft in die Schlussabrechnung (→ Rn. 57) einzubeziehen und auf dieser Grundlage das auf jeden Gesellschafter entfallende Guthaben (den Fehlbetrag) zu berechnen (→ Rn. 45). Da Liquidation des Gesellschaftsvermögens und interne Auseinandersetzung zwischen den Gesellschaftern in einem notwendigen Zusammenhang stehen (vgl. §§ 733–735), ist dieser aus der Natur der Sache folgenden *Erweiterung der Abwicklerfunktionen zuzustimmen*.

5 In die gleiche Richtung weist die Rechtsnatur der Ansprüche aus § 735 auf **Nachschuss** in Höhe des anteiligen Verlusts. Da es sich bei ihnen um Sozialansprüche der Gesellschaft handelt, tritt die Vollbeendigung in Fällen dieser Art auch nach hM regelmäßig erst dann ein, wenn die nach § 735 zu leistenden Zahlungen verteilt oder die Ansprüche selbst durch Erlass, Abtretung an die ausgleichsberechtigten Gesellschafter oÄ aus dem Gesellschaftsvermögen ausgeschieden sind.

6 **c) Sonderfall der Innengesellschaft.** Die praktische Bedeutung der Frage, ob die Beziehungen der Gesellschafter einer aufgelösten Gesellschaft sich auch dann nach §§ 730 ff. richten, wenn kein abzuwickelndes Gesellschaftsvermögen (mehr) vorhanden ist, beschränkt sich aus den in → Rn. 3 f. genannten Gründen auf die Fälle der Auflösung einer Innengesellschaft (→ § 705 Rn. 280). Bei dieser ist, streng genommen, mangels Gesellschaftsvermögens für die Annahme einer Abwicklungsgesellschaft ebenso wenig Raum wie bei der Beendigung einer stillen Gesellschaft (§ 235 HGB). Das hindert jedoch nicht, neben §§ 738–740 je nach Lage des Falles auch **einzelne der Regelungen der §§ 730 ff.** entsprechend auf den auch hier notwendigen internen Ausgleich anzuwenden (→ Rn. 12 ff.).

7 **2. Der Gang der Auseinandersetzung.** Die Vorschriften der §§ 730–735 über die Abwicklung der aufgelösten Gesellschaft und die Auseinandersetzung unter den Gesellschaftern bilden sachlich eine **Einheit**. Die Aufteilung in verschiedene Paragraphen gibt einen Anhalt für die sachliche und zeitliche Abfolge der Auseinandersetzungsmaßnahmen; sie darf aber nicht dazu führen, den Gesamtzusammenhang der Auseinandersetzung zu vernachlässigen. Das zeigt sich besonders deutlich am Beispiel der **Schlussabrechnung** als dem Angelpunkt von Abwicklung und internem Ausgleich (→ Rn. 57 ff.). Ihre Erstellung ist im Unterschied zu § 154 HGB gesetzlich zwar nicht vorgeschrieben, gleichwohl aber regelmäßiger Bestandteil der in den Vorschriften der §§ 733–735 angeordneten Maßnahmen. Da nach ständiger Rechtsprechung die gesellschaftsvertraglichen Ansprüche der Beteiligten als unselbstständige, in der Schlussabrechnung zu berücksichtigende Rechnungsposten zu behandeln sind (→ Rn. 49 ff.), ist sogar zu einem Schwerpunkt der Auseinandersetzung geworden. Das hat auch Modifikationen gegenüber den Abwicklungsvorschriften des § 733 zur Folge (→ Rn. 50).

Vor § 730 Rn. 3, 5; Bamberger/Roth/*Schöne* Rn. 5 f.; näher *Ulmer*, Der Vertragshändler, 1969, S. 468 ff., 484 ff.; Soergel/*Teichmann* § 242 Rn. 59, 167 ff.; einschr. Erman/*Westermann* Rn. 1, der für das Vertragsverhältnis zwischen den Gesellschaftern vor vollständiger Durchführung der internen Auseinandersetzung als noch nicht beendet ansieht. Zur nachvertraglichen Treupflicht eines ausgeschiedenen Gesellschafters vgl. BGH NJW 1980, 881 (882).

[5] BGHZ 24, 91 (93 f.) = NJW 1957, 989; BGH WM 1966, 706; Soergel/*Hadding/Kießling* Vor § 730 Rn. 3. Vgl. auch BGH NJW 1983, 1188; ZIP 1993, 1307; RG JW 1937, 2971; Soergel/*Hadding/Kießling* Vor § 730 Rn. 5; Bamberger/Roth/*Schöne* Rn. 5 f.; aA Erman/*Westermann* Rn. 1; nicht eindeutig Palandt/*Sprau* Rn. 1, 9.
[6] BGH NJW 1978, 424; Soergel/*Hadding/Kießling* Vor § 730 Rn. 3.
[7] So auch *Grziwotz* DStR 1992, 1365; ähnlich Erman/*Westermann* Rn. 1. Für Streichung von „in Ansehung des Gesellschaftsvermögens" und für Bezug der Auseinandersetzung (im Unterschied zur Liquidation des Gesellschaftsvermögens) auf das Rechtsverhältnis zwischen den Gesellschaftern *K. Schmidt* BMJ-Gutachten S. 542; idS auch BGH ZIP 2016, 216 Rn. 16 unter Berufung auf BGHZ 191, 293 Rn. 34 = ZIP 2012, 515.

Unter Berücksichtigung dieser Besonderheiten lassen sich die nach Auflösung der Gesellschaft **8** gebotenen, in §§ 730–735 festgelegten **Abwicklungs- und Auseinandersetzungsmaßnahmen** vorbehaltlich abweichender Vereinbarungen wie folgt **zusammenfassen**: Die Geschäftsführung geht auf alle Gesellschafter als Abwickler über (§ 730 Abs. 2 S. 2). Ihre Aufgaben richten sich entsprechend dem geänderten Gesellschaftszweck zunächst darauf, die schwebenden Geschäfte zu beenden und die zur Erhaltung und Verwaltung des Gesellschaftsvermögens bis zu dessen Abwicklung erforderlichen Maßnahmen zu treffen (§ 730 Abs. 2 S. 1). Der erste Abwicklungsschritt besteht sodann in der Rückgabe derjenigen der Gesellschaft zur Benutzung überlassenen Gegenstände (→ § 706 Rn. 13), die nicht für den Abwicklungszweck benötigt werden, an die Gesellschafter (§ 732). Ihm schließt sich die Berichtigung der Gesellschaftsschulden sowie die Bildung von Rückstellungen für noch nicht fällige oder streitige Verbindlichkeiten an (§ 733 Abs. 1). Dazu und zu der regelmäßig erst bei der Schlussabrechnung fälligen Rückerstattung der Einlagen oder ihres Wertes in Geld (§ 733 Abs. 2) ist das Gesellschaftsvermögen, soweit erforderlich, zu liquidieren (§ 733 Abs. 3).

Im Unterschied zum OHG- und KG-Recht (§ 149 HGB) verzichtet das Recht der GbR auf **9** eine vollständige Liquidation des Gesellschaftsvermögens und ordnet für die Verteilung des Überschusses (§ 734) grundsätzlich die **Teilung in Natur** an (§ 731 S. 2 iVm § 752). Gegenüber dieser wenig praktikablen Lösung werden die Beteiligten freilich der finanziellen Auseinandersetzung auch in der GbR häufig den Vorzug geben; dann ist den Abwicklern die vollständige **Liquidation der Vermögenswerte** übertragen. Nach Abschluss der Versilberung des Vermögens bedarf es für die Schlussabrechnung unter Festsetzung des jedem Gesellschafter gebührenden Überschusses bzw. des von ihm nachzuschießenden Fehlbetrags der Auf- und Feststellung der **Auseinandersetzungsbilanz**. Mit der Auskehrung der Guthaben unter Einziehung etwaiger Nachschüsse ist die Gesellschaft beendet.

3. Anwendungsbereich der §§ 730–735. a) Regelfall. Wie oben (→ Vor § 723 Rn. 5 ff.) im **10** Einzelnen dargelegt, führt die Auflösung der GbR regelmäßig zu deren Umwandlung in eine Abwicklungsgesellschaft. Das gilt jedenfalls dann, wenn die Gesellschaft über **Gesamthandsvermögen** verfügt und wenn keiner der Sonderfälle vorliegt, die ihre sofortige Vollbeendigung zur Folge haben (→ Rn. 11). Die Auseinandersetzung richtet sich sodann grundsätzlich nach den Vorschriften der §§ 730–735. Den Gesellschaftern steht es jedoch frei, im Gesellschaftsvertrag oder später abweichende Vereinbarungen über Art und Durchführung der Auseinandersetzung zu treffen (→ Rn. 63 ff.). Die gesetzlichen Auseinandersetzungsvorschriften sind insgesamt grundsätzlich **dispositiver** Natur (→ § 731 Rn. 3, dort auch zu Ausnahmen). – Zur Anwendbarkeit der §§ 730 ff. auf die Abwicklung der *fehlerhaften Gesellschaft* → § 705 Rn. 346.

b) Sofortige Vollbeendigung. Sie tritt bei Gesellschaften ohne Gesamthandsvermögen im **11** Grundsatz sofort mit der Auflösung ein (→ Rn. 6, 12 ff.). Bei Gesellschaften mit Gesamthandsvermögen beruht sie darauf, dass die Mitgliederzahl auf **einen** Gesellschafter zurückgeht[8] (zu den Gründen hierfür → Vor § 723 Rn. 9). Damit entfällt die Vertragsgrundlage, das Gesamthandsvermögen wird zu Alleineigentum des als einziger verbleibenden bisherigen Gesellschafters. Für eine Abwicklung oder für sonstige Auseinandersetzungsmaßnahmen ist hier kein Raum. Stattdessen stehen dem oder den ausgeschiedenen Gesellschaftern oder ihren Erben nach Maßgabe des § 738 Abs. 1 Abfindungsansprüche gegen den Übernehmer des Gesellschaftsvermögens zu.

c) Innengesellschaft ohne Gesamthandsvermögen. Bei den Innengesellschaften (→ § 705 **12** Rn. 282) ist mangels gesamthänderisch gebundenen Gesellschaftsvermögens für eine Abwicklung nach §§ 730 ff. **kein Raum** (→ Rn. 6).[9] Die Auflösung der Gesellschaft fällt mit ihrer Vollbeendi-

---

[8] Unstr., vgl. BGHZ 32, 307 (314 ff.) = NJW 1960, 1664; BGH NJW 1966, 827; 1992, 2757 (2758); 1999, 987; 2002, 1207; zuletzt BGH NJW 2008, 2992 allerdings den Spezialfall einer Gesellschafts- und Gesellschafterinsolvenz betr.; vgl. dazu die Hinweise → § 728 Rn. 6 erst mit Vollbeendigung entfällt Insolvenzfähigkeit: zust. *Trams* NZG 2008, 736 sowie (nur) im Ansatz auch *K. Schmidt* ZIP 2008, 2337 (2340 f.), der aber bei der im BGH-Fall vorliegenden Simultaninsolvenz von Gesellschaft und Gesellschaftern überzeugend für die Nichtanwendung der Fortsetzungsklausel plädiert und damit zur Insolvenz(fähigkeit) nur der aufgelösten Gesellschaft gelangt, ZIP 2008, 2337 (2345 f.); im Ergebnis abl. auch *Marotzke* ZInsO 2009, 590.

[9] HM, vgl. BGH NJW 1990, 573; WM 1986, 1143; NJW 1982, 99 (100); BGHZ 165, 1 (7 f.) = NJW 2006, 1268 (Ehegatteninnengesellschaft; schuldrechtlicher Ausgleich unter Anwendung einzelner Vorschriften der §§ 730 ff.); RGZ 166, 160 (164); RG LZ 1924, 817; BAG ZIP 1987, 1588 (1592); OLG Düsseldorf WM 1982, 969 (970); Soergel/*Hadding/Kießling* Vor § 730 Rn. 5; Staudinger/*Habermeier* (2003) Rn. 6; Erman/*Westermann* Rn. 2; Bamberger/Roth/*Schöne* Rn. 6; für § 733 Abs. 3 offengelassen in RG JW 1934, 3268 (3269). AA ohne nähere Auseinandersetzung mit der Gegenansicht und der Funktion der Abwicklung noch BGH WM 1974, 1162 (1164); 1960, 1121 (1122); RGZ 171, 129 (133); so im Ergebnis auch *Wiedemann* GesR II § 6 III 1 S. 556 f.; *K. Schmidt* BMJ-Gutachten S. 542. Generell zur Liquidation von Innengesellschaften vgl. *Hillers*, Personengesellschaft und Liquidation, 1987, S. 417 ff. – Problematisch OLG Schleswig ZIP 2014, 1525 (1528), Rn. 42, wonach

gung zusammen (→ Vor § 723 Rn. 10). Für den internen Ausgleich der Gesellschafter bedarf es auch hier keines Fortbestands der Gesellschaft (→ Rn. 2). Vielmehr stehen sich Außen- und Innengesellschafter nach der Auflösung als Schuldner und Gläubiger der schuldrechtlichen Auseinandersetzungsansprüche gegenüber. Bis zur vollständigen Durchführung des internen Ausgleichs sind die Gesellschafter wie die Parteien anderer beendeter Dauerschuldverhältnisse auf Grund nachvertraglicher Pflichten gehalten, einen ordnungsgemäßen Ausgleich untereinander durchzuführen. *Im Einzelfall* kann überdies, je nach Ausgestaltung der Innengesellschaft, eine **entsprechende Anwendung einzelner Vorschriften der §§ 730 ff.** in Betracht kommen;[10] sie kann sich mangels ausdrücklicher oder stillschweigender Vereinbarungen auch auf Grund ergänzender Vertragsauslegung ergeben (→ Rn. 22 zur nichtehelichen Lebensgemeinschaft). Zwar findet die Vorschrift des § 730 Abs. 2 S. 2, nach der während der Abwicklung alle Gesellschafter gemeinsam zur Geschäftsführung berechtigt sind, wegen der besonderen Struktur der Innengesellschaften keine Anwendung.[11] Unberührt bleibt jedoch das Recht der Innengesellschafter, an der Schlussabrechnung mitzuwirken (→ Rn. 16).

13 Die **Verwertung** des im Eigentum des Vermögensinhabers als „Außengesellschafter" stehenden Gesellschaftsvermögens können die Innengesellschafter im Regelfall nicht verlangen. Abgesehen von der Rückgabe der zum Gebrauch überlassenen Gegenstände (→ Rn. 14) steht ihnen lediglich ein schuldrechtlicher **Auseinandersetzungsanspruch analog § 738 Abs. 1 S. 2** auf Abrechnung und Auszahlung zu.[12] Das gilt auch dann, wenn die Innengesellschafter während der Gesellschaftsdauer wirtschaftlich an dem rechtlich ausschließlich dem Außengesellschafter zugeordneten „gemeinschaftlichen" Vermögen beteiligt waren.[13] Der Außengesellschafter ist im Regelfall nicht verpflichtet, das Gesellschaftsvermögen analog § 733 Abs. 3 zu liquidieren oder den den Innengesellschaftern zustehenden wirtschaftlichen Anteil analog §§ 731 S. 2, 752 durch Teilung in Natur auszukehren, wenn er die Abfindung der Innengesellschafter aus sonstigen Mitteln finanzieren kann. Eine Veräußerungspflicht bei Vertragsende würde zudem den Abschluss des Gesellschaftsvertrages unter Beachtung der Form des § 311b Abs. 1 voraussetzen, sofern sich Grundstücke in den „Gesellschaftsvermögen" befinden.[14] Im Einzelfall kann sich freilich aus der Auslegung des Gesellschaftsvertrags ergeben, dass der Außengesellschafter den Innengesellschaftern in Höhe des diesen wirtschaftlich zustehenden Anteils Miteigentum an den der Innengesellschaft gewidmeten Vermögensgegenständen einzuräumen hat.[15]

14 Ansprüche der Gesellschafter untereinander können nach der Auflösung grundsätzlich nicht mehr isoliert geltend gemacht werden, sondern werden wie bei der Außengesellschaft unselbständige Rechnungsposten im Rahmen der Abrechnung, sog. **Durchsetzungssperre** (dazu → Rn. 49 ff.).[16] Haben Innengesellschafter eine **Sacheinlage** in das Vermögen des Außengesellschafters geleistet, so ist diese im Zweifel nicht in Natur, sondern dem Werte nach zurückzuerstatten (§ 733 Abs. 2); entsprechend sind die Innengesellschafter auch ihrerseits nicht verpflichtet, die Sacheinlage unter Anrechnung auf ihren Abfindungsanspruch zurückzunehmen.[17] Bestand die Einlage demgegenüber in einer **Gebrauchsüberlassung** (→ § 706 Rn. 13), insbesondere der Überlassung eines gewerblichen Schutzrechts zur Benutzung, so sind die betreffenden Gegenstände entsprechend §§ 738 Abs. 1 S. 2, 732 zurückzugeben; das Recht zur Benutzung des Schutzrechts entfällt mit der Auflösung.

15 Für von Innengesellschaftern nach gesellschaftsvertraglicher Vereinbarung geleistete **Dienste** kommt ein Ausgleich regelmäßig nicht in Betracht (→ § 733 Rn. 17 f.); das gilt auch dann, wenn

---

eine „Vorbeteiligungsgesellschaft" (Verabredung einer gemeinsam durchzuführenden Kapitalbeteiligung unter GmbH-Gesellschaftern) durch Liquidation auseinanderzusetzen sei, krit. *Rüppell/Hoffmann* EWiR 2014, 538; nicht weiter beachtet wird der Aspekt bei *Lieder* DStR 2014, 2464 (2466 f.); *Priester* GWR 2014, 405. – Zur Anwendung der Durchsetzungssperre auf Innengesellschaften aber → Rn. 14.

[10] RGZ 166, 160 (164); BGHZ 165, 1 (7 f.) = NJW 2006, 1268 – Ehegatteninnengesellschaft; dazu allg. BGH NJW-RR 1991, 1049; Soergel/*Hadding/Kießling* Vor § 730 Rn. 11; → Rn. 13 ff. Im Ergebnis ebenso, wenn auch von der grds. Anwendbarkeit der §§ 730 ff. ausgehend BGH WM 1974, 1162 (1164); DB 1961, 704; Erman/*Westermann* Rn. 2 f. Einen Sonderfall behandelt BGH WM 1975, 268 – Auseinandersetzung einer zu einer Innengesellschaft umgestalteten ehemaligen Außengesellschaft.

[11] EinhM, vgl. nur RG JW 1934, 3268; Staudinger/*Habermeier* (2003) Rn. 6; Soergel/*Hadding/Kießling* Vor § 730 Rn. 11; Erman/*Westermann* Rn. 2.

[12] So auch BGH NJW 1983, 2375; 1982, 99 (100); WM 1974, 1162 (1164) unter ausdrücklichem Hinweis auf §§ 738–740; BGHZ 165, 1 (7 f.) = NJW 2006, 1268 – Ehegatteninnengesellschaft; OLG Düsseldorf WM 1982, 969 (970); Soergel/*Hadding/Kießling* Vor § 730 Rn. 9; Bamberger/Roth/*Schöne* Rn. 6; Erman/*Westermann* Rn. 2.

[13] BGHZ 142, 137 (155 f.) = NJW 1999, 2967; BGH NJW 1983, 2375; WM 1974, 1162; 1973, 1242; 1966, 639 (640); OLG Karlsruhe FamRZ 1973, 649; OLG Schleswig NJW-RR 2004, 972 (973).

[14] BGH NJW 1983, 2375 (2376); WM 1974, 1162 (1164); RGZ 166, 160 (165).

[15] BGH NJW 1983, 2375 (2376).

[16] BGH NJW 2015, 1956 = ZIP 2015, 1116 betr. stille Gesellschaft.

[17] So auch Erman/*Westermann* Rn. 3; Soergel/*Hadding/Kießling* Vor § 730 Rn. 11.

die Dienste in Handelsvertreterfunktionen bestanden.[18] Die geleisteten Dienste sind vielmehr im Zweifel durch die Gewinnbeteiligung und die Teilnahme an der Wertsteigerung des Gesellschaftsvermögens abgegolten. Einer **Schuldenbefreiung** der Innengesellschafter als Auflösungsfolge (§ 738 Abs. 1 S. 2) bedarf es in aller Regel schon deshalb nicht, weil gemeinschaftliche Schulden mangels Teilnahme der Innengesellschaft am Rechtsverkehr nicht begründet worden sind.

Der **Außengesellschafter** ist auf Grund seiner gesellschaftsrechtlichen Stellung gegenüber den Innengesellschaftern verpflichtet, eine **Schlussabrechnung** (→ Rn. 57 ff.) zu erstellen.[19] Eine solche Abrechnung erübrigt sich nicht deswegen, weil kein Gesamthandsvermögen vorhanden ist; jedoch kommen für die Schlussabrechnung vorbehaltlich einer etwaigen Nachschusspflicht nur Ausgleichsansprüche gegen denjenigen (Außen-)Gesellschafter in Betracht, dem das der Gesellschaft dienende Vermögen zusteht.[20] Dass die Erstellung der Schlussabrechnung in erster Linie Aufgabe des (Außen-)Gesellschafters ist, folgt aus der Funktionsverteilung zwischen Außen- und Innengesellschaftern, nach der in der Innengesellschaft der Außengesellschafter mit den Vermögensangelegenheiten der Gesellschaft betraut ist und sich die Erstellung der Schlussabrechnung auch nach Vollbeendigung der Gesellschaft als derartige Vermögensangelegenheit darstellt. § 730 Abs. 2 S. 2 betreffend die gemeinsame Geschäftsführung in der Abwicklungsgesellschaft findet keine Anwendung (→ Rn. 12). Verzögert der Außengesellschafter jedoch die Schlussabrechnung, so steht es den Innengesellschaftern frei, an Stelle einer Klage auf Rechnungslegung ihrerseits die Schlussabrechnung zu erstellen, wenn sie auf Grund der verfügbaren Unterlagen hierzu in der Lage sind.[21] Ein Streit über unterschiedliche Wertansätze ist ggf. mittels Feststellungsklage zu klären (→ Rn. 51). 16

Die **Abwicklung schwebender Geschäfte** hat entsprechend § 740 zu erfolgen. Insofern treffen den Außengesellschafter *nachvertragliche Rechenschafts- und Auskunftspflichten*.[22] Ein Einsichtsrecht in Bücher und sonstige Unterlagen steht den Innengesellschaftern nach §§ 740 Abs. 2, 810 zu (→ § 716 Rn. 13; § 740 Rn. 7). 17

d) Stille Gesellschaft bürgerlichen Rechts. Auf die **typische** stille Gesellschaft finden die Vorschriften der §§ 730 ff. weder unmittelbare noch entsprechende Anwendung. Die Auseinandersetzung erfolgt vielmehr **analog § 235 HGB** (→ § 705 Rn. 288). Der Auseinandersetzungsanspruch des Stillen richtet sich auf Rückerstattung des Wertes der Einlage unter Berücksichtigung nicht ausgeschütteter Gewinne und etwaiger auf den Stillen entfallender Verluste.[23] 18

Ist der Stille nach Art der **atypischen** stillen Gesellschaft[24] auch an den Wertänderungen des Gesellschaftsvermögens beteiligt, so gelten für die Auseinandersetzung die oben (→ Rn. 12 ff.) zur Innengesellschaft ieS getroffenen Feststellungen entsprechend. 19

e) Gesellschaftsähnliche Rechtsverhältnisse. Keine Anwendung finden die Vorschriften der §§ 730 ff. auf sog. gesellschaftsähnliche Rechtsverhältnisse. Bei ihnen handelt es sich um gemischte Verträge mit einzelnen gesellschaftsrechtlichen Elementen (→ Vor § 705 Rn. 106, 113 ff.), bei denen ein Gesellschaftsvermögen selbst im wirtschaftlichen Sinn nicht besteht. Eine Auseinandersetzung nach gesellschaftsrechtlichen Grundsätzen kommt bei deren Beendigung daher nicht in Betracht.[25] 20

f) Nichteheliche Lebensgemeinschaft. Kommt es im Rahmen einer nichtehelichen Lebensgemeinschaft (→ Vor § 705 Rn. 81 ff.) ausnahmsweise zum ausdrücklichen oder konkludenten **Abschluss eines Gesellschaftsvertrags** zwischen den Partnern, so richtet sich auch die Beendigung dieses Rechtsverhältnisses und die Auseinandersetzung zwischen den Parteien nach Gesellschafts- 21

---

[18] BGH WM 1978, 461 (465) unter Verneinung eines Ausgleichsanspruchs nach § 89b HGB.
[19] Zum Erfordernis einer Schlussabrechnung bei Innengesellschaften vgl. BGH NJW-RR 1988, 997; 1991, 422 (423); 1991, 1049; zum Stichtag bei Ehegatteninnengesellschaften BGHZ 165, 1 (10 f.) = NJW 2006, 1268 – nicht Trennung der Ehegatten, sondern tatsächliche Beendigung der Zusammenarbeit.
[20] Dazu BGH NJW-RR 1986, 422; 1991, 422 (423); 1991, 1049.
[21] BGH NJW-RR 1986, 1419 = WM 1986, 1143 (1144); Erman/*Westermann* Rn. 2; Soergel/*Hadding/Kießling* Vor § 730 Rn. 11; Bamberger/Roth/*Schöne* Rn. 6.
[22] BGH WM 1986, 1143 (1144); vgl. auch BGH DB 2002, 2708 betr. den im arglistigen Verschweigen eines Aktivum liegenden Treupflichtverstoß.
[23] BGH NJW 2001, 3777 (3778); WM 1968, 278 (279); Soergel/*Hadding/Kießling* Vor § 730 Rn. 15; Bamberger/Roth/*Schöne* Rn. 7; Einzelheiten vgl. bei Staub/*Harbarth* HGB § 235 Rn. 12 f.; Baumbach/Hopt/*Roth* HGB § 235 Rn. 1 f.; Sudhoff NJW 1960, 2121 f.; *Koenigs*, Die stille Gesellschaft, 1961, S. 283 ff.
[24] Dazu BGHZ 7, 174 (178) = NJW 1952, 1412; BGHZ 8, 157 (160) = NJW 1953, 818; BGHZ 199, 104 = ZIP 2013, 2355 – AG & Still; dazu näher *Schäfer/Fallak*, FS B. Kübler, 2014, S. 607 mwN; Staub/*Harbarth* HGB § 230 Rn. 67 ff. und HGB § 235 Rn. 24 ff.; MüKoHGB/*K. Schmidt* HGB § 230 Rn. 74 ff.; Baumbach/Hopt/*Roth* HGB § 230 Rn. 3.
[25] So auch BGH NJW 1983, 1188 (1189); RG JW 1937, 2970 (2971); Soergel/*Hadding/Kießling* Vor § 730 Rn. 16; Bamberger/Roth/*Schöne* Rn. 9; relativierend Erman/*Westermann* Rn. 4.

recht.[26] Da es sich dabei in aller Regel um eine Innengesellschaft handelt, steht nur eine entsprechende Anwendung der §§ 730 ff. in Frage (→ Rn. 12 ff.).

22 Einen vermögensrechtlichen **Ausgleichsanspruch** in entsprechender Anwendung der §§ 730 ff. hat der BGH früher aber auch in bestimmten sonstigen Fällen einer nichtehelichen Lebensgemeinschaft bejaht, in denen es an den Voraussetzungen für die Annahme einer **GbR** zwischen den Partnern **fehlt** (näher → Vor § 705 Rn. 82).[27] In neuerer Zeit hat der inzwischen zuständige XII. Zivilsenat des BGH das Gesellschaftsrecht zwar zurückgedrängt; gleichwohl verspricht die Anwendung der §§ 730 ff. nach wie vor die bessere Lösung (→ Vor § 705 Rn. 83). *Voraussetzung* hierfür ist der Erwerb von Vermögensgegenständen durch einen der Partner während des Bestehens der Lebensgemeinschaft auf Grund gemeinschaftlicher Leistung beider Partner und mit der Zweckbestimmung, dass die Gegenstände von den Partnern nicht nur gemeinsam genutzt werden, sondern ihnen im Innenverhältnis auch gemeinsam gehören sollen.[28] Hieran fehlt es, wenn ein Partner seine Beiträge zum Vermögenserwerb durch den anderen als Zuwendungen für diesen erbringt, so wenn beide Partner zum Bau oder Erwerb eines im Alleineigentum eines von ihnen stehenden Hauses in der Absicht beitragen, dem Eigentümer den wirtschaftlichen Wert des Hauses zu verschaffen.[29] In derartigen Fällen scheidet ein Ausgleichsanspruch nach gesellschaftsrechtlichen Grundsätzen aus. Zur Möglichkeit der Anwendung sonstiger schuldrechtlicher Vorschriften (Gemeinschafts-, Auftrags-, Bereicherungsrecht ua) bei Beendigung einer nichtehelichen Lebensgemeinschaft → Vor § 705 Rn. 81 aE.

23 **4. Sonderfall der Gesellschaftsinsolvenz.** Tritt nach der seit 1.1.1999 geltenden Vorschrift des § 728 Abs. 1 die Auflösung der GbR infolge der Eröffnung des Insolvenzverfahrens über ihr Vermögen ein (→ § 728 Rn. 8 ff.), so führt das nach §§ 80, 148 Abs. 1 InsO zum Insolvenzbeschlag des Gesellschaftsvermögens, verbunden mit dem Übergang der Verwaltungs- und Verfügungsbefugnis hierüber auf den Insolvenzverwalter. Dessen Aufgabe besteht in der Liquidation des Gesellschaftsvermögens zur Befriedigung der Gesellschaftsgläubiger und in der gebündelten Geltendmachung von deren Ansprüchen gegen die Gesellschafter nach § 93 InsO. Dementsprechend stellt der neu angefügte letzte Halbsatz des § 730 Abs. 1 klar, dass in diesem Sonderfall eine **Auseinandersetzung durch die Gesellschafter** nach Maßgabe der §§ 730 ff. **ausscheidet**. Das ändert sich nur dann, wenn das Insolvenzverfahren vor Schlussverteilung des Gesellschaftsvermögens aufgehoben oder eingestellt wird, ohne dass die Gesellschafter die Fortsetzung der Gesellschaft beschließen (zu den Gründen für eine vorzeitige Beendigung des Insolvenzverfahrens → § 728 Rn. 25 ff.).

II. Abwicklungsgesellschaft

24 **1. Unterschiede gegenüber der werbenden Gesellschaft.** Die Auflösung der Gesamthandsgesellschaft führt zur Umgestaltung des Gesellschaftszwecks (→ Vor § 723 Rn. 6) und, damit verbunden, der Rechte und Pflichten der Gesellschafter (→ Rn. 26 ff.). Dagegen bleibt die Zuordnung des Gesellschaftsvermögens durch die Auflösung zunächst unberührt, sofern nicht die Ausnahme des § 730 Abs. 1 aE eingreift. Die Gesellschaft bewahrt trotz Umwandlung in eine Abwicklungsgesellschaft ihre **Identität** in **personen-** und **vermögensrechtlicher** Hinsicht. Auch ihre *Rechtsfähigkeit* als Außengesellschaft (→ § 705 Rn. 303 f.) wird nicht berührt; daher treten im Verhältnis zu Dritten, abgesehen von den Auswirkungen auf Geschäftsführung und Vertretung (→ Rn. 40 ff.), grundsätzlich keine Änderungen durch die Auflösung ein (→ Rn. 36 f.). Die in § 730 Abs. 2 S. 1 aufgestellte *Fiktion* („gilt die Gesellschaft als fortbestehend") bezieht sich nicht auf die Existenz der Gesellschaft,[30] sondern auf ihre Behandlung als werbende bei der Eingehung neuer Verbindlichkeiten (→ § 730 Rn. 24).

---

[26] Vgl. die Fälle BGHZ 165, 1 (6 f.) = NJW 2006, 1268; BGH WM 1965, 793 (794).
[27] So insbes. BGHZ 77, 55 (56 f.) = NJW 1980, 1520; BGHZ 84, 388 (389 f.) = NJW 1982, 2863; BGHZ 115, 261 (264 f.) = NJW 1992, 427; BGH NJW 1992, 906 (907); NJW-RR 1993, 1475 (1476); NJW 1986, 51; 1981, 1502; aus der umfangreichen Rspr. der Instanzgerichte vgl. idS etwa OLG Hamm NJW-RR 1990, 1223; OLG Stuttgart NJW-RR 1993, 1475; LG Bonn NJW-RR 1989, 1498; LG Gießen NJW-RR 1994, 1410. Zur abw. neueren Linie des XII. ZS vgl. die Nachweise → Vor § 705 Rn. 82, dort auch Hinweise zum Schrifttum.
[28] BGHZ 77, 55 (56 f.) = NJW 1980, 1520; BGHZ 84, 388 (389 f.) = NJW 1982, 2863; BGHZ 115, 261 (264 f.) = NJW 1992, 427; BGH NJW 1992, 906 (907); NJW-RR 1993, 1475 (1476); NJW 1986, 51; 1981, 1502; im Rahmen von Wegfall der Geschäftsgrundlage bzw. Bereicherungsrecht auch BGH NJW 2012, 3374 (3375) Rn. 17 ff.; 2013, 2187 Rn. 15 (XII. ZS), dazu *Herr* NJW 2012, 3486.
[29] So BGHZ 77, 57 = NJW 1980, 1520; BGH NJW 1981, 1503; 1983, 2375; NJW-RR 1993, 774 (775); 1993, 1475(1476); 1990, 1223; ebenso BGH NJW 2012, 3374 (3375) Rn. 17; 2013, 2187 Rn. 15.
[30] So die heute einhM, vgl. Soergel/*Hadding/Kießling* Rn. 15; Erman/*Westermann* § 723 Rn. 1; Bamberger/Roth/*Schöne* § 723 Rn. 3; Staudinger/*Habermeier* (2003) Rn. 17.

Die Gesellschafter bleiben, vorbehaltlich der Mitspracherechte des kündigenden Privatgläubigers 25
oder des Insolvenzverwalters in den Fällen der §§ 725, 728 Abs. 2, weiterhin Herren der Gesellschaft.
Sie können **Vertragsänderungen** vornehmen, insbesondere über die Fortsetzung der Gesellschaft
beschließen mit der Folge, dass sich die Abwicklungsgesellschaft in eine werbende Gesellschaft
zurückverwandelt; ein solcher Fortsetzungsbeschluss bedarf allerdings der Zustimmung aller Gesellschafter, soweit sie weiterhin beteiligt bleiben sollen (→ Vor § 723 Rn. 11). Auch ein Gesellschafterwechsel bleibt möglich, sei es durch Aufnahme neuer Gesellschafter,[31] durch Ausscheiden bisheriger
oder durch Anteilsübertragung[32] (→ § 719 Rn. 17 ff.). Eine *Ausschließung* nach § 737 oder die Ausübung eines vertraglichen Übernahmerechts unter Berufung auf Gründe, die von der Auflösung
unabhängig, insbesondere erst nach dieser eingetreten sind, ist allerdings nur wirksam, wenn die
Gründe die ordnungsmäßige Abwicklung der aufgelösten Gesellschaft mit dem auszuschließenden
Gesellschafter schwerwiegend gefährden oder sie für die Mitgesellschafter unzumutbar machen
(→ § 737 Rn. 10 f.).[33] Entsprechendes gilt für eine *Fortsetzungsklausel;* sie greift nur ein, wenn ihre
Auslegung ergibt, dass sie auch für den Abwicklungszeitraum gelten soll (→ § 736 Rn. 8).

2. Stellung der Gesellschafter. a) Allgemeines. Die Auflösung hat **grundlegende Auswir-** 26
kungen auf die Rechte und Pflichten der Gesellschafter. Diese bestehen nur insoweit fort, als es mit
dem geänderten, nunmehr auf Abwicklung gerichteten Gesellschaftszweck vereinbar ist.[34] Laufende
Gewinnverteilung kann nicht mehr verlangt werden. Bereits entstandene Gewinnansprüche sowie
sonstige auf dem Gesellschaftsverhältnis beruhende Forderungen der Gesellschafter werden unselbständige, im Rahmen der Auseinandersetzungsbilanz zu berücksichtigende Rechnungsposten
(→ Rn. 49 ff.). – Zur Ausschließung eines Gesellschafters aus der aufgelösten Gesellschaft → § 737
Rn. 10.

An die Stelle vertraglich übertragener Einzelgeschäftsführung tritt **Gesamtgeschäftsführung** 27
aller Gesellschafter als Abwickler mit entsprechend beschränkten Funktionen, wenn der Gesellschaftsvertrag keine Abweichungen für den Liquidationsfall enthält (§ 730 Abs. 2 S. 2; → Rn. 40).
Geschäftsführervergütungen kommen im Zweifel in Wegfall. Zum Sonderfall vorübergehenden Fortbestands übertragener Geschäftsführung nach §§ 727–729 → § 727 Rn. 9 ff., 16; → § 728 Rn. 39;
→ § 729 Rn. 11.

Unter den gesellschaftsvertraglichen **Pflichten im Abwicklungsstadium** steht im Vordergrund 28
die regelmäßig schon aus der Stellung als Abwickler folgende Verpflichtung, die Abwicklung nach
besten Kräften zu fördern und zur raschen Beendigung der Auseinandersetzung beizutragen.[35] Die
Gesellschafter sind namentlich auch zur Mitwirkung an der Schlussabrechnung und zur Erteilung
der notwendigen Auskünfte verpflichtet;[36] ein Zurückbehaltungsrecht steht ihnen insoweit nicht
zu.[37] Schuldhafte Verstöße gegen diese Pflichten führen zu Schadensersatzansprüchen von Mitgesellschaftern.[38]

Die **Treupflicht** besteht im Grundsatz fort. Sie reduziert sich in Inhalt und Umfang aber nach 29
Maßgabe des geänderten Gesellschaftszwecks und der fortschreitenden Abwicklung.[39] Für die
Abwicklung selbst gilt zwar ebenso wie für die Geschäftsführung in der werbenden Gesellschaft
(→ § 705 Rn. 226) der Grundsatz uneigennütziger Tätigkeit. Wird ein Gesellschafter auf dem
Geschäftsgebiet der Gesellschaft selbst werbend tätig, so ist darin aber nicht ohne weiteres ein Treupflichtverstoß zu sehen.[40] Insgesamt entsprechen die Pflichten der Beteiligten aus dem trotz Auflösung fortbestehenden Gesellschaftsvertrag somit funktionell im Wesentlichen den nachvertraglichen,

---

[31] RGZ 106, 63 (67) für KG.
[32] Vgl. OLG München NJW-RR 2010, 1667: auch nach Auflösung kann ein Gesellschafter-Erbe noch im Grundbuch als Gesellschafter eingetragen werden.
[33] BGHZ 1, 324 (330 ff.) = NJW 1951, 650; BGH BB 1968, 230; Soergel/*Hadding/Kießling* Rn. 2.
[34] BGH NJW 1978, 424; WM 1966, 639 (640); 1978, 898; RGZ 100, 165 (166); 111, 77 (83); OLG Köln ZIP 1983, 310; stRspr; so auch Soergel/*Hadding/Kießling* Rn. 4; Staudinger/*Habermeier* (2003) Rn. 11; *Messer*, FS Stimpel, 1985, S. 205 (211 f.). Speziell zur Ausschließung aus aufgelöster Gesellschaft → § 737 Rn. 10.
[35] BGH WM 1969, 591 (592); Soergel/*Hadding/Kießling* Rn. 4; Erman/*Westermann* Rn. 6; vgl. auch OLG Hamm NJW-RR 2006, 928 (929) – Pflicht zur Mitwirkung an der Kündigung von Telefonanschlüssen der Gesellschaft.
[36] BGH DB 2002, 2708 = NJW-RR 2003, 169.
[37] BGH WM 1969, 591 (592); vgl. auch OLG Hamburg BB 1972, 417 zur Herausgabe von Geschäftsunterlagen einer aufgelösten GbR, an denen nur ein Mitglied Interesse hat.
[38] BGH NJW 1968, 2005 (2006); DB 2002, 2708 = NJW-RR 2003, 169.
[39] BGH NJW 1971, 802; DB 2002, 2708 = NJW-RR 2003, 169 (170) – Pflicht zur wahrheitsgemäßen Information über noch offene Honorarforderungen der Sozietät; Soergel/*Hadding/Kießling* Rn. 4; Bamberger/Roth/*Schöne* Rn. 19.
[40] BGH NJW 1971, 802; WM 1971, 723 (725).

der internen Auseinandersetzung zwischen den Beteiligten dienenden Pflichten in sonstigen aufgelösten Dauerschuldverhältnissen (→ Rn. 2 aE).

30 **b) Beitragspflicht.** Sozialansprüche auf noch nicht erfüllte Beitragsleistungen werden durch die eingetretene Auflösung zwar nicht undurchsetzbar (arg. § 735). Auch für sie gilt aber der oben (→ Rn. 26) betonte allgemeine Grundsatz, dass ihre **Einforderung** nur noch möglich ist, wenn und **soweit** die Beiträge **für den Abwicklungszweck benötigt** werden.[41] Ansonsten ist die Nichterbringung ausstehender Beiträge in der Schlussabrechnung zu berücksichtigen; sie führt zu einer entsprechenden Verminderung des Auseinandersetzungsguthabens des Beitragsschuldners. Eine Einforderung von Leistungen, die im Zuge der Auseinandersetzung alsbald zurückzuerstatten sind, ist im Abwicklungsstadium grundsätzlich ausgeschlossen.

31 Schwer vereinbar mit diesen allgemein anerkannten Grundsätzen über die durch den Abwicklungszweck begrenzte Geltendmachung von Beitragsforderungen hat der BGH in zwei inzwischen betagten Urteilen,[42] abweichend von seiner früheren Rechtsprechung, jedoch im Einklang mit der hM im handelsrechtlichen Schrifttum,[43] dem *Beitragsschuldner* zwar nicht die Darlegungslast, wohl aber die **Beweislast** dafür auferlegt, dass die Beiträge für die Zwecke der Auseinandersetzung nicht benötigt werden. Diesem Rechtsprechungswandel steht nicht nur der Ausnahmecharakter der Einforderung von Beiträgen im Liquidationsstadium, sondern auch der Gesichtspunkt entgegen, dass die Abwickler im Hinblick auf ihre Kenntnis der Gesellschaftsinterna wesentlich besser zur Beweisführung in der Lage sind als ein möglicherweise nicht selbst an der Abwicklung beteiligter Gesellschafter.[44] Mit Rücksicht auf die durch die Auflösung nicht eingeschränkte persönliche Gesellschafterhaftung fehlt es regelmäßig auch an überragenden Gläubigerinteressen daran, die Durchsetzung von Beitragsansprüchen im Abwicklungsstadium zu erleichtern. Daher sollte es in der GbR weiterhin Sache der Abwickler sein, die Notwendigkeit der Einforderung der Beiträge zu beweisen.[45]

32 **c) Schadensersatzhaftung.** Auch Schadensersatzansprüche der Gesellschaft gegen einzelne Gesellschafter wegen Vertragsverletzung sollen durch den Zweck der auf Auseinandersetzung ausgerichteten Abwicklungsgesellschaft begrenzt sein.[46] Das soll sogar dann gelten, wenn es um Schadensersatz wegen schwerwiegender Sorgfaltspflichtverletzung geht.[47] Dem ist zwar zuzustimmen, soweit es um die *Zahlung* von Schadensersatz in die Gesellschaftskasse während der Liquidation geht. Davon unberührt bleibt jedoch die Notwendigkeit, die Schadensersatzpflicht in der Schlussabrechnung zu Lasten des betroffenen Gesellschafters zu berücksichtigen. – Zu Ausnahmen von der Anwendung der **Durchsetzungssperre** (→ Rn. 49 ff.) bei Schadensersatzansprüchen → Rn. 56.

33 **d) Actio pro socio.** Hinsichtlich der Geltendmachung von Sozialansprüchen gegen Mitgesellschafter im eigenen Namen eines Gesellschafters (actio pro socio, → § 705 Rn. 204 ff.) wollte eine ältere Rechtsprechung des BGH im Liquidationsstadium danach unterscheiden, ob es sich um Ansprüche gegen einen Mitgesellschafter auf Schadensersatz oder solche auf Beitragsleistung handelt. Die Durchsetzung von **Schadensersatzansprüchen** soll zwar *grundsätzlich möglich* sein, außer wenn deren Einziehung für die Zwecke der Liquidation nicht mehr erforderlich ist und dem ersatzpflichtigen Gesellschafter per Saldo ein Auseinandersetzungsguthaben verbleibt.[48] Demgegenüber hat die Rechtsprechung für **Beitragsansprüche** den Grundsatz aufgestellt, dass ihre Geltendmachung nach

---

[41] Vgl. Soergel/*Hadding/Kießling* Rn. 4, 5; Bamberger/Roth/*Schöne* Rn. 20; Staudinger/*Habermeier* (2003) Rn. 11; *Messer*, FS Stimpel, 1985, S. 205 (211 f.); BGH NJW 1978, 424; WM 1966, 639 (640); 1978, 898; RGZ 100, 165 (166); 111, 77 (83); OLG Köln ZIP 1983, 310; stRspr.
[42] So BGH NJW 1980, 1522 (1523) und WM 1978, 898 entgegen BGH WM 1977, 617 und wohl auch BGH NJW 1978, 424. Die Bezugnahme auf RGZ 45, 153 (155) zur Begründung der Abweichung von der bisherigen Linie geht fehl, da es dort um den anders gelagerten Fall rückständiger Einlagen in einer AG ging. Wie BGH NJW 1980, 1522 auch KG GmbHR 1993, 818 (819); OLG Düsseldorf NZG 1999, 989 (990).
[43] Staub/*Habersack* HGB § 149 Rn. 22; Schlegelberger/*K. Schmidt* HGB § 149 Rn. 20; Baumbach/Hopt/*Roth* HGB § 149 Rn. 3. So grds. auch Soergel/*Hadding/Kießling* Rn. 5; *Wiedemann* GesR II § 6 III 3, S. 572; wie hier dagegen Erman/*Westermann* Rn. 6; Bamberger/Roth/*Schöne* Rn. 20; Staudinger/*Habermeier* (2003) Rn. 17.
[44] Dem will BGH WM 1978, 898 (899) dadurch Rechnung tragen, dass dem Abwickler die Darlegungslast obliegen soll.
[45] So grds. auch Erman/*Westermann* Rn. 6; Bamberger/Roth/*Schöne* Rn. 20; Staudinger/*Habermeier* (2003) Rn. 17; aA Soergel/*Hadding/Kießling* Rn. 5; Staub/*Habersack* HGB § 149 Rn. 22; Schlegelberger/*K. Schmidt* HGB § 149 Rn. 20; Baumbach/Hopt/*Roth* HGB § 149 Rn. 3; *Wiedemann* GesR II § 6 III 3, S. 572.
[46] Vgl. Soergel/*Hadding/Kießling* Rn. 4, 7; Erman/*Westermann* Rn. 6; Bamberger/Roth/*Schöne* Rn. 19; ferner BGH NJW 1971, 802; DB 2002, 2708 = NJW-RR 2003, 169 (170) – Pflicht zur wahrheitsgemäßen Information über noch offene Honorarforderungen der Sozietät.
[47] So Erman/*Westermann* Rn. 6 gegen LG Bielefeld MDR 1981, 845.
[48] BGHZ 10, 91 (101) = NJW 1953, 1217; BGH BB 1958, 603; NJW 1960, 433 (434); WM 1971, 723 (725); 1977, 617; RGZ 158, 302 (314); OLG Köln NZG 2000, 1171 (1173).

der Auflösung ausschließlich *den Liquidatoren vorbehalten* sei, da die Entscheidung über die Einforderung derartiger Ansprüche außerhalb der Schlussabrechnung Sache der Liquidatoren sein müsse.[49]

Stellungnahme. Diese Rechtsprechung führt zu einer sachlich nicht veranlassten Einschränkung 34 des Rechts einzelner Gesellschafter, Beitragsansprüche gegen Mitgesellschafter im Liquidationsstadium unmittelbar geltend zu machen. Sie ist in der Literatur zu Recht auf Kritik gestoßen.[50] Dass derartige Ansprüche im Abwicklungszeitraum nur noch insoweit eingefordert werden können, als die Zahlung für die Abwicklungszwecke erforderlich ist, trifft zwar zu (→ Rn. 30 f.); dies betrifft jedoch nicht die Zulässigkeit, sondern die Begründetheit der Klage.[51] Verlangt ein Mitgesellschafter im eigenen Namen Zahlung an die Gesellschaft, so muss er ebenso wie ein Liquidator (→ Rn. 31) die Notwendigkeit der Leistung vor der Schlussabrechnung beweisen.

Eine **Ausweitung** erfährt die Lehre von der actio pro socio in denjenigen Fällen, in denen es 35 sich bei dem Sozialanspruch um das **letzte Aktivum** der Gesellschaft handelt und die ausstehende Leistung mangels sonstiger Gesamthandsverbindlichkeiten nur noch zur Zahlung des Auseinandersetzungsguthabens an einen Mitgesellschafter benötigt wird; hier soll dieser unmittelbar Klage auf Leistung an sich selbst erheben können.[52] Dem ist im Interesse der Beschleunigung und Vereinfachung der Abwicklung zu folgen.[53] – Zur Frage der Durchsetzbarkeit von gegen die Gesamthand gerichteten Ansprüchen eines Gesellschafters gegenüber Mitgesellschaftern im Liquidationsstadium → Rn. 49 ff.

3. Stellung der Gläubiger. Sie erfährt durch die Auflösung der Gesellschaft grundsätzlich **keine** 36 **Änderung** (→ Vor § 723 Rn. 23 f.; zur analogen Anwendung von § 159 HGB → § 736 Rn. 28 ff.). Die Schuldnerstellung der Gesamthand wird hierdurch nicht berührt; betagte Forderungen werden im Zweifel nicht vorzeitig fällig (§ 733 Abs. 1 S. 2). Ob die Auflösung einen wichtigen Grund bildet, um befristete Dauerschuldverhältnisse vorzeitig zu beenden, beurteilt sich nach dem für das jeweilige Schuldverhältnis geltenden Recht.[54]

Auf die Einhaltung der in § 733 festgelegten **Reihenfolge der Abwicklungsmaßnahmen** 37 (Schuldentilgung vor Rückerstattung der Einlagen) haben die Gläubiger keinen Anspruch. § 733 Abs. 1 ist ebenso wie das übrige Liquidationsrecht dispositiv (→ § 733 Rn. 5); die Gläubiger sind durch die persönliche Gesellschafterhaftung hinreichend gesichert. Kommt es jedoch vor der Schuldentilgung zur Verteilung von Gesellschaftsvermögen, so wird dadurch im Umfang des Empfangenen die persönliche Haftung auch derjenigen Gesellschafter begründet, die im bisherigem Recht nicht als Gesamtschuldner mit ihrem Privatvermögen für die Gesamthandsverbindlichkeiten einzustehen hatten (s. 3. Aufl. § 714 Rn. 59 f.).

4. Beendigung der Gesellschaft. Für den Zeitpunkt der Beendigung ist nach ganz hM nicht 38 die Schuldtilgung gegenüber Gesellschaftsgläubigern oder der Kontenausgleich zwischen den Gesellschaftern maßgeblich, sondern allein die **vollständige Abwicklung des Gesamthandsvermögens** (→ Rn. 1 f.).[55] Dem ist im Grundsatz zuzustimmen. Da jedoch der Kontenausgleich im Regelfall mit der Verteilung des Überschusses (§ 734) bzw. der Einforderung und Verteilung von Nachschüssen (§ 735) zusammenfällt und sowohl der Überschuss als auch die Ansprüche auf Nachschuss zum Gesamthandsvermögen gehören, wird das Ende der Abwicklungsgesellschaft meist mit dem Kontenausgleich zusammenfallen (→ Rn. 4 f.). – Zur Beendigung durch Hinterlegung des Restvermögens bei Streit über dessen Verteilung → § 734 Rn. 11.

Finden sich nach scheinbar vollständiger Abwicklung **nachträglich** noch Gegenstände des 39 **Gesamthandsvermögens,** nicht jedoch Gesellschaftsverbindlichkeiten,[56] so war die Gesellschaft in Wahrheit noch nicht voll beendet mit der Folge, dass die Auseinandersetzung wieder aufzunehmen ist (Nachtragsliquidation). Auch die erst später festgestellten Aktiva bzw. deren Wert sind nach Maßgabe des § 734 unter die Gesellschafter zu verteilen.[57] Insoweit bestehen grundsätzlich auch die

---

[49] So BGH NJW 1960, 433 (434) obiter dictum unter Hinweis auf RGZ 100, 165 (166); so auch Staudinger/*Habermeier* (2003) Rn. 19; offenlassend jetzt aber BGHZ 155, 121 (125) = NJW 2003, 2676; zu Recht aA OLG Düsseldorf NZG 1999, 989 (990); KG GmbHR 1993, 818 (819); ebenso auch Soergel/*Hadding/Kießling* Rn. 14.
[50] So namentlich *U. Huber* Vermögensanteil S. 23; vgl. auch Erman/*Westermann* Rn. 9; Soergel/*Hadding/Kießling* Rn. 14.
[51] So zu Recht *U. Huber* Vermögensanteil S. 23; Erman/*Westermann* Rn. 9.
[52] BGHZ 10, 91 (102) = NJW 1953, 1217, BGH ZIP 2016, 216 Ru. 25, WM 1971, 723 (725), BB 1958, 603; RGZ 123, 23 (26); 158, 302 (314); *Bork/Oepen* ZGR 2001, 515 (539); zur Parallelfrage im GmbH-Recht ebenso BGH NZG 2005, 216 = ZIP 2005, 230.
[53] Für diese Ausweitung namentlich auch *Hadding*, Actio pro socio, 1966, S. 87 ff.
[54] Vgl. Staub/*Schäfer* HGB § 131 Rn. 51.
[55] BGHZ 24, 91 (93 f.) = NJW 1957, 989; Soergel/*Hadding/Kießling* Rn. 32; Bamberger/Roth/*Schöne* Rn. 22.
[56] Soergel/*Hadding/Kießling* Rn. 33.
[57] RGZ 114, 131 (135).

Kompetenzen der Abwickler fort.[58] Die scheinbar beendete Gesellschaft kann auch noch Adressat eines vom Finanzamt erlassenen Steuerbescheids sein.[59]

III. Geschäftsführung und Vertretung

40 **1. Allgemeines.** Die **Geschäftsführung** steht in der Abwicklungsgesellschaft nach gesetzlicher Regel allen Gesellschaftern **gemeinschaftlich** zu (§ 730 Abs. 2 S. 2 aE). Das gilt auch dann, wenn für die werbende Gesellschaft Einzelgeschäftsführung vereinbart war; derartige Vereinbarungen erstrecken sich nicht auf die Abwicklungsgesellschaft.[60] Die Rechtslage entspricht insofern derjenigen in der Personenhandelsgesellschaft, bei der gemäß §§ 146 Abs. 1, 150 HGB gleichfalls die für die werbende Gesellschaft geltende Geschäftsführungsbefugnis mit der Auflösung erlischt und an deren Stelle – trotz grundsätzlicher Einzelgeschäftsführung/-vertretung (§§ 114, 125 HGB) – die *Gesamtgeschäftsführung sämtlicher Gesellschafter* als Liquidatoren tritt.[61] Aufgrund der ähnlichen Interessenlage ist es zudem erwägenswert, einzelne Vorschriften der §§ 146 ff. HGB entsprechend heranzuziehen (→ Rn. 41, 47).[62] Wegen der durch die Auflösung entfallenen Gemeinsamkeit der Interessen geht der Wille der Beteiligten für das Abwicklungsstadium im Zweifel dahin, die Auseinandersetzung gemeinsam vorzunehmen und sich dabei gegenseitig zu kontrollieren.[63] Können sich die Gesellschafter über den Fortgang der Liquidation nicht einigen, so kann jeder Gesellschafter einen Antrag an das Gericht stellen, analog § 146 Abs. 2 HGB einen Liquidator zu bestellen.[64] Ausnahmen von der Zuständigkeit sämtlicher Gesellschafter sind freilich bei **Publikumsgesellschaften** veranlasst: Auch ohne gesellschaftsvertragliche Regelung und ohne dahin gehenden Beschluss der Gesellschafter sprechen im Interesse einer zügigen und praktikablen Liquidation die besseren Gründe für eine analoge Anwendung des § 265 Abs. 1 AktG, so dass nur die Geschäftsführer zur Abwicklung berufen sind.[65] Überdies wird sogar die **Bestellung eines Dritten** als Liquidator einer Publikumspersonengesellschaft zugelassen, auch durch einen mit der für Vertragsänderungen geltenden Mehrheit gefassten Beschluss (→ Rn. 47).[66]

41 Für den verstorbenen Gesellschafter nehmen dessen **Erben** gemeinschaftlich an der Abwicklung teil; in einer (Außen-)Gesellschaft haben sie jedoch analog § 146 Abs. 1 S. 2 HGB einen *gemeinsamen Vertreter* zu bestellen.[67] Die Interessenlage ist insofern die gleiche wie in der Personenhandelsgesellschaft, zumal im Liquidationsstadium auch in der GbR keine Bedenken gegen die Bestellung von Dritten zu Liquidatoren bestehen (→ Rn. 47). Für einen insolvenzbetroffenen Gesellschafter nimmt der **Insolvenzverwalter** an der Abwicklung teil (→ § 728 Rn. 37 f.). Zum Fall der Kündigung durch einen Privatgläubiger → § 725 Rn. 20. Zur **Notgeschäftsführung** einzelner Gesellschafter für eine Übergangszeit nach Eintritt der Auflösung → § 727 Rn. 9 ff., 16; zur Fiktion fortbestehender Geschäftsführung bei unverschuldeter Unkenntnis von der Auflösung → § 729 Rn. 3 ff., 11.

42 Eine **Geschäftsführervergütung** kann für die Tätigkeit als Abwickler nicht beansprucht werden, wenn sie nicht vertraglich vereinbart ist.[68] Für die Zeit der werbenden Gesellschaft vereinbarte Vergütungen gelten nicht ohne weiteres auch für das Abwicklungsstadium. Wohl aber können die nicht oder nicht in gleichem Maße an der Abwicklung beteiligten Mitgesellschafter im Einzelfall, ebenso wie bei der werbenden Gesellschaft (→ § 705 Rn. 234), aus Gründen der Treupflicht gehalten sein, der Gewährung einer Vergütung an den oder die Abwickler zuzustimmen.

---

[58] BGH NJW 1979, 1987; vgl. aber auch BayObLG NJW-RR 2000, 1348 für Publikumsgesellschaft.
[59] Weitergehend BFH DB 1987, 2503 – Vollbeendigung der GbR erst nach Abwicklung des Rechtsverhältnisses zwischen ihr und dem Finanzamt.
[60] Ebenso OLG Köln WM 1995, 1881 (1882); BFH/NV 2011, 1167; iE auch OLG Naumburg NZG 2012, 1259 (1260) betr. „Bestellung" von Liquidatoren unter Ausschluss eines Gesellschafters.
[61] Vgl. nur Staub/*Habersack* HGB § 146 Rn. 8.
[62] Dafür *Wiedemann* GesR II § 6 III 1, S. 557 in Bezug auf § 146 Abs. 1, 2 HGB und § 152 HGB; bei unternehmenstragenden Gesellschaften auch Staudinger/*Habermeier* (2003) Vor § 705 Rn. 72.
[63] So zutr. RGZ 100, 165 (166).
[64] BGH WM 2011, 1806 (1807) Rn. 19.
[65] So namentlich LG Nürnberg-Fürth NZG 2010, 1101 für Publikums-GbR mit 3400 Gesellschaftern; ähnlich KG NZG 2010, 1103. Abl. aber BGH WM 2011, 1806 (1807) Rn. 19 ff.: weil durch einen Gesellschafterbeschluss von der unpassenden Regelung des § 730 Abs. 2 S. 2 abgewichen und überdies ein gerichtlicher Antrag analog § 146 Abs. 2 HGB gestellt werden könne, fehle es an einer Regelungslücke.
[66] BGH NZG 2014, 302 (304) Rn. 33 ff.
[67] Ebenso *Wiedemann* GesR II § 6 III 1, S. 557; Staudinger/*Habermeier* (2003) Rn. 14; aA – die Erben je persönlich – Soergel/*Hadding/Kießling* Rn. 15 unter Berufung auf den methodisch schwer vertretbaren Umkehrschluss zu § 146 Abs. 1 S. 2 HGB; Erman/*Westermann* Rn. 7; Bamberger/Roth/*Schöne* Rn. 24; vgl. allg. zur Wahrnehmung der Mitgliedschaftsrechte in einer Erbengemeinschaft → § 727 Rn. 20.
[68] HM, vgl. BGH WM 1967, 682 (683) für KG; Soergel/*Hadding/Kießling* Rn. 17; Staudinger/*Habermeier* (2003) Rn. 15; Bamberger/Roth/*Schöne* Rn. 29.

Für die organschaftliche **Vertretung** der Gesellschaft durch die Geschäftsführer gilt der Auslegungsgrundsatz des § 714 auch im Liquidationsstadium.[69] Entsprechend der Gesamtgeschäftsführung sind die Abwickler nach gesetzlicher Regel *nur gemeinsam* zur Vertretung der Gesellschaft berechtigt. Entsprechendes gilt gemäß § 150 HGB – trotz abweichenden Ausgangspunkts – auch in der Personenhandelsgesellschaft (→ Rn. 40). Bei Verhinderung eines Abwicklers können die Übrigen allein handeln.[70] Der **Umfang** der Vertretungsmacht richtet sich im Zweifel nach den Aufgaben der Abwickler (→ Rn. 44 f.). Für Geschäfte, die durch den Abwicklungszweck nicht gedeckt sind und deren Vornahme auch nicht im Einvernehmen aller Gesellschafter erfolgt, haftet die Gesellschaft nur nach Rechtsscheingrundsätzen.[71] 43

2. Aufgaben der Abwickler. Dazu → Rn. 8 f. Die Abwickler haben zunächst die **schwebenden Geschäfte** zu beenden und können hierzu im Rahmen des Erforderlichen auch **neue Geschäfte** tätigen (§ 730 Abs. 2 S. 1).[72] Schwebende Geschäfte sind solche, die im Zeitpunkt der Auflösung entweder bereits zu Stande gekommen oder von der Gesellschaft doch schon so weit vorbereitet waren, dass eine Bindung gegenüber dem Verhandlungspartner eingetreten ist, bei denen die Erfüllung oder anderweitige Beendigung aber noch aussteht.[73] – Zu dem durch den Abfindungszweck bestimmten engeren Begriff der schwebenden Geschäfte in § 740 → § 740 Rn. 4. Zur Frage vorzeitiger Kündigung von Dauerschuldverhältnissen aus Anlass der Auflösung → Rn. 36; zur einvernehmlichen Erweiterung des Aufgabenkreises der Abwickler auf sonstige neue Geschäfte → Rn. 48. 44

Zu den **sonstigen Aufgaben** der Abwickler gehört die Rückgabe von Gegenständen, die der Gesellschaft zum Gebrauch überlassen waren (§ 732), die Tilgung der Gesellschaftsschulden (§ 733 Abs. 1) und die Liquidation des Gesellschaftsvermögens in dem durch den Abwicklungszweck gebotenen Umfang (→ § 733 Rn. 22). Die aus dem Gesellschaftsvertrag resultierenden, infolge der Auflösung zu unselbstständigen Rechnungsposten gewordenen Ansprüche der Gesellschafter (→ Rn. 49) sind in die Schlussabrechnung aufzunehmen, die die Abwickler zum Abschluss ihrer Tätigkeit aufzustellen haben (→ Rn. 59). Die Abwicklung findet ihr Ende mit der Auszahlung der jeweiligen Auseinandersetzungsguthaben (§§ 733 Abs. 2, 734) nach vorheriger Einforderung etwaiger sich aus der Schlussabrechnung ergebender Nachschüsse (§ 735). 45

3. Abweichende Vereinbarungen. Über Stellung und Aufgaben der *Abwickler* können abweichende Vereinbarungen im Gesellschaftsvertrag[74] oder durch späteren, vorbehaltlich einer vertraglichen Mehrheitsklausel[75] einstimmigen Gesellschafterbeschluss getroffen werden, soweit dadurch weder Rechte Dritter beeinträchtigt werden (§§ 725, 728) noch auch die Auseinandersetzung trotz eingetretener Auflösung auf Dauer ausgeschlossen wird.[76] Hiervon zu unterscheiden ist ein – ebenfalls möglicher – Fortsetzungsbeschluss (→ Vor § 723 Rn. 11). Er wandelt die Gesellschaft wieder in eine werbende um und entzieht der Abwicklung damit die Grundlage. – Allgemein zu gesellschaftsvertraglichen Abweichungen von §§ 730 ff. → Rn. 63 f. 46

Unter den Abweichungen von § 730 Abs. 2 kommt einerseits die **Übertragung der Abwicklung** an einen oder *bestimmte Gesellschafter* in Betracht. Entsprechend § 146 Abs. 2 S. 2 HGB ist im Abwicklungsstadium als Ausnahme von dem Grundsatz der Selbstorganschaft (→ § 709 Rn. 5) auch die **Einsetzung eines Dritten** als Liquidator durch einstimmigen oder mehrheitlichen Gesellschafterbeschluss zuzulassen.[77] Enthält der Vertrag eine Mehrheitsklausel, so ist dies ausreichend; allerdings 47

---

[69] So auch Staudinger/*Habermeier* (2003) Rn. 16.
[70] BGH WM 1964, 740 (741) für KG; Erman/*Westermann* Rn. 7. Allg. zu den Vertretungsfolgen der Verhinderung eines gesamtvertretungsberechtigten Geschäftsführers → § 714 Rn. 30.
[71] Vgl. Erman/*Westermann* Rn. 8; Soergel/*Hadding/Kießling* Rn. 15; Bamberger/Roth/*Schöne* Rn. 27; so auch die bisher hM zu § 149 HGB, vgl. BGH NJW 1984, 982; *Hueck* OHG § 32 IV 5b, S. 497; Baumbach/Hopt/ *Roth* HGB § 149 Rn. 7; Röhricht/v. Westphalen/*Haas* HGB § 149 Rn. 20; aA – für grds. unbegrenzte Vertretungsmacht des Geschäftsführer der OHG auch im Liquidationsstadium – *K. Schmidt* AcP 174 (1974), 55 (68 ff., 76); *ders.* AcP 184 (1984), 529 (583 f.); ihm folgend Staub/*Habersack* HGB § 149 Rn. 46; ebenso für das Vereinsrecht → § 49 Rn. 13 (*Arnold*).
[72] BGH NJW 1984, 982; WM 1964, 152 (153) jeweils für KG; Soergel/*Hadding/Kießling* Rn. 17; Erman/ *Westermann* Rn. 7; Bamberger/Roth/*Schöne* Rn. 25.
[73] RGZ 171, 129 (133); Soergel/*Hadding/Kießling* Rn. 17.
[74] Vgl. nur BGH WM 2011, 1806 (1807) Rn. 14 f. – dort verneint; zu dieser, eine Publikumsgesellschaft betreffende Entscheidung → Rn. 40 aE.
[75] Zu den Voraussetzungen mehrheitlicher Vertragsänderungen → § 709 Rn. 81 ff.
[76] Zu dieser zwingenden zeitlichen Schranke vgl. BGHZ 1, 324 (329) = NJW 1951, 650; Soergel/*Hadding/ Kießling* Rn. 17.
[77] BGH NZG 2014, 302 (304) Rn. 38. Zur entsprechenden Anwendung des § 146 Abs. 2 S. 2 HGB auch *Wiedemann* GesR II § 6 III 1, S. 557; ebenso Soergel/*Hadding/Kießling* Rn. 16; Bamberger/Roth/*Schöne* Rn. 23.

muss wegen der Abweichung von § 730 Abs. 2 S. 2 die für Vertragsänderungen vorgesehene **Mehrheit** erreicht werden.[78] Entsprechend § 152 HGB sind Dritte als Liquidator an die einstimmig beschlossenen Weisungen der Gesellschafter gebunden.[79]

48 Auch hinsichtlich des **Tätigkeitsumfangs** sind die Gesellschafter frei, den Abwicklern über die Beendigung schwebender und die Eingehung sonstiger notwendiger Geschäfte hinaus weitere Geschäftsführungsfunktionen zu übertragen; damit verbindet sich im Zweifel (§ 714) eine entsprechende Ausweitung der Vertretungsmacht. Beschließen die Gesellschafter, die Auseinandersetzung auf begrenzte Zeit auszusetzen und die Geschäfte solange fortzuführen, so kann darin je nach Lage des Falles auch ein befristeter Fortsetzungsbeschluss gesehen werden. In diesem Fall gelten im Zweifel die für die werbende Gesellschaft vorgesehenen Geschäftsführungsregeln weiter. – Zur Möglichkeit von Abweichungen gegenüber § 733 Abs. 1 → § 733 Rn. 10 ff.

IV. Das Schicksal der Gesellschafteransprüche

49 **1. Grundsatz.** Nach ständiger, wenn auch durch zahlreiche Ausnahmen (→ Rn. 54 ff.) durchbrochener Rechtsprechung führt die Auflösung dazu, dass die Gesellschafter die ihnen gegen Gesamthand und Mitgesellschafter zustehenden Ansprüche nicht mehr selbstständig im Wege der **Leistungsklage** durchsetzen können (sog. **Durchsetzungssperre;**[80] zum Schicksal von Sozialansprüchen → Rn. 30 f.). Diese sind vielmehr als *unselbstständige Rechnungsposten* in die Schlussabrechnung (Auseinandersetzungsbilanz) aufzunehmen. Der Grund für diesen nicht nur im Recht der Personenhandelsgesellschaften,[81] sondern auch im GbR-Recht[82] geltenden Rechtssatz liegt darin, dass wechselseitige Zahlungen im Abwicklungsstadium vermieden und die Geltendmachung von Ansprüchen grundsätzlich der Schlussabrechnung vorbehalten werden soll.[83] Vor endgültiger Auseinandersetzung sollen Mitglieder einer Abwicklungsgesellschaft Zahlung nur dann verlangen können, wenn und soweit feststeht, dass ihnen Ansprüche in diesem Umfang mindestens zustehen bzw. dass sie den auf diese Weise erlangten Betrag keinesfalls zurückzahlen müssen.[84] Dies gilt auch beim Ausscheiden eines Gesellschafters aus einer **zweigliedrigen GbR**[85] und nach Auflösung einer **Innengesellschaft** (→ Rn. 14).

50 Der gegen die isolierte Geltendmachung von Gesellschafteransprüchen gerichteten Rechtsprechung ist trotz der darin liegenden **Abweichung von § 733 Abs. 1 und 2** auch für das Recht der GbR zu folgen. Die gesetzliche Regelung trägt dem Gedanken der Einheitlichkeit der Schlussabrechnung nicht hinreichend Rechnung; sie ist durch die zwischenzeitliche Entwicklung überholt. Auch die Rechte der einzelnen Gesellschafter werden durch die Durchsetzungssperre nicht unzumutbar eingeschränkt, solange der Grundgedanke (→ Rn. 49) nicht außer Acht gelassen und bei der Zulassung von Ausnahmen dementsprechend großzügig verfahren wird.

51 Die Zulässigkeit von **Feststellungsklagen** zwischen Gesellschaftern über das Bestehen von Ansprüchen oder Verbindlichkeiten aus dem Gesellschaftsverhältnis wird von der Durchsetzungssperre nicht berührt; sie sind im Gegenteil geeignet, die Auseinandersetzung zu fördern.[86] Ist die Leistungsklage eines Gesellschafters im Auseinandersetzungsstadium im Hinblick auf die noch ausstehende Auseinan-

---

[78] BGH NZG 2014, 302 (304), Rn. 35 f.
[79] *Wiedemann* GesR II § 6 III 1, S. 557.
[80] Eingehend dazu *Stüber*, Der Grundsatz der Durchsetzungssperre bei Liquidation von Personengesellschaften, 2013.
[81] BGHZ 37, 299 (305) = NJW 1962, 1863; BGH NJW 1968, 2005 (2006); 1992, 2757 (2758); WM 1964, 740 (741); 1968, 697 (698); 1976, 789; 1977, 973 (974); 1979, 937 (938); 1981, 487; 1995, 109; ZIP 1995, 1085; NJW 2000, 2586; so auch schon RGZ 158, 302 (314); ausf. Bestandsaufnahme bei *Stüber* Durchsetzungssperre. S. 41 ff.
[82] BGH WM 1955, 302; NJW 1984, 1455; 1985, 1898; WM 1986, 68; NJW-RR 1988, 1379; 1991, 1049; NJW 2011, 2355 (2356); NZG 2013, 216 (220); RGZ 123, 23 (26); OLG Koblenz BB 1988, 91; OLG Hamm BeckRS 2011, 6137; s. auch *Freund* MDR 2011, 577 (579).
[83] Zur dogmatischen Grundlage näher *Stüber* Durchsetzungssperre S. 84 ff., 121 ff., mit dem überzeugenden Vorschlag, sie auf § 155 HGB iVm § 735 S. 1 zu stützen.
[84] StRspr, BGHZ 37, 299 (305) = NJW 1962, 1863; BGH NJW 1968, 2005 (2006); NJW 1984, 1455; 1985, 1898; 1992, 2757 (2758); NJW-RR 1988, 1379; 1991, 1049; WM 1955, 302; 1964, 740 (741); 1968, 697 (698); 1976, 789; 1977, 973 (974); 1979, 937 (938); 1981, 487; 1986, 68; 1995, 109; ZIP 1995, 1085; so auch schon RGZ 158, 302 (314); RGZ 123, 23 (26); OLG Koblenz BB 1988, 91; OLG Hamm BeckRS 2011, 6137. So auch Staudinger/*Habermeier* (2003) Rn. 21 und 733 Rn. 6; *Wiedemann* GesR II § 6 III 3, S. 577; Soergel/*Hadding* Rn. 4; *Messer*, FS Stimpel, 1985, S. 205 ff.; ganz hM. Dazu, dass die Durchsetzungssperre nicht primär dem Gläubigerschutz, sondern dem Gesellschafterinteresse an einem geordneten und zügigen Liquidationsverfahren *Stüber* Durchsetzungssperre S. 125 ff.
[85] BGH NJW 1992, 2757; 1999, 3557.
[86] BGH NJW 1984, 1455; 1985, 1898; 2000, 2586; WM 1987, 1073; 1995, 109; 1998, 1020 (1025); NJW 2000, 2586; OLG München NJW-RR 1995, 485; Erman/*Westermann* Rn. 13; Soergel/*Hadding*/*Kießling* Rn. 13. AA noch OLG Hamm MDR 1985, 585.

dersetzungsrechnung unbegründet, so kann sie in eine Feststellungsklage abgeändert werden, den Betrag als unselbstständigen Posten in die Auseinandersetzungsrechnung einzustellen.[87] Das gilt auch für eine Stufenklage.[88] Eine derartige Umdeutung findet naturgemäß aber ihre Grenze in einem explizit entgegenstehenden Parteiwillen.[89] Zur Klage auf Mitwirkung an der Schlussabrechnung → Rn. 60.

2. Sachliche Tragweite. Im Einzelnen unterfallen der Durchsetzungssperre nicht nur solche Ansprüche, die wie die Rückzahlung der Einlagen (§ 733 Abs. 2) oder die Ausschüttung des Überschusses die vorherige Liquidation des Gesellschaftsvermögens voraussetzen.[90] Vielmehr wird der Grundsatz auch auf sonstige **gesellschaftsvertragliche Ansprüche** gegen Gesellschaft oder Mitgesellschafter wie Gewinn- oder Aufwendungsersatzansprüche angewandt, selbst wenn sie bis zum Eintritt der Auflösung selbstständig durchsetzbar waren.[91] Auch wenn Gesellschafter Verbindlichkeiten der Gesellschaft erst im Liquidationsstadium tilgen, können sie ihren Ausgleichsanspruch nur als unselbstständigen Rechnungsposten im Rahmen der Schlussabrechnung geltend machen; die Durchsetzungssperre erfasst auch den gemäß § 426 Abs. 2 zu Regresszwecken auf den Gesellschafter übergegangenen Anspruch des Gesellschaftsgläubigers.[92] Entsprechendes hat – trotz der insoweit uneinheitlichen Rechtsprechung[93] – für gesellschaftsvertragliche *Schadensersatzansprüche* (→ Rn. 32) zu gelten.[94] Schon im Ansatz **unanwendbar** ist die Durchsetzungssperre wegen ihrer Rechtsgrundlage (→ Rn. 49) entgegen der Rechtsprechung[95] hingegen, soweit es um (originäre) Ansprüche **zwischen Gesellschaftern** geht,[96] also nicht um die Geltendmachung von Sozialansprüchen (→ § 733 Rn. 8).[97] Die Rechtsprechung lässt insofern immerhin großzügige Ausnahmen zu (→ Rn. 56). Nach ihrem Sinn und Zweck unanwendbar ist die Durchsetzungssperre ferner bei allen **nicht auf Geldleistung** gerichteten Ansprüchen.[98]

Unberührt von der Durchsetzungssperre bleiben **Drittgläubigeransprüche** eines Gesellschafters gegen Gesellschaft oder Mitgesellschafter, darunter auch Schadensersatzansprüche aus unerlaubter Handlung oder aus Geschäftsführung ohne Auftrag, da die Parteien sich hier wie Dritte gegenüberstehen.[99] Der Gesellschaft ist es freilich unbenommen, insoweit mit Gegenansprüchen gegen den Gesellschafter aufzurechnen, auch wenn sie von der Durchsetzungssperre erfasst sind, oder unter Berufung auf absehbare, aber mangels Schlussabrechnung noch nicht fällige Ansprüche auf Nachschuss den Missbrauchseinwand zu erheben. Selbstständig durchsetzbar sind auch sonstige Ansprüche eines Gesellschafters gegen einen Mitgesellschafter etwa auf Rückzahlung eines Darlehens, sofern sie ihre Grundlage nicht im Gesellschaftsverhältnis haben.[100]

---

[87] BGH NJW 1984, 1455; 1984, 2295; 1992, 2757 (2758); 2000, 2586; BB 1993, 1238; WM 1998, 1020 (1025); NZG 2003, 215.
[88] BGH WM 1995, 109.
[89] Vgl. OLG Frankfurt OLGR 2007, 97 f.
[90] BGH NJW 2000, 2586; WM 1964, 740 (741); 1969, 591 (592); 1970, 90 (91).
[91] BGHZ 37, 299 (304) = NJW 1962, 1863; BGH WM 1968, 697 (698); NJW-RR 1986, 456; vgl. auch BGH WM 1997, 2220 (2221): Ausnahme dann, wenn selbstständige Durchsetzbarkeit vertraglich vereinbart.
[92] BGHZ 103, 72 (77 f.) = NJW 1988, 1375; BGH NJW 2005, 2618; zust. Soergel/*Hadding/Kießling* Rn. 11; *Freund* MDR 2011, 577 (579); krit. dagegen *Hadding/Häuser* WM 1988, 1585; Erman/*Westermann* Rn. 11.
[93] Für grds. Einbeziehung in die Auseinandersetzung BGH NJW 2005 (2006); WM 1984, 1605 (1606); RGZ 158, 302 (314); BGH ZIP 2013, 361 Rn. 44 f. – dort aber iE Ausnahme angenommen, → Rn. 56 aE; aA offenbar BGHZ 10, 91 (101) = NJW 1953, 1217; BGH NJW 1962, 859; WM 1971, 723 (725); 1997, 2220 (2221); unklar BGH WM 1967, 275 (276) betr. Schadensersatzansprüche gegen Mitgesellschafter.
[94] So auch Staudinger/*Habermeier* (2003) Rn. 21; Erman/*Westermann* Rn. 11; Soergel/*Hadding/Kießling* Rn. 10; Bamberger/Roth/*Schöne* Rn. 20; ferner *Schäfer* ZHR 170 (2006), 373 (390 f.); *Freund* MDR 2011, 577 (580); → Rn. 32.
[95] S. insbes. BGH WM 1984, 1605 (1606) und sodann etwa BGH NJW 1995, 188 (189); 2005, 2618 (2620); NZG 2012, 393 (397); WM 2013, 320 (324).
[96] Zutr. MüKoHGB/*K. Schmidt* HGB § 155 Rn. 24; *Stüber* Durchsetzungssperre S. 159 ff.
[97] Dies blieb in den vom BGH entschiedenen Fällen allerdings nicht selten unklar; sofern es dort um Ansprüche der Gesellschaft ging (die von einem Gesellschafter geltend gemacht wurden) ist der Anwendung der Durchsetzungssperre iE zuzustimmen, s. auch MüKoHGB/*K. Schmidt* HGB § 155 Rn. 24; *Stüber* Durchsetzungssperre S. 156 f.
[98] BGH NJW 1981, 2802; *Stüber* Durchsetzungssperre S. 169 f. Soergel/*Hadding/Kießling* Rn. 9 f.; Bamberger/Roth/*Schöne* Rn. 30; offenlassend aber BGH ZIP 2013, 361 Rn. 42 ff.: es habe keine Gefahr des Hin- und Herzahlens bestanden.
[99] So auch BGH NJW-RR 2006, 1268 (1270) unter ausdrücklicher Aufgabe von BGH WM 1978, 89 (90); 1971, 931 (932). BGH NZG 2008, 68 (69); OLG Hamm NZG 2003, 677 (678): jedenfalls, wenn die unerlaubte Handlung zu einem Zeitpunkt stattfindet, in dem Ausscheiden schon feststeht, arg. § 393; Soergel/*Hadding/Kießling* Rn. 11; Staudinger/*Habermeier* (2003) Rn. 22; Bamberger/Roth/*Schöne* Rn. 30; *Freund* MDR 2011, 577 (579); *Stüber*, Durchsetzungssperre, S. 173 ff.; aA noch OLG Karlsruhe NZG 2001, 748 (749) im Anschluss an die überholte ältere Rspr. des BGH; *Messer*, FS Stimpel, 1985, S. 205; → § 705 Rn. 203.
[100] Zu einem derartigen Fall s. BGH WM 1986, 68.

§ 730 54–58

54 **3. Ausnahmen.** Entsprechend dem für die Undurchsetzbarkeit von Einzelansprüchen der Gesellschafter maßgebenden Grundgedanken, wechselseitige Zahlungen während der Auseinandersetzung nach Möglichkeit zu vermeiden (→ Rn. 49), hat die Rechtsprechung zahlreiche Ausnahmen in anders gelagerten Fällen zugelassen.[101] So kann bei entsprechender Liquidität der Gesellschaft die **Rückzahlung von Einlagen** schon vor der Schlussabrechnung verlangt werden, soweit die betreffenden Gesellschafter von der Verlustteilnahme freigestellt sind.[102] Entsprechendes gilt, wenn die Mindesthöhe eines Auseinandersetzungsguthabens schon vor der Schlussabrechnung feststeht.[103] Auch kann sich aus dem Sinn und Zweck der (gesellschafts-)vertraglichen Bestimmungen ergeben, dass bestimmte Ansprüche im Falle der Auflösung ihre Selbständigkeit behalten sollen.[104]

55 Der BGH hat die Durchsetzungssperre weiter für den Fall durchbrochen, dass ein Gesellschafter auf Grund einer vorläufigen Auseinandersetzungsrechnung auf **Zahlung eines Fehlbetrags** in Anspruch genommen wird.[105] Eine Ausnahme von dem oben genannten Grundsatz kommt auch dann in Betracht, wenn ein Gesellschafter sich den wesentlichen Teil des Gesellschaftsvermögens eigenmächtig und ohne Gegenleistung zunutze macht.[106]

56 Richtigerweise unterliegen Ansprüche im Verhältnis zwischen Gesellschaftern schon im Ansatz nicht der Durchsetzungssperre, sofern es sich nicht um die Geltendmachung von Sozialansprüchen handelt (→ Rn. 52 aE). Auch im letzteren Fall (Geltendmachung eines Sozialanspruchs) lässt die Rechtsprechung recht großzügige Ausnahmen zu. So ist ein Vorgehen **gegen Mitgesellschafter** wegen der anteiligen Erstattung eines bei der Gesellschaft nicht einzutreibenden *Aufwendungsersatzanspruchs* aus dem gleichen Grunde dann zugelassen worden, wenn der Gesellschafter per Saldo zumindest Ausgleich in dieser Höhe verlangen kann.[107] Weiterhin hat die Rechtsprechung wiederholt die Geltendmachung von *Schadensersatzansprüchen* gegen Mitgesellschafter wegen des einem Gesellschafter persönlich entstandenen Schadens gebilligt (→ Rn. 52).[108] Darüber hinaus können Ansprüche gegen Mitgesellschafter auch dann unmittelbar durchgesetzt werden, wenn das Gesellschaftsvermögen im Wesentlichen erschöpft ist und es angesichts der überschaubaren Verhältnisse einer gesonderten Schlussabrechnung nicht bedarf (→ Rn. 35).[109] Eine weitere Ausnahme gilt für **nicht auf Geldzahlung gerichtete** Schadensersatzansprüche gegen ehemalige (geschäftsführende) Gesellschafter (→ Rn. 52 aE).[110]

V. Schlussabrechnung und Auseinandersetzungsguthaben

57 **1. Schlussabrechnung.** Sie bildet als **Schlusspunkt der Auseinandersetzung** zwischen den Gesellschaftern das Ende der Abwicklung (→ Rn. 7); man spricht daher auch von *Auseinandersetzungsbilanz*. Bei Gelegenheitsgesellschaften ohne periodische Gewinnverteilung (§ 721 Abs. 1) dient sie gleichzeitig der Berechnung und Verteilung des während der Gesellschaftsdauer erzielten Gewinns oder Verlusts.

58 Im Unterschied zu § 154 HGB ist im Recht der GbR eine **formelle,** nach den Grundsätzen ordnungsgemäßer Buchführung zu erstellende **Schlussbilanz nicht vorgeschrieben.** Ihrer bedarf es nur dann, wenn die finanziellen Verhältnisse der Gesellschaft nicht ohne weiteres überschaubar sind und eine Auseinandersetzung unter Berechnung der auf die einzelnen Gesellschafter entfallenden Guthaben oder Nachschüsse ohne Auseinandersetzungsbilanz zu Unsicherheit führen würde.[111] Zur

---

[101] Systematisierend mit Fallgruppenbildung *Stüber* Durchsetzungssperre S. 180 ff.
[102] BGH WM 1964, 740 (741); 1967, 346 (347); KG NZG 2001, 556; Soergel/*Hadding/Kießling* Rn. 9; Bamberger/Roth/*Schöne* Rn. 30.
[103] Vgl. nur BGHZ 37, 299 (305) = NJW 1962, 1863; BGH NJW 1980, 1628; 1995, 2843 (2844); 1998, 376; WM 1961, 323 (324); 1968, 1086; 1969, 591 (592); 1981, 487; DB 1977, 87 (89). Dazu auch *Ensthaler,* Die Liquidation von Personengesellschaften, 1985, S. 49 ff.
[104] BGH NJW-RR 2003, 1392 (1393) betr. Forderungen aus einer Treuhandabrede.
[105] BGH NJW-RR 1991, 549; vgl. auch OLG Koblenz NJW-RR 1988, 1250.
[106] BGH NJW 1980, 1628; ZIP 1995, 1085.
[107] BGHZ 37, 299 (305) = NJW 1962, 1863; BGH WM 1974, 749 (751); Erman/*Westermann* Rn. 12; Bamberger/Roth/*Schöne* Rn. 32.
[108] BGH NJW 1962, 859; dazu krit. Erman/*Westermann* Rn. 12; wohl auch WM 1967, 275 (276).
[109] BGH NJW-RR 2006, 468 (469) = ZIP 2006, 232; 2007, 245 (246); WM 1965, 793; 1966, 706 (und 1052); 1967, 275; 1975, 268; 1978, 1205; ZIP 1993, 1307; RGZ 23 (26); 58, 302 (314); OLG Hamm DB 2003, 937; OLG Düsseldorf BeckRS 2010, 276 – Verteilung des letzten Aktivpostens. So auch Erman/*Westermann* Rn. 12; Soergel/*Hadding/Kießling* Rn. 9, 28; Bamberger/Roth/*Schöne* Rn. 31.
[110] BGH ZIP 2013, 361 Rn. 42 ff. – wegen treuwidriger Ausnutzung einer Geschäftschance der Gesellschaft, weil und soweit insofern keine Gefahr des Hin- und Herzahlens bestehe. – Zur generellen Unanwendbarkeit der Durchsetzungssperre bei nicht auf Geldleistung gerichteten Ansprüchen, *Stüber* Durchsetzungssperre S. 169 f. Soergel/*Hadding/Kießling* Rn. 9 f.; Bamberger/Roth/*Schöne* Rn. 30.
[111] So wohl auch BGH WM 1969, 591 (592).

Einbeziehung der auf dem Gesellschaftsverhältnis beruhenden Ansprüche der Gesellschafter in die Schlussabrechnung → Rn. 49 ff.

Zur **Aufstellung** der Schlussabrechnung verpflichtet sind die Abwickler, im Regelfall also alle 59 Gesellschafter (zur Schlussabrechnung bei Innengesellschaften → Rn. 16). Der Anspruch hierauf steht nach Eintritt der Auflösung als Teil des Anspruchs auf Auseinandersetzung[112] jedem Gesellschafter zu. Sind abweichend von der gesetzlichen Regel nicht alle Gesellschafter zugleich Abwickler, so umfasst die Schlussabrechnung auch die von den Abwicklern als Geschäftsführer geschuldete Rechenschaftslegung (→ § 713 Rn. 10). – Zur *Feststellung* der Schlussabrechnung → § 734 Rn. 1.

Die **klageweise Durchsetzung** ist auf Mitwirkung an den zur Aufstellung der Schlussabrech- 60 nung erforderlichen Handlungen zu richten;[113] die Vollstreckung erfolgt im Regelfall nach § 887 ZPO.[114] Eine Schlussabrechnung durch das Gericht kann nicht verlangt, wohl aber Feststellungsklage über die Berechtigung streitiger Rechnungsposten erhoben werden.[115] Entsprechendes gilt bei Streit über den maßgeblichen Auflösungszeitpunkt, etwa wegen zeitlich auseinanderfallender Kündigungserklärungen, soweit er sich auf die Schlussabrechnung auswirkt.[116] Für den Abfindungsanspruch aus § 738 Abs. 1 S. 2 lässt der BGH neuerdings zu, dass bei einer **Verzögerung** der Schlussabrechnung über einen objektiv angemessenen Zeitraum hinaus alternativ auf Zahlung eines selbst berechneten Auseinandersetzungsguthabens geklagt werden kann (→ § 738 Rn. 30).[117] Diese Rechtsprechung lässt sich grundsätzlich auf die entsprechende Situation bei Auseinandersetzung übertragen.

2. Anspruch auf das Auseinandersetzungsguthaben. Zu Begriff und Zusammensetzung des 61 Auseinandersetzungsguthabens → § 734 Rn. 8. Der Anspruch hierauf wird ebenso wie eine etwaige Nachschusspflicht (§ 735) grundsätzlich erst **fällig, wenn** die **Schlussabrechnung** von den Gesellschaftern **festgestellt** und dadurch über ihren Inhalt Einigkeit erzielt worden ist. Näher → § 734 Rn. 1; zur entsprechenden Lage bei der Gewinnverteilung → § 721 Rn. 8. Abw. gilt demgegenüber für den Abfindungsanspruch (→ § 738 Rn. 28). Anderes gilt hinsichtlich solcher aus der Gesellschaftskasse schon vorab erfüllbarer Teilbeträge, deren Mindesthöhe feststeht (→ Rn. 54).

Der Anspruch richtet sich **gegen die Gesellschaft;** er ist nach Maßgabe von §§ 733 Abs. 2, 734 62 aus dem verbleibenden Vermögen zu befriedigen. Ist sonstiges Gesellschaftsvermögen nicht vorhanden (→ Rn. 35), so kann er auch unmittelbar gegen ausgleichspflichtige **Gesellschafter** durchgesetzt werden.[118] Entsprechendes gilt für Ausgleichsansprüche eines Gesellschafters wegen Aufwendungen im Gesellschaftsinteresse[119] oder dann, wenn es um die Verteilung des letzten Vermögensgegenstands der Gesellschaft geht.[120] Das Vorhandensein oder die Möglichkeit noch offener Gesellschaftsverbindlichkeiten schließt die Ausgleichung zwischen den Gesellschaftern beim Fehlen weiterer Gesellschaftsvermögens nicht aus.[121]

---

[112] Dazu BGH WM 1955, 302; Soergel/*Hadding/Kießling* Rn. 4, 12; Bamberger/Roth/*Schöne* Rn. 18; Palandt/*Sprau* Rn. 2, 5.
[113] Vgl. OLG Hamm BB 1983, 1304; OLG Koblenz NZG 2002, 371 zu den Bestimmtheitsanforderungen an den Vollstreckungstitel.
[114] BGH NJW 1993, 1394 (1395); Stein/Jonas/*Brehm*, 21. Aufl. 1994, ZPO § 887 Rn. 5, ZPO § 888 Rn. 2; → § 738 Rn. 30; Staub/*Schäfer* HGB § 131 Rn. 153.
[115] Vgl. nur BGHZ 26, 25 (28) = NJW 1958, 57; BGH WM 1964, 1052 (wN zur Rspr. in → Rn. 51); Soergel/*Hadding/Kießling* Rn. 12; Bamberger/Roth/*Schöne* Rn. 18. – Ein auf Zahlung gerichteter Leistungsantrag unter Verkennung der Durchsetzungssperre beinhaltet aber stets einen Feststellungsantrag auf Einstellung der Forderung in die Schlussrechnung, so dass Leistungsklage in Feststellungsklage umgedeutet werden kann (Hilfsantrag nicht erforderlich), s. BGH NJW 1984, 1455; 1992, 2757; NZG 2000, 832; 2002, 519; im Urkundsprozess scheidet dies aber naturgemäß aus, s. BGH NZG 2012, 1107 (1110) Rn. 36 ff. – Allg. zur Problematik gerichtlicher Durchsetzung des Anspruches auf Auseinandersetzung und Bilanzfeststellung auch Staudinger/*Habermeier* (2003) Rn. 25; Staub/*Schäfer* HGB § 131 Rn. 153 f.
[116] Vgl. dazu OLG München NJW-RR 1995, 485.
[117] BGH ZIP 2011, 1358 – Gesellschaft unterlässt mehr als zwei Jahre die Benennung eines nach Gesellschaftsvertrag erforderlichen Schiedsgutachters zur Ermittlung der streitigen Abfindungshöhe; ZIP 2011, 1359 – Leistungsklage nach Verstreichen eines vertraglichen Fälligkeitszeitpunkts, sofern ausgeschiedener Gesellschafter Höhe der Abfindung schlüssig begründen kann.
[118] BGH NJW-RR 2006, 468 (469) – ZIP 2006, 232; 2007, 245 (246); WM 1965, 793, 1966, 706 (und 1052) 1967, 275; 1975, 268; 1978, 1205 (1208); ZIP 1993, 1307; RGZ 123, 23 (26); 158, 302 (314); OLG Hamm DB 2003, 937; OLG Düsseldorf BeckRS 2010, 276 – Verteilung des letzten Aktivpostens. So auch Erman/*Westermann* Rn. 12; Soergel/*Hadding/Kießling* Rn. 9, 28; Bamberger/Roth/*Schöne* Rn. 31.
[119] BGH NJW-RR 1990, 736.
[120] BGH NJW 1995, 188; 1999, 3557; Palandt/*Sprau* Rn. 5.
[121] BGHZ 26, 126 (133) = NJW 1958, 299; MüKoHGB/*K. Schmidt* HGB § 155 Rn. 41 f.; *Hueck* OHG § 32 IX 1b, S. 520 f.; aA für die OHG EBJS/*Hillmann* HGB § 155 Rn. 12.

B. Andere Arten der Auseinandersetzung

I. Allgemeines

63 Die Abwicklungsvorschriften der §§ 730 ff. sind grundsätzlich **dispositiv** (→ § 731 Rn. 3, dort auch zu Einschränkungen). Ebenso wie die Gesellschafter grundsätzlich bestimmte Abwicklungsschritte abweichend von der gesetzlichen Regel gestalten können, steht es ihnen auch frei, anstelle der Abwicklung eine grundsätzlich andere Art der Auseinandersetzung zu wählen.[122] Die wichtigste dieser Abweichungen ist die durch eine **Übernahme-** oder **Fortsetzungsklausel** (→ Rn. 69) bewirkte Reduzierung des Mitgliederbestands auf einen Gesellschafter. Sie führt dazu, dass zugleich mit der Auflösung auch die Vollbeendigung der Gesellschaft eintritt (→ Rn. 11). Eine Abwicklung kommt hier schon deshalb nicht in Betracht, weil es an dem dazu erforderlichen Fortbestand eines – wenn auch aufgelösten – Gesellschaftsverhältnisses fehlt. Stattdessen stehen dem Ausgeschiedenen oder seinen Erben in Fällen dieser Art meist Abfindungsansprüche gegen den Übernehmer zu.

64 Traditionsgemäß wird auch die **Veräußerung des Gesellschaftsvermögens** mit Aktiven und Passiven **an einen Dritten** (→ Rn. 86 ff.) als Beispiel für eine liquidationslose Auseinandersetzung genannt, obwohl zwischen einer Liquidation der Gesellschaft (als Rechtsträgerin) und ihres Vermögens, namentlich eines von ihr betriebenen Unternehmens, zu unterscheiden ist. In Betracht kommen ferner sonstige nicht auf einer Übernahme beruhende Fälle der **Vereinigung aller Anteile in einer Hand,** namentlich zur Weiterverfolgung des Gesellschaftszwecks in der Rechtsform einer GmbH oder AG (→ Rn. 89 f.), sowie die Spaltung der GbR unter Realteilung von Aktiven und Passiven (→ Rn. 92).

II. Übernahme durch einen Gesellschafter

65 1. **Fragestellung.** Dem Gesellschafter einer aus zwei Personen bestehenden **OHG oder KG** steht das Recht zu, das Handelsgeschäft ohne Liquidation mit Aktiven und Passiven zu übernehmen, wenn in der Person des Mitgesellschafters ein Ausschließungsgrund gegeben ist (vgl. § 140 Abs. 1 S. 2 in sachlicher Übereinstimmung mit § 142 Abs. 1 aF HGB). Die Übernahme selbst vollzieht sich auf Grund eines von dem Berechtigten erwirkten Gestaltungsurteils uno actu im Wege der Gesamtrechtsnachfolge. Das Gesamthandseigentum wandelt sich mit dem Ausscheiden des vorletzten Gesellschafters (→ Rn. 69) bzw. wirksamer Ausübung eines Übernahmerechts in Alleineigentum des Übernehmers um; es wird zum Bestandteil seines persönlichen Vermögens. Kommt es beim einzigen Mitgesellschafter zur Anteilspfändung mit anschließender Kündigung oder zur Insolvenzeröffnung, so können auch diese Umstände entsprechend § 131 Abs. 3 Nr. 2, 4 HGB zur Übernahme durch den letztverbliebenen Gesellschafter führen (vgl. § 142 Abs. 2 aF HGB).

66 Für die **Gesellschaft bürgerlichen Rechts** hat der Gesetzgeber von einer den in → Rn. 65 genannten HGB-Vorschriften entsprechenden Regelung abgesehen; ein Bedürfnis hierfür wurde bei den Gesetzesberatungen nicht gesehen (→ Rn. 73).[123] Das schließt angesichts der dispositiven Natur des Gesellschafts- und namentlich auch des Abwicklungsrechts die *Vereinbarung eines Übernahmerechts* oder die ihr funktional gleichstehende (→ Rn. 69) Aufnahme einer Fortsetzungsklausel (§§ 736 Abs. 1, 737) in den Vertrag einer zunächst mehrgliedrigen Gesellschaft nicht aus. Auch außerhalb solcher Vertragsgestaltungen ist im Analogiewege ein *gesetzliches* Übernahmerecht unter bestimmten, freilich eng begrenzten Voraussetzungen anzuerkennen (→ Rn. 73 f.).

67 Von den Voraussetzungen und der Ausübung des Übernahmerechts zu unterscheiden ist der früher für Handelsgesellschaften in § 142 Abs. 3 aF HGB geregelte **Vollzug der Übernahme.** Insoweit fragt sich, ob auch für die GbR eine Gesamtrechtsnachfolge des Übernehmers in das Gesamthandsvermögen unter gleichzeitiger Umwandlung in Alleineigentum anzuerkennen ist (→ Rn. 81 f.). Dass diese Art der Durchführung für den *Übernehmer* am einfachsten ist, steht außer Zweifel. Theoretisch könnte die Übernahme nach Geltendmachung des Rechts aber auch durch Einzelübertragung der Gegenstände des Gesamthandsvermögens an den Übernahmeberechtigten vollzogen werden.[124] Die Entscheidung der Frage hängt daher davon ab, ob sich die Gesamtrechtsnachfolge in Fällen dieser Art auf einen allgemein für Gesamthandsverhältnisse geltenden Rechtsgrundsatz stützen lässt und ob dadurch keine schutzwürdigen Belange Dritter gefährdet werden (→ Rn. 81 f.).

---

[122] Zur Auslegung derartiger Vereinbarungen vgl. BGH NJW-RR 1994, 1187.
[123] *Rimmelspacher* AcP 173 (1973), 1 (10 f.) mN.
[124] *Canter* NJW 1965, 1553 ff. (1554) in krit. Auseinandersetzung mit dem pauschal auf den „Rechtsgedanken von § 142 HGB" abstellenden Urteil BGHZ 32, 307 (314 ff.) = NJW 1960, 1664. Für diese Unterscheidung namentlich auch *Riegger,* Die Rechtsfolgen des Ausscheidens eines Gesellschafters aus einer zweigliedrigen Personalgesellschaft, 1969, S. 8 f.; *Rimmelspacher* AcP 173 (1973), 1 (4, 18).

2. Rechtsgrundlagen. a) Vereinbarung der Gesellschafter. aa) Art der Vereinbarung. 68
Darüber, dass die Gesellschafter kraft Privatautonomie (§ 731) anstelle der Abwicklung die Übernahme des Gesellschaftsvermögens durch einen von ihnen vereinbaren können, besteht heute in Rechtsprechung und Literatur Einigkeit.[125] Die Vereinbarung kann **im Gesellschaftsvertrag** selbst getroffen werden **oder** aus gegebenem Anlass **ad hoc** zu Stande kommen; sie ist bei Zustimmung aller Gesellschafter auch noch nach Auflösung möglich. Ein im Gesellschaftsvertrag enthaltenes Übernahmerecht bindet auch den pfändenden Privatgläubiger oder den Insolvenzverwalter in der Gesellschafterinsolvenz.[126]

Der ausdrücklichen Begründung eines Übernahmerechts steht es grundsätzlich gleich, wenn der 69 Gesellschaftsvertrag einer zunächst mehrgliedrigen Gesellschaft eine **Fortsetzungsklausel** enthält und die Gesellschafterzahl später auf zwei Personen schrumpft.[127] Für die Annahme, dass es zum Ausscheiden eines Gesellschafters beim Vorliegen eines der in der Fortsetzungsklausel genannten Gründe nur dann kommen soll, wenn mindestens *zwei* Gesellschafter verbleiben, während im Übrigen die Abwicklung nach gesetzlicher Regel gewollt ist, bedarf es besonderer Anhaltspunkte aus dem Verhältnis der Gesellschafter oder dem von ihnen verfolgten Zweck. Entsprechendes gilt auch, wenn der Vertrag einer zweigliedrigen Gesellschaft für den Fall der Kündigung eines Gesellschafters die **Anwachsung** des Gesellschaftsvermögens beim verbliebenen Gesellschafter vorsieht.[128]

Von einem Übernahmerecht kraft Vereinbarung ist im Zweifel auch dann auszugehen, wenn sich 70 eine **Personenhandelsgesellschaft** durch Schrumpfung des Geschäftsbetriebs oder Änderung des Gesellschaftszwecks **in eine GbR umgewandelt** hat. Insoweit sprechen gute Gründe dafür, dass der Gesellschafterwille sich auf Fortgeltung der handelsrechtlichen Grundsätze einschließlich des Übernahmerechts im Innenverhältnis richtet.[129] Abweichendes gilt freilich dann, wenn aus der Art und Weise des Rechtsformwechsels auf den Willen der Gesellschafter zu schließen ist, ihre Beziehungen künftig voll dem Recht der GbR zu unterstellen.

bb) Regelungsinhalt. Was den Inhalt der Vereinbarung angeht, so ist zunächst festzulegen, unter 71 welchen Voraussetzungen ein Übernahmerecht zur Entstehung kommen soll. In Betracht kommen namentlich die in § 736 Abs. 1 genannten Umstände einschließlich desjenigen der Anteilspfändung oder der von dem pfändenden Gläubiger ausgesprochenen Kündigung. Stets muss sich aus Wortlaut oder Sinn und Zweck der Vereinbarung ergeben, dass das Übernahmerecht auch für den jeweils in Frage stehenden Umstand gewährt sein sollte. Ein zur „Hinauskündigung" von Mitgesellschaftern ohne besonderen Anlass berechtigendes, in das Belieben des Rechtsinhabers gestelltes Übernahmerecht bedarf zu seiner Wirksamkeit besonderer, die Vertragsgestaltung rechtfertigender Gründe (→ § 737 Rn. 17 ff.).

Vertraglich festzulegen sind weiter Regelungen über den **Eintritt der Übernahme.** Die Verein- 72 barung eines Gestaltungsklagerechts entsprechend § 140 Abs. 1 S. 2 HGB ist nicht möglich.[130] Wohl aber haben die Gesellschafter die Wahl, ob sie den Eintritt des Übernahmefalls ausschließlich von objektiven, im Gesellschaftsvertrag festgesetzten Gründen abhängig machen oder zusätzlich auf eine Gestaltungserklärung des Übernahmeberechtigten abstellen und die Gesellschaft bis dahin unverändert fortbestehen lassen wollen (zur Frage des Vollzugs der Übernahme → Rn. 81 f.). Begründet der Gesellschaftsvertrag lediglich ein Recht auf Übernahme, so bedarf es im Zweifel einer entsprechenden Gestaltungserklärung des Berechtigten zu dessen Ausübung (→ Rn. 77).

b) Objektives Recht? aa) Grundlagen. Die Frage, ob und unter welchen Voraussetzungen 73 beim Fehlen von Übernahme- oder ihnen nach → Rn. 69 gleichzustellenden Fortsetzungsvereinba-

---
[125] BGHZ 32, 307 (314 ff.) = NJW 1960, 1664; BGH NJW 1966, 827; 1994, 796; NJW-RR 1993, 1443; OLG Köln DB 1981, 1184; OLG Hamm NZG 2000, 250 (251); BeckRS 2009, 10744; Soergel/*Hadding/Kießling* Vor § 730 Rn. 23; Staudinger/*Habermeier* (2003) Rn. 2; Palandt/*Sprau* § 736 Rn. 4; Erman/*Westermann* Rn. 17; *Wiedemann* GesR I § 5 II 1, S. 258 f.
[126] Ebenso Soergel/*Hadding/Kießling* Vor § 730 Rn. 23.
[127] Vgl. BGH NJW 2011, 2292 (2293) Rn. 10; OLG Hamm BeckRS 2009, 10744; *Rimmelspacher* AcP 173 (1973), 1 (21); Erman/*Westermann* Rn. 17; Soergel/*Hadding/Kießling* Vor § 730 Rn. 23; Bamberger/Roth/*Schöne* Rn. 38; Palandt/*Sprau* § 736 Rn. 4; Staub/*Schäfer* HGB § 131 Rn. 9; Baumbach/Hopt/*Roth* HGB § 131 Rn. 8; so auch die hM zu § 138 aF HGB, vgl. BGH WM 1957, 512; *Rötelmann* NJW 1956, 1618; Baumbach/*Hopt*, 29. Aufl. 1995, HGB § 138 Rn. 6; GroßkommHGB/*Ulmer*, 3. Aufl. 1973, HGB § 138 Rn. 10. Zur Frage eines Übernahmerechts gegenüber einer Gesellschaftermehrheit → § 737 Rn. 6.
[128] BGH NJW 2011, 2292 (2293) Rn. 10.
[129] BGH NJW 1960, 1666 f. – insoweit in BGHZ 32, 307 nicht abgedruckt; zust. *Canter* NJW 1965, 1553 (1558); Soergel/*Hadding/Kießling* Vor § 730 Rn. 23; Bamberger/Roth/*Schöne* Rn. 38 und Erman/*Westermann* Rn. 17; für analoge Anwendung von § 142 Abs. 1 und 2 aF HGB in diesem Fall *Rimmelspacher* AcP 173 (1973), 1 (9 f.). Allg. zur Rechtslage bei der als OHG oder KG gegründeten, später zur GbR gewordenen Gesellschaft → § 705 Rn. 14; → § 709 Rn. 18 f.
[130] Vgl. dazu Staub/*Schäfer* HGB § 133 Rn. 8.

rungen ein *Übernahmerecht kraft objektiven Rechts* in Betracht kommt, ist umstritten. Da die Vorschriften der §§ 730–737 keine Übernahmeregelungen enthalten, handelt es sich um ein **Analogieproblem.** Als analogiefähige Normen kommen § 737 BGB und §§ 131 Abs. 3 Nr. 2 und 4, 140 Abs. 1 S. 2 HGB in Betracht.[131] Der Umstand, dass das BGB des Jahres 1900 im Unterschied zu dem gleichzeitig in Kraft getretenen HGB von der gesetzlichen Verankerung eines Übernahmerechts abgesehen hat, lässt nicht etwa auf eine „bewusste Lücke" schließen;[132] er steht der Analogiemöglichkeit daher nicht entgegen. Die Aufnahme von § 142 aF in das HGB von 1900 wurde vielmehr erst in Betracht gezogen, als die Sachverhandlungen zum Entwurf des BGB bereits abgeschlossen waren.[133]

74 Vergleicht man die Ausschlussmöglichkeiten im Gesellschaftsrecht des BGB und des HGB, so zeigt sich, dass der **Schutz des Gesellschaftsbestandes** für den Fall von Störungen in der Person oder Sphäre eines Gesellschafters im **HGB** (§§ 140, 141 aF) eine deutlich stärkere Ausprägung erfahren hat als bei der **GbR,** bei der die regelmäßige Rechtsfolge auch in derartigen Fällen die Auflösung ist (§§ 723 Abs. 1, 725, 728 Abs. 2). Eine abweichende Wertung hat der Gesetzgeber (abgesehen von den Fortsetzungsvereinbarungen nach § 736 Abs. 1) nur für den Fall des wichtigen Grundes in der Person eines Gesellschafters getroffen: Er berechtigt nach § 737 dann zu dessen Ausschluss aus der im Übrigen fortbestehenden Gesellschaft, wenn die Gesellschafter für den Fall der Kündigung seitens eines Gesellschafters die Fortsetzung ohne ihn vereinbart – und dadurch ihr Interesse an einem zumindest partiellen Bestandsschutz zum Ausdruck gebracht – haben (→ § 737 Rn. 4).

75 **bb) Folgerungen.** Geht man von den in → Rn. 74 aufgezeigten Wertungen aus, so ist ein gesetzliches Übernahmerecht unter Ausschluss des Mitgesellschafters beim Vorliegen eines wichtigen Grundes in dessen Person (→ § 737 Rn. 8) in **Analogie zu § 737** jedenfalls dann zu bejahen, wenn der Gesellschaftsvertrag ein *Übernahmerecht bei Kündigung* durch einen Mitgesellschafter vorsieht.[134] Entsprechendes gilt aber auch dann, wenn entweder in einer ursprünglich mehrgliedrigen Gesellschaft für diesen Fall die *Fortsetzung ohne den Kündigenden* bestimmt war[135] oder wenn ein zur Ausschließung berechtigender wichtiger Grund gegenüber allen übrigen Gesellschaftern vorliegt.[136] Zwar geht es bei der Übernahme im Unterschied zur Fortsetzung nicht um den Bestand der Gesellschaft, sondern nur um denjenigen der Organisation. Indessen dient auch die Fortsetzungsklausel bei einer mehrgliedrigen Gesellschaft im Zweifel dazu, neben der Personenverbindung auch das Gesellschaftsvermögen im Hinblick auf den damit verfolgten Zweck in seinem Bestand zu erhalten, und insoweit lässt sich eine Parallele zum Übernahmerecht durchaus bejahen.[137] Darauf, ob der Zweck auf den Betrieb eines Erwerbsgeschäfts gerichtet ist, kommt es beim Vorliegen einer Fortsetzungsklausel nicht an.[138]

76 **Ohne** vertragliche, in einer **Fortsetzungsklausel** nach Art des § 737 zum Ausdruck gekommene Anhaltspunkte dafür, dass die Gesellschafter einer GbR am Fortbestand des der Zweckverfolgung

---

[131] Die Frage war während der Geltung der § 142 Abs. 1 und 2 aF HGB umstritten. Eine Analogie zu diesen Vorschriften befürwortend bei einer GbR, deren Zweck auf den Betrieb eines Unternehmens gerichtet ist, *Raisch* JuS 1967, 533 (540); *Wagner* JuS 1961, 123 (125); *K. Schmidt* GesR § 58 V 2b; Schlegelberger/*K. Schmidt* HGB § 142 Rn. 9; Baumbach/*Hopt,* 29. Aufl. 1995, HGB § 142 Rn. 2; wohl auch *Wiedemann* GesR I § 5 II 1, S. 258 f.; für Anwendung des auf dem Anwachsungsprinzip beruhenden Rechtsgedankens des § 142 aF HGB auf die GbR mit der Folge, dass beim Vorliegen der Voraussetzungen des § 737 der ausschließungsberechtigte Gesellschafter das Recht zur Übernahme des Gesellschaftsvermögens ohne Liquidation mit Aktiven und Passiven hat, BGHZ 32, 307 (317 f.) = NJW 1960, 1664; BGH WM 1962, 880; *Rimmelspacher* AcP 173 (1973), 1 (10 ff., 23); Soergel/*Hadding,* 11. Aufl. 1985, Rn. 20; ebenso auch wieder Soergel/*Hadding/Kießling* Vor § 730 Rn. 25; Erman/*Westermann* § 737 Rn. 8 ff.; aA – gegen jede Anerkennung eines Übernahmerechts im Analogiewege – aber *Canter* NJW 1965, 1553 ff.; Staudinger/*Kessler,* 12. Aufl. 1979, § 737 Rn. 6; offenlassend jetzt Staudinger/*Habermeier* (2003) § 737 Rn. 5.

[132] So zu Recht *Rimmelspacher* AcP 173 (1973), 1 (10 f.) gegen *Canter* NJW 1965, 1553 (1557).

[133] *Rimmelspacher* AcP 173 (1973), 1 (10 f.) mN.

[134] OLG Hamm BeckRS 2009, 10744; OLG München NZG 1998, 937; im Ergebnis ebenso, wenn auch unter analoger Heranziehung des § 140 Abs. 1 S. 2 HGB Palandt/*Sprau* § 737 Rn. 1.

[135] Vgl. BGH NJW 2011, 2292 (2293) Rn. 10; OLG Hamm BeckRS 2009, 10744; *Rimmelspacher* AcP 173 (1973), 1 (21); Erman/*Westermann* Rn. 17; Soergel/*Hadding/Kießling* Vor § 730 Rn. 23; Bamberger/Roth/*Schöne* Rn. 38; Palandt/*Sprau* § 736 Rn. 4; Staub/*Schäfer* HGB § 131 Rn. 9; Baumbach/Hopt/*Roth* HGB § 131 Rn. 81; so auch die hM zu § 138 aF HGB, vgl. BGH WM 1957, 512; *Rötelmann* NJW 1956, 1618; Baumbach/*Hopt,* 29. Aufl. 1995, HGB § 138 Rn. 4; GroßkommHGB/*Ulmer,* 4. Aufl. 1973, HGB § 138 Rn. 10. Zur Frage eines Übernahmerechts gegenüber einer Gesellschaftermehrheit → § 737 Rn. 6.

[136] Zum Übernahmerecht gegenüber einer Gesellschafter*mehrheit* → § 737 Rn. 6.

[137] So auch *Rimmelspacher* AcP 173 (1973), 1 (20), allerdings bezogen auf § 142 Abs. 3 aF HGB.

[138] Gegen die Erheblichkeit dieses Kriteriums auch BGH NJW 1966, 827; OLG Celle MDR 1978, 846; *Rimmelspacher* AcP 173 (1973), 1 (9, 17 und 20); Soergel/*Hadding/Kießling* Vor § 730 Rn. 25.

gewidmeten Vermögens interessiert sind, ist für die Bejahung eines Übernahmerechts im Analogiewege dagegen kein Raum.[139] Das gilt auch dann, wenn es sich um eine Erwerbsgesellschaft (→ Vor § 705 Rn. 89) handelt; zum Sonderfall einer ehemaligen OHG oder KG → Rn. 70. Eine Analogie zu §§ 131 Abs. 3, 140 Abs. 1 S. 2 HGB scheitert in derartigen Fällen schon daran, dass die BGB-Verfasser abweichend von §§ 140, 141 aF HGB bewusst darauf verzichtet haben, für die GbR ein allgemeines, von einer vertraglichen Fortsetzungsklausel unabhängiges Ausschlussrecht vorzusehen. Diese Wertung ist auch für die Entscheidung der Frage zu beachten, unter welchen Voraussetzungen die Bejahung eines Übernahmerechts im Analogiewege in Betracht kommt.

3. Ausübung des Übernahmerechts; unmittelbar eintretende Gesamtrechtsnachfolge. 77
Zur Ausschließung des oder der Mitgesellschafter unter Berufung auf das Übernahmerecht bedarf es im Regelfall dessen **Ausübung durch Gestaltungserklärung,** wenn der Gesellschaftsvertrag nicht eindeutig Abweichendes bestimmt. Das gilt namentlich für das Übernahmerecht beim *Vorliegen wichtiger Gründe* in der Person eines Mitgesellschafters, aber auch in sonstigen Fällen, in denen der Eintritt der Übernahmevoraussetzungen nicht außer Zweifel steht. Eine Gestaltungserklärung ist auch zur Geltendmachung eines Übernahmerechts analog § 737 erforderlich (→ Rn. 75).[140]

Demgegenüber liegt bei einem auf den *Tod* des Mitgesellschafters abstellenden Übernahmerecht 78
das **unmittelbare Wirksamwerden** der Übernahme jedenfalls dann nahe, wenn der Gesellschaftsvertrag nicht alternativ eine Nachfolgeklausel zu Gunsten der Erben des Verstorbenen enthält. Bei *sonstigen eindeutig feststellbaren Ereignissen* als Übernahmegrund wie die Anteilspfändung, die Gesellschafterinsolvenz oder die Kündigung durch den Mitgesellschafter ist durch Vertragsauslegung zu klären, ob eine automatisch wirkende Übernahme (→ Rn. 72) gewollt ist.[141] Der BGH bejaht eine automatisch eintretende „Übernahme" für die Personenhandelsgesellschaft mit Selbstverständlichkeit, wenn er bei Vorliegen eines Ausscheidensgrundes in der zweigliedrigen Gesellschaft mit Recht und ohne weiteres von der Gesamtrechtsnachfolge des Gesellschaftsvermögens auf den verbliebenen Gesellschafter ausgeht.[142] Der automatische Vollzug entspricht also in den Ausscheidensfällen des § 131 Abs. 3 HGB bei der OHG/KG dem dispositiven Recht. Zwar bedarf es zur Erreichung der nämlichen Rechtsfolge in der GbR einer gesellschaftsvertraglichen Fortsetzungsklausel (§ 736). Tritt indessen bei Vorliegen einer Fortsetzungsklausel in den von § 736 erwähnten Fällen des Todes, der Gesellschafterinsolvenz oder der Kündigung (§§ 723, 725)[143] die Gesamtrechtsnachfolge auf den verbliebenen Gesellschafter allemal schon kraft Gesetzes ein, sobald der Ausscheidensgrund wirksam wird, so ist kein Grund ersichtlich, warum dies nicht grundsätzlich ebenso im Falle eines Übernahmerechts sollte gelten können. Man wird daher im Zweifel von einem automatischen Vollzug auszugehen haben, sofern der Vertrag keine andere Regelung trifft.[144] Demgegenüber mag die in einer älteren Entscheidung getroffene Aussage, in bestimmten Fällen solle es zur Übernahme nicht schon bei Eintritt ihrer Voraussetzungen, sondern nur dann kommen, wenn der berechtigte Gesellschafter sie während der Kündigungsfrist oder einer sonstigen angemessenen Frist erkläre,[145]

---

[139] BGH WM 1961, 880 (881); *Rimmelspacher* AcP 173 (1973), 1 (9); Soergel/*Hadding*/*Kießling* Vor § 730 Rn. 25; aA die Befürworter einer analogen Anwendung von § 142 Abs. 1 und 2 aF HGB auf eine GbR, deren Zweck auf den Betrieb eines Unternehmens gerichtet ist, vgl. *Raisch* JuS 1967, 533 (540); *Wagner* JuS 1961, 123 (125); *K. Schmidt* GesR § 58 V 2b; Schlegelberger/*K. Schmidt* HGB § 142 Rn. 9; Baumbach/*Hopt*, 29. Aufl. 1995, HGB § 142 Rn. 2; wohl auch *Wiedemann* GesR I § 5 II 1, S. 258 f.; für Anwendung des auf dem Anwachsungsprinzip beruhenden Rechtsgedankens des § 142 aF HGB auf die GbR mit der Folge, dass beim Vorliegen der Voraussetzungen des § 737 der ausschließungsberechtigte Gesellschafter das Recht zur Übernahme des Gesellschaftsvermögens ohne Liquidation mit Aktiven und Passiven hat, BGHZ 32, 307 (317 f.) = NJW 1960, 1664; BGH WM 1962, 880; *Rimmelspacher* AcP 173 (1973), 1 (10 ff., 23); Soergel/*Hadding*, 11. Aufl. 1985, Rn. 20; ebenso auch wieder Soergel/*Hadding*/*Kießling* Vor § 730 Rn. 25; Erman/*Westermann* § 737 Rn. 8 ff.
[140] OLG Hamm BeckRS 2009, 10744.
[141] Wie hier auch Bamberger/Roth/*Schöne* Rn. 38; aA Soergel/*Hadding*/*Kießling* Vor § 730 Rn. 27 und Erman/*Westermann* § 737 Rn. 10, die zur Vermeidung einer unerwünschten automatischen Gesamtrechtsnachfolge beim Übernehmer stets dessen Übernahmeerklärung für erforderlich halten.
[142] So für den Fall des insolvenzbedingten Ausscheidens des letzten Komplementärs (§ 131 Abs. 3 Nr. 2 HGB) BGH ZIP 2004, 1047 (1048) = NZG 2004, 611 mit Anm. *Pentz* BGHReport 2004, 1092; vgl. dazu Staub/*Schäfer* HGB § 131 Rn. 9, 111; allg. zur Anwachsung analog § 738 Abs. 1 S. 2 bei Ausscheiden des vorletzten Gesellschafters auch *Seibt*, FS Röhricht, 2005, S. 603 (614 ff.). Ebenso sind auch die Entscheidungen BGH NJW 2000, 1119 (VII. ZS); NJW-RR 1993, 1443 (1444) (IV. ZS) ohne weiteres von einer Gesamtrechtsnachfolge beim Ausscheiden des vorletzten Gesellschafters ausgegangen; eingehende Nachweise bei *Seibt*, FS Röhricht, 2005, S. 605.
[143] Zur Einbeziehung der Gläubigerkündigung → § 736 Rn. 12.
[144] Vom automatischen Vollzug ohne weitere Übernahmeerklärung gehen auch BGH NJW 2011, 2292 (2293) Rn. 10; 2008, 2992 Rn. 9 aus.
[145] BGH WM 1980, 496 (497) – insoweit nicht abgedruckt in NJW 1980, 1628.

als flexible Lösung im Interesse des Übernahmeberechtigten erwünscht sein. Gegen ein derartiges Gestaltungsrecht spricht jedoch die mit der „Bedenkzeit" verbundene Rechtsunsicherheit; sie ist daher nur in solchen Fällen in Betracht zu ziehen, in denen der Gesellschaftsvertrag – wie bei der kündigungsbedingten Übernahme – klare Anhaltspunkte zur Bestimmung von Dauer und Ende der Frist für die Übernahmeerklärung enthält.

79 Die Berufung auf das Übernahmerecht kann im Einzelfall dann **missbräuchlich** sein, wenn sie dazu dient, dem Mitgesellschafter dessen ungeschmälerten Anteil am Erlös einer ohnehin unvermeidlichen Abwicklung vorzuenthalten (→ § 737 Rn. 10).[146]

80 Eine **Übernahmeklage** entsprechend § 140 Abs. 1 S. 2 HGB kommt angesichts der grundsätzlichen Beschränkung der Gestaltungsklagebefugnis auf Personenhandelsgesellschaften und der hiervon abweichenden BGB-Regelung (§§ 712 Abs. 1, 715, 723 Abs. 1 S. 2, 737) nicht in Betracht. Ein derartiges Klagerecht kann auch nicht etwa im Gesellschaftsvertrag vereinbart werden.[147] – Zum Vollzug der Übernahme und zu den Haftungsfolgen → Rn. 81 ff.; zur Frage der Ausübung eines Übernahmerechts nach Auflösung der Gesellschaft → Rn. 25.

81 **4. Vollzug der Übernahme.** Die vermögensrechtliche Übernahme in einer Zweipersonengesellschaft vollzieht sich nicht durch Einzelübertragung der Vermögensgegenstände von der Gesamthand an den Übernehmer, sondern durch dessen **Gesamtrechtsnachfolge** unter Umwandlung des Gesamthands- in Alleineigentum des Übernehmers. Über diese Art des Vollzugs besteht heute im Wesentlichen Einigkeit.[148] Die *Begründung* bereitet freilich nach wie vor *Schwierigkeiten*. Dem Abstellen auf das Anwachsungsprinzip (§ 738 Abs. 1 S. 1) wird entgegengehalten, es setze den Fortbestand der Gesamthand voraus, weshalb auch § 142 Abs. 3 aF HGB nur von der „entsprechenden" Anwendung dieser Vorschrift gesprochen habe.[149] Die Berufung auf das Wesen der Gesamthand als Grund für die Gesamtrechtsnachfolge[150] stößt teilweise auf den Einwand, bei den diese Rechtsfolge anordnenden §§ 1490 S. 3, 1491 Abs. 4 BGB und § 142 Abs. 3 aF HGB handele es sich um Sondervorschriften, die den Rückschluss auf ein allgemeines Prinzip gerade nicht zuließen,[151] teilweise auf den Hinweis, dass die Anwachsung nach § 738 Abs. 1 S. 1 die Rechtszuständigkeit der GbR unberührt lasse.[152] *Flume*[153] will der Frage dadurch ausweichen, dass er die rechtsgeschäftliche Übernahme als Übertragung des Anteils des ausscheidenden auf den übernehmenden Gesellschafter versteht. Dieser Weg dürfte indessen nur selten den Vorstellungen und dem Willen der ein Übernahmerecht vereinbarenden Parteien entsprechen; bei einer Übernahme entsprechend § 737 liefe er ohnehin auf eine gesetzlich nicht gedeckte Fiktion hinaus.

82 Für die **Stellungnahme** ist davon auszugehen, dass entsprechend der funktionell vergleichbaren Fortsetzungsklausel (§§ 736 Abs. 1, 737) der **Zweck** sowohl eines vertraglichen Übernahmerechts als auch der analogen Anwendung des § 737 auf das **Ausscheiden des Mitgesellschafters** aus der

---

[146] BGH NJW 1958, 1633; Soergel/*Hadding/Kießling* Vor § 730 Rn. 26.

[147] Die Frage war während der Geltung der § 142 Abs. 1 und 2 aF HGB umstritten. Eine Analogie zu diesen Vorschriften befürwortend bei einer GbR, deren Zweck auf den Betrieb eines Unternehmens gerichtet ist, *Raisch* JuS 1967, 533 (540); *Wagner* JuS 1961, 123 (125); *K. Schmidt* GesR § 58 V 2b; Schlegelberger/*K. Schmidt* HGB § 142 Rn. 9; Baumbach/*Hopt*, 29. Aufl. 1995, HGB § 142 Rn. 2; wohl auch *Wiedemann* GesR I § 5 II 1, S. 258 f.; für eine nicht auf dem Anwachsungsprinzip beruhenden Rechtsgedanken des § 142 aF HGB auf die GbR mit der Folge, dass beim Vorliegen der Voraussetzungen des § 737 der ausschließungsberechtigte Gesellschafter das Recht zur Übernahme des Gesellschaftsvermögens ohne Liquidation mit Aktiven und Passiven hat, BGHZ 32, 307 (317 f.) = NJW 1960, 1664; BGH WM 1962, 880; *Rimmelspacher* AcP 173 (1973), 1 (10 ff., 23); Soergel/*Hadding*, 11. Aufl. 1985, Rn. 20; ebenso auch wieder Soergel/*Hadding/Kießling* Vor § 730 Rn. 25; Erman/*Westermann* § 737 Rn. 8 ff.; aA – gegen jede Anerkennung eines Übernahmerechts im Analogiewege – aber *Canter* NJW 1965, 1553 ff.; Staudinger/*Kessler*, 12. Aufl. 1979, § 737 Rn. 6; offenlassend jetzt Staudinger/*Habermeier* (2003) § 737 Rn. 5; zur Auslegung derartiger Vereinbarungen vgl. BGH NJW-RR 1994, 1187.

[148] So der BGH in stRspr, vgl. BGHZ 32, 307 (314 ff.) = NJW 1960, 1664; BGH NJW 1966, 827 sowie die Nachweise bei *Rimmelspacher* AcP 173 (1973), 1 (2) Fn. 5; OLG Celle MDR 1978, 846. Aus der Lit. vgl. statt aller Soergel/*Hadding/Kießling* Vor § 730 Rn. 28; Bamberger/Roth/*Schöne* Rn. 41 f.; Erman/*Westermann* Rn. 18; *Rimmelspacher* AcP 173 (1973), 1 (8 ff.); *Schünemann* Grundprobleme S. 196 f.

[149] So *Canter* NJW 1965, 1553 (1561); *Wiedmann*, GS Lüderitz, 2000, S. 839 (843); wohl auch *Schünemann* Grundprobleme S. 197; dagegen etwa *K. Schmidt* JZ 2003, 585 (595).

[150] So etwa RGRK/*v. Gamm* Rn. 14. Ebenso *Flume* BGB AT I 1 § 17 VIII, S. 373 und *Riegger*, Die Rechtsfolgen des Ausscheidens eines Gesellschafters aus einer zweigliedrigen Personalgesellschaft, 1969, S. 10 f., 162, die allerdings den Begriff der Gesamtrechtsnachfolge ablehnen und im Anschluss an BGH NJW 1966, 827 und RGZ 65, 227 (240) von einer „dem Wesen einer Gesamthandsgemeinschaft gemäßen Form der Änderung der Rechtszuständigkeit" sprechen.

[151] *Canter* NJW 1965, 1553 (1560 f.); *Rimmelspacher* AcP 173 (1973), 1 (18 f.).

[152] Vgl. Soergel/*Hadding/Kießling* Vor § 730 Rn. 28.

[153] *Flume* BGB AT I 1 § 17 VIII, S. 373 f.

Zweipersonengesellschaft gerichtet ist. Grundsätzliche Bedenken gegen die Zulässigkeit einer solchen Vereinbarung bestehen nicht; das gilt auch hinsichtlich der Herbeiführung des Ausscheidens aufgrund der Ausübung eines an Sachgründe gebundenen vertraglichen oder gesetzlichen Übernahmerechts. Als Rechtsfolge tritt Vollbeendigung der Gesellschaft durch Rückgang der Gesellschafterzahl auf eine Person ein (→ Rn. 11); damit entfällt zugleich die Grundlage für den Fortbestand der vermögensrechtlichen Gesamthand. An ihre Stelle tritt kraft Anwachsung Alleineigentum des als einziger verbleibenden ehemaligen Gesellschafters, während die Gesamthänderstellung des ehemaligen Mitgesellschafters mit dessen Ausscheiden erlischt (→ § 719 Rn. 4).[154] Die Vorschriften der §§ 1490, 1491, 2033[155] BGB, § 142 Abs. 3 aF HGB enthalten daher in der Tat einen allgemeinen, beim Ausscheiden eines von zwei Gesamthändern eingreifenden Rechtsgrundsatz, der dem Anwachsungsprinzip des § 738 Abs. 1 S. 1 bei der mehrgliedrigen Gesellschaft entspricht. Die als Gegenargument angeführte Vorschrift des § 1502 Abs. 1[156] steht nicht entgegen; sie geht ebenso wie § 1477 Abs. 2 nicht vom Ausscheiden des an der fortgesetzten Gütergemeinschaft mitbeteiligten anderen Teils aus, sondern von der Begründung eines Übertragungsanspruchs hinsichtlich bestimmter (oder aller) Vermögensgegenstände durch den überlebenden Ehegatten gegen einen in das Gesamtgut zu zahlenden Wertersatz.[157] Auch wesentliche Interessen Dritter werden durch diese Art der Beendigung der Gesellschaft nicht tangiert (zu den Rechten von Gesellschaftsgläubigern → Rn. 85).

5. Rechte und Pflichten des Ausgeschiedenen. Sie bestimmen sich mangels abweichender Vereinbarungen analog **§§ 738–740**. Der Ausgeschiedene kann vom Übernehmer nicht nur die Zahlung der nach § 738 Abs. 1 S. 2 zu berechnenden Abfindung verlangen, sondern auch die Befreiung von den Gesellschaftsschulden und die Teilnahme am Ergebnis der im Zeitpunkt der Übernahme schwebenden Geschäfte. Dass abweichend vom Grundfall des § 738 die Gesellschaft nicht fortgesetzt wird und die Ansprüche des Ausgeschiedenen sich daher nicht gegen jene, sondern gegen den Übernehmer persönlich richten, ändert nichts am Inhalt der Ansprüche und an den für ihre Durchsetzbarkeit geltenden Grundsätzen (→ § 738 Rn. 11). – Zum Einsichtsrecht des Ausgeschiedenen in die Abfindungsbilanz → § 738 Rn. 27. 83

Im Rahmen der **nachvertraglichen Treupflicht** ist der Ausgeschiedene auch seinerseits verpflichtet, Beeinträchtigungen des vom Übernehmer fortgesetzten Unternehmens zu unterlassen. Schwerwiegende Verstöße hiergegen berechtigen den Übernehmer nicht nur zu Schadensersatz, sondern können auch den Einwand unzulässiger Rechtsausübung gegen den Anspruch auf Abfindungszahlung begründen.[158] 84

6. Haftungsfolgen. Die persönliche Haftung der Gesellschafter für die bis zu ihrem Ausscheiden entstandenen Verbindlichkeiten der Gesellschaft gegenüber Dritten wird durch die Übernahme und ihren Vollzug nicht berührt. Der **Übernehmer** haftet auf Grund der bei ihm eintretenden *Gesamtrechtsnachfolge* auch dann unbeschränkt persönlich, wenn seine akzessorische Gesellschafterhaftung analog § 128 HGB während des Bestehens der Gesellschaft ausnahmsweise abbedungen oder aus sonstigen Gründen ausgeschlossen war. Der **Ausgeschiedene** haftet für die bis zu seinem Ausscheiden entstandenen Verbindlichkeiten im Grundsatz unverändert fort. Er kann sich aber nach § 736 Abs. 2 auf die nach fünf Jahren eintretende *Enthaftung* berufen (→ § 736 Rn. 26 f.). – Zur akzessorischen Gesellschafterhaftung in der Außen-GbR → § 714 Rn. 33 ff. 85

III. Sonstige Fälle

1. Veräußerung des Gesellschaftsvermögens im Ganzen. Wird das Gesellschaftsvermögen im Ganzen an einen Dritten veräußert, so liegt darin nach traditioneller Vorstellung eine **Abwei-** 86

---

[154] So für den Fall des insolvenzbedingten Ausscheidens des letzten Komplementärs (§ 131 Abs. 3 Nr. 2 HGB) BGH ZIP 2004, 1047 (1048) = NZG 2004, 611 mit Anm. *Pentz* BGHReport 2004, 1092; vgl. dazu Staub/ *Schäfer* HGB § 131 Rn. 9, 111; allg. zur Anwachsung analog § 738 Abs. 1 S. 2 bei Ausscheiden des vorletzten Gesellschafters auch *Seibt*, FS Röhricht, 2005, S. 603 (614 ff.). Ebenso sind die Entscheidungen BGH NJW 2000, 1119 (VII. ZS); NJW-RR 1993, 1443 (1444) (IV. ZS) ohne weiteres von einer Gesamtrechtsnachfolge beim Ausscheiden des vorletzten Gesellschafters ausgegangen; eingehende Nachweise bei *Seibt*, FS Röhricht, 2005, S. 605. – Aus diesen Gründen scheidet iÜ auch die Möglichkeit aus, eine Übernahmevereinbarung rückwirkend aufzuheben oder hiervon zurückzutreten, BGH ZIP 1982, 1322; es bedarf ggf. der Neugründung der Gesellschaft durch Übernehmer und Ausgeschiedenen.
[155] § 2033 spricht zwar nur von der Verfügung über einen Miterbenanteil. Über die Anwachsungsfolge bei Vereinigung aller Anteile besteht aber Einigkeit, OLG Düsseldorf NJW 1977, 1828; Palandt/*Weidlich* § 2033 Rn. 4.
[156] So *Rimmelspacher* AcP 173 (1973), 1 (19).
[157] → § 1477 Rn. 8, 11 *(Kanzleiter)*; → § 1502 Rn. 2 *(Kanzleiter)*.
[158] BGH NJW 1960, 718 (719).

chung von §§ 733 Abs. 3, 734, eventuell auch von § 733 Abs. 1 und 2. Unterscheidet man freilich konsequent zwischen Vermögen (ggf. Unternehmen) und der Gesellschaft als Vermögensträger (ggf. Unternehmensträger), so kann ggf. die Veräußerung des gesamten Vermögens (Unternehmens) an einen Dritten als dessen ‚Umsetzung in Geld' (iSv § 733 Abs. 3 etc) angesehen werden, wenngleich hierin nicht der vom Gesetz angenommene Regelfall liegt. Auch wird es in diesen Fällen häufig keiner nennenswerten Geschäftsführungstätigkeit der Liquidatoren bedürfen, von der § 730 wiederum als Regelfall ausgeht. Demgemäß erfordert der Beschluss über die Veräußerung wegen der darin liegenden Abweichung vom Regelfall einer Zerschlagung des Gesellschaftsvermögens die **Zustimmung sämtlicher Gesellschafter,** nicht nur der Geschäftsführer (Liquidatoren). Enthält der Vertrag freilich eine Mehrheitsklausel, reicht auch ein mit vertragsändernder Mehrheit gefasster Gesellschafterbeschluss (→ Rn. 40 aE).

87   Eine **notarielle Beurkundung** des Veräußerungsvertrags ist abweichend von § 311b Abs. 3 *nicht notwendig.* Dies freilich entgegen der früher hM nicht deshalb, weil hier nur ein Sondervermögen der Mitglieder veräußert würde und diese daneben ihr Privatvermögen behielten;[159] eine solche Begründung ist mit dem modernen Verständnis der Gesellschaft als rechtsfähiges Zuordnungssubjekt des Gesellschaftsvermögens (→ § 705 Rn. 303) nicht vereinbar. Entscheidend ist vielmehr, dass die Gesellschaft als Zweckschöpfung ihrer Mitglieder des Schutzes des § 311b Abs. 3 nicht bedarf, wenn die Mitglieder sich – sei es auch nur konkludent im Rahmen des Veräußerungsbeschlusses – über deren Auflösung geeinigt haben. Formbedürftig ist der Veräußerungsvertrag jedoch dann, wenn zum Gesellschaftsvermögen Grundstücke (§ 311b Abs. 1) oder GmbH-Anteile (§ 15 Abs. 4 GmbHG) gehören.[160]

88   Die **Vermögensübertragung** vollzieht sich im Wege der Einzelverfügung nach allgemeinen sachenrechtlichen Grundsätzen. Die *Haftung des Erwerbers* für die Gesellschaftsverbindlichkeiten setzt einen besonderen Verpflichtungsgrund auf seiner Seite voraus; er kann bei Übernahme nicht nur der Aktiven, sondern auch der *Passiven* der Gesellschaft in einem Schuldbeitritt oder einer – nur mit Genehmigung der Gläubiger wirksam werdenden – Schuldübernahme (§ 415 Abs. 1) liegen. Andernfalls bewendet es bei einer Erfüllungsübernahme (§ 415 Abs. 3). Für die Haftung aus Vermögensübernahme nach § 419 aF ist seit der Aufhebung dieser Vorschrift zum 1.1.1999 kein Raum mehr.

89   **2. Einbringung in eine GmbH oder AG.** Die Umwandlung einer GbR in eine GmbH oder AG im Wege des **Formwechsels** ist *ausgeschlossen.* Das folgt aus der abschließenden Aufzählung der Fälle eines Formwechsels in § 191 UmwG; danach kann die GbR nicht als formwechselnder Rechtsträger, sondern nur als neuer Rechtsträger an dieser Art der Umwandlung beteiligt sein (§ 191 Abs. 2 Nr. 1 UmwG).

90   Entsprechendes wie nach → Rn. 89 gilt grundsätzlich auch für die **übertragende Umwandlung,** sei es als Verschmelzung (§§ 2, 3 Abs. 1 UmwG) oder als Vermögensübertragung ohne Abwicklung (§§ 174, 175 UmwG). Ein diesem Vorgehen vergleichbares Ergebnis lässt sich jedoch in der Weise erreichen, dass die Gesellschafter der GbR *sämtliche* Anteile auf eine schon bestehende GmbH oder AG übertragen. Ob der Übertragung Veräußerungsgeschäfte der Gesellschafter der GbR mit der Kapitalgesellschaft zugrunde liegen oder ob es um die Leistung von Sacheinlagen im Rahmen einer Kapitalerhöhung geht, ist für den Eintritt der Umwandlung irrelevant. Diese beruht auf dem für die gesellschaftsrechtliche Gesamthand zwingend geltenden *Anwachsungsprinzip,* dh auf der Ablösung des Gesamthandseigentums der zwei oder mehr GbR-Gesellschafter durch das Alleineigentum des einzigen Erwerbers bei Vereinigung aller Anteile in einer Hand, verbunden mit dem Zusammenfallen des (bisherigen) Gesellschaftseigentums mit dem Eigentum des Erwerbers (→ § 719 Rn. 26).

91   Die vorstehende, sich notwendig aus der *Gesamthandsstruktur* der GbR ergebende Rechtsfolge enthält **keinen Widerspruch zum numerus clausus der gesetzlich geregelten Umwandlungsfälle** nach Maßgabe des § 1 Abs. 2 UmwG.[161] Zwar beansprucht das UmwG 1994 angesichts seiner in § 191 Abs. 2 Nr. 1 UmwG getroffenen Regelung auch Geltung für die GbR. Das ist jedoch nicht dahin zu verstehen, dass das neue Recht strukturimmanenten Rechtsfolgen der gesellschaftsrechtlichen Gesamthand nach Art des Anwachsungsprinzips (→ § 738 Rn. 8) entgegentreten will. Im Ergebnis führt die Vereinigung sämtlicher GbR-Anteile somit zur *Gesamtrechtsnachfolge* des Anteilser-

---

[159] So aber im Ergebnis Palandt/*Grüneberg* § 311b Rn. 66; Erman/*Grziwotz* § 311b Rn. 91.
[160] Zum Schutzzweck von § 311 aF (= § 311b Abs. 3) vgl. nur BGHZ 25, 1 (5) = NJW 1957, 1514; → § 311b Rn. 1 f., 14 *(Kanzleiter)*. Aus teleologischer Sicht wenig überzeugend ist daher auch die Anwendung von § 311b Abs. 3 auf Rechtsgeschäfte über das Vermögen juristischer Personen, zutr. *Kiem* NJW 2006, 2363 (2365 ff.); aA RGZ 137, 348; 76, 1; Palandt/*Grüneberg* § 311b Rn. 65; Staudinger/*Schumacher* (2012) § 311b Abs. 3 Rn. 7; Erman/*Grziwotz* § 311b Rn. 88.
[161] Vgl. dazu nur Lutter/*Drygala*, 5. Aufl. 2014, UmwG § 1 Rn. 59 mwN.

werbers in Aktiva und Passiva der Gesellschaft unter Umwandlung des Gesamthandsvermögens in Alleineigentum des Erwerbers. Ein Ausschluss der Haftung für die Gesamthandsverbindlichkeiten ist Dritten gegenüber unwirksam.

3. Spaltung, Realteilung. Einer von den Vorschriften der §§ 730–735 abweichenden Auseinandersetzung in der Weise, dass die Beteiligten sich nach § 123 UmwG auf eine (Auf-)Spaltung der GbR im Wege partieller Universalsukzession verständigen (zum davon zu unterscheidenden Fall der Betriebsaufspaltung → § 705 Rn. 12 mN), steht § 124 UmwG entgegen; danach gehört die GbR nicht zum Kreis der in § 3 Abs. 1 UmwG genannten spaltungsfähigen Rechtsträger. Daraus und aus dem in § 1 Abs. 2 UmwG verankerten numerus clausus der gesetzlich geregelten Umwandlungsfälle unter Einschluss der Spaltung ergibt sich, dass eine rechtsgeschäftliche, zu partieller Universalsukzession führende Spaltung ohne entsprechende gesetzliche Grundlage ausgeschlossen ist. Die Gesellschafter sind freilich nicht gehindert, sich auf eine Art der Auseinandersetzung zu verständigen, die – wenn auch durch Einzelübertragung (Realteilung) von Aktiven und Passiven – einer Spaltung iSv § 123 Abs. 1 oder Abs. 2 UmwG nahekommt. Wegen der Einzelheiten wird auf das einschlägige Schrifttum verwiesen.[162]

§ 731 Verfahren bei Auseinandersetzung

¹Die Auseinandersetzung erfolgt in Ermangelung einer anderen Vereinbarung in Gemäßheit der §§ 732 bis 735. ²Im Übrigen gelten für die Teilung die Vorschriften über die Gemeinschaft.

I. Normzweck

Entgegen der zu weit greifenden Überschrift hat § 731 lediglich den Charakter einer **Verweisungsnorm**. Das gilt in erster Linie für S. 2, der die subsidiäre Anwendung der Teilungsvorschriften des Gemeinschaftsrechts (§§ 752–758 → Rn. 4 f.) vorschreibt. Auch der Regelung des S. 1 kommt im Wesentlichen nur klarstellende Bedeutung zu (→ Rn. 3). Insgesamt legt § 731 in Übereinstimmung mit den allgemeinen Grundsätzen des Gesellschaftsrechts folgende **Rangfolge** bei der **Rechtsanwendung im Abwicklungsstadium** fest: (1) Vorrang gesellschaftsvertraglicher Abwicklungs- und Auseinandersetzungsvereinbarungen, bei deren Fehlen (2) Rückgriff auf das dispositive Recht der §§ 732–735, aber auch des § 730, sowie schließlich (3) subsidiäre Geltung der §§ 752–758, soweit für ihre Anwendung neben den vorrangigen Rechtsquellen Raum bleibt.

II. Abwicklungsverfahren und Anwendungsbereich

Zum Gang der Auseinandersetzung und zu den hierfür nach gesetzlicher Regel maßgebenden Grundsatzen s. den Überblick in → § 730 Rn. 7 ff. sowie die Erläuterungen zu §§ 730, 732–735. Die Vorschriften beziehen sich auf aufgelöste (Außen-)Gesellschaften mit Gesamthandsvermögen. Sie finden keine Anwendung, wenn die Gesellschaft gleichzeitig mit der Auflösung vollbeendet wird (→ § 730 Rn. 11). Für Innengesellschaften ohne Gesamthandsvermögen kommt trotz des regelmäßigen Zusammenfallens von Auflösung und Vollbeendigung die entsprechende Anwendung einzelner Abwicklungsvorschriften für den Ausgleich zwischen den Beteiligten in Betracht (→ § 730 Rn. 12 ff.).

III. Dispositives Recht

Ebenso wie der größte Teil der sonstigen Vorschriften zum Recht der GbR (→ § 705 Rn. 130) sind auch die Bestimmungen der §§ 730–735 grundsätzlich dispositiver Natur (aber zu § 733 Abs. 1 → § 733 Rn. 11). Soweit sie nur das Innenverhältnis der Gesellschafter betreffen, folgt das nach dem Regelungsprinzip der §§ 705 ff. allein schon daraus, dass der Gesetzgeber im Grundsatz darauf verzichtet hat, ihre zwingende Geltung anzuordnen (arg. §§ 716 Abs. 2, 723 Abs. 3). Eigenständige Bedeutung kommt dem in § 731 S. 1 ausgesprochenen Vorrang der Vertragsgestaltung daher allenfalls für den dispositiven Charakter der auch das Außenverhältnis berührenden, die vorrangige Gläubigerbefriedigung anordnenden Vorschrift des § 733 Abs. 1 zu. Sie ist nach hM ebenfalls abdingbar (→ § 733 Rn. 5, 10 ff.). – Wegen der Einzelheiten derartiger Abweichungen insbesondere → § 730 Rn. 65 ff.; → § 733 Rn. 4.

---

[162] Vgl. Lutter/*Teichmann*, 5. Aufl. 2014, UmwG § 124 Rn. 2; *Schulze-Osterloh* ZHR 149 (1985), 614 ff.

IV. Subsidiäre Anwendung von Gemeinschaftsrecht

4 Die in § 731 S. 2 enthaltene Verweisung auf die Teilungsvorschriften der §§ 752–758 setzt wegen ihres subsidiären Charakters voraus, dass überhaupt teilungsfähiges Gesellschaftsvermögen vorhanden ist;[1] auf Innengesellschaften ist sie unanwendbar. Aber auch bei Gesamthandsgesellschaften ist ihre Bedeutung angesichts der bei deren Abwicklung zu berücksichtigenden Besonderheiten nur eine begrenzte. **Unanwendbar** ist namentlich einerseits § 755, da die vorrangige Tilgung der gemeinschaftlichen Schulden bereits aus § 733 Abs. 1 und 3 folgt, sowie andererseits das in § 756 enthaltene Befriedigungsvorrecht der Gemeinschafter wegen gegenseitiger Forderungen; ihm wird in der GbR stattdessen durch die am Ende der Auseinandersetzung stehende Schlussabrechnung unter Saldierung der verschiedenen auf der Gesellschaftsbeziehung beruhenden Ansprüche und Pflichten (→ § 730 Rn. 49 ff., 57 ff.) Rechnung getragen.[2] Auch für den Verjährungsausschluss des § 758 besteht regelmäßig kein Bedürfnis.

5 Der **Anwendungsbereich der Verweisung** beschränkt sich daher auf die §§ 752–754 und 757. Unter ihnen kommt die Vorschrift des **§ 752** nur dann zum Zuge, wenn der Gesellschaftsvertrag keine vollständige Liquidation des Gesamthandsvermögens entsprechend § 149 HGB vorsieht, sondern es bei der Regelung des § 733 Abs. 3 belässt (→ § 733 Rn. 22), da andernfalls für eine Teilung nach Gemeinschaftsrecht kein Raum ist. Für die nach Schuldentilgung und Rückerstattung der Einlagen verbleibenden, nicht veräußerten Vermögensgegenstände schreibt § 752 im Grundsatz Teilung in Natur vor. Soweit die Gegenstände sich nicht oder nur unter Wertminderung teilen lassen oder soweit der Verkauf für die Zwecke des § 733 Abs. 1 und 2 erforderlich ist, soll er nach **§ 753** grundsätzlich im Wege des Pfandverkaufs (§§ 1235–1240, 1246), bei **Grundstücken** durch Zwangsversteigerung erfolgen (→ § 733 Rn. 23).[3] Das in **§ 754 S. 2** eingeräumte Recht jedes Beteiligten, gemeinschaftliche Einziehung fälliger Forderungen zu verlangen, ergibt sich bei der GbR schon aus der Abwicklerstellung aller Gesellschafter und ihrer Pflicht zur Förderung der Abwicklung (→ § 730 Rn. 27 f.). Nach **§ 757** schließlich finden die kaufrechtlichen Gewährleistungsvorschriften Anwendung, soweit einzelne Gesellschafter Gegenstände des Gesamthandsvermögens im Rahmen der Auseinandersetzung übernehmen; sie können sodann Gewährleistungsansprüche gegen die übrigen Gesellschafter geltend machen.

§ 732 Rückgabe von Gegenständen

¹Gegenstände, die ein Gesellschafter der Gesellschaft zur Benutzung überlassen hat, sind ihm zurückzugeben. ²Für einen durch Zufall in Abgang gekommenen oder verschlechterten Gegenstand kann er nicht Ersatz verlangen.

I. Rückgabeanspruch

1 **1. Voraussetzungen (S. 1).** Der Rückgabeanspruch eines Gesellschafters nach S. 1 setzt voraus, dass die betreffenden Gegenstände der Gesellschaft im Rahmen der Beitragspflicht **zum Gebrauch überlassen** wurden (→ § 706 Rn. 13), ohne in der Zwischenzeit durch bestimmungsgemäße Verwendung oder Zufall untergegangen zu sein (→ Rn. 5). Bei *zu Eigentum* eingebrachten Sachen (→ § 706 Rn. 11) erfolgt demgegenüber grundsätzlich Rückerstattung in Geld (§ 733 Abs. 2), soweit die Gesellschafter nichts Abweichendes vereinbart haben; die Behandlung von *dem Werte nach* eingebrachten Sachen (→ § 706 Rn. 12) ist umstritten (→ Rn. 8 f.).

2 Hat ein Gesellschafter der Gesellschaft eine Sache nicht kraft gesellschaftsvertraglicher Verpflichtung, sondern auf Grund eines **als Drittgeschäft** abgeschlossenen *Miet- oder Pachtvertrags* überlassen, so kommt das Benutzungsrecht der Gesellschaft und ihre Pflicht zur Zahlung der Miete oder der Pacht durch die Auflösung **nicht** in Wegfall; § 732 S. 1 findet keine Anwendung.[1] Die Auflösung

---

[1] EinhM, vgl. RGZ 91, 428 (431); Soergel/*Hadding/Kießling* Rn. 2; Staudinger/*Habermeier* (2003) Rn. 3; Bamberger/Roth/*Schöne* Rn. 4.

[2] Ebenso Erman/*Westermann* Rn. 2; Staudinger/*Habermeier* (2003) Rn. 4; Bamberger/Roth/*Schöne* Rn. 4; aA Palandt/*Sprau* § 733 Rn. 6; Soergel/*Hadding/Kießling* Rn. 5.

[3] Grds. kann nach BGHZ 197, 262 (266 ff.) Rn. 10 ff. = ZIP 2013, 1763 jeder einzelne Gesellschafter die Zwangsversteigerung beantragen (§§ 731 S. 2, 753 Abs. 1 S. 1 Hs. 2 BGB iVm § 181 Abs. 2 S. 1 ZVG), solange er als Mitberechtigter im Grundbuch eingetragen ist; es besteht kein Unterschied zur Rechtslage vor Anerkennung der Rechtsfähigkeit der GbR; zum Nachweis der Antragsbefugnis gemäß § 16 Abs. 2 ZVG genüge ggf. die Vorlage der schriftlichen Kündigungserklärung; dazu auch *Ruhwinkel* MittBayNot 2014, 277 (277 f.); *Meller-Hannich* WuB VI E § 181 ZVG 1.13; *Kesseler* EWiR 2014, 39; *Wolfer* GWR 2013, 401, jeweils zust.

[1] Zum Sonderfall eines kraft gesellschaftsvertraglicher Verpflichtung geschlossenen Miet- oder Pachtvertrags → § 706 Rn. 5. Insoweit bildet die Auflösung regelmäßig einen wichtigen Kündigungsgrund.

kann aber je nach Lage des Falles einen wichtigen Kündigungsgrund für das Drittgeschäft bilden (→ § 730 Rn. 36).

2. Durchsetzbarkeit des Rückgabeanspruchs. Nach verbreiteter Ansicht soll der einbringende Gesellschafter die Sache grundsätzlich *sofort* mit Eintritt der Auflösung zurückverlangen können.[2] *Dagegen* spricht, dass die Vertragspflichten einschließlich derjenigen auf Leistung von Beiträgen durch die Auflösung nicht ohne weiteres in Wegfall kommen, sondern so lange fortbestehen, als die Beiträge im Rahmen des geänderten, auf Abwicklung gerichteten Zwecks noch benötigt werden (→ § 730 Rn. 26, 30).[3] Ein allgemeiner Grundsatz über den **Rückgabezeitpunkt** lässt sich daher nicht aufstellen; das zum Gebrauch überlassene Geschäftslokal ist der Gesellschaft im Zweifel länger zu belassen als bestimmte Produktionsmittel oder gewerbliche Schutzrechte. Die Beweislast dafür, dass die Sache noch für die Zwecke der Abwicklung benötigt wird, liegt bei der Gesellschaft (str., → § 730 Rn. 31).[4]

Ist zu erwarten, dass der nach § 732 S. 1 anspruchsberechtigte Gesellschafter im Rahmen der Schlussabrechnung zur Zahlung eines Nachschusses verpflichtet ist, so steht der Gesellschaft ein **Zurückbehaltungsrecht** an den zum Gebrauch überlassenen, nicht für die Abwicklungszwecke benötigten Gegenständen zu.[5] Mangels Fälligkeit des Anspruchs auf den Nachschuss (→ § 735 Rn. 5) folgt es nicht aus § 273,[6] wohl aber aus dem allgemein zu § 730 entwickelten Grundsatz, dass die Gesellschafter im Abwicklungsstadium vor der Schlussabrechnung Leistungen der Gesellschaft oder der Mitgesellschafter nur dann verlangen können, wenn und soweit feststeht, dass ihnen Ansprüche in diesem Umfang mindestens zustehen (→ § 730 Rn. 49).

3. Gefahrtragung (S. 2). Die Gefahr für **zufällige(n)** Untergang oder Verschlechterung der zum Gebrauch eingebrachten Sache (Sachgefahr) liegt nach S. 2 bei dem Gesellschafter; anderes gilt für die Nachteile aus der entfallenen Benutzungsmöglichkeit (Benutzungsgefahr) während des Bestehens der Gesellschaft.[7] Als zufällige Verschlechterung ist auch die durch den bestimmungsgemäßen Gebrauch der Sache eingetretene Abnutzung anzusehen;[8] eine Entschädigung hierfür kann der Gesellschafter nicht verlangen.

Ist die Verschlechterung oder der Untergang der Sache von einem Angestellten der Gesellschaft **verschuldet** worden, so haftet diese nach § 278 auf Schadensersatz (→ § 718 Rn. 30). Gleiches gilt nach Maßgabe der §§ 708, 31 bei Verschulden durch einen als Geschäftsführer tätigen Mitgesellschafter. Insoweit haften Gesellschaft und schuldhaft handelnder Geschäftsführer dem betroffenen Gesellschafter als Gesamtschuldner.

II. Anwendung auf sonstige Einlagen

1. Vereinbarte Rückgabe von zu Eigentum eingebrachten Sachen. Für nicht in Geld bestehende Einlagen sieht § 733 Abs. 2 S. 2 nicht die Rückgabe in Natur vor, sondern den Ersatz des Wertes im Zeitpunkt der Einbringung (→ § 733 Rn. 14). Die Gesellschafter sind freilich nicht gehindert, abweichend hiervon die Rückgabe zu vereinbaren. In diesem Fall gelten im Zweifel die vorstehend (→ Rn. 3–6) dargestellten Grundsätze für die Rückgabe zum Gebrauch überlassener Gegenstände entsprechend.[9] Neben der Herausgabe an den Gesellschafter bedarf es auch der Rückübereignung an ihn. – Wegen der Wertansätze → § 734 Rn. 5.

---

[2] BGH NJW 1981, 2802; RG JW 1938, 457; Soergel/*Hadding/Kießling* Rn. 2; Staudinger/*Habermeier* (2003) Rn. 4; Bamberger/Roth/*Schöne* Rn. 2.
[3] Eine entsprechende Einschränkung wird – freilich als Ausnahme – auch von der hM anerkannt, vgl. RG JW 1938, 457; 1937, 3155 (3156); Soergel/*Hadding/Kießling* Rn. 2; Staudinger/*Habermeier* (2003) Rn. 4.
[4] OLG Düsseldorf NZG 1999, 990 bezogen auf einen im Wege der actio pro socio klagenden Gesellschafter; Bamberger/Roth/*Schöne* Rn. 2; tendenziell auch Erman/*Westermann* § 730 Rn. 6; offenlassend Staudinger/*Habermeier* (2003) § 730 Rn. 17; aA Soergel/*Hadding/Kießling* Rn. 2; BGH NJW 1980, 1522 (1523) – Liquidation einer Publikums-KG.
[5] So auch BGH NJW 1998, 1551 (1552); Soergel/*Hadding/Kießling* Rn. 2; Bamberger/Roth/*Schöne* Rn. 2; zum Zurückbehaltungsrecht der Gesellschaft gegenüber dem Rückgabeanspruch eines ausgeschiedenen Gesellschafters vgl. BGH NJW 1981, 2802.
[6] So aber Palandt/*Sprau* Rn. 1; Soergel/*Hadding/Kießling* § 732 Rn. 4 unter Berufung auf den   allerdings zu weit geratenen – Leitsatz von BGH NZG 2010, 1020 zu § 739, dort lag aber eine gesellschaftsvertragliche Vereinbarung vor, dass Verlustausgleichsanspruch innerhalb von sechs Monaten nach dem Ausscheiden einzuzahlen sei; diff. Bamberger/Roth/*Schöne* Rn. 2.
[7] Soergel/*Hadding/Kießling* Rn. 3; Erman/*Westermann* Rn. 4; wohl auch Staudinger/*Habermeier* (2003) Rn. 5; → § 706 Rn. 13.
[8] Staudinger/*Habermeier* (2003) Rn. 5; Bamberger/Roth/*Schöne* Rn. 6.
[9] Erman/*Westermann* Rn. 3.

§ 733

8   **2. Dem Werte nach eingebrachte Sachen.** Von einer vor allem früher verbreiteten Ansicht wurden dem Werte nach (quoad sortem) eingebrachte Sachen im Zuge der Liquidation den zu Eigentum eingebrachten gleichgestellt.[10] Auch für sie sollte grundsätzlich § 733 Abs. 2 S. 2 gelten; danach wird der einbringende Gesellschafter mit dem Wert im Zeitpunkt der Einbringung abgefunden und muss seinerseits das Eigentum an die Gesellschaft oder auf ihr Verlangen an einen Dritten übertragen, wenn die Beteiligten nicht die Rückgabe an den Einleger vereinbart haben.

9   Diese Ansicht ist in jüngerer Zeit auf verbreitete Ablehnung gestoßen. Stattdessen wird von der inzwischen hM eine **Analogie zu § 732 S. 1** befürwortet mit der Maßgabe, dass der Gesellschafter zwar die Sache zurückerhält, der Wert im Rückgabezeitpunkt jedoch der Gesellschaft dadurch verbleibt, dass er als Negativposten vom Kapitalkonto des Gesellschafters abgezogen wird.[11] Übersteigt der Wert das übrige Auseinandersetzungsguthaben des Gesellschafters, so führt dies in Höhe der Differenz zu einem Anspruch der Gesellschaft auf Wertausgleich;[12] in diesem Fall soll der Gesellschafter kraft Treupflicht verlangen können, statt der Anrechnung des Wertes den eingebrachten Gegenstand der Gesellschaft belassen und das Eigentum auf sie übertragen zu können.[13]

10 **Stellungnahme.** Aus der Regelung der §§ 732 S. 1, 733 Abs. 2 S. 2 ist eine Lösung der Streitfrage nicht zu gewinnen, da diese Vorschriften sich nicht mit dem Sonderfall der Einbringung quoad sortem befassen.[14] Macht man Ernst mit dem Unterschied der Einbringung quoad sortem gegenüber derjenigen quoad dominium, so sprechen in der Tat die besseren Gründe für die inzwischen hM (→ Rn. 9). Denn wenn die Gesellschafter sich in der Beitragsvereinbarung dafür entschieden haben, der Gesellschaft nur schuldrechtlich den Wert der Sache einschließlich seiner etwaigen Veränderungen zukommen zu lassen, die Sache selbst aber im *Eigentum des Einbringenden* zu belassen, leuchtet es wenig ein, warum diese Entscheidung ausgerechnet bei der Liquidation der Gesellschaft eine Korrektur erfahren soll. Dies spricht für die Analogie zu § 732 S. 1, freilich im Unterschied zur Einbringung quoad usum in der Weise, dass Wertveränderungen nicht den Gesellschafter treffen, sondern zugunsten bzw. zu Lasten der Gesellschaft gehen. Abweichende Vereinbarungen sind auch insoweit möglich; im Hinblick auf die damit verbundene Übereignungspflicht in der Liquidation sind freilich die ggf. eingreifenden Formvorschriften der § 311b Abs. 1 BGB, § 15 Abs. 4 GmbHG ua zu beachten. – Zu den unterschiedlichen Arten der Einbringung → § 706 Rn. 11 ff.

§ 733 Berichtigung der Gesellschaftsschulden; Erstattung der Einlagen

(1) ¹Aus dem Gesellschaftsvermögen sind zunächst die gemeinschaftlichen Schulden mit Einschluss derjenigen zu berichtigen, welche den Gläubigern gegenüber unter den Gesellschaftern geteilt sind oder für welche einem Gesellschafter die übrigen Gesellschafter als Schuldner haften. ²Ist eine Schuld noch nicht fällig oder ist sie streitig, so ist das zur Berichtigung Erforderliche zurückzubehalten.

(2) ¹Aus dem nach der Berichtigung der Schulden übrig bleibenden Gesellschaftsvermögen sind die Einlagen zurückzuerstatten. ²Für Einlagen, die nicht in Geld bestanden haben, ist der Wert zu ersetzen, den sie zur Zeit der Einbringung gehabt haben. ³Für Einlagen, die in der Leistung von Diensten oder in der Überlassung der Benutzung eines Gegenstands bestanden haben, kann nicht Ersatz verlangt werden.

(3) Zur Berichtigung der Schulden und zur Rückerstattung der Einlagen ist das Gesellschaftsvermögen, soweit erforderlich, in Geld umzusetzen.

---

[10] BGH WM 1965, 744 (745 f.); wohl auch Soergel/*Hadding/Kießling* § 706 Rn. 23 – anders aber Soergel/ *Hadding/Kießling* § 732 Rn. 1; RGRK/*v. Gamm* § 732 Rn. 5; *Piltz* DStR 1991, 251 (252); *Grziwotz* DStR 1992, 1365 (1366).
[11] SchlHFG BB 1988, 1217 (1221); Staudinger/*Habermeier* (2003) § 706 Rn. 6; → § 732 Rn. 2; → § 733 Rn. 10; Soergel/*Hadding/Kießling* Rn. 1; Erman/*Westermann* Rn. 1; Bamberger/Roth/*Schöne* Rn. 3; Palandt/ *Sprau* § 732 Rn. 1, § 733 Rn. 9; *Berninger*, Die Societas quoad sortem, 1994, S. 136 ff., *ders.* DStR 2010, 874 (877); *Blaurock/Berninger* JZ 1992, 614 (621); *Reinhardt* DStR 1991, 588 (589); *Sudhoff* NJW 1978, 1401 (1404); *Gädcke*, Grundstücke im Gesellschaftsvermögen, 1987, S. 136; diff. *Wiedemann* WM-Beil. Heft 7/1992, S. 14; offenlassend BGH NJW-RR 2009, 1697.
[12] *Berninger*, Die Societas quoad sortem, 1994, S. 147 f.; dem folgend Staudinger/*Habermeier* (2003) § 706 Rn. 6; → § 732 Rn. 2; → § 733 Rn. 10; Soergel/*Hadding/Kießling* Rn. 1.
[13] *Berninger*, Die Societas quoad sortem, 1994, S. 142.
[14] So zutr. *Berninger*, Die Societas quoad sortem, 1994, S. 136.

Berichtigung der Gesellschaftsschulden; Erstattung der Einlagen 1–5 § 733

Übersicht

	Rn.		Rn.
I. Allgemeines	1–5	**III. Rückerstattung der Einlagen**	
1. Normzweck	1, 2	**(Abs. 2)**	13–21
2. Anwendungsbereich	3, 4	1. Erstattungsfähige Einlagen	13
3. Abdingbarkeit	5	2. Wertersatz	14–16
		3. Geleistete Dienste	17, 18
II. Schuldentilgung (Abs. 1)	6–12	4. Zum Gebrauch überlassene Gegenstände	19
1. Gemeinschaftliche Schulden	6–8	5. Abweichende Vereinbarungen	20, 21
2. Nicht fällige oder streitige Verbindlichkeiten		**IV. Begrenzte Umsetzung des Gesellschaftsvermögens (Abs. 3)**	22, 23
....	9	1. Grundsatz	22
3. Abweichende Vereinbarungen	10–12	2. Art der Umsetzung	23

I. Allgemeines

1. Normzweck. Die Vorschrift des § 733 enthält die für die Abwicklung des Gesellschaftsvermögens zentralen Bestimmungen über die Tilgung der Gesellschaftsschulden (Abs. 1), über die Rückerstattung der Einlagen oder ihres Wertes (Abs. 2) sowie über die Umsetzung des Gesellschaftsvermögens in Geld, soweit sie zur Beschaffung der für Schuldentilgung und Einlagenerstattung benötigten Mittel erforderlich ist (Abs. 3). Die Durchführung dieser Maßnahmen ist Sache der Abwickler, im Regelfall also aller Gesellschafter (→ § 730 Rn. 40). Jeder Gesellschafter kann im Rahmen seines Anspruchs auf Auseinandersetzung (→ § 730 Rn. 27, 59) von den Mitgesellschaftern Mitwirkung an den zur Abwicklung erforderlichen Maßnahmen verlangen. 1

Eine besonders auch für § 733 Abs. 1 und 2 zu beachtende **Modifikation** der gesetzlichen Auseinandersetzungsvorschriften ergibt sich daraus, dass nach ständiger Rechtsprechung die den *Gesellschaftern aus dem Gesellschaftsvertrag gegen die Gesellschaft und untereinander zustehenden Ansprüche* infolge der Auflösung grundsätzlich nicht mehr getrennt durchsetzbar sind, sondern zu unselbständigen Rechnungsposten im Rahmen der **Schlussabrechnung** werden (→ § 730 Rn. 49 f.). Dementsprechend kann ein Gesellschafter vor Erstellung der Schlussabrechnung Zahlung von Gesamthand oder Mitgesellschaftern nur dann und insoweit verlangen, als schon vorher feststeht, dass ihm die fraglichen Beträge endgültig verbleiben (→ § 730 Rn. 54 f.). Abweichend vom Wortlaut des § 733 Abs. 1 und 2 sind die Sozialverbindlichkeiten unter Einschluss des Anspruchs auf Einlagenrückgewähr daher grundsätzlich erst im Rahmen der Schlussabrechnung zur Ausgleichung zu bringen (→ Rn. 7, 13). 2

2. Anwendungsbereich. Die Vorschriften in Abs. 1 und Abs. 3 setzen das Vorhandensein von Gesellschaftsschulden und Gesellschaftsvermögen voraus. Sie sind daher, ebenso wie die Auseinandersetzungsregelungen allgemein, in erster Linie auf aufgelöste, aber noch nicht vollbeendete **Außengesellschaften** anwendbar (→ § 730 Rn. 10). 3

Für **Innengesellschaften** (→ § 705 Rn. 282), bei denen mangels Gesamthandsvermögen Auflösung und Beendigung im Zweifel zusammenfallen, gelten die §§ 730 ff. nicht unmittelbar (→ § 730 Rn. 12). Wohl aber kommt die Anwendung eines Teils dieser Regelungen, darunter auch derjenigen des § 733 Abs. 2 über die Rückerstattung der Einlagen, im Wege der Auslegung oder der Analogie in Betracht (→ § 730 Rn. 12 ff.). Die Liquidation des ganz oder überwiegend im Alleineigentum eines Mitglieds stehenden, dem gemeinsamen Zweck dienenden Vermögens können die bisherigen Mitgesellschafter allerdings regelmäßig auch dann nicht verlangen, wenn sie schuldrechtlich am Wertzuwachs beteiligt waren, sofern nur der Vermögensinhaber in der Lage ist, das ihnen zustehende, nach §§ 733, 734 zu berechnende Auseinandersetzungsguthaben auszuzahlen (→ § 730 Rn. 13). 4

3. Abdingbarkeit. § 733 ist nach hM insgesamt **dispositiv** (→ Rn. 11; → § 731 Rn. 3). Die Gesellschafter können schon im Gesellschaftsvertrag oder durch späteren, grundsätzlich einstimmig zu fassenden Beschluss Abweichendes regeln. Neben der Vereinbarung eines Übernahmerechts eines Gesellschafters (→ § 730 Rn. 68 ff.) oder der einheitlichen Veräußerung des gesamten Gesellschaftsvermögens mit Aktiven und Passiven unter Verteilung des Erlöses (→ § 730 Rn. 86 ff.) können sich die Abweichungen nach hM auch unmittelbar auf die Vorschriften des § 733 beziehen, etwa durch Verteilung des Gesellschaftsvermögens ohne vorherige Schuldentilgung (aber → Rn. 10 f.), durch Vereinbarung anderer Grundsätze über Art und Umfang der Einlagenrückgewähr (→ Rn. 20 f.) oder durch eine von Abs. 3 abweichende Regelung über die Liquidation des Gesellschaftsvermögens (→ Rn. 22). Solche Abweichungen können entsprechend den allgemein für Gesellschaftsverträge geltenden Auslegungsgrundsätzen (→ § 705 Rn. 171) auch konkludent vereinbart werden. 5

Schäfer   495

II. Schuldentilgung (Abs. 1)

6 **1. Gemeinschaftliche Schulden.** Unter die nach Abs. 1 aus dem Gesellschaftsvermögen zu berichtigenden Verbindlichkeiten fallen alle diejenigen Schulden, deren Erfüllung nach den internen Vereinbarungen der Gesellschafter Sache der Gesellschaft ist. Die Schuldnerstellung der Gesellschaft, dh das Vorliegen von **Gesamthandsverbindlichkeiten** (→ § 718 Rn. 25 ff.), bildet in diesen Fällen zwar die Regel, ist aber nicht notwendig.[1] Auch wenn Gesellschafter *für Rechnung der Gesamthand*, aber im eigenen Namen Verbindlichkeiten eingegangen sind, können sie nach Abs. 1 deren Berichtigung aus dem ungeteilten Vermögen verlangen.[2] Das zeigt der Hinweis auf die „unter den Gesellschaftern geteilten", also nicht namens der Gesellschaft eingegangenen Verbindlichkeiten (Teilschulden, § 420) in Abs. 1 S. 1.

7 Zu den gemeinschaftlichen Schulden nach Abs. 1 gehören auch die sog. **Sozialverbindlichkeiten** der Gesamthand gegenüber einzelnen Gesellschaftern, dh diejenigen Verbindlichkeiten, die ihren Rechtsgrund im Gesellschaftsvertrag haben (→ § 705 Rn. 197). Auch sie sind nach gesetzlicher Regel vorab aus dem Gesellschaftsvermögen zu befriedigen.[3] Zu beachten ist allerdings die in ständiger Rechtsprechung betonte Einschränkung, wonach der Ausgleich derartiger Ansprüche grundsätzlich **erst in der Schlussabrechnung** verlangt werden kann, um unerwünschte gegenseitige Zahlungen im Abwicklungsstadium zu vermeiden (→ Rn. 2; → § 730 Rn. 49 ff.); eine Ausnahme hiervon gilt für solche Ansprüche, bei denen schon vor der Schlussabrechnung feststeht, dass der Gesellschafter jedenfalls in dieser Höhe per Saldo Zahlung beanspruchen kann (→ § 730 Rn. 54). Dieser Rechtsfortbildung ist zwar aus Praktikabilitätsgründen, im Interesse einer zügigen Abwicklung, zu folgen.[4] Die in § 733 betonte Rangfolge bleibt jedoch zumindest insofern von Bedeutung, als bei der Schlussabrechnung die *sonstigen* Sozialverbindlichkeiten mit Vorrang vor der Einlagenrückerstattung zu bedienen sind, wenn das Gesellschaftsvermögen nicht zur Befriedigung aller Ansprüche ausreicht und Nachschusspflichten (§ 735) nicht bestehen oder undurchsetzbar sind. – *Drittgläubigerforderungen* von Gesellschaftern unterfallen der Beschränkung nicht, sondern können grundsätzlich wie sonstige Gesamthandsverbindlichkeiten schon vor der Schlussabrechnung durchgesetzt werden.[5]

8 Nicht zu den gemeinschaftlichen Schulden gehören **Ansprüche zwischen einzelnen Gesellschaftern,** auch wenn sie ihren Rechtsgrund im Gesellschaftsvertrag haben.[6] Das gilt namentlich für Ansprüche auf Ersatz eines einem Gesellschafter persönlich verursachten Schadens (→ § 730 Rn. 32, 52)[7] oder auf Rückzahlung eines von einem Mitgesellschafter gewährten Einlagevorschusses.[8] Eine Erfüllung aus dem Gesellschaftsvermögen kann insoweit nicht verlangt werden. Eine andere Frage ist, ob auch derartige Ansprüche im Rahmen der Schlussabrechnung mitzuberücksichtigen sind und der im Abwicklungsstadium zu beachtenden Durchsetzungssperre unterfallen (→ § 730 Rn. 49 ff.). Richtigerweise trifft dies nur für solche Ansprüche zu, die ein Gesellschafter im Wege der actio pro socio gegen Mitgesellschafter geltend macht. Macht er hingegen einen originär eigenen Anspruch gegen einen Mitgesellschafter geltend, so fehlt es an einer tragfähigen Grundlage für dessen Einbeziehung in die Durchsetzungssperre (näher → § 730 Rn. 52).

9 **2. Nicht fällige oder streitige Verbindlichkeiten.** Für sie ist nach Abs. 1 S. 2 eine Rückstellung zu bilden, ehe das restliche Vermögen durch Einlagenerstattung und Verteilung des Überschusses an die Gesellschafter abgewickelt wird. Betagte Verbindlichkeiten werden nicht etwa durch Auflösung vorzeitig fällig (→ § 730 Rn. 36). Die zurückbehaltenen Gelder sind mangels abweichender Vereinbarung zwischen den Gesellschaftern nach § 372 zu hinterlegen. Während der Dauer der Hinterlegung besteht die Gesellschaft fort, solange die Rücknahme noch möglich ist (§ 376 Abs. 2). Einer Hinterlegung bedarf es nicht, wenn mit der Inanspruchnahme aus einer streitigen Verbindlichkeit nicht ernsthaft zu rechnen ist und eine Rückstellung auch bei vorsichtiger Prognose nicht veranlasst erscheint.

---

[1] So jetzt auch Soergel/*Hadding/Kießling* Rn. 5 unter Hinweis auf OLG Braunschweig OLGR 2000, 204.
[2] BGH NJW 1999, 2438 (2439); Bamberger/Roth/*Schöne* Rn. 4; Palandt/*Sprau* Rn. 2.
[3] EinhM, vgl. Soergel/*Hadding/Kießling* Rn. 7; Staudinger/*Habermeier* (2003) Rn. 6; Bamberger/Roth/*Schöne* Rn. 6.
[4] Ebenso Erman/*Westermann* Rn. 2; Staudinger/*Habermeier* (2003) Rn. 6; Soergel/*Hadding/Kießling* Rn. 7.
[5] Str.; wie hier Erman/*Westermann* Rn. 2; Soergel/*Hadding/Kießling* Rn. 6; Staudinger/*Habermeier* (2003) Rn. 6; Bamberger/Roth/*Schöne* Rn. 5; *Ensthaler*, Liquidation von Personengesellschaften, 1985, S. 7 ff.; aus der Rspr. BGH NJW-RR 2006, 1268 (1270) unter ausdrücklicher Aufgabe von BGH WM 1978, 89 (90); 1971, 931 (932). – BGH NZG 2008, 68 (69).
[6] Soergel/*Hadding/Kießling* Rn. 9; Bamberger/Roth/*Schöne* Rn. 7; Erman/*Westermann* Rn. 2.
[7] BGH NJW 1962, 859; dazu krit. Erman/*Westermann* Rn. 12; wohl auch WM 1967, 275 (276).
[8] RG JW 1928, 2368; Bamberger/Roth/*Schöne* Rn. 7; Soergel/*Hadding/Kießling* Rn. 9.

3. Abweichende Vereinbarungen. Die Einhaltung der in § 733 Abs. 1 genannten Rangfolge **10** liegt zwar auch, wenn nicht sogar in erster Linie, im **Interesse der Gläubiger.** Sie müssen sich andernfalls mangels verbliebenen Gesellschaftsvermögens an die Gesellschafter persönlich halten und diese im Rahmen der akzessorischen Gesellschafterhaftung auf Leistung aus ihrem Privatvermögen verklagen.

Im Anschluss an eine frühe, in diesem Punkt nicht begründete Entscheidung des BGH[9] soll das **11** Gläubigerinteresse an der Einhaltung von Abs. 1 aber nach hM[10] nicht ausreichen, um zu einer zwingenden Geltung der Vorschrift zu kommen, obwohl hieran überzeugend Kritik geübt worden ist, die sich im Wesentlichen darauf stützte, dass in der GbR eine persönliche Haftung – vor Anerkennung einer Analogie zu § 128 HGB – nicht gesichert sei.[11] Auch der BGH hat verschiedentlich betont, dass sich eine dispositive Geltung der §§ 733 Abs. 1, 735 allein durch eine unbeschränkte persönliche Gesellschafterhaftung rechtfertigen lasse.[12] Die These von der dispositiven Geltung ist daher unhaltbar, sofern Ausnahmen von der unbeschränkten persönlichen Haftung der Gesellschafter gelten, und vermag daher jedenfalls nicht bei Gesellschaften durchzudringen, in denen eine beschränkte persönliche Haftung der Gesellschafter trotz grundsätzlichen Eingreifens des § 128 HGB auch heute noch anzuerkennen ist, und damit namentlich **nicht** bei der **Publikumsgesellschaft** (zu den Fällen beschränkter Haftung → § 714 Rn. 65). Zumindest bei diesen Gesellschaften ist folglich von einer **zwingenden Geltung** des Abs. 1 auszugehen, so dass hier also ein (beschränktes) Ausschüttungsverbot besteht. Auch im Übrigen ist das Argument der hM, im Falle einer zwingenden Geltung des Abs. 1 wären die Gesellschaftsgläubiger nach Auflösung stärker gegen die Gefahren einer Einlagenrückgewähr geschützt als zuvor, durchaus zwiespältig. Denn nach Auflösung der Gesellschaft und ihrer Organisation kann die Durchsetzung der Ansprüche gegen die einzelnen Gesellschafter, insbesondere bei großem Gesellschafterkreis, mit sehr erheblichen Schwierigkeiten verbunden sein, so dass die Möglichkeit, in das Gesellschaftsvermögen vollstrecken zu können, eine erhebliche Erleichterung für die Gläubiger darstellt. Zwar kann die Gesellschaft auch nach ihrer Auflösung als parteifähiges Rechtssubjekt verklagt werden (in diesem Sinne schon 5. Aufl. Rn. 11). Soweit aber aufgrund einer vorzeitigen Ausschüttung keine Ansprüche gegen die Gesellschafter entstehen würden, die dem Vollstreckungszugriff der Gläubiger unterliegen könnten, wäre diese Möglichkeit kaum als gleichwertig anzusehen. Auch aus diesem Grund sprechen daher die besseren Gründe zumindest bei Gesellschaften mit größerem Gesellschafterkreis für eine zwingende Geltung des § 733 Abs. 1. Daher wird man § 733 **insgesamt als zwingend** ansehen müssen, sofern wegen des Zuschnitts der Gesellschaft (kleiner Gesellschafterkreis mit ohne weiteres erreichbaren Gesellschaftern) Gläubigerinteressen offensichtlich nicht berührt sind. Eine neuere Entscheidung des BGH hat überdies zu Recht den mit der Tilgungsreihenfolge des § 733 erreichten Schutz der Mitgesellschafter betont, nämlich vor einer persönlichen Inanspruchnahme durch die Gläubiger, die mit dem Risiko des Ausfalls gegen die Mitgesellschafter verbunden ist.[13] Dieser Aspekt spricht zusätzlich für eine zwingende Geltung des Abs. 1 zumindest in der Publikumsgesellschaft, bei der die Gesellschafter letztlich keinen Einfluss auf die Vertragsgestaltung haben. Die somit zu weit geratene Aussage in § 730 (→ § 730 Rn. 3) ist für § 733 Abs. 1 somit zumindest für die Publikumsgesellschaft, richtigerweise aber darüber hinaus, teleologisch zu reduzieren.

Auch nach hM kann im Übrigen **jeder Gesellschafter** beim Fehlen abweichender Vereinbarun- **12** gen **auf** die Einhaltung der Rangfolge des **§ 733 Abs. 1 bestehen.**[14] An einer vorrangigen Gläubigerbefriedigung aus dem Gesellschaftsvermögen hat er mit Rücksicht auf seine gesamtschuldnerische Haftung (→ § 714 Rn. 33 ff.) ein berechtigtes Interesse.

III. Rückerstattung der Einlagen (Abs. 2)

1. Erstattungsfähige Einlagen. Nach Abs. 2 S. 1 und 2 haben die Gesellschafter grundsätzlich **13** Anspruch auf Rückerstattung des **Wertes** der Einlagen, dh der von ihnen geleisteten vermögenswerten Beiträge (→ § 706 Rn. 3); ausgenommen sind die Beiträge iSv S. 3 (→ Rn. 17 f.). Die Regelung gilt nach zutreffender neuerer Ansicht nur für in das *Eigentum der Gesellschaft* übergegangene Einlagen,

---

[9] BGHZ 23, 307 (315) = NJW 1957, 750 – dort ist der Satz zu § 733 aber nicht abgedruckt.
[10] Erman/*Westermann* Rn. 8; Soergel/*Hadding/Kießling* Rn. 1, 3; Staudinger/*Habermeier* (2003) Rn. 4; Bamberger/Roth/*Schöne* Rn. 2; so ohne Einschränkung auch noch 5. Aufl. Rn. 11.
[11] *Leuthe*, Die gewerblich geprägte GbR, 1993, S. 170 ff.; *Nicknig*, Die Haftung der Mitglieder einer BGB-Gesellschaft, 1972, S. 105 ff.; *Aderhold*, Das Schuldmodell der BGB-Gesellschaft, 1981, 231 ff.; *H. Westermann*, Personengesellschaftsrecht, 4. Aufl. 1979, Rn. 746; wohl auch *H. J. Hoffmann* NJW 1969, 724 (727).
[12] Deutlich BGH NJW 1999, 3483 (3485); ähnlich auch BGH NJW 2011, 2045 (2046).
[13] So ausdrücklich BGHZ 191, 293 (303) = ZIP 2012, 515 (518) Rn. 25 ebenfalls zur Publikumsgesellschaft.
[14] EinhM, vgl. Erman/*Westermann* Rn. 4; Soergel/*Hadding/Kießling* Rn. 1; Staudinger/*Habermeier* (2003) Rn. 3; Bamberger/Roth/*Schöne* Rn. 2.

während dem Werte nach (quoad sortem) geleistete Beiträge ebenso wie die zum Gebrauch überlassenen Gegenstände den jeweiligen Gesellschaftern entsprechend § 732 S. 1 zurückzugeben sind (→ § 732 Rn. 8 ff.). Der Gesellschaftsvertrag kann Abweichendes vorsehen (→ § 732 Rn. 7). Bestand die Einlage in der Bestellung eines beschränkten dinglichen Rechts an einem Grundstück des Einlegers auf die Dauer der Gesellschaft, so ist das Recht im Zweifel zurückzugewähren bzw. zu löschen.[15] – Zur Fälligkeit der Erstattungsansprüche und zu dem grundsätzlich bis zur Schlussabrechnung aufgeschobenen Zeitpunkt ihrer Geltendmachung → § 730 Rn. 52, 54. Durchsetzbar sind die Erstattungsansprüche bei unzureichendem Aktivvermögen nur insoweit, als sie den auf den erstattungsberechtigten Gesellschafter entfallenden Verlust übersteigen (→ § 735 Rn. 3).

14 2. **Wertersatz.** Für *ins Eigentum der Gesellschaft* geleistete Sacheinlagen ist ihr Wert zum Zwecke des in S. 2 vorgeschriebenen Wertersatzes zu ermitteln; dabei ist grundsätzlich der **Wert im Einbringungszeitpunkt** maßgebend. Haben die Gesellschafter sich seinerzeit auf bestimmte Einbringungswerte geeinigt und haben sie danach die Kapitalkonten der Gesellschafter festgesetzt, so sind diese Werte im Zweifel auch für die Einlagenerstattung maßgebend.[16] Hatte die Sache im Zeitpunkt der Einbringung einen Mangel, so mindert sich der Wert entsprechend.[17]

15 Die – meist steuerrechtlich bedingte – **Einbringung** einer Sache **zum Buchwert** reicht für sich allein nicht aus, um daraus auf einen entsprechenden Bewertungswillen der Gesellschafter, dh also auf eine Umverteilung der bei Einbringung bereits vorhandenen stillen Reserven auf die Mitgesellschafter, zu schließen.[18]

16 Spätere **Wertänderungen** (Erhöhungen oder Verluste) treffen nicht den Einbringenden, sondern die Gesellschaft. Das gilt entsprechend bei *dem Werte nach* geleisteten Beiträgen; insoweit ist deren Wert im Zeitpunkt ihrer Rückgabe zu ermitteln und dem Gesellschafter in der Auseinandersetzungsbilanz zu belasten (→ § 732 Rn. 8 ff.).

17 3. **Geleistete Dienste.** Die Leistung von Diensten eines Gesellschafters führt in der Regel nicht zu einem konkreten, erstattungsfähigen Vermögenswert im Gesellschaftsvermögen. Schon deshalb würde ihre Einbeziehung in die Rückerstattung zu erheblichen Bewertungsschwierigkeiten im Rahmen der Auseinandersetzung führen.[19] Daher nimmt **Abs. 2 S. 3** Dienstleistungen eines Gesellschafters von der Erstattung aus. Ihr Wert findet jedoch in der Regel durch die – häufig um eine Geschäftsführervergütung erhöhte – Gewinnverteilung schon während der Gesellschaftsdauer Berücksichtigung bzw. kommt bei der Verteilung des Überschusses (§§ 721 Abs. 1, 734) mit in Ansatz. **Ausnahmen** kommen einerseits bei abweichenden Vereinbarungen in Betracht; sie können etwa in der Gutschrift eines Kapitalwertes der versprochenen Dienste bei Gründung der Gesellschaft ihren Niederschlag finden. Aber auch wenn beim Ausscheiden eines Gesellschafters die von ihm geleisteten Dienste sich in einem fest umrissenen und messbaren, dem Gesellschaftsvermögen verbleibenden Vermögenswert niedergeschlagen haben, ohne durch die Gewinnbeteiligung während der Gesellschaftsdauer abgegolten zu sein, können die Umstände für ihre stillschweigend vereinbarte oder durch ergänzende Vertragsauslegung zu erzielende Berücksichtigung in der Schlussabrechnung sprechen.[20]

18 Auf **Werkleistungen** als Einlage findet S. 3 grundsätzlich keine Anwendung. Ihr Wert ist als Sacheinlage erstattungsfähig.[21]

19 4. **Zum Gebrauch überlassene Gegenstände.** Sie sind nach § 732 S. 1 in Natur zurückzugeben. Ein Wertersatz für sie ist nach § 733 Abs. 2 S. 3 ausgeschlossen. Das gilt auch für den Fall zufälligen Untergangs; die Sachgefahr verbleibt insoweit beim Einleger (→ § 732 Rn. 5).

20 5. **Abweichende Vereinbarungen.** Entsprechend dem grundsätzlich dispositiven Charakter der Abwicklungsvorschriften der §§ 731–735 (→ Rn. 5; → § 731 Rn. 3; zur abweichenden Beurteilung

---

[15] Soergel/*Hadding/Kießling* Rn. 14; Bamberger/Roth/*Schöne* Rn. 13.
[16] Staudinger/*Habermeier* (2003) Rn. 10.
[17] BGH NJW 1986, 51 (52).
[18] BGH WM 1967, 682 (683); Erman/*Westermann* Rn. 5; Palandt/*Sprau* Rn. 9; Staudinger/*Habermeier* (2003) Rn. 10; anders offenbar BGH WM 1972, 213 (214); aA auch *Ensthaler,* Liquidation von Personengesellschaften, 1985, S. 21.
[19] Zum Normzweck des Abs. 2 S. 3 vgl. BGH NJW 1980, 1744. Krit. hierzu *Ensthaler,* Liquidation von Personengesellschaften, 1985, S. 29 ff., der nur „mittelbar" den Gesellschaftszweck fördernde Dienstleistungen, dh Geschäftsführungs- und Verwaltungstätigkeiten von der Erstattung ausnehmen will.
[20] BGH NJW 1986, 51; 1966, 501; NJW-RR 1991, 422 (423) – stille Gesellschaft; Erman/*Westermann* Rn. 6; Soergel/*Hadding/Kießling* Rn. 12, 14; vgl. auch BGH WM 1962, 1086 für zugesagte Entschädigung für Arbeitsleistung eines Mitgesellschafters als Abweichung von Abs. 2 S. 3.
[21] BGH NJW 1980, 1744 (1745) zu Architektenleistungen; so auch Soergel/*Hadding/Kießling* Rn. 12, 14; Bamberger/Roth/*Schöne* Rn. 14; aA Erman/*Westermann* Rn. 5.

von Abs. 1 → Rn. 11) sind die Gesellschafter auch im Blick auf § 733 Abs. 2 nicht gehindert, abweichende Vereinbarungen für den Auflösungsfall zu treffen; das kann auch konkludent geschehen. Neben Vereinbarungen über die Berechnung der Höhe des Erstattungsanspruchs nach Abs. 2 S. 2 (→ Rn. 14 f.) und über die Vergütung geleisteter Dienste abweichend von Abs. 2 S. 3 (→ Rn. 17) sind derartige Abweichungen auch in Bezug auf den in Abs. 2 S. 1 geregelten Rückerstattungsanspruch als solchen zulässig.

Im Einzelnen kann der Gesellschaftsvertrag etwa für einen der Gesellschafter ein **Übernahme-** 21 **recht** im Auflösungsfall vorsehen, während die Mitgesellschafter auf einen Abfindungsanspruch verwiesen werden (→ § 730 Rn. 63 ff.). Zulässig ist auch die Vereinbarung einer **Teilung in Natur** an Stelle der Liquidation des Gesellschaftsvermögens. Sie bietet sich namentlich bei Auflösung einer *Freiberufler-Sozietät* in der Weise an, dass abgesehen von der Aufteilung der Sachwerte unter den Beteiligten die Auseinandersetzung in Bezug auf den Mandantenstamm als zentrales Aktivum der Sozietät von einer *Mandantenbefragung* abhängig gemacht wird.[22] Das daraus resultierende Ergebnis ist von den Beteiligten im Regelfall auch dann hinzunehmen, wenn es deutlich abweichend von den in der Sozietät geltenden Beteiligungsverhältnissen ausfällt. Dies gilt allerdings dann nicht mehr, wenn die Aufgabenverteilung organisationsbedingt ungleiche Chancen zur Mandantenbindung nach sich zieht.[23] Haben die Gesellschafter zwar für den Übernahmefall, nicht aber für die Auflösungsfolgen der Sozietätsbeendigung eine entsprechende Vereinbarung getroffen, so bietet sich je nach Lage des Falles deren Ausdehnung auf den Auflösungsfall im Weg ergänzender Vertragsauslegung an.[24]

IV. Begrenzte Umsetzung des Gesellschaftsvermögens (Abs. 3)

1. Grundsatz. Nach Abs. 3 ist das Gesellschaftsvermögen nicht vollständig in Geld umzusetzen, 22 sondern **nur** insoweit, als es **für Schuldentilgung und Einlagenrückerstattung** geboten ist. Für die Verteilung des Überschusses (§ 734) geht das Gesetz demgegenüber grundsätzlich von einer Teilung in Natur aus (§§ 731 S. 2, 752). Anderes gilt dann, wenn nach der Art der Gegenstände eine Teilung in Natur ausgeschlossen ist (§§ 752 S. 1, 753 Abs. 1) oder wenn die Beteiligten sich einvernehmlich auf eine vollständige Liquidation verständigt haben. Welches Vorgehen danach im Rahmen der Abwicklung jeweils geboten ist, lässt sich nur aufgrund der Umstände des Einzelfalls entscheiden. Das gilt auch für die Auswahl der zum Verkauf bzw. zur Teilung in Natur in Betracht kommenden Gegenstände. Dabei haben die Abwickler sich am Grundsatz der Wirtschaftlichkeit zu orientieren. Deshalb kann es geboten sein, einen gesamthänderisch gebundenen Miteigentumsanteil, dessen Verwertung keinen Ertrag verspricht, in Bruchteilseigentum zu überführen anstatt ihn zu veräußern.[25]

2. Art der Umsetzung. Sie sollte nach früher verbreiteter Ansicht nicht nach den Grundsätzen 23 des Pfandverkaufs (§ 753 iVm §§ 1235 ff.) bzw. bei Grundstücken durch Zwangsversteigerung erfolgen, sondern nach der Verkehrssitte; § 753 sei nicht anwendbar.[26] Das ist angesichts der in § 731 S. 2 enthaltenen Verweisung auf die Teilungsvorschriften des Gemeinschaftsrechts (beachte auch § 755 Abs. 3!) nur insoweit zutreffend, als aus der Verkehrssitte (§ 157) auf eine von § 753 abweichende Vertragsvereinbarung geschlossen werden kann.[27] Im Übrigen bewendet es grundsätzlich bei der Maßgeblichkeit der §§ 1235 ff. für die Veräußerung beweglicher Sachen und sonstiger Vermögensgegenstände (→ § 731 Rn. 5). Durch das in § 1246 jedem Beteiligten eingeräumte Recht, eine nach billigem Ermessen besser geeignete Art der Umsetzung verlangen zu können, wird die erforderliche Flexibilität auch unter der Geltung von § 753 gewahrt.[28]

---

[22] Vgl. BGH NJW 2011, 2355 zu § 738; 2010, 2660; 2008, 2987; OLG München NZG 2002, 235 (236) unter Hinweis auf BGH NJW 1995, 1551; NZG 2000, 831; näher *Wolff* NJW 2009, 1302 (1304 ff.); *Wertenbruch* NZG 2011, 1133 ff.; für die Rechtsanwaltssozietät vgl. § 32 Abs. 1 S. 1 BORA.

[23] So für den Fall einer organisatorischen Trennung zwischen Marketing/Akquise einerseits, operativer anwaltlicher Tätigkeit andererseits OLG Saarbrücken DStR 2010, 1759: Einigung der Gesellschafter auf gemeinsame Mandantenbefragung bedeutet einen konkludenten Verzicht auf die Beteiligung am ideellen Kanzleiwert, wenn die atypische Gestaltung den Sozien ungleiche Chancen bei der Mandantenbindung zuweist. Auch hierzu *Wolff* NJW 2009, 1302 (1305).

[24] OLG München NZG 2002, 235 (236).

[25] OLG Hamm NZG 2004, 1106.

[26] RG JW 1934, 3268 f.; RGRK/*v. Gamm*, 12. Aufl. 1978, Rn. 12; aA die heute hM: Soergel/*Hadding/Kießling* Rn. 16; Bamberger/Roth/*Schöne* Rn. 19; Staudinger/*Habermeier* (2003) Rn. 13 mit Darstellung des Streitstandes; Erman/*Westermann* Rn. 7; Palandt/*Sprau* Rn. 11; auch bereits RG LZ 1924, 698 (699); diff. BGH NJW 1992, 830 (832).

[27] So auch Staudinger/*Habermeier* (2003) Rn. 13; Soergel/*Hadding/Kießling* Rn. 16.

[28] So auch Staudinger/*Habermeier* (2003) Rn. 13.

§ 734 Verteilung des Überschusses

Verbleibt nach der Berichtigung der gemeinschaftlichen Schulden und der Rückerstattung der Einlagen ein Überschuss, so gebührt er den Gesellschaftern nach dem Verhältnis ihrer Anteile am Gewinn.

Übersicht

	Rn.		Rn.
I. Allgemeines	1, 2	1. Begriff und Zusammensetzung	8
II. Überschuss	3–5	2. Ausgleichsanspruch für die einseitige Weiternutzung wesentlicher Vermögenswerte	9
III. Verteilungsmaßstab	6	3. Durchsetzung	10
IV. Durchführung der Verteilung	7	VI. Hinterlegung	11
V. Auseinandersetzungsguthaben	8–10	VII. Abweichende Vereinbarungen	12

I. Allgemeines

1 Die Verteilung des Überschusses ist der Schlussstein in der Auseinandersetzung nach Auflösung der Gesellschaft. Sie setzt in der Regel die Aufstellung einer **Schlussabrechnung** (Auseinandersetzungsbilanz) durch die Abwickler voraus (→ § 730 Rn. 57 ff.). Sind nach gesetzlicher Regel (§ 730 Abs. 2 S. 2) alle Gesellschafter auch Abwickler und stellen sie als solche einvernehmlich die Schlussabrechnung auf, so liegt darin regelmäßig zugleich die **Feststellung** der in der Abrechnung enthaltenen, für die Verteilung des Überschusses und/oder die Einforderung von Nachschüssen (§ 735) verbindlichen Zahlen. Der Gesellschaftsvertrag kann einen Beschluss über die Feststellung der Auseinandersetzungsbilanz mit einfacher oder qualifizierter Mehrheit zulassen; enthält er eine allgemeine Mehrheitsklausel, nach der Beschlüsse – außer bei Vertragsänderungen etc – mit einfacher Mehrheit gefasst werden, so reicht dies für eine Feststellung mit einfacher Mehrheit aus.[1]

2 Schlussabrechnung und Überschussverteilung nach § 734 betreffen in erster Linie den **Abwicklungsgewinn**. Soweit die Gesellschafter freilich, wie namentlich bei Gelegenheitsgesellschaften vorübergehender Dauer (→ § 721 Rn. 1), auf eine Verteilung und Ausschüttung des Gewinns während der Gesellschaftsdauer verzichtet haben, hat die Überschussverteilung auch die Funktion der Gewinnverteilung nach § 721 Abs. 1.

II. Überschuss

3 Er liegt vor, wenn und soweit das **Aktivvermögen,** das der Gesellschaft nach Berichtigung der Gesellschaftsverbindlichkeiten gegenüber Dritten (→ § 733 Rn. 6) und Hinterlegung der auf betagte oder streitige Forderungen entfallenden Beträge (→ § 733 Rn. 9) verbleibt, die noch offenen, in der Schlussabrechnung als Passivposten zu berücksichtigenden Gesellschafterforderungen einschließlich der Ansprüche auf Rückerstattung des Wertes der Einlagen (→ § 730 Rn. 49 ff.; → § 733 Rn. 7) **übersteigt.**

4 Zum Aktivvermögen rechnen auch Sozialansprüche gegen Gesellschafter, etwa auf Schadensersatz. Bei Auflösung noch ausstehende, nicht für die Abwicklung benötigte Beitragsleistungen oder übermäßige Entnahmen sind demgegenüber bei Festsetzung der Rückerstattungsansprüche nach § 733 Abs. 2 zu berücksichtigen.

5 Nicht in Geld umgesetzte Gegenstände des Gesellschaftsvermögens sind mit ihrem **Veräußerungswert,** unter *Auflösung stiller Reserven,* in Ansatz zu bringen.[2] Das gilt insbesondere für den Fall, dass die Gegenstände bei der Schlussverteilung ganz oder teilweise einzelnen Gesellschaftern zugewiesen werden (→ Rn. 7). Die Erwerber sind ggf. den Mitgesellschaftern zum Ausgleich verpflichtet.

III. Verteilungsmaßstab

6 Die Verteilung des Überschusses richtet sich grundsätzlich nach dem auch für den laufenden Gewinn geltenden vertraglichen **Gewinnverteilungsschlüssel,** soweit keine Sonderregelung für den Liquidationsgewinn vereinbart ist.[3] Im Zweifel gilt Gewinnverteilung nach Köpfen (§ 722

---

[1] BGH NZG 2012, 397 (399) Rn. 21 ff., 24 = ZIP 2012, 520; NJW 2012, 1439 (1440) Rn. 14 ff. jeweils zur Publikumsgesellschaft: Feststellung sei kein der Vertragsänderung vergleichbares Grundlagengeschäft.
[2] BGH WM 1972, 213; Soergel/*Hadding/Kießling* Rn. 4; Bamberger/Roth/*Schöne* Rn. 2.
[3] RGZ 114, 131 (135); Soergel/*Hadding/Kießling* Rn. 5; Bamberger/Roth/*Schöne* Rn. 5.

Abs. 1). Auf das Verhältnis der Kapitalanteile kommt es abweichend von § 155 Abs. 1 HGB nicht an. Der Verteilungsschlüssel greift auch dann ein, wenn es nach Feststellung der Schlussabrechnung noch zum Anfall von Gesellschaftsvermögen kommt (→ § 730 Rn. 39).

IV. Durchführung der Verteilung

Da § 733 Abs. 3 eine Umsetzung des Gesellschaftsvermögens nur insoweit vorsieht, als es zur **7** Schuldentilgung und zur Einlagenrückgewähr erforderlich ist, gelten für die Überschussverteilung nach gesetzlicher Regel (§ 731 S. 2) die Vorschriften der §§ 752 ff. über die Teilung des Gemeinschaftsvermögens (→ § 731 Rn. 4 f.). Danach findet grundsätzlich Teilung in Natur statt (§ 752). Sie kann jedoch nur dann verlangt werden, wenn die jeweiligen Gegenstände ihrer Art nach zur Teilung ohne Wertminderung geeignet sind, während es im Übrigen bei der Verwertung im Wege des Pfandverkaufs bleibt (§ 753, → § 733 Rn. 23). Die Gesellschafter können sich auf einen abweichenden Verteilungsmodus einigen, insbesondere einzelnen von ihnen bestimmte Gegenstände mit oder ohne Anrechnung auf ihr Auseinandersetzungsguthaben zuweisen. Ohne Einigung kann ein Gesellschafter nur unter Billigkeitsaspekten (§ 1246 Abs. 1) verlangen, dass ein Gegenstand in sein (Mit-)Eigentum übertragen wird, wenn eine Teilung zu einem unzumutbaren Ergebnis führte.[4]

V. Auseinandersetzungsguthaben

1. Begriff und Zusammensetzung. Der Begriff des Auseinandersetzungsguthabens findet sich **8** in § 717 S. 2, im Rahmen der Regelung über die selbstständig abtretbaren Vermögensrechte. Sein **Inhalt und Umfang** bestimmen sich danach, welche Ansprüche dem einzelnen Gesellschafter im Zuge der Auseinandersetzung zustehen und in der Schlussabrechnung gutzubringen sind. Im Einzelnen geht es dabei um die zurückzuerstattenden Einlagen und den anteiligen Überschuss sowie ferner um die sonstigen im Zeitpunkt der Auflösung bestehenden und zu unselbstständigen Rechnungsposten (→ § 730 Rn. 49 ff.) gewordenen, auf dem Gesellschaftsvertrag beruhenden Forderungen gegen die Gesellschaft.[5]

2. Ausgleichsanspruch für die einseitige Weiternutzung wesentlicher Vermögenswerte. **9** Bei der Berechnung des Auseinandersetzungsguthabens kann im Einzelfall neben den in → Rn. 8 genannten Posten ein auf dem Gleichbehandlungsgrundsatz und der Treupflicht beruhender interner Ausgleichsanspruch zwischen den Gesellschaftern in Ansatz zu bringen sein. Voraussetzung hierfür ist, dass sich ein *Teil der Gesellschafter* auf Grund tatsächlicher Umstände *wesentliche Vermögenswerte* aus dem abgewickelten Gesellschaftsvermögen allein *nutzbar macht*, während andere Gesellschafter hieran nicht teilhaben. Insofern kann den benachteiligten Gesellschaftern ein anteiliger Zahlungsanspruch zustehen, der im Rahmen der Auseinandersetzung zu berücksichtigen ist.[6] Bei Freiberufler-Sozietäten (eingehend → § 738 Rn. 66 ff.) belässt es die Rechtsprechung hinsichtlich der Aufteilung des Mandantenstamms hingegen meist bei dessen „Realteilung", dh der gleichberechtigten Möglichkeit, um die Mandanten (Patienten) zu werben.[7] Denn die Mandanten können selbstverständlich nicht gezwungen werden, ihre Geschäftsbeziehung mit bestimmten Gesellschaftern fortzuführen. Ein Ausgleich wird deshalb grundsätzlich auch dann abgelehnt, wenn sich die Mandanten überwiegend für einzelne Gesellschafter entscheiden.[8] Voraussetzung für die Ablehnung eines Ausgleichs ist allerdings, dass tatsächlich die gleichberechtigte Möglichkeit aller Gesellschafter besteht, um die Fortführung der Mandate zu werben.[9]

---

[4] OLG Hamm NZG 2004, 1106 – Begründung einer Bruchteilsgemeinschaft an einer Wegparzelle als einzigem Vermögensgegenstand der GbR bei Unwirtschaftlichkeit einer Versteigerung mit anschließender Erlösverteilung; NJW-RR 2001, 245 f.; s. auch OLG Köln OLGR 2002, 406.
[5] Zur Berechnung s. *Sudhoff* ZGR 1972, 157 ff.
[6] BGH NJW 1980, 1628; 1971, 802; 1958, 1188; WM 1963, 282 (283); JZ 1954, 194 (195); zur abw. Rspr. zur Auseinandersetzung von Freiberufler-Sozietäten vgl. BGH NJW 1994, 796 f. – Facharztsozietät; NJW 2010, 2660 – Anwaltssozietät; OLG Oldenburg NZG 1999, 1157 – Tierarztpraxis; OLG München NZG 2002, 235; OLG Schleswig OLGR 2004, 172.
[7] StRspr, zuletzt BGH NJW 2011, 2355 (2356 f.), 2010, 2660.
[8] BGH NJW 1994, 796 f. – Facharztsozietät, allerdings bei Vorliegen einer entsprechenden Auseinandersetzungsvereinbarung zwischen Gesellschaftern; NJW 2010, 2660 – Anwaltssozietät: Teilung der Sachwerte schließt auch ohne Aufteilung der Mandate weitergehende Abfindung ohne besondere Vereinbarung aus; OLG Oldenburg NZG 1999, 1157 – kein Anspruch auf Abfindung des immateriellen Werts einer Tierarztpraxis bei Fortführung durch nur einen Gesellschafter nach kündigungsbedingter GbR-Auflösung; OLG München NZG 2002, 235; OLG Schleswig OLGR 2004, 172.
[9] Zutr. OLG Schleswig OLGR 2004, 172 (174 f.); dem folgend auch Soergel/*Hadding/Kießling* Rn. 7.

10 **3. Durchsetzung.** Der Anspruch auf das Auseinandersetzungsguthaben wird grundsätzlich erst mit Feststellung der Schlussabrechnung **fällig**, soweit nicht Einzelbeträge schon feststehen und vorab durchgesetzt werden können (→ § 730 Rn. 54). Bei der Geltendmachung ist allerdings das in §§ 733, 734 aufgestellte **Rangverhältnis** zu beachten, falls das liquide Gesellschaftsvermögen nicht zur Befriedigung aller Ansprüche ausreicht; insoweit bedarf es also einer Differenzierung nach den einzelnen in das Auseinandersetzungsguthaben eingegangenen Posten. Als erste zu befriedigen sind die Sozialverbindlichkeiten nach § 733 Abs. 1 (→ § 733 Rn. 7). Es folgen die Ansprüche auf Rückerstattung des Wertes der Einlagen (s. § 733 Abs. 2). An letzter Stelle steht der Anspruch auf den Überschuss. Innerhalb der jeweiligen Kategorien gilt bei unzureichenden Gesellschaftsmitteln anteilige Befriedigung nach dem Gleichbehandlungsgrundsatz (→ § 705 Rn. 244 ff.).

VI. Hinterlegung

11 Ist die Verteilung des Restvermögens unter den Gesellschaftern umstritten, so ist der Liquidator nach Maßgabe von § 372 befugt, den Betrag zu hinterlegen. Die Gesellschaft ist beendet, sobald die Hinterlegung unter Verzicht auf die Rücknahme erfolgt ist.[10]

VII. Abweichende Vereinbarungen

12 Sie sind innerhalb der allgemeinen Schranken beliebig zulässig. § 734 ist ebenso wie die sonstigen Auseinandersetzungsvorschriften dispositiv (→ § 731 Rn. 3).[11]

§ 735 Nachschusspflicht bei Verlust

¹**Reicht das Gesellschaftsvermögen zur Berichtigung der gemeinschaftlichen Schulden und zur Rückerstattung der Einlagen nicht aus, so haben die Gesellschafter für den Fehlbetrag nach dem Verhältnis aufzukommen, nach welchem sie den Verlust zu tragen haben.** ²**Kann von einem Gesellschafter der auf ihn entfallende Beitrag nicht erlangt werden, so haben die übrigen Gesellschafter den Ausfall nach dem gleichen Verhältnis zu tragen.**

I. Allgemeines

1 Die Vorschrift des § 735 enthält eine der Überschussverteilung nach § 734 im Wesentlichen entsprechende Regelung, setzt im Unterschied zu dieser aber einen **Fehlbetrag im Zuge der Schlussabrechnung** voraus. Auf die Erl. zu § 734 ist daher zu verweisen (insbesondere → § 734 Rn. 1–5). Unanwendbar auf die Nachschusspflicht als Teil der Auflösung der Gesellschaft ist die Vorschrift des § 707, die eine Verlustausgleichspflicht während der Dauer der (werbenden) Gesellschaft ausschließt.[1] Im Fall „Sanieren oder Ausscheiden" (allgemein → § 707 Rn. 11) hätte zwar die Wertung des § 707 bei Information über den zu erwartenden anteiligen Fehlbetrag und dessen Bemessung zugunsten der Ausscheidenden richtigerweise berücksichtigt werden müssen.[2] Der Fall betraf aber die Fehlbetragshaftung nach § 739, bei der sich das Problem einer ausgewogenen Behandlung der beiden Gesellschaftergruppen stellt, das bei Auflösung der Gesellschaft nicht in gleicher Weise auftreten kann.

2 Die Regelungen des § 735 sind, ebenso wie die sonstigen Auseinandersetzungsvorschriften, **dispositiv**.[3] Sie gelten nur im **Innenverhältnis** und begründen nicht etwa unmittelbare Ansprüche der Gläubiger gegen die zur Ausgleichung des Fehlbetrags verpflichteten Gesellschafter. Wohl aber können die Gläubiger im Vollstreckungswege auf einen der Gesamthand zustehenden Nachschussanspruch zugreifen und sich ihn nach §§ 829, 835 ZPO zur Einziehung überweisen lassen. Daneben haben sie im Regelfall das Recht, von den Gesellschaftern analog § 128 HGB Zahlung zu verlangen. – Zur Möglichkeit eines unmittelbaren Vorgehens von *Mitgesellschaftern* aus § 735 → Rn. 6.

---

[10] BayObLG WM 1979, 655.
[11] Soergel/*Hadding/Kießling* Rn. 2; Bamberger/Roth/*Schöne* Rn. 4.
[1] RGZ 166, 65 (68 f.); BGHZ 183, 1 (7) Rn. 21 = ZIP 2009, 2289 (2291); BGHZ 191, 293 (301) = ZIP 2012, 515 (517) Rn. 20 betr. Feststellung der Auseinandersetzungsbilanz, in die Ansprüche aus § 735 eingestellt waren mit Anm. *Schäfer* EWiR 2012, 237; zur Abgrenzung zwischen § 707 und § 735 vgl. auch *Armbrüster* ZGR 2009, 1 ff.
[2] Eingehend *Schäfer*, FS Ganter, 2009, S. 41 (48 f.).
[3] HM, Staudinger/*Habermeier* (2003) Rn. 1; Soergel/*Hadding/Kießling* Rn. 2; Bamberger/Roth/*Schöne* Rn. 8; → § 731 Rn. 3. AA noch *Aderhold*, Das Schuldmodell der BGB-Gesellschaft, 1981, S. 284 ff.

II. Fehlbetrag

Für seine Berechnung gelten die Ausführungen in → § 734 Rn. 3 ff. entsprechend. Maßgebend **3** ist, ob die im Zuge der Schlussabrechnung noch offenen **Gesellschaftsverbindlichkeiten** einschließlich derjenigen gegenüber den Gesellschaftern wegen Ansprüchen aus dem Gesellschaftsverhältnis und Einlagenrückerstattung (§ 733 Abs. 1 und Abs. 2) das verbliebene **Aktivvermögen übersteigen.** Überschuss und Fehlbetrag schließen sich gegenseitig aus. Eine Einforderung von Nachschüssen zu dem Zweck, an bestimmte Gesellschafter außer den ihnen aus dem Gesellschaftsverhältnis zustehenden Ansprüchen einen Überschuss auszuschütten, ist nach gesetzlicher Regel ausgeschlossen und wäre im Übrigen unvereinbar mit dem Gleichbehandlungsgrundsatz. Entsprechendes gilt insoweit, als der Anspruch einzelner Gesellschafter auf Einlagenrückgewähr (§ 733 Abs. 2 S. 1 und S. 2) im Hinblick auf ihre Verlustbeteiligung entfällt.[4]

III. Verlustbeteiligung und Nachschusspflicht

Die Nachschusspflicht nach § 735 S. 1 setzt voraus, dass die Gesellschafter am Verlust beteiligt **4** sind. Ihre Höhe richtet sich nach dem allgemeinen **Verlustverteilungsschlüssel** (→ § 722 Rn. 2), soweit der Gesellschaftsvertrag keine Sonderregelung für den nach Auflösung sich ergebenden Fehlbetrag enthält.[5] Die Verlustbeteiligung einzelner oder aller Gesellschafter kann ausgeschlossen werden;[6] die akzessorische Außenhaftung analog § 128 HGB steht einer solchen Regelung nicht entgegen. Ist die Verlustbeteiligung für sämtliche Gesellschafter ausgeschlossen, so ist im Zweifel auch für eine Ausgleichung zwischen ihnen wegen der von der Gesellschaft nicht erstatteten Aufwendungen oder wegen unterschiedlich hoher Beitragsleistungen kein Raum. Wohl aber können Gesellschafter, die als Gesamtschuldner für eine Gesellschaftsschuld in Anspruch genommen worden sind, nach § 426 Abs. 2 Ausgleich von den mithaftenden Mitgesellschaftern verlangen (→ § 714 Rn. 56).[7]

IV. Durchsetzung der Nachschusspflicht und Ausgleich zwischen den Gesellschaftern

Der Anspruch auf Nachschuss steht als Sozialanspruch der **Gesellschaft** zu,[8] er unterliegt daher **5** der Durchsetzungssperre und ihren Regeln (dazu und zu den Konsequenzen → § 730 Rn. 49 ff.). Seine Fälligkeit hängt demgemäß grundsätzlich von der Feststellung der Schlussabrechnung ab (→ § 730 Rn. 61).[9] Nach zutreffender neuerer Rechtsprechung des BGH ist der Anspruch aus § 735 folglich vom Liquidator geltend zu machen.[10] Offengelassen hat das Gericht allerdings, ob Liquidatoren einer gewöhnlichen Personen(handels)gesellschaft ohne besondere Regelung im Gesellschaftsvertrag allgemein zur Geltendmachung von Nachschussansprüchen auch insofern berechtigt sind, als Beträge (nur) zum Ausgleich unter den Gesellschaftern benötigt werden.[11] Für die **Publikumsgesellschaft** hat er eine solche Kompetenz ausdrücklich bejaht und damit die Auseinandersetzung in erfreulicher Weise effektuiert.[12] Zugleich hat er dem Liquidator mit Recht auch die Befugnis zugesprochen, den voraussichtlichen Ausfall einzelner Gesellschafter (s. Abs. 2) abzuschätzen und den geltend gemachten Anspruch entsprechend zu erhöhen, sofern die Auseinandersetzungsbilanz

---

[4] So zutr. *Ensthaler*, Liquidation von Personengesellschaften, 1985, S. 35 ff.
[5] BGH WM 1967, 346 (347); Soergel/*Hadding/Kießling* Rn. 5; Staudinger/*Habermeier* (2003) Rn. 3; Bamberger/Roth/*Schöne* Rn. 8.
[6] Ganz hM, vgl. BGH WM 1967, 346 (347); BAG NJW 1993, 2458 (2460); Soergel/*Hadding* Vor § 705 Rn. 11; Staudinger/*Habermeier* (2003) Rn. 2; so auch *Jud*, FS Wilburg, 1975, S. 119 (133) und *Müller-Gugenberger*, GS Rödig, 1978, S. 274 (280), jeweils mwN auch zu Gegenmeinungen; aA *Schulze-Osterloh*, Der gemeinsame Zweck, 1973, S. 25 f.
[7] Bamberger/Roth/*Schöne* Rn. 8, Staudinger/*Habermeier* (2003) Rn. 3; aA Soergel/*Hadding/Kießling* Rn. 7 (nur Abs. 1).
[8] Bamberger/Roth/*Schöne* Rn. 5; Soergel/*Hadding/Kießling* Rn. 6; ebenso jetzt ausdrücklich auch BGHZ 191, 293 (307 ff.) = ZIP 2012, 515 (520) Rn. 33 ff.
[9] Fortführung der Rspr.; BGHZ 191, 293 (301 ff.) = ZIP 2012, 515 (518) Rn. 20 f.; BGH BeckRS 2013, 01865; Bamberger/Roth/*Schöne* Rn. 6. Die bei Soergel/*Hadding/Kießling* Rn. 6 zitierte Entscheidung BGH NJW-RR 2010, 1401 betr. § 739 sowie den Sonderfall einer gesellschaftsvertraglichen Fälligkeitsvereinbarung lässt sich daher keineswegs verallgemeinern.
[10] BGHZ 191, 293 (307 ff.) Rn. 33 ff. = ZIP 2012, 515 (520); offenlassend noch BGH NZG 2011, 1432 (1435 f.) Rn. 40 f.
[11] BGHZ 191, 293 (308) Rn. 34 = ZIP 2012, 515 (520).
[12] Vgl. *Schäfer* EWiR 2012, 237 (238).

§ 736

mit einfacher Mehrheit festgestellt wird.[13] Richtigerweise gelten diese Befugnisse des Liquidators allgemein; denn bei den Ansprüchen aus § 735 handelt es sich, wie erwähnt, um Sozialansprüche; sie können ggf. auch im Wege der actio pro socio geltend gemacht werden (s. schon 5. Aufl. Rn. 5), ohne dass die eingetretene Auflösung dieser Klagebefugnis entgegenstünde (→ § 730 Rn. 33 ff.).

6 Eine Besonderheit gilt, sofern das übrige Gesamthandsvermögen bereits abgewickelt ist und die **Nachschüsse** lediglich **zum Ausgleich unter den Gesellschaftern** benötigt werden. In diesem Fall lässt die hM zu Recht einen unmittelbaren, im Klageweg durchsetzbaren Ausgleich zwischen den Gesellschaftern zu und verzichtet bei Überschaubarkeit der Verhältnisse auch auf die Erstellung einer besonderen Schlussabrechnung (→ § 730 Rn. 35).

V. Subsidiäre Ausfallhaftung (S. 2)

7 Sie beschränkt sich nicht auf den von einem Gesellschafter nicht zu erlangenden anteiligen Fehlbetrag ieS, sondern umfasst auch die sonstigen gegen ihn gerichteten und uneinbringlichen Sozialansprüche.[14] Voraussetzungen und Umfang der Ausfallhaftung entsprechen denen bei § 426 Abs. 1 S. 2 (→ § 426 Rn. 35 ff. *(Bydlinski)*). Zur Möglichkeit, die voraussichtliche Ausfallquote bereits bei Aufstellung der Auseinandersetzungsbilanz zu berücksichtigen → Rn. 5.

VI. Verjährung

8 Umstritten ist die Verjährung der Ansprüche aus §§ 735, 739 (→ § 736 Rn. 28 ff.). *K. Schmidt* hat mit guten Gründen dafür plädiert, die Verjährung mit derjenigen der Haftungsansprüche gemäß § 128 HGB (analog) zu parallelisieren und somit § 736 Abs. 2 BGB und § 159 HGB entsprechend anzuwenden, was zu einer fünfjährigen Enthaftungs- bzw. Verjährungsfrist führt.[15] In der Tat vermag die unterschiedliche Behandlung dieser Ansprüche kaum zu überzeugen, was vollends in der Insolvenzsituation deutlich wird, wenn der Insolvenzverwalter für die Durchsetzung sowohl der Außenhaftung (§ 93 InsO) als auch der Verlustausgleichsansprüche gegen die Gesellschafter zuständig ist. Der BGH ist dieser Auffassung bislang freilich nicht gefolgt, sondern wendet die allgemeinen Regeln (und somit insbesondere die dreijährige Regelfrist des § 195) an.[16]

§ 736 Ausscheiden eines Gesellschafters, Nachhaftung

(1) Ist im Gesellschaftsvertrag bestimmt, dass, wenn ein Gesellschafter kündigt oder stirbt oder wenn das Insolvenzverfahren über sein Vermögen eröffnet wird, die Gesellschaft unter den übrigen Gesellschaftern fortbestehen soll, so scheidet bei dem Eintritt eines solchen Ereignisses der Gesellschafter, in dessen Person es eintritt, aus der Gesellschaft aus.

(2) Die für Personenhandelsgesellschaften geltenden Regelungen über die Begrenzung der Nachhaftung gelten sinngemäß.

Übersicht

	Rn.		Rn.
I. Allgemeines	1–7	1. Vertragliche Fortsetzungsklausel	8, 9
1. System der §§ 736–740	1–4	2. Gründe des Ausscheidens	10–15
a) Fortbestand der Gesellschaft ohne den Ausgeschiedenen	1, 2	a) Kündigung	10–12
		b) Tod eines Gesellschafters	13
b) Sonstige Fortsetzungsvereinbarungen	3, 4	c) Gesellschafterinsolvenz	14
2. Inhalt und Funktion der Regelungen des § 736	5–7	d) Sonstige	15
		3. Fortsetzung im Liquidationsstadium?	16
a) Abs. 1	5, 6	**III. Sonstige Fortsetzungsvereinbarungen**	17–19
b) Abs. 2	7		
II. Fortsetzung nach § 736 Abs. 1	8–16	1. Fortsetzung durch Beschluss	17

---

[13] BGHZ 191, 293 (299 ff.) Rn. 17 ff.= ZIP 2012, 515 (517); zu diesem Aspekt der Entscheidung → § 709 Rn. 86, 93.

[14] BGH WM 1975, 268.

[15] *K. Schmidt* DB 2010, 2093 (2094 ff.); MüKoHGB/*K. Schmidt* HGB § 159 Rn. 15; dem folgend OLG Koblenz NZG 2009, 1426; sympathisierend auch Staub/*Habersack* HGB § 159 Rn. 13.

[16] BGH NJW 2011, 2292 (2293 f.) Rn. 17: zeitlicher Gleichlauf von Innen- und Außenhaftung nicht geboten; ebenso schon BGH NJW-RR 2010, 1401; dem folgend Soergel/*Hadding/Kießling* Rn. 6 aE; Palandt/*Sprau* § 735 Rn. 2.

	Rn.		Rn.
2. Übernahmeklausel	18	1. Regelung des § 160 HGB	21–25
3. Eintrittsrecht	19	2. Sinngemäße Geltung für die GbR	26, 27
IV. Wirkungen der Fortsetzungsklausel	20		
V. Begrenzte Nachhaftung des ausgeschiedenen Gesellschafters (Abs. 2)	21–27	VI. Sonderverjährung der Gesellschafterhaftung im Auflösungsfall	28–30

I. Allgemeines

1. System der §§ 736–740. a) Fortbestand der Gesellschaft ohne den Ausgeschiedenen. 1
Im Unterschied zu den Auflösungs- und Liquidationsvorschriften der §§ 723–735 beschäftigen sich die letzten fünf Paragraphen des Rechts der GbR mit dem **einseitigen Ausscheiden** eines Gesellschafters unter Fortsetzung der Gesellschaft zwischen den übrigen.[1] Die *Voraussetzungen* für eine derartige Veränderung im Gesellschafterbestand sind in §§ 736 Abs. 1, 737 beispielhaft aufgezählt; die Parteien können auch sonstige Gestaltungen vereinbaren. Allerdings hängt auch das Eingreifen der gesetzlichen Regelungen davon ab, dass die Parteien eine dahin gehende *Vertragsgestaltung* getroffen haben. Andernfalls bleibt es bei der dem Prinzip des höchstpersönlichen Zusammenschlusses entsprechenden Auflösungsfolge. Die Neuregelung der gesetzlichen Ausscheidensgründe unter grundsätzlichem Fortbestand der betroffenen OHG oder KG im Zuge des HRefG (§ 131 Abs. 3 nF HGB) ist für das Recht der GbR nicht übernommen worden; einem Analogieschluss steht das Fehlen einer Regelungslücke entgegen.

Die **Rechtsfolgen** des Ausscheidens bestimmen sich, von der durch § 736 Abs. 2 begrenzten 2
Nachhaftung ausgeschiedener Gesellschafter abgesehen, mangels abweichender Vereinbarung nach §§ 738–740. Mit dem Wirksamwerden des Ausscheidens verliert der Ausscheidende seine Gesellschafterstellung einschließlich der mit ihr verbundenen gesamthänderischen Berechtigung; diese wächst den Mitgesellschaftern an. Stattdessen hat er nach gesetzlicher Regel einen Anspruch auf Abfindung in Höhe des ihm im Falle der Auflösung zustehenden Auseinandersetzungsguthabens, kann Befreiung von den „gemeinschaftlichen Schulden" und Beteiligung an den schwebenden Geschäften verlangen und hat, wenn die Gesellschaft im Zeitpunkt seines Ausscheidens überschuldet ist, entsprechend § 735 den anteiligen Fehlbetrag zu zahlen.

b) Sonstige Fortsetzungsvereinbarungen. Mit dem Ausscheiden aufgrund einer Fortsetzungs- 3
klausel hängen funktional die **Übernahme** des Gesellschaftsvermögens durch den letztverbleibenden Gesellschafter als Gesamtrechtsnachfolger (→ § 730 Rn. 65 ff.) sowie das Recht eines Dritten zum **Eintritt** anstelle des Ausgeschiedenen eng zusammen. Beide Gestaltungen haben im Gesetz selbst keinen Ausdruck gefunden; ihre Vereinbarung ist gleichwohl zulässig (→ Rn. 18 f.). Ist eine ursprünglich mehrgliedrige Gesellschaft im Lauf ihres Bestehens zu einer Zweipersonengesellschaft geschrumpft, so ist die im Gesellschaftsvertrag enthaltene Fortsetzungsklausel im Zweifel als Übernahmeklausel auszulegen (→ Rn. 9).

Die Vereinbarung eines **Eintrittsrechts in Verbindung mit einer Fortsetzungsklausel** ist 4
namentlich in Gesellschaftsverträgen anzutreffen, die die Rechtsfolgen des Todes eines Gesellschafters abweichend von § 727 regeln, ohne eine Anteilsvererbung zuzulassen (→ § 727 Rn. 53 ff.). Derartige Regelungen können aber auch für sonstige Fälle vorgesehen werden, wobei jeweils auch Vorsorge für das Schicksal des Abfindungsanspruchs und für die Einlageleistung des Eintrittsberechtigten getroffen werden sollte (→ § 727 Rn. 58 f.). Ausscheiden und Eintritt lassen sich schließlich dadurch verbinden, dass der Gesellschaftsvertrag die Anteilsübertragung (→ § 719 Rn. 25 ff.) entweder generell oder aufgrund ad hoc erteilter Zustimmung der Mitgesellschafter zulässt.

2. Inhalt und Funktion der Regelungen des § 736. a) Abs. 1. Durch § 736 Abs. 1 trägt 5
das Gesetz der Möglichkeit Rechnung, dass Gesellschafter den **Bestand der Gesellschaft** von Veränderungen in der personellen Zusammensetzung unabhängig machen wollen. Hierfür bedarf es freilich jeweils einer entsprechenden *gesellschaftsvertraglichen Fortsetzungsklausel*. Das gilt auch für die Fälle der Gläubigerkündigung (§ 725) oder der Gesellschafterinsolvenz (§ 728 Abs. 2). Darin unterscheidet sich die Regelung von § 131 Abs. 3 HGB, der die OHG oder KG in diesen Fällen auch ohne gesellschaftsvertragliche Regelung fortbestehen lässt und stattdessen das Ausscheiden des betroffenen Gesellschafters bestimmt.

Die Funktion des § 736 Abs. 1 besteht nicht etwa darin, den Gesellschaftern eine Vertragsgestal- 6
tung entsprechend dieser Vorschrift zu ermöglichen. Diese Möglichkeit haben sie schon auf Grund der allgemein für Gesellschaftsverträge geltenden Gestaltungsfreiheit (→ § 705 Rn. 132 ff.); dement-

---

[1] Vgl. auch BAG NZG 2014, 912 (913) Rn. 15 ff. – keine Nachhaftung gemäß § 736 Abs. 2 bei Auflösung der Gesellschaft. – Zur entsprechenden Anwendung des § 159 HGB → Rn. 28 f.

sprechend beschränkt sich der Gestaltungsspielraum auch nicht auf die in § 736 genannten Vereinbarungen (→ Rn. 15, 17 ff.). Der Vorschrift kommt somit nur **Hinweisfunktion** zu. Sie soll Gründern einer GbR, die am Bestand der Gesellschaft trotz etwaiger späterer Gesellschafterwechsels interessiert sind, die Notwendigkeit entsprechender gesellschaftsvertraglicher Vorsorge vor Augen führen und ihnen – ähnlich wie etwa §§ 710, 711 – ein entsprechendes *Regelungsmodell* zur Verfügung stellen.

7   b) **Abs. 2.** Gegenstand der im Zuge des Nachhaftungsbegrenzungsgesetzes vom 18.3.1994 (BGBl. I S. 560)[2] neu aufgenommenen Vorschrift des Abs. 2 ist nicht das Ausscheiden als solches, sondern die Regelung einer damit verbundenen **Rechtsfolge** für den Ausgeschiedenen: die **zeitliche Begrenzung seiner Haftung** für die ihn als Gesellschafter analog § 128 HGB treffenden Verbindlichkeiten auf fünf Jahre *nach dem Ausscheiden* (→ Rn. 21 ff.). Das Gesetz verweist hierzu – systematisch ungewöhnlich[3] – auf die für das Ausscheiden aus OHG und KG geltenden Vorschriften des § 160 HGB. Demgegenüber wird die ebenfalls die Nachhaftung eines Gesellschafters regelnde Vorschrift des § 159 HGB, wonach Verbindlichkeiten der Gesellschaft ihm gegenüber fünf Jahre nach der *Auflösung der Gesellschaft* verjähren, von der Verweisung des Abs. 2 nicht unmittelbar erfasst; sie findet allerdings aufgrund einer insoweit bestehenden Regelungslücke analoge Anwendung (→ Rn. 28 ff.).

II. Fortsetzung nach § 736 Abs. 1

8   **1. Vertragliche Fortsetzungsklausel.** Das in § 736 Abs. 1 vorgesehene Ausscheiden eines Gesellschafters aus der im Übrigen fortbestehenden Gesellschaft setzt voraus, dass der Gesellschaftsvertrag eine entsprechende, den jeweils in Frage stehenden Ausscheidensgrund (→ Rn. 10 ff.) umfassende Fortsetzungsklausel enthält.[4] Ist das der Fall, so **scheidet** mangels abweichender Vertragsgestaltung der **betroffene Gesellschafter** beim Eintritt des fraglichen Grundes *automatisch* und mit sofortiger Wirkung aus der fortbestehenden Gesellschaft **aus**; einer Herbeiführung des Ausscheidens durch Gesellschafterbeschluss, Gestaltungserklärung ua bedarf es nicht. Zu den Wirkungen des Ausscheidens im Verhältnis zwischen den Gesellschaftern vgl. §§ 738–740 (→ Rn. 20).

9   Enthält der Gesellschaftsvertrag eine Fortsetzungsklausel, hat sich die Zahl der Gesellschafter seit der Gründung jedoch auf **zwei Personen** verringert, so ist das Ausscheiden eines der beiden Gesellschafter unter Fortsetzung der Gesellschaft begrifflich nicht möglich (→ Vor § 723 Rn. 9). Die Fortsetzungsklausel ist in diesem Fall als **Übernahmeklausel** auszulegen, wenn dem keine besonderen Umstände aus dem konkreten Gesellschaftsverhältnis oder der Art des Ausscheidensgrundes entgegenstehen (→ § 730 Rn. 69). Angesichts der andersartigen Rechtsfolgen der Übernahme (Gesamtrechtsnachfolge des Übernehmers unter Umwandlung des Gesellschaftsvermögens in dessen Alleineigentum) sprechen im Ansatz gute Gründe dafür, in derartigen Fällen das Ausscheiden im Zweifel nicht automatisch eintreten zu lassen, sondern zusätzlich von einer entsprechenden *Gestaltungserklärung* des anderen Teils abhängig zu machen (→ § 730 Rn. 77).[5] Freilich bejaht der BGH inzwischen die automatisch eintretende „Übernahme" bei der zweigliedrigen Personenhandelsgesellschaft mit Selbstverständlichkeit, sofern ein Ausscheidensgrund iSv § 131 Abs. 3 HGB eintritt.[6] In den von § 736 erwähnten Fällen des Todes, der Gesellschafterinsolvenz oder der Kündigung (§§ 723, 725)[7] ist demgemäß im Zweifel von einem **automatischen Vollzug** auszugehen (→ § 730 Rn. 78).[8] Beabsichtigt der Erklärende keine Fortführung des Unternehmens der GbR, sondern geht es ihm nur darum, den anderen Teil in beschränkter Höhe abzufinden und die Vorteile der Abwicklung für sich zu behalten, liegt der Missbrauchseinwand nicht fern.[9] Er setzt allerdings voraus, dass der ausscheidende Gesellschafter andere als diejenigen Vermögensinteressen geltend machen kann, die bereits durch seinen Abfindungsanspruch kompensiert werden.

---

[2] Dazu auch Begr. RegE, BT-Drs. 12/6569 S. 13 sowie die Kommentierungen zu § 160 nF HGB.
[3] *Seibert* DB 1994, 461 (463) spricht von einer „verblüffend lapidaren" Formulierung des BT-Rechtsausschusses.
[4] Zur Unanwendbarkeit des Formerfordernisses des § 311b Abs. 1 trotz Zugehörigkeit von Grundstücken zum Gesellschaftsvermögen → § 705 Rn. 36.
[5] So allg. noch BGH WM 1957, 512; vgl. ferner OLG Hamm BeckRS 2009, 10744 für Ausschließung; dazu, dass eine Fortsetzungsklausel für den Zwangsausschluss erforderlich ist, s. auch *Nodoushani* DStR 2016, 1932 (1933 f.).
[6] So für den Fall des insolvenzbedingten Ausscheidens des letzten Komplementärs (§ 131 Abs. 3 Nr. 2 HGB) BGH ZIP 2004, 1047 (1048) = NZG 2004, 611 mit Anm. *Pentz* BGHReport 2004, 1092; wN → § 730 Rn. 78.
[7] Zur Einbeziehung der Gläubigerkündigung des § 725 → Rn. 12.
[8] So auch OLG Stuttgart NZG 2004, 766 (768); Soergel/*Hadding/Kießling* Rn. 13; abw. – vorbehaltlich einer Übernahmeklausel – Bamberger/Roth/*Schöne* Rn. 10.
[9] RGZ 162, 388 (394); ebenso auch BGH NJW 2008, 1943 Rn. 15: Gesellschafter kann Berufung auf Fortsetzungsklausel verwehrt werden, wenn er deren Voraussetzungen treuwidrig herbeiführt – dort im Ergebnis aber verneint.

2. Gründe des Ausscheidens. a) Kündigung. Eine auf den Fall der Kündigung bezogene 10
Fortsetzungsklausel betrifft in erster Linie die – nach § 723 Abs. 1 S. 1 grundsätzlich jederzeit mit sofortiger Wirkung mögliche – **ordentliche** Kündigung eines Gesellschafters. Sie ist typischerweise auf die Kündigung nur eines oder einzelner Gesellschafter zugeschnitten. Schließen sich alle Mitgesellschafter der Kündigungserklärung eines Gesellschafters innerhalb der Kündigungsfrist an, so greift die Fortsetzungsklausel nicht ein; die Gesellschaft wird aufgelöst.[10] Entsprechendes gilt im Fall einer Massenkündigung durch Gesellschafter einer Publikums-GbR, wenn die Fortsetzung der Gesellschaft infolge der Kündigung unmöglich wird.[11] Andererseits wird die Fortsetzungsklausel regelmäßig auch dann eingreifen, wenn mehrere Gesellschafter gleichzeitig kündigen, die Gesellschaft aber durch die übrigen Gesellschafter fortgeführt werden kann.[12] Enthält der Gesellschaftsvertrag *Kündigungsfristen*, so bestimmen diese auch über den Zeitpunkt des Ausscheidens. Eine Kündigung zur Unzeit hindert das sofortige Ausscheiden nicht, begründet aber Schadensersatzansprüche der betroffenen Mitgesellschafter (→ § 723 Rn. 55). Eine unzulässige Einschränkung des Kündigungsrechts (§ 723 Abs. 3) ist in der Fortsetzungsklausel nicht zu sehen; anderes kann für die davon zu unterscheidende, getrennt auf ihre rechtliche Wirksamkeit zu prüfende Vereinbarung über eine weitgehende Beschränkung des Abfindungsanspruchs gelten (→ § 738 Rn. 44 ff.).[13]

Ob die Fortsetzungsklausel auch eine **Kündigung aus wichtigem Grund** erfasst, ist Auslegungs- 11
frage.[14] Die Interessen des Kündigenden stehen einer derartigen Erstreckung vorbehaltlich der Abfindungsregelung nicht entgegen, da sein Ausscheiden sogar noch schneller als die Auflösung dazu führt, dass er von der für ihn unzumutbar gewordenen Bindung an die Gesellschaft befreit wird. Im Zweifel ist daher anzunehmen, dass das in der Fortsetzungsklausel zum Ausdruck gekommene Bestandsinteresse der Gesellschafter auch auf diesen Fall bezogen ist;[15] eine Fortsetzung zwischen den Mitgesellschaftern setzt freilich voraus, dass ihr der wichtige Grund nicht entgegensteht. Haben die Mitgesellschafter den wichtigen Grund verursacht, so kann der Kündigende der Fortsetzung dennoch meist nicht den Einwand unzulässiger Rechtsausübung entgegensetzen:[16] sein Ausscheiden ist Folge der durch Kündigungserklärung eingreifenden Fortsetzungsklausel, und die Berufung der Mitgesellschafter hierauf ist nicht ohne weiteres unzulässig. Wohl aber können dem zur Kündigung gedrängten Gesellschafter in diesem Fall Schadensersatzansprüche gegen die Mitgesellschafter zustehen (→ § 723 Rn. 49).[17] Auch sind etwaige vertragliche **Beschränkungen des Abfindungsanspruchs** im Falle eines durch Kündigung aus wichtigem Grund veranlassten Ausscheidens besonders kritisch auf ihre Vereinbarkeit mit § 723 Abs. 3 zu überprüfen (→ § 738 Rn. 49 ff.); in der Regel erhält der Kündigende demgemäß eine Abfindung zum Verkehrswert.

Vom Wortlaut des § 736 Abs. 1 nicht erfasst ist die **Kündigung durch** einen **Privatgläubiger** 12
(§ 725). Die Gesellschafter sind jedoch nicht gehindert, im Rahmen der Privatautonomie die Fortsetzungsklausel auch hierauf zu erstrecken;[18] die Pfändung erfasst in diesem Fall den Abfindungsanspruch des Ausgeschiedenen (→ § 725 Rn. 2). Eine allgemein auf den Kündigungsfall bezogene Fortsetzungsklausel greift im Zweifel auch bei Kündigung nach § 725 ein.[19] Ist die Anteilspfändung (§ 859 ZPO) bereits erfolgt, so ist eine nachträglich von den Gesellschaftern beschlossene Einbeziehung dieser Art der Kündigung in die Fortsetzungsklausel freilich, ebenso wie der Fortsetzungsbeschluss selbst (→ Vor § 723 Rn. 11), nur noch mit Zustimmung des kündigenden Privatgläubigers möglich.

b) Tod eines Gesellschafters. Wollen die Gesellschafter abweichend von § 727 den Bestand der 13
Gesellschaft trotz des Todes einzelner Mitglieder sicherstellen, so bietet sich hierfür in erster Linie die – zum Anteilsübergang auf den oder die Nachfolger/Erben führende – *Nachfolgeklausel* an

---

[10] BGH DStR 1999, 171; s. aber auch BGH NJW 2008, 1943 (1944 f.) Rn. 11 – gleichzeitige Kündigung einer Freiberufler-Sozietät durch sechs von zehn Gesellschaftern.

[11] Vgl. OLG Stuttgart JZ 1982, 766 – Berufung auf einschr. Auslegung und § 726. Im Ergebnis zust. unter Hinweis auf den Gleichbehandlungsgrundsatz *U. H. Schneider* JZ 1982, 768 f.

[12] BGH NJW 2008, 1943 (1944 f.) Rn. 11 – gleichzeitige Kündigung einer Freiberufler-Sozietät durch Gesellschaftermehrheit.

[13] Ebenso auch BGH NJW 2008, 1943 (1945) Rn. 14 ff. – gleichzeitige Kündigung einer Freiberufler-Sozietät durch Gesellschaftermehrheit.

[14] Ebenso RGZ 162, 388 (392); Soergel/*Hadding/Kießling* Rn. 11; Bamberger/Roth/*Schöne* Rn. 8; Palandt/*Sprau* Rn. 2 f.

[15] Ebenso *Grunewald* ZIP 1999, 597 (598) betr. Kündigung nach § 723 Abs. 1 S. 3 Nr. 2.

[16] So aber RGZ 162, 388 (394); Bamberger/Roth/*Schöne* Rn. 8; Palandt/*Sprau* Rn. 2a; Soergel/*Hadding/Kießling* Rn. 11.

[17] Ebenso Erman/*Westermann* Rn. 3, der diesen Anspruch freilich neben dem Einwand nach § 242 bejaht.

[18] EinhM, vgl. Soergel/*Hadding/Kießling* Rn. 6; Staudinger/*Habermeier* (2003) Rn. 9; Bamberger/Roth/*Schöne* Rn. 6.

[19] Erman/*Westermann* Rn. 2; iE auch Soergel/*Hadding/Kießling* Rn. 6.

(→ § 727 Rn. 28 ff.). Sie vermeidet die Rechtsfolgen ersatzlosen Ausscheidens eines Gesellschafters, insbesondere den meist unerwünschten Kapitalabfluss durch Auszahlung des Abfindungsguthabens. Der Gesellschaftsvertrag kann freilich auch für diesen Fall eine *Fortsetzungsklausel* – ggf. verbunden mit einer Eintrittsklausel zugunsten bestimmter oder noch zu bestimmender Erben oder Dritter (§ 328) – vorsehen. Zu Einzelheiten → § 727 Rn. 53 ff. Zur Nichtanwendung des § 727 Abs. 2 S. 1 in der fortgesetzten Gesellschaft → § 727 Rn. 24 f.

14   **c) Gesellschafterinsolvenz.** Eine Fortsetzungsklausel ist auch als Abweichung von der in § 728 Abs. 2 angeordneten Auflösungsfolge zulässig.[20] Der Insolvenzverwalter tritt mit Verfahrenseröffnung in die sich aus dem Gesellschaftsvertrag ergebende Rechtsstellung des insolventen Gesellschafters ein (→ § 728 Rn. 37 f.). Führt die Insolvenzeröffnung zum Ausscheiden des Gesellschafters, so gehört der **Abfindungsanspruch zur Insolvenzmasse.** Ein Anspruch der Gesellschaft auf den Fehlbetrag (§ 739) kann nur als einfache Insolvenzforderung geltend gemacht werden, soweit kein Ausgleich mit bei Verfahrenseröffnung bestehenden gesellschaftsvertraglichen Gegenansprüchen des betroffenen Gesellschafters in Betracht kommt (§§ 38, 84, 94 InsO). Im Fall der *Gesellschaftsinsolvenz* ist nach § 728 Abs. 1 eine Fortsetzung vor Verfahrensbeendigung ausgeschlossen.

15   **d) Sonstige.** Die Vorschrift des § 736 Abs. 1 enthält keine abschließende Aufzählung möglicher Ausscheidensgründe. Die Gesellschafter sind innerhalb der Grenzen des § 138 frei, weitere Gründe im Rahmen der Fortsetzungsklausel zu vereinbaren. In Betracht kommen etwa das Erreichen einer bestimmten Altersgrenze, der Verlust der für die Gesellschaftszugehörigkeit maßgeblichen persönlichen Eigenschaften oder Fähigkeiten ua.[21] Handelt es sich allerdings um Umstände wie etwa das Vorliegen eines wichtigen Kündigungsgrundes, deren Eintritt **nicht** auf **eindeutigen objektiven Kriterien** beruht, so empfiehlt es sich allein schon aus Gründen der Rechtsklarheit, insoweit anstelle eines in der Fortsetzungsklausel bestimmten automatischen Ausscheidens des betroffenen Gesellschafters ein vertragliches, einen Gesellschafterbeschluss erforderndes *Ausschließungsrecht* entsprechend § 737 zu vereinbaren. Dieser Gestaltungsmöglichkeit ist auch bei Auslegung entsprechender, nicht eindeutig als Fortsetzungsklauseln gefasster Regelungen Rechnung zu tragen.

16   **3. Fortsetzung im Liquidationsstadium?** Nach hM soll eine vertragliche Fortsetzungsklausel grundsätzlich auch dann eingreifen, wenn der zum Ausscheiden eines Gesellschafters führende Grund erst nach Auflösung der Gesellschaft eintritt.[22] Daran ist richtig, dass die Gesellschafter Entsprechendes vereinbaren können. Allerdings setzt die Fortsetzungsklausel im Zweifel den Fortbestand der Gesellschaft als werbende voraus, da nur in diesem Fall dem damit verfolgten Bestandsinteresse sinnvoll Rechnung getragen werden kann. Für eine Kündigung des Gesellschaftsvertrags als wichtigsten Fortsetzungsfall ist nach Auflösung der Gesellschaft in der Regel ohnehin kein Raum. Zum Ausscheiden kraft Fortsetzungsklausel aus einer aufgelösten Gesellschaft wird es daher nur in Ausnahmefällen kommen.

III. Sonstige Fortsetzungsvereinbarungen

17   **1. Fortsetzung durch Beschluss.** Anstelle der automatisch wirkenden Fortsetzungsklausel (→ Rn. 8) können die Gesellschafter im Gesellschaftsvertrag auch *vereinbaren,* dass bei Eintritt eines der in § 736 Abs. 1 genannten Gründe oder eines sonstigen Ereignisses (→ Rn. 15) die übrigen Gesellschafter **berechtigt** sein sollen, die Gesellschaft unter Ausschluss des betroffenen Gesellschafters fortzusetzen.[23] Das Recht zur Fortsetzung ist in diesem Fall grundsätzlich durch **einstimmigen** Beschluss der übrigen Gesellschafter auszuüben (→ § 709 Rn. 90 f.; → Vor § 723 Rn. 11). Aus Gründen der Treupflicht kann sich im Einzelfall eine Zustimmungspflicht der Mitgesellschafter ergeben (→ § 737 Rn. 13). Von dem auch ohne vertragliche Grundlage zulässigen Fortsetzungsbeschluss nach Auflösung der Gesellschaft (→ Vor § 723 Rn. 11) unterscheidet sich der Beschluss dadurch, dass die Fortsetzung nicht mit allen Gesellschaftern erfolgt und es auf die Zustimmung des auszuschließenden Mitglieds nicht ankommt. – Zum Wirksamwerden des Fortsetzungsbeschlusses → § 737 Rn. 14.

---

[20] Vgl. OLG Köln NZI 2006, 36 (37).
[21] BGH WM 1965, 1035 – Wiederverheiratungsklausel; vgl. zur Auslegung des Gesellschaftsvertrages auch BGH DStR 2004, 97 (98) – längere Krankheit kein Ausscheidensgrund bei Freiberuflersozietät, wenn der Gesellschaftsvertrag in diesem Falle das Recht gewährt, eine Änderung der Gewinnverteilung zu verlangen; anderes gilt bei Eintritt einer dauernden Berufsunfähigkeit.
[22] BGH WM 1963, 728 (730); 1964, 1086; 1965, 1035; Soergel/*Hadding/Kießling* Rn. 4; Erman/*Westermann* Rn. 3; enger – wie hier – Bamberger/Roth/*Schöne* Rn. 5 – generell nicht bei Gesellschafterkündigung; auch sonst im Zweifel nicht anzunehmen.
[23] BGH WM 1968, 697 (698).

2. Übernahmeklausel. Sie kommt in erster Linie in einer Zweipersonengesellschaft in Betracht, 18
ist hierauf aber nicht beschränkt (zur Problematik einer „Hinauskündigungs"-Klausel ohne wichtigen
Grund als Sonderrecht eines Gesellschafters s. allerdings → § 737 Rn. 17 ff.). Ihre Ausgestaltung
kann sich nach § 736 Abs. 1 richten mit der Folge automatischen Ausscheidens des Mitgesellschafters
beim Eintritt des fraglichen Ereignisses (→ Rn. 9; → § 730 Rn. 78). Die **Rechtsfolge** der Übernahmeklausel oder der Ausübung eines wirksam vereinbarten Übernahmerechts besteht im Ausscheiden der davon betroffenen Gesellschafter unter Vollbeendigung der Gesellschaft und Gesamtrechtsnachfolge des Übernehmers in das zu dessen Alleineigentum werdende Gesellschaftsvermögen
(→ § 730 Rn. 81 ff.).

3. Eintrittsrecht. In Verbindung mit einer Fortsetzungsklausel, aber auch unabhängig von ihr, 19
kann der Gesellschaftsvertrag als **Vertrag zugunsten Dritter (§ 328)** ein Eintrittsrecht für bestimmte
oder noch zu bestimmende Personen zu vertraglich näher festgelegten Bedingungen begründen. Ein
solches Eintrittsrecht findet sich namentlich im Zusammenhang mit einer Fortsetzungsklausel auf
den Tod eines Gesellschafters. Auf die Ausführungen hierzu (→ § 727 Rn. 53 ff.) wird verwiesen.

IV. Wirkungen der Fortsetzungsklausel

Mit dem Eintritt des Fortsetzungsgrundes **scheidet** der betroffene Gesellschafter aus der Gesell- 20
schaft **aus,** ohne dass es eines Gesellschafterbeschlusses oder einer Erklärung ihm gegenüber bedarf
(→ Rn. 8). Die Gesellschaft wird von den übrigen Gesellschaftern ohne ihn fortgesetzt. Die Rechtsfolgen des Ausscheidens bestimmen sich nach §§ 738–740 (→ Rn. 2; zur Haftung des Ausgeschiedenen für bestehende Gesellschaftsschulden → Rn. 21 ff.).

V. Begrenzte Nachhaftung des ausgeschiedenen Gesellschafters (Abs. 2)

§ 160 HGB [Haftung des ausscheidenden Gesellschafters; Fristen; Haftung als Kommanditist]

(1) ¹Scheidet ein Gesellschafter aus der Gesellschaft aus, so haftet er für ihre bis dahin begründeten
Verbindlichkeiten, wenn sie vor Ablauf von fünf Jahren nach dem Ausscheiden fällig und daraus
Ansprüche gegen ihn in einer in § 197 Abs. 1 Nr. 3 bis 5 des Bürgerlichen Gesetzbuchs bezeichneten
Art festgestellt sind oder eine gerichtliche oder behördliche Vollstreckungshandlung vorgenommen
oder beantragt wird; bei öffentlich-rechtlichen Verbindlichkeiten genügt der Erlass eines Verwaltungsakts. ²Die Frist beginnt mit dem Ende des Tages, an dem das Ausscheiden in das Handelsregister
des für den Sitz der Gesellschaft zuständigen Gerichts eingetragen wird. ³Die für die Verjährung
geltenden §§ 204, 206, 210, 211 und 212 Abs. 2 und 3 des Bürgerlichen Gesetzbuches sind entsprechend anzuwenden.

(2) Einer Feststellung in einer in § 197 Abs. 1 Nr. 3 bis 5 des Bürgerlichen Gesetzbuchs bezeichneten Art bedarf es nicht, soweit der Gesellschafter den Anspruch schriftlich anerkannt hat.

(3) *betrifft Nachhaftung als Kommanditist* (hier nicht abgedruckt).

1. Regelung des § 160 HGB. Nach Abs. 2 finden die für die Personenhandelsgesellschaften 21
geltenden Regelungen über die Begrenzung der Nachhaftung sinngemäße Anwendung auf die GbR.
Damit verweist Abs. 2 auf die beim Ausscheiden aus OHG und KG eingreifende Vorschrift des
§ 160 HGB über die Begrenzung der Nachhaftung ausgeschiedener Gesellschafter auf fünf Jahre.
Eine Verweisung auch auf die in § 159 HGB geregelte Sonderverjährung der Gesellschafterhaftung
im Auflösungsfall ist im Recht der GbR nicht enthalten; diese Vorschrift findet auf Grund der
insoweit bestehenden Regelungslücke jedoch analoge Anwendung (→ Rn. 29).

Der **Normzweck des § 160 HGB** richtet sich darauf, den ausgeschiedenen (oder in die Kom- 22
manditistenstellung übergewechselten, § 160 Abs. 3 HGB) Gesellschafter einer OHG oder KG nach
Ablauf von fünf Jahren von der Inanspruchnahme für Gesellschaftsverbindlichkeiten freizustellen.[24]
Durch die in § 159 Abs. 1 aF HGB geregelte fünfjährige Sonderverjährung wurde dieses Ziel vor
allem in denjenigen Fällen verfehlt, in denen vor dem Ausscheiden begründete sog. Altverbindlichkeiten erst zu einem späteren, ggf. lange Zeit nach Eintragung des Ausscheidens im Handelsregister
liegenden Zeitpunkt fällig wurden; denn die Sonderverjährung begann insoweit entsprechend später
zu laufen (vgl. § 159 Abs. 3 aF HGB). Das hatte vorbehaltlich höchstrichterlicher Korrekturversuche[25] vor allem für Verbindlichkeiten aus *Dauerschuldverhältnissen* der OHG oder KG mit fortlaufend

---

[24] Vgl. nur Staub/*Habersack* HGB § 160 Rn. 1, 3.
[25] Vgl. BGHZ 70, 132 (136) = NJW 1978, 636 zur Kündigungstheorie; BGHZ 87, 286 (291 ff.) = NJW
1983, 2254; BGHZ 117, 168 (177 ff.) = NJW 1992, 1615; BGH NJW 1983, 2940 (2943); 1985, 1899; BAG
NJW 1983, 2283; WM 1990, 1466 zur Enthaftungstheorie; zur Entwicklung der Rspr. näher *Ulmer/Wiesner*
ZHR 144 (1980), 393 (402 ff.); *Lieb* ZGR 1985, 124 ff.; *Ulmer/Timmann* ZIP 1992, 1 (2 ff.).

neu entstehenden Einzelansprüchen die Gefahr einer „Endloshaftung" des Ausgeschiedenen zur Folge.[26] Durch die Neuregelung des Verjährungsrechts im Zuge der Schuldrechtsreform unter Verkürzung der regelmäßigen Verjährungsfrist des § 195 auf drei Jahre ist dieser spezifische Normzweck weder entfallen noch auch nur stark relativiert worden.[27]

23 Kern der Neuregelung des § 160 Abs. 1 HGB ist der Übergang von der Sonderverjährung zum **Haftungsausschluss** nach Ablauf der Fünfjahresfrist. Er erfasst sämtliche Ansprüche der Gesellschaftsgläubiger gegen den Ausgeschiedenen nach §§ 128, 130 HGB aus den **vor seinem Ausscheiden begründeten**[28] Verbindlichkeiten der OHG oder KG, sofern sie vor Ablauf der Fünfjahresfrist nach Handelsregistereintragung des Ausscheidens aus der Gesellschaft fällig geworden und nicht iSv Abs. 1 S. 1 geltend gemacht worden sind. Für später fällig werdende Ansprüche scheidet eine Nachhaftung angesichts der Neuregelung von vornherein aus.[29] Die Regelung ist im Verhältnis zu den Gesellschaftsgläubigern *dispositiv;* sie steht weder einer Verlängerung noch einer Verkürzung der Enthaftungsfrist durch Vertrag zwischen Gläubiger und ausgeschiedenem Gesellschafter entgegen.[30] Von vornherein **nicht** vom Haftungsausschluss erfasst werden eventuelle – nach dem Ausscheiden – entstehende Verbindlichkeiten aufgrund einer Haftung als Scheingesellschafter.[31]

24 **Ausnahmen** von der zeitlichen Begrenzung der Nachhaftung sieht § 160 **Abs.** 1 HGB in S. 1 für diejenigen Ansprüche vor, die vor Fristablauf nicht nur fällig, sondern vom Gläubiger auch gegen den Ausgeschiedenen entweder nach Maßgabe des § 197 Abs. 1 Nr. 3–5 festgestellt oder gerichtlich oder behördlich geltend gemacht worden sind.[32] Eine Feststellung oder Geltendmachung nur gegenüber der Gesellschaft reicht nicht aus; sie lässt den Eintritt der Enthaftung beim Ausgeschiedenen unberührt.[33] Der Ablauf der Enthaftungsfrist ist nach § 160 Abs. 1 **S.** 3 HGB *gehemmt,* solange die in §§ 204, 206, 210 und 211 genannten Voraussetzungen einer (Ablauf-)Hemmung der Verjährungsfrist vorliegen. Ebenfalls nach S. 3 haben Vollstreckungshandlungen des Gläubigers keinen Einfluss auf den Lauf der Enthaftungsfrist nach Maßgabe von § 212 Abs. 2. Abs. 2 später aufgehoben werden oder der Vollstreckungsantrag nach § 212 Abs. 3 erfolglos ist.[34] – Eine Feststellung iSv § 197 Abs. 1 Nr. 3–5 ist nach § 160 **Abs.** 2 HGB entbehrlich, soweit der Ausgeschiedene den Anspruch *schriftlich anerkannt* hat; dadurch soll Rechtsstreitigkeiten in solchen Fällen entgegengewirkt werden, in denen die Gesellschaftsverbindlichkeit und die Haftung des Ausgeschiedenen außer Streit stehen.

25 Eine **vorzeitige Enthaftung** des Ausgeschiedenen durch Vertrag mit dem jeweiligen Gläubiger ist zulässig (→ Rn. 23). Ohne eine solche Abrede bleibt es dagegen bei der Fünfjahresfrist. Die von der Rechtsprechung zur Abkürzung der Nachhaftung zunächst entwickelte sog. *Kündigungstheorie*[35] ist durch die Neuregelung überholt.[36]

26 **2. Sinngemäße Geltung für die GbR.** Von der Frage des Fristbeginns abgesehen (→ Rn. 27), bereitet die sinngemäße Anwendung des § 160 HGB im Recht der (Außen-)GbR zur Begrenzung der Forthaftung des ausgeschiedenen GbR-Gesellschafters keine besonderen Schwierigkeiten; sie war vom BGH schon vor Inkrafttreten der Neuregelung bejaht worden.[37] Die Notwendigkeit der

---

[26] Vgl. *Ulmer/Wiesner* ZHR 144 (1980), 393; *Ulmer* BB 1983, 1865; *K. Schmidt* DB 1990, 2357; *Lieb* GmbHR 1992, 561; *Kollbach* GmbHR 1994, 164; *Seibert* DB 1994, 461.
[27] So aber *Hofmeister* NZG 2002, 851 (853 f.) unter Außerachtlassen der Haftungsfolgen aus Dauerschuldverhältnissen; vgl. dazu nur Staub/*Habersack* HGB § 160 Rn. 1.
[28] Zur Abgrenzung vgl. etwa BGH ZIP 2012, 369 (370) = NZG 2012, 221 Rn. 14 f. – Bereicherungsschuld aufgrund irrtümlicher Doppelzahlung ist keine Altverbindlichkeit, wenn zwar der vertragliche Anspruch, auf den gezahlt wurde, vor dem Ausscheiden begründet wurde, die doppelte Zahlung aber erst nach Ausscheiden erfolgte; LG Bonn NZG 2011, 143 (145) – Schadensersatzanspruch wegen anwaltlicher Pflichtverletzung ist nur dann Altverbindlichkeit, wenn die Pflichtverletzung vor dem Ausscheiden begangen wurde; auf die Begründung des Mandatsverhältnisses kommt es nicht an – so auch *Lüneborg* ZIP 2012, 2229 (2235) und *Schlinker/Hammerschmid* NJW 2012, 657; → PartGG § 8 Rn. 31.
[29] Näher dazu Staub/*Habersack* HGB § 160 Rn. 9 ff., 16 ff., 35; Baumbach/Hopt/*Roth* HGB § 160 Rn. 2 ff.
[30] HM unter Hinweis auf die Entstehungsgeschichte des § 160 nF HGB, vgl. Baumbach/Hopt/*Roth* HGB § 160 Rn. 8; *K. Schmidt* GesR § 51 II 2e; Röhricht/v. Westphalen/*Haas* HGB § 160 Rn. 12; *Seibert* DB 1994, 461 (462); *Kollbach* GmbHR 1994, 164 (165); aA Staub/*Habersack* HGB § 160 Rn. 7; *Leverenz* ZHR 160 (1996), 75 ff.
[31] Vgl. BGH ZIP 2012, 369 (371) Rn. 18 ff.
[32] Baumbach/Hopt/*Roth* HGB § 160 Rn. 3; zur Erstfassung von § 160 Abs. 1 S. 1 HGB (seither angepasst an die Schuldrechtsreform) näher Staub/*Habersack* HGB § 160 Rn. 26 ff.
[33] Vgl. nur Staub/*Habersack* HGB § 129 Rn. 15, HGB § 160 Rn. 36.
[34] Zu diesen dem neuen Verjährungsrecht angepassten Gründen für die Hemmung oder den Neubeginn der Enthaftungsfrist vgl. *Maier-Reimer* DB 2002, 1818 ff.
[35] BGHZ 70, 132 (136) = NJW 1978, 636 im Anschluss an *Hueck* OHG § 29 II 4 Fn. 44.
[36] BGHZ 142, 324 (331) = NJW 2000, 208; Soergel/Hadding/Kießling Rn. 22; Bamberger/Roth/*Schöne* Rn. 12; so auch schon OLG Dresden ZIP 1996, 1868; Staub/*Habersack* HGB § 160 Rn. 34; ganz hM.
[37] BGHZ 117, 168 (175 ff.) = NJW 1992, 1615.

Gleichbehandlung ausgeschiedener GbR-Gesellschafter mit solchen einer OHG steht umso mehr außer Zweifel, nachdem die Rechtsprechung sich für die akzessorische Haftung der GbR-Gesellschafter analog § 128 HGB entschieden hat (→ § 714 Rn. 5 f.). Das Problem der Forthaftung nach dem Ausscheiden stellt sich daher in grundsätzlich ähnlicher Weise wie im Recht der Personenhandelsgesellschaften. Dem hat der Gesetzgeber durch Verweisung auf § 160 HGB in § 736 Abs. 2 Rechnung getragen. Für den Inhalt der Verweisung kann weitgehend auf die Ausführungen zu § 160 HGB (→ Rn. 21 ff.) verwiesen werden.[38] Die Regelung gilt auch für den aus einer zweigliedrigen GbR Ausscheidenden unter Übergang des Gesellschaftsvermögens (Aktiva und Passiva) im Wege der Gesamtrechtsnachfolge auf den Letztverbleibenden.[39]

Probleme bereitet die Verweisung auf § 160 Abs. 1 HGB allerdings insoweit, als es um den **Beginn der Fünfjahresfrist** für die Nachhaftungsbegrenzung geht, da die in § 160 Abs. 1 S. 2 HGB in Bezug genommene Registereintragung des Ausscheidens im Recht der GbR keine Entsprechung findet. Geht man von der Informationsfunktion der Handelsregistereintragung gegenüber Gläubigern und Rechtsverkehr aus, so macht die sinngemäße Anwendung dieser Vorschrift die Anknüpfung an einen entsprechenden Publizitätsschritt bei der GbR erforderlich. Das Datum des Ausscheidens ist hierfür nicht geeignet.[40] Abzustellen ist vielmehr auf den Zeitpunkt, zu dem die jeweiligen *Gläubiger* vom Ausscheiden des Gesellschafters *Kenntnis erhalten*.[41] Um insoweit zu einem möglichst einheitlichen und überschaubaren Fristenlauf zu kommen und dem Interesse des Ausgeschiedenen an rechtzeitiger Ingangsetzung der Fünfjahresfrist angemessen Rechnung zu tragen, sollte die GbR das Ausscheiden eines Gesellschafters den ihr bekannten Gläubigern alsbald durch *Rundschreiben* mitteilen. 27

VI. Sonderverjährung der Gesellschafterhaftung im Auflösungsfall

§ 159 HGB [Ansprüche gegen einen Gesellschafter]

(1) Die Ansprüche gegen einen Gesellschafter aus Verbindlichkeiten der Gesellschaft verjähren in fünf Jahren nach der Auflösung der Gesellschaft, sofern nicht der Anspruch gegen die Gesellschaft einer kürzeren Verjährung unterliegt.

(2) Die Verjährung beginnt mit dem Ende des Tages, an welchem die Auflösung der Gesellschaft in das Handelsregister des für den Sitz der Gesellschaft zuständigen Gerichts eingetragen wird.

(3) Wird der Anspruch des Gläubigers gegen die Gesellschaft erst nach der Eintragung fällig, so beginnt die Verjährung mit dem Zeitpunkte der Fälligkeit.

(4) Der Neubeginn der Verjährung und ihre Hemmung nach § 204 des Bürgerlichen Gesetzbuchs gegenüber der aufgelösten Gesellschaft wirken auch gegenüber den Gesellschaftern, die der Gesellschaft zur Zeit der Auflösung angehört haben.

Eine **Verweisung auf § 159 HGB** über die fünfjährige Sonderverjährung bei Auflösung von OHG und KG ist mit der Neuregelung des § 736 Abs. 2 **nicht** verbunden.[42] Das folgt nicht nur aus dem Wortlaut des Abs. 2 („zeitliche Begrenzung der Nachhaftung"), sondern auch und vor allem aus der systematischen Stellung des Abs. 2 im Kontext der das Ausscheiden eines Gesellschafters betreffenden Vorschriften der §§ 736–740. Letztlich kommt der Frage jedoch keine entscheidende Bedeutung zu, da in Einklang mit der zum Recht der GbR entwickelten Rechtsprechung[43] und 28

---

[38] Speziell zur Anwendung auf die GbR s. BGH ZIP 2012, 369 (370) = NZG 2012, 221 Rn. 14 f. und dazu die Hinweise in → Rn. 23.
[39] BGHZ 142, 324 (331 f.) = NJW 2000, 208; OLG Brandenburg BeckRS 2009, 5211; *Siems/Maaß* WM 2000, 2328 (2330 f.); Soergel/*Hadding/Kießling* Rn. 20.
[40] So aber *Jauernig/Stürner* §§ 738–740 Rn. 2; *Groth,* Die analoge Anwendung von OHG-Recht auf BGB-Gesellschaften, 1994, S. 178 f.
[41] Ganz hM, vgl. BGH NZG 2007, 941 (942); Soergel/*Hadding/Kießling* Rn. 23; Erman/*Westermann* Rn. 8; Bamberger/Roth/*Schöne* Rn. 15; Palandt/*Sprau* Rn. 14; *Eckert* RdA 1994, 215 (222); *Hornung* Rpfleger 1994, 488 (491); *Nitsche* ZIP 1994, 1919 (1922 f.); *Reichhold* NJW 1994, 1617 (1621); *Seibert* DB 1994, 461 (464); *K. Schmidt* ZIP 1994, 243 (244); *Hasenkamp* DB 2002, 2632 (2634); *Siems/Maaß* WM 2000, 2328 (2330); *Wertenbruch* NZG 2008, 216; so für die Rechtslage vor Inkrafttreten des § 736 Abs. 2 auch schon BGHZ 117, 168 (179) = NJW 1992, 1615. – Hinsichtlich Gewerbesteuer ist nach VGH München NZG 2013, 1028 Ls. = BeckRS 2013, 51520 Rn. 10 die Kenntnis der zuständigen Gemeinde erforderlich, eine Benachrichtigung des Finanzamts soll nicht genügen; zweifelhaft. Zu öffentlich-rechtlichen Gläubigern auch VG Kassel BeckRS 2015, 49253 – GEZ.
[42] So auch *Seibert* DB 1994, 461 (463 f.); *Hornung* Rpfleger 1994, 488 (491); aA Heymann/*Sonnenschein/Weitemeyer* HGB § 159 nF Rn. 1; wohl auch *K. Schmidt* ZIP 1994, 243 (244).
[43] Vgl. BGHZ 117, 168 (179) = NJW 1992, 1615 mit Anm. *Beuthien* JZ 1992, 1128 und die zweite Revision in derselben Sache BGH DStR 1994, 32 mit Anm. *Goette,* jeweils zur analogen Anwendung des § 159 aF HGB für den Fall des *Ausscheidens* eines GbR-Gesellschafters.

hL[44] betreffend die Analogie zu § 159 aF HGB auch die neugefasste Vorschrift des § 159 HGB analoge Anwendung findet.[45]

29 Die Diskussion um die entsprechende Anwendung des § 159 aF HGB auf die GbR bezog sich zwar in erster Linie auf das *Ausscheiden* eines Gesellschafters und nicht auf die Auflösung einer Gesellschaft. Gegen eine unterschiedliche Behandlung beider Fälle spricht jedoch, dass die Haftungssituation der Gesellschafter bei ihrem Ausscheiden derjenigen bei Liquidation der Gesellschaft weitgehend vergleichbar ist. Gründe dafür, die Gesellschafter einer GbR bei Auflösung der Gesellschaft gegenüber Gesellschaftern einer OHG oder KG verjährungsrechtlich ungünstiger zu stellen, sind nicht ersichtlich. Weder die spezifischen Interessen der Gesellschaftsgläubiger noch die Tatsache, dass für die GbR nicht die Registereintragung der Gesellschaftsauflösung – wie in § 159 Abs. 2 HGB für OHG und KG vorgesehen – als maßgeblicher Zeitpunkt für den Beginn der Verjährung in Betracht kommt, rechtfertigt eine haftungsrechtliche Ungleichbehandlung zwischen Gesellschaftern einer aufgelösten OHG oder KG einerseits und einer GbR andererseits.[46] Durch höchstrichterliche Anerkennung der akzessorischen Gesellschafterhaftung analog § 128 HGB im Recht der GbR haben sich die Gründe für eine Gleichbehandlung der verschiedenen Gesellschaftsformen weiter verstärkt. Die bestehende Regelungslücke ist daher durch **Analogie zu § 159 HGB** zu schließen. Damit verjähren Ansprüche gegen einen Gesellschafter aus Verbindlichkeiten der GbR in fünf Jahren nach der Auflösung der Gesellschaft, sofern nicht der Anspruch gegen die Gesellschaft einer kürzeren Verjährung unterliegt.

30 Was den **Beginn der Fünfjahresfrist** für die Nachhaftungsbegrenzung anbelangt, ist mangels Registerfähigkeit der GbR ebenso wie im Fall des Ausscheidens eines Gesellschafters (§ 160 Abs. 1 S. 2 HGB; → Rn. 27) nicht auf den in § 159 Abs. 2 HGB bestimmten Tag abzustellen, an dem die Auflösung der Gesellschaft in das Handelsregister eingetragen wird, sondern auf den Zeitpunkt, zu dem die jeweiligen Gläubiger von der Auflösung der Gesellschaft *Kenntnis erhalten*.[47]

§ 737 Ausschluss eines Gesellschafters

¹Ist im Gesellschaftsvertrag bestimmt, dass, wenn ein Gesellschafter kündigt, die Gesellschaft unter den übrigen Gesellschaftern fortbestehen soll, so kann ein Gesellschafter, in dessen Person ein die übrigen Gesellschafter nach § 723 Abs. 1 Satz 2 zur Kündigung berechtigender Umstand eintritt, aus der Gesellschaft ausgeschlossen werden. ²Das Ausschließungsrecht steht den übrigen Gesellschaftern gemeinschaftlich zu. ³Die Ausschließung erfolgt durch Erklärung gegenüber dem auszuschließenden Gesellschafter.

Übersicht

	Rn.		Rn.
I. Allgemeines	1–6	III. Ausschlussverfahren	14, 15
1. Regelungsinhalt und Normzweck	1–3	1. Mitteilung an den Betroffenen (S. 3)	14
2. Anwendungsbereich	4, 5	2. Rechtliches Gehör?	15
3. Übernahme statt Ausschluss	6	IV. Abweichende Vereinbarungen	16–22
II. Voraussetzungen des Ausschlusses	7–13	1. Grundsatz	16
1. Fortsetzungsklausel	7	2. Ausschluss ohne sachlichen Grund (Hinauskündigungsrecht)?	17–22
2. Wichtiger Grund	8–12	a) Meinungsstand	17, 18
a) Begriff	8	b) Stellungnahme	19
b) Verhältnis zu § 723 Abs. 1 S. 2	9	c) Sachlich gerechtfertigte Gründe	20
c) Im Abwicklungsstadium	10, 11	d) Anteilsschenkung unter Widerrufsvorbehalt	21, 22
d) Gerichtliche Nachprüfung	12		
3. Beschluss der Gesellschafter	13		

I. Allgemeines

1 **1. Regelungsinhalt und Normzweck.** § 737 befasst sich mit dem gesellschaftsvertraglichen Recht der Mitgesellschafter, beim Vorliegen eines wichtigen Grundes in der Person eines Gesellschaf-

---

[44] *Wiedemann/Frey* DB 1989, 1809 (1811 ff.); Heymann/*Sonnenschein/Weitemeyer* HGB § 159 aF Rn. 1; *Frey* ZIP 1992, 700; *Lieb* GmbHR 1992, 561 (568); *Ulmer*, FS Fischer, 1979, S. 785 (807).
[45] Ebenso Erman/*Westermann* Rn. 9; Soergel/*Hadding/Kießling* Rn. 20 und § 730 Rn. 21 ff.; Bamberger/Roth/*Schöne* Rn. 20; Staub/*Habersack* HGB § 159 Rn. 5; MüKoHGB/*K. Schmidt* HGB § 159 Rn. 15; *Kapp* DB 1993, 869; *Seibert* DB 1994, 461 (464).
[46] Ebenso *Wiedemann/Frey* DB 1989, 1809 (1811 ff.); *Kapp* DB 1993, 869.
[47] BFH NZG 1998, 238 (239); MüKoHGB/*K. Schmidt* HGB § 159 Rn. 15.

ters anstelle der außerordentlichen Kündigung (§ 723 Abs. 1 S. 2) den **Störer aus der Gesellschaft auszuschließen**. Im Unterschied zu § 140 HGB bedarf es dazu keiner Gestaltungsklage; der Ausschluss erfolgt vielmehr auf Grund eines dem betroffenen Gesellschafter mitzuteilenden, grundsätzlich einstimmigen Beschlusses der übrigen Gesellschafter (→ Rn. 13).

Weitere Voraussetzung ist abweichend von § 140 HGB das *Vorhandensein einer Fortsetzungsklausel* (§ 736 Abs. 1) im Gesellschaftsvertrag. Diese wird vom Gesetzgeber zu Recht als Ausdruck des Gesellschafterwillens gewertet, den Bestand der Gesellschaft auch bei Veränderungen in der Zusammensetzung der Mitglieder aufrechtzuerhalten (→ § 736 Rn. 5). § 737 ist daher als eine Art gesetzlicher **Auslegungsregel** zu verstehen, wonach die vertragliche Fortsetzungsklausel mangels gegenteiliger Vereinbarung den Mitgesellschaftern auch das Recht zum Ausschluss des Störers geben soll, anstatt sie selbst der Gefahr des einseitigen Ausscheidens auszusetzen, wenn sie wegen wichtigen Grundes in der Person des Störers von ihrem Kündigungsrecht Gebrauch machen.[1] 2

Lässt man das Erfordernis einer Fortsetzungsklausel sowie die Durchsetzung des Ausschlusses durch einen dem Auszuschließenden mitzuteilenden Gesellschafterbeschluss anstelle einer Gestaltungsklage außer Betracht, so zeigen sich zahlreiche **Parallelen zwischen § 737 BGB und § 140 HGB**.[2] Das gilt etwa für den Begriff des wichtigen Grundes, für das Verhältnis von Ausschluss und Auflösung sowie für die Notwendigkeit eines einheitlichen Vorgehens der Mitgesellschafter einschließlich der aus der Treupflicht folgenden Verpflichtung widersprechender Mitgesellschafter, je nach Lage des Falles dem Ausschließungsbeschluss zuzustimmen. Insoweit und wegen zahlreicher damit zusammenhängender Einzelfragen kann auf Rechtsprechung und Literatur zu § 140 HGB verwiesen werden; sie haben sich entsprechend der größeren Bedeutung des Ausschlussrechts in OHG und KG wesentlich eingehender als die Diskussion im Recht der GbR mit den auch für § 737 relevanten Problemen beschäftigt.[3] 3

2. Anwendungsbereich. Die Vorschrift gilt – als Auslegungsregel (→ Rn. 2) – nicht schon kraft dispositiven Rechts, sondern setzt für ihr Eingreifen eine entsprechende **vertragliche Grundlage**, die Fortsetzungsklausel für den Kündigungsfall (→ Rn. 7), voraus. Damit beschränkt sie sich auf diejenigen Gesellschaften, bei denen der Gesellschaftsvertrag ein *Bestandsinteresse der Gesellschafter* erkennen lässt. Ihnen sind im Zweifel solche Gesellschaften bürgerlichen Rechts gleichzustellen, die als Handelsgesellschaften gegründet waren und durch Rückgang des Geschäftsbetriebs oder Änderung des Gesellschaftszwecks zur GbR geworden sind (zur entsprechenden Lage beim Übernahmerecht → § 730 Rn. 70). 4

Auf **Innengesellschaften** ohne Gesamthandsvermögen soll, auch wenn eine Fortsetzungsklausel im Gesellschaftsvertrag vorgesehen ist, die Vorschrift des § 737 nach mehrfach vertretener Ansicht unanwendbar sein.[4] Dem kann in dieser Allgemeinheit nicht gefolgt werden. Zwar ist es richtig, dass insoweit mangels Gesamthandsvermögens eine Anwachsung nach § 738 Abs. 1 S. 1 als Rechtsfolge des Ausschlusses nicht in Betracht kommt und dass der Außengesellschafter das Recht zur alleinigen Fortführung des Unternehmens auch dadurch erlangt, dass er die Gesellschaft aus wichtigem Grund kündigt und die störenden Mitgesellschafter abfindet.[5] Das schließt bei einer *mehrgliedrigen Innengesellschaft mit Fortsetzungsklausel* ein berechtigtes Interesse der Mitgesellschafter aber nicht aus, die Gesellschaft ohne den Störer fortzusetzen.[6] Nur wenn der wichtige Grund in der Person des Außengesellschafters eintritt, wird im Regelfall eine Fortsetzung ohne ihn nicht in Betracht kommen. 5

3. Übernahme statt Ausschluss. Besteht die Gesellschaft nur aus **zwei** Personen, so ist der Ausschluss eines Gesellschafters unter Fortbestand der Gesellschaft nicht möglich; § 737 ist nicht unmittelbar anwendbar. Dem Mitgesellschafter steht jedoch in analoger Anwendung von § 737 ein durch einseitige Erklärung auszuübendes Übernahmerecht gegenüber dem Störer zu, wenn der Gesellschaftsvertrag für den Fall der Kündigung eine Übernahme- oder Fortsetzungsklausel enthält.[7] Entsprechendes gilt für den Gesellschafter einer **mehrgliedrigen** Gesellschaft, wenn ausnahmsweise 6

---

[1] Zu der in diese Richtung weisenden Entstehungsgeschichte von § 737 vgl. *Rimmelspacher* AcP 173 (1973), 1 (7).
[2] Dazu auch *Wiedemann* GesR II § 5 I 3, S. 401 f.
[3] Vgl. namentlich *Hueck* OHG § 29 I 2, S. 434 ff. sowie die Kommentierung zu § 140 HGB von MüKoHGB/*K. Schmidt* und von Staub/*Schäfer* HGB.
[4] Palandt/*Sprau* Rn. 1; so auch OLG Bamberg NZG 1998, 897.
[5] So noch RGRK/*v. Gamm* Rn. 3; → § 730 Rn. 13.
[6] So auch Soergel/*Hadding/Kießling* Rn. 2; Erman/*Westermann* Rn. 2; Bamberger/Roth/*Schöne* Rn. 3.
[7] OLG Hamm ZIP 1999, 1484; BeckRS 2009, 10744; OLG Frankfurt NZG 2006, 382 (383); OLG Koblenz ZIP 2014, 2086; → § 730 Rn. 68 f.; im Ergebnis ebenso, aber für analoge Anwendung des § 140 Abs. 1 S. 2 HGB OLG München BeckRS 2011, 20357.

in der Person *sämtlicher* Mitgesellschafter ein wichtiger, zum Ausschluss berechtigender Grund gegeben ist.[8] Auch in diesem Fall genügt die einseitige Erklärung des Übernehmers gegenüber allen Mitgesellschaftern; einer Beschlussfassung über den jeweiligen Ausschluss durch die nicht unmittelbar betroffenen Mitgesellschafter bedarf es wegen des auch ihnen gegenüber erklärten Ausschlusses nicht, wenn sich dieser als begründet erweist.[9] Darauf, in welchem Umfang der Übernehmer bisher an der Gesellschaft beteiligt war, kommt es für die Anerkennung des Übernahmerechts nicht an;[10] allerdings kann dieser Umstand bei der Beurteilung des wichtigen Grundes Bedeutung erlangen.

II. Voraussetzungen des Ausschlusses

7   **1. Fortsetzungsklausel.** § 737 greift nur ein, wenn der Gesellschaftsvertrag eine Fortsetzungsklausel enthält (→ Rn. 4).[11] Nach S. 1 der Vorschrift muss die Klausel sich auf den Kündigungsfall beziehen. Damit soll auf das in der Klausel zum Ausdruck kommende Bestandsinteresse der Gesellschafter abgestellt werden; ihr ist daher eine generell gehaltene oder auf sonstige wesentliche personelle Veränderungen bezogene Fortsetzungsvereinbarung als Grundlage für das gesetzliche Ausschlussrecht gleichzustellen.[12] Auch bei einer zweigliedrigen Gesellschaft bedarf es einer Fortsetzungs- oder Übernahmeklausel (→ Rn. 6).[13]

8   **2. Wichtiger Grund. a) Begriff.** Zum Begriff des wichtigen Grundes in der **Person** eines Gesellschafters und zu den hierfür maßgeblichen Umständen → § 723 Rn. 28 ff. sowie die Erl. zu § 140 HGB. Es muss sich aber um solche Umstände in der Person eines Gesellschafters handeln, die die Fortsetzung der Gesellschaft mit ihm für die Mitgesellschafter **unzumutbar** machen. Verschulden des Störers wird zwar häufig vorliegen, ist aber nicht erforderlich; auch objektive Gründe reichen bei entsprechender Schwere für die Annahme eines wichtigen Grundes aus (→ § 723 Rn. 33). Maßgebend ist eine *Würdigung der Gesamtumstände* des Einzelfalls, bei der auch das Verhalten der Mitgesellschafter zu berücksichtigen ist.[14] Hat sich auch einer von ihnen oder haben sich gar sämtliche Mitgesellschafter ihrerseits pflichtwidrig verhalten, so ist ein Ausschluss in aller Regel nur möglich, wenn das Verschulden des Auszuschließenden überwiegt.[15] Andernfalls bleibt nur die Kündigung aus wichtigem Grund. Ein wichtiger, zur Ausschließung berechtigender Grund kann auch durch die **Verweigerung von Sanierungsbeiträgen** in einer sanierungsfähigen, aber überschuldeten Gesellschaft begründet werden; der BGH nimmt insofern allerdings eine sich selbst vollziehende Pflicht zur Zustimmungspflicht zum eigenen Ausscheiden an („*Sanieren oder Ausscheiden*"); näher → § 707 Rn. 10 f.

9   **b) Verhältnis zu § 723 Abs. 1 S. 2.** Der Ausschluss ist ebenso wie die Kündigung aus wichtigem Grund das **äußerste Mittel** (→ § 723 Rn. 29). Es kommt nur dann in Betracht, wenn nicht durch mildere Mittel wie etwa die Entziehung von Geschäftsführungsbefugnis und Vertretungsmacht (§§ 712, 715) Abhilfe geschaffen werden kann.[16] Nicht zu folgen ist allerdings (vorbehaltlich der Konstellation in → Rn. 8 aE) der verbreiteten Ansicht, dass an den Ausschluss schärfere Anforderungen zu stellen seien als an die Kündigung aus wichtigem Grund, da sie auf eine Schlechterstellung

---

[8] So auch Erman/*Westermann* Rn. 8; Bamberger/Roth/*Schöne* Rn. 3; *Rimmelspacher* AcP 173 (1973), 1 (6, 17 f.); *Kulka*, Die gleichzeitige Ausschließung mehrerer Gesellschafter aus Personengesellschaften und GmbH, 1983, S. 210 ff.; ebenso die ganz hM zu § 142 aF HGB, vgl. OLG Stuttgart DB 1961, 1644; *Hueck* OHG § 30 I 3, S. 466 f.; Schlegelberger/*K. Schmidt* HGB § 142 Rn. 16; GroßkommHGB/*Ulmer* 3. Aufl. § 142 Rn. 9; aA noch *Cahn* ZBlHR 1927, 271 ff.

[9] HM zur Ausschlussklage nach § 140 HGB, vgl. BGHZ 64, 253 (255) = NJW 1975, 410; BGHZ 68, 81 (84) = NJW 1977, 1013; *Hueck* OHG § 29 I 2c, S. 444; Baumbach/Hopt/*Roth* HGB § 140 Rn. 19; Staub/*Schäfer* HGB § 140 Rn. 20, 38 ff.; zu § 737 auch Bamberger/Roth/*Schöne* Rn. 18; aA für den Ausschließungsbeschluss *v. Stetten* GmbHR 1982, 105 (107); → Rn. 13.

[10] So aber *v. Stetten* GmbHR 1982, 105 (107), der das Übernahmerecht bei einer Minderheitsbeteiligung von weniger als 25 % verneint.

[11] Vgl. auch BGH NJW 2010, 65 – Fortsetzungsklausel als antizipierte Zustimmung zum Ausschluss bei Vorliegen eines wichtigen Grundes.

[12] Ebenso *Grunewald*, Der Ausschluss aus Gesellschaft und Verein, 1987, S. 32 f.; Bamberger/Roth/*Schöne* Rn. 4; Soergel/*Hadding/Kießling* Rn. 3 f.; Staudinger/*Habermeier* (2003) Rn. 8.

[13] So zutr. auch LG München I NZG 1998, 837.

[14] Vgl. etwa BGH NZG 2005, 843 (845); OLG Bamberg BeckRS 2008, 17847; eingehend auch *Wiedemann* GesR II § 5 I 3c, S. 405 f.

[15] So auch BGH DB 2003, 1214; OLG Bamberg BeckRS 2008, 17847. Für erhebliches Überwiegen aber *Hueck* OHG § 29 I 2c ß; MüKoHGB/*K. Schmidt* HGB § 140 Rn. 30; näher Staub/*Schäfer* HGB § 140 Rn. 11; wie hier auch *Lindacher* BB 1974, 1610 (1612); aus der Rspr. zu § 723 Abs. 1 S. 2 vgl. BGH WM 1996, 1452 (1453).

[16] OLG Koblenz BeckRS 2014, 16436; *Nodoushani* DStR 2016, 1932 (1933) s. ferner die Nachweise zu § 140 HGB bei Staub/*Schäfer* HGB § 140 Rn. 16; vgl. auch den Überblick bei *Kilian* WM 2006, 1567 (1578).

des Auszuschließenden hinauslaufe.[17] Diese These beruht auf einer sachwidrigen Vermischung von Ausschlussgrund und Ausschlussfolgen. Durch den Ausschluss soll die ungestörte Fortsetzung der Gesellschaft zwischen den übrigen Gesellschaftern ermöglicht, nicht aber der Störer finanziell benachteiligt werden.[18] Ihm steht nach gesetzlicher Regel der volle Wert seines Anteils auf der Basis nicht der Liquidations-, sondern der Fortsetzungswerte zu (→ § 738 Rn. 32); durch die Auflösung der Gesellschaft anstelle des Ausschlusses würde er daher im Grundsatz nicht besser, sondern möglicherweise sogar schlechter gestellt. Anderes gilt zwar dann, wenn – wie häufig – der Abfindungsanspruch vertraglich auf den Buchwert oder auf einen sonstigen unter dem Anteilswert liegenden Betrag beschränkt ist. Zu Recht hat die Rechtsprechung hierzu jedoch den Grundsatz aufgestellt, dass die fehlende Angemessenheit derartiger Abfindungsregelungen nicht die Wirksamkeit des Ausschlusses berührt, sondern nur dazu führen kann, dem Ausgeschiedenen einen Anspruch auf eine angemessene Abfindung zu gewähren (→ § 738 Rn. 74 f.).

c) Im Abwicklungsstadium. Die früher hM ließ einen Ausschluss aus wichtigem Grund bei Vorliegen der Voraussetzungen des § 737 unbeschränkt auch noch im Abwicklungsstadium zu.[19] Dem ist mit der Einschränkung zu folgen, dass für die Beurteilung des wichtigen Grundes dem Eintritt der Auflösung und dem dadurch geänderten Gesellschaftszweck Rechnung getragen werden muss.[20] Grundsätzlich kommt ein Ausschluss im Abwicklungsstadium daher nur *ausnahmsweise* und zwar dann in Betracht, wenn die Umstände in der Person des Störers von solchem Gewicht sind, dass sie die nach §§ 730–735 bzw. nach dem Gesellschaftsvertrag vorgesehene Auseinandersetzung unter seiner Beteiligung für die Mitgesellschafter unzumutbar machen oder ihre sachgemäße Durchführung schwerwiegend gefährden. Das wird nur in seltenen Ausnahmefällen zu bejahen sein.[21]

Anderes gilt dann, wenn die übrigen Gesellschafter bereit und in der Lage sind, die Gesellschaft *fortzusetzen,* hieran aber aus Gründen in der Person des Störers gehindert werden; insoweit ist ein Ausschluss nach den gleichen Maßstäben wie in einer werbenden Gesellschaft möglich. Die bloße Weigerung, einem von den übrigen Gesellschaftern gewünschten Fortsetzungsbeschluss zuzustimmen, stellt als legitimes Gebrauchmachen von Gesellschafterrechten freilich keinen Ausschlussgrund dar.

d) Gerichtliche Nachprüfung. Das Vorliegen eines wichtigen Ausschlussgrundes unterliegt in vollem Umfang der gerichtlichen Nachprüfung.[22] Der vom Ausschluss Betroffene kann, vorbehaltlich des Eingreifens der Grundsätze über die fehlerhafte Gesellschaft bei vollzogenem Ausschluss (→ § 705 Rn. 360, 370), **Feststellungsklage** gegen die übrigen Gesellschafter auf Fortbestand seiner Gesellschafterstellung erheben.[23] Führt sie zu dem Ergebnis, dass die Ausschlussvoraussetzungen nicht vorlagen und der Kläger noch immer Gesellschafter ist, so können ihm wegen zwischenzeitlicher Verweigerung der Gesellschafterrechte je nach Lage des Falles Schadensersatzansprüche gegen die Mitgesellschafter zustehen.[24] – Zur Nachprüfung des wichtigen Grundes in der Revisionsinstanz → § 723 Rn. 36 f. Kommt es im Zuge des Ausschlusses zu einer **Grundbuchänderung,** so soll nach einer obergerichtlichen Entscheidung der wichtige Grund in der Form des § 29 GBO nachgewiesen werden müssen.[25]

3. Beschluss der Gesellschafter. Nach § 737 S. 2 steht das Ausschlussrecht den übrigen Gesellschaftern gemeinschaftlich zu. Es ist durch einstimmigen Beschluss auszuüben;[26] der Auszuschließende

---

[17] So noch BGHZ 4, 108 (110) = NJW 1952, 461; BGH WM 1961, 32 (33); RGZ 146, 169 (179); Palandt/*Sprau* Rn. 2; *Hueck* OHG § 29 I 2c ß; wie hier dagegen BGH NZG 2003, 625 (626); MüKoHGB/*K. Schmidt* HGB § 140 Rn. 13; Soergel/*Hadding/Kießling* Rn. 7; auf die Umstände des Einzelfalls abstellend Erman/*Westermann* Rn. 3.
[18] Staub/*Schäfer* HGB § 140 Rn. 15.
[19] BGHZ 1, 324 (331) = NJW 1951, 650; BGH WM 1961, 32; Palandt/*Sprau* Rn. 1; RGRK/*v. Gamm* Rn. 1; wN, auch zur abw. früheren RG-Rspr., bei GroßkommHGB/*Ulmer,* 3. Aufl. 1973, HGB § 140 Rn. 25.
[20] Ebenso OLG Bamberg BeckRS 2008, 17847; *Hueck* OHG § 29 I 2c; Staub/*Schäfer* HGB § 140 Rn. 30 f.; Palandt/Sprau Rn. 1; Erman/*Westermann* § 736 Rn. 3; Soergel/*Hadding/Kießling* Rn. 9; Staudinger/*Habermeier* (2003) Rn. 4; Bamberger/Roth/*Schöne* Rn. 12.
[21] BGHZ 1, 324 (332) = NJW 1951, 650; OGHZ 3, 203 (217).
[22] EinhM, vgl. BGHZ 13, 5 (10) = NJW 1954, 833; BGHZ 31, 295 (299) = NJW 1960, 625; BGH NZG 2011, 544 (546) Rn. 30 mit Betonung der *tatrichterlichen* Nachprüfung; zur revisionsrechtlichen Nachprüfbarkeit → § 723 Rn. 36 f.; Soergel/*Hadding/Kießling* Rn. 15; Erman/*Westermann* Rn. 5; speziell zum einstweiligen Rechtsschutz gegen den Ausschließungsbeschluss vgl. *Kiethe* NZG 2004, 114.
[23] BGH NJW-RR 1992, 227; NJW 2011, 1667; OLG Hamm NZG 2008, 21; abw. Soergel/*Hadding/Kießling* Rn. 15 f.: Klage auf Feststellung, dass Ausschließung unberechtigt war.
[24] BGHZ 31, 295 (302) = NJW 1960, 625; vgl. auch OLG Düsseldorf WM 1983, 1320 (1321): keine Schadensersatzpflicht derjenigen Mitgesellschafter, die nicht für den Ausschluss gestimmt haben.
[25] OLG Hamm NZG 2008, 21 – zweifelhaft; zust. aber *Matz/Müllner* WM 2009, 683.
[26] Vgl. *Wiedemann* GesR II § 5 I 3, S. 409 f.; bei ursprünglich mehrgliedriger GbR genügt stattdessen die Gestaltungserklärung des einzigen Mitgesellschafters, OLG Hamm ZIP 1999, 1484.

hat kein Stimmrecht.[27] Im Gesellschaftsvertrag können Abweichungen vereinbart, insbesondere eine Mehrheitsentscheidung zugelassen[28] oder einem Mitgesellschafter ein einseitiges Gestaltungsrecht zur „Hinauskündigung" des Störers eingeräumt werden. Die von der Rechtsprechung zu § 140 HGB anerkannten Grundsätze, wonach in besonders gelagerten Fällen aus Gründen der Treupflicht eine Mitwirkungs- bzw. **Zustimmungspflicht** der Mitgesellschafter anzuerkennen sein kann,[29] wenn der Ausschluss im gemeinsamen Interesse geboten und dem Ablehnenden zumutbar ist, gelten auch für den Beschluss nach § 737.[30] – Zur Frage des „rechtlichen Gehörs" des Auszuschließenden → Rn. 15; zur Zulässigkeit eines automatischen Ausschlusses bei Eintritt bestimmter Gründe → Rn. 16.

III. Ausschlussverfahren

14   **1. Mitteilung an den Betroffenen (S. 3).** Nach § 737 S. 3 wird der Ausschließungsbeschluss erst **wirksam,** wenn er dem auszuschließenden Gesellschafter zugeht, vorausgesetzt zu diesem Zeitpunkt liegt ein wichtiger Grund vor.[31] Eine Erklärung durch sämtliche Gesellschafter ist nicht erforderlich. Es genügt die Mitteilung durch einen Gesellschafter, nicht notwendig einen Geschäftsführer. Der Mitteilende bedarf auch keiner Bevollmächtigung durch die übrigen Gesellschafter, sofern nur der Ausschließungsbeschluss als solcher ohne Einschränkung gefasst ist. War der Betroffene bei der Beschlussfassung selbst anwesend und hat er dabei das Ergebnis der Abstimmung erfahren, so entfällt die Notwendigkeit einer besonderen Erklärung. Der vom Ausschluss betroffene Gesellschafter kann auch die Mitteilung des Ausschließungsgrundes verlangen;[32] die Wirksamkeit des Ausschlusses hängt hiervon jedoch nicht ab.

15   **2. Rechtliches Gehör?** Nach Ansicht eines Teils der Literatur ist es für den rechtlichen Bestand des Ausschließungsbeschlusses erforderlich, dass dem Betroffenen zuvor „rechtliches Gehör" gewährt, dh er zu den gegen ihn erhobenen Vorwürfen angehört worden ist.[33] Dabei handelt es sich um ein im Vereinsrecht entwickeltes, der Vereinsautonomie und den Besonderheiten der richterlichen Nachprüfung von Vereinsmaßnahmen Rechnung tragendes Erfordernis (→ § 25 Rn. 48 *(Reuter))*.[34] Für das Gesellschaftsrecht ist diesen Ansichten **nicht** zu folgen. Die Übernahme derartiger, das Zusammenwirken einer Vielzahl untereinander nicht näher verbundener Personen und ihre Rechtsstellung regelnder allgemeiner Grundsätze eignet sich nicht für die besonderen Verhältnisse in der typischen Personengesellschaft, ganz abgesehen davon, dass hierfür schon angesichts der unbeschränkten richterlichen Nachprüfung des Ausschließungsbeschlusses (→ Rn. 12) ein Bedürfnis nicht besteht.[35] Die Nichtanhörung kann jedoch je nach Lage des Falls zu einem Schadensersatzanspruch des Betroffenen wegen Treupflichtverletzung führen.[36]

IV. Abweichende Vereinbarungen

16   **1. Grundsatz.** Die Vorschrift des § 737 ist jedenfalls in Bezug auf S. 1 und 2 **dispositiv.** Das folgt schon daraus, dass sie nur bei entsprechender Vertragsgestaltung anwendbar ist (→ Rn. 4). Die Gesellschafter sind daher einerseits trotz vertraglicher Aufnahme einer Fortsetzungsklausel nicht gehindert, durch deren Fassung oder auf sonstige Weise klarzustellen, dass ein Recht zum Ausschluss

---

[27] Staudinger/*Habermeier* (2003) Rn. 10; Bamberger/Roth/*Schöne* Rn. 16; das gilt auch bei einer Mehrheit von Auszuschließenden, vgl. BGHZ 97, 28 (34) = NJW 1986, 2694 betr. Geltendmachung von Ersatzansprüchen in der GmbH.
[28] Vgl. OLG Brandenburg BeckRS 2010, 4108 – einfache Mehrheit reicht. Näher Staub/*Schäfer* HGB § 140 Rn. 57; enger *Wiedemann* GesR II § 5 I 3, S. 411, der für das Erfordernis einer qualifizierten Mehrheit plädiert; vgl. auch *Mayer* BB 1992, 1497 (1499).
[29] BGHZ 64, 253 (257 f.) = NJW 1975, 1410; BGHZ 68, 81 (82) = NJW 1977, 1013; → § 705 Rn. 232 f.
[30] Ebenso Erman/*Westermann* Rn. 4; Soergel/*Hadding/Kießling* Rn. 11; Bamberger/Roth/*Schöne* Rn. 15; *Mayer* BB 1992, 1497 (1498).
[31] Insoweit zutr. OLG Hamm NZG 2008, 21; abw. OLG Karlsruhe NJW-RR 1997, 169: sofortige Wirksamkeit des Ausschließungsbeschlusses auch dann, wenn über die Berechtigung des Ausschlusses ein Rechtsstreit anhängig ist.
[32] BayObLGZ 9 (1909), 179 (185) – Ausschluss aus nichtrechtsfähigem Verein; Soergel/*Hadding/Kießling* Rn. 12; Bamberger/Roth/*Schöne* Rn. 17.
[33] Palandt/*Sprau* Rn. 3; *Wiedemann* GesR II § 5 I 3, S. 411; OLG Frankfurt NZG 1999, 993; tendenziell auch Erman/*Westermann* Rn. 5; aA *Hueck* OHG § 29 Fn. 10; Soergel/*Hadding/Kießling* Rn. 13; Bamberger/Roth/*Schöne* Rn. 16; Staudinger/*Habermeier* (2003) Rn. 10.
[34] So mit iE unterschiedlichen Anforderungen BGHZ 29, 352, 355; 55, 381; BGH LM Nr. 14 = NJW 1975, 160; OLG Köln OLGZ 1994, 252; LG Gießen NJW-RR 1995, 828; *Meyer-Cording* Vereinsstrafe S. 81 f.; *Schlosser* S. 188 ff.
[35] So auch *Hueck* OHG § 29 Fn. 10; OLG Bamberg BeckRS 2008, 17847.
[36] Vgl. Soergel/*Hadding/Kießling* Rn. 13 und Erman/*Westermann* Rn. 5.

aus wichtigem Grund im Verhältnis zwischen ihnen nicht bestehen soll. Sie können andererseits – vorbehaltlich des Ausschlusses ohne Grund (→ Rn. 17 ff.) – den Ausschluss auch auf sonstige Gründe stützen[37] oder vorsehen, dass der Eintritt bestimmter Gründe zum automatischen Ausscheiden des Betroffenen führen soll.[38] Weitere Abweichungen können sich auf den Begriff des wichtigen Grundes (→ § 723 Rn. 75) oder auf den Ausschließungsbeschluss und die hierfür erforderlichen Mehrheiten beziehen (→ Rn. 13).

2. Ausschluss ohne sachlichen Grund (Hinauskündigungsrecht)? a) Meinungsstand. Vereinbarungen hierüber wurden in früherer Zeit ohne weiteres als zulässig angesehen.[39] Grenzen zum Schutz betroffener Gesellschafter sollten nur bei der jeweiligen *Ausübung* des Ausschlussrechts unter dem Gesichtspunkt unzulässiger Rechtsausübung in Betracht kommen.[40] Dem ist der **BGH seit der 2. Hälfte der 1970er Jahre** mehrfach entgegengetreten.[41] Neben einer unzweideutigen Regelung über den Verzicht auf einen wichtigen Grund im Gesellschaftsvertrag fordert er für die Wirksamkeit einer solchen Vereinbarung, dass für sie wegen der damit verbundenen Einschränkung der wirtschaftlichen und persönlichen Freiheit der von dem Ausschlussrecht bedrohten Mitgesellschafter **sachlich gerechtfertigte Gründe** bestehen (→ Rn. 20). Fehlt es hieran, so soll die Ausschlussklausel wegen der mit ihr verbundenen erheblichen Beeinträchtigung der Entschließungsfreiheit der betroffenen Gesellschafter nach § 138 grundsätzlich nichtig sein;[42] jedoch komme bei teilbarem Inhalt ihre Aufrechterhaltung entsprechend § 139 in ihrem angemessenen Teil in Betracht.[43] Auch in seiner jüngeren, seit 2004 überwiegend zum GmbH-Recht ergangenen Rechtsprechung hält der BGH zwar an dieser Auffassung fest, relativiert sie jedoch durch eine immer großzügigere Anerkennung sachlich gerechtfertigter Gründe, welche einen grundlosen jederzeitigen Ausschluss sollen rechtfertigen können.[44] Hierbei gerät offenbar der ursprünglich gewählte institutionelle Begründungsansatz,[45] dass nämlich der Gesellschafter im Interesse des Verbands als solchem nicht durch das „Damoklesschwert" der Hinauskündigung von der effektiven Wahrnehmung seiner Gesellschafterrechte abgehalten werde dürfe,[46] zunehmend in Vergessenheit. Nunmehr fragt der Senat vor allem danach, ob die Rechtsposition des betroffenen Gesellschafters mangels besonderer Schutzwürdigkeit dessen grundlose Hinauskündigung rechtfertigen könne, und hat dies bejaht, soweit die Hinauskündigung eine – zeitlich begrenzte – Probezeit[47] oder ein sog. „Managerbeteiligungsmodell" absichern soll,[48] die Gesellschafterstellung

---

[37] → Rn. 20 betr. sachlich gerechtfertigte Ausschlussgründe. *Gegen* die Zulässigkeit eines Rechts zum Ausschluss bei verweigerter Zustimmung zur Umwandlung einer KG in eine Kapitalgesellschaft (wegen Unvereinbarkeit mit §§ 202, 207 UmwG) aber OLG Karlsruhe ZIP 2003, 78 (79); dazu mit Recht krit. *Kowalski/Dörrbecker* EWiR § 207 UmwG 1/03, 181.

[38] So BGH ZIP 2003, 843 (844 f.) betr. das automatische Ausscheiden aus einer von Wohnungseigentümern gebildeten GbR bei Veräußerung der Eigentumswohnung.

[39] BGHZ 34, 80 (83) = NJW 1961, 504; BGH NJW 1973, 1606; WM 1962, 462 (463); Soergel/*Schultze-v. Lasaulx*, 10. Aufl. 1969, Rn. 5; RGRK/*v. Gamm* Rn. 9; Schlegelberger/*Geßler*, 4. Aufl. 1960, HGB § 140 Anm. 19.

[40] Vgl. BGH NJW 1973, 1606; Soergel/*Schultze-v. Lasaulx*, 10. Aufl. 1969, Rn. 5; RGRK/*v. Gamm* Rn. 9; Schlegelberger/*Geßler*, 4. Aufl. 1960, HGB § 140 Anm. 19.

[41] BGHZ 68, 212 (215) = NJW 1977, 1292; BGHZ 81, 263 (266 ff.) = NJW 1981, 2565; BGHZ 105, 213 (216 f.) = NJW 1989, 834; BGHZ 107, 351 (353) = NJW 1989, 2681; BGH NJW 1985, 2421 (2422); so auch für ein Recht zum Ausschluss ohne Grund aus einer Publikums-KG BGHZ 84, 11 (14) = NJW 1982, 2303; BGHZ 104, 50 (57 f.) = NJW 1988, 1903; für atypische stille Gesellschaft BGHZ 125, 74 (79 f.) = NJW 1994, 1156; für GmbH BGHZ 112, 103 (108) = NJW 1990, 2622. Anders noch BGH NJW 1973, 1606; RG ZAkDR 1938, 318.

[42] So die stRspr des BGH seit NJW 1985, 2421 (2422); BGHZ 105, 213 (216 f.) = NJW 1989, 834; BGHZ 107, 351 (353) = NJW 1989, 2681; so auch für ein Recht zum Ausschluss ohne Grund aus einer Publikums-KG BGHZ 104, 50 (57 f.) = NJW 1988, 1903; für atypische stille Gesellschaft BGHZ 125, 74 (79 f.) = NJW 1994, 1156; für GmbH BGHZ 112, 103 (108) = NJW 1990, 2622.

[43] BGHZ 105, 213 (220 f.) = NJW 1989, 834; BGHZ 107, 351 (355 ff.) = NJW 1989, 2681; zust. *Behr* ZGR 1990, 370 (386 ff.).

[44] BGHZ 164, 98 = NJW 2005, 3641; BGHZ 164, 107 = NJW 2005, 3644 (dazu *Peltzer* ZGR 2006, 702; *Drinkuth* NJW 2006, 410; *Böttcher* NZG 2005, 992; *Werner* WM 2006, 213); BGH NJW 2004, 2013 (dazu *Grunewald* DStR 2004, 1750); ZIP 2005, 706; WM 2007, 1270. Zur Rechtsprechungsentwicklung s. auch *Gehrlein* NJW 2005, 1969.

[45] Dazu etwa auch *Wiedemann* GesR II § 5 I 3, S. 408.

[46] So vor allem die Grundsatzentscheidung BGHZ 81, 263 (266 ff.).

[47] BGH NJW 2004, 2013; WM 2007, 1270 – grds. für die Dauer von maximal drei Jahren zulässige Probezeit bei Laborärzten – allerdings auf der Basis von inzwischen weitgehend obsoletem Berufsrecht, das eine Angestelltenposition verbot.

[48] BGHZ 164, 98 = NJW 2005, 3641; BGHZ 164, 107 = NJW 2005, 3644 betr. GmbH: Der Fremdgeschäftsführer bzw. Angestellte erhielt für die Dauer seiner Anstellung einen 10 %igen Geschäftsanteil, um seine Einsatzfreude zu steigern; zu den „Mitarbeitermodellen" näher *Habersack/Verse* ZGR 2005, 451.

durch einen Kooperationsvertrag überlagert wird,[49] ja der Sache nach selbst dann, wenn die Gesellschafterstellung vererbt wurde[50] (→ Rn. 20).

18 In der **Literatur** ist die „klassische" Linie der Rechtsprechung vielfach auf Widerspruch gestoßen,[51] während die Lockerungstendenzen seit 2004 begrüßt werden. Gerügt wurde die damit in Anspruch genommene richterliche Inhaltskontrolle von Personengesellschaftsverträgen auch in solchen Fällen, in denen es sich um personalistische Gesellschaften handelt und in denen daher die besonderen Schutzbedürfnisse der Mitglieder einer Publikums-Gesellschaft nicht vorliegen.[52] Die Rechtsprechung führe zu erheblicher Unsicherheit für die Vertragsgestaltung und verlagere die beweglichen Schranken der Beschlusskontrolle zum Schutze der Minderheit ohne Not auf die Kontrolle der Vertragsgrundlage.[53] Zumindest in denjenigen Fällen, in denen die Abfindung nicht unangemessen beschränkt sei, sei der Ausschluss ohne wichtigen Grund nicht zu beanstanden.[54]

19 **b) Stellungnahme.** Der Rechtsprechung des BGH zur **Nichtigkeit** eines nicht durch sachliche Gründe gerechtfertigten Ausschlussrechts ist entgegen der Literaturkritik **zuzustimmen.** Demgegenüber stößt die seit 2004 eingeschlagene Linie, immer großzügiger sachlich gerechtfertigte Gründe zuzubilligen, auf grundsätzliche Bedenken. Die Zulassung eines willkürlichen Ausschlusses im Gesellschaftsvertrag stellt ähnlich wie die Aberkennung von Mitspracherechten in zentralen Fragen (→ § 705 Rn. 132 ff.) die betroffenen Gesellschafter weitgehend rechtlos und macht sie vom Wohlwollen der bevorrechtigten Gesellschafter abhängig. Derartige Vertragsgestaltungen höhlen den Kernbereich der Mitgliedschaft der betroffenen Gesellschafter aus; das ist, soweit nicht sachlich gerechtfertigte Gründe für die Vereinbarung des Ausschlusses vorliegen, trotz der im Personengesellschaftsrecht grundsätzlich bestehenden Gestaltungsfreiheit und der Möglichkeit wirksamen Verzichts auf die Gleichbehandlung (→ § 705 Rn. 247) mit den Anforderungen an ein privatautonom gestaltetes Verbandsrecht unvereinbar.[55] Es steht insofern keineswegs allein die konkrete Schutzwürdigkeit des betroffenen Gesellschafters in Frage; vielmehr gilt es die Funktionsfähigkeit des Verbands im Ganzen zu schützen, wie der BGH 1981 in mustergültiger Klarheit entschieden hat.[56] Diesen – als solche bislang nicht bezweifelten – Vorgaben wird die jüngere Rechtsprechung nicht immer gerecht. Dies wird besonders deutlich, wenn der Senat mittlerweile selbst die Testierfreiheit als Rechtfertigung für ein Hinauskündigungsrecht ansieht und sich damit in der Sache unverkennbar von BGHZ 81, 263 abwendet, ohne dass freilich das genaue Ausmaß schon hinreichend deutlich wurde.[57] Demgegenüber ist daran festzuhalten, dass es immanente Schranken der Privatautonomie

---

[49] BGH NZG 2005, 476 = ZIP 2005, 706 – Gesellschaftsverhältnis war durch einen Kooperationsvertrag zur Begründung eines internationalen Paketdienstes überlagert, der ordentlich mit bestimmter Frist gekündigt werden konnte; beide Rechtsverhältnisse sollten gemeinsam enden.
[50] So BGH NZG 2007, 422 = ZIP 2007, 862 (863 f.) – Vater hatte seinen Sohn als Unternehmensnachfolger auserkoren, während die Tochter „kapitalmäßig" an der nach dem Tod zu gründenden Gesellschaft beteiligt sein sollte, und demgemäß testamentarisch verfügt, dass der Sohn seine Schwester in der zu gründenden Gesellschaft sollte hinauskündigen können.
[51] Vgl. namentlich *H. Westermann*, FS Larenz II, 1983, S. 723 ff.; *Bunte* ZIP 1983, 8 ff.; *ders.* ZIP 1985, 915 (917); *Koller* DB 1984, 545 ff.; *Krämer* NJW 1981, 2553 ff.; *Kreutz* ZGR 1983, 109 ff.; *Kübler*, FS Sigle, 2000, S. 183 (190 ff.); *Weber/Hickel* NJW 1986, 2752 (2753 f.); im Grundsatz auch *Flume* BGB AT I 1 § 10 III; *ders.* NJW 1979, 902; *ders.* DB 1986, 629 (632 f.); *Eiselt*, FS v. Lübtow, 1980, S. 643 (656) jeweils für Zulassung der Ausschlussklausel gegenüber Gesellschaftern „minderen Rechts"; *Schilling* ZGR 1979, 419 (422 f.); *Henssler*, FS Konzen, 2006, S. 267 (270); s. auch *Esch* NJW 1979, 1390; *U. Huber* ZGR 1980, 177 (210 f.); *Hirtz* BB 1981, 761 ff.; einschr. – für Ausübungskontrolle – *Armbrüster* ZGR 2014, 333 (358 ff.) Dem BGH **zust.** aber *Wiedemann* GesR I § 7 III 2a cc; GesR II § 5 I 3, S. 406 ff.; Soergel/*Hadding/Kießling* Rn. 17 f.; Staudinger/*Habermeier* (2003) Rn. 7; Staudinger/*Sack/Fischinger* (2011) § 138 Rn. 487; Bamberger/Roth/*Schöne* Rn. 26; Palandt/*Sprau* Rn. 5; MüKoHGB/*K. Schmidt* HGB § 140 Rn. 100; Staub/*Schäfer* HGB § 140 Rn. 62; Baumbach/Hopt/*Roth* HGB § 140 Rn. 24; *Behr* ZGR 1990, 370 (377 f.); wohl auch Erman/*Westermann* Rn. 6; *Hennerkes/Binz* NJW 1983, 73 ff. sowie *Habersack/Verse* ZGR 2005, 451 (455 f., 479), die aber den „Trend zu mehr Großzügigkeit" begrüßen; ähnlich auch *Nassall* NZG 2008, 851 (853 ff.), der auf Basis der Rspr. Hinauskündigungsklauseln zu Lasten rechtlich „geschwächter" Gesellschafter immer dann für sachlich gerechtfertigt hält, wenn zwischen den Gesellschaftern ein „gesellschaftsunabhängiges Ungleichgewicht" besteht.
[52] *H. Westermann*, FS Larenz II, 1983, S. 723 ff.; *Bunte* ZIP 1983, 8 ff.; *ders.* ZIP 1985, 915 (917); *Koller* DB 1984, 545 ff.; *Kreutz* ZGR 1983, 109 ff.
[53] So namentlich *Koller* DB 1984, 545 ff.; *Krämer* NJW 1981, 2553 ff.; *H. Westermann*, FS Larenz II, 1983, S. 723 ff.
[54] So *Esch* NJW 1979, 1390; *U. Huber* ZGR 1980, 177 (210 f.); *Hirtz* BB 1981, 761 ff.
[55] Vgl. etwa Soergel/*Hadding/Kießling* Rn. 17 f.; Bamberger/Roth/*Schöne* Rn. 26; MüKoHGB/*K. Schmidt* HGB § 140 Rn. 100; *Wiedemann* GesR I § 7 III 2a cc; GesR II § 5 I 3, S. 408 f.
[56] BGHZ 81, 263 (266 ff.) = NJW 1981, 2565 im Anschluss an *Schilling* ZGR 1979, 419 (426).
[57] BGH NJW-RR 2007, 913 = ZIP 2007, 862 (864). – Das Urteil betrifft nicht die Anteilsvererbung, sondern eine testamentarische Verfügung einer erst noch zu gründenden Gesellschaft, aus der einer der Erben unter

im Verbandsrecht gibt, deren Überschreitung zur Rechtlosstellung der betroffenen Gesellschafter führt und deshalb von der Rechtsordnung im Interesse der Funktionsfähigkeit der Verbände nicht hingenommen werden. Dies gilt ungeachtet des Grundsatzes, dass eine Inhaltskontrolle von Gesellschaftsverträgen im Regelfall, außerhalb der Publikums-Gesellschaft, abzulehnen ist (→ § 705 Rn. 139 ff.). Im Ansatz zutreffend ist ferner die *ersatzweise Anerkennung eines Ausschlussrechts aus sachlich gerechtfertigtem Grund,* wenn es vom Willen der Vertragsschließenden umfasst war;[58] sie folgt in Abweichung von § 139 aus ergänzender Vertragsauslegung.

c) **Sachlich gerechtfertigte Gründe.** Von welchem Gewicht und welcher Art die sachlich gerechtfertigten Gründe sein müssen, damit das Ausschlussrecht Bestand hat, lässt sich positiv **nicht abschließend** sagen.[59] In Betracht kommen namentlich Gründe aus der **Entstehungsgeschichte der Gesellschaft,** die Art des – entgeltlichen oder unentgeltlichen – **Anteilserwerbs** des vom Ausschluss bedrohten Gesellschafters und besondere Verdienste des ausschließungsberechtigten Gesellschafters um die Gesellschaft, aber auch der Tod eines Gesellschafters, wenn das Ausschlussrecht gegenüber den Gesellschafter-Erben zeitlich begrenzt ist.[60] Auch eine **Kleinstbeteiligung** (bis 5%) ist grds geeignet, eine Hinauskündigungsklausel sachlich zu rechtfertigen; das kommt namentlich bei Familiengesellschaften in Betracht, bei denen einzelne Gesellschaftsanteile durch Erbfolge immer weiter verkleinert wurden.[61] – Der bloße Umstand, dass das Recht an ein fest umschriebenes Tatbestandsmerkmal anknüpft, reicht freilich nicht aus, wenn dieses keine Begründung für die sachliche Rechtfertigung enthält.[62] Seit etwa 2004 verfährt die Rechtsprechung des **BGH zunehmend großzügiger** bei der Anerkennung sachlich gerechtfertigter Gründe und lässt etwa eine Erprobungsphase ebenso als sachlich gerechtfertigten Grund gelten wie die intendierte Koppelung der Mitgliedschaft an die Geschäftsführer- bzw. Angestelltenstellung oder andere Vertragsbeziehungen, ferner auch den Erwerb der Mitgliedschaft aufgrund testamentarischer Verfügung (→ Rn. 17 aE). Selbst wenn aber das Ausschlussrecht nach diesen Grundsätzen wirksam vereinbart und seine Ausübung nicht zu beanstanden ist, kann die Abfindungsregelung wegen Unangemessenheit gegen § 138 verstoßen[63] (→ § 738 Rn. 45 f., 73). 20

d) **Anteilsschenkung unter Widerrufsvorbehalt.** Mit der Problematik des Ausschlusses ohne wichtigen Grund nahe verwandt ist die – nach Schenkungsrecht grundsätzlich zulässige[64] – Schenkung eines Gesellschaftsanteils unter freiem Widerrufsvorbehalt. Sie berechtigt den Schenker, den beschenkten Gesellschafter unter Berufung auf den Widerrufsvorbehalt nach freiem Belieben zur Rückübertragung des Anteils zu verpflichten, und verschafft ihm damit im Fall des Fortbestands der eigenen Mitgliedschaft in der Gesellschaft eine Stellung, die funktional weitgehend mit derjenigen eines über ein freies Hinauskündigungsrecht verfügenden Gesellschafters vergleichbar ist. Für die Wirksamkeit einer solchen Gestaltung spricht das Dogma der Trennung von Gesellschafts- und Schenkungsrecht auch nach Vollzug der Schenkung,[65] dagegen die sachlich übereinstimmenden 21

---

erleichterten Voraussetzungen wieder ausgeschlossen werden sollte.; aus Sicht des betroffenen Gesellschafters steht aber auch insofern in Frage, ob seine Position mit Rücksicht auf die Testierfreiheit des Erblassers relativiert werden darf. – Vgl. iÜ nur die – zutr. – Wertung bei *Henssler,* FS Konzen, 2006, S. 267 (274), wonach die neuere Rspr. auf die bislang abgelehnte Rechtsfigur des „Gesellschafters minderen Rechts" hinauslaufe. Auch insofern dem BGH zust. aber etwa *Nasall* NZG 2008, 851 (854 f.), der jedoch für eine Ausübungskontrolle plädiert.

[58] So BGHZ 105, 213 (220 f.) = NJW 1989, 834; BGHZ 107, 351 (355 ff.) = NJW 1989, 2681; zust. *Behr* ZGR 1990, 370 (386 ff.); ebenso im Ansatz auch *Armbrüster* ZGR 2014, 333 (358 ff.).

[59] Ebenso BGHZ 105, 213 (217) = NJW 1989, 834; Fallgruppenbildung bei MüKoHGB/*K. Schmidt* HGB § 140 Rn. 101 ff.; vgl. auch *Behr* ZGR 1990, 370 (380 ff.); *Westermann* in Westermann/Wertenbruch PersGesR-HdB I. Teil § 36 Rn. 1127a; *Henssler,* FS Konzen, 2006, S. 267 (271 ff.); *Peltzer* ZGR 2006, 702 (712 f.). Dazu, dass an ein Ausschlussrecht, das allein an die Verfehlung von Umsatzzielen anknüpft, in der Sache eine (nicht gerechtfertigte) Hinauskündigungsklausel bedeutet, *Henssler/Michel* NZG 2012, 401 (402 f.).

[60] BGHZ 105, 213 (220 f.) = NJW 1989, 834; möglicherweise weitergehend aber BGH NJW-RR 2007, 913 = ZIP 2007, 862 (864).

[61] *Heusel/M. Goette* DStR 2015, 1315 (1317 f.).

[62] So zutr. *Behr* ZGR 1990, 370 (383 f.) in krit. Auseinandersetzung mit der zu weit geratenen Begründung in BGHZ 105, 213 (218 ff.) = NJW 1989, 834; aA wohl *Hennerkes/Binz* NJW 1983, 79 f.

[63] Dazu *Peltzer* ZGR 2006, 702 (716 ff.).

[64] HM, → § 516 Rn. 93 f. (Koch); *Kollhosser* AcP 194 (1994), 231 (237 f.) und *Jülicher* ZGR 1996, 82 (84), jeweils mwN.

[65] So insbes. *K. Schmidt* BB 1990, 1992 (1995 f.) unter Berufung auf BGHZ 112, 40 (47) = NJW 1990, 2616 (damit schwer vereinbar dann aber BGHZ 112, 103 [107] = NJW 1990, 2622); ihm folgend *Jülicher* ZGR 1996, 82 (89 ff.); *Brandner/Bergmann,* FS Sigle, 2000, S. 327 (335 f.); zust. ferner *Bütter/Tönner* NZG 2003, 193 auch zur Wirksamkeit von Rückkaufsrechten; eingehend *Blanke,* Das Recht zur Ausschließung aus der Personengesellschaft, 1994, S. 218 ff., 227; im Ergebnis ebenso schon *Sudhoff,* Handbuch der Unternehmensnachfolge, 3. Aufl. 1984, S. 99; *Wiedemann/Heinemann* DB 1990, 1649 (1655).

Folgen der beiden Gestaltungsarten und deren Ausstrahlung auf die Gesellschafterstellung des Beschenkten.[66]

22 Den Vorzug verdient daher das **Bemühen um einheitliche Beurteilungskriterien** für beide Fälle (→ § 516 Rn. 93 f. *[Koch]*).[67] Sie lassen sich dann finden, wenn man einerseits die Schenkung einer Gesellschaftsbeteiligung im Grundsatz als sachlich gerechtfertigten Grund (→ Rn. 20) für das gesellschaftsvertragliche Ausschlussrecht akzeptiert[68] und andererseits den Schenkungswiderruf nicht schrankenlos zulässt, sondern einer Ausübungskontrolle unterwirft.[69] Hiervon abgesehen bleibt es freilich dabei, dass zwischen Schenkungswiderruf und Ausschlussrecht nicht nur nach den rechtlichen Voraussetzungen, sondern auch nach den Rechtswirkungen zu differenzieren ist. Denn der Beschenkte verliert im Fall des Widerrufs, anders als der vom Ausschluss betroffene Gesellschafter, die Mitgliedschaft nicht automatisch, sondern ist zur (regelmäßig von der Zustimmung der Mitgesellschafter abhängigen) Rückübertragung des Anteils verpflichtet; außerdem hat er anders als der vom Ausschluss Betroffene keinen Anspruch auf eine Abfindung.

§ 738 Auseinandersetzung beim Ausscheiden

(1) ¹Scheidet ein Gesellschafter aus der Gesellschaft aus, so wächst sein Anteil am Gesellschaftsvermögen den übrigen Gesellschaftern zu. ²Diese sind verpflichtet, dem Ausscheidenden die Gegenstände, die er der Gesellschaft zur Benutzung überlassen hat, nach Maßgabe des § 732 zurückzugeben, ihn von den gemeinschaftlichen Schulden zu befreien und ihm dasjenige zu zahlen, was er bei der Auseinandersetzung erhalten würde, wenn die Gesellschaft zur Zeit seines Ausscheidens aufgelöst worden wäre. ³Sind gemeinschaftliche Schulden noch nicht fällig, so können die übrigen Gesellschafter dem Ausscheidenden, statt ihn zu befreien, Sicherheit leisten.

(2) Der Wert des Gesellschaftsvermögens ist, soweit erforderlich, im Wege der Schätzung zu ermitteln.

Übersicht

	Rn.		Rn.
I. Regelungsinhalt der §§ 738–740	1–13	c) Gerichtliche Durchsetzung	30, 31
1. Ausscheiden als partielle Auseinandersetzung	1–5	4. Wertermittlung	32–36
a) Abfindungsanspruch und Schuldbefreiung	2, 3	a) Grundlagen	32–34
		b) Bewertungsverfahren	35, 36
b) Forthaftung gegenüber Dritten	4	5. Berechnung des Anspruchs auf die Abfindung (den Fehlbetrag)	37, 38
c) Prozessrechtsfolgen	5		
2. Ausscheiden und Anwachsung (§ 738 Abs. 1 S. 1)	6–9	**III. Vertragliche Abfindungsvereinbarungen**	39–75
a) Wegfall der Gesellschafterstellung	6, 7	1. Allgemeines	39–43
b) Verlust der Gesamthandsberechtigung	8, 9	a) Gründe abweichender Vertragsgestaltung	39, 40
3. Anwendungsbereich	10, 11	b) Wirksamkeitsgrenzen (Meinungsstand)	41–43
4. Abweichende Vereinbarungen	12, 13	2. Schranken für vertragliche Abfindungsvereinbarungen	44–59a
II. Abfindungsanspruch	14–38	a) Überblick	44
1. Grundlagen	14–18	b) Sittenwidrigkeit (§ 138)	45, 46
a) Anspruchsvoraussetzungen	14, 15	c) Gläubigerschutz	47, 48
b) Anspruchsgegner	16, 17	d) Verbotene Kündigungsbeschränkung (§ 723 Abs. 3)	49–52
c) Einbeziehung sonstiger gesellschaftsvertraglicher Ansprüche	18	e) Ergänzende Vertragsauslegung (§§ 157, 242)	53, 54
2. Entstehung, Fälligkeit und Verzinsung	19–22		
3. Abfindungsbilanz	23–31	f) Rechtsmissbrauch; Störung der Geschäftsgrundlage (§§ 242, 313)	55–57
a) Bedeutung	23–25		
b) Aufstellung und Feststellung	26–29		

---

[66] Darauf hinweisend insbes. *Heinemann* ZHR 155 (1991), 447 (460 ff., 469); ebenso *Schöne*, Gesellschafterausschluss bei Personengesellschaften, 1993, S. 90 f.; *Mayer* ZGR 1995, 93 (105).
[67] So namentlich *Kollhosser* AcP 194 (1994), 238 ff.; *Staub/Schäfer* HGB § 140 Rn. 66 f.
[68] *Kollhosser* AcP 194 (1994), 238 ff. unter zutr. Hinweis darauf, dass der BGH die Frage bisher offengelassen hat, vgl. zuletzt BGHZ 112, 103 (109) = NJW 1990, 2622.
[69] Dazu unter Hinweis auf zeitliche und sachliche Schranken näher *K. Schmidt* BB 1990, 1996 f. und *Jülicher* ZGR 1996, 82 (100 ff.).

	Rn.		Rn.
g) Ausnahmen für Beteiligungen minderen Rechts und in Familiengesellschaften?	58–59a	5. Rechtsfolgen unwirksamer oder unangemessener Abfindungsklauseln	72–75
		a) Allgemeines	72–73
3. Typische Vertragsklauseln	60–65	b) Vertragsergänzung und dispositives Recht	74, 75
a) Abfindungsausschluss	60–62		
b) Buchwertklauseln	63, 64	**IV. Sonstige Ansprüche des Ausgeschiedenen**	76–80
c) Auszahlungsvereinbarungen	65	1. Rückgabe von Gegenständen	76
4. Besondere Fallgruppen	66–71	2. Schuldbefreiung	77–79
a) Freiberufler-Sozietäten	66–69	3. Sicherheitsleistung	80
b) Innengesellschaften	70, 71		

I. Regelungsinhalt der §§ 738–740

1. Ausscheiden als partielle Auseinandersetzung. Die Rechtsfolgen des Ausscheidens aus 1 einer im Übrigen fortbestehenden Gesellschaft sind für das Verhältnis zwischen Ausgeschiedenem und fortführenden Gesellschaftern in §§ 738–740 geregelt. Die Regelungen beruhen auf dem **Grundgedanken**, trotz Verzichts auf eine Auseinandersetzung der Gesellschaft die *Stellung des Ausgeschiedenen derjenigen bei Liquidation so weit wie möglich anzunähern*. Vermögensmäßige Nachteile aus dem Fortbestand der Gesellschaft anstelle der Auflösung sollen ihm grundsätzlich nicht erwachsen.

a) Abfindungsanspruch und Schuldbefreiung. Der **Abfindungsanspruch** des Ausgeschie- 2 denen bemisst sich nach gesetzlicher Regel (§ 738 Abs. 1 S. 2) nach der Höhe des ihm im Fall der Liquidation zustehenden Auseinandersetzungsguthabens (Rückerstattung der Einlagen und Verteilung des Überschusses, §§ 733 Abs. 2 S. 1, 734). Umgekehrt trifft ihn nach dem Vorbild von § 735 eine Zahlungspflicht in Höhe des anteiligen, bei seinem Ausscheiden etwa vorhandenen Verlusts (§ 739). Wie bei der Abwicklung (§ 732) hat der Ausgeschiedene Anspruch auf Rückgabe der der Gesellschaft zur Benutzung überlassenen Gegenstände (§ 738 Abs. 1 S. 2).

Anstelle der in § 733 Abs. 1 vorgesehenen Berichtigung der Gesellschaftsverbindlichkeiten kann 3 der Ausgeschiedene nach § 738 Abs. 1 S. 2 und 3 von den übrigen Gesellschaftern **Schuldbefreiung** bzw. Sicherheitsleistung hinsichtlich derjenigen Verbindlichkeiten verlangen, für die er die persönliche Haftung übernommen hat. Mit Rücksicht darauf, dass die Gesellschaft beim Ausscheiden als werbende fortbesteht und dass ihre Rechtsbeziehungen zu Dritten durch die personellen Veränderungen grundsätzlich nicht berührt werden, sieht § 740 schließlich die Beteiligung des Ausgeschiedenen am **Ergebnis der schwebenden Geschäfte** vor. Das läuft auf eine partielle Fortsetzung der Gesellschaft mit ihm in vermögensrechtlicher Hinsicht hinaus.

b) Forthaftung gegenüber Dritten. Zu den das Verhältnis zu Dritten betreffenden Haftungsfol- 4 gen des Ausscheidens aus der fortbestehenden Gesellschaft → § 714 Rn. 70 f.; → § 736 Rn. 21 ff. An der Haftung der Gesellschaft ändert sich durch das Ausscheiden nichts. Soweit der Ausgeschiedene – wie regelmäßig – während seiner Zugehörigkeit zur Gesellschaft in die persönliche Haftung für Gesamthandsverbindlichkeiten gekommen war, besteht sie trotz des Ausscheidens fort; der Schuldbefreiungsanspruch nach § 738 Abs. 1 S. 2 richtet sich nicht gegen die Gläubiger, sondern gegen die Gesellschaft (→ Rn. 77). Der Ausgeschiedene kann sich aber nach § 736 Abs. 2 auf die fünfjährige Begrenzung der Nachhaftung berufen. Vorbehaltlich des Eingreifens eines Rechtsscheintatbestandes ist eine Neubegründung seiner persönlichen Haftung im Verhältnis zu Gesellschaftsgläubigern nach dem Ausscheiden ausgeschlossen; anderes gilt für Verbindlichkeiten aus schon bestehenden Dauerschuldverhältnissen (→ § 736 Rn. 22).

c) Prozessrechtsfolgen. Auf Prozesse der **parteifähigen GbR** als Klägerin oder Beklagte ist 5 das Ausscheiden ohne Einfluss. Soweit die Prozesse dagegen (noch) von den Gesellschaftern in ihrer gesamthänderischen Verbundenheit als notwendige Streitgenossen, dh als Gesamthandsprozess geführt werden, verliert der Ausgeschiedene seine Parteistellung. Die Vorschrift des § 265 ZPO findet keine Anwendung (str., → § 718 Rn. 60). Auf eine (Gesamtschuld-)Klage gegen den ausgeschiedenen **Gesellschafter persönlich** hat das Ausscheiden keinen Einfluss.

2. Ausscheiden und Anwachsung (§ 738 Abs. 1 S. 1). a) Wegfall der Gesellschafterstel- 6 **lung.** Das Ausscheiden führt dazu, dass die Gesellschafterstellung des Ausgeschiedenen endet (→ Rn. 8). Damit kommen grundsätzlich auch die Gesellschafterrechte und -pflichten in Wegfall, soweit sie nicht bereits zu selbstständigen, vom Anteil gelösten vermögensrechtlichen Ansprüchen und Verbindlichkeiten geworden sind (zu deren Einbeziehung in die Berechnung des Abfindungsanspruchs → Rn. 18). Die Mitsprache- und Geschäftsführungsrechte erlöschen mit dem Tag des Ausscheidens. Gleiches gilt für die Kontrollrechte; an ihre Stelle tritt der Auskunftsanspruch nach § 810 (→ § 716 Rn. 13).[1]

7   Pflichten zur gegenseitigen Rücksichtnahme treffen den Ausgeschiedenen ebenso wie die übrigen Gesellschafter im Rahmen der **nachvertraglichen Treupflicht.**[2] Sie beziehen sich einerseits auf die *Erstellung der Abfindungsbilanz* und die insoweit gebotene Kooperation der Beteiligten.[3] Andererseits kann der Ausgeschiedene je nach Lage des Falles noch für begrenzte Zeit nach seinem Ausscheiden einem fortbestehenden **Wettbewerbsverbot** unterliegen. Ein solches kann sich, sei es auch konkludent, in den durch § 138 BGB, § 1 GWB gesetzten Grenzen aus entsprechenden, auf den Ausscheidensfall bezogenen Abreden im Gesellschaftsvertrag ergeben (→ Rn. 68; → § 705 Rn. 237). Demnach kommt es stets nur im Rahmen angemessener zeitlicher und sachlicher Grenzen in Betracht und ist auch in diesem Fall **nur dann unbedenklich wirksam,** wenn der Ausgeschiedene eine **Abfindung** erhält, die ihm vollen Anteil an dem Ertragswert der fortbestehenden Gesellschaft gewährt.[4] Das Verbot kann auch aus der Pflicht zur Schadensbeseitigung (§ 249) im Falle eines schuldhaft herbeigeführten Ausscheidensgrunds resultieren.[5]

8   **b) Verlust der Gesamthandsberechtigung.** Dem mit dem Ausscheiden verbundenen Ende der Mitgliedschaft trägt namentlich auch die in § 738 Abs. 1 S. 1 angeordnete **Anwachsung** der Gesamthandsberechtigung des Ausgeschiedenen bei den übrigen Gesellschaftern Rechnung.[6] Anders als im Kapitalgesellschaftsrecht geht die Mitgliedschaft des Ausscheidenden, namentlich sein Kapitalanteil, sowie seine Gesamthandsberechtigung auf die verbleibenden Gesellschafter kraft Gesetzes anteilig über, ohne dass es einer Einziehung oder dergl. bedürfte.[7] Es handelt sich um eine **zwingende Folge** des Ausscheidens, da die Gesamthandsberechtigung, dh die Mitinhaberschaft an den der Gesellschaft zugeordneten Gegenständen, eine Folge der Zugehörigkeit zur Gesellschaft ist und nicht ohne diese fortbestehen kann. Der Verlust der Gesellschafterstellung hat daher notwendig auch den Wegfall der – nunmehr auf die verbleibenden Gesellschafter beschränkten – Gesamthandsberechtigung zur Folge (→ § 718 Rn. 6 ff.; zum Sonderfall der Übernahme → § 730 Rn. 81 f.). Bei der *rechtsfähigen* Personengesellschaft verbindet sich die Anwachsung freilich nicht mit einem rechtsgeschäftlichen Erwerbsakt von Seiten der übrigen Gesellschafter, weil die dingliche Zuordnung des Vermögens zur Gesellschaft als solcher durch das Ausscheiden unberührt bleibt.[8] Dies zwingt aber nicht dazu, das Anwachsungsprinzip insgesamt, also auch bei der *nichtrechtsfähigen* Gesamthandsgesellschaft (→ § 705 Rn. 303 ff., 320) rein „wertmäßig" zu interpretieren.[9] – Implizit in § 738 Abs. 1 S. 1 mitgeregelt ist die komplementäre **„Abwachsung"** von Mitgliedschaft und Gesamthandsberechtigung im Falle des Beitritts eines zusätzlichen Gesellschafters (→ § 718 Rn. 8).

9   Im Einzelnen ist wegen der **Anwachsungsfolgen** für eine rechtsgeschäftliche Übertragung der Gegenstände des Gesellschaftsvermögens auf die verbleibenden Gesellschafter kein Raum. Der *Grundbucheintrag über Liegenschaftsrechte der Gesamthand* ist zu berichtigen, sofern er nicht auf den Namen der Gesellschaft, sondern auf denjenigen der Gesellschafter lautet (→ § 705 Rn. 312 ff.).

---

[1] Zum Informationsrecht ausgeschiedener Gesellschafter vgl. BGH NJW 2000, 2276 (2277); OLG Frankfurt BB 1982, 143.
[2] Zurückhaltend (nur nach § 242) *Westermann* in Westermann/Wertenbruch PersGesR-HdB I. Teil § 36 Rn. 1135.
[3] → § 730 Rn. 59 f. mN zur Kooperationspflicht der Gesellschafter in der Abwicklungsphase; BGH ZIP 2003, 73 (74) – Informationspflicht). Speziell zur Treupflicht des aus einer Personengesellschaft Ausgeschiedenen vgl. BGH WM 1980, 462 (464) – Verbot der Einmischung in Geschäftsführungsangelegenheiten; und Staub/*Schäfer* HGB § 131 Rn. 116 mwN.
[4] Zum Ausscheiden aus einer Freiberufler-Sozietät mit Mandantenschutzvereinbarung für diese insbes. → Rn. 67 f. mN der Rspr.; zur grds. Unwirksamkeit eines Wettbewerbsverbots für den Fall, dass der ‚Goodwill' bzw. Mandantenstamm nicht abgefunden wird, s. insbes. LG Heidelberg BeckRS 2014, 03138; vgl. auch BGH NJW 2000, 2584 (2585) Rn. 10, 14.
[5] Vgl. eingehend *Paefgen* ZIP 1990, 839 ff.; so auch *Kandaras,* Das Wettbewerbsverbot in Personengesellschaften, 1968, S. 45 f.; aA OLG Düsseldorf ZIP 1990, 861 f.
[6] Zur Ausnutzung des Anwachsungsprinzips für die „anwachsende" Verschmelzung einer Personengesellschaft auf einen anderen Rechtsträger → § 719 Rn. 26 sowie *Ropohl/Freck* GmbHR 2009, 1076; *Stümper* GmbHR 2010, 129 speziell zur Behandlung steuerlicher Verlustvorträge im Anwachsungsfall.
[7] Dazu aus rechtspolitischer Sicht auch *Schäfer*, Gutachten E zum 71. DJT, S. 85 ff. mit Plädoyer für Beibehaltung; für Abschaffung des An- und Abwachsungsprinzips hingegen *K. Schmidt* ZHR 177 (2013), 728; im Ausgangspunkt zust. *Röder* AcP 215 (2015), 492 f.
[8] Näher *K. Schmidt*, FS Huber, 2006, S. 969 (975 ff., 981 ff.); *Kießling,* FS Hadding, 2004, S. 477 (489 ff.); s. auch Soergel/*Hadding/Kießling* Rn. 3.
[9] So aber *K. Schmidt*, FS Huber, 2006, S. 969 (981 ff.); wie hier im Ansatz dagegen Soergel/*Hadding/Kießling* Rn. 3, 9.

Der Ausgeschiedene ist verpflichtet, der Berichtigung zuzustimmen.[10] Er hat zwar im Regelfall ein Zurückbehaltungsrecht gemäß § 273 Abs. 1 bis zur Auszahlung der ihm zustehenden Abfindung; dieses ist jedoch dann ausgeschlossen, wenn ohne Grundbuchberichtigung den verbleibenden Gesellschaftern die Fortführung der Geschäfte unmöglich wird.[11] Auf die vermögensrechtliche – im Unterschied zur dinglichen – Stellung des Ausgeschiedenen ist die Anwachsung ohne Einfluss; der Abfindungsanspruch gewährt ihm ein grundsätzlich vollwertiges Äquivalent für den Verlust der gesamthänderischen Mitberechtigung.

3. Anwendungsbereich. Die Vorschriften der §§ 738–740 gelten für **alle** Arten von Personengesellschaften, darunter auf Grund der Verweisung der §§ 105 Abs. 3, 161 Abs. 2 HGB auch für die **OHG und KG** und gemäß § 1 Abs. 4 PartGG für die **PartG**, da weder das HGB noch das PartGG für die Auseinandersetzung zwischen Ausscheidendem und verbleibenden Gesellschaftern Sonderregelungen enthalten.[12] Vom Sonderfall der stillen GbR abgesehen (→ Rn. 71), sind sie grundsätzlich auch auf **Innengesellschaften** anwendbar, soweit es bei diesen zum Gesellschafterwechsel iSv §§ 736 Abs. 1, 737 kommt. Von Bedeutung ist das namentlich für die Entstehung und Berechnung des Anspruchs auf die Abfindung (den Fehlbetrag) sowie für die Teilnahme an schwebenden Geschäften, während die Vorschriften über Anwachsung und Schuldbefreiung beim Fehlen von Gesellschaftsvermögen und gesellschaftlichem Außenhandeln leerlaufen.[13] Eine entsprechende Anwendung des § 738 Abs. 1 S. 1 auf die Miteigentümergemeinschaft nach WEG ist abzulehnen.[14]

10

Entsprechende Anwendung finden die §§ 738–740 auf die „**Übernahme**" der Gesellschaft durch den Letztverbleibenden beim Ausscheiden des vorletzten Gesellschafters.[15] Für den Ausgeschiedenen bedeutet es, abgesehen von der Person des Abfindungsschuldners (→ Rn. 16 f.), nach gesetzlicher Regel keinen Unterschied, ob die Gesellschaft als solche fortbesteht oder das Gesellschaftsvermögen durch Gesamtrechtsnachfolge auf den Übernehmer als Alleininhaber übergeht. Die ihm in §§ 738, 740 eingeräumten Rechte auf Abfindung, Schuldbefreiung, Teilnahme am Ergebnis schwebender Geschäfte ua hängen nicht davon ab, welches rechtliche Schicksal die Gesellschaft infolge seines Ausscheidens erleidet. Will der übernahmeberechtigte Mitgesellschafter die Haftung für die Ansprüche des Ausgeschiedenen aus §§ 738, 740 vermeiden, so muss er auf die Ausübung des Übernahmerechts verzichten und stattdessen die Auflösung der Gesellschaft mit den Abwicklungsfolgen der §§ 730 ff. eintreten lassen (→ § 736 Rn. 18).

11

4. Abweichende Vereinbarungen. Ebenso wie das sonstige Recht der GbR sind auch die Vorschriften der §§ 738–740 **grundsätzlich dispositiv**. Abweichende Vereinbarungen finden sich mit Rücksicht auf die Kapitalsicherung der Gesellschaft und die Bewertungsprobleme für die Anspruchsberechnung namentlich in Bezug auf die Fälligkeit und Höhe des *Abfindungsanspruchs* (→ Rn. 20, 39 ff.), aber auch zum Anspruch auf *Schuldbefreiung* und auf Teilnahme an den schwebenden Geschäften.[16] In Ergänzung zu § 738 Abs. 1 kommt insbesondere die Vereinbarung eines dem Bestandsschutz der Gesellschaft dienenden *nachvertraglichen Wettbewerbsverbots* zu Lasten des Ausgeschiedenen in den Grenzen der §§ 134, 138 in Betracht (→ Rn. 7, 68 mN). Erweist sich eine abweichende Vereinbarung später als undurchführbar und wird der Gesellschaftsvertrag dadurch

12

---

[10] Die Eintragungsbewilligung als Berichtigungsvoraussetzung bedarf der Form des § 29 GBO, vgl. OLG Stuttgart NJW 1990, 2757.
[11] BGH NJW 1990, 1171 f.
[12] Vgl. dazu und zu den für Handelsgesellschaften zu berücksichtigenden Besonderheiten bei der Auseinandersetzung mit einem ausgeschiedenen Gesellschafter Staub/*Schäfer* HGB § 131 Rn. 107, 117 f.
[13] Anders für den Fall der atypischen Personengesellschaften (insbes. für die „GmbH & Still") aber mit guten Gründen *K. Schmidt*, FS Huber, 2006, S. 969 (990 f.): Weil das Anwachsungsprinzip bei den rechtsfähigen Personengesellschaften nicht „dinglich", sondern lediglich „wertmäßig" zu verstehen sei, könne dieses Verständnis auch auf die nicht vermögenstragenden Gesellschaften erstreckt werden, bei denen der Stille einen Wertanteil halte.
[14] BGHZ 109, 179 (185) = NJW 1990, 447 (448).
[15] So schon BGH NJW 1966, 827 (828); sodann BGH NJW 1993, 1194; 2008, 2992; WM 2002, 293 (295); BGH NJW 2008, 2992 = ZIP 2008, 1677; OLG Hamm NZG 2014, 540 – analoge Anwendung von § 738 Abs. 1 S. 1 beim Ausscheiden eines GbR-Gesellschafters im Falle einer „Doppelinsolvenz"; ferner Nachweise → § 730 Rn. 78; ebenso Soergel/*Hadding/Kießling* Rn. 3 und → Vor § 730 Rn. 28; Erman/*Westermann* § 737 Rn. 10; Bamberger/Roth/*Schöne* Rn. 1; Palandt/*Sprau* Rn. 1; im Ergebnis auch *K. Schmidt*, FS Huber, 2006, S. 969 (991 ff.), der zwar den Wegfall der vorletzten Gesellschafters nicht als Anwachsungsfall deuten, wohl aber die Anwachsungsfolgen anwenden will. Davon zu unterscheiden ist die Vorfrage nach den Voraussetzungen für eine zum Ausscheiden führende „Übernahme"; sie setzt bei der GbR eine Fortsetzungsklausel voraus (→ § 730 Rn. 68 ff.).
[16] Vgl. dazu auch *Westermann* in Westermann/Wertenbruch PersGesR-HdB I. Teil § 36 Rn. 1136 f. sowie → § 740 Rn. 3 betr. die Unanwendbarkeit des § 740 bei Abfindung zum anteiligen Ertragswert.

lückenhaft, so kann für die ergänzende Vertragsauslegung selbstverständlich wieder auf die dispositive Regelung zurückgegriffen werden.[17]

13 **Nicht** der Parteidisposition zugänglich ist allerdings das **Anwachsungsprinzip** in § 738 Abs. 1 S. 1. Es ist Ausdruck der Struktur der gesellschaftsrechtlichen Gesamthand und beansprucht als solches zwingende Geltung (→ Rn. 8).[18] Daher kann auch ein auf Vereinbarung beruhendes, zwischenzeitlich wirksam gewordenes Ausscheiden nicht durch Rücktritt oder Aufhebungsvertrag rückwirkend beseitigt werden. In Betracht kommt vielmehr nur die Neuaufnahme des wirksam ausgeschiedenen Gesellschafters unter Einräumung einer Rechtsstellung, als wenn er nicht ausgeschieden wäre.[19] Nicht ausgeschlossen ist demgegenüber eine abweichende Vereinbarung über die Anwachsungsquote; sie braucht sich also nicht zwingend nach den bisherigen Beteiligungsverhältnissen zu richten.[20]

II. Abfindungsanspruch

14 **1. Grundlagen. a) Anspruchsvoraussetzungen.** Voraussetzung des in § 738 Abs. 1 S. 2 geregelten Abfindungsanspruchs ist das *ersatzlose Ausscheiden* eines Gesellschafters nach Maßgabe der §§ 736 Abs. 1, 737 aus der im Übrigen fortbestehenden Gesellschaft bzw. die Vollbeendigung der Gesellschaft, sei es durch Ausübung eines Übernahmerechts (→ § 730 Rn. 77 ff.) oder Ausscheiden des vorletzten Gesellschafters (→ § 730 Rn. 11). Beim **Anteilsübergang** auf einen Nachfolger, sei es rechtsgeschäftlich (→ § 719 Rn. 25) oder von Todes wegen (→ § 727 Rn. 28 ff.), kommt es weder zur Anwachsung bei den Mitgesellschaftern noch zur Entstehung eines Anspruchs des Ausgeschiedenen oder seiner Erben auf Abfindung oder Schuldbefreiung.[21] – Zum Abfindungsausschluss und zu abweichenden Abfindungsvereinbarungen → Rn. 39 ff., 60 ff.

15 Schwierigkeiten kann die Beurteilung des Inhalts von Vereinbarungen mit den Mitgesellschaftern über das **Ausscheiden eines Gesellschafters, verbunden mit der Aufnahme eines neuen Mitglieds,** bereiten. Hier ist jeweils im Wege der Vertragsauslegung zu klären, ob von den Beteiligten eine Anteilsübertragung gewollt ist oder ein Ausscheiden mit den Rechtsfolgen der §§ 738–740 und daneben ein Neueintritt (→ § 719 Rn. 17 ff., 21 ff.). Von der Ausgestaltung dieser Rechtsbeziehungen hängen auch die Ansprüche des Ausgeschiedenen ab.[22] Gehen die Vereinbarungen der Beteiligten im allseitigen Einvernehmen dahin, dem Neueintretenden ohne Einlagepflichten gegenüber der Gesellschaft die Rechtsstellung des Vorgängers zu verschaffen, so spricht das für die Annahme einer Anteilsübertragung; der Ausgeschiedene kann sich dann wegen seiner Zahlungsansprüche nur an den Anteilserwerber halten, nicht aber an die Gesellschaft. Fallen – wie namentlich bei der auf den Todesfall eines Gesellschafters bezogenen Eintrittsklausel (→ § 727 Rn. 53 ff.) – Ausscheiden und Neueintritt zeitlich auseinander, so greifen grundsätzlich die Rechtsfolgen der §§ 738–740 ein, soweit nicht die Beteiligten die Rechte des Ausgeschiedenen aus §§ 738, 740 – ggf. auflösend bedingt für den Fall der Nichtausübung des Eintrittsrechts – im Interesse des Eintrittsberechtigten ausgeschlossen haben.[23]

16 **b) Anspruchsgegner.** Der Abfindungsanspruch richtet sich als gesetzlicher, aus dem *Gesellschaftsverhältnis* entspringender Anspruch (Sozialverbindlichkeit, → § 705 Rn. 197) in erster Linie **gegen die Gesellschaft,** im Falle der sofortigen Vollbeendigung als Ausscheidensfolge gegen den Übernehmer.[24] Dass er erst im Zeitpunkt des Ausscheidens entsteht (→ Rn. 19), steht dieser Beurteilung nicht entgegen. Es handelt sich um den durch einseitiges Ausscheiden zum Abfindungsanspruch umgestalteten (künftigen) Anspruch auf das Auseinandersetzungsguthaben (§ 717 S. 2, → § 717 Rn. 37). *Wirksame Verfügungen* über diesen Anspruch einschließlich solcher im Wege der Zwangsvollstreckung (→ § 717 Rn. 38 f., 43) erstrecken sich daher auch auf den an seine Stelle tretenden Abfindungsanspruch.

---

[17] Ausdrücklich betont von BGH DStR 2004, 1303 – undurchführbare Regelung zur Altersversorgung ausgeschiedener Partner.
[18] BGH DStR 1993, 1530; Staudinger/*Habermeier* (2003) Rn. 8; Bamberger/Roth/*Schöne* Rn. 5; Soergel/*Hadding/Kießling* Rn. 1.
[19] BGH WM 1982, 1146 (1147).
[20] So zu Recht *K. Schmidt,* FS Huber, 2006, S. 969 (987 f.); s. auch *U. Huber* Vermögensanteil S. 234; dem folgend *Früchtl* NZG 2007, 368 (369 f.); ferner *Becker* ZEV 2011, 157 (162).
[21] Zur grds. Forthaftung des durch Anteilsübertragung ausgeschiedenen Gesellschafters auch für die gesamtschuldnerischen Ausgleichsansprüche von Mitgesellschaftern nach § 426 vgl. jedoch BGH NJW 1981, 1095 (1096); → § 719 Rn. 46.
[22] BGH NJW 1975, 1661; 1995, 3313.
[23] Zur Problematik der Behandlung von Abfindungsanspruch und Einlageverpflichtung bei Vereinbarung einer Eintrittsklausel → § 727 Rn. 58 f.
[24] BGH ZIP 2016, 1627.

Die **Haftung der übrigen Gesellschafter** für den Abfindungsanspruch ist umstritten;[25] wegen 17 dessen Rechtsnatur als Sozialverbindlichkeit und wegen des Fehlens eines besonderen Verpflichtungsgrundes auf Seiten der Mitgesellschafter wurde sie noch in der 3. Aufl.[26] abgelehnt. Durch den Übergang der höchstrichterlichen Rechtsprechung zur akzessorischen Gesellschafterhaftung ist dieser Einwand nach Ansicht des BGH entfallen; er bejaht daher die gesamtschuldnerische Gesellschafterhaftung für den Anspruch.[27] Auch die auf die Rechtsnatur des Anspruchs als Sozialverbindlichkeit und auf die fehlende Haftung der Mitgesellschafter hierfür gegründete, aus § 707 abgeleitete Schranke (→ § 705 Rn. 217) greift nicht durch, weil sie dem Ausgeschiedenen – anders als den Mitgesellschaftern – nicht entgegengesetzt werden kann (→ § 705 Rn. 218). Allerdings muss sich der Ausgeschiedene als ehemaliger Partner des Gesellschaftsvertrags interne Haftungsbeschränkungsabreden zugunsten der Mitgesellschafter entgegenhalten lassen, wie sie sich namentlich im Fall von Bauherrengemeinschaften, geschlossenen Immobilienfonds ua finden. Je nach Ausgestaltung führen sie zum Ausschluss oder zur anteiligen Beschränkung der Gesellschafterhaftung.[28] Anderes gilt im Fall der Übernahme des Gesellschaftsvermögens durch den letztverbleibenden Gesellschafter, da der Übernehmer hier als Gesamtrechtsnachfolger voll in die Verbindlichkeiten der Gesellschaft eintritt (→ § 730 Rn. 81).

c) Einbeziehung sonstiger gesellschaftsvertraglicher Ansprüche. Der Abfindungsanspruch 18 bestimmt sich in seiner Höhe grundsätzlich nach dem auf den Ausscheidenszeitpunkt zu berechnenden, fiktiven Auseinandersetzungsguthaben; das Ausscheiden wird als partielle Auseinandersetzung behandelt (→ Rn. 1). Dementsprechend sind auch die in stRspr entwickelten Grundsätze über die Durchsetzungssperre für auf dem Gesellschaftsverhältnis beruhende, den Gesellschaftern zustehende Ansprüche nach Auflösung der Gesellschaft und für ihre Berücksichtigung als **unselbstständige Rechnungsposten** in der Schlussabrechnung (→ § 730 Rn. 49 ff.) im Fall des einseitigen Ausscheidens zu beachten.[29] Der Grund für diese Rechtsprechung, wechselseitige Zahlungen zwischen Gesamthand und Gesellschaftern im Abwicklungsstadium möglichst zu vermeiden, hat auch im Verhältnis von Ausgeschiedenem und Gesamthand Bedeutung. Angesichts der anerkannten Ausnahmen von diesem Grundsatz (→ § 730 Rn. 54 f.) sowie angesichts der im Regelfall schon bald nach dem Ausscheiden eintretenden Fälligkeit des Abfindungsanspruchs (→ Rn. 20) werden die Interessen des Ausgeschiedenen an der ungehinderten Geltendmachung solcher Ansprüche dadurch nicht unzumutbar beeinträchtigt. Der Grundsatz gilt nicht für unstreitige Einzelansprüche, die der Ausgeschiedene unabhängig von der Berechnung der Abfindung in jedem Fall zu beanspruchen hat,[30] sowie für Drittgläubigerforderungen des Ausgeschiedenen.[31]

2. Entstehung, Fälligkeit und Verzinsung. Der Abfindungsanspruch **entsteht** – an Stelle des 19 bis dahin als künftiges Recht bestehenden Anspruchs auf das Auseinandersetzungsguthaben (→ Rn. 16) – *im Zeitpunkt des Ausscheidens*.[32] Das folgt aus § 738 Abs. 1 S. 1 und 2, dh aus dem

---

[25] Dafür RGRK/*v. Gamm* Rn. 3; *Heckelmann*, Abfindungsklauseln in Gesellschaftsverträgen, 1973, S. 22 ff.; im Grundsatz auch Palandt/*Sprau* Rn. 2; aA 3. Aufl. Rn. 12 (*Ulmer*); *Flume* BGB AT I 1 § 12 I; Staudinger/*Habermeier* (2003) Rn. 12; Bamberger/Roth/*Schöne* Rn. 18; Soergel/*Hadding/Kießling* Rn. 40; wohl auch OLG Köln NZG 2001, 467 (469); OLG Frankfurt NZG 2005, 712.
[26] 3. Aufl. Rn. 12 (*Ulmer*); ebenso *Flume* BGB AT I 1 § 12 I; Soergel/*Hadding/Kießling* Rn. 40; Bamberger/Roth/*Schöne* Rn. 18.
[27] BGHZ 148, 201 (207) = NJW 2001, 2718 im Anschluss an die hM zur Rechtslage im Recht der Personenhandelsgesellschaften; s. dazu schon BGH WM 1971, 1454; Staub/*Habersack* HGB § 128 Rn. 12; MüKoHGB/ *K. Schmidt* HGB § 131 Rn. 128; Heymann/*Emmerich* HGB § 138 Rn. 20. Ebenso seither auch BGH NJW 2011, 2355; BGH ZIP 2016, 1627; OLG Brandenburg BB 2010, 2642; s. auch *Freund* ZIP 2009, 941 (946).
[28] Vgl. *Ulmer* ZIP 2003, 1113 (1120 f.); so auch OLG Köln NZG 2001, 467 (469); OLG Oldenburg NZG 2000, 542 (543).
[29] BGH WM 1978, 89 (90); 1979, 937 (938); 1992, 306 (308); NJW 2011, 2355; OLG Hamm WM 2004, 129 (132); FG München DStrE 2009, 1466 (1467); Soergel/*Hadding/Kießling* Rn. 21, 23; Palandt/*Sprau* Rn. 2.
[30] BGH NJW 1992, 2757 (2758); NJW-RR 1988, 1249; WM 1981, 487; 1993, 1340 (1341).
[31] So jetzt auch BGH NJW-RR 2006, 1268 (1270) unter ausdrücklicher Aufgabe von BGH WM 1978, 89 (90); 1971, 931 (932). – BGH NZG 2008, 68 (69); OLG Hamm NZG 2003, 677 (678) für Ansprüche aus unerlaubter Handlung, wenn diese zu einem Zeitpunkt stattfindet, in dem Ausscheiden schon feststeht, arg. § 393; Soergel/*Hadding/Kießling* Rn. 11; Staudinger/*Habermeier* (2003) Rn. 22; Bamberger/Roth/*Schöne* Rn. 30; *Freund* MDR 2011, 577 (579); aA noch OLG Karlsruhe NZG 2001, 748 (749) im Anschluss an die überholte ältere Rspr. des BGH; *Messer*, FS Stimpel, 1985, S. 205; → § 730 Rn. 53; → § 705 Rn. 203.
[32] Vgl. BGH DStR 2004, 97 – Ermittlung des Ausscheidenszeitpunkts bei gesundheitsbedingtem Ausscheiden aus Freiberufler-GbR; NJW-RR 2010, 1401 (1402); NZG 2012, 1074 (1076) – Zugang der Kündigung; Soergel/ *Hadding/Kießling* Rn. 37; Bamberger/Roth/*Schöne* Rn. 19; Staudinger/*Habermeier* (2003) Rn. 9; *Miras* DStR 2011, 318; ebenso die hM für den mit der Auflösung entstehenden Anspruch auf das Auseinandersetzungsguthaben, → § 717 Rn. 32; aA für den Abfindungsanspruch *Heckelmann*, Abfindungsklauseln, 1973, S. 25 f.: Entstehung schon bei Abschluss des Gesellschaftsvertrags.

Zusammenhang zwischen Verlust der Mitgliedschaft und Abfindung durch die Gesellschaft. Auf diesen Zeitpunkt ist auch die Berechnung seiner Höhe vorzunehmen. Die Vereinbarung eines bestimmten, vom Zeitpunkt des Ausscheidens abweichenden Abfindungsstichtags ist für die Entstehung des Anspruchs ohne Bedeutung, beeinflusst aber dessen Höhe sowie im Zweifel auch die Fälligkeit und Verzinsung.

20 Die **Fälligkeit** des Anspruchs und damit auch dessen Aufrechenbarkeit (§ 387) sollte nach der früher hM entgegen § 271 Abs. 1 nicht schon mit der Entstehung, sondern regelmäßig erst mit der Feststellung der Abfindungsbilanz (→ Rn. 28) eintreten.[33] Dem ist schon deshalb nicht zu folgen, weil der Akt der Bilanzfeststellung keine konstitutive Bedeutung für den Abfindungsanspruch hat, sondern nur dazu dient, Einvernehmen zwischen den Beteiligten über die Anspruchshöhe zu erzielen.[34] Auch der Umstand, dass der Anspruch vor Erstellung der Schlussabrechnung meist noch nicht exakt bezifferbar ist, schließt die sofortige Fälligkeit nicht aus, solange er wenigstens bestimmbar ist.[35] Allerdings entspricht jedenfalls in denjenigen Fällen, in denen als Abfindung nicht der Buchwert einer schon vor dem Ausscheiden festgestellten Bilanz vorgesehen ist, die sofortige Fälligkeit des Anspruchs regelmäßig nicht den Vorstellungen der Beteiligten. Vielmehr wird aus den Umständen (§ 271 Abs. 1) meist eine *Verschiebung des Fälligkeitszeitpunkts um die für die Erstellung der Abfindungsbilanz voraussichtlich benötigte Zeitdauer* anzunehmen sein.[36] Der tatsächliche Zeitpunkt der Schlussabrechnung ist im Zweifel nur dann maßgebend, wenn es bis dahin nicht zu unerwarteten oder von den übrigen Gesellschaftern zu vertretenden Verzögerungen gekommen ist. Bei Verstößen des Ausgeschiedenen gegen die nachvertragliche Treupflicht kann sich das Auszahlungsverlangen im Einzelfall als unzulässige Rechtsausübung erweisen.[37]

21 Für **unstreitige Mindestbeträge** der Abfindung kommt es auch nach der hM nicht auf die endgültige Klärung der Abfindungshöhe an; sie sollen schon vorweg durchgesetzt werden können.[38] Dem ist mit der Maßgabe zuzustimmen, dass die Fälligkeit auch insoweit im Zweifel nicht schon im Zeitpunkt der Anspruchsentstehung, also beim Ausscheiden, sondern erst nach Ablauf einer für die Beschaffung der erforderlichen Mittel nötigen Mindestzeit eintritt.

22 **Zinsen** sind im Grundsatz nicht schon ab Entstehung oder Fälligkeit des Anspruchs, sondern erst dann zu zahlen, wenn die Gesellschaft nach Eintritt der Fälligkeit auf eine Mahnung des Ausgeschiedenen nicht leistet (§ 286 Abs. 1).[39] Allerdings liegt namentlich dann, wenn die Gesellschafter sich auf eine Abfindung zu einem Stichtag *vor* dem Ausscheiden geeinigt und den Ausscheidenden dadurch von einer Ergebnisbeteiligung schon während der restlichen Zeit seiner Gesellschaftszugehörigkeit ausgeschlossen haben oder wenn der Gesellschaftsvertrag vergleichbare Regelungen enthält, die Annahme einer zumindest konkludenten Verzinsungsabrede nahe.[40] Zu abweichenden Vereinbarungen über Fälligkeit, Stundung und Verzinsung → Rn. 65.

23 **3. Abfindungsbilanz. a) Bedeutung.** Nach *traditioneller,* durch die in früheren Jahrzehnten als maßgeblich angesehene Abfindung zu **Substanzwerten** geprägter Ansicht[41] sollte es zur Ermittlung

---

[33] RG JW 1917, 539; HRR 1939 Nr. 937; Erman/*Westermann* Rn. 4; Soergel/*Hadding/Kießling* Rn. 37; *Hueck* OHG § 29 II 5a d; *Hörstel* NJW 1994, 2268 (2271); *Sudhoff* DB 1964, 1326. Mit anderer Begründung, unter Berufung auf den typischen Parteiwillen („aus den Umständen", § 271 Abs. 1), auch *Heckelmann,* Abfindungsklauseln, 1973, S. 26 ff.

[34] Zu dieser vor allem für die Feststellung des jeweiligen Jahresabschlusses umstrittenen Frage → § 721 Rn. 8; wie hier zB auch *Miras* DStR 2011, 318.

[35] So zutr. *Riegger,* Ausscheiden aus zweigliedriger Personalgesellschaft, 1969, S. 96; ebenso Palandt/*Sprau* Rn. 6; Bamberger/Roth/*Schöne* Rn. 19; Staudinger/*Habermeier* (2003) Rn. 9; *Westermann* in Westermann/Wertenbruch PersGesR-HdB I. Teil § 36 Rn. 1141; Staub/*Schäfer* HGB § 131 Rn. 144 f.; *Stötter* BB 1977, 1219 (1220) sowie BGH WM 1980, 212 (213) für Ansprüche aus § 740.

[36] Dazu näher Staub/*Schäfer* HGB § 131 Rn. 141. So auch *Neuhaus,* Unternehmensbewertung und Abfindung, 1990, S. 149 ff.; ähnlich – Fälligkeit ab dem Zeitpunkt, zu dem der Anspruch berechenbar ist – MüKoHGB/ *K. Schmidt* HGB § 131 Rn. 129; aA – für grds. sofortige Fälligkeit – *Riegger,* Ausscheidenaus zweigliedriger Personalgesellschaft, 1969, S. 96 und *Stötter* BB 1977, 1219 (1220).

[37] BGH NJW 1960, 718 (719).

[38] BGH BB 1959, 719; 1961, 348; DB 1977, 87 (89); WM 1981, 487; 1987, 1280 (1281); NZG 2008, 623 (628); Soergel/*Hadding/Kießling* Rn. 37; für den Fall der Auseinandersetzung nach §§ 730, 733 → § 730 Rn. 54. Einschr. (wegen der zu erwartenden Prozessflut) *Stötter* BB 1977, 1220.

[39] So auch Erman/*Westermann* Rn. 6. Für Verzinsungspflicht schon vom Zeitpunkt des Ausscheidens an entspr. §§ 354 Abs. 2, 353 HGB aber *Stötter* BB 1977, 1220. Zur Rechtslage bei OHG und KG vgl. Staub/*Schäfer* HGB § 131 Rn. 146.

[40] Staub/*Schäfer* HGB § 131 Rn. 146; so auch bereits Düringer/Hachenburg/*Flechtheim* HGB § 138 Anm. 14.

[41] Vgl. etwa BGH NJW 1974, 312; WM 1971, 1450; RGRK/*v. Gamm* Rn. 4; Düringer/Hachenburg/*Flechtheim* HGB § 138 Anm. 10 f.; Schlegelberger/*Geßler,* 4. Aufl. 1965, HGB § 138 Rn. 17 ff.; diff. jetzt Soergel/ *Hadding/Kießling* Rn. 25.

des Abfindungsanspruchs des § 738 Abs. 1 S. 2 der Erstellung einer sog. Abschichtungs- oder Abfindungsbilanz bedürfen, die der Schlussabrechnung im Zuge der Auflösung der Gesellschaft (→ § 730 Rn. 57 ff.) entspricht. In ihr seien die Gegenstände des Gesellschaftsvermögens mit ihren Substanzwerten auf der Basis der Fortsetzung der Gesellschaft anzusetzen, im Falle einer unternehmerisch oder freiberuflich tätigen Gesellschaft vermehrt um einen sog. Firmen- oder Geschäftswert (good will).

Diese Ansicht ist aus heutiger Sicht *überholt,* nachdem die höchstrichterliche Rechtsprechung unter dem Einfluss der betriebswirtschaftlichen Bewertungslehre die grundsätzliche Maßgeblichkeit des **Ertragswertverfahrens** für die Ermittlung des Abfindungsguthabens anerkannt hat (→ Rn. 35).[42] Auch wenn sich die Differenz zwischen Substanz- und Ertragswert mit Hilfe des Firmen- oder Geschäftswerts ausgleichen ließe, bedarf es des Umwegs über die vorgeschaltete Ermittlung des Substanzwerts aus zutreffender neuerer Sicht doch nicht, es sei denn, dass die Abfindungsregelungen im Gesellschaftsvertrag ausdrücklich hierauf abstellen. Für die Unternehmensbewertung maßgebend ist nach stRspr seit den 1970er Jahren vielmehr die *Schätzung der voraussichtlichen künftigen Jahreserträge* auf der Basis der ordentlichen Erträge und Aufwendungen der letzten Geschäftsjahre und ihre Abzinsung auf den Bewertungszeitpunkt unter Zugrundelegung des hierfür geeigneten Kapitalisierungszinsfußes.[43] Auf den Substanzwert in Gestalt der Liquidations-(Zerschlagungs-)werte kommt es, abgesehen von der gesonderten Bewertung der Gegenstände des nicht betriebsnotwendigen Vermögens,[44] abweichend vom Wortlaut des Abs. 1 S. 2 aE mit seinem Abstellen auf eine fiktive Liquidation, nicht an (→ Rn. 33). Abweichendes gilt nur dann, wenn der Ertragswert unter diesem Wert liegt; er bildet die Untergrenze des nach gesetzlicher Regel zu ermittelnden Abfindungswertes.[45] Zu neuen, von der Rechtsprechung bisher nicht rezipierten Bewertungsverfahren → Rn. 36. 24

Der Übergang von der Substanz- zur Ertragswertermittlung für die Zwecke der Abfindung hat freilich **nicht** schon zur Folge, dass die Erstellung einer **Abfindungsbilanz** dadurch **gegenstandslos** geworden ist.[46] Auch wenn ein solches Rechenwerk seine herkömmliche Bedeutung weitgehend verloren hat, bleibt es doch erforderlich, um aus dem (Ertrags-)Wert des Unternehmens die Höhe des Abfindungsanspruchs abzuleiten. Dabei geht es nicht nur um die Aufteilung des (fiktiven) Auseinandersetzungsgewinns (→ Rn. 37) auf die jeweiligen Gesellschafterkonten als Grundlage für die Abfindung des Ausgeschiedenen, sondern auch um den Ansatz derjenigen Posten, die im Rahmen der Ertragswertermittlung außer Ansatz bleiben, aber den Wert der Gesellschaftsanteile modifizieren; dazu zählen neben den nicht betriebsnotwendigen (neutralen) Aktiva[47] vor allem Ansprüche der Gesellschafter auf Rückgewähr der der Gesellschaft zur Benutzung überlassenen oder dem Werte nach eingebrachten Gegenstände (→ Rn. 76) sowie sonstige im Rahmen der Abfindung zu berücksichtigende Sozialverbindlichkeiten und -ansprüche (→ Rn. 37). Mit diesem begrenzten Inhalt bedarf es also weiterhin der Erstellung einer Schlussabrechnung, während der Ansatz der einzelnen zum betriebsnotwendigen Gesellschaftsvermögen gehörenden Aktiva und der unternehmensbezogenen Passiva durch die Globalziffer des Ertragswerts als des das Unternehmen (die Gesamtheit seiner Aktiva und Passiva) repräsentierenden Aktivums ersetzt wird. 25

b) Aufstellung und Feststellung. Zur Berechnung des Abfindungsanspruchs kann der Ausgeschiedene von den übrigen Gesellschaftern die **Aufstellung** einer „Abfindungsbilanz" (Abrechnung) auf den Stichtag des Ausscheidens verlangen, soweit sich eine solche nicht wegen der jeweiligen 26

---

[42] BGHZ 116, 359 (370 f.) = NJW 1992, 892 (895); BGH NJW 1982, 2441; 1985, 192 (193); 1993, 2101 (2103); vgl. dazu *W. Müller,* FS Bezzenberger, 2000, S. 705 (706 ff.); *Ulmer,* FS Quack, 1991, S. 477 (479); *Westermann* in Westermann/Wertenbruch PersGesR-HdB I. Teil § 36 Rn. 1145; *Hülsmann* ZIP 2001, 450 ff.; *Freund* ZIP 2009, 941 (946).
[43] Vgl. nur *Ulmer,* FS Quack, 1991, S. 490 ff.; *Großfeld,* Unternehmens- und Anteilsbewertung, 4. Aufl. 2002, S. 114 ff., 152 ff.
[44] Vgl. *Großfeld,* Unternehmens- und Anteilsbewertung, 4. Aufl. 2002, S. 168 ff.; *Piltz,* Die Unternehmensbewertung in der Rspr., 3. Aufl. 1994, S. 30 ff.; *Ulmer,* FS Quack, 1991, S. 479 (497 f.); MüKoHGB/*K. Schmidt* HGB § 131 Rn. 141; aus der Rspr. vgl. BGH NJW 1993, 2101 (2103); AG 1984, 216 f.; BayObLG BB 1996, 259; OLG Köln ZIP 1999, 965.
[45] S. nur *Großfeld,* Unternehmens- und Anteilsbewertung, 4. Aufl. 2002, S. 222, der diesem Aspekt des Substanzwertes jedoch nur geringe Bedeutung beimisst.
[46] Ebenso Bamberger/Roth/*Schöne* Rn. 24; *Westermann* in Westermann/Wertenbruch PersGesR-HdB I. Teil § 36 Rn. 1139 ff.; MüKoHGB/*K. Schmidt* HGB § 131 Rn. 135; aA *Schulze-Osterloh* ZGR 1986, 545 (546); wohl auch *Großfeld,* Unternehmens- und Anteilsbewertung, 4. Aufl. 2002, der die Abfindungsbilanz gänzlich ausklammert.
[47] Vgl. dazu und zur Abgrenzung vom betriebsnotwendigen Vermögen nur *Großfeld,* Unternehmens- und Anteilsbewertung, 4. Aufl. 2002, S. 168 ff.; *Piltz,* Die Unternehmensbewertung in der Rspr., 3. Aufl. 1994, S. 30 f.; WP-HdB 2008, 13. Aufl. 2007, Bd. II Rn. A 130 ff.

vertraglichen Abfindungsvereinbarungen (Buchwertklausel ua) erübrigt.[48] Die Abfindungsbilanz (auch „Abschichtungsbilanz" genannt) dient der Ermittlung des Auseinandersetzungsguthabens auf der Basis des anteiligen Wertes des Unternehmens oder Geschäftsbetriebs der fortgesetzten Gesellschaft (→ Rn. 32 ff.). In sie sind auch die zu unselbstständigen Rechnungsposten gewordenen gesellschaftsvertraglichen Ansprüche und Verbindlichkeiten des Ausgeschiedenen (→ Rn. 18) einzubeziehen. Hatte der Ausgeschiedene im Wege privater Schuldübernahme Verbindlichkeiten der GbR übernommen, ist auch das für die Berechnung des Abfindungsanspruchs zu berücksichtigen.[49] Zu den für die Bilanzerstellung maßgeblichen Bewertungsgrundsätzen → Rn. 35 f.; zur Berechnung des Abfindungsanspruchs → Rn. 37; zur Nichtberücksichtigung schwebender Geschäfte bei Abfindung auf der Basis des Ertragswerts → § 740 Rn. 3.

27 Die **Pflicht zur Bilanzaufstellung** trifft gegenüber dem Ausgeschiedenen die *Gesellschaft* (→ Rn. 16); im Innenverhältnis ist die Aufstellung Sache der *Geschäftsführer*.[50] Auch der Ausgeschiedene selbst ist im Rahmen der nachvertraglichen Abwicklungspflichten grundsätzlich zur Mitwirkung bei der Aufstellung verpflichtet.[51] Seine Pflicht reicht aber nicht weiter als die ihm hierzu nach dem Ausscheiden verbleibenden Möglichkeiten;[52] dabei ist zu berücksichtigen, dass der Ausgeschiedene im Regelfall keine gesellschaftsrechtlichen Einsichts- und Kontrollrechte nach § 716 Abs. 1 mehr hat, sondern auf das in § 810 geregelte Recht auf Urkundeneinsicht beschränkt ist.[53] Schuldhafte Verzögerungen der Rechnungserstellung seitens der Gesellschaft oder unrichtige Ansätze geben dem Ausgeschiedenen einen Anspruch auf Ersatz des ihm daraus entstehenden Schadens.

28 Von der Bilanzaufstellung zu unterscheiden ist die **Feststellung,** dh die verbindliche Festlegung der zur Bemessung des Abfindungsanspruchs dienenden Rechnungsposten zwischen den Beteiligten (dazu und zum Streit um die Rechtsnatur des Feststellungsbeschlusses → § 721 Rn. 8). Im Unterschied zum Gewinnanspruch nach § 721 Abs. 2 ist die Feststellung der Abfindungsbilanz allerdings nicht Voraussetzung für Entstehung und Fälligkeit des Abfindungsanspruchs (→ Rn. 19 f.). Deshalb und wegen der auf die Abfindungsberechnung beschränkten Bedeutung des Rechenwerks ist eine gesonderte Feststellung im Unterschied zur Jahresbilanz entbehrlich. Den Beteiligten steht daher insoweit auch kein Anspruch auf einen entsprechenden Feststellungsbeschluss zu. Streitigkeiten über einzelne Ansätze können auch ohne besondere Bilanzfeststellung im Wege der Leistungs- oder Feststellungsklage geklärt werden (→ Rn. 30 f.).

29 Ist die Abfindungsbilanz zwischen den Beteiligten festgestellt, so richtet sich die **Bindungswirkung** entsprechend der vergleichsähnlichen, bestätigenden Natur des Feststellungsakts **nach § 779**.[54] Die Feststellung ist unwirksam, wenn sich nachträglich herausstellt, dass beide Seiten von einem unzutreffenden Sachverhalt ausgegangen sind, und wenn die durch die Feststellungsvereinbarung behobene Ungewissheit bei Kenntnis der wahren Sachlage nicht bestanden hätte (§ 779 Abs. 1). Die Unwirksamkeit tritt grundsätzlich ein bei übereinstimmender Berücksichtigung bestimmter in Wahrheit nicht berücksichtigungsfähiger Aktiva oder bei irrtümlicher Nichtberücksichtigung bestehender Sozialverbindlichkeiten. Handelt es sich dabei allerdings nur um einzelne, das Ergebnis der Bilanzfeststellung nicht entscheidend prägende Posten, so kann an die Stelle der Unwirksamkeit die nachträgliche Anpassung der Bilanz unter Vornahme der nach Sachlage gebotenen Änderungen treten.[55] Anderes gilt bei allseitiger ursprünglicher Ungewissheit über die Wertansätze, zu deren Behebung der Feststellungsakt bestimmt war; ihre spätere Klärung lässt die Verbindlichkeit des Vergleichs grundsätzlich unberührt.[56] Eine Irrtumsanfechtung nach § 119 Abs. 2 kommt nur bei einseitigem Irrtum und nur dann in Betracht, wenn die vergleichsweise Regelung nicht dazu bestimmt war, die bestehende Ungewissheit auch für den vom Irrtum betroffenen Punkt zu beseitigen.[57]

---

[48] BGH WM 1980, 1362 (1363); NJW 2014, 305 (307).
[49] So zutr. OLG Karlsruhe NZG 2000, 1123 (1124).
[50] BGH WM 1979, 1330; Soergel/*Hadding/Kießling* Rn. 26; Bamberger/Roth/*Schöne* Rn. 24.
[51] Staub/*Schäfer* HGB § 131 Rn. 150; Erman/*Westermann* Rn. 8; *Westermann* in Westermann/Wertenbruch PersGesR-HdB I. Teil § 36 Rn. 1149 ff.; Soergel/*Hadding/Kießling* Rn. 11; zur Mitwirkung der übrigen Gesellschafter s. auch BGH NJW 2000, 2276.
[52] Für Beschränkung der Aufstellungspflicht auf die weiter in der Gesellschaft tätigen Gesellschafter daher BGH NJW 1959, 1491; OLG Hamburg MDR 1964, 511; *Hueck* OHG § 29 II 5a Fn. 70.
[53] Vgl. dazu BGH NJW 2000, 2276; WM 1989, 878 (879); 1994, 1925 (1928); wN → § 716 Fn. 41.
[54] Ebenso *v. Westphalen* BB 1982, 1894 ff.; *Schwung* BB 1985, 1374 (1375); Staudinger/*Habermeier* (2003) Rn. 17; Bamberger/Roth/*Schöne* Rn. 24; vgl. zum Ganzen näher Staub/*Schäfer* HGB § 131 Rn. 152 und HGB § 120 Rn. 18 f., jeweils mwN.
[55] BGH NJW 1957, 1834; WM 1960, 187; 1972, 1443 (1444).
[56] *Riegger*, Ausscheiden aus zweigliedriger Personalgesellschaft, 1969, S. 133 f.; so im Ergebnis auch RG DJZ 1929, 311; *Hueck* § 29 II 5a g; *Zunft* NJW 1959, 1947.
[57] RGZ 162, 198 (201); *Riegger*, Ausscheiden aus einer zweigliedrigen Personalgesellschaft, 1969, S. 133 Fn. 270 mwN.

c) Gerichtliche Durchsetzung. Der Anspruch des Ausgeschiedenen auf **Aufstellung** der **30** Abfindungsbilanz kann im Wege der **Leistungsklage** durchgesetzt werden, wenn die übrigen Gesellschafter ihre Rechnungslegungspflicht entweder bestreiten oder ihr nicht rechtzeitig nachkommen. Die Klage richtet sich grundsätzlich auf Vornahme einer vertretbaren Handlung durch den Schuldner; das Urteil ist nach § 887 ZPO zu vollstrecken.[58] Demgegenüber greift § 888 ZPO ein, wenn die Bilanz nicht zuverlässig anhand der Geschäftsbücher durch einen Sachverständigen erstellt werden kann.[59] Auf die Fälligkeit des Abfindungsanspruchs kommt es für die Klage auf Bilanzaufstellung oder auf gerichtliche Feststellung streitiger Posten (→ Rn. 31) nicht an. Ist die Fälligkeit eingetreten (→ Rn. 20), die Anspruchshöhe aber noch nicht bekannt, so können Klage auf Bilanzaufstellung oder auf gerichtliche Feststellung streitiger Posten und auf Zahlung im Wege der **Stufenklage** (§ 254 ZPO) miteinander verbunden werden.[60] Die Umdeutung des Leistungsbegehrens in einen Feststellungsantrag ist auch im Fall der Stufenklage zulässig.[61] Eine Bilanzaufstellung durch das Gericht ist ausgeschlossen.[62] Geht es nur um die *Berücksichtigung bestimmter Rechnungsposten* (→ Rn. 31) im Rahmen der schon vorliegenden Abfindungsbilanz, so kann alsbald nach Eintritt der Fälligkeit auf Zahlung geklagt und im Rahmen dieser Klage der Streit hierüber ausgetragen werden.[63] Neuerdings lässt es der BGH[64] zu, dass bei einer **Verzögerung der Schlussabrechnung** über einen objektiv angemessenen Zeitraum hinaus alternativ auf Zahlung eines selbst berechneten Auseinandersetzungsguthabens geklagt werden kann. Die konkrete Höhe dieses Anspruchs ist dann im Verfahren durch Urteil zu bestimmen, weshalb eine Abweisung der Klage als zur Zeit unbegründet in diesem Falle nicht mehr zulässig ist.

Eine Klage auf Zustimmung zur Bilanzfeststellung scheidet mangels Feststellungsanspruchs **31** (→ Rn. 28) im Regelfall aus. Wohl aber kann über die **Richtigkeit einzelner Bilanzposten** oder Berechnungsgrundsätze durch **Feststellungsklage** gestritten werden, wenn das grundsätzliche Bestehen des Abfindungsanspruchs und die Zahlungsbereitschaft der Gesellschaft außer Zweifel stehen. Nicht nur die verbleibenden Gesellschafter, sondern auch der Ausgeschiedene können danach auf Feststellung der Richtigkeit der streitigen Bilanzansätze oder Bewertungsmethoden klagen, ohne sich auf eine Leistungsklage auf Zahlung des Abfindungsanspruchs verweisen lassen zu müssen.[65] Richtet sich die Klage – zur Konkretisierung des Anspruchs aus § 739 – gegen den Ausgeschiedenen, so kann dieser sich nicht allgemein auf ein Bestreiten der Bilanzansätze beschränken, sondern muss im Einzelnen darlegen, welche Bilanzansätze unrichtig sind.[66] Zum Einsichtsrecht des Ausgeschiedenen nach § 810 → § 716 Rn. 13.

4. Wertermittlung. a) Grundlagen. Auf die Ermittlung des gesetzlichen Anteilswerts kommt **32** es nicht nur dann an, wenn der Gesellschaftsvertrag keine abweichenden Vereinbarungen enthält. Vielmehr hat sie Bedeutung auch für die Prüfung der Frage, ob die vertragliche Abweichung (regelmäßig: Reduktion) der Abfindung der Inhaltskontrolle standhält. Dabei eröffnet § 738 Abs. 2 für die Wertansätze in der Abfindungsbilanz den Weg der **Schätzung**. Sie kommt namentlich dann in Betracht, wenn die zu berücksichtigenden Gegenstände keinen fixierten Wert haben und es auch an objektivierbaren Maßstäben wie einem Börsen- oder Marktpreis fehlt. Schätzungsgrund-

---

[58] MüKoHGB/*K. Schmidt* HGB § 131 Rn. 136; Heymann/*Emmerich* HGB § 138 Rn. 19; zweifelnd *Westermann* in Westermann/Wertenbruch PersGesR-HdB I. Teil § 36 Rn. 1150.
[59] Vgl. dazu MüKoZPO/*Gruber* ZPO § 887 Rn. 45, ZPO § 888 Rn. 3; Baumbach/Lauterbach/Albers/*Hartmann* ZPO § 887 Rn. 22; Thomas/Putzo/*Seiler* ZPO § 887 Rn. 2a; näher Staub/*Schäfer* HGB § 131 Rn. 153.
[60] OLG Karlsruhe BB 1977, 1475; *Stötter* BB 1977, 1219; *Westermann* in Westermann/Wertenbruch PersGesR-HdB I. Teil § 36 Rn. 1149b; vgl. auch BGH FamRZ 1975, 35 (38) für den Abfindungsanspruch entsprechend §§ 738–740 bei Beendigung einer Ehegatten-Innengesellschaft.
[61] BGH WM 1995, 109 (110 f.).
[62] BGHZ 26, 25 (28 f.) = NJW 1958, 57. – Vgl. aber auch BGH NJW-RR 2011, 1059 (1060): Gesellschafter kann sogleich auf Zahlung klagen, wenn die Gesellschaft gesellschaftsvertraglich zur Benennung eines Schiedsgutachters und Einholung eines Gutachtens über die Höhe des streitigen Auseinandersetzungsanspruches verpflichtet ist, dieser Pflicht aber nicht nachkommt; die Höhe der Leistung ist in diesem Fall vom Gericht zu ermitteln.
[63] BGH NJW-RR 1987, 1386 (1387); WM 1999, 1213 f.; *Westermann* in Westermann/Wertenbruch PersGesR-HdB I. Teil § 36 Rn. 1149b.
[64] BGH ZIP 2011, 1358 – Gesellschaft benennt über zwei Jahre keinen nach Gesellschaftsvertrag erforderlichen Schiedsgutachter zur Ermittlung der streitigen Abfindungshöhe; ZIP 2011, 1359 – Leistungsklage nach Verstreichen eines vertraglichen Fälligkeitszeitpunkts, sofern ausgeschiedener Gesellschafter Höhe der Abfindung schlüssig begründen kann.
[65] BGHZ 1, 65 (74) = NJW 1951, 311; BGH NJW 1951, 360; WM 1964, 1052; 1971, 1450; 1972, 1399 (1400); Erman/*Westermann* Rn. 8; Soergel/*Hadding/Kießling* Rn. 28; *Hueck* OHG § 29 II 5a Fn. 71; *Riegger*, Ausscheiden aus zweigliedriger Personalgesellschaft, 1969, S. 137; *Stötter* DB 1972, 272; *Zunft* NJW 1959, 1945 (1949).
[66] BGH WM 1965, 974 (975).

lage ist dabei nach ganz hM regelmäßig nicht der Zerschlagungs- (Liquidations-)wert, sondern der **(Ertrags-)Wert** auf der Grundlage der als werbend **fortgesetzten Gesellschaft;**[67] dem Unterschied kommt vor allem beim Ausscheiden aus einer Erwerbsgesellschaft (→ Vor § 705 Rn. 89 f.) Bedeutung zu. Die Befugnis zur Wertermittlung durch Schätzung liegt nach § 287 Abs. 2 ZPO bei den Gerichten, die sich hierzu in der Regel der Einholung von Sachverständigengutachten bedienen. Die Ermittlung kann vertraglich auch einem Schiedsgutachter übertragen werden; in diesem Fall sind die Gerichte auf eine Billigkeitskontrolle nach § 319 Abs. 1 beschränkt.[68]

33   Eine **Bewertung auf der Grundlage des Anteilswerts** des Ausgeschiedenen, dh losgelöst von der Ermittlung des Wertes der Gesellschaft bzw. des von ihr betriebenen Unternehmens, scheidet in aller Regel aus. Dies schon deshalb, weil mangels Handelbarkeit der Anteile von Personengesellschaften die Feststellung eines solchen isolierten Wertes *meist kaum möglich* ist. Aus diesem Grund lässt sich auch die Rechtsprechung des BVerfG zur grundsätzlichen Maßgeblichkeit des zeitnahen *Börsenwerts* der Aktien für die Festsetzung der Abfindung ausscheidender Aktionäre[69] nicht auf die Abfindung von Gesellschaftern einer GbR, OHG oder KG übertragen, selbst wenn man der nicht selten anzutreffenden, einem solchen Vorgehen entgegenstehenden Stellung dieser Gesellschaftern nicht als Kapitalanleger, sondern als Mitunternehmer absieht. Eine Ausnahme kommt allenfalls bei solchen Publikumsgesellschaften in Betracht, bei denen es einen funktionierenden Markt für den Handel mit Anteilen gibt. Gegen das Abstellen auf den Anteilswert sprechen aber auch und vor allem *Wortlaut und Sinn des § 738 Abs. 1 S. 2*. Wenn der Ausscheidende danach so gestellt werden soll, als wäre die Gesellschaft zur Zeit seines Ausscheidens aufgelöst worden, folgt daraus, dass für seine Abfindung nicht der Verkehrswert seines Anteils maßgebend ist, sondern sein *Anteil an dem (Verkehrs-)Wert des fortgeführten Unternehmens der Gesellschaft,* den die Beteiligten bei dessen Veräußerung zum Stichtag des Ausscheidens erzielen könnten.[70] Zur Bestimmung dieses Wertes im Wege der Schätzung → Rn. 32.

34   Für die Erstellung der **Abfindungsbilanz einer GbR** sind die auf die *Unternehmensbewertung* bezogenen Fragen angesichts der Vielfalt der insoweit in Betracht kommenden Gesellschaftszwecke und angesichts des Rechtsformzwangs für den gemeinsamen Betrieb eines Handelsgewerbes (§§ 105 Abs. 1, 161 Abs. 1 HGB) nur von begrenztem Interesse. Daher genügt der folgende Kurzüberblick über die einschlägigen Bewertungsverfahren (→ Rn. 35 f.). Wegen der Einzelheiten kann für die unternehmenstragende GbR auf die Kommentierungen zum Recht der Personenhandelsgesellschaften verwiesen werden.[71]

35   b) **Bewertungsverfahren.** Was die für die Wertermittlung geeigneten Verfahren betrifft, so gingen das juristische Schrifttum, aber auch die Rechtsprechung im Rahmen von § 738 früher auch für die Unternehmensbewertung grundsätzlich von der sog. *Substanzwertmethode* aus (→ Rn. 23);[72] bei Erwerbsgesellschaften waren sie bemüht, deren Ertragskraft durch Ansatz eines „Firmenwerts" oder „good will" als einer Art fiktiven Substanzpostens Rechnung zu tragen.[73] Demgegenüber haben sich in der betriebswirtschaftlichen Bewertungspraxis seit Jahrzehnten abweichende, lange Zeit in

---

[67] BGHZ 17, 130 (136) = NJW 1955, 1025; BGHZ 116, 359 (370 f.) = NJW 1992, 892; BGH NJW 1993, 2101; 1985, 192 (193); WM 1961, 323; 1971, 1450; *Großfeld,* Unternehmens- und Anteilsbewertung, 4. Aufl. 2002, S. 4 f.; Erman/*Westermann* Rn. 5a; Palandt/*Sprau* Rn. 5; Soergel/*Hadding/Kießling* Rn. 32; Bamberger/Roth/*Schöne* Rn. 24; *Hueck* OHG § 29 II 5a c; *Heckelmann,* Abfindungsklauseln, 1973, S. 28 f.; *Sudhoff* ZGR 1972, 157 f.; zum Liquidationswert als Untergrenze für Abfindungsansprüche *Fleischer/Schneider,* DStR 2013, 1736; zur zweckadäquaten Unternehmensbewertung in Sanierungsfällen *Schäfer/Wüstemann* ZIP 2014, 1757; für den Fall, dass dem Liquidationswert entscheidende Bedeutung zukommt BGH NJW-RR 2006, 1270.
[68] HM, vgl. Baumbach/Hopt/*Roth* HGB § 131 Rn. 53; MüKoHGB/*K. Schmidt* § 131 Rn. 147; Staub/*Schäfer* HGB § 131 Rn. 155.
[69] So seit BVerfGE 100, 289 (305 ff.) = NJW 1999, 3769; stRspr; vgl. dazu nur Hüffer/*Koch* AktG § 305 Rn. 29 ff.; Emmerich/Habersack/*Emmerich,* Aktien- und GmbH-Konzernrecht, AktG § 305 Rn. 38 ff., jeweils mwN.
[70] StRspr, vgl. schon BGHZ 17, 130 (136) = NJW 1955, 1025; ebenso BGHZ 116, 359 (370 f.) = NJW 1992, 892; BGH NJW 1985, 192; WM 1971, 1450; OLG Naumburg NZG 2001, 658 ua. Dazu auch *Hüttemann* ZHR 162 (1998), 563 (576 f.); *Hülsmann* ZIP 2001, 450 f. Für Bewertungsabschlag gegenüber dem anteiligen Unternehmenswert wegen der geringen Fungibilität der Anteile aber *Sigle* ZGR 1999, 669.
[71] Vgl. nur MüKoHGB/*K. Schmidt* HGB § 131 Rn. 133 ff.; Staub/*Schäfer* HGB § 131 Rn. 155 ff.
[72] Vgl. etwa BGH NJW 1974, 312; WM 1971, 1450; RGRK/*v. Gamm* Rn. 4; Düringer/Hachenburg/*Flechtheim* HGB § 138 Anm. 10 f.; Schlegelberger/*Geßler,* 4. Aufl. 1965, HGB § 138 Rn. 17 ff.; diff. Soergel/*Hadding/Kießling* Rn. 25 und *Großfeld,* Unternehmens- und Anteilsbewertung, 4. Aufl. 2002, S. 20 ff.
[73] RGZ 94, 106 (108); 106, 128 (132); RG DR 1942, 140; RGRK/*v. Gamm* Rn. 4; zur Problematik dieser Betrachtung aus der Sicht neuerer Bewertungsmethoden vgl. schon GroßkommHGB/*Ulmer,* 3. Aufl. 1973, HGB § 138 Rn. 89 f.

erster Linie auf den **Ertragswert** bezogene Bewertungsgrundsätze entwickelt.[74] Danach wird für die Unternehmensbewertung grundsätzlich auf den Ertragswert abgestellt und dem Substanzwert, vom Sonderfall dauernd unrentabler Unternehmen und der Bewertung der nicht betriebsnotwendigen Vermögensgegenstände abgesehen, bloße Hilfsfunktion zugemessen.[75] Dementsprechend herrscht heute auch in der Rechtsprechung[76] und dem juristischen Schrifttum zur Unternehmensbewertung[77] die Ertragswertmethode vor. Soweit es daneben noch des Rückgriffs auf die Substanzwertmethode bedarf,[78] kommt es nicht auf die Buchwerte, sondern die *Verkehrswerte* der Gegenstände des Gesellschaftsvermögens an; stille Reserven sind aufzulösen. – Für die Bewertung **großer Familiengesellschaften** werden Besonderheiten diskutiert.[79]

Seit etwa den 1990er Jahren ist in der *betriebswirtschaftlichen* Literatur eine Entwicklung zu beobachten, die das Ertragswertverfahren gegenüber *neuen Verfahrensarten* zunehmend in den Hintergrund treten lässt.[80] Auch die Bewertungspraxis hat sich entsprechend umgestellt; sie wendet neben dem Ertragswertverfahren oder an dessen Stelle zunehmend das sog. **Discounted cash flow-(DCF-)Verfahren** an.[81] Es gleicht dem Ertragswertverfahren zwar darin, dass es der Wertermittlung ebenfalls den geschätzten Barwert der künftig von der Gesellschaft zu erzielenden finanziellen Überschüsse des betriebsnotwendigen Vermögens zu Grunde legt. Jedoch bildet die Grundlage dieser Bewertung nicht die – im Wesentlichen aus der Plan-Gewinn- und Verlustrechnung ableitbare – Differenz zwischen den Erträgen und den Aufwendungen (einschließlich Fremdkapitalkosten und Unternehmenssteuern) aus der persönlichen Geschäftstätigkeit. Maßgeblich ist vielmehr der sog. **Cash flow,** dh der jährlich zu erzielende *finanzielle Überschuss* nach Abzug von Investitionskosten und Unternehmenssteuern, jedoch *ohne Berücksichtigung von Abschreibungen und Fremdkapitalkosten.*[82] In der Rechtsprechung hat diese Umorientierung bisher, soweit ersichtlich, nur vereinzelt einen Niederschlag gefunden.[83] Auf sie ist daher auch im Folgenden nicht näher einzugehen.

---

[74] Vgl. *Großfeld*, Unternehmens- und Anteilsbewertung, 4. Aufl. 2002, S. 152 ff.; *Aurnhammer*, Abfindung von BGB-Gesellschaften, 1996, S. 96 ff.; *Piltz*, Die Unternehmensbewertung in der Rspr., 3. Aufl. 1994, S. 3 ff., 16 ff.; *Westermann* in Westermann/Wertenbruch PersGesR-HdB I. Teil § 36 Rn. 1145 ff. sowie die Übersicht bei *Ulmer*, FS Quack, 1991, S. 477 (479 f.).

[75] Vgl. nur WP-HdB, 14. Aufl. 2014, Bd. II Rn. A 443 ff.

[76] Vgl. etwa BGHZ 116, 359 (370 f.) = NJW 1992, 892; BGH WM 1993, 1412 (1413); NJW 1985, 192 (193); WM 1974, 129; 1981, 452.

[77] Vgl. näher *Ulmer*, FS Quack, 1991, S. 477 ff.; *W. Müller*, FS Bezzenberger, 2000, S. 705 (706 ff.); *Hülsmann* ZIP 2001, 450 (451 ff.); *Großfeld*, Unternehmens- und Anteilsbewertung, 4. Aufl. 2002, S. 152 ff.; *Piltz*, Die Unternehmensbewertung in der Rspr., 3. Aufl. 1994, S. 16 ff., jeweils mwN.

[78] So etwa BGH NJW 1991, 1547 (1548) – Bewertung einer freiberuflichen Praxis im Rahmen des Zugewinnausgleichs; NJW 1993, 2101 (2102) – Bewertung bei überdurchschnittlich hohem Anteil nicht betriebsnotwendigen Vermögens; NZG 2006, 425 – Bewertung bei Gesellschaft mit hohen stillen Reserven – Immobilien-/Beteiligungsgesellschaft; vgl. auch *Sommer* GmbHR 1995, 249 (254).

[79] Vgl. den Vorschlag von *Ulmer* ZIP 2010, 805 (815), wonach nicht der volle Jahresüberschuss, sondern nur der Anteil der Gewinnquote, der nach der Praxis der jeweiligen Gesellschaft im Regelfall zur Ausschüttung bestimmt ist, als Bewertungsgrundlage heranzuziehen sei; → Rn. 59a.

[80] Vgl. etwa die Zusammenstellung bei *W. Müller* in Semler/Volhard, HdB Unternehmensübernahmen, Bd. 1, 2001, § 10 Rn. 85 ff.; *ders.*, FS Bezzenberger, 2000, S. 705 ff. Dazu auch *Großfeld*, Unternehmens- und Anteilsbewertung, 4. Aufl. 2002, S. 46 ff., 159 ff.; WP-HdB, 14. Aufl. 2014, Bd. II Rn. A 147 ff., 164 ff., 295 ff.; *Fleischer/Hüttemann/Jonas/Wieland-Böse*, Rechtshandbuch Unternehmensbewertung, 2015, § 9 Rn. 4 f.

[81] Vgl. dazu WP-HdB, 14. Aufl. 2014, Bd. II Rn. A 147 ff., 164 ff., 175 ff., 295 ff.; *Fleischer/Hüttemann/Jonas/Wieland-Böse*, Rechtshandbuch Unternehmensbewertung, 2015, § 9 Rn. 6 ff.; *Großfeld*, Unternehmens- und Anteilsbewertung, 4. Aufl. 2002, S. 159 ff.; *Ballwieser* WPg 1995, 119 ff.; *Kohl/Schulte* WPg 2000, 1147 ff.; *Welf Müller* in Semler/Volhard, HdB Unternehmensübernahmen, Bd. 1, 2001, § 10 Rn. 126 ff., 179 ff.; Überblick zu den einzelnen Bewertungsansätzen nach DCF *Leitzen* RNotZ 2009, 315 (316). Nach *Drukarczyk*, Unternehmensbewertung, 5. Aufl. 2007, S. 101, wird das DCF-Verfahren schon seit ca. 1985 praktiziert; nach einer von *W. Müller*, FS Bezzenberger, 2000, S. 708 zitierten Untersuchung von 1999 hat es – bei Mehrfachnennungen – mit 95 % nicht nur das Multiplikatoren-Verfahren (73 %), sondern auch und etwas das Ertragswertverfahren des IDW (46 %) deutlich überrundet. Aus Sicht des *IDW-Hauptfachausschusses* (Grundsätze zur Durchführung von Unternehmensbewertungen [IDW-S 1] vom v. 2.4.2008, WPg Supplement 3/2008, S. 68 ff) steht das DCF-Verfahren (Rn. 124 ff.) gleichrangig neben dem Ertragswertverfahren (Rn. 102 ff.).

[82] Vgl. zu den beiden Brutto-Varianten des DCF-Verfahrens die Grundsätze zur Durchführung von Unternehmensbewertungen [IDW-S 1] vom v. 2.4.2008, WPg Supplement 3/2008, S. 68 ff, Rn. 125 ff. und Rn. 136 f.; *Rössler/Troll/Eisele*, 22. ErgLief. 2015, BewG § 11 Rn. 35 ff.; *Beisel/Klumb/Schindler*, Der Unternehmenskauf, 7. Aufl. 2016, § 3 Rn. 7 ff. und 79 ff.; *W. Müller* in Semler/Volhard, HdB Unternehmensübernahmen, Bd. 1, 2001, § 10 Rn. 127, 179 ff.

[83] Ebenso *Hülsmann* ZIP 2001, 450 (451); vgl. auch die Nachweise bei *Westermann* in Westermann/Wertenbruch PersGesR-HdB I. Teil § 36 Rn. 1145c; unter Hinweis auf das in der Rspr. dominierende Ertragswertverfahren ähnlich *W. Müller*, FS Bezzenberger, 2000, S. 706 (708). Immerhin erkennt der BGH das DCF-Verfahren aber

37 **5. Berechnung des Anspruchs auf die Abfindung (den Fehlbetrag).** Die Höhe dieses Anspruchs ergibt sich aus der auf den Abfindungsstichtag erstellten Abfindungsbilanz. Für seine Zusammensetzung gelten die gleichen Grundsätze wie für die Ermittlung des Auseinandersetzungsguthabens (→ § 734 Rn. 8 f.). Einzubeziehen sind der Anspruch auf **Rückzahlung der Einlage oder ihres Wertes** unter Berücksichtigung der der Gesellschaft nicht zu Eigentum überlassenen, dem Ausgeschiedenen zurückzugewährenden Gegenstände (→ Rn. 76), der anteilige Anspruch auf den in der Abfindungsbilanz ausgewiesenen, nach dem beim Ausscheiden geltenden Gewinnverteilungsschlüssel (→ § 722 Rn. 1, 5 f.) zwischen dem Ausgeschiedenen und den übrigen Gesellschaftern aufzuteilenden **fiktiven Liquidationsüberschuss** sowie die sonstigen in die Abfindungsbilanz als Rechnungsposten einzustellenden **gegenseitigen Ansprüche aus dem Gesellschaftsverhältnis** (→ Rn. 18). Auf die Frage, ob der Gewinnverteilungsschlüssel während der Gesellschaftsdauer Änderungen erfahren hat, kommt es grundsätzlich nicht an.[84] Ebenso ist es im Grundsatz unerheblich, ob der Ausgeschiedene der Gesellschaft seit der Gründung angehört hat oder ob und zu welchen Bedingungen er ihr später beigetreten ist.[85]

38 Soweit die Abfindungsbilanz nicht zu einem Überschuss führt, sondern zum Ausweis eines **Liquidationsverlusts,** kann sich je nach den gesellschaftsvertraglichen Vereinbarungen über die Verlustverteilung eine aus § 739 folgende Zahlungspflicht des Ausgeschiedenen gegenüber der Gesellschaft für den Fehlbetrag ergeben. Für die gesonderte Berücksichtigung **schwebender Geschäfte** und des daraus erzielten Ergebnisses nach Maßgabe von § 740 ist nur Raum, wenn der Abfindungsanspruch weder auf der Basis der Ertragswerte berechnet wird noch sich nach dem Buchwert richtet (→ § 740 Rn. 3, 8).

III. Vertragliche Abfindungsvereinbarungen

39 **1. Allgemeines. a) Gründe abweichender Vertragsgestaltung.** Verträge von Gesellschaften, bei denen es nach gesetzlicher Regel (§§ 131 Abs. 3, 140 HGB) oder kraft Fortsetzungsklausel (§§ 736 Abs. 1, 737) zum Ausscheiden eines Gesellschafters unter Fortsetzung der Gesellschaft durch die übrigen kommen kann, enthalten meist auch Vereinbarungen über die Abfindung im Fall des Ausscheidens.[86] Mit derartigen Abfindungsklauseln werden unterschiedliche Motive verfolgt.[87] Es kann lediglich darum gehen, anstelle der mit zahlreichen Schwierigkeiten und Bewertungsproblemen verbundenen Aufstellung einer besonderen Abfindungsbilanz einen **praktikablen Maßstab** für die Berechnung des Abfindungsanspruchs zu vereinbaren.[88] Dieser rechtlich unproblematische Zweck verbindet sich freilich häufig mit dem Bestreben, im Interesse der **Kapitalsicherung** der Gesellschaft und zur Vermeidung eines für den Gesellschaftszweck nachteiligen Kapitalabflusses eine Beschränkung des Abfindungsanspruchs, etwa nach Art der Buchwertklausel (→ Rn. 63), zu erreichen;[89] zusätzlich wird nicht selten eine Streckung der Auszahlungsdauer auf eine Reihe von Jahren vereinbart (→ Rn. 65).

40 Sind spezielle Abfindungsklauseln, darunter insbesondere der Ausschluss jeder Abfindung, vereinbart, die nur für den Tod bestimmter oder aller Gesellschafter gelten sollen, so dienen derartige Klauseln im Zweifel dazu, eine **Verfügung** über den Anteilswert **auf den Todesfall** zu ermöglichen (→ Rn. 61). Schließlich ist auch denkbar, dass mit Abfindungsklauseln, namentlich wenn sie gezielt auf den Fall der Anteilspfändung oder der Gesellschafterinsolvenz bezogen sind, eine **Gläubigerbenachteiligung** verbunden ist (→ Rn. 47 f.).

---

als geeignetes Verfahren im Einzelfall an, s. BGH DB 2016, 160, insbes. Rn. 33 f. betr. Bewertung im Spruchverfahren; dazu auch Fleischer/Hüttemann/*Jonas/Wieland-Blöse,* Rechtshandbuch Unternehmensbewertung, 2015, § 9 Rn. 3 mit Hinweis auf OLG Karlsruhe ZIP 2013, 1469 = BeckRS 2013, 08873.

[84] So zu Recht auch die hM zur Liquidation von Personenhandelsgesellschaften, vgl. Nachweise bei Staub/ *Schäfer* HGB § 131 Rn. 160; *Neuhaus,* Unternehmensbewertung und Abfindung, 1990, S. 145; *Flume* BGB AT I 1 § 12 I, S. 169. AA *Schönle* DB 1959, 1427 (1430); ihm folgend *Heckelmann,* Abfindungsklauseln, 1973, S. 35 f.

[85] Für volle Teilnahme am Liquidationsüberschuss auch bei späterem, nach der Bildung von stillen Reserven erfolgtem Beitritt des Ausgeschiedenen daher BGH WM 1981, 627; *Neuhaus,* Unternehmensbewertung und Abfindung, 1990, S. 145 ff.

[86] Bamberger/Roth/*Schöne* Rn. 26 gehen – allerdings bezogen auf rechtstatsächliche Untersuchungen zur GmbH-Satzung – von einer Verbreitung in knapp 75 % aller Gesellschaftsverträge aus.

[87] Dazu näher *Heckelmann,* Abfindungsklauseln, 1973, S. 37 ff.; *Kost* DStR 1995, 1961 f.; *Knöchlein* DNotZ 1960, 452 ff.; *Ulmer,* FS Quack, 1991, S. 477 (478); *Westermann* in Westermann/Wertenbruch PersGesR-HdB I. Teil § 36 Rn. 1151 f.; *Hülsmann* NJW 2002, 1673.

[88] Zu den damit verbundenen Problemen vgl. *Hueck* OHG § 29 II 5a e, S. 459; *Flume* BGB AT I 1 § 12 II, S. 175, § 12 IV, S. 184; GroßkommHGB/*Ulmer,* 3. Aufl. 1973, HGB § 138 Rn. 115; Staub/*Schäfer* HGB § 131 Rn. 162; *Eiselt,* FS v. Lübtow, 1980, S. 643 (649 ff.). Gestaltungsvorschläge für praktikable Abfindungsklauseln auf Ertragswertbasis bei *Ulmer,* FS Quack, 1991, S. 477 (490 ff.).

[89] *Heckelmann,* Abfindungsklauseln, 1973, S. 37 f.; *Westermann* in Westermann/Wertenbruch PersGesR-HdB I. Teil § 36 Rn. 1152; *Ulmer,* FS Quack, 1991, S. 478 f.

b) **Wirksamkeitsgrenzen (Meinungsstand).** In der **älteren,** vor allem zu Abfindungsklauseln 41
in Personen*handels*gesellschaften geführten Diskussion herrschte lange Zeit die Ansicht vor, dass
Buchwertklauseln, soweit sie sich nicht auf die Fälle der Anteilspfändung oder der Gesellschafterinsolvenz beschränken, sondern alle Ausscheidensfälle gleichermaßen erfassen sollen, rechtlich grundsätzlich nicht zu beanstanden seien.[90] *Abweichendes* galt vor allem für den *Ausschluss* jeder Abfindung
sowie für ihre Beschränkung auf einen deutlich *unter dem Buchwert* der Beteiligung (Einlage und
einbehaltene Gewinne) liegenden Betrag. Solche Vereinbarungen wurden wegen der damit verbundenen Beschränkung der persönlichen und wirtschaftlichen Freiheit des betroffenen Gesellschafters
als im Zweifel nach §§ 138, 723 Abs. 3 unzulässig angesehen, wenn es sich nicht um auf den Todesfall
der Gesellschafter bezogene, der Verfügung über den Anteilswert dienende Abfindungsklauseln handelte.

Demgegenüber haben verschiedene Entwicklungen in den **letzten Jahrzehnten** dazu geführt, 42
den lange Zeit vorherrschenden Konsens in Frage zu stellen. Insbesondere ist die *Haltung gegenüber
Buchwertklauseln* (→ Rn. 63 f.) *zunehmend kritischer* geworden.[91] Das beruht nicht nur auf der generell
stärkeren Bereitschaft der Rechtsprechung, gegen unangemessene Gestaltungen in Gesellschaftsverträgen anzugehen und ihnen die Wirksamkeit zu versagen.[92] Vielmehr haben auch die wirtschaftliche
Entwicklung und die Veränderungen des Geldwerts in den letzten Jahrzehnten dazu beigetragen,
dass zumal bei Gesellschaften mit langjährig gehaltenem Grundbesitz Buchwert und realer Wert in
einem bei Vereinbarung der Buchwertklausel nicht zu erwartenden Maße auseinanderfallen. Unter
Berücksichtigung auch der Erbschaftsteuerreform 1974, die die Differenz zwischen dem Schenkungsteuerwert des Anteils und dem geringeren Abfindungsbetrag beim Ausscheiden eines Gesellschafters
als unentgeltliche Zuwendung an die Mitgesellschafter einer bis zu 50 % reichenden Schenkungsteuer
unterwirft,[93] ist im Hinblick auf Abfindungsvereinbarungen in älteren Gesellschaftsverträgen auch
der Einwand einer Störung der Geschäftsgrundlage nicht ausgeschlossen (→ Rn. 56). Auch das
infolge der Entscheidung des BVerfG zur Verfassungswidrigkeit des Erbschaftsteuerrechts[94] geänderte
(erbschaft-)steuerliche Bewertungsrecht könnte zu einer (noch) kritischeren Haltung gegenüber
Buchwertklauseln führen; denn für die steuerliche Bewertung ist nunmehr im Ansatz der – standardisiert zu ermittelnde – Verkehrswert des Anteils heranzuziehen.[95] Eine unter dem Verkehrswert
liegende Abfindung der Erben führt jedenfalls aufgrund der Anwachsung des Anteils zu einem
schenkungsteuerlich relevanten Hinzuerwerb auf Seiten der verbleibenden Gesellschafter, und dies
könnte auf die Bewertung der Buchwertklausel ausstrahlen.[96]

Zum Teil gegenläufig gegenüber den in → Rn. 42 genannten Entwicklungen wirkt sich die 43
erkennbare Tendenz der Rechtsprechung aus, stärker als bisher nach dem **Grund der jeweiligen
Abfindungsvereinbarung** und den **Voraussetzungen ihres Eingreifens** zu differenzieren. So
bezogen sich Urteile, in denen eine Buchwertklausel als problematisch[97] oder gar als unwirksam[98]
angesehen wurde, mehrfach auf Fälle vertraglich zugelassener einseitiger Verkürzung der Gesellschafterrechte des Betroffenen bzw. dessen Ausschließung ohne wichtigen Grund. Im Schrifttum wurde
zumal von *Heckelmann*[99] und *Flume*[100] auf die Besonderheiten von Gesellschaftern „minderen

---

[90] Vgl. etwa *Erman*, FS Westermann, 1974, S. 75 ff.; *Heyn*, FS Schiedermair, 1976, S. 271 ff.; *Knöchlein* DNotZ 1960, 452 ff.; *Möhring*, FS Barz, 1974, S. 49 ff. sowie die Kommentierung zu § 138 HGB von Schlegelberger/*Geßler*, 4. Aufl. 1965, HGB § 138 Rn. 26 ff. und Staub/*Schäfer* HGB § 131 Rn. 164 ff.
[91] Vgl. namentlich BGHZ 116, 359 (368) = NJW 1992, 892; BGHZ 123, 281 (286) = NJW 1993, 3193 (3194); BGH NJW 1979, 104; 1985, 192 (193); 1989, 2685 (2686).
[92] Ein Beispiel bildet etwa die Verschärfung der Anforderungen an die Vereinbarung eines Rechts zur Ausschließung ohne wichtigen Grund (→ § 737 Rn. 17 ff.) und die Behandlung der für einen derartigen Ausscheidensfall vorgesehenen Buchwertklausel als nach § 138 nichtig, BGH NJW 1979, 104.
[93] §§ 3 Abs. 1 Nr. 2 S. 2, 7 Abs. 7 ErbStG idF der Bek. vom 27.2.1997; vgl. dazu *Meincke*, 14. Aufl. 2004, ErbStG § 3 Rn. 62 ff., 66, § 7 Rn. 142 ff.; eingehend dazu *Neumayer/Imschweiler* DStR 2010, 201; vgl. ferner *Kirchdörfer/Lorz*, FS Hennerkes, 2010, S. 343 (362); *Hübner/Maurer* ZEV 2009, 8; *Wandler* DStR 2009, 1501 (1505).
[94] BVerfG NJW 2007, 573.
[95] Zum BewG und dessen Auswirkungen auf das Gesellschaftsrecht vgl. *Crezelius* ZEV 2009, 1; *Koschmieder/Herrmann*, FS W. Spindler, 2011, S. 661; ferner *Schiffers* DStZ 2009, 548 unter Einbeziehung des Anwendungserlasses der Länderfinanzverwaltungen; zum ErbStG allg. *Hannes/Onderka* ZEV 2009, 10; *Fürwentsches* UVR 2009, 271; *Levedag* GmbHR 2011, 1306.
[96] Vgl. näher *Casper/Altgen* DStR 2008, 2319 – im Ergebnis allerdings verneinend.
[97] BGH NJW 1973, 651; 1973, 1606; 1985, 192; 1994, 2536; GmbHR 1977, 81 (83).
[98] BGH NJW 1979, 104; 1989, 2685; WM 1962, 462 (463); 1978, 1044.
[99] Abfindungsklauseln, 1973, S. 113 f.
[100] *Flume* BGB AT I § 12 III; *ders*. NJW 1979, 902 ff.; ihm folgend Soergel/*Hadding*, 11. Aufl. 1985, Rn. 12 aE – anders aber jetzt Soergel/*Hadding/Kießling* Rn. 51.

Rechts" hingewiesen, die ohne eigene Kapitalbeteiligung in die Gesellschaft aufgenommen worden seien und daher auch in stärkerem Maße, bis hin zum vollständigen Abfindungsausschluss, den späteren Verlust der Mitgliedschaft ohne angemessenes Entgelt hinnehmen müssten (→ Rn. 58 f.). Da namentlich bei Handelsgesellschaften die Anteile der gegenwärtigen Gesellschafter nicht selten im Erbwege erlangt wurden, könnte dieser Relativierung des grundsätzlichen Verbots eines Abfindungsausschlusses weittragende Bedeutung zukommen. Speziell für die Gesellschafter großer Familiengesellschaften hat jüngst auch *Ulmer* eine großzügigere Beurteilung von Abfindungsbeschränkungen vorgeschlagen.[101]

44 **2. Schranken für vertragliche Abfindungsvereinbarungen. a) Überblick.** Soweit der Ausschluss oder die wesentliche Beschränkung des aus § 738 Abs. 1 S. 2 folgenden Abfindungsanspruchs in Frage steht, sind **vier** nach Voraussetzungen und Rechtsfolgen zu trennende **Wirksamkeitsschranken** zu beachten (zu Auszahlungsvereinbarungen → Rn. 65).[102] Derartige Klauseln können einerseits wegen sittenwidriger Knebelung nach § 138 Abs. 1 (→ Rn. 45) oder wegen Gläubigerbenachteiligung (→ Rn. 47) nichtig sein. Die Undurchsetzbarkeit kann sich weiter daraus ergeben, dass die Abfindungsvereinbarung wegen der mit der Ausübung des Kündigungsrechts verbundenen nachteiligen Vermögensfolgen zu einer nach § 723 Abs. 3 unzulässigen Einengung der Kündigungsfreiheit des betroffenen Gesellschafters führt (→ Rn. 49 ff.). Schließlich kann je nach Lage des Falles die Berufung auf eine an sich wirksam vereinbarte Abfindungsklausel auch am Einwand gestörter Geschäftsgrundlage oder des Rechtsmissbrauchs scheitern (→ Rn. 55 ff.). – Zu den Rechtsfolgen unwirksamer oder undurchsetzbarer Abfindungsvereinbarungen → Rn. 74 f.

45 **b) Sittenwidrigkeit (§ 138).** Eine erste, allgemein für Gesellschaftsverträge geltende Schranke (→ § 705 Rn. 134) bilden § 138 Abs. 1 und Abs. 2. Unter ihnen ist das Eingreifen des Wuchertatbestands (Abs. 2), namentlich unter dem Gesichtspunkt der Ausnutzung der Unerfahrenheit betroffener Gesellschafter, zwar nicht schlechthin ausgeschlossen,[103] dürfte aber nur selten vorkommen. Näher liegt der Tatbestand sittenwidriger **Knebelung** (Abs. 1), bei dem nach zutreffender Ansicht subjektive Umstände wie der vom anderen Teil verfolgte Beweggrund für die Prüfung der Sittenwidrigkeit zwar bedeutsam, nicht aber notwendige Voraussetzung des Eingreifens von § 138 sind (→ § 138 Rn. 129 ff. *[Armbrüster]*). Berücksichtigt man die erheblichen Beschränkungswirkungen, die namentlich von einem **Ausschluss** der Abfindung auf die persönliche und wirtschaftliche Freiheit des Ausgeschiedenen in objektiver Hinsicht ausgehen können, so greift in derartigen Fällen beim Fehlen besonderer Umstände im Zweifel die Nichtigkeitsfolge des § 138 ein (→ Rn. 60 f.).[104] Solche besonderen Umstände hat der BGH bei Gesellschaften mit ideeller Zwecksetzung angenommen und deshalb den Ausschluss jeglicher Abfindung grundsätzlich toleriert (→ Rn. 62).

46 **Buchwertklauseln** oder sonstige zur Nichtberücksichtigung stiller Reserven führende Beschränkungen werden schon deshalb nur in Sonderfällen[105] einen Sittenverstoß iSv § 138 Abs. 1

---

[101] *Ulmer* ZIP 2010, 805 (813 ff.); → Rn. 59a.
[102] Vgl. die Rspr.-Übersichten von *Ulmer,* FS Quack, 1991, S. 485 ff.; *Kort* DStR 1995, 1961 ff.; *Hülsmann* NJW 2002, 1673 ff. und *Westermann* in Westermann/Wertenbruch PersGesR-HdB I. Teil § 36 Rn. 1157 ff.; zur Rechtslage bei Buchwertklauseln auch *G. Müller* ZIP 1995, 1561 ff.
[103] Vgl. BGH WM 1975, 325 – grob einseitige Einlagebewertung durch einen Mitgesellschafter, der als Rechtsberater und Generalbevollmächtigter des Sacheinlegers mit der Ausgestaltung des Gesellschaftsvertrags betraut war.
[104] So die hM, vgl. Soergel/*Hadding/Kießling* Rn. 52; Staudinger/*Habermeier* (2003) Rn. 23, 30; MüKoHGB/*K. Schmidt* HGB § 131 Rn. 166; Staub/*Schäfer* HGB § 131 Rn. 169, 187; *Westermann* in Westermann/Wertenbruch PersGesR-HdB I. Teil § 36 Rn. 1153, 1157; *Knöchlein* DNotZ 1960, 455; diff. Flume BGB AT I 1 § 12 III. Grundsätzlich abl. auf Grund sehr restriktiver Auslegung von § 138 Abs. 1 aber *Heckelmann,* Abfindungsklauseln, 1973, S. 112 f., 123; so wohl auch *Erman,* FS Westermann, 1974, S. 75 (77); *Heyn,* FS Schiedermair, 1976, S. 271 (280).
[105] Vgl. BGH NJW 1979, 104: Sittenwidrigkeit einer Buchwertabfindung im Fall der Ausschließung ohne wichtigen Grund – ähnlich, wenn auch auf zusätzliche Umstände gestützt, schon BGH WM 1962, 462 (463) – ; zust. *Schilling* ZGR 1979, 419 ff.; *Ulmer* NJW 1979, 82 (84); *U. Huber* ZGR 1980, 177 (203 f.); *Hirtz* BB 1981, 761 (764 f.); vgl. auch *G. Müller* ZIP 1995, 1561 (1565); krit. *Flume* NJW 1979, 902 ff.; *Kreutz* ZGR 1983, 109 ff.; im Grundsatz auch *Eiselt,* FS v. Lübtow, 1980, S. 643 (656 ff., 662); *Esch* NJW 1979, 1390; *Sigle* ZGR 1999, 659 (661 ff.); vgl. auch BGH NJW 1989, 2685 (2686) – Sittenwidrigkeit einer Abfindung zum halben Buchwert trotz vorhergegangener Anteilsschenkung bejaht; BGHZ 126, 226 (240) = NJW 1994, 2536 – Sittenwidrigkeit erst später eingetretenem grobem Missverhältnis verneint; BGHZ 116, 359 (368) = NJW 1992, 892 – Sittenwidrigkeit der Abfindung eines GmbH-Gesellschafters nur, wenn die Beschränkung vollkommen außer Verhältnis zu dem grds. unbedenklichen Kapitalsicherungszweck steht; OLG Hamm NZG 2003, 440 (441) – Sittenwidrigkeit der Beschränkung des Abfindungsanspruchs auf ein Drittel des Zeitwerts. Für generelle Unwirksamkeit von Buchwertklauseln in „Satzungsgesellschaften" beim Fehlen eines Verbots, stille Reserven zu bilden, jedoch *Reuter* Schranken S. 299 f. unter Berufung auf den – freilich nur bei kündigungsbedingtem Ausscheiden relevanten – Zweck der §§ 723, 724.

enthalten, weil es für das Eingreifen dieser Vorschrift auf den Zeitpunkt des *Zustandekommens* der Vereinbarung ankommt (→ § 138 Rn. 133 *[Armbrüster]*). Zu diesem Zeitpunkt besteht aber die mit dem späteren Anstieg der stillen Reserven und/oder des Firmenwerts verbundene Diskrepanz zwischen gesetzlicher und vertraglicher Abfindung meist noch nicht und ist auch nicht vorhersehbar. Auf den Zeitpunkt späterer Vertragsänderungen kommt es nur an, wenn diese sich zumindest mittelbar mit einer Änderung auch der Abfindungsregelung verbinden.[106] Je nach Lage des Falles können Buchwertklauseln sogar zu einer gegenüber dem dispositiven Recht überhöhten Abfindung führen.[107]

c) Gläubigerschutz. Vereinbarungen, die den Abfindungsanspruch eines Gesellschafters speziell **47** für den Fall seines durch Gläubigerkündigung oder Insolvenzeröffnung bedingten Ausscheidens ausschließen oder in einem über vergleichbare Fälle des Ausscheidens hinausgehenden Maß beschränken, werden von der ganz hM als *wegen Gläubigerbenachteiligung nichtig* angesehen.[108] Soweit die Begründung für dieses Ergebnis sich auf § 138 stützt,[109] ist dem allerdings entgegengehalten worden,[110] dass die im Fall der Gläubigerbenachteiligung eingreifenden *Anfechtungsvorschriften der § 133 Abs. 1 InsO, § 3 Abs. 1 AnfG* dem Sittenwidrigkeitstatbestand des § 138 als Spezialvorschriften vorgehen, falls keine weiteren die Sittenwidrigkeit begründenden Umstände vorliegen.[111]

Stellungnahme. Mit der hM ist an der Nichtigkeit wegen Gläubigerbenachteiligung festzuhalten; **48** für einen Vorrang der Anfechtungstatbestände besteht auch seit Inkrafttreten der InsO kein Anlass.[112] Bei beiden Anfechtungstatbeständen ist die Anfechtungsfrist auf zehn Jahre seit Vornahme des Rechtsgeschäfts beschränkt. Das kann speziell für Gesellschaftsverträge angesichts ihres nicht selten mehrere Jahrzehnte zurückliegenden Zustandekommens zu einer Schutzlücke führen. Daher verdient trotz der Anfechtungsmöglichkeiten von InsO und AnfG der Rückgriff auf das in §§ 725, 728 Abs. 2 iVm §§ 736 Abs. 1, 738 Abs. 1 S. 2 verankerte **gesellschaftsrechtliche Gläubigerschutzprinzip** den Vorrang.[113] Die Gläubiger haben zwar keinen Anspruch darauf, dass die Gesellschafter es für den Fall der §§ 725, 728 Abs. 2 bei der gesetzlichen Auflösungs- oder Abfindungsregelung belassen, sondern sind grundsätzlich auf die dem Gesellschafter/Schuldner nach der jeweiligen Vertragsgestaltung zustehenden Vermögensrechte verwiesen. Anderes gilt jedoch, soweit die gesellschaftsvertraglichen Vereinbarungen sich speziell auf eine Verschlechterung der Gläubigerposition richten. So wenig die den Gläubigern aus §§ 725, 728 Abs. 2 zustehenden Rechte generell abdingbar sind (→ § 725 Rn. 7; → § 728 Rn. 3), so wenig ist es gesellschaftsrechtlich auch zulässig, zu einer einseitig die Privatgläubiger eines Gesellschafters treffenden Abfindungsbeschränkung zu kommen.

d) Verbotene Kündigungsbeschränkung (§ 723 Abs. 3). Das in § 723 Abs. 3 enthaltene Verbot, **49** die Kündigung entgegen § 723 Abs. 1 und 2 zu beschränken, greift nach Umgehungsgrundsätzen[114] auch dann ein, wenn eine Abfindungsklausel geeignet ist, den kündigungswilligen Gesellschafter wegen der wirtschaftlich nachteiligen Folgen einer Kündigung zum Verzicht auf die

---

[106] *Sigle* ZGR 1999, 659 (666).
[107] So zutr. *Sigle* ZGR 1999, 662; vgl. auch *Glas* AUR 2010, 5 (8) zum Sonderfall von Landwirtschaftsbetrieben; ferner *Sörgel/Engelmann* DStR 2003, 1260 ff. zur Anpassung der Buchwertabfindung an den niedrigeren Verkehrswert.
[108] So BGHZ 65, 22 (28) = NJW 1975, 1835 und BGHZ 144, 365 (366 f.) = NJW 2000, 2819 für die GmbH; *Flume* BGB AT I 1 § 12 III; *Hueck* OHG § 24 II 4; Soergel/*Hadding/Kießling* Rn. 49; MüKoHGB/ *K. Schmidt* HGB § 131 Rn. 160; Staub/*Schäfer* HGB § 131 Rn. 171; *Westermann* in Westermann/Wertenbruch PersGesR-HdB I. Teil § 36 Rn. 1153. Anders bei Einbeziehung auch der kündigungsbedingten Abfindung: BGH NJW 1993, 2101 (2102).
[109] Nachweise bei *Heckelmann*, Abfindungsklauseln, 1973, S. 106 Fn. 31.
[110] So namentlich *Heckelmann*, Abfindungsklauseln, 1973, S. 116 ff., 123; ihm folgend *Möhring*, FS Barz, 1974, S. 49 (63 ff.); ebenso *Rittstieg* DB 1985, 2285 (2288).
[111] Zu der stRspr zum Verhältnis der Anfechtungstatbestände der früheren KO und des AnfG gegenüber § 138, vgl. BGHZ 53, 174 (180) = NJW 1970, 752; BGH NJW 1973, 513; Erman/*Arnold* § 138 Rn. 7 sowie die Nachweise bei *Heckelmann*, Abfindungsklauseln, 1973, S. 117.
[112] Vgl. näher *Ulmer*, FS Quack, 1991, S. 477 (487). – Problematisch deshalb *Leitzen* ZNotP 2009, 315 (316), demzufolge der Umstand, dass das Ausscheiden auf einem in der Gesellschaftersphäre liegenden Grund beruht, auch im Falle einer Pfändung des Anteils bzw. Insolvenz des Gesellschafters eine reduzierte Abfindungshöhe rechtfertigen soll.
[113] IdS, wenn auch ohne nähere Auseinandersetzung mit den Anfechtungstatbeständen BGHZ 65, 22 (28) = NJW 1975, 1835 und BGHZ 144, 365 (366 f.) = NJW 2000, 2819 für die GmbH; aA *Heckelmann*, Abfindungsklauseln, 1973, S. 166 ff.
[114] Dh im Analogiewege, vgl. *Teichmann*, Die Gesetzesumgehung, 1970, S. 78 ff.; *Sieker* Umgehungsgeschäfte, 2001, S. 87 ff.; speziell im Hinblick auf § 723 Abs. 3 *Heckelmann*, Abfindungsklauseln, 1973, S. 141 ff.

Kündigungserklärung zu veranlassen.[115] Dabei kommt es nicht auf eine Umgehungsabsicht der Mitgesellschafter an.[116] Die Wirksamkeitsschranke des § 723 Abs. 3 besaß solange erhebliche Bedeutung, als die hM für ihr Eingreifen nicht auf die Lage bei Vertragsschluss abstellte, sondern auf die Wertverhältnisse im jeweiligen Zeitpunkt der Kündigung, und mit dieser Begründung die **Möglichkeit nachträglicher, ex nunc eintretender Unwirksamkeit** einer ursprünglich mit § 723 Abs. 3 vereinbaren Abfindungsklausel bejahte.[117] Unter dem Eindruck der hieran in Teilen der Literatur geübten Kritik[118] ist der BGH von dieser Konstruktion inzwischen abgerückt und **verneint** seither zu Recht die Möglichkeit nachträglich eintretender Unwirksamkeit.[119] Da ein ursprüngliches Missverhältnis aus ähnlichen Gründen wie bei § 138 nur selten vorliegen dürfte, ist dadurch für die Unwirksamkeitsfolge des § 723 Abs. 3 nur noch in seltenen Fällen Raum (→ Rn. 46).[120] Der Rechtsgedanke des § 723 Abs. 3 rechtfertigt ferner auch nicht die Unwirksamkeit von Abfindungsregelungen, wenn diese zu einem *über dem Zeitwert* des Anteils liegenden Anspruch führen.[121]

50 Im *Ergebnis* ist mit diesem **Methodenwandel** freilich *keine wesentliche Änderung* verbunden. Denn der BGH will dem nachträglichen Eintritt eines erheblichen Missverhältnisses zwischen wirklichem Anteilswert und vereinbartem Abfindungsbetrag dadurch Rechnung tragen, dass er für derartige Fälle nach Treu und Glauben vom Vorliegen einer von den Parteien nicht bedachten Vertragslücke ausgeht, die im Wege ergänzender Vertragsauslegung zu schließen sei (→ Rn. 53 f.). Diesem Ansatz ist angesichts des von den Beteiligten meist umfassend gewollten Anwendungsbereichs der Abfindungsklausel zwar nicht ohne weiteres zu folgen. Zum gleichen Ergebnis kommt man jedoch mit der methodisch vorzugswürdigen Begründung, dass eine ursprünglich wirksam vereinbarte, durch zwischenzeitliche Entwicklungen unangemessen gewordene Abfindungsklausel wegen Rechtsmissbrauchs undurchsetzbar ist (→ Rn. 55). Von Bedeutung ist der strengere Maßstab des § 723 Abs. 3 (→ Rn. 52) namentlich bei für sämtliche (oder jedenfalls mehrere) Ausscheidensfälle **einheitlich formulierten** Abfindungsklauseln, weil er sich dann gegen den großzügigeren Maßstab des § 138 durchsetzt; auch unabhängig hiervon scheidet die Aufrechterhaltung einer (auch) wegen Kündigungsbeschränkung unwirksamen Klausel für andere Ausscheidensfälle aus (→ Rn. 72a).

51 Die Frage, wann ein zum Eingreifen von § 723 Abs. 3 führendes sowie zum Missbrauchseinwand des § 242 auslösendes **erhebliches Missverhältnis** zwischen wirklichem Anteilswert und vereinbartem Abfindungswert zu bejahen ist, bleibt somit trotz des zwischenzeitlichen Rechtsprechungswandels unverändert relevant. Entscheidend ist, ob mit Rücksicht auf den Ausschluss oder die weitgehende Beschränkung des Abfindungsanspruchs die *Entschließungsfreiheit des Gesellschafters im Zeitpunkt der beabsichtigten Kündigung unvertretbar eingeengt* wird. Dieser Maßstab gilt auch bei kapitalistisch strukturierten Personengesellschaften. Er greift insbesondere dann ein, wenn die Abfindungsbeschränkung sogar für den Fall eines durch *außerordentliche* Kündigung verursachten Ausscheidens Geltung beansprucht. – Zum Sonderfall der Gesellschafterstellung ohne Kapitalbeteiligung → Rn. 58, zur besonderen Behandlung von Familiengesellschaftsverträgen → Rn. 59a.

52 **Im Einzelnen** sind die aus § 723 Abs. 3 folgenden Schranken der vertraglichen Gestaltungsfreiheit noch nicht abschließend geklärt. Der **BGH** hat in einer früheren Entscheidung festgestellt, die kritische Grenze sei jedenfalls bei einem Abfindungsanspruch überschritten, der nur 20 % der nach § 738 Abs. 1

---

[115] Ganz hM, vgl. BGHZ 123, 281 (283 f.) = NJW 1993, 3193; BGH NJW 1954, 106; 1973, 651 (652); 1985, 192 (193); NZG 2006, 425 (426) = NJW-RR 2006, 1270; NJW 2008, 1943 (1945); WM 1979, 1064 (1065); RGZ 162, 388 (393); Soergel/*Hadding/Kießling* § 723 Rn. 46; Erman/*Westermann* § 723 Rn. 23; Staudinger/*Habermeier* (2003) § 723 Rn. 21; Bamberger/Roth/*Schöne* Rn. 35; *Ulmer* ZIP 2010, 805 (811); für Nichtigkeit nach § 138 aber MüKoHGB/*K. Schmidt* HGB § 131 Rn. 156; wN bei *Heckelmann*, Abfindungsklauseln, 1973, S. 126 Fn. 11.

[116] So zu Recht *Heckelmann*, Abfindungsklauseln, 1973, S. 128.

[117] BGH WM 1989, 783 (785); NJW 1985, 192 (193); WM 1979, 1064; vgl. auch BGHZ 116, 359 (368) = NJW 1992, 892 (894) und noch 2. Aufl. Rn. 33 mwN in Fn. 70–72.

[118] So erstmals *Rasner* NJW 1983, 2905 (2907); ihm folgend *Büttner*, FS Nirk, 1992, S. 119 (124 f.); MüKoHGB/*K. Schmidt* HGB § 131 Rn. 168.

[119] BGHZ 123, 281 (284) = NJW 1993, 3193; zust. *Dauner-Lieb* ZHR 158 (1994), 271 (280); *Ulmer/Schäfer* ZGR 1995, 134 (139 f.); vgl. auch schon BGH NJW 1993, 2101 (2102) – Unzumutbarkeit wegen wesentlicher Änderung der Verhältnisse.

[120] Vgl. aber BGH NZG 2006, 425 = NJW-RR 2006, 1270: Abfindung auf der Grundlage des Ertragswerts kann gegen § 723 Abs. 3 verstoßen, wenn der Liquidationswert den Ertragswert erheblich übersteigt (Ertragswert betrug ca. 29 % des Liquidationswerts). Unklar blieb allerdings, ob dieses Wertverhältnis von vornherein bestanden hat, anderenfalls wäre nicht die Unwirksamkeit, sondern lediglich eine Ausübungskontrolle in Betracht gekommen, vgl. auch *Lux* MDR 2006, 1205 f.

[121] OLG München OLGR 2006, 516 – Zweipersonen-KG; verbleibender Gesellschafter hätte es bei Auflösung und Liquidation der Gesellschaft in der Hand, sich das Auseinandersetzungsguthaben auszahlen zu lassen, statt dem Mitgesellschafter den hohen Abfindungsbetrag zu zahlen.

S. 2 zu zahlenden Abfindung erreiche.[122] In einem anderen Fall[123] hat er für die Abfindung beim Ausscheiden aus einer Personenhandelsgesellschaft zu Recht betont, Vergleichsmaßstab für die Beurteilung der Wirksamkeit der *Buchwertklausel* sei nicht die Höhe der vorhandenen stillen Reserven, sondern der „wirkliche Wert" der Beteiligung, berechnet auf der Grundlage des Ertragswerts des von der Gesellschaft betriebenen Unternehmens. Allerdings hat er eine prozentuale Mindesthöhe des Abfindungsanspruchs, gemessen am wirklichen Wert, bisher nicht beziffert, bei deren Einhaltung der Einwand eines erheblichen Missverhältnisses auszuschließen sei. Solche Hinweise wären schon aus Gründen der Rechtssicherheit in diesem umstrittenen Bereich erwünscht, auch wenn sie nur eine allgemeine Richtschnur enthalten könnten und die Zulässigkeit stärkerer Einschränkungen in solchen Fällen unberührt lassen würden, in denen die Beteiligung des betroffenen Gesellschafters auf besonderen Umständen beruht (→ Rn. 58 ff.). Als Faustregel könnte sich etwa die *Grenzziehung bei zwei Drittel des wirklichen Anteilswerts* anbieten, wenn sich nicht mit den Auszahlungsmodalitäten weitere spürbare Einschränkungen verbinden.[124] – Für die Kündigung einer *Anwaltssozietät* hat der BGH dagegen trotz Abfindungsausschluss ein erhebliches Missverhältnis verneint, wenn der durch die Kündigung ausscheidende Rechtsanwalt das Recht hat, anteilig Mandate mitzunehmen und sich damit die Grundlage für seine weitere Existenz als Anwalt zu erhalten (→ Rn. 67).

e) Ergänzende Vertragsauslegung (§§ 157, 242). Die Problematik des *nachträglich eintretenden* **53** erheblichen Missverhältnisses zwischen Anteilswert und Abfindungsbetrag (→ Rn. 49) will der BGH im Wege ergänzender Vertragsauslegung lösen. Dabei unterstellt er, dass für diesen Fall im Gesellschaftsvertrag keine Regelung getroffen und diese Lücke daher nach §§ 157, 242 zu schließen sei.[125] Sowohl hinsichtlich der *Eingreifkriterien* als auch hinsichtlich der **Lückenfüllung** will der BGH dabei eine umfassende Interessenabwägung vornehmen, in die ua folgende Umstände einfließen sollen: Wertdifferenz zwischen Klauselwert und Anteilswert; Dauer der Mitgliedschaft des Ausgeschiedenen sowie dessen Beitrag zum Aufbau und Erfolg des Unternehmens; Anlass des Ausscheidens; tatsächliche Entwertung des Kündigungsrechts durch die Abfindungsbeschränkung; Angewiesensein des Ausgeschiedenen auf die Verwertung seines Anteils; finanzielle Situation der Gesellschaft; Auszahlungsmodalitäten. Enthält der Gesellschaftsvertrag hingegen eine **„Auffangklausel"** für den Fall einer undurchsetzbaren Abfindungsregelung, so ist diese grundsätzlich zu berücksichtigen, zumal sie zum Ausdruck bringt, dass die Gesellschafter eine auf Dauer wirksame und alle Gesellschafter gleichbehandelnde Berechnung der Abfindung gewollt haben.[126]

Stellungnahme. Der neuen Rechtsprechung ist zwar im Grundsatz darin zuzustimmen, dass **54** der lückenfüllenden ergänzenden Vertragsauslegung Vorrang gegenüber den Wirksamkeitsschranken zukommt.[127] Insofern ist auch die Berücksichtigung eines Auffangtatbestands für den Fall der Undurchsetzbarkeit einer primär gewollten Abfindungsbeschränkung nur konsequent, zumal sie eine Gleichbehandlung der Gesellschafter sicherstellt. Die Methode muss jedoch dort versagen, wo ein eindeutiger Wille der Parteien feststellbar ist, der dahin geht, an der Abfindungsregelung auch bei nachträglich eintretenden Wertänderungen festzuhalten; von einem solchen Willen ist angesichts der Vereinbarung einer umfassenden Abfindungsklausel regelmäßig auszugehen.[128] In solchen Fällen führt kein Weg daran vorbei, Abfindungsregelungen, die aufgrund nachträglicher Entwicklungen zu einem erheblichen Missverhältnis zwischen Klauselwert und wahrem Anteilswert führen, unter Anwendung der allgemeinen Wirksamkeitsschranken zu korrigieren; hierfür bietet sich der Rückgriff auf den *Missbrauchseinwand* an (→ Rn. 55). Aber auch gegenüber der vom BGH vertretenen umfas-

---

[122] BGH NJW 1973, 651 (652). Vgl. auch BGH NJW 1989, 2685 (2686) – Sittenwidrigkeit der Abfindung zum halben Buchwert; OLG Hamm DStR 2003, 1178 f. – sittenwidrige Beschränkung auf ein Drittel des Zeitwerts.
[123] BGH NJW 1985, 192 (193).
[124] Vgl. näher *Ulmer/Schäfer* ZGR 1995, 134 (153); dem folgend Bamberger/Roth/*Schöne* Rn. 41; *Kort* DStR 1995, 1966 f.; restriktiver (Grenze erst bei 50 %) *Erman*, FS Westermann, 1974, S. 75 (78 f.); *Heyn*, FS Schiedermair, 1976, S. 271 (285 f.); *Kellermann* StGJB 1986/87, 409 (414); *Mecklenbrauck* BB 2000, 2001 (2006); krit. gegenüber solchen Grenzwerten *Flume* BGB AT I § 12 IV Fn. 51: „Kadi-Erwägungen"; Erman/*Westermann* Rn. 15; *Büttner*, FS Nirk, 1992, S. 119 (129); so auch OLG Oldenburg GmbHR 1997, 503 (505).
[125] BGHZ 123, 281 (285 f.) = NJW 1993, 3193 im Anschluss an BGH NJW 1993, 2101 (2102); 1994, 2536 (2540); ferner BGH ZIP 2011, 235/ Rn. 15; DStR 2014, 1404; OLG Frankfurt NZG 2013, 292 (293); OLG Bremen NJW 2013, 2527; zust. *Schulze-Osterloh* JZ 1993, 45 f.; ähnlich *Dauner-Lieb* ZHR 158 (1994), 271 (283 ff.); ferner *Westermann* ZGR 1996, 272 (279 ff.).
[126] BGH NZG 2011, 1420 = ZIP 2011, 2357 mit krit. Anm. *Herrff* GmbHR 2012, 621.
[127] So auch *Schulze-Osterloh* JZ 1993, 45 f.; *Dauner-Lieb* ZHR 158 (1994), 271 (277).
[128] *Ulmer/Schäfer* ZGR 1995, 134 (141 ff.); aA *Dauner-Lieb* ZHR 158 (1994), 271 (284), die für eine Beweislastumkehr eintritt; zur gemeinsamen Vorstellung der Parteien bei Vertragsschluss vgl. auch *Gerd Müller* ZIP 1995, 1561 (1568).

senden Interessenabwägung bei der Lückenfüllung bestehen erhebliche Bedenken, jedenfalls soweit dabei Umstände aus der Privatsphäre des Gesellschafters Berücksichtigung finden sollen.[129] Vielmehr ist die Abfindungshöhe grundsätzlich im Wege einer am Inhalt des Gesellschaftsvertrags orientierten ergänzenden Vertragsauslegung (→ Rn. 74) zu bestimmen. Dem methodischen Vorgehen des BGH ist daher nicht zu folgen. Hiervon unberührt bleibt aber die Anwendbarkeit gesellschaftsvertraglicher Auffangtatbestände, da sie durch einen gemeinsamen Willen der Gesellschafter gedeckt sind.

55 **f) Rechtsmissbrauch; Störung der Geschäftsgrundlage (§§ 242, 313).** Durch die Änderung der Rechtsprechung zu § 723 Abs. 3 hat die Ausübungskontrolle gegenüber der Wirksamkeitskontrolle des Vertragsinhalts erheblich an Bedeutung gewonnen. Auszugehen ist dabei von der Fallgruppe der **unzulässigen Rechtsausübung.** Für sie ist anerkannt, dass einem Anspruch, dessen vertragliche Vereinbarung im Zeitpunkt seiner Geltendmachung als nichtig oder unwirksam beurteilt werden müsste, nach § 242 der Missbrauchseinwand entgegengesetzt werden kann.[130] Anknüpfend an die frühere Rechtsprechung ist daher in einem ersten Schritt zu prüfen, ob die Abfindungsklausel gegen § 138 Abs. 1 oder § 723 Abs. 3 verstoßen würde, wenn sie *im Zeitpunkt des Ausscheidens* bzw. *im Zeitpunkt der beabsichtigten Kündigung* vereinbart worden wäre. Ist dies nach den in → Rn. 45 f., 49 aufgezeigten Grundsätzen der Fall, so steht der Berufung auf die Abfindungsklausel der Einwand unzulässiger Rechtsausübung entgegen.[131] An ihre Stelle tritt auf Grund ergänzender Vertragsauslegung dasjenige, was die Parteien bei Kenntnis der fehlenden Durchsetzbarkeit vereinbart hätten. Entgegen der Ansicht des BGH bedarf es hierfür keiner umfassenden Interessenabwägung (→ Rn. 53 f.).

56 Neben oder an Stelle des Missbrauchseinwands kommt auch die Berufung auf eine **Störung der Geschäftsgrundlage** (§ 313) in Betracht, wenn *erhebliche, zumal unvorhersehbare Wertänderungen* seit dem Abschluss des Gesellschaftsvertrages eingetreten sind (→ Rn. 42). Bleibt in derartigen Fällen der Abfindungsbetrag aufgrund unvorhersehbarer Entwicklungen wesentlich hinter dem anteiligen Verkehrswert des Unternehmens zurück und ist die Abfindung zum Klauselwert dem Ausgeschiedenen deshalb unzumutbar, so ist an die Stelle der vereinbarten Abfindung im Wege ergänzender Vertragsauslegung eine angemessene Abfindung zu setzen.[132]

57 Eine schematische Grenze, deren Überschreiten zum Eingreifen des Einwands aus § 242 führen würde, lässt sich auch in derartigen Fällen nach ganz hM nicht aufstellen (→ Rn. 52 zur Schranke aus § 723 Abs. 3). Vielmehr bedarf es insoweit einer **Würdigung der Umstände des Einzelfalls.** Dabei sind einerseits die Art und Herkunft der Gesellschafterstellung des Ausgeschiedenen sowie die ihn durch die Abfindungsklausel treffenden Vermögensnachteile zu berücksichtigen. Andererseits ist zu prüfen, ob den Mitgesellschaftern eine Anpassung der Abfindungsklausel an die geänderten Umstände im Hinblick auf die Änderung der Wertrelationen zugemutet werden kann.[133] Zu beachten ist auch die seit 1974 geltende Schenkungsteuerbelastung (→ Rn. 42), zu der die Buchwertabfindung bei den Mitgesellschaftern führen kann und die bei deren Vereinbarung in Gesellschaftsverträgen aus früherer Zeit nicht bedacht worden war.

58 **g) Ausnahmen für Beteiligungen minderen Rechts und in Familiengesellschaften?** In der Diskussion zu den Wirksamkeitsgrenzen von Abfindungsklauseln wird im Ansatz zutreffend darauf hingewiesen, dass für die rechtliche Beurteilung auch die jeweilige Art und Herkunft der Gesellschafterstellung zu berücksichtigen sei.[134] Die Unbedenklichkeit weitgehender Beschränkungen oder gar

---

[129] Vgl. näher *Ulmer/Schäfer* ZGR 1995, 134 (150); krit. auch *Dauner-Lieb* ZHR 158 (1994), 271 (286); *Westermann* in Westermann/Wertenbruch PersGesR-HdB I. Teil § 36 Rn. 1159.
[130] BGH NJW 1983, 2692 f.; → § 138 Rn. 138 *(Armbrüster);* Soergel/*Hefermehl* § 138 Rn. 43; Erman/*Arnold* § 138 Rn. 35; *Larenz/Wolf* BGB AT § 41 Rn. 28.
[131] Näher *Ulmer/Schäfer* ZGR 1995, 134 (145 f., 147 ff.); dem folgend Bamberger/Roth/*Schöne* Rn. 39; *Kort* DStR 1995, 1961 (1966); *Mecklenbrauck* BB 2000, 2001 (2004); *Sigle* ZGR 1999, 671; so auch OLG Nauenburg NZG 2000, 698; OLG Bremen NJW 2013, 2527.
[132] So BGHZ 126, 226 (242) = NJW 1994, 2536. Vgl. auch BGH WM 1980, 1362 (1363); 1977, 192 (193) jeweils obiter; im Ergebnis auch BGH NJW 1993, 2101 (2102 f.). Ebenso *Ulmer,* FS Quack, 1991, S. 477 (489); *Büttner,* FS Nirk, 1992, S. 119 (128 f.); *K. Schmidt* GesR § 50 IV 2c ee; *Hueck* OHG § 24 I 5, S. 366; *Heyn,* FS Schiedermair, 1976, S. 271 (273, 280 f.); *Möhring,* FS Barz, 1974, S. 49 (58 f., 61); aA *Rasner* ZHR 158 (1994), 292 (299 f.); *Sudhoff* ZGR 1972, 168; ablehnend BGHZ 123, 281 (287) = NJW 1993, 3193; allg. zur Störung der Geschäftsgrundlage in derartigen Fällen → § 313 Rn. 42 ff. *(Finkenauer).*
[133] Zu diesen auch für die Frage einer Vertragsanpassung kraft Treupflicht maßgebenden Kriterien → § 705 Rn. 232 ff.; für Gleichbehandlung beider Fälle *Rob. Fischer,* FS Barz, 1974, S. 33 (46 f.); vgl. dazu aber *Flume* BGB AT I 1 § 12 IV Fn. 41.
[134] Vgl. *Heckelmann,* Abfindungsklauseln, 1973, S. 113 f.; *Flume* BGB AT I 1 § 12 III; *ders.* NJW 1979, 902 ff.; ihm folgend Soergel/*Hadding,* 11. Aufl. 1985, Rn. 12 aE – anders aber jetzt Soergel/*Hadding/Kießling* Rn. 51; ferner *Eiselt,* FS v. Lübtow, 1980, S. 643 (644 f.); *U. Huber* ZGR 1980, 177 (193 ff.). Zur Relevanz einer durch Anteilsschenkung erlangten Beteiligung vgl. BGH NJW 1989, 2685 (2686), tendenziell verneinend; *Nitschke* Personengesellschaft S. 341 ff.

eines Ausschlusses des Abfindungsanspruchs für einen oder bestimmte Gesellschafter lässt sich daraus entgegen den Vertretern dieser Ansicht freilich nicht ohne weiteres ableiten. Zwar steht der Gleichbehandlungsgrundsatz einer Ungleichbehandlung im Falle allseitiger Zustimmung nicht entgegen (→ § 705 Rn. 247). Jedoch haben auch solche **Gesellschafter, die ohne Kapitaleinlage** beigetreten sind, nach gesetzlicher Regel einen Abfindungsanspruch immerhin in anteiliger Höhe der einbehaltenen Gewinne sowie des sich bei Auflösung stiller Reserven in der Abfindungsbilanz ergebenden Überschusses.[135] Ein Ausschluss dieses Anspruchs kann, wenn er sich auf den Fall kündigungsbedingten Ausscheidens bezieht oder sogar bei Hinauskündigung (Ausschluss) ohne wichtigen Grund eingreifen soll, ebenfalls zur Unwirksamkeit nach § 723 Abs. 3 oder § 138 führen oder sich im Einzelfall als rechtsmissbräuchlich erweisen.

Nichts anderes gilt auch für Gesellschafter, denen der Anteil **unentgeltlich oder auf erbrechtlichem Wege** zugewandt worden ist. Auch wenn man die Stellung dieser Gesellschafter mit Rücksicht auf die vertraglichen Abfindungsregelungen als eine solche ohne – oder mit einer Art auflösend bedingter – Kapitaleinlage behandeln und als Gegenstand der Schenkung oder Erbschaft daher nur oder in erster Linie das mit dem Anteil verbundene Gewinnrecht ansehen wollte, könnten ihnen die auch insoweit bestehenden Abfindungsrechte (→ Rn. 58) doch nicht entgegen §§ 138, 723 Abs. 3 entzogen werden.[136] Auch besteht gegenüber Gesellschaftern, denen die Beteiligung unentgeltlich zugewendet wurde, nicht etwa eine geminderte gesellschaftsrechtliche Treupflicht.[137] Die Lehre von den Gesellschaftern „minderen Rechts" vermag weitgehende Abfindungsbeschränkungen daher nicht ohne weiteres zu legitimieren. – Zum Sonderfall der Anteilsschenkung unter Vorbehalt freien Widerrufs → § 737 Rn. 21 f. **59**

Abweichend von den in → Rn. 59 genannten Grundsätzen rechtfertigt die Familienbindung bei **großen Familiengesellschaften** stärkere Beschränkungen des Abfindungsanspruchs, weil sich der anteilige Verkehrswert hier als ungeeigneter Vergleichsmaßstab erweist. Wie *Ulmer* überzeugend herausgearbeitet hat, stehen die Besonderheiten der treuhandähnlichen Mitgliedschaft in einer generationsübergreifenden, auf Bestandssicherung ausgerichteten großen Familiengesellschaft der unveränderten Übernahme der allgemeinen Schranken für Abfindungsklauseln entgegen.[138] Stehe nach dem im Gesellschaftsvertrag angelegten, vom Mehrheitswillen mitgetragenen Gesamtzuschnitt der Familiengesellschaft fest, dass dauerhaft nur ein beschränkter Teil des Jahresüberschusses als Gewinn ausgeschüttet werde, so würde eine dem anteiligen Ertragswert nahekommende Abfindung zu einem unangemessenen Vermögenszuwachs beim ausscheidenden Familienmitglied führen. Es dürfte deshalb für die Berechnung der Abfindung anstelle des Ertragswerts bzw. Cash Flow diejenige Gewinnquote zugrunde gelegt werden, die nach der Praxis der Gesellschaft im Regelfall zur Ausschüttung bestimmt sei. Vergleichsmaßstab für die Beurteilung der Unwirksamkeit von Abfindungsklauseln (Sittenwidrigkeit, Kündigungsbeschränkung) sei dann der so ermittelte besondere Ertragswert *des einzelnen Anteils*.[139] Freilich wird man eine solche Beurteilung nur insofern anerkennen können, als einerseits die ausgeschütteten Einkommensteuergutschriften werterhöhend berücksichtigt werden, und andererseits die Abfindungsbeschränkung nicht als Schenkung iSv § 7 Abs. 7 ErbStG (→ Rn. 42) an die übrigen Gesellschafter zu beurteilen ist.[140] **59a**

3. Typische Vertragsklauseln. a) Abfindungsausschluss. Regelungen über den Ausschluss des Abfindungsanspruchs sind grundsätzlich *unwirksam*.[141] An diesem zutreffenden Standpunkt der **60**

---

[135] Vgl. auch *Nitschke* Personengesellschaft S. 358.
[136] So zutr. BGH NJW 1989, 2685 (2686); vgl. aber zu Relativierungen in Hinblick auf Hinauskündigungsklauseln → § 737 Rn. 17 ff.
[137] Nicht frei von Missverständnissen daher BGHZ 34, 80 (83) = NJW 1961, 504 – keine Pflicht der Mitgesellschafter zur Rücksichtnahme bei Ausübung eines „Ablösungsrechts" gegenüber einem unentgeltlich in die Gesellschaft aufgenommenen Gesellschafter. Wie hier gegen die Figur der „Gesellschafter minderen Rechts" auch *Schilling* ZGR 1979, 419 (423); Erman/*Westermann* Rn. 15; Soergel/*Hadding/Kießling* Rn. 51.
[138] *Ulmer* ZIP 2010, 805 (813 ff.) in Anknüpfung an die in ZIP 2010, 549 aufgezeigten Besonderheiten großer, generationsübergreifender Familiengesellschaften, für die diese Besonderheiten gelten sollen; zurückhaltender *Wolf* MittBayNot 2013, 9 (14 f.) mwN, der die „Familieninteressen" in der Rspr. des BGH grds. schon ausreichend berücksichtigt sieht und Ausnahmen nur bei Gesellschaften in funktionaler Nähe zur Familienstiftung anerkennen will.
[139] *Ulmer* ZIP 2010, 805 (815).
[140] Hierauf weist *Ulmer* ZIP 2010, 805 (815) ausdrücklich hin.
[141] So die hM, vgl. Soergel/*Hadding/Kießling* Rn. 52; Staudinger/*Habermeier* (2003) Rn. 23, 30; MüKoHGB/*K. Schmidt* HGB § 131 Rn. 166; Staub/*Schäfer* HGB § 131 Rn. 169, 187; *Westermann* in Westermann/Wertenbruch PersGesR-HdB I. Teil § 36 Rn. 1162 ff.; *Knöchlein* DNotZ 1960, 455; diff. *Flume* BGB AT I 1 § 12 III. Grundsätzlich abl. auf Grund sehr restriktiver Auslegung von § 138 Abs. 1 aber *Heckelmann*, Abfindungsklauseln, 1973, S. 112 f., 123; so wohl auch *Erman*, FS Westermann, 1974, S. 75 (77); *Heyn*, FS Schiedermair, 1976, S. 271 (280); → Rn. 45; aus der Rspr. BGHZ 201, 65 (71) = ZIP 2014, 1327 (1329) mit zust. Anm. *Grunewald* BB 2014,

hM ist trotz der hieran geübten Kritik[142] festzuhalten. Sie ergibt sich für den Kündigungsfall aus § 723 Abs. 3, im Übrigen regelmäßig aus dem Knebelungsverbot des § 138 Abs. 1. Auch ein einseitiger Abfindungsausschluss zu Lasten von Gesellschaftern ohne Kapitalbeteiligung oder solchen „minderen Rechts" kann nicht ohne weiteres wirksam vereinbart werden (→ Rn. 58 f.). Beschränkt sich der Abfindungsausschluss auf die Fälle des durch Kündigung nach § 725 oder durch Gesellschafterinsolvenz bedingten Ausscheidens, so ist er wegen Verstoßes gegen das gesellschaftsrechtliche Gläubigerschutzprinzip nichtig (→ Rn. 47 f.).

61 Abgesehen vom Sonderfall des Abfindungsausschlusses bei *Freiberufler-Sozietäten*, verbunden mit dem Recht zur „Mitnahme" des jeweiligen Mandantenstamms (→ Rn. 67 f.), sowie der Verwendung dieser Klausel als *Vertragsstrafe* bei besonders schwerwiegenden Pflichtverletzungen eines Gesellschafters[143] sind **Ausnahmen** von der grundsätzlichen Unwirksamkeit des Abfindungsausschlusses einerseits für diejenigen Klauseln anzuerkennen, in denen es um Regelungen auf den **Todesfall** eines Gesellschafters geht (→ Rn. 40).[144] Unabhängig davon, ob der Abfindungsausschluss für bestimmte oder alle Gesellschafter gilt, handelt es sich insoweit um vorweggenommene, auf den Todesfall bezogene unentgeltliche gesellschaftsvertragliche Verfügungen über den Anteilswert.[145] Die Auslegung einer Ausschlussklausel als Verfügung auf den Todesfall kommt freilich in Übereinstimmung mit der Rechtsprechung[146] nur dann in Betracht, wenn sich Abfindungsausschluss (oder [übermäßige] -beschränkung) **speziell auf den Todesfall** beziehen und sich auf diesen Fall des Ausscheidens beschränken. Bei einer für sämtliche Ausscheidensfälle einheitlich formulierten Klausel scheidet hingegen eine entsprechende Auslegung regelmäßig aus. Kann danach eine speziell für den Todesfall bestimmte Ausschlussklausel (oder Beschränkungsklausel) als Verfügung auf den Todesfall zugunsten der verbleibenden Gesellschafter gedeutet werden, so greift trotz Unentgeltlichkeit die Formvorschrift des § 2301 Abs. 1 wegen lebzeitigen Vollzugs nicht ein.[147] Die Rechtsfigur eines „aleatorischen", und deshalb entgeltlichen Rechtsgeschäfts zwischen sämtlichen Gesellschaftern bei allseitigem Ausschluss des Abfindungsanspruchs[148] ist demgegenüber abzulehnen.[149] Zu den Rechtsfolgen derartiger Vereinbarungen für die Auseinandersetzung unter den Erben → § 727 Rn. 45; → § 2325 Rn. 32 ff. *(Lange).*

62 Eine zweite Ausnahme von der grundsätzlichen Unwirksamkeit des Abfindungsausschlusses wird zu Recht für Gesellschaften mit **ideellem Zweck** vertreten.[150] Da die Beteiligung an einem derarti-

---

2325 und *Seibt* EWiR 2014, 509: Satzungsbestimmung, nach der im Fall einer (groben) Verletzung der Interessen der Gesellschaft oder der Pflichten des Gesellschafters der Ausgeschlossene keine Abfindung erhält, ist sittenwidrig und nicht als Vertragsstrafe aufrecht zu erhalten.

[142] Durch *Heckelmann,* Abfindungsklauseln, 1973, S. 104 ff. und *Flume* BGB AT I 1 § 12 III.

[143] Vgl. dazu Bamberger/Roth/*Schöne* Rn. 31; *Kort* DStR 1995, 1961 (1962) in Bezug auf einzelne, im Gesellschaftsvertrag ausdrücklich festgehaltene, besonders schwere Pflichtverletzungen; aA (generell abl.) Soergel/*Hadding/Kießling* Rn. 50; wohl auch BGHZ 201, 65 (71) = ZIP 2014, 1327 (1329) betr. GmbH.

[144] S. insbes. KG JR 1959, 101; vgl. ferner BGHZ 22, 186 (194); BGH WM 1971, 1338 (1339 f.); eingehende Nachweise zur Rspr. bei *Hölscher* ZEV 2010, 609 (610–612), der darauf hinweist, dass der allseitige Abfindungsausschluss zwar noch ein wirksames kautelarjuristisches Instrument der Erbrechtsgestaltung sei, angesichts der Kritik an der dies zulassenden Rspr. die künftige Beurteilung jedoch ungewiss sei (worüber die Praxis aufzuklären habe).

[145] So die hM jedenfalls für den einseitigen Abfindungsausschluss zu Lasten bestimmter Gesellschafter, vgl. KG JR 1959, 101; 3. Aufl. § 2325 Rn. 16 *(Frank);* Soergel/*Dieckmann* § 2325 Rn. 27; Siebert, Gesellschaftsvertrag und Erbrecht bei der OHG, 3. Aufl. 1958, S. 10 f.; *Huber* Vermögensanteil S. 462 ff.; Soergel/*Hadding/Kießling* Rn. 53; Staudinger/*Habermeier* (2003) Rn. 31; MüKoHGB/*K. Schmidt* HGB § 131 Rn. 161 f.; Staub/*Schäfer* HGB § 131 Rn. 188. Zum allseitigen Abfindungsausschluss auf den Todesfall sogleich im Text. Zur Frage, ob der (zulässige) Abfindungsverzicht Pflichtteilsergänzungsansprüche auslöst, s. *Lange,* ZErb 2014, 121.

[146] Vgl. insbes. KG JR 1959, 101; sowie BGHZ 22, 186 (194); BGH WM 1971, 1338 (1339 f.), die ausschließlich Fälle betrafen, in denen der Ausschluss der Abfindung speziell für den Todesfall geregelt war.

[147] KG JR 1959, 101; Siebert, Gesellschaftsvertrag und Erbrecht bei der OHG, 3. Aufl. 1958, S. 10 f.; *Huber* Vermögensanteil S. 463 f.; *G. und D. Reinicke* NJW 1957, 561 (562); *Ulmer* ZGR 1972, 195 (214 ff.); Soergel/*Hadding/Kießling* Rn. 53; MüKoHGB/*K. Schmidt* HGB § 131 Rn. 162; Staub/*Schäfer* § 131 Rn. 188; aA *Rittner* FamRZ 1961, 505 (509 ff.); einschr. auch *Wiedemann* GesR II § 5 III 1b, S. 465 ff., der § 2301 nur beim allseitigen Abfindungsausschluss für unanwendbar hält.

[148] So die früher hM, vgl. Schlegelberger/*Geßler,* 4. Aufl. 1965, HGB § 138 Rn. 27; *G. und D. Reinicke* NJW 1957, 561 (562); wohl auch *Wiedemann* Übertragung S. 189 (s. aber auch S. 186) sowie die umfassenden Nachweise bei *Heckelmann* Abfindungsklauseln, 1973, S. 71 Fn. 177; auch in neuerer Zeit noch Erman/*S. Kappler/T. Kappler* § 2301 Rn. 3; vgl. auch Erman/*Schlüter,* 13. Aufl. 2011, § 2311 Rn. 7; Baumbach/Hopt/*Roth* HGB § 131 Rn. 62; im Ergebnis auch BGHZ 22, 186 (194) = NJW 1957, 180.

[149] So auch *Heckelmann* Abfindungsklauseln, 1973, S. 77 ff., 84; *Huber* Vermögensanteil S. 465; Soergel/*Dieckmann* § 2325 Rn. 27; *Flume* BGB AT I 1 § 18 VI 1; MüKoHGB/*K. Schmidt* HGB § 131 Rn. 162; anders aber wohl 4. Aufl. § 2325 Rn. 19 f. *(Lange).*

[150] BGHZ 135, 387 (390 f.) = NJW 1997, 2592; Erman/*Westermann* Rn. 13; *Sigle* ZGR 1999, 675 ff.; Bamberger/Roth/*Schöne* Rn. 31; Soergel/*Hadding/Kießling* Rn. 52; Staub/*Schäfer* HGB § 131 Rn. 169; vgl. auch OLG

gen Zusammenschluss gewöhnlich auf altruistischen Motiven beruht, bedeutet es für die Gesellschafter ebenso wie für die Mitglieder eines Idealvereins regelmäßig keine nach §§ 138, 723 Abs. 3 relevante Beschränkung, dass ihnen beim Ausscheiden kein Abfindungsanspruch zusteht. – Nicht vergleichbar hiermit sind Abfindungsklauseln in **Familiengesellschaften**.[151] Sieht der Gesellschaftsvertrag etwa das Ausscheiden eines angeheirateten Gesellschafters im Falle seiner Scheidung oder Wiederverheiratung vor, so ist das keine Rechtfertigung für einen hiermit verbundenen Abfindungsausschluss.[152] Die Familienbindung rechtfertigt aber unter bestimmten Voraussetzungen die Zulässigkeit weitergehender Abfindungsbeschränkungen (→ Rn. 59a).

b) Buchwertklauseln. Sie sind – im Unterschied zu sog. *Nennwertklauseln*[153] – regelmäßig **63** dahin *auszulegen,* dass sie den Abfindungsanspruch auf die Rückzahlung noch nicht verbrauchter Einlagen, einbehaltener Gewinne sowie sonstiger anteiliger Rücklagen und Rückstellungen mit Eigenkapitalcharakter nach Maßgabe der letzten, auf den Stichtag der Abfindung fortzuschreibenden Handelsbilanz beschränken.[154] Ein nicht aufgelöster Verlustvortrag ist anteilig zu berücksichtigen.[155] Steuerrechtlich bedingte Sonderabschreibungen sind grundsätzlich nicht aufzulösen.[156] Buchwertklauseln führen typischerweise zu einer Beschränkung der Abfindung gegenüber dem anteiligen Ertragswert; sie können je nach Lage des Falles aber auch den gegenteiligen Effekt haben (→ Rn. 46).

In *rechtlicher* Hinsicht sind Buchwertklauseln, sieht man vom Sonderfall eines wirksam vereinbarten **64** Ausschließungsrechts gegenüber bestimmten Gesellschaftern ohne wichtigen Grund ab,[157] aus der Sicht von § 138 grundsätzlich unbedenklich, da zumindest im **Zeitpunkt ihrer Vereinbarung** eine sittenwidrige Knebelung oder eine Übervorteilung unter Ausnutzung der Unerfahrenheit des betroffenen Gesellschafters angesichts des zunächst meist geringen Unterschieds zwischen Verkehrswert und Buchwert der Beteiligung nur selten gegeben sein wird (→ Rn. 46). Entsprechendes gilt nach der neueren Rechtsprechung für die Beurteilung nach § 723 Abs. 3 (→ Rn. 49). Dagegen kann die **spätere Entwicklung** den Einwand des Rechtsmissbrauchs oder der gestörten Geschäftsgrundlage begründen (→ Rn. 42, 55 f.). Buchwertklauseln, die sich nur auf bestimmte Gesellschafter beziehen, können mit Rücksicht auf Art und Herkunft der betroffenen Beteiligungen in weitergehendem Umfang durchsetzbar sein (→ Rn. 58 f.). Privatgläubiger eines Gesellschafters haben eine allgemein für alle Ausscheidensfälle vereinbarte, nicht aus anderen Gründen unwirksame Buchwertklausel grundsätzlich hinzunehmen.[158]

c) Auszahlungsvereinbarungen. Sie können sich je nach Lage des Falles beziehen auf die **65** Fälligkeit des Abfindungsanspruchs, seine Verzinsung (→ Rn. 22), auf die Auszahlung in Raten statt in einem einmaligen Betrag sowie auf die dem Ausgeschiedenen einzuräumenden Sicherheiten für die weitere Belassung von Teilen seiner Einlage und der übrigen Abfindungsbeträge in der Gesellschaft.[159] Für die rechtliche Beurteilung gelten die in → Rn. 44 ff. entwickelten Maßstäbe entspre-

---

Hamm DB 1997, 1612 (1613); OLG Oldenburg GmbHR 1997, 503 (505); *Nitschke* Personengesellschaft S. 338 f.; *Flume* BGB AT I 1 § 12 III; aA noch GroßkommHGB/*Ulmer,* 3. Aufl. 1973, HGB § 138 Rn. 119.
[151] Vgl. näher *Sigle* ZGR 1999, 659 ff. mit Kritik an der aus seiner Sicht zu rigorosen Rspr. und mit zahlreichen Gestaltungshinweisen; ähnlich auch *Kübler,* FS Sigle, 2000, S. 183 (186 ff.).
[152] Abw. OLG Karlsruhe NZG 2007, 423 (427). Der hinausgekündigte Ehemann hatte seinen Anteil allerdings unentgeltlich erhalten – was nach BGH NJW 1989, 2685 indes keinen Abfindungsausschluss rechtfertigt. Auch wies der Fall weitere Besonderheiten auf; vgl. dazu auch *Wälzholz* NZG 2007, 417 freilich mit zu weitgehenden Folgerungen für die freie Kündbarkeit geschenkter Beteiligungen. Zur „Hinauskündigungsproblematik" → § 737 Rn. 17 ff.
[153] Diese beschränken die Abfindung auf den Nominalbetrag der Kapitaleinlage zuzüglich der nicht entnommenen Gewinne, vgl. OLG Hamm DB 1997, 1612 (1613) und *Jaeger* DB 1997, 1607 betr. die Abfindungsklausel einer gemeinnützigen Baugesellschaft.
[154] Vgl. BGH NJW 1979, 104; Staub/*Schäfer* HGB § 131 Rn. 189; *Schilling* ZGR 1979, 428; *Sigle* ZGR 1999, 659 (662). Für Einbeziehung auch der Rücklage nach § 6b EStG OLG München ZIP 1997, 240 (241); aA – für grds. Ausklammerung der Rücklagen – aber *Sudhoff* ZGR 1972, 157 (169).
[155] BGH WM 1978, 1152.
[156] Anderes gilt bei ausdrücklich oder konkludent abweichender Vereinbarung, vgl. dazu BGH WM 1965, 627. Eine konkludente Auflösungsabrede im Rahmen der Buchwertklausel regelmäßig bejahend *Huber* Vermögensanteil S. 339.
[157] Dazu BGH NJW 1979, 104; zur älteren Ansicht bzgl. Buchwertklauseln, die alle Ausscheidensfälle gleichermaßen erfassen, vgl. etwa *Erman,* FS Westermann, 1974, S. 75 ff., *Heyn,* FS Schiedermair, 1976, S. 271 ff.; *Knöchlein* DNotZ 1960, 452 ff.; *Möhring,* FS Barz, 1974, S. 49 ff. sowie die Kommentierung zu § 138 HGB von Schlegelberger/*Geßler,* 4. Aufl. 1965, HGB § 138 Rn. 26 ff. und Staub/*Schäfer* HGB § 131 Rn. 164 ff.; zu den Grenzen vertraglicher Ausschließungsvereinbarungen (Hinauskündigungsklauseln) → § 737 Rn. 17 ff.
[158] OLG Frankfurt NJW 1978, 328; OLG Hamburg GmbHR 1983, 126.
[159] *Knöchlein* DNotZ 1960, 466 ff.; Staub/*Schäfer* HGB § 131 Rn. 190.

chend. Längerfristige, den nötigen Zeitraum für die Berechnung des Anspruchs und die Beschaffung der zur Abfindung erforderlichen Mittel deutlich übersteigende Auszahlungsfristen sind im Allgemeinen nur dann unbedenklich, wenn sie zeitlich überschaubar sind, sich mit einer angemessenen Verzinsung für den Ausgeschiedenen verbinden und ihm keine unzumutbaren Risiken hinsichtlich der späteren Durchsetzung seiner Ansprüche auferlegen. Unbedenklich sind danach regelmäßig Auszahlungsfristen bis zu fünf Jahren, verbunden mit einer angemessenen Verzinsung des gestundeten Betrags, während Auszahlungsfristen von mehr als zehn Jahren das Maß des noch Zulässigen grundsätzlich überschreiten.[160] Außerdem hat es der BGH zugelassen, dass statt einer Abfindung eine lebenslange Rente gezahlt wird.[161]

66   **4. Besondere Fallgruppen. a) Freiberufler-Sozietäten.** Sozietäten von Rechtsanwälten oder Ärzten sowie – wenn auch in zum Teil weniger ausgeprägtem Maße – solche von Wirtschaftsprüfern oder Steuerberatern weisen eine Reihe von **Besonderheiten** gegenüber Gesellschaften mit gewerblichem oder sonstigem unternehmerischem Zweck auf.[162] Die Besonderheiten beruhen darauf, dass bei diesen Sozietäten die jeweilige Persönlichkeit der Gesellschafter und die von ihnen zu erbringenden Dienstleistungen für die Mandanten (Klienten, Patienten) im Mittelpunkt stehen und den Erfolg der Sozietät prägen; demgegenüber fallen die für den Unternehmenserfolg gewerblich tätiger Gesellschaften maßgeblichen Umstände wie Kapitalkraft, schlagkräftige Organisation, marktgängige Produkte, bekannte Marke ua nicht oder nur beschränkt ins Gewicht. Auch ist der Wert der Büro- oder Praxisausstattung bei Freiberufler-Sozietäten im Vergleich zu demjenigen ihres Mandantenstamms meist relativ gering, sieht man von Laborgemeinschaften ua mit einem kapitalintensiven Gerätepark ab. Für die Aufnahme neuer Sozien wird nicht selten eine vergleichsweise geringe, unter dem anteiligen Ertragswert liegende Einlage verlangt, dafür aber die Erbringung der vollen Arbeitskraft erwartet. Die genannten Umstände haben zur Folge, dass der Ertragswert einer Freiberufler-Sozietät wegen seiner Personengebundenheit in der Regel weniger nachhaltig ist als derjenige einer sonstigen unternehmerisch tätigen GbR.[163]

67   Den in → Rn. 66 aufgezeigten Besonderheiten kommt Bedeutung nicht zuletzt für den Abfindungsanspruch ausgeschiedener Sozien zu. Dementsprechend hat die höchstrichterliche Rechtsprechung[164] unter Zustimmung der Literatur[165] schon seit längerem **Sonderregeln für** die Beurteilung vertraglicher **Abfindungsklauseln bei Freiberufler-Sozietäten** entwickelt. So wird ein *Ausschluss des Abfindungsanspruchs* oder dessen Beschränkung auf den anteiligen Wert der Büroausstattung bzw. des Praxisinventars unter Ausklammerung des Ertragswerts oder „good will" dann als grundsätzlich unbedenklich angesehen, wenn der Vertrag auf eine Mandantenschutzklausel oder ein ihr entsprechendes Wettbewerbsverbot zu Lasten des Ausgeschiedenen verzichtet und es ihm dadurch ermöglicht, sich unter **Mitnahme** der schon bisher von ihm betreuten **Mandanten**

---

[160] So für eine 15-jährige Ratenzahlungsvereinbarung mit Verzinsungspflicht BGH NJW 1989, 2685 (2686); für Streckung der Auszahlung auf drei gleiche Abfindungsraten nach 5, 8 und 10 Jahren trotz Verzinsung mit maximal 8 % auch schon OLG Dresden NZG 2000, 1042 (1043) mit krit. Anm. *Lange* NZG 2001, 635 (638 f.) und von *Heß* NZG 2001, 648 (650). OLG München NZG 2004, 1055 äußert gegen eine auf fünf Jahresraten verteilte Auszahlung keine Bedenken. OLG Hamm NZG 2003, 440 hält eine Auszahlung über einen Zeitraum von 5½ Jahren jedenfalls bei gleichzeitiger erheblicher Kürzung der Abfindung für unzulässig. Für grds. Zulässigkeit der Vereinbarung von Zahlungsfristen bis zu 10 Jahren, jedenfalls wenn sie mit einer angemessenen Verzinsung verbunden sind, *Heckelmann*, Abfindungsklauseln, 1973, S. 147; *Huber* Vermögensanteil S. 330; Soergel/*Hadding/Kießling* Rn. 55; stärker einschr. (an der Wirksamkeit einer Zehnjahresfrist zweifelnd) schon RGZ 162, 383 (393); für Grenze bei 5 Jahren Bamberger/Roth/*Schöne* Rn. 33; Staudinger/*Habermeier* (2003) Rn. 34. Demgegenüber stellt *Hueck* OHG § 24 I 5, S. 366 darauf ab, ob der „Rahmen des Üblichen" nicht überschritten wird und das Gesellschaftsinteresse die Vereinbarung von Ratenzahlungen rechtfertigt. Gegen das Abstellen auf feste Daten und für Interessenabwägung auch OLG Frankfurt BB 1978, 170 (171); *Westermann* in Westermann/Wertenbruch PersGesR-HdB I. Teil § 36 Rn. 1169.
[161] So BGH NJW 2004, 2449 betr. Freiberuflersozietät.
[162] So zutr. *Ahrens*, FS Geiß, 2001, S. 219 (221 ff.); *Sigle* ZGR 1999, 659 (674 f.); *Westermann* AnwBl. 2007, 103; eingehend auch *Henssler/Michel* NZG 2012, 401 (404 ff.); ferner *Westermann* in Westermann/Wertenbruch PersGesR-HdB I. Teil § 36 Rn. 1166 und die Rspr.-Berichte von *Goette* DStR 2000, 1023 f. und von *Hülsmann* NZG 2001, 625 ff. Für die Abfindung beim Ausscheiden aus einer PartG auch *Michalski/Römermann*, 3. Aufl. 2005, PartGG § 9 Rn. 35; *K. Schmidt* NJW 1995, 1 (4).
[163] Treffend *Ahrens*, FS Geiß, 2001, S. 219 (223): Klientel von Freiberuflern ist ein leicht flüchtiges Gut.
[164] StRspr seit BGH WM 1979, 1064 (1065); vgl. BGH NJW 1994, 796 (797); 1995, 1551; 2000, 2584; ZIP 1990, 1200 (1201); NJW 2010, 2660 (2660); 2011, 2355 (2356); so auch OLG Celle NZG 2002, 862 (863); OLG Schleswig NZG 2001, 658 (659 f.).
[165] Vgl. *Ahrens*, FS Geiß, 2001, S. 219 (221 ff.); *Sigle* ZGR 1999, 659 (674 f.); *Westermann* AnwBl. 2007, 103; vgl. ferner *Henssler/Michel* NZG 2012, 401 (404 ff., 408) und die Rspr.-Berichte von *Goette* DStR 2000, 1023 f. und *Hülsmann* NZG 2001, 625 ff. Für die Abfindung beim Ausscheiden aus einer PartG auch *Michalski/Römermann*, 3. Aufl. 2005, PartGG § 9 Rn. 35; *K. Schmidt* NJW 1995, 1 (4).

(Patienten) eine eigene Existenz aufzubauen. Umgekehrt kann aber dem Ausgeschiedenen nicht entgegen gehalten werden, dass der „good will" sich mit seinem Ausscheiden verflüchtige, sofern der Vertrag insofern *keine* Abfindungsbeschränkung vorsieht.[166] Die Teilung der Sachwerte und die – rechtlich nicht beschränkte – Möglichkeit der Mitnahme von Patienten oder Mandanten gilt nach dieser Rechtsprechung im Regelfall als die angemessene Art der Auseinandersetzung einer als GbR betriebenen Gemeinschaftspraxis von Ärzten oder einer Sozietät von Rechtsanwälten; eine weitergehende Abfindung kann nur bei entsprechender Vereinbarung verlangt werden.[167]

Aus diesem Grundsatz ergeben sich eine Reihe von **Folgerungen.** So lässt die Vereinbarung **68** eines am Ertragswert der Freiberuflerpraxis orientierten Abfindungsanspruchs, etwa eines solchen in Höhe des auf den Ausgeschiedenen entfallenden anteiligen durchschnittlichen Umsatzes der letzten drei Geschäftsjahre,[168] auf die Vereinbarung eines nachvertraglichen Wettbewerbsverbots schließen, auch wenn ein solches nicht ausdrücklich im Gesellschaftsvertrag verankert ist.[169] Der Ausgeschiedene muss sich daher den Wert der von ihm verbotswidrig mitgenommenen Mandanten auf seinen Abfindungsanspruch anrechnen lassen.[170] Umgekehrt kann die Unwirksamkeit eines nicht nur zeitlich,[171] sondern auch räumlich übermäßigen und daher nicht durch geltungserhaltende Reduktion heilbaren Wettbewerbsverbots[172] dazu führen, einem am Ertragswert (good will) orientierten vertraglichen Abfindungsanspruch die Grundlage zu entziehen.[173] Insgesamt erkennt die Rechtsprechung für Freiberufler-Sozietäten damit eine deutlich größere Gestaltungsfreiheit in Bezug auf Abfindungsvereinbarungen an, als das – in den Grenzen der §§ 138 Abs. 1, 723 Abs. 3 – bei Gesellschaften mit gewerblichem oder sonstigem unternehmerischem Zweck der Fall ist. Auch können die *persönlichen Umstände des Einzelfalls,* darunter die besonderen Verdienste des Seniors um den Aufbau und Erfolg der Sozietät oder die Aufnahme junger Sozien ohne oder mit nur geringer Bareinlage, für die Beurteilung der Angemessenheit der Abfindungsklausel stärkeres Gewicht erlangen.[174] Umgekehrt

---

[166] So mit Recht BGH DStR 2004, 97 (99); vgl. zur Berücksichtigung des good will auch OLG Schleswig MedR 2004, 215; OLG Celle DB 2007, 1585.

[167] So wörtlich BGH NJW 1994, 796 (797) im Anschluss an BGH WM 1979, 1064 (1065). Ferner BGH NJW 2000, 2584; 2008, 2987; 2010, 2660 (gilt auch, wenn Gesellschaft auseinandergesetzt wird); 2011, 2355 (2356 f.), dort aber am Praxiswert orientiere Abfindung vereinbart; Wert mitgenommener Mandate ist dann anzurechnen, → Rn. 52 aE; s. auch *Freund* ZIP 2009, 941 (942); einschr. aber OLG Saarbrücken DStR 2010, 1759 (1760) mit abl. Anm. *Weitze*: Abfindung unter Berücksichtigung des good will erforderlich im Falle ungleicher Mandantenbindung (ein Sozius übernimmt rechtliche Beratung, der andere Marketing/Akquise); zust. insofern *Wolff* NJW 2009, 1302 (1305): zwar gälten allgemeine Grundsätze auch dann, wenn ausscheidender RA wegen Aufgabe der Anwaltszulassung von Werbe- bzw. Mitnahmemöglichkeit wirtschaftlich nicht profitieren könne; der Ausscheidende dürfe aber nicht auf eine nicht werthaltige Mitnahmeoption verwiesen werden, „solange Verzerrungen konzeptionsbedingt seien und eine gewisse Erheblichkeitsschwelle übersteigen". – Zur Beachtlichkeit abweichender gesellschaftsvertraglicher Gestaltungen s. BGH NJW-RR 2010, 1219 (1220); NJW 2011, 2355 (2356) Rn. 24.

[168] So *Piltz,* Die Unternehmensbewertung in der Rspr., 3. Aufl. 1994, S. 56 für die Abfindung bei RA-Sozietäten; vgl. auch die Zahlen bei *Hülsmann* NZG 2001, 625 (627).

[169] Vgl. BGH NJW 2000, 2584 betr. die Auslegung einer unklaren Mandantenschutzklausel; für Alternativität zwischen Abfindung für den good will und Verzicht auf ein Wettbewerbsverbot auch schon BGH WM 1979, 1064; NJW 1995, 1551; DStR 1996, 1254; NZG 2004, 35 – Wettbewerbsverbot maximal für zwei Jahre zulässig; NJW 2011, 2355 (2356); *Goette* DStR 2000, 1023. Allg. zur Zulässigkeit von Mandantenschutzklauseln vgl. auch *Hülsmann* NZG 2001, 630 ff.

[170] BGH NJW 2000, 2584; NJW 2011, 2355 (2356). – Zutr. weist *Wertenbruch* NZG 2011, 1133 (1134) darauf hin, dass der Grundsatz im Wege ergänzender Vertragsauslegung auf jegliche Art der Mandatsmitnahme auch dann auszudehnen ist, wenn Gesellschaftsvertrag schweigt.

[171] Zur geltungserhaltenden Reduktion zeitlich überlanger Verbote auf zwei Jahre (stRspr) vgl. nur BGH NJW 1997, 3089; 2000, 2584 (2585); 2005, 3061 (3062); OLG Schleswig NZG 2001, 658 (660); zur Unzulässigkeit eines mehr als zweijährigen Wettbewerbsverbots BGH NZG 2004, 35. Die Zweijahresfrist hat der BGH in Anlehnung an § 74a Abs. 1 S. 3 HGB etabliert, BGHZ 91, 1 (3 ff.); BGH NJW 2002, 3536 (3537).

[172] BGH NJW 1997, 3089 Ls. 2; 2000, 2584 (2585); 2005, 3061 (3062); OLG Celle NZG 2002, 862 (863); OLG Hamm BeckRS 2013, 10897.

[173] So im Ergebnis OLG Celle NZG 2002, 862 (864) unter Beschränkung des Abfindungsanspruchs auf den anteiligen Wert der Praxisausstattung und Bemessung des good will-Wertes mit Null bei Patientenmitnahme wegen Unwirksamkeit der vertraglichen Abfindungs- und Konkurrentenschutzklausel; vgl. zur wechselseitigen Beeinflussung von Abfindung und Wettbewerbsverbot auch BGH NJW 2000, 2584; 2010, 2660 (2661) – bei Mandantenmitnahme kann eine darüberhinausgehende Abfindung des good will nur bei entsprechender Vereinbarung verlangt werden; NJW 1995, 1551; 2011, 2355 (2356) – tatsächlich mitgenommene Mandate sind abfindungsmindernd zu berücksichtigen; OLG Schleswig MedR 2004, 215 = BeckRS 2004, 1397; OLG Celle DB 2007, 1585 = BeckRS 2007, 9677.

[174] So zutr. *Ahrens*, FS Geiß, 2001, S. 219 (226) unter Hinweis auf BGH WM 1979, 104; NJW 1993, 2101 (2102); 1993, 3193 (3194). Vgl. auch OLG Düsseldorf WuW/E DE-R 187.

wird man ein **nachvertragliches Wettbewerbsverbot** schon dann als grundsätzlich unwirksam zu beurteilen haben, wenn der Ausscheidende nicht auch eine Abfindung für den ‚Goodwill' bzw. Mandantenstamm erhält (→ Rn. 7).

69 Die Gestaltungsfreiheit betrifft nicht nur Einschränkungen der Abfindung ausgeschiedener Gesellschafter im Vergleich zum dispositiven Recht, sondern auch die **Besserstellung Ausgeschiedener** gegenüber der gesetzlichen Regel oder den Rechtsprechungsgrundsätzen. So werden gegen die Kombination eines ertragswertorientierten Abfindungsanspruchs mit dem Recht zur Mitnahme von Patienten keine Bedenken erhoben.[175] Auch hat die Rechtsprechung ein Rentenversprechen zugunsten eines ausscheidenden Sozius für wirksam gehalten, obwohl dessen kapitalisierter Wert das fiktive Auseinandersetzungsguthaben der Mitgesellschafter um ein Mehrfaches überstieg.[176] Soweit derartige Vereinbarungen zu einem entsprechend hohen „Austrittsgeld" kündigender jüngerer Sozien nach § 739 führen, sind sie freilich auf ihre Vereinbarkeit mit § 723 Abs. 3 aus der Sicht dieser Sozien zu überprüfen.[177]

70 **b) Innengesellschaften.** Auf das Ausscheiden eines Gesellschafters aus einer im Übrigen fortbestehenden Innengesellschaft finden grundsätzlich die Regelungen über die Abfindung ausscheidender Gesellschafter (Abs. 1 S. 2) Anwendung (→ Rn. 10).[178] Dagegen ist für einen Anspruch des Ausgeschiedenen auf Befreiung von den „gemeinschaftlichen Schulden" regelmäßig schon deshalb kein Raum, weil es solche mangels Außenhandelns der Innengesellschaft nicht gibt; anderes kommt dann in Betracht, wenn der Ausgeschiedene persönliche oder dingliche Sicherheiten für die zum Betrieb der (Innen-)Gesellschaft eingegangenen Verbindlichkeiten gestellt hat.

71 **Besonderheiten** gelten auch mit Blick auf Abs. 1 S. 2 für die am Regelungsmodell des § 230 HGB orientierten *stillen Gesellschaften des bürgerlichen Rechts* (→ § 705 Rn. 286 f.). Auf sie ist, wenn sie der **typischen** stillen Gesellschaft entsprechen, abweichend von § 738 Abs. 1 S. 2 die Auseinandersetzungsvorschrift des § 235 HGB analog anzuwenden. Danach ist der ausscheidende Innengesellschafter grundsätzlich zum *Buchwert* seiner Beteiligung abzufinden.[179] Eine Beteiligung an den stillen Reserven bzw. am Ertragswert des Unternehmens ist ebenso ausgeschlossen wie die in § 739 vorgesehene Haftung für einen etwaigen Fehlbetrag (arg. § 232 Abs. 2 HGB). Entspricht die Innengesellschaft dagegen einer wegen schuldrechtlicher Vermögensbeteiligung des Innengesellschafters **atypischen** stillen Gesellschaft,[180] so bewendet es grundsätzlich beim Eingreifen des § 738 Abs. 1 S. 2.[181] Insoweit sind dann auch die für Abfindungsbeschränkungen geltenden Grenzen der Dispositionsfreiheit zu beachten.

72 **5. Rechtsfolgen unwirksamer oder unangemessener Abfindungsklauseln. a) Allgemeines.** Zur grundsätzlichen Unanwendbarkeit der Gesamtnichtigkeitsvermutung des § 139 auf Gesellschaftsverträge → § 705 Rn. 53. Ist die nichtige oder unwirksame Abfindungsklausel ausnahmsweise von so zentraler Bedeutung, dass von ihrer Wirksamkeit nach übereinstimmender Vorstellung der Parteien der Bestand der Gesellschaft abhängen soll, so greifen die Grundsätze über die fehlerhafte Gesellschaft ein (→ § 705 Rn. 323 ff.). Im Übrigen bewendet es aber bei der **Vollgültigkeit des Restgeschäfts.** Die durch die unwirksame Abfindungsklausel entstandene Lücke ist durch ergänzende Vertragsauslegung oder dispositives Recht zu schließen (→ Rn. 74 f.).

72a Hiervon unabhängig stellt sich die Frage, ob eine **einheitlich für sämtliche Ausscheidensfälle formulierte Abfindungsklausel** geltungserhaltend für einzelne Ausscheidensfälle reduziert werden kann. Das spielt vor allem dann eine Rolle, wenn man, wie hier (→ Rn. 52), für die Unwirksamkeit der Klausel wegen Kündigungsbeschränkung iSv § 723 Abs. 3 strengere Maßstäbe anerkennt (unwirksam schon ab 30 % Unterdeckung) als für das Sittenwidrigkeitsurteil (erst ab 50 % Unterdeckung, → Rn. 45), doch kann sich die Frage auch in anderen Fällen stellen, für die besondere Maßstäbe

---

[175] BGH NJW 1995, 1551; 2000, 2584; OLG Karlsruhe NZG 2001, 654 (655).
[176] OLG München NZG 1999, 821 f.; vgl. auch BGH NJW 2004, 2449 zum Schicksal einer Versorgungsregelung zugunsten ausgeschiedener Gesellschafter nach Veräußerung der von der Gesellschaft betriebenen Praxis durch die verbliebenen Gesellschafter; zur Unwirksamkeit einer Rentenklausel aber LG München I NJW 2013, 478 betr. Klausel, wonach für die Rentenansprüche auch solche (jüngeren) Sozien haften, die durch Kündigung aus der Sozietät ausgeschieden sind.
[177] So auch LG München I NJW 2013, 478; dazu vorige Fn.
[178] Vgl. zum Verhältnis von Abfindung und Zugewinnausgleich bei einer Ehegatteninnengesellschaft BGHZ 155, 249 (255) = NJW 2003, 249 (255); BGH NJW 2006, 1268 (1269 f.) (XII. ZS) mit Anm. *Haußleitner* NJW 2006, 2741; KG FamRZ 2013, 787: beide Ansprüche bestehen nebeneinander. – Dazu auch *Falkner* DNotZ 2013, 535; *Becker* RNotZ 2013, 535.
[179] Vgl. nur MüKoHGB/*K. Schmidt* HGB § 235 Rn. 12 ff., 20 f.
[180] Dazu näher MüKoHGB/*K. Schmidt* HGB § 230 Rn. 79 f., HGB § 235 Rn. 57 ff.
[181] BGH NJW 2001, 3777 (3778); NJW-RR 1994, 1185; 1995, 1061; BGHZ 199, 104 = ZIP 2013, 2355 für AG & Still; dazu näher → § 705 Rn. 280, 358a f.

akzeptiert werden, etwa in Bezug auf das Ausscheiden durch Tod (→ Rn. 61). Ist also eine einheitlich formulierte Klausel *insgesamt* oder nur in Bezug auf das Ausscheiden durch Kündigung unwirksam, wenn sie die Abfindung in einer mit § 723 Abs. 3 nicht vereinbaren Weise beschneidet? Die Frage ist richtigerweise zu verneinen.[182] Denn die (potentiell) kündigungsbeschränkende Wirkung besteht unabhängig davon, welcher Grund schließlich zum Ausscheiden führt. Hiervon geht offenbar auch der BGH aus, wenn er einer nach § 723 Abs. 3 nichtigen (einheitlichen) Klausel die Wirksamkeit auch für den Fall einer Gläubigerkündigung (§ 135 HGB) versagt.[183] In der Tat spricht der Normzweck des § 723 Abs. 3 gerade dann für die Gesamtunwirksamkeit einer einheitlichen (und daher undifferenzierten) Abfindungsklausel, wenn der Gesellschafter nicht durch Kündigung, sondern auf anderem Wege ausscheidet – denn gerade in seinem Verbleib kann sich die kündigungsabschreckende Wirkung manifestiert haben, zumal wenn der Gesellschafter schließlich unfreiwillig ausscheidet. § 723 Abs. 3 verlöre deshalb weithin seine Funktion, wollte man die hieraus abgeleitete Unwirksamkeit der Abfindungsklausel auf denjenigen Ausscheidensfall beschränken, den die Klausel erfolgreich zu verhindern gesucht hat. Der gewichtige, auf den Schutz der Kündigungsfreiheit bezogene Normzweck des § 723 Abs. 3 verlangt vielmehr nicht zuletzt aus Gründen der Prävention, dass die nach § 723 Abs. 3 eintretende Unwirksamkeit der (einheitlichen) Klausel insgesamt erhalten bleibt. Dieses schon aus dem Normzweck des § 723 Abs. 3 hergeleitete Ergebnis steht ferner auch im Einklang mit § 139 und dem danach maßgeblichen Parteiwillen, der im Zweifel auf die Unwirksamkeit des gesamten Rechtsgeschäfts gerichtet ist, wenn sich die Nichtigkeit auf einen Teil desselben beschränkt. Zwar gilt diese Regel für Gesellschaftsverträge allgemein nur mit Einschränkung (→ Rn. 72), so dass im Zweifel der Gesellschaftsvertrag auch dann wirksam bleibt, wenn einzelne seiner Klauseln unwirksam sind. Diese Einschränkung des § 139 dient indessen allein dem Bestandsschutz und ist deshalb dann nicht einschlägig, soweit die Gesamtunwirksamkeit *des* Gesellschaftsvertrages von vornherein nicht in Frage steht (sondern nur die Unwirksamkeit der Abfindungsklausel für alle von ihr erfassten Fälle).

Demgegenüber gilt die Nichtanwendung von § 139 nach zutreffender Rechtsprechung des BGH **73** auch für das **Verhältnis zwischen Abfindungs- und Ausschließungs-** oder **Fortsetzungsklausel.**[184] Erweist sich der Ausschluss oder die Beschränkung der Abfindung im Hinblick auf den in Frage stehenden Ausscheidensgrund als unwirksam oder unangemessen, so wird die Wirksamkeit des Ausscheidens hiervon doch grundsätzlich nicht berührt; über die Höhe der Abfindung ist vielmehr unabhängig hiervon zu befinden.[185] Daher scheitert das der Mehrheit vertraglich eingeräumte Ausschließungsrecht ohne wichtigen Grund, sofern es inhaltlich den hierfür geltenden Anforderungen entspricht (→ § 737 Rn. 17 ff.), nicht daran, dass der Vertrag für diesen Fall eine unangemessene Abfindungsregelung enthält.[186]

b) Vertragsergänzung und dispositives Recht. Angesichts der weitgehenden gesetzlichen **74** Abfindungsansprüche eines ausscheidenden Gesellschafters kommt der Frage besondere Bedeutung zu, auf welche Weise die durch Unwirksamkeit oder Unanwendbarkeit der Abfindungsklausel entstandene Lücke zu schließen ist. Soweit nicht der Vertrag durch eine „salvatorische Klausel" entweder eine dem Inhalt der unwirksamen Vereinbarung möglichst entsprechende Vertragsergänzung anordnet oder eine geltungserhaltende Reduktion (→ § 705 Rn. 174a) der übermäßigen Abfindungsbeschränkung zulässt, kommt es darauf an, ob in diesen Fällen dispositives Recht eingreift oder ob zunächst eine richterliche Vertragsergänzung anzustreben ist. Entsprechend dem im Personengesellschaftsrecht grundsätzlich anerkannten **Vorrang der ergänzenden Vertragsauslegung** vor der Anwendung dispositiven Rechts (→ § 705 Rn. 174) ist eine derartige Ergänzung jedenfalls in denjenigen Fällen geboten, in denen eine Abfindungsklausel sich nach **§ 242** als undurchsetzbar erweist (→ Rn. 55).[187] Zum gleichen Ergebnis kommt man auch im Falle einer auf **§ 723 Abs. 3** gestützten Unwirksamkeit (→ Rn. 49 f.). Das Eingreifen dieser Verbotsvorschrift richtet sich nicht etwa gegen die Art der vereinbarten Klausel, sondern beruht auf der ihr zukommenden kündigungsbeschränkenden Wirkungen. Es bestehen daher keine grundsätzlichen Bedenken dagegen, dem Parteiwillen durch Rückführung der Abfindungsbeschränkung auf ein mit § 723 Abs. 3 zu vereinbarendes Maß

---

[182] So schon Staub/*Schäfer* § 131 Rn. 173, 177.
[183] So BGHZ 123, 281 (288) = NJW 1993, 3193.
[184] Vgl. *Wiedemann* GesR II § 5 I 3e, S. 417.
[185] BGHZ 105, 213 (220) = NJW 1989, 834 (835 f.); BGH NJW 1973, 651 (652); 1973, 1606 (1607); so auch RGZ 162, 388 (393); Erman/*Westermann* Rn. 20; Soergel/*Hadding/Kießling* Rn. 56; aA *Heckelmann* Abfindungsklauseln, 1973, S. 156 f.
[186] BGH NJW 1979, 104.
[187] *Ulmer/Schäfer* ZGR 1995, 134 (151); so (zur GmbH) auch BGH ZIP 2002, 258 (259); vgl. auch BGHZ 126, 226; ähnlich Erman/*Westermann* Rn. 20; Bamberger/Roth/*Schöne* Rn. 44; Soergel/*Hadding/Kießling* Rn. 56; für den Fall der Inhaltskontrolle von Gesellschaftsverträgen auch *Stimpel*, FS Rob. Fischer, 1979, S. 775. Vgl. auch *Rob. Fischer*, FS Barz, 1974, S. 46 f. zur Vertragsanpassung nach Treuepflichtgrundsätzen.

Rechnung zu tragen.[188] Zu der vom BGH vertretenen umfassenden Interessenabwägung für die Ermittlung des hypothetischen Parteiwillens und zu den dagegen bestehenden Bedenken → Rn. 53 f.

75 **Anderes** gilt im Fall der Nichtigkeit der Abfindungsklausel nach § 138 (→ Rn. 45). Wie für den Anwendungsbereich von § 138 ganz überwiegend anerkannt ist, würde es dem Zweck dieser Vorschrift widersprechen, „dem gegen die guten Sitten Handelnden einen Teilerfolg zu belassen".[189] Die Rechtsprechung ist zwar in Sonderfällen trotz Eingreifens von § 138 zu einer quantitativen Zerlegung unter Aufrechterhaltung des Restgeschäfts nach Eliminierung des sittenwidrigen Übermaßes bereit.[190] Parallelen hierzu drängen sich im Fall sittenwidriger Abfindungsbeschränkungen jedoch nicht ohne weiteres auf, ganz abgesehen von der methodischen Problematik eines solchen Vorgehens. Vorbehaltlich des Eingreifens einer salvatorischen Klausel (→ Rn. 74) ist die Vertragslücke wegen des zugrunde liegenden Sittenverstoßes daher nicht durch ergänzende Vertragsauslegung, sondern durch dispositives Recht zu schließen.[191]

IV. Sonstige Ansprüche des Ausgeschiedenen

76 **1. Rückgabe von Gegenständen.** Nach § 738 Abs. 1 S. 2 Hs. 1 steht der Rückgabeanspruch des § 732 in Bezug auf die der Gesellschaft zum Gebrauch oder dem Werte nach überlassenen Gegenstände (→ § 706 Rn. 12 f.) auch dem ausgeschiedenen Gesellschafter zu. Auf die Erläuterung zu § 732 wird verwiesen. Im Unterschied zum Abfindungsanspruch (→ Rn. 19 ff.) wird der Rückgabeanspruch grundsätzlich bereits **im Zeitpunkt des Ausscheidens fällig**; seine Durchsetzbarkeit kann aber daran scheitern, dass der Gesellschaft wegen eines absehbaren Fehlbetragsanspruchs nach § 739 ein Zurückbehaltungsrecht zusteht.[192] Darauf, ob die Gesellschaft die Gegenstände auch nach dem Ausscheiden noch benötigt, kommt es für die Fälligkeit abweichend vom Fall der Auflösung (→ § 732 Rn. 3) in aller Regel nicht an. Nur in besonders gelagerten Fällen kann der Ausgeschiedene aus Gründen nachvertraglicher Treupflicht gehalten sein, der Gesellschaft dringend benötigte Gegenstände noch vorübergehend zu belassen;[193] insoweit ist ihm nach § 242 grundsätzlich ein Benutzungsentgelt als Ausgleich zu gewähren.

77 **2. Schuldbefreiung.** Der in § 738 Abs. 1 S. 2 Hs. 2 vorgesehene, allerdings nicht selten gesellschaftsvertraglich abbedungene Anspruch auf Schuldbefreiung richtet sich wie der Abfindungsanspruch gegen die Gesellschaft (→ Rn. 16); den Gesellschaftsgläubigern kann er nicht entgegengesetzt werden. Voraussetzung für den Anspruch ist die **persönliche Haftung** des Ausgeschiedenen für fällige Gesellschaftsverbindlichkeiten (→ § 714 Rn. 70 f.).[194] Der Anspruch besteht auch dann, wenn der Ausgeschiedene keine Abfindung verlangen kann, sondern seinerseits nach § 739 den Fehlbetrag schuldet; allerdings kann die Gesellschaft nach § 273 die Schuldbefreiung bis zu dessen Zahlung verweigern.[195] Ist **streitig,** ob eine bestimmte Verbindlichkeit der Gesellschaft besteht oder ob der Ausgeschiedene hierfür auch persönlich haftet, so trägt er als Gläubiger des Schuldbefreiungsanspruchs die Beweislast hierfür;[196] anderes gilt, wenn die Gesellschaft sich auf den Wegfall des Befrei-

---

[188] HM, vgl. BGHZ 123, 281 (285 f.) = NJW 1993, 3193; BGH NJW 1973, 651 (652); 1985, 192 (193); Erman/*Westermann* Rn. 20; Palandt/*Sprau* Rn. 8; Bamberger/Roth/*Schöne* Rn. 44; MüKoHGB/*K. Schmidt* HGB § 131 Rn. 173; Baumbach/Hopt/*Roth* HGB § 131 Rn. 73; *Heckelmann* Abfindungsklauseln, 1973, S. 154; *Erman,* FS Westermann, 1974, S. 75 (78); einschr. *Büttner,* FS Nirk, 1992, S. 119 (127): nur im Fall der Ausübungskontrolle nach § 242.
[189] OLG Celle NJW 1959, 1971 (1972); ebenso BGHZ 68, 204 (207) = NJW 1977, 1233 für den Fall einer sittenwidrigen Vereinbarung über das Ausscheiden eines GmbH-Geschäftsführers; → § 138 Rn. 158 (*Armbrüster*) mwN; und *Flume* BGB AT II § 18 9.
[190] So bei überlangen Bierlieferungsverträgen und bei „Mätressentestamenten" mit übermäßiger Verkürzung der Rechte der gesetzlichen Erben (Nachweise → § 138 Rn. 160 [*Armbrüster*]).
[191] Zust. Baumbach/Hopt/*Roth* HGB § 131 Rn. 73; *Büttner,* FS Nirk, 1992, S. 119 (126 f.); ebenso, freilich ohne Begründung, auch BGH NJW 1979, 104; WM 1962, 462 (463). Eine Vertragsanpassung ohne Rücksicht auf den Grund der Unwirksamkeit befürworten demgegenüber Erman/*Westermann* Rn. 20; MüKoHGB/*K. Schmidt* HGB § 131 Rn. 173; *Erman,* FS Westermann, 1974, S. 75 (77 ff.); *Heyn,* FS Schiedermair, 1976, S. 271 (285). Krit. gegenüber der grds. Anwendung dispositiven Rechts bei sittenwidrigen Abfindungsklauseln auch *Sigle* ZGR 1999, 659 (668 f.).
[192] BGH WM 1981, 1126.
[193] Ebenso Erman/*Westermann* Rn. 9; Bamberger/Roth/*Schöne* Rn. 7.
[194] S. auch BGH ZIP 2010, 515 (516) – Freistellung nur von Ansprüchen, für die Gesellschafter nach § 128 HGB haftet.
[195] BGH NJW 1974, 899; Soergel/*Hadding/Kießling* Rn. 16; Bamberger/Roth/*Schöne* Rn. 8.
[196] RGZ 60, 155 (159); BGH ZIP 2009, 1008; Erman/*Westermann* Rn. 9; Bamberger/Roth/*Schöne* Rn. 8; aA *Muthorst* AcP 209 (2009) 212, 223.

ungsanspruchs beruft.[197] Das Recht auf Beteiligung am Ergebnis schwebender Geschäfte (§ 740) lässt den Befreiungsanspruch unberührt. Auf Verbindlichkeiten des Ausgeschiedenen aus dem Gesellschaftsvertrag erstreckt sich der Befreiungsanspruch nicht; sie sind bei der Berechnung des Abfindungsanspruchs zu berücksichtigen.

Die Schuldbefreiung kann entweder durch **Tilgung** der Gesamthandsverbindlichkeit seitens der Gesellschaft oder durch Vereinbarung zwischen Gesellschaft und Gläubiger über die **Entlassung** des Ausgeschiedenen **aus der Mithaftung** erfolgen.[198] Wird der Ausgeschiedene vor erreichter Schuldbefreiung von einem Gesellschaftsgläubiger in Anspruch genommen, kann er von der Gesellschaft und grundsätzlich auch von den übrigen Gesellschaftern (→ Rn. 17) vollen Ausgleich verlangen.[199] Hatte der Ausgeschiedene als Gesellschafter zusätzlich die Bürgschaft für Gesellschaftsschulden übernommen, so erstreckt sich der Befreiungsanspruch auch hierauf.[200] Zum Anspruch des Ausgeschiedenen auf Freigabe von ihm gestellter dinglicher Sicherheiten → Rn. 80 aE. 78

Einem ehemaligen Gesellschafter, der nicht nach §§ 736, 737 oder durch Vereinbarung mit den Mitgesellschaftern, sondern im Wege der **Anteilsübertragung** aus der Gesellschaft ausgeschieden ist, steht der Befreiungsanspruch ebenso wenig zu wie die sonstigen in §§ 738, 740 geregelten Ansprüche gegen die Gesellschaft (→ Rn. 14).[201] Er kann sich wegen etwaiger Befreiungsansprüche nur an den Anteilserwerber kraft besonderer Vereinbarung halten.[202] Maßgebend für das Bestehen solcher Ansprüche ist der Inhalt des Veräußerungsvertrags. Eine entsprechende Anwendung von § 738 scheidet grundsätzlich aus. Anderes muss allerdings für die Befreiung von Verbindlichkeiten gelten, für die der ausscheidende Gesellschafter von Gesellschaftsgläubigern nach § 128 HGB (analog) in Anspruch genommen wird und für die er auch in der OHG nach § 738 Abs. 1 S. 2 Regress nehmen kann.[203] Auf die Art des Ausscheidens kann es hierfür nicht ankommen, weil ein Regress des Anteilserwerbers gegen die Gesellschaft insofern nicht begründbar wäre und die Regresslosigkeit ein völlig unangemessenes Ergebnis wäre, das die Gesellschaft unberechtigt begünstigte. 79

3. Sicherheitsleistung. Sie kann dem Ausgeschiedenen von der Gesellschaft unter den vorstehend (→ Rn. 77 f.) genannten Voraussetzungen anstelle der Schuldbefreiung für **noch nicht fällige**, ihn im Rahmen seiner akzessorischen Haftung treffende **Altverbindlichkeiten** angeboten werden (§ 738 Abs. 1 S. 3).[204] Diese Ersetzungsbefugnis der Gesellschaft[205] erstreckt sich auch auf Verbindlichkeiten aus schwebenden Geschäften; die Sonderregelung in § 740 betrifft nur die Abrechnung im Innenverhältnis.[206] Zur Behandlung streitiger Verbindlichkeiten → Rn. 77; sie stehen nicht etwa den betagten Verbindlichkeiten iSv § 738 Abs. 1 S. 3 gleich.[207] Hat der Ausgeschiedene seinerseits für eine noch nicht fällige Gesellschaftsschuld dem Gläubiger Sicherheiten aus seinem Privatvermögen bestellt, so kann er von der Gesellschaft deren Freisetzung schon vom Zeitpunkt des Ausscheidens an verlangen und muss nicht bis zur Fälligkeit der Gesellschaftsschuld zuwarten.[208] 80

§ 739 Haftung für Fehlbetrag

Reicht der Wert des Gesellschaftsvermögens zur Deckung der gemeinschaftlichen Schulden und der Einlagen nicht aus, so hat der Ausscheidende den übrigen Gesellschaftern für den Fehlbetrag nach dem Verhältnis seines Anteils am Verlust aufzukommen.

I. Normzweck und Voraussetzungen

Die Haftung nach § 739 beim Ausscheiden aus der fortbestehenden Gesellschaft entspricht der in § 735 bei Auseinandersetzung der aufgelösten Gesellschaft vorgesehenen Nachschusspflicht der 1

---

[197] BGH NJW 2000, 1641 (1642).
[198] BGH NJW 1999, 2438 (2440); RGZ 132, 29 (31); Soergel/*Hadding/Kießling* Rn. 15.
[199] So, freilich unter Hinweis auf § 670, auch BGH WM 1978, 114 (115); für Eingreifen von §§ 713, 670 und (damit konkurrierend) Ableitung aus dem Schuldbefreiungsanspruch des § 738 Abs. 1 S. 2 *Hadding/Häuser* WM 1988, 1585 (1588 f.).
[200] BGH NJW 1974, 899; Bamberger/Roth/*Schöne* Rn. 9.
[201] BGH NJW 1981, 1095 (1096); Erman/*Westermann* Rn. 9; Soergel/*Hadding/Kießling* Rn. 19.
[202] BGH NJW 1975, 166 (167); allg. zum Rechtsverhältnis zwischen Veräußerer und Erwerber → § 719 Rn. 42 ff.
[203] Staub/*Habersack* HGB § 128 Rn. 15; MüKoHGB/*K. Schmidt* HGB § 128 Rn. 61.
[204] Dazu und zur Zweckmäßigkeit vertraglicher Abweichungen von der Pflicht zur Sicherheitsleistung vgl. *Knöchlein* DNotZ 1960, 473.
[205] Ebenso Bamberger/Roth/*Schöne* Rn. 12; wohl auch Soergel/*Hadding/Kießling* Rn. 17.
[206] So zutr. *Riegger*, Ausscheiden aus zweigliedriger Personalgesellschaft, 1969 gegen Düringer/Hachenburg/*Flechtheim* HGB § 138 Anm. 9.
[207] RGZ 60, 155 (158).
[208] BGH NJW 1974, 899; RGZ 132, 29 (32).

Gesellschafter für einen Fehlbetrag im Zuge der Schlussabrechnung. Sie kommt nur beim ersatzlosen Ausscheiden eines Gesellschafters zum Zuge, nicht dagegen bei der Anteilsübertragung auf einen Mitgesellschafter oder Dritten (→ § 738 Rn. 14 f.); zur Anwendbarkeit des § 739 beim Ausscheiden durch Widerruf der Beitrittserklärung nach § 312 Abs. 1 → § 705 Rn. 329. Zur Schlussabrechnung beim Ausscheiden als Grundlage für die *Berechnung des Fehlbetrags* → § 738 Rn. 27 ff., 37 f.; zu den sonstigen Voraussetzungen der Fehlbetragshaftung → § 735 Rn. 1 ff. Maßgebend für den auf den Ausgeschiedenen entfallenden Anteil des gesamten Fehlbetrags ist der **Verlustverteilungsschlüssel** (→ § 735 Rn. 4); ein negatives Kapitalkonto des Ausgeschiedenen begründet als solches keinen Anspruch der Gesellschaft gegen ihn, sondern bildet nur einen Posten für die Fehlbetragsrechnung.[1] Eine Zahlungspflicht des Ausgeschiedenen besteht nur dann, wenn der auf ihn entfallende Fehlbetrag einschließlich sonstiger, der Gesellschaft noch geschuldeter Beträge (→ Rn. 5) höher ist als die ihm im Rahmen der Abfindung zurückzugewährende Einlage sowie etwaige weitere ihm noch zustehende Ansprüche aus dem Gesellschaftsverhältnis (→ § 738 Rn. 18).[2]

2 § 739 gilt entsprechend bei „**Übernahme**" des Gesellschaftsvermögens (→ § 730 Rn. 83), einschließlich dem Fall der Gesamtrechtsnachfolge wegen Ausscheidens des vorletzten Gesellschafters.[3] Der Zahlungsanspruch steht in diesem Fall dem Übernehmer als Gesamtrechtsnachfolger der Gesellschaft zu.

II. Durchsetzbarkeit

3 Hinsichtlich der Entstehung und Fälligkeit des Zahlungsanspruchs gelten die Feststellungen zum Abfindungsanspruch (→ § 738 Rn. 19 f.) entsprechend. Ebenso wie für §§ 735, 738 fehlt auch für den Anspruch § 739 eine besondere **Verjährungsregel**. Der BGH hat deshalb auf die allgemeine Vorschrift des § 195 zurückgegriffen und klargestellt, dass weder die Fälligkeit des Auseinandersetzungsanspruchs noch deshalb auch des Verlustausgleichsanspruchs von der Erstellung einer Auseinandersetzungsbilanz, vielmehr nach § 199 Abs. 1 Nr. 2 von der Kenntnis oder grobfahrlässigen Unkenntnis der anspruchsbegründenden Umstände abhänge.[4] Ausreichend sei insofern, dass die Gesellschaft wusste oder hätte wissen müssen, dass das Gesellschaftsvermögen zur Schuldendeckung nicht ausreiche, und schon die verzögerte Aufstellung der Bilanz könne den Vorwurf grober Fahrlässigkeit begründen.[5] Demgegenüber hat *K. Schmidt* mit guten Gründen in Anlehnung an § 160 HGB (iVm § 736 Abs. 2) für eine fünfjährige Nachhaftungsfrist (und im Falle des § 735 für eine fünfjährige Verjährungsfrist) plädiert, beginnend mit Kenntnis von Auflösung bzw. Ausscheiden, damit Innen- und Außenhaftung aufeinander abgestimmt werden. Anderenfalls kommt es nämlich zu Wertungswidersprüchen, wie besonders der Insolvenzfall zeigt, in dem die erst nach fünf Jahren ablaufende Haftung gemäß § 128 HGB (analog) vom Insolvenzverwalter gemäß § 93 InsO „nach innen gelenkt" wird.[6] Das überzeugt in der Sache, bleibt allerdings ohne Eingriff des Gesetzgebers wie im Falle von § 19 Abs. 6 GmbHG und § 54 Abs. 4 AktG fragwürdig.

3a Der Ausgeschiedene kann die Zahlung **nach § 273 so lange verweigern,** als die Gesellschaft ihrerseits die Pflicht zur Rückgabe der ihr zum Gebrauch überlassenen oder dem Werte nach eingebrachten Gegenstände, zur Schuldbefreiung und zur Sicherheitsleistung nach § 738 Abs. 1 S. 2 und 3 nicht erfüllt.[7] Demgegenüber kann sich der ausscheidende Gesellschafter im Verhältnis zur Gesellschaft nicht auf eine vereinbarte Beschränkung der Haftung im Außenverhältnis berufen.[8] Hierfür bedarf es vielmehr einer Beschränkung der Verlustteilnahmepflicht nach Art des § 167 Abs. 3 HGB. Die Aussicht auf Gewinnansprüche aus § 740 nach Beendigung der beim Ausscheiden schwebenden Geschäfte kann dem Zahlungsverlangen der Gesellschaft gleichfalls nicht entgegengesetzt werden.[9]

4 Ist der Fehlbetrag vom Ausgeschiedenen nicht zu erlangen, so haften gegenüber der Gesellschaft nicht etwa die Mitgesellschafter entsprechend § 735 S. 2 für den Ausfall. Eine solche **Ausfallhaftung** ist **unvereinbar mit** dem in **§ 707** während der Dauer der Gesellschaft vorgesehenen Ausschluss

---

[1] BGH NJW 1999, 2438 f.
[2] So auch OLG Hamm NZG 2005, 175; Bamberger/Roth/*Schöne* Rn. 1; Soergel/*Hadding/Kießling* Rn. 6.
[3] Vgl. OLG Hamm NZG 2005, 175.
[4] BGH ZIP 2010, 1637 (1638); 2010, 1639; bestätigt durch BGH NJW 2011, 2292 (2293) mit zust. Anm. *Peters* JR 2012, 242 (243 f.).
[5] BGH ZIP 2010, 1637 (1638); s. auch BGH ZIP 2010, 1639 – dort war die Klage der Gesellschaft zudem unzulässig gemäß § 547 Nr. 4 ZPO, weil sie prozessual trotz Gesamtvertretungsmacht nur durch eine Gesellschafterin vertreten war; dem folgend Erman/*Westermann* Rn. 1.
[6] *K. Schmidt* DB 2010, 2093 (2094 f.).
[7] BGH NJW 1974, 899; Bamberger/Roth/*Schöne* Rn. 3.
[8] BGH ZIP 2009, 1008 (1009); KG NZG 2009, 1222.
[9] BGH WM 1969, 494.

einer Verlustausgleichsverpflichtung.[10] Wohl aber führt der Ausfall zur Erhöhung des auf die Mitgesellschafter entfallenden Verlusts und vermindert dementsprechend ihre Kapitalkonten als Grundlage der ihnen beim Ausscheiden zurückzuerstattenden Einlagen.

III. Sonstige Ansprüche der Gesamthand

Neben einer Haftung für den anteiligen Fehlbetrag haben der ehemalige Gesellschafter oder seine Erben auch für sonstige bei seinem Ausscheiden noch offene Ansprüche aus dem Gesellschaftsverhältnis (Sozialansprüche, → § 705 Rn. 201) aufzukommen, soweit sie nicht im Rahmen der Abfindungsbilanz mit Gegenansprüchen des Ausgeschiedenen saldiert worden sind. Das gilt namentlich für Sozialansprüche auf Schadensersatz oder wegen unberechtigter Entnahmen,[11] aber auch für rückständige, zur Verlustdeckung benötigte Einlageforderungen. Soweit derartige Ansprüche der Gesellschaft im Zeitpunkt des Ausscheidens bestanden, kommen sie infolge des Ausscheidens nicht etwa ohne weiteres in Wegfall.

§ 740 Beteiligung am Ergebnis schwebender Geschäfte

(1) ¹Der Ausgeschiedene nimmt an dem Gewinn und dem Verlust teil, welcher sich aus den zur Zeit seines Ausscheidens schwebenden Geschäften ergibt. ²Die übrigen Gesellschafter sind berechtigt, diese Geschäfte so zu beendigen, wie es ihnen am vorteilhaftesten erscheint.

(2) Der Ausgeschiedene kann am Schluss jedes Geschäftsjahrs Rechenschaft über die inzwischen beendigten Geschäfte, Auszahlung des ihm gebührenden Betrags und Auskunft über den Stand der noch schwebenden Geschäfte verlangen.

I. Allgemeines

1. Normzweck. Die Funktion der Vorschrift ging auf der Grundlage der *früher* für die Ermittlung des Abfindungsguthabens maßgeblichen **Substanzwertmethode** dahin, die Auseinandersetzung mit dem ausgeschiedenen Gesellschafter und die Erstellung der Abfindungsbilanz von der Berücksichtigung der beim Ausscheiden noch in Vollzug befindlichen Geschäfte zu entlasten und an Stelle der Vorwegnahme der voraussichtlichen Ergebnisse im Wege der Schätzung (§ 738 Abs. 2) hierüber erst nach jeweiliger Beendigung gesondert zum Jahresende Rechnung zu legen.[1] Mit Rücksicht hierauf ließ die Rechtsprechung es auch zu, dass der Ausgeschiedene bzw. die Gesellschaft unabhängig vom Stand der Auseinandersetzung nach § 738 Abs. 1 den Anspruch auf das Ergebnis schwebender Geschäfte (Ertrag oder Verlust) schon jeweils mit seiner Entstehung zum Jahresende geltend machen kann.[2] Die dem jeweiligen Schuldner nach allgemeinem bürgerlichem Recht zustehenden Einwendungen und Einreden (vgl. insbesondere §§ 273, 387) wurden dadurch freilich nicht berührt.[3] Bei Ermittlung des Abfindungsguthabens auf Grund der heute vorherrschenden **Ertragswertmethode** (→ § 738 Rn. 35) ist für die Anwendung des § 740 kein Raum (→ Rn. 3). Im Übrigen zum Anwendungsbereich des § 740 → § 738 Rn. 10 f.

2. Kein partieller Fortbestand der Mitgliedschaft. Eine – sei es auch partielle – Fortsetzung der Gesellschaft mit dem Ausgeschiedenen über den Stichtag des Ausscheidens hinaus ist mit der Regelung des § 740 nicht verbunden.[4] Der Ausgeschiedene hat keine Mitspracherechte mehr hinsichtlich der Durchführung der schwebenden Geschäfte (→ Rn. 6). An Stelle der laufenden Kontrollrechte nach § 716 Abs. 1 ist ihm in § 740 Abs. 2 ein besonderer gesetzlicher Rechenschafts- und Auskunftsanspruch eingeräumt. Auch der Anspruch auf Schuldbefreiung oder Sicherheitsleistung für Verbindlichkeiten aus schwebenden Geschäften ist durch § 740 nicht etwa eingeschränkt (→ § 738 Rn. 77, 80). Dritten gegenüber werden durch § 740 ohnehin keine Rechte oder Pflichten des Ausgeschiedenen begründet. Daher lässt sich aus der Ergebnisteilnahme nach § 740 auch keine Haftung des Ausgeschiedenen für Gesellschaftsschulden ableiten, wenn sie nicht bereits während seiner Gesellschaftszugehörigkeit begründet worden war.

---

[10] So auch Erman/*Westermann* Rn. 2; Staudinger/*Habermeier* (2003) Rn. 3; ebenso auch Soergel/*Hadding/Kießling* Rn. 6.
[11] So BGH WM 1974, 834 auch für den Fall, dass ein Abfindungsanspruch der Erben beim Tod eines Gesellschafters ausgeschlossen ist und diese auch nicht zur Nachfolge berechtigt sind.
[1] BGH NJW 1993, 1194; 1959, 1963; Staub/*Schäfer* HGB § 131 Rn. 127.
[2] BGH NJW 1993, 1194 (1195); WM 1965, 765 (766); 1969, 494 (495); 1971, 130 (131).
[3] BGH NJW 1990, 1171 f.
[4] Ebenso Erman/*Westermann* Rn. 4; Bamberger/Roth/*Schöne* Rn. 5; aA *Wiedemann* GesR II § 5 I 3e, S. 415 f.

3 **3. Nichtanwendung bei Ertragswertberechnung.** Die in § 740 vorgesehene Ergebnisbeteiligung erwies sich schon unter der Herrschaft der Substanzwertmethode als problematisch; sie wurde daher verbreitet abbedungen (→ Rn. 8). Gegen sie sprach, dass je nach Art der von der Gesellschaft getätigten Geschäfte noch für eine längere Zeit Rechtsbeziehungen zwischen ihr und dem Ausgeschiedenen aufrechterhalten und Rechenschaftspflichten begründet wurden. Auch war bei Anwendung von § 740 Abs. 1 mit einer Fülle von Schwierigkeiten zu rechnen, da die Vorschrift eine Bestimmung und Aufgliederung der auf die einzelnen Geschäfte entfallenden Kosten der Gesellschaft, einschließlich der anteiligen Gemeinkosten, erforderlich macht.[5] Aus heutiger Sicht, infolge grundsätzlichen Übergangs bei Ermittlung des Abfindungsguthabens zur *Ertragswertmethode* (→ § 738 Rn. 35), ist die Vorschrift im Regelfall **gegenstandslos**. Sie findet kraft teleologischer Reduktion auch dann keine Anwendung, wenn sie nicht ausdrücklich oder konkludent abbedungen ist.[6] Denn die „schwebenden Geschäfte" gehen in die Ermittlung des künftigen Ertrags als Grundlage der Abfindung ein, so dass für ihre erneute Berücksichtigung nach jeweiliger Beendigung kein Raum ist. Mit der heutigen Praxis der Unternehmensbewertung wäre es auch schwer vereinbar, den anhand des Ertragswerts berechneten Abfindungsbetrag nachträglich in der Weise zu modifizieren, dass die Wertermittlung nach jeweiliger Beendigung der schwebenden Geschäfte auf Grund der tatsächlich erzielten Ergebnisse korrigiert wird.[7] Auch wenn der Gesetzgeber es unterlässt, inhaltlich überholte Vorschriften aufzuheben oder zu ändern, zwingt das nicht zu ihrer funktionswidrigen Anwendung.[8]

II. Schwebende Geschäfte

4 **1. Begriff.** Schwebende Geschäfte sind solche **unmittelbar auf Erwerb gerichtete Rechtsgeschäfte** der Gesellschaft, für die **im Zeitpunkt des Ausscheidens** bzw. dem hiervon abweichenden Abfindungsstichtag (→ Rn. 9) bereits eine rechtliche Bindung begründet war, die aber beiderseits noch nicht voll erfüllt sind.[9] Bloße Hilfsgeschäfte (Geschäftsraummiete, Erwerb von Anlagegegenständen ua) fallen nicht unter den Begriff; den hieraus drohenden Risiken ist bei Anwendung der Substanzwertmethode durch Rückstellungen in der Abfindungsbilanz Rechnung zu tragen. Nicht zu folgen ist mit Rücksicht auf die Funktion von § 740 (→ Rn. 1) auch denjenigen Ansichten, die die Vorschrift auf sämtliche beim Ausscheiden noch nicht abgewickelten vermögenswerten Rechtsbeziehungen der Gesellschaft gegenüber Dritten[10] oder auf offene Forderungen und Verbindlichkeiten aus sonstigen Rechtshandlungen der Gesellschaft erstrecken und insoweit auch gesetzliche Schuldverhältnisse einbeziehen wollen;[11] eine Ergebnisbeteiligung iSv § 740 steht hier nicht in Frage. Auch solche Erwerbsgeschäfte, die beim Ausscheiden jedenfalls von einer Seite bereits vollständig erfüllt waren und daher unschwer in der Abfindungsbilanz berücksichtigt werden können, bedürfen nicht der Sonderregelung in § 740.[12]

5 Ob **Dauerschuldverhältnisse** unter den Begriff des schwebenden Geschäfts fallen, war früher umstritten, wird heute aber ganz überwiegend abgelehnt.[13] Auf Grund der Funktion des § 740 Abs. 1 (→ Rn. 1) ist dies in der Tat nur für die gegenseitigen Leistungen und ihr Ergebnis in demjenigen

---

[5] *Hueck* OHG § 29 II 5d; *Roolf/Vahl* DB 1983, 1964 (1967); Staub/*Schäfer* HGB § 131 Rn. 127; für die „Eigenkosten" der Gesellschaft offenlassend BGH WM 1969, 494 (495).
[6] OLG Hamm NZG 2005, 175 f.; Baumbach/Hopt/*Roth* HGB § 131 Rn. 45; *Großfeld*, Unternehmens- und Anteilsbewertung im Gesellschaftsrecht, 4. Aufl. 2002, S. 87 f.; *Schulze-Osterloh* ZGR 1986, 545 (559 f.); Staudinger/*Habermeier* (2003) Rn. 1; Soergel/*Hadding/Kießling* Rn. 3; im Ergebnis auch Erman/*Westermann* Rn. 1: „schlüssig abbedungen"; tendenziell auch MüKoHGB/*K. Schmidt* HGB § 131 Rn. 115; speziell aus Sicht der Freiberuflersozietäten *Westermann* AnwBl. 2007, 103 (106).
[7] Dafür aber *Neuhaus*, Unternehmensbewertung und Abfindung, 1990, S. 136 ff.
[8] AA noch *K. Schmidt* DB 1983, 2401 (2403 f.); *Neuhaus*, Unternehmensbewertung und Abfindung, 1990, S. 135 f. Einen Sonderfall der Abfindung auf der Basis der Substanzwertmethode, bei der § 740 seinen Sinn behält, behandelt BGH NJW 1993, 1194.
[9] HM, vgl. BGH NJW 1993, 1194; NJW-RR 1986, 454 (455); 1986, 1160; Soergel/*Hadding/Kießling* Rn. 1; Staudinger/*Habermeier* (2003) Rn. 2; *Hueck* OHG § 29 II 5d; *Westermann* in Westermann/Wertenbruch PersGesR-HdB I. Teil § 36 Rn. 1136a; s. auch *Freund* ZIP 2009, 941 (943): nur Geschäfte, die schon am Stichtag Zug-um-Zug hätten abgewickelt werden können – das ist zwar regelmäßig der Fall, aber nicht zwingend, zumal Dauerschuldverhältnisse nicht unter § 740 fallen, → Rn. 5.
[10] So *Rigger*, Ausscheiden aus zweigliedriger Personalgesellschaft, 1969, S. 140 ff., 147.
[11] So RGZ 171, 129 (133); RGRK-HGB/*Weipert*, 2. Aufl. 1950, HGB § 138 Anm. 43.
[12] Eingehend GroßkommHGB/*Ulmer*, 3. Aufl. 1973, HGB § 138 Rn. 96 f.; wie hier im Ergebnis auch Soergel/*Hadding/Kießling* Rn. 4; Bamberger/Roth/*Schöne* Rn. 4.
[13] So bereits *K. Schmidt* DB 1983, 2401 (2405 f.) vor BGH NJW-RR 1986, 454 (455); 1986, 1160 f.; ferner Erman/*Westermann* Rn. 2; Palandt/*Sprau* Rn. 1; Baumbach/Hopt/*Roth* HGB § 131 Rn. 46; *Neuhaus*, Unternehmensbewertung und Abfindung, 1990, S. 140; Staudinger/*Habermeier* (2003) Rn. 2; Soergel/*Hadding/Kießling* Rn. 4; Bamberger/Roth/*Schöne* Rn. 4.

abgrenzbaren Zeitabschnitt zu bejahen, der am Stichtag des Ausscheidens bereits begonnen hat; für einen späteren Zeitraum entstehende gegenseitige Ansprüche werden von der Regelung des § 740 nicht erfasst. Für diese Einschränkung spricht auch, dass der Ausgeschiedene auf den Fortbestand und späteren Vollzug des Dauerschuldverhältnisses keinen Einfluss mehr hat und daher insoweit auch nicht wie ein Gesellschafter am Erfolg/Misserfolg der Gesellschaft beteiligt werden sollte.

2. Beendigung. Sie ist nach Abs. 1 S. 2 ausschließlich Sache der übrigen, die Gesellschaft fortsetzenden Gesellschafter; ein Mitspracherecht des Ausgeschiedenen besteht nicht. Das Kriterium des „Vorteilhaften" in Abs. 1 S. 2 gibt ihnen dabei weitgehende kaufmännische Entscheidungsfreiheit. Zwar haben sie nicht nur die Belange der Gesellschaft, sondern im Rahmen der nachvertraglichen Treupflicht (→ § 738 Rn. 7) auch diejenigen des Ausgeschiedenen zu beachten. Schadensersatzansprüche des Ausgeschiedenen wegen fehlerhafter Beendigungsmaßnahmen kommen allerdings nur dann in Betracht, wenn die Geschäftsführer die Sorgfalt in eigenen Angelegenheiten verletzt haben; der Maßstab des § 708 gilt mangels vertraglicher Abweichung auch im Verhältnis zum Ausgeschiedenen fort.[14]

III. Auskunft und Rechnungslegung (Abs. 2)

Zur Durchsetzung und Kontrolle des jeweils zum Jahresende fällig werdenden Anspruchs auf Beteiligung am Ergebnis der im laufenden Geschäftsjahr beendigten Geschäfte kann der Ausgeschiedene nach Abs. 2 **zum Geschäftsjahresende Rechenschaft** von der Gesellschaft verlangen; maßgebend ist der jeweilige Zahlungseingang.[15] Ebenso steht ihm ein **Auskunftsanspruch** hinsichtlich des Stands der noch schwebenden Geschäfte zu. Die *Art und Weise* von Rechnungslegung und Auskunft bestimmt sich nach §§ 259, 260.[16] Über das allgemeine Informationsrecht des § 810 hinaus kommt dem Eingreifen dieser Vorschriften Bedeutung namentlich für das Verlangen auf Abgabe einer eidesstattlichen Versicherung nach § 259 Abs. 2 zu. Der Anspruch auf Rechnungslegung und Auskunft ist mit Rücksicht auf seine gesellschaftsvertragliche Grundlage höchstpersönlicher Natur und nicht übertragbar (§ 717 S. 1); dem Zessionar des Anspruchs auf Ergebnisbeteiligung nach Abs. 1 steht er nicht zu.[17] Die *Auszahlung* des auf die einzelnen Geschäfte entfallenden anteiligen Gewinns kann schon dann verlangt werden, wenn deren Ergebnis objektiv feststeht; auf die gemeinsame Berechnung und Feststellung kommt es nicht an.[18]

IV. Abweichende Vereinbarungen

§ 740 ist in vollem Umfang **dispositiv.** Abweichende Vereinbarungen sind verbreitet;[19] die Beweislast hierfür trifft denjenigen, zu dessen Gunsten sich die Abweichung auswirkt, im Regelfall also die verbleibenden Gesellschafter.[20] Eine konkludente Abbedingung liegt im Zweifel auch dann vor, wenn der Ausscheidende nach dem Gesellschaftsvertrag Anspruch auf einen festen Abfindungsbetrag oder auf den nach der letzten Jahresbilanz zu berechnenden **Buchwert** seines Anteils hat. Derartige Vereinbarungen sind meist als abschließende gewollt; sie sollen alle Ansprüche aus der früheren Beteiligung erledigen.[21] Zur Unanwendbarkeit von § 740 bei Berechnung der Abfindung nach der Ertragswertmethode → Rn. 3.

Soweit die abweichende **Festsetzung des Abfindungsstichtags** in Frage steht, lässt sich ihr ein Ausschluss der Ansprüche aus § 740 nicht ohne weiteres entnehmen.[22] Wohl aber ist für die Bestimmung des Kreises der in die Ergebnisbeteiligung einzubeziehenden Geschäfte in zeitlicher Hinsicht nicht auf das tatsächliche Ausscheiden, sondern auf den vereinbarten Stichtag abzustellen.

---

[14] EinhM, vgl. Soergel/*Hadding/Kießling* Rn. 6; Staudinger/*Habermeier* (2003) Rn. 3; Erman/*Westermann* Rn. 4.
[15] BGH WM 1969, 494 (496); Soergel/*Hadding/Kießling* Rn. 8.
[16] HM, vgl. BGH NJW 1959, 1963 (1964); WM 1961, 173; OLG Hamm NZG 2005, 175; Erman/*Westermann* Rn. 4; Soergel/*Hadding/Kießling* Rn. 8; Staudinger/*Habermeier* (2003) Rn. 4; *Hueck* OHG § 29 II 5d; aA noch RG JW 1926, 1812.
[17] *Hueck* OHG § 29 II 5d; Soergel/*Hadding/Kießling* Rn. 8; MüKoHGB/*K. Schmidt* HGB § 131 Rn. 123; aA *Rieger*, Ausscheiden aus zweigliedriger Personalgesellschaft, 1969, S. 154 ff.
[18] BGH WM 1980, 212 (213).
[19] Beispiele bei *Knöchlein* DNotZ 1960, 472.
[20] BGH WM 1979, 1064 (1065) – Beteiligung an den Gebühren der von der Sozietät weitergeführten Mandate beim Ausscheiden eines Rechtsanwalts.
[21] So richtig *Hueck* OHG § 29 II 5d; Baumbach/Hopt/*Roth* HGB § 131 Rn. 45; *Westermann* in Westermann/Wertenbruch PersGesR-HdB I. Teil § 36 Rn. 1136; einschr. *Knöchlein* DNotZ 1960, 472.
[22] BGH NJW 1959, 1963; *Hueck* OHG § 29 II 5d; Staub/*Schäfer* HGB § 131 Rn. 138.

Gesetz über Partnerschaftsgesellschaften Angehöriger Freier Berufe (Partnerschaftsgesellschaftsgesetz – PartGG)[1]

vom 25. Juli 1994 (BGBl. I S. 1744),
zuletzt geändert durch Gesetz vom 12. Dezember 2015 (BGBl. I S. 2565)

Schrifttum (Auswahl – vgl. auch die Angaben zu Vor § 705 BGB): Kommentare, Handbücher: *Feuerich/Weyland,* Bundesrechtsanwaltsordnung, 9. Aufl. 2016 (zitiert: Feuerich/Weyland/*Bearbeiter*); *Gail/Overlack,* Anwaltsgesellschaften, 2. Aufl. 1996; *Henssler,* PartGG, 2. Aufl. 2008; *Hirtz* in Henssler/Strohn, Gesellschaftsrecht, 2. Aufl. 2015 (zitiert: Henssler/Strohn/*Hirtz*); *Meilicke/Graf v. Westphalen/Hoffmann/Lenz/Wolff,* Partnerschaftsgesellschaftsgesetz, 3. Aufl. 2015 (zitiert: MWHLW/*Bearbeiter*); *Michalski/Römermann,* Kommentar zum Partnerschaftsgesellschaftsgesetz, 4. Aufl. 2014; *Gummert/Weipert* (Hrsg.), Münchener Handbuch zum Gesellschaftsrecht, Band I, 4. Aufl. 2014; *Römermann* in Michalski, GmbHG, 1. Aufl. 2002, Syst. Darst. 7 (zitiert: Michalski/*Römermann* 1. Aufl. Syst. Darst. 7); *Seibert,* Kommentar zum PartGG, in Ebenroth/Boujong/Joost, HGB, 1. Aufl. 2001 (zitiert: EBJ/*Seibert*).

Monographien, Aufsätze: *Ahlers,* Die GmbH als Zusammenschluß Angehöriger freier Berufe zur gemeinsamen Berufsausübung, FS Rowedder, 1994, S. 1; *Baumann,* Die Haftungsersetzung und Haftungsfondsersetzung durch Versicherungsschutz im Gesellschaftsrecht, GmbHR 2014, 953; *Bayer/Imberger,* Nochmals: Die Rechtsform freiberuflicher Tätigkeit, DZWiR 1995, 177; *Beck,* Zwei Jahre PartGmbB: Offene Fragen des Gesetzgebungsverfahrens, AnwBl. 2015, 380; *Beckmann,* Für eine Partnerschaft freier Berufe, FS Kleinert, 1992, S. 210; *Bösert,* Das Gesetz über Partnerschaftsgesellschaften Angehöriger Freier Berufe, ZAP 1994, 765; *Burret,* Das Partnerschaftsgesellschaftsgesetz. Die Partnerschaft – eine Rechtsform für die prüfenden Berufe?, WPK-Mitt. 1994, 201; *Casper,* Interprofessionelle Sozietäten von Anwaltsnotaren – eine Analyse des geltenden und künftigen Rechts, ZIP 1996, 1501; *Deckenbrock/Meyer,* Die Haftung des Scheinsozius, ZIP 2014, 701; *Eggesiecker/Keuenhof,* Normale Partnerschaften auch für Wirtschaftsprüfer und Steuerberater zulässig, BB 1995, 2049; *Hellwig,* Haftpflichtversicherung statt Handelndenhaftung bei der Partnerschaftsgesellschaft, NJW 2011, 1557; *Henssler,* Die Freiberufler-GmbH, ZIP 1994, 84; *ders.,* Neue Formen anwaltlicher Zusammenarbeit – Anwalts-GmbH und Partnerschaft im Wettbewerb der Gesellschaftsformen, DB 1995, 1549; *ders.,* Die Haftung der Partnerschaft und ihrer Gesellschafter, FS Vieregge, 1995, S. 361; *ders.,* Die „Limited Liability Partnership" des US-amerikanischen Rechts, FS Wiedemann, 2002, S. 907; *ders.* Die PartGmbB – großer Wurf oder (zu) kleine Lösung?, AnwBl. 2014, 96; *Henssler/Michel,* Austritt und Ausschluss aus der freiberuflichen Sozietät – Gesellschaftsrechtliche und berufsrechtliche Folgen, NZG 2012, 401; *Heydn,* Die erbrechtliche Nachfolge in Anteile an Partnerschaftsgesellschaften, 1999; *Hornung,* Partnerschaftsgesellschaft für Freiberufler, Rpfleger 1995, 481; 1996, 1; *Jawansky,* Haftung und Vertrauensschutz bei Berufsausübung in der Partnerschaftsgesellschaft, DB 2001, 2281; *Knoll/Schüppen,* Die Partnerschaftsgesellschaft – Handlungszwang, Handlungsalternative oder Schubladenmodell?, DStR 1995, 608, 646; *Kögel,* Der Namensbestandteil „und Partner" – Monopol der Partnerschaftsgesellschaften?, Rpfleger 1996, 314; *Korch,* Haftungsrisiken in der PartG mbB – Interdisziplinäre Partnerschaften und Fragen der Rechtsscheinhaftung, GmbHR 2016, 150; *Krieger,* Partnerschaftsgesellschaftsgesetz – Eine neue Möglichkeit, in freier Praxis partnerschaftlich zusammenzuarbeiten, MedR 1995, 95; *Kupfer,* Freiberufler-Gesellschaften: Partnerschaft, Anwalts- und Ärzte-GmbH, KÖSDI 1995, 10130; *Lenz,* Die Partnerschaft – alternative Gesellschaftsform für Freiberufler?, MDR 1994, 741; *Leuering,* Die Partnerschaft mit beschränkter Berufshaftung, NZG 2013, 1001; *Leutheusser-Schnarrenberger,* Die Partnerschaftsgesellschaft – nationale und EG-rechtliche Bestrebungen zu einem Sondergesellschaftsrecht für die freien Berufe, FS Helmrich, 1994, S. 677; *Lieder,* Die Partnerschaftsgesellschaft mit beschränkter Berufshaftung, NotBZ 2014, 81 (Teil 1) und 128 (Teil 2); *Mahnke,* Das Partnerschaftsgesellschaftsgesetz, WM 1996, 1029; *Michalski,* Das Gesellschafts- und Kartellrecht der berufsrechtlich gebundenen freien Berufe, 1989; *ders.,* Zum RegE eines Partnerschaftsgesellschaftsgesetzes, ZIP 1993, 1210; *Neye,* Partnerschaft und Umwandlung, ZIP 1997, 722; *Oppenhoff,* Anwaltsgemeinschaften, ihr Sinn und Zweck, AnwBl. 1967, 267; *Raisch,* Freie Berufe und Handelsrecht, FS Rittner, 1991, S. 471; *Römermann,* Entwicklungen und Tendenzen bei Anwaltsgesellschaften, 1995; *Schaub,* Das neue Partnerschaftsregister, NJW 1996, 625; *Römermann/Jähne,* Die Partnerschaftsgesellschaft mit beschränkter Berufshaftung – ein Erfolgsmodell?, BB 2015, 579; *Schirmer,* Berufsrechtliche und kassenzahnrechtliche Fragen der ärztlichen Berufsausübung in Partnerschaftsgesellschaften, MedR 1995, 341, 383; *Karsten Schmidt,* Partnerschaftsgesetzgebung zwischen Berufsrecht, Schuldrecht und Gesellschaftsrecht, ZIP 1993, 633; *ders.,* Die Freiberufliche Partnerschaft, NJW 1995, 1; *ders.* Plädoyer für die freiberufliche (GmbH & Co.-)Kommanditgesellschaft, DB 2009, 271; *Seibert,* Zum neuen Entwurf eines Partnerschaftsgesellschaftsgesetzes, AnwBl. 1993, 155; *ders.,* Regierungsentwurf eines Partnerschaftsgesellschaftsgesetzes, ZIP 1993, 1197; *ders.,* Die Partnerschaftsgesellschaft der Freien Berufe, DB 1994, 2381; *ders.,* Die Partnerschaftsgesellschaft mit beschränkter Berufshaftung (PartGmbB), DB 2013, 1710; *Sommer,* Anwalts-GmbH oder Anwaltspartnerschaft?, GmbHR 1995, 249; *Sommer/Treptow/Dietlmeier,* Haftung für Berufsfehler nach Umwandlung einer Freiberufler-GbR in eine Partnerschaft, NJW 2011, 1551; *Sommer/Treptow,* Die „Umwandlung" einer Partnerschaftsgesellschaft in eine PartG mbB und ihre Folgen, NJW 2013, 3269; *Stuber,* Das Partnerschaftsgesellschaftsgesetz unter besonderer Berücksichtigung der Belange der Anwaltschaft, WiB 1994, 705; *Tröger/Pfaffinger,* Partnerschaftsgesellschaft mit beschränkter Haftung, JZ 2013, 812; *Ulmer/Habersack,* Die Haftungsverfassung der Partnerschaftsgesellschaft, FS Brandner, 1996, S. 151; *Ulmer, O.,* Von

---

[1] Herrn RA Dr. Oliver Treptow, München, danke ich für wertvolle Vorarbeit und Anregungen auch zur 7. Aufl. dieses Kommentars.

der PartG zur PartGmbB: Auswirkungen auf Dauermandate, AnwBl. 2014, 806; *Wälzholz*, DStR 2013, 2637; *Wertenbruch*, Partnerschaftsgesellschaft und neues Umwandlungsrecht, ZIP 1995, 712; *ders.*, Die Bezeichnung „und Partner" außerhalb der Partnerschaft, ZIP 1996, 1776; *ders.*, Veräußerungen und Vererbung des Anteils an einer vertragsärztlichen Berufsausübungsgesellschaft, MedR 1996, 485; *ders.*, Die Innenhaftung bei der Partnerschaftsgesellschaft mbB, NZG 2013, 1006.

Vorbemerkung (Vor § 1 PartGG)

Übersicht

	Rn.		Rn.
I. Entstehungsgeschichte	1–10a	e) Partnerschaftsregisterverordnung	8
1. Die Entwürfe von 1971 und 1975/1976	1–3	3. Seitherige Änderungen	9–10a
a) Vorparlamentarische Diskussion	1	**II. Die Partnerschaft im Vergleich zur GbR, OHG und GmbH**	11–25
b) Entwurf von 1971	2	1. Vorteile gegenüber der Gesellschaft bürgerlichen Rechts	11, 12
c) Entwurf von 1975/1976 und sein Scheitern	3	2. Unterschiede zur OHG	13, 14
2. Partnerschaftsgesellschaftsgesetz von 1994	4–8	3. Die Freiberufler-GmbH – Überblick	15–25
a) Entwicklung bis zum Referentenentwurf	4	a) Rechtsentwicklung	15–17
b) Referentenentwurf	5	b) Jetziger Stand der Diskussion	18–21
c) Regierungsentwurf	6	c) Vergleich der Rechtsformen	22–25
d) Verabschiedung des PartGG	7	**III. Rechtstatsachen**	26–28

I. Entstehungsgeschichte

1. Die Entwürfe von 1971 und 1975/1976. a) Vorparlamentarische Diskussion. Die 1 Schaffung einer eigenen Rechtsform für Zusammenschlüsse von Freiberuflern hat eine lange Geschichte. Sie begann im Jahr 1957, als das Institut der Wirtschaftsprüfer in Deutschland e.V. beim Bundesjustizministerium anregte, eine neue Gesellschaftsform für die Freien Berufe zu schaffen.[1] Da sich die Mehrzahl der Verbände der Freien Berufe auf eine Anfrage des Bundesjustizministeriums hin ablehnend äußerte, wurde diese erste Anregung nicht weiter verfolgt.[2] Erst Ende der sechziger Jahre lebte die Diskussion wieder auf, nachdem der Anwaltstag 1967 diese Frage zu einem seiner Hauptthemen gemacht hatte.[3] In der Folgezeit erarbeitete *Volmer* einen ersten Gesetzesvorschlag.[4]

b) Entwurf von 1971. Ein auf die Vorarbeiten von *Volmer* (→ Rn. 1) zurückgehender, leicht 2 geänderter Vorschlag wurde 1971 von der CDU/CSU-Fraktion im Bundestag als Entwurf für ein Partnerschaftsgesetz[5] eingebracht.[6] Die Partnerschaft nach § 1 Abs. 1 E war als *juristische Person* konzipiert, sollte aber nach § 26 E steuerrechtlich wie eine Personengesellschaft behandelt werden. Die Regeln über den Namen der Partnerschaft, den Partnerschaftsvertrag und ein Partnerschaftsregister sind als Vorläufer für das heutige PartGG zu betrachten.[7] Ferner war in § 9 E eine *generelle Haftungsbegrenzung* für jeden Schadensfall in Höhe von 500.000 DM vorgesehen, verbunden mit einer Verpflichtung zur Deckung durch eine Haftpflichtversicherung. Infolge der vorzeitigen Auflösung des 6. Deutschen Bundestages verfiel der Entwurf der Diskontinuität.[8]

c) Entwurf von 1975/1976 und sein Scheitern. Eine stark modifizierte Form des Gesetzent- 3 wurfs von 1971 wurde 1975, nach einer Anhörung der Kammern und Verbände der Freien Berufe,[9]

---

[1] *Thümmel* WPg. 1971, 399.
[2] Michalski/Römermann/*Römermann* Einf. Rn. 2.
[3] *Thümmel* WPg. 1971, 399; *Oppenhoff* AnwBl. 1967, 267 (274).
[4] *Volmer* StB 1967, 25 ff.; vgl. auch *Rittner* StB 1967, 2 (8); krit. dazu *Oppenhoff* AnwBl. 1967, 267 (274); *Lach*, Die Formen freiberuflicher Zusammenarbeit, 1970, S. 150 ff.
[5] Bis zum RefE 1993 wurde durchgängig von Partnerschaftsgesetz statt von Partnerschaftsgesellschaftsgesetz gesprochen. Durch die Bezeichnung Partnerschaftsgesellschaftsgesetz sollte jede Verwechslung mit sonstigen als Partnerschaft bezeichneten Verbindungen wie der nichtehelichen Lebensgemeinschaft ausgeschlossen werden (→ § 1 Rn. 6).
[6] BT-Drs. 6/2047; vgl. hierzu *Thümmel* WPg. 1971, 399 (400); *Sandberger/Müller-Graff* ZRP 1975, 1 (6); und aus jüngerer Zeit *Wüst* JZ 1989, 270 (276); *Beckmann*, FS Kleinert, 1992, S. 210 f.
[7] So auch Michalski/Römermann/*Römermann* Einf. Rn. 6.
[8] Der Entwurf war nach Behandlung in erster Lesung vom Bundestag an den Rechtsausschuss überwiesen worden, wo er ein positives Echo gefunden hatte, vgl. näher *Beckmann*, FS Kleinert, 1992, S. 210 (211).
[9] Michalski/Römermann/*Römermann* Einf. Rn. 8 mwN in Fn. 18.

von verschiedenen Abgeordneten in den Bundestag eingebracht.[10] In diesem Entwurf war die Partnerschaft *nicht mehr als juristische Person* konzipiert. Ferner fehlte die summenmäßige Haftungsbegrenzung des § 9 E 1971. Der BT-Rechtsausschuss erarbeitete eine stark modifizierte Fassung des Entwurfs, die jegliche Haftungsbeschränkung aufgab, im Wesentlichen nur noch Regelungen über das Innenverhältnis enthielt und mit 35 Paragraphen erheblich umfangreicher war.[11] Dieser modifizierte Entwurf wurde 1976 in dritter Lesung vom Bundestag verabschiedet.[12] Man hielt ihn wegen Art. 84 Abs. 1 GG für zustimmungsbedürftig.[13] Der Bundesrat verweigerte die Zustimmung, da sich zahlreiche Verbände der Freien Berufe ablehnend geäußert hatten und einige Länder dem Entwurf aus Kostengründen kritisch gegenüberstanden.[14] Vor allem wurde wegen der Nähe des Entwurfs zur Gesellschaft bürgerlichen Rechts ein Bedürfnis für eine eigenständige Rechtsform im Bundesrat verneint.[15] Da weder Bundestag noch Bundesrat den Vermittlungsausschuss anriefen, war das Gesetz gescheitert.

4 **2. Partnerschaftsgesellschaftsgesetz von 1994. a) Entwicklung bis zum Referentenentwurf.** Erst Ende der achtziger Jahre lebte die nach dem Scheitern des Gesetzentwurfs von 1975/1976 zum Erliegen gekommene Diskussion um die Partnerschaft wieder auf.[16] Angesichts der bevorstehenden Öffnung des Binnenmarktes und der überregionalen Verbreitung vieler Freier Berufe und angesichts des immer stärker werdenden Bedürfnisses nach einer interprofessionellen Zusammenarbeit lag diese Entwicklung nahe.[17] Der Bundesverband der Freien Berufe regte beim Bundeswirtschaftsminister die Wiederaufnahme des Gesetzgebungsverfahrens an, was zu einer Anhörung der verschiedenen freiberuflichen Verbände führte. Parallel dazu wurde das Vorhaben der Schaffung einer Partnerschaftsgesellschaft 1991 in die Koalitionsvereinbarung von CDU/CSU und FDP aufgenommen.[18] Es folgte eine Sondierung des Bundeswirtschaftsministeriums bei den bundesweit tätigen freiberuflichen Organisationen, die mit einem *Neun-Punkte-Katalog des Bundeswirtschaftsministeriums* ihren Abschluss fand.[19] Da die Verbände nunmehr auf breiter Front Zustimmung zu einer eigenen Gesellschaftsform für die Freien Berufe signalisierten, ersuchte der Bundestag mit Beschluss vom 3.6.1992 die Bundesregierung, einen Gesetzentwurf vorzulegen.[20]

5 **b) Referentenentwurf.** Die Aufforderung des Bundestags führte dazu, dass das Bundesjustizministerium Anfang 1993 einen Referentenentwurf vorlegte.[21] Er war mit 27 Paragraphen wesentlich umfangreicher als das spätere PartGG und enthielt in den §§ 16–26 detaillierte Regelungen zu dem Ausscheiden eines Partners, der Auflösung der Partnerschaft und ihrer Liquidation. Das Fehlen von Verweisungen auf das OHG-Recht zur Entlastung des Entwurfs und die Vermischung von berufs- und gesellschaftsrechtlichen Vorschriften wurden in der Diskussion lebhaft kritisiert.[22]

6 **c) Regierungsentwurf.** In dem vom Bundeskabinett am 20.7.1993 verabschiedeten Regierungsentwurf[23] wurde dieser Kritik Rechnung getragen. Der RegE enthielt ebenso wie das spätere Gesetz nur noch elf Paragraphen. Der **Bundesrat** erhob in seiner Stellungnahme zum RegE[24] generelle Bedenken gegen das Gesetz. Insbesondere wurde die weitere Rechtszersplitterung des Gesellschaftsrechts, die Regelung der Haftungskonzentration und die Einrichtung eines eigenen, kostenträchtigen Partnerschaftsregisters kritisiert. Gleichwohl hielt die Bundesregierung an dem Entwurf fest.[25] Auch die nach seiner Beratung im **BT-Rechtsausschuss** vorgenommenen Änderungen waren gering.[26]

---

[10] BT-Drs. 7/4089; Überblick hierzu bei *Wüst* JZ 1989, 270 (276); *Beckmann,* FS Kleinert, 1992, S. 210 (211).
[11] BT-Drs. 7/5402 und BT-Drs. 7/5413; vgl. hierzu auch *Henssler* JZ 1992, 697 (701).
[12] Sten. Prot. 7/256 S. 18 431 (C).
[13] Demgegenüber wurde das PartGG von 1994 überwiegend für nicht zustimmungsbedürftig gehalten, was wohl auch schon für den Entwurf von 1975/76 zutraf, vgl. *Seibert* AnwBl. 1993, 155; *Leutheusser-Schnarrenberger,* FS Helmrich, 1994, S. 677; *Bösert* ZAP 1994, 765 (770).
[14] BR-Drs. 444/1/76.
[15] Vgl. BR-Drs. 444/1/76 S. 1 f. und 444/2/76.
[16] Vgl. *Wüst* JZ 1989, 270 (277); *Beckmann,* FS Kleinert, 1992, S. 210 (212 f.).
[17] So auch *Beckmann,* FS Kleinert, 1992, S. 210 (215 f.).
[18] Vgl. den Wortlaut der Vereinbarung bei *Beckmann,* FS Kleinert, 1992, S. 210 (213).
[19] Zu dessen Inhalt vgl. *Beckmann,* FS Kleinert, 1992, S. 210 (213 ff.).
[20] Sten. Prot. 12/94 S. 7769 (D).
[21] BMJ-Drs. 7050/2 = ZIP 1993, 153 ff.; auch abgedruckt bei *Seibert,* Partnerschaft, 1994, S. 85 ff.
[22] So insbes. *K. Schmidt* ZIP 1993, 633 (634 ff.) mit einem Alternativentwurf; *Michalski* ZIP 1993, 1210 (1211); zu positiven Reaktionen seitens der Verbände vgl. *Seibert* ZIP 1993, 1197 (1198) und *Bösert* ZAP 1994, 765 (770).
[23] BT-Drs. 12/6152 = ZIP 1993, 1199 ff.; auch abgedruckt bei *Seibert,* Partnerschaft, 1994, S. 93 ff. Zum RegE vgl. *Seibert* ZIP 1993, 1197 (1198); *Michalski* ZIP 1993, 1210 (1211 ff.); *Bösert* DStR 1993, 1332 ff.
[24] BT-Drs. 12/6152 S. 25 ff.
[25] Vgl. die Gegenäußerung der BReg., BT-Drs. 12/6152 S. 28 ff.
[26] Vgl. die Gegenüberstellung in BT-Drs. 12/7642 S. 1, 11.

Der RegE wurde in § 1 Abs. 2 um die Berufsgruppe der *hauptberuflichen Sachverständigen* und in § 1 Abs. 4 um die *Subsidiaritätsklausel* ergänzt. Im Übrigen waren die Änderungen durch den Rechtsausschuss ganz überwiegend redaktioneller Natur.

d) Verabschiedung des PartGG. Der in dieser Weise geringfügig modifizierte Regierungsentwurf wurde am 26.5.1994 im **Bundestag** einstimmig als PartGG verabschiedet. In der Zwischenzeit war es zwischen Bundesrat und Bundesregierung zu Auseinandersetzungen darüber gekommen, ob das PartGG der *Zustimmung des Bundesrates* bedürfe. Der Bundesrat folgerte dies aus der Abänderung des FGG und der Schaffung eines Partnerschaftsregisters (Art. 84 Abs. 1 GG).[27] Demgegenüber vertrat die Bundesregierung den Standpunkt, dass es sich bei den Registern zwar um Landeseinrichtungen, nicht aber um Verwaltungsbehörden iSd Art. 84 Abs. 1 GG, sondern um Gerichte handelte, weshalb eine Zustimmungsbedürftigkeit des Bundesrates entfalle.[28] Dies entsprach auch der einhelligen Ansicht im Schrifttum.[29] Die Frage konnte letztlich offen bleiben, da der **Bundesrat** dem Gesetz am 10.6.1994 mehrheitlich zustimmte, nachdem ein Antrag des Landes Rheinland-Pfalz[30] auf Anrufung des Vermittlungsausschusses keine Mehrheit gefunden hatte. Das Gesetz wurde am 30.7.1994 verkündet (BGBl. I S. 1744). Es sollte nach seinem Art. 9 am 1.7.1995 in Kraft treten (aber → Rn. 8). 7

e) Partnerschaftsregisterverordnung. Nach Verabschiedung des Gesetzes erkannte man, dass die Ermächtigungsnorm zum Erlass einer Partnerschaftsregisterverordnung in § 160b Abs. 1 S. 2 nF iVm § 125 Abs. 3 FGG ebenfalls erst am 1.7.1995 in Kraft treten sollte, die Länder zur Vorbereitung der Errichtung von Partnerschaftsregistern aber an dem vorzeitigen Erlass einer Verordnung interessiert waren.[31] Deshalb wurde Art. 9 PartGG bereits vor seinem Inkrafttreten durch das Ausführungsgesetz zum Seerechtsübereinkommen 1982/1994 (BGBl. 1995 I S. 778 (780)) dahin abgeändert, dass das *Inkrafttreten der Ermächtigungsgrundlage* zum Erlass einer Partnerschaftsregisterverordnung auf den 1.5.1995 vorverlegt wurde. Dementsprechend wurde die Partnerschaftsregisterverordnung von der Bundesregierung bereits am 18.4.1995 in den Bundesrat eingebracht, der ihr am 2.6.1995 zustimmte.[32] 8

3. Seitherige Änderungen. Seit seinem Inkrafttreten ist das PartGG im Zusammenhang mit dem Erlass von nicht weniger als *vier Gesetzen* in den Jahren 1998 bis 2001 geändert worden. Drei dieser Änderungen sind allerdings nur von marginaler Bedeutung; sie beschränken sich überwiegend auf die Anpassung an bzw. die Übernahme von entsprechenden Änderungen des OHG-Rechts (zum Sonderfall der PartGG-Novelle 1998 → Rn. 10). So hat das **HRefG 1998**[33] eine redaktionelle Anpassung der §§ 2, 9 Abs. 1 an die entsprechenden Änderungen des HGB gebracht. Das **ERJuKoG**[34] hat – durch Änderung der §§ 4 Abs. 1 S. 2, 5 Abs. 1 und 7 Abs. 3 – für Anpassung der Vorschriften betreffend die Anmeldung und Eintragung von Partnerschaften in das Partnerschaftsregister an die Neuregelungen zur Handelsregistereintragung der OHG gesorgt (→ §§ 4, 5 Rn. 3; → § 7 Rn. 1) und in § 11 Abs. 2 Übergangsregelungen hierzu getroffen. Schließlich ist im **2. FGO-ÄndG**[35] durch die Neuregelung des § 7 Abs. 4 die Postulationsfähigkeit einer rechtsberatend tätigen Partnerschaft als solcher, dh nicht nur diejenige der Partner als Rechtsberater, zur Vertretung vor Gerichten und Behörden klarstellend angeordnet worden (→ § 7 Rn. 20 ff.). 9

Für spürbare *materiellrechtliche* Änderungen hat demgegenüber die **UmwG- und PartGG-Novelle von 1998**[36] gesorgt. Die wichtigste Änderung des PartGG findet sich in der *Neufassung des Haftungsprivilegs* des § 8 Abs. 2 durch Übergang von der fakultativen vertraglichen zur kraft Gesetzes eingreifenden Haftungskonzentration für Beratungsfehler bei den persönlich beteiligten Partnern (→ § 8 Rn. 14 ff.). Daneben hat die Novelle auch eine – zunächst nicht geregelte – „Definition" (richtiger: Typusbeschreibung, → § 1 Rn. 36 f.) der Freien Berufe in § 1 Abs. 2 S. 1 gebracht sowie durch § 7 Abs. 5 iVm § 125a HGB die Partnerschaft zu bestimmten Angaben auf Geschäftsbriefen verpflichtet und dadurch der Einführung einer entsprechenden Pflicht für OHG und KG im HRefG 10

---

[27] BT-Drs. 12/6152 S. 25.
[28] BT-Drs. 12/6152 S. 28 unter Verweis auf BVerfGE 11, 192 (199); 14, 197 (219); so schon *Seibert* AnwBl. 1993, 155 Fn. 4.
[29] Sten. Prot. 7/256 S. 18 431 (C).
[30] BR-Drs. 505/1/94.
[31] Vgl. Michalski/Römermann/*Römermann* Einf. Rn. 24.
[32] BR-Drs. 213/95; BGBl. 1995 I S. 808. Der Text der Verordnung findet sich bei → §§ 4, 5 Rn. 33.
[33] Handelsrechtsreformgesetz vom 22.6.1998, BGBl. I S. 1474.
[34] Gesetz über elektronische Register und Justizkosten für Telekommunikation vom 10.12.2001, BGBl. I S. 3422.
[35] Zweites Gesetz zur Änderung der FGO und anderer Gesetze vom 19.12.2000, BGBl. I S. 1757.
[36] Gesetz zur Änderung des UmwG, des PartGG und anderer Gesetze vom 22.7.1998, BGBl. I S. 1878.

Rechnung getragen (→ § 7 Rn. 23). Für nennenswerte Änderungen hat auch die Aufnahme der Partnerschaft in die Kataloge der verschmelzungs- und formwechselfähigen Rechtsträger des UmwG gesorgt (→ § 1 Rn. 25 ff.). Schließlich wurde durch Ergänzung des § 11 Abs. 2 Nr. 1 InsO auch die Insolvenzfähigkeit der Partnerschaft ausdrücklich gesetzlich geregelt.

10a Zuletzt erfolgte eine bedeutsame Änderung durch das Gesetz zur „Einführung einer Partnerschaftsgesellschaft mit beschränkter Berufshaftung und zur Änderung des Berufsrechts der Rechtsanwälte, Patentanwälte, Steuerberater und Wirtschaftsprüfer" vom 15.7.2013 (BGBl. I S. 2386). Um eine „deutsche Alternative" für die in der Praxis vor allem bei größeren, interdisziplinär tätigen Wirtschaftskanzleien immer beliebtere „Limited Liability Partnership" (LLP) anzubieten, wurde eine neue Variante der Partnerschaft eingeführt, nach deren Haftungsregime die Haftung für Berufsfehler auf die Partnerschaft beschränkt bleibt, wenn diese eine besondere Berufshaftpflichtversicherung abschließt. Hierfür wurde dem § 8 PartGG ein neuer Absatz 4 hinzugefügt (→ § 8 Rn. 4a). Es handelt sich lediglich um eine Option, so dass Partnerschaften nach bisherigem Zuschnitt sowohl fortgeführt als auch neu gegründet werden können.

II. Die Partnerschaft im Vergleich zur GbR, OHG und GmbH

11 **1. Vorteile gegenüber der Gesellschaft bürgerlichen Rechts. Gesetzliche Vorteile** der Partnerschaft im Vergleich zur GbR liegen in der auf Freie Berufe zugeschnittenen Ausgestaltung der neuen Rechtsform und – in Verbindung damit – in der größeren **Rechtssicherheit,** die diese Rechtsform dank ihrer gesetzlichen Ausgestaltung und ihrer Eintragung im Partnerschaftsregister sowohl im Verhältnis zwischen den Partnern als auch und vor allem in den Rechtsbeziehungen zu Dritten vermittelt. Im *Innenverhältnis* beruht dies auf der Verweisung des § 6 Abs. 3 auf §§ 110–119 HGB mit ihren speziell auf die Bedürfnisse einer Erwerbsgesellschaft zwischen aktiven Partnern zugeschnittenen Regelungen, darunter namentlich der Alleingeschäftsführung jedes Partners mit Widerspruchsrecht der anderen Partner als gesetzlicher Regel. Für das *Außenverhältnis* sind einerseits die Regelungen des § 2 über den Namen der Partnerschaft in Anlehnung an das Firmenrecht des HGB, darunter auch die Monopolisierung des Partner-Zusatzes für die neue Rechtsform, sowie die Vorschriften der §§ 4, 5 über die Registereintragung, andererseits das Haftungsprivileg des § 8 Abs. 2 zugunsten der nicht selbst an der fehlerhaften Auftragsbearbeitung beteiligten Partner sowie (seit 2013) die Haftungskonzentration für Berufsfehler auf das Partnerschaftsvermögen bei der Partnerschaft mit beschränkter Berufshaftung („Part(G)mbB") nach § 8 Abs. 4 zu nennen. Demgegenüber hat die Verweisung des § 7 Abs. 2 auf § 124 HGB mit dessen Behandlung der OHG und KG in Rechtsverkehr und Zivilprozess als rechtsfähige Einheit ihre rechtliche Relevanz verloren, seit die höchstrichterliche Rechtsprechung diese Qualität auch der Außen-GbR zuerkennt (→ BGB § 705 Rn. 303 ff.). Schließlich waren auch die auf *Fortbestand der Partnerschaft* als gesetzliche Regel beim Ausscheiden einzelner Partner gerichteten Regelungen des § 9 Abs. 2 geeignet, zur Bestandskraft der Partnerschaft beizutragen; sie sind inzwischen in der Verweisung des § 9 Abs. 1 auf § 131 Abs. 3 nF HGB aufgegangen.

12 In der **Rechtspraxis** sind die in → Rn. 11 erwähnten gesetzlichen Vorteile der Partnerschaft trotz des im Jahr 1998 verbesserten Haftungsprivilegs des § 8 Abs. 2 bis 2013 *nur teilweise honoriert* worden, wie die nach wie vor zurückhaltende Reaktion von Teilen der Freiberufler auf die neue Rechtsform seit Inkrafttreten des PartGG belegt (→ Rn. 26 f.). So verbreitete sich die Rechtsform der Partnerschaft zwar bei RA-Sozietäten recht stark (→ Rn. 23), bei ärztlichen Berufsausübungsgemeinschaften hingegen ist sie recht selten anzutreffen. Das dürfte einerseits darin begründet sein, dass die *Kautelarpraxis* es gut versteht, die Rechtsform der GbR auf Freiberufler-Sozietäten zuzuschneiden und dadurch in Verbindung mit der höchstrichterlichen Rechtsfortbildung des GbR-Rechts für Rechtsklarheit und -sicherheit zu sorgen. Andererseits wurden von der Praxis auch bestimmte Aspekte der *neuen Rechtsform kritisch* beurteilt, darunter neben der mit dem Partnerschaftsregister verbundenen Publizität auch und vor allem die ursprünglich in § 8 angeordnete grundsätzlich umfassende gesamtschuldnerische Haftung der Partner. Das zwischenzeitlich verbesserte Haftungsprivileg des § 8 Abs. 2 auf der einen, die Verschärfung der Haftung in der GbR durch höchstrichterliche Anerkennung der Akzessorietätstheorie auf der anderen Seite haben freilich mittlerweile die Attraktivität der Partnerschaft deutlich gesteigert. Dies gilt erst recht für die seit 2013 bestehende Möglichkeit, die Haftung für Berufsfehler nach dem neuen § 8 Abs. 4 auf die Partnerschaft zu konzentrieren (→ § 8 Rn. 41 ff.); sie hat sogleich nach Inkrafttreten zu einem regelrechten Umwandlungsschub geführt.[37] Demgegenüber verbinden sich mit der Rechtsform *keine Steuervorteile* gegenüber der GbR,

---

[37] Vgl. *Lieder/Hoffmann* NJW 2015, 897: Zahl der „PartGmbB" zu Ende 2013: 361 [möglich seit 19.7.2013], zu Ende 2014 bereits 1.702. Immerhin 40 % dieser Gesellschaften hatten zuvor eine andere Rechtsform. Insgesamt betrug der Anteil der Part(G)mbB an allen PartG zu Ende 2014 bereits 15 %.

vielmehr entspricht die steuerrechtliche Behandlung der Partnerschaft uneingeschränkt derjenigen der GbR. Und auch das Recht auf den „Partner"-Zusatz im Namen der Partnerschaft wird in der Praxis offenbar nicht als derart attraktiv bewertet, um eine Sogwirkung der neuen Rechtsform für Freiberufler-Zusammenschlüsse auf breiter Front auszulösen. Zu einer gewissen Zurückhaltung mag auch die für die Beteiligten jedenfalls aus Haftungsgründen interessante Öffnung der Rechtsform der GmbH und AG für Freiberufler (→ Rn. 15 ff.) beitragen, ferner auch die „Limited Liability Partnership" (LLP) nach englischem Recht, die nach Anerkennung ausländischer Rechtsformen auch für die alleinige Geschäftstätigkeit im Inland immer häufiger anzutreffen ist. Es ist allerdings zu erwarten, dass die *Einführung der „Part(G)mbB"* (→ Rn. 10a) die Verbreitung der Rechtsform auch außerhalb der wirtschafts- und rechtsberatenden Berufe weiter deutlich steigern wird, sofern der Gesetzgeber hierfür die (berufsrechtlichen) Voraussetzungen schafft.

2. Unterschiede zur OHG. Wie die zahlreichen Verweisungen in §§ 2, 4–10 auf das HGB und insbesondere das OHG-Recht erkennen lassen, orientiert sich die Ausgestaltung der Partnerschaft als neue Rechtsform weitgehend an derjenigen der OHG. Sie weist ihr gegenüber in vielfacher Hinsicht Ähnlichkeiten auf.[38] Zu den verbleibenden Unterschieden zählen neben dem auf Freiberufler beschränkten Zugang zur Partnerschaft und neben dem in § 8 Abs. 2 enthaltenen Haftungsprivileg vor allem das **Fehlen eines Handelsgewerbes** bei der Partnerschaft. Es hat zur Folge, dass das Recht der Handelsgeschäfte auf die neue Rechtsform unanwendbar ist und dass die Partnerschaft auch nicht der Pflicht zu kaufmännischer Rechnungslegung unterliegt. Aus dem gleichen Grunde scheidet im Unterschied zur OHG grundsätzlich auch eine Gewerbesteuerpflicht der Partnerschaft aus, während im Übrigen die steuerrechtliche Behandlung beider Rechtsformen keine Unterschiede aufweist. **13**

Trotz der am jeweiligen kaufmännischen bzw. freiberuflichen Zweck der Gesellschaft orientierten, den Gesellschaftern im Grundsatz keine Wahlfreiheit eröffnenden gesetzgeberischen Einteilung der beiden Rechtsformen ist der Vergleich zwischen ihnen für die **Rechtspraxis** deshalb nicht ohne Interesse, weil es infolge des weitgefassten Katalogs Freier Berufe in § 1 Abs. 2 S. 2 einen nicht ganz unerheblichen Überschneidungsbereich zwischen den beiden Rechtsformen gibt (→ § 1 Rn. 16 ff.). In diesem nach früherer Rechtslage unter die sollkaufmännischen Unternehmenstätigkeiten des § 2 aF HGB fallenden Tätigkeitsbereich haben die Beteiligten die Möglichkeit, durch Herbeiführung der Eintragung im Partnerschafts- oder aber im Handelsregister entweder für die Partnerschaft oder für die OHG bzw. KG zu optieren. Entscheiden sie sich nicht von sich aus zugunsten der Partnerschaft, so unterliegen sie der Pflicht zur Registrierung im *Handelsregister* nach § 106 HGB und sind vom Registergericht nach § 14 HGB durch Festsetzung von Zwangsgeld zur Eintragung anzuhalten. **14**

3. Die Freiberufler-GmbH – Überblick. a) Rechtsentwicklung. Lässt man die seit Jahrzehnten geltenden Sonderregelungen der WPO und des StBerG über die Zulassung von Wirtschaftsprüfer- und Steuerberatungsgesellschaften in der Rechtsform der Kapitalgesellschaft (AG und GmbH; § 27 Abs. 1 WPO, § 49 Abs. 1 StBerG) außer Betracht, so ging die hM bis zum Beginn der 90er Jahre von der grundsätzlichen **Unzulässigkeit** des Betreibens eines Freien Berufs in der Rechtsform der GmbH aus.[39] Diese Beurteilung beruhte zwar *nicht auf GmbH-Recht*, da die Rechtsform der GmbH zweckneutral und dementsprechend vielseitig verwendbar ist.[40] Wohl aber wurde aus dem Wesen des Freien Berufs, darunter insbesondere der persönlichen Erbringung von Dienstleistungen höherer Art in eigenverantwortlicher, fachlich unabhängiger Art und Weise, dh aus *berufsrechtlichen* Gründen, auf die Unvereinbarkeit jedenfalls der klassisch freiberuflichen Tätigkeiten wie Rechtsberatung oder Heilbehandlung mit der hierarchisch geprägten, haftungsresistenten Rechtsform der GmbH geschlossen.[41] **15**

Für eine **grundsätzliche Revision** dieses Standpunkts sorgte sodann der **BGH** unter Hinweis auf die Grundrechtsproblematik der Nichtzulassung Freier Berufe für GmbH-Gründungen. Nachdem er es bereits in einer wenig beachteten Entscheidung des Jahres 1991 zugelassen hatte, dass ein *Heilpraktiker* als abhängig Beschäftigter in einer GmbH tätig sein kann,[42] erkannte er erstmals 1994 die Zulässigkeit **16**

---

[38] So auch *K. Schmidt* ZIP 1993, 633 (635), der von einer Schwestergesellschaft der OHG spricht; *Damm,* FS Brandner, 1996, S. 31 (46).
[39] So noch Hachenburg/*Ulmer,* 8. Aufl. 1989, GmbHG § 1 Rn. 20; *Kremer* GmbHR 1983, 259 (265) mwN: „schlechterdings nicht diskutabel", wN bei *Heussler* ZIP 1994, 844 (845) in Fn. 7, 37 und in BayObLG NJW 1995, 199 (200).
[40] Vgl. nur Ulmer/Habersack/Löbbe/*Ulmer/Löbbe* GmbHG § 1 Rn. 22 ff.; Scholz/*Emmerich* GmbHG § 1 Rn. 4 ff.; Baumbach/Hueck/*Fastrich* GmbHG § 1 Rn. 6; *Piper,* FS Odersky, 1996, S. 1063 (1067 f.).
[41] Vgl. eingehend *Kremer* GmbHR 1983, 259 (263 ff.); so auch noch Hachenburg/*Ulmer,* 8. Aufl. 1989, GmbHG § 1 Rn. 20; Scholz/*Emmerich,* 8. Aufl. 1993, GmbHG § 1 Rn. 13; Baumbach/*Hueck,* 15. Aufl. 1988, GmbHG § 1 Rn. 9; Lutter/*Hommelhoff,* 14. Aufl. 1995, GmbHG § 1 Rn. 7.
[42] NJW-RR 1992, 430 f.

freiberuflicher Tätigkeit in GmbH-Rechtsform für den Fall einer **Zahnärzte-GmbH** an.[43] Die Kooperation von Zahnärzten in einer GmbH könne wegen der in Art. 12 GG verankerten Freiheit der Berufswahl nur durch ein förmliches Gesetz verboten werden; berufliches Standesrecht genüge als Verbotstatbestand nicht.[44] Auch müsse ein solches, grundsätzlich mögliches gesetzliches Verbot sich hinsichtlich Erforderlichkeit und Verhältnismäßigkeit an Art. 12 GG messen lassen. Das geltende Recht der Zahnärzte enthalte ein solches Verbot nicht. Insbesondere lasse es sich nicht aus § 1 ZahnheilkG herleiten, der die Ausübung des Zahnarztberufes den approbierten Zahnärzten vorbehält. Denn § 1 ZahnheilkG wolle sicherstellen, dass der behandelnde Arzt eine Approbation hat, er betreffe aber nicht die GmbH als solche, mit der der Behandlungsvertrag zustande kommt.[45]

17 Auf der gleichen Linie lag sodann die Ende 1994 ergangene Entscheidung des **BayObLG** betreffend die grundsätzliche Zulässigkeit der Gründung und des Betreibens einer **Rechtsanwalts-GmbH**.[46] Allerdings stellte das Gericht eine Reihe von berufsrechtlich orientierten *Mindestvoraussetzungen* auf, die die Satzung einer GmbH enthalten müsse, um die Unabhängigkeit der Rechtsanwälte zu wahren. Hierzu zählte es die Beschränkung der Geschäftsführungsbefugnis auf Rechtsanwälte, ein Verbot von Einzelweisungen der Gesellschafterversammlung (§ 37 Abs. 1 GmbHG) in Bezug auf die Berufsausübung als Rechtsanwalt im Rahmen der GmbH, die Pflicht zum Abschluss einer Haftpflichtversicherung, die die Mindestversicherungssumme von Einzelanwälten deutlich übersteigen muss, sowie eine Satzungsregelung, wonach die Mehrheit der stimmberechtigten Gesellschafter ihren Beruf in der Kanzlei aktiv ausüben muss, unter gleichzeitiger Beschränkung des Anteilserwerbs durch Dritte, die nicht Rechtsanwälte sind.[47]

18 **b) Jetziger Stand der Diskussion.** Für den Bereich der *Beratung und Vertretung in Rechtsangelegenheiten* (§ 59c Abs. 1 BRAO) hat der Gesetzgeber seither in den §§ 59c–59m BRAO Sondervorschriften betreffend die Zulassung von **Rechtsanwaltsgesellschaften** in der Rechtsform der GmbH erlassen.[48] Die rechtstechnisch am Vorbild der einschlägigen Vorschriften der WPO und des StBerG (§§ 27, 28 WPO; §§ 49–50a StBerG) orientierten Vorschriften sorgen inhaltlich unter Anknüpfung an die Vorgaben des BayObLG für eine in sich konsistente, den Besonderheiten freiberuflicher Rechtsberatung in GmbH-Rechtsform Rechnung tragende Regelung.[49]

19 Unter den **gesetzlichen Zulassungsvoraussetzungen** für die RA-GmbH verdienen einerseits diejenigen Vorschriften Hervorhebung, die die *Unabhängigkeit und Eigenverantwortlichkeit* der Ausübung des Rechtsanwaltsberufs trotz Zwischenschaltung der GmbH als beauftragter Vertragspartner gewährleisten sollen. Vorbehaltlich der Fälle interprofessioneller Gesellschaften unter Beteiligung auch von Patentanwälten, Steuerberatern, Wirtschaftsprüfern ua (vgl. § 59e Abs. 1 S. 1 iVm § 59a Abs. 1 S. 1 und Abs. 2 BRAO) können sich danach als *Gesellschafter* nur aktiv tätige Rechtsanwälte beteiligen (§ 59e Abs. 1 S. 2 BRAO). Auch muss die *Geschäftsführung* verantwortlich in den Händen von Rechtsanwälten liegen; diese müssen auch bei interprofessionellen Gesellschaften die Geschäftsführermehrheit bilden (§ 59f Abs. 1 BRAO).[50] Die Unabhängigkeit der in der RA-GmbH tätigen

---

[43] BGHZ 124, 224 = NJW 1994, 786; so auch bereits die Vorinstanz: OLG Düsseldorf NJW-RR 1992, 808 (809 f.); vgl. dazu *Henssler* ZIP 1994, 844 ff.
[44] BGHZ 124, 224 (225 ff., 229 f.) = NJW 1994, 786.
[45] BGHZ 124, 224 (225 f.) = NJW 1994, 786.
[46] BayObLG NJW 1995, 199; bestätigt durch BayObLG NJW 1996, 3217; zust. OLG Bamberg MDR 1996, 423; LG Baden-Baden AnwBl. 1996, 537; *Dauner-Lieb* GmbHR 1995, 259 ff.; *Henssler* DB 1995, 1549 ff.; *ders.* ZHR 161 (1997), 305 ff.; *Hommelhoff/Schwab* WiB 1995, 115 ff.; *Ahlers*, FS Rowedder, 1994, S. 1 (8 f.); grds. auch *Boin* NJW 1995, 371 ff.; eingehend *Piper*, FS Odersky, 1996, S. 1063 (1068 ff.); aA noch LG München I NJW 1994, 1882 (Vorinstanz); *Kleine-Cosack* NJW 1994, 2249 (2257); *Taupitz* JZ 1994, 1100 (1102 ff.); *ders.* NJW 1995, 369 ff.; Feuerich/*Braun* BRAO, 3. Aufl. 1995, § 59a Rn. 16; *Braun* MDR 1995, 477; *Kempter* BRAK-Mitt. 1995, 4.
[47] BayObLG NJW 1995, 199 (201).
[48] Gesetz zur Änderung der BRAO, der PAO und anderer Gesetze vom 31.8.1998, BGBl. I S. 2600; dazu eingehend *Henssler* NJW 1999, 241 ff.
[49] Ein Umkehrschluss zu Lasten der Rechtsanwalts-AG ist aufgrund dieser Regelung nicht veranlasst (so zutr. BayObLG NJW 2000, 1647; *Henssler* NJW 1999, 241 (246 f.)). Deren Zulassung entspricht vielmehr ganz hM, vgl. die Nachweise in BayObLG NJW 2000, 1647 und bei Feuerich/Weyland/*Brüggemann* BRAO Vor § 59c Rn. 8. Hinsichtlich der satzungsrechtlichen Anforderungen liegt es nahe, sich unter Beachtung der Besonderheiten des Aktienrechts an den Vorgaben der §§ 59c ff. BRAO zu orientieren, vgl. *Kempter/Kopp* NJW 2000, 3449 ff.; *dies.* NJW 2001, 777 ff.; eingehend *Passarge*, Die Aktiengesellschaft als neue Rechtsform für anwaltliche Zusammenschlüsse, 2003, insbes. S. 75 ff., 85 ff., 169 f.
[50] Vgl. aber BVerfG NJW 2014, 613, wonach die Regelungen zur Anteils- und Stimmrechtsmehrheit (§ 59e Abs. 2 S. 1 BRAO, § 52e Abs. 2 S. 1 PAO) und zur Geschäftsführung (§ 59f Abs. 1 S. 1 und 2 BRAO und § 52f Abs. 1 S. 1 PAO) grundrechtswidrig und nichtig sind, soweit sie der Zulassung einer Berufsausübungsgesellschaft von Rechts- und Patentanwälten als Rechtsanwaltsgesellschaft und Patentanwaltsgesellschaft entgegenstehen; hierzu etwa *Grunewald* NJW 2014, 3699; *Römermann* NZG 2014, 481; anders noch BGH NJW 2012, 461.

Rechtsanwälte, auch solcher im Anstellungsverhältnis, bei Ausübung ihres RA-Berufs ist zu gewährleisten; Gesellschafterweisungen oder vertragliche Bindungen sind insoweit unzulässig (§ 59f Abs. 4 BRAO). Von zentraler Bedeutung sind andererseits die Bestimmungen über die obligatorische *Berufshaftpflichtversicherung* der RA-GmbH in § 59j BRAO. Sie gehen über die allgemeinen Anforderungen an die Haftpflichtversicherung von Rechtsanwälten in § 51 BRAO nicht unerheblich hinaus, da die Mindestversicherungssumme je Schadensfall sich danach auf 2,5 Mio. Euro beläuft (§ 59j Abs. 2 S. 1 BRAO). Wegen der Einzelheiten wird auf das Spezialschrifttum verwiesen.[51]

Nach wie vor nicht abschließend geklärt ist – trotz der Zulassung einer Zahnärzte-GmbH durch den BGH schon im Jahr 1994 – die Zulässigkeit des Betreibens eines der **Heilberufe** als **Arzt, Zahnarzt oder Tierarzt** in der Rechtsform der GmbH. Das beruht auf den *Kammer- bzw. Heilberufsgesetzen einiger Länder*. Sie schreiben entweder ausdrücklich vor, dass eine ärztliche Praxis nicht in der Rechtsform einer juristischen Person des Privatrechts betrieben werden darf,[52] oder enthalten jedenfalls das – als faktisches GmbH-Verbot verstandene[53] – Gebot, die ärztliche Tätigkeit im Rahmen der Niederlassung in eigener Praxis auszuüben (sog Niederlassungsgebot).[54] Als indirektes Verbot wirkten sich in der Vergangenheit auch die sozialversicherungsrechtlichen Vorschriften der § 32 Ärzte-ZVO, § 95 Abs. 1 SGB V aus, die die Zulassung zur ambulanten vertragsärztlichen Versorgung – mit Ausnahme der sog Ermächtigung – sowohl für eine Heilkunde-GmbH als auch für die von ihr angestellten Ärzte faktisch ausschlossen.[55] Da zudem auch im Rahmen der ambulanten privatärztlichen Versorgung die privaten Krankenkassen die Übernahme der Behandlungskosten weitgehend ablehnten, waren Ärzte-GmbH faktisch von einer Betätigung im Rahmen der *notwendigen* ambulanten medizinischen Versorgung ausgeschlossen.[56] Durch die Reform des Vertragsarztrechts durch das GMG[57] wurde den Heilkunde-GmbH zum 1.1.2004 grundsätzlich die Möglichkeit eröffnet, als sog Medizinische Versorgungszentren (MVZ) an der vertragsärztlichen Versorgung teilzunehmen.[58] In dessen Folge stand dann auch die Ärzte-GmbH insgesamt wieder verstärkt in der Diskussion, was nicht zuletzt zu einer Vielzahl von Änderungen des Berufs- und Standesrechts führte. So ist die Führung einer ärztlichen Praxis in Form einer juristischen Person des Privatrechts mittlerweile nicht nur in einer Vielzahl von Ländern unter bestimmten (teilweise sehr unterschiedlichen) insbesondere die Organisations- und Beteiligungsstruktur betreffenden Voraussetzungen ausdrücklich vorgesehen.[59] Auch die nach den Änderungen durch Beschlüsse des 107. Ärztetages 2004 in Bremen in § 23a der Musterberufsordnung der deutschen Ärzte geregelte Ärztegesellschaft in der Rechtsform

---

[51] Vgl. insbes. die Kommentierung der einschlägigen BRAO-Vorschriften durch *Feuerich/Weyland; Brüggemann;* zur verfassungs- und europarechtlichen Fragwürdigkeit berufsrechtlicher Restriktionen, insbes. dem Beteiligungs- und Fremdbesitzverbot, *Kleine-Cosack* DB 2007, 1851; zur Kapitalbeteiligung an Anwaltsgesellschaften *Henssler* BRAK-Mitt. 2007, 188.

[52] So bezeichnenderweise nur noch in Bayern nach Art. 18 Abs. 1 S. 2 BayHKaG; dazu *Meyer/Kreft* GmbHR 1997, 193 (194); *Katzenmeier* MedR 1998, 113 (114); *Treptow,* Die Mitgliedschaft in der als Medizinisches Versorgungszentrum zugelassenen Ärzte-GmbH, 2011, S. 74 ff. mwN.

[53] Vgl. *Meyer/Kreft* GmbHR 1997, 193 (194); *Michalski/Römermann,* 1. Aufl. 2002, Syst. Darst. 7 Rn. 137.

[54] So mittlerweile nur noch die Landeskammergesetze von Berlin (§ 4a Abs. 5 S. 1) und Rheinland-Pfalz (§ 21 Abs. 1 S. 1), die allerdings Abweichungen zulassen, soweit „gesetzliche Bestimmungen etwas anderes zulassen"; dazu *Treptow,* Die Mitgliedschaft in der als Medizinisches Versorgungszentrum zugelassenen Ärzte-GmbH, 2011, S. 67 ff.; krit. zum Niederlassungsgebot *Taupitz* NJW 1992, 2317 (2321 f.); *ders.* NJW 1996, 3033 (3041 f.); *Laufs* MedR 1995, 11 (12 ff.); *Rieger* MedR 1995, 87 (88 f.); *Meyer/Kreft* GmbHR 1997, 193 (194); *Katzenmeier* MedR 1998, 113 (114 ff.); *Butzer* NZS 2005, 344 (350 f.).

[55] Dazu *Michalski/Römermann,* 1. Aufl. 2002, Syst. Darst. 7 Rn. 145; *Henssler* ZIP 1994, 844 (847); *Laufs* MedR 1995, 11 (16); *Taupitz* NJW 1992, 2317 (2324); ausf. auch *Attermeyer,* Die ambulante Arztpraxis in der Rechtsform der GmbH, 2005, S. 19 ff.

[56] Dazu *Dreher* VersR 1995, 245; *Taupitz* VersR 1992, 1064 (1066 f.); *ders.* NJW 1992, 2317 (2324 f.); s. auch *Butzer* NZS 2005, 344 (352).

[57] Gesetz zur Modernisierung der gesetzlichen Krankenversicherung (GKV-Modernisierungsgesetz) vom 14.11.2003 (BGBl. I S. 2190).

[58] Vgl. nur Begr. RegE zum GMG-E, BT-Drs. 15/1525 S. 107 f. sowie aus dem umfangreichen Schrifttum Kasseler Kommentar zum Sozialversicherungsrecht/*Hess,* 87. Erg.-Lief. 9/2015, SGB V § 95 Rn. 12 ff.; *Rau* in Heidelberger Kommentar Arztrecht, Krankenhausrecht, Medizinrecht, 58. Erg.-Lief. 3/2015, Nr. 3585 (MVZ), Rn. 76 ff.; *ders.* DStR 2004, 640 (642); *Saenger* MedR 2006, 138 (139); *Treptow,* Die Mitgliedschaft in der als Medizinisches Versorgungszentrum zugelassenen Ärzte-GmbH, 2011, S. 79 ff.; Schnapp/Wigge/*Wigge,* Handbuch des Vertragsarztrechts, 2. Aufl. 2006, § 6 Rn. 113, 118; *Ziermann* MedR 2004, 540 (541); aA wohl *Henssler* § 1 Rn. 244 f.

[59] So in Brandenburg (§ 31 Abs. 4 S. 1 BbgHeilBerG), Bremen (§ 27 Abs. 2 S. 3 HeilBerG-HB), Hamburg (§ 27 Abs. 3 S. 3 HmbKGH), Hessen (§ 25 Nr. 18 HeilbG-He); Mecklenburg-Vorpommern (§ 32 Abs. 2 HeilBerG-MV), Niedersachsen (§ 32 Abs. 1 Nr. 6, Abs. 2 NdsHKG), Nordrhein-Westfalen (§ 29 Abs. 2 S. 3 HeilBerG-NRW), Sachsen (§ 16 Abs. 4 SächsHKaG), Sachsen-Anhalt (§ 20 Abs. 1 Nr. 4 KGHB-LSA), Schleswig-Holstein (§ 29 Abs. 2 S. 3 HeilBG-SH) und Thüringen (§ 20 Abs. 2 S. 2 ThürHeilBG).

PartGG Vor § 1 21–23

der juristischen Person des Privatrechts[60] hat nunmehr Eingang in die Berufsordnungen einiger Kammern gefunden. In der *Literatur* werden die noch bestehenden berufsrechtlichen Beschränkungen zu Recht verbreitet als unvereinbar mit dem – auch juristischen Personen des Privatrechts zustehenden[61] – Grundrecht auf Freiheit der Berufswahl (Art. 12 Abs. 1 GG) angesehen; im Hinblick auf die Zulässigkeit der ambulanten Versorgung in einer Krankenhaus-GmbH werden sie auch als Verstoß gegen den Gleichheitssatz gewertet.[62] Insoweit bleibt die weitere Entwicklung abzuwarten.

21   Für **andere** Freie Berufe, darunter sonstige Heilberufe (Physiotherapeuten, Heilpraktiker, Diplom-Psychologen ua), Ingenieure und Unternehmensberater, Dolmetscher und Übersetzer, gibt es keine berufs-(standes-)rechtlichen Verbote in Bezug auf das Tätigwerden in GmbH-Rechtsform; für *Wirtschaftsprüfer* und *Steuerberater* ist das Betreiben einer als solche anerkannten GmbH *gesetzlich* sogar seit langem ausdrücklich geregelt;[63] dies gilt mittlerweile auch für die GmbH & Co. KG.[64] Für **Architekten** sehen die Länder in ihren Architektengesetzen restriktive Voraussetzungen für die Eintragung einer Architekten-GmbH in die Architektenliste vor, insbesondere hinsichtlich Unternehmensgegenstand und Organisationsstruktur der Gesellschaft und der Kapitalbeteiligung an der GmbH, und machen von dieser Eintragung die Verwendung des Wortes „Architekt" in der GmbH-Firma abhängig.[65] Auch wenn die GmbH-Gründung durch Handelsregistereintragung nicht von der Eintragung in der jeweiligen Architektenliste abhängt,[66] wirken sich doch auch derartige Regelungen und insbesondere ihre firmenrechtlichen Folgen[67] nachteilig auf die Verwendung der GmbH-Rechtsform für den Architektenberuf aus; die Frage ihrer Vereinbarkeit mit Art. 12 GG bleibt gestellt.[68]

22   c) **Vergleich der Rechtsformen.** Der Vergleich zwischen Partnerschaft und GmbH fällt – trotz des mit § 13 Abs. 2 GmbHG verbundenen grundsätzlichen Haftungsprivilegs für GmbH-Gesellschafter – tendenziell **zugunsten der Partnerschaft** und zum Nachteil der GmbH aus. Das beruht teilweise auf *Publizitätsgründen,* da für die GmbH die umfassende Publizität des Handelsregisters bezüglich aller in §§ 8 Abs. 1, 10 GmbHG genannten Daten und Unterlagen gilt, während bei der Partnerschaft nur die in § 4 Abs. 1 genannten wenigen Daten offenzulegen sind. Auch ist nach § 325 HGB zwar der Jahresabschluss von Kapitalgesellschaften, nicht jedoch derjenige einer (Normal-)Personengesellschaft publizitätspflichtig.

23   Einen weiteren mit der GmbH-Rechtsform verbundenen *Nachteil* bilden die besonderen gesetzlichen **Voraussetzungen der §§ 59c–59g BRAO, §§ 27, 28 WPO, §§ 49, 50 StBerG für die**

---

[60] Vgl. hierzu etwa *Braun/Richter* MedR 2005, 685 (686 f.); *Koch* GesR 2005, 241; *Saenger* MedR 2006, 138; *Schäfer-Gölz,* FS Huber, 2006, S. 951 (965 ff.); eingehend zu den kammergesetzlichen und standesrechtlichen Anforderungen an die Gesellschafterstruktur *Treptow,* Die Mitgliedschaft in der als Medizinisches Versorgungszentrum zugelassenen Ärzte-GmbH, 2011, S. 141 ff.

[61] Vgl. nur Maunz/Dürig/*Dürig* GG Art. 19 Abs. 3 Rn. 29 ff.; Maunz/Dürig/*Scholz* GG Art. 12 Rn. 106 f.

[62] So mittlerweile nur noch die Landeskammergesetze von Berlin (§ 4a Abs. 5 S. 1) und Rheinland-Pfalz (§ 20 Abs. 1 S. 1), die allerdings Abweichungen zulassen, soweit „gesetzliche Bestimmungen etwas anderes zulassen"; dazu *Treptow,* Die Mitgliedschaft in der als Medizinisches Versorgungszentrum zugelassenen Ärzte-GmbH, 2011, S. 67 ff.; krit. zum Niederlassungsgebot *Taupitz* NJW 1992, 2317 (2321 ff.); *ders.* NJW 1996, 3033 (3041 f.); *Laufs* MedR 1995, 11 (12 ff.); *Rieger* MedR 1995, 87 (88 f.); *Meyer/Kreft* GmbHR 1997, 193 (194); *Katzenmeier* MedR 1998, 113 (114 ff.); *Butzer* NZS 2005, 344 (350 f.); *Henssler* ZIP 1994, 844 (847); ausf. auch *Attermeyer,* Die ambulante Arztpraxis in der Rechtsform der GmbH, 2005, S. 19 ff. sowie Michalski/*Römermann,* 1. Aufl. 2002, Syst. Darst. 7 Rn. 136 ff., 139 ff.; aA BayVerfGH NJW 2000, 3418 (3419), der – mit wenig überzeugender Begr. (vgl. *Bachmann* NJW 2001, 3885) – einen Verstoß gegen die entspr. Grundrechte der Bayr. Verfassung verneint.

[63] Vgl. *Thümmel* WPg. 1971, 399.

[64] Eingeführt durch das Berufsaufsichtsreformgesetz vom 3.9.2007, BGBl. I S. 2178, und das Achte Gesetz zur Änderung des Steuerberatungsgesetzes vom 8.4.2008, BGBl. I S. 666; für die generelle Öffnung der GmbH & Co. KG für die freien Berufe *K. Schmidt* DB 2009, 271; vgl. auch BGH NJW 2015, 61, der die Zulässigkeit auch bei lediglich untergeordneten Treuhandtätigkeiten bejaht (hierzu *K. Schmidt* ZIP 2014, 2226; *Seebach* RNotZ 2015, 17); zur Verfassungsmäßigkeit des Verbots der Rechtsanwalts GmbH & Co. KG BGH NJW 2011, 3036 sowie BVerfG NJW 2012, 993 (Nichtannahmebeschluss).

[65] So in Baden-Württemberg § 2b ArchG-BW, in Bayern Art. 8 BayBauKaG, in Berlin § 7 BerlABKG, in Brandenburg § 9 BbgArchG, in Bremen § 4 BremArchG, in Hamburg § 10 HmbArchG, in Hessen § 6 HASG, in Mecklenburg-Vorpommern § 13 ArchIngG-MV, in Niedersachsen § 4b NArchtG, in Nordrhein-Westfalen § 8 BauKaG-NRW, in Rheinland-Pfalz § 8 ArchG-RP, im Saarland § 7 SAIG, in Sachsen § 9 SächsArchG, in Sachsen-Anhalt § 7 ArchtG-LSA, in Schleswig-Holstein § 11 ArchIngKG-SH und in Thüringen § 5 ThürAIKG; vgl. auch Nachweise bei Michalski/*Römermann,* 1. Aufl. 2002, Syst. Darst. 7 Rn. 129 (zum Rechtsstand 2003).

[66] Ein staatliches Genehmigungserfordernis iSv § 8 Abs. 1 Nr. 6 GmbHG ist darin im Unterschied zu den spezialgesetzlich in § 59g Abs. 1 BRAO, § 29 Abs. 1 WPO, §§ 32 Abs. 3, 49 StBerG geregelten Fällen einer Zulassung bzw. Anerkennung der fraglichen Gesellschaften durch die zuständige Stelle nicht zu sehen; so für die Architekten-GmbH auch Michalski/*Römermann,* 1. Aufl. 2002, Syst. Darst. 7 Rn. 133.

[67] Vgl. dazu OLG Frankfurt GmbHR 2000, 623.

[68] So zu Recht Michalski/*Römermann,* 1. Aufl. 2002, Syst. Darst. 7 Rn. 130, 133 f.

Handelsregistereintragung anerkannter Rechtsanwalts-, Wirtschaftsprüfer- oder Steuerberatungsgesellschaften, die bei der Partnerschaft keine Entsprechung finden; sie sind wegen der Besonderheiten des Freien Berufs mutatis mutandis auch beim Betreiben anderer freiberuflicher Zwecke in GmbH-Rechtsform nachzuweisen. Die gegenüber Partnerschaften höheren gesetzlichen Anforderungen an die *Mindesthaftpflichtversicherung* einer freiberuflich tätigen GmbH[69] fallen für diese ebenfalls nachteilig ins Gewicht. Schließlich stehen auch der Gründung *interprofessioneller* Zusammenschlüsse unter Beteiligung von Rechtsanwälten, Wirtschaftsprüfern und Steuerberatern im Falle der Verwendung der GmbH-Rechtsform größere Hindernisse entgegen als bei derjenigen der Partnerschaft.[70] Nach allem überrascht es nicht, dass bezogen auf Rechtsanwalts-Gesellschaften die Rechtsform der Partnerschaft mit bundesweit 3.716 (hiervon 843 als PartG mbB) Eintragungen zum 1.1.2015 (gegenüber 953 zum 1.1.2002, 1.725 zum 1.1.2007 und 3.029 zum 1.1.2012) diejenige der GmbH mit nur 694 Eintragungen (gegenüber 159 zum 1.1.2002, 260 zum 1.1.2007 und 535 zum 1.1.2012) noch immer um Längen schlug,[71] ganz zu schweigen von der nach wie vor eindeutig im Vordergrund stehenden Rechtsform der GbR.

In **steuerrechtlicher Hinsicht**[72] scheidet eine eindeutige Aussage zugunsten der einen oder anderen Rechtsform schon wegen der für die jeweilige Steuerbelastung der Beteiligten relevanten, bei ihnen anzutreffenden Besonderheiten, aber auch mit Rücksicht auf den häufigen Wechsel der gesetzlichen Besteuerungsgrundlagen, aus. Ein genereller Vorzug für die Partnerschaft als nichtgewerbliche Personengesellschaft lässt sich nicht feststellen. Die Doppelbesteuerung der Gewinne bei GmbH und Gesellschaftern wird ua durch den gegenüber der ESt-Progression meist günstigeren Einheitssteuersatz von derzeit 15 %[73] für die bei der GmbH anfallenden Gewinne relativiert. Auch bietet die GmbH den Gesellschaftern den Vorteil, nach § 6a EStG *steuermindernd* Pensionsrückstellungen für geschäftsführende Gesellschafter bilden zu können, eine Möglichkeit, die für Personengesellschaften nicht besteht.[74] Andererseits unterliegt die Freiberufler-GmbH – anders als die Partnerschaft – der Gewerbesteuerpflicht; eine Anrechnung der Gewerbesteuerbelastung auf die Steuerschuld, wie sie für natürliche Personen und Personengesellschaften als Gewerbetreibende kürzlich in das EStG eingeführt wurde,[75] ist im Körperschaftsteuerrecht nicht vorgesehen.

Einen **buchführungsrechtlichen,** regelmäßig mit höherem Aufwand verbundenen **Nachteil der GmbH** gegenüber der Partnerschaft bildet schließlich die nur für jene Rechtsform geltende Pflicht zur jährlichen Erstellung einer dem Betriebsvermögensvergleich unter Neutralisierung von Einlagen und Entnahmen dienenden Steuerbilanz nach § 4 Abs. 1 iVm § 5 Abs. 1 EStG. Demgegenüber hat die Partnerschaft mangels gesetzlicher Buchführungspflicht nach § 4 Abs. 3 EStG die Möglichkeit, den steuerpflichtigen Gewinn der Gesellschafter anhand der einfacheren Einnahmen-Überschuss-Rechnung zu ermitteln.

III. Rechtstatsachen

Die **Akzeptanz** der neuen Rechtsform in Kreisen der Freiberufler verlief *zunächst schleppend;* sie blieb deutlich hinter den Erwartungen der Gesetzesverfasser zurück. So waren ein Jahr nach Inkraft-

---

[69] Die Mindestversicherungssumme einer RA-GmbH beträgt für jeden Schadensfall 2,5 Mio. Euro, pro Jahr mindestens 10 Mio. Euro, verglichen mit 250.000 bzw. 1 Mio. Euro für den Einzelanwalt (vgl. § 59j Abs. 2, § 51 Abs. 4 BRAO). Zusätzlich ist die Mindestversicherungssumme von 2,5 Mio. Euro bei der GmbH mit der Zahl der als RA tätigen Gesellschafter und Fremdgeschäftsführer zu vervielfältigen. Vgl. näher Feuerich/Weyland/*Brüggemann* BRAO § 59j Rn. 3 f.
[70] Das beruht auf den – nicht hinreichend aufeinander abgestimmten – Erfordernissen betr. die Geschäftsführungs-, Anteils- und Stimmrechtsmehrheit bei interprofessionellen RA-, PA-, WP- und StBer-Gesellschaften in GmbH-Rechtsform, vgl. § 59e Abs. 2 BRAO, § 52c Abs. 2 PAO, § 28 Abs. 4 Nr. 3 und 5 WPO, § 50a Abs. 1 Nr. 3 StBerG, dazu auch Michalski/*Römermann*, 1. Aufl. 2002, Syst. Darst. 7 Rn. 43; s. aber BVerfG NJW 2014, 613, wonach die Regelungen zu Anteils- und Stimmrechtsmehrheit und zur Geschäftsführung grundrechtswidrig und nichtig sind, soweit sie der Zulassung einer Berufsausübungsgesellschaft von Rechts- und Patentanwälten als Rechtsanwaltsgesellschaft und Patentanwaltsgesellschaft entgegenstehen; hierzu etwa *Grunewald* NJW 2014, 3699; *Römermann* NZG 2014, 481; anders noch BGH NJW 2012, 461; zu Recht krit. hierzu *Römermann* GmbHR 2012, 64.
[71] Vgl. die Angaben zum 1.1.2015 in BRAK-Mitt. 2015, 138; zum 1.1.2012 in BRAK-Mitt. 2012, 118; zum 1.1.2007 in BRAK-Mitt. 2007, 110 und zum 1.1.2003 in BRAK-Mitt. 2003, 124.
[72] Zu Änderungen im Zuge des UnternehmenssteuerreformG 2008 vgl. nur *Rödder* DStR 2007, Sonderbeilage zu Heft 40 S. 1 ff. mit Belastungsvergleich, *Strock* NJW 2007, 3176 ff.
[73] So § 23 Abs. 1 KStG, geändert durch Gesetz vom 14.8.2007 (BGBl. I S. 1912) ab dem Veranlagungszeitraum 2008, vgl. § 34 Abs. 11a KStG; bis dahin gilt ein Körperschaftsteuersatz von 25 %.
[74] BFHE 212, 270 = NZG 2006, 557 (560); Schmidt/*Wacker* EStG, 34. Aufl. 2015, § 15 Rn. 586 f.; Tipke/Lang/*Montag*, Steuerrecht, 21. Aufl. 2013, § 13 Rn. 14.
[75] Durch § 35 Abs. 1 EStG, der die Anrechnung mit dem 3,8-fachen Gewerbesteuer-Messbetrag zulässt; das entspricht je nach ESt-Progression einer GewSt-Belastung mit einem Hebesatz von rund 400 %, vgl. näher Kirchhof/*Gosch*, 14. Aufl. 2015, EStG § 35 Rn. 18 f.

treten des PartGG zum 1.7.1995 insgesamt nur rund 300 Eintragungen in den neu eingerichteten Partnerschaftsregistern zu verzeichnen – eine angesichts von rund 600.000 Freiberuflern überraschend geringe Zahl. Von den einzelnen Berufsgruppen nahmen die Rechtsanwälte und die Steuerberater (mit je rund 25 %) die neue Rechtsform am stärksten an. Die Wirtschaftsprüfer kamen auf eine Beteiligung von rund 10 %; entsprechende Zahlen galten für Ärzte und Zahnärzte. Relativ stark vertreten waren auch die Ingenieure (über 15 %), die Architekten (10 %) und die Unternehmensberater (7 %); im Übrigen fand sich – ohne signifikante Häufigkeit – eine Reihe sonstiger Freier Berufe als Gegenstand einer Partnerschaft. Etwa ein Drittel der Partnerschaften war *interprofessionell* zusammengesetzt; dabei überwogen klassische Kooperationen wie diejenigen zwischen Rechtsanwälten, Steuerberatern und Wirtschaftsprüfern oder zwischen Kiefer- und Gesichtschirurgen mit Zahnärzten.[76]

27 Als **Grund** für die zurückhaltende Aufnahme der neuen Rechtsform in der Praxis sah man vor allem die aus Sicht der Freiberufler *ungünstige Haftungsregelung* des § 8 an (→ § 8 Rn. 3).[77] Sie schrieb in Abs. 1 – sachlich übereinstimmend mit §§ 128–130 HGB – die unbegrenzte gesamtschuldnerische Außenhaftung der Partner für die Verbindlichkeiten der Partnerschaft vor und machte in Abs. 2 die Konzentration der Haftung für fehlerhafte Berufsausübung auf die handelnden Partner von einer entsprechenden Abrede mit den jeweiligen Mandanten abhängig. Darin sah man sogar eine Haftungsverschärfung gegenüber der nach der Lehre der Doppelverpflichtung eintretenden Gesellschafterhaftung in der Außen-GbR. Jedoch haben sich in beiden Punkten seither **Änderungen** ergeben, die geeignet sind, das *Interesse an der neuen Rechtsform zu steigern.* So ist die höchstrichterliche Rechtsprechung einerseits für die Außen-GbR seit BGHZ 146, 341 (2001) zur akzessorischen Gesellschafterhaftung übergegangen und hat inzwischen auch die Haftung neu eintretender Gesellschafter für die Altverbindlichkeiten der GbR anerkannt (→ BGB § 714 Rn. 33 ff., 72 ff.); damit hat sie für eine Gleichstellung mit § 8 Abs. 1 gesorgt. Andererseits hat der Gesetzgeber in der PartGG-Novelle 1998 (→ Rn. 10) das Haftungsprivileg des § 8 Abs. 2 betreffend die fehlerhafte Berufsausübung durch Umstellung auf eine gesetzliche Handelndenhaftung deutlich nachgebessert. Eine weitere Steigerung der Attraktivität wird das Gesetz zur „Einführung einer Partnerschaftsgesellschaft mit beschränkter Berufshaftung" mit sich bringen, das einen völligen Ausschluss der Gesellschafterhaftung für Berufsfehler ermöglichen wird (→ Rn. 10a). Unter Berücksichtigung auch der Reservierung des attraktiven „Partner-"Zusatzes im Namen der Gesellschaft für die Partnerschaft in § 2 Abs. 1 lassen diese Änderungen erwarten, dass die Rechtsform der Partnerschaft dadurch nicht unerheblich an Zugkraft gewonnen hat.

28 Ein Vergleich mit den – nach wie vor wesentlich zahlreicheren – Freiberufler-GbR ist zwar mangels Publizität dieser Zahlen nicht möglich. Zumindest für die Praxis der rechtsberatenden Sozietäten lässt sich jedoch feststellen, dass der noch immer recht jungen Rechtsform der Durchbruch inzwischen gelungen ist: So existierten zum 1.5.2015 bundesweit immerhin 3.716 als Partnerschaft (davon 843 als PartG mbB) organisierte RA-Sozietäten, gegenüber 694 in der Rechtsform der GmbH und 26 in der Rechtsform der AG organisierten Rechtsanwaltsgesellschaften.[78]

§ 1 PartGG Voraussetzungen der Partnerschaft

(1) ¹**Die Partnerschaft ist eine Gesellschaft, in der sich Angehörige Freier Berufe zur Ausübung ihrer Berufe zusammenschließen.** ²**Sie übt kein Handelsgewerbe aus.** ³**Angehörige einer Partnerschaft können nur natürliche Personen sein.**

(2) ¹**Die Freien Berufe haben im allgemeinen auf der Grundlage besonderer beruflicher Qualifikation oder schöpferischer Begabung die persönliche, eigenverantwortliche und fachlich unabhängige Erbringung von Dienstleistungen höherer Art im Interesse der Auftraggeber und der Allgemeinheit zum Inhalt.** ²**Ausübung eines Freien Berufs im Sinne dieses Gesetzes ist die selbständige Berufstätigkeit der Ärzte, Zahnärzte, Tierärzte, Heilpraktiker, Krankengymnasten, Hebammen, Heilmasseure, Diplom-Psychologen, Mitglieder der Rechtsanwaltskammern, Patentanwälte, Wirtschaftsprüfer, Steuerberater, beratenden Volks- und Betriebswirte, vereidigten Buchprüfer (vereidigte Buchrevisoren), Steuerbevollmächtigten, Ingenieure, Architekten, Handelschemiker, Lotsen, hauptberuflichen Sachverständigen, Journalisten, Bildberichterstatter, Dolmetscher, Übersetzer und ähnlicher Berufe sowie der Wissenschaftler, Künstler, Schriftsteller, Lehrer und Erzieher.**

---

[76] So die Angaben von *Seibert* GmbHR 1996, R 153.
[77] Vgl. nur *Römermann* NZG 1998, 675.
[78] Vgl. die Große Mitgliederstatistik zum 1.1.2015 der Bundesrechtsanwaltskammer, BRAK-Mitt. 2015, 138. – Zur Entwicklung der Zahl der RA-Sozietäten in PartG-Form → Rn. 23.

(3) Die Berufsausübung in der Partnerschaft kann in Vorschriften über einzelne Berufe ausgeschlossen oder von weiteren Voraussetzungen abhängig gemacht werden.

(4) Auf die Partnerschaft finden, soweit in diesem Gesetz nichts anderes bestimmt ist, die Vorschriften des Bürgerlichen Gesetzbuchs über die Gesellschaft Anwendung.

Übersicht

	Rn.		Rn.
I. Normzweck	1–4	b) Nachträgliche Umschreibung des Freien Berufs in Abs. 2 S. 1	35
II. Die Partnerschaft (Abs. 1)	5–32	2. „Legaldefinition" in S. 1	36–40
1. Kennzeichen der Rechtsform	5–8	a) Rechtliche Relevanz	36–38
a) Überblick	5, 6	b) Typuskriterien des S. 1	39, 40
b) Personengesellschaft	7, 8	3. Regelungsinhalt des S. 2: Grundlagen und Einteilungskriterien	41–48
2. Partnerschaftsvertrag	9–14	a) Drei Kategorien Freier Berufe	41
a) Überblick	9	b) Einteilung der Katalogberufe	42
b) Freiberufliche Tätigkeit als gemeinsamer Zweck	10	c) Verkammerte und sonstige berufsrechtlich geregelte Freie Berufe	43, 44
c) Ausübung des Freien Berufs als Beitragsleistung der Partner	11–14	d) Abgrenzungen	45, 46
3. Kein Handelsgewerbe	15–22	e) In S. 2 nicht erwähnte Freie Berufe	47, 48
a) Klassische Freie Berufe	15	4. Freiberufliche Tätigkeiten im Einzelnen	49–76
b) Freie Berufe im Grenzbereich zu § 1 HGB	16–18	a) Katalogberufe	49–63
c) Ausübung gewerblicher neben freiberuflicher Tätigkeit	19–22	b) Den Katalogberufen ähnliche Berufe	64–70
4. Anforderungen an die Partner	23, 24	c) Tätigkeitsfelder der Wissenschaftler, Künstler, Schriftsteller, Lehrer und Erzieher	71–76
a) Nur natürliche Personen	23		
b) Freiberufliche Tätigkeit	24	**IV. Der Vorrang des Berufsrechts (Abs. 3)**	77–86
5. Umwandlung der Partnerschaft	25–32	1. Grundsatz	77, 78
a) Überblick	25–27	2. Berufsrechtlicher Ausschluss der Partnerschaft?	79–81
b) Formwechsel in oder aus Kapitalgesellschaft	28–30	a) Apotheker, Notare	79, 80
c) Formwechsel in oder aus anderer Personengesellschaft	31, 32	b) Sonstige?	81
		3. Zusätzliche Voraussetzungen des Berufsrechts	82–86
III. Der Kreis der Freien Berufe (Abs. 2)	33–76	a) Begrenzung interprofessioneller Partnerschaften	82–84
1. Einführung	33–35	b) Sonstige	85, 86
a) Ursprüngliche Regelungsstruktur des Abs. 2	33, 34	**V. Subsidiäre Anwendung des BGB-Gesellschaftsrechts (Abs. 4)**	87, 88

I. Normzweck

Die Vorschrift des § 1 definiert in **Abs. 1** die **wesentlichen Tatbestandsmerkmale der Part- 1 nerschaft** als einer Personengesellschaft für Freiberufler und grenzt sie dadurch zugleich zu anderen Personengesellschaften ab. Das gilt insbesondere für das Verhältnis der Partnerschaft *zur OHG und KG*, das durch das Fehlen eines Handelsgewerbes bei der auf freiberuflichem Gebiet tätigen Partnerschaft bestimmt ist (vgl. Abs. 1 S. 2; zu Grenzfällen → Rn. 16). Demgegenüber richtet sich die *Abgrenzung zur GbR* bei einer Gesellschaft mit freiberuflichem Zweck primär nach dem Willen der Beteiligten: Entscheiden sie sich für die Rechtsform der Partnerschaft und führen sie die Eintragung der Gesellschaft in das Partnerschaftsregister nach §§ 4, 5 herbei, so wird die zunächst als GbR bestehende Gesellschaft dadurch zur Partnerschaft (→ § 7 Rn. 3). Im Falle der Rechtsformverfehlung der Gesellschaft, dh bei ihrer Eintragung in das Partnerschaftsregister trotz Fehlens eines freiberuflichen Gesellschaftszwecks, behält die Gesellschaft die Rechtsform der GbR (bzw. bei einem Handelsgewerbe als Gesellschaftszweck: diejenige der OHG). Die unrichtige Eintragung im Partnerschaftsregister ist nach § 395 FamFG von Amts wegen zu löschen (→ § 7 Rn. 9). Die Löschung ist nach § 395 FamFG auch auf Antrag der berufsständischen Organe möglich, zu denen nach § 380 Abs. 1 Nr. 4 FamFG auch die berufsständischen Organe der freien Berufe zählen.

Abs. 2 dient – in Anlehnung an § 18 Abs. 1 Nr. 1 EStG – der **Umschreibung und Aufzählung** 2 **der Freien Berufe** iSd PartGG. Abweichend vom ursprünglichen Regelungsplan des Gesetzgebers[1]

---
[1] Er verzichtete bewusst auf eine Begriffsbestimmung, vgl. Begr. RegE, BT-Drs. 12/6152 S. 9 f.; *Seibert*, Die Partnerschaft, 1994, S. 53; MWHLW/*Lenz* Rn. 27.

enthält die Vorschrift in S. 1 zwar seit 1998[2] eine – schwerlich als Legaldefinition einzustufende (→ Rn. 36) – Kennzeichnung des Freien Berufs als Regelungstyp. Angesichts der fehlenden begrifflichen Schärfe des S. 1 kommt das entscheidende Gewicht jedoch der Aufzählung der Freien Berufe in S. 2 zu, beginnend mit den sog Katalogberufen von den Ärzten bis hin zu den Übersetzern, erweitert durch die Generalklausel der ähnlichen Berufe und die Bezeichnung bestimmter freiberuflicher Tätigkeitsfelder wie der selbständigen Berufstätigkeit als Wissenschaftler, Künstler, Schriftsteller, Lehrer und Erzieher. Eine genauere Einteilungsmöglichkeit für die Freien Berufe bietet deren berufsrechtliche Ausgestaltung; danach lassen sich die Freien Berufe einteilen in die sog „verkammerten" Berufe, die sonstigen gesetzlich geregelten Berufe sowie in die übrigen, gesetzlich nicht besonders erfassten Freien Berufe (→ Rn. 43 f.). Abgrenzungsprobleme zu gewerblichen Tätigkeiten bestehen vor allem im Hinblick auf die Kategorie der gesetzlich nicht besonders erfassten Berufe sowie beim gleichzeitigen Betreiben einer freiberuflichen und einer gewerblichen Tätigkeit in einer Partnerschaft (→ Rn. 19 ff.).

3   Nach **Abs. 3** hat das **Berufsrecht grundsätzlich Vorrang** vor den Vorschriften des PartGG. Das gilt unabhängig davon, ob es sich um Bundes- oder Landesrecht handelt.[3] Der Vorrang kann je nach Lage des Falles dazu führen, dass der Zugang zur Rechtsform durch das Berufsrecht ausgeschlossen ist (so für Apotheker, → Rn. 79), dass das Berufsrecht der Gründung einer interprofessionellen, bestimmte untereinander nicht kompatible Berufe umfassenden Partnerschaft entgegensteht oder dass bei der Ausgestaltung des Partnerschaftsvertrags bestimmte berufsrechtliche Anforderungen (Name ua) zu beachten sind (→ Rn. 82 ff.). Im PartGG finden sich freilich auch partnerschaftsspezifische Sonderregelungen in Gestalt der Privilegierung in § 8 Abs. 2 und – für die „PartmbB" – in § 8 Abs. 4 betreffend die Haftung für Berufsfehler (→ § 8 Rn. 14 ff., 41 ff.); insoweit erfährt die Vorrangregelung des Abs. 3 eine Einschränkung.[4]

4   Schließlich verweist **Abs. 4** subsidiär auf das Eingreifen der **Vorschriften der §§ 705–740 BGB** für die GbR. Angesichts der Rechtsnatur der Partnerschaft als Sonderform der GbR (→ Rn. 7) hat diese Regelung lediglich klarstellende Bedeutung (→ Rn. 87 f.).[5]

II. Die Partnerschaft (Abs. 1)

5   **1. Kennzeichen der Rechtsform. a) Überblick.** Mit dem PartGG hat der Gesetzgeber erstmals seit 1900 eine ausschließlich zur gemeinschaftlichen Ausübung freiberuflicher Tätigkeiten bestimmte Rechtsform der Personengesellschaften geschaffen; zugleich hat er den numerus clausus der Gesellschaftsrechtsformen entsprechend erweitert.[6] Er hat damit dem seit langen Jahren vorgebrachten Wunsch von Freiberuflern[7] entsprochen, eine rechtsfähige, flexible, nicht dem Handelsrecht unterstehende Rechtsform für die gemeinsame Berufsausübung zu schaffen, verbunden mit einer Haftungsbeschränkung zugunsten der nicht selbst an der Auftragsausführung beteiligten Partner für Berufsfehler.[8] Für die Akzeptanz der neuen Rechtsform wesentlich ist nicht zuletzt die Einschätzung der interessierten Kreise, welche Vorteile dieses Haftungsprivileg im Vergleich zur GbR bietet und inwieweit sich auch die GmbH mit ihrem für die Gesellschafter insgesamt günstigeren, deren gesamtschuldnerische Außenhaftung vermeidenden Haftungsregime für freiberufliche Tätigkeiten eignet (→ Vor § 1 Rn. 22 ff.).

6   Gewisse *Unklarheiten* enthält das PartGG im Hinblick auf die **Bezeichnung der Rechtsform.** Denn obwohl es die Überschrift „Gesetz über *Partnerschaftsgesellschaften* Angehöriger Freier Berufe (Partnerschaftsgesellschaftsgesetz – PartGG)" trägt, sprechen die Einzelregelungen des Gesetzes im Hinblick auf die Rechtsform jeweils von der *Partnerschaft* ohne Gesellschafts-Zusatz. Auch soll als

---

[2] Eingefügt durch das Gesetz zur Änderung des UmwG, des PartGG und anderer Gesetze vom 22.7.1998, BGBl. I S. 1878.

[3] Begr. RegE, BT-Drs. 12/6152 S. 11; Michalski/Römermann/*Zimmermann* Rn. 146, 149; MWHLW/*Lenz* Rn. 110 f.; allg. zum Verhältnis berufs- und gesellschaftsrechtlicher Bestimmungen *Treptow*, Die Mitgliedschaft in der als Medizinisches Versorgungszentrum zugelassenen Ärzte-GmbH, 2011, S. 42 ff.

[4] So iE auch Michalski/Römermann/*Zimmermann* Rn. 148: Konkurrenzproblem durch Neufassung des § 8 Abs. 2 (1998) erledigt.

[5] So auch *Seibert,* Die Partnerschaft, 1994, S. 45 in Fn. 55; *Feddersen/Meyer-Landrut* Rn. 42; wohl auch MWHLW/*Lenz* Rn. 129.

[6] Vgl. Begr. RegE, BT-Drs. 12/6152 S. 8; *K. Schmidt* NJW 1995, 1; *Seibert*, Die Partnerschaft, 1994, S. 42; MWHLW/*Lenz* Rn. 19; Michalski/Römermann/*Römermann* Einf. Rn. 69, 77.

[7] *Rittner* StB 1967, 2 (8); *Thümmel* WPg. 1971, 399 f.; *Vollmer* StB 1967, 25 ff. So – jeweils mwN – auch Michalski/Römermann/*Römermann* Einf. Rn. 15 f. und *Beckmann*, FS Kleinert, 1992, S. 210 (213 ff.).

[8] Ebenso Michalski/Römermann/*Römermann* Einf. Rn. 90, 93; *Henssler* NJW 1994, 2137 (2142); *Lenz* MDR 1994, 741 (746); *Stuber* WiB 1994, 705 (710); *Gerken* Rpfleger 1995, 217 (218); *v. Falkenhausen* AnwBl. 1993, 479 (480 f.).

Rechtsformzusatz nach § 2 Abs. 1 entweder diese Bezeichnung oder der Zusatz „und Partner" ausreichen. Hintergrund der uneinheitlichen Terminologie war das Bestreben des Gesetzgebers, einerseits Verwechslungen mit anderen Arten von „Partnerschaften", insbesondere der *Lebenspartnerschaft* zwischen Personen gleichen Geschlechts,[9] zwar möglichst zu vermeiden,[10] andererseits aber die Beteiligten nicht zur Verwendung der wenig verkehrsfreundlichen Bezeichnung „Partnerschaftsgesellschaft" zu zwingen. Entsprechend der für die Einzelregelungen des PartGG gewählten Terminologie wird auch dieser Kommentierung die Kurzbezeichnung „Partnerschaft" zugrunde gelegt.

b) Personengesellschaft. Als Personengesellschaft ohne Mindesthaftungsfonds, ohne Haftungskanalisierung bei der Gesellschaft und ohne rechtliche Verselbständigung zur juristischen Person ist die Partnerschaft eine **Sonderform der GbR.** Wie diese beruht sie auf einem Gesellschaftsvertrag der Beteiligten, der ebenso wie bei anderen Personengesellschaften Dritten gegenüber nicht offenzulegen ist (→ §§ 4, 5 Rn. 4), verfügt nach Maßgabe der §§ 718, 719 BGB über ein gesamthänderisch gebundenes Vermögen (→ BGB § 718 Rn. 2 ff.), unterliegt dem Grundsatz der Selbstorganschaft (→ BGB § 709 Rn. 5 f.) und setzt die Beteiligung von mindestens zwei Gesellschaftern voraus. Über die Abgrenzung zur GbR entscheidet die vom Willen der Beteiligten getragene, konstitutiv wirkende Eintragung in das Partnerschaftsregister (→ § 7 Rn. 3); diese steht nur Gesellschaften mit freiberuflichem Unternehmensgegenstand offen. **7**

Die systematische Nähe zur GbR ändert freilich nichts daran, dass die Partnerschaft **rechtlich weitgehend der OHG angenähert** ist. Das kommt in den zahlreichen Verweisungen des PartGG auf das Recht der OHG einschließlich der auf diese Rechtsform anwendbaren Vorschriften über die Firma und das Handelsregister zum Ausdruck. Dass die Verweisung der §§ 7, 8 auf die Vorschriften der §§ 124–130 HGB über die Rechts- und Parteifähigkeit der OHG, über ihre organschaftliche Vertretung durch Gesellschafter und über deren gesamtschuldnerische Haftung für die Gesellschaftsverbindlichkeiten infolge der zwischenzeitlichen höchstrichterlichen Annäherung der Außen-GbR an Teile dieser Vorschriften[11] seither an Bedeutung verloren hat, steht nicht entgegen. Wenn der Gesetzgeber gleichwohl nicht so weit gegangen ist, die Partnerschaft der OHG voll gleichzustellen, so wegen der Wesensverschiedenheit zwischen freiberuflicher Tätigkeit und Handelsgewerbe.[12] Dementsprechend stellt § 1 Abs. 1 S. 2 auch klar, dass die Partnerschaft kein Handelsgewerbe ausübt. In der Konsequenz dieser Betrachtung liegt es, dass das PartGG in §§ 4, 5 die Einrichtung eines eigenständigen, neben das Handelsregister tretenden, wenn auch von den gleichen Gerichten geführten Partnerschaftsregisters vorsieht (→ §§ 4, 5 Rn. 19 ff.). **8**

2. Partnerschaftsvertrag. a) Überblick. Als Personengesellschaft (→ Rn. 7) benötigt die Partnerschaft eine rechtsgeschäftliche Grundlage in Gestalt des Partnerschaftsvertrags. Die hierzu im PartGG getroffenen Regelungen betreffend die Schriftform nach § 3 Abs. 1 und die notwendigen Bestandteile nach § 3 Abs. 2 sind unvollständig und bedürfen der Ergänzung durch § 705 BGB. Danach setzt der Partnerschaftsvertrag eine Einigung der Beteiligten über den gemeinsamen Zweck und über dessen Förderung durch die von den Partnern zu leistenden Beiträge voraus. Für deren inhaltliche Festlegung sind die Anforderungen des § 1 Abs. 1 S. 1, § 3 Abs. 2 zu beachten (→ Rn. 11 f.). **9**

b) Freiberufliche Tätigkeit als gemeinsamer Zweck. Nach § 1 Abs. 1 S. 1 ist die Partnerschaft ein Zusammenschluss zur gemeinschaftlichen Ausübung Freier Berufe. Diese Berufsausübung bildet nach § 3 Abs. 2 Nr. 3 den – mit dem gemeinsamen Zweck regelmäßig zusammenfallenden – Gegenstand der Partnerschaft. Daraus folgt einerseits, dass die Partnerschaft notwendig eine **Berufsausübungsgemeinschaft** ist. Anderen Arten des Zusammenwirkens von Angehörigen Freier Berufe, sei es als bloße Bürogemeinschaft von Rechtsanwälten[13] oder Praxisgemeinschaft von Ärzten[14] mit je eigenständiger Berufsausübung der Beteiligten, sei es als Arbeitsgemeinschaft von Architekten oder Ingenieuren zur Verwirklichung eines bestimmten gemeinsamen Projekts (→ BGB Vor § 705 Rn. 43 f.) oder als Interessengemeinschaft nach Art der EWIV (→ BGB Vor § 705 Rn. 21 f.), steht die Rechtsform der Partnerschaft nicht offen.[15] Anderseits ist die Partnerschaft auf die Aus- **10**

---

[9] Vgl. das Gesetz über die Eingetragene Lebenspartnerschaft (LPartG) vom 16.2.2001, BGBl. I S. 266.
[10] Vgl. *Bösert* ZAP 1994, 765 (770); *Seibert* AnwBl. 1993, 155; *Michalski/Römermann/Zimmermann* Rn. 2 mwN in Fn. 4–6.
[11] So insbes. durch BGHZ 146, 341 = NJW 2001, 1056; → BGB § 705 Rn. 303 ff.; → BGB § 714 Rn. 33 f.
[12] Vgl. Begr. RegE, BT-Drs. 12/6152 S. 9; *Seibert, Die Partnerschaft,* 1994, S. 43; *Feddersen/Meyer-Landrut* Rn. 43.
[13] → BGB Vor § 705 Rn. 39; *K. Schmidt* GesR § 58 III 5b; *Steindorff,* FS Rob. Fischer, 1979, S. 747 (750).
[14] Vgl. dazu *K. Schmidt* GesR § 58 III 5b; *Henke* NJW 1974, 2035 f.; *Michalski, Das Gesellschafts- und Kartellrecht der berufsrechtlich gebundenen freien Berufe,* 1989, S. 136, 181 ff.
[15] So auch *Michalski/Römermann/Zimmermann* Rn. 5 f.; *K. Schmidt* NJW 1995, 1 (2 f.).

übung **Freier Berufe** beschränkt; mit Rücksicht auf § 1 Abs. 1 S. 2 darf sie insbesondere kein Handelsgewerbe betreiben. Darüber, welche Arten Freier Berufe innerhalb einer und derselben Partnerschaft ausgeübt werden können, entscheidet das nach § 1 Abs. 3 vorrangige Berufsrecht (sog interprofessionelle Partnerschaften, → Rn. 82 ff.).

11 c) **Ausübung des Freien Berufs als Beitragsleistung der Partner.** Wie den Vorschriften der §§ 1 Abs. 1 S. 1, 3 Abs. 2 Nr. 2, 6 Abs. 2, 9 Abs. 3 und 4 zu entnehmen ist, geht das PartGG von der **aktiven Berufstätigkeit** aller Mitglieder einer freiberuflichen Partnerschaft aus. In deren Mitwirkung an der gemeinschaftlichen Berufsausübung in der Partnerschaft sieht es einen, wenn nicht *den* wesentlichen Beitrag der Partner iSv § 706 BGB zur Förderung des gemeinsamen Zwecks. Daraus folgt zugleich, dass Personen, die sich ohne eigene freiberufliche Tätigkeit darauf beschränken wollen, Kapital oder sonstige Gegenstände als Beiträge einzubringen, einer Partnerschaft weder als Partner noch als stille Gesellschafter beitreten können.[16] Diese Regel erleidet zwar Ausnahmen, soweit es um den Fortbestand der Mitgliedschaft bei späterer Verhinderung der Mitwirkung an der gemeinsamen Berufsausübung geht (→ Rn. 13 f.). Für die Mitwirkung an der **Gründung** der Partnerschaft (→ Rn. 22) oder für den späteren **Beitritt** als Partner ist an ihr jedoch strikt festzuhalten.[17] Dem von der Gegenansicht bemühten Rückschluss von den Ausnahmen auf die Regel[18] ist sowohl aus systematischen als auch aus methodischen Gründen zu widersprechen. – Zum zeitlichen Umfang der Tätigkeitspflicht und zu den aus dem Wettbewerbsverbot der Partner folgenden Schranken für Nebentätigkeiten → § 6 Rn. 28 ff.

12 Die Beitragsleistung der Partner beschränkt sich typischerweise nicht auf ihre Mitwirkung an der freiberuflichen Tätigkeit. Vielmehr ist die Partnerschaft gerade in der Gründungsphase meist darauf angewiesen, dass die Partner auch **sonstige Arten von Beiträgen** erbringen, sei es in Gestalt von Geld- oder Sachleistungen wie Geschäftsausstattung, Grundstücke oder Räume, sei es als ideelle Gegenstände wie Geschäftsbeziehungen, Namen oder Know-how. Art und Umfang solcher Beitragsleistungen der Partner sind im Partnerschaftsvertrag oder beim späteren Beitritt wegen des Formerfordernisses des § 3 Abs. 1 im Einzelnen festzulegen (→ § 3 Rn. 5). Sie vermögen jedoch nicht die Tätigkeitspflicht im freiberuflichen Bereich als einen jedenfalls zu Beginn unverzichtbaren Beitragsgegenstand zu ersetzen.

13 **Umstritten** ist, ob und inwieweit der Grundsatz aktiver Berufsausübung der Partner auch für ihre weitere Mitgliedschaft in der Partnerschaft gilt oder ob bei **späterer Verhinderung** Ausnahmen hiervon in Betracht kommen. Das PartGG beantwortet diese Frage in § 9 Abs. 3 nur für den Fall des – endgültigen (→ § 9 Rn. 21) – Verlusts der Berufszulassung; er führt als zwingende Rechtsfolge zum automatischen Ausscheiden des betroffenen Partners. Für sonstige Hinderungsgründe fehlt es demgegenüber an einer partnerschaftsspezifischen Regelung. Die Gesetzesbegründung[19] führt dazu aus, den Beteiligten solle „eine flexible Handhabung in Fällen, in denen ein Partner sich aus gesundheitlichen oder Altersgründen aus der aktiven Mitarbeit zurückzieht", möglich sein. Auch soll der bloß vorübergehende Verlust oder das Ruhen der Berufszulassung, etwa wegen der Übernahme eines Abgeordnetenmandats, das die gleichzeitige Berufsausübung ausschließt, abweichend von § 9 Abs. 3 unschädlich sein.[20] Entsprechendes wird in der Literatur für sonstige Arten vorübergehender Verhinderung vertreten.[21]

14 Für die **Stellungnahme** ist zwischen gesellschafts- und berufsrechtlichen Ausscheidensgründen zu differenzieren. Aus **gesellschaftsrechtlicher** Sicht ist die nur *vorübergehende* Nichterfüllung vertraglich übernommener Tätigkeitspflichten als Leistungsstörung zu qualifizieren. Bei nicht zu vertretenden Ursachen wie Krankheit oder sonstigen Fällen höherer Gewalt, denen in Hinblick auf Art. 48 Abs. 2 S. 1 GG die Übernahme eines Abgeordnetenmandats gleichsteht, begründet sie weder eine Schadensersatzpflicht des Betroffenen noch einen wichtigen Ausschlussgrund, sondern kann lediglich

---

[16] Ganz hM im Anschluss an Begr. RegE, BT-Drs. 12/6152 S. 7, 9; vgl. *Henssler* Rn. 22 ff., 200 f.; EBJS/*Seibert* Rn. 6; *Bösert* ZAP 1994, 765 (771); *ders.* DStR 1993, 1332 (1333); *Leutheusser-Schnarrenberger*, FS Helmrich, 1994, S. 677 (682); grds. auch *Stuber* WiB 1994, 705 (706 f.); wN bei Michalski/Römermann/*Zimmermann* Rn. 9 in Fn. 23; nicht eindeutig Michalski/Römermann/*Zimmermann* Rn. 9, 13.

[17] HM, vgl. *Seibert* DB 1994, 2381 (2382); *Bayer/Imberger* DZWiR 1995, 177 (179); *Krieger* MedR 1995, 95 (96); *Bösert* ZAP 1994, 765 (771). Gegenansicht Michalski/Römermann/*Zimmermann* Rn. 10 ff., 17 f.; *Feddersen/Meyer-Landrut* Rn. 5; im Ergebnis auch MWHLW/*Lenz* Rn. 89 ff., 101.

[18] Michalski/Römermann/*Zimmermann* Rn. 10 ff., 17 f.; *Feddersen/Meyer-Landrut* Rn. 5; im Ergebnis auch MWHLW/*Lenz* Rn. 89 ff., 101.

[19] Begr. RegE, BT-Drs. 12/6152 S. 20.

[20] Begr. RegE, BT-Drs. 12/6152 S. 20; Michalski/Römermann/*Zimmermann* Rn. 17, § 9 Rn. 22.

[21] Vgl. Michalski/Römermann/*Zimmermann* Rn. 18, der darüber hinaus die bloße Berufszugehörigkeit einzelner Partner ohne aktive Berufsausübung in der Partnerschaft genügen lassen will; dem zust. *Mahnke* WM 1996, 1029 (1032).

zur Anpassung der Tätigkeitsvergütung führen (→ BGB § 709 Rn. 34, 36). Demgegenüber ist in der *dauernden* Berufsunfähigkeit im Zweifel ein wichtiger Ausschlussgrund zu sehen, wenn der Partnerschaftsvertrag nicht abweichend hiervon als Ausnahme die Fortdauer der Mitgliedschaft zulässt. Eine derartige Ausnahmeregelung kommt namentlich bei dauernder Berufsunfähigkeit aus Krankheits- oder Altersgründen in Betracht.[22] Für den Betroffenen hat sie den Vorteil, ihm entsprechend dem ihm verbleibenden Gewinnanteil eine finanzielle Absicherung zu gewähren, während die Partnerschaft dadurch vor der Notwendigkeit bewahrt wird, den betroffenen Partner abzufinden. Partnerschaftsspezifische Gründe stehen dem nicht entgegen. **Berufsrechtliche** Vorschriften, die in Verbindung mit § 1 Abs. 3 das Ausscheiden eines nicht mehr aktiven Partners unverzichtbar machen, sind, soweit ersichtlich, nicht anzutreffen.

3. Kein Handelsgewerbe. a) Klassische Freie Berufe. Nach § 1 Abs. 1 S. 2 übt die Partner- **15** schaft kein Handelsgewerbe aus. Soweit es um die in Abs. 2 genannten *klassischen Freien Berufe* geht wie diejenigen des Arztes, des Rechtsanwalts, des Architekten oder des Heilpraktikers, die entweder verkammert oder doch einer berufsrechtlichen Regelung unterstellt sind (→ Rn. 43 f.), hat Abs. 1 S. 2 nur **klarstellende Bedeutung.** Für sie gehört die Unterscheidung zwischen Gewerbe und Freiem Beruf zu den seit alters geltenden Grundlagen des Rechts der Freien Berufe.[23] Schon deshalb findet das Handelsrecht auf die Tätigkeit von Freiberuflern keine Anwendung, und dies unabhängig davon, ob die Tätigkeit vom Freiberufler allein oder gemeinsam mit anderen Berufsangehörigen, sei es als GbR oder als Partnerschaft, ausgeübt wird. *Anderes* gilt im Fall der (zulässigen) Wahl der *Rechtsform der GmbH oder AG* für freiberufliche Tätigkeiten, etwa diejenigen der Rechts- oder der Steuerberatung oder der Wirtschaftsprüfung, da diese Gesellschaften trotz freiberuflichen Unternehmensgegenstands kraft Rechtsform Handelsgesellschaften sind (§ 3 Abs. 1 AktG, § 13 Abs. 3 GmbHG). Eine zu Unrecht in das Partnerschaftsregister eingetragene, nicht zur Ausübung freiberuflicher Tätigkeit bestimmte Personengesellschaft wird trotz Eintragung nicht zur Partnerschaft. Sie ist nach § 395 FamFG von Amts wegen oder auf Antrag der berufsständischen Organe (§ 380 Abs. 1 FamFG) zu löschen. Auf Abs. 1 S. 2 kann sie sich nicht berufen.

b) Freie Berufe im Grenzbereich zu § 1 HGB. Schwierigkeiten im Hinblick auf Abs. 1 S. 2 **16** kann die Beurteilung von *Grenzfällen Freier Berufe* bereiten, insbesondere bei solchen Gesellschaften, deren Geschäftsbetrieb nach Art und Umfang kaufmännische Einrichtung erfordert und die daher im Falle gewerblicher Tätigkeit nach § 1 Abs. 2 HGB als Handelsgewerbe anzusehen wären. Beispiele bilden eine gemeinsam betriebene, umsatzstarke Tanz- oder Fahrschule, die vorbehaltlich der Regelung in Abs. 1 S. 2 als kaufmännisches Unternehmen anzusehen ist,[24] oder die Entwicklung und der Vertrieb von EDV-Software durch eine von Entwicklungsingenieuren gegründete Personengesellschaft.[25] In derartigen Fällen erscheint es *zweifelhaft,* ob die Rechtswirkungen der relativ offenen Umschreibung der Freien Berufe in § 1 Abs. 2 so weit reichen, dem Anwendungsbereich des § 1 HGB schlechthin alle diejenigen noch als freiberuflich zu wertenden Tätigkeiten zu entziehen, die auch als gewerblich eingestuft werden können, oder ob die Lösung nicht richtiger in der Anerkennung von *Überschneidungsbereichs* von freiberuflicher und gewerblicher Tätigkeit liegen sollte. Erkennt man einen derartigen Überschneidungsbereich an, so steht es den Beteiligten frei, zwischen den Rechtsformen der Partnerschaft und der OHG oder KG durch Anmeldung ihres Zusammenschlusses entweder zum Partnerschafts- oder zum Handelsregister zu wählen. Von dieser Fragestellung

---

[22] Zur entspr. Rechtslage bei der GbR → BGB § 723 Rn. 33; Soergel/*Hadding* BGB § 723 Rn. 16; bei der OHG Baumbach/Hopt/*Roth* HGB § 133 Rn. 9.
[23] Vgl. nur *K. Schmidt* NJW 1995, 1 (3); zum fehlenden Gewerbebetrieb der klassischen Freien Berufe vgl. auch Heymann/*Emmerich* HGB § 1 Rn. 18 ff. mwN in Fn. 50 ff.; *Canaris* HandelsR § 2 Rn. 8; Staub/*Oetker* HGB § 1 Rn. 23 ff.; krit. zum Ganzen unter Hinweis auf die aus heutiger Sicht überholte Differenzierung zwischen Gewerbe und Freiem Beruf *Raisch,* FS Rittner, 1991, S. 471 ff.; *Neuner* ZHR 157 (1993), 243 (263 f., 288); *Treber* AcP 199 (1999), 525 (569 ff.) ua; anders aber *Henssler* ZHR 161 (1997), 13 (25 ff.).
[24] Vgl. zur Qualifikation von Tanz- und Fahrschulen als sollkaufmännische Unternehmen (§ 2 aF HGB) vor dem Erlass des PartGG Staub/*Brüggemann,* 4. Aufl. 1995, HGB § 2 Rn. 3; Heymann/*Emmerich* HGB § 2 Rn. 4; *K. Schmidt* NJW 1995, 1 (3); vgl. auch OLG Stuttgart BB 1987, 147 und BVerwGE 21, 203 – Fahrschulen als Gewerbebetriebe.
[25] Dazu BayObLG ZIP 2002, 1032 (1033), das einem Antrag der Beteiligten zur Eintragung als OHG unter Hinweis auf die Verkehrsanschauung und den von den Beteiligten angestrebten Geschäftsumfang stattgab und in der Einordnung des Ingenieurberufs unter die Katalogberufe des § 1 Abs. 2 kein Hindernis sah, da diese offensichtlich auf steuerrechtlichen Argumenten beruhe bzw. von dort übernommen und für den handelsrechtlichen Gewerbebegriff nicht maßgebend sei. Eine Verneinung der PartG-Fähigkeit der Software-Entwicklung wird man daraus allerdings schwerlich entnehmen können; die Entscheidung dürfte vor dem Hintergrund des § 1 Abs. 2 S. 2 vielmehr im Sinne der Anerkennung eines Überschneidungsbereichs mit Wahlrecht der Beteiligten zu verstehen sein.

zu unterscheiden sind diejenigen Fälle, in denen neben einem anerkannten Freien Beruf zugleich eine gewerbliche (Neben-) Tätigkeit betrieben wird (→ Rn. 19 ff.).

17 Für die **Stellungnahme** ist zunächst davon auszugehen, dass der in Anlehnung an das Einkommensteuerrecht erstellte Katalog der Freien Berufe in Abs. 2 S. 2 und der Begriff des Freien Berufes, wie er im Handelsrecht zur Abgrenzung gegenüber § 1 HGB verwendet wird, deutliche Unterschiede aufweisen. Bei dem Katalog des Abs. 2 S. 2 handelt es sich um eine erweiterte Fassung des § 18 Abs. 1 Nr. 1 S. 2 EStG und der dazu ergangenen finanzgerichtlichen Rechtsprechung.[26] Er hat wegen der Zielsetzung des Gesetzgebers, möglichst vielen Freien Berufen den Zugang zur Partnerschaft zu eröffnen, entsprechend dem Regelungsvorbild des § 18 Abs. 1 Nr. 1 EStG *extensiven* Charakter. Im Unterschied dazu hat das Schrifttum zum Handelsrecht bisher einen engeren Begriff des Freien Berufs herausgearbeitet, der Überschneidungen mit dem Anwendungsbereich des § 1 HGB (§ 2 HGB aF) vermeiden sollte. So wird häufig bei der Abgrenzung des § 1 HGB von den Freien Berufen betont, dass von diesen nur der Kernbereich der Freie Berufe erfasst werden soll.[27] Das hängt nicht zuletzt damit zusammen, dass die historisch bedingte Herausnahme der Freien Berufe aus dem Gewerbebegriff, obwohl diese regelmäßig sämtliche Merkmale eines Gewerbes erfüllen,[28] heute im Handelsrecht als nicht ohne weiteres verständlich und rechtspolitisch fragwürdig angesehen wird, was zur *restriktiven* Auslegung des Kreises der Freien Berufe führt.[29] Diese beiden gegenläufigen Tendenzen machen deutlich, dass es einen **Überschneidungsbereich** gibt, in dem die Freien Berufe sowohl unter § 1 HGB als auch unter Abs. 2 fallen können. Des Weiteren war es Ziel des Gesetzgebers, möglichst vielen Berufsgruppen im Grenzbereich die Partnerschaft wahlweise neben den bereits bestehenden Gesellschaftsformen zugänglich zu machen.[30] Auch dieser Umstand spricht dafür, Berufsangehörigen in dem Überschneidungsbereich von gewerblicher und freiberuflicher Tätigkeit ein *Wahlrecht zwischen Partnerschaft und OHG/KG* zuzugestehen.

18 Aus dem Wahlrecht der Beteiligten für die in den Überschneidungsbereich fallenden Berufsarten ergeben sich eine Reihe von **Rechtsfolgen.** Entscheiden sich die Beteiligten für die Partnerschaft und führen sie die Eintragung in das Partnerschaftsregister herbei, so ist die Nicht-Gewerblichkeit ihres Unternehmens die *Folge dieser Rechtsformwahl* und nicht deren Voraussetzung.[31] Damit entfällt auch die Möglichkeit des Registergerichts, nach §§ 1 Abs. 2, 106 Abs. 1, 14 HGB durch Zwangsgeld die Eintragung des Unternehmens herbeizuführen. Nur in diesem Bereich kommt Abs. 1 S. 2 somit rechtsbegründende Funktion auf der Rechtsfolgenseite zu. Das Wahlrecht steht aus teleologischer Sicht aber auch den Gesellschaftern einer bereits ins Handelsregister eingetragenen OHG zu, in der sich Angehörige eines Freien Berufes im Überschneidungsbereich zusammengeschlossen haben. Voraussetzung für eine formwechselnde Umwandlung der OHG in eine Partnerschaft ist die Löschung der OHG im Handelsregister, der Abschluss eines dem § 3 genügenden Gesellschaftsvertrages und die Eintragung der Gesellschaft ins Partnerschaftsregister (→ Rn. 32).

19 **c) Ausübung gewerblicher neben freiberuflicher Tätigkeit.** Auslegungsprobleme bereitet auch der Fall, dass in einer Sozietät zusätzlich zu der originär freiberuflichen Tätigkeit eine weitere eindeutig gewerbliche (Neben-)Tätigkeit betrieben wird. Als Beispiel diene ein Zusammenschluss von Rechtsanwälten, die zugleich Produkte ihrer juristischen Arbeit verlagsmäßig verwerten, oder eine Ärztesozietät, die auch ein Diagnostik- und Analysezentrum betreibt. Dabei ist ohne weiteres denkbar, dass die gewerbliche (Neben-)Tätigkeit kaufmännischen Umfang erreicht und daher als solche dem Anwendungsbereich des § 1 HGB unterfiele.

20 Als **Lösungsmöglichkeit** ist zunächst an einen Rückgriff auf die nach § 15 Abs. 3 Nr. 1 EStG entwickelte „Abfärbetheorie" zu denken, wonach Einkünfte aus sowohl freiberuflicher wie gewerbli-

---

[26] Vgl. Begr. RegE, BT-Drs. 12/6152 S. 10; *Seibert,* Die Partnerschaft, 1994, S. 54; *ders.* AnwBl. 1993, 155 (157); krit. zu dieser gesetzlichen Anlehnung *K. Schmidt* ZIP 1993, 633 (637).

[27] Baumbach/Hopt/*Hopt* HGB § 1 Rn. 19; MüKoHGB/*K. Schmidt* HGB § 1 Rn. 33 f.; noch weitergehend *Michalski,* Das Gesellschafts- und Kartellrecht der berufsrechtlich gebundenen freien Berufe, 1989, S. 118, der freiberufliche Unternehmen sogar grds. zu den gewerblichen zählen will, sofern nicht ausdrücklich im jeweiligen Berufsrecht wie in § 2 Abs. 2 BRAO festgelegt wird, dass sie kein Gewerbe ausüben; einschr. Staub/*Oetker* HGB § 1 Rn. 35: Typusbeschreibung in § 1 Abs. 2 S. 1 PartGG hinzunehmen.

[28] So *K. Schmidt* HandelsR § 9 IV 2a, S. 282; Staub/*Brüggemann,* 4. Aufl. 1995, HGB § 1 Rn. 18; Koller/Roth/Morck/*Roth* HGB § 1 Rn. 12 ff.; *Raisch,* FS Rittner, 1991, S. 471 (475); *Michalski,* Das Gesellschafts- und Kartellrecht der berufsrechtlich gebundenen freien Berufe, 1989, S. 117 f.

[29] *K. Schmidt* HandelsR § 9 IV 2a, S. 282; Staub/*Brüggemann,* 4. Aufl. 1995, HGB § 1 Rn. 18; Koller/Roth/Morck/*Roth* HGB § 1 Rn. 12 ff.; *Michalski,* Das Gesellschafts- und Kartellrecht der berufsrechtlich gebundenen freien Berufe, 1989, S. 117 f.; vgl. auch *Raisch,* FS Rittner, 1991, S. 471 (475).

[30] Vgl. Begr. RegE, BT-Drs. 12/6152 S. 10; *Seibert,* Die Partnerschaft, 1994, S. 39, 41 f.; *Leutheusser-Schnarrenberger,* FS Helmrich, 1994, S. 677 (681).

[31] So schon *K. Schmidt* NJW 1995, 1 (3); ihm folgend *Feddersen/Meyer-Landrut* Rn. 7; im Ergebnis wohl auch *Seibert,* Die Partnerschaft, 1994, S. 41 f.; differenzierend Michalski/Römermann/*Zimmermann* Rn. 36.

cher Mitunternehmerschaft vollumfänglich wie gewerbliche Einkünfte zu versteuern sind.[32] Demzufolge würden die Voraussetzungen für eine Partnerschaft wegen der gewerblichen (Neben-)Tätigkeit entfallen; der Zusammenschluss wäre zwingend als OHG oder KG einzustufen. Gegen eine Übernahme dieser steuerrechtlichen Lösung ins Gesellschaftsrecht spricht indessen schon der funktionale Unterschied zwischen den beiden Rechtsgebieten. Bei ihr handelt es sich um eine unter fiskalischen Gesichtspunkten entwickelte steuerrechtliche Fiktion, die für das PartGG insbesondere bei gewerblichen Nebentätigkeiten nichtkaufmännischen Umfangs zu nicht akzeptablen Ergebnissen führen würde.[33] Ebenfalls nicht zu überzeugen vermag eine im Schrifttum zu § 1 anzutreffende Auffassung, wonach eine Eintragung im Handelsregister erfolgen muss, sobald die gewerbliche Nebentätigkeit kaufmännischen Umfang erreicht, während bei Unterschreitung dieser Grenze die gewerbliche Tätigkeit in der Partnerschaft betrieben werden darf.[34] Gegen sie spricht die Regelung in Abs. 1 S. 2, die einer automatischen Umwandlung der Partnerschaft in eine OHG entgegensteht.[35] Auch eine generelle Rechtspflicht zur Ausgliederung der gewerblichen Nebentätigkeit in eine der Rechtsformen des Handelsrechts lässt sich nicht begründen.

Für die rechtliche Beurteilung gemischter freiberuflicher und gewerblicher Tätigkeit ist vielmehr an die **vergleichbare Problematik im Vereinsrecht** anzuknüpfen. Verfolgt ein Idealverein neben ideellen Zwecken zugleich eine wirtschaftliche Tätigkeit, so stellt sich ebenfalls die Frage, in welchem Umfang dies zulässig ist. Zu ihrer Lösung ist das sog *Nebenzweckprivileg* entwickelt worden (→ BGB §§ 21, 22 Rn. 19 ff. [Reuter]).[36] Es gestattet einem Idealverein, neben dem ideellen Hauptzweck auch wirtschaftliche Aktivitäten zu entfalten, sofern die wirtschaftliche Betätigung funktional der Verfolgung des nicht wirtschaftlichen Hauptzwecks dient und sofern sie dem Hauptzweck untergeordnet und Hilfsmittel zu dessen Erreichung ist.[37] Auf absolute Größenkriterien kommt es bei dieser Abgrenzung nicht an.[38] Die *Parallele beider Abgrenzungen* ist offensichtlich: im einen Fall geht es um die Vereinbarkeit von ideeller mit wirtschaftlicher Tätigkeit, im anderen um diejenige von freiberuflicher mit gewerblicher Tätigkeit. Auch der hinter dem vereinsrechtlichen Nebenzweckprivileg stehende Gedanke, eine wirtschaftliche Tätigkeit des Idealvereins dann als rechtsformneutral zu behandeln, wenn sie seinem eigentlichen Zweck zu dienen bestimmt ist, lässt sich auf die Partnerschaft mit gewerblicher Nebentätigkeit übertragen. **21**

Aus diesen Überlegungen folgt, dass die gleichzeitige gewerbliche Tätigkeit die Errichtung oder das Fortbestehen einer **Partnerschaft** nicht hindert, solange die gewerbliche der freiberuflichen Tätigkeit dient und ihr untergeordnet ist,[39] wie es zB bei einer ärztlichen Gemeinschaftspraxis mit Diagnostikabteilung regelmäßig der Fall sein dürfte. Auf den Umfang der gewerblichen Tätigkeit und deren Einstufung nach § 1 Abs. 2 HGB kommt es entsprechend dem vereinsrechtlichen Nebenzweckprivileg nicht an. Sind die Voraussetzungen des Nebenzweckprivilegs hingegen nicht erfüllt, so ist die Eintragung einer Partnerschaft unzulässig. Eine bereits erfolgte Eintragung ist nach § 395 FamFG von Amts wegen oder auf Antrag der berufsständischen Organe zu löschen (→ Rn. 15), sofern die Gesellschafter nicht bereit sind, die gewerbliche Nebentätigkeit freiwillig auszugliedern, wozu ihnen im Amtslöschungsverfahren zunächst durch Zwischenverfügung Gelegenheit zu geben ist. **22**

4. Anforderungen an die Partner. a) Nur natürliche Personen. Die Vorschrift des § 1 Abs. 1 S. 3 begrenzt den Kreis tauglicher Partner auf natürliche Personen. Darin liegt eine deutliche Abweichung vom Recht der GbR, das auch juristische Personen und Personenhandelsgesellschaften als Mitglieder zulässt (→ BGB § 705 Rn. 76 ff.). Nach der Gesetzesbegründung[40] beruht diese partner- **23**

---

[32] Vgl. Kirchhof/*Reiß*, 14. Aufl. 2015, EStG § 15 Rn. 143 ff.; Kirchhof/*Lambrecht* EStG § 18 Rn. 21 f., 39.
[33] So auch MWHLW/*Lenz* Rn. 84.
[34] So aber MWHLW/*Lenz* Rn. 85 ff.; *Henssler* Rn. 89 (wegen des Rechtsformzwangs des § 105 HGB entstehe sonst OHG kraft Gesetzes).
[35] Gegen die automatische Umwandlung einer Partnerschaft in eine Personenhandelsgesellschaft wegen Abs. 1 S. 2 auch *K. Schmidt* NJW 1995, 1 (3, 7) in Fn. 80; Michalski/Römermann/*Zimmermann* Rn. 36; aA *Henssler* Rn. 89.
[36] Vgl. mit Unterschieden im Detail und im methodischen Vorgehen: RGZ 83, 232 (237); 154, 343 (354); BGHZ 15, 315 (319) = NJW 1955, 422; Staudinger/*Weick* BGB § 21 Rn. 12 ff.; Soergel/*Hadding* BGB §§ 21, 22 Rn. 33 ff.; Erman/*Westermann* BGB § 21 Rn. 3; *K. Schmidt* AcP 182 (1982), 1 (26 ff.).
[37] BGHZ 85, 84 (93) = NJW 1983, 569; Soergel/*Hadding* BGB §§ 21, 22 Rn. 36; *Flume* BGB AT I 2 § 4 II 2., S. 112; *K. Schmidt* NJW 1983, 543 (546); *Hemmerich*, Möglichkeit und Grenzen wirtschaftlicher Betätigung von Idealvereinen, 1982, S. 97 ff.
[38] AA *Heckelmann* AcP 179 (1979), 1 (22 ff.); *Knauth* JZ 1978, 339 (342 f.).
[39] AA *Henssler* Rn. 91: sobald kleingewerbliche Tätigkeit dauerhaft zum Unternehmensgegenstand zähle, könnten sich Gesellschafter auch im Falle eines bloßen Nebenzwecks nicht mehr auf die Privilegien der PartG berufen; Gesellschaft sei dann als GbR zu qualifizieren.
[40] Begr. RegE, BT-Drs. 12/6152 S. 9.

schaftsspezifische Regelung darauf, dass eine solche Begrenzung „am ehesten dem Leitbild der auf ein persönliches Vertrauensverhältnis zum Auftraggeber ausgerichteten freiberuflichen Berufsausübung entspricht". Ungeachtet der an dieser Regelung geübten, nicht voll überzeugenden rechtspolitischen Kritik[41] ist ihr jedenfalls nach geltendem Recht Rechnung zu tragen; sie geht abweichenden berufsrechtlichen Regelungen nach Art des § 28 Abs. 4 S. 1 Nr. 1 WPO[42] vor. Da die Vorschrift des S. 3 jede Mitgliedschaft anderer als natürlicher Personen in einer Partnerschaft verhindert, steht sie auch der kautelarjuristischen Entwicklung von Gestaltungen nach Art der GmbH & Co. KG entgegen. Sollte im Einzelfall ein spezifisches Interesse am Zusammenschluss zwischen Rechtsträgern Freier Berufe mit unterschiedlicher Rechtsform bestehen, einschließlich solcher in der Rechtsform der GmbH, lässt sich dem entweder durch formwechselnde Umwandlung der Partnerschaft in eine GbR mit anschließendem Beitritt der Freiberufler-GmbH oder durch unmittelbaren Beitritt der GmbH-Gesellschafter zur Partnerschaft unter Liquidation der GmbH Rechnung tragen. – Zur formwechselnden Umwandlung von Partnerschaften → Rn. 28 ff.

24 **b) Freiberufliche Tätigkeit.** Zum Erfordernis der den Gegenstand der Partnerschaft (§ 3 Abs. 2 Nr. 3) bildenden freiberuflichen Tätigkeit als Teil der Beitragspflichten der Partner und zu den Folgen der vorübergehenden oder dauernden Verhinderung von Mitgliedern einer *bestehenden* Partnerschaft in der Ausübung des fraglichen Freien Berufs → Rn. 11, 13 f. Soweit es um die Mitwirkung an der **Gründung** oder den späteren Beitritt eines Partners geht, reicht die *Fähigkeit* des Gründers oder Beitretenden zur Ausübung des gemeinsamen Berufs nicht aus;[43] hinzukommen muss jedenfalls in diesem Zeitpunkt seine wirksame Verpflichtung, die entsprechende Tätigkeit als Beitrag zur gemeinschaftlichen Berufsausübung in der Partnerschaft zu erbringen (→ Rn. 11).

25 **5. Umwandlung der Partnerschaft. a) Überblick.** Im **Umwandlungsgesetz** vom 28.10.1994 (BGBl. I S. 3210; ber. BGBl. 1995 I S. 428) war unter den an einer Umwandlung beteiligten Rechtsträgern die Partnerschaft bei seinem Erlass nicht vorgesehen. Das beruhte auf der parallelen Erarbeitung beider Gesetze und ihrer nahezu zeitgleichen Verabschiedung kurz vor Ablauf der 12. Legislaturperiode. Diese Lücke wurde sodann durch die **UmwG-Novelle 1998** geschlossen.[44] Sie hat einerseits – in §§ 3 Abs. 1 Nr. 1, 191 Abs. 1 Nr. 1 und Abs. 2 Nr. 2 UmwG – die Partnerschaft in die Kataloge verschmelzungsfähiger und für einen Formwechsel in Betracht kommender Rechtsträger aufgenommen. Andererseits hat sie mit den §§ 45a–45e UmwG und §§ 225a–225c UmwG zwei neue Unterabschnitte betreffend die Verschmelzung bzw. den Formwechsel unter Beteiligung von Partnergesellschaften in das UmwG eingefügt.[45] Die Zulässigkeit der *Spaltung* einer Partnerschaft folgt aus der Verweisung des § 124 Abs. 1 auf § 3 Abs. 1 UmwG.

26 Die **Verschmelzung** von Rechtsträgern unter Beteiligung einer Partnerschaft richtet sich seither nach den auf diese Rechtsform bezogenen Sondervorschriften der §§ 45a–45e UmwG in Verbindung mit den allgemeinen Verschmelzungsvorschriften der §§ 4–38 UmwG und den besonderen Vorschriften der §§ 39–45 UmwG betreffend die Beteiligung von Personengesellschaften an Verschmelzungsvorgängen.[46] Möglich ist danach einerseits die *Verschmelzung auf eine Partnerschaft* durch Aufnahme der Anteilsinhaber übertragender Rechtsträger, sofern diese die Voraussetzungen des § 1 Abs. 1 und 2 erfüllen (vgl. § 45a UmwG). Andererseits kann auch eine „Mischverschmelzung" (§ 3 Abs. 4 UmwG) unter Beteiligung einer Partnerschaft auf Rechtsträger anderer Rechtsform, darunter auch auf Kapitalgesellschaften, erfolgen, sofern das jeweils für die Partnerschaft geltende Berufsrecht nicht entgegensteht (vgl. die Verweisung in § 45a S. 2 UmwG auf § 1 Abs. 3). Es gelten sodann die Vorschriften des UmwG für den aufnehmenden bzw. neuzugründenden Rechtsträger.

27 Mit Blick auf den **Formwechsel** von Partnerschaften ist zu unterscheiden. Soweit es um den Formwechsel in eine *Kapitalgesellschaft* geht, finden die Vorschriften des UmwG Anwendung

---

[41] Michalski/Römermann/*Zimmermann* Rn. 41 ff.; *K. Schmidt* ZIP 1993, 633 (639 f.); MWHLW/*Lenz* Rn. 105; *Feddersen/Meyer-Landrut* Rn. 6.
[42] Nach dieser Vorschrift werden WP-Gesellschaften als Gesellschafter einer WP-Gesellschaft zugelassen; Entsprechendes regelt § 50a Abs. 1 Nr. 1 StBerG. Vgl. auch die in §§ 28 Abs. 4 S. 3 WPO, 50a Abs. 2 S. 2 StBerG anzutreffende Fiktion, wonach (aus Gründen der Versorgung Hinterbliebener) Stiftung und eV unter den dort genannten Voraussetzungen „als Berufsangehörige gelten".
[43] HM, vgl. Begr. RegE, BT-Drs. 12/6152 S. 7, 9; EBJS/*Seibert* Rn. 5; *Bösert* ZAP 1994, 765 (771); *ders.* DStR 1993, 1332 (1333); *Leutheusser-Schnarrenberger*, FS Helmrich, 1994, S. 677 (682); aA Michalski/Römermann/*Zimmermann* Rn. 8 ff., 13; *Feddersen/Meyer-Landrut* Rn. 5.
[44] Gesetz zur Änderung des UmwG, des PartGG und anderer Gesetze vom 22.7.1998, BGBl. I S. 1878.
[45] Vgl. zu Hintergrund und Inhalt der auf die PartG bezogenen Ergänzungen des UmwG *Neye* ZIP 1997, 722 ff.
[46] Näher *Neye* ZIP 1997, 723 f.

(→ Rn. 28, 30). Demgegenüber richtet sich der Formwechsel der Partnerschaft in eine oder aus einer anderen *Personengesellschaft* nach allgemeinem Personengesellschaftsrecht (→ Rn. 31 f.).

b) Formwechsel in oder aus Kapitalgesellschaft. Den Formwechsel einer Partnerschaft in einen Rechtsträger neuer Rechtsform beschränkt § 225a UmwG auf eine Kapitalgesellschaft (AG, GmbH, KGaA) oder eine e.G.; die Regelung entspricht derjenigen für Personenhandelsgesellschaften in § 214 Abs. 1 UmwG. Aus praktischen Gründen dürfte für Partnerschaften im Wesentlichen nur der **Formwechsel in eine GmbH** in Betracht kommen und auch das nur dann, wenn das jeweilige Berufsrecht der Wahl der GmbH-Rechtsform nicht entgegensteht.[47] Im Übrigen beschränken sich die Sondervorschriften der §§ 225a ff. UmwG auf die Regelungen des § 225b UmwG betreffend das (eingeschränkte) Erfordernis eines Umwandlungsberichts und die Pflicht zur Information der von der Geschäftsführung ausgeschlossenen Partner entsprechend § 216 UmwG. Hiervon abgesehen richtet sich der Formwechsel einer Partnerschaft nach den allgemeinen Vorschriften der §§ 192 ff. UmwG iVm den in § 225c UmwG genannten besonderen Vorschriften für den Formwechsel von Personengesellschaften. 28

Unabhängig von den Vorschriften des UmwG kann der Formwechsel in eine Kapitalgesellschaft auch durch **Simultanübertragung sämtlicher Gesellschaftsanteile** auf eine bestehende Kapitalgesellschaft erfolgen; infolge der Vereinigung aller Anteile bei der Kapitalgesellschaft erlischt die Personengesellschaft und das Gesamthandsvermögen wird zum Vermögen der Kapitalgesellschaft als einzig verbleibender Gesellschafterin (→ BGB § 719 Rn. 26). Aus der Sicht des PartGG scheint einem solchen Vorgehen zwar die Beschränkung des Partnerkreises auf natürliche Personen nach § 1 Abs. 1 S. 3 entgegenzustehen. Berücksichtigt man jedoch, dass sich diese Regelung auf die Beteiligung an einer *bestehenden* Partnerschaft bezieht, während die gleichzeitige Übertragung sämtlicher Anteile auf die Kapitalgesellschaft die Partnerschaft in derselben logischen Sekunde zum *Erlöschen* bringt, sollte eine solche Transaktion trotz § 1 Abs. 1 S. 3 und ohne Zwischenschaltung einer GbR zugelassen werden.[48] 29

Der Formwechsel **aus einer Kapitalgesellschaft** (GmbH, AG, KGaA) in eine Partnerschaft richtet sich nach den allgemeinen und besonderen Vorschriften der §§ 192 ff., 228 ff. UmwG. Er wird durch Eintragung in das Partnerschaftsregister wirksam (§ 202 UmwG). Voraussetzung ist nach § 228 Abs. 2 UmwG, dass in diesem Zeitpunkt alle Gesellschafter der Kapitalgesellschaft natürliche Personen sind, die einen Freien Beruf ausüben (vgl. § 1 Abs. 1). 30

c) Formwechsel in oder aus anderer Personengesellschaft. Im Verhältnis zwischen **GbR und Partnerschaft** richtet sich der Formwechsel einer freiberuflich tätigen Gesellschaft danach, welche Rechtsform die Beteiligten für ihren Zusammenschluss wählen, verbunden mit der *Eintragung oder Löschung im Partnerschaftsregister*. Soll eine GbR in eine Partnerschaft umgewandelt werden, so bedarf es neben der Änderung des Gesellschaftsvertrags unter Beachtung der Anforderungen des § 3 auch der nach § 7 Abs. 1 konstitutiv wirkenden Eintragung im Partnerschaftsregister (→ § 7 Rn. 3). Entsprechendes gilt umgekehrt für den Fall des Formwechsels aus der Partnerschaft in die GbR: auch hier wirkt die Löschung als Partnerschaft ausnahmsweise konstitutiv; die Gesellschaft besteht als GbR fort. 31

Ein Formwechsel zwischen **OHG/KG und Partnerschaft** setzt, abgesehen von der Löschung der Gesellschaft im einen und ihrer Eintragung in das andere Register, wegen des sich gegenseitig ausschließenden gewerblichen oder freiberuflichen Gesellschaftszwecks auch und vor allem eine *Änderung des Gesellschaftszwecks* voraus. Der dauerhafte Verzicht auf die Ausübung eines Gewerbes macht die nicht im Handelsregister eingetragene bisherige OHG/KG automatisch zur GbR und nach Eintragung im Partnerschaftsregister zur Partnerschaft. § 5 HGB greift trotz fortbestehender Handelsregistereintragung nicht ein, wenn die Gesellschaft kein Gewerbe mehr ausübt.[49] Im umgekehrten Fall führt der Übergang vom freiberuflichen zum gewerblichen Gesellschaftszweck zum Wegfall der Rechtsform der Partnerschaft, auch wenn die Eintragung im Partnerschaftsregister noch fortbesteht. Die Gesellschaft wird automatisch zur OHG, wenn ihr Zweck sich künftig auf ein *Handelsgewerbe* richtet; sie ist auf Grund entsprechender Anmeldungen der Beteiligten unter Löschung im Partnerschaftsregister in das Handelsregister einzutragen. Das Registergericht kann die Löschung im Partnerschaftsregister auch nach § 393 FamFG von Amts wegen bewirken. § 393 FamFG gestattet ferner die Löschung auf Antrag der berufsständischen Organe und regelt das weitere Verfahren. 32

---

[47] Zu den insoweit zu beachtenden Schranken → Vor § 1 Rn. 18 ff.
[48] So zutr. *K. Schmidt* NJW 1995, 1 (7); aA – für die Zwischenschaltung einer GbR – Gail/Overlack/*Overlack* Rn. 309 ff.; Feddersen/Meyer-Landrut § 4 Rn. 5; wN bei *Wertenbruch* ZIP 1995, 712 (716) in Fn. 36.
[49] Ganz hM, vgl. BGHZ 32, 307 (313 f.) = NJW 1960, 1664; Staub/*Oetker* BGB § 5 Rn. 8; Heymann/*Emmerich* HGB § 5 Rn. 3; aA *K. Schmidt* JZ 2003, 585 (589); MüKoHGB/*K. Schmidt* HGB § 5 Rn. 22; zweifelnd MüKoHGB/*Lieb*, 1. Aufl. 1996, HGB § 5 Rn. 4 f.

III. Der Kreis der Freien Berufe (Abs. 2)

33 1. Einführung. a) Ursprüngliche Regelungsstruktur des Abs. 2. Der „Freie Beruf" bildet im PartGG *den* zentralen Rechtsbegriff; nach § 1 Abs. 1 S. 1 bestimmt er über den Anwendungsbereich der neuen Rechtsform. Gleichwohl enthielt das Gesetz zunächst bewusst **keine Legaldefinition** dieses Begriffs. Nach der Begründung beruhte das darauf, dass es sich beim Freien Beruf „um eine soziologische Wortschöpfung handelt, bezüglich derer eine juristische Begriffsfassung auf unüberwindliche Schwierigkeiten stößt".[50] Diese Zurückhaltung stieß in der Literatur auf verbreitete Zustimmung. Für sie sprachen nicht zuletzt die seinerzeit vorliegenden, wenig überzeugenden Definitionsversuche im rechtswissenschaftlichen Schrifttum wie derjenige von *Michalski,* wonach die Freien Berufe eine Berufsgruppe sind, deren Angehörige eine zentralwertbezogene, gemeinschaftswichtige Tätigkeit auf Grund eines zum Vertragspartner bestehenden, durch persönliche oder sachliche Motive begründeten Vertrauensverhältnisses verrichten, sofern ein nicht unerheblicher Teil der Berufsangehörigen bei gleichzeitig fehlender gesetzlicher Verpflichtung zu weisungsabhängigem Tätigwerden wirtschaftlich selbständig ist.[51] Nicht zu überzeugen vermochten auch die aus berufsrechtlicher Sicht erarbeiteten Definitionsversuche; mit Unterschieden im Einzelnen stellten sie ab auf die geistig-ethische und sachliche Unabhängigkeit des Freiberuflers von Weisungen und seine Eigenverantwortlichkeit in der Berufsausübung, auf sein Erbringen einer persönlichen geistigen Leistung sowie auf seine gemeinschaftswichtige, in Verantwortung für das Gemeinwohl geleistete Tätigkeit unter Hintanstellen des Gewinnstrebens.[52] Alle diese Versuche bemühten sich zwar um eine – mehr oder weniger gelungene – Umschreibung der Typen freier Berufe, eigneten sich angesichts der Unschärfe der verwendeten Kriterien jedoch nicht dazu, als Rechtsbegriff zur Subsumtion der vielfältigen in der Praxis anzutreffenden Berufsbilder verwendet zu werden.

34 Die Schwierigkeiten einer Abgrenzung freiberuflicher insbesondere von gewerblichen Tätigkeiten waren aus dem **Einkommensteuerrecht** bekannt. Sie hatten dort dazu geführt, dass das EStG sich in § 18 Abs. 1 Nr. 1 S. 2 EStG auf eine katalogartige Aufzählung freiberuflicher Tätigkeiten beschränkte, verbunden mit einer Generalklausel in Bezug auf „ähnliche Berufe". In den mehr als vier Jahrzehnten der Geltung dieser Vorschrift[53] hatte sich dazu eine reichhaltige Judikatur der Finanzgerichte entwickelt.[54] Es lag daher nicht fern, dass der Gesetzgeber des PartGG an dieses Regelungsvorbild anknüpfte und es im Wesentlichen unverändert in § 1 Abs. 2 übernahm. Dieses Vorgehen sollte es zugleich ermöglichen, die vorliegende finanzgerichtliche Rechtsprechung auch für die Anwendung des § 1 Abs. 2 zu berücksichtigen, soweit sie nicht durch spezifisch steuerrechtliche Belange geprägt war.[55]

35 b) Nachträgliche Umschreibung des Freien Berufs in Abs. 2 S. 1. Im Zuge der Beratungen der PartGG-Novelle 1998 empfahl der BT-Rechtsausschuss zur Überraschung nicht nur der Fachkreise, sondern offenbar auch des federführenden BMJ,[56] die Vorschrift des § 1 Abs. 2 um eine gesetzliche Definition des Freien Berufs zu ergänzen. Zur Begründung heißt es im Bericht des Rechtsausschusses:[57]

---

[50] Begr. RegE, BT-Drs. 12/6152 S. 9, im Anschluss an *Taupitz,* Die Standesordnungen der freien Berufe, 1991, S. 17 ff. Gleiches gilt für § 18 EStG vgl. BVerfGE 10, 354 (364) = NJW 1960, 619; Schmidt/*Wacker,* 34. Aufl. 2015, EStG § 18 Rn. 60 f.; Littmann/Bitz/Pust/*Güroff* Einkommensteuerrecht, 113. Erg.-Lief. 12/2015, § 18 Rn. 81.

[51] *Michalski,* Das Gesellschafts- und Kartellrecht der berufsrechtlich gebundenen freien Berufe, 1989, S. 15.

[52] Vgl. zu den verschiedenen Definitionsversuchen aus berufsrechtlicher Sicht *Meier-Greve,* Öffentlich-rechtliche Bindungen und freiberufliche Stellung der Kassenärzte, 1968, S. 141; *Fleischmann,* Die freien Berufe im Rechtsstaat, 1970, S. 92 f.; *Vieten,* Der Beruf des Apothekers, 1973, S. 41; *Höppner* BB 1961, 1209 f.; *Breuer* DVBl 2010, 1010 ff.; aus handelsrechtlicher Sicht vgl. auch W. *Müller,* Einbeziehung der Freien Berufe in das Handelsrecht, 1968, S. 67.

[53] Die heutige Fassung des § 18 Abs. 1 Nr. 1 S. 2 EStG, in die erstmals eine Generalklausel „ähnlicher Berufe" aufgenommen wurde, gilt seit dem 30.7.1960 (BGBl. I S. 610). Im Übrigen hat die Vorschrift bereits ähnlich lautende Vorläufer in § 35 EStG (1925) und § 9 EStG (1920), die wiederum auf das Preußische EStG von 1891 zurückgehen; vgl. ausf. zur Entwicklung Kirchhof/Söhn/Mellinghoff/*Stuhrmann,* 263. Erg.-Lief. 1/2016, EStG § 18 Rn. A 44 ff.

[54] Nachweise → Rn. 69 f.; bei Kirchhof/Söhn/Mellinghoff/*Stuhrmann,* 263. Erg.-Lief. 1/2016, EStG § 18 Rn. B 150 ff., bei Littmann/Bitz/Pust/*Güroff,* 113. Erg.-Lief. 12/2015, EStG § 18 Rn. 236 sowie bei Kirchhof/ *Lambrecht,* 14. Aufl. 2015, EStG § 18 Rn. 86 ff.

[55] So auch Michalski/Römermann/*Zimmermann* Rn. 62; MWHLW/*Lenz* Rn. 27; → Rn. 49 ff.

[56] IdS wohl EBJS/*Seibert* Rn. 10; von einer „revolutionären" Vorschrift spricht *Römermann* NZG 1998, 675 (676).

[57] BT-Drs. 13/10955 S. 12 f.

"Damit wird der Freie Beruf in seiner Bedeutung betont. Die Grenzen zur gewerblichen Tätigkeit sollen sich auch künftig nicht verwischen. Die Definition ist damit zugleich Maßstab und Appell an den Freien Beruf in seiner Besonderheit und seiner gemeinschaftswichtigen Verpflichtung. Rechtstechnisch wurde mit Rücksicht auf die außerordentliche Vielfalt des Freien Berufs eine offene Definition gewählt, eine Typusbeschreibung. Es wird dabei allgemein der Freie Beruf als solcher umschrieben und nicht auf den einzelnen Berufsangehörigen abgestellt, um den ständischen Charakter der Umschreibung stärker herauszustellen. Das entscheidende Charakteristikum der Freiberuflichkeit ist die Zugehörigkeit zu bestimmten Tätigkeitsgruppen, die nach der Verkehrsanschauung als freiberuflich verstanden werden. Das BVerfG hat insoweit von „Diensten höherer Art" gesprochen (BVerfGE 17, 232, 239). Der Begriff der Dienstleistung ist hier weit zu verstehen und soll nicht auf den Dienstvertrag iSd §§ 611 ff. BGB beschränkt sein. Durch die Worte „im Allgemeinen" soll zum Ausdruck gebracht werden, dass nur ein Typus umschrieben werden soll. Für den konkreten persönlichen Anwendungsbereich des Partnerschaftsgesellschaftsgesetzes bleibt es bei dem bisherigen Katalog in S. 2, der eng an die steuerliche Regelung angelehnt ist."

Allerdings relativiert der Bericht die Bedeutung der Regelung des neuen S. 1 angesichts der darin gewählten, um den Zusatz „im Allgemeinen" ergänzten Formulierung zu Recht dahin, dass es sich um eine „offene" Definition bzw. eine „Typusbeschreibung" handle und dass die Bestimmung des konkreten persönlichen Anwendungsbereichs sich weiterhin nach dem Katalog des jetzigen S. 2 richte.[58] Der Sache nach geht es also weniger um einen Definitionsversuch als vielmehr um einen *Programmsatz*.[59] Er dürfte aus Kreisen der Freien Berufe in die parlamentarische Diskussion eingeflossen sein[60] und soll wohl durch seine gesetzliche Verankerung die herausragende Bedeutung dieser Berufsgruppe unterstreichen. Diese Herkunft ändert freilich nichts daran, dass die Regelung als zentraler Bestandteil des § 1 Abs. 2 im Rahmen des Möglichen auch rechtliche Beachtung verdient (→ Rn. 38).

2. „Legaldefinition" in S. 1. a) Rechtliche Relevanz. Der Sache nach besteht Einigkeit darüber, dass die in Abs. 2 S. 1 gewählte Formulierung sich nicht zu einer trennscharfen, Freie Berufe von sonstigen, insbesondere gewerblichen Tätigkeiten abgrenzenden Begriffsbestimmung eignet und dass sie hierfür vom Gesetzgeber auch nicht gedacht war.[61] Das folgt unabhängig davon, ob und inwieweit die vier zentralen, in S. 1 aufgenommenen Kriterien (→ Rn. 39) je für sich die erforderliche Trennschärfe aufweisen, jedenfalls aus dem Zusatz „im Allgemeinen". Er lässt zweifelsfrei erkennen, dass der Gesetzgeber selbst **keine Legaldefinition** schaffen wollte. Vielmehr sollte der nunmehr zu S. 2 gewordene Katalog Freier Berufe weiterhin seine Bedeutung für die Bestimmung des Anwendungsbereichs des Gesetzes behalten;[62] die Zugehörigkeit der dort ausdrücklich aufgeführten Berufsbilder zu den Freien Berufen wird durch S. 1 nicht in Frage gestellt. 36

Die fehlende Trennschärfe von S. 1 schließt dessen rechtliche Relevanz als **Typusbeschreibung** indessen nicht aus,[63] sondern ist für diese sogar kennzeichnend. Denn die methodische Bedeutung des (offenen) Typus im Vergleich zur Begriffsbestimmung liegt gerade darin, dass er (1) den fraglichen Gegenstand nicht in einzelnen, abstrahierenden Kriterien, sondern als „Merkmal-Ganzes" umfasst und (2) durch Vermeidung der klassifikatorischen Strenge des Begriffs die sinngemäße Erfassung und Zuordnung von Zwischenformen ermöglicht.[64] Wie weit die Abweichungen gehen dürfen, ohne die Zuordnung des jeweiligen Gegenstands zum Typus auszuschließen und ihn als „atypisch" erscheinen zu lassen, richtet sich mit anderen Worten nicht nach feststehenden Merkmalen, sondern nach dem „Gesamtbild" des jeweiligen Gegenstands. 37

Für die **Relevanz von S. 1** folgt aus dieser Typusfunktion, dass er vor allem in *Grenzfällen* möglicher Freier Berufe Bedeutung erlangen kann. Er eignet sich zwar nicht dazu, den in S. 2 ausdrücklich aufgeführten „Katalogberufen" die Qualität des Freien Berufs abzusprechen. Deren Einstufung als Freier Beruf hat der Gesetzgeber in Anlehnung an § 18 Abs. 1 Nr. 1 EStG ausdrücklich geregelt; die Aufnahme des neuen S. 1 sollte hieran auch dann nichts ändern, wenn einige der dort aufgeführten Berufe – wie etwa (Heil-)Masseure, Journalisten, Dolmetscher oder Übersetzer – nicht ohne weiteres den Kriterien 38

---

[58] BT-Rechtsausschuss, BT-Drs. 13/10955 S. 12 f.
[59] So auch Michalski/Römermann/*Zimmermann* Rn. 51.
[60] Vgl. die inhaltlich deutliche Ähnlichkeit mit S. 1 aufweisende, vom Berufsverband der Freien Berufe im Jahr 1995 verabschiedete Definition, nach der Freiberufler „auf Grund besonderer beruflicher Qualifikation persönlich, eigenverantwortlich und fachlich unabhängig geistig-ideelle Leistungen im Interesse ihrer Auftraggeber und der Allgemeinheit" erbringen, BRAK Mitt. 1995, 157.
[61] Vgl. nur Michalski/Römermann/*Zimmermann* Rn. 51 und EBJS/*Seibert* Rn. 11, jeweils unter Bezugnahme auf den Bericht des BT-Rechtsausschusses, BT-Drs. 13/10955 S. 12 f.
[62] So ausdrücklich BT-Rechtsausschuss, BT-Drs. 13/10955 S. 12 f.
[63] AA aber EBJS/*Seibert* Rn. 11: „irrelevante Formel"; Michalski/Römermann/*Zimmermann* Rn. 51: „politischer Programmsatz ohne normativen Gehalt".
[64] Vgl. näher *Larenz*, Methodenlehre der Rechtswissenschaft, 6. Aufl. 1991, S. 460 ff. mwN; dazu auch *Ulmer* Vertragshändler, 1969, S. 15 f.

des Idealtypus „Freier Beruf" entsprechen. Anderes gilt demgegenüber für die beiden anderen in S. 2 aufgeführten Kategorien, die „ähnlichen Berufe" und die Tätigkeitsfelder als Wissenschaftler, Künstler, Schriftsteller und Erzieher. Insoweit kann sich je nach Lage des Falles die Orientierung an der Typusbeschreibung des S. 1 für die Zwecke der Abgrenzung als hilfreich erweisen.

39 **b) Typuskriterien des S. 1.** Die in S. 1 geregelte Umschreibung des Freien Berufs besteht aus *vier* im Ansatz unterscheidbaren, sachlich allerdings jeweils mit einander zusammenhängenden Kriterien. Zentrales Kennzeichen ist die (selbständige, vgl. S. 2) Erbringung von **Dienstleistungen höherer Art,** worunter neben „Diensten" iSv § 611 Abs. 1 BGB auch erfolgsbezogene Dienstleistungen (Werkleistungen iSv § 631 BGB) sowie Geschäftsbesorgungen iSv § 675 Abs. 1 BGB zu verstehen sind.[65] Die Dienstleistungen müssen ihrer Art nach **persönlich, eigenverantwortlich und fachlich unabhängig** erbracht werden, um den Anforderungen freiberuflicher Qualifikation zu entsprechen; die interne Mitwirkung von Angestellten oder in sonstiger Weise abhängig Tätigen steht nicht entgegen.[66] Die Tätigkeit des Dienstleisters muss ferner **auf besonderer beruflicher Qualifikation oder schöpferischer Begabung** beruhen und sich auch dadurch vom Kreis gewerblicher Tätigkeiten abheben. Schließlich muss die Dienstleistung außer dem **Interesse des Auftraggebers** auch demjenigen **der Allgemeinheit** dienen; auch hierin zeigt sich ein Aspekt der Dienste „höherer Art". Gegenüber den in der Begründung zum PartGG[67] enthaltenen „Wesensmerkmalen" des Freien Berufs[68] weisen die Kriterien des S. 1 zwar eine gewisse Fortschreibung bzw. Akzentverlagerung auf; auch ist auf die dort noch anzutreffenden, möglicherweise als für die umfassende Definition in S. 1 zu anspruchsvoll empfundenen Merkmale der personalvertrauensvollen Beziehung zum Auftraggeber und des über die rein gewerbliche Motivation hinausgehenden Berufsethos verzichtet worden. Spürbare inhaltliche Änderungen dürften sich mit diesen Modifikationen jedoch nicht verbinden.

40 Unverkennbar ist, dass die Kriterien des S. 1 sich primär an den **klassischen Freien Berufen** der Ärzte, der Rechts- und Patentanwälte, der Wirtschaftsprüfer und Steuerberater sowie der Freien Architekten und Ingenieure orientieren. Die übrigen „Katalogberufe" sind diesem Idealtyp zwar nur mehr oder weniger angenähert; kraft gesetzlicher Vorgabe sind sie aber gleichwohl in den Kreis der Freien Berufe einbezogen. Demgegenüber liegt bei den **ähnlichen Berufen** in Zweifelsfällen die Orientierung an der Typusbeschreibung des S. 1 jedenfalls dann nahe, wenn die finanzgerichtliche Rechtsprechung zu § 18 Abs. 1 Nr. 1 EStG insoweit nicht bereits zu eindeutigen Vorgaben zugunsten der Einstufung als freiberufliche Tätigkeit geführt hat. Zumindest insoweit kann die Regelung des Satzes also zu einer gewissen *Eingrenzung des unscharfen Randbereichs von S. 2* führen. – Zur Abgrenzung freiberuflicher von unselbständigen bzw. gewerblichen Tätigkeiten → Rn. 45 f.

41 **3. Regelungsinhalt des S. 2: Grundlagen und Einteilungskriterien. a) Drei Kategorien Freier Berufe.** Die Vorschrift des S. 2 beruht auf einer Einteilung in drei nach Art und Inhalt deutliche Unterschiede aufweisende Kategorien: die ausdrücklich aufgeführten Berufsbilder der sog *Katalogberufe,* die nach Art einer Generalklausel erfassten *ähnlichen Berufe* sowie insgesamt fünf inhaltlich durch den Hauptgegenstand der Berufstätigkeit gekennzeichnete *Tätigkeitsfelder.* Schwierigkeiten bei der Subsumtion sind in erster Linie bei der zweiten und dritten Kategorie zu erwarten, zumal darunter durchweg solche Berufe fallen, die weder „verkammert" sind noch sonst über ein besonderes Berufsrecht verfügen. Insoweit geht es vor allem um die Abgrenzung freiberuflicher von den gewerblichen Tätigkeiten (→ Rn. 16 ff.).

42 **b) Einteilung der Katalogberufe.** Für diese hat sich die Einteilung in *fünf Berufsgruppen* bewährt: die Heilberufe, die rechts- und wirtschaftsberatenden Berufe, die naturwissenschaftlich orientierten Berufe, die Berufe zur Vermittlung von geistigen Gütern und Informationen sowie die eigenständige Berufsart der Lotsen (→ Rn. 49 ff.). Die Einteilung erweist sich nicht zuletzt als hilfreich in Bezug auf die Generalklausel der „ähnlichen Berufe", auch wenn es insoweit nach hM primär um die Ähnlichkeit zu einem bestimmten Freien Beruf geht (→ Rn. 64 ff.).

43 **c) Verkammerte und sonstige berufsrechtlich geregelte Freie Berufe.** Die gesetzliche Einrichtung von **Berufskammern** für bestimmte Tätigkeiten mit Pflichtmitgliedschaft der auf diesen Gebieten selbständig Tätigen ist ein besonders sicheres, wenn auch nicht notwendiges Kennzeichen für das Vorliegen freiberuflicher Tätigkeiten. Solche Kammern gibt es für Ärzte, Zahnärzte, Tier-

---

[65] So auch BT-Rechtsausschuss, BT-Drs. 13/10955 S. 12 f. unter Hinweis auf BVerfGE 17, 232 (239).
[66] Ebenso *Henssler* Rn. 84 f.: solange die Partner neben eigener Tätigkeit die Leitung inne haben.
[67] Begr. RegE, BT-Drs. 12/6152 S. 7.
[68] Die Begr. nennt die Eigenverantwortung, die Weisungsfreiheit in der Berufsausübung, die personalvertrauensvolle Beziehung zum Auftraggeber, die in der Regel qualifizierte Ausbildung, das über die rein gewerbliche Motivation hinausgehende Berufsethos und die berufsrechtliche Bindung; näher 3. Aufl. Rn. 32 ff. *(Ulmer).*

ärzte,[69] Psychotherapeuten,[70] Rechtsanwälte (§§ 60 ff. BRAO), Patentanwälte (§§ 53 ff. PAO), Wirtschaftsprüfer und vereidigte Buchprüfer (§ 4 WPO), Steuerberater und Steuerbevollmächtigte (§§ 73 ff. StBerG), für Lotsen (§§ 27 ff. SeeLG, sog Seelotsenbrüderschaft), Architekten[71] und beratende Ingenieure.[72] Die ebenfalls zu den „verkammerten" Berufen gehörenden Tätigkeiten als Apotheker[73] und Notar[74] sind nur deshalb nicht in S. 2 aufgeführt, weil aus Sicht des Gesetzgebers das jeweilige Berufsrecht der gemeinschaftlichen Ausübung dieser Berufe in der Rechtsform der Partnerschaft entgegensteht (→ Rn. 79 f.).

Über die verkammerten Berufe hinaus findet sich **gesetzliches Berufsrecht** auch bei den „Katalogberufen" der Hebammen,[75] der Heilpraktiker,[76] der Heilmasseure und Krankengymnasten/Physiotherapeuten,[77] ferner bei den Vermessungsingenieuren[78] und bei einem Teilbereich der hauptberuflichen Sachverständigen.[79] Gleichwohl gibt es nicht wenige Berufe wie zB diejenigen der Handelschemiker, der Unternehmensberater, der beratenden Volks- und Betriebswirte, der Journalisten und Bildberichterstatter, der Dolmetscher und Übersetzer, die bisher kein geregeltes Berufsrecht kennen, auch wenn ihre Zuordnung zu den Freien Berufen auf Grund ihrer Aufnahme in den Katalog der S. 2 im Grundsatz außer Zweifel steht. 44

d) Abgrenzungen. Die Abgrenzung freiberuflicher von den **unselbständig** erbrachten Tätigkeiten richtet sich im Regelfall nach dem *Status* der an der Dienstleistung Beteiligten. Wer seine Tätigkeit als *Arbeitnehmer* (Beamter, Angestellter ua) erbringt, wird insoweit nicht selbständig oder eigenverantwortlich tätig, auch wenn der Gegenstand seiner Tätigkeit wie im Fall des angestellten Arztes oder Rechtsanwalts zu den klassischen Freien Berufen gehört und das Berufsrecht seine inhaltliche Weisungsbindung gegenüber dem Arbeitgeber einschränkt. Die Abgrenzung des Freiberuflers gegenüber unselbständig tätigen Personen deckt sich im Wesentlichen mit derjenigen zwischen Selbständigen und Arbeitnehmern. Für sie gibt es zwar keine feststehende Definition, wohl aber eine Reihe in ständiger Rechtsprechung des BAG entwickelter Indizien, die freilich im Einzelfall nicht kumulativ erfüllt sein müssen.[80] Danach kennzeichnet den Arbeitnehmer die *Fremdbestimmtheit* von Ort und Zeit der Arbeitsleistung, die persönliche Abhängigkeit in Gestalt der *Weisungsgebundenheit,* die *organisatorische Eingliederung* des Dienstverpflichteten in den Betrieb oder die sonstige vom Dienstberechtigten geschaffene Organisationseinheit und letztlich die *Fremdnützigkeit der Arbeitsleistung.*[81] Auf Besonderheiten aus dem Recht der Freien Berufe kommt es insoweit nicht an. 45

Schwieriger gestaltet sich die Abgrenzung der Freien Berufe zur **gewerblichen Tätigkeit,** da es hier an trennscharfen Abgrenzungskriterien fehlt. Es ist deshalb auch ganz überwiegend anerkannt, dass Freiberufler regelmäßig alle notwendigen Merkmale des Gewerbebegriffs erfüllen oder zumindest erfüllen können.[82] Für die Abgrenzung maßgebend sind vielmehr in erster Linie historische 46

---

[69] Geregelt in den Heilberufe-Kammergesetzen der Länder, zB in Baden-Württemberg durch §§ 1 ff. HKaG-BW oder in Nordrhein-Westfalen in §§ 1 ff. HeilBerG-NRW.
[70] Geregelt in den Heilberufe-Kammergesetzen der Länder, in Baden-Württemberg etwa ebenfalls durch §§ 1 ff. HKaG-BW und in Nordrhein-Westfalen in §§ 1 ff. HeilBerG-NRW.
[71] Landesgesetzlich geregelt durch die Architekten- oder Baukammergesetze, zB in Baden-Württemberg durch §§ 10 ff. ArchG-BW oder in Nordrhein-Westfalen durch §§ 12 ff. BauKaG-NRW.
[72] Landesgesetzlich geregelt durch die Ingenieurkammergesetze, etwa in Baden-Württemberg durch §§ 1 ff. IngKG-BW.
[73] Die Verkammerung ist ebenfalls in den Heilberufe-Kammergesetzen der Länder geregelt; zB in Baden-Württemberg in §§ 1 ff. HKaG-BW oder in Nordrhein-Westfalen in §§ 1 ff. HeilBerG-NRW.
[74] Die Verkammerung ergibt sich aus §§ 65 ff. BNotO.
[75] Der Beruf der Hebamme ist im HebG geregelt; beruflich organisiert sind die Hebammen rein privatrechtlich insbes. im Deutscher Hebammenverband e.V. und dessen Landesverbänden.
[76] Der Beruf des Heilpraktikers ist geregelt im HeilpraktikerG; es existieren eine Reihe von rein privatrechtlichen Berufsorganisationen, etwa der Bund Deutscher Heilpraktiker e.V. oder der Fachverband Deutscher Heilpraktiker e.V.
[77] Die Berufe des Masseurs, medizinischen Bademeisters und Physiotherapeuten regelt das Masseur- und PhysiotherapeutenG (MPhG); auch hier existieren eine Reihe von privatrechtlichen Zusammenschlüssen.
[78] Der Beruf der öffentlich bestellten Vermessungsingenieurs ist landesrechtlich geregelt, zB in Baden-Württemberg durch § 11 ff. VermG-BW; beruflich organisiert sind die Vermessungsingenieure rein privatrechtlich, etwa im Bund der Öffentlich bestellten Vermessungsingenieure e.V.
[79] Keine allg. gesetzliche Regelung (Ausnahme: Sachverständige für den Kfz-Verkehr, Gesetz vom 2.3.1974, BGBl. I S. 469).
[80] Vgl. *Zöllner/Loritz* ArbR, 6. Aufl. 2008, § 4 III 5, S. 39 ff.; eingehend Staub/*Emde,* 5. Aufl. 2008, HGB § 84 Rn. 18 ff., 24 ff. mzN.
[81] Vgl. aus der umfangreichen Rspr. des BAG nur BAG AP BGB § 611 Nr. 3, 10, 20, 26, 37; wN in 6. Aufl. → BGB § 611 Rn. 169 ff.
[82] So *K. Schmidt* HandelsR § 9 IV 2a, S. 282; Staub/*Brüggemann,* 4. Aufl. 1995, HGB § 1 Rn. 18; Koller/Roth/Morck/*Roth* HGB § 1 Rn. 12 ff.; *Raisch,* FS Rittner, 1991, S. 471 (475); *Michalski,* Das Gesellschafts- und Kartellrecht der berufsrechtlich gebundenen freien Berufe, 1989, S. 117 f.

Gründe, die in einer entsprechenden *Verkehrsauffassung* ihren Niederschlag gefunden haben.[83] Dabei kann auf die in S. 1 enthaltenen typischen Merkmale freiberuflicher Tätigkeit (→ Rn. 39) zurückgegriffen werden, darunter vor allem auf die *persönliche Leistungserbringung* des Freiberuflers im Gegensatz zu dem beim Gewerbebetrieb im Vordergrund stehenden Kapitaleinsatz. Zwar verfügt heute auch der Freiberufler häufig über ein nicht unerhebliches *Betriebsvermögen;* man denke etwa an die fachwissenschaftliche Bibliothek des Rechtsanwalts oder Wirtschaftsprüfers bzw. die Praxiseinrichtung des Arztes. Jedoch ist dieses Betriebsvermögen bei der freiberuflichen Tätigkeit nur ein notwendiges Hilfsmittel für die persönliche Berufsausübung, während es beim Gewerbetreibenden zumeist unmittelbar der Gewinnerzielung dient.[84] In Fällen, in denen auch die Erbringung gewerblicher Leistungen, wie beim Handwerker oder Handelsvertreter,[85] in erster Linie auf dem Einsatz persönlicher Arbeitskraft beruht, kann zusätzlich auf die Merkmale der Dienstleistungen höherer Art im Interesse auch der Allgemeinheit zurückgegriffen werden. Demgegenüber erweist sich aus heutiger Sicht die Gegenüberstellung von altruistischer Leistungserbringung und Gewinnerzielungsabsicht als für die Abgrenzung wenig hilfreich. – Zum Überschneidungsbereich von gewerblicher und freiberuflicher Tätigkeit und deren Behandlung → Rn. 16 ff.

47 **e) In S. 2 nicht erwähnte Freie Berufe.** Abweichend von § 18 Abs. 1 Nr. 1 EStG sind unter den Katalogberufen des S. 2 diejenigen der Dentisten, Vermessungsingenieure und Notare nicht aufgeführt. Das hat in Bezug auf die ersten beiden Berufe keine sachliche, sie aus dem Anwendungsbereich des PartGG ausschließende Bedeutung, sondern erklärt sich aus den Besonderheiten dieser Berufe. So handelt es sich bei den **Dentisten** seit Jahrzehnten um einen auslaufenden Beruf, da durch das ZahnheilkundeG von 1952 die Berufe der Zahnärzte und Dentisten unter Einräumung von Bestandsschutz an diese zu einem einheitlichen akademischen Beruf des Zahnarztes zusammengefasst wurden.[86] Die **Vermessungsingenieure** wurden nicht nur wegen ihrer Zugehörigkeit zum Katalogberuf der Ingenieure, sondern auch deshalb nicht besonders aufgeführt, weil sie im Falle öffentlicher Bestellung ein öffentliches Amt ausüben und in dieser Funktion nach Ansicht des Gesetzgebers von der Teilnahme an einer Partnerschaft ausgeschlossen sind.[87] In beiden Fällen steht die grundsätzliche Zugehörigkeit zu den Freien Berufen iSv Abs. 2 somit außer Zweifel.

48 Anderes galt bei Erlass des PartGG für die **Notare:** ihre Nichtaufnahme in den Katalog des Abs. 2 wurde in der Gesetzesbegründung damit erklärt, sie seien wegen der Ausübung eines öffentlichen Amtes nicht fähig, an einer Partnerschaft teilzunehmen.[88] Dieser Vorbehalt dürfte sich jedoch durch die Neufassung des § 9 BNotO im Jahr 1998 erledigt haben, da sie in Abs. 1 S. 1 die gemeinsame Berufsausübung auch durch Nur-Notare – freilich in den Grenzen des § 9 Abs. 3 BNotO[89] – grundsätzlich zugelassen hat.[90] Ein Sachgrund dafür, dass Nur-Notaren zwar die Rechtsform der GbR offensteht, nicht aber diejenige der Partnerschaft, ist nicht ersichtlich.[91] Die Nichtaufnahme der Notare in die Katalogberufe des S. 2 steht dieser Beurteilung angesichts der Generalklausel der

---

[83] *K. Schmidt* HandelsR § 9 IV 2a, S. 282; Staub/*Oetker* HGB § 1 Rn. 27 ff.; Heymann/*Emmerich* HGB § 1 Rn. 18; *Raisch*, FS Rittner, 1991, S. 471; *ders.*, Geschichtliche Voraussetzungen, 1965, S. 209 ff.
[84] Krit. Michalski/Römermann/*Zimmermann* Rn. 48: Kapitaleinsatz sei als Abgrenzungskriterium inzwischen kaum noch geeignet.
[85] Zur Gewerblichkeit der Tätigkeit eines Handelsvertreters, der die berufsrechtlichen Voraussetzungen für die Ausübung eines Katalogberufs erfüllt, vgl. etwa BFH BFH/NV 2007, 687.
[86] Vgl. Michalski/Römermann/*Zimmermann* Rn. 55.
[87] So Begr. RegE, BT-Drs. 12/6152 S. 10; zur neuerdings abw. Beurteilung der Kooperation von Nur-Notaren, die ebenfalls ein öffentliches Amt ausüben, vgl. aber → Rn. 80.
[88] Begr. RegE, BT-Drs. 12/6152 S. 10; so auch neuerdings noch EBJS/*Seibert* Rn. 28.
[89] Er statuiert den Vorbehalt, dass durch die gemeinsame Berufsausübung die persönliche und eigenverantwortliche Amtsführung, Unabhängigkeit und Unparteilichkeit des Notars nicht beeinträchtigt werden darf, und lässt sich dahin interpretieren, dass das Mandat im Grundsatz nicht der Notar-Sozietät, sondern einem bestimmten Notar zu erteilen ist.
[90] Vgl. aber auch OLG Stuttgart ZIP 2006, 1491 = NJW-RR 2006, 1723 (und dazu Henssler/*Jansen* EWiR 2006, 603): Eine aus Anwälten und Anwaltsnotaren bestehende Partnerschaftsgesellschaft, bei der die Anwaltsnotare auch mit ihrem Beruf als Notar in die Partnerschaft mit einbezogen sind, ist mit § 1 PartGG, § 59a BRAO, § 9 BNotO unvereinbar und kann nicht in das Partnerschaftsregister eingetragen werden. § 9 Abs. 2 BNotO regelt die Sondersituation der Anwaltsnotare und ist dahin zu verstehen, dass sich – wie in § 59a BRAO ausdrücklich geregelt – Anwaltsnotare (nur) mit ihrem Geschäftsbereich als Rechtsanwalt mit Angehörigen der in Abs. 2 genannten Berufen zur gemeinsamen Berufsausübung verbinden können. → Rn. 80.
[91] Die seit der Reform des § 9 BNotO zunächst erschienenen Kommentare haben von der Änderung dieser Vorschrift freilich noch keine Kenntnis genommen, sondern halten ohne sachliche Begründung an der überkommenen Auffassung fest, dass die Partnerschaft keine für Nur-Notare zugängliche Rechtsform sei, vgl. Schippel/Bracker/*Görk*, 8. Aufl. 2006, BNotO § 9 Rn. 5; Eylmann/Vaasen/*Baumann*, 2. Aufl. 2004, BNotO § 9 Rn. 17; unklar *Arndt/Lerch*, 5. Aufl. 2003, BNotO § 9 Rn. 3, 9 ff.

"ähnlichen Berufe" und angesichts des Wegfalls des berufsrechtlichen Hindernisses nicht entgegen (→ Rn. 80). Was schließlich die – üblicherweise ebenfalls als Freiberufler qualifizierten[92] – **Apotheker** angeht, so sind sie deshalb nicht in den Katalog des Abs. 2 aufgenommen worden, weil ihnen § 8 ApoG je nach Größenverhältnissen neben der GbR die Wahl der OHG als zulässige Kooperationsform vorgeschrieben hat.[93] Mit dieser gesetzlichen Qualifikation als Handelsgewerbe würde sich der alternative Zugang zur Partnerschaft nicht vertragen.

4. Freiberufliche Tätigkeiten im Einzelnen. a) Katalogberufe. aa) Heilberufe. Zu den 49 Heilberufen zählen neben den Ärzten, Zahnärzten und Tierärzten auch die Heilpraktiker, Krankengymnasten/Physiotherapeuten, Hebammen und Heilmasseure sowie mit Einschränkungen die Diplompsychologen. Angesichts des Verbots, die Heilkunde ohne Erlaubnis auszuüben (vgl. § 1 Abs. 2 HeilpraktG), ist es ein Kennzeichen der Heilberufe, dass sie einer durch besondere Ausbildung erworbenen Berufszulassung bedürfen.

Bei den **Ärzten, Zahnärzten und Tierärzten** berechtigt die sog Approbation zur Ausübung 50 des Berufes sowie zur Führung des entsprechenden Titels (vgl. §§ 2, 3 BÄO, § 1 ZahnheilkG, § 1 BTÄO).[94] Die Tätigkeit des Arztes besteht in der Ausübung der Heilkunde. Darunter versteht man in Anlehnung an § 1 Abs. 2 MBO-Ä[95] und § 1 Abs. 2 HeilpraktG jede berufs- oder erwerbsmäßig vorgenommene Tätigkeit zur Feststellung, Heilung oder Linderung von Krankheiten, Leiden oder Körperschäden bei Menschen[96] unter Einschluss von gutachtlichen Stellungnahmen über den Gesundheitszustand untersuchter Personen.[97] Ähnlich bezeichnet das Zahnheilkundegesetz als Tätigkeit des Zahnarztes die berufsmäßige, auf zahnärztlich-wissenschaftliche Erkenntnisse gegründete Feststellung und Behandlung von Zahn-, Mund- und Kieferkrankheiten (§ 1 Abs. 3 ZahnheilkG). Die Aufgaben eines Tierarztes sind allgemein in § 1 BTÄO umschrieben.[98]

Auch soweit es um die **medizinischen Hilfsberufe** geht, werden die als Heilpraktiker, Kranken- 51 gymnasten/Physiotherapeuten, Heilmasseure und Hebammen tätigen Freiberufler nur auf Grund einer staatlichen Prüfung zugelassen (vgl. § 1 Abs. 1 HeilpraktG; §§ 1, 2 MPhG; §§ 1, 2 HebG).[99] Sie werden jeweils auf bestimmten, in den jeweiligen berufsrechtlichen Regelungen festgelegten Gebieten der Heilkunde tätig (vgl. § 1 Abs. 2 HeilpraktG; § 4 HebG).[100] Für Heilpraktiker fehlt allerdings ein fest umrissenes Berufsbild; daher fällt darunter jede erlaubte Ausübung der Heilkunde außerhalb der gesetzlich geregelten Heilberufe.[101]

Auch die **Diplom-Psychologen** lassen sich, soweit sie psychotherapeutisch tätig sind, den Heil- 52 berufen zuordnen, weil sie auf Verhaltensstörungen und Leidenszustände mit psychologischen Mitteln einwirken.[102] Wie bei den ärztlichen Heilberufen setzt auch die Tätigkeit als **Psychologischer Psychotherapeut** oder **Kinder- und Jugendlichenpsychotherapeut** die Approbation und diese ein abgeschlossenes Hochschulstudium voraus (vgl. §§ 1, 2, 5 PsychThG).[103] Diplom-Psychologen sind allerdings nicht auf die heilkundliche Tätigkeit als Psychotherapeuten beschränkt. Vielmehr können sie auch beratende Funktionen ausüben und Personen oder Organisationen aus Wirtschaft und Verwaltung bei der Suche, Auswahl, Förderung und Weiterbildung von Mitarbeitern beraten

---

[92] Vgl. MWHLW/*Lenz* Rn. 48; Michalski/Römermann/*Zimmermann* Rn. 57; EBJS/*Seibert* Rn. 15; wohl auch *Henssler* Rn. 73; aA aber MüKoHGB/*K. Schmidt* HGB § 1 Rn. 34; Koller/Kindler/Roth/Morck/*Roth* HGB § 1 Rn. 15a.
[93] Begr. RegE, BT-Drs. 12/6152 S. 10; EBJS/*Seibert* Rn. 15.
[94] Dazu auch Littmann/Bitz/Pust/*Güroff*, 113. Erg.-Lief. 12/2015, EStG § 18 Rn. 150; *Schick*, Die freien Berufe im Steuerrecht, 1973, S. 33 f.
[95] Musterberufsordnung für die deutschen Ärzte von 1997, zuletzt geändert durch Beschlüsse des 114. Ärztetages 2011.
[96] Littmann/Bitz/Pust/*Güroff*, 113. Erg.-Lief. 12/2015, EStG § 18 Rn. 150; Schmidt/*Wacker*, 34. Aufl. 2015, EStG § 18 Rn. 87; *Schick*, Die freien Berufe im Steuerrecht, 1973, S. 34; Kirchhof/Söhn/Mellinghoff/*Stuhrmann*, 263. Erg.-Lief. 1/2016, EStG § 18 Rn. B 86.
[97] BFH BStBl. II 1977 S. 31 (32); BStBl. II 1982 S. 253 (254); Littmann/Bitz/Pust/*Güroff*, 113. Erg.-Lief. 12/2015, EStG § 18 Rn. 151; Schmidt/*Wacker*, 34. Aufl. 2015, EStG § 18 Rn. 87; Kirchhof/Söhn/Mellinghoff/*Stuhrmann*, 263. Erg.-Lief. 1/2016, EStG § 18 Rn. B 87.
[98] Vgl. dazu *Schick*, Die freien Berufe im Steuerrecht, 1973, S. 34.
[99] Spickhoff/*Schelling* Medizinrecht, 2011, § 1 Abs. 1 HeilpraktikerG Rn. 1; Littmann/Bitz/Pust/*Güroff*, 113. Erg. Lief. 12/2015, EStG § 18 Rn. 157; Schmidt/*Wacker*, 34. Aufl. 2015, EStG § 18 Rn. 95; *Schick*, Die freien Berufe im Steuerrecht, 1973, S. 53.
[100] Vgl. ferner die Ausbildungsziele in §§ 3, 8 MPhG, auch wenn das MPhG selbst keine Tätigkeitsbeschreibung enthält.
[101] Vgl. *Schick*, Die freien Berufe im Steuerrecht, 1973, S. 34.
[102] Vgl. Begr. RegE, BT-Drs. 12/6152 S. 10; Littmann/Bitz/Pust/*Güroff*, 113. Erg.-Lief. 12/2015, EStG § 18 Rn. 159 mwN.
[103] Hierzu iE Spickhoff/*Eichelberger* Medizinrecht, 2011, PsychThG § 2 Rn. 2 ff.; PsychThG § 5 Rn. 11 f.

oder sie mit Methoden der angewandten wissenschaftlichen Psychologie unterstützen.[104] Insoweit sind sie zum Kreis der rechts- und wirtschaftsberatenden Berufe in § 1 Abs. 2 zu rechnen.

53   **bb) Rechts- und wirtschaftsberatende Berufe.** Die Gruppe der rechts- und wirtschaftsberatenden Berufe umfasst die Mitglieder der Rechtsanwaltskammern, die Patentanwälte, Wirtschaftsprüfer, Steuerberater, beratende Volks- und Betriebswirte, vereidigte Buchprüfer (vereidigte Buchrevisoren) und Steuerbevollmächtigte.[105] Den Heilberufen vergleichbar zeichnen sich auch die meisten Berufe dieser Gruppe dadurch aus, dass sie nur auf Grund einer speziellen Berufszulassung ausgeübt werden dürfen, die eine besondere Ausbildung erfordert (vgl. zB § 4 BRAO; §§ 35 ff. StBerG, §§ 12 ff. WPO).[106] – Zu den freiberuflichen *Notaren* als von den Rechtsberatern zu unterscheidenden Inhabern eines öffentlichen Amtes und Organen vorsorgender Rechtspflege (§ 1 BNotO) → Rn. 80.

54   **Mitglieder der Rechtsanwaltskammern** sind die in dem Bezirk eines Oberlandesgerichts zugelassenen Rechtsanwälte (vgl. § 60 Abs. 1 BRAO). Nach § 4 BRAO kann die Zulassung als Rechtsanwalt nur erlangen, wer durch ein Universitätsstudium mit anschließendem Vorbereitungsdienst die Befähigung zum Richteramt erworben hat. Der Rechtsanwalt berät seinen Mandanten in allen Rechtsangelegenheiten und vertritt ihn vor Gericht (vgl. § 3 Abs. 1 BRAO). Demgegenüber beschränkt sich das Tätigkeitsfeld eines **Patentanwaltes** auf das Gebiet des gewerblichen Rechtsschutzes einschließlich der Rechtsberatung und Prozessvertretung seiner Mandanten vor dem Bundespatentamt und dem Bundespatentgericht sowie vor den ordentlichen Gerichten.[107] Auch die Zulassung als Patentanwalt setzt eine besondere Ausbildung und Prüfung voraus (vgl. §§ 5 ff. PAO).[108]

55   Ebenso wie bei Rechtsanwälten und Patentanwälten, für die die jeweilige Berufszulassung eine konstitutive Voraussetzung zum Vorliegen des Katalogberufs darstellt, ist auch **Wirtschaftsprüfer** und **Steuerberater** nur, wer nach bestandener Prüfung von der obersten Landesbehörde als solcher öffentlich bestellt worden ist (§ 1 Abs. 1 S. 1 WPO, §§ 40 Abs. 1, 35 Abs. 1 StBerG). Die Aufgabe eines Wirtschaftsprüfers besteht in erster Linie in der Rechnungsprüfung von Jahresabschlüssen wirtschaftlicher Unternehmen, über deren Vornahme und Ergebnis er Bestätigungsvermerke erteilt; darüber hinaus kann er seinen Auftraggeber in Steuerangelegenheiten beraten und vertreten (§ 2 WPO).[109] Die geschäftsmäßige Hilfe in Steuersachen ist allerdings in erster Linie die Aufgabe der Steuerberater. Deren Tätigkeit reicht nach dem Steuerberatungsgesetz von der Beratung und Vertretung in Steuersachen über die Hilfeleistung in Steuerstrafsachen bis hin zur Unterstützung der Mandanten bei der Erfüllung von Buchführungspflichten (vgl. §§ 32 Abs. 1, 33 StBerG).[110] Für die Berufe des vereidigten Buchprüfers (vereidigten Buchrevisors) und des Steuerbevollmächtigten, die ebenfalls in der Wirtschaftsprüferordnung (Buchprüfer) bzw. dem Steuerberatungsgesetz (Steuerbevollmächtigte) geregelt sind, gilt das zu Wirtschaftsprüfern und Steuerberatern Gesagte im Wesentlichen entsprechend (vgl. § 3 Abs. 1, § 42 StBerG, §§ 128 ff. WPO).

56   Ein den übrigen rechts- und wirtschaftsberatenden Berufen entsprechendes, gesetzlich fixiertes Berufsbild fehlt der Gruppe der **beratenden Volks- und Betriebswirte.** Selbst die Berufsbezeichnungen sind gesetzlich nicht geschützt, sondern können frei geführt werden.[111] Daher wird auch nicht vorausgesetzt, dass der Berufsträger ein Studium der Volks- oder Betriebswirtschaftslehre oder eine sonstige besondere Ausbildung auf diesem Gebiet erfolgreich abgeschlossen hat. Zwar muss der beratende Volks- oder Betriebswirt über fachliche Kenntnisse in den wesentlichen Bereichen der Volks- oder Betriebswirtschaftslehre verfügen, jedoch können diese auch durch Selbststudium erworben sein.[112] Entscheidend für diesen Beruf ist, dass für die Beratung volks- oder betriebswirtschaftliche Kenntnisse in ihrer ganzen fachlichen Breite benötigt werden. Das ist nur dann der Fall, wenn sich die Beratung auf Grundsatzfragen der BWL oder wenigstens auf einen betrieblichen Hauptbereich (zB das Absatzwesen)

---

[104] Begr. RegE, BT-Drs. 12/6152 S. 10; Michalski/Römermann/*Zimmermann* Rn. 83; *Hornung* Rpfleger 1995, 481 (483).

[105] Vgl. Michalski/Römermann/*Zimmermann* Rn. 87 ff.; MWHLW/*Lenz* Rn. 49 ff.; aus Sicht des § 18 EStG auch Littmann/Bitz/Pust/*Güroff*, 113. Erg.-Lief. 12/2015, EStG § 18 Rn. 170 ff.

[106] *Schick,* Die freien Berufe im Steuerrecht, 1973, S. 29.

[107] Vgl. die Tätigkeitsbeschreibung des Patentanwaltes in § 3 Abs. 2 und 3 PAO und die Regelung über die Vertretung seiner Mandanten in § 4 PAO vom 7.9.1966, BGBl. I S. 557.

[108] Vgl. *Schick,* Die freien Berufe im Steuerrecht, 1973, S. 29; Ausbildungs- und Prüfungsordnung für Patentanwälte vom 8.12.1977, BGBl. I S. 2491; dazu auch *Schick* S. 36.

[109] Dazu *Schick,* Die freien Berufe im Steuerrecht, 1973, S. 36.

[110] *Schick,* Die freien Berufe im Steuerrecht, 1973, S. 37.

[111] Schmidt/*Wacker*, 34. Aufl. 2015, EStG § 18 Rn. 107.

[112] Michalski/Römermann/*Zimmermann* Rn. 96; Kirchhof/Söhn/Mellinghoff/*Stuhrmann*, 263. Erg.-Lief. 1/2016, EStG § 18 Rn. B 125; Schmidt/*Wacker*, 34. Aufl. 2015, EStG § 18 Rn. 107; vgl. eingehend *List* BB 1993, 1488 (1489) mwN in Fn. 11 zur entsprechenden BFH-Rspr.

erstreckt.[113] Eine Spezialisierung in der Beratungstätigkeit auf bestimmte Aktionsfelder – wie etwa beim Werbe- oder Public-Relations-Berater – fällt dagegen nicht mehr unter den Begriff des beratenden Volks- oder Betriebswirts; insoweit handelt es sich daher regelmäßig um gewerbliche Tätigkeiten.[114]

cc) **Naturwissenschaftlich orientierte Berufe.** Auch diese Berufe sind nur teilweise gesetzlich geregelt. So ist bei den Ingenieuren und Architekten die Berufsbezeichnung durch Landesgesetze geschützt.[115] **Ingenieur** iSd S. 2 ist deshalb grundsätzlich nur, wer berechtigt ist, diese Berufsbezeichnung auf Grund der in den landesrechtlichen Ingenieurgesetzen vorgeschriebenen Berufsausbildung zu führen;[116] dafür bedarf es regelmäßig des Studiums an einer Hochschule. Allerdings kann ausnahmsweise der Titel eines Ingenieurs auch ohne die vorgeschriebene Hochschulausbildung kraft behördlicher Verleihung oder aufgrund einer Übergangsregelung erlangt worden sein. In einem solchen Fall ist die betreffende Person nur dann als Ingenieur iSd S. 2 einzustufen, wenn sie über theoretische und praktische Kenntnisse verfügt, die denen eines Hochschulabsolventen entsprechen, auch wenn diese im Selbststudium oder durch praktische Berufstätigkeit erlangt worden sind.[117] Wesentlich ist, dass der Ingenieur aufgrund seines Fachwissens fähig ist, in der notwendigen fachlichen Breite und Tiefe technische Werke zu planen und zu konstruieren, deren Ausführung er auch leiten und überwachen kann.[118] Die Ausübung eines Handelsgewerbes als Ingenieur ist durch die Aufnahme unter die Katalogberufe nicht ausgeschlossen.[119]

Auch die **Architekten** sind durch die landesrechtlichen Architektengesetze in ihrer Berufsbezeichnung weitgehend geschützt. Für sie gilt im Wesentlichen das zu den Ingenieuren Gesagte entsprechend. Architekt ist grundsätzlich nur, wer eine Architekten-Ausbildung an einer Hochschule oder einer vergleichbaren Einrichtung abgeschlossen hat oder zumindest in sonstiger Weise die Berufsbefähigung als Architekt nachweist.[120] Seine Tätigkeit umfasst neben der gestaltenden, technischen und wirtschaftlichen Planung von Bauwerken auch die Beratung und Vertretung des Bauherrn in den mit der Planung und Durchführung des Vorhabens zusammenhängenden Fragen einschließlich der Überwachung der Ausführung.[121] Auch Aufgaben der Bauleitplanung sowie der Landes- und Regionalplanung werden von Architekten im Rahmen ihrer Berufstätigkeit ausgeführt.[122] Die Errichtung der geplanten Bauwerke gehört jedoch ebenso wenig zur Architektentätigkeit wie die Herstellung der konstruierten technischen Werke eine Ingenieurstätigkeit darstellt.[123] Unter den Architektenbegriff des § 1 Abs. 2 fallen auch Innen- und Landschaftsarchitekten.[124]

Im Unterschied zu Ingenieuren und Architekten ist bei den beiden anderen Berufen dieser Berufsgruppe, den **Handelschemikern** und **hauptberuflichen Sachverständigen,** nicht einmal die Berufsbezeichnung gesetzlich geschützt. Trotzdem ist auch für sie zumindest regelmäßig eine wissenschaftliche Vorbildung erforderlich. Die Tätigkeit des Handelschemikers zielt ihrem Wesen nach auf die Erforschung von Stoffen aller Art im Hinblick auf deren chemische Zusammensetzung sowie ihr

---

[113] Michalski/Römermann/Zimmermann Rn. 97; Kirchhof/Söhn/Mellinghoff/Stuhrmann, 263. Erg.-Lief. 1/2016, EStG § 18 Rn. B 125 mwN in Fn. 179 zur BFH-Rspr.; Schmidt/Wacker, 34. Aufl. 2015, EStG § 18 Rn. 107.
[114] Kirchhof/Söhn/Mellinghoff/Stuhrmann, 263. Erg.-Lief. 1/2016, EStG § 18 Rn. B 125 mwN in Fn. 180; Schmidt/Wacker, 34. Aufl. 2015, EStG § 18 Rn. 107.
[115] Vgl. Michalski/Römermann/Zimmermann Rn. 100, 105 und die Zusammenstellung der landesrechtlichen Regelungen für die Ingenieure und Architekten bei Feddersen/Meyer-Landrut Rn. 28 f.
[116] MWHLW/Lenz Rn. 58; Michalski/Römermann/Zimmermann Rn. 101; Schmidt/Wacker, 34. Aufl. 2015, EStG § 18 Rn. 108; vgl. auch BFH BStBl. II 2002 S. 565; BStBl. II 2007 S. 519.
[117] Vgl. Michalski/Römermann/Zimmermann Rn. 101; MWHLW/Lenz Rn. 58; Schmidt/Wacker, 34. Aufl. 2015, EStG § 18 Rn. 109; Kirchhof/Söhn/Mellinghoff/Stuhrmann, 263. Erg.-Lief. 1/2016, EStG § 18 Rn. B 126.
[118] Schmidt/Wacker, 34. Aufl. 2015, EStG § 18 Rn. 108; s. aber auch BFH BFH/NV 2006, 1270 zu § 18 EStG, wonach ein konstruierendes Element zur Bejahung einer ingenieurähnlichen Tätigkeit nicht (mehr) erforderlich ist; anders noch BFHE 202, 336 = BStBl. II 2003 S. 761 – Datenschutzbeauftragter daher keine ingenieurähnliche Tätigkeit. Zur Freiberuflichkeit eines Wirtschaftsingenieurs, der den Titel „Ingenieur" nach landesrechtlichen Vorschriften führen darf, BFHE 215, 124 = BStBl. II 2007 S. 118 (zu § 18 EStG).
[119] So BayObLG ZIP 2002, 1032 (1033) betr. die Gründung einer OHG durch EDV-Ingenieure zur Entwicklung und zum Vertrieb von EDV-Software; nach OLG Zweibrücken NZG 2013, 105 (106) (Anm. Wachter EWiR § 1 HGB 1/13, 319) ist das Berufsbild eines Ingenieurs im Bereich der technischen Gebäudeausrüstung und Energieberatung insgesamt nicht den Freien Berufen zuzuordnen (in Bezug auf die Eintragungsfähigkeit einer GmbH & Co. KG).
[120] Littmann/Bitz/Pust/Güroff, 113. Erg.-Lief. 12/2015, EStG § 18 Rn. 201.
[121] Schmidt/Wacker, 34. Aufl. 2015, EStG § 18 Rn. 110 f.; Schick, Die freien Berufe im Steuerrecht, 1973, S. 38; Kirchhof/Söhn/Mellinghoff/Stuhrmann, 263. Erg.-Lief. 1/2016, EStG § 18 Rn. B 129; ähnlich MWHLW/Lenz Rn. 59.
[122] Schmidt/Wacker, 34. Aufl. 2015, EStG § 18 Rn. 110.
[123] Schmidt/Wacker, 34. Aufl. 2015, EStG § 18 Rn. 111 f.
[124] MWHLW/Lenz Rn. 59; Kirchhof/Söhn/Mellinghoff/Stuhrmann, 263. Erg.-Lief. 1/2016, EStG § 18 Rn. B 132 f.

Verhalten.[125] Als hauptberuflicher Sachverständiger ist einzustufen, wer aufgrund einer besonderen fachlichen Qualifikation für Dritte, insbesondere für Gerichte und Versicherungsunternehmen, Gutachten erstellt. Dabei darf die Tätigkeit als Gutachter nicht bloße Nebentätigkeit einer anderen beruflichen Tätigkeit (etwa als Hochschullehrer) sein.[126] Die hauptberuflichen Sachverständigen sind nur zum Teil naturwissenschaftlich ausgerichtet, da die Sachverständigentätigkeit auch auf anderen Gebieten als den Naturwissenschaften ausgeübt werden kann wie zB bei den Kfz-Sachverständigen.

60 **dd) Berufliche Vermittlung von geistigen Gütern und Informationen.** Den Journalisten, Bildberichterstattern, Dolmetschern und Übersetzern fehlen gesetzlich fixierte Berufsbilder vollständig.[127] **Journalismus** ist eine vornehmlich auf Information über gegenwartsbezogene Ereignisse gerichtete Tätigkeit, deren Berufsbild durch das Sammeln und Verarbeiten von Informationen des Tagesgeschehens, die kritische Auseinandersetzung mit diesen Informationen und die Stellungnahme zu den Geschehnissen auf politischem, gesellschaftlichem, wirtschaftlichem oder kulturellem Gebiet bestimmt wird.[128] Ob der Journalist sich mündlich oder schriftlich äußert und welcher Medien (Printmedien, Rundfunk oder Fernsehen) er sich dabei bedient, ist gleichgültig. Wesentlich ist nur, dass er sich mit den Ergebnissen seiner Arbeit unmittelbar oder über ein Medium an die Öffentlichkeit wendet.[129] Daher sind der Werbeberater und der Public-Relations-Berater keine Journalisten, da sie nicht selbst öffentlich tätig werden.[130]

61 Für die freiberufliche Tätigkeit des **Bildberichterstatters** kommt es entscheidend auf den journalistischen Charakter an. Die Bilder müssen als aktuelle Nachrichten über politische, wirtschaftliche, gesellschaftliche oder kulturelle Geschehnisse oder Zustände für sich selbst sprechen und damit einen Nachrichtenwert besitzen. Nicht notwendig ist, dass sie mit erklärenden Texten versehen sind. Sinn und Zweck der Bilder muss ebenso wie bei der journalistischen Tätigkeit in der Information der Allgemeinheit bestehen;[131] deshalb fällt die Herstellung und Überlassung von Lichtbildern, die nur individuellen Interessen des Abnehmers – wie etwa Werbezwecken – dienen, nicht unter den Begriff der Bildberichterstattung.[132] Eine besondere Vorbildung ist mangels gesetzlich geschützter Berufsbezeichnungen weder für Journalisten noch für Bildberichterstatter erforderlich.[133]

62 Auch für **Dolmetscher** und **Übersetzer** besteht weder ein einheitliches Berufsrecht noch eine gesetzlich geschützte Berufsbezeichnung, wenn es auch Studiengänge an Hochschulen gibt, bei denen die Ausbildung mit der Bezeichnung „staatlich geprüfter Dolmetscher bzw. Übersetzer" oder „Diplom-Dolmetscher/Übersetzer" abgeschlossen werden kann.[134] Da jedoch nur ein kleiner Teil der Dolmetscher- und Übersetzertätigkeit staatlich geprüften Dolmetschern und Übersetzern vorbehalten ist,[135] lässt sich der Anwendungsbereich des Katalogberufs nicht auf diese beschränken. Die Tätigkeit von Dolmetschern und Übersetzern unterscheidet sich dadurch, dass der Dolmetscher die sprachliche Verständigung zwischen Menschen verschiedener Sprachen vermittelt, während der Übersetzer schriftliche Gedankenäußerungen von einer Sprache in die andere überträgt.[136]

---

[125] Michalski/Römermann/*Zimmermann* Rn. 108; Schmidt/*Wacker*, 34. Aufl. 2015, EStG § 18 Rn. 113; Kirchhof/Söhn/Mellinghoff/*Stuhrmann*, 263. Erg.-Lief. 1/2016, EStG § 18 Rn. B 134 mwN in Fn. 194 zur BFH-Rspr.

[126] Vgl. dazu MWHLW/*Lenz* Rn. 61 und Michalski/Römermann/*Zimmermann* Rn. 110, der eine hauptberufliche Tätigkeit verneint, wenn nicht mindestens 70 % der Berufseinkünfte aus der Gutachtertätigkeit stammen.

[127] Littmann/Bitz/Pust/*Güroff*, 113. Erg.-Lief. 12/2015, EStG § 18 Rn. 215, 223, 227; *Schick*, Die freien Berufe im Steuerrecht, 1973, S. 39; Michalski/Römermann/*Zimmermann* Rn. 112 ff.

[128] Schmidt/*Wacker*, 34. Aufl. 2015, EStG § 18 Rn. 120; Kirchhof/Söhn/Mellinghoff/*Stuhrmann*, 263. Erg.-Lief. 1/2016, EStG § 18 Rn. B 135; MWHLW/*Lenz* Rn. 65.

[129] Schmidt/*Wacker*, 34. Aufl. 2015, EStG § 18 Rn. 120; so auch Kirchhof/Söhn/Mellinghoff/*Stuhrmann*, 263. Erg.-Lief. 1/2016, EStG § 18 Rn. B 135, der darauf hinweist, dass der frühere Streit zwischen BFH und dem steuerrechtliche Schrifttum um die Abgrenzung zwischen journalistischer Tätigkeit iSv Darstellung gegenwartsbezogener Geschehnisse und schriftstellerischer Tätigkeit überholt ist.

[130] Michalski/Römermann/*Zimmermann* Rn. 113 mwN in Fn. 323; Littmann/Bitz/Pust/*Güroff*, 113. Erg.-Lief. 12/2015, EStG § 18 Rn. 218.

[131] Littmann/Bitz/Pust/*Güroff*, 113. Erg.-Lief. 12/2015, EStG § 18 Rn. 223; Kirchhof/Söhn/Mellinghoff/*Stuhrmann*, 263. Erg.-Lief. 1/2016, EStG § 18 Rn. B 136.

[132] Littmann/Bitz/Pust/*Güroff*, 113. Erg.-Lief. 12/2015, EStG § 18 Rn. 224; Michalski/Römermann/*Zimmermann* Rn. 114.

[133] Littmann/Bitz/Pust/*Güroff*, 113. Erg.-Lief. 12/2015, EStG § 18 Rn. 223 iVm Rn. 215.

[134] *Schick*, Die freien Berufe im Steuerrecht, 1973, S. 39; wohl auch MWHLW/*Lenz* Rn. 67 f.: „(noch) nicht"; grds. auch Michalski/Römermann/*Zimmermann* Rn. 115, der aber die verschiedenen Studien- und Lehrinhalte zur Konkretisierung des Berufsbildes heranziehen will. Dies erscheint angesichts der Vielzahl von Ausbildungsstätten und -inhalten wenig praktisch.

[135] *Schick*, Die freien Berufe im Steuerrecht, 1973, S. 31.

[136] Kirchhof/Söhn/Mellinghoff/*Stuhrmann*, 263. Erg.-Lief. 1/2016, EStG § 18 Rn. B 137; Schmidt/*Wacker*, 34. Aufl. 2015, EStG § 18 Rn. 123; Michalski/Römermann/*Zimmermann* Rn. 116.

ee) Lotsen. Unter Lotsen versteht man amtlich zugelassene Berater der Schiffsführung auf 63 bestimmten, schwierig zu befahrenden Wasserstraßen, auf denen sie aus Sicherheitsgründen an Bord genommen werden müssen. Voraussetzung der Zulassung als Lotse sind neben dem Kapitänspatent, dem höchsten Befähigungsnachweis für das jeweils zu führende Schiff, genaue Kenntnisse in ihrem Einsatzbereich, die auf Grund einer Sonderausbildung erworben wurden.[137]

b) Den Katalogberufen ähnliche Berufe. Zur Gruppe der Freien Berufe nach Abs. 2 S. 2 64 gehören auch die den Katalogberufen ähnlichen Berufe. Diese Generalklausel ist erforderlich, weil eine erschöpfende Aufzählung sämtlicher Freier Berufe weder möglich noch angesichts der Fülle möglicher Tätigkeiten wünschenswert wäre. Außerdem müsste der Gesetzgeber den Katalog ohne ein solches Offenhalten ständig durch Ergänzungen vervollständigen, da im Rahmen der gesellschaftlichen und wirtschaftlichen Entwicklung laufend neue Freie Berufe entstehen können.[138] Der Begriff der **Ähnlichkeit** bezieht sich ausschließlich auf die zuvor aufgeführten **Katalogberufe** und nicht etwa auf Berufstätigkeiten, die sich unter die anschließenden, nach allgemeinen Kriterien umrissenen Tätigkeitsfelder subsumieren lassen. Dies folgt aus Wortlaut und Systematik der Vorschrift, in der der Begriff der „ähnlichen Berufe" unmittelbar am Ende der ausdrücklich aufgeführten Berufstätigkeiten steht, während Wissenschaftler, Künstler, Schriftsteller, Lehrer und Erzieher erst danach aufgeführt werden.[139]

Was den **Vergleichsmaßstab** für den Ähnlichkeitsvergleich angeht, ist er im *Steuerrecht* umstritten. 65 Der BFH nimmt in ständiger Rechtsprechung an, dass hierfür stets ein *bestimmter* Katalogberuf gewählt werden muss.[140] Er begründet dies einerseits damit, dass angesichts der Heterogenität der in § 18 EStG aufgezählten Berufe nicht auf die Ähnlichkeit zu einzelnen Kriterien einer beliebigen Auswahl von Katalogberufen, sei es auch aus einer bestimmten Untergruppe, abgestellt werden könne, andererseits mit dem Widerspruch eines solchen Vorgehens zum enumerativen Prinzip des § 18 EStG. Diese Rechtsprechung ist im steuerrechtlichen Schrifttum überwiegend auf Zustimmung gestoßen.[141] Demgegenüber lässt ein Teil der steuerrechtlichen Literatur eine *Gruppen*ähnlichkeit ausreichen, sofern der ähnliche Beruf in wesentlichen Punkten jeweils einem der Katalogberufe gleicht, dh der fragliche Beruf als Zusammenfassung mehrerer Freier Berufe einer der fünf Untergruppen erscheint.[142] Bei der entsprechenden Fragestellung im PartGG wird eine Gruppenähnlichkeit bisher nicht als ausreichend angesehen.[143]

Für die **Stellungnahme** ist – vor dem Hintergrund der Typusbeschreibung in Abs. 2 S. 1 – 66 zunächst festzuhalten, dass die Qualifizierung selbst eines ganz *neuen* Berufes als Freier Beruf keinen Widerspruch zum angeblich enumerativen Prinzip des Abs. 2 S. 2 darstellt, da der Gesetzgeber durch die Generalklausel den persönlichen Anwendungsbereich des PartGG bewusst auch neuen Freien Berufen offenhalten wollte. Hinsichtlich des *Vergleichsmaßstabs* empfiehlt es sich, bei der Prüfung in erster Linie auf einen **bestimmten** im Katalog des Abs. 2 S. 2 enthaltenen **Beruf** abzustellen. Ähnlichkeit im Sinne dieser Vorschrift ist dann zu bejahen, wenn der gesetzlich nicht erfasste Beruf mit einem der Katalogberufe in wesentlichen Punkten vergleichbar ist.[144] Hierbei ist auf die für die Freiberuflichkeit typischen, in Abs. 2 S. 1 genannten Merkmale abzustellen; dh es ist ein *wertender Vergleich der Einzelnen typischen Berufsmerkmale* des Katalogberufes und des als ähnlich behaupteten Berufes vorzunehmen.[145] Ein ähnlicher Beruf liegt dann vor, wenn das Gesamtbild des fraglichen Berufs dem typischen Bild einer der S. 2 ausdrücklich genannten Berufstätigkeiten entspricht.[146]

---

[137] Littmann/Bitz/Pust/*Güroff*, 113. Erg.-Lief. 12/2015, EStG § 18 Rn. 232; Michalski/Römermann/*Zimmermann* Rn. 117; MWHLW/*Lenz* Rn. 62.
[138] So zu § 18 Abs. 1 Nr. 1 EStG auch *Schick*, Die freien Berufe im Steuerrecht, 1973, S. 40.
[139] Ebenso Michalski/Römermann/*Zimmermann* Rn. 123; MWHLW/*Lenz* Rn. 75; zu § 18 Abs. 1 Nr. 1 EStG auch Kirchhof/Söhn/Mellinghoff/*Stuhrmann*, 263. Erg.-Lief. 1/2016, EStG § 18 Rn. B 150.
[140] Vgl. nur BFH BStBl. II 1973 S. 730 (731); BStBl. II 1984 S. 823 (824); BStBl. II 1993 S. 235.
[141] Kirchhof/Söhn/Mellinghoff/*Stuhrmann*, 263. Erg.-Lief. 1/2016, EStG § 18 Rn. B 159; Herrmann/Heuer/Raupach/*Brandt* EStG, 250. Erg.-Lfg. 01/2012, EStG § 18 Anm. 215; Schmidt/*Wacker*, 34. Aufl. 2015, EStG § 18 Rn. 126; *Wolff-Diepenbrock* DStZ 1981, 333 (338).
[142] Littmann/Bitz/Pust/*Güroff*, 113. Erg.-Lief. 12/2015, EStG § 18 Rn. 132 f.; *Erdweg* FR 1978, 417 (421); noch weitergehend *Schick*, Die freien Berufe im Steuerrecht, 1973, S. 41 ff., der den Gruppenvergleich nicht einmal auf eine der fünf Untergruppen beschränken will; wN bei Herrmann/Heuer/Raupach/*Brandt* EStG § 18 Anm. 215.
[143] MWHLW/*Lenz* Rn. 75; Michalski/Römermann/*Zimmermann* Rn. 124; aA wohl *Henssler* Rn. 79 f.
[144] MWHLW/*Lenz* Rn. 75; zu § 18 EStG Schmidt/*Wacker*, 34. Aufl. 2015, EStG § 18 Rn. 126.
[145] Schmidt/*Wacker*, 34. Aufl. 2015, EStG § 18 Rn. 126; *Wolff-Diepenbrock* DStZ 1981, 333 (338); *Henssler* Rn. 79; Michalski/Römermann/*Zimmermann* Rn. 124 MWHLW/*Lenz* Rn. 75.
[146] BFH BStBl. II 1976 S. 621; BStBl. II 1981 S. 118; BStBl. II 1985 S. 584; Schmidt/*Wacker*, 34. Aufl. 2015, EStG § 18 Rn. 126; Kirchhof/Söhn/Mellinghoff/*Stuhrmann*, 263. Erg.-Lief. 1/2016, EStG § 18 Rn. B 159.

67 Keine Bedenken bestehen aber auch dagegen, eine **Berufsgruppe** als solche als Vergleichsmaßstab heranzuziehen, sofern die jeweils darunter fallenden Berufe untereinander so *weitgehende Parallelen* aufweisen, dass die Abgrenzungskriterien trotz des Gruppenvergleichs ein ausreichendes Maß an Bestimmtheit gewinnen. Das ist etwa der Fall bei der Gruppe der rechts- und wirtschaftsberatenden Berufe (→ Rn. 53 ff.), für die das Erfordernis einer qualifizierten, zur Beratung der Mandanten in Rechts- oder Wirtschaftsfragen befähigenden Ausbildung kennzeichnend ist. Demgegenüber verfügt die Gruppe der geistige Güter und Informationen vermittelnden Berufe (→ Rn. 60 ff.) über kein vergleichsweise homogenes Berufsbild, wie etwa die darunter fallenden, heterogenen Berufe des Journalisten und des Übersetzers zeigen. Insoweit scheidet ein Gruppenvergleich aus, um die willkürliche Heranziehung solcher Merkmale zu vermeiden, die zwar bei einzelnen, nicht aber bei allen der zu dieser Gruppe gehörenden Berufe anzutreffen sind.

68 Im Einzelnen ist bei **Prüfung der Ähnlichkeit** wie folgt zu verfahren. Setzt der Vergleichsberuf eine *qualifizierte Ausbildung* voraus, so ist diese auch für die Ausbildung zum ähnlichen Beruf zu fordern.[147] Die Ausbildung muss allerdings nicht notwendig in gleicher Weise erlangt worden sein; vielmehr können die erforderlichen fachlichen Kenntnisse, wenn sie qualitativ denen eines Hochschulabsolventen des Vergleichsberufs entsprechen, auch im Selbststudium oder durch praktische Berufstätigkeit erworben worden sein.[148] Bedarf es zur Ausübung des Katalogberufs einer besonderen Erlaubnis in Form einer *Berufszulassung,* so scheidet die Annahme eines erlaubnisfrei zugänglichen ähnlichen Berufs aus, soweit eine vergleichbare Tätigkeit in Frage steht, die wie die Ausübung der Heilkunde oder die rechts- und steuerberatende Tätigkeit nicht ohne eine entsprechende Erlaubnis ausgeübt werden darf. Denn in der unerlaubten Ausübung dieser Tätigkeit könnte schon deshalb kein ähnlicher Beruf gesehen werden, weil eine berufsrechtlich unzulässige oder sogar mit Strafe bedrohte Tätigkeit nicht in einer Partnerschaft betrieben werden kann.[149] Ist dagegen nicht die Tätigkeit als solche von einer Berufszulassung abhängig, sondern geht es nur um die Erlaubnis zum Führen einer bestimmten *Berufsbezeichnung* wie bei Ingenieuren oder Architekten (→ Rn. 57 f.), so steht der Annahme eines ähnlichen Berufs das Fehlen einer entsprechenden Erlaubnis nicht entgegen.[150] Es kommt in einem solchen Fall vielmehr nur auf das Vorhandensein vergleichbarer fachlicher Kenntnisse bei demjenigen an, der den ähnlichen Beruf ausübt.

69 Als **ähnliche Berufe** iSv S. 2 sind danach im Anschluss an die finanzgerichtliche Rechtsprechung ua einzustufen:[151]

(1) den einzelnen *Heilberufen* ähnliche Tätigkeiten (vgl. auch BMF-Schreiben vom 22.10.2004, IV B 2 – S 2246 – 3/04, BStBl. I 2004 S. 1030 = DStR 2004, 1963)

– eines medizinisch diagnostischen Assistenten (BFH BStBl. III 1953 S. 269: ähnlich dem Arzt),
– eines selbständigen Kranken- und Altenpflegers in Rahmen der häuslichen Alten- und Krankenpflege (§ 37 SGB V), nicht jedoch der häuslichen Pflegehilfe (Pflegesachleistung nach § 36 SGB XI) (BFH BStBl. II 2004 S. 509 = DStR 2004, 903: ähnlich dem Krankengymnasten/Physiotherapeuten – zum Erfordernis leitender und eigenverantwortlicher Tätigkeit, im Falle der Zuhilfenahme qualifizierten Personals s. BFH BStBl. II 2004 S. 509 und BFH/NV 2007, 2280 sowie BStBl. II 1995 S. 732 = NJW 1995, 3078; BFH/NV 2004, 783; zur grundsätzlichen Gewerblichkeit ambulanter Pflegedienste, die nur Leistungen der Grundpflege und der hauswirtschaftlichen Versorgung erbringen BFH/NV 2011, 2062),
– eines Fachkrankenpflegers für Krankenhaushygiene (BFH BStBl. II 2007 S. 177: ähnlich dem Krankengymnasten/Physiotherapeuten),
– eines Logopäden (BFH BFH/NV 1989, 201; Begr. RegE, BT-Drs. 12/6152 S. 10: ähnlich dem Krankengymnasten/Physiotherapeuten),
– eines Zahnpraktikers, der Zahnersatzteile nach eigener Vorbehandlung der Zähne anfertigt und einpasst (BFH BStBl. III 1965 S. 692: ähnlich dem Dentisten),

---

[147] BFH BStBl. II 1992 S. 494; BStBl. II 1990 S. 64 (66 f.); Herrmann/Heuer/Raupach/*Brandt* EStG § 18 Anm. 217; Schmidt/*Wacker,* 34. Aufl. 2015, EStG § 18 Rn. 127; Kirchhof/Söhn/Mellinghoff/*Stuhrmann,* 263. Erg.-Lief. 1/2016, EStG § 18 Rn. B 152.

[148] Kirchhof/Söhn/Mellinghoff/*Stuhrmann,* 263. Erg.-Lief. 1/2016, EStG § 18 Rn. B 153; Schmidt/*Wacker,* 34. Aufl. 2015, EStG § 18 Rn. 128; Herrmann/Heuer/Raupach/*Brandt* EStG § 18 Anm. 218.

[149] Michalski/Römermann/*Zimmermann* Rn. 126; MWHLW/*Lenz* Rn. 76; zu § 18 EStG Schmidt/*Wacker,* 34. Aufl. 2015, EStG § 18 Rn. 130; Littmann/Bitz/Pust/*Güroff,* 113. Erg.-Lief. 12/2015, EStG § 18 Rn. 138 ff.; aA Kirchhof/Söhn/Mellinghoff/*Stuhrmann,* 263. Erg.-Lief. 1/2016, EStG § 18 Rn. B 166.

[150] *Schick,* Die freien Berufe im Steuerrecht, 1973, S. 30 f. – Zur Möglichkeit, dass eine auf einzelne heilkundliche Verrichtungen beschränkte Berufstätigkeit, die keiner staatlichen Erlaubnis bedarf, dem Katalogberuf eines Krankengymnasten ähnlich sein kann, vgl. BFH BStBl. II 2004 S. 954 = DStR 2004, 130 (zu § 18 EStG); abl. noch der XI. Senat BFH/NV 1997, 293.

[151] Zusammenstellung nach Schmidt/*Wacker,* 34. Aufl. 2015, EStG § 18 Rn. 155; wN auch bei Herrmann/Heuer/Raupach/*Brandt* EStG § 18 Anm. 600.

- eines Ergotherapeuten (früher Beschäftigungs- und Arbeitstherapeut) (Begr. RegE, BT-Drs. 12/6152 S. 29: ähnlich dem Krankengymnasten/Physiotherapeuten),
- eines medizinischen Fußpflegers (aA noch BFH BStBl. II 1976 S. 621, nach Einführung des PodG (Gesetz vom 4.12.2001, BGBl. I S. 3320) wohl überholt und den Heilberufen ähnlich (so auch Schmidt/*Wacker,* 34. Aufl. 2015, EStG § 18 Rn. 155; *Henssler* Rn. 128; vgl. auch BFH BStBl. II 2003 S. 532 zur Steuerbefreiung nach § 4 Nr. 14 UStG).

(2) den *rechts- und wirtschaftsberatenden Berufen* ähnliche Tätigkeiten
  eines (Nur-)Notars (str., → Rn. 80),
- eines rechtsberatend tätigen Rechtsbeistands (RFH RStBl. 1939 S. 215; BFH BStBl. II 1979 S. 64: ähnlich dem Rechtsanwalt), nicht aber eines Rechtsbeistands, der außergerichtlich Forderungen einzieht (Inkassotätigkeit, vgl. HessFG EFG 1964, 597; s. auch Beschluss des BFH BFH/NV 2006, 2076), ebenso nicht Kurberater (BFH/NV 2011, 46),
- eines Insolvenzverwalters (ähnlich den Rechtsanwälten, Wirtschaftsprüfern und beratenden Betriebswirten (Gruppenähnlichkeit, → Rn. 66), da bei ihm kaufmännische und rechtliche Aufgaben eng verwoben sind und die rechtliche und kaufmännische Beratung dominiert; aA aber BFH BStBl. II 1973 S. 730 und NJW 2011, 1628, der eine Gruppenähnlichkeit verneint; vgl. auch BStBl. II 2002 S. 202 = NJW 2002, 990 zur Verwaltertätigkeit eines Rechtsanwalts; und BFH BStBl. II 2007 S. 266 = DStR 2007, 190 zur Treuhändertätigkeit einer Wirtschaftsprüfer-GbR als gewerbliche Tätigkeit),
- nunmehr auch eines (nichtanwaltlichen) berufsmäßigen Betreuers iSd § 1897 Abs. 6 S. 1 BGB (BFH NJW 2011, 110; anders noch BFH NJW 2005, 1006; ebenso *Mann* NJW 2008, 121 mwN; vgl. auch NdsOVG DVBl 2007, 1579 Ls. – zur Anzeigepflicht nach § 14 GewO), ebenso anwaltliche Betreuertätigkeit (BFH NJW 2011, 108).

(3) den *naturwissenschaftlich orientierten Berufen* ähnliche Tätigkeiten
- eines Baustatikers (BFH BStBl. II 1976 S. 380: ähnlich dem Architekten),
- eines Hochbautechnikers, wenn er über die erforderlichen theoretischen Kenntnisse verfügt (BFH BStBl. II 1990 S. 64: ähnlich dem Architekten),
- eines Diplom-Informatikers, wenn er Systemanalysen erarbeitet und seine Ausbildung der eines Ingenieurs vergleichbar ist (BFH BStBl. II 1983 S. 677: ähnlich dem Ingenieur; auch Autodidakt, der über Kenntnisse und Fähigkeiten eines Diplom-Informatikers verfügt, BFH/NV 2010, 497), ebenso als Systemadministrator tätiger Diplom-Ingenieur für technische Informatik (BFH NJW 2010, 1167),
- eines EDV-Beraters, der eine wissenschaftliche Ausbildung zB als Diplom-Informatiker oder Diplom-Mathematiker aufweisen kann und eine ingenieurähnliche Tätigkeit betreibt (BFH BStBl. II 1986 S. 484; BStBl. II 2004 S. 989 = DStR 2004, 1739; BFH/NV 2007, 1854 und Herrmann/Heuer/Raupach/*Brandt* EStG § 18 Anm. 600 mwN zur verzweigten Kasuistik: ähnlich dem Ingenieur), dies gilt auch für den Fall der Entwicklung von Anwendersoftware (so aber noch der IV. Senat des BFH BStBl. II 1990 S. 337 = BB 1990, 835; mit Zustimmung des IV. Senats [§ 11 Abs. 3 FGO] geändert durch den XI. Senat, DStR 2004, 1739); ohne dem Diplom-Informatiker vergleichbare breite Kenntnisse dagegen gewerblich tätig (BFH BStBl. II 2007 S. 781); gegen die Freiberuflichkeit eines Softwareentwicklers und Datenbankverwalters OLG Lüneburg GewArch 2012, 361 in Bezug auf gewerberechtliche Anzeigepflicht,
- eines Umweltauditors durch einen promovierten Chemiker (BFH BStBl. II 2007 S. 519: ähnlich dem Handelschemiker).

Keine ähnlichen Berufe liegen nach der BFH-Rechtsprechung zu § 18 EStG vor bei den Tätigkeiten:
- eines medizinischen Bademeisters, wenn die Nutzung der Einrichtungen des Badebetriebs nicht bloßes Hilfsmittel einer freiberuflichen Heiltätigkeit ist (BFH BStBl. II 1971 S. 249),
- eines Arbeitsmediziners als Sicherheitsbeauftragter, ohne besondere Kenntnisse eines Ingenieurs (BFH BFH/NV 2005, 1544),
- eines reinen Zahntechnikers (BFH BFH/NV 2005, 352; vgl. auch Herrmann/Heuer/Raupach/*Brandt* EStG § 18 Rn. 199),
- eines Epithetikers (NdsOVG GewArch 2013, 315 in Bezug auf gewerberechtliche Anzeigepflicht)
- einer Fachkosmetikerin (FG Düsseldorf EFG 1965, 567),
- eines Hellsehers (BFH BStBl. II 1976 S. 464),
- eines Viehkastrierers (BFH BStBl. II 1956 S. 90),
- eines selbständigen Buchhalters (BFH HFR 1963, 368; BStBl. II 2002 S. 338),
- eines Betreibers eines selbständigen Inventurbüros (BFH BStBl. II 1974 S. 515),
- eines Anlageberaters (BFH BStBl. II 1989 S. 24),
- eines Finanz- und Kreditberaters (BFH BStBl. II 1988 S. 666),

- eines Marktforschungsberaters (BFH BStBl. II 1989 S. 212; BStBl. II 1992 S. 826),
- eines Werbe- und Public-Relations-Beraters (BFH BStBl. II 1978 S. 565), eines Beraters von Rundfunksendern (BFH/NV 2011, 1133),
- eines Personalberaters, der von ihm ausgesuchte Kandidaten für eine zu besetzende Stelle vermittelt (BFH BStBl. II 2003 S. 25 = NJW 2003, 775: keine dem beratenden Betriebswirt ähnliche Tätigkeit; vgl. auch zur Gewerblichkeit der Vermittlung technischem Fachpersonals durch einen Ingenieur BFH BFH/NV 2004, 168),
- eines Auktionators (BFH BStBl. III 1957 S. 106),
- eines Elektroanlagenplaners, der über keine ausreichenden mathematisch-technischen Kenntnisse und keine ausreichende Berufsbreite verfügt (BFH BStBl. II 1981 S. 121); Gleiches gilt für einen Blitzschutzsachverständigen (BFH BFH/NV 2007, 1652),
- eines Baubetreuers (BFH BStBl. II 1974 S. 447), ebenso eines Dipl.-Ingenieurs, der mit der schlüsselfertigen Herstellung eines Gebäudes beauftragt ist (BFHE 216, 518),
- eines Bauleiters ohne wissenschaftliche Ausbildung (BFH BStBl. II 1982 S. 492),
- eines Datenschutzbeauftragten (BFHE 2002, 336 = BStBl. II 2003 S. 761) – allerdings zweifelhaft nachdem der BFH neuerdings zur Bejahung einer ingenieurähnlichen Tätigkeit kein konstruierendes Element mehr fordert (vgl. BFH BFH/NV 2006, 1270),
- eines Fremdenführers (BFH BStBl. II 1986 S. 851; s. auch BFH/NV 2009, 759 zur fehlenden Beweiskraft einer zehnjährigen Geschäftsführertätigkeit für theoretische Fachkenntnisse in den Hauptbereichen der Betriebswirtschaftslehre).

71 **c) Tätigkeitsfelder der Wissenschaftler, Künstler, Schriftsteller, Lehrer und Erzieher.** Zu den Freien Berufen iSd Abs. 2 zählt schließlich die **selbständig** ausgeübte Berufstätigkeit als Wissenschaftler, Künstler, Schriftsteller, Lehrer und Erzieher. Soweit sich unter diese generalklauselartigen Tätigkeitsfelder auch eine Reihe der ausdrücklich genannten Katalogberufe subsumieren lassen, gehen diese als Sonderregelung der Generalklausel vor. Daher ist stets zunächst zu prüfen, ob einer der ausdrücklich aufgeführten Katalogberufe vorliegt. Ist dies der Fall, braucht auf die allgemeinen Merkmale (wissenschaftlich, künstlerisch, schriftstellerisch, unterrichtend oder erzieherisch) nicht zurückgegriffen zu werden.[152]

72 **aa) Wissenschaftler.** Zur Gruppe der freiberuflich tätigen Wissenschaftler zählt, wer selbständig nach wissenschaftlichen Grundsätzen, dh nach streng sachlichen und objektiven Gesichtspunkten und unter Anwendung rationaler und nachprüfbarer Methoden, bestimmte Erkenntnisse erarbeitet.[153] Die wissenschaftliche Tätigkeit ist nicht auf die Grundlagenforschung als solche beschränkt; zu ihr gehört vielmehr auch die Anwendung von deren Ergebnissen auf konkrete Vorgänge im Sinn angewandter Forschung.[154] Die bloße Übertragung bekannter Erkenntnisse auf einen anderen Sachverhalt, die nicht mehr als Ausfluss der eigentlichen wissenschaftlichen Tätigkeit anzusehen ist, reicht jedoch nicht aus.[155] Einer wissenschaftlichen Vorbildung im Sinne eines Hochschulstudiums bedarf ein Wissenschaftler nicht notwendig, wohl aber wissenschaftlicher Kenntnisse. Umgekehrt ist jemand, dessen Beruf eine wissenschaftliche Vorbildung erfordert, nur dann Wissenschaftler, wenn auch die Berufsausübung als solche auf wissenschaftlichen Grundsätzen beruht.[156] Deshalb ist für die Einstufung als Wissenschaftler eine entsprechende Ausbildung nicht mehr als ein Indiz. Entscheidend kommt es auf die vom Berufstätigen angewandten Methoden sowie auf die Zielsetzung seiner Tätigkeit an.[157] Bei wissenschaftlicher Tätigkeit muss es stets darum gehen, grundsätzliche Fragen bzw. konkrete Vorgänge nach streng objektiven und sachlichen Gesichtspunkten in ihren Ursachen zu erforschen, zu begründen und in einen Verständniszusammenhang zu bringen. Dazu gehört insbesondere, dass die Tätigkeit von ihrer Methodik her nachprüfbar und nachvollziehbar ist.[158] Daher sind

---

[152] So zu der gleich lautenden Formulierung in § 18 Abs. 1 Nr. 1 S. 2 EStG auch *Schick,* Die freien Berufe im Steuerrecht, 1973, S. 19.
[153] Vgl. zu § 18 Abs. 1 Nr. 1 EStG BFH BStBl. III 1952 S. 165 (166); BStBl. III 1965 S. 263 (264); BStBl. II 1976 S. 464 (465); Schmidt/*Wacker,* 34. Aufl. 2015, EStG § 18 Rn. 62; zum PartGG auch Michalski/Römermann/ Zimmermann Rn. 129; MWHLW/*Lenz* Rn. 69.
[154] BFH BStBl. III 1952 S. 165 (166); Schmidt/*Wacker,* 34. Aufl. 2015, EStG § 18 Rn. 62; *Schick,* Die freien Berufe im Steuerrecht, 1973, S. 21.
[155] *Schick,* Die freien Berufe im Steuerrecht, 1973, S. 22; Herrmann/Heuer/Raupach/*Brandt* EStG § 18 Anm. 92.
[156] *Schick,* Die freien Berufe im Steuerrecht, 1973, S. 22; Herrmann/Heuer/Raupach/*Brandt* EStG § 18 Anm. 92; Kirchhof/Söhn/Mellinghoff/*Stuhrmann,* 263. Erg.-Lief. 1/2016, EStG § 18 Rn. B 52; Michalski/ Römermann/Zimmermann Rn. 129; MWHLW/*Lenz* Rn. 69.
[157] *Schick,* Die freien Berufe im Steuerrecht, 1973, S. 22.
[158] BFH BStBl. III 1952 S. 165 (166); BStBl. III 1965 S. 263; BStBl. II 1976 S. 464 (465); Schmidt/*Wacker,* 34. Aufl. 2015, EStG § 18 Rn. 62; MWHLW/*Lenz* Rn. 69; Michalski/Römermann/*Zimmermann* Rn. 129.

Erfinder nur dann als Wissenschaftler einzustufen, wenn sie mit wissenschaftlichen Methoden arbeiten, die ihre Erfindung als Ergebnis einer systematischen Forschungstätigkeit erscheinen lassen.[159] Ebenso kann die Tätigkeit eines Restaurators wissenschaftlich sein, wenn der Auftrag des Kunden an den Restaurator die Erstellung eines Gutachtens betrifft und dieses Gutachten Gegenstand des gezahlten Entgelts ist oder das Entgelt für die Veröffentlichung einer wissenschaftlichen Arbeit gezahlt wird.[160]

bb) Künstler. Schwierigkeiten bereitet die Einordnung als Künstler, da es einen allgemein anerkannten Kunstbegriff nicht gibt. Regelmäßig ist für die freiberufliche Tätigkeit als Künstler eine eigenschöpferische Tätigkeit mit einer gewissen Gestaltungshöhe zu fordern.[161] Das Kennzeichen der künstlerischen Betätigung bildet die **schöpferische Gestaltung,** in der Eindrücke, Erfahrungen und Erlebnisse des Künstlers durch das Medium einer bestimmten Formensprache zu unmittelbarer Anschauung gebracht werden.[162] Dafür ist erforderlich, dass der Künstler bei Herstellung des Werkes an allen künstlerisch relevanten Tätigkeiten selbst mitwirkt und entscheidenden Einfluss auf die Gestaltung nimmt.[163]

73

Bei der Frage, ob und inwieweit die eigenschöpferische Leistung über die hinreichende Beherrschung der Technik hinaus eine gewisse **Gestaltungshöhe** erreichen muss, ist zwischen zweckfreier Kunst und Gebrauchskunst zu unterscheiden. Bei der *freien Kunst*, deren Werke wie im Fall von Bildern oder Kompositionen nicht primär Gebrauchszwecken dienen, sondern vor allem eine ästhetische Wirkung hervorbringen sollen, bedarf es der Feststellung einer ausreichenden künstlerischen Gestaltungshöhe nicht. Hier genügt bereits das Abstellen auf die Verkehrsauffassung, um der Tätigkeit das Attribut künstlerisch zukommen zu lassen.[164] Insoweit kann auch die reproduzierende Tätigkeit, etwa diejenige eines Musikers oder Sängers, als künstlerisch einzustufen sein.[165] Demgegenüber müssen die Arbeitsergebnisse der *Gebrauchskunst*, die einen praktischen Nützlichkeitswert aufweisen, nicht nur eine individuelle Anschauungsweise und besondere Gestaltungskraft des Künstlers zum Ausdruck bringen, sondern auch eine gewisse künstlerische Gestaltungshöhe erreichen.[166] Ein gewerblicher Verwendungszweck – wie etwa bei Werbefotos oder im Rahmen der Gebrauchsgrafik – schließt das Vorliegen einer künstlerischen Tätigkeit solange nicht aus, als der Kunstwert den Gebrauchswert übersteigt.[167] Unter den **Begriff des Künstlers** können daher neben Bildhauern, Malern, Komponisten, Sängern, Musikern, Dirigenten oder Schauspielern je nach Lage des Falles auch Designer, Gebrauchsgrafiker, Modeschöpfer, Restauratoren und im Einzelfall sogar Fotografen fallen.[168]

74

cc) Schriftsteller. Wissenschaftler oder Künstler kann auch der Schriftsteller sein. Überschneidungen zwischen diesen Tätigkeiten sind möglich, ohne dass es letztlich darauf ankommt, unter

75

---

[159] BFH BStBl. II 1976 S. 464 (465); Littmann/Bitz/Pust/*Güroff*, 113. Erg.-Lief. 12/2015, EStG § 18 Rn. 87; Kirchhof/Söhn/Mellinghoff/*Stuhrmann*, 263. Erg.-Lief. 1/2016, EStG § 18 Rn. B 58; Michalski/Römermann/*Zimmermann* Rn. 130; weiter BFH/NV 2011, 1147 – Tätigkeit eines nicht als Arbeitnehmer tätigen Erfinders in der Regel selbständige wissenschaftliche Arbeit; Schmidt/*Wacker*, 34. Aufl. 2015, EStG § 18 Rn. 64 – Erfinder „in der Regel" wissenschaftlich tätig; vgl. ausf. *List* DB 2004, 1172 und *dens.* DB 2006, 1291, auch Bespr. zu FG Hmb EFG 2006, 661.

[160] BFH BStBl. II 2005 S. 362 = NJW 2005, 1454.

[161] BFH BStBl. II 1983 S. 7 (8); BStBl. II 1981 S. 21 (22); Littmann/Bitz/Pust/*Güroff*, 113. Erg.-Lief. 12/2015, EStG § 18 Rn. 90a; wohl auch Michalski/Römermann/*Zimmermann* Rn. 132.

[162] BVerfGE 30, 173 (189) = NJW 1971, 1645. Zwar erkennt das BVerfG inzwischen über diesen materiellen Kunstbegriff hinaus weitere Ausdrucksformen als ebenfalls verfassungsrechtlich geschützte Kunst an (sog offener Kunstbegriff), vgl. BVerfGE 67, 213 (225 ff.) = NJW 1985, 261. Für das PartGG hindert das aber nicht das Anknüpfen an den materiellen Kunstbegriff als freiberuflich relevante Kunstform.

[163] BFH BStBl. II 1981 S. 170 (172); Schmidt/*Wacker*, 34. Aufl. 2015, EStG § 18 Rn. 71.

[164] BFH BStBl. II 1981 S. 21; Schmidt/*Wacker*, 34. Aufl. 2015, EStG § 18 Rn. 66; Kirchhof/Söhn/Mellinghoff/*Stuhrmann*, 263. Erg.-Lief. 1/2016, EStG § 18 Rn. B 61; Michalski/Römermann/*Zimmermann* Rn. 132.

[165] BFH BStBl. II 1983 S. 7 (8); Littmann/Bitz/Pust/*Güroff*, 113. Erg.-Lief. 12/2015, EStG § 18 Rn. 91d; Schmidt/*Wacker*, 34. Aufl. 2015, EStG § 18 Rn. 66; Kirchhof/Söhn/Mellinghoff/*Stuhrmann*, 263. Erg.-Lief. 1/2016, EStG § 18 Rn. B 59; Michalski/Römermann/*Zimmermann* Rn. 132; MWHLW/*Lenz* Rn. 71.

[166] BFH BStBl. II 1981 S. 21 (22); hieran ist für das PartGG trotz der Kritik festzuhalten, die an dem Erfordernis der Gestaltungshöhe aus steuerrechtlicher Sicht geübt wird (vgl. Schmidt/*Wacker*, 34. Aufl. 2015, EStG § 18 Rn. 67; Kirchhof/Söhn/Mellinghoff/*Stuhrmann*, 263. Erg.-Lief. 1/2016, EStG § 18 Rn. B 62; *Heuer* DStR 1983, 638 (639). Gebrauchskünstler, deren Tätigkeit keine Gestaltungshöhe aufweist, üben eher eine handwerkliche Tätigkeit aus. Ihnen stehen über § 105 Abs. 2 HGB geeignete Gesellschaftsformen des Handelsrechts zur Verfügung; so auch MWHLW/*Lenz* Rn. 71; Michalski/Römermann/*Zimmermann* Rn. 133.

[167] BFH BStBl. II 1977 S. 474; Schmidt/*Wacker*, 34. Aufl. 2015, EStG § 18 Rn. 68; Michalski/Römermann/*Zimmermann* Rn. 133.

[168] Begr. RegE, BT-Drs. 12/6152 S. 10; zust. Michalski/Römermann/*Zimmermann* Rn. 133; aA – zumindest hinsichtlich der Designer – MWHLW/*Lenz* Rn. 71; vgl. zu den Voraussetzungen der künstlerischen Betätigung eines Restaurators BFH BStBl. II 2005 S. 362 = NJW 2005, 1454.

welchen dieser Begriffe man im Einzelfall die Tätigkeit subsumiert. Im Vergleich zu den Begriffen des Wissenschaftlers und des Künstlers weist derjenige des Schriftstellers allerdings die klareren Konturen auf, so dass er sich leichter als die beiden anderen nach formalen Kriterien abgrenzen lässt.[169] Als **freiberuflicher Schriftsteller gilt,** wer in selbständiger Gestaltung eigene Gedanken schriftlich *für die Öffentlichkeit* niederlegt.[170] Es kommt also darauf an, dass derjenige, der diese Tätigkeit ausübt, auch tatsächlich schreibt, weshalb etwa der Hersteller von Fernsehdokumentarfilmen kein Schriftsteller ist.[171] Demgegenüber spielt die Art und Weise, wie das Geschriebene an die Öffentlichkeit kommt, keine Rolle. Es schadet daher nicht, wenn die Produkte eines Schriftstellers über Rundfunk oder Fernsehen verbreitet werden.[172] Wesentlich ist vielmehr, dass die Schriftwerke überhaupt am „allgemeinen Öffentlichkeitsverkehr" teilnehmen. Wer ohne Veröffentlichungsabsicht nur für sich selbst oder für einen bestimmten Auftraggeber schreibt, fällt nicht unter den Begriff des Schriftstellers.[173] Auf den jeweiligen Inhalt des Geschriebenen kommt es nicht an; neben der selbständigen Niederlegung eigener Gedanken genügt die Tatsache der Veröffentlichung.[174] Insbesondere ist nicht erforderlich, dass die schriftstellerische Arbeit wissenschaftlicher oder künstlerischer Natur ist.[175]

76 dd) **Lehrer und Erzieher.** Schließlich gehört auch die *selbständige Berufstätigkeit* der Lehrer und Erzieher zu den freien Berufen iSd S. 2. Beide Tätigkeiten sind meist eng miteinander verwandt, gehen zum Teil ineinander über und fallen daher häufig auch zusammen.[176] Während der *Lehrer* vornehmlich Kenntnisse und Fertigkeiten an Dritte vermittelt, steht beim *Erzieher* die Bildung des Charakters und der Persönlichkeit insbesondere von Heranwachsenden im Vordergrund.[177] Auf den **Gegenstand des Unterrichts** kommt es nicht an. Unter den Begriff des Lehrers fallen daher auch Reit-, Tanz-, Sport-, Fahrlehrer usw.[178] Für die Tätigkeit des Erziehers ist eine pädagogische Vorbildung oder die Ablegung einer fachlichen Prüfung nicht erforderlich. Sie kann vielmehr auch allein auf Grund eigener praktischer Erfahrungen ausgeübt werden.[179]

IV. Der Vorrang des Berufsrechts (Abs. 3)

77 1. **Grundsatz.** Die Vorschrift des § 1 Abs. 3 stellt das im PartGG geregelte, grundsätzlich einheitliche Organisationsrecht für Zusammenschlüsse Freier Berufe unter den – rechtlich selbstverständlichen – Vorbehalt, dass das für einzelne Freie Berufe geltende Berufsrecht die Verwendung der Rechtsform der Partnerschaft entweder ausschließt oder von weiteren Voraussetzungen abhängig macht. Der Vorbehalt ist **nicht** ausschließlich **klarstellender Natur.** Denn streng genommen kann ein **Spezialitätsverhältnis** nur zwischen gleichrangigen Normen bestehen, und bei einer (echten) Kollision mit landesrechtlichem Berufs- oder Standesrecht der Kammern wäre wohl kaum am Vorrang des PartGG nach Art. 31 GG vorbei zu kommen. Man wird deshalb § 1 Abs. 3 nicht lediglich als Bestätigung eines Vorrangs der spezielleren Norm verstehen können; vielmehr verhindert die Vorschrift eine Normenkollision schon im Ansatz dadurch, dass sie das PartGG hinsichtlich der die

---

[169] *Schick,* Die freien Berufe im Steuerrecht, 1973, S. 25.
[170] BFH BStBl. II 1976 S. 192 (193); Schmidt/*Wacker,* 34. Aufl. 2015, EStG § 18 Rn. 77; Kirchhof/Söhn/Mellinghoff/*Stuhrmann,* 263. Erg.-Lief. 1/2016, EStG § 18 Rn. B 67; Michalski/Römermann/*Zimmermann* Rn. 135; MWHLW/*Lenz* Rn. 72.
[171] Herrmann/Heuer/Raupach/*Brandt* EStG § 18 Anm. 112; in diesen Fällen wird freilich in der Regel der Katalogberuf des Journalisten vorliegen.
[172] Herrmann/Heuer/Raupach/*Brandt* EStG § 18 Anm. 112; *Schick,* Die freien Berufe im Steuerrecht, 1973, S. 25; aA noch RFHE 53, 74 (75).
[173] Herrmann/Heuer/Raupach/*Brandt* EStG § 18 Anm. 113. Es kann dann aber eine wissenschaftliche oder künstlerische Tätigkeit vorliegen.
[174] Es ist also im Gegensatz zum Kunstbegriff kein inhaltlicher Mindeststandard erforderlich, vgl. Michalski/Römermann/*Zimmermann* Rn. 135; *Schick,* Die freien Berufe im Steuerrecht, 1973, S. 25 f.
[175] BFH BStBl. III 1958 S. 316 (317); Schmidt/*Wacker,* 34. Aufl. 2015, EStG § 18 Rn. 77; Michalski/Römermann/*Zimmermann* Rn. 135; aA Kirchhof/Söhn/Mellinghoff/*Stuhrmann,* 263. Erg.-Lief. 1/2016, EStG § 18 Rn. B 68.
[176] *Schick,* Die freien Berufe im Steuerrecht, 1973, S. 26. In § 18 Abs. 1 Nr. 1 S. 2 ist der Begriff des Lehrers nicht enthalten; eine unterschiedliche Handhabung der Tätigkeiten von Lehrern und Erziehern war mit der Aufnahme des Begriffes Lehrer ins PartGG nicht beabsichtigt, vgl. Begr. RegE, BT-Drs. 12/6152 S. 10.
[177] Michalski/Römermann/*Zimmermann* Rn. 137, 140; MWHLW/*Lenz* Rn. 73 f.; zum Begriff des Erziehers vgl. auch BFH BStBl. II 1975 S. 389.
[178] BFH BStBl. II 1982 S. 589; Schmidt/*Wacker,* 34. Aufl. 2015, EStG § 18 Rn. 83; *Schick,* Die freien Berufe im Steuerrecht, 1973, S. 26; teilweise abw. aber MWHLW/*Lenz* Rn. 73 (nur Fahr- und Diplom-Sportlehrer).
[179] BFH BStBl. II 1974 S. 642 (643); Schmidt/*Wacker,* 34. Aufl. 2015, EStG § 18 Rn. 84; Littmann/Bitz/Pust/*Güroff,* 113. Erg.-Lief. 12/2015, EStG § 18 Rn. 123; Michalski/Römermann/*Zimmermann* Rn. 138, 141.

Berufsausübung betreffenden Regelungen ausdrücklich für nicht abschließend erklärt.[180] Ein solches Verständnis korrespondiert im Übrigen zwanglos mit der Kompetenzzuweisung der Art. 70 ff. GG an die Länder, die (spezielle) Berufsausübung (für den Großteil der Freien Berufe; → Rn. 43) zu regeln. Entsprechendes gilt dann auch für die in die gleiche Richtung zielenden Vorrangregelungen des § 6 Abs. 1 betreffend die Leistungserbringung gegenüber Dritten im Rahmen der Partnerschaft und des § 8 Abs. 3 betreffend die Möglichkeit, für „einzelne Berufe" kraft Gesetzes eine höhenmäßige Haftungsbeschränkung der Partnerschaft für Schäden aus fehlerhafter Berufsausübung zuzulassen. Eine dem Berufsrecht vorgehende, partnerschaftsspezifische **Sonderregelung** findet sich demgegenüber allerdings in dem *Haftungsprivileg des § 8 Abs. 2*; als rechtsformspezifisches Sonderrecht setzt sie sich auch gegen weitergehende berufsrechtliche Haftungsanforderungen durch (→ § 8 Rn. 2).

Der Vorrang des Berufsrechts ist nicht etwa dahin zu verstehen, dass dessen Regelungen ihrerseits 78 in der Lage sind, das Organisationsrecht des PartGG zu ändern, soweit derartige Abweichungen nicht, wie beim Namen einer Steuerberatungs- oder Wirtschaftsprüfungs-Partnerschaft (→ § 2 Rn. 13), kraft Gesetzes ausdrücklich zugelassen sind. Es gilt das **Prinzip des kleinsten gemeinsamen Nenners:**[181] Zusammenschlüsse in der Rechtsform der Partnerschaft müssen zu ihrer Wirksamkeit grundsätzlich sowohl die Vorgaben des PartGG als auch die jeweiligen berufsrechtlichen Regelungen beachten. Zur Berücksichtigung des Berufsrechts durch das Registergericht bei Prüfung der Anmeldung einer Gesellschaft und zur Einschaltung der Organe des jeweiligen Berufsstands in zweifelhaften Fällen vor Eintragung in das Partnerschaftsregister → §§ 4, 5 Rn. 11 ff., 40 ff.

2. Berufsrechtlicher Ausschluss der Partnerschaft? a) Apotheker, Notare. Den **Apothe-** 79 **kern** stehen nach § 8 ApoG als zulässige Kooperationsformen ausschließlich die GbR und die OHG offen;[182] dabei besteht allerdings nur ein eingeschränktes Wahlrecht zwischen diesen beiden Gesellschaftsformen nach Maßgabe von § 105 Abs. 2 HGB; denn an der Rechtsform der OHG führt kein Weg vorbei, wenn die Dimension eines Handelsgewerbes erreicht wird (§ 1 Abs. 2 HGB).[183] Daran sollte sich auch durch das PartGG nichts ändern. Schon deshalb wurde im PartGG darauf verzichtet, die Apotheker in den Katalog der freien Berufe in § 1 Abs. 2 aufzunehmen;[184] ein Vorrang des Berufsrechts vor dem PartGG steht daher gar nicht in Frage. Ob die Apotheker außerhalb dieses Gesetzes noch als Freier Beruf anzusehen sind oder ob sie, wegen des seit langem deutlichen Überwiegens der Anschaffung und Weiterveräußerung von Arzneimitteln gegenüber deren persönlicher Herstellung, ein Handelsgewerbe betreiben, kann für den Anwendungsbereich des PartGG offen bleiben.[185]

Was den bisher allgemein bejahten Ausschluss der **Notare** vom Zugang zur Rechtsform der Partner- 80 schaft angeht, wurde er nicht nur auf Schranken des Berufsrechts, sondern auch darauf gestützt, dass der Gesetzgeber die Notare abweichend von § 18 Abs. 1 Nr. 1 EStG bewusst nicht in die Katalogberufe des Abs. 2 aufgenommen habe.[186] Den Grund hierfür sah man dann in der Ausübung eines öffentlichen Amtes durch den Notar; sie schließe eine Teilnahme an der Partnerschaft aus.[187] Vor dem Hintergrund des Art. 12 GG und seiner Bedeutung für die Zulassung der Kooperation von Freiberuflern[188] vermag diese pauschale Begründung nicht zu überzeugen. Nachdem der Gesetzgeber durch Neufassung des § 9 Abs. 1 BNotO im Jahr 1998[189] die gemeinschaftliche Berufsausübung von zur hauptberuflichen Amtsausübung bestellten Notaren grundsätzlich zugelassen und zugleich die Ermächtigung der Landesregierungen in Abs. 1 S. 3 aufgrund der Neuaufnahme der Ziff. 2 dahin präzisiert hat, durch Rechtsverordnung nicht nur die Zulassung von einer Genehmigung abhängig zu machen, sondern zugleich

---

[180] Ebenso *Treptow*, Die Mitgliedschaft in der als Medizinisches Versorgungszentrum zugelassenen Ärzte-GmbH, 2011, S. 43.
[181] Vgl. Begr. RegE, BT-Drs. 12/6152 S. 11; Michalski/Römermann/*Zimmermann* Rn. 146 mwN in Fn. 521.
[182] S. zur Partnerschaftsfähigkeit im Rahmen (als solche freiberuflicher) medizinischer und pharmazeutischer Beratung gemeinsam mit einem Arzt LG Essen GesR 2009, 557 – zweifelhaft allerdings hinsichtlich des Namensbestandteils „Ärztin und Apotheker"; → § 2 Rn. 12.
[183] Eine GbR können mehrere Apotheker daher nur gründen, wenn ihre Apotheke nichtkaufmännischen Umfang hat, was praktisch kaum noch vorkommt, vgl. Schiedermair/Pieck ApothG, 3. Aufl. 1981, § 8 Rn. 25 f.; *Hoffmann* ApothG, 1961, § 8 Rn. 3; *Breyer*, Gesetz über das Apothekenwesen, 1961, § 8 Anm. 1.
[184] Vgl. Begr. RegE, BT-Drs. 12/6152 S. 10.
[185] Vgl. dazu BGH NJW 1983, 2085 (2086); Michalski/Römermann/*Zimmermann* Rn. 57; MWHLW/*Lenz* Rn. 48; für (Handels-) Gewerbe MüKoHGB/*K. Schmidt* HGB § 1 Rn. 34; Baumbach/*Hopt* HGB § 1 Rn. 19.
[186] Michalski/Römermann/*Zimmermann* Rn. 56; unklar EBJS/*Seibert* Rn. 14; wie hier dagegen nunmehr auch *Henssler* Rn. 70; MWHLW/*Lenz* Rn. 36.
[187] So Begr. RegE, BT-Drs. 12/6152 S. 10.
[188] Vgl. zuletzt BVerfG NJW 2014, 613 (614) Rn. 57 ff. mwN zur Rspr. des BVerfG; zur Zulassung interprofessioneller Sozietäten von Anwaltsnotaren auch *Casper* ZIP 1996, 1501 (1502 ff.).
[189] Durch Gesetz vom 31.8.1998, BGBl. I S. 2585.

auch die Voraussetzungen dieser Zulassung zu regeln (so § 9 Abs. 1 S. 2 Nr. 1 und 2 BNotO),[190] dürfte für einen generellen landesrechtlichen Ausschluss der gemeinsamen Berufsausübung durch (Nur-)Notare kein Raum mehr sein (→ Rn. 48).[191] Damit entfallen aber auch die Gründe des Gesetzgebers, den Notaren die Partnerschaft als organisatorischen Rahmen ihrer Zusammenarbeit vorzuenthalten.[192] Dem lässt sich durch Subsumtion der Notare unter die (den rechtsberatenden Berufen) *ähnlichen Berufe* iSv Abs. 2 S. 2 Rechnung tragen, ohne dass es hierfür einer ausdrücklichen Ergänzung der Katalogberufe in Abs. 2 S. 2 bedarf. Der Umstand, dass in der Naturpraxis die Mandate auch bei Notar-Sozietäten mit Rücksicht auf die Anforderungen des § 9 Abs. 3 BNotO typischerweise einem bestimmten Notar als *Einzelmandat* erteilt werden, steht dem Zugang der Nur-Notare zur Partnerschaft nicht entgegen. Soweit es um die Kooperation von *Anwaltsnotaren* geht, sind diese durch die Qualifikation als Notar ohnehin nicht gehindert, zur Ausübung ihrer Anwaltstätigkeit gemeinsam mit anderen Rechtsanwälten eine Partnerschaft zu gründen (vgl. § 59a Abs. 1 S. 3 BRAO und § 9 Abs. 2 BNotO;[193] – zur interprofessionellen Kooperation → Rn. 83).

81 **b) Sonstige?** Alsbald nach Erlass des PartGG setzte eine Diskussion darüber ein, ob *Steuerberater* und *Wirtschaftsprüfer* aufgrund Berufsrechts als Mitglieder einer Partnerschaft ausgeschlossen sind.[194] Der Gesetzgeber des PartGG hatte insoweit zwar durch Änderung der § 49 Abs. 1 StBerG, § 27 Abs. 1 WPO klargestellt, dass eine *Anerkennung* als Steuerberatungs- oder Wirtschaftsprüfungs*gesellschaft* auch für Zusammenschlüsse in der Rechtsform der Partnerschaft möglich ist. Aufgrund eines Redaktionsfehlers hatte er es jedoch zunächst versäumt, eine entsprechende Einbeziehung der Partnerschaft auch in diejenigen Vorschriften vorzusehen, die wie § 56 Abs. 1 StBerG, § 44b Abs. 1 WPO den Zusammenschluss von Steuerberatern bzw. Wirtschaftsprüfern zur gemeinsamen Berufsausübung in Sozietäten ohne besondere Erwähnung der Partnerschaft gestatten.[195] Nachdem dieses Regelungsdefizit zwischenzeitlich vor allem in Bezug auf die Beteiligung von Wirtschaftsprüfern an „einfachen" Partnerschaften zu Schwierigkeiten geführt hatte,[196] hat der Gesetzgeber durch Neufassung von § 56 StBerG und § 43a Abs. 2 S. 1 WPO[197] in der Weise Klarheit geschaffen, dass er die Partnerschaft als Rechtsform für die gemeinsame Berufsausübung auch außerhalb anerkannter Steuerberatungs- und Wirtschaftsprüfergesellschaften ausdrücklich erwähnt.[198]

82 **3. Zusätzliche Voraussetzungen des Berufsrechts. a) Begrenzung interprofessioneller Partnerschaften.** Den wichtigsten Regelungsbereich für den Vorrang des Berufsrechts bilden die berufsrechtlichen Schranken interprofessioneller Zusammenarbeit der Angehörigen Freier Berufe. Ausdrückliche Regelungen dieser Art finden sich in § 59a Abs. 1 BRAO, § 52a PAO; danach dürfen **Rechtsanwälte** und **Patentanwälte** sich zur gemeinschaftlichen Berufsausübung mit Steuerberatern, Steuerbevollmächtigten, Wirtschaftsprüfern und vereidigten Buchprüfern verbinden. Ob diese Beteili-

---

[190] Zur Rechtslage vor 1998 vgl. 3. Aufl. Rn. 80 Fn. 173 *(Ulmer)*.
[191] Anders freilich die Kommentare zu § 9 BNotO, Schippel/Bracker/*Görk*, 8. Aufl. 2006, BNotO, § 9 Rn. 5; Eylmann/Vaasen/*Baumann*, 2. Aufl. 2004, BNotO § 9 Rn. 17; *Arndt/Lerch*, 5. Aufl. 2003, BNotO § 9 Rn. 3, 9 ff.
[192] So – für die Anwaltsnotare – auch *Casper* JZ 1996, 1506 f.
[193] Begr. RegE, BT-Drs. 12/6152 S. 10. Ebenso OLG Stuttgart ZIP 2006, 1491 (1493) = NJW-RR 2006, 1723 (1724) (mit Anm. *Henssler/Jansen* EWiR 2006, 603): § 9 Abs. 2 BNotO ist entsprechend § 59a BRAO dahin auszulegen, dass sich Anwaltsnotare (nur) mit ihrem Geschäftsbereich als Rechtsanwalt mit Angehörigen der in Abs. 2 genannten Berufe zur gemeinsamen Berufsausübung verbinden können. *Casper* ZIP 1996, 1501 f.; Michalski/Römermann/*Zimmermann* Rn. 56; *Hornung* Rpfleger 1995, 481 (483); Schippel/Bracker/*Görk*, 8. Aufl. 2006, BNotO § 9 Rn. 9 ff.; → Rn. 48.
[194] Vgl. *Eggesiecker/Keuenhof* BB 1995, 2049 ff.; Michalski/Römermann/*Zimmermann* Rn. 153 ff.; *Seibert* DB 1994, 2381 (2383 f.); *Knoll/Schüppen* DStR 1995, 608 (610); *Bösert* ZAP 1994, 765 (772 f.); *Mittelsteiner* DStR 1994, Beilage zu Heft 37 S. 37; *Gilgan* StB 1995, 28 ff.
[195] Vgl. *Henssler* Rn. 293 ff., 312 f.; Michalski/Römermann/*Zimmermann* Rn. 153 f.; *Seibert* DB 1994, 2381 (2383 f.).
[196] Die Zulässigkeit der Beteiligung von Wirtschaftsprüfern deshalb verneinend AG Mannheim BRAK-Mitt. 1997, 93 (94) (mit abl. Anm. *Seibert*) und zuvor schon *Burret* WPK-Mitt. 1994, 201 (206 f.); so für Steuerberater auch *Mittelsteiner* DStR 1994, Beil. zu Heft 37; aA die hM, *Eggesiecker/Keuenhof* BB 1995, 2049 ff.; Michalski/Römermann/*Zimmermann* Rn. 153 ff.; *Seibert* DB 1994, 2381 (2383 f.); *Knoll/Schüppen* DStR 1995, 608 (610); *Bösert* ZAP 1994, 765 (772 f.); *Gilgan* StB 1995, 28 ff.; *Henssler* Rn. 293 ff., 312 f.und LG München I NJW 1998, 1158.
[197] Die Klarstellung in Bezug auf die Wirtschaftsprüfer war zunächst – leichter nachvollziehbar – in § 44b Abs. 1 WPO erfolgt (Gesetz vom 31.8.1998, BGBl. I S. 2600), hatte dort aber andere Zweifelsfragen ausgelöst. Deshalb entschloss sich der Gesetzgeber zu erneuter Korrektur durch entsprechende Änderung des § 43a Abs. 2 S. 1 unter gleichzeitiger Rückkehr zu § 44b Abs. 1 aF WPO (Gesetz vom 19.12.2000, BGBl. I S. 1769). Eine sachliche Änderung sollte sich damit aber nicht verbinden, Begr. RegE, BT-Drs. 14/3649 S. 24.
[198] Dazu Michalski/Römermann/*Zimmermann* Rn. 156; EBJS/*Seibert* Rn. 44 jeweils zu § 44b Abs. 1 WPO; *Henssler* Rn. 293 ff., 312 f.

gungsschranken ohne Einschränkungen mit den Grundrechten der Beteiligten vereinbar ist, ist insgesamt zweifelhaft. Jedenfalls ist **§ 59a Abs. 1 S. 1 BRAO** nach der Entscheidung des BVerfG nicht mit Art. 12 Abs. 1 GG vereinbar und daher nichtig, soweit es Rechtsanwälten untersagt wird, sich mit Ärzten und Apothekern zur Ausübung ihrer Berufe zu einer Partnerschaftsgesellschaft zusammenzuschließen.[199] Ein solches Verbot ist weder durch den Zweck der Sicherstellung der anwaltlichen Unabhängigkeit oder des (Geheimnis-)Schutz des Mandatsverhältnisses noch durch den Zweck der Vermeidung von Interessenskonflikten gerechtfertigt.[200] Eine inhaltsgleiche, auf **Steuerberater** bezogene Regelung enthält § 56 Abs. 1 StBerG. Demgegenüber wird für **Wirtschaftsprüfer** der Kreis der kompatiblen Berufe in § 44b Abs. 1 WPO durch Verweisung auf diejenigen Freien Berufe definiert, denen nach § 53 Abs. 1 Nr. 3 StPO ein Zeugnisverweigerungsrecht zusteht. Das sind neben Rechtsanwälten, Patentanwälten, vereidigten Buchprüfern, Steuerberatern und Steuerbevollmächtigten auch Ärzte, Zahnärzte und Hebammen, wobei aus der Sicht der zuletzt genannten Freien Berufe die Kompatibilität mit Wirtschaftsprüfern allerdings zu verneinen ist (→ Rn. 84).

Einer gesonderten Beurteilung bedürfen die **Anwaltsnotare.** Sie durften sich nach der bisherigen höchstrichterlichen Rechtsprechung auch in ihrer Eigenschaft als Rechtsanwälte nur mit anderen Rechtsanwälten, Steuerberatern und Kammerrechtsbeiständen (vgl. § 209 BRAO), nicht aber mit Wirtschaftsprüfern und vereidigten Buchprüfern zusammenschließen.[201] Dieses Verbot der Assoziierung ließ sich seit Erlass des § 59a Abs. 1 S. 3 BRAO[202] angesichts von dessen eindeutigem Wortlaut entgegen mehreren neueren BGH-Urteilen[203] nicht mehr aufrechterhalten, soweit es den Anwaltsnotar in seiner Funktion als Rechtsanwalt betrifft.[204] Der Gesetzgeber hat den Bedenken gegen die bisherige Praxis inzwischen durch Neuregelung der interprofessionellen Partnerschaften unter Beteiligung von Anwaltsnotaren in § 9 Abs. 2 BNotO[205] Rechnung getragen und ausdrücklich die Wirtschaftsprüfer und vereidigten Buchprüfer als kompatible Freie Berufe aufgenommen. 83

Vorschriften über die Zulässigkeit gemeinschaftlicher Berufsausübung finden sich auch im Standesrecht der **Ärzte.** Dort bestimmt § 23b der Muster-Berufsordnung der Ärzte (MBO-Ä),[206] die zu ihrer Verbindlichkeit der Umsetzung in die jeweiligen Berufsordnungen der Landesärztekammern bedarf, dass Ärzte sich mit Zahnärzten, Psychotherapeuten, Diplom-Psychologen, Sozial- und Heilpädagogen, Klinischen Chemikern sowie mit Angehörigen einer Reihe staatlich anerkannter, nicht akademischer Heilberufe wie Hebammen, Logopäden, Ergo- und Physiotherapeuten zu einer medizinischen Kooperationsgemeinschaft zusammenschließen dürfen. Demgegenüber scheidet ein Zusammenschluss mit rechts- oder steuerberatenden Berufen ua aus, soweit es um die Ausübung der Heilkunde am Menschen geht (vgl. § 23c MBO-Ä). 84

b) Sonstige. Von § 2 Abs. 1 abweichende Vorschriften über den **Namen** einer anerkannten Steuerberatungs- oder Wirtschaftsprüfungsgesellschaft finden sich in § 53 S. 2 StBerG, § 31 S. 2 WPO (→ § 2 Rn. 13). 85

An den **Inhalt des Partnerschaftsvertrags** und das Innenverhältnis der Partner können berufsrechtlich zusätzliche, über das PartGG hinausgehende Anforderungen gestellt werden.[207] Schließlich finden sich auch für die **Liquidation** einer Partnerschaft vereinzelt berufsrechtliche Sondervorschriften (→ § 10 Rn. 16). 86

V. Subsidiäre Anwendung des BGB-Gesellschaftsrechts (Abs. 4)

Die subsidiäre Verweisung auf das BGB-Gesellschaftsrecht in § 1 Abs. 4 hat rein **klarstellende** Funktion. Dessen Anwendung folgt schon daraus, dass die Partnerschaft eine Sonderform der GbR 87

---

[199] BVerfG NJW 2016, 700; nachfolgend ebenso BGH NJW 2016, 2263.
[200] Vgl. auch den Vorlagebeschluss des II. ZS des BGH NJW 2013, 2674; ferner *Kleine-Cosack* AnwBl. 2013, 570; *Ring/Vogel* MedR 2014, 876.
[201] Vgl. nur BVerfGE 80, 269 (279 ff.) = DNotZ 1989, 627 – Zulässigkeit der Verbindung auch mit Nur-Steuerberatern; BGHZ 64, 214 (217 ff.) = NJW 1975, 1414; BGHZ 75, 296 = NJW 1980, 596 – jeweils Unzulässigkeit der Verbindung mit Wirtschaftsprüfern; aA *Casper* ZIP 1996, 1501 (1503 f.); *Kornblum* NJW 1976, 8 (9 ff.); *Spielberg* WPg. 1976, 8 (10 f.).
[202] Durch Gesetz vom 2.9.1994, BGBl. I S. 2278.
[203] BGH NJW 1996, 392 f.; ZIP 1996, 1789 m. abl. Anm. *Casper* EWiR 1996, 931 – vorläufig außer Vollzug gesetzt durch BVerfG BB 1996, 2372; BGH DNotZ 1996, 916 (917) – vereidigte Buchprüfer.
[204] BVerfG NJW 1998, 2269 (2270 ff.); so zutr. auch schon KG AnwBl. 1995, 101 (102 f.) (Vorinstanz zu BGH NJW 1996, 392) und *Casper* ZIP 1996, 1501 (1502 ff.).
[205] Durch Gesetz vom 31.8.1998, BGBl. I S. 2585.
[206] Musterberufsordnung für die deutschen Ärzte von 1997, zuletzt geändert durch Beschlüsse des 114. Ärztetages 2011.
[207] Etwa die berufsrechtliche Pflicht zum Ausscheiden aus der Partnerschaft, wenn der Partner seinen Beruf in der Gesellschaft nicht mehr aktiv ausübt; ebenso wohl *Feddersen/Meyer-Landrut* Rn. 41; im Grundsatz auch *Michalski/Römermann/Zimmermann* § 3 Rn. 34.

darstellt (→ Rn. 7). Dem entspricht das ergänzende Eingreifen des Rechts der GbR, soweit das PartGG weder unmittelbar noch durch Verweisung auf das OHG-Recht Sondervorschriften enthält. Aus diesen Gründen hatte der RegE PartGG noch auf die Aufnahme einer Vorschrift nach Art des § 1 Abs. 4 verzichtet; auf Intervention des Bundesrats[208] wurde sie dann doch in die Endfassung des PartGG aufgenommen.

88 Die **Bedeutung** der ergänzenden Anwendung von BGB-Gesellschaftsrecht beschränkt sich auf wenige, freilich zentrale Bereiche. So sind die Vorschriften der §§ 705–708 BGB über den Gesellschaftsvertrag, die Beiträge und die Sorgfaltspflichten der Gesellschafter auch auf die Partnerschaft anwendbar (→ Rn. 11 f.; → § 6 Rn. 40 f.). Entsprechendes gilt für die Vorschriften der §§ 717–719 BGB über die begrenzte Übertragbarkeit der Mitgliedschaftsrechte und die gesamthänderische Bindung des Gesellschaftsvermögens (→ Rn. 7). Anstelle des Gewinnverteilungsrechts in der OHG greifen die Vorschriften der §§ 721 Abs. 2, 722 BGB ein (→ § 6 Rn. 44 ff.). Die Rechtsfolgen des Ausscheidens einzelner Partner aus der fortbestehenden Partnerschaft richten sich nach §§ 738–740 BGB, da das OHG-Recht hierfür keine Sonderregelung bereithält. Rückverweisungen auf das BGB-Gesellschaftsrecht können sich schließlich auch auf dem Weg über § 105 Abs. 3 HGB ergeben, so für das ergänzende Eingreifen von § 723 Abs. 3 BGB im Rahmen der Verweisung des § 9 Abs. 1 auf § 132 HGB (→ § 9 Rn. 7).

§ 2 PartGG Name der Partnerschaft

(1) ¹Der Name der Partnerschaft muß den Namen mindestens eines Partners, den Zusatz „und Partner" oder „Partnerschaft" sowie die Berufsbezeichnungen aller in der Partnerschaft vertretenen Berufe enthalten. ²Die Beifügung von Vornamen ist nicht erforderlich. ³Die Namen anderer Personen als der Partner dürfen nicht in den Namen der Partnerschaft aufgenommen werden.

(2) § 18 Abs. 2, §§ 21, 22 Abs. 1, §§ 23, 24, 30, 31 Abs. 2, §§ 32 und 37 des Handelsgesetzbuchs sind entsprechend anzuwenden; § 24 Abs. 2 des Handelsgesetzbuchs gilt auch bei Umwandlung einer Gesellschaft bürgerlichen Rechts in eine Partnerschaft.

Übersicht

	Rn.		Rn.
I. Einführung	1–4	5. Anforderungen des Berufsrechts	14
1. Normzweck	1–3	**III. Sonstige Namenszusätze**	15
2. Reform	4	**IV. Verweis auf das HGB-Firmenrecht**	
II. Notwendige Namensbestandteile (Abs. 1 S. 1)	5–14	**(Abs. 2)**	16–25
		1. Funktion der Verweisung	16
1. Grundsatz	5–7	2. Namenswahrheit	17–19
2. Name mindestens eines Partners	8–10	3. Namensbeständigkeit	20–22
3. Rechtsformzusatz	11	a) Grundsatz	20
4. Berufsbezeichnungen	12, 13	b) Einschränkungen	21, 22
a) Vollständigkeit	12	4. Namensausschließlichkeit	23
b) Sondervorschriften für Steuerberatungs- und Wirtschaftsprüfungsgesellschaften	13	5. Sonstige Verweisungen	24, 25
		a) Eintragungen von Amts wegen	24
		b) Unzulässiger Namensgebrauch	25

I. Einführung

1 **1. Normzweck.** Die Vorschrift des § 2 enthält in **Abs. 1** nähere Regelungen über die **Mindestanforderungen an den Namen der Partnerschaft.** Entsprechend deren Rechtsnatur als Personengesellschaft muss der Name mindestens eines Partners aufgenommen werden. Die Liberalisierung des für Handelsgesellschaften geltenden Firmenrechts (§ 18 HGB) durch die Handelsrechtsreform 1998[1] ist dabei für die Partnerschaft nur sehr eingeschränkt nachvollzogen worden (→ Rn. 4). Der in sachlicher Übereinstimmung mit § 19 Abs. 1 HGB obligatorische Rechtsformzusatz „und Partner" oder „Partnerschaft" soll auf die Art der Rechtsform hinweisen und sie im Rechtsverkehr insbesondere von der gemeinsamen Ausübung freiberuflicher Tätigkeiten in der Rechtsform der GbR abgrenzen; zu diesem Zweck wird er durch § 11 Abs. 1 für diese Rechtsform reserviert (→ Rn. 6). Eine besondere Regelung enthält § 8 Abs. 4 S. 3 für die Partnerschaft mit beschränkter Berufshaftung,

---

[208] Vgl. die Stellungnahme des BR, BT-Drs. 12/6152 S. 25 f., der befürchtete, dass das Fehlen einer Pauschalverweisung auf das HGB insoweit zu Missverständnissen führen könnte.
¹ HRefG v. 22.6.1998, BGBl. I S. 1474.

deren Name einen die Haftungsbeschränkung verdeutlichenden Zusatz (**„Part[G]mbB"**) enthalten muss (→ § 8 Rn. 46). Die Pflicht zur Angabe aller in der Partnerschaft vertretenen, dh den Gegenstand ihres Geschäftsbetriebs bildenden (→ Rn. 12 f.) Freien Berufe dient der Information des Publikums über das Angebot freiberuflicher Tätigkeiten im Rahmen der Partnerschaft.[2]

Abs. 2 Hs. 1 führt diejenigen Regelungen des **HGB-Firmenrechts** auf, die kraft Verweisung auch 2 für den Namen der Partnerschaft gelten. Der Verweisung bedarf es, weil die Partnerschaft keine Handelsgesellschaft ist und das HGB-Firmenrecht daher keine unmittelbare Anwendung findet. Auch die zusätzliche, auf die Umwandlung (Rechtsformwechsel → § 7 Rn. 11) einer GbR in eine Partnerschaft bezogene Verweisung auf § 24 Abs. 2 HGB, die sich in Abs. 2 Hs. 2 findet, erklärt sich aus Notwendigkeiten der Regelungstechnik: da die umzuwandelnde Gesellschaft bis zum Wirksamwerden der Umwandlung in der Rechtsform einer GbR besteht, bedarf es ihr gegenüber zur Geltung des § 24 Abs. 2 HGB einer besonderen, über den Hs. 1 hinausgehenden Verweisung. Die Verweisungen in Abs. 2 sind als *abschließende* gedacht; sie lassen daher keinen Raum für die analoge Anwendung derjenigen firmenrechtlichen HGB-Vorschriften ieS, die in Abs. 2 nicht erwähnt sind, darunter zB § 22 Abs. 2 HGB. Anderes gilt für die zwar im Kontext des Firmenrechts enthaltenen, jedoch nicht im engeren Sinn firmenrechtlichen Vorschriften der §§ 25–28 HGB betreffend die Haftung des Erwerbers oder des Erben eines Handelsgeschäfts oder desjenigen, der als Gesellschafter einem Handelsgeschäft beitritt. Insoweit geht es um ein allgemeines *Analogieproblem,* das sich auch in Fällen einer unternehmenstragenden GbR stellt.[3] Die Nichtaufnahme dieser Vorschriften in Abs. 2 gestattet daher nicht den Umkehrschluss, der Gesetzgeber habe ihrer Anwendung auf Partnerschaften damit einen Riegel vorschieben wollen (→ § 8 Rn. 10).[4] So kann etwa ein im Rahmen einer Geschäftsübernahme durch die Partnerschaft vereinbarter Haftungsausschluss analog **§ 25 Abs. 2 HGB** im Partnerschaftsregister eingetragen werden.[5]

Die Regelungen des § 2 Abs. 2 werden ergänzt durch die Verweisung in § 4 Abs. 1 auf die für 3 die OHG geltenden **Anmeldevorschriften** der §§ 106 Abs. 1, 108 HGB und durch diejenige in § 5 Abs. 2 auf das **Handelsregisterrecht** in §§ 8 ff. HGB (mit Ausnahme der nur für Kapitalgesellschaften geltenden Vorschriften der §§ 13e–13g HGB). Unter ihnen kommt der Verweisung auf die *Zwangsbefugnisse* des Registerrichters nach § 14 HGB sowie auf die in § 15 HGB geregelte *Registerpublizität* besondere Bedeutung zu.

2. Reform. Im Zuge des HRefG 1998 sind auch die Vorschriften des § 2 in beiden Absätzen 4 geändert worden. In Abs. 1 wurden mit Blick auf die Liberalisierung des Firmenrechts der Handelsgesellschaften die Sätze 2 und 3 angefügt (→ Rn. 8). Die Änderungen in Abs. 2 sind rein *redaktioneller* Natur; sie wurden durch die Streichung der Abs. 3 und 4 in § 19 aF HGB veranlasst. Deswegen mussten die im HGB gestrichenen Vorschriften aus der Verweisungskette des Abs. 2 entfernt und als eigenständige Regelungen in die neuen S. 2 und 3 des Abs. 1 aufgenommen werden; sachliche Änderungen sind mit diesen Umstellungen nicht verbunden.

II. Notwendige Namensbestandteile (Abs. 1 S. 1)

1. Grundsatz. Der Name der Partnerschaft dient zu ihrer **Identifikation** beim Auftreten als 5 solche im Rechtsverkehr; dieses wird nach dem Vorbild von OHG und KG durch die Verweisung des § 7 Abs. 2 auf § 124 HGB ausdrücklich zugelassen. Damit nähert sich der Name der Partnerschaft funktional weitgehend der Firma einer Personenhandelsgesellschaft an. Angesichts der ausdrücklichen Klarstellung in § 1 Abs. 1 S. 2, dass die Partnerschaft kein Handelsgewerbe ausübt, bedurfte es jedoch zur rechtlichen Gleichbehandlung ihres Namens mit der Firma der verschiedenen, in § 2 Abs. 2, § 4 Abs. 1 und § 5 Abs. 2 enthaltenen Regelungen über die entsprechende Anwendung des Firmen- und Handelsregisterrechts auf den Namen und das Eintragungsverfahren der Partnerschaft.

In sachlicher Übereinstimmung mit § 19 Abs. 1 nF HGB schreibt § 2 Abs. 1 S. 1 außer der Aufnahme 6 mindestens eines Partnernamens (→ Rn. 8) zwingend diejenige eines **Rechtsformzusatzes** in den Namen der Partnerschaft vor. Es muss daher entweder „und Partner" oder „Partnerschaft" oder „Partnerschaftsgesellschaft" hinzugesetzt werden (→ Rn. 11). Der Zusatz dient in Verbindung mit

---

[2] Begr. RegE, BT-Drs. 12/6152 S. 11.
[3] Für analoge Anwendung Staub/*Burgard* HGB § 25 Rn. 36 ff.; *K. Schmidt* HandelsR § 8 II 1a und ZHR 145 (1981), 2 (21 ff.); aA RGZ 55, 83 (85); BGHZ 22, 234 (240) = NJW 1957, 179; BGH NJW 1992, 112; Baumbach/*Hopt* HGB § 25 Rn. 2; *Hirtz* AnwBl. 2011, 48; diff. Heymann/*Emmerich* HGB § 25 Rn. 10, 10a für Minderkaufleute; *Schricker* ZGR 1972, 121 (155) und MüKoHGB/*Thiessen* § 25 Rn. 33: bei Überschreiten der Schwelle des § 1 Abs. 2 HGB durch Zukauf eines kleingewerblichen Unternehmens.
[4] IdS jetzt auch BGH NJW 2010, 3720 (321) Rn. 5; OLG München NJW 2015, 2353.
[5] OLG München NJW 2015, 2353 mit Anm. *Miras* = GmbHR 2015, 589 mit Anm. *Podewils* für den Fall einer (sukzessiven) Übernahme des Geschäftsbetriebes einer RA-GmbH durch eine Partnerschaft.

seiner Reservierung für die Partnerschaft durch § 11 Abs. 1 dazu, diese Rechtsform im Rechtsverkehr von anderen Gesellschaftsformen abzugrenzen, darunter vor allem von der GbR als der regelmäßigen Rechtsform des Zusammenwirkens in einer Personengesellschaft zur Verfolgung anderer als handelsgewerblicher Zwecke.[6] Die Partnerschaft mit beschränkter Berufshaftung muss gemäß § 8 Abs. 4 S. 3 dem Rechtsformzusatz die Bezeichnung „mit beschränkter Berufshaftung" oder „mbB" hinzufügen, darf die Rechtsform aber auch abgekürzt bezeichnen („Part[G]") (→ § 8 Rn. 46).

7   Neben dem Rechtsformzusatz verlangt Abs. 1 S. 1 weiter die Aufnahme der **Berufsbezeichnungen** der in der Partnerschaft vertretenen Berufe. Dadurch soll das Vorliegen eines Zusammenschlusses von *Freiberuflern* dokumentiert und zugleich der Verkehr über das Dienstleistungsangebot der Partnerschaft informiert werden. Der Sache nach ähnelt der Name der Partnerschaft dadurch einer gemischten Personen- und Sachfirma. Die Aufnahme und Fortführung dieser Berufsbezeichnungen unterliegt ausschließlich dem Grundsatz der *Namenswahrheit* (→ Rn. 17); auf die Namensbeständigkeit (→ Rn. 20) kann eine etwaige Fortführung nicht gestützt werden. Neben den Vorgaben des Abs. 1 S. 1 zur Berufsbezeichnung sind nach § 1 Abs. 3 namentlich auch die jeweils einschlägigen *berufsrechtlichen Vorgaben* zu beachten (→ Rn. 14).[7]

8   **2. Name mindestens eines Partners.** Zwingendes Erfordernis bei der erstmaligen Bildung des Partnerschaftsnamens ist die Aufnahme des **Familiennamens** mindestens eines der selbst als Freiberufler in der Partnerschaft tätigen Partner.[8] Die Beifügung des oder der Vornamen(s) ist nach Abs. 1 S. 2 nicht erforderlich, aber auch nicht ausgeschlossen. Welche der Namen die Partner in den Namen der Partnerschaft aufnehmen wollen und ob sie sich mit *einem* Namen begnügen oder die Namen mehrerer bzw. aller Partner verwenden wollen, unterliegt vorbehaltlich der durch Abs. 2 iVm § 30 HGB gezogenen, der Namensunterscheidbarkeit dienenden Grenzen (→ Rn. 23) allein ihrer Entscheidung. Vorbehaltlich eines Pseudonyms (→ Rn. 9) muss es sich jedoch um den aus dem Personenstandsregister zu entnehmenden bürgerlichen Namen des oder der Partner(s) handeln.[9] Die Zusammensetzung von Familiennamen zu einem Wort ist unzulässig, da hierdurch der Eindruck eines (Familien-)Namens erweckt wird.[10] Die Aufnahme der Namen *anderer* Personen als der Partner in den Namen der Partnerschaft ist entsprechend § 19 Abs. 4 aF HGB durch Abs. 1 S. 3 ausgeschlossen.

9   Die Wahl eines **Berufs- oder Künstlernamens (Pseudonym)** an Stelle des Familiennamens ist mit der inzwischen wohl schon hM zum kaufmännischen Firmenrecht zuzulassen.[11] Mangels Eintragung im Personenstandsregister ist freilich zur Identifikation erforderlich, dass das Pseudonym in den beteiligten Verkehrskreisen die betreffende Person kennzeichnet.[12] Auf dessen Eintragung im Personalausweis des Künstlers kommt es nicht an.[13]

10 Zur Frage **missbräuchlicher Namensverwendung** ist auf die zu § 19 Abs. 1 aF HGB anerkannten Grundsätze zu verweisen. Eine solche liegt jedenfalls dann vor, wenn der Namensgeber sich nur *zum Schein*, um der Partnerschaft auch ohne eigene Mitarbeit die Verwendung seines Namens zu ermöglichen, als Partner ausgibt.[14] Dagegen ist die vorübergehende Beteiligung eines Freiberuflers mit bekanntem Namen an der Partnerschaft nicht allein deshalb unwirksam, weil sein Ausscheiden einige Zeit nach Eintragung der Partnerschaft von Anfang an geplant ist und sein Beitrag sich außer der vorübergehenden Mitwirkung an den von der Partnerschaft erbrachten freiberuflichen Aktivitäten im Wesentlichen in der Einbringung seines Namens erschöpft.[15] Im Einzelnen können sich hier freilich Schranken aus §§ 3, 5 UWG iVm § 37 HGB ergeben.[16]

---

[6] So zutr. BGHZ 135, 257 (259) = NJW 1997, 1854.
[7] Eingehend Michalski/Römermann/*Zimmermann* Rn. 34 ff.; *Henssler* Rn. 41 ff.
[8] De lege ferenda krit. zum Festhalten an dem Namenserfordernis trotz des Verzichts hierauf in § 19 Abs. 1 nF HGB *Seibert* EWiR 2001, 287 (288).
[9] Die Namensbildung aus dem Geburtsnamen der einen Doppelnamen führenden Partnerin deshalb abl. OLG Karlsruhe NJW 1999, 2284 f.
[10] OLG Frankfurt FGPrax 2008, 167; Westermann/*Wertenbruch* PersGesR-HdB Rn. I 202.
[11] Staub/*Burgard* HGB § 18 Rn. 56; MüKoHGB/*Heidinger* HGB § 18 Rn. 70; Heymann/*Emmerich* HGB § 19 Rn. 5; *Heinrich,* Firmenwahrheit und Firmenbeständigkeit, 1981, S. 116 f.; sowie zur Parallelvorschrift des § 4 GmbHG Ulmer/Habersack/*Löbbe*/*Heinrichs* GmbHG § 4 Rn. 22 und Scholz/*Emmerich* GmbHG § 4 Rn. 31, 36 ff.; so auch Michalski/Römermann/*Zimmermann* Rn. 8. AA KG OLG 40 (1920), 178; JW 1939, 423; BayObLG NJW 1954, 1933; *Wellmann* GmbHR 1972, 193, dort Fn. 2.
[12] Ebenso *Henssler* Rn. 7 und jetzt auch OLG Frankfurt NJW 2003, 364 (365).
[13] OLG Frankfurt NJW 2003, 364 (365); ebenso MWHLW/*Meilicke* Rn. 2a.
[14] Begr. RegE, BT-Drs. 12/6152 S. 11; MWHLW/*Meilicke* Rn. 3; weitergehend wohl Michalski/Römermann/*Zimmermann* Rn. 62 und § 1 Rn. 13, der aber auch verlangt, dass Berufsausübung bei Aufnahme intendiert war oder jedenfalls als möglich angesehen wurde.
[15] MWHLW/*Meilicke* Rn. 40 f.; Michalski/Römermann/*Zimmermann* Rn. 94; aA *Stuber* WiB 1994, 705 (706); *Kupfer* KÖSDI 1995, 10 130, 10 132.
[16] *Knoll*/*Schüppen* DStR 1995, 608 (611); Michalski/Römermann/*Zimmermann* Rn. 94 ff.; MWHLW/*Meilicke* Rn. 41, 54.

3. Rechtsformzusatz. Aus den in → Rn. 6 genannten Gründen ist der Rechtsformzusatz in **11** Abs. 1 S. 1 **zwingend** angeordnet, wobei den Beteiligten regelmäßig die Wahl zwischen den Zusätzen „und Partner" (auch „& Partner"[17]), „Partnerschaft" verbleibt, bei der Partnerschaft mit beschränkter Berufshaftung können zusätzlich auch „Part" und „PartG" gewählt werden. Auch der gesetzlich bislang nicht explizit vorgesehene Zusatz „Partnerschaftsgesellschaft" ist zulässig, wie die von § 8 Abs. 4 S. 3 zugelassene Abkürzung „PartG" inzwischen indirekt bestätigt; er hatte sich schon zuvor durchgesetzt.[18] Sind freilich die Namen sämtlicher Partner in den gemeinsamen Namen aufgenommen, so würde der Zusatz „und Partner" den irreführenden Eindruck einer über die Namensgeber hinausgehenden Zahl von Partnern hervorrufen; in diesem Fall reduziert sich die Wahl daher ausnahmsweise auf den Zusatz „Partnerschaft".[19] Sonstige Zusätze wie „Co." oder „Cie.", wie sie im Handelsverkehr üblich waren, sind durch die eindeutige Regelung des Abs. 1 S. 1 im Interesse der Namensklarheit ausgeschlossen.[20] Entsprechendes ist aber auch für gegenüber S. 1 abgewandelte Zusätze wie „Part" oder „PartG" geboten,[21] zumal diese gemäß § 8 Abs. 4 S. 3 ausdrücklich für die Partnerschaft mit beschränkter Berufshaftung reserviert ist.[22] Zu den Übergangsvorschriften des § 11 Abs. 1 S. 2 und 3 für Gesellschaften anderer Rechtsform, die vor dem 1.7.1995 den Zusatz „Partnerschaft" oder „und Partner" in ihrem Namen (ihrer Firma) führten, → § 11 Rn. 6 ff.

4. Berufsbezeichnungen. a) Vollständigkeit. Der Name der Partnerschaft muss nach Abs. 1 **12** S. 1 die Bezeichnung sämtlicher in ihr „vertretenen" Freien Berufe enthalten (zu Ausnahmen → Rn. 13). Gibt es berufsrechtlich vorgegebene Bezeichnungen, so sind diese zu verwenden. Zu Recht wird das Vollständigkeitsgebot dahin eingeschränkt, dass es um die Angabe der im Rahmen der Partnerschaft **ausgeübten**, nach § 3 Abs. 2 Nr. 3 den Gegenstand der Partnerschaft bildenden **Freien Berufe** geht.[23] Die Beteiligung eines Rechtsanwalts oder Arztes an einer Partnerschaft, der im Nebenberuf, außerhalb der Partnerschaft, als Journalist, Übersetzer oÄ tätig ist, führt nicht zur Erweiterung der Berufsangaben im Namen der Partnerschaft.[24] Aus diesem Grund ist die Aufnahme der Berufsbezeichnungen „Arzt und Apotheker" problematisch, wenn nicht diese Berufe ausgeübt werden sollen, sondern lediglich eine gemeinsame Beratungstätigkeit beabsichtigt ist, zumal Apothekerleistungen, erst recht im Verbund mit Arztleistungen, nicht zulässigerweise in einer Partnerschaft erbracht werden dürfen (§ 8 ApoG); man wird die Angabe daher als irreführend anzusehen haben (→ Rn. 17 f.), so dass der Zusatz „Beratung" angezeigt gewesen wäre.[25] Zur Rechtsfolge eines im späteren Verlauf eingeschränkten Berufsangebots für den Namen der Partnerschaft → Rn. 18.

b) Sondervorschriften für Steuerberatungs- und Wirtschaftsprüfungsgesellschaften. Sie **13** finden sich in den durch Art. 7, 8 PartGG 1994 geänderten § 53 S. 2 StBerG, § 31 S. 2 WPO. Danach entfällt für als solche *anerkannte* Steuerberatungs- und Wirtschaftsprüfungsgesellschaften, die in der Rechtsform einer Partnerschaft betrieben werden, die Pflicht zur Angabe der Berufsbezeichnungen der andere Berufe ausübende Partner. Es genügt die Bezeichnung Steuerberatungs- oder Wirtschaftsprüfungsgesellschaft bzw. eine Kombination aus diesen beiden Angaben, auch wenn die Partnerschaft darüber hinaus in zulässiger Weise andere Arten freiberuflicher Tätigkeit wie Rechtsberatung oÄ zum Gegenstand hat. Die Ausnahmevorschrift ist sachlich wenig überzeugend und aus Gründen der Gleichbehandlung (Art. 3 GG) nicht unproblematisch. Sie ist jedenfalls eng auszulegen und findet im Fall von „einfachen" Steuerberatungs- und Wirtschaftsprüfungsgesellschaften keine Anwendung. Daher reicht auch die Beteiligung einzelner Wirtschaftsprüfer oder Steuerberater an einer im Übrigen aus Angehörigen anderer Freier Berufe bestehenden Partnerschaft nicht aus, um

---

[17] Näher *Henssler* Rn. 10; für Zulässigkeit auch BayObLG DB 2003, 1504 (1505); Michalski/Römermann/*Zimmermann* Rn. 18; EBJS/*Seibert* Rn. 3; hM.
[18] MHdB GesR I/*Salger* § 32 Rn. 18; Michalski/Römermann/*Zimmermann* Rn. 14; MWHLW/*Meilicke* Rn. 4; *Leuering* NZG 2013, 1001 (1002).
[19] Ganz hM, vgl. MWHLW/*Meilicke* Rn. 4; Michalski/Römermann/*Zimmermann* Rn. 15. Zur Parallelvorschrift des § 19 Abs. 1 aF HGB vgl. Staub/*Hüffer* 4. Aufl. Rn. 21; Heymann/*Emmerich* Rn. 9.
[20] Ebenso MWHLW/*Meilicke* Rn. 4 und 10.
[21] Ebenso EBJS/*Seibert* Rn. 3; MHdB GesR I/*Salger* § 38 Rn. 18; aA – „PartG" ist zulässig – MWHLW/*Meilicke* Rn. 4; Michalski/Römermann/*Zimmermann* Rn. 12.
[22] AA Michalski/Römermann/*Zimmermann* Rn. 13; wohl auch MWHLW/*Meilicke* Rn. 4.
[23] Ganz hM, vgl. *Henssler* Rn. 14; Michalski/Römermann/*Zimmermann* Rn. 32 f.; MWHLW/*Meilicke* Rn. 5; *Mahnke* WM 1996, 1029 (1033); aA noch *Jürgenmeyer* BRAK-Mitt. 1995, 143 (144).
[24] Ähnlich MWHLW/*Meilicke* Rn. 5; aA MHdB GesR I/*Salger* § 38 Rn. 19.
[25] Anders anscheinend LG Essen GesR 2009, 557, wo das Namensproblem aber nicht diskutiert wird – Arzt und Mediziner können sich zu medizinischer und ärztlicher Beratungstätigkeit zu einer Partnerschaft zusammenschließen.

für diese auf das Gebot vollständiger Angabe der Berufsbezeichnungen im Partnerschaftsnamen zu verzichten.[26]

14   **5. Anforderungen des Berufsrechts.** Soweit das Berufsrecht zusätzliche oder von § 2 Abs. 1 abweichende Anforderungen an das Namensrecht der Partnerschaft stellt, sind diese entsprechend der Vorrangregel des § 1 Abs. 3 zu beachten. So sind Anwaltsnotare nur in ihrer Funktion als Rechtsanwalt partnerschaftsfähig. Dementsprechend scheidet eine Aufnahme der Berufsbezeichnung „Notar" in den Namen von interprofessionellen oder Anwaltspartnerschaften aus;[27] sie darf aber auf Briefkopf und Praxisschild geführt werden.[28] Für Ärzte schreibt § 17 Abs. 4 MBO-Ä[29] vor, dass auf dem Praxisschild die Namen aller behandelnden Ärzte aufzuführen sind. Dieses Erfordernis bezieht sich auch auf die zu einer Partnerschaft zusammengeschlossenen Ärzte; es berührt jedoch nicht die Namensbildung der Partnerschaft, für die es unverändert bei § 2 Abs. 1 bleibt. Entsprechendes gilt für ein etwaiges standesrechtliches Gebot, die Namen aller Gesellschafter einer Rechtsanwaltssozietät im Briefkopf anzuführen.

III. Sonstige Namenszusätze

15   Sonstige, nicht zu den Mindestanforderungen des Abs. 1 S. 1 gehörende Namenszusätze sind **grundsätzlich zulässig,** soweit sich damit nicht eine Irreführung des Verkehrs oder eine sonstige Verkehrsverwirrung verbindet.[30] Es gelten die allgemeinen, insbesondere zu § 18 HGB entwickelten Grundsätze.[31] Unschädlich ist danach etwa die zusätzliche Aufnahme von Vornamen oder des Geburtsnamens eines kraft Heirat einen anderen Namen tragenden Partners, ferner Künstlernamen und Akademische Grade, aber auch die Aufnahme geographischer oder auf die Herkunft der Partnerschaft oder ihren früheren Namen hinweisender Zusätze oÄ. Mit Rücksicht auf die Unterscheidbarkeit des Namens (§ 2 Abs. 2 iVm § 30 HGB) oder zur Vermeidung einer ansonsten bestehenden, mit §§ 5, 15 MarkenG unvereinbaren Verwechslungsgefahr kann sich die Aufnahme eines Zusatzes sogar als notwendig erweisen. Wegen der Kasuistik wird auf die HGB-Kommentare zum Firmenrecht verwiesen.[32]

IV. Verweis auf das HGB-Firmenrecht (Abs. 2)

16   **1. Funktion der Verweisung.** Die Verweisung auf die in Abs. 2 angeführten Vorschriften des HGB soll sicherstellen, dass die für das Firmenrecht geltenden Vorschriften und Grundsätze der Firmenwahrheit, der Firmenbeständigkeit und der Firmenausschließlichkeit auch für den Namen der Partnerschaft beachtet werden. Mit dieser Regelungstechnik soll ein weitgehender **Gleichklang des Namensrechts der Partnerschaft mit dem HGB-Firmenrecht** erreicht werden; dementsprechend ist auch für die Auslegung der in Bezug genommenen Vorschriften grundsätzlich auf die einschlägigen Erläuterungen in den HGB-Kommentaren zu verweisen. Allerdings dürfen dabei die Besonderheiten des Partnerschafts-Namensrechts nicht außer Betracht bleiben: So reicht der Grundsatz der Beständigkeit der Firma bzw. des Namens nicht so weit, der Partnerschaft die unveränderte Fortführung der Berufsbezeichnungen unabhängig von tatsächlich eingetretenen Änderungen zu gestatten (→ Rn. 18). Zur Beschränkung der Verweisung auf die in Abs. 2 angeführten Vorschriften und zur Frage analoger Anwendung des nicht in die Verweisung einbezogenen sonstigen HGB-Firmenrechts → Rn. 2.

17   **2. Namenswahrheit.** Der Grundsatz der Firmenwahrheit gehört – vorbehaltlich seiner Modifikation durch den Grundsatz der Firmenbeständigkeit bei späteren Änderungen – zu den tragenden

---

[26] Begr. RegE, BT-Drs. 12/6152 S. 10; zweifelnd MHdB GesR I/*Salger* § 38 Rn. 20 unter Hinweis auf BGHZ 127, 83 (87 ff.) = NJW 1995, 529.
[27] Zur umstr. Zulässigkeit einer Partnerschaft zwischen Nur-Notaren demgegenüber → § 1 Rn. 80.
[28] Begr. RegE, BT-Drs. 12/6152 S. 10; ebenso *Henssler* Rn. 14; EBJS/*Seibert* Rn. 6; krit. zu dieser Differenzierung Michalski/Römermann/*Zimmermann* Rn. 29.
[29] Musterberufsordnung für die deutschen Ärzte von 1997, zuletzt geändert durch Beschluss des Vorstands der Bundesärztekammer vom 24.11.2006.
[30] Unzulässig danach der Zusatz „Institut" für Ärzte-Partnerschaft, weil den Eindruck einer Einrichtung der öffentlichen Hand hervorrufend (so OLG Frankfurt DB 2001, 1664 – zweifelhaft), nicht aber der Zusatz „Gemeinschaftspraxis" (OLG Schleswig DB 2003, 552: in Verbindung mit Partnerschafts-Zusatz keine Verwechslungsgefahr mit GbR). Für Zulässigkeit der Fantasiebezeichnung „artax" im Partnerschaftsnamen zu Recht OLG Karlsruhe EWiR § 2 PartGG 1/01, 287.
[31] Staub/*Burgard* HGB § 18 Rn. 34 ff., § 19 Rn. 7; Heymann/*Emmerich* HGB § 18 Rn. 14 ff., § 19 Rn. 3; Baumbach/*Hopt* HGB § 18 Rn. 9 ff.; MüKoHGB/*Heidinger* § 18 Rn. 38 ff.
[32] Insbes. Staub/*Burgard* HGB § 18 Rn. 7 ff.; Baumbach/*Hopt* HGB § 18 Rn. 4 ff.

Pfeilern des HGB-Firmenrechts.³³ Durch die Verweisung des Abs. 2 auf §§ 18 Abs. 2, 23 HGB wird er in vollem Umfang auf das Namensrecht der Partnerschaft ausgedehnt. Von Bedeutung ist dabei besonders die Verweisung auf das **Verbot täuschender Zusätze in § 18 Abs. 2 HGB**. Es steht sowohl der Aufnahme solcher Zusätze bei erstmaliger Namensbildung als auch ihrer Beibehaltung bei späteren namensrechtlich relevanten Änderungen entgegen. Zur Einschränkung des Grundsatzes der Namenswahrheit durch denjenigen der Namensbeständigkeit in Bezug auf den oder die im Partnerschaftsnamen enthaltenen *Familiennamen von ausscheidenden oder inaktiven Partnern* → Rn. 20.

Im Hinblick auf die Anforderungen des § 2 Abs. 1 an die Bildung des Partnerschaftsnamens **18** gewinnt das Verbot täuschender Zusätze Bedeutung vor allem für die im Namen enthaltenen **Berufsbezeichnungen** im Fall *späterer Änderungen bei den in der Partnerschaft vertretenen freien Berufen*. Schrumpft die Angebotspalette der Partnerschaft, so hat das notwendig auch eine Streichung der betroffenen Berufsbezeichnungen in ihrem Namen zur Folge;³⁴ auch der Grundsatz der Namensbeständigkeit (→ Rn. 20) gestattet hiervon keine Ausnahme. Demgegenüber folgt bei Ausweitung der Angebotspalette die Pflicht zur Aufnahme der zusätzlichen Berufsbezeichnungen unmittelbar aus Abs. 1 S. 1: Das Vollständigkeitsgebot gilt nicht nur bei Errichtung der Partnerschaft, sondern auch im Fall späterer Änderungen.³⁵

Die weitere in Abs. 2 enthaltene Verweisung auf **§ 23 HGB**, dh das **Verbot der sog Leerübertra- 19 gung der Firma** ohne das dazugehörige Handelsgeschäft, betrifft zwar ebenfalls einen Aspekt des in § 18 Abs. 2 HGB enthaltenen Täuschungsverbots. Jedoch lässt sich dieses Verbot gerade im Fall von Partnerschaften, angesichts der bei ihnen im Mittelpunkt stehenden *persönlichen* Berufstätigkeit der Partner, verhältnismäßig leicht umgehen. Denn wird entweder das Geschäft der Partnerschaft von dieser veräußert oder scheiden sämtliche bisherigen Partner aus der Partnerschaft aus, dh verbindet sich mit der Veräußerung ein *Wechsel aller Partner*, so darf nach Abs. 2 iVm §§ 22 Abs. 1, 24 Abs. 1 HGB gleichwohl der bisherige Name der Partnerschaft fortgeführt werden. Da indessen in der Tätigkeit der Partner, nicht aber in den von ihr benutzten Geschäftsräumen oder der Büroausstattung, das entscheidende, sie von gleichartigen freiberuflichen Unternehmen unterscheidende Kennzeichen des Geschäftsbetriebs zu sehen ist, eröffnet ein solches Vorgehen letztlich die zwar legale, jedoch problematische Möglichkeit einer Leerübertragung des Namens der Partnerschaft.³⁶

3. Namensbeständigkeit. a) Grundsatz. Der Namensbeständigkeit unter Einschränkung des **20** Grundsatzes der Namenswahrheit dient die Verweisung in Abs. 2 auf die Vorschriften der **§§ 21, 22 Abs. 1, 24 HGB**. Es geht um die Fälle der Änderung des Familiennamens des (oder eines) namensgebenden Partners (§ 21 HGB), der dauernden Veräußerung des Geschäfts der Partnerschaft an einen Dritten (§ 22 Abs. 1 HGB) sowie des Eintritts von sonstigen Änderungen in der Beteiligung eines namensgebenden Partners, insbesondere seinem Ausscheiden oder Tod bei Fortbestand der Partnerschaft (§ 24 HGB). In allen diesen Fällen gestattet es die Verweisung, dass im Namen der Partnerschaft nach dem Vorbild des Firmenrechts der oder die Namen bisheriger Partner beibehalten werden.³⁷ In der instanzgerichtlichen Rechtsprechung ist dieser Grundsatz auf den Rechtsformzusatz in der Weise erstreckt worden, dass der Namenszusatz „und Partner" auch nach dem Ausscheiden des einzigen im Partnerschaftsnamen nicht genannten Gesellschafters fortgeführt werden dürfe.³⁸ Dem ist nicht zu folgen; denn der Rechtsformzusatz müsste bei einer Neugründung in einem solchen Fall „Partnerschaft" lauten (→ Rn. 11). Auch nachträgliche Änderung des Rechtsformzusatzes in „Partnerschaft" erscheint nicht unzumutbar, zumal sich der Grundsatz der Firmenbeständigkeit wegen des erheblichen Irreführungspotentials prinzipiell nicht auf Rechtsformzusätze erstreckt (§ 19 Abs. 1 HGB).³⁹ Im Fall der Veräußerung oder des Ausscheidens steht die Namensfortführung unter dem Vorbehalt, dass der Namensgeber oder seine Erben mit der Weiterverwendung des Namens einverstanden sind (§§ 22 Abs. 1, 24 Abs. 2 HGB). Die auf die *Umwandlung* einer GbR in eine Partnerschaft bezogene zusätzliche Verweisung in Abs. 2 Hs. 2, dehnt die Geltung des § 24 HGB über die Partnerschaft hinaus auf die bis zur Umwandlung bestehende GbR aus (→ Rn. 2). Ein im GbR-Gesellschaftsvertrag erteiltes Einverständnis mit der Namensfortführung erstreckt sich im Zweifel auch auf die durch Rechtsformwechsel entstandene Partnerschaft.⁴⁰

---

³³ S. nur *K. Schmidt* HandelsR § 12 III 1a; Heymann/*Emmerich* HGB § 18 Rn. 1a; ausf. dazu *Lindacher* DB 1977, 1676.
³⁴ Begr. RegE, BT-Drs. 12/6152 S. 12; Michalski/Römermann/*Zimmermann* Rn. 63, 66; *Hornung* Rpfleger 1995, 481 (485); *Krieger* MedR 1995, 95 (96) für Fachgebietsbezeichnungen bei Ärzten.
³⁵ Begr. RegE, BT-Drs. 12/6152 S. 12; Michalski/Römermann/*Zimmermann* Rn. 63.
³⁶ Ebenso MWHLW/*Meilicke* Rn. 25 f.
³⁷ Ebenso *Henssler* Rn. 23 ff.; Michalski/Römermann/*Zimmermann* Rn. 74 ff., 80 ff.
³⁸ OLG Celle NZG 2008, 866 (867); aA Westermann/*Wertenbruch* PersGesR-HdB Rn. I 202b wegen Irreführung über die Zahl der haftenden Gesellschafter.
³⁹ Dazu Staub/*Burgard* HGB § 24 Rn. 46.
⁴⁰ Ebenso BGH NJW 2002, 2093; BayObLG NJW 1998, 1157; OLG München NZG 2000, 367.

21 **b) Einschränkungen.** Eine *gesetzliche* Einschränkung gegenüber dem Grundsatz der Firmenbeständigkeit folgt für den Namen der Partnerschaft daraus, dass Abs. 2 die Regelung des § 22 Abs. 2 HGB über die Firmenfortführung im Falle **vorübergehender Überlassung** des Geschäfts im Wege des Nießbrauchs, eines Pachtvertrags oÄ bewusst aus der Verweisung ausnimmt. Die Regierungsbegründung[41] stützt sich hierfür auf das Fehlen eines Bedürfnisses, die bloße Nutzungsüberlassung von Partnerschaften namensrechtlich zu fördern. Sachlich leuchtet diese Einschränkung gegenüber dem Fall dauernder Veräußerung schon deshalb wenig ein, weil gerade die nur vorübergehende Überlassung zum späteren Rückfall des Geschäftsbetriebs an die Partnerschaft führt; in derartigen Fällen läge die Beibehaltung des bisherigen Namens daher umso näher als bei dauernder Veräußerung. Sollte mit der Einschränkung jedoch bestimmten berufsrechtlichen Vorbehalten gegenüber der Verpachtung oÄ eines freiberuflichen Geschäfts Rechnung getragen werden,[42] so ist es nach der in § 1 Abs. 3 zum Ausdruck kommenden Regelungssystematik Sache nicht des PartGG, sondern des einschlägigen Berufsrechts, entsprechende Schranken aufzurichten.[43]

22 Auf eine weitere Einschränkung lässt die Regierungsbegründung zu Abs. 2 schließen, wenn es dort heißt, die entsprechend §§ 22 Abs. 1, 24 HGB zugelassene Fortführung des Namens des Partners, „der bisher für den ausgeübten Beruf stand", stehe unter dem Vorbehalt, dass der von der genannten Person ausgeübte Beruf auch zukünftig in der Partnerschaft vertreten ist.[44] In der Tat mag es Fälle geben, in denen ein *Partnername ausnahmsweise so eng mit einer bestimmten Berufsausübung verknüpft* ist, dass aus seiner Beibehaltung nach dem Ausscheiden des Namensträgers und der damit verbundenen Aufgabe dieses Berufszweigs durch die Partnerschaft eine **Täuschung des Publikums** über die tatsächliche Berufsausübung zu befürchten ist. Man denke etwa an einen überregional bekannten Rechtsanwalt, der unter seinem Namen eine Partnerschaft mit zwei oder mehr Steuerberatern betrieben hat und nach dessen Tod die Partnerschaft sich auf die Steuerberatung konzentriert. Indessen wird der Gefahr einer Täuschung in derartigen Fällen regelmäßig schon dadurch vorgebeugt, dass die Berufsbezeichnungen im Namen der Partnerschaft entsprechend zu berichtigen sind, so dass es einer Einschränkung des § 24 Abs. 1 HGB durch das Täuschungsverbot des § 18 Abs. 2 HGB in der Regel nicht bedarf.[45] Die Regierungsbegründung verdient daher allenfalls in besonders gelagerten Extremfällen Beachtung.

23 **4. Namensausschließlichkeit.** Die Notwendigkeit hinreichender Unterscheidungskraft des Partnerschaftsnamens ergibt sich aus der Verweisung in Abs. 2 auf **§ 30 HGB**. Sie beschränkt sich nicht auf das Verhältnis zu anderen Partnerschaften gleichen Namens am selben Ort, sondern bezieht auch verwechslungsfähige Personenfirmen von *Unternehmen anderer Rechtsform* ein; der unterschiedliche Rechtsformzusatz reicht als Unterscheidungsmerkmal regelmäßig nicht aus.[46] Als derartiger Zusatz kommt vorrangig die Beifügung der Vornamen der namengebenden Partner, ggf. auch die Beifügung unterscheidungskräftiger Sachzusätze in Betracht.[47] Auch die jeweiligen Berufsbezeichnungen wird man als ausreichenden Zusatz iSv § 30 Abs. 2 HGB werten können, jedenfalls wenn sie klar abgrenzbare, eindeutig unterscheidbare Berufsfelder betreffen.[48]

24 **5. Sonstige Verweisungen. a) Eintragungen von Amts wegen.** In die Verweisung des Abs. 2 einbezogen sind auch die beiden Regelungen der §§ 31 Abs. 2, 32 HGB, in denen das Gesetz ausnahmsweise ein Tätigwerden des Registergerichts von Amts wegen anordnet. Unter ihnen ist die auf die **Insolvenz** des Firmeninhabers bezogene Vorschrift des **§ 32 HGB** die wichtigere. Sie ordnet ein Tätigwerden des Registergerichts in allen wesentlichen, zu eintragungspflichtigen Tatsachen führenden Etappen des Insolvenzverfahrens an, dh bei Verfahrenseröffnung, bei Aufhebung des Eröffnungsbeschlusses sowie bei Einstellung oder Aufhebung des Verfahrens. Entsprechendes gilt nach Abs. 2 iVm **§ 31 Abs. 2 HGB** auch für den Fall des **Erlöschens** des eingetragenen Namens der Partnerschaft, wenn dessen Anmeldung durch die hierzu Verpflichteten nicht auf dem Wege

---

[41] BT-Drs. 12/6152 S. 12.
[42] So *Wollny*, Unternehmens- und Praxisübertragungen, 3. Aufl. 1994, Rn. 2072.
[43] So im Ergebnis auch Michalski/Römermann/*Zimmermann* Rn. 77 – ausführlicher in der 1. Aufl.
[44] BT-Drs. 12/6152 S. 12.
[45] Ebenso Michalski/Römermann/*Zimmermann* Rn. 65; aA *Henssler* Rn. 28 ff., 33 f.
[46] Ganz hM, vgl. grdl. RGZ 104, 341 (342); so auch KG JW 1933, 117 (118); BGH NJW 1959, 1081; BGHZ 46, 7 (12) = NJW 1966, 1813 mit Anm. *Jansen*; BayObLGZ 1954, 203 (209); 1966, 337 (343); BayObLG DNotZ 1969, 384 (385); OLG Frankfurt BB 1973, 676; Staub/*Burgard* HGB § 30 Rn. 31; Heymann/*Emmerich* HGB § 30 Rn. 17; MüKoHGB/*Heidinger* HGB § 30 Rn. 10; ausf. *Aschenbrenner*, Die Firma der GmbH & Co. KG, 1976, S. 43 ff. mwN.
[47] Begr. RegE, BT-Drs. 12/6152 S. 12; enger wohl Michalski/Römermann/*Zimmermann* Rn. 67.
[48] Als nicht ausreichend angesehen wurde der Zusatz „Anwaltssozietät", OLG Braunschweig AnwBl. 1998, 161.

über § 5 Abs. 2 iVm § 14 HGB, dh durch Festsetzung von Zwangsgeld herbeigeführt werden kann. Der Partnerschaftsname erlischt, wenn der Geschäftsbetrieb der Partnerschaft nicht nur vorübergehend eingestellt oder ohne das Recht zur Namensfortführung veräußert wird; damit entfällt das Recht zu seiner Fortführung.[49]

b) Unzulässiger Namensgebrauch. Den Zugang zu den Rechtsbehelfen gegen unbefugten Gebrauch eines Partnerschaftsnamens eröffnet die Verweisung des Abs. 2 auf **§ 37 HGB**. Nach dessen Abs. 1 ist das **Registergericht** von Amts wegen befugt, unter Festsetzung von Ordnungsgeld gegen den unberechtigten Gebrauch einzuschreiten. Darauf, ob der Name von Anfang an unberechtigt war oder es auf Grund späterer Änderungen wurde, kommt es für das gerichtliche Vorgehen nicht an. Das Verfahren richtet sich nach §§ 388–392 FamFG. **Privaten Klägern,** die durch den unbefugten Gebrauch in ihren Rechten verletzt werden, eröffnet § 37 Abs. 2 HGB den Weg der Unterlassungsklage gegen die namenstragende Partnerschaft. 25

§ 3 PartGG Partnerschaftsvertrag

(1) Der Partnerschaftsvertrag bedarf der Schriftform.

(2) Der Partnerschaftsvertrag muß enthalten
1. den Namen und den Sitz der Partnerschaft;
2. den Namen und den Vornamen sowie den in der Partnerschaft ausgeübten Beruf und den Wohnort jedes Partners;
3. den Gegenstand der Partnerschaft.

Übersicht

	Rn.		Rn.
I. Einführung	1–4	1. Überblick	14, 15
1. Normzweck	1, 2	2. Name und Sitz der Partnerschaft (Nr. 1)	16–19
2. Kritik	3, 4	a) Name	16
II. Schriftform (Abs. 1)	5–13	b) Sitz	17–19
1. Grundsatz	5, 6	3. Name, Vorname, ausgeübter Beruf und	
2. Rechtsfolgen eines Formmangels	7–13	Wohnort jedes Partners (Nr. 2)	20, 21
a) Bei Gründung der Partnerschaft	7–10	4. Gegenstand der Partnerschaft (Nr. 3)	22, 23
b) Bei späteren Vertragsänderungen	11–13	IV. Sonstige Vertragsbestandteile	24, 25
III. Notwendige Vertragsbestandteile (Abs. 2)	14–23	V. Vorbehalt des Berufsrechts	26

I. Einführung

1. Normzweck. Die Vorschrift begründet in **Abs. 1** das Erfordernis gesetzlicher **Schriftform** (§ 126 BGB) für den Partnerschaftsvertrag. Nach der Regierungsbegründung[1] soll dieses Erfordernis nicht der – mit der Schriftform häufig verfolgten[2] – Warnung der Vertragspartner oder einer Kontrolle des fraglichen Rechtsgeschäfts durch eine Aufsichtsinstanz dienen, sondern ausschließlich **Beweisfunktion** haben. Seine Bedeutung wird weiter dadurch eingeschränkt, dass die Beweisfunktion sich nur auf das *Innenverhältnis* der Beteiligten bezieht. Denn der Partnerschaftsvertrag bildet ungeachtet des § 3 Abs. 2 ein *Internum* der Partner; er ist weder der Anmeldung der Partnerschaft zum Register beizufügen noch im Regelfall dem Registergericht gegenüber offenzulegen (→ §§ 4, 5 Rn. 2, 15). Ungeachtet der eingeschränkten Funktion der Vorschrift führt die Nichteinhaltung der Schriftform nach § 125 BGB zur Nichtigkeit des Partnerschaftsvertrags, soweit nicht entweder die Umdeutung in den formfrei wirksamen Gesellschaftsvertrag einer GbR in Betracht kommt oder die Grundsätze über fehlerhafte Gesellschaftsverträge eingreifen (→ Rn. 7 ff.). 1

Abs. 2 legt mit den in Nr. 1–3 genannten Angaben den gesetzlichen **Mindestinhalt des Partnerschaftsvertrags** fest. Die Vorschrift darf freilich nicht darüber hinwegtäuschen, dass auf Grund der Verweisung in § 1 Abs. 4 jedenfalls auch der für Gesellschaftsverträge der GbR erforderliche, die essentialia negotii umfassende Mindestinhalt nach § 705 BGB zu beachten ist (→ § 1 Rn. 7). Daraus folgt die Notwendigkeit von Vereinbarungen über den gemeinsamen Zweck, jedenfalls soweit er 2

---

[49] Vgl. zum Parallelfall des Erlöschens der Firma Staub/*Burgard* HGB § 31 Rn. 17 mwN; MüKoHGB/*Krafka* HGB § 31 Rn. 11.
[1] Begr. RegE, BT-Drs. 12/6152 S. 13.
[2] → BGB § 125 Rn. 8 *(Einsele)*; *Larenz/Wolf* BGB AT § 27 Rn. 8, 27.

über den gemeinsamen Betrieb des Gegenstands der Partnerschaft (§ 3 Abs. 2 Nr. 3) hinausgeht, und über die von den Partnern geschuldeten, sich nicht ohne weiteres in der Ausübung eines Freien Berufs erschöpfenden Beiträge (→ § 1 Rn. 12). Derartige Abreden lassen sich nicht durch Rückgriff auf dispositives Recht ersetzen.

3 **2. Kritik.** Als **Fremdkörper** in dem ansonsten auf Formvorschriften für Gesellschaftsverträge verzichtenden Personengesellschaftsrecht setzt sich die Vorschrift des **§ 3 Abs. 1** berechtigter Kritik aus.³ Hinsichtlich der in § 3 Abs. 2 vorgeschriebenen Angaben bedarf es einer derartigen Beweiserleichterung für den Inhalt des Partnerschaftsvertrags schon deshalb nicht, weil sie nach §§ 4, 5 Abs. 1 zugleich den Inhalt der von *sämtlichen* Gesellschaftern zu bewirkenden Anmeldung und der nachfolgenden Eintragung der Partnerschaft bilden. Daher ist regelmäßig bereits auf diesem Wege die Übereinstimmung der Angaben mit den vom Willen der Partner umfassten rechtlichen Verhältnissen der Partnerschaft gesichert. Was die Beweisführung hinsichtlich des sonstigen Inhalts des Partnerschaftsvertrags und die Entscheidung für oder gegen die Schriftform angeht, könnte sie getrost den Partnern selbst überlassen werden. Für das Recht der GbR oder der OHG/KG hat sich insoweit bisher jedenfalls kein Regelungsdefizit gezeigt, das im Interesse der Rechtssicherheit ein Eingreifen des Gesetzgebers erforderlich machen könnte. Im Gegenteil ist zu befürchten, dass das Schriftformerfordernis des § 3 Abs. 1 mit Rücksicht auf die aus § 125 BGB folgende grundsätzliche Nichtigkeit bei Verstößen seinerseits unerwünschte Rechtsunsicherheit für die Partnerschaft bewirkt, womit der Regelungszweck der Vorschrift letztlich ad absurdum geführt wird.

4 Nicht zu überzeugen vermag aber auch die Regelung des **§ 3 Abs. 2** über den notwendigen Mindestinhalt des Partnerschaftsvertrags. Sie ist nicht nur tendenziell **unvollständig** (→ Rn. 2) und dadurch geeignet, rechtlich unbewanderte Freiberufler irrezuführen, die eine Partnerschaft eingehen wollen. Vielmehr enthält sie mit der Aufzählung derjenigen Angaben, die zugleich den Gegenstand der Anmeldung und Eintragung der Partnerschaft bilden, auch eine im Zusammenhang mit dem Vertragsschluss inhaltlich **überflüssige** Festlegung. Nach allem könnte § 3 ersatzlos gestrichen werden, ohne dass dadurch ein Regelungsdefizit entstünde.

II. Schriftform (Abs. 1)

5 **1. Grundsatz.** Mit der in § 3 Abs. 1 vorgeschriebenen Schriftform ist die in § 126 BGB näher geregelte **gesetzliche Schriftform** gemeint. Sie setzt die vollständige Wiedergabe der getroffenen Vereinbarungen einschließlich der Nebenabreden in der Vertragsurkunde sowie die Unterzeichnung durch die Vertragsparteien voraus, sei es eigenhändig durch Namensunterschrift oder mittels notariell beglaubigten Handzeichens (→ BGB § 126 Rn. 14 ff., 18 *[Einsele]*). Der Schriftform bedürfen grundsätzlich auch spätere Änderungen oder Ergänzungen des Partnerschaftsvertrags, wenn sie Wirksamkeit erlangen sollen (→ BGB § 125 Rn. 18 *[Einsele]*); anderes gilt für solche Änderungen, die – wie die Verlegung des Wohnorts eines Partners (§ 3 Abs. 2 Nr. 2) – auf Grund tatsächlicher Entwicklungen eintreten oder – wie die Ausübung eines vertraglich eingeräumten Kündigungsrechts – auf einseitiger Gestaltung beruhen. – Der *Vorvertrag* auf Eingehung eines Partnerschaftsvertrags bedarf angesichts der bloßen Beweisfunktion des § 3 Abs. 1 nicht auch der für diesen Vertrag vorgesehenen Form.⁴

6 Eine gegenüber § 126 BGB **strengere Form**, etwa diejenige der notariellen Beurkundung, ist vorbehaltlich der Sonderfälle formgebundener Einlageverpflichtungen iSd § 311b Abs. 1 BGB, § 15 Abs. 4 GmbHG ua gesellschaftsrechtlich nicht vorgeschrieben. Insbesondere ergibt sie sich auch nicht aus dem für Partnerschaften geltenden Eintragungsverfahren; dies schon deshalb, weil es zur Anmeldung der Partnerschaft beim Register der Vorlegung der Vertragsurkunde nicht bedarf (→ §§ 4, 5 Rn. 2). Besondere aus dem *Berufsrecht* folgende Formvorschriften sind nicht ersichtlich.

7 **2. Rechtsfolgen eines Formmangels. a) Bei Gründung der Partnerschaft.** Tritt der Formmangel bereits bei Abschluss des Partnerschaftsvertrages auf, so ist zwischen der Phase vor und nach Eintragung in das Partnerschaftsregister zu unterscheiden. **Bis zur Eintragung** hat die Vereinigung die Rechtsform einer GbR, freilich mit den Besonderheiten für das Innenverhältnis, die aufgrund der geplanten Errichtung einer Partnerschaft zu beachten sind (→ § 7 Rn. 4 f.). Zu diesen Besonderheiten gehört nach § 3 Abs. 1 auch die Formbedürftigkeit des Gesellschaftsvertrags. Die fehlende oder unvollständige Form macht den Vertrag nach § 125 S. 1 BGB *nichtig*. Anderes gilt, soweit nach

---

³ Michalski/Römermann/*Zimmermann* Rn. 5 ff.; MWHLW/*Meilicke* Rn. 3 ff.; *Stuber* WiB 1994, 705 (707); *K. Schmidt* ZIP 1993, 633 (640); vgl. aber auch *dens.* NJW 1995, 1 (3); s. auch *Gail/Overlack* Rn. 109.

⁴ AA Michalski/Römermann/*Zimmermann* Rn. 10. Allg. zur Bedeutung des Formzwecks für die Formbedürftigkeit des Vorvertrags vgl. BGHZ 61, 48 = NJW 1973, 1839; → BGB Vor § 145 Rn. 64 *(Busche)*; Henrich, Vorvertrag, Organisationsvertrag, Vorrechtsvertrag, 1965, S. 147 ff., 152 f.

§ 140 BGB seine *Umdeutung* in einen formfrei wirksamen GbR-Vertrag in Betracht kommt. Sie bietet sich dann an, wenn es den Beteiligten mit der Entscheidung für die Rechtsform der Partnerschaft nicht speziell darum ging, in den Genuss des Haftungsprivilegs nach § 8 Abs. 2 oder Abs. 4 zu kommen.[5]

Wird die formnichtig gegründete, nicht durch Umdeutung geheilte Gesellschaft in **Vollzug** 8 gesetzt, dh beginnen die Partner durch Aufnahme ihrer Tätigkeit nach außen mit der Durchführung der Gesellschaft (wofür die Einlageleistung nicht ausreicht → BGB § 705 Rn. 331), so greifen die Grundsätze über die *fehlerhafte Gesellschaft* ein (→ BGB § 705 Rn. 323 ff.). Die Gesellschaft erlangt als GbR Wirksamkeit, wird aber aufgelöst und ist abzuwickeln, sobald sich einer der Partner gegenüber den anderen entsprechend § 723 Abs. 1 S. 2 BGB auf den Formmangel beruft. Die Eintragung der Vereinigung zur Erlangung der Rechtsform der Partnerschaft scheidet aus, wenn das Registergericht Kenntnis vom Formmangel hat (→ §§ 4, 5 Rn. 15).

Ist trotz des Formmangels die **Eintragung erfolgt,** weil das Registergericht davon keine Kenntnis 9 erlangt hatte, so bewendet es *bis zum Vollzug* der Gesellschaft gleichwohl bei ihrer Nichtigkeit, soweit nicht die – trotz Eintragung mögliche – Umdeutung in eine GbR in Betracht kommt (→ Rn. 7). Wegen der Formnichtigkeit des Gesellschaftsvertrags wirkt die Eintragung in derartigen Fällen abweichend von § 7 Abs. 1 nicht konstitutiv; auch führt sie nicht etwa zur Heilung des Formmangels. Wird die Vereinigung nach der Eintragung in *Vollzug* gesetzt, so greifen wiederum die Grundsätze über die fehlerhafte Gesellschaft ein. Die nichtige Vereinigung wird zur wirksamen, aber fehlerhaften Partnerschaft. Sie besteht als solche so lange fort, bis sich einer der Partner durch Auflösungsklage nach § 9 Abs. 1 iVm § 133 HGB erfolgreich auf den Formmangel beruft. Die Umdeutung nach § 140 BGB in eine wirksame GbR scheidet in diesem Stadium, nachdem die eingetragene Partnerschaft infolge des Vollzugs wirksam geworden ist, aus. Erfolgt demgegenüber die Eintragung erst nach dem Vollzug der Gesellschaft, so wandelt sich die zunächst entstandene fehlerhafte GbR (→ Rn. 8) mit der Eintragung in eine Partnerschaft um. Der Formmangel wird dadurch freilich nicht geheilt: Es bewendet vielmehr bei einer fehlerhaften Gesellschaft, wenn auch in der Rechtsform der Partnerschaft.

Kommt es trotz Eintragung der Partnerschaft nicht zu deren Vollzug und scheitert daran das 10 Eingreifen der Grundsätze über die fehlerhafte Gesellschaft, so müssen sich die Beteiligten auf Grund der **Rechtsscheinhaftung** des § 5 Abs. 2 iVm § 15 Abs. 3 HGB gleichwohl gutgläubigen Dritten gegenüber wie Partner einer wirksamen Partnerschaft behandeln lassen; sie haften ggf. nach § 8 Abs. 1. Freilich setzt diese Haftung voraus, dass die Partnerschaft nach außen, gegenüber den sich auf den Rechtsschein berufenden Dritten, in Erscheinung tritt. Dann aber ist sie in aller Regel auch schon in Vollzug gesetzt mit der Folge, dass sie dadurch, wenn auch als fehlerhafte, zur Entstehung kommt (→ Rn. 7 ff.). Daher kommt der Rechtsscheinhaftung entsprechend § 15 Abs. 3 HGB in derartigen Fällen meist keine praktische Bedeutung zu.

b) Bei späteren Vertragsänderungen. Das **Schriftformerfordernis** des § 3 Abs. 1 gilt auch 11 für spätere, auf Vereinbarung beruhende Änderungen des Partnerschaftsvertrags (→ Rn. 5). Seine Nichtbeachtung hat für rein *schuldrechtliche,* lediglich das Innenverhältnis der Parteien berührende Änderungen wie diejenige des Gewinnverteilungsschlüssels ungeachtet ihres Vollzugs Formnichtigkeit (§ 125 BGB) zur Folge; es bewendet bei der ursprünglichen Regelung. Im Fall *organisationsrechtlicher,* die Gesamthand und ihre Außenbeziehungen berührender Änderungen greifen die Grundsätze der fehlerhaften Gesellschaft ein insoweit die Voraussetzungen sind erfüllt, wenn Gesellschafter ausscheiden oder aufgenommen werden, bei Kapitalmaßnahmen, Änderungen in der Organstruktur oder den Kompetenzen, Änderungen bei den Verwaltungsrechten, namentlich dem Geschäftsführungs- und Stimmrecht.[6] Nicht erfasst werden hingegen insbesondere die Anteilsübertragung (aA XI. Zivilsenat des BGH; → BGB § 705 Rn. 374) sowie bloße Änderungen bei Vermögensrechten (zB des Gewinnverteilungsschlüssels). Soweit die Lehre von der fehlerhaften Gesellschaft zur Anwendung gelangt, hat dies zur Folge, dass mit dem Zeitpunkt ihres Abschlusses die formnichtige Vertragsänderung zwar wirksam ist, jeder Gesellschafter jedoch für die Zukunft die Wiederherstellung des früheren Zustands betreiben und von Gesellschaft oder Mitgesellschaftern den Ausgleich etwaiger auf Grund der Änderung erlittener Vermögensnachteile verlangen kann (→ BGB § 705 Rn. 362 f., 368, 372)

Für eine **Umdeutung** formnichtiger schuldrechtlicher Änderungen eines formwirksamen Part- 12 nerschaftsvertrags ist regelmäßig *kein Raum.* Zu erwägen bleibt, solchen von allen Partnern gewollten Abweichungen von den im Grundsatz fortgeltenden Regelungen des Partnerschaftsvertrags, die

---

[5] AA anscheinend *K. Schmidt* NJW 1995, 1 (3); tendenziell wie hier Michalski/Römermann/*Zimmermann* Rn. 9.
[6] Näher dazu Staub/*Schäfer* HGB § 105 Rn. 354 f.

einmaliger Natur sind, nach den Grundsätzen über die einvernehmliche Satzungsdurchbrechung im GmbH-Recht[7] Wirksamkeit trotz des Formverstoßes zu verleihen bzw. die Berufung auf die Formnichtigkeit insoweit an § 242 BGB scheitern zu lassen. Demgegenüber scheidet eine Übernahme der aus dem GbR-Recht bekannten Grundsätze über den konkludenten Verzicht auf das Formerfordernis (→ BGB § 705 Rn. 51, 56) schon deshalb aus, weil die gesetzliche Schriftform nicht zur Disposition der Parteien steht.

13   **Nicht** vom **Formzwang** erfasst und daher ohne Einhaltung der Schriftform wirksam werden Änderungen des Partnerschaftsvertrags, die auf *außervertraglichen* Umständen, insbesondere der Änderung der tatsächlichen Verhältnisse oder der Ausübung eines einseitigen Gestaltungsrechts beruhen. So kann eine Änderung des Partnerkreises einseitig durch den Tod oder die vertraglich zugelassene Kündigung eines Partners unter Fortbestand der Partnerschaft im Übrigen eintreten. Bei bestimmten der in § 3 Abs. 2 genannten Mindesterfordernisse (Name, ausgeübter Beruf und Wohnort der Partner) können Änderungen auch allein auf Grund der tatsächlichen Entwicklung eintreten. In allen diesen Fällen wird die Änderung ohne Zutun der übrigen Partner wirksam; ihr Eintritt kann schon deshalb nicht an die Einhaltung der Schriftform geknüpft werden.[8] Der Partnerschaftsvertrag ist vielmehr in diesen Punkten zu berichtigen.

III. Notwendige Vertragsbestandteile (Abs. 2)

14   **1. Überblick.** Mit der gesetzlichen Festlegung eines **Mindestinhalts** des Partnerschaftsvertrags als Regelungszweck des Abs. 2 (→ Rn. 2) wollte der Gesetzgeber ausweislich der Begründung[9] erreichen, dass sich die Partner zu Beginn ihrer Zusammenarbeit auf deren wichtigste Grundlagen einigen. Der Inhalt von Abs. 2 deckt sich mit diesem Ziel freilich nur sehr bedingt. Zwei der drei Nummern (Nr. 1 und Nr. 3) betreffen mit Namen, Sitz und Unternehmensgegenstand der Partnerschaft deren Identitätsausstattung, dh die vertragliche Konkretisierung des organisatorischen Rahmens der Zusammenarbeit, nicht aber die Rechte und Pflichten der Beteiligten als die zentralen Gegenstände eines Gesellschaftsvertrags. Und bei der verbleibenden Nr. 2 geht es in erster Linie um die Identifikation der Gesellschafter einschließlich ihrer für die Partnerschaft relevanten Berufsausübung.

15   Die beiden **Hauptgegenstände jedes Gesellschaftsvertrags,** der gemeinsame Zweck und die Beitragspflichten der Gesellschafter (§ 705 BGB), lassen sich in den Gegenständen des Abs. 2 allenfalls ansatzweise finden, wenn man einerseits den Gegenstand der Partnerschaft (Nr. 3) mit dem gemeinsamen Zweck gleichsetzt und andererseits die Angabe des in der Partnerschaft ausgeübten Berufs (Nr. 2) zugleich als Umschreibung der wesentlichen Beitragspflicht der einzelnen Partner versteht. In ihrem eigenen Interesse und um angesichts des Vollständigkeitsgebots formbedürftiger Rechtsgeschäfte (→ BGB § 125 Rn. 32) Formmängel zu vermeiden, sollten die Partner sich bei Errichtung der Partnerschaft um eine vollständige, über die Mindesterfordernisse des Abs. 2 deutlich hinausgehende Vertragsurkunde bemühen und darin in Ergänzung des dispositiven Rechts oder abweichend von ihm die für die Partnerschaft wesentlichen Rechtsverhältnisse möglichst lückenlos niederlegen – zu derartigen, für typische Partnerschaftsverträge bedeutsamen Regelungsgegenständen → Rn. 25.

16   **2. Name und Sitz der Partnerschaft (Nr. 1). a) Name.** Zur Wahl des Namens der Partnerschaft → § 2 Rn. 8 ff. Seine Festlegung bildet den Gegenstand notwendiger Vereinbarung zwischen den Partnern. Entsprechendes gilt grundsätzlich für spätere (formbedürftige) Änderungen, soweit sie nicht – wie die Streichung des Namens eines ausgeschiedenen, nicht mit der Fortführung einverstandenen Partners oder diejenige einer infolge Partnerwechsel nicht weiter in der Partnerschaft vertretenen Berufsbezeichnung – von Rechts wegen aufgrund der einschlägigen namensrechtlichen Vorschriften geboten ist.

17   **b) Sitz.** Der Sitz der Partnerschaft als Teil ihrer Identitätsausstattung entscheidet nach § 4 Abs. 1 iVm § 106 Abs. 1 HGB über die **örtliche Zuständigkeit des Registergerichts** sowie nach § 17 Abs. 1 ZPO über ihren **allgemeinen Gerichtsstand.** Im Hinblick auf die Namensausschließlichkeit des § 2 Abs. 2 iVm § 30 HGB (→ § 2 Rn. 23) kann die Sitzwahl mittelbar auch Auswirkungen auf die Auswahl des Partnerschaftsnamens haben.

18   Zweifelhaft ist, ob die Partner zur **Wahl des Sitzes** berechtigt sind oder ob der Sitz sich nach objektiven, an den Schwerpunkt der geschäftlichen Tätigkeit anknüpfenden Kriterien bestimmt. Für die Anknüpfung an objektive Kriterien votierte die bislang hM im Recht der Personengesellschaf-

---

[7] Vgl. dazu Hachenburg/*Ulmer* GmbHG § 53 Rn. 33; Rowedder/Schmidt-Leithoff/*Zimmermann* GmbHG § 53 Rn. 44 ff.
[8] So auch MWHLW/*Meilicke* Rn. 26.
[9] Begr. RegE, BT-Drs. 12/6152 S. 13.

ten,[10] während für das GmbH-Recht schon bis zur Neuregelung des § 4a GmbHG im Jahr 1999[11] das grundsätzliche Recht der Gesellschaft zu freier Sitzwahl anerkannt war[12] und seit Abschaffung von § 4a Abs. 2 GmbHG aF durch das MoMiG zum 1.11.2008 wieder anerkannt ist.[13] Soweit es um den Sitz der **Partnerschaft** geht, spricht schon die Regelung des Abs. 2 Nr. 1 für ein Wahlrecht der Partner, da sich nur so die Bestimmung des Sitzes als notwendiger Vertragsbestandteil erklären lässt;[14] auch fehlt es, wie der Fall überörtlicher Sozietäten zeigt, nicht selten an eindeutigen objektiven Anknüpfungskriterien. Nach der vollständigen Entkoppelung des Satzungssitzes vom effektiven Verwaltungssitz durch das MoMiG ist kein Raum mehr für eine Beschränkung der Wahlfreiheit auf die Tätigkeitsschwerpunkte der Partnerschaft.[15] Insbesondere ließe sich ein solch gegenüber Kapitalgesellschaften wesentlich größerer Eingriff in die Privatautonomie der Partner nicht rechtfertigen.[16]

Ein **Doppelsitz** der Partnerschaft ist im PartGG nicht vorgesehen. Auch nach allgemeinem **19** Registerrecht stößt er mit Rücksicht auf die damit verbundenen registerrechtlichen Zuständigkeitsprobleme auf grundsätzliche Bedenken.[17] Soweit eine Partnerschaft Niederlassungen an mehreren Orten unterhält, hat sie dem nach § 5 Abs. 2 iVm § 13 HGB durch Anmeldung entsprechender Zweigniederlassungen zur Eintragung in das dortige Register Rechnung zu tragen (→ §§ 4, 5 Rn. 29). Ob angesichts dieser Regelungen gleichwohl ein rechtlich relevanter Bedarf dafür besteht, nach dem Vorbild des Aktienrechts[18] aus politischen, wirtschaftlichen oder berufsrechtlichen Gründen ausnahmsweise einen Doppelsitz anzuerkennen, ist angesichts der im Vergleich zur AG als Unternehmensträger typisch geringeren Dimensionen von Unternehmen in der Rechtsform der Partnerschaft nicht ohne weiteres anzunehmen.[19] Die Frage kann freilich dann akut werden, wenn sich große überörtliche Sozietäten mit gleichgewichtigen Schwerpunkten an zwei Orten in eine Partnerschaft umwandeln oder Sozietäten von Freiberuflern mit unterschiedlichem Sitz zu einer Partnerschaft fusionieren wollen.[20]

3. Name, Vorname, ausgeübter Beruf und Wohnort jedes Partners (Nr. 2). Für die **20** Bezeichnung von Name, Vorname und Wohnort der Partner bietet sich wegen des mit § 106 Abs. 2 Nr. 1 HGB übereinstimmenden Regelungszwecks und wegen der Verweisung hierauf in § 4 Abs. 1 die Übernahme der für jene Vorschrift anerkannten Auslegungsgrundsätze an.[21] Danach ist mit dem **Namen** der Familienname des Partners gemeint (→ § 2 Rn. 8). Hinsichtlich des **Vornamens** genügt die Angabe des Rufnamens, wenn dadurch Unterscheidbarkeit gegenüber anderen Personen mit gleichem Familiennamen und Wohnort gewährleistet ist. Für die Angabe des **Wohnorts** kommt es auf den Ort des *tatsächlichen* dauernden Aufenthalts des Partners an, nicht auf den davon unter Umständen abweichenden Wohnsitz nach § 7 BGB.[22] – Zur Behandlung von Änderungen der Personalien → §§ 4, 5 Rn. 5; – zur notwendigen Angabe auch des Geburtsdatums jedes Partners bei Anmeldung zum Partnerschaftsregister → §§ 4, 5 Rn. 4.

Die Angabe des **in der Partnerschaft ausgeübten Berufs** dient – in Verbindung mit § 4 Abs. 1 **21** S. 2 – der Information des Registergerichts und der Öffentlichkeit, welche Freien Berufe von welchen Partnern in der Partnerschaft ausgeübt werden sollen. Sie steht nicht nur in engem Zusammen-

---

[10] BGHZ WM 1957, 999 (1000); BGH BB 1969, 329; KG WM 1955, 892 (893), MüKoHCB/*Langhein* HGB § 106 Rn. 26, 29; Heymann/*Emmerich* HGB § 106 Rn. 7; aA Staub/*Schäfer* HGB § 106 Rn. 19; *John,* Die organisierte Rechtsperson, 1977, S. 146; so auch schon LG Köln NJW 1950, 871 f.; *Wieland* HandelsR S. 171 f.
[11] Diesen Abs. 2 reduzierte in Übereinstimmung mit § 5 Abs. 2 AktG die Sitzbestimmung im Regelfall auf die Auswahl zwischen mehreren vorhandenen Anknüpfungspunkten (Geschäftsbetrieb, Geschäftsleitung, Verwaltungssitz); vgl. nur Scholz/*Emmerich* GmbHG § 4a Rn. 2 ff.
[12] Vgl. nur Hachenburg/*Ulmer,* 8. Aufl. 1992, GmbHG § 3 Rn. 9; Baumbach/Hueck, 16. Aufl. 1996, GmbHG GmbHG § 3 Rn. 6.
[13] Lutter/Hommelhoff/*Bayer* GmbHG § 4a Rn. 5; MüKoGmbHG/*Mayer* GmbHG § 4a Rn. 7; Bork/Schäfer/*Kindler* GmbHG § 4a Rn. 6; Schol*z*/*Emmerich* GmbHG § 4a Rn. 14.
[14] So im Ergebnis auch Michalski/Römermann/*Zimmermann* Rn. 25; MHdB GesR I/*Salger* § 32 Rn. 3; MWHLW/*Meilicke* Rn. 20; Feddersen/Meyer-Landrut Rn. 4.
[15] So noch die 5. Aufl. (*Ulmer/Schäfer*) unter Verweis auf eine entspr. Anwendung der § 4a Abs. 2 aF GmbHG, § 5 Abs. 2 aF AktG.
[16] Näher hierzu Staub/*Schäfer* HGB § 106 Rn. 19; ebenso Staub/*Koch* HGB § 13 Rn. 44.
[17] Hierzu eingehend Staub/*Koch* HGB § 13 Rn. 50 ff.; *Krafka/Kühn* RegisterR, 9. Aufl. 2013, Rn. 356 ff.
[18] S. statt aller Hüffer/*Koch* AktG § 5 Rn. 10; MüKoAktG/*Heider* AktG § 5 Rn. 41 ff.
[19] Für Personenhandelsgesellschaften wird ein Doppelsitz von der hM generell abgelehnt, vgl. MüKoHGB/*Langhein* HGB § 106 Rn. 27; Baumbach/Hopt/*Hopt* HGB § 106 Rn. 9; Heymann/*Emmerich* HGB § 106 Rn. 7; EBJS/*Boujong* HGB § 106 Rn. 13; aA Staub/*Schäfer* HGB § 106 Rn. 21.
[20] So tendenziell auch Henssler § 3 Rn. 27 f.; so jetzt auch Michalski/Römermann/*Zimmermann* Rn. 25; aA Kaiser/Bellstedt Rn. 205; EBJS/*Seibert* Rn. 3.
[21] Vgl. näher Staub/*Schäfer* HGB § 106 Rn. 14.
[22] Ebenso Michalski/Römermann/*Zimmermann* Rn. 30.

hang mit § 3 Abs. 2 Nr. 3, sondern dokumentiert zugleich die Beteiligungsfähigkeit des Partners iSv § 1 Abs. 1 (→ § 1 Rn. 11) und konkretisiert damit diejenigen Tätigkeitspflichten, die den Partner als Teil seiner Beitragsleistung in der Partnerschaft treffen. Ist ein Partner in der Lage, **mehrere Freie Berufe** auszuüben, so ist es Sache der Beteiligten, sich darauf zu einigen, welche dieser Berufe er in die Partnerschaft einbringen soll. Hinsichtlich der übrigen, von ihm nicht in der Partnerschaft auszuübenden Berufe, behält er vorbehaltlich des Umfangs der von ihm geschuldeten Dienstleistung und des möglichen Eingreifens des Wettbewerbsverbots nach § 6 Abs. 3 iVm § 112 HGB die Freiheit, insoweit im eigenen Namen tätig zu werden oder sich an einem anderen Zusammenschluss zu beteiligen.

22 **4. Gegenstand der Partnerschaft (Nr. 3).** Auch die Festlegung des Gegenstands der Partnerschaft ist in erster Linie im Zusammenhang mit den Angaben gegenüber dem Registergericht nach § 4 Abs. 1 S. 2 bei der Anmeldung zu sehen. Darüber hinaus kommt dem Gegenstand regelmäßig auch Bedeutung zu für den **gemeinsamen Zweck** der Partnerschaft: Er definiert diejenigen Freien Berufe, die der gemeinsamen Ausübung in der Partnerschaft vorbehalten sein sollen und zu deren Erbringung sich die Partner im Rahmen ihrer Beitragsleistung verpflichtet haben. Insoweit decken sich typischerweise Unternehmensgegenstand und gemeinsamer Zweck (→ BGB § 705 Rn. 128, 144).[23]

23 Die das Innenverhältnis der Partner betreffende, auch für das Wettbewerbsverbot nach § 6 Abs. 3 iVm § 112 HGB relevante Festlegung des gemeinsamen Zwecks gilt grundsätzlich auch dann fort, wenn bestimmte Freie Berufe **vorübergehend von keinem der Partner abgedeckt** werden, weil die bisher hierfür zuständigen Partner entweder ausgeschieden oder berufsunfähig geworden sind. Im Unterschied zum Namen der Partnerschaft und zur Eintragung im Partnerschaftsregister, die in solchen Fällen nach § 2 Abs. 1 S. 1, § 4 Abs. 1 S. 3, § 5 Abs. 1 zu berichtigen sind, wirken sich derartige Veränderungen nicht automatisch auf den Unternehmensgegenstand der Partnerschaft aus, solange die Partner nicht in der gebotenen Form eine Anpassung des Partnerschaftsvertrags an die eingetretene Änderung beschließen. Das kann dazu führen, dass vertraglicher Unternehmensgegenstand und Eintragung der in der Partnerschaft ausgeübten Berufe im Lauf der Zeit auseinanderfallen; für die Wirksamkeit der Vereinbarungen über den Unternehmensgegenstand ist diese Diskrepanz grundsätzlich ohne Einfluss.

IV. Sonstige Vertragsbestandteile

24 Die Festlegungen in Abs. 2 enthalten, wie schon erwähnt (→ Rn. 2), nur einen Mindestbestand notwendiger Vereinbarungen der Partner; hinsichtlich der unverzichtbaren Hauptbestandteile jedes Gesellschaftsvertrags, dem gemeinsamen Zweck und den Beiträgen der Gesellschafter, fordert die Vorschrift sogar nur rudimentäre Ansätze. Da mit Rücksicht auf das Schriftformerfordernis des § 3 Abs. 1 für den Partnerschaftsvertrag die urkundenrechtliche **Vollständigkeitsvermutung** (→ BGB § 125 Rn. 39 *[Einsele]*) eingreift und die unvollständige Beurkundung zur Formnichtigkeit des ganzen Vertrags führen kann (→ Rn. 7; → BGB § 125 Rn. 32, 41 *[Einsele]*), bedarf es besonders sorgfältiger Abfassung des Urkundentextes unter Berücksichtigung auch aller sonstigen Regelungskomplexe, über die die Parteien sich entweder geeinigt haben oder eine Vereinbarung treffen wollten.

25 Wie die verschiedenen Verweisungen in §§ 6 Abs. 3, 7 Abs. 3, 9 Abs. 1, 10 auf das OHG-Recht zeigen, kann sich der Inhalt eines Partnerschaftsvertrags weitgehend an den in **OHG-Recht** anerkannten Grundsätzen orientieren. Wie dort herrscht für das *Innenverhältnis* der Partnerschaft, darunter insbesondere die Regelung der Verwaltungs- und Vermögensrechte und -pflichten der Partner, die Parteiautonomie vor (§ 6 Abs. 3), während das *Außenverhältnis,* dh die Regelung über die Vertretung der Partnerschaft und über die Haftung für deren Verbindlichkeiten, sich vorbehaltlich des § 7 Abs. 3 iVm § 125 Abs. 1, 2 HGB der Parteidisposition entzieht. Über *Gesellschafterwechsel,* Vererbung, Dauer und Kündigungsmöglichkeiten der Partnerschaft können die Gesellschafter Vereinbarungen treffen, soweit dem nicht die auf dem Erfordernis freiberuflicher Tätigkeit der Partner beruhenden, insbesondere berufsrechtlichen Grenzen gesetzt sind. Entsprechendes gilt für die Auflösung und Abwicklung der Partnerschaft. Auf Einzelheiten des OHG-Rechts ist hier nicht einzugehen.[24] Soweit nicht bestimmte Fragen im Rahmen der Erläuterung zu §§ 6–10 anzusprechen sind, kann auf die Kommentare zum OHG-Recht verwiesen werden.

V. Vorbehalt des Berufsrechts

26 Dem in §§ 1 Abs. 3, 6 Abs. 1 ausgesprochenen Vorrang des Berufsrechts ist auch für den Inhalt des Partnerschaftsvertrages Rechnung zu tragen. Er kann insbesondere im Rahmen von § 3 Abs. 2

---

[23] Vgl. Staub/*Schäfer* HGB § 105 Rn. 21; MüKoHGB/*K. Schmidt* HGB § 105 Rn. 28.
[24] Vgl. dazu MüKoHGB/*K. Schmidt* HGB § 131 Rn. 1 ff.; Heymann/*Emmerich* HGB § 131 Rn. 3 ff.

Nr. 3 Bedeutung erlangen, soweit es um die Frage der **Inkompatibilität** bestimmter Freier Berufe und ihrer Ausübung innerhalb einer interprofessionellen Partnerschaft geht. Das Berufsrecht kann aber auch **inhaltliche Vorgaben** für Gesellschaftsverträge von Freiberuflern aufstellen, die bei der Abfassung des Partnerschaftsvertrags zu beachten sind. Die Regierungsbegründung[25] erwähnt als Beispiel die (mittlerweile allerdings überholte) Vorschrift des § 85 Abs. 4b SGB V, die für Berufsgemeinschaften von *Zahnärzten* den vertraglichen Nachweis der gleichberechtigten Teilhaberschaft der beteiligten Zahnärzte im Hinblick auf ihren Vergütungsanspruch fordert.[26]

§ 4 PartGG Anmeldung der Partnerschaft

(1) ¹Auf die Anmeldung der Partnerschaft in das Partnerschaftsregister sind § 106 Abs. 1 und § 108 Satz 1 des Handelsgesetzbuchs entsprechend anzuwenden. ²Die Anmeldung hat die in § 3 Abs. 2 vorgeschriebenen Angaben, das Geburtsdatum jedes Partners und die Vertretungsmacht der Partner zu enthalten. ³Änderungen dieser Angaben sind gleichfalls zur Eintragung in das Partnerschaftsregister anzumelden.

(2) ¹In der Anmeldung ist die Zugehörigkeit jedes Partners zu dem Freien Beruf, den er in der Partnerschaft ausübt, anzugeben. ²Das Registergericht legt bei der Eintragung die Angaben der Partner zugrunde, es sei denn, ihm ist deren Unrichtigkeit bekannt.

(3) Der Anmeldung einer Partnerschaft mit beschränkter Berufshaftung nach § 8 Absatz 4 muss eine Versicherungsbescheinigung gemäß § 113 Absatz 2 des Gesetzes über den Versicherungsvertrag beigefügt sein.

§ 5 PartGG Inhalt der Eintragung; anzuwendende Vorschriften

(1) Die Eintragung hat die in § 3 Abs. 2 genannten Angaben, das Geburtsdatum jedes Partners und die Vertretungsmacht der Partner zu enthalten.

(2) Auf das Partnerschaftsregister und die registerrechtliche Behandlung von Zweigniederlassungen sind die §§ 8, 8a, 9, 10 bis 12, 13, 13d, 13h und 14 bis 16 des Handelsgesetzbuchs über das Handelsregister entsprechend anzuwenden; eine Pflicht zur Anmeldung einer inländischen Geschäftsanschrift besteht nicht.

Übersicht

	Rn.		Rn.
I. Einführung	1–3	IV. Eintragung (§ 5 Abs. 1)	17, 18
1. Normzweck	1, 2	1. Inhalt	17
2. Reformen	3	2. Wirkung	18
II. Anmeldung (§ 4)	4–9a	V. Partnerschaftsregister (§ 5 Abs. 2)	19–43
1. Gegenstände der Anmeldung	4–6	1. Notwendigkeit seiner Einrichtung	19–21
a) Bei Errichtung der Partnerschaft	4, 4a	2. Verweisung in § 5 Abs. 2 auf das Handelsregisterrecht des HGB	22–32
b) Spätere Änderungen	5	a) Übersicht	22–24
c) Zeichnung der Unterschrift	6	b) Registerführung, Einsicht und Bekanntmachungen	25–27
2. Anmeldepflichtige Personen	7	c) Zweigniederlassungen	28, 29
3. Form der Anmeldung; Nachweise	8, 9	d) Sonstige Regelungsbereiche	30–32
4. Insbesondere Versicherungsnachweis nach Abs. 3	9a	3. Partnerschaftsregisterverordnung	33–43
III. Prüfung durch das Registergericht	10–16	a) Erlass und Inkrafttreten; Text der PRV	33, 34
1. Zuständiges Gericht	10	b) Anmeldeerfordernisse nach § 3 PRV	35–39
2. Prüfungsrecht des Registergerichts	11–16	c) Einbeziehung der Organe des Berufsstands	40–42
a) Grundlagen; Reichweite der Einschränkung durch § 4 Abs. 2 S. 2	11–13	d) Nicht verkammerte Berufe	43
b) Folgerungen	14–16	VI. Zum Vorbehalt des Berufsrechts	44, 45

I. Einführung

1. Normzweck. Die Vorschriften der §§ 4, 5 dienen in Verbindung mit der Partnerschaftsregisterverordnung (PRV, → Rn. 33 ff.) dazu, die Anmeldung und Eintragung der Partnerschaft im Partner- 1

---

[25] Begr. RegE, BT-Drs. 12/6152 S. 13.
[26] Weitere Beispiele und Nachweise bei Michalski/Römermann/*Zimmermann* Rn. 40 ff.

schaftsregister umfassend zu regeln. Da das PartGG die Partnerschaft im Verhältnis zu Dritten zwar erst mit deren Registereintragung wirksam werden lässt (§ 7 Abs. 1), aus Gründen der Systemtreue (kein Handelsgewerbe, vgl. § 1 Abs. 1 S. 2) hierfür aber nicht das Handelsregister vorsieht, sondern die Einrichtung eines besonderen Partnerschaftsregisters bei den Amtsgerichten vorschreibt, bedarf es auch besonderer Vorschriften über den **Gegenstand von Anmeldung und Eintragung** und das dabei einzuhaltende Verfahren. Entsprechend der Regelungstechnik in den materiellrechtlichen Teilen verweist das PartGG hierzu in § 4 Abs. 1 S. 1, § 5 Abs. 2 – vorbehaltlich der Einzelregelungen zur Registerführung in der PRV – weitgehend auf das für die OHG geltende Handelsregisterrecht und normiert die Anmeldepflichten im Übrigen in enger Anlehnung an das OHG-Recht. Für das Registerverfahren in Partnerschaftssachen entsprach diesem Vorgehen früher die Anordnung in § 160b FGG aF, betreffend die entsprechende Anwendung der meisten der für die Führung der Handelsregister geltenden Vorschriften der §§ 125–143 FGG aF auf das neue Partnerschaftsregister. Nunmehr nehmen die §§ 374–395 FamFG (insbesondere § 374 Nr. 3 FamFG) direkten Bezug auf das Registerverfahren auch in Partnerschaftsregistersachen, so dass es einer Verweisung nach Art des früheren § 160b FGG nicht mehr bedarf.

2   Eine *Besonderheit* des Registerrechts für die Partnerschaften besteht neben dem Bemühen um Reduktion der anmelde- und eintragungspflichtigen Tatsachen auf ein Mindestmaß vor allem auch darin, dass die **Prüfungspflicht des Registergerichts durch § 4 Abs. 2 S. 2 eingeschränkt** wurde. Den Grund für dieses Vorgehen bildete das bei den Gesetzesberatungen im Bundesrat deutlich gewordene Bestreben der Länder, den mit der Einrichtung und Führung des Partnerschaftsregisters verbundenen Aufwand gering zu halten und die Gerichte nicht mit unlösbaren Prüfungsaufgaben zu belasten.[1] Dementsprechend wurde entgegen früheren Entwürfen[2] zum einen darauf verzichtet, die Beifügung des Partnerschaftsvertrags bei Anmeldung der Partnerschaft vorzuschreiben. Auch wurde mit Rücksicht auf die Regelung in § 7 Abs. 1 auf die Eintragung des Datums des Beginns der Partnerschaft verzichtet. Vor allem aber wurde in Abänderung von § 4 Abs. 2 RegE während des Gesetzgebungsverfahrens auf den Nachweis der Zugehörigkeit der Partner zu den von ihnen auszuübenden Berufen verzichtet und zudem in einem neuen S. 2 ausdrücklich angeordnet, dass das Registergericht bei der Eintragung die Angaben der Partner zugrundezulegen hat, wenn ihm deren Unrichtigkeit nicht positiv bekannt ist. Nicht voll im Einklang mit dieser Zielsetzung befinden sich allerdings §§ 3, 4 PRV, die bestimmte Nachweis- und Ermittlungsanforderungen betreffend die Zulassung zum Freien Beruf ua im Zusammenhang mit der Anmeldung und Eintragung von Partnerschaften begründen (→ Rn. 35, 39).

3   **2. Reformen.** Die Vorschriften der §§ 4 Abs. 1 S. 2, 5 Abs. 1 wurden durch Art. 4 ERJuKoG im Jahr 2001 dahin erweitert, dass künftig auch das *Geburtsdatum* der Partner sowie ihre jeweilige *Vertretungsmacht* anmelde- und eintragungspflichtig sind. Damit wurde den entsprechenden Änderungen des § 106 Abs. 2 HGB Rechnung getragen und für Gleichklang zwischen OHG- und PartG-Recht gesorgt (Übergangsvorschrift: § 11 Abs. 2). Auch die PRV unterlag mehreren, die entsprechenden Änderungen des PartGG (→ Vor § 1 Rn. 9 f.) berücksichtigenden Anpassungen. Mit Wirkung vom 1.1.2007 wurden zudem das Handels-, Genossenschafts- und das Partnerschaftsregister durch das Gesetz über elektronische Handelsregister und Genossenschaftsregister sowie das Unternehmensregister (EHUG)[3] auf elektronischen Betrieb umgestellt. Das EHUG hat damit insbesondere die Anforderungen der europarechtlichen Vorgaben von der Publizitätsrichtlinie[4] und teilweise auch der Transparenzrichtlinie[5] umgesetzt. § 5 Abs. 2 Hs. 2 wurde durch das MoMiG zum 1.11.2008 angefügt. Mit Wirkung vom 19.7.2013[6] wurde § 4 um einen Abs. 3 ergänzt, der für die Anmeldung einer **Part(G)mbB** die Einreichung der entsprechenden Versicherungsbescheinigung vorsieht. Im Rahmen der **Aktiennovelle 2016**[7] wurde in § 4 Abs. 1 der Verweis auf § 108 HGB auf dessen S. 1 beschränkt (mit Wirkung vom 31.12.2015), weil die für die Personenhandelsgesellschaften nach dem neuen S. 2 des § 108 eingeführte Erleichterung der Anmeldung der inländischen Geschäftsanschrift mit Blick auf § 5 Abs. 2 Hs. 2 (→ Rn. 29) für die Partnerschaft ohne Belang ist.

---

[1] Vgl. Stellungnahme BR, BT-Drs. 12/6152 S. 26 f.; *Seibert,* Die Partnerschaft, 1994, S. 45; *Bösert* ZAP 1994, 765 (772); *Leutheusser-Schnarrenberger* der freie beruf 7–8/1994, 20 (21).

[2] Vgl. RegE, BT-Drs. 6/2047 S. 1; RegE, BT-Drs. 7/4089 S. 7; Entwurf des BT-Rechtsausschusses, BT-Drs. 7/5402 S. 4; 1. RefE in *Seibert,* Die Partnerschaft, 1994, S. 85; dazu auch → Vor § 1 Rn. 2 f.

[3] EHUG vom 10.11.2006, BGBl. I S. 2553; hierzu BT-Drs. 16/960 (RegE samt Stellungnahme des Bundesrates und Gegenäußerung der Bundesregierung) und BT-Drs. 16/2781 (Beschlussempfehlung und Bericht des Rechtsausschusses).

[4] RL 2003/58/EG, ABl. L 221 S. 13.

[5] RL 2004/109/EG, ABl. L 390 S. 38.

[6] Gesetz vom 15.7.2013, BGBl. I S. 2386.

[7] Gesetz vom 22.12.2015, BGBl. I S. 2565.

II. Anmeldung (§ 4)

1. Gegenstände der Anmeldung. a) Bei Errichtung der Partnerschaft. Nach § 4 Abs. 1 S. 2 bildet insbesondere der in § 3 Abs. 2 Nr. 1–3 festgelegte **Mindestinhalt des Partnerschaftsvertrags** den Gegenstand der Anmeldung bei Errichtung der Partnerschaft. Anzumelden sind also Name und Sitz der Partnerschaft (Nr. 1), ihr Gegenstand (Nr. 3) und die in Nr. 2 genannten Angaben zur Identifizierung der Partner und des von ihnen in der Partnerschaft ausgeübten Freien Berufs. Diese Angaben sind in die Anmeldeerklärungen der Partner (→ Rn. 7) aufzunehmen; ihre Ersetzung durch die Vorlage des Partnerschaftsvertrags mit seinem entsprechenden Inhalt ist weder hinreichend noch erforderlich. **Weitere Gegenstände** der Anmeldung bilden seit der Reform 2001 (→ Rn. 3) die *Vertretungsbefugnis* der Partner unabhängig davon, ob sie der gesetzlichen Regelung nach § 7 Abs. 1 iVm § 125 Abs. 1 HGB entspricht, unter Einschluss der Befreiung vom Verbot des Selbstkontrahierens,[8] sowie das *Geburtsdatum* der Partner. Sämtliche Gegenstände der Anmeldung werden nach § 5 Abs. 1 auch in das Partnerschaftsregister eingetragen. Grundsätzlich werden sämtliche Eintragungen in das Partnerschaftsregister nur aufgrund eines Antrags vorgenommen. Das Register wurde zum 1.1.2007 auf elektronischen Betrieb umgestellt; seit Ablauf der Übergangsfrist bis zum 31.12.2009 (§ 11 Abs. 3) sind nurmehr elektronische Anmeldungen möglich.

Im Einzelnen ist die **Rechtsnatur** der Anmeldung umstritten. Einige messen ihr eine rein verfahrensrechtliche Bedeutung zu, andere gehen von einer Doppelnatur aus Eintragungsantrag und Rechtsgeschäft aus, wieder andere sprechen von einem auf die Herbeiführung behördlichen Handelns gerichteten organschaftlichen Akt; und schließlich begegnet auch die Auffassung, die Anmeldung sei eine Art Garantieerklärung, die dem Registergericht Vertrauen in die inhaltliche Richtigkeit der angemeldeten Tatsache zusichert. Für die Partnerschaft ergeben sich insofern allerdings keine Besonderheiten.[9]

b) Spätere Änderungen. Anmeldepflichtig sind nach § 4 Abs. 1 S. 3 auch Änderungen, die nach Eintragung der Partnerschaft in Bezug auf die Gegenstände der Anmeldung eintreten. Hierunter fallen einerseits Änderungen beim Namen, Sitz oder Unternehmensgegenstand der Partnerschaft ebenso wie das Ausscheiden oder der Beitritt von Partnern, auch soweit sie auf einer Anteilsübertragung beruhen, sowie Änderungen bei den der Identifizierung der Partner dienenden Angaben des § 3 Abs. 2 Nr. 2, andererseits Änderungen in Bezug auf die Vertretungsmacht der Partner. Der Grund der Änderung, dh das Zustandekommen eines formwirksamen Änderungsbeschlusses, die Ausübung eines einseitigen Gestaltungsrechts oder die Änderung tatsächlicher Verhältnisse wie bei der Verlegung des Wohnsitzes oder dem Eintritt der Berufsunfähigkeit eines Partners, ist für die Anmeldepflicht ohne Belang. Schließlich besteht nach § 9 Abs. 1 iVm § 143 HGB eine Anmeldepflicht beim Ausscheiden eines Partners oder der Auflösung der Partnerschaft. Im Falle des liquidationslosen Erlöschens der Partnerschaft wegen Ausscheidens des vorletzten Partners ist nicht das Ausscheiden, sondern die Auflösung der Partnerschaft einzutragen.[10] Abweichendes gilt mit Rücksicht auf § 2 Abs. 2 iVm § 32 HGB nur bei insolvenzbedingter Auflösung der Partnerschaft; deren Eintragung ist von Amts wegen zu bewirken. *Sonstige* Vertragsänderungen werden – vorbehaltlich der Beachtung des Schriftformerfordernisses (§ 3 Abs. 1) – alsbald mit ihrer Vereinbarung wirksam; einer Anmeldung zum Handelsregister bedarf es nicht. Gemäß § 5 Abs. 2 iVm § 12 Abs. 2 HGB ist bei Änderung anmeldepflichtiger Tatsachen in Form einer Urschrift oder einfachen Abschrift die Übermittlung einer elektronischen Aufzeichnung ausreichend. Dagegen ist ein mit einem einfachen elektronischen Zeugnis nach § 39a BeurkG versehenes Dokument zu übermitteln, wenn ein notariell beurkundetes Dokument oder aber eine öffentlich beglaubigte Abschrift von der Änderung einer anmeldepflichtigen Tatsache betroffen sind.[11]

c) Zeichnung der Unterschrift. Die Verweisung in § 4 Abs. 1 S. 1 aF erstreckte sich auch auf die entsprechende Anwendung von **§ 108 Abs. 2 HGB aF.** Danach hatten die vertretungsbefugten Gesellschafter im Zuge der Anmeldung den Namen der Partnerschaft mit ihrer Namensunterschrift zur Aufbewahrung bei dem Gericht zu zeichnen. Entsprechend war bei späteren Änderungen der

---

[8] So zutr. *Sevatius* NZG 2002, 456 (457) unter Hinweis auf die im Kapitalgesellschaftsrecht schon bisher hM, vgl. nur BGHZ 87, 59 (61) = NJW 1983, 1676; dazu Ulmer/Habersack/Löbbe/*Ulmer/Habersack* GmbHG § 10 Rn. 14 f.; Baumbach/Hueck/*Fastrich* GmbHG § 8 Rn. 19, jeweils mwN.
[9] Vgl. allg. nur Staub/*Koch* HGB § 12 Rn. 5 ff.; EBJS/*Schaub* HGB § 12 Rn. 26 ff. mwN.
[10] Vgl. nur BayObLG DB 2001, 2088 (2089); OLG Düsseldorf NJW-RR 1998, 245 (246); Staub/*Schäfer* HGB § 143 Rn. 11 alle zur OHG; abw. MüKoHGB/*K. Schmidt* HGB § 143 Rn. 4 – Eintragung des Erlöschens der Firma nach § 31 HGB; vgl. ferner KG NZG 2007, 665 (667) – tendenziell aber für Eintragung sowohl der Auflösung als auch des Ausscheidens des Gesellschafters.
[11] *Henssler* § 4 Rn. 24.

Vertretungsbefugnis zu verfahren. Für die Form der Unterschriftszeichnung galt § 5 Abs. 2 iVm § 12 HGB. Im Zuge des EHUG wurde § 108 Abs. 2 HGB aF jedoch ersatzlos gestrichen. Eine persönliche Zeichnung der Unterschrift ist für das elektronisch geführte Partnerschaftsregister damit nicht mehr nötig; auf gescannte Unterschriften wurde verzichtet, um die Verwaltung des Partnerschaftsregisters zu vereinfachen und zu beschleunigen.[12]

7 **2. Anmeldepflichtige Personen.** Die Anmeldung ist nach § 4 Abs. 1 S. 1 iVm § 108 HGB von **sämtlichen Partnern** zu bewirken. Ihrer höchstpersönlichen Mitwirkung bedarf es nicht. Die Partner können sich vertreten lassen, jedoch muss die Vollmacht auch zur elektronischen Anmeldung in öffentlich beglaubigter Form ausgestellt sein (§ 5 Abs. 2 iVm § 12 Abs. 1 S. 2 HGB; → Rn. 8). Der Anmeldepflicht *jedes* Partners kommt nicht zuletzt dann Bedeutung zu, wenn es um anzumeldende Änderungen aus seiner eigenen Sphäre (Name, Wohnort, ausgeübter Freier Beruf) geht. Sie verpflichtet ihn, von sich aus tätig zu werden und auch die anderen Partner von der Änderung in Kenntnis zu setzen, um sie zur Mitwirkung bei der Anmeldung zu veranlassen. Zur Durchsetzung der Anmeldepflicht steht dem Registergericht nach § 5 Abs. 2 iVm § 14 HGB die Befugnis zu, Zwangsgelder gegen die anmeldepflichtigen Personen festzusetzen.

8 **3. Form der Anmeldung; Nachweise.** Die **Form** der Anmeldung richtet sich nach § 5 Abs. 2 iVm § 12 HGB. Die Angaben sind aus Gründen der Rechtssicherheit auch bei elektronischer Anmeldung in öffentlich beglaubigter Form (§ 129 Abs. 1 BGB) einzureichen. Hierbei versieht ein Notar das Dokument mit einem einfachen elektronischen Zeugnis gemäß § 39a BeurkG und übermittelt es sodann an das Registergericht.[13] Dokumente sind dabei grundsätzlich in elektronischer Form einzureichen. Eine elektronische Aufzeichnung genügt, sofern für ein Dokument die Einreichung einer Urschrift, einer einfachen Abschrift oder eines unterschriebenen Dokuments vorgesehen ist. Ein mit einem einfachen elektronischen Zeugnis versehenes Dokument ist einzureichen, sofern es um ein notariell beurkundetes Dokument oder eine öffentlich beglaubigte Abschrift geht. Vollmachten nicht selbst mitwirkender Partner (→ Rn. 7) müssen in öffentlich beglaubigter Form vorliegen.

9 Besondere **Nachweise** gegenüber dem Registergericht bei Anmeldung der Partnerschaft sind im PartGG grundsätzlich nicht vorgesehen, eine Ausnahme gilt für den Versicherungsnachweis bei der Part(G)mbB (→ Rn. 9a). Vorbehaltlich der Einschränkung in § 4 Abs. 2 S. 2 kann das Gericht sich solche Nachweise auf Grund des Amtsermittlungsgrundsatzes des § 26 FamFG vorlegen lassen, wenn es begründete Zweifel an der Richtigkeit von Gegenständen der Anmeldung hat (→ Rn. 11, 13). Zu den Nachweisanforderungen, die **§ 3 Abs. 1 S. 2, Abs. 3 PRV** als Sollvorschrift bei staatlicher Zulassung oder staatlicher Prüfung als Voraussetzung für die Berufsausübung der Partner bzw. bei Erforderlichkeit staatlicher Zulassung der Partnerschaft begründet, → Rn. 35, 37.

9a **4. Insbesondere Versicherungsnachweis nach Abs. 3.** § 4 Abs. 3 verlangt bei der Anmeldung einer Partnerschaft mit beschränkter Berufshaftung (**Part[G]mbB**) zusätzlich eine Versicherungsbescheinigung gemäß § 113 Abs. 2 VVG. Das Unterhalten einer besonderen Berufshaftpflichtversicherung ist gemäß § 8 Abs. 4 S. 1 die (Gründungs-)Voraussetzung für die Partnerschaft mit beschränkter Berufshaftung (→ § 8 Rn. 42). Weil es sich bei der Berufshaftpflichtversicherung der Partnerschaft – anders als bei derjenigen der Partner (zB gemäß § 51 BRAO), nicht um eine Pflichthaftpflichtversicherung handelt, ist ein ausdrücklicher Verweis auf § 113 VVG erforderlich. Nach § 113 Abs. 2 VVG müssen sowohl die (tatsächliche) **Versicherungssumme**[14] als auch die der Versicherung zugrundeliegende Rechtsvorschrift bescheinigt werden; das sind die besonderen berufsrechtlichen Regeln für die Berufshaftpflichtversicherung bei beschränkter Haftung. Für Rechtsanwälte und Patentanwälte wird eine erhöhte Mindestversicherungssumme (2,5 Mio. pro Schadensfall; 2,5 Mio. x Zahl der Partner, wenigstens aber 10 Mio. pro Jahr) verlangt (§ 51a BRAO, § 45a PatAO, § 67 StBG, § 54 WPO). Für Ärzte, Zahnärzte, Tierärzte und Psychotherapeuten ist zB in Bayern eine Mindestversicherungssumme von 5 Mio. pro Schadensfall und 5 Mio. x Zahl der Partner, wenigstens aber 20 Mio. pro Jahr vorgesehen (Art. 18 Abs. 2 HKaG).[15] Auf diese Weise soll dem Registergericht die Prüfung erleichtert werden, ob die vorgeschriebene Mindestsumme erreicht wird.[16] Sieht das Berufsrecht (so für StB und WP) eine Mindestversicherungssumme und im Übrigen eine „angemessene"

---

[12] Staub/*Koch* HGB § 12 Rn. 3; EBJS/*Schaub* HGB § 12 Rn. 62; *Henssler* § 4 Rn. 19.
[13] *Noack* NZG 2006, 801 (802); *Seibert* DB 2006, 2446 f.; näher zu § 39a BeurkG *Malzer* DNotZ 2006, 9 (12 ff.).
[14] Ebenso MWHLW/*Wolff* § 4 Rn. 38b; MüKoVVG/*Brand*, 2011, § 113 Rn. 19; Römer/Langheid/*Langheid*, VVG, 4. Aufl. 2014 § 113 Rn. 7; aA Michalski/Römermann/*Zimmermann* § 4 Rn. 34: bei höherer Versicherungssumme reiche die Angabe der Mindestversicherungssumme.
[15] Eingeführt durch Gesetz vom 22.5.2015, GVBl. S. 158.
[16] Vgl. *Seibert* BB 2013, 1710 (1713); Henssler/Strohn/*Hirtz* §§ 4, 5 Rn. 5; Michalski/Römermann/*Zimmermann* § 4 Rn. 34. MWHLW/*Wolff* § 4 Rn. 38a.

Versicherung vor, prüft das Registergericht gleichwohl nur das Erreichen der Mindestsumme, während die Angemessenheitsprüfung „Risiko der Partner" bleibt.[17]

III. Prüfung durch das Registergericht

1. Zuständiges Gericht. Die **örtliche** Zuständigkeit des Registergerichts folgt aus § 4 Abs. 1 S. 1 iVm § 106 Abs. 1 HGB. Sie richtet sich nach dem Sitz der Partnerschaft (§ 3 Abs. 2 Nr. 1). Für Zweigniederlassungen gelten die in die Verweisung des § 5 Abs. 2 aufgenommenen Vorschriften der §§ 13 ff. HGB. **Sachlich** zuständig zur Führung des Partnerschaftsregisters sind nach § 23a GVG die Amtsgerichte als Registergerichte. Nach § 376 Abs. 2 FamFG sind die Landesregierungen ermächtigt, die Zuständigkeit zur Führung des Partnerschaftsregisters bei einzelnen Amtsgerichten zu konzentrieren; hiervon haben die Länder in unterschiedlicher Art Gebrauch gemacht.[18] Seit dem 1.1.2007 besteht mit § 376 Abs. 2 S. 3 FamFG (früher: § 125 Abs. 2 S. 3 FGG) die Option, die Zuständigkeit einzelner Amtsgerichte auch über Landesgrenzen hinweg auszudehnen. Dies wird durch die Möglichkeit des elektronischen Abrufs begünstigt, in dessen Folge die Ortsgebundenheit der Register an Bedeutung verloren hat.[19] **Funktionell** zuständig ist grundsätzlich gemäß § 3 Nr. 2 lit. d RPflG der Rechtspfleger, sofern nicht nach § 17 Nr. 1 RPflG eine ausdrückliche Zuweisung an den Richter erfolgt.

2. Prüfungsrecht des Registergerichts. a) Grundlagen; Reichweite der Einschränkung durch § 4 Abs. 2 S. 2. Das Registerverfahren unterliegt nach §§ 374 ff. FamFG auch für das Partnerschaftsregister grundsätzlich dem **Recht der freiwilligen Gerichtsbarkeit.** Aufgrund ihrer Aufgabe, für die Ordnungsmäßigkeit und Richtigkeit des Registers zu sorgen, haben die Registergerichte nach *allgemeinem Registerrecht* das Recht und die Pflicht, die in der Anmeldung enthaltenen Angaben zu prüfen; sie bedienen sich dazu des in **§ 26 FamFG** geregelten *Grundsatzes der Amtsermittlung*.[20] Er besagt, dass die Registergerichte grundsätzlich von den Erklärungen der anmeldepflichtigen Personen ausgehen und sich auf die Prüfung von deren Plausibilität beschränken können, sofern die für Anmeldung und Eintragung geltenden materiellen und verfahrensrechtlichen Vorschriften nicht für einzelne Angaben besondere Nachweise oder Prüfungsschritte erfordern. Im Fall *begründeter Zweifel* sind sie jedoch gehalten, von Amts wegen auf deren Behebung hinzuwirken.[21] Sie können sich zu diesem Zweck einerseits geeignete Nachweise von den Anmeldern vorlegen lassen. Andererseits können sie aber auch die in § 380 FamFG genannten berufsständischen Organe der freien Berufe um Mitwirkung ersuchen.

Für das **Verfahren des Partnerschaftsregisters** ist *umstritten*, ob und inwieweit der Amtsermittlungsgrundsatz des § 26 FamFG auch für die Eintragung der Partnerschaft gilt. Unter Hinweis auf **§ 4 Abs. 2 S. 2,** wonach das Registergericht bei der Eintragung die „Angaben der Partner" zugrundelegt, sofern es nicht deren Unrichtigkeit kennt, wird verbreitet die Meinung vertreten, der Amtsermittlungsgrundsatz sei dadurch **generell eingeschränkt** und das Registergericht habe sich darauf zu beschränken, die Anmeldung bei Kenntnis der Unrichtigkeit zu beanstanden.[22] Zur Begründung verweisen die Anhänger dieser Ansicht auf die – vom Streben der Länder nach Erleichterung der Prüfungslast der Registergerichte geprägte – *Entstehungsgeschichte* des § 4 Abs. 2;[23] die systematische Stellung des S. 2 nicht als eigenständiger Absatz, sondern als Teil des Abs. 2 stehe nicht entgegen.[24] Nicht im Einklang mit dieser verbreiteten Meinung befindet sich allerdings der Inhalt

---

[17] So Begr. RegE, BT-Drs. 17/10487 S. 13 zu Nr. 1 – Einfügung § 4 Abs. 3; krit. dazu *Römermann/Praß* NZG 2012, 601 (604 f.).
[18] Vgl. die Zusammenstellung der entsprechenden Verordnungen bei *Krafka/Kühn* RegisterR, 9. Aufl. 2013, Rn. 2020 und die Übersicht bei *Michalski/Römermann/Zimmermann* § 4 Rn. 17; vgl. zu den unterschiedlichen Regelungen in den einzelnen Bundesländern die Übersicht bei *Henssler* § 4 Rn. 11 f.
[19] *Staub/Koch* HGB § 8 Rn. 15; EBJS/*Schaub* HGB § 8 Rn. 18; *Henssler* § 4 Rn. 13.
[20] Vgl. dazu *Staub/Koch* HGB § 8 Rn. 82; *Krafka/Kühn* RegisterR, 9. Aufl. 2013, Rn. 153 ff.; Ulmer/Habersack/*Löbbe*/*Ulmer/Habersack* GmbHG § 9c Rn. 6 ff.
[21] *Staub/Koch* HGB § 8 Rn. 86; Nr. 16; *Krafka/Kühn* RegisterR, 9. Aufl. 2013, Rn. 159; Ulmer/Habersack/*Löbbe*/*Ulmer/Habersack* GmbHG § 9c Rn. 16.
[22] So insbes. Michalski/Römermann/*Zimmermann* § 4 Rn. 6, 45; MWHLW/*Wolff* § 4 Rn. 47 ff.; *Feddersen/Meyer-Landrut* § 4 Rn. 16; tendenziell auch *Henssler* § 4 Rn. 42, 33; EBJS/*Seibert* § 4 Rn. 4; *Krafka/Kühn* RegisterR, 9. Aufl. 2013, Rn. 2042 ff.; aA 3. Aufl. Rn. 10 ff. (*Ulmer*); *Hornung* Rpfleger 1995, 481.
[23] Vgl. Stellungnahme BR, BT-Drs. 12/6152 S. 26 f.; Begr. BT-Rechtsausschusses, BT-Drs. 12/7642 S. 12; *Seibert*, Die Partnerschaft, 1994, S. 45; *Bösert* ZAP 1994, 765 (772); *Leutheusser-Schnarrenberger* der freie beruf 7–8/1994, 20 (21).
[24] So Michalski/Römermann/*Zimmermann* § 4 Rn. 6: Abs. 2 S. 2 wie ein eigener Absatz zu lesen; *Feddersen/Meyer-Landrut* § 4 Rn. 16.

der – vom BMJ mit Zustimmung des Bundesrates erlassenen[25] – **PRV**. Denn sie ordnet in § 3 Abs. 1 S. 2 und Abs. 3 (wenn auch als Sollvorschrift) die Vorlage bestimmter Urkunden an und gibt den Gerichten in § 4 S. 1 auf, in zweifelhaften Fällen den zuständigen Berufskammern Gelegenheit zur Stellungnahme zu geben (→ Rn. 35 ff., 41).

13 **Stellungnahme.** Den Befürwortern einer weitgehenden Einschränkung des Amtsermittlungsgrundsatzes für das Partnerschaftsregister ist zwar darin zuzustimmen, dass § 4 Abs. 2 S. 2 eine Spezialvorschrift gegenüber § 26 FamFG enthält mit der Folge, in seinem Anwendungsbereich die Eintragungskontrolle des Registergerichts auf Fälle zu reduzieren, in denen ihm die Unrichtigkeit der Angaben der Anmelder bekannt ist. *Nicht gefolgt* werden kann der verbreiteten Meinung jedoch darin, den Anwendungsbereich auf *sämtliche* für die Eintragung einer Partnerschaft relevanten Daten und Fakten auszudehnen. Dagegen spricht einerseits die systematische Stellung des S. 2 im Kontext der Angaben nach § 4 Abs. 2 S. 1 betreffend die Berufsausübung der Partner. Andererseits lässt auch die Entstehungsgeschichte der Vorschrift erkennen, dass sie sich nur auf die Angaben über die von den Partnern im Rahmen der Partnerschaft auszuübenden Freien Berufe beziehen, die Kontrolle sonstiger Angaben wie diejenigen nach § 4 Abs. 1 S. 2 iVm § 3 Abs. 2 Nr. 1 und 2 (vorbehaltlich des in der Partnerschaft ausgeübten Berufs) dagegen unberührt lassen sollte.[26] Schließlich zeigen auch die vorstehend erwähnten Sollvorschriften der §§ 3, 4 PRV, dass der Verordnungsgeber nicht etwa von einer grundsätzlich unkontrollierten Eintragungspraxis des Partnerschaftsregisters ausging, sondern sich darum bemühte, vor dem Hintergrund der vielfältigen, stark unterschiedlichen Freien Berufe einen Mittelweg zwischen Eintragungskontrolle und Vereinfachung des Registerverfahrens einzuschlagen. Auch der zeitliche Zusammenhang zwischen dem Erlass des PartGG und der PRV sowie die jeweilige Federführung durch das BMJ unter Beteiligung des Bundesrates sprechen dafür, die Regelungen der PRV als Interpretationshilfe für § 4 Abs. 2 heranzuziehen. Diese Gründe führen dazu, die Kontrollerleichterung des § 4 Abs. 2 S. 2 auf die Angaben über die freiberufliche Tätigkeit der Partner und den damit unmittelbar zusammenhängenden Gegenstand der Partnerschaft zu beschränken (→ Rn. 14 ff.).

14 **b) Folgerungen.** Von der Einschränkung des § 4 Abs. 2 S. 2 erfasst werden die auf den **Freien Beruf und dessen Ausübung** in der Partnerschaft bezogenen Angaben; das folgt aus der gebotenen teleologischen Auslegung der Vorschrift, die nicht allein auf die „Zugehörigkeit jedes Partners zu dem (in der Partnerschaft auszuübenden) Freien Beruf" zu beziehen ist. Denn wie ein Entstehungshintergrund zeigt, soll sie die Registergerichte davon entlasten, Zweifeln an der Zugehörigkeit der in der Partnerschaft beabsichtigten Tätigkeiten zu den Freien Berufen sowie an der hierfür erforderlichen Vorbildung der Partner nachzugehen. Entsprechendes hat für Zweifel an der berufsrechtlichen Zulässigkeit einer von den Beteiligten angemeldeten interprofessionellen Partnerschaft zu gelten. Denn auch sie betreffen den Bereich der Berufsausübung; ihre registergerichtliche Klärung würde zu einer erheblichen Erschwerung des Eintragungsverfahrens führen. Von diesen Einschränkungen unberührt bleiben zwar die Sollvorschriften der §§ 3, 4 PRV über die Vorlage bestimmter Unterlagen seitens der Anmelder und über die Einschaltung der zuständigen Berufskammern in zweifelhaften Fällen. Für Staatshaftungsansprüche nach § 839 BGB iVm Art. 34 GG gegen das zuständige Land wegen Schäden, die jemand im Vertrauen auf die Richtigkeit des Registers betreffend die Berufstätigkeit der Partner erlitten hat, ist jedoch kein Raum.

15 Soweit es demgegenüber um den **Partnerschaftsvertrag** als Eintragungsvoraussetzung geht, scheidet der Rückgriff auf § 4 Abs. 2 S. 2 aus den in → Rn. 13 genannten Gründen aus. Zwar hat der Gesetzgeber entgegen den ursprünglichen Plänen darauf verzichtet, dessen Vorlage zur Eintragungsvoraussetzung zu machen (→ Rn. 2). Daher ist für eine über die Mindestangaben nach § 3 Abs. 2 hinausgehende gerichtliche Inhaltskontrolle kein Raum. Ebenso ist es nach dem Vorstehenden nicht Sache des Registergerichts, die Wirksamkeit des Partnerschaftsvertrags (§ 134 BGB) auf mögliche Verstöße gegen berufsrechtliche Schranken zu kontrollieren. Anderes gilt dagegen insoweit, als es um Verstöße gegen das Schriftformgebot des § 3 Abs. 1, um denkbare Mängel aus der Beteiligung nicht voll geschäftsfähiger Gesellschafter ohne Genehmigung des Familiengerichts sowie um Auseinandersetzungen zwischen den Beteiligten über die Wirksamkeit des Vertragsschlusses bzw. die Ausübung eines fristlosen Kündigungsrechts geht. Soweit dem Registergericht substantiierte Hinweise auf derartige Vertragsmängel vorliegen, hat es ihnen im Rahmen seiner Amtsermittlungsfunktion nachzugehen. Sie können ihm auch Anlass geben, sich die Urkunde über den Partnerschaftsver-

---

[25] Ermächtigungsgrundlage ist § 160b Abs. 1 iVm § 125 Abs. 3 S. 1 FGG.
[26] Nur auf diese Gegenstände beziehen sich die im Gesetzgebungsverfahren zu § 4 Abs. 2 RegE geäußerten Bedenken, vgl. Stellungnahme BR, BT-Drs. 12/6152 S. 26 f.; Begr. BT-Rechtsausschusses, BT-Drs. 12/7642 S. 12; *Seibert*, Die Partnerschaft, 1994, S. 45; *Bösert* ZAP 1994, 765 (772); *Leutheusser-Schnarrenberger* der freie beruf 7–8/1994, 20 (21).

trag vorlegen zu lassen und die Einhaltung der Schriftform sowie der Mindestbestandteile nach § 3 Abs. 2 zu prüfen. Der Umstand, dass auf die generelle Vorlegung der Vertragsurkunde bei Anmeldung im Zuge der Entstehungsgeschichte des PartGG verzichtet wurde, steht diesem Vorgehen nicht entgegen.[27]

Auch in Bezug auf **sonstige** Gegenstände der Anmeldung ist der Amtsermittlungsgrundsatz durch **16** § 4 Abs. 2 S. 2 nicht eingeschränkt. Für den **Sitz** der Partnerschaft folgt das schon aus dessen Bedeutung als Voraussetzung für die örtliche Zuständigkeit des Registergerichts (§ 4 Abs. 1 S. 1 iVm § 106 Abs. 1 HGB). Die Kontrollbefugnis für den **Namen** der Partnerschaft ergibt sich – in den Grenzen des § 18 Abs. 2 S. 2 HGB – aus den namensrechtlichen Vorgaben des § 2 Abs. 1 iVm der Verweisung in § 2 Abs. 2 auf das allgemeine Firmenrecht, darunter insbesondere § 30 HGB. Soweit es um die **Personalien** der nach § 4 Abs. 1 S. 1 iVm § 108 HGB anmeldepflichtigen Partner geht, ist für eine Reduktion des § 26 FamFG schon wegen ihrer Rolle als Verfahrensbeteiligte kein Raum; im Übrigen sorgen auch die Formerfordernisse des § 5 Abs. 2 iVm § 12 HGB dafür, dass deren Richtigkeit im Regelfall außer Zweifel steht. Die Kontrolle der Angaben über die **Vertretungsmacht** der Partner schließlich liegt – unbeschadet der Verweisung des § 5 Abs. 2 auf § 15 HGB – im wohlverstandenen Interesse des Rechtsverkehrs und gehört zu den zentralen Aufgaben des Registergerichts; für eine Einschränkung durch § 4 Abs. 2 S. 2 besteht auch insoweit kein Anlass.[28]

IV. Eintragung (§ 5 Abs. 1)

1. Inhalt. Der Inhalt der Eintragung der Partnerschaft deckt sich mit den anmeldepflichtigen **17** Gegenständen (→ Rn. 4 f.). **Einzutragen sind** nach § 5 Abs. 1 in erster Linie die in § 3 Abs. 2 geregelten, nach § 4 Abs. 1 S. 2 anmeldepflichtigen Mindestbestandteile des Partnerschaftsvertrags. Weitere Eintragungsgegenstände bilden das Geburtsdatum und die Vertretungsbefugnis der Partner (§ 5 Abs. 1), die Auflösung der Partnerschaft und das Ausscheiden von Partnern (§ 9 Abs. 1 iVm § 143 HGB) sowie der Eintritt von Änderungen bei den eingetragenen Angaben (§ 4 Abs. 1 S. 3).

2. Wirkung. Entsprechend der Rechtslage beim Handelsregister sind auch die Eintragungen **18** in das Partnerschaftsregister grundsätzlich **deklaratorischer** Natur;[29] sie beschränken sich auf die Verlautbarung von außerhalb des Registers eingetretenen, für die Rechtsverhältnisse der Partnerschaft und die Information der Öffentlichkeit bedeutsamen Änderungen. Eine **Ausnahme** gilt nach § 7 Abs. 1 für die erstmalige Eintragung der Partnerschaft: Sie bringt die Partnerschaft im Außenverhältnis als solche zur Entstehung und hat damit *konstitutive* Wirkung. Ist die Gesellschaft schon vor der Eintragung Dritten gegenüber aufgetreten, hat sie insbesondere schon mit der Geschäftstätigkeit begonnen, so hat die Eintragung die Wirkung eines *Rechtsformwechsels* von der – durch einvernehmlichen Geschäftsbeginn entstandenen (→ BGB § 705 Rn. 2) – GbR zur Partnerschaft (→ § 7 Rn. 4). – Zur Behandlung des Innenverhältnisses einer von den Beteiligten als Partnerschaft gewollten, noch nicht eingetragenen Gesellschaft nach Partnerschaftsrecht, wenn dem nicht der Wille der Beteiligten entgegensteht, → § 7 Rn. 5 f.

V. Partnerschaftsregister (§ 5 Abs. 2)

1. Notwendigkeit seiner Einrichtung. Die Einrichtung eines besonderen Registers für eine **19** neue Gesellschaftsform bedeutet einen relativ hohen Gestaltungsaufwand. Dessen Angemessenheit beurteilt sich nach der Dringlichkeit des Regelungsbedürfnisses. Die Amtliche Begründung sieht die Notwendigkeit gerichtlicher *Registrierung* der Partnerschaft darin, dass sie den Informationsbedürfnissen der Personen Rechnung trägt, die die Leistungen einer Partnerschaft in Anspruch nehmen oder sonst mit ihr in geschäftlichen Kontakt treten.[30] Die Einrichtung eines *zusätzlichen*, neben das Handelsregister tretenden *Registers* hält sie deshalb für erforderlich, weil die Partnerschaft kein Handelsgewerbe ausübt. Beide Argumente sahen sich schon während des Gesetzgebungsverfahrens,[31] aber auch danach[32] lebhafter **Kritik** ausgesetzt.

---

[27] So zutr. *K. Schmidt* ZIP 1993, 633 (640); *Henssler* § 3 Rn. 17; aA Michalski/Römermann/*Zimmermann* § 3 Rn. 6.
[28] Zu den insoweit vom Registergericht zu beachtenden Anforderungen vgl. *Krafka/Kühn* RegisterR, 9. Aufl. 2013, Rn. 2036.
[29] Vgl. allg. Staub/*Schäfer* HGB § 106 Rn. 35; MüKoHGB/*Langhein* HGB § 106 Rn. 6, 9, 46.
[30] Vgl. insbes. Gegenäußerung BReg., BT-Drs. 12/6152 S. 29 f.; so auch schon Begr. RegE, BT-Drs. 12/6152 S. 14; *Seibert*, Die Partnerschaft, 1994, S. 60 f.
[31] Durch *Michalski* ZIP 1991, 1551 (1557); *v. Falkenhausen* AnwBl. 1993, 479 (480 f.).
[32] Durch *K. Schmidt* NJW 1995, 1 (3); Michalski/Römermann/*Zimmermann* § 4 Rn. 8 ff.; *Knoll/Schüppen* DStR 1995, 608 (611); aA MWHLW/*Wolff* § 4 Rn. 9; *Taupitz* ArztR 1995, 123 (126).

20 Stellungnahme. Von diesen Gründen ist jedenfalls dem zweiten, auf die Einrichtung eines **besonderen Registers** gerichteten entgegen der daran geübten Kritik zuzustimmen. Auch wenn man berücksichtigt, dass das Handelsregister sich mit der Zuständigkeit für Einzelkaufleute, OHG, KG, AG, KGaA, GmbH und EWIV als sehr vielseitig erwiesen hat und daher rechtstechnisch ohne weiteres in der Lage wäre, seine Spalten einer weiteren Gesellschaftsform zu öffnen, liegt der rechtsgrundsätzliche Unterschied der Partnerschaft gegenüber den im Handelsregister einzutragenden Gesellschaften doch gerade in ihrem *fehlenden Handelsgewerbe*. Nimmt man diesen Unterschied ernst, wie es der Regelungstechnik nicht nur des HGB, sondern auch des PartGG bei Ausgestaltung der materiellrechtlichen Vorschriften unter Verzicht auf die generelle Unterstellung der Partnerschaft unter OHG-Recht entspricht, so ist es nur folgerichtig, ihm auch bei der Registerführung Bedeutung beizumessen.[33]

21 Weniger überzeugend wirkt zumindest auf den ersten Blick das in der Amtlichen Begründung unterstellte **Bedürfnis des Rechtsverkehrs nach Offenlegung** der eintragungspflichtigen Daten der Partnerschaft. Ihm lässt sich entgegenhalten, dass trotz der verbreiteten Existenz von Freiberufler-Sozietäten in der Rechtsform der GbR ein solches Bedürfnis bisher nicht erkennbar war, und dies ungeachtet des Umstands, dass die Praxis die (in § 7 Abs. 2 für die Partnerschaft vorgesehene) entsprechende Anwendung von § 124 HGB auf die GbR jedenfalls materiellrechtlich schon seit langem vorweggenommen hat und darin inzwischen auch höchstrichterlich bestätigt worden ist (→ BGB § 705 Rn. 296 ff., 303). Wenn gleichwohl im Ergebnis dem Vorgehen des Gesetzgebers auch in diesem Punkt zuzustimmen ist, so deshalb, weil nur auf diese Weise eine verlässliche *Abgrenzung der Partnerschaft von der Freiberufler-GbR* zu erreichen ist und dieser Abgrenzung jedenfalls für das besondere, nach § 8 Abs. 2 für die Partnerschaft geltende Haftungsregime nicht unerhebliche Bedeutung zukommt; das gilt erst recht nach Einführung einer Partnerschaft mit beschränkter Berufshaftung (→ Rn. 9a). Wer mit dem Gesetzgeber das Bedürfnis nach einer eigenständigen Gesellschaftsrechtsform für Freiberufler bejaht, für den ist es nur folgerichtig, dem auch durch ein eigenständiges Partnerschaftsregister Rechnung zu tragen.

22 **2. Verweisung in § 5 Abs. 2 auf das Handelsregisterrecht des HGB. a) Übersicht.** Die Verweisung des **§ 5 Abs. 2** auf das Handelsregisterrecht des HGB (ausgenommen die auf Kapitalgesellschaften bezogenen Vorschriften der §§ 13e–13g HGB betreffend das Zweigniederlassungsrecht) umfasst eine Reihe heterogener Vorschriften. Sie betreffen die Anlage des Registers, das Recht zur Einsichtnahme, die Bekanntmachung der Eintragungen, die Form der Anmeldungen, das registergerichtliche Verfahren bei Errichtung und Verlegung von Zweigniederlassungen, die Festsetzung von Zwangsgeld, die Publizität des Registers und die Bindung des Registergerichts an rechtskräftige oder vollstreckbare Entscheidungen des Prozessgerichts. Infolge der Verweisung finden diese Vorschriften entsprechend auch auf das Partnerschaftsregister Anwendung; dieses wird registerrechtlich weitgehend dem Handelsregister gleichgestellt. Früher wurde die Gleichstellung verstärkt durch die Vorschrift des § 160b Abs. 1 FGG aF, die eine entsprechende Regelung in Bezug auf die Vorschriften der §§ 125–143 FGG aF betreffend das Registerverfahren in Handelssachen enthielt. Das FamFG benötigt diese Verweisung nicht mehr; §§ 374–395 FamFG gelten wegen ausdrücklicher Nennung der Partnerschaftsregistersachen in § 374 FamFG unmittelbar. Schließlich hat das BMJ mit Zustimmung des Bundesrats am 16.6.1995 aufgrund der Ermächtigung in § 160b Abs. 1 S. 2 iVm § 125 Abs. 3 und 4 FGG (heute: § 387 Abs. 2 FamFG) die **Partnerschaftsregisterverordnung** erlassen. Sie verweist ihrerseits in § 1 Abs. 1 PRV für die Einrichtung und Führung des Registers im Grundsatz auf die Handelsregisterverfügung (HRV) und beschränkt sich daneben auf relativ wenige, von der HRV abweichende Sonderregelungen (→ Rn. 33).

23 Insgesamt hat die gewählte Regelungstechnik den Vorzug, für **weitgehende Einheitlichkeit** des Rechts der beiden Arten von Registern zu sorgen. Dies freilich um den Preis, dass sich die schon im Handelsregisterrecht zu beobachtende, auf der Verschiedenheit der einschlägigen Rechtsquellen beruhende *Intransparenz* für das Recht des Partnerschaftsregisters infolge der komplizierten Verweisungstechnik noch weiter verstärkt.

24 Die folgenden Hinweise beschränken sich darauf, die wesentlichen in die Verweisung des § 5 Abs. 2 einbezogenen HGB-Vorschriften kurz anzuführen. Zu ihrer Interpretation und zu den dabei aufgetretenen Streitfragen kann auf die **HGB-Kommentare** verwiesen werden. Sonderprobleme im Hinblick auf die Anwendung dieser Vorschriften mit Bezug auf das Partnerschaftsregister sind nicht erkennbar.

25 **b) Registerführung, Einsicht und Bekanntmachungen.** Die **Registerführung** obliegt auch beim Partnerschaftsregister entsprechend **§ 8 HGB** den Gerichten, wobei funktional die Rechtspfle-

---

[33] AA Michalski/Römerman/*Zimmermannn* § 4 Rn. 11, 15.

ger zuständig sind (§ 3 Nr. 2 lit. d RPflG). – Zur Möglichkeit, die Registerführung bei bestimmten Amtsgerichten zu konzentrieren, → Rn. 10. Die in **§ 8a Abs. 2 HGB** enthaltene Ermächtigung der Landesregierungen, nähere Bestimmungen zur elektronischen Registerführung und Dokumenteneinreichung zu bestimmen, erstreckt sich auch auf das gleichfalls elektronisch geführte Partnerschaftsregister (→ Rn. 3). Ergänzende Vorschriften über die vom Handelsregister abweichende Einteilung und Gestaltung des Partnerschaftsregisters enthält § 2 PRV (→ Rn. 33).

Die **Einsicht** des Partnerschaftsregisters und das Anfordern von Abschriften ist entsprechend **§ 9 HGB** jedermann ohne Nachweis eines rechtlichen Interesses – wie dies etwa § 13 Abs. 2 FamFG fordert – gestattet.[34] Seit 1.1.2007 erfolgt der Abruf der Daten über das Internet, wobei dessen nähere Ausgestaltung den einzelnen Bundesländern obliegt. Unter www.handelsregister.de ist von den Ländern ein gemeinsames Portal zur Einsichtnahme eingerichtet. Dabei dürfen Suchmasken jedoch wegen §§ 14 Abs. 2 Nr. 5, 28 Abs. 1 Nr. 3 BDSG keine rein personenbezogene Suchfunktion enthalten.[35] Daneben bleibt eine Einsichtnahme vor Ort auf der Geschäftsstelle des Registergerichts über Terminals möglich (§ 10 HRV).[36] Das Einsichtsrecht umfasst das Partnerschaftsregister selbst sowie die dazu eingereichten Schriftstücke. Sollten Altdokumente noch nicht in elektronischer Form vorliegen, so bestimmt § 9 Abs. 2 HGB, dass die elektronische Übermittlung nur für solche Dokumente verlangt werden kann, die weniger als zehn Jahre vor der Antragstellung beim Register eingereicht wurden. Sofern es sich um ältere Dokumente handelt, gibt es für den Antragsteller nur ein Recht auf Einsichtnahme beim Registergericht und die Fertigung von Kopien in Papierform.[37] § 9 Abs. 3 HGB ermöglicht darüber hinaus nur auf Antrag vom Registergericht die Beglaubigung der Datenübereinstimmung oder die Zusendung eines beglaubigten Ausdrucks zu verlangen. Auf diese Weise wird die Übereinstimmung der übermittelten Daten mit dem Inhalt des Registers beglaubigt, nicht aber deren inhaltliche Richtigkeit. Nach § 9 Abs. 4 HGB besteht auch die Möglichkeit eine beglaubigte Abschrift oder einen beglaubigten Ausdruck zu verlangen. § 9 Abs. 5 HGB regelt schließlich, dass jedermann auch ohne berechtigtes Interesse vom Registergericht ein Negativattest dergestalt verlangen kann, dass bezüglich einer eingetragenen Tatsache keine weiteren Eintragungen vorliegen oder auch, dass eine bestimmte Eintragung nicht besteht.

Für die **Bekanntmachung der Eintragungen** und die Auswahl der Bekanntmachungsblätter gelten die Vorschriften der **§§ 10, 11 HGB** entsprechend, wobei die Registereintragungen in vollem Umfang bekanntzumachen sind. Seit dem 1.1.2007 ist die Pflicht zur **Bekanntmachung der Eintragung** im Papier-Bundesanzeiger entfallen. Infolgedessen wird die Bekanntmachung gemäß § 5 Abs. 2 iVm **§ 10 HGB** grundsätzlich in elektronischer Form erfolgen (www.handelsregister.de). Auch heute bleibt eine ergänzende Bekanntmachung in einer Zeitung möglich, ist dann jedoch nicht mehr verpflichtend. Bezüglich der Wirkungen der Bekanntmachung – insbesondere nach § 15 HGB – ist allein die elektronische Bekanntmachung von Bedeutung. **§ 11 HGB** eröffnet die Möglichkeit die in deutscher Sprache eingereichten Originaldokumente in jeder anderen Amtssprache eines Mitgliedstaates der EU, nicht jedoch eines Drittstaates, zu übermitteln. Eine Überprüfung der Übersetzungen auf ihre Richtigkeit erfolgt durch die Registergerichte jedoch nicht. Nach § 11 Abs. 2 HGB genießt die übersetzte Fassung dabei nur einen eingeschränkten Gutglaubensschutz. Bei Abweichungen in der Übersetzung ist immer die deutsche Fassung maßgeblich. Da § 11 Abs. 2 HGB das abstrakte Vertrauen schützt, kann sich ein Dritter bei mehreren Übersetzungsvarianten auch dann auf eine falsche Variante berufen, wenn die übrigen richtig sind, sofern der Eingetragene nicht nachweisen kann, dass der Dritte die deutsche Fassung kannte.

c) Zweigniederlassungen. Soweit das Berufsrecht nicht entgegensteht (→ Rn. 44), können Partnerschaften ebenso wie Einzelkaufleute und Gesellschaften Niederlassungen an verschiedenen Orten haben. Unter ihnen ist diejenige die *Hauptniederlassung,* die die Beteiligten als Sitz der Partnerschaft bestimmt haben; sie entspricht zwar regelmäßig, aber seit der vollständigen Entkopplung des Satzungs- vom Verwaltungssitz durch das MoMiG nicht mehr zwingend dem Ort, von dem aus dauerhaft die Geschäftsleitung ausgeübt wird und der dadurch den räumlichen Mittelpunkt des Unternehmens bildet (→ § 3 Rn. 18). Die an anderen Orten unterhaltenen Einrichtungen sind als *Zweigniederlassungen* anzusehen, wenn sie als räumlich getrennter Teil des Unternehmens der Partnerschaft unter deren Leitung dauerhaft zum Abschluss selbstständiger Geschäfte dienen und die dafür erforderliche Organisation in sachlicher und persönlicher Hinsicht aufweisen.[38] Das ist bei

---

[34] EBJS/*Schaub* HGB § 9 Rn. 3; *Henssler* § 5 Rn. 16.
[35] EBJS/*Schaub* HGB § 9 Rn. 11.
[36] *Henssler* § 5 Rn. 17; *Seibert* DB 2006, 2446 (2448).
[37] EBJS/*Schaub* HGB § 9 Rn. 12.
[38] Staub/*Koch* HGB § 13 Rn. 23 ff.; Heymann/*Sonnenschein/Weitemeyer* HGB § 13 Rn. 4 f.

örtlich vom Hauptsitz getrennten RA-Kanzleien, Steuerberaterbüros ua, in denen freiberufliche Tätigkeiten gegenüber Klienten selbstständig erbracht werden, regelmäßig der Fall.

29 Für die **registergerichtliche Behandlung** der Zweigniederlassungen von Partnerschaften gelten nach der Verweisung in § 5 Abs. 2 Hs. 1 die Vorschriften der §§ 13, 13d HGB entsprechend. Dabei ist die Anmeldung einer inländischen Geschäftsanschrift nach § 5 Abs. 2 Hs. 2 nicht erforderlich. Seit 1.1.2007 hat die Eintragung allein bei dem Registergericht des im Partnerschaftsvertrag bestimmten Gesellschaftssitzes zu erfolgen. Eine zusätzliche Pflicht zur Eintragung bei dem Gericht am Ort der Zweigniederlassung besteht nicht mehr. Dementsprechend wurden zum 1.1.2007 auch die beim Gericht der Zweigniederlassung geführten Registerblätter geschlossen. Ferner erfolgt von Amts wegen eine Löschung aller Verweise beim Register der Hauptniederlassung auf Registerblätter der Zweigniederlassung. Damit geht einher, dass eine Prüfung, ob die Zweigniederlassung tatsächlich errichtet wurde und die Vorgaben des § 30 HGB eingehalten wurden, entfällt.[39] Die Zulassung eines satzungsmäßigen *Doppelsitzes* der Partnerschaft kommt nur in besonderen Ausnahmefällen in Betracht (str., → § 3 Rn. 19). Sowein ein Unternehmen mit Sitz im Ausland eine der deutschen Rechtsform der Partnerschaft vergleichbare Struktur hat und eine Zweigniederlassung in Deutschland besitzt, so ist diese Zweigniederlassung gemäß § 5 Abs. 2 Hs. 1 iVm § 13d HGB auch in das Partnerschaftsregister einzutragen.[40] Das Registergericht muss bei der Anmeldung die Anerkennung der ausländischen Gesellschaft nach deutschem Internationalem Gesellschaftsrecht prüfen und dabei insbesondere die Niederlassungsfreiheit nach Art. 49, 54 AEUV (früher Art. 43, 48 EGV) beachten. Dennoch hat die Zweigniederlassung beim für sie zuständigen Registergericht die Anforderungen des deutschen Registerrechts vollständig zu erfüllen.

30 **d) Sonstige Regelungsbereiche.** Über die in → Rn. 25–29 genannten Rechtsmaterien hinaus umfasst die Verweisung in § 5 Abs. 2 Hs. 1 eine Reihe weiterer, für die Registereintragung der Partnerschaft und ihre Rechtsfolgen bedeutsamer Materien. So regelt **§ 12 HGB** die **Form der Anmeldungen** einschließlich der Form etwaiger Vollmachten und des Nachweises der Rechtsnachfolge in eine Beteiligung (→ Rn. 8). Die Vorschrift des **§ 13h HGB** befasst sich mit der **Verlegung des Sitzes der Partnerschaft** im Inland und deren registergerichtlichen Folgen. Angesichts der erforderlichen Bestimmung des Partnerschaftssitzes im Partnerschaftsvertrag (§ 3 Abs. 2 Nr. 1) bedarf es dazu einer wirksamen Vertragsänderung, die dem Registergericht im Zuge der Anmeldung der Sitzverlegung mitzuteilen ist.

31 Die entsprechende Anwendung des **§ 14 HGB** über die **Festsetzung von Zwangsgeld** zur Durchsetzung der gesetzlichen Anmeldpflichten und der Einreichung der vorgeschriebenen Unterlagen gibt dem Registergericht die erforderlichen Rechtsbehelfe, um die anmeldepflichtigen Partner (→ Rn. 7) zur Erfüllung dieser im öffentlichen Interesse bestehenden Pflichten zu veranlassen. Mittels der Vorschrift des **§ 16 HGB** über die **bindende Wirkung von Entscheidungen des Prozessgerichts** wird erreicht, dass die Vorlage einer rechtskräftigen oder vollstreckbaren Entscheidung des Prozessgerichts, in der die Verpflichtung des Beklagten zur Mitwirkung bei einer Registeranmeldung festgestellt ist, dessen Mitwirkung bei der Anmeldung ersetzt; das Registergericht ist hieran gebunden und hat insoweit kein eigenes Prüfungsrecht.

32 Hervorhebung verdient schließlich die in § 5 Abs. 2 ebenfalls enthaltene Verweisung auf **§ 15 HGB** als der zentralen Vorschrift über die **Registerpublizität**. Sie gewährleistet in **Abs. 2,** dass eingetragene und bekanntgemachte Tatsachen einem Dritten auch dann entgegengehalten werden können, wenn dieser sie nicht kannte (positive Publizitätsfunktion), während der Rechtsverkehr beim Unterbleiben der erforderlichen Eintragung und Bekanntmachung durch **Abs. 1** davor geschützt wird, sich die Tatsachen entgegenhalten lassen zu müssen (negative Publizitätsfunktion). **Abs. 3** betrifft den Schutz Dritter im Fall unrichtiger Eintragungen und/oder Bekanntmachungen als Grundlage für eine etwaige Rechtsscheinhaftung derjenigen, in deren Angelegenheit die unrichtige Eintragung oder Bekanntmachung erfolgt ist, dh denen die Unrichtigkeit zuzurechnen ist. Angesichts der konstitutiven Wirkung der Eintragung der Partnerschaft nach § 7 Abs. 1 und angesichts der auch auf die Partnerschaft anwendbaren Lehre von der fehlerhaften Gesellschaft ist der Anwendungsbereich des § 15 Abs. 3 HGB gegenüber Eintragungen im Partnerschaftsregister jedenfalls insoweit gering, als es um die fehlerhafte Eintragung der Partnerschaft als solche und der sie betreffenden Tatsachen geht (→ § 3 Rn. 10).

33 **3. Partnerschaftsregisterverordnung. a) Erlass und Inkrafttreten; Text der PRV.** Zur Einrichtung der Partnerschaftsregister hat das BMJ von der ihm in § 125 Abs. 3 und 4 FGG aF erteilten,

---

[39] *Seibert* DB 2006, 2446 (2449).
[40] Für eine exemplarische Aufzählung solcher ausländischen Gesellschaften vgl. *Henssler* § 5 Rn. 30. – Zur Vergleichbarkeit von LLP unterschiedlicher Ausprägung mit der PartG oder der RA-GmbH s. *Weller/Kienle* DStR 2005, 1102 (1103).

an die Zustimmung des Bundesrats gebundenen und durch § 160b Abs. 1 FGG auf das Partnerschaftsregister erstreckten Verordnungskompetenz Gebrauch gemacht (heute folgt die Verordnungskompetenz unmittelbar aus § 387 Abs. 2 FamFG). Es hat am 6.6.1995 mit Zustimmung des Bundesrats die Verordnung über die Einrichtung und Führung des Partnerschaftsregisters (Partnerschaftsregisterverordnung – PRV) erlassen. Ihr Text lautet wie folgt:

Verordnung über die Einrichtung und Fortführung des Partnerschaftsregisters (Partnerschaftsregisterverordnung – PRV)

vom 16. Juni 1995 (BGBl. I S. 808),
zuletzt geändert durch Gesetz vom 10. November 2006 (BGBl. I S. 2553)

§ 1 Anwendbares Recht

(1) Die Einrichtung und Führung des Partnerschaftsregisters bestimmen sich nach den Vorschriften der Handelsregisterverordnung, soweit nicht nachfolgend etwas anderes vorgeschrieben ist.

(2) Dabei steht die Partnerschaft einer offenen Handelsgesellschaft gleich; an die Stelle der persönlich haftenden Gesellschafter treten die Partner, an die Stelle der Firma der offenen Handelsgesellschaft tritt der Name der Partnerschaft.

§ 2 Einteilung und Gestaltung des Registers

(1) [1]Jede Partnerschaft ist unter einer fortlaufenden Nummer (Registerblatt) in das Register einzutragen. [2]Das Register wird nach dem beigegebenen Muster in Anlage 1 geführt.

(2) Bei der Führung des Registers sind die beigegebenen Muster (Anlagen 1 bis 3) zu verwenden.

§ 3 Anmeldung

(1) [1]In der Anmeldung der Partnerschaft zur Eintragung in das Register ist die Zugehörigkeit jedes Partners zu dem Freien Beruf, den er in der Partnerschaft ausübt, anzugeben. [2]Bedarf die Berufsausübung der staatlichen Zulassung oder einer staatlichen Prüfung, so sollen die Urkunde über die Zulassung oder das Zeugnis über die Befähigung zu diesem Beruf in Urschrift, Ausfertigung oder öffentlich beglaubigter Abschrift vorgelegt werden. [3]Besteht für die angestrebte Tätigkeit keine anerkannte Ausbildung oder ist zweifelhaft, ob die angestrebte Tätigkeit als freiberuflich im Sinne des § 1 Abs. 2 des Partnerschaftsgesellschaftsgesetzes einzustufen ist, können die anmeldenden Partner die Ausübung freiberuflicher Tätigkeit auf sonstige Weise, notfalls auch durch schlichte Erklärung, darlegen. [4]Das Gericht legt in diesem Fall bei der Eintragung die Angaben der Partner zugrunde, es sei denn, ihm ist deren Unrichtigkeit bekannt (§ 4 Abs. 2 Satz 2 des Partnerschaftsgesellschaftsgesetzes).

(2) [1]Die anmeldenden Partner sollen eine Erklärung darüber abgeben, daß Vorschriften über einzelne Berufe (§ 1 Abs. 3 des Partnerschaftsgesellschaftsgesetzes), insbesondere solche über die Zusammenarbeit von Angehörigen verschiedener Freier Berufe, einer Eintragung nicht entgegenstehen. [2]Absatz 1 Satz 4 gilt entsprechend.

(3) Bedarf die Partnerschaft auf Grund von Vorschriften über einzelne Berufe (§ 1 Abs. 3 des Partnerschaftsgesellschaftsgesetzes) der staatlichen Zulassung, so tritt an die Stelle der in den Absätzen 1 und 2 genannten Nachweise die Bestätigung der zuständigen Behörde, daß eine solche Zulassung erfolgen kann.

(4) Die Absätze 1 bis 3 gelten bei Anmeldung des Eintrittes eines Partners in eine bestehende Partnerschaft oder der Umwandlung in oder auf eine Partnerschaft entsprechend.

§ 4 Stellungnahme der Berufskammer

[1]Bestehen für in der Partnerschaft ausgeübte Berufe Berufskammern, so soll das Gericht diesen in zweifelhaften Fällen vor Eintragung Gelegenheit zur Stellungnahme geben. [2]Die anmeldenden Partner sollen dem Gericht mit der Anmeldung mitteilen, ob und welche Berufskammern für die in der Partnerschaft ausgeübten Berufe bestehen. [3]Dabei sollen auch die Anschriften der Berufskammern mitgeteilt werden. [4]Weicht das Gericht von einer Stellungnahme ab, so hat es seine Entscheidung der Berufskammer, die die Stellungnahme abgegeben hat, unter Angabe der Gründe mitzuteilen.

§ 5 Inhalt der Eintragungen

(1) In Spalte 1 ist die laufende Nummer der die Partnerschaft betreffenden Eintragungen anzugeben.

(2) [1]In Spalte 2 sind unter Buchstabe a der Name, unter Buchstabe b der Sitz und die Errichtung oder Aufhebung von Zweigniederlassungen, und zwar unter Angabe des Ortes einschließlich der Postleitzahl und, falls dem Namen der Partnerschaft für eine Zweigniederlassung ein Zusatz beigefügt ist, unter Angabe dieses Zusatzes und unter Buchstabe c der Gegenstand der Partnerschaft und die sich jeweils darauf beziehenden Änderungen anzugeben. [2]Zum Namen der Partnerschaft gehören

auch die Berufsbezeichnungen aller in der Partnerschaft vertretenen Berufe (§ 2 Abs. 1 des Partnerschaftsgesellschaftsgesetzes). ³Dies gilt auch für Partnerschaften, an denen Steuerberater, Steuerbevollmächtigte, Wirtschaftsprüfer oder vereidigte Buchprüfer beteiligt sind, es sei denn, die Partnerschaft soll als Steuerberatungs-, Wirtschaftsprüfungs- oder Buchprüfungsgesellschaft anerkannt werden (§ 53 des Steuerberatungsgesetzes, §§ 31, 130 Abs. 2 der Wirtschaftsprüferordnung).

(3) ¹In Spalte 3 ist unter Buchstabe a die allgemeine Regelung zur Vertretung der Partnerschaft durch die Partner und die Liquidatoren einzutragen. ²In Spalte 3 unter Buchstabe b sind die Partner und die als solche bezeichneten Liquidatoren mit Familiennamen, Vornamen, Geburtsdatum, dem in der Partnerschaft ausgeübten Beruf und Wohnort einzutragen. ³Ferner ist in Spalte 3 unter Buchstabe b jede Änderung in den Personen der Partner oder Liquidatoren einzutragen. ⁴Weicht die Vertretungsbefugnis der in Spalte 3 unter Buchstabe b einzutragenden Personen im Einzelfall von den Angaben in Spalte 3 unter Buchstabe a ab, so ist diese besondere Vertretungsbefugnis bei den jeweiligen Personen zu vermerken.

(4) ¹In Spalte 4 ist unter Buchstabe a die Rechtsform einzutragen. ²In Spalte 4 unter Buchstabe b sind einzutragen:
1. die Auflösung, Fortsetzung und die Nichtigkeit der Partnerschaft; das Erlöschen des Namens der Partnerschaft sowie Löschungen von Amts wegen;
2. Eintragungen nach dem Umwandlungsgesetz;
3. die Eröffnung, Einstellung und Aufhebung des Insolvenzverfahrens sowie die Aufhebung des Eröffnungsbeschlusses; die Bestellung eines vorläufigen Insolvenzverwalters unter den Voraussetzungen des § 32 Abs. 1 Satz 2 Nr. 2 des Handelsgesetzbuchs sowie die Aufhebung einer derartigen Sicherungsmaßnahme; die Anordnung der Eigenverwaltung durch den Schuldner und deren Aufhebung sowie die Anordnung der Zustimmungsbedürftigkeit bestimmter Rechtsgeschäfte des Schuldners nach § 277 der Insolvenzordnung; die Überwachung der Erfüllung eines Insolvenzplans und die Aufhebung der Überwachung

und die sich jeweils darauf beziehenden Änderungen.

(5) In Spalte 5 erfolgt unter a die Angabe des Tages der Eintragung, unter b sonstige Bemerkungen.

(6) Enthält eine Eintragung die Nennung eines in ein öffentliches Unternehmensregister eingetragenen Rechtsträgers, so sind Art und Ort des Registers und die Registernummer dieses Rechtsträgers mit zu vermerken.

§ 6 Mitteilungen an Berufskammern

Besteht für einen in der Partnerschaft ausgeübten Beruf eine Berufskammer, so sind dieser sämtliche Eintragungen mitzuteilen.

§ 7 Bekanntmachungen

Die Bekanntmachungen erfolgen in dem für das Handelsregister bestimmten Veröffentlichungssystem (§ 10 des Handelsgesetzbuchs).

§ 8 Namenslöschung wegen Nichtausübung freiberuflicher Tätigkeit

Wird der Name einer Partnerschaft gelöscht, weil unter diesem keine freiberufliche Tätigkeit ausgeübt wird, so kann auf Antrag der Gesellschafter in der Bekanntmachung der Grund der Löschung erwähnt werden.

§ 9 Übergangsregelung

(aufgehoben)

§ 10 Inkrafttreten

Diese Verordnung tritt am 1. Juli 1995 in Kraft.

34 Die PRV ist – ebenso wie das PartGG – am **1.7.1995** in Kraft getreten. Auf einige ihrer Vorschriften wurde bereits im jeweiligen Sachzusammenhang hingewiesen. Für die Zwecke dieser Kommentierung genügt es, auf die in § 3 PRV aufgestellten zusätzlichen Anmeldeerfordernisse und auf die Einbeziehung der Organe des Berufsstands nach §§ 4, 6 PRV einzugehen.

35 **b) Anmeldeerfordernisse nach § 3 PRV.** Die Vorschrift des § 3 PRV ist dazu bestimmt, die Regelung des § 4 Abs. 2 S. 1 über die Angabe der Zugehörigkeit jedes Partners zu dem Freien Beruf, den er in der Partnerschaft ausübt, zu konkretisieren. Sie schreibt dafür in § 3 Abs. 1 S. 2 als *Sollvorschrift* die Vorlage bestimmter Urkunden in Urschrift, Ausfertigung oder öffentlich beglaubigter Abschrift vor, soweit es um verkammerte Berufe mit entsprechender **staatlicher Zulassung** zur Berufsausübung oder um sonstige Freie Berufe geht, deren Ausübung an eine **staatliche Prüfung** als Befähigungsnachweis gebunden ist. Damit gibt sie der „Angabe" der Berufszugehörigkeit iSv §

Abs. 2 S. 1 einen recht weitreichenden, entgegen der Entstehungsgeschichte des § 4 Abs. 2[41] letztlich doch auf Nachweisanforderungen hinauslaufenden Sinn (→ Rn. 13).[42] Als *Beispiel* für eine die Berufsbefähigung nachweisende „staatliche Prüfung" erwähnt die PRV-Begründung[43] das Zeugnis eines Diplom-Psychologen oder Logopäden. Da es sich dabei nicht um Staatsprüfungen ieS handelt, sollen offenbar auch *staatlich anerkannte* Prüfungen einbezogen und nachweispflichtig gemacht werden, soweit sie für die Befähigung zum Freien Beruf erforderlich sind. Die Vorlage derartiger Nachweise soll nach der Begründung allerdings dann unterbleiben können, wenn an der Ausübung des Freien Berufs durch den betreffenden Partner keine vernünftigen Zweifel bestehen, etwa weil sie dem Gericht ohnehin bekannt ist.[44] Das dürfte regelmäßig für die im Gerichtsbezirk zugelassenen Rechtsanwälte zutreffen.

Schwierigkeiten bereitet die registerrechtliche Behandlung der Ausübung eines Freien Berufs bei **36** nicht verkammerten oder berufsrechtlich geprägten **sonstigen Berufen.** Insoweit begnügt sich die PRV in § 3 Abs. 1 S. 3 damit, die *Darlegung* der Ausübung der freiberuflichen Tätigkeit durch den jeweiligen Partner im Zuge der Anmeldung zu verlangen, und verweist im Übrigen auf die für diese Fälle eingefügte Richtigkeitsunterstellung des § 4 Abs. 2 S. 2 (→ Rn. 12ff., 14). Im Einzelnen unterscheidet § 3 Abs. 1 S. 3 PRV dabei *zwei Fälle:* das Fehlen einer anerkannten Ausbildung als Voraussetzung für die Berufsbefähigung und den Zweifel darüber, ob der fragliche Beruf zu den Freien Berufen iSv § 1 Abs. 2 gehört. Unter ihnen führt streng genommen nur der *erste Fall* zu den Beurteilungsschwierigkeiten, denen durch die Richtigkeitsunterstellung des § 4 Abs. 2 S. 2 Rechnung getragen werden soll, da das Registergericht aus eigener Kraft meist nicht in der Lage sein dürfte, die Richtigkeit der Angaben über die ausgeübte Tätigkeit zu überprüfen. Demgegenüber geht es bei der Zugehörigkeit des fraglichen Berufs zu den Freien Berufen iSv § 1 Abs. 2 um eine *Rechtsfrage,* zu deren Klärung das Gericht unter Einschaltung auch der Organe des Berufsstands eines nahe stehenden Berufs in der Lage sein sollte.

Soweit es einer **staatlichen Zulassung für die Partnerschaft** bedarf, also nicht nur einer **37** solchen für die innerhalb der Partnerschaft ausgeübten Berufe, verlangt § 3 Abs. 3 PRV an Stelle des Zulassungsnachweises nach § 3 Abs. 1 S. 2 PRV die Bestätigung der zuständigen Behörde, dass die Zulassung im Fall der Eintragung der Partnerschaft erfolgen kann. Ein derartiges Zulassungserfordernis besteht nach § 49 Abs. 1 StBerG, §§ 27 Abs. 1, 130 Abs. 2 WPO lediglich für Steuerberatungs-, Wirtschaftsprüfungs- und Buchprüfungsgesellschaften. Die Anerkennungsbehörde hat in derartigen Fällen, soweit es nicht um einen bloßen Rechtsformwechsel geht, zunächst eine Unbedenklichkeitsbescheinigung auszustellen. Nach Eintragung der Partnerschaft erfolgt sodann deren Anerkennung durch die hierfür zuständige Behörde nach Maßgabe des Berufsrechts.

Zur Absicherung des Registergerichts gegen etwaige **Schranken des Berufsrechts** schreibt § 3 **38** Abs. 2 PRV als Soll-Vorschrift weiter eine Erklärung der anmeldenden Partner darüber vor, dass berufsrechtliche Vorschriften einer Eintragung nicht entgegenstehen. Dabei ist vor allem an *Schranken für interprofessionelle Zusammenschlüsse* gedacht. Das Gericht kann, wenn nicht die Einschaltung der Berufskammer nach § 4 PRV zu einem abweichenden Ergebnis führt, entsprechend § 4 Abs. 2 S. 2 von der Richtigkeit der Erklärung der Anmelder ausgehen. – Zu der in § 4 S. 2 und 3 PRV als Sollvorschrift geregelten Pflicht der Anmelder, das Bestehen einer Berufskammer und deren Anschrift für die in der Partnerschaft ausgeübten Freien Berufe mitzuteilen, → Rn. 41.

Ergänzend hinzuweisen ist einerseits auf § 3 Abs. 4 PRV, wonach die Anmeldeerfordernisse bei **39** der Anmeldung des späteren **Eintritts eines Partners** in die bestehende Partnerschaft entsprechend gelten. Andererseits folgt aus der subsidiären Verweisung in § 1 Abs. 1 PRV auf die *Handelsregisterverfügung,* dass die Regelung des § 24 Abs. 2 HRV über die Angabe der Lage der **Geschäftsräume** bei Anmeldung der Firma auch für die Anmeldung der Partnerschaft zu beachten ist.

c) Einbeziehung der Organe des Berufsstands. Die berufsständischen Organe (§ 380 FamFG) **40** sind verpflichtet, die Registergerichte bei der Verhütung unrichtiger Eintragungen zu unterstützen. Sie können vom Gericht angehört und auch auf ihren Antrag als Beteiligte des Verfahrens hinzugezogen werden (§ 380 Abs. 2 FamFG) sowie gegen registergerichtliche Entscheidungen Beschwerde einlegen (§ 380 Abs. 5 FamFG).[45] Ein allgemeines Antragsrecht der berufsständischen Organe ist demgegenüber – anders als noch in § 126 FGG aF – nicht mehr vorgesehen;[46] dieses ergibt sich

---

[41] Vgl. Stellungnahme BR, BT-Drs. 12/6152 S. 27; Gegenäußerung BReg., BT-Drs. 12/6152 S. 30; Beschlussempfehlung BT-Rechtsausschuss, BT-Drs. 12/7642 S. 12; *Seibert*, Die Partnerschaft, 1994, S. 45.
[42] Krit. daher Michalski/Römermann/*Zimmermann* § 4 Rn. 25; *Feddersen/Meyer-Landrut* § 4 Rn. 10, 13.
[43] Begr. RegE PRV, BR-Drs. 213/95 S. 14.
[44] Begr. RegE PRV, BR-Drs. 213/95 S. 14 f.
[45] Vgl. hierzu etwa MüKoFamFG/*Krafka* FamFG § 380 Rn. 6 ff.
[46] Vgl. *Bumiller/Harders/Schwamb*, 11. Aufl. 2015, FamFG § 380 Rn. 9; *Keidel/Heinemann* FamFG § 380 Rn. 25.

nunmehr aus Einzelregelungen zu den jeweiligen Verfahrensgegenständen, etwa im Rahmen des Löschungsverfahrens nach § 393 Abs. 1 S. 1, Abs. 5 FamFG. Berufsständische Organe iSv § 380 FamFG sind die für weite Teile der Freien Berufe bestehenden **Berufskammern,** insbesondere diejenigen der Ärzte, Zahnärzte, Tierärzte, Rechtsanwälte, Patentanwälte, Steuerberater, Steuerbevollmächtigten, Wirtschaftsprüfer, vereidigten Buchprüfer, Architekten, beratenden Ingenieure und Seelotsen (→ § 1 Rn. 43).[47]

41   Im Kontext der Mitwirkungspflichten der Berufskammern nach § 380 FamFG steht zunächst die in **§ 4 S. 1** geregelte Einschaltung der für die ausgeübten Berufe zuständigen Berufskammern in das Eintragungsverfahren. Ihnen soll das Registergericht in zweifelhaften Fällen **Gelegenheit zur Stellungnahme** geben, wobei die Anmelder nach § 4 S. 2 und 3 PRV zu Auskünften über das Bestehen solcher Berufskammern und zur Mitteilung von deren Anschrift im Rahmen der Anmeldung verpflichtet sind. Von einer Stellungnahme der Berufskammer abweichende Entscheidungen hat das Gericht ihr unter Angabe der Gründe mitzuteilen (§ 4 S. 4 PRV).

42   Die zweite insoweit einschlägige Vorschrift findet sich in **§ 6 PRV.** In sachlicher Übereinstimmung mit der entsprechenden Vorschrift des § 37 HRV sieht sie die **Mitteilung sämtlicher Eintragungen** in das Partnerschaftsregister gegenüber der für den ausgeübten Beruf zuständigen Berufskammer vor. Die Mitteilungen sollen es den Kammern erleichtern, die Eintragungen auf etwaige Verstöße gegen ihr Berufsrecht zu überprüfen und ggf. von ihrem Recht zur Beschwerde nach § 380 Abs. 5 FamFG Gebrauch zu machen. Die förmliche Bekanntgabe einer Entscheidung erfolgt demgegenüber nach § 380 Abs. 4 FamFG nur, soweit die berufsständischen Organe angehört wurden.[48]

43   **d) Nicht verkammerte Berufe.** Auch die **nicht verkammerten** partnerschaftsfähigen **Freien Berufe** verfügen zu einem nicht unwesentlichen Teil jeweils über einen, meist als eV organisierten Interessenverband. Das gilt für die Heilpraktiker, Hebammen, Heilmasseure, Diplom-Psychologen, Wirtschaftsberater, hauptberuflichen Sachverständigen, Journalisten, Dolmetscher, Übersetzer sowie die verschiedenen Disziplinen der Wissenschaftler, Künstler, Schriftsteller, Lehrer und Erzieher. Die PRV hat zwar aus in der Begründung näher dargelegten Gründen[49] davon abgesehen, diese privaten Verbände als Organe des Berufsstands iSv §§ 126, 160b FGG (heute: berufsständischer Organe iSv § 380 FamFG) zu behandeln und in die Mitwirkungspflicht bei Eintragungen in das Partnerschaftsregister einzubeziehen. Das hindert die Registergerichte jedoch nicht, im Rahmen von § 26 FamFG (früher: § 12 FGG) im Einzelfall auch die gutachterliche Stellungnahme eines dieser Verbände einzuholen, soweit es um die Ausübung freiberuflicher Tätigkeiten nach Art des in ihnen organisierten Freien Berufs oder seines Umfelds geht. Eine Mitwirkungspflicht dieser Verbände besteht freilich nicht.[50]

VI. Zum Vorbehalt des Berufsrechts

44   Der Vorbehalt des Berufsrechts (§ 1 Abs. 3) ist auch im Eintragungsverfahren zu beachten; er kann die mit der Anmeldung beantragte **Eintragung der Partnerschaft unzulässig** machen. Bedeutung kommt ihm insbesondere für die Grenzen interprofessioneller Zusammenschlüsse zu, daneben aber auch für die Wahl und Ausgestaltung des Partnerschaftsnamens, für die Errichtung von Zweigniederlassungen[51] sowie für die Notwendigkeit, bestimmte berufsrechtlich bedingte Vereinbarungen in den Partnerschaftsvertrag aufzunehmen. Auch wenn die Einhaltung berufsrechtlicher Reglementierungen nicht in erster Linie Aufgabe der zur Anwendung des PartGG berufenen Registergerichte ist[52] und wenn diese Gerichte mit der Überprüfung nicht selten überfordert sein dürften, ist doch unverkennbar, dass Verstöße gegen das Berufsrecht zur Unrichtigkeit des Registers führen können. Schon deshalb sind die Registergerichte vorbehaltlich § 4 Abs. 2 S. 2 gehalten, begründeten Zweifeln an der Vereinbarkeit der Anmeldung mit dem einschlägigen Berufsrecht nachzugehen und insbesondere die Auswirkungen etwaiger Verstöße auf die Wirksamkeit des Partnerschaftsvertrags selbst zu überprüfen (→ Rn. 14 f.).

45   Der Erleichterung dieser Aufgabe dient das in § 380 FamFG angelegte **Zusammenwirken des Registergerichts mit den Berufskammern** und deren Beteiligung an dem Eintragungsverfahren nach Maßgabe der §§ 4, 6 PRV (→ Rn. 41 f.). Auch die in § 3 Abs. 2 PRV begründete Pflicht der

---

[47] Vgl. dazu auch *Taupitz* Standesordnung S. 80, 195 ff.
[48] S. hierzu iE MüKoFamFG/*Krafka* FamFG § 380 Rn. 10; *Bumiller/Harders/Schwamb*, 11. Aufl. 2015, FamFG § 380 Rn. 12; Keidel/*Heinemann* FamFG § 380 Rn. 33 f.
[49] Begr. RegE PRV, BR-Drs. 213/95 S. 17.
[50] So auch Michalski/Römermann/*Zimmermann* § 4 Rn. 43.
[51] Dazu näher *Henssler* § 5 Rn. 34 ff.; Michalski/Römermann/*Zimmermann* § 5 Rn. 14 ff.
[52] So zutr. Begr. RegE, BT-Drs. 12/6152 S. 8; *Seibert*, Die Partnerschaft, 1994, S. 45; *Taupitz* ArztR 1995, 123 (126); *Krieger* MedR 1995, 95 (96); *Burret* WPK-Mitt. 1994, 201 (205); aA Michalski/Römermann/*Zimmermann* § 4 Rn. 48; *Henssler* § 4 Rn. 33 ff.; *Schaub* NJW 1996, 625 (627).

Anmelder, eine Erklärung über die Vereinbarkeit der beantragten Eintragung mit dem einschlägigen Berufsrecht abzugeben, gehört in diesen Zusammenhang.

§ 6 PartGG Rechtsverhältnis der Partner untereinander

(1) Die Partner erbringen ihre beruflichen Leistungen unter Beachtung des für sie geltenden Berufsrechts.

(2) Einzelne Partner können im Partnerschaftsvertrag nur von der Führung der sonstigen Geschäfte ausgeschlossen werden.

(3) ¹Im übrigen richtet sich das Rechtsverhältnis der Partner untereinander nach dem Partnerschaftsvertrag. ²Soweit der Partnerschaftsvertrag keine Bestimmungen enthält, sind die §§ 110 bis 116 Abs. 2, §§ 117 bis 119 des Handelsgesetzbuchs entsprechend anzuwenden.

Übersicht

	Rn.		Rn.
I. Normzweck	1–3	d) Folgerungen	19, 20
II. Bindung der Partner an das Berufsrecht (Abs. 1)	4–8	e) Die Entziehung der Geschäftsführungsbefugnis (§ 117 HGB)	21, 22
1. Grundsatz	4, 5	IV. Das Innenverhältnis der Partner im Übrigen (Abs. 3)	23–47
2. Berufsrechtliche Anforderungen	6	1. Grundsatz der Vertragsfreiheit	23
3. Folgerungen für das Binnenrecht der Partnerschaft	7, 8	2. Entsprechende Anwendung von OHG-Innenrecht	24–39
III. Grenzen des Ausschlusses von der Geschäftsführung (Abs. 2)	9–22	a) Aufwendungsersatz, Verzinsungspflicht (§§ 110, 111 HGB)	25–27
1. Regelungsgehalt des Abs. 2	9	b) Wettbewerbsverbot (§§ 112, 113 HGB)	28–31
2. Abgrenzung zwischen freiberuflichen und sonstigen (neutralen) Geschäften	10–12	c) Geschäftsführung (§§ 114–117 HGB)	32
3. Geschäftsführung im freiberuflichen Bereich	13–22	d) Kontrollrechte (§ 118 HGB)	33–36
a) Rechtlicher Ansatz	13	e) Gesellschafterbeschlüsse (§ 119 HGB)	37–39
b) Unabdingbarkeit der freiberuflichen Geschäftsführungsbefugnis	14	3. Sonstige Fragen des Partnerschaft-Innenrechts	40–47
c) Gestaltungsmöglichkeiten	15–18	a) Überblick	40
		b) Beiträge der Partner	41–43
		c) Gewinnverteilung	44–47

I. Normzweck

Die Vorschrift des § 6 dient mit Ausnahme ihres Abs. 1 der *Regelung des Innenverhältnisses der* **1** *Partnerschaft*, dh der Rechtsstellung der einzelnen Partner als Mitglieder des Zusammenschlusses und ihrer damit verbundenen Mitgliedschaftsrechte und -pflichten. Sie verweist hierzu in **Abs. 3** in weitem Umfang auf das **Innenverhältnis der OHG**, soweit der Partnerschaftsvertrag keine eigenständigen, dem dispositiven Gesetzesrecht vorgehenden Regelungen enthält, und führt als Verweisungsnormen ausdrücklich die Vorschriften der §§ 110–116 Abs. 2, 117–119 HGB an. Von der Verweisung ausgenommen sind außer dem auf die Prokuraerteilung abstellenden, ein Handelsgewerbe erfordernden § 116 Abs. 3 HGB auch die Vorschriften über die Gewinnermittlung und -verteilung in der OHG (§§ 120–122 HGB); insoweit bewendet es, ebenso wie hinsichtlich sonstiger, nicht speziell im OHG-Recht geregelter Bereiche wie desjenigen der Gesellschafterbeiträge, aufgrund der Verweisung in § 1 Abs. 4 bei der Anwendung des Rechts der GbR.

Eine für die entsprechende Anwendung der §§ 114–117 HGB bedeutsame **Sonderregelung für** **2** **die Geschäftsführung** der Partnerschaft findet sich in **Abs. 2.** Danach können einzelne Partner von der Führung nur der „sonstigen" Geschäfte ausgeschlossen werden. Anders gewendet ist ein vertraglicher Ausschluss einzelner Partner von der Geschäftsführung in Bezug auf die Ausübung der *freiberuflichen* Tätigkeit in der Partnerschaft unzulässig. Das trägt der besonderen Zielsetzung der Rechtsform Rechnung, den rechtlichen Rahmen für die gemeinschaftliche Ausübung eines oder mehrerer Freier Berufe zu bilden und als Partner nur Personen zuzulassen, die selbst zur freiberuflichen Tätigkeit bereit und in der Lage sind (→ § 1 Rn. 24). So überzeugend diese Regelung im Ansatz ist, führt ihre Auslegung doch zu zahlreichen Abgrenzungsproblemen (→ Rn. 10 ff.).

Weniger mit dem Innenverhältnis der Partnerschaft als mit den in ihrem Rahmen von den Partnern **3** zu erbringenden *Leistungen gegenüber Dritten* (den Mandanten, Patienten etc) beschäftigt sich schließlich **Abs. 1**. Er ordnet die – ohnehin selbstverständliche – **Beachtlichkeit des Berufsrechts** bei der Ausübung der freiberuflichen Tätigkeit durch die Partner an und hat daher eine nur klarstellende Funktion. Von dem in § 1 Abs. 3 ausgesprochenen Vorrang des Berufsrechts gegenüber dem PartGG unterscheidet sich die Regelung des Abs. 1 in der Akzentsetzung dadurch, dass es ihr nicht um Fragen der Organisation der Partnerschaft geht, sondern um die Ausübung der Berufstätigkeit in ihrem Rahmen. Gleichwohl überschneiden sich die beiden Regelungsbereiche insoweit, als die Geschäftsführung der Partner im Bereich der freiberuflichen Tätigkeit und die Rückwirkungen des für die Partner bindenden Berufsrechts auf Art und Umfang der ihnen einzuräumenden Geschäftsführungsbefugnis in Frage stehen (→ Rn. 14 ff.).

II. Bindung der Partner an das Berufsrecht (Abs. 1)

4 **1. Grundsatz.** Die freiberuflichen Tätigkeiten werden von den Gesellschaftern einer Partnerschaft regelmäßig nicht im eigenen Namen, sondern als Organe der Partnerschaft und in Erfüllung der von dieser Dritten gegenüber übernommenen Verpflichtungen erbracht. Ungeachtet dieser Rechtsbeziehung zwischen Partnerschaft und Mandant etc sind es allerdings grundsätzlich die **Partner in eigener Person** und nicht etwa die Partnerschaft, die die Zulassung oder die sonstige nachgewiesene Befähigung zur Ausübung des Freien Berufs benötigen und den berufsrechtlichen Anforderungen nachkommen müssen (vgl. auch § 9 Abs. 3).[1] Die Approbation als Arzt oder Zahnarzt, die Zulassung als Rechtsanwalt oder Patentanwalt ua bezieht sich also nicht auf die Partnerschaft als solche, sondern auf die in ihr als Partner organisierten Berufsangehörigen. Die Regel trägt der grundsätzlichen Selbständigkeit und Eigenverantwortlichkeit des Freiberuflers und dem höchstpersönlichen Charakter der freiberuflichen Tätigkeit Rechnung. Diese Merkmale unterscheiden sie von sonstigen, insbesondere von gewerblichen Dienstleistungen; sie bilden zugleich den Hintergrund für ihre Ausgrenzung aus dem Kreis der Handelsgewerbe durch § 1 Abs. 1 S. 2.

5 **Ausnahmen** von dieser Regel gibt es nur für Steuerberatungs-, Wirtschaftsprüfungs- und Buchprüfungsgesellschaften. Sie können bei Erfüllung bestimmter in StBerG und WPO geregelter Voraussetzungen *als solche* durch die zuständige Behörde anerkannt werden (→ § 2 Rn. 13), freilich ohne dass dadurch die Anforderungen an die persönliche Qualifikation der in ihnen tätigen Freiberufler und an die Einhaltung der berufsrechtlichen Vorgaben bei deren Tätigkeit entfallen.

6 **2. Berufsrechtliche Anforderungen.** Auf die Frage, welche einzelnen Anforderungen das jeweilige Berufsrecht an die freiberufliche Tätigkeit der Berufsangehörigen stellt, ist hier nicht einzugehen; insoweit sei auf die einschlägigen Erläuterungswerke verwiesen.[2] Als **Beispiele** mögen der Hinweis auf die Pflicht der Anwälte, Ärzte ua zur selbständigen, eigenverantwortlichen Berufsausübung (§ 3 Abs. 1 BRAO, § 1 Abs. 2 BÄO) sowie zur Verschwiegenheit hinsichtlich der ihnen in Ausübung ihres Berufs bekanntgewordenen Tatsachen genügen (§ 43a Abs. 2 BRAO, § 9 MBO-Ä[3]), ferner das Verbot für Anwälte, widerstreitende Interessen zu vertreten (§ 43a Abs. 4 BRAO) ua.[4] Aus der Sicht des Partnerschaftsgesellschaftsrechts handelt es sich um gesellschaftsrechtlich neutrale, bei der Ausgestaltung der Organisation der Partnerschaft zu respektierende Vorgaben (→ Rn. 7 f.).

7 **3. Folgerungen für das Binnenrecht der Partnerschaft.** Für das Innenverhältnis der Partnerschaft interessieren die jeweiligen berufsrechtlichen Vorgaben betreffend die Ausübung des Freien Berufs insoweit, als die Organisation der Partnerschaft sich mit ihnen nicht in Widerspruch setzen darf. Bedeutsam ist das in erster Linie hinsichtlich der Ausgestaltung der **Geschäftsführungsbefugnis** der Partner. Zwar folgt bereits aus der Sondervorschrift des § 6 Abs. 2, dass die einzelnen Partner nicht von der Geschäftsführung der Partnerschaft in Bezug auf die freiberufliche Tätigkeit ausge-

---

[1] EinhM, vgl. BGHZ 70, 158 (167) = NJW 1978, 589; BGH WiB 1994, 270; OLG München MedR 1993, 24; OLG Hamburg MedR 1994, 451 alle zur ärztlichen Tätigkeit in Kapitalgesellschaften; Michalski/Römermann/*Praß* Rn. 10 f.; MWHLW/*Meilicke* Rn. 3; *Schirmer* MedR 1995, 341 (342); MHdB GesR I/*Salger* § 39 Rn. 4; *ders.,* Die Partnerschaft, S. 52 f.
[2] *Laufs/Kern,* Handbuch des Arztrechts, 4. Aufl. 2010; *Narr,* Ärztliches Berufsrecht: Ausbildung – Weiterbildung – Berufsausübung, 2. Aufl. Loseblatt, 25. Erg.-Lief. 6/2015; Ratzel/Lippert, Kommentar zur Musterberufsordnung der deutschen Ärzte, 6. Aufl. 2015; *Nentwig/Bonvie/Hennings,* Das PartGG – Die berufliche Zusammenarbeit von Medizinern, 1995; *Igl,* Recht der Gesundheitsfachberufe, Heilpraktiker und sonstigen Berufe im Gesundheitswesen, 75. Akt. 12/2015; *Henssler/Prütting* BRAO, 4. Aufl. 2014; *Feuerich/Weyland,* BRAO, 9. Aufl. 2016; *Gehre/Koslowski* StBerG, 7. Aufl. 2015.
[3] Musterberufsordnung für die deutschen Ärzte von 1997, zuletzt geändert durch Beschlüsse des 118. Ärztetages 2015.
[4] Vgl. näher *Henssler* Rn. 4 ff. (Unabhängigkeit, Interessenkollisionen, Verschwiegenheitspflicht); Michalski/Römermann/*Praß* Rn. 15 ff. (interprofessionelle Zusammenschlüsse), 50 ff. (Wettbewerbsverbote), 94 ff. (Geschäftsführung).

schlossen werden können (→ Rn. 9, 13 ff.). Insoweit bedarf es keines Rückgriffs auf das jeweilige Berufsrecht und seine unterschiedlichen Standards. *Fraglich* ist jedoch, ob das Berufsrecht, soweit es die Notwendigkeit unabhängiger, eigenverantwortlicher Tätigkeit der Berufsangehörigen regelt, einer *Ausgestaltung der Geschäftsführungsbefugnis* in der Partnerschaft entgegensteht, die entweder entsprechend § 115 Abs. 2 HGB Gesamtgeschäftsführung von zwei oder mehr Partnern vorschreibt oder im Fall von Alleingeschäftsführungsbefugnis den Mitgeschäftsführern ein Widerspruchsrecht nach Maßgabe von § 115 Abs. 1 HGB einräumt. Die Meinungen hierzu sind geteilt (näher → Rn. 15).

Was zum anderen die **Verschwiegenheitspflicht** von Freiberuflern angeht, so macht ihr Vorrang **8** gegenüber dem Partnerschaftsrecht es trotz der in § 6 Abs. 3 vorgesehenen entsprechenden Anwendung des Kontrollrechts der OHG-Gesellschafter nach § 118 HGB notwendig, zu verhindern, dass auf diesem Wege Personen, die nicht in die Verschwiegenheitspflicht eingebunden sind, Zugang zu den der Verschwiegenheit unterliegenden Tatsachen erlangen. Dem ist durch geeignete Ausgestaltung des Informationsverfahrens in der Partnerschaft Rechnung zu tragen (→ Rn. 34).

III. Grenzen des Ausschlusses von der Geschäftsführung (Abs. 2)

1. Regelungsgehalt des Abs. 2. Die Vorschrift des Abs. 2 gestattet den **Ausschluss einzelner** **9** **Partner** von der Geschäftsführung *nur* insoweit, als es um die Führung der „sonstigen", dh der nicht zur Ausübung des Freien Berufs gehörenden Geschäfte der Partnerschaft geht. Zur Qualifizierung der freiberuflichen Tätigkeit als Geschäftsführung → Rn. 13. Sie beruht auf der Vorstellung, dass innerhalb der Partnerschaft *zwischen freiberuflichen und sonstigen, neutralen Geschäften zu unterscheiden ist* (zur Abgrenzung → Rn. 10 ff.). Auch bei den sonstigen Geschäften ist zwar eine Gestaltung unzulässig, die sämtliche Partner von der Geschäftsführung ausschließt; das folgt unabhängig vom Wortlaut des Abs. 2 („einzelne Partner") bereits aus dem für alle Personengesellschaften einschließlich der Partnerschaft verbindlichen Grundsatz der *Selbstorganschaft* (→ BGB § 709 Rn. 5 f.). Im Unterschied zur freiberuflichen Tätigkeit besteht bei den neutralen Geschäften jedoch kein Recht (und keine Pflicht) jedes Partners, an ihrer Führung beteiligt zu werden. Deren Übertragung auf einen oder mehrere Partner bedeutet nach der entsprechend anwendbaren Auslegungsregel des § 114 Abs. 2 HGB den Ausschluss der übrigen. – Zur Frage entsprechender Anwendung des Abs. 2 auf die Vertretungsmacht der Partner → § 7 Rn. 18.

2. Abgrenzung zwischen freiberuflichen und sonstigen (neutralen) Geschäften. Die **10** Abgrenzung der von Abs. 2 erfassten sonstigen (neutralen) Geschäfte gegenüber der freiberuflichen Tätigkeit im Rahmen der Partnerschaft bereitet im *jeweiligen Kern* keine Schwierigkeiten. **Freiberuflich,** dh im Grundsatz, vorbehaltlich eines abweichenden Geschäftsverteilungsplans, sämtlichen hierfür qualifizierten Partnern als Geschäftsführern der Partnerschaft zugänglich, sind die *Dienst- oder Werkleistungen,* die die Partnerschaft im Rahmen ihres freiberuflichen Unternehmensgegenstands *Dritten* gegenüber aufgrund eines entsprechenden Schuldvertrags oder eines vertragsähnlichen Beratungsverhältnisses erbringt und zu deren Wahrnehmung es der für die jeweilige Tätigkeit erforderlichen Qualifikation bedarf. Demgegenüber rechnen zu den **sonstigen (neutralen) Geschäften** diejenigen Handlungen, die der Schaffung und Aufrechterhaltung des erforderlichen organisatorischen Rahmens zur Erbringung der freiberuflichen Tätigkeit dienen.[5] Hierzu zählen der Erwerb oder das Anmieten von Geschäftsräumen, die Einstellung und Überwachung des Büropersonals, die Anschaffung und Verwaltung der Büroausstattung einschließlich der Fachliteratur ua, die Erledigung der erforderlichen finanziellen Transaktionen wie Einziehung der Entgelte für die freiberufliche Tätigkeit, Zahlung der Löhne und Gehälter, Erfüllung der sonstigen finanziellen Verbindlichkeiten und Steuern der Partnerschaft sowie die Organisation der Buchhaltung und die Erledigung der insoweit anfallenden Aufgaben.

Die im Grundsatz klare Trennung zwischen den beiden Sektoren der Geschäftsführungstätigkeit **11** darf freilich nicht darüber hinwegtäuschen, dass beide Geschäftsfelder sich nicht nur berühren, sondern im **Grenzbereich** auch überschneiden können. Das gilt zwar nicht *mit Blick auf die sonstigen (neutralen) Geschäfte;* sie finden per definitionem dort ihre Grenze, wo es für das Tätigwerden der Befähigung als Freiberufler bedarf. Ein anwaltlicher Rat ist stets Teil der freiberuflichen Geschäftsführung, auch wenn er einem Geschäftspartner im Zusammenhang mit dem Abschluss eines neutralen Geschäfts (der Miete von Geschäftsräumen ua) erteilt wird.

Eine andere Beurteilung ist demgegenüber *mit Blick auf die freiberufliche Tätigkeit* geboten. Zu **12** deren Entfaltung kann sich die Wahrnehmung von **Hilfsgeschäften** als unverzichtbar erweisen, auch

---

[5] Michalski/Römermann/*Praß* Rn. 27 f.; *Henssler* Rn. 57; *Hornung* Rpfleger 1996, 1; vgl. auch *Römermann,* Entwicklungen und Tendenzen bei Anwaltsgesellschaften, 1995, S. 39 ff.

wenn diese nicht selbst freiberuflichen Charakter haben.⁶ Das gilt nicht nur für die erforderliche Korrespondenz und die Durchführung von Dienstreisen einschließlich der Benutzung der jeweiligen Beförderungsmittel, sondern auch für die Akquisition von Aufträgen⁷ und die Mitwirkung an der Rechnungserstellung durch Bestimmung der für die freiberufliche Leistung zu fordernden Vergütung,⁸ ferner für die Teilnahme an Fortbildungsveranstaltungen ua. Berücksichtigt man den (indirekten) Zweck der Regelung des Abs. 2, den Freiberuflern als Partnern die Ausübung ihres Berufs innerhalb der Partnerschaft auf Geschäftsführungsebene zu gewährleisten, und interpretiert man ihn vor dem Hintergrund der Geschäftsführungsbefugnis als denjenigen Handlungsbereich, der das „rechtliche Dürfen" der Gesellschafter in der Gesellschaft, ihre *Befugnis* zum Tätigwerden innerhalb der Gemeinschaft kennzeichnet (→ BGB § 709 Rn. 8), so kann nicht zweifelhaft sein, dass die freiberufliche Tätigkeit auch die hierfür jeweils notwendigen Hilfsgeschäfte umfasst. Auch Partner, die nach dem Partnerschaftsvertrag von der Führung der sonstigen Geschäfte ausgeschlossen sind, sind daher nicht gehindert, die in ihren konkreten Tätigkeitsbereich fallenden, der Erfüllung ihrer freiberuflichen Aufgaben dienenden Hilfsgeschäfte wahrzunehmen. Sie handeln insoweit nicht außerhalb ihrer Geschäftsführungsbefugnis und können den Ersatz der Aufwendungen, die sie für diese Zwecke eingehen, nach § 6 Abs. 3 iVm § 110 HGB von der Partnerschaft beanspruchen.

13 **3. Geschäftsführung im freiberuflichen Bereich. a) Rechtlicher Ansatz.** Das Gesetz bringt durch die Regelung des § 6 Abs. 2 unverkennbar zum Ausdruck, dass es die freiberufliche Tätigkeit in einer Partnerschaft trotz ihrer Beitragsqualität (→ § 1 Rn. 11) zugleich als Geschäftsführung behandelt.⁹ Damit erledigt sich jedenfalls für die Partnerschaft die im Recht der GbR diskutierte Frage (→ BGB § 709 Rn. 7 aE), ob die Erbringung freiberuflicher Dienstleistungen als Beitrag oder Geschäftsführung zu qualifizieren ist.¹⁰ Im Folgenden ist daher davon auszugehen, dass die von den Partnern erbrachten, der Erfüllung der von der Partnerschaft abgeschlossenen Geschäftsbesorgungsverträge dienenden Dienst- oder Werkleistungen dem Bereich der Geschäftsführung zuzuordnen sind.

14 **b) Unabdingbarkeit der freiberuflichen Geschäftsführungsbefugnis.** Aus der Regelung des Abs. 2 betreffend die disponible Befugnis zur Führung der sonstigen Geschäfte ergibt sich im *Umkehrschluss,* dass die Partner von der Führung der *freiberuflichen* Geschäfte innerhalb der Partnerschaft nicht ausgeschlossen werden können. Ihrer Befähigung zur Ausübung des jeweiligen Freien Berufs als Erfordernis für den Beitritt zur Partnerschaft (→ § 1 Rn. 24) entspricht die **Unabdingbarkeit** ihrer diesbezüglichen Geschäftsführungsbefugnis; die Verweisung auf § 114 Abs. 2 HGB in § 6 Abs. 3 tritt insoweit zurück. Diese Unabdingbarkeit steht zwar der Einräumung von Mitspracherechten anderer Partner bei der Geschäftsführung oder der Erstellung eines Geschäftsverteilungsplans innerhalb der Partnerschaft nicht entgegen (→ Rn. 15 ff.). Auch hindert sie im Fall interprofessioneller Partnerschaften nicht die *Beschränkung* der Geschäftsführungsbefugnis der einzelnen Partner auf den von ihnen jeweils ausgeübten Freien Beruf; soweit der Freie Beruf eine besondere Qualifikation der Partner voraussetzt, ist diese aus berufsrechtlichen Gründen (§ 6 Abs. 1) sogar unverzichtbar. Die vertragliche Beschränkung darf jedoch nicht so weit gehen, dem Partner die Teilhabe an der Geschäftsführung im freiberuflichen Bereich faktisch unmöglich zu machen. – Zur Frage der Entziehung der Geschäftsführungsbefugnis aus wichtigem Grund nach § 6 Abs. 3 iVm § 117 HGB → Rn. 21 f.

15 **c) Gestaltungsmöglichkeiten.** Die Verweisung des § 6 Abs. 3 S. 2 auf das OHG-Innenrecht erstreckt sich auf die Geschäftsführung in der OHG geltenden Vorschriften der §§ 114–116 Abs. 2 HGB. Das führt zu der **Frage,** ob mit Ausnahme des § 114 Abs. 2 HGB (→ Rn. 14) diese Vorschriften entsprechend auch für die Ausgestaltung der freiberuflichen Geschäftsführung in der Partnerschaft herangezogen werden können *oder* ob die (mittelbare) Gewährleistung des Geschäftsführungsrechts der einzelnen Partner im freiberuflichen Bereich durch § 6 Abs. 2 insoweit nur Einzelgeschäftsführung zulässt, während andere Gestaltungsmöglichkeiten auf den Bereich der sonstigen (neutralen) Geschäfte beschränkt sind. Die Ansichten in der Literatur zu dieser Frage sind uneinheitlich.¹¹

---

⁶ So zutr. Michalski/Römermann/*Praß* Rn. 27 f., 32; vgl. auch *Römermann,* Entwicklungen und Tendenzen bei Anwaltsgesellschaften, 1995, S. 127.
⁷ *Henssler* Rn. 53; MWHLW/*Meilicke* Rn. 44; MHdB GesR I/*Salger* § 41 Rn. 18.
⁸ Michalski/Römermann/*Praß* Rn. 27 f.; *Henssler* Rn. 53; MHdB GesR I/*Salger* § 41 Rn. 18; gegen eine Erstreckung auf die Durchsetzung von Honorarforderungen MWHLW/*Meilicke* Rn. 44.
⁹ Vgl. nur das selbstverständliche Zugrundelegen dieser Annahme in Begr. RegE, BT-Drs. 12/6151 S. 15.
¹⁰ Wie hier Michalski/Römermann/*Praß* Rn. 30 f.; *Römermann,* Entwicklungen und Tendenzen bei Anwaltsgesellschaften, 1995, S. 38; aA Gail/Overlack/*Overlack* Rn. 135 f., 141.
¹¹ **Für** notwendige Alleingeschäftsführung *Michalski,* Gesellschafts- und Kartellrecht, S. 309 f.; *Römermann* Entwicklungen und Tendenzen bei Anwaltsgesellschaften, 1995, S. 127; *Burret* WPK-Mitt. 1994, 201 (204 f.); MHdB GesR I/*Schmid* § 24 Rn. 31; tendenziell auch *Grunewald,* FS P. Ulmer, 2003, S. 141 (145 f.) (für RA-Scheinsozietäten); uneinheitlich Sozietätshandbuch/*Peres,* 2000, § 6 (dafür Rn. 12; stark diff. Rn. 13 ff.). **Dagegen**

Stellungnahme. Das Verhältnis von § 6 Abs. 2 und 3 gestattet keine eindeutige Antwort auf die 16 Frage nach den Gestaltungsmöglichkeiten bei Regelung der Geschäftsführungsbefugnis im freiberuflichen Bereich, auch wenn es naheliegt, die Verweisungen des Abs. 3 S. 2 ihrem Wortlaut entsprechend in einem *umfassenden,* mit Ausnahme des § 114 Abs. 2 HGB auch auf die freiberufliche Geschäftsführung bezogenen Sinn zu verstehen. Entscheidend *für* diese Auslegung und damit gegen die zwingende Geltung der Einzelgeschäftsführung im freiberuflichen Bereich der Partnerschaft spricht vor allem die **Systematik des PartGG** und sein Verhältnis einerseits zum allgemeinen Gesellschaftsrecht, andererseits zum Recht der Freien Berufe. Als der OHG weitgehend nachgebildeter Unterfall der GbR (→ § 1 Rn. 8) orientiert sich das Organisationsrecht der Partnerschaft grundsätzlich am allgemeinen Personengesellschaftsrecht, soweit das PartGG keine Abweichungen erfordert. Für das **Personengesellschaftsrecht** ist die Flexibilität des Innenverhältnisses der Gesellschaft einschließlich der Möglichkeit, die Geschäftsführungsbefugnis in den Grenzen der Selbstorganschaft unterschiedlich auszugestalten, aber ein den gesellschaftsrechtlichen Zusammenschluss prägendes Kennzeichen. Eine Abweichung hiervon zugunsten zwingender Geltung der Einzelgeschäftsführung lässt sich einem Umkehrschluss aus § 6 Abs. 2 nicht entnehmen.

Die vorstehende Auslegung wird bestätigt durch den **Vorrang des Berufsrechts** nach §§ 1 Abs. 3, 17 6 Abs. 1. Sollte wirklich das Recht bestimmter Freier Berufe die Einzelgeschäftsführung der Partner unverzichtbar machen, so lässt sich dem durch entsprechende Ausgestaltung des jeweiligen Partnerschaftsvertrags Rechnung tragen. Einer generellen Reduktion der verfügbaren Gestaltungsmöglichkeiten für die freiberufliche Geschäftsführung schon nach Partnerschaftsrecht bedarf es hierfür nicht.

Selbst für das **Berufsrecht der Rechtsanwälte,** das in § 3 Abs. 1 BRAO den Grundsatz der 18 *unabhängigen* Beratung und Vertretung in allen Rechtsangelegenheiten besonders hervorhebt, wird die Notwendigkeit der uneingeschränkten Einzelgeschäftsführung in RA-Sozietäten nicht durchweg gefordert.[12] Das Erfordernis der **Unabhängigkeit** steht zwar solchen Gestaltungen entgegen, die einzelne Gesellschafter auf anwaltlichem Gebiet der *Weisung* von Mitgesellschaftern unterwerfen und sie dadurch zu fremdbestimmter Tätigkeit veranlassen.[13] Anderes gilt jedoch für das Recht von Mitgesellschaftern, entsprechend § 115 Abs. 1 HGB dem Handeln eines Gesellschafters mit der Folge zu *widersprechen,* dass dieses zu unterbleiben hat;[14] ein Bedürfnis hierfür ergibt sich allein schon aus dem Haftungsrisiko der Partnerschaft für das Fehlverhalten eines Partners. Und selbst gegen das Modell der *Mitgeschäftsführung* entsprechend § 115 Abs. 2 HGB bestehen aus der Sicht des § 3 Abs. 1 BRAO keine grundsätzlichen Einwände, da auch bei dieser Gestaltung keiner der Sozien gezwungen werden kann, eine freiberufliche (anwaltliche) Tätigkeit gegen seine Überzeugung zu entfalten. Bei interprofessionellen Partnerschaften muss sich die Mitgeschäftsführung freilich jeweils auf Angehörige derselben Profession beschränken.[15]

d) Folgerungen. Für die vertragliche Ausgestaltung der Geschäftsführung im freiberuflichen 19 Bereich der Partnerschaft folgt aus den vorstehenden Feststellungen, dass mit Ausnahme des § 114 Abs. 2 HGB und vorbehaltlich etwaiger berufsrechtlicher Schranken grundsätzlich alle in §§ 114–116 Abs. 2 HGB vorgesehenen Modifikationen der Geschäftsführung für die freiberufliche Tätigkeit zur Auswahl stehen. Die Geschäftsführung kann als **Einzelgeschäftsführung** *mit oder ohne Widerspruchsrecht* entsprechend **§ 115 Abs. 1 HGB** ausgestaltet sein; mangels besonderer Abrede findet in diesem Fall das Widerspruchsrecht Anwendung.[16] Sie kann abweichend hiervon aber auch als **Mitgeschäftsführung** von zwei oder mehr Partnern entsprechend **§ 115 Abs. 2 HGB** konzipiert werden, wobei freilich jeder der Partner über die Qualifikation für den jeweiligen Freien Beruf verfügen muss. Schließlich bestehen aus dieser Sicht auch keine Bedenken gegen Regelungen im Partnerschaftsvertrag oder durch Gesellschafterbeschluss, die bindende allgemeine **Richtlinien** über die Art und Weise der Wahrnehmung der freiberuflichen Aufgaben in der Partnerschaft enthalten, indem sie etwa eine interne Geschäftsverteilung festlegen oder Schranken für die Annahme von Mandaten ua aufstellen.[17]

Michalski/Römermann/*Praß* Rn. 34 (anders noch *Michalski/Römermann,* 3. Aufl. 2005, Rn. 16) *Henssler* Rn. 55; MWHLW/*Meilicke* Rn. 46; *Mahnke* WM 1996, 1029 (1035).

[12] Dafür tendenziell *Grunewald,* FS P. Ulmer, 2003, S. 141 (145 f.) auch MHdB GesR I/*Schmid* § 24 Rn. 31; dagegen Michalski/Römermann/*Praß* Rn. 34 (anders noch *Michalski/Römermann,* 3. Aufl. 2005, Rn. 16); *Henssler* DB 1995, 1549 (1553); *Oppenhoff* AnwBl. 1967, 267 (274).

[13] BGHZ 70, 158 (167) = NJW 1978, 589; *Michalski/Römermann,* 3. Aufl. 2005, Rn. 6, 16; *Henssler* Rn. 4; Kaiser/Bellstedt/*Kaiser* Rn. 196; *Lenz* MDR 1994, 741 (743); aA anscheinend MWHLW/*Meilicke* Rn. 46.

[14] So auch *Henssler* DB 1995, 1549 (1553) und Feuerich/Weyland/*Brüggemann* BRAO § 59f Rn. 4; uneinheitlich Sozietätshandbuch/*Peres,* 2000, § 6 Rn. 15, 29.

[15] So zutr. Feuerich/Weyland/*Brüggemann* BRAO § 59f Rn. 5.

[16] Ebenso MWHLW/*Meilicke* Rn. 46; aA noch *Michalski/Römermann,* 3. Aufl. 2005, Rn. 16.

[17] MHdB GesR I/*Salger* § 41 Rn. 19; vgl. auch Michalski/Römermann/*Praß* Rn. 35 f.

20 Aus der Sicht des PartGG bestehen schließlich auch keine grundsätzlichen Bedenken gegen das **Eingreifen von § 116 Abs. 2 HGB,** wonach zur Vornahme von über den gewöhnlichen Geschäftsbetrieb der Partnerschaft hinausgehenden Handlungen ein Beschluss sämtlicher Partner erforderlich ist. Zwar kommen derartige Fälle außergewöhnlicher Maßnahmen in erster Linie bei den *sonstigen (neutralen)* Geschäften in Betracht, wenn es um für die Ausgestaltung der Ressourcen der Partnerschaft grundlegende, ihre künftige Tätigkeit maßgebend prägende Entscheidungen geht, während die *freiberuflichen* Geschäfte in aller Regel in den Bereich der gewöhnlichen Geschäftstätigkeit fallen werden. Immerhin ist nicht ausgeschlossen, dass entweder das besondere Risiko einzelner Mandate oder ihr gänzlich außerhalb der üblichen Geschäftstätigkeit liegender Gegenstand die Schwelle des § 116 Abs. 2 HGB überschreitet oder dass der außergewöhnliche Charakter auf der mit dem Geschäft verbundenen Gefahr der Interessenkollision beruht.[18] Auch sind die Partner durch den aus § 6 Abs. 2 ableitbaren Umkehrschluss nicht etwa gehindert, bei grundsätzlicher Alleingeschäftsführungsbefugnis sich einem für alle Partner verbindlichen Katalog zustimmungsbedürftiger Geschäfte zu unterwerfen.

21 **e) Die Entziehung der Geschäftsführungsbefugnis (§ 117 HGB).** Auch für die Verweisung des § 6 Abs. 3 S. 2 auf die Regelung des § 117 HGB über die Entziehung der Geschäftsführungsbefugnis aus wichtigem Grund stellt sich die Frage, ob sie sich auf die Befugnis zur Führung der sonstigen (neutralen) Geschäfte beschränkt oder auch diejenige im freiberuflichen Bereich umfasst. Die *Gesetzesbegründung*[19] will die Verweisung zwar grundsätzlich im umfassenden Sinn verstehen, hält die Entziehung der freiberuflichen Geschäftsführungsbefugnis jedoch nur während einer *vorübergehenden* Zeit für möglich, da die dauernde Entziehung wegen § 6 Abs. 2 auf eine unmögliche Rechtsfolge gerichtet sei; an ihre Stelle habe bei entsprechend wichtigem Grund der Ausschluss aus der Partnerschaft nach § 9 Abs. 1 iVm § 140 HGB zu treten. In der Literatur ist diese Frage umstritten.[20]

22 **Stellungnahme.** Für einen umfassenden, auch die freiberufliche Geschäftsführungsbefugnis einbeziehenden Anwendungsbereich des § 117 HGB sprechen die vorstehenden Gründe der Gesetzessystematik (→ Rn. 16), wobei für die Anforderungen an den *wichtigen Grund* im Rahmen der allgemein zu § 117 HGB entwickelten Maßstäbe vor allem auf berechtigte Zweifel an der fortbestehenden Befähigung des Partners zur sachgemäßen Erfüllung der freiberuflichen Aufgaben der Partnerschaft abzustellen ist. Zutreffend ist auch, dass im Rahmen des zu § 117 HGB anerkannten Verhältnismäßigkeitsgrundsatzes[21] von den übrigen Gesellschaftern *mildere Mittel* als die definitive Entziehung der Geschäftsführungsbefugnis beantragt werden können, wenn diese geeignet sind, den aufgetretenen Konflikt zwischen den Gesellschaftern zu beseitigen.[22] Neben etwaigen Möglichkeiten eingeschränkter Geschäftsführungsbefugnis mag hierfür je nach Lage des Falles auch die befristete Entziehung in Betracht kommen. Zu weit ginge es jedoch, wollte man mit der Regierungsbegründung[23] die *dauerhafte Entziehung* der freiberuflichen Geschäftsführungsbefugnis entsprechend § 117 HGB schlechthin ausschließen. Das zeigt allein schon der Vergleich mit der Möglichkeit des Verbleibens eines Partners in der Partnerschaft, auch wenn er aus Alters- oder Krankheitsgründen dauerhaft gehindert ist, weiter freiberufliche Leistungen zu erbringen (→ § 1 Rn. 13 f.). Trifft diese Ansicht zu, so kann auch für den Bereich des § 117 HGB nichts Abweichendes gelten. Zwar mag je nach Lage des Falles bei einem voraussichtlich dauerhaft wirkenden wichtigen Grund die Ausschließung aus der Partnerschaft das angemessenere Mittel sein. Jedoch ist es aus Rechtsgründen nicht geboten, die Entziehung entsprechend § 117 HGB schlechthin auf vorübergehende Maßnahmen zu beschränken, ohne den Grund der Entziehung und das Alter oder den Gesundheitszustand des betroffenen Partners in die Betrachtung einzubeziehen.

IV. Das Innenverhältnis der Partner im Übrigen (Abs. 3)

23 **1. Grundsatz der Vertragsfreiheit.** Entsprechend dem das Recht der GbR prägenden allgemeinen Grundsatz der Vertragsfreiheit (§ 311 Abs. 1 BGB) und seiner speziellen Ausprägung in § 109

---

[18] Ebenso Michalski/Römermann/*Praß* Rn. 35 f., 43 (aA noch *Michalski/Römermann*, 3. Aufl. 2005, Rn. 22); wohl auch MWHLW/*Meilicke* Rn. 39; aA.
[19] BT-Drs. 12/6152 S. 15.
[20] Nur vorübergehende Entziehung möglich: *Henssler* Rn. 58; *Sommer* GmbHR 1995, 249 (252); *Stucken* WiB 1994, 744 (748); *Hornung* Rpfleger 1996, 1 (2); *Bösert/Braun/Jochem* Leitfaden S. 148 f. Auch dauerhafter Entzug zulässig: Michalski/Römermann/*Praß* Rn. 40 ff.; Feuerich/Weyland/*Hirtz* PartGG § 6 Rn. 10; wohl auch MWHLW/*Meilicke* Rn. 47a, da er wie Michalski/Römermann/*Zimmermann* § 1 Rn. 8 ff. die aktive Mitarbeit für verzichtbar hält.
[21] BGHZ 51, 198 (203) = NJW 1969, 507; BGH NJW 1984, 173 f.; Staub/*Schäfer* HGB § 117 Rn. 42; MüKoHGB/*Jickeli* HGB § 117 Rn. 43 ff.; Baumbach/Hopt/*Roth* HGB § 117 Rn. 5.
[22] Staub/*Schäfer* HGB § 117 Rn. 42 f.; MüKoHGB/*Jickeli* HGB § 117 Rn. 19, 43 f.; Heymann/*Emmerich* HGB § 117 Rn. 15.
[23] BT-Drs. 12/6152 S. 15.

HGB für das Innenrecht der OHG gilt auch für den Partnerschaftsvertrag nach § 6 Abs. 3 S. 1 der **Vorrang der Parteidisposition,** soweit es um das Rechtsverhältnis der Partner untereinander geht und berufsrechtliche Vorschriften nicht im Wege stehen (§ 6 Abs. 1). Bindende Vorgaben des PartGG bestehen nur einerseits hinsichtlich der Beteiligungsfähigkeit der Partner (→ § 1 Rn. 24) einschließlich der sich daraus ergebenden Konsequenzen für den Verlust der Mitgliedschaft (§ 9 Abs. 3) und die Anteilsvererbung (§ 9 Abs. 4), andererseits hinsichtlich des mittelbaren Verbots, einzelne Partner von der Geschäftsführung im freiberuflichen Bereich auszuschließen (§ 6 Abs. 2). Im Übrigen sind neben der zwingenden Vorschrift des § 118 Abs. 2 HGB und den ungeschriebenen allgemeinen Grundsätzen des Gesellschaftsrechts wie Selbstorganschaft und Minderheitenschutz gegen Mehrheitsentscheidungen die allgemeinen Schranken der §§ 134, 138 BGB zu beachten. – Zum *Mindestinhalt* des Partnerschaftsvertrags und zu den sonstigen, darin üblicherweise anzutreffenden Vereinbarungen → § 3 Rn. 14ff., 24f.

2. Entsprechende Anwendung von OHG-Innenrecht. Die Vorschrift des § 6 Abs. 3 S. 2 **24** verweist mit ihrer Bezugnahme auf §§ 110–116 Abs. 2, 117–119 HGB auf eine Reihe zentraler Vorschriften des OHG-Innenrechts. Sie unterstreicht damit die bereits in anderen Teilen des PartGG begegnende weitgehende **Annäherung** der Partnerschaft **an die OHG,** eine Regelungstechnik, die auch für die Kommentierung des PartGG zu beachten ist. Sie beschränkt den Erläuterungsbedarf in Bezug auf die Verweisungsnormen vor dem Hintergrund der HGB-Kommentare auf diejenigen Fragen, die sich speziell aus der Sicht des Partnerschaftsgesellschaftsrechts stellen.

a) **Aufwendungsersatz, Verzinsungspflicht (§§ 110, 111 HGB).** Insoweit kann voll auf das **25** OHG-Recht verwiesen werden; Besonderheiten aus der Sicht des PartGG oder des Rechts der Freien Berufe sind nicht erkennbar. Die **Ersatzfähigkeit der Aufwendungen** der Partner, dh der im Interesse der Partnerschaft erbrachten freiwilligen vermögenswerten Opfer jeder Art,[24] in *Abgrenzung* von den seitens der Partner im Rahmen ihres Geschäftsführungsentgelts ggf. persönlich zu tragenden Aufwendungen wie die Kosten für ihr auch im dienstlichen Interesse benutztes Kraftfahrzeug, für das häusliche Arbeitszimmer, für auf den eigenen Namen gehaltene Fachliteratur oder für den Besuch von Fortbildungsveranstaltungen, richtet sich nach den jeweils hierüber zwischen den Partnern getroffenen Vereinbarungen. Fehlt es an derartigen Vereinbarungen und gibt es auch keine der Ersatzfähigkeit der Aufwendungen entgegenstehende Branchenübung, so steht der Geltendmachung eines Anspruchs entsprechend § 110 HGB nichts im Wege.

Außer dem Ersatz der Aufwendungen gewährt § 110 HGB den Gesellschaftern auch einen **26** Anspruch auf **Ersatz von Verlusten** aus der Geschäftsführung oder aus untrennbar damit verbundenen Gefahren. Von den Aufwendungen unterscheiden sich die Verluste durch die *Unfreiwilligkeit* ihres Eintritts.[25] Um derartige grundsätzlich ersatzfähige Verluste handelt es sich auch, wenn Partner als Gesamtschuldner nach § 8 Abs. 1 von Dritten für Verbindlichkeiten der Partnerschaft in Anspruch genommen werden, ohne sich auf das Haftungsprivileg des § 8 Abs. 2 oder die Haftungskonzentration nach § 8 Abs. 4 für Berufsfehler berufen zu können. Weil zwischen Gesellschaft (Partnerschaft) und Gesellschafter kein Gesamtschuldverhältnis vorliegt, kommt es auch insofern nicht in Betracht, den Regress anstatt auf § 110 HGB auf § 426 Abs. 1 BGB zu stützen (→ BGB Rn. 56); wegen § 707 BGB hat dieser Anspruch Vorrang vor einem Gesamtschuldregress gegen Mitgesellschafter (→ BGB § 714 Rn. 56).[26]

Für die **Verzinsungspflicht** gelten die §§ 110 Abs. 2, 111 HGB entsprechend. Besonderheiten **27** aus dem Recht der Partnerschaft sind nicht erkennbar.

b) **Wettbewerbsverbot (§§ 112, 113 HGB).** Dem Wettbewerbsverbot des § 112 Abs. 1 HGB **28** und seiner Sanktion nach Maßgabe von § 113 HGB kommt in einer Partnerschaft, angesichts von deren Ausrichtung auf das *persönliche Zusammenwirken* der Partner, besondere Bedeutung zu. Es bildet eine wesentliche Grundlage für das notwendige Vertrauensverhältnis in der Partnerschaft. Unter das Verbot fällt sowohl die **Vornahme eigener Geschäfte** der Partner im Bereich der vom Unternehmensgegenstand der Partnerschaft (§ 3 Abs. 2 Nr. 3) erfassten freiberuflichen Tätigkeiten unter Einschluss der daran unmittelbar angrenzenden Gebiete (dem sachlich relevanten Markt der Partner-

---

[24] Staub/*Schäfer* HGB § 110 Rn. 12, MüKoHGB/*Langhein* HGB § 110 Rn. 11; Heymann/*Emmerich* HGB § 110 Rn. 4; Baumbach/Hopt/*Roth* HGB § 110 Rn. 7.
[25] Staub/*Schäfer* HGB § 110 Rn. 21; MüKoHGB/*Langhein* HGB § 110 Rn. 17; Heymann/*Emmerich* HGB § 110 Rn. 4; Baumbach/Hopt/*Roth* HGB § 110 Rn. 11.
[26] BGHZ 37, 299 (302 f.) = NJW 1962, 1863; BGH NJW-RR 2008, 256 Rn. 14, 17; Staub/*Schäfer* HGB § 110 Rn. 32; MüKoHGB/*K. Schmidt* HGB § 128 Rn. 34; Baumbach/Hopt/*Roth* HGB § 128 Rn. 27; so auch für die Partnerschaft: Begr. RegE, BT-Drs. 12/6152 S. 18; *Sommer/Treptow/Dietlmeier* NJW 2011, 1551 (1556); iE ebenso Henssler/Strohn/*Hirtz* § 6 Rn. 13.

schaft),[27] als auch deren **Beteiligung an einer konkurrierend tätigen Gesellschaft,** es sei denn, dass sie sich auf eine reine Kapitalbeteiligung ohne nennenswerte interne Mitsprache- oder Informationsrechte beschränkt.[28] Zurückhaltung ist aus diesem Grunde sowie angesichts des Schriftformerfordernisses auch geboten, soweit es um die Annahme konkludenter *Einwilligung* der Mitgesellschafter in die Konkurrenztätigkeit eines Partners geht. Wurde eine solche Einwilligung generell oder im Einzelfall tatsächlich erteilt, so kann sie sich gleichwohl aus *berufsrechtlichen* Gründen als unbeachtlich erweisen; entgegenstehendes Standesrecht geht wegen der Vorrangregelung des § 6 Abs. 1 der Erteilung der Einwilligung vor.

29   Das Wettbewerbsverbot des § 112 Abs. 1 HGB als Ausprägung der gesellschaftsrechtlichen *Treupflicht* steht auch der sonstigen **Wahrnehmung von Geschäftschancen** der Partnerschaft im Eigeninteresse eines Partners oder unter Zwischenschaltung einer ihm nahe stehenden Person entgegen.[29] Das gilt für die Ausnutzung von Informationen aus der Sphäre der Partnerschaft durch einen Partner im eigenen Interesse, aber auch für den (Zwischen-)Erwerb von Vermögensgegenständen, auf die die Partnerschaft angewiesen ist, sowie für das sonstige Voranstellen des Eigeninteresses vor dasjenige der Partnerschaft innerhalb der Gemeinschaftssphäre. Dagegen wird die **Arbeitszeit** der Partner durch § 112 HGB nicht zugunsten der Partnerschaft geschützt.[30] Eine zeitlich aufwändige Nebentätigkeit eines Partners auf einem anderen, von demjenigen der Partnerschaft klar abgegrenzten sachlich relevanten Markt, die keine Interessenkollision erwarten lässt, unterliegt daher nicht den Schranken des § 112 HGB. Sie kann sich jedoch als unvereinbar mit der von den Partnern übernommenen, auf Einbringung ihrer Arbeitskraft in die Partnerschaft abzielenden Beitragspflicht erweisen (→ Rn. 41 f.).

30   Das gesetzliche Wettbewerbsverbot **endet** mit dem Ausscheiden aus der Partnerschaft, nach zutr. Ansicht aber auch mit ihrer Auflösung, wenn und soweit sie im Liquidationsstadium nicht mehr selbst freiberuflich tätig wird.[31] Die Vereinbarung eines *nachvertraglichen* Wettbewerbsverbots ist in den Grenzen der § 138 BGB, § 1 GWB möglich[32] und unterliegt nicht den Schranken der §§ 74 ff. HGB.[33] Die Vornahme bloßer Vorbereitungshandlungen für die eigenständige Berufsausübung nach zeitlichem Ablauf des Wettbewerbsverbots wird von dem Verbot nicht erfasst.[34]

31   Die **Rechtsfolgen** von Verstößen gegen das Wettbewerbsverbot bestimmen sich grundsätzlich nach § 113 HGB. Eine *Modifikation* kann sich freilich aus berufsrechtlichen Gründen in denjenigen Fällen ergeben, in denen die Ausübung des Eintrittsrechts der Partnerschaft entsprechend § 113 Abs. 1 HGB mit der berufsrechtlichen Schweigepflicht des verstoßenden Partners in Konflikt zu geraten droht.[35] In diesem Fall verbleibt als Alternative nur die Geltendmachung von Schadensersatzansprüchen.

32   **c) Geschäftsführung (§§ 114–117 HGB).** Die Konsequenzen der entsprechenden Anwendung der Vorschriften über die Geschäftsführung in der OHG auf die Partnerschaft sind bereits vorstehend (→ Rn. 15 ff., 19 ff.) im Zusammenhang mit § 6 Abs. 2 behandelt worden. Hierauf wird verwiesen.

33   **d) Kontrollrechte (§ 118 HGB).** Die Kontrollrechte der OHG-Gesellschafter nach § 118 Abs. 1 HGB gehören vor allem für die nicht selbst an der Geschäftsführung beteiligten, aus diesem Grund vom unmittelbaren Zugang zu den Gesellschafts-Interna ausgeschlossenen Gesellschafter zu den zentralen Verwaltungsrechten. Neben dem (grundsätzlich höchstpersönlich auszuübenden) uneingeschränkten **Einsichtsrecht** umfasst § 118 Abs. 1 HGB auch das Recht auf Anfertigung von Abschriften oder *Kopien* auf Kosten des Gesellschafters mit Ausnahme solcher Unterlagen über Geschäftsge-

---

[27] Vgl. hierzu Staub/*Schäfer* HGB § 112 Rn. 14 ff.; Baumbach/Hopt/*Roth* HGB § 112 Rn. 5; für die Partnerschaft auch MWHLW/*Meilicke* Rn. 55.
[28] Staub/*Schäfer* HGB § 112 Rn. 24; MüKoHGB/*Langhein* HGB § 112 Rn. 10.
[29] Staub/*Schäfer* HGB § 112 Rn. 17 aE; Heymann/*Emmerich* HGB § 112 Rn. 6a; für die Partnerschaft MWHLW/*Meilicke* Rn. 57.
[30] Vgl. Staub/*Schäfer* HGB § 112 Rn. 2 mwN.
[31] EinhM, vgl. Staub/*Schäfer* HGB § 112 Rn. 12; Heymann/*Emmerich* HGB § 112 Rn. 8; Baumbach/Hopt/*Roth* HGB § 112 Rn. 3; MWHLW/*Meilicke* Rn. 58.
[32] Vgl. dazu Staub/*Schäfer* HGB § 112 Rn. 13; MüKoHGB/*Langhein* HGB § 112 Rn. 22; *Henssler* Rn. 73 ff.; MWHLW/Meilicke Rn. 62; Michalski/Römermann ZIP 1994, 433 (439 ff.); *Römermann* BB 1998, 1489; Michalski/Römermann/*Praß* Rn. 55.
[33] Michalski/Römermann/*Praß* Rn. 55; MWHLW/*Meilicke* Rn. 62; *Henssler* Rn. 73; MüKoHGB/*Langhein* HGB § 112 Rn. 22.
[34] Staub/*Schäfer* HGB § 112 Rn. 11; MüKoHGB/*Langhein* HGB § 112 Rn. 19; Heymann/*Emmerich* HGB § 112 Rn. 9; MWHLW/*Meilicke* Rn. 54.
[35] *Henssler* Rn. 78; Michalski/Römermann/*Praß* Rn. 49; vgl. zur berufsrechtlichen Schweigepflicht auch → Rn. 34 f.

heimnisse, an deren Nichtverbreitung die Gesellschaft ein vorrangig schutzwürdiges Interesse hat.[36] Über den Wortlaut des § 118 Abs. 1 HGB hinausgehend erkennt die hM zu Recht auch ein **subsidiäres Auskunftsrecht** der Gesellschafter gegen die Geschäftsführer in denjenigen Fällen an, in denen der individuelle Informationsbedarf durch die Einsichtnahme in die Geschäftsunterlagen nicht ausreichend befriedigt werden kann.[37] – Einen zwingend ausgestalteten **Mindestbestand** der Kontrollrechte gewährt § 118 Abs. 2 HGB unter der Voraussetzung, dass Grund zur Annahme unredlicher Geschäftsführung besteht. Zu seiner Geltendmachung genügt eine diesbezügliche substantiierte Tatsachenbehauptung; der Nachweis unredlichen Verhaltens oder dessen Glaubhaftmachen nach den Regeln der ZPO ist nicht erforderlich.[38]

Aus der **Sicht des PartGG** kann die entsprechende Anwendung des **§ 118 Abs. 1 HGB** insoweit 34 Probleme bereiten, als es um eine mögliche Kollision mit der berufsrechtlichen *Schweigepflicht* geht. Nach Ansicht der Regierungsbegründung[39] soll sich das Kontrollrecht deshalb auf die *wirtschaftlichen* Verhältnisse der Partnerschaft beschränken. Mit diesem scheinbar nahe liegenden, um Ausgleich zwischen den unterschiedlichen Interessen einerseits der Partner, andererseits der Mandanten etc bemühten Lösungsvorschlag wird die Kollision zwischen Informationsrecht und Schweigepflicht indessen nicht ohne weiteres behoben.[40] Das folgt schon daraus, dass für die wirtschaftliche Situation einer Partnerschaft nicht selten die vertraglichen Haftungsrisiken gegenüber den Mandanten etc von wesentlicher Bedeutung sind und diese meist nicht zureichend ohne Einblick in die Mandatsakten beurteilt werden können.[41] Gegen ein generelles Zurücktreten der Schweigepflicht des mit der Bearbeitung des Mandats etc betrauten Partners im Innenverhältnis der Partnerschaft spricht andererseits der Umstand, dass die Schweigepflicht ihren Rechtsgrund nicht im Mandats- oder Behandlungsvertrag, sondern im Berufsrecht hat und dieses in der Regel keine auf Berufsausübungsgemeinschaften bezogene Ausnahmen kennt (vgl. insbesondere die Regelungen zur Schweigepflicht in § 43a BRAO, § 57 StBerG, § 43 WPO, § 9 MBO-Ä); daher rechtfertigt weder die Stellung der Partnerschaft als Vertragspartner des Kunden noch die Bindung aller Partner durch eine gleichartige berufsrechtliche Schweigepflicht, für sich genommen, deren Durchbrechung im Innenverhältnis der Partnerschaft.

Die **Lösung** des Kollisionsproblems ist nach allem nicht aus dem Innenverhältnis der Sozietät als 35 Vertragspartner, sondern aus dem Gesichtspunkt der – ausdrücklichen oder konkludenten – *Einwilligung* des Mandanten in die Aufhebung oder Lockerung der Schweigepflicht zwischen den Partnern abzuleiten. Das Informationsinteresse der anderen Partner reicht dabei, für sich genommen, nicht aus, um daraus auf einen Verzicht des Mandanten auf die partnerschaftsinterne Schweigepflicht zu schließen. Das gilt jedenfalls dann, wenn es wie beim Arzt- oder Anwaltsgeheimnis um höchstpersönliche Informationen geht, an deren Geheimhaltung der Mandant ein vorrangiges Interesse hat. Eine andere Beurteilung ist dann geboten, wenn der Mandant damit einverstanden ist, dass je nach Bedarf auch andere Partner mit der Bearbeitung seines Falles befasst werden; für ein solches Einverständnis spricht die Beauftragung der Partnerschaft als solcher ohne gleichzeitige verbindliche Festlegung des mit der Sache zu betrauenden Partners. Da die Mitwirkung anderer Partner regelmäßig eine umfassende Information über die der beruflichen Schweigepflicht unterfallenden Umstände erfordert, steht in derartigen Fällen die berufliche Schweigepflicht der Durchsetzung des Informationsrechts nach § 118 Abs. 1 HGB im Zweifel nicht entgegen.[42]

Über die vorstehend aufgezeigten Grenzen hinausgehend ist im Rahmen von **§ 118 Abs. 2 HGB** 36 dem zwingenden Informationsrecht der Partner grundsätzlich der Vorrang einzuräumen; insoweit versagt die Berufung auf die Schweigepflicht.

e) Gesellschafterbeschlüsse (§ 119 HGB). Für die Beschlussfassung der Partner ist entspre- 37 chend § 119 Abs. 1 HGB grundsätzlich vom **Einstimmigkeitsprinzip** auszugehen. Das gilt sowohl für Änderungen des Partnerschaftsvertrags, die überdies nach § 3 Abs. 1 zu ihrer Wirksamkeit der Schriftform bedürfen (→ § 3 Rn. 11), als auch für Beschlüsse in sonstigen, den Gesellschaftern vorbehaltenen Grundlagenangelegenheiten sowie schließlich in Fällen wie der Ergebnisfeststellung,

---

[36] Staub/*Schäfer* HGB § 118 Rn. 22; MüKoHGB/*Enzinger* HGB § 118 Rn. 9; Heymann/*Emmerich* HGB § 118 Rn. 11; für die Partnerschaft auch MWHLW/*Meilicke* Rn. 76.
[37] Staub/*Schäfer* HGB § 118 Rn. 24 f.; Baumbach/Hopt/*Roth* HGB § 118 Rn. 7; Michalski/Römermann/ *Praß* Rn. 67; MWHLW/*Meilicke* Rn. 72.
[38] Vgl. näher Staub/*Schäfer* HGB § 118 Rn. 15 mN.
[39] BT-Drs. 12/6152 S. 15.
[40] Die Begr. RegE abl. auch Michalski/Römermann/*Praß* Rn. 68; MWHLW/*Meilicke* Rn. 76; Feddersen/ Meyer-Landrut § 6 Rn. 5; *Mahnke* WM 1996, 1029 (1035 f.). Wie die Begr. RegE jedoch *Bösert/Braun/Jochem* Leitfaden S. 150.
[41] Ähnlich Michalski/Römermann/*Praß* Rn. 72.
[42] So zutr. *Henssler* Rn. 23 ff., 81 ff. mN auch zu berufsrechtlichen Regelungen betr. die Schweigepflicht Rn. 29 ff.

der Gewinnverwendung oder der Entscheidung über außergewöhnliche Geschäfte, in denen es nach Gesetz oder Gesellschaftsvertrag eines Gesellschafterbeschlusses bedarf (→ BGB § 709 Rn. 50 ff.). Soweit nicht im Einzelfall das Stimmrecht eines Partners aus Gründen der Interessenkollision ausgeschlossen ist, ist zur Wirksamkeit des Beschlusses die *Zustimmung sämtlicher Partner* erforderlich; Stimmenthaltung oder Nichtteilnahme an der Abstimmung verhindern das Erreichen der Einstimmigkeit. Widersprechende Partner können je nach Lage des Falles mit Rücksicht auf ihre Treupflicht gehalten sein, sich an der Abstimmung zu beteiligen und dem Beschluss im Interesse der Partnerschaft zuzustimmen (→ BGB § 705 Rn. 231 ff.).

38 Der Partnerschaftsvertrag kann das Einstimmigkeitsprinzip durch das **Mehrheitsprinzip** ersetzen und nähere Regelungen über die Berechnung der Mehrheiten aufstellen; dabei liegt im Fall von Partnerschaften, anders als bei einer OHG mit zum Teil deutlich unterschiedlichen Gesellschaftsanteilen, wegen der grundsätzlichen Gleichberechtigung der Partner die in § 119 Abs. 2 HGB vorgesehene Berechnung der Mehrheit *nach Köpfen* nahe. – Zur Reichweite von Mehrheitsklauseln, insbes. zur Aufgabe des Bestimmtheitsgrundsatzes durch den BGH, sowie zur materiellen Beschlusskontrolle mittels Kernbereichslehre und Treupflicht → BGB § 709 Rn. 84 ff.

39 Für **Partnerschaften** oder sonstige Gesellschaften zur gemeinsamen Verfolgung freiberuflicher Zwecke besteht vermehrter Anlass, die Grenzen des Mehrheitsprinzips zu betonen, da die Mehrheitsherrschaft bei ihnen in besonderem Maße die Gefahr begründet, mit der gebotenen Wahrung der Unabhängigkeit und Eigenverantwortlichkeit der freiberuflich tätigen Gesellschafter zu kollidieren. Ein grundsätzlich *mehrheitsfester Bereich* ist daher nicht nur insoweit anzuerkennen, als es um Änderungen des Unternehmensgegenstands sowie der persönlichen Verwaltungs- und Vermögensrechte der einzelnen Gesellschafter, dh um unmittelbare Eingriffe in den Kernbereich ihrer Mitgliedschaft geht. Vielmehr stoßen aus dieser Sicht auch solche Mehrheitsbeschlüsse auf Bedenken, die auf eine Änderung der einvernehmlich festgelegten Grundsätze über die Geschäftsverteilung oder über die Ausübung der freiberuflichen Tätigkeit gerichtet sind.

40 **3. Sonstige Fragen des Partnerschaft-Innenrechts. a) Überblick.** Soweit § 6 Abs. 3 oder die sonstigen Vorschriften des PartGG keine Verweisung auf das OHG-Innenrecht enthalten, bewendet es nach der Auffangvorschrift des **§ 1 Abs. 4** bei der subsidiären Anwendung des **GbR-Innenrechts.** Von dem für das Innenverhältnis der Partner geltenden Sorgfaltsmaßstab des **§ 708 BGB** und von den Gesamthandsvorschriften der **§§ 717–719 BGB** abgesehen, deren Übertragung auf die Verhältnisse in der Partnerschaft keine Schwierigkeiten bereitet, gilt das insbesondere für die Regelungen über die Beiträge (→ Rn. 41 ff.) und über die Gewinnverteilung (→ Rn. 44 ff.). – Zu den Fragen des Beitritts zur und des Ausscheidens aus der Partnerschaft sowie zur Anteilsübertragung und -vererbung → § 9 Rn. 1 ff.

41 **b) Beiträge der Partner.** Vereinbarungen über die von den Partnern zu leistenden Beiträge bilden einen notwendigen Bestandteil des Partnerschaftsvertrags (→ § 3 Rn. 15). Zwar finden die insoweit einschlägigen Vorschriften der **§§ 706, 707 BGB** über § 1 Abs. 4 auf die Partnerschaft Anwendung mit der Folge, dass die Partner mangels abweichender Vereinbarung *gleiche* Beiträge zu leisten haben (§ 706 Abs. 1 BGB) und dass sie zur Erhöhung der vereinbarten Beiträge oder zu Nachschüssen nicht verpflichtet sind (§ 707 BGB). Speziell für die Partnerschaft bedeutsam ist auch die Regelung in § 706 Abs. 3 BGB, wonach die Beiträge auch in der *Leistung von Diensten* bestehen können. Bei diesen Vorschriften handelt es sich jedoch jeweils um bloße Rahmenregelungen, die der inhaltlichen Ausfüllung durch Festlegung des Gegenstands der Beiträge im Gesellschaftsvertrag bedürfen.

42 Aus der **Sicht des PartGG** gewinnt insoweit die Vorschrift des § 3 Abs. 2 Nr. 2 Bedeutung, wonach der Partnerschaftsvertrag den „in der Partnerschaft ausgeübten Beruf" jedes Partners enthalten muss. Da der Beitritt zur Partnerschaft nur solchen Gesellschaftern offensteht, die bereit und in der Lage sind, sich innerhalb der Partnerschaft freiberuflich zu betätigen (→ § 1 Rn. 24), ist die auf die Berufsausübung bezogene Angabe im Partnerschaftsvertrag mangels zusätzlicher Abreden zugleich dahin zu verstehen, dass die Beiträge der Partner sich auf diese **freiberuflichen Leistungen** erstrecken sollen und dass die Partner gleichermaßen verpflichtet sind, ihre volle Arbeitskraft in die Partnerschaft einzubringen. Insbesondere bei interprofessionellen Partnerschaften und in Fällen, in denen Partner über eine mehrfache Berufsqualifikation verfügen, empfiehlt es sich freilich, eine detaillierte Regelung über die Art und den Umfang der geschuldeten freiberuflichen Leistung im Partnerschaftsvertrag zu treffen.

43 Sollen die Partner darüber hinaus **Vermögensleistungen** für die Partnerschaft erbringen, ihr insbesondere Geldeinlagen oder sonstige Vermögensgegenstände (Grundstücke oder finanzielle Mittel, Geschäftsausstattung ua) zur Verfügung stellen, so bedarf es hierfür besonderer Vereinbarungen in dem der Schriftform unterliegenden Partnerschaftsvertrag. Je nach Art der Gegenstände sollte

dabei auch die Art und Weise der Einbringung geregelt werden, sei es zu Eigentum der Partnerschaft, zum Gebrauch (quoad usum) oder dem Werte nach (quoad sortem). Fehlt es an einer solchen ausdrücklichen Regelung, so greift die Auslegungsregel des § 706 Abs. 2 BGB ein: Die Einbringung erfolgt im Zweifel zu *Eigentum* der Partnerschaft (→ BGB § 706 Rn. 11 ff.).

c) Gewinnverteilung. Auf den ersten Blick ungewöhnlich ist die Nichteinbeziehung der §§ 120– **44** 122 HGB in die Verweisung des § 6 Abs. 3. Ausweislich der Regierungsbegründung[43] beruht sie darauf, dass in der Partnerschaft „kein dringendes Bedürfnis für eine Gewinnverteilungsvorschrift" besteht, da die Partner aktiv mitarbeiten und die Einnahmen der Gesellschaft „im Wesentlichen als Geschäftsführungsgehälter auszuzahlen werden". Das ist schon deshalb missverständlich, weil eine derartige Praxis weder die Gewinnermittlung gegenstandslos macht noch darüber hinwegtäuschen kann, dass es bei der Auszahlung der „Geschäftsführungsgehälter", unabhängig von der Art ihrer – festen oder variablen – Festsetzung, der Sache nach um Gewinnverteilung geht (→ BGB § 709 Rn. 32 ff.). Zutreffend ist demgegenüber der weitere in der Regierungsbegründung[44] gegen die Verweisung angeführte Grund, dass § 120 Abs. 1 HGB die Erstellung einer Bilanz voraussetzt, während in der Partnerschaft angesichts des fehlenden Handelsgewerbes die Gewinnermittlung auch ohne handelsrechtliche Buchführung und Bilanzierung im Wege der Einnahmeüberschussrechnung nach § 4 Abs. 3 EStG erfolgen kann.[45] Die Nichtverweisung auf §§ 120–122 HGB führt nach § 1 Abs. 4 zum *Eingreifen der §§ 721, 722 BGB* über die Gewinnverteilung in der GbR (→ Rn. 45 f.).

Im Einzelnen bedeutet das Eingreifen der GbR-Vorschriften, dass **Rechnungsabschluss und** **45** **Gewinnfeststellung** mangels abweichender Regelung im Partnerschaftsvertrag nach **§ 721 Abs. 2 BGB** am Schluss jedes Geschäftsjahrs zu erfolgen haben, wobei das Geschäftsjahr im Zweifel mit dem Kalenderjahr übereinstimmt. Zuständig für die Beschlussfassung über den Rechnungsabschluss sind die Gesellschafter; beim Fehlen einer hierauf bezogenen Mehrheitsklausel entscheiden sie einstimmig (→ BGB § 721 Rn. 9).

Die **Verteilung** des so festgestellten Gewinns (und ebenso diejenige eines etwaigen Verlusts) **46** richtet sich mangels Festsetzung eines besonderen Gewinnverteilungsschlüssels im Partnerschaftsvertrag nach **§ 722 Abs. 1 BGB**. Danach steht jedem Partner unabhängig von Art und Größe seines Beitrags ein *gleicher Gewinnanteil* zu; konkludente Abweichungen hiervon im Partnerschaftsvertrag scheiden schon wegen des Schriftformerfordernisses des § 3 Abs. 1 regelmäßig aus.

Die **Auszahlung** des auf ihn entfallenden, nicht schon durch die periodische „Geschäftsführerver- **47** gütung" entnommenen Gewinnanteils kann jeder Partner alsbald nach dessen Feststellung verlangen, wenn der Partnerschaftsvertrag keine Einschränkungen vorsieht und auch die gebotene Rücksichtnahme auf die Lage der Partnerschaft keine Thesaurierung erforderlich macht. Eine allgemein gehaltene Mehrheitsklausel berechtigt die Mehrheit nicht dazu, Entnahmebeschränkungen gegen den Willen der Minderheit zu beschließen (→ BGB § 721 Rn. 16).

§ 7 PartGG Wirksamkeit im Verhältnis zu Dritten; rechtliche Selbständigkeit; Vertretung

(1) Die Partnerschaft wird im Verhältnis zu Dritten mit ihrer Eintragung in das Partnerschaftsregister wirksam.

(2) § 124 des Handelsgesetzbuchs ist entsprechend anzuwenden.

(3) Auf die Vertretung der Partnerschaft sind die Vorschriften des § 125 Abs. 1 und 2 sowie der §§ 126 und 127 des Handelsgesetzbuchs entsprechend anzuwenden.

(4) ¹Die Partnerschaft kann als Prozess- oder Verfahrensbevollmächtigte beauftragt werden. ²Sie handelt durch ihre Partner und Vertreter, in deren Person die für die Erbringung rechtsbesorgender Leistungen gesetzlich vorgeschriebenen Voraussetzungen im Einzelfalle vorliegen müssen, und ist in gleichem Umfang wie diese postulationsfähig. ³Verteidiger im Sinne der §§ 137 ff. der Strafprozessordnung ist nur die für die Partnerschaft handelnde Person.

(5) Für die Angabe auf Geschäftsbriefen der Partnerschaft ist § 125a Absatz 1 Satz 1, Absatz 2 des Handelsgesetzbuchs mit der Maßgabe entsprechend anzuwenden, dass bei einer Partnerschaft mit beschränkter Berufshaftung auch der von dieser gewählte Namenszusatz im Sinne des § 8 Absatz 4 Satz 3 anzugeben ist.

---

[43] BT-Drs. 12/6152 S. 15.
[44] BT-Drs. 12/6152 S. 15.
[45] → Vor § 1 Rn. 25. So auch MWHLW/*Meilicke* Rn. 17, 20; *Seibert* DB 1994, 2381 (2382); zur Überschuss-Rechnung vgl. Kirchhof/*Bode*, 14. Aufl. 2015, EStG § 4 Rn. 132 ff.

Übersicht

	Rn.		Rn.
I. Einführung	1, 2	IV. Vertretung der Partnerschaft (Abs. 3)	13–19
1. Normzweck	1	1. Verweisungsbereich	13–17
2. Reform	2	a) Arten der organschaftlichen Vertretung	13, 14
II. Konstitutive Wirkung der Eintragung im Partnerschaftsregister (Abs. 1)	3–9	b) Umfang der Vertretungsmacht	15
1. Entstehung als Partnerschaft	3–6	c) Eintragung im Partnerschaftsregister	16
a) Grundsatz	3, 4	d) Entziehung der Vertretungsmacht	17
b) Rechtsverhältnisse der Gesellschaft bis zur Eintragung	5, 6	2. Notwendiger Mindestgehalt der Vertretungsbefugnis der Partner?	18, 19
2. Fehlerhafte Eintragung	7–9	V. Die Partnerschaft als Prozess- oder Verfahrensbevollmächtigte (Abs. 4)	20–22
III. Rechtsnatur der Partnerschaft (Abs. 2)	10–12	1. Regelungsgrund	20, 21
1. Grundlagen	10, 11	2. Voraussetzungen	22
2. Relevanz der Verweisung auf § 124 HGB	12	VI. Die notwendigen Angaben auf Geschäftsbriefen (Abs. 5)	23

I. Einführung

1 **1. Normzweck.** Die Vorschrift des § 7 dient der Regelung des **Außenverhältnisses** der Partnerschaft, ihrer Rechtsfähigkeit und ihrer organschaftlichen Vertretung gegenüber Dritten. Dazu legt **Abs. 1** der Eintragung im Partnerschaftsregister *konstitutive* Wirkung bei, soweit es um die Entstehung als Partnerschaft geht; die Regelung entspricht inhaltlich voll derjenigen in § 123 HGB für die Eintragung einer auf den Betrieb eines kannkaufmännischen Handelsgewerbes (§ 2 HGB) gerichteten OHG. Nach **Abs. 2** iVm § 124 HGB ist die eingetragene Partnerschaft in Rechtsverkehr, Zivilprozess und Zwangsvollstreckung als Gesamthandsgesellschaft *rechtsfähig*. **Abs. 3** erklärt die Vorschriften über die organschaftliche Vertretung der OHG für entsprechend anwendbar auf die Partnerschaft; davon ausgenommen bleibt nur die Regelung über die unechte Gesamtvertretung (§ 125 Abs. 3 HGB), weil mangels Handelsgewerbes der Partnerschaft eine Prokurabestellung bei ihr ausscheidet. Zu den in den Jahren 1998 und 2000 neu aufgenommenen Vorschriften der *Abs. 4 und 5* → Rn. 2; Abs. 5 wurde 2013 wegen Einführung der Partnerschaft mit beschränkter Berufshaft ergänzt. Insgesamt bestätigt § 7 somit auch für das Außenverhältnis die Regelungstendenz des PartGG, die Partnerschaft möglichst weitgehend der OHG gleichzustellen, soweit nicht Abweichungen mit Rücksicht auf das bei ihr fehlende Handelsgewerbe (§ 1 Abs. 1 S. 2) oder wegen des Haftungsbeschränkungsprivilegs des § 8 Abs. 2 geboten sind.

2 **2. Reform.** Nach Erlass des PartGG wurde § 7 um zwei neue Absätze erweitert. Die erste Erweiterung führte zur Aufnahme eines neuen Abs. 4 – heute **Abs. 5** – im Zuge des HRefG 1998. Die darin enthaltene Verweisung auf § 125a Abs. 1 S. 1, Abs. 2 HGB erstreckte die für die typischen Personenhandelsgesellschaften neugeregelte Pflicht zu bestimmten Angaben auf Geschäftsbriefen auf die Partnerschaft (→ Rn. 23) und sorgte dadurch auch in diesem Punkt für weitgehende Gleichbehandlung der Partnerschaft mit der OHG. Durch das Gesetz zur Einführung einer Partnerschaft mit beschränkter Berufshaftung **(Part[G]mbB)** von 2013 wurde die Angabepflicht in Bezug auf den dort erforderlichen Rechtsformzusatz ergänzt (→ Rn. 23). Demgegenüber wurde die im Jahr 2000 eingeführte Regelung des **Abs. 4** betreffend Vertretungsbefugnis und Postulationsfähigkeit der Partnerschaft durch eine diese Befugnisse für die Partnerschaft verneinende BFH-Rechtsprechung ausgelöst; die Vorschrift hat im Wesentlichen klarstellende Bedeutung (→ Rn. 21 f.).

II. Konstitutive Wirkung der Eintragung im Partnerschaftsregister (Abs. 1)

3 **1. Entstehung als Partnerschaft. a) Grundsatz.** In Anlehnung an § 123 Abs. 1 HGB macht § 7 Abs. 1 die Wirksamkeit der Partnerschaft im Verhältnis zu Dritten von ihrer **Eintragung** im Partnerschaftsregister abhängig; dieser kommt somit **konstitutive Wirkung** zu. Das gilt auch dann, wenn die Partner die gemeinschaftliche Tätigkeit im Namen der Partnerschaft schon vor Eintragung aufgenommen haben. Die Sonderregelung des § 123 Abs. 2 HGB betreffend den vorzeitigen Geschäftsbeginn der zum Betrieb eines Handelsgewerbes gegründeten OHG wurde bewusst nicht übernommen, weil die Eintragung im Partnerschaftsregister als Kriterium zur Abgrenzung der Partnerschaft gegenüber der Freiberufler-GbR unverzichtbar ist.[1] Einer Erstreckung der konstitutiven Wirkung auf die Eintragung der nach § 4 Abs. 1 S. 2 und 3 anmeldepflichtigen *Vertragsänderungen* bedarf es nicht; der Rechtsverkehr ist insoweit hinreichend durch § 5 Abs. 2 iVm § 15 HGB geschützt.

Eine Gesellschaft, die von den Beteiligten als Partnerschaft gewollt ist, kommt nach außen bei **4** **vorzeitiger** Geschäftsaufnahme allerdings nicht erst mit der Eintragung im Partnerschaftsregister zur Entstehung, sofern sämtliche Gesellschafter damit einverstanden sind (→ BGB § 705 Rn. 2). Vielmehr wird der Gesellschaftsvertrag beim Fehlen einer Befristung oder Bedingung schon vom Zeitpunkt des Vertragsschlusses an wirksam und führt mit (allseits konsentiertem) Geschäftsbeginn zur Entstehung einer Gesamthandsgesellschaft auch im Verhältnis zu Dritten. Die Gesellschaft hat jedoch unabhängig von der Rechtsformwahl der Beteiligten zunächst die **Rechtsform der GbR**.[2] Zur Partnerschaft wird sie erst mit Eintragung im Partnerschaftsregister; die Eintragung hat in derartigen Fällen somit die Wirkung einer *formwechselnden Umwandlung*.[3]

b) Rechtsverhältnisse der Gesellschaft bis zur Eintragung. Die konstitutive Wirkung der **5** Eintragung schließt es nicht aus, dem auf die Gründung einer Partnerschaft gerichteten, im schriftlichen Gesellschaftsvertrag zum Ausdruck gekommenen *Parteiwillen* schon vor der Eintragung Rechtswirkungen für das **Innenverhältnis** zuzumessen.[4] Die Rechtsbeziehungen zwischen den Beteiligten unterstehen im Zweifel von Anfang an abweichend vom GbR-Recht dem dispositiven Recht des PartGG, soweit der Gesellschaftsvertrag keine besonderen Regelungen enthält. Das hat Bedeutung namentlich für die regelmäßige *Allein*geschäftsführungsbefugnis in der Partnerschaft (§ 6 Abs. 3 iVm § 115 Abs. 1 HGB) in Abweichung von § 709 Abs. 1 BGB. Die Rechtslage ist derjenigen einer als OHG geplanten, auf den Betrieb eines kannkaufmännischen Handelsgewerbes gerichteten Gesellschaft vergleichbar, die bis zur konstitutiv wirkenden Handelsregistereintragung (vgl. §§ 2, 123 Abs. 2 HGB) ebenfalls als GbR besteht, im Innenverhältnis aber im Zweifel schon OHG-Recht unterliegt.[5] Das für den Partnerschaftsvertrag geltende Schriftformerfordernis des § 3 Abs. 1 steht nicht entgegen, da die Vereinbarung der Beteiligten über die Gründung einer Partnerschaft regelmäßig als konkludente Verweisung auf das dispositive Recht des PartGG in Abweichung von demjenigen der GbR zu verstehen ist.

Von der Rechtslage im Innenverhältnis zu unterscheiden ist das **Auftreten der Gesellschaft 6 gegenüber Dritten.** Insoweit steht § 7 Abs. 1 der alsbaldigen Anwendung des PartG-Rechts zwingend entgegen. Die Vorschriften der §§ 2, 7 und 8 gelten für die Gesellschaft daher erst mit Eintragung. Auch das Haftungsprivileg des § 8 Abs. 2 bzw. Abs. 4 greift erst von diesem Zeitpunkt an ein. Bis dahin unterliegt die Gesellschaft im Außenverhältnis den dafür geltenden **GbR-Grundsätzen;**[6] nach der Umwandlung scheidet deshalb auch die rückwirkende Anwendung des Haftungsprivilegs aus (→ § 8 Rn. 16a).[7] Als rechtsfähige Gesamthand ist sie nach höchstrichterlicher Rechtsprechung allerdings weitgehend der OHG angenähert (→ BGB § 705 Rn. 303 ff.). Auch die Haftungsverhältnisse bestimmen sich aus heutiger Sicht nach den analog anwendbaren Vorschriften der §§ 128–130 HGB (→ BGB § 714 Rn. 33 ff.). Angesichts der damit begründeten Haftung nicht nur der Gesellschaft, sondern auch der Gesellschafter persönlich ist für eine weitergehende Haftung der Mitglieder einer noch nicht eingetragenen Partnerschaft aus Rechtsscheingründen regelmäßig kein Raum. Auch für die analoge Anwendung der sog Handelndenhaftung in der Vor-GmbH nach § 11 Abs. 2 GmbHG besteht kein Bedürfnis.

2. Fehlerhafte Eintragung. Hinsichtlich der Wirkungen fehlerhafter Eintragungen im Partner- **7** schaftsregister ist nach der *Art des Fehlers* zu unterscheiden. Handelt es sich um Fehler bei den

---

[1] Begr. RegE, BT-Drs. 12/6152 S. 15 f.; so auch Michalski/Römermann/*Praß* Rn. 6; *Henssler* Rn. 2; *Bösert* DStR 1993, 1332 (1334); *Lenz* MDR 1994, 741 (743).

[2] HM, vgl. *Henssler* Rn. 7; MWHLW/*Meilicke* Rn. 4, 5 ff.; *Bayer/Imberger* DZWiR 1995, 177 (179 f.); *Lenz* DStR 1994, 743; *Stuber* WiB 1994, 705 (708); aA Michalski/Römermann/*Praß* Rn. 14, die von der Existenz einer Vorpartnerschaft ausgehen, auf die weitgehend schon die Regeln über die Partnerschaft Anwendung finden sollen.

[3] Ebenso MWHLW/*Meilicke* Rn. 36; Sommer/Treptow/Dietlmeier NJW 2011, 1551 (1553); vgl. auch MüKoHGB/*K. Schmidt* HGB § 123 Rn. 13.

[4] Ebenso *Henssler* Rn. 10; weitergehend aber Michalski/Römermann/*Praß* Rn. 14, die in Anwendung der Lehre von der Vorgesellschaft zumindest die §§ 1 Abs. 4, 6 und 9 unabhängig vom Gesellschafterwillen für anwendbar halten.

[5] Vgl. Staub/*Habersack* HGB § 123 Rn. 3; MüKoHGB/*K. Schmidt* HGB § 123 Rn. 13 ff.; Heymann/*Emmerich* HGB § 123 Rn. 5; Baumbach/Hopt/*Roth* HGB § 123 Rn. 8.

[6] *Henssler* Rn. 7; MWHLW/*Meilicke* Rn. 4 ff.; *Bayer/Imberger* DZWiR 1995, 177 (179 f.); *Lenz* DStR 1994, 743; *Stuber* WiB 1994, 705 (708); Knoll/Schüppen DStR 1995, 608 (611); *K. Schmidt* NJW 1995, 1 (4); *Mahnke* WM 1996, 1029 (1033); im Ergebnis auch Michalski/Römermann/*Praß* Rn. 14, freilich auf Grund der Verweisungsvorschrift des § 1 Abs. 4.

[7] Vgl. auch Sommer/Treptow/Dietlmeier NJW 2011, 1551 (1553).

formellen Anmeldungsvoraussetzungen wie die Nichtbeachtung der für die Anmeldungsunterlagen vorgeschriebenen Form des § 12 HGB oder die Unvollständigkeit der Anmeldungserklärungen wegen Nichtmitwirkens eines Teils der nach § 4 Abs. 1 anmeldepflichtigen Personen, so wird dadurch die Wirksamkeit einer gleichwohl vollzogenen Eintragung nicht berührt.[8] Die Partnerschaft kommt als solche durch die Eintragung vollwirksam zur Entstehung. Der Inhalt des Registers ist trotz des Verfahrensverstoßes richtig; eine Berichtigung scheidet aus. Ähnliches gilt im Ergebnis, wenn zwar der **Partnerschaftsvertrag** formnichtig oder aus materiellrechtlichen Gründen fehlerhaft ist, die Gesellschaft jedoch in Vollzug gesetzt wurde: Mit Geschäftsbeginn entsteht sie als fehlerhafte Partnerschaft bzw. bis zur Eintragung als fehlerhafte GbR; sie kann daher nur für die Zukunft aufgelöst werden (→ § 3 Rn. 8 f.).

8 Anders zu beurteilen ist die Eintragung einer Gesellschaft als Partnerschaft bei **fehlendem Freiem Beruf** als Gegenstand der Gesellschaft. Insoweit gleicht die Rechtslage derjenigen vor der Handelsrechtsreform 1998[9] bei Eintragung einer Gesellschaft als OHG oder KG im Handelsregister trotz Fehlens der hierfür in § 105 Abs. 1 und 2 HGB aF genannten Voraussetzungen. Wie dort die Vorschrift des § 5 HGB mangels Gewerbes nicht eingreift[10] verbleibt auch eine Gesellschaft ohne freiberufliche Tätigkeit wegen Fehlens des für die Partnerschaft konstitutiven Unternehmensgegenstands entweder in der **Rechtsform der GbR oder** (im Falle eines Handelsgewerbes als Gesellschaftszweck) derjenigen **der OHG**.[11]

9 Ist die Eintragung der Gesellschaft im *Partnerschaftsregister* wegen fehlender freiberuflicher Tätigkeit unzulässig, so hat das wegen des Fehlens einer wesentlichen Eintragungsvoraussetzung von Amts wegen oder auf Antrag der berufsständischen Organe die **Löschung nach § 395 FamFG** zur Folge.[12] Gegebenenfalls sind die Beteiligten nach §§ 106 Abs. 1, 14 HGB zugleich zur Anmeldung der Gesellschaft beim *Handelsregister* anzuhalten. Wer auf die unrichtige Eintragung und Bekanntmachung vertraut, kann die Gesellschafter als Veranlasser nach § 5 Abs. 2 iVm § 15 Abs. 3 HGB in Anspruch nehmen. Davon zu unterscheiden ist der Fall, dass zwar eine freiberufliche Tätigkeit, daneben aber auch eine gewerbliche (Neben-)Tätigkeit ausgeübt wird; sie steht der Eintragung der Gesellschaft im Partnerschaftsregister nicht entgegen (→ § 1 Rn. 19 ff.).

III. Rechtsnatur der Partnerschaft (Abs. 2)

10 **1. Grundlagen.** Als Unterfall der Gesellschaft bürgerlichen Rechts (→ § 1 Rn. 7 f.) ist die Partnerschaft nach dem System des deutschen Gesellschaftsrechts keine juristische Person, sondern eine auf Gesellschaftsvertrag beruhende **gesamthänderische Personengesellschaft**. Um ihr ungeachtet der bei Erlass des PartGG im Jahr 1995 noch bestehenden Zweifelsfragen betreffend die Rechtsfähigkeit der (Außen-)GbR die gesicherte Möglichkeit einzuräumen, sich ungehindert als solche, unter ihrem Partnerschaftsnamen, am Rechtsverkehr zu beteiligen, Rechte zu erwerben, Verbindlichkeiten einzugehen, vor Gericht zu klagen und verklagt zu werden, hat der Gesetzgeber in § 7 Abs. 2 auf die für Personenhandelsgesellschaften (OHG und KG) geltende Vorschrift des § 124 Abs. 1 HGB verwiesen. Sie stellt diese Gesellschaften uneingeschränkt juristischen Personen des Handelsrechts gleich und verleiht ihnen dadurch volle Rechts- und Handlungsfähigkeit. Die vollstreckungsrechtlichen Konsequenzen aus dieser Entscheidung zieht der ebenfalls in die Verweisung einbezogene § 124 Abs. 2 HGB, der für die Zwangsvollstreckung in das Gesellschaftsvermögen abweichend von § 736 ZPO einen gegen die Gesellschaft als solche gerichteten Schuldtitel voraussetzt.

11 Die **Umwandlung** einer Gesellschaft in der Rechtsform der GbR **in eine Partnerschaft** führt dank der neuen höchstrichterlichen Entwicklungen zum Recht der GbR zu keinen Problemen aus der Sicht des § 7 Abs. 2. Das gilt nicht nur für die Rechtsfähigkeit der Gesellschaft, die schon vor der Umwandlung besteht (→ BGB § 705 Rn. 303 f.), sondern auch – insoweit abweichend von der 3. Aufl. (→ Rn. 8) – für ihre Parteifähigkeit im Zivilprozess und für die Zwangsvollstreckung nach § 7 Abs. 2 iVm § 124 Abs. 2 HGB aus einem gegen sie gerichteten Urteil (→ BGB § 705 Rn. 318; → BGB § 718 Rn. 40 f.). Die Umschreibung eines vor der Umwandlung gegen alle Gesellschafter ergangenen Vollstreckungstitels auf die Partnerschaft als Vollstreckungsschuldner ist ggf. analog § 727

---

[8] *K. Schmidt* ZIP 1993, 633 (642 f.).
[9] HRefG vom 22.6.1998, BGBl. I S. 1474.
[10] Vgl. zur früheren Rechtslage MüKoHGB/*K. Schmidt* HGB § 105 Rn. 53 mwN.
[11] Ebenso MHdB GesR I/*Salger* § 39 Rn. 38; MWHLW/*Meilicke* Rn. 38; aA Michalski/Römermann/*Praß* Rn. 10, der die gewerbliche Tätigkeit einer zu Unrecht in das Partnerschaftsregister eingetragenen Gesellschaft gesellschaftsrechtlich für folgenlos erachtet und bis zur Löschung das Vorliegen einer PartG bejahen.
[12] *Bumiller/Harders/Schwamb*, 11. Aufl. 2015, FamFG § 395 Rn. 9; Keidel/*Heinemann*, 18. Aufl. 2014, FamFG § 395 Rn. 20.

ZPO zu beantragen, um den Vollstreckungsanforderungen des § 124 Abs. 2 HGB zu genügen (→ BGB § 718 Rn. 64).

2. Relevanz der Verweisung auf § 124 HGB. Die praktische Bedeutung der Verweisung auf § 124 HGB ist aus den in → Rn. 10 genannten Gründen aus heutiger Sicht **gering**. Die grundsätzliche höchstrichterliche Gleichstellung der (Außen-)GbR mit der OHG hat den Regelungsgrund des § 7 Abs. 2 weitgehend entfallen lassen. Hinzu trat die ausdrückliche Aufnahme der Partnerschaft unter die insolvenzfähigen Vereinigungen durch Erweiterung des § 11 Abs. 2 Nr. 1 InsO im Jahr 1998; damit hat sich auch die Frage einer entsprechenden Anwendung dieser Vorschrift auf die Partnerschaft (s. noch 3. Aufl. Rn. 9) erledigt. Bedeutsam bleibt die Verweisung auf § 124 HGB nach gegenwärtigem Diskussionsstand allerdings insoweit, als es um die **Grundbuchfähigkeit** der Partnerschaft geht, dh um die Eintragung der zum Gesamthandsvermögen gehörenden Grundstücke auf ihren Namen an Stelle derjenigen ihrer Gesellschafter. Zwar ist die Grundbuchfähigkeit nach zutreffender neuer Ansicht auch für die (Außen-)GbR zu bejahen, nach § 47 Abs. 2 GBO[13] sind im Grundbuch mangels eines GbR-Registers aber auch deren sämtliche Gesellschafter einzutragen (→ BGB § 705 Rn. 314). Diese Regelung ist mit Rücksicht auf das Partnerschaftsregister indessen nicht auf die Partnerschaft übertragbar; diese kann vielmehr wie eine OHG/KG ihre (alleinige) Grundbucheintragung als Eigentümerin jedenfalls unter Berufung auf § 7 Abs. 2 erreichen.[14]

IV. Vertretung der Partnerschaft (Abs. 3)

1. Verweisungsbereich. a) Arten der organschaftlichen Vertretung. Entsprechend dem Grundsatz der Selbstorganschaft (→ BGB § 709 Rn. 5) ist die in §§ 125, 126 HGB geregelte organschaftliche **Vertretung der OHG** notwendig den Gesellschaftern vorbehalten und kann nicht auf Dritte übertragen werden. Zumindest *ein* Gesellschafter muss nach dem Gesellschaftsvertrag zur Vertretung der OHG berufen sein, wenn die Beteiligten es nicht entweder bei der *Alleinvertretungsbefugnis jedes Gesellschafters* nach § 125 Abs. 1 HGB als der gesetzlichen Regel belassen oder *Gesamtvertretung* durch zwei oder mehr Gesellschafter nach Maßgabe von § 125 Abs. 2 HGB vereinbaren. Die Gesamtvertretung kann sich nach § 125 Abs. 2 S. 2 HGB mit der Ermächtigung für einzelne Gesamtvertreter zur Vornahme bestimmter Arten von Geschäften verbinden; auch sind die Gesamtvertreter nach § 125 Abs. 2 S. 3 HGB je einzeln zur Passivvertretung der OHG bei Entgegennahme von Willenserklärungen befugt. Alle diese Vertretungsregeln gelten nach der **Verweisung in § 7 Abs. 3** entsprechend für die Vertretung der Partnerschaft; zur Frage besonderer Anforderungen aus Gründen des Freien Berufs → Rn. 18 f.

Nicht in die Verweisung des § 7 Abs. 3 einbezogen sind nur diejenigen Vorschriften aus dem Vertretungsrecht, deren Anwendung auf die Partnerschaft schon tatbestandlich ausscheidet. So scheitert die unechte Gesamtvertretung nach **§ 125 Abs. 3 HGB** im Fall der Partnerschaft daran, dass diese mangels Handelsgewerbes keine Prokura erteilen kann. Und für die Pflicht der GmbH & Co. OHG/KG nach **§ 125a Abs. 1 S. 2 HGB** zur Aufnahme bestimmter Angaben in die Geschäftsbriefe besteht deshalb kein Anlass, weil mit Rücksicht auf § 1 Abs. 1 S. 3 Partnerschaften ohne natürliche Personen als Gesellschafter nicht gebildet werden können.

b) Umfang der Vertretungsmacht. Der Umfang der Vertretungsmacht ist auch in der Partnerschaft entsprechend § 126 Abs. 1 und 2 HGB unbeschränkt und grundsätzlich unbeschränkbar; hierin liegt eine nicht unerhebliche, dem Verkehrsschutz dienende Abweichung vom Recht der GbR (→ BGB § 714 Rn. 24). Die einzige gesetzlich zulässige Beschränkungsmöglichkeit findet sich in Anknüpfung an die Filialprokura des § 50 Abs. 3 HGB für solche Gesellschaften, die über zwei oder mehr selbstständige, mit unterschiedlichem Namen betriebene Niederlassungen (→ §§ 4, 5 Rn. 28 f.) verfügen: Sie können die Vertretungsbefugnis der Gesellschafter auf den Bereich der jeweiligen Niederlassung beschränken. All das gilt nach § 7 Abs. 3 auch für die Vertretung der Partnerschaft.

c) Eintragung im Partnerschaftsregister. Aufgrund der Neufassung des § 5 Abs. 1 im Jahr 2001 ist die Vertretungsmacht der Partner in jedem Fall, dh nicht nur bei Abweichung von der in § 125 Abs. 1 HGB geregelten Alleinvertretung des dispositiven Rechts, von allen Partnern zur Eintragung in das Partnerschaftsregister anzumelden (→ §§ 4, 5 Rn. 3, 7). Die Eintragung ist zwar kein

---
[13] Angefügt mit Wirkung vom 18.8.2009 durch das Gesetz zur Einführung des elektronischen Rechtsverkehrs und der elektronischen Akte im Grundbuchverfahren sowie zur Änderung weiterer grundbuch-, register- und kostenrechtlicher Vorschriften (ERVGBG) vom 11.8.2009, BGBl. I S. 2713, dazu → BGB § 705 Rn. 312 f.
[14] EinhM, vgl. schon Begr. RegE, BT-Drs. 12/6152 S. 16; ebenso *Henssler* Rn. 24; *Michalski/Römermann/Praß* Rn. 31.

Wirksamkeitserfordernis für vom gesetzlichen Regelfall abweichende Gestaltungen; jedoch können diese mangels Eintragung gutgläubigen Dritten nach § 5 Abs. 2 iVm § 15 Abs. 1 HGB nicht entgegengesetzt werden.

17 **d) Entziehung der Vertretungsmacht.** Sie richtet sich nach § 7 Abs. 3 iVm § 127 HGB. Ebenso wie die Entziehung der Geschäftsführungsbefugnis nach § 6 Abs. 3 iVm § 117 HGB setzt sie das Vorliegen eines wichtigen Grundes voraus und fällt nicht selten mit jener zusammen. Im Unterschied zur Entziehung der Geschäftsführungsbefugnis stellt sich für die Entziehung der Vertretungsmacht in der Partnerschaft jedoch nicht die Frage, ob sie mit der den Partnern nach § 6 Abs. 2 gewährleisteten Teilhabe an der freiberuflichen Tätigkeit der Partnerschaft vereinbar ist (→ Rn. 18); sie kann daher – vorbehaltlich berufsrechtlicher Schranken (→ Rn. 19) – nicht nur vorübergehend, sondern auch dauerhaft erfolgen. § 127 HGB ist freilich im Grundsatz dispositiv und damit einer Regelung im Gesellschaftsvertrag zugänglich, die die Entziehung der Vertretungsmacht[15] zwar nicht ausschließen, wohl aber entweder erleichtern oder von weiteren Voraussetzungen abhängig machen kann. So können etwa Regelungen über den wichtigen Grund getroffen oder eine Entziehung per Gesellschafterbeschluss zugelassen werden.[16] Führt der Entzug der Vertretungsmacht dazu, dass die vertraglich vorgesehene Vertretung nicht mehr möglich ist, kann dies Auswirkungen auf die Vertretungsbefugnis der übrigen Partner haben.[17] Insbesondere führt der Wegfall eines von zwei Gesamtvertretern im Zweifel nicht zur Einzelvertretung des verbleibenden Gesamtvertreters, sondern zu einer Gesamtvertretungsbefugnis aller übrigen Gesellschafter (→ BGB § 714 Rn. 19 aE).[18]

18 **2. Notwendiger Mindestgehalt der Vertretungsbefugnis der Partner?** Im Anschluss an die durch § 6 Abs. 2 gewährleistete Geschäftsführungsbefugnis jedes Partners im Bereich der freiberuflichen Geschäftstätigkeit der Partnerschaft (→ § 6 Rn. 13 ff.) wird in der Literatur die Frage diskutiert, ob auch für die *Vertretungsmacht* der Partner ein entsprechender, durch das PartGG gewährleisteter Mindestbestand anzuerkennen ist.[19] Die Frage ist aus systematischen und sachlichen Gründen eindeutig **zu verneinen**. In *systematischer* Sicht folgt das aus dem Fehlen einer dem § 6 Abs. 2 entsprechenden Regelung in § 7 sowie aus der durchgehenden Unterscheidung von Geschäftsführungsbefugnis und Vertretungsmacht im Recht der Personengesellschaften, aber auch aus der Unzulässigkeit einer Beschränkung des Umfangs der Vertretungsmacht auf den freiberuflichen Bereich (§ 126 Abs. 1 HGB). *Sachlich* spricht gegen eine derartige Parallele, dass die Geschäftsführung der Partner im freiberuflichen Bereich, dh die Erfüllung der von der Partnerschaft gegenüber Dritten geschuldeten Tätigkeitspflichten, nicht notwendig auch organschaftliche Vertretungsmacht für die Partnerschaft erfordert; es genügt Vollmachterteilung für die insoweit anfallenden Tätigkeiten. Auch wenn die Mandanten nicht einzelnen Partnern, sondern der Partnerschaft als solcher Vollmacht für die Ausführung der mit dem Mandat verbundenen Aufgaben eingeräumt haben, sind die vertretungsbefugten Partner im Regelfall nicht gehindert, den in das Mandat eingeschalteten, nicht selbst vertretungsbefugten Sozien namens der Partnerschaft *Untervollmacht* zu erteilen, um ihnen die für die Wahrnehmung des Mandats erforderlichen Handlungsmöglichkeiten zu verschaffen.[20] Auf die Vollmachterteilung haben die nicht vertretungsbefugten Partner einen aus § 6 Abs. 2 ableitbaren Rechtsanspruch gegen die vertretungsbefugten Partner. Schließlich bedarf es auch für die zum freiberuflichen Bereich zu rechnende Akquisitionstätigkeit der Partner (→ § 6 Rn. 12) nicht notwendig deren organschaftlicher Vertretungsmacht. Die Akquisition kann vielmehr auch in der Einwerbung entsprechender Vertragsangebote Dritter bestehen, die sodann von den vertretungsbefugten Partnern angenommen werden.

19 Der **Vorrang des Berufsrechts** (§§ 1 Abs. 3, 6 Abs. 1) mag bei einzelnen Freien Berufen Abweichungen von den vorstehenden Grundsätzen erforderlich machen. Die Regierungsbegründung[21] lässt diese Möglichkeit offen; sie ist jedoch wenig nahe liegend. Ein Abweichungsbedarf hat sich bisher selbst in so sensiblen Bereichen wie der Rechtsanwaltssozietät nicht gezeigt, und dies trotz

---

[15] So die heute hM, vgl. BGH NJW 1998, 1225 (1226); Staub/*Habersack* HGB § 127 Rn. 15; MüKoHGB/ *K. Schmidt* HGB § 127 Rn. 9 ff.; Baumbach/Hopt/*Roth* HGB § 127 Rn. 11.
[16] S. hierzu Staub/*Habersack* HGB § 127 Rn. 4, 14 f.; MüKoHGB/*K. Schmidt* HGB § 127 Rn. 10 f., 18 f.
[17] Vgl. hierzu Staub/*Habersack* HGB § 127 Rn. 9 f.
[18] Staub/*Habersack* HGB § 125 Rn. 57; zum Wegfall eines aufgrund von § 181 → BGB § 714 Rn. 30 (Erstarkung zur Alleinvertretung) aA OLG München NZG 2014, 899 (900) – Fortbestehen der Gesamtvertretung; Bestellung eines Prozesspflegers erforderlich.
[19] Für einen solchen Mindestbestand Michalski/Römermann/*Praß* Rn. 38; Henssler Rn. 38; Knoll/Schüppen DStR 1995, 608 (646); aA Begr. RegE, BT-Drs. 12/6152 S. 16; MWHLW/*Meilicke* Rn. 27; EBJS/*Seibert* Rn. 5; *K. Schmidt* ZIP 1993, 633 (644).
[20] Vgl. MWHLW/*Meilicke* Rn. 27.
[21] BT-Drs. 12/6152 S. 16.

der berufsrechtlichen Absicherung der anwaltlichen Unabhängigkeit (§ 3 Abs. 1 BRAO) und der je nach Mandatsinhalt umfassenden Interessenwahrnehmungspflicht der Rechtsanwaltssozietät und des einzelnen Rechtsanwalts gegenüber dem Mandanten.

V. Die Partnerschaft als Prozess- oder Verfahrensbevollmächtigte (Abs. 4)

1. Regelungsgrund. Das PartGG verzichtete ursprünglich – ebenso wie die verschiedenen inso- 20 weit relevanten Berufsordnungen (insbesondere BRAO und StBerG) – auf Vorschriften betreffend die Beauftragung einer Sozietät (GbR oder Partnerschaft) als *Prozess- oder Verfahrensbevollmächtigte* und über ihre *Postulationsfähigkeit,* dh die für die ordentlichen Gerichte in § 78 Abs. 1 ZPO geregelte Fähigkeit, vor bestimmten Gerichten auftreten und Prozesshandlungen wirksam vornehmen zu können.[22] Entsprechend der Rechtslage bei der freiberuflich tätigen GbR ging man davon aus, dass es insoweit jeweils auf die Berufszulassung und die Postulationsfähigkeit der für die Sozietät tätigen *Partner* ankomme. Anders als bei der RA-GmbH als juristische Person, für die in §§ 59c ff. BRAO ein besonderes Zulassungsverfahren und in § 59l BRAO eine Vorschrift über ihre Beauftragung als Prozess- oder Verfahrensbevollmächtigte vorgesehen ist, wurde eine derartige Regelung wohl wegen der Gesamthandsnatur von GbR und Partnerschaft als nicht erforderlich angesehen.

Dieser Ansicht ist der **BFH** im Hinblick auf die Partnerschaft entgegengetreten und hat deren 21 Postulationsfähigkeit in Verfahren vor dem BFH verneint.[23] Begründet wurde diese Ansicht mit dem – durchaus angreifbaren[24] – Argument, dass die Partnerschaft, weil sie anders als die GbR aufgrund der Verweisung in § 7 Abs. 2 auf § 124 HGB über eigene Rechtsfähigkeit verfüge, sich beim Handeln im eigenen Namen nicht auf die Vertretungsbefugnis der für sie handelnden Partner berufen könne. Der **Gesetzgeber** hat diesem Einwand zunächst durch ausdrückliche Erstreckung der die Vertretungsbefugnis vor dem BFH betreffenden Regelung auf die Partnerschaft Rechnung getragen.[25] Darüber hinaus hat er durch Erlass des § 7 Abs. 4 nF im Zuge des 2. FGO-ÄndG für eine allgemeine, alle Arten der Vertretung vor Gerichten und Behörden mit Ausnahme der Strafverteidigung (Abs. 4 S. 3) umfassende Regelung gesorgt. Inhaltlich kommt ihr gegenüber der bisherigen Rechtslage freilich nur klarstellende Bedeutung zu.[26]

2. Voraussetzungen. Die wirksame Beauftragung der Partnerschaft als Prozess- oder Verfahrens- 22 bevollmächtigte setzt nach Abs. 4 S. 2 das Vorhandensein von Partnern oder angestellten Vertretern der Partnerschaft voraus, die selbst zur Erbringung der fraglichen rechtsbesorgenden Leistungen berechtigt sind. Insoweit können sie dann auch für die Partnerschaft auftreten und begründen für diese die jeweils erforderliche Postulationsfähigkeit. Sind mit anderen Worten einzelne Partner oder angestellte Vertreter der Partnerschaft vor dem LG oder einem OLG postulationsfähig, so ist es auch die Partnerschaft selbst. Der ursprünglich bestehende, durch den BFH (→ Rn. 21) in Frage gestellte Gleichklang zwischen der Vertretungsbefugnis der Partner und derjenigen der Partnerschaft ist somit durch Abs. 4 S. 2 wiederhergestellt. Von § 59l BRAO unterscheidet sich der Wortlaut des Abs. 4 S. 2 dadurch, dass die Partnerschaft danach selbst vertretungsbefugt und postulationsfähig ist, während die RA-GmbH nach § 59l S. 1 BRAO die „Rechte und Pflichten eines Rechtsanwalts" hat.[27] Inhaltlich dürfte diesem Unterschied freilich keine nennenswerte Bedeutung zukommen.

VI. Die notwendigen Angaben auf Geschäftsbriefen (Abs. 5)

Die Pflicht der Partnerschaft, die in **§ 125a Abs. 1 S. 1 HGB** für OHG und KG vorgeschriebenen 23 Informationen auf ihren Geschäftsbriefen anzugeben, wurde im Zuge des HRefG 1998 zunächst als Abs. 4 in § 7 geregelt und bei Aufnahme des neuen Abs. 4 im Jahr 2000 (→ Rn. 22) als Abs. 5 eingeordnet. Inhaltlich geht es um die Erstreckung der durch das HRefG für die Personenhandelsgesellschaften eingeführten Informationspflichten auf die Partnerschaft und in Verbindung damit um die Abhebung der Partnerschaft von freiberuflichen Sozietäten in GbR-Rechtsform, für die diese Pflichtangaben nicht gelten;[28] selbstverständlich gilt die Verweisung auf § 125a HGB auch nach

---

[22] Näher hierzu MüKoZPO/*Toussaint,* 4. Aufl. 2013, ZPO § 78 Rn. 52 ff.
[23] BFH NJW 1999, 2062 (2063); 1999, 3655 (3656); vgl. dazu *Hülsmann* NZG 2001, 625 f.
[24] So zutr. EBJS/*Seibert* Rn. 6; anders offenbar *Hülsmann* NZG 2001, 625.
[25] Zunächst durch Einfügung von § 62a Abs. 2 FGO mit Gesetz vom 19.12.2000 (BGBl. I S. 1757), sodann durch Verweisung in § 62a Abs. 2 FGO auf § 3 Nr. 2 StBerG im Zuge der FGO-Fassung vom 28.3.2001 (BGBl. I S. 442).
[26] So wohl auch EBJS/*Seibert* Rn. 6.
[27] Vgl. Begr. RegE zum 2. FGO-ÄndG, BT-Drs. 14/4061 S. 12.
[28] So ausdrücklich Begr. RegE zum HRefG, BR-Drs. 340/97 S. 81; vgl. auch BGH NJW 2013, 314 (315) Rn. 23 ff. (zur Nichtanwendbarkeit des § 37 Abs. 1 HGB auf einen Rechtsanwalt).

Einführung der Partnerschaft mit beschränkter Berufshaftung unverändert für *sämtliche Varianten der Partnerschaft*. Für die **Partnerschaft mit beschränkter Berufshaftung** will Abs. 5 lediglich klarstellen,[29] dass der obligatorische Namenszusatz nach § 8 Abs. 4 S. 3, der die Haftungsbeschränkung kenntlich macht, zu den auf Geschäftsbriefen erforderlichen Angaben iSv § 125a Abs. 1 S. 1 HGB gehört. Die Erstreckung der Verweisung des Abs. 5 auch auf **§ 125a Abs. 2 HGB** und – als Weiterverweisung – auf § 37a Abs. 2–4 HGB dient einerseits der Klarstellung, wie Vordrucke und Bestellscheine der Partnerschaft im Hinblick auf die Pflichtangaben des § 125a Abs. 1 S. 1 HGB zu behandeln sind (näher § 37a Abs. 2 und 3 HGB), andererseits – über § 37a Abs. 4 HGB – der Sanktionierung der Pflichtangaben durch die Androhung von Zwangsgeldern gegen die vertretungsbefugten Partner. Für die *Konkretisierung des Kreises der Pflichtangaben*, dh die Rechtsform und den Sitz der Gesellschaft, das zuständige Registergericht und die Registernummer, ist mit Problemen nicht zu rechnen; für Zweifelsfragen sei auf die einschlägigen HGB-Kommentare verwiesen.

§ 8 PartGG Haftung für Verbindlichkeiten der Partnerschaft

(1) ¹Für Verbindlichkeiten der Partnerschaft haften den Gläubigern neben dem Vermögen der Partnerschaft die Partner als Gesamtschuldner. ²Die §§ 129 und 130 des Handelsgesetzbuchs sind entsprechend anzuwenden.

(2) Waren nur einzelne Partner mit der Bearbeitung eines Auftrags befaßt, so haften nur sie gemäß Absatz 1 für berufliche Fehler neben der Partnerschaft; ausgenommen sind Bearbeitungsbeiträge von untergeordneter Bedeutung.

(3) Durch Gesetz kann für einzelne Berufe eine Beschränkung der Haftung für Ansprüche aus Schäden wegen fehlerhafter Berufsausübung auf einen bestimmten Höchstbetrag zugelassen werden, wenn zugleich eine Pflicht zum Abschluß einer Berufshaftpflichtversicherung der Partner oder der Partnerschaft begründet wird.

(4) ¹Für Verbindlichkeiten der Partnerschaft aus Schäden wegen fehlerhafter Berufsausübung haftet den Gläubigern nur das Gesellschaftsvermögen, wenn die Partnerschaft eine zu diesem Zweck durch Gesetz vorgegebene Berufshaftpflichtversicherung unterhält. ²Für die Berufshaftpflichtversicherung gelten § 113 Absatz 3 und die §§ 114 bis 124 des Versicherungsvertragsgesetzes entsprechend. ³Der Name der Partnerschaft muss den Zusatz „mit beschränkter Berufshaftung" oder die Abkürzung „mbB" oder eine andere allgemein verständliche Abkürzung dieser Bezeichnung enthalten; anstelle der Namenszusätze nach § 2 Absatz 1 Satz 1 kann der Name der Partnerschaft mit beschränkter Berufshaftung den Zusatz „Part" oder „PartG" enthalten.

Übersicht

	Rn.		Rn.
I. Einführung	1–4a	3. Der Kreis der Bearbeiter als Haftungsschuldner	21–26
1. Normzweck	1	a) Grundlagen	21, 22
2. Verhältnis zum Berufsrecht	2	b) Nicht betroffene Partner	23
3. Reform	3–4a	c) Benennung der Bearbeiter	24–26
II. Gesamtschuldnerische Haftung der Partner (Abs. 1)	5–13	4. Ausnahme für Bearbeitungsbeiträge von untergeordneter Bedeutung	27, 28
1. Akzessorische Partnerhaftung für die Verbindlichkeiten der Partnerschaft	5–8	5. Abweichende Vereinbarungen	29, 30
2. Haftung später beitretender Partner	9, 10	6. Haftung beim Ausscheiden oder Eintritt von Partnern	31, 32
3. Haftung als Scheinpartner	11	**IV. Höchstbetragshaftung nach Abs. 3**	33–40
4. Interner Ausgleich der Partner	12, 13	1. Einführung	33–35
III. Handelndenhaftung nach Abs. 2	14–32	a) Regelungsinhalt und Funktion	33, 34
1. Grundlagen	14–16a	b) Verhältnis zu Abs. 1, 2 und 4	35
a) Regelungsziel	14	2. Voraussetzungen wirksamer Beschränkung der Haftungshöhe	36–38
b) Von Abs. 2 erfasste Ansprüche	15	a) Tatbestandsmerkmale des Abs. 3	36
c) Übergangsrecht für Altverträge; Aufträge aus dem Gründungsstadium	16, 16a	b) Regelungsbeispiele	37
2. Auftrag	17–20	c) Interprofessionelle Partnerschaften	38

---

[29] Vgl. RegE, BR-Drs. 309/12 S. 12; Feuerich/Weyland/*Brüggemann* § 7 Rn. 11; aA wohl Michalski/Römermann/*Praß* Rn. 67.

	Rn.		Rn.
3. Höhenmäßige Haftungsbeschränkung beim Fehlen berufsrechtlicher Normen	39, 40	4. Reichweite der Haftungsbeschränkung	47, 48
V. Partnerschaft mit beschränkter Berufshaftung (Part[G]mbB)	41–52	5. Entstehung der Part(G)mbB durch „Formwechsel"	49–51
1. Einführung	41	a) Umwandlung einer bestehenden Gesellschaft	49, 50
2. Versicherungspflicht als Voraussetzung für die Haftungsbeschränkung (Abs. 4 S. 1, 2)	42–45	b) Gesetzlicher Formwechsel durch Eintragung bei Neugründung	51
3. Namenszusatz (Abs. 4 S. 3)	46	6. Besonderer Gläubigerschutz bei der „Part(G)mbB"?	52

I. Einführung

1. Normzweck. Die Vorschrift des § 8 befasst sich mit der für Freiberufler-Sozietäten zentralen 1 Frage der **Haftung der Partner** für Verbindlichkeiten der Partnerschaft, insbesondere soweit es um Ansprüche von Gläubigern wegen fehlerhafter Berufsausübung geht. Mit ihrer Grundentscheidung in **Abs. 1** zugunsten der *akzessorischen Haftung der Partner* für die Verbindlichkeiten der Partnerschaft orientiert sie sich grundsätzlich an dem für Personengesellschaften typischen, kraft höchstrichterlicher Rechtsfortbildung (→ BGB § 714 Rn. 33 f.) auch auf die (Außen-)GbR anwendbaren Haftungsmodell der OHG (§§ 128–130 HGB). Demgegenüber bringt **Abs. 2** eine neuartige, nur auf Partnerschaften anwendbare *Haftungsbeschränkung* zugunsten der nicht oder nur am Rande mit der Bearbeitung eines der Partnerschaft erteilten Auftrags (Mandats) befassten Partner, soweit es um die Schadensersatzhaftung *für fehlerhafte Bearbeitung* gegenüber dem Auftraggeber (Mandanten) geht. Sie wirkt sich im Ergebnis als Haftungskonzentration auf die Bearbeiter (sog „Handelndenhaftung") neben der ohnehin eingreifenden Haftung der Partnerschaft als Auftragnehmerin aus (→ Rn. 4). Eine weitergehende Haftungsbeschränkung, ebenfalls begrenzt auf Ansprüche wegen fehlerhafter Berufsausübung, gilt seit 2013 gemäß Abs. 4 für die Partnerschaft mit beschränkter Berufshaftung (Part[G]mbB). Hier haftet allein die Part(G)mbB für Berufsfehler der Partner, und zwar völlig unabhängig von der Person des Bearbeiters; Voraussetzung ist aber insbesondere, dass die Partnerschaft eine gesetzlich vorgegebene Berufshaftpflichtversicherung unterhält. Mit der Möglichkeit *summenmäßiger* Haftungsbeschränkung, die im Unterschied zur Haftungskonzentration nach Abs. 2 und Abs. 4 auch der Partnerschaft selbst zugutekommt, befasst sich (unverändert) die Vorschrift des **Abs. 3**. Anders als die beiden vorangehenden übrigen Absätze hat sie freilich keinen erkennbaren eigenen Regelungsgehalt, sondern beschränkt sich darauf, auf entsprechende berufsrechtliche Vorschriften zu verweisen und deren Geltung auch gegenüber einer Partnerschaft als Vertragspartner der geschuldeten freiberuflichen Leistung klarzustellen.

2. Verhältnis zum Berufsrecht. Mit den Vorschriften über die personelle Haftungsbeschränkung (Abs. 2) einerseits, über die Haftungskonzentration auf die Partnerschaft (Abs. 4) und über die 2 summenmäßige Haftungsbeschränkung (Abs. 3) andererseits geht § 8 nicht nur inhaltlich, sondern auch rechtstechnisch unterschiedliche Wege, soweit das Verhältnis zum jeweiligen Berufsrecht in Frage steht. § 8 **Abs. 3** beschränkt sich, wie schon erwähnt (→ Rn. 1), darauf, auf die jeweiligen *berufsrechtlichen* Vorschriften über derartige Beschränkungsmöglichkeiten zu verweisen und ihnen im Rahmen des PartGG vorrangige Geltung zu verschaffen (→ Rn. 33 f.). Demgegenüber regelt die Vorschrift des § 8 **Abs. 2** eine *neuartige,* partnerschaftsspezifische gesetzliche Haftungsbeschränkung.[1] Auch § 8 **Abs. 4** stellt ein neuartiges, partnerschaftsspezifisches Haftungsregime zur Verfügung, überlässt aber die konkreten Anforderungen an die Part(G)mbB den berufsrechtlichen Regelungen. Insbesondere kann (und muss) das jeweils einschlägige Berufsrecht eine Mindestsumme der zu unterhaltenden besonderen Berufshaftpflichtversicherung festlegen und kann auf diese Weise auch autonom darüber bestimmen, ob der Zugang zur Haftungsprivilegierung nach Abs. 4 für die betroffenen Freiberufler überhaupt ermöglicht wird (→ Rn. 42). Ebenso wie Abs. 2 stellt aber auch Abs. 4 unabhängig vom jeweiligen Berufsrecht ein *einheitliches* Haftungsregime sicher; das hat Bedeutung nicht zuletzt für *interprofessionelle* oder aus sonstigen Gründen unterschiedlichen berufsrechtlichen Vorschriften unterworfene Partnerschaften.

3. Reform. Die *ursprüngliche Regelung* des § 8 Abs. 2, die die Haftungskonzentration auf die an der 3 fehlerhaften Bearbeitung des Mandats beteiligten Partner von einer entsprechenden Vereinbarung mit

---

[1] Vgl. dazu *Henssler,* FS Wiedemann, 2002, S. 907 ff., der (S. 913 ff., 929) auf die bestehende Parallele zur Limited Liability Partnership (LLP) des US-Rechts verweist.

dem Mandanten abhängig machte, stieß zu Recht auf verbreitete **Kritik**.[2] Gerügt wurde neben der vertragsrechtlichen Konstruktion vor allem die Praxisferne angesichts der Zumutung für den Mandanten, bei Mandatserteilung in eine Haftungsbeschränkung für Bearbeitungsfehler einzuwilligen, ferner die Rechtsunsicherheit für die übrigen, am jeweiligen Vertragsschluss und den begleitenden Vereinbarungen nicht selbst beteiligten Partner, das unklare Verhältnis zwischen § 8 Abs. 2 aF und konkurrierendem, ebenfalls auf vorformulierte Haftungsbeschränkungen bezogenem Berufsrecht sowie die zu zahlreichen Auslegungsschwierigkeiten führende Ausgestaltung der Vorschrift.[3] Es bestand die Befürchtung, dass die Haftungsregelungen des § 8 wenig zur Attraktivität der Partnerschaft beitragen würden.[4]

4 Der Gesetzgeber hat dieser Kritik zu Recht alsbald Rechnung getragen; durch **Neufassung des § 8 Abs. 2** zum 1.8.1998 (→ Vor § 1 Rn. 10) hat er für deutliche Verbesserungen gesorgt. Insbesondere hat er das vertragsrechtliche Beschränkungsmodell durch eine kraft Gesetzes eingreifende, an die PartG-Rechtsform anknüpfende Haftungsbeschränkung ersetzt und sich zugleich durch Überarbeitung der Beschränkungsvoraussetzungen um eine klarere Fassung des Beschränkungstatbestands bemüht. Die Reform zielte darauf ab, den betroffenen Angehörigen Freier Berufe Rechts- und Planungssicherheit zu geben, die Haftungsrisiken der Partner kalkulierbarer zu machen und die Partnerschaft als attraktive Alternative zur kapitalgesellschaftlichen Organisationsform auszugestalten.[5] Die seither einsetzende Vermehrung von Freiberufler-Sozietäten in PartG-Rechtsform (→ Vor § 1 Rn. 28) und das Fehlen bekannt gewordener gerichtlicher Auseinandersetzungen über die persönliche Tragweite der Schadensersatzhaftung für Berufsfehler sprechen dafür, dass die Reform insgesamt gelungen ist.[6] Wenn gleichwohl auch nach neuem Recht nicht wenige Auslegungsprobleme zu § 8 Abs. 2 verblieben sind (→ Rn. 19 ff.), so liegt das auch an der Komplexität nicht weniger Mandatsverhältnisse im freiberuflichen Bereich.

4a In der Praxis insbesondere der wirtschaftsberatenden Berufe wurde das (bis 2013 geltende) Haftungskonzept der Partnerschaft allerdings von den Angehörigen der Freien Berufe teilweise als nicht ausreichend empfunden, und nach Begründung der Pflicht zur Anerkennung auch von Scheinauslandsgesellschaften (mit alleinigem Verwaltungssitz im Inland) durch den EuGH war ein gewisser Trend insbesondere zur Rechtsform der „Limited Liability Partnership (LLP)" nach englischem Recht erkennbar. Die persönliche Haftung der Gesellschafter hätte sich zwar auch durch Wahl der inzwischen für Freiberufler weitgehend durchgesetzten Rechtsform der GmbH (→ Vor § 1 Rn. 18 ff.) wirksam ausschließen lassen; doch hat dies gewisse steuerliche und buchhalterische Nachteile zur Folge (→ Vor § 1 Rn. 24 f.). Diese rechtspolitische Lage hat der Gesetzgeber schließlich zum Anlass genommen, zum 19.7.2013 die Part(G)mbB als Rechtsformvariante der Partnerschaft einzuführen,[7] und zwar noch mit einigen Modifikationen gegenüber dem hier in der 6. Aufl. kommentierten RegE, womit er Anregungen und Kritik im Schrifttum teilweise aufgegriffen hat.[8] Sie eröffnet die Möglichkeit, die Haftung für Berufsfehler gänzlich auf das Vermögen der Partnerschaft zu beschränken, wenn sie eine zu diesem Zweck durch Gesetz begründete Berufshaftpflichtversicherung unterhält, deren Ausgestaltung dem jeweiligen Berufsrecht (etwa § 51a BRAO oder § 45a PAO) entspricht (→ Rn. 41).

II. Gesamtschuldnerische Haftung der Partner (Abs. 1)

5 **1. Akzessorische Partnerhaftung für die Verbindlichkeiten der Partnerschaft.** Die Vorschrift des § 8 Abs. 1 S. 1 begründet – vorbehaltlich der Haftung für Bearbeitungsfehler (Abs. 2) – die gesamtschuldnerische Haftung aller Partner für die Verbindlichkeiten der Partnerschaft; sie entspricht damit im Grundsatz der heutigen Haftungsverfassung in der GbR (→ BGB § 714 Rn. 31 ff.). Dem

---

[2] Vgl. etwa *Henssler*, FS Vieregge, 1995, S. 361 ff.; *ders.* ZIP 1997, 1481 (1489); *Sotiropoulos* ZIP 1995, 1879 ff.; *Ulmer/Habersack*, FS Brandner, 1996, S. 151 (153 ff.); *Arnold* BB 1996, 597 ff.; *Mazza* BB 1997, 746 ff.; *Reiff* AnwBl. 1997, 3 ff.
[3] Zusammenstellung der Kritikpunkte bei Michalski/Römermann/*Römermann* Rn. 8; vgl. auch 3. Aufl. Rn. 5 f. *(Ulmer)*.
[4] *Seibert* BRAK-Mitt. 1998, 210; zur ursprünglich geringen Akzeptanz der neuen Rechtsform vgl. 3. Aufl. Vor § 1 Rn. 29 *(Ulmer)*.
[5] So die Begr. RegE zu § 8 Abs. 2 nF, BT-Drs. 13/9820 S. 21.
[6] Krit. zu der mit § 8 Abs. 2 verbundenen Durchbrechung des Akzessorietätsprinzips aber *Habersack/Schürnbrand* JuS 2003, 739 (742); ebenso schon *Mülbert* AcP 199 (1999), 38 (95 f.); im Grundsatz auch *K. Schmidt* GesR § 64 IV.
[7] Gesetz zur Einführung einer Partnerschaftsgesellschaft mit beschränkter Berufshaftung und zur Änderung des Berufsrechts der Rechtsanwälte, Patentanwälte, Steuerberater und Wirtschaftsprüfer; BGBl. 2013 I S. 2386.
[8] RegE eines Gesetzes zur Einführung einer PartG mit beschränkter Berufshaftung und zur Änderung des Berufsrechts der Rechtsanwälte, Patentanwälte, Steuerberater und Wirtschaftsprüfer, BT-Drs. 10/10487; dazu *Leuering/Grunewald/Gehling* ZIP 2012, 1112; *Hellwig* AnwBl. 2012, 345; *Posegga* DStR 2012, 611; *Schüppen* BB 2012, 783; zu dem zugrunde liegenden Konzept des DAV *Hellwig* NJW 2011, 1557.

Regelungsvorbild des § 128 S. 1 HGB entsprechend handelt es sich um eine kraft Gesetzes eintretende, am jeweiligen Stand der Verbindlichkeiten der Partnerschaft orientierte, ihnen gegenüber akzessorische Haftung der Partner mit ihrem gesamten persönlichen Vermögen. Wegen der insoweit in Betracht kommenden Rechtsfragen kann auf die Erläuterungen zu § 128 HGB verwiesen werden. Das gilt auch für den Streit zwischen der Erfüllungs- und der Haftungstheorie, dh für die Frage, ob die Gläubiger die Partner auch auf Erfüllung der nicht in Geld bestehenden Primärverbindlichkeiten der Partnerschaft oder nur auf Geldleistung wegen Nichterfüllung in Anspruch nehmen können.[9] Stellt man zu ihrer Beantwortung mit der höchstrichterlichen Rechtsprechung[10] auf eine Interessenabwägung ab, so sprechen bei freiberuflichen Leistungspflichten die besseren Gründe für unmittelbare Erfüllungsansprüche der Gläubiger gegen die Partner, sofern die Leistung sich auf den von ihnen jeweils ausgeübten Freien Beruf bezieht, während es im Falle interprofessioneller Sozietäten für die Angehörigen anderer Berufsgruppen bei der Einstandspflicht in Geld bleibt (→ BGB § 714 Rn. 44).[11]

Die Haftung der Partner nach Abs. 1 erstreckt sich im Grundsatz auf **Verbindlichkeiten aller** **6** **Art** der Partnerschaft, unabhängig von ihrem Entstehungsgrund; ausgenommen sind nur die von Abs. 2 erfassten Mandantenansprüche wegen Bearbeitungsfehlern (→ Rn. 15). Neben vertraglichen Verbindlichkeiten umfasst sie auch solche aus culpa in contrahendo (§ 311 Abs. 2 BGB) oder aus deliktischem Organhandeln, für das die Partnerschaft analog § 31 BGB einzustehen hat,[12] ferner Verbindlichkeiten aus Gefährdungshaftung, aus ungerechtfertigter Bereicherung oder aus sonstigen gesetzlichen Haftungstatbeständen insbesondere des Steuer- und Sozialversicherungsrechts.[13] Auf Verbindlichkeiten der Partnerschaft gegenüber *Partnern* erstreckt sich die Haftung allerdings nur dann, wenn sie auf sog. Drittgläubigerforderungen beruhen (→ BGB § 705 Rn. 220); demgegenüber können Sozialverbindlichkeiten der Partnerschaft gegenüber einzelnen Partnern gegen die Mitpartner bei fehlender Zahlungsfähigkeit der Partnerschaft erst im Rahmen von deren Liquidation geltend gemacht werden (→ BGB § 705 Rn. 217).

Entsprechend § 128 S. 2 HGB ist ein **Ausschluss oder eine Beschränkung der Haftung** der **7** Partner im *Partnerschaftsvertrag* Gläubigern gegenüber unwirksam. Zulässig ist aber (selbstverständlich) der mit bestimmten Vertragspartnern individualvertraglich vereinbarte Ausschluss oder die Beschränkung der Partnerhaftung; ihnen steht weder § 128 S. 2 HGB[14] noch die auf vorformulierte Abreden bezogene, auf das jeweilige Berufsrecht verweisende Vorschrift des § 8 Abs. 3 entgegen.

Der *akzessorischen* Natur der Partnerhaftung trägt zutreffend auch die **Verweisung** in § 8 Abs. 1 **8** S. 2 **auf § 129 HGB** Rechnung. Diese Vorschrift stellt in Abs. 1 klar, dass der in Anspruch genommene Partner sich außer auf etwaige persönliche Verteidigungsrechte nur auf solche Einwendungen und Einreden jeglicher Art berufen kann, die auch von der Partnerschaft erhoben werden können. Einen Verzicht der Partnerschaft hierauf oder etwaige ihr gegenüber vorgenommene Handlungen des Gläubigers, die wie die Hemmung oder der Neubeginn der Verjährung die Einrede entfallen lassen, muss der Partner auch gegen sich gelten lassen.[15] Das Recht der Partnerschaft zur Anfechtung oder zur Aufrechnung begründet entsprechend § 129 Abs. 2 und 3 HGB ein Leistungsverweigerungsrecht des Partners, solange es besteht.[16] Schließlich findet zugunsten des jeweiligen Partners auch § 129 Abs. 4 HGB entsprechende Anwendung: um ihm die Geltendmachung etwaiger persönlicher Einwendungen und Einreden offenzuhalten, bedarf es zur Zwangsvollstreckung ihm gegenüber eines auf ihn als Vollstreckungsschuldner lautenden Titels. Die Umschreibung eines gegen die Partnerschaft gerichteten Vollstreckungstitels auf die einzelnen Partner scheidet trotz der akzessorischen Partnerhaftung aus.[17]

---

[9] Vgl. (in Bezug auf § 128 HGB) Staub/*Habersack* HGB § 128 Rn. 27 ff.; MüKoHGB/*K. Schmidt* HGB § 128 Rn. 24 ff.; Heymann/*Emmerich* HGB § 128 Rn. 18 ff.; Baumbach/Hopt/*Roth* HGB § 128 Rn. 8 ff.; Koller/Kinder/Roth/Morck/*Kindler* HGB §§ 128, 129 Rn. 5.

[10] BGHZ 23, 302 (305 f.) = NJW 1957, 871 f.; BGHZ 73, 217 (221) = NJW 1979, 1361 f.; BGH NJW 1987, 2367 (2369).

[11] Ebenso Michalski/Römermann/*Römermann* Rn. 18 f.; MWHLW/*Graf v. Westphalen* Rn. 22.

[12] Das entspricht der heute ganz hM zur GbR, → BGB § 705 Rn. 263 f.; so jetzt auch BGH NJW 2003, 1445 (1446) unter Aufgabe von BGHZ 45, 311 (312) = NJW 1966, 1807.

[13] Vgl. MWHLW/*Graf v. Westphalen* Rn. 10; Michalski/Römermann/*Römermann* Rn. 17 f.; Ulmer/*Habersack*, FS Brandner, 1996, S. 151 (152 f.).

[14] So auch *Feddersen/Meyer-Landrut* Rn. 5; *Henssler*, FS Vieregge, 1995, S. 361 (370); allg. zum OHG-Recht Staub/*Habersack* HGB § 128 Rn. 16; Heymann/*Emmerich* HGB § 128 Rn. 73; Baumbach/Hopt/*Roth* HGB § 128 Rn. 38.

[15] Vgl. Staub/*Habersack* HGB § 128 Rn. 14; MüKoHGB/*K. Schmidt* HGB § 129 Rn. 1; Heymann/*Emmerich* HGB § 129 Rn. 8.

[16] Staub/*Habersack* HGB § 129 Rn. 20 ff., 25; MüKoHGB/*K. Schmidt* HGB § 129 Rn. 17 ff.; Baumbach/Hopt/*Roth* HGB § 129 Rn. 9, 12.

[17] MWHLW/*Graf v. Westphalen* Rn. 29; Heymann/*Emmerich* HGB § 129 Rn. 18; Baumbach/Hopt/*Roth* HGB § 129 Rn. 15; einschr. Staub/*Habersack* HGB § 129 Rn. 27.

9   **2. Haftung später beitretender Partner.** Die gesamtschuldnerische Haftung von Partnern, die der Partnerschaft erst nach ihrer Errichtung beitreten, für vor ihrem Beitritt begründete, sog. **Altverbindlichkeiten** folgt aus § 8 Abs. 1 S. 2 iVm **§ 130 HGB**. Darauf, ob der Beitritt auf einem Aufnahmevertrag, auf Anteilsübertragung oder auf erbrechtlicher Gesamtrechtsnachfolge beruht, kommt es nicht an (zur Beschränkungsmöglichkeit im Fall der Anteilsvererbung → § 9 Rn. 30 f.). Ebenso ist unerheblich, ob der Name der Partnerschaft durch den Beitritt eine Änderung erfährt (§ 130 Abs. 1 aE HGB). Zur Möglichkeit der Haftung später beigetretener Partner nach Abs. 2 für **Bearbeitungsfehler** → Rn. 32; zur Fortdauer der Haftung für Altverbindlichkeiten beim Ausscheiden aus der Partnerschaft → § 10 Rn. 18 f.

10   Eine Haftung entsprechend **§ 28 HGB** beim „Eintritt" als Partner in das Geschäft eines Freiberuflers ist im PartGG nicht ausdrücklich geregelt, aber auch nicht ausgeschlossen. Da die auf das Firmenrecht des HGB verweisende namensrechtliche Regelung des § 2 Abs. 2 nur firmenrechtliche Vorschriften im engeren Sinn erfasst, ist daraus kein Umkehrschluss gegen die entsprechende Anwendung von § 28 HGB zu entnehmen (→ § 2 Rn. 2). Für die **Analogie** sprechen die weitgehende Annäherung des Haftungsrechts der Partnerschaft an dasjenige der OHG und die Vergleichbarkeit des Eintritts in das Geschäft eines Freiberuflers mit dem in § 28 HGB geregelten Fall des Eintritts in das Geschäft eines Einzelkaufmanns.[18] Die Rechtsfolge der Analogie besteht in der Haftung der *Partnerschaft* für die im Betrieb des Geschäfts des Freiberuflers entstandenen Verbindlichkeiten, sofern nicht eine der in § 28 Abs. 2 HGB geregelten Ausnahmen eingreift. Die Haftung des neu eintretenden Partners für diese Verbindlichkeiten der Partnerschaft folgt sodann aus § 8 Abs. 1. Demgegenüber lässt sich in der **Rechtsprechung** eine gewisse Tendenz *gegen* die entsprechende Anwendung des § 28 HGB feststellen. Zwar hält der *II. Zivilsenat* des BGH einen Umkehrschluss aus der Verweisung in § 2 Abs. 2 für zweifelhaft und hat die Frage der entsprechenden Anwendbarkeit des § 28 HGB auf die Partnerschaft bislang offen gelassen.[19] Der *IX. Zivilsenat* des BGH und das *BSG* lehnen für Freiberufler-*GbR* hingegen die entsprechende Anwendung des § 28 HGB mit Rücksicht auf die Pflicht zur persönlichen Leistungserbringung und das besondere Vertrauensverhältnis zwischen Anwalt/Arzt und Mandant/Patient bei solchen Gesellschaften ab (→ BGB § 714 Rn. 75).[20] Hält man diese Begründung für tragfähig, so müsste sie auch für die entsprechende Partnerschaft gelten.

11   **3. Haftung als Scheinpartner.** Ist jemand einer Partnerschaft nicht wirksam beigetreten, aber im **Partnerschaftsregister** als Partner eingetragen und bekanntgemacht worden, so haftet er auch dann, wenn der fehlerhafte Beitritt nicht durch Vollzug wirksam geworden ist, Dritten gegenüber nach § 5 Abs. 2 iVm § 15 Abs. 3 HGB, es sei denn, dass ihnen die Unwirksamkeit des Beitritts bekannt ist. Darüber hinaus kommt auch ohne Eintragung und Bekanntmachung des angeblichen Beitritts eine **Rechtsscheinhaftung** von „Scheinpartnern" gegenüber gutgläubigen, auf den Rechtsschein vertrauenden Dritten in Betracht, so wenn jemand, ohne Partner zu sein, auf dem Briefkopf oder dem Namensschild der Partnerschaft mit seinem Wissen als Partner geführt wird oder wenn er sich auf sonstige Weise im Rechtsverkehr als Partner ausgibt (→ BGB § 705 Rn. 377 ff.; → BGB § 714 Rn. 40).[21] Auf den abweichenden Inhalt des Partnerschaftsregisters kann er sich gutgläubigen Dritten gegenüber nicht berufen; § 15 Abs. 2 HGB greift in diesem Fall nicht ein.[22]

12   **4. Interner Ausgleich der Partner.** Der Partnerschaftsvertrag kann besondere Regelungen über den Ausgleich der Partner bei Inanspruchnahme wegen einer Partnerschaftsverbindlichkeit treffen.

---

[18] Str., vgl. nur *Ulmer/Habersack*, FS Brandner, 1996, S. 151 (165 f.) und *Ulmer* ZIP 2003, 1113 (1116) für die GbR; aA *Mahnke* WM 1996, 1029 (1033): keine analoge Anwendung der §§ 25 ff. HGB; Henssler/Strohn/*Hirtz* § 8 Rn. 11: Analogie scheitere am Fehlen einer planwidrigen Regelungslücke.

[19] BGH NJW 2010, 3720 Rn. 5.

[20] BGH NJW 2004, 836 (837); NZG 2012, 65 (66 f.) = DB 2012, 106 Rn. 20 für RA-Sozietäten; sowie BSG MedR 2007, 669 Rn. 21 f. für Berufsausübungsgemeinschaften von Vertragsärzten.

[21] Vgl. *Odersky*, FS Merz, 1991, S. 450; *Henssler*, FS Vieregge, 1995, S. 361 (367 f.); *Grunewald*, FS P. Ulmer, 2003, S. 141 (144 f.); *W.-H. Roth*, FS K. Schmidt, 2009, S. 1375; *Henssler* NJW 1993, 2137 (2139); *Schäfer* DStR 2003, 1078 (1079 f.); *Peres/Depping* DStR 2006, 2261; aus der Rspr. BGHZ 70, 247 (249) = NJW 1978, 996; BGH NJW-RR 1988, 1299 (1300); NJW 1990, 827 (829); 1991, 1225; 1999, 3040 (3041); 2001, 1056 (1061); BGHZ 172, 169 = NJW 2007, 2490 – Haftung der Sozietät für deliktisches Handeln eines Scheinsozius gemäß § 31; BGH NJW 2008, 2330 – keine Rechtsscheinhaftung des Mitglieds einer anwaltlichen Scheinsozietät für Forderungen, die nicht die anwaltstypische Tätigkeit betreffen; BFH DStR 2009, 296 – Zurechnung des Verschuldens eines Scheinsozius; BGH NJW 2011, 3303 – keine Anwendbarkeit der Sozialklausel bei Kooperation zwischen Steuerberatern; NJW 2011, 3718 – Sozienklausel in § 12 Abs. 1 Nr. 1 iVm § 12 Abs. 3 AVB-A auf Scheinsozien anwendbar; ZIP 2012, 28 = NZG 2012, 65 – keine Haftung der Scheinsozietät für Altverbindlichkeiten; DStR 2012, 469 Rn. 20 f.; OLG München DB 2001, 809 (811); allg. auch Staub/*Schäfer* HGB § 105 Rn. 367 f., 372, 387.

[22] Ebenso etwa Henssler/Strohn/*Hirtz* § 8 Rn. 12; Henssler/Prütting/*Henssler* § 8 Rn. 17; *Roth* DB 2007, 616 (618); *Sommer/Treptow/Friemel* NZG 2012, 1249 (1250).

Ohne solche Regelungen steht dem von einem Partnerschaftsgläubiger in Anspruch genommenen Partner grundsätzlich ein **Regressanspruch gegen die Partnerschaft** zu; das folgt aus § 6 Abs. 3 iVm § 110 HGB (→ § 6 Rn. 25 f.). Abweichendes kann im Ergebnis für Schadensersatzansprüche wegen beruflichen Fehlverhaltens des vom Gläubiger nach Abs. 2 auf Zahlung in Anspruch genommenen Partners gelten. Sofern dieser den Schaden unter Verletzung der von ihm als Geschäftsführer nach § 708 BGB geschuldeten Sorgfaltspflicht (→ § 6 Rn. 40) selbst verursacht hat, steht der Partnerschaft grundsätzlich ein Schadensersatzanspruch zu, den sie gegen den Regressanspruch aufrechnen kann; anderes gilt aber, soweit die Haftung der Partner gegenüber der Partnerschaft vertraglich ausgeschlossen, auf einen Höchstbetrag begrenzt oder sonst limitiert wird.

13 Die **Ausgleichspflicht zwischen den Partnern** als Gesamtschuldnern richtet sich nach § 426 Abs. 1 BGB. Sie setzt angesichts des Vorrangs des Regressanspruchs entsprechend § 110 HGB voraus, dass der in Anspruch genommene Partner von der Partnerschaft mangels verfügbarer Mittel keinen Ersatz erlangen kann. In diesem Fall sind ihm die übrigen Partner anteilig zum Ausgleich verpflichtet, wobei im Zweifel jeder von ihnen nach § 426 Abs. 1 S. 1 BGB einen gleichen Anteil zu übernehmen hat (→ BGB § 714 Rn. 56). Soweit es um den Ausgleich für Schadensersatzleistungen wegen beruflichen Fehlverhaltens einzelner Partner geht, reduziert sich die Ausgleichspflicht unter Heranziehung des Rechtsgedankens des § 254 BGB auf den oder die hierfür verantwortlichen Partner.[23]

III. Handelndenhaftung nach Abs. 2

14 **1. Grundlagen. a) Regelungsziel.** Zum Normzweck des im Jahr 1998 neugefassten Abs. 2 → Rn. 4. Die Beschränkung der Schadensersatzhaftung für Bearbeitungsfehler auf die Partnerschaft und die an der Bearbeitung beteiligten Partner wirkt sich als gesetzliches **Haftungsprivileg** zugunsten der nicht selbst mitwirkenden Partner aus. Es soll den Mitgliedern einer Partnerschaft Rechts- und Planungssicherheit vermitteln und ihre jeweiligen Haftungsrisiken kalkulierbar machen.[24] Das Haftungsprivileg hat vor allem bei Partnerschaften mit einer großen Mitgliederzahl, überörtlichen und interprofessionellen Partnerschaften Bedeutung (→ Rn. 21 ff., 23); es ist geeignet, die Rechtsform der Partnerschaft gerade auch im Vergleich zu derjenigen der GbR attraktiv zu machen. Entsprechendes gilt mit Blick auf den einer Partnerschaft Beitretenden, da er nach Abs. 2 trotz grundsätzlicher Geltung des § 130 HGB nicht damit rechnen muss, für Altverbindlichkeiten aus Beratungsfehlern in Anspruch genommen zu werden, solange er sich nicht selbst an der Bearbeitung des betreffenden Mandats beteiligt (→ Rn. 32).

15 **b) Von Abs. 2 erfasste Ansprüche.** Der Anwendungsbereich der Haftungskonzentration nach Abs. 2 ist entsprechend dem mit der Vorschrift verfolgten Zweck, die Risiken unbeteiligter Partner aus fehlerhafter Berufsausübung zu minimieren, *weit* zu fassen. Erfasst werden sämtliche Schadensersatzansprüche wegen Pflichtverletzung im Rahmen von Geschäftsbesorgungs-, Dienst- oder Werkverträgen, für die die Partnerschaft nach Maßgabe der §§ 31, 278 BGB einzustehen hat; Abs. 2 wirkt insofern haftungsbegründend (→ Rn. 32). Neben *vertraglichen* Schadensersatz- und Gewährleistungsansprüchen einschließlich solcher aus Verträgen mit Schutzwirkung für Dritte[25] fallen hierunter auch *deliktische* Ansprüche im Zusammenhang mit der Leistungsbewirkung, für die die Partnerschaft analog § 31 BGB haftet.[26] Schließlich werden von Abs. 2 auch *quasivertragliche* Ansprüche aus culpa in contrahendo (§ 311 Abs. 2 BGB) erfasst, wenn sie auf Bearbeitungsfehlern bei Eingehung des Mandats beruhen. Nicht unter § 8 Abs. 2 fallen hingegen die Fälle deliktischer Eigenhaftung des tätigen Partners, sofern sie sich nicht mit einer Haftung der Partnerschaft analog § 31 BGB verbinden.[27]

16 **c) Übergangsrecht für Altverträge; Aufträge aus dem Gründungsstadium.** Auf eine besondere Übergangsregelung für solche Geschäftsbesorgungsverträge, die eine Partnerschaft schon *vor dem Inkrafttreten des Abs. 2 nF am 1.8.1998* abgeschlossen hatte (Altverträge), hat der Gesetzgeber verzichtet. Das spricht dafür, Ansprüche aus *nach* diesem Zeitpunkt eingetretenen Bearbeitungsfehlern der Neuregelung zu unterstellen, während es für vor diesem Zeitpunkt entstandene Schadenser-

---

[23] BGH NJW-RR 2008, 256 Rn. 25; 2009, 49 Rn. 2; *Sommer/Treptow/Dietlmeier* NJW 2011, 1551 (1556).
[24] Begr. RegE, BT-Drs. 13/9820 S. 21; *Seibert* BRAK-Mitt. 1998, 210.
[25] S. schon Begr. RegE, BT-Drs. 12/6152 S. 18; *Henssler*, FS Vieregge, 1995, S. 361 (374); *Knoll/Schüppen* DStR 1995, 608 (646, 648); *Sotiropoulos* ZIP 1995, 1879 (1880); so zu Abs. 2 nF auch Michalski/*Römermann* Rn. 33; *Jawansky* DB 2001, 2281 f.
[26] Begr. RegE, BT-Drs. 12/6152 S. 18; Michalski/Römermann/*Römermann* Rn. 34; EBJS/*Seibert* Rn. 3; MHdB GesR I/*Salger* § 43 Rn. 16; MWHLW/*Graf v. Westphalen* Rn. 53; Feddersen/Meyer-Landrut Rn. 6; *Henssler*, FS Vieregge, 1995, S. 361 (362 ff.); *Jawansky* DB 2001, 2282. Vgl. auch BGHZ 172, 169 = NJW 2007, 2490 Rn. 9 ff. (IX. Zivilsenat zur Anwalts-GbR); BGH NJW 2003, 1445 (1446 f.) (II. Zivilsenat zur Grundstücks-GbR); → BGB § 714 Rn. 75.
[27] So auch MWHLW/*Graf v. Westphalen* Rn. 55.

satzansprüche bei der früheren Rechtslage bleibt; eine nachträgliche Haftungsbefreiung unbeteiligter Partner unter Berufung auf Abs. 2 nF ist abzulehnen. Hatten die Vertragspartner allerdings vor dem Stichtag der Neuregelung eine Vereinbarung über die Bearbeitungs- und Haftungskonzentration auf bestimmte Partner getroffen,[28] so hat diese ihre Wirksamkeit nicht etwa durch die Neuregelung verloren. Vielmehr findet sie neben und in Ergänzung von Abs. 2 nF Anwendung; sie kann ggf. zu einer über diese Vorschrift hinausgehenden Haftungsprivilegierung der nicht einbezogenen Partner führen (→ Rn. 30).

16a Auf **Geschäftsbesorgungsverträge,** die eine als Partnerschaft auftretende Freiberufler-Sozietät schon **vor ihrer Eintragung** im Partnerschaftsregister – und somit als GbR – geschlossen hat, findet Abs. 2 vom Zeitpunkt der Eintragung an Anwendung. Eine rückwirkende Erstreckung des Haftungsprivilegs auf die Gründungsphase scheidet aus; vielmehr haften die (GbR-)Gesellschafter als Gesamtschuldner für bereits entstandene Schadensersatzansprüche eines Mandanten oder Patienten nach GbR-Haftungsregeln fort. Wie im Vergleichsfall des Formwechsels einer GbR in eine KG ist hierfür auf den Zeitpunkt der *Begründung* der betreffenden Verbindlichkeit abzustellen.[29] Diese (unbeschränkte) Nachhaftung der Partner ist allerdings analog § 160 Abs. 1 und 3 HGB, § 224 Abs. 2 UmwG zeitlich auf eine Dauer von *fünf Jahren* nach Eintragung der Partnerschaft zu beschränken.[30] Fraglich ist allerdings, ob dies auch dann gilt, wenn zwar der Auftrag aus der Gründungsphase stammt, der **Berufsfehler aber erst nach Eintragung** der Partnerschaft begangen wird.[31] Richtigerweise ist dies zu verneinen. Zwar wird für die Abgrenzung zwischen Alt- und Neuverbindlichkeiten allgemein nicht auf den Zeitpunkt des konkreten Fehlers, sondern auf denjenigen der Begründung des betreffenden Vertragsverhältnisses abgestellt.[32] Doch muss für Berufsfehler wegen der haftungsbegründenden Funktion des § 8 Abs. 2 (→ Rn. 15, 32) sowie aus teleologischen Gründen Abweichendes gelten; entscheidend ist insofern der **Zeitpunkt der Pflichtverletzung**.[33] Wenn § 8 Abs. 2 Ansprüche wegen fehlerhafter Berufsausübung als selbständig behandelt, um eine Haftungsbeschränkung rechtssicher zu ermöglichen (→ Rn. 4, 14), ist es überzeugender, solche Ansprüche auch hinsichtlich des Zeitpunkts selbständig anzuknüpfen, so dass die Nachhaftung – außer für die Primärverbindlichkeiten – nur für solche Schadensersatzansprüche gilt, die bereits vor Eintragung entstanden sind. Mithin greift die Haftungskonzentration auch für Gründungsgesellschafter immer dann ein, wenn der Berufsfehler *nach* Eintragung erfolgt, mag auch der „Auftrag" (→ Rn. 17 f.) selbst noch aus der Gründungsphase stammen. Die nach der Umwandlung neu in die Partnerschaft eintretenden Gesellschafter profitieren richtigerweise ohnehin von vornherein von der Haftungsbeschränkung (→ Rn. 32).

17 **2. Auftrag.** Der Definition und Abgrenzung des „Auftrags" kommt für das Eingreifen der gesetzlichen Handelndenhaftung nach Abs. 2 zentrale Bedeutung zu. Zwar entspricht dieser Begriff im **Regelfall** eines auf eine bestimmte Dienst- oder Werkleistung bezogenen Anwalts- oder Steuerberatermandats oder eines ärztlichen Behandlungsvertrags dem jeweiligen *Geschäftsbesorgungsvertrag* und seiner inhaltlichen Reichweite.[34] Haftungsschuldner für Bearbeitungsfehler sind in derartigen Fällen alle an der Bearbeitung beteiligten Partner, soweit sie mit nicht nur untergeordneten Beiträgen (→ Rn. 27) in die Bearbeitung eingeschaltet sind oder waren. Auf eine besondere Absprache mit dem Auftraggeber (Mandanten oder Patienten) über die Personen der Bearbeiter kommt es nicht an; sie ist freilich durch Abs. 2 nicht ausgeschlossen (→ Rn. 30).

18 Auch wenn zwischen der Partnerschaft und dem Auftraggeber ein **Rahmenvertrag** über die Inanspruchnahme der Dienste der Partnerschaft und die dafür geltenden Konditionen besteht, knüpft die Handelndenhaftung des Abs. 2 gleichwohl nicht an diesen Vertrag an, sondern an die auf seiner Grundlage jeweils erteilten **Einzelaufträge.** Erweist sich die Bearbeitung einzelner dieser Aufträge als fehlerhaft, so haften hierfür neben der Partnerschaft nur diejenigen Partner, die mit dem konkreten

---

[28] Näher 3. Aufl. Rn. 16 ff., 21 ff. *(Ulmer)* mwN.
[29] Zur Nachhaftung bei Gesellschafterausscheiden oder Wechsel in die Kommanditistenstellung → BGB § 714 Rn. 70; → BGB § 736 Rn. 22; Staub/*Habersack* HGB § 128 Rn. 60 ff., HGB § 160 Rn. 12 ff.; MüKoHGB/*K. Schmidt* HGB § 128 Rn. 47 ff.; zur Nachhaftung bei Formwechsel einer Personengesellschaft Semler/Stengel/*Schlitt*, 3. Aufl. 2012, UmwG § 224 Rn. 11; Lutter/*Joost*, 5. Aufl. 2014, UmwG § 224 Rn. 3 ff.
[30] *Sommer/Treptow/Dietlmeier* NJW 2011, 1551 (1553 f.); MHdB GesR I/*Salger* § 45 Rn. 5; im Ergebnis ebenso für die Kommandististenhaftung bei Umwandlung in eine KG MüKoHGB/*K. Schmidt* HGB § 160 Rn. 48 zu § 160 Abs. 3 HGB, § 736 Abs. 2 BGB.
[31] So *Sommer/Treptow/Dietlmeier* NJW 2011, 1551 (1553 f.).
[32] Vgl. Staub/*Habersack* HGB § 128 Rn. 68; MüKoHGB/*K. Schmidt* HGB § 128 Rn. 51; so für die Freiberuflersozietät auch OLG Saarbrücken OLGR 2007, 730 (731); *Sommer/Treptow/Dietlmeyer* NJW 2011, 1551 (1553).
[33] So auch LG Bonn NZG 2011, 143 (145); *Henssler* AnwBl. 2014, 96 (99); *Meixner/Schröder* DStR 2008, 528; *Sieg* WM 2002, 1432 (1439); iE auch *Lüneborg* ZIP 2012, 2229 (2234 f.).
[34] Begr. RegE, BT-Drs. 13/9820 S. 21.

Auftrag befasst waren. Die Mitwirkung von Partnern an anderen, fehlerfrei ausgeführten Einzelaufträgen reicht zur Haftungsbegründung für sie nicht aus. Das folgt nicht nur aus dem Begriff des (Einzel-)Auftrags, sondern auch aus dem Telos des Abs. 2, die Haftung auf die jeweils konkret beteiligten Partner zu kanalisieren und damit das Haftungsrisiko der Mitglieder einer Partnerschaft überschaubar zu machen (→ Rn. 4).

Sonderprobleme ergeben sich bei **komplexen Aufträgen,** die sich auf unterschiedliche Dienst- 19 oder Werkleistungen der Partnerschaft beziehen. Man denke an die Mandatierung einer Anwaltskanzlei mit der sich in mehreren Schritten vollziehenden Vorbereitung und Durchführung eines Unternehmenskaufs, an die Beauftragung einer WP- und StBer-Partnerschaft mit der Buchführung, dem Rechnungsabschluss und der Steuerberatung des Mandanten für ein bestimmtes Geschäftsjahr oder an den Abschluss eines Arztvertrags zur Behandlung verschiedener Gesundheitsschäden durch die jeweiligen in einer Arzt-Partnerschaft als Vertragspartner zusammengeschlossenen Fachärzte. Soweit die Haftungsfrage sich in derartigen Fällen nicht bereits nach der Berufszugehörigkeit bzw. Fachkompetenz der jeweils beteiligten Partner beantwortet (→ Rn. 23), ist sie in Anlehnung an die Lehre von den *gemischten oder verbundenen Verträgen*[35] zu entscheiden. Haben die Parteien einen *einheitlichen* Vertrag zur Erbringung unterschiedlicher (gemischter) Leistungen geschlossen, so erstreckt sich auch die Haftung für Bearbeitungsfehler grundsätzlich auf alle an der Bearbeitung beteiligten, hierfür fachkompetenten Partner unabhängig von ihrer internen Arbeitsteilung. Handelt es sich dagegen um einen *zusammengesetzten* (kombinierten) Vertrag, so ist im Zweifel von zwei oder mehr Aufträgen mit entsprechend unterschiedlichen Haftungsbereichen nach Abs. 2 auszugehen. Zur Möglichkeit, den Auftragsbegriff und damit auch die Haftungsfolgen nach Abs. 2 vertraglich enger oder weiter zu fassen, → Rn. 30.

Schwierigkeiten mit Blick auf die Haftungsfolgen können sich auch bei **nachträglicher Ausdeh-** 20 **nung** der vertraglichen Leistungen ergeben. Auch insoweit ist grundsätzlich nach der jeweils hierüber getroffenen Vereinbarung zu differenzieren. Beschränkt sie sich auf die Einbeziehung bestimmter sachlich eng mit der Hauptleistung verbundener Zusatzleistungen ohne Modifikation der vereinbarten Konditionen, so spricht das für die bloße *Erweiterung* des nach wie vor einheitlichen Auftrags. Demgegenüber ist von einem *Zusatzauftrag* mit besonderem personellem Haftungskreis auszugehen, wenn die Parteien sich nachträglich über die Erbringung weiterer Dienst- oder Werkleistungen der Partnerschaft einigen, die auch Gegenstand eines separaten Vertrags sein könnten; insoweit liegt die Parallele zu verbundenen Verträgen (→ Rn. 19) nahe.

3. Der Kreis der Bearbeiter als Haftungsschuldner. a) Grundlagen. Die gesetzliche Han- 21 delndenhaftung nach Abs. 2 für Bearbeitungsfehler beschränkt sich auf diejenigen mit der Sache befassten Bearbeiter, die der Partnerschaft als **Partner** angehören oder diesen als Scheinpartner gleichgestellt sind.[36] Die Alleinhaftung eines Scheinpartners kann einem Gläubiger allerdings nur dann entgegenhalten werden, wenn dieser sich auf die Rechtsscheinhaftung beruft; anderenfalls geht die Haftungskonzentration nach Abs. 2 ins Leere und es verbleibt bei der gesamtschuldnerischen Haftung sämtlicher „echter" Partner (→ Rn. 22).[37] Darauf, ob die befassten Partner selbst fehlerhaft gehandelt bzw. ihre Überwachungspflicht verletzt haben, kommt es für die *verschuldensunabhängig ausgestaltete Reichweite* der Handelndenhaftung nicht an; die Frage hat allerdings Bedeutung, soweit es um den internen Gesamtschuldnerausgleich geht (→ Rn. 13). Keiner Außenhaftung nach Abs. 2 unterliegen – vorbehaltlich deliktischer Haftungstatbestände – an der Bearbeitung beteiligte Angestellte der Partnerschaft. Handeln diese selbst fehlerhaft, so ist das nach § 278 BGB der Partnerschaft als Auftragnehmer zuzurechnen. Die Fehler können zu internen Regressansprüchen der Partnerschaft gegen die Handelnden führen, begründen jedoch nicht ihre Haftung gegenüber dem Auftraggeber.

Zur Bearbeitung nach Abs. 2 gehört auch die **Überwachung** der mit der Auftragsausführung 22 befassten Angestellten durch den oder die hierfür nach internem Geschäftsverteilungsplan zuständigen Partner.[38] Sie haften für Bearbeitungsfehler unabhängig davon, ob sie gegen ihre Überwachungspflichten verstoßen und dadurch den Schaden nicht verhindert haben (→ Rn. 21).[39] **Fehlt** es freilich

---

[35] → BGB § 311 Rn. 28 ff.; Palandt/*Grüneberg* Überbl. v. § 311 Rn. 16 ff.
[36] Für Haftung von Scheinpartnern nach § 8 Abs. 2 zutr. OLG München DB 2001, 809 (811); einschr. *Jawansky* DB 2001, 2283 f.; *Deckenbrock/Meyer* ZIP 2014, 701 (710 f.).
[37] *Langenkamp/Jaeger* NJW 2005, 3238 (3240); *Roth* DB 2007, 616 (619); *Sommer/Treptow/Friemel* NZG 2012, 1249 (1252); nicht überzeugend: auf die Interessenlage des Scheinpartners (selbständig oder angestellt) abstellend *Rahlmeyer/Sommer* VersR 2008, 180 (182).
[38] BGH NJW 2010, 1360 Rn. 17; *Sommer/Treptow/Dietlmeier* NJW 2011, 1551 (1553); einschr. OLG Hamm MDR 2010, 900 mit Anm. *Posegga* DStR 2010, 2007; zust. *Grunewald* NJW 2010, 3551.
[39] HM, vgl. *Henssler*, FS Wiedemann, 2002, S. 929 f.; EBJS/*Seibert* Rn. 8; *Jawansky* DB 2001, 2282; so auch schon Begr. RegE, BT-Drs. 13/9820 S. 21; aA nur Michalski/*Römermann/Römermann* Rn. 38 f. und *Römermann* NZG 1998, 675 (676): Haftung aller Partner bei Nichtüberwachung entgegen dem Geschäftsverteilungsplan.

an einem derartigen Geschäftsverteilungsplan oder hat die Partnerschaft aus sonstigen Gründen die Überwachung der Auftragsausführung durch zumindest einen Partner unterlassen, so liegt die für die Haftungskonzentration nach Abs. 2 erforderliche Voraussetzung, dass (nur) einzelne Partner mit der Bearbeitung des Auftrags befasst waren, nicht vor. In diesem Fall verbleibt es bei der in Abs. 1 S. 1 angeordneten akzessorischen *Haftung aller Partner,* die für die Bearbeitung qualifiziert sind, für den Anspruch des Auftraggebers gegen die Partnerschaft wegen Pflichtverletzung; keiner von ihnen kann sich auf das aus Abs. 2 folgende Haftungsprivileg für die Nichtbearbeiter berufen.[40]

23 **b) Nicht betroffene Partner.** Typischerweise von der Handelndenhaftung nicht betroffen sind diejenigen Partner einer *interprofessionellen* Partnerschaft, die nicht über die für die Bearbeitung des jeweiligen Auftrags erforderliche Qualifikation verfügen und schon deshalb gehindert sind, an dessen Bearbeitung mitzuwirken; in derartigen Fällen kommt zwar wie stets der Auftrag typischerweise mit der PartG als solcher und nicht nur mit den habilen Mitgliedern zustande,[41] eine Tätigkeitspflicht hieraus mit dem Haftungsrisiko aus § 8 Abs. 2 trifft jedoch nur die habilen Partner.[42] Wenn ein solcher nicht habiler Partner allerdings tatsächlich die Bearbeitung eines Auftrags übernimmt, konzentriert sich die Haftung nach Abs. 2 freilich (auch) auf diesen Partner.[43] Demgegenüber scheidet bei *überregionalen* Partnerschaften die Haftung von Partnern anderer Zweigniederlassungen nicht ohne weiteres aus; als Indiz für die Ermittlung der mit der Bearbeitung (tatsächlich) befassten Partner kann aber herangezogen werden, dass Partner anderer Standorte an der für einen Standort vorgesehenen Bearbeitung des Auftrags nicht mitwirken.[44] Zumindest in der Anwaltspraxis dürfte mittlerweile aber eine standortübergreifende Zusammenarbeit eher die Regel als die Ausnahme sein und von den Mandanten auch durchaus erwartet werden. Schließlich sind auch Partner, die der Partnerschaft erst nach der fehlerhaften Bearbeitung beigetreten sind, von der Haftung nicht betroffen; jedenfalls dann, wenn sie sich nach ihrem Beitritt zur Partnerschaft nicht an der Bearbeitung des betreffenden Auftrages beteiligen (→ Rn. 32).

24 **c) Benennung der Bearbeiter.** Um seinen Schadensersatzanspruch wegen Bearbeitungsfehlern gegen die als Bearbeiter beteiligten Partner geltend machen zu können, hat der Auftraggeber ein berechtigtes Interesse daran, von der Partnerschaft über den Kreis dieser Personen informiert zu werden. Das spricht dafür, ihm insoweit einen vertraglichen **Auskunftsanspruch** gegen die Partnerschaft zuzugestehen.[45]

25 Bei **Nichtmitteilung der Bearbeiter** ist der Auftraggeber allerdings nicht genötigt, zunächst diesen Auskunftsanspruch gegen die Partnerschaft, ggf. in Verbindung mit der Schadensersatzklage gegen sie, geltend zu machen und erst danach auch die jeweiligen als Bearbeiter beteiligten Partner zu verklagen. Angesichts der *Funktion des Abs. 2,* die grundsätzlich für alle Partner bestehende akzessorische Haftung nach Abs. 1 unter Privilegierung der übrigen auf die jeweiligen Bearbeiter zu konzentrieren, kann er sich vielmehr in derartigen Fällen nach vergeblicher Aufforderung zur Information auf die gesamtschuldnerische Haftung aller habilen (→ Rn. 23) Partner berufen und sie alsbald auf Schadensersatz verklagen.[46] Wird die Information von den Beklagten später erteilt, so führt das zur Erledigung der Hauptsache gegenüber den nicht an der Bearbeitung beteiligten Partnern, verbunden mit der Kostentragung seitens der Partnerschaft und der hierfür nach Abs. 1 haftenden Partner.[47]

26 Die **Darlegungs- und Beweislast** für die Personen der an der Bearbeitung beteiligten Partner liegt bei den Partnern, die sich unter Berufung auf ihre Nichtmitwirkung an der Bearbeitung auf die Privilegierungsfunktion des Abs. 2 berufen.[48] Verzichten sie darauf, die Voraussetzungen des Abs. 2 darzulegen und zu beweisen, oder misslingt ihnen dieser Beweis, so bewendet es bei der

---

[40] So auch Begr. RegE, BT-Drs. 13/9820 S. 21; *Mülbert* AcP 199 (1999), 38 (95 f.).
[41] Vgl. BGHZ 56, 355 (359) = NJW 1971, 1801; BGHZ 70, 247 (249) = NJW 1978, 996; BGHZ 124, 47 (49) = NJW 1994, 257); zu Unrecht abw. BGH NJW 2000, 1333 (1334); DStR 2000, 599; (offenlassend zur GbR dann aber BGH NJW-RR 2008, 1594 Rn. 10; NJW 2009, 1597 Rn. 10); dagegen *Schäfer* DStR 2003, 1078 (1081 f.); zu Ausnahmen allg. *Hartstang* Anwaltsrecht, 1991, S. 591.
[42] Ebenso MWHLW/*Graf v. Westphalen* Rn. 78.
[43] Ebenso MWHLW/*Graf v. Westphalen* Rn. 78; Henssler/Strohn/*Hirtz* § 8 Rn. 18; Michalski/Römermann/*Römermann* Rn. 39.
[44] In diese Richtung auch MWHLW/*Graf v. Westphalen* Rn. 77; Henssler/Strohn/*Hirtz* § 8 Rn. 18: nur schwaches Indiz.
[45] So Michalski/Römermann/*Römermann* Rn. 53; EBJS/*Seibert* Rn. 12; *Jawansky* DB 2001, 2282.
[46] Ähnlich EBJS/*Seibert* Rn. 12.
[47] Vgl. Begr. RegE, BT-Drs. 13/9820 S. 22; ebenso Henssler/Strohn/*Hirtz* § 8 Rn. 22; so ähnlich auch Michalski/Römermann/*Römermann* Rn. 54 – Haftung für fehlerhafte Benennung der an der Bearbeitung beteiligten Partner durch die Partnerschaft.
[48] So zutr. Begr. RegE, BT-Drs. 13/9820 S. 22; EBJS/*Seibert* Rn. 14; *Jawansky* DB 2001, 2282; Henssler/Strohn/*Hirtz* § 8 Rn. 22; wohl auch Michalski/Römermann/*Römermann* Rn. 39, 42.

gesamtschuldnerischen Haftung aller habilen Partner neben der Partnerschaft nach Abs. 1. Entsprechendes gilt, wenn die Benennung daran scheitert, dass kein Partner an der Bearbeitung des Auftrags oder der Überwachung der damit betrauten Angestellten beteiligt war; auch in diesem Fall besteht die Rechtsfolge in der unbeschränkten Haftung aller habilen Partner (→ Rn. 22).

4. Ausnahme für Bearbeitungsbeiträge von untergeordneter Bedeutung. Diese in Abs. 2 **27** aE enthaltene Ausnahme trägt dem kollegialen Zusammenwirken der Mitglieder einer Partnerschaft Rechnung und dient dazu, die Haftungskonzentration nicht durch gelegentliche Aushilfen oder Randaktivitäten der nicht selbst mit der Bearbeitung befassten Partner auszuhöhlen. Als *Beispiele* derart untergeordneter Beiträge nennt die Regierungsbegründung die Urlaubsvertretung seitens eines anderen Partners oder dessen konsularische Beiziehung mit Blick auf sonstige, am Rand betroffene Berufsfelder.[49] Dem ist mit Rücksicht auf den Zweck der Haftungskonzentration im Grundsatz zuzustimmen. Für die haftungsneutrale Hinzuziehung eines intern als Berater beteiligten Partners ist freilich nicht entscheidend, dass er nach außen nicht in Erscheinung tritt,[50] sondern dass er sich auf gelegentliche Ratschläge gegenüber dem anfragenden Sachbearbeiter beschränkt, ohne sich selbst intensiver mit der Sache zu befassen oder die interne Mitverantwortung zu übernehmen.[51]

Für das Eingreifen der Ausnahme ist kein Raum, wenn die Mitwirkung eines anderen Partners **28** zur **Fehlerhaftigkeit** der Auftragsbearbeitung beigetragen hat und für den Schaden des Auftraggebers mitursächlich geworden ist.[52] Zwar ist die Handelndenhaftung als solche, anders als die zugrundeliegende Vertragshaftung der Partnerschaft wegen Pflichtverletzung, nicht verschuldensabhängig, sondern setzt nur voraus, dass solche an der Bearbeitung beteiligten Partner, die selbst nicht fehlerhaft gehandelt haben (→ Rn. 21). Soweit es jedoch um die Eingrenzung der Haftung mit Blick auf untergeordnete Beiträge geht, setzt sie voraus, dass der fragliche Beitrag sich nicht seinerseits auf die Fehlerhaftigkeit ausgewirkt hat, da es andernfalls aus qualitativen Gründen an der Ausnahmevoraussetzung eines untergeordneten Beitrags fehlt.[53] Stellt der Urlaubsvertreter einen unrichtigen, zur Schädigung des Mandanten führenden Prozessantrag oder erteilt der intern hinzugezogene Partner einen fehlerhaften, vom Sachbearbeiter befolgten Rat, so hat er damit die Schwelle untergeordneter Beiträge überschritten und unterliegt auch selbst der Handelndenhaftung nach Abs. 2.

5. Abweichende Vereinbarungen. Die Handelndenhaftung der Partner nach Abs. 2 enthält **29** zwar kein zwingendes Recht. Sie gehört jedoch – als Teil der Haftungsverfassung der Partnerschaft – zu den wesentlichen Grundgedanken des PartGG iSv § 307 Abs. 2 Nr. 1 BGB. Daher ist zwar ihre Abbedingung oder Einschränkung durch **Individualabrede** der Partnerschaft mit dem Auftraggeber, ebenso wie diejenige der Gesellschafterhaftung nach oder analog § 128 HGB (→ BGB § 714 Rn. 66 f.), grundsätzlich wirksam. Jedoch sind vorformulierte Abweichungen im Zweifel unangemessen und halten der Inhaltskontrolle nicht stand (→ BGB § 714 Rn. 66 f.);[54] anderes gilt im Rahmen berufsrechtlicher Beschränkungsmöglichkeiten nach Maßgabe von Abs. 3 (→ Rn. 34, 36).

Keine grundsätzlichen Bedenken bestehen gegen Vereinbarungen der Parteien, die der näheren **30** Ausgestaltung und **Konkretisierung der Handelndenhaftung** in Bezug auf das jeweilige Auftragsverhältnis dienen. So sind die Parteien nicht gehindert, die Reichweite des jeweiligen „Auftrags" mit Blick auf die Handelndenhaftung vertraglich festzulegen und komplexe oder verbundene Aufträge mit Rücksicht auf unterschiedliche Bearbeiterkreise als jeweils eigenständige Haftungstatbestände zu definieren (→ Rn. 19). Ebenso können sie ausdrücklich oder konkludent Vereinbarungen über die an der Bearbeitung zu beteiligenden Partner treffen mit der Folge, dass jedenfalls diese der Haftung nach Abs. 2 unterliegen, wenn nicht zuvor mit Zustimmung des Auftraggebers ein Bearbeiterwechsel vorgenommen wurde. Allein in der Benennung eines für die Bearbeitung zuständigen Partners in der Mandatsvereinbarung liegt jedoch regelmäßig keine Vereinbarung, weitere (tatsächlich) beteiligte Partner von der Haftung nach Abs. 2 auszunehmen.[55]

---

[49] BT-Drs. 13/9820 S. 21.
[50] So aber Michalski/Römermann/*Römermann* Rn. 52; *Jawansky* DB 2001, 2283.
[51] Die Reg. Begr., BT-Drs. 13/9820 S. 21 spricht von „geringfügigen Beiträgen aus nur am Rande betroffenen Gebieten, zB konsularische Beiziehung"; weitergehend außer Michalski/Römermann/*Römermann* Rn. 52 und *Jawansky* DB 2001, 2283 auch *Henssler* ZIP 1997, 1481 (1490) mit der Begründung, dass eine Haftung des ratgebenden Partners wegen des dann drohenden Verzichts auf interne Sicherungsmaßnahmen kontraproduktiv wirken würde.
[52] So zu Recht Begr. RegE, BT-Drs. 13/9820 S. 21; zust. *Henssler* ZIP 1997, 1490.
[53] Begr. RegE, BT-Drs. 13/9820 S. 21.
[54] Vgl. *Kern* NJW 2010, 493; speziell zu Haftungsbegrenzungsvereinbarungen in der Steuerberaterpraxis *Alvermann/Wollweber* DStR 2008, 1707.
[55] Ebenso Henssler/Strohn/*Hirtz* § 8 Rn. 20; weitergehend Michalski/Römermann/*Römermann* Rn. 57: Haftung nach Abs. 2 nicht abdingbar.

31 **6. Haftung beim Ausscheiden oder Eintritt von Partnern.** Das **Ausscheiden** eines Partners hat keinen Einfluss auf seine Haftung für die bis zu seinem Ausscheiden begründeten Verbindlichkeiten der Partnerschaft.[56] Für die *Nachhaftung* gilt § 10 Abs. 2 iVm § 160 HGB (→ § 10 Rn. 18 f.). Gehörte der Ausgeschiedene zu den nach Abs. 2 verantwortlichen Bearbeitern, so bleibt seine gesamtschuldnerische Außenhaftung für die bis dahin eingetretenen Bearbeitungsfehler unberührt. Auf den Grund des Ausscheidens (Verlust der Berufszulassung, Kündigung, Anteilsübertragung, Tod ua) kommt es nicht an. Allerdings kann der Ausgeschiedene im Fall nachträglicher Inanspruchnahme aus dieser Haftung Ersatz nicht nur von der Partnerschaft, sondern nach § 8 Abs. 2 iVm § 426 Abs. 2 BGB auch von den mithaftenden Partnern verlangen, wenn er den haftungsbegründenden Fehler nicht selbst zu vertreten hat (→ Rn. 12 f.).

32 Der **Eintritt** eines Partners nach Abschluss des jeweiligen Geschäftsbesorgungsvertrags führt trotz der grundsätzlichen Haftungserstreckung nach § 8 Abs. 1 S. 2 iVm § 130 HGB nicht automatisch zu seiner Einbeziehung in den Kreis der für Schäden aus fehlerhafter Berufsausübung haftenden Partner; denn in Bezug auf die hieraus folgenden Ansprüche hat § 8 Abs. 2 haftungsbegründende Funktion (→ Rn. 15), weshalb die hieraus entstehenden Ansprüche auch nicht als Altverbindlichkeiten iSv § 130 HGB zu qualifizieren sind (→ Rn. 16a).[57] Entsprechendes gilt folgerichtig auch dann, wenn der Eintritt auf Anteilsübertragung oder Vererbung beruht, da die Schadensersatzhaftung nicht an der Mitgliedschaft in der Partnerschaft hängt, sondern an der Mitwirkung bei der Bearbeitung, also persönlicher Natur ist.[58] Eine Haftung kommt somit jeweils nur dann in Betracht, wenn der Neueintretende nach dem Beitritt in die Erbringung oder Überwachung der Leistung eingeschaltet wird und der zur Schadensersatzhaftung führende Fehler erst während seiner Mitwirkung begangen wird.[59] Demgegenüber soll nach einer jüngeren Entscheidung des **BGH** (IX. Zivilsenat) der eintretende Partner auch für bereits vor seinem Beitritt begangene Berufsfehler haften, wenn er nach seinem Beitritt an der Bearbeitung des betreffenden Auftrags beteiligt war.[60] Eine solche Konstruktion wäre nur dann zutreffend, wenn sich die Haftung auch für Ansprüche wegen fehlerhafter Berufsausübung aus § 8 Abs. 1 iVm § 130 HGB ergäbe und sodann durch § 8 Abs. 2 beschränkt würde. Das ist indessen nicht der Fall. Aus teleologischen und systematischen Gründen ist § 8 Abs. 2 vielmehr als haftungsbegründende Norm einzuordnen, damit das Haftungsprivileg in rechtssicherer und für den eintretenden Partner vorhersehbarer Weise eingreifen kann (→ Rn. 16a). Eine Haftung für eine bei Eintritt schon abgeschlossene Pflichtverletzung kommt daher richtigerweise nicht in Betracht.

IV. Höchstbetragshaftung nach Abs. 3

33 **1. Einführung. a) Regelungsinhalt und Funktion.** Die Vorschrift des Abs. 3 eröffnet nicht etwa als solche die Möglichkeit höhenmäßiger Beschränkung der Partnerschaftshaftung, sondern begnügt sich mit einer **Verweisung** auf das einschlägige Berufsrecht. Den beiden von der Regierungsbegründung[61] hierfür angeführten Gründen, nämlich dem Bedürfnis für eine je nach Art des Freien Berufs unterschiedliche Festsetzung des Höchstbetrags sowie das Fehlen eines spezifisch partnerschaftsgesellschaftsrechtlichen Regelungsproblems,[62] ist zuzustimmen. Kommt der Regelung jedoch, wie es in der Regierungsbegründung heißt, „in erster Linie klarstellender Charakter" zu,[63] so fragt sich, wozu sie angesichts des aus §§ 1 Abs. 3, 6 Abs. 1 ohnehin folgenden Vorrangs des Berufsrechts überhaupt in das PartGG aufgenommen wurde.

34 In der Tat fällt es schwer, eine eigenständige *Funktion* des Abs. 3 festzustellen.[64] Die Vorschrift ist jedenfalls nicht als Ermächtigung an den (Landes-)Gesetzgeber zum Erlass entsprechender berufsrechtlicher Regelungen aufzufassen. Denn dieser bedarf einer solchen Ermächtigung nicht und

---

[56] Vgl. Staub/*Habersack* HGB § 128 Rn. 62 ff.; MüKoHGB/*K. Schmidt* HGB § 128 Rn. 40 f.; Heymann/*Emmerich* HGB § 128 Rn. 31 ff.
[57] Das übersieht BGH NJW 2010, 1360 (1361); dazu sogleich.
[58] Vgl. zu § 8 Abs. 2 aF *Ulmer/Habersack*, FS Brandner, 1996, S. 151 (164 f.); so im Ergebnis auch EBJS/*Seibert* Rn. 16.
[59] Ebenso *Henssler* Rn. 38; MWHLW/*Graf v. Westphalen* Rn. 33.
[60] So BGH NJW 2010, 1360 Rn. 16 ff. unter Berufung auf den Wortlaut; zust. *Grunewald* NJW 2010, 3551; *Sommer/Treptow/Dietlmeier* NJW 2011, 1551 (1553); Henssler/Strohn/*Hirtz* § 8 Rn. 10; MHdB GesR I/*Salger* § 43 Rn. 12; wie hier krit. hingegen Michalski/Römermann/*Römermann* Rn. 41: krasser Widerspruch zum Sinn der Haftungskonzentration; *Henssler/Deckenbrock* EWiR 2010, 89.
[61] BT-Drs. 12/6152 S. 18.
[62] So Begr. RegE, BT-Drs. 12/6152 S. 18.
[63] BT-Drs. 12/6152 S. 18; so auch *Henssler* ZIP 1997, 1490.
[64] Ebenso Michalski/Römermann/*Römermann* Rn. 66 f.; *Ulmer/Habersack*, FS Brandner, 1996, S. 151 (156 f.); vgl. auch *K. Schmidt* NJW 1995, 1 (6); *Mahnke* WM 1996, 1029 (1035).

könnte vom Bundesgesetzgeber auch gar nicht ermächtigt werden.⁶⁵ Damit reduziert sich der Gehalt des Abs. 3 auf die **Aufstellung eines Regelungsmodells** für künftig zu erlassende berufsrechtliche Haftungsbeschränkungsvorschriften, verbunden mit der Einschränkung, dass derartige berufsrechtliche Beschränkungsnormen im Rang unterhalb des formellen Gesetzes und ohne Abschluss einer Berufshaftpflichtversicherung nicht als Rechtsgrund für die Wirksamkeit vertraglicher Beschränkung der höhenmäßigen Haftung einer Partnerschaft anerkannt werden. Berücksichtigt man allerdings, dass derartige Beschränkungsabreden typischerweise in *vorformulierter* Form getroffen werden, so kommt der Vorschrift des Abs. 3 immerhin deshalb Bedeutung für das Eingreifen der §§ 307–309 BGB zu, weil sie sie in Verbindung mit den entsprechenden berufsrechtlichen Vorschriften von der Inhaltskontrolle freistellt (→ Rn. 36).

b) Verhältnis zu Abs. 1, 2 und 4. Im Verhältnis zu den beiden ersten Absätzen des § 8 wirkt 35 sich die in Abs. 3 vorgesehene Beschränkungsmöglichkeit jeweils als **Einschränkung der Haftung** aus. Mit Blick auf **Abs. 1** gilt das insoweit, als dort – in Verbindung mit § 7 Abs. 2 und seiner Verweisung auf § 124 HGB – die *Haftung der Partnerschaft* in Frage steht; sie kann durch Beschränkungsabreden nach Maßgabe des einschlägigen Berufsrechts auf bestimmte Höchstbeträge beschränkt werden. Die Beschränkung kommt mittelbar auch der Handelndenhaftung der an der Auftragsbearbeitung beteiligten Partner nach **Abs. 2** zugute, da deren Höhe sich entsprechend Abs. 1 nach derjenigen der Partnerschaft bestimmt. Im Ergebnis betrifft die Beschränkungsmöglichkeit des Abs. 3 somit den summenmäßigen Haftungsumfang, während sich Abs. 2 auf die personelle Reichweite der Haftung bezieht. Damit dienen beide Vorschriften dem mit § 8 verfolgten Ziel, das Haftungsrisiko der Partner aus Bearbeitungsfehlern in überschaubaren Grenzen zu halten. Ähnliches gilt für das Verhältnis zu **Abs. 4.** Zwar wird die Haftung für Ansprüche aus fehlerhafter Berufsausübung bei der Part(G)mbB schon kraft Gesellschaftsrechts auf das Gesellschaftsvermögen beschränkt, vorausgesetzt die Partnerschaft erfüllt die in Abs. 4 genannte Voraussetzung, namentlich das Unterhalten der spezifischen Berufshaftpflichtversicherung (→ Rn. 43); auf eine vertragliche Haftungsbeschränkung kommt es folglich hier in Bezug auf die Haftung der Partner nicht an (→ Rn. 41 ff.). Für die Haftung der *Partnerschaft* kommt aber weiterhin eine betragsmäßig Haftungsbeschränkung nach Maßgabe des Abs. 3 in Betracht, wenngleich die berufsrechtlichen Vorschriften für die Part(G)mbB indirekt höhere Mindesthaftsummen als für die einfache Partnerschaft vorschreiben (→ Rn. 37).

2. Voraussetzungen wirksamer Beschränkung der Haftungshöhe. a) Tatbestandsmerk- 36 **male des Abs. 3.** Die Vorschrift erwähnt *drei Merkmale*, die für eine wirksame Abrede über die Beschränkung der höhenmäßigen Haftung der Partnerschaft vorliegen müssen. Die Beschränkung auf einen bestimmten Höchstbetrag muss (1) in einem formellen, auf bestimmte Freie Berufe bezogenen **Gesetz** zugelassen sein, sie muss sich (2) auf die Haftung für **Ansprüche aus fehlerhafter Berufsausübung** beziehen (zur Abgrenzung → Rn. 15) und die Haftung der Partnerschaft im Übrigen unberührt lassen und es muss (3) eine gesetzliche Pflicht der den jeweiligen Freien Beruf ausübenden Partner oder der Partnerschaft zum Abschluss einer **Berufshaftpflichtversicherung** bestehen. Dass die Abrede in vorformulierter Form getroffen wird, steht ihrer Wirksamkeit bei Vorliegen der genannten Voraussetzungen nicht entgegen.

b) Regelungsbeispiele. Die in Abs. 3 genannten Anforderungen werden gegenwärtig durch 37 Gesetzesbestimmungen für **vier Arten von Freien Berufen** erfüllt. Es geht um die Regelungen in § 52 Abs. 1 BRAO, § 45b Abs. 1 PAO, § 67a Abs. 1 StBerG und § 54a Abs. 1 WPO. Sie sehen für Rechtsanwälte, Patentanwälte, Steuerberater und Wirtschaftsprüfer im rechtlichen Ansatz übereinstimmend die Möglichkeit vertraglicher Beschränkung der Haftungshöhe für fahrlässig verursachte Schäden aus fehlerhafter Berufsausübung vor und begründen jeweils die Pflicht jedes zugelassenen Berufsangehörigen, eine Haftpflichtversicherung in der gesetzlich festgelegten Mindesthöhe je Schadensfall abzuschließen.⁶⁶ *Höhenmäßig* kann die Haftung entweder durch *schriftliche Individualvereinbarung* auf die Mindestversicherungssumme oder in *vorformulierter* Form auf deren vierfachen Betrag beschränkt werden, letzteres unter der zusätzlichen Voraussetzung, dass Versicherungsschutz in dieser Höhe besteht. Die Anknüpfung an die – signifikant höhere – Mindestversicherungssumme hat für die Part(G)mbB indessen zur Folge, dass auch deren Mindesthaftsumme im Einzelnen deutlich höher ist als bei der einfachen Partnerschaft (→ Rn. 42). Wegen der näheren Einzelheiten wird auf die genannten Regelungen und deren Erläuterung verwiesen.

---

⁶⁵ Ebenso EBJS/*Seibert* Rn. 18, der darin unter Hinweis auf die Reg. Begr. auch eine „verfassungsrechtliche(?) Öffnungsklausel für die Gesetzgebungszuständigkeit des Landesberufsgesetzgebers" sieht.
⁶⁶ Sie beträgt bei Rechtsanwälten, Patentanwälten und Steuerberatern 250.000 Euro (§ 51 Abs. 4 S. 1 BRAO, § 45 PAO Abs. 4, § 52 Abs. 1 DVStB), bei Wirtschaftsprüfern 1 Mio. Euro (§ 54 Abs. 1 S. 2 WPO iVm § 323 Abs. 2 S. 1 HGB).

38 **c) Interprofessionelle Partnerschaften.** Der Sondersituation interprofessioneller Partnerschaften tragen die jeweils auf bestimmte Freie Berufe ausgerichteten Normen des Berufsrechts keine Rechnung. Aus § 8 Abs. 3 lässt sich jedoch folgern, dass auch interprofessionelle Partnerschaften nicht gehindert sein sollen, für Verträge über bestimmte freiberufliche Leistungen nach den Vorschriften des jeweils einschlägigen Berufsrechts zu verfahren. Sofern sich diese inhaltlich unterscheiden und sofern zwischen ihnen ein gemeinsamer Nenner nicht feststellbar ist, sind interprofessionelle Partnerschaften danach gezwungen, je nach Tätigkeitsbereich mit Haftungsbeschränkungsklauseln unterschiedlicher Höhe zu arbeiten.[67]

39 **3. Höhenmäßige Haftungsbeschränkung beim Fehlen berufsrechtlicher Normen.** Für die große Mehrzahl freiberuflicher Tätigkeiten gibt es bisher keine Gesetzesregelungen über die Zulässigkeit höhenmäßiger Haftungsbeschränkung nach Art der in → Rn. 37 genannten Vorschriften.[68] Soweit eine Haftungsbeschränkung nicht ausnahmsweise dem für bestimmte Berufe geltenden Berufsrecht widerspricht, greift daher für **individuelle** Beschränkungsabreden der Grundsatz der *Vertragsfreiheit* ein. Die Beteiligten sind nicht gehindert, solche Abreden vorbehaltlich § 276 Abs. 3 BGB mit beliebigem Inhalt zu treffen. Das gilt auch für Verträge, die von einer freiberuflich tätigen Partnerschaft geschlossen werden.

40 Typischerweise werden Beschränkungsabreden von Partnerschaften oder einzelnen Freiberuflern allerdings nicht je individuell, sondern in **vorformulierter** Form getroffen. Insoweit müssen sie sich hinsichtlich ihrer Wirksamkeit an §§ 307–309 BGB messen lassen. Danach gelten für die Haftungsfreizeichnung einschließlich der höhenmäßigen Haftungsbegrenzung zum Teil strengere Anforderungen als nach den genannten berufsrechtlichen Regelungen.[69] So ist nach § 309 Nr. 7 lit. b BGB im Verhältnis zu Privatpersonen als Kunden die Begrenzung der Haftung für Vermögensschäden aus *grob fahrlässiger* Vertragsverletzung des Verwenders, seiner Organwalter und Erfüllungsgehilfen unwirksam; entsprechendes gilt nach § 307 Abs. 1 BGB im Verhältnis zu Unternehmern, wenn die Haftungsbegrenzung höhenmäßig hinter dem bei solchen Verträgen typischerweise zu erwartenden Schaden zurückbleibt.[70] Soweit es um *wesentliche* Vertragspflichten geht, was bei den von einer Partnerschaft geschuldeten freiberuflichen Leistungen regelmäßig der Fall sein dürfte, beanstandet die Rechtsprechung nach § 307 Abs. 2 Nr. 1 BGB sogar Freizeichnungsklauseln, die sich auf Schäden aufgrund *einfacher Fahrlässigkeit* beziehen.[71] Nach allem sind mit Rücksicht auf die AGB-Inhaltskontrolle die Möglichkeiten, in vorformulierter Form wirksam eine höhenmäßige Haftungsbeschränkung für Schäden aus fehlerhafter Berufsausübung zu treffen, beim Fehlen entsprechender berufsrechtlicher Regelungen gering einzuschätzen.

V. Partnerschaft mit beschränkter Berufshaftung (Part[G]mbB)

41 **1. Einführung.** Ziel des Gesetzes zur Einführung der Part(G)mbB (→ Rn. 4a) ist es, für alle Verbindlichkeiten aufgrund fehlerhafter Berufsausübung eine Haftungsbeschränkung auf das Gesellschaftsvermögen auch ohne Vereinbarung mit den Vertragspartnern zu ermöglichen. Hierzu schafft Abs. 4 eine eigenständige **Rechtsformvariante**[72] der Partnerschaft. Auf diese Weise möchte der Gesetzgeber Schwierigkeiten beseitigen, die bei der Durchführung der Haftungskonzentration nach Abs. 2 vor allem bei größeren Gesellschaften entstehen und den (angeblichen)[73] Trend zur „LLP" im „Bereich anwaltlicher Großkanzleien" aufhalten.[74] Die Part(G)mbB muss eine **besondere Berufshaftpflichtversicherung** unterhalten und einen **Namenszusatz** führen, der die Haftungsbeschränkung verdeutlicht (→ Rn. 42, 44). Abs. 4 stellt somit die Rechtsformvariante als Option zur Verfügung. Für diejenigen Partnerschaften, die hiervon keinen Gebrauch machen wollen oder können (→ Rn. 42), bleibt es bei der Haftungskonzentration nach Abs. 2.[75]

---

[67] Ebenso *Henssler* Rn. 109; im Ergebnis wohl auch MWHLW/*Graf v. Westphalen* Rn. 95.
[68] Ebenso Michalski/*Römermann*/*Römermann* Rn. 68 ff., 134 ff. unter gleichzeitigem Hinweis auf berufsrechtliche Regelungen für Ärzte, Tierärzte und hauptberufliche Sachverständige betr. eine Berufshaftpflichtversicherung. Allg. zur Berufshaftung vgl. *Hirte*, Berufshaftung, 1996; *Poll,* Die Haftung der Freien Berufe zwischen standesrechtlicher Privilegierung und europäischer Orientierung, 1994.
[69] So auch *Henssler* Rn. 106 ff.
[70] Vgl. Ulmer/Brandner/Hensen/*Fuchs* § 309 Nr. 7 BGB Rn. 46; so auch MWHLW/*Graf v. Westphalen* Rn. 98 f. mwN; allg. zur Wirksamkeit formularmäßiger Haftungsfreizeichnungsklauseln *Koller* ZIP 1986, 1089.
[71] BGH NJW-RR 1988, 559; NJW 1993, 335; 1994, 1060 (1063); wN bei Ulmer/Brandner/Hensen/*Fuchs* § 309 Nr. 7 BGB Rn. 43.
[72] Vgl. etwa OLG Nürnberg NZG 2014, 422.
[73] Zweifel hieran bei *Grunewald* ZIP 2012, 1115 (1116).
[74] Begr. RegE, BT-Drs. 17/10487 S. 1, 11, 15 f.: „deutsche Alternative zur LLP".
[75] Nach Begr. RegE, BT-Drs. 17/10487 S. 13 stellt sie für kleinere und mittlere Gesellschaften mit typischerweise starkem Personenbezug zwischen einzelnen Partner und Mandant etc eine bewährte und angemessene Form der Haftungsbeschränkung dar.

2. Versicherungspflicht als Voraussetzung für die Haftungsbeschränkung (Abs. 4 S. 1, 42 2). Einzige (zusätzliche) Voraussetzung für die Haftungsbeschränkung gegenüber der gewöhnlichen Partnerschaft ist das Unterhalten einer **speziell** für die Part(G)mbB **durch Gesetz vorgegebenen Haftpflichtversicherung.**[76] Entsprechend dem vor allem auf größere Gesellschaften gerichteten Regelungsziel und mit Blick auf die für viele Freien Berufe den Ländern zugewiesene Kompetenz zur Regelung des Berufsrecht sah der (Bundes-)Gesetzgeber eine derartige Versicherung zunächst lediglich für **Rechts- und Patentanwälte, Steuerberater und Wirtschaftsprüfer** vor; nur ihnen stand die Rechtsformvariante daher schon bei Inkrafttreten des Gesetzes offen.[77] Mittlerweile hat sich die Lage aber geändert; so sehen eine Reihe von Bundesländern spezifische Versicherungen für Architekten und beratende Ingenieure vor,[78] und als erstes Bundesland regelt Bayern sie auch für Heilberufler.[79] Die Haftpflichtversicherung muss **von der Partnerschaft** als solcher abgeschlossen werden und deckt daher konsequentermaßen auch nur Ansprüche gegen die Part(G)mbB ab.[80] Der Gesetzgeber geht hierbei von der typischen Situation aus, dass die Partnerschaft selbst den Geschäftsbesorgungsvertrag abschließt. § 51a Abs. 2 BRAO und § 45a Abs. 2 PAO legen für die Partnerschaft von Rechts- bzw. Patentanwälten eine versicherte **Mindestsumme** von 2,5 Mio. Euro pro Schadensfall bzw. 10 Mio. Euro pro Jahr fest (bei mehr als vier Partnern ist diese Summe um 2,5 Mio. pro Partner zu erhöhen); für die wirtschaftsprüfende Part(G)mbB wurde die schon bestehende Höchstsumme von 1 Mio. Euro pro Schadensfall übernommen (§ 54 Abs. 1 S. 1 WPO iVm § 323 Abs. 2 S. 1 HGB). Die gleiche Summe pro Schadensfall ist auch für die steuerberatende Part(G)mbB Gesetz geworden (§ 67 Abs. 1 S. 1 iVm Abs. 2 StBerG, § 52 Abs. 4 DVStB); dort brauchen für mehrere in einem Versicherungsjahr verursachten Schäden allerdings insgesamt nur mindestens vier Millionen Euro zur Verfügung zu stehen. Das Landesrecht (sofern zuständig) kann auch höhere Mindestversicherungssummen enthalten, so etwa in Bayern durch Art. 18 Abs. 2 BayHKaG für Heilberufe in Höhe von 5 Mio. Euro pro Schadensfall bzw. 20 Mio. Euro pro Jahr (bei mehr als vier Partnern ist diese Summe um 5 Mio. pro Partner zu erhöhen). Diese unterschiedliche Behandlung ist aus Gründen der Rechtssicherheit und mit Rücksicht auf interprofessionelle Partnerschaften[81] nicht zu Unrecht kritisiert worden,[82] sie nimmt aber immerhin auf Besonderheiten des jeweiligen Berufes Rücksicht.

Das **Bestehen** eines den berufsrechtlichen Anforderungen genügenden Haftpflichtversicherungsschutzes ist zwingende Voraussetzung für das Eingreifen der Haftungskonzentration nach 43 Abs. 4;[83] die Versicherung muss also sämtliche Vorgaben des einschlägigen Berufsrechts erfüllen, insbesondere die einschlägige Mindestversicherungssumme erreichen (→ Rn. 42), zusätzlich aber auch etwaigen Anforderungen an den Umfang des versicherten Risikos genügen, wie zB dem Einschluss von Ersatzansprüchen wegen wissentlicher Pflichtverletzungen bei Rechts- und Patentanwälten.[84] Demgegenüber ist die Anfügung eines auf die Haftungsbeschränkung hinweisenden Zusatzes zum Namen der Partnerschaft (→ Rn. 44) – anders als nach dem Regierungsentwurf – keine Tatbestandsvoraussetzung der Haftungsbeschränkung geworden; ihr Fehlen führt aber zur Rechtsscheinhaftung der Partner, sofern der Vertragspartner insofern gutgläubig ist; ggf. auch zur Anwendung von § 15 Abs. 1 HGB (→ Rn. 46). Zur Frage, ob bei der „Umwandlung" einer

---

[76] S. nur *Henssler* AnwBl. 2014, 96; *Seibert* DB 2013, 1710 (1711).
[77] Krit. zu dieser Beschränkung *Grunewald* ZIP 2012, 1115 (1117). – Eine Ausweitung auf andere Berufsgruppen war indessen – unter der Voraussetzung einer besonderen berufsrechtlichen Versicherungspflicht – von vornherein systemimmanent.
[78] So etwa in Bayern (Art. 9 Abs. 3 iVm Art. 8 Abs. 5 BayBauKaG) oder in Nordrhein-Westfalen (§ 10 BauKAG NRW; vgl. zur fehlenden Erstreckung auf „einfache" Ingenieure OLG Hamm NZG 2016, 73), ein Überblick zu den bestehenden landesrechtlichen Regelungen findet sich bei *Korch* GmbHR 2016, 150 (151) und *Lieder/Hoffmann* NJW 2015, 897 (900 f.).
[79] So Art. 18 Abs. 2 BayHKaG für Ärzte, die für andere Heilberufe entsprechende Anwendung findet; in Niedersachsen ist wohl derzeit die Änderung des NdsHKG entsprechend der bayrischen Regelung geplant.
[80] Begr. RegE, BT-Drs. 17/10487 S. 14 weist ausdrücklich und zu Recht darauf hin, dass die Haftungsbeschränkung sowohl deliktische Ansprüche gegen einzelne Partner betrifft noch solche aus Verträgen, die der Partner (ausnahmsweise) in eigenem Namen mit dem Mandanten geschlossen hat.
[81] Zu den hiermit verbundenen Problemen in Bezug auf die Bestimmung der Mindestsumme *Römermann/Praß* NZG 2012, 601 (605), BRAK-Stellungnahme Nr. 13/2012, S. 5 (maßgeblich ist der jeweils höchste Betrag).
[82] *Römermann/Praß* NZG 2012, 601 (604); *Henssler* AnwBl. 2014, 96 (105 f.); vgl. auch BRAK-Stellungnahme Nr. 2/2012 (unter www.brak.de).
[83] Ebenso MWHLW/*Graf v. Westphalen* Rn. 107; Henssler/Strohn/*Hirtz* § 8 Rn. 28.
[84] § 51a Abs. 1 S. 2 BRAO bzw. § 45a Abs. 1 S. 2 PAO erklären die Regelungen des § 51 Abs. 3 Nr. 2–5 BRAO bzw. § 45 Abs. 3 Nr. 2–5 PAO, nicht jedoch § 51 Abs. 3 Nr. 1 BRAO bzw. § 45 Abs. 3 Nr. 1 PAO für entsprechend anwendbar; s. hierzu Henssler/Prütting/*Diller*, 4. Aufl. 2014, BRAO § 51a Rn. 11 f.; Feuerich/Weyland/*Träger*, 9. Aufl. 2016, BRAO § 51a Rn. 2; *Kleine-Cosack*, 7. Aufl. 2015, BRAO § 51a Rn. 2.

Part(G) in eine Part(G)GmbB zusätzlich ein vertragsändernder Beschluss erforderlich ist s. → Rn. 49. Sofern der Versicherungsvertrag zwar abgeschlossen, aber **unwirksam** ist, geht dies zu Lasten der Partnerschaft, wie der Gesetzgeber durch das Wort „unterhält" klar zum Ausdruck bringt.[85] Eindeutig ist andererseits, dass die Haftungsbeschränkung auch dann eingreift, wenn die Versicherung über eine ausreichende Mindestsumme abgeschlossen wurde, diese aber im konkreten Schadensfall überschritten wird, sei es, weil der Schaden die für den Einzelfall vereinbarte Versicherungssumme übertrifft, sei es, weil eine (ausreichende) **Jahreshöchstsumme** bereits durch andere Schadensereignisse **ausgeschöpft** ist;[86] denn mit Festlegung einer Mindestsumme hat der Gesetzgeber insofern eine antizipierte Interessenabwägung zwischen Gesellschafter- und Gläubigerschutz vorgenommen.

44 Zweifelhaft erscheint hingegen der Fall, dass die **Versicherung** eine Auszahlung an die Part(G)mbB im Einzelfall **berechtigterweise** deshalb **verweigert,** weil entweder grob fahrlässig oder gar vorsätzlich gehandelt wurde. Der Auftraggeber der Part(G)mbB ist zwar bei *Obliegenheitsverletzungen* der Partnerschaft oder deren Partner grundsätzlich ausreichend dadurch geschützt, dass ihm trotz des dann ggf. entfallenden Versicherungsschutzes ein Direktanspruch gegen den Versicherer nach § 117 Abs. 1 VVG zusteht (→ Rn. 45). Anderes gilt aber, wenn die Versicherung wegen grob schuldhaften Verhaltens eines Partners frei wird, weil der vereinbarte Haftpflichtschutz grob fahrlässiges oder gar vorsätzliches Verhalten nicht mitumfasst (→ Rn. 45); Abs. 4 selbst gibt insofern also keinen (indirekten) Mindestumfang vor. Die BegrRegE (S. 14) erwähnt die Leistungsfreiheit der Versicherung in diesem Falle sogar ausdrücklich in dem Sinne, dass die Haftungsbeschränkung hierdurch nicht berührt wird. Diese rechtspolitische Entscheidung ist zwar aus Gründen der Prävention kritikwürdig. Doch ist das gesetzgeberische Konzept eindeutig; es überlässt die Anforderungen an den Umfang des versicherten Risikos dem jeweils einschlägigen Berufsrecht und akzeptiert eine diesen Anforderungen gerecht werdende Versicherung stets als hinreichende Kompensation für das Entfallen der akzessorischen Partnerhaftung.[87] Es ist damit **Aufgabe des Berufsrechts,** hinreichend strenge Anforderungen an die Ausgestaltung der spezifischen Berufshaftpflichtversicherung der Part(G)mbB zu stellen, wie etwa durch das **anwaltliche Berufsrecht** in Hinblick auf die zwingende Einbeziehung „sämtlicher Pflichtverletzungen" geschehen (§ 51 Abs. 2 BRAO).[88] Im Übrigen bleibt nur die deliktische Handelndenhaftung einzelner Partner (→ Rn. 48).

45 Anders als noch im Regierungsentwurf vorgesehen, gelten nach Abs. 4 S. 2 für die spezifische Berufshaftpflichtversicherung § 113 Abs. 3 sowie die §§ 114–124 VVG entsprechend.[89] Den Auftraggebern der Part(G)mbB steht damit ein **Direktanspruch gegen den Versicherer** für Schadensersatzansprüche wegen Berufsfehlern zu, *wenn* die Part(G)mbB insolvent ist (§ 115 Abs. 1 S. 1 Nr. 2 VVG) *oder* der Versicherer gegenüber der Part(G)mbB als Versicherungsnehmerin (im Innenverhältnis) von seiner Leistungspflicht befreit ist, insbesondere wegen nicht gezahlter Prämien oder einer Verletzung von Obliegenheiten (§ 117 Abs. 1 VVG). In diesen Fällen bleibt also die Verpflichtung des Versicherers zur Leistung in Ansehung des Dritten bestehen, auch wenn er gegenüber seinem Versicherungsnehmer ganz oder teilweise frei ist. **Kein** Direktanspruch besteht hingegen, wenn der Berufsfehler grob fahrlässig oder vorsätzlich herbeigeführt wurde und der Versicherungsvertrag für solche Fälle keine Deckung vorsieht (→ Rn. 44). Denn für den Direktanspruch des Geschädigten bestimmt § 117 Abs. 3 S. 1 VVG, dass der Versicherer **nur im Rahmen der von ihm übernommenen Gefahr** zur Leistung verpflichtet ist.[90] Soweit teilweise darüber hinausgehend angenommen wird, dass in jedem Fall und ohne Vorliegen weiterer Voraussetzungen ein Direktanspruch nach

---

[85] Vgl. Begr. RegE, BT-Drs. 17/10487 S. 14: im Moment der schädigenden Handlung muss Versicherungsschutz auch tatsächlich bestehen.
[86] Begr. RegE, BT-Drs. 17/10487 S. 14.
[87] Vgl. *Seibert* DB 2013, 1710 (1712 f.); *Henssler* AnwBl. 2017, 96 (100).
[88] Die allgemein zulässige Herausnahme von „Ersatzansprüchen wegen wissentlicher Pflichtverletzung" gem. § 53 Abs. 3 Nr. 1 BRAO gilt gemäß § 53a Abs. 1 BRAO nicht für die Part(G)mbB; auch hier bleibt aber insbes. die Herausnahme von durch „Veruntreuung" entstehender Ersatzansprüche (§ 53 Abs. 3 Nr. 5 BRAO) möglich. Entsprechendes gilt für Patentanwälte, s. schon die Hinweise in → Rn. 43.
[89] Vgl. etwa Henssler/Strohn/*Hirtz* § 8 Rn. 30.
[90] Vgl. zur Versicherung nach PflVG BGH VersR 1971, 239; OLG Nürnberg NJW-RR 2005, 466; OLG Düsseldorf VersR 2003, 1248; Römer/Langheid/*Langheid*, 2014, VVG § 117 Rn. 27; MüKoVVG/*Schneider*, 2011, VVG § 117 Rn. 32; Prölss/Martin/*Knappmann*, 29. Aufl. 2015, VVG § 117 Rn. 24; etwas anderes gilt nur, wenn die Versicherung für das Handeln mehrerer einzutreten hat und nicht jeder von diesen vorsätzlich handelte; also die Versicherung gleichzeitig Eigen- und Fremdversicherung ist, vgl. in Prölss/Martin/*Knappmann*, 29. Aufl. 2015, VVG § 117 Rn. 24; Römer/Langheid/*Langheid*, 4. Aufl. 2014, VVG § 117 Rn. 27 mwN; OLG Hamm r + s 1996, 339.

§ 115 Abs. 1 VVG bestehe, weil es sich bei Abs. 4 S. 2 um einen Rechtsfolgenverweis handele,[91] ist dem angesichts der differenzierenden Verweisung auf die §§ 113 ff. VVG nicht zu folgen.[92] Nach dem gesetzlichen Konzept ist es vielmehr Aufgabe des Berufsrechts, für einen hinreichenden Umfang des Versicherungsschutzes zu sorgen (→ Rn. 44).

3. Namenszusatz (Abs. 4 S. 3). Die Partnerschaft muss nach Abs. 4 S. 3 einen auf die Haftungsbeschränkung hinweisen Zusatz enthalten. Die Langform lautet: „Partnerschaft mit beschränkter Berufshaftung". Das Gesetz lässt aber ausdrücklich auch die Abkürzung „mbB" (oder ein anderes allgemein verständliches Kürzel) zu und ermöglicht im Übrigen auch, den Rechtsformzusatz gemäß § 2 Abs. 1 insgesamt abzukürzen, so dass die Gesellschaft die Rechtsformzusätze **„PartmbB"** oder **„PartGmbB"** führen darf. **Unzulässig** ist hingegen die Kurzform **„mbH"**, weil sie den unzutreffenden Eindruck erweckt, die Haftung sei für sämtliche Verbindlichkeiten, nicht nur für solche aus fehlerhafter Berufsausübung, auf das Gesellschaftsvermögen beschränkt.[93] Anders noch im Regierungsentwurf ist die Beifügung des qualifizierten (Rechtsform-)Zusatzes im Namen der Partnerschaft aber **keine Tatbestandvoraussetzung** für das Bestehen Part(G)mbB und damit der Haftungsbeschränkung; vielmehr trifft dies nur für das Unterhalten der spezifischen Versicherung (→ Rn. 42 f.) zu.[94] Fehlt also ein ordnungsgemäßer Zusatz oder wird er im Rechtsverkehr nicht geführt, so bleibt die Haftungsbeschränkung grundsätzlich unberührt; es greift aber die allgemeine **Rechtsscheinhaftung** ein.[95] Sie führt nach der jüngst im Zusammenhang mit der Unternehmergesellschaft (UG) bestätigten Rechtsprechung des BGH zur Haftung der handelnden Partner analog § 179 BGB.[96] Daneben kommt eine Haftung nach **§ 15 Abs. 1 HGB** (iVm § 5 Abs. 2 Hs. 1 PartGG) in Betracht, wenn eine bestehende PartG ihre Umwandlung in eine Part(G)mbB beschließt (→ Rn. 49) und eine ausreichende Versicherung abschließt, aber Eintragung oder Bekanntmachung des zwingenden Rechtsformzusatzes gemäß Abs. 4 S. 3 versäumt werden.[97]

4. Reichweite der Haftungsbeschränkung. Nach Abs. 4 entfällt bei der Part(G)mbB im **Außenverhältnis** für alle Partner die akzessorische Haftung für Verbindlichkeiten der Partnerschaft wegen Berufsfehlern, unabhängig von ihrer etwaigen Beteiligung an der Mandatsbearbeitung. Nicht eingeschränkt wird hingegen die Haftung der Partner im **Innenverhältnis**; unberührt bleiben insbesondere die Haftung für Schadensersatzansprüche der Partnerschaft gegen schuldhaft handelnde Partner und die Verlustbeteiligung im Falle der Liquidation oder des Ausscheidens gemäß §§ 735, 739 BGB iVm § 1 Abs. 4. Unbenommen bleibt den Partnern jedoch, die Reichweite der Innenhaftung **vertraglich zu modifizieren** oder diese insgesamt auszuschließen. **Zurückhaltung** ist allerdings in Bezug auf die Annahme **konkludenter** Haftungsausschlüsse geboten. Zwar werden die Partner durch die Wahl der Part(G)mbB in aller Regel zumindest die Verlustbeteiligung bei Liquidation oder Ausscheiden ausschließen wollen; mit Blick auf das für den Partnerschaftsvertrag geltende Schriftformerfordernis (→ § 3 Rn. 5 ff.) erfordert dies aber im Zweifel eine entsprechende, im Wege der allgemeinen Auslegungsregeln zu ermittelnde Vertragsklausel.[98] Dies gilt erst recht hinsichtlich der Modifizierung des Haftungsmaßstabs für die (freiberufliche) Geschäftsführung der Partner, zumal die Wahl der Part(G)mbB nicht ohne weiteres darauf schließen lässt, dass die Partner § 708 BGB abbedingen und insbesondere die Haftung für Berufsfehler im Innenverhältnis auf grobe Fahrlässigkeit beschränken wollen.[99] Für den **völligen**

---

[91] So *Wertenbruch* NZG 2013, 1006 (1009); MWHLW/*Graf v. Westphalen* Rn. 111; *Tröger/Paffinger* JZ 2013, 812 (815); wohl auch Michalski/Römermann/*Römermann* Rn. 112.
[92] Ebenso *Henssler* AnwBl. 2014, 96 (99 f.); *Baumann* GmbHR 2014, 953 (955 f.).
[93] So zu Recht Begr. RegE, BT-Drs. 17/10487 S. 14.
[94] Ebenso Henssler/Strohn/*Hirtz* § 8 Rn. 32; MHdB GesR I/*Salger* § 45a Rn. 4; vgl. auch Begr. zur Beschlussempfehlung des Rechtsausschusses, BT-Drs. 17/13944, S. 20 f.
[95] Begr. RegE, BT-Drs. 17/10487 S. 14 f. mit Hinweis auf die „allgemeinen Regeln, die gelten, wenn eine haftungsbeschränkte Gesellschaft im Rechtsverkehr über ihre Haftungsbeschränkung täuscht"; vgl. ferner nur *Henssler* AnwBl. 2014, 96 (100 f.).
[96] BGH NJW 2012, 2871 und dazu nur Bork/*Schäfer*, 3. Aufl. 2015, GmbHG § 5a Rn. 18.
[97] So auch *Henssler* AnwBl. 2014, 96 (100 f.); weitergehend *Korch* GmbHR 2016, 150 (153); *Leuering* NZG 2013, 1001 (1003); *Lieder* NotBZ 2014, 128 (129); *O. Ulmer* AnwBl. 2014, 806 (808 f.); generell *gegen* Anwendung des § 15 Abs. 1 HGB hingegen *Sommer/Treptow* NJW 2013, 3269 (3272); wohl auch *Seibert* DB 2013, 1710 (1713).
[98] Ebenso wohl auch *Wälzholz* DStR 2013, 2637 (2639); weitergehend *Wertenbruch* NZG 2013, 1006 f., der davon ausgeht, dass § 735 BGB stets konkludent ausgeschlossen sei; ebenso für Verluste, die auf Berufsfehler zurückzuführen sind *Henssler* AnwBl. 2014, 96 (101); wohl auch *Korch* NZG 2016, 1425 (1428).
[99] Ebenso MWHLW/*Graf v. Westphalen* Rn. 158; anders aber *Wertenbruch* NZG 2013, 1006 (1007 f.): im Zweifel konkludenter Ausschluss der Haftung (nur) für einfache Fahrlässigkeit; ebenso *Römermann/Jähne* BB 2015, 579 (582); wohl auch *Henssler* AnwBl. 2014, 96 (103); *Korch* NZG 2016, 1425 (1428).

Ausschluss der Haftung wegen Verletzung der gegenüber Partnerschaft und Mitgesellschaftern bestehenden Sorgfaltspflichten wird man regelmäßig sogar eine explizite Regelung im Vertrag verlangen müssen.

48 Die Haftungsbeschränkung gilt für sämtliche Ansprüche gegen die Part(G)mbB **„wegen fehlerhafter Berufsausübung"**. Erfasst werden daher nicht nur Ansprüche im Rahmen bereits bestehender Geschäftsbesorgungsverhältnisse der Part(G)mbB, sondern auch solche, die sich aus der Anbahnung („Akquisition") von Aufträgen ergeben.[100] Soweit die Part(G)mbB, insbesondere aufgrund eines ausnahmsweise unmittelbar mit dem einzelnen Partner zustande kommenden Vertragsverhältnisses,[101] ihrerseits gar nicht haftet, ist die hier nicht eingreifende Haftungsbeschränkung nach Abs. 4 ohnehin irrelevant. Im Übrigen ist der **Rechtsgrund** für die Haftung der Part(G)mbB bedeutungslos,[102] so dass die Haftungsbeschränkung auch Ansprüche aufgrund **deliktischen** Verhaltens eines Partners oder Angestellten erfasst, soweit dieses der Part(G)mbB nach § 31 BGB, also im Rahmen der Berufsausübung von Partnern (nicht nur bei deren Gelegenheit),[103] bzw. nach § 831 BGB bei Angestellten zuzurechnen ist und die Part(G)mbB sich im letzteren Fall nicht durch ordnungsgemäße Auswahl und Überwachung des Angestellten exkulpieren kann.[104] Die Haftung **des deliktisch handelnden Partners** wird durch die Haftungsbeschränkung freilich **nicht** berührt, bleibt also neben der Haftung der Part(G)mbB bestehen.[105]

49 **5. Entstehung der Part(G)mbB durch „Formwechsel". a) Umwandlung einer bestehenden Gesellschaft.** Daraus, dass lediglich das Unterhalten einer spezifischen Haftpflichtversicherung zu den speziellen Tatbestandsmerkmalen der Part(G)mbB gehört (→ Rn. 42 f.), wird teilweise hergeleitet, dass für die Umwandlung einer **bestehenden Part(G)** in eine Part(G)mbB allein der Abschluss eines entsprechenden Versicherungsvertrages durch einen vertretungsberechtigten Partner zur Umwandlung führe, möge dieser im Innenverhältnis wegen seines ungewöhnlichen Charakters auch regelmäßig der Zustimmung sämtlicher Partner bedürfen (§ 116 Abs. 2 HGB iVm § 6 Abs. 3 S. 2 PartGG).[106] Andere betrachten die Umwandlung hingegen als **Grundlagenentscheidung** und verlangen daher für deren Wirksamkeit (gegenüber Dritten) neben der Unterhaltung eines spezifischen Versicherungsvertrages (→ Rn. 43) zusätzlich einen vertragsändernden Gesellschafterbeschluss.[107] – Der zuletzt genannten Ansicht ist beizutreten. Zunächst bedarf eine Part(G)mbB selbstverständlich nicht nur einer spezifischen Berufshaftpflichtversicherung, sondern, wie von § 8 Abs. 4 in Hinblick auf § 3 Abs. 1 PartGG als selbstverständlich vorausgesetzt, auch einer ausreichenden vertraglichen Grundlage. Dem Neuabschluss eines Partnerschaftsvertrages bei Gründung (→ Rn. 51) entspricht dabei im Falle der Umwandlung einer bestehenden Gesellschaft (GbR oder Part[G]) in eine Part(G)mbB die Änderung des bestehenden Gesellschaftsvertrages. Eindeutig ist der vertragsändernde Charakter, sofern es um die Umwandlung einer **GbR** in eine Part(G)mbB geht, weil insofern die §§ 705 ff. BGB insgesamt durch die Regelungen des PartGG ersetzt werden. Weniger eindeutig ist dies zwar für die Umwandlung einer bestehenden **Part(G)**, weil die meisten Vorschriften des PartGG auf die Part(G)mbB anwendbar bleiben. Doch löst die Umwandlung in die Part(G)mbB die Pflicht zur Namensänderung gemäß Abs. 4 S. 3 aus, die als Vertragsänderung nur von sämtlichen Gesellschaftern beschlossen werden kann. Die insoweit also unstreitig bestehende Gesellschafterkompetenz würde in nicht zu rechtfertigender Weise eingeschränkt, wenn ein eigenmächtig handelnder Partner nur durch Abschluss eines Versicherungsvertrages einen Zwang zur Vertragsänderung auslösen könnte. Zur Erhaltung der Gesellschafterkompetenz bedarf daher auch die Umwandlung als solche notwendig eines vertragsändernden Beschlusses, damit die Haftungsbeschränkung eintritt.

---

[100] Zutr. *Korch* NZG 2016, 1425; aA *Schumacher* NZG 2015, 379 (380 f.).

[101] Etwa bei Aufsichtsratsmandaten oder der Tätigkeit als Insolvenzverwalter, vgl. *Sommer/Treptow* NJW 2013, 3269 (3274 f.).

[102] Darauf hinweisend schon BegrRegE, S. 16 zu § 8 Abs. 4; iÜ nur *Henssler* AnwBl. 2014, 96 (97).

[103] Dazu im vorliegenden Kontext nur *Korch* NZG 2016, 1425 (1426); *Schumacher* NZG 2015, 379 (382) und allg. → BGB § 31 Rn. 33 ff. *(Arnold).*

[104] *Römermann/Michalski/Römermann* Rn. 116; *Ruppert* DStR 2013, 1623 (1625); *Wertenbruch* NZG 2013, 1006 (1008); *Korch* NZG 2016, 1425 (1426).

[105] Wohl unstr., s. nur Begr. RegE, BT-Drs. 17/10487 S. 14 zu § 8 Abs. 4; *Beck* AnwBl. 2015, 380 (389); *Henssler* AnwBl. 2014, 96 (100); *Korch* NZG 2015, 1425 (1427); *Ring* WM 2014, 237 (239); *Römermann/Praß* NZG 2012, 601 (603).

[106] So *Sommer/Treptow* NJW 2013, 3269 (3270 f.); tendenziell auch *Henssler* AnwBl. 2014, 96 (98), der den Grundlagencharakter der Umwandlung bezweifelt.

[107] *Tröger/Pfaffinger* JZ 2013, 812 (818); Michalski/Römermann/*Praß* § 7 Rn. 25; *Hirtz* ZAP Fach 15, 607 (614 f.); wohl auch Wälzholz DStR 2013, 2637 (2641).

Der **Zeitpunkt** der Umwandlung und damit des Eingreifens der Haftungsbeschränkung richtet 50 sich bei Umwandlung einer **Part(G)** folglich sowohl nach dem Grundlagenbeschluss als auch nach dem Abschluss des Versicherungsvertrages (bzw. dem Beginn des Versicherungsschutzes[108]), tritt also erst mit dem zuletzt verwirklichten Tatbestandsmerkmal ein. Weil hingegen die Firmenänderung als solche nicht zum Tatbestand gehört, kommt es den darauf bezogenen Änderungsbeschluss – und erst recht auf seine Anmeldung – nicht entscheidend an; allerdings dürfte er in der Praxis typischerweise zusammen mit dem Umwandlungsbeschluss gefasst werden. Bei der Umwandlung einer **GbR** in die Part(G)mbB ist hingegen stets auf deren Eintragung im Partnerschaftsregister abzustellen (→ Rn. 51). Für bis zu diesen Zeitpunkten begründete Verbindlichkeiten besteht die Partnerhaftung nach Abs. 2 (bzw. Gesellschafterhaftung analog § 128 HGB) uneingeschränkt fort; sie ist jedoch analog §§ 160 Abs. 1 und 3 HGB, 224 Abs. 2 UmwG zeitlich auf eine Dauer von fünf Jahren ab Eintragung der Namensänderung im Partnerschaftsregister zu beschränken.[109] Für die Abgrenzung zwischen Alt- und Neuverbindlichkeiten ist indessen nicht auf den Abschluss des (Mandats-)Vertrages, sondern **auf die Pflichtverletzung** abzustellen (→ Rn. 16a). Die Haftungsbeschränkung besteht daher für sämtliche Pflichtverletzungen, die **nach der Umwandlung** in die Part(G)mbB begangen werden.

b) Gesetzlicher Formwechsel durch Eintragung bei Neugründung. Eine neu gegründete 51 bzw. aus der GbR umgewandelte Part(G)mbB entsteht **erst mit Eintragung** (§ 7 Abs. 1; → § 7 Rn. 3 ff.),[110] so dass auch die Haftungsbeschränkung erst ab diesem Zeitpunkt eingreift.[111] Eine hiervon zu unterscheidende Frage ist, ob die Haftungsbeschränkung auf die **zuvor noch bestehende GbR** – als besonderer Ausnahmefall zur unbeschränkten Haftung gemäß § 128 HGB (→ BGB § 714 Rn. 61, 63 f.) – erstreckt werden kann, sofern die Partnerschaft im Einverständnis mit sämtlichen Gesellschaftern ihre Geschäfte schon vor der Eintragung beginnt. Ebenso wie bei einer entstehenden juristischen Person erscheint ein solches Haftungsprivileg durchaus erwägenswert, sofern der Rechtsverkehr ausdrücklich auf das Übergangsstadium hingewiesen wird, die „Part(G)mbB" also schon als solche auftritt. Allerdings ist hierfür unabdingbare Voraussetzung, dass bereits ein ausreichender Versicherungsschutz besteht. Stellt man richtigerweise (→ Rn. 16a) für das Eingreifen der Haftungsbeschränkung allgemein darauf ab, dass der Berufsfehler nach Eintragung begangen wurde, dürfte der Frage allerdings keine allzu hohe praktische Bedeutung zukommen.

6. Besonderer Gläubigerschutz bei der „Part(G)mbB"? Interessante Folgefragen ergeben 52 sich in Hinblick auf die Eigenart der „Part(G)mbB" als Personengesellschaft mit Haftungsbeschränkung. Können in Hinblick auf offenbare Ausfallrisiken gläubigerschützende Instrumente des Kapitalgesellschaftsrechts entsprechend angewandt werden? Die Gesetzesmotive enthalten dazu lediglich den Hinweis, dass die „Part(G)mbB" **nicht** gemäß § 15a Abs. 1 S. 2 InsO **insolvenzantragspflichtig** ist, weil sich die Haftungsbeschränkung nur auf Verbindlichkeiten aus der Berufshaftung beziehe und durch eine Haftpflichtversicherung kompensiert werde.[112] In der Literatur sind hierzu erste Überlegungen angestellt und teilweise die Übertragung des Instituts der **Existenzvernichtungshaftung** auf die PartGmbB mit der Maßgabe befürwortet worden, dass nur Gläubiger mit Ansprüchen wegen fehlerhafter Berufsausübung geschützt seien.[113] Das erscheint jedoch schon im Ansatz zweifelhaft; denn die Haftungs(beschränkungs)konzept des Abs. 4 besteht nicht in einer besonderen Zweckbindung des Gesellschaftsvermögens; vielmehr wird der Haftungsfonds durch eine Haftpflichtversicherung bereitgestellt. Zudem wird die Ursache für eine Existenzvernichtung der Part(G)mbB typischerweise in einem Haftungsfall, und gerade nicht (wie für die Existenzvernichtungshaftung erforderlich) in einer Vermögensverlagerung an die Gesellschafter liegen.[114] Die Gläubiger sind daher richtigerweise in erster Linie dagegen zu schützen, dass dieser Haftungsfonds im Einzelfall aufgrund vorwerfbaren Verhaltens der Partner(schaft) ausfällt (→ Rn. 43).[115]

---

[108] Insoweit zutr. *Sommer/Treptow* NJW 2013, 3269 (3270).
[109] *Sommer/Treptow* NJW 2013, 3269 (3273); ebenso MWHLW/*Graf v. Westphalen* Rn. 162 f.; MHdB GesR I/*Salger* § 45a Rn. 11; *Wälzholz* DStR 2013, 2637 (2641); aA *O. Ulmer* AnwBl. 2014, 806 (811).
[110] Speziell zur Umwandlung einer GbR in eine Part(G)mbB *Wälzholz* DStR 2013, 2637 (2640); *Seibert* DB 2013, 1710 (1713).
[111] S. nur *Walzholz* DStR 2013, 2637 (2640); nicht recht nachvollziehbar daher *Römermann/Praß* NZG 2012, 601 (603) (wonach der Zeitpunkt des Eingreifens der Beschränkung unklar sein soll).
[112] Begr. RegE, BT-Drs. 17/10487 S. 14; dazu vgl. *Römermann/Praß* NZG 2012, 601 (608), die eine Erstreckung der Antragspflicht auf die PartGmbB als „nicht vollkommen fernliegend" bezeichnen.
[113] *Römermann/Praß* NZG 2012, 601 (607 f.); *Tröger/Pfaffinger* JZ 2013, 812 (819 f.); *Lieder* NotBZ 2014, 81 (85); *Linartados* VersR 2013, 1488 (1495); mit starken Einschränkungen auch *Henssler* AnwBl. 2014, 96 (100 f.).
[114] So auch *Henssler* AnwBl. 2014, 96 (101).
[115] Zust. *Korch* NZG 2016, 1425 (1429).

§ 9 PartGG Ausscheiden eines Partners; Auflösung der Partnerschaft

(1) Auf das Ausscheiden eines Partners und die Auflösung der Partnerschaft sind, soweit im folgenden nichts anderes bestimmt ist, die §§ 131 bis 144 des Handelsgesetzbuchs entsprechend anzuwenden.

(2) *(aufgehoben)*

(3) Verliert ein Partner eine erforderliche Zulassung zu dem Freien Beruf, den er in der Partnerschaft ausübt, so scheidet er mit deren Verlust aus der Partnerschaft aus.

(4) ¹Die Beteiligung an einer Partnerschaft ist nicht vererblich. ²Der Partnerschaftsvertrag kann jedoch bestimmen, daß sie an Dritte vererblich ist, die Partner im Sinne des § 1 Abs. 1 und 2 sein können. ³§ 139 des Handelsgesetzbuchs ist nur insoweit anzuwenden, als der Erbe der Beteiligung befugt ist, seinen Austritt aus der Partnerschaft zu erklären.

Übersicht

	Rn.		Rn.
I. Einführung	1–3	**III. Ausscheiden wegen Verlusts der**	
1. Normzweck	1, 2	**Zulassung (Abs. 3)**	18–23
2. Reform	3	1. Regelungsgrund	18
		2. Sachlich begrenzter Anwendungsbereich	19, 20
II. Verweisung auf §§ 131–144 HGB (Abs. 1)	4–17	3. Verlust der Zulassung	21, 22
1. Tragweite der Verweisung	4, 5	4. Rechtsfolgen	23
2. Die einzelnen Verweisungsbereiche	6–15	**IV. Anteilsvererbung (Abs. 4)**	24–31
a) Auflösung der Partnerschaft	6	1. Voraussetzungen	24–26
b) Kündigung	7, 8	2. Erbrechtliche Gestaltungsmöglichkeiten	27–29
c) Sonstiges Ausscheiden eines Partners	9–12	a) Überblick	27
d) Vererbung	13	b) Einfache Nachfolgeklausel	28
e) Anmeldung von Auflösung und Ausscheiden	14	c) Qualifizierte Nachfolgeklausel	29
f) Fortsetzung einer aufgelösten Partnerschaft	15	3. Wahlrecht entsprechend § 139 HGB	30, 31
3. Vertragliche Abweichungen	16, 17	**V. Rechtsgeschäftliche Anteilsübertragung**	32, 33

I. Einführung

1 **1. Normzweck.** Die Vorschrift des § 9 regelt unter weitgehender Verweisung in **Abs. 1** auf das Recht der OHG die Gründe für die **Auflösung** der Partnerschaft sowie für das **Ausscheiden** einzelner Partner und dessen Folgen. Soweit die Abs. 3 und 4 Abweichungen von den durch Abs. 1 in Bezug genommenen §§ 131–144 HGB enthalten, ziehen sie – mit dem Ausscheidensgrund des Zulassungsverlusts in **Abs. 3** und der Beschränkung der Vererbungsmöglichkeit sowie dem Wahlrecht der Erben in **Abs. 4** – die Folgerungen daraus, dass die Beteiligung an einer Partnerschaft nach § 1 Abs. 1 S. 1 nur Freiberuflern offensteht und ein Formwechsel in die KG ausscheidet.

2 Ebenso wie das entsprechende OHG-Recht ist die auf die Auflösung der Partnerschaft und das Ausscheiden einzelner Partner bezogene Vorschrift des § 9 Abs. 1 **dispositiv**. Von der Gestaltungsfreiheit der Beteiligten **ausgenommen** sind jedoch die durch den freiberuflichen Gegenstand der Partnerschaft bedingten, partnerschaftsspezifischen Regelungen der Ausscheidensgründe und -folgen nach § 9 Abs. 3 sowie der Grenzen der Anteilsvererbung nach § 9 Abs. 4.

3 **2. Reform.** Im Zuge des HRefG 1998[1] wurde Abs. 2 der Vorschrift gestrichen. Eine sachliche Änderung ist damit nicht verbunden. Vielmehr wurde nur die Folgerung daraus gezogen, dass die bisher abweichend von § 131 aF HGB in Abs. 2 geregelten Fortsetzungsgründe durch das HRefG 1998 in § 131 Abs. 3 Nr. 1–4 nF HGB übernommen wurden und deshalb bereits von der Verweisung in Abs. 1 gedeckt sind. Abs. 2 wurde deshalb – als gegenstandslos – zu Recht gestrichen.

II. Verweisung auf §§ 131–144 HGB (Abs. 1)

4 **1. Tragweite der Verweisung.** Im Unterschied zu den anderen Verweisungsnormen des PartGG differenziert die Verweisung in Abs. 1 nicht näher zwischen den entsprechend anwendbaren und den von der Verweisung ausgenommenen Vorschriften des HGB. Dass die Verweisung auf die §§ 131–144 HGB nicht umfassend gemeint ist, hat der Gesetzgeber vielmehr indirekt durch den Zusatz

---

[1] Handelsrechtsreformgesetz vom 22.6.1998, BGBl. I S. 1474.

„soweit im Folgenden nichts anderes bestimmt ist" zum Ausdruck gebracht. Ihre rechtliche Tragweite erschließt sich daher erst durch Blick auf die **Sonderregelungen in Abs. 3 und 4**. Aus diesen folgt einerseits, dass die Vorschriften des § 139 HGB über die Fortsetzung der Gesellschaft mit den Erben nach Maßgabe von Abs. 4 nur eingeschränkt auf die Partnerschaft anwendbar sind. Andererseits bringt Abs. 3 einen partnerschaftsspezifischen, in § 131 Abs. 3 HGB nicht enthaltenen Ausscheidensgrund.

Die Verweisung in Abs. 1 wird ergänzt durch die subsidiäre Geltung des Rechts der GbR nach § 1 Abs. 4. Sie hat Bedeutung für die in **§§ 738–740 BGB** geregelten, nach § 105 Abs. 3 HGB auch auf die OHG anwendbaren Rechtsfolgen des Ausscheidens eines Gesellschafters aus der von den übrigen Gesellschaftern fortgeführten OHG. Diese gelten nach § 1 Abs. 4 auch für das Ausscheiden aus einer Partnerschaft. 5

2. Die einzelnen Verweisungsbereiche. a) Auflösung der Partnerschaft. Die *Gründe* für die Auflösung einer Partnerschaft finden sich entsprechend der Verweisung des Abs. 1 in § 131 Abs. 1 HGB. Neben dem Zeitablauf (§ 131 Abs. 1 Nr. 1 HGB) und dem Auflösungsbeschluss der Partner (§ 131 Abs. 1 Nr. 2 HGB) als eher atypischen Gründen sind gesetzliche Auflösungsgründe vor allem die Eröffnung des Insolvenzverfahrens über das Vermögen der Partnerschaft (§ 131 Abs. 1 Nr. 3 HGB) sowie der Erlass eines Auflösungsurteils aus wichtigem Grund (§ 131 Abs. 1 Nr. 4 iVm § 133 HGB). Kommt es aus einem dieser Gründe zur Auflösung, so regeln sich die *Liquidation* der Partnerschaft (vorbehaltlich der Folgen insolvenzbedingter Auflösung) und die Forthaftung der Partner nach den Vorschriften des § 10 iVm §§ 145 ff., 159 HGB (→ § 10 Rn. 5 ff., 17 ff.). An die Stelle der durch das HRefG gestrichenen Vorschrift des § 136 HGB über das fiktive Fortbestehen der Geschäftsführungsbefugnis bei Unkenntnis vom Auflösungseintritt ist diejenige des *§ 729 S. 1 BGB* getreten; sie ist nach § 1 Abs. 4 auch auf die Partnerschaft anwendbar. Zur Auflösung einer *zweigliedrigen* Partnerschaft kommt es auch dann, wenn einer der beiden Partner nach § 9 Abs. 3 ausscheidet, freilich verbunden mit ihrer gleichzeitigen (liquidationslosen) Beendigung und der Übernahme des Partnerschaftsvermögens im Wege der Gesamtrechtsnachfolge durch den einzig verbliebenen Partner (→ BGB § 730 Rn. 65 ff.). 6

b) Kündigung. Das Recht der **Partner** zur ordentlichen Kündigung einer auf *unbestimmte* Zeit eingegangenen Partnerschaft folgt aus der entsprechenden Anwendung des **§ 132 HGB**. Vorbehaltlich der Kündigungsfristen und -termine ist es nach der ergänzend eingreifenden Vorschrift des § 723 Abs. 3 BGB[2] zwingender Natur. Entsprechend anwendbar ist auch § 134 HGB betreffend die Kündigung einer für die Lebenszeit eines Partners eingegangenen oder nach Ablauf der vereinbarten Zeitdauer stillschweigend fortgesetzten Partnerschaft. Insoweit kann die Kündigung nach Maßgabe von §§ 132, 134 HGB mit Sechsmonatsfrist für das Ende eines Geschäftsjahrs erfolgen. Schließlich tritt entsprechend **§ 133 HGB** an die Stelle des Rechts zur außerordentlichen Kündigung die Klage auf Auflösung der Partnerschaft aus wichtigem Grund, sofern der Partnerschaftsvertrag keine abweichende Regelung enthält, insbesondere die außerordentliche Kündigung statt der Auflösungsklage zulässt.[3] Zu den Rechtsfolgen der Kündigung, dh dem Ausscheiden des kündigenden Partners, → Rn. 10 f. 7

Außer der Kündigung durch einen Partner lässt Abs. 1 iVm **§ 135 HGB** auch die Kündigung durch **Privatgläubiger** eines Partners zu, wenn sie bei ihm nach Maßgabe dieser Vorschrift trotz eines nicht bloß vorläufig vollstreckbaren Titels keine Befriedigung erlangen können. Dieses Kündigungsrecht leitet sich nicht von demjenigen der Partner ab, sondern ist eigenständiger Natur. Es greift daher auch dann ein, wenn für die Partner wegen der wirksamen Befristung des Partnerschaftsvertrags kein Kündigungsrecht besteht.[4] Ebenso wie die Kündigung durch einen Partner führt auch diejenige seitens eines Privatgläubigers nicht zur Auflösung der Partnerschaft, sondern zum Ausscheiden des betroffenen Partners mit der Folge, dass der Privatgläubiger sich aus dem von ihm gepfändeten, ihm zur Einziehung überwiesenen Abfindungsanspruch Befriedigung verschaffen kann (→ BGB § 725 Rn. 21). 8

c) Sonstiges Ausscheiden eines Partners. Das Ausscheiden eines Partners regelt die durch das HRefG 1998 neugefasste Vorschrift des **§ 131 Abs. 3 HGB** in inhaltlicher Übereinstimmung mit dem gleichzeitig aufgehobenen Abs. 2 (→ Rn. 3). Gesetzliche *Ausscheidensgründe* sind außer der Kündigung (→ Rn. 7 f.) auch der Tod eines Gesellschafters sowie die Eröffnung des Insolvenzverfahrens über sein Vermögen, wenn der Partnerschaftsvertrag nichts Abweichendes vorsieht. Einen weiteren Grund bildet das gegen einen Gesellschafter ergehende Ausschlussurteil nach **§ 140 HGB**. Für 9

---

[2] → BGB § 723 Rn. 70; MWHLW/*Hoffmann* Rn. 15; Baumbach/Hopt/*Roth* HGB § 132 Rn. 1, 12; MüKoHGB/*K. Schmidt* HGB § 132 Rn. 30; BGH NJW 2008, 1943 Rn. 13.
[3] *Seibert* Partnerschaft S. 46 f.; MHdB GesR I/*Salger* § 44 Rn. 19; *K. Schmidt* NJW 1995, 1 (4).
[4] Vgl. nur Staub/*Schäfer* HGB § 135 Rn. 17; MüKoHGB/*K. Schmidt* HGB § 135 Rn. 25.

den *Zeitpunkt* des Ausscheidens maßgebend ist der jeweilige Zeitpunkt des Eintritts des betreffenden Ereignisses, dh der Tod des Partners, der Zeitpunkt der Insolvenzeröffnung, der Termin für die Wirksamkeit der Kündigung des Partners bzw. seines Privatgläubigers sowie die Rechtskraft des Ausschlussurteils.

10   Kommt es aus einem der in → Rn. 7–9 genannten Gründen zum Ausscheiden eines Partners unter Fortbestand der Partnerschaft, so bestimmen sich die **Rechtsfolgen** nach § 1 Abs. 4 iVm **§§ 738–740 BGB.** Der Anteil des Ausgeschiedenen wächst den übrigen Partnern an. Sie setzen die Partnerschaft ohne ihn fort und sind ebenso wie die primär haftende Partnerschaft verpflichtet, ihn nach Maßgabe des § 738 Abs. 1 S. 2 BGB zum vollen Anteilswert abzufinden, soweit der Partnerschaftsvertrag keine abweichende Regelung enthält. Eine etwaige Nachschusspflicht des Ausscheidenden richtet sich nach § 739 BGB. Für beim Ausscheiden schwebende, dh beiderseits noch nicht voll erfüllte Geschäfte (→ BGB § 740 Rn. 4) gilt die Sonderregelung des § 740 BGB, wenn sie in der Abfindungsvereinbarung nicht – wie meist – zugunsten einer am Ertrags- oder Buchwert orientierten Abfindung abbedungen ist (→ BGB § 740 Rn. 3, 8). Die Nachhaftung des ausgeschiedenen Partners für die bei seinem Ausscheiden begründeten, ihn nach § 8 Abs. 1 und 2 treffenden Verbindlichkeiten der Partnerschaft ist nach § 10 Abs. 2 iVm § 160 HGB zeitlich begrenzt (→ § 10 Rn. 19).

11   War der **Name** des Ausgeschiedenen in den Namen der Partnerschaft aufgenommen worden, so setzt dessen unveränderte Beibehaltung die ausdrückliche Einwilligung des Namensgebers oder seiner Erben nach § 2 Abs. 2 iVm § 24 Abs. 2 HGB voraus; sie kann schon im Partnerschaftsvertrag oder im GbR-Vertrag als seinem Vorläufer erteilt werden (→ § 2 Rn. 20).[5]

12   Im Fall einer **zweigliedrigen** Partnerschaft tritt entsprechend dem Rechtsgedanken des § 142 aF HGB beim Ausscheiden eines Partners an die Stelle ihres Fortbestands die Übernahme des Geschäfts durch den einzig verbleibenden Partner (→ BGB § 730 Rn. 65 ff., 81 f.).[6] Er hat den Ausgeschiedenen abzufinden.

13   d) **Vererbung.** Die Voraussetzungen für eine Vererbung des Anteils beim Tod eines Partners richten sich nach der Sonderregelung des Abs. 4. Sie modifiziert aus partnerschaftsspezifischen Gründen auch die Vorschrift des **§ 139 HGB** einschließlich der allgemeinen, zur Vererbung des OHG-Anteils entwickelten Grundsätze (→ Rn. 24 ff.).

14   e) **Anmeldung von Auflösung und Ausscheiden.** Beide Arten einer Änderung der Rechtsverhältnisse der Partnerschaft sind entsprechend **§ 143 HGB** von sämtlichen Partnern, auch dem Ausgeschiedenen,[7] zur Eintragung in das Partnerschaftsregister anzumelden. Für das Ausscheiden eines Partners durch Tod gilt die Sonderregelung des § 143 Abs. 3 HGB entsprechend; hiernach kann auf die Mitwirkung einzelner oder aller Erben verzichtet werden, wenn deren Mitwirkung besondere Hindernisse entgegenstehen.[8] Wegen des Anmeldeverfahrens ist auf die Erläuterungen zu §§ 4, 5 (→ Rn. 7 ff.) zu verweisen.

15   f) **Fortsetzung einer aufgelösten Partnerschaft.** Die Möglichkeit der Fortsetzung einer durch Eröffnung des *Insolvenzverfahrens* über ihr Vermögen aufgelösten Partnerschaft regelt die nach Abs. 1 entsprechend anwendbare Vorschrift des **§ 144 HGB.** Hiervon abgesehen sind die Partner darin frei, jederzeit *einstimmig* die Fortsetzung einer aufgelösten, noch nicht vollbeendeten Partnerschaft zu beschließen, soweit dem nicht berufsrechtliche Gründe entgegenstehen. Der Partnerschaftsvertrag kann durch dahingehende ausdrückliche Regelung die Fortsetzung auch durch Mehrheitsbeschluss ermöglichen; eine allgemein gefasste Mehrheitsklausel reicht hierfür nicht aus.[9]

16   **3. Vertragliche Abweichungen.** Zum grundsätzlich dispositiven Charakter der in Abs. 1 genannten Verweisungsnormen → Rn. 2. Vorbehaltlich bestimmter zwingender Regelungen wie die Auflösung bei Insolvenz der Gesellschaft oder das Recht zur ordentlichen Kündigung unbefristeter Gesellschaften bzw. zur Erhebung einer Auflösungsklage aus wichtigem Grund (bzw. zur Geltendmachung eines vertraglich an ihrer Stelle vorgesehenen, vergleichbaren Rechtsbehelfs) gilt auch für die Auflösung der Partnerschaft und das Ausscheiden von Gesellschaftern der **Grundsatz der Vertragsfreiheit.** Partnerschaftsspezifische Besonderheiten sind insoweit nicht erkennbar.

17   Zu beachten sind freilich auch für die Partnerschaft diejenigen ungeschriebenen **Schranken,** die die höchstrichterliche Rechtsprechung nach allgemeinem Gesellschaftsrecht zum Schutze einzelner

---
[5] Begr. RegE, BT-Drs. 12/6152 S. 12; *K. Schmidt* NJW 1995, 1 (5); BGH NJW 2002, 2093.
[6] Vgl. Staub/*Schäfer* HGB § 131 Rn. 9 f.; so für die Partnerschaft auch Begr. RegE, BT-Drs. 12/6152 S. 19; EBJS/*Seibert* Rn. 4; zum Ganzen auch *K. Schmidt,* FS Frotz 1993, S. 401 ff.
[7] BayObLG DB 1978, 1832; MüKoHGB/*K. Schmidt* HGB § 143 Rn. 10; Baumbach/Hopt/*Roth* HGB § 143 Rn. 3.
[8] S. hierzu Staub/*Schäfer* HGB § 143 Rn. 18 ff.; MüKoHGB/*K. Schmidt* HGB § 143 Rn. 15 ff.
[9] MüKoHGB/*K. Schmidt* HGB § 144 Rn. 8.

Gesellschafter entwickelt hat. Im Zusammenhang mit dem Ausscheiden und seinen Rechtsfolgen gilt das vor allem für die grundsätzliche Unwirksamkeit von sog Hinauskündigungs-(Ausschluss-)klauseln ohne wichtigen Grund (→ BGB § 737 Rn. 17 ff.) sowie für übermäßige, nach § 138 BGB oder entsprechend § 723 Abs. 3 BGB unwirksame Abfindungsbeschränkungen (→ BGB § 738 Rn. 41 ff.). Im Fall der **Abfindung** eines Partners ist dabei zu berücksichtigen, dass der für die Abfindung grundsätzlich maßgebende Ertragswert bei den *freiberuflich tätigen* Partnerschaften häufig in besonderem Maße vom persönlichen Einsatz der jeweiligen Partner abhängt. Das kann je nach Lage des Falles dazu führen, im Partnerschaftsvertrag Abfindungsbeschränkungen in weitergehendem Umfang als bei typischen Handelsgesellschaften mit ihrem stärker objektivierten Ertragswert zuzulassen (→ BGB § 738 Rn. 66 ff.).

III. Ausscheiden wegen Verlusts der Zulassung (Abs. 3)

1. Regelungsgrund. Der Regelungsgrund des Abs. 3 ist **partnerschaftsspezifischer** Natur. Er 18 knüpft an das in § 1 Abs. 1 S. 1 enthaltene Erfordernis an, wonach Gründungspartner nur Angehörige des oder der in der Partnerschaft vertretenen Freien Berufe sein können (→ § 1 Rn. 24). Für den Fall des Verlusts der erforderlichen Zulassung des Partners zum Freien Beruf, dh des endgültigen, formalisierten Wegfalls der Befähigung zur Berufsausübung, stellt Abs. 3 sicher, dass damit auch die Mitgliedschaft in der Partnerschaft erlischt. Die Regelung des Abs. 3 ist *zwingender* Natur; dispositiv sind nur die mit dem Ausscheiden verbundenen Rechtsfolgen (→ Rn. 23). Für ihre entsprechende Anwendung im Fall eines *strafrechtlichen Berufsverbots* sprechen gute Gründe, wenn dieses nach § 70 Abs. 1 S. 2 StGB nicht befristet, sondern für immer angeordnet wird.

2. Sachlich begrenzter Anwendungsbereich. Abs. 3 gilt nur für Partnerschaften, deren – 19 verkammerte – Freie Berufe eine formelle **Zulassung** zur Berufsausübung voraussetzen. Das ist der Fall bei Ärzten, Zahnärzten, Tierärzten, Rechtsanwälten, Patentanwälten, Wirtschaftsprüfern, vereidigten Buchprüfern, Steuerberatern, Architekten, beratenden Ingenieuren und Lotsen (→ § 1 Rn. 43 f.).

Für **sonstige** Freie Berufe, die das Erfordernis einer besonderen Zulassung nicht kennen, bleibt 20 es im Fall dauernder Unfähigkeit zur Berufsausübung bei den allgemeinen Ausschließungsgründen, insbesondere dem *Ausschluss aus wichtigem Grund* entsprechend § 140 HGB oder kraft eines im Partnerschaftsvertrag zugelassenen Ausschließungsbeschlusses.[10] Über das Betreiben des Ausschlussverfahrens entscheiden die übrigen Partner. Kraft Berufsrechts kann sich deren **Verpflichtung zur Mitwirkung beim Ausschluss** des dauernd berufsunfähigen Partners ergeben. Auch laufen die übrigen Partner Gefahr, in den Grenzen von § 8 Abs. 2 in die Haftung für Schäden wegen fehlerhafter Berufsausübung zu geraten, wenn sie nicht verhindern, dass der berufsunfähige Partner sich trotz des Verlusts seiner Qualifikation an der Erbringung der Leistung beteiligt und dabei einen Fehler begeht. Schließlich kann die aktive Fortsetzung der Partnerschaft mit einem berufsunfähigen Partner auch Mitbewerbern die Möglichkeit eröffnen, gegen die Partnerschaft *Wettbewerbsklage* nach §§ 3, 8 Abs. 3 Nr. 1 UWG wegen unlauteren Vorsprungs durch Rechtsbruch zu erheben. Bei Verstößen gegen berufsrechtliche Beteiligungsschranken droht zudem ein Einschreiten der betreffenden Berufskammern, denen gegen ihre Mitglieder nicht nur berufsrechtliche Disziplinarmittel zustehen, sondern nach § 8 Abs. 3 Nr. 2 UWG regelmäßig auch ein wettbewerbsrechtliches Vorgehen möglich ist.[11]

3. Verlust der Zulassung. Der Verlust der Zulassung richtet sich nach dem jeweils einschlägigen 21 Berufsrecht. Zum Ausscheiden führt er nur im Falle seiner **Endgültigkeit**.[12] Hieran fehlt es im Falle der Rücknahme oder des Widerrufs der Zulassung durch die zuständige Berufskammer, solange der ordentliche Rechtsweg gegen deren Entscheidung noch nicht ausgeschöpft und der Verlust so nicht unanfechtbar geworden ist. Der Verlust der Vertragsarztzulassung (§ 95 SGB V) allein genügt nicht;[13] sie stellt als solche keine Zulassung zu einem Freien Beruf iSd Abs. 3 dar, sondern berechtigt und verpflichtet lediglich zur Teilnahme an der vertragsärztlichen Versorgung als Teilbereich eines einheitlichen Berufsbildes des Arztes.[14] Das bloße *Ruhen* der Zulassung, etwa während der Übernahme

---

[10] *Henssler* Rn. 41; *Krieger* MedR 1995, 96; MHdB GesR I/*Salger* § 44 Rn. 26. § 9 Abs. 3 gilt nur für verkammerte Berufe.
[11] Näher hierzu etwa Köhler/Bornkamm/*Köhler*, 33. Aufl. 2015, UWG § 8 Rn. 3.33; Harte-Bavendamm/Henning-Bodewig/*Bergmann*, 2. Aufl. 2009, UWG § 8 Rn. 275 ff.
[12] EinhM, vgl. Begr. RegE, BT-Drs. 12/6152 S. 20; Michalski/Römermann/*Römermann* Rn. 22 f.; MWHLW/*Hoffmann* Rn. 23; *Lenz* MDR 1994, 741 (744).
[13] Ebenso EBJS/*Seibert* Rn. 5.
[14] Vgl. etwa BVerfGE 11, 30 (41) – Kassenärzte; BVerfGE 33, 125 (154) – Facharztbeschluss.

eines öffentlichen Amtes, steht ihrem Verlust nicht gleich; es führt daher nicht zum automatischen Ausscheiden.[15] Auch der Eintritt der *Berufsunfähigkeit* bildet keinen gesetzlichen Ausscheidensgrund.[16] Je nach Lage des Falles können derartige Umstände jedoch für die übrigen Partner einen wichtigen Grund zur Erhebung der Ausschlussklage darstellen, wenn sie den Partner nicht nur vorübergehend hindern, den von ihm übernommenen Tätigkeitspflichten nachzukommen.

22 Übt ein Partner in einer *interprofessionellen* Partnerschaft nach dem Inhalt des Partnerschaftsvertrags (§ 3 Abs. 2 Nr. 2) **zwei oder mehr Berufe** aus, so tritt die Rechtsfolge des Abs. 3 nur ein, wenn er für sämtliche dieser Berufe einer Zulassung bedarf und sie in allen ausgeübten Berufen endgültig verloren hat. Im Falle der gleichzeitigen Tätigkeit als Rechtsanwalt und Steuerberater lässt daher der Verlust einer der beiden Zulassungen die Zugehörigkeit zur Partnerschaft unberührt, solange die andere Zulassung fortbesteht. Zur Eintragung in das Partnerschaftsregister ist freilich jede Reduktion der in der Partnerschaft ausgeübten Berufe des betroffenen Partners nach Maßgabe von § 4 Abs. 1 S. 3 iVm § 3 Abs. 2 Nr. 2 anzumelden.

23 **4. Rechtsfolgen.** Die Rechtsfolgen des automatischen Ausscheidens nach Abs. 3 entsprechen denjenigen im Fall des Ausscheidens aus einem der in Abs. 1 iVm § 131 Abs. 3 HGB genannten Gründe (→ Rn. 10 f.). Der **Partnerschaftsvertrag** kann die Rechtsfolgen des Ausscheidens unterschiedlich regeln, insbesondere für die Höhe der Abfindung je nach dem Grund des Ausscheidens differenzieren.[17] Die Ausscheidensfolge als solche oder den Zeitpunkt ihres Eintritts kann er jedoch wegen der zwingenden Natur des Abs. 3 (→ Rn. 18) nicht verändern.

IV. Anteilsvererbung (Abs. 4)

24 **1. Voraussetzungen.** Die auf den *Tod* eines Partners bezogenen Regelungen des § 9 Abs. 4 **unterscheiden sich vom OHG-Recht** in zweifacher Hinsicht. Zum einen kann die Vererblichkeit des Anteils eines Partners an der als werbende fortbestehenden Partnerschaft im Partnerschaftsvertrag nicht generell, sondern nur für taugliche Partner iSv § 1 Abs. 1 S. 1 angeordnet werden. Andererseits ist das Wahlrecht des Gesellschafter-Erben nach § 139 HGB eingeschränkt, da es dem Erben nach Abs. 4 S. 3 nur die Wahl zwischen dem Verbleiben in der Partnerschaft und dem Ausscheiden eröffnet; der Übertritt in die Kommanditistenstellung ist aus Gründen der freiberuflichen Rechtsform ausgeschlossen (→ Rn. 30 f.).[18]

25 Die **Vererblichkeit** des Anteils setzt nach Abs. 4 S. 2 eine entsprechende **Nachfolgeklausel** (→ Rn. 27 ff.) im Partnerschaftsvertrag voraus. Sie kann sich nur auf solche Personen als Erben beziehen, die ihrerseits die berufliche Qualifikation für den Beitritt zur fraglichen Partnerschaft erfüllen. Das Abstellen in Abs. 4 S. 2 auf Personen, „die Partner iSd § 1 Abs. 1 und 2 sein können", ist missverständlich, weil es scheinbar jede Art freiberuflicher Qualifikation der als Partner-Erben in Betracht kommenden Personen genügen lässt. Berücksichtigt man allerdings die in § 3 Abs. 2 Nr. 3 verankerte Notwendigkeit, dass sich der *Gegenstand der Partnerschaft* im Partnerschaftsvertrag auf einen oder bestimmte Freie Berufe bezieht, so zeigt sich, dass als Erben nur solche Personen im Partnerschaftsvertrag zugelassen werden können, die ihrerseits die berufliche Qualifikation für zumindest *einen* der vom Gegenstand der Partnerschaft umfassten Freien Berufe besitzen.

26 Neben der Zulassung der Anteilsvererbung sind auch im Partnerschaftsvertrag **sonstige,** im allgemeinen Personengesellschaftsrecht anerkannte **Gestaltungen eines Gesellschafterwechsels im Todesfall** (→ BGB § 727 Rn. 49 ff., 53 ff.) denkbar. In Betracht kommt einerseits die Begründung eines *rechtsgeschäftlichen Eintrittsrechts* für bestimmte oder bestimmbare, als Partner taugliche Erben oder Dritte im Sinne eines Vertrags zugunsten Dritter (§ 328 Abs. 1 BGB), wobei der Abfindungsanspruch der übergangenen Erben im Zweifel auflösend bedingt durch die Nichtausübung des Eintrittsrechts seitens des oder der Berechtigten ausgeschlossen ist, um den Anteil des verstorbenen Partners im wirtschaftlichen Ergebnis dem Eintrittrecht Gebrauch machenden Partner zugute kommen zu lassen.[19] Denkbar sind andererseits auch eine *rechtsgeschäftliche Nachfolgeklausel* (→ BGB § 727 Rn. 49 ff.) oder eine Abrede zwischen dem Partner und einem Dritten (außerhalb des Partnerschaftsvertrags) über die *Anteilsübertragung mit Wirkung auf den Tod des Partners,* wenn der Partnerschaftsvertrag

---

[15] Ganz hM, vgl. Begr. RegE, BT-Drs. 12/6152 S. 20; *Henssler* Rn. 38; Michalski/Römermann/*Römermann* Rn. 23; MWHLW/*Hoffmann* Rn. 24; EBJS/*Seibert* Rn. 5; *Knoll/Schüppen* DStR 1995, 608 (646, 649); MHdB GesR I/*Salger* § 44 Rn. 28.

[16] So zutr. EBJS/*Seibert* Rn. 5.

[17] Zu den Grenzen der Gestaltungsfreiheit → § 738 Rn. 66 ff.; s. auch *Henssler/Michel* NZG 2012, 401 (405 ff.).

[18] Vgl. zum Ganzen auch *T. Heydn,* Die erbrechtliche Nachfolge in Anteile an Partnerschaftsgesellschaften, 1999; zur Vererbung des Anteils an einer Kassenarzt-PartG *Wertenbruch* MedR 1996, 485 (489 ff.).

[19] → BGB § 727 Rn. 58 f.; Begr. RegE, BT-Drs. 12/6152 S. 21; Michalski/Römermann/*Römermann* Rn. 34; MHdB GesR I/*Salger* § 44 Rn. 2.

die Übertragung zulässt oder die übrigen Partner ihr zustimmen und wenn die Form des § 2301 Abs. 1 BGB gewahrt ist.

2. Erbrechtliche Gestaltungsmöglichkeiten. a) Überblick. Soll im Partnerschaftsvertrag die 27 Anteilsvererbung durch eine **Nachfolgeklausel** zugelassen werden, so kann dies auf unterschiedliche Weise geschehen. Denkbar ist zum einen die Vereinbarung einer sog. *einfachen* Nachfolgeklausel zugunsten aller derjenigen Erben des verstorbenen Partners, die die Qualifikation für zumindest einen der in der Partnerschaft ausgeübten Freien Berufe besitzen (→ Rn. 28). Der Partnerschaftsvertrag kann die Vererbung aber auch durch eine *qualifizierte* Nachfolgeklausel auf bestimmte dieser tauglichen Erben beschränken (→ Rn. 29). Fallen Nachfolgeregelung im Partnerschaftsvertrag und Erbeinsetzung seitens des verstorbenen Partners auseinander, indem etwa in einer Anwalts-Partnerschaft die Vererbung an Rechtsanwälte als Erben zugelassen ist, der verstorbene Partner jedoch unter Übergehung seiner als Rechtsanwältin tätigen Tochter testamentarisch seinen nicht über diese Qualifikation verfügenden Sohn zum Alleinerben eingesetzt hat, so kommt die **Umdeutung** der erbrechtlichen Nachfolgeklausel in ein rechtsgeschäftliches Eintrittsrecht (→ Rn. 26) in Betracht (→ BGB § 727 Rn. 49). – Zur Auseinandersetzung unter mehreren Miterben eines Partners beim Übergang des Anteils auf nur einen von ihnen → BGB § 727 Rn. 45.

b) Einfache Nachfolgeklausel. Die einfache Nachfolgeklausel hat im *allgemeinen Personengesell-* 28 *schaftsrecht* die Funktion, den Anteil für sämtliche Erben des verstorbenen Gesellschafters vererblich zu stellen; sie überlässt diesem also mittels der Erbeinsetzung die Entscheidung über die an seine Stelle tretenden Gesellschafter-Erben (→ BGB § 727 Rn. 29). Dementsprechend wird jeder Erbe in Höhe seiner Erbquote Nachfolger in den Anteil des verstorbenen Gesellschafters, ggf. verbunden mit den Rechten aus § 139 HGB. Im Fall der *Partnerschaft* reduziert sich allerdings die Vererbungsmöglichkeit nach Abs. 4 S. 2 auf diejenigen Personen, die nach ihrer *beruflichen Qualifikation* tauglige Partner sein können. Das können je nach Lage des Falles *mehrere oder sämtliche* der vom verstorbenen Partner letztwillig als Erben berufenen Personen sein. In diesem Sinn kann man also auch für den Partnerschaftsvertrag von einer „einfachen" Nachfolgeklausel sprechen. Besitzt nur ein Teil der Erben die berufliche Qualifikation, so geht der Anteil nicht nur entsprechend ihrer Erbquote, sondern in voller Höhe auf diese tauglichen Erben über.[20] Sie haben die beruflich nicht qualifizierten Erben im Rahmen der Erbauseinandersetzung entsprechend deren Erbquote abzufinden; ein Abfindungsanspruch dieser Erben gegen die Partnerschaft kommt aufgrund des vollen Anteilsübergangs auf die tauglichen Erben nicht zur Entstehung.

c) Qualifizierte Nachfolgeklausel. Bei dieser Art der Nachfolgeregelung im Gesellschaftsvertrag 29 wird der erbrechtliche Anteilsübergang auf diejenigen Erben des verstorbenen Gesellschafters beschränkt, die bestimmte vertraglich festgelegte zusätzliche Anforderungen erfüllen (ältester Sohn; eheliche Abkömmlinge ua; nur für sie ist der Anteil vererblich gestellt (→ BGB § 727 Rn. 29, 41 ff.). Auch eine derartige Regelung kann wirksam im Partnerschaftsvertrag getroffen werden, wenn die Anteilsvererbung nicht allen nach ihrer beruflichen Qualifikation tauglichen Erben offen stehen, sondern auf bestimmte von ihnen beschränkt sein soll. Vom Erfordernis beruflicher Qualifikation abgesehen, sind partnerschaftsspezifische Besonderheiten insoweit nicht zu beachten. Auf die für qualifizierte Nachfolgeklauseln allgemein geltenden Grundsätze (→ BGB § 727 Rn. 41 ff.) kann verwiesen werden.

3. Wahlrecht entsprechend § 139 HGB. Nach Abs. 4 S. 3 findet auf den Nachfolger-Erben 30 eines Partners das im OHG-Recht geltende Wahlrecht nach § 139 HGB mit der Maßgabe Anwendung, dass dem oder den Nachfolger-Erben zwar das Wahlrecht nach § 139 Abs. 2 HGB zwischen dem Verbleiben in der Partnerschaft und dem **Austritt** zusteht,[21] dass sie von den übrigen Gesellschaftern jedoch abweichend von § 139 Abs. 1 HGB nicht den Rücktritt in die Kommanditistenstellung unter gleichzeitiger – nach § 1 Abs. 1 S. 2 ausgeschlossener – Umwandlung der Partnerschaft in eine KG verlangen können. Von dieser partnerschaftsspezifischen Besonderheit abgesehen, bewendet es bei allgemein zu § 139 HGB anerkannten Grundsätzen. Das Wahlrecht steht *jedem* der Partner-Erben zur selbstständigen Ausübung zu und kann von ihnen daher auch in unterschiedlichem Sinn ausgeübt werden.[22] Seine Ausübung durch Austrittserklärung gegenüber den übrigen Partnern muss entsprechend § 139 Abs. 3 HGB innerhalb von drei Monaten nach Kenntniserlangung vom Anfall der Erbschaft erfolgen; Unkenntnis von der Vererbung der Mitgliedschaft hindert den Fristbeginn nicht.[23]

---

[20] Begr. RegE, BT-Drs. 12/6152 S. 21; MWHLW/*Hoffmann* Rn. 42; Baumbach/Hopt/*Roth* HGB § 139 Rn. 17; vgl. allg. die stRspr seit BGHZ 68, 225 (237 f.) = NJW 1977, 1339; → BGB § 727 Rn. 43 f.
[21] Ebenso MWHLW/*Hoffmann* Rn. 45; Michalski/Römermann/*Römermann* Rn. 37.
[22] EinhM, vgl. BGH NJW 1971, 1268 f.; MüKoHGB/*K. Schmidt* HGB § 139 Rn. 68; Baumbach/Hopt/*Roth* HGB § 139 Rn. 37; Heymann/*Emmerich* HGB § 139 Rn. 36.
[23] Staub/*Schäfer* HGB § 139 Rn. 92; MüKoHGB/*K. Schmidt* HGB § 139 Rn. 89.

31 Die **Austrittserklärung** führt entsprechend § 139 Abs. 2 HGB zum Ausscheiden des Partner-Erben aus der Partnerschaft zu dem Zeitpunkt, in dem die Erklärung innerhalb der Dreimonatsfrist allen übrigen Partnern zugegangen ist. Sie hat die in § 139 Abs. 4 HGB bestimmte Folge, dass der ausscheidende Erbe trotz der vorübergehenden Mitgliedschaft in der Partnerschaft für deren Verbindlichkeiten abweichend von § 8 Abs. 1 iVm § 130 HGB nur als *Erbe* haftet, dh das Recht zur Berufung auf die beschränkte Erbenhaftung hat. Dagegen haftet er in vollem Umfang nach Maßgabe von § 8 und ist auch zur Beitragsleistung im Rahmen des den Gegenstand der Partnerschaft bildenden, von ihm ausgeübten Freien Berufs verpflichtet, wenn er sich entweder für das Verbleiben in der Partnerschaft entscheidet oder es versäumt, innerhalb der Dreimonatsfrist des § 139 Abs. 3 HGB wirksam seinen Austritt zu erklären.

V. Rechtsgeschäftliche Anteilsübertragung

32 Die Möglichkeit rechtsgeschäftlicher Übertragung des Anteils an einer Partnerschaft ist ebenso wenig wie diejenige des Beitritts oder des rechtsgeschäftlichen Ausscheidens eines Partners im PartGG geregelt. Im Unterschied zum rechtsgeschäftlichen Ausscheiden oder Beitritt stellt sie als solche **keine Vertragsänderung** dar und unterliegt daher auch nicht der Schriftform des § 3 Abs. 1.[24] Wohl aber wird sie nach allgemeinen gesellschaftsrechtlichen Grundsätzen nur wirksam, wenn sie entweder im Partnerschaftsvertrag zugelassen ist oder wenn ihr sämtliche Partner – und zwar wegen § 3 Abs. 1 in schriftlicher Form – ad hoc zustimmen (→ BGB § 719 Rn. 27). Die Verpflichtung der Partner, die mit der Anteilsübertragung verbundene Änderung des Mitgliederbestands und der Vertretungsbefugnis zur Eintragung in das Partnerschaftsregister anzumelden, folgt aus § 4 Abs. 1 S. 3 iVm § 3 Abs. 2 Nr. 2.

33 **Partnerschaftsspezifische Besonderheiten** sind im Hinblick auf die Anteilsübertragung nur insoweit zu beachten, als auch der Anteilserwerber tauglicher Partner der jeweiligen Partnerschaft iSv § 1 Abs. 1 sein, dh für mindestens einen der in der Partnerschaft vertretenen Freien Berufe die berufliche Qualifikation besitzen muss. Fehlt sie, so ist die Anteilsübertragung wegen Verstoßes gegen § 1 Abs. 1 S. 1 nach § 134 BGB nichtig,[25] es sei denn, dass die Zustimmung der übrigen Partner zu ihr ausnahmsweise als deren Einverständnis mit dem gleichzeitigen Rechtsformwechsel von der Partnerschaft in eine GbR zu qualifizieren ist. Mit besonderen **berufsrechtlichen** Schranken gegenüber der Anteilsübertragung ist jedenfalls dann nicht zu rechnen, wenn der Anteilserwerber zum Kreis der in der Partnerschaft vertretenen Freiberufler gehört und sich schon deshalb mit seinem Beitritt keine Änderung des Gegenstands der Partnerschaft verbindet.

§ 10 PartGG Liquidation der Partnerschaft; Nachhaftung

(1) Für die Liquidation der Partnerschaft sind die Vorschriften über die Liquidation der offenen Handelsgesellschaft entsprechend anwendbar.

(2) Nach der Auflösung der Partnerschaft oder nach dem Ausscheiden des Partners bestimmt sich die Haftung der Partner aus Verbindlichkeiten der Partnerschaft nach den §§ 159, 160 des Handelsgesetzbuchs.

Übersicht

	Rn.		Rn.
I. Normzweck	1, 2	c) Rechtsverhältnisse zwischen den Partnern	12
II. Liquidation der Partnerschaft (Abs. 1)	3–16	d) Anmeldung des Erlöschens; Geschäftsbücher	13, 14
1. Notwendigkeit der Abwicklung	3, 4	3. Berufsrecht	15, 16
2. Die einzelnen Regelungsbereiche	5–14	III. Haftung der Partner nach Auflösung oder Ausscheiden (Abs. 2)	17–19
a) Liquidatoren	5–9	1. Sonderverjährung nach Auflösung	17
b) Berechnung und Verteilung des Liquidationsergebnisses	10, 11	2. Begrenzte Nachhaftung ausgeschiedener Partner	18, 19

---

[24] *Henssler* Rn. 106; MWHLW/*Hoffmann* Rn. 56: nur Zustimmung der Mitgesellschafter bedarf Schriftform; aA *Feddersen*/*Meyer-Landrut* Rn. 12.

[25] So auch Begr. RegE, BT-Drs. 12/6152 S. 21; dem folgend *Henssler* Rn. 105; *Knoll*/*Schüppen* DStR 1995, 649.

I. Normzweck

Die Norm regelt in **Abs. 1** die **Rechtsverhältnisse der aufgelösten Partnerschaft**. Durch Verweisung auf die Vorschriften der §§ 145–158 HGB betreffend die Liquidation der OHG sieht sie vor, dass beim Fehlen von Vereinbarungen über eine andere Art der Auseinandersetzung anstelle der Liquidation (§ 158 HGB) das Partnerschaftsvermögen zu liquidieren und der verbleibende Rest, nachdem die Gläubiger befriedigt und die schwebenden Geschäfte beendet sind, unter die Partner zu verteilen ist. Berufsrechtlichen Regelungen für die Abwicklung einer Freiberufler-Praxis (→ Rn. 15 f.) kommt nach § 1 Abs. 3 Vorrang gegenüber dem OHG-Recht auch in der Liquidationsphase der Partnerschaft zu. 1

Abs. 2 übernimmt mit der Verweisung auf §§ 159, 160 HGB für die Partnerschaft das durch das Nachhaftungsbegrenzungsgesetz vom 18.3.1994[1] novellierte Sonderrecht über die **Verjährung** der Gesellschaftsverbindlichkeiten nach § 159 HGB bei Auflösung der Gesellschaft und über die **begrenzte Nachhaftung** des aus einer fortbestehenden Gesellschaft ausscheidenden Gesellschafters nach § 160 HGB. Bedeutung kommt vor allem der Neuregelung des § 160 HGB zu; mit der Begrenzung der Nachhaftung auf fünf Jahre sorgt sie dafür, dass der Ausgeschiedene nicht länger Gefahr läuft, für Verbindlichkeiten aus Dauerschuldverhältnissen einer praktisch unbefristeten Forthaftung zu unterliegen. 2

II. Liquidation der Partnerschaft (Abs. 1)

1. Notwendigkeit der Abwicklung. Als rechtsfähige Gesellschaft mit eigenem Gesamthandsvermögen (Rechten und Verbindlichkeiten) erlischt die Partnerschaft im Regelfall nicht bereits durch ihre Auflösung nach Maßgabe von § 9 Abs. 1 iVm § 131 Abs. 1 HGB. Vielmehr besteht sie als aufgelöster Verband fort, solange sie noch über **liquidationsfähiges Vermögen** verfügt. Nach gesetzlicher Regel (§ 149 HGB) ist es Aufgabe der hierzu bestellten Liquidatoren, zum Zwecke der Liquidation für die Beendigung der laufenden Geschäfte, den Einzug der Forderungen, die Umsetzung des übrigen Vermögens in Geld und die Befriedigung der Gläubiger zu sorgen. Das danach verbleibende, regelmäßig in Geld bestehende Vermögen ist entsprechend § 155 HGB unter die Partner zu verteilen. 3

Ausnahmen vom Regelfall der Liquidation einer aufgelösten Partnerschaft entsprechend den Regeln der §§ 145 ff. HGB kommen aus unterschiedlichen Gründen in Betracht. So tritt im Fall der Auflösung durch Eröffnung des Insolvenzverfahrens über das Partnerschaftsvermögen (§ 131 Abs. 1 Nr. 3 HGB) an die Stelle der Abwicklung durch von den Gesellschaftern bestellte Liquidatoren das besonders geregelte **Insolvenzverfahren**; für eine Liquidation entsprechend §§ 145 ff. HGB oder für die Fortsetzung der Partnerschaft entsprechend § 144 HGB ist nur Raum, wenn nach dessen Beendigung noch verteilungsfähiges Vermögen der Partnerschaft verbleibt. Bei Auflösung der Partnerschaft durch **Ausscheiden des vorletzten Partners** (→ § 9 Rn. 6) geht das Partnerschaftsvermögen im Wege der Gesamtrechtsnachfolge auf den zuletzt verbleibenden Partner über (→ BGB § 730 Rn. 81); eine Liquidation ist entbehrlich. Schließlich können die Partner entsprechend § 158 HGB im Partnerschaftsvertrag oder durch einstimmigen Beschluss anstelle der Liquidation eine **andere Art der Auseinandersetzung** vorsehen. Neben dem bloßen Aufschieben der Liquidation kann sie in der Einräumung eines Übernahmerechts an einen der Partner, in der Einbringung des Partnerschaftsvermögens in eine juristische Person im Wege der Umwandlung (→ § 1 Rn. 27) oder in der Naturalteilung bestehen.[2] In allen diesen Fällen kommt es nicht zur entsprechenden Anwendung der §§ 145 ff. HGB. 4

2. Die einzelnen Regelungsbereiche. a) Liquidatoren. Der Kreis potentieller Liquidatoren ist in § 146 Abs. 1 S. 1 HGB umschrieben. Danach erfolgt die Liquidation **grundsätzlich durch sämtliche Partner** als Liquidatoren, denen entsprechend § 150 Abs. 1 HGB Gesamtvertretungsmacht zusteht. Die Partner können die Liquidation jedoch abweichend hiervon durch – in der Regel einstimmigen – Beschluss oder durch den Partnerschaftsvertrag *einzelnen Partnern* oder stattdessen *anderen Personen* übertragen. Der Grundsatz der Selbstorganschaft (→ BGB § 709 Rn. 5) findet auf aufgelöste Personengesellschaften einschließlich der Partnerschaft keine Anwendung.[3] Zur Nichtgel- 5

---

[1] BGBl. 1994 I S. 560; → BGB § 736 Rn. 21 ff.
[2] Vgl. dazu auch *Henssler* Rn. 32 ff.; MWHLW/*Hoffmann* Rn. 10; zur Naturalteilung BGH NJW 2009, 2205 Rn. 3.
[3] So für die PartG Begr. RegE, BT-Drs. 12/6152 S. 21; Michalski/Römermann/*Römermann* Rn. 4; für das OHG-Recht auch Staub/*Habersack* HGB § 146 Rn. 6; Heymann/Sonnenschein/Weitemeyer HGB § 146 Rn. 9; *Flume* BGB AT I 1 § 14 VIII, S. 241; für modifizierte Selbstorganschaft aber MüKoHGB/*K. Schmidt* HGB § 146 Rn. 2, 3; *ders.* ZHR 153 (1989), 270 (287).

tung von § 6 Abs. 2 → Rn. 12; zur Frage *berufsrechtlicher* Anforderungen an die Auswahl der Liquidatoren im Fall der Liquidation einer Partnerschaft → Rn. 15 f.

6 **Bestellung und Abberufung** der Liquidatoren richten sich nach §§ 146, 147 HGB. Die *Bestellung* ist grundsätzlich Sache der Partner (§ 146 Abs. 1 S. 1 HGB). Auf Antrag eines Beteiligten erfolgt sie jedoch entsprechend § 146 Abs. 2 HGB bei Vorliegen eines wichtigen Grundes durch das für FG-Sachen zuständige Amtsgericht (§§ 375–377 FamFG) am Sitz der Partnerschaft. Den wichtigen Grund bildet die Handlungsunfähigkeit der aufgelösten Partnerschaft, sei es wegen Unfähigkeit oder Abberufung vorhandener Liquidatoren ohne einvernehmliche Bestellung von Nachfolgern, sei es wegen gegenseitiger Blockierung bestellter Liquidatoren oder ihrer auf sonstigen Gründen beruhenden Behinderung.[4] Entsprechendes wie für die Bestellung gilt nach § 147 HGB für die *Abberufung*. Auch sie kann auf Antrag eines Beteiligten beim Vorliegen eines wichtigen Grundes durch das Gericht erfolgen, wenn die Partner die erforderliche Abberufung nicht einvernehmlich beschließen.

7 Die **Anmeldung** der Liquidatoren zur Eintragung ins Partnerschaftsregister und diejenige späterer Änderungen in der Person der Liquidatoren oder in ihrer Vertretungsmacht ist entsprechend § 148 Abs. 1 S. 1 und 2 HGB *von sämtlichen Partnern* zu bewirken; es gelten die allgemeinen Grundsätze (→ §§ 4, 5 Rn. 7). Abweichend hiervon wird die Eintragung *gerichtlich* bestellter Liquidatoren sowie diejenige der gerichtlichen Abberufung entsprechend § 148 Abs. 2 HGB *von Amts wegen* bewirkt.

8 Die **Rechte und Pflichten** der Liquidatoren sind in den §§ 149–153 HGB geregelt. Von diesen Vorschriften umschreibt § 149 HGB die typischen mit der Liquidation verbundenen *Aufgaben* (→ Rn. 3). Er stellt zugleich klar, dass die Liquidatoren zur Beendigung schwebender Geschäfte im Rahmen ihrer Geschäftsführungsbefugnis auch *neue Geschäfte* eingehen dürfen.[5] Das gilt auch für freiberufliche Aktivitäten einer aufgelösten Partnerschaft, sofern mit der Auflösung weder der Verlust der Zulassung der Partner oder der Anerkennung der Partnerschaft verbunden ist noch sonstige berufsrechtliche Schranken der Fortsetzung der Geschäftstätigkeit durch die aufgelöste Partnerschaft entgegenstehen. Nach außen ist die Vertretungsmacht der Liquidatoren ohnehin unbegrenzt (str., → Rn. 9). Entsprechend § 152 HGB sind die Liquidatoren einschließlich der vom Gericht bestellten an die *Weisungen* gebunden, die die Partner in Bezug auf Geschäftsführungsangelegenheiten einstimmig beschließen. Die Bindung hat in erster Linie Bedeutung für als Liquidatoren tätige, nicht stimmberechtigte *andere* Personen. Demgegenüber können Partner als Liquidatoren durch ihre Gegenstimme eine Fremdbestimmung durch Weisung verhindern, wenn nicht im Einzelfall ein Stimmrechtsausschluss wegen Interessenkollision eingreift.

9 Für die **Vertretungsmacht** der Liquidatoren gilt entsprechend § 150 Abs. 1 HGB *Gesamt*vertretungsbefugnis, wenn nicht im Partnerschaftsvertrag, durch Beschluss der Partner oder gerichtliche Anordnung (§ 146 Abs. 2 HGB) *Einzel*vertretungsbefugnis vorgesehen ist.[6] Die Vorschrift des § 150 Abs. 2 HGB über die Ermächtigung einzelner Partner zur Vornahme bestimmter Geschäfte und über die Passivvertretung der Partnerschaft entspricht § 125 Abs. 2 HGB. Der **Umfang** der Vertretungsmacht ist entsprechend § 151 HGB wie bei der werbenden Partnerschaft (§ 7 Abs. 3 iVm § 126 Abs. 2 HGB) unbeschränkt und unbeschränkbar.[7] Der gegenteiligen Ansicht, die eine derartige Beschränkung aus § 149 S. 2 HGB ableiten will,[8] ist nicht zu folgen; gegen eindeutige Überschreitungen der Liquidatorenbefugnisse hilft der Vorbehalt des Missbrauchs der Vertretungsmacht.[9] Für die *Zeichnung der Unterschrift* gilt § 153 HGB; danach ist dem Namen der Partnerschaft außer dem Rechtsformzusatz auch ein Liquidationszusatz („i.L.", „i.A." oÄ) beizufügen.

---

[4] OLG Köln BB 1989, 1432 (fehlende Unparteilichkeit); OLG Hamm BB 1960, 918 (Unredlichkeit, Unfähigkeit) und 1355 (Gefährdung des Abwicklungszwecks); OLG Hamm BB 1958, 497 (erhebliche Benachteiligung von Belangen der Gesellschaft); zur Kasuistik iE vgl. Staub/*Habersack* HGB § 146 Rn. 33 f.; MüKoHGB/*K. Schmidt* HGB § 146 Rn. 31.

[5] Staub/*Habersack* HGB § 149 Rn. 15 f.; MüKoHGB/*K. Schmidt* HGB § 149 Rn. 12 f.; Baumbach/Hopt/ Roth HGB § 149 Rn. 6; so auch Michalski/Römermann/*Römermann* Rn. 5.

[6] Zur Folge des Wegfalls eines Gesamtvertreters aufgrund von § 181 BGB → BGB § 714 Rn. 30 – Erstarkung zur Alleinvertretung – aA OLG München NZG 2014, 899 (900) – Fortbestehen der Gesamtvertretung; Bestellung eines Prozesspflegers erforderlich.

[7] Ebenso Staub/*Habersack* HGB § 149 Rn. 45 f.; MüKoHGB/*K. Schmidt* HGB § 149 Rn. 51 f. und HGB § 151 Rn. 5 ff.; *K. Schmidt* AcP 174 (1974), 55 ff.; MHdB GesR I/*Salger* § 44 Rn. 11; für die PartG auch Begr. RegE, BT-Drs. 12/6152 S. 22; MWHLW/*Hoffmann* Rn. 29; *Lenz* MDR 1994, 741 (744), Fn. 5. Gegenansichten RGZ 44, 80 (82); 146, 376 (378) (für den Verein); BGH NJW 1984, 982 (983); *Hueck* OHG § 32 IV 5b; Baumbach/Hopt/*Roth* HGB § 149 Rn. 7; Heymann/*Sonnenschein/Weitemeyer* HGB § 149 Rn. 12.

[8] Für grds. Beschränkung der Vertretungsmacht der Liquidatoren auf den (teilweise weit verstandenen) Liquidationszweck RGZ 44, 80 (82); 146, 376 (378) für den Verein; BGH NJW 1984, 982 (983); *Hueck* OHG § 32 IV 5b; Baumbach/Hopt/*Roth* HGB § 149 Rn. 7; Heymann/*Sonnenschein/Weitemeyer* HGB § 149 Rn. 12.

[9] So auch Staub/*Habersack* HGB § 149 Rn. 47; MüKoHGB/*K. Schmidt* HGB § 149 Rn. 52 und § 151 Rn. 5 ff.; *K. Schmidt* ZHR 153 (1989), 270 (291 f.).

b) Berechnung und Verteilung des Liquidationsergebnisses. Entsprechend § 154 HGB **10** haben die Liquidatoren zu *Beginn* der Liquidation und bei deren *Beendigung* je eine **Liquidationsbilanz** zu erstellen. Das gilt trotz Nichtverweisung auf § 120 HGB in § 6 Abs. 3 auch für die Partnerschaft,[10] da beide Bilanzen für die Berechnung des zur Verteilung nach § 155 Abs. 1 HGB anstehenden Liquidationsergebnisses und des Ausgleichs etwaiger Fehlbeträge durch die Partner unverzichtbar sind.[11] Die Gegenansicht, die sich mit einer Schlussbilanz begnügen, auf die Eröffnungsbilanz aber verzichten will,[12] verkennt, dass eine isolierte Schlussbilanz die von ihr erwartete Funktion, das Liquidationsergebnis auszuweisen, mangels Bezugsmöglichkeit auf die Eröffnungsbilanz nicht leisten kann.

Die **Verteilung** des Liquidationsergebnisses richtet sich nach § 155 HGB sowie beim Auftreten **11** etwaiger Fehlbeträge in der Schlussbilanz nach § 1 Abs. 4 iVm § 735 BGB. Der Überschuss ist entsprechend § 155 Abs. 1 HGB nach dem Verhältnis der aus der Schlussbilanz ersichtlichen *Kapitalanteile* zu verteilen; für die Aufteilung von Fehlbeträgen gilt nach § 735 BGB der Verlustverteilungsschlüssel. Da § 735 BGB dispositiv ist (→ BGB § 735 Rn. 2), ist regelmäßig davon auszugehen, dass die Partner durch die Wahl einer **Part(G)mbB** die Nachschusspflicht jedenfalls insoweit abbedingen, als Liquidationsfehlbeträge durch eine fehlerhafte Berufsausübung verursacht werden.[13] Damit die Haftungskonzentration im Liquidationsfall nicht versagt, sollte aber vorsorglich eine ausdrückliche Regelung in den Partnerschaftsvertrag aufgenommen werden.[14] Für die Zwecke der Liquidation entbehrliches Geld, das weder für nicht fällige noch für streitige Verbindlichkeiten benötigt wird, ist entsprechend § 155 Abs. 2 HGB vorläufig zu verteilen. Bei Meinungsverschiedenheiten über die geplante Verteilung des restlichen Gesellschaftsvermögens haben die Liquidatoren die Verteilung entsprechend § 155 Abs. 3 HGB auszusetzen, um den Partnern Gelegenheit zu geben, den Streit unter sich im Klagewege vor dem Prozessgericht auszufechten.

c) Rechtsverhältnisse zwischen den Partnern. Für die Rechtsverhältnisse der Liquidationsge- **12** sellschaft nach innen und außen verweist § 156 HGB auf die Regelungen der §§ 109–130 HGB, soweit sich nicht aus den Liquidationsvorschriften oder dem Zweck der Liquidation Abweichendes ergibt. Für die Partnerschaft treten an die Stelle der OHG-Vorschriften in erster Linie diejenigen der §§ 6–8. Allerdings werden die Vorschriften über die Geschäftsführung und Vertretung der werbenden Partnerschaft durch die Liquidationsvorschriften der §§ 149–152 HGB *verdrängt*. Das hat Bedeutung nicht zuletzt für die partnerschaftsspezifische Gewährleistung des Geschäftsführungsrechts sämtlicher Partner im freiberuflichen Bereich nach Maßgabe von § 6 Abs. 2 (→ § 6 Rn. 13 ff.); sie greift im Liquidationsstadium der Partnerschaft nicht ein.[15] Anwendbar aus dem Recht der werbenden Partnerschaft bleiben daher in erster Linie die Vorschriften über Aufwendungsersatz und Verzinsung (§§ 110, 111 HGB), über die Kontrollrechte (§ 118 HGB) sowie über die Beschlussfassung der Partner (§ 119 HGB), während für die Anwendung des Wettbewerbsverbots (§§ 112, 113 HGB) angesichts des auf Auflösung gerichteten Zwecks der Partnerschaft iL allenfalls noch vorübergehend Raum ist.[16]

d) Anmeldung des Erlöschens; Geschäftsbücher. Die Einziehung und Verteilung des restli- **13** chen Aktivvermögens der Partnerschaft führt zu deren *Vollbeendigung,* auch wenn noch ungedeckte Verbindlichkeiten offen stehen;[17] für diese dauert die Haftung der Partner vorbehaltlich der Sonderverjährung des § 159 HGB fort. Mit der Vollbeendigung hört die Partnerschaft auf zu bestehen, ihr Name erlischt. Dementsprechend ordnet § 10 Abs. 1 iVm § 157 Abs. 1 HGB an, dass das **Erlöschen des Namens** der Partnerschaft zur Eintragung in das Partnerschaftsregister anzumelden ist. Zur Anmeldung verpflichtet sind abweichend von § 4 Abs. 1 S. 1 iVm § 108 HGB nicht die Partner, sondern entsprechend § 157 Abs. 1 HGB die – von jenen unter Umständen personenverschiedenen – Liquidatoren, wobei sämtliche Liquidatoren mitzuwirken haben.[18] Gegebenenfalls sind sie hierzu

---

[10] Str., wie hier *Henssler* Rn. 17; *EBJS/Seibert* Rn. 1; aA die hM zur PartG, vgl. Michalski/Römermann/*Römermann* Rn. 11; MWHLW/*Hoffmann* Rn. 2; *Feddersen/Meyer-Landrut* Rn. 3; MHdB GesR I/*Salger* § 44 Rn. 7.

[11] So unter zutr. Unterscheidung zwischen interner (den Gesellschaftern geschuldeter) und externer, allg. Bilanzrecht folgender Rechnungslegung auch MüKoHGB/*K. Schmidt* HGB § 154 Rn. 26; Staub/*Habersack* HGB § 154 Rn. 8 f., 11 f.

[12] So die früher hM zu § 154 HGB, vgl. *Hueck* OHG § 32 VI 2; *Sudhoff* NJW 1957, 731 ff.; ebenso MWHLW/*Hoffmann* Rn. 2, 33; Michalski/Römermann/*Römermann* Rn. 11.

[13] So *Wertenbruch* NZG 2013, 1006 (1007); MHdB GesR I/*Salger* § 45a Rn. 15.

[14] Ebenso MWHLW/*Hoffmann* Rn. 34; *Wälzholz* DStR 2013, 2637 (2638 f.) mit Formulierungsvorschlag.

[15] AA Begr. RegE, BT-Drs. 12/6152 S. 22; Michalski/Römermann/*Römermann* Rn. 9; *Henssler* Rn. 14.

[16] Dazu auch MWHLW/*Meilicke* § 6 Rn. 58 mit Verweis auf den Streitstand zur OHG.

[17] Staub/*Habersack* HGB § 157 Rn. 6; Heymann/*Sonnenschein/Weitemeyer* HGB § 157 Rn. 2; MHdB GesR I/ *Salger* § 44 Rn. 14; diff. MüKoHGB/*K. Schmidt* HGB § 157 Rn. 9 und Baumbach/Hopt/*Roth* HGB § 157 Rn. 1, die verlangen, dass keine offenen Forderungen gegen Gesellschafter und Liquidatoren mehr bestehen.

[18] EinhM, vgl. Michalski/Römermann/*Römermann* Rn. 13; *Henssler* Rn. 29; MWHLW/*Hoffmann* Rn. 35; so auch Staub/*Habersack* HGB § 157 Rn. 8; MüKoHGB/*K. Schmidt* HGB § 157 Rn. 11.

nach § 5 Abs. 2 iVm § 14 HGB durch Zwangsgeld anzuhalten. Die Eintragung hat deklaratorischen Charakter; erfolgt sie nicht rechtzeitig, so können sich Haftungsfolgen für die Beteiligten aus § 15 Abs. 1 HGB ergeben.

14   Die **Geschäftsbücher** (Bücher und Papiere) der beendeten Partnerschaft sind entsprechend § 157 Abs. 2 HGB einem Gesellschafter oder einem Dritten in Verwahrung zu geben und von ihm während der gesetzlichen Fristen des § 257 Abs. 4 HGB aufzubewahren. Können sich die Beteiligten nicht auf die Person des Verwahrers verständigen, so wird dieser durch das nach §§ 375 Nr. 1, 376 f. FamFG am Sitz der Partnerschaft zuständige FG-Gericht bestimmt. Das Recht der Partner und deren Erben auf Einsicht und Benutzung der Bücher und Papiere folgt aus § 157 Abs. 3 HGB. Es unterliegt den *berufsrechtlichen,* auf der Schweigepflicht bestimmter Freiberufler beruhenden Einschränkungen, soweit nicht von einer Einwilligung der Mandanten in die innerpartnerschaftliche Aufhebung der Schweigepflicht ausgegangen werden kann (→ § 6 Rn. 34 f.).

15   **3. Berufsrecht.** Zu den Aufgaben der Liquidatoren gehört entsprechend § 149 HGB die Beendigung schwebender Geschäfte; in Verbindung damit dürfen die Liquidatoren auch neue Geschäfte eingehen (→ Rn. 8). Daraus folgt aus berufsrechtlichen Gründen die Notwendigkeit, dass die **Liquidatoren** die **Fähigkeit zur Ausübung der** in der Partnerschaft vertretenen **Freien Berufe** besitzen und über die ggf. erforderliche Zulassung verfügen müssen.[19] Das ist regelmäßig gewährleistet, wenn entweder sämtliche oder doch einzelne *Partner* zu Liquidatoren bestellt sind.[20] Aber auch in den Fällen *gekorener* Liquidatoren aus dem Kreis anderer Personen als der Partner müssen diese oder ersatzweise das Gericht bei ihrem Vorgehen entsprechend § 146 Abs. 1 oder 2 HGB sicherstellen, dass die von ihnen bestellten Liquidatoren über die nach Berufsrecht erforderliche Qualifikation verfügen. Ein Verstoß hiergegen kann zur Unwirksamkeit der Bestellung führen.[21] Zur Nichtgeltung von § 6 Abs. 2 im Liquidationsstadium → Rn. 12.

16   Über diese allgemeinen Grundsätze hinausgehend finden sich in einigen Berufsordnungen **spezielle Regelungen** für den Fall der Abwicklung einer freiberuflichen Praxis. So sieht § 55 Abs. 1 BRAO vor, dass die Landesjustizverwaltung einen *Rechtsanwalt* oder eine andere Person mit Befähigung zum Richteramt als Abwickler der Kanzlei eines verstorbenen Einzelanwalts bestellen kann; die Vorschrift ist auf den Fall der Abwicklung einer RA-Sozietät ohne Beteiligung von Rechtsanwälten als geborene oder gekorene Liquidatoren entsprechend anzuwenden. Nach § 54 Abs. 3 und 4 iVm § 70 Abs. 1 S. 1 StBerG kann die Steuerberaterkammer einen *Steuerberater* oder Steuerbevollmächtigten zum „Abwickler" für die Beendigung der schwebenden Geschäfte einer aufgelösten Steuerberatungs-Gesellschaft bestellen, wenn die Liquidatoren als die gesetzlichen Vertreter der aufgelösten Partnerschaft insoweit keine hinreichende Gewähr zur ordnungsmäßigen Abwicklung bieten.

III. Haftung der Partner nach Auflösung oder Ausscheiden (Abs. 2)

17   **1. Sonderverjährung nach Auflösung.** Die gesamtschuldnerische Haftung der Partner nach § 8 Abs. 1 einschließlich ihrer (personellen) Beschränkung nach § 8 Abs. 2 und 4 für Ansprüche von Auftraggebern aus Bearbeitungsfehlern erfährt durch die Auflösung der Partnerschaft keine Veränderung.[22] Die Partner können im Regelfall davon ausgehen, dass im Zuge der Liquidation der Partnerschaft deren Gläubiger durch die Liquidatoren befriedigt werden. Um gleichwohl die Haftungsrisiken der Partner nach Auflösung der Partnerschaft in Grenzen zu halten, verweist § 10 Abs. 2 auf die Vorschrift des § 159 HGB betreffend die **fünfjährige Sonderverjährung** der – nicht nach anderen Vorschriften einer kürzeren Verjährung unterliegenden – Ansprüche gegen die Gesellschafter einer aufgelösten OHG aus Verbindlichkeiten dieser Gesellschaft. Die Frist beginnt entsprechend § 159 Abs. 2, 3 HGB mit der Eintragung der Auflösung im Partnerschaftsregister oder mit dem etwaigen späteren Fälligkeitsdatum solcher Ansprüche. Unterbrechungshandlungen der Gläubiger gegenüber der Partnerschaft wirken entsprechend § 159 Abs. 4 HGB auch gegenüber den Partnern, die ihr bei Auflösung angehört haben.

18   **2. Begrenzte Nachhaftung ausgeschiedener Partner.** Das Ausscheiden eines Partners aus der von den übrigen als werbende fortgeführten Partnerschaft lässt dessen gesamtschuldnerische **Haftung** für die beim Ausscheiden begründeten Verbindlichkeiten der Partnerschaft, einschließlich etwaiger Privilegierungen nach § 8 Abs. 2 und 4, fortbestehen. Zwar folgt aus § 1 Abs. 4 iVm § 738 Abs. 1 BGB eine Pflicht der übrigen Partner, den Ausgeschiedenen von den gemeinschaftlichen Verbind-

---

[19] Vgl. Feuerich/Weyland/*Brüggemann* § 10 Rn. 5; Michalski/Römermann/*Römermann* Rn. 5 ff.
[20] Zum Sonderfall der Liquidation einer interprofessionellen Partnerschaft und der insoweit benötigten Mehrfachkompetenz vgl. *Henssler* Rn. 10.
[21] Begr. RegE, BT-Drs. 12/6152 S. 22; wohl auch Michalski/Römermann/*Römermann* Rn. 6 f.
[22] Vgl. OLG Hamm MDR 2014, 203.

lichkeiten zu befreien oder ihm Sicherheit zu leisten. Sie ist jedoch wenig praktikabel und wird in aller Regel abbedungen (→ BGB § 738 Rn. 12). *Problematisch* ist die Forthaftung für den Ausgeschiedenen vor allem insoweit, als es um nachträglich fällig werdende Ansprüche aus bei seinem Ausscheiden bestehenden Dauerschuldverhältnissen geht, für die ihn ohne eine Sonderregelung nach Art des § 160 HGB stets erneut die Haftung treffen würde (→ BGB § 736 Rn. 7, 21 ff.).

Dieser Situation trägt die **Neufassung des § 160 Abs. 1 HGB** aus dem Jahr 1994 Rechnung. 19
Sie begrenzt die Haftung des Ausgeschiedenen aus § 8 Abs. 1 für bei seinem Ausscheiden begründete Verbindlichkeiten der Partnerschaft grundsätzlich auf den Zeitraum von fünf Jahren nach Eintragung seines Ausscheidens mit der Folge, dass hinsichtlich später fällig werdender Ansprüche Enthaftung eintritt. Gleiches gilt für Ansprüche, die innerhalb der Fünfjahresfrist fällig werden, sofern sie nicht vor Fristablauf vom Gläubiger gegen den ausgeschiedenen Partner gerichtlich geltend gemacht oder entsprechend § 160 Abs. 2 HGB von ihm schriftlich anerkannt worden sind. Wegen der Einzelheiten der Nachhaftungsregelung vgl. die Erläuterungen zu § 736 Abs. 2 BGB (→ BGB § 736 Rn. 21 ff.). Partnerschaftsspezifische Besonderheiten bestehen nicht.

§ 11 PartGG Übergangsvorschriften

(1) ¹Den Zusatz „Partnerschaft" oder „und Partner" dürfen nur Partnerschaften nach diesem Gesetz führen. ²Gesellschaften, die eine solche Bezeichnung bei Inkrafttreten dieses Gesetzes in ihrem Namen führen, ohne Partnerschaft im Sinne dieses Gesetzes zu sein, dürfen diese Bezeichnung noch bis zum Ablauf von zwei Jahren nach Inkrafttreten dieses Gesetzes weiterverwenden. ³Nach Ablauf dieser Frist dürfen sie eine solche Bezeichnung nur noch weiterführen, wenn sie in ihrem Namen der Bezeichnung „Partnerschaft" oder „und Partner" einen Hinweis auf die andere Rechtsform hinzufügen.

(2) ¹Die Anmeldung und Eintragung einer dem gesetzlichen Regelfall entsprechenden Vertretungsmacht der Partner und der Abwickler muss erst erfolgen, wenn eine vom gesetzlichen Regelfall abweichende Bestimmung des Partnerschaftsvertrages über die Vertretungsmacht angemeldet und eingetragen wird oder wenn erstmals die Abwickler zur Eintragung angemeldet und eingetragen werden. ²Das Registergericht kann die Eintragung einer dem gesetzlichen Regelfall entsprechenden Vertretungsmacht auch von Amts wegen vornehmen. ³Die Anmeldung und Eintragung des Geburtsdatums bereits eingetragener Partner muss erst bei einer Anmeldung und Eintragung bezüglich eines der Partner erfolgen.

(3) ¹Die Landesregierungen können durch Rechtsverordnung bestimmen, dass Anmeldungen und alle oder einzelne Dokumente bis zum 31. Dezember 2009 auch in Papierform zum Partnerschaftsregister eingereicht werden können. ²Soweit eine Rechtsverordnung nach Satz 1 erlassen wird, gelten die Vorschriften über die Anmeldung und die Einreichung von Dokumenten zum Partnerschaftsregister in ihrer bis zum Inkrafttreten des Gesetzes über elektronische Handelsregister und Genossenschaftsregister sowie das Unternehmensregister vom 10. November 2006 (BGBl. I S. 2553) am 1. Januar 2007 geltenden Fassung. ³Die Landesregierungen können durch Rechtsverordnung die Ermächtigung nach Satz 1 auf die Landesjustizverwaltungen übertragen.

Übersicht

	Rn.		Rn.
I. Einführung	1–3	3. Bestandsschutz bei Fortführung des Namens einer GbR oder Partnerschaft als Firma?	10
1. Normzweck des Abs. 1	1, 2		
2. Reform (Abs. 2 und 3)	3	4. Beweisfragen	11
II. Reservierung des Partner-Zusatzes für die Partnerschaft (Abs. 1 S. 1)	4, 5	IV. Rechtsfolgen unbefugter Verwendung des Partner-Zusatzes	12, 13
III. Bestandsschutz für Alt-Namen und -Firma (S. 2 und 3)	6–11	V. Übergangsregelungen für die erweiterte Eintragung im Partnerschaftsregister (Abs. 2)	14–17
1. Regelungsinhalt	6–8		
a) S. 2 (bis 30.6.1997)	6		
b) S. 3 (ab 1.7.1997)	7, 8	1. Vertretungsmacht	14–16
2. Bestandsschutz und Namens-(Firmen-)änderung	9	2. Geburtsdatum	17

I. Einführung

1 **1. Normzweck des Abs. 1.** Die Vorschrift des Abs. 1 dient in **S. 1** dazu, den in § 2 Abs. 1 für den Namen der Partnerschaft vorgesehenen **Partner-Zusatz** („Partnerschaft" oder „und Partner") für diese Rechtsform zu schützen. Darin liegt eine wesentliche Abweichung vom früheren Namens- und Firmenrecht, da bisher der Zusatz „und Partner" vor allem für den Namen der GbR offenstand, aber auch für die (Personen-)Firma von Handelsgesellschaften benutzt wurde. Entgegen der Überschrift zu § 11 hat die Vorschrift nicht nur Übergangscharakter, sondern iVm § 2 Abs. 1 S. 1 eigenständigen, den Rechtsform-Bezug des Zusatzes betonenden Regelungsgehalt.[1]

2 Die Reservierung des Partner-Zusatzes in S. 1 für die Partnerschaft macht aus Gründen des **Bestandsschutzes** eine Sonderregelung für die von der Neuregelung betroffenen, bisher den Partner-Zusatz namens- oder firmenmäßig verwendenden *Gesellschaften anderer Rechtsform* erforderlich. Ihnen gewährte **S. 2** eine am 30.6.1997 abgelaufene Übergangsfrist von zwei Jahren zur unveränderten Weiterverwendung des Partner-Zusatzes. Auch nach Ablauf dieser Frist dürfen sie den Zusatz im Rahmen ihres bisherigen Namens (ihrer Firma) fortführen; allerdings müssen sie ihm nach **S. 3** zur Unterscheidung von der Partnerschaft einen Hinweis auf ihre davon abweichende Rechtsform beifügen.

3 **2. Reform (Abs. 2 und 3).** Mit den im Zuge des ERJuKoG vom 10.12.2001 (BGBl. I S. 3422) aufgenommenen weiteren Übergangsvorschriften des Abs. 2 hat der Gesetzgeber den Änderungen der §§ 4 Abs. 1 S. 2, 5 Abs. 1 betreffend die neu eingeführte Pflicht zur Anmeldung und Eintragung des *Geburtsdatums* jedes Partners sowie der in der jeweiligen Partnerschaft geltenden *Vertretungsmacht* Rechnung getragen. Die Regelungen zielen darauf ab, für die zuvor erfolgten, aus neuer Sicht unvollständigen Eintragungen zu einer flexiblen, grundsätzlich an die anmeldepflichtige Änderung bestehender Eintragungen anknüpfenden Nachholung der zusätzlichen Erfordernisse zu kommen. Die im Zuge des EHUG[2] zum 1.1.2007 eingeführte Übergangsregelung des Abs. 3 ermächtigt die Landesregierungen, durch Rechtsverordnung längstens bis zum 31.12.2009 eine (auch teilweise) Befreiung von der Pflicht zur elektronischen Anmeldung und Einreichung von Dokumenten zu bestimmen.

II. Reservierung des Partner-Zusatzes für die Partnerschaft (Abs. 1 S. 1)

4 Die Reservierung des Zusatzes „Partnerschaft" oder „und Partner" für die neue Rechtsform der Partnerschaft hat weitragende Bedeutung vor allem für **Freiberufler-Sozietäten** in der Rechtsform der **GbR**. Entgegen bisheriger Übung ist ihnen seit dem 1.7.1995 die *Aufnahme* eines dieser Zusätze verwehrt; dessen weitere Benutzung ist nur in den Grenzen des Abs. 1 S. 3 zulässig. Wollen sie künftig einen dieser Zusätze neu verwenden, so können sie das nur tun, wenn sie sich als Partnerschaft (um-)organisieren und ihre Eintragung im Partnerschaftsregister herbeiführen.[3]

5 Nach heute einhM betrifft die Sperrwirkung des Abs. 1 S. 1 allerdings nicht nur sonstige Personengesellschaften außer der Partnerschaft, darunter auch **OHG und KG,** sondern ebenso auch **Kapitalgesellschaften** (AG und GmbH).[4] Der Umstand, dass diese nach § 4 AktG, § 4 GmbHG ohnehin schon bei Erlass des PartGG gezwungen waren, einen entsprechenden Rechtsformzusatz in ihre Firma aufzunehmen, steht nicht entgegen. Auch wenn wegen dieses zwingenden, durch § 19 Abs. 1 HGB auf OHG und KG ausgedehnten Rechtsformzusatzes eine Verwechslungsgefahr durch den „Partner"-Zusatz nicht ohne weiteres zu befürchten ist, soll durch die strikte Regelung des Abs. 1 S. 1 doch der *Rechtsform-Charakter des Partner-Zusatzes unterstrichen* und für seine Durchsetzung im Verkehr zur Kennzeichnung der Partnerschaft gesorgt werden.[5] Die Verwendung des Begriffs „Partner" kann in Verbindung mit anderen Rechtsformzusätzen gleichwohl zulässig sein, wenn eine Verwechslung mit dem Rechtsformzusatz der Partnerschaft ausgeschlossen ist.[6]

---

[1] Zutr. *Wertenbruch* ZIP 1996, 1776 (1777).
[2] Gesetz über das elektronische Handelsregister und Genossenschaftsregister sowie das Unternehmensregister vom 10.11.2006, BGBl. I S. 2553.
[3] Ganz hM; Begr. RegE, BT-Drs. 12/6152 S. 23; Michalski/Römermann/*Zimmermann* Rn. 10; MWHLW/*Wolff* Rn. 1, 5 ff.; aA *Kögel* Rpfleger 1996, 314 (316 f.).
[4] So zutr. BGHZ 135, 257 (259) = NJW 1997, 1854 und zuvor schon BayObLG NJW 1996, 3016; ebenso auch KG NZG 2004, 614; OLG Düsseldorf MDR 2009, 1401; anders noch OLG Frankfurt NJW 1996, 2237 (keine Anwendung auf Kapitalgesellschaften).
[5] Vgl. BGHZ 135, 257 (259) = NJW 1997, 1854 und zuvor schon BayObLG NJW 1996, 3016; zust. *Hülsmann* NJW 1998, 35 ff., unter Stellungnahme zu den zuvor in der Lit. geäußerten, vom BGH jedoch nicht aufgegriffenen, auf verfassungs- und europarechtliche Bedenken gestützten Gegenargumenten. Vgl. zur Vereinbarkeit mit höherrangigem Recht nun auch BGH AnwBl. 2013, 146.
[6] Vgl. etwa OLG München GmbHR 2007, 266 (267): „GV-Partner GmbH & Co. KG" zulässig; OLG Düsseldorf MDR 2009, 1401: „Partners Logistics Immobilien GmbH" unzulässig; näher hierzu MüKoGmbHG/*Mayer* § 4 Rn. 65 ff.

III. Bestandsschutz für Alt-Namen und -Firma (S. 2 und 3)

1. Regelungsinhalt. a) S. 2 (bis 30.6.1997). Die eigentliche „Übergangsvorschrift" des Abs. 1 **6** für Gesellschaften, die den Partner-Zusatz schon vor dem 1.7.1995 in Namen oder Firma verwendet haben, findet sich in S. 2 und 3. Darin werden zwei Zeiträume unterschieden. Den ersten bildete die in S. 2 genannte Zweijahresfrist vom 1.7.1995 bis 30.6.1997. In dieser Zeit durfte der bisherige „Name" der Gesellschaft, worunter auch die Firma von Handelsgesellschaften zu verstehen ist,[7] trotz des Partner-Zusatzes **unverändert** fortgeführt werden. Im Interesse flexibler Anpassung nahm der Gesetzgeber die Gefahr vorübergehender Verkehrsverwirrung durch das undifferenzierte Nebeneinanderbestehen insbesondere der Namen von GbR und Partnerschaft bewusst in Kauf und verzichtete auf einen klarstellenden Rechtsformzusatz. Aus heutiger Sicht kommt der Regelung keine Bedeutung zu.

b) S. 3 (ab 1.7.1997). Für die Zeit ab 1.7.1997 ist der Bestandsschutz durch S. 3 in der Weise **7** *eingeschränkt*, dass die darunter fallenden (Alt-)Gesellschaften ihrem Namen oder ihrer Firma einen – deutlich lesbaren – **Rechtsform-Hinweis** beifügen müssen. Die Bedeutung dieser Regelung beschränkt sich, soweit es um den obligatorischen Rechtsformzusatz geht, aus heutiger Sicht auf diejenigen Fälle, in denen der Partner-Zusatz im **Namen einer GbR** verwendet wird. Die GbR muss ihrem Namen beim Festhalten an dem „Partner"-Bestandteil einen der Zusätze „BGB-Gesellschaft", „Gesellschaft bürgerlichen Rechts" oder auch „GbR" beifügen;[8] der Zusatz „Sozietät" reicht mangels Rechtsformbezug nicht aus.[9] Demgegenüber galt die Pflicht zum obligatorischen Rechtsformzusatz in der *Firma* für Kapitalgesellschaften schon vor Erlass des PartGG (→ Rn. 5); für Personenhandelsgesellschaften wurde sie durch § 19 Abs. 1 nF HGB im Zuge des HRefG generell eingeführt. – Auf den restlichen Regelungsgehalt des Abs. 1 S. 3 hat diese Normenkonkurrenz keinen Einfluss (zur Bedeutung von Änderungen der Firma für den Bestandsschutz nach Abs. 1 S. 3 → Rn. 9).

Der eingeschränkte Bestandsschutz nach Abs. 1 S. 3 gilt nicht nur zugunsten des bisherigen Inha- **8** bers des Namens oder der Firma, sondern auch im Fall einer nach §§ 22, 24 HGB zulässigen **Firmenfortführung** (zur Fortführung eines GbR-Namens als Firma → Rn. 10). Der Erwerber der Firma tritt nach § 22 Abs. 1 HGB in vollem Umfang in die Rechte des Veräußerers ein. Entsprechendes gilt bei Fortsetzung des Namens oder der Firma trotz Änderungen im Gesellschafterbestand. Den (neuen) Inhabern kommt daher auch das Privileg des Abs. 1 S. 3 zugute, wenn sie die Firma entweder unverändert fortführen oder nur solche Änderungen vornehmen, die aus der Sicht der §§ 22, 24 HGB unschädlich sind (→ Rn. 9). Die Vorschrift findet auch im Fall eines **Formwechsels** (§ 191 UmwG) Anwendung, wenn dabei nach § 200 Abs. 1 UmwG die bisher geführte Firma beibehalten wird.[10]

2. Bestandsschutz und Namens-(Firmen-)änderung. Die Regelung des Abs. 1 S. 3 hat die **9** Gerichte wiederholt im Hinblick auf die Frage beschäftigt, welche *nachträglichen Änderungen* des Namens oder der Firma sich für den Bestandsschutz als *unschädlich* erweisen. Dabei hat sich im Anschluss an die **Rechtsprechung zur Firmenfortführung nach §§ 22, 24 HGB**[11] die Ansicht durchgesetzt, dass zwischen der – schädlichen – „Umbenennung" der Firma, insbesondere durch Änderung des Firmenkerns, und der – grundsätzlich unschädlichen – Änderung von sach- oder ortsbezogenen Firmenzusätzen zu unterscheiden ist.[12] Zum *Firmenkern* zählen bei den hier regelmäßig in Frage stehenden Personenfirmen der Austausch bzw. die Streichung oder Neuaufnahme von Personennamen als den für die Identifizierung der Gesellschaft zentralen Bestandteilen.[13] Demgegenüber wird die Änderung von *Firmenzusätzen* insbesondere dann als unschädlich für den Bestandsschutz angesehen, wenn sie entweder im Interesse der Allgemeinheit, zur Vermeidung einer Irreführung des Publikums, geboten ist[14] oder bei objektiver Beurteilung einem sachlich berechtigten Anliegen

---
[7] Seibert Partnerschaft S. 50; ders. DB 1994, 2381 (2383); Burret WPK-Mitt. 1994, 201 (204).
[8] Für Zulässigkeit der Kurzform auch RegE, BT-Drs. 12/6152 S. 23; EBJS/Seibert Rn. 3; ders. DB 1994, 2381 (2383); Michalski/Römermann/Zimmermann Rn. 12 f.; hM.
[9] So auch Michalski/Römermann/Zimmermann Rn. 13.
[10] So zutr. OLG Frankfurt NJW 1999, 2285 (2286).
[11] Vgl. die Leitentscheidung BGHZ 44, 116 (119 f.) = NJW 1965, 1915 – Frankona; so auch Staub/Burgard HGB § 22 Rn. 84 ff.; MüKoHGB/Heidinger § 22 Rn. 47 ff., Ulmer/Habersack/Löbbe/Heinrich § 4 Rn. 54 ff.
[12] So insbes. OLG Stuttgart ZIP 2000, 1108 (1109); BayObLG ZIP 2003, 1295 (1296); vgl. auch OLG Karlsruhe NJW 1998, 1160 (1161); LG Köln GmbHR 1999, 411 (412).
[13] OLG Stuttgart ZIP 2000, 1108 (1109); BayObLG ZIP 2003, 1295 (1296); so auch Staub/Burgard HGB § 22 Rn. 96; MüKoHGB/Heidinger § 22 Rn. 43, 54.
[14] So bei Erweiterung oder Einschränkung des Geschäftsumfangs, bei Wegfall eines bisherigen oder Aufnahme eines neuen Geschäftszweigs sowie bei Sitzverlegung, vgl. BGHZ 44, 116 (119 f.) = NJW 1965, 1915; Staub/Burgard HGB § 22 Rn. 99 f.; MüKoHGB/Heidinger § 22 Rn. 58.

des Firmeninhabers dient und keine Zweifel an der Identität mit der bisherigen Firma aufkommen lässt.[15] An dieser zu §§ 22, 24 HGB entwickelten Linie ist angesichts des vergleichbaren, auf die Firmenkontinuität bezogenen Normzwecks auch für den Bestandsschutz nach Abs. 1 S. 3 festzuhalten. Diese Grundsätze sind auch auf *Änderungen des Namens einer GbR* anwendbar; dafür spricht nicht zuletzt die Verweisung des § 2 Abs. 2 auf §§ 22 Abs. 1, 24 HGB.

10 **3. Bestandsschutz bei Fortführung des Namens einer GbR oder Partnerschaft als Firma?** Nach Ansicht des OLG Karlsruhe[16] kann sich der kaufmännische Erwerber des Unternehmens einer GbR in Bezug auf den von ihm als *Firma* fortgeführten GbR-Namen nicht auf den Bestandsschutz berufen, da insoweit § 22 HGB nicht eingreife. Dem ist auch dann nicht zu folgen, wenn man in derartigen Fällen mit der hM[17] eine Analogie zu § 22 HGB ablehnt. Denn entscheidend für die Anwendung des Abs. 1 S. 3 ist der mit dieser Vorschrift verfolgte Zweck, die Namens-(Firmen-)Kontinuität im Falle eines schon vor dem 1.7.1995 verwendeten Partner-Zusatzes zu ermöglichen.[18] Die Durchsetzung dieses Zwecks ist von der zwar logisch vorgelagerten, aber sachlich anderen Frage zu unterscheiden, unter welchen Voraussetzungen eine Handelsgesellschaft in der Lage ist, den GbR-Namen als Firma fortzuführen. Dementsprechend bestehen auch keine Bedenken dagegen, der durch Umwandlung einer Partnerschaft nach § 191 Abs. 1 UmwG entstandenen Kapitalgesellschaft die Berufung auf den Bestandsschutz des Abs. 1 S. 3 zu gestatten; dafür spricht auch die Regelung der §§ 225a, 200 Abs. 1 UmwG.

11 **4. Beweisfragen.** Auf die Übergangsvorschrift des Abs. 1 S. 3 können sich nur diejenigen berufen, die den Partner-Zusatz nachweislich schon **vor dem 1.7.1995** in ihrem Namen oder ihrer Firma geführt oder seither eine entsprechende Alt-Firma nach Maßgabe von § 22 HGB übernommen haben. Der **Nachweis** kann angesichts des Fehlens einer Registrierung vor allem bei den Freiberufler-Sozietäten in der Rechtsform der GbR, aber auch bei noch nicht eingetragenen Personenhandelsgesellschaften Schwierigkeiten bereiten. Er ist ggf. durch den Briefkopf der vor diesem Stichtag versandten Geschäftsbriefe oder durch Eintragungen in Telefonbüchern oder anderen öffentlichen Verzeichnissen zu führen. Der Abschluss eines Gesellschaftsvertrags unter Vereinbarung eines Namens (einer Firma) mit Partnerzusatz vor dem Stichtag des 1.7.1995 reicht nicht aus, wenn die Gesellschaft in dieser Zeit weder im Handelsregister eingetragen worden noch in sonstiger Weise gegenüber Dritten unter dieser Bezeichnung in Erscheinung getreten ist.

IV. Rechtsfolgen unbefugter Verwendung des Partner-Zusatzes

12 Die Durchsetzung des durch Abs. 1 S. 1 geänderten Namensrechts und das Vorgehen gegen eine unbefugte Verwendung des Partner-Zusatzes ist nach § 2 Abs. 2 iVm § 37 Abs. 1 HGB in erster Linie Sache des **Partnerschaftsregisters.** Es hat Gesellschaften, deren Name oder Firma gegen Abs. 1 S. 1 verstößt, abzumahnen und sie ggf. im Wege des Missbrauchsverfahrens nach §§ 388–392 FamFG durch Androhung und Festsetzung von Ordnungsgeld zur Unterlassung anzuhalten. Daneben kann auch das *Handelsregister* nach § 37 Abs. 1 HGB iVm §§ 388–392 FamFG einschreiten, soweit es um Verstöße durch Handelsgesellschaften geht.[19] Die Amtslöschung des unzulässigen Firmen-Zusatzes richtet sich nach § 395 FamFG; nach zutr. neuerer Ansicht ist sie auch dann möglich, wenn die Unzulässigkeit der Firma erst nachträglich eintritt.[20] Das Löschungsverfahren wird dabei von Amts wegen oder auf Antrag der berufsständischen Organe iSd § 380 FamFG eingeleitet.[21]

13 Tritt eine Gesellschaft unter Verstoß gegen Abs. 1 S. 1 mit dem Partner-Zusatz in Namen oder Firma auf, so kann das auch einen **Wettbewerbsverstoß** darstellen. Es löst ggf. Unterlassungsansprü-

---

[15] So bei sonstigen Änderungen der geschäftlichen Verhältnisse wie Durchsetzung einer Marke als Geschäftsbezeichnung oder gewandelter Bedeutung des Firmenzusatzes, vgl. BGHZ 44, 116 (120) = NJW 1965, 1915; BayObLG ZIP 2003, 1295 (1296); LG Köln GmbHR 1999, 411 (412); Staub/*Burgard* HGB § 22 Rn. 101; MüKoHGB/*Heidinger* § 22 Rn. 58.

[16] NJW 1998, 1160 (1161).

[17] So BayObLG DB 1988, 2259; OLG Zweibrücken NJW-RR 1988, 998; Staub/*Burgard* HGB § 22 Rn. 12 f.; MüKoHGB/*Heidinger* § 22 Rn. 27 (der allerdings analoge Anwendung der Firmenfortführungsregeln auf unternehmerisch tätige GbR erwägt); Baumbach/Hopt/*Hopt* HGB § 22 Rn. 7; aA *K. Schmidt* HandelsR § 12 I 2b bb und III 2b; *Wertenbruch* in Westermann/Wertenbruch PersGesR-HdB I. Teil § 7 Rn. 192.

[18] Ebenso Henssler/Strohn/*Hirtz* § 11 Rn. 5.

[19] So auch *Henssler* Rn. 13; Michalski/Römermann/*Zimmermann* Rn. 14.

[20] Ebenso RGZ 169, 147 (151 f.); KG NJW 1955, 1926 f.; BayObLGZ 1975, 332 (335); OLG Hamm OLGZ 1977, 53 (54); OLG Frankfurt OLGZ 1979, 318 (321); BayObLGZ 1994, 102 (104 f.); Michalski/Römermann/*Zimmermann* Rn. 14; Staub/*Burgard* HGB § 37 Rn. 49; Heymann/*Emmerich* HGB § 37 Rn. 21; MüKoHGB/*Krebs* HGB § 37 Rn. 37; Keidel/*Heinemann*, 18. Aufl. 2014, FamFG § 395 Rn. 13; abw. früher KG JW 1935, 436.

[21] Vgl. Keidel/*Heinemann*, 18. Aufl. 2014, FamFG § 395 Rn. 26 ff.; MüKoFamFG/*Krafka*, 2. Aufl. 2013, FamFG § 395 Rn. 12.

che von Mitbewerbern nach §§ 3, 5 iVm § 8 Abs. 3 Nr. 1 UWG wegen Irreführung des Verkehrs über die Rechtsform der Gesellschaft aus.

V. Übergangsregelungen für die erweiterte Eintragung im Partnerschaftsregister (Abs. 2)

1. Vertretungsmacht. Im Zuge des ERJuKoG vom 10.12.2001 (BGBl. I S. 3422) wurde – über das bisherige Recht hinausgehend – die *generelle* Pflicht der Beteiligten zur Anmeldung und Eintragung der in einer Partnerschaft geltenden Vertretungsmacht der Partner begründet, also auch dann, wenn sie nicht von der Einzelvertretung nach § 7 Abs. 3 iVm § 125 Abs. 1 HGB abweicht. Dieser Änderung tragen die Übergangsvorschriften des Abs. 2 S. 1 und 2 Rechnung, die in der Praxis kaum mehr relevant sein dürften.

In Übereinstimmung mit der entsprechenden, auf die generelle Eintragung der Vertretungsmacht in OHG und KG bezogenen Übergangsvorschrift des Art. 52 EGHGB verzichtet auch **S. 1** darauf, die Partner oder Abwickler einer bereits eingetragenen Partnerschaft mit gesetzlicher Vertretungsmacht zu deren nachträglicher Anmeldung zu verpflichten. Eine solche Verpflichtung greift vielmehr erst zu demjenigen **späteren Zeitpunkt** ein, in dem für einzelne Vertreter eine vom gesetzlichen Regelfall abweichende Vertretungsmacht angemeldet oder (erstmals) die Liquidatoren der Partnerschaft angemeldet und eingetragen werden. Solange es an einer derartigen Eintragung und Bekanntmachung fehlt, kann der Verkehr nach § 5 Abs. 2 iVm § 15 Abs. 1 HGB auf die Einzelvertretungsmacht aller Partner vertrauen.[22]

S. 2 lässt, ebenfalls in Übereinstimmung mit Art. 52 EGHGB, die Eintragung der in der Partnerschaft geltenden gesetzlichen Vertretungsmacht auch **von Amts wegen** zu. Hiervon dürften die Registergerichte, nachdem die Partnerschaftsregister zum 1.1.2007 auf elektronischen Betrieb umgestellt wurden (→ Rn. 3), mittlerweile umfassend Gebrauch gemacht haben,[23] insbesondere mit Blick auf etwaige Altfälle, in denen für die jeweiligen Partner einer Partnerschaft unterschiedliche Vertretungsregelungen gelten und von deren partieller, noch ehemaligem Recht entsprechender Eintragung daher Verwirrung für den Verkehr zu befürchten ist.

2. Geburtsdatum. Mit der nachträglichen Anmeldung und Eintragung des Geburtsdatums bereits eingetragener Partner befasst sich **S. 3** des Abs. 2. Er lässt es genügen, dass diese „erst bei einer Anmeldung und Eintragung bezüglich eines der Partner" erfolgt. Der Wortlaut ist nicht eindeutig, da er offenlässt, ob bei einer nachträglichen, auf *einen* Partner bezogenen Anmeldung die Geburtsdaten auch der *übrigen* Partner anzumelden sind. Geht man von dem Interesse des Gesetzgebers an Vervollständigung des Registerinhalts in überschaubarer Zeit aus, so sprechen die besseren Gründe dafür, die Frage im Sinne einer die **Geburtsdaten aller Partner** umfassenden Anmeldepflicht zu beantworten.[24]

---

[22] AA *Servatius* NZG 2002, 456 (457), da die unveränderte Vertretungsmacht keine „einzutragende Tatsache" iSv § 15 Abs. 1 HGB sei.
[23] Auf die Einführung des elektronischen Betriebs abstellend noch *Servatius* NZG 2002, 456 f.
[24] Ebenso MWHLW/*Wolff* Rn. 21; Michalski/Römermann/*Zimmermann* Rn. 31.

Sachverzeichnis

Bearbeiter: Manuel Gaß

Fette Zahlen bezeichnen die Paragraphen,
magere Zahlen die Randnummern.

Abfindungsanspruch Vor 723 10; **738** 2
Abfindungsanspruch in der GbR *s. auch Abfindungsklausel*
– Abtretung **717** 32, 37 ff., 40
– Anspruchsgegner **719** 18; **738** 16 f.
– Anteilsübertragung **738** 14
– Anteilsvererbung **738** 14
– Ausschluss **723** 76; **738** 60
– Auszahlungsvereinbarung **738** 65
– beim Tod eines Gesellschafters **727** 58; **738** 14
– Berechnung **738** 18 f., 37
– Beschränkung **723** 74; **725** 7; **738** 39 ff.
– Durchsetzungssperre **738** 18
– Entstehungszeitpunkt **738** 19
– Fälligkeit **738** 20 f., 65
– fehlerhafte Abfindungsvereinbarung **705** 370
– Gesellschafter ohne Kapitaleinlage **738** 58 f.
– Haftung der Gesellschafter **738** 17
– Insolvenz des Gesellschafters **728** 31 ff.
– schwebende Geschäfte **738** 38; **740** 4 f.
– Stichtag **738** 19, 22
– Stundung **738** 65
– unstreitige Mindestbeträge **738** 21
– Vereinbarungen **738** 39
– Verzinsung **738** 22, 65
– Vorausabtretung **717** 38
– Voraussetzungen **738** 14 f.
– Zahlungsfristen **738** 65
– Zusammensetzung **738** 18, 37
– Zweimanngesellschaft **738** 14
Abfindungsanspruch in der Partnerschaft PartGG 9 17
Abfindungsansprüche 705 218
Abfindungsbilanz
– Aufstellung **738** 26 f.
– Bedeutung **738** 23 f.
– Bewertungsfragen **738** 32 ff.
– Bindungswirkung **738** 29
– Buchwertklausel **738** 26
– Ertragswertmethode **738** 24 ff., 35; **740** 1, 3
– Feststellung **738** 28 f.
– Fortführungswerte **738** 23 f.
– gerichtliche Durchsetzung **738** 30 f.
– Inhalt **738** 26
– nachträgliche Anpassung **738** 29
– schwebende Geschäfte **738** 26
– Streitigkeiten **738** 30 f.
– Substanzwertmethode **738** 23 f., 35; **740** 1, 3
Abfindungsklausel
– Arten **738** 60 ff.
– bei Freiberuflern **738** 66 ff.

– Buchwertklauseln **738** 41 ff., 63
– dispositives Recht **738** 74
– ergänzende Vertragsauslegung **738** 53 f.
– Funktion **738** 39 f.
– Geschäftsgrundlagenänderung **738** 56
– Gesellschafter minderen Rechts **738** 58
– Gläubigerschutz **738** 47 f.
– Kündigungsbeschränkung **723** 76; **738** 49 ff.
– Rechtsmissbrauch **738** 55
– Schranken **723** 76; **738** 41 ff., 44 ff.
– Sittenwidrigkeit **738** 45, 75
– Unwirksamkeitsfolgen **723** 76; **738** 72 ff.
Abgeordnetenmandat 709 31
Abhandenkommen von Gesamthandsgegenständen 718 38
Abspaltungsverbot 717 7 ff.
– Grenzen **717** 9
Abstimmung *s. Beschlussfassung*
Abtretung von Mitgliedschaftsrechten
– Vermögensrechte **717** 8, 14 f., 30 ff.
– Verwaltungsrechte **717** 7, 16 ff.
Abwachsung *s. auch An- und Abwachsung*
Abwicklung *s. auch Auseinandersetzung*
Abwicklungsgesellschaft
– stille Gesellschaft **730** 6
Abwicklungsgesellschaft (GbR) *s. auch Tod eines Gesellschafters*
– Abfolge der Auseinandersetzung **730** 7 ff.
– Abwicklungszweck **Vor 723** 6
– Aufgaben der Abwickler **730** 3 f., 44 ff.
– Ausschließungsrecht **730** 25; **737** 10 f.
– Beendigung **730** 8, 38 f.
– Beitragspflicht **730** 30 f.
– Dritter als Liquidator **730** 47 f.
– Erbengemeinschaft als Gesellschafter **727** 14 ff.
– Fortsetzung der Gesellschaft **Vor 723** 11; **730** 25
– Fortsetzung ohne Gesellschafter-Erben **727** 24 f.
– Fortsetzungsklausel **736** 16
– Geschäftsführung **710** 8; **728** 39; **729** 3 ff.; **730** 8, 40 f., 47 ff.
– Geschäftsführungsbefugnis **727** 9
– Gesellschafterwechsel **730** 25
– Gläubiger der Gesellschaft **730** 36 f.
– Haftung der Erben **727** 19, 21
– Identität der Gesellschaft **730** 24
– Innengesellschaft **730** 6, 12 ff.
– Kontenausgleich zwischen Gesellschaftern **730** 3 f., 38
– nachträgliche Feststellung von Gesellschaftsvermögen **730** 39

Sachverzeichnis

Fette Zahlen = §§

- nachvertragliche Rechenschaft – und Auskunftspflichten **730** 17
- Notgeschäftsführung **727** 16
- Person der Abwickler **730** 47 f.
- Pflichten der Gesellschafter **730** 28 ff.
- Rückumwandlung in werbende Gesellschaft **Vor 723** 11
- Schadensersatzpflicht **730** 32
- Veräußerung des Gesellschaftsvermögens im Ganzen **730** 86 ff.
- Vertretung **727** 9; **730** 43

Abwicklungsstadium
- Rangfolge bei der Rechtsanwendung **730** 1

Actio pro socio
- Abwicklungsgesellschaft **730** 33 f.
- Anwendungsbereich **705** 204
- Aufwendungsersatz **705** 213 f.
- Begriff **705** 204
- Begründetheit der Klage **705** 212
- im Liquidationsstadium **705** 204
- In Abgrenzung zum besonderen Vertreter **705** 210a
- Klageabweisung **705** 213 f.
- Kostenschuldner **705** 213
- Prozessstandschaft **705** 207 ff.
- prozessuale Wirkung **705** 207, 213 f.
- Rechtshängigkeit **705** 213 f.
- Rechtskraftwirkung des Urteils **705** 213 f.
- Schranken **705** 210
- Sozialansprüche **705** 204, 212
- Übernahmerecht **730** 25
- Unterlassungsansprüche gegen Geschäftsführer **705** 204
- Vergleich **705** 213 f.
- vertragliche Regelungen **705** 207
- Vollstreckungsgegenklage **705** 213
- Wesen **705** 213 f.
- Zulässigkeit **705** 210 f.

Adhäsionsvertrag 705 141

Aktiengesellschaft s. auch juristische Person, Kapitalgesellschaft

Akzessorietätstheorie Vor 705 11; **705** 14; **714** 34 ff. s. auch Haftung der Gesellschafter
- Entwicklung **714** 2 ff.

Alleinvertriebsvertrag Vor 705 123

Allgemeines Schuldrecht
- Anwendbarkeit auf Gesellschaftsverträge **705** 156 ff.

An- und Abwachsung
- bei der Gesellschaft **718** 5 ff.; **730** 89 ff.; **738** 8 f., 12

Änderung des Gesellschaftsvertrags s. Vertragsänderung

Angestellte der Gesellschaft
- Besitzzurechnung **718** 37

Anmeldung (Partnerschaft)
- anmeldepflichtige Person **PartGG 4/5** 7
- bei Errichtung der Partnerschaft **PartGG 4/5** 4
- der Partnerschaft **PartGG 4/5** 1 ff.
- Form der Anmeldung **PartGG 4/5** 8 f.
- Gegenstand **PartGG 4/5** 1 ff.
- Grundsatz der Amtsermittlung **PartGG 4/5** 11
- Inhalt der Eintragung **PartGG 4/5** 17
- Prüfung durch das Registergericht **PartGG 4/5** 10 ff.
- spätere Änderungen **PartGG 4/5** 5
- Vertretungsmacht **PartGG 11** 14
- Zeichnung der Unterschrift **PartGG 4/5** 6

Anscheinsvollmacht 714 28

Anteil am Gesellschaftsvermögen 719 8 s. auch Gesamthandsberechtigung, Gesellschaftsanteil
- Anteil an einzelnen Vermögensgegenständen **719** 8 ff.
- Begriff **719** 4 f.
- im Sinne von § 725 **725** 8 ff.
- Unterscheidung vom Gesellschaftsanteil **719** 21

Anteilspfändung s. auch Kündigung durch Pfändungspfandgläubiger
- Drittschuldner **719** 57
- Durchführung **725** 12 f.
- Gläubigerrechte **725** 24 f.
- Rechtsstellung des Gesellschafter-Schuldners **725** 27 f.
- und Verfügung über den Gesellschaftsanteil **725** 27

Anteilsübertragung bei der GbR
- Abfindungsanspruch **719** 25; **738** 14
- Abwicklungsgesellschaft **730** 25
- An- und Abwachsung **719** 25
- Ansprüche des Veräußerers **719** 43
- Auswechslung sämtlicher Gesellschafter **719** 26
- Bilanz **719** 43
- familiengerichtliche Genehmigung **719** 32
- fehlerhafte – **719** 39
- Form **705** 36; **719** 33 ff.
- Geschäftsführungs- und Vertretungsregelungen **719** 41
- gesellschaftsrechtliche Schranken **719** 30
- GmbH-Anteile als Gesellschaftsvermögen **719** 33 ff.
- Grundstück als Gesellschaftsvermögen **719** 33 ff.
- Haftung für Gesellschaftsschulden **719** 39, 44
- höchstpersönliche Rechte des Veräußerers **719** 41
- Innengesellschaft **719** 32
- Mehrheitsklausel **719** 28
- nicht voll Geschäftsfähige **719** 32
- Rechtsfolgen **719** 25, 38 ff.
- Rechtsstellung des Erwerbers **719** 40 ff.
- sämtliche Anteile auf einen Erwerber **719** 26; **730** 89 ff.
- Schuldbefreiung **738** 10, 80
- Schuldübernahme **719** 44 f.
- schwebende Geschäfte **738** 79 f.
- Sicherungsübertragung **719** 29

Magere Zahlen = Randnummern

Sachverzeichnis

– stille Gesellschaft **719** 32
– Stimmbindung **717** 27
– Teilübertragung **719** 48 f.
– treupflichtwidrige – **719** 30
– Verbindlichkeiten des Veräußerers **719** 44 f.
– Verfügung über den Gesellschaftsanteil **719** 21
– verheirateter Erwerber/Veräußerer **719** 32
– Vollzug **719** 38
– Voraussetzungen **719** 27 ff.
– Wesen **719** 25 ff.
– Widerruf der Zustimmung **719** 30
– Wirkung **719** 38 f.
– Zulässigkeit **719** 1 ff.
– Zustimmung **719** 27 f.
– Zweipersonengesellschaft **719** 26
Anteilsübertragung bei der Partnerschaft PartGG 9 32 f.
Anteilsvereinigung 719 26; **Vor 723** 9, 17; **730** 89 ff.
Anteilsverpfändung
– Anzeige **719** 52
– Gegenstand **719** 51 f.
– Gläubigerrechte **719** 53 f.
– Kündigungsrecht **719** 52 f.
– Verfügungen über Gesamthandsgegenstände **719** 56
– Verpfändungsvermerk im Grundbuch **719** 56
– Verwertung **719** 51
– Voraussetzung **719** 52
Anteilvererbung s. auch Vererbung der Mitgliedschaft
Anwachsung 719 25; **738** 8 f.
Anwachsungsprinzip
– Parteidisposition **738** 13
Anwalts-GmbH s. Freiberufler GmbH
Anwaltsnotarsozietät mit anderen Freiberuflern Vor 705 40; **PartGG 1** 83
Anwaltssozietät Vor 705 36 ff.; **718** 23
– Kündigung **738** 52
Anzeigepflicht des Gesellschafter-Erben 727 15, 18 f., 24 f.
Apotheke
– kein Freier Beruf **PartGG 1** 79
– stille Beteiligung an – **705** 334
Arbeitsgemeinschaft (ARGE) Vor 705 43 ff., 87; **705** 283
Architektengemeinschaft Vor 705 40
ARGE s. Arbeitsgemeinschaft
Ärztliche Gemeinschaft Vor 705 40
Atypische Gestaltungen
– bei der Gesellschaft **Vor 705** 2 ff., 106
Aufhebungsanspruch der Bruchteilsgemeinschaft s. auch Abgrenzung zu anderen Beendigungsgründen; Aufhebungsprozess
Auflösende Bedingung Vor 723 7
– des Gesellschaftsvertrages **Vor 723** 21
Auflösung der GbR s. auch Abwicklungsgesellschaft, Auflösungsbeschluss, Auseinandersetzung
– Ausscheiden statt Auflösung **723** 19

– fehlerhafte – **705** 364; **Vor 723** 20
– Gründe **Vor 723** 2, 12 ff.
– Identität der Gesellschaft **Vor 723** 23
– Innengesellschaft **Vor 723** 10
– Liquidationsgeschäftsführung **Vor 723** 22
– Nachhaftungsbegrenzung **736** 7, 28
– Rechtsfolgen **Vor 723** 22 f.
– Rückumwandlung in werbende Gesellschaft **Vor 723** 11; **736** 16
– Streitigkeiten **Vor 723** 25
– Vertragsbeziehungen der Gesellschaft **730** 36
– vorzeitige – **Vor 723** 18
– Wesen **Vor 723** 6
– Widerspruch **705** 230, 232
– Zustimmung des Ehegatten **Vor 723** 19
– Zweckänderung **Vor 723** 22
– Zweipersonengesellschaft **Vor 723** 9
Auflösung der OHG und KG
– Geschäftsführungsbefugnis **729** 4
– Vertretungsmacht **729** 14
Auflösung der Partnerschaft
– Fortsetzung der aufgelösten Partnerschaft **PartGG 9** 15
– Rechtsfolge s. Liquidation der Partnerschaft
– Verjährung der Gesellschaftsverbindlichkeit **PartGG 10** 2, 17
Auflösungsbeschluss
– familiengerichtliche Genehmigung **Vor 723** 19
– fehlerhafter – **705** 364; **Vor 723** 20
– konkludenter – **Vor 723** 19
– Mehrheitsklauseln **709** 93; **Vor 723** 18
– Rücktrittsrecht **Vor 723** 20
– verheirateter Gesellschafter **Vor 723** 19
Auflösungsgründe
– stille Gesellschaft **705** 288
Aufrechenbarkeitseinrede
– des Bürgen s. Bürgschaft
– des Gesellschafters **719** 14
Aufrechnung
– gegen Gesellschaftsforderung **719** 13 ff.; **720** 1 ff.
Auftragstätigkeit
– von Gesellschaftern **709** 37; **713** 5
Aufwendungsersatzanspruch des Geschäftsführers der GbR
– Abtretung **717** 34
– Anspruchsgegner **705** 191, 197
– aufgelöste Gesellschaft **730** 52
– fortbestehende Gesellschaftsführungsbefugnis nach § 729 **729** 11
– Inhalt **705** 191; **713** 16 f.
– Treupflicht **705** 227
– Verluste des Geschäftsführers **713** 16
– Zwangsvollstreckung **705** 197
Aufwendungsersatzansprüche der Partner PartGG 6 25
Auseinandersetzung der GbR s. auch Abwicklungsgesellschaft, Auseinandersetzungsguthaben, Schlussabrechnung
– Abwicklung **730** 1 ff.

671

Sachverzeichnis

Fette Zahlen = §§

- Abwicklungsgewinn **734** 2
- Anspruch auf – **730** 59 f.
- Anwendung von Unionsrecht **731** 4 f.
- Arten **730** 63
- Aufgaben der Abwickler **730** 3 f., 8 f., 44 ff.
- Auflösung stiller Reserven **734** 5
- Beendigung schwebender Geschäfte **730** 44
- dispositives Recht **730** 63 ff.; **731** 3; **733** 10 f., 20 f.
- Drittgläubigeransprüche **730** 53
- Drittgläubigerforderungen **733** 7
- Durchsetzungssperre **730** 49 ff.
- Einlagenrückerstattung **706** 11 ff.; **732** 1 ff.; **733** 7, 13 ff.
- Fehlbetrag in der Schlussabrechnung **734** 1 ff.
- fehlerhafte Gesellschaft **705** 346
- Feststellungsklagen **730** 52
- Gesellschafteransprüche **730** 49 ff.; **733** 2, 7 f.
- Innengesellschaft **730** 6, 12 ff.; **733** 4 f.
- Insolvenz des Gesellschafters **728** 38
- interner Ausgleich zwischen den Gesellschaftern **730** 3 ff.; **734** 9
- kein vorhandenes Gesellschaftsvermögen **730** 2
- Kontenausgleich zwischen den Gesellschaftern **730** 3 f.
- Leistungsklage **730** 49
- Personenhandelsgesellschaften **705** 12
- Realteilung **730** 92
- Rückzahlung von Einlagen **730** 54
- Schadensersatzansprüche gegenüber Mitgesellschaftern **730** 52, 56
- Schlussabrechnung **733** 6 ff.
- Schuldentilgung **733** 6 ff.
- Spaltung der GbR **730** 92
- stille Gesellschaft **730** 7 f.
- subsidiäre Anwendung des Unionsrechts **731** 4
- Teilung in Natur **730** 9; **731** 5
- Überschussverteilung **730** 9
- Verfahren **730** 1
- Verlustverteilung **735** 1 ff.
- vertragliche Regelungen **730** 10, 66 f.; **733** 5

Auseinandersetzung der Partnerschaft *s. auch Liquidation*

Auseinandersetzung unter Miterben 727 45

Auseinandersetzungsbilanz der GbR *s. auch Schlussabrechnung*

Auseinandersetzungsguthaben, Anspruch auf das –
- Abtretung **717** 32, 37 ff.
- Anspruchsgegner **705** 190; **730** 61 f.
- Ausgleichsanspruch **734** 9
- Auszahlung **730** 54 f.; **734** 9
- Beschränkung **725** 7
- Durchsetzbarkeit **734** 10
- Eintrittsklausel **727** 55 f., 60
- Entstehung **705** 190
- Fälligkeit **705** 190; **730** 61 f.; **734** 10
- feststehende Mindesthöhe **730** 54 f., 61 f.
- Inhalt **705** 190; **734** 8
- Innengesellschaft **730** 13
- Nießbrauch **705** 107
- Pfändung **717** 43
- Treupflicht **705** 227
- Vorausabtretung **717** 32, 38, 40
- Wesen **705** 190
- Zusammensetzung **717** 37; **734** 8

Ausfallhaftung
- subsidiäre – **735** 7

Ausgleichsanspruch gesamtschuldnerischer
- Abtretung **717** 34
- Anteilsübertragung **719** 46
- ausgeschiedener Gesellschafter **714** 71
- gegen den Ausgeschiedenen **714** 56
- gegen die Gesellschaft **714** 54 f.
- gegen Mitgesellschafter **714** 56

Auskunftsanspruch
- actio pro socio **713** 8
- der Gesellschaft **713** 8 f.
- des Gesellschafters **716** 6 ff.
- dispositiver Natur **716** 17
- schwebende Geschäfte **740** 7

Auskunftspflicht des Geschäftsführers 713 8 ff.

Auskunftsrecht 709 59
- auf Namen und Anschrift der Mitgesellschafter **716** 12a
- Inhalt **716** 8

Auslegung des Gesellschaftsvertrages
- Auslegungsmaßstäbe **705** 171 ff., 248
- Besonderheiten **705** 172 f.
- Bestimmtheitsgrundsatz **709** 84 ff.
- ergänzende Vertragsauslegung **705** 174
- Familiengesellschaft **705** 173
- geltungserhaltende Reduktion **705** 174 f.
- mehrdeutiger Vertragsinhalt **705** 173
- objektive – **705** 171
- Publikumsgesellschaft **705** 175
- Revisibilität **705** 176
- typische Personengesellschaft **705** 174b

Ausscheiden eines Gesellschafters der GbR
- Abfindungsanspruch **738** 2, 14 ff.
- Anteilsübertragung **719** 25, 39; **738** 14
- Anwachsung **738** 8 f.
- aufgrund Todes **736** 13
- Auseinandersetzung **738** 1
- einseitiges – **736** 1
- Fortsetzung der Gesellschaft **738** 5 ff.
- Gesamthandsberechtigung **738** 8
- Gesellschafterrechte und -pflichten **738** 6
- Grundbuchberichtigung **738** 9
- Haftung des Ausgeschiedenen gegenüber Gesellschaftsgläubigern **736** 7; **738** 4, 70 f.
- Nachhaftungsbegrenzung **736** 21 ff.
- notarielle Form **705** 36
- Prozessrechtsfolgen **738** 5
- Schuldbefreiung **738** 2 f., 77 ff.

Magere Zahlen = Randnummern **Sachverzeichnis**

- schwebende Geschäfte **740** 1 ff.
- Sicherheitsleistung **738** 80
- Treupflichten des Ausgeschiedenen **738** 7
- und Gesamthandsprozess **718** 60
- Verlustausgleich **739** 1 ff.
- vertragliche Gründe **736** 1
- Wettbewerbsverbot **738** 7
- Zweimanngesellschaft **Vor 723** 9; **738** 14

Ausscheiden eines Partners
- Abfindungsanspruch **PartGG 9** 17
- Austrittserklärung des Partner-Erben **PartGG 9** 31
- begrenzte Nachhaftung **PartGG 10** 18 f.
- Namensfortführung **PartGG 9** 11
- Verlust der Zulassung **PartGG 9** 18, 21 ff.
- vorletzter Partner **PartGG 10** 4

Ausschlagung der Erbschaft
- Abwicklungsgesellschaft **727** 17

Ausschließung von Gesellschaftern
- Abfindungsanspruch **737** 9
- Anhörung des Betroffenen **737** 15
- Anteilsschenkung unter Widerrufsvorbehalt **737** 21 f.
- Beschluss **737** 13
- des Treuhänders **705** 93
- dispositives Recht **737** 16
- durch Beschluss **737** 1
- ehemalige KG/OHG **737** 3
- Erklärung **737** 14
- fehlerhaft Beteiligter **705** 345, 368
- Feststellungsklage **737** 12
- Fortsetzungsklausel **737** 2 ff., 7
- gerichtliche Nachprüfung **737** 12
- im Abwicklungsstadium **737** 10 f.
- Innengesellschaft **737** 5
- mildere Mittel **737** 9
- Mitteilung des Ausschließungsgrundes **737** 14
- ohne sachlichen Grund **737** 17 f
- sämtlicher Gesellschafter **737** 5
- Übernahmerecht **730** 75; **737** 6
- Verfahren **737** 14 f.
- Vertragsvereinbarung **736** 15
- Vorrang milderer Mittel **737** 9
- wichtiger Grund **737** 8 ff.
- Zustimmungspflicht **705** 232, 239; **737** 3, 13
- Zweimanngesellschaft **737** 6

Ausschlussklage 705 232
- Zustimmungspflicht **705** 239

Außen-GbR 705 2
- Abgrenzung zur Innengesellschaft **718** 47

Außengesellschaft
- unentgeltlich eingeräumte Beteiligung **705** 43

Außengesellschaft (GbR) s. auch Gesellschaft bürgerlichen Rechts
- Abgrenzung zur Innen-GbR **Vor 705** 91; **705** 305
- Abgrenzung zur juristischen Person **705** 307 ff.
- als Mitglied in Kapitalgesellschaften/Personengesellschaften **705** 316 f.
- Gesamthandsvermögen **705** 253 f.
- Gesellschaftsorgane **705** 255
- Gesellschaftsvermögen **705** 265
- Grundbuchfähigkeit **705** 312 ff.
- Grundlagen **705** 253 ff.
- gutgläubiger Erwerb **705** 314 f.
- Haftung **705** 260
- Insolvenzfähigkeit **705** 322
- Kommanditisten-Fähigkeit **705** 317
- Organisation **705** 254
- Parteifähigkeit im Zivilprozess **705** 318 ff.
- Rechtsfähigkeit **705** 289 ff., 303 ff.
- uneingeschränkte Vermögensfähigkeit **705** 310
- Verfügungsbefugnis **705** 314

Außengesellschaft auf Zeit Vor 705 43
Außensozietät 705 379
Außenverhältnis der Partnerschaft
- konstitutive Wirkung der Registereintragung **PartGG 7** 3 ff.
- Rechtsnatur der Partnerschaft **PartGG 7** 10 ff.
- Vertretung der Partnerschaft **PartGG 7** 13 ff.

Ausstattung 705 42 f.
Austrittsrecht 723 70
- des Gesellschafter-Erben **727** 46 ff.

Ausübungsschranken 705 136, 140
Automatenaufstellvertrag Vor 705 119

Bankenkonsortium Vor 705 51
Bauherrengemeinschaft Vor 705 47 ff.; **726** 3
Bedingter Gesellschaftsvertrag Vor 723 7, 21
Beendigung der Gesellschaft Vor 723 5 ff.
Befristung der Gesellschaft s. auch Dauer
Beihilfegemeinschaft Vor 705 43
Beirat 705 259; **709** 59
- Mitspracherechte **705** 258

Beitrag s. auch Einlagenrückerstattung
- Abwicklungsgesellschaft **730** 30 ff.
- actio pro socio **705** 212
- als Gesamthandsvermögen **718** 16 f.
- als Gesellschaftsvermögen **705** 201, 268 f.
- Änderung **706** 7 f.; **714** 25
- Arten **706** 10
- Aufwendungen im Gesellschaftsinteresse **706** 6
- Auslegungsregel **706** 12
- Begriff **706** 2 ff.
- beitragsfreie Beteiligung **706** 17
- Bewertung **706** 8
- bilanzielle Behandlung **706** 12
- Dienstleistung **706** 14, 29
- Drittgeschäfte **706** 5
- Einbringung
  - dem Werte nach (quoad sortem) **705** 37; **706** 12, 18

Sachverzeichnis

Fette Zahlen = §§

– zu Eigentum (quoad dominium) **705** 37; **706** 9, 11, 18
– zum Gebrauch (quoad usum) **705** 37; **706** 13, 18
– Erfüllung der Beitragspflicht **705** 156; **706** 18
– Fälligkeit **705** 156; **706** 7, 19
– fehlerhafte Beitragsverpflichtung **705** 344, 362
– Festsetzung im Gesellschaftsvertrag **706** 7 f.
– Form der Beitragsvereinbarung **705** 33 ff., 156; **706** 8
– Gefahrtragung **706** 11 ff.; **732** 5
– gerichtliche Durchsetzung **705** 201, 204
– Geschäftsführung als Beitrag **706** 14
– Gleichbehandlungsgrundsatz **706** 15 f.
– Leistungsbestimmungsrecht **705** 156
– Leistungsstörungen **705** 163; **706** 21 ff.
– Leistungsverweigerungsrecht **705** 163, 166, 369
– Mängel der Beitragsleistung **706** 21, 27 f.
– Nachschüsse **706** 6
– Pfändung der Beitragsforderung **718** 16
– Rechts- oder Sachmängel
  – zu Eigentum (quoad dominium) **706** 21
– Schuldrechtsreform **706** 23
– Selbstkontrahierungsverbot **706** 18
– Synallagma **706** 20
– Unmöglichkeit **706** 25
– Unwirksamkeit der Einlageverpflichtung **705** 341
– Vertragsänderung **707** 1
– Verzug **706** 25
– Wertberechnung **706** 12
Beiträge der Partner PartGG 6 41 ff.
Beitragserhöhung
– Geltungsbereich **707** 3 ff.
– Gleichbehandlungsgrundsatz **705** 249, 251; **707** 9
– Individualschutz **707** 1
– Mehrheitsbeschluss **707** 7 ff.
– Nachschusspflicht **707** 3 ff.
– sanierungsbedürftige Gesellschaft **707** 1
– Schranken **707** 9
– Treupflicht **707** 10
– Zustimmungspflicht **705** 233; **707** 10
– Zustimmungsrecht **707** 1
Beitragsforderung
– Gesellschaftsvermögen **705** 269
– Pfändung **718** 16
Beitragshöhe 706 15 f.
Beitragsleistung 706 18 ff.
– Gleichbehandlungsgrundsatz **705** 249
Beitragspflicht
– als Vermögenspflicht **705** 192
– Geltendmachung **707** 4
– Inhalt **706** 10
Beitragsverpflichtung 706 2 ff.
Beitritt
– fehlerhafter – **705** 335 ff., 366
Belegarztvertrag Vor 705 123

Bergsportgemeinschaft Vor 705 34
Berufsausübungsgemeinschaft PartGG 1 10
Berufsrecht
– berufsrechtliche Anforderungen
  – an die Liquidatoren **PartGG 10** 15
  – an die Partner **PartGG 6** 6
– durch Berufsrecht geregelte Freie Berufe **PartGG 1** 41 f.
– Haftungsbeschränkung **PartGG 8** 2
– Höchstbetragshaftung **PartGG 8** 35
– Prinzip des kleinsten gemeinsamen Nenners **PartGG 1** 78
– Verschwiegenheitspflicht **PartGG 6** 7 f.
– Vorrang des Berufsrechts **PartGG 1** 3, 77 ff.; **PartGG 6** 17
Beschluss
– Gegenstände **709** 53 ff.
– Rechtsnatur **709** 51 f.
– Sozialakt **709** 51
– Wirkungen **709** 102 f.
– Zustandekommen **709** 71 f.
Beschlussfassung
– Förmlichkeiten **709** 71 f.
– Geschäftsführungsangelegenheiten **709** 54, 57
– Gesellschaftsangelegenheiten **709** 55
– Hinzuziehung eines Gesellschafterbeistands **709** 61
– konkludente – **709** 72
– Ladungsfrist **709** 73
– Mängel **709** 104 ff.
– Mehrheitserfordernisse **709** 81 ff.
– Selbstkontrahierungsverbot **709** 57 ff., 68 f.
– Stimmpflicht **709** 57 f.
– Tagesordnung **709** 73
– Vertragsänderungen **709** 58
– Zustimmungspflicht kraft Treupflicht
  – zu Geschäftsführungsmaßnahmen **709** 42 ff.
  – zu Vertragsänderungen **705** 231 ff.
Beschlussmängel
– Anfechtungsfristen **709** 114
– Arten **709** 105
– gerichtliche Geltendmachung **709** 113
– Gesetzes- oder Sittenverstoß **709** 105 f.
– Gründe **709** 112
– Heilung **709** 110
– mangelhafte Stimmabgabe **709** 104, 111
– Rechtsfolgen **709** 104 ff.
– Verfahrensfehler **709** 106 f.
– Verstoß gegen Ordnungsvorschriften **709** 107
– Vertragsänderungen **709** 109
Beschlussrecht
– Grundlage **709** 50
Besitz
– Besitzansprüche der GbR **718** 38
– Gesamthand als Besitzer **718** 35 ff.

Magere Zahlen = Randnummern

Sachverzeichnis

Besitzgesellschaft Vor 705 18
– Betriebsaufspaltung **Vor 705** 18
Besitz-Personengesellschaft 705 12
Bestandsschutzgedanke 705 173; **730** 74
Bestimmtheitsgrundsatz 705 137; **709** 84 ff.
– Kernbereichslehre **709** 90 ff.
– Kritik **709** 87 ff.
– Publikumsgesellschaft **709** 94
Beteiligungskonsortium Vor 705 88
Bewegliche Ausübungsschranken 705 136 f.
Beweisfunktion des Schriftformerfordernisses 705 50; **PartGG 3** 1
BGB-Außengesellschaft
– Gesellschafterstellung einer GbR **705** 79
BGB-Dauergesellschaft 727 26
BGB-Innengesellschaft
– Gesellschafterstellung einer GbR **705** 79
Bilanz s. auch Schlussabrechnung
– Abfindungsbilanz **738** 26 ff.
– Aufstellung **721** 6 f.
– Auseinandersetzungsbilanz **730** 9, 49 ff.
– Feststellung **709** 55; **721** 8 f.; **738** 28 f.
– Gewinnverteilung **721** 6 f.
Bilanzfeststellung
– Mehrheitsklausel **721** 9
– Mitwirkungspflicht **721** 11
Bruchteilsgemeinschaft
– Beteiligung an einer GbR **705** 83
– GbR als Gemeinschafter **719** 9
– Gesellschaftsvermögen als Bruchteilsvermögen **705** 266 ff.; **718** 11
– und GbR **Vor 705** 15, 124 ff.
Buchführung 713 11; **716** 9; **721** 6 f.
Buchwertklausel 738 41 ff., 63 f.; **740** 8
Bühnenaufführungsvertrag Vor 705 122
Bürgschaft
– für Gesellschaftsschulden **738** 78
Bürogemeinschaft Vor 705 39

Culpa in contrahendo
– Haftung der Gesellschafter **714** 37

Darlehen
– partiarisches – **Vor 705** 108 ff. s. auch Drittgeschäfte
Dauer der Gesellschaft
– Befristung
  – konkludente **723** 22 ff.
  – Schranken **723** 64 ff.
  – Voraussetzung **Vor 723** 16; **723** 22 f., 68
– Festdauer **723** 68
– Höchstdauer **723** 68
– Mindestdauer **Vor 723** 14; **723** 68
– unbefristete Gesellschaft **723** 65 f.
– Verlängerung **705** 233; **Vor 723** 15; **723** 69
– Zeitablauf als Auflösungsgrund **726** 2
Dauergesellschaften Vor 705 86 ff.
Dauerschuldverhältnis
– Gesellschaft als – **Vor 705** 5, 14; **723** 26
Deliktische Haftung der Gesamthand 705 260 ff.; **718** 31

Dienstleistungen eines Gesellschafters s. auch Beitrag, Drittgeschäfte
Dienstvertrag
– partiarischer **Vor 705** 111
Differenzierungs-These 705 166
Dispositives Gesellschaftsrecht 705 130, 174
Dissens
– fehlerhafte Gesellschaft (GbR) **705** 328
Doppelgesellschaft Vor 705 67; **705** 283
Doppelnatur der Gesellschaft 705 158, 354 ff.
Doppelverpflichtungstheorie s. auch Haftung der Gesellschafter
Doppelvertrag beim Gesellschafterwechsel 719 17
Drittgeschäfte der Gesellschaft
– Haftung der Mitgesellschafter **705** 220
Drittgeschäfte der Gesellschaft mit Gesellschaftern
– Abgrenzung zu Beitragsvereinbarungen **706** 5
– Arten **705** 185 f.; **709** 37
– Begriff **705** 185, 202
– bei Auflösung der Gesellschaft **732** 2
– Treupflicht **705** 203
Drittgläubigerforderung 705 220
Drittwiderspruchsklage 718 33, 54 f., 58
Duldungsvollmacht 714 28 f.
Durchsetzungssperre 738 18

Eheähnliche Gemeinschaft s. nichteheliche Lebensgemeinschaft
Ehegatten
– Beteiligung an GbR **719** 32; **Vor 723** 19; **723** 9 f.
– Bürgschaft s. dort
– Zugewinngemeinschaft s. dort
Ehegattengesellschaft Vor 705 73 ff., 88; **705** 27, 283
– gesellschaftsrechtliche Ausgleichsordnung **Vor 705** 79
– Gütergemeinschaft **705** 75
– Gütertrennung **705** 74
Ehegüterrecht Vor 705 74
Eheliche Gütergemeinschaft
– Beteiligung an GbR **705** 82
– Gründung einer GbR durch Ehegatten **Vor 705** 74 f.; **705** 74
– Umwandlungen in GbR **705** 15
Ehemalige KG 705 14; **714** 19; **718** 65
– Geschäftsführung **709** 18 f.
Eigennützige Gesellschafterrechte 705 196, 224
Eigennützige Mitgliedschaftsrechte 705 227 f.
Eigentümer-Besitzer-Verhältnis
– bei der Gesellschaft **718** 38
Eigentumsvermutung
– nach § 1006 **718** 38

675

Sachverzeichnis

Fette Zahlen = §§

Einberufung der Gesellschafterversammlung
- bei Beschlussfassung **709** 73

Einbringung s. auch Beitrag
- Umdeutung **706** 12

Einbringungsvereinbarung 706 5

Eingetragene Lebenspartnerschaft Vor 705 84

Eingliederung 705 230

Einlage 706 4
- verbotswidrige Einlageverpflichtung **705** 333

Einlageleistung
- Anwendbarkeit des allgemeinen Schuldrechts **705** 156
- Bestimmung nach §§ 315 ff. **705** 156

Einlagenrückerstattung
- bei Auflösung **730** 52 ff.; **733** 13 f.
- Dienstleistung **733** 17 f.
- Durchsetzbarkeit **732** 3
- Gebrauchsüberlassung **730** 14
- in Natur **732** 7
- Innengesellschaft **730** 14
- Rückgabezeitpunkt **732** 3
- Sacheinlage
  - Rückgabe dem Werte nach eingebrachter Sachen **732** 8; **733** 13 f.
  - Rückgabe zu Eigentum eingebrachter Sachen **732** 7; **733** 13 f.
  - Rückgabe zur Benutzung überlassener Gegenstände **732** 1 ff.; **733** 13, 19; **738** 76
- Wertänderung **733** 16
- Wertermittlung **733** 14 ff.
- Wertersatz **733** 14
- Zurückbehaltungsrecht **732** 4

Einmann-GbR 705 60 ff.

Einsicht in Urkunden s. Urkundeneinsicht

Einstimmigkeitsprinzip 709 39 ff., 81

Eintragung der Partnerschaft
- Erlöschen der Partnerschaft **PartGG 10** 13 f.
- fehlerhafte Eintragung **PartGG 7** 7 f.
- konstitutive Wirkung **PartGG 7** 3 f.
- Rechtsverhältnis bis zur Eintragung **PartGG 7** 5
- und Formmangel **PartGG 3** 7 f.

Eintrittsklausel 705 376; **727** 53 ff., 60 f., 66 ff.
- Vermächtnis **727** 54

Eintrittsrecht 736 3 ff., 19
- als Vertrag zu Gunsten Dritter **727** 57

Einwendungen bei der Gesellschafterhaftung 714 49 ff.

Einzelgeschäftsführung 710 4
- für Teilbereiche **710** 2; **711** 6
- Ressortprinzip **709** 17
- Vereinbarung **709** 14
- Widerspruchsrecht **709** 54; **711** 3, 6

Emissionskonsortium Vor 705 87

Endzweck 705 147

Entlastung
- der Geschäftsführer **709** 59

Entnahmerecht 705 189; **717** 15, 36; **721** 15 f.
- Gleichbehandlungsgrundsatz **705** 250
- vertragliches – **717** 33

Entstehung der GbR 705 1 ff.
- im Innenverhältnis **705** 1
- rückwirkende – **705** 7
- Umwandlung **705** 8 ff.
- Zeitpunkt **705** 6

Entziehungsbeschluss
- Gegenstand **712** 16

Entziehungsklage
- Zustimmungspflicht **705** 239

Erbe eines Gesellschafters s. Tod, Vererbung

Erbeinsetzung
- der Gesellschaft **718** 22

Erbenbesitz 718 38

Erbengemeinschaft
- Abgrenzung von (Handels-)Gesellschaft **705** 28
- Auseinandersetzung **727** 45
- Fortsetzung als GbR **705** 15, 27 f.
- Gesellschafter einer GbR
  - Abwicklungsgesellschaft **727** 14
  - werbende Gesellschaft **705** 81; **727** 33
- Haftung für Privatschulden der Gesellschafter **718** 32 ff.

Erbenmehrheit
- Willensbildung **727** 20

Erbfähigkeit der GbR 718 22

Erbschein 727 64 ff.

Erfindergemeinschaft Vor 705 118

Erfindungen
- eines Gesellschafters **706** 14; **718** 23

Erfolgsbeteiligung 705 149

Erfüllungsgehilfe
- der Gesellschaft **718** 30
- des Gesellschafters **708** 17; **713** 6

Ergänzende Vertragsauslegung
- Anwendungsbereich **705** 29 f., 174
- Gesellschaftsvertrag **705** 53
- im Verhältnis zur geltungserhaltenden Reduktion **705** 174a
- und dispositives Recht **705** 174

Ersitzung 718 38

Erwerbsgeschäft eines Minderjährigen 705 70

Erwerbsgesellschaft Vor 705 36 ff., 89 f.

Essentialia negotii
- des Gesellschaftsvertrags **705** 1, 29, 128

Europäische Wirtschaftliche Interessenvereinigung (EWIV) Vor 705 21 f.

Fahrgemeinschaft Vor 705 34, 87

Faktische Gesellschaft s. fehlerhafte Gesellschaft

Familiengerichtliche Genehmigung
- Nicht voll geschäftsfähige Gesellschafter **705** 70, 72
- Treuhand am Gesellschaftsanteil **705** 93

Familiengesellschaft 705 173

Magere Zahlen = Randnummern

Familiengesellschaften
– Familienpool **Vor 705** 70
Fehlerhafte Gesellschaft (GbR) 709 109
– Abwicklung **705** 346
– Anfechtung **705** 342
– Anteilsübertragung, fehlerhafte **705** 374
– Arglisteinwand **705** 344
– arglistige Täuschung **705** 328, 340
– Auflösungsklage **705** 345
– Ausnahmen von der Lehre **705** 332
– Ausscheiden, fehlerhaftes **705** 370
– Ausschlussklage **705** 345
– Bestätigung der – **705** 357
– Dissens **705** 328
– dogmatische Begründung der Lehre **705** 347 ff.
– Drohung **705** 328, 340
– Einschränkungen der Lehre **705** 351 ff.
– Entwicklung **705** 323 ff.
– faktische Gesellschaft **705** 1, 324, 327
– fehlerhafte Auflösung **705** 364
– fehlerhafte Gesellschafternachfolge **705** 373
– fehlerhafte Kapitalgesellschaft **705** 323
– fehlerhafte Vertragsänderung **705** 360 ff.
– fehlerhafter Beitritt **705** 366
– Fehlerhafter Gesellschafterwechsel **705** 366
– Formmangel **705** 51
– Formmangel, -nichtigkeit **705** 328
– Geltendmachung des Fehlers **705** 345; **723** 46
– Geltendmachung von Vertragsmängeln **705** 342
– Gesellschafternachfolge im Todesfall **705** 376
– gesetzeswidriger Gesellschaftszweck **705** 333
– Grenze **705** 332
– Gründungsmängel **705** 326 ff.
– Heilung des Mangels **705** 357
– Innengesellschaft **705** 358 ff.
– Irrtum **705** 328
– Kündigung **723** 46
– Liquidationsvorschriften **705** 346
– lückenhafter Gesellschaftsvertrag **705** 330
– nicht voll geschäftsfähiger Gesellschafter **705** 335 ff.
– Rechtsfolgen **705** 342
– Rechtsschein einer Gesellschaft **705** 378
– salvatorische Klausel **705** 330
– Scheinerbe **727** 63, 66
– Scheingesellschaft **705** 377 f.
– Scheinsozietät **705** 379
– schutzwürdige Interessen **705** 340
– Unwirksamkeit einzelner Vertragsbestimmungen **705** 330, 344
– verbots- oder sittenwidriger Gesellschaftszweck **705** 328
– verheirateter Gesellschafter **705** 341
– Vertragsmangel **705** 330
– Vollzug **705** 331
– Voraussetzungen **705** 326 ff.
– vorläufige Wirksamkeit **705** 343

Sachverzeichnis

Fehlerhafte Gesellschaft (Partnerschaft) PartGG 3 7 f.
Filmherstellungs- und -verwertungs(-lizenz-)vertrag Vor 705 122
Firma 705 270 *s. auch Name*
Förderpflicht 705 153
– Gegenstand **705** 154
Förderungspflicht 706 2 f.
Form des Gesellschaftsvertrags der GbR
– bei Gebrauchsüberlassung **706** 13
– Ehegatten **705** 75
– Grundsatz **705** 32, 131
– mündliche Zusatzabreden **705** 131
– schenkweise zugewendete Beteiligung **705** 42 f.
– Vereinbarungen über gegenwärtiges Vermögen **705** 33
– Vereinbarungen über GmbH-Geschäftsanteile **705** 33 f.
– Vereinbarungen über Grundstücke **705** 36 ff.
– Vertragsänderung **705** 57
– Vorvertrag **705** 178
Form des Gesellschaftsvertrags der Partnerschaft PartGG 3 1, 5 f.
Formmangel des Gesellschaftsvertrags der GbR 705 51, 328 *s. auch Fehlerhafte Gesellschaft (GbR)*
Formmangel des Partnerschaftsvertrags
– Rechtsfolgen bei Gründung **PartGG 3** 7 ff.
– Rechtsfolgen bei späteren Vertragsänderungen **PartGG 3** 11
Formwechsel der Gesellschaft 705 8
Formwechsel im Sinne des UmwG *s. Umwandlung*
Formwechselnde Umwandlung *s. Umwandlung*
Forstwirtschafts-GbR Vor 705 41, 89
Fortsetzung der Gesellschaft
– Auslegung **705** 173
– durch Beschluss **736** 17
– Fortsetzungsklausel **736** 5 ff., 20
Fortsetzung einer nichtrechtsfähigen Personengemeinschaft
– als Personengesellschaft **705** 15
Fortsetzungsklausel 723 72
– Sittenwidrigkeit **736** 15
– Wirkung **736** 20
Franchising
– Franchisevertrag **Vor 705** 123
– System **705** 21
Freiberufler-GmbH
– Haftung **PartGG Vor 1** 22
– Rechnungslegung **PartGG Vor 1** 25
– Steuerbelastung **PartGG Vor 1** 24 f.
– Vergleich mit Partnerschaft **PartGG Vor 1** 22 ff.
– Zulässigkeit **PartGG Vor 1** 15 ff.
Freiberufler-Partnerschaft als Sonderform der GbR Vor 705 19 f.

Sachverzeichnis

Fette Zahlen = §§

Freiberufliche Tätigkeiten
- aktive Berufsausübung **PartGG 1** 13 f.
- als Beitragsleistung **PartGG 1** 11 ff., 24
- als gemeinsamer Zweck **PartGG 1** 10
- der Liquidatoren **PartGG 10** 15
- Eigenständigkeit **PartGG 1** 39 f.
- Geschäftsführung **PartGG 6** 7, 13
- Grenzbereich zu sonstigen Geschäften **PartGG 6** 10
- Hilfsgeschäfte **PartGG 6** 12
- neben gewerblicher Tätigkeit **PartGG 1** 19 ff.
- qualifizierte Ausbildung **PartGG 1** 39 f.
- Selbstständigkeit **PartGG 1** 39 f.
- typische Merkmale **PartGG 1** 39 ff.
- Weisungsfreiheit **PartGG 1** 39 f.

Freie Berufe in der GbR Vor 705 36 ff., 89

Freie Berufe in der Partnerschaft
- Abgrenzung **PartGG 1** 45 ff.
- Anwaltsnotar **PartGG 1** 83
- Apotheker **PartGG 1** 79
- Architekt **PartGG 1** 58
- Begriff **PartGG 1** 2, 33 ff.
- Berufskammern **PartGG 1** 43
- Berufsrecht **PartGG 1** 43 f., 77 ff.
- Bildberichterstatter **PartGG 1** 61
- Dolmetscher **PartGG 1** 62
- Erzieher **PartGG 1** 76
- Grenzbereich zu § 1 HGB **PartGG 1** 16 ff.
- Handelschemiker **PartGG 1** 59
- Heilberufe **PartGG 1** 49
- Ingenieur **PartGG 1** 57
- Journalist **PartGG 1** 60
- Katalogberufe **PartGG 1** 2
- Katalogberufe und ähnliche **PartGG 1** 49 ff., 64 ff.
- Kategorien **PartGG 1** 41
- Künstler **PartGG 1** 73 f.
- Lehrer **PartGG 1** 76
- Lotse **PartGG 1** 63
- medizinische Hilfsberufe **PartGG 1** 51 f.
- Notar **PartGG 1** 48, 79 f.
- Patentanwalt **PartGG 1** 53 f., 82 f.
- rechts- und wirtschaftsberatende Berufe **PartGG 1** 53 f.
- Rechtsanwalt **PartGG 1** 82 f.
- Sachverständiger **PartGG 1** 59
- Schriftsteller **PartGG 1** 75
- Steuerberater **PartGG 1** 55, 81
- Übersetzer **PartGG 1** 62
- Verschwiegenheitspflicht **PartGG 6** 7 f.
- Volks- und Betriebswirt **PartGG 1** 56
- Werbeberater **PartGG 1** 60
- Wirtschaftsprüfer **PartGG 1** 55, 81 f.; **PartGG 2** 13
- Wissenschaftler **PartGG 1** 72

Fruchterwerb 718 38

GbR
- Gesellschafterstellung einer GbR **705** 79

Gebrauchsüberlassung s. auch Beitrag, Form

Gelegenheitsgesellschaft Vor 705 35, 86 ff.; **705** 26; **723** 24; **727** 27

Geltungserhaltende Reduktion
- im Verhältnis zur ergänzenden Vertragsauslegung **705** 174a

Gemeinnütziger Gesellschaftszweck s. Idealgesellschaft

Gemeinsamer Vertreter 730 40 f.

Gemeinsamer Zweck der Gesellschaft
- Arten **705** 144 f.
- Betreiben eines Handelsgewerbes **Vor 705** 16 f.; **705** 3, 22, 146
- Erfolgsbeteiligung **705** 149 ff.
- Förderpflicht **705** 153
- Förderungspflicht **705** 128, 142 f.
- gesetzeswidriger – **705** 146, 333
- Halten und Verwalten von Sachen **705** 145
- ideeller Zweck **705** 144
- immaterieller Erfolg **705** 144
- Kartellvertrag **Vor 705** 65; **705** 143
- Motiv der Gesellschaftsbeteiligung **705** 147
- sittenwidriger – **705** 134, 146, 334
- societas leonina **705** 151
- Unmöglichkeit **726** 4 ff.
- Vergemeinschaftung des Zwecks **705** 132
- Vertragsfreiheit **705** 132 ff.
- Zweckerreichung **726** 3 ff.

Gemeinschaft
- Gesamthand s. dort

Gemeinschaft der Wohnungseigentümer s. Wohnungseigentümergemeinschaft

Gemeinschaftliche Berufsausübung Vor 705 40

Gemeinschaftsproduktion Vor 705 122

Gemeinschaftsunternehmen Vor 705 66 ff.; **705** 76

Gemeinschaftsvertrag 705 161 f.

Gemischte Verträge Vor 705 106, 113
- Dauerschuldcharakter **Vor 705** 115

Generalvollmacht 705 124a; **709** 5; **714** 12; **717** 9

Gesamtgeschäftsführung 710 4

Gesamtgut 705 74 f., 82

Gesamthand
- Arten **705** 289 ff.
- Entwicklung **705** 299 f.
- Gemeinsamkeiten verschiedener Arten **705** 290
- gesetzliche Ausgestaltung **718** 4
- Gruppenlehre **705** 298
- höchstrichterliche Rechtsfortbildung **705** 300 f.
- Rechtsfähigkeit **705** 160 ff., 303; **718** 2 ff.
- traditionelle Lehre **705** 296 f.
- Unterschiede verschiedener Arten **705** 291

Gesamthandsberechtigung
- Anteil an einzelnen Vermögensgegenständen **718** 7 ff.; **719** 8
- Anwachsung **738** 8

678

Magere Zahlen = Randnummern **Sachverzeichnis**

– ausgeschiedener Gesellschafter **718** 7; **738** 8 f.
– Begriff **718** 6
– eintretender Gesellschafter **718** 8
– Gesellschafterwechsel **718** 5, 7 ff.; **738** 8 f.
– Umfang **718** 6; **719** 4 f.
– Voraussetzung **718** 6

Gesamthandsbeteiligung
– Verfügungsverbot **719** 4 f.

Gesamthandsforderung
– Aufrechnung **719** 13 ff.; **720** 1 ff.
– Begründung **720** 2
– Einziehung **709** 41 f.
– Schuldnerschutz **720** 1 ff.

Gesamthandsgemeinschaft 705 292
– Außen-GbR **705** 293 ff.
– Partnerschaft **718** 2 ff.

Gesamthandsgesellschaft Vor 705 12

Gesamthandsprinzip *s. auch Gesamthand*

Gesamthandsschulden *s. auch Haftung der Gesellschaft*
– aufgrund objektiver Zurechnung **718** 29
– Begriff **714** 31; **718** 24
– Entstehungsgründe **718** 24 ff.
– Gesamthand als Schuldner **714** 31

Gesamthandsschuldklage *s. auch Prozess der Gesamthand, Zwangsvollstreckung*
– Anwendungsbereich **718** 49
– Beklagter **718** 53
– Grundsatz **718** 53 f.
– Klagegrund **718** 53
– Klageziel **718** 51
– notwendige Streitgenossenschaft der Gesellschafter **718** 50 f.
– Urteilstenor **718** 53
– Veränderungen im Gesellschafterkreis **718** 60 ff.
– Vollstreckungstitel **718** 55
– Zwangsvollstreckung **718** 52, 55 ff.

Gesamthandsvermögen *s. auch Gesamthandsberechtigung*
– abweichende Zuordnung des Gesellschaftsvermögens **705** 2, 266 ff.
– Anteil am – **719** 4
– Anteile an einzelnen Gegenständen **719** 8
– Begriff **718** 2
– Beitragsforderungen **705** 269
– Bestand und Umfang **718** 5
– Bestandteile **705** 201, 265, 269; **718** 19 ff.
– Entstehung **718** 12 ff.
– Erwerbstatbestände **705** 265; **718** 18 ff.; **719** 9
– Sozialansprüche **705** 201, 269; **718** 12
– Surrogationserwerb **718** 20 f.; **720** 3
– Teilungsanspruch **719** 12
– Umwandlung in eine GbR **718** 14 f.
– und Bruchteilseigentum **718** 11; **719** 8 f.
– Verfügungen von – **718** 5
– Verfügungsberechtigung **719** 9 f.
– Verzicht auf **718** 10

– Verzicht auf – **705** 266 ff.
– Wegfall **718** 12 ff.
– Wesen **705** 265; **718** 2

Gesamtname 705 270 f.

Gesamtnichtigkeit des Gesellschaftsvertrags 705 53

Gesamtschäftsführungsbefugnis *s. auch Geschäftsführung*

Gesamtschuldklage *s. auch Gesamthandsschuldklage*
– Unterscheidung von der Gesamthandsschuldklage **718** 40
– Vollstreckung ins Gesamthandsvermögen **718** 57

Geschäftsbücher
– der GbR **713** 11; **716** 9
– der Partnerschaft **PartGG 10** 13 f.

Geschäftsführer *s. auch Aufwendungsersatzanspruch, Geschäftsführervergütung, Haftung des Geschäftsführers*
– Erfüllungsgehilfe **718** 30
– Gutgläubigkeit **729** 9 f.
– Minderjähriger **709** 27
– Nichtgesellschafter **709** 20; **712** 3; **713** 4
– Organqualität **705** 257; **714** 17
– Rechtsgrundlage der Geschäftsführerstellung **709** 2
– Rechtsstellung **712** 1 ff.
– Selbstorganschaft **709** 5 f.
– Verletzung durch Dritte **709** 35
– Verrichtungsgehilfe **718** 31

Geschäftsführervergütung
– Abtretung **717** 34
– Abwicklungsgesellschaft **730** 42
– Anpassung **705** 234; **709** 36; **712** 21
– Anspruch auf – **709** 32; **713** 17
– Aufwendungsersatz **713** 17
– Entziehung der Geschäftsführerbefugnis **712** 21
– fortdauernde Geschäftsführungsbefugnis bei Auflösung **729** 11
– Gewinnverteilungsabrede **709** 32
– Gewinnvoraus **709** 33
– Rechtsgrundlage **709** 32
– Rechtsnatur **709** 32
– Schuldner **705** 197
– Verhinderung des Geschäftsführers **709** 34 f.
– Zwangsvollstreckung **705** 197

Geschäftsführung der GbR *s. auch Abwicklungsgesellschaft, Geschäftsführungsbefugnis, Haftung im Innenverhältnis, Widerspruch*
– als Beitrag **706** 14; **709** 7
– Anstellung Dritter **709** 5, 20
– Anteilsübertragung **719** 41
– Anwendung des Auftragsrechts **713** 2, 6 ff., 18 f.
– Arbeitsteilung **709** 16 f.
– Auftragstätigkeit von Gesellschaftern **713** 5
– Aufwendungsersatz **713** 15 ff.; **717** 34
– ausgeschiedene Gesellschafter **738** 6

679

Sachverzeichnis

Fette Zahlen = §§

– Auskunftspflicht **713** 8 f.; **716** 12
– Auswahlverschulden **713** 6
– Begriff **709** 7 ff.
– Beschlussfassung in Geschäftsführungsangelegenheiten **709** 54
– Beschränkung der Geschäftsführungsbefugnis **710** 2 f.
– Buchführung **713** 11
– ehemalige KG/OHG **709** 18 f.
– Einstimmigkeitsprinzip **709** 13, 39 ff.
– Einzelgeschäftsführung **709** 14, 17, 54
– Entlastung **709** 55, 59; **713** 10
– Erfüllung der Beitragspflicht **709** 7
– Erfüllungsgehilfe **708** 17; **713** 6
– Ermessen bei der – **709** 30
– fehlerhafte Änderung **705** 362 f.
– Freistellungsanspruch **713** 15
– funktionell beschränkte Einzelgeschäftsführung **709** 17
– für die Gesamthand **709** 4
– Gegenstände **709** 12
– gerichtliche Durchsetzung **705** 201
– gerichtliche Zweckmäßigkeitskontrolle **709** 30, 42; **711** 11
– Gesamtgeschäftsführung **709** 13
– Gleichbehandlungsgrundsatz **705** 249
– Grundlagengeschäfte **709** 10 f.
– Herausgabepflicht **713** 12 f.
– Innengesellschaft **705** 284 ff.
– Insolvenzverwalter **728** 15
– Krankheit des Geschäftsführers **709** 31
– Kündigung **712** 24 ff.
– Liquidationsstadium **709** 22
– Mehrheitsprinzip **709** 13, 45 ff., 83
– Nichtgesellschafter **709** 5; **713** 4
– Notgeschäftsführung **709** 21; **711** 8; **714** 18; **727** 16 ff.; **728** 33
– Organhaftung **705** 262 ff.
– Pflicht zur – **705** 232; **709** 3, 29 ff.
– Prozessführung **709** 12; **718** 44 f.
– Publikumsgesellschaft **709** 6
– Recht auf – **709** 28
– Rechtsstellung **709** 26 ff.
– Ressortprinzip **709** 17; **711** 6
– Schäden des Geschäftsführers **713** 16
– Selbstorganschaft **730** 47
– Sonderaufträge für Gesellschafter **709** 37
– Sonderrecht **709** 46
– stille Gesellschaft **705** 286 f.
– Stimmbindung **717** 24 f.
– Substitution **709** 29; **713** 6
– Treupflicht **705** 196, 223, 226
– Überlassung zur Ausübung **717** 9
– Übertragung auf bestimmte Gesellschafter **709** 15; **710** 1 ff.
– Unanwendbarkeit des Auftragsrechts **713** 18 f.
– und Geschäftsführungsbefugnis **709** 8
– und Vertretung **709** 9; **714** 24 ff.
– Unterlassungsklage **705** 204
– Verhinderung des Geschäftsführers **709** 31, 34 f.; **710** 5
– Verluste des Geschäftsführers **713** 16
– vertragliche Regelungen **709** 14 ff.
– Verweigerung der Geschäftsführertätigkeit **709** 43 f.
– von der Geschäftsführung ausgeschlossene Gesellschafter **710** 7
– Vorschuss **713** 15; **717** 34
– Wegfall eines Geschäftsführers **710** 5
– Weisungsbindungen der Geschäftsführer **709** 28, 49, 54; **713** 7
– Weisungsrecht **709** 28
– Weisungsrecht von Gesellschaftern **709** 54; **713** 7
– Wettbewerbsverbot **705** 235 ff.
– Zustimmungspflicht zu Geschäftsführungsmaßnahmen **709** 42 ff.

Geschäftsführung in der Partnerschaft
– Ausschluss einzelner Partner **PartGG 6** 7 f.
– freiberuflicher Bereich **PartGG 6** 13 ff.
 – Gestaltungsmöglichkeiten **PartGG 6** 15 ff.
 – Hilfsgeschäfte **PartGG 6** 12
 – rechtliche Qualifizierung **PartGG 6** 13
– Selbstorganschaft **PartGG 6** 9

Geschäftsführung ohne Auftrag 709 21
– bei Überschreitung der Geschäftsführungsbefugnis **708** 10 f.

Geschäftsführungsbefugnis 705 124b
– auflösungsbedingter Wegfall **729** 3
– Auflösungsgründe **729** 5
– bei Auflösung der OHG und KG **729** 4

Geschäftsführungsbefugnis in der GbR
– Ausscheiden eines Geschäftsführers **729** 7 f.
– Begriff **709** 8
– Beschränkung **712** 17
– Fortdauer bei Auflösung **729** 1 ff.
– gerichtliche Durchsetzung **705** 199, 219
– Überschreitung **708** 8 ff.; **709** 8, 25, 42; **714** 25
– Umfang **709** 23 ff.
– Wesen **709** 3, 26; **713** 1 f.

–, Entziehung
– Ausschluss des Entziehungsrechts **712** 23
– Beschlussfassung **705** 234; **712** 12 ff.
– Gegenstand **712** 4 f.
– gerichtliche Nachprüfung **712** 18
– Gesamtgeschäftsführung **709** 43; **712** 4 f.
– Innengesellschaft **712** 7 f.
– Mehrheitsbeschluss **712** 13 ff.
– Nichtgesellschafter **712** 3
– Rechtsfolgen **712** 19 ff.
– stille Gesellschaft **705** 287; **712** 8
– Treupflicht **705** 226, 234
– übertragene Geschäftsführung **710** 8; **712** 1
– Verschulden **712** 9
– vertragliche Regelungen **712** 22
– Vertretungsmacht **712** 16
– wichtiger Grund **712** 9 ff., 22
– Zustimmungspflicht **705** 234, 239; **712** 15

Magere Zahlen = Randnummern

Sachverzeichnis

– Zweipersonengesellschaft **712** 14
–, Kündigung
– Gesamtgeschäftsführung **712** 26 f.
– Kündigungserklärung **712** 28
– Kündigungsfrist **712** 28
– Rechtsfolgen **712** 29
– übertragene Geschäftsführung **712** 26
– vertragliche Regelungen **712** 30
– wichtiger Grund **712** 30
Geschäftsführungsbefugnis in der Partnerschaft
– Entziehung **PartGG 6** 21 f.
– Unabdingbarkeit der freiberuflichen Geschäftsführungsbefugnis **PartGG 6** 14
Geschäftsführungsrecht
– Treupflicht **705** 226
Geschäftsführungstätigkeit
– als Beitragsleistung **713** 17
Geschäftsgrundlagenänderung 705 234
Gesellschaft
– als InsO-Schuldnerin **728** 13 f.
Gesellschaft bürgerlichen Rechts
– Abgrenzung zur Gemeinschaft **Vor 705** 125
– Einteilungskriterien **Vor 705** 85 ff.
Gesellschaft bürgerlichen Rechts (GbR) s. auch *Außen-GbR*
– als Besitzer **718** 35 ff.
– als Organisation **705** 158 ff.
– als Schuldverhältnis **Vor 705** 14; **705** 155 ff.
– als Vermieterin **705** 311 f.
– Begriff **Vor 705** 1 f.
– Grundrechtsfähigkeit **705** 301
– Parteifähigkeit **705** 318
– Rechts- und Parteifähigkeit **705** 301
– Rechtspersönlichkeit **705** 303 ff.
– Reform des GbR-Rechts **Vor 705** 26 ff.
– Treubindung der – **Vor 705** 7
– Vertretung **714** 1 ff.
– Wesensmerkmale **Vor 705** 5 ff.
– Zweck der – **Vor 705** 6
Gesellschaft zum Erwerb von Vermögensgegenständen Vor 705 34
Gesellschafter
– als Insolvenzgläubiger **728** 20
– Aufnahme durch Vertrag **719** 20
– Verfügungsberechtigung **719** 10
Gesellschafter der GbR
– Allgemeines **705** 60 ff
– Bruchteilsgemeinschaft **705** 83
– Ehegatten **705** 73
– eheliche Gütergemeinschaft **705** 75, 82
– Erbengemeinschaft **705** 81
– GbR **705** 79
– Höchstzahl **705** 66
– juristische Person **705** 76
– Mindestzahl **705** 60
– natürliche Person **705** 68
– nicht voll Geschäftsfähige **705** 69
– Personengesellschaften **705** 78

– Streitigkeiten über die personelle Zusammensetzung **705** 200
– Vorgesellschaft **705** 77
Gesellschafter minderen Rechts 738 58
Gesellschafterausschuss 705 259
Gesellschafterbeschlüsse der Partnerschaft
– Einstimmigkeitsprinzip **PartGG 6** 37
– Mehrheitsprinzip **PartGG 6** 38 f.
Gesellschafterinsolvenz 728 31 ff.
– Fortsetzung der Gesellschaft **736** 14
– Voraussetzungen **728** 34 ff.
Gesellschafterrechte s. auch *Kontrollrechte, Vermögensrechte, Verwaltungsrechte, Widerspruchsrecht*
– Abspaltungsverbot **717** 5
– Arten **705** 185 ff.
– Grundlagen **717** 1 ff.
– im Insolvenzverfahren **728** 16
– Kernbereich **705** 133 ff.; **709** 91 f., 98; **717** 17
– Schranken **705** 136 f.; **709** 91 f., 100 f.
– übertragbare – **717** 6 f.
– Übertragbarkeit **717** 5 ff., 14 f.
Gesellschafterversammlung 705 258
– Beschlussfassung **709** 71 f.
Gesellschafterwechsel
– Arten **719** 17 ff.
– durch Anteilsübertragung **719** 23
– durch Doppelvertrag **719** 23
– fehlerhafter – **705** 365 ff.
Gesellschaftsähnliche Gemeinschaften Vor 705 127
Gesellschaftsähnliche Rechtsverhältnisse Vor 705 106, 118 f.
– Auseinandersetzung **730** 20
Gesellschaftsanteil s. auch *Anteilsübertragung*
– Anteilsmehrheit in einer Hand **705** 181 f.
– Aufstockung zu Lasten von Mitgesellschaftern **705** 42 ff.
– Begriff **705** 159; **719** 22
– Einbringung in Kapitalgesellschaft **730** 89 ff.
– Pfändung **719** 59
– Übertragung **719** 25 ff.
– Vereinigung aller Anteile **Vor 723** 9, 17
– Vererbung **727** 28 ff.
– Verpfändung **717** 15, 39; **719** 51 ff.
Gesellschaftsbeitritt
– Haustürsituation **705** 329
Gesellschaftsforderung s. auch *Gesamthandsforderungen*
Gesellschaftsinterner Schlichtungsversuch 705 199
Gesellschaftsname 705 270 ff.
– Namensschutz **705** 272 f.
Gesellschaftsorgane 705 255
Gesellschaftsschulden s. auch *Gesamthandsschulden*
Gesellschaftsvermögen s. auch *Anteil, Gesamthandsberechtigung, Gesamthandsvermögen*
– Begriff und Grundlagen **718** 2 ff.

681

Sachverzeichnis

Fette Zahlen = §§

- Bruchteilseigentum der Gesellschafter **705** 266 ff.; **718** 11
- gesamthänderische Bindung **705** 265
- Sondergestaltung **705** 266
- Veräußerung im Ganzen **730** 86 ff.

Gesellschaftsvertrag s. auch Anteil, Gesamthandsberechtigung
- Abgrenzung von partiarischen Rechtsverhältnissen **705** 129
- Abgrenzung zu Gefälligkeitsverhältnis **705** 17 ff.
- Abgrenzung zu sonstigen vertraglichen Schuldverhältnissen **Vor 705** 104 ff.
- Abschluss **705** 17 ff.
- allgemeine Geschäftsbedingungen **705** 139
- Anwendbarkeit der §§ 145 ff. **705** 20
- Anwendung der §§ 320 ff. **705** 163 ff.
- Anwendung der §§ 323 bis 326 **705** 163 ff.
- Anwendung des allgemeinen Schuldrechts **705** 156
- bedingter – **705** 31
- befristeter – **705** 31; **723** 22 ff., 64 ff.
- Dauerschuldverhältnis **705** 153
- einseitig vorformulierter – **705** 140
- Ergänzende Vertragsauslegung **705** 128
- essentialia negotii **705** 128
- Form **705** 32 ff.
- gesetzliche Formerfordernisse **705** 33
- grobe Ungleichbehandlung der Gesellschafter **705** 134
- Inhaltskontrolle **705** 139 ff.
- konkludente Vereinbarungen **705** 131
- konkludenter Vertragsschluss **705** 25
- Leistungsstörungen **705** 163 ff., 170
- mangelhafter – **705** 52
- Mindestvoraussetzungen **705** 128
- mündliche Vereinbarungen **705** 131
- Rechtsfolgen der Formnichtigkeit **705** 35
- Rechtsfolgen des Formmangels **705** 40 f.
- rechtsgeschäftlicher Bindungswille **705** 18 ff.
- Rechtsnatur **705** 155, 161 ff.
- Rückdatierung **705** 7
- Rücktritt **705** 157
- Schuldverhältnis **705** 155 ff.
- Selbstkontrahierungsverbot **705** 58
- Teilnichtigkeit **705** 52 ff.
- Umfang der Formerfordernisse **705** 34
- Unterschiede zum Austauschvertrag **705** 161
- unvollständiger Vertragsschluss **705** 29, 128
- Vereinbarung über Grundstücke **705** 36
- Verschuldensmaßstab **705** 157
- Vertrag zugunsten Dritter **705** 157
- Vertragsänderungen **705** 55 ff.
- Vertragsfreiheit **705** 132 f.
- Vertragsverletzung **705** 198; **708** 6 f., 16 ff.

Gesellschaftszweck s. auch gemeinsamer Zweck

Gesetzliche Schriftform PartGG 3 5 f.
- Gesellschaftsvertrag **705** 33 ff.

Gesetzliches Verbot
- Gesetzes- oder Sittenverstoß **705** 333 f.

Gewahrsamsfähigkeit
- der GbR **718** 59

Gewerbebetrieb und Gesamthandsgegenstände s. Unternehmensschutz

Gewinn- und Verlustrechnung 721 6 f.

Gewinnanspruch
- Abtretung **717** 31, 36, 40; **721** 6
- aufgelöste Gesellschaft **730** 26 f., 52 f.
- Ausschluss, Beschränkung **705** 149 ff.; **722** 5 f.
- Entnahmebeschränkungen **721** 15 f.
- Entstehung **721** 8 f., 13 f.
- Fälligkeit **721** 8 f., 13 f.
- Geschäftsführervergütung **709** 32 ff.
- Höhe **705** 189; **722** 1 ff.
- Mindestgewinngarantie **722** 5
- Pfändung **725** 6
- Schranken der Geltendmachung **705** 227 f.; **721** 15 f.
- Schuldner **705** 197; **721** 13 f.
- stehen gelassene Gewinne **721** 16
- Verjährung **721** 13 f.
- Vorausabtretung **717** 31, 35 f., 40; **721** 14
- Wesen **705** 189
- Zwangsvollstreckung **705** 197; **725** 6

Gewinngemeinschaft Vor 705 66

Gewinnstammrecht 719 7
- Begriff **717** 15
- Nießbrauch **705** 108

Gewinnverteilung in der GbR s. auch Gleichbehandlungsgrundsatz
- Abwicklungsgesellschaft **730** 26 f.
- Anspruch auf –
  - nach Auflösung **721** 1; **721** 4
- Bilanzaufstellung **721** 6 f.
- fehlerhafte Änderung **705** 362 f.
- Gleichbehandlungsgrundsatz **705** 250
- Innengesellschaft **721** 4
- jährliche – **705** 189; **721** 4 ff.
- Stehenlassen von Gewinnen **721** 16
- stille Gesellschaft **705** 287
- vertragliche Regelungen **721** 3, 5
- Zeitpunkt **721** 1

Gewinnverteilung in der Partnerschaft PartGG 6 44 f.

Gewinnverteilungsschlüssel
- Änderung **709** 93; **722** 5
- gesetzlicher – **705** 189; **722** 1 f.
- Gleichbehandlungsgrundsatz **705** 250
- sittenwidriger – **705** 134, 333

Gewinnverwendung 709 55, 59

Gewinnvoraus 721 5

Gläubigerbenachteiligung 738 47 f.

Gleichbehandlungsgrundsatz 705 137
- als Ordnungsprinzip **705** 248
- Anwendungsbereich **705** 244, 248 ff.
- dispositive Natur **705** 247
- Grundlage **705** 244 f.
- Inhalt **705** 234, 245
- Mehrheitsberechnung **709** 97

Magere Zahlen = Randnummern

Sachverzeichnis

– Minderheitenschutz **705** 251
– Rechtsfolgen eines Verstoßes **705** 252
– sittenwidrige Ungleichbehandlung **705** 134
– vertragliche Abweichungen **705** 245 ff.
Gleichordnungskonzern Vor 705 66
GmbH *s. Freiberufler-GmbH, juristische Person, Kapitalgesellschaft*
– Geschäftsanteil **705** 33 f.; **719** 33 ff.
„**Good will**"
– als Beitrag **706** 10
Grundbucheintragung
Grundbuchfähigkeit
– der (Außen-)GbR **705** 312 ff.
– der Partnerschaft **PartGG 7** 12
Grundlagengeschäfte 709 10 f.
Grundrechtsfähigkeit
– Der (Außen-) GbR **705** 301
Grundsätze ordnungsgemäßer Buchführung 721 6 f.
Grundstück
– als Beitrag **705** 15, 36
– Gesellschaftsgründung zum Erwerb **Vor 705** 36; **705** 38 f.
Grundstück als Gesellschaftsvermögen
– Anteilsübertragung **705** 36; **719** 33 ff.
– formwechselnde Umwandlung **705** 13
– Gesellschafterwechsel **705** 36; **718** 9; **738** 9
Grundstücks-Fond Vor 705 3a
Grundstücksgesellschaft 705 39
Gründungsmängel *s. auch fehlerhafte Gesellschaft*
Gruppe (Gesamthand) 705 298 ff.
Gruppenlehre 714 14
Gütergemeinschaft 705 74 *s. auch eheliche Gütergemeinschaft*
Gütertrennung 705 74
Gutgläubiger Erwerb
– von Gesamthandsgegenständen **718** 38; **719** 9

Haftung der Gesellschaft (GbR) *s. auch Gesamthandsschuldklage, Rechtsfähigkeit der (Außen-) GbR*
– Gesamthandsschulden **718** 24 ff.
– Gesamtrechtsnachfolge in das Vermögen einer anderen Gesellschaft **718** 28
– gesetzliche – **705** 262 ff.
– Innengesellschaft **705** 284
– Organverschulden **705** 262 ff.; **718** 27, 30 f.
– Privatschulden von Gesellschaftern **718** 32
– rechtsgeschäftliche – **718** 25 f.
– Teilnahme am Rechtsverkehr **714** 8
Haftung der Gesellschafter 705 197; **714** 9 ff. *s. auch Akzessorietätstheorie*
– Akzessorietät **714** 33 f.
– Analogie zu § 128 HGB **714** 36
– Ausgestaltung **714** 35 ff.
– Ausgleichsanspruch **714** 56
– ausscheidender Gesellschafter **714** 70
– deliktische Verbindlichkeiten **714** 38

– Doppelverpflichtungstheorie **714** 3 ff., 58
– Einreden und Einwendungen **714** 49 ff.
– Einschränkung **714** 41
– eintretender Gesellschafter **714** 72
– Freistellungsanspruch gegen Gesellschaft **714** 55
– Gesamtschuld **714** 47
– Grundlagen **714** 31 ff., 35 ff.
– Haftungsbeschränkung **714** 58 ff.
– Haftungsumfang **714** 46 ff.
– in der Insolvenz **714** 45
– persönliche Reichweite **714** 40
– Rechtsgrund **714** 35 ff.
– Regressanspruch gegen GbR **714** 54
– sachliche Reichweite **714** 37 ff.
– Sozialverbindlichkeit **714** 39
– Unterscheidung zur Haftung der Gesellschaft **714** 31 ff.
– Vererbung **714** 74
– vertraglicher Haftungsausschluss **714** 66 f.
– Zwangsvollstreckung **714** 52 f.
Haftung der Partner
– Akzessorietät **PartGG 8** 5
– Altverbindlichkeiten **PartGG 8** 9
– bei Auflösung oder Ausscheiden **PartGG 10** 17 ff.
– Haftungsausschluss, -beschränkung **PartGG 8** 7
– Haftungskonzentration in der Partnerschaft nach § 8 Abs. 2
  – Anwendungsbereich **PartGG 8** 15
  – Auseinanderfallen von benannten und verantwortlichen Partnern **PartGG 8** 24 f.
  – Ausscheiden von Partnern **PartGG 8** 31
  – Bedeutung **PartGG 8** 14
  – Bestimmbarkeitserfordernis **PartGG 8** 24 ff.
  – Eintritt von Partnern **PartGG 8** 31 f.
  – Konkretisierung **PartGG 8** 30
  – verantwortliche Partner **PartGG 8** 21 f.
  – Höchstbetragshaftung **PartGG 8** 33 ff.
  – interprofessionelle Partnerschaften **PartGG 8** 38
  – Voraussetzungen wirksamer Beschränkung **PartGG 8** 36 ff.
– Inhalt der Haftung **PartGG 8** 6
– interner Ausgleich
  – Ausgleichspflicht zwischen den Partnern **PartGG 8** 13
  – Regressanspruch gegen die Partnerschaft **PartGG 8** 12
– Nachhaftung **PartGG 10** 2, 18
– Verhältnis zum Berufsrecht **PartGG 8** 2
Haftung des Geschäftsführers der GbR 708 18 *s. auch Haftung im Innenverhältnis*
– bei Substitution **713** 6
– Beweislast **708** 19 f.
– deliktische – **705** 261 ff.
– für Erfüllungsgehilfen **708** 17; **713** 6
– für Verrichtungsgehilfen **718** 31

683

Sachverzeichnis

Fette Zahlen = §§

- Handeln aufgrund Gesellschafterbeschlusses **708** 23
- Überschreitung der Geschäftsführungsbefugnis **708** 8 ff.

Haftung im Innenverhältnis
- Anwendungsbereich **708** 5 ff.
- Beweislast **708** 19
- deliktische – **708** 4
- Drittgeschäfte **708** 7
- für Angestellte der Gesellschaft **708** 17
- für Erfüllungsgehilfen **708** 17
- Geschäftsführer **708** 18
- Haftungsbeschränkung **708** 1 ff.
- Handeln aufgrund Gesellschafterbeschlusses **708** 23
- Sorgfaltsmaßstab **708** 16 ff.
- Straßenverkehr **708** 12 ff.

Haftungsbeschränkung
- institutionelle – **714** 63

Haftungsbeschränkungsklauseln 714 69

Haftungsschranken
- Testamentsvollstreckung am GbR-Anteil **705** 114

Halten und Verwalten von Sachen 705 145; **719** 36

Handelsgewerbe *s. Rechtsformzwang*

Haustürsituation
- Gesellschaftsbeitritt **705** 329

Heizölgemeinschaft Vor 705 34
Herausgabeanspruch nach § 985 718 38
Höchstdauer Vor 723 15
Holdinggesellschaft 705 12

Idealgesellschaft 705 144; **738** 62
Informationspflicht des Geschäftsführers 711 3; **713** 9
Informationsrecht *s. auch Kontrollrecht*
Inhaltskontrolle
- von Gesellschaftsverträgen **705** 139

Innengesellschaft
- Abgrenzung zur Außen-GbR **718** 48
- actio pro socio **705** 286
- Auflösung **705** 288; **Vor 723** 10; **730** 12
- Auseinandersetzung **730** 12 ff.; **733** 4
- Begriff
  - Abgrenzung zur Außengesellschaft **Vor 705** 91; **705** 275 ff.
  - Innengesellschaft im engeren Sinn **705** 282, 285
  - Innengesellschaft im weiteren Sinn **705** 279 ff.
- Erscheinungsformen **705** 283
- fehlerhafte – **705** 276
- Gesamthandsschuldklage **718** 48
- Gesamthandsvermögen **705** 275 f., 277 ff.
- Gesellschaftsorgane **Vor 705** 8
- Grundlagen **705** 277
- im weiteren Sinne **705** 280
- ohne Gesamthandsvermögen **705** 282
- Organisation **705** 276

- Parteifähigkeit **718** 48 ff.
- Schenkung von Gesellschaftsbeteiligungen **705** 42 f.

Innenverhältnis der Partnerschaft
- Aufwendungsersatz **PartGG 6** 25
- Beiträge der Partner **PartGG 6** 41 ff.
- entsprechende Anwendung von OHG-Innenrecht **PartGG 6** 24 ff.
- Geschäftsführung **PartGG 6** 13 ff.
- Gesellschafterbeschlüsse **PartGG 6** 37 ff.
- Gewinnverteilung **PartGG 6** 44 f.
- Kontrollrechte **PartGG 6** 33 ff.
- Vor Eintragung **PartGG 7** 5
- Wettbewerbsverbot **PartGG 6** 28 ff.

Insolvenz der (Außen-) GbR
- Antragsrecht und -pflicht **728** 11 f.
- Auflösung **728** 8
- Fortsetzung der GbR **728** 23 ff.
- Gesellschafterhaftung **728** 21
- Gesellschafterrechte **728** 16
- Gläubigerschutz **728** 3
- Insolvenzfähigkeit **705** 322; **728** 2 ff.
- Insolvenzgrund **728** 10
- Insolvenzmasse **728** 17 ff.
- Verfahrenseröffnung **728** 8
- Verwaltungsbefugnisse **728** 15
- vorläufige Sicherheitsmaßnahmen **728** 9

Insolvenz des Gesellschafters *s. auch Nachlassinsolvenz*
- Abfindungsklauseln **738** 47 f.
- Auflösung der Gesellschaft **705** 125; **728** 31 ff.
- Auseinandersetzung **728** 38
- Einstellung des Verfahrens **728** 36
- Fortsetzung der Gesellschaft **705** 125; **728** 43 ff.; **736** 5, 14
- Gegenstände der Insolvenzmasse **705** 125
- Geschäftsführung **728** 38 f.
- Übernahmerecht **730** 65 ff.
- Verbindlichkeiten **728** 40 f.

Insolvenzfähigkeit der GbR 705 322; **728** 2
- Innengesellschaft **728** 7

Insolvenzverfahren
- Einstellung **728** 36

Interessengemeinschaft *s. auch Europäische Wirtschaftliche Interessenvereinigung*
- Anwendbarkeit der Vorschriften über die Gesellschaft **705** 283

Jagdgemeinschaft Vor 705 34
Juristische Person
- des öffentlichen Rechts **705** 76
- Gesellschafter einer GbR **705** 76
- und Gesamthand **Vor 705** 23; **705** 307 ff.
- Veränderungen im Gesellschafterkreis **719** 31

Kapitalerhöhung 707 7 *s. auch Beitragserhöhung*
- Minderheitenschutz **705** 251

Kapitalgesellschaft
- Einbringung des GbR-Vermögens **730** 89 ff.

684

Magere Zahlen = Randnummern   **Sachverzeichnis**

– Gesellschafter einer GbR **705** 76
– Mitgliedschaft einer GbR **705** 316
– Umwandlung in GbR **705** 8 ff.
– und Personengesellschaft **Vor 705** 23
– Vorgesellschaft **Vor 705** 24; **705** 77
– Vorgründungsgesellschaft **Vor 705** 25
Kapitalschnitt 707 10
Kartell
– gesellschaftsrechtliche Relevanz **Vor 705** 65; **705** 143, 250, 283, 334; **709** 108
Kartellverbot 705 238
Kegelclub 705 19
Kernbereich der Gesellschafterrechte 705 134 f.; **709** 91 ff.; **717** 17
Kernbereichslehre 705 137; **709** 90 ff.
KG s. *Personenhandelsgesellschaft*
KGaA
– Gesellschafter einer GbR **705** 76
Kleingewerbe-GbR Vor 705 42, 89
Kleingewerbetreibende Vor 705 42, 89
Knebelung
– sittenwidrige **705** 134
Know-how
– als Beitrag **706** 10
– als Vertrag **Vor 705** 120
Konkludenter Vertragsschluss 705 25
– Gesellschaftsvertrag **705** 131
Konkurs s. *Insolvenz*
Konsortialvertrag Vor 705 54, 63
Konsortium Vor 705 51 ff.; **705** 283 s. auch *Arbeitsgemeinschaft*
– Anlagenbau-Konsortium **Vor 705** 61
– Bankenkonsortium **Vor 705** 54
– Begebungskonsortium **Vor 705** 52
– Beteiligungskonsortium **Vor 705** 68 f.
– Emissionskonsortium **Vor 705** 52 ff.
– Finanzierungskonsortium **Vor 705** 58 ff.
– Konsortialkredit **Vor 705** 59
– Rechtsverfolgungs-Konsortium **Vor 705** 71a
– Sanierungskonsortium **Vor 705** 60
– Stillhaltekonsortium **Vor 705** 60
– Übernahmekonsortium **Vor 705** 52 f.
Kontrollrecht des Gesellschafters der GbR
– Anfertigung von Auszügen **716** 11
– Anwendungsbereich **716** 3 ff.
– ausgeschiedener Gesellschafter **716** 13; **738** 6
– Auskunftsanspruch **716** 6 f., 9, 12, 17
– Ausschluss oder Beschränkung **716** 17 ff.
– Berechtigte **716** 13 ff.
– Bevollmächtigung **716** 15
– Einsichtsrecht **716** 6 ff.
– Entziehung **716** 7
– Geltendmachung **716** 6 f.
– gesetzlicher Vertreter **716** 14
– Hinzuziehung von Sachverständigen **716** 16
– höchstpersönliche Natur **716** 1, 13
– Innengesellschaft **716** 3
– laufende Berichterstattung **716** 12
– Missbrauch **716** 6 f.
– Missbrauchseinwand **716** 18

– Pflegschaft **716** 14
– Schranken **716** 6 f.
– Schranken des Missbrauchseinwands **716** 18 f.
– stille Gesellschaft **705** 287; **716** 3
– Testamentsvollstrecker **716** 13
– Treupflicht **705** 196
– Überlassung zur Ausübung **717** 9
– Übertragbarkeit **716** 13; **717** 16
– übertragene Geschäftsführung **710** 8
– Unterbeteiligung **716** 4 f.
– Verhinderung des Gesellschafters **716** 15
– Verzicht **716** 18
Kontrollrecht des Gesellschafters der Partnerschaft
– Einsichtsrecht **PartGG 6** 33 ff.
– Kollision mit berufsrechtlicher Schweigepflicht **PartGG 6** 34
Konzern Vor 705 65 ff.
– Gesellschafter einer GbR **705** 76
Kreditkonsortium Vor 705 50 ff., 87
Kundenstamm 706 10
– Mitnahme **738** 67
Kündigung aus wichtigem Grund s. auch *Kündigungsbeschränkungen*
– Abfindungsbeschränkungen **723** 74, 76
– Abmahnung **723** 32
– Angabe des Kündigungsgrundes **723** 27
– Ausschluss oder Beschränkung **723** 74 ff.
– bei Volljährigkeit **723** 38 ff.
– fehlerhafte Gesellschaft **723** 46
– Formvorschriften **723** 74
– Fortsetzungsklausel **723** 74; **736** 11
– Fristen **723** 74
– Geschäftsführung **723** 32
– Interessenabwägung **723** 28 f.
– mildere Mittel **723** 28
– missbräuchliche – **723** 34, 50
– Mitursächlichkeit des Kündigenden **723** 34
– Nachschieben von Kündigungsgründen **723** 27
– personenbezogene Gründe **723** 30 f.
– Revisibilität **723** 36 f.
– sachbezogene Umstände **723** 35
– Schadensersatz **723** 49
– Schranken **723** 34, 50 ff.
– Umdeutung **723** 17
– Unzumutbarkeit **723** 28 f.
– Verschulden **723** 33
– Vertragliche Kündigungsschranken **723** 74 f.
– Vertrauensverlust **723** 31 f.
– Verwirkung **723** 47
– Verzicht **723** 47
– verzögerte Geltendmachung **723** 48
– Wesen **723** 26
– wichtiger Grund **723** 28 f.
– zur Unzeit **723** 53
Kündigung der GbR s. auch *Kündigung aus wichtigem Grund, Kündigungsbeschränkungen*
– Änderungskündigung **723** 14 ff.

685

Sachverzeichnis

Fette Zahlen = §§

– Anwendungsbereich **723** 2 f.
– auf Lebenszeit eingegangene Gesellschaft **723** 64 f.; **724** 7
– Ausschluss **723** 70
– Austrittsrecht **723** 70
– bedingte – **723** 14 ff.
– befristete Gesellschaft **723** 22 ff., 64 ff.
– Berechtigte **723** 7
– Beschränkung des Kündigungsrechts **723** 61 ff., 71 ff.
– Bevollmächtigung **723** 7
– durch nicht voll Geschäftsfähige **723** 9 f.
– durch Privatgläubiger **725** 14 ff.
– familiengerichtliche Genehmigung **723** 9 f.
– Fehlen eines Kündigungsgrundes **723** 60
– fehlerhafte Gesellschaft **705** 345; **723** 46
– Form **723** 12
– Fortsetzung der Gesellschaft **723** 72
– Frist **723** 13, 21, 71
– Gestaltungsrecht **723** 6
– Gestaltungswirkung **723** 18 f.
– Kündigungserklärung **723** 11 ff., 14
– Kündigungsfolgen **723** 19
– missbräuchliche – **723** 50 ff.
– ordentliche – **723** 20 ff.
– stille Gesellschaft **705** 288
– stillschweigende Fortsetzung **724** 11 ff.
– Systematik **723** 4
– Teilkündigung **723** 15
– Termin **723** 13, 22 f., 71
– Testamentsvollstrecker **725** 4
– verheirateter Gesellschafter **723** 9 f.
– Verlängerungsklausel **723** 69
– verspätete – **723** 17
– Vertragspfandgläubiger **719** 52 ff., 58
– Vertragsstrafe **723** 73
– Vertragsvereinbarungen **723** 7, 61 ff., 70 ff.
– Zugang **723** 11
– zur Unzeit **723** 52 ff.
– Zustimmung des Pfandgläubigers **723** 9
– Zustimmung Dritter **723** 9
Kündigung der Partnerschaft
– durch einen Privatgläubiger **PartGG 9** 8
– durch Partner **PartGG 9** 7
Kündigung durch Privatgläubiger
– Abfindungsbeschränkungen **725** 7
– Auseinandersetzung **725** 19 f.
– Ausschluss oder Beschränkung **725** 7
– Befriedigung des Gläubigers **725** 22 f.
– Berechtigte **725** 3 f.
– Fortsetzung der Gesellschaft **725** 7; **736** 5, 12
– Fortsetzungsklausel **725** 18
– Frist **725** 18
– Gläubigerrechte **725** 24 f.
– Innengesellschaft **725** 2
– Kündigungserklärung **725** 17
– Kündigungsfolgen **725** 19 f.
– Kündigungsrecht **725** 1
– Pfändung des Anspruchs auf Auseinandersetzungsguthaben **725** 6, 14

– Pfändung des Gesellschaftsanteils **719** 52, 58 f.
– Privatgläubiger des Gesellschafters **725** 16
– Rechtsfolgen
  – Auflösung der Gesellschaft **725** 19 f.
  – Ausscheiden des Gesellschafter-Schuldners **725** 21
– rechtskräftiger Schuldtitel **725** 15
– stille Gesellschaft **705** 288; **725** 2
– Übernahmeklausel **725** 18
– Übernahmerecht **725** 7
– Unterbeteiligung **725** 2
– vertragliches Pfandrecht **723** 7; **725** 3
– Verwaltungsrechte des Gesellschafters **725** 25
– Voraussetzungen **725** 14 ff.
– Wegfall des Kündigungsgrundes **705** 230; **725** 22 f.
– Wiederaufnahmeanspruch **725** 23
Kündigung zur Unzeit 723 52 ff.
Kündigungsbeschränkungen, vertragliche
– Abfindungsklauseln **723** 70, 72 ff., 76
– Ausschluss der Kündigung **723** 70, 74, 76
– außerordentliche Kündigung **723** 74 f.
– Befristung der Gesellschaft **723** 64 ff.
– Fortsetzungsklauseln **723** 72, 74
– Nichtigkeit **723** 63
– ordentliche Kündigung **723** 70 ff.
– Personenhandelsgesellschaften **723** 62
– stille Gesellschaften **723** 62
– überlange Gesellschaftsdauer **723** 65 f.
– Unentziehbarkeit **723** 62
– Vereinbarungen über Kündigungsgründe **723** 70, 75
– Verlängerungsklauseln **723** 69
Kündigungserklärung
– Inhalt **723** 14
Künstlergruppe Vor 705 130

Landwirtschafts-GbR Vor 705 41, 89
Lebensgemeinschaft s. nichteheliche –
Lebensgemeinschaften Vor 705 81 ff.
Lebenszeit
– Gesellschaft auf – **724** 1 ff.
Lehre der fehlerhaften Gesellschaft 705 159
Leistungsstörung
– beim Gesellschaftsvertrag **705** 163 ff.; **706** 21 ff.
Leistungsstörungen
– im Gesellschaftsrecht **705** 170
Liquidation der GbR s. auch Auseinandersetzung
Liquidation der Partnerschaft
– Haftung der Partner nach **PartGG 10** 17 ff.
– Liquidationsbilanz **PartGG 10** 10
– Liquidationsergebnis **PartGG 10** 10 f.
– liquidationsfähiges Vermögen **PartGG 10** 3
– Rechtsverhältnisse zwischen den Partnern **PartGG 10** 12
Liquidationsgesellschaft (GbR) s. auch Abwicklungsgesellschaft

Magere Zahlen = Randnummern   **Sachverzeichnis**

Liquidatoren der Partnerschaft
– Abberufung **PartGG 10** 6
– Anmeldung der Liquidatoren **PartGG 10** 7
– Bestellung **PartGG 10** 6
– Personen **PartGG 10** 5, 15 ff.
– Pflichten **PartGG 10** 8
– Rechte **PartGG 10** 8
– Vertretungsmacht **PartGG 10** 9
Lizenzvertrag Vor 705 120 ff.
Lückenhafter Gesellschaftsvertrag 705 29 f., 234, 330

Markenfähigkeit
– der (Außen-)GbR **705** 310
Massengesellschaft Vor 705 138, 3a
Mehrfachstimmrecht 709 97
Mehrheitsbeschluss
– Überprüfung **709** 101
– Weisungsbindung **709** 49
Mehrheitsbeschlüsse *s. auch Mehrheitsklausel*
– Auflösung **709** 93
– außerordentliche Kündigung **709** 94
– Beeinträchtigung von Sonderrechten **709** 99
– Beitragserhöhungen **709** 93
– Berechnung der Mehrheit **709** 96 f.
– Bestimmtheitsgrundsatz **709** 84 ff.
– Geschäftsführungsbefugnis **709** 83, 93
– Gewinnverteilung **709** 93
– Mitgliederbestand **709** 93
– Publikumsgesellschaft **709** 94
– Schranken **705** 135 ff.; **709** 98
– Sonderrechte **709** 99
– Stimmenthaltung **709** 96
– Stimmrechtsänderungen **709** 93
– Stimmrechtsausschluss **709** 63 ff
– Vertragsverlängerung **709** 93
Mehrheitsklausel 707 7 ff.
– Abänderung besonderer Mehrheitserfordernisse **709** 82
– Anwendungsbereich **709** 95
– Auslegung **709** 84, 95
– Bestimmtheitsgrundsatz **705** 137; **709** 84 ff.
– Geschäftsführungsbeschlüsse **709** 83
– Vertragsänderungen **709** 84 ff.
– zur Änderung des Gesellschaftsvertrags **705** 135
Mehrheitsprinzip 705 225
Metaverbindungen Vor 705 72, 87; **705** 26, 283
Mietvertrag *s. auch Drittgeschäfte*
– partiarischer – **Vor 705** 112
Minderheitenschutz
– gegenüber Mehrheitsbeschlüssen **705** 251
Minderheitsrecht 705 207
Mindestinhalt des Partnerschaftsvertrags PartGG 3 2
Mitbesitz bei der Gesellschaft 718 35
Miteigentümergemeinschaft 738 10 *s. auch Gemeinschaft*
Miterbengemeinschaft *s. Erbengemeinschaft*

Miterfinder *s. Erfindergemeinschaft*
Mitgliedschaft *s. auch Gesellschaftsanteil*
– als sonstiges Recht iSd § 823 Abs. 1 **705** 180
– als subjektives Recht **705** 180
– Deliktsrecht **705** 180
– Einheitlichkeitsgrundsatz **705** 181 f.
– in der GbR **705** 159, 179 ff.
– Rechtsnatur **705** 180
– Stammrecht und Einzelrechte **705** 188
– Wesen und Rechtsnatur **705** 179
Mitgliedschaftsrechte
– und -pflichten **705** 185 f., 246; **717** 17
Miturhebergemeinschaft
– als Gesamthand **Vor 705** 128
Miturhebergesellschaft Vor 705 118, 129
Mündliche Vereinbarungen
– Gesellschaftsvertrag **705** 131
Muster-Arbeitsgemeinschaftsvertrag Vor 705 90

Nachfolgeklausel 705 115 *s. auch Eintrittsklauseln, Vererbung der Mitgliedschaft*
– Alleinerbe **727** 32, 34
– Auslegung **727** 60 f.
– einfache – **727** 29 ff.
– Erbenmehrheit **727** 33, 35 ff.
– erbrechtliche – **727** 28
– fehlerhafte Änderung **705** 361
– Funktion **727** 4, 28
– Nachlassgläubigersicherung **727** 34 ff.
– qualifizierte – **727** 29, 41 ff.
– rechtsgeschäftliche – **727** 49 ff., 61 f.
– Vor- und Nacherbschaft **727** 71
Nachhaftungsbegrenzung
– des ausscheidenden Gesellschafters **714** 70; **736** 7, 21 ff.
– des Gesellschafters bei Auflösung der Gesellschaft **736** 7, 28
Nachlassinsolvenz, -verwaltung 705 126 f.; **725** 4; **727** 22 f., 34 ff.; **728** 35
Nachschusspflicht 705 192
– Ausgleich unter Gesellschaftern **735** 5
– dispositives Recht **735** 2
– Durchsetzung **735** 5
– gerichtliche Durchsetzung **705** 201
– Publikumsgesellschaft **735** 5
– Verjährung **735** 8
Nachtragsliquidation 730 39
Name
– als Unternehmenskennzeichen **705** 273
– Bestandsschutz in der Partnerschaft **PartGG 11** 6 ff.
– der Außen-GbR **705** 270 ff.
Name der Partnerschaft
– Anmeldevorschriften **PartGG 2** 3
– Berufs- oder Künstlername **PartGG 2** 9
– Berufsbezeichnung **PartGG 2** 12, 17 f.
– Bestandsschutz für Alt-Namen und Firmen **PartGG 11** 1 f., 6
– Eintragung von Amts wegen **PartGG 2** 24

687

Sachverzeichnis

Fette Zahlen = §§

- Erlöschen **PartGG 10** 13
- Festlegung **PartGG 3** 16
- Gleichklang mit HGB-Firmenrecht **PartGG 2** 16
- Handelsregisterrecht **PartGG 2** 3
- Mindestanforderungen **PartGG 2** 1, 5 ff.
- missbräuchliche Namensverwendung **PartGG 2** 10
- Namensausschließlichkeit **PartGG 2** 23
- Namensbeständigkeit **PartGG 2** 20 ff.
- Namenswahrheit **PartGG 2** 17 f.
- Partner-Zusatz **PartGG 11** 2
- Pseudonym **PartGG 2** 9
- Rechtsformzusatz **PartGG 2** 11; **PartGG 11** 1 ff.
- Reservierung des Partner-Zusatzes **PartGG 11** 4 f.
- Täuschung **PartGG 2** 22
- unzulässiger Namensgebrauch **PartGG 2** 25
- Verbot täuschender Zusätze **PartGG 2** 17 f.

Namensschutz
- Gesellschaftsname **705** 272 f.

Nicht voll geschäftsfähige Gesellschafter
- Anteilsübertragung **719** 32
- Ausscheiden **705** 71
- Beschlüsse in laufender Angelegenheit **705** 72
- Beschlussfassung **705** 58, 72; **709** 60 f.
- Beteiligung an GbR **705** 69 ff.
- Erwerbsgeschäft **705** 70
- familiengerichtliche Genehmigung **705** 70
- fehlerhafter Beitritt **705** 375
- fehlerhaftes Ausscheiden **705** 370, 375
- Geschäftsführer **709** 27
- Innengesellschaft **705** 71
- Kündigung **723** 9 f.
- Mitwirkung des gesetzlichen Vertreters **705** 69
- stille Gesellschaft **705** 71
- Vertragsänderungen **705** 71

Nichteheliche Lebensgemeinschaft Vor 705 81 ff.
- Auseinandersetzung **730** 21 f.

Nichtigkeit s. Gesamtnichtigkeit, Teilnichtigkeit

Nichtrechtsfähiger Verein
- Abgrenzung zur Gesellschaft **Vor 705** 3a, 35, 136 f.; **705** 66
- Gesellschafter einer GbR **705** 80

Nießbrauch 717 11 f.
- Abspaltungsverbot **705** 96
- am Gesellschaftsanteil **705** 94 ff.; **717** 26
- am Gewinnstammrecht **705** 108
- an Vermögensrechten **705** 107
- Außenhaftung des Nießbrauchers **705** 106
- Beendigung des – **705** 98
- bei einer Gesellschaftsliquidation **705** 105
- Bestellung eines Anteilsnießbrauchs **705** 97
- Geschäftsführung **705** 100 f.
- Gewinnanspruch **705** 107
- Lasten **705** 104

- Schutz des Nießbrauchers **705** 102
- Vermögensrechte **705** 103 ff.
- Verwaltungsrechte **705** 99

Notarsozietäten Vor 705 40; **PartGG 1** 80
Notgeschäftsführung 709 21, 40; **711** 8; **714** 18; **727** 16, 24; **728** 39

OHG
- Anwendung von OHG-Innenrecht auf die Partnerschaft **PartGG 6** 1, 24 ff.
- iVm GbR s. *Personenhandelsgesellschaft*
- Rechtsformzwang **Vor 705** 17; **705** 3, 22

Organ
- als Verbandsinstitution **705** 256a
- Arten **705** 257
- Begriff **705** 256 f.
- der GbR **705** 255 ff.; **709** 62; **714** 16 f.

Organhaftung s. *Organverschulden*

Organisation
- gemeinsame – **705** 152

Organisationsvertrag 705 158
Organverschulden 705 260 ff.; **718** 31
Organwalter 705 256a
- fehlerhafte Bestellung **705** 326a

Pachtvertrag s. auch *Drittgeschäfte*
- partiarischer – **Vor 705** 112

Partei s. auch *Parteifähigkeit*
- im Gesellschaftsprozess **718** 44 ff., 50

Parteiänderung s. auch *Prozess der Gesamthand*
Parteidisposition PartGG 6 23
Parteifähigkeit
- Abgrenzung zur Rechtsfähigkeit **705** 320; **718** 39 ff., 44 ff.
- der (Außen-)GbR **705** 318 ff.; **714** 53
- der Partnerschaft **PartGG 7** 12

Parteiwechsel s. auch *Prozess der Gesamthand*
Partiarische Rechtsverhältnisse Vor 705 107 ff.
- Begriff **Vor 705** 107

Partner
- Anforderungen **PartGG 1** 23 ff.
- ausgeübter Beruf **PartGG 3** 20
- Beiträge **PartGG 6** 41 ff.
- Geschäftsführung **PartGG 6** 13 ff.
- Kontrollrecht **PartGG 6** 33 ff.
- Name, Vorname **PartGG 3** 20
- natürliche Person **PartGG 1** 23
- Verlust der Zulassung **PartGG 9** 21 ff.
- Vermögensleistungen **PartGG 6** 43
- Wettbewerbsverbot **PartGG 6** 28 ff.
- Wohnort **PartGG 3** 20

Partnerschaft
- „Partner"-Zusatz **PartGG 11** 1 ff.
- Anmeldung **PartGG 4/5** 1, 4 ff.
- Anteilsübertragung **PartGG 9** 32 f.
- Arbeitszeit **PartGG 6** 29
- aufgelöste Partnerschaft **PartGG 9** 15
- Auflösung **PartGG 9** 1, 6; **PartGG 10** 17 f.
- Aufwendungsersatz **PartGG 6** 25

Magere Zahlen = Randnummern

Sachverzeichnis

– Ausscheiden **PartGG 9** 1, 9 f., 18 ff.; **PartGG 10** 18
– Beiträge der Partner **PartGG 6** 41 ff.
– Berufsausübungsgemeinschaft **PartGG 1** 10
– Bezeichnung **PartGG 1** 6
– Doppelsitz **PartGG 3** 19
– Eintragung **PartGG 4/5** 1, 17 f.; **PartGG 10** 13
– Erlöschen **PartGG 10** 13
– Ersatz von Verlusten **PartGG 6** 26
– formwechselnde Umwandlung **PartGG 1** 25 ff.; **PartGG 7** 4, 11
– Fortsetzung einer aufgelösten Partnerschaft **PartGG 9** 15
– Gegenstand **PartGG 3** 22 f.
– Gesamthandsgemeinschaft **PartGG 7** 10
– Geschäftsführungsbefugnis **PartGG 6** 7 f.
– Gesellschafterbeschlüsse **PartGG 6** 37 ff.
– Gewinnverteilung **PartGG 6** 44 f.
– Grundbuchfähigkeit **PartGG 7** 12
– Haftung **PartGG 8** 1 ff.; **PartGG 10** 2, 18
– Innenverhältnis **PartGG 6** 23 ff.
– Insolvenzfähigkeit **PartGG 7** 12
– interprofessionelle – **PartGG 1** 82 f.; **PartGG 9** 22
– Kontrollrecht **PartGG 6** 33 ff.
– Kündigung **PartGG 9** 7 f.
– Liquidation **PartGG 10** 3 ff.
– Name **PartGG 2** 1 ff.
– Parteifähigkeit **PartGG 7** 12
– Partnerschaftsvertrag **PartGG 1** 9 ff.; **PartGG 3** 1 ff.; **PartGG 7** 7
– Partnerwechsel **PartGG 7** 12
– Rechnungsabschluss **PartGG 6** 45 f.
– Rechtsnatur **PartGG 7** 10 ff.
– Sitz **PartGG 3** 17 ff.
– Sonderform der GbR **PartGG 1** 4, 7 f.; **PartGG 7** 10
– Vererbung **PartGG 9** 13, 24 ff.
– Vergleich zu GbR, OHG und GmbH **PartGG Vor 1** 11 ff.
– Wahl des Sitzes **PartGG 3** 18
– Wettbewerbsverbot **PartGG 6** 28 ff.
– Zweigniederlassungen **PartGG 4/5** 28 f.
Partnerschaft als Sonderform der GbR Vor 705 19 f.
Partnerschaftsgesellschaftsgesetz
– Entstehungsgeschichte **PartGG Vor 1** 1 ff.
Partnerschaftsregister s. auch Eintragung
– Bekanntmachung **PartGG 4/5** 25 ff.
– Durchsetzung des Namensrechts **PartGG 11** 12
– Haftung als „Scheinpartner" **PartGG 8** 11
– Notwendigkeit der Einrichtung **PartGG 4/5** 19 ff.
– Registerpublizität **PartGG 4/5** 32
– sonstige Regelungsbereiche **PartGG 4/5** 30 ff.
– Verweisung auf das Handelsregisterrecht **PartGG 4/5** 22 ff.

– Zweigniederlassungen **PartGG 4/5** 28
Partnerschaftsregisterverfahren
– Einbeziehung der Organe des Berufsstands **PartGG 4/5** 40 ff.
– Zulassungserfordernisse **PartGG 4/5** 37 ff.
– Zusammenwirken des Registergerichts mit den Berufskammern **PartGG 4/5** 45
Partnerschaftsvertrag
– Eintragung **PartGG 4/5** 1; **PartGG 7** 7
– fehlerhafte Gesellschaft **PartGG 3** 7 f.
– Formmangel bei Gründung **PartGG 3** 7 ff.
– Formmangel bei Vertragsänderung **PartGG 3** 11 ff.
– gemeinsamer Zweck **PartGG 1** 10
– Hauptgegenstände **PartGG 3** 15
– Mindestinhalt **PartGG 1** 9 ff.; **PartGG 3** 2, 14 f.
– Name **PartGG 3** 16 ff.
– Rechtsfolgen eines Formmangels **PartGG 3** 7 ff.
– Rechtsscheinhaftung **PartGG 3** 10; **PartGG 8** 11
– Schriftformerfordernis **PartGG 3** 5 ff.
– Sitz **PartGG 3** 17 f.
– sonstige Bestandteile **PartGG 3** 24 ff.
– Umdeutung **PartGG 3** 7 f.
– Vollständigkeitsvermutung **PartGG 3** 24
– Vorbehalt des Berufsrechts **PartGG 3** 26
Personengesellschaft
– Auslegung des Gesellschaftsvertrags **705** 174b
– Einstimmigkeitsgrundsatz **705** 309
– Selbstorganschaft **705** 309
Personenhandelsgesellschaft
– „Soll-" **705** 3 f.
– Beteiligung einer GbR **705** 79, 309
– Betriebsaufspaltung **705** 12
– Fortsetzung als GbR **705** 14; **709** 18 f.; **714** 19 f.
– Gesellschafter einer GbR **705** 78
– Rechtsformzwang **Vor 705** 17; **705** 3, 11, 22, 146
– Umwandlung in GbR **705** 11 ff.
– und GbR **Vor 705** 16 ff.
Personenverband 705 158
Persönliche Schadensersatzansprüche
– bei der GbR **705** 216
Pfändung des Gesellschaftsanteils s. auch Anteilspfändung, Kündigung durch Pfändungspfandgläubiger
– „der Mitgliedschaft" **719** 59; **725** 3 f., 8 f.
– Anspruch auf das Auseinandersetzungsguthaben **717** 43; **719** 59; **725** 9 f.
– Anteilsübertragung **725** 27 f.
– Befriedigung des Pfändungspfandgläubigers **719** 60
– Beschlussfassung **725** 27 f.
– Drittschuldner **725** 12 f.
– Gesellschafterrechte **717** 42 ff.
– Gesellschaftsanteil **717** 43; **719** 59; **725** 9 f.
– Gewinnanspruch **719** 59; **725** 9, 11, 24

689

Sachverzeichnis

– Rechtsfolge **725** 11
– Überweisung **725** 13
– Vermögensrechte **717** 42 ff.; **719** 7, 59; **725** 9, 11
– Verstrickung **725** 25 f.
– Verwaltungsrechte **717** 44; **725** 11, 25 f.
– Verwertung **725** 13
– Zustellung des Pfändungsbeschlusses **725** 12 f.
Pfändungsvermerk im Grundbuch 725 25 f.
Pflichtteil
– bei Anteilsvererbung **727** 51 f.
Poolvereinbarungen Vor 705 68 ff., 117; **705** 283
Privatgläubiger *s. Kündigung durch Pfändungspfandgläubiger, Zwangsvollstreckung*
Prozess der Gesamthand (GbR) *s. auch Gesamthandsschuldklage*
– Ausscheiden von Gesellschaftern **718** 60
– Eintritt von Gesellschaftern **718** 61 ff.
– Feststellungsklage **718** 51
– formwechselnde Umwandlung **718** 15, 65 f.
– Gesellschafterwechsel **718** 63 ff.
– Parteiänderung im Vollstreckungsverfahren **718** 64
– Parteiänderung während Rechtshängigkeit **718** 60 ff.
– Parteifähigkeit der Außen-GbR **718** 44 f.
– Passivlegitimation **705** 321; **718** 44
– Prozessführung **718** 44
– Vollstreckungsverfahren **718** 64
Prozess des Gesellschafters *s. Gesamtschuldklage*
Publikumsgesellschaft
– Anlegerschutz **709** 94
– atypische Gestaltung **Vor 705** 3a
– Auslegung **705** 175
– besonderer Vertreter **705** 210a
– Bestimmtheitsgrundsatz **709** 84, 94
– Treuhandgesellschafter **705** 85, 93
– Vertragsänderung **709** 84 ff.
– Vertragsänderungen **705** 49
Publikums-KG
– Inhaltskontrolle **705** 140

Rechenschaft 713 10
Rechenschaftspflicht 713 10 f. *s. auch Rechnungslegung*
Rechnungsabschluss
– bei der GbR **721** 6 f.
– bei der Partnerschaft **PartGG 6** 45 ff.
Rechnungslegung
– actio pro socio **713** 8
– Anspruch auf – **716** 2
– gegenüber dem einzelnen Gesellschafter **713** 8; **721** 1 ff.
– gegenüber der Gesamthand **713** 8 ff.
– gerichtliche Durchsetzung **705** 199
– Klage auf – **730** 16

Fette Zahlen = §§

– übertragene Geschäftsführung **713** 8
Rechte und Pflichten der Gesellschafter
– Begriff **705** 179 ff.
– Grundlage **705** 179
Rechtsfähigkeit
– der (Außen-)GbR **Vor 705** 9 ff.; **705** 296, 303 ff.
– der Gemeinschaft **714** 3
Rechtsform
– Anfechtung **705** 23
– falsa demonstratio **705** 22 f.
– Irrtum über die – **705** 3, 23
– Vereinbarung **705** 3, 11, 22
Rechtsformhinweis 705 274
Rechtsformzusatz PartGG 2 11
Rechtsformzwang Vor 705 17; **705** 3, 22, 146
Rechtsscheinhaftung *s. auch Haftung der Gesellschafter der GbR, Haftung der Partner*
Regress der BGB-Gesellschaft *s. Ausgleichsanspruch*
Regress- und Freistellungsansprüche
– gegen Mitgesellschafter **705** 217 f.
Regressanspruch
– gegen Mitgesellschafter **707** 5
Reisegemeinschaft Vor 705 34
Ressortprinzip 709 17; **711** 6
– Arbeitsteilung **709** 38
Richterliche Vertragsergänzung *s. ergänzende Vertragsauslegung*
Rückdatierung
– der Gesellschaftsgründung **705** 7
Rücktritt Vor 723 7, 20

Sacheinlage *s. auch Beitrag, Einlagenrückerstattung*
Sachverständiger *s. auch Kontrollrecht*
Salvatorische Klausel 705 53, 174b, 330
Schadensersatz
– wegen Verstoß gegen Gleichbehandlungsgrundsatz **705** 252
Schadensersatzansprüche
– bei der GbR **705** 198, 201, 204; **719** 45
– gerichtliche Durchsetzung **705** 201
Schadensersatzpflicht
– bei schuldhaftem Treupflichtverstoß **705** 242
Schätzung
– des Gesellschaftsvermögenswerts **738** 32 ff.
Scheck- und Wechselfähigkeit
– der (Außen-)GbR **705** 310a
Scheinerbe *s. auch Eintrittsklausel, Nachfolgeklausel*
Scheingesellschaft 705 377
Scheingründung 705 327, 377 f.
Scheinsozietät 705 379 f.
Scheinsozius Vor 705 36
– Haftung **714** 40
Schenkung
– von Gesellschaftsbeteiligungen **705** 42 ff., 150
Schenkungsvollzug 705 44

Magere Zahlen = Randnummern

Schiedsklausel 705 199
Schlussabrechnung 730 7, 16, 52 f., 57 ff.; **733** 7
– klageweise Durchsetzung **730** 60
Schriftformklausel bei der Gesellschaft 705 49 ff.
Schuldbefreiung 738 2 f.
Schuldbefreiungsanspruch
– des Ausgeschiedenen **738** 77 ff.
Schuldentilgung
– bei Auseinandersetzung **730** 37; **733** 6 ff.
– Hinterlegung **733** 9
– Sozialverbindlichkeiten **733** 7
Schutzgemeinschaftsvertrag Vor 705 69 f.
– „Shoot-Out"-Klausel **Vor 705** 69b
– Andienungspflicht **Vor 705** 69a
– Kündigung **Vor 705** 69a
Schwebende Geschäfte 730 44; **740** 1 ff.
Selbstkontrahierungsverbot
– Beitragsleistung **706** 18
– Gesellschafterbeschlüsse **705** 58, 72; **709** 57 ff., 68 f.
– Vertretung der Gesellschaft **706** 18; **714** 29 ff.
Selbstorganschaft
– Außengesellschaft **705** 255
– in der GbR **705** 259; **709** 5; **730** 47 f.
– in der Partnerschaft **PartGG 6** 9
Sicherheitsleistung 738 80
Sicherheitspools
– Begriff **Vor 705** 71, 117
Sicherungsabtretung 717 30; **719** 29
Sittenwidrigkeit
– als Konditionsausschluss *s. ungerechtfertigte Bereicherung, Gesetzes- oder Sittenverstoß der Bürgschaft*
– im Gesellschaftsrecht **705** 134 f.; **709** 108
Sitz der Partnerschaft
– allgemein **PartGG 3** 17
– Doppelsitz **PartGG 3** 19
– Wahl des Sitzes **PartGG 3** 18
Societas leonina 705 151
Soll-KG 705 3 f.
Sondergut 705 74 f., 82
Sondermasse 728 22
Sonderrecht
– in der Geschäftsführung der GbR **709** 46 f.
Sonderrechte 705 228; **709** 63, 99
– Gleichbehandlungsgrundsatz **705** 248
Sondervermögen
– der GbR-Gesamthand **705** 296 ff.
Sorgfaltsanforderung
– in eigenen Angelegenheiten **708** 16 ff. *s. auch Haftung im Innenverhältnis*
Sozialakt 709 51
Sozialansprüche 705 201, 269; **717** 7; **730** 30
– Gleichbehandlungsgrundsatz **705** 252
Sozialverbindlichkeiten 705 197 ff., 215, 217; **714** 39; **718** 26; **733** 7
– Vermögensrechte **705** 197 f.

– Verwaltungsrechte **705** 199 f.
Sozietäten
– zwischen Freiberuflern **Vor 705** 36 ff., 88
Spaltung
– der Gesellschaft **730** 92
Spielgemeinschaft
– Rechtsnatur **Vor 705** 34, 87, 117; **705** 19
Sternvertrag Vor 705 48; **705** 21
Steuerschulden
– Haftung der Gesellschafter **714** 37
Stiftung
– Gesellschafter einer GbR **705** 76
Stille Gesellschaft des bürgerlichen Rechts
– Analoge Anwendung des HGB **705** 287 f.
– Auflösung **705** 288
– Auseinandersetzung **705** 288; **730** 18 f.
– Außenhaftung des Stillen **705** 286
– fehlerhafte Gesellschaft **705** 358 ff.
– Form **705** 37
– Geschäftsführung **705** 286 f.
– Gesellschaftsvermögen **Vor 705** 8; **705** 282, 286
– Gewinnbeteiligung des Stillen **705** 287; **722** 4
– Haftung **705** 286
– Innengesellschaft **705** 282 f.
– Insolvenz des Hauptgesellschafters **705** 288
– Kontrollrechte des Stillen **705** 287
– Kündigung **705** 288
– Tod des Stillen **705** 288
– Verlustbeteiligung des Stillen **705** 287; **722** 4
– Wesen **705** 282
Stimmabgabe
– Bindung an Stimmabgabe **709** 75
– in der GbR **709** 74 ff., 102
– Vertretung **709** 79 ff.
– Widerruf **709** 76
– Willenserklärungen **709** 74
Stimmbindungsvertrag 717 18 ff. *s. auch Stimmrechtspool*
– Abspaltungsverbot **717** 25
– Anteilsübertragung **717** 27
– Arten **717** 19
– Durchsetzung **717** 28 f.
– einstweilige Verfügung **717** 29
– gegenüber Mitgesellschaftern oder Dritten **717** 20
– Geschäftsführungsfragen **717** 24
– Kernbereich von Mitgliedschaftsrechten **717** 24
– mit Dritten **717** 25 ff.
– mit Mitgesellschaftern **717** 23 f.
– mit Nichtgesellschaftern **717** 25 ff.
– Nebenpflicht aus Austauschvertrag **717** 27
– Offenlegung von Stimmbindungen **717** 23
– Sicherung der Stimmbindungen **717** 28
– Stimmrechtsausschluss bei Interessenkollision **717** 22
– Treuhandverhältnis **717** 20 f., 26
– Treupflicht **717** 20 f.

Sachverzeichnis

Fette Zahlen = §§

– Unterbeteiligung **717** 26
– Vollstreckbarkeit **717** 18, 25, 28
– Weisungsbindung **717** 21 f.
– Wesen **717** 18
– Zulässigkeit **717** 20
Stimmenthaltung
– bei der GbR **709** 96
Stimmrecht
– gerichtliche Durchsetzung **705** 199
Stimmrecht bei der GbR
– Bevollmächtigung **709** 60 f.
– Funktion **709** 62
– gerichtliche Durchsetzung **705** 199; **717** 28 f.
– Hinzuziehung eines Beistands **709** 60 f.
– nicht voll Geschäftsfähiger **705** 72; **709** 60 f.
– Treupflicht **705** 196
– Überlassung zur Ausübung **717** 9
– Übertragung **709** 60 f.
– Umfang **709** 60 f., 97; **717** 17
Stimmrechtsausschluss
– Entlastung **709** 65
– Informationsrechte **709** 64
– Interessenkollision **709** 65 ff.; **717** 22
– Kontrollrechte **709** 64
– Rechtsgeschäfte mit Gesellschaftern **709** 67 ff.
– Schranken **709** 63
– Sonderrechte **709** 63
– Stimmbindungsvertrag **717** 22
– Teilnahme an Gesellschafterversammlung **709** 64
– vertraglicher – **709** 63
– Vertragsänderung **709** 63, 66
– Wahlen **709** 66
Stimmrechtseinschränkungen
– Insichgeschäft **709** 68 f.
Stimmrechtspool Vor 705 68 f., 88; **705** 283; **717** 19
Straßenverkehr s. Haftung im Innenverhältnis
– Sorgfaltsmaßstab **708** 12 f.
Streitgenossenschaft s. auch Gesamthandsschuldklage
Strohmanngründung 705 377
Substitution 709 29; **713** 6
Surrogationserwerb 718 20
Synallagma 705 162
Syndikat Vor 705 65; **705** 21
Tankstellenagenturvertrag Vor 705 123
(Teil-) Rechtsfähigkeit Vor 705 9 ff.; **705** 296 ff. s. auch Rechtsfähigkeit der (Außen-) GbR
– der GbR **714** 8
Teilnehmerhaftung
Teilnichtigkeit
– des Gesellschaftsvertrages **705** 52 ff., 330, 344
Teilungsanspruch bei der Gesellschaft
– Ausschluss **719** 12
Testamentsvollstreckung
– Abspaltungsverbot **705** 110 f., 117; **717** 13
– Abwicklungsgesellschaft **727** 22 f.

– erbrechtliche Einwände **705** 10
– Ersatzkonstruktionen **705** 122 f.
– Geschäftsführung der GbR **705** 118 f.
– Gesellschaftsanteil **705** 109 ff.
– Haftungsschranken **705** 113
– Kontrollrecht **716** 13
– Kündigung der Gesellschaft **725** 4
– Personengesellschaftsanteile **705** 110
– Verfügungsrechte **705** 116
– Vermögensrechte **705** 116
– Vertretung der GbR **705** 118 f.
– Verwaltungsrechte **705** 117 f.
– Vollmachtslösung **705** 123
– Vollrechts-Treuhand **705** 124
Thesaurierungsquote 721 9 ff.
Tod s. auch Abwicklungsgesellschaft, Nachfolgeklauseln, Vererbung
– Anzeigepflicht der Erben **727** 15, 24 f.
– Auseinandersetzung unter Miterben **727** 45
– Fortsetzungsklausel **727** 4, 24 f., 53; **736** 13
– Nachfolge der Erben in die Abwicklungsgesellschaft
 – Abwicklung **727** 20; **730** 41
 – Ausschlagung der Erbschaft **727** 17
 – Erbenmehrheit **727** 14, 18, 20
 – Fortsetzungsbeschluss **727** 20
 – Haftung der Erben **727** 19
 – Nachlasszugehörigkeit des Anteils **727** 14
 – Pflichten der Erben **727** 15 ff.
 – Testamentsvollstreckung **727** 22 f.
 – Umfang **727** 13
 – Verwaltungsrechte **727** 13
– Notgeschäftsführung **727** 16
– Rechtsfolgen **727** 6 f.
– stille Gesellschaft **705** 288
– Umwandlung der Gesellschafter-Gesellschaft **727** 8
– Vermächtnis über Gesellschafternachfolge **727** 42
– vermeintlicher Gesellschafter-Erbe **727** 63 ff.
– Verschmelzung der Gesellschafter-Gesellschaft **727** 8
– vertragliche Regelungen **727** 4, 26 ff., 58 ff.
– Vor- und Nacherbschaft **727** 68 f.
– Voraussetzungen **727** 6 f.
– Wahlrecht des Gesellschafter-Erben **727** 46 ff.; **PartGG 9** 30
Todeserklärung 727 6 f.
Toto s. Spielgemeinschaft
Treuhand am Gesellschaftsanteil
– Abspaltungsverbot **705** 89, 91 ff.; **717** 11
– Anteilsverfügung **705** 90
– Arten **705** 84
– Ausschlussgrund **705** 93
– Ausübung der Mitgliedschaftsrechte **705** 89; **717** 11
– Begründung **705** 86 f.
– einfache (verdeckte) – **705** 88, 91 f.; **717** 11
– familiengerichtliche Genehmigung **705** 93
– Kontrollrechte des Treugebers **705** 91 ff.

Magere Zahlen = Randnummern

Sachverzeichnis

– Kündigung der Gesellschaft **705** 93
– qualifizierte (offene) **705** 88, 91 f.; **717** 11
– Rückübertragung des Anteils **705** 87 f.
– Stimmbindungsvertrag **705** 91
– Treupflicht **705** 88, 93
– Unwirksamkeit des Treuhandverhältnisses **705** 88
– Vertragsänderungen **705** 90
– Verwaltungstreuhand **705** 85
– Wesen **705** 84
– Zustimmungsbedürftigkeit **705** 88
Treuhandbeziehungen 705 85
Treuhandgründung 705 377 f.
Treuhandlösung 727 59
Treupflicht 705 137
– ausgeschiedener Gesellschafter **738** 7
– eigennützige Mitgliedschaftsrechte **705** 223 f., 226 f.
– gegenüber der Gesellschaft **705** 226
– gegenüber Mitgesellschaftern **705** 229 f.
– Grundlagen **705** 221 ff.
– im Liquidationsstadium **730** 29
– Publikumsgesellschaft **705** 225
– Rechtsfolgen von Treupflichtverstößen **705** 239 f.
– Schadensersatz **705** 198, 242
– Schrankenfunktion **705** 223, 227
– uneigennützige Mitgliedschaftsrechte **705** 196, 224, 226
– Vertragsänderung **705** 231 ff., 239
– Wettbewerbsverbot **705** 223
– Zustimmung **705** 232 ff.
– Zustimmungspflicht **705** 239 ff.
Typusdehnung, -verbindung, -vermischung Vor 705 3 ff.
Typuslehre 705 138

Übernahme des Gesellschaftsvermögens
– Abfindungsanspruch **730** 83 f.
– fehlerhafte Gesellschaft **705** 345
– Gesamtrechtsnachfolge **730** 81, 85
– Haftungsfolgen **730** 85; **739** 2
– Rechtsstellung des Ausgeschiedenen **730** 83 f.
– Vollzug **730** 67, 81 f.
Übernahmeklage 730 80
Übernahmeklausel 736 18
Übernahmerecht
– Ausübung **730** 77 ff.
– bei Kündigung **730** 75
– Fortsetzungsklausel in Zweimanngesellschaft **730** 69 f.
– Geltendmachung **730** 71 f.
– gesetzliches – **730** 73
– KG/OHG **730** 65
– Rechtsmissbrauch **730** 79
– Schranken **705** 224, 229 f.; **730** 77 f.
– vertragliches – **730** 66
Übernahmevertrag Vor 705 56 f.
Überschuss 734 3 ff.

Überschussverteilung 734 1 ff.
– Durchführung **734** 7
– Verteilungsmaßstab **734** 6
Umdeutung 727 62
Umsetzung des Gesellschaftsvermögens 733 22 f.
Umwandlung der GbR
– altes Umwandlungsrecht **705** 8
– Bruchteilsgemeinschaft **705** 15
– eheliche Gütergemeinschaft **705** 15, 27
– Erbengemeinschaft **705** 15, 27
– formwechselnde – (Rechtsformzwang) **705** 11 ff., 36 ff.; **718** 65 f.; **730** 70
– nach UmwG **705** 8 ff.; **727** 8; **730** 89 ff.
– sonstige Fälle **705** 11 ff.
Umwandlung der Partnerschaft
– formwechselnde – **PartGG 7** 4, 11
– in/aus eine(r) Kapitalgesellschaft **PartGG 1** 28 f.
– in/aus eine(r) Personengesellschaft **PartGG 1** 31 f.
– nach UmwG **PartGG 1** 25
Umwandlung in eine GbR
– nach UmwG **718** 14
Unbefristete Gesellschaft 723 65
Uneigennützige Gesellschafterbeteiligung 705 149
Uneigennützige Gesellschafterrechte 705 196, 224, 226
Ungleichbehandlung
– Gesellschafter **705** 245 ff.
Unmöglichkeit
– der Beitragsleistung **706** 21 ff.
– des Gesellschaftszwecks **726** 4 ff.
Unrentabilität
– des Unternehmens **705** 230, 232; **726** 5
Unterbeteiligung
– Abstimmungen **Vor 705** 100
– Arten **Vor 705** 93; **705** 67
– Auflösung und Auseinandersetzung **Vor 705** 102
– Auseinandersetzung **Vor 705** 103
– Begriff **Vor 705** 92 ff.
– Dauer **Vor 705** 102
– Doppelstellung des Hauptbeteiligten **705** 67
– Form **Vor 705** 96; **705** 37
– Geschäftsführung **Vor 705** 98
– Gesellschaftsorgane **Vor 705** 8
– Gewinnbeteiligung **Vor 705** 98; **722** 4
– Gründung **Vor 705** 96 f.
– Informationsrechte **Vor 705** 99_; **716** 4 f.
– Innengesellschaft **Vor 705** 92; **705** 283
– Kontrollrechte **Vor 705** 99; **716** 4 f.
– Kündigung **Vor 705** 102
– offene (qualifizierte) – **Vor 705** 101
– Rechnungslegung **716** 4 f.
– Rechte des Unterbeteiligten **Vor 705** 98 ff.
– Rechtsnatur **705** 67, 283
– Rechtsverhältnisse **Vor 705** 96 ff.
– Stellung des Hauptbeteiligten **Vor 705** 94

Sachverzeichnis

Fette Zahlen = §§

- Stimmbindungsvertrag **717** 26
- Stimmrechtsausübung in der Hauptgesellschaft **Vor 705** 100
- testamentarische Anordnung **Vor 705** 96 f.
- Tod eines Gesellschafters **Vor 705** 102
- Treupflicht **Vor 705** 99
- und Hauptgesellschaft **705** 67
- Verbot im Gesellschaftsvertrag **Vor 705** 97; **705** 67
- Verlustbeteiligung **Vor 705** 98
- Vorrang der Hauptgesellschaft **Vor 705** 95
- Wettbewerbsverbot **Vor 705** 99

Unterbeteiligungsverbot Vor 705 97; **705** 67

Unterlassungsklage
- gegen Geschäftsführungsmaßnahmen **705** 204

Unternehmensbezogenes Geschäft 718 25
Unterrichtungsrecht s. Kontrollrecht
Urkundeneinsicht
- in die Geschäftsunterlagen der Gesellschaft s. auch Kontrollrecht

Urlaubsreise s. Reisegemeinschaft
Urteilstenor
- Passivprozess der GbR **718** 55

Verarbeitung 718 23
Verbindung
- gemäß §§ 946, 947 **718** 23

Verbotene Eigenmacht 718 37
Verdrängende Vollmacht 717 16
Verein s. auch juristische Person, nicht rechtsfähiger Verein
- Gesellschafter einer GbR **705** 76

Vereinsrecht
- Analogie **705** 262

Vererbung der Mitgliedschaft in der GbR
s. auch Nachfolgeklauseln, Testamentsvollstreckung
- Alleinerbe **727** 32, 34
- Anteilsübergang **727** 31
- Ausschlagung **727** 31
- einfache Nachfolge
  - Begriff **727** 30
  - Erbenmehrheit **727** 33, 35 ff.
  - Rechtsstellung der Erben **727** 31 ff.
  - Voraussetzungen **727** 30
  - Nachlassgegenstände **727** 34
- qualifizierte Nachfolge
  - Begriff **727** 29
  - Rechtsfolgen **727** 43 ff.
  - Vermächtnis **727** 42
  - Voraussetzungen **727** 41
- Vererblichkeit des Gesellschaftsanteils **727** 28 ff.
- vermeintlicher Erbe **727** 63 ff.
- Vor- und Nacherbschaft **727** 68 f.
- Voraussetzungen **727** 28, 30, 41 f.

Vererbung der Mitgliedschaft in der Partnerschaft
- Anteilsübertragung mit Wirkung auf den Tod des Partners **PartGG 9** 26

- Austrittserklärung **PartGG 9** 31
- einfache Nachfolgeklausel **PartGG 9** 28
- Eintrittsrecht **PartGG 9** 26
- erbrechtliche Gestaltungsmöglichkeiten **PartGG 9** 27 f.
- qualifizierte Nachfolgeklausel **PartGG 9** 29
- Vererblichkeit des Anteils **PartGG 9** 25
- Voraussetzungen **PartGG 9** 24
- Wahlrecht entsprechend § 139 HGB **PartGG 9** 30

Verfügungsverbot
- Gesamthandsbeteiligung **719** 4
- Rechtsnatur **719** 4
- Umdeutung einer unwirksamen Verfügung **719** 6

Vergemeinschaftung des Zwecks 705 148
Vergleichsgläubiger als GbR Vor 705 117
Vergütung 709 32 ff.
- Grundsätze **709** 32 f.

Verjährung
- Gesellschafterhaftung bei Auflösung **736** 28 f.
- Gewinnanspruch **721** 13 f.
- Inhaberschuldverschreibung
  - partnerschaftlicher Gesellschaftsverbindlichkeiten **PartGG 10** 2, 17

Verlagsvertrag Vor 705 122
Verlängerung des Gesellschaftsvertrags 709 93; **Vor 723** 15; **723** 69
- Zustimmung **705** 233

Verlobte s. nichteheliche Lebensgemeinschaft
Verlust
- als Auflösungsgrund der Gesellschaft **726** 6

Verlust der Zulassung PartGG 9 18 ff., 21 ff.
Verlustbeteiligung
- Auseinandersetzung **707** 5; **721** 12
- Ausfallhaftung **739** 4
- Auslegungsregel **722** 3
- Ausscheidender **739** 1 ff.
- Ausschluss **705** 148
- des Ausscheidenden **707** 6
- Kapitalkonten **721** 12
- Liquidation **707** 6
- Verlustverteilungsschlüssel **721** 12; **735** 4
- Verteilungsschlüssel **722** 1 ff.
- Zeitpunkt **721** 1

Verlustbeteiligung in der GbR
- stille Gesellschaft **705** 287

Verlustverteilung
- Nachschusspflicht **735** 1 ff.

Verlustverteilungsschlüssel 722 1 ff.
Vermächtnis 718 22
Vermischung 718 23 s. auch Einbaufälle für die GbR

Vermögensfähigkeit
- der (Außen-)GbR **705** 310 f.

Vermögensrechte
- Abtretung **717** 14 f., 30 ff., 40 f.
- Geltendmachung **705** 198, 227 f.
- gewinnunabhängige Entnahmen **717** 15
- Pfändung **717** 42 ff.

Magere Zahlen = Randnummern

Sachverzeichnis

– Sicherungsabtretung **717** 30
– Treupflicht **705** 227 f.
– und Pflichten **705** 189
– Vererblichkeit **727** 13
– Verpfändung **717** 44 f
Vermögensstammrecht 705 188; **717** 30
Vermögensverschlechterung 705 169
Vermögensverwaltung Vor 705 46
Vermögenswert der Beteiligung 705 188; **717** 15; **719** 7
Verpfändung
– Vermögensrechte **717** 44 f.
Verschollenheit eines Gesellschafters 727 6 f.
Vertrag zugunsten Dritter 718 22
Vertragsänderung *s. auch Beschlussfassung*
– Abwicklungsgesellschaft **730** 25
– Arten **709** 53, 93
– faktische Abweichungen vom Gesellschaftsvertrag **705** 56
– fehlerhafte – **705** 360 ff.
– Form **705** 49 f., 57
– Gleichbehandlungsgrundsatz **705** 247, 251
– konkludente – **705** 56
– Mehrheitsbeschlüsse **709** 84 ff.
– minderjähriger Gesellschafter **705** 58, 71
– Schranken **705** 231 ff.
– Schriftformklausel **705** 50 f.
– Selbstkontrahierungsverbot **705** 58
– Treupflicht **705** 231 ff.
– Zuständigkeit **705** 55; **709** 53
– Zustimmungspflicht **705** 239, 244 ff., 246
Vertragsfreiheit
– in der GbR **705** 132 ff.
– in der Partnerschaft **PartGG 6** 23
Vertretung der Gesellschaft (GbR) *s. auch Vertretungsmacht*
– Akzessorietätstheorie **715** 2
– Anteilsübertragung **719** 41
– Anwendung der §§ 164 ff. **714** 26
– Arten **714** 18 ff.
– aufgelöste Gesellschaft **729** 13
– betriebsbezogenes Geschäft **714** 25
– Gesamtvertretung **714** 19, 27
– Innengesellschaft **714** 23
– Mehrheitsprinzip **714** 19
– organschaftliche – **705** 257; **714** 16 f.
– Selbstkontrahierungsverbot **714** 29 f.
– Sondervollmacht **714** 22
– Treupflicht **705** 196
– Überlassung zur Ausübung **717** 9 f.
– Wegfall eines von zwei Gesamtvertretern **714** 19, 30 f.
Vertretung der Partnerschaft PartGG 7 13 ff.
– der Liquidatoren **PartGG 10** 9
Vertretungsmacht
– bei Auflösung der OHG und KG **729** 14
Vertretungsmacht gegenüber der Gesellschaft
– Abwicklungsgesellschaft **729** 13; **730** 43

– Änderung des Gesellschaftszwecks **714** 25
– Anscheins- und Duldungsvollmacht **714** 28
– Arbeitsteilung **714** 19
– Aufnahme neuer Gesellschafter **714** 25
– Auslegungsregel **714** 18
– Außengesellschaft **714** 14, 18
– ehemalige KG **714** 19
– Entziehung **705** 226, 234; **712** 16; **715** 1 ff.
– Generalvollmacht **714** 12; **717** 9
– Geschäfte außerhalb des Gesellschaftszwecks **714** 25
– gesetzliche Regelung **714** 18
– gewillkürte – **714** 12, 21
– Grenzen **714** 24 ff.
– Grundlagengeschäfte **714** 25
– Kündigung **715** 6
– Notgeschäftsführung **714** 18
– pflichtwidriges Geschäftsführerhandeln **714** 20
– Umfang **714** 24 ff.
– Umfangsreduzierung **715** 3
– und Geschäftsführungsbefugnis **714** 18 f.
– Unübertragbarkeit **714** 12
– Veräußerung des gesamten Vermögens **714** 25
– Verkauf des Unternehmens **714** 25
– vertragliche Regelungen **714** 19, 21
– Vertragsänderungen **714** 25
– Vollmachtsmissbrauch **714** 20
– Wesen **714** 16
– Widerspruch gegen Geschäftsführungsmaßnahmen **714** 20
–, Entziehung
– Einzel- oder Gesamtvertretung **715** 3
– Voraussetzungen **715** 4
– Wirkungen **715** 5
Vertriebssysteme Vor 705 123; **705** 21
Verwaltungspflichten 705 194 ff.
Verwaltungsrat 705 259
Verwaltungsrechte 705 193 ff.
– Abspaltungsverbot **705** 195; **717** 7, 16 f.
– Abtretung **705** 195; **717** 16 f.
– Einfluss der Treupflicht **705** 196
– Geltendmachung gegen Mitgesellschafter **705** 199
– gerichtliche Durchsetzung **705** 219
– Höchstpersönlichkeit **705** 195
– Überlassung zur Ausübung **705** 195; **717** 9
– verdrängende Vollmacht **717** 16
– Vererblichkeit **727** 13
Verwaltungstreuhand 705 85
Verwertungsgemeinschaften Vor 705 118
Vollbeendigung der Gesellschaft Vor 723 5, 8 ff.; **730** 11 f., 38 f.
– Abfindungsanspruch **730** 11
Vollmacht
– verdrängende **717** 16
Vollstreckung
– Gesellschafter gegen die Gesellschaft **718** 56
– in das Gesamthandsvermögen **718** 40
– in ein Grundstück der GbR **718** 46
– ins Privatvermögen der Gesellschafter **718** 54

695

Sachverzeichnis

Fette Zahlen = §§

Vollzug
– fehlerhafte Gesellschaft **705** 331
Vor- und Nacherbschaft 723 10; **727** 68 f.
Vorbehaltsgut 705 74 f.
Vor-GmbH 705 77
Vorgründungsgesellschaft Vor 705 25
Vorkaufsrecht
– Grundstück des Gesellschafters **705** 37
Vorrang der güterrechtlichen Ausgleichsordnung Vor 705 78
Vorrechte von Gesellschaftern 709 99
Vorschuss nach § 669 713 15; **717** 34
Vorsorgevollmacht 705 124a ff.; **717** 13
– Widerruf **705** 124c
Vorvertrag Vor 705 25; **705** 177 f.
– Durchsetzung **705** 178
Vorzugsrecht 709 99

Weisungsrecht in Geschäftsführungsangelegenheiten 709 28, 54; **713** 7
Werbende Gesellschaft Vor 723 11
Werkleistung
– als Beitrag **706** 10; **733** 18
Wertpapieremission Vor 705 52 ff.
Wettbewerbsverbot 705 235 ff.; **723** 73; **738** 7
– Erwerbsgesellschaft **705** 235
– nachvertragliches – **705** 237
Wettgemeinschaft s. Spielgemeinschaft
Widerspruch
– Pflichtwidrigkeit **711** 11
– Treupflichtverstoß **711** 11
Widerspruch in Geschäftsführungsfragen
– Aufhebung durch Gesellschafterbeschluss **709** 54
– Begründungspflicht **709** 44; **711** 12
– Berechtigte **711** 1, 7
– Form **711** 9
– Gegenstand **711** 9
– gerichtliche Zweckmäßigkeitsprüfung **711** 11
– konkludenter – **711** 9
– Pflicht zum – **711** 10
– Rechtsfolgen **711** 13 ff.
– übertragene Geschäftsführung **710** 6
– Unterrichtungspflicht **711** 3, 16
– verspäteter – **711** 16
Widerspruchsrecht
– Anwendungsbereich **711** 2
– Ausschluss **711** 4
– Ausübung **711** 9 ff.
– Einzelgeschäftsführungsbefugnis **711** 4 ff.
– Entziehung **712** 2

– Geltendmachung **711** 9 ff.
– Gesamtgeschäftsführung **711** 7
– Geschäftsführungsrecht **711** 1
– Interessenkollision **711** 2
– Notgeschäftsführung **711** 8
– Ressortprinzip **709** 17; **711** 6
– Schranken **711** 2, 9
– Treupflicht **705** 226
– Übertragung **711** 5; **717** 16
– vertragliche Regelungen **711** 4
– Vetorecht **711** 5
– Voraussetzungen **711** 6 ff.
Wiederverheiratungsklausel 736 15
Wirtschaftsprüfer
– freiberufliche Tätigkeit **PartGG 1** 55
– interprofessionelle Partnerschaften **PartGG 1** 82 f.
– Name der Partnerschaft **PartGG 2** 13
Wirtschaftsprüfersozietät Vor 705 40
Wohnungseigentümergemeinschaft
– (Teil-)Rechtsfähigkeit **Vor 705** 133
– als „dingliche Gesellschaft" **Vor 705** 132
– Rechtsnatur **Vor 705** 132 ff.
– werdende – **Vor 705** 50
– Zweckschöpfung **Vor 705** 132

Zeitablauf
– als Auflösungsgrund **Vor 723** 14 ff.
– Fest- oder Höchstdauer **Vor 723** 15
Zeitbestimmung s. Dauer der Gesellschaft
Zugewinngemeinschaft 719 32
Zusammenveranlagung s. Ehegatten
Zustimmung s. auch Beschlussfassung
Zustimmungsrecht
– Treupflicht **705** 226
Zwangsvollstreckung
– in das Gesellschaftsvermögen **718** 32 f.
Zweck s. gemeinsamer Zweck
Zweckerreichung
– als Auflösungsgrund der Gesellschaft **726** 1 ff.
– Voraussetzungen **726** 3 ff.
Zweipersonengesellschaft
– Abfindungsanspruch **738** 11, 14
– Anteilsübertragung **719** 26
– Auflösungsfolgen **Vor 723** 9
– Eintrittsklausel **727** 55 f.
– Fortsetzungsklausel **705** 60 ff.; **736** 9
– Übernahme des Gesellschaftsvermögens **730** 66 ff.
– Wegfall des vorletzten Gesellschafters **705** 60 ff.